새학설·판례·법률용어·조문분석해설·쟁점사항·관련법조문표시

민법백과사전

〈전3권〉
편저 : 대한민사법실무연구회

〈2권〉
채권편

대한민국 법률지식의 중심
법률미디어

머 리 말

민법백과사전은 실무와 이론을 적용할 수 있도록 대법원예규·규칙·판례를 포함하는 등 나름대로의 형식으로 정리해 본 것이다. 끝없는 학문의 길을 걸었던 우리로서는 이제 그간의 연구를 한번쯤 정리해 내놓을 시기도 된 듯 싶고, 기존의 민법책들과는 조금 다른 형태의 책을 쓰고 싶은 마음에서 책쓰기를 시작하게 되었다.

민법이 제정, 공포, 시행 된지 벌써 60여년이 되었고, 그동안 훌륭한 저서가 많이 출간되어 또 하나의 부족하기 짝이 없는 작품을 세상에 내놓는다는 것이 마음에 걸린다. 민법은 제정 후 최근까지 여러차례의 개정이 있었다. 특히 최근 개정 사항은 주로 가족법과 관련한 내용이 주를 이루고 있다. 2016년 12월 2일 제837조의2를 일부 개정하여 자녀를 직접 양육하지 않는 부모 일방이 사망하거나 자녀를 직접 양육하지 않는 부모 일방이 피치 못할 사정으로 면접교섭권을 행사할 수 없을 때 그 부모의 직계존속이 가정법원의 허가를 받아 손자녀와 면접교섭이 가능하도록 하였다. 또한 2016년 12월 20일 제937조를 일부 개정하여 피후견인의 직계비속은 그 직계혈족이 피후견인을 상대로 소송을 하였거나 하고 있더라도 후견인 결격사유에 해당되지 않도록 하였다. 2017년 10월 31일 일부 개정시에는 제854조의2와 제855조의2를 신설하였다. 이 개정은 「제844조 제2항 중 혼인관계종료의 날부터 300일 이내에 출생한 자는 혼인중에 포태한 것으로 추정하는 부분」에 대한 헌법재판소의 헌법불합치결정(2013헌마623)의 취지를 반영한 것이다. 즉, 혼인관계가 종료된 날부터 300일 이내에 출생한 자녀에 대하여 어머니와 어머니의 전(前) 남편은 친생부인의 허가 청구를, 생부(生父)는 인지의 허가 청구를 할 수 있도록 하여 친생부인의 소보다 간이한 방법으로 친생추정을 배제할 수 있도록 한 것이다. 이처럼 민법은 시대의 변화에 발맞춰 끊임없이 개정이 이루어지고 있다. 우리는 이러한 변화에 뒤쳐지지 않도록 개정 사항을 반영하는 데 많은 노력을 기울였다.

판례 및 대법원예규·규칙도 양적으로 많이 누적되었고, 질적인 변화가 뒤따랐으며 학계의 활동도 상당히 활발하여 많은 논문과 저술이 발표되고 있다. 이 책은 이러한 학계와 법조계의 성과 및 대법원예규·규칙 및 판례들을 조문별로 종합적·체계적으로 알기 쉽게 정리하여 서술한 책이

다. 따라서 민법전 전반에 걸쳐 쉽게 이해해고 저술하려고 노력한 책이
다.

그리고 이러한 의도에서 법학도에게는 법적이론의 토대를 마련해주고,
법조인에게는 실무상의 여러 문제를 인식할 수 있고, 또 그러한 실무적
문제가 법원에서 어떻게 해결되었는가를 알 수 있게끔 책을 엮어 보았
다. 이 책은 법률실무분야 종사자를 주 대상으로 하였지만 변호사시험이
나 공무원임용 및 승진시험 등 시험 준비를 하는 수험생들에게도 많은
도움이 되리라고 생각한다.

이 책에서는 민법전의 정확한 조문해석을 한 것이 중심이 되지만 거기
에 부가하여 대법원예규 및 규칙, 중요한 판례를 많이 수록하여 해당되
는 조문의 이해를 효율적으로 성취할 수 있도록 배려하였다. 특히 중요
한 전원합의체 판결에 대해서는 그 전문을 실어 충분히 이해할 수 있도
록 하였다.

해설서인 교과서에서는 조문의 개별적인 의미를 등한시하고, 주석서에
서는 입체적인 실무중심의 이해력을 잃어버릴 염려가 있다. 이 점을 고
려하여 이 책에서는 각조문의 이론적인 의미를 정확히 함으로써 해석을
정확하게 할 수 있고, 각 조문마다 판례 및 대법원예규·규칙을 수록, 정
리하여 이론과 실무의 가교적 역할을 꾀하려고 하였다. 그리고 각 법조
문의 해설에 앞서 이와 관련한 핵심사항들을 정리 하여 그 핵심을 파악
할 수 있도록 하였다. 이러한 취지에서 법률실무에 종사하는 분, 법학을
공부하는 분, 그리고 각종시험에 대비하는 모든 분들에게 도움이 될 수
있게 발간한 것이다.

끝으로 참신한 맛과 변화적인 기획, 편찬으로 태어난 이 민법백과사전
이 어느 법률문제에도 대응할 수 있는 최상의 민법서로 활용되기 바라며
이 책의 출판을 위하여 여러 가지 조언과 자료 등 지원을 아끼지 않으신
편찬위원께 감사드리고 법문북스 김현호 대표님을 비롯한 이 책 편집요
원 여러분께도 감사드린다.

<div align="right">

대한민사법실무연구회

2018. 05.

</div>

차　례

채 권 총 론

제 1 장 총 칙

청구 및 이행의 방법

채 권 각 론

제 2 장 계 약

◈ 쌍무계약의 이행상의 견련성

◈ 쌍무계약의 존속상의 견련성

◈ 채권자의 귀책사유로 인한 급부불능시의 위험부담

◈ 임대인의 의무

◈ 임차인의 의무 : 임대인의 보존행위 인용의무

◈ 임대차의 해지 : 임대인이 임차인의 의사에 반하여 보존행위를 하는 때

◈ 임차인의 비용상환청구권

◈ 임차물의 일부 멸실로 인한 차임의 감액 청구 등

◈ 차임의 증감을 청구할 수 있는 경우

◈ 임차권의 양도와 임차물의 전대의 제한

제 3 장 사무관리

제 5 장 불법행위

채 권 편

제 3 편 채 권

　민법　제3편은　채권(제373조~제766조)이며,　총칙·계약·사무관리·부당이득·불법행위의 5장·394개조로 되어 있다. 그 가운데에서 제1장 총칙은 채권 일반에 관한 통칙을 규정하고 있으며, 채권의 목적, 채권의 효력, 수인의 채권자 및 채무자, 채권의 양도, 채무의 인수, 채권의 소멸, 지시채권, 무기명채권의 8개 절로 되어 있다.

　그리고 제2장 내지 제5장은 각종의 채무발생원인을 규정하고 있다. 채권은 사회생활에 있어서 물권보다도 훨씬 빈번히 성립하는 재산관계이나, 그 발생원인은 계약(제2장)·사무관리(제3장)·부당이득(제4장)·불법행위(제5장)의 네 가지로 크게 나눌 수 있다. 그 가운데에서 계약은 법률행위에 의한 채권의 발생원인이고, 나머지는 모두 법류의 규정에 의한 발생원인이다.

　제2장 계약은 모두 16개절로 되어 있다. 제1절 총칙은 계약의 통칙을 정하는 것이며, 계약의 성립·계약의 효력·계약의 해지 해제의 3관으로 되어 있다. 계약의 해지·해제는 계약에 공통한 소멸원인으로서 중요한 의의를 가지는 것이므로, 결국 총칙은 모든 계약에 공통한 성립·효력·소멸의 3자에 관하여 규정하고 있는 것이 된다.

　제2절 이하 제15절까지는 15가지의 전형적인 계약에 관하여 규정하고 있으며(2015년 2월 3일 개정시 여행계약에 관한 제9절의2 신설), 제3장 사무관리는 의무 없이 타인을 위하여 그의 사무를 관리하는 것이고, 제4장의 부당이득은 법률상의 원인 없이 타인의 손실로 이익을 얻는 것이고, 제5장의 불법행위는 위법행위로 타인에게 손해를 주는 것이다. 이들은 모두 법률의 규정으로 채권이 발생하는 원인 가운데에서 가장 중요한 것들이다.

　여기서 채권이라 함은 특정인(채권자)이 다른 특정인(채무자)에 대하여 특정의 행위(급부·급여)를 청구할 수 있는 권리이다. 그리고 채권관계는 2인 또는 그 이상의 다수인이 채권자 또는 채무자로서 서로 일정한 행위를 요구할 수 있는 권리(채권)를 갖고, 그에 대응하는 의무(채무)를 부담하여 대립하는 법률관계이다.

• 채권과 물권

채　　권	물　　권
사람 : 사람	사람 : 물건
상대권(이설있음)	절대권
대인권	대세권
배타성×	○
양도성▽	○

제 1 장 총 칙

　제1장 총칙은 채권의 목적·채권의 효력·수인의 채권자 및 채무자·채권의 양도·채무의 인수·채권의 소멸·지시채권·무기명채권의 8개절로 되어 있다. 민법의 체계는 채권에 관한 법률관계를 순전히 논리적으로 늘어놓은 것이다.

　권리 또는 권리관계의 논리적 기본구조는 제1편 총칙에 제시되어 있는 바와 같이 주체·객체·변동(즉 발생·변경·소멸)의 법률요건으로 되어 있다. 각종의 권리에 관하여는, 그밖에 그 권리의 효력을 덧붙여야 할 것이다. 그러고 보면 제1장 총칙이 8절로 나누어서 늘어놓고 있는 이론적 구조가 명백해진다. 즉, 먼저 채권의 목적(즉 객체)을 규정한 것은 채권의 주체에 관하여는 권리 일반의 주체에 있어서와 다른 것이 없으므로 특별규정을 필요로 하지 않기 때문에, 그것은 총칙편에 맡기고 있는 것이다. 이어서 채권의 효력으로서 주로 채무자에 대한 채권자의 권리의 내용을 규정한다. 이 채권자의 권리의 실현으로 채권은 소멸하는 것이지만, 채권의 소멸을 규정하기에 앞서서 채권관계의 주체인 채권자 또는 채무자가 다수 있는 특수한 채권관계의 모습, 즉 제3절 수인의 채권자 및 채무자와 채권·채무가 그 주체를 변경하는 제4·5절의 채권양도와 채무인수를 규정하고 있다. 채권의 변경 가운데에서 발생원인에 관하여는 제2장 이하에서 이를 다루고 있다.

　그 밖에 채권의 소멸 다음에 제7·8절에서 지시채권과 무기명채권에 관하여 규정하고 있다. 이들은 이른바 증권적 채권의 양도에 관한 것이므로 채권양도와 나란히 규정할 수도 있는 것이나, 증권적 채권의 양도는 보통의 지명채권의 양도와는 본질적으로 다르고, 또한 그에 관한 것은 민법뿐만 아니라 상법·어음법·수표법 등의 여러 특별법에서도 문제되기 때문에, 통일적으로 규정하기 위하여 일반법인 민법에 규정하려는 뜻에서 마지막에 규정한 것이다.

<center><참고사항></center>

※ 채권법의 특질

1. 임의법규적 성질 - 계약자유의 원칙

 (1) 원 칙

 ① 사적자치가 적용되기 때문에 원칙적으로 당사자의 의사가 1차적인 분쟁
 해결의 기준이 된다

 ② 채권법규는 당사자의 의사가 불명확하거나 결여된 경우 합리적인 거래의
 기준을 제시하고 당사자의 의사를 보충하는 기능을 한다. 따라서 비전형
 계약의 경우 전형계약규정이 1차적으로 적용되어 해결되는 것이 아니라
 어디까지나 당사자의 의사가 1차적 기준이 된다.

 (2) 임의법규정의 제한

 ① 사회적 형평이나 거래의 안전, 약자 보호를 위해 강행규정도 등장하고 있다.

 ② 채권양도의 제3자에 대한 대항요건, 제606조, 제607조, 제608조, 임대차 계
 약에 있어서 편면적 강행규정 등이 대표적인 강행규정이다.

2. 국제적·보편적·통일적 성질

3. 신의칙의 지배

 ① 채권의 행사와 채무의 이행에서 주로 문제된다.

 ② 급부의무 이외에도 부수적 주의의무나 보호의무의 인정의 근거로 신의칙
 이 제시된다.

 ③ 기타 계약의 해석기준이나 사정변경의 원칙에서도 신의칙이 문제된다.

4. 강한 로마법적 요소

 물권법은 게르만법적 요소와 로마법적 요소가 혼재되어 있는 반면에 채권법
 은 로마법적 요소가 매우 강하다.

※ 채무의 내용

 급부의무 뿐만 아니라 신의칙에 기하여 부수적주의의무나 보호의무(다수설)
 등도 채무의 내용으로 인정된다. 보호의무를 채무의 내용으로 인정할 것인지
 에 대하여는 견해대립이 있고, 긍정하는 견해에서는 독자적인 채무로 볼 것
 인지 아니면 부수적주의의무의 일종으로 볼 것인지에 대해 견해가 대립하고
 있다.

1. 급부의무
 (1) 주된 급부의무

　　계약의 유형을 규정하는 채무자의 중심적 급부의무를 말한다. 예를 들어 매매에 있어서는 재산권이전의무나 대금지급의무가 이에 해당한다. 위반시 일반 채무불이행의 효과가 전부 인정된다(손해배상, 계약해제권 등).

 (2) 종된 급부의무

　　계약유형까지는 규정하지 않는 종속적인 급부의무를 말한다. 예를들어 복잡한 기계 매매에 있어서 설명서나 보증서 인도의무 등이 이에 해당한다. 불이행시 손해배상청구권은 인정되나, 계약해제권은 인정되지 않는다. 왜냐하면 계약의 목적은 달성할 수 있기 때문이다.

2. 부수적 주의의무

　급부의무의 내용을 제대로 실현하기 위해 급부에 대한 주의나 배려를 베풀어야 할 의무를 말한다. 예를들어 매매목적물의 보관상 주의의무나 사용방법을 설명해 줄 설명의무, 약을 팔면서 부작용 등을 설명해 주어야 할 의무들을 의미한다. 신의칙이 그 근거이고 주로 계속적 채권관계나 인적신뢰가 중요시 되는 '하는 채무(도급, 위임 등)'에서 문제된다. 부수적 주의의무의 불이행은 불완전이행책임을 진다. 손해배상청구권은 인정되나 계약해제권은 언제나 인정되는 것은 아니고 계약목적의 달성이 불가능할 정도로 본질적인 경우에만 예외적으로 인정된다는 것이 통설과 판례의 태도이다(대판 1968.11.5. 68다1808).

3. 보호의무

　계약교섭과정이나 계약이행단계에서 문제되는, 급부의무와는 무관한 채권자의 생명, 신체, 재산 등의 다른 법익을 침해하지 아니할 의무를 말한다. 보호의무를 채무의 내용으로 인정할 경우 채무자가 이를 위반하면 채무불이행책임을 부담하게 된다. 보호의무를 채권관계의 내용이 될 수 있는 의무로 인정하면 계약상책임을 물을 수 있게 되어 불법행위책임을 묻는 것보다 유리한 측면이 있다. 이행보조자책임과 사용자책임, 소멸시효, 입증책임 등에서 그러하다. 제390조의 '채무의 내용'에 보호의무를 포함시킬 것인지에 관하여 견해가 대립한다. 이를 인정하는 견해가 다수설이고, 부정하는 견해도 존재한다(양창수, 김준호). 이에 대해 판례는 보호의무라는 용어 자체는 인정하는 태도를 보이고 있으나 안전배려의무와 보호의무의 개념을 명확히 구분하지 않고 혼용해서 사용하고 있다.

제 1 절 채권의 목적

 채권의 목적이라 함은 채권자가 채무자에 대하여 청구할 수 있는 일정한 행위, 즉 채무자의 행위를 말한다. 이 채무자의 행위를 급부(Lsistung)라고 하므로 결국 채권의 목적은 급부를 가리키는 것이다. 채권의 목적은 채권의 내용 또는 객체라고도 일컫는다.

◈ 채권의 목적의 금전적 가치의 요부

제 373 조【채권의 목적】

금전으로 가액을 산정할 수 없는 것이라도 채권의 목적으로 할 수 있다.

■ § 373. 채권의 목적(내용)

• 채무자의 급부
• 급부의 종류 : ① 작위급부와 부작위급부
　　　　　　　② 특정급부와 불특정급부
　　　　　　　③ 가분급부와 불가분급부
• 급부의 유효요건 : ① 가능. ② 확정. ③ 타당성. ④ 적법 .
• 급부의 금전적 가치 : 금전으로 가액을 산정할 수 없는 것이라도 채권의 목
　　　　　　　　　　 적으로 할 수 있다.
• 관련법조 : [피보험이익에 대한 특칙] 상 §668

1. 의 의

채권의 목적은 금전적 가치를 갖는 것이 아니면 안되는가에 관해서는 독일 보통법시대의 학자들 사이에 다툼이 있었던 문제이다.

본조는「채권은 금전으로 가액을 산정할 수 없는 것이라도 그 목적으로 할 수 있다」라고 하는 규정을 두어 이 점을 명백히 했다. 즉, 본조는 금전적 가치 없는 급부에 대해서도 채무로서의 법률적 구속을 발생케 할 수 있다는 소극적 원칙을 밝히고 있다.

독일민법과 프랑스민법에서는 명문의 규정이 없어 이론이 있으나, 통설은 이와 마찬가지로 해석하고 있다.

금전으로 산정할 수 없는 계약은 법의 문제가 아닌 단순한 호의나 예의, 혹은 도덕 내지 종교 등의 문제인 것이 대부분일 것이다. 그러나 금전으로 산정할 수 없는 급부에 관해서는 법률적 효력을 부인할 필요는 없을 것이다.

근대법은 인격적 이익이 법의 보호를 받을 수 있도록 승인하고 있기 때문에 채권이 물질적 이익을 내용으로 한 경우뿐만 아니라, 인격적 이익을 내용

으로 한 경우에도 법에 의하여 보호되지 않으면 안된다. 따라서 근대법에 있어서는 채권의 목적에 관한 요건으로서의 금전적 가치는 의미가 없는 것이라 할 것이다.

그러므로 매일 책을 읽어 준다거나, 오후 9시 이후에는 레코드를 틀지 않는다거나, 기도를 드리는 따위의 행위에 대해서도 법률적 효과를 발생시킬 수 있다.

다만, 이러한 행위를 할 의무가 과연 법률적 구속을 받는 것이냐에 대해서는 당사자의 의사, 기타의 사정에 따라 결정하여야 한다.

예컨대 사원에 토지를 기부하고, 그 사원으로 하여금 오래도록 조상의 명복을 빌도록 한 계약은 법률상 유효하며 당사자는 이를 이행할 의무가 있다.

상기와 같은 약정뿐만 아니라 실제 생활에서 행해지는 금전으로 가액을 산정할 수 없는 채무자의 행위를 내용으로 한 채권이 성립한 경우에도 그 효력은 보통의 채권과 마찬가지이다. 즉 채권자는 급부를 청구할 수 있을 뿐만 아니라, 강제이행의 수단을 취할 수도 있다.

이 경우 대체집행일 것이 대부분이겠지만 간접강제에 의할 수도 있을 것이다. 또 불이행의 경우에는 손해배상을 청구할 수도 있다. 이 경우 손해배상은 손해를 금전으로 산정하여 그에 해당하는 금전의 급부로써 행해지는 것이기 때문에 채권의 내용 자체가 금전으로 산정할 수 없는 경우에 이를 인정하는 것은 모순이라고 생각할 수 있으나, 본래 손해배상은 채무불이행의 결과로 채권자가 받은 물질적·정신적 손해를 금전으로 산정하여 배상케 하려는 취지의 제도이기 때문에, 금전으로 산정할 수 없는 채권내용의 불이행에 의한 손해도 배상케 하여야 할 것이다.

2. 채권의 목적의 요건

(1) 확정성

채권의 목적인 급부는 확정할 수 있는 것이어야 한다. 다만 채권의 목적인 급부는 이행기를 기준으로 구체적으로 실현되는 것이므로 채권이 성립할 당시에 미리 성립되어 있어야 하는 것은 아니고 이행기까지 급부를 확정할 수 있으면 된다.

(2) 적법성

급부는 적법한 것이어야 한다. 즉 강행법규에 위반하지 않아야 한다. 예 컨대 법률상 인도가 금지된 물건을 인도한다는 급부 등은 강행법규에 위반 하는 급부로서 적법성이 없으며, 채권은 성립하지 않는다.

(3) 사회적 타당성

급부는 사회적 타당성이 있어야 한다. 즉 사회질서에 위반하지 않는 것이 어야 하며, 이에 위반하는 때에는 법률상 급부로서 인정되지 않으며, 그 채 권은 무효이다.

(4) 실현가능성

급부는 그 실현이 가능한 것이어야 하며, 불가능한 급부를 목적으로 하는 채권은 무효이다. 채권의 목적으로서의 급부의 가능이라 함은 채권의 성립 시를 표준으로 하며, 채권이 성립할 때에 가능한 것이어야 한다는 것을 의 미한다. 따라서 원시적 불능의 급부를 목적으로 하는 계약은 무효이며, 그 에 따라 채권도 성립하지 않는다. 그러나 채권이 성립한 후에 급부가 불능 으로 된 후발적 불능의 경우에는 그 채권은 유효이다.

(5) 금전적 가치

제373조는 "금전으로 가액을 산정할 수 없는 것이라도 채권의 목적으로 할 수 있다"고 규정하고 있다. 본조는 금전적 가치가 없는 급부에 대해서 도 채무로서의 법률적 구속을 발생케 할 수 있다는 소극적 원칙을 밝히고 있다.

3. 채권의 목적(급부의) 종류

(1) 작위급부·부작위급부

급부의 내용이 작위이냐 부작위이냐에 의한 구분이다. 채권의 목적은 작 위가 보통이지만 부작위도 채권의 목적이 될 수 있다(제389조 3항 참조). 부작위에는 '단순 부작위'(예 : 건축을 하지 않는 것)와 채권자가 일정한 행 위를 하는 것을 방해하지 않을 '인용'(예 : 임대인이 임대물을 수선하는 것 을 임차인이 방해하지 않는 것)이 있다. 작위급부와 부작위급부는 채무불이

행이 있는 때에 그 강제이행의 방법을 달리한다.

(2) 주는 급부·하는 급부

작위급부를 그 내용에 따라 구분한 것이다. 작위가 물건의 인도인 때에는 이를 '주는 급부'라 하고, 물건의 인도 이외의 작위를 내용으로 하는 것을 '하는 급부'라고 한다. 전자는 물건의 인도라는 결과에 중점을 두는 데 비해, 후자는 채무자 자신의 행위에 중점을 두는 점에서 차이가 있다. '주는 급부'와 '하는 급부'는 강제이행의 방법도 달리한다.

(3) 특정물 급부·불특정물 급부

주는 급부에서 인도의 목적물이 특정되어 있느냐 여부에 의한 구분이다. 불특정물 급부에는 인도하여야 할 물건이 종류에 의하여 정하여 지는 것과 금전인 경우가 있으며, 후자는 물건(즉 금전)에 대한 관계가 희박하고 오히려 일정액의 가치라는 관념이 더 강하다. 양자는 특정을 요하느냐, 이행의 방법, 이행의 장소, 쌍무계약에 있어서 위험부담의 적용 여부 등에서 구별의 실익이 있다.

(4) 가분급부·불가분급부

급부의 본질 또는 가치를 손상하지 않고서 급부를 분할적으로 실현할 수 있느냐 여부에 의한 구별이다. 급부의 가분·불가분은 그 급부의 성질이나 당사자의 의사표시에 의해 정해진다(제409조).

가분급부·불가분급부의 구별은 채권자 또는 채무자가 다수 있는 경우에 특히 그 실익이 있다.

(5) 일시적 급부·계속적 급부·회귀적 급부

이것은 급부를 실현하는 모습에 의한 구분이다. 급부가 계속적·반복적으로 행하여지느냐 여부에 따라 일시적 급부(예 : 매매에 따른 물건의 인도와 대금의 지급)와 계속적 급부(예 : 고용에 따른 노무의 제공)로 나누어진다. 그리고 회귀적 급부는 이 양자를 합한 것으로서 일정한 시간적 간격을 두고 일정한 행위를 반복하여야 하는 급부이다(예 : 신문구독계약에 따라 매일 신문을 배달하는 것). 계속적 급부와 회귀적 급부에 있어서는 당사자 사이에 계속적 관계가 생기는 결과 신의칙이나 사정변경의 원칙이 지배하

는 정도가 강하게 된다.

▣ 핵심판례 ▣

■ [채권의 목적]

가. 건축하도급계약 당시 그 건축공사에 대한 건설부장관의 사업계획승인 등이 갖추어지지 않은 경우 그 계약이 목적실현불가능한 것이어서 무효인지 여부(소극)

이 사건 건축하도급계약 당시 그 건축공사에 대한 건설부장관의 사업계획승인, 원도급인의 하도급에 대한 승인, 건축부지의 확보 등이 갖추어져 있지 않았다 하더라도 그 계약의 목적이 된 토지상에 아파트건축공사를 하는 것이 법률상 금지 내지 제한되어 있었다는 특단의 사정이 없는 이상 계약 후 이를 보완할 수 있는 것이므로 그와 같은 사유만으로써는 위 하도급계약이 계약 당시 그 계약목적이 실현 불가능한 것이어서 무효라고 할 수 없다.

나. 재판의 탈루와 상고의 대상

원고가 변론기일에서 진술한 청구취지정정신청서에 의하여 지연손해금청구 일부를 확장하였음에도 불구하고 원심이 이에 대하여 아무런 판단을 하지 않았더라도 이는 이른바 재판의 탈루에 해당하는 것으로서 그 부분 소송은 아직 원심에 계속중이라고 할 것이므로 적법한 상고대상이 되지 아니한다(1989. 11. 18. 제2부 결정, 89다카11777 부당이득금반환).

◆ 채권의 목적물이 특정물인 때 채무자의 선관주의 의무

제 374 조【특정물인도채무자의 선관의무】

특정물의 인도가 채권의 목적인 때에는 채무자는 그 물건을 인도하기까지 선량한 관리자의 주의로 보존하여야 한다.

■ § 374. 특정물채권

• 선관주의 의무 : 채무자……인도시까지 선량한 관리자의 주의로써 보관하여 야 한다.

• 인도장소 : 특약이 없는 한 채권성립 당시에 그 물건이 있던 장소에서 인도 한다(§467①).

채권의 목적인 특정물의 보관의무에 관해서「채무자는 인도하기까지 선량한 관리자의 주의로써 그 물건을 보존하여야 한다」고 규정하고 있다.

특정물이라 함은 어디의 몇 번지의 토지라든가 이 책상과 같이 당사자가 그 개성에 착안하여 거래의 목적으로 한 물건을 말한다.

선량한 관리자의 주의라 함은, 선량한 가부라고 하는 로마법상의 용어에서 유래한 것으로서, 누구라도 채무자의 지위・직업에 의해 요구되는 일반적・객관적인 주의라고 하는 의미이다.

「자기재산과 동일한 주의」(제695조),「자기의 재산에 관한 행위와 동일한 주의」(제922조),「개인재산에 대하는 것과 동일한 주의」(제1022조) 등과 같이 행위자의 능력에 따른 구체적인 주의의무에 대한 개념으로서 보다 더 고도의 주의의무가 요구되고 있다. 이것은 예컨대 무상수치인에게 주관적인 주의의무가 요구되는데(제695조) 대하여, 유상수치인에게는 선량한 관리자의 주의의무가 요구된다는 점에서도 이해할 수 있다.

이 주의의무에 위반하여 목적물을 멸실・훼손한 때에는 손해배상의 책임을 진다(제390조).

선량한 관리자의 주의를 태만히 할 경우에는 추상적 과실(객관적 과실), 자기

를 위하여 하는 것과 동일한 주의를 게을리 한 경우에는 구체적 과실(주관적 과실)이라고 한다.

선량한 관리자의 주의의무는 이행기까지가 아닌 인도하기까지이다. 그러나 이행기를 초과한 것이 채무자의 귀책사유에 기인된 때에는 이후에는 이행지체가 되고 채무자는 불가항력에 대해서도 책임을 부담하게 된다(제392조 참조).

또 이행기에 채무자가 목적물을 제공하였으나 채권자의 수령지체가 된 경우에는 그 이후 채무자에게는 그 주의의무가 경감되므로 자기를 위해서 하는 것과 동일한 주의의무를 하면 된다(제401조 참조).

따라서 이행기 이후에도 채무자가 선량한 관리자의 주의의무를 부담하는 것은 이행지체도 수령지체도 아닌 경우이다.

채무자는 선량한 관리자의 주의로써 보존한 후에 그 목적물을 이행기에 인도할 때에는 현상 그대로 인도하여야 하며, 그것만으로 충분하다(제462조).

따라서 이행기까지에 목적물이 훼손된 경우에는 훼손된 채로 인도하고, 멸실한 때에는 인도의 의무를 면하게 된다. 멸실했는가의 여부는 목적물이 거래관념상 동일성을 잃고 있는가의 여부에 따라 결정된다.

이행기까지에 생긴 과실은 채무자가 취득할 수 있다. 이행기 이후의 과실은 채권자에게 인도하여야 하지만 매매에 관해서는 예외를 규정하고 있다. 목적물을 인도하지 않고 있는 동안에 생긴 과실은 매도인에게 속한다(제587조).

<참고사항>

※ 특정물 채무
1. 특정물 채무의 판단기준
 특정물인지 종류물인지 여부를 판단하는 일차적인 기준은 '당사자들의 주관적인 의사'이다. 따라서 특정물인지 종류물인지는 일차적으로 법률행위 해석으로 귀결되는 것이다. 당사자의 의사가 불명확한 경우에는 비대체물은 특정물, 대체물은 종류물로 본다. 이와 같은 대체성 여부는 객관적으로 정해진다.
2. 선관주의의무(374조)
 (1) 개념 : 이는 추상적 경과실을 의미한다. 객관적 주의의무를 가리키고 평균인을 기준으로 한다.

(2) 현행법상 구체적 경과실

　선관주의의무와 달리 이는 주관적 주의의무를 가리킨다.

　1) 무상수치인(제695조, 자기재산과 동일한 주의). 단, 사용대차, 위임은 무상
　계약이지만 선관주의의무를 부담한다.

　2) 친권자의 자에 대한 재산관리(제922조, 자기의 재산에 관한 행위와 동일
　한 주의).

　3) 상속재산의 관리(제1022조, 고유재산에 대하는 것과 동일한 주의).

(3) 발생시기 : 특정물 인도채무의 성립시

　1) 특정물 매매 계약 성립시

　2) 종류물의 특정시

(4) 존속시기 : 특정물 인도시까지

　여기서 '인도시'란 현실적인 인도시를 의미하는 것이지 약정한 이행기 까지
　를 의미하는 것은 아니다.

(5) 위반의 효과

　채무불이행 책임을 진다.

3. 목적물의 현상인도(제462조)

　특정물 인도채무의 경우 '이행기의 현상'대로 그 물건을 인도하면 된다. 이에
　대한 의미와 관련하여 특정물도그마이론과 법적동일성설이 주장되고 있다.

(1) 특정물 도그마이론(다수설)

　'선관주의의무를 대했다면' 그 물건을 이행기 현상 그대로 인도하면 족하고
　이것으로서 인도의무를 다한 것이 된다. 즉 목적물 현상에 변화가 있었더
　라도 선관주의의무 위반에 기한 것이 아닌 한 채무불이행 책임을 지지 않
　는다.

(2) 법적동일성설

　현상인도가 유효한 변제로서 평가되기 위해서는 '본래의 특정물로서의 법
　적 동일성이 유지되는 범위 내'이어야 한다. 따라서 선관주의의무를 다하
　였다고 하여도 본래 특정물건과 이행되는 물건이 법적 동일성이 없으면
　유효한 변제가 되지 못하고 채권자는 수령을 거절할 수 있다.

4. 특정물 인도장소(제467조 1항)

　지참채무 원칙의 특칙으로서 '채권성립 당시 목적물이 있던 장소'에서 인도하
　여야 한다.

5. 과실의 귀속

이행기 이전의 과실은 채무자에게, 이행기 이후의 과실은 채권자에게 귀속한다. 단, 매매에 있어서는 이행기 이후라 하더라도 인도 전 과실은 매도인에게 귀속한다는 특칙이 있다(제587조, 단 이는 매수인이 아직 대금을 지급하지 않은 것을 전제로 하는 것이다(대판 1993. 11. 9. 93다28928).

▣ 핵심판례 ▣

■ [특정물인도채무자의 선관의무]

임대차가 종료된 후 임차인이 동시이행의 항변권에 기하여 목적물을 유치하는 경우의 임대목적물 보존에 대한 주의의무의 정도 및 그 주의의무 위반 여부에 대한 입증책임의 소재

임대차 종료 후 임차인의 임차목적물 명도의무와 임대인의 연체차임 기타 명도시까지 발생한 손해배상금 등을 공제하고 남은 임대보증금반환 채무와는 동시이행의 관계에 있는 것이어서 임차인은 이를 지급받을 때까지 동시이행의 항변권에 기하여 목적물을 유치하면서 명도를 거절할 권리가 있는 것이나, 임차인은 임차목적물을 명도할 때까지는 선량한 관리자의 주의로 이를 보존할 의무가 있어, 이러한 주의의무를 위반하여 임대목적물이 멸실, 훼손된 경우에는 그에 대한 손해를 배상할 채무가 발생하며, 임대목적물이 멸실, 훼손된 경우 임차인이 그 책임을 면하려면 그 임차건물의 보존에 관하여 선량한 관리자의 주의의무를 다하였음을 입증하여야 할 것이다(대판 1991. 10. 25, 91다22605, 22612(반소)).

◈ 채권의 목적물을 종류만으로써 지정한 경우에 채무자가 이행하여야 할 목적물

제 375 조【종류채권】

① 채권의 목적을 종류로만 지정한 경우에 법률행위의 성질이나 당사자의 의사에 의하여 품질을 정할 수 없는 때에는 채무자는 중등품질의 물건으로 이행하여야 한다.

② 전항의 경우에 채무자가 이행에 필요한 행위를 완료하거나 채권자의 동의를 얻어 이행할 물건을 지정한 때에는 그때로부터 그 물건을 채권의 목적물로 한다.

■ § 375. 종류채권

• 목적물의 품질 : ① 법률행위의 성질. ② 당사자의 특약. ③ 중품
• 특정시기 : ① 채무자가 이행에 필요한 행위를 완료한 때
　　　　　　② 채무자가 채권자의 동의를 얻어 목적물을 지정한 때
　　　　　　③ 당사자사이의 특약으로 지정권이 주어진 제3자가 목적물을 지정한 때
　　　　　　④ 당사자가 계약에 의해 구체적으로 목적물을 선정한 때
• 특정의 효과 : 종류채권의 특정 → 특정물채권

1. 종류채권의 의의

(1) 종류채권의 개념

　종류채권이란 일정종류에 속하는 물건의 일정수량의 급부를 목적으로 하는 채권이다. 예컨대「쌀 2가마니」,「비누 1타스」와 같이 종류와 분량만이 정하여져 있고 어디에 있는 쌀이라고 특정되지 않은「불특정물」의 인도를 목적으로 하는 채권이다. 종류채권의 목적물은 대체물인 것이 보통이지만, 부대체물인 건물·자동차·말 등도 그 개성이 아니라 공통성·수량에 중점을 두는 경우에는 종류채권의 목적물로 할 수 있다. 즉 종류물의

여부는 거래의 일반관념에 의하여 객관적으로 정하여지는 것이 아니라, 당
사자의 의사를 표준으로 하여 정하여진다.

(2) 제한종류채권

종류 이외에 다시 일정한 제한을 두어서 일정량의 물건의 급부를 약속하
는 경우가 있다. 예컨대 특정 창고 속의 쌀 50가마를 매수하기로 계약하는
경우가 이에 해당된다.

2. 목적물의 품질

종류채권에 있어서 같은 종류에 속하는 물건의 품질에 상·중·하의 차등이
있는 경우에는 채권자는 다음의 3가지 표준에 의하여 이행하여야 한다.

(1) 법률행위의 성질에 의하는 경우

소비대차(제598조)·소비임치(제702조)에서 차주와 수치인은 그가 처음에
받은 물건과 동일한 품질의 것을 반환하여야 한다.

(2) 당사자의 의사에 의하는 경우

당사자의 의사가 관습에 의하여 인정되는 경우(제106조 참조)에는 그에
따른다.

(3) 중등품질의 물건으로 이행하는 경우

당사자의 의사해석에 의하여서도 정하여지지 않는 경우에는 채무자는 중
등의 품질을 가지는 물건을 급부하여야 한다(제375조 1항).

3. 종류채권의 특정

(1) 특정의 방법

1) 채무자가 이행에 필요한 행위를 완료한 때

물건을 급부하는데 있어서 채무자가 하여야 할 모든 행위를 완료한 때에
특정이 있게 된다.

가. 지참채무의 경우

지참채무란 채무자가 목적물을 채권자의 주소에 가지고 가서 이행하여

야 하는 채무이다. 특정물의 인도는 채권성립 당시에 그 물건이 있던 장소에서 하여야 하지만(제467조 1항), 그 밖의 채무변제는 채권자의 현주소에서 하여야 하고(제467조 2항), 그 결과 종류채무는 원칙적으로 지참채무에 속한다. 따라서 채무자가 채권자의 주소에서 현실적으로 변제의 제공을 한 때, 즉 목적물이 채권자의 주소에 도달하고 채권자가 언제든지 수령할 수 있는 상태에 놓여진 때에 비로소 특정이 생긴다. 채무자가 인도할 목적물을 분리하거나 우편·철도 등의 운송기관에 위탁하여 발송하는 것만으로는 특정은 생기지 않는다. 따라서 발송 후 도달 전에 그 물건이 불가항력으로 멸실한 경우에도, 채무자는 그 종류에 속하는 다른 물건으로써 변제하여야 한다. 그러나 지참채무라고 하더라도 채권자가 미리 그 수령을 거절한 때에는 '변제의 제공'을 하면 특정이 생긴다.

나. 추심채무의 경우

추심채무는 채권자가 채무자의 주소에 와서 목적물을 추심하여 변제받아야 하는 채무이다. 추심채무의 경우는 채무의 이행에 채권자의 추심행위가 필요하다. 따라서 이 때에는 구두의 제공, 즉 변제의 준비를 완료하였음을 통지하고 그 수령을 최고하는 것으로 특정이 된다(제460조 단서).

다. 송부채무의 경우

① 제3지가 본래의 이행장소인 경우

지참채무와 마찬가지로 본다. 즉, 제3지에서 '현실제공'한 때 특정된다. 따라서 발송만으로는 특정이 되지 않으므로 운송 중에 목적물이 멸실되면 다른 물건으로 조달하여 이행하여야 한다.

② 제3지가 채무자의 호의로 이행장소가 된 경우

채무자가 제3지로 '발송'한 때 특정된다. 따라서 이 경우에는 발송에 의하여 특정이 되므로 운송 중에 목적물이 멸실되더라도 다른 물건으로 조달하여 이행할 필요가 없다.

2) 채권자의 동의를 얻어 이행할 물건을 지정한 때

여기서 채권자의 동의란 채무자가 어떤 물건을 특정한 데에 대한 동의가 아니라 채무자에게 지정권을 준다는 데에 대한 동의라고 해석하는 것이 통설이다. 따라서 '채권자의 동의를 얻어 이행할 물건을 지정한 때'란 채무자가

그 지정권을 행사하여 지정한 경우를 말한다. 그러므로 채무자가 이행할 물건을 지정한 때, 즉 특정의 물건을 지정·분리한 때에 특정이 생긴다.

【쟁점사항】

<제한종류채권에 있어 급부목적물의 특정방법>

제한종류채권에 있어 급부목적물의 특정은, 원칙적으로 종류채권의 급부목적물의 특정에 관하여 민법 제375조 제2항이 적용되므로, 채무자가 이행에 필요한 행위를 완료하거나 채권자의 동의를 얻어 이행할 물건을 지정한 때에는 그 물건이 채권의 목적물이 되는 것이나, 당사자 사이에 지정권의 부여 및 지정의 방법에 관한 합의가 없고, 채무자가 이행에 필요한 행위를 하지 아니하거나 지정권자로 된 채무자가 이행할 물건을 지정하지 아니하는 경우에는 선택채권의 선택권 이전에 관한 민법 제381조를 준용하여 채권의 기한이 도래한 후 채권자가 상당한 기간을 정하여 지정권이 있는 채무자에게 그 지정을 최고하여도 채무자가 이행할 물건을 지정하지 아니하면 지정권이 채권자에게 이전한다(대판 2003. 3. 28, 2000다24856).

3) 당사자의 합의

당사자의 합의로 목적물을 특정할 수 있으며, 이때에는 그 합의에서 정하여진 방법에 따라 특정이 이루어진다.

(2) 특정의 효과

가. 종류채권이 특정물채권으로 전환

종류채권의 목적물이 특정되면 그 후로는 그 특정된 물건이 채권의 목적물이 된다. 즉 종류채권은 목적물의 특정으로 그 동일성을 해하지 않고 특정물채권으로 전환한다. 따라서 특정된 물건이 그 후 어떤 사정으로 멸실한 경우에는 채무자는 다른 종류물 중에서 다시 이행하여야 할 의무를 지지는 않으며, 그 인도의무를 면한다. 또 특정된 물건이 훼손된 경우에도 그 상태대로 인도하면 된다.

나. 변경권

종류채권은 목적물의 개성에 중점을 두지 않는 채권이며, 그 특정은 종류채권을 이행하기 위한 수단·방법에 지나지 않는다. 따라서 일단 특정된 후에도 특별히 반대의사가 없는 한 동종 동량의 다른 물건으로 인도할 수

있는 이른바 '변경권'을 인정하는 것이 통설이다.

• 종류채권의 특정시기

1. 채무자가 이행에 필요한 행위를 완료한 때(본조②전)

 1) 지참채무→채권자의 주소에서 현실의 제공시

 2) 추심채무→구두의 제공으로서 수령의 최고시

 3) 송부채무 { 제3자가 이행장소의 경우~지참채무와 동일

 채무자의 호의인 경우~제3지로 발송한 때

2. 채권자의 동의를 얻어 이행할 물건을 지정한 때(본조②후)

 채무자가 특정의 물건을 지정, 분리한 때

3. 기타의 경우

 1) 당사자의 계약으로 목적물을 선정, 분리한 때

 2) 당사자의 특약으로 제3자에게 지정권을 주어 특정한 때

<참고사항>

※ 종류채무 특정 전·후 비교

1. 종류채무 특정 전

 (1) 조달의무가 있다.

 특정이 되기 전에 그것이 멸실되면 언제나 다른 것을 조달해서 이행해야
 한다. 따라서 지참채무의 경우 운송 중 멸실되면 채무자는 다른 물건을 다
 시 보내야 한다.

 (2) 이행불능이 없다.

 단, 제한종류채권의 경우에는 이행불능이 있을 수 있다.

 (3) 위험부담의 문제가 있을 수 없다.

 채무자에게 조달의무가 있어 급부의 소멸이 있을 수 없기 때문이다.

2. 종류채무의 특정 후

 (1) 원 칙

 특정물 채권으로 전환되어 조달의무를 면하고, 급부위험이 채권자에게 이
 전된다.

(2) 목적물 멸실

　1) 채무자의 귀책사유로 멸실한 경우

　　손해배상책임을 진다. 다만 목적물의 개성을 중시하지 않는 종류채권의 성질상 채무자는 동종, 동량의 다른 물건을 인도하고 대금을 청구하는 것이 가능하다고 한다.

　2) 불가항력으로 멸실한 경우

　　급부는 소멸하고 대가위험부담은 채무자가 진다. 따라서 채무자는 대금을 청구하지 못한다. 이 경우에도 성질상 다른 물건으로 이행하고 대금을 청구하는 것은 가능하다는 것이 통설이다.

　3) 수령지체 중 멸실한 경우

　　채무자의 주의의무가 감경되고(제401조), 대가위험이 이전된다(제538조1항 후문).

(3) 채무자의 변경권

　특정된 후에는 그 특정물만을 이행하여야 하지만 종류채무의 특성상 목적물의 개성이 중요하지 않기 때문에 채권자에게 불이익이 되지 않는 한 채무자는 다른 목적물로 변경하여 이행할 수 있다.

▣ 핵심판례 ▣

■ [종류채권]

1. 가. 보유주식 일정량을 담보제공하기로 한 약정의 성질과 그에 기한 채무가특정물인도채무인지 여부

　　보유주식 일정량을 담보로 제공하기로 한 담보제공약정은 특정한 "주권"에 대한 담보약정이 아니라 기명의 "주식"에 관한 담보약정이고 다만 그 담보약정의 이행으로서 약정한 기명주식을 표창하는 주권을 인도할 의무가 있는 것인데, 주식은 동가성이 있고 상법 등의 규정에 따른 소각, 변환, 병합 등 변화가능성이 있으며 담보약정에 이르게 된 경위 등에 비추어 볼 때, 담보약정 후 주권의 이행제공 전에 갖고 있던 주식에 대한 처분이나 새로운 주식의 취득이 있더라도 약정된 수의 기명주식을 표창하는 주권만 인도하면 되고 인도할 주권의 특정은 쌍방 어느 쪽에서도 할 수 있는 것으로서 담보약정에 기한 채권은 일종의 제한종류채권이다.

나. 타인의 권리를 처분한 자의 지위를 그 타인이 상속한 경우 처분계약에 따른 무조건적인 이행의무를 부담하는지 여부

갑이 을 등 명의의 주식에 관하여 처분권한 없이 은행과 담보설정계약을 체결하였다 하더라도 이는 일종의 타인의 권리의 처분행위로서 유효하다 할 것이므로 갑은 을 등으로부터 그 주식을 취득하여 이를 은행에게 인도하여야 할 의무를 부담한다 할 것인데, 갑의 사망으로 인하여 을 등이 갑을 상속한 경우 을 등은 원래 그 주식의 주주로서 타인의 권리에 대한 담보설정계약을 체결한 은행에 대하여 그 이행에 관한 아무런 의무가 없고 이행을 거절할 수 있는 자유가 있었던 것이므로, 을 등은 신의칙에 반하는 것으로 인정할 특별한 사정이 없는 한 원칙적으로는 위 계약에 따른 의무의 이행을 거절할 수 있다.

다. '나'항의 경우 의무불이행이 신의칙에 위배된다고 본 사례

회사의 경영이 어려워 대주주들이 스스로 자신들의 주식을 담보로 제공하고 은행에 금융지원을 호소하던 실정이어서 회사의 경영주인 갑과 가족관계에 있는 을등 역시 자신들의 주식을 담보로 제공하는 데 아무런 이의를 제기할 여지가 없었으며, 그 결과 은행으로부터 거액의 금융지원을 받게 되어 회사가 정상화되는 데에 상당한 도움을 받았고 나아가 을 등은 자신들의 주식이 담보로 제공된 것을 알고 있었을 것으로 보이는데도 불구하고 갑의 사망 이후 상당기간 동안 아무런 이의를 제기하지 아니함으로써 은행으로 하여금 계약이 그대로 이행될 것이라고 신뢰하게 하였던 사정이 있었던 점 등에 비추어 보면, 을 등이 이제 와서 은행의 위와 같은 신뢰에 반하여 자신들 명의의 주식은 물론 당연히 계약 내용에 따라 인도해 주어야 할 갑 명의의 주식까지도 인도를 거절하고 있는 것은 신의칙에 어긋난다고 본 사례(1994. 8. 26. 제3부 판결 93다20191 주권인도).

2. 제한종류채권에 있어 급부목적물의 특정방법

제한종류채권에 있어 급부목적물의 특정은, 원칙적으로 종류채권의 급부목적물의 특정에 관하여 민법 제375조 제2항이 적용되므로, 채무자가 이행에 필요한 행위를 완료하거나 채권자의 동의를 얻어 이행할 물건을 지정한 때에는 그 물건이 채권의 목적물이 되는 것이나, 당사자 사이에 지정권의 부여 및 지정의 방법에 관한 합의가 없고, 채무자가 이행에 필요한 행위를 하지 아니하거나 지정권자로 된 채무자가 이행할 물건을 지정하지 아니하는 경우에는 선택채권의 선택권 이전에 관한 민법 제381조를 준용하여 채권의 기한이 도래한 후 채권자가 상당한 기간을 정하여 지정권이 있는 채무자에게 그 지정을 최고하여도 채무자가 이행할 물건을 지정하지 아니하면 지정권이 채권자에게 이전한다(대법원 2003. 3. 28. 선고 2000다24856 판결).

3. 임대료 지급 채무

임대료지급채무는 특정물인 건물을 일정기간 사용, 수익함으로써 발생하는 것이고 이 채무는 특별한 사정이 없는 한 지참채무라고 보아야 할 것이다(대판 1991. 10. 22. 91다22902).

◈ 금전채권에 있어서 그 통화가 변제기에 강제통용력을 잃은 경우의 변제방법

제 376 조【금전채권】

채권의 목적이 어느 종류의 통화로 지급할 것인 경우에 그 통화가 변제기에 강제통용력을 잃은 때에는 채무자는 다른 통화로 변제하여야 한다.

■ § 376. 금전채권

- 금전채권도 종류채권의 일종이지만 목적물의 특정이 필요없고 이행불능이 있을 수 없다.
- 이행지체에 관한 특칙 : ① 금전채무의 불이행에 있어서 채권자는 손해의 발생 및 액을 입증할 필요가 없다(§397②).
 - ② 금전채무의 채무자는 과실없음을 항변하지 못한다(§397②).
 - ③ 금전채무의 불이행에 있어서 지연배상을 법정이자로 의제되나 실질은 손해배상금이다.
- 관련법조 : [강제통용력] 한국은행법 §48

1. 금전채권의 의의

금전채권은 일정액의 금전의 급부를 목적으로 하는 채권이다. 매매와 같은 유상의 쌍무계약에 있어서는 일방이 물건을 인도할 채무를 부담하고, 다른 일방은 대가를 지불하여야 하는데, 이 대가의 지불이 금전채권이다.

금전채권은 종류채권의 일종으로 볼 수도 있으나 수량으로 표시된 일정한 추상적인 화폐가치를 목적으로 하고, 이를 실현하는 구체적인 물건(화폐)에 대한 관계가 희박하다.

이 점에서 금전채권을 금전 이외의 급부를 목적으로 한 채권과 다른 여러 가지 특질을 가지고 있다.

2. 금전채권의 종류

(1) 금액채권

금액채권이란 '일정금액의 금전'의 지급을 목적으로 하는 채권을 말한다. 보

통 금전채권이라고 하면 이 금액채권을 의미한다. 금전은 강제통용력을 가지는 한, 금전의 종류는 묻지 않으며 그 결과 위험의 문제도 생기지 않는다.

(2) 금종채권

금종채권이란 일정한 종류의 통화로 지급하기로 정한 채권을 말한다(예컨대 5천원권으로 5백만원을 지급하기로 약정하는 것). 이러한 약정이 있는 때에는 채무자는 그 약정에 따라서 변제하여야 한다. 다만 그 종류의 통화가 변제기에 강제통용력을 잃은 때에는 금전채권의 일반적 성질로 돌아가 다른 종류의 통화로 변제하여야 한다(제376조).

(3) 특정금전채권

이것은 '특정의 금전'의 급부를 목적으로 하는 채권이다. 예컨대 전시할 목적으로 특정화폐를 급부하는 경우 등이 이에 해당된다. 이 특정금전채권은 특정물채권에 지나지 않으며, 금전채권으로서의 특질은 전혀 없다.

(4) 외화채권

외화채권이란 다른 나라의 통화, 즉 외화로 지급하기로 한 채권을 말한다. 외화채권에 대해서는 제377조와 제378조가 규율하고 있다.

[금전채권]

◈ 외화채권의 변제방법

제 377 조 【외화채권】

① 채권의 목적이 다른나라 통화로 지급할 것인 경우에는 채무자는 자기가 선택한 그 나라의 각 종류의 통화로 변제할 수 있다.

② 채권의 목적이 어느 종류의 다른 나라 통화로 지급할 것인 경우에 그 통화가 변제기에 강제통용력을 잃은 때에는 그 나라의 다른 통화로 변제하여야 한다.

■ § 377. 외국금전채권(외화채권)

- 외국금액채권, 외국금종채권, 특정외국금전채권
- 민법의 규정 : 금액채권과 금종채권의 구별을 두고 있음

다른 나라의 통화, 즉 외화로 지급하기로 한 채권이 외화채권이다. 금전채권은 일정액의 화폐가치를 목적으로 하는 것이므로, 당사자가 화폐의 종류를 특정하더라도 그것은 어디까지나 2차적인 의미를 갖는데 지나지 않는다. 외국의 통화로 지급하도록 정한 경우에도 전조(제376조)의 표준에 따른다.

즉, 특약이 없으면 채무자는 그의 선택에 따라 당해 외국의 각종 화폐로써 변제하면 되고, 특종의 통화를 지급하는 경우에 그 특종통화가 변제기에 강제통용력을 잃은 때에는 그 나라의 다른 통화로 변제하여야 한다.

◆ 외화채권의 환산시기

제 378 조【동전】

채권액이 다른 나라 통화로 지정된 때에는 채무자는 지급할 때에 있어서의 이행지의 환금시가에 의하여 우리나라 통화로 변제할 수 있다.

■ § 378. 대용급부권

• 종전의 판례 : 변제하기로 하였던 시기, 즉 이행기(공 1978 · 10875, 공 1987 · 1216)
• 현재의 판례 : 종전의 판례폐기, 채무자가 현실로 이행한 때(공 1991 · 1166)
• 관련법조 : [어음, 수표의 특칙] 어음 §41, 수표 §36

1. 대용급부권

본조는 외화채권의 경우에 채무자가 우리나라 통화로 변제할 수 있다는 대용급부권을 인정하고 있다. 외국의 통화로 금액을 결정하였다 할지라도 지급할 때의 이행지의 환금시가에 의하여 환산하여 우리나라 통화를 지급하여도 유효하다.

본조는 채무자에게만 대용급부권을 인정하는데, 해석상 채권자도 우리나라 통화로 변제할 것을 채무자에게 청구할 수 있는지, 즉 대용급부청구권을 가지는지가 문제된다. 대용급부가 연혁적으로 채무자의 편의를 위하여 인정된 것이기는 하지만, 공평의 관념상 또는 화폐거래가 자유롭게 유통되는 성질상 채권자에게도 대용급부청구권을 인정하는 것이 타당하다고 해석하는 것이 통설 · 판례[대판(전원합의체) 1991. 3. 12, 90다2147]의 태도이다.

2. 외화채권의 환산시기

판례는 "채권액이 외국통화로 지정된 금전채권인 외화채권을 채무자가 우리나라 통화로 변제함에 있어서는 민법 제378조가 그 환산시기에 관하여 외화채권에 관한 같은 법 제376조, 제377조 제2항의 "변제기"라는 표현과는 다르게 "지급할 때"라고 규정한 취지에서 새겨 볼 때 그 환산시기는 이행기가 아니라 현실로 이행하는 때 즉 현실이행시의 외국환시세에 의하여 환산한 우리나

라 통화로 변제하여야 한다고 풀이함이 상당하므로 채권자가 위와 같은 외화
채권을 대용급부의 권리를 행사하여 우리나라 통화로 환산하여 청구하는 경우
에도 법원이 채무자에게 그 이행을 명함에 있어서는 채무자가 현실로 이행할
때에 가장 가까운 사실심 변론종결 당시의 외국환 시세를 우리나라 통화로 환
산하는 기준시로 삼아야 한다."고 하였다(대판 1991. 3. 12, 90다2147).

◼ **핵심판례** ◼

◼ [동전]

1. 가. 제소기간의 약정으로 소멸시효에 관한 상법이나 민법 규정의 적용이
 배제되는지 여부

 당사자사이에 해상운송인의 책임에 관하여 제소기간을 약정하고 그 기간연장
 에 합의하였다 하더라도 위와 같은 제소기간의 약정과 그 기간연장에 관하여
 상관습법이 확립되었다고 인정되지 아니한다면 그러한 약정과 합의에 의하여
 위 소멸시효에 관한 상법이나 민법규정의 적용을 배제할 수는 없다.

 나. 소멸시효완성후에 채권자의 제소기간 연장 요청에 대한 채무자의 승인
 을 소멸시효 이익의 포기로 볼 수 있는지 여부

 채무자가 소멸시효가 완성된 이후에 여러 차례에 걸쳐 채권자의 제소기간 연
 장요청에 동의한 바 있더라도 그 동의는 그 연장된 기간까지는 언제든지 채권
 자가 제소하더라도 이의가 없다는 취지에 불과한 것이지 완성한 소멸시효이익
 을 포기하는 의사표시까지 함축하고 있는 것은 아니다.

 다. 상법 제121조 제3항의 "악의인 경우"의 의무

 상법 제812조에 의하여 준용되는 같은 법 제121조 제3항에 규정된 운송인이나
 그 사용인이 "악의인 경우"라 함은 운송인이나 그 사용인이 운송물에 훼손 또
 는 일부멸실이 있다는 것을 알면서 이를 수하인에게 알리지 않고 인도된 경우
 를 가리킨다.

 라. 내.외국법인 사이에 발생된 손해배상채무의 변제방법

 외국법인이 국내법인을 상대로 한 운송계약불이행으로 인한 손해배상청구사건
 에서 당사자 사이에 그 채무의 변제를 다른 나라의 통화로 하기로 하는 특별
 한 약정이 없으면 채무자는 이행기의 환율에 의하여 환산한 한화로 변제하면
 족하다(1987. 6. 23. 제4부 판결 86다카2107 구상금).

2. 외화채권을 채권자가 우리나라 통화로 환산하여 청구하는 경우의 환산기준시기

채권액이 외국통화로 지정된 금전채권인 외화채권을 채무자가 우리나라 통화로 변제함에 있어서는 민법 제378조가 그 환산시기에 관하여 외화채권에 관한 같은 법 제376조, 제377조 제2항의 "변제기"라는 표현과는 다르게 "지급할 때"라고 규정한 취지에서 새겨 볼 때 그 환산시기는 이행기가 아니라 현실로 이행하는 때 즉 현실이행시의 외국환시세에 의하여 환산한 우리나라 통화로 변제하여야 한다고 풀이함이 상당하므로 채권자가 위와 같은 외화채권을 대용급부의 권리를 행사하여 우리나라 통화로 환산하여 청구하는 경우에도 법원이 채무자에게 그 이행을 명함에 있어서는 채무자가 현실로 이행할 때에 가장 가까운 사실심 변론종결 당시의 외국환 시세를 우리나라 통화로 환산하는 기준시로 삼아야 한다.

(소수의견)

우리 민법은 제378조에서 외국통화의 채무자에게 우리나라 통화로 변제할 수 있는 이른바 대용권을 인정하면서도 채권자에게는 그에 관한 아무런 규정을 두고 있지 아니하므로 채무자에게만 임의채권으로서의 대용권을 인정하고 있는 우리나라 민법체계에서는 채권자는 특별한 사정이 없는 한 본래의 급부목적인 외국통화의 지급만을 청구할 수 밖에 없으며, 가사 이 사건에서와 같이 원심에서 원고가 청구한 대로 우리나라 화폐의 지급을 명하는 판결이 선고되고 이에 대한 피고의 상고가 없어 우리나라 통화에 의한 청구를 용인할 수 밖에 없다 하더라도 민법 제378조가 정한 그 환산시기는 재판상의 청구와 재판외의 청구를 가릴 것 없이 현실지급시로 보아야 하되 이는 같은 법조에 의하여 채무자가 대용권을 행사하는 경우에 그렇다는 것에 그치므로 이사건에 있어서와 같이 원고가 그 급부의 목적인 외국통화의 지급을 구하지 아니하고 우리나라 통화에 의한 지급을 구하는 경우에는 민법 제378조에 의할 것이 아니라 "청구할 때"를 환산시기로 잡는 것이 옳다(대법원 1991. 3. 12. 선고 90다2147 전원합의체판결).

<p style="text-align:center"><판례전문(1991. 3. 12. 90다2147)></p>

[원고, 상고인] 주식회사 동화 소송대리인 변호사 조경근 외1인

[피고, 피상고인] 제일화재해상보험주식회사 소송대리인 법무법인 중앙국제법률특허사무소 담당변호사 장한각

[원심판결] 서울고등법원 1990. 2. 27. 선고 89나38586 판결

[주 문] 상고를 기각한다.

상고비용은 원고의 부담으로한다.

[이 유] 상고이유(보충상고이유는 상고이유를 보충하는 범위내에서)를 본다.

채권액이 외국통화로 지정된 금전채권인 외화채권을 채무자가 우리나라 통화로 변제함에 있어서는 민법 제378조가 그 환산시기에 관하여 외화채권에 관한 같은 법 제376조, 제377조 제2항의 "변제기"라는 표현과는 다르게 "지급할 때"라고 규정한 취지에서 새겨볼 때, 그 환산시기는 이행기가 아니라 현실로 이행하는 때, 즉 현실이행시의 외국환시세에 의하여 환산한 우리나라 통화로 변제하여야 한다고 풀이함이 상당하다. 따라서 채권자가 위와 같은 외화채권을 대용급부의 권리를 행사하여 우리나라 통화로 환산하여 청구하는 경우에도 법원이 채무자에게 그 이행을 명함에 있어서는 채무자가 현실로 이행할 때에 가장 가까운 사실심 변론종결 당시의 외국환시세를 우리나라 통화로 환산하는 기준시로 삼아야 할 것이다.

이 견해에 저촉되는 종전의 판례(당원 1968. 11. 26. 선고 68다1293, 1294 판결; 1978. 5. 23. 선고 73다1347 판결; 1987. 6. 23. 선고 86다카2107 판결 등)는 폐기하기로 한다.

소론은 어음법 제41조, 제77조 제1항 제3호, 수표법 제36조 제1항의 규정 을 들어 위 환산의 기준시는 이행기로 보는 것이 정당하다고 주장하나 이 법조들은 외화로 표시된 어음, 수표의 이행을 채무자가 지체할 때에는 채권자에게도 대용급부의 권리를 인정한 취지에 불과하고 소론과 같은 외화채권 환산의 기준시에 관한 근거로 되는 규정이 아니므로 받아들일 수 없다.

이 사건에 있어, 원심판결이유에 의하면, 원심은 채권액이 외국통화(미합중국 통화인 '불')로 지정된 이 사건 보험금을 채권자인 원고가 우리나라 통화로 환산하여 청구함에 대하여 채무자인 피고에게 우리나라 통화로 그 지급을 명함에 있어서 그 환산시기에 관하여는 현실이행시설을 취하여 현실로 지급하는 때에 가장 가까운 사실심변론종결시의 환금시가로 환산함이 타당한 것으로 보고 이행기설 즉 지급하여야 할 때를 기준하여 환산하여야 한다는 원고의 주장을 배척하였는바, 원심의 위와 같은 판단은 당원과 취지를 같이하여 정당하고 거기에 소론과 같은 외국금전채권의 환산시기에 관한 법리오해의 위법이 있다고 할 수 없다.

또 소론은 이 사건 보험금액을 미합중국화폐로 표시하기는 하였으나 계약당사자의 의사는 그 지급하여야 할 시기(즉 이행기)의 외국환시세에 따른 우리나라 통화로서 그 보험금을 지급하기로 약정한 취지이어서 이는 부진정외국금전채권이므로 이 사건 보험금의 우리나라 통화로서의 환산시기는 이행기로 봄이 정당하다는 취지의 주장을 하나 기록상 위와 같은 약정을 인정할 증거가 없을 뿐 아니라 이는 사실심에서는 주장하지 아니한 새로운 주장이어서 적법한 상고이유가 될 수 없다. 결국 논지는 모두 이유없다.

이상의 이유로 상고를 기각하고 상고비용은 패소자의 부담으로 하여, 대 법관 윤관, 대 법관 이재성의 반대의견을 제외하고 관여법관의 의견이 일치되어 주문과 같이 판결한다.

대법관 윤관, 대법관 이재성의 반대의견은 다음과 같다.

우리나라 민법은 제378조에서 "채권액이 다른나라 통화로 지정된 때에는 채무자는 지급할 때에 있어서의 이행지의 환금시가에 의하여 우리나라 통화로 변제할 수 있다"고 규정하여 외국통화의 채무자에게 우리나라 통화로 변제할 수 있는 이른바 대용권을 인정하면서도 채권자에게는 그에 관한 아무런 규정을 두지 아니하였다.

그리고 기록을 살펴보아도 원고와 피고사이에 미국통화의 급부를 채권의 목적으로 하고 있을 뿐 원고에게 선택권이나 대용권의 행사를 유보하기로 한 약정이 있었다거나 원고에게 그와 같은 권리를 행사할 수 있게 할 상관습이 있었다고 보여지지 아니한다.

따라서 채무자에게만 임의채권으로서의 대용권을 인정하고 있는 우리나라의 민법체계에서는 특별한 사정이 없는 한 원고는 본래의 급부목적인 미국통화의 지급만을 청구할 수 밖에 없다는 결론에 이르게 되고 또 그렇게 보는 것이 채권관계를 지배하는 신의칙에도 합당하다.

가사 이 사건에 있어서와 같이 원심에서 원고가 청구한 대로 우리나라 화폐의 지급을 명하는 판결이 선고되고 이에 대한 피고의 상고가 없어 어쩔 수 없이 우리나라 통화에 의한 청구를 용인할 수 밖에 없다 하더라도 이와 같은 경우에 있어서의 우리나라 통화로의 환산시기를 정함에 있어서는 다수의견과 견해를 같이 할 수 없다.

다수의견은 민법 제378조가 그 환산시기에 관하여 규정한 "지급할 때"란 뜻을 우리나라 통화로의 현실이행시라고 풀이하면서도 그것이 재판상의 청구인 경우에는 그 환산시기를 현실로 이행할 때에 가장 가까운 사실심 구두변론종결당시로 잡아야 한다고 한다.

그리고 이와같은 견해가 외국통화의 급부를 목적으로 한 채권자가 우리나라 통화에 의한 지급을 구하고 있는 이 사건에도 타당한 것으로 보고있다.

우선, 위 조문에서 규정한 "지급할 때"를 다수의견이 전제한 바와 같이 현실이행시로 본다면 그 현실이행시를 재판상의 청구와 재판외의 청구로 구분할 이유가 없고 더구나 우리나라 통화의 지급을 구하는 것이 강제집행이 불능할 때를 대비한 대상청구에 터잡은 것도 아닌 바에야 재판상의 청구라 하여 그 환산시기를 사실심 구두변론종결당시로 정할 수도 없다.

오히려 외국통화를 우리나라 통화로 환산하는 취지는 본래의 급부인 외국통화에 의한 채권액과 대용급부인 우리나라 통화에 의한 채권액과의 등가관계를 산출하는데 있는 것이고 판결에 의한 강제집행을 할 경우에도 강제집행 당시의 환율에 따르는 것이 타당하므로 우리나라 통화로의 환산시기는 재판상의 청구와 재판외의 청구를 가릴것 없이 현실지급시로 보면 그만인 것이다.

그러므로 이 사건에 민법 제378조가 정한 환산시기를 끌어들인다 하더라도 원고는 피고에게 미국통화 얼마를 지급할 때의 환율에 따라 환산한 우리나라 통화

의 지급을 구할 수는 있을지언정, 지급하기 전의 환율에 따른 우리나라 통화를 미리 계산하여 그 지급을 구할 수는 없다 하겠다.

그 보다도 이 사건에 있어서와 같이 원고가 그 급부의 목적인 외국통화의 지급을 구하지 아니하고 우리나라 통화에 의한 지급을 구하는 경우에도 과연 민법 제378조가 정한 "지급할 때"라는 환산시기의 적용이 있는 것인가.

결론적으로 말하면 앞에서 본 바와 같은 환산시기의 풀이는 민법 제378조에 의하여 채무자가 대용권을 행사하는 경우에 그렇다는 것에 그치는 것이므로 외국통화의 급부를 목적으로 한 채권자가 우리나라 통화에 의한 지급을 구할때에는 이와는 달리 청구할 때를 그 환산시기로 잡는 것이 옳다고 본다.

왜냐하면 외국통화를 급부의 목적으로 한 채권자가 우리나라 통화에 의한 지급을 구할 때에는 이미 외국통화채권은 소멸하고 새로운 우리나라 통화채권이 발생한다고 보여지는 터에, 채무자의 대용권은 그에 따른 의사표시외에 우리나라 통화를 현실적으로 제공하는 방법에 의하여서만 행사하여야 하는 반면, 외국통화의 채권자가 우리나라 통화에 의한 지급을 구할 때에는 의사표시만으로도 충분하므로 그 채권자가 우리나라 통화에 의한 지급을 구하는 의사표시를 할 때 채무자는 바로 이행지체에 빠지고 말기 때문이다.

만일 위와 같이 풀이하지 아니하면 채무자는 언제든지 대용권을 행사하여 그때 당시의 환율에 따른 우리나라 통화를 지급함으로써 채무를 면하게 되지만 채권자는 우리나라 통화의 지급을 구하더라도 채무자의 현실이행시를 기다려 그때의 환율에 따른 우리나라 통화를 지급받을 수 밖에 없을 뿐만 아니라 채권자가 우리나라 통화에 의한 지급을 청구함으로써 채무자가 바로 이행지체에 빠졌는데도 그후 채무자로 하여금 통화가치의 하락을 틈타서 계속 그 지급을 미루다가 하락한 환율에 따라 현실이행당시의 우리나라 통화로 갚게하는 것은 공평의 관념에도 반하는 것이라고 하지 않으면 안된다.

원고가 그 환산시기를 이 사건 외국통화채권의 이행기로 잡아야 한다고 주장하면서 내세우고 있는 상고이유에는 위와 같은 뜻이 포함되어 있다고 보지 못 할 바 아니다.

결국 원심판결은 외국통화의 급부를 목적으로 한 채권자가 우리나라 통화에 의한 지급을 구할 때에 있어서의 환산시기와 민법 제378조의 법리를 오해한 위법이 있으므로 파기하여야 한다고 본다.

대법관 김덕주(재판장) 이회창 최재호 박우동 윤관 배석 이재성 김상원 배만운 김주한 윤영철 김용준 김석수

3. 채권자가 외화채권을 우리나라 통화로 환산하여 청구하는 경우의 환산
 기준시점(=사실심 변론종결 당시의 외국환시세) 및 그와 같은 제1심 이
 행판결에 대하여 채무자만이 불복·항소한 경우에 법원이 항소심 변론
 종결 당시의 외국환시세를 기준으로 채권액을 다시 환산하여야 하는지
 여부(적극)

 채권액이 외국통화로 지정된 금전채권인 외화채권을 채권자가 대용급부의 권리를
 행사하여 우리나라 통화로 환산하여 청구하는 경우 법원이 채무자에게 그 이행을
 명함에 있어서는 채무자가 현실로 이행할 때에 가장 가까운 사실심 변론종결 당
 시의 외국환시세를 우리나라 통화로 환산하는 기준시로 삼아야 하고, 그와 같은
 제1심 이행판결에 대하여 채무자만이 불복·항소한 경우, 항소심은 속심이므로
 채무자가 항소이유로 삼거나 심리 과정에서 내세운 주장이 이유 없다고 하더라도
 법원으로서는 항소심 변론종결 당시의 외국환시세를 기준으로 채권액을 다시 환
 산해 본 후 불이익변경금지 원칙에 반하지 않는 한 채무자의 항소를 일부 인용하
 여야 한다(대법원 2007. 4. 12. 선고 2006다72765 판결).

4. 채무불이행으로 인한 손해배상의 방법을 정한 제394조 '금전'의 의미

 채무불이행으로 인한 손해배상을 규정하고 있는 민법 제394조는 다른 의사표시
 가 없는 한 손해는 금전으로 배상하여야 한다고 규정하고 있는바, 위 법조 소정
 의 금전이라 함은 우리나라의 통화를 가리키는 것이어서 채무불이행으로 인한
 손해배상을 구하는 채권은 당사자가 외국통화로 지급하기로 약정하였다는 등의
 특별한 사정이 없는 한 채권액이 외국통화로 지정된 외화채권이라고 할 수 없다
 (대법원 2005. 7. 28. 선고 2003다12083 판결).

5. 경매절차에서 외화채권자에게 배당을 하는 경우 외화채권의 환산기준시기
 (=배당기일 당시의 외국환시세)

 채권액이 외국통화로 정해진 금전채권인 외화채권을 채무자가 우리나라 통화로
 변제하는 경우에 그 환산시기는 이행기가 아니라 현실로 이행하는 때, 즉 현실이
 행 시의 외국환시세에 의하여 환산한 우리나라 통화로 변제하여야 하고, 이와 같
 은 법리는 외화채권자가 경매절차를 통하여 변제를 받는 경우에도 동일하게 적용
 되어야 할 것이므로, 집행법원이 경매절차에서 외화채권자에 대하여 배당을 할
 때에는 특별한 사정이 없는 한 배당기일 당시의 외국환시세를 우리나라 통화로
 환산하는 기준으로 삼아야 한다(대법원 2011. 4. 14. 선고 2010다103642 판결).

◈ 이자있는 채권의 이율

제 379 조 【법정이율】

이자있는 채권의 이율은 다른 법률의 규정이나 당사자의 약정이 없으면 연 5분으로 한다.

■ § 379. 이자채권

- 이　　자 : 원본(금전 기타 대체물)의 사용대가
- 이　　율 : ① 법정이율…연5푼(민법), 연6푼(상법)
　　　　　　　② 약정이율
- 관련법조 : [상사법정이율] 상 §54, [손해배상과 법정이율] 소송촉진 등에 관한 특례법 §3

본조는 이자 있는 채권에 관하여 그 이자에 대한 법정이율을 규정한 것이다.

이자는 일정기간을 단위로 원본액에 대한 일정한 이율에 의해 산정되는데, 이율에는 법률이 정하는 법정이율과 당사자의 약정에 의해 정해지는 법정이율이 있다. 법정이율은 원칙적으로 연5푼이지만(제379조), 상행위로 인한 채무의 법정이율은 연6푼이다(상법 제54조). 이것은 금전채무의 불이행으로 인한 손해배상액을 산정하는 데에도 적용된다(제397조 1항). 즉, 이자란 '금전 기타 대체물의 사용의 대가로서 원본액과 사용기간에 비례하여 지급되는 금전 기타의 대체물'을 말한다. 금전채무불이행의 경우의 손해배상(지연이자)도 법정이율보다 높은 약정이율의 약속이 없는 때에는 법정이율에 의한다(제397조 1항 전단). 그러나 금전채무의 이행명령판결을 선고할 경우 이율은 대통령령으로 정하도록 되어 있고(소송촉진등에 관한 특례법 제3조·연15%) 공탁금의 이율은 대법원규칙으로 정한다(공탁법 제6조·연 1천분의 1).

[이자채권] **[법정이자와 약정이자]**

[약정·법정이자]

[상사법정이자와 민사법정이자]

<참고사항>

※ 이자채권

1. 이자의 개념

　유동자본인 원본으로부터 사용기간, 이율에 따라 발생하는 수익으로서 금전, 기타 대체물을 이자라고 한다. 따라서 종신정기금, 건설이자(원본이 없다), 원본의 소각금, 할부금, 주식의 배당금(사용대가가 아니다), 지연이자(금전채무불이행에 기한 손해배상금이다) 등은 이자가 아니다.

2. 이자채권

(1) 기본적 이자채권

　추상적인 이자발생의 약정으로서 원본채권에 대한 '종속성'이 강하여 운명을 같이한다. 따라서 원본채권이 불성립하면 기본적 이자채권도 불성립하며 소멸시 함께 소멸한다. 또한 원본채권의 처분시 특별한 의사표시가 없는 한 기본적 이자채권도 함께 수반하여 이전한다.

(2) 지분적 이자채권

1) 변제기가 도래한 지분적 이자채권

이는 기본적 이자채권의 효과로서 구체화된 이자채권을 의미한다. 원본채권과 분리하여 양도가 가능하다. 원본채권을 양도할 때 이미 발생한 지분적 이자채권까지도 양도한다는 의사표시가 없는 한, 당연히 수반하여 양도되지는 않는다는 것이 통설과 판례이다(대판 1989. 3. 28. 88다카12803). 원본채권이 변제 등으로 소멸하더라도 지분적 이자채권은 소멸하지 않는다 단, 원본채권의 발생원인이 무효, 취소가 되어 원본채권이 부존재하게 되면 이자채권도 발생할 여지가 없다.

2) 변제기가 도래하지 않는 지분적 이자채권

변제기가 도래하지 않은 지분적 이자채권도 원본채권과 분리하여 '장래채권'으로 양도가 가능하다. 그러나, 원본채권이 양도되면 변제기가 도래하지 않은 지분적 이자채권도 함께 양도되고, 원본채권이 변제 등으로 소멸하면 함께 소멸되는 종속성이 있다.

3. 이자제한법(2014. 1. 14. 일부개정, 2014. 7. 15. 시행)

제1조 (목적)

이 법은 이자의 적정한 최고한도를 정함으로써 국민경제생활의 안정과 경제정의의 실현을 목적으로 한다.

제2조 (이자의 최고한도)

① 금전대차에 관한 계약상의 최고이자율은 연 25퍼센트를 초과하지 아니하는 범위 안에서 대통령령으로 정한다.

② 제1항에 따른 최고이자율은 약정한 때의 이자율을 말한다.

③ 계약상의 이자로서 제1항에서 정한 최고이자율를 초과하는 부분은 무효로 한다.

④ 채무자가 최고이자율을 초과하는 이자를 임의로 지급한 경우에는 초과 지급된 이자 상당금액은 원본에 충당되고, 원본이 소멸한 때에는 그 반환을 청구할 수 있다.

⑤ 대차원금이 10만원 미만인 대차의 이자에 관하여는 제1항을 적용하지 아니한다.

제3조 (이자의 사전공제)

선이자를 사전공제한 경우에는 그 공제액이 채무자가 실제 수령한 금액을 원본으로 하여 제2조제1항에서 정한 최고이자율에 따라 계산한 금액을 초과하

는 때에는 그 초과부분은 원본에 충당한 것으로 본다.

제4조 (간주이자)

① 예금(禮金), 할인금, 수수료, 공제금, 체당금(替當金), 그 밖의 명칭에도 불구하고 금전의 대차와 관련하여 채권자가 받은 것은 이를 이자로 본다.

② 채무자가 금전대차와 관련하여 금전지급의무를 부담하기로 약정하는 경우 의무 발생의 원인 및 근거법령, 의무의 내용, 거래상 일반원칙 등에 비추어 그 의무가 원래 채권자가 부담하여야 할 성질인 때에는 이를 이자로 본다.

제5조 (복리약정제한)

이자에 대하여 다시 이자를 지급하기로 하는 복리약정은 제2조제1항에서 정한 최고이자율을 초과하는 부분에 해당하는 금액에 대하여는 무효로 한다.

제6조 (배상액의 감액)

법원은 당사자가 금전을 목적으로 한 채무의 불이행에 관하여 예정한 배상액을 부당하다고 인정한 때에는 상당한 액까지 이를 감액할 수 있다.

제7조 (적용범위)

다른 법률에 따라 인가·허가·등록을 마친 금융업 및 대부업과 「대부업 등의 등록 및 금융이용자 보호에 관한 법률」 제9조의4에 따른 미등록대부업자에 대하여는 이 법을 적용하지 아니한다.

제8조(벌칙)

① 제2조제1항에서 정한 최고이자율을 초과하여 이자를 받은 자는 1년 이하의 징역 또는 1천만원 이하의 벌금에 처한다.

② 제1항의 징역형과 벌금형은 병과(倂科)할 수 있다.

→종래 이자제한법이 있었으나 1997년 외환위기시에 IMF의 요구로 이자제한법이 폐지되었다. 따라서 당사자간의 약정이율이 과도한 경우에는 민법 제103, 제104조로 규율할 수 밖에 없었는데, 최근 대법원이 전원합의체판결(대판 2007. 2. 15. 2004다50426 전합)로 "사회통념상 허용되는 한도를 초과하는 이율의 이자를 약정하여 지급한 경우에는 차주는 그 이자의 반환을 청구할 수 있다."고 판시하자, 이후 과도한 약정이자를 입법적으로 규제하기 위하여 과거의 이자제한법과 거의 동일한 새로운 이자제한법이 제정되었다.

▣ 핵심판례 ▣

■ [법정이율]

1. 1심에서 원고 일부승소판결이 선고된 후 원·피고 쌍방이 항소, 항소심에서 원고 전부패소 판결이 선고되 원고가 다시 상고하여 상고심에서 원심이 파기, 환송되어 원심이 다시 원고 일부승소판결을 선고한 경우 상고심에 원심이 파기되기 전까지는 피고가 이행의무의 존부나 범위에 관해 항쟁함에 상당한 근거가 있다

 원고의 이 사건 손해배상청구에 대하여 제1심에서 원고 일부승소판결이 선고되자 원·피고 쌍방이 항소를 제기하여 환송전 원심에서 원고전부패소판결이 선고되었으며 이에 대하여 원고가 상고한 결과 원심판결이 파기되어 환송후 원심이 원고 일부승소판결을 하기에 이르렀다면, 피고의 주장이 환송전 원심에 의하여 받아들여진 적이 있을 정도였다면 적어도 그 판결이 파기되기 전까지는 피고가 이행의무의 존부나 범위에 관하여 항쟁함에는 상당한 근거가 있었다고 봄이 타당할 것임에도 불구하고, 원심이 제1심의 인용금원에 대하여 제1심 판결선고 다음날부터 소송촉진등에 관한 특례법 소정의 연 2할5푼의 비율에 의한 지연손해금의 지급을 명한 것은 위 법 제3조 제2항에 관한 법리를 오해한 위법이 있다(1996. 2. 23. 판결, 95다51960 손해배상).

2. 가. 건설회사가 이자 약정하에 금원을 차용하였다가 아파트로 일부변제에 충당하고 채무액을 새로 정하여 정산합의를 한 경우에 있어 잔존채무와 종전채무와의 관계나 잔존채무의 지연손해금에 종전 약정이율이 적용되지 않을 이유를 설시하지도 않은 채 민사법정이율을 적용한 원심판결에 이유불비 또는 심리미진의 위법이 있다고 한 사례

 건설회사가 갑으로부터 수회에 걸쳐 합계 금 120,000,000원을 차용하였다가 원리금의 변제를 제대로 하지 못하자 갑으로 하여금 4세대분의 아파트를 임의로 타인에게 처분하여 위 채무원리금에 충당하도록 하고, 갑이 부담하게될 위 아파트 등에 대한 제 세금과 은행융자금에 대한 이자 등을 합한 채무원리금 변제에 충당하고도 남는 채무액은 이를 금 40,000,000원으로 하여 정산합의를 한 경우에 있어 건설회사가 갑으로부터 위 금 120,000,000원을 차용할때 이자의 약정이 있었던 사실을 인정하였음에도 위 정산합의에 의한 잔존채무가 종전의 채무와 어떠한 관계에 있는 것인지를 밝히지도 아니하고 또 위 잔존채무에 대한 지연손해금에 대하여 종전의 약정이율이 적용되지 않을 이유를 명백히 설시하지도 않은 채 민사법정이율인 연 5푼의 이율을 적용한 원심판결에 이유불비 또는 심리미진의 위법이 있다.

나. 위 "가"항의 경우 약정이율이 적용되지 않는다 하더라도 잔존채무에 대한 정산약정은 상인인 건설회사가 그 영업을 위하여 한 상행위로 추정되므로 상사법정이율에 의하여야 할 것이라고 한 사례

위 "가"항의 경우 약정이율이 적용되지 않는 것이 정당하다고 하더라도 위 잔존채무에 대한 정산약정은 상인인 건설회사가 그 영업을 위하여 한 상행위로 추정된다고 할 것이어서 연 6푼의 상사법정이율에 의하여야 할 것이다(대판 1992. 7. 28. 제1부 판결, 92다10173 부동산소유권이전등기말소등, 10181).

3. 채무자가 항쟁함이 상당한 기간을 소장부본송달 다음날부터 환송판결선고일까지로 본 원심판결을 수긍한 사례

제1심이 원고들의 주장을 받아들여 그 청구를 인용하였음에 반하여 환송 전 원심은 피고의 주장을 받아들여 원고들의 청구를 배척하였고, 이에 대하여 원고들이 상고한 결과 환송 전 원심판결이 파기되어 그 환송 후 원심에서 원고들의 청구를 인용하는 판결이 선고된 경우, 이와 같이 피고의 주장이 환송 전 원심에 의하여 받아들여진 적이 있을 정도였다면 일응 피고가 이행의무의 존부나 범위에 관하여 항쟁함에는 상당한 근거가 있었다고 봄이 타당할 것이고, 설사 피고의 주장이 관련 또는 유사사건에 대한 종전의 대법원 판례와 배치되는 것이었다고 하여 달리 볼 것은 아니므로, 이와 같은 취지에서 환송 후 원심이 피고가 그 이행의무의 존부에 관하여 항쟁함이 상당하다고 보고 나아가 그 항쟁함에 상당한 기간을 환송판결선고일까지로 정하여 소장부본송달 다음날부터 환송판결선고일까지는 민법 소정의 연 5푼의, 그 다음날부터 완제일까지는 소송촉진등에관한특례법 소정의 연 2할 5푼의 각 비율에 의한 지연손해금의 지급을 명한 것은 정당하다고 한 사례(1994. 11. 11. 제2부 판결, 94다29942 퇴직금).

4. 가. 채권자의 어떠한 행위 내지 의사표시의 해석에 의하여 채무의 면제를 인정할 수 있는지 여부(적극) 및 그 판단 방법

나. 금전 소비대차계약의 당사자 사이의 경제력 차이로 인하여 이율이 사회통념상 허용되는 한도를 초과하여 현저하게 고율로 정해진 경우, 그 부분 이자 약정의 효력(무효)

다. 선량한 풍속 기타 사회질서에 위반하여 무효인 부분의 이자 약정을 원인으로 차주가 대주에게 임의로 지급한 이자의 반환을 청구할 수 있는지 여부(적극)

가. 채무의 면제는 반드시 명시적인 의사표시만에 의하여야 하는 것은 아니고 채권자의 어떠한 행위 내지 의사표시의 해석에 의하여 그것이 채무의 면제라고 볼 수 있는 경우에도 이를 인정하여야 할 것이기는 하나, 이와 같이 인정하기 위하여는 당해 권리관계의 내용에 따라 이에 관한 채권자의 행위 내지 의사표시의 해석을 엄격히 하여 그 적용 여부를 결정하여야 한다.

나. 금전 소비대차계약과 함께 이자의 약정을 하는 경우, 양쪽 당사자 사이의
경제력의 차이로 인하여 그 이율이 당시의 경제적·사회적 여건에 비추어
사회통념상 허용되는 한도를 초과하여 현저하게 고율로 정하여졌다면, 그
와 같이 허용할 수 있는 한도를 초과하는 부분의 이자 약정은 대주가 그
의 우월한 지위를 이용하여 부당한 이득을 얻고 차주에게는 과도한 반대
급부 또는 기타의 부당한 부담을 지우는 것이므로 선량한 풍속 기타 사회
질서에 위반한 사항을 내용으로 하는 법률행위로서 무효이다.

다. [다수의견]

선량한 풍속 기타 사회질서에 위반하여 무효인 부분의 이자 약정을 원인
으로 차주가 대주에게 임의로 이자를 지급하는 것은 통상 불법의 원인으
로 인한 재산 급여라고 볼 수 있을 것이나, 불법원인급여에 있어서도 그
불법원인이 수익자에게만 있는 경우이거나 수익자의 불법성이 급여자의
그것보다 현저히 커서 급여자의 반환청구를 허용하지 않는 것이 오히려
공평과 신의칙에 반하게 되는 경우에는 급여자의 반환청구가 허용되므로,
대주가 사회통념상 허용되는 한도를 초과하는 이율의 이자를 약정하여 지
급받은 것은 그의 우월한 지위를 이용하여 부당한 이득을 얻고 차주에게
는 과도한 반대급부 또는 기타의 부당한 부담을 지우는 것으로서 그 불법
의 원인이 수익자인 대주에게만 있거나 또는 적어도 대주의 불법성이 차
주의 불법성에 비하여 현저히 크다고 할 것이어서 차주는 그 이자의 반환
을 청구할 수 있다.

[대법관 고현철, 김황식, 박일환, 안대희의 반대의견]

사회통념상 허용될 수 있는 한도를 초과하는 부분의 이자 약정이 일정한
요건하에 민법 제103조에 위반된 법률행위로서 무효로 평가될 수 있다 하
더라도, 사회통념상 허용될 수 있는 한도란 약정 당시의 경제적·사회적
여건의 변화에 따라 유동적일 수밖에 없고 법률적인 평가나 가치판단이
개입되어야만 비로소 그 구체적인 범위를 확정할 수 있어 그 무효의 기준
과 범위에 관하여 대주에게 예측가능성이 있다고 보기는 어려우며, 따라
서 대주가 차주로부터 적정이율을 초과하는 이자를 지급받았다고 하더라
도 대주가 명확하게 불법성을 인식했다고 평가하기는 어렵다. 적정이율을
초과하는 이자 약정이 민법 제103조에 위반되어 무효라고 보더라도 당사
자 사이의 약정에 따라 이자가 지급된 이상 그 불법원인은 대주와 차주
쌍방 모두에게 있다고 볼 수밖에 없고, 일반적으로 차주가 대주보다 경제
적으로 열악한 지위에 있다는 점을 감안하더라도 대주가 불법성을 명확하
게 인식했다고 평가하기는 어렵다는 점에 비추어 보면, 일률적으로 대주
의 불법성이 차주의 그것에 비해 현저히 크다고 단정할 수만은 없으며,
임의로 이자를 지급함으로써 이미 거래가 종료된 상황에서 다시 차주의

반환청구를 허용한다면 법적 안정성을 해칠 우려도 있으므로 결국 민법 제746조 본문에 따라 차주의 반환청구는 허용될 수 없다(대법원 2007. 2. 15. 선고 2004다50426 전원합의체 판결).

<판례전문(2007. 2. 15. 2004다50426)>

[원고, 피상고인]　원고 (소송대리인 변호사 유홍준외 1인)

[피고, 상고인]　피고 1외 1인

[원심판결]　서울중앙지법 2004. 8. 5. 선고 2003나56006 판결

[주　문]　원심판결 중 피고들 패소 부분을 파기하고, 이 부분 사건을 서울중앙 지방법원 합의부로 환송한다.

[이　유]　상고이유를 판단한다.

1. 상고이유 제1점에 대하여

채무의 면제는 반드시 명시적인 의사표시만에 의하여야 하는 것은 아니고 채권자의 어떠한 행위 내지 의사표시의 해석에 의하여 그것이 채무의 면제라고 볼 수 있는 경우에도 이를 인정하여야 할 것이기는 하나, 이와 같이 인정하기 위하여는 당해 권리관계의 내용에 따라 이에 대한 채권자의 행위 내지 의사표시의 해석을 엄격히 하여 그 적용 여부를 결정하여야 한다(대법원 1987. 3. 24. 선고 86다카1907, 1908 판결 등 참조).

원심이, 2001. 3. 29. 원고가 피고들에 대한 대여금채권을 피보전권리로 하여 피고 1 소유 부동산에 가압류 집행을 하였다가 2001. 5. 14. 그 가압류를 해제한 사실, 2001. 6. 8. 피고 2가 국세청으로부터 "원고가 이사로 있는 주식회사 (명칭 생략)에 대한 채무내역을 밝혀달라."는 내용의 우편을 받은 사실만으로는 피고들 주장과 같이 피고들이 주식회사 (명칭 생략)을 국세청에 신고하지 않는 대가로 원고가 피고들의 채무를 모두 면제한 것으로 볼 수 없다고 판단한 것은 위 법리에 비추어 보면 정당하고, 거기에 채무 면제에 관한 법리를 오해하여 판결에 영향을 미친 위법은 없으며, 그에 관한 원심의 증거취사와 사실인정을 다투는 주장은 적법한 상고이유가 되지 못한다.

2. 상고이유 제2점에 대하여

가. 금전 소비대차계약과 함께 이자의 약정을 하는 경우, 양쪽 당사자 사이의 경제력의 차이로 인하여 그 이율이 당시의 경제적·사회적 여건에 비추어 사회통념상 허용되는 한도를 초과하여 현저하게 고율로 정하여졌다면, 그와 같이 허용할 수 있는 한도를 초과하는 부분의 이자 약정은 대주가 그의 우월한 지위를 이용하여 부당한 이득을 얻고 차주에게는 과도한 반대급부 또는 기타의 부당한 부담을 지우는 것이므로 선량한 풍속 기타 사회질서에 위반한 사항을 내용으로 하는 법률행위로서 무효라 할 것이다.

이와 같이 선량한 풍속 기타 사회질서에 위반하여 무효인 부분의 이자 약정을 원인으로 차주가 대주에게 임의로 이자를 지급하는 것은 통상 불법의 원인으로 인한 재산 급여라고 볼 수 있을 것이나, 불법원인급여에 있어서도 그 불법원인이 수익자에게만 있는 경우이거나 수익자의 불법성이 급여자의 그것보다 현저히 커서 급여자의 반환청구를 허용하지 않는 것이 오히려 공평과 신의칙에 반하게 되는 경우에는 급여자의 반환청구가 허용된다고 해석되므로(대법원 1993. 12. 10. 선고 93다12947 판결 등 참조), 대주가 사회통념상 허용되는 한도를 초과하는 이율의 이자를 약정하여 지급받은 것은 그의 우월한 지위를 이용하여 부당한 이득을 얻고 차주에게는 과도한 반대급부 또는 기타의 부당한 부담을 지우는 것으로서 그 불법의 원인이 수익자인 대주에게만 있거나 또는 적어도 대주의 불법성이 차주의 불법성에 비하여 현저히 크다고 할 것이어서 차주는 그 이자의 반환을 청구할 수 있다고 봄이 상당하다.

나. 그럼에도 불구하고, 원심이 1999. 9. 17.부터 2000. 10. 30.까지 사이에 원고로부터 차용한 돈에 대하여 지급한 이자 중 정당한 이율 범위를 초과하는 부분은 부당이득으로서 피고들에게 반환되어야 한다는 피고들의 상계항변을 판단함에 있어서, 위에서 본 법리와는 달리 당사자 사이에 약정된 이율의 일부가 사회질서에 반하는 것으로서 일부 무효가 된다 하더라도 채무자가 그 이율에 따라 이자를 임의로 지급한 경우에는 그 반환을 구할 수 없다고 보아 상계항변을 배척한 데에는 사회질서에 반하여 고율로 약정된 이자의 지급으로 인한 부당이득 내지 불법원인급여 반환에 관한 법리를 오해한 결과 그 무효 사유를 판단하지 아니하여 판결에 영향을 미친 위법이 있다. 이와 같은 점을 지적하는 취지의 상고이유는 이유 있으므로 이를 받아들이기로 한다.

3. 결 론

그러므로 원심판결 중 피고들 패소 부분을 파기하고, 이 부분 사건을 다시 심리·판단하게 하기 위하여 원심법원에 환송하기로 하여 주문과 같이 판결한다. 이 판결에는 상고이유 제2점에 대한 판단에 관하여 대법관 고현철, 대법관 김황식, 대법관 박일환, 대법관 안대희의 반대의견이 있는 외에는 관여 법관들의 의견이 일치하였다.

4. 대법관 고현철, 대법관 김황식, 대법관 박일환, 대법관 안대희가 밝힌 반대의견은 다음과 같다.

가. 다수의견은, 금전 소비대차계약과 함께 이자의 약정을 하는 경우, 양쪽 당사자 사이의 경제력의 차이로 인하여 그 이율이 당시의 경제적·사회적 여건에 비추어 사회통념상 허용되는 한도를 초과하여 현저하게 고율로 정하여졌다면, 그 한도를 초과하는 부분의 이자 약정은 선량한 풍속 기타 사회질서에 위반한 사항을 내용으로 하는 법률행위로서 무효로 되고, 차주가 그 한도를 초과하는 이자를 임의로 지급하였다고 하더라도 오로지 대주에게만 불법성이 있거나 적어도 대주의 불법성이 차주의 불법성에 비하여 현저히 크다고 보아야 하므로, 차주의 반환

청구가 허용되어야 한다고 하고 있다.

　나. 그러나 차주가 임의로 지급한 이자의 반환을 구할 수 있다고 본 다수의견에는 다음과 같은 이유에서 찬성할 수 없다.

　(1) 금전 소비대차 약정 당시의 경제적·사회적 여건이나 당사자의 경제적 지위 등에 비추어 지나치게 고율의 이자 약정을 한 경우 사회통념상 허용될 수 있는 한도를 초과하는 부분의 이자 약정이 일정한 요건하에 민법 제103조에 위반된 법률행위로서 무효로 평가될 수 있음은 다수의견이 지적하는 바와 같다. 그러나 사회통념상 허용될 수 있는 한도란 약정 당시의 경제적·사회적 여건의 변화에 따라 유동적일 수밖에 없을 뿐만 아니라 법률적인 평가나 가치판단이 개입되어야만 비로소 그 구체적인 범위를 확정할 수 있어, 당사자로서는 무효의 기준과 범위를 명확하게 인식할 수 없다는 문제가 있다.

　종래에는 이자제한법에 의해 무효로 되는 이자 약정의 범위를 명확하게 인식할 수 있었지만, 당사자 사이의 이율 결정은 자유로운 시장경제 기능에 맡기는 것이 타당하다는 고려에서 1998. 1. 13. 이자제한법이 폐지된 만큼, 더 이상 이를 기준으로 삼을 수는 없게 되었으며, 다수의견도 구체적으로 무효로 되는 기준과 범위를 제시하지는 못하고 있다. 원심은 이 사건 소비대차 이후에 시행된 대부업의 등록 및 금융이용자보호에 관한 법률 소정의 제한이율을 일응의 기준으로 삼아 이를 초과하는 이자 약정을 무효로 본 것으로 이해되나, 위 법률 소정의 제한이율이 절대적인 기준이 될 수는 없다 할 것이며, 나아가 사회통념상 허용될 수 있는 적정이율(이하 편의상 '적정이율'이라고 한다)이란 오로지 이율만을 기준으로 판단할 문제가 아니라 당시의 경제적·사회적 여건이나 당사자의 경제적 지위, 소비대차에 이르게 된 경위 등을 종합적으로 고려하여 판단해야 할 문제인 만큼, 이자제한법이 폐지된 현 상황에서 오로지 이율만을 기준으로 적정이율 여부를 판단하는 것은 결코 타당하다고 할 수 없다.

　결국, 일정한 경우 고율의 이자 약정이 무효로 평가될 수 있다 하더라도, 무효의 기준과 범위, 즉 어느 범위 내에서 이자 약정이 무효로 되며 대주가 받아서는 아니 될 이자가 과연 얼마인지에 관하여 대주에게 예측가능성이 있다고 보기는 어려우며, 따라서 대주가 차주로부터 적정이율을 초과하는 이자를 지급받았다고 하더라도 대주가 명확하게 불법성을 인식했다고 평가하기는 어렵다 할 것이다.

　(2) 다수의견은 차주가 적정이율을 초과하여 지급한 이자는 불법원인급여에 해당하는 것으로 볼 수 있다고 하면서도, 그 불법성이 오로지 대주에게만 있거나 대주의 불법성이 차주의 불법성에 비하여 현저히 크기 때문에 이 경우 차주의 반환청구는 허용되어야 한다고 하고 있다.

　그러나 적정이율을 초과하는 이자 약정이 민법 제103조에 위반되어 무효라고 보더라도 당사자 사이의 약정에 따라 이자가 지급된 것인 이상 그 불법원인은 대주와 차주 쌍방 모두에게 있다고 볼 수밖에 없고, 일반적으로 차주가 대주보다 경제적으로 열악한 지위에 있다는 점을 감안하더라도 앞서 본 바와 같이 대주가

불법성을 명확하게 인식했다고 평가하기는 어렵다는 점에 비추어 보면, 일률적으로 대주의 불법성이 차주의 그것에 비해 현저히 크다고 단정할 수만은 없다고 할 것이다.

특히, 이 사건과 같이 금융기관과 사이의 거래가 아닌 사인 간에 거래를 함에 있어 아무런 물적 담보 없이 차주나 보증인의 신용만을 담보로 금원을 대여하는 경우 대주로서는 차주의 파산이나 도피, 사망 등의 사유로 인해 채권을 회수할 수 없게 되는 위험을 감수하는 대가로 고율의 이자를 요구하는 것이 일반적이고, 반면 차주로서는 금융기관으로부터 대출을 받을 경우에 비해 고율의 이자를 부담해야 하지만 만약 이러한 부담을 감수하지 않는다면 달리 마땅한 자금 융통의 수단이 없기 때문에 다소 고율의 이자를 부담하더라도 그것이 경제적으로 보아 유리하다는 판단 아래 금원을 차용하게 될 것이다. 이와 같이 대주로서는 고수익을 올릴 수 있는 대신 그만큼 고위험의 부담을 안을 수밖에 없는 점, 차주의 경제적 필요에 의해 금전거래가 이루어진다고 볼 수 있는 점 등을 감안하여 볼 때, 오로지 대주에게만 불법성이 있다고 보거나 대주의 불법성만을 지나치게 강조하는 것은 결코 적절치 않다고 할 것이다.

과거 이자제한법이 적용되던 사안에 관하여 대법원은 이자제한법 소정의 제한이율을 초과한 이자를 임의로 지급한 경우 이는 불법원인급여에 해당하고, 그 불법원인이 대주와 차주 쌍방에게 있어 차주는 지급된 이자의 반환을 구할 수는 없다고 판시하여 왔는바(대법원 1961. 7. 20. 선고 4293민상617 판결, 1988. 9. 27. 선고 87다카422, 423 판결, 1994. 8. 26. 선고 94다20952 판결 등 참조), 명확한 무효의 기준이 없어진 현 상황에서 오히려 대주의 불법성을 강조하는 것은 균형이 맞지 않는 해석이라 아니할 수 없다.

임의로 이자를 지급함으로써 이미 거래가 종료된 상황에서 다시 차주의 반환청구를 허용한다면 법적 안정성을 해칠 우려도 있다.

(3) 결국, 차주가 적정이율을 초과한 이자를 임의로 지급한 경우, 오로지 대주에게만 불법성이 있다거나 대주의 불법성이 차주의 불법성보다 현저히 크다고 보기는 어렵다고 할 것이고, 따라서 민법 제746조 본문에 따라 차주의 반환청구는 허용될 수 없다고 봄이 상당하다.

다. 같은 취지에서 피고들의 상계 주장을 배척한 원심의 조치는 정당한 것으로 수긍할 수 있고, 거기에 상고이유로 주장하는 바와 같은 부당이득반환에 관한 법리오해 등의 위법이 있다고 볼 수는 없으므로, 상고를 기각함이 상당하다.

대법원장 이용훈(재판장) 고현철 김용담 김영란 양승태 김황식 박시환 김지형
이홍훈 박일환 김능환 전수안(주심) 안대희

◆ 선택채권에 있어서 선택권자에 관해 특별한 정함이 없는 경우 선
 택권을 가지는 자

제 380 조【선택채권】

채권의 목적이 수개의 행위 중에서 선택에 좇아 확정될 경우에 다른 법률
의 규정이나 당사자의 약정이 없으면 선택권은 채무자에게 있다.

■ § 380. 선택채권

- A, B, C 중 어느 하나를 선택하여 인도하기로 하는 채권
- 선택권자 법률의 규정 또는 특약→채무자

선택채권은 수개의 급부중에서 선택에 의하여 결정된 1개의 급부를 목적으로
하는 채권이다. 이 시계 또는 2만원을 준다든가 갑가옥 또는 을가옥을 빌려준다
든가 하는 따위가 그 예이다.

· 선택채권과 종류채권

선 택 채 권	종 류 채 권
개성 중요시	×
이행불능시 잔존급부에 특정	×
소급효 있음	×

증여계약에 의하여 발생하는 경우가 비교적 많다. 선택채권은 수개의 급부가
각각 그 개성에 착안되어 개별적으로 예정되어 있는 점에서 종류채권과 다르다.
그 결과 어떤 급부에 대해서 채권을 실현할 것인가를 결정하는 일이 가장 중요
하다. 이것이 선택채권의 특정이다. 선택채권의 특정은 선택채권의 선택에 의하
여 성립되는 것이 보통이나, 수개의 급부 가운데 일부가 불능이 됨으로써 성립
되는 경우도 있다.

선택채권이 선택권자의 선택에 의하여 특정되는 경우에 그 선택권은 특약이
없으면 채무자에게 속한다. 특약으로 채권자 또는 제3자를 선택권자로 하는 것
도 물론 가능하다.

▣ 핵심판례 ▣

■ **[선택채권]**

1. 공공용지의취득및손실보상에관한특례법 제8조 소정의 이주대책의 일환으로 건물의 세입세대주들에게 부여된 임대아파트 입주확인권의 성격 및 이에 의하여 임의로 특정한 아파트에 입주할 수 있는 권리를 구체적으로 청구할 수 있는지 여부(소극)

재개발사업의 시행에 따라 철거된 건물의 세입세대주들이 가지는 임대아파트 입주확인권은 공공용지의취득및손실보상에관한특례법(1975. 12. 31. 법률 제2847호)의 규정에 따라 이주대책의 일환으로 재개발사업의 시행에 따라 철거된 건물의 세입세대주들에게 부여된 법률상의 권리 또는 이익이라고 볼 수 있다 하여도 이는 사업시행자가 수립하는 이주대책에 의거하여 임대아파트의 방 1개에 관한 임차입주를 사업시행자에게 청구할 수 있는 것에 불과하고, 위 세대주들의 선택에 의하여 특정한 임대아파트의 방 1개에 대한 임차를 사업시행자에게 직접적이고 구체적으로 이행할 것을 요구할 수 있는 증여계약 또는 이와 유사한 채권채무관계가 성립된 것이라고 할 수는 없으므로 이러한 권리를 전제로 그 목적물의 지정권을 신의성실의 원칙에 기하여 위 세대주들에게 부여할 수도 없다 할 것이니 위 세대주들로서는 임의로 그 특정한 아파트의 방 1개씩에 입주할 수 있는 권리를 구체적으로 청구할 수는 없다(1991. 12. 27. 제3부 판결, 91다17108 아파트임대계약).

2. 토지소유자가 1필 또는 수필의 토지 중 일정 면적의 소유권을 상대방에게 양도하기로 하는 계약을 체결하였으나 양도할 토지 위치가 확정되지 않은 경우, 상대방이 토지소유자에게 가지는 채권의 성격(=선택채권)

토지소유자가 1필 또는 수필의 토지 중 일정 면적의 소유권을 상대방에게 양도하기로 하는 계약을 체결한 경우, 상대방이 토지소유자에 대하여 구체적으로 어떠한 내용의 권리를 가지는지는 원칙적으로 당해 계약의 해석문제로 귀착되는 것이지만, 위치와 형상이 중요시되는 토지의 특성 등을 감안하여 볼 때 특별한 사정이 없는 한 위치가 특정된 일정 면적의 토지 소유권을 양도받을 수 있는 권리를 가지는 것으로 보아야 하고, 따라서 위와 같은 계약에서 양도받을 토지 위치가 확정되지 아니하였다면 상대방이 토지소유자에게 가지는 채권은 민법 제380조에서 정한 선택채권에 해당하는 것으로 보아야 한다(대법원 2011. 6. 30. 선고 2010다16090 판결).

◈ 선택권이 이전되는 경우

제 381 조【선택권의 이전】

① 선택권행사의 기간이 있는 경우에 선택권자가 그 기간 내에 선택권을 행사하지 아니하는 때에는 상대방은 상당한 기간을 정하여 그 선택을 최고할 수 있고 선택권자가 그 기간 내에 선택하지 아니하면 선택권은 상대방에게 있다.

② 선택권행사의 기간이 없는 경우에 채권의 기한이 도래한 후 상대방이 상당한 기간을 정하여 그 선택을 최고하여도 선택권자가 그 기간 내에 선택하지 아니할 때에도 전항과 같다.

■ § 381. 선택권의 이전

• 당사자의 일방이 선택권을 가지는 경우:
 ① 선택권 행사의 기간이 있는 때 – 본조 1항
 ② 선택권 행사의 기간이 없는 때 – 본조 2항

당사자 일방이 선택권을 가지는 경우에 채권의 변제기가 도래하였는데도 선택하지 않으면 상대방이 상당한 기간을 정하여 최고하고, 선택권자가 그 기간 내에 선택하지 않으면 선택권은 상대방에게 이전한다. 즉 선택권이 채무자에게 있는 때에는 채권자가 원하는 쪽을 청구할 수 있게 되고, 채권자에게 있는 때에는 채무자가 원하는 쪽을 이행할 수 있게 된다.

선택권은 권리이지 의무가 아니므로 그 행사여부는 선택권자의 자유이나, 그 불행사의 결과는 선택권 없는 당사자에게 불이익을 주게 되므로 민법은 일정한 경우에 선택권의 이전을 인정하고 있다.

1. 당사자의 일방이 선택권을 가지는 경우

가. 선택권행사의 기간이 있는 때

선택권자가 그 기간내에 선택권을 행사하지 않으면 상대방은 상당한 기간을 정하여 그 선택을 최고할 수 있고, 그럼에도 불구하고 그 기간내에

선택하지 않으면 선택권은 상대방에게 이전한다(§383①).

나. 선택권행사의 기간이 없는 때

채권의 이행기가 도래한 후에 상대방이 상당한 기간을 정하여 선택을 최고하였음에도 불구하고 선택권자가 그 기간내에 선택하지 않으면 역시 선택권이 상대방에게 이전한다(§381②).

2. 제3자가 선택권을 가지는 경우

가. 제3자가 선택불능인 때(가령, 질병, 부재자, 의사능력상실 등)

선택권이 법률상 당연히 채무자에게 이전(§384①)한다. 즉, 변제기 도래나 최고가 불필요하다.

나. 제3자가 선택가능인 때

제3자가 선택가능함에도 선택하지 않으면 채권자나 채무자는 상당한 기간을 정하여 선택을 최고할 수 있고, 그 기간내에 선택하지 않으면 선택권은 역시 채무자에게 이전한다(§384②).

◈ 선택권의 행사방법

제 382 조【당사자의 선택권의 행사】

① 채권자나 채무자가 선택하는 경우에는 그 선택은 상대방에 대한 의사표시로 한다.

② 전항의 의사표시는 상대방의 동의가 없으면 철회하지 못한다.

■ § 382. 선택권의 행사

• 당사자 일방이 선택권을 가지는 경우 :
 ① 상대방에 대한 의사표시로 한다.
 ② 선택의 의사표시는 상대방의 동의 없으면 철회하지 못한다.

민법이 선택권의 이전을 규정하고 있는 것은 선택권을 갖는 자가 선택하지 않더라도 이행의 청구 또는 제공에 불리함을 초래하지 않게 하기 위함이다. 선택은 하나의 법률행위이다.

1. 당사자 일방이 선택권을 가지는 경우

채무자 또는 채권자가 선택권자인 경우에는 상대방에 대한 의사표시로서 행사하고, 일단 선택이 행해지면 상대방의 동의가 없는 한, 철회할 수 없다. 다만 판례는 "선택권자가 선택의 의사표시를 한 뒤라도 상대방의 방해행위 등으로 선택의 목적을 달성할 수 없는 경우와 같이 특별한 사정이 있으면 상대방의 동의 없이도 그 의사표시를 철회하고 새로운 선택을 할 수 있다고 하였다(대판 1972. 7. 11, 70다877).

2. 제3자가 선택권을 가지는 경우

제3자가 선택하는 경우에는 그 선택은 채무자 및 채권자 양자에 대한 의사표시로 하여야 하고, 이 의사표시는 채권자 및 채무자 모두 동의가 없으면 철회하지 못한다(제383조).

◈ 제3자의 선택권 행사방법

제 383 조【제3자의 선택권의 행사】

① 제3자가 선택하는 경우에는 그 선택은 채무자 및 채권자에 대한 의사표시로 한다.

② 전항의 의사표시는 채권자 및 채무자의 동의가 없으면 철회하지 못한다.

■ § 383. 선택권의 행사방법

• 제3자의 선택권행사 : ① 채권자 및 채무자에 대한 의사표시로
　　　　　　　　　　　　 ② 채무자 및 채권자의 동의 없으면 철회불가

제3자가 선택권자인 경우에는 그 선택은 채권자 또는 채무자에 대한 의사표시로써 행사한다.

제3자가 선택권자인 경우에는 채권자·채무자 쌍방의 동의가 없으면 철회하지 못한다. 일단 선택이 행해지면 채권의 목적은 확정되기 때문에, 함부로 변경을 허용하면 상대방에게 불이익을 미치게 되기 때문이다. 선택의 의사표시는 이른바 의사표시이므로 의사표시에 관한 일반법리가 적용된다.

따라서 사기·강박 등을 이유로 한 취소는 일반원칙에 의거하여 인정되어야 할 것이다.

▣ 핵심판례 ▣

■ 상대방의 동의를 받지 않고 선택철회가 가능한 경우

선택권자가 선택의 의사표시를 한 뒤라도 상대방의 사해행위 등으로 선택의 목적을 달성할 수 없는 경우와 같이 특별한 사정이 있는 때에는 상대방의 동의 없이도 의사표시를 철회하고 새로운 선택을 할 수 있다(대판 1972. 7. 11. 70다877).

◈ 제3자의 선택권의 이전

제 384 조【제3자의 선택권의 이전】

① 선택할 제3자가 선택할 수 없는 경우에는 선택권은 채무자에게 있다.

② 제3자가 선택하지 아니하는 경우에는 채권자나 채무자는 상당한 기간을 정하여 그 선택을 최고할 수 있고 제3자가 그 기간 내에 선택하지 아니하면 선택권은 채무자에게 있다.

■ § 384. 선택권의 이전

- 제3자가 선택권을 가지는 경우
 ① 제3자가 선택불능인 때 : 선택권이 채무자에게 이전
 ② 제3자가 선택가능인 때 : 제3자가 선택하지 않으면 채권자나 채무자는 상당한 기간을 정하여 선택을 최고할 수 있고, 그 기간내에 선택하지 않으면 선택권은 역시 채무자에게 이전한다.

제3자가 선택권을 갖는 경우에는 그 제3자가 선택할 수 없는 경우에는 선택권은 채무자에게 있다. 즉 선택불능이 확정되면 선택권은 당연히 이전되는 것이며, 변제기를 기다릴 필요도 없고, 또한 당사자의 최고도 필요없다(이설없음). 제3자가 선택이 가능함에도 선택하지 아니하는 경우에는 채권자나 채무자는 상당한 기간을 정하여 그 선택을 최고할 수 있고 제3자가 그 기간 내에 선택하지 아니하면 선택권은 채무자에게 있다. 이것은 당사자 사이의 조속한 법률관계의 안정을 기하기 위함이다.

◈ 급부불능에 의한 특정

제 385 조【불능으로 인한 선택채권의 특정】

① 채권의 목적으로 선택할 수개의 행위중에 처음부터 불능한 것이나 또는 후에 이행불능하게 된 것이 있으면 채권의 목적은 잔존한 것에 존재한다.

② 선택권없는 당사자의 과실로 인하여 이행불능이 된 때에는 전항의 규정을 적용하지 아니한다.

■ § 385. 이행불능에 의한 선택권의 특정

- 원시적 불능 : 잔존하는 급부에 대해서만 채권이 존재한다.
- 후발적 불능 : ① 선택권이 있는 당사자의 귀책사유로 불능이 되거나 당사자 쌍방에게 귀책사유가 없을 때……잔존하는 급부에 대해서만 채권이 존재한다.
 ② 선택권이 없는 당사자의 과실로 불능이 된 때……선택채권의 존속에는 영향을 미치지 아니한다.
 (i) 채권자가 선택권자일 때……불능급부를 선택하여 불능에 대한 책임을 추궁할 수 있고, 잔존급부를 선택하여 그 이행을 구할 수도 있다.
 (ii) 채무자가 선택권자일 때……불능급부를 선택하여 채무를 면할 수도 있고, 또는 잔존 급부를 선택하여 이행할 수도 있는데 이 경우 불능이 된 급부에 관하여는 손해배상을 청구하면 된다.

본조는 선택한 목적물의 어느 부분이 급부불능으로 된 때 목적물의 지정을 규정한 것이다.

선택채권은 채권의 목적인 급부가 후발적으로 불능이 되고, 그 원인이 선택권을 갖지 않는 당사자의 과실에 의한 경우를 제외하고, 즉 선택권 있는 당사자의 과실에 의한 경우와 양당사자의 과실과 무관한 경우에는 잔존부분에 한정된다.

선택권 없는 당사자의 과실로 인하여 불능이 된 경우에는 특정을 일으키지 않으므로 선택권을 갖는 자는 불능으로 된 채권을 선택하여 손해배상을 청구할 수 있다. 그렇지 않으면 선택권 없는 당사자가 자기 스스로 일방의 급부를 불능하게 함으로써 선택채권을 특정하는 것이 되어 선택권을 갖지 아니한 자가 사실상 선택할 수 있는 결과가 되기 때문이다. 본조는 급부가 원시적 불능인 때에도 잔존부분에 한정된다고 규정하고 있다.

그러나 이것은 선택채권의 특정이 아니며, 그 원시적 불능인 급부에 대해서는 처음부터 선택채권이 성립하지 않았던 경우이고, 선택채권에 대한 당사자의 통상의 의사를 추측한 것이다.

급부불능에 의하여 특정된다고 함은 잔존부분에 대한 급부가 채권의 목적이 된다는 의미이기 때문에, 잔존부분이 수개인 그 부분에 대한 선택채권으로서 존속하게 된다.

◆ 선택의 효력의 발생시기

제 386 조【선택의 소급효】

선택의 효력은 그 채권이 발생한 때에 소급한다. 그러나 제3자의 권리를 해하지 못한다.

■ § 386. 선택의 효과

• 선택의 의사표시에는 소급효가 있다.
• 선택의 소급효는 제3자의 권리를 해하지 못한다(전혀 무의미한 규정)

特定에 의하여 선택채권은 급부가 현실적으로 가능하게 된다. 따라서 선택채권의 특정이 행해지면 특정물채권의 원칙에 따르게 된다.

본조는 이와 같은 급부의 특정효과에 소급효를 인정하고 채권발생시에 소급하여 효력을 발생시키는 것으로 하였다.

즉 채권이 발생한 때로부터 선택된 급부만을 목적으로 하는 채권이 성립하고 있었던 것이 된다.

그 결과, 후발적으로 불능하게 된 급부까지도 선택할 수 있다. 즉 채무자가 선택권자이면 채권자의 과실에 의하여 불능하게 된 급부를 선택하고, 채무자의 책임없는 이행불능의 이유로 하여 채무의 소멸을 주장할 수 있다. 또 채권자가 선택권자인 경우에는 채무자의 과실로써 불능으로 된 급부를 선택하고 이행불능에 의한 손해배상을 청구할 수 있다.

이 이외의 후발적 불능(채무자 및 채권자가 선택권을 갖는 경우에는 그 선택권자 및 제3자의 과실에 의하여 또는 제3자가 선택권을 갖는 경우에는 원인여하를 불문하고, 불능으로 된 때)에 있어서는 전술한 바와 같이 잔존부분으로 한정되기 때문에 선택의 문제는 없게 되고, 채무자는 잔존부분을 급부할 채무를 부담한다.

이 경우에 불능을 발생시킨 자에 대하여 불법행위 기타의 이유에 의거한 손해배상청구권을 갖는 것은 별문제이다. 이 소급효에 대하여 본조는 제3자의 권

리를 해할 수 없다고 규정하고 있다.

선택채권 발생 후 선택까지의 사이에 선택된 목적물에 대한 권리를 취득한 제3자의 지위를 고려한 규정이겠지만 선택의 효과가 소급하더라도 그것이 채권적 효과인 이상 제3자의 권리를 침해한다고 하는 것은 채권의 성질상 생각할 수 없으며, 실제상의 적용에 있어서도 공시의 원칙에 제한되는 결과로(예컨대 두 개의 부동산 중에서 하나를 선택할 채권에 있어서 선택의 효과가 소급하더라도 가등기가 없는 한, 그 사이에 물권을 취득한 제3자에게 대항할 수 없다) 대부분 특별한 효과를 발생시키지 아니한다.

제 2 절 채권의 효력

본절에서 채권의 효력이라 하여 규정하는 것은 크게 세 부분으로 나누어진다. 채무불이행과 채권자 지체, 그에 대한 구제로서 강제이행과 손해배상, 책임재산의 보전이 그것이다. 그밖에 채권의 효력으로서 문제되는 것이 자연채무, 채무와 책임, 제3자에 의한 채권침해 등이 있으나 민법에는 규정하고 있지 않다.

1. 자연채무

(1) 의 의

우리 민법은 자연채무에 관하여 규정하고 있지 않지만 학설은 이를 인정하는 데에 일치하고 있다.

자연채무란 채무자가 임의로 이행을 하지 않는 경우에도 채권자가 그 이행을 소로써 구하지 못하는 채무를 가리킨다. 즉, 소구할 수 없는 채무가 자연채무이다(소구력과 강제집행력 전부 없다). 이에 비해 책임 없는 채무는 소구력은 있으나 강제집행력이 없는 것을 말한다. 자연채무라는 용어는 로마법에서 유래하는 것인데(obligatio naturalis), '소권이 있는 곳에 권리가 있다'는 소권법체계를 취하였던 로마법에서는 소권이 없는 자연채무가 발생하는 경우가 많았다.

(2) 성질과 범위에 대한 견해대립

1) 협의설(통설)

법률상 '채무'인데 소권만 없는 경우가 자연채무라는 입장이다.

2) 광의설(소수설)

법률상 채무뿐만 아니라 도의상의 의무나 사회적 규범위반(제103조)으로 인한 채무에 있어서도 의무자가 임의로 급부한 후 반환청구가 불가능한 경우라면 자연채무라는 입장이다.

3) 협의설에 따르면 자연채무도 법적인 의무가 있는 채무이므로 자연채무를 자동채권으로 상계할 수 있고, 제3자에게로 자연채무의 성질을 갖는 채권양도도 가능하다. 한편 채무자가 이의 없는 승낙을 하면 자연채무를 가지고 채권양수인에게 대항 할 수 없다. 자연채무를 기초로 대물변제, 경개, 준소비대차도 가능하다.

(3) 자연채무의 인정범위

1) 도의상 임의로 지급을 약속한 채무

소구하지 않을 것을 약정한 채무이다. 이는 채무 자체가 법적인 의미가 없는 채무라는 것은 아님을 주의해야 한다. 이 경우 견해대립 없이 자연채무임을 인정한다.

2) 시효완성된 채무

① 상대적 소멸설을 따르면 절대로 자연채무가 아니다. 채무가 존재하고 법적인 소구도 가능하기 때문이다.

② 절대적 소멸설을 따를 경우 광의설에 의하면 자연채무이다. 임의지급시 반환청구가 불가능하기 때문이다.

3) 불법원인급여

협의설에 따르면 자연채무가 아니지만, 광의설을 따르면 자연채무이다.

4) 채권은 존재함에도 불구하고 채권자의 패소판결 확정시

견해대립 없이 자연채무이다.

5) 승소의 종국판결 선고 후 소취하시

견해대립 없이 자연채무이다. 이 경우 민사소송법상 재소금지의 규정 때문에 다시 소를 제기 할 수 없게 되기 때문이다.

6) 파산절차에서 면책되거나 화의에서 일부면제된 채무자의 채무

견해대립 없이 자연채무이다. 이 경우 주채무자가 면책되더라도 보증인은 여전히 채무 전액에 대하여 책임이 있고 자연채무도 아니다.

7) 사무관리자의 보수청구권

협의설에 의하면 민법상 청구권이 인정되지 않으므로 자연채무가 될 여지가 없다. 그러나 광의설에 의하면 법적인 의미 없는 채무이지만 지급할 경우 반환청구가 불가능하므로 자연채무이다.

2. 채무와 책임

(1) 책임의 의의

채무에 대립되는 개념으로서 책임이란 급부를 강제적으로 실현하기 위하여 행사되는 강제, 즉 급부강제력을 말한다. 원래 채무는 채무자가 채권자에 대하여 일정한 급부를 하여야 할 구속 내지 의무에 지나지 않으며, 그 자체가 강제를 내포하는 것은 아니다. 근대법은 채권이 청구력에 의하여 실현되지 못하는 경우에 강제적으로 실현할 수 있는 힘 내지 수단을 채권자에게 주는데, 이 채권자의 강제력에 복종하는 것이 '책임'이다. 그런데, 근대법은 채권자의 강제력은 채무자의 일정한 재산에 대해서만 행사할 수 있도록 하므로, 채무자의 책임이란 채무자의 일반재산이 채권자의 강제집행의 목적으로 되는 것을 말한다.

(2) 채무와 책임의 분리

책임은 채무에 수반되는 것이 원칙이지만 다음과 같은 경우에는 예외적으로 채무와 책임이 분리된다.

가. 책임 없는 채무

당사자 사이에 채권을 발생시키면서 강제집행을 하지 않는다는 특약을 한 경우에 '책임 없는 채무'가 발생한다. 만일 채권자가 그 특약에 위반하여 강제집행을 하는 경우에는 채무자는 집행에 관한 이의를 신청할 수 있다.

나. 책임이 한정되는 채무

채무자는 채무의 전액에 관하여 그의 전 재산으로써 책임을 지는 것이 원칙이다(무한책임·인적책임). 그러나 책임이 채무자의 일정한 재산에 한정되어 채권자는 그의 일정한 재산에 대하여만 강제집행을 할 수 있는 경

우가 있다. 예컨대 상속의 한정승인에 있어서는 책임을 상속재산이라는 일
정한 범위의 재산의 한도에 한정된다. 즉 상속으로 인하여 취득할 재산의
한도에서 피상속인의 채무와 유증을 변제할 것을 조건으로 상속을 승인할
수 있는데(제1028조), 이 경우 상속인은 상속받은 재산의 한도에서만 책임
을 진다.

다. 채무없는 책임

물상보증인이나 저당부동산의 제3취득자 등은 채무가 없는데도 책임을
부담한다. 그러나 이 경우는 채무자가 전혀 존재하지 않고 오직 책임만이
있는 것은 아니며, 채무의 주체와 책임의 주체가 분리되어서 채무자 이외
의 자가 책임만을 지는 것임을 유의하여야 한다.

3. 제3자에 의한 채권침해

(1) 의 의

채권의 목적이 실현이 방해되는 것을 채권침해라고 하는데, 이 채권침해
는 그 침해자가 누구냐에 따라서 채무자에 의한 채권침해와 제3자에 의한
채권침해로 나누어 볼 수 있다. 채무자에 의한 채권침해는 이른바 채무불
이행이며, 제3자에 의한 채권침해의 유형으로는 ① 채권의 귀속 자체를 침
해한 경우(예 : 타인의 무기명증서를 훼손한 경우, 표현대리인으로서 채권
을 처분한 경우 등), ② 채권의 목적인 급부를 침해한 경우(예 : 특정물의
인도를 목적으로 하는 채권에서 제3자가 목적물을 훼손한 경우 등), ③ 제3
자가 채무자의 일반재산을 감소시키는 경우 등이 있다.

(2) 제3자의 채권침해에 대한 구제

1) 불법행위

가. 불법행위의 성립여부

① 학 설

i) 권리불가침성설

채권도 물권과 마찬가지로 법적으로 보호되는 권리이므로 대세적 불
가침성을 가지고 있음을 이유로 채권의 상대성을 부인하고, 제3자가

채권을 침해한 경우에 불법행위의 성립을 인정하는 견해이다.

ii) 위법성설(다수설)

채권의 상대성을 전제로 채권은 채무자 이외의 제3자에 의해서는 침해될 수 없는 것이 원칙이나, 채권의 성질상 그 침해가 가능한 경우에 위법성이 인정되는 한도에서 불법행위가 성립할 수 있다는 견해이다.

② 판 례

i) 제3자에 의한 채권침해가 불법행위를 구성할 수는 있으나 제3자의 채권침해가 반드시 언제나 불법행위가 되는 것은 아니고 채권침해의 태양에 따라 그 성립 여부를 구체적으로 검토하여 정하여야 한다(대판 2001. 5. 8. 99다38699).

ii) 일반적으로 채권에 대하여는 배타적 효력이 부인되고 채권자 상호간 및 채권자와 제3자 사이에 자유경쟁이 허용되는 것이어서 제3자에 의하여 채권이 침해되었다는 사실만으로 바로 불법행위로 되지는 않는 것이지만, 거래에 있어서의 자유경쟁의 원칙은 법질서가 허용하는 범위 내에서의 공정하고 건전한 경쟁을 전제로 하는 것이므로, 제3자가 채권자를 해한다는 사정을 알면서도 법규에 위반하거나 선량한 풍속 또는 사회질서에 위반하는 등 위법한 행위를 함으로써 채권자의 이익을 침해하였다면 이로써 불법행위가 성립한다고 하지 않을 수 없다(대판 2003. 3. 14, 2000다32437).

나. 고의·과실

채권은 공시되지 아니하기 때문에 제3자가 채권의 존재를 인식한다는 것은 매우 어렵다. 따라서 불법행위의 성립은 원칙적으로 제3자에게 고의가 있는 경우에 한정된다. 달리 말하여 제3자가 채권의 존재를 모르고 있다면 과실을 인정하기 어렵다. 다만, 과실에 의한 채권침해도 성립하는 경우도 있을 수 있다. 예를 들어 채권의 존재를 알고 있었고 그 채권을 존중해야 하는 주의의무가 있음에도, 이 의무를 다하지 못하였다면 과실에 의한 채권침해에 의한 불법행위책임이 성립할 수 있다.

다. 위법성

채권침해가 불법행위로 되려면 그 침해행위가 위법한 것이어야 한다. 여기에서 채권침해의 위법성은 침해되는 채권의 내용, 침해행위의 태양, 침해자의 고의 내지 해의의 유무 등을 참작하여 구체적, 개별적으로 판단하되, 거래자유 보장의 필요성, 경제·사회정책적 요인을 포함한 공공의 이익, 당사자 사이의 이익균형 등을 종합적으로 고려하여야 한다(대판 2003. 3. 14, 2000다32437).

판례는 "특정기업으로부터 특정물품의 제작을 주문받아 그 특정물품을 그 특정기업에게만 공급하기로 약정한 자가 그 특정기업이 공급받은 물품에 대하여 제3자에게 독점판매권을 부여함으로써 제3자가 그 물품에 대한 독점판매자의 지위에 있음을 알면서도 위 약정에 위반하여 그 물품을 다른 곳에 유출하여 제3자의 독점판매권을 침해하였다면, 이러한 행위는 특정기업에 대한 계약상의 의무를 위반하는 것임과 동시에 제3자가 특정기업으로부터 부여받은 독점판매인으로서의 지위 내지 이익을 직접 침해하는 결과가 되어, 그 행위가 위법한 것으로 인정되는 한, 그 행위는 그 특정기업에 대하여 채무불이행 또는 불법행위가 됨과는 별도로 그 제3자에 대한 관계에서 불법행위로 된다"고 하였다(대판 2003. 3. 14, 2000다32437).

라. 효 과

제3자에 의한 채권침해가 불법행위가 되면, 피해자인 채권자는 제3자에게 손해배상을 청구할 수 있다(제750조).

2) 방해배제청구권

제3자가 채권자의 권리행사를 방해하는 경우에, 채권자는 채권의 효력으로서 제3자에 대하여 방해의 배제를 청구할 수 있느냐가 문제된다.

가. 학 설

① 원칙적 인정설(소수설)

채권이 절대권이라는 전제아래 제3자도 채권을 침해할 수 있다고 하여 임차인은 제3자를 상대로 방해배제청구권을 행사할 수 있다는 견해이다. 단, 이 견해는 채권은 공시방법 등이 없기 때문에 제3자의 이익을 일정부분 고려하기 위해 제3자의 고의·과실을 요한다.

② 위법성설(통설)

채권은 상대권이라는 전제아래 입법정책상 이를 인정할 수 있다는 견해이다. 다만, 인정범위와 관련해서는 견해의 대립이 있다. 통설은 공시를 갖춘 경우에 한하여, 즉 대항력을 갖춘 경우에 인정할 수 있다고 한다. 다른 견해로 대항력을 갖춘 경우 뿐만 아니라 점유를 획득한 경우에도 인정하자는 견해도 존재한다.

나. 판 례

등기된 임차권에는 용익권적 권능 외에 임차보증금반환채권에 대한 담보권적 권능이 있고, 임대차기간이 종료되면 용익권적 권능은 임차권등기의 말소등기 없이도 곧바로 소멸하나 담보권적 권능은 곧바로 소멸하지 않는다고 할 것이어서, 임차권자는 임대차기간이 종료한 후에도 임차보증금을 반환받기까지는 임대인이나 그 승계인에 대하여 임차권등기의 말소를 거부할 수 있다고 할 것이고, 따라서 임차권등기가 원인 없이 말소된 때에는 그 방해를 배제하기 위한 청구를 할 수 있다(대법원 2002. 2. 26. 선고 99다67079 판결).

다. 방해배제청구권의 내용(인정시)

① 방해제거, 방해예방 청구권의 인정에는 다툼이 없다.

② 반환청구권의 인정여부는 다음과 같은 견해대립이 있다.

i) 이를 부정하는 견해(통설)

ii) 채권은 물건을 직접 지배하는 권리가 아니기 때문에 채권자는 제3자에 대하여 그 물건을 자기에게 반환할 것을 청구하지는 못하나, 물권자인 채무자(임대인)에게 반환하라고 청구 할 수는 있다는 견해(김주수)이다. 다만 이 견해들 모두 임차인 자신에게 반환할 것을 청구할 수는 없다는 점에서는 동일하다.

[자연채권]

◈ 채무자가 이행지체의 책임을 부담하게 되는 시기

제 387 조 【이행기와 이행지체】

① 채무이행의 확정한 기한이 있는 경우에는 채무자는 기한이 도래한 때로 부터 지체책임이 있다. 채무이행의 불확정한 기한이 있는 경우에는 채무 자는 기한이 도래함을 안 때로부터 지체책임이 있다.

② 채무이행의 기한이 없는 경우에는 채무자는 이행청구를 받은 때로부터 지체책임이 있다.

■ § 387. 이행지체

• 확정기한부채무……기한이 도래함으로써 이행지체의 책임을 지게됨(최고불필요)

　① 지시채권, 무기명채권……이행기 도래후 소지인이 증서를 제시하고 이행을 청구한 때

　② 쌍무계약……상대방으로부터 이행의 제공을 받고도 자기의 채무를 이행치 않았을 때

• 불확정기한부 채무 : 채무자가 기한의 도래를 안 때

• 기한이 없는 채무 : 채무자가 채권자로부터 이행의 청구를 받은 때

• 기한의 이익을 상실한 채무 : 채권자의 이행의청구가 있을 때(단, 정지조건부 기한이익상실의 특약이 있는 경우에는 기한이 익 상실사유가 발생함과 동시에)

• 관련법조 : [기한있는 지시채권 또는 무기명채권과 지체] 상 §65, 어음 §38, §77①-3, 수표 §28, §29

1. 이행지체의 의의

이행지체라 함은 채무가 이행기에 있고, 동시에 이행이 가능함에도 불구하고 채무자가 자기의 귀책사유로 인하여 이행하지 아니하고 이행기를 도과한 것을 말한다. 채무자 지체라고도 하며 지연배상을 발생시키는 원인이다.

2. 요 건

이행지체가 성립하기 위해서는 다음과 같은 요건을 필요로 한다.

(1) 이행기에 있어서 이행이 가능할 것

이행기를 도과한 후에 이행이 불능하게 되면 그 때부터 이행불능을 일으킨다. 여기에서 가능하다는 것은 물리적으로 가능할 뿐만 아니라, 사회통념상으로도 가능한 것을 의미힌다.

(2) 이행기가 도래하였을 것

그러나 이행기가 도래한 것만으로 반드시 이행지체를 발생시키는 것은 아니므로, 이행기의 종류가 다름에 따라 다음과 같이 구별된다.

1) 확정기한부 채무

가. 원 칙

확정기한부채무는 기한이 도래한 때로부터 당연히 지체가 된다.

나. 예외 : 그러나 다음과 같은 예외가 있다.

① 추심채무와 같이 채무의 이행에 있어서 먼저 채권자의 협력을 필요로 하는 경우에는 채권자가 먼저 필요한 협력행위를 하고 이행을 최고하지 않으면 확정기한이 도래한 것만으로 지체가 되지 않는다.

② 지시채권과 무기명채권과 같은 증권적 채권에서는, 그 확정기한이 도래한 후 소지인이 그 증서를 제시하여 이행을 청구한 때로부터 이행지체가 된다(제517조·제524조).

③ 쌍무계약에 의한 채무의 이행에서는 당사자간에 동시이행의 항변권이 인정되므로(제536조), 상대방으로부터 이행의 제공을 받으면서 자기의 채무를 이행하지 않는 경우에 비로소 이행지체가 된다.

다. 관련문제

① 매수인이 선이행의무인 중도금 지급의무를 불이행한 상태에서 매도인의 소유권이전등기 소요서류의 제공 없이 잔대금 지급기일이 도과된 경우, 매수인의 중도금 미지급에 대한 지체책임 여부(소극)

매수인이 선이행의무 있는 중도금을 지급하지 않았다 하더라도 계약이 해제되지 않은 상태에서 잔대금 지급일이 도래하여 그 때까지 중도금과 잔대금이 지급되지 아니하고 잔대금과 동시이행관계에 있는

매도인의 소유권이전등기 소요서류가 제공된 바 없이 그 기일이 도과하였다면, 다른 특별한 사정이 없는 한, 매수인의 중도금 및 잔대금의 지급과 매도인의 소유권이전등기 소요서류의 제공은 동시이행관계에 있다 할 것이어서 그 때부터는 매수인은 중도금을 지급하지 아니한 데 대한 이행지체의 책임을 지지 아니한다(대판 2002. 3. 29, 2000다577).

② 매수인과 매도인 사이의 물품대금 지급방법에 관한 약정에 따라 그 대금의 지급을 위하여 지급기일이 물품 공급일자 이후로 된 약속어음을 발행·교부한 경우, 물품대금 지급채무의 이행기

매수인이 매도인으로부터 물품을 공급받은 다음 그들 사이의 물품대금 지급방법에 관한 약정에 따라 그 대금의 지급을 위하여 물품 매도인에게 지급기일이 물품 공급일자 이후로 된 약속어음을 발행·교부한 경우 물품대금 지급채무의 이행기는 그 약속어음의 지급기일이고, 위 약속어음이 발행인의 지급정지의 사유로 그 지급기일 이전에 지급거절되었더라도 물품대금 지급채무가 그 지급거절된 때에 이행기에 도달하는 것은 아니다(대판 2000. 9. 5, 2000다26333).

③ 수취인란이 기재되지 않은 어음을 지급제시한 경우 발행인이 이행지체에 빠지는지 여부

수취인은 어음요건의 하나로서 그 기재를 결한 어음은 완성된 어음으로서의 효력이 없어 어음상의 권리가 적법하게 성립되지 않으므로, 이러한 미완성어음으로 지급제시를 하였다고 하여도 적법한 지급제시의 효력이 없어 발행인을 이행지체에 빠뜨릴 수 없다(대판 1992. 3. 10, 91다28313).

④ 원인채무의 이행의무와 어음 반환의무가 상호 동시이행의 관계에 있는 경우, 원인채무의 채무자는 어음을 반환받을 때까지는 이행지체책임을 지지 않는지 여부(소극)

채무자가 어음의 반환이 없음을 이유로 원인채무의 변제를 거절할 수 있는 것은 채무자로 하여금 무조건적인 원인채무의 이행으로 인한 이중지급의 위험을 면하게 하려는 데에 그 목적이 있는 것이지, 기존의 원인채권에 터잡은 이행청구권과 상대방의 어음 반환청구권

이 민법 제536조에 정하는 쌍무계약상의 채권채무관계나 그와 유사한 대가관계가 있어서 그러는 것은 아니므로, 원인채무 이행의무와 어음 반환의무가 동시이행의 관계에 있다 하더라도 이는 어음의 반환과 상환으로 하지 아니하면 지급을 할 필요가 없으므로 이를 거절할 수 있다는 것을 의미하는 것에 지나지 아니하는 것이며, 따라서 채무자가 어음의 반환이 없음을 이유로 원인채무의 변제를 거절할 수 있는 권능을 가진다고 하여 채권자가 어음의 반환을 제공하지 아니하면 채무자에게 적법한 이행의 최고를 할 수 없다고 할 수는 없고, 채무자는 원인채무의 이행기를 도과하면 원칙적으로 이행지체의 책임을 진다(대판 1999. 7. 9, 98다47542, 47559).

2) 불확정기한부 채무

불확정기한부 채무의 경우에는 채무자가 기한의 도래를 안 때로부터 지체의 책임을 진다.

3) 기한의 정함이 없는 채무

가. 의 의

채무의 이행에 관하여 기한을 정하지 않은 때에는 채무자는 이행의 청구, 즉 채권자의 최고를 받은 때로부터 지체책임이 있다. 기한이 없는 채무는 그 채무가 발생함과 동시에 이행기에 있는 것이 되며, 따라서 채권자는 언제든지 이행을 청구할 수 있지만, 그때부터 채무자에게 지체책임을 묻는 것은 가혹하므로, 채무자가 채권자의 이행청구를 받을 때로부터 지체책임을 지게 한 것이다.

나. 관련문제

① 금전채무의 확정된 지연손해금채무에 대하여 지체책임이 발생하는지 여부(적극)

금전채무의 지연손해금채무는 금전채무의 이행지체로 인한 손해배상채무로서 이행기의 정함이 없는 채무에 해당하므로, 채무자는 확정된 지연손해금채무에 대하여 채권자로부터 이행청구를 받은 때로부터 지체책임을 부담하게 된다(대판 2004. 7. 9, 2004다11582).

② 임대기한을 '본건 토지를 임차인에게 매도할 때까지'로 약정한 경우

에 기간의 약정이 없는 임대차계약인가 여부

임대차계약을 체결함에 있어서 임대기한을 "본건 토지를 임차인에게 매도할 때까지"로 정하였다면 별다른 사정이 없는한 그것은 도래할 지의 여부가 불확실한 것이므로 기한을 정한 것이라고 볼 수 없으니 위 임대차계약은 기간의 약정이 없는 것이라고 해석함이 상당하다 (대판 1974. 5. 14, 73다631).

(3) 이행이 늦은 데 대하여 채무자에게 귀책사유가 있을 것

1) 귀책사유의 요부

민법은 이행불능에 관하여는 채무자의 '고의나 과실' 또는 '책임 있는 사유' 를 요건으로 하면서, 이행지체에 관하여는 채무자의 귀책사유가 그 요건인지 에 관하여는 규정하고 있지 않다. 그러나 우리 민법은 과실책임을 원칙으로 하고, 이행지체와 이행불능을 구별하여야 할 근거가 없는 점 등을 들어 이행 지체에 관하여는 채무자의 귀책사유를 요건으로 하여야 한다는 데 학설이 일치하고 있다.

2) 귀책사유에 관한 입증책임

채무의 이행이 지체된 경우에 그 귀책사유에 관한 입증책임은 채무자에게 있으므로 채무자는 이행을 지체한 이상 그 이행지체가 자기에게 귀책할 수 없는 사유로 말미암은 것임을 입증할 책임이 있다(대판 1984. 11. 27, 80다 177).

3. 이행지체의 효과

(1) 이행의 강제

이행지체의 경우에는 이행은 가능한 것이므로, 채권자는 채무자에 대한 본래의 채무의 이행을 청구할 수 있다. 이 청구에 대해 채무자가 이행하지 않는 때에는 채권자는 소를 제기하여 급부를 강제적으로 실현할 수 있다.

(2) 손해배상

채권자는 채무자의 이행지체로 인해 입은 손해에 대해 그 배상(지연배상) 을 청구할 수 있다(제390조).

(3) 전보배상

채권자는 이행지체의 효과로서 계약을 해제할 수 있다. 그리고 계약을 해제한 때에는, 이행에 갈음하는 손해의 배상, 즉 전보배상을 청구할 수 있다 (제548조 참조).

또한 제395조에 의해 채권자가 상당한 기간을 정하여 이행청구를 하였음에도 채무자가 이행하지 않거나, 또는 지체후의 이행이 채권자에게 이익이 없는 때에는, 채무자가 그 후에 이행을 하더라도 채권자가 그 수령을 거절하고 그 이행에 갈음한 손해배상, 즉 전보배상을 청구할 수 있다.

(4) 책임가중

채무자는 자기에게 과실이 없는 경우에도 그 이행지체 중에 생긴 손해를 배상하여야 한다. 그러나 채무자가 이행기에 이행하여도 손해를 면할 수 없는 경우에는 그러하지 아니하다(제392조).

(5) 계약해제권

계약에서 생긴 채무에 관하여는, 채무자가 이행지체에 빠진 때에는, 채권자를 위하여 계약해제권이 발생한다.

4. 이행지체의 종료

채권의 소멸, 채권자의 지체면제, 이행의 제공, 지체 후의 이행 등으로 종료된다.

▣ 핵심판례 ▣

■ [이행기와 이행지체]

1. 채무자가 기존 채무의 이행기에 채무를 변제하지 아니하여 채무불이행 상태에 빠진 다음에 기존 채무의 지급을 위하여 어음을 발행한 경우, 기존 채무의 변제기가 어음에 기재된 만기일로 변경되는지 여부(소극)

채권자가 기존 채무의 지급을 위하여 그 채무의 이행기가 도래하기 전에 미리 그 채무의 변제기보다 후의 일자가 만기로 된 어음의 교부를 받은 때에는 묵시적으로 기존 채무의 지급을 유예하는 의사가 있었다고 볼 경우가 있을 수 있고 이 때

기존 채무의 변제기는 어음에 기재된 만기일로 변경된다고 볼 것이나, 특별한 사정이 없는 한 채무자가 기존 채무의 이행기에 채무를 변제하지 아니하여 채무불이행 상태에 빠진 다음에 기존 채무의 지급을 위하여 어음이 발행된 경우까지 그와 동일하게 볼 수는 없다(대판 2000. 7. 28, 2000다16367).

2. 채권의 가압류가 있는 경우, 제3채무자가 이행지체책임을 면하는지 여부

채권의 가압류는 제3채무자에 대하여 채무자에게 지급하는 것을 금지하는 데 그칠 뿐 채무 그 자체를 면하게 하는 것이 아니고, 가압류가 있다 하여도 그 채권의 이행기가 도래한 때에는 제3채무자는 그 지체책임을 면할 수 없다고 보아야 할 것이다(대판(전합) 1994. 12. 13, 93다951).

3. 가. 공사도급계약이 수급인의 귀책사유로 중도 해제되어 당일 그 현장이 인도된 경우에 있어 그 기성고에 따른 수급인의 공사금채권에 대하여 계약해제된 다음날부터 지연손해금이 발생한다고 본 사례

공사도급계약이 수급인의 귀책사유로 중도해제되어 당일 그 현장이 인도된 경우에 있어 그 기성고에 따른 수급인의 공사금채권에 대하여 계약해제된 다음날부터 지연손해금이 발생한다(1991. 7. 9. 제1부 판결, 91다11490 인수채무금).

나. 전국화물자동차운송사업조합연합회가 운영하는 공제사업에 있어 공제조합원의 추가분담금채무의 발생시기와 부과방법

전국화물자동차운송사업조합연합회가 운영하는 공제사업에 관한 공제규정에 따르면, 연도말 결산결과 공제지급금의 결손금이 발생하였을 때 공제조합 조합원들에게 부과될 수 있는 추가분담금채무는 당해 사업연도말의 결산총회에서 추가분담금부과의 결의가 된 때에 비로소 발생 확정되는 것이지, 공제사업의 결손이 생긴 사실만에 의하여 바로 발생하는 것은 아니고, 또 공제지급금의 결손이 생겼음에도 당해 사업연도말의 결산총회에서 그 결손을 보전하기 위한 추가분담금부과의 결의를 하지 아니하고 이를 다음 사업연도로 이월시켰다면, 이로써 결손금처리의 방식이 확정되어 그 이후에는 그 결손을 보전하기 위한 추가분담금부과의 결의를 새로 할 수는 없는 것으로 보아야 한다(1993. 12. 14. 제2부 판결, 93다17959 근저당권말소).

4. 부동산 매매계약에 매수인이 잔대금지급기일까지 대금을 지급하지 못하면 계약이 자동해제된다는 취지의 특약을 한 후 매도인이 약정된 '잔대금지급기일'에 잔대금 일부를 수령한 경우의 법률관계(기한 유예)

부동산 매매계약에 매수인이 잔대금지급기일까지 대금을 지급하지 못하면 계약이 자동해제된다는 취지의 특약을 한 후 매도인이 약정된 잔대금지급기일에 매수인의 잔대금 일부의 지급을 거절하지 않고 수령하였다면 특별한 사정이 없는 한 당사자 사이에는 잔대금지급기일을 연기하려는 약정이 있었다고 봄이 상당하고 새

로운 잔대금지급기일은 매도인이 최고한 날짜로 연기되었다 할 것이며, 매수인이
그 기한까지 나머지 잔금을 지급하지 아니하면 매매계약은 실효된다고 볼 것이다
(대법원 1992. 10. 27. 선고 91다32022 판결).

5. 임차건물이 소실되어 임차물반환채무가 이행불능이 된 경우 그 귀책사유에 관한 입증책임

임차인의 임차물반환채무가 이행불능이 된 경우에 임차인이 그 이행불능으로 인
한 손해배상책임을 면하려면 그 이행불능이 임차인의 귀책사유로 말미암은 것이
아님을 입증할 책임이 있으므로, 임차건물이 그 건물로부터 발생한 화재로 손실
된 경우에 있어서 그 화재의 발생원인이 불명인 때에도 임차인이 그 책임을 면하
려면 그 임차건물의 보존에 관하여 선량한 관리자의 주의의무를 다하였음을 입증
하여야 한다(대판 1987. 11. 24, 87다카1575).

6. 채무불이행에 있어서의 이행지체시기

채무이행의 확정기한이 있는 경우에는 그 기한이 도래한 다음날로부터 이행지체
의 책임을 지고 기한의 정함이 없는 경우에는 그 이행의 청구를 받은 다음날로부
터 이행지체의 책임을 진다(대판 1988. 11. 8. 88다3253).

7. 도급인의 하자보수청구권 또는 손해배상청구권이 수급인의 보수지급청구권과 동시이행관계에 있는지 여부(적극)

도급계약에 있어서 완성된 목적물에 하자가 있는 때에는 도급인은 수급인에 대하
여 하자의 보수를 청구할 수 있고 그 하자의 보수에 갈음하여 또는 보수와 함께
손해배상을 청구할 수 있는바, 이들 청구권은 특별한 사정이 없는 한 수급인의
공사대금 채권과 동시이행관계에 있는 것이므로, 이와 같이 도급인이 하자보수나
손해배상청구권을 보유하고 이를 행사하는 한에 있어서는 도급인의 공사대금 지
급채무는 이행지체에 빠지지 아니하고, 도급인이 하자보수나 손해배상 채권을 자
동채권으로 하고 수급인의 공사잔대금 채권을 수동채권으로 하여 상계의 의사표
시를 한 다음날 비로소 지체에 빠진다(1996. 7. 12. 판결, 96다7250, 7267 공사대
금·손해배상(기)).

8. 건축중인 상가건물의 특정점포를 임차하면서 계약서에 그 점포의 인도시기(입점시기)를 기재하지 아니하고 건물의 준공예정일에 관한 설명만 듣고서 임대차계약을 체결한 경우, 그 점포의 인도시기에 관하여 불확정기한을 이행기로 정하는 합의를 한 것으로 볼 것인지 여부(적극) 및 그 불확정기한의 내용

일반적으로 건축중인 상가건물의 특정점포를 임차하면서 계약서에 그 점포의 인
도시기(입점시기)를 기재하지 아니하고 건물의 준공예정일에 관한 설명만을 듣고
서 그 점포에 관한 임대차계약을 체결한 경우, 그 점포의 인도시기에 관하여 당

사자의 합리적인 의사는 확정기한을 이행기로 정한 것이라고 보기는 어렵고 불확정기한을 이행기로 정하는 합의가 이루어진 것으로 보아야 할 것이고, 그 불확정기한의 내용은 그 건설공사의 진척상황 및 사회경제적 상황에 비추어 예상할 수 있는 합리적인 공사지연기간이 경과한 때라고 하는, 매우 폭 넓고 탄력적인 것으로 보아야 한다(대법원 2000. 11. 28. 선고 2000다7936 판결).

9. **선이행의무의 확정기한인 이행기를 지난 후 채권자가 채무의 일부를 수령한 경우 이행지체의 효과가 없어지고 기한의 정함이 없는 채무로 되는지 여부(소극)**

민법 제387조 제1항 전문은 채무이행의 확정한 기한이 있는 경우에는 채무자는 기한이 도래한 때로부터 지체책임이 있다고 규정하고 있는바, 채무자가 선이행의무의 확정기한인 이행기를 지나면 바로 이행지체에 빠진다 할 것이고, 이처럼 일단 이행지체에 빠진 이상 그 후 채권자가 채무의 일부를 수령하였다고 하여 이행지체의 효과가 없어지고 기한의 정함이 없는 채무로 된다고 볼 수 없다(대법원 1992. 10. 27. 선고 91다483 판결).

10. **구 공익사업을 위한 토지 등의 취득 및 보상에 관한 법률상의 사업시행자가 사업구역 내에 편입되는 토지의 소유자에게서 그 토지를 협의취득하면서 일부는 현금으로, 나머지는 채권으로 보상하기로 하고, 매매계약서에 '소유권이전등기를 필한 후 매매대금을 지급한다'고 정한 사안에서, 위 매매계약서상 매매대금 지급기일은 사업시행자 명의의 소유권이전등기가 경료된 때, 즉 등기에 필요한 서류가 등기소에 접수되고 등기관에 의해 해당 등기가 마쳐진 때에 도래하는 것으로 보아야 하고, 이는 불확정기한이므로 매매대금 지급의무의 이행을 지체하였다고 하기 위해서는 소유권이전등기가 경료된 것만으로는 부족하고 채무자인 사업시행자가 그 사실을 알아야 하며, 이에 관한 증명책임은 채권자인 토지소유자에게 있음에도, 소유권이전등기신청 접수일에 매매대금 지급의무의 이행기가 도래하였다고 보아 이를 기준으로 대금 지급을 위하여 발행한 보상채권의 이율을 산정한 원심판단에는 법리오해 등 위법이 있다는 고 한 사례**

이 사건 매매계약서상 매매대금의 지급기일은 '소유권이전등기를 필한 후'로 되어 있으므로 그 지급기일이 도래하기 위해서는 피고 명의의 소유권이전등기가 경료되어야 한다고 보는 것이 위 계약서 문언의 객관적 의미에 부합하는 해석이고, 그와 같이 소유권이전등기가 경료되었다고 하기 위해서는 등기에 필요한 서류가 등기소에 접수되고 등기관에 의해 해당 등기가 마쳐져야 하는 것이므로, 등기신청 접수일을 기준으로 등기절차가 완료된다고 볼 수는 없다. 나아가 채무이행 시기가 확정기한으로 되어 있는 경우에는 기한이 도래한 때부터 지체책임이 있으나, 불확정기한으로 되어 있는 경우에는 채무자가 기한이 도래함을 안 때부터 지체책임이 발생한다고 할 것인데, 이 사건 매매대금 지급기일을 '소유권이전등기를 필

한 후'로 정한 것은 매매대금 지급의무의 이행기를 장래 도래할 시기가 확정되지 아니한 때, 즉 불확정기한으로 정한 경우라고 할 것이므로, 매매대금 지급의무의 이행을 지체하였다고 하기 위해서는 소유권이전등기가 경료된 것만으로는 부족하고 채무자인 피고가 그 사실을 알아야 하고(민법 제387조 제1항), 이 때 그 사실을 알게 된 때가 언제인지는 이를 주장하는 원고에게 증명책임이 있다. 그럼에도 원심은, 이 사건 각 토지의 소유권이전등기신청 접수일에 매매대금 지급의무의 이행기가 도래하였다고 보고 그 대금 지급을 위하여 발행한 보상채권의 이율도 이를 기준으로 산정하고 말았으니, 이러한 원심의 판단에는 처분문서의 해석 및 채무의 이행기와 이행지체에 관한 법리를 오해하여 필요한 심리를 다하지 아니한 위법이 있고, 이는 판결에 영향을 미쳤음이 분명하다. 이 점을 지적하는 상고이유는 이유 있다(대법원 2011. 2. 24. 선고 2010다83755 판결).

◈ 기한의 이익의 상실사유

제 388 조【기한의 이익의 상실】

채무자는 다음 각호의 경우에는 기한의 이익을 주장하지 못한다.

1. 채무자가 담보를 손상, 감소 또는 멸실하게 한 때

2. 채무자가 담보제공의 의무를 이행하지 아니한 때

■ § 388. 기한의 이익의 상실

- 채권자 보호, 즉시 이행청구
- 채무자가 담보를 손상하거나 감소 또는 멸실하게 한 때
- 채무자가 담보제공의 의무를 이행치 않은 때
- 채무자가 파산한 때

채무자가 담보를 손상·감소 또는 멸실하게 한 때, 혹은 채무자가 담보제공의 의무를 이행하지 아니한 때에는 채무자는 기한의 이익을 상실한다. 이러한 민법상 기한의 이익 상실 사유가 발생한 경우에 채권자는 곧 이행을 청구할 수도 있고 또는 채무자의 이행을 거절하여 기한까지의 이자를 청구할 수도 있다. 따라서 채권자의 청구가 있은 때로부터 채무자는 지체책임을 진다. 그러나 파산선고를 받은 경우는 기한의 도래가 의제된다.

▣ 핵심판례 ▣

■ [기한의 이익의 상실]

1. 가. 정지조건부 기한이익상실의 특약이 있는 경우 이행지체의 시기

계약당사자 사이에 일정한 사유가 발생하면 채무자는 기한의 이익을 잃고 채권자의 별도의 의사표시가 없더라도 바로 이행기가 도래한 것과 같은 효과를 발생케 하는 이른바 정지조건부 기한이익상실의 특약을 한 경우에는 그 특약에 정한 기한이익의 상실사유가 발생함과 동시에 기한의 이익을 상실케 하는 채권자의 의사표시가 없더라도 이행기도래의 효과가 발생하고, 채무자는 특별한 사정이 없는 한 그때부터 이행지체의 상태에 놓이게 된다.

나. 신용보증기금법 제31조 제2항의 규정 또는 그와 동일한 내용의 신용보증 약정에 따라 채권자가 보증인에게 통지하여야 할 신용보증사고 범위

신용보증기금법 제31조 제2항이나 동일한 내용의 통지의무를 신용보증약정에 규정한 것은 보증인으로 하여금 보증채무의 변제로 인한 구상채권을 미리 확보할 수 있도록 한 취지이므로 채권자가 보증인에게 통지하여야 할 신용보증사고는 채무자가 채권자에 대하여 부담하고 있는 피보증채무 자체에 관하여 기한의 이익을 상실하거나 채무를 이행하지 아니하는 사유가 발생한 것을 말하고 특별한 사정이 없는 한 피보증채무 이외의 다른 채무에 관하여 위의 사유가 발생하여 피보증채무에 관하여서도 기한의 이익이 상실된 것과 같은 결과가 초래된 경우는 포함되지 않는다(1989. 9. 29. 제3부 판결, 88다카14663 보증금).

2. 가. 기한이익 상실의 특약은 형성권적 기한이익 상실의 특약으로 추정되는지 여부(적극)

기한이익 상실의 특약은 그 내용에 의하여 일정한 사유가 발생하면 채권자의 청구 등을 요함이 없이 당연히 기한의 이익이 상실되어 이행기가 도래하는 것으로 하는 정지조건부 기한이익 상실의 특약과 일정한 사유가 발생한 후 채권자의 통지나 청구 등 채권자의 의사행위를 기다려 비로소 이행기가 도래하는 것으로 하는 형성권적 기한이익 상실의 특약의 두 가지로 대별할 수 있고, 기한이익 상실의 특약이 위의 양자 중 어느 것에 해당하느냐는 당사자의 의사해석의 문제이지만 일반적으로 기한이익 상실의 특약이 채권자를 위하여 둔 것인 점에 비추어 명백히 정지조건부 기한이익 상실의 특약이라고 볼 만한 특별한 사정이 없는 이상 형성권적 기한이익 상실의 특약으로 추정하는 것이 타당하다.

나. 형성권적 기한이익 상실의 특약이 있는 할부채무에 있어서 소멸시효의 기산점

형성권적 기한이익 상실의 특약이 있는 경우에는 그 특약은 채권자의 이익을 위한 것으로서 기한이익의 상실 사유가 발생하였다고 하더라도 채권자가 나머지 전액을 일시에 청구할 것인가 또는 종래대로 할부변제를 청구할 것인가를 자유로이 선택할 수 있으므로, 이와 같은 기한이익 상실의 특약이 있는 할부채무에 있어서는 1회의 불이행이 있더라도 각 할부금에 대해 그 각 변제기의 도래시마다 그 때부터 순차로 소멸시효가 진행하고 채권자가 특히 잔존채무 전액의 변제를 구하는 취지의 의사를 표시한 경우에 한하여 전액에 대하여 그 때부터 소멸시효가 진행한다.

다. 기한이익 상실약정을 정지조건부 기한이익 상실특약으로 보아 할부금채무의 1회 불이행시부터 전체 채무에 관하여 소멸시효가 진행된다고

판단한 원심판결을 파기한 사례

약정한 이행의무를 한번이라도 지체하였을 때 기한의 이익을 잃고 즉시 채무금 전액을 완제하여야 한다고 되어 있는 기한이익 상실약정을 정지조건부 기한이익 상실특약으로 보아 할부금 채무의 1회 불이행시부터 전체 채무에 관하여 소멸시효가 진행된다고 판단한 원심판결을 파기한 사례(대법원 2002. 9. 4. 선고 2002다28340 판결.)

◆ 채무불이행에 대한 구제로서의 강제이행

제 389 조 【강제이행】

① 채무자가 임의로 채무를 이행하지 아니한 때에는 채권자는 그 강제이행을 법원에 청구할 수 있다. 그러나 채무의 성질이 강제이행을 하지 못할 것인 때에는 그러하지 아니하다.

② 전항의 채무가 법률행위를 목적으로 한 때에는 채무자의 의사표시에 갈음할 재판을 청구할 수 있고 채무자의 일신에 전속하지 아니한 작위를 목적으로 한 때에는 채무자의 비용으로 제3자에게 이를 하게 할 것을 법원에 청구할 수 있다.

③ 그 채무가 부작위를 목적으로 한 경우에 채무자가 이에 위반한 때에는 채무자의 비용으로써 그 위반한 것을 제각하고 장래에 대한 적당한 처분을 법원에 청구할 수 있다.

④ 전3항의 규정은 손해배상의 청구에 영향을 미치지 아니한다.

■ § 389. 강제이행

- 직접강제 : 주는 채무의 불이행에 대하여 집행기관의 힘으로 직접채무의 내용을 실현시키는 강제이행
- 대체집행 : 채권자 또는 제3자에 의해 채무의 내용을 실현시키고 그 비용을 채무자에게 부담시키는 강제이행
- 간접강제 : 채무불이행에 대하여 일정한 기간내에 이행치 않을 때는 구금, 벌금, 손해배상 등을 명할 것을 통고함으로써 심리적으로 압박하여 채무내용을 실현시키는 강제이행
- 법률행위를 목적으로 하는 채무의 강제이행 : 법률행위를 목적으로 하는 채무에 관하여는 판결로써 채무자의 의사표시에 갈음할 수 있다.
- 부작위채무의 강제이행 : 본조 3항
- 관련법조 : [직접강제] 민사집행법§78, §256~§258, [대체집행] 민사집행법 §260, [간접강제] 민사집행법 §261, [의사표시 의무의 집행] 민사집행법 §263

1. 총 설

채무자가 임의로 채무를 이행하지 않은 때, 채권자가 국가권력(소구와 강제집행)의 조력을 빌어 강제적으로 채권내용을 실현하는 것을 강제이행(현실적 이행의 강제)이라고 한다.

현행법이 인정한 강제이행의 방법은 직접강제·대체집행·간접강제의 3종이다. 구체적 사안에서 이 3종의 강제이행의 방법 중 어느 것을 어떻게 적용할 것인가는 채권자의 보호와 채무자의 인격존중과의 조화를 염두에 두면서 정하지 않으면 안된다고 할 수 있다.

3종의 강제이행의 방법에 대해서는 채무를 「주는 채무」와 「하는 채무」로 나누어 생각하는 것이 편리하다.

「주는 채무」라 함은 금전 기타의 물건의 인도를 목적으로 하는 채무이고, 「하는 채무」란 주는 채무 이외의 채무자의 작위 또는 부작위를 목적으로 하는 채무이다.

· 강제이행(현실적 이행의 강제)

강제이행의 방법	채무의 성질	적 용 범 위
1. 직접강제 (§389①)	주는 채무	직접강제를 허용하는 채무에 관하여는 대체집행 또는 간접강제가 불허용
2. 대체집행 (§389②)	대체적 작위채무	
3. 간접강제 (채무자에게 손해배상의 지급을 명하고 벌금을 과하거나 또는 채무자를 구금하는 등의 수단을 써서 채무자를 심리적으로 압박해서 채권내용을 실현시키는 방법 (민집법 §261)	부대체적 작위채무	*예외 : 다음과 같은 경우에는 강제집행이 불가능한 채무이다. 이러한 유형에 대해서는 채권자에게 구제수단이 없고, 손해배상청구가 가능하다. 1) 채무자 본인의 의사만으로는 실현될 수 없는 것(예 : 제3자의 협력을 요하는 것) 2) 채무자의 자유의사에 반하여 강제한다면 채무의 내용에 좋은 급부를 실현할 수 없는 채무(예 : 예술가의 작품제작채무 등) 3) 강제하는 것이 채무자의 인격존중에 반하는 채무(예 : 부부 간의 동거의무) * 유아인도채무에 관하여는 직접강제를 할 수 있다는 견해(곽윤직·김기선)와 간접강제만이 허용되어야 한다는 견해(김증한·김용한·현승종)가 대립하나 후설이 다수설이다. * 직접강제나 대체집행이 허용되는 경우에는 간접강제가 허용되지 않는다.

4. 법률행위를 목적으로 하는 채무의 강제이행 (§389② 전단)	법률행위를 목적으로 하는 채무	법률행위가 효력을 발생하는 데에 필요한 동의, 승낙, 채권양도의 통지, 등기의 신청 등
5. 부작위채무의 강제이행 (§389③)	부작위채무	불이행의 결과로서 유형적인 상태가 발생해야 한다. 대체집행의 일종이나 다만 장래를 위한 적당한 처분을 청구할 수 있다는 것이 부가되어 있다.

2. 직접강제

동산이나 부동산의 인도를 목적으로 하는 채무에 대한 불이행이 있을 때 국가권력으로써 채무자의 점유를 이전하는 것과 같이, 국가권력에 의하여 채무자의 의사에 관계없이 직접 채권의 내용을 실현하는 것이 직접강제이다.

본조 제1항은 채무의 성질을 허용하는 한 강제이행을 법원에 청구할 수 있다고 규정하고 있으나, 여기에서 말하는 강제이행은 바로 직접강제를 가리키는 것이고, 대체집행이나 간접강제는 포함되지 않는다.

만약 본조 제1항에서 말하는 강제이행에 대체집행이 포함된다고 하면, 제2항이 대체집행을 법원에 청구할 수 있다고 한 규정은 대체집행을 허용하지 아니하는 경우에 이상한 논리가 되어 그 의미를 알 수 없게 되어 버리고, 간접강제를 포함한다고 하면, 원래 채무자의 심리를 압박하기 위한 최후의 수단이 되어야 할 간접강제가 원칙적으로 허용되는 것이 되어 버리므로 근대법의 경향에 크게 어긋나기 때문이다.

간접강제는 「채권의 성질이 그것을 허용하지 아니하는 경우」를 제외하고 허용된다.

3. 대체집행

건물을 철거하여야 할 의무를 채무자가 이행하지 않은 때, 채무자의 비용으로 채권자 또는 제3자가 채무자를 갈음하여 채권내용을 실현시키는 강제이행의 방법이 대체집행이다.

대체집행은 직접강제가 허용되지 아니하는 채무 중에서도 제3자가 대신하더

라도 채권의 목적을 달성할 수 있는 것에 대하여(그리고 이 종류에 한하여)
허용된다.

본조 제2항에서 말하는 「법률행위를 목적으로」라 함은 1항과 마찬가지로
직접강제를 허용하지 아니하는 경우란 의미이다.

대체집행의 방법도 민사집행법에 규정되어 있다(민집 제260조). 그런데 채무
자의 법률행위를 목적으로 하는 채무는 채무자가 법률행위를 한 것과 동일한
법률효과를 발생시키면 그 목적을 달성하는 것이기 때문에 본조 제2항 본문은
채무자에게 의사표시를 명하는 판결이 있으면 그것으로써 채무자의 의사표시
에 갈음함으로써 채무의 이행이 있었던 것과 동일한 효과를 발생시키게 된다.

그리고 본조 제3항에서 부작위채무 가운데 그 채무의 불이행이 유형적인 결
과를 일으키고 타인이 이를 제거함으로써 목적을 달성할 수 있는 것에 대하여
일종의 대체집행을 인정하고 있다.

즉, 부작위채권의 강제집행방법으로 「채무자의 비용으로써 그 위반한 것을
제거하고, 또한 장래를 위하여 적당한 처분을 하도록 청구하는 것」이 가능하다.

4. 간접강제

간접강제라 함은 법원이 채무자에 대하여 일정기간 내에 채무를 이행하지
아니할 때에는 손해배상 등의 불이익을 과할 것을 명하여 채무자에게 심리적
인 압박을 가함으로써 이행을 간접적으로 강제하여 채권의 실현을 꾀하려고
하는 제도이다.

간접강제에 관해서는 민법에는 아무런 규정도 없다. 민사집행법 제261조는
「채무의 성질이 강제이행을 할 수 있는 경우에 제1심 수소법원은 채권자의
신청에 의하여 결정으로 상당한 기간을 정하고 채무자가 그 기간 내에 이행을
하지 아니한 때에는 그 지연기간을 응하여 일정한 배상을 할 것을 명하거나
또는 즉시 손해의 배상을 할 것을 명할 수 있다」고 간접강제를 규정하고 있다.

5. 법률행위(의사표시)를 목적으로 하는 채무의 강제이행

법률행위를 목적으로 하는 채무에 관하여는 재판으로써 채무자의 의사표시
에 갈음할 수 있다. 법률행위를 목적으로 하는 채무는 작위채무의 일종이나,
이는 채무자의 행위나 행위의 사실적 결과를 목적으로 하는 것이 아니라, 관

념적인 법률효과의 발생을 목적으로 하는 것이다. 따라서 이에 관하여는 대체집행이나 간접강제를 쓰지 않고서 의사표시를 명하는 판결의 확정으로 곧 채무자의 의사에 갈음하기로 하고, 다른 특별한 집행을 생략하고 있다. 이와 같은 판결에 의한 내용은 법률행위(의사표시)에 관하여서뿐만 아니라 준법률행위(의사통지·관념의 통지)에 관하여서도 적용된다. 즉 본조의 규정을 받아서 민사집행법 제263조 1항은「채무자가 권리관계의 성립을 인낙한 때에는 그 조서로, 의사의 진술을 명한 판결이 확정한 때에는 그 판결로 권리관계의 성립을 인낙하거나 의사를 진술한 것으로 본다」고 규정하고 있다. 여기서「인낙」이라 함은, 법률행위가 효력을 발생하는 데에 필요한 동의 또는 승낙 및 준법률행위로서의 의사의 통지·관념의 통지를 의미한다. 또한 의사의 진술이라 함은, 채무자가 채권자에 대하여 하여야 할 의사표시뿐만 아니라, 그 밖에도 제3자 또는 관청에 대하여 하여야 할 의사표시도 포함하는 것으로 해석하여야 한다. 따라서 관청에 대한 출원·등기의 신청·전화사용권명의의 변경신청 등에 관하여도 적용이 있다. 그러나 어디까지나 채무자 자신의 사실상의 행위를 필요로 하는 의사표시(예컨대, 증권상의 서명을 요하는 어음행위 등)에 관하여는 적용할 수 없다(동지 ; 곽윤직, 김·안 참조). 이 경우에는 간접강제로 해결해야 한다.

6. 부작위채무의 강제이행

부작위를 목적으로 하는 채무에 관하여는「채무자의 비용으로써 그 위반한 것을 제각하고 장래에 대한 적당한 처분을 법원에 청구할 수 있다」. 부작위채무는 일정한 행위를 하지 않는 의무(예컨대, 공작물을 만들지 않을 의무)이든 또는 일정한 행위를 인용하는 의무(예컨대, 일정한 토지에 들어가는 것을 방해하지 않을 의무)이든 그 어느 것임을 묻지 않으며, 모두 이 강제이행이 허용된다. 다만 불이행의 결과로서 유형적인 상태가 생겼어야 한다(예컨대, 공작물을 축조하거나 또는 담을 쌓아서 들어갈 수 없는 경우). 이것은 결국 부작위채무의 불이행으로 생긴 결과의 대체적 제거의무에 대한 강제이행의 방법에 지나지 않는다. 대체집행의 일종이다. 다만, 장래를 위한 적당한 처분을 청구할 수 있다는 것이 부가되어 있을 뿐이다. 장래에 대한 적당한 처분으로서는 장래의 손해에 대한 담보를 제공케 하는 것이 보통이다.

위와 같은 강제이행을 할 수 있는 경우에는 다른 강제이행은 할 수 없다고

해석하여야 한다(동지 ; 곽윤직, 김·안 참조).

그리고 이 부작위채무의 강제이행은, 부작위채무 그 자체에 대한 것이 아니라 불이행의 결과에 관한 대체적 작위의무에 대한 강제이행이다. 따라서 부작위채무의 불이행이 있더라도 그 불이행의 결과로서 아무런 유형적 상태를 남기지 않고, 다만 무형의 위반상태가 계속되는 경우(예 : 소음을 내지 않을 의무, 경업을 하지 않을 의무 등의 경우)에는 위의 강제방법을 쓰지 못하며, 간접강제에 의하는 수밖에 없다. 그것은 일종의 부대체적 급부이기 때문이다.

7. 강제이행과 손해배상의 청구

전술한 강제이행을 하고 나서도 여전히 이행이 지연됨으로써 손해가 발생한 경우에는 채권자는 손해배상을 청구할 수 있다. 물론 채권자는 강제이행의 수단을 동원하지 않고 손해배상을 청구할 수도 있다.

[이행의 종류]

▣ 핵심판례 ▣

■ [강제이행]

1. 대체집행을 명하는 결정에 대하여 실체상의 청구권 존부에 관한 주장이나 채무명의의 당부를 다투는 사유들로써 적법한 항고이유나 재항고이유로 삼을 수 있는지 여부(소극)

대체집행을 명하는 결정에 대한 항고는 단순히 그 집행방법으로서의 하자가 있음을 이유로 하는 경우에 한하는 것이고 실체상의 청구권 존부에 관한 주장이나 채무명의의 당부를 다투는 사유들로써는 적법한 항고이유나 재항고이유로 삼을 수 없다(1992. 6. 24. 제2부 결정, 92마214 대체집행).

2. 다방영업허가 명의변경을 민사상 소구할 수 있는지 여부(적극)

식품위생법과 같은법시행규칙의 여러 관계 규정을 종합하여 고려하면, 임차인이 임대인으로부터 종래 다방 용도로 사용되어 왔던 임대인 소유인 건물의 지하 부분을 임차함에 있어 임대차기간 중에 임차인 명의로 다방영업허가를 받아 다방업을 경영하되 임대차기간 만료시에는 그 허가명의를 임대인 명의로 변경하여 주기로 약정하고 다방영업허가를 받아 다방업을 영위하다가 임대차기간이 만료되어 임대인에게 건물 부분을 명도한 경우, 이는 임차인이 그 영업을 양도한 때에 준한다고 봄이 상당하여 임대인이 다방의 영업자의 지위를 승계하는 경우라고 할 것이므로, 임차인은 임대인에게 다방영업허가명의의 변경절차를 이행할 의무가 있고, 임대인은 이를 소구할 수 있다(대판 1997. 4. 25. 95다19591).

3. 의사결정의 자유와 의사표시를 갈음하는 판결의 한계

재단법인은 일정한 목적을 위하여 바쳐진 재산이라는 실체에 대하여 법인격을 부여한 것이므로 그 출연된 재산 즉 재단법인의 기본재산은 바로 법인의 실체인 동시에 법인의 목적을 수행하기 위한 가장 기본적인 수단으로서 이를 처분한다는 것은 재단법인의 실체가 없어지는 것을 의미하므로 재단법인의 기본재산은 이를 함부로 처분할 수 없는 것이고, 재단법인이 정관의 변경을 초래하는 기본재산의 처분을 위하여 주무관청의 허가를 신청할 것인지 여부는 특별한 사정이 없는 한 재단법인의 의사에 맡겨져 있다고 할 것이므로, 채무자인 재단법인에 다른 재산이 없어 기본재산을 처분하지 않고는 채무의 변제가 불가능하다고 하더라도, 재단법인으로부터 기본재산을 양수한 자도 아니고 금전채권자들에 불과한 자에게는 강제이행청구권의 실질적인 실현을 위하여 필요하다는 사유만으로 기본재산의 처분을 희망하지도 않는 재단법인을 상대로 주무관청에 대하여 기본재산에 대한 처분허가신청절차를 이행할 것을 청구할 권한이 없다(대법원 1998. 8. 21. 선고 98다19202, 19219 판결).

4. 가. 비방광고에 대한 대응광고 비용이 비방광고로 인한 손해인지 여부
 (적극)

 비방광고들로 인한 피해를 최소한으로 줄이기 위하여 광고들이 실렸던 일간
 지마다 동일한 크기의 대응광고를 게재할 필요가 있었다면, 그 비용도 비방
 광고들로 인하여 입은 손해이다.

나. 비방광고로 인하여 회사의 인격·명예·신용이 훼손된 데 대한 손해
 액을 3억 원으로 본 원심판결을 수긍한 사례

 비방광고들로 인하여 인격과 명예, 신용 등이 훼손됨으로써 분유제조업체인
 피해 회사가 입은 손해의 종류와 성격, 피해 회사의 지명도와 영업의 신용도,
 피해 회사의 규모 및 영업실적, 비방광고들의 허위성의 정도와 비방성의 강
 도, 비방광고 행태 전반에서 드러나는 악의성의 정도, 조제분유 제품을 선택
 하는 소비자들의 보수성, 부정적 광고가 미치는 영향의 즉각성과 지속성, 부
 정적 영향으로부터 회복함이 곤란한 점, 부정적 광고에 대하여 효율적인 구
 제수단인 사죄광고가 허용되지 아니하는 점, 비방광고 회사의 규모와 재산
 정도 등 여러 사정을 참작하여 그 손해액을 금 300,000,000원으로 정한 원심
 판결을 수긍한 사례.

다. 비방광고로 인한 인격권 침해에 대한 사전 구제수단으로서 광고중지
 청구를 인정한 원심판결을 수긍한 사례

 인격권은 그 성질상 일단 침해된 후의 구제수단(금전배상이나 명예회복 처분
 등)만으로는 그 피해의 완전한 회복이 어렵고 손해전보의 실효성을 기대하기
 어려우므로, 인격권 침해에 대하여는 사전(예방적) 구제수단으로 침해행위 정
 지·방지 등의 금지청구권도 인정된다는 이유로 광고중지 청구를 인정한 원
 심판결을 수긍한 사례.

라. 부작위채무에 관한 판결절차에서 장래의 채무불이행에 대비한 배상을
 명할 수 있는지 여부(적극)

 부작위채무를 명하는 판결의 실효성 있는 집행을 보장하기 위하여는, 부작위
 채무에 관한 소송절차의 변론종결 당시에서 보아 채무명의가 성립하더라도
 채무자가 이를 단기간 내에 위반할 개연성이 있고, 또한 그 판결절차에서 민
 사소송법 제693조에 의하여 명할 적정한 배상액을 산정할 수 있는 경우에는,
 그 부작위채무에 관한 판결절차에서도 위 법조에 의하여 장차 채무자가 그
 채무를 불이행할 경우에 일정한 배상을 할 것을 명할 수 있다(대법원 1996.
 4. 12. 선고 93다40614, 40621 판결).

◆ 채무불이행으로 인한 손해배상청구

제 390 조【채무불이행과 손해배상】

채무자가 채무의 내용에 좇은 이행을 하지 아니한 때에는 채권자는 손해배상을 청구할 수 있다. 그러나 채무자의 고의나 과실없이 이행할 수 없게 된 때에는 그러하지 아니하다.

■ § 390. 채무불이행

- 채무자가 채무의 내용에 좇은 이행을 하고 있지 않은 객관적 상태가 채무불이행이다.
- 채무불이행의 모습 : 이행지체, 이행불능, 불완전이행
- 채무불이행의 요건 : ① 주관적 요건-채무불이행에 관한 채무자의 귀책사유가 있을 것
 ② 객관적 요건-채무불이행이 위법할 것
- 채무불이행의 효과 : 이행강제권, 손해배상청구권 발생, 계약의 해제, 해지권 발생
- 관련법조 : [채무자의 고의, 과실] 상 §25, §135, §148, §152, §160, §788~§790, §812, [특칙] 상 §153, §136, §812, 철도 §23, §24, §72~§75, 우편 §38~§45

1. 의 의

채무불이행이라 함은 채무자가 정당한 사유없이 채무의 내용에 좇은 급부를 하지 아니하는 것을 말한다. 그리고 채무의 내용에 좇은 급부를 하지 않는다는 것은 단순히 어떤 채무에 관하여 정해져 있는 이행의 기간, 이행의 장소, 그 내용 등을 형식적으로 관찰하여 그에 따른 급부를 하지 않는다고 하는 정도에 그치는 것이 아니고, 그 채무를 성립시킨 종국의 목적을 고려함과 동시에 일반거래의 관행을 고려하고, 아울러 신의성실의 원칙에 따른 급부를 하지 아니한 것까지도 의미한다.

2. 채무불이행의 태양

채무불이행이란 위에서 본 바와 같이 채무자가 정당한 사유없이 채무의 내용에 따른 급부를 하지 않는 것을 말하는 것이지만 그 가운데에는 ① 이행기에 이행이 가능함에도 불구하고 채무자가 이행을 하지 않음으로써 이행기를 도과한 경우, 즉 이행지체 ② 이행이 불능이기 때문에 채무자가 이행을 하지 않은 경우, 즉 이행불능 ③ 채무자가 불완전한 급부를 한 경우, 즉 불완전이행의 세 가지의 태양이 포함되어 있다.

3. 손해배상청구권

위에서 본 바와같이 채무불이행의 3개의 태양에 기하여 채권자에게 손해배상청구를 발생시키게 하는 것이 되지만 이와 같은 채무불이행에 의한 손해배상청구권이 발생되기 위해서는 단순히 채무의 내용에 좇은 이행이 행해지지 않았다는 객관적 상태의 존재만으로는 불충분하다.

따라서 객관적 상태의 존재 외에, 각각의 태양에 대해 ① 그 채무불이행을 원인으로 하여 손해가 발생하였을 것, ② 채무불이행이 채무자의 귀책사유에 의하여 발생하였을 것, ③ 책임원인인 채무불이행과 손해와의 사이에 원인결과의 관계, 즉 인과관계가 존재할 것을 필요로 한다.

4. 채무불이행과 불법행위 비교

(1) 공통점

1) 제763조에 의한 준용

손해배상의 범위(제393조), 금전배상주의(제394조), 과실상계(제396조), 배상자대위(제399조)는 제763조에 의하여 불법행위에로 인한 손해배상에도 준용된다.

2) 해석상 공통점

손익상계, 중간이익공제, 과실책임주의 등은 해석상 공통된다.

(2) 차이점

1) 입증책임

불법행위의 경우에는 전부 채권자(피해자)가 입증해야 하지만, 채무불이행은 채무자가 자신이 귀책사유 없음을 입증해야 한다.

2) 시효

불법행위는 3년, 10년의 특칙이 있지만(제766조), 채무불이행은 10년의 일반원칙이 적용된다(제162조 1항).

3) 위자료

불법행위에는 명문의 규정이 있지만(제751조, 제752조), 채무불이행의 경우에는 명문규정이 없고 해석상 통설과 판례가 인정하고 있다.

4) 피용자나 보조자

사용자책임에 있어서는 사용자가 면책가능성이 있지만(제756조 1항 단서), 이행보조가 책임에 있어서는 채무자의 면책가능성이 없다(제391조).

<참고사항>

※ 채무불이행의 일반적 요건

1. 객관적 요건
 (1) 이행지체 : 이행이 가능함에도 불구하고 이행기에 이행하지 않고 있을 것
 (2) 이행불능 : 이행기에 이행이 불가능할 것. 단, 후발적 불능이어야 한다.
 (3) 불완전이행 : 이행은 있었으나 채무의 내용에 좋은 이행이 아닐 것
2. 주관적 요건
 (1) 채무자에게 귀책사유가 있을 것
 이행지체, 이행불능, 불완전이행이 채무자의 고의, 과실에 의한 것이어야 한다. 이때 과실이란 추상적 경과실을 의미하는 것이 원칙이고, 예외적으로 구체적 과실을 요구하는 경우도 있다(제695조, 제922조, 제1022조).
 (2) 이행보조자의 고의·과실
 제391조의 요건을 갖추면 채무자 스스로에게는 고의, 과실이 없더라도 채무자에게 귀책사유가 있는 것이 된다.
3. 위법성이 있을 것

동시이행의 항변이나 유치권 항변은 이행지체의 위법성 조각사유가 된다.

4. 채무자에게 책임능력이 있을 것(통설)

5. 손해배상청구권의 특유요건

현실적인 손해가 발생해야 하고(단, 금전채무불이행은 예외, 제397조 참조), 채무불이행과 손해 사이에 인과관계가 있어야 한다.

6. 입증책임의 문제

(1) 채권자 입증책임

채무가 존재한다는 사실과 채무불이행의 객관적 요건에 대해서는 채권자에게 입증책임이 있다.

(2) 채무자 입증책임

주관적 요건에 대해서는 채무자에게 입증책임이 있다. 즉, 채무자가 자신에게 귀책사유가 없음을 입증해야 한다.

7. 면책특약의 효력

(1) 과실 면책특약은 유효하다. 단, 사업자, 이행보조자 또는 피고용자의 고의 또는 중대한 과실로 인한 법률상의 책임을 배제하는 약관조항은 약관규제법에 의해 무효이다(약관법 제7조1항, 대판 2002. 4. 12. 98다57099).

(2) 고의 면책특약과 관련하여 채무자의 고의 면책특약은 무효이다. 다만, 이행보조자의 고의 면책특약은 유효하다는 것이 종래의 통설이다. 그러나 약관규제법에 비추어 종래 통설은 문제가 있다는 지적이 있고, 따라서 이행보조자의 고의 면책특약 또한 무효라는 소수설이 주장되고 있다.

[채무불이행]

{
　광의의 채무불이행 : 채무자의 고의·과실의 유무는 관계없고, 다만 채무이행을 하지 않은 것

　협의의 채무불이행 : 채무자의 고의·과실을 요건으로 한다.
}

▣ 핵심판례 ▣

■ [채무불이행과 손해배상]

1. 가. 증권회사직원을 통하여 매매거래구좌설정계약을 체결한 후 그에게 송금하여 주식을 매수하고 위 직원은 위탁자로부터 그 거래구좌의 통장 및 인감을 건네받고 주식의 매입, 매도 등 거래전반에 관하여 위임을 받은 뒤 위탁자 명의로 거래를 계속해 온 경우, 위탁자와 증권회사 사이에 증권매매 위탁약정이 성립되는지 여부(적극)

 증권회사직원을 통하여 매매거래구좌설정계약을 체결하고 그에게 송금하여 주식을 매수하고 위 직원은 위탁자로부터 그 거래구좌의 통장 및 인감을 건네받고 주식의 매입, 매도 등 거래전반에 관하여 위임을 받은 뒤 위탁자 명의로 거래를 계속해 왔다면, 위탁자는 위 직원을 통하여 그의 재량적 판단 아래 주식거래를 하여 이득을 남겨줄 것을 의뢰함과 동시에 이익배당금의 수령이나 무상증자에 따른 신주의 인수 등 주식위탁과 관련하여 통상 위탁자에게 손해가 되지 않고 경제적으로 이익이 된다고 볼 수 있는 제반사항의 대행을 포괄적으로 위임한 것이고, 위탁자와 증권회사 사이에 있어서도 그와 같은 내용의 증권매매위탁약정이 성립되었다고 할 것이다.

 나. 위 "가"항의 경우 위탁자에 대한 증권회사의 위 약정에 따른 채무의 범위와 위탁받은 주식에 관한 이익배당금의 수령이나 무상증자에 의한 신주의 인수 및 유상증자에 따른 신주의 인수

 위 "가"항의 경우에 있어 증권회사가 위탁받은 주식에 관한 이익배당금의 수령이나 무상증자에 의한 신주의 인수를 이행하지 아니하였다면 이는 특단의 사정이 없는 한 위 위탁약정에 관한 채무불이행이 된다고 할 것이므로 증권회사는 위탁자에게 이로 인한 손해를 배상하여야 할 의무가 있다 할 것인 한편, 유상증자의 경우는 위탁자 본인의 청약 및 그에 따른 업무대행위임에 관한 명시적인 의사표시가 있는 때에 한하여 증권회사가 그 업무를 대행처리하는 것이 거래관행이어서 특약이 없는 한 유상주식의 인수에 관한 통지나 업무대행이 위탁자와 증권회사 사이의 위탁매매약정상의 채무에 당연히 포함되는 것이 아니다(1991. 5. 24. 제3부 판결, 90다14416 주식인도등).

2. 대상청구권의 요건

 대상청구권이 인정되기 위하여는 급부가 후발적으로 불능하게 되어야 하고, 급부를 불능하게 하는 사정의 결과로 채무자가 채권의 목적물에 관하여 '대신하는 이익'을 취득하여야 한다(대판 2003. 11. 14, 2003다35482).

3. 국내 운송업자가 수입화물의 운송계약을 맺은 해상운송업자로부터 그 육상운송을 의뢰받아 그 소유의 샤시(Chassis)에 수입화물을 싣고 화주의

보세장치장 창고까지 운송한 다음 통관절차 등이 마쳐질 때까지 그 곳에 둔 샤시가 화재로 소실된 경우, 화주의 국내 운송업자에 대한 손해배상책임을 인정한 사례

국내 운송업자가 수입화물의 운송계약을 맺은 해상운송업자로부터 그 육상운송을 의뢰받아 그 소유의 샤시(Chassis)에 수입화물을 싣고 화주의 보세장치장 창고까지 운송한 다음 통관절차 등이 마쳐질 때까지 그 곳에 둔 샤시가 화재로 소실된 경우, 화주의 국내 운송업자에 대한 손해배상책임을 인정한다(1991. 5. 28. 제1부 판결, 91다2052 손해배상(기)).

4. 수입화물의 운송계약을 맺은 해상운송업자가 그 소유의 콘테이너에 위 화물을 내장하여 해상운송을 마치고는 육상운송은 국내 운송업자에게 의뢰하여 화주의 보세장치장 창고까지 운송케 하였으나 통관절차 등이 지체된 상태에서 위 창고 내에서 화재가 일어나 위 콘테이너가 소실된 경우 화주의 해상운송업자에 대한 손해배상책임을 인정한 사례

수입화물의 운송계약을 맺은 해상운송업자가 그 소유의 콘테이너에 위 화물을 내장하여 해상운송을 마치고는 육상운송은 국내 운송업자에게 의뢰하여 화주의 보세장치장 창고까지 운송케 하였으나 통관절차 등의 지체된 상태에서 위 창고 내에서 화재가 일어나 위 콘테이너가 소실된 경우 화주의 해상운송업자에 대한 손해배상책임을 인정한 사례(1991. 5. 28. 제1부 판결, 91다2069 물품반환).

5. 가. 부동산소유권이전등기 의무자가 그 부동산상에 제3자에게 가등기를 경료한 경우 그 소유권이전등기의무가 이행불능이 되는지 여부(소극)

부동산소유권이전등기 의무자가 그 부동산상에 가등기를 경료한 경우 가등기는 본등기의 순위보전의 효력을 가지는 것에 불과하고 또한 그 소유권이전등기 의무자의 처분권한이 상실되지도 아니하므로 그 가등기만으로는 소유권이전등기의무가 이행불능이 된다고 할 수 없다.

나. 부동산소유권이전등기 의무자가 그 부동산상에 제3자에게 채무담보를 위한 소유권이전등기를 경료한 경우 그 소유권이전등기의무가 이행불능이 되는지 여부

부동산소유권이전등기 의무자가 그 부동산에 관하여 제3자 앞으로 비록 채무담보를 위하여 소유권이전등기를 경료하였다고 할지라도 그 의무자가 채무를 변제할 자력이 없는 경우에는 특단의 사정이 없는 한 그 소유권이전등기의무는 이행불능이 된다(1991. 7. 26. 제3부 판결, 91다8104 소유권이전등기).

6. 가. 임대차가 종료된 후 임차인이 동시이행의 항변권에 기하여 목적물을 유치하는 경우의 임대목적물 보존에 대한 주의의무의 정도 및 그 주의의무 위반 여부에 대한 입증책임의 소재

임대차 종료 후 임차인의 임차목적물 명도의무와 임대인의 연체차임 기타 명

도시까지 발생한 손해배상금 등을 공제하고 남은 임대보증금반환 채무와는 동시이행의 관계에 있는 것이어서 임차인은 이를 지급받을 때까지 동시이행의 항변권에 기하여 목적물을 유치하면서 명도를 거절할 권리가 있는 것이나, 임차인은 임차목적물을 명도할 때까지는 선량한 관리자의 주의로 이를 보존할 의무가 있어, 이러한 주의의무를 위반하여 임대목적물이 멸실, 훼손된 경우에는 그에 대한 손해를 배상할 채무가 발생하며, 임대목적물이 멸실, 훼손된 경우 임차인이 그 책임을 면하려면 그 임차건물의 보존에 관하여 선량한 관리자의 주의의무를 다하였음을 입증하여야 할 것이다.

나. 위 '나'항의 경우 임차인이 임대인 명의로 사용한 전기, 전화요금을 납부하지 않아 전기의 동력선이 끊기고, 임대인 명의의 전화가입권이 말소됨으로써 임대인이 입은 손해가 임대차보증금반환 채권액에서 공제되어야 할 손해인지 여부(적극)

위 "나"항의 경우 임차인이 임대인 명의로 사용한 전기, 전화요금을 납부하지 않아 전기의 동력선이 끊기고, 임대인 명의의 전화가입권이 말소됨으로써 임대인이 그 전화 및 전기동력선 등의 재설치에 상당한 비용이 소요되는 등 손해를 입었다면 임차인으로서는 그 손해에 대한 배상책임을 면할 수 없으므로 이는 임대차보증금반환 채권액에서 공제되어야 한다.

다. 항소심에서 피고의 항소를 일부 받아들여 제1심판결 인용금액을 감액하는 판결을 선고하는 경우 항소심판결 선고시까지 소송촉진등에관한특례법 제3조 제1항 소정 이율을 적용할 수 있는지 여부(소극)

항소심에서 채무자의 항소를 일부 받아들여 1심 인용금액을 일부 감축하는 판결을 선고한 것이 채무자가 항소심판결 선고시까지 이행의무의 존부나 범위에 관하여 항쟁하였기 때문이고 또 그 항쟁함이 상당하다고 인정할 때에는 항소심판결 선고시까지는 소송촉진등에관한특례법 제3조 제1항 소정의 이율을 적용하여서는 안된다(1991. 10. 25. 제3부 판결, 91다22605, 22612(반소) 건물명도등).

7. 가. 매도인에게 매매목적토지의 수용으로 인한 보상금을 수령하였음을 이유로 그 금원의 지급을 구하는 청구를, 소유권이전등기의무 이행불능의 원인인 토지수용으로 인하여 토지의 대상인 보상금을 취득하였음을 이유로 이른바 대상청구권을 행사하는 취지라고 본 사례

매도인에게 매매목적토지가 수용됨으로써 그 보상금을 수령하였음을 이유로 그 금원의 지급을 구하는 청구를, 위 토지에 대한 소유권이전등기의무의 이행불능을 발생케 한 원인인 토지수용으로 인하여 위 토지의 대상인 보상금을 취득하였음을 이유로 그 보상금의 지급을 구하는 것으로서 이른바 대상청구권을 행사하는 취지라고 볼 수 있다.

나. 이행불능의 효과로서 대상청구권의 인정 여부(적극)

우리 민법에는 이행불능의 효과로서 채권자의 전보배상청구권과 계약해제권 외에 별도로 대상청구권을 규정하고 있지 않으나 해석상 대상청구권을 부정할 이유가 없다(1992. 5. 12. 제1부 판결, 92다4581 손해배상(기), 4598(반소)).

8. 임차물이 소실되어 임차물반환채무가 이행불능이 된 경우 귀책사유에 대한 입증책임

임차인의 임차물반환채무가 이행불능이 된 경우에 임차인이 그 이행불능으로 인한 손해배상책임을 면하려면 그 이행불능이 임차인의 귀책사유에 의하지 아니한 것임을 입증할 책임이 있으며, 임차물이 화재로 소실된 경우에 그 화재발생원인이 불명인 때에도 임차인이 그 책임을 면하려면 그 임차건물의 보존에 관하여 선량한 관리자의 주의의무를 다하였음을 입증하여야 한다(1992. 9. 22. 제1부 판결, 92다16652 손해배상(기)).

9. 토지의 교환계약 후 교환목적토지에 관하여 계약당사자의 처 앞으로 소유권이전등기가 된 경우 교환계약에 따른 소유권이전등기의무가 이행불능으로 되었다고 볼 것인지 여부

토지의 교환계약 후 목적토지에 관하여 그 소유자인 계약당사자로부터 그의 처 앞으로 소유권이전등기가 되었다면 위 계약당사자는 사회통념상 처로부터 목적토지부분에 관한 소유권을 회복하여 상대방에게 이에 관한 소유권이전등기절차를 이행할 수 있는 특별한 사정이 있다고 봄이 상당하므로 교환목적토지부분에 관한 교환계약에 따른 소유권이전등기의무는 아직 이행불능으로 확정되었다고 할 수 없다(1992. 10. 13. 제2부 판결, 91다34394 건물철거등).

10. 증권회사와 고객 사이에 고객이 주식매수대금결제일까지 매수대금을 납부하지 아니한 때에는 회사가 임의로 매수주식을 처분하여 미수금에 충당할 수 있다는 내용의 약정이 체결된 경우 증권회사가 고객에게 기한을 지정하여 매수대금을 납부하도록 최고하고 그 기한까지 매수대금을 납부하지 않으면 주식을 처분하겠다는 뜻을 통지하였다면 기한이 도과된 후에는 지체 없이 매수주식을 처분할 의무를 부담하는지 여부(한정소극)

증권회사가 고객과의 사이에서 체결한 매매거래계좌설정약정서에서 고객이 주식매수대금결제일까지 매수대금을 납부하지 아니한 때에는 증권회사는 임의로 매수주식을 처분하여 그 처분대금을 미수금에 충당할 수 있다고 규정한 취지는 고객이 주식매수대금을 납부하지 아니한 경우에 그로 인하여 증권회사가 손해를 입게 되는 것을 방지하기 위하여 증권회사에게 매수주식의 처분권한을 부여한 취지이지 증권회사에게 이를 처분할 의무를 부과한 취지는 아니라고 할 것이므로, 증권회사가 고객에 대하여 일정한 기한을 지정하여 매수대금을 납부하도록 최고하고 그 기한까지 매수대금을 납부하지 않을 경우에 매수주식을 처분하겠다

는 뜻을 통지하였다고 하여도 증권회사는 특별한 사정이 없는 한 위 기한이 도 과된 후에 지체 없이 매수주식을 처분할 의무를 부담하는 것은 아니다(1993. 2. 23. 제1부(나) 판결, 92다35004 대여금).

11. 가. **매매목적부동산에 제3자의 처분금지가처분등기가 기입된 경우 매매 계약은 이행불능으로 되는지 여부(소극)**

매매목적부동산에 관하여 이미 제3자의 처분금지가처분등기가 기입되었다 할지라도 이는 단지 그에 저촉되는 범위 내에서 가처분채권자에게 대항할 수 없는 효과가 있다는 것일 뿐 그것에 의하여 곧바로 부동산 위에 어떤 지 배관계가 생겨서 채무자가 그 부동산을 임의로 타에 처분하는 행위 자체를 금지하는 것은 아니라 하겠으므로 가처분등기로 인하여 바로 계약이 이행불 능으로 되는 것은 아니다.

나. **매매계약이 이행불능된 경우 이행불능 당시의 시가가 계약 당시의 그것보다 현저히 앙등되었을지라도 이행불능 당시의 시가 상당액이 통상의 손해인지 여부(적극)**

매매계약의 이행불능으로 인한 전보배상책임의 범위는 이행불능 당시의 매 매목적물의 시가에 의하여야 하고 그와 같은 시가 상당액이 곧 통상의 손해 라 할 것이고, 그 후 시가의 등귀는 채무자가 알거나 알 수 있었을 경우에 한하여 이를 특별사정으로 인한 손해로 보아 그 배상을 청구할 수 있는 것 이므로 이행불능 당시의 시가가 계약 당시의 그것보다 현저하게 앙등되었다 할지라도 그 가격을 이른바 특별사정으로 인한 손해라고 볼 수 없다(1993. 5. 27. 제3부 판결, 92다20163 손해배상(기)).

12. **소유권이전등기의무자가 제3자 명의로 가등기를 마쳐 준 것과 이행불능**

소유권이전등기의무자가 그 부동산상에 제3자 명의로 가등기를 마쳐 주었다 하 여도 가등기는 본등기의 순위보전의 효력을 가지는 것에 불과하고, 또한 그 소 유권이전등기의무자의 처분권한이 상실되는 것도 아니므로 그 가등기만으로는 소유권이전등기의무가 이행불능이 된다고 할 수 없다(1993. 9. 14. 제1부 판결, 93다12268 소유권이전등기말소).

13. 가. **임대주택건설촉진법에 의하여 건설된 아파트의 임차권 양도계약의 효력**

임대주택건설촉진법에 의하여 건설된 아파트의 임차권 양도가 같은 법에 의하여 금지되는 것이라 하여도 임차권 양도계약 자체는 그 당사자 사이에 서는 유효한 것이므로 임차권의 양도가 금지되었다는 사정만으로 임차권 양도계약이 해제조건부라고 볼 수도 없다.

나. 위 "가"항의 임차권 양수인이 아파트에 입주할 수 없게 된 경우의 법률관계

위 "가"항의 임차권 양수인이 아파트에 입주하는 것은 임차권 양도계약상 양도인측의 의무에 속하는 것으로서, 양수인이 당국의 규제로 인하여 그에 입주할 수 없게 된다는 사정은 계약의 이행을 일부 불능으로 만드는 사유에 해당되므로 양수인과 양도인측의 법률관계는 원칙적으로 이행불능의 법리에 의하여 규율되어야 하고, 또 그것이 통상적인 당사자의 의사에 부합할 것이다(1993. 11. 9. 제2부 판결, 92다43128 손해배상(기)).

14. 기존채무와 어음채무가 병존하는 경우 어음의 반환 없는 이행최고와 지체책임

기존채무와 어음, 수표채무가 병존하는 경우 원인채무의 이행과 어음, 수표의 반환이 동시이행의 관계에 있다 하더라도 채권자가 어음, 수표의 반환을 제공을 하지 아니하면 채무자에게 적법한 이행의 최고를 할 수 없다고 할 수는 없고, 채무자는 원인채무의 이행기를 도과하면 원칙적으로 이행지체의 책임을 지고, 채권자로부터 어음, 수표의 반환을 받지 아니하였다 하더라도 이 어음, 수표를 반환하지 않음을 이유로 위와 같은 항변권을 행사하여 그 지급을 거절하고 있는 것이 아닌 한 이행지체의 책임을 면할 수 없다(1993. 11. 9. 제1부 판결, 93다 11203 건물명도등, 11210(반소) 소유권이전등기).

15. 건물신축도급계약에 있어서 수급인이 신축한 건물의 하자와 위자료청구

일반적으로 건물신축도급계약에 있어서 수급인이 신축한 건물에 하자가 있는 경우 이로 인하여 도급인이 받은 정신적 고통은 하자가 보수되거나 하자보수에 갈음한 손해배상이 이루어짐으로써 회복된다고 보아야 할 것이므로 도급인이 하자의 보수나 손해배상만으로는 회복될 수 없는 정신적 고통을 입었다는 특별한 사정이 있고 수급인이 이와 같은 사정을 알거나 알 수 있었을 경우에 한하여 정신적 고통에 대한 위자료를 인정할 수 있다(1993. 11. 9. 제2부 판결, 93다19115 공사대금).

16. 임차물이 소실되어 임차물반환채무가 이행불능이 된 경우 귀책사유에 대한입증책임

임차인의 임차물반환채무가 이행불능이 된 경우에 임차인이 그 이행불능으로 인한 손해배상책임을 면하려면 그 이행불능이 임차인의 귀책사유에 의하지 아니한 것임을 입증할 책임이 있으며, 임차물이 화재로 소실된 경우에 그 화재발생원인이 불명인 때에도 임차인이 그 책임을 면하려면 그 임차건물의 보존에 관하여 선량한 관리자의 주의의무를 다하였음을 입증하여야 한다(1994 .2. 8. 제2부 판결, 93다22227 손해배상(기)).

17. 가. 다방건물의 임차인이 임대차 종료시 반환키로 하고 영업허가명의도
 넘겨 받았으나 임대차 종료 후 건물만 명도하고 영업허가명의 반환
 에 협력하지 아니한 경우에 손해의 입증책임

 다방건물의 임차인이 임대차 종료시 반환키로 하고 영업허가명의도 넘겨 받
 았으나 임대차 종료 후 건물만 명도하고 영업허가명의 반환에 협력하지 아
 니한 경우에 이미 건물부분을 임차인으로부터 인도받아 건물부분만을 타에
 임대하는 것이 가능하게 된 임대인으로서는 위 다방영업허가권명의를 반환
 받지 못함으로 인한 손해배상을 구하기 위하여는 건물부분을 임대함에 있어
 다방영업허가명의까지 임차인 명의로 변경하여 주는 경우에 받을 수 있는
 임대료가 다방영업허가명의의 변경 없이 건물부분만을 임대하는 경우에 받
 을 수 있는 임대료보다 얼마나 다액인지, 그 차액을 입증하여야 한다.

 나. 법원의 손해액 입증촉구에 원고가 불응한 경우 손해배상청구를 기각
 한 원심의 조치를 정당하다고 한 사례

 법원의 손해액 입증촉구에 원고가 불응한 경우 손해배상청구를 기각한 원심
 의 조치를 정당하다고 한 사례(1994. 5. 13. 제3부 판결, 93다45831 명의개서
 신청절차이행).

<판례전문(1994. 5. 13. 93다45831)>

[원고, 상고인] 최종완 소송대리인 변호사 김광삼

[피고, 피상고인] 주명희

[원심판결] 서울고등법원 1993. 7. 22. 선고 92나52483 판결

[주 문] 상고를 기각한다.

 상고비용은 원고의 부담으로 한다.

[이 유] 상고이유를 본다.

 원심이, 원고가 피고에게 1989. 11. 14. 이 사건 다방을 보증금 7,000,000원, 월임
료 금 300,000원, 기간은 1년으로 정하여 임대하고, 영업의 편의를 위하여 다방영
업권허가명의를 피고에게 넘겨 주면서 장차 임대차기간이 만료될 경우 위 다방영
업허가명의를 원고에게 다시 반환하기로 약정한 후, 피고는 1991.3.15.까지 위 임
대차기간을 연장하여 영업을 하다가 위 일자경 위 다방에서 퇴거하였고, 그 후
원고가 위 다방을 대대적으로 수리한 사실을 인정한 다음, 식품위생법 제25조 및
같은법시행규칙 제33조에 따라 식품위생법상의 허가 대상 영업의 양도나 영업자
의 사망(법인의 경우)등이 있는 경우 영업자의 지위를 승계하여 그 명의변경을
하는 것이 가능할 뿐인데 이 사건에 있어서 원고가 구하는 이 사건 다방영업허가
명의에 대한 명의개서신청절차는 원고의 주장에 의하더라도 위와 같은 영업양도

에 따른 명의변경이라고 볼 수 없고, 오히려 영업양도가 포함되지 아니하는 단순한 영업허가권만의 명의변경이라고 할 것이어서 위 식품위생법상 인정될 수 없어 이를 소송으로 구할 수는 없으나, 다만, 위와 같은 경우에는 피고에게 자신의 명의의 위 영업허가권을 취소하는 등 하여 원고가 위 영업허가를 취득하는 것을 방해하지 않는 등 원고 명의의 영업권의 허가신청절차의 이행에 협력할 것을 구하는 것은 허용된다고 판단하여 피고에게 허가명의반환절차에 협력할 의무가 있음을 전제로 하되, 원고가 건물의 수리가 끝나서 다방영업을 할 수 있게 된 1991.8.1.부터 피고가 영업허가명의를 반환하여 주지 아니하여 위 다방을 제3자에게 임대하지 못하여 최소한 월 300,000원씩의 임대료 상당의 손해를 입었다고 하여 그 손해배상을 구함에 대하여는, 그 판시증거를 종합하여 피고가 위 약정에 위반하여 자신 명의의 위 다방영업에 대하여 휴업계를 낸 채 허가명의를 원고에게로 반환하는 것을 방해하여 원고가 동 다방영업허가명의를 회복받지 못하고 있는 사실은 인정되나, 증거에 의하면 원고는 피고로부터 위 건물부분을 인도받아 현재까지 이를 점유하고 있다는 것이고, 위 건물부분은 다방 이외의 다른 용도로도 사용될 수 있다는 것이므로, 피고가 원고명의로 위 다방영업허가명의가 되도록 협력하지 아니하였다고 하여 반드시 원고가 그 임대료 상당의 재산상 손해가 생겼다고 보기는 어렵고 달리 위 건물부분을 일반 사무실이 아닌 다방으로 사용하지 못함으로써 그 차액 상당의 손해를 받았음을 인정할 아무런 증거가 없다는 이유로 원고의 위 주장을 배척하였다.

먼저, 이 사건 건물부분이 다방 이외의 용도로 사용하는 것이 불가능하다는 논지는 결국 원심의 전권에 속하는 사실의 인정을 비난하는 것에 지나지 아니하여 받아들일 수 없을 뿐만 아니라, 원심판결이 설시한 증거관계에 비추어 보면, 이 사건 건물부분이 다방 이외의 다른 용도로도 사용될 수 있다고 본 원심의 사실인정이 정당한 것으로 수긍이 되므로 논지는 어느 모로 보나 이유가 없다.

그리고, 이 사건과 같이 다방건물을 임대하면서 다방영업허가명의도 임차인명의로 변경하여 주는 경우에는 통상적으로 건물만을 임대하는 경우보다는 임대료액이 다액이 될 가능성은 높지만, 이미 건물부분을 피고로부터 인도받아 건물부분만을 타에 임대하는 것이 가능하게 된 원고로서는 위 다방영업허가권명의를 반환받지 못함으로 인한 손해배상을 구하기 위하여는 이 사건 건물부분을 임대함에 있어 다방영업허가명의까지 임차인 명의로 변경하여 주는 경우에 받을 수 있는 임대료가 다방영업허가명의의 변경 없이 건물부분만을 임대하는 경우에 받을 수 있는 임대료보다 얼마나 다액인지, 그 차액을 입증하여야 한다고 할 것인바, 기록에 의하면 이를 인정할 만한 신빙성 있는 자료가 없고, 나아가 원심 제5차 변론기일에 재판장이 원고 소송대리인에게 그 입증을 촉구하였으나 원고 소송대리인이 더 입증할 자료가 없다고 하자, 원심은 변론을 종결한 후 이 사건 손해배상청구를 기각하였음이 기록상 분명하므로 원심의 조치는 정당하다고 할 것이고(당원 1992. 3. 31.선고 91다21398 판결 참조), 거기에 소론과 같은 다방영업허가권에 관한 법리를 오해한 위법이 있다고 할 수 없다. 이 점에 관한 논지도 이유가 없다.

그러므로, 상고를 기각하고 상고비용은 패소한 원고의 부담으로 하기로 관여 법관의 의견이 일치되어 주문과 같이 판결한다.

대법관 김상원(재판장) 윤영철
박만호(주 심) 박준서

참조판례
　나. 대법원 1986. 8. 19. 선고, 84다카503 판결(공1986, 1206)
　　　　　　1987. 12. 22. 선고, 85다카2453 판결(공1988, 323)
　　　　　　1992. 3. 31. 선고, 91다21398 판결(공1992, 1402)

18. 가. 해상운송 계약상의 채무불이행 책임과 불법행위 책임의 관계(청구권 경합설)

해상운송인이 운송 도중 운송인이나 그 사용인 등의 고의 또는 과실로 인하여 운송물을 감실 훼손시킨 경우, 선하증권 소지인은 운송인에 대하여 운송계약상의 채무불이행으로 인한 손해배상청구권과 아울러 소유권 침해의 불법행위로 인한 손해배상 청구권을 취득하며 그 중 어느 쪽의 손해배상 청구권이라도 선택적으로 행사할 수 있다.

나. 선하증권에 기재된 면책약관의 불법행위 책임에의 적용 여부(적극)

운송계약상의 채무불이행 책임에 관하여 법률상 면책의 특칙이 있거나 또는 운송계약에 그와같은 면책특약을 하였다고 하여도 일반적으로 이러한 특칙이나 특약은 이를 불법행위책임에도 적용하기로 하는 명시적 또는 묵시적 합의가 없는한 당연히는 불법행위 책임에 적용되지 않는 것이나, 운송물의 권리를 양수하여 선하증권을 교부받아 그 소지인이 된 자는 운송계약상의 권리를 취득함과 동시에 목적물의 점유를 인도받은 것이 되어 운송물의 소유권을 취득하여 운송인에 대하여 채무불이행 책임과 불법행위 책임을 아울러 추궁할 수 있게 되는 점에 비추어 볼 때 운송인이 선하증권에 기재한 면책약관은 채무불이행 책임만을 대상으로 한 것이고 당사자 사이에 불법행위 책임은 감수할 의도였다고 볼 수 없으므로 불법행위책임에 적용키로 하는 별도의 명시적. 묵시적 합의가 없더라도 당연히 불법행위 책임에도 그 효력이 미친다.

다. 선하증권에 기재된 면책약관의 불법행위 책임에의 적용제한

선하증권에 기재된 면책약관이라 할지라도 고의 또는 중대한 과실로 인한 재산권 침해에 대한 불법행위 책임에는 적용되지 않을 뿐만 아니라 이 약관의 상법 제787조 내지 제789조의 규정에 저촉되는 경우에는 불법행위책임에도 적용되지 않는다(대법원 1983. 3. 22. 선고 82다카1533 전원합의체 판결).

19. 항공운송계약상의 면책특약이 불법행위책임에도 적용되는지 여부(한정 적극)

운송계약상의 채무불이행책임과 불법행위로 인한 손해배상책임은 병존하고, 운송계약상의 면책특약은 일반적으로 이를 불법행위책임에도 적용하기로 하는 명시적 또는 묵시적 합의가 없는 한 당연히 불법행위책임에 적용되지 않는다(대법원 2004. 7. 22. 선고 2001다58269 판결).

20. 채무불이행의 성립요건인 '위법성'의 의미

채무불이행에 있어서 확정된 채무의 내용에 좇은 이행이 행하여지지 아니하였다면 그 자체가 바로 위법한 것으로 평가되는 것이고, 다만 그 이행하지 아니한 것이 위법성을 조각할 만한 행위에 해당하게 되는 특별한 사정이 있는 때에는 채무불이행이 성립하지 않는 경우도 있을 수 있다(대법원 2002. 12. 27. 선고 2000다47361 판결).

21. 채권의 가압류가 있는 경우, 제3채무자가 이행지체책임을 면하는지 여부

채권의 가압류는 제3채무자에 대하여 채무자에게 지급하는 것을 금지하는 데 그칠 뿐 채무 그 자체를 면하게 하는 것이 아니고, 가압류가 있다 하여도 그 채권의 이행기가 도래한 때에는 제3채무자는 그 지체책임을 면할 수 없다고 보아야 할 것이다(대법원 1994. 12. 13. 선고 93다951 판결).

◈ 채무자는 이행보조자의 고의·과실에 대해서도 책임을 부담하는지 여부

제 391 조 【이행보조자의 고의, 과실】

채무자의 법정대리인이 채무자를 위하여 이행하거나 채무자가 타인을 사용하여 이행하는 경우에는 법정대리인 또는 피용자의 고의나 과실은 채무자의 고의나 과실로 본다.

■ § 391. 이행보조자의 고의, 과실

- 채무자가 스스로 채무를 이행함에 있어서 마치 손발과 같이 사용하는 자(인부, 간호원 등)
- 귀책사유는 고의, 과실보다 넓은 개념
- 이행불능만 명문, 이행지체에도 타당
- 관련법조 : 상 §115, §135, §148, §150, §152, §160, §788, §790, §812

채무불이행이 성립하려면 채무자의 고의·과실이 요구되는데, 본조는 채무자 이외의 자의 과실을 채무자 자신의 고의·과실로 본다.

1. 이행보조자의 의의

이행보조자라 함은 채무자가 채무이행을 위하여 사용하는 자를 말한다.

채권자는 채무자를 신뢰하여 채권관계를 체결하는 것이기 때문에 채무의 이행에 있어서도 채무자 자신이 직접 그에 임하는 것이 가장 바람직하다.

그러나 채무자 자신의 능력에 한계가 있을 뿐만 아니라 현대의 거래관계는 복잡하여 광범위하게 미치기 때문에 채무자는 타인을 사용하여 채무의 이행에 임하게 하여야 할 필요가 생겼다.

뿐만 아니라 일반적으로 채무의 내용에 따른 이행이 있기만 하면 채권은 만족되는 것이기 때문에 반드시 항상 채무자 자신이 이행에 직접 임하지 않으면 안될 필요는 없다. 이와 같은 경우에 채권자를 도와 이행에 임하는 자가 이행보조자이며 그 보조는 일시적이든 계속적인 것이든 묻지 아니한다.

2. 이행보조자의 종류

(1) 협의의 이행보조자

본래의 의미의 이행보조자로서 채무자의 손발이 되어 채무의 이행에 임하는 자를 협의의 이행보조자라고 한다.

채무의 이행에 대하여 독립한 지위를 갖는 것이 아니며, 그 행위는 당연히 채무자 자신의 행위로 간주되어야 할 것이기 때문에, 채무자는 일신전속인 급부를 함에 있어서도 이를 사용할 수 있다.

운송인이 물건을 운반함에 있어서 사용하는 인부와 같은 것이 이 종류의 이행보조자이고, 채무자는 이행보조자의 고의 또는 과실과 동일하게 책임을 부담하여야 하는 것이다.

【쟁점사항】

<이행보조자는 채무자의 지시 또는 감독을 받는 종속적 관계에 있어야 하는지 여부>

제391조에서의 이행보조자로서의 피용자라 함은 일반적으로 채무자의 의사관여 아래 그 채무의 이행행위에 속하는 활동을 하는 사람이면 족하고, 반드시 채무자의 지시 또는 감독을 받는 관계에 있어야 하는 것은 아니므로 채무자에 대하여 종속적인가 독립적인 지위에 있는가는 문제되지 않는다(2002. 7. 12, 2001다44338).

(2) 이행대행자

단순히 채무자의 행위에 협력하는 데 그치지 않고, 채무자와는 독립한 지위를 가지고 채무자에 갈음하여 이행하는 자를 말한다.

예컨대 수치인에 갈음하여 임치물을 보관하는 자이다. 채무자에게 이행대행자의 사용이 허용되어 있는 경우와 허용되어 있지 아니한 경우가 있고, 그에 따라 채무자의 책임도 또한 달라진다.

첫째, 이행대행자의 사용이 명문상(제120조, 제682조, 제701조, 제1103조 2항 등), 급부의 성질상 또는 특약에 의하여 금지되어 있는데도 불구하고 사용한 경우에는 그것만으로 곧 채무불이행이 되므로 채무자는 대행자의 행

위일체에 대해서 책임을 부담하지 않으면 안된다. 즉, 이 경우에는 제391조가 적용되지 않는다.

둘째, 특약으로써 사용이 허용된 경우와 법정대리인에게 부득이한 사유가 있고(제122조) 또 노무자가 사용자의 승낙을 얻은 때(제657조)와 같이 명문상 사용이 인정되어 있는 경우에는 대행자를 선임·감독함에 있어서 과실이 있는 때에만 채무자는 책임을 부담하면 된다. 따라서 이 경우에도 제391조는 적용되지 않는다.

셋째, 특약이 별도로 있는 것도 아니고, 또 명문상 대행자를 사용하는 것이 금지되어 있는 것도 아니지만 급부의 성질로 보아 대행자의 사용을 인정하여도 상관없다고 해석하여 대행자를 사용한 경우에는 채무자는 대행자의 책임을 자기의 책임과 동일하게 보아야 한다. 즉, 이러한 유형의 경우에 이행대행자는 제391조의 이행보조자로 다루어지게 된다.

(3) 이용보조자

사용차주 또는 임차인과 같이 '사용권 또는 수익권을 가지는 자'가 '목적물 이용'에 있어 보조자를 사용하는 경우(가령, 임차인의 가족이나, 전차인) 그들을 이용보조자라고 한다. 그런데 사용, 수익권자는 그 권리의 반면으로서 보관의무를 부담하므로, 그 보관의무 이행에 관한 보조자의 고의, 과실에 대하여 책임을 져야한다는 것이 통설과 판례의 태도이다.

1) 임차물의 이용자의 경우

① 임대차계약에서 계약당사자인 임차인만 독립적으로 임차물을 사용하는 경우는 드물다. 목적물의 종류나 계약의 취지, 사용목적, 임차인의 직업 등에 비추어 그 사용이 합리적이고 정형적인 것으로 예상되는 경우는 협의의 이행보조자에 관한 법리가 그대로 적용되어 이들의 고의, 과실은 임차인의 고의, 과실로 인정된다.

② 임차인은 임대차의 종료시까지 선량한 관리자의 주의로서 임차목적물을 보관할 의무를 부담하는 것이고 이 의무를 이행함에 있어서 임차인의 피용자에게 과실이 있는 경우에는 임차인에게도 과실이 있는 것으로 볼 것이라는 것이 판례이다(대판 1966. 9. 20. 66다758).

2) 전차인의 경우

전차인의 고의, 과실로 목적물이 멸실 또는 훼손된 경우 임차인이 임대인에 대하여 채무불이행책임을 부담하는지 문제된다.

① 전대차에 임대인의 동의가 있는 경우

(가) 제391조의 이행보조자의 고의, 과실에 관한 법리를 적용하는 견해(양창수, 지원림)

전차인은 자기 보관의무 뿐만 아니라 임차인을 위한 보관의무도 있고, 전대차에 대한 동의는 대부분 임차인의 이익을 위해서 행하여진다는 이유로, 전차인을 '이용보조자'로 보아 제391조를 적용하는 견해이다.

(나) 임차인은 전차인의 선임, 감독에 고의, 과실이 있는 경우에만 책임을 진다는 견해(다수설, 곽윤직, 김상용, 고상룡)

전대차에 대한 동의를 해 주었다면 임대인도 전차인의 행위에 대해 어느 정도의 위험은 부담해야 하며, 임대인이 적극적으로 이용대행자의 사용을 허락한 경우로 볼 수 있으므로, 전차인의 선임, 감독에 고의, 과실이 있는 경우에만 책임을 진다는 견해이다.

② 전대차에 임대인의 동의가 없는 경우

동의 없이 전대하는 것 자체가 임차인의 채무불이행으로 되어 전차인의 고의, 과실을 불문하고 임차인이 언제나 책임을 진다고 보는 견해와, 동의없는 임대차를 곧바로 채무불이행이라고 볼 수는 없는 바 전차인의 고의, 과실이 있는 경우에만 제391조를 적용하여 임차인에게 책임을 부담시켜야 한다는 견해가 대립하고 있다.

3. 이행보조자의 과실

채무자가 책임을 부담하여야 할 이행보조자의 과실의 정도는 채무자 자신의 과실과 마찬가지이고, 채무자의 주의의무가 경감되고 있는 경우(제682조)에는 이행보조자의 주의의무도 경감된다.

또 특약에 의하여 이행보조자의 과실에 관해 채무자가 책임을 부담하지 아니한다고 정하는 것도 가능하다.

▣ 핵심판례 ▣

1. **임대인이 임대차계약에 따른 임대물수선의무를 이행하기 위하여 제3자에게 도급을 주어 공사를 하던 중 그 수급인의 과실로 화재가 발생한 경우, 임대인이 민법 제391조에 따라 임차인에 대하여 채무불이행상의 손해배상책임을 지는지 여부(적극)**

 임대인이 임차인과의 임대차계약상의 약정에 따라 제3자에게 도급을 주어 임대차목적 시설물을 수선한 경우에는 그 수급인도 임대인에 대하여 종속적인지 여부를 불문하고 이행보조자로서의 피용자라고 보아야 할 것이고, 이러한 수급인이 시설물 수선 공사 등을 하던 중 수급인의 과실로 인하여 화재가 발생한 경우에는 임대인은 민법 제391조에 따라 위 화재발생에 귀책사유가 있다 할 것이어서 임차인에 대한 채무불이행상의 손해배상책임이 있다(대판 2002. 7. 12, 2001다44338).

2. **이른바 '이용보조자'의 개념을 인정할 것인지와 이에 임차인의 피용자가 포함되는지 여부(적극)**

 임차인은 임대차의 종료시까지 선량한 관리자의 주의로써 임차목적물을 보관할 의무를 부담하는 것이고, 이 의무를 이행함에 있어서 임차인의 피용자에게 과실이 있는 경우에는 임차인에게도 과실이 있는 것으로 볼 것이다(대판 1966. 9. 20. 66다758).

3. **임대인의 이행보조자가 임차인으로 하여금 임차목적물을 사용·수익하지 못하게 함으로써 임대인은 채무불이행에 의한 책임을 지고 그 이행보조자는 불법행위책임을 지는 경우, 양 책임의 관계**

 임대인인 피고 갑은 이행보조자인 피고 을이 임차물인 점포의 출입을 봉쇄하고 내부시설공사를 중단시켜 임차인인 원고로 하여금 그 사용·수익을 하지 못하게 한 행위에 대하여 임대인으로서의 채무불이행으로 인한 손해를 배상할 의무가 있고, 또한 피고 을이 원고가 임차인이라는 사정을 알면서도 위와 같은 방법으로 원고로 하여금 점포를 사용·수익하지 못하게 한 것은 원고의 임차권을 침해하는 불법행위를 이룬다고 할 것이므로 피고 을은 원고에게 불법행위로 인한 손해배상의무가 있다고 할 경우, 피고 갑의 채무불이행책임과 피고 을의 불법행위책임은 동일한 사실관계에 기한 것으로 부진정연대채무관계에 있다(대법원 1994. 11. 11. 선고 94다22446 판결).

4. **채무자의 채권자에 대한 채무 이행행위에 속한다고 볼 수 없는 활동을 하는 사람을 민법 제391조의 이행보조자로 볼 수 있는지 여부(소극)**

 [1] 민법 제391조의 이행보조자로서 피용자라 함은 채무자의 의사 관여 아래 그 채무의 이행행위에 속하는 활동을 하는 사람을 의미하므로, 채무자의 채권자에 대한 채무 이행행위에 속한다고 볼 수 없는 활동을 하는 사람을 민법 제391조의

이행보조자에 해당한다고 볼 수는 없다.

[2] 예술의전당이 갑 주식회사와 예술의전당이 관리·운영하는 오페라극장에 관한 대관계약을 체결한 후 대관 기간 개시 전에 오페라극장에서 국립오페라단의 공연 도중 화재가 발생하여 무대와 조명 등이 소실되어 위 대관계약 이행이 불가능하게 된 사안에서, 국립오페라단은 위 대관계약과는 별도의 독립한 대관계약에 따라 점유·사용의 이익을 향유한 것이어서 국립오페라단이 화재 당시 오페라극장을 점유·사용한 행위는 예술의전당의 갑 회사에 대한 채무 이행 활동과는 아무런 관계가 없으므로, 갑 회사에 대한 관계에서 국립오페라단을 위 대관계약에 관한 예술의전당의 이행보조자라고 볼 수는 없다는 이유로, 국립오페라단이 이행보조자 지위에 있다고 단정하여 예술의전당에 위 대관계약의 이행불능으로 갑 회사가 입은 손해를 배상할 책임이 있다고 본 원심판결에 법리오해의 위법이 있다고 한 사례(대법원 2013. 8. 23. 선고 2011다2142 판결).

◆ 이행지체로 인한 책임가중

제 392 조 【이행지체중의 손해배상】

채무자는 자기에게 과실이 없는 경우에도 그 이행지체중에 생긴 손해를 배상하여야 한다. 그러나 채무자가 이행기에 이행하여도 손해를 면할 수 없는 경우에는 그러하지 아니하다.

■ § 392. 책임의 가중(이행지체중의 손해배상)

- 원 칙 : 채무자는 자기의 고의, 과실이 없는 경우에도 이행지체중에 생긴 손해를 배상하여야 한다.
- 예 외 : 채무자가 이행기에 이행하여도 손해를 면할 수 없는 경우에는 그러하지 아니하다.
- 관련법조 : [이행지체] §387, [채무불이행과 손해배상] §390, [손해배상] §391, §393, §398

채무자는 이행지체에 의한 손해가 채무자의 귀책사유로 인하여 발생된 경우에만 책임을 지는 것의 원칙이지만, 지체후에는 채무자의 책임없는 사유에 의한 손해(예를 들면 지체 후에 채무자의 책임없는 사유에 의하여 급부불능을 일으킨 경우에 있어서의 손해)에 대하여서도 그 책임을 진다. 이행기에 이행을 하였더라도 생겼을 손해인 경우에 있어서는 그 손해와 지체 사이에 인과관계가 없으므로 채무자는 책임을 면한다.

채무자가 특히 고의 중과실에 대해서만 책임을 지는 경우이더라도 지체 후에는 경과실에 대해서도 책임을 져야 한다. 왜냐하면 이것도 지체의 결과이기 때문이다.

그러나 채무자가 이행기에 이행을 하였더라도 손해를 면할 수 없는 경우에는 그 급부불능에 따른 손해배상책임을 지지 않는다(제392조 단서).

<참고사항>

※ 이행거절

1. 의 의

채무자가 채무의 이행이 가능함에도 이를 행할 의사가 없음을 채권자에 대

하여 진지하고 종국적으로 표시하여 객관적으로 보아 채권자로 하여금 채무자의 임의의 이행을 더 이상 기대할 수 없게 하는 상태를 의미한다.

2. 인정여부에 대한 견해대립

(1) 문제의 소재

순수한 이행지체와는 달리 이행거절은 이행기 전에도 해제를 인정한다. 또한 이행이 가능하다는 점에서 이행불능과는 다르며, 급부가 없다는 점에서 불완전이행과는 다르다. 따라서 이를 독자적인 채무불이행의 유형으로 볼 것인지에 대해 견해가 대립한다.

(2) 학 설

1) 부정설(통설)

이행거절은 이행이 가능함에도 채무자가 이행을 하지 않는다는 점에서 이행지체와 본질적으로 차이가 없거나 혹은 그것을 전제로 하여 발생된 특수한 현상에 지나지 않는다는 점에서, 이행지체의 한 유형으로 파악하면 충분하고 독립된 유형으로 설정할 필요가 없다는 견해이다.

2) 긍정설(양창수)

우리 민법은 이에 관하여 직접적인 규정을 두고 있지 않지만, 제390조는 채무불이행의 일반규정으로 볼 수 있기 때문에 채무불이행은 이행지체, 이행불능, 불완전이행에 한정되지 않는다는 견해이다.

(3) 판 례

이행거절은 독자적인 채무불이행의 유형이라고 명백히 밝힌 바는 없다. 다만, 이행기 전의 이행거절, 이행기 후의 이행거절, 이행거절의 종료와 관련하여 다음과 같이 판시하였다.

1) 이행기 전의 이행거절

계약상 채무자가 계약을 이행하지 아니할 의사를 명백히 표시한 경우에 채권자는 신의성실의 원칙상 이행기 전이라도 이행의 최고 없이 채무자의 이행거절을 이유로 계약을 해제하거나 채무자를 상대로 손해배상을 청구할 수 있고, 채무자가 계약을 이행하지 아니할 의사를 명백히 표시하였는지 여부는 계약 이행에 관한 당사자의 행동과 계약 전후의 구체적인 사정 등을 종합적으로 살펴서 판단하여야 한다(대법원 2005. 8. 19. 선고 2004다53173 판결).

2) 이행기 후의 이행거절

쌍무계약인 부동산 매매계약에 있어 매수인이 이행기일을 도과한 후에 이

르러 매도인에 대하여 계약상 의무 없는 과다한 채무의 이행을 요구하고
있는 경우에는 매도인으로서는 매수인이 이미 자신의 채무를 이행할 의사
가 없음을 표시한 것으로 보고 자기 채무의 이행제공이나 최고 없이도 계
약을 해제할 수 있다(대법원 1992. 9. 14. 선고 92다9463 판결).

3) 이행거절의 종료

쌍무계약에 있어서 계약당사자의 일방은 상대방이 채무를 이행하지 아니
할 의사를 명백히 표시한 경우에는 최고나 자기 채무의 이행제공 없이 그
계약을 적법하게 해제할 수 있으나, 그 이행거절의 의사표시가 적법하게
철회된 경우 상대방으로서는 자기 채무의 이행을 제공하고 상당한 기간을
정하여 이행을 최고한 후가 아니면 채무불이행을 이유로 계약을 해제할
수 없다(대법원 2003. 2. 26. 선고 2000다40995 판결).

※이행불능

1. 요 건

(1) 후발적 불능일 것

채권관계의 성립 후에 급부가 불능이어야 한다. 여기서 불능이라는 것은 사
실상의 불능 뿐만 아니라, 이중매매 후 제2매수인에게 이전등기를 완료한
경우처럼 법률상 불능인 경우도 포함한다.

(2) 불능의 판단기준과 판단시점

사회 관념상 또는 거래 관념상으로 불능여부를 판단한다. 불능의 판단은 원
칙적으로 이행기를 기준으로 판단한다. 다만, 이행기 전이라도 급부의 불능
이 확정적이면 이행불능이 된다. 그리고 정지조건부 법률행위의 경우 원시
적 불능인지의 여부는 법률행위시를 기준으로 하는 것이지 조건성취시를
기준으로 하여서는 안된다. 따라서 법률행위 성립 후 조건 성취 전에 불능
이 되면 후발적 불능이다.

2. 이행불능의 효과

(1) 손해배상청구권

본래채권에 대한 보증채무나 물적 담보권은 여전히 전보배상청구권을 담보
한다.

(2) 계약해제권

법정해제권으로서 '최고없이' 당연히 해제권이 발생한다(546조). 해제와 전보

배상을 함께 청구할 수 있다.

(3) 대상청구권

대상청구권이란 급부의 후발적 불능으로 인하여 채무자가 이행의 목적물에 갈음하는 이익을 취득하는 경우에 채권자가 채무자에 대하여 본래의 급부 대신 그 이익의 상환을 청구할 수 있는 권리이다. 우리 민법상 이를 인정하는 명문의 규정이 없기 때문에 인정여부가 문제되고 있다. 이에 대하여 우리의 통설은 명문의 규정은 없지만, 이행불능의 효과로서 공평의 원칙상 당연히 인정된다는 태도이다. 판례 역시 '우리 민법에는 이행불능의 효과로서 채권자의 전보배상청구권과 계약 해제권 외에 별도로 대상청구권을 규정하고 있지는 않으나 해석상 대상청구권을 부정할 이유가 없다'고 하여 긍정하고 있다(대판 1995. 12. 22. 95다38080).

이에 대하여 소수설은 명문의 규정이 없는 대상청구권을 인정하더라도 민법의 다른 규정들과 상충되지 않는 범위 내에서만 인정해야 한다고 하여 제한적 긍정설의 태도를 보이고 있다.

※ 불완전이행

1. 의 의

불완전이행이란 이행행위가 이루어졌으나 급부의 목적물이나 급부행위가 완전하지 못하여 채무의 완전한 이행으로 되지 못하는 경우를 가리킨다. 불완전이행은 이행은 하였으나 완전하지 못하다는 점에서, 이행기에 이행을 하지 않고 있는 이행지체와 다르고, 이행이 불가능하여 이행을 할 수 없는 이행불능과도 다르다. 그리하여 불완전이행을 이행지체와 이행불능 외에 또 하나의 채무불이행의 형태로 인정하는 것이 일반적인 견해이다. 다만 불완전이행은 그 적용영역이 담보책임이나 불법행위 책임과도 관련되는 넓은 범위에 걸쳐 있기 때문에 이를 구분하는 일이 중요하다.

2. 유형과 효과

(1) 급부의무의 불완전이행

1) 특정물인도시 목적물의 하자

(가) 급부 자체의 하자(특정물의 원시적 하자)

① 법정책임설 : 특정물 도그마를 이유로 불완전이행으로서의 채무불이행이 아니라는 견해이다. 유상계약이라면 담보책임만을 부담한다.

② 채무불이행책임설 : 신의칙상 하자 없는 급부의무 위반으로서의 불완전
이행책임이라는 견해이다. 유상계약이라면
　ⅰ) 하자 자체에 대해서 담보책임도 부담하면서 담보책임과 불완전이행
　　책임이 경합한다는 견해(판례)와
　ⅱ) 매매목적물에 하자가 있는 경우에 매도인의 귀책여부에 관계없이 일
　　반규정인 채무불이행책임이 배제 되고, 특별규정인 담보책임만 적용
　　된다는 견해가 있다.
(나) 확대손해
① 법정책임설 : 담보책임으로 추궁될 수 없는 부분이므로(담보책임은 신뢰
이익 배상), 확대손해에 대해서는 채무자의 귀책사유를 요건으로 불완전
이행책임으로 추궁할 수 있다는 견해이다(다수설).
② 채무불이행책임설
　ⅰ) 담보책임의 손해배상규정으로 추궁할 수 있다는 견해와 ⅱ)불완전이
　　행책임으로 추궁할 수 있다는 견해가 대립한다.
(다) 판 례
① 토지 매도인이 성토작업을 기화로 다량의 폐기물을 은밀히 매립하고
그 위에 토사를 덮은 다음 도시계획사업을 시행하는 공공사업시행자
와 사이에서 정상적인 토지임을 전제로 협의취득절차를 진행하여 이
를 매도함으로써 매수자로 하여금 그 토지의 폐기물처리비용 상당의
손해를 입게 하였다면 매도인은 이른바 불완전이행으로서 채무불이행
으로 인한 손해배상책임을 부담하고, 이는 하자 있는 토지의 매매로
인한 민법 제580조 소정의 하자담보책임과 경합적으로 인정된다고 한
사례(대법원 2004. 7. 22. 선고 2002다51586 판결).
→ 하자 자체에 대하여 담보책임과 불완전이행책임이 경합적으로 인정된
다는 판례
② 매매목적물의 하자로 인하여 확대손해 내지 2차 손해가 발생하였다는
이유로 매도인에게 그 확대손해에 대한 배상책임을 지우기 위하여는
채무의 내용으로 된 하자 없는 목적물을 인도하지 못한 의무위반사실
외에 그러한 의무위반에 대하여 매도인에게 귀책사유가 인정될 수 있
어야만 한다(대법원 1997. 5. 7. 선고 96다39455 판결).
→ 확대손해는 하자담보책임으로 물을 수 없고 채무불이행책임으로만 물

을 수 있다는 취지의 판례

2) 하는 채무의 경우

(가) 결과채무와 수단채무

① 채무의 내용이 일정한 결과를 실현하여야 하는 결과채무 : 결과의 실현이 불완전한 경우에는 항상 불완전이행이 된다.

② 결과를 향하여 최선의 조치를 하여야 하는 수단채무 : 채무불이행은 거의 불완전이행이 된다.

(나) 효과

① 결과채무불이행의 효과 : 추완 가능여부에 따라 추완청구(귀책사유 불요), 해제(추완이 가능하면 최고 후 해제, 추완이 채권자에게 아무 이익이 없거나 기대될 수 없거나 또는 불가능한 경우에는 즉시 해제), 손해배상청구 등을 할 수 있다.

② 수단채무불이행의 효과 : 보수지급의 거절, 감액, 해제, 손해배상청구 등을 할 수 있다.

(2) 부수적 주의의무의 불완전이행

1) 유 형

부작용의 설명의무를 위반한 경우나 목적물을 매도하면서 사용방법을 잘못 지시하여 채권자에게 손해가 발생한 경우 등에서 주로 문제가 된다.

2) 효과

① 추완청구가 가능하다. 목적달성에 필요한 경우에는 설명의무와 같은 부수적 의무의 이행을 청구 할 수도 있으며, 이러한 부수적 의무의 이행청구가 추완청구권의 내용이 된다.

② 손해배상청구가 인정된다.

③ 계약해제권은 원칙적으로 인정되지 않으나, 본질적인 의무위반으로서 계약목적달성이 불가능한 경우에는 인정될 수 있다.

(3) 보호의무의 불완전이행

예를 들어 판매한 가구를 집안에 들여놓다가 매수인의 다른 가구를 훼손한 경우를 들 수 있다. 그 효과로서 손해배상청구권이 인정이 되고, 안전을 위한 적절한 조치를 하여 줄 것을 청구할 수 있다. 그러나 계약해제권은 인정되지 않는 것이 원칙이다. 다만, 계속적 채권관계이거나 계약내용의 본질을 이룬다면 예외적으로 해지권, 해제권 행사가 가능할 수 도 있다.

◆ 채무불이행으로 인한 손해배상의 범위

제 393 조【손해배상의 범위】

① 채무불이행으로 인한 손해배상은 통상의 손해를 그 한도로 한다.

② 특별한 사정으로 인한 손해는 채무자가 그 사정을 알았거나 알 수 있었을 때에 한하여 배상의 책임이 있다.

■ § 393. 손해배상의 범위

- 통상손해 : 채권자는 채무불이행과 통상의 손해액만을 입증
- 특별손해 : 채무자가 알았거나 알 수 있었음을 결정하는 시기는 채권의 성립 시기가 아니라 채무의 이행기를 기준. 입증은 채권자가 한다.
- 관련법조 : [배상액평가특칙] 상 §137, §812, §148②, 어음 §45⑥, 수표 §41⑥

1. 손해의 의의 및 종류

(1) 손해의 의의

채무자의 채무불이행으로 인해 채권자에게 손해가 발생한 때에는 채권자는 그 손해배상을 청구할 수 있다(제390조).

여기서 '손해'란 채무의 이행이 있었더라면 채권자가 받았을 이익과 불이행으로 채권자가 현재 받고 있는 이익의 차액을 말한다(통설 : 차액설).

(2) 손해의 분류

가. 재산적 손해·비재산적 손해

재산에 관하여 생긴 손해가 재산적 손해이고, 생명·신체·자유·명예 등 비재산적 법익에 대해 발생한 손해가 비재산적 손해이다. 후자를 정신적 손해라고도 하고, 그 손해에 대한 배상을 '위자료'라고 한다.

【쟁점사항】

<채무불이행을 이유로 위자료를 청구할 수 있는지 여부>

채무불이행에 의한 손해에는 재산적 손해뿐만 아니라 정신적 손해도 포함되느냐에 관하여는 명문규정이 없어서 문제가 되고 있다. 이는 불법행위에 관해 재산적 손해에 대한 배상청구권과 위자료 청구권도 인정하고, 나아가 피해자가 아닌 일정한 친족에게도 위자료청구권도 명문규정으로 인정하는 것과 대비가 된다.

ㄱ) 학설의 입장

이에 관해 학설은 채무불이행으로 인한 손해에는 재산적 손해뿐만 아니라 비재산적 손해도 포함되는 것으로 보고, 다만 그것은 특별한 사정으로 인한 손해에 해당되는 것으로 해석하는 것이 통설이다.

ㄴ) 판 례

판례도 채무불이행으로 인한 정신적 손해를 특별손해에 해당하는 것으로 보면서도 그 사정에 대한 예견가능성이 없다는 점을 들어 배상책임을 부정하는 경향이 있다. 예컨대 위임계약에 있어 수임인의 채무불이행으로 손해가 발생한 경우에 관한 판례에서 "일반적으로 위임계약에 있어서 수임인의 채무불이행으로 인하여 위임의 목적을 달성할 수 없게 되어 손해가 발생한 경우, 그로 인하여 위임인이 받은 정신적인 고통은 그 재산적 손해에 대한 배상이 이루어짐으로써 회복된다고 보아야 하고, 위임인이 재산적 손해에 대한 배상만으로는 회복될 수 없는 정신적 고통을 입었다는 특별한 사정이 있고, 수임인이 그와 같은 사정을 알았거나 알 수 있었을 경우에 한하여 정신적 고통에 대한 위자료를 인정할 수 있다"고 하였다(대판 1996. 12. 10, 96다36289).

나. 적극적 손해·소극적 손해

기존재산(이익)의 멸실 또는 감소가 적극적 손해이고, 장래 얻을 수 있었던 이익을 받을 수 없게 되는 것이 소극적 손해이다. 채무불이행에 있어서는 불이행에 의한 채권침해가 적극적 손해이고, 채무가 이행되었더라면 채권자가 목적물을 전매해서 얻었을 이익의 상실이 소극적 손해이다. 이 구별의 실익은 적극적 손해는 '통상의 손해'이나, 소극적 손해는 특별손해로 되는 경우가 많다는 것이다.

다. 이행이익의 손해와 신뢰이익의 손해

이행이익의 손해란 이미 유효하게 성립된 채권의 존재를 전제로 하여

채무가 이행되었더라면 얻었을 이익의 상실을 말하고, 신뢰이익의 손해란 채무가 이행되리라고 믿고 채권자가 지출한 비용을 말한다(예 : 계약체결을 위한 각종 비용과 수수료·교통비 등).

【쟁점사항】

<채무불이행을 이유로 계약해제와 아울러 손해배상을 청구하는 경우, 신뢰이익의 배상을 구할 수 있는지 여부>

채무불이행을 이유로 계약해제와 아울러 손해배상을 청구하는 경우에 그 계약이행으로 인하여 채권자가 얻을 이익 즉 이행이익의 배상을 구하는 것이 원칙이지만, 그에 갈음하여 그 계약이 이행되리라고 믿고 채권자가 지출한 비용 즉 신뢰이익의 배상을 구할 수도 있다고 할 것이고, 그 신뢰이익 중 계약의 체결과 이행을 위하여 통상적으로 지출되는 비용은 통상의 손해로서 상대방이 알았거나 알 수 있었는지의 여부와는 관계없이 그 배상을 구할 수 있고, 이를 초과하여 지출되는 비용은 특별한 사정으로 인한 손해로서 상대방이 이를 알았거나 알 수 있었던 경우에 한하여 그 배상을 구할 수 있다(대판 2003. 10. 23, 2001다75295).

2. 손해배상의 범위

채무불이행으로 인해 손해가 발생한 경우에 그 발생된 손해 전부가 모두 배상되는 것은 아니다. 왜냐하면 채무불이행으로 인한 손해는 무한히 확대될 수 있는데, 이러한 손해 전부를 채무자가 배상해야 한다는 것을 채무자에게 너무 가혹하기 때문이다. 따라서 어떤 기준에 의해 배상범위를 합리적으로 결정할 필요가 있게 된다.

민법에서는 채무불이행에 의한 손해배상의 범위를 규정하는 것이 본조이다. 본조는 배상하여야 할 손해의 범위로서 ① 그 계약불이행으로 발생하는 통상의 손해와 ② 채무자가 알았거나 알 수 있었을 특별한 사정으로부터 발생한 손해를 규정한다.

(1) 통상손해

1) 의 의

통상손해란 채무불이행이 있으면 일반적으로 발생하는 것으로 여겨지는 손해를 말한다. 손해배상은 일방 당사자가 입은 손해를 타방 당사자에게 전

보시켜 당사자간의 공평을 꾀하려고 하는 제도이기 때문에 통상의 경우에 발생할 손해를 전보시키는 것이 그 목적에 가장 적합하다.

2) 통상손해의 범위에 관한 사례

가. 경매절차의 부당한 정지로 인하여 경매 채권자가 입게 되는 통상손해

부당한 경매절차의 정지로 인하여 경매 채권자가 입게 된 손해는, 그 정지된 기간 동안 경매 목적물의 가격에 현저한 등락이 있었다는 등의 특별한 사정이 없는 한, 경매절차가 정지되지 않았더라면 일찍 받았을 배당금의 수령이 지연됨에 따른 손해라 할 것인데, 경매 채권자에 대한 배당은 경매절차가 정지된 날부터 본안소송의 패소 판결이 확정되어 다시 경매절차가 진행되기 전날까지의 기간에 해당하는 일수만큼 지연된 것으로 봄이 상당하며, 한편 금원의 수령이 지체되어 이를 이용하지 못함으로 인하여 생기는 통상손해는 이용하지 못한 기간 동안의 법정이자 상당액이라 할 것이다(대판 2001. 2. 23, 98다26484).

나. 휴업손해

불법행위로 영업용 물건이 멸실된 경우, 이를 대체할 다른 물건을 마련하기 위하여 필요한 합리적인 기간 동안 그 물건을 이용하여 영업을 계속하였더라면 얻을 수 있었던 이익, 즉 휴업손해는 그에 대한 증명이 가능한 한 통상의 손해로서 그 교환가치와는 별도로 배상하여야 하고, 이는 영업용 물건이 일부 손괴된 경우, 수리를 위하여 필요한 합리적인 기간 동안의 휴업손해와 마찬가지라고 보아야 할 것이다(대판 2004. 3. 18, 2001다82507).

다. 임대차목적물인 건물이 훼손된 경우의 통상손해

임대차목적물인 건물이 훼손된 경우에 그 수리가 불가능하다면 훼손 당시의 건물의 교환가치가 통상의 손해일 것이고 수리가 가능한 경우에는 그 수리비가 통상의 손해일 것이나 그것이 건물의 교환가치를 넘는 경우에는 형평의 원칙상 그 손해액은 그 건물의 교환가치 범위 내로 제한되어야 한다(대판 1994. 10. 14, 94다3964).

라. 소유권이전등기의무가 이행불능이 된 경우의 통상손해

매도인의 매매목적물에 관한 소유권이전등기 의무가 이행불능이 됨으로

말미암아 매수인이 입는 손해액은 원칙적으로 그 이행불능이 될 당시의 목적물의 시가 상당액이고, 그 이후 목적물의 가격이 등귀하였다 하여도 그로 인한 손해는 특별한 사정으로 인한 것이어서 매도인이 이행불능 당시 그와 같은 특수한 사정을 알았거나 알 수 있었을 때에 한하여 그 등귀한 가격에 의한 손해배상을 청구할 수 있다 함은 대법원의 확립된 판례이고, 이러한 법리는 이전할 토지가 환지 예정이나 환지확정 후의 특정 토지라고 하여도 다를 바가 없으며, 그 배상금의 지급이 지체되고 있다고 하여도 그 배상금에 대한 법정이자 상당의 지연손해금을 청구하는 외에 사실심 변론종결시의 시가에 의한 손해배상을 청구할 수 있게 되는 것은 아니다(대판 1996. 6. 14, 94다61359).

마. 돈을 이용하지 못함으로써 생기는 통상손해

돈을 이용하지 못함으로써 사회통념상 통상 생기는 것으로 인정되는 통상손해는 이용하지 못한 기간동안의 이자 상당액이라 할 것이고, 그 돈을 특수한 용도에 사용하여 이자상당액을 넘는 특별한 이득을 보았을 것인데 이를 얻지 못하게 되었다는 사정은 이른바 특별사정으로서 그로 인한 손해를 배상받자면 가해자가 그 특별사정을 알거나 알 수 있었어야 할 경우에 한하는 것이다(대판 1991. 1. 11, 90다카16006).

(2) 특별손해

특별한 사정으로 인한 손해는 채무자가 그 사정을 알았거나 알 수 있었을 때에 한하여 배상의 책임이 있다(제393조 2항).

1) 의 의

특별손해란 통상적으로 발생하는 손해가 아니라 채권자에게만 존재하는 개별적·특수적 사정에 기초하여 발생하는 손해를 말한다.

즉「특별한 사정으로 인하여 발생한 손해」라 함은 채권자가 이익을 얻고 개인에게 전매계약을 한 것과 같은 채권자 개인사정으로 인한 손해와 채무불이행 이후의 경제사정의 격변과 같은 객관적 사정으로 인한 손해를 포함한다. 원래 이러한 손해는 상당인과관계의 범위에 포함되어야 할 손해는 아니지만 채권자가 예견 또는 예견할 수 있었던 사정을 특별한 것으로서 상당인과관계의 범위에 포함시킨 것이라 할 수 있다. 그리고 이 예견 혹은 과실

에 의한 부지는 계약불이행의 시를 기준으로 하여 결정되고, 그 입증책임은 채권자에게 있다고 하는 것이 일반적으로 학설·판례상 인정되고 있다.

2) 특별손해의 범위에 관한 사례

가. 재산권 침해로 인한 정신적 손해

재산권 침해로 인한 정신적 손해는 특별사정으로 인한 손해(재산적 침해에 관련되는 일반적인 정신적 고통은 그 재산적 손해의 배상에 의하여 회복되는 것이라고 할 것이다)라고 볼 것이므로 그 손해에 대한 위자료는 침해자가 그 특별사정을 알았다거나 적어도 그 사정을 예견할 수 있었을 것이라고 인정되는 경우에 한하여 이를 인용할 것이다(대판 1971. 2. 9, 70다2826).

나. 목적물의 가격이 등귀한 경우, 그 목적물의 현재시가

이행불능 이후에 목적물의 가격이 등귀한 경우, 그 목적물의 현재시가는 물가등귀라는 특별한 사정에 의한 손해이다(대판 1967. 11. 21, 67다2158).

다. 불법행위의 직접적 대상에 대한 손해가 아닌 간접적 손해

불법행위의 직접적 대상에 대한 손해가 아닌 간접적 손해는 특별한 사정으로 인한 손해로서 가해자가 그 사정을 알았거나 알 수 있었을 것이라고 인정되는 경우에만 배상책임이 있다(대법원 1996. 1. 26, 94다5472).

라. 매수인의 대금 지급 지연으로 인한 손해

매수인이 약정된 기일에 매매대금을 지급하지 못한 결과 매수인이 제3자와 매매계약을 체결하여 이득을 얻거나 혹은 계약을 이행하지 못하게 되어 손실을 입게 되는 것은 특별손해에 해당한다(대판 1991. 1. 11. 90다카16006, 대판 1991. 10. 11. 91다25369).

<참고사항>

※ 손해배상의 범위에 관한 제393조의 해석론

1. 상당인과관계설(통설, 판례)
 (1) 제393조 1항(통상손해)
　　상당인과관계의 원칙을 선언한 조항이라고 본다. 채무불이행이라는 사실자체와 상당인과관계에 있는 통상손해는 배상하여야 한다. 여기에서 통상

손해란 그 종류의 채무불이행 또는 불법행위가 있으면 보통 일반적으로 발생한다고 생각되는 손해를 의미한다.

(2) 제393조 2항(특별손해)

계약당사자 간에 존재하는 모든 사정 중 고려해야 할 범위를 확정한 것으로서 상당인과관계와는 무관한 채무자의 예견가능성만이 기준이 된다. 특별사정에 대한 예견가능성 유무의 판단시기는 계약체결시가 아니라 '이행기(=채무불이행시)'이다. 채무불이행자 또는 불법행위자는 특별한 사정의 존재를 알았거나 알 수 있었으면 그러한 특별사정으로 인한 손해를 배상하여야 할 의무가 있는 것이고, 그러한 특별한 사정에 의하여 발생한 손해 내지 손해의 액수까지 알았거나 알 수 있었어야 하는 것은 아니다(대판 2002. 10. 25. 2002다23598).

2. 위험성관련성설(소수설)

(1) 제390조(1차손해)

채무불이행과 직접 인과관계가 있는 손해를 의미한다.

(2) 제393조(2차손해, 후속손해)

1차손해로 인한 손해를 의미한다. 1항은 통상손해로서 1차손해와 위험관련성이 있는 손해를 의미하고, 2항은 특별손해로서 1차손해와 위험관련성은 없지만, 채무자가 예견할 수 있었던 손해를 의미한다. 특별사정에 대한 예견가능성 유무의 판단시기를 계약체결시라고 하여 상당인과관계설과 차이가 있다.

※ 손해배상의 산정시기

1. 문제점

확정된 손해를 금전으로 환산함에 있어 그 기준이 되는 것은 시가라고 할 것인데, 시가는 변동되기 마련이므로 어느 시점의 시가를 기준으로 삼아야 할 것인지가 손해배상의 산정문제이다.

2. 학 설

(1) 사실심변론종결시설

완전배상을 추구하여 채권자에게 가능한 한 손해를 남기지 않으려 하는 견해이다. 채권자에게 유리하다. 이 학설은 가격등귀의 경우를 통상손해로 본다.

(2) 책임원인발생시설

　　손해의 공평한 분담을 추구하는 견해이다. 이 견해에 의하면 가격등귀는 특별손해가 되어 채무자의 예견가능성이 있는 경우에만 배상이 된다.

3. 판 례

(1) 이행불능에 의한 전보배상(책임원인발생시설)

　　이행불능이 될 당시의 목적물의 시가 상당액이 전보배상액이고 그 이후 가격이 등귀했다는 사정은 특별 사정으로서 채무자가 알았거나 알 수 있었을 경우에 고려될 수 있다(대판 1996. 6. 14. 94다61359).

(2) 이행지체로 인한 전보배상

　　판례는 둘 다 존재한다.

　　· 이행지체에 의한 전보배상 청구에 있어서는 다른 특별한 사정이 없는 한, 채권자는 채무자에게 상당한 기간을 정하여 그 본래의 의무 이행을 최고하고 그 이행이 없는 경우에 그 본래 의무의 이행에 대신하는 전보배상을 청구할 수 있고, 그 전보배상에 있어서의 손해액 산정의 표준 시기는 원칙적으로 최고하였던 '상당한 기간'이 경과한 당시의 시가에 의하여야 한다(대법원 1997. 12. 26. 선고 97다24542 판결).

　　· 이행지체 중에 있는 본래의 급부에 대신하는 전보배상의 액은 통상 사실심 변론 종결시의 그 시가에 따라 산정하여야 한다(대판 1969. 5. 13. 68다1726).

▣ 핵심판례 ▣

■ [손해배상의 범위]

1. **계약의 일방 당사자가 상대방의 이행을 믿고 지출한 비용이 채무불이행으로 인한 손해의 범위에 포함되는지 여부(한정 적극)**

　　계약의 일방 당사자가 상대방의 이행을 믿고 지출한 비용도 그러한 지출사실을 상대방이 알았거나 알 수 있었고 또 그것이 통상적인 지출비용의 범위 내에 속한다면 그에 대하여도 이행이익의 한도 내에서 배상을 청구할 수 있다(대판 1999. 2. 9, 98다49104).

2. **가. 불법행위의 직접적 대상에 대한 손해가 아닌 간접적 손해가 특별손해인지 여부**

불법행위의 직접적 대상에 대한 손해가 아닌 간접적 손해는 특별한 사정으로 인한 손해로서 가해자가 그 사정을 알았거나 알 수 있었을 것이라고 인정되는 경우에만 배상책임이 있다.

나. 공장지대에 위치한 전신주를 충격하여 인근 공장에 전력공급이 중단됨으로써 피해자가 영업상 소극적 손해 및 기계 고장 등 적극적 손해를 입은 경우, 가해자의 배상책임의 범위

가해자가 공장지대에 위치한 전신주를 충격하여 전선이 절단된 경우, 그 전선을 통하여 전기를 공급받아 공장을 가동하던 피해자가 전력공급의 중단으로 공장의 가동이 상당한 기간 중지되어 영업상의 손실을 입게 될지는 불확실하며 또 이러한 손실은 가해행위와 너무 먼 손해라고 할 것이므로, 전주 충격사고 당시 가해자가 이와 같은 소극적인 영업상 손실이 발생할 것이라는 것을 알거나 알 수 있었다고 보기 어렵지만, 이 경우 그 전신주를 통하여 전력을 공급받고 있는 인근 피해자의 공장에서 예고 없는 불시의 전력공급의 중단으로 인하여 갑자기 공장의 가동이 중단되는 바람에 당시 공장 내 가동중이던 기계에 고장이 발생한다든지, 작업 중인 자료가 못쓰게 되는 것과 같은 등의 적극적인 손해가 발생할 수 있을 것이라는 사정은 가해자가 이를 알거나 알 수 있었을 것이라고 봄이 상당하다(1996. 1. 26. 판결, 94다5472 손해배상(자)).

3. 토지 매수인이 매매계약 체결 후 건물 신축을 위해 설계비와 공사계약금을 지출하였다가 매도인의 채무불이행을 이유로 계약을 해제한 경우, 그 비용에 대한 매도인의 손해배상 책임 유무

매매대금을 완불하지 않은 토지의 매수인이 그 토지 상에 건물을 신축하기 위하여 설계비 또는 공사계약금을 지출하였다가 계약이 해제됨으로 말미암아 이를 회수하지 못하는 손해를 입게 되었다 하더라도 이는 이례적인 사정에 속하는 것으로서, 설사 토지의 매도인이 매수인의 취득 목적을 알았다 하더라도 마찬가지라 할 것이므로, 토지의 매도인으로서는 소유권이전의무의 이행기까지 최소한 매수인이 설계계약 또는 공사도급계약을 체결하였다는 점을 알았거나 알 수 있었을 때에 한하여 그 배상책임을 부담한다(1996. 2. 13. 판결, 95다47619 계약금).

4. 대부분이 송림으로 우거져 있는 자연녹지지역인 임야에 대하여 시가에 투하자본에 대한 기대수익률을 곱하는 이른바 적산법으로 산출한 금액을 임대료로 본 감정결과를 그대로 받아들여 이를 위 임야를 이용하지 못함으로써 입은 임료 상당의 손해액으로 인정한 원심판결에 채증법칙위배 내지 심리미진으로 인한 사실오인 또는 손해배상액 산정에 관한 법리를 오해한 위법이 있다 하여 파기한 사례

대부분이 송림으로 우거져 있는 자연녹지지역인 임야에 대하여 시가에 투하자본에 대한 기대수익률을 곱하는 이른바 적산법으로 산출한 금액을 임대료로 본 감

정결과를 그대로 받아들여 이를 위 임야를 이용하지 못함으로써 입은 임료 상당의 손해액으로 인정한 원심판결에 채증법칙위배 내지 심리미진으로 인한 사실오인 또는 손해배상액 산정에 관한 법리를 오해한 위법이 있다 하여 파기환송한다 (1991. 6. 28. 제3부 판결, 91다12219 손해배상(기)).

5. **매수인으로부터 매매대금을 약정한 기일에 지급받지 못한 결과 제3자로부터 부동산을 매수하고 그 잔대금을 지급하지 못하여 계약금을 몰수 당한 매도인의 손해가 특별한 사정으로 인한 손해인지 여부(적극)**

매도인이 매수인으로부터 매매대금을 약정된 기일에 지급받지 못한 결과 제3자로부터 부동산을 매수하고 그 잔대금을 지급하지 못하여 그 계약금을 몰수당함으로써 손해를 입었다고 하더라도 이는 특별한 사정으로 인한 손해이므로 매수인이 이를 알았거나 알 수 있었던 경우에만 그 손해를 배상할 책임이 있다(1991. 10. 11. 제3부 판결, 91다25369 소유권이전등기).

6. **가. 이른바 금융리스계약의 법적 성격 및 리스회사가 리스계약에서 리스이용자가 지정하는 물건 또는 시설의 취득자금의 회수와 기타 손해의 전보를 확보할 조치를 취해 둘 필요가 있는지 여부(적극)**

이른바 금융리스(Finance Lease)는 리스이용자가 지정하는 물건 또는 시설 (이하, 리스물건이라 한다)을 리스회사가 공급자로부터 구입하여 리스이용자에게 대여하고 그 대여기간 중 지급받는 리스료에 의하여 리스물건에 대한 취득자금과 그 이자, 기타 비용을 회수하는 거래관계로서 그 본질적 기능은 리스이용자에게 리스물건 취득자금에 대한 금융편의를 제공하는 데에 있는바, 리스회사와 리스이용자 사이에 리스계약이 체결된 후 리스기간이 개시되기 전에 그 계약이 해제된 경우에, 리스회사가 이미 공급자와 사이에 리스물건의 매매계약을 체결하여 그 매매대금을 지급하는 등 취득자금을 투입하였으나 위 매매계약의 해제가 이루어지지 않고 리스물건이 범용성이나 시장성을 결여하여 그 처분가액으로 취득자금을 회수하기 어려운 경우가 있을 수 있으므로, 리스회사로서는 리스계약에서 리스물건의 취득자금(융자원본)의 회수와 기타 손해의 전보를 확보할 조치를 취해 둘 필요가 있는 것이다.

나. 리스계약이 리스기간 개시 전에 해제되어 리스회사가 지급한 물건의 취득자금 등을 리스이용자가 변상할 경우, 리스이용자의 변상액에서 리스물건의 현존가액 또는 처분가액을 공제하여야 하는지 여부(적극)와 그 현존가액 또는 처분가액에 관한 주장입증책임의 소재(=리스이용자)

리스회사와 리스이용자 사이에 체결된 리스계약이 리스기간이 개시되기 전에 해제되어 리스계약의 정한 바에 따라 리스회사가 지급한 물건의 취득자금 등을 리스이용자가 변상할 경우에, 리스회사는 리스물건의 소유권도 취득하고 그 취득자금도 변상받게 되어 리스물건의 현존가액이 인정되는 경우에는 2중

의 이익을 취득하는 결과가 되므로 리스이용자의 변상액에서 리스물건의 현존가액을 공제하는 것이 형평의 이념에 맞는다고 할 것이며, 위와 같은 리스물건의 현존가액은 그 교환가치의 평가액으로서 그 교환가치의 평가에 있어서는 그 물건의 범용성과 시장성의 유무를 고려하여야 하므로, 범용성이나 시장성이 없어 거래가격에 의한 교환가치의 평가가 불가능한 경우에는 교환가치는 영으로 볼 수밖에 없고 리스회사가 실제로 그 물건을 타에 처분한 때에 그 처분가액을 청산할 수밖에 없는 것인바, 위와 같이 리스물건의 취득원가에서 공제할 리스회사가 보유하는 리스물건의 현존가액 또는 처분가액에 관한 주장입증책임은 원칙적으로 그 공제를 주장하는 리스이용자측에 있다고 보아야한다(1992. 7. 14. 제1부 판결, 91다25598 보증보험금).

7. 가. **근로관계가 일단 해소되어 유효하게 존속하지 아니하는 경우 근로기준법 제38조의 적용 가부(소극)**

근로관계가 일단 해소되어 유효하게 존속하지 아니하는 경우에는 근로기준법 제38조를 적용할 수 없다.

나. **원고 주장의 채권이 사용자의 채무불이행으로 인한 손해배상채권이라면 손해액을 산정함에 있어 손해의 원인사실과 상당인과관계에 있는 이득을 모두 공제하여야 하므로, 근로기준법 제38조 소정의 휴업수당의 한도에서 이를 이득공제의 대상으로 삼을 수 없는 것이 아니라고 한 사례**

원고가 주장하는 채권이 근로관계의 존속을 전제로 한 임금채권이 아니고, 사용자의 채무불이행으로 인한 손해배상채권이라면 손해액 범위를 산정함에 있어서는 손해배상의 일반이론에 따라 손해의 원인이 된 사실과 상당인과관계에 있는 이득을 모두 공제하여야 할 것이므로, 근로기준법 제38조 소정의 휴업수당의 한도에서 이를 이득공제의 대상으로 삼을 수 없는 것이 아니다(1992. 7. 24. 제3부 판결, 91다44100 임금등).

8. 가. **토지 매도인이 매매 당시 매수인이 그 토지를 매수하여 그 위에 건물을 신축할 것이라는 사정을 알고 있었고 매도인의 채무불이행으로 인하여 매수인이 신축한 건물이 철거될 운명에 이른 경우 매수인이 입게 된 손해가 특별한 사정으로 인한 것인지 여부(적극)와 매도인이 그 손해를 배상할 의무가 있는지 여부(적극)**

토지 매도인의 소유권이전등기의무가 이행불능상태에 이른 경우, 매도인이 매수인에게 배상하여야 할 통상의 손해배상액은 그 토지의 채무불이행당시의 교환가격이나, 만약 그 매도인이 매매 당시 매수인이 이를 매수하여 그 위에 건물을 신축할 것이라는 사정을 이미 알고 있었고 매도인의 채무불이행으로 인하여 매수인이 신축한 건물이 철거될 운명에 이르렀다면, 그 손해는 적어도 특별한 사정으로 인한 것이고, 나아가 매도인은 이러한 사정을 알고있었

으므로 위 손해를 배상할 의무가 있다.

나. 위 "가" 항에 있어 매수인이 신축한 건물의 철거를 명한 판결이 확정되었으나 위 건물의 철거로 인한 손해배상청구소송의 사실심변론종결일까지 건물이 철거되지 아니한 경우 그 손해의 확정 여부(적극)

위 '가'항 의 경우에 있어 매수인이 신축한 건물의 철거를 명한 판결이 확정된 이상 가사 위 건물의 철거로 인한 손해배상청구소송의 사실심변론종결일까지 건물이 철거되지 아니하였다 하여도 그 손해는 이미 확정되어 있다고 보아야 한다.

다. 위 "가" 항의 경우에 있어 매수인이 위 건물의 철거를 면하기 위하여 같은 토지를 재차 매수한 경우 건물의 철거를 명한 판결이 확정됨으로써 매수인이 입게 된 손해액

위 '가'항의 경우에 있어 매수인이 위 건물의 철거를 면하기 위하여 같은 토지를 재차 매수하였다면, 건물의 철거를 명한 판결이 확정됨으로써 확정적으로 입은 이 부분 손해는, 위 판결이 확정된 당시 건물의 교환가격 상당액을 초과하지 아니하는 금액으로서, 토지의 재차 매수대금과 그 시가의 차액으로 봄이 상당하다(1992. 8. 14. 제3부 판결, 92다2028 손해배상(기)).

9. 자연석 채취허가 및 채취료징수에 있어서 실제 부존량이 허가량보다 부족한 경우 부존량 조사 잘못의 불법행위와 부족분을 채취, 판매하지 못한 손해 사이의 상당인과관계 유무

자연석 채취허가 당시에 채취허가지역 내에 허가량 상당의 자연석 등이 부존하지 않았다면 허가량에서 부족한 부분은 원시적으로 채취할 수 없었던 것이어서 군의 담당공무원이 부존량을 제대로 잘 조사하여 정확한 부존량에 관한 입찰공고를 하고 이에 기하여 점용료를 징수하였다고 하더라도 허가받은 자로서는 부족분에 해당하는 점용료를 초과부담한 것뿐이지 허가량에 부족한 자연석 등을 채취, 판매할 수 있었던 것은 아니므로 군 소속 담당공무원의 불법행위와 허가받은 자가 허가량에 부족한 자연석 등을 채취, 판매하지 못하여 입은 손해 사이에는 상당인과관계가 있다고 할 수 없다(1994. 1. 11. 제2부 판결, 92다29528 손해배상(기)).

10. 손해배상액의 예정이 있었던 경우 소유권이전등기의무 이행불능에 대한 손해배상액

부동산매매에 있어 매도인이 매매목적물을 2중으로 양도하여 제3자에게 소유권이전등기를 하여 줌으로써 매수인에 대한 소유권이전등기의무가 이행불능된 경우 그 손해배상의 액은 특별한 사정이 없는 한 제3자에게 소유권이전등기를 넘겨준 날 현재의 시가상당액이라고 할 것이나, 매매계약시에 미리 손해배상의 예정에 관한 특약을 하였다면 매수인은 매도인에 대하여 예정된 손해배상액만을 청구할 수 있다(1994. 1. 11. 제2부 판결, 93다17638 소유권이전등기등).

11. 가. **수급인이 건축 도급계약시 특정 회사의 승강기를 설치하기로 한 약정에 위반하여 타사의 승강기를 설치한 경우, 그 하자를 중요하지 않은 것으로 본 원심판결을 파기한 사례**

건축 도급계약시 특별히 갑 회사의 승강기를 설치하기로 약정했으나 수급인이 이를 위반하여 을 회사의 승강기를 설치하였고 그 후 을 회사가 도산한 경우, 다른 개인업체가 을 회사의 승강기 부품을 확보하고 있고 또한 약 2년간의 운행기간 동안 그 승강기가 큰 고장을 일으키지 아니하였다 할지라도, 그 승강기의 내구연한에 이르기까지 그 유지·보수에 필요한 부품이 제대로 공급되리라는 보장이 없게 되었다고 봄이 상당하고, 이는 수급인이 도급인과의 특약을 무시하고 가격이 저렴한 타사 제작의 승강기를 설치한 탓에 생긴 하자로서 승객의 안전과 직결되는 승강기의 설치에 있어서 그와 같은 하자가 중요하지 않다고 단정지을 수는 없다는 이유로, 승강기 교체시공비용에 관한 도급인의 항변을 배척한 원심판결을 파기한 사례.

나. **하자보수비 산정시 정부노임단가와 다른 가격을 적용하기 위한 요건**

도급인이 정부노임단가와 다른 가격을 기준으로 하여 하자보수비를 주장하기 위하여는 그 조사기관, 조사의 대상과 범위, 조사의 방법, 산출 기준 등에 관하여 객관성과 보편성을 담보할 만한 자료를 제시하여, 그것이 정부노임단가에 손색이 없는 객관적인 가격으로서 이를 하자보수비 산정의 기준으로 삼기에 충분하다는 점을 입증하여야 한다.

다. **지체상금의 법적 성질(손해배상액의 예정) 및 그 과다 여부에 관한 판단 기준**

건물을 신축하기로 하는 도급계약은 그 건물의 준공이라는 일의 완성을 목적으로 하는 계약으로서 그 지체상금에 관한 약정은 수급인이 그와 같은 일의 완성을 지체한 데 대한 손해배상액의 예정이므로, 수급인이 약정된 기간 내에 그 일을 완성하여 도급인에게 인도하지 않으면 특별한 사정이 있는 경우를 제외하고는 지체상금을 지급할 의무가 있고, 약정에 따라 산정한 지체상금액이 부당하게 과다하다고 인정되는 경우에 법원은 민법 제398조 제2항에 의하여 이를 적당히 감액할 수 있으며, 손해배상액의 예정이 부당하게 과다한지의 여부는 계약 당사자의 지위, 계약의 목적과 내용, 손해배상액을 예정한 동기, 실제의 손해와 그 예정액의 대비, 그 당시의 거래관행 및 경제상태 등 제반 사정을 참작하여 일반사회인이 납득할 수 있는 범위를 넘는지의 여부에 따라 결정하여야 한다(1996. 5. 14. 판결, 95다24975 공사대금).

12. 가. **채무불이행으로 인하여 채권자가 제3자에 대하여 채무를 부담하게 된 경우, 채권자에게 손해가 발생하였다고 볼 것인지 여부에 관한 판단 기준**

채무불이행으로 인하여 배상하여야 할 손해는 현실로 입은 확실한 손해에 한하므로 채무불이행으로 인하여 채권자가 제3자에 대하여 채무를 부담하게 된 경우 채권자가 채무자에게 제3자에 대한 채무액과 동일한 금액을 손해배상금으로 청구하기 위하여는 채무의 부담이 현실적, 확정적이어서 실제로 변제하여야 할 성질의 것이어야 하나, 그와 같은 채무의 부담이 현실적, 확정적이어서 손해가 현실적으로 발생하였다고 볼 것인지의 여부는 사회통념에 비추어 객관적이고 합리적으로 판단해야 한다.

나. 부동산교환계약의 일방당사자가 약정을 위반함에 따라 그 상대방이 제3자로부터 소송을 제기당하여 패소판결을 선고받고 나아가 다른 부동산을 가압류당하기까지 하였다면, 그 상대방의 제3자에 대한 채무의 부담은 현실적, 확정적이어서 그 채무액 상당의 손해를 현실적으로 입게 되었다고 본 사례

부동산교환계약의 일방당사자가 상대방의 대출금채무 및 임차보증금반환채무를 인수하여 이행하기로 약정하고서도 이를 위반함에 따라 그 상대방이 은행과 임차인으로부터 대출금 및 임차보증금반환청구소송을 제기당하여 패소판결을 선고받고 나아가 그들로부터 다른 부동산을 가압류당하기까지 하였다면, 그 상대방의 은행 및 임차인에 대한채무의 부담은 현실적, 확정적이어서 실제로 변제하여야 할 성질의 것이 되므로 그 채무액 상당의 손해를 현실적으로 입게 되었다고 본 사례(대법원 2001. 7. 13. 선고 2001다 22833 판결).

13. 불법행위로 영업용 물건이 멸실된 경우, 교환가치 상당액 이외에 휴업손해도 배상할 범위에 포함되는지 여부(적극) 및 휴업손해에 관한 배상기간의 범위

불법행위로 영업용 물건이 멸실된 경우, 이를 대체할 다른 물건을 마련하기 위하여 필요한 합리적인 기간 동안 그 물건을 이용하여 영업을 계속하였더라면 얻을 수 있었던 이익, 즉 휴업손해는 그에 대한 증명이 가능한 한 통상의 손해로서 그 교환가치와는 별도로 배상하여야 하고, 이는 영업용 물건이 일부 손괴된 경우 수리를 위하여 필요한 합리적인 기간 동안의 휴업손해와 마찬가지라고 할 것이고, 한편 불법행위로 인하여 영업용 건물이 철거해야 할 정도로 파손된 경우, 철거 및 신축에 소요되는 기간뿐만 아니라 철거 여부에 대한 판단을 위하여 필요한 합리적인 기간 역시 사회통념상 곧바로 철거에 착수할 수 없는 특별한 사정이 인정되는 기간으로서 통상의 손해로서의 휴업손해의 배상이 요구되는 기간에 해당한다(대법원 2004. 3. 25. 선고 2003다20909,20916 판결).

14. 매수인이 잔금의 지급을 지체하는 동안 개별공시지가가 상승함으로써 증가된 매도인의 양도소득세 부담분이 잔금지급의 이행지체에 따른 통상손해인지 여부(소극)

매수인의 잔금지급 지체로 인하여 계약을 해제하지 아니한 매도인이 지체된 기간 동안 입은 손해 중 그 미지급 잔금에 대한 법정이율에 따른 이자 상당의 금액은 통상손해라고 할 것이지만, 그 사이에 매매대상 토지의 개별공시지가가 급등하여 매도인의 양도소득세 부담이 늘었다고 하더라도 그 손해는 사회일반의 관념상 매매계약에서의 잔금지급의 이행지체의 경우 통상 발생하는 것으로 생각되는 범위의 통상손해라고 할 수는 없고, 이는 특별한 사정에 의하여 발생한 손해에 해당한다(대법원 2006.4.13. 선고 2005다75897 판결).

15. 재산권에 관한 민사소송에서의 위증으로 인한 위자료책임의 발생요건

재산권에 관한 민사소송에서 증인의 증언내용 그 자체가 소송당사자 등의 명예 또는 신용을 훼손하거나 기타 인격적 이익을 침해하는 것이 아닌 한, 증인의 위증으로 인하여 패소판결을 받을지도 모를 위험에 노출되었다고 하더라도 그러한 위험은 원칙적으로 재산적 손해와 직결되는 것이므로 재산적 손해의 발생 여부나 그 회복 여부에 상관없는 정신적인 손해가 발생하였다고 볼 만한 특별한 사정이 있고, 나아가 가해자가 그러한 사정을 알았거나 알 수 있었을 경우에 한하여 그 정신적 손해에 대한 위자료를 인정할 수 있을 것이다(대법원 2004. 4. 28. 선고 2004다4386 판결).

16. 분양자의 수분양자에 대한 소유권이전등기절차의 이행이 장기간 지연된 경우, 수분양자가 입은 재산상 손해의 범위

분양자의 수분양자에 대한 소유권이전등기절차의 이행이 장기간 지연된 경우, 수분양자에게는 그 재산권을 완전히 행사하지 못하는 손해가 발생하였다고 할 것이고, 주위 부동산들의 거래상황 등에 비추어 볼 때 등기절차가 이행되지 않음으로써 수분양자 등이 활용기회의 상실 등의 손해를 입었을 개연성이 인정된다면, 등기절차 지연으로 인한 통상손해가 발생하였다고 할 것이며, 이 손해가 특별한 사정으로 인한 손해라고 하더라도 예견가능성이 있다고 할 것이다(대법원 2008. 12. 24. 선고 2006다25745 판결).

17. 상가건물과 지하철역 사이의 연결통로 개설의무가 이행불능되어 수분양자에게 교환가치 하락 등의 재산상 손해가 발생하였고 주위 부동산의 거래상황 등에 비추어 이러한 손해를 입었을 개연성이 인정되는 경우, 연결통로 개설의무 이행불능으로 인한 손해의 성질(=통상손해)

민법 제393조 제1항의 통상손해는 특별한 사정이 없는 한 그 종류의 채무불이행이 있으면 사회일반의 거래관념 또는 경험칙에 비추어 통상 발생하는 것으로 생각되는 범위의 손해를 말하고, 제2항의 특별한 사정으로 인한 손해는 당사자들의 개별적, 구체적 사정에 따른 손해를 말한다. 상가건물과 지하철역 사이의 연결통로 개설의무가 이행불능된 경우, 수분양자에게는 그 교환가치의 하락 등의 재산상 손해가 발생하였으며, 주위 부동산들의 거래상황 등에 비추어 볼 때 상가건물과 지하철역 사이의 연결통로가 개설되지 않음으로써 교환가치의 하락 등의 손해

를 입었을 개연성이 인정된다면, 연결통로 개설의무 이행불능으로 인한 통상손해가 발생한 것이고, 이 손해가 특별한 사정으로 인한 손해라고 하더라도 예견가능성이 있다(대법원 2009. 7. 9. 선고 2009다24842 판결).

◆ 금전배상의 원칙

제 394 조【손해배상의 방법】

다른 의사표시가 없으면 손해는 금전으로 배상한다.

■ § 394. 손해의 배상방법

• 원상회복주의 : 자연적회복주의 독일민법 §249 내지 §251
• 금전배상주의 : 손해를 금전으로 계산하여 금액지급

손해배상의 방법에는 두 가지가 있다. 그 하나는 손해가 발생하지 않았던 원상에 회복하는 것, 즉 원상회복이고, 다른 하나는 손해를 금전으로 평가하여 그 액을 지불하는 것 즉 금전배상이다. 민법은 당사자 사이에 특별한 의사표시가 없는 한 금전배상을 원칙으로 한다.

정신적 손해도 금전으로 배상하는 것이며, 이 점에 있어서는 다른 종류의 손해와 구별되는 것이 아니다. 어쨌든 현재에 있어서는 금전의 지급에 의하는 것이 채권의 내용을 실현함에 있어서 가장 유효적절한 수단이라고 이해되는 것이다.

◈ 이행지체시 전보배상 청구의 요건

제 395 조【이행지체의 전보배상】

채무자가 채무의 이행을 지체한 경우에 채권자가 상당한 기간을 정하여 이행을 최고하여도 그 기간내에 이행하지 아니하거나 지체 후의 이행이 채권자에게 이익이 없는 때에는 채권자는 수령을 거절하고 이행에 갈음한 손해배상을 청구할 수 있다.

§ 395. 전보배상

• 계약해제하고 이행에 갈음하는 배상청구
• 계약해제함이 없이 곧바로 배상청구여부-통설, 판례 허용, 지체후의 이행이 채권자에 이익없는 경우에 한하여
• 관련법조 : 독일민법 §286②, 스위스채무법 §107

이행지체의 효과로서 채권자가 계약을 해제하지 않고, 즉시 본래의 급부의 수령을 거절하고 이행에 갈음한 손해배상, 즉 전보배상을 청구할 수 있는가가 문제된다.

구민법하에서는 학설과 판례가 갖가지 변천을 보였으나, 본조는 명문의 규정, 즉 지체 후의 이행이 채권자에게 이익이 없게 되는 특별한 사정이 있거나, 또는 채권자가 상당한 기간을 정하여 이행을 최고하였음에도 불구하고 그 기간 내에 이행이 없으면 채권자는 계약을 해제함이 없이 곧 늦어진 이행의 수령을 거절하고 전보배상을 청구할 수 있다고 규정하고 있다.

▣ 핵심판례 ▣

■ 이행지체로 인한 전보배상에 있어 손해액 산정의 기준 시점

이행지체에 의한 전보배상 청구에 있어서는 다른 특별한 사정이 없는 한, 채권자는 채무자에게 상당한 기간을 정하여 그 본래의 의무 이행을 최고하고 그 이행이 없는 경우에 그 본래 의무의 이행에 대신하는 전보배상을 청구할 수 있고, 그 전보배상에 있어서의 손해액 산정의 표준 시기는 원칙적으로 최고하였던 '상당한 기간'이 경과한 당시의 시가에 의하여야 한다(대판 1997. 12. 26, 97다24542).

◈ 과실상계제도

제 396 조【과실상계】

채무불이행에 관하여 채권자에게 과실이 있는 때에는 법원은 손해배상의 책임 및 그 금액을 정함에 이를 참작하여야 한다.

■ § 396. 과실상계

• 법원은 채무자의 과실과 채권자의 과실을 비교하여 채권자의 과실이 과대한 때에는 채권자의 책임을 면하게 할 수도 있고, 또는 배상액을 감경할 수도 있다.
• 법원이 어느 정도로 과실을 참작하느냐는 자유재량이지만, 채권자의 과실을 인정하는 때에는 반드시 배상액을 정하는 데에 참작하여야 한다.
• 법원의 직권으로 채권자의 과실의 유무를 조사하여야 한다.

1. 과실상계

(1) 과실상계의 의의

채무불이행에 관하여 채권자에게도 과실이 있는 경우에는 법원은 손해배상책임의 유무 및 그 배상액을 정함에 있어서 채권자의 과실도 이를 참작하여야 한다는 것이 과실상계이다.

법률관계를 순수하게 개인적 관계로 구성하고 다시 법률관계를 모두 개인의 의사적 관계에 한정하려고 하는 근대법하에서는 책임이란 것은 행위자의 주체적인 의사를 매개로 하여 행위자와 행위의 결과를 결합시키는 것이기 때문에 그것은 우선 고의를, 다음에 과실을 요건으로 하게 된다.

따라서 불법행위책임에 대해서도 원칙적으로 고의와 과실의 존재를 요건으로 하는 것은 당연한 것이지만 이러한 원리를 전제로 한 때, 채무불이행의 발생에 대하여 채권자의 주체적인 의사가 개재한 경우에 있어서는 당연히 채무자의 책임에 영향을 초래하게 되는 것이므로, 과실상계란 바로 이러한 경우를 말하는 것이다.

이것을 구체적으로 말하자면 채무불이행의 경우 배상의무자인 채무자는 원칙적으로 자기고유의 과실 또는 자기의 귀책사유로 생긴 결과 이상의 손해에 대하여 책임을 져야 할 이유가 없다. 또한 배상권리자인 채권자도 자기의 행위로 생긴 결과를 타인에게 전가할 수 있는 이유가 없기 때문에 손해배상책임의 원인, 또는 그 결과인 손해의 발생에 관하여 배상권리자의 행위도 가담한 때에는 손해배상책임의 유무 및 배상액 산정에 있어서 이 점을 참작하지 않으면 안되는 것으로 하고 있는 것이다.

과실상계제도는 공평의 원칙에서 보더라도 당연하고 불법행위에 의한 손해배상에도 준용된다(제763조).

(2) 과실상계의 요건 및 적용범위

가. 요 건

우선 채무불이행에 의한 손해배상청구권이 성립하기 위하여 필요한 통상의 요건, 즉 채무불이행·손해의 발생·상당인과관계가 구비되어 있어야 한다. 또한 「채무의 불이행에 관하여」 채권자에게 과실이 있어야 한다.

그리고 이것은 채무불이행 그 자체에 관하여 채권자에게 과실이 있는 경우뿐만 아니라 손해의 발생 혹은 손해의 확대에 관하여 채권자에게 과실이 있는 경우를 포함한다고 해석하고 있다(대판 1957. 6. 29. [4290 민상 238], 대판 1959. 11. 19. [4292 민상 530]).

여기에서 과실이라 함은 법률상의 주의의무 등 특정의 법적 주의를 게을리함에 한하지 않고, 널리 일반사회통념에 의하여 당해 사정하에서 요구되는 바의 주의의무에 위반하여 채권자가 채무불이행 또는 손해의 발생에 대한 원인을 제공한 경우를 가리킨다고 해석하는 것이 타당하다(동지 ; 김기선, 곽윤직, 김·안).

채무불이행 또는 손해의 발생에 관한 원인을 제공하였다 함은 반드시 적극적인 행위만에 한하지 않고, 일정한 경우에는 손해의 방지를 위한 조치를 게을리한 경우도 포함한다. 또 채권자 자신의 고의·과실 외에 수령보조자의 고의·과실까지도 포함한다고 해석한다(이설없음).

채권자에게 고의·과실이 있다고 하기 위해서는 채권자에게 책임능력이 있어야 함은 말할 필요도 없다. 채무자의 고의·과실에 대해서도 마찬가지이다.

【쟁점사항】

<불법행위에 있어서의 과실과 과실상계에 있어서의 과실의 비교>

불법행위에 있어서 과실상계는 공평 내지 신의칙의 견지에서 손해배상액을 정함에 있어 피해자의 과실을 참작하는 것으로서, 그 적용에 있어서는 가해자와 피해자의 고의 과실의 정도, 위법행위의 발생 및 손해의 확대에 관하여 어느 정도의 원인이 되어 있는가 등의 제반 사정을 고려하여 배상액의 범위를 정하는 것이며, 불법행위에 있어서의 가해자의 과실이 의무위반의 강력한 과실임에 반하여 과실상계에 있어서 과실이란 사회통념상, 신의성실의 원칙상, 공동생활상 요구되는 약한 부주의 까지를 가리키는 것이라 할 것이다(대판 2001. 3. 23, 99다33397 판결).

나. 적용범위

과실상계는 채무불이행 내지 불법행위로 인한 손해배상 책임에 대해 인정되는 것이고, 채무내용에 따른 본래의 급부의 이행을 구하는 경우에는 적용될 것이 아니다(대판 1996. 5. 10, 96다8469). 그리고 손해배상액을 예정한 경우에도 과실상계는 적용되지 않는다(대판 1972. 3. 31, 72다108).

(3) 과실상계의 효과

법원은 채무자의 배상액을 감경할 수 있을 뿐만 아니라 책임 자체를 부정할 수도 있다.

그러나 법원은 채권자에게 과실이 있다고 인정한 이상 반드시 이를 참작하여야 하며, 만일 참작하지 않으면 위법한 판결로서 상고의 이유가 된다(대판 1966. 7. 26. [66다 937]).

어느 정도 참작하여야 하는가는 법원의 자유재량에 맡겨져 있으나, 과실의 대소, 그 원인의 강약 기타 제반사정을 고려하여 결정하는 것이 타당하다.

2. 손익상계

(1) 의 의

채무불이행으로 인하여 채권자에게 손해가 발생한 경우에 동시에 이익이 생기는 경우(예를 들어 채무자가 채무를 이행하였더라면 채권자가 지출하

였을 비용) 이러한 이득을 손해배상액에서 공제되어야 하는데, 이를 손익상계라고 한다. 손익상계는 민법에 규정이 없지만 실손해의 배상이라는 관점에서 당연한 것으로 인정된다.

(2) 과실상계와 손익상계의 순서

불법행위로 인하여 손해가 발생하고 그 손해발생으로 이득이 생기고 동시에 그 손해발생에 피해자에게도 과실이 있어 과실상계를 하여야 할 경우에는 먼저 산정된 손해액에서 과실상계를 한 다음에 위 이득을 공제하여야 한다.

■ **핵심판례** ■

■ [과실상계], [손익상계]

1. 가. 중앙선이 설치된 편도 2차선 도로를 자기 차선을 따라 운행하는 자의 주의의무의 정도

중앙선이 설치된 편도 2차선 도로를 자기의 차선을 따라 운행하는 자로서는 자기 차선의 반대 방향에서 오는 다른 차량도 그 차량의 차선을 따라 운행하리라고 믿는 것이 보통이므로, 상대방 차량의 비정상적인 운전을 예견할 수 있었다거나 이에 대처할 수 있었다는 등의 특별한 사정이 없는 한, 상대방 차량이 그 중앙선을 침범하여 자기 차선까지 돌입할 경우를 예상하여 운전할 주의의무는 없다.

나. 피해자가 독립적인 2개의 영업을 겸업한 경우, 일실수익 산정 방법

피해자가 사고 당시 어느 한쪽의 영업에 전념하지 아니하고 독립적으로 2개의 영업을 겸업한 경우, 어느 한쪽의 대체고용비 또는 양쪽의 대체고용비를 합산하여 평균한 액을 일실수입 산정의 기초로 하여야 한다거나 양쪽의 대체고용비를 합산하는 것이 16시간의 근로를 인정하는 결과가 되어 부당하다고 볼 수는 없고, 2개 업체를 경영하던 피해자의 일실수익을 산정함에 있어서 각 업체의 대체고용비 즉 두 사람분의 대체고용비를 합산하더라도 잘못이 아니다.

다. 소송촉진등에관한특례법 제3조 소정의 지연손해금 비율의 적용을 위반하였음을 이유로 원심판결을 파기한 사례

손해배상 사건의 항소심에서 제1심 판결의 인용금액 중 일부를 감액함에 있어 소송촉진등에관한특례법 제3조 소정의 지연손해금 비율의 적용을 위반했음을 이유로 원심판결을 파기한 사례(1996. 2. 13. 판결, 94다42419 손해배상(자)).

2. 가. 보증보험계약에서 보험자가 피보험자에게 보험금을 지급함으로써 보험계약자에 대한 구상권을 취득하고서 보증인에게 이를 통지할 의무를 게을리하여 지연손해가 확대된 경우 과실상계사유가 되는지 여부 (적극)

일반적으로 보증보험계약에서 보험계약자를 위하여 그 상환채무의 보증인이 된 자는 보험사고인 지급계약의 불이행사실이나 보험자의 보험금 지급사실을 바로 알 수 있는 위치에 있지 않으므로, 보험자가 피보험자에게 보험금을 지급함으로써 보험계약자에 대한 구상권을 취득한 때에는 보증인에게 이를 지체 없이 통지하여 상환의무의 발생을 알려 줌으로써 지연손해의 확대를 방지할 신의칙상 의무가 있다고 할 것이고, 이러한 통지를 게을리 함으로써 지연손해가 확대된 경우에는 그 손해의 확대에 대하여 보험자의 과실이 경합되었다고 볼 것이어서 과실상계사유가 된다.

나. 보증보험계약에서 보험계약자의 연대보증인이 보증인으로서의 의무이행을 거부하고 있다는 사실만으로 보험자의 통지 해태가 지연손해의 확대에 아무런 관련이 없다고 단정하기는 어렵다고 한 사례

보증보험계약에서 보험계약자의 연대보증인이 보증인으로서의 의무이행을 거부하고 있다면 보험자의 보험금 지급사실의 통지 해태는 지연손해의 확대에 아무런 영향이 없다고 볼 여지가 없지 않으나, 연대보증인이 뒤늦게 보험자의 보험금 지급사실을 알았기 때문에 그 사이에 지연손해금이 감당키 어려운 정도로 불어나서 선뜻 상환에 응하지 못하는 경우도 있을 수 있으므로 연대보증인이 의무이행을 거부하고 있다는 사실만으로 보험자의 통지 해태가 지연손해의 확대에 아무런 관련이 없다고 단정하기는 어렵다(1992. 5. 12. 제1부 판결, 92다4345 구상금).

3. 가. 과실상계에 있어서 과실의 의미

민법 제763조와 제396조에 규정되어 있는 과실상계제도는 불법행위자에 대하여 적극적으로 손해배상책임을 지게 하는 것과는 그 취지가 달라 피해자가 사회공동생활을 함에 있어서 신의칙상 요구되는 주의를 다하지 아니한 경우에 불법행위자의 손해배상의 책임 및 배상하여야 할 손해의 금액을 정함에 있어서 손해배상제도의 지도원리인 공평의 원칙에 따라 손해의 발생에 관한 피해자의 그와 같은 부주의를 참작하게 하려는 것이므로, 피해자가 불법행위의 성립에 요구되는 엄격한 의미의 주의의무를 위반한 경우뿐만 아니라 단순한 부주의로 인하여 손해가 발생 확대되게 한 경우에도 피해자에게 과실이 있는 것으로 보아 과실상계를 할 수 있다.

나. 밤에 도로의 가장자리에 자동차를 주차하는 자의 법령상 의무

밤에 도로의 가장자리에 자동차를 주차하는 자로서는, 그 곳이 관계법령에 따

라 주차가 금지된 장소가 아니라고 하더라도 미등과 차폭등을 켜 두어 다른 차의 운전자가 주차사실을 쉽게 식별할 수 있도록 하여야 함은 물론 다른 교통에 장해가 되지 아니하도록 주차하여야 할 법령상의 의무가 있다(1992. 5. 12. 제2부 판결, 92다6112 손해배상(자)).

4. 가. 채무불이행으로 인한 손해배상책임의 범위를 정함에 있어서의 과실상계사유의 유무에 대한 판단기준

민법상의 과실상계제도는 채권자가 신의칙상 요구되는 주의를 다하지 아니한 경우 공평의 원칙에 따라 손해의 발생에 관한 채권자의 그와 같은 부주의를 참작하게 하려는 것이므로 단순한 부주의라도 그로 말미암아 손해가 발생하거나 확대된 원인을 이루었다면 피해자에게 과실이 있는 것으로 보아 과실상계를 할 수 있고, 채무불이행으로 인한 손해배상책임의 범위를 정함에 있어서의 과실상계사유의 유무는 개별사례에서 문제된 계약의 체결 및 이행경위와 당사자 쌍방의 잘못을 비교하여 종합적으로 판단하여야 한다.

나. 이중매수인이 매매목적부동산에 관하여 처분금지가처분등기가 기입된 사실을 알았으나 매도인으로부터 자기 책임하에 가처분등기를 청산, 정리한다는 취지의 약속을 받음에 따라 매매대금을 전부 지급한 행위는 과실상계사유가 되지 아니한다고 한 사례

이중매수인이 매매목적부동산에 관하여 처분금지가처분등기가 기입된 사실을 알았으나 매도인으로부터 자기 책임하에 가처분등기를 청산, 정리한다는 취지의 약속을 받음에 따라 매매대금을 전부 지급한 행위는 과실상계사유가 되지 아니한다(1993. 5. 27. 제3부 판결, 92다20163 손해배상(기)).

5. 정신분열증으로 정신병원에 입원중 자살한 망인의 과실을 70%로 본 원심판결을 파기한 사례

정신분열증으로 정신병원에 입원중 자살한 망인의 과실을 70%로 본 원심판결을 파기환송한다(1993. 9. 14. 제1부 판결, 93다21552 손해배상(기)).

6. 군이 자연석 채취허가에 있어서 부존량을 추정하고 그 부존량을 채취허가량으로 특정하여 입찰을 시행한 경우 응찰자에게 별도로 부존량을 조사할 의무가 없다고 한 사례

군이 자연석 채취허가에 있어서 부존량을 추정하고 그 부존량을 채취허가량으로 특정하여 입찰을 시행한 경우 응찰자에게 별도로 부존량을 조사할 의무가 없다(1994. 1. 11. 제2부 판결, 92다29528 손해배상(기)).

7. 피해자의 손해 확대 방지 의무와 과실상계

신의칙 또는 손해부담의 공평이라는 손해배상제도의 이념에 비추어 볼 때, 불법행위의 피해자에게는 그로 인한 손해의 확대를 방지하거나 감경하기 위하여 노

력하여야 할 일반적인 의무가 있으며 피해자가 합리적인 이유 없이 위 손해경감
조치의무를 이행하지 않을 경우에는 법원이 그 손해배상액을 정함에 있어 민법
제763조, 제396조를 유추적용하여 그 손해확대에 기여한 피해자의 의무불이행의
점을 참작할 수 있는 것이고, 그 손해경감조치의무가 수술을 받아야 할 의무일
경우, 일반적으로 피해자는 그 수술이 위험 또는 중대하거나 결과가 불확실한
경우에까지 용인하여야 할 의무는 없다고 하겠으나, 그러하지 아니하고 관례적
이며 상당한 결과의 호전을 기대할 수 있는 수술이라면 이를 용인할 의무가 있
고 이를 거부하는 것은 합리적인 이유가 없다고 할 것이다(대법원 1999. 6. 25.
선고 99다10714 판결).

8. 피해자의 부주의를 이용하여 고의로 불법행위를 저지른 자가 바로 그 피해자의 부주의를 이유로 과실상계를 주장할 수 있는지 여부(소극)

피해자의 부주의를 이용하여 고의로 불법행위를 저지른 자가 바로 그 피해자의
부주의를 이유로 자신의 책임을 감하여 달라고 주장하는 것은 허용될 수 없다(대
법원 2005. 11. 10. 선고 2003다66066 판결).

9. 일부청구에서의 과실상계의 방법

1개의 손해배상청구권 중 일부가 소송상 청구되어 있는 경우에 과실상계를 함에
있어서는 손해의 전액에서 과실비율에 의한 감액을 하고 그 잔액이 청구권을 초
과하지 않을 경우에는 그 잔액을 인용할 것이고, 잔액이 청구권을 초과할 경우에
는 청구액의 전액을 인용하는 것으로 해석하여야 할 것이다(대판 1977. 2. 8. 76다
2113).

10. 표현대리가 성립하는 경우 과실상계의 법리 유추적용 여부(소극)

표현대리행위가 성립하는 경우에 그 본인은 표현대리행위에 의하여 전적인 책임
을 져야 하고, 상대방에게 과실이 있다고 하더라도 과실상계의 법리를 유추적용
하여 본인의 책임을 경감할 수 없다(대법원 1996. 7. 12. 선고 95다49554 판결).

11. 채권자가 보증채무의 이행을 청구하는 경우, 과실상계의 가부(소극)

채권자의 청구가 연대보증인에 대하여 그 보증채무의 이행을 구하고 있음이 명
백한 경우에는, 손해배상 책임의 유무 또는 배상의 범위를 정함에 있어 채권자
의 과실이 참작되는 과실상계의 법리는 적용될 여지가 없다(대법원 1996. 2. 23.
선고 95다49141 판결).

12. 손해담보계약상 담보의무자의 책임의 성질 및 과실상계 규정이 준용되거나 과실상계 법리를 유추적용하여 그 담보책임을 감경할 수 있는지 여부(소극)

손해담보계약상 담보의무자의 책임은 손해배상책임이 아니라 이행의 책임이고,
따라서 담보계약상 담보권리자의 담보의무자에 대한 청구권의 성질은 손해배상

청구권이 아니라 이행청구권이므로, 민법 제396조의 과실상계 규정이 준용될 수
없음은 물론 과실상계의 법리를 유추적용하여 그 담보책임을 감경할 수도 없는
것이 원칙이지만, 다만 담보권리자의 고의 또는 과실로 손해가 야기되는 등의
구체적인 사정에 비추어 담보권리자의 권리 행사가 신의칙 또는 형평의 원칙에
반하는 경우에는 그 권리 행사의 전부 또는 일부가 제한될 수는 있다(대법원
2002. 5. 24. 선고 2000다72572 판결).

13. 손해배상액의 산정에 있어서 손익상계가 허용되기 위한 요건

손해배상액의 산정에 있어서 손익상계가 허용되기 위하여는 손해배상책임의 원
인이 되는 행위로 인하여 피해자가 새로운 이득을 얻었고, 그 이득과 손해배상
책임의 원인 행위 사이에 상당인과관계가 있어야 한다(대법원 2005. 10. 28. 선고
2003다69638 판결).

14. 조위금을 위자료의 액에서 공제하여야 하는지 여부

가해자가 피해자의 유족에게 지급한 조위금은 위자료의 일부라고 볼 수 없으므
로 이를 가해자가 지급하여 할 위자료의 액에서 공제하여야 할 것이라고는 할
수 없고 위 사실은 다만 위자료의 수액을 산정함에 있어서 참작하여야 할 사정
에 해당한다고 할 것이다(대법원 1971.7.27. 선고 71다1158 판결).

15. 소극적 손해액 산정시 피해자가 수령한 휴업급여금의 공제범위

손해배상은 손해의 전보를 목적으로 하는 것이므로 피해자가 근로기준법이나 산
업재해보상보험법에 따라 휴업급여나 장해급여 등을 이미 지급받은 경우에 그
급여액을 일실수익의 배상액에서 공제하는 것은 그 손해의 성질이 동일하여 상
호보완적 관계에 있는 것 사이에서만 이루어질 수 있고, 따라서 피해자가 수령
한 휴업급여금이나 장해급여금이 법원에서 인정된 소극적 손해액을 초과하더라
도 그 초과부분을 그 성질을 달리하는 손해의 배상액을 산정함에 있어서 공제할
것은 아니고, 같은 이치에서 휴업급여는 휴업기간 중의 일실수익에 대응하는 것
이므로 휴업급여금은 그것이 지급된 휴업기간 중의 일실수익 상당의 손해액에서
만 공제되어야 한다(대법원 1995. 4. 25. 선고 93다61703 판결).

16. 불법행위로 인한 손해의 발생 또는 확대에 관하여 피해자의 과실이 있는 데도 예외적으로 과실상계가 허용되지 않는 경우

불법행위로 인한 손해의 발생 또는 확대에 관하여 피해자에게도 과실이 있는 때
에는 가해자의 손해배상의 범위를 정함에 있어 당연히 이를 참작하여야 하고, 가
해행위가 사기, 횡령, 배임 등의 영득행위인 경우 등 과실상계를 인정하게 되면
가해자로 하여금 불법행위로 인한 이익을 최종적으로 보유하게 하여 공평의 이념
이나 신의칙에 반하는 결과를 가져오는 경우에만 예외적으로 과실상계가 허용되
지 않는다(대법원 2013. 9. 26. 선고 2012다1146 전원합의체 판결).

17. 임기만료 전에 정당한 이유 없이 해임된 감사가 상법 제415조, 제385조 제1항에 따라 회사를 상대로 보수 상당액을 해임으로 인한 손해배상액으로 청구하는 경우, 남은 임기 동안 다른 직장에 종사하여 얻은 이익을 손해배상액에서 공제하여야 하는지 여부(한정 적극)

채무불이행이나 불법행위 등으로 인하여 손해를 입은 채권자 또는 피해자 등이 동일한 원인에 의하여 이익을 얻은 경우에는 공평의 관념상 그 이익은 손해배상액을 산정함에 있어서 공제되어야 하고, 이와 같이 손해배상액의 산정에 있어 손익상계가 허용되기 위해서는 손해배상책임의 원인이 되는 행위로 인하여 피해자가 새로운 이득을 얻었고, 그 이득과 손해배상책임의 원인인 행위 사이에 상당인과관계가 있어야 한다. 임기가 정하여져 있는 감사가 임기만료 전에 정당한 이유 없이 주주총회의 특별결의로 해임되었음을 이유로 상법 제415조, 제385조 제1항에 의하여 회사를 상대로 남은 임기 동안 또는 임기 만료 시 얻을 수 있었던 보수 상당액을 해임으로 인한 손해배상액으로 청구하는 경우, 당해 감사가 그 해임으로 인하여 남은 임기 동안 회사를 위한 위임사무 처리에 들이지 않게 된 자신의 시간과 노력을 다른 직장에 종사하여 사용함으로써 얻은 이익이 해임과 사이에 상당인과관계가 인정된다면 해임으로 인한 손해배상액을 산정함에 있어서 공제되어야 한다(대법원 2013. 9. 26. 선고 2011다42348 판결).

◈ 금전채무불이행시 지연이자 만큼의 손해 의제

제 397 조【금전채무불이행에 대한 특칙】

① 금전채무불이행의 손해배상액은 법정이율에 의한다. 그러나 법령의 제한
에 위반하지 아니한 약정이율이 있으면 그 이율에 의한다.

② 전항의 손해배상에 관하여는 채권자는 손해의 증명을 요하지 아니하고
채무자는 과실없음을 항변하지 못한다.

■ § 397. 금전채무에 관한 특칙

• 금전채무의 불이행에 관하여는 채권자는 그 손해의 증명을 요하지 않으며 채
무자는 과실 없음을 항변하지 못한다.

• 관련법조 : [법정이율] 상 §54, [본항특칙] 상 §196, §269, 민 §685, §958②, 소
송촉진에 관한 특례법 §3

본조는 금전을 목적으로 하는 채무불이행으로 인한 손해배상에 관하여 규정
한 것이다.

(1) 금전채무에는 특정이 없다. 따라서 완전하게 이행을 종료할 때까지는
채무자의 책임없는 사유로 인하여 이행불능상태를 발생시키는 일이 없
으며, 다만 이행지체가 될 뿐이다. 본조 제2항 후단에서「채무자는 과
실없음을 항변하지 못한다」라고 규정하고 있는 것은 바로 이러한 취
지에서이다.

금전채권의 이행지체에 대한 손해배상액은 특약이 없거나 법률에 특별한
규정(제705조 참조)도 없으면, 법정이율 - 민사 연5푼(제379조), 상사 연6푼
(상법 제54조) - 에 의하여 결정하도록 되어 있다.

금전은 이자에 의해 과실을 얻는 것이 보통인 점에서 특칙을 정한 것이
다. 즉, 이행기에 이행하지 아니하면 이행불능으로 인정하지 않고 즉시 이
행지체로서의 책임을 묻는 대신에 그 책임의 범위를 획일적으로 정해 두려
고 하는 취지에서이다.

(2) 채권자는 이행지체에 의한 손해의 발생을 증명할 필요가 없다.

이것은 금전채무의 불이행의 경우에는 이자만의 손해는 언제나 반드시 발생하고, 또 이보다 많은 손해는 발생하지 않는다고 간주하는 것이 공평하다고 하는 점에 그 바탕을 두고 있다.

위와 같이 금전채무의 불이행에 대해서 채무자는 불가항력으로 항변할 수 없는 것이지만, 천재지변이나 경제공황 등을 이유로 하여 거래가 일반적으로 핍박하게 되는 것과 같은 경우에는 법령에 의하여 일정기간 그 지불유예를 인정할 수 있다. 이것을 Moratorium(지급유예)이라고 일컫는다 (우리나라에서는 통화개혁시에 이 조치를 취한 바 있다. 1962년 긴급통화조치법 제15조, 제16조).

지불유예의 이익을 받는 채무는 그 기간 내에는 지불하지 않더라도 위법이라고 할 수 없기 때문에 채무자는 그 기간 중에는 이행지체의 책임을 부담하지 않는다.

(3) 금전채무불이행으로 인한 손해배상청구시 지연이자 상당의 손해가 있었다는 것을 증명하여야 하는지 여부

금전채무 불이행에 관한 특칙을 규정한 민법 제397조는 그 이행지체가 있으면 지연이자 부분만큼의 손해가 있는 것으로 의제하려는 데에 그 취지가 있는 것이므로 지연이자를 청구하는 채권자는 그 만큼의 손해가 있었다는 것을 증명할 필요가 없는 것이나, 그렇다고 하더라도 채권자가 금전채무의 불이행을 원인으로 손해배상을 구할 때에 지연이자 상당의 손해가 발생하였다는 취지의 주장은 하여야 하는 것이지 주장조차 하지 아니하여 그 손해를 청구하고 있다고 볼 수 없는 경우까지 지연이자 부분만큼의 손해를 인용해 줄 수는 없는 것이다(대판 2000. 2. 11, 99다49644).

▣ 핵심판례 ▣

■ [금전채무불이행에 대한 특칙]

1. 가. 토지수용으로 인한 손실보상금에 대한 지연손해금의 기산점(=수용 시기)

 토지수용으로 인한 기업자 내지 사업시행자의 손실보상금지급의무는 그 수용 시기로부터 발생하고, 구체적인 손실보상금액이 재결이나 행정소송의 절차에 의하여 현실적으로 확정되어진다 하여 달리 볼 것이 아니며, 재결절차에서 정한 보상액과 행정소송절차에서 정한 보상액과의 차액 역시 수용과 대가관계에 있는 손실보상의 일부이므로 위 차액이 수용의 시기에 지급되지 않은 이상, 이에 대하여는 지연손해금이 발생한다.

 나. 소송촉진등에관한특례법상의 법정이율에 대한 특례조항의 행정소송사건에의 적용 가부(적극)

 소송촉진등에관한특례법은 소송의 지연을 방지하고 국민의 권리의무의 신속한 실현과 분쟁처리의 촉진을 기함을 목적으로 하고, 그 제2조와 제3조는 위 목적을 달성하기 위하여 법정이율에 대한 특례를 규정하고 있는바, 위 특례조항이 민사소송사건에만 적용된다고 규정되어 있지 아니한 이상, 이는 민사소송뿐만 아니라 행정소송사건에도 적용된다(1992. 9. 14. 제3부 판결, 91누11254 손실보상금).

2. 가. 이자부 소비대차에서 이자약정이 없는 변제기 후의 지연손해금(=약정이율)

 소비대차에서 변제기 후의 이자약정이 없는 경우 특별한 의사표시가 없는 한 변제기가 지난 후에도 당초의 약정이자를 지급하기로 한 것으로 보는 것이 당사자의 의사이다.

 나. 제소전화해의 창설적 효력 및 제소전화해조항에 변제기 후의 지연손해에 대하여 별도의 정함이 없는 경우의 지연손해금(=법정이율)

 소비대차채권의 담보를 확보할 목적으로 일단 제소전화해를 한 경우 그 화해는 창설적 효력을 가지게 되므로 화해 전의 사유를 가지고 화해의 효력을 다툴 수 없고 화해가 이루어지면 종전의 법률관계를 바탕으로 한 권리의무관계는 소멸한다고 할 것이므로 변제기 후의 지연손해에 대하여 화해조항에 별도의 정함이 없으면 변제기 후의 지연손해는 법정이율에 의하여야 한다(1981. 9. 8. 제1부 판결, 80다2649 소유권이전등기말소).

3. 채무 내용에 따른 본래의 급부의 이행을 구하는 경우, 과실상계의 가부 (소극)

과실상계는 본래 채무불이행 내지 불법행위로 인한 손해배상책임에 대해 인정되는 것이고, 채무 내용에 따른 본래의 급부의 이행을 구하는 경우에 적용될 것이 아니다(1996. 5. 10. 판결, 96다8468 임대보증금반환).

4. 지연손해금에 대한 민법 제163조 제1항 소정의 단기소멸시효 적용 여부

지연손해금은 원금채무의 불이행에 따른 약정손해배상금이라 할 것이므로 이는 민법 제163조 제1호가 정하는 "1년 이내의 기간으로 정한 채권"이 아니라고 할 것이다(대판 1987. 10. 28, 87다카1409).

5. 금전채무의 확정된 지연손해금 채무에 대하여 지체책임이 발생하는지 여부(적극)

금전채무의 지연손해금채무는 금전채무의 이행지체로 인한 손해배상채무로서 이행기의 정함이 없는 채무에 해당하므로, 채무자는 확정된 지연손해금채무에 대하여 채권자로부터 이행청구를 받은 때로부터 지체책임을 부담하게 된다(대법원 2004. 7. 9. 선고 2004다11582 판결).

6. 금전채무의 불이행으로 인한 지연손해금 비율의 인정 방법 및 법정이율보다 낮은 비율에 의한 지연손해금을 인정하기 위한 요건

금전채무의 불이행으로 인한 손해배상액은 달리 특별한 사정이 없는 한 민법 소정의 법정이율인 연 5푼의 비율에 의한 금원이라 할 것이고, 다만 그와 다른 이자율의 약정이 있거나 지연손해금률의 약정이 있는 경우에 한하여 그 별도의 약정에 따른 손해배상액을 인정할 수 있다 할 것인데, 이와 같이 별도의 약정이 있음을 이유로 하여 법정이율보다도 낮은 비율에 의한 지연손해금을 인정하기 위하여는 법정이율보다 낮은 이자율 또는 지연손해금률의 약정이 있다는 점에 관하여 당사자 사이에 다툼이 없거나 증거에 의하여 적극적으로 인정되는 사정이 존재하여야 할 것이고, 피고가 법정이자율보다 낮은 비율에 의한 이자율 또는 지연손해금률의 약정이 있음을 자인한다 하여 그에 따른 금원의 지급을 명할 수는 없다(대법원 1995. 10. 12. 선고 95다26797 판결).

7. 금전채무불이행의 손해배상액의 약정이율이 법정이율보다 낮은 경우, 법정이율에 의하여 지연손해금을 정해야 하는지 여부(적극)

민법 제397조 제1항은 본문에서 금전채무불이행의 손해배상액을 법정이율에 의할 것을 규정하고 그 단서에서 "그러나 법령의 제한에 위반하지 아니한 약정이율이 있으면 그 이율에 의한다"고 정한다. 이 단서규정은 약정이율이 법정이율 이상인 경우에만 적용되고, 약정이율이 법정이율보다 낮은 경우에는 그 본문으로 돌아가 법정이율에 의하여 지연손해금을 정할 것이다. 우선 금전채무에 관하여 아예 이

자약정이 없어서 이자청구를 전혀 할 수 없는 경우에도 채무자의 이행지체로 인한 지연손해금은 법정이율에 의하여 청구할 수 있으므로, 이자를 조금이라도 청구할 수 있었던 경우에는 더욱이나 법정이율에 의한 지연손해금을 청구할 수 있다고 하여야 한다(대법원 2009. 12. 24. 선고 2009다85342 판결).

◆ 손해배상액 예정

제 398 조【배상액의 예정】

① 당사자는 채무불이행에 관한 손해배상액을 예정할 수 있다.

② 손해배상의 예정액이 부당히 과다한 경우에는 법원은 적당히 감액할 수 있다.

③ 손해배상액의 예정은 이행의 청구나 계약의 해제에 영향을 미치지 아니한다.

④ 위약금의 약정은 손해배상액의 예정으로 추정한다.

⑤ 당사자가 금전이 아닌 것으로써 손해의 배상에 충당할 것을 예정한 경우에도 전4항의 규정을 준용한다.

■ § 398. 손해배상액의 예정

- 채무불이행의 경우에 채무자가 지급하여야 할 손해배상의 액을 당사자 사이에 계약으로 미리 정하여 두는 것
- 요 건 : 채무불이행이 발생하기 전에 체결해야하고 조건부계약이며 종된 계약이다.
- 효 과 : ① 채무불이행사실만 입증하면 된다(귀책사유 필요하다는 소수설 있다).
 ② 예정액이 부당히 과다할 때 적당히 감액할 수 있다. 그러나 부당히 과소할 때 증액은 허용되지 않는다.
 ③ 이행의 청구나 계약의 해제에 영향을 미치지 않는다.
 ④ 위약금은 배상액의 예정으로 추정
 ⑤ §104의 제한 받는다.
- 관련법조 : [위약금, 배상예정금지] 근로기준법 §27, 선원법 §39

1. 손해배상액의 예정의 의의

　① 손해배상액의 예정이라 함은 채무불이행의 경우에 채무자가 지급하여야

할 손해배상액을 미리 정하여 둘 것을 내용으로 하는 채권자·채무자 사이의 계약을 말한다.

그 목적으로 하는 것은 채권자가 채무불이행에 의한 손해배상을 청구하기 위하여 필요한 것인 손해의 발생 및 그 액을 입증함에 있어 수반되는 곤란함을 배제하고, 손해배상에 관한 법률관계의 간략화를 꾀하려고 하는 경우도 있고, 또 불이행에 관한 제재의 의미를 갖는 일종의 위약벌을 약속하고 그 위협으로서 이행을 심리적으로 강제하려고 하는 경우도 있으며, 이상의 두 가지 목적이 혼합하고 있는 경우가 있는 것도 주의하지 않으면 안된다.

판례는 이 제도의 목적이 "손해의 발생사실과 손해액의 입증의 곤란을 덜고, 분쟁의 발생을 미리 방지하여 법률관계를 쉽게 해결할 뿐 아니라, 채무자에게 심리적 경고를 함으로써 채무의 이행을 확보하려는 데 있다"고 하였다(대판 1993. 4. 23, 92다41719).

당사자는 법률의 규정 또는 선량한 풍속 기타 사회질서에 위반하지 않는 한, 자유롭게 배상액예정계약을 체결할 수 있다.

이러한 손해배상액의 예정은 계약자유의 원칙에서도 당연히 허용되어야 하는 것이지만 민사벌의 자유로서 이자의 자유와 함께 근대거래법이 획득한 계약자유의 원칙의 구체적인 내용의 하나인 점에서 역사적인 의의가 있다고 하겠다.

배상액의 예정은 일정액의 금전으로써 하는 것이 보통이지만 금전 이외의 것으로써 한 경우라도 본조 제1항 내지 제4항에 관한 규정이 준용된다. 또 위약금이라 불리우는 것은 배상액의 예정으로 추정되는 것이다.

② 배상액예정계약은 그 성질상 채무불이행을 정지조건으로 하는 조건부계약이며, 원채권관계에 종된 계약이라고 할 수 있다. 따라서 원채권관계와 법률상의 운명을 같이 하며 원채권의 담보는 배상예정액까지도 담보한다고 해석한다.

2. 손해배상액의 예정의 요건

① 배상액의 예정은 채권이 존재할 것, 또는 존재하게 될 것을 전제로 한다. 배상액을 예정할 수 있는 채권에 관해서는 특별한 제한은 없으나 금전소

비대차에 기한 채권에 관한 배상액에 있어서는 이자제한법 제6조 규정에 의한 제한이 있는 것을 주의하여야 한다.

② 배상액을 예정하는 계약은 손해가 발생하기 이전에 체결하여야 한다. 불이행 후에 체결한 계약도 계약자유의 원칙에서 보아 계약으로서의 효력이 부정되는 것은 아니나, 그것으로서 배상액의 예정이라고 할 수는 없다.

③ 배상액의 예정은 배상액에 관한 합의가 있으면 그것으로 충분하다. 단 단순하게 배상액만을 예정한 때에는 손해의 발생에 관한 추정을 포함하여 채무자의 귀책사유로 인한 불이행에 관한 것으로 해석한다.

④ 배상액은 금전가액으로써 표시되고 금전으로 배상하여야 한다. 당사자가 금전이 아닌 것으로 손해의 배상에 충당할 것을 예정한 경우에도 위약금에 관한 규정이 준용된다.

⑤ 채무자의 귀책사유가 필요한지 여부

(1) 학설 대립

(i) 귀책사유 불요설(다수설, 곽윤직) : 손해배상액 예정을 하는 당사자의 일반적인 의사는 귀책사유의 유무를 포함하여 손해배상에 관한 일체의 분쟁을 피하려는 데 있기 때문이라는 점을 근거로 한다.

(ii) 귀책사유 필요설(양창수) : 손해배상액 예정을 하는 당사자의 일반적인 의사는 손해배상에 관한 일체의 분쟁을 피하려는 것이 아니라 다툼의 여지가 많고 그 입증이 어려운 손해의 발생 및 액수에 관하여만 다툼을 피하려는 것이라고 보는 것이 합리적이라는 점을 근거로 한다.

(2) 판 례

건물신축의 도급계약에서 수급인의 준공지연에 대하여 지체상금을 정한 경우에, "수급인이 책임질 수 없는 사유로 인하여 공사가 지연된 경우에는 그 기간만큼 공제되어야 한다(대판 1989.7.25. 88다카6273)"고 판시하여 귀책사유가 필요하다는 듯한 태도를 보이고 있으나 명확한 것은 아니다.

⑥ 현실적인 손해의 발생이 필요한지 여부

(1) 불요설이 통설이다.

 (2) 판례는 "채무불이행으로 인한 손해배상액의 예정이 있는 경우에는 채
권자는 채무불이행사실만 증명하면 손해의 발생 및 그 액을 증명하지
아니하고 예정배상액을 청구할 수 있다(대판 2000. 12. 8. 2000다
50350)"고 하여 불필요한 것으로 보고 있다.

⑦ 어떤 종류의 계약, 예컨대 노동계약에 있어서 사용자는 노동자의 노동계
약 불이행에 대한 위약금 또는 손해배상액을 예정하는 계약을 체결하는
것을 금지한다(근로기준법 제20조).

3. 손해배상액의 예정의 효과

① 채권자는 채무불이행의 사실을 증명하면 손해의 발생 및 그 액을 증명할
필요없이 배상액예정의 특약 자체에 기하여 예정배상액을 청구할 수 있
다. 즉, 채권자와 채무자 사이에 채무불이행을 원인으로 한 손해배상액을
예정한 경우에는 손해발생 및 손해액에 대한 입증은 필요하지 아니하고,
그 예정액이 과다하여 감액될 사정이 없는 한 채무불이행 사실만으로 채
권자는 채무자에 대하여 손해배상예정액을 지급할 것을 청구할 수 있다
(대판 1991. 1. 11. 90다8053).

현실적으로 발생한 손해의 액이 예정배상액보다 많거나 적은 경우 모두
채권자는 예정배상액만을 청구할 수가 있다.

본조는「손해배상액」만을 규정하고 있으나, 일반적으로 학설은「손해의
발생」의 예정까지도 포함하는 것이라고 해석한다(곽윤직).

② 손해배상의 예정액이 부당히 과다한 경우에는 법원은 적당히 감액할 수
있다(제398조 2항). 그러나 예정배상액이 과소하다고 하여 법원이 이를
증액할 수는 없다.

여기서 '부당히 과다한 경우'라 함은 채권자와 채무자의 각 지위, 계약의
목적 및 내용, 손해배상액을 예정한 동기, 채무액에 대한 예정액의 비율,
예상손해액의 크기, 그 당시의 거래관행 등 모든 사정을 참작하여 일반
사회관념에 비추어 그 예정액의 지급이 경제적 약자의 지위에 있는 채무
자에게 부당한 압박을 가하여 공정성을 잃는 결과를 초래한다고 인정되
는 경우를 뜻하는 것으로 보아야 한다(대판 2002. 1. 25, 99다57126).

과다여부 및 감액의 범위에 대한 판단기준시기는 사실심의 변론종결시를

기준으로 하여야 하고(대판 2000. 12. 8, 2000다35771), 손해배상의 예정액이 부당하게 과다한 사실을 채무자가 이를 입증하여야 한다(대판 1995. 11. 10, 95다33658).

③ 손해배상액의 예정은 이행의 청구나 계약의 해제에 영향을 미치지 아니한다.

배상액의 예정은 손해배상청구권의 내용을 특정함에 그치고 그 손해배상청구권과는 별도의 권리인 본래의 급부의 이행청구권이나 계약해제권 등과 서로 관련하는 바가 없기 때문이다.

그러나 손해배상청구권에는 구체적으로 볼 때 여러 가지 성질의 것이 있기 때문에 실제에 있어서 예정배상액의 청구와 이와 같은 권리와의 관계는 반드시 같은 것은 아니다.

▣ 핵심판례 ▣

■ [배상액의 예정]

1. 손해배상의 예정액이 부당히 과다한지 여부의 판단기준

민법 제398조 제2항에 의하여 법원이 예정액을 감액할 수 있는 "부당히 과다한 경우"라 함은 손해가 없다든가 손해액이 예정액보다 적다는 것만으로는 부족하고, 계약자의 경제적 지위, 계약의 목적, 손해배상액예정의 경위 및 거래관행 기타 제반사정을 고려하여 그와 같은 예정액의 지급이 경제적 약자의 지위에 있는 채무자에게 부당한 압박을 가하여 공정성을 잃는 결과를 초래한다고 인정되는 경우를 뜻하는 것으로 보아야 한다(1991. 3. 27. 제1부 판결, 90다14478 위약금).

2. 지체상금이 손해배상의 예정으로 인정되어 이를 감액시 채권자의 과실 등을 이유로 따로 감경할 수 있는지 여부

가. 지체상금이 손해배상의 예정으로 인정되어 이를 감액함에 있어서는 채무자가 계약을 위반한 경위 등 제반사정이 참작되므로 손해배상액의 감경에 앞서 채권자의 과실 등을 들어 따로 감경할 필요는 없다.

나. 물품제조·납품 계약에 있어서 지체상금 약정을 한 경우, 민법 제398조 제4항에 의하여 손해배상의 예정으로 추정되므로, 이를 위약벌로 해석하기 위해서는 특별한 사정이 주장·입증되어야 한다(대판 2002. 1. 25, 99다57126).

3. 도급계약서상 계약이행보증금과 지체상금이 함께 규정되어 있는 것만으로 계약이행보증금을 위약벌로 볼 수 있는지 여부(소극)

도급계약서 및 그 계약내용에 편입된 약관에 수급인의 귀책사유로 인하여 계약이 해제된 경우에는 계약보증금이 도급인에게 귀속한다는 조항이 있을 때 이 계약보증금이 손해배상액의 예정인지 위약벌인지는 도급계약서 및 위 약관 등을 종합하여 구체적 사건에서 개별적으로 결정할 의사해석의 문제이고, 위약금은 민법 제398조 제4항에 의하여 손해배상액의 예정으로 추정되므로 위약금이 위약벌로 해석되기 위하여는 특별한 사정이 주장·입증되어야 하는바, 당사자 사이의 도급계약서에 계약보증금 외에 지체상금도 규정되어 있다는 점만을 이유로 하여 계약보증금을 위약벌로 보기는 어렵다(대판 2000. 12. 8, 2000다35771).

4. 공사금정산시 당사자가 약정된 지체배상금을 거론하지 아니하였다는 등의 사정이 있어 지체배상금의 묵시적 포기가 있었다고 본 원심판결에 심리미진 및 채증법칙위배의 위법이 있다 하여 파기한 사례

공사금정산시 당사자가 약정된 지체배상금을 거론하지 아니하였다는 등의 사정이 있어 지체배상금의 묵시적 포기가 있었다고 본 원심판결에 심리미진 및 채증법칙위배의 위법이 있다 하여 파기한 사례(1991. 7. 9. 제1부 판결, 91다6979 공사금).

5. 법원이 손해배상의 예정액을 감액한 경우 손해배상액의 예정에 관한 약정 중 감액 부분의 효력

법원이 손해배상의 예정액이 부당하게 과다하다고 하여 감액을 한 경우 손해배상액의 예정에 관한 약정 중 감액부분에 해당하는 부분은 처음부터 무효라고 할 것이다(1991. 7. 9. 제1부 판결, 91다11490 인수채무금).

6. 가. 건물 매매계약에 있어서 계약금을 수수한 외에 매수인의 귀책사유로 계약이 해제되는 때에는 매수인의 건물 점유사용에 따른 점유사용료를 지급하기로 약정한 경우 계약금 외에 점유사용료도 위약금으로 약정하였다고 볼 것인지 여부(적극)와 이러한 점유사용료 지급의 방법에 의한 위약금 약정의 효력유무(적극)

건물 매매계약에 있어서 계약금을 수수한 외에 매수인의 귀책사유로 계약이 해제되는 때에는 매수인이 건물을 점유사용한 때로부터 점유기간에 따라 매매대금의 일정비율을 점유사용료로 지급하기로 약정한 경우 계약금뿐만 아니라 위와 같은 점유사용료도 결국 매매계약의 채무불이행에 대한 위약금의 약정을 한 것으로 보아야 할 것인바, 위약금으로 계약금만을 수수하는 경우가 통상적이기는 하나, 특수한 형태의 매매계약에 있어서 매수인의 위약으로 계약이 해제되는 경우 해제시까지의 기간 등을 고려하여 산정되는 점유사용료 지급의 방법에 의한 위약금 약정이 그 효력이 없다 할 수는 없다.

나. 손해배상액의 예정이 부당히 과다한 것으로 볼 수 없다고 한 사례

매매계약의 목적 및 내용, 손해배상액을 예정한 동기, 매매대금에 대한 예정 액의 비율과 계약해제의 시기, 예상손해액의 크기, 그 당시의 거래관행 등 제반 사정을 참작하여 볼 때 손해배상액의 예정이 부당히 과다한 것으로 볼 수 없다고 한 사례(1992. 9. 22. 제2부 판결, 92다22190 건물명도).

7. 가. 손해배상의 예정에 관한 민법 제398조 제2항을 유추 적용하여 위약벌을 감액할 수 있는지 여부(소극)

위약벌의 약정은 채무의 이행을 확보하기 위하여 정해지는 것으로서 손해배상의 예정과는 그 내용이 다르므로 손해배상의 예정에 관한 민법 제398조 제2항을 유추 적용하여 그 액을 감액할 수는 없고 다만 그 의무의 강제에 의하여 얻어지는 채권자의 이익에 비하여 약정된 벌이 과도하게 무거울 때에는 그 일부 또는 전부가 공서양속에 반하여 무효로 된다.

나. 백화점 수수료위탁판매매장계약에서 임차인이 매출신고를 누락하는 경우 판매수수료의 100배에 해당하고 매출신고누락분의 10배에 해당하는 벌칙금을 임대인에게 배상하기로 한 위약벌의 약정이 공서양속에 반하지 않는다고 한 사례

백화점 수수료위탁판매매장계약에서 임차인이 매출신고를 누락하는 경우 판매수수료의 100배에 해당하고 매출신고누락분의 10배에 해당하는 벌칙금을 임대인에게 배상하기로 한 위약벌의 약정이 공서양속에 반하지 않는다(1993. 3. 23. 제1부 판결, 92다46905 판매대금).

8. 가. 민법 제398조의 규정취지

민법 제398조에서 손해배상액의 예정에 관하여 규정한 목적은 손해의 발생사실과 손해액에 대한 입증의 곤란을 덜고 분쟁의 발생을 미리 방지하여 법률관계를 쉽게 해결할 뿐 아니라 채무자에게 심리적 경고를 함으로써 채무의 이행을 확보하려는 것이고, 한편 제2항에 규정된 손해배상예정액의 감액제도는 국가가 계약 당사자들 사이의 실질적 불평등을 제거하고 공정을 보장하기 위하여 계약의 내용에 간섭한다는 데에 그 취지가 있다.

나. 손해배상의 예정액이 부당히 과다한지 여부에 대한 판단기준

법원이 손해배상의 예정액을 부당히 과다하다 하여 감액하려면 채권자와 채무자의 경제적 지위, 계약의 목적과 내용, 손해배상액을 예정한 경위(동기), 채무액에 대한 예정액의 비율, 예상 손해액의 크기, 당시의 거래 관행과 경제 상태 등을 참작한 결과 손해배상 예정액의 지급이 경제적 약자의 지위에 있는 채무자에게 부당한 압박을 가하여 공정을 잃는 결과를 초래한다고 인정되는 경우라야 할 것이다.

다. 계약 당시 손해배상액을 예정하였으나 손해가 예정액을 초과하는 경우 초과부분을 청구할 수 있는지 여부(소극)

계약 당시 손해배상액을 예정한 경우에는 다른 특약이 없는 한 채무불이행으로 인하여 입은 통상손해는 물론 특별손해까지도 예정액에 포함되고 채권자의 손해가 예정액을 초과한다 하더라도 초과부분을 따로 청구할 수 없다(1993. 4. 23. 제3부 판결, 92다41719 손해배상(기)).

9. 계약금은 특약이 없는 경우에도 위약금의 성질을 갖는지 여부(소극)

유상계약을 체결함에 있어서 계약금이 수수된 경우 계약금은 해약금의 성질을 가지고 있어서, 이를 위약금으로 하기로 하는 특약이 없는 이상 계약이 당사자 일방의 귀책사유로 인하여 해제되었다 하더라도 상대방은 계약불이행으로 입은 실제 손해만을 배상받을 수 있을 뿐 계약금이 위약금으로서 상대방에게 당연히 귀속되는 것은 아니다(대판 1996. 6. 14, 95다54693).

10. 토지거래허가구역 내의 토지매매계약에 있어 당사자 일방이 토지거래허가를 받기 위한 협력 자체를 이행하지 아니하거나 허가신청에 이르기 전에 매매계약을 철회하는 경우 상대방에게 일정한 손해액을 배상하기로 하는 약정의 효력

국토이용관리법상의 규제지역 내의 토지에 대하여 관할관청의 허가를 받기 전에 체결한 매매계약은 처음부터 위 허가를 배제하거나 잠탈하는 내용의 계약일 경우에는 확정적으로 무효로서 유효화될 여지는 없으나 이와 달리 허가받을 것을 전제로 한 계약일 경우에는 허가를 받을 때까지는 법률상의 미완성의 법률행위로서 소유권 등 권리의 이전에 관한 계약의 효력이 전혀 발생하지 않음은 위의 확정적 무효의 경우와 다를 바 없지만, 일단 허가를 받으면 그 계약은 소급하여 유효한 계약이 되고 이와 달리 불허가가 된 때에는 무효로 확정되므로 허가를 받기까지는 유동적 무효의 상태에 있다고 보아야 할 것이며, 이러한 유동적 무효상태에 있는 계약을 체결한 당사자는 쌍방 그 계약이 효력이 있는 것으로 완성될 수 있도록 협력할 의무가 있으므로 당사자 사이에 당사자 일방이 토지거래허가를 받기 위한 협력 자체를 이행하지 아니하거나 허가신청에 이르기 전에 매매계약을 철회하는 경우 상대방에게 일정한 손해액을 배상하기로 하는 약정을 유효하게 할 수 있다(1994. 4. 15. 제3부 판결, 93다39782 매매계약무효확인등).

11. 해외연수 근로자가 귀국후 일정기간 근무하지 않으면 그 소요경비를 배상한다는 사규나 약정의 효력

해외파견된 근로자가 귀국일로부터 일정기간 소속회사에 근무하여야 한다는 사규나 약정은 민법 제103조 또는 제104조에 위반된다고 할 수 없고, 일정기간 근무하지 않으면 해외 파견 소요경비를 배상한다는 사규나 약정은 근로계약기간이 아니라 경비반환채무의 면제기간을 정한 것이므로 근로기준법 제21조에 위배하는 것도 아니다(대법원 1982. 6. 22. 선고 82다카90 판결).

◈ 손해배상자의 대위

제 399 조 【손해배상자의 대위】

채권자가 그 채권의 목적인 물건 또는 권리의 가액전부를 손해배상으로 받은 때에는 채무자는 그 물건 또는 권리에 관하여 당연히 채권자를 대위한다.

■ § 399. 손해배상자의 대위

- 채무자가 손해배상으로 채권의 목적인 물건이나 권리의 가격의 전부를 지급한 때에는 채권자에 갈음하여 그 물건 또는 권리를 당연히 취득한다.
- 요 건 : 채권자가 채권의 목적인 물건 또는 권리의 가액을 전부 배상받았어야 한다.
- 효 과 : 채권의 목적인 물건 또는 권리가 법률상 당연히 채권자로부터 배상자에게 이전(등기·인도·채권양도의 통지·승낙 불요)
- 관련법조 : [보험자대위] 상 §681, §682

1. 손해배상자의 대위의 의의

채권자가 손해배상으로서 그 채권의 목적인 물건 또는 권리의 가액 전부를 받은 때에는 채무자는 그 물건 또는 권리에 관하여 당연히 채권자를 대위한다.

이것을 손해배상자의 대위 또는 배상자의 대위라고 한다. 예컨대 위임계약에 의거하여 임치물을 보관할 의무를 부담하고 있는 수치인이 그의 과실로 인하여 임치물을 도난당한 경우에 채권자인 임치인에게 목적물의 가액을 전부 배상한 때에는 임치인은 그것으로서 완전하게 그 손실을 전보받는 것이 된다.

이 경우 만약 임치인이 여전히 그 임치물의 소유권을 보유한다고 하면, 임치인은 수치인의 채무불이행으로 인하여 부당이득을 얻는 결과가 되어 이러한 이득은 실손해를 배상케한다는 손해배상제도의 목적에 반하게 됨과 동시에 공평의 이념에 비추어서도 타당하다고 할 수 없을 것이다.

본조는 이러한 문제를 해결하기 위한 것으로서 이것을 위의 예에 적용시켜 보면 수치인이 임치인에 대하여 전보배상, 즉 임치물의 가액을 전부 지급함으로써 임치물의 소유권을 취득하는 것이 된다.

이 제도는 채무불이행이 아닌 전보배상에 그 실질적인 기초를 두고 있는 것이기 때문에 불법행위로 인한 손해배상의 경우에도 같은 결과가 승인될 것이 요청된다.

따라서 불법행위에 관해서도 규정은 없으나 같은 결과를 승인하여야 하는 것으로 해석되고 있는 것이다.

2. 손해배상자의 대위의 요건

위에서 본 바와 같은 손해배상자의 대위가 성립하기 위한 요건으로서는 ① 채권자가 채권의 목적인 물건 또는 권리의 가액의 전부에 대한 배상을 받을 것, 즉 전보배상의 전부를 받았어야 한다. 일부의 배상이 행해졌다 하더라도 물건 또는 권리에 대하여 일부 대위를 일으키는 것은 아니다.

또한 이 제도는 이행불능인 경우를 주로 하나, 이행지체로 인하여 전보배상을 하는 경우도 포함한다.

② 그리고 여기에서 받았다고 하는 것은 변제 기타 이와 동일시할 수 있는 사유(공탁·대물변제·상계 등)로써 채권의 만족을 얻을 수 있는 것을 말한다.

3. 손해배상자의 대위의 효과

본조는 채무자는 배상한 이익인 물건 또는 권리에 관하여 당연히 채권자를 대위한다고 규정하고 있다. 당연히 대위한다고 함은 양도행위도, 양도에 필요한 대항요건(예컨대 동산의 인도, 채권양도의 통지 또는 승인)도 요하지 아니하고(대판 1977. 9. 13, 76다1699, 공보③ 1977, 10287) 채권의 목적인 물건 또는 권리가 법률상 당연히 채무자에게 이전하는 것을 의미한다.

다시 말해서 이 경우에는 법률의 규정에 의하여 권리이전의 효과를 일으키는 것이다. 또 본조에서 물건 또는 권리라고 하는 것은 채권의 객체인 물건 또는 기타의 권리 혹은 그 과실, 기타 거래상 그에 갈음하는 경제적 대위물을 의미하는 것으로 해석한다.

▣ 핵심판례 ▣

■ [손해배상자의 대위]

1. 보험자가 보험금액을 지급하기 전에 피보험자 등이 손해를 발생시킨 제3자에 대한 손해배상청구권을 행사하거나 처분한 경우에 보험자의 제3자에 대한 보험대위의 가부(소극)

상법 제682조에 의하여 손해가 제3자의 행위로 인하여 생긴 경우에 보험금액을 지급한 보험자는 그 지급한 금액의 한도에서 그 제3자에 대한 보험계약자 또는 피보험자의 권리를 취득하나, 보험자가 보험금액을 지급하여 위 대위의 효과가 발생하기 전에 피보험자 등이 제3자에 대한 권리를 행사하거나 처분한 경우에는 그 부분에 대하여는 보험자가 이를 대위할 수 없다(1981. 7. 7. 제3부 판결, 80다1643 구상금).

2. 배상자 대위에 양도등의 절차가 필요한지 여부(소극)

민법상 손해배상자의 대위의 취지는 채권자가 채권의 목적이 되는 물건 또는 권리의 가격 전부를 손해배상으로 받아 그 만족을 얻었을 때에는 그 물건 또는 권리에 관한 권리는 법률상 당연히 채무자에게 이전되는 것이고 그에 관하여 채권자나 채무자의 양도 기타 어떤 특별한 행위를 필요로 하는 것이 아니다(대판 1977. 7. 12, 76다408).

◈ 급부의 실현에 채권자의 협력을 필요로 하는 채무에 있어서의 지체책임

제 400 조【채권자지체】

채권자가 이행을 받을 수 없거나 받지 아니한 때에는 이행의 제공있는 때로부터 지체책임이 있다.

■ § 400. 채권자지체

• 요 건 : ① 채무이행에 관하여 채권자의 협력이 필요할 것

② 이행을 제공했을 것

③ 채권자가 수령을 거절하거나 수령불능일 것

④ 채권자의 수령불능이나 거절이 위법하고 귀책사유가 있을 것

• 효 과 : ① 손해배상의 청구.

② 최고후→해제.

③ 책임의 경감.

④ 이자의 정지.

⑤ 증가비용의 부담.

⑥ 위험부담의 전환(채무자주의→채권자주의)

• 관련법조 : 공탁법

1. 채권자지체의 의의

채권자지체라 함은 채무자로부터 채무의 내용에 좇은 이해의 제공이 있었음에도 불구하고 채권자가 이행의 완료에 필요한 협력을 하지 아니한 것을 말하고, 수령지체라고도 일컬어지고 있다.

채무자가 일방적으로 이행의 제공에 관하여 할 수 있는 범위의 것을 하고, 채권자의 수령협력을 촉구했음에도 불구하고, 채권자가 채무자의 제공을 수령하지 않거나 변제에 협력하지 않는 때에는 채무자의 책임을 면제하고, 반대로 채권자의 책임을 인정하지 않으면 공평의 이념에 반한다. 여기에 채권자지체 제도의 존재이유가 있는 것으로서 채권자의 협력없이 채무자의 행위만으로 이행을 완료할 수 있는 경우(예컨대 부작위채권의 경우)에는 채권자지체는 존재

하지 않는다.

민법에 있어서 채권자지체에 관한 규정은 본조로서, 본조에 의하면「채권자가 이행을 받을 수 없거나 받지 아니한 때에는 이행의 제공이 있는 때로부터 지체책임이 있다」고 규정하고 있다.

2. 채권자지체의 법적 성질

(1) 채무불이행책임설(다수설)

채권자의 채무로서 수령의무를 인정하는 견해이다. 채무불이행책임이므로 수령하지 않음에 대한 채권자의 귀책사유가 필요하다. 따라서 제401조 내지 제403조 이외에 손해배상청구권과 계약해제권도 인정된다.

(2) 법정책임설

채권자는 권리만을 가질 뿐이므로 수령의무를 인정할 수 없다는 견해이다. 따라서 채권자의 귀책사유는 요건이 아니므로 객관적으로 수령지체, 수령불능의 사실만 있으면 성립한다. 제401조 내지 제403조 이외에 손해배상청구권과 계약해제권은 인정 될 수 없다.

(3) 절충설 1

법정책임설과 같이 원칙적으로 채권자의 일반적인 수령의무를 인정할 수는 없다는 견해이다. 다만, 매매, 도급, 임치와 같은 계약 유형에 있어서는 신의칙상 채권자의 수취의무를 인정할 수 있다고 한다. 따라서 이러한 계약유형에 있어서는 채권자에게 귀책사유가 있다면 손해배상청구권과 계약해제권도 인정할 수 있다. 수취의무불이행에 대해 채권자의 귀책이 없는 경우에는 제401조 내지 제403조의 법정책임만을 인정하게 된다.

(4) 절충설 2

원칙적으로 법정책임설이 타당하다고 한다. 다만, 계약내용상 채권자의 협력의무가 본질적인 경우에 있어서는 채권자의 수령의무를 인정하는 견해이다. 채권자의 귀책사유가 있다면 채무불이행책임으로서 손해배상청구권과 계약해제권도 인정할 수 있다. 다만, 이러한 효과는 채권자지체로서의 효과라기보다는 고유한 채무불이행책임에 불과하다고 본다.

3. 채권자지체의 요건

(1) 급부의 실현에 채권자의 협력을 요하는 채무일 것

채무자의 이행행위만으로써 이행이 완료되고, 채권자의 협력을 요하지 않는 경우(예 : 건물을 증축하지 않겠다는 부작위채무)에는 채권자지체가 생길 여지가 없다.

(2) 채무의 내용에 좇은 이행의 제공이 있을 것

채권자지체가 성립하기 위해서는 민법 제460조 소정의 채무자의 변제 제공이 있어야 하고, 변제 제공은 원칙적으로 현실 제공으로 하여야 하며 다만 채권자가 미리 변제받기를 거절하거나 채무의 이행에 채권자의 행위를 요하는 경우에는 구두의 제공으로 하더라도 무방하고, 채권자가 변제를 받지 아니할 의사가 확고한 경우(이른바, 채권자의 영구적 불수령)에는 구두의 제공을 한다는 것조차 무의미하므로 그러한 경우에는 구두의 제공조차 필요 없다고 할 것이지만, 그러한 구두의 제공조차 필요 없는 경우라고 하더라도, 이는 그로써 채무자가 채무불이행책임을 면한다는 것에 불과하다(대판 2004. 3. 12, 2001다79013).

(3) 채권자의 수령거절 또는 수령불능이 있을 것

채권자가 채무자의 제공을 수령할 것을 거부하거나 수령이 불능이어야 한다. 수령거절 또는 수령불능의 이유는 묻지 않는다.

예컨대 사용자가 공장을 폐쇄하여 근로자의 취업을 거절하거나 의사가 수술을 하여야 할 채무에 있어서 환자에게 가지 않은 것과 같은 경우에는 채권자 지체가 됨에 의문이 없으나, 공장이 소실하였거나 환자가 사망한 경우에는 이행불능이 되느냐, 채권자 지체가 되느냐에 있어 판단하기 곤란한 문제를 일으킨다.

독일에서의 종래의 통설은 급부가 불능한 채권자지체를 배제하였으나, 최근에 이르러 대부분의 학자는 이행의 장해가 채권자 또한 채무자 어느쪽의 영향범위 내에 원인을 가지고 있는가, 또는 결과를 일으켰는가를 표준으로 하여 그것이 채무자측에 있는 때(예컨대 채무자의 질병 등)에는 이행불능이 되고, 채권자측에 있는 때(예컨대 채권자의 질병, 채권자의 사망 등)에

는 채권자지체가 되는 것으로 이해하고 있고 학자도 이것을 지지한다(곽윤
직, 김기선, 최식, 김현태, 현승종, 김·안).

(4) 채권자의 귀책사유

이 요건은 채권자지체를 채무불이행으로 보는 견해(채무불이행책임설)를
전제로 하는 것이다(동지 ; 곽윤직, 김·안). 채권자지체를 채무불이행으로
보지 않는 학설(법정책임설)은 채권자의 책임있는 사유에 기할 것을 요건
으로 하지 않으며, 채무자의 손해배상청구권 및 계약해제권도 인정하지 않
는다(최식).

4. 채권자지체의 효과

(1) 채무자의 주의의무 경감(제401조)

채권자지체 중에 채무자의 고의 또는 중과실이 있는 때에만 채무불이행
책임을 진다.

(2) 이자의 정지(제402조)

채권에 이자약정이 있더라도 채무자는 채권자지체 이후의 이자를 지급할
의무가 없다.

(3) 증가비용의 채권자 부담(제403조)

채권자지체로 인하여 그 목적물의 보관 또는 변제의 비용이 증가한 때에
그 증가액은 채권자의 부담이다.

(4) 대가위험의 이전(제538조 1항 2문)

쌍무계약의 경우 채권자지체 중 쌍방의 귀책사유 없이 급부가 불능이
된 경우 대가위험은 채권자에게 이전되어 채무자는 반대급부청구권을 상
실하지 않는다. 이 때 양당사자의 귀책사유 없는 경우의 의미에 관하여,
다수설은 채무자에게 경과실이 있는 경우에도 귀책사유가 없는 경우에
포함된다고 한다. 즉, 채권자지체 중 채무자의 주의의무는 경감되기 때문
에(401조) 경과실은 귀책사유 없는 것으로 평가된다고 한다. 이에 대하여
소수설은 법문 그대로 해석하여 경과실만 있는 경우도 귀책사유가 있는
것으로 본다.

(5) 계약해제와 손해배상청구

채무불이행 책임설에 의할 경우에 인정된다(절충설에서는 경우에 따라서 인정되는 경우도 있다).

▣ 핵심판례 ▣

■ [채권자지체]

1. 부동산 매도인이 중도금의 수령을 거절하였을 뿐만 아니라 계약을 이행하지아니할 의사를 명백히 표시한 경우 매수인은 신의성실의 원칙상 소유권이전등기의무 이행기일까지 기다릴 필요 없이 이를 이유로 매매계약을 해제할 수 있다 한 사례

부동산 매도인이 중도금의 수령을 거절하였을 뿐만 아니라 계약을 이행하지 아니할 의사를 명백히 표시한 경우 매수인은 신의성실의 원칙상 소유권이전등기의무 이행기일까지 기다릴 필요 없이 이를 이유로 매매계약을 해제할 수 있다고 한 사례(1993. 6. 25. 제3부 판결, 93다11821 위약금).

2. 민법 제538조 제1항 소정의 '채권자의 수령지체 중에 당사자 쌍방의 책임 없는 사유로 이행할 수 없게 된 때'에 해당하기 위하여 현실 제공이나 구두 제공이 필요한지 여부(적극)

민법 제400조 소정의 채권자지체가 성립하기 위해서는 민법 제460조 소정의 채무자의 변제 제공이 있어야 하고, 변제 제공은 원칙적으로 현실 제공으로 하여야 하며 다만 채권자가 미리 변제받기를 거절하거나 채무의 이행에 채권자의 행위를 요하는 경우에는 구두의 제공으로 하더라도 무방하고, 채권자가 변제를 받지 아니할 의사가 확고한 경우(이른바, 채권자의 영구적 불수령)에는 구두의 제공을 한다는 것조차 무의미하므로 그러한 경우에는 구두의 제공조차 필요 없다고 할 것이지만, 그러한 구두의 제공조차 필요 없는 경우라고 하더라도, 이는 그로써 채무자가 채무불이행책임을 면한다는 것에 불과하고, 민법 제538조 제1항 제2문 소정의 '채권자의 수령지체 중에 당사자 쌍방의 책임 없는 사유로 이행할 수 없게 된 때'에 해당하기 위해서는 현실 제공이나 구두 제공이 필요하다(다만, 그 제공의 정도는 그 시기와 구체적인 상황에 따라 신의성실의 원칙에 어긋나지 않게 합리적으로 정하여야 한다)(대법원 2004. 3. 12. 선고 2001다79013 판결).

◆ 채권자지체 중의 채무자의 책임경감

제 401 조【채권자지체와 채무자의 책임】

채권자지체중에는 채무자는 고의 또는 중대한 과실이 없으면 불이행으로 인한 모든 책임이 없다.

■ § 401. 책임의 경감

• 채권자지체중에는 채무자는 고의, 중과실만 책임

채무자가 이행의 제공을 하였음에도 불구하고 채권자가 수령을 거절하거나 수령불능으로 인하여 변제의 목적을 달성하지 못한 때에는 채무자의 책임은 경감되며, 고의 또는 중대한 과실로 인하여 채권자를 해한 경우가 아니면 책임을 부담하지 않는다.

<div align="center">▣ 핵심판례 ▣</div>

■ [채권자지체와 채무자의 책임]

1. 가. 건물신축공사중 공사도급계약이 수급인의 해제통고로 해제된 경우 원상회복이 중대한 사회적·경제적 손실을 초래하게 되고 완성된 부분이 도급인에게 이익이 된다면 도급인은 기성부분에 대한 보수를 지급할 의무가 있는지 여부(적극)

 건물신축공사의 진행중 공사도급계약이 수급인의 해제통고로 해제된 경우 해제 당시 골조공사를 비롯한 상당한 부분이 이미 완성된 상태였다면 원상회복이 중대한 사회적·경제적 손실을 초래하게 되고 완성된 부분이 도급인에게 이익이 된다고 할 것이므로 도급인은 수급인에게 기성부분에 대한 보수를 지급할 의무가 있다.

 나. 도급인인 대지소유자가 건축공사가 진척중 대지를 제3자에게 매도하여 매수인이 임의로 기성부분을 철거한 경우 수급인의 공사대금채권은 존속한다고 본 사례

 도급인인 대지소유자가 건축공사가 진척중 대지를 제3자에게 매도하여 매수인이 임의로 기성부분을 철거한 경우 수급인의 공사대금채권은 존속한다고 본 사례.

다. 수급인의 기성부분 인도최고에 도급인이 아무런 이유 없이 수령을 거절하던 중 쌍방이 책임질 수 없는 제3자의 행위로 기성부분이 철거된 경우 도급인의 공사대금지급채무의 존부(적극)

수급인이 도급인에게 공사금을 지급하고 기성부분을 인도받아 가라고 최고하였다면 수급인은 이로써 자기 의무의 이행 제공을 하였다고 볼 수 있는데 도급인이 아무런 이유 없이 수령을 거절하던 중 쌍방이 책임질 수 없는 제3자의 행위로 기성부분이 철거되었다면 도급인의 수급인에 대한 공사대금지급채무는 여전히 남아 있다.

라. 건축물을 불법철거당한 소유자가 부지소유자에게 대항할 권원이 없어서 자진철거하거나 강제로 철거당할 운명이었던 경우 불법철거로 인한 손해의 범위

기성부분의 소유자인 수급인이 제3자의 불법행위로 기성부분에 대한 소유권을 상실하기는 하였으나 부지 소유자에게 대항할 권원이 없어서 조만간손해배상 없이 이를 자진철거하거나 강제로 철거당할 운명이었다면 불법철거로 인한 손해는 기성부분의 교환가격이나 투자비용이라고 할 수 없고, 기성부분이 적법히 철거될 때까지 당분간 부지를 불법점유한 채 기성부분을 사실상 사용할 수 있는 이익, 철거 후 기성부분의 폐자재를 회수할 수 있는 이익의 침해로 인한 손해에 한정된다.

마. 점유자의 자력방위권을 규정한 민법 제 209조 제1항 소정의 "직시"의 의미 및 점유를 침탈당한 후 상당한 시간이 흘러도 점유자가 침탈사실을 몰랐다면 자력탈환권을 행사할 수 있는지 여부(소극)

민법 제209조 제1항에 규정된 점유자의 자력방위권은 점유의 침탈 또는방해의 위험이 있는 때에 인정되는 것인 한편, 제2항에 규정된 점유자의 자력탈환권은 점유가 침탈되었을 때 시간적으로 좁게 제한된 범위 내에서 자력으로 점유를 회복할 수 있다는 것으로서, 위 규정에서 말하는 "직시"란 "객관적으로 가능한 한 신속히" 또는 "사회관념상 가해자를 배제하여 점유를 회복하는 데 필요하다고 인정되는 범위 안에서 되도록 속히"라는 뜻으로 해석할 것이므로 점유자가 침탈사실을 알고 모르고와는 관계없이 침탈을 당한 후 상당한 시간이 흘렀다면 자력탈환권을 행사할 수 없다.

바. 수급인은 공사대금을 지급받을 때까지 수급인의 재료와 노력으로 건축된 수급인 소유의 기성부분에 대하여 유치권을 가지는지 여부(소극)

유치권은 타물권인 점에 비추어 볼 때 수급인의 재료와 노력으로 건축되었고 독립한 건물에 해당되는 기성부분은 수급인의 소유라 할 것이므로 수급인은 공사대금을 지급받을 때까지 이에 대하여 유치권을 가질 수 없다(1993. 3. 26.

제3부 판결, 91다14116 손해배상).

2. 수령지체로 미반환된 임치물이 훼손된 경우에 있어서 수치인의 배상책임 요건 및 수치인의 보관물의 처분과 인수요구에 대한 임차인의 시세가 싸다는 이유로 한 회수거절과 수령지체

가. 수치인이 적법하게 임치계약을 해지하고 임치인에게 임치물의 회수를 최고하였음에도 불구하고 임치인의 수령지체로 반환하지 못하고 있는 사이에 임치물이 멸실 또는 훼손된 경우에는 수치인에게 고의 또는 중대한 과실이 없는 한 채무불이행으로 인한 손해배상책임이 없다.

나. 수치인이 임치인에게 보관중인 건고추를 속히 처분하지 않으면 벌레가 먹어 못쓰게 되니 빨리 처분하든지 인도받아 가라고 요구하였다면 이는 임치계약을 해지하고 임치물의 회수를 최고한 의사표시라고 볼 여지가 있고 이에 대하여 임치인이 시세가 싸다는등 이유로 그 회수를 거절하였다면 이때로부터 수령지체에 빠진 것이라고 하겠다(대판 1983. 11. 8, 83다카1476).

◆ 채권자지체 중의 이자 지급의무의 면제

제 402 조【동전】

채권자지체중에는 이자있는 채권이라도 채무자는 이자를 지급할 의무가 없다.

■ § 402. 이자지급의무의 면제

• 채권자지체중에는 이자를 지급할 필요가 없다.

채권자가 채무자의 이행의 제공을 고의로 수령을 거부하거나 과실로 수령이 불가능하게 된 경우에는 채무자는 이자있는 채권이라도 이자를 지급할 의무가 없다. 이자있는 채권의 이행기가 도래하여도 채무자가 이행을 하지 않는 때에는 보통의 경우에는 채권자는 약정이자를 받을 수 있다. 그러나 채권자지체의 경우에 채권자가 고의나 과실로 채무자의 이행을 수령하지 않는 것이므로 채무자가 이행한 것과 같은 것이 되는 것이다.

그러므로 채무자는 본래의 급부만을 공탁하여 채무를 소멸시키거나 또는 채권자가 수령하게 되면 본래의 급부만을 이행하면 되고 이행기가 아무리 경과하여도 이자를 지급할 의무는 없다.

◈ 채권자지체로 인하여 증가된 비용의 부담자

제 403 조 【채권자지체와 채권자의 책임】

채권자지체로 인하여 그 목적물의 보관 또는 변제의 비용이 증가된 때에는 그 증가액은 채권자의 부담으로 한다.

■ § 403. 증가비용의 부담

- 채권자지체로 인하여 목적물의 보관, 변제비용이 증가된 때에는 채무자는 그 증가액을 채권자에게 청구할 수 있다.

채권자지체로 인하여 채무자가 목적물을 보관하는데 비용을 지출하였거나, 그 후에 변제하기 위하여 비용을 지출한 때에는 이 증가된 보관, 변제의 비용은 당연히 채권자가 부담하여야 한다. 그것은 이 증가된 보관·변제의 비용은 채권자에게 부담시키는 것이 당사자 사이의 공평을 기할 수 있기 때문이다.

◈ 채권자는 자기의 채권을 보전하기 위하여 채무자의 권리를 행사할 수 있는지 여부

제 404 조【채권자대위권】

① 채권자는 자기의 채권을 보전하기 위하여 채무자의 권리를 행사할 수 있다. 그러나 일신에 전속한 권리는 그러하지 아니하다.

② 채권자는 그 채권의 기한이 도래하기 전에는 법원의 허가없이 전항의 권리를 행사하지 못한다. 그러나 보전행위는 그러하지 아니하다.

■ § 404. 채권자대위권

- 요 건 : ① 채권자가 자기채권을 보전할 필요가 있을 것
 ② 채무자가 대위되는 권리를 스스로 행사하지 않을 것
 ③ 채권의 기한이 도래할 것
- 예 외 : ① 재판상의 대위……채권의 기한이 도래하기 전이라도 법원의
 허가가 있으면 대위권을 행사할 수 있다.

 ② 보전행위
- 채권자대위권의 객체 : 허용되지 않는 것
 ① 채무자의 일신전속권……인격, 신분권, 위자료청구권
 ② 압류가 금지되는 채권……공무원연금, 부양청구권
- 채권자 대위권의 행사방법 :
 ① 채권자는 자기의 이름으로 채무자의 권리를 행사할 수 있다.
 ② 채권자대위권은 재판상으로도, 그리고 재판외에서도 행사할 수 있다.
- 관련법조 : [대위등기] 부동산등기법 §28, [재판상대위] 비송 §45~§52

1. 의 의

　　채권자 대위권이란 채권자가 자기의 채권을 보전하기 위하여 필요한 경우에 채무자가 행위를 게을리하고 있는 채무자의 제3자에 대한 권리를 자기의 이름으로 대신하여 행사하는 권리이다. 예를 들면 채무자의 일반재산이 채무자의 전 채무보다도 부족함에도 불구하고, 채무자가 자기의 대금을 회수하지 않거

나 소멸시효를 중단시키지 않을 때, 채권자가 이를 대신하여 수금을 하거나 시효중단을 시키는 경우의 권리인 것이다. 채권의 대외적 효력의 하나이며, 대위소권(action indirecte)이라고도 한다.

2. 요 건

(1) 채권자의 채권이 존재할 것

채권자대위권은 채권자가 자기의 채권을 보전하기 위하여 인정되는 것이므로, 채권자가 채무자에 대해 채권을 가지고 있어야만 한다. 채권의 종류 및 발생원인은 묻지 않으며, 또 채무자의 제3채무자에 대한 권리보다 먼저 성립되어 있을 필요도 없다.

【쟁점사항】

<채권자대위권을 행사함에 있어 채무자에 대한 채권이 제3채무자에게 대항할 수 있어야 하는지 여부(소극)>

민법 제404조에서 규정하고 있는 채권자대위권은 채권자가 채무자에 대한 자기의 채권을 보전하기 위하여 필요한 경우에 채무자의 제3자에 대한 권리를 대위행사할 수 있는 권리를 말하는 것으로서, 이 때 보전되는 채권은 보전의 필요성이 인정되고 이행기가 도래한 것이면 족하고, 그 채권의 발생원인이 어떠하든 대위권을 행사함에는 아무런 방해가 되지 아니하며, 또한 채무자에 대한 채권이 제3채무자에게까지 대항할 수 있는 것임을 요하는 것도 아니다(대판 2003. 4. 11, 2003다1250).

(2) 채권보전의 필요성이 있을 것

1) 보전하려고 하는 채권이 금전채권인 경우

보전하려고 하는 채권이 금전채권이거나 또는 금전채권은 아니더라도 그 불이행으로 손해배상채권으로 변함으로써 금전채권으로 되는 것일 때에는, 채무자의 자력이 당해 피보전채권을 변제하기에 충분하지 않은 경우에 한해서 채권자대위권의 행사가 인정된다(대판 1963. 2. 14, 62다884). 즉 채무자가 '무자력'인 때에 한해 채권자대위권을 행사할 수 있다.

채무자의 무자력은 채무자가 전혀 변제자력이 없다는 것을 의미하는 것이 아니라, 채무자의 일반재산이 대위권을 행사하는 채권자를 비롯한 총채권자

의 채권을 변제하기에 부족한 채무초과 상태에 있는 것을 뜻한다.

단, 금전채권임에도 불구하고 채무자의 무자력을 요건으로 하지 않은 예외적인 판례도 존재한다.

① 의료인이 치료비청구권을 보전하기 위하여 환자의 국가배상청구권을 대위행사하는 경우(대판 1981.6.23. 80다1351)

② 유실물을 실제로 습득제출한 자(종업원)가 법률상 습득자(주인)를 대위하여 유실물법에 의한 그 보상금의 반액을 청구하는 경우(대판 1968. 6. 18. 68다663)

③ 채무자의 국가에 대한 상속등기청구권을 대위행사하는 경우(대판 1964. 4. 3. 63마54)

④ 임차보증금반환채권의 양수인이 그 임차보증금반환채권 보전을 위하여 채무자인 임대인을 대위하여 임대인의 임차인에 대한 목적물명도청구권을 대위행사하는 경우(대판 1989. 4. 25. 88다카4253)

⑤ 수임인이 가지는 제688조 2항 전단 소정의 대변제청구권은 통상의 금전채권과는 다른 목적을 갖는 것이므로, 수임인이 이 대변제청구권을 보전하기 위하여 채무자인 위임인의 채권을 대위행사하는 경우에는 채무자의 무자력을 요건으로 하지 아니한다(대판 2002. 1. 25. 2001다52506).

2) 보전하려고 하는 채권이 비금전채권(특정채권)인 경우

채권자가 그의 채무자의 제3자(제3채무자)에 대한 특정의 채권을 행사함으로써 자기의 특정채권, 즉 금전채권 이외의 특정채권을 보전할 수 있는 경우에는, 채무자의 무자력은 그 요건이 아니다(대판 1992. 10. 27, 91다483).

판례가 '특정의 채권'의 보전을 위하여 대위권의 행사를 허용한 것 중 중요한 것은 다음의 두 가지이다.

가. 등기청구권의 대위행사

예컨대 갑에게서 을로 부동산이 매도되고 을이 그 등기를 하지 않은 채 병에게 부동산을 매도하였는데, 갑·을·병 3자간에 중간생략등기가 없는 경우, 병은 을에 대한 소유권이전등기청구권을 보전하기 위해 을을 대위하여 갑에게 을로의 소유권이전등기를 해줄 것을 청구할 수 있다(대판 1969. 10. 28, 69다240).

나. 임차인의 방해배제청구권의 대위행사

에컨대 토지의 임차인은 그 임차토지상의 불법점유자에 대해 토지임차인은 보전하기 위해 토지소유자를 대위하여 토지소유권에 기한 방해배제청구권을 행사할 수 있다(대판 1962. 1. 25, 4294 민상 607).

【쟁점사항】

<채권자대위권의 행사요건인 채권보전의 필요성을 인정하기 위한 판단 기준 및 피보전채권이 특정채권일 경우 순차매도 또는 임대차에 있어 소유권이전등기청구권이나 명도청구권 등의 보전을 위한 경우에만 채권자대위권이 인정되는지 여부(소극)>

채권자는 채무자에 대한 채권을 보전하기 위하여 채무자를 대위해서 채무자의 권리를 행사할 수 있는바, 채권자가 보전하려는 권리와 대위하여 행사하려는 채무자의 권리가 밀접하게 관련되어 있고 채권자가 채무자의 권리를 대위하여 행사하지 않으면 자기 채권의 완전한 만족을 얻을 수 없게 될 위험이 있어 채무자의 권리를 대위하여 행사하는 것이 자기 채권의 현실적 이행을 유효·적절하게 확보하기 위하여 필요한 경우에는 채권자대위권의 행사가 채무자의 자유로운 재산관리행위에 대한 부당한 간섭이 된다는 등의 특별한 사정이 없는 한 채권자는 채무자의 권리를 대위하여 행사할 수 있어야 하고, 피보전채권이 특정채권이라 하여 반드시 순차매도 또는 임대차에 있어 소유권이전등기청구권이나 명도청구권 등의 보전을 위한 경우에만 한하여 채권자대위권이 인정되는 것은 아니다(대판 2001. 5. 8, 99다 38699).

(3) 채무자가 그의 권리를 행사하지 않을 것

채권자는 채무자가 그의 권리를 행사하지 않을 경우에만 채권자대위권을 행사할 수 있다.

(4) 채권자의 채권이 이행기에 있을 것

채권자는 이행기 전에는 채권을 행사할 수 없기 때문에 채권자대위권도 행사할 수 없다. 다만 다음과 같은 예외가 있다.

① 채권의 기한이 도래하기 전이라도 법원의 허가가 있으면 대위권을 행사할 수 있다.

② 보전행위(예 : 미등기 부동산에 대한 보존등기신청·채무자의 권리에 대한 시효중단을 위한 이행청구 등)는 채권자의 채권의 이행기 전이 라도 법원의 허가 없이 대위행사할 수 있다.

(5) 채무자의 권리가 비전속적인 것일 것

1) 의 의

채무자의 일신에 전속한 권리는 대위권의 목적이 되지 못한다. 즉, 권리의 행사가 채무자의 자유의사에 맡겨져 있어 제3자가 이를 대신 행사할 수 없 는 경우에는 채권자는 이를 대위행사 할 수 없다.

2) 채권자가 대위행사할 수 있는 권리

채무자의 일반재산의 보전과 관련이 있는 재산권은 그 종류를 묻지 않고 채권자대위권의 목적으로 할 수 있다.

가. 채무자에 대한 토지거래허가 신청절차 협력의무 이행청구권을 보전하 기 위하여 채무자를 대위하여 제3자에게 토지거래허가 신청절차 협력 의무의 이행을 구할 수 있는지 여부(적극)

토지거래규제구역 내의 토지에 대하여 갑과 을 사이에 권리이전 약정을 포함한 토지매수 위임계약이 이루어지고 그 수임인인 을과 토지 소유자 병 사이에 매수인을 을로 한 토지 매매계약이 체결된 경우, 갑은 을에 대 하여 그 위임계약이 효력이 있는 것으로 완성될 수 있도록 토지거래허가 신청절차에 협력할 것을 청구할 권리가 있고 그와 같은 토지거래허가 신 청절차의 협력의무 이행청구권을 보전하기 위하여 을을 대위하여 그에게 토지를 매도한 병을 상대로 을과 병 사이의 토지 매매에 대한 토지거래허 가 신청절차에 협력할 것을 청구할 수 있다(대판 1996. 10. 25, 96다23825).

나. 상속등기

상속인 자신이 한정승인 또는 포기를 할 수 있는 기간내에 상속등기를 한때에는 상속의 단순승인으로 인정된 경우가 있을 것이나 본시 상속등기 는 상속재산에 대한 처분행위라고 볼 수 없는 만큼 채권자가 상속인을 대 위하여 상속등기를 하였다 하여 단순승인의 효력을 발생시킬 수 없는 것 이므로 상속인의 의사에 반하여 상속등기를 하는 것이 된다 하여도 상속

인의 법정기간 내에 한정승인 또는 상속포기를 할 수 있다고 해석하는 것이 상당할 것이므로 채권자의 대위권 행사를 허용하므로 인하여 상속인의 한정승인 또는 포기할 수 있는 권한에는 아무런 영향도 미치는 것이 아니며 따라서 채권자의 대위권 행사에 의한 상속등기를 거부할 이유가 없다(대판 1964. 4. 3, 63마54).

다. 본안제소명령의 신청권

본안제소명령의 신청권은 제소기간의 도과에 의한 가압류·가처분의 취소신청권을 행사하기 위한 전제요건으로 인정된 독립된 권리이므로, 본안제소명령의 신청권이나 제소기간의 도과에 의한 가압류·가처분의 취소신청권은 채권자대위권의 목적이 될 수 있는 권리라고 봄이 상당하다(대판 1993. 12. 27, 93마1655).

라. 채권자취소권

채권자취소권도 채권자가 채무자를 대위하여 행사하는 것이 가능하다(대판 2001. 12. 27, 2000다73049).

2) 채권자가 대위행사할 수 없는 권리

채무자의 일신에 전속하는 권리로서 가족법상의 권리, 예컨대 혼인취소권·이혼청구권·부부계약취소권·친생부인권·부양청구권·상속의 승인과 포기·이혼에 따른 재산분할청구권 등은 채권자대위권의 대상이 되지 않는다. 그리고 인격권과 압류가 금지되는 채권도 채권자대위권의 목적으로 되지 않는다.

가. 피후견인 또는 친족회가 후견인의 행위를 취소할 수 있는 권리

후견인이 민법 제950조 제1항 각호의 행위를 하면서 친족회의 동의를 얻지 아니한 경우, 제2항의 규정에 의하여 피후견인 또는 친족회가 그 후견인의 행위를 취소할 수 있는 권리(취소권)는 행사상의 일신전속권이므로 채권자대위권의 목적이 될 수 없다(대판 1996. 5. 31, 94다35985).

나. 대표이사의 업무집행권

대표이사의 업무집행권 등은 대표이사의 개인적인 재산상의 권리가 아니며, 주주권도 어떤 특정된 구체적인 청구권을 내용으로 하는 것이 아니

므로, 특별한 사정이 없는 한 대표이사의 업무집행권 등이나 주주의 주주권에 기하여 회사가 제3자에 대하여 가지는 특정물에 대한 물권적 청구권 등의 재산상의 청구권을 직접 또는 대위 행사할 수 없다(대판 1998. 3. 24, 95다6885).

3. 채권자대위권의 행사

(1) 행사의 방법

채권자대위권의 요건이 갖추어지면 채권자는 자기의 이름으로 채무자의 권리를 행사할 수 있다. 채권자대리권은 채권자취소권과는 달라서 반드시 재판상 행사하여야 할 필요는 없다.

채권자가 채무자를 대위하여 채무자의 권리를 행사한 효과는 직접 채무자에게 발생한다(대판 1971. 4. 30, 71다411·412). 즉, 채무자의 권리를 대위행사한 효과가 직접 채권자에게 발생하지는 않는다.

(2) 행사의 방법

채권자대위권의 행사는 채권보전의 필요한 범위에 한정되어야 한다. 따라서 채무자의 재산을 관리하는 행위는 허용되나, 그것을 처분하는 행위는 허용되지 않는다.

그리고 채무자의 권리 중 어느 하나만을 행사함으로써 그 목적물을 달성할 수 있는 때에는 채무자의 다른 권리에 대한 대위행사는 허용되지 않는다. 그러나 채무자의 금전채권을 대위행사하는 경우에는, 채권자의 채권액의 범위 내에서만 대위권을 행사할 수 있다는 견해(김형배)와 총채권자의 채권액을 기준으로 행사의 범위를 정하여야 한다는 견해(곽윤직)가 대립한다.

4. 채권자대위권 행사의 효과

(1) 행사효과의 채무자에의 귀속

채권자대위권의 행사는 채무자의 권리를 행사하는 것이므로 그 행사의 효과는 직접 채무자에게 귀속하고, 총채권자를 위하여 공동담보가 된다. 예컨대 변제의 수령을 요하는 채무에서 제3채무자가 채권자에게 변제하더라

도 그것은 채무자에게 변제한 것과 같은 효과가 발생한다.

(2) 시효의 중단

채권자대위권을 통해 채무자의 권리를 행사하는 것이므로, 채무자의 제3채무자에 대한 권리에 대해 시효중단의 효과가 발생한다(제168조).

(3) 법정위임관계

채권자대위는 채무자의 권리를 행사하는 것이며, 그 한도에서 일종의 법정위임관계라고 할 수 있다. 따라서 채권자는 채무자의 권리를 행사함에 있어 선관주의의무를 지며(제681조 참조), 그 일환으로 채무자에게 그 사실을 통지하여야 한다(제405조 1항).

【쟁점사항】

<채권자대위소송의 판결의 효력이 채무자에게도 미치는지 여부>

채권자가 대위권을 재판상 행사한 경우에 그 판결의 효력이 채무자에게도 미치는지에 관해서는 견해가 대립된다. 물론 채무자가 스스로 당사자로서 그 소송에 참가하였거나 또는 채무자에게 소송고지가 있었던 때에는 그 판결의 효력은 채무자에게도 미친다.

논란이 되는 것은 채무자가 소송참가도 하지 않았고 또한 소송고지도 받지 않은 경우에 그 판결의 효력이 채무자에게 미치는 가이다. 이에 대해 판례는 처음에는 소송의 당사자가 아닌 채무자에게는 그 효력이 미치지 않는다고 보았으나(대판 1967. 3. 28, 67다212), 후에 견해를 바꾸어 소송이 제기된 사실을 어떤 사유에 의해서든 채무자가 알았을 때에는 설사 불리한 판결이 나오더라도 채무자가 그에 적극 대체하지 않고 방치한 잘못이 있다는 점에서 그 판결의 효력이 채무자에게 미치는 것으로 보았다(대판(전원합의체) 1975. 5. 13, 74다1664).

[채권자대위권]

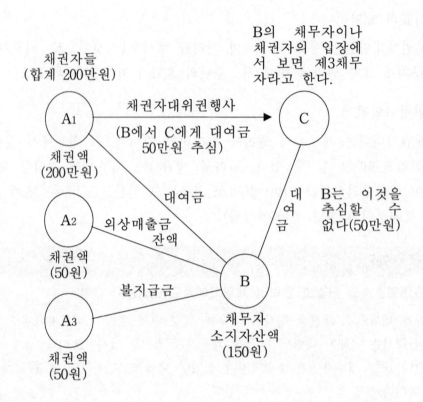

B의 채무자이나
채권자의 입장에
서 보면 제3채무
자라고 한다.

채권자들
(합계 200만원)

A1

채권자대위권행사
(B에서 C에게 대여금
50만원 추심)

C

채권액
(200만원)

대여금

A2

외상매출금
잔액

대 B는 이것을
여 추심할 수
금 없다(50만원)

채권액
(50원)

불지급금

B

A3

채무자
소지자산액
(150원)

채권액
(50원)

▣ 핵심판례 ▣

■ [채권자대위권]

1. 이혼으로 인한 재산분할청구권을 보전하기 위하여 채권자대위권을 행사할
수 있는지 여부(소극)

　이혼으로 인한 재산분할청구권은 협의 또는 심판에 의하여 그 구체적 내용이 형
성되기까지는 그 범위 및 내용이 불명확·불확정하기 때문에 구체적으로 권리가
발생하였다고 할 수 없으므로 이를 보전하기 위하여 채권자대위권을 행사할 수
없다(대판 1999. 4. 9, 98다58016).

2. 채권자가 채무자를 상대로 채권자대위권의 피보전채권에 기한 이행청구의
소를 제기하여 승소판결이 확정된 경우, 제3채무자가 그 청구권의 존재를
다툴 수 있는지 여부(소극)

채권자대위권을 재판상 행사하는 경우에 있어서도 채권자인 원고는 그 채권의 존재사실 및 보전의 필요성, 기한의 도래 등을 입증하면 족한 것이지, 채권의 발생원인사실 또는 그 채권이 제3채무자인 피고에게 대항할 수 있는 채권이라는 사실까지 입증할 필요는 없으며, 따라서 채권자가 채무자를 상대로 하여 그 보전되는 청구권에 기한 이행청구의 소를 제기하여 승소판결이 확정되면 제3채무자는 그 청구권의 존재를 다툴 수 없다(대판 2003. 4. 11, 2003다1250).

3. 채권자의 채무자에 대한 패소판결이 확정된 경우 채권자가 채권자대위권을 행사하는 것이 적법한지 여부(소극)

채권자가 채무자를 상대로 소유권이전등기절차이행의 소를 제기하여 패소의 확정판결을 받게 되면 채권자는 채무자의 제3자에 대한 권리를 행사하는 채권자대위소송에서 그 확정판결의 기판력으로 말미암아 더 이상 채무자에 대하여 동일한 청구원인으로 소유권이전등기청구를 할 수 없으므로 그러한 권리를 보전하기 위한 채권자대위소송은 그 요건을 갖추지 못하여 부적법하다(대판 2003. 5. 13, 2002다64148).

4. 채권의 소멸시효 주장을 원용할 수 있는 자의 범위

채권의 소멸시효가 완성된 경우 이를 원용할 수 있는 자는 시효로 인하여 채무가 소멸되는 결과 직접적인 이익을 받는 자에 한정되고, 그 채무자에 대한 채권자는 자기의 채권을 보전하기 위하여 필요한 한도 내에서 채무자를 대위하여 이를 원용할 수 있을 뿐이므로 채무자에 대하여 무슨 채권이 있는 것도 아닌 자는 소멸시효 주장을 대위 원용할 수 없다(대판 2007. 3. 30, 2005다11312).

5. 채권자대위 소송에서, 법원이 제3채무자에 대하여 직접 대위 채권자에게 급부를 이행할 것을 명할 수 있는지 여부(적극)

채권자대위권을 행사함에 있어서 채권자가 제3채무자에 대하여 자기에게 직접 급부를 요구하여도 상관없는 것이고 자기에게 급부를 요구하여도 어차피 그 효과는 채무자에게 귀속되는 것이므로, 채권자대위권을 행사하여 채권자가 제3채무자에게 그 명의의 소유권보존등기나 소유권이전등기의 말소절차를 직접 자기에게 이행할 것을 청구하여 승소하였다고 하여도 그 효과는 원래의 소유자인 채무자에게 귀속되는 것이니, 법원이 채권자대위권을 행사하는 채권자에게 직접 말소등기 절차를 이행할 것을 명하였다고 하여 무슨 위법이 있다고 할 수 없다(1996. 2. 9. 판결, 95다27998 소유권이전등기말소등).

6. 장차 관할청으로부터 국유재산을 수의계약에 의하여 매수할 수 있는 지위에 있다는 기대를 가지고 있다는 것만으로 국가에 대하여 보전할 사법상의 권리가 존재한다고 볼 수 있는지 여부(소극)

관할청으로부터 사용허가를 받아 국유재산을 점유하고 있는 연고권자로서 장차이를 수의계약에 의하여 매수할 수 있는 지위에 있다는 기대를 가지고 있다는 것

만으로는 국가에 대하여 보전할 사법상의 권리가 존재한다고 볼 수 없다(1991. 7.
26. 제3부 판결, 91다16624 소유권이전등기).

7. 채권자대위권 행사의 양적범위

채권자대위권은 채권보전을 위하여 채무자의 권리를 행사하는 것이므로 채권보전
에 필요한 범위에 한정되어야 할 것인 바, 매매목적물이 아닌 토지부분에 대하여
는 채권보전의 필요가 없으므로 말소등기청구권을 대위행사할 수 없다(대판 1975.
5. 27. 74다1657).

8. 채권자대위소송에 있어서 대위에 의하여 보전될 채권이 인정되지 아니할 경우 그 대위소송의 적부(소극)

채권자대위소송에 있어서 대위에 의하여 보전될 채권자의 채무자에 대한 권리가
인정되지 아니한 경우에는, 채권자가 스스로 원고가 되어 채무자의 제3채무자에
대한 권리를 행사할 원고로서의 적격이 없게 되는 것이어서 그 대위소송은 부적
법하여 각하될 수밖에 없다(1992. 7. 28. 제2부 판결, 92다8996 토지소유권이전등
기말소등).

9. 가. 채권자대위권의 행사요건인 채권보전의 필요성을 인정하기 위한 판단 기준 및 물권적 청구권을 피보전권리로 하는 채권자대위권이 인정되는지 여부(적극)

채권자는 채무자에 대한 채권을 보전하기 위하여 채무자를 대위해서 채무자
의 권리를 행사할 수 있는바, 채권자가 보전하려는 권리와 대위하여 행사하
려는 채무자의 권리가 밀접하게 관련되어 있고 채권자가 채무자의 권리를 대
위하여 행사하지 않으면 자기 채권의 완전한 만족을 얻을 수 없게 될 위험이
있어 채무자의 권리를 대위하여 행사하는 것이 자기 채권의 현실적 이행을
유효·적절하게 확보하기 위하여 필요한 경우에는 채권자대위권의 행사가 채
무자의 자유로운 재산관리행위에 대한 부당한 간섭이 된다는 등의 특별한 사
정이 없는 한 채권자는 채무자의 권리를 대위하여 행사할 수 있어야 하고,
피보전채권이 특정채권이라 하여 반드시 순차매도 또는 임대차에 있어 소유
권이전등기청구권이나 인도청구권 등의 보전을 위한 경우에만 한하여 채권자
대위권이 인정되는 것은 아니며, 물권적 청구권에 대하여도 채권자대위권에
관한 민법 제404조의 규정과 위와 같은 법리가 적용될 수 있다.

나. 임대인의 임대차계약 해지권이 행사상의 일신전속권인지 여부(소극)

임대인의 임대차계약 해지권은 오로지 임대인의 의사에 행사의 자유가 맡겨
져 있는 행사상의 일신전속권에 해당하는 것으로 볼 수 없다.

다. 채권자대위권을 행사함에 있어 채권자가 채무자를 상대로 채권자대위 권의 피보전채권에 기한 이행청구의 소를 제기하여 승소판결이 확정

된 경우, 제3채무자가 그 청구권의 존재를 다툴 수 있는지 여부(소극)

채권자대위권을 행사함에 있어 채권자가 채무자를 상대로 그 보전되는 청구권에 기한 이행청구의 소를 제기하여 승소판결을 선고받고 그 판결이 확정되면 제3채무자는 그 청구권의 존재를 다툴 수 없다.

라. 다른 권리구제수단이 있었다는 사정이 채권자대위권의 행사요건인 채권보전의 필요성을 부정할 사유가 될 수 없다고 한 사례

토지 소유권에 근거하여 그 토지상 건물의 임차인들을 상대로 건물에서의 퇴거를 청구할 수 있었더라도 퇴거청구와 건물의 임대인을 대위하여 임차인들에게 임대차계약의 해지를 통고하고 건물의 인도를 구하는 청구는 그 요건과 효과를 달리하는 것이므로, 위와 같은 퇴거청구를 할 수 있었다는 사정이 채권자대위권의 행사요건인 채권보전의 필요성을 부정할 사유가 될 수 없다고 한 사례(대판 2007. 5. 10, 2006다82700 · 82717).

10. 채무자가 제3채무자에 대한 권리를 재판상 행사하여 패소판결을 받은 경우 채권자대위권 행사의 적부(소극)

채권자대위권 채무자 제3채무자에 대한 권리를 행사하지 아니하는 경우에 한하여 채권자가 자기의 채권을 보전하기 위하여 행사할 수 있는 것이어서 채권자가 대위권을 행사할 당시는 이미 채무자가 권리를 재판상 행사하였을 때에는 설사 패소의 본안판결을 받았더라도 채권자는 채무자를 대위하여 채무자의 권리를 행사할 당사자적격이 없다(1992. 11. 10. 제2부(타) 판결, 92다30016 소유권이전등기 말소).

11. 채권자대위권에 기한 청구에서 제3채무자가 채무자의 채권자에 대한 항변으로 대항할 수 있는지 여부(소극)와 채권자의 채권이 소멸시효가 완성된 경우 이를 원용할 수 있는지 여부(소극)

채권자대위권에 기한 청구서에서 제3채무자는 채무자가 채권자에 대하여 가지는 항변으로 대항할 수 없을뿐더러 채권의 소멸시효가 완성된 경우 이를 원용할 수 있는 자는 시효이익을 직접 받는 자만이고 제3채무자는 이를 행사할 수 없다(1992. 11. 10. 제2부(라) 판결, 92다35899 소유권이전등기말소).

12. 보전의 필요가 인정되지 않는 채권자대위소송의 처리(=소각하) 및 채권자의 채무자에 대한 패소판결이 확정된 경우 채권자가 채권자대위권을 행사할 보전의 필요가 있는지 여부(소극)

채무자에 대한 소유권이전등기청구권을 보전하기 위하여 채무자를 대위하여 제3자 명의의 소유권이전등기의 말소를 청구하기 위하여는 우선 채권자의 채무자에 대한 소유권이전등기청구권을 보전할 필요가 인정되어야 할 것이고 그러한 보전의 필요가 인정되지 않는 경우에는 소가 부적법하므로 직권으로 이를 각하하여야 할 것인바, 채권자가 채무자를 상대로 소유권이전등기절차이행의 소를 제기

하였으나 패소확정판결을 받았다면 위 판결의 기판력으로 말미암아 채권자로서는 더 이상 소유권이전등기청구를 할 수 없게 되었다 할 것이고, 가사 채권자가 채권자대위소송에서 승소하였다 한들 채권자가 채무자에 대하여 다시 소유권이전등기절차의 이행을 구할 수 있는 것도 아니므로 채권자로서는 채권자대위권을 행사함으로써 위 소유권이전등기청구권을 보전할 필요가 없게 되었다 할 것이다 (1993. 2. 12. 제3부(마) 판결, 92다25151 토지소유권이전등기말소등기).

13. 가. **국토이용관리법상의 토지거래규제구역 내의 토지에 관하여 관할관청의 허가 없이 매매계약을 체결한 당사자 상호간에 허가신청절차에 협력할 의무가 있는지 여부(적극)**

국토이용관리법상의 토지거래규제구역 내의 토지에 관하여 관할관청의 허가 없이 체결된 매매계약이라 하더라도 거래 당사자 사이에는 계약이 효력 있는 것으로 완성될 수 있도록 서로 협력할 의무가 있어 매매계약의 쌍방 당사자는 공동으로 관할관청의 허가를 신청할 의무가 있고, 이러한 의무에 위배하여 허가신청절차에 협력하지 않는 당사자에 대하여 상대방은 협력의무의 이행을 청구할 수 있다.

나. **토지거래규제구역 내에 있으며 토지대장상 소유자미복구로 되어 있는 토지를 매수한 자는 토지거래허가신청절차의 협력의무이행청구권을 보전하기 위하여 매도인을 대위하여 위 토지가 매도인 소유임의 확인을 구할 수 있는지 여부(적극)**

망인으로부터 토지거래규제지역 내에 있는 토지로서 등기부 등 관계공부가 멸실되어 토지대장상 소유자미복구로 되어 있는 토지를 매수한 자는 망인의 상속인들에 대한 토지거래허가신청절차의 협력의무의 이행청구권을 보전하기 위하여 상속인들을 대위하여 위 토지가 상속인들 소유임의 확인을 구할 수 있다.

다. **토지거래신고구역 내에 있으며 토지대장상 소유자미복구로 되어 있는 토지를 매수한 자는 소유권이전등기청구권을 보전하기 위하여 매도인을 대위하여 위 토지가 매도인 소유임의 확인을 구할 수 있는지 여부(적극)**

국토이용관리법상의 신고구역에 관한 규정은 단속법규로서 신고의무에 위반한 거래계약의 사법상 효력까지 부인되는 것이 아니므로 망인으로부터 토지거래신고구역 내에 있는 토지를 매수한 자는 거래계약에 대하여 관할군수에게 신고하였는지에 관계없이 망인의 상속인들에 대하여 위 토지에 관한 소유권이전등기청구권이 있고 그 보전을 위하여 상속인들을 대위하여 위 토지가 상속인들 소유임의 확인을 구할 수 있다(1993. 3. 9. 제2부(가) 판결, 92다 56575 소유권확인).

14. 가. 1951년경 농지를 분배받은 자가 수분배권을 타인에게 양도하고 경작권만을 포기할 수 있는 제도나 방법이 인정되는지 여부(소극)

분배받은 농지에 대한 처분방법으로서 농지개혁법이 규정하고 있던 것은 ① 분배받은 농지를 스스로 정부에 반환하는 제도, ② 이농하는 제도, ③ 분배된 농지를 상환완료 후에 농지 소재지 관서의 증명을 받아 매매하는 제도뿐이었고, 그 밖에 법원이 인정한 양도방법은 ① 상환을 완료하지 아니한 농지를 현실로 매수인에게 인도하지 아니하고 분배받은 자 스스로 상환을 완료하여 소유권을 취득하는 것을 정지조건으로 하는 매매, ② 비농지화를 정지조건으로 한 매매뿐이었으므로, 농지를 분배받은 자가 수분배권을 타인에게 양도하고 경작권만을 포기할 수 있는 제도나 방법은 인정되지 아니한다.

나. 농지수분배자가 농지를 타인에게 양도하고 다른 곳으로 이거한 경우나 사실상 경작을 포기하고 방치한 경우가 농지의 반환에 해당하는지 여부(소극)

구 농지개혁법시행규칙 제50조, 제52조 소정의 절차를 밟아야만 농지개혁법 제19조 제1항에 정해진 농지반환의 효력이 있으므로 수분배자가 농지를 타인에게 양도하고 다른 곳으로 이거한 경우나 사실상 경작을 포기하고 방치한 경우는 농지의 반환에 해당하지 아니하고, 이 경우에는 원래의 분배처분이 여전히 유효하되 아직 상환이 완료되지 아니한 상태로 남아 있을 뿐이다.

다. 농지개혁법의 시행으로 국가에 매수되어 분배된 후 수분배자가 정부에 반환한 농지라 하더라도 농지개혁사업정리에관한특별조치법 시행일로부터 1년내에 다시 분배되지 아니하였다면 원소유자의 소유로 환원되는지 여부(적극)

농지개혁법의 시행으로 국가에 매수되어 수분배자에게 분배되었지만 수분배자가 같은 법 제19조 제1항에 따라 정부에 반환한 농지는 농지개혁사업정리에관한특별조치법시행령 제1조 제2항 제2호에 해당하여 같은 특별조치법 제2조 제1항의 국유로 등기할 농지에 포함되고, 이러한 농지라 하더라도 같은 조 제3항이 정한 특별조치법 시행일로부터 1년 내에 같은 조 제2항에 따라 분배되지 아니하였다면 그 기간이 경과함과 동시에 국가의 매수조치가 해제되어 원소유자의 소유로 환원된다.

라. 정부에 반환된 농지에 대하여 농지개혁법시행령 제32조 소정의 절차를 밟지 아니한 분배가 당연무효인지 여부(적극)

농지개혁법 제20조는 정부에 반환된 농지는 같은 법에 의하여 분배한다고 규정하고 있고 그 절차는 같은법시행령 제32조에 따르도록 되어 있는바 이 절차를 밟지 아니한 농지분배는 당연무효이다.

마. **농가별 일람표나 종람관계 문서책이 없다 하여도 농지소표가 작성되었거나 상환증서가 발행되었다면 농지분배절차가 적법하게 이루어진 것으로 추정되는지 여부(적극)**

농지소표는 농지분배절차의 근본서류이므로 농지소표가 작성되었다면 같은법 시행령 제32조의 규정에 따른 대지조사를 한 것으로 추정되고, 어떤 토지에 대하여 농지분배가 이루어졌다 하여 농지소표까지 작성되었다면 이에 배치되는 특별한 사유가 없는 한 그 농지에 대하여 대지조사나 종람절차를 적법하게 거친 것으로 추정되므로 함부로 이를 분배대상농지가 아니라고 단정할 수 없으며, 상환증서가 발행되었다면 농지분배절차는 적법하게 이루어진 것으로 추정되고 농지소표와 상환대장이 있는 이상 농가별 일람표나 종람관계 문서책이 없다 하여도 그 분배를 무효로 볼 수 없다.

바. **채권자대위소송의 제3채무자는 채무자가 채권자에 대하여 가지는 소멸시효완성 등의 항변으로 채권자에게 대항할 수 있는지 여부(소극)**

채권자대위권에 기한 청구에서 제3채무자는 채무자가 채권자에 대하여 가지는 항변으로 대항할 수 없을 뿐더러, 채권의 소멸시효가 완성된 경우 이를 원용할 수 있는 자는 시효이익을 직접 받는 자뿐이고 채권자대위소송의 제3채무자는 이를 행사할 수 없다(1993. 3. 26. 제3부 판결, 92다25472 소유권이전등기).

15. **채무자가 제3채무자에 대한 권리를 재판상 행사하여 패소의 확정판결을 받은 경우 채권자대위권 행사의 적부(소극)**

채권자대위권은 채무자가 제3채무자에 대한 권리를 행사하지 아니하는경우에 한하여 채권자가 자기의 채권을 보전하기 위하여 행사할 수 있는 것이기 때문에 채권자가 대위권을 행사할 당시 이미 채무자가 그 권리를 재판상 행사하였을 때에는 설사 패소의 확정판결을 받았더라도 채권자는 채무자를 대위하여 채무자의 권리를 행사할 당사자적격이 없다(1993. 3. 26. 제3부 판결, 92다32876 주주총회결의부존재확인등).

16. **특정물에 관한 채권자는 채권을 보전하기 위하여 채무자의 제3채무자에 대한 그 특정물에 관한 권리만을 대위행사할 수 있는지 여부(적극)**

채권자대위권은 채무자의 채권을 대위행사함으로써 채권자의 채권이 보전되는 관계가 존재하는 경우에 한하여 이를 행사할 수 있으므로 특정물에 관한 채권자는 채권을 보전하기 위하여 채무자의 제3채무자에 대한 그 특정물에 관한 권리만을 대위행사할 수 있다(1993. 4. 23. 제3부 판결, 93다289 건물명도등).

17. **채권자대위소송에 의한 확정판결의 효력이 채무자에게 미치는지 여부(한정적극)**

채권자가 채권자대위권을 행사하는 방법으로 제3채무자를 상대로 소송을 제기하여 판결을 받은 경우 채무자가 채권자대위권에 의한 소송이 제기된 사실을 알았을 경우에는 그 판결의 효력이 채무자에게 미친다(1993. 4. 27. 제2부 판결, 93다4519 소유권이전등기).

18. 채권자대위소송에 있어서 대위에 의하여 보전될 채권이 인정되지 아니할 경우 그 대위소송의 적부

채권자대위소송에 있어서 대위에 의하여 보전될 채권자의 채무자에 대한 권리가 인정되지 아니한 경우에는 채권자가 스스로 원고가 되어 채무자의 제3채무자에 대한 권리를 행사할 원고로서의 자격이 없게 되는 것이어서 그 대위소송은 부적법하여 각하될 수밖에 없다(1993. 7. 13. 제1부 판결, 92다48857 소유권이전등기말소).

19. 가처분결정에 대한 본안제소명령의 신청권이 채권자대위권의 목적이 될 수 있는지 여부

민사소송법 제715조에 의하여 가처분절차에도 준용되는 같은 법 제705조 제1항에 따라 가압류·가처분결정에 대한 본안의 제소명령을 신청할 수 있는 권리나 같은 조 제2항에 따라 제소기간의 도과에 의한 가압류·가처분의 취소를 신청할 수 있는 권리는 가압류·가처분신청에 기한 소송을 수행하기 위한 소송절차상의 개개의 권리가 아니라, 제소기간의 도과에 의한 가압류·가처분의 취소신청권은 가압류·가처분신청에 기한 소송절차와는 별개의 독립된 소송절차를 개시하게 하는 권리이고, 본안제소명령의 신청권은 제소기간의 도과에 의한 가압류·가처분의 취소신청권을 행사하기 위한 전제요건으로 인정된 독립된 권리이므로, 본안제소명령의 신청권이나 제소기간의 도과에 의한 가압류·가처분의 취소신청권은 채권자대위권의 목적이 될 수 있는 권리라고 봄이 상당하다(1993. 12. 27. 제2부 판결, 93마1655 제소명령각하결정에대한재항고).

20. 부동산의 전득자가 양수인 겸 전매인에 대한 소유권이전등기청구권을 보전하기 위하여 양수인을 대위하여 양도인을 상대로 한 처분금지가처분의 효력범위

부동산의 전득자(채권자)가 양수인 겸 전매인(채무자)에 대한 소유권이전등기청구권을 보전하기 위하여 양수인을 대위하여 양도인(제3채무자)을 상대로 처분금지가처분결정을 받아 그 등기를 마친 경우 그 가처분은 전득자가 자신의 양수인에 대한 소유권이전등기청구권을 보전하기 위하여 양도인이 양수인 이외의 자에게 그 소유권의 이전 등 처분행위를 못하게 하는 데에 그 목적이 있는 것으로서 그 피보전권리는 양수인의 양도인에 대한 소유권이전등기청구권이고, 전득자의 양수인에 대한 소유권이전등기청구권까지 포함되는 것은 아닐 뿐만 아니라 그 가처분결정에서 제3자에 대한 처분을 금지하였다고 하여도 그 제3자 중에는 양수인은 포함되지 아니하며 따라서 그 가처분 이후에 양수인이 양도인으로부터 소유권이전등기를 넘겨 받았고 이에 터잡아 다른 등기가 경료되었다고 하여도 그 각 등기는 위 가처분의 효력

에 위배되는 것이 아니다(1994. 3. 8. 제2부 판결, 93다42665 소유권이전등기).

21. **채권자대위소송에 있어 대위에 의하여 보전될 채권자의 채무자에 대한 권리가 인정되지 아니할 경우 그 대위소송의 적부**

채권자대위소송에 있어서 대위에 의하여 보전될 채권자의 채무자에 대한 권리가 인정되지 아니할 경우에는 채권자가 스스로 원고가 되어 채무자의 제3채무자에 대한 권리를 행사할 당사자적격이 없게 되므로 그 대위소송은 부적법하여 각하할 수밖에 없다(1994. 6. 24. 제3부 판결, 94다14339 소유권이전등기말소).

22. **가. 친족회의의 동의 없는 후견인의 행위에 대한 취소권이 채권자대위권의 목적이 될 수 있는지 여부(소극)**

후견인이 민법 제950조 제1항 각호의 행위를 하면서 친족회의 동의를 얻지 아니한 경우, 제2항의 규정에 의하여 피후견인 또는 친족회가 그 후견인의 행위를 취소할 수 있는 권리(취소권)는 행사상의 일신전속권이므로 채권자대위권의 목적이 될 수 없다.

나. 명의신탁의 대내적 효력 및 명의수탁자 사망시의 효과

명의신탁관계를 성립시키기 위한 신탁계약의 기본은 신탁자와 수탁자 사이의 내부관계에 있어서 그 목적물의 소유권은 언제나 신탁자가 보유하는 것이므로 그 목적물이 소유권과 관련되어 발생된 권리도 그들 내부관계에 있어서는 신탁자에게 귀속되는 것이므로, 신탁자가 그 신탁계약을 해지하면 수탁자는 그 권리를 신탁자에게 이전하여 줄 의무가 있고, 명의수탁자가 사망하면 그 명의신탁관계는 그 재산상속인과의 사이에 존속하게 된다(1996. 5. 31. 판결, 94다35985 소유권이전등기말소등).

23. **임대인의 동의없는 임차권 양수인이 임대인의 권한을 대위행사할 수 있는지 여부(소극)**

임대인의 동의없는 임차권의 양도는 당사자 사이에서는 유효하다 하더라도 다른 특약이 없는 한 임대인에게는 대항할 수 없는 것이고 임대인에 대항할 수 없는 임차권의 양수인으로서는 임대인의 권한을 대위행사할 수 없다(대법원 1985.2.8. 선고 84다카188 판결).

24. **명의신탁자가 수탁자를 대위하여 제3자에 대하여 직접 법률상 원인없이 부동산을 점유하였음을 이유로 한 임료 상당의 부당이득반환청구권을 주장할 수 있는지 여부(소극)**

부동산의 명의신탁자는 제3자에 대하여 직접 그 소유권 및 이에 따른 점유사용권을 주장할 수 없고, 제3자가 법률상 원인 없이 점유함으로 인한 임료 상당의 부당이득반환청구권은 수탁자를 대위하여서도 주장할 수 없다(대법원 1991. 10. 22. 선고 91다17207 판결).

◈ 채권자대위권의 행사의 통지

제 405 조【채권자대위권행사의 통지】

① 채권자가 전조 제1항의 규정에 의하여 보전행위 이외의 권리를 행사한 때에는 채무자에게 통지하여야 한다.

② 채무자가 전항의 통지를 받은 후에는 그 권리를 처분하여도 이로써 채권자에게 대항하지 못한다.

■ § 405. 채권자대위권행사의 통지

• 관련법조 : 비송 §49

본조는 채권자대위권이 채권자가 채무자의 권리를 대위행사하는 것이므로, 그 행사의 사실을 채무자에게 통지하여 채무자의 이익을 보호할 필요가 있는 점에서 마련된 것이다.

재판상의 대위의 경우에는 채무자가 대위신청허가의 고지를 받은 때에는 채무자는 향후 그 권리를 스스로 처분할 수 없다는 규정이 있다(비송사건절차법 제49조 2항).

재판외의 대위의 경우에는 채권자가 그의 채권의 이행기가 도래한 후에 채무자의 보존행위 이외의 권리를 행사한 때에는 채무자에게 대위의 통지를 하여야 한다. 채무자가 위 통지를 받은 후에는 그 권리를 처분하여도 이로써 채권자에게 대항하지 못한다. 다만 채무자의 변제수령은 처분행위라고 할 수 없으므로, 통지 후에도 제3채무자는 유효하게 채무자에게 변제를 할 수 있고 또 채무자도 이를 수령할 수 있다(대판 1991. 4. 12. 90다9407).

▣ 핵심판례 ▣

■ [채권자대위권행사의 통지]

1. **채권자대위소송의 제3채무자가 채무자의 채권자에 대한 소멸시효 완성의 항변을 원용할 수 있는지 여부(소극)**

 채권자가 채권자대위권을 행사하여 제3자에 대하여 하는 청구에 있어서, 제3채무자는 채무자가 채권자에 대하여 가지는 항변으로 대항할 수 없고, 채권의 소멸시효가 완성된 경우 이를 원용할 수 있는 자는 원칙적으로는 시효이익을 직접 받는 자뿐이고, 채권자대위소송의 제3채무자는 이를 행사할 수 없다(대판 2004. 2. 12, 2001다10151).

2. **가. 채권자대위소송의 채무자가 대위사실을 통지받지는 않았으나 알고 있는경우 그 처분으로써 채권자에게 대항할 수 있는지 여부(소극)**

 민법 제405조에 의하면 채권자가 채권자대위권에 기하여 채무자의 권리를 행사하고 그 사실을 채무자에게 통지한 경우에는 채무자가 그 권리를 처분하여도 이로써 채권자에게 대항하지 못한다고 규정되어 있는데, 이 경우 채권자가 채무자에게 그 사실을 통지하지 아니하였더라도 채무자가 자기의 채권이 채권자에 의하여 대위행사되고 있는 사실을 알고 있었다면 그 처분을 가지고 채권자에게 대항할 수 없다.

 나. 채무자인 매수인은 채권자대위소송의 소장 부본을 송달받은 이후 매도인인 제3채무자가 매매계약을 해제하려고 공탁한 매매대금을 이의 없이 수령함으로써 발생하는 매매계약해제의 효과로써 채권자에게 대항할 수 있는지 여부(소극)

 매도인인 제3채무자가 매매계약을 해제하려고 원상회복의 방법으로 지급받은 매매대금을 공탁한 데 대하여, 매수인인 채무자가 아무런 이의 없이 공탁의 취지에 따라 공탁금을 수령함으로써 계약당사자 사이의 합의에 의하여 매매계약이 해제되는 효과를 발생하게 하는 것은 채권자가 채무자를 대위하여 행사하고 있는 채무자의 제3채무자에 대한 매매계약에 따른 소유권이전등기청구권을 처분하는 것에 해당하므로 채권자대위소송의 소장 부본이 채무자에게 송달된 이후 채무자가 제3채무자가 공탁한 매매대금을 이의 없이 수령함으로써 매매계약이 해제되는 효과를 발생하도록 승인하였다고 하더라도 이로써 채권자에게는 대항할 수 없다(1993. 4. 27. 제2부 판결, 92다44350 소유권이전등기).

3. **채권자대위소송에서 채무자가 대위사실을 통지받았거나 알고 있는 경우 그 피보전권리의 처분으로써 채권자에게 대항할 수 있는지 여부(소극)**

 가. 채권자가 채권자대위권에 기하여 채무자의 권리를 행사하고 있는 경우에, 그

사실을 채무자에게 통지하였거나 채무자가 그 사실을 알고 있었던 때에는, 채무자가 그 권리를 처분하여도 이로써 채권자에게 대항하지 못한다.

나. 갑이 을로부터 매수한 부동산을 다시 갑으로부터 매수한 병이 채무자인 갑, 을에 대하여 순차 소유권이전등기절차의 이행을 구하는 소를 제기하여 그 중 을에 대한 채권자대위소송이 상고심에 계속중 갑이 을의 매매잔대금 지급 최고에 응하지 아니하여 을로 하여금 매매계약을 해제할 수 있도록 한 경우, 이는 채무자가 채권자에 대한 소유권이전등기청구권을 처분하는 것에 해당하여 갑과 을은 병에게 그 계약해제로써 대항할 수 없다(대판 2003. 1. 10, 2000다 27343).

4. 채권자가 채무자를 대위하여 제3채무자의 부동산에 대해 처분금지가처분 결정을 받은 경우, 그 후 채무자가 그 부동산 매매계약의 합의해제로써 채권자에게 대항할 수 있는지 여부(소극)

채권자대위권의 행사에 있어서 채무자가 채권자대위권을 행사한 점을 알게 된 이후에는 채무자가 그 권리를 처분하여도 이로써 채권자에게 대항할 수 없으므로, 채권자가 채무자를 대위하여 제3채무자의 부동산에 대한 처분금지가처분을 신청하여 처분금지가처분 결정을 받은 경우, 이는 그 부동산에 관한 소유권이전등기청구권을 보전하기 위한 것이므로 피보전권리인 소유권이전등기청구권을 행사한 것과 같이 볼 수 있어, 채무자가 그러한 채권자대위권의 행사 사실을 알게 된 이후에 그 부동산에 대한 매매계약을 합의해제함으로써 채권자대위권의 객체인 그 부동산의 소유권이전등기청구권을 소멸시켰다 하더라도 이로써 채권자에게 대항할 수 없다(대법원 1996. 4. 12. 선고 95다54167 판결).

◈ 채무자가 채권자를 해함을 알면서 행한 재산을 감소시키는 행위의 취소

제 406 조【채권자취소권】

① 채무자가 채권자를 해함을 알고 재산권을 목적으로 한 법률행위를 한 때에는 채권자는 그 취소 및 원상회복을 법원에 청구할 수 있다. 그러나 그 행위로 인하여 이익을 받은 자나 전득한 자가 그 행위 또는 전득 당시에 채권자를 해함을 알지 못한 경우에는 그러하지 아니하다.

② 전항의 소는 채권자가 취소원인을 안 날로부터 1년, 법률행위 있은 날로부터 5년 내에 제기하여야 한다.

■ § 406. 채권자취소권(사해행위취소권)

• 요 건 : ① 객관적 요건-사해행위, 재산권을 목적으로 하는 법률행위 허위표시도 사해행위에 해당된다(판례)

② 주관적요건-채무자의 악의, 수익자 또는 전득자의 악의

• 채권자취소권의 행사 : ① 채권자가 자기의 이름으로 행사한다.

② 반드시 재판상 행사하여야 한다.

③ 수익자 또는 전득자를 피고로 한다.

• 관련법조 : [유사제도] 상 §185, §269, §552, §248, §551, [사해소송에의 참가] 민소 §79

1. 의 의

채권자취소권이란 채권자가 자기의 채권의 보전을 위하여 필요한 경우에 채무자의 부당한 재산처분행위를 취소하고 그 재산을 채무자의 일반재산으로 원상회복하는 권리이다. 예를 들면 채무자의 일반재산이 채무자의 전채무보다 부족함에도 불구하고 제3자에게 부동산을 매우 싸게 매도하거나 증여·채무면제 해주는 경우에 채무자가 이런 행위의 취소를 법원에 청구하여 부동산을 되찾거나 채무를 면하지 못하도록 하는 것이다. 채권의 대외적 효력의 하나로서 취소의 목적이 되는 사해행위의 결과 잔존재산만으로는 전채무를 변제하는 것이 부족할 경우에 채권자는 취소권을 행사할 수 있다. 사해행위는 증여·채무부담행위 등이 포함된

다. 그러나 신분상의 행위는 포함되지 않는다.

2. 요 건

(1) 채무자의 사해행위 : 객관적 요건

채권자취소권을 행사하려면 채무자가 채권자를 해하는 재산적 법률행위를 하였어야 한다.

1) 채무자가 법률행위를 하였을 것

채권자 취소의 목적이 되는 것은 오직 '채무자'가 행한 법률행위이다. 따라서 채무자 이외의 자가 채권자를 해하는 행위(예 : 채무자를 위하여 자기의 부동산 위에 저당권을 설정할 것을 약정한 자가 그 부동산을 다른 사람에게 양도하는 행위)는 취소하지 못한다.

그러나 보증인은 채무자이기 때문에 위 '채무자'에 포함된다. 판례는 연대보증인이 그의 유일한 재산인 부동산을 매각하여 소비하기 쉬운 금전으로 바꾼 행위를 사해행위로 보았다(대판 1998. 4. 14, 97다54420).

채무자가 행한 법률행위이면 족하고 그 종류는 묻지 않는다.

2) 채무자의 법률행위가 재산권을 목적으로 하는 행위일 것

채무자의 법률행위는 재산권을 목적으로 한 것이어야 한다. 채권자취소권은 채무자의 일반재산의 보전을 목적으로 하는 것이므로, 취소의 객체인 법률행위는 직접 채무자의 일반재산을 구성하는 권리에 관한 것이어야 한다(예 : 매매·증여·대물변제·담보권의 설정 등).

3) 채무자를 해하는 법률행위일 것

가. 의 의

채무자를 해한다 함은, 채무자의 재산행위로 그의 일반재산이 감소하여 채권의 공동담보에 부족이 생기고, 채권자에게 완전한 면제를 할 수 없게 되는 것을 말한다(대판 1962. 1. 15, 62다634). 즉 채무초과 또는 무자력으로 되는 것이 채권자를 해하는 것이다.

채무자가 재산처분행위를 할 당시 그의 적극재산 중 부동산과 채권이 있어 그 재산의 합계가 채무액을 초과한다고 하더라도 그 적극재산을 산

정함에 있어서는 다른 특별한 사정이 없는 한 실질적으로 재산적 가치가 없어 채권의 공동담보로서의 역할을 할 수 없는 재산은 이를 제외하여야 할 것이고, 그 재산이 채권인 경우에는 그것이 용이하게 변제를 받을 수 있는 확실성이 있는 것인지 여부를 합리적으로 판정하여 그것이 긍정되는 경우에 한하여 적극재산에 포함시켜야 할 것이며, 압류금지재산은 공동담보가 될 수 없으므로 이를 적극재산에 포함시켜서는 아니 된다(대판 2005. 1. 28, 2004다58963).

나. 사해성 여부의 판단기준

채무자의 재산처분행위가 사해행위가 되기 위해서는 그 행위로 말미암아 채무자의 총재산의 감소가 초래되어 채권의 공동담보에 부족이 생기게 되어야 하는 것, 즉 채무자의 소극재산이 적극재산보다 많아져야 하는 것인바, 채무자가 연속하여 수개의 재산처분행위를 한 경우에는, 그 행위들을 하나의 행위로 보아야 할 특별한 사정이 없는 한, 일련의 행위를 일괄하여 그 전체의 사해성 여부를 판단할 것이 아니라 각 행위마다 그로 인하여 무자력이 초래되었는지 여부에 따라 사해성 여부를 판단하여야 한다(대판 2002. 9. 24, 2002다23857).

다. 사해행위인지 여부가 문제되는 경우

① 채무의 본지에 따른 변제를 하는 경우

채권자가 채무의 변제를 구하는 것은 그의 당연한 권리행사로서 다른 채권자가 존재한다는 이유로 이것이 방해받아서는 아니 되고, 채무자도 채무의 본지에 따라 채무를 이행할 의무를 부담하고 있어 다른 채권자가 있다는 이유로 그 채무이행을 거절하지는 못하므로, 채무자가 채무초과의 상태에서 특정채권자에게 채무의 본지에 따른 변제를 함으로써 다른 채권자의 공동담보가 감소하는 결과가 되는 경우에도 그 변제는 채무자가 특히 일부의 채권자와 통모하여 다른 채권자를 해할 의사를 가지고 변제를 한 경우가 아닌 한 원칙적으로 사해행위가 되는 것은 아니다. 채무자가 특히 일부의 채권자와 통모하여 다른 채권자를 해할 의사를 가지고 변제를 하였는지 여부는 사해행위임을 주장하는 사람이 입증하여야 한다(대판 2005. 3. 25, 2004다10985·10992).

② 주택임대차보호법 제8조의 소액보증금 최우선변제권 보호대상인 임차권을 설정해 준 행위

주택임대차보호법 제8조의 소액보증금 최우선변제권은 임차목적 주택에 대하여 저당권에 의하여 담보된 채권, 조세 등에 우선하여 변제받을 수 있는 일종의 법정담보물권을 부여한 것이므로, 채무자가 채무초과상태에서 채무자 소유의 유일한 주택에 대하여 위 법조 소정의 임차권을 설정해 준 행위는 채무초과상태에서의 담보제공행위로서 채무자의 총재산의 감소를 초래하는 행위가 되는 것이고, 따라서 그 임차권설정행위는 사해행위취소의 대상이 된다고 할 것이다(대판 2005. 5. 13, 2003다50771).

③ 채무초과 상태의 채무자가 자신의 유일한 재산인 부동산을 특정채권자에게 채권담보로 제공하는 행위

이미 채무초과의 상태에 빠져 있는 채무자가 그의 유일한 재산인 부동산을 채권자 중의 어느 한 사람에게 채권담보로 제공하는 행위는 다른 특별한 사정이 없는 한 다른 채권자들에 대한 관계에서 채권자취소권의 대상이 되는 사해행위가 된다고 봄이 상당하고, 이는 이미 채무초과의 상태에 빠져 있는 채무자가 그의 유일한 재산인 채권을 채권자 중의 어느 한 사람에게 채권담보로 제공하는 경우에도 마찬가지이다(2007. 2. 23, 2006다47301).

④ 기존채무의 이행으로서 등기를 하는 경우

채권자의 채권을 해한다는 것은 채무자의 재산감소를 목적으로 하는 채무자의 법률행위 자체를 말하는 것으로서, 단지 기존채무의 이행으로서 등기를 하는 경우에 그 채무의 원인이 되는 행위가 취소권을 행사하려는 채권자의 채권보다 앞서 발생한 때에는 특별한 사정이 없는 한 그 등기는 채권자취소권의 대상이 될 수 없는 것이고, 가등기에 기하여 본등기가 경료된 경우 가등기의 원인인 법률행위와 본등기의 원인인 법률행위가 명백히 다른 것이 아닌 한, 사해행위의 요건의 구비 여부는 가등기의 원인된 법률행위 당시를 기준으로 판단하여야 한다(대판 2001. 10. 12, 2001다37095).

⑤ 이미 채무초과 상태에 있는 채무자가 이혼을 하면서 배우자에게 재

산분할로 일정재산을 양도하는 행위

이혼에 따른 재산분할은 혼인 중 쌍방의 협력으로 형성된 공동재산의 청산이라는 성격에 상대방에 대한 부양적 성격이 가미된 제도임에 비추어, 이미 채무초과 상태에 있는 채무자가 이혼을 하면서 배우자에게 재산분할로 일정한 재산을 양도함으로써 결과적으로 일반 채권자에 대한 공동담보를 감소시키는 결과로 되어도, 그 재산분할이 민법 제839조의2 제2항의 규정 취지에 따른 상당한 정도를 벗어나는 과대한 것이라고 인정할 만한 특별한 사정이 없는 한, 사해행위로서 취소되어야 할 것은 아니고, 다만 상당한 정도를 벗어나는 초과부분에 대하여는 적법한 재산분할이라고 할 수 없기 때문에 이는 사해행위에 해당하여 취소의 대상으로 될 수 있을 것이나, 이 경우에도 취소되는 범위는 그 상당한 정도를 초과하는 부분에 한정하여야 하고, 위와 같이 상당한 정도를 벗어나는 과대한 재산분할이라고 볼 만한 특별한 사정이 있다는 점에 관한 입증책임은 채권자에게 있다(대판 2000. 9. 29, 2000다25569).

⑥ 채무초과 상태에 있는 채무자가 상속재산의 분할협의를 하면서 상속재산에 관한 권리를 포기한 경우

채무초과 상태에 있는 채무자가 상속재산의 분할협의를 하면서 상속재산에 관한 권리를 포기함으로써 결과적으로 일반 채권자에 대한 공동담보가 감소되었다 하더라도, 그 재산분할결과가 채무자의 구체적 상속분에 상당하는 정도에 미달하는 과소한 것이라고 인정되지 않는 한 사해행위로서 취소되어야 할 것은 아니고, 구체적 상속분에 상당하는 정도에 미달하는 과소한 경우에도 사해행위로서 취소되는 범위는 그 미달하는 부분에 한정하여야 한다. 또한 채권자와 아무런 채권·채무관계가 없었던 수익자가 채권자취소에 의하여 원상회복의무를 부담하는 것은 형평의 견지에서 법이 특별히 인정한 것이므로, 그 가액배상의 의무는 목적물의 반환이 불가능하거나 현저히 곤란하게 됨으로써 성립하고, 그 외에 그와 같이 불가능하게 된 데에 상대방인 수익자 등의 고의나 과실을 요하는 것은 아니다(대판 2001. 2. 9, 2000다51797).

⑦ 채무초과 상태에 있는 채무자가 사업자금을 융통하기 위하여 그 소

유 부동산을 특정 채권자에게 제공하고 신규자금을 융통받은 경우

채무초과상태에 있는 채무자가 그 소유의 부동산을 채권자 중의 어느 한 사람에게 채권담보로 제공하는 행위는 특별한 사정이 없는 한 다른 채권자들에 대한 관계에서 사해행위에 해당한다고 할 것이나, 자금난으로 사업을 계속 추진하기 어려운 상황에 처한 채무자가 자금을 융통하여 사업을 계속 추진하는 것이 채무 변제력을 갖게 되는 최선의 방법이라고 생각하고 자금을 융통하기 위하여 부득이 부동산을 특정 채권자에게 담보로 제공하고 그로부터 신규자금을 추가로 융통받았다면 특별한 사정이 없는 한 채무자의 담보권 설정행위는 사해행위에 해당하지 않으며, 다만 사업의 계속 추진과는 아무런 관계가 없는 기존채무를 아울러 피담보채무 범위에 포함시켰다면, 그 부분에 한하여 사해행위에 해당할 여지는 있다(대판 2001. 5. 8. 선고 2000다50015, 2002. 3. 29, 2000다25842).

⑧ 근저당권이 설정된 부동산을 제3자에게 양도한 경우

근저당권이 설정된 부동산이라 하더라도 그 부동산의 가액에서 근저당권의 피담보채권액을 공제한 잔액의 범위 내에서는 일반채권자들의 공동담보에 공하여져 있으므로, 채무자가 채무가 초과된 상태에서 근저당권이 설정된 자신의 부동산을 제3자에게 양도하고 그 양도대금은 근저당권의 피담보채무를 인수함으로써 그 지급에 갈음하기로 약정한 경우, 채무자로서는 실제로 매매대금을 한푼도 지급받지 아니한 채 일반채권자들의 공동담보에 공하여져 있던 부동산을 부당하게 저렴한 가액으로 제3자에게 양도한 것으로 될 것이어서, 그와 같은 양도행위도 채권자를 해하는 사해행위에 해당된다(대판 1996. 5. 14, 95다50875, 2001. 2. 9, 2000다65536).

(2) 사해의 의사(인식) : 주관적 요건

채권자취소권을 행사하려면 채무자 및 수익자(또는 전득자) 모두에게 사해의 의사 또는 인식이 있어야 한다.

가. 채무자의 사해의사

채무자가 사해행위의 당시에, 그 행위에 의하여 채권자를 해하게 됨을 알고 있어야 한다. 이것을 일반적으로 사해의 의사라고 한다. 이 사해의

의사는 적극적인 의욕이 아니라 소극적인 인식으로써 충분하다.

【쟁점사항】

<채무자가 일부의 채권자와 통모하여 다른 채권자를 해할 의사로 변제를 하였는지 여부에 대한 증명책임의 소재 및 그 판단 기준>

채무자가 특히 일부의 채권자와 통모하여 다른 채권자를 해할 의사를 가지고 변제를 하였는지 여부는 사해행위임을 주장하는 사람이 입증하여야 하며, 이는 수익자의 채무자에 대한 채권이 실제로 존재하는지 여부, 수익자가 채무자로부터 변제를 받은 액수, 채무자와 수익자와의 관계, 채무자의 변제능력 및 이에 대한 수익자의 인식, 변제 전후의 수익자의 행위, 그 당시의 채무자 및 수익자의 사정 및 변제의 경위 등 제반 사정을 종합적으로 참작하여 판단하여야 한다(대판 2005. 3. 25, 2004다10985).

나. 수익자 또는 전득자의 사해의사

채무자의 사해행위에 의하여 이익을 받은 자(수익자) 또는 이 수익자로부터 그 이익을 전득한 자(전득자)도 그 행위 또는 전득 당시에, 채권자를 해하게 됨을 알고 있어야 한다(제406조 1항 단서). 수익자 또는 전득자의 사해의 의사도 사해의 사실에 관한 인식이 있으면 된다. 채무자의 사해의 의사가 증명되면 수익자의 악의는 일응 추정을 받으며, 이에 대한 반증의 입증책임은 수익자에게 있다(대판 1969. 1. 28, 68다2022).

3. 보전될 수 있는 채권자의 채권의 범위

(1) 사해행위 이전에 발생하고 있는 채권

취소채권자의 채권은 사해행위 이전에 발생한 것이어야 한다.

사해행위로 인하여 사해행위 이후에 권리를 취득한 채권자를 해친다고 할 수 없으므로 취소채권자의 채권은 사해행위가 있기 이전에 발생하고 있어야 함은 채권자취소권의 성질상 당연한 요건이다(대판 1995. 2. 10, 94다2534).

채권자가 채권자취소권을 행사할 때에는 원칙적으로 자신의 채권액을 초과하여 취소권을 행사할 수 없고, 이때 채권자의 채권액에는 사해행위 이후 사실심 변론종결시까지 발생한 이자나 지연손해금이 포함된다(대판 2003. 7. 11, 2003다19572).

【쟁점사항】

<사해행위 당시 아직 성립되지 않은 채권은 채권자취소권의 피보전채권이 될 수 없는지 여부>

채권자취소권에 의하여 보호될 수 있는 채권은 원칙적으로 채무자가 채권자를 해함을 알고 재산권을 목적으로 한 법률행위를 하기 전에 발생된 것이어야 하지만, 그 법률행위 당시에 이미 채권 성립의 기초가 되는 법률관계가 성립되어 있고, 가까운 장래에 그 법률관계에 기하여 채권이 발생하리라는 점에 대한 고도의 개연성이 있으며, 실제로 가까운 장래에 그 개연성이 현실화되어 채권이 발생한 경우에는, 그 채권도 채권자취소권의 피보전채권이 될 수 있다(대판 2002. 11. 26, 2000다64038 판결).

(2) 금전채권

채권자취소권 행사의 효과는 모든 채권자의 이익을 위하여 그 효력이 있는 것이므로(제407조), 취소채권자의 채권은 금전채권이어야 한다.

(3) 관련문제

가. 특정물 채권을 보전하기 위하여 채권자취소권을 행사할 수 있는지 여부

채권자취소권은 채무자가 채권자를 해함을 알면서 자기의 일반재산을 감소시키는 행위를 한 경우에 그 행위를 취소하여 채무자의 재산을 원상회복시킴으로써 모든 채권자를 위하여 채무자의 책임재산을 보전하는 권리로서, 특정물 채권을 보전하기 위하여 행사하는 것은 허용되지 않는다(대판 1995. 2. 10, 94다2534).

나. 특정물에 대한 소유권 이전등기청구권을 보전하기 위하여 채권자취소권을 행사할 수 있는지 여부(소극)

채권자취소권을 특정물에 대한 소유권이전등기청구권을 보전하기 위하여 행사하는 것은 허용되지 않으므로, 부동산의 제1양수인은 자신의 소유권이전등기청구권 보전을 위하여 양도인과 제3자 사이에서 이루어진 이중양도행위에 대하여 채권자취소권을 행사할 수 없다(대판 1999. 4. 27, 98다56690).

4. 채권자취소권의 행사

(1) 행사방법

1) 채권자의 이름으로 행사

채권자취소권은 채권자가 채권자라는 자격에서, 다시 말하면 채권자 자신의 이름으로 재판상 행사하여야 한다. 채권자대위권에서와 같이 채무자에 갈음하여 행사하지 못한다.

그것은 채무자의 사해행위를 취소하고 원상회복을 청구하는 방식으로 한다.

2) 재판상 행사

채권자취소권은 반드시 재판상으로 행사하여야 한다(제406조).

가. 제소기간

소는 채권자가 취소의 원인을 안 날로부터 1년, 법률행위가 있은 날로부터 5년 내에 제기하여야 한다(제406조 2항). 이 기간은 제척기간이다.

채권자취소권 행사에 있어서 제척기간의 기산점인 채권자가 '취소원인을 안 날'이라 함은 채권자가 채권자취소권의 요건을 안 날, 즉 채무자가 채권자를 해함을 알면서 사해행위를 하였다는 사실을 알게 된 날을 의미한다고 할 것이므로, 단순히 채무자가 재산의 처분행위를 하였다는 사실을 아는 것만으로는 부족하고, 그 법률행위가 채권자를 해하는 행위라는 것 즉, 그에 의하여 채권의 공동담보에 부족이 생기거나 이미 부족상태에 있는 공동담보가 한층 더 부족하게 되어 채권을 완전하게 만족시킬 수 없게 되었으며 나아가 채무자에게 사해의 의사가 있었다는 사실까지 알 것을 요한다(대판 2003. 12. 12, 2003다40286).

나. 관련문제

① 채권자취소권 행사에 있어 채권자가 취소원인을 알았다고 인정하기 위하여는 채무자에게 사해의사가 있었다는 사실도 알아야 하는지 여부(적극) 및 나아가 수익자나 전득자의 악의까지 알아야 하는지 여부(소극)

채권자취소권 행사에 있어 채권자가 취소원인을 알았다고 하기 위하

여서는 단순히 채무자가 재산의 처분행위를 하였다는 사실을 아는 것만으로는 부족하고 구체적인 사해행위의 존재를 알고 나아가 채무자에게 사해의 의사가 있었다는 사실까지 알 것을 요하나, 나아가 채권자가 수익자나 전득자의 악의까지 알아야 하는 것은 아니다(대판 2005. 6. 9, 2004다17535).

② 채권자가 채무자 소유의 부동산에 대한 가압류신청시 등기부등본에 수익자 명의의 근저당권설정등기가 경료되어 있었다는 사실만으로 채권자가 가압류신청 당시 취소원인을 알았다고 인정할 수 있는지 여부(소극)

채권자취소의 소에서 채권자가 취소원인을 안다고 하는 것은 단순히 채무자의 법률행위가 있었다는 사실을 아는 것만으로는 부족하고, 그 법률행위가 채권자를 해하는 행위라는 것까지 알아야 하므로, 채권자가 채무자의 유일한 재산에 대하여 가등기가 경료된 사실을 알고 채무자의 재산상태를 조사한 결과 다른 재산이 없음을 확인한 후 채무자의 재산에 대하여 가압류를 한 경우에는 채권자는 그 가압류 무렵에는 채무자가 채권자를 해함을 알면서 사해행위를 한 사실을 알았다고 봄이 상당하지만, 채권자가 채무자 소유의 부동산에 대한 가압류신청시 첨부한 등기부등본에 수익자 명의의 근저당권설정등기가 경료되어 있었다는 사실만으로는 채권자가 가압류신청 당시 취소원인을 알았다고 인정할 수 없다(대판 2001. 2. 27, 2000다44348).

3) 취소의 상대방

채권자가 채권자취소권을 행사하려면 사해행위로 인하여 이익을 받은 자나 전득한 자를 상대로 그 법률행위의 취소를 청구하는 소송을 제기하여야 되는 것으로서 채무자를 상대로 그 소송을 제기할 수는 없다.

채권자가 전득자를 상대로 하여 사해행위의 취소와 함께 책임재산의 회복을 구하는 사해행위취소의 소를 제기한 경우에 그 취소의 효과는 채권자와 전득자 사이의 상대적인 관계에서만 생기는 것이고 채무자 또는 채무자와 수익자 사이의 법률관계에는 미치지 않는 것이므로, 이 경우 취소의 대상이 되는 사해행위는 채무자와 수익자 사이에서 행하여진 법률행위에 국한되고, 수익자와 전득자 사이의 법률행위는 취소의 대상이 되지 않는다(대판 2004. 8. 30, 2004다21923).

(2) 행사의 범위

가. 취소의 범위

사해행위 취소의 범위는 취소채권자의 채권액을 기준으로 한다. 다만 다른 채권자가 배당요구를 할 것이 명백하거나 목적물이 불가분인 경우에는 그 채권액을 넘어서도 취소를 구할 수 있다(대판 1977. 9. 9, 97다10864).

나. 반환청구의 목적물

사해행위를 취소하고 목적물의 반환(원상회복)을 청구하여야 하는 것이 원칙이나 가액배상을 청구하여야 하는 경우도 있다.

▣ 핵심판례 ▣

■ **사해행위 후 그 목적물에 관하여 선의의 제3자가 저당권을 취득하였음을 이유로 가액배상을 명하는 경우 및 증여의 형식으로 이루어진 사해행위 취소에서 가액배상을 명하는 경우, 가액배상의 범위**

어느 부동산에 관한 법률행위가 사해행위에 해당하는 경우에는 원칙적으로 그 사해행위를 취소하고 소유권이전등기의 말소 등 부동산 자체의 회복을 명하여야 하는 것이나, 다만 원물반환이 불가능하거나 현저히 곤란한 경우에는 원상회복의무의 이행으로서 사해행위 목적물의 가액 상당의 배상을 명하여야 하는 것이고, 이러한 가액배상에 있어서는 일반 채권자들의 공동담보로 되어 있어 사해행위가 성립하는 범위 내의 가액의 배상을 명하여야 하는 것이므로, 사해행위 후 그 목적물에 관하여 선의의 제3자가 저당권을 취득하였음을 이유로 가액배상을 명하는 경우에는 사해행위 당시 일반 채권자들의 공동담보로 되어 있었던 부동산 가액 전부의 배상을 명하여야 할 것이고, 그 가액에서 제3자가 취득한 저당권의 피담보채권액을 공제할 것은 아니고, 증여의 형식으로 이루어진 사해행위를 취소하고 원물반환에 갈음하여 그 목적물 가액의 배상을 명함에 있어서는 수익자에게 부과된 증여세액과 취득세액을 공제하여 가액배상액을 산정할 것도 아니다(대판 2003. 12. 12, 2003다40286).

5. 채권자취소권 행사의 효과

'제407조 채권자취소의 효력'의 조문해석에서 설명하기로 한다.

· 사해행위 취소 등 청구의 소장

소 장

<div align="right">

원 고 박 서 일 (朴成日)

서울특별시 종로구 통의동 135의 9

피 고 정 도 식 (鄭道植)

서울특별시 마포구 창전동 123의 4

</div>

사해행위 취소 등의 청구의 소

청 구 취 지

1. 피고가 2005년 3월 3일 별지 목록 기재의 부동산에 대하여 서울특별시 마포구 창전동 234의 5 소외 김 철인으로부터 매매에 의하여 양수한 행위는 이를 취소한다.
2. 피고는 원고에 대하여 위 부동산에 관하여 서울지방법원 용산등기소 2005년 3월 6일 접수 제555호로써 경료한 동년 3월 3일 매매에 인한 소유권 이전등기의 말소등기절차를 이행하라.
3. 소송비용은 피고의 부담으로 한다.

청 구 원 인

1. 원고는 2004년 11월 10일 피고의 소개로 서울특별시 마포구 창전동 234의 5 소외 김 철인에게 아래와 같이 금원을 대여하였다.
 가. 대 여 금 5,000,000원
 나. 이 자 연 2할 5푼
 다. 변제기일 1995. 5. 10.
 라. 특 약 위 변제기일에 채무를 이행하지 아니할 때에는 별지 목록 기재의 부동산을 처분하여 위 원리금을 충당할 수 있는 권한을 원고에게 위임한다.

2. 그런데 피고는 위 금전소비대차계약의 입회인으로 서명날인하였고 위 부동산
 은 위 김 철인의 유일한 재산으로 동 김 철인이 채무를 이행하지 아니할 때
 에는 그 처분권까지 특약한 바 있는 재산으로 동 재산을 타에 양도한다면 원
 고는 위 채권확보를 불가능하게 한다는 사실을 알고 있으면서 피고는 위 김
 철인과 위 부동산에 대하여 2005년 3월 3일 매매계약에 의하여 이를 동년 3
 월 6일 서울지방법원 용산등기소 접수 제555호로써 매매를 원인으로 한 소유
 권이전등기를 필하여 그 소유권을 취득하고 있다.
 그러므로 피고는 원고의 위 채권을 면탈할 목적으로 위 부동산을 양수한 악
 의의 수익자이다.
3. 그러므로 원고는 위 채권의 보전을 하기 위하여서는 위 부동산의 양도행위
 전체를 취소할 필요성이 있고 그로 인하여 취득한 위 소유권이 전등기의 말
 소를 구하고자 본소에 이른 것이다.

<p style="text-align:center">입 증 방 법</p>

 1. 금전소비대차계약서
 1. 부동산 등기부 등본
 1. 기타 변론시 수시 제출하겠음.

<p style="text-align:center">첨 부 서 류</p>

1. 소장 부본 1통
1. 위 입증서류 사본 각 1통

<p style="text-align:center">2005. 7. 3.</p>

<p style="text-align:right">위 원 고 박 성 일 ㊞</p>

서울지방법원 귀중

[채권자취소권]

채권자들
(합계 200만원)

A₁
채권액
100만원

(토지의 반환청구)

대여금

D
아래 토지를
100만원으로
매도한다.

C

시가 100만원의
토지를 50만원에
매도한다.

A₂
채권액
50만원

불지급금

B
채권액
(소지자산액100만원)

A₃
채권액
50만원

<참고사항>

※ 채무자 회생 및 파산에 관한 법률상 부인권과의 비교
1. 채권자취소권과 같이 채권의 공동담보를 유지, 보전하는 제도로는 채무자 회생 및 파산에 관한 법률상 부인권이 있다. 그런데 이 부인권은 사해의사가 불필요하고, 부인의 대상이 법률행위에 한정되지 않는다는 점에서 채권자취소권보다 강력하다.
2. 사해행위 후 채무자가 파산선고를 받아 파산관재인이 부인권을 갖게 되면 채권자는 채권자취소권을 행사할 수 없다.
※ 채권자 취소권의 법적 성질
1. 상대적 무효설(통설, 판례)
 (1) 법적 성질 : 사해행위의 취소와 일탈된 재산의 반환을 목적으로 하는 권리

(2) 소송형태 : 형성소송과 이행소송을 병합하는 것이 원칙이나 형성소송만을 먼저 제기하고 나중에 이행소송만을 제기할 수도 있다.

(3) 소송의 상대방 : 수익자 또는 전득자만이 피고이다. 채무자는 피고적격이 없다.

(4) 효 과 : 일탈된 목적물은 채무자에게 반환된다. 다만, 취소된 사해행위는 소송당사자인 수익자 또는 전득자와 채권자 사이에만 무효가 되고, 채무자 와 수익자 또는 전득자 사이의 법률관계는 그대로 유효하다. 따라서 사해 행위가 취소되고 재산이 반환되더라도 채무자가 그 권리를 회복하는 것은 아니고, 회복된 재산은 채무자의 총채권자의 공동담보로서 기능을 하므로 취소권을 행사한 채권자에게 우선변제권이 있는 것은 아니다. 다만, 채권자 의 채권과 상계적상에 있다면 상계로서 예외적으로 사실상 우선변제의 효 과를 누릴 수 있다.

강제집행을 통하여 권리를 상실한 수익자 또는 전득자는 채무자에게 상환 을 받을 수 있다.

(5) 문제점 : 채무자에게 권리가 회복되어 귀속되는 것이 아니어서 강제집행의 적격성이 있다고 할 수 없음에도 불구하고 강제집행을 할 수 있도록 하는 것은 이론적인 모순이 있다는 비판이 있다.

2. 책임설(김형배)

(1) 법적 성질 : 일탈된 재산의 회복이 목적이 아니라, 일탈재산의 책임법상의 지위(강제집행의 적격성) 회복을 목적으로 하는 권리이다. 즉, 수익자나 전 득자는 물상보증인과 유사한 지위가 된다.

(2) 소송형태 : 책임의 소로서 형성의 소이다.

(3) 소송의 상대방 : 채무자는 피고적격이 없고, 수익자 또는 전득자 만이 피고 가 된다는 점에서 통설과 동일하다.

(4) 효과 : 일탈된 재산이 채무자에게 반환되지 않고, 여전히 수익자나 전득자 에게 소유권이 있는 상태에서 채무자의 책임재산으로서의 지위만을 부여받 는다. 총채권자의 공동담보가 되기 때문에 상계적상에 있더라도 상계로서 우선변제를 받을 수는 없다.

(5) 문제점 : 소송형태로서 집행수인의 소(책임의 소)가 우리 법제에는 존재하 지 않는다는 문제점이 있다.

▣ 핵심판례 ▣

■ [채권자취소권]

1. 가. 수익자가 채무자 소유의 부동산에 관하여 설정된 선순위 담보가등기의 피담보채무를 대위변제한 후 그 부동산에 관하여 매매예약에 기한 소유권이전등기청구권 보전을 위한 가등기를 경료한 경우, 사해행위의 성립과 그 범위

사해행위가 성립되려면 채무자가 어떤 법률행위를 함으로써 채무자의 공동담보, 즉 그의 적극재산에서 소극재산을 공제한 금액이 그 법률행위 이전보다 부족하게 되어야 하는 것이므로 수익자가 채무초과상태에 있는 채무자의 부동산에 관하여 설정된 선순위 담보가등기의 피담보채무를 변제하여 그 가등기를 말소하는 대신 동일한 금액을 피담보채무로 하는 새로운 담보가등기를 설정하는 것은 채무자의 공동담보를 부족하게 하는 것이라고 볼 수 없어 사해행위가 성립한다고 할 수 없지만, 선순위 담보가등기를 말소시킨 후 그 부동산에 관하여 매매예약을 하고, 그에 기하여 소유권이전등기청구권 보전의 가등기를 경료한 경우에는 그 부동산의 가액, 즉 시가에서 피담보채무액을 공제한 잔액의 범위 내에서 사해행위가 성립한다.

나. 소유권이전등기청구권보전을 위한 가등기가 사해행위에 해당하는 경우 원상회복 방법

소유권이전등기청구권보전을 위한 가등기가 사해행위로서 이루어진 경우 그 매매예약을 취소하고 원상회복으로서 가등기를 말소하면 족한 것이고, 가등기 후에 저당권이 말소되었다거나 그 피담보채무가 일부 변제된 점 또는 그 가등기가 사실상 담보가등기라는 점 등은 그와 같은 원상회복의 방법에 아무런 영향을 주지 않는다(대판 2003. 7. 11, 2003다19435).

2. 이혼에 따른 재산분할을 함에 있어 정신적 손해(위자료)를 배상하기 위한 급부로서의 성질까지 포함하여 분할할 수 있는지 여부(적극) 및 위 재산분할이 사해행위로서 채권자취소권의 대상이 되기 위한 요건 및 그 취소의 범위

이혼에 있어서 재산분할은 부부가 혼인 중에 가지고 있었던 실질상의 공동재산을 청산하여 분배함과 동시에 이혼 후에 상대방의 생활유지에 이바지하는 데 있지만, 분할자의 유책행위에 의하여 이혼함으로 인하여 입게 되는 정신적 손해(위자료)를 배상하기 위한 급부로서의 성질까지 포함하여 분할할 수도 있다고 할 것인바, 재산분할의 액수와 방법을 정함에 있어서는 당사자 쌍방의 협력으로 이룩한 재산의 액수 기타 사정을 참작하여야 하는 것이 민법 제839조의2 제2항의 규정상 명백하므로 재산분할자가 이미 채무초과의 상태에 있다거나 또는 어떤 재산을 분할

한다면 무자력이 되는 경우에도 분할자가 부담하는 채무액 및 그것이 공동재산의 형성에 어느 정도 기여하고 있는지 여부를 포함하여 재산분할의 액수와 방법을 정할 수 있다고 할 것이고, 재산분할자가 당해 재산분할에 의하여 무자력이 되어 일반채권자에 대한 공동담보를 감소시키는 결과가 된다고 하더라도 그러한 재산분할이 민법 제839조의2 제2항의 규정 취지에 반하여 상당하다고 할 수 없을 정도로 과대하고, 재산분할을 구실로 이루어진 재산처분이라고 인정할 만한 특별한 사정이 없는 한 사해행위로서 채권자취소권의 대상이 되지 아니하고, 위와 같은 특별한 사정이 있어 사해행위로서 채권자취소권의 대상이 되는 경우에도 취소되는 범위는 그 상당한 부분을 초과하는 부분에 한정된다고 할 것이다(대판 2005. 1. 28, 2004다58963).

3. **채무자가 유일한 재산을 매각하여 소비하기 쉬운 금전으로 바꾸거나 무상으로 이전하여 주는 경우, 사해행위의 성립 여부(적극) 및 사해의사의 추정 여부(적극)와 수익자의 악의에 관한 입증책임**

채무자가 자기의 유일한 재산인 부동산을 매각하여 소비하기 쉬운 금전으로 바꾸거나 타인에게 무상으로 이전하여 주는 행위는 특별한 사정이 없는 한 채권자에 대하여 사해행위가 된다고 볼 것이므로 채무자의 사해의 의사는 추정되는 것이고, 이를 매수하거나 이전 받은 자가 악의가 없었다는 입증책임은 수익자에게 있다(대판 2001. 4. 24, 2000다41875).

4. **채권자취소를 구하는 가등기의 원인되는 법률행위가 취소채권자의 채권보다 앞서 발생한 경우에는 그 가등기는 채권자취소권의 대상이 될 수 없다고 한 사례**

법률행위의 이행으로서 가등기를 경료하는 경우에 그 채무의 원인되는 법률행위가 취소권을 행사하려는 채권자의 채권보다 앞서 발생한 경우에는 특별한 사정이 없는 한 그 가등기는 채권자취소권의 대상이 될 수 없다(대판 2002. 4. 12, 2000다43352).

5. **신용카드가입계약의 체결만으로 채권자취소권의 행사를 위한 '채권성립의 기초가 되는 법률관계'가 있다고 할 수 있는지 여부(소극)**

가. 신용카드가입계약은 신용카드의 발행 및 관리, 신용카드의 이용과 관련된 대금의 결제에 관한 기본적 사항을 포함하고 있기는 하나 그에 기하여 신용카드업자의 채권이 바로 성립되는 것은 아니고, 신용카드를 발행받은 신용카드회원이 신용카드를 사용하여 신용카드가맹점으로부터 물품을 구매하거나 용역을 제공받음으로써 성립하는 신용카드매출채권을 신용카드가맹점이 신용카드업자에게 양도하거나, 신용카드업자로부터 자금의 융통을 받는 별개의 법률관계에 의하여 비로소 채권이 성립하는 것이므로, 단순히 신용카드가입계약만을 가리켜 여기에서 말하는 '채권성립의 기초가 되는 법률관계'에 해당한다고 할 수는 없다.

나. 채무자가 채권자와 신용카드가입계약을 체결하고 신용카드를 발급받았으나 자신의 유일한 부동산을 매도한 후에 비로소 신용카드를 사용하기 시작하여 신용카드대금을 연체하게 된 경우, 그 신용카드대금채권은 사해행위 이후에 발생한 채권에 불과하여 사해행위의 피보전채권이 될 수 없다(대판 2004. 11. 12, 2004다40955).

6. 가. 사해행위 당시 아직 성립되지 아니한 채권이 예외적으로 채권자취소권의 피보전채권이 될 수 있는 경우

채권자취소권에 의하여 보호될 수 있는 채권은 원칙적으로 사해행위라고 볼 수 있는 행위가 행하여지기 전에 발생된 것임을 요하지만, 그 사해행위 당시에 이미 채권 성립의 기초가 되는 법률관계가 발생되어 있고, 가까운 장래에 그 법률관계에 기하여 채권이 성립되리라는 점에 대한 고도의 개연성이 있으며, 실제로 가까운 장래에 그 개연성이 현실화되어 채권이 성립된 경우에는, 그 채권도 채권자취소권의 피보전채권이 될 수 있다.

나. 사해행위 당시 채권 성립의 고도의 개연성이 있었다고 보기 어렵다는 이유로 채권자취소권의 피보전채권이 될 수 없다고 본 사례

사해행위 당시 채권 성립의 고도의 개연성이 있었다고 보기 어렵다는 이유로 채권자취소권의 피보전채권이 될 수 없다고 본 사례(1996. 2. 9. 판결, 95다14503 가처분이의).

7. 사해행위취소에 있어서 수익자의 악의에 관한 입증책임

사해행위취소에 있어서 수익자가 악의라는 점에 대하여는 그 수익자 자신에게 선의임을 입증할 책임이 있다(1991. 2. 12. 제2부 판결, 90다16276 사해행위취소등).

8. 특정물에 대한 소유권이전등기청구권을 보전하기 위한 채권자취소권 행사 가부(소극)

특정물에 대한 소유권이전등기청구권을 보전하기 위한 채권자취소권은 행사될 수 없다(1991. 7. 23. 제2부 판결, 91다6757 소유권이전등기말소).

9. 채권자의 채무자에 대한 소유권이전등기청구소송이나 손해배상청구소송이 패소로 확정된 경우 위 각 청구권을 행사하기 위하여 채무자의 제3자에 대한 소유권이전등기의 말소를 구하는 사해행위취소청구를 할 수 있는지 여부(소극)

채권자취소권을 행사하려면 채무자에 대하여 채권을 행사할 수 있음이 전제되어야 할 것인데, 채권자의 채무자에 대한 소유권이전등기청구소송이나 손해배상청구소송이 패소확정되어 행사할 수 없게 되었다면 소유권이전등기청구권이나 손해배상청구권을 행사하기 위하여 채무자의 제3자에 대한 소유권이전등기의 말소를 구하는 사해행위취소청구도 인용될 수 없다(1993. 2. 12. 제3부(마) 판결, 92다

25151 토지소유권이전등기말소등기).

10. 채무자가 채무초과 상태에서 채권자 중의 1인과 통모하여 그에게 부동산을 매도하고 매매대금채권을 그 채권자의 채권과 상계한 경우 사해행위가 되는지 여부

채무자가 채무가 재산을 초과하는 상태에서 채권자 중 한 사람과 통모하여, 그 채권자만 우선적으로 채권의 만족을 얻도록 할 의도로, 채무자 소유의 부동산을 그 채권자에게 매각하고 위 매매대금채권과 그 채권자의 채무자에 대한 채권을 상계하는 약정을 하였다면 가사 매매가격이 상당한 가격이거나 상당한 가격을 초과한다고 할지라도, 채무자의 매각행위는 다른 채권자를 해할 의사로 한 법률행위에 해당한다(1994. 6. 14. 제2부 판결, 94다2961 약속어음금등, 94다2978 근저당권이전등기말소등).

11. 채권자취소권에 있어 피보전채권액의 기준시점과 그 범위 등

가. 채권자취소권에 있어서의 피보전채권액을 산정하는 기준시점과 그 범위

채권자가 채권자취소권을 행사할 때에는 원칙적으로 자신의 채권액을 초과하여 취소권을 행사할 수 없고, 이 때 채권자의 채권액에는 사해행위 이후 사실심 변론종결시까지 발생한 이자나 지연손해금이 포함된다.

나. 채권자취소소송의 상대방인 수익자나 전득자가 판결로 확정된 채권자의 채권의 존부나 범위에 관하여 다툴 수 있는지 여부(소극)

채권자가 채무자를 상대로 그 채무의 이행을 구하는 소를 제기하여 승소판결이 확정되면 채권자취소소송의 상대방인 수익자나 전득자는 그와 같이 확정된 채권자의 채권의 존부나 범위에 관하여 다툴 수 없다(대판 2003. 7. 11, 2003다19572).

12. 각 채권자가 동시 또는 이시에 채권자취소 및 원상회복소송을 제기한 것이 중복제소인지 여부 등

가. 각 채권자가 동시 또는 이시에 채권자취소 및 원상회복소송을 제기한 경우 이들 소송이 중복제소에 해당하는지 여부(소극)

채권자취소권의 요건을 갖춘 각 채권자는 고유의 권리로서 채무자의 재산처분 행위를 취소하고 그 원상회복을 구할 수 있는 것이므로 각 채권자가 동시 또는 이시에 채권자취소 및 원상회복소송을 제기한 경우 이들 소송이 중복제소에 해당하는 것이 아니다.

나. 동일한 사해행위에 관하여 어느 한 채권자가 채권자취소 및 원상회복청구를 하여 승소판결을 받아 그 판결이 확정되면 그 후에 제기된 다른 채권자의 동일한 청구가 권리보호의 이익이 없어지는지 여부(한정소극)

어느 한 채권자가 동일한 사해행위에 관하여 채권자취소 및 원상회복청구를

하여 승소판결을 받아 그 판결이 확정되었다는 것만으로 그 후에 제기된 다른 채권자의 동일한 청구가 권리보호의 이익이 없어지게 되는 것은 아니고, 그에 기하여 재산이나 가액의 회복을 마친 경우에 비로소 다른 채권자의 채권자취소 및 원상회복청구는 그와 중첩되는 범위 내에서 권리보호의 이익이 없게 된다(대판 2003. 7. 11, 2003다19558).

13. 사해행위 취소청구와 원상회복 청구의 분리 여부 등

가. 민법 제406조 제1항의 사해행위 취소청구와 이를 통한 원상회복 청구를 분리하여 할 수 있는지 여부(적극)

채권자가 민법 제406조 제1항에 따라 사해행위의 취소와 원상회복을 청구하는 경우 사해행위의 취소만을 먼저 청구한 다음 원상회복을 나중에 청구할 수 있다.

나. 사해행위 취소청구를 제척기간 내에 한 경우 원상회복 청구를 제척기간 도과 후에 할 수 있는지 여부(적극)

채권자가 민법 제406조 제1항에 따라 사해행위의 취소와 원상회복을 청구하는 경우 사해행위 취소 청구가 민법 제406조 제2항에 정하여진 기간 안에 제기되었다면 원상회복의 청구는 그 기간이 지난 뒤에도 할 수 있다(대판 2001. 9. 4, 2001다14108).

14. 동일한 사해행위에 관하여 어느 한 채권자가 채권자취소 및 원상회복청구를 하여 승소판결을 받아 그 판결이 확정되고 그에 따라 이행이 완료된 경우, 다른 채권자의 채권자취소 및 원상회복청구가 그와 중첩되는 범위 내에서 권리보호의 이익이 없어지는지 여부(적극)

동일한 사해행위에 관한 취소소송이 중첩된 경우, 선행 소송에서 확정판결로 처분부동산의 감정 평가에 따른 가액반환이 이루어진 이상 후행 소송에서 부동산의 시가를 다시 감정한 결과 위 확정판결에서 인정한 시가보다 평가액이 증가되었다 하더라도, 그 증가된 부분을 위 확정판결에서 인정한 부분과 중첩되지 않는 부분으로 보아 이에 대하여 다시 가액배상을 명할 수는 없다(대판 2005. 3. 24, 2004다65367).

15. 채권자가 채무자 소유의 부동산에 관하여 가압류를 경료할 무렵 이미 채무자가 채권자를 해함을 알면서 사해행위를 한 사실을 알았다고 봄이 상당하다고 판단하여 채권자취소권의 제척기간이 도과하지 아니하였다고 본 원심판결을 파기한 사례

채권자가 채무자의 재산상태를 조사한 결과 자신의 채권 총액과 비교하여 채무자 소유의 부동산의 가액이 그에 미치지 못하는 것을 이미 파악하고 있었던 상태에서 채무자의 재산에 대하여 가압류를 하는 과정에서 그 중 일부 부동산에 관하여 제3자 가등기가 경료된 사실을 확인하였다면, 다른 특별한 사정이 없는

한 채권자는 그 가압류 무렵에는 채무자가 채권자를 해함을 알면서 사해행위를
한 사실을 알았다고 봄이 상당하다(대판 2002. 11. 26, 2001다11239).

16. 저당권이 설정되어 있는 부동산이 사해행위로 이전된 후 그 저당권설정 등기가 말소된 경우, 청구취지의 변경 없이 바로 가액배상을 명할 수 있는지 여부

저당권이 설정되어 있는 부동산이 사해행위로 이전된 경우에 그 사해행위는 부동산의 가액에서 저당권의 피담보채권액을 공제한 잔액의 범위 내에서만 성립한다고 보아야 하므로, 사해행위 후 변제 등에 의하여 저당권설정등기가 말소된 경우 그 부동산의 가액에서 저당권의 피담보채무액을 공제한 잔액의 한도에서 사해행위를 취소하고 그 가액의 배상을 구할 수 있을 뿐이고, 특별한 사정이 없는 한 변제자가 누구인지에 따라 그 방법을 달리한다고 볼 수는 없는 것이며, 사해행위인 계약 전부의 취소와 부동산 자체의 반환을 구하는 청구취지 속에는 위와 같이 일부 취소를 하여야 할 경우 그 일부 취소와 가액배상을 구하는 취지도 포함되어 있다고 볼 수 있으므로 청구취지의 변경이 없더라도 바로 가액반환을 명할 수 있다(대판 2002. 11. 8, 2002다41589).

17. 채권자취소의 소에서 가액배상시 수익자의 상계 가능 여부 등

가. 채권자취소의 소에서 수익자가 원상회복으로서 가액배상을 할 경우, 수익자 자신도 채무자에 대한 채권자라는 이유로 채무자에 대하여 가지는 자기의 채권과 상계를 주장할 수 있는지 여부(소극)

채권자취소권은 채권의 공동담보인 채무자의 책임재산을 보전하기 위하여 채무자와 수익자 사이의 사해행위를 취소하고 채무자의 일반재산으로부터 일탈된 재산을 모든 채권자를 위하여 수익자 또는 전득자로부터 환원시키는 제도로서, 수익자로 하여금 자기의 채무자에 대한 반대채권으로써 상계를 허용하는 것은 사해행위에 의하여 이익을 받은 수익자를 보호하고 다른 채권자의 이익을 무시하는 결과가 되어 위 제도의 취지에 반하므로, 수익자가 채권자취소에 따른 원상회복으로서 가액배상을 할 때에 채무자에 대한 채권자라는 이유로 채무자에 대하여 가지는 자기의 채권과의 상계를 주장할 수는 없다.

나. 채권자취소의 소에서 수익자가 채무자에게 가액배상금 명목으로 금원을 지급 하였다는 점을 들어 채권자에 대하여 가액배상에서의 공제를 주장할 수 있는지 여부(소극)

채권자취소권은 채권의 공동담보인 채무자의 책임재산을 보전하기 위하여 채무자의 일반재산으로부터 일탈된 재산을 모든 채권자를 위하여 수익자 또는 전득자로부터 환원시키는 제도로서, 그 행사의 효력은 채권자와 수익자 또는 전득자와의 상대적인 관계에서만 미치는 것이므로 채권자취소권의 행사로 인하여 채무자가 수익자나 전득자에 대하여 어떠한 권리를 취득하는 것은 아니라고 할 것이고, 따라서 수익자가 채무자에게 가액배상금 명목으로 금원을

지급하였다는 점을 들어 채권자취소권을 행사하는 채권자에 대하여 가액배상
에서의 공제를 주장할 수는 없다(대판 2001. 6. 1, 99다63183).

18. **사해행위 이전에 성립되어 있는 채권자의 채권이 양도된 경우, 채권양도**
의 대항요건을 사해행위 이후에 갖춘 채권양수인이 채권자취소권을 행사
할 수 있는지 여부(적극)

채권자의 채권이 사해행위 이전에 성립되어 있는 이상 그 채권이 양도된 경우에
도 그 양수인이 채권자취소권을 행사할 수 있고, 이 경우 채권양도의 대항요건
을 사해행위 이후에 갖추었더라도 채권양수인이 채권자취소권을 행사 할 수 있
다(대법원 2006. 6. 29. 선고 2004다5822 판결).

19. **사해행위 당시 성립하지 않은 채권이 예외적으로 채권자취소권의 피보전**
채권이 되기 위한 요건 및 그 요건으로서 '채권성립의 기초가 되는 법률
관계'의 범위

채권자취소권에 의하여 보호될 수 있는 채권은 원칙적으로 사해행위라고 볼 수
있는 행위가 행하여지기 전에 발생된 것임을 요하지만, 그 사해행위 당시에 이
미 채권 성립의 기초가 되는 법률관계가 발생되어 있고, 가까운 장래에 그 법률
관계에 터잡아 채권이 성립되리라는 점에 대한 고도의 개연성이 있으며, 실제로
가까운 장래에 그 개연성이 현실화되어 채권이 성립된 경우에는, 그 채권도 채
권자취소권의 피보전채권이 될 수 있는바, 이는 채무자가 채권자를 해한다는 사
해의사로써 채권의 공동담보를 감소시키는 것은 형평과 도덕적 관점에서 허용할
수 없다는 채권자취소권 제도의 취지에 근거한 것으로서, 이렇게 볼 때 여기에
서의 '채권성립의 기초가 되는 법률관계'는 당사자 사이의 약정에 의한 법률관
계에 한정되는 것이 아니고, 채권성립의 개연성이 있는 준법률관계나 사실관계
등을 널리 포함하는 것으로 보아야 할 것이며, 따라서 당사자 사이에 채권 발생
을 목적으로 하는 계약의 교섭이 상당히 진행되어 그 계약체결의 개연성이 고도
로 높아진 단계도 여기에 포함되는 것으로 보아야 한다(대법원 2002. 11. 8. 선고
2002다42957 판결).

20. **저당권의 피담보채권액이 담보 재산의 가액을 초과하고 있는 경우, 그**
재산의 양도가 사해행위에 해당하는지 여부(소극)

저당권이 설정되어 있는 재산이 사해행위로 양도된 경우에 그 사해행위는 그 재
산의 가액, 즉 시가에서 저당권의 피담보채권액을 공제한 잔액의 범위 내에서
성립하고, 피담보채권액이 그 재산의 가액을 초과하는 때에는 당해 재산의 양도
는 사해행위에 해당한다고 할 수 없다(대법원 2006.4.13. 선고 2005다70090 판결).

21. **연대보증인의 법률행위가 사해행위에 해당하는지 여부를 판단함에 있어**
주채무자의 일반적인 자력을 고려하여야 하는지 여부(소극)

연대보증인의 법률행위가 사해행위에 해당하는지 여부를 판단함에 있어서 주채

무에 관하여 주채무자 또는 제3자 소유의 부동산에 대하여 채권자 앞으로 근저
당권이 설정되어 있는 등으로 채권자에게 우선변제권이 확보되어 있는 경우가
아닌 이상, 주채무자의 일반적인 자력은 고려할 요소가 아니다(대법원 2003. 7.
8. 선고 2003다13246 판결).

22. 채권자가 사해행위 취소 및 원상회복으로 원물반환 청구를 하여 승소 판결이 확정된 후에 원물반환의 목적을 달성할 수 없게 된 경우, 다시 제기한 가액배상 청구의 권리보호의 이익 유무(소극)

사해행위 후 목적물에 관하여 제3자가 저당권이나 지상권 등의 권리를 취득한
경우에는 수익자가 목적물을 저당권 등의 제한이 없는 상태로 회복하여 이전하
여 줄 수 있다는 등의 특별한 사정이 없는 한, 채권자는 원상회복 방법으로 수
익자를 상대로 가액 상당의 배상을 구할 수도 있고, 채무자 앞으로 직접 소유권
이전등기절차를 이행할 것을 구할 수도 있다. 이 경우 원상회복청구권은 사실심
변론종결 당시의 채권자의 선택에 따라 원물반환과 가액배상 중 어느 하나로 확
정되며, 채권자가 일단 사해행위 취소 및 원상회복으로서 원물반환 청구를 하여
승소 판결이 확정되었다면, 그 후 어떠한 사유로 원물반환의 목적을 달성할 수
없게 되었다고 하더라도 다시 원상회복청구권을 행사하여 가액배상을 청구할 수
는 없으므로 그 청구는 권리보호의 이익이 없어 허용되지 않는다(대법원 2006.
12. 7. 선고 2004다54978 판결).

23. 채권자가 사해행위의 수익자 또는 전득자에 대하여 회생절차가 개시되더라도 관리인을 상대로 사해행위의 취소 및 그에 따른 원물반환을 구하는 사해행위취소의 소를 제기할 수 있는지 여부(적극)

사해행위취소권은 사해행위로 이루어진 채무자의 재산처분행위를 취소하고 사해
행위에 의해 일탈된 채무자의 책임재산을 수익자 또는 전득자로부터 채무자에게
복귀시키기 위한 것이므로 환취권의 기초가 될 수 있다. 수익자 또는 전득자에
대하여 회생절차가 개시된 경우 채무자의 채권자가 사해행위의 취소와 함께 회생
채무자로부터 사해행위의 목적인 재산 그 자체의 반환을 청구하는 것은 환취권의
행사에 해당하여 회생절차개시의 영향을 받지 아니한다. 따라서 채무자의 채권자
는 사해행위의 수익자 또는 전득자에 대하여 회생절차가 개시되더라도 관리인을
상대로 사해행위의 취소 및 그에 따른 원물반환을 구하는 사해행위취소의 소를
제기할 수 있다(대법원 2014. 9. 4. 선고 2014다36771 판결).

24. 확정판결에 기한 강제집행이 권리남용에 해당하기 위한 요건 및 이 경우 판결금 채권을 피보전채권으로 하는 채권자취소권 행사 등 판결금 채권에 기초한 다른 권리의 행사가 허용되는지 여부(소극)

판결이 확정되면 기판력에 의하여 대상이 된 청구권의 존재가 확정되고 그 내용
에 따라 집행력이 발생한다. 다만 확정판결에 의한 권리라 하더라도 신의에 좇아
성실히 행사되어야 하고 판결에 기한 집행이 권리남용이 되는 경우에는 허용되지

않으므로 집행채무자는 청구이의의 소에 의하여 집행의 배제를 구할 수 있다. 이처럼 확정판결의 내용이 실체적 권리관계에 배치되어 판결에 의한 집행이 권리남용에 해당된다고 하기 위해서는 판결에 의하여 집행할 수 있는 것으로 확정된 권리의 성질과 내용, 판결의 성립 경위 및 판결 성립 후 집행에 이르기까지의 사정, 집행이 당사자에게 미치는 영향 등 제반 사정을 종합하여 볼 때, 확정판결에 기한 집행이 현저히 부당하고 상대방으로 하여금 집행을 수인하도록 하는 것이 정의에 반함이 명백하여 사회생활상 용인할 수 없다고 인정되는 경우이어야 한다. 그리고 위와 같이 확정판결에 기한 집행이 권리남용에 해당하여 청구이의의 소에 의하여 집행의 배제를 구할 수 있는 정도의 경우라면 그러한 판결금 채권에 기초한 다른 권리의 행사, 예를 들어 판결금 채권을 피보전채권으로 하여 채권자취소권을 행사하는 것 등도 허용될 수 없다고 보아야 한다(대법원 2014. 2. 21. 선고 2013다75717 판결).

25. 사해행위취소소송에서 채무자가 채무초과상태에 있는지를 판단할 때, 사해행위 당시 존속하고 있는 임대차관계에서 임차인의 보증금반환채권이 애초의 보증금액 상당의 가치대로 적극재산에 포함되는지 여부(원칙적 적극)

민법 제406조에서 정하는 채권자취소권의 대상인 '사해행위'란 채무자가 적극재산을 감소시키거나 소극재산을 증가시킴으로써 채무초과상태에 이르거나 이미 채무초과상태에 있는 것을 심화시킴으로써 채권자를 해하는 행위를 가리킨다. 그리고 사해행위취소소송에서 채무자가 그와 같이 채무초과상태에 있는지 여부는 사해행위 당시를 기준으로 판단된다. 한편 채무자가 위와 같이 채무초과상태에 있는지 여부를 판단함에 있어서 사해행위 당시 존속하고 있는 임대차관계에서의 임차인의 보증금반환채권은 장차 임대차관계가 종료되는 등으로 그 권리가 실제로 성립하는 때에 선순위권리의 존재 또는 임차인의 차임지급의무 불이행 등으로 임차인이 이를 현실적으로 반환받을 가능성이 없거나 제한되는 것으로 합리적으로 예측되는 등의 특별한 사정이 없는 한 이를 애초의 보증금액 상당의 가치대로 적극재산에 포함된다고 평가하는 것이 그 권리의 성질이나 내용 등에 부합한다(대법원 2013. 4. 26. 선고 2012다118334 판결).

26. 채권자취소권 행사의 요건인 채무자의 무자력 여부를 판단할 때 그 대상이 되는 소극재산의 판단 기준

채권자취소권 행사의 요건인 채무자의 무자력 여부를 판단함에 있어서 그 대상이 되는 소극재산은 원칙적으로 사해행위라고 볼 수 있는 행위가 행하여지기 전에 발생된 것임을 요하지만, 그 사해행위 당시에 이미 채무 성립의 기초가 되는 법률관계가 성립되어 있고, 가까운 장래에 그 법률관계에 터잡아 채무가 성립되리라는 점에 대한 고도의 개연성이 있으며, 실제로 가까운 장래에 그 개연성이 현실화되어 채무가 성립된 경우에는 그 채무도 채무자의 소극재산에 포함시켜야 한다(대법원 2011. 1. 13. 선고 2010다68084 판결).

27. 연대보증인의 재산처분행위가 사해행위에 해당하는지 여부의 판단 기준

연대보증인에게 부동산의 매도행위 당시 사해의 의사가 있었는지 여부는 연대보증인이 자신의 자산상태가 채권자에 대한 연대보증채무를 담보하는 데 부족하게 되리라는 것을 인식하였는가 하는 점에 의하여 판단하여야 하고, 연대보증인이 주채무자의 자산상태가 채무를 담보하는 데 부족하게 되리라는 것까지 인식하였어야만 사해의사를 인정할 수 있는 것은 아니며, 채무자가 자기의 유일한 재산인 부동산을 매각하여 소비하기 쉬운 금전으로 바꾸는 행위는 특별한 사정이 없는 한 채권자에 대하여 사해행위가 되므로 채무자의 사해의사는 추정되는 것이고, 이를 매수한 자가 선의라는 입증책임은 수익자에게 있다(대법원 2010. 6. 10. 선고 2010다12067 판결).

◈ 채권자취소권행사의 효과

제 407 조【채권자취소의 효력】

전조의 규정에 의한 취소와 원상회복은 모든 채권자의 이익을 위하여 그 효력이 있다.

■ § 407. 채권자취소권행사의 효과

- 취소권행사의 효과는 모든 채권자의 이익을 위하여 효력이 있다.
- 반환해야 할 채무가 채권자의 채권과 상계적상에 있는 때에는 상계할 수 있다.
- 취소판결의 기판력은 채무자에게 미치지 않는다. 즉 취소의 효력은 상대적이다.

본조는 채권자취소권 행사의 효력을 규정한 것이다.

1. 채권자에 대한 효과

취소권행사의 효과는 모든 채권자의 이익을 위하여 그 효력이 있다.

즉 회복된 재산 또는 그에 갈음한 손해배상은 채무자의 일반재산이 되고, 책임재산의 증가라는 결과를 가져오므로 총채권자를 위하여 공동담보가 된다.

총채권자는 이것으로부터 평등한 비율로써 변제를 청구할 수 있게 되고, 취소권을 행사한 채권자가 그것으로부터 우선변제를 받는 권리를 취득하는 것은 아니다.

따라서 취소권자는 취소권에 의하여 회복된 재산권에 대하여 다시 강제집행의 절차를 밟지 않으면 그것을 자기의 채권의 변제에 충당할 수 없는 것이다.

판례는 사해행위의 목적물이 동산이고 그 현물반환이 가능한 경우에는 취소채권자는 직접 자기에게 그 목적물의 반환을 청구할 수 있다고 하였다(대판 1999. 8. 24, 99다23468·23475).

2. 상대적 효력

취소의 효과는 상대적이다. 즉 취소판결의 기판력은 소송에 참가하지 않은 채무자에게 미치지 않고, 또한 채무자의 수익자, 수익자와 전득자 사이의 법률

관계에는 아무런 영향이 없다.

(대판 1984. 11. 24. 84마610. 공보⑫1985, 347, 대판 1988. 2. 23. 87다카1989. 공보⑱1988, 587, 대판 1990. 10. 30. 89다카35421. 공보(23)1990, 2402).

■ **핵심판례** ■

■ [채권자취소의 효력]

채무자와 수익자 사이의 부동산매매계약이 사해행위라는 이유로 취소되어 그 소유권이전등기가 말소된 경우 그 이전에 이루어진 수익자의 채권자가 한 가압류의 효력

사해행위의 목적부동산에 수익자에 대한 채권자의 가압류등기가 경료된 후 채무자와 수익자 사이의 위 부동산에 관한 매매계약이 사해행위라는 이유로 취소되어 수익자 명의의 소유권이전등기가 말소되었다 하더라도 사해행위의 취소는 상대적 효력밖에 없어 특단의 사정이 없는 한 가압류의 효력이 당연히 소멸되는 것은 아니므로 채무자로부터 위 부동산을 진전하여 양도받은 자는 가압류의 부담이 있는 소유권을 취득하였다 할 것인바, 원심이 위 부동산에 관한 수익자 명의의 소유권이전등기가 원인무효라는 이유만으로 가압류채권자의 위 부동산에 대한 강제집행을 불허한 조치는 사해행위취소의 효력에 관한 법리를 오해한 위법이 있다(1990. 10. 30. 제1부 판결, 89다카35421 제3자이의).

제 3 절 수인의 채권자 및 채무자

「수인의 채권자 또는 채무자」 또는 「다수 당사자의 채권관계」라 함은 채권관계의 당사자, 즉 채권자와 채무자에 관하여 채권자 또는 채무자 혹은 그 쌍방이 2인 이상 있는 경우의 채권관계를 가리키는 것이다. 다수 당사자의 채권관계에 관하여 본절에서 규율하고 있는 것은 분할채권관계, 불가분채권관계, 연대채무 및 보증채무의 네 가지가 있으며 각 조에서 설명하기로 한다.

제 1 관 총 칙

 민법이 총칙에서 분할채권관계를 규정하고 있는 것은 다수 당사자의 채권관
계에 관하여 분할채권관계가 원칙임을 밝히고 있는 것이다. 분할채권관계에는
분할채권과 분할채무가 있다.

◈ 채권자나 채무자가 수인인 경우 권리·의무의 비율

제 408 조 【분할채권관계】

채권자나 채무자가 수인인 경우에 특별한 의사표시가 없으면 각 채권자 또는 각 채무자는 균등한 비율로 권리가 있고 의무를 부담한다.

■ § 408. 분할채권관계

• 채권자나 채무자가 수인인 경우에 특별한 의사표시가 없으면 각 채권자 또는 채무자는 균등한 비율로 권리가 있고 의무가 있다.

• 관련법조 : [다수당사자채권관계와 공동소송] 민소 §65

분할채권관계는 하나의 가분급부를 목적으로 하는 다수당사자의 채권관계이다. 불가분채권관계에 대립된다. 여기서 가분급부(분할급부)란 동일한 급부에 2인 이상의 채권자 또는 채무자가 있을 때, 분할 할 수 있는 급부를 말한다. 예를 들면 갑·을·병 세 사람이 정에 대하여 3만원의 채권을 가지고 있을 때, 각각 1만원씩의 채권으로 분할할 수 있는 경우에 그 3만원의 채권이다(정의 입장을 기본으로 한다면 가분채무 또는 분할채무가 된다). 우리 민법은 다수당사자의 채권관계에서는 분할채권관계를 원칙으로 한다(대판 1992. 10. 27. 90다13628. 공보(29) 1992, 3232). 즉 급부가 가분이고 특별한 의사표시가 없으면 각 채권자 또는 채무자는 균등한 비율로 권리를 갖고 의무를 진다. 그러나 이 원칙을 고집하면 현실에 맞지 않는 경우도 있으므로 특별한 약속이나 의사표시가 없어도 연대채무(또는 불가분채무)로써 취급하는 것이 타당한 경우가 많다. 상사의 경우가 특히 그러하다(상법 제57조).

▣ 핵심판례 ▣

■ [분할채권관계]

1. 채권의 일부 양도가 이루어진 경우, 채무자의 양도인에 대한 채권을 자동채권으로 하는 상계의 방법 및 효과

채권의 일부 양도가 이루어지면 특별한 사정이 없는 한 각 분할된 부분에 대하여 독립한 분할채권이 성립하므로 그 채권에 대하여 양도인에 대한 반대채권으로 상

계하고자 하는 채무자로서는 양도인을 비롯한 각 분할채권자 중 어느 누구도 상계의 상대방으로 지정하여 상계할 수 있고, 그러한 채무자의 상계 의사표시를 수령한 분할채권자는 제3자에 대한 대항요건을 갖춘 양수인이라 하더라도 양도인 또는 다른 양수인에 귀속된 부분에 대하여 먼저 상계되어야 한다거나 각 분할채권액의 채권 총액에 대한 비율에 따라 상계되어야 한다는 이의를 할 수 없다(대판 2002. 2. 8, 2000다50596).

2. 2인의 공동매수인 중 1인이 매수대금을 모두 지급한 경우와 소유권이전등기 소요서류의 교부

토지의 매도인은 2인의 공동매수인에게 특별한 사정이 없는 한 각 1/2씩의 지분권에 관하여 각 소유권이전등기절차를 이행할 의무가 있는 것인 바 잔대금 지급을 지체하고 있던 위 공동매수인중의 1인이 잔대금 전액을 지급하였다고 하더라도 그러한 사정만으로는 동인에게 다른 공동매수인의 지분부분에 관해서까지 소유권이전등기 소요서류를 교부할 수 있는 특별한 사정이 있다고 할 수 없다(대법원 1981. 2. 24. 선고 79다14 판결).

3. 가. 국토이용관리법상 허가대상의 거래인지 신고대상의 거래인지를 구별하는 거래단위면적의 결정기준

국토이용관리법 제21조의3 제1항, 제2항, 제8항, 같은법시행령 제25조 제3항, 제4항의 취지에 비추어 보면, 동일 당사자 사이에 국토이용관리법상의 규제구역 내에 있는 수필지의 토지에 관하여 매매계약을 체결하고자 하는 경우에 있어서 그 매매가 같은 법상의 토지거래허가대상인가 아니면 단순히 신고대상인가를 구별하는 거래단위면적은 각 필지별 면적에 따라 필지별로 정할 것이 아니라 목적 토지들의 지리적 근접성 및 이용상황, 당해 거래의 경제적 목적, 대금의 결정방법 등 제반 상황을 종합적으로 고려하여 수필지 토지 전체가 하나의 매매계약 목적물이라고 보여지는 경우에는 수필지 토지 전체의 면적을 기준으로 정하여야 할 것이고, 또한 매수인 또는 매도인이 여러 사람이라고 하더라도 위 거래단위면적은 당해 토지면적 자체를 기준으로 결정할 것이지 매매당사자 1인별 면적을 기준으로 결정할 것은 아니다.

나. 매도인 및 매수인이 수인인 매매계약이 무효인 경우 계약금 상당액의 부당이득반환채권의 성질

채권자나 채무자가 여러 사람인 경우에 특별한 의사표시가 없으면 각 채권자 또는 각 채무자는 균등한 비율로 권리가 있고 의무를 부담한다고 할 것이므로, 피고를 포함한 4인의 매도인이 원고를 포함한 4인의 매수인에게 임야를 매도하기로 하는 계약을 체결한 경우 매매계약의 무효를 원인으로 부당이득으로서 계약금의 반환을 구하는 채권은 특별한 사정이 없으면 불가분채권채무관계가 될 수 없으므로 매도인 중의 1인에 불과한 피고가 매수인 중의 1인에 불과한 원고에게 위 계약금 전액을 반환할 의무가 있다고 할 수 없다

(1993. 8. 14. 제1부 판결, 91다41316 위약금).

4. 복수채권자 명의로 소유권 이전등기청구권 보전의 가등기가 경료된 경우 매매예약 완결권의 소유형태(=준공유) 및 1인 채무자에 대한 복수의 가등 기채권자의 본등기 청구의 소송형태(=필요적 공동소송)

가. 1인 채무자에 대한 복수채권자의 채권을 담보하기 위하여 그 복수채권자와 채무자가 채무자 소유의 부동산에 관하여 복수채권자를 공동권리자로 하는 매매예약을 체결하고 그에 따른 소유권이전등기청구권보전의 가등기를 한 경우 복수채권자는 매매예약 완결권을 준공유하는 관계에 있다.

나. 수인의 가등기채권자가 1인 채무자에 대한 매매예약 완결권을 행사하는 경우 즉 채무자에 대한 매매예약 완결의 의사표시 및 이에 따른 목적물의 소유권 이전의 본등기를 구하는 소의 제기는 매매예약 완결권의 처분행위라 할 것이 고 복수채권자의 전부 아닌 일부로써도 할 수 있는 보존행위가 아니므로, 매 매예약 완결의 의사표시 자체는 채무자에 대하여 복수채권자 전원이 행사하 여야 하며 채권자가 채무자에 대하여 예약이 완결된 매매목적물의 소유권이 전의 본등기를 구하는 소는 필요적 공동소송으로서 매매예약완결권을 준공유 하고 있던 복수채권자 전원이 제기하여야 할 것이다(대판 1984. 6. 12, 83다카 2282).

제 2 관 불가분채권과 불가분채무

불가분채권관계라 함은 다수의 채권자나 채무자가 하나의 불가분급부를 목적으로 하는 채권을 가지고 채무를 부담하는 경우의 채권·채무관계이다. 여기서 불가분급부란 (1) 분할하면 경제적 가치를 잃거나 감하는 성질상의 불가분과 (2) 당사자의 의사표시에 의하여 불가분이 된 급부를 의미한다. 예를 들면 1대의 자동차급부에 관하여 갑·을·병이 공동으로 정에게 구입한 경우는 불가분급부이며, 갑·을이 100만원을 분할하지 않고 병으로부터 받은 채권은 의사표시에 의한 불가분급부이다. 불가분채권관계에서 각 채권자는 단독으로 변제를 수령할 수 있으며(제409조, 제410조), 각 채권자는 채무자에 대하여 전부의 이행을 청구할 수 있다(제411조). 채무자가 1인의 채권자에게 이행하면 다른 채권자의 채권도 소멸한다(제409조). 불가분채권에 있어서는 각 채무자가 각자 전부급부의 의무를 지고 1인의 채무자의 이행에 의하여 다른 채무자의 채무도 소멸한다(제411조). 그밖의 점에서 각 채권·채무는 독립한 것으로 취급된다(제410조 1항, 제411조, 제412조 참조).

◈ 불가분채권의 청구 및 이행의 방법

제 409 조【불가분채권】

채권의 목적이 그 성질 또는 당사자의 의사표시에 의하여 불가분인 경우에 채권자가 수인인 때에는 각 채권자는 모든 채권자를 위하여 이행을 청구할 수 있고 채무자는 모든 채권자를 위하여 각 채권자에게 이행할 수 있다.

■ § 409. 불가분채권

• 대외적 효력 : ① 각 채권자는 모든 채권자를 위하여 이행청구가능
　　　　　　　　② 채무자는 모든 채권자를 위하여 각 채권자에게 전부이행가능
• 대내적 효력 : 변제를 받은 채권자는 다른 채권자에 대하여 내부관계의 비율에 따라 그의 급부이익을 분급해야 한다.

　본조는 불가분채권에 관하여 채권자가 수인있는 경우의 그 청구 및 이행의 방법을 규정한 것이다.

　각 채권자는 모든 채권자를 위하여 이행을 청구할 수 있고, 또 채무자는 모든 채권자를 위하여 각 채권자에게 이행할 수 있다. 그 결과, 1인의 채권자가 이행을 청구하면 이행지체 혹은 시효중단의 효과는 다른 모든 채권자를 위하여 발생한다. 또 1인의 채권자에의 이행 또는 변제제공이 있으면, 채권의 소멸 또는 수령지체의 효과는 모든 채권자에게 대해서 일어난다.

▣ 핵심판례 ▣

■ [불가분채권]

1. 공동상속인들의 건물철거의무의 성질

공동상속인들의 건물철거의무는 그 성질상 불가분채무라고 할 것이고 각자 그 지분의 한도 내에서 건물 전체에 대한 철거의무를 지는 것이다(대판 1980. 6. 24, 80다756).

2. 가. 민법상 다수당사자의 채권관계

민법상 다수당사자의 채권관계는 원칙적으로 분할채권관계이고 채권의 성질상 또는 당사자의 약정에 기하여 특히 불가분으로 하는 경우에 한하여 불가분채권관계로 되는 것이다.

나. 강제경매신청을 취하하기로 하는 내용의 합의서에 경매신청인과 함께 합의당사자로 되어 있는 자에게 경매신청취하의무가 있는지 여부(소극)

강제경매의 취하는 특별한 사정이 없는 한 경매신청인만 할 수 있으므로 상대방의 소취하와 함께 강제경매신청을 취하하기로 하는 내용의 합의서에 경매신청인과 함께 합의당사자로 되어 있는 자는 경매신청취하의무가 있다 할 수 없다(1992. 10. 27. 제2부 판결,. 90다13628 손해배상).

3. 공동의 점유·사용으로 인한 부당이득 반환채무의 성질(불가분채무)

여러 사람이 공동으로 법률상 원인 없이 타인의 재산을 사용한 경우의 부당이득 반환채무는 특별한 사정이 없는 한 불가분적 이득의 반환으로서 불가분채무이고, 불가분채무는 각 채무자가 채무 전부를 이행할 의무가 있으며, 1인의 채무이행으로 다른 채무자도 그 의무를 면하게 된다(대법원 2001. 12. 11. 선고 2000다13948 판결).

4. 건물의 공유자가 공동으로 건물을 임대하고 보증금을 수령한 경우, 보증금반환채무의 성질(=불가분채무)

건물의 공유자가 공동으로 건물을 임대하고 보증금을 수령한 경우, 특별한 사정이 없는 한 그 임대는 각자 공유지분을 임대한 것이 아니고 임대목적물을 다수의 당사자로서 공동으로 임대한 것이고 그 보증금 반환채무는 성질상 불가분채무에 해당된다고 보아야 할 것이다(대법원 1998. 12. 8. 선고 98다43137 판결).

◈ 불가분채권에 있어서 1인의 채권자에 생긴 사항의 효력

제 410 조 【1인의 채권자에 생긴 사항의 효력】

① 전조의 규정에 의하여 모든 채권자에게 효력이 있는 사항을 제외하고는 불가분채권자중 1인의 행위나 1인에 관한 사항은 다른 채권자에게 효력이 없다.

② 불가분채권자중의 1인과 채무자간에 경개나 면제있는 경우에 채무전부의 이행을 받은 다른 채권자는 그 1인이 권리를 잃지 아니하였으면 그에게 분급할 이익을 채무자에게 상환하여야 한다.

■ § 410. 총채권자와 채무자와의 관계

- 채무자는 모든 채권자를 위하여 각 채권자에게 전부이행가능
- 그 이외의 사유는 모두 상대적 효력이 있을 뿐이다.
- 경개와 면제에 관하여서만 규정하고 있으나 대물변제, 상계, 혼동, 시효의 완성에 관하여서도 같게 해석

1. 절대적 효력

각 채권자는 모든 채권자를 위하여 이행을 청구할 수 있고, 채무자는 모든 채권자를 위하여 각 채권자에게 이행할 수 있으므로(제409조 후문), 이 '청구와 이행'의 한도에서는 다른 채권자에게도 그 효력이 미친다(제410조 1항 전문). 즉, 1인의 채권자의 청구에 의한 시효중단·이행지체의 효과나 채무자가 1인의 채권자에 대해 한 이행에 따른 변제·변제의 제공·채권자지체의 효과는 모두 다른 채권자에게도 발생한다.

2. 상대적 효력

청구와 이행(또는 변제의 제공)은 절대적 효력을 발생시키지만, 그 이외의 불가분채권자 1인에 대하여 발생한 사유는 다른 채권자에게 영향을 미치지 아니한다(상대적 효력). 그러므로 1인의 채권자(갑)와 채무자(병)와의 사이에 면제 또는 경개가 행해진 경우에도 다른 채권자(을)는 채무 전부의 이행을 청구

할 수 있다.

다만 이러한 경우에 을이 이행을 받으면, 을은 갑에게 그 이익을 분급하고, 갑은 면제, 또는 경개에 의하여 받은 병의 이익을 병에게 반환하여야겠지만, 본조는 이 순환적 관계를 간이하게 결제하기 위하여, 을이 병에게 직접 병의 이익분을 반환하는 것을 인정하고 있다.

단독으로 이행을 받은 채권자는 다른 채권자에게 내부관계의 비율에 따라 분급하여야 하며, 특별한 사정이 없는 한 이 내부적 비율은 평등하다(이설없음).

◈ 불가분채무에 준용되는 규정

제 411 조 【불가분채무와 준용규정】

수인이 불가분채무를 부담한 경우에는 제413조 내지 제415조, 제422조, 제424조 내지 제427조 및 전조의 규정을 준용한다.

■ § 411. 불가분채무

- 대외적 효력 : ① 절대적 효력이 생기는 경우-변제, 변제의 제공 및 수령지체, 공탁 등
 ② 상대적 효력이 생기는 경우-이행의 청구 및 이에 기한이행지체 또는 시효중단, 경개, 상계, 판결, 채무의 승인 등
- 대내적 효력 : 연대채무에 관한 규정 준용(§411, §424~§427)

본조는 불가분채무에 관한 준용규정을 규정한 것이다.

불가분채무에 관해서는 대외적 효력과 내부관계는 연대채무의 규정에 따르고, 불가분채무자의 1인에 대하여 발생한 사유의 효력만이 불가분채권과 같이 취급된다.

(1) 대외적 효력 : 채권자는 1인의 채무자에 대하여 또는 모든 채무자에 대하여 동시나 순차로 전부의 이행을 청구할 수 있다(본조에 의한 제414조의 준용).

(2) 불가분채무자의 1인에 대하여 발생한 사유 중 이행은 절대적 효력을 일으키지만 그 이외의 사유는 상대적 효력을 발생시킴에 그친다(본조에 의한 제422조의 준용).

면제 또는 경개가 있었던 경우의 순환적 관계의 간이결제도 마찬가지로 인정되어 있다(본조에 의한 제410조 2항의 준용).

(3) 이행한 불가분채무자의 1인은 다른 채무자에 대한 내부관계 즉 부담부분에 따라 구상할 수 있다(본조에 의한 제424조 내지 제427조의 준용).

(4) 그 밖에 제413조의 연대채무의 내용, 제415조의 어느 연대채무자에 생긴

무효와 취소 등에 관한 규정이 불가분채무에 준용한다.

(5) 이행청구 : 견해의 대립이 있으나 통설은 상대효 사유로 본다.

▣ 핵심판례 ▣

■ [불가분채무와 준용규정]

1. 공동의 점유·사용으로 인한 부당이득 반환채무의 성질(불가분채무)

여러 사람이 공동으로 법률상 원인 없이 타인의 재산을 사용한 경우의 부당이득 반환채무는 특별한 사정이 없는 한 불가분적 이득의 반환으로서 불가분채무이고, 불가분채무는 각 채무자가 채무 전부를 이행할 의무가 있으며, 1인의 채무이행으로 다른 채무자도 그 의무를 면하게 된다(대판 2001. 12. 11, 2000다13948).

2. 공동의 점유 사용으로 인한 부당이득반환채무가 불가분채무인지 여부

공동의 점유 사용으로 말미암아 부담하게 되는 부당이득의 반환채무는 불가분적 이득의 상환으로서 특별한 사정이 없는 한 채무자들이 각자 채무 전부를 이행할 의무가 있는 불가분채무이다(1991. 10. 8. 제2부 판결, 91다3901 담장철거등).

3. 가. 산업재해보상보험에 있어서 공동사업자의 보험료채무의 성격

산업재해보상보험법 제6조 제1항의 규정에 의하여 보험가입자가 되는 사업의 사업주가 여러 사람인 경우에는 산업재해보상보험이 강제보험인 성질과 사회 거래관념 등에 비추어 볼 때 그 보험료채무는 그 채무의 성질상 불가분채무로서 각각의 사업자는 보험료채무의 전액에 대하여 책임을 부담하는 것으로 보아야 한다.

나. 산업재해보상의 보험료 징수절차 중 산업재해보상보험법 제29조 소정의 납부통지절차를 거치지 아니한 체납처분이 무효인지 여부

같은 법 제23조, 제25조, 제27조, 제27조의2, 제29조의 각 규정을 종합하여 보면, 산업재해보상보험가입자는 매보험연도마다 연도 초에 당해 연도의 개산보험료를 보고납부하고, 전년도의 확정보험료를 산정하여 이를 보고하며, 부족분에 대하여는 추가납부하도록 되어 있고, 개산보험료든 확정보험료든 보고를 하지 아니하거나 그 보고가 사실과 다른 때에는 그 사실을 조사하여 개산 혹은 확정보험료를 산정하여 전액 혹은 미납분을 징수하도록 되어 있는바, 그 징수절차로서는 보험료가 보고된 바 없거나 보고된 내용이 사실과 달라 그 사실을 조사한 경우는 물론 보고된 그대로 보험료가 확정된 경우에도 먼저 징수대상인 보험료채권을 구체적으로 확정한 후 납부의무자에게 청구하기 위하여 같은 법 제29조 소정의 납부통지를 요한다고 할 것이며, 그 납부통지

에 의하여도 납부하지 아니하는 경우 독촉을 하여야 하고, 그 독촉이 있음에
도 불구하고 납부하지 아니하는 경우에 국세체납처분의 예에 의하여 이를 징
수할 수 있는 것으로 보아야 하며, 만일 위와 같은 절차 중 납부통지절차를
거치지 아니하였다면 그 보험가입자에 대하여 한 압류 등 체납처분은 그 하
자가 중대하고도 명백하여 무효이다(1994. 6. 24. 제3부 판결, 93누6782 압류
처분취소).

◈ 불가분채권이나 불가분채무가 가분채권이나 가분채무로 변경된 경우의 청구 및 이행의 방법

제 412 조【가분채권, 가분채무에의 변경】

불가분채권이나 불가분채무가 가분채권 또는 가분채무로 변경된 때에는 각 채권자는 자기부분만의 이행을 청구할 권리가 있고 각 채무자는 자기부담 부분만을 이행할 의무가 있다.

■ § 412. 불가분채권관계의 분할채권관계에의 변경

• 불가분급부가 가분급부로 변한 때에는 불가분채권관계는 분할채권관계로 변한다.
• 분할채권관계의 원칙을 취하는 데서 오는 당연한 귀결

불가분채권관계는 그 주체에 따른 독립 및 복수의 채권·채무이며, 단순히 급부가 불가분이기 때문에 각채권·채무가 구속을 받는 것에 불과하다. 따라서 급부가 불가분에서 가분으로 변경되면, 채권·채무로 당연히 분할된다. 이는 분할채권관계의 원칙을 취하는 데서 나오는 당연한 결과이다.

제 3 관 연대채무

수인의 채무자가 채무전부를 각자 이행할 의무가 있고 채무자 1인의 이행으로 다른 채무자도 그 채무를 면하게 되는 다수당사자의 채무이다(제413조). 각 채무자의 채무가 독립되어 있고 주종의 차가 없다는 점에서 보증채무와 다르다. 그 점이 보증채무보다도 유력한 담보제도가 되는 원인의 하나이다. 그 성질에 대하여서는 단일채무설·중첩채무설·복수채무설로 나누어진다.

연대채무는 법률의 규정에 의하여 발생하는 경우(제35조 2항, 제760조, 제832조, 상법 제24조, 제57조 1항, 제81조, 제138조 등)와 법률행위에 의하여 발생하는 경우(연대의 계약)가 있다. 채권자는 연대채무자 중의 1인 또는 수인 또는 전원에 대하여 전부 또는 일부나 전부를 청구할 수 있다. 수인 또는 전원에 대하여 청구할 때는 동시에 청구할 수도 있고 순차로 청구할 수 있다(제414조). 연대채무자의 1인에 대하여 변제·대물변제·공탁·수령지체·상계·청구·경개·면제·혼동·시효가 발생하면 그의 효력은 다른 연대채무자에게도 미치지만(제416조~제422조) 그 이외의 사유가 발생해도 다른 자와는 관계가 없다(제423조). 연대채무자 내부에서는 부담부분이 정해져 있다. 즉 연대채무자의 한 사람이 채무를 변제하고 그밖에 자기의 출재로 공동면책을 받은 때에는 다른 채권자에 대하여 구상권을 가진다(제425조 1항). 그 부담부분의 비율은 특약이 있다면 그에 의하고 특약이 없으면 균등한 것으로 추정된다(제425조 1항).

구상권의 범위는 출재한 액, 면책이 있은 날 이후의 법정이자, 피할 수 없었던 비용이나 그밖의 손해배상을 포함한다(제425조 2항). 그러나 연대채무자 가운데 1인이 변제를 하려면 그 전후에 다른 연대채무자에게 통지할 의무가 있다. 이 통지를 게을리하면 구상권에 제한을 받게 된다.

◆ 연대채무의 의의

제 413 조 【연대채무의 내용】

수인의 채무자가 채무전부를 각자 이행할 의무가 있고 채무자 1인의 이행으로 다른 채무자도 그 의무를 면하게 되는 때에는 그 채무는 연대채무로 한다.

■ § 413. 연대채무

- 수인의 채무자가 각각 전액을 변제할 의무를 지고 그 중의 1인이 변제하면 다른 자도 전부 채무를 면하는 제도
- 제도적 의의 : 채권의 효력강화
 채권담보작용 : 책임재산범위가 모든 채무자의 일반재산에 확장
- 관련법조 : 상 §57, 광업 §75②~⑤, 상 §212, §321, §399, §401, §567

1. 연대채무의 의의

연대채무란 수인의 채무자가 동일한 내용의 급부에 관하여 각각 독립해서 전부의 급부를 하여야 할 채무를 부담하고, 그 중 1인이 전부에 대한 급부를 하면 채권이 소멸하고, 그 결과 다른 채무자도 채무에서 벗어나는 다수당사자의 채무이다.

그 성질에 관하여는 독일 보통법 이래로 여러 가지의 논의가 있으나, 민법상 보통 다음과 같이 해석하고 있다.

(1) 연대채무는 채무자의 수만큼 다수의 채무가 있고, 각 채무자의 채무는 보증채무의 경우와 달리 주종의 관계에 있지 않고, 각각 독립한 것이다. 그러므로 채무자의 1인에 대한 채권만을 양도할 수도 있고, 채무자의 1인에 대해서만 보증인을 세울 수도 있다.

각 채무자의 채무가 모습을 달리하는 것은 상관없다. 예컨대 상인과 상인이 아닌 자가 연대하여 금전을 차용한 경우, 상인인 자의 채무와 상인 아닌 자의 채무는 소멸시효의 기간이 다르다.

각 채무자의 채무에 관해서 기한 또는 조건을 달리할 수도 있고, 채무

액이 같지 않더라도 상관없다.

1개의 계약으로 연대채무를 부담한 경우에도 채무자 1인에 대한 법률행위의 무효 또는 취소의 원인이 있더라도 다른 채무자의 채무에는 영향이 미치지 아니한다.

(2) 각 채무자의 채무는 전부의 급부를 할 것을 그 본래의 내용으로 한다. 불가분채무에 있어서와 같이, 급부가 불가분이기 때문에 부득이 전부의 급부를 하는 것이 아니라 급부는 가분이더라도 전부의 급부를 하는 것이다.

(3) 채무자의 급부가 있으면 전부의 채무가 소멸한다. 각 채무자의 채무는 객관적으로 단일한 목적을 달성하기 위한 수개의 수단으로 볼 수 있기 때문이다.

(4) 각 채무자의 채무는 주관적으로 공동의 목적에 의하여 서로 관련되어 있다.

따라서 채무자의 1인에 관하여 발생한 사유는 일정한 범위에서 다른 채무자에게도 그 효력을 발생시킨다. 또 채무자의 대내관계에 있어서는 언제나 부담부분이 있고, 1인의 채무자가 공동의 면책을 받은 경우에는 구상의 문제를 일으킨다.

2. 연대채무의 성립

(1) 법률행위에 의한 성립

연대채무가 발생하는 가장 중요한 원인은 법률행위이다. 계약이 보통이지만 유언과 같은 단독행위로도 성립케 할 수 있다.

(2) 법률의 규정에 의한 성립

민법은 다음과 같은 경우에 연대채무가 성립하는 것으로 규정하고 있다.

① 법인의 목적 범위 외의 행위로 인하여 타인에게 손해를 가한 경우에 그 사항의 의결에 찬성하거나 그 의결을 집행한 사원·이사 기타 대표자의 연대책임(제35조 2항).

② 임무를 해태한 이사의 연대책임(제65조)

③ 사용대차 또는 임대차에서 발생하는 채무에 있어서 공동차주 또는 공동임차인의 연대채무(제616조・제654조)

④ 공동불법행위자의 연대책임(제760조)

⑤ 일상가사로 인한 채무에 대한 부부의 연대책임(제832조)

[연대채무·보증채무·연대보증]

	연 대 채 무	보 증 채 무	연 대 보 증
	채 권 자 A → 자연대 B 채무 / 자연대 C 채무 / 자연대 D 채무	채 권 자 A → 주채무자 B / 보증인 C / 보증인 D	채 권 자 A → 주채무자 B / 자연대 C 보증 / 자연대 D 보증
B가 미성년자로서 법정대리인이 B의 채권을 취소하였을 때	C도 D도 전혀 영향을 받지 아니한다.	CD의 채무가 소멸한다.	CD의 채무가 소멸한다.
A가 갑자기 C,D에게 청구하고 집행하였을 때	C도 D도 이에 응하지 않으면 안된다.	C도 D도 B에게 우선 청구하라고 주장하거나 B의 재산은 집행이 용이하다는 것을 증명하고 이에 저항할 수 있다.	C도 D도 이에 응하지 않으면 안된다.
A는 C,D에게 몇만원을 청구할 수 있는가	C,D에게 각각 30만원씩이나 아니면 그의 일부를 청구할 수 있다.	C,D에게 각각 15만원밖에 청구할 수 없다.	C,D에게 각각 30만원씩이나, 아니면 그의 일부를 청구할 수 있다.
C가 30만원을 변제하였을 때	먼저 B 20만원, C 5만원, D가 5만원을 부담할 것을 약정하고 있었을 때는 B에게 20만원, D에게 5만원을 구상할 수 있다. 부담에 대하여 특별한 약정이 없었을 때는 B에게 10만원 D에게 10만원을 구상할 수 있다.	B에게 30만원을 구상할 수 있다. B가 무자력일 때는 D에게 15만원을 구상할 수 있다. 별개로 부담부분을 CD사이에 약정하고 있을 때에는 그 약정분을 구상할 수 있다.	B에게 30만원을 구상할 수 있다. B가 무자력일 때에는 D에게 부담부분에 따라서 구상한다. 예를 들면 C 20만원 D 10만원으로 약정이 있었다면 D에게 10만원을 구상한다. 약정이 없을 때는 15만원을 구상할 수 있다.
A의 입장의 강약	가장 강하다	가장 약하다	두 번째로 강하다

▣ 핵심판례 ▣

■ [연대채무의 내용]

1. 가. 영업양도의 의미 및 영업의 포괄적 양도와 고용계약의 승계 여부 (적극)

영업의 양도라 함은 일정한 영업목적에 의하여 조직화된 업체 즉 인적, 물적 조직을 그 동일성을 유지하면서 일체로서 이전하는 것을 말하고, 영업이 포괄적으로 양도되면 양도인과 근로자 간에 체결된 고용계약도 양수인에게 승계된다.

나. 명시적인 영업양도의 합의는 없었으나 피고들이 공동하여 영업을 포괄적으로 양수한 것으로 보아 양도인의 피용인에 대하여 연대하여 임금지급채무가 있다고 본 사례

명시적인 영업양도의 합의는 없었으나 피고들이 공동하여 영업을 포괄적으로 양수한 것으로 보아 양도인의 피용인에 대하여 연대하여 임금지급채무가 있다고 본 사례(1991. 8. 9. 제3부 판결, 91다15225 근로자지위확인등).

2. 임대인의 이행보조자가 임차인으로 하여금 임차목적물을 사용·수익하지 못하게 함으로써 임대인은 채무불이행에 의한 책임을 지고 그 이행보조자는 불법행위책임을 지는 경우, 양 책임의 관계

임대인인 피고 갑은 이행보조자인 피고 을이 임차물인 점포의 출입을 봉쇄하고 내부시설공사를 중단시켜 임차인인 원고로 하여금 그 사용·수익을 하지 못하게 한 행위에 대하여 임대인으로서의 채무불이행으로 인한 손해를 배상할 의무가 있고, 또한 피고 을이 원고가 임차인이라는 사정을 알면서도 위와 같은 방법으로 원고로 하여금 점포를 사용·수익하지 못하게 한 것은 원고의 임차권을 침해하는 불법행위를 이룬다고 할 것이므로 피고 을은 원고에게 불법행위로 인한 손해배상의무가 있다고 할 경우, 피고 갑의 채무불이행책임과 피고 을의 불법행위책임은 동일한 사실관계에 기한 것으로 부진정연대채무관계에 있다(대판 1994. 11. 11, 94다22446).

<참고사항>

※ 부진정연대채무

1. 개 념

하나의 동일한 급부에 대하여 수인의 채무자가 각기 독립하여 그 전부를 급부해야 하는 의무를 부담하는 채무

· 채무자가 부담하는 채무불이행으로 인한 손해배상채무와 제3자가 부담하는

불법행위로 인한 손해배상채무의 원인이 동일한 사실관계에 기한 경우에는 하나의 동일한 급부에 관하여 수인의 채무자가 각자 독립해서 그 전부를 급부하여야 할 의무를 부담하는 경우로서 부진정연대채무관계에 있다(대법원 2006. 9. 8. 선고 2004다55230 판결).

2. 특 징

(1) 주관적 공동관계가 없다.

(2) 변제, 대물변제, 공탁, 상계 등 목적도달 사유 외에는 전부 상대효만 있다. 참고로 판례는 과거에는 상계에 상대적 효력만 있다고 하였으나, 최근 전원합의체 판결로 판례를 변경하여 '상계로 인한 채무소멸의 효력은 소멸한 채무 전액에 관하여 다른 부진정연대채무자에 대하여도 미친다'고 하여 상계에 절대적 효력을 인정하였다(대판 2010. 9. 16. 선고 2008다97218 전원합의체).

(3) 주관적 공동관계가 없으므로 부담부분이 없고, 따라서 구상관계가 당연히 발생하지는 않는다(통설). 이에 대하여 판례는 공동불법행위의 경우에만 구상을 인정하여 오고 있었으나, 최근에 일반적으로 이를 인정하려는 태도를 보인다.

① 이른바 부진정연대채무의 관계에 있는 복수의 책임주체 내부관계에 있어서는 형평의 원칙상 일정한 부담 부분이 있을 수 있으며, 그 부담 부분은 각자의 고의 및 과실의 정도에 따라 정하여지는 것으로서 부진정연대채무자 중 1인이 자기의 부담 부분 이상을 변제하여 공동의 면책을 얻게 하였을 때에는 다른 부진정연대채무자에게 그 부담 부분의 비율에 따라 구상권을 행사할 수 있다(대법원 2006. 1. 27. 선고 2005다19378 판결).

② 공동불법행위자는 채권자에 대한 관계에서는 연대책임(부진정연대채무)을 지되, 공동불법행위자들 내부관계에서는 일정한 부담 부분이 있고, 이 부담 부분은 공동불법행위자의 과실의 정도에 따라 정하여지는 것으로서 공동불법행위자 중 1인이 자기의 부담 부분 이상을 변제하여 공동의 면책을 얻게 하였을 때에는 다른 공동불법행위자에게 그 부담 부분의 비율에 따라 구상권을 행사할 수 있다(대법원 1997. 12. 12. 선고 96다50896 판결).

3. 부진정연대채무 관계인 것

(1) 법인의 불법행위책임(제35조1항)과 이사의 손해배상의무(제750조)

(2) 피용자의 불법행위책임(제750조)과 사용자배상책임(제756조)(대판 1975. 12. 23. 75다1193)

(3) 책임무능력자의 불법행위에 대한 법정감독의무자와 대리감독자의 책임 (제755조)

(4) 이행보조자의 책임(제750조)과 채무자의 손해배상의무(제390조, 391조)

(5) 공동불법행위자

(6) 공동보증인 상호간의 구상권과 주채무자에 대한 구상권의 관계

(7) 임차물, 임치물, 운송물을 도난당하거나 훼손당한 경우 임차인, 수임인, 운송인 등의 채무불이행책임(제390조)과 절취자, 훼손자의 불법행위책임(제750조)의 관계

(8) 임대인의 이행보조자가 임차인으로 하여금 임차목적물을 사용, 수익하지 못하게 함으로써 임대인은 채무불이행에 의한 책임을 지고, 그 이행보조자는 불법행위책임을 지는 경우, 양 책임의 관계(대판 1994. 11. 11. 94다22446)

◈ 채권자의 권리행사방법

제 414 조【각 연대채무자에 대한 이행청구】

채권자는 어느 연대채무자에 대하여 또는 동시나 순차로 모든 연대채무자에 대하여 채무의 전부나 일부의 이행을 청구할 수 있다.

■ § 414. 채권자의 권리

• 채권자는 연대채무자 가운데 임의의 한사람에 대하여 채무의 전부나 일부의 이행을 청구할 수 있고, 또 모든 채무자에 대하여 일시에 또는 순차로 채무의 전부나 일부의 이행을 청구할 수 있다.
• 파산선고시 : 파산선고시에 가진 채권의 전액에 관하여 각 파산재단에의 배당참가 가능(채무회생 및 파산에 관한 법률 제428조)
• 관련법조 : 상 §24, §57, §81, §138, §212①②, §269, §322, §226①, §323, §332, §399, 어음 §47, §77①-4, 수표 §43

채권자는 그 선택에 따라 채무자의 1인에 대하여, 또는 동시 혹은 순차적으로 모든 채무자에 대하여, 전부 또는 일부의 이행을 청구할 수 있다.

이미 1인에 대하여 전부를 소구한 후에 그것이 소송관계 중인가의 여부를 불문하고, 다른 채무자에 대하여서도 소송을 제기할 수 있다.

연대채무는 채무자의 수만큼의 다수의 채무이고, 각 채무는 독립한 것이기 때문에 재차 소송을 제기하여도 무방한 것이다.

이것은 채무자의 전부 또는 일부에게 파산이 발생해도 마찬가지이다.

채권자는 채권의 전액에 대해, 각파산재단의 배당에 참가할 수 있다.

연대채무도 급부는 하나이므로, 채권자가 급부를 받은 한도에서는 다른 채무자의 채무도 소멸한다. 따라서 이후에는 채권자는 채권의 잔액에 대해서만 청구할 수 있다.

◆ 연대채무의 독립성

제 415 조 【채무자에 생긴 무효, 취소】

어느 연대채무자에 대한 법률행위의 무효나 취소의 원인은 다른 연대채무자의 채무에 영향을 미치지 아니한다.

■ § 415. 연대채무의 법률적 성질

- 연대채무자 한 개의 법률행위에 의해 발생한 경우에도 채무자 한 사람에 관하여 무효, 취소의 원인이 있더라도 다른 채무자의 채무의 효력에는 영향이 없다.
- 각 채무자의 채무는 이행기, 조건 등을 달리할 수 있다.
- 채무자 가운데 한 사람에 대해서만 보증채무를 성립시킬 수 있다.
- 채무자 가운데 한 사람에 대한 채권만을 분리하여 양도할 수 있다.

채무자의 1인에 관한 무효 또는 취소의 원인이 있더라도 다른 채무자의 채무의 효력에는 영향을 미치지 않는다.

당사자가 특정한 자에 대하여 연대채무의 유효한 성립을 조건으로 한 경우에는 그 자의 채무에 관한 무효 또는 취소를 조건으로 한 자의 채무를 성립시키지 않는다. 그러나 실질상의 보증인이 백지에 날인하여 인도하고, 주된 채무자가 대리하여 연대채무를 성립시킨 경우 위의 연대채무의 유효성이 문제이다.

실질적 보증인은 착오 또는 금전을 수령하지 않은 것(소비대차의 요물성)을 이유로 하여, 연대채무의 성립을 부정하는 것이 보통이었으나, 판례는 요소의 착오라고 할 수 없다고 하고, 연대채무의 경우에는 연대채무자 1인과 금전의 수수가 있으면 충분하다고 한다.

◈ 어느 연대채무자의 1인에 대하여 이행을 청구한 경우의 효력

제 416 조【이행청구의 절대적 효력】

어느 연대채권자에 대한 이행청구는 다른 연대채무자에게도 효력이 있다.

■ § 416. 이행의 청구

- 연대채무자의 한 사람에 대한 이행의 청구는 다른 채무자에게도 그 효력이 있다.

　연대채무자는 각자 독립하여 하나의 채무를 부담하는 것이며, 또 한편으로는 각 채무기간에도 연대책임인 채무의 관계가 존재하는 것이므로 채권자가 채무자 중의 1인에 대하여 이행을 청구하면 그 청구의 효력, 예컨대 이행지체, 시효중단 같은 것은 모든 채무자에 대하여 청구한 것과 같이 채무자 전원에 대하여 효력이 생긴다. 이것은 채권의 효력을 강화하기 위한 취지이다.

　본조는 연대채무자의 채무가 모두 이행기에 도달하고 있음을 전제로 하는 것이므로, 연대채무 등에 아직 이행기가 도래하지 않은 채무자에 대하여는 그 효력이 없다.

◈ 어느 연대채무자와 채권자 사이에 경개가 있는 때의 효력

제 417 조 【경개의 절대적 효력】

어느 연대채무자와 채권자간에 채무의 경개가 있는 때에는 채권은 모두 연대채무자의 이익을 위하여 소멸한다.

■ § 417. 경 개

- 불란서민법 §1281를 본받음
- 어느 연대채무자와 채권자와의 사이에 경개가 있는 때에는, 채권은 모든 채무자의 이익을 위하여 소멸한다.

경개는 채무의 중요한 부분을 변경함으로써 신채무를 성립시키는 동시에 구채무를 소멸시키는 채권자와 채무자 사이의 계약이다(제500조).

채권자가 연대채무에 관하여 어느 연대채무자와의 사이에 경개를 한 때에는 그 경개의 효력은 모든 연대채무자에게 미치게 되며 그 경개계약의 성립에 의하여 연대채무는 소멸한다.

◈ 1인의 연대채무자가 채권자에게 가지고 있는 채권과 상계를 한 경우의 효력

제 418 조【상계의 절대적 효력】

① 어느 연대채무자가 채권자에 대하여 채권이 있는 경우에 그 채무자가 상계한 때에는 채권은 모든 연대채무자의 이익을 위하여 소멸한다.

② 상계할 채권이 있는 연대채무자가 상계하지 아니한 때에는 그 채무자의 부담부분에 한하여 다른 연대채무자가 상계할 수 있다.

■ § 418. 상 계

• 연대채무자의 한 사람이 채권자에 대하여 채권을 가지는 경우에, 그 채무자가 상계한 때에는 채권은 모든 연대채무자의 이익을 위하여 소멸한다.
• 어느 연대채무자가 채권자에 대하여 반대채권을 가지고 있으나 상계하지 않는 때에 다른 채무자는 그 반대채권을 가지는 채무자의 부담부분에 한하여 상계할 수 있다.
• 다른 입법례는 명문으로 이를 금지(독일민법 §422①, 블란서민법 §1294②)

연대채무는 어느 연대채무자가 연대채무전부의 변제를 하면 그것으로써 다른 연대채무자도 채권자에 대하여 채무를 면하는 것이다. 그러므로 연대채무자 중의 1인이 채권자와 상계를 한 때에는 그 상계한 부분에 한하여 다른 채무자도 채무가 소멸한다. 상계는 실질적으로 변제와 동일시할 수 있기 때문이다. 만약 상계할 채권을 가진 연대채무자가 상계를 하지 않는 때에는 그 자의 부담부분만에 한하여 다른 연대채무자가 상계할 수 있다.

▣ 핵심판례 ▣

■ [상계의 절대적 효력]

가. 탈퇴 조합원의 출자지분 반환청구권과 조합의 횡령금반환 채권과의 상계

탈퇴한 동업자의 출자금반환청구에 있어서 그 탈퇴자가 공동영업사무집행중 동업체의 금원을 횡령하였다면 탈퇴자는 동업체에 이를 변상할 책임이 있다고 할 것이므로 동업체의 업무집행자는 위 손해배상채권을 자동채권으로 하여 탈퇴자의 출자금반환청구와 상계를 주장할 수 있다.

나. 타 연대채무자의 채권에 의한 그 부담 부분에 대한 상계

동업체의 업무집행자인 피고와 소외인이 동업체에서 탈퇴한 원고에 대하여 출자금반환채무를 연대하여 부담하고 있는 이상, 피고는 소외인의 부담부분에 대하여 원고가 동업체 공동영업사무집행중 횡령한 금원에 대한 소외인의 반환채권으로써 상계를 주장할 수 있다(1983. 10. 11. 제1부 판결, 83다카542 대여금).

◆ 채권자가 어느 연대채무자에 대하여 채무를 면제한 경우의 효력

제 419 조【면제의 절대적 효력】

어느 연대채무자에 대한 채무면제는 그 채무자의 부담부분에 한하여 다른 연대채무자의 이익을 위하여 효력이 있다.

■ § 419. 면 제

- 채권자가 어느 연대채무자에 대하여 그 채무를 면제할 때에는 그 채무자의 부담부분에 한하여 다른 채무자도 채무를 면하게 된다.

채권자가 어느 연대채무자에 대하여 채무를 면제한 경우, 그 면제를 받은 연대채무자는 전적으로 채무를 면하고, 다른 연대채무자는 면제받은 자의 부담부분에 한하여 채무소멸의 효과가 발생한다.

다만 채무자간에 부담부분이 균등하지 않은 특수한 경우에는 채권자가 그 부담부분의 비율을 안 때에만 본조의 적용이 있다고 보는 것이 통설이다.

▣ 핵심판례 ▣

- [면제의 절대적 효력]
1. 가. 채권자가 연대보증인에 대하여 한 채무면제의 효력이 주채무자에 대하여 미치는지 여부(소극)

 연대보증인이라고 할지라도 주채무자에 대하여는 보증인에 불과하므로 연대채무에 관한 면제의 절대적 효력을 규정한 민법 제419조의 규정은 주채무자와 보증인 사이에는 적용되지 아니하는 것이니, 채권자가 연대보증인에 대하여 그 채무의 일부 또는 전부를 면제하였다 하더라도 그 면제의 효력은 주채무자에 대하여 미치지 아니한다.

 나. 채권자가 수인의 연대보증인 중 1인에 대하여 한 채무면제의 효력이 다른 연대보증인에 대하여 미치는지 여부

 수인의 연대보증인이 있는 경우, 연대보증인들 사이에 연대관계의 특약이 있는 경우가 아니면 채권자가 연대보증인의 1인에 대하여 채무의 전부 또는 일

부를 면제하더라도 다른 연대보증인에 대하여는 그 효력이 미치지 아니한다
할 것이다.

다. 민법 제419조가 임의규정인지 여부(적극)

민법 제419조의 규정은 임의규정이라고 할 것이므로 채권자가 의사표시 등으
로 위 규정의 적용을 배제하여 어느 한 연대채무자에 대하여서만 채무면제를
할 수 있다(1992. 9. 25. 제3부 판결, 91다37553 구상금).

**2. 가. 자동차사고로 승객이 사망한 경우 운행자는 자기에게 과실이 없음을
내세워 손해배상책임을 면할 수 있는지 여부(소극)**

자동차사고로 승객이 사망한 경우 운행자는 승객의 사망이 고의 또는 자살행
위로 인한 것임을 주장, 입증하지 않는 한 운전상의 과실 유무를 가릴 것 없
이 승객의 사망에 따른 손해를 배상할 책임이 있으므로 자기에게 과실이 없
음을 내세워 손해배상책임을 면할 수 없다.

**나. 부진정연대채무자 중 1인에 대한 채무면제가 다른 채무자에 대하여
효력이 미치는지 여부(소극)**

충돌사고로 승객이 피해를 입은 경우 가해자들이 피해자에 대하여 부담하는
각 손해배상책임은 서로 부진정련대채무관계에 있다고 볼 것이고, 이러한 부
진정련대채무자 상호간에 있어서 채권의 목적을 달성시키는 변제와 같은 사
유는 채무자 전원에 대하여 절대적 효력을 발생하지만 그 밖의 사유는 상대
적 효력을 발생하는 데에 그치는 것이므로 피해자가 채무자 중의 1인에 대하
여 손해배상에 관한 권리를 포기하거나 채무를 면제하는 의사표시를 하였다
하더라도 다른 채무자에 대하여 그 효력이 미친다고 볼 수는 없다 할 것이고,
이러한 법리는 채무자들 사이의 내부관계에 있어 1인이 피해자로부터 합의에
의하여 손해배상채무의 일부를 면제받고도 사후에 면제받은 채무액을 자신의
출재로 변제한 다른 채무자에 대하여 다시 그 부담부분에 따라 구상의무를
부담하게 된다 하여 달리 볼 것은 아니다(1993. 5. 27. 제3부 판결, 93다6560
손해배상(자)).

**3. 가. 연대보증인 1인에 대한 채권포기의 효력이 주채무자나 다른 연대보증
인에게 미치는지 여부**

연대보증인 1인에 대한 채권포기는 주채무자나 다른 연대보증인에게는효력이
미치지 아니한다.

**나. 당사자 사이의 약정을 조건부 이자채권포기약정으로 본 원심판결에
심리미진이 있거나 합리적 의사해석을 하지 아니한 위법이 있다 하여
파기한 사례**

채무 일부를 변제하면 강제경매신청을 취하하고 나머지 원금을 약정기한까지

변제하는 경우 이자채권을 포기하고 가압류를 해제하기로 약정하였다면, 당
사자 사이의 이자채권포기약정은 잔여원금을 약정기한까지 변제하는 것을 조
건으로 한 약정이라고 본 원심판결을, 약정 당시의 당사자 의사에 관하여 심
리를 다하지 아니하거나 합리적인 해석을 그르친 위법이 있다 하여 파기한
사례(1994. 11. 8. 제1부 판결, 94다37202 채무부존재확인).

◈ 어느 연대채무자와 채권자 사이에 혼동이 있는 경우의 효력

제 420 조【혼동의 절대적 효력】

어느 연대채무자와 채권자 간에 혼동이 있는 때에는 그 채무자의 부담부분
에 한하여 다른 연대채무자도 의무를 면한다.

■ § 420. 혼 동

- 어느 연대채무자와 채권자 사이에 혼동이 있는 때에는, 그 채무자의 부담부
 분에 한하여 다른 채무자도 채무를 면한다.
- 불란서민법 §1301③를 본받음. 독일민법 §425②은 혼동에 절대적 효력을 인
 정할 뿐임.

혼동의 경우 예컨대, 어느 연대채무자가 상속 또는 양도로 채권자의 지위를
얻게 되거나, 또는 반대로 채권자가 연대채무자의 지위를 얻게 되면 채권자와
채무자의 지위는 동일인에게 귀속하게 되고 따라서 채무는 소멸된다.

◈ 어느 연대채무자에게 소멸시효가 완성한 경우의 효력

제 421 조【소멸시효의 절대적 효력】

어느 연대채무자에 대하여 소멸시효가 완성한 때에는 그 부담부분에 한하여 다른 연대채무자도 의무를 면한다.

■ § 421. 시효의 완성

- 어느 연대채무자에 대하여 소멸시효가 완성된 때에는 그 부담부분에 한하여 다른 채무자도 채무를 면한다.
- 독일민법 §425②은 상대적 효력으로 하고 있음

소멸시효가 완성한 경우 그 시효가 완성한 연대채무자의 부담부분의 한도에서 다른 연대채무자도 채무를 면하는 것이다. 따라서 1인에게 시효가 완성된 경우 그 자는 전액을 면하고, 나머지 자는 시효완성자의 부담부분만큼의 채무를 면한다. 이 소멸시효의 완성에 절대적 효력을 인정하는 것은 시효가 완성된 채무자로 하여금 시효의 이익을 얻게 하고 아울러 당사자 사이의 법률관계를 간략히 처리하려는 것이다.

◈ 어느 연대채무자에 대한 채권자지체의 효력

제 422 조 【채권자지체의 절대적 효력】

어느 연대채무자에 대한 채권자의 지체는 다른 연대채무자에게도 효력이
있다.

■ § 422. 채권자지체

- 이행의 제공은 변제는 아니지만 채권자가 제공을 수령하면 변제가 되고, 그
 변제는 모든 연대채무자를 위하여 효력을 발생하므로 이를 수령하지 않는 효
 과도 모든 채무자에 관하여 생긴다.
- 독일민법 §424를 본받음

연대채무자중의 1인이 채무의 내용에 적합한 변제의 제공을 하였는데도 채권
자가 고의로 받지 않았거나 과실로 받을 수 없게 된 때에는 그 연대채무자의
이익을 위하여 채권자지체의 효력이 생기는 것은 물론, 그 효력은 다른 연대채
무자 전원에 대하여도 미치는 것이다. 구민법은 규정이 없었으나 마찬가지로 새
기는 것이 통설이었다. 그리하여 현행민법은 독일민법 제424조를 본받아서 채권
자지체에 절대적 효력을 인정한다.

◈ 1인의 연대채무자에게 생긴 사항의 상대적 효력

제 423 조【효력의 상대성의 원칙】

전7조의 사항 외에는 어느 연대채무자에 관한 사항은 다른 연대채무자에게 효력이 없다.

■ § 423. 상대적효력이 있는 사유

- 시효의 중단, 정지
- 채무자의 과실, 채무불이행
- 확정판결
- 이행청구에 의한 시효중단과 이행지체는 절대적효력이 있다.

연대채무의 상대적 효력을 발생시키는 사유는 전7조에 규정한 절대적 효력을 발생시키는 사유(이행의 청구·경개·상계·면제·혼동·소멸시효·채권자지체) 이외의 사유이나, 특히 문제되는 것은 시효의 중단·정지·포기, 채권자의 과실·이행지체·이행불능, 연대채무자의 일부의 자에 대한 채무자의 양도·전부, 채권자와 연대책임자 중의 1인과의 사이에 확정판결의 효력 등이다.

다만 본조는 강행규정이 아니므로 당사자의 특약으로 이를 절대적 효력이 있는 것으로 정할 수는 있다.

· 연대채무와 부진정 연대채무의 구별

연 대 채 무	부진정 연대채무
합의와 법률의 규정으로 성립	각 채무는 별개의 원인으로 성립
주관적 공동이 있다.	없다.
절대적 효력이 있다(제416조~제422조)	없다.
각채무는 서로 영향을 받는다.	각채무는 별개 독립이다.
	각각 독립한 전부의무이고 목적도달에 의해서만 소멸한다.
채무자는 서로 구상권 있고 부담부분 있다.	구상권, 부담부분 없다.
	(단, 판례는 불법행위의 경우 부담부분 인정)

▣ 핵심판례 ▣

- **[효력의 상대성의 원칙]**

부진정연대채무에 있어서 채권포기의 상대적 효력

부진정연대채무에 있어서 채권자가 어느 채무자에 대하여 그의 부담부분이거나 또는 이를 초과하는 전채권액을 포기하는 의사표시를 하였다고 해도 다른 채무자들에게는 상대적 효력밖에 없다(1981. 6. 23. 제1부 판결, 80다1796 손해배상).

◈ 연대채무자의 부담부분의 균등 추정

제 424 조 【부담부분의 균등】

연대채무자의 부담부분은 균등한 것으로 추정한다.

■ § 424. 부담부분의 결정

• 부담부분의 비율에 관한 당사자 사이의 특약이 없으면 각 채무자의 부담부분은 균등한 것으로 추정한다.
• 특약으로 부담부분이 0인 채무자도 성립가능

부담부분은 연대채무자 내부관계에서 각자의 부담에 속하는 것을 말한다.

부담부분을 결정하는 표준에 관해서는 특약이 있으면 특약에, 특약이 없더라도 받은 이익이 다르면 그 비율에 따르지만, 특약도 이익비율도 없는 경우에는 평등한 비율로 추정하는 것으로 하고 있다(최식, 김현태, 현승종, 곽윤직, 김·안).

▣ 핵심판례 ▣

■ [연대채무자 사이의 부담부분]

변제 기타 자기의 출재로 공동면책을 얻은 연대채무자가 다른 연대채무자에게 구상할 수 있는 부담부분을 결정하는 기준

연대채무자가 변제 기타 자기의 출재로 공동면책을 얻은 때에는 다른 연대채무자의 부담부분에 대하여 구상권을 행사할 수 있고 이때 부담부분은 균등한 것으로 추정되나 연대채무자 사이에 부담부분에 관한 특약이 있거나 특약이 없더라도 채무의 부담과 관련하여 각 채무자의 수익비율이 다르다면 특약 또는 비율에 따라 부담분이 결정된다(대법원 2014. 8. 20. 선고 2012다97420 판결).

◈ 어느 연대채무자의 변제 등으로 공동면책된 때의 법률관계

제 425 조 【출재채무자의 구상권】

① 어느 연대채무자가 변제 기타 자기의 출재로 공동면책이 된 때에는 다른 연대채무자의 부담부분에 대하여 구상권을 행사할 수 있다.

② 전항의 구상권은 면책된 날 이후의 법정이자 및 피할 수 없는 비용 기타의 손해배상을 포함한다.

■ § 425. 구상권의 성립과 범위

• 어느 연대채무자가 변제 기타 자기의 출재로 공동면책이 된 때에는 다른 연대채무자의 부담부분에 대하여 구상권을 행사할 수 있다.
• 구상권의 범위 : 출재액, 면책된 날 이후의 법정이자, 필요비, 기타의 손해

1. 구상권의 의의

연대채무는 채권자에 대한 관계에서는 각 채무자가 채무의 전액을 변제할 의무를 부담하는 것이지만, 연대채무의 내부관계에서는 부담할 비율(부담부분)이 정해져 있다.

이것이 연대채무의 하나의 특색으로 든 주관적 관계에 있어서 부진정연대채무와 다른 점이다. 따라서 연대채무자가 그 부담부분 이상의 변제를 하는 것은 채권자 상호간의 내부관계에서는 흡사 위탁을 받고 보증인이 된 자가 한 변제와 마찬가지로 타인의 채무에 대한 변제가 되므로, 다른 채무자에 대한 상황을 청구할 수 있고, 이 권리가 구상권이다.

2. 구상권의 성립요건

(1) 공동면책

어느 연대채무자가 모든 채무자를 위하여 채무를 소멸케 하거나 또는 감소케 하는 것, 즉 공동의 면책이 있어야 한다. 보증채무에서는 일정한 경우에 보증인이 사전구상권을 행사할 수 있으나, 연대채무자에 대해서는 공동

면책이 있기 전에는 구상권이 인정되지 않는다. 공동면책이 요건이기 때문이다.

(2) 자기의 출재

출재 내지 출연이란 자기 재산의 감소로 타인의 재산을 증가케 하는 것이다. 채무자가 기존의 그의 재산을 적극적으로 지출하는 것이 보통이나, 소극적으로 새로운 채무를 부담하는 것도 출재가 된다.

위 공동면책은 어느 연대채무자가 변제 기타 자기의 출재로 인한 것이어야 한다. 따라서 면제나 시효의 완성은 부담부분의 범위에서는 절대적 효력이 있지만, 그것은 출재로 인한 것이 아니므로 구상권은 발생하지 않는다.

3. 구상권의 범위

(1) 출재액

다른 채무자의 부담부분을 한도로 하여 출재액을 구상할 수 있다. 그러나 출재액이 채무액을 넘은 경우에는 채무액까지만, 반대로 출재액이 채무액보다 적은 때에는 실제의 출재액이 구상액이 된다. 예컨대 5천만원의 연대채무에 대해 어느 연대채무자가 1억원 상당의 토지로 대물변제한 경우에는 5천만원이 구상액이 된다.

(2) 면책된 날 이후의 법정이자

위의 구상액에는 변제 기타 공동면책이 있었던 날 이후의 법정이자가 가산된다.

(3) 필요비·기타의 손해

변제 기타 공동면책을 위하여 피할 수 없었던 비용(예 : 운반비·포장비 등)도 가산된다. 그리고 이 필요비에 대하여도 면책일 이후의 법정이자를 가산하여야 한다.

또 공동면책을 위하여 피할 수 없었던 손해(예 : 채권자로부터 소구를 당한 경우의 소송비용)도 구상액에 포함된다.

▣ 핵심판례 ▣

■ [출재채무자의 구상권]

1. 신용보증기금이 타연대보증인에 대하여 구상권을 행사하면서 그 보증채무
 이행 후 소장 송달일까지 연 5푼의 비율에 의한 금원을 청구한 것이 민법
 제425조 제2항에 의한 법정이자 청구로 보아야 한다고 한 사례

 신용보증기금이 신용보증채무의 이행으로 주채무를 소멸시킨 후 타연대보증인에
 대하여 구상권을 행사하면서 그 보증채무 이행 후 소장 송달일까지 연 5푼의 비
 율에 의한 금원을 청구한 것이 민법 제441조 제2항에 의하여 준용되는 같은 법
 제425조 제2항에 의한 법정이자 청구로 보아야 한다(1991. 10. 8. 제1부 판결, 91
 다24243 구상금).

2. 가. 수인의 불법행위로 인한 부진정연대채무에 있어 공동면책시킨 연대채
 무자는 다른 연대채무자의 채무를 연대보증한 연대보증인에게도 구상
 권을 행사할 수 있는지 여부(소극)

 수인의 불법행위로 인한 손해배상책임은 부진정연대채무이나 그 구상권 행사
 에 있어서는 성질상 연대채무에 관한 규정이 준용된다고 할 것인데 그 구상
 권에 관하여 규정한 민법 제425조 제1항의 규정에 의한 구상권 행사의 상대
 방은 공동면책이 된 다른 연대채무자에 한하는 것이며 다른 연대채무자가 그
 채권자에게 부담하는 채무를 연대보증한 연대보증인은 그 연대채무자와 연대
 하여 채권자에게 채무를 변제할 책임을 지는데 불과하고 채무를 변제한 연대
 채무자에게까지 그 연대보증한 연대채무자의 부담부분에 관한 채무를 변제할
 책임을 부담하는 것은 아니라고 할 것이다.

 나. 변제자대위에 의하여 변제자에게 이전될 채권에 관하여 채권자가 이
 미 확정판결에 의한 채무명의를 받아 가지고 있는 경우라 할지라도
 별도의 구상금청구 소송을 제기할 소의 이익이 있는 경우

 변제자대위에 의하여 변제자에게 이전되는 채권에 관하여 채권자가 이미 확
 정판결에 의한 채무명의를 받아 가지고 있는 경우라 할지라도 채권자로부터
 변제자에게로 이전되는 권리가 1인의 채무자에 대한 권리 등의 경우처럼 채
 무자의 부담부분을 따질 필요가 없거나 달리 부담부분별로 분할하여 소구할
 필요가 없는 경우에는 바로 승계집행문을 부여받아 그 권리를 행사할 수가
 있으므로 별도로 구상금청구 소송을 제기할 소의 이익이 없다고 할 수 있겠
 으나, 구상권을 행사할 수 있는 각 채무자의 부담부분이 따로 있고 그 확정
 판결에서 각 채무자의 부담부분을 확정하고 있지 않은 경우에는 확정판결에
 의한 승계집행문을 부여받는다 하여도 그가 구상하고자 하는 부분에 대한 집
 행을 할 수는 없는 것이므로 실제로 구상할 수 있는 부담부분 등 그 구상범
 위를 확정하기 위하여 별도의 구상금청구 소송을 제기할 소의 이익이 있다
 (1991. 10. 22. 제2부 판결, 90다20244 구상금).

3. **연대채무자 사이의 구상권행사에서 '부담부분'의 의미 및 일부 공동면책되게 한 연대채무자가 일부 공동면책되게 한 다른 연대채무자를 상대로 자신의 공동면책액 중 다른 연대채무자의 분담비율에 해당하는 금액이 다른 연대채무자의 공동면책액 중 자신의 분담비율에 해당하는 금액을 초과하는 범위에서 구상권을 행사할 수 있는지 여부(적극)**

연대보증인들 사이의 내부관계에서는 연대보증인 각자가 자신의 분담금액을 한도로 일부 보증을 한 것과 같이 볼 수 있어서 그 분담금액 범위 내의 출재에 관한 구상관계는 주채무자만을 상대로 해결할 것을 예정하고 있는 반면, 연대채무자들 사이에서는 연대채무자 각자가 행한 모든 출재에 관하여 다른 연대채무자의 공동부담을 기대하는 것이 보통이다. 그리하여 민법은 연대보증인 중의 한 사람이 공동면책을 이유로 다른 연대보증인에게 구상권을 행사하려면 '자기의 부담부분을 넘은' 변제를 하였을 것을 그 요건으로 규정하였으나(제448조 제2항), 연대채무자 중의 한 사람이 공동면책을 이유로 다른 연대채무자에게 구상권을 행사하는 데 있어서는 그러한 제한 없이 '부담부분'에 대하여 구상권을 행사할 수 있는 것으로 규정하고 있다(제425조 제1항). 따라서 연대채무자 사이의 구상권행사에 있어서 '부담부분'이란 연대채무자가 그 내부관계에서 출재를 분담하기로 한 비율을 말한다고 봄이 타당하다. 그 결과 변제 기타 자기의 출재로 일부 공동면책되게 한 연대채무자는 역시 변제 기타 자기의 출재로 일부 공동면책되게 한 다른 연대채무자를 상대로 하여서도 자신의 공동면책액 중 다른 연대채무자의 분담비율에 해당하는 금액이 다른 연대채무자의 공동면책액 중 자신의 분담비율에 해당하는 금액을 초과한다면 그 범위에서 여전히 구상권을 행사할 수 있다고 보아야 한다(대법원 2013. 11. 14. 선고 2013다46023 판결).

◈ 통지를 하지 아니한 경우의 구상권 제한

제 426 조 【구상요건으로서의 통지】

① 어느 연대채무자가 다른 연대채무자에게 통지하지 아니하고 변제 기타 자기의 출재로 공동면책된 경우에 다른 연대채무자가 채권자에게 대항할 수 있는 사유가 있었을 때에는 그 부담부분에 한하여 이 사유로 면책행위를 한 연대채무자에게 대항할 수 있고 그 대항사유가 상계인 때에는 상계로 소멸할 채권은 그 연대채무자에게 이전된다.

② 어느 연대채무자가 변제 기타 자기의 출재로 공동면책되었음을 다른 연대채무자에게 통지하지 아니한 경우에 다른 연대채무자가 선의로 채권자에게 변제 기타 유상의 면책행위를 한 때에는 그 연대채무자는 자기의 면책행위의 유효를 주장할 수 있다.

■ § 426. 구상권의 제한

• 사전통지를 하지 아니한 때 : 본조 1항 – 채권자에 대해 항변권가지는 채무자의 권리행사기회보호
• 사후통지를 하지 아니한 때 : 본조 2항 – 선의의 2중출재자 보호
• 사전, 사후 통지 모두 하지 않은 경우 : 일반원칙에 따라 제1의 출재행위만이 유효(다수설)

각 채무자는 공동의 면책을 위하여 출재하는 경우, 출재의 전후에 다른 채무자에 대하여 통지하지 않으면, 구상권에 대한 제한을 받게 된다. 연대채무자의 1인이 변제 기타의 면책행위를 하는 것은 다른 채권자에게도 중대한 영향이 있기 때문이다.

따라서 사전의 통지를 게을리 하면 다른 채무자가 채권자에게 대항할 수 있는 사유를 가지고 있는 한, 그 채무자는 자기의 부담부분에 대하여 채권자에게 대항할 수 있는 사유로서 구상권자에게 대항할 수 있고 그 대항사유가 상계이면 상계로 소멸한 채권은 면책행위를 한 채무자에게 이전된다.

사후의 통지를 게을리 하면 선의로 공동면책행위를 한 다른 채무자는 자기의

면책행위의 유효를 주장할 수 있다.

그러나 그 결과로서 제2의 면책행위가 모든 자에 대한 관계에서 유효한가, 그렇지 않으면 과실있는 제1의 면책행위자와 제2의 면책행위자와의 사이에 있어서만 유효한가에 대한 다툼이 있었다.

구민법하의 학설은 전설을 지지하고 판례는 후설을 취했으나, 오늘날은 후설이 다수설이다(최식, 곽윤직, 김현태, 현승종, 김·안).

선의의 이중변제자를 보호하려는 민법의 목적을 달성하기 위해서는 후설로서 충분하고, 다른 자에게 영향을 미치는 일이 없기 때문이다.

◆ 구상권의 확장

제 427 조【상환무자력자의 부담부분】

① 연대채무자 중에 상환할 자력이 없는 자가 있는 때에는 그 채무자의 부담부분은 구상권자 및 다른 자력이 있는 채무자가 그 부담부분에 비례하여 분담한다. 그러나 구상권자에게 과실이 있는 때에는 다른 연대채무자에 대하여 분담을 청구하지 못한다.

② 전항의 경우에 상환할 자력이 없는 채무자의 부담부분을 분담할 다른 채무자가 채권자로부터 연대의 면제를 받은 때에는 그 채무자의 분담할 부분은 채권자의 부담으로 한다.

■ § 427. 무자력자가 있는 경우의 구상권자의 보호(구상권의 확장)

• 무자력자의 부담부분의 분담(본조 1항)
• 연대의 면제와 무자력자의 부담부분(본조 2항)

본조는 연대채무자 중의 무자력자가 생긴 경우의 구상권자의 권리행사에 관하여 규정한 것이다.

1. 구상권의 양적 확장

채권자 중의 상환의 자력이 없는 자가 있었던 경우에는 그 부분은 구상권자 및 다른 자력 있는 자 사이에서 각자의 부담부분에 비례하여 분담한다. 이것을 구상권의 확장이라고 한다.

다만 구상권자에게 과실이 있는 경우에는 다른 채무자에 대하여 분담을 청구할 수는 없다.

2. 구상권의 인적 확장

상대적 연대면제의 효과로서, 본조 제2항은 상환무자력자의 부담부분에 대해 채권자가 연대의 면제를 받은 자를 갈음하여 부담한다는 의미를 규정한다.

예컨대 을·병·정 3인이 갑에 대하여 300만원의 연대채무를 부담하는 경우

에(부담부분 평등을 가정), 갑이 을에 대하여 연대의 면제를 했다고 가정하자.

병이 전액의 변제를 하고 을과 정에게 구상한 경우에 정이 무자력인 것이 판명되었다고 하면, 정의 무자력 때문에 을이 새롭게 부담할 50만원을 채권자 갑의 부담부분이 된다(결국 을이 100만원, 갑이 50만원, 병이 150만원을 부담한다).

원래, 연대채무자의 1인에게 무자력자가 있으면 무자력자의 상환불능부분은 다른 자력 있는 연대채무자가 그 부담부분에 따라 분담하여야 하고, 따라서 을은 150만원을 병은 150만원을 부담하지만 이 원칙을 관철하면 연대의 면제를 받은 을은 실질적으로 실익이 없게 된다.

이 때문에 민법은 본조 제2항의 특별한 규정을 둔 것이다.

제 4 관 보증채무

보증채무란 주채무자가 그의 채무를 이행하지 않을 경우 그 이행의 책임을 지는 제3자의 채무를 말한다. 주채무와 동일한 내용을 지닌 종속된 채무로서 주채무를 담보하는 작용을 한다(제428조~제448조). 주채무가 없으면 보증채무는 성립할 수 없고, 주채무의 무효·취소는 보증채무의 무효·취소를 가져온다(부종성). 그러므로 주채무자가 무능력자이기 때문에 그의 법정대리인이 주채무를 취소한 경우에는 보증채무도 소멸한다. 그러나 보증인이 당초에 주채무자가 무능력자라는 것을 알고 있었을 때에는 보증채무는 소멸하지 않는다. 또한 채권이 양도(채권자가 바뀔 때) 되어도 보증채무는 소멸되지 않지만(수반성), 채무인수(채무자가 바뀔 때)일 때에는 소멸한다.

보증인이 이행해야 하는 것은 특약이 없는 한 주채무는 물론 주채무의 이자·위약금·손해배상 기타 주채무에 종속된 채무가 포함된다. 채권자가 보증인에게 청구를 할 때에는 보증인은 먼저 주채무자에게 청구하라고 항변할 수 있다(최고의 항변권). 또한 보증인은 주채무자의 변제자력이 있는 사실 및 그 집행이 용이함을 증명하여 먼저 주채무자의 재산에 대하여 집행할 것을 항변할 수 있다(검색의 항변권). 이 두 가지 경우에 채권자가 보증인의 항변에도 불구하고 채권자의 해태로 인하여 주채무자로부터 일부의 변제를 받지 못한 경우에는 변제를 받았을 한도에서 보증인은 주채무자가 채권자에 대하여 가지고 있는 채권으로 상계할 수 있다. 주채무자에 대하여 소멸시효의 중단 및 기타 여러 가지 사유가 발생하면 그것은 보증인에 대하여도 효력이 있다. 보증인이 주채무를 변제하면 당연히 주채무자에 대하여 구상할 수 있다(제441조). 보증인은 변제를 하기 전후에 주채무자에게 통지하여야 하며, 이에 대한 통지를 게을리하면 구상권의 제한을 받게 된다(제445조). 고용되어 일하는 피용자가 장래에 만약 부당한 행위를 하여 고용주에게 손해배상책임을 부담하는 경우를 위하여 신원보증인을 세우게 하는 경우가 있다. 이것은 일종의 조건부채무의 보증이다. 이에 대하여는 신원보증법이라고 하는 특별법이 제정되어 있다.

또한 보증인의 피해를 방지하기 위해 「보증인보호를 위한 특별법」이 제정

되어 2008년 9월 22일부터 시행되고 있다. 우리나라의 경우 특유의 인정주의에 따라 특별한 대가를 받지 아니하고 경제적 부담에 대한 합리적 고려 없이 호의로 이루어지는 보증이 만연하고, 이에따라 채무자의 파산이 연쇄적으로 보증인에게 이어져 경제적·정신적 피해와 함께 가정파탄 등에 이르는 등 보증의 폐해가 심각하다는 문제가 지적되었다. 이에 보증채무의 범위를 특정하고, 금융기관과 보증계약을 체결할 때에는 채무자의 신용에 대한 정보를 보증인이 제공받도록 함으로써 합리적인 금전거래를 확립하려는 목적으로 이 법률이 제정된 것이다. 주요 내용을 살펴보면 다음과 같다.

1. 근보증(법 제6조)

(1) 현실적으로 근보증이 많이 이루어지고 있음에도 근보증에 관한 일반 규정이 없어 무제한적 포괄근보증 등이 사회 문제로 대두됨에 따라 이를 개선하고자 하는 것이다.

(2) 보증은 채권자와 주채무자 사이의 특정한 계속적 거래계약 그 밖의 일정한 종류의 거래로부터 발생하는 채무 또는 특정한 원인에 기하여 계속적으로 발생하는 채무에 대하여도 할 수 있도록 하되, 보증하는 채무의 최고액을 서면으로 특정하지 않은 보증계약은 효력이 없는 것으로 규정하였다.

2. 금융기관 보증계약의 요건 엄격화(법 제8조)

(1) 채무자가 과다한 채무로 사실상 변제능력이 없음에도 보증인은 이를 알지 못한 채 보증계약을 체결하고, 일부 금융기관은 채무자에 대한 신용분석을 소홀히 한 채 보증인의 자력만 믿고 대출하는 경우가 있었다.

(2) 금융기관이 보증계약을 체결할 때에는 보증인에게 채무자의 신용정보를 제시하여 보증인의 기명날인이나 서명을 받도록 하고, 이에 위반한 계약은 보증인이 해지할 수 있도록 하였다.

◈ 보증채무의 의의 및 성립요건

제 428 조 【보증채무의 내용】

① 보증인은 주채무자가 이행하지 아니하는 채무를 이행할 의무가 있다.

② 보증은 장래의 채무에 대하여도 할 수 있다.

■ § 428. 보증채무

- 보증채무란 주채무자가 그의 채무를 이행하지 않을 때 그것을 이행해야 할 채무를 말한다.
- 법적성질 : ① 독립성. ② 부종성. ③ 수반성. ④ 보충성
- 종 류 : ① 연대보증. ② 공동보증. ③ 부보증
- 보증채무의 성립 : 보증계약
- 관련법조 : [연대보증] 상 §57, [특수보증] 상 §57②, 어음 §30~§32, §77③, 수
 표 §25~§27, 신원보증법

1. 의의 및 성질

(1) 보증채무의 의의

보증채무는 주된 채무와 동일한 내용의 급부를 목적으로 하는 종된 채무로서, 주된 채무가 이행되지 않는 경우에 있어서 그 이행의 책임을 지고, 그럼으로써 주된 채무를 담보하는 것이다.

(2) 보증채무의 성질

보증채무의 법률적 성질에 관해서는 오래전부터 다툼이 있었던 바이나, 민법에서는 일반적으로 다음과 같이 해석하고 있다.

첫째, 보증인은 주된 채무자의 채무(주된 채무)와 별개의 채무(보증채무)를 부담한다. 이것을 보증채무의 독립성이라고 한다.

따라서 주채무가 민사채무이고, 보증채무가 상사채무인 경우에는 보증채무의 소멸시효기간은 따로 결정되며(주채무는 10년, 보증채무는 5년), 보증채무에 관해 따로 위약금 기타 손해배상액을 예정할 수 있다(제429조 2항).

【쟁점사항】

<채무가 외화채무인 경우 원화로 보증채무를 이행하기로 약정할 수 있는지 여부>

보증채무는 채권자와 보증인 간의 보증계약에 의하여 성립하고, 주채무와는 별개 독립의 채무이지만 주채무와 동일한 내용의 급부를 목적으로 함이 원칙이라고 할 것이나 채권자와 보증인은 보증채무의 내용, 이행의 시기, 방법 등에 관하여 특약을 할 수 있고, 그 특약에 따른 보증인의 부담이 주채무의 목적이나 형태보다 중하지 않는 한 그러한 특약이 무효라고 할 수도 없으므로(민법 제430조 참조), 주채무가 외화채무인 경우에도 채권자와 보증인 사이에 미리 약정한 환율로 환산한 원화로 보증채무를 이행하기로 약정하는 것도 허용된다(대판 2002. 8. 27, 2000다9734).

둘째, 보증채무는 주된 채무와 동일한 내용을 가진다. 따라서 주된 채무는 대체적 급부를 내용으로 하는 것이 보통이다.

셋째, 보증채무는 주채무에 부종한다. 따라서 보증채무는 주채무의 존재를 전제로 하고, 주된 채무와 운명을 같이 한다.

넷째, 보증채무는 주된 채무에 대하여 수반성을 가진다.

다섯째, 보증채무는 보충성을 가진다. 즉 주된 채무가 이행되지 않는 경우에만 이행된다.

2. 보증채무의 성립(보증계약)

(1) 보증계약의 의의

① 보증채무는 거의 대부분의 경우, 보증인과 채권자와의 사이에 계약(보증계약)에 의하여 성립한다.

② 담보계약이라 함은 보증채무를 성립시키기 위한 계약으로서 주된 채무를 담보하기 위한 채권자와 보증인 사이에 체결되는 낙성·불요식의 계약이다.

③ 보증계약이 유효하게 성립하기 위해서는 보증될 채무(주채무)의 존재를 전제로 한다. 보증채무는 주된 채무에 엄격하게 부종하는 것이기 때문이다. 그러나 주된 채무는 장래의 채무 또는 조건부채무라도 상관없다.

④ 보증계약은 당사자간의 강한 신용관계를 기초로 하기 때문에, 그 사이의 구체적인 사정은 보증계약의 내용에 중요한 영향을 미친다. 이것은 특히 계속적이며 불확정적인 채무를 보증하는 경우에 현저하게 나타난다.

거래관행 및 신의칙에 따라 일정한 경우 보증인에게 보증계약의 해지권이 주어진다는 것, 주된 채무가 거래관행과 신의칙에 위반하여 확대된 경우 그 부분에 관하여 보증채무의 효력을 저지하는 것, 또는 신원보증 등의 특수한 보증에 상속성을 부정하는 것 등의 이론은 그 대표적인 예이다.

3. 관련문제

가. 기간의 정함이 없는 계속적 보증계약에 있어서의 보증인이 일방적으로 계약을 해지할 수 있는지 여부

기간의 정함이 없는 이른바 계속적 보증계약에 있어서는 보증인의 주채무자에 대한 신뢰가 깨지는 등 보증인으로서 보증계약을 해지할 만한 상당한 이유가 있는 경우에 보증인으로 하여금 그 보증계약을 그대로 유지·존속케 한다는 것은 사회통념상 바람직하지 못하므로 그 계약해지로 인하여 상대방인 채권자에게 신의칙상 묵과할 수 없는 손해를 입게 하는 등 특단의 사정이 있는 경우를 제외하고 보증인은 일방적으로 이를 해지할 수 있다고 할 것이고, 이 경우 보증인은 해지 이후에 발생한 채무에 대해서는 보증책임을 부담하지 않는다(2002. 2. 26, 2000다48265).

나. 보증기간과 보증한도액의 정함이 없는 계속적 보증계약의 보증인이 사망한 경우, 그 상속인이 보증인의 지위를 승계하는지 여부

보증한도액이 정해진 계속적 보증계약의 경우 보증인이 사망하였다 하더라도 보증계약이 당연히 종료되는 것은 아니고 특별한 사정이 없는 한 상속인들이 보증인의 지위를 승계한다고 보아야 할 것이나, 보증기간과 보증한도액의 정함이 없는 계속적 보증계약의 경우에는 보증인이 사망하면 보증인의 지위가 상속인에게 상속된다고 할 수 없고 다만, 기왕에 발생된 보증채무만이 상속된다(대판 2001. 6. 12, 2000다47187).

▣ 핵심판례 ▣

■ [보증채무의 내용]

1. 보증계약의 성립 후 보증인의 동의 없이 주채무의 목적이나 형태가 변경된 경우, 보증채무의 범위

보증계약이 성립한 후에 보증인이 알지도 못하는 사이에 주채무의 목적이나 형태가 변경되었다면, 그 변경으로 인하여 주채무의 실질적 동일성이 상실된 경우에는 당초의 주채무는 경개로 인하여 소멸하였다고 보아야 할 것이므로 보증채무도 당연히 소멸하겠지만, 그 변경으로 인하여 주채무의 실질적 동일성이 상실되지 아니하고 동시에 주채무의 부담 내용이 축소·감경된 것에 불과한 경우에는 보증인은 그와 같이 축소·감경된 주채무의 내용에 따라 보증책임을 진다고 할 것이다(대판 2001. 3. 23, 2001다628).

2. 채무자가 부담하는 모든 채무를 포괄보증하는 것으로 되어 있는 어음거래 약정서의 문언에 불구하고 그 보증책임의 범위를 제한할 수 있는 경우

어음거래상의 채무를 위한 보증계약에 있어서 어음거래약정서의 문언상 기간을 정함이 없이 채무자가 부담하는 어음의 계속적 거래로 인한 현재 및 장래의 모든 채무를 포괄하여 보증하는 것으로 되어 있다면, 동 약정서가 처분문서인 점에 비추어 특별한 사정이 없는 한 그 계약문언대로 해석하여야 함이 원칙이기는 하나, 다만 동 약정서가 금융기관 등에서 일률적으로 일반거래약관의 형태로 부동문자로 인쇄해 두고 사용하는 것인 경우에 그 보증을 하게된 동기와 목적, 피보증채무의 내용, 금융기관의 담보가치판단관계, 그 밖에 거래의 관행 등 제반사정에 비추어 당사자의 의사가 계약문언과는 달리 일정범위의 거래의 보증에 국한시키는 것이었다고 해석함이 합리적인 것으로 인정되는 경우에는 계약서의 피담보채무에 관한 포괄적 기재는 일반거래약관의 예문에 불과한 것으로 보아 그 구속력을 배제함으로써 보증책임의 범위를 제한하도록 새김이 상당하다(1991. 7. 23. 제2부 판결, 91다12776 구상금).

3. 가. 회사의 이사 등이 회사의 제3자에 대한 계속적 거래로 인한 채무를 연대보증한 경우, 그 책임한도를 재직중에 발생한 채무로 제한하기 위한 요건

회사의 이사 등이 회사의 제3자에 대한 계속적 거래로 인한 채무를 연대보증한 경우 이사 등에게 회사의 거래에 대하여 재직중에 생긴 채무만을 책임지우기 위하여는 그가 이사의 지위 때문에 부득이 회사의 계속적 거래로 인하여 생기는 회사의 채무를 연대보증하게 된 것이고, 또 회사의 거래 상대방이 거래할 때마다 거래 당시의 회사에 재직하고 있던 이사 등의 연대보증을 새로이 받아 오는 등의 특별한 사정이 있을 것임을 요하고 그러한 사정이 없는

경우의 연대보증에까지 그 책임한도가 위와 같이 제한되는 것으로 해석할 수는 없다

나. 계속적 보증계약에 있어서 보증인이 일방적 의사표시에 의하여 보증계약을 해지하기 위한 요건 및 이사의 지위에 있었기 때문에 부득이 회사와 은행 사이의 계속적 거래로 인한 회사의 채무에 대하여 연대보증인이 된 자가 그 후 퇴사하여 이사의 지위를 상실한 경우, 사정변경을 이유로 연대보증계약을 일방적으로 해지할 수 있는지 여부(적극)

계속적 거래관계로 인하여 발생하는 불확정한 채무를 보증하기 위한 이른바 계속적 보증에 있어서는 보증계약 성립 당시의 사정에 현저한 변경이 생겨 보증인에게 계속하여 보증책임을 지우는 것이 당사자의 의사해석 내지 신의칙에 비추어 상당하지 못하다고 인정되는 경우에는, 상대방인 채권자에게 신의칙상 묵과할 수 없는 손해를 입게 하는 등의 특별한 사정이 없는 한 보증인은 일방적인 보증계약해지의 의사표시에 의하여 보증계약을 해지할 수 있다고 보아야 할 것이고, 회사의 이사라는 지위에 있었기 때문에 부득이 회사와 은행 사이의 계속적 거래로 인한 회사의 채무에 연대보증인이 된 자가 그 후 회사로부터 퇴직하여 이사의 지위를 상실하게 된 때에는 사회통념상 계속 보증인의 지위를 유지케 하는 것이 부당하므로, 연대보증계약 성립 당시의 사정에 현저한 변경이 생긴 것을 이유로 그 보증계약을 일방적으로 해지할 수 있다(대판 2000. 3. 10, 99다61750).

4. 신용협동조합의 이사장을 피보증인으로 하여 체결된 신원보증계약에 구 신원보증법이 적용되는지 여부

구 신원보증법 제1조는 그 법에서 신원보증계약이라 함은 피용자의 행위로 인하여 사용자가 받은 손해를 배상하는 것을 약정하는 계약을 말한다고 규정하고 있으므로, 신용협동조합 이사장이 재직중 신용협동조합에 입힌 손해를 보증인이 배상하는 것을 내용으로 하는 신원보증계약에 위 법률이 바로 적용될 수는 없는 것이나, 신용협동조합의 이사장은 비록 고용계약에 근거한 피용자는 아니라고 하더라도 약정에 근거하여 일정한 기간 동안 계속적으로 경영 등의 사무를 수행하고 정해진 보수를 받는다는 점에서 피용자와 유사한 점이 있고, 신원보증인의 입장에서 볼 때 이사장의 재직중 불법행위에 대하여 그 손해배상책임을 부담하는 것이어서 계약의 목적이나 내용의 면에서 피용자에 대한 신원보증계약과 유사한 점이 있으므로 신용협동조합의 이사장을 피보증인으로 하여 체결된 신원보증계약에도 위 법률이 유추적용된다(대판 2003. 5. 16, 2003다5344).

5. 이행보증보험이 보증의 성격을 가지고 있는지 여부

이행보증보험은 보험계약자인 채무자의 주계약상의 채무불이행으로 인하여 피보험자인 채권자가 입게 되는 손해의 전보를 보험자가 인수하는 것을 내용으로 하

는 손해보험으로서 실질적으로는 보증의 성격을 가지고 있다(대판 2002. 10. 25, 2000다16251).

6. 계속적인 거래관계에서 발생하는 불확정한 채무를 보증하는 "계속적 보증"에 있어서의 보증인의 책임이 제한되는 경우

채권자와 주채무자 사이의 계속적인 거래관계에서 발생하는 불확정한 채무를 보증하는 이른바 "계속적 보증"의 경우에도, 보증인은 주채무자가 이행하지 아니하는 채무를 전부 이행할 의무가 있는 것이 원칙이고, 다만 보증인이 보증을 할 당시 주채무의 범위를 예상하였거나 예상할 수 있었는데 주채무가 그 예상범위를 훨씬 초과하여 객관적인 상당성을 잃은 것으로 인정될 정도로 과다하게 발생하였고, 또 그와 같이 주채무가 과다하게 발생한 원인이, 채권자가 주채무자의 자산상태가 현저히 악화된 사정을 잘 알고 있으면서도(중대한 과실로 알지 못한 경우도 마찬가지다) 그와 같은 사정을 알 수 없었던 보증인에게 아무런 통지나 의사타진도 하지 아니한 채 고의로 거래의 규모를 확대하였기 때문인 것으로 인정되는 등, 채권자가 보증인에게 주채무의 전부이행을 청구하는 것이 신의칙에 반하는 것으로 판단될 만한 특별한 사정이 있는 경우에 한하여, 보증인의 책임을 합리적인 범위 내에서 제한할 수 있을 뿐이다(1991. 10. 8. 제2부 판결, 91다14147 물품대금).

7. 상품에 대한 계속적 공급판매계약을 체결함에 있어 주채무자의 모든 채무에 대하여 책임을 진다고 기명날인을 한 연대보증인에게 계약서상의 계약기간의 자동연장에 관한 조항까지도 효력이 있는지 여부

상품에 대한 계속적 공급판매계약을 체결함에 있어 쌍방간에 계약갱신통보가 없을 때에는 그 계약기간은 자동연장되는 것으로 한다는 조항이 포함되어 있었고 그 후 이 계약이 자동연장되어 존속되어 왔다면 특별한 사정이 없는 한 계약기간의 자동연장에 관한 위 조항을 포함한 계약서의 전조항이 위 계약을 체결함에 있어서 연대보증인으로서 주채무자의 모든 채무에 대하여 책임을 진다고 기명날인한 연대보증인에게도 효력이 있다(1991. 10. 22. 제1부 판결, 91다25932 물품대금).

8. 가. 기간의 정함이 없는 이른바 계속적 보증계약에 있어서의 보증인의 해지권

기간의 정함이 없는 이른바 계속적 보증계약은 보증인의 주채무자에 대한 신뢰가 깨어지는 등 보증인으로서 보증계약을 해지할 만한 상당한 이유가 있는 경우에 보증인으로 하여금 그 보증계약을 그대로 유지존속케 한다는 것은 사회통념상 바람직하지 못하므로 그 계약해지로 인하여 상대방인 채권자에게 신의칙상 묵과할 수 없는 손해를 입게 하는 등 특단의 사정이 있는 경우를 제외하고 보증인은 일방적으로 이를 해지할 수 있다.

나. 치료비보증계약 후 주채무자가 보증인인 택시운송사업조합연합회의 조합원을 상대로 손해배상청구소송을 제기하였고 이러한 경우 치료

비보증계약을 해지하는 것이 위 연합회의 실무지침 및 관례라고 하더
라도, 이러한 사정만으로는 위 연합회가 위 보증계약을 일방적으로
해지할 수 없다고 한 사례

치료비보증계약 후 주채무자가 보증인인 택시운송사업조합연합회의 조합원을
상대로 손해배상청구소송을 제기하였고 이러한 경우 치료비보증계약을 해지
하는 것이 위 연합회의 실무지침 및 관례라고 하더라도, 이러한 사정만으로
는 위 연합회가 위 보증계약을 해지할 만한 상당한 이유가 있어 보증인으로
하여금 위 보증계약을 그대로 유지존속케 하는 것이 사회통념상 바람직하지
못하다고 볼 수 없으므로 위 연합회는 위 보증계약을 일방적으로 해지할 수
없다(1992. 7. 14. 제1부 판결, 92다8668 보증금).

9. 이른바 '계속적 보증'에 있어서 보증인의 책임범위와 그 제한

채권자와 주채무자 사이의 계속적인 거래관계에서 발생하는 불확정한 채무를 보
증하는 이른바 '계속적 보증'의 경우에도, 보증인은 주채무자가 이행하지 아니
하는 채무를 전부 이행할 의무가 있는 것이 원칙이고, 다만 보증인이 보증을 할
당시 주채무의 범위를 예상하였거나 예상할 수 있었는데 주채무가 그 예상범위를
훨씬 초과하여 객관적인 상당성을 잃을 정도로 과다하게 발생하였고, 또 그와 같
이 주채무가 과다하게 발생한 원인이, 채권자가 주채무자의 자산상태가 현저히
악화된 사정을 잘 알고 있으면서도(중대한 과실로 알지 못한 경우도 마찬가지다)
그와 같은 사정을 알 수 없었던 보증인에게 아무런 통지나 의사타진도 하지 아니
한 채 고의로 거래의 규모를 확대하였기 때문인 것으로 인정되는 등, 채권자가
보증인에게 주채무의 전부이행을 청구하는 것이 신의칙에 반하는 것으로 판단될
만한 특별한 사정이 있는 경우에 한하여 보증인의 책임을 합리적인 범위 내로 제
한할 수 있다(1992. 7. 28. 제2부 판결, 91다35816 대여금).

10. 가. 이행보증보험계약에 있어 수급인이 납기까지 납품을 하지 못하여 도 급계약 당사자 사이의 합의하에 작업에 착수하지 아니한 도급물량 일부를 도급인이 회수하였다면 보험사고가 발생한 경우에 해당하고 보험약관상 "주계약의내용에 중대한 변경이 있었을 때"에 해당하는 것이 아니라고 한 사례

갑이 을과 가스집진기류를 제작납품하는 도급계약을 체결하면서 보증보험회
사와 이행보증보험계약을 체결하였는데, 갑이 납기일까지 납품을 하지 못하
고 아무런 대책도 수립하지 못하자, 을이 갑과의 합의하에 갑이 아직 작업
에 착수하지도 아니한 전체 도급물량의 38퍼센트에 해당하는 물량을 회수하
여 갔다면 을은 갑의 이행지체를 이유로 위 도급계약 중 38퍼센트에 해당하
는 부분을 해제하였다 할 것이고, 이는 보험사고가 발생한 경우에 해당하는
것이지 이행보증보험약관상의 "주계약의 내용에 중대한 변경이 있었을 때"
에 해당한다고 볼 수 없다.

나. 보험약관에 "피보험자는 보험금을 청구하기 전에 주계약을 해제 또는해지하여야 한다"고 규정하고 있으나 피보험자가 보험기간 내에 보험금 청구 후 주계약을 해제한 경우 보험자가 보험금을 지급할 의무가 있는지 여부(적극)

보험약관에 "피보험자는 보험금을 청구하기 전에 주계약을 해제 또는 해지하여야 한다"고 규정되어 있으나 피보험자가 보험금을 청구한 후에 주계약을 해제하였다 하더라도, 피보험자가 보험기간 내에 이행지체를 이유로 주계약을 해제한 이상 보험자는 피보험자에게 보험금을 지급할 의무가 있다.

다. 위 "가"항의 이행보증보험계약상 수급인의 연대보증인들이 아무런 이득없이 구상금채무를 보증하였다 하여 책임을 면할 수 없고, 도급인과 보험회사가 수급인에게 도급계약이행상의 문제점이 있음을 알면서도 연대보증인들에게 통보하지 않았다는 사정만으로는 연대보증인들의 보증책임을 감액할 사유에 해당하지 않는다고 한 사례

위 "가"항의 이행보증보험계약상 갑의 연대보증인들이 아무런 이득 없이 갑의 구상금채무에 관하여 연대보증을 하였다 하여 그 보증책임을 면할 수는 없고, 설사 을이나 보증보험회사가 갑에게 위 도급계약의 이행에 관하여 여러 가지 문제점이 있음을 알면서도 이를 위 연대보증인들에게 통보하지 않았다 하더라도 그와 같은 사정만으로는 연대보증인들의 보증책임을 감액할 사유에 해당한다 할 수 없다(1992. 9. 22. 제2부 판결, 92다20729 구상금).

11. 약속어음 배서인이 원인채무에 대한 보증책임을 부담하기 위한 요건

다른 사람이 발행한 약속어음에 보증의 취지로 배서를 한 경우에 배서인은 그 배서행위로 인한 어음상의 채무만을 부담하는 것이 원칙이고 다만 그 어음이 차용증서에 갈음하여 발행된 것으로서 배서인이 그러한 사정을 알고 민사상의 원인채무를 보증하는 의미로 배서한 경우에 한하여 그 원인채무에 대한 보증책임을 부담하는 것이다(1993. 11. 23. 제1부 판결, 93다23459 약속어음금).

12. 무역중개업자가 수출회사에게 작성하여 준 보증서가 수출대금의 지급을 보증할 의사로 작성, 교부한 것이 아니라고 한 사례

수출회사의 주거래은행이 화환어음 등을 매입한 후 신용장 개설은행으로부터 신용장대금의 지급이 거절되어 수출회사로서는 주거래은행으로부터 화환어음의 매입대금을 환수당할 형편에 처하게 되자 수출회사의 대표이사가 무역중개업자에게 보증서를 작성하여 주면 이를 주거래은행에 제출하여 선적서류 등을 반환받는 데 사용할 것이며 주거래은행이 무역중개업자에게 책임을 묻는 일은 없을 것이라고 부탁하자 무역중개업자가 수출회사에게 작성하여 준 보증서가 수출대금의 지급을 보증할 의사로 작성, 교부한 것이 아니라고 한 사례(1994. 3. 22. 제1

부 판결, 93다36271 약정금).

13. **기술신용보증기금과 금융기관 사이에 체결된 보증계약 중 "당해 시설준
공 즉시 주담보 취득하여 본 보증 우선 해지하실 것" 등의 특약사항의
취지**

기술신용보증기금이 피보증인의 금융기관에 대한 대출원리금채무를 보증함에 있
어 금융기관과의 사이에서 "당해 시설 준공 즉시 주담보 취득하여 본 보증 우선
해지하고, 사업장 부지의 소유권이전 즉시 추가담보 취득하여 본 보증 우선 해
지하실 것"이라는 특약사항과 금융기관이 위 특약사항을 위반하였을 때에는 보
증책임의 전부 또는 일부에 대하여 책임을 지지 아니한다는 사항을 신용보증서
에 기재한 취지는, 금융기관이 기술신용보증기금의 신용보증 아래 피보증인에게
대출한 시설자금으로 위 피보증인이 시설한 공장건물 및 시설이나 시설장 부지
에 관하여 금융기관이 물적 담보를 취득한 경우에 그 취득한 담보가치범위 내에
서 신용보증계약을 해지하여 기술신용보증기금의 신용보증책임을 면하게 한다는
것에 그치지 않고, 후에 기술신용보증기금이 보증책임을 이행한 경우에 금융기
관을 대위하여 피보증인에 구상권을 행사하여도 물적 담보가 없어 실효를 거둘
수 없는 결과가 초래되지 아니하도록, 피보증인이 공장건물과 시설을 준공하거
나 시설장 부지가 된 토지가 피보증인 앞으로 소유권이전되면 그에 관하여 1순
위 근저당권을 설정하는 등 방법으로 물적 담보를 확보하게 하는 의무를 금융기
관에게 부담시키고, 금융기관의 귀책사유로 인하여 담보를 확보하지 못하게 되
면 기술신용보증기금의 보증책임이 면책되는 것으로 약정한 취지이다(1994. 6.
14. 제2부 판결, 94다8150 대여금).

14. **대리점계약에 있어 쌍방의 해약의사표시가 없는 한 계약기간이 자동연장
되는 것으로 되어 있으나 실제로는 매년 계약이 갱신체결된 경우 연대보
증인의 보증기간**

대리점계약과 같은 상품에 대한 계속적 공급판매계약을 체결한 경우 그 계약서
상 채권자와 주채무자 사이의 계약기간이 자동갱신되는 것으로 약정되어 있고
연대보증인이 이에 대하여 이의나 유보 없이 동일 계약서에 서명날인하여 연대
보증계약을 체결하였다면 특별한 사정이 없는 한 그 보증계약에는 계약이 존속
되는 기간 동안 발생한 채무에 대하여 책임을 부담하기로 하는 의사표시가 포함
되어 있거나 계약기간의 연장에 관한 동의나 묵시적 승낙이 있었다고 보아야 할
것이나, 채권자와 주채무자 사이의 대리점계약기간이 계약서에는 쌍방의 해약의
사표시가 없는 한 자동연장되는 것으로 되어 있다고 할지라도, 실제로는 자동갱
신된 것이 아니라 매년 대리점계약이 갱신체결되었고 연대보증계약도 매년 갱신
체결되는 등의 특별한 사정이 있는 경우에도 위와 같이 볼 수 있는 것은 아니다
(1994. 6. 28. 제2부 판결, 93다49208 물품대금).

15. 가. 약속어음 배서와 원인채무에 대한 보증책임

다른 사람이 발행 또는 배서양도하는 약속어음에 배서인이 된 사람은 그 배서로 인한 어음상의 채무만을 부담하는 것이 원칙이고, 특별히 채권자에 대하여 자기가 그 발행 또는 배서양도의 원인이 된 채무까지 보증하겠다는 뜻으로 배서한 경우에 한하여 그 원인채무에 대한 보증책임을 부담한다.

나. 신용상태 보충을 위하여 약속어음에 배서하였더라도 민사상의 원인채무까지 보증하는 것은 아니라고 한 사례

갑이 을의 신용상태를 보충하기 위하여 을이 물품대금의 지급을 위하여 병에게 교부하는 약속어음에 배서하였더라도 달리 갑이 민사상의 원인채무까지 보증하는 의미로 배서하였다고 볼 자료가 없는 이상 배서인으로서 어음상의 채무를 부담함에 의하여 신용을 부여하려는 것에 불과하다고 한 사례 (1994. 8. 26. 제2부 판결, 94다5397 물품대금).

16. 가. 리스보증보험계약이 그 담보책임 발생의 근거가 되는 리스계약의 세부적인 내용이 장래에 확정될 것을 전제로 체결되었다고 보아 그 후 리스변경계약에 따라 추가된 리스물건에 관한 채무에 대하여 보증보험책임을 인정한 사례

리스보증보험계약이 리스물건 등 일부 세부적인 사항이 확정되지 아니한 상태에서 차차 이를 확정할 것을 전제로 리스계약에 기한 일정액의 손해배상채무를 담보하기로 하고 그에 기하여 보험기간 및 보험료율 등을 정한 것이라면 그 후 리스변경계약에 따라 리스물건을 추가한 것은 최초의 리스계약의 한도금액 범위 내에서 그 계약의 내용을 구체적으로 확정한 것일 뿐이므로 추가된 리스물건에 관한 채무에 대하여 보증보험책임이 있다고 한 사례.

나. 리스보증보험계약상의 보험사고가 발생하여 보험금이 지급된 경우 보험기간 미경과분에 해당하는 보험료의 반환을 구할 수 있는지 여부

리스보증보험계약상의 보험사고가 발생하여 보험금까지 지급된 이상 보험기간 미경과분에 해당하는 보험료의 반환을 구하는 것은 보험계약의 본질에 비추어 허용될 수 없다(1994. 9. 9. 제2부 판결, 94다2725 보험료).

17. 가. 대출절차상 편의를 위하여 명의를 대여한 것으로 인정되어 채무자로 볼 수 없는 형식상 주채무자의 보증책임 인정 기준

대출절차상 편의를 위하여 명의를 대여한 것으로 인정되어 채무자로 볼 수 없는 경우, 그 형식상 주채무자가 실질적인 주채무자를 위하여 보증인이 될 의사가 있었다는 등의 특별한 사정이 없는 한 그 형식상의 주채무자에게 실질적 주채무자에 대한 보증의 의사가 있는 것으로 볼 수는 없다.

나. 구 상호신용금고법 소정의 여신한도액을 초과한 대출의 사법상 효력 (유효)

상호신용금고가 구 상호신용금고법(1995. 1. 5. 법률 제4867호로 개정되기 전의 것) 제12조, 같은법시행령(1995. 4. 11. 대통령령 제14574호로 개정되기 전의 것) 제8조 제1항에 규정된 동일인에 대한 대출액 한도 규정을 위반하여 대출하였다 하더라도 사법상의 효력에는 제한이 없다(1996. 8. 23. 판결, 96다18076 청구이의).

18. 주채무 발생의 원인이 되는 기본계약이 보증계약보다 먼저 체결되어야 하는지 여부(소극) 및 장래의 채무에 대하여 보증계약을 체결할 수 있는지 여부(한정 적극)

주채무 발생의 원인이 되는 기본계약이 반드시 보증계약보다 먼저 체결되어야만 하는 것은 아니고, 보증계약 체결 당시 보증의 대상이 될 주채무의 발생원인과 그 내용이 어느 정도 확정되어 있다면 장래의 채무에 대해서도 유효하게 보증계약을 체결할 수 있다 할 것이다(대법원 2006. 6. 27. 선고 2005다50041 판결).

◆ 보증의 방식

제 428 조의2 【보증의 방식】

① 보증은 그 의사가 보증인의 기명날인 또는 서명이 있는 서면으로 표시
되어야 효력이 발생한다. 다만, 보증의 의사가 전자적 형태로 표시된 경
우에는 효력이 없다.

② 보증채무를 보증인에게 불리하게 변경하는 경우에도 제1항과 같다.

③ 보증인이 보증채무를 이행한 경우에는 그 한도에서 제1항과 제2항에 따
른 방식의 하자를 이유로 보증의 무효를 주장할 수 없다.

[본조신설 2015.2.3.]

■ § 428의2. 보증의 방식

• 보증의 방식 : 보증은 그 의사가 보증인의 기명날인 또는 서명이 있는 서면
　　　　　　　으로 표시되어야 효력 발생. 보증의 의사가 전자적 형태로 표
　　　　　　　시된 경우에는 효력 없음.
• 보증인이 보증채무를 이행한 경우 : 보증채무를 이행한 한도에서 방식의 하
　　　　　　　　　　　　　　　　　자를 이유로 보증의 무효를 주장할 수는
　　　　　　　　　　　　　　　　　없음.

1. 규정 취지

거래의 실제에 있어서 보증계약이 서면에 의하여 명시적으로 행하여지지 않
는 경우가 많아서 보증의사 및 보증의 범위 등에 관한 분쟁이 다수 발생하고
있었다. 이에 2008년 3월 21일 「보증인 보호를 위한 특별법」이 제정되어 2008
년 9월 22일부터 시행되었다. 민법 제428조의2에서 규정하고 있는 보증의 방식
에 관한 내용은 종래 「보증인 보호를 위한 특별법」에서 규정하고 있었다. 그
러나 「보증인 보호를 위한 특별법」은 그 적용 범위가 아무런 대가 없이 호의
(好意)로 이루어지는 보증으로 제한되어 있는 한계가 있었다. 이에 일반 보증인
을 보호하기 위하여 2015년 2월 3일 민법 일부 개정시 관련 내용을 민법에 직
접 규정하게 되었으며, 동 규정은 2016년 2월 4일부터 시행되고 있다.

2. 보증의 방식

보증은 그 의사가 보증인의 기명날인 또는 서명이 있는 서면으로 표시되어야 효력이 발생한다. 다만, 보증의 의사가 전자적 형태로 표시된 경우에는 효력이 없다.

3. 보증 방식의 하자를 이유로 보증의 무효를 주장할 수 있는지 여부

보증인이 보증채무를 이행한 경우에는 그 한도에서 보증 방식의 하자를 이유로 보증의 무효를 주장할 수는 없도록 하였다.

<div align="center">▣ 핵심판례 ▣</div>

■ [보증의 방식]

'보증인 보호를 위한 특별법' 제3조 제1항에서 보증의 의사표시에 보증인의 기명날인 또는 서명이 있는 서면을 요구하는 취지와 보증의 의사표시에 위와 같은 방식이 준수되었는지 판단하는 기준 및 작성된 서면에 반드시 '보증인' 또는 '보증한다'라는 문언의 기재가 있을 것이 요구되는지 여부(소극)

'보증인 보호를 위한 특별법' 제3조 제1항은 "보증은 그 의사가 보증인의 기명날인 또는 서명이 있는 서면으로 표시되어야 효력이 발생한다."고 정한다. 이와 같이 보증의 의사표시에 보증인의 기명날인 또는 서명이 있는 서면을 요구하는 것은, 한편으로 그 의사가 명확하게 표시되어서 보증의 존부 및 내용에 관하여 보다 분명한 확인수단이 보장되고, 다른 한편으로 보증인으로 하여금 가능한 한 경솔하게 보증에 이르지 아니하고 숙고의 결과로 보증을 하도록 하려는 취지에서 나온 것이다. 따라서 보증의 의사표시에 관하여 법률행위의 해석에 관한 일반 법리가 적용됨은 물론이나, 거기에서 더 나아가 위의 법규정이 정하는 방식이 준수되었는지 여부는 위와 같은 취지를 충족하는지 여부에 좇아 판단할 것이다. 그리고 이를 판단함에 있어서는 작성된 서면의 내용 및 그 체제 또는 형식, 보증에 이르게 된 경위, 주채무의 종류 또는 내용, 당사자 사이의 관계, 종전 거래의 내용이나 양상 등을 종합적으로 고려할 것이다. 그렇다면 위 법규정이 '보증의 의사'가 일정한 서면으로 표시되는 것을 정할 뿐이라는 점 등을 고려할 때, 작성된 서면에 반드시 '보증인' 또는 '보증한다'라는 문언의 기재가 있을 것이 요구되지는 아니한다고 봄이 상당하다(대법원 2013. 6. 27. 선고 2013다23372 판결).

◆ 근보증

제 428 조의3 【근보증】

① 보증은 불확정한 다수의 채무에 대해서도 할 수 있다. 이 경우 보증하는 채무의 최고액을 서면으로 특정하여야 한다.

② 제1항의 경우 채무의 최고액을 제428조의2제1항에 따른 서면으로 특정하지 아니한 보증계약은 효력이 없다.

[본조신설 2015.2.3.]

■ § 428의3. 근보증

- 근보증 : 계속적 거래관계로부터 생기는 증감변동하는 채무에 관하여 담보하는 것
- 방식 : 보증하는 채무의 최고액을 서면으로 특정하지 않은 보증계약은 효력이 없음

1. 규정 취지

현실적으로 근보증이 많이 이루어지고 있음에도 근보증에 관한 일반규정이 없어 2015년 2월 3일 민법 일부 개정시 신설한 조문이며, 2016년 2월 4일부터 시행되고 있다.

2. 방식

보증은 불확정한 다수의 채무에 대해서도 할 수 있으나, 이 경우 보증하는 채무의 최고액을 서면으로 특정하여야 한다. 만약 채무의 최고액을 보증인의 기명날인 또는 서면이 있는 서면으로 특정하지 아니한 보증계약은 효력이 없다.

◈ 보증채무가 담보하는 채무의 범위

제 429 조【보증채무의 범위】

① 보증채무는 주채무의 이자, 위약금, 손해배상 기타 주채무에 종속한 채무를 포함한다.

② 보증인은 그 보증채무에 관한 위약금 기타 손해배상액을 예정할 수 있다.

■ § 429. 보증채무의 범위

• 보증채무의 내용 : 보증채무의 내용인 급부의 목적은 주채무의 그것과 동일하다.
• 보증채무의 범위 : ① 보증채무의 범위는 주채무의 범위보다 클 수 없다. 만일 주채무의 범위를 초과한 때에는 주채무의 한도로 감축된다.
　　　　　　　　　② 당사자간에 특약이 없는 경우에는 보증채무는 주채무의 이자, 위약금, 손해배상 기타 주채무에 종속한 채무를 포함한다.

보증채무는 주채무의 이자·위약금·손해배상 기타 주채무에 종속한 채무를 포함한다.

문제는 주된 채무자가 계약해제에 의한 원상회복의무 및 손해배상의무를 부담하는 경우에 보증인도 그 양쪽 의무를 부담하는가 하는 것이다.

구민법하의 판례는 해제에 의하여 계약관계가 소급적으로 소멸한 경우에는 이 양 의무는 주된 채무가 계약해제에 의하여 소멸한 결과 발생된 별개 독립한 법률상의 의무이지 주된 채무에 종된 의무라고는 할 수 없다는 이유에서, 양 의무에 대하여 보증인은 책임을 지지 않는다고 하였다.

그러나 해지에 의하여 계약관계가 장래에 향해서만 소멸하는 경우에는 보증인의 책임은 당연히 양 의무에 미친다고 하였다(김현태).

그러나 학설은 일반적으로 당사자의 보통의 의사는 원칙적으로 계약이 완료할 때까지의 책임을 보증하는 것일 것이고, 또 해제에 의한 손해배상의 성질은

본래의 채무의 불이행으로 인한 손해배상청구권이라고 보는 견해에 따르면 보증인이 이것을 보증하는 것은 당연하다고 함으로써 위와 같은 판례이론에 반대하고 있다(다수설 ; 곽윤직, 김기선, 김·안). 현재의 판례는 이 다수설의 견해를 취하고 있다(대판 1972. 5. 9. [71다1474]).

또 보증채무는 종된 채무나 이것 역시 보증인의 채권자에 대한 1개의 채무이므로 자기의 보증채무의 이행에 관하여 보증인이 채권자에 대하여 위약금 또는 손해배상의 액은 약정하는 것은 무방하다. 그러나 보증인이 주된 채무자의 불이행에 관하여 위약금 또는 손해배상 등을 약정할 수 없는 것은 보증의 종된 성질상 당연하다.

<div align="center">▣ 핵심판례 ▣</div>

- **[보증채무의 범위]**

1. **대학부속병원의 의사로 재직하는 사정으로 아무 관계도 없는 자의 치료비채무를 보증하게 된 자에 대하여 피보증인의 치료비 전액에 대한 보증책임을 묻는 것은 신의칙상 부당하므로 치료비채무 전액을 보증하기로 한 입원서약서의 문면에도 불구하고 보증책임을 제한함이 상당하다고 한 사례**

 교통사고로 갑과 을이 중상을 입고 대학부속병원 응급실에 입원하게 될 당시 그들은 즉시 응급수술을 받지 아니하면 생명이 위독할 정도로 위급한 상태에 있었으나, 마침 추석명절로서 교통체증이 심하여 가족들이 병원에 속히 내려올 수 없게 되자, 을의 가족들이 위 대학 의 교수 아들을 통하여 위 병원 의사인 병에게 부탁하여 병이 을의 치료비를 연대보증하면서 위 병원의 의사로 재직하는 사정에 의하여 아무런 관계도 없는 갑의 치료비도 아울러 연대보증하게 되었고, 위 병원도 갑으로부터 입원보증금도 받지 아니한 채 병의 연대보증만으로 갑에 대한 수술을 하게 되었다면, 병이 갑을 위하여 보증을 하게 된 경위에 비추어 병은 우선 갑으로 하여금 서둘러 응급치료를 받게 한 다음 그의 가족들이 병원에 찾아올 경우 가족들로 하여금 보증인을 교체하게 할 의사로 보증을 한 것이고, 병원측도 병이 위와 같은 의사로 갑의 치료비를 보증하는 것임을 잘 알고 있었다고 볼 여지가 있으며, 병에 대하여 갑의 치료비 전액에 대한 보증책임을 묻는 것은 신의칙상 심히 부당한 결과가 되는 것이므로, 병이 갑의 치료비채무 전액을 보증하기로 한 입원서약서의 문면에도 불구하고 병은 갑의 치료비 중 가족들이 병원에 찾아왔을 때까지의 치료비에 한하여 보증책임이 있는 것으로 본다든가 하여 그 보증책임을 제한함이 상당하다(1992. 9. 22. 제2부 판결, 92다17334 보증채무금).

2. 가. 회사의 이사 등이 회사의 제3자에 대한 계속적 거래로 인한 채무를 연대보증한 경우 이사 등에게 회사의 거래에 대하여 재직중에 생긴 채무만을 책임지우기 위한 요건

회사의 이사 등이 회사의 제3자에 대한 계속적 거래로 인한 채무를 연대보증한 경우 이사 등에게 회사의 거래에 대하여 재직중에 생긴 채무만을 책임지우기 위하여는 그가 이사의 지위 때문에 부득이 회사의 계속적 거래로 인하여 생기는 회사의 채무를 연대보증하게 된 것이고 또 회사의 거래상대방이 거래할 때마다 거래 당시에 회사에 재직하고 있던 이사 등의 연대보증을 새로이 받아 오는 등의 특별한 사정이 있을 것임을 요하고, 그러한 사정이 없는경우의 연대보증에까지 그 책임한도가 위와 같이 제한되는 것으로 해석할 수는 없다.

나. 계속적 물품공급거래계약에 있어 채권자와 주채무자 쌍방간에 이의가 없는 한 유효기간을 1년 간씩 자동연장하기로 약정한 경우 계약기간의 자동연장에 관하여 연대보증인도 동의 또는 묵시적 승낙을 하였다고 보아야 할 것인지 여부(한정적극)

계속적 물품공급거래계약의 유효기간을 계약체결일로부터 1년으로 하되 쌍방간에 이의가 없는 한 기간을 1년 간씩 자동연장하기로 약정하였다면 계약기간 동안의 물품대금채무를 보증한 연대보증인도 특별한 사정이 없는 한 계약기간의 자동연장에 관하여 동의 또는 묵시적 승낙을 하였다고 보아야 할 것이다(1993. 2. 12. 제3부(카) 판결, 92다45520 물품대금).

3. 거래약정서에는 주채무자의 모든 채무를 보증하는 것으로 되어 있지만, 보증의 경위와 목적, 피담보채무의 내용, 거래관행 등 제반 사정에 비추어 당사자의 의사는 일정한 범위의 거래에만 보증을 국한시키기로 한 것이었다고 해석하여 보증책임의 범위를 제한한 사례

거래약정서에는 주채무자의 모든 채무를 보증하는 것으로 되어 있지만, 보증의 경위와 목적, 피담보채무의 내용, 거래관행 등 제반 사정에 비추어 당사자의 의사는 일정한 범위의 거래에만 보증을 국한시키기로 한 것이었다고 해석하여 보증책임의 범위를 제한한다(1993. 3. 9. 제2부(가) 판결, 92다55640 대여금).

4. 가. 신용보증기금과 은행 사이에 신용보증계약을 체결하면서 은행은 피보증인이 융자된 시설자금에 의하여 시설을 설치하는 즉시 이에 대하여 공정증서에 의한 양도담보권을 취득하기로 하되 은행이 이에 위반하였을 때에는 신용보증기금의 보증채무를 면제하기로 하는 특약을 한 경우 특약의 목적 및 은행의 주의의무의 범위

신용보증기금과 은행 사이에 신용보증계약을 체결하면서, 은행은 피보증인이 융자된 시설자금에 의하여 시설을 설치하는 즉시 이에 대하여 공정증서에 의

한 양도담보권을 취득하기로 약정하고 은행이 이에 위반하여 관리자금을 지급하였을 경우에는 신용보증기금의 보증채무를 면제하기로 하는 특약을 하였다면, 이는 신용보증기금이 보증채무를 이행함에 따라 주채무자에 대하여 가지게 될 구상권을 확보하기 위한 것이라 할 것이므로, 은행으로서는 선량한 관리자로서의 주의의무를 다하여 설치시설이 시설자금에 의하여 설치된 피보증인의 소유인지, 나아가 위 시설에 이미 제3자의 담보권이 설정되어 있는지 여부를 조사하여, 신용보증기금이 보증채무의 이행에 따른 구상권을 확보할 수 있도록 적법한 양도담보권을 취득하여야 할 의무를 부담한다.

나. 위 "가"항의 신용보증하에서 신용보증기금이 피보증인에 대한 신용조사를 소홀히 하였다 할지라도 이를 보증채무의 면책범위를 정함에 참작할 수 없다 한 사례

위 "가"항의 신용보증하에서 신용보증기금이 피보증인에 대한 신용조사를 소홀히 하였다 할지라도 이를 보증채무의 면책범위를 정함에 참작할 수 없다(1993. 4. 27. 제1부 판결, 92다49942 보증채무금).

5. 가. 보증계약서의 문언상 주채무자가 부담하는 모든 채무를 보증하는 것으로 되어 있더라도 그 보증책임의 범위를 제한하여야 할 경우

보증계약서의 문언상 보증기간이나 보증한도액을 정함이 없이 주채무자가 부담하는 모든 채무를 보증인이 보증하는 것으로 되어 있다 하더라도 그 보증을 하게 된 동기와 목적, 피보증채무의 내용, 거래의 관행 등 제반 사정에 비추어 당사자의 의사가 계약문언과는 달리 일정한 범위의 거래의 보증에 국한시키는 것이었다고 인정할 수 있는 경우에는 그 보증책임의 범위를 제한하여 새겨야 한다.

나. 보증서에 보증인이 채무자의 모든 채무를 부담한다는 취지의 부동문자가 인쇄되어 있으나 보증기간과 보증한도 등 중요한 기재사항이 백지로 되어 있는 점 등에 비추어, 포괄근보증이라고 본 원심판결을 파기한 사례

보증서에 보증인이 채무자의 모든 채무를 부담한다는 취지의 부동문자가 인쇄되어 있으나 보증기간과 보증한도 등 중요한 기재사항이 백지로 되어 있는 점 등에 비추어, 포괄근보증이라고 본 원심판결을 파기환송한다(1993. 9. 28. 제1부 판결, 92다8651 보증채무금).

6. 가. 계속적 보증계약의 문언상 주채무 전액에 관하여 보증하는 것으로 되어 있더라도 그 보증책임의 범위를 제한하여야 할 경우

계속적 보증계약은 보증책임의 한도액이나 보증기간에 관하여 아무런 정함이 없는 경우에는 보증인은 원칙적으로 변제기에 있는 주채무 전액에 관하여 보증책임을 부담하는 것이나, 그 보증을 하게 된 동기와 목적, 피담보채무의 내

용, 거래의 관행 등 제반 사정에 비추어 당사자의 의사가 계약문언과는 달리 일정한 범위의 거래의 보증에 국한시키는 것이었다고 인정할 수 있는 경우에는 그 보증책임의 범위를 당사자의 의사에 따라 제한하여 새겨야 한다.

나. 서면상으로는 주채무자의 모든 채무를 보증하는 것으로 되어 있지만 제반 사정에 비추어 일정한 계약에 기한 채무만을 보증한 것으로 해석함이 상당하다고 한 사례

서면상으로는 주채무자의 모든 채무를 보증하는 것으로 되어 있지만 보증의 경위와 목적, 피담보채무의 내용, 거래관행 등 제반 사정에 비추어 일정한 계약에 기한 채무만을 보증한 것으로 해석함이 상당하다고 한 사례(1994. 6. 24. 제3부 판결, 94다10337 물품대금).

◈ 보증채무의 주채무에 대한 부종성

제 430 조【목적, 형태상의 부종성】

보증인의 부담이 주채무의 목적이나 형태보다 중한 때에는 주채무의 한도로 감축한다.

■ § 430. 보증채무의 목적 · 형태상의 부종성

- 보증채무의 범위는 주채무의 범위보다 클 수 없다. 만일에 큰 때에는, 주채무의 한도로 감축된다.
- 주채무의 범위보다 적은 것으로 하는 것은 상관없다(유한보증).
- 해지, 해제에 의한 원상회복의무 : 손해배상의무까지도 보증한 것으로 본다
 (다수설, 판례)

본조는 보증채무의 부종성에 관한 규정이다.

채권자의 보증인에 대한 권리, 즉 보증채무의 내용은 보증채무의 부종성 및 보증계약에 의해 정해진다.

민법은 내용에 관한 부종성의 입장에서 보증채무의 목적과 태양이 주된 채무보다 중한 때에는 이것을 주된 채무의 한도로 감축한다는 취지를 규정하고 있다. 그러므로 주된 채무가 조건부인데도 불구하고, 보증채무는 무조건으로 한다거나, 주된 채무보다 보증채무의 기한이 빠른 것은 무방하다.

▣ 핵심판례 ▣

■ [목적, 형태상의 부종성]

1. **회사정리절차 종결 후 정리회사였던 주채무자와 정리채권자였던 채권자 사이에 성립한 채무 감액의 합의가 보증채무에 미치는 효력 및 그 범위**

 회사정리절차가 종결된 후 정리회사였던 주채무자와 정리채권자였던 채권자 사이에 정리계획상의 잔존 주채무를 줄이기로 하는 내용의 합의가 성립한 때에는, 보증인이 원래의 채무 전액에 대하여 보증채무를 부담한다는 의사표시를 하거나 채

권자 사이에 그러한 내용의 약정을 하는 등의 특별한 사정이 없는 한 '정리계획
의 효력 범위'에 관하여 보증채무의 부종성을 배제한 구 회사정리법(2005. 3. 31.
법률 제7428호 채무자 회생 및 파산에 관한 법률 부칙 제2조로 폐지) 제240조 제
2항의 규정은 적용될 수 없으므로 그 합의에 의하여 잔존 주채무가 줄어든 액수
만큼 보증채무의 액수도 당연히 줄어든다. 이 경우 정리계획인가 결정에 의하여
일부 면제된 주채무 부분은 주채무자와 채권자 사이에서는 이미 실체적으로 소멸
한 것이어서 주채무자와 채권자 사이의 합의에 의하여 다시 줄어들 수 있는 성질
의 것이 아니므로, 주채무자와 채권자 사이에서 잔존 주채무를 줄이기로 한 합의
에 따라 줄어드는 보증채무의 범위에는 정리계획인가 결정에 의하여 이미 소멸한
주채무 부분이 포함될 수 없다(대판 2007. 3. 30, 2006다83130).

2. 보증계약이 성립한 후에 보증인도 모르게 주채무의 목적이나 형태가 변경된 경우 보증채무자 책임범위

보증계약이 성립한 후에 보증인이 알지도 못하는 사이에 주채무의 목적이나 형태
가 변경되었다면, 그 변경으로 인하여 주채무의 실질적 동일성이 상실된 경우에
는 당초의 주채무는 경개로 인하여 소멸하였다고 보아야 할 것이므로 보증채무도
당연히 소멸하고, 그 변경으로 인하여 주채무의 실질적 동일성이 상실되지 아니
하고 동시에 주채무의 부담 내용이 축소·감경된 경우에는 보증인은 그와 같이
축소·감경된 주채무의 내용에 따라 보증책임을 질 것이지만, 그 변경으로 인하
여 주채무의 실질적 동일성이 상실되지는 아니하고 주채무의 부담내용이 확장·
가중된 경우에는 보증인은 그와 같이 확장·가중된 주채무의 내용에 따른 보증책
임은 지지 아니하고, 다만 변경되기 전의 주채무의 내용에 따른 보증책임만을 진
다(대판 2000. 1. 21, 97다1013).

3. 보증인의 관여없이 손해배상 예정액이 결정된 경우 보증인이 그에 대해 보증책임이 있는지 여부

채무자의 채무불이행시의 손해배상의 범위에 관하여 채무자와 채권자 사이의 합
의로 보증인의 관여 없이 그 손해배상 예정액이 결정되었다고 하더라도, 보증인
으로서는 위 합의로 결정된 손해배상 예정액이 채무불이행으로 인하여 채무자가
부담할 손해배상책임의 범위를 초과하지 아니한 한도 내에서만 보증책임이 있다
(대판 1996. 2. 9, 94다38250).

4. 보증계약 성립 후 채무자와 채권자 사이에 채무불이행시의 손해배상액을 예정한 경우, 보증인의 보증책임의 범위

보증인은 특별한 사정이 없는 한 채무자가 채무불이행으로 인하여 부담하여야 할
손해배상채무에 관하여도 보증책임을 진다고 할 것이고, 따라서 보증인으로서는
채무자의 채무불이행으로 인한 채권자의 손해를 배상할 책임이 있다고 할 것이나,
원래 보증인의 의무는 보증계약 성립 후 채무자가 한 법률행위로 인하여 확장,
가중되지 아니하는 것이 원칙이므로, 채무자의 채무불이행시의 손해배상의 범위

에 관하여 채무자와 채권자 사이의 합의로 보증인의 관여 없이 그 손해배상 예정액이 결정되었다고 하더라도, 보증인으로서는 위 합의로 결정된 손해배상 예정액이 채무불이행으로 인하여 채무자가 부담할 손해배상 책임의 범위를 초과하지 아니한 한도 내에서만 보증책임이 있다(1996. 2. 9. 판결, 94다38250 보증채무금).

5. 회사정리계획에 의한 정리채권의 액수 등 변경이 보증인의 책임에 영향을 미치는지 여부

회사정리법 제240조 제2항에 의하면 정리채권자는 정리계획과 관계없이 보증인에 대하여는 언제든지 본래의 채권을 청구할 수 있으며 정리계획에 의하여 정리채권의 액수나 변제기가 변경되었다 하더라도 그것은 보증인의 보증책임에 대하여는 아무런 효력이 미치지 아니한다(1993. 8. 24. 제2부 판결, 93다25363 구상금).

6. 계속적 보증계약에 있어서 보증인의 책임을 제한할 수 있는 경우

가. 일반적으로 계속적 보증계약에 있어서 보증인의 부담으로 돌아갈 주채무의 액수가 보증인이 보증 당시에 예상하였거나 예상할 수 있었던 범위를 훨씬 상회하고, 그 같은 주채무 과다 발생의 원인이 채권자가 주채무자의 자산상태가 현저히 악화된 사실을 익히 알거나 중대한 과실로 알지 못한 탓으로 이를 알지 못하는 보증인에게 아무런 통보나 의사타진도 없이 고의로 거래규모를 확대함에 비롯되는 등 신의칙에 반하는 사정이 인정되는 경우에 한하여 보증인의 책임을 합리적인 범위 내로 제한할 수 있다.

나. 계속적 보증계약에서 미리 보증한도액이 정하여져 있는 경우에는, 특별한 사정이 없는 한 보증인은 채권자와 주채무자 사이의 거래액 중 보증한도액의 범위 내에서 보증책임을 질 것을 예상하였다 할 것이므로, 주채무가 과다하게 발생하였다고 하여 바로 보증책임이 그 예상액을 훨씬 넘어 가중되었다고 보기 어렵다.

다. 계속적 보증계약에 보증한도액의 정함이 있는 경우, 그 한도액을 주채무의 원본총액만을 기준으로 할 것인지 그 한도액에 이자, 지연손해금 등의 부수채무까지도 포함될 것으로 할 것인지는 먼저 계약당사자의 의사에 따라야하나, 특약이 없는 한 한도액 내에는 이자 등 부수채무도 포함되는 것으로 해석하여야 한다.

라. 보증채무는 주채무와는 별개의 채무이기 때문에 보증채무 자체의 이행지체로 인한 지연손해금은 근보증의 한도액과는 별도로 부담한다.

마. 계속적 보증책임의 한도액이 있는 경우에는 그 보증한 한도 내의 채무가 잔존하고 있는 이상, 그 잔존채무가 위 한도액 범위 내의 거래로 인하여 발생한 채무이든 또는 그 한도액을 초과한 거래로 인하여 발생한 채무 중 주채무자로부터 일부 변제되고 잔존한 채무이든 불문하고 그 보증한도에서 책임을 진다(1995. 6. 30, 94다40444).

7. 보증채무에 대하여 소멸시효가 중단되었으나 주채무에 대하여는 소멸시효가 완성된 경우, 부종성에 따라 보증채무가 소멸되는지 여부(적극)

보증채무에 대한 소멸시효가 중단되었다고 하더라도 이로써 주채무에 대한 소멸시효가 중단되는 것은 아니고, 주채무가 소멸시효 완성으로 소멸된 경우에는 보증채무도 그 채무 자체의 시효중단에 불구하고 부종성에 따라 당연히 소멸된다(대판 2002. 5. 14, 2000다62476).

8. 주채권의 양도시 보증채권의 양도에 관한 대항요건을 별도로 구비하여야 하는지 여부(소극)

가. 보증채무는 주채무에 대한 부종성 또는 수반성이 있어서 주채무자에 대한 채권이 이전되면 당사자 사이에 별도의 특약이 없는 한 보증인에 대한 채권도 함께 이전하고, 이 경우 채권양도의 대항요건도 주채권의 이전에 관하여 구비하면 족하고, 별도로 보증채권에 관하여 대항요건을 갖출 필요는 없다.

나. 채권자와 연대보증인 사이의 연대보증계약이 주채무자의 기망에 의하여 체결되어 적법하게 취소되었으나, 그 보증책임이 금전채무로서 채무의 성격상 가분적이고 연대보증인에게 보증한도를 일정 금액으로 하는 보증의사가 있었으므로, 연대보증인의 연대보증계약의 취소는 그 일정 금액을 초과하는 범위 내에서만 효력이 생긴다(대판 2002. 9. 10, 2002다21509).

◈ 보증인이 될 수 있는 자격

제 431 조【보증인의 조건】

① 채무자가 보증인을 세울 의무가 있는 경우에는 그 보증인은 행위능력 및 변제자력이 있는 자로 하여야 한다.

② 보증인이 변제자력이 없게 된 때에는 채권자는 보증인의 변경을 청구할 수 있다.

③ 채권자가 보증인을 지명한 경우에는 전2항의 규정을 적용하지 아니한다.

■ § 431. 보증인에 관한 요건

- 일반적인 경우 : 보증인이 될 수 있는 자격에 관하여는 원칙적으로 아무런 제한이 없으나 보증계약을 체결함에 있어서는 일반적으로 행위능력을 필요로 한다.
- 보증인을 세울 의무가 있는 경우

계약, 법률의 규정, 법원의 명령등으로 보증인을 세울 의무가 있는 경우에 보증인은 ① 행위능력이 있고, ② 변제자력이 있어야 한다. ③ 채권자가 지명하는 경우는 제외.

그리고 보증인이 변제자력이 없게 된 때에는 채권자는 그 요건을 갖춘 자로 보증인을 변경할 것을 청구할 수 있다.

보증인이 될 수 있는 자격은 원칙으로 하등의 제한이 없다. 다만, 채무자가 보증인을 세울 의무를 부담하는 경우에는 보증인은 능력자이며, 동시에 변제의 자력이 있어야 한다. 보증인이 변제자력이 없게 된 때에는 채권자는 그 요건을 갖춘 자로 보증인을 변경할 것을 청구할 수 있다. 보증계약 후에 보증인의 능력을 상실하여도 계약의 효력에는 영향이 없다.

그러나 이것은 채권자 보호의 규정이므로, 채권자가 보증인을 지명한 경우에는 적용되지 않는다.

◈ 보증인을 세울 의무의 면제

제 432 조 【타담보의 제공】

채무자는 다른 상당한 담보를 제공함으로써 보증인을 세울 의무를 면할 수 있다.

■ § 432. 보증인을 세울 의무가 있는 경우

- 채무자는 상당한 다른 담보를 제공함으로써 보증인을 세울 의무를 면할 수 있다.
- 무자격의 보증인과 보증계약을 유효→담보제공의무 불이행으로 기한이익상실 (§388조2호)

채무자가 보증인을 세울 수 없다든가 또는 자격을 갖추지 못한 자를 보증인으로 세운 경우에는 채무자는 보증인을 세울 의무를 이행하지 않은 것이 되며, 그 결과 채무자는 기한의 이익을 잃는다(제388조 2호).

이러한 경우에 채무자의 편리를 위해서 채무자가 타담보를 제공하고서 보증인 세울 의무를 면할 수 있도록 하였다. 보증인의 자격은 보증인을 세울 의무의 요건이지 보증계약대위요건은 아니다.

◀ 보증인의 주채무자 항변권의 행사

제 433 조【보증인과 주채무자항변권】

① 보증인은 주채무자의 항변으로 채권자에게 대항할 수 있다.

② 주채무자의 항변포기는 보증인에게 효력이 없다.

■ § 433. 보증인의 권리 – 부종성에 기한 권리

- 보증인은 주채무자의 항변으로 채권자에게 대항할 수 있다.
- 보증채무는 주채무와는 별개의 독립한 채무이므로 비록 주채무자가 그의 항변권을 포기하더라도 보증인에게는 효력이 없다.
- 관련법조 : 상 §214①

주된 채무가 무효 또는 취소된 경우에는 보증채무도 무효가 되고, 주된 채무가 소멸하면 보증채무도 소멸한다.

주된 채무가 동일성을 잃지 않고, 그 목적·범위·태양에 변경을 일으키면 보증채무도 또한 그에 따라 변경된다. 단 보증채무의 내용을 주된 채무의 내용보다 가중할 수 없고, 또 주된 채무자와 채권자의 계약으로서 주된 채무의 내용을 가중하더라도 보증채무에 영향을 미치지 않는다.

보증인은 주된 채무자의 항변권을 원용할 수 있다.

즉, 주채무자가 채권자에 대해 가지는 항변사유, 예컨대 주채무의 무효·취소·동시이행의 관계·변제기의 미도래·변제 등으로 인한 주채무의 소멸 등의 사유를 보증인은 채권자에게 주장할 수 있다.

그리고 주채무자의 항변포기는 보증인에게 효력이 없다(제433조 2항). 이는 보증인을 보호하기 위한 것으로서, 주채무자가 기한의 이익이나 시효이익을 포기하더라도 보증인은 변제기의 미도래 및 주채무의 시효소멸에 따른 보증채무의 소멸을 주장할 수 있다.

▣ 핵심판례 ▣

■ [보증인과 주채무자 항변권]

1. 주채무자에 의한 시효이익포기의 효력이 보증인에게 미치는지 여부(소극)

주채무가 시효로 소멸한 때에는 보증인도 그 시효소멸을 원용할 수 있으며, 주채무자가 시효의 이익을 포기하더라도 보증인에게는 그 효력이 없다(1991. 1. 29. 제2부 판결, 89다카1114 물품대금).

2. 보증채권을 주채권과 분리하여 양도할 수 있는지 여부(소극)

주채권과 보증인에 대한 채권의 귀속주체를 달리하는 것은, 주채무자의 항변권으로 채권자에게 대항할 수 있는 보증인의 권리가 침해되는 등 보증채무의 부종성에 반하고, 주채권을 가지지 않는 자에게 보증채권만을 인정할 실익도 없기 때문에 주채권과 분리하여 보증채권만을 양도하기로 하는 약정은 그 효력이 없다(대판 2002. 9. 10, 2002다21509).

◈ 주채무자의 상계권 행사

제 434 조 【보증인과 주채무자상계권】

보증인은 주채무자의 채권에 의한 상계로 채권자에게 대항할 수 있다.

■ § 434. 주채무자에 관하여 생긴 사유의 효력

- 채권자와 주채무자 사이에 주채무자에 관하여 생긴 사유는 모두 보증인에게 도 효력이 있다(절대적 효력).
- 주채무자가 채권자에 대하여 반대채권을 가지고 있는 때에는 보증인은 그 상계로 채권자에게 대항할 수 있다.

본조는 보증인이 주채무자가 채권에 대하여 가지고 있는 상계채권을 원용할 수 있음을 규정한 것이다.

주된 채무자가 가진 반대채권으로써 상계할 수 있다. 이 상계권은 보증채무의 부종성에서 당연히 파생되는 것은 아니지만, 보증인의 보호와 법률관계의 간략한 결제를 위하여 인정된 것이다.

블란서민법 제1294조 제1항도 같은 규정을 두고 있으나 독일민법 제770조 제2항은 주채무자가 상계권을 가지는 동안은 보증인에게 이행거절권을 인정할 뿐이다.

▣ 핵심판례 ▣

■ [보증인과 주채무자 상계권]

가. 자기에게 이익이 되는 재판의 변경을 구하는 상고의 적부

상고는 자기에게 불이익한 재판에 대하여 자기에게 유리하게 취소변경을 구하기 위하여 하는 것이므로 원심판결에서 당사자가 청구하지 아니한 부분에 대하여 그 지급을 명하였다 하더라도 이익이 되는 당사자로서는 그 변경을 구할 수 없다.

나. 채권자가 주채무자에 대하여 상계적상에 있는 자동채권을 상계처리 하지

아니한 것을 이유로 보증채무자가 채무이행을 거부할 수 있는지 여부

상계는 단독행위로서 상계를 하는 여부는 채권자의 의사에 따르는 것이고 상계적상에 있는 자동채권이 있다 하여 반드시 상계를 하여야 할 것은 아니므로 채권자가 주채무자에 대하여 상계적상에 있는 자동채권을 상계처리하지 아니하였다 하여 이를 이유로 보증채무자가 신용보증한 채무의 이행을 거부할 수 없으며 나아가 보증채무자의 책임이 면책되는 것도 아니다(1987. 5. 12. 제4부 판결, 86다카1340 보증채무금).

◈ 보증인의 채무이행의 거절

제 435 조【보증인과 주채무자의 취소권 등】

주채무자가 채권자에 대하여 취소권 또는 해제권이나 해지권이 있는 동안은 보증인은 채권자에 대하여 채무의 이행을 거절할 수 있다.

■ § 435. 주채무자가 취소권, 해제권 등을 가지는 경우의 보증인의 권리

- 독일민법 §770①
- 주채무자가 채권자에 대하여 취소권 또는 해제권이나 해지권이 있는 동안은, 보증인은 채권자에 대하여 채무의 이행을 거절할 수 있다.
- 그러나 취소권, 해제권, 해지권을 직접 행사할 수 없다.

보증인은 채권자로부터 보증채무의 이행을 청구받아도 주채무자가 채권자에 대하여 취소권·해제권 또는 해지권을 가지고 있는 동안은 그 보증채무의 이행을 거절할 수 있다.

취소권·해제권·해지권은 독립한 형성권이며 보증인이 이들 권리를 행사할 이유가 없다. 이 규정은 구민법에는 없었기 때문에 학설의 대립이 있었으나 독일민법 제770조 1항을 본받아 신설한 것이다.

◆ 취소할 수 있는 채무를 보증한 보증인의 책임

제 436 조 삭제 <2015.2.3.>

§ 436. 취소할 수 있는 채무의 보증

【취소할 수 있는 채무의 보증】

취소의 원인있는 채무를 보증한 자가 보증계약 당시에 그 원인있음을 안 경우에 주채무의 불이행 또는 취소가 있는 때에는 주채무와 동일한 목적의 독립채무를 부담한 것으로 본다.

취소할 수 있는 채무임을 알고 보증계약을 체결한 보증인의 채무 부담에 대하여 규정하고 있던 민법 제436조는 2015년 2월 3일 민법 일부 개정시 삭제했다. 이 규정에 의하면 주채무가 취소할 수 있는 것임을 알면서 보증한 자는 주채무가 취소된 경우 처음부터 주채무자와 동일한 목적의 독립채무를 부담한 것으로 보게 되는데, 이는 보증채무의 부종성에 반하며, 당사자의 합리적인 의사에도 맞지 않는다는 문제가 지적되었다. 이에 민법 개정시 이 규정을 삭제한 것이다.

◈ 채권자의 정보제공의무와 통지의무

제 436 조의2 【채권자의 정보제공의무와 통지의무 등】

① 채권자는 보증계약을 체결할 때 보증계약의 체결 여부 또는 그 내용에 영향을 미칠 수 있는 주채무자의 채무 관련 신용정보를 보유하고 있거나 알고 있는 경우에는 보증인에게 그 정보를 알려야 한다. 보증계약을 갱신할 때에도 또한 같다.

② 채권자는 보증계약을 체결한 후에 다음 각 호의 어느 하나에 해당하는 사유가 있는 경우에는 지체 없이 보증인에게 그 사실을 알려야 한다.

　　1. 주채무자가 원본, 이자, 위약금, 손해배상 또는 그 밖에 주채무에 종속한 채무를 3개월 이상 이행하지 아니하는 경우

　　2. 주채무자가 이행기에 이행할 수 없음을 미리 안 경우

　　3. 주채무자의 채무 관련 신용정보에 중대한 변화가 생겼음을 알게 된 경우

③ 채권자는 보증인의 청구가 있으면 주채무의 내용 및 그 이행 여부를 알려야 한다.

④ 채권자가 제1항부터 제3항까지의 규정에 따른 의무를 위반하여 보증인에게 손해를 입힌 경우에는 법원은 그 내용과 정도 등을 고려하여 보증채무를 감경하거나 면제할 수 있다. [본조신설 2015.2.3.]

■ § 436의2. 채권자의 정보제공의무와 통지의무

- 채권자의 정보제공의무 : 보증계약 체결시 주채무자의 채무 관련 신용정보를 보유하고 있거나 알고 있는 경우 보증인에게 해당 정보를 제공해야 함. 보증계약의 갱신시에도 동일함.
- 채권자의 통지의무 : 채권자는 보증계약 체결 후 다음의 사유 발생시 지체 없이 보증인에게 통지해야 함.
　　1. 주채무자가 원본, 이자, 위약금, 손해배상 또는 그 밖에 주채무에 종속한 채무를 3개월 이상 이행하지 아니하는 경우
　　2. 주채무자가 이행기에 이행할 수 없음을 미리 안 경우
　　3. 주채무자의 채무 관련 신용정보에 중대한 변화가 생겼음을 알게 된 경우
- 보증채무의 감경 또는 면제 : 채권자가 정보제공의무, 통지의무를 위반하여 보증인에게 손해를 입힌 경우 법원의 판단에 따라 보증채무 감경 또는 면제 가능

2015년 2월 3일 민법 일부 개정시 신설된 조문이다.

1. 채권자의 정보제공의무

채권자는 보증계약을 체결할 때 보증계약의 체결 여부 또는 그 내용에 영향을 미칠 수 있는 주채무자의 채무 관련 신용정보를 보유하고 있거나 알고 있는 경우에는 보증인에게 그 정보를 알려야 한다. 보증계약을 갱신할 때에도 채권자에게는 정보제공의무가 인정된다(제436조의2 1항).

2. 채권자의 통지의무

채권자는 보증계약을 체결한 후에 주채무자가 원본, 이자, 위약금, 손해배상 또는 그 밖에 주채무에 종속한 채무를 3개월 이상 이행하지 아니하는 경우, 주채무자가 이행기에 이행할 수 없음을 미리 안 경우, 또는 주채무자의 채무 관련 신용정보에 중대한 변화가 생겼음을 알게 된 경우에는 지체 없이 보증인에게 그 사실을 알려야 한다(제436조의2 2항). 또한 보증인의 청구가 있을 경우 채권자는 주채무의 내용 및 그 이행 여부를 알려야 한다(제436조의2 3항).

3. 보증채무의 감경 또는 면제

채권자가 제436조의2 제1항부터 제3항까지의 규정에 따른 정보제공의무 또는 통지의무를 위반하여 보증인에게 손해를 입힌 경우에는 법원은 그 내용과 정도 등을 고려하여 보증채무를 감경하거나 면제할 수 있다.

◈ 보증인의 최고 · 검색의 항변권

제 437 조 【보증인의 최고, 검색의 항변】

채권자가 보증인에게 채무의 이행을 청구한 때에는 보증인은 주채무자의 변제자력이 있는 사실 및 그 집행이 용이할 것을 증명하여 먼저 주채무자에게 청구할 것과 그 재산에 대하여 집행할 것을 항변할 수 있다. 그러나 보증인이 주채무자와 연대하여 채무를 부담한 때에는 그러하지 아니하다.

■ § 437. 보증인의 권리-보충성에 기한 권리

• 최고의 항변권 : 연기적 항변권
• 검색의 항변권 : 선소(先訴)의 항변권
• 연대보증인에게는 최고, 검색의 항변권이 인정되지 않는다.
• 관련법조 : [연대보증례] 상 §57②

본조는 보증인의 최고 · 검색의 항변권을 규정한 것이다.

1. 최고의 항변권

채권자가 보증인에게 채무의 이행을 청구한 때는 보증인은 먼저 주채무자가 자력이 있다는 사실 및 그 집행이 용이하다는 것을 증명하여 먼저 주채무자에게 청구할 것을 항변할 수 있는 권리이다. 보증인의 1차적 항변권으로서 검색의 항변권과 함께 보증채무의 보충성에 기인하는 항변권이다.

다만 이 항변은 채권자가 주채무자에게 최고하면 효력을 상실하게 되므로 유력한 항변이라고는 할 수 없다. 주채무자가 파산한 때 · 행방불명의 경우(구민법 제452조 단서) 또는 보증인이 연대보증인인 때에는 예외적으로 이 항변권이 인정되지 않는다.

2. 검색의 항변권

채권자가 보증인에게 채무의 이행을 청구한 경우에 보증인은 주채무자에게 변제자력이 있다는 사실 및 집행이 용이함을 증명하여, 먼저 주채무자에게 집행하라고 그 청구를 거절할 수 있는 권리이다. 이것은 보증채무의 보충성에

입각하여 최고의 항변권과 함께 인정된 것이다. 따라서 보충성이 인정되지 않는 연대보증인에 대하여서는 검색의 항변권이 인정되지 않는다. 검색의 항변을 하려면 주채무자에게 변제자력이 있는 사실 및 그 집행이 용이하다는 것을 증명하여야 한다. 여기에 변제자력이라는 것이 채무의 전액을 변제하는데 있어서 충분한 자력인지의 여부에 대하여는 학설이 일치하지 않으나, 현행법의 해석으로는 사회관념상 상당한 액을 변제할 수 있는 자력을 의미한다. 다음에 집행이 용이하다는 것은 채권자가 집행을 위하여 현저한 시일과 비용을 요함이 없이 용이하게 그 채권을 실행할 수 있다는 것을 말한다. 일반적으로 말한다면 금전·유가증권 등은 집행이 용이하지만 부동산은 그렇지 않다고 할 수 있다. 검색의 항변을 하게 되면 채권자는 먼저 주채무자의 재산에 대해서 집행해야 한다.

[최고의 항변과 검색의 항변]

◆ 보증인이 최고·검색의 항변권을 행사하였으나 채권자의 해태로
면제 받지 못한 경우의 보증인의 의무면제

제 438 조 【최고, 검색의 해태의 효과】

전조의 규정에 의한 보증인의 항변에 불구하고 채권자의 해태로 인하여 채
무자로부터 전부나 일부의 변제를 받지 못한 경우에는 채권자가 해태하지
아니하였으면 변제받았을 한도에서 보증인은 그 의무를 면한다.

■ § 438. 최고·검색의 해태의 효과

• 최고의 항변권행사의 효과 :
 ① 채권자는 주채무자에 대하여 최고하지 않는 한 다시 보증인에 대하여 이
 행을 청구하지 못한다.
 ② 최고의 항변권이 보증인에 의하여 유효하게 행사되었음에도 불구하고,
 채권자가 주채무자에 대하여 최고를 하는 것을 게을리하였기 때문에, 그
 후에 주채무자로부터 전부나 일부의 변제를 받지 못한 경우에는 보증인
 은 채권자가 곧 최고를 하였더라면 변제를 받았을 한도에서 그 의무를
 면한다.
• 검색의 항변권행사의 효과 :
 ① 채권자는 먼저 주채무자의 재산에 대하여 집행하지 않으면 보증인에 대
 하여 다시 이행을 청구하지 못한다.
 ② 보증인의 검색의 항변이 있었음에도 불구하고 채권자가 집행을 게을리하
 여 그 후 주채무자로부터 전부 또는 일부의 변제를 받지 못하게 된 때에
 는 보증인이 일정한 한도에서 그 의무를 면하게 됨은 최고의 항변권에
 있어서와 같다.

본조는 보증인의 항변에 대한 채권자의 태만으로 인하여 생긴 책임을 규정한
것이다.

(1) 보증인의 항변에도 불구하고 채권자가 주채무자에게 최고를 하지 않았을
 때는 후일 주채무자로부터 변제를 받을 수 없는 경우에도 즉시 최고를 하

면 변제를 받을 수 있었던 한도 내에서 보증인으로부터 변제를 받을 수
없게 된다.

(2) 검색의 항변을 만약에 게을리하였기 때문에 주채무자로부터 전부의 변제
를 받을 수 없을 때는 채권자가 즉시 주채무자의 재산을 집행하면 변제받
았을 한도에서 보증인은 그 의무를 면한다.

◈ 공동보증인의 채권자에 대한 관계

제 439 조【공동보증의 분별의 이익】

수인의 보증인이 각자의 행위로 보증채무를 부담한 경우에도 제408조의 규정을 적용한다.

■ § 439. 공동보증의 분별의 이익

- 동일한 주채무에 관하여 수인이 보증채무를 부담하는 것을 공동보증이라고 한다.
- 공동보증인은 주채무의 액을 균등한 비율로 분할한 액에 대해서만 보증채무를 분담한다(분별의 이익).
- 공동연대보증, 보증연대일 때에는 분별의 이익이 없다.
- 관련법조 : [특칙] 상 §57①, 어음 §32①, §77③, 수표 §27①

본조는 하나의 주채무에 관하여 수인의 보증인이 있는 경우 보증인에게 분별의 이익(beneficium divisions)이 있음을 규정한 것이다.

대외관계에 있어서 공동보증인은 원칙적으로 분별의 이익을 가진다. 즉 공동보증인은 채권자에 대한 관계에 있어서는 주된 채무를 평등한 비율로써 분할한 그 일부에 관해서만 보증채무를 분담한다.

이것은 오직 보증인을 보호하고 공동보증인에 대한 법률관계를 간명하게 하려는 취지이며 그 연혁은 멀리 로마법으로 소급된다.

그러나 분별의 이익은 당사자의 의사에 반할 뿐만 아니라 공동담보의 담보력을 약하게 하기 때문에 근대법에서는 이 제도를 부정하는 일이 많아, 입법론상 의문시되고 있다.

일정한 경우에는 예외적으로 공동보증인이 분별의 이익을 가지지 않는 경우가 있다(제448조 2항). 첫째, 주된 채무가 불가분급부를 목적으로 하는 경우, 둘째, 보증인 사이에 연대의 특약이 있는, 이른바 보증연대로서 각자 전액변제의 책임을 부담하는 경우, 셋째, 공동보증인 각자가 주된 채무자와 연대하여 보증

채무까지도 부담하는 이른바 연대보증의 경우이다.

▣ 핵심판례 ▣

■ [공동보증의 분별의 이익]

1. 일부보증을 한 경우, 공동면책으로 다른 보증인에 대하여 구상할 수 있는 요건 및 그 부담부분의 비율

가. 수인의 보증인이 주채무자의 채무를 일정한 한도에서 보증하기로 하는 이른바 일부보증을 한 경우에 보증인 중 1인이 채무의 전액이나 자기의 부담부분 이상을 변제함으로써 다른 보증인의 책임한도가 줄어들게 되어 공동으로 면책이 되었다면 다른 보증인에 대하여 구상을 할 수 있고, 그 부담부분의 비율에 대하여는 그들 사이에 특약이 있으면 당연히 그에 따르되 그 특약이 없는 경우에는 각자 보증한도액의 비율로 부담하게 된다.

나. 채무자의 채권자에 대한 별개의 각 대출금을 각각 보증한 두 개의 보증회사 중 하나인 신용보증기금이 채무자의 잔존채무를 모두 변제함으로써 채무자의 다른 보증회사에 대한 구상금채무를 보증한 연대보증인이 공동으로 면책된 경우, 신용보증기금은 연대보증인에 대하여 부기등기금액에 의한 배당금의 안분비율에 따른 자기의 부담부분을 초과하는 부분에 대하여 구상할 수 있다 (대판 2005. 3. 11, 2004다42104 판결).

2. 수인의 연대보증인간의 분별의 이익 유무(소극)와 부담부분의 비율

수인의 보증인이 있는 경우에는 그 사이에 분별의 이익이 있는 것이 원칙이지만, 그 수인이 연대보증인일 때에는 각자가 별개의 법률행위로 보증인이 되었으므로 보증인 상호간에 연대의 특약(보증연대)이 없었더라도 채권자에 대하여는 분별의 이익을 갖지 못하고 각자의 채무 전액을 변제하여야 하고, 다만 보증인들 상호간의 내부관계에 있어서는 일정한 부담부분이 있고 그 부담부분의 비율에 관하여는 특약이 없는 한 각자 평등한 비율로 부담한다(1993. 5. 27. 제3부 판결, 93다4656 구상금).

◆ 주채무의 시효중단의 효력

제 440 조 【시효중단의 보증인에 대한 효력】

주채무자에 대한 시효의 중단은 보증인에 대하여 그 효력이 있다.

■ § 440. 주채무자에 관하여 생긴 사유의 효력-시효중단

• 주채무에 대한 시효의 중단은 보증채무에도 효력이 있다.

• 이행의 청구에 의한 시효중단에 한하지 않고, 모든 시효중단에 절대적 효력을 갖는다.

• 연대채무에서는 청구에 의한 것만 절대적 효력이 있다.

　주채무가 이행의 청구 기타의 이유로 시효의 중단이 있을 때에는 그 효력은 종된 보증채무에도 미친다. 즉 주채무의 소멸시효가 이행의 청구 기타의 사유로 인하여 중단되었음에도 보증채무만이 소멸하는 일은 없다. 이는 보증채무의 부종성에서 당연히 생기는 효과가 아니라 주채무가 시효로 소멸하기 전에 보증채무가 시효로 소멸하는 일이 없도록 하여서, 특히 채권자보호 내지 채권의 담보를 확보하기 위해 특별히 정한 것이다(대판 1986. 11. 25, 86다카15690).

▣ 핵심판례 ▣

■ [시효중단의 보증인에 대한 효력]

1. 가. 회사정리절차 참가행위에 인정되는 시효중단의 효력이 보증채무에도 미치는지 여부

　　주채무자인 기업에 대하여 회사정리절차가 개시된 경우 정리채권의 신고 등 그 절차에의 참가는 정리채권자의 권리행사로서의 실질을 가지는 것으로서 회사정리법 제5조에 의하여 그 참가행위에 인정되는 시효중단의 효력은 정리회사의 채무를 주채무로 하는 보증채무에도 미치는 것이고 그 효력은 정리절차참가라는 권리행사가 지속되는 한 그대로 유지된다.

　　나. 회사정리법 제240조 제2항의 규정이 있다 하여 시효중단의 보증인에 대한 효력을 규정한 민법 제440조의 적용이 배제되는지 여부

회사정리법 제240조 제2항은 회사정리계획의 효력범위에 관하여 정리회사의 주채무는 보증채무에 영향을 미치지 아니하는 취지를 규정하여 보증채무의 부종성을 배제하고 있으나 이는 정리계획의 효력에 관하여 정리회사와 보증인간에 차이를 두어 정리계획이 보증인에게 영향을 미치지 아니함을 정한 것으로 해석되고 한편 시효중단의 보증인에 대한 효력을 규정한 민법 제440조는 보증채무의 부종성에서 비롯된 당연한 규정이 아니라 채권자의 보호를 위하여 보증채무만이 따로 시효소멸하는 결과를 방지하기 위한 정책적 규정이므로 회사정리법에 위와 같은 규정이 있다 하여 민법 제440조의 적용이 배제되는 것은 아니다(1994. 1. 14. 제3부 판결, 93다47431 구상금).

2. 회사정리절차 참가에 인정되는 시효중단의 효력이 보증채무에도 미치는지 여부

회사정리절차에의 참가는 정리채권자 또는 정리담보권자의 권리행사로서의 실질을 가지는 것으로서 회사정리법 제5조에 의하여 시효중단의 효력이 있는 것인바, 정리절차참가로 인정되는 시효중단의 효력은 정리회사의 채무를 주채무로 하는 보증채무에도 미치는 것이고, 그 효력은 참가라는 권리행사가 계속되는 한 그대로 유지된다(1994. 3. 8. 제1부 판결, 93다49567 구상금).

◆ 주채무자의 부탁으로 보증인이 된 자의 구상권의 범위

제 441 조 【수탁보증인의 구상권】

① 주채무자의 부탁으로 보증인이 된 자가 과실없이 변제 기타의 출재로 주채무를 소멸하게 한 때에는 주채무자에 대하여 구상권이 있다.

② 제425조 제2항의 규정은 전항의 경우에 준용한다.

■ § 441. 수탁보증인의 구상권

- 면책행위에 기한 구상권 : 주채무자의 부탁으로 보증인이 된 자가 과실없이 변제 기타의 사유로 주채무를 소멸하게 한 때에는 주채무자에 대하여 구상권을 가진다.
- 구상권의 범위 : 연대채무와 같다.
- 관련법조 : [수탁보증인 구상권] 신용보증기금법 §30

1. 구상권의 성립요건

자기의 출연으로 주된 채무자를 면책한 보증인은 주된 채무자에 대하여 구상권을 취득한다.

물론 보증인은 자기의 채무를 변제한 것이지만, 주된 채무자에 대한 관계에서는 타인의 채무를 변제한 성질을 갖기 때문이다.

수탁보증인의 구상권이 성립하기 위해서는 ① 보증인이 주채무의 전부나 일부를 소멸시켜야 하고, ② 주채무의 소멸이 보증인의 출재로 인한 것이어야 하며, ③ 부탁을 받은 보증인은 주채무자에 대한 관계에서 위임에 유사한 의무를 지므로, 보증인의 출재에 과실이 없어야 한다.

2. 구상권의 범위

그러나 구상권의 성질 및 범위는 주채무자와 보증인 사이의 내부적 관계(부탁 여부)에 따라 달라진다. 주된 채무자의 부탁으로 보증인이 된 경우에는, 양자의 관계가 위임관계이므로 구상권은 위임사무처리비용의 상환청구에 해당하고, 또 부탁없이 보증인이 된 경우에는 사무관리비용의 상환청구로서의 성질

을 갖기 때문이다.

본조는 이와 같은 성질의 차이에 의거하여 각각에 관한 특칙을 규정하고 있다. 즉 그에 의하면 부탁을 받은 경우의 구상권의 범위는 연대채무의 규정이 준용되므로(제425조 제2항 준용), 출연액, 면책이 있었던 때 이후의 법정이자 및 피할 수 없었던 비용, 기타의 손해배상 등이 포함되어, 수임자의 비용상환청구권의 범위와 거의 일치한다.

◼ **핵심판례** ◼

■ [수탁보증인의 구상권]

1. 보증보험에 있어 보험자의 보험계약자 및 그 연대보증인에 대한 구상권 약정이 보험의 본질에 반하거나 불공정한 법률행위로서 무효인지 여부 (소극)

보증보험은 계약상의 채무불이행 또는 법령상의 의무불이행으로 인한 손해를 보상할 것을 목적으로 하는 보험으로서 손해보상성과 더불어 보증성을 갖는 것이므로 보증성에 터잡은 보험자의 보험계약자 및 그 연대보증인에 대한 구상권약정이 보험의 본질에 반하거나 불공정한 법률행위로서 무효라고 볼 수 없다(1992. 5. 12. 제1부 판결, 92다4345 구상금).

2. 수탁보증인의 사전구상권과 사후구상권의 소멸시효 기산점

수탁보증인의 사전구상권과 사후구상권은 그 종국적 목적과 사회적 효용을 같이 하는 공통성을 가지고 있으나, 사후구상권은 보증인이 채무자에 갈음하여 변제 등 자신의 출연으로 채무를 소멸시켰다고 하는 사실에 의하여 발생하는 것이고 이에 대하여 사전구상권은 그 외의 민법 제442조 제1항 소정의 사유나 약정으로 정한 일정한 사실에 의하여 발생하는 등 그 발생원인을 달리하고 그 법적 성질도 달리하는 별개의 독립된 권리라고 할 것이므로, 그 소멸시효는 각각 별도로 진행되는 것이고, 따라서 사후구상권의 소멸시효는 사전구상권이 발생되었는지 여부와는 관계없이 사후구상권 그 자체가 발생되어 이를 행사할 수 있는 때로부터 진행된다(1992. 9. 25. 제3부 판결, 91다37553 구상금).

3. 실제차주가 화물자동차를 지입회사 명의로 할부로 매수하면서 할부대금의 지급보증을 위하여 보험회사와 보증보험계약을 체결하였는데, 실제차주를 위하여 보증보험계약상의 연대보증인이 된 자가 할부대금을 대위지급한 보험회사에게 구상보증채무를 이행한 경우 보증보험계약상 구상채무의 주채무자인 지입회사에 구상할 수 없다고 한 사례

실제차주인 갑이 지입회사와 소위 지입계약을 체결한 후 자동차회사로부터 화물자동차 1대를 지입회사 명의로 할부로 구입하면서 그 할부대금의 지급보증을 위하여 보험회사와 보증보험계약을 체결하고 갑의 장인인 을이 보험회사에 대한 구상금지급채무를 연대보증하였는데 갑의 할부대금 지급지체로 할부대금을 대위지급한 보험회사에게 을이 구상보증채무를 이행한 경우에, 지입회사가 대외적인 관계에서는 화물자동차에 대한 매수인 내지 소유자로서 자동차회사에 대하여 할부금을 납부할 의무를 부담하는 것이기는 하나, 지입회사와 갑의 내부사이에서는 지입계약에 의하여 궁극적으로 갑이 할부금을 납부할 의무를 부담하는 것이고, 을이 갑의 부탁으로 보증보험계약상의 연대보증인이 되었다면, 을 또한 지입회사와의 관계에서는 갑이 부담하는 할부금 납부의무를 위하여 보험계약상의 연대보증인이 된 것이라고 할 것이므로, 형식상으로는 지입회사가 보증보험계약상 보험회사에 대한 구상채무의 주채무자이고 을은 그 연대보증인에 불과하다고 하더라도, 을이 연대보증인으로서 보험회사에 대한 채무를 대위변제한 경우 지입회사에 대하여 이를 구상할 수는 없다(1994. 6. 10. 제3부 판결, 94다2701 구상금).

◆ 수탁보증인이 사전구상권을 행사할 수 있는 경우

제 442 조【수탁보증인의 사전구상권】

① 주채무자의 부탁으로 보증인이 된 자는 다음 각호의 경우에 주채무자에 대하여 미리 구상권을 행사할 수 있다.

1. 보증인이 과실없이 채권자에게 변제할 재판을 받은 때

2. 주채무자가 파산선고를 받은 경우에 채권자가 파산재단에 가입하지 아니한 때

3. 채무의 이행기가 확정되지 아니하고 그 최장기도 확정할 수 없는 경우에 보증계약 후 5년을 경과한 때

4. 채무의 이행기가 도래한 때

② 전항 제4호의 경우에는 보증계약 후에 채권자가 주채무자에게 허여한 기한으로 보증인에게 대항하지 못한다.

■ § 442. 사전구상권

• 채무의 이행기가 도래했거나 보증인이 변제해야 할 재판을 받은 경우 기타 일정한 사유가 있을 때에는 수탁보증인의 사전구상권이 인정된다.
• 위임인의 위임사무처리비용의 선급청구권(§687)

본조는 보증인이 미리 주채무자에 대하여 구상권을 행사할 수 있는 경우를 규정한 것이다.

(1) 보증인이 과실없이 채권자에게 변제할 재판을 받은 때 : 보증인의 과실로 패소의 판결을 받은 경우 채무자에게 사전구상권이 없다.

(2) 주채무자가 파산선고를 받은 경우에 채권자가 파산재단에 가입하지 아니한 때 : 채권자가 미리 파산재단의 배당에 가입한 때에는 보증인은 구상을 받을 필요가 없으므로 이 경우에는 구상권을 행사할 수 없다.

(3) 채무의 이행기가 확정되지 아니하고 그 최장기도 확정될 수 없는 경우에

보증계약 후 5년을 경과한 때 : 언제 이행기가 되는 것인지 불분명하고 보증인은 무한정책임을 부담하여야 한다고 하면 너무 가혹하므로 이 경우에는 보증계약 후 5년을 경과한 때에는 변제기가 도래하지 않아도 채무자에 대하여 미리 구상할 수 있다.

(4) 채무자의 이행기가 도래한 때 : 채무의 이행기가 도래한 때에는 그 채무자에 대하여 미리 구상할 수 있다. 이 경우에 주채무자는 채권자로부터 이행기한의 연장을 허여받은 것을 이유로 하여 보증인에게 대항할 수 없으므로 보증인의 사전 구상권에 응하여야 한다.

▣ 핵심판례 ▣

■ [수탁보증인의 사전구상권]

가. 사전구상권을 행사하여 구상금을 수령한 수탁보증인의 의무

수탁보증인이 사전구상권을 행사하여 사전구상금을 수령하였다면 비록 그 사전구상의 사유가 구상금채무의 연대보증인 겸 물상보증인에 대하여 발생한 것이더라도 이는 결국 사전구상 당시 채권자에 대하여 보증인이 부담할 원본채무와 이미 발생한 이자, 피할 수 없는 비용 및 기타의 손해액을 선급받은 것이므로 주채무자로부터 구상금을 사전 상환받은 것과 다름없고, 이 금원은 주채무자에 대하여 수임인의 지위에 있는 수탁보증인이 위탁사무의 처리를 위하여 선급받은 비용의 성질을 가지는 것이므로 보증인은 이를 선량한 관리자의 주의로서 위탁사무인 주채무자의 면책에 사용하여야 할 의무가 있다.

나. 신용보증기금이 수령한 사전구상금을 주채무자의 면책을 위하여 사용하여야 할 시기

신용보증기금법 제29조 제1항, 동법시행령 제21조 제1호의 규정은 주채무자인 기업이 채권자인 금융기관에 대하여 주채무의 이행을 지체하는 경우 그 금융기관이 신용보증기금에 대하여 보증채무의 이행을 청구할 수 있는 시기를 일정한 기간이 경과한 후로 제한한 것에 지나지 않으므로 신용보증기금이 수령한 사전구상금을 위 법령 소정의 사유가 발생한 후에만 보증채무의 이행 기타 주채무자의 면책을 위하여 사용할 수 있는 것은 아니며 수령 즉시 주채무자의 면책을 위하여 사용하여야 한다(1989. 9. 29. 제3부 판결, 88다카10524 손해배상).

> ◈ 사전구상에 의해 주채무자가 보증인에게 배상하는 경우 주채무자
> 의 면책청구

제 443 조【주채무자의 면책청구】

전조의 규정에 의하여 주채무자가 보증인에게 배상하는 경우에 주채무자는 자기를 면책하거나 자기에게 담보를 제공할 것을 보증인에게 청구할 수 있고 또는 배상할 금액을 공탁하거나 담보를 제공하거나 보증인을 면책하게 함으로써 그 배상의무를 면할 수 있다.

■ § 443. 사전구상에 대한 채무자의 보호

- 수탁보증인이 사전구상권을 행사하여 주채무자가 그 구상에 응하여 보증인에게 배상하는 경우에, 주채무자는 보증인에 대하여 면책하게 할 것을 청구하거나 또는 보증인으로 하여금 자기에게 담보를 제공하게 할 수 있다.
- 주채무자는 수탁보증인의 사전구상권의 행사에 대하여 배상할 금액을 보증인에게 지급하지 않고서, 그에 갈음하여 이를 공탁하거나 그에 상당하는 담보를 제공하거나 또는 보증인을 면책하게 함으로써 배상의무를 면할 수도 있다.

본조는 이행기전의 배상에 관하여 주채무자의 권리를 규정한 것이다.

(1) 주채무자가 보증인에 대하여 미리 배상을 하는 경우 그 주채무자도 손해가 없어야 되므로 주채무자가 보증인으로부터 배상청구를 받은 경우에 주채무자는 보증인에 대하여 주채무자의 책임을 면제할 행위를 하게 하거나 담보를 제공할 것을 청구할 수 있는 것이다. 여기서 담보라 함은 수탁보증인이 사전구상한 것을 주채무의 변제에 사용하여야 할 채무의 담보를 의미한다.

(2) 또 보증인이 과연 채무자에게 변제하였는가 여부에 대해 주채무자는 보증인에게 배상할 금액을 배상하지 않고 그에 갈음하여 이를 공탁하거나 그에 상당하는 담보를 제공하거나 또는 보증인을 면책하게 함으로써 배상의무를 면할 수도 있다.

▣ 핵심판례 ▣

■ [주채무자의 면책청구]

1. 보증인이 사전구상채권을 자동채권으로 하여 상계약정에 따라 상계할 수 있는지 여부(적극)

보증인의 주채무자에 대한 사전 구상채권에는 민법 제443조 소정의 이른바 면책청구권이란 항변권이 부착되어 있으므로 이를 자동채권으로 하는 단독행위인 민법상 상계는 허용되지 않지만, 상계약정에 기한 상계는 허용된다 할 것이다(1982. 5. 25. 제1부 판결, 81다595 투자금반환).

2. 수탁보증인의 주채무자에 대한 사전구상권을 자동채권으로 하는 상계의 허용 여부(소극) 및 주채무자가 사전에 담보제공청구권의 항변권을 포기한 경우 상계의 가능 여부(적극)

항변권이 붙어 있는 채권을 자동채권으로 하여 다른 채무(수동채권)와의 상계를 허용한다면 상계자 일방의 의사표시에 의하여 상대방의 항변권 행사의 기회를 상실시키는 결과가 되므로 그러한 상계는 허용될 수 없고, 특히 수탁보증인이 주채무자에 대하여 가지는 민법 제442조의 사전구상권에는 민법 제443조의 담보제공청구권이 항변권으로 부착되어 있는 만큼 이를 자동채권으로 하는 상계는 허용될 수 없으며, 다만 민법 제443조는 임의규정으로서 주채무자가 사전에 담보제공청구권의 항변권을 포기한 경우에는 보증인은 사전구상권을 자동채권으로 하여 주채무자에 대한 채무와 상계할 수 있다(대법원 2004. 5. 28. 선고 2001다81245 판결).

3. 가. 사전구상권을 행사하여 구상금을 수령한 수탁보증인의 의무

수탁보증인이 사전구상권을 행사하여 사전구상금을 수령하였다면 이는 결국 사전구상 당시 채권자에 대하여 보증인이 부담할 원본채무와 이미 발생한 이자, 피할 수 없는 비용 및 기타의 손해액을 선급받는 것이어서 이 금원은 주채무자에 대하여 수임인의 지위에 있는 수탁보증인이 위탁사무의 처리를 위하여 선급받은 비용의 성질을 가지는 것이므로 보증인은 이를 선량한 관리자의 주의로서 위탁사무인 주채무자의 면책에 사용하여야 할 의무가 있다.

나. 선이행의무자가 선이행을 거절할 수 있는 민법 제536조 제2항 소정의 '상대방의 이행이 곤란할 현저한 사유가 있는 때'의 의미

민법 제536조 제2항은 선이행의무를 지고 있는 당사자가 상대방의 이행이 곤란한 현저한 사유가 있는 때에는 자기의 채무이행을 거절할 수 있다고 규정하고 있는바, 그러한 경우란 선이행채무를 지게 된 채권자가 계약성립 후 채무자의 신용불안이나 재산상태의 악화 등의 사정으로 반대급부를 이행받을 수 없는 사정변경이 생기고 이로 인하여 당초의 계약내용에 따른 선이행의무

를 이행케 하는 것이 공평과 신의칙에 반하게 되는 경우를 말한다.

다. 구상권자에 대하여 파산이 선고된 후에 사전구상권을 행사하는 경우, 구상금채무의 보증인은 민법 제536조 제2항을 유추적용하여 사전구상에 대한 보증채무의 이행을 거절할 수 있는지 여부(적극)

구상권자에 대하여 파산이 선고된 후에 사전구상권을 행사하는 경우에는, 구상금채무의 보증인이 사전구상에 응하더라도 특별한 사정이 없는 한 구상권자가 이를 전부 주채무자의 면책을 위하여 사용하는 것은 파산절차의 제약상 기대하기 어려우므로, 파산절차에도 불구하고 구상금이 전액 주채무자의 면책을 위하여 사용될 것이라는 점이 확인되기 전에는 구상금채무의 보증인은 신의칙과 공평의 원칙에 터잡아 민법 제536조 제2항을 유추적용하여 사전구상에 대한 보증채무의 이행을 거절할 수 있다.

라. 수동채권의 조건이 파산선고 후 성취된 경우, 파산채권자는 이에 대해 상계를 할 수 있는지 여부(적극)

파산법 제95조 제1호는 '파산선고 후에 파산재단에 대하여 채무를 부담한 때'를 상계제한사유의 하나로 규정하고 있으나, 파산법 제90조에서는 파산채권자는 조건부 채권을 수동채권으로 하여서도 상계할 수 있다고 규정하고 있으므로 이에 해당되는 경우 그 조건이 파산선고 후에 성취되었다고 하더라도 그 상계는 적법한 것으로 볼 것이다(대법원 2002. 11. 26. 선고 2001다833 판결).

◆ 부탁없는 보증인의 구상권의 범위

제 444 조 【부탁없는 보증인의 구상권】

① 주채무자의 부탁없이 보증인이 된 자가 변제 기타 자기의 출재로 주채무를 소멸하게 한 때에는 주채무자는 그 당시에 이익을 받은 한도에서 배상하여야 한다.

② 주채무자의 의사에 반하여 보증인이 된 자가 변제 기타 자기의 출재로 주채무를 소멸하게 한 때에는 주채무자는 현존이익의 한도에서 배상하여야 한다.

③ 전항의 경우에 주채무자가 구상한 날 이전에 상계원인이 있음을 주장한 때에는 그 상계로 소멸할 채권은 보증인에게 이전된다.

■ § 444. 부탁없는 보증인의 구상권

• 주채무자의 의사에 반하지 않는 경우 : 그 당시에 이익을 받은 한도-면책한 날 이후의 법정이자와 손해배상 불포함
• 주채무자의 의사에 반하는 경우 : 현존이익
• 사전구상권은 없다.

1. 주채무자의 부탁이 없는 경우

부탁을 받지 않았던 경우에 구상권의 범위는 사무관리의 경우와 마찬가지로 보증인이 된 것이 채무자의 의사에 반하지 아니한 때에는 주된 채무자가 보증인의 면책행위시에 받은 이익의 한도 내에서 배상하여야 한다. 따라서 출재금액과 면책금액이 다른 때에는 그 중 적은 쪽의 금액을 구상할 수 있고, 수탁보증인의 경우와는 달리 면책일 이후의 법정이자와 손해배상은 구상액에 포함되지 않는다.

2. 주채무자의 의사에 반하는 경우

① 주채무자의 의사에 반하여 보증인이 된 자가 변제 기타 자기의 출재로 주채무를 소멸하게 한 때에는 주채무자는 '현존이익의 한도'에서 배상하

여야 한다. 현존이익의 유무와 범위를 정하는 시점은 면책행위를 한 때
가 아니라 구상권을 행사한 때이다.

② 주채무자는 보증인의 면책행위 후 구상권을 행사하기까지 채권자에 대
해 가지는 항변사유로 보증인에게 대항할 수 있다. 여기서 민법은 주
채무자가 보증인이 구상한 날 이전에 상계원인이 있음을 주장한 때에
는 그 상계로 소멸한 채권은 보증인에게 당연히 이전하는 것으로 정한
다(제444조 3항).

▣ 핵심판례 ▣

■ [부탁없는 보증인의 구상권]

가. 수인의 연대채무자를 위하여 물상보증인이 된 자가 저당권의 실행으로
담보물의 소유권을 상실한 경우 물상보증을 부탁하지 않은 일부 연대채
무자의 물상보증인에 대한 구상채무의 범위

연대채무자 갑, 을의 채권자에 대한 채무를 담보할 목적으로 자기 소유의 부동
산에 관하여 근저당권을 설정하였다가 그 실행으로 인하여 위 부동산의 소유권
을 상실하게 된 물상보증인은 채무자들에 대한 구상권이 있다할 것이고, 다만
연대채무자 갑의 부탁 없이 물상보증인이 되었다면 갑은 그 당시에 이익을 받은
한도 내에서 물상보증인에게 이를 구상하여 줄 의무가 있다.

나. 연대채무자 모두를 위하여 물상보증인이 된 자가 연대채무자 1인에 대
하여 구상권을 행사하는 경우 민법 제477조의 적용 여부(소극)

민법 제447조는 어느 연대채무자나 어느 불가분채무자를 위하여 보증인이 된
자의 다른 연대채무자나 다른 불가분채무자에 대한 구상권에 관한 규정에 불과
함으로 연대채무자 모두를 위하여 물상보증인이 된 자가 그 연대채무자의 1인
에 대하여 구상권을 행사하는 경우에는 적용될 여지가 없다(1990. 11. 13. 제1부
판결, 90다카26065 구상금).

◈ 보증인의 통지의무

제 445 조【구상요건으로서의 통지】

① 보증인이 주채무자에게 통지하지 아니하고 변제 기타 자기의 출재로 주채무를 소멸하게 한 경우에 주채무자가 채권자에게 대항할 수 있는 사유가 있었을 때에는 그 사유로 보증인에게 대항할 수 있고 그 대항사유가 상계인 때에는 상계로 소멸할 채권은 보증인에게 이전된다.

② 보증인이 변제 기타 자기의 출재로 면책되었음을 주채무자에게 통지하지 아니한 경우에 주채무자가 선의로 채권자에게 변제 기타 유상의 면책행위를 한 때에는 주채무자는 자기의 면책행위의 유효를 주장할 수 있다.

■ § 445. 구상권의 확장

• 보증인이 자기의 행위로 면책하였음을 주채무자에게 통지하지 아니한 경우에 주채무자가 선의로 변제 기타 유상의 면책행위를 한 때에는 주채무자는 자기의 면책행위의 유효를 주장할 수 있다.

보증인은 변제하기 전후에 주채무자에게 통지하여야 하며 이에 대한 통지를 게을리하면 구상권의 제한을 받게 된다.

1. 사전통지의무

주채무자는 채권자에 대하여 상계할 수 있는 채권을 가지거나, 시효가 완성하였거나 또는 채무의 면제를 받은 경우와 같이 채권자에 대항할 수 있는 사유가 있을 때도 있을 것이다. 이러한 경우에 주채무자는 그 채권자의 청구가 있는 때에는 이러한 사유로써 채권자에 대항하여 자기의 부담부분을 면하려고 생각하고 있었는데, 보증인이 자기에게 통지도 하지 않고 단독으로 채무의 변제, 기타의 출재를 하여 그 채무를 면하게 한 후에 이 사유로써 보증인에게 구상권을 주어야한다면 주채무자는 극히 불리한 지위에 서게 된다. 따라서 보증인이 채권자로부터 청구를 받은 사실을 주채무자에게 통지하지 않고 변제, 기타 자기의 출재로써 주채무를 소멸시킨 경우에, 주채무자가 채권자에 대항할

수 있는 사유가 있는 때에는 그 부담부분에 관하여 이것으로써 그 보증인에 대항할 수 있고, 그 구상권에 응하지 않아도 되는 것이다.

이 경우에 만약 주채무자가 채권자에 상계할 채권이 있는 것을 이유로 그 보증인의 구상을 거절한 때에는 과실있는 보증인, 즉 통지의무를 태만히 한 보증인으로 하여금 그 상계권을 대위시켜서, 보증인이 그 상계권을 대위 행사하여 채권자에 대하여 이 이행을 청구할 수 있다. 만약 그렇지 않으면 주채무자는 보증인의 변제에 의하여 자기는 채무를 면하였으면서도 채권자에 대하여서 상계채권을 주장할 수 있으므로 부당한 이익을 받는 결과가 되는 것이다.

2. 사후통지의무

보증인이 변제 기타의 출재로 인하여 채무를 면한 것을 주채무자에게 통지하지 않았기 때문에 주채무자가 그것을 알지 못하고 채권자에게 이중으로 변제 기타 유상의 면책행위를 한 때에는, 주채무자는 자기의 변제 기타의 면책행위를 유효한 것으로 보증인에게 대항할 수 있으며, 따라서 그 구상을 거절할 수 있다. 이 경우에는 변제 기타의 면책행위를 한 보증인은 통지를 태만히 하였기 때문에 그 구상권을 잃는 것이다. 그러나 이것은 이중의 변제를 받는 채권자의 부당이득을 보호하는 것이 아니므로 보증인은 별도로 채권자에 대하여 그 부당이득의 반환을 청구할 수 있다.

▣ 핵심판례 ▣

■ [구상요건으로서의 통지]

수탁보증에 있어 주채무자가 면책행위를 하고도 보증인에게 통지를 하지 않고 있는 동안에 보증인이 사전 통지 없이 이중의 면책행위를 한 경우, 보증인이 주채무자에게 구상권을 행사할 수 있는지 여부(소극)

민법 제446조의 규정은 같은 법 제445조 제1항의 규정을 전제로 하는 것이어서 같은 법 제445조 제1항의 사전 통지를 하지 아니한 수탁보증인까지 보호하는 취지의 규정은 아니므로, 수탁보증에 있어서 주채무자가 면책행위를 하고도 그 사실을 보증인에게 통지하지 아니하고 있던 중에 보증인도 사전 통지를 하지 아니한 채 이중의 면책행위를 한 경우에는 보증인은 주채무자에 대하여 민법 제446조에 의하여 자기의 면책행위의 유효를 주장할 수 없다고 봄이 상당하고 따라서 이 경우에는 이중변제의 기본 원칙으로 돌아가 먼저 이루어진 주채무자의 면책행위

가 유효하고 나중에 이루어진 보증인의 면책행위는 무효로 보아야 하므로 보증인은 민법 제466조에 기하여 주채무자에게 구상권을 행사할 수 없다(대법원 1997. 10. 10. 선고 95다46265 판결).

◈ 주채무자의 통지의무

제 446 조【주채무자의 보증인에 대한 면책통지의무】

주채무자가 자기의 행위로 면책하였음을 그 부탁으로 보증인이 된 자에게 통지하지 아니한 경우에 보증인이 선의로 채권자에게 변제 기타 유상의 면책행위를 한 때에는 보증인은 자기의 면책행위의 유효를 주장할 수 있다.

■ § 446. 구상권의 제한

• 주채무자가 면책행위를 한 후에 그 사실을 수탁보증인에게 통지하지 않은 경우에, 그 보증인이 선의로 채권자에게 변제 기타 유상의 면책행위를 한 때에는 보증인의 자기의 면책행위의 유효를 주장할 수 있다.

주채무자가 보증인에게 통지하지 아니한 상태에서 보증인이 주채무자가 변제 기타 유상의 면책행위를 해서 채무를 면하게 된 것을 알지 못하고 다시 이중으로 채권자에게 변제 기타 유상의 면책행위를 한 때에는 보증인은 주채무자에 대하여 자기의 변제 기타 유상의 면책행위의 유효를 주장할 수 있다.

◈ 어느 연대채무자나 불가분채무자를 위하여 보증인이 된 자의 구상권

제 447 조 【연대, 불가분채무의 보증인의 구상권】

어느 연대채무자나 어느 불가분채무자를 위하여 보증인이 된 자는 다른 연대채무자나 다른 불가분채무자에 대하여 그 부담부분에 한하여 구상권이 있다.

■ § 447. 주채무자가 수인있는 경우의 구상관계

- 주채무가 분할채무인 때에는 보증한 채무자에 대하여 그 자의 부담하는 채무액에 관하여 구상권을 가지게 된다.
- 주채무가 불가분채무 또는 연대채무인 때에는 보증인은 보증한 채무자에 대하여 전액의 구상을 할 수 있으며, 다른 연대채무자나 불가분채무자에 대하여 각자의 부담부분에 한하여 구상권을 가진다.

본조는 어느 연대채무자나 불가분채무자를 위하여 보증인이 된 자의 구상권에 관하여 규정한 것이다.

이 경우에 보증인은 그 어느 연대채무자나 불가분채무자만의 보증인이고 그 연대채무자나 불가분채무자 전원의 보증인이 아니다. 따라서 그 보증인이 채무를 변제하여도 그 변제는 그 어느 채무자 1인에 대한 보증인의 책임으로써 한 것으로 되고 다른 채무자에 대하여는 아무런 관계가 없는 자가 변제한 것으로 된다. 그러나 그 변제로 인하여 자기들이 부담한 채무를 면할 수 있게 된 것이므로 그 부담부분의 한도에서 그 어느 채무자의 보증인에게 상환하게 한다. 이것이 본조에서 다른 채무자에 대하여 그 부담부분의 범위에서 구상권을 가진 것으로 규정한 이유이다.

▣ 핵심판례 ▣

■ [연대, 불가분채무의 보증인의 구상권]

가. 공동불법행위자의 신원보증인이 피보증인의 손해배상채무를 변제한 경우, 다른 공동불법행위자에 대한 구상권 내지 부당이득반환청구권의 범위

어느 공동불법행위자를 위하여 보증인이 된 자가 피보증인의 손해배상채무를 변제한 경우, 그 보증인은 피보증인이 아닌 다른 공동불법행위자에 대하여는 그 부담부분에 한하여 구상권 내지 부당이득반환청구권을 행사할 수 있는바, 따라서 보증인이 보증한 공동불법행위자의 부담부분이 전부이고 다른 공동불법행위자의 부담부분이 없는 경우에는 보증인은 그 다른 공동불법행위자에 대하여 구상 내지 부당이득반환청구를 할 수 없고, 이는 신원보증의 경우라 하여 다르지 않다.

나. 공동불법행위자의 신원보증인이 다른 공동불법행위자에 대하여 제기한 구상 내지 부당이득반환청구를, 그 다른 공동불법행위자의 부담부분이 없다는 이유로 배척한 원심판결을 수긍한 사례

공동불법행위자의 신원보증인이 다른 공동불법행위자에 대하여 제기한 구상 내지 부당이득반환청구를, 그 다른 공동불법행위자의 부담부분이 없다는 이유로 배척한 원심판결을 수긍한 사례(1996. 2. 9. 판결, 95다47176 구상금).

◈ 특수한 보증

제 448 조【공동보증인간의 구상권】

① 수인의 보증인이 있는 경우에 어느 보증인이 자기의 부담부분을 넘은 변제를 한 때에는 제44조의 규정을 준용한다.

② 주채무자가 불가분이거나 각 보증인이 상호연대로 또는 주채무자와 연대로 채무를 부담한 경우에 어느 보증인이 자기의 부담부분을 넘은 변제를 한 때에는 제425조 내지 제427조의 규정을 준용한다.

■ § 448. 공동보증인 사이의 구상관계

- 분별의 이익을 가지는 경우 : 다른 보증인에 대한 관계에서는 사무관리가 되고, 부탁없는 보증인의 구상권준용
- 분별의 이익이 없는 경우 : 각 보증인은 연대채무자 상호간 관계와 비슷하므로 연대채무자의 구상권준용

1. 공동보증

(1) 공동보증의 의의

공동보증이란 동일한 주채무에 관하여 수인이 보증채무를 부담하는 것을 말한다. 수인이 하나의 계약으로 동시에 보증을 하거나 별개의 계약으로 각각 보증을 하거나, 각 보증인이 다른 보증인의 존재를 알고 있었는지를 묻지 않고, 수인이 보증하면 공동보증이 된다. 또한 보증인 전원이 채무전부에 대해 보증한 경우뿐만 아니라, 어느 보증인이 채무의 일부에 대해 보증을 한 경우에도 공통된 부분에 대해서는 공동보증이 성립한다.

(2) 공동보증인의 채권자에 대한 관계

가. 분별의 이익이 있는 경우

수인이 보증인이 하나의 계약으로 보증인이 된 경우는 물론이고, 별개의 계약으로 보증인이 된 경우에도, 특별한 의사표시가 없으면 각 보증인은

주채무를 균등한 비율로 분할한 부분에 대해서만 보증채무를 부담한다. 이를 '분별의 이익'이라 한다.

공동보증인이 분별의 이익을 가지는 경우, 각 공동보증인은 자기가 부담하는 분별보증채무액에 관해서만 변제하면 충분하고, 또 그것을 변제하더라도 주된 채무자에 대하여서만 구상권을 취득하며, 다른 보증인에 대한 구상관계는 발생하지 않는다.

단, 보증인의 1인이 이러한 이익을 가지고 있음에도 불구하고, 부담부분을 넘는 액을 변제한 경우에는 주된 채무자에게 구상할 수 있는 것은 당연하지만, 본조는 단지 이 초과부분에 대하여 다른 보증인에 대하여서도 부탁없는 보증인의 규정에 준하여 구상할 수 있는 것으로 규정하였다.

이 변제가 다른 보증인에 대해서도 책임을 면하게 하여 사무관리의 관계를 발생시키므로 그 범위 내에서는 부탁없는 보증인의 변제와 유사하기 때문이다.

나. 분별의 이익이 없는 경우

다음의 경우에는 분별의 이익이 없고 보증인 각자가 주채무 전액에 대한 보증책임을 진다(제448조 2항).

① 주채무의 내용이 성질상 또는 당사자의 의사표시에 의해 '불가분적 급부'를 목적으로 하는 경우

② 보증인이 주채무자와 연대하여 채무를 부담하기로 하는 연대보증의 경우

③ 보증인간에 연대하여 보증채무를 이행하기로 하는 한 보증연대의 경우

(3) 공동보증인 사이의 구상권

공동보증인 중 1인이 변제를 한 때에는 주채무자에게 구상할 수 있다. 그런데 그 보증인이 자기의 부담부분을 넘어 변제한 때에는 다른 공동보증인에 대해서도 구상할 수 있다. 즉, 공동보증인이 분별의 이익을 가지지 않는 경우, 각 공동보증인은 전액 변제의 의무를 부담한다. 따라서 1인의 보증인이 전액 또는 자기의 부담부분을 넘는 액을 변제한 때에는 주된 채무자에 대하여 보증인으로서의 구상권을 갖는 것은 당연하나, 본조는 다시 다른 공동보증인에 대해서도 연대채무의 규정을 준용하여 구상할 수 있는 것으

로 규정했다.

이러한 공동보증인은 채권자에 대한 관계에 있어서는 전액변제의 의무를 부담하며, 주된 채무자에 대하여 구상할 수 있는 점을 제외하면 연대채무자 상호간의 관계와 대단히 유사하다. 다만 주의할 것은 연대채무에 있어서는 판례 및 통설(최식, 김기선, 현승종, 곽윤직, 김·안)이 구상권을 성립시키기 위한 요건으로서 부담부분을 넘는 변제를 요건으로 하고 있지 않는 것에 대하여, 공동보증의 경우에는 부담부분을 넘는 변제가 명문으로 규정되어 있다는 점이다.

공동보증인은 분별의 이익을 갖지 않는 경우에도 내부관계에 있어서는 분할된 일정액의 보증채무를 부담하는 것으로 볼 수 있고, 연대채무와 같은 밀접한 공동관계는 없기 때문이다.

이상과 같은 경우, 변제를 한 공동보증인은 주된 채무자에 대한 구상권과 다른 공동보증인에 대한 구상권을 모두 갖추고 있는 것이지만, 양 구상권의 관계는 이른바 선택적 채권관계는 아니다. 즉, 당해 보증인은 주된 채무자에 대하여 구상의 소를 제기하여 승소판결이 확정되어도 현실의 변제를 받기까지는 다른 보증인에 대한 구상권을 상실하게 되는 것이 아니므로 일종의 부진정연대의 관계라고 할 수 있다.

· 연대채무와 보증채무의 비교

	부 종 성	보 충 성	분별의 이익
연대채무	×	×	×
보증채무	○	○	×
연대보증	○	×	×
보증연대	○	○	×
공동보증	○	○	○

2. 연대보증

(1) 의 의

연대보증이란 보증인이 주채무자와 연대하여 채무를 부담함으로써 주채무의 이행을 담보하는 보증채무를 말한다. 채권의 담보를 목적으로 하는

것은 보증채무와 마찬가지이나 보통의 보증채무에서와 같은 보충성이 없기 때문에 채권자의 권리가 특히 강력하다.

연대보증은 다음과 같은 점에서 보증채무와 차이가 있다.

① 연대보증에는 보충성이 인정되지 않으므로 연대보증인은 최고·검색의 항변권을 갖지 못한다(제437조 단서).

② 연대보증인이 수인 있는 경우에도 공동보증에서와 같은 분별의 이익을 갖지 못하고 각자 주채무 전액을 지급하여야 한다(제448조 2항).

(2) 연대보증의 성립

가. 연대보증계약에 의하는 경우

연대보증채무는 보증인이 주채무자와 연대하여 보증할 것을 채권자와의 사이에서 맺어지는 보증계약에서 약정하는 경우에 성립한다.

나. 상법의 규정에 의하는 경우

보증인이 있는 경우에 그 보증이 상행위이거나 주채무자가 상행위로 인한 것인 때에는 연대보증이 성립한다(상법 제57조 2항).

▣ 핵심판례 ▣

가. 연대보증인 제외 요청에 대하여 금융기관이 승낙 여부의 통지를 하지 않았다 하여 그 요청을 승낙한 것으로 볼 수 있는지 여부(소극)

통상의 금융거래에 있어서 연대보증인에서 제외시켜 달라는 채무자측의 요청은, 채권자인 금융기관의 입장에서 볼 때 이미 다른 확실한 물적·인적 담보가 확보되어 있다거나 또는 그 연대보증에 대신할 만한 충분한 담보가 새로이 제공된다는 등의 특별한 사정이 없는 한 그에 대한 승낙이 당연히 예상된다고 할 수는 없기 때문에, 위와 같은 특별한 사정이 없는 연대보증인 제외 요청에 대하여 금융기관이 승낙 여부의 통지를 하지 않았다고 하여 상법 제53조에 따라 금융기관이 그 요청을 승낙한 것으로 볼 수는 없다.

나. 회사의 어음거래약정에 연대보증을 한 대표이사가 대표이사직을 사임한 경우, 채권자인 금융기관이 위와 같은 사정변경 사실을 알고 있었다는 사정만으로는 연대보증계약이 해지되었다고 볼 수 없다고 한 사례

회사의 어음거래약정에 연대보증을 한 대표이사가 대표이사직을 사임한 경우, 채권자인 금융기관이 위와 같은 사정변경 사실을 알고 있었다는 사정만으로는 연대보증계약이 해지되었다고 볼 수 없다고 한 사례(대판 2007. 5. 10, 2007다 4691·4707).

(3) 연대보증의 효력

가. 대외적 효력

채권자가 연대보증인에 대하여 가지는 권리는 연대채무자에 대한 권리와 다름이 없다. 연대보증인은 채권자의 청구에 대하여 최고·검색의 항변권을 가지지 않는다. 그러나 연대보증도 보증채무의 일종이므로, 연대보증인은 보통의 보증인과 마찬가지로 주채무자가 채권자에 대하여 가지는 항변 및 항변권을 주장할 수 있다. 또한 연대보증채무의 목적·범위·태양에 관하여서도 제429조·제430조가 적용된다.

나. 주채무자·연대보증인에 관하여 생긴 사유의 효력

연대보증도 그 본질은 보증이므로, 주채무자 또는 연대보증인에 관하여 생긴 사유의 효력은 보통의 보증채무에서와 같다.

다. 대내적 효력

주채무자와 연대보증인 사이의 구상관계는 보통의 보증과 같으며, 따라서 제441조 이하의 규정이 그대로 적용된다.

▣ 핵심판례 ▣

■ [공동보증인간의 구상권]

1. 일부보증을 한 공동보증인 상호간의 구상권 행사의 요건인 공동면책에 해당하는 경우

주채무자를 위하여 수인이 연대보증을 한 경우, 어느 연대보증인이 채무를 변제하였음을 내세워 다른 연대보증인에게 구상권을 행사함에 있어서는 그 변제로 인하여 다른 연대보증인도 공동으로 면책되었음을 요건으로 하는 것인데, 각 연대보증인이 주채무자의 채무를 일정한 한도에서 보증하기로 하는 이른바 일부보증을 한 경우에는 달리 특별한 사정이 없는 한, 각 보증인은 보증한 한도 이상의

채무에 대하여는 그 책임이 없음은 물론이지만 주채무의 일부가 변제되었다고 하더라도 그 보증한 한도 내의 주채무가 남아 있다면 그 남아 있는 채무에 대하여는 보증책임을 면할 수 없다고 보아야 하므로, 이와 같은 경우에 연대보증인 중 1인이 변제로써 주채무를 감소시켰다고 하더라도 주채무의 남은 금액이 다른 연대보증인의 책임한도를 초과하고 있다면 그 다른 연대보증인으로서는 그 한도금액 전부에 대한 보증책임이 그대로 남아 있어 위의 채무변제로써 면책된 부분이 전혀 없다고 볼 수밖에 없고, 따라서 이러한 경우에는 채무를 변제한 위 연대보증인이 그 채무의 변제를 내세워 보증책임이 그대로 남아 있는 다른 연대보증인에게 구상권을 행사할 수는 없다(대판 2002. 3. 15, 2001다59071).

2. **갑의 은행에 대한 대출금채무의 이행을 보증한 신용보증기금과는 별도로 을이 은행 소정양식에 갑의 모든 채무에 대한 연대보증인으로 서명, 날인하였으나, 을로서는 연대보증계약 문면과는 상관없이 신용보증기금의 보증범위에서 제외되는 연체이자채무에 관하여만 연대보증한 것이어서 신용보증기금에 대하여 구상금채무를 부담하지 않는다고 본 원심의 판단을 수긍한 사례**

갑이 은행으로부터 대출을 받음에 있어 대출원리금채무의 이행을 신용보증기금이 보증하는 한편, 별도로 갑이 은행에 대하여 현재 및 장래에 부담하는 모든 채무에 대하여 을이 갑과 연대하여 그 이행을 보증한다는 취지가 포함된 은행 소정양식의 근보증서에 연대보증인으로 서명, 날인하였으나 을로서는 그 연대보증계약의 문면과는 상관없이 위 대출금채무 중 신용보증기금의 보증범위에서 제외되는 연체이자채무부분에 관하여만 연대보증하였을 뿐 신용보증기금이 보증한 원리금채무부분까지 연대보증하였다고 할 수 없어 을은 신용보증기금에 대하여 구상금채무를 부담하지 않는다고 본 원심의 판단을 수긍한다(1992. 7. 14. 제1부 판결, 92다13745 구상금).

3. **수인의 연대보증인 상호간의 구상관계**

연대보증인 가운데 한 사람이 채무의 전액이나 자기의 부담부분 이상을 변제하였을 때에는 다른 보증인에 대하여 구상을 할 수 있고 다만 다른 보증인 가운데 이미 자기의 부담부분을 변제한 사람에 대하여는 구상을 할 수 없다(1993. 5. 27. 제3부 판결, 93다4656 구상금).

4. **가. 자기의 부담부분을 넘은 변제를 한 보증인이 다른 보증인에 대하여 구상권을 행사하는 경우 그 보증인이 채권자가 한 가압류의 효력을 주장할 수 있는지 여부**

수인의 보증인이 있는 경우에 어느 보증인이 자기의 부담부분을 넘은 변제를 한 때에는 다른 보증인에 대하여 구상권을 행사할 수 있고, 그 구상권의 범위 내에서 종래 채권자가 가지고 있던 채권 및 그 담보에 관한 권리는 법률상 당연히 그 변제자에게 이전되는 것이므로, 채권자가 어느 공동보증인의

재산에 대하여 가압류결정을 받은 경우에, 그 피보전권리에 관하여 채권자를 대위하는 변제자는 채권자의 승계인으로서, 가압류의 집행이 되기 전이라면 민사소송법 제708조 제1항에 따라 승계집행문을 부여받아 가압류의 집행을 할 수 있고, 가압류의 집행이 된 후에는 위와 같은 승계집행문을 부여받지 않더라도 가압류에 의한 보전의 이익을 자신을 위하여 주장할 수 있다.

나. 위의 경우 변제를 한 보증인이 다른 보증인의 사정변경에 의한 가압 류취소신청을 다툴 수 있는지 여부

위의 경우에 변제를 한 보증인은 구상권의 범위 내에서 채권자가 다른 공동보증인에 대하여 가지고 있던 가압류의 피보전권리를 대위행사할 수 있다고 보아야 할 것이므로, 가압류가 대위변제의 경우에 이전되는 담보에 관한 권리에 해당하지 아니한다거나, 위 변제로 인하여 가압류의 피보전권리가 변제를 한 보증인에게 이전되는 결과 채권자가 그 범위 내에서 피보전권리를 상실한다는 사정 때문에 가압류채권자의 지위를 승계한 보증인이 다른 공동보증인의 사정변경에 의한 가압류취소신청을 다툴 수 없는 것은 아니다(1993. 7. 13. 제2부 판결, 92다33251 사정변경에의한부동산가압류결정취소).

5. 일부보증을 한 경우, 공동면책으로 다른 보증인에 대하여 구상할 수 있는 요건 및 그 부담부분의 비율

수인의 보증인이 주채무자의 채무를 일정한 한도에서 보증하기로 하는 이른바 일부보증을 한 경우에 보증인 중 1인이 채무의 전액이나 자기의 부담부분 이상을 변제함으로써 다른 보증인의 책임한도가 줄어들게 되어 공동으로 면책이 되었다면 다른 보증인에 대하여 구상을 할 수 있고, 그 부담부분의 비율에 대하여는 그들 사이에 특약이 있으면 당연히 그에 따르되 그 특약이 없는 경우에는 각자 보증한도액의 비율로 부담하게 된다(대법원 2005. 3. 11. 선고 2004다42104 판결).

6. 가. 수인의 보증인이 각자 채무자와 연대하여 채무를 부담하는 경우 공동 보증인간의 분별의 이익유무

수인의 보증인이 각자 채무자와 연대하여 채무를 부담하는 경우에 있어서는 보증인 상호간에 연대의 특약이 없는 경우에도 채권자에 대하여 분별의 이익이 없는 것이므로 각자 채무전액 또는 각자가 약정한 보증한도액 전액을 변제할 책임이 있는 것이라 하겠으나 보증인 상호간의 내부관계에 있어서는 일정한 부담부분이 있고 일정한 분할액에 한정하여 보증인의 지위에 놓이게 된다.

나. 위의 경우 연대보증인 상호간에 구상권행사의 요건

위의 경우 연대보증인 중의 한 사람이 채무를 변제하고 다른 연대보증인에게 구상권을 행사하려면 자기의 부담부분을 초과하여 변제를 하여 공동의 면책을 얻은 경우라야 가능한 것이므로 다른 보증인 중 이미 자기의 부담부분을 변제한 사람에 대해서는 구상을 할 수 없다.

7. 채권자에 대한 관계에서는 공동연대보증인이지만 내부관계에서는 실질상의 주채무자인 자와 다른 공동연대보증인 사이의 구상관계

공동보증은 통상의 보증과 마찬가지로 주채무에 관하여 최종적인 부담을 지지 아니하고 전적으로 주채무의 이행을 담보하는 것이고(민법 제428조), 공동보증인은 자기의 출재로 공동면책이 된 때에는 그 출재한 금액에 불구하고 주채무자에게 구상을 할 수 있는 것이므로(민법 제441조 제1항, 제444조), 채권자에 대한 관계에서는 공동연대보증인이지만 내부관계에서는 실질상의 주채무자인 경우에 다른 연대보증인이 채권자에 대하여 그 보증채무를 변제한 때에 그 연대보증인은 실질상의 주채무자에 대하여 구상권을 행사할 수 있는 반면에 실질상의 주채무자인 연대보증인이 자기의 부담부분을 넘어서 그 보증채무를 변제한 경우에는 다른 연대보증인에 대하여 민법 제448조 제2항, 제425조에 따른 구상권을 행사할 수는 없다(대법원 2004. 9. 24. 선고 2004다27440,28504 판결).

<참고사항>

*근보증

1. 근보증의 개념

계속적 거래관계에서 발생하여 증감 변동하는 장래의 불특정채권을 담보하기 위한 보증.

2. 유효성

포괄근보증의 유효성에 대해 학설의 대립이 있지만, 판례는 거래유형, 한도, 기간 등을 정함이 없는 근보증계약도 유효성을 인정하고 있다. 다만, 판례는 신의칙, 사정변경을 이유로 그 책임을 제한하는 해석을 시도하고 있다.

3. 근보증인의 책임제한

그 유형으로 보증책임범위의 제한, 해지권의 인정, 상속의 제한 등으로 나누어 고찰.

4. 책임범위의 제한

보증책임의 범위를 제한하는 방법은 근보증계약 자체의 합리적 의사해석을 통하여 피보증채무의 제한, 보증기간의 제한, 보증한도액의 제한을 들 수 있고, 이러한 방법을 통하여 일을 보증채무의 범위에 속한다고 하더라도 다시 신의칙을 적용하여 심히 과다한 경우 그 책임을 제한하고 있다. 참고로 2015년 2월 3일 신설되어 2016년 2월 4일부터 시행되고 있는 민법 제428조의3에 의하면 불확정한 다수의 채무에 대한 보증의 경우 채무의 최고액을 서면으로 특정해야 하며, 채무의 최고액을 보증인의 기명날인 또는 서명이 있는 서

면으로 특정하지 아니한 경우에는 해당 보증계약은 효력이 없도록 하고 있
다. 또한 보증인보호를 위한 특별법 제6조에서도 동법상의 근보증의 경우 보
증하는 채무의 최고액을 서면으로 특정해야 하며, 이를 위반한 보증계약은
무효라고 규정하고 있다.

5. 보증기간의 제한

보증기간의 제한 핵석은 기간의 정함이 없는 경우에 이루어 지는 바 판례는
"회사의 이사등이 그 지위 때문에 부득이 회사의 계속적 거래로 인하여 생기
는 채무를 연대보증하게 된 것이고, 또 회사의 거래상대방이 거래 때만 그
거래 당시에 회사에 재직하고 있던 이사 등의 연대보증을 그때 그때 새로이
받아오는 등의 특별한 사정이 있으면 이사 등은 회사의 거래에 대하여 이사
로 재직했던 기간 중에 생긴 채무만을 책임진다고 보아 퇴직 후 새로 발생
한 주채무에 대해서는 책임이 없으나, 그러한 사정이 없는 경우의 연대보증
에까지 그 책임한도가 재직 중에 생긴 채무만으로 제한되는 것으로 해석할
수는 없다(대판 1998. 12. 22. 98다34911)"고 한다.

6. 신의칙에 의한 책임제한

일반적으로 계속적 보증계약에 있어서 보증인의 부담으로 돌아갈 주채무의
액수가 보증인이 보증 당시에 예상하였거나 예상할 수 있었던 범위를 훨씬
상회하고, 그 같은 주채무 과다 발생의 원인이 채권자가 주채무자의 자산상
태가 현저히 악화된 사실을 익히 알거나 중대한 과실로 알지 못한 탓으로
이를 알지 못하는 보증인에게 아무런 통보나 의사타진도 없이 고의로 거래
규모를 확대함에 비롯되는 등 신의칙에 반하는 사정이 인정되는 경우에 한
하여 보증인의 책임을 합리적인 범위 내로 제한할 수 있다(대판 2005. 10.
27. 2005다35554).

7. 해지권

(1) 긍정한 판례

회사의 이사라는 지위에서 부득이 회사와 은행 등과 사이의 계속적 거래로
인한 회사의 채무에 대하여 보증인이 된 자가 그 후 퇴사하여 이사의 지위
를 떠난 때에는 보증계약성립 당시의 사정에 현저한 변경이 생긴 경우에
해당하므로 이를 이유로 보증계약을 해지할 수 있고, 보증계약상 보증한도
액과 보증기간이 제한되어 있다 하더라도 그러한 제한만으로는 사정변경이
있는 경우의 보증인의 보호를 위하여 불충분하고, 보증기간의 제한이 특히

퇴사 후에도 보증채무를 부담한 것이라고 특약한 취지로 인정되지 않는 한 위와 같은 해지권의 발생에 영향이 없다(대판 1992. 11. 24. 92다10890).

(2) 부정한 판례

보증계약이 해지되기 전에 계속적 거래가 종료되거나 그 밖의 사유로 주채무 내지 구상금채무가 확정된 경우라면 보증인으로서는 더 이상 사정변경을 이유로 보증계약을 해지할 수 없다(대법원 2002. 5. 31. 선고 2002다1673 판결). 또한 계속적 보증계약에 있어서 보증인의 주채무자에 대한 신뢰가 깨어지는 등 보증인으로서 보증계약을 해지할 만한 상당한 이유가 있는 경우에 보증인으로 하여금 그 보증계약을 그대로 유지존속케 하는 것은 사회통념상 바람직하지 못하므로 그 계약해지로 인하여 상대방인 채권자에게 신의칙상 묵과할 수 없는 손해를 입게 하는 등 특단의 사정이 있는 경우에는 보증인이 일방적으로 해지할 수 없다(대법원 2003. 1. 24. 선고 2000다37937 판결).

8. 상속의 제한

(1) 보증기간과 한도액의 정함이 없는 경우

신원보증법과 마찬가지로 근보증인의 지위의 상속성을 부정하고 사망 전 이미 발생한 채무만이 상속된다는 것이 판례.

(2) 보증한도액의 정함이 있는 경우

판례는 보증한도액의 정함이 있는 계속적 보증의 경우 보증인이 사망하였다고 하더라도 보증계약이 당연히 종료되는 것은 아니고 특별한 사정이 없는 한 상속인들이 보증인의 지위를 승계한다고 함(대판 2003. 12. 26. 2003다30784). 다만 확정채무의 보증에서는 당연히 보증채무를 상속함에 유의.

* 신원보증법

1. 신원보증법의 적용범위

고용계약상 피용자의 행위로 사용자가 받은 손해를 배상하는 것을 약정하는 신원보증계약을 규율. 신원보증계약이라 함은 피용자가 업무를 수행하는 과정에서 그의 책임있는 사유로 사용자에게 손해를 입힌 경우 그 손해를 배상할 채무를 부담할 것을 약정하는 계약을 말함(동법 제2조). 피용관계는 민법상 고용관계에 한하지 않고 사용자와 피용자간에 지휘,감독관계만 있으면 족함.

2. 신원보증계약의 존속기간

기간을 정하지 않은 경우는 2년, 기간을 정한 경우는 2년을 초과하지 못함. 이보다 장기간으로 정한 경우는 2년으로 단축. 기간을 갱신한 경우 갱신한 날로부터 2년 초과금지(제3조).

3. 사용자의 통지의무

피용자가 업무상 부적격자임을 안 경우 등에는 사용자는 신원보증인에게 이를 통지할 의무를 부담(제4조 1항). 사용자가 고의 또는 중과실로 제1항의 통지의무를 게을리하여 신원보증인이 제5조에 의한 해지권을 행사하지 못한 경우 신원보증인은 그로 인하여 발생한 손해의 한도에서 의무를 면한다(제4조 2항).

4. 신원보증인의 해지권

사용자로부터 제4조 1항의 통지를 받거나 신원보증인이 스스로 제4조 1항에서 정한 통지사유에 해당하는 사유가 있음을 안 때 또는 피용자의 고의 또는 과실이 있는 행위로 발생한 손해를 신원보증인이 배상한 경우 또는 기타 계약의 기초되는 사정에 중대한 변경이 있는 경우, 신원보증인은 신원보증계약을 해지할 수 있다(제5조)

5. 신원보증인의 책임

신원보증인은 피용자의 고의 또는 중과실로 인한 행위로 인하여 발생한 손해에 대해 배상할 책임을 짐(제6조 1항). 경과실로 인한 손해는 책임안짐. 수인의 신원보증인이 있는 경우에는 균등한 비율로 의무를 부담(제2항). 법원은 손해배상액을 산정함에 있어 사용자의 과실유무, 피용자의 업무 또는 신원의 변화 그 밖의 사정을 참작하여야 함(제3항).

6. 신원보증의 비상속성

신원보증계약은 신원보증인의 사망으로 종료. 다만, 사망하기 전에 이미 발생한 채무는 당연히 상속됨(제7조)

7. 강행규정성

신원보증법의 규정에 반하는 특약은 어떠한 명칭이나 내용으로 하던지 신원보증인에게 불리한 것은 효력이 없다(제8조, 편면적 강행규정).

제 4 절 채권의 양도

채권의 양도(Abtretung der Forderung)란 채권의 동일성을 유지하면서 채권을 이전할 것을 목적으로 하는 구채권자와 신채권자간의 계약을 말한다. 채권의 양도는 원칙적으로 인정되고 있다(제449조~제452조). 예외적으로 채권양도가 금지되는 경우가 있다. 첫째, 법률에 의하여 금지되고 있는 경우(예를 들면 친족간의 부양청구권 및 연금청구권 등)이고 둘째, 채권의 성질로 미루어 허용될 수 없는 경우(예 : 사용차주의 채권 제610조, 제629조)이며, 셋째, 채권자와 채무자 사이에 미리 양도하지 않는다는 특약이 있는 경우(단, 이 특약은 선의의 제3자에게 주장할 수 없다)이다. 양도는 양도인과 양수인의 합의만으로 효력을 발생하지만 양도의 효력을 제3자에게 주장하기 위하여는 다음과 같은 요건이 필요하다.

첫째로 채무자를 상대로 주장하려면 양도가 있었다는 것을 양도인으로부터 채무자에게 통지하거나 채무자가 그것을 승낙해야 한다. 둘째로 채무자 이외의 제3자에게 주장하기 위하여는 통지나 승낙을 확정일자가 있는 증서(예를 들면 내용증명우편 등)로 하여야 한다. 이상은 보통의 채권(지명채권)에 대하여 서술한 것이다. 채권에는 이 밖에 증권적 채권(지시채권, 무기명채권, 기명소지인출급채권)이 있다.

지시채권의 양도의 효력을 제3자에게 주장하기 위하여는 증권에 양도의 내용을 배서하여 양수인에게 교부해야 하며 무기명채권과 기명소지인출급채권의 경우에는 증권의 인도(교부)에 의한다. 단 상법상의 증권적 채권은 증권의 배서교부에 의하여 당사자 및 제3자에 대하여 효력을 발생한다.

◈ 지명채권의 양도 및 양도의 제한

제 449 조【채권의 양도성】

① 채권은 양도할 수 있다. 그러나 채권의 성질이 양도를 허용하지 아니하는 때에는 그러하지 아니하다.

② 채권은 당사자가 반대의 의사를 표시한 경우에는 양도하지 못한다. 그러나 그 의사표시로써 선의의 제3자에게 대항하지 못한다.

■ § 449. 지명채권의 양도성과 제한

- 채권은 원칙적으로 양도성을 가지나 다음과 같은 경우에는 제한을 받는다.
- 채권의 성질에 따른 제한 : 채권의 성질이 양도를 허용하지 않을 때에는 그 채권을 양도하지 못한다.
- 의사표시에 의한 제한 : 당사자가 반대의 의사표시를 한 때에는 채권은 양도하지 못한다.
- 법률에 의한 양도금지 : 부양청구권, 연금청구권, 국가배상청구권 등
- 관련법조 : 국제사법 §34, [양도성 없는 채권] 상 §818, 근로기준법 §86, 공무원연금법 §32, 사립학교교직원연금법 §40, 군인연금법 §7, 국가유공자 등 예우 및 지원에 관한 법률 §19, 군인보험법 §14, 산업재해보상보험법 §88②

1. 지명채권의 양도성

본조는 채권의 양도성에 관한 원칙을 규정한 것이다.

채권자가 특정되어 있는 채권이 지명채권이며, 증권적 채권에 속하지 않는 보통의 채권을 말한다. 지명채권은 원칙적으로 양도성을 갖는다. 채권을 양도하기 위해서는 양도의 대상인 채권이 존재하여야 하고, 또 특정할 수 있어야 한다. 따라서 종류채권이나 선택채권도 특정할 수 있기 때문에 그 양도가 가능하다. 조건부·기한부채권도 양도할 수 있다.

2. 지명채권 양도의 제한

지명채권은 양도성을 그 본질로 하는 증권적 채권과는 달라서 상당히 광범

위하게 그 양도성이 제한된다.

(1) 채권의 성질에 의한 제한

채권의 성질이 양도를 허용하지 않는 경우, 즉 채권이 급부의 성질상 원채권자에게만 급부되어야 할 것으로 인정되는 경우에는 양도가 허용되지 않는다.

① 채권자가 변경되면 그 급부의 내용이 전혀 달라지는 채권, 예컨대 화가에게 자기의 초상을 그리게 하는 채권 등에는 절대로 양도성이 없다. 부작위채권이 대체로 이에 속한다.

② 특정의 채권자에 대해서만 채무자가 급부의무를 부담하고 있다고 보아야 할 채권, 예컨대 사용자의 채권(제657조 1항 참조), 임차인의 채권(제629조 2항 참조) 등은 원칙적으로 개인적인 관계에서 의거한 것이기 때문에, 채무자의 승낙 없이는 양도할 수 없다고 되어 있다.

위임자의 채권도 또한 이에 속한다고 할 수 있다.

③ 특정의 채권자와의 사이에서 결제되어야 할 특별한 이유가 있는 채권에도 양도성은 인정되지 않는다. 그러나 성질상 양도성이 없는 이와 같은 채권도 경제조직의 발전과 함께 개인적 요소를 잃고 획일적인 내용을 갖게 된 오늘날의 거래관계에 있어서는 점차 양도성을 인정하는 경향을 띠고 있다.

【쟁점사항】

<양도성 여부가 문제되는 채권>

ㄱ) 부동산의 매매로 인한 소유권이전등기청구권의 양도성 및 양도의 대항요건

부동산의 매매로 인한 소유권이전등기청구권은 물권의 이전을 목적으로 하는 매매의 효과로서 매도인이 부담하는 재산권이전의무의 한 내용을 이루는 것이고, 매도인이 물권행위의 성립요건을 갖추도록 의무를 부담하는 경우에 발생하는 채권적 청구권으로 그 이행과정에 신뢰관계가 따르므로, 소유권이전등기청구권을 매수인으로부터 양도받은 양수인은 매도인이 그 양도에 대하여 동의하지 않고 있다면 매도인에 대하여 채권양도를 원인으로 하여 소유권이전등기절차의

이행을 청구할 수 없고, 따라서 매매로 인한 소유권이전등기청구권은 특별한 사정이 없는 이상 그 권리의 성질상 양도가 제한되고 그 양도에 채무자의 승낙이나 동의를 요한다고 할 것이므로 통상의 채권양도와 달리 양도인의 채무자에 대한 통지만으로는 채무자에 대한 대항력이 생기지 않으며 반드시 채무자의 동의나 승낙을 받아야 대항력이 생긴다(대판 2005. 3. 10, 2004다67653·67660).

ㄴ) 전세금반환채권

전세권은 전세금을 지급하고 타인의 부동산을 그 용도에 따라 사용·수익하는 권리로서 전세금의 지급이 없으면 전세권은 성립하지 아니하는 등으로 전세금은 전세권과 분리될 수 없는 요소일 뿐 아니라, 전세권에 있어서는 그 설정행위에서 금지하지 아니하는 한 전세권자는 전세권 자체를 처분하여 전세금으로 지출한 자본을 회수할 수 있도록 되어 있으므로 전세권이 존속하는 동안은 전세권을 존속시키기로 하면서 전세금반환채권만을 전세권과 분리하여 확정적으로 양도하는 것은 허용되지 않는 것이며, 다만 전세권 존속 중에는 장래에 그 전세권이 소멸하는 경우에 전세금 반환채권이 발생하는 것을 조건으로 그 장래의 조건부 채권을 양도할 수 있을 뿐이라 할 것이다(대판 2002. 8. 23, 2001다69122).

ㄷ) 근로자의 임금채권

근로자의 임금채권은 그 양도를 금지하는 법률의 규정이 없으므로 이를 양도할 수 있다. 근로기준법 제36조 제1항에서 임금직접지급의 원칙을 규정하는 한편 동법 제109조에서 그에 위반하는 자는 처벌을 하도록 하는 규정을 두어 그 이행을 강제하고 있는 취지가 임금이 확실하게 근로자 본인의 수중에 들어가게 하여 그의 자유로운 처분에 맡기고 나아가 근로자의 생활을 보호하고자 하는데 있는 점에 비추어 보면 근로자가 그 임금채권을 양도한 경우라 할지라도 그 임금의 지급에 관하여는 같은 원칙이 적용되어 사용자는 직접 근로자에게 임금을 지급하지 아니하면 안되는 것이고 그 결과 비록 양수인이라고 할지라도 스스로 사용자에 대하여 임금의 지급을 청구할 수는 없다(대판 1988. 12. 13. 87다카 2803 전원합의체 판결).

(2) 당사자의 의사표시에 의한 제한

채권자와 채무자가 반대의 의사표시, 즉 양도금지의 특약을 하면 채권의 양도성은 없어진다. 그러나 이 특약에 절대적인 효력을 인정하면, 선의로 그 채권을 양수하거나 또는 그 위에 질권을 취득한 제3자에게 불측의 손해를 입힐 우려가 있기 때문에, 본조는 이 양도금지특약은 선의의 제3자에게

대항할 수 없다고 하고 있다.

따라서 선의의 양수인은 유효하게 채권을 취득할 수 있을 뿐만 아니라, 악의의 양수인으로부터 재차 그 채권을 양수한 선의의 제2의 양수인의 경우에도 마찬가지이다. 판례는 이때 선의의 의미와 관련하여 "당사자의 의사표시에 의한 채권의 양도금지는 채권 양수인인 제3자가 악의인 경우이거나 악의가 아니라도 그 제3자에게 채권양도 금지를 알지 못한 데에 중대한 과실이 있는 경우 채무자가 위 채권양도 금지로써 그 제3자에 대하여 대항할 수 있다(대판 1999. 2. 12. 99다67482)"고 판시하여 중과실이 있는 자는 선의자에 포함될 수 없다는 태도를 보이고 있다. 또한 제3자의 악의 내지 중과실의 채권양도 금지의 특약으로 양수인에게 대항하려는 자가 이를 주장, 입증하여야 한다(대판 2003. 1. 24. 2000다5336)고 한다.

양도금지의 특약이 있는 채권을 질권의 목적으로 한 경우에 그 효력은 질권자의 선의·악의에 따라 좌우된다.

양도금지의 특약이 있는 채권을 압류할 수 있는가?

판례는 이와 관련하여 "당사자 사이에 양도금지의 특약이 있는 채권이더라도 압류 및 전부명령에 의하여 이전되는 데에는 지장이 없고, 양도금지의 특약이 있는 사실에 관하여 집행채권자가 선의인가 악의인가는 전부명령의 효력에 영향을 미치지 못하는 것인바, 이와 같이 양도금지특약부 채권에 대한 전부명령이 유효한 이상, 그 전부채권자로부터 다시 그 채권을 양수한 자가 그 특약의 존재를 알았거나 중대한 과실로 알지 못하였다고 하더라도 채무자는 위 특약을 근거로 삼아 채권양도의 무효를 주장할 수 없다(대판 2003. 12. 11. 2001다3771)"고 한다. 또한 " 양도금지특약부 채권을 악의 또는 중과실로 채권양수를 받은 후 채무자가 그 양도에 대하여 승낙을 한 때에는 채무자의 사후승낙에 의하여 무효인 채권양도행위가 추인되어 유효하게 되며, 이 경우 다른 약정이 없는 한 소급효가 인정되지 아니하고 양도의 효과는 승낙시부터 발생한다(대판 2000. 4. 7. 99다52817)"고 한다.

채무자의 일반재산 중에서 압류할 수 없는 채권을 사인이 자의로 마련하는 것은 허용되어야 할 것은 아니며 만약 이것을 인정하면, 채권자는 그 채권에 비양도성을 부여하여 자기의 채권자의 담보력을 해할 수 있게 된다

는 점에서 판례의 태도는 타당하다고 본다.

결국 양도금지의 특약은 그 채권의 압류가능성을 제거시키는 것은 아니며 이러한 특약 있는 채권이라 하더라도 압류채권자의 선의·악의를 불문하고 이를 압류함과 동시에 전부명령에 의해 이전할 수 있다고 해석하는 통설(김기선, 최식, 곽윤직, 김·안, 독일민소법 제851조 제2항은 명문으로 이를 규정하고 있다)의 태도와 일맥상통한다고 하겠다.

(3) 법률의 규정에 의한 제한

셋째, 법률상 양도를 금지한 채권에는 양도성이 없다. 일반거래관계로부터 발생된 채권과 구별하여, 어떤 특정한 채권자 자신에게 변제시키도록 하는 취지의 채권, 예컨대 부양청구권 등에 대해서는 양도를 금하고 있다(제979조).

법률상 양도가 금지되어 있는 채권은 압류하지 못한다. 그러나 압류가 금지된 채권이 반드시 양도가 금지되는 채권은 아니다(대판 1990. 2. 13, 88다카8132. 공보(22)1990, 619).

압류금지는 채권자의 의사에 의하지 아니하고, 이것을 빼앗는 것을 금하는 취지에 불과하기 때문이다. 그러나 압류금지가 본래의 채권자 자신에게 변제하도록 하는 강한 요청에 의거한 경우에는 그 양도까지도 금지하지 않으면 목적을 달성할 수 없다. 그 때문에 위법에 의하여 양자 모두 금지하는 예가 많다(연금청구권(공무원연금법 제32조, 군인연금법 7조, 국민연금법 제58조, 사립학교교직원연금법 제40조 등), 재해보상청구권(근로기준법 제86조), 국가배상청구권(국가배상법 제4조), 보험금청구권 등(군인보험법 제14조).

▣ **핵심판례** ▣

■ **[채권의 양도성]**

1. **다세대건물에 대한 분양계약상의 매수인으로부터 채권으로서의 소유권이 전등기청구권만을 양도받은 양수인이 매수인의 지위에 있는지 여부(소극)**

다세대건물에 대한 분양계약상의 매수인의 지위를 양수하지 않은 이상 매수인으

로부터 채권으로서의 소유권이전등기청구권을 양도받은 것만으로써는 양수인이 매도인에 대하여 그 다세대건물의 매수인임을 주장할 수 없는 것이고, 이와 같은 매수인의 지위를 양수함에 있어서는 계약의 상대방인 매도인과의 합의(승낙)가 있어야 한다(대판 2005. 3. 10, 2004다67653 · 67660).

2. **채권의 성질 또는 당사자의 의사표시에 의하여 채권 양도가 제한되는 경우, 채권 양도의 통지만으로 대항력이 생기는지 여부(소극)**

채권 양도시 채무자에 대한 대항요건으로서 하는 채권 양도의 통지는 양도인이 채무자에 대하여 당해 채권을 양수인에게 양도하였다는 사실을 알리는 관념의 통지인데, 채권의 성질상 또는 당사자의 의사표시에 의하여 권리의 양도가 제한되어 그 양도에 채무자의 동의를 얻어야 하는 경우에는, 통상의 채권 양도와 달리 양도인의 채무자에 대한 통지만으로는 채무자에 대한 대항력이 생기지 않으며 반드시 채무자의 동의를 얻어야 대항력이 생긴다(1996. 2. 9. 판결, 95다49325 권리양도통지).

3. **채권양도가 다른 채무의 담보조로 이루어진 경우, 양도채권의 채무자가 그 피담보채무가 변제로 소멸되었다는 이유로 채권양수인의 양수금 청구를 거절할 수 있는지 여부(소극)**

채권양도가 다른 채무의 담보조로 이루어졌으며 또한 그 채무가 변제되었다고 하더라도, 이는 채권 양도인과 양수인 간의 문제일 뿐이고, 양도채권의 채무자는 채권 양도 · 양수인 간의 채무 소멸 여하에 관계없이 양도된 채무를 양수인에게 변제하여야 하는 것이므로, 설령 그 피담보채무가 변제로 소멸되었다고 하더라도 양도채권의 채무자로서는 이를 이유로 채권양수인의 양수금 청구를 거절할 수 없다(대판 1999. 11. 26, 99다23093).

4. 가. **장래 발생할 채권이 채권양도의 대상이 될 수 있는지 여부**

장래 발생할 채권이라도 현재 그 권리의 특정이 가능하고 가까운 장래에 발생할 것임이 상당한 정도로 기대되는 경우에는 채권양도의 대상이 될 수 있다.

나. **물품공급계약에 따른 물품대금채권의 양도에 있어 채권양도일 이후의 납품으로 인하여 발생한 채권까지도 양도받았다고 인정할 증거가 없다고 본 원심판결에 채증법칙에 위배하고 채권양도에 관한 법리를 오해한 위법 등이 있다 하여 파기한 사례**

물품공급계약에 따른 물품대금채권의 양도에 있어 채권양도일 이후의 납품으로 인하여 발생한 채권까지도 양도받았다고 인정할 증거가 없다고 본 원심판결에 채증법칙에 위배하고 채권양도에 관한 법리를 오해한 위법 등이 있다 하여 파기환송한다(1991. 6. 25. 제2부 판결, 88다카6358 물품대금).

5. 기존채무에 관하여 채무자가 다른 채권을 채권자에게 양도한 경우의 법률 관계

기존채무에 관하여 채무자가 제3채무자에 대하여 가지고 있는 채권을 기존채무의 채권자에게 양도한 경우 그들 사이에 특별한 의사표시가 없는 이상 기존채무의 변제를 위하여 또는 그 담보조로 양도한 것이라고 추정하여야 한다(1994. 2. 8. 제2부 판결, 93다50291 물품대금,50307 부당이득금반환청구).

6. 채권 양수인이 양도금지 특약의 존재를 알지 못한 데 대한 중과실이 있는 경우, 채권양도의 효력(소극)

민법 제449조 제2항이 채권양도 금지의 특약은 선의의 제3자에게 대항할 수 없다고만 규정하고 있어서 그 문언상 제3자의 과실의 유무를 문제삼고 있지는 아니하지만, 제3자의 중대한 과실은 악의와 같이 취급되어야 하므로, 양도금지 특약의 존재를 알지 못하고 채권을 양수한 경우에 있어서 그 알지 못함에 중대한 과실이 있는 때에는 악의의 양수인과 같이 양도에 의한 채권을 취득할 수 없다고 해석하는 것이 상당하다(1996. 6. 28. 판결, 96다18281 양수금).

7. 채무자가 채권양도에 대하여 이의를 보류하지 않고 승낙하였다는 사정이 없거나 이의의 보류 없이 승낙하였다 하더라도 양수인에게 악의 또는 중과실이 있는 경우, 승낙 당시 이미 상계를 할 수 있는 원인이 있었고 그 후 상계적상이 생기면 채무자는 양수인에 대하여 상계로 대항할 수 있는지 여부(적극)

채권양도에 있어서 채무자가 양도인에게 이의를 보류하지 아니하고 승낙을 하였다는 사정이 없거나 또는 이의를 보류하지 아니하고 승낙을 하였더라도 양수인이 악의 또는 중과실의 경우에 해당하는 한, 채무자의 승낙 당시까지 양도인에 대하여 생긴 사유로써 양수인에게 대항할 수 있다고 할 것인데, 승낙 당시 이미 상계를 할 수 있는 원인이 있었던 경우에는 아직 상계적상에 있지 아니하였다 하더라도 그 후에 상계적상이 생기면 채무자는 양수인에 대하여 상계로 대항할 수 있다(대법원 1999. 8. 20. 선고 99다18039 판결).

8. 가. 임금채권의 양도성의 유무

근로자의 임금채권은 그 양도를 금지하는 법률의 규정이 없으므로 이를 양도할 수 있다.

나. 근로자가 그 임금채권을 양도한 경우 양수인이 스스로 사용자에 대하여 임금의 지급을 청구할 수 있는지 여부(소극)

(다수의견) 근로기준법 제36조 제1항에서 임금직접지급의 원칙을 규정하는 한편 동법 제109조에서 그에 위반하는 자는 처벌을 하도록 하는 규정을 두어 그 이행을 강제하고 있는 취지가 임금이 확실하게 근로자 본인의 수중에 들

어가게 하여 그의 자유로운 처분에 맡기고 나아가 근로자의 생활을 보호하고
자 하는데 있는 점에 비추어 보면 근로자가 그 임금채권을 양도한 경우라 할
지라도 그 임금의 지급에 관하여는 같은 원칙이 적용되어 사용자는 직접 근
로자에게 임금을 지급하지 아니하면 안되는 것이고 그 결과 비록 양수인이라
고 할지라도 스스로 사용자에 대하여 임금의 지급을 청구할 수는 없다.

　(소수의견) 근로자의 임금채권이 자유롭게 양도할 수 있는 성질의 것이라면
그 임금채권의 양도에 의하여 임금채권의 채권자는 바로 근로자로부터 제3자
로 변경되고 이때 그 임금채권은 사용자와 근로자와의 관계를 떠나서 사용자
와 그 양수인과의 관계로 옮겨지게 됨으로써 양수인은 사용자에게 직접 그
지급을 구할 수 있다(대법원 1988. 12. 13. 선고 87다카2803 전원합의체 판결).

<판례전문(대법원 1988. 12. 13. 선고 87다카2803 전원합의체 판결)>

[원고, 피상고인]　이막달

[피고, 상고인]　한국전기통신공사

[원심판결]　서울민사지방법원 1987. 10. 21. 선고 '87나1066 판결

[주　　문]　원심판결을 파기하고 사건을 서울민사지방법원 합의부에 환송한다.

[이　　유]　상고이유를 본다.

　원심판결 이유에 의하면, 원심은 소외 최선주가 피고공사 산하 부산시외 전신
전화국에 근무하다가 퇴직함에 따라 피고에 대하여 금 8,397,140원의 퇴직금채권
을 갖게 된 사실과 그중 1/2인 금 4,198,570원에 대하여는 채권압류 및 전부명령
이 발하여지고 나머지 1/2 중 금 3,446,947원에 대하여는 위 소외인이 원고에게
이를 양도하고 피고에게 그 통지를 한 사실을 확정하고, 위 퇴직금은 임금으로서
근로기준법 제36조 제1항에서 근로자에게 직접 지급하도록 규정하고 있으므로 피
고는 원고에게 위 양수 퇴직금을 지급할 수 없다는 피고의 주장에 대하여는 퇴직
금이 근로자에게 근로계약이 종료될 때 지급되는 후불적 임금이라고 할 수는 있
으나 민사소송법에 근로자의 임금채권의 압류를 제한하는 규정이 있는 외에는 어
떤 법률에도 그 양도를 금지하는 명시적 규정이 없고, 위 근로기준법의 규정의
취지는 수혜자인 근로자의 자유로운 의사에 따른 임금채권의 양도까지 금지하는
것으로 해석할 수는 없다는 이유로 이를 배척하였다.

　살피건대 근로자의 임금채권의 양도를 금지하는 법률의 규정이 없으므로 이를
양도할 수 있다는 원심의 판단부분에 잘못이 있다고 할 수는 없다. 그러나 근로
기준법 제36조 제1항에서 임금직접지급의 원칙을 규정하고 그에 위반하는 자는
처벌을 하도록 하는 규정(같은 법 제109조)를 두어 그 이행을 강제하고 있는 이
유는 임금이 확실하게 근로자 본인의 수중에 들어가게 하여 그의 자유로운 처분
에 맡기고 나아가 근로자의 생활을 보호하고자 하는데 있는 것이므로 이와 같은

근로기준법의 규정의 취지에 비추어 보면 근로자가 그 임금채권을 양도한 경우라 할지라도 그 임금의 지급에 관하여는 같은 원칙이 적용되어 사용자는 직접 근로자에게 임금을 지급하지 아니하면 안되는 것이고 그 결과 비록 양수인이라고 할지라도 스스로 사용자에 대하여 임금의 지급을 청구할 수는 없다고 해석하여야 할 것이며, 그렇게 하지 아니하면 임금직접지급의 원칙을 정한 근로기준법의 규정은 그 실효를 거둘 수가 없게 될 것이다.

위의 견해에 저촉되는 당원 1959. 12. 17. 선고 4292민상814 판결은 이를 변경한다.

따라서 원심판결에는 근로기준법 제36조 제1항의 취지를 오해하여 판결에 영향을 미친 위법이 있다고 할 것이고 이는 소송촉진등에관한특례법 제12조 제2항에 규정된 파기사유에 해당된다고 할 것이므로 논지는 이유있다.

그러므로 원심판결을 파기하여 사건을 원심법원에 환송하기로 하여 관여 법관 중 대 법관 윤 관, 같은 김 상원을 제외한 나머지 법관의 일치된 의견으로 주문과 같이 판결한다.

대법관 윤 관, 대 법관 김 상원의 반대의견은 다음과 같다.

일반적으로 민사소송법 제579조 제4호나 건설업법 제55조 등과 같이 근로자에게 지급할 임금의 일부 또는 전부에 대하여 압류를 금지하는 규정을 둔 것은 근로자의 의사에 반하여 근로자의 주요한 생존재원인 임금채권에 대한 압류를 금지함으로써 근로자의 권익을 보호하려는데 있는 것이고 위 법률이나 그밖의 어느 법률에도 임금채권의 양도를 금지하는 규정을 두지 아니한 것은 근로자가 자기의 임금채권을 자유롭게 처분하려는 의사를 존중하고 이를 보장해 주고자 함에 있다고 이해된다.

한편 채권양도는 채권이 귀속하는 주체를 직접적으로 변경하게 하는 것이므로 채권양도가 이루어지면 양도인이 채무자에 대하여 가지고 있던 채권은 그대로 양수인에게 귀속되고 채무자에 대한 채권자도 양도인으로부터 양수인으로 변경되어 양수인은 채무자에 대하여 그 양수채권의 실체적 권리와 추심권을 아울러 주장할 수 있게 된다.

따라서 근로자의 임금채권이 자유롭게 양도할 수 있는 성질의 것이라면 그 임금채권의 양도에 의하여 임금채권의 채권자는 바로 근로자로부터 제3자로 변경되고 이때 그 임금채권은 사용자와 근로자와의 관계를 떠나서 사용자와 그 양수인과의 관계로 옮겨지게 됨으로써 양수인은 사용자에게 직접 그 지급을 구할 수 있게 되는 것이다.

이렇게 볼 때 근로기준법 제36조 제1항이 "임금은 통화로 직접근로자에게 그 전액을 지급하여야 한다"고 규정하여 임금직접지급의 원칙을 밝히고 있는 것도 따지고 보면 사용자가 근로자에게 지급할 임금이 있음을 전제로 그 임금을 근로자에게 직접 지급하도록 사용자와 근로자 사이의 직접적인 법률관계를 규제하려

는 것이지, 근로자로부터 그 임금채권을 적법하게 양수받은 제3자와의 간접적인 법률관계에까지 이를 끌어들여 양수인에게까지도 사용자가 이를 직접 지급하는 것을 금지하는 것으로는 풀이되지 아니한다.

다수의견은 근로자의 임금채권이 양도된 경우에 양수인은 그 채권에 관한 실체적인 권리만을 갖고 있을뿐 그 추심권은 여전히 근로자에게 있음을 전제로 하고 있으나 이와 같이 채권에 대한 실체적인 권리와 추심권을 분리하려는 태도는 앞에서 본 바와 같은 채권양도의 본질이나 근로기준법 제36조의 취지에도 어긋난다고 하지 않을 수 없고 나아가 당사자 사이의 법률관계를 쓸데없이 복잡하게 하여 사실상 임금채권의 양도를 금지하는 결과를 가져오게 되어 부당하다.

또한 다수의견은 근로기준법 제36조 제1항의 규정취지를 "임금이 확실하게 근로자 본인의 수중에 들어가게 하여 그의 자유로운 처분에 맡기고 나아가 근로자의 생활을 보호하고자"하는데 두고 있지만 그 것은 반드시 타당한 것으로는 여겨지지 아니한다.

근로자가 일단 자유의사에 따라 임금채권을 양도하여 버렸는데도 이를 사용자로부터 직접 지급받은 후가 아니면 양수인에게 지급할 수 없도록 하는 것은 근로자나 양수인에게 번거로운 부담만 더하여 주는 것이고 만일 임금채권을 양도해 버린 근로자가 그후 위 규정을 들어 양수인에게 그 지급을 거절하거나 이미 양수인에게 지급해 버린 사용자에게 다시 그 임금의 지급을 구하게 된다면 그들 사이에 또 다른 분쟁을 일으킬 우려마저 낳게 할 뿐이다.

더우기 이 사건 퇴직금과 같은 후불적 임금이 근로기준법 제36조 제1항 때문에 그 양도가 사실상 금지되는 결과를 가져온다면 근로자에게 임금채권을 담보로 하여 학자금이나 주택을 장만하기 위한 목돈마련 등 금융의 길을 막게 되어 오히려 근로자의 생활보호에 지장을 주는 결과를 초래할 수도 있는 것이다.

따라서 근로기준법 제36조 제1항은 근로자가 적법하게 처분하고 남은 임금채권 즉 근로자에게 아직도 귀속되어 있는 임금채권을 사용자로 하여금 근로자에게 직접 지급하게 함으로써 근로자의 임금이 법정대리인이나 후견인 또는 그 수령을 위임받은 사람들에 의하여 횡령되는 등의 피해를 막으려는 취지에서 마련되었다고 보아야 할 것이다.

그리고 사용자로 하여금 임금채권을 그 양수인에게 지급할 수 없도록 하려면 마땅히 법률에 임금채권의 양도자체를 금지하는 규정을 명문으로 두어야 할 것이다.

그러므로 다수의견이 근로자의 임금채권을 양도할 수 있다고 하면서도 그 양수인이 사용자에게 직접 그 지급을 구할 수 없다고 본 것은 채권양도와 근로기준법 제36조의 법리를 오해한 것이라고 하지 않을 수 없고 따라서 이점에 관한 종전의 당원 판례를 변경하고 이 사건 원심판결을 파기하는 다수의견에 반대하고자 하는 것이다.

대법관 이일규(재판장) 김덕주 이회창 박우동 윤관 배석 이재성 김상원 배만운
안우만 김주한 윤영철 김용준

9. 채권양도에 있어서 양도채권 특정의 정도

채권양도에 있어서 양도채권이 사회통념상 다른 채권과 구별하여 그 동일성을 인
식할 수 있을 정도로 되어 있다면 그 채권은 특정된 것으로 보아야 하고 양도채
권의 종류나 금액 등이 구체적으로 적시되어 있어야 하는 것은 아니다(대법원
1998. 5. 29. 선고 96다51110 판결).

10. 은행거래의 경험이 있는 자가 예금채권을 양수한 경우, 예금채권에 대하여 양도 제한의 특약이 있음을 알았거나 알지 못한 데에 중대한 과실이 있는지 여부(적극)

은행거래에서 발생하는 채권인 예금채권에 관한 법률관계는 일반거래약관에 의
하여 규율되어 은행은 일반거래약관인 예금거래기본약관에 각종의 예금채권에
대하여 그 양도를 제한하는 내용의 규정을 둠으로써 예금채권의 양도를 제한하
고 있는 사실은 적어도 은행거래의 경험이 있는 자에 대하여는 널리 알려진 사
항에 속한다 할 것이므로, 은행거래의 경험이 있는 자가 예금채권을 양수한 경
우 특별한 사정이 없는 한 예금채권에 대하여 양도제한의 특약이 있음을 알았다
고 할 것이고, 그렇지 않다 하더라도 알지 못한 데에 중대한 과실이 있다고 보
아야 한다(대법원 2003. 12. 12. 선고 2003다44370 판결).

11. 양도금지의 특약이 있는 채권에 대한 압류 및 전부명령의 효력

당사자 사이에 양도금지의 특약이 있는 채권이라도 압류 및 전부명령에 따라 이
전될 수 있고, 양도금지의 특약이 있는 사실에 관하여 압류채권자가 선의인가
악의인가는 전부명령의 효력에 영향이 없다(대법원 2002. 8. 27. 선고 2001다
71699 판결).

12. 양도금지특약이 있는 채권을 전부받은 자로부터 다시 그 채권을 양수한 자가 양도금지특약에 대하여 악의인 경우, 채무자는 위 특약을 근거로 채권양도의 무효를 주장할 수 있는지 여부(소극)

당사자 사이에 양도금지의 특약이 있는 채권이더라도 전부명령에 의하여 전부되
는 데에는 지장이 없고, 양도금지의 특약이 있는 사실에 관하여 집행채권자가
선의인가 악의인가는 전부명령의 효력에 영향을 미치지 못하는 것인바, 이와 같
이 양도금지특약부 채권에 대한 전부명령이 유효한 이상, 그 전부채권자로부터
다시 그 채권을 양수한 자가 그 특약의 존재를 알았거나 중대한 과실로 알지 못
하였다고 하더라도 채무자는 위 특약을 근거로 삼아 채권양도의 무효를 주장할
수 없다(대법원 2003. 12. 11. 선고 2001다3771 판결).

13. 채권가압류결정이 제3채무자에게 송달된 후에 채권을 양도받은 자가 제3 채무자를 상대로 이행의 소를 제기할 수 있는지 여부(적극)

일반적으로 채권에 대한 가압류가 있더라도 이는 가압류채무자가 제3채무자로부터 현실로 급부를 추심하는 것만을 금지하는 것이므로 가압류채무자는 제3채무자를 상대로 그 이행을 구하는 소송을 제기할 수 있고, 법원은 가압류가 되어 있음을 이유로 이를 배척할 수 없는 것이며, 채권양도는 구 채권자인 양도인과 신 채권자인 양수인 사이에 채권을 그 동일성을 유지하면서 전자로부터 후자에게로 이전시킬 것을 목적으로 하는 계약을 말한다 할 것이고, 채권양도에 의하여 채권은 그 동일성을 잃지 않고 양도인으로부터 양수인에게 이전된다 할 것이며, 가압류된 채권도 이를 양도하는 데 아무런 제한이 없으나, 다만 가압류된 채권을 양수받은 양수인은 그러한 가압류에 의하여 권리가 제한된 상태의 채권을 양수받는다고 보아야 할 것이다(대법원 2000. 4. 11. 선고 99다23888 판결).

◈ 지명채권의 양도로 채무자나 제3자에게 대항하기 위한 요건

제 450 조 【지명채권양도의 대항요건】

① 지명채권의 양도는 양도인이 채무자에게 통지하거나 채무자가 승낙하지 아니하면 채무자 기타 제3자에게 대항하지 못한다.

② 전항의 통지나 승낙은 확정일자있는 증서에 의하지 아니하면 채무자 이외의 제3자에게 대항하지 못한다.

■ § 450. 지명채권양도의 대항요건

• 채무자에 대한 대항요건 :
① 채무자에의 통지(양도인→채무자)-지명채권의 양도는 양도인이 채무자에게 통지하거나 채무자가 승낙하지 아니하면 채무자 기타 제3자에게 대항하지 못한다.
② 채무자의 승낙-이의를 보류한 승낙=통지
이의를 보류하지 않은 승낙-공신의 원칙
• 채무자 이외의 제3자에 대한 대항요건 : 통지나 승낙→확정일자 있는 증서
• 관련법조 : 상 §734, [지시금지어음, 수표양도] 어음 §11②, §77①-1, 수표 §14 ②, [확정일자] 부칙 §3

1. 의 의

본조는 지명채권양도의 대항요건에 관하여 규정한 것이다.

지명채권이 양도된 경우에는 채권자의 채무자에 대한 통지 또는 채무자의 승낙이 없으면 양수인은 채무자 기타 제3자에게 대항할 수 없다.

지명채권의 양도에 있어서, 채무자에 대한 대항요건은 양수인이 채무자에게 대하여 양도된 채권을 주장하기 위한 요건이고, 채무자 이외의 제3자에 대한 대항요건은 채권을 이중으로 양도하거나 압류된 경우에 그 우열을 결정하는 표준이 되는 것이다.

2. 채무자에 대한 대항요건

(1) 채무자에 대한 통지

1) 통지의 성질

채무자에 대해서는 양수인은 채권양도의 통지 또는 승낙이 없으면 대항할 수 없다. 채권양도의 통지는 채권의 양도가 있었다고 하는 사실을 알리는 행위로서, 이른바 관념의 통지이다.

채권양도의 통지는 채무자에게 도달됨으로써 효력을 발생하는 것이고, 여기서 도달이라 함은 사회관념상 채무자가 통지의 내용을 알 수 있는 객관적 상태에 놓여졌다고 인정되는 상태를 지칭한다고 해석되므로, 채무자가 이를 현실적으로 수령하였다거나 그 통지의 내용을 알았을 것까지는 필요로 하지 않는다(대판 1997. 11. 25, 97다31281). 일방적 행위이므로 통지에는 조건이나 기한을 붙일 수 없다.

2) 통지의 당사자

이 통지는 반드시 양도인으로부터 채무자에 대하여 행해져야 하며 양수인이 대위하는 것은 허용되지 않는다. 또 통지는 반드시 채권양도와 동시에 할 필요는 없고 채권양도 이후에 하여도 좋으나 사전에 하는 것은 인정되지 않는다(대판 2000. 4. 11. 2000다2627).

통지에는 특별한 방식을 요하지 않으나, 반드시 양수인을 명시하여야 한다. 양수인은 통지가 행해지지 않고 있는 동안에는 채무자(악의의 채무자도 포함한다)에 대하여 채권자임을 주장하지 못한다. 다시 말해서 채무자는 변제의 청구를 거절할 수 있음은 물론, 양수인은 시효의 중단·파산신청·저당권의 실행 등을 행사할 수 없다.

이에 반하여, 통지를 한 이후에는 양수인만이 진정한 권리자가 된다. 그리고 채무자로부터 양도인이나 양수인 어느 쪽에 대하여 승낙을 하면, 양수인은 대항할 수 있다(대판 1986. 2. 25, 85다카1529. 공보⑭ 1986, 528).

3) 관련문제

가. 채권양도의 통지는 양도인이 직접 하여야만 하는지 여부

민법 제450조에 의한 채권양도 통지는 양도인이 직접하지 아니하고 사

자를 통하여 하거나 대리인으로 하여금 하게 하여도 무방하고, 채권의 양수인도 양도인으로부터 채권양도 통지권한을 위임받아 대리인으로서 그 통지를 할 수 있다(대판 2004. 2. 13, 2003다43490).

나. 양수인이 대리행위로서 채권양도통지를 할 수 있는지 여부

관념의 통지에도 법률행위에 관한 규정이 유추적용되므로, 양도인으로부터 통지의 대리권을 수여받아 양수인이 대리행위로서 통지하는 것은 무방하다. 판례는 "채권양도통지 권한을 위임받은 양수인이 양도인을 대리하여 채권양도통지를 함에 있어서는 민법 제114조 제1항의 규정에 따라 양도인 본인과 대리인을 표시하여야 하는 것이므로, 양수인이 서면으로 채권양도통지를 함에 있어 대리관계의 현명을 하지 아니한 채 양수인 명의로 된 채권양도통지서를 채무자에게 발송하여 도달되었다 하더라도 이는 효력이 없다고 할 것이다"고 하였다(대판 2004. 2. 13, 2003다43490).

다. 채권양도가 있기 전에 미리 하는 사전 통지가 허용되는지 여부

민법 제450조 제1항 소정의 채권양도의 통지는 양도인이 채무자에 대하여 당해 채권을 양수인에게 양도하였다는 사실을 통지하는 이른바 관념의 통지로서, 채권양도가 있기 전에 미리 하는 사전 통지는 채무자로 하여금 양도의 시기를 확정할 수 없는 불안한 상태에 있게 하는 결과가 되어 원칙적으로 허용될 수 없다(대판 2000. 4. 11, 2000다2627).

(2) 채무자의 승낙

승낙은 채권양도의 사실에 대한 인식을 표명하는 채무자의 행위이다. 법적 성질은 관념의 통지이다. 승낙의 상대방에 대해서는 민법에 규정이 없으나 양도인 또는 양수인 어느 쪽에 대해 하더라도 무방하다(대판 1986. 2. 25, 85다카1529). 또한 승낙에는 통지와는 달리 조건을 붙일 수 있다(이의를 유보한 승낙).

항변권을 유보한 승낙은 통지와 마찬가지의 효력밖에 없으나, 이의를 유보하지 아니하고 승낙한 경우에는 그 채권양도에 일종의 공신력이 인정되고 그 유통성이 보호된다. 따라서 채무자는 양도인에 대한 항변권 등을 일체 주장할 수 없게 되고, 제3자도 또한 항변할 수 없게 된다. 또한 통지와는 달리 사전승낙도 가능하고(채무자가 스스로 자신의 이익을 포기하는 것

이므로 무효로 할 이유가 없음) 채무자에 대한 통지나 승낙이 있었음은 양
수인이 이를 입증하여야 한다(대판 1990. 11. 27. 90다카27562).

3. 제3자에 대한 대항요건

지명채권의 양도는 양도인이 채무자에게 통지하거나 채무자가 승낙하지 아
니하면 제3자에게 대항하지 못한다(제450조 1항). 이러한 통지나 승낙은 확정
일자있는 증서에 의하지 아니하면 채무자 이외의 제3자에게 대항하지 못한다
(제450조 2항).

(1) 제3자의 범위

이 경우의 제3자라 함은 그 채권에 관하여 양수인의 지위와 양립할 수
없는 법률상의 지위를 취득한 자를 말하고, 채권을 이중으로 양수한 자 외
에 그 채권을 압류한 자가 대표적인 예이다(동지 ; 곽윤직, 최식, 김현태,
현승종, 김ㆍ안).

이에 반하여 그 채권양수인으로 하여 간접적으로 영향을 받은 자, 예컨대
양수인이 양수한 채권을 가지고 채무자에 대한 자기의 채무와 상계한 경우
의 수동채권의 양수인과 그것을 압류한 채권자는 제3자에 해당하지 않는
다. 그리고, 채권양도의 제3자에 대한 대항요건은 거래의 안전과 보호를 위
한 강행규정이므로, 이것과 다른 특약을 하더라도 효력이 없다고 해석하고
있다(동지 ; 곽윤직).

(2) 확정일자 있는 증서에 의한 통지ㆍ승낙

채권의 양도를 제3자에게 대항하기 위하여는 통지행위 또는 승낙행위 자
체를 확정일자 있는 증서로 하여야 하는 것인데 여기서 확정일자란 증서에
대하여 그 작성한 일자에 관한 완전한 증거가 될 수 있는 것으로 법률상
인정되는 일자를 말하며 당사자가 나중에 변경하는 것이 불가능한 확정된
일자를 가리킨다(대판 2000. 4. 11, 2000다2627).

공증인 또는 법원서기의 확정일자인이 있는 사문서상의 그 일자. 공정증
서에 기입한 일자, 공무소에서 사문서에 어느 사항을 증명하고 기입한 일
자가 이에 해당한다.

【쟁점사항】

<확정일자 있는 증서에 의한 통지에 해당하는지 여부가 문제되는 경우>

ㄱ) **채권양도통지를 배달증명의 방법으로 한 경우**

이에 대해서 판례는 그 배달증명은 확정일자 있는 증서에 의한 통지에 해당하지 않는다고 하였다. 즉 "특별배달증명은 배달사실만을 증명하기 위하여 집배원이 증명서에 그 배달사항을 기재하고 서명날인한 것에 불과하므로 확정일자 있는 증서가 아니다"고 하였다(대판 1988. 4. 12, 87다카2429).

ㄴ) **채권자가 채권양도통지서에 공증인가 합동법률사무소의 확정일자 인증을 받은 후 그 자리에서 채무자에게 교부한 경우**

이에 대해서 판례는 하나의 행위로 확정일자 인증과 채권양도의 통지가 이루어진 것으로 보아, 확정일자 있는 증서에 의한 채권양도의 통지가 이루어진 것으로 보았다(대판 1986. 12. 9, 86다카858).

ㄷ) **내용증명우편에 의한 채권양도통지의 경우**

이에 대하여 판례는 내용증명우편의 경우에는 배달증명우편이나 특별증명우편의 경우와는 달리 확정일자 있는 증서라고 보았다(대판 2002. 4. 9. 2001다80815).

ㄹ) **확정판결에 의한 경우**

확정일자에 의하지 아니한 채권양도가 있은 후 채권양수인이 채무자를 상대로 제기한 양수금 청구소송에서 승소의 확정판결을 받으면, 이로써 채권의 양도인, 양수인 및 채무자가 통모하여 통지일 또는 승낙일을 소급하여 제3자의 권리를 침해하는 것이 불가능하게 되므로, 이 경우 그 확정일자가 기재된 판결서, 즉 확정판결은 민법 제450조 제2항, 부칙(1958. 2. 22. 법률 제471호) 제3조 제4항의 확정일자 있는 증서에 해당한다(대판 1999. 3. 26. 97다30622).

(3) '대항하지 못한다'의 의미

대항하지 못한다는 것은 채권이 존재하고 그 채권 위에 양립할 수 없는 권리가 존재하는 경우를 전제로 하는 것이다. 따라서 채무자가 이미 양수인에게 변제한 후에는 , 제2양수인의 확정일자 있는 증서에 의한 통지를 이유로 그 변제를 청구하더라도 대항력의 문제는 발생할 여지가 없고, 이미 한 변제는 그대로 유효하다.

(4) 관련문제

먼저 확정일자 있는 증서에 의한 통지·승낙은 채무자에게도 효력을 미치는가? 예컨대 채권을 이중으로 양도하고 제1의 양도에 관해서는 채무자에 대하여 단순한 통지를, 제2의 양도에 대해서는 확정일자 있는 통지를 한 때에는 채무자는 제2의 양도를 부인할 수 있는가 하는 문제가 있다.

판례는 「채권양도를 채무자가 승낙하였다 할지라도 그 승낙이 확정일자 있는 증서에 의한 것이 아닌 이상 그 후에 제2의 채권양도에 관하여 확정일자 있는 증서에 의한 통지가 있었다면 위 제2의 채권양도는 확정일자 있는 증서에 의하지 아니한 채무자의 승낙이 있는 위 제1의 채권양도에 우선하여 그 효력을 가지게 된다고 할 것이다」(대판 1972. 1. 31, 71다2697)고 판시하고 있다. 이와 같이 해석하지 않으면 확정일자 있는 통지를 우선시킨 의미가 없게 되어 버리고 말기 때문이다.

그리고 채무자가 이미 제1의 양수인에게 지급한 후에 제2의 양도에 관하여 확정일자 있는 통지를 한 경우에는 어떻게 되는가 하는 문제이다. 이와 같이 채권이 소멸한 후에 행한 제2의 양도행위는 무효이므로 대항의 문제는 생기지 않는다고 해석된다. 판례도 "민법 제450조 제2항 소정의 지명채권양도의 제3자에 대한 대항요건은 양도된 채권이 존속하는 동안에 그 채권에 관하여 양수인의 지위와 양립할 수 없는 법률상의 지위를 취득한 제3자가 있는 경우에 적용되는 것이므로, 양도된 채권이 이미 변제 등으로 소멸한 경우에는 그 후에 그 채권에 관한 채권압류 및 추심명령이 송달되더라도 그 채권압류 및 추심명령은 존재하지 아니하는 채권에 대한 것으로서 무효이고, 위와 같은 대항요건의 문제는 발생될 여지가 없다(대판 2003. 10. 24. 2003다37426)"고 판시한 바 있다.

그러나 이와 같이 해석하면 당사자가 서로 통정하여 변제 등이 있었던 것 같이 꾸민 경우에는 확정일자 있는 증서에 의한 양수인의 지위가 불안하게 되지만 그것은 채권의 성질 및 공시방법의 불완전에 기인한 것으로서 부득이하다.

<참고사항>

* 민법 제450조 1항과 2항의 관계

1. 문제의 소재

 민법 제450조 1항의 '채무자 기타 제3자'와 2항의 '채무자 이외의 제3자'의 관계가 어떠한지가 문제됨.

2. 해석론

 (1) 제450조 1항의 경우

 1) 채무자 - 이중변제의 위험으로부터 보호

 2) 제3자 - 제3자에 대한 관계에서 공시. 제3자들 사이의 우열기준(원칙규정).

 (2) 제450조 2항의 경우

 1) 원칙규정인 1항의 제3자에 대한 대항요건상 공시력 확보를 위한 또 하나의 부수적인 추가요건에 불과

 2) 즉 채권을 이중으로 양수하거나 또는 압류한 자들 사이에서 그 우열을 결정하는 표준으로 추가적인 요건으로서의 확정일자부 증서에 의한 통지나 승낙을 요구.

3. 실 익

 제3자들 사이의 우열에 있어서 제1항(원칙규정)의 채무자의 인식여하, 인식의 선후가 중요. 제2항은 추가요건으로서 확정일자의 선후 자체가 중요한 것이 아니라, 확정일자부 증서로 통지를 했다는 사실만 의미가 있음(도달시설을 취하는 판례의 취지)

* 확정일자부 통지가 동시에 도달한 경우의 법률관계

1. 문제점

 채권양도인의 가압류채권자의 가압류결정정본의 송달과 채권양수인의 확정일자부 통지가 충돌하는 경우, 채권의 이중양수인간의 통지가 충돌하는 경우 등에 있어서 우열관계의 판단 및 법률관계가 문제됨.

2. 이중양수인간의 우열관계의 판단기준

 (1) 확정일자 기준설

 제450조 2항의 취지는 양도인, 채무자, 제2양수인 등이 통모하여 채권양도의 통지일자를 소급하여 양수인의 권리를 해하는 것을 방지하고자 하는 것이므로 대항력의 우열은 확정일자의 선후에 의해야 한다는 견해.

(2) 도달시설(판례)

제450조의 대항요건제도는 단순히 채무자의 이중변제를 막기 위한 것뿐만 아니라 지명채권 변동의 공시방법으로서 기능이 있기 때문에 확정일자 있는 양도통지가 여러개인 경우 그 우열기준은 확정일자 있는 통지가 채무자에게 도달한 시점의 선후에 의하여야 한다는 견해. 즉 채무자의 인식의 선후가 기준. 확정일자 기준설에 의하면 통지서의 확정일자를 취득하고 상당한 기간을 경과한 후 발송한 때에는 거래안전을 해하게 됨.

3. 확정일자 있는 통지가 동시에 도달한 경우 양수인들간의 전액청구 가부

(1) 청구부정설

양수인들이 상호 대항할 수 없으므로 양수채권 청구를 할 수 없고 채무자도 거절 가능.

(2) 분할청구설

양수한 액수에 따라 분할채권관계에 있다는 견해.

(3) 전액청구설(판례)

각 양수인이 채무자에 대하여 전액을 청구할 수 있고 채무자는 이를 거절할 수 없으며 일방에게 전액 변제한 경우 완전히 면책된다는 견해. 이에 따르면 양수인간의 법률관계는 연대채권 또는 부진정연대채권관계로 판단된다. 판례는 종래 청구부정설을 취하였으나 전원합의체로 견해를 변경함 (대판 1994. 4. 26. 93다24223).

4. 양수인들간의 내부관계

전액 변제 받은 1인의 양수인은 양수가액에 따른 비율로 안분하여 정산할 의무가 있다는 것이 판례의 태도.

5. 전원합의체 판결 정리(대판 1994. 4. 26. 93다24223)

(1) 이중양수인간의 우열은 도달의 선후(채무자의 인식)가 기준이고 도달 선후를 입증하지 못하면 동시도달로 추정.

(2) 우열을 가릴 수 없는 동시도달의 경우, 각각 채권전액 청구가능하고 채무자는 일방에게 전액을 지급하여 완전히 면책됨.

(3) 채무자는 채권자를 알 수 없다는 이유로 변제공탁을 함으로써 채무를 면할 수도 있음.

(4) 양수인들 중 1인이 전액을 변제받은 경우 양수가액의 비율로 다른 양수인에게 안분하여 정산할 의무가 있음.

▣ 핵심판례 ▣

■ [지명채권양도의 대항요건]

1. 무현명의 양수인에 의한 채권양도통지가 민법 제115조 단서의 규정에 의하여 유효한 통지로 될 수 있는지 여부(적극)

가. 대리에 있어 본인을 위한 것임을 표시하는 이른바 현명은 반드시 명시적으로만 할 필요는 없고 묵시적으로도 할 수 있는 것이고, 채권양도통지를 함에 있어 현명을 하지 아니한 경우라도 채권양도통지를 둘러싼 여러 사정에 비추어 양수인이 대리인으로서 통지한 것임을 상대방이 알았거나 알 수 있었을 때에는 민법 제115조 단서의 규정에 의하여 유효하다.

나. 채권양도통지서 자체에 양수받은 채권의 내용이 기재되어 있고, 채권양도양수 계약서가 위 통지서에 첨부되어 있으며, 채무자로서는 양수인에게 채권양도통지 권한이 위임되었는지 여부를 용이하게 알 수 있었다는 사정 등을 종합하여 무현명에 의한 채권양도통지를 민법 제115조 단서에 의해 유효하다(대판 2004. 2. 13, 2003다43490)

2. 채권양수인이 채무자에 대하여 제기한, 채권양도인으로부터 양도통지를 받은 다음 채무를 이행하라는 장래이행의 소의 적부(소극)

채권을 양수하기는 하였으나 아직 양도인에 의한 통지 또는 채무자의 승낙이라는 대항요건을 갖추지 못하였다면 채권양수인은 현재는 채무자와 사이에 아무런 법률관계가 없어 채무자에 대하여 아무런 권리주장을 할 수 없기 때문에 채무자에 대하여 채권양도인으로부터 양도통지를 받은 다음 채무를 이행하라는 청구는 장래이행의 소로서의 요건을 갖추지 못하여 부적법하다(1992. 8. 18. 제2부 판결, 90다9452 예탁금반환, 9469(참가) 채권확인등).

3. 채무자가 채권양수인에게 보낸 "시공자가 위임한 것은 인정하나… 시공자와 타협하여 공사가 하자 없이 완공될 경우 시공자의 입회하에 공사대금을 지불하겠으며… 본인으로서는 시공자와의 계약대로 처리할 것이며 귀하의 통고내용에 책임이 없는 것으로 인정합니다"라는 답변서가 공사비채권의 양도에 대한 채무자의 승낙이라고 보기 어렵다 한 사례

채무자가 채권양수인에게 보낸 "시공자가 위임한 것은 인정하나 … 시공자와 타협하여 공사가 하자 없이 완공될 경우 시공자의 입회하에 공사대금을 지불하겠으며 … 본인으로서는 시공자와의 계약대로 처리할 것이며 귀하의 통고내용에 책임이 없는 것으로 인정합니다"라는 답변서가 공사비채권의 양도에 대한 채무자의 승낙이라고 보기 어렵다(1993. 4. 27. 제2부 판결, 92다43784 공사대금).

4. **가. 채권양수인과 동일 채권에 대하여 가압류명령을 집행한 자 사이의 우열결정기준**

채권이 이중으로 양도된 경우의 양수인 상호간의 우열은 통지 또는 승낙에 붙여진 확정일자의 선후에 의하여 결정할 것이 아니라, 채권양도에 대한 채무자의 인식, 즉 확정일자 있는 양도통지가 채무자에게 도달한 일시 또는 확정일자 있는 승낙의 일시의 선후에 의하여 결정하여야 할 것이고, 이러한 법리는 채권양수인과 동일 채권에 대하여 가압류명령을 집행한 자 사이의 우열을 결정하는 경우에 있어서도 마찬가지이므로, 확정일자 있는 채권양도 통지와 가압류결정 정본의 제3채무자(채권양도의 경우는 채무자)에 대한 도달의 선후에 의하여 그 우열을 결정하여야 한다.

나. 채권양도 통지와 가압류결정 정본이 채무자에게 동시에 도달된 경우 채권양수인 또는 가압류채권자의 이행청구 가부 및 양자 사이의 정산의무 유무

채권양도 통지, 가압류 또는 압류명령 등이 제3채무자에 동시에 송달되어 그들 상호간에 우열이 없는 경우에도 그 채권양수인, 가압류 또는 압류채권자는 모두 제3채무자에 대하여 완전한 대항력을 갖추었다고 할 것이므로, 그 전액에 대하여 채권양수금, 압류전부금 또는 추심금의 이행청구를 하고 적법하게 이를 변제받을 수 있고, 제3채무자로서는 이들 중 누구에게라도 그 채무 전액을 변제하면 다른 채권자에 대한 관계에서도 유효하게 면책되는 것이며, 만약 양수채권액과 가압류 또는 압류된 채권액의 합계액이 제3채무자에 대한 채권액을 초과할 때에는 그들 상호간에는 법률상의 지위가 대등하므로 공평의 원칙상 각 채권액에 안분하여 이를 내부적으로 다시 정산할 의무가 있다.

다. 채권양도 통지와 가압류결정 정본을 동시에 송달받은 채무자의 변제공탁 가부

채권양도의 통지와 가압류 또는 압류명령이 제3채무자에게 동시에 송달되었다고 인정되어 채무자가 채권양수인 및 추심명령이나 전부명령을 얻은 가압류 또는 압류채권자 중 한 사람이 제기한 급부소송에서 전액 패소한 이후에도 다른 채권자가 그 송달의 선후에 관하여 다시 문제를 제기하는 경우 기판력의 이론상 제3채무자는 이중지급의 위험이 있을 수 있으므로, 동시에 송달된 경우에도 제3채무자는 송달의 선후가 불명한 경우에 준하여 채권자를 알 수 없다는 이유로 변제공탁을 함으로써 법률관계의 불안으로부터 벗어날 수 있다.

라. 채권양도 통지와 가압류결정 정본이 같은 날 도달된 경우 동시 도달 추정 여부

채권양도 통지와 채권가압류결정 정본이 같은 날 도달되었는데 그 선후관계에 대하여 달리 입증이 없으면 동시에 도달된 것으로 추정한다(1994. 4. 26.

전원합의체판결, 93다24223 양수금).

<판례전문(대법원 1994. 4. 26. 전원합의체판결, 93다24223 양수금)>

[원고, 상고인] 문건주

[피고, 피상고인] 태진산업 주식회사

[피고보조참가인] 주식회사 국제상사 소송대리인 변호사 임동진 외 2인

[원심판결] 부산지방법원 1993. 4. 16. 선고 92나16741 판결

[주 문] 원심판결을 파기하고, 제1심판결 중 아래에서 지급을 명하는 금액에 해당하는 원고 패소부분을 취소한다.

피고는 원고에게 금6,290,000원 및 이에 대한 1992. 9. 27.부터 1994. 4. 26.까지는 연 5푼의, 그 다음날부터 완제일까지는 연 2할5푼의 각 비율에 의한 금원을 지급하라.

원고의 나머지 항소를 기각한다.

소송총비용 중 보조참가로 인한 부분은 피고보조참가인의 부담으로 하고 그 나머지 부분은 피고의 부담으로 한다.

[이 유] 상고이유를 본다(상고이유보충서는 상고이유서 제출기간이 경과한 후에 제출되었으므로 상고이유를 보충하는 한도 내에서 판단한다).

1. 원심판결 이유에 의하면, 원심은, 소외 주식회사 아진무역(이하 소외 회사라고 한다)은 1992. 8. 2. 피고에 대한 금 7,779,750원의 물품대금채권을 원고에게 양도하고 같은 달 3. 확정일자 있는 내용증명우편으로 위 양도사실을 통지하여 그 통지가 같은 달 4. 피고에게 도달된 사실이 인정되므로 특별한 사정이 없는 한 피고는 채권양수인인 원고에게 위 금 7,779,750원을 지급할 의무가 있다고 한 다음, 한편 소외 회사의 피고에 대한 위 채권 중 금 6,290,000원에 대하여 채권자 피고 보조참가인(주식회사 국제상사), 채무자 소외 회사, 제3채무자 피고로 된 부산지방법원 1992. 8. 3.자 92카합489호 채권가압류결정의 결정정본이 같은 달 4. 피고에게 송달된 사실을 인정하면서, 피고로서는 원고가 채권양수인으로서 지급을 구하는 위 물품대금 7,779,750원 중 위 가압류채권액인 금 6,290,000원에 대하여는 피고가 위 가압류결정의 통지를 위 채권양도통지와 동시에 받았음을 이유로 원고에게 대항할 수 있으므로, 피고는 원고에게 위 채권양수금 7,779,750원에서 위 가압류채권액 금 6,290,000원을 공제한 나머지 금 1,489,750원 및 그 지연손해금만을 지급할 의무가 있다고 판단하였다.

2. 채권이 이중으로 양도된 경우의 양수인 상호간의 우열은 통지 또는 승낙에 붙여진 확정일자의 선후에 의하여 결정할 것이 아니라, 채권양도에 대한 채무자의 인식, 즉 확정일자 있는 양도통지가 채무자에게 도달한 일시 또는 확정일자 있는 승낙의 일시의 선후에 의하여 결정하여야 할 것이고, 이러한 법리는 채권양

수인과 동일 채권에 대하여 가압류명령을 집행한 자 사이의 우열을 결정하는 경우에 있어서도 마찬가지라 할 것이므로, 확정일자 있는 채권양도통지와 가압류결정 정본의 제3채무자(채권양도의 경우는 채무자, 이하 같다)에 대한 도달의 선후에 의하여 그 우열을 결정하여야 할 것이다.

그러므로, 이 사건에서 채권양수인인 원고와 가압류채권자인 참가인 사이의 채권양도의 대항력에 관한 우열을 확정일자 있는 채권양도통지와 가압류결정 정본의 제3채무자인 피고에 대한 각 도달시를 기준으로 판단한 원심의 조치는 정당하고, 거기에 채권양도의 대항요건에 대한 우열 판단의 기준에 관한 법리를 오해한 위법이 있다고 할 수 없으므로, 이를 비난하는 논지는 이유 없다.

3. 채권양도통지, 가압류 또는 압류명령 등이 제3채무자에 동시에 송달되어 그들 상호간에 우열이 없는 경우에도 그 채권양수인, 가압류 또는 압류채권자는 모두 제3채무자에 대하여 완전한 대항력을 갖추었다고 할 것이므로, 그 전액에 대하여 채권양수금, 압류전부금 또는 추심금의 이행청구를 하고 적법하게 이를 변제받을 수 있고, 제3채무자로서는 이들 중 누구에게라도 그 채무 전액을 변제하면 다른 채권자에 대한 관계에서도 유효하게 면책되는 것이며, 만약 양수채권액과 가압류 또는 압류된 채권액의 합계액이 제3채무자에 대한 채권액을 초과할 때에는 그들 상호간에는 법률상의 지위가 대등하므로 공평의 원칙상 각 채권액에 안분하여 이를 내부적으로 다시 정산할 의무가 있다고 할 것이다.

다만 채권양도의 통지와 가압류 또는 압류명령이 제3채무자에게 동시에 송달되었다고 인정되어 채무자가 채권양수인 및 추심명령이나 전부명령을 얻은 가압류 또는 압류채권자 중 한 사람이 제기한 급부소송에서 전액패소한 이후에도 다른 채권자가 그 송달의 선후에 관하여 다시 문제를 제기하는 경우 기판력의 이론상 제3채무자는 이중지급의 위험이 있을 수 있으므로, 동시에 송달된 경우에도 제3채무자는 송달의 선후가 불명한 경우에 준하여 채권자를 알 수 없다는 이유로 변제공탁을 함으로써 법률관계의 불안으로부터 벗어날 수 있다고 보아야 할 것이다.

당원의 판례 중 위에서 설시한 법리와는 달리 채권양도통지와 채권가압류결정 정본이 동시에 제3채무자에게 도달된 경우에 양수인의 양수금청구에 대하여 채무자가 채권양도통지와 채권가압류결정 정본을 동시에 송달받은 사실로서 대항할 수 있다는 취지의 판례(당원 1987. 8. 18. 선고 87다카553 판결)는 이를 폐기하기로 한다.

이 사건에서 원고를 양수인으로 하는 채권양도 통지와 참가인이 채권자로 된 채권가압류결정 정본이 피고에게 같은 날 도달되었는바, 그 선후관계에 대하여 달리 입증이 없으므로 원심 판시와 같이 동시에 도달된 것으로 추정할 것이다.

따라서 양수인인 원고는 가압류채권자인 참가인과 동시에 채권양도의 대항요건을 갖추었으므로 원고는 채무자인 피고에 대하여 양수채권인 물품대금 7,779,750원 전액의 지급을 청구할 수 있고, 채무자인 피고는 원고와 동시에 대항력을 갖춘 가압류채권자가 있음을 들어 원고에게 대항할 수 없다고 할 것이다.

결국 이 사건에서 피고는 원고에게 양수채권액 전부인 금7,779,750원 및 이대한 지연손해금을서 가압류채권액 금6,290,000원을 공제한 금1,489,750원 및 이에 대한 지연손해금 지급의무가 있다고 본 제1심판결을 유지하여 원고의 항소를 기각한 것은, 채권양도 통지와 채권가압류결정 정본이 동시에 제3채무자에게 도달된 경우의 법률관계에 관한 법리를 오해하여 결론에 영향을 미친 위법을 저지 른 것이라고이다.

4. 그러므로, 원심판결을 파기하고, 이 사건을 원심의 확정사실에 의하여 재판하기에 충분하므로 당원이 자판하기로 하는바, 제1심판결 중 위 금6,290,000원 및 이에 대하여 원고가 구하는 이 사건 소장부본 송달 다음날임이 기록상 명백한 1992. 9. 27.부터 위 이행의무의 존부와 범위에 관하여 항쟁함이 상당한 이 사건 당심 판결선고일인 1994. 4. 26.까지는 민법 소정의 연 5푼의, 그 다음날부터 완제일까지는 소송촉진등에 관한 특례법 소정의 연 2할5푼의 각 비율에 의한 지연손해금에 해당하는 원고 패소부분을 취소하여 피고에게 위 금원의 지급을 명하고, 원고의 나머지 항소는 이유없어 이를 기각하며, 소송비용의 부담에 관하여는 민사소송법 제89조, 제92조 단서, 제94조, 제96조를 적용하기로 하여 관여 법관 전원의 일치된 의견으로 주문과 같이 판결한다.

대법원 장윤관(재판장) 김상원 배만운 안우만 김주한 윤영철 김용준 김석수
박만호 천경송 정귀호 안용득 박준서(주심)

5. 지명채권의 양도통지가 확정일자 없는 증서에 의하여 이루어져 제3자에 대한 대항력을 갖추지 못했으나 그 후 확정일자를 얻은 경우 대항력을 갖는지 여부

지명채권의 양도통지가 확정일자 없는 증서에 의하여 이루어짐으로써 제3자에 대한 대항력을 갖추지 못하였으나 그 후 그 증서에 확정일자를 얻은 경우에는 그 일자이후에는 제3자에 대한 대항력을 취득한다(대판 1988. 4. 12, 87다카2429).

6. 가. 채권양도가 있기 전에 미리 하는 사전 통지의 허용 여부(소극)

민법 제450조 제1항 소정의 채권양도의 통지는 양도인이 채무자에 대하여 당해 채권을 양수인에게 양도하였다는 사실을 통지하는 이른바 관념의 통지로서, 채권양도가 있기 전에 미리 하는 사전 통지는 채무자로 하여금 양도의 시기를 확정할 수 없는 불안한 상태에 있게 하는 결과가 되어 원칙적으로 허용될 수 없다.

나. 민법 제450조 제2항 소정의 '확정일자'의 의미

채권의 양도를 제3자에게 대항하기 위하여는 통지행위 또는 승낙행위 자체를 확정일자 있는 증서로 하여야 하는 것인데 여기서 확정일자란 증서에 대하여

그 작성한 일자에 관한 완전한 증거가 될 수 있는 것으로 법률상 인정되는 일자를 말하며 당사자가 나중에 변경하는 것이 불가능한 확정된 일자를 가리 킨다(대법원 2000. 4. 11. 선고 2000다2627 판결).

7. 채권의 귀속(채권이 이미 타인에게 양도되었다는 사실)이 민법 제451조 제1항 전단의 "양도인에게 대항할 수 있는 사유"에 해당하는지 여부

민법은 채권의 귀속에 관한 우열을 오로지 확정일자 있는 증서에 의한 통지 또는 승낙의 유무와 그 선후로써만 결정하도록 규정하고 있는 데다가, 채무자의 "이의 를 보류하지 아니한 승낙"은 민법 제451조 제1항 전단의 규정 자체로 보더라도 그의 양도인에 대한 항변을 상실시키는 효과밖에 없고, 채권에 관하여 권리를 주 장하는 자가 여럿인 경우 그들 사이의 우열은 채무자에게도 효력이 미치므로, 위 규정의 "양도인에게 대항할 수 있는 사유"란 채권의 성립, 존속, 행사를 저지·배 척하는 사유를 가리킬 뿐이고, 채권의 귀속(채권이 이미 타인에게 양도되었다는 사실)은 이에 포함되지 아니한다(대법원 1994. 4. 29. 선고 93다35551 판결).

8. 가. 채권양도나 채권에 대한 질권설정에 있어서 채무자가 이의를 보류하 지 않은 승낙을 한 경우, 양수인 또는 질권자에게 대항할 수 없는 항 변사유의 범위

민법 제349조 제1항은 지명채권을 목적으로 한 질권의 설정은 설정자가 제 450조의 규정(지명채권양도의 대항요건)에 의하여 제3채무자에게 질권설정의 사실을 통지하거나 제3채무자가 이를 승낙함이 아니면 이로써 제3채무자 기 타 제3자에게 대항하지 못한다고 하고, 제2항은 제451조의 규정은 전항에 준 용한다고 하고 있으며, 제451조 제1항은 채무자가 이의를 보류하지 아니하고 승낙을 한 때에는 양도인에게 대항할 수 있는 사유로서 양수인에게 대항하 지 못한다고 하고 있으므로, 채권양도나 채권에 대한 질권설정에 있어서 채 무자가 이의를 보류하지 않은 승낙을 한 경우, 채무자는 질권설정자에게 대 항할 수 있는 사유로서 질권자에게 대항할 수 없고, 이 경우 대항할 수 없는 사유는 협의의 항변권에 한하지 아니하고, 넓게 채권의 성립, 존속, 행사를 저지하거나 배척하는 사유를 포함한다.

나. 채권의 양도에 이의를 보류하지 않은 승낙에 대하여 항변사유를 제한 하고 있는 민법 제451조 제1항의 규정 취지 및 채권의 양도나 질권의 설정에 대하여 이의를 보류하지 않고 승낙하였더라도 양수인 또는 질 권자가 악의 또는 중과실인 경우 양수인 또는 질권자에게 대항할 수 있는지 여부(적극)

민법 제451조 제1항이 이의를 보류하지 않은 승낙에 대하여 항변사유를 제한 한 취지는 이의를 보류하지 않은 승낙이 이루어진 경우 양수인은 양수한 채 권에 아무런 항변권도 부착되지 아니한 것으로 신뢰하는 것이 보통이므로 채 무자의 '승낙'이라는 사실에 공신력을 주어 양수인의 신뢰를 보호하고 채권

양도나 질권설정과 같은 거래의 안전을 꾀하기 위한 규정이라 할 것이므로, 채권의 양도나 질권의 설정에 대하여 이의를 보류하지 아니하고 승낙을 하였더라도 양수인 또는 질권자가 악의 또는 중과실의 경우에 해당하는 한 채무자의 승낙 당시까지 양도인 또는 질권설정자에 대하여 생긴 사유로써도 양수인 또는 질권자에게 대항할 수 있다.

다. 보험자가 보험금청구권 양도 또는 질권설정을 승낙하면서 면책사유에 대한 이의를 보류하지 않은 경우, 양수인 또는 질권자에게 보험계약상의 면책사유를 주장할 수 있는지 여부(한정 적극)

보험금청구권은 보험자의 면책사유 없는 보험사고에 의하여 피보험자에게 손해가 발생한 경우에 비로소 권리로서 구체화되는 정지조건부권리이고, 그 조건부권리도 보험사고가 면책사유에 해당하는 경우에는 그에 의하여 조건불성취로 확정되어 소멸하는 것이라 할 것이므로, 위와 같은 보험금청구권의 양도 또는 질권설정에 대한 채무자의 승낙은 별도로 면책사유가 있으면 보험금을 지급하지 않겠다는 취지를 명시하지 않아도 당연히 그것을 전제로 하고 있다고 보아야 하고, 그 양수인 또는 질권자도 그러한 사실을 알고 있었다고 보아야 할 것이며, 더구나 보험사고 발생 전의 보험금청구권 양도 또는 질권설정을 승낙함에 있어서 보험자가 위 항변사유가 상당한 정도로 발생할 가능성이 있음을 인식하였다는 등의 사정이 없는 한 존재하지도 아니하는 면책사유 항변을 보류하고 이의하여야 한다고 할 수는 없으므로, 보험자가 비록 위 보험금청구권 양도 승낙시나 질권설정 승낙시에 면책사유에 대한 이의를 보류하지 않았다 하더라도 보험계약상의 면책사유를 양수인 또는 질권자에게 주장할 수 있다.

라. 보험자가 이의를 보류하지 아니하고 보험금청구권 양도 또는 질권설정을 승낙한 경우, 보험료 미납을 이유로 한 해지 항변으로써 양수인 또는 질권자에 대하여 대항할 수 있는지 여부(소극)

다른 면책사유의 경우에는 보험자가 채권양도 또는 질권설정 승낙시에 면책사유 발생 가능성을 인식할 수 있었다고 단언할 수 없는 것이지만, 보험료 미납이라는 사유는 승낙시에 이미 발생할 수 있는 가능성이 있다는 점을 보험자가 누구보다도 잘 알고 있었다고 보아야 할 것이어서, 보험료 미납이라는 면책사유는 당연히 승낙시에 보험자가 이의를 보류할 수 있는 것이라 할 것이고, 그러함에도 보험자가 이의를 보류하지 아니한 경우에까지 면책사유의 일종이라는 이유만으로 양수인 또는 질권자에게 대항할 수 있다고 하는 것은 양수인 또는 질권자의 신뢰보호라는 원칙을 무시하는 결과가 된다 할 것이므로, 보험료 미납을 이유로 한 해지 항변은 보험자가 이의를 보류하지 아니하고 양도 또는 질권설정을 승낙한 경우에는 양수인 또는 질권자에 대하여 대항할 수 없다.

마. **보험자가 이의를 보류하지 아니하고 보험료환급청구권에 대한 질권설정을 승낙한 경우, 보험료 미납으로 인하여 보험료환급금 지급이 거절될 수도 있다는 예상을 하지 못한 질권자에게 중과실을 인정할 수 있는지 여부(소극)**

보험계약상 보험료가 현실로 납입된 이상은 중도해지의 경우든 만기 도달의 경우든 어떠한 경우에도 보험료환급금이 발생하게 되어 있는 경우에 있어서는, 보험료 미납이 있으면 당연히 보험료환급청구권이 발생할 여지가 없다고 보아야 할 것이지, 보험금청구권의 경우와 같이 보험료환급책임이 면제되는 것이 아니라 할 것이므로, 그 양도 또는 질권설정 승낙시 이의를 보류하지 않았다면 보험료가 현실적으로 납입된 것으로 추정하는 것이 일반적이지, 보험료 미납시에는 보험료환급금을 지급하지 않겠다는 취지를 당연히 전제로 하고 있다고 볼 수도 없다 할 것이어서, 그러한 이의를 보류하지 아니하고 질권설정을 승낙한 이상 당연히 질권자에 대하여 대항할 수 없다고 보아야 할 것이며, 또 그러한 경우에 그 환급청구권에 대하여 질권을 취득하는 질권자로서는 보험료 미납 사실을 알지 못하는 한 당연히 환급청구권에 대하여 어떠한 항변권도 없다고 믿을 수밖에는 없다 할 것이므로, 보험료 미납으로 인하여 보험료환급금 지급이 거절될 수도 있다는 예상을 하지 못한 것에 중과실이 있다고 볼 수도 없다(대법원 2002. 3. 29. 선고 2000다13887 판결).

9. 채권양도통지 후 양도계약이 해제된 경우 양도인이 채무자에게 대항하기 위한 요건

지명채권의 양도통지를 한 후 그 양도계약이 해제된 경우에, 양도인이 그 해제를 이유로 다시 원래의 채무자에 대하여 양도채권으로 대항하려면 양수인이 채무자에게 위와 같은 해제사실을 통지하여야 한다(대법원 1993. 8. 27. 선고 93다17379 판결).

10. 가. 저당권의 피담보채권과 함께 저당권을 양수하였으나 채권양도의 대항요건을 갖추지 못한 양수인의 저당권실행의 가부 및 배당 여부

피담보채권을 저당권과 함께 양수한 자는 저당권이전의 부기등기를 마치고 저당권실행의 요건을 갖추고 있는 한 채권양도의 대항요건을 갖추고 있지 아니하더라도 경매신청을 할 수 있으며, 채무자는 경매절차의 이해관계인으로서 채권양도의 대항요건을 갖추지 못하였다는 사유를 들어 경매개시결정에 대한 이의나 즉시항고절차에서 다툴 수 있고, 이 경우는 신청채권자가 대항요건을 갖추었다는 사실을 증명하여야 할 것이나, 이러한 절차를 통하여 채권 및 근저당권의 양수인의 신청에 의하여 개시된 경매절차가 실효되지 아니한 이상 그 경매절차는 적법한 것이고, 또한 그 경매신청인은 양수채권의 변제를 받을 수도 있다.

나. 선순위의 근저당권부채권을 양수한 채권자가 채권양도의 대항요건을 갖추지 아니한 경우, 후순위의 근저당권자가 채권양도로 대항할 수 없는 제3자에 포함되는지 여부(소극)

채권양도의 대항요건의 흠결의 경우 채권을 주장할 수 없는 채무자 이외의 제3자는 양도된 채권 자체에 관하여 양수인의 지위와 양립할 수 없는 법률상 지위를 취득한 자에 한하므로, 선순위의 근저당권부채권을 양수한 채권자보다 후순위의 근저당권자는 채권양도의 대항요건을 갖추지 아니한 경우 대항할 수 없는 제3자에 포함되지 않는다(대법원 2005. 6. 23. 선고 2004다 29279 판결).

11. 채권의 일부 양도가 이루어진 경우, 채무자의 양도인에 대한 채권을 자동채권으로 하는 상계의 방법 및 효과

채권의 일부 양도가 이루어지면 특별한 사정이 없는 한 각 분할된 부분에 대하여 독립한 분할채권이 성립하므로 그 채권에 대하여 양도인에 대한 반대채권으로 상계하고자 하는 채무자로서는 양도인을 비롯한 각 분할채권자 중 어느 누구도 상계의 상대방으로 지정하여 상계할 수 있고, 그러한 채무자의 상계 의사표시를 수령한 분할채권자는 제3자에 대한 대항요건을 갖춘 양수인이라 하더라도 양도인 또는 다른 양수인에 귀속된 부분에 대하여 먼저 상계되어야 한다거나 각 분할채권액의 채권 총액에 대한 비율에 따라 상계되어야 한다는 이의를 할 수 없다(대법원 2002. 2. 8. 선고 2000다50596 판결).

◆ 통지·승낙의 효력

제 451 조 【통지, 승낙의 효과】

① 채무자가 이의를 보류하지 아니하고 전조의 승낙을 한 때에는 양도인에게 대항할 수 있는 사유로서 양수인에게 대항하지 못한다. 그러나 채무자가 채무를 소멸하게 하기 위하여 양도인에게 급여한 것이 있으면 이를 회수할 수 있고 양도인에 대하여 부담한 채무가 있으면 그 성립되지 아니함을 주장할 수 있다.

② 양도인이 양도 통지만을 한 때에는 채무자는 그 통지를 받은 때까지 양도인에 대하여 생긴 사유로써 양수인에게 대항할 수 있다.

■ § 451. 지명채권양도의 승낙, 통지의 효력

- 통지의 효력 : ① 채권양도에 대항력을 줄뿐
 ② 채무자는 그 통지를 받을 때까지 양도인에 대하여 생긴 사유로써 양수인에게 대항할 수 있다.
- 승낙의 효력 : ① 이의를 보류한 승낙의 효력-통지의 효력과 동일
 ② 이의를 보류하지 않은 승낙의 효력-채무자 이의를 보류하지 않고 승낙한 때에는 양도인에게 대항할 수 있는 사유가 있더라도 그것을 가지고 양수인(선의)에게 대항치 못한다 (공신의 원칙).
- 관련법조 : [특칙] 우편환법

1. 승낙의 효력

지명채권의 양도에 있어서는 채무자가 이의를 유보하지 않은 승낙을 한 때에는 양도인에게 대항할 수 있는 사유가 있더라도, 그것으로써 양수인에게 대항하지 못한다.

이것은 우리 민법의 특유한 제도로서 채무자의 이의를 보류하지 않은 승낙이라는 사실에 공신력을 주어 채권양도의 안전성을 보장한 것이라고 할 수 있다.

본조에 의하여 채무자의 이의를 보류하지 않은 승낙을 신뢰한 선의의 양수인은 채권의 성립·존속·내용의 하자로부터 안전하게 보호된다. 따라서 양수인이 선의인 이상, 비록 그 양수인으로부터 다시 채권을 양수한 전득자가 악의이더라도 채무자는 항변사유를 가지고 그 전득자에게 대항하지 못한다. 또한 양수인이 악의이더라도 전득자가 선의이면, 역시 채무자는 선의전득자에게 대항하지 못한다. 이를테면 채권이 부존재이거나 무효(도박채권과 같이 채권의 발생원인이 반사회질서에 해당하는 경우도 포함)이거나 이미 변제, 경개, 화해, 상계 등에 의하여 채권이 소멸되었다 하더라도 이의를 유보하지 아니하고 승낙한 채무자는 선의·무과실의 양수인에게 변제하여야 하는 것이다. 또한 동시이행의 항변권, 한정승인 등의 항변도 이의를 유보하지 않고 승낙을 한 경우에는 양수인에게 이를 가지고 대항할 수 없게 된다. 이와 같은 하자 치유의 효력은 채무자와 양수인 사이에서만 발생하고 제3자의 권리에는 영향을 주지 않는다.

그러나 제450조 제2항이 채권양도는 채무자 이외의 제3자에게 대항하기 위해서는 확정일자 있는 증서를 필요로 한다고 한 취지로 미루어 보아 채무자는 양수인에 대하여 그 채권이 이미 제3자에게 양도된 것을 주장하는 것은 상관없다고 생각된다. 판례도 또한 "민법은 채권의 귀속에 관한 우열을 오로지 확정일자 있는 증서에 의한 통지 또는 승낙의 유무와 그 선후로써만 결정하도록 규정하고 있는 데다가, 채무자의 "이의를 보류하지 아니한 승낙"은 민법 제451조 제1항 전단의 규정 자체로 보더라도 그의 양도인에 대한 항변을 상실시키는 효과밖에 없고, 채권에 관하여 권리를 주장하는 자가 여럿인 경우 그들 사이의 우열은 채무자에게도 효력이 미치므로, 위 규정의 "양도인에게 대항할 수 있는 사유"란 채권의 성립, 존속, 행사를 저지·배척하는 사유를 가리킬 뿐이고, 채권의 귀속(채권이 이미 타인에게 양도되었다는 사실)은 이에 포함되지 아니한다(대판 1994. 4. 29. 93다35551)"고 판시하여 채권이 이중으로 양도된 경우 양수인 사이의 우열은 확정일자부 통지의 유무를 가지고 판단하는 것이지 채무자가 이의를 유보하지 않은 승낙을 하였다고 하여 이러한 우열에 어떠한 영향을 주는 것은 아니라고 한다.

또 채권이 갑에게서 을에게로, 을에게서 병에게로 순차로 양도되고, 채무자가 갑·을간의 양도에 대하여 이의를 보류하지 아니하고 승낙하였으나 무효

또는 취소된 때에는 어떻게 되는가?

이 경우의 공신력은 채권의 귀속에 관해서는 미치지 않는다고 해석하여야 하므로, 지명채권의 양도에 관해서는 동산의 선의취득에 상당하는 공신의 원칙은 존재하지 않는다고 하겠다. 따라서 이상과 같은 공신력은 채권양도를 완전하게 보장하고 있다고 할 수 없다.

2. 통지의 효력

양도인이 채권양도의 통지를 한 때에는 채무자는 그 통지를 받은 때까지 양도인에 대하여 생긴 사유로써 양수인에게 대항할 수 있다(제451조 2항). 즉 채무부존재, 채무소멸 기타 양도인에 대한 항변권 등을 양수인에게도 대항할 수 있는 것이다. 문제는 채무자가 양도인에게 상계할 수 있는 반대채권이 있었고 아직 상계권을 행사하지 않았는데 채권이 양도된 경우 양수인에게 상계로써 대항할 수 있는지의 여부이다. 이와 관련하여 특히 문제되는 것은 통지 당시 채무자의 반대채권이 성립은 하고 있었으나 아직 이행기가 도래하지 않았던 경우이다. 다수설(곽윤직 등)은 이행기 도래의 선후를 불문하고 그 후 상계적상이 생기면 양수인에게 상계할 수 있다는 태도이다. 이에 대해 소수설(김학동 등)은 반대채권의 이행기가 수동채권의 이행기보다 먼저 도래할 경우이거나 적어도 동시에 도래할 경우인 때에만 양수인에게 상계할 수 있다고 한다. 이와 관련하여 판례는 " 채권양도에 있어서 채무자가 양도인에게 이의를 보류하지 아니하고 승낙을 하였다는 사정이 없거나 또는 이의를 보류하지 아니하고 승낙을 하였더라도 양수인이 악의 또는 중과실의 경우에 해당하는 한, 채무자의 승낙 당시까지 양도인에 대하여 생긴 사유로써 양수인에게 대항할 수 있다고 할 것인데, 승낙 당시 이미 상계를 할 수 있는 원인이 있었던 경우에는 아직 상계적상에 있지 아니하였다 하더라도 그 후에 상계적상이 생기면 채무자는 양수인에 대하여 상계로 대항할 수 있다(대판 1999. 8. 20. 99다18039)"고 판시하여 다수설과 같은 취지이다. 참고로 상계의 제한 사유 중 압류된 채권(지급금지채권)의 경우에는 위의 소수설과 같이 해석하는 것이 통설과 판례의 태도임에 유의하여야 한다.

▣ 핵심판례 ▣

■ [승낙, 통지의 효과]

1. 가. 영업양도에 따른 재산이전관계에 있어 지명채권의 이전방법

영업양도는 채권계약이므로 양도인이 재산이전의무를 이행함에 있어서는 상속이나 회사의 합병의 경우와 같이 포괄적 승계가 인정되지 않고 특정 승계의 방법에 의하여 재산의 종류에 따라 개별적으로 이전행위를 하여야 할 것인바, 그 이전에 있어 양도인의 제3자에 대한 매매계약 해제에 따른 원상회복청구권은 지명채권이므로 그 양도에는 양도인의 채무자에 대한 통지나 채무자의 승낙이 있어야 채무자에게 대항할 수 있다.

나. 자동차운송사업의 양도양수와 그에 대한 인가로 그 사업에 공용되던 차량과 관련한 제3자에 대한 권리의무까지 당연히 승계되는지 여부 (소극)

자동차운송사업의 양도양수와 그 인가로 인한 효과는 자동차운수사업법 제28조 제4항에 규정한 바와 같이 양수인이 면허 또는 등록에 기인한 권리의무를 승계하는 것일 뿐이어서, 자동차운송사업의 양도양수로 동 사업의 면허 또는 등록에 기인한 권리의무의 이전이 있다고 하여 동 사업에 공용되던 차량과 관련한 제3자에 대한 권리의무까지 당연히 승계된다고는 할 수 없다(1991. 10. 8. 제2부 판결, 91다22018, 22025 매매대금등).

2. 채권의 귀속(채권이 이미 타인에게 양도되었다는 사실)이 민법 제451조 제1항 전단의 "양도인에게 대항할 수 있는 사유"에 해당하는지 여부

민법은 채권의 귀속에 관한 우열을 오로지 확정일자 있는 증서에 의한 통지 또는 승낙의 유무와 그 선후로써만 결정하도록 규정하고 있는 데다가, 채무자의 "이의를 보류하지 아니한 승낙"은 민법 제451조 제1항 전단의 규정 자체로 보더라도 그의 양도인에 대한 항변을 상실시키는 효과밖에 없고, 채권에 관하여 권리를 주장하는 자가 여럿인 경우 그들 사이의 우열은 채무자에게도 효력이 미치므로, 위 규정의 "양도인에게 대항할 수 있는 사유"란 채권의 성립, 존속, 행사를 저지·배척하는 사유를 가리킬 뿐이고, 채권의 귀속(채권이 이미 타인에게 양도되었다는 사실)은 이에 포함되지 아니한다(1994. 4. 29. 제3부 판결, 93다35551 양수금).

3. 채권의 양도에 이의를 보류하지 않은 승낙에 대하여 항변사유를 제한하고 있는 민법 제451조 제1항의 규정 취지 및 채권의 양도나 질권의 설정에 대하여 이의를 보류하지 않고 승낙하였더라도 양수인 또는 질권자가 악의 또는 중과실인 경우 양수인 또는 질권자에게 대항할 수 있는지 여부(적극)

민법 제451조 제1항이 이의를 보류하지 않은 승낙에 대하여 항변사유를 제한한

취지는 이의를 보류하지 않은 승낙이 이루어진 경우 양수인은 양수한 채권에 아무런 항변권도 부착되지 아니한 것으로 신뢰하는 것이 보통이므로 채무자의 '승낙'이라는 사실에 공신력을 주어 양수인의 신뢰를 보호하고 채권양도나 질권설정과 같은 거래의 안전을 꾀하기 위한 규정이라 할 것이므로, 채권의 양도나 질권의 설정에 대하여 이의를 보류하지 아니하고 승낙을 하였더라도 양수인 또는 질권자가 악의 또는 중과실의 경우에 해당하는 한 채무자의 승낙 당시까지 양도인 또는 질권설정자에 대하여 생긴 사유로써도 양수인 또는 질권자에게 대항할 수 있다(대법원 2002. 3. 29. 선고 2000다13887 판결).

4. **가.** **갑과 을이 일부씩 임차보증금을 부담하여 임대인 병과 임대차계약을 체결하면서 계약기간 종료 후 임차보증금 전액을 갑이 반환받는다는 의미에서 임차인을 갑 단독의 명의로 한 경우, 갑과 을이 공동임차인이고, 다만 을은 그의 임차보증금 반환채권을 갑에게 양도하고 병은 이를 승낙한 것으로 봄이 상당하다고 한 사례**

갑과 을이 임대차보증금 중 각 일부를 부담하기로 하되 갑이 을로부터 지급받아야 할 채권이 많았기 때문에 그 임대차기간 종료시 임대차보증금 전액을 갑이 반환받기로 하고, 이에 따라 갑과 을, 임대인 병 3자 합의에 의하여 임대차계약서를 작성하면서 그 임대차보증금 전액을 갑이 반환받는다는 의미에서 임차인 명의를 갑 단독으로 한 경우, 그 임대차계약서상의 임차인 명의에 불구하고 갑과 을이 공동임차인으로서 병과 임대차계약을 체결한 것이고, 다만 을이 병에게 지급한 임대차보증금의 반환채권을 갑의 을에 대한 채권의 지급을 담보할 목적으로 갑에게 양도하고 병이 이를 승낙한 것으로 봄이 상당하다고 한 사례.

나. **채무자가 채권양도에 대하여 이의를 보류하지 않고 승낙하였다는 사정이 없거나 이의의 보류 없이 승낙하였다 하더라도 양수인에게 악의 또는 중과실이 있는 경우, 승낙 당시 이미 상계를 할 수 있는 원인이 있었고 그 후 상계적상이 생기면 채무자는 양수인에 대하여 상계로 대항할 수 있는지 여부(적극)**

채권양도에 있어서 채무자가 양도인에게 이의를 보류하지 아니하고 승낙을 하였다는 사정이 없거나 또는 이의를 보류하지 아니하고 승낙을 하였더라도 양수인이 악의 또는 중과실의 경우에 해당하는 한, 채무자의 승낙 당시까지 양도인에 대하여 생긴 사유로써 양수인에게 대항할 수 있다고 할 것인데, 승낙 당시 이미 상계를 할 수 있는 원인이 있었던 경우에는 아직 상계적상에 있지 아니하였다 하더라도 그 후에 상계적상이 생기면 채무자는 양수인에 대하여 상계로 대항할 수 있다(대법원 1999. 8. 20. 99다18039 판결).

◈ 채권자가 양도통지를 한 후에 양도를 하지 않았다거나 그 양도가 무효라고 주장하는 것의 금지

제 452 조 【양도통지와 금반언】

① 양도인이 채무자에게 채권양도를 통지한 때에는 아직 양도하지 아니하였거나 그 양도가 무효인 경우에도 선의인 채무자는 양수인에게 대항할 수 있는 사유로 양도인에게 대항할 수 있다.

② 전항의 통지는 양수인의 동의가 없으면 철회하지 못한다.

■ § 452. 양도통지와 금반언

- 양도인이 통지하였으나 아직 양도를 하지 않고 있는 경우 또는 양도를 했지만 무효인 경우에도 채무자가 선의이면 양수인에게 대항할 수 있는 사유로 양도인에게 대항할 수 있다.
- 채무자에 대한 채권양도의 통지는 양수인의 동의가 있어야만 철회할 수 있다.
- 관련법조 : 상 §39, §24

본조는 양도인이 채무자에 대하여 채권양도를 통지한 경우 그 통지의 효과에 관한 규정이다.

(1) 채권자가 채무자에 대하여 그 채권을 제3자(양수인)에게 양도할 것을 통지하였으나 사실상 그 채권을 아직 양도하지 아니하였거나 그 양도가 무효인 때에도 채무자에게 그 채권의 불양도 또는 양도행위의 무효를 주장해서 자기에게의 변제를 청구할 수 없다.

(2) 그러나 아무리 선의의 채무자를 보호한다고 하더라도 사실에 있어서 채권을 양도하지 아니하였거나 그 양도가 무효이거나 기타의 사유로 그 채권양도를 철회할 수 없다고 하면 채권자에 대하여 너무 가혹한 것이므로 이러한 경우 제3자(양수인)의 동의를 얻어 이를 철회할 수 있다.

▣ 핵심판례 ▣

■ [양도통지와 금반언]

1. 채권양도통지를 한 양도인이 양수인의 동의 없이 한 채권양도통지 철회의 효력

채권양도인이 양수인에게 전대차계약상의 차임채권 중 일부를 양도하고 전차인인 채무자에게 위 양도사실을 통지한 후에 채무자에게 위 채권양도통지를 취소한다는 통지를 하였더라도 양수인이 양도인의 위 채권양도통지철회에 동의하였다고 볼 증거가 없다면 위 채권양도통지철회는 효력이 없다(1993. 7. 13, 92다4178 가옥명도).

2. 채권양도통지 후 양도계약이 해제된 경우 양도인이 채무자에게 대항하기 위한 요건

지명채권의 양도통지를 한 후 그 양도계약이 해제된 경우에, 양도인이 그 해제를 이유로 다시 원래의 채무자에 대하여 양도채권으로 대항하려면 양수인이 채무자에게 위와 같은 해제사실을 통지하여야 한다(1993. 8. 27. 제3부 판결, 93다17379 토지소유권이전등기).

제 5 절 채무의 인수

채무의 인수(Schuldübernahme)라 함은 채무의 동일성을 유지하면서 그 채무를 그대로 인수인에게 이전하는 것을 목적으로 하는 계약을 말한다. 즉 갑의 을에 대한 채무를 인수인인 병에게 이전하는 계약이다. 채무관계변경의 일태양이다. 본절은 제453조에서 채권자와의 계약에 의한 채무인수를 규정하고 있으며 학설과 판례에서도 이를 인정하고 있다. 채권자·채무자·인수인 삼면계약은 물론이며 채무자의 의사에 반하지 않는 한 채권자와 인수인의 계약으로도 할 수 있으며(제453조), 또 채무자와 인수인과의 계약으로도 할 수 있는데 이 경우에는 채권자의 승낙에 의하여 그 효력이 생긴다. 효과로서 채무는 동일성을 잃지 않고 인수인에게 이전하고, 채무자는 채무를 면하고, 인수인은 채무자가 가졌던 모든 항변권을 수계한다(제458조). 담보물권과 보증채무는 채무자가 설정한 담보물권을 제외하고는 이전하지 않는다(제459조). 그러나 보증인이나 물상보증인이 동의한 경우에는 보증채무나 담보채무가 이전한다(제459조 단서).

◆ 채권자와 제3자간의 계약에 의한 채무인수

제 453 조【채권자와의 계약에 의한 채무인수】

① 제3자는 채권자와의 계약으로 채무를 인수하여 채무자의 채무를 면하게 할 수 있다. 그러나 채무의 성질이 인수를 허용하지 아니하는 때에는 그러하지 아니하다.

② 이해관계없는 제3자는 채무자의 의사에 반하여 채무를 인수하지 못한다.

■ § 453. 채권자와 인수인간의 계약에 의한 채무인수

• 채무자의 승낙은 필요치 않으나 이해관계 없는 제3자는 채무자의 의사에 반하여 채무를 인수하지 못한다.
• 본래형태
• 채무의 성질에 의한 제한
 당사자의 의사표시에 의한 제한

본조는 채권자와 제3자의 계약으로 채무인수를 하는 경우에 관한 규정이다.

(1) 채무인수라 함은 채무의 동일성을 유지하면서, 채무를 채무자로부터 인수인에게 이전하는 계약이다.

(2) 채무인수는 채권자와 인수인 사이의 계약으로 할 수 있다. 이것이 본래의 채무인수 내지 채무인수의 기본적 형태이다. 그러나 이 경우에는 이해관계없는 제3자는 채무자의 의사에 반하여 채무를 인수하지 못한다. 단, 병존적 채무인수는 의사에 반해서도 가능하다(1990. 5. 24. 87다카3104).

그리고 채무자의 의사에 반한다는 사실은 이를 주장하는 자가 입증하여야 한다(대판 1966. 2. 22. [65다2512]).

(3) 채무인수가 유효하기 위해서는 채무가 이전할 수 있는 것이어야 한다. 채무의 성질상 인수가 허용되지 않는 경우, 즉 급부의 성질상 본래의 채무자만이 급부를 하여야 할 것인 때에는 채무는 인수할 수 없다. 또 채권자와 채무자 사이에 미리 인수금지의 특약을 한 때에는 인수할 수

없다. 다만 이 특약으로써 선의의 제3자에게 대항할 수 없다(제449조 2
항 단서 참조).

<center><참고사항></center>

* 병존적 채무인수
1. 의의 및 유형

기존 채무자의 채무도 존속하면서 인수인이 동일한 채무를 부담. 계약의 당
사자는 채권자·채무자·인수인, 채권자·인수인, 채무자·인수인 전부 가능
2. 성 질

담보적 기능을 수행. 이는 종래의 채무가 이전되는 것이 아니므로 처분행위
가 아님. 인수인은 채무자가 부담하고 있는 채무와 동일한 내용의 채무를 중
복하여 부담하는 의무부담행위로서의 성질을 지님. 채권자와 인수인의 계약
으로 이루어질 경우 채무자의 의사에 반해서도 제3자가 병존적 채무인수 가
능(판례).
3. 구별기준

면책적인지 병존적인지 의사가 불분명하다면 채권자에게 유리한 병존적 채
무인수로 해석하는 것이 판례(대판 2002. 9. 24. 2002다36228). 채무자와 인수
인 간의 병존적 채무인수는 일종의 제3자를 위한 계약으로서 채권자의 수익
의 의사표시 필요(대판 1997. 10. 24. 97다28698).
4. 효 력

중첩적 채무인수인이 채권자에 대한 손해배상채권을 자동채권으로 하여 채
권자의 자신에 대한 그 채권에 대하여 대등액에서 상계의 의사표시를 하였
다면, 연대채무자 1인이 한 상계의 절대적 효력을 규정하고 있는 민법 제418
조 제1항의 규정에 의하여, 다른 연대채무자인 원채무자의 채권자에 대한 채
무도 상계에 의하여 소멸되었다고 보아야 한다(대판 1997. 4. 22. 96다56443).

* 이행인수
1. 의의 및 성질

채무자와 인수인 간의 계약에 의하여 인수인이 채무자의 채무를 이행할 책
임을 지는 것을 내용으로 하는 것. 채권자에 대해서는 그러한 의무를 부담하
지 않으므로 채권자는 인수인에게 이행청구권이 없음. 종전 채무자가 채권자

에게 있어서는 여전히 채무자임.

2. 구별기준

채무자와 인수인의 계약으로 체결되는 병존적 채무인수는 채권자로 하여금 인수인에 대하여 새로운 권리를 취득하게 하는 것으로 제3자를 위한 계약의 하나로 볼 수 있고, 이와 비교하여 이행인수는 채무자와 인수인 사이의 계약으로 인수인이 변제 등에 의하여 채무를 소멸케 하여 채무자의 책임을 면하게 할 것을 약정하는 것으로 인수인이 채무자에 대한 관계에서 채무자를 면책케 하는 채무를 부담하게 될 뿐 채권자로 하여금 직접 인수인에 대한 채권을 취득케 하는 것이 아니므로 결국 제3자를 위한 계약과 이행인수의 판별 기준은 계약 당사자에게 제3자 또는 채권자가 계약 당사자 일방 또는 인수인에 대하여 직접 채권을 취득케 할 의사가 있는지 여부에 달려 있다 할 것이고, 구체적으로는 계약 체결의 동기, 경위 및 목적, 계약에 있어서의 당사자의 지위, 당사자 사이 및 당사자와 제3자 사이의 이해관계, 거래 관행 등을 종합적으로 고려하여 그 의사를 해석하여야 한다(대법원 1997. 10. 24. 선고 97다28698 판결. 부동산을 매매하면서 매도인과 매수인 사이에 중도금 및 잔금은 매도인의 채권자에게 직접 지급하기로 약정한 경우, 그 약정은 매도인의 채권자로 하여금 매수인에 대하여 그 중도금 및 잔금에 대한 직접청구권을 행사할 권리를 취득케 하는 제3자를 위한 계약에 해당하고 동시에 매수인이 매도인의 그 제3자에 대한 채무를 인수하는 병존적 채무인수에도 해당한다고 본 사례).

* 계약인수

1. 의 의

계약상의 당사자의 지위가 포괄적으로 이전하는 것으로서 양도인은 계약관계로부터 탈퇴하고 인수인이 새로운 계약당사자가 되는 것. 명문규정은 없으나 계약자유의 원칙상 당연히 인정됨.

2. 요 건

계약인수는 양도인과 양수인 및 잔류 당사자의 동시적인 합의에 의한 3면계약으로 이루어지는 것이 통상적이라고 할 수 있으나 관계당사자 3인 중 2인의 합의와 나머지 당사자가 이를 동의 내지 승낙하는 방법으로도 가능하다(대판 1992. 3. 13. 91다32534).

3. 효 과

채무인수와는 달리 계약관계로부터 생기는 취소권, 해제권 등의 권리와 의무
도 포괄적으로 인수인에게 이전함.

▣ 핵심판례 ▣

■ [채권자와의 계약에 의한 채무인수]

1. 채무인수에 있어서 당사자 의사가 분명하지 않은 경우, 중첩적 채무인수인지 여부(적극)

채무인수가 면책적인가 중첩적인가 하는 것은 채무인수계약에 나타난 당사자 의
사의 해석에 관한 문제이고, 채무인수에 있어서 면책적 인수인지, 중첩적 인수인
지가 분명하지 아니한 때에는 이를 중첩적으로 인수한 것으로 볼 것이다(대판
2002. 9. 24, 2002다36228).

2. 채무인수의 효력을 위한 채권자의 승낙 등

가. 채무인수의 효력이 생기기 위하여 채권자의 승낙을 요하는 경우(=면책적 채무
인수) 및 채무인수의 성질 결정의 기준

채무인수의 효력이 생기기 위하여 채권자의 승낙을 요하는 것은 면책적 채무
인수의 경우에 한하고, 채무인수가 면책적인가 중첩적인가 하는 것은 채무인
수계약에 나타난 당사자 의사의 해석에 관한 문제이다.

나. 채무인수에 있어서 승낙을 거절한 채권자가 그 후 다시 승낙할 경우 채무인
수의 효력이 생기는지 여부(소극)

채권자의 승낙에 의하여 채무인수의 효력이 생기는 경우, 채권자가 승낙을
거절하면 그 이후에는 채권자가 다시 승낙하여도 채무인수로서의 효력이 생
기지 않는다(대판 1998. 11. 24, 98다33765).

3. 대항력 있는 임차권의 목적인 주택의 양수인이 임대차보증금을 반환한 경우의 법률관계

주택의 임차인이 제3자에 대한 대항력을 구비한 후 임차 주택의 소유권이 양도된
경우에는, 그 양수인이 임대인의 지위를 승계하게 되고, 임차보증금 반환채무도
주택의 소유권과 결합하여 일체로서 이전하며, 이에 따라 양도인의 위 채무는 소
멸한다 할 것이므로, 주택 양수인이 임차인에게 임대차보증금을 반환하였다 하더
라도, 이는 자신의 채무를 변제한 것에 불과할 뿐, 양도인의 채무를 대위변제한
것이라거나, 양도인이 위 금액 상당의 반환채무를 면함으로써 법률상 원인 없이
이익을 얻고 양수인이 그로 인하여 위 금액 상당의 손해를 입었다고 할 수 없다

(1993. 7. 16. 제3부 판결, 93다17324 구상금).

4. 채무인수가 분명하지 않은 경우 면책적인지 여부

채무의 인수에 있어서 면책적 인수인지, 중첩적 인수인지가 분명하지 아니한 때에는 이를 중첩적으로 인수한 것으로 본다(대법원 1988. 5. 24. 선고 87다카3104 판결).

◈ 채무자와 제3자간의 계약에 의한 채무인수의 효력발생요건

제 454 조 【채무자와의 계약에 의한 채무인수】

① 제3자가 채무자와의 계약으로 채무를 인수한 경우에는 채권자의 승낙에 의하여 그 효력이 생긴다.

② 채권자의 승낙 또는 거절의 상대방은 채무자나 제3자이다.

■ § 454. 채무자와 인수인간의 계약에 의한 채무인수

- 채권자의 승낙이 있어야 효력(소급효)이 있다.
- 채무자나 인수인의 최고에 대한 채권자의 확답→발신주의(확답을 기간내에 발송치 않으면 승낙을 거절한 것으로 본다)

본조는 제3자가 채무자와의 계약으로 그 채무를 인수한 경우의 효력발생에 관한 규정이다. 채무인수를 채무자와 인수인 사이의 계약으로 할 수 있음에 대하여 구민법하에서는 학설의 대립이 있었으나, 현행민법은 독일민법(제415조)을 본받아 본조에서 명문으로 규정한 것이다.

채무자·인수인 사이의 계약에 의한 채무인수는 채권자의 승낙이 있어야만 그 효력이 생긴다.

채권의 가치는 채무자의 자력에 의존하는 일이 많으므로, 채무자가 변경되고 따라서 책임재산의 변경이 있더라도 채권자에게 경제상의 불이익을 주지 않기 위하여 채권자의 승낙을 채무인수계약의 효력발생요건으로 한 것이다.

채권자의 승낙 또는 거절의 의사표시는 채무자 또는 인수인 어느쪽에 대하여서도 무방하다.

▣ 핵심판례 ▣

■ **[채무자와의 계약에 의한 채무인수]**

1. 가. 부동산의 매수인이 매매목적물에 관한 채무를 인수하는 한편, 그 채무액을 매매대금에서 공제하기로 약정한 경우, 그 채무인수의 성질

부동산의 매수인이 매매목적물에 관한 근저당권의 피담보채무, 가압류채무, 임대차보증금 반환채무를 인수하는 한편 그 채무액을 매매대금에서 공제하기로 약정한 경우, 다른 특별한 사정이 없는 이상, 이는 매도인을 면책시키는 채무인수가 아니라 이행인수로 보아야 하고, 매수인이 그 채무를 현실적으로 변제할 의무를 부담한다고도 해석할 수 없으며, 특별한 사정이 없는 한 매수인이 매매대금에서 그 채무액을 공제한 나머지를 지급함으로써 잔금지급의무를 다한 것으로 보아야 하고, 또한 이 약정의 내용은 매도인과 매수인과의 계약으로 매수인이 매도인의 채무를 변제하기로 하는 것으로서 매수인은 제3자의 지위에서 매도인에 대하여만 그의 채무를 변제할 의무를 부담함에 그치며, 한편 이와 같이 부동산매매계약과 함께 이행인수계약이 이루어진 경우 매수인이 인수한 채무는 매매대금 지급채무에 갈음한 것으로서 매도인이 매수인의 인수채무불이행으로 말미암아 또는 임의로 인수채무를 대신 변제하였다면 그로 인한 손해배상채무 또는 구상채무는 인수채무의 변형으로서 매매대금 지급채무에 갈음한 것의 변형으로 보아야 한다.

나. 부동산매매계약과 함께 부동산의 매수인이 매매목적물에 관한 채무를 인수하는 한편 그 채무액을 매매대금에서 공제하기로 하는 이행인수계약이 이루어진 경우, 그 매매대금채무나 매수인이 인수한 채무에 대한 보증인이 부담하는 보증채무의 내용

민법 제429조 제1항에 의하면, '보증채무는 주채무의 이자, 위약금, 손해배상 기타 주채무에 종속한 채무를 포함한다.'고 규정되어 있으므로, 부동산매매계약과 함께 부동산의 매수인이 매매목적물에 관한 근저당권의 피담보채무, 가압류채무, 임대차보증금 반환채무를 인수하는 한편, 그 채무액을 매매대금에서 공제하기로 하는 이행인수계약이 이루어진 경우 그 매매대금채무나 매수인이 인수한 채무를 보증한 자는 매도인이 매수인의 인수채무 불이행으로 말미암아 또는 임의로 인수채무를 대신 변제하여 매수인이 매도인에게 부담하게 되는 손해배상채무 또는 구상채무에 대하여도 보증채무를 부담하게 되며, 나아가 매수인의 인수채무 불이행으로 인한 손해가 계속적으로 발생하거나 매도인이 매수인의 인수채무를 계속적으로 대신 변제하여 나가는 경우도 있을 수 있고, 이러한 경우의 보증은 계속적 보증의 성질도 갖게 된다(대판 2002. 5. 10, 2000다18578).

2. 회사 상호간에 주택 분양자로서의 지위 승계약정이 있고 이에 피분양자가 동의를 함으로써 유효한 계약인수가 이루어졌다고 보아, 이를 배척한 원심판결을 파기한 사례

회사가 공사 도중 자금난으로 부도가 나자 그 회사의 채권자들이 자신들의 대여금 채권의 확보를 위하여 신설 회사를 설립하여 기존 회사가 분양계약에 따라 피분양자들에 대하여 부담하는 소유권이전등기채무의 이행뿐만 아니라 잔대금 채권까지도 함께 양수하기로 하는 약정을 하였다면, 이는 분양계약의 분양자로서의 지위의 승계를 목적으로 하는 이른바 계약인수 약정을 한 것으로 보는 것이 경험칙상 상당하고, 신설 회사가 피분양자들에게 공사를 인수하였다면서 준공검사가 나면 소유권이전등기를 해주겠으니 준공검사 동의서에 날인해 달라고 요청하여 피분양자들이 이에 응한 행위는 바로 신설 회사와 기존 회사 사이의 계약인수에 동의한 것으로 볼 수 있으므로, 기존 회사의 분양계약상의 지위는 신설 회사에 의해 유효하게 인수되었다고 보아, 계약인수를 부정한 원심판결을 파기하였다(대판 1996. 2. 27, 95다21662).

3. 가. 부동산의 매수인이 매매목적물에 관한 채무를 인수하는 한편 그 채무액을 매매대금에서 공제하기로 약정한 경우, 그 채무인수의 성질(=이행인수)및 매수인이 매매대금에서 그 채무액을 공제한 나머지를 지급함으로써 잔금지급의무를 다하였다 할 것인지 여부(한정적극)와 채권자의 승낙이 없어도 위 채무인수가 유효하게 성립할 것인지 여부(적극)

부동산의 매수인이 매매목적물에 관한 근저당권의 피담보채무, 가압류채무, 임대차보증금반환채무를 인수하는 한편 그 채무액을 매매대금에서 공제하기로 약정한 경우, 다른 특별한 약정이 없는 이상 이는 매도인을 면책시키는 채무인수가 아니라 이행인수로 보아야 하고, 매수인이 위 채무를 현실적으로 변제할 의무를 부담한다고도 해석할 수 없으며 특별한 사정이 없는 한 매수인이 매매대금에서 그 채무액을 공제한 나머지를 지급함으로써 잔금지급의무를 다하였다 할 것이고, 또한 위 약정의 내용은 매도인과 매수인의 계약으로 매수인이 매도인의 채무를 변제하기로 하는 것으로서 매수인은 제3자의 지위에서 매도인에 대하여만 그의 채무를 변제할 의무를 부담함에 그치므로 채권자의 승낙이 없으면 그에게 대항하지 못할 뿐 당사자 사이에서는 유효하게 성립한다.

나. 위 "가"항의 채무인수인이 인수채무의 변제를 게을리 함으로써 매매목적물에 관하여 경매절차가 개시되어 매도인이 경매절차의 진행을 막기 위하여 채무를 변제하였다면 매도인은 이 사유를 들어 매매계약을 해제할 수 있는지 여부(적극)

채무인수인이 인수채무의 일부인 근저당권의 피담보채무의 변제를 게을리 함으로써 매매목적물에 관하여 근저당권의 실행으로 임의경매절차가 개시되고

매도인이 경매절차의 진행을 막기 위하여 피담보채무를 변제하였다면 매도인은 채무인수인에 대하여 손해배상채권을 취득하는 이외에 이 사유를 들어 매매계약을 해제할 수 있다.

다. 동시이행의 항변권이 인정되는 이행상 견련관계의 범위

동시이행의 항변권은 당사자 쌍방이 부담하는 각 채무가 고유의 대가관계에서는 쌍무계약상 채무가 아니라 하더라도 구체적 계약 관계에서 당사자 쌍방이 부담하는 채무 사이에 대가적 의미가 있어 이행상 견련관계를 인정하여야 할 사정이 있는 경우에는 이를 인정하여야 할 것이다(1993. 2. 12. 제3부(마) 판결, 92다23193 소유권이전등기).

4. 가. 부동산의 매수인이 매매목적물에 관한 가등기담보부채무, 임대차보증금반환채무를 인수하고 그 채무액을 매매대금에서 공제하기로 약정한 경우가 이행인수인지 여부

부동산의 매수인이 매매목적물에 관한 가등기담보부채무, 임대차보증금반환채무를 인수하는 한편 그 채무액을 매매대금에서 공제하기로 약정한 경우, 다른 특별한 약정이 없는 이상 이는 이행인수로서, 매수인은 매매대금에서 그 채무를 공제한 나머지를 지급함으로써 잔대금지급의무를 다한 것으로 된다.

나. 매도인이 매수인에게 이행인수된 채무를 변제한 후 그 변제액만큼의 매매대금의 지급을 구하는 경우 변제 여부에 관한 입증책임

위 "가"항의 경우 매도인이 매수인의 인수채무불리행으로 말미암아 또는 임의로 매수인을 대신하여 위 매수인의 인수채무를 변제하였다면 매도인은 매수인에 대하여 그로 인한 손해배상채권 또는 구상채권을 갖게 된다 할 것이므로 매도인이 위 채무를 변제하고 매수인에 대하여 그 변제액만큼의 매매대금의 지급을 구하는 경우 이는 손해배상채무 또는 구상채무를 청구하는 경우에 해당되어 그 인수채무를 변제한 여부에 관한 입증책임은 매도인측에 있다(1994. 5. 13. 제3부 판결, 94다2190 매도잔금 및 구상금).

5. 가. 청구의 기초에 변경이 없다고 본 사례

청구의 기초에 변경이 없다고 본 사례.

나. 부동산의 매수인이 매매목적물에 관한 피담보채무를 인수하는 한편 그 채무액을 매매대금에서 공제하기로 한 약정의 법적 성질

부동산의 매수인이 매매목적물에 관한 근저당권이나 가등기 등의 피담보채무를 인수하는 한편 그 채무액을 매매대금에서 공제하기로 약정한 경우 다른 특별한 약정이 없는 이상 이는 매도인을 면책시키는 채무인수가 아니라 이행인수로 보아야 한다(1994. 6. 14. 제1부 판결, 92다23377 청구이의).

6. 가. 면책적 채무인수의 경우 종래의 채무가 소멸되는지 여부(소극)

면책적 채무인수라 함은 채무의 동일성을 유지하면서 이를 종래의 채무자로부터 제3자인 인수인에게 이전하는 것을 목적으로 하는 계약을 말하는바, 채무인수로 인하여 인수인은 종래의 채무자와 지위를 교체하여 새로이 당사자로서 채무관계에 들어서서 종래의 채무자와 동일한 채무를 부담하고 동시에 종래의 채무자는 채무관계에서 탈퇴하여 면책되는 것일 뿐 종래의 채무가 소멸하는 것이 아니므로, 채무인수로 종래의 채무가 소멸하였으니 저당권의 부종성으로 인하여 당연히 소멸한 채무를 담보하는 저당권도 소멸한다는 법리는 성립하지 않는다.

나. 민법 제459조 단서에 의해 물상보증인이 채무인수에 동의함으로써 소멸하지 않는 담보는 기존 담보와 동일한 내용을 갖는 것인지 여부(적극)

민법 제459조 단서는 보증인이나 제3자가 채무인수에 동의한 경우에는 전 채무자의 채무에 대한 보증이나 제3자가 제공한 담보는 채무인수로 인하여 소멸하지 아니하는 것으로 규정하고 있는바, 위 조항에 규정된 채무인수에 대한 동의는 인수인을 위하여 새로운 담보를 설정하도록 하는 의사표시를 의미하는 것이 아니라 기존의 담보를 인수인을 위하여 계속시키는데 대한 의사표시를 의미하는 것이므로, 물상보증인이 채무인수에 동의함으로써 소멸하지 아니하는 담보는 당연히 기존의 담보와 동일한 내용을 갖는 것이다(대법원 1996. 10. 11. 선고 96다27476 판결).

7. 가. 제3자를 위한 계약의 의의 및 그 판별 기준

제3자를 위한 계약이라 함은 통상의 계약이 그 효력을 당사자 사이에서만 발생시킬 의사로 체결되는 것과는 달리 계약 당사자가 자기들 명의로 체결한 계약에 의하여 제3자로 하여금 직접 계약 당사자의 일방에 대하여 권리를 취득하게 하는 것을 목적으로 하는 계약인바, 어떤 계약이 제3자를 위한 계약에 해당하는지 여부는 당사자의 의사가 그 계약에 의하여 제3자에게 직접 권리를 취득하게 하려는 것인지에 관한 의사해석의 문제로서 이는 계약 체결의 목적, 계약에 있어서의 당사자의 행위의 성질, 계약으로 인하여 당사자 사이 또는 당사자와 제3자 사이에 생기는 이해득실, 거래 관행, 제3자를 위한 계약 제도가 갖는 사회적 기능 등 제반 사정을 종합하여 계약 당사자의 합리적 의사를 해석함으로써 판별할 수 있다.

나. 제3자를 위한 계약인 채무인수와 이행인수의 판별 기준

채무자와 인수인의 계약으로 체결되는 병존적 채무인수는 채권자로 하여금 인수인에 대하여 새로운 권리를 취득하게 하는 것으로 제3자를 위한 계약의 하나로 볼 수 있고, 이와 비교하여 이행인수는 채무자와 인수인 사이의 계약

으로 인수인이 변제 등에 의하여 채무를 소멸케 하여 채무자의 책임을 면하게 할 것을 약정하는 것으로 인수인이 채무자에 대한 관계에서 채무자를 면책케 하는 채무를 부담하게 될 뿐 채권자로 하여금 직접 인수인에 대한 채권을 취득케 하는 것이 아니므로 결국 제3자를 위한 계약과 이행인수의 판별기준은 계약 당사자에게 제3자 또는 채권자가 계약 당사자 일방 또는 인수인에 대하여 직접 채권을 취득케 할 의사가 있는지 여부에 달려 있다 할 것이고, 구체적으로는 계약 체결의 동기, 경위 및 목적, 계약에 있어서의 당사자의 지위, 당사자 사이 및 당사자와 제3자 사이의 이해관계, 거래 관행 등을 종합적으로 고려하여 그 의사를 해석하여야 한다.

다. 부동산을 매매하면서 매도인과 매수인 사이에 매매대금을 매도인의 채권자에게 직접 지급하기로 약정한 경우, 이는 매도인의 채권자로 하여금 매매대금청구권을 취득하게 하는 제3자를 위한 계약으로서 병존적 채무인수에 해당된다고 본 사례

부동산을 매매하면서 매도인과 매수인 사이에 중도금 및 잔금은 매도인의 채권자에게 직접 지급하기로 약정한 경우, 그 약정은 매도인의 채권자로 하여금 매수인에 대하여 그 중도금 및 잔금에 대한 직접청구권을 행사할 권리를 취득케 하는 제3자를 위한 계약에 해당하고 동시에 매수인이 매도인의 그 제3자에 대한 채무를 인수하는 병존적 채무인수에도 해당한다고 본 사례(대법원 1997. 10. 24. 선고 97다28698 판결).

◈ 채무자와 제3자간의 계약에 의한 채무인수에 있어서 채권자에 대한 승낙 여부의 최고

제 455 조【승낙여부의 최고】

① 전조의 경우에 제3자나 채무자는 상당한 기간을 정하여 승낙여부의 확답을 채권자에게 최고할 수 있다.

② 채권자가 그 기간내에 확답을 발송하지 아니한 때에는 거절한 것으로 본다.

■ § 455. 채무자와 인수인간의 계약에 의한 채무인수

• 채권자승낙(독일학설대립)
 ① 처분설(多)~채권에 대한 처분이다. 인수계약은 채권자 채권의 처분이므로 채권자 추인 없으면 효력없다.
 ② 청약설~채권자에 대한 통지를 청약으로 보아 채권자의 승낙은 청약에 대한 승낙이라고 함
• 승낙의 최고→발신주의 : 없으면-승낙거절
• 관련법조 : [유사규정] §131

본조는 채무인수계약의 당사자인 제3자나 채무자가 채권자에 대하여 채무인수의 승낙여부의 최고를 할 수 있음을 규정한 것이다.

제455조의 경우에는 채무자 또는 인수인은 채권자에 대하여 상당한 기간을 정하여 승낙을 최고하고, 그 기간내에 확답이 없을 때에는 승낙을 거절한 것으로 본다. 여기서 상당한 기간은 채권자가 제3자의 신용관계의 검토 기타 이해관계를 고려해서 회답하는데 필요한 기간이라야 한다.

◈ 채무인수의 철회·변경 여부

제 456 조【채무인수의 철회·변경】

제3자와 채무자 간의 계약에 의한 채무인수는 채권자의 승낙이 있을 때까지 당사자는 이를 철회하거나 변경할 수 있다.

■ § 456. 채무인수의 철회, 변경

- 채무자나 인수인은 채권자의 승낙이 있을 때까지는 계약을 철회, 변경할 수 있다.
- 채권자의 승낙이 있은 후에 인수자는 채무인수계약을 임의로 철회할 수 없고, 반드시 채권자의 승낙이 있는 때에만 그러한 철회는 효력을 발생한다 (판례).

본조는 제3자와 채무자 사이의 채무인수계약에 관한 철회 및 변경권을 규정한 것이다.

채무자나 인수인은 채권자의 승낙이 있을 때까지 계약을 철회 또는 변경할 수 있다. 그러나 채권자가 채무의 인수를 승낙한 후의 철회 또는 변경은 채권자의 이익을 해할 염려가 있으므로 채권자의 승낙 없이는 이를 할 수 없다(대판 1962. 5. 17, 62다161).

◈ 채무인수의 효력발생시기

제 457 조 【채무인수의 소급효】

채권자의 채무인수에 대한 승낙은 다른 의사표시가 없으면 채무를 인수한 때에 소급하여 그 효력이 생긴다. 그러나 제3자의 권리를 해하지 못한다.

■ § 457. 채무인수의 소급효

- 인수계약은 채권행위로서의 성질
- 채권자의 승낙은 준물권행위로서 채무자, 인수인간의 계약시에 소급효

본조는 채권자가 채무인수에 대한 승낙을 한 경우의 그 효력발생시기에 관한 규정이다.

채권자의 채무인수의 승낙과 동시에 그 효력발생에 관하여 다른 의사표시를 하지 않는한 그 채무를 인수한 때에 소급하여 효력이 생긴다. 즉 이때에는 승낙에 소급효가 인정되어 계약 당시에 채권자의 승낙이 있었던 것으로 다루어진다. 그러나 승낙의 소급효는 제3자의 권리를 해하지 못한다. 바꾸어 말해서 제3자의 권리를 해하는 범위에서 소급효가 제한된다. 여기서 제3자란 인수계약 후 채권자의 승낙이 있기 전까지 종전의 채무자에 대해 이해관계를 가지는 자를 말하는데, 채권자대위권을 행사하여 채무자의 재산을 압류한 채권자의 채권자가 여기에 해당된다.

◈ 항변권의 이전

제 458 조【전채무자의 항변사유】

인수인은 전채무자의 항변할 수 있는 사유로 채권자에게 대항할 수 있다.

■ § 458. 인수인의 항변권

- 인수인은 전채무자가 가지고 있던 항변권으로 채권자에게 대항할 수 있다.
- 채무의 성립, 존속, 이행의 저지, 배척사유 : 인수인에 이전
- 계약의 취소권, 해제권, 상계권은 이전할 수 없다(채무인수는 계약당사자 지위의 이전이 아니라 단지 채무의 특정승계에 불과)

구채무자가 가지고 있던 항변권은 모두 인수인에게 이전한다. 인수인은 종전 채무자가 채권자에 대해 가지는 항변사유(예 : 채무의 불성립·무효·취소·동시이행의 항변 등)로 채권자에게 대항할 수 있다(제458조). 다만 계약의 취소권·해제권은 계약 당사자의 지위에서 주어지는 권리이므로, 단순히 특정채무를 인수한 데 지나지 않은 인수인은 위 권리를 행사할 수 없다. 또 인수인은 종전 채무자가 채권자에 대해 가지는 반대채권으로 상계하지는 못한다. 반대채권은 채무자의 권리에 속하는 것이기 때문이다. 다만 인수인이 채권자에 대해 반대채권을 가지는 경우에는 자신의 인수채무와 상계할 수 있다.

◆ 전 채무자의 채무에 대한 보증이나 제3자가 제공한 담보의 존속 여부

제 459 조【채무인수와 보증, 담보의 소멸】

전 채무자의 채무에 대한 보증이나 제3자가 제공한 담보는 채무인수로 인하여 소멸한다. 그러나 보증인이나 제3자가 채무인수에 동의한 경우에는 그러하지 아니하다.

■ § 459. 채무인수가 담보권에 미치는 영향

- 법정담보 : 영향이 없다(유치권, 법정질권, 법정저당권)
- 약정담보 : ① 제3자가 제공한 담보-보증, 물상보증이든 소멸(∵채무자변경-
책임재산변동)

 ② 채무자가 설정한 담보 – 채권자, 인수인계약 : 소멸

 채무자, 인수인계약 : 존속

- 채무인수에 동의한 경우는 제외

본조는 채무인수로 인한 보증 및 담보의 소멸에 관한 규정이다.

채무인수로 인한 보증 및 제3자가 제공한 담보는 그것이 보증이든 또한 물상보증이든 모두 채무인수로 소멸하는 것이 원칙이다. 채무인수로 채무자가 변경되고, 따라서 책임재산에 변경이 생기기 때문이다. 그러나 보증인 또는 물상보증인이 채무인수에 동의한 때에는 이들을 보호할 필요가 없으므로 채무인수로인한 보증 및 제3자의 담보는 존속한다. 따라서 전채무자의 보증인이나 물상보증인이 인수인이 되는 경우에는 물적담보는 언제나 존속하는 것이 된다. 이때에는 전채무자의 보증인이나 그 물상보증인은 언제나 인수계약의 당사자이므로그 채무인수에 동의한 것이 된다. 채무자가 제공한 물적 담보에 대해서는 '채권자와 인수인'사이의 계약으로 채무인수가 이루어진 때는 채무자의 승낙이 없는한 소멸하고, '채무자와 인수인'사이의 계약으로 이루어진다면 제459조 단서를유추하여 존속하는 것이 원칙이다(통설).

제 6 절　　채권의 소멸

채권의 소멸이라 함은 채권이 객관적으로 존재하지 않게 되는 것을 말한다. 채권소멸의 원인이 발생하면, 그때부터 채권은 법률상 당연히 소멸하며, 그 소멸을 위하여 채무자의 채권소멸의 주장과 같은 것은 필요하지 않다.

채권의 소멸원인에는 여러 가지가 있는데 민법은 특히 본절에서 변제·대물변제·공탁·상계·경개·면제·혼동 등 일곱 가지의 채권의 일반적 소멸원인에 관하여 규정하고 있다. 그런데 채권도 하나의 권리이므로 그밖에도 권리의 일반적 소멸원인의 발생으로 당연히 소멸하게 된다. 예컨대 목적의 소멸, 소멸시효의 완성, 권리의 존속기간의 도래 등에 의하여서도 소멸한다. 또한 법률행위에 의하여 발생한 채권은 그 법률행위의 취소, 해제조건의 성취, 종기의 도래, 계약의 해지나 해제 등에 의하여 소멸한다. 그리고 계약사유의 원칙상 채권의 소멸을 목적으로 하는 반대계약도 유효하며 그러한 계약으로 채권이 소멸하기도 한다.

제 1 관 변 제

변제(performance, payment, Erfüllung, Zahlung)라 함은 채무자가 채무의 내용에 따라 급부를 실현하는 행위를 말한다. 변제가 있으면 채무자는 목적을 달성하고 채권은 소멸된다(제460조 이하). 이행과 동의어이지만 이행은 채권의 효력에서 본 용어이고, 변제는 채무의 소멸에서 본 용어이다. 변제로 되는 급여는 사실행위일 수도 있고 법률행위일 수도 있다. 변제를 완료하기 위하여는 채무자와 채권자가 서로 협력을 필요로 하는 경우가 많다. 즉 채권자도 채무변제에 협력해야 하는 신의성실의 원칙상의 의무가 있다. 이 채무자의 행위를 변제의 제공이라고 하고 채권자의 행위를 변제의 수령이라고 하는데 모두가 신의성실의 원칙이나 거래관습에 따라서 그 내용과 정도를 결정하여야 한다. 변제는 채무의 내용에 따라서 정하여진 이행기에 일정한 장소에서 하여야 하며(제467조), 변제비용은 다른 의사표시가 없으면 채무자가 부담한다(제473조). 변제는 대물변제와 제3자의 변제 및 대위변제가 가능하다. 또한 변제는 채권자만이 수령할 수 있는 것이 원칙이지만 예외적으로 채권자일지라도 압류를 당하거나 파산하였을 경우와 같이 수령권이 없는 경우가 있으며 수령권한이 없는 자에 대한 변제가 유효인 경우도 있다(예금증서와 인장을 소지한 자나, 영수증의 지참인이 진정한 수령권한이 있는 자가 아닌데도 이 자에게 변제를 한 경우). 변제를 채무자 자신이 증명하는 것은 곤란하므로 민법은 영수증청구권과 채권증서반환청구권을 인정하고 있다(제474조, 제475조).

◈ 변제제공의 방법

제 460 조【변제제공의 방법】

변제는 채무내용에 좇은 현실제공으로 이를 하여야 한다. 그러나 채권자가
미리 변제 받기를 거절하거나 채무의 이행에 채권자의 행위를 요하는 경우
에는 변제준비의 완료를 통지하고 그 수령을 최고하면 된다.

■ § 460. 변제제공의 두가지 방법과 차이

- 현실의 제공 : 변제를 위한 채권자의 협력이 변제를 수령하는 것뿐이거나 또
 는 채무자의 이행행위와 동시에 협력하여야 할 때 채무자는
 자기의 급부행위를 채무의 내용에 좇아 현실적으로 해야 한다
 −채권자에게 수령 또는 협력의 최고불요(사실상 제공)
- 구두의 제공 : 채권자가 미리 수령을 거절하거나 협력을 거절하는 경우에 언
 제든지 변제할 수 있는 정도의 준비를 하고, 변제준비(사실의
 통지)와 협력의 최고만으로 제공의 효과가 생기는 것−통지, 최
 고요(언어상 제공)

채무자가 단독으로 완료할 수 없는 급부에 관하여 그 급부의 실현에 필요한
준비를 하고 채권자의 협력을 요구하는 것을 변제의 제공이라고 한다.

변제의 제공은 「채무의 내용에 좇은」 것이어야 한다(제390조). 그러나 본조는
제공을 두 가지로 나누어 채무자는 원칙적으로 현실의 제공을 하여야 하고, 다
만 채권자가 사전에 수령을 거부한 때, 또는 채무의 이행에 관하여 채권자의 행
위를 요하는 때에만 변제에 필요한 모든 준비를 하고 그것을 통지하여 수령을
최고하는 이른바 구두의 제공으로 충분하다고 규정하고 있다.

그러나 양종의 제공은 결국 채무자가 미리 하여야 할 변제준비의 정도의 차
이이며 민법은 이 양종을 구별한 것은 채무의 변제는 채무자와 채권자 사이의
협력행위인 것을 전제로 하여, 그 협력의 정도에 관한 일정한 형식적 표준을 보
여주고 있을 뿐이다.

구체적인 경우에 있어서의 양종이 제공의 정도 및 이에 대한 채권자의 협력

의 정도는 결국 신의측에 따라 법정하지 않으면 안된다.

반면, 채권자의 수령거절의 의사가 명백한 경우라든가 분할적, 회귀적 급부에 있어서 그 급부의 1회분을 제공했음에도 불구하고 채권자가 수령을 거절한 경우 다음 회의 급부에 대해서는 구두제공조차 필요하지 않다고 본다.

1. 현실의 제공

특히 금전채무에 관해서 문제가 많다.

① 채무액의 전액을 제공하여야 하는 것이 원칙이지만, 부족액이 아주 근소한 경우에는 신의칙상 유효한 제공으로 인정하여야 한다.

② 금액을 지참하고 채권자의 주소지에 가면 현실적으로 채권자의 면전에 제시하지 않더라도 그 수령을 최고하는 것으로 충분하다. 또한 채권자의 주소에 갔으나 채권자의 부재로 제시할 수 없었더라도 변제의 제공이 된다.

약정장소에 출두한 바, 채권자가 나오지 않은 경우에도 마찬가지로 다시 채권자에게 수령을 최고할 필요는 없다. 채무자가 스스로 금전을 지참하지 않더라도 금전을 지참한 전매인을 동행한 경우에는 현실의 제공이 된다.

【쟁점사항】

<변제제공이 있었다고 볼 수 있는지 여부가 문제되는 경우>

ㄱ) 기존채무의 이행을 위하여 수표를 제공한 경우

채무자가 채권자에게 기존채무의 이행에 관하여 수표를 교부하는 경우 다른 특별한 사정이 없는 한 이는 '지급을 위하여' 교부된 것으로 추정할 것이고, 따라서 기존의 원인채무는 소멸하지 아니하고 수표상의 채무와 병존한다고 보아야 한다 (대판 2003. 5. 30, 2003다13512).

ㄴ) 임차인이 임차목적물에서 퇴거하기는 하였으나 그 사실을 임대인에게 통지하지 아니한 경우

임차인의 임차목적물 명도의무와 임대인의 보증금 반환의무는 동시이행의 관계에 있다 하겠으므로, 임대인의 동시이행의 항변권을 소멸시키고 임대보증금 반환 지체책임을 인정하기 위해서는 임차인이 임대인에게 임차목적물의 명도의 이행 제공을 하여야만 한다 할 것이고, 임차인이 임차목적물에서 퇴거하면서 그 사실을 임대인에게 알리지 아니한 경우에는 임차목적물의 명도의 이행제공이 있었다

고 볼 수는 없다(대판 2002. 2. 26, 2001다77697).

ㄷ) **토지매매계약의 이행으로서 보증서 용지에 보증인들의 날인만 받고 인감증명서를 첨부하여 소유권이전등기 소요서류 작성을 위임한 사법서사에 교부한 경우**

토지매매계약의 이행으로서 매도인이 등기권리증에 갈음하는 부동산등기법 제49조 소정의 보증서로서 인쇄된 보증서용지에 보증인들의 날인을 받고 서명은 받지 않은 채 보증인 본인들이 보증용으로 발급받은 각 인감증명서를 첨부하여 소유권이전등기 소요서류작성을 위임한 사법서사 사무소에 교부한 경우에는 이러한 정도이면 일반적으로 사법서사 사무소에서 백지 기재사항을 보충하고 서명을 대행하여 보증서를 완성한 후 등기신청에 사용하는 것이 관례이므로 매도인은 자기채무의 이행제공을 한 것으로 보아야 한다(대판 1990. 2. 27, 89다카999).

ㄹ) **채무자가 제3자 명의로 개설된 예금계좌에 현금을 입금시킨 경우**

채권자가 아닌 제3자 명의로 개설된 예금계좌에 채무자가 현금을 입금시켰다고 하더라도 예금명의자인 제3자가 당해 금전채권에 대한 변제의 제공을 받을 수 있는 지위에 있지 아니하는 한 그 입금이 채무 내용에 좇은 현실의 제공이라고 볼 수 없을 것이지만, 채권자가 금융기관으로서 채무자에게 금전채무의 이행방법으로 제3자 명의로 개설된 예금계좌에 입금할 것을 요청하였고, 그 예금계좌가 채권자의 관리하에 있어 채권자가 즉시 인출할 수 있는 지위에 있는 경우에는, 채권자 명의로 개설된 예금계좌에 아무런 유보 없이 입금시킨 경우와 마찬가지로, 채무자가 입금한 금원이 그 예금계좌에 들어가 입금기재된 때에 그에 따른 변제의 효력이 발생한다(대판 1998. 7. 24,고 98다7698).

2. 구두의 제공

민법이 구두의 제공으로 충분하다고 하고 있는 것은 다음의 두 경우이다.

① 채권자가 미리 수령을 거절하고 있는 경우이다. 수령의 거절은 묵시로 하더라도 무방하다. 예컨대 채권자가 이유없이 수령기일의 연기를 요구하거나, 자기가 부담하는 반대급부의 이행을 거절하거나 또는 계약을 해제하고 싶다는 의사를 표시하는 것과 같은 경우이다.

채권자가 수령을 거절한 때의 변제의 준비정도는 채권자의 태도와의 관계에서 신의칙에 따라 정해진다.

② 구두의 제공으로 충분한 또 하나의 경우는 채무의 이행에 채권자의 행위를 요하는 경우이다. 채권자가 수령행위 이외의 협력을 하여야 할 경우로는 채권자가 채무자의 주소에 가서 급부를 수령할 채무, 즉 추심채무, 채권자가 공급하는 재료에 가공하여야 할 채무, 등기하여야 할 채무, 채권자가 지정하는 장소 또는 기일에 이행하여야 할 채무 등이 이에 속한다.

이러한 채무에 관하여 구두의 제공으로 충분하다는 것은 먼저 채권자의 협력이 없으면 채무자는 그 이상 급부의 완료에 접근할 수 없기 때문이다. 그러나 이 경우에도 신의칙이 중대한 역할을 한다. 예컨대 채무자가 지정하는 장소 또는 기일에 인도하여야 할 채무에 관해서 채무자의 지정이 불명확한 때에는 채권자는 스스로 그 장소나 기일을 명확하게 하기 위한 문의를 하는 등의 협력은 하여야 한다.

채권자가 지정한 장소나 기일에 이행하여야 채무에 있어서도 마찬가지이다.

3. 구두의 제공조차 필요하지 않은 경우

채권자의 수령거절의 의사가 명백한 경우(이른바, 채권자의 영구적 불수령 의사)라든가 분할적, 회귀적 급부에 있어서 그 급부의 1회분을 제공했음에도 불구하고 채권자가 수령을 거절한 경우 다음 회의 급부에 대해서는 구두제공 조차 필요하지 않다고 본다(통설). 이와 관련하여 판례(대판 2004. 3. 12. 2001다79013)도 "민법 제400조 소정의 채권자지체가 성립하기 위해서는 민법 제460조 소정의 채무자의 변제 제공이 있어야 하고, 변제 제공은 원칙적으로 현실 제공으로 하여야 하며 다만 채권자가 미리 변제받기를 거절하거나 채무의 이행에 채권자의 행위를 요하는 경우에는 구두의 제공으로 하더라도 무방하고, 채권자가 변제를 받지 아니할 의사가 확고한 경우(이른바, 채권자의 영구적 불수령)에는 구두의 제공을 한다는 것조차 무의미하므로 그러한 경우에는 구두의 제공조차 필요 없다고 할 것이지만, 그러한 구두의 제공조차 필요 없는 경우라고 하더라도, 이는 그로써 채무자가 채무불이행책임을 면한다는 것에 불과하고, 민법 제538조 제1항 제2문 소정의 '채권자의 수령지체 중에 당사자 쌍방의 책임 없는 사유로 이행할 수 없게 된 때'에 해당하기 위해서는 현실 제공이나 구두 제공이 필요하다(다만, 그 제공의 정도는 그 시기와 구체적인 상황에 따라 신의성실의 원칙에 어긋나지 않게 합리적으로 정하여야 한다)"고

판시하여 통설과 태도를 같이 하고 있다.

▣ 핵심판례 ▣

■ [변제제공의 방법]

1. 기존 채무의 지급을 위하여 또는 지급확보를 위하여 어음이 교부된 후 어음채권이 변제·상계 등에 의하여 소멸된 경우, 기존 채권의 소멸 여부 (적극)

 기존 채무의 지급을 위하여 또는 지급확보를 위하여 어음이 교부되어 기존 채권과 어음채권이 병존하는 경우 어음채권이 변제나 상계 등에 의하여 소멸하면 기존 채권 또한 그 목적이 달성되어 소멸하는 것이고, 이러한 법리는 채권자가 어음을 제3자에게 배서·양도한 후 그 어음소지인과 채무자 사이에서 어음채권의 변제나 상계 등이 이루어진 경우에도 마찬가지이다(대판 2000. 2. 11, 99다56437).

2. 학교법인 채권단과 특정인 사이에 이루어진 학교법인 양도 양수에 따른 계약에서 위 채권단이 위 계약에 따른 채무를 이행하였다고 보기 어렵다고 한 사례.

 학교법인채권단과 특정인 사이에 이루어진 학교법인 양도양수에 따른 계약에서 위 채권단이 부담하는 채무가 학교법인의 양수인을 결정할 권한이 있는 재단의 관선이사회에 위 특정인이 양수인이 될 수 있도록 추천하는데 그치는 것이라 해도 신의성실의 원칙에 비추어 위 계약에 따른 채무를 이행하였다고 보기 어렵다(1991. 9. 10. 제1부 판결, 91다20630 위약금).

3. 기존채무의 이행을 위하여 수표를 교부한 경우의 법률관계 및 기존채무의 이행을 위하여 원인관계상의 채권자에게 수표를 교부한 채무자가 그 채권자에 대하여 수표와 관련하여 행사할 수 있는 항변권의 내용 등

 가. 기존의 원인채무와 수표상의 채무가 병존하고 있는 한에서는 채무자로서는 그 수표상의 상환의무를 면하기 전까지는 이중으로 채무를 지급하게 될 위험을 피하기 위하여 원인관계상의 채권자에 대하여 수표의 반환 없는 기존채권의 지급청구를 거절할 수 있다고 할 것이고, 한편 후일 수표금이 지급되는 등 채무자가 그 수표상의 상환의무를 면할 경우 비로소 기존 원인관계상 채무도 소멸한다고 볼 것이므로 채무자는 원인관계상의 채권자에 대하여 수표상의 상환의무를 면하였음을 사유로 하여 그 원인관계상 채무의 소멸을 주장할 수 있다.

 나. 채무자가 기존채무의 지급을 위하여 채권자에게 수표를 교부하였는데 채권자가 그 수표와 분리하여 기존 원인채권만을 제3자에게 양도한 경우, 채무자는 기존 원인채권의 양도인에 대하여 채권자가 위 수표의 반환 없는 기존 원인

채무의 이행을 거절할 수 있는 항변권을 그 채권양도통지를 받기 이전부터 이미 가지고 있었으므로 채권양수인에 대하여도 이와 같은 항변권을 행사할 수 있다.

다. 기존채무의 지급을 위하여 수표를 교부받은 채권자가 그 수표와 분리하여 기존 원인채권만을 제3자에게 양도한 경우, 기존채무의 지급을 위하여 수표를 교부하였다는 것은 채무자와 기존채권의 양도인 사이에서는 그 수표금이 지급되는 등 채무자가 그 수표상의 상환의무를 면하게 되면 원인채무 또한 소멸할 것을 예정하고 있었던 것으로 보아야 할 것인데, 수표금의 지급으로써 기존 원인채무도 소멸할 것을 예정하고 있었던 사정은 그 채권양도통지 이전에 이미 존재하고 있었던 것이므로, 그 채권양도통지 후에 수표금의 지급이 이루어지더라도 이는 양도통지 후에 새로이 발생한 사유로 볼 수는 없다고 할 것이니, 따라서 채무자로서는 기존 원인채권의 양수인에 대하여 기존채무의 지급을 위하여 교부한 수표가 양도통지 이후에 결제되었다는 사유로써 그 기존채무의 소멸을 주장할 수 있다(대판 2003. 5. 30, 2003다13512).

4. 기존채무의 이행을 위하여 교부된 약속어음의 소지인인 은행이 어음 되막기 방법에 의하여 약속어음을 결제된 것으로 처리하는 경우 기존채무가 당연히 소멸하는지 여부(소극)

기존채무의 이행을 위하여 교부된 약속어음의 소지인인 은행이 어음 되막기 방법에 의하여 그 약속어음을 결제된 것으로 처리하는 경우 외관상 그 은행에 위 어음금 상당의 금액이 입금된 것으로 보이고, 또 어음 발행인 등은 종전의 어음금채무 대신 새로운 어음에 의하여 또 다른 어음금채무를 부담하게 되는 것이므로 은행은 이미 결제된 것으로 처리되어 소멸된 종전 어음 자체의 어음금청구는 할 수 없을 것이고, 새로운 어음에 기한 어음금청구만을 할 수 있을 것이나, 그 기존채무는 쌍방간의 약정에 따라 새로운 어음의 지급기일까지 그 지급을 유예해 준 것일 뿐 기존채무가 소멸되는 것은 아니고, 새로운 어음이 만기에 지급되어야만 기존채무가 소멸되는 것이다(1992. 2. 25. 제2부 판결, 91다14192 양수금).

5. 매도인이 대금지급기일에 인감증명서, 등기권리증, 인감도장 등을 준비하였다면 위 인감증명서에 기재된 매도인 및 가등기명의자의 주소가 각자의 등기부상 주소와 일치하지 않더라도, 신의칙에 비추어 매도인은 일응 자기 채무의 이행제공을 하였다고 봄이 상당하다고 한 사례

매도인이 대금지급기일에 매도인의 부동산 매도용 인감증명서와 위 부동산에 대한 가등기말소용 인감증명서 및 그 외 각 등기권리증, 인감도장 등을 준비하였다면 비록 매도인이 준비한 위 각 인감증명서에 기재된 매도인 및 가등기명의자의 주소가 각자의 등기부상 주소와 일치하지 않더라도 매수인이 요구하는 매도증서, 매매예약해제증서나 위임장 등은 매도인이 준비해 간 인감도장과 법무사 사무실에 비치된 용지를 이용하여 그 자리에서 쉽게 마련할 수 있는 것들이고, 위와 같

은 등기부상 주소와 인감증명서상 주소의 불일치는 매수인이 매도인 및 가등기명
의자의 주민등록표등본을 발급받아 표시변경등기를 함께 신청하는 방법으로 쉽게
해결할 수 있으니, 신의칙에 비추어 볼 때 매도인은 자신과 가등기명의자의 각
인감증명서와 등기권리증 및 인감도장을 준비함으로써 비록 완전하다고는 할 수
없지만 일응 자기 채무의 이행제공을 하였다고 봄이 상당하다(1992. 7. 24. 제3부
판결, 91다15614 소유권이전등기).

6. 가. **부동산 매매계약에 있어서 매도인이 매수인에게 지체책임을 지워 매
매계약을 해제하기 위한 요건**

쌍무계약인 부동산 매매계약에 있어서 특별한 사정이 없는 한 매수인의 잔대
금지급의무와 매도인의 소유권이전등기서류 교부의무는 동시이행관계에 있다
할 것이고, 이러한 경우 매도인이 매수인에게 지체책임을 지워 매매계약을
해제하려면 매수인이 이행기일에 잔대금을 지급하지 아니한 사실만으로는 부
족하고 매도인이 소유권이전등기신청에 필요한 일체의 서류를 수리할 수 있
을 정도로 준비하여 그 뜻을 상대방에게 통지하여 수령을 최고함으로써 이를
제공하여야 하는 것이 원칙이고, 또 상당한 기간을 정하여 상대방의 잔대금
채무이행을 최고한 후 매수인이 이에 응하지 아니한 사실이 있어야 하며, 매
도인이 제공하여야 할 소유권이전등기신청에 필요한 일체의 서류라 함은 등
기권리증, 위임장 및 부동산매도용 인감증명서 등 등기신청행위에 필요한 모
든 구비서류를 말한다.

나. **매수인이 계약의 이행에 비협조적인 태도를 취하면서 잔대금의 지급
을 미루는 등 소유권이전등기서류를 수령할 준비를 아니한 경우 매매
계약해제를 위하여 필요한 매도인의 이행제공의 정도**

매수인이 계약의 이행에 비협조적인 태도를 취하면서 잔대금의 지급을 미루
는 등 소유권이전등기서류를 수령할 준비를 아니한 경우에는 매도인으로서도
그에 상응한 이행의 준비를 하면 족하다 할 것이며, 이 경우 매도인이 부동
산매도용 인감증명서를 발급받아 놓고 인감도장과 등기권리증 등을 준비하여
잔대금수령과 동시에 법무사 등에게 위임하여 소유권이전등기신청행위에 필
요한 서류를 작성할 수 있도록 준비하였다면 이행의 제공은 이로써 충분하다
(1992. 11. 10. 제2부(가) 판결, 92다36373 소유권이전등기).

7. **쌍무계약에서 계약해제의 요건으로 상대방을 이행지체에 빠지게 하기 위
하여 필요한 자기채무의 이행제공의 정도**

쌍무계약에서 상대방의 채무불이행을 이유로 계약을 해제하려면 먼저 자기의 채
무이행을 제공하고 상당한 기간을 정하여 상대방의 채무이행을 최고함으로써 상
대방으로 하여금 이행지체에 빠지게 하여야 하는 것인바, 자기의 채무의 이행에
상대방의 행위를 요하는 경우에는 이행의 준비를 완료한 다음 그 사실을 상대방
에게 통지하고 수령을 최고하는 구두의 제공을 하면 되는 것이기는 하지만, 이

경우에도 상대방이 협력만 한다면 언제든지 현실로 이행을 할 수 있을 정도로 준비를 완료하고 그 사실을 상대방에게 통지하여 수령 기타 상대방의 협력과 상대방의 채무이행을 최고하여야만 상대방을 이행지체에 빠지게 할 수 있는 것이므로 단순히 자기의 채무를 이행할 준비태세를 갖추고 있는 것만으로는 부족하다(1993. 4. 13. 제2부 판결, 92다56438 부동산처분금지가처분이의).

8. 가. 택시 회사가 사납금 인상에 부동의하는 운전사에 대하여 배차거부 등의 조치를 취한 것이 노무의 수령지체가 된다고 본 사례

단체협약상 사납금의 액수는 노사간의 합의로 결정하도록 규정하고 있었다면 비록 택시요금의 인상으로 일부 사납금의 인상요인이 발생하였다고 하더라도 아직 노사간에 사납금 인상에 관한 합의가 이루어지지 아니한 이상 운전사들이 사납금 인상에 부동의하면서 승무하겠다고 한다고 하여 이를 채무의 본지에 따른 노무제공이 아니라고 할 수 없고(사후에 노사간의 합의에 따라 사납금의 소급인상이 결정되면 그때 가서 정산할 수도 있는 것이다), 회사가 적법한 정직처분이나 직장폐쇄를 한 것도 아니어서 회사에는 운전사들의 노무제공에 대하여 그 수령을 거절할 정당한 사유가 없으므로 회사가 운전사들에 대하여 배차거부 및 승무의 실력저지조치 등을 취한 것은 회사에게 귀책사유가 있는 수령지체에 해당한다.

나. 노무의 수령지체를 이유로 한 임금청구와 과실상계 규정의 적용 여부

채무불이행이나 불법행위로 인한 손해배상의 책임 및 그 범위를 정함에 있어 손해의 공평한 부담을 위하여 피해자의 과실을 참작하는 과실상계의 법리가 근로계약관계의 존속을 전제로 사용자의 수령지체로 인하여 근로하지 못한 기간 동안에 대한 임금의 지급을 구하는 사건에 적용될 여지가 없다(1993. 7. 27. 제2부 판결, 92다42743 임금등).

9. 가집행선고부 판결에 기한 지급의 효과

가집행으로 인한 변제의 효력은 확정적인 것이 아니고 어디까지나 상소심에서 그 가집행의 선고 또는 본안판결이 취소되는 것을 해제조건으로 하여 발생하는 것에 지나지 않으므로, 제1심 가집행선고부 판결에 기하여 피고가 그 가집행선고 금액을 지급하였다 하더라도 항소심 법원으로서는 이를 참작함이 없이 당해 청구의 당부를 판단하여야 한다(1993. 10. 8. 제3부 판결, 93다26175 공사대금, 26182(반소) 공사대금).

10. 매도인이 매수인이 원하는 자에게 등기소요서류를 제공하기로 약정하였는데 매수인이 이를 지정하지 않은 경우 매도인이 이행제공하여야 할 내용

매도인이 잔금지급시까지 등기서류 일체를 매수인이 원하는 자에게 제공하기로 약정하였다면, 매수인이 잔금지급기일까지 이를 지정하지 아니한 경우라도 매도

인으로서는 매수인명의로 소유권이전등기를 경료할 수 있도록 서류를 제공하거나 이에 이르지 못하였더라도 이행장소에 인감을 소지하는 등 매수인이나 그가 지정하는 자에게 즉시 이전등기를 경료할 수 있을 정도로 이행제공을 하여야 한다(1993. 12. 28. 제2부 판결, 93다777 소유권이전등기).

11. 가. 쌍무계약의 일방 당사자가 상당한 근거를 가지고 이행기 미도래를 이유로 채무이행을 거절하였으나 후에 법원에 의해 이행기가 도래한 것으로 판명된 경우, 이를 채무불이행의 의사를 명백히 표시한 것으로 볼 것인지 여부(소극)

쌍무계약에 있어서 당사자의 일방이 미리 자기 채무를 이행하지 아니할 의사를 표명한 때에는 상대방은 이행의 최고나 자기 채무의 이행의 제공이 없이 계약을 해제할 수 있으나, 이러한 의사의 표명 여부는 계약의 이행에 관한 당사자의 행동과 계약 전후의 구체적 사정 등을 종합적으로 살펴서 판단하여야 하므로, 채무자가 채무의 이행기가 도래되지 아니하였다고 믿을 만한 상당한 근거가 있어 이를 이유로 그 이행을 거절하였다면, 후에 법원의 판결에 의하여 채무의 이행기가 도래한 것으로 최종 판명되었다고 하더라도 그것만으로는 채무자가 자기 채무를 이행하지 아니할 의사를 명백히 표시한 경우에 해당한다고 할 수 없다.

나. 부동산의 매도인이 매수인을 이행지체에 빠뜨리기 위한 이행제공의 정도

부동산 매매계약의 경우에 매도인이 매수인을 이행지체에 빠뜨리기 위하여 소유권이전등기에 필요한 서류 등을 현실적으로 제공할 필요까지는 없으나, 최소한 위 서류 등을 준비하여 두고 그 뜻을 매수인에게 통지하여 잔금지급과 아울러 이를 수령하여 갈 것을 최고함은 요한다(1996. 7. 30. 판결, 96다17738 가처분이의).

12. 민법 제538조 제1항 소정의 '채권자의 수령지체 중에 당사자 쌍방의 책임 없는 사유로 이행할 수 없게 된 때'에 해당하기 위하여 현실 제공이나 구두 제공이 필요한지 여부(적극)

민법 제400조 소정의 채권자지체가 성립하기 위해서는 민법 제460조 소정의 채무자의 변제 제공이 있어야 하고, 변제 제공은 원칙적으로 현실 제공으로 하여야 하며 다만 채권자가 미리 변제받기를 거절하거나 채무의 이행에 채권자의 행위를 요하는 경우에는 구두의 제공으로 하더라도 무방하고, 채권자가 변제를 받지 아니할 의사가 확고한 경우(이른바, 채권자의 영구적 불수령)에는 구두의 제공을 한다는 것조차 무의미하므로 그러한 경우에는 구두의 제공조차 필요 없다고 할 것이지만, 그러한 구두의 제공조차 필요 없는 경우라고 하더라도, 이는 그로써 채무자가 채무불이행책임을 면한다는 것에 불과하고, 민법 제538조 제1항 제2문 소정의 '채권자의 수령지체 중에 당사자 쌍방의 책임 없는 사유로 이행할

수 없게 된 때'에 해당하기 위해서는 현실 제공이나 구두 제공이 필요하다(다만, 그 제공의 정도는 그 시기와 구체적인 상황에 따라 신의성실의 원칙에 어긋나지 않게 합리적으로 정하여야 한다)(대법원 2004. 3. 12. 선고 2001다79013 판결).

13. **채무자가 기존 채무의 이행기에 채무를 변제하지 아니하여 채무불이행 상태에 빠진 다음에 기존 채무의 지급을 위하여 어음을 발행한 경우, 기존 채무의 변제기가 어음에 기재된 만기일로 변경되는지 여부(소극)**

채권자가 기존 채무의 지급을 위하여 그 채무의 이행기가 도래하기 전에 미리 그 채무의 변제기보다 후의 일자가 만기로 된 어음의 교부를 받은 때에는 묵시적으로 기존 채무의 지급을 유예하는 의사가 있었다고 볼 경우가 있을 수 있고 이 때 기존 채무의 변제기는 어음에 기재된 만기일로 변경된다고 볼 것이나, 특별한 사정이 없는 한 채무자가 기존 채무의 이행기에 채무를 변제하지 아니하여 채무불이행 상태에 빠진 다음에 기존 채무의 지급을 위하여 어음이 발행된 경우까지 그와 동일하게 볼 수는 없다(대법원 2000. 7. 28. 선고 2000다16367 판결).

14. **쌍무계약에 있어서 일방 당사자의 채무에 관한 이행 제공의 정도**

쌍무계약에 있어서 일방 당사자의 자기 채무에 관한 이행의 제공을 엄격하게 요구하면 오히려 불성실한 상대 당사자에게 구실을 주는 것이 될 수도 있으므로 일방 당사자가 하여야 할 제공의 정도는 그 시기와 구체적인 상황에 따라 신의성실의 원칙에 어긋나지 않게 합리적으로 정하여야 한다(대법원 1995. 12. 22. 선고 95다40397 판결).

15. **가. 쌍무계약에서 당사자 일방이 미리 자기 채무를 이행하지 아니할 의사를 표명한 경우의 판단 기준 및 그에 따른 계약해제의 요건**

일반적으로 쌍무계약에 있어서 당사자의 일방이 미리 자기 채무를 이행하지 아니할 의사를 표명한 때에는 상대방은 이행의 최고나 자기 채무의 이행의 제공 없이 계약을 해제할 수 있고, 이러한 의사의 표명 여부는 계약의 이행에 관한 당사자의 행동과 계약 전후의 구체적 사정 등을 종합적으로 살펴서 판단하여야 한다.

나. 매수인이 매매계약상의 특약 사항의 이행 촉구에도 불구하고 특약의 존재를 부정하면서 이를 이행하지 않은 경우, 매도인은 자기 채무의 이행제공 없이 매매계약을 해제할 수 있다고 한 사례

매도인과 매수인 사이에 토지 매매계약을 체결하면서 매매대금의 지급 방법 및 매매 토지에 관한 기존의 임대차관계 승계 등에 관해 특약을 했음에도 매수인이 매도인의 계속된 특약 사항의 이행 촉구에도 불구하고 그 특약의 존재를 부정하면서 이를 이행하지 아니하였다면 매수인은 위 특약 사항을 이행하지 아니할 의사를 분명하게 표시하였다고 할 것이므로 매도인은 자기의 채무의 이행제공이 없더라도 매매계약을 해제할 수 있다고 한 사례(대법원 1997. 11. 28. 선고 97다30257 판결).

◈ 변제제공의 효과

제 461 조【변제제공의 효과】

변제의 제공은 그때로부터 채무불이행의 책임을 면하게 한다.

■ § 461. 변제제공의 효과

• 채무자는 채무불이행 책임을 면한다.
• 약정이자의 발생정지
• 쌍무계약에 있어서 상대방은 동시이행항변권을 잃는다.

채무자가 제공한 것만으로는 채무의 변제를 완료하는 것이 아니기 때문에 채무자는 여전히 채무를 면할 수 없다. 그러나 제공에 의하여 다음과 같은 효과가 발생한다.

(1) 채무자는 채무불이행의 책임을 면한다. 따라서 채무불이행을 이유로 한 손해배상・지연이자・위약금의 청구를 받지 않으며, 또 담보권도 실행당하지 않는다.

(2) 변제의 제공이 있더라도 급부결과가 실현되지 않은 이상 채무는 그대로 존속한다. 따라서 채무자는 여전히 본래의 채무를 이행할 의무를 진다.

(3) 약정이자는 그 발생을 정지한다.

(4) 쌍무계약에 있어서는 상대방은 동시이행의 항변권을 잃게 된다. 이때 변제의 제공은 계속되어야 한다는 것이 통설과 판례의 입장이다(대판 1972. 3. 28. [72다163]), 대판 1972. 11. 14. [72다1513, 1514]). 따라서 한 번 수령지체에 빠진 적이 있는 자도 동시이행항변권을 영구히 상실당하지는 않는다.

◈ 채권의 목적이 특정물의 인도인 경우의 인도방법

제 462 조 【특정물의 현상인도】

특정물의 인도가 채권의 목적인 때에는 채무자는 이행기의 현상대로 그 물건을 인도하여야 한다.

■ § 462. 특정물의 인도

• 이행기의 현상대로

채무자는 선량한 관리자의 주의로써 보존한 후에 그 목적물을 이행기에 인도할 때에는 현상 그대로 인도하여야 하며, 그것만으로 충분하다. 따라서 이행기까지에 목적물이 훼손된 경우에는 훼손된 채로 인도하고, 멸실한 때에는 인도의 의무를 면하게 된다. 멸실했는가의 여부는 목적물이 거래관념상 동일성을 잃고 있는가의 여부에 따라 결정된다.

예컨대 특정 생고치(누에)의 매매에 있어서 건고치로 되어 버린 것과 같은 경우에는 보존을 위하여 적당한 수단을 다했을 뿐, 동일성을 잃었다고는 할 수 없기 때문에 매도인은 이행의 의무를 면할 수 없다.

◈ 채무자가 변제로서 타인의 물건을 인도한 경우 그 물건의 반환청
구의 요건

제 463 조 【변제로서의 타인의 물건의 인도】

채무의 변제로 타인의 물건을 인도한 채무자는 다시 유효한 변제를 하지
아니하면 그 물건의 반환을 청구하지 못한다.

■ § 463. 타인의 물건의 인도

• 유효한 변제는 아니지만 그 회수가 제한

타인의 물건을 인도한 변제자는 그 물건이 타인의 물건이라고 설명하여도 수
령자에 대하여 그 반환을 주장할 수 없다. 그러므로 수령자는 유효한 변제를 받
을 때까지는 변제물인 그 타인의 물건에 대하여 반환을 거절할 수 있다.

그리고 그 물건의 소유자는 이유없이 자기의 소유권을 침해받은 것이므로 그
물건의 반환을 청구할 수 있고, 수령자는 그 물건을 반환하여야 한다. 그 대신
수령자는 변제자에 대하여 유효한 변제 또는 손해배상을 청구할 수 있다.

▣ 핵심판례 ▣

■ [변제로서의 타인의 물건의 인도]

가. 채무자가 제3자로부터 대여받아 보관하고 있는 물건임을 알면서도 채무
자로부터 담보의 의미로 제공받아 이를 보관, 은닉한 행위가 제3자에 대
하여 불법행위를 구성한다 한 사례

채무자가 제3자로부터 대여받아 보관하고 있는 물건임을 알면서도 채무자로부터
담보의 의미로 제공받아 이를 보관, 은닉한 행위는 제3자에 대하여 불법행위를
구성한다.

나. 채무자가 채무의 변제로 타인의 물건을 인도한 경우 채무자 아닌 다른
권리자는 민법 제463조의 규정과 관계없이 그 반환을 구할 수 있는지 여
부(적극)

채무의 변제로 타인의 물건을 인도한 채무자는 다시 유효한 변제를 하지 아니하

면 그 물건의 반환을 청구하지 못한다는 민법 제463조는 채무자만이 그 물건의 반환을 청구할 수 없다는 것에 불과할 뿐 채무자가 아닌 다른 권리자까지 그 물건의 반환을 청구할 수 없다는 취지는 아니다(1993. 6. 8. 제1부 판결, 93다14998, 15007(병합) 손해배상(기)).

◈ 양도무능력자의 물건인도가 취소된 경우 그 물건의 반환청구를 하기 위한 요건

제 464 조【양도능력 없는 소유자의 물건인도】

양도할 능력없는 소유자가 채무의 변제로 물건을 인도한 경우에는 그 변제가 취소된 때에도 다시 유효한 변제를 하지 아니하면 그 물건의 반환을 청구하지 못한다.

■ § 464. 양도무능력자의 인도

• 무능력자가 변제하여 취소된 경우에도 유효한 변제는 아니지만 그 회수가 제한

양도할 능력없는 소유자, 즉 무능력자의 변제는 이것을 취소할 수 있으나, 이 경우에는 다시 유효한 변제를 하지 않고서는 먼저 인도한 물건의 반환을 청구할 수 없다.

무능력자가 그가 행한 변제뿐만 아니라 그 채무를 발생케 한 원인행위 자체를 취소한 경우에는 채무 자체가 존재하지 않으므로 비채변제의 문제가 된다. 따라서 '그 변제가 취소된 때'의 의미는 채무의 발생원인인 채권관계(예 : 매매)는 그대로 두면서 급부인 물건의 인도행위만을 취소한 것으로 해석할 수 밖에 없다. 본조는 특정물인도채권에 관하여는 그 적용이 없다.

◈ 타인의 물건의 인도 · 양도무능력자의 인도의 경우 변제받은 물건을 선의로 소비하거나 타인에게 양도한 때의 그 변제의 효력

제 465 조【채권자의 선의소비, 양도와 구상권】

① 전2조의 경우에 채권자가 변제로 받은 물건을 선의로 소비하거나 타인에게 양도한 때에는 그 변제는 효력이 있다.

② 전항의 경우에 채권자가 제3자로부터 배상의 청구를 받은 때에는 채무자에 대하여 구상권을 행사할 수 있다.

■ § 465. 변제의 목적물-채권자를 보호하기 위한 규정

• 적 용 : §463, §464의 경우
• 채권자가 수령한 것을 선의로 소비하거나 타인에게 양도한 경우에는 변제는 유효한 것이 된다.
• 그러한 경우에 채권자는 변제자에게 대하여 구상권을 행사할 수 있다.

전2조의 경우에 있어서 수령자가 이미 그 물건을 선의로 소비하거나 또는 타인에 양도한 경우에 채권자는 변제물을 반환시킬 수 없다. 그러나 물건의 소유자인 제3자는 채권자에 대하여 그 물건의 소비 또는 양도로 인한 손해배상을 청구할 수 있다. 이 경우에 그 물건을 수령한 채권자는 변제에 의하여 얻은 이익의 전부 또는 일부를 잃는 것이 되므로 그 채무자에 대하여 그 손해배상을 청구할 수 있다.

◈ 대물변제는 본래의 급부를 한 것과 마찬가지로 채권을 소멸시키는가?

제 466 조【대물변제】

채무자가 채권자의 승낙을 얻어 본래의 채무이행에 갈음하여 다른 급여를 한 때에는 변제와 같은 효력이 있다.

■ § 466. 대물변제

• 법적성질 : 경개-낙성계약

　　　　　　대물변제-요물계약

• 요　　건 : ① 당사자 사이에 합의 내지 계약이 있을 것

　　　　　　② 채권이 존재할 것

　　　　　　③ 본래의 급부와 다른 급부를 할 것

　　　　　　④ 본래의 채무이행에 갈음하여 다른 급부가 행하여 질 것

• 효　　과 : ① 변제와 같은 효력이 있다.

　　　　　　② 목적물에 하자 있는 경우-매도인 담보 책임준용

• 대물변제의 예약 : §607, §608 참조

1. 대물변제의 의의 및 성질

(1) 대물변제의 의의

대물변제라 함은 채무자가 채권자의 승낙을 얻어, 채무자가 부담한 본래의 급부에 갈음하여 다른 급부를 함으로써 채권을 소멸시키는 채권자·채무자 사이의 계약을 말한다. 예컨대 금일만원의 급부에 갈음하여 손목시계 1개를 급부하는 경우와 같은 것이 이에 해당한다.

대물변제는 본래의 급부와 상이한 다른 급부를 함으로써 채권을 소멸시킨다는 점에서 경개와 유사한 것이지만, 대물변제는 본래의 급부에 갈음한 다른 급부가 현실적으로 행해질 것을 요한다는 점에서 단순히 다른 급부를 하여야 할 새로운 채무를 부담함에 그치는 경개와 차이가 있다.

대 물 변 제	경 개
다른 급부를 현실적으로 하여야	다른 급부를 목적으로 하는 신채 무 성립
변제에 갈음하여 (본래의 채권 소멸케 하기 위하여)	변제를 위하여 (본래 채무의 변제수단으로서)

(2) 대물변제의 성질

대물변제가 채권자·채무자간의 계약인 것에는 의문이 없다. 대물변제는 본래의 급부에 갈음하여 현실적으로 다른 급부를 행함으로서 채권을 소멸 시키는 것이므로, 계약으로서의 성질은 요물·유상계약이다. 또 대물변제에 의하여 채권이 소멸하는 것은, 변제에 있어서와 같이 채권의 내용이 실현 되었기 때문이 아니라, 당사자 사이의 계약의 효력에 기인한 것이므로, 당 사자가 후일에 이르러 반대계약으로서 그 효력을 바꾸는 것도, 공서양속에 반하지 않는 한 무방하다고 해석한다.

2. 대물변제의 요건

채무자가 채권자의 승낙을 얻어 본래의 채무이행에 갈음하여 다른 급부를 한 것이 대물변제의 요건이 된다(제466조 전문).

(1) 당사자 사이에 합의 내지 계약이 있을 것

채무자의 대물변제의사와 채권자의 대물변제 수령의사가 합치하고 있어 야만 한다. 이러한 합의 내지 계약은 묵시적인 것이라도 상관없으나 '이행 에 갈음하여'하는 것이라는 것이 밝혀져 있어야만 한다.

(2) 채권이 존재할 것

대물변제는 어떤 채권의 목적인 급부에 갈음하여 다른 급부를 함으로써 그 채권을 소멸케 하는 것이므로, 당연히 채권이 존재하여야 한다. 채무자 가 채권자의 승낙을 얻어 본래의 채무이행에 갈음하여 부동산으로 대물변 제를 하였으나 본래의 채무가 존재하지 않았던 경우에는, 당사자가 특별한 의사표시를 하지 않는 한, 대물변제는 무효로서 부동산의 소유권이 이전되 는 효과가 발생하지 않는다(대판 1991. 11. 12, 91다9503).

(3) 본래의 급부에 갈음하여 다른 급부가 현실적으로 행하여질 것

본래의 급부와 다른 급부를 하여야 하나 그 '다른 급부'의 내용이나 종류는 이를 묻지 않는다. 다만 금전채무에 대신하여 어음·수표를 교부한 경우에는, 그 지급이 확실하지 않는 점에서 변제를 갈음하는 것이 아니라 이는 '지급을 위하여' 교부된 것으로 추정되고, 따라서 기존의 원인채무는 소멸하지 아니하고 어음·수표상의 채무와 병존한다(대판 2003. 5. 30, 2003다13512).

판례는 "채무자가 채권자에게 채무변제와 관련하여 다른 채권을 양도하는 것은 채무변제를 위한 담보 또는 변제의 방법으로 양도되는 것으로 추정할 것이지 채무변제에 갈음한 것으로 볼 것은 아니어서 채권양도만 있으면 바로 원래의 채권이 소멸한다고 볼 수 없다"고 하였다(대판 1995. 9. 15, 95다13371).

3. 대물변제의 효과

대물변제는 변제와 동일한 효력이 있기 때문에, 채권 및 그 채권을 담보하는 담보권은 소멸한다. 그리고 대물변제도 채권의 만족을 얻는 점에서 변제와 마찬가지이므로 변제에 관한 규정(본관)은 대물변제에도 일반적으로 적용된다고 해석하여야 한다(이설없음). 대물급부에 하자가 있는 경우에도 채권은 소멸하고 채무자는 대신 담보책임을 부담한다(통설, 대판 1987. 7. 7. 86다카2943).

<center><참고사항></center>

* 대물변제의 예약

1. 개 념

대물변제의 예약이란 채무자가 본래의 급부에 갈음하여 다른 급부를 할 것을 채권자와 채무자가 미리 약정하는 것을 말한다.

2. 적용법조

대물변제 예약 중 본래의 채무가 소비대차에 기한 경우를 대물반환의 예약이라고 하여 제607조와 제608조가 이를 규율한다. 다만, 대물변제 그 자체는 제607조, 제608조가 적용될 수 없다는 것이 학설과 판례(대판 1992. 2. 28. 91다25574)의 태도이다.

3. 종 류

(1) 진정한 의미의 대물변제예약

법적 성질과 관련하여 민법상 대물변제의 예약은 예약권자의 일방적인 의
사표시인 예약완결권의 행사가 있으면 상대방의 승낙을 받을 필요 없이
본계약을 성립시키는 일방 또는 쌍방예약설이라는 견해(통설)와 예약권자
가 본계약의 청약을 하면 상대방이 승낙하여야 할 의무를 부담하는 편무
또는 쌍무예약설이라는 견해의 대립이 있음.

(2) 정지조건부 대물변제계약

정지조건부 대물변제계약은 변제기에 채무의 이행이 없는 경우 목적물의
소유권이 공시없이도 당연히 채권자에게 이전되는 유형인데, 민법은 물권
변동과 관련하여 성립요건주의를 취하고 있으므로 이러한 대물변제계약은
무효이다. 단, 무효행위의 전환에 의해 진정한 의미의 대물변제예약으로
해석될 수는 있다.

▣ 핵심판례 ▣

■ [대물변제]

1. 대물변제의 경우 민법 제607조, 제608조가 적용되는지 여부(소극)

채무자가 채권자 앞으로 차용물 아닌 다른 재산권을 이전한 경우에 있어 그 권리
의 이전이 채무의 이행을 담보하기 위한 것이 아니고 그 채무에 갈음하여 상대방
에게 완전히 그 권리를 이전하는 경우 즉 대물변제의 경우에는 가사 그 시가가
그 채무의 원리금을 초과한다고 하더라도 민법 제607조, 제608조가 적용되지 아니
한다(1992. 2. 28. 제3부 판결, 91다25574 부동산소유권이전등기등).

2. 가집행선고에 기한 강제집행을 면하기 위하여 대물변제가 이루어졌으나
그 후 가집행선고가 실효되고 본래의 채무가 존재하지 않음이 밝혀진 경
우 대물변제의 효력 유무(소극)

가집행선고에 기한 강제집행이 종료된 경우 그 후 가집행선고가 실효되더라도 강
제집행의 효력이 여전히 유지되는 것은 그것이 집행 당시에는 유효하였던 채무명
의의 집행력에 기한 강제집행의 결과일 뿐만 아니라 강제집행의 결과 이해관계를
맺게 되는 제3자를 보호할 필요가 있기 때문이고, 이와 같은 채무명의에 기한 강
제집행이 아닌 채무자가 가집행선고에 기한 강제집행을 면하기 위하여 채권자의
승낙을 얻어 한 대물변제의 경우에는 그와 같은 필요성이 있다고 할 수 없으므로
가집행선고가 실효되고 원래의 채무가 존재하지 않음이 밝혀진 경우에까지 그 대
물변제를 유효한 것으로 인정할 수는 없다(1993. 4. 23. 제3부 판결, 92다19163 소
유권이전등기말소등).

3. 가. 부동산으로 대물변제하는 경우 부동산의 취득시기(=소유권이전등기
　시)및 대물변제약정의 일부만이 이행된 경우 일부에 관하여 유효한
　변제가 되는지 여부(적극)

대물변제는 채무자가 채권자의 승낙을 얻어 본래의 채무의 이행에 갈음하여
다른 급여를 현실적으로 한 때에 변제와 같은 효력이 있는 것으로서 다른 급
여가 부동산의 소유권을 이전하는 것일 때에는 소유권이전등기를 하여야만
대물변제가 성립되어 본래의 채무가 소멸하는 것이므로 채권자의 입장에서는
소유권이전등기된 날이 부동산의 취득일이 되는 것이고, 채무자가 채권자와
대물변제하기로 약정하였던 급여의 일부만을 이행하는 경우에도 채권자가 이
를 수령하면 채무의 일부에 관하여 유효한 변제를 한 것으로 보아야 한다.

　나. 대물변제약정에 따른 급여의 일부이행으로 소유권이전등기된 토지에
　관하여 취득시기를 소유권이전등기일로 보지 아니하고 대물변제 대상
　토지를 최종적으로 확정 정산한 날로 본 원심판결을 위법하다고 하여
　파기한 사례

대물변제약정에 따른 급여의 일부이행으로 소유권이전등기된 토지에 관하여
취득시기를 소유권이전등기일로 보지 아니하고 대물변제 대상토지를 최종적
으로 확정·정산한 날로 본 원심판결을 위법하다고 하여 파기환송한다(1993.
5. 11. 제2부 판결, 92누11602 법인세등부과처분취소).

4. 가. 채권자 앞으로 경료된 소유권이전등기가 대물변제조인가 종전채무의
　담보조인가의 구별기준

채무와 관련하여 채무자 소유의 부동산이 채권자 앞으로 소유권이전등기가
경료된 경우, 그것이 대물변제조로 이전된 것인가, 아니면 종전채무의 담보를
위하여 이전된 것인가의 문제는 소유권이전 당시의 당사자 의사해석에 관한
문제인 것이고, 이 점에 관하여 명확한 증명이 없는 경우에는(담보목적임을
주장하는 측에 그 입증책임이 있다) 소유권이전 당시의 채무액과 부동산의
가액, 채무를 지게 된 경위와 그 후의 과정(가등기의 경료관계), 소유권이전
당시의 상황, 그 이후에 있어서의 부동산의 지배 및 처분관계 등 제반 사정
을 종합하여 담보목적인지 여부를 가려야 할 것이다.

　나. 임야에 관하여 채권자 앞으로 경료된 소유권이전등기가 양도담보가
　아닌 대물변제로 인한 것이라고 판단한 원심판결에 양도담보에 관한
　법리오해 및 심리미진의 위법이 있다는 이유로 파기한 사례

임야에 관하여 채권자 앞으로 경료된 소유권이전등기가 양도담보가 아닌 대
물변제로 인한 것이라고 판단한 원심판결에 양도담보에 관한 법리오해 및 심
리미진의 위법이 있다는 이유로 파기환송한다(1993. 6. 8. 제1부 판결, 92다
19880 소유권이전등기말소).

5. 기존채무가 소멸된 후에 예약된 대물변제계약에 기한 부동산소유권이전등기청구의 가부

대물변제는 본래의 채무에 갈음하여 다른 급여를 현실적으로 하는 때에 성립되는 요물계약이므로, 다른 급여가 부동산의 소유권이전인 때에는 등기를 완료하여야만 대물변제가 성립되어 기존채무가 소멸되는 것이므로 대물변제계약이 효력을 발생하기 전에 채무의 본지에 따른 이행으로 기존채무가 소멸되고 난 뒤에는 대물변제예약 당사자간에 예약된 대물변제 계약으로서는 부동산소유권이전등기청구를 할 수 없다(대법원 1987. 10. 26. 선고 86다카1755 판결).

6. 가. 부동산으로 대물변제한 본래의 채무가 존재하지 않았던 경우 대물변제가 무효로서 소유권이 이전되는 효과가 발생하지 않는지 여부

채무자가 채권자의 승낙을 얻어 본래의 채무이행에 갈음하여 부동산으로 대물변제를 하였으나 본래의 채무가 존재하지 않았던 경우에는, 당사자가 특별한 의사표시를 하지 않은 한 대물변제는 무효로서 부동산의 소유권이 이전되는 효과가 발생하지 않는다.

나. 갑이 을에 대한 채무의 대물변제로 을에 대한 채권을 갖고 있는 병에게 직접 소유권이전등기를 경료하였지만 대물변제한 본래의 채무인 갑의 을에 대한 채무가 존재하지 아니하였기 때문에 그 부동산의 소유권이 갑으로부터 병에게 이전되는 것은 아니라고 본 사례

갑이 을에 대한 채무의 이행에 갈음하여 부동산으로 대물변제하려 하자, 을은 자신도 병에 대하여 채무를 부담하고 있기 때문에 그 소유자인 갑 및 병과 사이에 갑 명의로부터 직접 병 명의로 소유권이전등기를 경료하기로 합의하여 소유권이전등기를 경료한 경우, 갑이 을에게 대물변제한 본래의 채무인 갑의 을에 대한 채무가 존재하지 않는 것이라면, 병이 을에 대하여 채권을 가지고 있었다고 하더라도, 위 부동산의 소유권이 갑으로부터 병에게 이전되는 것은 아니라고 본 사례(대법원 1991. 11. 12. 선고 91다9503 판결).

7. 담보목적으로 대물변제예약 체결 후 기존 채무가 소멸된 경우, 대물변제계약에 기한 부동산소유권이전등기 청구의 가부(소극)

도급계약과 관련된 대물변제예약에 있어서와 같이 공사대금의 지급에 갈음하여 부동산을 대물변제받기로 하는 약정은 채권보전을 위한 담보방법으로 행하여진 것으로 보아야 할 것이므로, 채무자가 채무의 본지에 따른 이행을 함으로써 기존의 채무가 소멸되고 난 뒤에는 채권자는 그와 같은 약정에 기한 부동산소유권이전등기를 청구할 수 없다(대법원 1997. 4. 25. 선고 96다32133 판결).

8. 선급금의 대물변제를 위해 도급인이 수급인 회사의 임직원들에게 이른바 3자간 등기명의신탁에 의한 방법으로 부동산소유권을 이전한 경우 대물변제의 효력이 발생할 수 있는지 여부(소극)

대물변제가 채무소멸의 효력을 발생하려면 채무자가 본래의 이행에 갈음하여 행하는 다른 급여가 현실적인 것이어야 하며 그 경우 다른 급여가 부동산소유권의 이전인 때에는 그 부동산에 관한 물권변동의 효력이 발생하는 등기를 경료하여야 하는바, 부동산실권리자명의등기에관한법률에 의하면 이른바 3자간 등기명의신탁의 경우 같은 법에서 정한 유예기간 경과에 의하여 기존 명의신탁약정과 그에 의한 등기가 무효로 되고, 이 경우 수탁자가 제3자에게 신탁부동산에 대한 처분행위를 한 경우 3자간 등기명의신탁에 의한 소유권이전등기의 무효로써 제3자에게 대항할 수 없다고 하더라도(부동산실권리자명의등기에관한법률 제4조 제3항), 당초의 약정에 따른 신탁자에 대한 소유권이전등기의무가 이행된 것으로는 볼 수 없다(대법원 2003. 5. 16. 선고 2001다27470 판결).

9. 채무자가 채권자에게 채무변제와 관련하여 다른 채권을 양도하는 행위의 효력 및 그 양도채권의 변제에 관한 주장·입증 책임의 소재

채무자가 채권자에게 채무변제와 관련하여 다른 채권을 양도하는 것은 특단의 사정이 없는 한 채무변제를 위한 담보 또는 변제의 방법으로 양도되는 것으로 추정할 것이지 채무변제에 갈음한 것으로 볼 것은 아니어서, 채권양도만 있으면 바로 원래의 채권이 소멸한다고 볼 수는 없는 것이고 채권자가 양도받은 채권을 변제받음으로써 그 범위 내에서 채무자가 면책되는 것이므로, 양도 채권의 변제에 관하여는 기존채무의 채무자에게 주장·입증책임이 있다(대법원 1995. 12. 22. 선고 95다16660 판결).

10. 채무를 담보하기 위하여 체결된 집합채권의 양도예약이 당연히 대물변제의 예약으로서의 성질을 갖는 것인지 여부(소극)

채무를 담보하기 위하여 체결된 집합채권의 양도예약이 당연히 대물변제의 예약으로서의 성질을 갖는 것이라고 할 수는 없고, 당사자의 계약내용이 장차 선택권과 예약완결권의 행사로 채권양도의 효력이 발생하는 경우에 그 채권이 다른 채무의 변제를 위한 담보로 양도되는 것을 예정하고 있는지 또는 다른 채무의 변제에 갈음하여 양도되는 것을 예정하고 있는지에 따라 집합채권의 양도담보의 예약 또는 대물변제의 예약으로서의 성질을 가질 수 있고, 그 계약내용이 명백하지 아니한 경우에는 일반적인 채권양도에서와 마찬가지로 특별한 사정이 없는 한 채무변제를 위한 담보로 양도되는 것을 예정하고 있는 집합채권의 양도담보의 예약으로 추정된다(대법원 2003. 9. 5. 선고 2002다40456 판결).

11. 기존 채무의 이행을 위하여 제3자 발행의 어음을 교부한 경우의 법률관계

기존 채무의 이행에 관하여 채무자가 채권자에게 어음을 교부할 때의 당사자의 의사는 기존 원인채무의 '지급에 갈음하여', 즉 기존 원인채무를 소멸시키고 새로운 어음채무만을 존속시키려고 하는 경우와, 기존 원인채무를 존속시키면서 그에 대한 지급방법으로서 이른바 '지급을 위하여' 교부하는 경우 및 단지 기존 채무의 지급 담보의 목적으로 이루어지는 이른바 '담보를 위하여' 교부하는 경

우로 나누어 볼 수 있는데, 당사자 사이에 특별한 의사표시가 없으면 어음의 교부가 있다고 하더라도 이는 기존 원인채무는 여전히 존속하고 단지 그 '지급을 위하여' 또는 그 '담보를 위하여' 교부된 것으로 추정할 것이며, 따라서 특별한 사정이 없는 한 기존의 원인채무는 소멸하지 아니하고 어음상의 채무와 병존한다고 보아야 할 것이고, 이 경우 어음상의 주채무자가 원인관계상의 채무자와 동일하지 아니한 때에는 제3자인 어음상의 주채무자에 의한 지급이 예정되고 있으므로 이는 '지급을 위하여' 교부된 것으로 추정하여야 한다(대법원 1996. 11. 8. 선고 95다25060 판결).

12. 기존채무의 이행을 위하여 수표를 교부한 경우의 법률관계

채무자가 채권자에게 기존채무의 이행에 관하여 수표를 교부하는 경우 다른 특별한 사정이 없는 한 이는 '지급을 위하여' 교부된 것으로 추정할 것이고, 따라서 기존의 원인채무는 소멸하지 아니하고 수표상의 채무와 병존한다고 보아야 한다(대법원 2003. 5. 30. 선고 2003다13512 판결).

13. 대물변제약정에 의하여 소유권을 이전받을 지위에 있는 자가 등기 경료 전에 당해 부동산을 인도받아 이를 제3자에게 임대한 경우, 소유명의자가 위 제3자에게 소유권에 기한 물권적 청구권 또는 부당이득반환청구권을 행사할 수 있는지 여부(소극)

토지의 매수인이 아직 소유권이전등기를 경료받지 아니하였다 하여도 매매계약의 이행으로 그 토지를 인도받은 때에는 매매계약의 효력으로서 이를 점유·사용할 권리가 생기게 된 것으로 보아야 하고, 또 매수인으로부터 위 토지를 다시 매수한 자는 위와 같은 토지의 점유사용권을 취득한 것으로 봄이 상당하므로 매도인은 매수인으로부터 다시 위 토지를 매수한 자에 대하여 토지소유권에 기한 물권적 청구권을 행사하거나 그 점유·사용을 법률상 원인이 없는 이익이라고 하여 부당이득반환청구를 할 수는 없다고 할 것인바, 이러한 법리는 대물변제 약정에 의하여 매매와 같이 부동산의 소유권을 이전받게 되는 자가 이미 당해 부동산을 점유·사용하고 있거나, 그로부터 다시 이를 임차하여 점유·사용하고 있는 경우에도 마찬가지로 적용된다(대법원 2001. 12. 11. 선고 2001다45355 판결).

14. 기존 채무의 이행에 관하여 채무자가 채권자에게 어음을 교부하였는데 그 어음상의 주채무자가 원인관계상의 채무자와 동일하지 않은 경우, 그 어음이 기존 원인채무의 '지급을 위하여' 교부된 것으로 추정되는지 여부(원칙적 적극)

기존 채무의 이행에 관하여 채무자가 채권자에게 어음을 교부할 때의 당사자의 의사는 기존 원인채무의 '지급에 갈음하여', 즉 기존 원인채무를 소멸시키고 새로운 어음채무만을 존속시키려고 하는 경우와, 기존 원인채무를 존속시키면서 그에 대한 지급방법으로서 이른바 '지급을 위하여' 교부하는 경우 및 단지 기존 채무의

지급 담보의 목적으로 이루어지는 이른바 '담보를 위하여' 교부하는 경우로 나누
어 볼 수 있는데, 어음상의 주채무자가 원인관계상의 채무자와 동일하지 아니한
때에는 제3자인 어음상의 주채무자에 의한 지급이 예정되어 있으므로 이는 '지급
을 위하여' 교부된 것으로 추정되지만, '지급에 갈음하여' 교부된 것으로 볼 만한
특별한 사정이 있는 경우에는 그러한 추정은 깨진다(대법원 2010. 12. 23. 선고
2010다44019 판결).

15. **채무자가 채권자에게 채무변제에 '갈음하여' 다른 채권을 양도하기로 한
 경우, 채권양도의 요건을 갖추어 대체급부가 이루어지면 원래의 채무가
 소멸하는지 여부(원칙적 적극) 및 대체급부로서 채권을 양도한 양도인이
 그 채무자의 변제자력까지 담보하는지 여부(원칙적 소극)**

채무자가 채권자에게 채무변제에 '갈음하여' 다른 채권을 양도하기로 한 경우에는
특별한 사정이 없는 한 채권양도의 요건을 갖추어 대체급부가 이루어짐으로써 원
래의 채무는 소멸하는 것이고 그 양수한 채권의 변제까지 이루어져야만 원래의
채무가 소멸한다고 할 것은 아니다. 이 경우 대체급부로서 채권을 양도한 양도인
은 양도 당시 양도대상인 채권의 존재에 대해서는 담보책임을 지지만 당사자 사
이에 별도의 약정이 있다는 등 특별한 사정이 없는 한 그 채무자의 변제자력까지
담보하는 것은 아니다(대법원 2013. 5. 9. 선고 2012다40998 판결).

◆ 채무변제의 장소의 결정방법

제 467 조 【변제의 장소】

① 채무의 성질 또는 당사자의 의사표시로 변제장소를 정하지 아니한 때에는 특정물의 인도는 채권성립 당시에 그 물건이 있던 장소에서 하여야 한다.

② 전항의 경우에 특정물인도 이외의 채무변제는 채권자의 현주소에서 하여야 한다. 그러나 영업에 관한 채무의 변제는 채권자의 현영업소에서 하여야 한다.

■ § 467. 변제의 장소

- 원　칙 : 당사자의 약정에 의함
- 특정물의 인도는 채권성립당시에 그 물건이 있던 장소에서 한다.
- 영업에 관한 채무는 영업소에서 변제한다.
- 이외의 채무는 채권자의 주소지에서 변제한다.
- 관련법조 : [특칙] 상 §56, 어음 §38②, §77①-1, 수표 §31, [채무이행지와 재판관할] 민소 §8

　변제의 장소는 명시 또는 묵시의 의사표시나 채무의 성질에 의하여 정해지는 경우가 대부분이나, 이들 표준에 의하여 정해지지 않는 경우에 관하여 민법은 보충적인 규정을 두고 있다.

　변제하여야 할 장소 이외의 장소에서의 제공은 채무의 내용에 좇은 제공이 되지 않는다는 점과 변제의 장소는 재판관할을 정하는 기준으로서도 중요한 의의를 갖는다는 점을 주의하여야 한다.

　(1) 특정물의 인도를 목적으로 하는 채무는 채권성립당시에 그 물건이 있던 장소에서 변제하여야 한다. 그러나 이 채무도 이행불능으로 손해배상채무로 변한 때에는 다음의 일반원칙에 의한다.

　(2) 특정물의 인도 이외의 급부를 목적으로 하는 채무는 채권자의 현주소에서 변제하여야 한다. 단 매매대금에 관해서는 예외가 있다. 즉 목적물의 인도

와 동시에 대금을 지급하여야 하는 때에는 그 인도장소가 지급지가 된다 (제586조).

이상의 민법의 규정은 지참채무의 원칙을 정한 것으로 해석한다. 채권자의 현재(변제를 할 때)의 주소가 변제의 장소이므로 변제기 전에 채권자가 주소를 변경한 때에는 신주소가 변제지로 된다. 또 채권이 양도된 경우에는 신채권자의 주소지가 변제의 장소라고 해석되고 있다. 채권이 양도되더라도 그 동일성을 잃지 않는다는 점, 변제지가 변제할 때의 채권자의 주소라고 하는 것이 그 이유이다.

일반론으로서는 타당할 것이나, 채권자의 주소지에서 변제한다는 특약은 특약당시의 채권자의 주소지를 특정한 곳으로 지정한 것이라고 해석하여야 하는 경우가 대부분이란 점을 주의하여야 한다.

◼ **핵심판례** ◼

■ **[변제의 장소]**

채권자가 기간을 명시하여 이행을 최고한 경우 이행지체를 이유로 하는 계약을 해제하기 위하여는 기간의 최종일에 변제의 장소에서 변제를 수령할 준비를 갖추어야 하는지 여부(적극)와 변제장소(=약정장소)

채권자가 채무자의 이행지체를 이유로 계약을 해제함에 있어 전제요건으로서 일정한 기간을 명시하여 이행을 최고한 경우 최고기간 내에 채무자의 이행 또는 이행의 제공이 없어 해제권이 발생하였다고 하기 위하여는 채권자로서는 채무자로부터의 이행일시에 관한 통지 유무에 불구하고 적어도 그 기간의 최종일에는 변제의 장소에서 변제를 수령할 준비를 갖추어야 한다고 보는 것이 상당하고, 이때 변제의 장소는 당해 계약에서 약정된 장소가 있는 경우 그 약정장소라고 할 것이다(1993. 5. 25. 제2부 판결, 92다49430 소유권이전등기).

◈ 채무변제의 시기

제 468 조【변제기 전의 변제】

당사자의 특별한 의사표시가 없으면 변제기 전이라도 채무자는 변제할 수 있다. 그러나 상대방의 손해는 배상하여야 한다.

■ § 468. 변제의 시기

- 변제의 시기 : 이행기 또는 변제기
- 당사자의 의사표시, 급부의 성질 또는 법률의 규정에 의하여 결정
- 채무의 이행은 변제기에 하는 것이 원칙
- 본조는 변제기전의 변제에 관해 하나의 규정을 두고 있음
- 관련법조 : [변제기] §152, §154, §388, [기한전 변제] §743, §477, [손해배상방법] §394

변제기는 당사자의 의사표시·채무의 성질 또는 법률의 규정에 의하여 정하여진다. 채무자가 그 채무를 변제하려면 변제기에 변제하여야 하는 것이 일반적인 원칙이다. 그러므로 변제기는 채무자의 이익을 위하여 존재하는 것이며, 채무자는 당사자의 특별한 의사표시가 없으면, 그 이익을 포기하여 기한의 도래전이라도 언제든지 변제하고 채무를 소멸시킬 수 있다. 이 경우에 채무자는 상대방의 손해를 배상하여야 한다.

▣ 핵심판례 ▣

- **[변제기 전의 변제]**

 담보조로 가등기를 경료해 주고 금원을 차용한 채무자의 변제기전의 변제에 있어서 취할 사전조치에 관한 경험칙

 자기 소유 부동산에 가등기를 경료해 주고 사채업자를 통하여 타인으로부터 금원을 차용한 채무자가 그 변제기 전에 원리금 전부를 변제할 경우에는 그 취지를 사채업자를 통하여 미리 채권자에게 알리고 담보권말소절차를 준비하도록 하는 것이 통례라 할 것이다(1983. 6. 28. 제2부 판결, 82다카742 가등기에기한본등기).

◆ 제3자에 의한 변제 및 그 제한

제 469 조 【제3자의 변제】

① 채무의 변제는 제3자도 할 수 있다. 그러나 채무의 성질 또는 당사자의 의사표시로 제3자의 변제를 허용하지 아니하는 때에는 그러하지 아니하다.

② 이해관계 없는 제3자는 채무자의 의사에 반하여 변제하지 못한다.

■ § 469. 제3자에 의한 변제의 제한

• 채무의 성질상 제3자의 변제를 허용하지 않는 것은 제3자가 변제할 수 없다.
• 당사자가 반대의 의사표시를 한 때에는 제3자는 변제하지 못한다.
• 이해관계없는 제3자는 채무자의 의사에 반하여 변제하지 못한다.
• 관련법조 : [어음참가지급] 어음 §55, §59, §63, §77①-5

본조는 채무자 이외의 제3자의 변제를 규정한 것이다.

·민법상 변제자 보호규정

1. 무권한자에 대한 변제의 보호규정
 1) 채권의 준점유자에 대한 변제(제470조)
 2) 영수증 소지자에 대한 변제(제471조)
 3) 증권적 채권의 증서소지인에 대한 변제(제514조, 제518조, 제524조, 제525조)
2. 입증자료에 관한 보호규정
 1) 영수증 청구권(제474조)
 2) 채권증서 반환청구권(제475조)
3. 대위에 의한 보호규정(제480조 내지 제486조)
4. 채권자의 협력의무에 의해 보호(제400조 내지 제403조 참조)
 채권자에게 수령의무가 있느냐에 관해 명확한 규정이 없이 학설이 대립하나 긍정설에 의해 수령의무가 있다면 간접적으로 변제자가 보호된다 (긍정설이 다수설).

1. 의 의

제3자의 변제라 함은 제3자가 타인(채무자)의 채무를 변제하는 것을 말한다. 원래 채무를 변제하여야 할 자는 채무자이고, 또 채무자가 변제를 할 수 있는 자인 것은 당연하다. 즉 채무자는 변제를 하여야 할 의무를 지는 동시에 변제를 할 수 있는 권한을 가진다. 급부의 가치가 채무자에게 의존하는 경우(예컨대, 예술품의 제작·배우의 연기, 혹은 법률에 명문으로 금지되어 있는 경우)를 제외하고, 채무자는 이른바 이행보조자를 사용하여 스스로 변제를 하고, 또 경우에 따라서는 이른바 이행대행자, 즉 채무자를 갈음하여 급부를 실현하는 자에 의하여 변제할 수 있으며 급부가 법률행위인 경우에는 대리인에 의하여 변제할 수 있음은 물론이다.

이상의 경우는 모두 채무자의 변제로 파악된다. 이에 대하여 제3자의 변제는 위에서 말한 바와 같이 제3자가 타인으로서 채무를 변제하는 것이다. 채권자는 채무자의 급부에 대하여 채권의 목적을 달성하는 것이므로 채무자의 급부로 인하여 초래되는 결과를 수령할 수 있는 것을 그 이익으로 하는 것이다. 채무자 이외의 자의 행위로서 급부의 결과를 실현시킬 수 있는 경우에는 제3자의 변제를 허용하더라도 채권자의 이익을 해하는 일은 전혀 없다.

결국에는 채무자로서도 변제하여야 하는 책임을 부담하고 있는 것이기 때문에 제3자가 채무자를 갈음하여 변제하면 그 후에 제3자는 채무자에 대하여 구상권을 취득한다. 따라서 민법은 원칙적으로 제3자도 변제할 수 있는 것으로 하고 있다.

2. 제3자의 변제를 허용하지 않는 경우

우리 민법은 제3자도 변제를 할 수 있는 것을 원칙으로 하면서 이에 대해 폭넓은 예외를 인정하여 입법상의 타당성을 결하고 있다.

① 채무의 성질상 제3자의 변제를 허용하지 않는 것(일신전속적 급부), 예컨대 예술품의 제작·배우의 연기 등은 제3자가 변제하지 못한다.

② 당사자가 반대의 의사표시를 한 때에는 제3자는 변제하지 못한다.

③ 이해관계 없는 제3자는 채무자의 의사에 반하여 변제하지 못한다. 즉 채무의 변제에 관하여 법률상의 이행관계가 있는 제3자, 예컨대 물상보증

인, 담보부동산의 제3취득자 등은 채무자의 의사 여하에 관계없이 유효한 변제를 할 수 있으나, 이해관계 없는 제3자는 채무자의 의사에 반하여 유효한 변제를 할 수 없게 하고 있는 것이다.

제3자의 변제에 있어서 채무자의 의사를 어떻게 볼 것인가에 대한 입법례는 다음과 같이 나뉜다.

독일민법(제267조)은 채무자가 이의를 제출하는 때에 채권자가 제3자의 변제의 수령을 거절할 수 있는 권리를 인정하고, 프랑스민법(제1326조, 제1327조)은 이해관계없는 제3자에게 변제에 의한 대위를 인정하지 않으며, 스위스채무법(제68조)은 아무런 제한도 규정하지 않았다.

우리 현행민법은 구민법을 그대로 본받은 것이다. 그러나 채무면제를 단독행위로 한 점(제506조)과 채무자의 의사에 반한 보증의 성립을 인정한 점(제444조) 등과 일관성이 없어 입법론으로서는 고려할 여지가 있음은 위에서 본 바이다.

3. 제3자의 변제의 효과

제3자의 변제가 유효하면 채권이 소멸한다. 변제한 제3자는 채무자에 대해 구상권을 가지게 되는데 위임관계가 있는 경우에는 수임인의 비용상환청구권을 행사할 수 있고(제688조), 위임관계가 없는 경우에는 사무관리에 따른 비용상환청구권을 갖게 된다(제739조). 그런데 제3자가 채무자에 대해 구상권을 가지는 경우 이러한 구상권의 확보를 위해 변제에 의해 소멸되어야 할 채권과 이에 수반되는 담보권은 변제자 대위에 의하여 변제자에게 이전된다.

따라서 채권이 제3자의 유효한 변제에 의하여 소멸한다는 것은 채권자와 채무자 사이에서만 상대적으로 소멸되는 것임을 유의할 필요가 있다. 이렇게 대위권을 가지면 변제자가 종전의 채권을 행사할 수 있게 되는 것이다. 반면, 제3자의 변제제공을 채권자가 정당한 이유없이 거절하면 수령지체에 빠지게 된다.

▣ 핵심판례 ▣

■ [제3자의 변제]

1. 가. 채무자의 의사에 반하여 변제할 수 있는 이해관계 있는 제3자의 의미

 이해관계 있는 제3자는 채무자의 의사에 반하여 변제할 수 있고, 여기서의 이해관계 있는 제3자란 법률상 이해관계 있는 제3자를 말한다.

 나. 채무담보 목적의 가등기가 경료되어 있는 부동산을 시효취득하였으나 그 등기를 경료하지 못하고 있던 자가 청산절차를 거치지 아니하고 위 가등기에 기하여 본등기를 경료한 채권자에게 위 채무를 변제할 수 있는 이해관계 있는 제3자에 해당하는지 여부(적극)

 채무담보 목적의 가등기가 경료되어 있는 부동산을 시효취득하여 소유권이전등기청구권을 취득한 자가 그 등기를 경료하지 못하던 중에 채권자가 청산절차를 거치지 아니하고 위 가등기에 기하여 본등기를 경료하였다면 그는 부동산 소유자에 대한 소유권이전등기청구권을 보전하기 위하여 위 소유자를 대위하여 그의 채권자에게 위 채무를 변제할 법률상의 권한이 있어 이해관계 있는 제3자에 해당한다(1991. 7. 12. 제3부 판결, 90다17774 건물철거등, 90다17781(반소) 소유권이전등기말소).

2. 제3자를 이행보조자로 사용하여 대위변제할 수 있는지 여부(적극)

 채무의 변제는 원칙적으로 채무자뿐만 아니라 제3자도 할 수 있고, 채무의 성질상 반드시 변제자 본인의 행위에 의해서만 가능한 것이 아닌 이상 제3자를 이행보조자 내지 이행대행자로 사용하여 대위변제할 수도 있다(대판 2001. 6. 15, 99다13515).

3. 건물의 매수인 겸 임차인이 건물의 공사금채무의 변제에 대하여 채무를 변제할 이해관계 있는 제3자이자 변제할 정당한 이익이 있는 자에 해당한다고 본 사례

 건물을 신축한 자가 건물을 매도함과 동시에 소유권이전등기 전까지 그 건물을 매수인에게 임대하기로 하였는데 그 건물의 건축공사수급인이 공사금 일부를 지급받지 못하였다는 이유로 건물의 매수인 겸 임차인의 입주를 저지하자 건물의 매수인 겸 임차인이 매도인에게 지급할 매매대금의 일부를 건축공사수급인에게 공사금채무 변제조로 지급한 경우, 건물의 매수인 겸 임차인은 그 권리실현에 장애가 되는 위 수급인의 건물에 대한 유치권 등의 권리를 소멸시키기 위하여 매도인의 공사금채무를 대신 변제할 법률상 이해관계 있는 제3자이자 변제할 정당한 이익이 있는 자라고 볼 것이므로 위 변제는 공사금채무의 범위 내에서는 매도인의 의사에 반하여도 효력이 있다(1993. 10. 12. 제1부 판결, 93다9903 건물명도, 93다9910 소유권이전등기).

4. 채권가압류가 경합된 경우에 제3채무자가 전부채권자에게 한 변제의 효력

채권가압류가 경합되어 그 중 한사람이 본압류로 이전하는 압류 및 전부명령을 먼저 받고 다른 사람이 채권압류와 추심명령을 받은 경우에 제3채무자가 전부채권자에게 한 변제는 민사소송법 제561조 제1항에 위반하여 제3채무자가 자기의 채권자에게 변제한 경우이므로 동 조항의 지급금지명령이 존속되고 있는 한 피압류채권의 소멸을 주장할 수 없다고 하겠으나 자기의 채권자에 대한 관계에 있어서는 원래 채권압류(가압류포함)가 경합되어 있는 경우 그 압류채권자 중의 한사람에게 되어진 전부명령은 무효이지만 제3채무자가 선의 무과실로 전부채권자에게 변제하면 이는 채권의 준점유자에 대한 변제로서 유효하고 또 일반적인 경우에 있어서 무효인 전부명령에 의하여 채권자에게 변제한 때에는 선의, 무과실이라고 할 것이다(대판 1987. 12. 22, 87다카2015).

5. 이해관계없는 제3자의 대위변제에 있어 채무자의 의사에 반하는지 여부의 판단

이해관계없는 제3자의 대위변제가 채무자의 의사에 반하는지의 여부를 가림에 있어서 채무자의 의사는 제3자가 변제할 당시의 객관적인 제반사정에 비추어 명확하게 인식될 수 있는 것이어야 하며 함부로 채무자의 반대의사를 추정함으로써 제3자의 변제효과를 무효화시키는 일은 피하여야 한다(대법원 1988.10.24. 선고 87다카1644 판결).

6. 부동산의 매수인이 그 부동산에 대한 담보권 등의 권리를 소멸시키기 위하여 매도인의 채무를 대신 변제할 법률상 이해관계 있는 제3자인지 여부

부동산의 매수인은 그 권리실현에 장애가 되는 그 부동산에 대한 담보권 등의 권리를 소멸시키기 위하여 매도인의 채무를 대신 변제할 법률상 이해관계 있는 제3자라고 볼 것이다(대법원 1995. 3. 24. 선고 94다44620 판결).

7. 채권자가 변제를 수령하면서 제3자가 타인의 채무를 변제하는 것이라는 사실을 인식한 경우 타인의 채무변제라는 지정이 있었다고 볼 수 있는지 여부(적극)

민법 제469조에 정한 바에 따라 채무의 변제는 제3자도 할 수 있는 것인바, 제3자가 타인의 채무를 변제하여 그 채무를 소멸시키기 위하여는 제3자가 타인의 채무를 변제한다는 의사를 가지고 있었음을 요건으로 하고 이러한 의사는 타인의 채무변제임을 나타내는 변제지정을 통하여 표시되어야 할 것이지만, 채권자가 변제를 수령하면서 제3자가 타인의 채무를 변제하는 것이라는 사실을 인식하였다면 타인의 채무변제라는 지정이 있었다고 볼 수 있다(대법원 2010. 2. 11. 선고 2009다71558 판결).

8. 선박대리점이 선박소유자 등을 대리하여 체결한 계약에서 발생한 채무를 자신의 재산을 출연하여 대신 변제하기로 한 약정의 법적 성질 및 위 약

정에 따른 선박대리점의 변제가 '제3자의 변제'에 해당하는지 여부(원칙적 적극)

선박대리점이 선박소유자 등을 대리하여 선박의 항해에 필요한 계약을 체결하는 것은 통상 상법 제87조 소정의 대리상의 지위에서 하는 것이다. 그러나 선박대리점은 선박소유자 등의 상업사용인이 아니라 독자적으로 영리를 추구하는 독립한 상인으로서 자신의 명의로 영업을 영위하는 것으로서, 선박대리점이 선박소유자 등과 사이에 그러한 계약으로부터 발생한 채무를 선박소유자 등을 대신하여 자신의 재산을 출연하여 변제하기로 한 경우 그 법적 성질은 특별한 사정이 없는 한 이행인수약정으로 보아야 한다. 그리고 선박대리점이 이러한 이행인수약정에 따라 자신의 재산을 출연하여 한 변제는 선박소유자 등의 대리인으로서 한다는 점을 밝히는 등 본인의 변제라고 평가되어야 할 만한 사정이 없는 한 민법 제469조에서 정하는 '제3자의 변제'에 해당한다고 봄이 상당하다(대법원 2012. 7. 16. 자 2009마461 결정).

◆ 채권의 준점유자에게 한 변제의 효력발생요건

제 470 조【채권의 준점유자에 대한 변제】

채권의 준점유자에 대한 변제는 변제자가 선의이며 과실없는 때에 한하여 효력이 있다.

■ § 470. 채권의 준점유자에 대한 변제

• 채권의 준점유자 : 채권의 사실상 양수인, 표현상속인, 예금증서 기타의 채권
 증서와 인장을 소지하는 자, 위조한 영수증을 제시하여 변
 제받은 자
• 변제자가 선의, 무과실인 경우에는 유효하다.
• 관련법조 : [어음, 수표의 경우] 어음 §40③, §77①-3, 수표 §35, [유사규정] 상
 §43

1. 요 건

(1) 채권의 준점유자

채권의 준점유자라 함은 채권을 사실상 행사하는 자를 말한다. 따라서 일반거래관념상 타인으로 하여금 채권자라고 믿게 할만한 외관을 갖추고 있는 자가 이에 해당한다.

반드시 채권증서를 점유하고 있어야 하는 것이 아니며, 또한 채권자로서의 행위를 계속할 필요도 없다. 예컨대 채권의 사실상의 양수인·표현상속인·무기명채권증서의 소지인, 예금증서 기타의 채권증서와 그 변제를 수령함에 필요한 인장을 소지한 자, 위조된 영수증의 소지자(제471조의 영수증소지자에 대한 변제는 진정한 영수증소지자만을 의미하므로 위조된 영수증소지자는 제470조 즉 채권의 준점유자에 대한 변제로서 보호됨) 등은 모두 여기에서 말하는 이른바 채권의 준점유자이다.

【쟁점사항】

<채권자의 대리인이라고 하면서 채권을 행사하는 경우에도 채권의 준점유자에 해당하는지 여부>

가. 민법 제470조에 정하여진 채권의 준점유자라 함은, 변제자의 입장에서 볼 때 일반의 거래관념상 채권을 행사할 정당한 권한을 가진 것으로 믿을 만한 외관을 가지는 사람을 말하므로 준점유자가 스스로 채권자라고 하여 채권을 행사하는 경우뿐만 아니라 채권자의 대리인이라고 하면서 채권을 행사하는 때에도 채권의 준점유자에 해당한다.

나. 예금주의 대리인이라고 주장하는 자가 예금주의 통장과 인감을 소지하고 예금반환청구를 한 경우, 은행이 예금청구서에 나타난 인영과 비밀번호를 신고된 것과 대조 확인하는 외에 주민등록증을 통하여 예금주와 청구인의 호주가 동일인이라는 점까지 확인하여 예금을 지급하였다면 이는 채권의 준점유자에 대한 변제로서 유효하다(대판 2004. 4. 23, 2004다5389).

(2) 변제자의 선의·무과실

채권의 준점유자에 대한 변제가 유효하려면 변제자가 선의·무과실이어야 한다. 즉 변제자가 준점유자에게 수령권한이 있다고 믿어야 하고, 그렇게 믿은 데에 과실이 없어야 한다.

여기서 '선의'란 소극적으로 변제수령권한이 없음을 알지 못한 것이 아니라 적극적으로 준점유자에게 변제수령권한이 있다고 믿은 것을 의미한다. 따라서 선의의 요건이 일반적인 경우보다 강화되어 있다. 여기서 선의 및 무과실의 입증책임이 누구에게 있는지가 문제되는데 학설은 제470조의 규정취지상 변제자의 악의 및 과실에 대한 증명책임은 채권자가 부담한다는 견해와 규정형식상 변제의 유효를 주장하는 자가 부담한다는 견해가 대립하고 있다. 이와 관련하여 판례는 '변제자'가 선의 및 무과실의 입증책임을 부담한다고 한다(대판 2002. 8. 27. 2002다31858). "채권가압류나 압류가 경합되어 전부명령이 무효인데 제3채무자가 고문변호사에게 전화로 법률관계를 문의하면서 그 압류의 경합상태 등에 관하여 제대로 설명하지 못한 채 제3채권자들의 압류금액 등을 제외하고도 지급할 채권액이 있다는 취지로 질의를 하고 이를 기초로 한 고문변호사의 답변을 들은 후 전부채권자에게

전부금을 변제한 경우, 그 법률관계 문의과정에서 사실관계에 대한 설명과 자료의 제공을 제대로 하지 못한 제3채무자 때문에 고문변호사도 충분한 자료검토와 신중한 판단을 하지 못하게 되어 잘못된 답변을 함으로써 이를 참고로 제3채무자가 전부금을 지급하기로 결정한 것이어서 제3채무자에게 과실이 있다는 이유로 그 변제의 효력을 부인한 판례(대판 2000. 10. 27. 200다23006)가 있다.

또한 예금증서와 인장이 위조된 경우처럼 채권자에게 아무런 귀책사유가 없는 경우에도 변제자가 선의·무과실로 변제하면 그 변제가 유효한가가 문제되는데, 통설과 판례는 채권자의 귀책사유를 따로 요구하지 않는다.

즉,「채권의 준점유자가 될 수 있는가의 여부는 오로지 채권자임을 사칭하는 자에 있어서 한 행위가 변제자의 입장에서 볼 때에 사회일반의 거래관념상 진실한 채권을 가진 자라고 믿을 만한 외관을 구비하였는가의 여부로써 결정하여야 할 것이므로 채권자임을 사칭한 자가 채권자의 인장 및 채권자명의를 문서를 위조하여 그로 인하여 유죄의 판결을 받았다 하여도 그 유죄판결을 받았다는 사실만으로써는 채권의 준점유가 아니라고 할 수 없다」(대판 1963. 10. 10. 63다384)고 판시했다.

2. 효 과

준점유자에 대한 변제가 유효한 때에는 그로 인하여 채권은 소멸하고, 채무자는 채무를 면한다. 따라서 변제자는 점유자에 대하여 변제한 것의 반환을 청구할 수 없다. 다만 진정한 채권자만이 수령자에 대하여 부당이득의 반환청구권을 취득할 뿐이다(통설). 이에 대하여 제470조의 취지는 선의, 무과실의 변제자를 보호하고자 하는 것이지 표현수령권자에게 적극적으로 급부를 보유케 하려는 것은 아니므로 채무자는 표현수령권자에게 부당이득반환청구권을 행사할 수 있으며, 따라서 반환을 받게 되면 진정한 채권자에게 다시 변제를 하여야 한다는 견해도 존재한다.

▣ 핵심판례 ▣

■ [채권의 준점유자에 대한 변제]

1. **정기예금거래약관 중 예금 지급시 예금청구서에 날인된 인감과 암부호를 이미 계출한 것과 대조하여 틀림없다고 인정하고 취급한 경우에는 어떤 경우에도 유효한 것으로 보기로 하는 특약이, 은행이 통상의 주의를 다하지 못한것으로 인정된 경우에까지 은행의 면책을 인정하는 근거가 될 수 있는지 여부(소극)**

 정기예금거래약관에 예금 지급시 예금청구서에 날인된 인감과 암부호를 이미 계출한 것과 대조하여 틀림없다고 인정하고 취급한 경우에는 어떤 경우에도 유효한 취급으로 보기로 하는 특약이 있다 하더라도 이러한 특약이 은행이 통상의 주의를 다하지 못한 것으로 인정된 경우에까지 은행의 면책을 인정하는 근거가 될 수는 없다(1992. 6. 23. 제2부 판결, 91다14987 정기예금).

2. **교통사고 피해자의 호적부상 표현상속인과 손해배상에 관한 합의를 하였으므로 친생자관계부존재확인의 소에 의하여 피해자의 상속인으로 새로 확정된 자들의 청구에 응할 수 없다는 가해자의 주장에 채권의 준점유자에 대한 변제의 법리에 따른 면책주장이 포함되었다고 본 사례**

 가해자가 교통사고로 사망한 피해자의 호적부상 상속인에게 사고로 인한 손해배상금으로 금원을 지급하고, 그와 그 나머지 손해배상채권을 포기하고 민·형사상 합의를 하였으므로, 친생자관계부존재확인의 소에 의하여 새로 피해자의 상속인으로 확정된 자들의 청구는 이유 없다는 가해자의 주장 속에는 호적부상 상속인에 대한 가해자의 변제 및 손해배상채권 포기의 합의는 표현상속인과의 합의로서 채권의 준점유자에 대한 변제의 법리에 따라 유효하여 가해자는 위 사고로 인한 손해배상책임에서 면책되어야 한다는 주장이 포함된 것으로 보아야 한다고 한 사례(1995. 3. 17. 제3부 판결, 93다32996 손해배상(자)).

3. **금융실명제 이후 예금명의자가 아니고 예금통장도 소지하지 않은 예금행위자는 예금채권의 준점유자에 해당하는지 여부(소극)**

 구 금융실명거래및비밀보장에관한긴급재정경제명령(1993. 8. 13. 대통령긴급재정경제명령 제16호, 폐지) 제3조 제1항은 "금융기관은 거래자의 실지명의에 의한 금융거래를 하여야 한다."고 규정하고 있으므로, 금융기관에 예금을 하고자 하는 자는 원칙적으로 직접 주민등록증과 인감을 지참하고 금융기관에 나가 자기 이름으로 예금을 하여야 하나, 대리인이 본인의 주민등록증과 인감을 가지고 가서 본인의 이름으로 예금하는 것이 허용된다고 하더라도, 이 경우 금융기관으로서는 자기가 주민등록증을 통하여 실명확인을 한 예금명의자를 위 재정명령 제3조에서 규정한 거래자로 보아 그와 예금계약을 체결할 의도를 가지고 있었다고

보아야 하므로, 예금명의자가 아니고 예금통장도 소지하지 않은 예금행위자에 불과한 자는 금융실명제가 시행된 후에는 극히 예외적인 특별한 사정이 인정되지 않는 한 예금채권을 준점유하는 자에 해당될 수가 없다(대법원 2002. 6. 14. 선고 2000다38992 판결).

4. 효력규정인 강행법규에 위반되는 계약을 체결한 자가 그 약정에 따라 변제수령권을 갖는 것처럼 외관을 갖게 된 자에게 변제한 경우, 채권의 준점유자에 대한 변제로서 유효한지 여부(소극)

효력규정인 강행법규에 위반되는 계약을 체결한 자가 그 약정의 효력이 부인된다는 사실을 알지 못한 탓에 그 약정에 따라 변제수령권을 갖는 것처럼 외관을 갖게 된 자에게 변제를 한 경우에는, 특별한 사정이 없는 한 그 변제자가 채권의 준점유자에게 변제수령권이 있는 것으로 오해한 것은 법률적인 검토를 제대로 하지 않은 과실에 기인한 것이라고 할 것이다(대법원 2004. 6. 11. 선고 2003다1601 판결).

5. 채권가압류나 압류가 경합되어 전부명령이 무효인데 제3채무자가 고문변호사에게 전화로 법률관계를 문의하면서 그 압류의 경합상태 등에 관하여 제대로 설명하지 못한 채 제3채권자들의 압류금액 등을 제외하고도 지급할 채권액이 있다는 취지로 질의를 하고 이를 기초로 한 고문변호사의 답변을 들은 후 전부채권자에게 전부금을 변제한 경우의 과실유무

채권가압류나 압류가 경합되어 전부명령이 무효인데 제3채무자가 고문변호사에게 전화로 법률관계를 문의하면서 그 압류의 경합상태 등에 관하여 제대로 설명하지 못한 채 제3채권자들의 압류금액 등을 제외하고도 지급할 채권액이 있다는 취지로 질의를 하고 이를 기초로 한 고문변호사의 답변을 들은 후 전부채권자에게 전부금을 변제한 경우, 그 법률관계 문의과정에서 사실관계에 대한 설명과 자료의 제공을 제대로 하지 못한 제3채무자 때문에 고문변호사도 충분한 자료검토와 신중한 판단을 하지 못하게 되어 잘못된 답변을 함으로써 이를 참고로 제3채무자가 전부금을 지급하기로 결정한 것이어서 제3채무자에게 과실이 있다(대법원 2000. 10. 27. 선고 2000다23006 판결).

6. 가. 민법 제470조에 규정된 '채권의 준점유자'의 의미 및 행위자가 채권자의 대리인이라고 하면서 채권을 행사하는 경우에도 '채권의 준점유자'에 해당하는지 여부(적극)

민법 제470조에 정하여진 채권의 준점유자라 함은, 변제자의 입장에서 볼 때 일반의 거래관념상 채권을 행사할 정당한 권한을 가진 것으로 믿을 만한 외관을 가지는 사람을 말하므로 준점유자가 스스로 채권자라고 하여 채권을 행사하는 경우뿐만 아니라 채권자의 대리인이라고 하면서 채권을 행사하는 때에도 채권의 준점유자에 해당한다.

나. 예금주의 대리인이라고 주장하는 자가 예금주의 통장과 인감을 소지
하고 예금반환청구를 한 경우, 은행이 예금청구서에 나타난 인영과
비밀번호를 신고된 것과 대조 확인하는 외에 주민등록증을 통하여 예
금주와 청구인의 호주가 동일인이라는 점까지 확인하여 예금을 지급
하였다면 이는 채권의 준점유자에 대한 변제로서 유효하다고 한 사례
(대법원 2004. 4. 23. 선고 2004다5389 판결).

7. 가. 무효인 전부명령을 받은 자에 대한 제3채무자의 변제가 채권의 준점
유자에 대한 변제로서 효력을 발생하기 위한 요건

무효인 채권압류 및 전부명령을 받은 자에 대한 변제라도 그 채권자가 피전
부채권에 관하여 무권리자라는 사실을 알지 못하거나 과실 없이 그러한 사실
을 알지 못하고 변제한 때에는 그 변제는 채권의 준점유자에 대한 변제로서
유효하다.

나. 채권의 준점유자에 대한 변제로서 적법하다고 본 사례

채무자(을)가 제3채무자(병)에 대하여 가지고 있던 채권에 관하여 제3자(정)
앞으로 대항력 있는 채권양도가 이루어진 후 을이 정의 승낙 없이 임의로 병
에게 채권양도철회의 통지를 한 상태에서 을에 대한 채권자(갑)가 위 채권에
대하여 채권압류 및 전부명령을 받고 이어 갑이 제기한 전부금소송에서 병이
패소판결을 받고 갑에게 그 금원을 지급한 경우, 법률전문가가 아닌 병으로
서는 을의 채권양도철회통지로 인하여 채권양도가 없었던 것과 같이 되었다
고 믿을 수밖에 없었고, 더욱이 갑이 제기한 전부금청구의 소에서 전부명령
의 효력을 적극 다투었다가 패소판결을 선고받았다면, 병이 갑이 유효하게
임대보증금반환채권을 전부받은 채권자인 것으로 오인한 데 대하여 과실이
있다고 볼 수 없고, 따라서 병의 갑에 대한 변제는 유효하다고 본 사례(대법
원 1997. 3. 11. 선고 96다44747 판결).

8. 인지판결이 확정되기 전의 정당한 상속인이 채무자에 대하여 소를 제기하
고 승소판결까지 받았다면, 그러한 표현상속인에 대한 채무자의 변제는
채권의 준점유자에 대한 변제로서 적법하다고 본 사례

혼인외의 자의 생부가 사망한 경우, 혼인외의 출생자는 그가 인지청구의 소를 제
기하였다고 하더라도 그 인지판결이 확정되기 전에는 상속인으로서의 권리를 행
사할 수 없고, 그러한 인지판결이 확정되기 전의 정당한 상속인이 채무자에 대하
여 소를 제기하고, 나아가 승소판결까지 받았다면, 채무자로서는 그 상속인이 장
래 혼인외의 자에 대한 인지판결이 확정됨으로 인하여 소급하여 상속인으로서의
지위를 상실하게 될 수 있음을 들어 그 권리행사를 거부할수 없으므로, 그러한 표
현상속인에 대한 채무자의 변제는, 특별한 사정이 없는 한, 채무자가 표현상속인
이 정당한 권리자라고 믿은 데에 과실이 있다 할수 없으므로, 채권의 준점유자에

대한 변제로서 적법하다고 본 사례(대법원 1995. 1. 24. 선고 93다32200 판결).

9. **폰뱅킹에 의한 자금이체신청에 따라 은행이 행한 자금이체가 예금채권의 준점유자에 대한 변제가 되기 위하여 은행측에 요구되는 주의의무의 내용과 과실 유무의 판단 시점**

이른바 폰뱅킹(phone-banking ; telebanking)에 의한 자금이체신청의 경우에는 은행의 창구직원이 직접 손으로 처리하는 경우와는 달리 그에 따른 자금이체가 기계에 의하여 순간적으로 이루어지지만, 그것이 채권의 준점유자에 대한 변제로서 은행에 대하여 요구되는 주의의무를 다하였는지 여부를 판단함에 있어서는, 자금이체시의 사정만을 고려할 것이 아니라 그 이전에 행하여진 폰뱅킹의 등록을 비롯한 제반 사정을 총체적으로 고려하여야 하며, 한편 은행이 거래상대방의 본인 여부를 확인할 필요가 있는 경우에 담당직원으로 하여금 그 상대방이 거래명의인의 주민등록증을 소지하고 있는지 여부를 확인하는 것만으로는 부족하고 그 직무수행상 필요로 하는 충분한 주의를 다하여 주민등록증의 진정 여부 등을 확인함과 아울러 그에 부착된 사진과 실물을 대조하여야 할 것인바, 만일 실제로 거래행위를 한 상대방이 주민등록상의 본인과 다른 사람이었음이 사후에 밝혀졌다고 한다면, 특별한 사정이 없는 한, 은행으로서는 위와 같은 본인확인의무를 다하지 못한 과실이 있는 것으로 사실상 추정된다(대법원 1998. 11. 10. 선고 98다20059 판결).

◈ 영수증의 소지자에 대한 변제의 효력

제 471 조 【영수증소지자에 대한 변제】

영수증을 소지한 자에 대한 변제는 그 소지자가 변제를 받을 권한이 없는 경우에도 효력이 있다. 그러나 변제자가 그 권한없음을 알았거나 알 수 있었을 경우에는 그러하지 아니하다.

■ § 471. 영수증소지자에 대한 변제

• 영수증이 진정한 것이고 변제자가 선의, 무과실인 경우에는 유효하다.

(1) 영수증이라 함은 변제의 수령을 증명하는 문서를 말한다. 영수증의 소지자에 대한 변제가 유효하기 위해서는 그 영수증이 진정하게 성립한 것이어야 하는가에 관하여, 거래의 안전을 강조하고 보호하려는 입장에서 위조된 영수증이라도 무방하다고 하겠지만, 진정한 채권자의 이익이 부당하게 침해될 우려가 있기 때문에, 진정한 채권자의 정적 안전과 조화시키기 위하여 영수증은 반드시 진정하게 성립한 것이어야 한다는 데에 학설은 일치하고 있다.

영수증이 진정하다는 것은 작성의 권한있는 자가 작성한 것이어야 한다는 의미이므로, 대리권 있는 자가 대리인으로서 작성한 것은 물론 대리권 없는 자가 작성한 것이더라도 그 작성에 관하여 표현대리의 요건(제125조, 제126조, 제129조 참조)을 충족시킨 경우에는 그 영수증도 또한 진정한 것으로 간주되어야 한다. 또 진정한 영수증이면 소지인이 이를 입수한 이유는 묻지 않는다.

(2) 영수증의 소지인에 대한 변제가 유효하기 위한 다른 요건으로 수령권한 없는 영수증의 소지인에 대하여 변제자의 선의·무과실을 요하는 것은 본조 단서의 명문상 의문이 없다. 규정의 형식상 변제자에게 악의나 과실이 있다는 점은 변제의 효력을 부정하는 채권자가 입증하여야 한다.

(3) 변제수령의 정당한 권한 없는 영수증의 소지인에 대한 변제가 유효하게 된 때에는 채권은 소멸하고 채무자는 채권을 면한다. 따라서 진실한 채권

자는 채무자에 대하여 그 이행을 청구할 수 없는 대신 수령자에 대하여 부당이득반환청구권을 취득하는 것은 채권의 준점유자에 대한 변제의 경우와 만찬가지이다.

▣ **핵심판례** ▣

■ **[영수증소지자에 대한 변제]**

대금수령확인서 및 입금표의 교부와 매매대금수령권한의 위임

매수인으로부터 매매대금을 지급받는데 필요하다는 소외 갑회사의 직원의 요구에 응하여 매도인이 그 직원에게 대금수령확인서와 입금표를 작성하여 준 경우 대금수령확인서는 매매대금수령에 관한 수령인 백지의 위임장이며 입금표는 매매대금의 영수증임이 명백하므로 다른 특별한 사정이 없는 한 위와 같은 증거만으로도 매도인이 위 회사직원에게 매매대금의 수령권한을 위임하였다고 보아야 한다 (1990. 2. 23. 제3부 판결, 88다카30108 물품대금).

◈ 변제받을 권한이 없는 자에 대한 변제의 효력

제 472 조【권한없는 자에 대한 변제】

전2조의 경우외에 변제받을 권한없는 자에 대한 변제는 채권자가 이익을 받은 한도에서 효력이 있다.

■ § 472. 변제수령권 없는 자에 대한 변제

• 변제수령권 없는 자에 대한 변제는 채권자가 이익을 받은 한도 내에서만 효력이 있다.

전 2조에 규정한 경우(표현수령권자)를 제외하고는 변제수령의 권한없는 자에 대한 변제는 변제로서의 효력이 생기지 않는다.

그러나 채권자가 그로 인하여 사실상 이익을 받은 때에는 그 한도에서 채권은 소멸한다. 예컨대 무권대리인에 대한 변제는 무효이지만 그 급부가 채권자에게 인도되면 그 한도에서는 변제는 유효한 것이 되고 채권은 소멸한다. 채권은 이로써 그 목적을 달성하는 것이 되기 때문이다. 따라서 이때 변제자의 선악은 묻지 않는다.

▣ 핵심판례 ▣

■ [권한없는 자에 대한 변제]

사채알선업자의 지위와 동인에 대한 채무변제

사채알선업자는 채권자측에 대하여는 채무자의 대리인이 되고 채무자측에 대하여는 채권자측의 대리인이 되는 것이므로 사채알선업자에 대한 채무변제는 채권자의 대리인에 대한 변제로서 유효하다(1981. 2. 24. 제1부 판결, 80다1759 소유권이전등기).

◈ 채무변제비용을 부담하는 자

제 473 조【변제비용의 부담】

변제비용은 다른 의사표시가 없으면 채무자의 부담으로 한다. 그러나 채권자의 주소이전 기타의 행위로 인하여 변제비용이 증가된 때에는 그 증가액은 채권자의 부담으로 한다.

■ § 473. 변제비용의 부담

- 원 칙 : 채무자의 부담
- 예 외 : ① 채권자의 주소이전등으로 변제비용이 증가된 때에는 그 증가
 액은 채권자의 부담으로 한다.
 ② 매매계약비용은 당사자 쌍방이 균등하게 부담한다(제566조).

본조는 변제를 위하여 소요된 비용의 부담에 관한 규정이다.

변제비용은 다른 의사표시가 없으면 채무자가 부담한다. 그러나 채권자의 주소이전·채권의 양도 등으로 변제비용이 증가한 때에는 그 증가액은 채권자의 부담이 된다.

주의할 것은 채권자의 부담이 되는 경우에 채무자는 변제를 한 후에 그 구상을 하든가 또는 변제액에서 이를 공제할 수 있을 뿐이고, 동시이행을 주장하지 못하는 점이다. 바꾸어 말하면 증가액의 지급이 없다고 해서 변제를 거절하지는 못한다.

▣ 핵심판례 ▣

- **[변제비용의 부담]**

1. 가. 재판상 화해에 의하여 확정된 금전채무에 대한 지연손해금

재판상 화해는 창설적 효력을 가지므로 제소 전 화해가 이루어지면 종전의 법률관계를 바탕으로 한 권리의무는 소멸하는 것이니 이자부 소비대차상 채무에 관하여 제소전 화해에 의하여 확정된 채무가 금 25,180,000원 뿐이라면

그 변제기 후의 채무액은 위 금 25,180,000원과 이에 대한 그 변제기 이후의 민사법정 이율에 의한 지연손해금이라 할 것이다.

나. 양도담보 목적물의 소유권이전등기 비용등의 부담관계

양도담보의 경우에 있어서 담보목적물의 소유권이전등기비용이나 이에 따르는 취득세등 세금은 일반적으로 채권자가 담보권을 확보하기 위하여 지급한 것이라고 볼 것이어서 특별한 약정이 없는 한 채무자에게 부담시킬 것이 아니다(1982. 4. 13. 제3부 판결, 81다531 부동산처분금지가처분이의).

2. 저당권설정등기 비용의 채무자부담

저당권설정등기에 있어서 당사자 간에 특별한 약정이 없는 한 그 비용은 채무자가 부담함이 거래상 원칙이라 할 것이다(대판 1962. 2. 15. 4294민상291).

3. 채무의 변제와 채권증서의 반환이 동시이행관계에 있는지 여부(소극) 및 파산법 제241조 제2항에 의하여 파산채권자는 채권증서 자체를 배당금 지급과 동시이행으로 파산관재인에게 교부하여야 하는지 여부(소극)

채무자가 채무 전부를 변제한 때에는 채권자에게 채권증서의 반환을 청구할 수 있으며, 제3자가 변제를 하는 경우에는 제3자도 채권증서의 반환을 구할 수 있으나(민법 제475조 참조), 이러한 채권증서 반환청구권은 채권 전부를 변제한 경우에 인정되는 것이고, 영수증 교부의무와는 달리 변제와 동시이행관계에 있지 않고, 한편 파산법 제241조 제2항에서 "파산관재인이 배당을 한 때에는 채권표 및 채권의 증서에 배당한 금액을 기입하고 이에 기명날인하여야 한다."고 규정하고 있지만, 위 규정만으로 채권증서 자체를 배당금 지급(일부 변제)과 동시이행으로 파산관재인에게 교부하여야 할 의무가 인정되는 것은 아니다(대법원 2005. 8. 19. 선고 2003다22042 판결).

◈ 영수증청구권

제 474 조【영수증청구권】

변제자는 변제를 받는 자에게 영수증을 청구할 수 있다.

■ § 474. 영수증청구권

- 일부변제, 대물변제의 경우 포함
- 변제와 영수증교부는 동시이행관계(판례)
- 관련법조 : [집행관의 영수증교부] 민집 §42, [영수증에 관한 특칙] 어음 §39, §50, §51, §77①-3 · 4, 수표 §34, §46, 민집 §42, §159③, §256

영수증이란 변제수령의 사실을 증명하는 문서로서 그 형식에는 제한이 없다. 변제자가 후일 다시 변제의 청구를 받은 경우에 이미 변제한 것을 증명하여 거절함에 필요한 것이다. 그리고 그 변제는 전부변제뿐만 아니라 일부변제, 대물변제도 상관없다. 영수증은 변제와 동시이행의 관계에 있는 것이며, 따라서 채무자는 변제와 동시에 상환으로 영수증을 청구할 권리가 있다. 만약 이것이 없으면 채권자의 악의 또는 착오로 인하여 다시 청구를 받고 이중의 변제를 하여야 할 위험이 있으므로 본조는 이러한 경우에 변제자를 보호하기 위하여 영수증교부 청구권을 인정한 것이다.

▣ 핵심판례 ▣

- **[영수증청구권]**

1. **채무자가 고액의 채무를 여러차례 변제하면서 영수증을 받거나 채권증서인 어음을 회수 또는 개서하지 아니하였을 뿐 아니라 변제되지 않은 것으로 착각하고 2년간 이자를 계속 지급하였다는 경우에 변제사실을 인정함이 경험칙에 반하는지 여부(적극)**

 채무자가 5,000,000원 또는 10,000,000원 단위의 큰 돈을 여러차례에 걸쳐 변제하면서 영수증을 받거나 채권증서인 어음을 회수 또는 개서하지 아니하였을 뿐 아니라 변제되지 않은 것으로 착각하여 2년여간이나 이자를 계속 지급하였다는 것은 일반인으로서는 상상하기 어려운 일이므로 영수증을 받거나 채권증서를 회수

또는 개서하지 못한채 변제를 할 수 밖에 없었음과 이미 변제하고도 변제되지 않은 것으로 착각할 수 밖에 없었음을 수긍할 만한 특별한 사정이 인정되지 않는 한 그 변제사실을 인정하는 것은 경험칙에 반한다(1990. 2. 27. 제2부 판결, 88다카11916 약속어음금).

2. 가. 채무의 변제와 채권증서의 반환이 동시이행관계에 있는지 여부(소극) 및 파산법 제241조 제2항에 의하여 파산채권자는 채권증서 자체를 배당금 지급과 동시이행으로 파산관재인에게 교부하여야 하는지 여부(소극)

채무자가 채무 전부를 변제한 때에는 채권자에게 채권증서의 반환을 청구할 수 있으며, 제3자가 변제를 하는 경우에는 제3자도 채권증서의 반환을 구할 수 있으나(민법 제475조 참조), 이러한 채권증서 반환청구권은 채권 전부를 변제한 경우에 인정되는 것이고, 영수증 교부의무와는 달리 변제와 동시이행관계에 있지 않고, 한편 파산법 제241조 제2항에서 "파산관재인이 배당을 한 때에는 채권표 및 채권의 증서에 배당한 금액을 기입하고 이에 기명날인하여야 한다."고 규정하고 있지만, 위 규정만으로 채권증서 자체를 배당금 지급(일부 변제)과 동시이행으로 파산관재인에게 교부하여야 할 의무가 인정되는 것은 아니다.

나. 원본뿐 아니라 지연이자도 지급할 의무가 있는 채무자가 그에 미치지 못하는 이행제공을 하면서 이를 원본에 대한 변제로 지정한 경우, 그 지정의 효력(=무효) 및 채권자가 그 수령을 거절할 수 있는지 여부(적극)

채무자가 이행지체에 빠진 이상, 채무자의 이행제공이 이행지체를 종료시키려면 완전한 이행을 제공하여야 하므로, 채무자가 원본뿐 아니라 지연이자도 지급할 의무가 있는 때에는 원본과 지연이자를 합한 전액에 대하여 이행의 제공을 하여야 할 것이고, 그에 미치지 못하는 이행제공을 하면서 이를 원본에 대한 변제로 지정하였더라도, 그 지정은 민법 제479조 제1항에 반하여 채권자에 대하여 효력이 없으므로, 채권자는 그 수령을 거절할 수 있다.

다. 파산채권자에 대한 배당금 지급채무의 법적 성질(=민사채무) 및 그 지연으로 인한 지연손해금에 적용될 법정이율(=민사법정이율)

파산채권자의 배당금 지급청구권에는 다양한 종류의 파산채권 원본과 그에 대한 파산선고 전일까지의 이자 및 지연손해금을 합산한 채권이 모두 반영되어 있어, 원래 채권의 성격이 반드시 그대로 유지된다고 보기는 어렵고, 배당절차는 금전화 및 현재화를 거친 파산채권 원금 및 파산선고 이전까지의 지연손해금에 대하여 배당재원의 범위 내에서 각 채권의 비율에 따라 분배하는 절차로서, 배당률을 정하여 통지함으로써 발생한 구체적 배당금 지급채무의 이행은 파산재단을 대표한 파산관재인의 의무이지 파산자의 의무는

아니라 할 것이므로, 배당금 지급채무는 파산채무의 원래 속성이나 파산자가 상인인지 여부와는 무관하게 민사채무로 봄이 상당하고, 그 지연으로 인한 지연손해금에 적용될 법정이율도 원래 파산채무의 속성이나 약정이율 혹은 채무명의에서 정한 지연이율에 영향을 받지 아니하고 민사법정이율인 연 5%가 적용되어야 할 것이다(대법원 2005. 8. 19. 선고 2003다22042 판결).

◆ 채권증서 반환청구의 요건

제 475 조【채권증서반환청구권】

채권증서가 있는 경우에 변제자가 채무 전부를 변제한 때에는 채권증서의 반환을 청구할 수 있다. 채권이 변제 이외의 사유로 전부 소멸한 때에도 같다.

■ § 475. 채권증서반환청구권

- 채무를 전부변제할 때
- 변제와 동시이행의 관계에 있지 않다(다수설).
- 관련법조 : [채권증서] 어음 §39, §77①-3, 수표 §34, 상 §129, §157, §820, 민집 §159②

본조는 변제자는 영수증만으로 변제를 증명할 수 없게 되기 때문에 채권의 증서가 있는 경우에는 영수증 외에 채권증서의 반환을 청구할 수 있도록 한 것이다. 보통은 채권증서의 여백에 영수증의 내용을 기입하여서 반환하는 것이나, 채권증서와 영수증을 별도로 작성하는 것도 무방하다. 채권증서의 반환비용은 채권자가 부담한다(영수증과 동일).

채권이 변제 이외의 사유로 채권의 전부가 소멸한 때에도 채무자는 채권증서의 반환을 청구할 수 있다. 채권증서의 반환과 변제는 동시이행의 관계에 서지 않는다는 것이 통설과 판례(대판 2005. 8. 19. 2003다22042)의 태도이다. 주의할 것은 일부변제의 경우에는 변제자는 이 반환청구권이 없다는 점이다.

그러나 그 채권증서에 일부변제의 뜻을 기재할 것을 청구할 수 있다는 데에는 이설이 없다. 그리고 채권자가 채권증서를 분실한 경우에 명문의 규정이 없으나, 변제자는 채권증서분실의 뜻을 기재한 문서를 청구할 수 있다고 본다.

▣ 핵심판례 ▣

- **[채권증서반환청구권]**

1. 가. **채무의 이행확보를 위하여 어음을 발행한 경우 채무의 이행과 어음의 반환이 동시이행의 관계에 있는지 여부(적극)**

 채무의 이행확보를 위하여 어음을 발행한 경우 채무의 이행과 어음의 반환은 동시이행의 관계에 있다.

 나. **동시이행의 관계에 있는 반대급부를 조건으로 하는 변제공탁의 효력 (=유효)**

 동시이행의 관계에 있는 반대급부를 조건으로 하는 변제공탁은 유효하다 (1992. 12. 22. 제2부 판결, 92다8712 소유권이전등기말소).

2. **채무의 변제와 채권증서의 반환이 동시이행관계에 있는지 여부(소극) 및 파산법 제241조 제2항에 의하여 파산채권자는 채권증서 자체를 배당금 지급과 동시이행으로 파산관재인에게 교부하여야 하는지 여부(소극)**

 채무자가 채무 전부를 변제한 때에는 채권자에게 채권증서의 반환을 청구할 수 있으며, 제3자가 변제를 하는 경우에는 제3자도 채권증서의 반환을 구할 수 있으나(민법 제475조 참조), 이러한 채권증서 반환청구권은 채권 전부를 변제한 경우에 인정되는 것이고, 영수증 교부의무와는 달리 변제와 동시이행관계에 있지 않고, 한편 파산법 제241조 제2항에서 "파산관재인이 배당을 한 때에는 채권표 및 채권의 증서에 배당한 금액을 기입하고 이에 기명날인하여야 한다."고 규정하고 있지만, 위 규정만으로 채권증서 자체를 배당금 지급(일부 변제)과 동시이행으로 파산관재인에게 교부하여야 할 의무가 인정되는 것은 아니다(대법원 2005. 8. 19. 선고 2003다22042 판결).

◈ 지정변제충당의 요건

제 476 조 【지정변제충당】

① 채무자가 동일한 채권자에 대하여 같은 종류를 목적으로 한 수개의 채무를 부담한 경우에 변제의 제공이 그 채무 전부를 소멸하게 하지 못하는 때에는 변제자는 그 당시 어느 채무를 지정하여 그 변제에 충당할 수 있다.

② 변제자가 전항의 지정을 하지 아니할 때에는 변제받는 자는 그 당시 어느 채무를 지정하여 변제에 충당할 수 있다. 그러나 변제자가 그 충당에 대하여 즉시 이의를 한 때에는 그러하지 아니하다.

③ 전2항의 변제충당은 상대방에 대한 의사표시로써 한다.

■ § 476. 지정충당(합의 없는 경우)

- 변제자의 지정
- 변제수령자의 지정 : 변제자가 곧 이의를 제기할 때에는 충당은 효력이 없고 법정충당에 의하여야 한다.

1. 변제충당의 의의

채무자가 동일한 채권자에 대하여 같은 종류를 목적으로 한 '수개의 채무' (예 : 수개의 금전채무)를 지는 경우, 변제의 제공이 그 채무 전부를 소멸하게 하지 못하는 때에는, 그 중 어느 채무의 변제에 충당할 것인가를 정할 필요가 있는데, 이것을 '변제충당'이라고 한다. 여기서 민법은 변제충당의 순서와 방법에 관해 정한다.

2. 변제충당의 적용범위

변제충당은 변제뿐만 아니라 공탁·상계(상계충당 : 제499조)의 경우에도 적용된다. 판례는 채무자 소유의 부동산에 대한 경매의 경우에도 채권자에 대한 배당금은 변제충당의 규정에 의해 충당되어야 하는 것으로 해석한다(대판 1991. 12. 10, 91다17092).

3. 변제충당의 방법

다음과 같은 순서로 변제충당이 이루어진다.

(1) 계약에 의한 변제충당

변제충당에 관한 제476조・제477조・제479조는 임의규정이므로, 당사자 사이에 별도의 합의가 있으면 그 합의에 따라 충당된다.

【쟁점사항】

<채권자와 채무자 사이에 변제충당의 약정이 있는 경우, 채무자가 그 약정과 달리 지정변제충당을 할 수 있는지 여부>

채권자와 채무자 사이에 미리 변제충당에 관한 약정이 있고, 그 약정 내용이 변제가 채권자에 대한 모든 채무를 소멸시키기에 부족한 때에는 채권자가 적당하다고 인정하는 순서와 방법에 의하여 충당하기로 한 것이라면, 변제수령권자가 위 약정에 터잡아 스스로 적당하다고 인정하는 순서와 방법에 좇아 변제충당을 한 이상 그 충당은 효력이 있는 것이므로, 위와 같이 미리 변제충당에 관한 별도의 약정이 있는 경우에는 채무자가 변제를 하면서 위 약정과 달리 특정 채무의 변제에 우선적으로 충당한다고 지정하더라도, 그에 대하여 채권자가 명시적 또는 묵시적으로 동의하지 않는 한 그 지정은 효력이 없어 채무자가 지정한 채무가 변제되어 소멸하는 것은 아니다(대판 1999. 11. 26, 98다27517).

(2) 지정변제충당

합의가 없는 때에는 변제자 또는 변제수령권자의 일방적 지정에 의해 충당된다(제476조).

(3) 법정변제충당

합의도 없고 지정도 없는 경우에는 민법은 보충규정으로서 일정한 기준에 의해 충당하여야 할 것을 정한다(제477조).

4. 지정변제충당

제476조는 채무자가 동일한 채권자에 대하여 같은 종류의 목적으로 한 수개의 채무를 부담한 경우에 변제로서 제공한 목적물이 채무의 전부를 소멸하는

데 부족한 때에 당사자의 의사에 의하여 그 충당을 정할 것을 규정한 것이다.

(1) 변제자 충당

변제자는 급부를 할 때에 변제수령자에 대한 의사표시로써 변제에 충당할 채무 또는 급부를 지정할 수 있다.

(2) 변제수령자 충당

변제자가 급부시에 변제의 충당에 관한 지정을 하지 아니한 때에는 변제수령자는 수령할 때에 변제자에 대한 의사표시로써 채무를 지정하여 변제의 충당을 할 수 있다.

여기에서「변제받는 …당시」라고 하는 것은 수령 후 지체 없이 라는 의미이다. 다만 이 변제수령자의 충당에 대하여 변제자가 즉시 이의를 제기한 때에는 그 충당은 효력이 없다.

이 이의의 결과 충당지정권이 변제자에게 이전하는가 혹은 법정충당을 하게 되는가에 대해서는 다툼이 있었으나, 오늘날의 학설은 법정충당에 의하여야 한다는 데에 일치되어 있다. 왜냐하면 충당권을 행사하지 않은 변제자는 이미 충당권을 상실하였다고 해석하는 것이 공평에 적합하기 때문이다.

<div align="center">◨ 핵심판례 ◧</div>

■ [지정변제충당]

1. 가. 경매절차에 있어서 당사자 사이의 합의에 의한 변제충당의 지정이나 민법 제476조의 규정에 의한 지정변제충당이 허용되는지 여부

민사소송법 소정의 부동산강제경매제도의 목적이나 성질 그리고 그 절차에 관한 여러 규정의 내용에 비추어 볼 때 부동산강제경매절차에 있어서는 변제자가 임의로 변제하는 경우의 변제자와 수령자 사이에 합의에 의한 변제충당의 지정이나 민법 제476조의 규정에 의한 지정변제충당은 허용될 수 없고, 1990. 1. 13. 법률 제4201호로 폐지되기 전의 경매법에 의한 경매의 경우에 있어서도 위 지정변제충당은 허용될 수 없으나, 당사자 사이에 변제충당에 관한 별도의 합의가 있었다면 그 합의를 무효로 보아야 할 다른 사유가 있다면 모르되 그렇지 않는 한 이 합의에 의한 충당을 무효로 볼 것까지는 아니다.

나. 동일 당사자가 동일목적물에 관하여 동일 거래관계로 인하여 발생되는 여러 개의 채무를 담보하기 위하여 순위가 다른 여러 개의 근저당권을 설정한 경우에 있어 그 경매대금이 채무전액을 만족시키지 못할 때 소멸할 채무를 정할 방법

동일 당사자가 동일 목적물에 관하여 동일 거래관계로 인하여 발생되는 채무를 담보하기 위하여 순위가 다른 여러 개의 근저당권을 설정한 경우에는 그 각 근저당권은 모두 그 설정계약에서 정한 거래관계로 인하여 발생된 여러 개의 채무 전액을 각 그 한도범위 안에서 담보하는 것이므로, 그 담보물의 경매대금이 채무 전액을 만족시키지 못할 때에는 변제충당의 방법으로 그 대금수령으로 인하여 소멸할 채무를 정할 것이지, 위 경매대금을 당연히 선순위 근저당권설정시에 발생된 채무에 우선적으로 변제 충당하여야 하는 것은 아니다.

다. 약정에 터잡은 변제충당과 변제자에 대한 의사표시의 요부

변제충당지정은 상대방에 대한 의사표시로서 하여야 하는 것이기는 하나, 채권자와 채무자 사이에 미리 변제충당에 관한 약정이 있고, 그 약정내용이 변제가 채권자에 대한 모든 채무를 소멸시키기에 부족한 때에는 채권자가 적당하다고 인정하는 순서와 방법에 의하여 충당하기로 한 것이라면, 변제수령권자가 위 약정에 터잡아 스스로 적당하다고 인정하는 순서와 방법에 좇아 변제충당을 한 이상 변제자에 대한 의사표시와 관계없이 그 충당의 효력이 있다(1991. 7. 23. 제1부 판결, 90다18678 대여금).

2. 가. 무역금융의 대출은행은 수입업자를 수취인으로 하여 발행한 환어음의 할인대전으로 해당 보증부대출에 우선충당하여야 하는지 여부(적극)

신용보증약관 제8조 제1항 단서의 보증부대출이 무역금융(특히 수출실적기준금융)인 경우 "관련수출대전"이란, 금융수혜업자가 은행으로부터 무역금융-신용장기준금융이든 수출실적금융이든 이를 불문하고-으로 대출받은 금원을 이용하여 제품을 완성하여 수출함에 있어 수입업자를 수취인으로 하는 환어음을 발행하여 그 환어음과 함께 수출품을 선적하고 받은 선화증권 등을 할인은행에 교부하여 수출환어음의 할인을 받음에 있어서 그 어음의 할인대전(네고대전)을 말하는 것이라 할 것이므로, 무역금융의 대출은행으로서는 신용보증약관 제8조 제1항 단서에 따라 그 어음의 할인대전으로 해당 보증부대출에 우선충당하여야 할 것이다.

나. 회사정리절차개시결정이 있은 후 은행이 위 "나"항의 어음할인대전으로써 보증부대출에 우선충당하지 아니한 행위가 신용보증기금에 대한 관계에서 신용보증약관을 위반한 것인지 여부(소극)

회사정리절차개시결정이 있은 때에는 회사의 어음할인의뢰행위는 위 "나"항

의 보증부대출에 우선충당되는 범위 내에서 결과적으로 회사의 채무를 소멸시키는 행위로서 회사정리법 제78조 제1항 소정의 부인권의 대상이 되어 은행의 우선충당행위 또한 효력을 잃게 되었을 것이므로 은행이 그 어음할인대전으로써 보증부대출에 우선충당하지 아니하였다 하여 신용보증기금에 대한 관계에서 신용보증약관을 위반한 것이라고 말할 수는 없다(1993. 6. 29. 제1부 판결, 92다46455 보증채무금).

3. 당사자가 변제에 충당할 채무를 지정하지 아니한 경우, 변제충당의 주장 입증책임

채무자가 동일한 채권자에 대하여 같은 종류를 목적으로 한 수개의 채무를 부담한 경우에 변제의 제공에 있어서 당사자가 변제에 충당할 채무를 지정하지 아니한 때에는 민법 제477조의 규정에 따라 법정변제충당되는 것이고 특히 민법 제477조 제4호에 의하면 법정변제충당의 순위가 동일한 경우에는 각 채무액에 안분비례하여 각 채무의 변제에 충당되는 것이므로, 위 안분비례에 의한 법정변제충당과는 달리, 그 법정변제충당에 의하여 부여되는 법률효과 이상으로 자신에게 유리한 변제충당의 지정, 당사자 사이의 변제충당의 합의가 있다거나 또는 당해 채무가 법정변제충당에 있어 우선순위에 있어서 당해 채무에 전액 변제충당되었다고 주장하는 자는 그 사실을 주장입증할 책임을 부담한다(1994. 2. 22. 제1부 판결, 93다49338 근저당권설정등기말소).

4. 변제충당에 관한 사전 약정이 있는 경우, 변제자에 대한 충당의 의사표시가 필요한지 여부(소극) 및 채무자가 그 약정과 달리 지정변제충당을 할 수 있는지 여부(소극)

변제충당 지정은 상대방에 대한 의사표시로서 하여야 하는 것이기는 하나, 변제충당에 관한 민법 제476조 내지 제479조의 규정은 임의규정이므로 변제자(채무자)와 변제수령자(채권자)는 약정에 의하여 위 각 규정을 배제하고 제공된 급부를 어느 채무에 어떤 방법으로 충당할 것인가를 결정할 수 있고, 이와 같이 채권자와 채무자 사이에 미리 변제충당에 관한 약정이 있으며, 그 약정 내용이, 변제가 채권자에 대한 모든 채무를 소멸시키기에 부족한 경우 채권자가 적당하다고 인정하는 순서와 방법에 의하여 충당하기로 한 것이라면, 채권자가 위 약정에 터잡아 스스로 적당하다고 인정하는 순서와 방법에 좇아 변제충당을 한 이상 채무자에 대한 의사표시와 관계없이 그 충당의 효력이 있고, 위와 같이 미리 변제충당에 관한 별도의 약정이 있는 경우에는 채무자가 변제를 하면서 위 약정과 달리 특정 채무의 변제에 우선적으로 충당한다고 지정하더라도 그에 대하여 채권자가 명시적 또는 묵시적으로 동의하지 않는 한 그 지정은 효력이 없어 채무자가 지정한 채무가 변제되어 소멸하는 것은 아니다(대법원 2004. 3. 25. 선고 2001다53349 판결).

5. 가. 채무가 1개인지 수개인지 여부의 결정 기준(=발생 원인) 및 근저당권에 의하여 담보된 피담보채무가 여러 차례에 걸쳐 대여받은 채무들로

이루어져 있는 경우, 그 피담보채무는 수개의 채무인지 여부(적극)

변제충당의 문제는 채무자가 동일한 채권자에 대하여 같은 종류를 목적으로 하는 수개의 채무를 부담한 경우에 발생하는바, 채무가 1개인지 수개인지는 보통 발생 원인에 따라 이를 정하여야 할 것인데, 근저당권에 의하여 담보된 피담보채무가 여러 차례에 걸쳐 대여받은 채무들로 이루어져 있는 경우, 그 피담보채무는 발생 원인을 달리하고 있으므로 수개의 채무라고 보아야 한다.

나. 담보권 실행을 위한 경매에서 배당된 배당금이 담보권자가 가지는 수개의 피담보채권 전부를 소멸시키기에 부족한 경우, 변제충당의 방법(=법정변제충당)

담보권 실행을 위한 경매에서 배당된 배당금이 담보권자가 가지는 수개의 피담보채권 전부를 소멸시키기에 부족한 경우에는 민법 제477조의 규정에 의한 법정변제충당의 방법에 따라 충당하여야 한다.

다. 채권자가 공동광업권 근저당권에 기한 경락대금을 그 근저당권이 담보하는 수개의 채무 중 일부변제조로 배당받은 경우, 법정변제충당을 위한 변제이익의 판단 방법 및 변제충당 방법

법정변제충당을 위한 변제이익은 변제자를 기준으로 판단하여야 할 것이고, 채권자가 공동광업권 근저당권에 기한 경락대금을 그 근저당권이 담보하는 수개의 채무 중 일부변제조로 배당받아 간 경우, 그 배당금은 공동광업권자들이 합유지분 비율에 따라 출재하여 변제한 것으로 보아야 할 것이므로, 위 배당금의 법정변제충당을 위한 변제이익은 위 수개의 채무에 대하여 공동광업권자별로 따로 판단한 후, 정해진 법정변제충당의 순위에 따라 위 배당금 중 공동광업권자 각자의 합유지분 비율에 따른 금원을 각 변제충당하여야 한다.

라. 주채무자 이외의 자가 변제자인 경우, 변제자가 발행 또는 배서한 어음에 의하여 담보되는 채무가 다른 채무보다 변제이익이 많은지 여부(적극)

주채무자 이외의 자가 변제자인 경우에는, 변제자가 발행 또는 배서한 어음에 의하여 담보되는 채무가 다른 채무보다 변제이익이 많다고 보아야 한다.

마. 주채무자가 변제자인 경우, 담보로 제3자가 발행 또는 배서한 약속어음이 교부된 채무와 다른 채무 사이에 변제이익의 차이가 있는지 여부(소극) 및 담보로 주채무자 자신이 발행 또는 배서한 어음이 교부된 채무는 다른 채무보다 변제이익이 많은지 여부(적극)

주채무자가 변제자인 경우에는, 담보로 제3자가 발행 또는 배서한 약속어음이 교부된 채무와 다른 채무 사이에 변제이익의 점에서 차이가 없다고 보아야 할 것이나, 담보로 주채무자 자신이 발행 또는 배서한 어음이 교부된 채무는 다른 채무보다 변제이익이 많은 것으로 보아야 한다.

바. 법정변제충당의 순위를 정함에 있어서 변제의 유예가 있는 채무는 유예기까지 변제기가 도래하지 않은 것과 같게 보아야 하는지 여부 (적극)

법정변제충당의 순위를 정함에 있어서 변제의 유예가 있는 채무에 대하여는 유예기까지 변제기가 도래하지 않은 것과 같게 보아야 한다(대법원 1999. 8. 24. 선고 99다22281, 22298 판결).

6. 분할채무 중 일부에만 연대보증한 경우, 주채무자의 일부변제시 변제충당 의지정권을 채권자가 행사하였다고 보아 그 일부변제금이 연대보증 아니 한 나머지 채무 부분의 변제에 충당되었다고 한 사례

연대보증인이 분할채무 중 일부에만 연대보증을 한 경우, 주채무자가 그 채무의 일부변제로 수차례에 걸쳐 금원을 지급함에 있어 채권자가 주채무자에게 그 일부 변제금이 연대보증되지 아니한 채무의 변제조임을 명시하였다면, 주채무자가 행 사하지 아니한 변제충당의 지정권을 채권자가 행사하였다고 보여지고, 채권자의 변제충당의 지정이 적법한 것인 이상 적어도 그 일부변제금은 연대보증인이 연대 보증하지 아니한 나머지 채무 부분의 변제에 충당되었다고 한 사례(대법원 1995. 3. 14. 선고 94다57244 판결).

7. 담보권 실행을 위한 경매에서 배당된 배당금이 담보권자가 가지는 수개의 피담보채권 전부를 소멸시키기에 부족한 경우, 변제충당의 방법(=법정변 제충당)

담보권 실행을 위한 경매에서 배당된 배당금이 담보권자가 가지는 수개의 피담보 채권 전부를 소멸시키기에 부족한 경우에는 민법 제476조에 의한 지정변제충당은 허용될 수 없고, 채권자와 채무자 사이에 변제충당에 관한 합의가 있었다고 하여 그 합의에 따른 변제충당도 허용될 수 없으며, 획일적으로 가장 공평타당한 충당 방법인 민법 제477조 및 제479조의 규정에 의한 법정변제충당의 방법에 따라 충 당하여야 하는 것이고, 이러한 법정변제충당은 이자 혹은 지연손해금과 원본 간 에는 이자 혹은 지연손해금과 원본의 순으로 이루어지고, 원본 상호간에는 그 이 행기의 도래 여부와 도래 시기, 그리고 이율의 고저와 같은 변제이익의 다과에 따라 순차적으로 이루어지나, 다만 그 이행기나 변제이익의 다과에 있어 아무런 차등이 없을 경우에는 각 원본 채무액에 비례하여 안분하게 되는 것이다(대법원 2000. 12. 8. 선고 2000다51339 판결).

◆ 법정변제충당의 순서와 방법

제 477 조 【법정변제충당】

당사자가 변제에 충당할 채무를 지정하지 아니한 때에는 다음 각호의 규정에 의한다.

1. 채무 중에 이행기가 도래한 것과 도래하지 아니한 것이 있으면 이행기가 도래한 채무의 변제에 충당한다.

2. 채무 전부의 이행기가 도래하였거나 도래하지 아니한 때에는 채무자에게 변제이익이 많은 채무의 변제에 충당한다.

3. 채무자에게 변제이익이 같으면 이행기가 먼저 도래한 채무나 먼저 도래할 채무의 변제에 충당한다.

4. 전2호의 사항이 같은 때에는 그 채무액에 비례하여 각 채무의 변제에 충당한다.

■ § 477. 법정충당

- 이행기가 도래한 것과 도래하지 않은 것이 있을 때에는 도래한 것의 채무의 변제에 충당한다.
- 변제이익이 많은 채무의 변제에 충당한다.
- 채무자에 대하여 변제이익이 같은 때에는 이행기가 먼저 도래한 것 또는 도래할 채무의 변제에 충당한다.

1. 요 건

당사자가 충당의 지정을 하지 않은 때, 그리고 지정은 하였으나 상대방의 이의로 실효한 때에는 법정충당에 의한다. 따라서 본조의 적용을 배제하기 위해서는, 법정변제충당에 의하여 부여되는 법률효과 이상으로 자신에게 유리한 변제충당의 지정, 당사자 사이의 변제충당의 합의가 있다거나 또는 당해 채무가 법정변제충당에 있어 우선순위에 있어서 당해 채무에 전액 변제충당되었다고 주장하는 자는 그 사실을 주장입증할 책임을 부담한다(대판 1994. 2. 22., 93다49338).

2. 충당순서

(1) 채무 가운데에 이행기가 도래한 것과 도래하지 아니한 것이 있으면 먼 저 이행기가 도래한 채무의 변제에 충당한다.

(2) 채무전부의 이행기가 도래하였거나 또는 도래하지 아니한 때에는 채무 자에게 변제이익이 많은 채무의 변제에 먼저 충당한다.

예컨대 무이자채무보다 이자부채무, 저이율의 채무보다 고이율의 채무, 무담보채무보다 담보부채무, 연대채무 보다 단순채무가 원칙적으로 채무자 를 위한 변제이익이 많다.

이에 대하여 보증채무는 단순채무와 비교하여 채무자를 위한 변제이익이 많은 것이라고는 할 수 없다. 또 상기의 제조건이 섞여 있는 때(예컨대, 저 리의 담보부채무와 고리의 무담보채무가 있는 때)에는 모든 사정을 고려하 여 결정하는 것이 타당할 것이다.

(3) 채무자에게 변제이익이 같으면 이행기가 먼저 도래한 채무 또는 먼저 도래할 채무의 변제에 충당한다.

① 특별한 사정이 없는 한, 변제자가 타인의 채무에 대한 보증인으로서 부담하는 보증채무(연대보증채무도 포함)는 변제자 자신의 채무에 비 하여, 연대채무는 단순채무에 비하여 각각 변제자에게 그 변제의 이익 이 적다(대판 1997. 7. 9, 98다55543).

② 이자의 약정이 있는 금전채무와 이자의 약정이 없는 약속어음금채무 는 전자가 변제이익이 많다(대판 1971. 11. 23, 71다1560).

기한이 정하여져 있지 않은 채무에 관해서는 채권자는 언제라도 이행 을 청구할 수 있기 때문에 언제나 이행기에 있는 것으로 보고, 이 경 우에 있어서는 먼저 성립한 것을 이행기가 먼저 도래한 것으로 해석 하는 것이 타당하다.

(4) 이상과 같은 표준으로도 선후가 정하여지지 않는 채권상호간에 있어서 는 그 채무액에 비례하여 각 채무의 변제에 충당한다.

▣ 핵심판례 ▣

■ [법정변제충당]

1. 동업자 중 1인이 동업계약해지 이전의 채무를 단독으로 부담하기로 약정된 경우 계약해지 이전에 발생한 채무와 그 이후 발생한 채무 사이에 변제이익의 차이가 있는지 여부(소극)

동업자 중 1인이 동업계약해지 이전의 채무를 단독으로 부담하기로 약정된 이상 동업계약해지 이전에 발생한 채무와 그 이후에 발생한 채무 사이에 변제이익의 차이가 없다(1993 .4. 27. 제1부 판결, 92다16638 물품대금).

2. 당사자가 변제에 충당할 채무를 지정하지 아니한 경우, 변제충당의 주장 입증책임

채무자가 동일한 채권자에 대하여 같은 종류를 목적으로 한 수개의 채무를 부담한 경우에 변제의 제공에 있어서 당사자가 변제에 충당할 채무를 지정하지 아니한 때에는 민법 제477조의 규정에 따라 법정변제충당되는 것이고 특히 민법 제477조 제4호에 의하면 법정변제충당의 순위가 동일한 경우에는 각 채무액에 안분비례하여 각 채무의 변제에 충당되는 것이므로, 위 안분비례에 의한 법정변제충당과는 달리, 그 법정변제충당에 의하여 부여되는 법률효과 이상으로 자신에게 유리한 변제충당의 지정, 당사자 사이의 변제충당의 합의가 있다거나 또는 당해 채무가 법정변제충당에 있어 우선순위에 있어서 당해 채무에 전액 변제충당되었다고 주장하는 자는 그 사실을 주장입증할 책임을 부담한다(1994. 2. 22. 제1부 판결, 93다49338 근저당권설정등기말소).

3. 가. 의료보험료 중 사용자 부담분의 임금 해당 여부

의료보험료 중 구 의료보험법(1994. 1. 7. 법률 제4728호로 전문 개정되기 전의 것) 제51조의 규정 등에 의한 사용자 부담분은 근로자가 근로의 대상으로서 사용자로부터 지급받는 임금에 해당한다고 볼 수는 없다.

나. 가집행선고로 인한 지급물의 공제를 자인하는 경우 그 공제방법

가집행선고로 인한 지급물은 원래 종국적인 변제의 효과가 있는 것이 아닌데도 원고 스스로 그 공제를 주장하는 이상 그 공제방법은 법정변제충당의 법리에 따를 것이 아니라 원고의 주장에 따라야 한다(1994. 7. 29. 제3부 판결, 92다30801 손해배상(기)).

4. 임의경매에 있어서 배당금이 동일 담보권자의 수개의 피담보채권 전부를 소멸시키기에 부족한 경우, 변제충당의 방법

담보권의 실행 등을 위한 경매에 있어서 배당금이 동일 담보권자가 가지는 수개의 피담보채권의 전부를 소멸시키기에 부족한 경우, 채권자와 채무자 사이에 변

제충당에 관한 합의가 있었다고 하더라도 그 합의에 의한 변제충당은 허용될 수 없고, 이 경우에는 획일적으로 가장 공평·타당한 충당방법인 민법 제477조의 규정에 의한 법정변제충당의 방법에 따라 충당을 하여야 한다(1996. 5. 10. 판결, 95다55504 보증채무금).

5. **법정변제충당의 순위를 정함에 있어서 변제의 유예가 있는 채무는 유예기까지 변제기가 도래하지 않은 것과 같게 보아야 하는지 여부(적극)**

법정변제충당의 순위를 정함에 있어서 변제의 유예가 있는 채무에 대하여는 유예기까지 변제기가 도래하지 않은 것과 같게 보아야 한다(대법원 1999. 8. 24. 선고 99다22281, 22298 판결).

6. **가. 보증채무와 주채무가 변제이익에 있어 우열이 있는지 여부(적극)**

특별한 사정이 없는 한 변제자가 타인의 채무에 대한 보증인으로서 부담하는 보증채무(연대보증채무도 포함)는 변제자 자신의 채무에 비하여 변제자에게 그 변제의 이익이 적다고 보아야 한다.

나. 변제충당에 관한 약관조항이 채권자에게 무제한의 포괄적 충당권을 부여하면서도 그 순서와 방법의 기준 등을 전혀 규정하지 아니하여 채무자 또는 담보제공자가 충당되는 채무를 예측할 수 없는 경우, 약관의규제에관한법률 제6조 제1항, 제2항 제1호에 의하여 무효인지 여부(적극)

변제충당에 관한 민법 제476조, 제477조의 규정들은 임의규정으로서 당사자가 그와 다른 약정을 할 수 있는 것이기는 하나, 채권자가 어음거래약정서와 같은 약관에서 변제충당에 관한 민법 규정과는 달리 채권자가 임의로 충당할 수 있도록 하는 규정을 둘 경우에는 적어도 고객인 채무자 또는 담보제공자가 제공한 변제금이나 담보물의 처분대금이 채무자가 부담하고 있는 수개의 채무 중 어느 채무에 충당되는 것인지를 채무자 또는 담보제공자가 예측할 수 있도록 하는 등 채무자측의 이익도 배려하여야 할 것인바, 어음거래약정서 중 변제충당에 관한 조항이 채권자에게 무제한의 포괄적 충당권을 부여하면서도 그 순서와 방법의 기준 등을 전혀 규정하지 아니함으로써 채권자로 하여금 수시로 자의적으로 충당할 채무를 정할 수 있도록 하였을 뿐만 아니라, 채무자 또는 담보제공자로서는 충당되는 채무를 알 수도 없게 되어 있고, 심지어는 채권자가 자신에게 아무런 이익이 없으면서 채무자에게 불리한 순서와 방법으로 변제충당을 한다고 하여도 채무자가 이의를 할 여지도 없게 되어 있는 경우, 위와 같은 약관조항은 고객인 채무자 등의 정당한 이익을 완전히 무시하여 부당하게 불리하고 신의성실에 반하여 공정을 잃은 조항으로서 약관의규제에관한법률 제6조 제1항, 제2항 제1호에 의하여 무효라고 보아야 한다(대법원 2002. 7. 12. 선고 99다68652 판결).

7. 변제자가 주채무자인 경우, 보증인이 있는 채무와 보증인이 없는 채무 사이에 변제이익의 차이가 있는지 여부(소극)

변제자가 주채무자인 경우, 보증인이 있는 채무와 보증인이 없는 채무 사이에 변제이익의 점에서 차이가 없다고 보아야 하므로, 보증기간 중의 채무와 보증기간 종료 후의 채무 사이에서는 변제이익의 점에서 차이가 없고, 따라서 주채무자가 변제한 금원은 이행기가 먼저 도래한 채무부터 법정변제충당하여야 한다(대법원 1999. 8. 24. 선고 99다26481 판결).

◈ 1개의 채무에 수개의 급여를 요할 경우에 지정충당·법정충당의 준용

제 478 조【부족변제의 충당】

1개의 채무에 수개의 급여를 요할 경우에 변제자가 그 채무 전부를 소멸하게 하지 못한 급여를 한 때에는 전2조의 규정을 준용한다.

■ § 478. 변제의 충당

- 한개의 채무의 변제로서 수개의 급부를 하여야 할 경우 적용
- 예컨대, 수개월분의 차임 또는 수회분의 월부상환채무등
- 변제충당의 방법 : ① 당사자의 특약→② 지정충당→③ 법정충당

정기지급과 같이 한 개의 채무의 변제로서 수개의 급여를 해야 할 경우에 있어서 변제자가 채무 전부를 소멸시키는데 부족한 급여를 한 때에는 전2조의 규정이 준용된다. 예컨대 수개월분의 차임, 수개월분의 월부상환채무를 부담함과 같은 경우에 관한 규정이다.

즉 이 경우에 채무자의 1회의 급여가 그 채무의 전부를 소멸시키는데 충분한 경우에는 변제충당의 문제가 발생하지 않으나, 그 급여로써 채무의 전부를 소멸시킴에 부족한 경우에는 전2조의 규정이 준용되어 먼저 당사자의 의사에 의하여 이를 정하고 당사자의 의사표시가 없는 경우에는 법정충당의 규정에 의한다는 것이다.

◈ 비용·이자·원본에 대한 변제충당의 순서

제 479 조【비용, 이자, 원본에 대한 변제충당의 순서】

① 채무자가 1개 또는 수개의 채무의 비용 및 이자를 지급할 경우에 변제 자가 그 전부를 소멸하게 하지 못한 급여를 한 때에는 비용, 이자, 원본 의 순서로 변제에 충당하여야 한다.

② 전항의 경우에 제477조의 규정을 준용한다.

■ § 479. 지정충당의 제한

• 원본외에 비용과 이자도 지급해야 할 경우에 그 전부를 변제하지 못한 때에 는 ① 비용. ② 이자. ③ 원본.

본조는 1개 또는 수개의 채무가 원본 이외에 비용 및 이자를 지급할 경우에 변제자가 채무의 전부를 소멸, 즉 원본, 비용 및 이자를 지급함에 부족한 급여 를 한 때에 관하여 그 충당의 순서를 규정한 것이다.

지정충당에 대해서는 일정한 제한이 있다. 즉 채무자가 1개 또는 수개의 채무 에 관해 원본 외에 이자 및 비용을 지급하여야 할 경우에 있어서는 비용·이 자·원본의 순서로 변제에 충당하여야 한다. 또 그 비용상호간, 이자상호간 및 원본상호간에 있어서는 법정충당의 예에 따른다.

원래 비용과 이자는 그 성질상 원본보다 먼저 지급되어야 하며, 비용상호간· 이자상호간 및 원본상호간에 있어서는 채무자에게 가장 유리한 것에 충당하는 것이 당사자의 의사에도 합치하고 합리적이어서, 일방당사자의 의사로 이 순서 를 변경하는 것이 허용되지 아니하기 때문이다. 물론 당사자 사이에 충당순서에 관한 합의가 있거나, 일방적인 지정에 대하여 상대방이 지체없이 이의를 제기하 지 않음으로써 묵시적인 합의가 있었다고 볼 수 있는 경우에는 지정충당에 대 한 규정은 적용되지 않는다(대판 1981. 5. 26, 80다3009. 공보⑥1981·13982).

▣ 핵심판례 ▣

■ [비용, 이자, 원본에 대한 변제충당의 순서]

1. 가. 비용, 이자, 원본에 대한 변제충당에 있어서 충당의 순서 및 당사자 사이의 묵시적 합의에 의한 임의충당을 인정할 수 있는지 여부(적극)

비용, 이자, 원본에 대한 변제충당에 있어서는 민법 제479조에 그 충당 순서가 법정되어 있고 지정 변제충당에 관한 같은 법 제476조는 준용되지 않으므로 당사자 사이에 특별한 합의가 없는 한 비용, 이자, 원본의 순서로 충당하여야 할 것이고, 채무자는 물론 채권자라고 할지라도 위 법정 순서와 다르게 일방적으로 충당의 순서를 지정할 수는 없다고 할 것이지만, 당사자의 일방적인 지정에 대하여 상대방이 지체없이 이의를 제기하지 아니함으로써 묵시적인 합의가 되었다고 보여지는 경우에는 그 법정충당의 순서와는 달리 충당의 순서를 인정할 수 있는 것이다.

나. 공탁금액이 채무총액에 비추어 아주 근소하게 부족한 경우, 변제공탁의 효력(유효)

채권자에 대한 변제자의 공탁금액이 채무의 총액에 비하여 아주 근소하게 부족한 경우에는 당해 변제공탁은 신의칙상 유효한 것이라고 보아야 한다(대판 2002. 5. 10, 2002다12871·12888).

2. 가. 채권의 원금에 미달하는 일부가 회수되었으나 회수 당시를 기준으로 나머지 채권의 회수가 불가능함이 객관적으로 명백하게 된 경우, 이자소득 발생의 근거로서 민법 제479조 제1항의 변제충당에 관한 규정을 적용할 수 있는지 여부(소극)

소득세법상 이자소득의 발생 여부는 그 소득 발생의 원천인 원금채권의 회수 가능성 여부를 떠나서 논할 수 없으므로, 채권의 일부회수가 있는 경우 그 회수 당시를 기준으로 나머지 채권의 회수가 불가능함이 객관적으로 명백하게 된 경우에는 그 회수금원이 원금에 미달하는 한 당해 과세년도에 있어서 과세요건을 충족시키는 이자소득 자체의 실현은 없었다고 볼 수밖에 없어 민법 제479조 제1항의 변제충당에 관한 규정은 그 적용의 여지가 없다.

나. 채권자가 경매절차에서 경락취득한 담보부동산의 시가가 원리금을 초과한다고 하여 이를 이자소득으로 과세할 수 있는지 여부(소극)

채권자가 경매절차에서 담보부동산을 경락취득한 경우에 그 경락취득으로 인한 이득은 이를 채무변제로 받은 급부라고 할 수 없으므로 설사 그 취득한 부동산의 시가가 원리금을 초과한다고 하여도 이를 이자소득으로 과세할 수 없다(1991. 11. 26. 제2부 판결, 91누3420 종합소득세등부과처분취소).

3. 원본뿐 아니라 지연이자도 지급할 의무가 있는 채무자가 그에 미치지 못
하는 이행제공을 하면서 이를 원본에 대한 변제로 지정한 경우, 그 지정
의 효력(=무효) 및 채권자가 그 수령을 거절할 수 있는지 여부(적극)

채무자가 이행지체에 빠진 이상, 채무자의 이행제공이 이행지체를 종료시키려면
완전한 이행을 제공하여야 하므로, 채무자가 원본뿐 아니라 지연이자도 지급할
의무가 있는 때에는 원본과 지연이자를 합한 전액에 대하여 이행의 제공을 하여
야 할 것이고, 그에 미치지 못하는 이행제공을 하면서 이를 원본에 대한 변제로
지정하였더라도, 그 지정은 민법 제479조 제1항에 반하여 채권자에 대하여 효력이
없으므로, 채권자는 그 수령을 거절할 수 있다(대법원 2005. 8. 19. 선고 2003다
22042 판결).

◈ 변제자가 변제할 정당한 이익이 없는 경우 채권자를 대위하기 위한 요건

제 480 조 【변제자의 임의대위】

① 채무자를 위하여 변제한 자는 변제와 동시에 채권자의 승낙을 얻어 채권자를 대위할 수 있다.

② 전항의 경우에 제450조 내지 제452조의 규정을 준용한다.

■ § 480. 임의대위

- 변제자 대위 : 변제자가 취득하는 구상권의 범위내에서 종래 채권자가 가지고 있던 채권에 관한 권리가 법률상 변제자에게 이전하는 것
- 임의대위 : 채권자의 승낙이 필요(변제할 정당한 이익이 없는 자), 지명채권 양도의 대항요건과 그 효력에 관한 규정을 적용
- 법정대위 : §481

1. 변제자대위

(1) 의의 및 취지

채무의 변제는 채무자가 아닌 제3자도 할 수 있는데(제469조), 제3자 또는 공동채무자의 한 사람이 채무자를 위하여 변제한 때에는 종전의 채권자가 채무자에 대해 가졌던 채권 및 그 담보에 관한 권리를 행사할 수 있다 (제482조 1항). 이를 변제자대위 또는 대위변제라고 한다.

이는 변제로서 당연히 소멸되어야 할 채권자의 채권을 소멸시키지 않고 변제자의 구상권의 확보를 위해 구상권자에게 이전(법률상 채권이전설. 통설과 판례)할 수 있도록 하는 규정인 것이다. 결국 변제자 대위제도에 의해 변제자는 자신의 구상채권과 종전 채권자의 채권을 함께 갖는 것이 되고 자신이 선택하여 이를 행사할 수 있게 된다. 또한 이 두 권리는 실체법상 발생근거와 권리의 내용을 달리하는 별개의 채권이므로 원본액, 이자 및 지연손해금 등을 달리하고 소멸시효도 따로 진행한다. 그러나 변제자가 행

사할 수 있는 원채권과 그 담보권은 구상권을 확보하기 위한 것이므로 부
종적 성질을 가지며, 구상권이 소멸하면 이에 따라 당연히 소멸하고 그 행
사범위도 구상권이 존재하는 한도내에서만 인정된다.

(2) 요 건

가. 변제 기타의 방법으로 채권자에게 만족을 줄 것

변제자가 자기의 출재로 채무자(또는 공동채무자)를 위하여 채권자에게
만족을 주는 면책행위를 하였어야 한다. 따라서 변제는 물론이며, 대물변
제·공탁 기타 자기의 출재로 채무자의 채무를 면하게 한 경우에도 대위
변제가 성립한다. 채권의 일부에 대해 변제 등을 한 경우에도 그 일부의
범위에서는 대위변제가 성립한다.

나. 변제자가 채무자에 대해 구상권을 가질 것

본래 변제자 대위는 변제자의 구상권을 확보하는 제도이므로, 구상권이
없으면 대위는 성립하지 않는다. 따라서 증여로서 변제한 때에는 대위변제
는 성립하지 않는다.

다. 채권자의 승낙이 있거나 변제할 정당한 이익이 있을 것

변제자는 채권자의 승낙이 있어야 대위할 수 있지만, 변제할 정당한 이
익을 가지는 자는 그 승낙이 없이도 당연히 대위할 수 있다. 전자가 본조
의 임의대위이고, 후자가 제481조의 법정대위이다.

2. 임의대위

제480조는 변제자의 임의대위에 관한 규정이다.

변제함에 있어서 정당한 이익을 가지지 않는 자가 채무자를 위하여 변제함
과 동시에 채권의 승낙을 얻어 채권자를 대위하는 경우를 임의대위라고 한다.
변제에 정당한 이익을 가지지 않는 자가 변제시 채권자의 승낙을 얻지 못하면
대위의 효과가 생기지 않는다. 따라서 채권양도의 경우와 동일한 대항요건, 즉
채무자에의 통지와 승낙을 요한다.

여기서 본조는 채무자의 보호를 위하여 채권양도의 대항요건과 그 효력에
관한 규정(제450조 내지 제452조)을 준용하고 있다. 따라서 채무자에 대하여

대위를 가지고 대항하려면 채권자의 채무자에 대한 대위통지 또는 채무자의 대위승낙을 필요로 하며 채무자 이외의 제3자에 대하여는 확정일자 있는 증서로써 하여야 한다.

▣ 핵심판례 ▣

■ [변제자의 임의대위]

1. 가. 변제에 사실상 이해관계를 가지는 자가 법정대위권이 있는 변제할 정당한 이익이 있는 자에 포함되는지 여부(소극)

대위변제는 변제할 정당한 이익이 있는 자가 변제하는 경우에 한하여 법률상 당연히 채권자를 대위하게 되는 것이고(민법 제481조) 여기에서 변제할 정당한 이익이 있는 자란 변제를 하지 않으면 채권자로부터 집행을 받게 되거나 또는 채무자에 대한 자기의 권리를 잃게 되는 지위에 있기 때문에 변제함으로써 당연히 대위의 보호를 받아야 할 법률상의 이익을 가지는 자를 가리키는 것이지 채무자와 연립주택건설 사업을 같이 하고 있어 채무자가 수사기관에서 조사를 받음으로 인하여 연립주택건설사업에 지장을 받을 우려가 있는 사실상의 이해관계를 가지는 자는 여기에 포함된다고 할 수 없다.

나. 채무자의 승낙이 있으면 담보권을 변제자에게 이전하여 주기로 채권자와 변제자가 약정한 경우에는 채무자의 승낙이 없는 한 변제자에게는 대위권이 발생하지 아니한다고 해석한 사례

채무자 갑의 채권자 병에 대한 채무를 제3자 을이 대위변제함에 있어서 병이 갑의 승낙이 있으면 병이 갑에 대한 채권담보를 위하여 정명의로 보유하고 있던 지분소유권이전등기를 변제자 을명의로 이전하여 주기로 약정하였다면, 특별한 사정이 없는 한 그 승낙이 없으면 을명의로 이전하여 주지 아니한다는 의사가 포함되어 있는 것이라고 해석할 수 있고, 또 그렇게 보는 것이 경험법칙에도 합치되므로 을, 병간의 약정의 취지는 병은 갑의 승낙이 있는 경우에 한하여 을의 대위를 승낙하겠다는 취지로 새겨야 할 것이고 을, 병간의 약정(특약)의 내용이 그러한 것이라면 을에게 변제자로서의 법정대위권이 인정되지 아니하는 경우에 있어서 갑의 승낙이 없는 한 을에게는 변제자로서의 대위권이 발생하지 아니한다고 보아야 한다(1990. 4. 10. 제1부 판결, 89다카24834 매매대금반환).

2. 가. 사업주가 보험급여를 체당지급한 경우, 변제자대위의 법리가 적용되는지 여부

사업주가 보험급여를 받을 권리가 있는 자에게 보험급여를 체당지급한 경우라도 당연히 사업주가 국가에 대하여 직접 보험급여를 청구할 수 있는 것은

아니며 수급권자가 그 수령을 위임한 경우에 한하여 대신 수령할 수 있는 것에 지나지 않으므로 이를 가리켜 변제자대위의 법리가 적용되어 보험급여를 받을 자의 급여청구권이 사업주에게 이전되는 것이라고는 할 수 없다.

나. 사업주가 장제를 행하고 장의비를 지급받은 경우, 국가가 유족을 대위하여 가해자에게 장의비에 관한 손해배상을 청구할 수 있는지 여부

사업주인 회사가 업무상 재해로 사망한 근로자의 장제를 실행하였다는 유족의 확인을 받아 회사 자신이 장의비의 급여를 받을 권리자라 하여 직접 국가 산하 지방노동청장에게 그 지급을 청구하여 장의비를 지급받았다면, 국가로서는 그 장의비 부분에 관한 한 유족을 대위하여서는 가해자에게 손해배상을 청구할 수는 없다(1994. 11. 18. 제3부 판결, 93다3592 구상금).

3. 변제자대위에 의한 원채권 및 담보권의 행사 범위

변제자대위는 주채무를 변제함으로써 주채무자 및 다른 연대보증인에 대하여 갖게 된 구상권의 효력을 확보하기 위한 제도여서 대위에 의한 원채권 및 담보권의 행사 범위는 구상권의 범위로 한정된다(대법원 2005. 10. 13. 선고 2003다24147 판결).

4. 가. 물상보증인이 담보부동산을 제3취득자에게 매도하여 제3취득자가 근저당권의 피담보채무를 인수한 경우, 담보권 실행으로 인한 구상권의 귀속 주체(=물상보증인)

물상보증인이 담보부동산을 제3취득자에게 매도하고 제3취득자가 담보부동산에 설정된 근저당권의 피담보채무의 이행을 인수한 경우, 그 이행인수는 매매당사자 사이의 내부적인 계약에 불과하여 이로써 물상보증인의 책임이 소멸하지 않는 것이고, 따라서 담보부동산에 대한 담보권이 실행된 경우에도 제3취득자가 아닌 원래의 물상보증인이 채무자에 대한 구상권을 취득한다.

나. 물상보증인의 구상권과 변제자 대위권의 성질, 효력 및 행사 방법

물상보증인이 채무자의 채무를 변제한 경우, 그는 민법 제370조에 의하여 준용되는 같은 법 제341조에 의하여 채무자에 대하여 구상권을 가짐과 동시에 민법 제481조에 의하여 당연히 채권자를 대위하고, 위 구상권과 변제자 대위권은 원본, 변제기, 이자, 지연손해금의 유무 등에 있어서 내용이 다른 별개의 권리로서, 물상보증인은 고유의 구상권을 행사하든 대위하여 채권자의 권리를 행사하든 자유이며, 다만 채권자를 대위하는 경우에는 같은 법 제482조 제1항에 의하여 고유의 구상권의 범위에서 채권 및 그 담보에 관한 권리를 행사할 수 있는 것이어서, 변제자 대위권은 고유의 구상권의 효력을 확보하는 역할을 한다.

다. 근저당권설정계약서상의 이른바 대위권 불행사의 특약이 물상보증인의 구상권에 기한 청구에도 적용되는지 여부(소극)

물상보증인이 채권자에 대하여 채권자의 청구가 있을 때 그 권리 또는 순위를 무상으로 양도하고 채무자와 채권자의 거래 계속중에 행사하지 않기로 한 권리는 물상보증인의 채무자에 대한 구상권이 아니라 계약서상의 문자 그대로 대위에 의하여 채권자로부터 취득한 채권자의 채무자에 대한 원채권상의 권리임이 문언상 명백하여, 물상보증인의 구상권에 터잡아 구상금채권을 양수한 제3취득자의 청구에는 위 대위권 불행사의 특약 조항의 적용이 없다(대법원 1997. 5. 30. 선고 97다1556 판결).

5. 제3자를 이행보조자로 사용하여 대위변제할 수 있는지 여부(적극)

채무의 변제는 원칙적으로 채무자뿐만 아니라 제3자도 할 수 있고, 채무의 성질상 반드시 변제자 본인의 행위에 의해서만 가능한 것이 아닌 이상 제3자를 이행보조자 내지 이행대행자로 사용하여 대위변제할 수도 있다(대법원 2001. 6. 15. 선고 99다13515 판결).

6. 민법 제480조 제2항 소정의 대항요건의 흠결을 주장할 수 있는 제3자의 범위

변제자의 임의대위에 의한 담보부채권의 이전에 관하여 민법 제480조 제2항 소정의 대항요건의 흠결을 주장할 수 있는 제3자는 대위변제의 목적인 그 채권자체에 관하여 법률상이익이 있는 자 즉 당해 채권에 관하여 대위 변제자의 지위와 양립할 수 없는 법률상 지위를 취득한 자에 한한다(대법원 1989. 1. 17. 선고 87다카1814 판결).

7. 가. 근로기준법 제30조의2 제2항에 따른 우선변제권 있는 임금채권을 대위변제한 경우, 대위자의 우선변제권 인정 여부(적극) 및 임금 직접불의 원칙 위배 여부(소극)

타인의 채무를 변제하고 채권자를 대위하는 대위변제의 경우 채권자의 채권은 동일성을 유지한 채 법률상 당연히 변제자에게 이전하고, 이러한 법리는 채권이 근로기준법상의 임금채권이라 하더라도 그대로 적용되므로, 근로기준법 제30조의2 제2항에 규정된 우선변제권이 있는 임금채권을 변제한 자는 채무자인 사용자에 대한 임금채권자로서 사용자의 총재산에 대한 강제집행절차나 임의경매절차가 개시된 경우에 경락기일까지 배당요구를 하여 그 배당절차에서 저당권의 피담보채권이나 일반채권보다 우선하여 변제받을 수 있으며, 이와 같이 근로자가 아닌 대위변제자에게 임금의 우선변제권을 인정하더라도 근로자에 대하여 임금이 직접 지급된 점에 비추어 이를 근로기준법 제36조 제1항 소정의 직접불의 원칙에 위배된다고 할 수 없다.

나. 변제로 인한 임의대위를 위하여 대항요건을 갖추어야 하는 제3자의 의미

임의대위에 있어서는 변제자가 제3자에게 대항하기 위하여는 확정일자 있는 증서에 의한 대위의 통지나 승낙이 필요한 것이지만, 이 경우 제3자라 함은 대위변제의 목적인 그 채권 자체에 관하여 대위변제자와 양립할 수 없는 법률상 지위에 있는 자만을 의미한다.

다. 임금채권을 대위변제한 자가 대위 통지를 하기 전에 사용자의 부동산에 대한 저당권자의 신청에 의하여 경매가 개시된 경우, 임의대위자가 저당권자에게 대항할 수 있다고 한 사례

임금채권에 대하여 아무런 관련이 없는 사용자에 대한 근저당권부 채권자는 임금채권의 대위변제자가 대항요건을 갖추어야 할 제3자에 해당된다고 할 수 없으므로, 변제로 인한 임의대위자의 사용자에 대한 대위의 통지가 적법히 된 이상 근저당채권자가 신청한 경매절차에서 경매개시결정으로 인한 압류의 효력이 발생한 날보다 그 대위 통지 일자가 늦다고 하더라도 대위에 영향이 없다고 한 사례(대법원 1996. 2. 23. 선고 94다21160 판결).

◆ 변제할 정당한 이익이 있는 자의 변제대위

제 481 조【변제자의 법정대위】

변제할 정당한 이익이 있는 자는 변제로 당연히 채권자를 대위한다.

■ § 481. 법정대위

- 변제할 정당한 이익이 있는 자는 법률상 당연히 채권자를 대위
- 불가분채무자, 연대채무자, 보증인, 물상보증인, 담보물의 제3취득자, 후순위담보권자등
- 관련법조 : [변제와 대위] 어음 32③, 63①, 77③①-5, 수표 27③

본조는 법정대위를 규정한 것이다.

변제를 함에 있어서 정당한 이익을 갖는 자가 변제에 의하여 당연히 채권자를 대위하는 경우를 법정대위라고 한다(대판 1990. 4. 10, 89다카24834. 공보22 1990, 1051). 즉 변제할 정당한 이익이 있는 자는 변제로 법률상 당연히 채권자를 대위한다. 여기서 변제를 함에 있어서 정당한 이익을 갖고 있는 자란 변제를 하지 않으면 채권자로부터 집행을 받게 되거나 또는 채무자에 대한 자기의 권리를 잃게 되는 지위에 있기 때문에 변제를 함으로써 당연히 대위의 보호를 받아야 할 법률상의 이익을 가지는 자를 말한다. 물상보증인·담보부동산의 제3취득자·보증인·연대채무자 등이 여기에 해당된다. 따라서 사실상의 이해관계를 가지는 것만으로는 이에 해당되지 않는다(대판 1990. 4. 10, 89다카24834). 이들은 채무자를 위하여 변제를 하기만 하면 대위가 되며, 그 결과로서 채무자 또는 다른 공동채무자에 대하여 구상권을 가지게 된다. 즉, 채권양도의 합의나 대항요건을 갖추지 않더라도 법률상 당연히 채권자의 채권이 변제자에게 이전되고 담보권 등도 당연히 이전된다.

▣ 핵심판례 ▣

■ [변제자의 법정대위]

1. **근저당권이 설정된 부동산의 매수인이 그 근저당권의 피담보채무를 변제하기 위하여 한 공탁의 적부(적극)**

근저당권이 설정된 부동산의 매수인은 그 근저당권의 피담보채무를 변제할 정당한 이해관계가 있는 자이므로 그 채무변제를 위한 공탁은 정당하다(1991. 10. 11. 제3부 판결, 91다25369 소유권이전등기).

2. **가. 공동저당에 있어서 후순위저당권자의 대위와 물상보증인의 변제자대위가 충돌하는 경우의 법률관계의 우선순위**

공동저당의 목적인 채무자 소유의 부동산과 물상보증인 소유의 부동산에 각각 채권자를 달리하는 후순위저당권이 설정되어 있는 경우, 물상보증인 소유의 부동산에 대하여 먼저 경매가 이루어져 그 경매대금의 교부에 의하여 1번저당권자가 변제를 받은 때에는 물상보증인은 채무자에 대하여 구상권을 취득함과 동시에, 민법 제481조, 제482조의 규정에 의한 변제자대위에 의하여 채무자 소유의 부동산에 대한 1번저당권을 취득하고, 이러한 경우 물상보증인 소유의 부동산에 대한 후순위저당권자는 물상보증인에게 이전한 1번저당권으로부터 우선하여 변제를 받을 수 있으며, 물상보증인이 수인인 경우에도 마찬가지라 할 것이므로(이 경우 물상보증인들 사이의 변제자대위의 관계는 민법 제482조 제2항 제4호, 제3호에 의하여 규율될 것이다), 자기 소유의 부동산이 먼저 경매되어 1번저당권자에게 대위변제를 한 물상보증인은 1번저당권을 대위취득하고, 그 물상보증인 소유의 부동산의 후순위저당권자는 1번저당권에 대하여 물상대위를 할 수 있다.

나. 물상보증인이 대위취득한 선순위저당권설정등기에 대하여 선순위저당권의 피담보채무의 소멸을 이유로 말소청구를 할 수 있는지 여부

물상보증인이 대위취득한 선순위저당권설정등기에 대하여는 말소등기가 경료될 것이 아니라 물상보증인 앞으로 대위에 의한 저당권이전의 부기등기가 경료되어야 할 성질의 것이며, 따라서 아직 경매되지 아니한 공동저당물의 소유자로서는 1번저당권자에 대한 피담보채무가 소멸하였다는 사정만으로는 말소등기를 청구할 수 없다(1994. 5. 10. 제1부 판결, 93다25417 근저당권설정등기말소).

3. **근저당권의 피담보채권이 확정되기 전에 그 채권의 일부를 양도하거나 대위변제한 경우, 그 양수인이나 대위변제자가 근저당권의 이전을 구할 수 있는지 여부(소극)**

근저당권이라고 함은 계속적인 거래관계로부터 발생하고 소멸하는 불특정다수의 장래채권을 결산기에 계산하여 잔존하는 채무를 일정한 한도액의 범위 내에서 담보하는 저당권이어서, 거래가 종료하기까지 채권은 계속적으로 증감변동되는 것이므로, 근저당 거래관계가 계속 중인 경우 즉 근저당권의 피담보채권이 확정되기 전에 그 채권의 일부를 양도하거나 대위변제한 경우 근저당권이 양수인이나 대위변제자에게 이전할 여지가 없다(1996. 6. 14. 판결, 95다53812 근저당피담보채권부존재확인등).

◆ 변제자대위의 효과

제 482 조【변제자대위의 효과, 대위자간의 관계】

① 전2조의 규정에 의하여 채권자를 대위한 자는 자기의 권리에 의하여 구상할 수 있는 범위에서 채권 및 그 담보에 관한 권리를 행사할 수 있다.

② 전항의 권리행사는 다음 각호의 규정에 의하여야 한다.

1. 보증인은 미리 전세권이나 저당권의 등기에 그 대위를 부기하지 아니하면 전세물이나 저당물에 권리를 취득한 제3자에 대하여 채권자를 대위하지 못한다.

2. 제3취득자는 보증인에 대하여 채권자를 대위하지 못한다.

3. 제3취득자 중의 1인은 각 부동산의 가액에 비례하여 다른 제3취득자에 대하여 채권자를 대위한다.

4. 자기의 재산을 타인의 채무의 담보를 제공한 자가 수인인 경우에는 전호의 규정을 준용한다.

5. 자기의 재산을 타인의 채무의 담보로 제공한 자와 보증인간에는 그 인원수에 비례하여 채권자를 대위한다. 그러나 자기의 재산을 타인의 채무의 담보로 제공한 자가 수인인 때에는 보증인의 부담부분을 제외하고 그 잔액에 대하여 각 재산의 가액에 비례하여 대위한다. 이 경우에 그 재산이 부동산인 때에는 제1호의 규정을 준용한다.

■ § 482. 대위의 효과

• 대위자와 채무자 사이의 효과 : 채권자가 가지고 있던 채권 및 담보등 모든 권리가 대위자에게 이전함으로써 대위자는 채권자가 기지고 있던 모든 권리를 행사할 수 있다.
• 법정대위자 상호간의 관계 : 대위의 순서와 비율은 법정(본조 2항).
• 관련법조 : [대위등기] 부동산등기법 §79

본조는 대위변제의 효과와 대위변제자 사이의 관계를 규정한 것이다. 대위변제의 효과는 다음과 같이 고찰할 필요가 있다.

1. 대위변제자와 채무자 사이의 효과

대위변제자와 채무자와의 사이에 있어서는 그 채권 및 담보에 관하여 채권자가 가지고 있던 일체의 권리가 구상권의 범위내에서 법률상 당연히 대위변제자에게 이전한다.

「채권에 관한 권리」라 함은 채권자의 권리를 가리키는 것으로서 이행청구권·손해배상청구권·채권자대위권·채권자취소권 등을 말하며, 요컨대 채권 그 자체가 이전한다는 의미이다.

「채권의 담보에 관한 권리」는 인적 담보권과 물적 담보권을 포함함은 물론이다. 담보물권은 원래 보증인에 대한 권리까지도 포함하기 때문이다. 이외에 이자채권·연대채무자에 대한 권리 등도 이전된다.

이론적으로 말하자면 제3자의 변제에 의하여 채권은 당연히 소멸하지만 대위변제가 발생하는 경우에는 그 소멸의 효과가 일어나지 않고, 채권자의 채권은 부종적인 권리와 함께 변제자에게 이전하는 것이다.

또 변제자가 대위변제의 이익을 받는 경우에도 채권자에 대하여 가지는 구상권자체는 아무런 영향을 받지 않는다. 따라서 대위하여 채권자의 권리를 행사하든, 또는 자기의 구상권을 행사하든 그것은 변제자의 자유이다.

2. 대위변제자 상호간의 효과

대위의 이익을 받는 자가 수인 있는 때에는 상호간에 문제가 생기는 일이 있다. 예컨대 갑의 을에 대한 권리에 대하여 병이 보증인, 정이 물상보증인이 된 경우에 병이 변제하면 정의 부동산에 저당권을 행사하여 손실을 면할 수 있고, 정이 변제를 하면 병의 재산을 집행하여 손해를 면할 수 있는 것으로 한다면 먼저 변제한 자가 유리하다는 불공평한 결과가 된다. 그리하여 민법은 본조 제2항에서 대위변제자 상호간의 혼란을 피하고 공평을 꾀하기 위하여 그들 사이의 보호의 필요에 따라 대위의 순서와 비율을 자세히 규정한 것이다.

① 보증인과 담보부동산의 제3취득자와의 사이에 있어서는 제3취득자는 보증인에 대하여 채권자를 대위하지 못한다. 그러나 보증인은 제3취득자에 대하여 채권자를 대위한다. 이 경우 보증인은 「미리」담보물권의 등기에 대위를 부기하지 아니하면 제3취득자에게 대위할 수 없다.

또 「미리」라는 것이 어느 시점을 가리키는가에 대해서는 학설의 대립이 있다. 다수설은 보증인의 변제 후 변제에 의하여 담보권이 소멸한 것으로 믿고서 제3취득자가 취득하기 전에 대위의 부기등기를 하면 충분하다고 해석한다(곽윤직, 최식, 현승종, 김·안).

② 제3취득자 상호간 또는 물상보증인 상호간에 있어서는 각 부동산의 가액에 비례하여 채권자를 대위한다.

③ 보증인과 물상보증인의 사이에 있어서는 모두 그 인원수에 비례하여 채권자를 대위한다. 그리고 물상보증인이 수인 있는 때에는 그 사이에서 각자의 재산의 가액에 비례하여 범위를 정하는 것이다. 또 재산이 부동산인 경우에 보증인이 대위하기 위해서는 제1호의 경우와 마찬가지로 먼저 대위의 부기등기를 하여야 한다.

▣ 핵심판례 ▣

■ [변제자대위의 효과, 대위자간의 관계]

1. 근로기준법 제30조의2 제2항에 규정된 우선변제권이 있는 임금채권을 변제한 자는 채무자인 사용자에 대한 임금채권자로서 사용자의 총재산에 대한 강제집행절차나 임의경매절차가 개시된 경우에 경락기일까지 배당요구를 하여 그 배당절차에서 저당권의 피담보채권이나 일반채권보다 우선하여 변제받을 수 있는지의 여부

타인의 채무를 변제하고 채권자를 대위하는 대위변제의 경우 채권자의 채권은 동일성을 유지한 채 법률상 당연히 변제자에게 이전되는 것이고(민법 제482조 제1항), 이러한 법리는 채권이 근로기준법상의 임금채권이라 하더라도 그대로 적용된다 할 것이므로, 근로기준법 제30조의2 제2항에 규정된 우선변제권이 있는 임금채권을 변제한 자는 채무자인 사용자에 대한 임금채권자로서 사용자의 총재산에 대한 강제집행절차나 임의경매절차가 개시된 경우에 경락기일까지 배당요구를 하여 그 배당절차에서 저당권의 피담보채권이나 일반채권보다 우선하여 변제받을 수 있으며, 이와 같이 근로자가 아닌 대위변제자에게 임금의 우선변제권을 인정하더라도 근로자에 대하여 임금이 직접 지급된 점에 비추어 이를 근로기준법 제36조 제1항 소정의 직접불의 원칙에 위배된다고 할 수 없다(1996. 2. 23. 판결, 94다21160 배당이의).

2. 가. 공동 저당물중 일부만에 대한 저당권 실행이 불법행위를 구성하는지 여부(소극)

공동저당권자가 공동저당물중 일부만에 대하여 저당권을 실행하는 것은 저당권자의 권리에 속하는 것으로 권리남용에 해당하지 아니하는 한 정당하다고 할 것이므로 공동저당물인 토지와 건물 전부에 대하여 경매절차를 진행하던 중 건물에 대한 경매신청을 취하하고 토지에 대해서만 경매를 실행하여 토지소유자가 그에 대한 소유권을 상실하였다고 하더라도 불법행위가 된다고 할 수 없다

나. 대위변제자의 다른 공동저당물 소유자에 대한 변제청구권 유무(소극)

공동저당물중의 하나의 소유자가 다른 공동저당물의 부담부분을 대위변제한 때 그는 다른 공동저당물의 소유자에 대하여 채권자의 채권 및 그 담보에 관한 권리를 실행하여 변제받을 수 있을 뿐, 다른 공동저당물의 부담 부분에 해당하는 금원의 변제청구권을 갖는 것은 아니다(1983. 3. 22. 제1부 판결, 81다43 손해배상).

3. 갑을 주채무자로 하고 을을 연대보증인으로 한 채무를 담보하기 위하여 갑과 을의 공동소유인 부동산 전체에 관하여 근저당권이 설정된 후 갑 소유의 지분에 대하여만 후순위의 저당권을 취득한 자가 선순위의 근저당채무를 변제한 경우, 선순위 근저당권자는 대위변제자인 후순위 근저당권자에게 갑과 을의 공동소유인 부동산 전체에 대한 저당권이전의 부기등기 의무를 부담하는지 여부(적극)

채무자 소유의 부동산에 대한 후순위 저당권자에게는 자신의 담보권을 보전하기 위하여 채무자의 선순위 저당권자에 대한 채무를 변제할 정당한 이익이 인정되고, 한편 민법 제482조 제1항은 변제할 정당한 이익이 있는 자가 채무자를 위하여 채권을 대위변제한 경우에는 대위변제자는 자기의 권리에 기하여 구상할 수 있는 범위에서 채권자의 채권 및 담보에 관한 권리를 행사할 수 있다고 규정하고 있으므로 갑을 주채무자로 하고, 을을 연대보증인으로 한 채무를 담보하기 위하여 갑과 을의 공동소유인 부동산 전부에 관하여 선순위의 저당권이 설정된 후 갑 소유의 지분에 대하여서만 후순위 저당권을 취득한 자가 자신의 담보권을 보전하기 위하여 선순위 저당권자에게 당해 피담보채무를 변제한 경우에는 종전의 채권자인 선순위 저당권자의 채권 및 그 담보는 모두 대위변제를 한 후순위 저당권자에게 이전되고, 따라서 선순위 저당권자는 대위변제자인 후순위 저당권자에게 갑과 을의 공동소유인 부동산 전체에 대하여 대위변제로 인한 저당권이전의 부기등기를 마쳐주어야 할 의무가 있다(대판 2002. 12. 6, 2001다2846).

4. 채무를 대위변제한 물상보증인이 다른 물상보증인 소유의 부동산에 설정된 근저당권설정등기에 관하여 대위의 부기등기를 하지 아니하고 있는 동안에 제3취득자가 위 부동산을 취득한 경우 대위변제한 물상보증인이 제3취득자에 대하여 채권자를 대위할 수 있는지 여부(소극)

타인의 채무를 변제하고 채권자를 대위하는 대위자 상호간의 관계를 규정한 민법

제482조 제2항 제5호 단서에서 대위의 부기등기에 관한 제1호의 규정을 준용하도록 규정한 취지는 자기의 재산을 타인의 채무의 담보로 제공한 물상보증인이 수인일 때 그중 일부의 물상보증인이 채무의 변제로 다른 물상보증인에 대하여 채권자를 대위하게 될 경우에 미리 대위의 부기등기를 하여 두지 아니하면 채무를 변제한 뒤에 그 저당물을 취득한 제3취득자에 대하여 채권자를 대위할 수 없도록 하려는 것이라고 해석되므로 자신들 소유의 부동산을 채무자의 채무의 담보로 제공한 물상보증인들이 채무를 변제한 뒤 다른 물상보증인 소유부동산에 설정된 근저당권설정등기에 관하여 대위의 부기등기를 하여 두지 아니하고 있는 동안에 제3취득자가 위 부동산을 취득하였다면, 대위변제한 물상보증인들은 제3취득자에 대하여 채권자를 대위할 수 없다(대법원 1990. 11. 9. 선고 90다카10305 판결).

5. **[1] 민법 제482조 제2항 제1호와 제2호에서 보증인에게 대위권을 인정하면서도 제3취득자는 보증인에 대하여 채권자를 대위할 수 없다고 규정한 취지 및 민법 제482조 제2항 제2호의 제3취득자에 후순위 근저당권자가 포함되는지 여부(소극)**

민법 제482조 제2항 제1호와 제2호에서 보증인에게 대위권을 인정하면서도 제3취득자는 보증인에 대하여 채권자를 대위할 수 없다고 규정한 까닭은, 제3취득자는 등기부상 담보권의 부담이 있음을 알고 권리를 취득한 자로서 그 담보권의 실행으로 인하여 예기치 못한 손해를 입을 염려가 없고, 또한 저당부동산에 대하여 소유권, 지상권 또는 전세권을 취득한 제3자는 저당권자에게 그 부동산으로 담보된 채권을 변제하고 저당권의 소멸을 청구할 수 있으며(민법 제364조), 저당물의 제3취득자가 그 부동산의 보존, 개량을 위하여 필요비 또는 유익비를 지출한 때에는 저당물의 경매대가에서 우선상환을 받을 수 있도록(민법 제367조) 하는 등 그 이익을 보호하는 규정도 마련되어 있으므로, 변제자대위와 관련해서는 제3취득자보다는 보증인을 보호할 필요가 있기 때문이다. 그러나 저당부동산에 대하여 후순위 근저당권을 취득한 제3자는 민법 제364조에서 정한 저당권소멸청구권을 행사할 수 있는 제3취득자에 해당하지 아니하고, 달리 선순위 근저당권의 실행으로부터 그의 이익을 보호하는 규정이 없으므로 변제자대위와 관련해서 후순위 근저당권자보다 보증인을 더 보호할 이유가 없으며, 나아가 선순위 근저당권의 피담보채무에 대하여 직접 보증책임을 지는 보증인과 달리 선순위 근저당권의 피담보채무에 대한 직접 변제책임을 지지 않는 후순위 근저당권자는 보증인에 대하여 채권자를 대위할 수 있다고 봄이 타당하므로, 민법 제482조 제2항 제2호의 제3취득자에 후순위 근저당권자는 포함되지 아니한다.

[2] 민법 제482조 제2항 제1호의 '제3자'에 후순위 근저당권자가 포함되는지 여부(소극)

민법 제482조 제2항 제2호의 제3취득자에 후순위 근저당권자가 포함되지 않음

에도 같은 항 제1호의 제3자에는 후순위 근저당권자가 포함된다고 하면, 후순위 근저당권자는 보증인에 대하여 항상 채권자를 대위할 수 있지만 보증인은 후순위 근저당권자에 대하여 채권자를 대위하기 위해서는 미리 대위의 부기등기를 하여야만 하므로 보증인보다 후순위 근저당권자를 더 보호하는 결과가 되는데, 이러한 결과는 법정대위자인 보증인과 후순위 근저당권자 간의 이해관계를 공평하고 합리적으로 조절하기 위한 민법 제482조 제2항 제1호와 제2호의 입법 취지에 부합하지 않을뿐더러 후순위 근저당권자는 통상 자신의 이익을 위하여 선순위 근저당권의 담보가치를 초과하는 담보가치만을 파악하여 담보권을 취득한 자에 불과하므로 변제자대위와 관련해서 후순위 근저당권자를 보증인보다 더 보호할 이유도 없다. 이러한 사정들과 민법 제482조 제2항 제1호와 제2호가 상호작용하에 법정대위자 중 보증인과 제3취득자의 이해관계를 조절하는 규정인 점 등을 종합하여 보면, 보증인은 미리 저당권의 등기에 그 대위를 부기하지 않고서도 저당물에 후순위 근저당권을 취득한 제3자에 대하여 채권자를 대위할 수 있다고 할 것이므로 민법 제482조 제2항 제1호의 제3자에 후순위 근저당권자는 포함되지 않는다(대법원 2013. 2. 15. 선고 2012다48855 판결).

6. [1] 민법 제482조 제2항 제4호, 제5호 전문에 의하여 대위비율을 산정할 경우 보증인과 물상보증인의 지위를 겸하는 자를 1인으로 보아야 하는지 여부(적극)

민법 제482조 제2항 제4호, 제5호가 물상보증인 상호간에는 재산의 가액에 비례하여 부담 부분을 정하도록 하면서, 보증인과 물상보증인 상호간에는 보증인의 총 재산의 가액이나 자력 여부, 물상보증인이 담보로 제공한 재산의 가액 등을 일체 고려하지 아니한 채 형식적으로 인원수에 비례하여 평등하게 대위비율을 결정하도록 규정한 것은, 인적 무한책임을 부담하는 보증인과 물적 유한책임을 부담하는 물상보증인 사이에는 보증인 상호간이나 물상보증인 상호간과 같이 상호 이해조정을 위한 합리적인 기준을 정하는 것이 곤란하고, 당사자 간의 특약이 있다는 등의 특별한 사정이 없는 한 오히려 인원수에 따라 대위비율을 정하는 것이 공평하고 법률관계를 간명하게 처리할 수 있어 합리적이며 그것이 대위자의 통상의 의사 내지 기대에 부합하기 때문이다. 이러한 규정 취지는 동일한 채무에 대하여 보증인 또는 물상보증인이 여럿 있고, 이 중에서 보증인과 물상보증인의 지위를 겸하는 자가 포함되어 있는 경우에도 동일하게 참작되어야 하므로, 위와 같은 경우 민법 제482조 제2항 제4호, 제5호 전문에 의한 대위비율은 보증인과 물상보증인의 지위를 겸하는 자도 1인으로 보아 산정함이 상당하다.

[2] 여러 보증인 또는 물상보증인 중 어느 1인이 자신의 부담 부분에 미달하는 대위변제 등을 한 경우, 민법 제482조 제2항 제5호에 따른 변제자대위를 할 수 있는지 여부(소극)

민법 제482조 제2항 제5호는 동일한 채무에 대하여 인적 무한책임을 지는 보증인과 물적 유한책임을 지는 물상보증인이 여럿 있고 그 중 어느 1인이 먼저 대위변제를 하거나 경매를 통한 채무상환을 함으로써 다른 자에 대하여 채권자의 권리를 대위하게 되는 경우, 먼저 대위변제 등을 한 자가 부당하게 이익을 얻거나 대위가 계속 반복되는 것을 방지하고 대위관계를 공평하게 처리하기 위하여 대위자들 상호간의 대위의 순서와 분담비율을 규정하고 있는바, 위 규정에 의하면, 여러 보증인과 물상보증인 사이에서는 그 중 어느 1인에 의하여 주채무 전액이 상환되었을 것을 전제로 하여 그 주채무 전액에 민법 제482조 제2항 제5호에서 정한 대위비율을 곱하여 산정한 금액이 각자가 대위관계에서 분담하여야 할 부담 부분이다. 그런데 여러 보증인 또는 물상보증인 중 어느 1인이 위와 같은 방식으로 산정되는 자신의 부담 부분에 미달하는 대위변제 등을 한 경우 그 대위변제액 또는 경매에 의한 채무상환액에 위 규정에서 정한 대위비율을 곱하여 산출된 금액만큼 곧바로 다른 자를 상대로 채권자의 권리를 대위할 수 있도록 한다면, 먼저 대위변제 등을 한 자가 부당하게 이익을 얻거나 대위자들 상호간에 대위가 계속 반복되게 되고 대위관계를 공평하게 처리할 수도 없게 되므로, 민법 제482조 제2항 제5호의 규정 취지에 반하는 결과가 생기게 된다. 따라서 보증인과 물상보증인이 여럿 있는 경우 어느 누구라도 위와 같은 방식으로 산정한 각자의 부담 부분을 넘는 대위변제 등을 하지 않으면 다른 보증인과 물상보증인을 상대로 채권자의 권리를 대위할 수 없다.

[3] 보증인이나 물상보증인이 대위변제 등을 할 당시에 이미 주채무가 감소하거나 증가한 사정이 있는 경우, 당해 보증인이나 물상보증인의 대위변제액 등이 그의 부담 부분을 초과하는지 여부를 판단함에 있어서 그와 같은 사정을 반드시 참작하여야 하는지 여부(적극)

여러 보증인과 물상보증인 사이에서 민법 제482조 제2항 제5호에 의하여 대위관계에서의 부담 부분을 정하는 경우, 당초 성립한 주채무가 주채무자의 변제나 채무 면제 등으로 감소하거나 이자·지연손해금이 증가하는 때에는 그 당시 현존하고 있는 보증인이나 물상보증인의 부담 부분도 원칙적으로 그에 상응하여 감소하거나 증가하게 되므로, 보증인이나 물상보증인이 대위변제 등을 할 당시에 이미 주채무자의 변제나 채무면제 등으로 주채무가 감소하거나 이자·지연손해금이 증가한 사정이 있다면, 이를 반드시 참작하여 그 대위변제 등 당시를 기준으로 하여 당해 보증인이나 물상보증인의 대위변제액 등이 그의 부담 부분을 초과하는 것인지 여부를 판단하여야 한다(대법원 2010. 6. 10. 선고 2007다61113 판결).

◈ 일부대위의 경우 대위자와 채권자의 권리행사의 비율

제 483 조 【일부의 대위】

① 채권의 일부에 대하여 대위변제가 있는 때에는 대위자는 그 변제한 가액에 비례하여 채권자와 함께 그 권리를 행사한다.

② 전항의 경우에 채무불이행을 원인으로 하는 계약의 해지 또는 해제는 채권자만이 할 수 있고 채권자는 대위자에게 그 변제한 가액과 이자를 상환하여야 한다.

■ § 483. 일부대위

- 일부대위자는 그 변제한 가액에 비례하여 채권자와 함께 권리행사
- 일부대위시 계약당사자의 지위에 부수하는 권리는 대위의 목적이 안됨(예컨대 계약의 취소권, 해지권, 해제권)
- 채권자의 부당이득반환의무 : 일부의 대위변제가 있는 채권자가 채무불이행을 이유로 계약을 해제한 때

일반대위란 채권의 일부에 대하여 변제가 있었을 경우에 생기는 대위이다. 이 경우에는 대위자는 그 변제한 가액에 비례하여 채권자와 함께 그 권리를 행사한다. 그러나 이러한 경우에도 채무불이행을 원인으로 하는 계약의 해제 또는 해지는 채권자만이 할 수 있고 채권자는 대위자에게 그 변제한 가액과 이자를 상환하여야 한다.

'채권자와 함께 그 권리를 행사한다'의 의미에 관해 통설은 채권자의 의사를 고려하고 또 담보물권의 불가분성의 원칙에 의해 변제자가 단독으로 담보권을 행사할 수 있는 것이 아니라, 채권자가 담보권을 행사하는 경우에 한해 변제자가 함께 그 권리를 행사할 수 있는 것으로 해석한다.

한편, '변제한 가액에 비례하여 행사한다'의 의미에 관해 통설과 판례는 채권자가 우선하여 배당받고 그 잔액에 대하여 일부대위자가 배당받는다고 한다(채권자우선설). 그러나 이러한 법리는 대위변제자가 대위채권자가 아닌 자신의 고유한 구상권을 행사하는 경우에는 그 적용이 없다는 것이 판례의 태도이다(대판 1995. 3. 3. 94다3514).

▣ 핵심판례 ▣

■ [일부의 대위]

1. 가. 채권자의 일부 대위변제자에 대한 우선변제권 유무

변제할 정당한 이익이 있는 자가 채무자를 위하여 채권의 일부를 대위변제할 경우에 대위변제자는 변제한 가액의 범위내에서 종래 채권자가 가지고 있던 채권 및 담보에 관한 권리를 취득하게 되고 따라서 채권자가 부동산에 대하여 저당권을 가지고 있는 경우에는 채권자는 대위변제자에게 일부 대위변제에 따른 저당권의 일부이전의 부기등기를 경료해 주어야 할 의무가 있다 할 것이나 이 경우에도 채권자는 일부 대위변제자에 대하여 우선변제권을 가지고 있다.

나. 당사자가 주장할 책임있는 사항 자체에 대한 법원의 석명의무의 유무

법원은 당사자가 주장할 책임이 있는 사항 자체에 대하여 이를 주장하는 가의 여부를 석명하여야 할 의무는 없다(1988. 9. 27. 제1부 판결, 88다카1797 부당이득금).

2. 일부대위에 관한 법리가 보증인의 구상권 행사의 경우에 그대로 적용되는지여부

변제할 정당한 이익이 있는 자가 채무자를 위하여 채권의 일부를 대위변제할 경우 대위자는 그 변제한 가액에 비례하여 채권자와 함께 그 권리를 행사하고, 변제한 가액의 범위 내에서 종래 채권자가 가지고 있던 채권 및 담보에 관한 권리를 취득하는 것이되, 이 경우에도 채권자는 일부 대위변제자에 대하여 우선변제권을 가지는 것이라 하겠으나, 보증인이 변제 기타의 출재로 주채무를 소멸하게 하는 등의 사유로 주채무자에 대하여 가지게 되는 구상권은 변제자가 갖는 고유의 권리로서 대위의 객체가 된 권리와는 별개라 할 것이어서 당사자 사이에 다른 약정이 있다는 등의 특정한 사정이 없는 한 일부대위에 관한 위와 같은 법리가 보증인이 행사하는 구상권의 경우에 당연히 그대로 적용되는 것은 아니다(대법원 1995. 3. 3. 선고 94다33514 판결).

3. 근저당 거래관계가 계속되는 관계로 근저당권의 피담보채권이 확정되지 아니하는동안에 채권의 일부가 대위변제된 경우, 근저당권이 대위변제자에게 이전되는지 여부(소극)

근저당권은 계속적인 거래관계로부터 발생·소멸하는 불특정다수의 채권 중 그 결산기에 잔존하는 채권을 일정한 한도액의 범위 내에서 담보하는 것으로서 그 거래가 종료하기까지 그 피담보채권은 계속적으로 증감·변동하는 것이므로, 근저당 거래관계가 계속되는 관계로 근저당권의 피담보채권이 확정되지 아니하는

동안에는 그 채권의 일부가 대위변제되었다 하더라도 그 근저당권이 대위변제자에게 이전될 수 없다(대법원 2000. 12. 26. 선고 2000다54451 판결).

4. 변제할 정당한 이익이 있는 자가 채무자를 위하여 근저당권의 피담보채무의 일부를 대위변제한 경우, 근저당권의 실행으로 인한 배당절차에서 근저당권자의 우선변제권의 범위

변제할 정당한 이익이 있는 자가 채무자를 위하여 근저당권의 피담보채무의 일부를 대위변제한 경우에 대위변제자는 피담보채무의 일부대위변제를 원인으로 한 근저당권 일부이전의 부기등기의 경료 여부와 관계없이 변제한 가액의 범위 내에서 종래 채권자가 가지고 있던 채권 및 담보에 관한 권리를 법률상 당연히 취득하게 되는 것이나 이 때에도 채권자는 대위변제자에 대하여 우선변제권을 가진다고 할 것인바, 이 경우에 채권자의 우선변제권은 피담보채권액을 한도로 특별한 사정이 없는 한 자기가 보유하고 있는 잔존 채권액 전액에 미친다고 할 것이고, 이러한 법리는 채권자와 후순위권리자 사이에서도 마찬가지라 할 것이므로 근저당권의 실행으로 인한 배당절차에서도 채권자는 특별한 사정이 없는 한 자기가 보유하고 있는 잔존 채권액 및 피담보채권액의 한도에서 후순위권리자에 우선해서 배당받을 수 있다(대법원 2004. 6. 25. 선고 2001다2426 판결).

5. 가. 농림수산업자 신용보증기금에 관한 권리의무의 귀속주체(=농업협동조합중앙회)

농림수산업자 신용보증법의 규정, 입법 취지, 그 동안의 실무관행 등에 비추어 보면, 농림수산업자 신용보증기금은 그 관리기관인 농업협동조합중앙회로부터 독립된 권리의무의 주체가 될 수 없다고 할 것이므로, 농업협동조합중앙회가 위 기금의 관리기관으로서 한 신용보증으로 인하여 발생하는 권리·의무의 대외적 귀속주체는 농업협동조합중앙회라고 할 것이다.

나. 농업협동조합중앙회가 대출기관으로서 하는 농림수산업자금의 대출에 대하여, 기금의 관리기관인 농업협동조합중앙회가 신용보증을 하였다가 그 보증채무를 이행한 경우, 농업협동조합중앙회가 대출기관으로서 대출금채권을 행사할 수 있는지 여부(소극)

농림수산업자 신용보증법 제8조 제3항은 농업협동조합중앙회가 대출기관으로서 하는 농림수산자금의 대출에 관한 신용보증에 대하여도 농림수산업자 신용보증기금의 관리기관인 농업협동조합중앙회로 하여금 보증계약을 체결하도록 규정하고 있는바, 농업협동조합중앙회가 대출기관으로서 하는 농림수산업자금의 대출에 대하여 기금의 관리기관인 농업협동조합중앙회가 신용보증을 한 경우, 농업협동조합중앙회는 대출기관으로서의 지위와 신용보증인의 지위를 겸유한다고 할 것이고, 기금의 관리기관인 농업협동조합중앙회가 그 보증채무를 이행하였다면, 대출기관인 농업협동조합중앙회로서는 더 이상 채무자에 대한 대출금채권을 행사할 수는 없고, 농업협동조합중앙회는 기금의

관리기관으로서 그 구상금채권을 행사할 수 있을 뿐이다.

다. 변제할 정당한 이익이 있는 자가 채무자를 위하여 근저당권의 피담보 채무의 일부를 대위변제한 경우, 대위변제자가 취득하게 되는 권리의 내용

변제할 정당한 이익이 있는 자가 채무자를 위하여 근저당권의 피담보채무의 일부를 대위변제한 경우에는 대위변제자는 근저당권의 일부이전의 부기등기의 경료 여부에 관계없이 변제한 가액의 범위 내에서 종래 채권자가 가지고 있던 채권 및 담보에 관한 권리를 법률상 당연히 취득하게 되는 것이고, 대위할 범위에 관하여 종래 채권자가 이미 배당요구를 하였거나 배당요구 없이도 당연히 배당받을 수 있었던 경우에는 대위변제자는 따로 배당요구를 하지 않아도 배당을 받을 수 있다.

라. 수인이 시기를 달리하여 채권의 일부씩을 대위변제한 경우, 근저당권의 실행으로 인한 배당절차에 있어서 일부 대위변제자 간의 배당 순위 (=안분 배당)

수인이 시기를 달리하여 채권의 일부씩을 대위변제한 경우 그들은 각 일부 대위변제자로서 그 변제한 가액에 비례하여 근저당권을 준공유하고 있다고 보아야 하고, 그 근저당권을 실행하여 배당함에 있어서는 다른 특별한 사정이 없는 한 각 변제채권액에 비례하여 안분 배당하여야 한다.

마. 대출기관인 동시에 농림수산업자 신용보증기금의 관리기관인 농업협동조합중앙회가 기금의 관리기관의 지위에서 대출금채권의 일부를 대위변제한 경우, 대위변제한 가액의 범위 내에서 대출금채권이 소멸하였으므로 농업협동조합중앙회는 대출기관의 지위에서 다른 일부 대위변제자에 우선하여 배당을 받을 수 없고, 대위변제자의 지위에서 안분 배당을 받아야 한다고 한 사례(대법원 2006. 2. 10. 선고 2004다2762 판결).

◈ 채권의 대위변제를 받은 채권자의 대위자에 대한 의무

제 484 조【대위변제와 채권증서, 담보물】

① 채권 전부의 대위변제를 받은 채권자는 그 채권에 관한 증서 및 점유한 담보물을 대위자에게 교부하여야 한다.

② 채권의 일부에 대한 대위변제가 있는 때에는, 채권자는 채권증서에 그 대위를 기입하고 자기가 점유한 담보물의 보존에 관하여 대위자의 감독을 받아야 한다.

■ § 484. 채권자의 채권증서, 담보물의 교부의무

- 채권 전부의 변제를 받은 채권자는 그 채권에 관한 증서 및 그가 점유하는 담보물을 대위자에게 교부하여야 한다.
- 채권의 일부에 대한 대위가 있는 때에는, 채권자는 채권증서에 그 대위를 부기하고 또한 자기가 점유하는 담보물의 보존에 관하여 대위자의 감독을 받아야 한다.

본조는 채권자의 변제대위자에 대한 의무를 규정한 것이다.

채권자는 대위자에 대하여 대위한 권리의 행사를 용이하게 할 의무를 진다. 즉 전부변제한 대위자에 대해서는 채권에 관한 증서 및 그가 점유하고 있는 담보물을 교부하여야 한다. 또 일부를 변제한 대위자에 대해서는 채권증서에 그 대위를 기입하고 동시에 대위자에게 자기가 점유한 담보물의 보존에 관하여 감독을 받아야 한다.

주의할 것은 민법이 다시 채권자에 대하여 대위자를 위한 담보를 보존할 의무를 부과하고 있는 점이다. 예컨대 저당권과 보증인이 있는 경우에 채권자가 저당권을 포기하였다고 하면, 채권자는 보증인으로부터 청구할 수 있으므로 불이익이 없으나, 보증인은 변제하더라도 대단한 불이익이 된다.

그리하여 민법 제485조는 법정대위를 할 수 있는 자가 있는 경우에 채권자의 고의나 과실로 담보가 상실되거나 감소된 때에는 대위할 자, 즉 위의 보증인은 그 상실 또는 감소로 인하여 상환을 받을 수 없게 된 한도에서 그 책임을 면한다고 하고 있다.

◈ 법정대위자의 면책

제 485 조【채권자의 담보상실, 감소행위와 법정대위자의 면책】

제481조의 규정에 의하여 대위할 자가 있는 경우에 채권자의 고의나 과실로 담보가 상실되거나 감소된 때에는 대위할 자는 그 상실 또는 감소로 인하여 상환을 받을 수 없는 한도에서 그 책임을 면한다.

■ § 485. 채권자의 담보보존의무

• §481의 규정에 의하여 대위할 자가 있는 경우에, 채권자의 고의나 과실로 담보가 상실되거나 감소된 때에는 대위할 자는 그 상실 또는 감소로 말미암아 상환을 받을 수 없게 된 한도에서 그 책임을 면한다.

1. 의 의

본조는 모든 법정대위자를 위하여 채권자에게 담보보존의 의무를 규정한 것이다.

법정대위자는 채권자의 권리를 대위하는 것에 이해관계를 가지기 때문에, 그의 이익을 보호하기 위해서는 채권자가 담보를 보존할 필요성이 있다.

법정대위를 할 자가 있는 경우에 채권자의 고의나 과실로 담보가 상실되거나 감소된 때에는 대위할 자는 그 상실 또는 감소로 인하여 상환을 받을 수 없는 한도에서 그 책임을 면한다. 예컨대 갑이 을에게 300만원의 채권과 200만원 상당의 부동산에 저당권을 가지고 있고, 병이 을을 보증하고 있는 경우에 채권자 갑이 저당권을 포기하면 보증인 병은 200만원의 한도에서 채무를 면하게 된다.

2. 요 건

① 면책이 인정되는 것은 '담보를 상실·감소시킨 때이며, 인적·물적 담보를 포함한다(예 : 담보의 포기, 담보물의 훼손 또는 반환·보증채무의 면제 등). 따라서 채권자가 채무자의 일반재산을 압류하였다가 이를 해제한 때에는 본조가 적용되지 않는다.

② 채권자의 고의·과실로 담보를 상실·감소케 하고, 그로 인해 법정대위자가 상환을 받을 수 없는 인과관계가 성립하여야 한다.

③ 채권자의 고의나 과실로 담보가 상실 또는 감소된 경우, 제485조에 의하여 법정대위자가 책임을 면하는지 여부는 담보가 상실 또는 감소된 시점을 표준시점으로 하여 판단하여야 한다(대판 2001. 12. 24. 2001다42677. 채권자가 담보를 취득할 당시의 시점을 기준으로 하는 것이 아님)

3. 효 과

법정대위자는 담보의 상실·감소로 인하여 상환받을 수 없는 한도에서 그 책임을 면한다. 대위자가 채무자인 때에는 채무를 면하며, 물상보증인·담보물의 제3취득자·후순위담보권자인 경우에는 그 책임의 소멸을 주장할 수 있다.

■ **핵심판례** ■

■ **[채권자의 담보상실, 감소행위와 법정대위자의 면책]**

1. 가. 변제충당에 관한 민법 제476조 내지 제479조의 임의규정성

변제충당에 관한 민법 제476조 내지 제479조의 규정은 임의규정이므로 변제자(채무자)와 변제수령자(채권자)는 계약(약정)에 의하여 위 각 규정을 배제하고 제공된 급부를 어느 채무에 어떤 방법으로 충당할 것인가를 결정할 수 있다.

나. 변제충당의 약정이 있는 경우 변제자에 대한 충당의 의사표시가 필요한지 여부

채권자와 주채무자가, 주채무자의 변제가 채권자에 대한 모든 채무를 소멸시키기에 부족한 때에는 채권자가 적당하다고 인정하는 순서와 방법에 의하여 충당하기로 약정하였다면, 변제수령자인 채권자가 위 약정에 기하여 스스로 적당하다고 인정하는 순서와 방법에 좇아 변제충당한 이상 변제자에 대한 의사표시와는 관계없이 충당의 효력이 있다.

다. 민법 제485조의 임의규정성

채권자의 담보보존의무를 규정한 민법 제485조의 규정은 임의규정이므로 당사자간의 합의(특약)에 의하여 위 규정의 적용을 배제할 수도 있다.

라. 보증채무의 이행청구에 대한 과실상계 법리의 적용여부

채권자의 청구가 연대보증인들에 대하여 그 보증채무의 이행을 구하고 있다면 손해배상책임의 유무 또는 배상의 범위를 정함에 있어 채권자의 과실이 참작되는 과실상계의 법리는 적용될 여지가 없다(1987. 3. 24. 제1부 판결, 84다카1324 물품대금등).

2. 임의경매절차에서 법정순위에 의할 경우 자신의 채권 전액의 만족을 얻을 수 있는 저당권자가 기록첨부채권자와의 사이에 법정순위보다 불리한 합의를 하여 일부 변제받지 못한 채권을 주채무자의 연대보증인들에게 청구함이 신의성실의 원칙에 반하는지 여부

은행이 회사에 대한 대출금채권 회수를 위하여 공장저당권에 기하여 임의경매 신청을 함에 따라 임의경매절차가 진행되던 중 회사의 근로자들이 임금채권에 관한 공정증서에 기하여 강제경매 신청을 함으로써 기록첨부된 사안에서, 은행이 근로자들과 사이에 근로기준법에 의하여 우선변제권이 있는 부분에 한하여 근로자들이 우선변제 받도록 하였더라면 은행의 채권은 위 경매절차에서 전부 변제받아 완전한 만족을 얻을 수 있었을 것이고, 따라서 회사의 연대보증인들의 채무는 전부 소멸하였을 것임이 계산상 분명함에도 불구하고, 은행이 경락대금 교부순위에 관하여 근로자들과 법상 우선권 있는 범위보다 다액의 우선권을 인정하는 합의를 하여 줌으로 말미암아 경매절차에서 채권을 전부 변제받지 못하게 되었다면, 저당권자인 은행은 합의 당시에 법상의 우선권과는 달리 합의함으로써 채권의 완전한 만족을 받을 수 없고 결과적으로 연대보증인들의 채무가 소멸하지 아니하게 된다는 사정을 충분히 알았거나 알 수 있었다고 할 것이므로, 은행의 위와 같은 합의로 이미 소멸하였을 일부 채무를 아무런 귀책사유 없는 연대보증인들에 대하여 이제 와서 그 보증채무의 이행을 구하는 것은 신의성실의 원칙에 반하는 행동이라고 할 것이다(1995. 4. 28. 제2부 판결, 93다28843 대여금).

3. 채권자의 담보상실 감소 행위로 인한 법정대위자의 면책 여부를 판단하는 기준 시점(= 담보상실 감소 시점)

채권자의 고의나 과실로 담보가 상실 또는 감소된 경우, 민법 제485조에 의하여 법정대위자가 책임을 면하는지 여부는 담보가 상실 또는 감소된 시점을 표준시점으로 하여 판단하여야 한다(대법원 2001. 12. 24. 선고 2001다42677 판결).

4. 채권자의 고의·과실로 담보가 상실 또는 감소된 경우, 보증인의 면책주장 가부(적극)

보증인은 피보증인의 채무를 변제할 정당한 이익이 있는 자로서 그 변제로 인하여 당연히 채권자를 대위할 법정대위권이 있는 것이므로 다른 특단의 사정이 없는 한 채권자가 고의나 과실로 담보를 상실하게 하거나 감소되게 한 때에는 보증인의 대위권을 침해한 것이 되어 보증인은 민법 제485조에 따라 그 상실 또는 감

소로 인하여 상환을 받을 수 없는 한도에서 면책주장을 할 수 있다(대법원 2000. 1. 21. 선고 97다1013 판결).

5. 가. 양도담보로 제공된 부동산에 대해 양도담보권자의 채권자가 가압류 또는 가처분등기를 경료한 것만으로 양도담보권자의 고의 또는 과실로 담보가 상실·감소된 것으로 볼 수 있는지 여부(소극)

민법 제485조는 제481조의 규정에 의하여 대위할 자가 있는 경우에 채권자의 고의나 과실로 담보가 상실되거나 감소된 때에는 대위할 자가 그 상실 또는 감소로 인하여 상환받을 수 없는 한도에서 그 책임을 면한다고 규정하고 있는바, 양도담보로 제공된 부동산에 대하여 양도담보권자의 채권자가 가압류나 가처분의 기입등기를 경료하였다고 하더라도 그러한 사실만으로는 양도담보권자가 고의 또는 과실로 그 담보를 상실하거나 감소케 한 것이라고는 볼 수 없다.

나. 채권자가 채권액을 초과하는 채무자의 부동산을 담보로 취득하였다가 담보를 상실하여 채권액에 미달하는 담보만을 갖게 된 경우, 민법 제485조에 의한 보증인의 면책 범위

채권자가 채권액을 훨씬 초과하는 채무자의 부동산을 양도담보로 취득하였다가 그 채권액 이상의 양도담보를 상실하고 채권액에 미달하는 양도담보만을 갖게 되었을 경우 민법 제485조에 의하여 보증인이 책임을 면하는 범위는, 그 채권액 전부가 아니라 총 채권액에서 잔존 양도담보 부동산의 가액 상당을 뺀 나머지 금액 상당이다(대법원 1997. 10. 28. 선고 97다28858 판결).

6. 근로자가 후순위저당권자가 존재하는 사용자의 재산에 대하여 임금채권 우선변제권을 행사하는 경우 민법 제485조를 유추적용하여 근로자의 고의·과실로 후순위저당권자의 대위에 관한 기대를 침해한 한도에서 임금채권 우선변제권이 배제되거나 제한되는지 여부(소극)

근로자가 후순위저당권자가 존재하는 사용자의 재산에 대하여 임금채권 우선변제권을 행사하는 경우에 민법 제485조를 유추적용할 수 없다. 왜냐하면, 민법 제485조는 변제할 정당한 이익이 있는 자의 출연에 의한 변제에 따른 구상권 및 대위에 대한 기대권을 두텁게 보호하기 위하여 특별히 마련된 조항이므로 구상권의 발생이 예상되지 않는 경우에 유추적용하는 것은 적절하지 않고, 만일 유추적용을 인정하게 되면 근로자는 사용자의 재산에 대하여 별개로 경매절차가 진행될 경우 해당 재산의 책임분담액에 맞추어 개별 경매절차마다 일일이 임금채권 우선변제권을 행사하지 않으면 그 한도에서 우선변제권이 배제되는 불이익을 입게 되는바, 이는 근로자에게 지나친 비용과 노력을 요구하므로 근로자의 생활안정을 위하여 임금채권을 강하게 보장하는 근로기준법의 입법 취지에 현저히 반하는 결과를 초래하기 때문이다(대법원 2006. 12. 7. 선고 2005다77558 판결).

7. 변제로 공동면책시켜 구상권을 가지는 연대보증인이 주채무자에 대한 채권 담보를 상실 또는 감소시킨 경우, 다른 연대보증인이 구상의무를 이행하였을 때에 담보 소멸로 인하여 주채무자로부터 상환을 받을 수 없는 한도에서 책임을 면하는지 여부(적극)

민법 제485조는 보증인 기타 법정대위권자를 보호하여 주채무자에 대한 구상권을 확보할 수 있도록 채권자에게 담보보존의무를 부담시키는 것으로서, 채권자가 당초의 채권자이거나 장래 대위로 인하여 채권자로 되는 자이거나를 구별할 이유가 없다. 연대보증인 중 1인이 변제 기타 자기의 출재로 공동면책이 된 때에는 민법 제448조 제2항, 제425조에 의하여 다른 연대보증인의 부담부분에 대하여 구상권을 행사할 수 있는 것과는 별개로 민법 제481조에 의하여 당연히 채권자를 대위하여 주채무자에 대하여 구상권 범위 내에서 채권자로 되고, 위 연대보증인에 대하여 자기 부담부분에 대하여 상환을 하는 다른 연대보증인은 그의 상환액을 다시 주채무자에 대하여 구상할 수 있고 이 구상권 범위 내에서는 그 자는 공동면책시킨 위 연대보증인이 당초 채권자를 대위하여 가지는 권리를 다시 대위취득할 수 있기 때문에, 변제로 당초 채권을 대위 행사하는 연대보증인과 다른 연대보증인의 관계는 바로 민법 제485조에서 정한 '채권자'와 ' 제481조의 규정에 의하여 대위할 자'의 관계가 된다. 따라서 변제로 공동면책시켜 구상권을 가지는 연대보증인이 주채무자에 대한 채권 담보를 상실 또는 감소시킨 때에는 민법 제485조의 '채권자의 고의나 과실로 담보가 상실되거나 감소된 때'에 해당하여, 다른 연대보증인은 구상의무를 이행하였을 경우에 담보 소멸로 인하여 주채무자로부터 상환을 받을 수 없는 한도에서 책임을 면한다고 보아야 한다(대법원 2012. 6. 14. 선고 2010다 11651 판결).

◆ 공탁 기타 자기의 출재로 채무를 면하게 한 경우의 대위변제 규정의 준용

제 486 조【변제 이외의 방법에 의한 채무소멸과 대위】

제3자가 공탁 기타 자기의 출재로 채무자의 채무를 면하게 한 경우에도 전 6조의 규정을 준용한다.

■ § 486. 변제 이외의 방법에 의한 대위

- 변제는 물론이며 대물변제, 공탁 기타 자기의 출재로 채무자의 채무를 면하게 한 경우에도 변제에 의한 대위는 성립한다.
- 그러므로 공동채무자의 상계, 연대채무자 또는 연대보증인이 채권을 양수하거나 상속하여 혼동이 생긴 경우 물상보증인 또는 저당부동산의 제3취득자가 저당권의 실행으로 소유권을 잃은 경우 등에는 변제한 것과 마찬가지로 대위가 허용된다.
- 관련법조 : [공탁] §487 이하

공탁·대물변제·상계 기타 자기의 출재로 채무를 면책하게 한 경우에는 그 변제자에 관하여서는 제480조 내지 제485조의 대위변제에 관한 규정이 준용된다. 그러므로 공동채무자의 상계(제418조 1항), 연대채무자 또는 연대보증인이 채권을 양수하거나 상속하여 혼동이 생긴 경우, 물상보증인 또는 저당부동산의 제3취득자가 저당권의 실행으로 소유권을 잃은 경우 등에는 변제한 것과 마찬가지로 대위가 허용된다(이설없음).

제 2 관　공 탁

　공탁(deposit, Hinterlegung, Consignation)이라 함은 법령의 규정에 의하여 금전·유가증권 또는 그밖의 물품을 공탁소 또는 일정한 자에게 임치하는 것이다. 공탁의 성질은 공탁공무원의 수탁처분과 공탁물보관자의 공탁물 수령으로써 성립하는 하나의 공법상의 법률관계이다. 공탁을 하는 경우는 공법·사법에 걸쳐 대단히 많으나 크게 나누면 4종류가 된다.

(1) 채무소멸을 위하여 하는 공탁(변제공탁) : 채무자가 채무를 면하는 수단으로서 가장 중요한 실체법상의 의미를 가진다. 이 공탁에 의하여 채무를 면할 수 있는 경우(공탁원인)는 일반적으로 채권자의 수령거절·수령불능 및 채무자가 과실없이 채권자를 확실히 알 수 없는 때이며(제487조), 그밖에도 법률에 규정되는 경우가 있다(상법 제67조, 제803조).

(2) 채권담보를 위하여 하는 공탁(담보공탁) : 상대방에게 생기는 손해의 배상을 담보하기 위한 수단으로서 주로 민사집행법 및 세법에 그 예를 볼 수 있다(민집 제19조).

(3) 단순히 보관이란 의미로 하는 것(보관공탁) : 타인의 물건을 즉시 처분할 수 없는 경우에 일시공탁에 의하면 보관하는 것(제353조·제362조·제589조).

(4) 그밖에 특수한 목적을 위하여 하는 것(특수공탁) : 예컨대 공직선거의 입후보자가 하는 공탁 따위가 있다(공직선거법).

　여기서 공탁이라고 하는 것은 채무소멸의 원인으로서의 변제공탁을 말한다.

◆ 공탁의 요건

제 487 조【변제공탁의 요건, 효과】

채권자가 변제를 받지 아니하거나 받을 수 없는 때에는 변제자는 채권자를
위하여 변제의 목적물을 공탁하여 그 채무를 면할 수 있다. 변제자가 과실
없이 채권자를 알 수 없는 경우에도 같다.

■ § 487. 공탁의 요건, 효과

• 공탁의 요건 : 공탁원인
① 채권자가 변제를 받지 아니하거나 받을 수 없는 때
② 변제자의 과실없이 채권자를 알 수 없는 경우
• 공탁의 효과 : ① 채무의 소멸
　　　　　　　② 채권자의 공탁물 인도청구권 취득
　　　　　　　③ 공탁물소유권의 이전
• 관련법조 : [채권자의 수령거절, 불수행] 상 §67, §142~§145, §803, [공탁] 공
　　　　　　탁법, 어음 §42, §77①-3

1. 공탁의 의의

공탁이란 금전·유가증권 기타의 물건을 공탁소에 임치하는 것, 다시 말하
면 공탁자와 법률이 정하는 공탁기관 사이에 맺어지는 임치계약을 말한다. 공
탁제도는 변제의 담보 또는 보관 등의 여러 목적으로 이용되나 본조는 채권자
가 변제의 수령을 거절하거나, 또는 수령할 수 없는 때, 그리고 변제자가 과실
없이 채권자를 알 수 없는 때에는 변제자는 채권자를 위하여 변제의 목적물을
공탁하여 그 채무를 면할 수 있다는 취지의 변제공탁을 규정하고 있다. 따라
서 본조 이하에서 규정하고 있는 공탁은 변제자가 변제의 목적물을 채권자를
위하여 공탁소에 임치하고 채무를 면하는 제도를 말한다

공탁의 법적성질과 관련하여 공법관계설과 사법관계설, 그리고 양면설(공법
적 측면과 함께 사법상 제3자를 위한 계약으로서의 성질을 아울러 갖는다는
견해)의 대립이 있다. 다만 제3자를 위한 계약으로 보는 견해에서도 채권자의
수익의 의사표시는 불필요하다고 한다. 판례는 이와 관련하여 "일단 공탁공무

원의 공탁금 출급인가처분이 있고 그에 따라 공탁금이 출급되었다면 설사 이를 출급받은 자가 진정한 출급청구권자가 아니라 하더라도 이로써 공탁법상의 공탁절차는 종료되었다 할 것이고, 따라서 원래의 진정한 공탁금 출급청구권자라 하더라도 공탁사무를 관장하는 국가를 상대로 하여 민사소송으로 그 공탁금의 지급을 구할 수는 없다(대판 1993. 7. 13. 91다39429)"고 하여 공법관계설과 태도를 같이 한다.

2. 공탁의 요건

(1) 공탁원인의 존재

상술한 바와 같이 공탁제도는 채무자로 하여금 채무를 면하게 하려는데 그 궁극의 목적이 있는 것이지만 공탁에 의하여 채무를 면할 수 있기 위해서는 일정한 원인, 즉 공탁원인이 있어야 한다.

앞의 본조가 규정한 바의 공탁원인으로서는 채권자가 변제의 수령을 거절하거나 수령할 수 없을 때, 또는 변제자가 과실이 없는데도 불구하고 누가 채권자인가를 알 수 없다고 하는 세 가지의 사정 가운데 어느 하나가 존재하여야 한다.

1) 채권자가 변제를 받지 아니하거나 받을 수 없는 때

이것은 채권자지체의 요건과 같다(제400조 참조). 다만 공탁은 채권자에게 어떤 불이익을 주지 않으므로, 채권자의 귀책사유가 있을 것을 요하지 않고, 위 사유가 객관적으로 존재하기만 하면 공탁을 할 수 있다(통설). 판례는 채권자의 태도로 보아 채무의 이행제공을 하였더라도 그 수령을 거절할 것이 명백한 경우에는 채무자는 이행의 제공을 하지 않고 바로 변제공탁을 할 수 있다고 하였다(대판 1994. 8. 26, 93다42276).

그리고 채권자가 객관적으로 변제를 받을 수 없는 사정이 있으면 변제공탁을 할 수 있다.

2) 변제자가 과실없이 채권자를 알 수 없는 때

가. 의 의

제487조 후단의 '변제자가 과실 없이 채권자를 알 수 없는 경우'라 함은 객관적으로 채권자 또는 변제수령권자가 존재하고 있으나 채무자가 선량

한 관리자의 주의를 다하여도 채권자가 누구인지를 알 수 없는 경우를 말한다(대판 2004. 11. 11, 2004다37737).

나. 구체적 사례

① 예금계약의 출연자와 예금명의자가 서로 다르고 양자 모두 예금채권에 관한 권리를 적극 주장하고 있는 경우

예금계약의 출연자와 예금명의자가 서로 다르고 양자 모두 예금채권에 관한 권리를 적극 주장하고 있는 경우로서 금융기관이 그 예금의 지급시는 물론 예금계약 성립시의 사정까지 모두 고려하여 선량한 관리자로서의 주의의무를 다하여도 어느 쪽이 진정한 예금주인지에 관하여 사실상 혹은 법률상 의문이 제기될 여지가 충분히 있다고 인정되는 때에는 채무자인 금융기관으로서는 민법 제487조 후단의 채권자 불확지를 원인으로 하여 변제공탁을 할 수 있다고 보아야 한다(대판 2004. 11. 11, 2004다37737).

② 양도금지특약이 붙은 채권이 양도된 경우

채권양도금지특약에 반하여 채권양도가 이루어진 경우, 그 양수인이 양도금지특약이 있음을 알았거나 중대한 과실로 알지 못하였던 경우에는 채권양도는 효력이 없게 되고, 반대로 양수인이 중대한 과실 없이 양도금지특약의 존재를 알지 못하였다면 채권양도는 유효하게 되어 채무자로서는 양수인에게 양도금지특약을 가지고 그 채무이행을 거절할 수 없게 되어 양수인의 선의, 악의 등에 따라 양수채권의 채권자가 결정되는바, 이와 같이 양도금지의 특약이 붙은 채권이 양도된 경우에 양수인의 악의 또는 중과실에 관한 입증책임은 채무자가 부담하지만, 그러한 경우에도 채무자로서는 양수인의 선의 등의 여부를 알 수 없어 과연 채권이 적법하게 양도된 것인지에 관하여 의문이 제기될 여지가 충분히 있으므로 특별한 사정이 없는 한 민법 제487조 후단의 채권자 불확지를 원인으로 하여 변제공탁을 할 수 있다(대판 2000. 12. 22, 2000다55904).

③ 확정일자 있는 채권양도 통지와 가압류명령이 제3채무자에게 동시에 도달된 경우

확정일자 있는 채권양도 통지와 채권가압류명령이 제3채무자에게 동

시에 도달된 경우에도 제3채무자는 송달의 선후가 불명한 경우에 준하여 채권자를 알 수 없다는 이유로 변제공탁을 할 수 있다. 그리고 확정일자 있는 채권양도 통지와 채권가압류명령이 동시에 도달됨으로써 제3채무자가 변제공탁을 하고, 그 후에 다른 채권압류 또는 가압류가 이루어졌다 하더라도 채권양수인과 선행가압류채권자 사이에서만 채권액에 안분하여 배당하여야 한다(대판 2004. 9. 3, 2003다22561).

④ 사망한 매도인의 공동상속인들이나 그들의 상속지분을 구체적으로 알기 어려운 경우에 있어 사망한 매도인을 피공탁자로 하여 한 대금 변제공탁의 효력유무

매매계약의 중도금 지급기일을 앞두고 사망한 매도인에게 상속인들이 여러 명이 있고 그 중에는 출가한 딸들도 있을 뿐아니라 출가하였다가 자식만 남기고 사망한 딸도 있는 등 매수인으로서는 매도인의 공동상속인들이나 그 상속인들의 상속지분을 구체적으로 알기 어렵다면 중도금 지급기일에 사망한 매도인을 피공탁자로 하여 중도금의 변제공탁을 한 것은 민법 제487조 후단에 해당하여 유효하다(대법원 1991. 5. 28. 선고 91다3055 판결).

3. 공탁의 당사자

(1) 공탁자

공탁을 하는 자는 변제자이다. 따라서 채무자는 물론 제3자도 공탁을 할 수 있다.

(2) 공탁소

공탁을 받는 자는 채무이행지의 공탁소이다(제488조 1항). 공탁사무는 지방법원장의 감독하에 그가 지정하는 법원서기관 또는 법원사무관이 공탁사무를 집행한다(공탁법 제2조).

3. 공탁의 효과

(1) 채권의 소멸

공탁에 의하여 채무는 소멸한다(제487조). 공탁공무원의 수탁처분과 공탁물보관자의 공탁물수령으로 공탁의 효력이 발생하며 채권자에 대한 공탁통

지나 채권자의 수익이 의사표시가 있은 때에 공탁의 효력이 생기는 것은 아니다.

그리고 공탁에 의해 채무가 소멸하는 결과, 그 채무를 담보하는 저당권·보증채무 등도 소멸하며, 이자채무도 소멸한다.

(2) 채권자는 공탁소에 대하여 공탁물출급청구권을 취득하며, 이를 행사함으로써 공탁물을 수령할 수 있다(제491조).

▣ 핵심판례 ▣

■ **[변제공탁의 요건, 효과]**

1. 조건부 변제공탁의 효력

변제공탁에 있어서 채권자에게 반대급부 기타 조건의 이행의무가 없음에도 불구하고 채무자가 이를 조건으로 공탁한 때에는 채권자가 이를 수락하지 않는 한 그 변제공탁은 무효이다. 변제공탁이 적법한 경우에는 채권자가 공탁물 출급청구를 하였는지의 여부와는 관계없이 그 공탁을 한 때에 변제의 효력이 발생한다(대판 2002. 12. 6, 2001다2846).

2. 피공탁자의 주소가 제대로 기재되지 아니하는 등 '공탁을 하게 된 관계법령'의 기재가 사실에 합치되지 않는 경우 그 공탁의 효력 유무

기업자가 피공탁자의 주소를 미수복지구인 '개풍군 중면 대용리'로 기재하고 공탁관계 법령을 토지수용법 제61조 제2항 제1호로 기재한 경우, 피공탁자의 주소 표시가 제대로 되지 아니하고 공탁통지서도 송달할 수 없으므로 피공탁자가 특정되지 않았다고 할 것이어서 '공탁을 하게 된 관계 법령'의 기재가 사실에 합치되지 아니하지만 그렇다고 위 공탁이 바로 무효로 되는 것은 아니고, 이러한 경우라도 객관적으로 진정한 공탁 원인이 존재하면 그 공탁을 유효로 해석하여야 하므로 그 공탁을 토지수용법 제61조 제2항 제2호에서 정한 '기업자가 과실 없이 보상금을 받을 자를 알 수 없는 때'에 허용되는 절대적 불확지의 공탁으로 볼 수밖에 없다(대판(전합) 1997. 10. 16, 96다11747).

3. 사망한 매도인의 공동상속인들이나 그들의 상속지분을 구체적으로 알기 어려운 경우에 있어 사망한 매도인을 피공탁자로 하여 한 대금변제공탁의 효력 유무(적극)

매매계약의 중도금 지급기일을 앞두고 사망한 매도인에게 상속인들이 여러 명이 있고 그 중에는 출가한 딸들도 있을 뿐아니라 출가하였다가 자식만 남기고 사망

한 딸도 있는 등 매수인으로서는 매도인의 공동상속인들이나 그 상속인들의 상속 지분을 구체적으로 알기 어렵다면 중도금 지급기일에 사망한 매도인을 피공탁자로 하여 중도금의 변제공탁을 한 것은 민법 제487조 후단에 해당하여 유효하다 (1991. 5. 28. 제1부 판결, 91다3055 소유권이전등기).

4. 이의유보 없는 공탁물 수령의 효과

공탁자가 공탁원인으로 들고 있는 사유가 법률상 효력이 없는 것이어서 공탁이 부적법하다고 하더라도, 그 공탁서에서 공탁물을 수령할 자로 지정된 피공탁자가 그 공탁물을 수령하면서 아무런 이의도 유보하지 아니하였다면, 특별한 사정이 없는 한 공탁자가 주장한 공탁원인을 수락한 것으로 보아 공탁자가 공탁원인으로 주장한 대로 법률효과가 발생한다고 볼 것이다(1992. 5. 12. 제2부 판결, 91다 44698 이득금반환).

5. 가. 마을금고의 청산인을 공탁물수령자로 지정하여 마을금고에 대한 손해 배상금을 변제공탁한 경우 그 변제공탁의 효력 유무(적극)

마을금고의 청산인을 공탁물수령자로 지정하여 마을금고에 대한 손해배상금을 변제공탁한 경우 청산인은 마을금고를 대표하여 채권을 추심할 권한이 있다 할 것이어서 그를 공탁물수령자로 지정하여서 한 위 변제공탁은 마을금고에 대하여 효력이 생긴다.

나. 채무의 일부변제공탁의 효력

채무의 일부변제공탁은 그 채무를 변제함에 있어서 일부의 제공이 유효한 제공이라고 시인할 수 있는 특별한 사정이 있는 경우를 제외하고는 채권자가 이를 수락하지 아니하는 한 유효한 변제공탁이라고 할 수 없다.

다. 계속적인 횡령행위로 인한 손해배상채권에 대한 변제공탁 당시 그 채권의 총잔액이 변제공탁금액을 초과하고 있는 경우 횡령행위를 개별적으로 특정할 수 있는지 여부와 그로 인한 손해액을 심리확정함이 없이 위 변제공탁이 유효하다고 판단한 원심판결에 변제공탁에 관한 법리오해로 인한 심리미진의 위법이 있다 하여 이를 파기한 사례

갑이 일정기간 계속적으로 이루어진 횡령행위로 인한 손해배상채권의 일부에 대하여 변제공탁을 할 당시 손해배상채권의 총잔액이 위 변제공탁금액을 초과하고 있는 경우 만일 갑의 횡령행위를 개별적으로 특정할 수 없어 그로 인하여 발생한 손해가 포괄하여 1개의 손해배상채권만을 구성한다고 보면 위 변제공탁은 채무의 일부변제공탁에 해당함이 명백하여 그 효력이 없다 할 것이고, 갑의 횡령행위를 개별적으로 특정할 수 있어 각개의 횡령행위로 인하여 발생한 손해마다 별개의 손해배상채권을 구성한다고 본다면 변제충당의 법리에 따라 순차로 충당되어야 할 것인데 만일 먼저 충당하여야 할 손해배상채권액이 위 변제공탁액을 초과한다면 결국 일부변제공탁에 지나지 아니하

여 그 효력이 없게 되므로, 갑의 횡령행위를 개별적으로 특정할 수 있는지 여부와 특정할 수 있다면 그로 인하여 발생한 손해액을 먼저 심리확정한 다음 위 변제공탁이 유효한지 여부를 판단하였어야 할 것인데도 이에 이르지 아니한 채 위 변제공탁이 유효하다고 판단한 원심판결에 변제공탁에 관한 법리를 오해하여 심리를 다하지 아니한 위법이 있다 하여 이를 파기환송한다 (1992. 7. 28. 제2부 판결, 91다13380 보증채무금).

6. **가. 기업자가 과실 없이 진정한 토지소유자를 알 수 없는 경우 수용재결에서 정한 보상금을 적법하게 공탁하기 위한 방법**

수용대상토지인 부천시 작동 43 전 803㎡에 관하여 갑 명의로 소유권이전등기가 되어 있고, 또 다른 등기부에 위 토지와 지번, 지목이 같고 지적만이 다른 부천시 작동 43 전 430평에 관하여 을 명의의 소유권이전등기가 되어 있어, 기업자가 과실 없이 진정한 토지소유자를 알 수 없는 때에 수용재결에서 정한 보상금을 적법하게 공탁하려면, 공탁원인을 그와 같은 취지로 기재하고 공탁물을 수령한 자는 갑 또는 을로 표시하여야 할 것이다.

나. 기업자가 과실 없이 갑과 을 중 진실한 토지소유자를 알 수 없을 때, 보상금을 공탁하면서 공탁물을 수령한 자를 갑과 을 2인으로 하고 공탁원인사실을 피공탁자들에게 손실보상금을 현실제공코자 하였으나 수령을 거절하므로 공탁한다고 기재한 것이 적법한 공탁인지 여부(소극) 및 그 후 갑이 위 공탁금 중 2분의 1을 이의를 남기지 않고 수령한 경우 공탁의 효력

위 "가"항의 경우, 토지수용절차에서 기업자가 수용재결에서 정한 보상금을 공탁하면서 공탁물을 수령한 자를 갑과 을 2인으로 하고, 공탁원인사실을 피공탁자들에게 손실보상금을 현실제공코자 하였으나 수령을 거절하므로 공탁한다고 기재하였다면 이는 갑과 을을 공동수령자로 하여 공탁한 것에 지나지 아니하여 적법한 공탁이라고 할 수 없고, 그 후 갑이 위 공탁금 중 2분의 1을 이의를 남기지 않고 수령하였다고 하여도 위 공탁은 공탁금 중 갑에 대한 몫인 2분의 1의 범위 안에서 효력이 있는 것이지, 전액을 적법하게 공탁한 것이라고 할 수 없다(1992. 10. 13. 제1부 판결, 92누3212 토지수용재결처분취소).

7. **하자보수비로 공탁한 공탁금을 공탁금수령자가 이의유보 없이 수령하였으나 그 후 하자보수만으로 원상회복이 불가능한 것으로 밝혀진 경우 공탁금 수령사실만으로 손해배상채권이 전부 소멸하는지 여부(소극)**

공탁금수령자가 공탁금을 이의 없이 수령하였다면 특단의 사정이 없는 한 공탁의 취지에 의하여 수령한 것이 되어 그에 대한 법률효과가 발생하는 것이나, 하자보수가 가능함을 전제로 하자보수비 상당 금액을 공탁한 데 대하여 공탁금수령자가 하자보수만으로는 건물의 원상회복이 불가능하다 하여 건물철거 및 신축비용 상

당의 배상을 구하는 소송을 제기하여 그 소송계속중 공탁금을 수령한 바 있으나, 감정결과 하자보수만으로는 원상회복이 불가능한 것으로 밝혀졌다면 공탁금을 수령하였다는 것만으로는 손해배상채권이 전부 소멸한다고 볼 수 없을 것이다(1992. 4. 28. 제2부 판결, 92다10067 손해배상(기)).

8. **토지소유자가 수용재결에서 정한 손실보상금을 이의유보하고 수령한 후, 이의재결의 효력을 다투는 행정소송의 계속 중 이의재결에서 증액된 추가 보상금을 이의유보 없이 수령한 경우 그 소의 이익 유무**

토지소유자가 수용재결에서 정한 손실보상금을 수령할 당시 이의유보의 뜻을 표시하였다 하더라도 이의재결에서 증액된 손실보상금을 수령하면서 이의유보의 뜻을 표시하지 아니한 이상 이는 이의재결의 결과에 승복하여 수령한 것으로 보아야 하고 위 추가보상금을 수령할 당시 이의재결을 다투는 행정소송이 계속중이라는 사실만으로는 추가보상금의 수령에 관하여 이의유보의 의사표시가 있는 것과 같이 볼 수 없으므로 결국 이의재결의 효력을 다투는 위 소는 소의 이익이 없는 부적법한 소이다(1993. 9. 14. 제2부 판결, 92누18573 토지수용재결처분취소등).

9. **가. 수령거절이 명백히 예상되는 경우 변제공탁하기 위하여 이행제공이 필요한지 여부**

채권자의 태도로 보아 채무자가 설사 채무의 이행제공을 하였더라도 그수령을 거절하였을 것이 명백한 경우에는 채무자는 이행의 제공을 하지 않고 바로 변제공탁할 수 있다.

나. 변제제공하였더라도 수령거절 하였을 것이라고 추인하게 해주는 일련의 사실이 공탁원인에 대한 주요사실인지 여부

당사자가 주장하지 아니한 일련의 사실을 인정하고 이로부터 변제를 제공하였더라도 이를 수령하지 아니하였을 것이라고 판단하였다고 하더라도, 이와 같이 수령거절을 추인하게 해주는 일련의 사실은 당사자 주장의 공탁원인에 대한 간접사실에 불과한 것이므로 변론주의의 원칙에 위배된다고 볼 수 없다(1994. 8. 26. 제2부 판결, 93다42276 토지소유권이전등기말소등).

10. **가. 채무의 일부 변제공탁이 일부 변제로서 유효하게 되는 경우**

변제공탁이 유효하려면 채무 전부에 대한 변제의 제공 및 채무전액에 대한 공탁이 있음을 요하고 채무 전액이 아닌 일부에 대한 공탁은 그 부분에 관하여서도 효력이 생기지 않으나, 채권자가 공탁금을 채권의 일부에 충당한다는 유보의 의사표시를 하고 이를 수령한 때에는 그 공탁금은 채권의 일부의 변제에 충당된다.

나. 채권자가 채무의 수액뿐만 아니라 그 내용에 대해서도 이의를 유보한 채 공탁금을 수령한 경우에는 일부 변제로서도 유효하지 않다고

한 사례

채권자가 단지 채무액에 대해서만 이의를 유보한 것이 아니라 채무자의 공탁원인인 부당이득반환 채무금과 다른 손해배상 채무금으로서 공탁금을 수령한다는 이의를 유보한 때에는, 그 공탁금 수령으로 채무자의 공탁원인인 부당이득반환채무의 일부 소멸의 효과가 발생하지 않음은 당연하고, 채권자가 공탁금을 수령함에 있어 유보한 취지대로 손해배상채무가 인정되지도 않는 이상 그 공탁의 하자가 치유되어 손해배상채무의 일부 변제로서 유효하다고 할 수도 없다고 한 사례(1996. 7. 26. 판결, 96다14616 매매대금반환).

11. 가. 조건부 변제공탁의 효력

변제공탁에 있어서 채권자에게 반대급부 기타 조건의 이행의무가 없음에도 불구하고 채무자가 이를 조건으로 공탁한 때에는 채권자가 이를 수락하지 않는 한 그 변제공탁은 무효이다.

나. 공탁서의 기재 내용으로 보아 조건부 변제공탁이 아니라고 본 사례

공탁서의 기재 내용으로 보아 채권자가 공탁물을 수령함에 있어 반대급부로서 이행할 조건을 기재한 것이 아니라, 단지 채권자가 공탁물을 수령한 후 변제자에게 이행하여야 할 의무의 내용을 미리 환기시키면서 그 협조를 구하는 내용에 불과하므로, 조건부 변제공탁이 아니라고 본 사례.

다. 변제공탁의 효력 발생 시기

변제공탁이 적법한 경우에는 채권자가 공탁물 출급청구를 하였는지의 여부와는 관계없이 그 공탁을 한 때에 변제의 효력이 발생한다(대법원 2002. 12. 6. 선고 2001다2846 판결).

12. 변제공탁에 있어서 피공탁자가 아닌 사람이 피공탁자를 상대로 공탁물출급청구권 확인판결을 받은 경우에 직접 공탁물출급청구를 할 수 있는지 여부(소극) 및 피공탁자들의 실질적인 지분비율이 공탁서상의 지분비율과 다른 경우, 공탁물출급청구권의 행사 범위

변제공탁의 공탁물출급청구권자는 피공탁자 또는 그 승계인이고 피공탁자는 공탁서의 기재에 의하여 형식적으로 결정되므로, 실체법상의 채권자라고 하더라도 피공탁자로 지정되어 있지 않으면 공탁물출급청구권을 행사할 수 없다. 따라서 피공탁자 아닌 제3자가 피공탁자를 상대로 하여 공탁물출급청구권 확인판결을 받았더라도 그 확인판결을 받은 제3자가 직접 공탁물출급청구를 할 수는 없고, 수인을 공탁금에 대하여 균등한 지분을 갖는 피공탁자로 하여 공탁한 경우 피공탁자 각자는 공탁서의 기재에 따른 지분에 해당하는 공탁금을 출급청구할 수 있을 뿐이며, 비록 피공탁자들 내부의 실질적인 지분비율이 공탁서상의 지분비율과 다르다고 하더라도 이는 피공탁자 내부간에 별도로 해결해야 할 문제이다(대법원 2006. 8. 25. 선고 2005다67476 판결).

13. **대리인이라 자칭하는 사람이 공탁금 수령권자의 인감도장과 공탁금회수용 인감증명 1통을 첨부하여 공탁금출급신청을 하여서 공탁공무원이 그 외관을 믿고 공탁금을 지급한 경우 수령권자가 표현대리의 본인의 지위에서 공탁금을 수령한 셈이 된다고 본 사례**

공탁금의 대리수령에 있어서 공탁금수령권자인 본인이 대리인으로 칭하는 자에게 공탁금수령권한을 부여한 바 없다 하더라도 공탁수락과 출금의 권한을 부여한 것과 같은 외관을 발생시켜 민법 제126조 내지 제127조의 표현대리가 인정되는 경우에는 이러한 표현수령권자의 공탁금수령은 본인에게도 그 효과가 발생한다고 보아야 할 것인바, 갑이 공탁금 수령권자인 을에게 돈을 빌리는데 필요하다고 말하여 그로부터 받아둔 인감도장과 이 사건 공탁금 관계에 필요하다고 말하여 을이 직접 발급받아 건네어 준 공탁금회수용 인감증명 1통을 가지고 공탁금의 출급신청을 하였고 공탁공무원이 정당한 수령권자인 외관을 갖는 갑에게 공탁금을 지급하였다면 을은 비록 그 공탁금을 현실로 수령하여 이득을 본바 없다하더라도 표현대리의 본인의 지위에서 그 공탁금을 수령한 셈이 된다 할 것이다(대법원 1990. 5. 22. 선고 89다카1121 판결).

14. **채무의 변제공탁으로 인하여 가등기담보권이나 양도담보권이 소멸하는 경우에 공탁물회수의 가능여부**

민법 제489조의 규정은 공탁으로 인하여 질권 또는 저당권이 소멸한 경우를 제외하고, 채권자가 공탁을 승인하거나 공탁소에 대하여 공탁물을 받기를 통고하거나 공탁유효의 판결이 확정되기까지, 변제자는 공탁물을 회수할 수 있고 이 경우에는 공탁하지 아니한 것으로 본다고 규정하고 있을 뿐, 가등기 및 본등기에 의하여 담보된 채무의 변제공탁으로 인하여 가등기담보권이나 양도담보권이 소멸하는 경우에도 변제자가 공탁물을 회수할 수 없다는 취지를 포함하는 것은 아니므로, 변제자의 채권자는 공탁금회수청구권을 압류 전부받아 변제공탁금을 회수할 수 있다(대법원 1982. 7. 27. 선고 81다495 판결).

◈ 공탁의 방법

제 488 조 【공탁의 방법】

① 공탁은 채무이행지의 공탁소에 하여야 한다.

② 공탁소에 관하여 법률에 특별한 규정이 없으면 법원은 변제자의 청구에 의하여 공탁소를 지정하고 공탁물보관자를 선임하여야 한다.

③ 공탁자는 지체없이 채권자에게 공탁통지를 하여야 한다.

■ § 488. 공탁의 당사자

• 공탁자 : 변제자
• 공탁소 : 채무이행지의 공탁소
• 채권자 : 보통의 제3자를 위한 계약과는 달리 채권자의 수익의 의사표시는
　　　　　 불요
• 공탁의 절차 : 공탁사무처리규칙의 규정에 의함
　　　　　　　 공탁자가 직접 채권자에게 통지하지 않고 공탁공무원을 통해
　　　　　　　 서 통지함
• 관련법조 : [공탁] 공익사업을 위한 토지 등의 취득 및 보상에 관한 법률 §40,
　　　　　　 [공탁절차] 공탁법, 공탁규칙, [공탁소지정, 공탁물보관자 선임절
　　　　　　 차] 비송 §53, §54

본조는 공탁의 방법을 규정한 것이다.

공탁계약의 당사자는 공탁자와 공탁소이다. 공탁을 하는 자는 변제자이며 공탁하여야 할 장소는 채무이행지의 공탁소이다. 공탁소는 단순히 공탁사무를 집행할 뿐이고(공탁법 제2조), 실제로 공탁물을 보관하는 자는 법령의 법정에 의하여 대법원장이 지정하는 은행 또는 창고업자이다(공탁법 제3조).

그 외에 법원에 의한 공탁소의 지정·공탁물보관자의 선임제도가 있다.

공탁은 공탁소에 공탁함으로써 효력이 생긴다. 다만 공탁자는 지체없이 채권자에게 공탁을 하였다는 통지를 하여야 한다(공탁규칙 제29조).

◆ 공탁물 회수의 요건 및 효과

제 489 조 【공탁물의 회수】

① 채권자가 공탁을 승인하거나 공탁소에 대하여 공탁물을 받기를 통고하거나 공탁유효의 판결이 확정되기까지는 변제자는 공탁물을 회수할 수 있다. 이 경우에는 공탁하지 아니한 것으로 본다.

② 전항의 규정은 질권 또는 저당권이 공탁으로 인하여 소멸한 때에는 적용하지 아니한다.

■ § 489. 공탁물회수의 제한

• 채권자가 변제자에 대한 의사표시로 공탁을 승인하거나 또는 공탁소에 대하여 공탁물을 받기로 통고한 때
• 공탁이 유효하다는 판결이 확정된 때
• 공탁으로 질권 또는 저당권이 소멸한 때
• 관련법조 : [공탁물회수] 공탁 §8②-1, 공탁규칙

1. 공탁물회수권 행사의 효과

본조는 공탁자가 공탁물을 회수할 수 있는 경우에 관하여 규정한 것이다.

공탁물이 회수된 때에는 채권은 소급하여 소멸하지 않았던 것, 즉 공탁이 없었던 것으로 된다. 따라서 일단 공탁이 행해진 후에도 변제자는 공탁물을 회수할 수 있기 때문에 공탁의 효력은 불확정적이다.

원래 공탁은 채무자의 보호를 목적으로 하는 제도이므로, 채권자나 제3자에게 불이익을 주지 않는 한 공탁물을 회수하여 채권을 부활시켜도 무방하기 때문에 민법은 이러한 견지에서 공탁물회수를 인정하고 있는 것이다.

2. 공탁물회수권이 인정되지 않는 경우

① 채권자가 공탁을 승인하거나 공탁소에 대하여 공탁물 받기를 통고한 때 (제489조 1항)

② 공탁유효의 판결이 확정된 때(제489조 1항)

여기서의 '판결'은 공탁의 유효를 확인하는 것만을 목적으로 하는 것에 한하지 않는다. 예컨대 채권자로부터 변제를 청구하는 소송이 제기되었을 때 채무자가 공탁을 하였다는 항변을 하고, 이에 기초하여 그 소를 기각한 경우도 포함한다.

③ 질권 또는 저당권이 공탁으로 인하여 소멸한 때(제489조 2항)

공탁으로 채무는 소멸하므로, 그 채무에 수반하는 질권·저당권도 당연히 소멸한다. 그런데 공탁물의 회수를 인정하게 되면 채무는 소멸하지 않게 되고, 그에 따라 질권·저당권도 소멸하지 않게 되어, 예컨대 공탁으로 채무가 소멸한 줄 알고 그 부동산에 저당권을 설정한 자는 그 회수에 의해 후순위 저당권자로 밀리게 됨으로써 불측의 손해를 입게 된다. 그리하여 제3자를 보호하기 위해 질권·저당권의 공탁으로 소멸한 때에는 회수권 자체를 부정한 것이다.

▣ 핵심판례 ▣

■ [공탁물의 회수]

채무의 변제공탁으로 인하여 가등기담보권이나 양도담보권이 소멸하는 경우에 공탁물회수의 가능여부

민법 제489조의 규정은 공탁으로 인하여 질권 또는 저당권이 소멸한 경우를 제외하고, 채권자가 공탁을 승인하거나 공탁소에 대하여 공탁물을 받기를 통고하거나 공탁유효의 판결이 확정되기까지, 변제자는 공탁물을 회수할 수 있고 이 경우에는 공탁하지 아니한 것으로 본다고 규정하고 있을 뿐, 가등기 및 본등기에 의하여 담보된 채무의 변제공탁으로 인하여 가등기담보권이나 양도담보권이 소멸하는 경우에도 변제자가 공탁물을 회수할 수 없다는 취지를 포함하는 것은 아니므로, 변제자의 채권자는 공탁금회수청구권을 압류 전부받아 변제공탁금을 회수할 수 있다(1982. 7. 27. 제3부 판결, 81다495 소유권이전등기말소).

◈ 변제의 목적물을 경매하거나 방매하여 그 대금을 공탁할 수 있는 경우

제 490 조 【자조매각금의 공탁】

변제의 목적물이 공탁에 적당하지 아니하거나 멸실 또는 훼손될 염려가 있거나 공탁에 과다한 비용을 요하는 경우에는 변제자는 법원의 허가를 얻어 그 물건을 경매하거나 시가로 방매하여 대금을 공탁할 수 있다.

■ § 490. 공탁의 목적물

- 변제의 목적물 : 동산, 부동산(반대설 있음)
- 대금공탁 : 자조매각(상 §67)의 한 경우

공탁의 목적물은 원칙적으로 변제의 목적물이며, 그 종류는 묻지 않는다. 다만 공탁에 부적당한 물건, 멸실·훼손될 우려가 있는 물건, 또는 공탁에 과다한 비용을 요하는 물건은 변제자는 법원의 허가를 얻어 그 물건을 경매하거나 시가로 방매하여 그 대금을 공탁할 수 있는 제도가 인정되어 있다. 이른바 자조매각의 한 경우이다(상법 제67조 참조).

◆ 공탁물수령과 상대의무이행

제 491 조【공탁물수령과 상대의무이행】

채무자가 채권자의 상대의무이행과 동시에 변제할 경우에는 채권자는 그 의무이행을 하지 아니하면 공탁물을 수령하지 못한다.

■ § 491. 채권자의 공탁물인도청구권

• 본래의 급부청구권에 선이행 또는 동시이행의 항변권이 붙어있는 경우와 같이, 채무자가 채권자의 급부가 있는 때에 변제하여야 할 경우에는 채권자는 자기의 급부를 하지 않고서는 공탁물을 수령하지 못한다.
• 관련법조 : [공탁물수령] 공탁 §9①

매매대금이 공탁된 경우와 같이 채무자가 채권자의 급부에 대하여 변제하여야 할 것이 공탁된 경우에는 채권자는 자기의 채무를 이행한 후가 아니면 공탁금을 받지 못한다.

즉, 채권자의 공탁물출급청구권은 본래의 급부청구권과 동일한 것이므로 본래의 급부청구권에 선이행 또는 동시이행의 항변권이 붙어 있는 경우와 같이 채무자가 채권자의 급부가 있는 때에 그에 대응하여 변제하여야 할 경우에는 채권자는 자기의 급부를 하지 않고서는 공탁물을 수령하지 못한다(공탁법 제10조 참조).

▣ 핵심판례 ▣

■ [공탁물수령과 상대의무이행]

가. 건물매수인이 매도인의 임차보증금반환채무를 인수한 사실과 위 채무와 건물명도채무가 동시이행관계에 있는 사실을 자인한 것이어서 이를 이유로 매수인의 임차인에 대한 부당이득반환청구를 배척한 원심의 판단이 당사자처분권주의나 변론주의 원칙에 반하지 않는다고 한 사례

매수인이 소장에서 부동산을 매수할 때에 매도인이 임차인으로부터 받은 임차보증금은 매수인이 매매대금에서 매도인을 대위하여 임대기간이 끝난 후 명도와 동시에 임차인에게 지급하기로 약정하였다고 진술함으로써 위 임차보증금반환채

무의 인수사실과 위 채무와 건물명도채무가 동시이행관계에 있는 사실을 자인한 것이어서 이를 이유로 매수인의 임차인에 대한 부당이득반환청구를 배척한 원심의 판단이 당사자처분권주의나 변론주의 원칙에 반하지 않는다고 한 사례.

나. 건물명도와 동시이행관계에 있는 임차보증금의 변제공탁을 함에 있어 건물을 명도하였다는 확인서를 첨부할 것을 반대급부의 조건으로 붙인 경우 변제로서의 효력이 있는지 여부(소극)

건물명도와 동시이행관계에 있는 임차보증금의 변제공탁을 함에 있어서 건물을 명도하였다는 확인서를 첨부할 것을 반대급부조건으로 붙였다면 위 변제공탁은 명도의 선이행을 조건으로 한 것이라고 볼 수밖에 없으므로 변제의 효력이 없다고 보아야 할 것이다.

다. 유익비 항변을 제출하기 위한 변론재개신청을 받아주지 아니한 법원의 조치가 심리미진이 되지 아니한다고 한 사례

유익비 항변을 제출하기 위한 변론재개신청을 받아주지 아니한 법원의 조치가 심리미진이 되지 아니한다고 한 사례.

라. 상소심에서 가집행선고의 효력유지를 언급하지 아니한 것의 위법 여부

가집행선고는 상소심에서 그 가집행선고 또는 본안판결이 변경되지 않는 한 당연히 그 효력이 유지되는 것이므로 원심이 그 효력유지 여부를 언급하지 아니하였다고 하여 위법하다고 할 수 없다(1991. 12. 10. 제1부 판결, 91다27594 건물명도등).

제 3 관 상 계

(1) 상계(Set-off, Aufrechnung, Kompensation, Compensation)라 함은 채권자와 채무자가 서로 동종의 채권·채무를 가지는 경우에 그 채권과 채무를 대등액에 있어서 소멸케 하는 일방적 의사표시이다(제492조). 예컨대 갑에게 500만원을 차재한 을이 갑에 대하여 300만원을 소멸시키는 것이다. 일종의 채권담보적 작용을 한다. 상계는 광의로서는 당사자 사이의 계약에 의한 상계(상계계약)를 포함하지만 협의로는 일방적인 의사표시에 의한 상계만을 가리킨다. 상계하는 측의 채권(앞서의 예로는 300만원인 을의 채권)을 자동채권이라고 하는 상계되는 측의 채권(앞서의 예로는 500만원인 갑의 채권)을 수동채권이라고 한다. 양채권이 상계할 수 있는 사정에 놓여질 때 이를 상계적상이라고 한다. 상계는 상대방에 대한 의사표시에 의하지만 이것은 재판상이거나 재판 외이거나를 불문한다. 상계의 의사표시가 있으면 상계적상시로 소급하여 효력을 발생한다. 상계의 상대방이 수개의 채권을 지니고 있을 경우에는 어느 채권을 먼저 충당할 것인가 하는 문제가 발생하지만, 이에 대하여는 변제의 충당에 관한 규정(제476조~479조)이 준용된다.

(2) 상계계약(Aufrechnungsvertrag, Kompensationsvertrag)이라 함은 수인이 상호간에 채권을 가지고 있는 경우에 서로의 채권을 대등액만큼 소멸시키는 계약이다. 일종의 유상계약이며, 당사자의 의사표시만 합치되면 효력이 있다. 이 점에서 일방적 의사표시만으로 효력을 발생하는 상계와 다르다. 예를 들면 불법행위에 의하여 발생한 채권이나 압류금지의 채권을 상계에 의하여 소멸시킬 수 있다. 어음의 결제(어음교환)도 상계계약의 원리에 입각하여 행하여지는 것이며, 이 의미에서 광의의 상계제도는 화폐에 의존하지 않는 거래를 가능하게 한다. 상계계약의 내용은 해석에 의하여 결정된다. 그러나 특별한 의사표시가 없으면 상계계약의 성립은 민법상의 상계와 마찬가지로 소급효를 가진다고 한다.

◈ 상계를 할 수 있는 요건

제 492 조 【상계의 요건】

① 쌍방이 서로 같은 종류를 목적으로 한 채무를 부담한 경우에 그 쌍방의 채무의 이행기가 도래한 때에는 각 채무자는 대등액에 관하여 상계할 수 있다. 그러나 채무의 성질이 상계를 허용하지 아니할 때에는 그러하지 아니하다.

② 전항의 규정은 당사자가 다른 의사를 표시한 경우에는 적용하지 아니한다. 그러나 그 의사표시로써 선의의 제3자에게 대항하지 못한다.

■ § 492. 상계적상

- 채권이 대립하고 있을 것
- 양채권이 변제기에 있을 것(자동채권)
- 채권의 성질이 상계가 허용되는 것일 것
- 상계의 의사표시를 하는 때에 상계적상이 존재할 것
- 관련법조 : [상계제한금지] 상 §421②, §596, 근로기준 §21, 선원 §31, [상계와 상호계산] 상 §72 이하, [상계와 기판력] 민소 §216②

1. 상계의 의의

본조는 상계를 하는데 필요한 요건을 규정한 것이다.

상계라 함은 채무자가 그의 채권자에 대하여 자기도 또 같은 종류의 채권을 가진 경우에 변제에 갈음하여 그 채권과 채무를 대등액에 있어서 소멸케 하는 채무자의 일방적 의사표시이다.

예컨대 갑에 대하여 100만원의 채무를 부담한 을이 갑에 대하여 자기도 50만원의 채권을 가진 경우에 을의 갑에 대한 의사표시로써 을의 채권을 소멸시킴과 동시에 갑의 채권도 50만원으로 감소되는 것과 같은 경우가 그 예이다.

2. 상계의 요건(상계적상)

① 동일당사자간의 채권의 대립이 있을 것. 당사자 쌍방이 서로 채권을 가지고 있어야 한다. 상계를 하는 채무자가 채권자에 대해 가지는 채권이 자동채권이고, 자신이 지는 채무가 수동채권이다. 즉, 을이 갑에 대하여 부담하는 채무(갑이 가진 수동채권)를 소멸시키기 위해서는 을이 갑에 대하여 채권(자동채권)을 가지고 있어야 하는 것이 원칙이다.

그러나 이 원칙에는 예외가 있다. 연대채무(제418조 2항), 보증채무(제434조)의 경우에는 타인이 가지는 채권으로써 상계할 수 있고, 또 연대채무(제426조 1항)·보증채무(제445조 2항)·채권양도(제451조 2항)의 경우에는 타인에 대한 채권으로써 상계할 수 있다.

즉 상기의 경우, 을은 제3자 병이 갑에 대하여 가지는 채권으로써, 또 을이 병에 대한 채권으로써 예외적으로 상계할 수 있는 것이다. 이에 대해 갑이 병에 대하여 가지는 채권을 수동채권으로 하여 을이 자기의 채권으로 상계하는 것은 허용되지 않는다(이설없음).

② 대립하는 양채권이 동종의 목적을 가질 것. 따라서 상계할 수 있는 것은 종류채권에 한하며, 그 중에서 금전채권이 상계에 가장 적합하다. 채권액이 동일할 필요는 없으며, 양채권의 이행지가 다르더라도 상계할 수 있다(제494조).

③ 양채권이 변제기에 있을 것. 이 점은 자동채권에 관하여는 당연하다. 그러나 수동채권에 있어서는 상계자가 기한의 이익을 포기하면 변제기 전이라도 상계할 수 있다(대판 1979. 6. 12, 79다662. 공보④ 1979, 12010).

3. 상계가 허용되지 않는 경우

① 채권의 성질이 현실의 이행을 요하고, 상계로서는 채권의 목적을 달성할 수 없는 경우.

예컨대 갑과 을이 서로 교대로 3일간씩 건축일을 돕겠다고 하는 것과 같이 노무의 급부를 목적으로 한 채무는 상계할 수 없다. 부작위채무도 또한 마찬가지이다.

② 당사자가 상계금지의 의사를 표시한 채무. 그러나 그 금지를 모르고 채

권을 양수한 제3자는 여전히 그 채권을 상계할 수 있다.

③ 자동채권에 항변권이 붙어 있는 때. 예컨대 자동채권이 매매대금 채권임 에도 불구하고 상계하려는 자가 아직 상품을 제공하지 아니한 것과 같은 경우가 이에 해당한다(대판 1969. 10. 20. [69다1084], 대판 1975. 10. 21. [75다48] 공보② 1975, 8700).

이것은 민법에 규정된 바 없으나 공평의 관념에서 해석상 일반적으로 인 정하고 있으며 판례도 이에 따른다.

【쟁점사항】

<상계를 할 수 있는지 여부가 문제되는 경우>

ㄱ) 항변권이 붙어 있는 채권을 자동채권으로 하는 상계

항변권이 붙어 있는 채권을 자동채권으로 하여 타의 채무와의 상계를 허용한다 면 상계자 일방의 의사표시에 의하여 상대방의 항변권행사의 기회를 상실케 하 는 결과가 되므로 이와 같은 상계는 그 성질상 허용될 수 없다(대판 2002. 8. 23, 2002다25242).

ㄴ) 수탁보증인의 주채무자에 대한 사전 구상권을 자동채권으로 하는 상계

수탁보증인이 주채무자에 대하여 가지는 민법 제442조의 사전구상권에는 민법 제443조의 담보제공청구권이 항변권으로 부착되어 있는 만큼 이를 자동채권으 로 하는 상계는 허용될 수 없으며, 다만 민법 제443조는 임의규정으로서 주채무 자가 사전에 담보제공청구권의 항변권을 포기한 경우에는 보증인은 사전구상권 을 자동채권으로 하여 주채무자에 대한 채무와 상계할 수 있다(대판 2004. 5. 28, 2001다81245).

ㄷ) 확정된 벌금채권을 자동채권으로 하여 하는 상계

상계는 쌍방이 서로 상대방에 대하여 같은 종류의 급부를 목적으로 하는 채권 을 가지고 자동채권의 변제기가 도래하였을 것을 그 요건으로 하는 것인데, 벌 금형이 확정된 이상 벌금채권의 변제기는 도래한 것이므로 달리 이를 금하는 특별한 법률상 근거가 없는 이상 벌금채권은 적어도 상계의 자동채권이 되지 못할 아무런 이유가 없다(대판 2004. 4. 27, 2003다37891).

▣ 핵심판례 ▣

■ [상계의 요건]

1. 어음사고신고와 함께 어음금 상당 금원을 별단예금으로 예치한 경우 어음소지인이 정당한 권리자가 아니라고 판명되기 전에 은행이 어음발행인에게 이를 반환하거나 별단예금채권을 수동채권으로 하여 상계한 조치의 적부(소극)

약속어음의 채무자가 지급은행에 사고신고와 함께 어음금의 지급정지를 의뢰하면서 어음금액에 해당하는 금원을 별단예금으로 예치한 경우 그 별단예금은 어음채무자가 지급은행에 하는 예금의 일종이기는 하지만 일반의 예금채권과는 달리 부도제재회피를 위한 사고신고의 남용을 방지함과 아울러 어음소지인의 어음상의 권리가 확인되는 경우에는 당해 어음채권의 지급을 담보하려는 데 그 제도의 취지가 있는 것이므로 예치받은 은행으로서는 어음소지인이 정당한 권리자임이 판명된 경우에는 그에게 이를 지급하는 것이 원칙이고, 어음소지인이 정당한 권리자가 아니라고 판명되기도 전에 이를 함부로 어음발행인에게 반환하거나 그에 대한 반대채권과 상계하는 것은 사고신고담보금을 별단예금으로 예치하게 한 목적이나 취지에도 어긋난다 할 것이어서 이와 같은 별단예금채권을 압류한 당해 어음채권자에 대한 관계에 있어서 그 예금을 수동채권으로 하는 은행의 상계는 상계에 관한 권리를 남용하는 것이 되어 그 효력을 인정할 수 없다(1993. 6. 8. 제2부 판결, 92다54272 전부금).

2. 가. 회사정리법에 의한 보전처분이 있은 경우 회사채권자의 강제집행이나 상계 가부

회사정리절차개시의 신청을 받은 법원이 그 결정을 하기에 앞서 회사정리법 제39조 제1항의 규정에 의한 보전처분으로서 회사에 대하여 채권자에 대한 채무의 변제를 금지하였다 하더라도 그 처분의 효력은 원칙적으로 회사에만 미치는 것이어서 회사가 채권자에게 임의로 변제하는 것이 금지될 뿐 회사의 채권자가 강제집행을 하는 것까지 금지되는 것은 아니고, 다른 한편 정리절차가 개시된 후에도 정리채권자 또는 정리담보권자는 회사정리법 제162조에 정한 바에 따라 정리절차에 의하지 아니하고 상계를 할 수 있음이 원칙인 점에 비추어 볼 때 보전처분만이 내려진 경우에는 회사의 채권자에 의한 상계가 허용되지 않는다고 할 수 없다.

나. 법원이 보전관리인에 대하여 법원의 허가를 얻어 회사정리법 제54조의 행위를 하도록 정하지 않은 경우의 효과

법원이 보전관리인에 대하여 법원의 허가를 얻어 회사정리법 제54조 각호의 행위를 하도록 정한 바가 없다면 보전관리인이 그 각호의 행위를 함에 있어

서 법원의 허가를 받지 아니하였다 하여도 허가를 받지 아니하고 한 행위가 무효라고 한 위 제55조의 규정이 당연히 준용되는 것이라고는 할 수 없다.

다. 당사자 사이에 이율의 약정이 있는 경우 소송촉진등에관한특례법 제3조 제1항의 적용 여부

당사자 사이에 금전채무의 이자 또는 지연손해금에 관하여 이율의 약정이 있는 경우에도 채권자가 금전채무의 이행을 소송상 청구함에 있어서는 소송촉진등에관한특례법 제3조 제1항에 따라 소장 등이 채무자에게 송달된 날의 다음날부터는 이자제한법이 정하는 범위 안에서 대통령령이 정하는 이율인 연 2할 5푼의 비율에 의한 지연손해금의 지급을 구할 수 있다(1993. 9. 14. 제2부 판결, 92다12728 보증채무금).

3. 소송비용상환청구권을 상계의 수동채권으로 할 수 있는지 여부

소송비용상환청구권은 소송에서 패소하였다는 사실을 요건으로 소송상 발생하는 실체적 권리이기는 하나 그 성질은 사법상의 청구권이며 상계의 수동채권으로 될 수 있다(대법 1994. 5. 13. 제3부 판결, 94다9856 청구이의).

4. 항변권이 부착된 채권이어서 이를 자동채권으로 한 상계가 허용되지 아니한다고 한 사례

도급인이 수급인과의 사이에 수급인이 그가 고용한 근로자들에 대한 노임지급을 지체한 경우 도급인이 수급인에 대한 기성공사대금에서 노임 상당액을 공제하여 근로자들에게 직접 지불할 수 있다고 약정하였다면, 수급인이 근로자들에게 노임지급을 지체한 상태에서 도급인에게 기성공사대금의 지급을 구할 경우 도급인으로서는 위 약정에 따라 적어도 수급인이 근로자들에게 노임을 지급할 때까지는 기성공사대금 중 수급인이 지체한 노임 상당액의 지급을 거절할 수 있다 할 것이므로, 수급인의 도급인에 대한 위 기성공사대금채권은 도급인이 위와 같이 일정한 경우 그 지급을 거절할 수 있는 항변권이 부착되어 있는 채권이라고 할 수 있을 것이고, 따라서 위 채권을 자동채권으로 한 상계는 허용될 수 없다(대판 2002. 8. 23, 2002다25242).

5. 가. 국세징수법 제24조 제2항에 의하여 국세확정 전의 압류로서 채권을 압류한 경우 피압류채권에 대하여 추심권을 취득하는 시기

국세징수법 제24조 제2항에 의하여 국세확정 전의 압류로서 채권을 압류한 경우에는 그 국세가 확정되었을 때 피압류채권에 대하여 추심권을 취득한다.

나. 법인세법 제14조의3에 의한 고정자산의 보험차익금을 경영상 타용도에 일시 전용한 경우에도 발생시기가 속하는 사업년도의 소득금액계산상 손금에 산입할 수 있는지 여부

보험차익금을 그 발생 사업년도에 동종의 고정자산의 취득 또는 개량에 사용

하지 않고 그 사업년도 다음 사업년도 개시일로부터 2년 이내에 대체자산을 취득 또는 개량하겠다고 하여 보험차익금을 그 발생 사업년도의 손금에 산입한 경우, 그 보험차익금을 타에 사용하지 않고 위 소정기간이 경과한 때에는 구 법인세법(1993. 12. 31. 법률 제4664호로 개정되기 전의 것) 제14조의3 제4항에 의하여 그 기간이 경과한 시기가 속하는 사업년도의 소득금액계산상 익금에 산입하게 되는 것이지만, 대체자산을 취득 또는 개량할 의사가 전혀 없이 보험차익금을 발생년도에 타용도로 이미 사용하였음에도 세제상의 특혜를 보기 위하여 발생년도의 법인세 과세표준 신고시 같은 조 제2항, 제3항에 의하여 발생한 시기가 속하는 사업년도의 소득금액계산상 손금에 산입하였다면, 이 경우는 제2항의 요건을 충족시키는 것이 아니어서 발생시기가 속하는 사업년도의 소득금액계산상 손금에 산입할 수 없는 것이므로, 과세관청에서 이를 손금불산입하여 과세표준 및 세액을 경정할 수 있는 것이고, 다만 위 제2항 소정의 기간 이내에 대체자산을 취득할 의사가 있는데 경영상 보험차익금을 타용도에 일시 전용한 것에 불과하다면, 위 제2항, 제3항에 따라 발생시기가 속하는 사업년도의 소득금액계산상 손금에 산입할 수 있고, 그 후 소정기간 이내에 대체자산을 취득 또는 개량하지 아니하였다면, 위 제4항에 의하여 그 기간 만료일이 속하는 사업년도의 소득금액계산상 익금에 산입함이 상당하다.

다. 피압류채권에 대하여 2중의 압류가 되어 있는 경우에 추심의 방법으로 피압류채권을 자동채권으로 하여 채권자가 제3채무자에 대하여 부담하고 있던 다른 채무를 상계할 수 있는지 여부

강제집행절차에 의하여 채권압류 및 추심명령을 받은 채권자는 피압류채권에 대하여 2중의 압류가 되어 있거나 배당요구가 있는 경우에는 추심의 방법으로 피압류채권을 자동채권으로 하여 채권자가 제3채무자에 대하여 부담하고 있던 다른 채무를 상계할 수 없다(1994. 6. 24. 제3부 판결, 94다2886 압류금).

6. 어음의 사고신고담보금을 수탁한 은행이 어음소지인이 정당한 권리자가 아니라고 판명되기도 전에 당해 어음을 어음발행인이나 어음발행인의 반환청구권을 전부받은 채권자에게 반환하거나 그에 대한 반대채권과 상계할 수 있는지 여부

어음발행인은 서울어음교환소규약이나 사고신고담보금을 수탁하는 은행과 체결한 사고신고담보금처리를 위한 약정서의 제 규정이 정한 조건, 즉 어음소지인이 정당한 권리자가 아님이 판명된 경우 등에만 반환청구권을 행사할 수 있고, 이를 수탁한 은행으로서는 어음소지인이 정당한 권리자임이 판명된 경우에는 그에게 이를 지급하는 것이 원칙이고, 어음소지인이 정당한 권리자가 아니라고 판명되기도 전에 이를 함부로 어음발행인이나 어음발행인의 반환청구권을 채권의 동일성을 유지한 채 양수받은 자에 불과한 전부채권자에게 반환하거나 그에 대한 반대채권과 상계할 수는 없다(1994. 10. 21. 제3부 판결, 94다16816 전부금).

7. 제3채무자가 가압류 채무자에 대한 반대채권으로써 상계할 수 있는 요건

가압류명령을 받은 제3채무자가 가압류채무자에 대한 반대채권을 가지고 있는 경우에 상계로써 가압류채권자에게 대항하기 위하여는 가압류의 효력 발생 당시에 양 채권이 상계적상에 있거나, 반대채권이 압류 당시 변제기에 이르지 않는 경우에는 피압류채권인 수동채권의 변제기와 동시에 또는 보다 먼저 변제기에 도달하는 경우이어야 된다(대판 1982. 6. 22, 82다카200).

8. 동시이행관계에 있는 자동채권과 수동채권이 서로 현실적으로 이행하여야 할 필요가 없는 경우 상계의 허용 여부(적극)

상계제도는 서로 대립하는 채권 채무를 간이한 방법에 의하여 결제함으로써 양자의 채권 채무 관계를 원활하고 공평하게 처리함을 목적으로 하고 있으므로, 상계의 대상이 될 수 있는 자동채권과 수동채권이 동시이행관계에 있다고 하더라도 서로 현실적으로 이행하여야 할 필요가 없는 경우라면 상계로 인한 불이익이 발생할 우려가 없고 오히려 상계를 허용하는 것이 동시이행관계에 있는 채권 채무 관계를 간명하게 해소할 수 있으므로 특별한 사정이 없는 한 상계가 허용된다(대법원 2006. 7. 28. 선고 2004다54633 판결).

9. 제3채무자의 압류채무자에 대한 자동채권이 수동채권인 피압류채권과 동시이행관계에 있는 경우, 그 자동채권이 압류 후에 발생한 것이더라도 피압류채권과 상계할 수 있는지 여부(적극)

제3채무자의 압류채무자에 대한 자동채권이 수동채권인 피압류채권과 동시이행의 관계에 있는 경우에는, 비록 압류명령이 제3채무자에게 송달되어 압류의 효력이 생긴 후에 비로소 자동채권이 발생하였다고 하더라도 동시이행의 항변권을 주장할 수 있는 제3채무자로서는 그 채권에 의한 상계로써 압류채권자에게 대항할 수 있는 것으로서, 이 경우 자동채권이 발생한 기초가 되는 원인은 수동채권이 압류되기 전에 이미 성립하여 존재하고 있었던 것이므로 그 자동채권은 민법 제498조에 규정된 '지급을 금지하는 명령을 받은 제3채무자가 그 후에 취득한 채권'에 해당하지 않는다(대법원 2005. 11. 10. 선고 2004다37676 판결).

10. 압류 및 전부명령을 받은 제3채무자의 채무자에 대한 자동채권이 수동채권인 피압류채권과 동시이행의 관계에 있는 경우에, 그 자동채권이 압류 후에 발생한 것이더라도 피압류채권과 상계할 수 있는지 여부

금전채권에 대한 압류 및 전부명령이 있는 때에는 압류된 채권은 동일성을 유지한 채로 압류채무자로부터 압류채권자에게 이전되고, 제3채무자는 채권이 압류되기 전에 압류채무자에게 대항할 수 있는 사유로써 압류채권자에게 대항할 수 있는 것이므로 제3채무자의 압류채무자에 대한 자동채권이 수동채권인 피압류채권과 동시이행의 관계에 있는 경우에는, 압류명령이 제3채무자에게 송달되어 압류의 효력이 생긴 후에 자동채권이 발생하였다고 하더라도 제3채무자는 동시이행의 항변권을 주장할 수 있고 따라서 그 채권에 의한 상계로 압류채권자에게 대항할 수 있는 것

으로서, 이 경우에 자동채권이 발생한 기초가 되는 원인은 수동채권이 압류되기 전에 이미 성립하여 존재하고 있었던 것이므로, 그 자동채권은 민법 제498조 소정의 "지급을 금지하는 명령을 받은 제3채무자가 그 후에 취득한 채권"에 해당하지 않는다고 봄이 상당하다(대법원 1993. 9. 28. 선고 92다55794 판).

◆ 상계의 방법 및 효과

제 493 조 【상계의 방법, 효과】

① 상계는 상대방에 대한 의사표시로 한다. 이 의사표시에는 조건 또는 기한을 붙이지 못한다.

② 상계의 의사표시는 각 채무가 상계할 수 있는 때에 대등액에 관하여 소멸한 것으로 본다.

■ § 493. 상계의 방법, 효과

• 상계의 방법 : 상계의 상대방에 대한 의사표시로 한다. 이 상계의 의사표시에는 조건 또는 기한을 붙이지 못한다.
• 상계의 효과 : 상계의 의사표시가 있으면 두 채무는 상계적상이 생긴 때에 소급해서 대등액에 관하여 소멸한다.

본조는 상계를 하는 방법과 그 효력에 관하여 규정한 것이다.

1. 상계의 방법

상계는 상대방에게 대한 의사표시로 한다. 상계적상에 달한 때에 법률상 당연히 상계의 효과가 생기는 것은 아니다. 상계의 의사표시는 단독행위이므로 조건을 붙이지 못하며, 소급효를 갖기 때문에 기한을 붙이지 못한다.

【쟁점사항】

<채권의 일부 양도가 이루어진 경우, 채무자의 양도인에 대한 채권을 자동채권으로 하는 상계의 방법>

채권의 일부 양도가 이루어지면 특별한 사정이 없는 한 각 분할된 부분에 대하여 독립한 분할채권이 성립하므로 그 채권에 대하여 양도인에 대한 반대채권으로 상계하고자 하는 채무자로서는 양도인을 비롯한 각 분할채권자 중 어느 누구도 상계의 상대방으로 지정하여 상계할 수 있고, 그러한 채무자의 상계 의사표시를 수령한 분할채권자는 제3자에 대한 대항요건을 갖춘 양수인이라 하더라도 양도인 또는 다른 양수인에 귀속된 부분에 대하여 먼저 상계되어야 한다거나 각 분할채권액의 채권 총액에 대한 비율에 따라 상계되어야 한다는 이의를 할 수 없다(대판 2002. 2. 8, 2000다50596).

2. 상계의 효과

(1) 채권의 소멸

수동채권과 자동채권은 그 대등액에 있어서 소멸한다. 양채권의 액수가 동일하지 않는 때에는 일부의 상계가 있게 되고, 다액의 채권은 그 차액이 남게 된다.

(2) 상계의 소급효

상계의 의사표시가 행해지면 그 효과는 각 채무가 상계할 수 있는 때에 대등액에 관하여 소멸한 것으로 본다. 상계적상에 달한 때에 양당사자는 채무관계를 결제했다고 생각하는 것이 보통이기 때문에 소급효를 인정한 것이다. 그 결과 상계적상 이후에는 이자가 발생하는 일이 없으며, 의사표시시까지에 이행지체가 있었더라도 이것은 지체가 되지 않는다. 그러나 상계에 소급효를 인정하더라도 상계의 의사표시 이전에 발생한 사실을 번복할 수는 없다.

즉 상계적상 이후 일방의 채권이 변제되거나, 채무불이행을 이유로 하여 계약이 해제된 경우에는 이제는 상계하는 것이 허용되지 않는다.

상계시 자동채권의 변제기는 도래하였으나 수동채권의 변제기가 도래하지 아니한 경우에는 자동채권의 변제기가 도래한 시점에서 상계적상이 생기고 그때 채무는 소멸한다. 한편, 채권의 양수인이 그 채권을 자동채권으로 하여 상계하려면 양수채권에 대하여 채권양도의 대항요건을 갖추어야 하므로, 상계의 소급효도 그 대항요건을 갖춘 때까지 미친다.

▣ 핵심판례 ▣

■ [상계의 방법, 효과]

1. 상계의 원인되는 자동채권이 존재하지 않는 것으로 확정되어 상계의 효력이 없는 경우 부당이득이 되는지 여부(소극)와 수동채권이 시효로 소멸하게 된 경우

상계의 원인되는 자동채권이 존재하지 않는 것으로 확정되어 상계의 효력이 없다

면 수동채권은 여전히 존재하는 것이어서 단순히 그 채무를 이행하지 않고 있다
는 점만으로 법률상 원인 없이 이득을 얻었다 할 수 없는 것이고, 가사 수동채권
이 시효로 소멸하게 되었다 하더라도 달리 볼 것은 아니다(1992. 5. 12. 제2부 판
결, 91다28979 퇴직금).

2. 상계적상의 시점 이전에 수동채권의 변제기가 이미 도래하여 지체가 발생한 경우, 상계 충당의 방법

상계의 의사표시가 있는 경우, 채무는 상계적상시에 소급하여 대등액에 관하여
소멸한 것으로 보게 되므로, 상계에 의한 양 채권의 차액 계산 또는 상계 충당은
상계적상의 시점을 기준으로 하게 되고, 따라서 그 시점 이전에 수동채권의 변제
기가 이미 도래하여 지체가 발생한 경우에는 상계적상 시점까지의 수동채권의 약
정이자 및 지연손해금을 계산한 다음 자동채권으로써 먼저 수동채권의 약정이자
및 지연손해금을 소각하고 잔액을 가지고 원본을 소각하여야 한다(대법원 2005.
7. 8. 선고 2005다8125 판결).

3. 상계의 경우 수동채권의 원본 및 지연손해금의 소멸순서

상계의 경우 상계적상시까지의 수동채권의 원본 및 지연손해금에 대하여 상계충
당의 순서에 따라 지연손해금, 원본의 순서로 자동채권과 대등액에서 소멸한다(대
법원 1992. 5. 12. 선고 90다8855 판결).

◈ 이행지를 달리하는 채무의 상계

제 494 조【이행지를 달리하는 채무의 상계】

각 채무의 이행지가 다른 경우에도 상계할 수 있다. 그러나 상계하는 당사자는 상대방에게 상계로 인한 손해를 배상하여야 한다.

■ § 494. 이행지가 다른 채권의 상계와 손해배상

• 상계는 쌍방의 채무의 이행지가 같지 않은 경우에도 할 수 있으나 상계를 하는 당사자는 그 상대방에 대하여 그로 말미암아 생긴 손해를 배상하여야 한다.

본조는 쌍방이 채무의 이행지를 달리하는 경우에도 상계할 수 있다는 규정을 한 것이다.

양채무의 이행지가 다른 것은 상관없다. 또 채권액이 명확할 필요도 없으며 손해배상채무와 같이 금액을 산정할 필요도 없다. 그러나 상계를 하는 당사자는 그 상대방에 대하여 그로 말미암아 생긴 손해를 배상하여야 한다.

◈ 소멸시효가 완성된 채권에 대한 상계적상의 현존의 배제

제 495 조【소멸시효완성된 채권에 의한 상계】

소멸시효가 완성된 채권이 그 완성전에 상계할 수 있었던 것이면 그 채권자는 상계할 수 있다.

■ § 495. 소멸시효가 완성된 채권에 의한 상계

- 원　　칙 : 상계의 의사표시를 하는 때에 상계적상이 존재할 것
- 예　　외 : 소멸시효가 완성된 채권이 그 완성 전에 상계할 수 있었던 것이면 상계할 수 있다.

상계적상은 상계할 당시에 유지되고 있어야 한다. 따라서 일단 상계적상에 있었으나 상계를 하지 않는 동안에 일방의 채권이 변제 등으로 소멸한 때에는 상계할 수 없는 것이 원칙이다.

그러나 민법은 자동채권이 시효로 소멸한 경우에는 위 원칙에 대한 예외를 인정한다. 즉, 자동채권이 시효로 인하여 소멸한 경우, 이 경우에도 그 소멸 이전에 상계할 수 있었던 것이면 그 채권자는 상계할 수 있다.

상계적상에 달한 경우에는 특별히 의사표시를 하지 않더라도 채권이 소멸한 것으로 관념되는 것이므로 그 신뢰를 보호하려고 한 것이다. 따라서 갑이 이미 시효로 소멸한 병의 갑에 대한 채권을 양수하여도 이것을 자동채권으로서 상계할 수는 없다. 다시 말하면, 이미 소멸시효에 걸린 타인의 채권을 양도받아서 이를 자동채권으로 하여 상계하는 것은 허용되지 않는다.

◈ 고의의 불법행위에 의한 손해배상채권의 상계금지

제 496 조【불법행위채권을 수동채권으로 하는 상계의 금지】

채무가 고의의 불법행위로 인한 것인 때에는 그 채무자는 상계로 채권자에 대항하지 못한다.

■ § 496. 고의의 불법행위에 의한 손해배상채권의 상계금지

• 채무가 고의의 불법행위로 생긴 것인 때에는 그 채무자는 상계로 채권자에게 대항하지 못한다.
• 단, 자동채권으로 하여 피해자가 상계하거나 과실의 불법행위로 생기는 채권은 상계가 가능하다.

1. 본조의 의의 및 취지

본조는 고의의 불법행위로 인하여 생긴 채무는 채무자가 이것을 가지고 상계하지 못한다는 규정이다.

불법행위의 피해자에게 현실의 변제로서 손해의 전보를 받게 하려는 의미임과 동시에 현실적으로 변제를 받을 수 없는 채권자가 불법행위를 함으로써 만족을 얻는 것을 방지하려는 의미에서 상계가 허용되지 않는다. 따라서 자동채권, 수동채권 모두 불법행위에 기인한 것일 때에도 상계는 허용되지 않는다.

민법 제496조의 취지는, 고의의 불법행위에 의한 손해배상채권에 대하여 상계를 허용한다면 고의로 불법행위를 한 자까지도 상계권 행사로 현실적으로 손해배상을 지급할 필요가 없게 되어 보복적 불법행위를 유발하게 될 우려가 있고, 또 고의의 불법행위로 인한 피해자가 가해자의 상계권 행사로 인하여 현실의 변제를 받을 수 없는 결과가 됨은 사회적 정의관념에 맞지 아니하므로 고의에 의한 불법행위의 발생을 방지함과 아울러 고의의 불법행위로 인한 피해자에게 현실의 변제를 받게 하려는 데 있다(대판 2002. 1. 25, 2001다52506).

2. 관련문제

(1) 고의의 불법행위를 원인으로 한 부당이득 반환채권을 수동채권으로 하는 상계의 허용 여부

법이 보장하는 상계권은 이처럼 그의 채무가 고의의 불법행위에 기인하는 채무자에게는 적용이 없는 것이고, 나아가 부당이득의 원인이 고의의 불법행위에 기인함으로써 불법행위로 인한 손해배상채권과 부당이득반환채권이 모두 성립하여 양채권이 경합하는 경우 피해자가 부당이득반환채권만을 청구하고 불법행위로 인한 손해배상채권을 청구하지 아니한 때에도, 그 청구의 실질적 이유, 즉 부당이득의 원인이 고의의 불법행위였다는 점은 불법행위로 인한 손해배상채권을 청구하는 경우와 다를 바 없다 할 것이어서, 고의의 불법행위에 의한 손해배상채권은 현실적으로 만족을 받아야 한다는 상계금지의 취지는 이러한 경우에도 타당하므로, 민법 제496조를 유추적용함이 상당하다(대판 2002. 1. 25, 2001다52506).

(2) 자동채권이 고의의 불법행위로 인한 손해배상채권인 경우 상계의 가부

고의의 불법행위로 인한 손해배상채권을 수동채권으로 하는 상계는 허용되지 않는 것이며, 이는 그 자동채권이 동시에 행하여진 싸움에서 서로 상해를 가한 경우와 같이 동일한 사안에서 발생한 고의의 불법행위로 인한 손해배상채권인 경우에도 마찬가지이다(대판 1994. 2. 25, 93다38444).

▣ **핵심판례** ▣

■ [불법행위채권을 수동채권으로 하는 상계의 금지]

1. 은행이 정리회사의 관리인으로서 법원의 허가를 받지 아니하고 한 자기거래 행위로 회사에 손해를 가한 데 대하여 불법행위에 대한 고의가 없어서 과실에 의한 불법행위에 해당한다고 하여 위 불법행위로 인한 손해배상청구권을 수동채권으로 하는 은행의 상계항변을 인용한 사례

공장에 속하는 토지 또는 건물에 설치된 기계, 기구, 기타 공장의 공용물은 공장저당법 제7조 소정의 기계, 기구목록에 기재되어야만 공장저당의 효력이 미치는 것이므로, 피고은행이 그 판시와 같이 정리회사인 소외 범양제지공업주식회사(이하 소외회사라고 한다)의 관리인의 지위에서 자신의 이익을 위하여 그 자신과 사

이에 소외회사 소유의 공장건물에 대하여 가지고 있던 기왕의 근저당권설정등기 중 공장저당법 제7조에 의한 기계, 기구목록에 이 사건 기계, 기구를 추가하기로 하는 계약을 체결하고 이를 위 목록에 추가로 기재한 행위는 새로운 담보권의 설정으로 소외 회사의 이익을 해할 우려가 있는 관리인의 자기거래행위에 해당하는 바, 이에 관하여는 이사의 자기거래제한에 관한 상법 제398조를 유추적용하여 법원의 허가(이사회는 이미 사업경영과 재산관리처분에 관한 권능이 정지되어 있으므로 이사회의 승인에 갈음하여 법원의 허가)를 받아야 한다고 보아야 할 것인데도, 피고은행이 법원의 허가를 받지 아니하고 위와 같이 이 사건 기계, 기구를 담보로 제공하고 그 후 소외 회사에 대한 정리절차폐지결정이 있자 위 기계, 기구를 포함한 위 저당목적물에 관하여 담보권을 실행하여 스스로 이를 경락받아 소외 신강제지주식회사에 매도한 행위는 불법행위로서 소외회사에게 그로 인한 손해를 배상할 책임이 있다(1991. 2. 8. 제3부 판결, 90다카23387 부당이득금반환).

2. 수임인의 위임인에 대한 대변제청구권을 보전하기 위하여 위임인의 상계권을 대위할 수 있는지 여부(적극)

갑은 주식회사인 을의 이사이므로 그들 사이에는 상법 제382조 제2항에 의하여 위임의 규정이 준용되고, 갑이 을의 공장 매수대금 일부를 마련하기 위하여 병으로부터 대출금을 차용하여 을에게 교부함으로써, 갑은 위임사무의 처리에 관하여 대출금 채무를 부담한 것으로 되어, 민법 제688조 제2항 전단의 규정에 의하여 을에게 자신에 갈음하여 대출금 채무를 변제할 것을 청구할 권리가 있다 할 것이고, 이 대변제청구권을 보전하기 위하여 을의 병에 대한 확정판결상의 부당이득반환채권과 위 대출금 채무를 대등액에서 상계할 권리를 대위행사할 수 있다(대판 2002. 1. 25, 2001다52506).

3. 자동채권과 수동채권이 동일한 사안에서 발생한 경우 고의의 불법행위로 인한 손해배상채권을 수동채권으로 하는 상계의 허부

고의의 불법행위로 인한 손해배상채권을 수동채권으로 하는 상계는 허용되지 않는 것이며, 이는 그 자동채권이 동시에 행하여진 싸움에서 서로 상해를 가한 경우와 같이 동일한 사안에서 발생한 고의의 불법행위로 인한 손해배상채권인 경우에도 마찬가지이다(1994. 2. 25. 제3부 판결, 93다38444 손해배상(기)).

4. 가. 채권자 갑에 의한 대위소송의 기판력이 후소인 채권자 을에 의한 대위소송에 미치는지 여부

어느 채권자가 채권자대위권을 행사하는 방법으로 제3채무자를 상대로 소송을 제기하여 판결을 받은 경우, 어떠한 사유로든 채무자가 채권자대위소송이 제기된 사실을 알았을 경우에 한하여 그 판결의 효력이 채무자에게 미치므로, 이러한 경우에는 그 후 다른 채권자가 동일한 소송물에 대하여 채권자대위권에 기한 소를 제기하면 전소의 기판력을 받게 된다고 할 것이지만, 채무자가 전소인 채권자대위소송이 제기된 사실을 알지 못하였을 경우에는 전소의 기

판력이 다른 채권자가 제기한 후소인 채권자대위소송에 미치지 않는다.

나. 기판력항변과 판단유탈

후소가 전소의 기판력을 받는지 여부는 직권조사사항이고 이에 관한 당사자의 주장은 직권발동을 촉구하는 의미밖에 없으므로, 기판력 저촉의 본안전항변에 대하여 명시적으로 판단하지 아니한 채 본안에 관하여만 판단하였더라도 그 항변이 이유가 없는 한 판단유탈의 상고이유로 삼을 수 없다.

다. 민법 제496조의 입법취지와 중과실로 인한 불법행위 손해배상채권에 대한 상계금지의 가부

민법 제496조가 고의의 불법행위로 인한 손해배상채권에 대한 상계를 금지하는 입법취지는 고의의 불법행위에 인한 손해배상채권에 대하여 상계를 허용한다면 고의로 불법행위를 한 자가 상계권행사로 현실적으로 손해배상을 지급할 필요가 없게 됨으로써 보복적 불법행위를 유발하게 될 우려가 있고, 고의의 불법행위로 인한 피해자가 가해자의 상계권행사로 인하여 현실의 변제를 받을 수 없는 결과가 됨은 사회적 정의관념에 맞지 아니하므로 고의에 의한 불법행위의 발생을 방지함과 아울러 고의의 불법행위로 인한 피해자에게 현실의 변제를 받게 하려는 데 있는바, 이 같은 입법취지나 적용결과에 비추어 볼 때 고의의 불법행위에 인한 손해배상채권에 대한 상계금지를 중과실의 불법행위에 인한 손해배상채권에까지 유추 또는 확장적용하여야 할 필요성이 있다고 할 수 없다(1994. 8. 12. 제2부 판결, 93다52808 부당이득금).

5. 피용자의 고의의 불법행위로 인하여 사용자책임을 부담하는 사용자가 민법 제496조의 적용 배제를 주장할 수 있는지 여부(소극)

민법 제756조에 의한 사용자의 손해배상책임은 피용자의 배상책임에 대한 대체적 책임이고, 같은 조 제1항에서 사용자가 피용자의 선임 및 그 사무감독에 상당한 주의를 한 때 또는 상당한 주의를 하여도 손해가 있을 경우에는 책임을 면할 수 있도록 규정함으로써 사용자책임에서 사용자의 과실은 직접의 가해행위가 아닌 피용자의 선임·감독에 관련된 것으로 해석되는 점에 비추어 볼 때, 피용자의 고의의 불법행위로 인하여 사용자책임이 성립하는 경우에 민법 제496조의 적용을 배제하여야 할 이유가 없으므로 사용자책임이 성립하는 경우 사용자는 자신의 고의의 불법행위가 아니라는 이유로 민법 제496조의 적용을 면할 수는 없다(대법원 2006. 10. 26. 선고 2004다63019 판결).

6. 피해자와 가해자의 과실이 경합하여 발생한 사고로 제3자가 입은 손해를 가해자가 배상한 경우, 가해자가 피해자에 대한 구상권을 가지고 피해자의 가해자에 대한 손해배상청구권과 상계할 수 있는지 여부

피해자의 과실과 가해자의 과실이 경합하여 사고가 발생하였고 그 피해자의 과실이 상대방에 대한 주의의무위반으로 불법행위의 책임요건을 충족하는 것이라면

위 사고로 제3자가 입은 손해에 대하여 피해자 및 가해자는 각자 이를 배상할 책임이 있고 가해자가 그 손해를 배상하였을 때에는 각자의 과실비율에 따른 피해자의 부담부분에 대하여 피해자에게 구상권을 행사할 수 있으므로, 가해자는 이러한 구상권을 가지고 피해자의 가해자에 대한 손해배상청구권과 상계할 수 있다 (대법원 1991. 5. 14. 선고 91다513 판결).

7. 고의의 불법행위로 인한 손해배상채권의 양도가 사해행위에 해당하는 경우 그 손해배상채권의 채무자가 채권양도인에 대한 별도의 채권자 지위에서 채권양수인에게 채권자취소권을 행사하여 채권양도의 취소를 구함과 아울러 원상회복 방법으로 직접 자신 앞으로 가액배상의 지급을 구할 수 있는지 여부(적극)

고의의 불법행위로 인한 손해배상채권의 채무자는 그 채권을 수동채권으로 한 상계로 채권자에게 대항하지 못하고(민법 제496조), 그 결과 채권이 양도된 경우에 양수인에게도 상계로 대항할 수 없게 되나(민법 제451조 제2항 참조), 채권양도가 사해행위에 해당하는 경우 불법행위로 인한 손해배상채권의 채무자가 채권양도인에 대한 별도의 채권자 지위에서 채권양수인에게 채권자취소권을 행사하여 채권양도의 취소를 구함과 아울러 취소에 따른 원상회복 방법으로 직접 자신 앞으로 가액배상의 지급을 구하는 것 자체는 민법 제496조에 반하지 않으므로 허용된다(대법원 2011. 6. 10. 선고 2011다8980 판결).

◈ 압류금지채권을 수동채권으로 하는 상계의 금지

제 497 조 【압류금지채권을 수동채권으로 하는 상계】

채권이 압류하지 못할 것인 때에는 그 채무자는 상계로 채권자에게 대항하지 못한다.

■ § 497. 압류금지채권

- 압류금지채권을 수동채권으로 하는 경우에만 상계가 금지되므로 자동채권인 경우에는 상계가 허용된다.
- 관련법조 : 민사집행법 §246, 공무원연금법 §32, 사립학교교직원연금법 §40, 국민연금법 §58, 군인연금법 §7, 기초연금법 §21, 장애인연금법 §19, 근로기준법 §86, 국가배상법 §4

본조는 수동채권이 압류를 금지한 것일 때에는 채무자가 상계로 채권자에게 대항할 수 없다는 것을 규정한 것이다.

압류를 금지함으로써 채무자 보호를 목적으로 하고 있으므로 압류금지채권이더라도 자동채권으로 상계하는 것은 상관없다. 이 점에서 근로기준법은 「사용자는 전차금이나 그 밖에 근로할 것을 조건으로 하는 전대채권과 임금을 상계하지 못한다」고 규정하나(동법 제21조), 다시 동법 제43조는 임금은 통화로 직접 근로자에게 그 전액을 지급하여야 한다고 규정하고 있으며, 민사집행법 제246조에서는 임금의 2분의 1의 압류를 허용하고 있어 해석상의 문제가 생긴다. 즉, 임금은 전액에 관하여 상계가 금지되는지가 문제되는 것이다.

이에 대하여 원칙적으로 임금 전액에 관하여 상계가 금지되나 근로자의 생활의 안정을 위협하지 않는 경우에는 상계가 허용된다는 견해(곽윤직), 임금채권을 수동채권으로 하여서는 불법행위로 인한 손해배상채권과도 상계할 수 없다는 견해(김형배), 임금 전액을 수동채권으로 하여 상계하지는 못하나, 근로자의 불법행위채권과는 상계할 수 있다는 견해(김상용) 등이 주장되고 있다.

종래 판례는 "근로자에 대한 임금은 직접 근로자에게 전액을 지급하여야 하는 것이므로 초과지급된 임금의 반환채권을 제외하고는 사용자가 근로자에

대하여 가지는 대출금이나 불법행위를 원인으로 한 채권으로써 근로자의 임금채권과 상계하지 못한다(대법원 1999. 7. 13. 선고 99도2168 판결)"고 판시한 바 있다. 그러나 근로자의 동의를 얻어 상계하는 것은 그 동의가 자유로운 의사에 터잡아 이루어진 것이라고 인정될 때에는 허용된다고 판시하기도 하였다(대법원 2001. 10 .23 선고 2001다25184). 또한 최근 판례에서는 사용자는 원칙적으로 근로자에 대하여 가진 채권으로 근로자의 임금채권이나 퇴직금채권과 상계하지 못하지만, 예외적으로 일정한 경우에는 상계할 수 있다고 판시하였다(대법원 2010. 5. 20. 선고 2007다90760(전원합의체)).

▣ 핵심판례 ▣

1. 사용자가 근로자에 대하여 가지는 채권을 가지고 일방적으로 근로자의 임금채권을 상계하는 것은 근로자의 자유로운 의사에 기한 동의가 있더라도 허용되지 않는지 여부

근로기준법 제42조 제1항 본문에서 "임금은 통화로 직접 근로자에게 그 전액을 지급하여야 한다."라고 규정하여 이른바 임금 전액지급의 원칙을 선언한 취지는 사용자가 일방적으로 임금을 공제하는 것을 금지하여 근로자에게 임금 전액을 확실하게 지급 받게 함으로써 근로자의 경제생활을 위협하는 일이 없도록 그 보호를 도모하려는 데 있으므로, 사용자가 근로자에 대하여 가지는 채권을 가지고 일방적으로 근로자의 임금채권을 상계하는 것은 금지된다고 할 것이지만, 사용자가 근로자의 동의를 얻어 근로자의 임금채권에 대하여 상계하는 경우에 그 동의가 근로자의 자유로운 의사에 터잡아 이루어진 것이라고 인정할 만한 합리적인 이유가 객관적으로 존재하는 때에는 근로기준법 제42조 제1항 본문에 위반하지 아니한다고 보아야 할 것이고, 다만 임금 전액지급의 원칙의 취지에 비추어 볼 때 그 동의가 근로자의 자유로운 의사에 기한 것이라는 판단은 엄격하고 신중하게 이루어져야 한다(대판 2001. 10. 23, 2001다25184).

2. 사용자가 초과 지급된 임금의 반환채권을 자동채권으로 하여 근로자의 임금채권과 상계할 수 있는 경우

임금은 직접 근로자에게 전액을 지급하여야 하는 것이므로 사용자가 근로자에 대하여 가지는 채권으로써 근로자의 임금채권과 상계를 하지 못하는 것이 원칙이지만, 계산의 착오 등으로 임금이 초과 지급되었을 때 그 행사의 시기가 초과 지급된 시기와 임금의 정산, 조정의 실질을 잃지 않을 만큼 합리적으로 밀접되어 있고 금액과 방법이 미리 예고되는 등 근로자의 경제생활의 안정을 해할 염려가 없는 경우나 근로자가 퇴직한 후에 그 재직 중 지급되지 아니한 임금이나 퇴직금을

청구할 경우에는, 사용자가 초과 지급된 임금의 반환청구권을 자동채권으로 하여 상계하는 것은 허용되므로, 근로자가 일정기간 동안의 미지급 시간외수당, 휴일근로수당, 월차휴가수당 등 법정수당을 청구하는 경우에 사용자가 같은 기간 동안 법정수당의 초과 지급 부분이 있음을 이유로 상계나 충당을 주장하는 것도 허용된다(대법원 1998. 6. 26. 선고 97다14200 판결).

3. **사용자가 근로자에 대한 채무명의의 집행을 위하여 근로자의 자신에 대한 임금채권에 관하여 압류 및 전부명령을 받을 수 있는지 여부**

근로기준법 제36조 제1항 본문에 규정된 임금의 전액지급의 원칙에 비추어 사용자가 근로자의 급료나 퇴직금 등 임금채권을 수동채권으로 하여 사용자의 근로자에 대한 다른 채권으로 상계할 수 없지만, 그렇다고 하여 사용자가 근로자에 대한 채무명의의 집행을 위하여 근로자의 자신에 대한 임금채권 중 2분의 1 상당액에 관하여 압류 및 전부명령을 받는 것까지 금지하는 취지는 아니고, 같은 법 제25조는 사용자가 전차금 기타 근로할 것을 조건으로 하는 전대채권과 임금을 서로 상계하지 못한다는 취지를 규정한 데 불과하므로 이를 근거로 하여 위와 같은 사용자의 임금채권에 관한 압류 및 전부명령이 허용되지 않는다고 풀이할 수도 없다(대법원 1994. 3. 16. 93마1822, 1823 결정).

4. **사용자가 근로자에게 이미 퇴직금 명목의 금원을 지급하였으나 그것이 퇴직금 지급으로서의 효력이 없어 사용자가 같은 금원 상당의 부당이득반환채권을 갖게 된 경우, 이를 자동채권으로 하여 근로자의 퇴직금채권과 상계할 수 있는지 여부(적극) 및 상계의 허용 범위**

[다수의견] 구 근로기준법(2005. 1. 27. 법률 제7379호로 개정되기 전의 것) 제42조 제1항 본문에 의하면 임금은 통화로 직접 근로자에게 그 전액을 지급하여야 하므로 사용자가 근로자에 대하여 가지는 채권으로써 근로자의 임금채권과 상계를 하지 못하는 것이 원칙이고, 이는 경제적·사회적 종속관계에 있는 근로자를 보호하기 위한 것인바, 근로자가 받을 퇴직금도 임금의 성질을 가지므로 역시 마찬가지이다. 다만 계산의 착오 등으로 임금을 초과 지급한 경우에, 근로자가 퇴직 후 그 재직 중 받지 못한 임금이나 퇴직금을 청구하거나, 근로자가 비록 재직 중에 임금을 청구하더라도 위 초과 지급한 시기와 상계권 행사의 시기가 임금의 정산, 조정의 실질을 잃지 않을 만큼 근접하여 있고 나아가 사용자가 상계의 금액과 방법을 미리 예고하는 등으로 근로자의 경제생활의 안정을 해할 염려가 없는 때에는, 사용자는 위 초과 지급한 임금의 반환청구권을 자동채권으로 하여 근로자의 임금채권이나 퇴직금채권과 상계할 수 있다. 그리고 이러한 법리는 사용자가 근로자에게 이미 퇴직금 명목의 금원을 지급하였으나 그것이 퇴직금 지급으로서의 효력이 없어 사용자가 같은 금원 상당의 부당이득반환채권을 갖게 된 경우에 이를 자동채권으로 하여 근로자의 퇴직금채권과 상계하는 때에도 적용된다. 한편 민사집행법 제246조 제1항 제5호는 근로자인 채무자의 생활보장이라는 공익적, 사

회 정책적 이유에서 '퇴직금 그 밖에 이와 비슷한 성질을 가진 급여채권의 2분의 1에 해당하는 금액'을 압류금지채권으로 규정하고 있고, 민법 제497조는 압류금지채권의 채무자는 상계로 채권자에게 대항하지 못한다고 규정하고 있으므로, 사용자가 근로자에게 퇴직금 명목으로 지급한 금원 상당의 부당이득반환채권을 자동채권으로 하여 근로자의 퇴직금채권을 상계하는 것은 퇴직금채권의 2분의 1을 초과하는 부분에 해당하는 금액에 관하여만 허용된다고 봄이 상당하다.

[대법관 양승태, 대법관 이홍훈, 대법관 양창수의 별개 및 반대의견] 임금이 초과 지급된 경우의 정산과 관련하여 예외적으로 상계가 허용되고 있는 주된 근거는 계산의 착오 등으로 발생하는 임금의 초과 지급인 데다가, 시기상, 절차상 일정한 제한을 가할 수 있어 근로자의 경제생활 안정을 해할 염려가 없다는 것이다. 그런데 퇴직금 지급으로서 효력을 인정할 수 없는 퇴직금 명목의 금전을 지급하여 그 금액 상당의 부당이득반환이 문제되는 때에는 계산의 착오 등으로 임금이나 퇴직금을 초과 지급한 경우에 해당한다고 볼 수 없을 뿐만 아니라, 그 수액이 정당하게 지급해야 할 퇴직금 수액에 근접할 정도로 다액인 경우가 많아, 근로자의 경제생활 안정이 위협받을 가능성이 많다. 또한 퇴직금 명목의 금전을 부당이득이라고 인정하는 것과 관련하여 당사자 사이에 다툼이 있을 수밖에 없는데, 이러한 경우에도 상계를 허용하여 사용자의 일방적 공제를 인정하게 되면 퇴직금 제도를 두고 있는 본래의 취지를 벗어나 근로자에게 부당하게 불리할 뿐만 아니라, 당초 임금의 지급과 관련하여 상계를 금지한 제도적 취지를 지나치게 형해화할 우려가 있다. 그렇다면 사용자가 근로자에게 이미 퇴직금 명목의 금전을 지급하였으나 그것이 퇴직금 지급으로서 효력이 없어 사용자가 같은 금액 상당의 부당이득반환채권을 가지게 된 경우에는 이를 자동채권으로 하여 근로자의 퇴직금채권과 상계할 수 없다고 해석함이 여러 면에서 보다 합리적이라고 할 것이다(대법원 2010. 5. 20. 선고 2007다90760 전원합의체 판결).

◈ 지급금지채권을 수동채권으로 하는 상계의 금지

제 498 조【지급금지채권을 수동채권으로 하는 상계의 금지】

지급을 금지하는 명령을 받은 제3채무자는 그 후에 취득한 채권에 의한 상계로 그 명령을 신청한 채권자에 대항하지 못한다.

■ § 498. 지급금지채권

• 압류된 채권(지급금지채권)은 자동채권으로나 수동채권으로나 상계할 수 없는 채권이다.

제3채무자가 압류 또는 가압류, 즉 지급을 금지하는 명령을 받은 채권에 대해서 지급명령을 받은 이후에 취득한 채권으로 그 명령을 신청한 채권자에게 상계할 수 없다.

예컨대, 갑의 을에 대한 채권이 갑의 채권자 병에 의하여 압류되고, 을에 대하여 그 지급금지명령이 발하여져 있는 때에는 을은 그 명령을 받은 후 갑에 대하여 취득한 채권으로서 상계하여도 그것으로서 압류채권자에게 대항할 수 없다.

이 규정의 반대해석으로서 압류전에 취득한 채권에 의한 상계는 압류채권자에게 대항할 수 있지만, 양채권의 변제기와의 관계에서 미묘한 문제가 생긴다.

최근의 판례는 「채권압류 및 전부명령에 있어 제3채무자가 그 명령이 송달되기 이전에 채무자에 대하여 상계적상에 있었던 반대채권을 가지고 있었다면 그 명령이 송달된 이후의 상계로서 전부채권자에게 대항할 수 있고 그 상계적상에는 양채권이 모두 변제기가 도래한 경우는 물론 수동채권에 관한 변제기가 도래하지 않았다 하더라도 그 기한의 이익을 포기할 수 있는 경우를 포함하나 자동채권에 관한 변제기가 위 명령송달 이전에 도래하지 아니한 경우에는 상계적상에 있는 것이라고 할 수 없다」(대판 1980. 9. 9 [80다939] 공보⑤ 1980, 13165)고 판시하고,「가압류명령을 받은 제3채무자가 가압류채무자에 대한 반대채권을 가지고 있는 경우에 상계로서 가압류채권자에게 대항하기 위하여는 가압류의 효력발생당시에 양채권이 상계적상에 있거나 반대채권이 압류당시 변제

기에 이르지 않은 경우에는 피압류채권인 수동채권의 변제기와 동시에 또는 보다 먼저 변제기에 도달하는 경우이어야 한다」(대판 1982. 6. 22. [82다카200] 공보⑦ 1982, 691)고 판시하고 있다.

또 채권이 질권의 목적이 되어 있는 때에는 질권자의 동의가 없으면 이를 처분할 수 없는 것은 질권의 성질상 당연하므로 질권자의 동의없이 그 질권을 상계할 수 없다. 또 질권설정통지 이후 제3채무자는 그 채권자에게 변제할 수 없게 되기 때문에, 제3채무자는 그 후에 취득한 채권에 의한 상계로써 질권자에게 대항할 수 없게 되는 것은 본조와 같은 이유에서이다(이설없음).

그리고 2011년 개정 전 상법 제334조에서는 수동채무가 주금납입 청구권인 경우에 상계를 허용하면 주식회사의 자본의 충실을 해하는 것이 되기 때문에 주주가 회사에 대하여 가지는 채권과 상계할 수 없도록 규정하고 있었으나, 2011년 상법 개정시에 이 규정은 삭제되었다.

<참고사항>

*지급급지채권 쟁점

1. 문제점

민법의 반대해석상 압류나 가압류 명령 전에 이미 취득하고 있던 자동채권으로는 상계가 가능하다는 것인데 이것이 무제한 인정되는지가 문제됨.

2. 학 설

(1) 무제한설

압류 전에 이미 성립한 채권으로는 압류시 변제기 도래 여부나 변제기의 선후, 상계적상 여부와 무관하게 언제나 상계할 수 있다는 견해.

(2) 상계적상설

자동채권과 수동채권이 압류 당시 모두 변제기가 도래하고 있어서 상계적상에 있다면 상계할 수 있다는 견해.

(3) 자동채권 변제기 선도래설(제한설)

상계자의 자동채권이 압류명령 전에 반드시 변제기가 도래하고 있을 필요는 없고 자동채권의 변제기가 수동채권의 변제기보다 먼저 도래하거나 적어도 동시에 도래할 것이라면 상계할 수 있다는 견해.

3. 판 례

채권가압류명령을 받은 제3채무자는 그 후에 취득한 채권에 의한 상계로 그

가압류채권자에게 대항하지 못하지만 수동채권이 가압류될 당시 자동채권과 수동채권이 상계적상에 있거나 자동채권의 변제기가 수동채권의 그것과 동시 또는 그보다 먼저 도래하는 경우에는 제3채무자는 자동채권에 의한 상계로 가압류채권자에게 대항할 수 있다(대법원 1989. 9. 12. 선고 88다카25120 판결)고 판시.

▣ 핵심판례 ▣

■ [지급금지채권을 수동채권으로 하는 상계의 금지]

1. 압류 및 전부명령을 받은 제3채무자의 채무자에 대한 자동채권이 수동채권인 피압류채권과 동시이행의 관계에 있는 경우에, 그 자동채권이 압류 후에 발생한 것이더라도 피압류채권과 상계할 수 있는지 여부

금전채권에 대한 압류 및 전부명령이 있는 때에는 압류된 채권은 동일성을 유지한 채로 압류채무자로부터 압류채권자에게 이전되고, 제3채무자는 채권이 압류되기 전에 압류채무자에게 대항할 수 있는 사유로써 압류채권자에게 대항할 수 있는 것이므로 제3채무자의 압류채무자에 대한 자동채권이 수동채권인 피압류채권과 동시이행의 관계에 있는 경우에는, 압류명령이 제3채무자에게 송달되어 압류의 효력이 생긴 후에 자동채권이 발생하였다고 하더라도 제3채무자는 동시이행의 항변권을 주장할 수 있고 따라서 그 채권에 의한 상계로 압류채권자에게 대항할 수 있는 것으로서, 이 경우에 자동채권이 발생한 기초가 되는 원인은 수동채권이 압류되기 전에 이미 성립하여 존재하고 있었던 것이므로, 그 자동채권은 민법 제498조 소정의 "지급을 금지하는 명령을 받은 제3채무자가 그 후에 취득한 채권"에 해당하지 않는다고 봄이 상당하다(1993. 9. 28. 제2부 판결, 92다55794 전부금).

2. 채권압류 및 전부명령을 받은 자에 대하여 제3채무자가 가압류채무자에 대한 반대채권에 의한 상계로써 대항할 수 있는 요건

채권가압류명령을 얻은 후에 위 가압류를 본압류로 이전하는 채권압류 및 전부명령을 받은 자에 대하여 제3채무자가 가압류채무자에 대해 가지고 있던 반대채권에 의한 상계로써 대항 할수 있기 위하여는 그 압류의 효력발생 당시에 양채권이 상계적장에 있거나 반대채권이 그 가압류 효력발생 당시 변제기에 달하여 있지 않는 경우에는 그것이 피압류채권인 수동채권의 변제기와 동시에 또는 그보다 먼저 변제기에 도달하여야 한다(대법원 1988. 2. 23. 선고 87다카472 판결).

◈ 상계의 충당

제 499 조 【준용규정】

제476조 내지 제479조의 규정은 상계에 준용한다.

■ § 499. 상계충당

• 피상계자가 수개의 상계적상에 있는 수동채권을 가지고 있고, 자동채권이 그 전부를 소멸케 하는데에 부족한 때에는 변제충당에 관한 규정을 준용하여 상 계되는 채권을 결정한다.

채무자가 채권자에 대해 수개의 수동채권을 부담하는데 그 전부를 소멸시키 기에 부족한 자동채권을 가지고 상계를 하는 경우, 변제의 충당에 관한 규정(제 476조 내지 제479조)에 따라서 상계에 소멸하는 수동채권의 순서를 결정한다. 그 내용은 제476조의 지정변제충당, 제477조의 법정변제충당, 제478조의 부족변 제의 충당, 제479조의 비용·이자·원본에 대한 변제충당의 순서 등에 관한 규 정이다.

▣ 핵심판례 ▣

■ [준용규정]

가. 상계의 경우 수동채권의 원본 및 지연손해금의 소멸순서

상계의 경우 상계적상시까지의 수동채권의 원본 및 지연손해금에 대하여 상계충 당의 순서에 따라 지연손해금, 원본의 순서로 자동채권과 대등액에서 소멸한다.

나. 각 자동채권이 상계적상에 이르기까지 수동채권에 대하여 아무런 지연손 해금을 붙이지 아니한 채 상계충당을 한 원심판결을 상계 내지 지연손해 금에관한 법리오해로 파기한 사례

각 자동채권이 상계적상에 이르기까지 수동채권에 대하여 아무런 지연손해금을 붙이지 아니한 채 상계충당을 한 원심판결을 상계 내지 지연손해금에 관한 법리 오해로 파기환송한다(1992. 5. 12. 제1부 판결, 90다8855 청산금반환).

제 4 관 경 개

경개(novation, Schuldersetzung, Schuldumwandlung)라 함은 채무의 중요한 부분을 변경함으로써 신채무를 성립시킴과 동시에 구채무를 소멸시키는 계약이다(제500조~제505조). 경개의사에 의하여 구채무를 신채무로 변경시키는 점에서 대물변제와 비슷하지만 대가를 현실로 주지 않는 점에서 다르다. 경개계약의 당사자는 경개의 종류에 따라 다르다.

(1) 채무자 변경으로 인한 경개 : 즉 을의 갑에 대한 채무를 소멸시키고 병의 갑에 대한 채무를 성립시키는 경개는 갑·을·병 3인의 계약으로 할 수 있음은 물론이지만, 갑·병만의 계약으로도 할 수 있다. 다만 을의 의사에 반하는 때에는 효력이 생기지 않는다(제501조).

(2) 채권자 변경으로 인한 경개 : 즉 갑의 을에 대한 채권을 소멸시키고 병의 을에 대한 채권을 성립시키는 경개는 갑·을·병 3인의 계약에 의한다고 해석되고 있다.

(3) 채무의 목적변경으로 인한 경개 : 이는 동일채권자·채무자간의 계약이다. 경개계약에는 아무런 형식을 필요로 하지 않는다. 다만 채권자 변경으로 인한 경개는 확정일자 있는 증서로 하지 아니하면 이로써 제3자에게 대항하지 못한다(제502조). 경개의 효력으로서 구채무가 소멸되고 신채무가 성립하지만 신구 양채무는 동일성이 없으므로 구채무의 담보·보증·항변권 등은 원칙적으로 소멸한다. 다만 질권·저당권은 특히 이를 신채무에 옮길 수 있지만(제505조), 제3자가 제공한 담보는 그 승낙을 얻어야 한다(제505조 단서). 그리고 경개는 유인계약이므로 구채무가 존재하지 않으면 신채무는 발생하지 않으며, 신채무가 생기지 아니하면 구채무가 소멸하지 않는 것이 원칙이다. 그러나 이에는 두가지 예외가 인정된다.

첫째는 갑·을·병 3인의 계약으로 갑·을간의 채권을 소멸시키고 병·을간의 채권을 성립시키는 경우에, 을이 이의를 보류하지 아니하고 이 계약을 한 때에는 비록 갑·을간의 구채권이 존재하지 않는 경우에도 병·을

간의 신채권은 성립하는 것이다(제503조). 둘째는 예컨대 10만원의 채무를 말(馬) 한 마리의 채무로 변경하는 경개에 있어서, 그 말이 이미 사망하였기 때문에 이것을 목적으로 하는 신채무가 성립되지 않는 경우에 만약 당사자가 이 사실을 알고 있으면 신채무의 불성립에도 불구하고 구채무는 소멸되는 것이다(제504조의 규정의 반대해석).

◈ 경개의 요건과 효과

제 500 조 【경개의 요건, 효과】

당사자가 채무의 중요한 부분을 변경하는 계약을 한 때에는 구채무는 경개로 인하여 소멸한다.

■ § 500. 경개의 요건, 효과

- 경개의 요건 : ① 소멸할 채권의 존재
 - ② 신채무의 성립
 - ③ 채무의 요소의 변경
 : 발생원인, 채권자, 채무자, 채권의 목적 등의 어느 하나 변경+경개의사 있어야
- 경개의 효과 : ① 구채무의 소멸 : 구채무에 존재하던 담보권, 보증채무, 종된 권리소멸
 - ② 신채무의 성립
 - ③ 경개계약의 해제

1. 경개의 의의

경개라 함은 채무의 중요한 부분을 변경함으로써 신채무를 성립시키는 동시에 구채무를 소멸케 하는 유상계약이다. 구채무의 소멸과 신채무의 성립은 경개계약의 내용을 이루는 것이며, 양자는 인과관계를 가진다. 즉 구채무가 존재하지 않는 때에는 신채무도 성립하지 않고, 신채무가 성립되지 않거나 취소된 때에는 구채무는 소멸하지 않는다. 경개에는 3종류가 있다. 채권자의 변경에 의한 경개, 채무자의 변경에 의한 경개 및 목적의 변경에 의한 경개가 그것이다.

2. 경개의 요건

신채무는 구채무와 요소를 달리하여야 한다. 민법은 이를 「채무의 중요한 부분의 변경」이라 하고 있다. 채권자·채무자, 채권의 목적의 발생원인 중에서 어느 것인가를 변경하는 것은 채무의 요소의 변경, 즉 중요부분의 변경이

될 수 있다.

그러나 이러한 것을 변경하는 것이 언제나 요소의 변경이 되는 것은 아니고 당해채무에 있어서 이러한 것들이 갖는 객관적 의의에 당사자의 의사까지도 포함하여 판단하고, 신채무가 구채무와 동일성이 없는 것으로 인정되는 경우라 하더라도 당사자의 경개의사가 명료하지 않는 한 요소의 변경이 있는 것으로 볼 수 있는 것은 아니다.

즉 채권자 혹은 채무자의 변경이 있더라도 당사자가 항변권이나 담보를 수반하지 않은 새로운 채권을 성립시키려는 의사가 있다고 인정할 수 없는 때에는 일반적으로 이는 채권양도 혹은 채무인수이며 경개는 아니라고 보아야 한다.

왜냐하면 근대법에서는 채무의 요소의 변경이 경개의 요건은 아니며, 채무의 동일성을 변경하려는 당사자의 의사의 효과로서 경개가 생긴다고 이해하여야 하기 때문이다.

【쟁점사항】

<채권이 제3자에게 이전된 경우, 이를 채권의 양도로 볼 것인지 아니면 경개로 볼 것인지의 판단기준>

기존의 채권이 제3자에게 이전된 경우 이를 채권의 양도로 볼 것인가 또는 경개로 볼 것인가는 일차적으로 당사자의 의사에 의하여 결정되고, 만약 당사자의 의사가 명백하지 아니할 때에는 특별한 사정이 없는 한 동일성을 상실함으로써 채권자가 담보를 잃고 채무자가 항변권을 잃게 되는 것과 같이 스스로 불이익을 초래하는 의사를 표시하였다고는 볼 수 없으므로 일반적으로 채권의 양도로 볼 것이다(대판 1996. 7. 9, 96다16612).

3. 경개의 효과

(1) 구채무의 소멸과 신채무의 성립

경개에 의하여 구채무는 소멸하고 그것과 동일성이 없는 신채무가 성립한다. 구채무가 소멸하는 결과, 그에 관하여 존재하였던 담보권·보증채무·위약금 등의 종된 권리관계도 모두 이와 함께 소멸한다.

(2) 신채무로의 담보 이전

구채무의 소멸과 함께 구채무에 붙어 있던 담보·보증채무·위약금 등 기타 종된 권리도 소멸한다. 그러나 경개의 당사자는 특약으로 구채무의 담보를 그 목적의 한도에서 신채무의 담보로 할 수 있다. 다만 제3자가 제공한 담보는 그의 승낙을 얻어야 한다(제505조).

▣ 핵심판례 ▣

1. 가. 신채무의 불이행을 이유로 경개계약을 해제할 수 있는지 여부(소극)

경개계약은 신채권을 성립시키고 구채권을 소멸시키는 처분행위로서 신채권이 성립되면 그 효과는 완결되고 경개계약 자체의 이행의 문제는 발생할 여지가 없으므로 경개에 의하여 성립된 신채무의 불이행을 이유로 경개계약을 해제할 수는 없다.

나. 경개계약을 합의해제하여 구채권을 부활시킬 수 있는지 여부(적극)

계약자유의 원칙상 경개계약의 성립 후에 그 계약을 합의해제하여 구채권을 부활시키는 것은 적어도 당사자 사이에서는 가능하다(대판 2003. 2. 11, 2002다62333).

2. 기존 채권채무의 당사자가 그 목적물을 소비대차의 목적으로 하기로 약정한 경우 그 약정의 해석

준소비대차는 당사자 쌍방이 소비대차에 의하지 아니하고 금전 기타의 대체물을 지급할 의무가 있는 경우에 당사자가 그 목적물을 소비대차의 목적으로 할 것을 약정한 때에 성립하는 것으로서, 기존채무를 소멸케 하고 신채무를 성립시키는 계약인 점에 있어서는 경개와 동일하지만 경개에 있어서는 기존채무와 신채무 사이에 동일성이 없는 반면, 준소비대차에 있어서는 원칙적으로 동일성이 인정된다는 점에 차이가 있고, 기존채권, 채무의 당사자가 그 목적물을 소비대차의 목적으로 할 것을 약정한 경우 그 약정을 경개로 볼 것인가 또는 준소비대차로 볼 것인가는 일차적으로 당사자의 의사에 의하여 결정되고, 만약 당사자의 의사가 명백하지 않을 때에는 특별한 사정이 없는 한 동일성을 상실함으로써 채권자가 담보를 잃고 채무자가 항변권을 잃게 되는 것과 같이 스스로 불이익을 초래하는 의사를 표시하였다고는 볼 수 없으므로 일반적으로 준소비대차로 보아야 하지만, 신채무의 성질이 소비대차가 아니거나 기존채무와 동일성이 없는 경우에는 준소비대차로 볼 수 없다(대법원 2003. 9. 26. 선고 2002다31803, 31810 판결).

3. 대환의 법적 성질과 대환의 경우 기존 채무에 대한 보증책임의 존속 여부(적극)

현실적인 자금의 수수 없이 형식적으로만 신규 대출을 하여 기존 채무를 변제하는 이른바 대환은 특별한 사정이 없는 한 형식적으로는 별도의 대출에 해당하나, 실질적으로는 기존 채무의 변제기 연장에 불과하므로, 그 법률적 성질은 기존 채무가 여전히 동일성을 유지한 채 존속하는 준소비대차로 보아야 하고, 이러한 경우 채권자와 보증인 사이에 사전에 신규 대출 형식에 의한 대환을 하는 경우 보증책임을 면하기로 약정하는 등의 특별한 사정이 없는 한 기존 채무에 대한 보증책임이 존속된다(대법원 2002. 10. 11. 선고 2001다7445 판결).

4. 기존 채권이 제3자에게 이전된 경우, 그 법적 성질이 채권양도인지 갱개인지 판단 기준

기존의 채권이 제3자에게 이전된 경우 이를 채권의 양도로 볼 것인가 또는 경개로 볼 것인가는 일차적으로 당사자의 의사에 의하여 결정되고, 만약 당사자의 의사가 명백하지 아니할 때에는 특별한 사정이 없는 한 동일성을 상실함으로써 채권자가 담보를 잃고 채무자가 항변권을 잃게 되는 것과 같이 스스로 불이익을 초래하는 의사를 표시하였다고는 볼 수 없으므로 일반적으로 채권의 양도로 볼 것이다(대법원 1996. 7. 9. 선고 96다16612 판결).

[경 개]

▣ 핵심판례 ▣

■ [경개의 요건, 효과]

1. 경개계약으로 성립한 채무에 관하여 불이행이 있는 경우에는 경개계약을 해제사유가 되는지 여부

경개계약으로 신 채무가 유효하게 성립하면 구 채무는 완전히 소멸하게 되는 것으로, 이후 신 채무의 불이행은 신 채무의 해제사유가 될 뿐 경개계약의 해제사가 되는 것은 아니다(대판 1980. 11. 11, 80다2050).

2. 은행이 채무자의 채무에 해당하는 금원을 형식상 신규대출하여 기존채무의 변제에 충당한 "대환"으로 구채무가 소멸하고 신채무가 발생하는지 여부(소극)

은행이 채무자의 채무에 해당하는 금원을 신규대출하여 기존채무의 변제에 충당한 "대환"은 형식적으로는 별도의 대출에 해당한다 할 것이나 실질적으로는 기존채무의 변제기의 연장에 불과하므로 구 채무는 소멸하고 새로운 채무가 발생하였다고 볼 수 없다(1990. 10. 30. 제1부 판결, 90다카23271 근저당권설정등기말소).

3. 가. 대환의 법률적 성질

현실적인 자금의 수수 없이 형식적으로만 신규대출을 하여 기존채무를 변제하는 이른바 대환은 특별한 사정이 없는 한 형식적으로는 별도의 대출에 해당하나 실질적으로는 기존채무의 변제기의 연장에 불과하므로 그 법률적 성질은 기존채무가 여전히 동일성을 유지한 채 존속하는 준소비대차로 보아야 한다.

나. 대환의 경우 기존채무에 대한 보증인의 보증책임의 소멸 여부

위 "가"항의 경우 채권자와 보증인 사이에 보증인의 보증책임을 면제하기로 약정을 한 경우 등 특별한 사정이 있는 경우를 제외하고는 기존채무에 대한 보증책임이 존속된다(1994. 6. 10. 제3부 판결, 94다3445 약속어음금).

◆ 채무자의 변경으로 인한 경개의 방법

제 501 조【채무자변경으로 인한 경개】

채무자의 변경으로 인한 경개는 채권자와 신채무자간의 계약으로 이를 할 수 있다. 그러나 구채무자의 의사에 반하여 이를 하지 못한다.

■ § 501. 채무자 변경에 의한 경개

• 채권자와 신채무자 사이 계약

본조는 채무자의 변경에 의한 경개를 규정한 것이다.

채무자변경에 의한 경개는 채권자와 신채무자와의 계약으로 할 수 있다. 단 구채무자의 의사에 반하는 경우에는 무효이다.

경개는 모두 당사자의 계약에 의하여 하는 것이다. 채무자의 변경으로 인한 경개는 별로 구채무자가 손해를 받을 리가 없으므로 신채무자와 채권자 사이의 경개를 인정한 것이다.

◈ 채권자의 변경으로 인한 경개의 방법

제 502 조【채권자변경으로 인한 경개】

채권자의 변경으로 인한 경개는 확정일자 있는 증서로 하지 아니하면 이로써 제3자에게 대항하지 못한다.

■ § 502. 채권자 변경에 의한 경개의 방법

- 신, 구채권자와 채무자와의 3면 계약
- 채무자도 반드시 당사자가 되어야 함
- 관련법조 : [확정일자 있는 증서] 부칙 §3

본조는 채권자의 변경으로 인한 경개에 관하여 규정한 것이다.

채권자변경에 의한 경개는 신·구 양채권자와 채무자와의 3면계약이다(이설없음). 이 계약에는 특별한 방식을 필요로 하지 않으나 제3자에게 대항함에는 확정일자 있는 증서가 필요하다. 채무자도 반드시 계약당사자가 되어야 하는 점에서 채권양도와 다르다.

▣ 핵심판례 ▣

■ [채권자변경으로 인한 경개]

기존 채권이 제3자에게 이전된 경우, 그 법적 성질이 채권양도인지 경개인지 판단 기준

기존의 채권이 제3자에게 이전된 경우 이를 채권의 양도로 볼 것인가 또는 경개로 볼 것인가는 일차적으로 당사자의 의사에 의하여 결정되고, 만약 당사자의 의사가 명백하지 아니할 때에는 특별한 사정이 없는 한 동일성을 상실함으로써 채권자가 담보를 잃고 채무자가 항변권을 잃게 되는 것과 같이 스스로 불이익을 초래하는 의사를 표시하였다고는 볼 수 없으므로 일반적으로 채권의 양도로 볼 것이다(1996. 7. 9. 판결, 96다16612 전부금).

◈ 채권자 변경에 의한 경개의 효과

제 503 조 【채권자변경의 경개와 채무자 승낙의 효과】

제451조 제1항의 규정은 채권자의 변경으로 인한 경개에 준용한다.

■ § 503. 채권자의 변경에 의한 경개의 효과

- 채권자의 변경에 의한 경개에는 채권양도에 관한 §451①이 준용됨
- 채권이 이미 소멸하고 있었음에도 불구하고 이의를 보류하지 않고 경개를 한 경우에는 채권소멸의 항변권을 잃게 되는 결과 신채권은 유효하게 성립한다.
- 이것은 채권양도에 있어서와 마찬가지로 신채권자의 신뢰를 보호하려는 취지의 것이다.

본조는 채권자의 변경으로 인한 경개의 경우에 그 효과는 채권양도의 효과가 준용됨을 규정한 것이다.

따라서 경개에 의하여 소멸할 채권이 존재하지 않은 때에는 경개계약은 무효이며, 신채권도 성립하지 않는다. 다만 채권자 변경에 의한 경개에 있어서는 채무자가 채권이 이미 소멸하고 있음에도 불구하고 이의를 유보하지 아니한 경개를 한 때에는 신채권을 성립시킨다(제451조 1항 준용).

신채무는 별개의 채무이기 때문에, 구채권에 수반한 항변권까지도 수반하는 것은 당연히 아니지만 채권자 변경의 경우에는 채무자는 이의를 유보하여 항변권을 유보할 수 있다고 해석한다(제451조 1항 준용). 또 경개계약으로 성립한 채무에 관한 이행이 없는 때에는 경개계약을 해제할 수 있는가가 문제된다.

경개에 의하여 성립한 신채무의 이행은 경개계약의 이행으로 보아야 하는 것은 아니므로 그 불이행이 있더라도 경개계약의 해제는 허용되지 않는다고 해석한다(이설없음). 판례도 이에 따르고 있다(대판 1980. 11. 11. [80다2050]).

◈ 경개로 인한 신채무가 성립하지 아니하거나 취소된 때 구채무의 소멸 여부

제 504 조【구채무불소멸의 경우】

경개로 인한 신채무가 원인의 불법 또는 당사자가 알지 못한 사유로 인하여 성립되지 아니하거나 취소된 때에는 구채무는 소멸되지 아니한다.

■ § 504. 신채무불성립으로 인한 구채무의 불소멸

- 신채무가 성립하지 않으면 경개무효 : 구채권도 소멸 않음
- 신채무가 원인의 불법으로 불성립 : 언제나 구채무소멸 않음
 기타 사유로 불성립 : 구채무는 소멸함(당사자가 아는 경우)

본조는 불법의 원인 또는 당사자가 알지 못한 사유로 인하여 신채무가 성립하지 않거나 취소된 경우에는 구채무가 소멸하지 않음을 규정한 것이다.

신채무가 성립하지 않으면 경개는 무효이고, 원칙적으로 구채무도 소멸하지 않는다. 다만 신채무가 불법원인 이외의 이유에서 성립하지 않거나 당사자(채권자)가 그것을 알고 있는 때에는 구채무 소멸의 효과가 발생한다(본조의 반대해석).

▣ 핵심판례 ▣

- **[구채무불소멸의 경우]**

 대출금 채무의 변제기 연장을 위하여 형식상 새로운 대출을 하고 그 대출금으로 기존채무와 상계하는 경우, 기존채무의 소멸여부

 공증된 어음을 담보로 제공하고 어음할인 대출거래를 하면서 실질적으로는 대출금채무의 지급을 연기하는 것이나 형식상으로는 채무자가 새로운 어음이나 수표 등을 담보로 제공하고 채권자로부터 별도의 대출을 받는 것으로 하여 그 대출금으로써 변제기 도래한 채무와 상계하는 방법을 취하기로 한 경우, 그 상계로써 기본채무나 그 담보로 제공된 어음금채무가 소멸하는 것이라고는 볼 수 없고, 위와 같은 형식상의 상계처리가 당초의 약정 거래기한 종료후에 이루어졌다거나 상계처리를 위한 대출에 있어 담보로 제공된 것이 수표라 하여 달리 볼 것도 아니다(1986. 2. 11. 제1부 판결, 85다카1670 청구이의).

◈ 경개에 있어서 구채무의 담보를 신채무의 담보로 하기 위한 요건

제 505 조【신채무에의 담보이전】

경개의 당사자는 구채무의 담보를 그 목적의 한도에서 신채무의 담보로 할 수 있다. 그러나 제3자가 제공한 담보는 그 승낙을 얻어야 한다.

■ § 505. 신채무에로 담보이전

• 담보권, 보증채무 기타 위약금 모두 소멸
• 그러나 경개의 당사자는 특약으로써 구채무의 목적의 한도내에서 소멸하는 채무의 담보에 제공한 담보를 신채무의 담보로 할 수 있다.
• 그러나 제3자가 제공한 담보는 그의 승낙을 요한다.

본조는 경개로 인한 구채무의 담보상에 미치는 효력을 규정한 것이다. 경개에 의하여 구채권은 소멸한다. 따라서 구채권에 따르는 담보권, 보증채무, 위약금 기타의 종된 권리는 모두 소멸한다.

그러나 당사자의 특약으로써 구채무의 목적의 한도 내에서 소멸하는 채권의 담보에 제공한 담보를 신채무의 담보로 할 수 있다. 만약 제3자가 제공한 물건인 때에는 그 제3자의 승낙을 얻지 못한 때에는 신채무의 담보로 이전할 수 없다.

제 5 관 면 제

면제(Erlass, remise de la dette)라 함은 채무자에 대한 채권자의 일방적 의사표시에 의하여 채권을 무상으로 소멸시키는 것이다.

로마법에서는 면제(acceptilatio)는 계약에 의하여야 했다. 근대법은 이것을 계승하여 면제를 계약으로 하고 있다(불란서민법 제1285조·제1287조, 독일민법 제397조, 스위스민법 제115조 등). 그러나 우리민법은 구민법과 마찬가지로 면제를 단독행위로 하고 있다. 즉 면제는 단독행위이며 채권의 포기에 지나지 않는다. 그리고 면제는 반드시 무상이어야 한다. 따라서 어느 일을 하면 어느 채무를 면제한다고 하거나, 어느 물건을 급여하면 어느 채무를 면제한다고 하는 것은 경개 또는 대물변제이며, 면제라고 할 수 없다.

면제는 반드시 어떠한 대가없이 무상으로 채무를 소멸시키는 것을 말한다. 그리고 채무의 면제를 함에는 채권자 단독의 의사만으로써 할 수 있고, 면제받은 자의 동의를 요하지 않는다. 그러므로 채무자가 감정상 그 채무의 면제를 원하지 않는 경우에도 채권자는 자기가 면제의 의사를 표시하고 채무를 소멸시킬 수 있다.

◈ 채무면제의 요건과 효과

제 506 조【면제의 요건, 효과】

채권자가 채무자에게 채무를 면제하는 의사를 표시한 때에는 채권은 소멸한다. 그러나 면제로써 정당한 이익을 가진 제3자에게 대항하지 못한다.

■ § 506. 면 제

• 채권의 처분행위
• 요 건 : ① 채권의 처분이므로 처분권한을 갖는 자만이 할 수 있다.
 ② 채권자의 일방적 의사표시이지만 조건을 붙이는 것은 무방하다.
• 효 과 : 채권소멸. 단, 정당한 이익을 갖는 제3자에게 대항할 수 없다.
• 관련법조 : [면제특칙] 상 §324, §400, §542②, §550②, §567, §613②

본조는 채무면제의 요건과 그 효과를 규정한 것이다.

면제란 채권자가 채무자에 대한 일방적인 의사표시에 의하여 채권을 무상으로 소멸시키는 것이다. 즉 면제는 채권자의 단독행위이며 그것은 채권의 포기에 지나지 않는다. 그러나 계약에 의한 면제도 유효하며 이것을 면제계약이라고 한다. 면제는 채권을 포기하겠다는 의사가 채무자에 대하여 표시되었다면 어떤 방법이든 무방하다(대판 1979. 7. 10. 79다705, 공보④ 1979, 12098). 예컨대 명확히 면제하겠다는 통지를 한 경우 뿐만 아니라 채권증서를 말소하여 이것을 채무자에게 보내면 면제한 것으로 본다. 또한 일부면제나 조건을 붙이는 것이 가능하다. 그러나 만약에 채권에 질권이 설정되어 있으면 면제를 할 수 없으며, 면제에 의하여 제3자의 권리를 해할 때는 면제는 허용되지 않는다.

또한 연대채무자의 1인에 대한 채무면제는 그 자의 부담부분에 대하여서만 절대적 효력을 발생한다(제419조).

▣ 핵심판례 ▣

■ [면제의 요건, 효과]

1. 담보권 명의수탁자의 피담보채권을 포기할 권리의 유무

채권의 담보계약을 체결함에 있어서 담보권자의 명의를 제3자로 한 경우에는 그 담보권명의자는 그 담보채권을 수령하고 그 피담보권을 실행하는 등의 권한을 갖는 것이나, 특별한 수권이 없는 이상 그 피담보채권의 포기와 같은 담보계약상의 권리가 아닌 기존의 채권을 포기할 권리는 갖지 않는 것이므로 담보명의자의 채권포기의사표시는 무효이다(1983. 11. 8. 제2부 판결, 82다카1948 약속어음금).

2. 사업주로부터 유족보상일시금을 포함한 합의금을 지급받으면서 민형사상 이의를 제기하지 않기로 한 것이 유족보상 부분에 대한 손해배상청구권까지 포기한 것으로 볼 것인지 여부

수급권자인 유족이 사업주인 회사로부터 합의금을 지급받으면서 회사나 가해자에 대하여 사고로 인한 민형사상의 이의를 제기하지 않기로 한 경우, 그 지급받은 돈 중 유족보상일시금에 해당하는 금액은 회사로부터 체당지급받았다고 하여 같은 법 제16조 제2항, 같은법시행령 제32조 제1항 제1호에 의하여 위 금액의 수령을 회사에게 위임하였고 그에 따라 회사가 위 금액을 국가로부터 수령하였다면, 그 유족은 회사로부터 위 금액을 손해배상이 아니라 같은 법 소정의 유족보상일시금으로 지급받은 것이라고 할 것이고, 따라서 그 유족으로서는 위 유족보상일시금 상당에 대하여는 가해자에 대한 관계에 있어서 손해배상청구권을 포기한 것이 아니라고 보아야 할 것이다(1994. 11. 18. 제3부 판결, 93다3592 구상금).

3. 검사 작성의 피의자신문조서 가운데 채무면제의 의사가 표시되어 있는 경우, 그 진술기재 부분이 채무면제의 처분문서에 해당하는지 여부(소극)

민법상 채무면제는 채권을 무상으로 소멸시키는 채권자의 채무자에 대한 단독행위이고 다만 계약에 의하여도 동일한 법률효과를 발생시킬 수 있는 것인 반면, 검사 작성의 피의자신문조서는 검사가 피의자를 신문하여 그 진술을 기재한 조서로서 그 작성형식은 원칙적으로 검사의 신문에 대하여 피의자가 응답하는 형태를 취하므로, 비록 당해 신문과정에서 다른 피의자나 참고인과 대질이 이루어진 경우라고 할지라도 피의자 진술은 어디까지나 검사를 상대로 이루어지는 것이므로 그 진술기재 가운데 채무면제의 의사가 표시되어 있다고 하더라도 그 부분이 곧바로 채무면제의 처분문서에 해당한다고 보기 어렵다(대법원 1998. 10. 13. 선고 98다17046 판결).

4. 채권자의 어떠한 행위 내지 의사표시의 해석에 의하여 채무의 면제를 인정할 수 있는지 여부(적극) 및 그 판단 방법

채무의 면제는 반드시 명시적인 의사표시만에 의하여야 하는 것은 아니고 채권자의 어떠한 행위 내지 의사표시의 해석에 의하여 그것이 채무의 면제라고 볼 수 있는 경우에도 이를 인정하여야 할 것이기는 하나, 이와 같이 인정하기 위하여는 당해 권리관계의 내용에 따라 이에 관한 채권자의 행위 내지 의사표시의 해석을 엄격히 하여 그 적용 여부를 결정하여야 한다(대법원 2007. 2. 15. 선고 2004다50426 전원합의체 판결).

5. 건물매도인이 계약금을 매수인에게 반환하기로 약정한 사실만으로 그 매매계약불이행으로 인한 손해배상채권을 포기한 것으로 볼 수 있는지 여부(소극)

채권의 포기(또는 채무의 면제)는 반드시 명시적인 의사표시만에 의하여야 하는 것이 아니고 채권자의 어떠한 행위 내지 의사표시의 해석에 의하여 그것이 채권의 포기라고 볼 수 있는 경우에도 이를 인정하여야 할 것이기는 하나 이와 같이 인정하기 위하여는 당해 권리관계의 내용에 따라 이에 대한 채권자의 행위 내지 의사표시의 해석을 엄격히 하여 그 적용여부를 결정하여야 하는 것이며 상대방에 대한 반대채권이 있음에도 불구하고 자신의 채무이행을 약정하였다는 사실만으로는 반대채권을 포기한 것으로 볼 수는 없으므로 건물매도인이 매수인의 매매계약불이행으로 인한 손해배상채권에 충당할 수 있는 계약금을 매수인에게 반환하기로 약정한 사실만으로는 그 손해배상채권을 포기하였다고 단정할 수 없다(대법원 1987. 3. 24. 선고 86다카1907, 1908 판결).

제 6 관 혼 동

혼동(merger, Konfusion, Vereinigung, Confusion)이란 병존시켜 놓을 필요나 이유가 없는 두 개의 법률상의 지위가 동일인에게 귀속하는 것이며, 주로 물권(제191조)과 채권(제507조)의 소멸원인으로서 의미가 있다. 채권과 채무가 상속이나 회사합병 등에 의하여 동일인에게 귀속되었을 경우에는 그 채권은 소멸한다(제507조). 그러나 그 채권이 제3자의 권리의 목적이 되어 있을 때에는 예외이다. 또한 어음·수표에 있어서는 당사자의 개념이 매우 형식화되어 있으므로 혼동의 법리는 전혀 성립되지 않는다(제509조 1항, 어음법 제11조 3항, 수표법 제14조 3항).

◈ 혼동의 요건과 효과

제 507 조【혼동의 요건, 효과】

채권과 채무가 동일한 주체에 귀속한 때에는 채권은 소멸한다. 그러나 그 채권이 제3자의 권리의 목적인 때에는 그러하지 아니하다.

■ § 507. 혼 동

- 원 칙 : 채권, 채무소멸
 ① 채권자가 채무자를 상속
 ② 채권자회사와 채무자회사의 합병
- 예 외 : 채권이 제3자권리의 목적인 경우
- 혼동하지 않는 채권, 증서화된 채권 : 어음, 수표, 무기명채권, 지시채권, 사채
 (∵ 채무자로부터 독립한 재산적 가치인정)
- 관련법조 : [특칙] 어음 §11③, §77①-1, 수표 §14③

혼동이라 함은 채권 및 채무가 동일인에게 귀속하는 사실을 말한다. 즉 혼동은 하나의 사실이며, 행위가 아닌 것에 주의할 필요가 있다.

예컨대 채무자가 채권을 상속하거나 채무자가 채권을 양수하는 것과 같은 경우에 혼동은 일어난다. 그리고 혼동에 의하여 채권은 원칙적으로 소멸한다. 생각건대 자기에 대하여 채권을 가진다는 것은 일반적으로 무의미하기 때문이다. 따라서 특히 이러한 채권을 존속시키는 데에 의미가 있는 경우에는 채권은 혼동으로 소멸하지 않는다.

본조 단서는 물권의 혼동(제191조)에 있어서와 마찬가지로「그 채권이 제3자의 권리의 목적인 때」에는 그 채권은 혼동이 있어도 소멸하지 않음을 규정했다. 예컨대 채권이 질권의 목적이 되어 있는 경우가 이에 해당한다. 그러나 민법이 규정하고 있는 이러한 예외는 오늘날의 거래사회에서는 점차 그 의미를 상실해 가고 있다.

오늘날에는 채권이 귀속하는 재산과 채무를 부담하는 재산이 법률적으로 동일인에게 속해 있다 하더라도 서로 분리하여 존재하는 일이 많으며, 이 경우에도 채권은 혼동으로 인하여 소멸하는 일은 없다.

일정한 상속의 한정승인 외에도 재산분리, 조합원 1인이 조합에 대한 제3자의 채권을 양수한 경우 등이 그 예이다.

그리고 어음·지시채권·무기명채권·사채 등의 증권화한 채권은 그 자체가 독립한 유가물로서 거래되는 것이므로, 혼동에 의하여 소멸하는 일은 없다(제509조, 어음법 제113항, 수표법 제14조 3항).

<center>＜참고사항＞</center>

* 손해배상채권(자배법 제3조)과 채무가 동일인에게 귀속되는 경우, 혼동에 의한 직접청구권의 소멸여부

1. 사실관계

갑은 보험회사와 책임보험계약을 체결하였는데, 갑의 처인 을이 아들인 병을 조수석에 태우고 운행하던 중 사고로 인하여 아들 병이 사망하였다. 이 때 갑과 을이 보험회사에 보험금의 직접청구권을 행사할 수 있는가?(갑은 운행자, 을은 운행자 겸 가해자, 병은 피해자)

2. 판례의 태도

(1) 운행자가 가해자 겸 피해자의 상속인인 경우

피해자의 가해자에 대한 손해배상청구권이 혼동으로 소멸. 따라서 이를 전제로 하는 직접청구권도 소멸

(2) 운행자가 가해자가 아니면서 피해자의 상속인인 경우

피해자의 운행자에 대한 손해배상청구권은 상속에 의한 혼동으로 소멸하지 않고(사망한 피해자의 상속인에게 보험의 혜택을 부여하여 보호할 사회적 필요성이 있음), 따라서 직접청구권도 소멸하지 않음.

(3) 사안의 해결

위 사안에서 갑과 을은 망 병의 손해배상청구권을 상속지분에 따라 상속받게 된다. 따라서 갑은 자신의 상속분인 2분의 1범위에서 직접청구권을 행사할 수 있는데 비해 가해자인 을과 관련하여서는 손해배상청구권이 혼동으로 소멸하고, 이를 전제로 하는 직접청구권도 소멸하였기 때문에 직접청구권을 행사할 수 없음.

▣ 핵심판례 ▣

■ [혼동의 요건, 효과]

1. **자동차 운행 중 사고로 인하여 구 자동차손해배상보장법 제3조에 의한 손해배상채권과 채무가 상속으로 동일인에게 귀속하는 경우 피해자의 운행자에 대한 손해배상청구권이 상속에 의한 혼동으로 소멸되는지 여부(한정소극)**

자동차 운행 중 사고로 인하여 구 자동차손해배상보장법(1999. 2. 5. 법률 제5793호로 개정되기 전의 것) 제3조에 의한 손해배상채권과 채무가 상속으로 동일인에게 귀속하더라도 교통사고의 피해자에게 책임보험 혜택을 부여하여 이를 보호하여야 할 사회적 필요성은 동일하고 책임보험의 보험자가 혼동이라는 우연한 사정에 의하여 자신의 책임을 면할 합리적인 이유가 없다는 점 등을 고려할 때 가해자가 피해자의 상속인이 되는 등 특별한 경우를 제외하고는 피해자의 보험자에 대한 직접청구권의 전제가 되는 위 법 제3조에 의한 피해자의 운행자에 대한 손해배상청구권은 상속에 의한 혼동에 의하여 소멸되지 않는다(대판 2003. 1. 10, 2000다41653 · 41660).

2. **지상권자가 양도담보권자가 된 경우와 혼동**

원고가 피고 갑, 을로부터 금원을 차용함에 있어 그 담보조로 원고 소유 부동산에 관하여 지상권설정등기를 경료한 후 다시 위 피고들을 포함한 6인으로부터 금원을 차용하면서 양도담보를 내용으로 하는 제소전 화해조서의 집행에 의하여 같은 부동산에 관하여 피고 갑, 을을 포함한 6인 공동명의의 소유권이전등기가 경료되었다고 하더라도 원고와 위 피고들 사이에 있어서는 그 소유권은 의연히 원고에게 남아있는 것이므로 동 피고들 명의의 지상권지분이 혼동으로 소멸되는 것은 아니다(1980. 12. 23. 제2부 판결, 80다2176 소유권이전등기말소).

3. **피해자의 보험회사에 대한 직접청구권이 있는 경우, 교통사고로 운행자와 동승한 그의 친족이 사망하여 손해배상채권과 채무가 상속으로 동일인에게 귀속되는 때 피해자의 운행자에 대한 손해배상청구권이 혼동으로 소멸되지 아니하는지 여부**

자동차 운행 중 교통사고가 일어나 자동차의 운행자나 동승한 그의 친족이 사망하여 자동차손해배상보장법 제3조에 의한 손해배상채권과 채무가 상속으로 동일인에게 귀속하게 되는 때에, 교통사고를 일으킨 차량의 운행자가 자동차 손해배상 책임보험에 가입하였다면, 가해자가 피해자의 상속인이 되는 등의 특별한 경우를 제외하고는 생존한 교통사고 피해자나 사망자의 상속인에게 책임보험에 의한 보험의 혜택을 부여하여 이들을 보호할 사회적 필요성이 있는 점은 다른 교통사고와 다를 바 없고, 다른 한편 원래 자동차 손해배상 책임보험의 보험자는 상속에 의한 채권. 채무의 혼동 그 자체와는 무관한 제3자일 뿐 아니라 이미 자신

의 보상의무에 대한 대가인 보험료까지 받고 있는 처지여서 교통사고의 가해자와 피해자 사이에 상속에 의한 혼동이 생긴다는 우연한 사정에 의하여 자기의 보상 책임을 면할 만한 합리적인 이유가 없으므로, 자동차 책임보험의 약관에 의하여 피해자가 보험회사에 대하여 직접 보험금의 지급청구를 할 수 있는 이른바 직접 청구권이 수반되는 경우에는 그 직접청구권의 전제가 되는 자동차손해배상보장법 제3조에 의한 피해자의 운행자에 대한 손해배상청구권은 상속에 의한 혼동에 의하여 소멸되지 아니한다고 보아야 한다(대법원 1995. 5. 12. 선고 93다48373 판결).

4. 가. **피해자의 보험자에 대한 직접청구권의 전제가 되는 피해자의 운행자에 대한 손해배상청구권이 위 손해배상청구권과 손해배상의무가 상속에 의하여 동일인에게 귀속하는 경우에 혼동으로 소멸하는지 여부(한정 소극)**

 자동차손해배상보장법 제9조 제1항에 의한 피해자의 보험자에 대한 직접청구권이 수반되는 경우에는 그 직접청구권의 전제가 되는 자동차손해배상보장법 제3조에 의한 피해자의 운행자에 대한 손해배상청구권은 비록 위 손해배상청구권과 손해배상의무가 상속에 의하여 동일인에게 귀속되더라도 혼동에 의하여 소멸되지 않고 이러한 법리는 자동차손해배상보장법 제3조에 의한 손해배상의무자가 피해자를 상속한 경우에도 동일하지만, 예외적으로 가해자가 피해자의 상속인이 되는 등 특별한 경우에 한하여 손해배상청구권과 손해배상의무가 혼동으로 소멸하고 그 결과 피해자의 보험자에 대한 직접청구권도 소멸한다.

 나. **가해자가 피해자의 상속인이 되어 피해자의 자신에 대한 손해배상청구권과 손해배상의무가 혼동으로 소멸하였더라도 적법하게 상속을 포기한 경우 위 손해배상청구권과 이를 전제로 하는 보험자에 대한 직접청구권이 소멸하는지 여부(소극)**

 상속포기는 자기를 위하여 개시된 상속의 효력을 상속개시시로 소급하여 확정적으로 소멸시키는 제도로서 피해자의 사망으로 상속이 개시되어 가해자가 피해자의 자신에 대한 손해배상청구권을 상속함으로써 그 손해배상청구권과 이를 전제로 하는 자동차손해배상보장법 제9조 제1항에 의한 보험자에 대한 직접청구권이 소멸하였다고 할지라도 가해자가 적법하게 상속을 포기하면 그 소급효로 인하여 위 손해배상청구권과 직접청구권은 소급하여 소멸하지 않았던 것으로 되어 다른 상속인에게 귀속되고, 그 결과 '가해자가 피해자의 상속인이 되는 등 특별한 경우'에 해당하지 않게 되므로 위 손해배상청구권과 이를 전제로 하는 직접청구권은 소멸하지 않는다.

 다. **상속포기를 하지 아니하였더라면 혼동으로 소멸하였을 개별적인 권리가 상속포기로 인하여 소멸하지 않게 되었더라도 그 상속포기가 신의칙에 반하여 무효라고 할 수 없다고 한 사례**(대법원 2005. 1. 14. 선고 2003다38573, 38580 판결).

제 7 절 지시채권

지시채권(Orderforderung, créance a ordre)이라 함은 특정인 또는 그가 지시 (지정)한 자에게 변제하여야 하는 증권적 채권이다. 즉 증권 위에 기재된 특정 의 채권자 갑 또는 갑이 지정한 을, 을이 지정한 병에게 지급하여야 하는 채권 이다.

◈ 지시채권 양도의 방식

제 508 조【지시채권의 양도방식】

지시채권은 그 증서에 배서하여 양수인에게 교부하는 방식으로 양도할 수
있다.

■ § 508. 지시채권의 양도

- 특정인 또는 그가 지시한 자에게 변제하여야 하는 증권적 채권
- 양도방법 : 증권의 배서, 교부
- 관련법조 : 국제사법 §34, [유가증권] 상 §65, [지시채권례] 상 §130, §157, §820,
 어음 §11①, §7①-1, 수표 §14①

1. 지시채권의 의의

지시채권이라 함은 특정인 또는 그가 지시한 자에게 변제하여야 하는 증권
적 채권이다. 어음·수표·창고증권·화물상환증·선하증권·기명주식은 원칙
적으로 지시채권이다. 법률의 규정에 의하여 당연히 지시채권이 되는 것도 있
고, 그밖에 민법상 임의로 지시채권을 성립시킬 수 있지만, 실제상 그 예는 거
의 없다. 민법은 어음법이나 수표법에서와 같이 증권의 배서·교부를 채권양
도의 성립조건으로 하고 있다.

2. 지시채권 양도의 방식

지시채권의 양도는 그 증서에 배서하여 양수인에게 교부하는 방식으로 한
다. 여기서 「배서」라 함은 채권양도의 의사표시를 증권에 기재하는 것이고,
「교부」는 증권의 점유를 이전하는 것이다.

[채권의 형식과 그 양도]

	형 식	실 례	양 도 의 방 식
지 명 채 권	채권자가 특정 된 채권	증권적 채권에 속 하지 않는 채권은 대부분이 여기에 속한다.	양도인·양수인간의 효력→채권양도계약, 채무자에게 대한 효력→통지 또는 승낙 채무자이외의] 제3자에 → ┌확정일자가 대한 효력 │ 있는 증서에 │ 의한 통지 또 └는 승낙
지 시 채 권	증권에 의하여 표시되고, 특정인 A 또는 그가 표 시한 자에게 지 급되는 채권	어음·수표·창고 증권·화물상환 증·선하증권·기 명주식은 이에 속 하는 것이 많다.	(민법) 양도인·양수인간의 효력→채권양도계약 제3자에 대한 효력→배서·교부 (상법) 모든 자에 대한 효력→배서·교부
무 기 명 채 권	증권에 의하여 표 시되나 채권자를 특정하지 않으며, 정당한 소지인에 게 지급되는 채권	상품권·승차권· 관람권(입장권)	(민법) 양도인·양수인간의 효력→채권양도계약 제3자에 대한 효력→교부
급 기 채 명 권 식 소 지 인 출	증권에 의하여 표시되고, 특정인 A 또는 이 증권 의 정당한 소지 인에게 지급되는 채권	정부나 공공단체발 행의 지급명령서나 지참인출급의 서면 이 있는 유가증권 이 이에 속하는 경 우가 많다.	무기명채권의 경우와 같다.

◈ 환배서

제 509 조【환배서】

① 지시채권은 그 채무자에 대하여도 배서하여 양도할 수 있다.

② 배서로 지시채권을 양수한 채무자는 다시 배서하여 이를 양도할 수 있다.

■ § 509. 환배서

- 배서는 채무자를 피배서인으로 하여서 할 수 있다.
- 환배서가 있더라도 채권은 혼동으로 소멸하지 않는다.
- 피배서인인 채무자는 다시 배서하여 양도할 수 있다.
- 이것은 유가증권의 융통성을 높이기 위한 것이다.
- 관련법조 : 어음 §11③, §77①-1, 수표 §14③

배서는 채무자를 피배서인으로 하여서도 할 수 있다. 이를 환배서라고 한다. 환배서가 있더라도 채권은 혼동으로 소멸하지 않으며, 피배서인인 채무자는 다시 배서하여 양도할 수 있다. 이것은 유가증권의 유통성을 고려한 규정이다.

◈ 배서의 방법

제 510 조 【배서의 방법】

① 배서는 증서 또는 그 보충지에 그 뜻을 기재하고 배서인이 서명 또는 기명날인함으로써 이를 한다.

② 배서는 피배서인을 지정하지 아니하고 할 수 있으며 또 배서인의 서명 또는 기명날인만으로 할 수 있다.

■ § 510. 배서의 방식

• 기명식 배서(정식배서, 완전배서) : 배서는 증권의 이면에 기재하는 것이 보통이긴 하지만, 반드시 그렇게 하여야 하는 것은 아니고 그 보충지에 기재하여도 상관없다. 배서에는 반드시 배서인이 서명 또는 기명날인하여야 한다(원칙).

• 약식배서(백지식 배서) : 배서는 피배서인을 지정해서 하는 기명식배서를 원칙으로 하나, 피배서인을 지정함이 없이 배서인의 서명 또는 기명날인만으로 할 수 있다.

• 관련법조 : [특칙] 어음 §13, §77①-1, 수표 §16, 상 §65

본조 제1항은 기명식배서, 제2항은 약식배서를 규정하고 있다.

배서는 채권양도의 의사표시를 증권에 기재하는 것이며 증권의 이면에 적는 것이 보통이나 보충지에 기재하여도 좋다. 배서에는 반드시 배서인이 서명 또는 기명날인하여야 한다. 배서는 피배서인을 지정해서 하는 기명식배서(정식배서, 완전배서라고도 한다)을 원칙으로 하나 피배서인을 지정함이 없이 배서인의 서명 또는 기명날인으로도 할 수 있다. 이를 약식배서 또는 백지식배서라고 한다.

◈ 약식배서의 처리방식

제 511 조 【약식배서의 처리방식】

배서가 전조 제2항의 약식에 의한 때에는 소지인은 다음 각호의 방식으로 처리할 수 있다.

1. 자기나 타인의 명칭을 피배서인으로 기재할 수 있다.

2. 약식으로 또는 타인을 피배서인으로 표시하여 다시 증서에 배서할 수 있다.

3. 피배서인을 기재하지 아니하고 배서없이 증서를 제3자에게 교부하여 양도할 수 있다.

■ § 511. 약식배서의 처리방식

• 소지인은 :
 • 자기나 타인의 명칭을 피배서인으로 기재할 수 있고,
 • 약식으로 또는 타인을 피배서인으로 표시하여 다시 증서에 배서할 수 있고,
 • 피배서인을 기재하지 않고서 증서를 제3자에게 교부하여 양도할 수도 있다.
• 관련법조 : [특칙] 어음 §14②, §77①-1, 수표 §17②, 상 §65

배서인이 서명 또는 기명날인만으로써 배서를 하고 지시채권을 양도할 수 있는 경우 약식배서를 한 지시채권증서의 소지인은 ① 자기나 타인의 명칭을 피배서인으로 기재하거나, ② 약식으로 또는 타인을 피배서인으로 표시하여 다시 증서에 배서하거나, ③ 피배서인을 기재하지 아니하고 배서없이 증서를 제3자에게 교부하여 양도하는 방법으로 이를 처분할 수 있다.

◪ 소지인출급배서의 효력

제 512 조 【소지인출급배서의 효력】

소지인출급의 배서는 약식배서와 같은 효력이 있다.

■ § 512. 소지인출급식배서

- 증서(증권)의 소지인에게 배서, 양도한다는 뜻을 기재하는 배서방식
- 이 배서는 약식배서와 같은 효력이 있다. 즉 약식배서에 있어서와 같은 방법으로 처리할 수 있다.
- 관련법조 : [특칙] 어음 §12③, §77①-1, 수표 §15④, 상 §65

본조는 소지인 출급배서는 약식배서와 같은 효력이 있음을 규정한 것이다.

배서에는 정식배서·약식배서·소지인출급배서의 세가지가 있는데 소지인출급배서라 함은 증서의 소지인에게 지급하여야 한다는 뜻을 기재한 배서를 말하는 바, 피배서인을 지정하지 않는다는 점에서 약식배서와 같으나 적극적으로 소지인지급의 문구의 기재가 있는 점에서 이와 다르다. 이 배서는 약식배서와 동일한 효력이 있으므로 약식배서와 같은 방식으로 처리할 수 있다.

◈ 배서의 효력

제 513 조 【배서의 자격수여력】

① 증서의 점유자가 배서의 연속으로 그 권리를 증명하는 때에는 적법한 소지인으로 본다. 최후의 배서가 약식인 경우에도 같다.

② 약식배서 다음에 다른 배서가 있으면 그 배서인은 약식배서로 증서를 취득한 것으로 본다.

③ 말소된 배서는 배서의 연속에 관하여 그 기재가 없는 것으로 본다.

■ § 513. 배서의 효력

- 권리이전적 효력 : 어음법 §14, §17, 수표법 §17
- 자격수여적 효력 : 배서의 연속이 있을 때에 배서의 기재상 피배서인으로 되어 있는 자가 그 지시채권증서를 소지하고 있으면, 채권자로서의 자격이 인정되는 것
- 관련법조 : [특칙] 어음 §16①, 수표 §19, 상 §65, [말소된 배서] 어음 §50②, §77①, §46②

1. 권리이전적 효력

지시채권은 증서에 배서를 하고 이를 양수인에게 교부함으로써 그 채권이 양수인에게 이전된다(제508조). 즉 배서만으로 지시채권이 이전되지는 않지만, 배서는 증서상의 권리를 양도하는 행위로서 권리이전적 효력은 기본적으로 배서로부터 나온다고 할 수 있다.

2. 자격수여적 효력

지시채권증서의 점유자가 배서의 연속으로 그 권리를 증명한 때에는 적법한 소지인으로 본다(제513조 1항 1문). 즉 배서가 연속으로 되어 있는 증서의 소지인은 그 증서상의 권리자로서의 자격이 인정된다.

「배서의 연속」이라 함은 최초의 채권자가 제1배서인이 되고, 제1배서의 피배서인이 제2배서의 배서인으로 되고, 이와 같이 하여 현재의 소지인에 이

르기까지 단절됨이 없는 것을 말한다. 이 경우에 ① 최후의 배서가 약식인 경우, 즉 피배서인의 지정이 없는 때에는 단순한 소지인을 적법한 채권자로 보며, ② 약식배서의 다음에, 다른 배서가 있는 때에는 그 다른 배서의 배서인은 약식배서에 의하여 그 지시채권증서를 취득한 것으로 보고, ③ 만약 배서가 말소되고 있는 경우에는 배서의 연속에 관하여 그 기재가 없는 것으로 본다.

◈ 지시채권증서의 선의취득의 효력

제 514 조 【동전-선의취득】

누구든지 증서의 적법한 소지인에 대하여 그 반환을 청구하지 못한다. 그러나 소지인이 취득한 때에 양도인이 권리없음을 알았거나 중대한 과실로 알지 못한 때에는 그러하지 아니한다.

■ § 514. 선의취득

- 동산거래에 있어서의 선의취득보다도 그 요건을 완화하여 이를 인정
- 소지인이 증서를 무권리자로부터 취득한 경우에도 그 소지인이 취득한 때에 선의이고, 중대한 과실이 없으면 그 증권상의 권리를 취득한다.
- 관련법조 : [특칙] 어음 §16②, §77①-1, 수표 §21, 상 §399, §65

본조는 지시채권증서의 선의취득의 효력에 관한 규정이다.

누구든지 지시채권증서를 취득함에 있어서 악의이거나 중대한 과실이 없는 때에는 적법한 채권자로서 권리를 행사할 수 있으며, 이 취득자에 대하여는 누구라도 이의를 말하고 증서의 반환을 청구할 수 없다.

즉 소지인이 증서를 무권리자로부터 취득한 경우에도 그 소지인이 취득한 때에 양도인이 무권리자임을 알지 못하고, 그 알지 못한 데에 중대한 과실이 없으면 그 증권상의 권리를 취득한다.

이것은 동산의 선의취득과 그 취지를 같이하지만, 경과실의 경우에도 선의취득이 인정되고 도품·유실물에 대한 특칙이 적용되지 않는 점에서 그 보호의 범위가 넓다.

▣ 핵심판례 ▣

■ [동전-선의취득]

영업장소 외에서 거액의 채권을 일반인으로부터 매수하는 경우 전문채권상의 장물성 조사의무 및 이를 태만히 한 과실정도(=중과실)

전문채권상이 부지의 비전문상으로부터 3일 동안에 5회에 걸쳐 모두 8천여만원의 국민채권을 영업장소 아닌 음식점, 다방에서 매수하는데 그 채권중에는 이미 상환기일이 도래하여 누구라도 발행은행에 가면 곧 현금으로 상환받을 수 있는 채권이 상당수 포함되어 있다면, 전문채권상으로서는 매각채권이 장물인 여부를 명확히 하기 위해서 그 채권의 출처, 소지하게 된 경위, 매도인이 이를 소지함에 적법한 신분인지 여부를 알아 보아야 할 주의의무가 있다고 할 것이고, 이를 게을리 함으로써 의심없이 매입한 경우에는 거래상 주의의무를 현저히 태만히 한 중대한 과실로 보아야 할 것이다(대법 1983. 12 .27. 제2부 판결, 81다카600 국민주택채권반환).

◈ 지시채권의 채무자의 인적 항변의 제한

제 515 조【이전배서와 인적항변】

지시채권의 채무자는 소지인의 전자에 대한 인적관계의 항변으로 소지인에게 대항하지 못한다. 그러나 소지인이 그 채무자를 해함을 알고 그 지시채권을 취득한 때에는 그러하지 아니하다.

■ § 515. 인적항변의 제한

- 채권양도의 일반원칙 : 채무자는 그의 양도인에 대하여 대항할 수 있는 모든 항변을 가지고 양수인에게 대항할 수 있다.
- 지시채권의 채무자는 소지인의 전자에 대한 인적관계의 항변으로 소지인에게 대항하지 못한다.
- 관련법조 : [특칙] 어음 §17, §77①-1, 수표 §22

지시채권에 있어서는 배서에 의하여 지시채권을 취득한 양수인의 지위가 채권의 존속·내용의 하자에 의하여 좌우됨이 없도록 하기 위하여 본조는 채무자의 항변권을 제한하고 있다. 즉「지시채권의 채무자는 소지인의 전자에 대한 인적관계의 항변으로 소지인에게 대항하지 못한다」고 규정하고 있다.

따라서 이러한 인적 항변은 그 배서인에 대하여 대항할 수 있을 뿐이다. 그러나 소지인이 그 채무자를 해함을 알고 취득한 때에는 소지인에게 대항할 수 있다고 규정함으로써 증권면의 기재를 믿고 거래한 양수인을 보호하고 있다.

◈ 지시채권의 변제장소

제 516 조 【변제의 장소】

증서에 변제장소를 정하지 아니한 때에는 채무자의 현영업소를 변제장소로 한다. 영업소가 없는 때에는 현주소를 변제장소로 한다.

■ § 516. 변제의 장소

• 증서에 정하고 있지 않은 경우에는 채무자의 현영업소이다.
• 영업소가 없는 때에는 현주소이다.
• 관련법조 : [특칙] 어음 2③, 수표 2②③

본조는 지시채권의 변제장소에 관한 규정이다.

변제의 장소는 증서에 정하지 않은 경우에는 채무자의 현영업소이고 영업소가 없는 때에는 현주소이다.

일반의 채무에 있어서는 변제장소의 약정이 없는 경우에 채권자의 현주소에서 변제하는 소위 지참채무를 원칙으로 하고 있으나, 지시채권은 그 유통성의 결과 증권의 이전이 빈번하여 항상 채권자가 변경되는데 반하여 채무자는 고정되어 있으므로, 당사자 사이의 편의를 위하여 본조와 같이 약정이 없는 경우에는 채무자의 영업소 또는 현주소에서 변제할 것으로 하고 있다.

◈ 지시채권 채무자의 이행지체 책임이 발생하는 시기

제 517 조 【증서의 제시와 이행지체】

증서에 변제기한이 있는 경우에도 그 기한이 도래한 후에 소지인이 증서를 제시하여 이행을 청구한 때로부터 채무자는 지체책임이 있다.

■ § 517. 채무자의 이행지체책임의 발생시기

- 증권에 변제기한이 있는 경우에도 그 기한이 도래한 후에 소지인이 증권을 제시하여 이행을 청구한 때부터 채무자는 지체책임을 진다.
- 관련법조 : [특칙] 어음 §38, §77①-3, 수표 §28, §29

본조는 지시채권 채무자의 이행지체의 책임발생시기에 관한 규정이다.

증서에 변제기한이 있는 경우에도 그 기한이 도래한 후에 소지인이 증서를 제시하여 이행을 청구한 때로부터 채무자는 이행지체의 책임을 진다. 따라서 소지인이 그 변제기한의 도래 후에 증서를 제시하여 이행을 청구한 때로부터 채무자는 이행지체로 인한 손해배상, 위약금의 배상 기타 일체의 책임을 부담하게 되는 것이다.

▣ 핵심판례 ▣

- **[증서의 제시와 이행지체]**

 지급은행이 어음발행인에게 별단예금으로 예탁한 사고신고담보금을 지급하는 경우에 있어 지급제시일로부터 6개월이 지난 후라고 하더라도 어음발행인이 담보금의 반환을 청구하지 아니하고 있는 동안에 어음소지인이 정당한 권리자임이 판명되어 지급은행에 수익의 의사표시를 한 경우에는 어음소지인의 어음의 지급청구권 취득여부

 어음교환소규약등에 지급은행이 어음발행인에게 별단예금으로 예탁한 사고신고담보금을 지급하는 경우의 하나인 「당해 어음과 관련하여 이해관계인이 소송계속중임을 입증하는 서면을 지급은행에 제출한 바가 없고 지급제시일로부터 6개월이 경과한 경우」는 위 사유의 발생으로 위 담보금의 반환청구권이 어음발행인에게 확정적으로 귀속한다는 취지가 아니라 어음발행인이 위 사유를 내세워 담보금의

반환을 청구하여 오는 경우 지급은행이 이에 응하여 담보금을 어음발행인에게 지급함으로써 반환책임을 면하고 어음소지인에 대하여도 대항할 수 있다는 취지를 정한 것에 지나지 않고 지급제시일로부터 6개월이 지난 후라고 하더라도 어음발행인이 담보금의 반환을 청구하지 아니하고 있는 동안에 어음소지인이 정당한 권리자임이 판명되어 지급은행에게 수익의 의사표시를 한 경우에는 어음소지인이 어음금의 지급청구권을 갖는다(1996. 3. 12. 판결, 95다47732 담보금).

◈ 지시채권 채무자의 조사의무 및 권리

제 518 조 【채무자의 조사권리·의무】

채무자는 배서의 연속여부를 조사할 의무가 있으며 배서인의 서명 또는 날인의 진위나 소지인의 진위를 조사할 권리는 있으나 의무는 없다. 그러나 채무자가 변제하는 때에 소지인이 권리자 아님을 알았거나 중대한 과실로 알지 못한 때에는 그 변제는 무효로 한다.

■ § 518. 채무자의 보호

- 채무자는 원칙적으로 변제수령자에게 변제하여야 하므로, 변제수령자격에 관하여 조사할 필요가 있다.
- 본조에서 말하는 권리가 있다는 것은 위의 진위를 조사하는데 필요한 상당한 기간동안은 변제가 지연되더라도 이행지체가 되지 않는다는 것을 뜻하고 의무를 지지 않는다는 것은 조사하지 않고서 변제하더라도 그 변제는 유효하다는 것을 의미한다.
- 관련법조 : [특칙] 어음 §40③, §77①-3, 수표 §35

본조는 채무자의 보호를 위한 조사의 의무 및 권리를 규정한 것이다.

채권양도에 있어서의 공신력과 채권양도의 안전성을 높이려고 하면, 불가피하게 어느 정도의 불이익을 채무자에게 주게 된다.

그리하여 민법도 채무자 보호의 규정을 두어, 지시채권에 있어서 양수인에게 대항할 수 있는 사유를 주장할 수 없게 한 채무자에 대하여 그로써 발생한 불이익을 양수인과 사이에서 결제하도록 인정하고 있다(제451조 1항). 또 지명채권의 채무자에 대하여서는 그 증서의 소지인 및 증서에 있는 서명날인의 진위를 조사할 권리를 주고 있다.

예컨대 지시채권이 을로부터 병, 병으로부터 정, 정으로부터 무에게 양도되었다는 취지가 증서에 기재되어 있고, 증서의 소지인인 무가 채무자 을에 대하여 채무의 이행을 청구해 온 경우에 채무자 을은 그 증서에 기재된 배서의 연속여부에 관하여 조사할 의무가 있으며 배서인의 서명 또는 날인의 진위나 소지인의 진위를 조사할 권리나 의무는 없다는 것이다.

　본조에서 말하는 권리가 있다는 것은 위의 진위를 조사하는데 필요한 상당한
기간 동안은 변제가 지연되더라도 이행지체가 되지 않는다는 것을 뜻하고, 의무
를 지지 않는다는 것은 배서인의 서명 또는 날인의 진위나 소지인의 진위를 조
사하지 않았기 때문에 진정한 권리자 아닌 자에게 변제를 하더라도 그 변제는
유효하다는 것을 의미한다. 그러나 변제시에 소지인이 권리자가 아님을 알았거
나 또는 중대한 과실로 알지 못한 때에는 그 변제는 무효이다.

◆ 지시채권의 채무자의 변제의무에 수반된 권리

제 519 조 【변제의 증서교부】

채무자는 증서와 교환하여서만 변제할 의무가 있다.

§ 519. 채무자의 변제의무에 수반된 권리

• 채무자는 증권과 교환하여야만 변제할 의무가 있다.
• 관련법조 : [특칙] 어음 39①, 77①-3, 수표 34①

본조는 지시채권의 채무자의 변제의무에 수반된 권리에 관한 규정이다.

지시채권의 채무자는 채무의 변제에 있어서 그 채권증서와 교환하여서만이 변제할 의무가 있고 만약 변제기한이 경과하여서도 채권자가 증서를 제시하지 아니하고 변제를 청구한 때에는 그 증서를 청구할 권리가 있다.

민법은 지시채권의 유통성을 확보하기 위하여 이에 강한 공신력을 인정하고, 채권은 그 증서 자체에 권리가 있고 증서가 없으면 권리도 없는 것이며, 또 지시채권은 채권발생의 원인과 독립하여 청구할 수 있을 뿐만 아니라, 그 양도에 있어서 채무자에 관한 통지, 승낙 등의 복잡한 절차를 필요로 하지 않는 것이므로 채무자는 그 변제의 증거로서 증서의 양도를 절대적으로 필요로 한다. 그러므로 만약 채무자가 변제한 사실이 있어도 지시채권증서를 현실적으로 양도받지 않으면 다른 증서의 소지인으로부터 변제의 청구를 받아 채무자는 이중변제의 불이익을 받지 않을 수 없다. 그래서 이러한 경우 채무자의 이익을 보호하기 위하여 채무자는 증서와 교환하여서만 변제할 의무가 있는 것으로 하였다.

◈ 지시채권 변제시 영수의 기입청구권

제 520 조 【영수의 기입청구권】

① 채무자는 변제하는 때에 소지인에 대하여 증서에 영수를 증명하는 기재를 할 것을 청구할 수 있다.

② 일부변제의 경우에 채무자의 청구가 있으면 채권자는 증서에 그 뜻을 기재하여야 한다.

■ § 520. 채무자의 영수의 기입을 청구할 권리

• 채무자는 변제할 때에 소지인에 대하여 증권에 영수를 증명하는 기재를 할 것을 청구할 수 있고,
• 일부변제의 경우에는 채권자에게 그 뜻을 증권에 기재할 것을 청구할 수 있다.
• 관련법조 : [특칙] 어음 §39①③, §77①-3, 수표 §34

본조는 채무자가 변제한 경우에 영수의 기입을 청구할 권리를 규정한 것이다.

지시채권의 채무자는 그 채무를 변제하는 때에 변제와 동시에 지시채권증서를 반환받게 되는데 이 경우에 그 채무자는 소지인에 대하여 증서상의 영수증에 갈음하여 영수를 증명하는 기재를 청구할 권리가 있다. 또 이 권리는 전부변제의 경우 뿐만 아니라 일부변제의 경우에도 채무자는 이를 청구하여 채권자로 하여금 증서상에 일부영수의 취지를 기재하게 할 수 있다.

◈ 공시최고절차에 의한 지시채권의 효력 상실

제 521 조 【공시최고절차에 의한 증서의 실효】

멸실한 증서나 소지인의 점유를 이탈한 증서는 공시최고의 절차에 의하여 무효로 할 수 있다.

■ § 521. 증권의 멸실, 상실

• 멸실한 증권이나 소지인의 점유를 이탈한 증권은 공시최고절차에 의하여 무효로 할 수 있다.
• 관련법조 : [공시최고절차] 민소 §475 이하, [특칙] 상 §360

본조는 공시최고절차에 의하여 지시채권의 효력을 상실케 할 수 있음을 규정한 것이다. 공시최고란 법원이 당사자의 신청에 의하여 공고의 방법으로써 불특정·불분명한 이해관계인에 대하여 실권 그밖의 불이익의 경고를 발하여 청구 또는 권리의 신고를 감독하고, 신고가 없을 때에는 실종선고 또는 제권판결을 내린다는 뜻의 최고절차를 말한다(민소 제475조 이하).

이것은 상대방의 행방불명, 증서의 멸실 등에 의하여 행사불명이 된 권리관계인에게 일정한 변경에 의하여 권리행사의 길을 열어 주는 것이 목적이며, 법정의 경우에만 허용된다. 그래서 민법은 증서가 멸실 또는 소지인의 점유를 이탈한 때에는 공시최고절차에 의한 제권판결에 의하여서만 상실증서의 무효를 선언할 수 있도록 하였다.

[제권판결]

◈ 공시최고절차에 의한 공탁 · 변제

제 522 조【공시최고절차에 의한 공탁, 변제】

공시최고의 신청이 있는 때에는 채무자로 하여금 채무의 목적물을 공탁하게 할 수 있고 소지인이 상당한 담보를 제공하면 변제하게 할 수 있다.

§ 522. 공시최고절차에 의한 공탁, 변제

- 공시최고의 신청이 있는 때에는 채무자로 하여금 채무의 목적물을 공탁하게 할 수 있고, 소지인이 상당한 담보를 제공하면 변제하게할 수 있다.
- 관련법조 : [공시최고신청] 민소 §477, §478, [공탁] 공탁법

지시채권증서의 소지인이 공시최고의 신청을 하였을 때에는 채무자로 하여금 그 채무의 목적물을 공탁시키거나 또는 상당한 담보를 제공하여 그 증서의 취지에 따라 이행시킬 수 있다.

이것은 제권판결에 상당한 기간을 요하여 그 사이에 채무자의 자력 또는 권리의 목적물에 변경이 생겨 후에 제권판결을 받아도 증서상실자를 실질상 구제를 할 수 없음을 고려하여 채무자로 하여금 변제시킴으로써 증서를 상실한 권리자를 보호하기 위한 것이다. 채무자로 하여금 공탁시킨 때에는 채무자는 채무를 면하지만 증서상실자는 제권판결 후가 아니면 공탁물을 받을 수 없다.

제 8 절 무기명채권

무기명채권(Forderung auf den Inhaber, créance au porteur)이라 함은 특정의 채권자의 이름을 기재하지 않고 그 증권의 정당한 소지인에게 변제하여야 하는 증권적 채권을 말한다.

무기명사채, 무기명식수표 등의 상법, 수표법상의 전형적인 유가증권, 그밖에 상품권, 철도승차권, 극장의 입장권 등 그 실례는 대단히 많다. 현행민법은 무기명채권도 증권적 채권으로서 다루고 있으나 구민법은 이를 동산으로 보고 있었다(구민법 제86조 3항). 이것을 증서의 측면으로부터 보면 일종의 무기명증권인데 채권화하여 그 성립, 존속, 행사 등에는 원칙적으로 증권을 필요로 하는 점에서 지시채권과 같으나 무기명채권은 채권자의 이름을 증서면에 쓰지 않고, 따라서 배서가 필요하지 않는 점에서 이를 필요로 하는 지시채권과 구별된다. 그러나 그 이외의 점에 있어서 증권적 채권으로서 성질이 지시채권과 다를 바 없으므로 지시채권의 배서에 관한 규정을 제외한 양도에 관한 규정은 그대로 무기명채권의 양도에도 준용한다(제524조).

한편 증서에 특정한 채권자를 지명하는 한편 그 증서의 소지인에 대하여도 변제할 수 있다는 뜻을 기재한 것을 '지명소지인출급식채권'이라고 하는데, 이것은 증서의 소지인이 권리를 행사할 수 있다는 점에서 무기명채권과 같은 효력을 가진다(제525조).

◈ 무기명채권의 양도방식

제 523 조 【무기명채권의 양도방식】

무기명채권은 양수인에게 그 증서를 교부함으로써 양도의 효력이 있다.

■ § 523. 무기명채권의 양도

- 특정의 채권자를 지정함이 없이 증서의 소지인에게 변제하여야 하는 증권적 채권
- 양도방법 : 그 증서의 교부에 의한다.
- 관련법조 : 수표 §5

본조는 무기명채권의 양도방식에 관한 규정이다.

무기명채권이란 증권면 위에 채무자는 기재되어 있으나 채권자는 특정하지 않고 그 성립·존속·행사에 반드시 증권을 필요로 하며 정당한 소지인에 대하여 변제하여야 할 증권적 채권이다. 상품권·승차권·극장의 입장권·무기명국채 등이 이에 속한다. 이 무기명채권을 표시하는 증서를 무기명증권이라고 한다. 민법은 무기명채권은 유동성이 강하다는 점을 유의하여 지시채권에 관한 여러 규정을 준용하고 있다(제524조).

무기명채권과 지명소지인출급채권은 그 증서를 교부함으로써 양도의 효력이 생긴다. 교부하여야 양도의 효력이 생기므로 그것은 이른바 대항요건이 아니라 성립요건 내지 효력발생요건이다. 그밖에는 성질상 지시채권과 다를 것이 없으므로, 배서를 제외한 지시채권의 양도에 관한 규정(제514조~제522조)은 무기명채권에 준용된다(제524조).

▣ 핵심판례 ▣

■ [무기명채권의 양도방법]

갑으로부터 소지인출급식 수표의 예입을 받은 을은행이 병은행에 교환을 의뢰하여 위 수표가 발행인의 예금부족으로 지급거절되었음에도 병은행 직원의 착오로 수표의 미결제통보를 받지 못한 을은행으로부터 갑이 수표

금 상당액을 지급받은 경우의 부당이득 성립여부(소극)

피고로부터 소지인출급식 수표의 예입을 받은 소외은행이 원고은행에 교환을 의뢰하여 위 수표가 발행인의 예금부족으로 지급거절되었음에도 원고은행 직원의 착오로 수표의 미결제통보를 받지 못한 소외은행으로부터 피고가 수표금 상당액을 지급받은 경우에 위 수표의 인도로 인하여 소외은행은 위 수표상의 권리를 양도받았다고 할 것이므로 그 수표상의 권리자로서 발행인에 대하여 수표금상환청구를 할 수 있으니 부도된 수표가 피고에게 반환되지 아니한 이상 피고가 위 금액을 지급받았다 하더라도 피고가 지급받은 수표금 상당액이 법률상 원인없는 이득이라 할 수 없으므로 부당이득이 성립되지 아니한다(1990. 2. 23. 제3부 판결, 88다카33657, 33664(반소) 부당이득금반환).

◈ 무기명채권에도 지시채권의 양도에 관한 규정의 준용

제 524 조【준용규정】

제514조 내지 제522조의 규정은 무기명채권에 준용한다.

■ § 524. 준용규정

- 지시채권의 양도에 관한 규정은 무기명채권의 양도에도 준용됨
- 다만, 무기명채권에는 배서라는 것이 없으므로 배서에 관한 것만은 무기명채권에 준용될 여지가 없게 된다.

본조는 무기명채권에 관한 준용규정을 규정한 것이다.

무기명채권의 양도에 있어서 양수인은 지시채권의 경우와 마찬가지로 그 채권의 존속·내용 등의 하자로부터 보호된다. 따라서 지시채권의 양도에 관한 규정이 그대로 무기명채권의 양도에 준용되므로 그대로 타당하게 된다. 다만 무기명채권은 증서의 교부로써 양도되므로 배서라는 것이 없다. 그러므로 배서에 관해서는 준용될 여지가 없다.

◈ 지명소지인 출급채권의 양도방식

제 525 조 【지명소지인출급채권】

채권자를 지정하고 소지인에게도 변제할 것을 부기한 증서는 무기명채권과
같은 효력이 있다.

■ § 525. 지명소지인 출급채권의 양도

- 무기명채권의 한 변형으로서 특정인 또는 증권의 정당한 소지인에게 변제하
여야 하는 증권적 채권
- 양도방법 : 증권의 교부
- 관련법조 : [특칙] 수표 §5②, [본조준용] 상 §65

지명소지인출급채권의 양도에 관하여 본조는 무기명채권과 같이 다루고 있다.
지명소지인출급채권은 무기명채권의 한 변형이기 때문이다.

지명소지인출급채권이란 증권 위에 특정인을 권리자로 기재함과 동시에 증권
소지인도 권리자로 인정하는 취지를 기재한 증권이다. 기명식소지인출급 또는
선택무기명증권이라고도 한다. 수표법 제5조 제2항은 선택무기명식증권인 수표
를 소지인출급식수표로 본다고 규정하고 있으나, 이에 반하여 어음법에서는 선
택무기명식증권으로 발행하는 것을 금하고 있다(어음법 제1조 6호, 제2조, 제75
조 5호, 제76조). 선택무기명증권에는 상법 제65조에 의하여 민법이 준용되므로,
이 증권의 양도는 무기명채권에서와 같이 증서의 교부로써 양도의 효력이 생긴
다(제523조). 대개의 경우 무기명채권과 동일한 효력을 인정받으나 면책증서에
지나지 않는 경우도 있다.

◈ 면책증서

제 526 조 【면책증서】

제516조, 제517조 및 제520조의 규정은 채무자가 증서소지인에게 변제하여 그 책임을 면할 목적으로 발행한 증서에 준용한다.

■ § 526. 면책증서

- 유통성 증대를 목적으로 하지 않는 단순한 자격표시에 불과
- 보통 지명채권 양도방법에 의한다.

면책증서란 채무자가 증서의 소지인에게 선의로 변제를 하면 소지인이 정당한 권리자가 아닌 경우라도 채무자가 악의나 중대한 과실이 없는 한 채무를 면할 수 있는 효력을 가진 증서이다. 호텔의 의복표·휴대물예치증·철도수화물상환증 등이 이에 속한다. 자격증권이라고도 부른다. 면책증서는 권리의 유통확보나 그 행사를 위하여 작성한 것이 아니고 채무자의 변제정리의 목적을 가지는 것이다. 예를 들면 철도수하물상환증·극장 등의 휴대물예치증·적하수취증·은행예금증서 등이 이에 해당한다. 면책증서는 특정인간의 채권·채무관계에 관한 증거증권에 채무자의 이익을 위해 면책력을 인정한 것에 지나지 않으며, 권리를 표시하는 것이 아니기 때문에 유가증권은 아니다. 따라서 면책증서의 양도라는 것은 있을 수 없다. 증권에 권리가 화체된 증권적 채권이 아니므로 채권의 행사에 증권의 제시를 꼭 필요로 하는 것이 아니며 분실하여도 공시최고절차에 의하여 무효로 할 필요가 없다. 그러나 증권에 면책성이 있다는 것은 변제를 용이하게 하므로 유가증권과 같이 유통성을 존중하는 증권은 대부분 면책증권성을 갖는다.

또 무기명채권의 소지인은 일반적으로 채권의 준점유자로 보아야 하므로 증권의 소지인에게 선의로 변제하면 그 변제는 보호되는 것이다.

이 면책증서에 관하여는 지시채권에 관한 제516조, 제517조 및 제520조의 규정이 준용된다. 따라서 면책증서에 변제장소를 정하지 아니한 때에는 채무자의 영업소를 변제장소로 하고, 만약 현영업소가 없는 때에는 현주소를 변제장소로 한다(제516조 준용). 면책증서에 변제기한이 있는 경우에는 그 기한이 도래한

후에 소지인이 증서를 제시하여 이행을 청구한 때로부터 채무자는 지체의 책임이 있고, 따라서 변제기한이 경과하여도 증서의 소지인이 증서를 제시하고 변제를 청구하지 않는 한 채무자는 이행지체의 책임을 지지 않는다(제517조 준용). 또 채무자가 변제를 하는 때에 소지인에게 대하여 그 면책증서에 영수를 증명하는 기재를 청구할 수 있다. 그리고 일부변제의 경우에도 채무자의 청구가 있으면 채권자는 증서에 그 뜻을 기재하여야 한다(제520조 준용).

채 권 각 론

제 2 장 계 약

1. 계약의 의의

계약(contract, Vertrag, contrat)이란 일정한 법률효과의 발생을 목적으로 하는 서로 대립된 두 개 이상의 의사표시의 합치에 의하여 성립하는 법률행위이다. 계약은 하나의 법률행위이다. 본인의 의사표시에 의하여 권리의무를 발생시키거나 변경하는 행위를 법률행위라고 하는데 계약은 단독행위와 같이 그의 일부에 속한다. 그러므로 계약에는 민법의 법률행위에 관한 여러 규정들이 적용된다. 그런데 민법 제3편 제2장의 계약은 채권관계를 발생시키는데 한정되고 있는 소위 채권계약으로서 공법상의 계약(관할의 합의나 행정주체간의 계약) 및 물권계약(지상권설정계약이나 저당권설정계약), 그리고 준물권계약(채권양도와 같이 즉시 채권이전의 효과를 발생시킨 뒤에 채무의 이행의 문제를 남기지 않는 계약)과 신분계약(혼인이나 입양)과는 다르다. 계약은 서로 대립하고 있는 의사표시의 합치에 의해서 성립한다. 보통은 청약·승낙이라고 하는 서로 대립하고 있는 두 개의 의사표시의 합치로 성립한다. 단 예외로서 청약만으로써 즉 호텔방을 예약해 둔다든가(의사실현), 양쪽의 당사자가 동일내용의 청약(교차청약)을 하는 경우에 계약이 성립한다고 한다(제533조).

2. 계약의 종류

(1) 전형계약·비전형계약

민법 제3편 2장 2절 이하에서 규정하는 15가지 종류의 계약을 '전형계약'이라 하고, 계약의 명칭이 정해져 있는 점에서 이를 '유명계약'이라고도 한다. 민법에는 증여·매매·교환·소비대차·사용대차·임대차·고용·도급·위임·임치·조합·종신정기금·화해·현상광고·여행계약의 15종이 규정되어 있다.

한편 민법에 규정되어 있지 않은 그 밖의 계약을 비전형계약 또는 무기명계약이라 한다. 계약자유의 원칙이 인정되므로 민법전에 규정되어 있는 15종의 전형계약은 예시에 지나지 않고, 당사자가 새로운 종류의 계약(비전형계약)을 창설할 수 있다.

(2) 쌍무계약·편무계약

① 계약이 성립한 때에 각 당사자가 서로 대가적 의미를 가지는 채무를 부담하느냐 않느냐에 의한 구별이다. 쌍무계약(雙務契約)이란 계약의 당사자가 서로 대가적인 채무를 부담하는 계약을 말한다. 매매, 교환, 임대차, 고용, 도급, 화해와 유상인 소비대차·위임·임치 등은 쌍무계약에 속한다. 반면에 편무계약(片務契約)이란 일방당사자만이 채무를 부담하거나, 양 당사자가 채무를 부담하더라도 그 채무가 계약 당사자 간에 서로 대가적인 채무를 부담하지 않는 계약을 말한다. 증여·사용대차와 무상인 소비대차·위임·임치 등은 무상계약에 속한다.

② 양자를 구별하는 실익은 쌍무계약에서는 양 당사자의 채무가 상호의 존관계(견련관계)가 있으므로 ㄱ) 동시이행의 항변권(제536조), ㄴ) 위험부담(제537조, 제538조)의 문제가 발생한다.

(3) 유상계약·무상계약

① 계약의 전과정을 통해 당사자가 대가성을 갖는 출연(경제적 손실)을 하는 경우를 유상계약이라 한다. 매매, 교환, 임대차, 고용, 도급, 현상광고 등이 유상계약에 속한다. 편무계약이란 일방당사자만이 출연의무를 지는 경우, 또는 쌍방당사자가 출연의무를 지지만 그들 사이에 대가성이 존재하지 않는 경우를 말한다. 증여, 사용대차 등은 무상계약에 속한다.

② 양자를 구별하는 실익은 유상계약은 매매에 관한 규정이 준용(제567조)되는데 있다.

(4) 낙성계약·요물계약

① 당사자의 합의만에 의해 계약이 체결되는 경우를 낙성계약(諾成契約)이라 한다. 전형계약 중 현상광고를 제외한 나머지는 모두 낙성계약이

다. 한편 요물계약(要物契約)이란 일방당사자가 목적물의 인도, 대가의 지급, 일의 완성 등 계약에 필요한 행위를 일부 또는 전부 완료한 때에 계약이 체결되는 경우를 말한다.

② 전형계약 중 현상광고(제675조)만이 요물계약이다. 비전형계약 중에는 계약금교부계약, 대물변제 등이 요물계약에 속한다.

(5) 계속적 계약·일시적 계약

① 급부의 실현이 시간적 계속성을 갖느냐에 따른 구분이다. 임대차, 고용 등과 같이 일정기간 동안 계속하는 급부를 목적으로 하는 계약이 계속적 계약이다. 반면에 매매, 교환, 증여 등은 목적물의 인도나 대금의 지불이 있으면 계약의 목적을 달성하여 종료하는데 이와 같은 계약을 일시적 계약이라 한다.

② 계속적 계약의 특질은 ㄱ) 기본채권과 지분채권이 존재하여, ㄴ) 계약의 당사자 사이에는 상호신뢰성이 중요하고, ㄷ) 시간적 계속성으로 인해 사정변경의 원칙이 고려되며, ㄹ) 당사자간에 명령·복종관계(지배관계)가 이루어지기 쉽고, ㅁ) 계속적 계약의 해소는 장래에 대해서 효력을 가지는 해지(解止)에 의한다는 점이다.

(6) 본계약·예약

예약(豫約)이란 당사자간에 장래 일정한 계약을 체결한 것을 미리 약정하는 계약을 말하고, 이 예약에 기초하여 장래에 체결된 계약이 본계약(本契約)이다. 예약은 언제나 채권계약이지만 본계약은 채권계약에 한하지 않고 물권계약, 가족법상 계약 등도 포함한다.

제 1 절 총 칙

　민법전은 제3편 제2장을 계약이라 하며 208개조의 규정을 두고(제527조~제 733조) 이를 15절로 나누었다. 제1절은 총칙이라 하여 계약의 성립, 계약의 효력, 계약의 해지·해제의 3관을 두어서 계약일반에 관하여 규정하고 있다. 제2절 이하 제15절까지 에서는 증여·매매·교환·소비대차·사용대차·임대차·고용·도급·여행계약·현상광고·위임·임치·조합·종신정기금·화해의 15종의 계약에 관하여 규정한다. 이들은 전형적인 계약에 관한 표준을 제시한 것에 지나지 않으며 임의규정이 많다. 계약의 자유가 인정되기 때문에 당사자는 15종의 계약의 어느 것에도 속하지 않는 내용의 계약을 맺을 수 있을 뿐만 아니라 이 규정은 임의규정이기 때문에 전형계약을 맺는다 하여도 민법의 규정과 다른 내용을 정하는 것도 원칙적으로 자유이다. 그러므로 민법이 이와 같이 채권편에서 15종의 계약을 규정하고 있는 것은 물권편에서 8종의 물권에 관하여 규정하는 것과 전혀 그 의미가 다르며 대조적이다.

제 1 관 계약의 성립

1. 의 의

계약은 당사자의 의사표시의 합치, 즉 합의에 의하여 성립한다. 이러한 합의는 청약과 승낙으로 성립한다. 바꾸어 말하면 계약은 청약과 승낙으로 성립하는 것이 보통이다. 그리고 청약과 승낙에 의한 계약의 성립이 반드시 두 사람 사이에서만 행하여지는 것이 아니다. 조합계약과 같이 수인이 하나의 계약을 체결하는 경우도 적지 않다. 본관은 이러한 청약과 승낙에 의한 계약의 성립뿐만 아니라 교차청약, 의사실현에 의한 계약의 성립에 관하여서도 규정하고 있다. 계약이 성립하는 모습에는 그밖에 몇가지 예외가 있다. 이들에 관하여 각각 설명하기로 한다.

2. 계약의 성립요건

(1) 합 의

민법은 계약 성립의 모습으로서 청약에 대한 승낙(제527조 이하), 교차청약(제533조), 의사실현(제532조)의 3가지를 인정하지만 어느 것이든 당사자간에 서로 대립하는 의사의 합치, 즉 합의를 요구하는 점에서 공통된다. 그런데 이 합의가 성립하기 위해서는 객관적 합치와 주관적 합치가 있어야 한다.

▣ 핵심판례 ▣

■ 일반거래 약관의 구속력의 근거

보통보험약관을 포함한 이른바 일반거래약관이 계약의 내용으로 되어 계약당사자에게 구속력을 갖게 되는 근거는 그 자체가 법규범 또는 법규범적 성질을 갖기 때문은 아니며 계약당사자가 이를 계약의 내용으로 하기로 하는 명시적 또는 묵시적 합의를 하였기 때문이다(대판 2004. 11. 11, 2003다30807).

가. 객관적 합치

당사자의 의사표시가 내용적으로 일치하는 것이 객관적 합치이다.

계약이 성립하기 위하여는 당사자의 서로 대립하는 수개의 의사표시의 객관적 합치가 필요하고 객관적 합치가 있다고 하기 위하여는 당사자의 의사표시에 나타나 있는 사항에 관하여는 모두 일치하고 있어야 하는 한편, 계약 내용의 '중요한 점' 및 계약의 객관적 요소는 아니더라도 특히 당사자가 그것에 중대한 의의를 두고 계약성립의 요건으로 할 의사를 표시한 때에는 이에 관하여 합치가 있어야 계약이 적법·유효하게 성립한다(대판 2003. 4. 11, 2001다53059).

나. 주관적 합치

당사자의 의사표시가 서로 상대방에 관한 것으로서 상대방이 누구냐에 관해 잘못이 없는 것이 주관적 합치이다.

예컨대 갑이 을에 대한 청약에 대해 병이 갑에게 승낙을 하여도 갑·병 간에 계약이 성립하지 않는다.

(2) 불합의와 착오

가. 불합의

계약의 성립에는 '합의'가 필요하므로, 만일에 두 개 이상의 의사표시가 그 내용에 있어서 전면적으로 또는 부분적으로 일치하지 않는 때에는, 계약은 성립하지 않는다. 이러한 의사표시의 불합치가 불합의이다. 불합의에는 '의식적 불합의'와 '무의식적 불합의'가 있다. 전자는 청약에 조건을 붙이거나 변경을 가하여 승낙을 하는 것처럼 당사자가 의식적으로 불일치를 초래하는 경우이다. 후자는 사실상 어떤 점에 대해 불일치가 있는데, 이것을 당사자가 모르는 경우이다. 어느 경우이든 합의가 없는 점에서 계약은 성립하지 않는다.

나. 무의식적 불합의와 착오

무의식적 불합의는 계약이라는 단위를 놓고 그 요소인 두 개의 의사표시가 서로 일치하지 않는 것으로서, 그것을 당사자가 모르는 경우이다. 이 경우 계약은 당연히 성립하지 않는다. 무의식적 불합의는 어떤 하나의 의

사표시의 성립과정에 있어서 의사와 표시 사이에 불일치가 있는 경우인 착오와 구별된다. 착오의 경우는 계약은 성립하지만, 표의자가 계약의 중요부분에 착오를 일으킨 때에는 그 의사표시 내지 계약을 취소할 수 있는 점에서 무의식적 불합의와 차이가 있다.

달리 말하면 양당사자간의 의사표시가 합치되어 계약이 성립된 것으로 볼 수 있을 경우에 한하여 착오인지 여부가 문제되고, 합치된 표시를 기준으로 이것이 일방 당사자의 내심적 효과의사와 일치하는지 여부를 판단하여 일치하지 않는 경우에 착오가 되는 것이다. 즉 불합의는 양자의 의사표시를 비교하는 것임에 반하여, 착오는 일방 당사자의 의사표시에 의사와 표시의 불일치가 있는 경우이다. 반면, 착오가 문제되려면 항상 규범적 해석이 있는 경우이어야 하므로 당사자의 진의를 묵살하고 표시대로 효과를 발생시킬 수 있는 이러한 기재가 있는지 여부를 살피는 것도 양자를 구별하는 방법이 된다.

◈ 청약의 구속력

제 527 조【계약의 청약의 구속력】

계약의 청약은 이를 철회하지 못한다.

■ § 527. 청 약

• 청약 → 의사표시(법률사실)
• 청약의 상대방 → 특정인 또는 불특정 다수인에 대해 가능
• 청약의 유인
• 청약의 효력 : 청약의 효력발생……도달주의(§111)
 ① 발신후 사정의 변화→청약의 효력에 영향을 미치지 아니한다.
 ② 청약의 구속력→청약이 상대방에게 도달한 후에는 임의로 철회하지 못한다.

1. 청약의 의의

본조는 계약의 청약자의 의무를 규정한 것이다.

(1) 청약의 개념 및 성질

청약이란 승낙과 함께 일정한 내용의 계약을 성립시킬 것을 목적으로 하는 일방적 의사표시이다. 청약만으로는 계약이 성립하지 않으므로 법률행위가 아니라 법률사실이다. 승낙으로써 계약은 곧 성립하므로 청약을 할 자를 유인하는 청약의 유인과는 다르다. 청약은 일반불특정인에 대하여서도 행할 수 있다(예 : 현상광고).

(2) 청약의 의사표시의 방법과 내용

계약이 성립하기 위한 법률요건인 청약은 그에 응하는 승낙만 있으면 곧 계약이 성립하는 구체적·확정적 의사표시여야 하므로, 청약은 계약의 내용을 결정할 수 있을 정도의 사항을 포함시키는 것이 필요하다(대판 2003. 4. 11, 2001다53059).

(3) 청약의 효력발생시기

청약의 효력발생 시기는 의사표시의 효력발생시기에 관한 일반원칙(즉 도달주의)에 의한다(제111조 제1항). 따라서 청약의 도달전에 청약자가 사망하거나 능력을 잃더라도 효력발생에 영향이 없는 것이 원칙이지만(제111조 제2항), 청약자가 반대의 의사를 표시하거나 또는 상대방이 사망·능력상실의 사실을 알았을 때에는 영향을 받는다고 볼 것이다.

(4) 청약의 유인

상대방에게 청약을 하게끔 하려는 의사의 표시이다. 그러나 청약의 유인에 따라 청약의 의사표시를 하여도 그것만으로 계약이 바로 성립하는 것은 아니고, 청약을 유인한 자가 다시 승낙을 함으로써 비로소 계약이 성립된다. 따라서 청약을 유인한 자는 상대방의 의사표시에 대하여 낙부를 결정할 자유를 가진다. 이와 같이 청약은 청약의 유인과는 이론상 다르지만, 실제상 양자를 구별한다는 것은 곤란한 경우가 있다. 대가라고 하는 표시, 상품목록의 배부, 정찰부상품의 진열, 「셋집구함」의 신문광고 등의 경우가 그 예이다. 그 구별의 표준은 대체로 그 행위가 계약의 내용을 지지하고 있느냐 어떠냐, 계약의 당사자가 누구라도 상관이 없는 성질의 것이냐 어떠냐, 거래의 관습은 어떠하냐 등이다.

2. 청약의 구속력

청약은 그것만으로는 상대방을 구속하는 효력을 가지지 않는다. 그러나 청약을 받은 상대방은 승낙여부를 결정하기 위하여 준비를 하는 것이 보통이므로 청약자가 임의로 철회하는 것을 인정하면 상대방에게 부당한 손해를 입히게 되므로 민법은 승낙기간을 정한 청약은 철회할 수 없으며(제528조 제1항), 승낙기간을 정하지 않은 청약은 승낙을 얻는데 상당한 기간 동안은 철회할 수 없는 것으로 하였다(제529조). 이를 청약의 구속력이라고 한다. 또한 승낙은 청약이 승낙적격을 가지는 동안에 하지 않으면 안된다. 즉 승낙기간을 정한 청약은 그 기간 내에 한하여 승낙할 수 있다. 승낙기간을 정하지 않은 청약의 승낙적격에 대하여서는 규정이 없으나 청약자가 철회하지 않는 한 무제한으로 승낙적격을 가진다는 것은 타당하지 않으며 상당한 기간을 경과한 후에는 승낙적격을 잃는다고 해석하여야 한다.

▣ 핵심판례 ▣

■ [계약의 청약의 구속력]

1. 청약자가 미리 정한 기간 내에 이의를 하지 아니하면 승낙한 것으로 간주한다는 뜻을 청약시 표시한 경우 그 효력

청약이 상시거래관계에 있는 자 사이에 그 영업부류에 속한 계약에 관하여 이루어진 것이어서 상법 제53조가 적용될 수 있는 경우가 아니라면, 청약의 상대방에게 청약을 받아들일 것인지 여부에 관하여 회답할 의무가 있는 것은 아니므로, 청약자가 미리 정한 기간 내에 이의를 하지 아니하면 승낙한 것으로 간주한다는 뜻을 청약시 표시하였다고 하더라도 이는 상대방을 구속하지 아니하고 그 기간은 경우에 따라 단지 승낙기간을 정하는 의미를 가질 수 있을 뿐이다(대법원 1999. 1. 29, 98다48903).

2. 사직의 의사표시 후 의원면직처분 전에 이를 철회할 수 있는지 여부

공무원이 한 사직의 의사표시는 그에 터잡은 의원면직처분이 있을 때까지는 원칙적으로 이를 철회할 수 있는 것이지만, 다만 의원면직처분이 있기 전이라도 사직의 의사표시를 철회하는 것이 신의칙에 반한다고 인정되는 특별한 사정이 있는 경우에는 그 철회는 허용되지 아니한다(1993. 7. 27. 제1부 판결, 92누16942 의원면직처분취소).

3. 한국토지개발공사의 이주자택지 공급대상자에 대한 이주자택지 공급계약 체결통보가 계약의 청약에 해당하지 않는다고 본 사례

한국토지개발공사는 택지개발예정지구 내의 이주자택지 공급대상자의 선정기준에 따라 대상가옥, 대상소유자, 거주사실 등을 조사 확인한 뒤 대상적격 여부를 가옥소유자에게 개별통지함과 동시에 공고, 이해관계인에 대한 열람, 이의 및 시정조치 등의 절차를 취한 뒤 이주자택지 공급대상자를 확정하여 그 대상자에게 통보하고 1개월 이상의 분양신청 기간을 정하여 분양신청할 것을 통지 및 공고하여 그 기간 내에 분양신청이 없으면 이를 포기한 것으로 처리하고 이주자택지 공급대상자로 확정된 후에도 관계법규 위반사항이나 제출서류의 위조, 변조 등 결격사유가 발견될 때에는 대상자에서 제외하며, 계약은 쌍방이 계약서에 서명날인함으로써 확정되는 것이라면 한국토지개발공사의 이주자택지 공급대상자에 대한 이주자택지 계약체결통보는 계약의 요소가 되는 내용을 명시하고 있어 구체적이기는 하나 공급대상자의 승낙에 의하여 계약이 바로 성립되는 확정적인 것이라고 볼 수 없으므로 이는 계약상 청약이 아니라고 볼 것이다(1993. 10. 22. 제3부 판결, 93다32507 계약체결이행).

4. 계약당사자의 확정

가. 행위자가 타인의 이름으로 계약을 체결한 경우 계약당사자 확정방법

계약을 체결하는 행위자가 타인의 이름으로 법률행위를 한 경우에 행위자 또는 명의인 가운데 누구를 계약의 당사자로 볼 것인가에 관하여는, 우선 행위자와 상대방의 의사가 일치한 경우에는 그 일치한 의사대로 행위자 또는 명의인을 계약의 당사자로 확정해야 하고, 행위자와 상대방의 의사가 일치하지 않는 경우에는 그 계약의 성질·내용·목적·체결 경위 등 그 계약 체결 전후의 구체적인 제반 사정을 토대로 상대방이 합리적인 사람이라면 행위자와 명의자 중 누구를 계약 당사자로 이해할 것인가에 의하여 당사자를 결정하여야 한다.

나. 대리인을 통하여 계약을 체결하는 경우 계약당사자의 확정

일방 당사자가 대리인을 통하여 계약을 체결하는 경우에 있어서 계약의 상대방이 대리인을 통하여 본인과 사이에 계약을 체결하려는 데 의사가 일치하였다면 대리인의 대리권 존부 문제와는 무관하게 상대방과 본인이 그 계약의 당사자이다(대판 2003. 12. 12, 2003다44059).

5. 영업허가권 및 시설 일체를 매매하면서 매수인이 잔금지급 이전에 목적물을 인도받아 사용·수익하는 대신 잔금에 대한 이자 상당액 등을 매월 지급하기로 한 경우, 그 계약의 법적 성질(혼합계약) 및 그 계약해제시의 법률관계

영업허가권 및 시설물 일체를 매매함에 있어 매수인이 계약금을 지급하고 그 잔금지급 이전에 그 목적물을 인도받아 이를 사용·수익하면서 잔금에 대한 이자 상당액으로서 매월 일정 금액 및 그 인도받은 날로부터 그 업소와 관련하여 아직 영업허가 등의 명의가 매도인에게 남아 있는 관계로 매도인 앞으로 부과되는 제세공과금, 임대료 및 관리비 등 건물주가 청구하는 일체의 금원을 지급하기로 한 경우, 그 계약의 법적 성격은 단순한 매매가 아니라 매매계약과 매매계약금을 임차보증금으로 하고 월 차임을 잔금에 대한 이자 상당액으로 하는 임대차계약이 혼합된 계약으로 봄이 상당하므로, 그 계약이 매도인의 귀책사유로 이행불능되어 매수인이 이를 해제하였다 하더라도 그 계약으로 생겼던 법률효과가 모두 소급적으로 소멸한다고는 할 수 없고, 그 계약 중 임대차계약의 성질을 가진 부분은 그 이행불능시까지 이미 완전히 목적을 달성하고 있었으므로 그 이행불능으로 해지된 것으로서 장래에 향해서만 계약관계가 종료되었다고 보아야 한다(대법원 1996. 7. 26. 선고 96다14616 판결).

6. 가. 예금계약의 성립 요건 및 금융기관의 직원이 받은 돈을 입금하지 않고 횡령한 경우 예금계약의 성립 여부

예금계약은 예금자가 예금의 의사를 표시하면서 금융기관에 돈을 제공하고

금융기관이 그 의사에 따라 그 돈을 받아 확인을 하면 그로써 성립하며, 금융기관의 직원이 그 받은 돈을 금융기관에 입금하지 아니하고 이를 횡령하였다고 하더라도 예금계약의 성립에는 아무런 소장이 없다

나. 예금주가 예금유치인을 통하여 추가금리를 지급받기로 하고 예금한 경우, 예금주와 은행 간의 예금계약의 성립 여부

예금주가 예금에 있어 그 대가로 은행 소정 금리 외에 예금유치인을 통하여 추가금리를 지급받기로 하였다 하더라도 그것이 은행직원과 예금유치인들 간에 은행의 예금고를 높임으로써 그 은행직원의 실적을 올리기 위한 방편으로 이루어진 것으로서 예금주에게 통장까지 전달된 것이라면 예금주와 은행 간의 예금계약의 성립을 부인할 수는 없다(대법원 1996. 1. 26. 선고 95다26919 판결).

7. 가. 계약의 성립을 위한 당사자 사이의 '의사의 합치'의 정도

계약이 성립하기 위하여는 당사자 사이에 의사의 합치가 있을 것이 요구되고 이러한 의사의 합치는 당해 계약의 내용을 이루는 모든 사항에 관하여 있어야 하는 것은 아니나 그 본질적 사항이나 중요 사항에 관하여는 구체적으로 의사의 합치가 있거나 적어도 장래 구체적으로 특정할 수 있는 기준과 방법 등에 관한 합의는 있어야 한다.

나. 당사자가 의사의 합치가 이루어져야 한다고 표시한 사항에 대하여 합의가 이루어지지 아니한 경우의 계약의 성립 여부(소극)

당사자가 의사의 합치가 이루어져야 한다고 표시한 사항에 대하여 합의가 이루어지지 아니한 경우에는 특별한 사정이 없는 한 계약은 성립하지 아니한 것으로 보는 것이 상당하다(대법원 2001. 3. 23. 선고 2000다51650 판결).

8. 분양광고의 내용이 계약의 내용으로 되지 않았다고 본 사례

상가를 분양하면서 그 곳에 첨단 오락타운을 조성·운영하고 전문경영인에 의한 위탁경영을 통하여 분양계약자들에게 일정액 이상의 수익을 보장한다는 광고를 하고, 분양계약 체결시 이러한 광고내용을 계약상대방에게 설명하였더라도, 체결된 분양계약서에는 이러한 내용이 기재되지 않은 점과, 그 후의 위 상가 임대운영경위 등에 비추어 볼 때, 위와 같은 광고 및 분양계약 체결시의 설명은 청약의 유인에 불과할 뿐 상가 분양계약의 내용으로 되었다고 볼 수 없고, 따라서 분양회사는 위 상가를 첨단 오락타운으로 조성·운영하거나 일정한 수익을 보장할 의무를 부담하지 않는다고 한 사례(대법원 2001. 5. 29. 선고 99다55601,55618 판결).

9. 명예퇴직신청의 법적 성질 및 명예퇴직 신청 후 사용자의 승낙이 있기 전에 근로자가 임의로 그 의사표시를 철회할 수 있는지 여부(적극)

명예퇴직은 근로자가 명예퇴직의 신청(청약)을 하면 사용자가 요건을 심사한 후 이를 승인(승낙)함으로써 합의에 의하여 근로관계를 종료시키는 것으로, 명예퇴직의 신청은 근로계약에 대한 합의해지의 청약에 불과하여 이에 대한 사용자의 승

낙이 있어 근로계약이 합의해지되기 전에는 근로자가 임의로 그 청약의 의사표시를 철회할 수 있다(대법원 2003. 4. 25. 선고 2002다11458 판결).

◈ 승낙의 기간을 정한 청약의 존속기간

제 528 조【승낙기간을 정한 계약의 청약】

① 승낙의 기간을 정한 계약의 청약은 청약자가 그 기간내에 승낙의 통지를 받지 못한 때에는 그 효력을 잃는다.

② 승낙의 통지가 전항의 기간 후에 도달한 경우에 보통 그 기간내에 도달할 수 있는 발송인 때에는 청약자는 지체없이 상대방에게 그 연착의 통지를 하여야 한다. 그러나 도달전에 지연의 통지를 발송한 때에는 그러하지 아니한다.

③ 청약자가 전항의 통지를 하지 아니한 때에는 승낙의 통지는 연착되지 아니한 것으로 본다.

■ § 528. 청약의 실질적 효력(승낙적격)

- 구속력도 청약효력발생과 동시에 생김
- 승낙기간 정할 때 : 승낙기간 내
- 승낙기간을 경과하면 승낙적격을 잃는다.
- 연착된 승낙 → 승낙연착의 통지를 하지 않으면 기간내에 도달한 것으로 본다.
- 청약자는 발송연착 통지 않으면 계약성립
- 관련법조 : [특칙] 상 §51, §53

본조는 승낙의 기간을 정한 계약의 청약에 대한 승낙통지의 효력을 규정한 것이다.

지연승낙이라 함은 승낙을 할 수 있는 기간 내에 청약자에 도달하지 않은 승낙을 말한다.

민법의 규정에 의하면 승낙의 기간을 정하여 청약이 행해진 경우에는 승낙은 그 기간 내에 도달하여야 한다. 그러나 승낙의 통지가 보통 승낙기간 내에 도달할 수 있도록 발신되었음에도 불구하고 특별한 사정으로 인하여 지연되어 승낙기간 경과후에 도달한 경우에는 청약자는 지체없이 상대방에게 그 연착의 통지

(승낙기간 내에 승낙의 통지를 받지 않았음을 이미 통지한 경우를 제외함)를 하여야 한다. 그리고 만일 청약자가 이 통지를 하지 아니한 때에는 승낙의 통지는 연착되지 않았던 것으로 간주되어 계약이 성립할 수 있게 된다.

▣ 핵심판례 ▣

■ [승낙기간을 정한 계약의 청약]

가. 확정매도신청(Firm Offer) 형식의 거래제의문상의 유효기간을 58분 경과한 후 승낙의 의사표시가 있은 경우 청약의 효력이 상실되었다고 본 사례

유효기간을 1990. 8. 8. 18:00까지로 하는 청약의 취지가 담긴 상품거래제의문을 교부받은 일방 당사자가 같은 날 18:00를 58분 경과한 18:58에 그 거래제의문에 의한 청약을 아무런 수정 없이 승낙한다는 취지에서 거래제의문의 중요 부분을 그대로 기재한 상품매매기본계약서를 타방 당사자에게 교부한 경우, 그 유효기간으로 기재된 18:00는 청약의 효력이 유지되는 최종시점이며 그 시각이 경과하면 거래제의문에 의한 청약은 그 효력이 상실된다고 봄이 신의칙에 합당하다 하여, 청약의 효력이 유효기간 경과 후 58분의 시점까지도 여전히 유지되었다고 본 원심판결을 파기한 사례.

나. 법관의 제척원인이 되는 전심관여에 포함되지 않는 경우

법관의 제척원인이 되는 전심관여라 함은 최종변론과 판결의 합의에 관여함을 말하는 것이고 그 전의 변론이나 증거조사에 관여한 경우는 포함되지 아니한다 (1994. 8. 12. 제3부 판결, 92다23537 유체동산가압류이의).

◆ 승낙의 기간을 정하지 않은 청약의 존속기간

제 529 조【승낙기간을 정하지 아니한 계약의 청약】

승낙의 기간을 정하지 아니한 계약의 청약은 청약자가 상당한 기간 내에 승낙의 통지를 받지 못한 때에는 그 효력을 잃는다.

■ § 529. 구속력의 존속시기

- 승낙기간 정하지 않을 때 : 상당기간
- 상당기간 : 상대방 도달기간, 승낙여부, 결정기간, 청약자 도달기간
- 대화자간은 대화계속 되는 동안만 청약효력 유지
- 관련법조 : [특칙] 상 §51, §52

본조는 청약자가 승낙의 기간을 정하지 아니하고 계약의 청약을 한 경우에 있어서의 청약의 효력을 규정한 것이다. 계약의 청약은 모두 상대방이 승낙을 하는데 필요한 시간을 부여하는 의사를 가지는 것으로 보는 것이 타당하다. 그러므로 청약자가 승낙의 기간을 정하지 않고 격지자, 예컨대 서울이나 부산과 같이 당사자가 그 소재지를 달리하고 있는 경우에 그 일방이 계약의 청약을 한 때에는 그 청약자는 상대방이 그 계약의 청약을 받고 이것을 승낙하는가의 여부를 결정하는데 필요한 시간 및 그 승낙의 요지를 발송한 때로부터 자기(청약자)의 주소에 도달하기까지에 소요되는 상당한 기간 내에는 그 계약의 청약은 효력이 있으나, 그 상당한 기간이 경과하였음에도 불구하고 승낙의 통지를 받지 못한 때에는 당연히 그 효력을 잃는다.

이 경우에 과연 상당한 기간 내인가 아닌가에 관하여 문제가 생겼을 때에는 법관의 판단에 의하는 것이다. 본조는 격지자간에 있어서의 청약에 관하여 규정한 것이라고 보아야 하며, 대화자간에 있어서의 청약은 상대방이 승낙 여부를 판단하고 답변하는 데에 소요되는 시간의 경과에 의하여 그 청약은 효력을 잃는다.

◆ 연착된 승낙의 효력

제 530 조 【연착된 승낙의 효력】

전2조의 경우에 연착된 승낙은 청약자가 이를 새 청약으로 볼 수 있다.

■ § 530. 연착된 승낙

• 연착된 승낙은 청약자가 새로운 청약으로 보고 이를 승낙할 수 있다.

본조는 전2조의 경우에 연착된 승낙은 그 계약의 청약자가 이를 새 청약으로 볼 수 있다고 규정한 것이다.

전2조의 경우에 특별한 경우를 제외하고 승낙의 기간이 경과한 후에 도착한 승낙은 계약을 성립시킬 수는 없지만 청약자로서는 이것을 새로운 청약으로 보고, 이에 대한 승낙을 할 수는 있다(본조).

상술한 바로 볼 때 변경승낙과 지연승낙의 차이는 첫째, 양자는 그 성질을 전혀 달리하는 것이란 점, 둘째, 제528조 제2·3항과 같은 취급의 유무, 셋째 제534조와 제530조와의 상위점 등에 있다.

◈ 격지자간의 계약의 성립시기

제 531 조 【격지자간의 계약성립시기】

격지자간의 계약은 승낙의 통지를 발송한 때에 성립한다.

■ § 531. 승낙의 효력발생시기

* 대화자 사이……도달주의
* 격지자 사이……발신주의
 ① 승낙의 통지를 발송한 때에 계약이 성립(승낙→효력발생)
 ② 발신주의의 제한 : 기간내에 승낙의 통지가 도달하지 않으면 청약의 효
 력을 잃는다.
 기간내 부도달을 해제조건으로 발신주의에 의해 승낙은 효력을 발생한다.
* 관련법조 : [특칙] 상 §53

합의는 청약과 승낙으로 성립하는 것이 보통이다. 민법의 규정에 의하면 격
지자간에 있어서는 승낙의 통지를 발송한 때에 합의가 성립한다. 즉 민법은
의사표시의 효력발생시기에 관하여 도달주의를 취하고 있으나(제111조 제1
항), 격지자간의 계약의 성립에 관하여 도달주의에 대한 예외로서 발신주의를
취하고 있다.

제531조와 이를 제한하고 있는 제528조 1항과 제529조를 조화있게 해석하는
문제에 관하여 학설이 대립하고 있다. 통설이 취하는 해제조건설은 승낙기간 내
에 부도달을 해제조건으로 승낙의 통지 발송시에 계약이 성립한다고 한다. 이에
의하면 승낙통지의 부도달의 입증책임은 청약자가 부담하게 된다. 반면 정지조
건설에 의하면 승낙기간 내에 도달을 정지조건으로 하여 승낙의 통지 발송시에
소급하여 계약이 성립한다고 한다. 이에 의하면 도달의 입증책임을 승낙자가 부
담하게 된다. 주의할 것은 어느 견해에 의하더라도 승낙기간 내에 도달하면 승
낙의 통지 발송시에 계약은 성립하고, 기간 내에 도달하지 않으면 계약은 성립
하지 않는다는 점이다.

◼ 핵심판례 ◼

- **[격지자간의 계약성립시기]**

1. 가. 제1심에서 원고의 청구 일부가 기각되었으나 원고가 항소나 부대항소를 제기하지 아니한 경우 제1심에서의 청구기각부분에 대하여 원고가 상고할 수 있는지 여부(소극)

원고의 청구 일부를 기각하는 제1심판결에 대하여 피고는 항소를 하였으나 원고는 항소나 부대항소를 하지 아니한 경우 제1심판결에서의 원고 패소부분은 피고의 항소로 인하여 원심에 이심은 되었으나 원심의 심판대상은 되지 않았다 할 것이고, 따라서 원심이 피고의 항소를 인용하여 제1심판결 중 피고 패소부분을 취소하고 그 부분에 대한 원고의 청구를 기각하였다면 이는 제1심에서의 피고 패소부분에 한정된 것이며 제1심판결 중 원고 패소부분에 대하여는 원심이 판결을 한 바 없어 이 부분은 원고의 상고대상이 될 수 없다.

나. 갑과 을 사이에 갑이 금형제작비를 출연하면 을이 제품을 개발하여 갑에게 공급하되 제품의 개발, 생산의 전과정에서 갑에게 손해가 발생하였을 경우 을이 배상하기로 하는 계속적 계약으로서의 기본계약이 성립하였고, 다만 구체적인 공급물량은 갑과 을이 별개의 개별계약에 의하여 확정하기로 한 것으로 본 사례

갑과 을 사이에 갑이 금형제작비를 출연하면 을이 제품을 개발하여 갑에게 공급하되 제품의 개발, 생산의 전과정에서 갑에게 손해가 발생하였을 경우 을이 배상하기로 하는 계속적 계약으로서의 기본계약이 성립하였고, 다만 구체적인 공급물량은 갑과 을이 별개의 개별계약에 의하여 확정하기로 한 것으로 본 사례.

다. 위 "나"항에 있어 을이 기본계약상 약정된 제품의 개발의무를 이행하지 못하는 경우 갑이 그로 인한 손해배상을 을에게 청구할 수 있는지 여부(적극)

위 "나"항의 기본계약이 성립한 이상 을이 기본계약상 약정된 제품의 개발의무를 제대로 이행하지 못하는 경우 갑은 그로 인하여 생긴 손해의 배상을 을에게 청구할 수 있고, 구체적인 생산량에 관한 합의가 존재하여야만 손해배상을 청구할 수 있는 것이 아니다(1992. 11. 27. 제3부 판결, 92다14892 손해배상(기)).

2. 가. 화해계약을 체결하기 위한 청약이 실효되는 경우

민법 제527조, 제528조 제1항 및 상법 제52조의 규정에 의하면, 각기 다른 보

험회사의 보험에 가입한 피보험차량들이 일으킨 교통사고로 제3의 피해자가 손해를 입어 어느 한 보험회사가 손해 전액을 배상한 경우에 그 보험회사가 함께 손해배상책임을 부담하는 다른 피보험차량의 운행자나 그 보험회사와 사이에 쌍방의 손해분담비율에 관하여 화해계약을 체결하기 위한 청약을 함에 있어서도 그 청약은 원칙적으로 철회하지 못하는 것이나, 청약시 승낙기간을 정한 경우에는 그 승낙기간, 그렇지 아니한 경우에는 상당한 기간이 도과하면 그 청약은 실효되고, 이 때의 상당한 기간은 청약이 상대방에게 도달하여 상대방이 그 내용을 받아들일지 여부를 결정하여 회신을 함에 필요한 기간을 가리키는 것으로, 이는 구체적인 경우에 청약과 승낙의 방법, 계약 내용의 중요도, 거래상의 관행 등의 여러 사정을 고려하여 객관적으로 정하여 지는 것이다.

나. 청약자가 미리 정한 기간 내에 이의를 하지 아니하면 승낙한 것으로 간주한다는 뜻을 청약시 표시한 경우 그 효력

청약이 상시거래관계에 있는 자 사이에 그 영업부류에 속한 계약에 관하여 이루어진 것이어서 상법 제53조가 적용될 수 있는 경우가 아니라면, 청약의 상대방에게 청약을 받아들일 것인지 여부에 관하여 회답할 의무가 있는 것은 아니므로, 청약자가 미리 정한 기간 내에 이의를 하지 아니하면 승낙한 것으로 간주한다는 뜻을 청약시 표시하였다고 하더라도 이는 상대방을 구속하지 아니하고 그 기간은 경우에 따라 단지 승낙기간을 정하는 의미를 가질 수 있을 뿐이다(대법원 1999. 1. 29. 선고 98다48903 판결).

◈ 의사실현에 의한 계약의 성립

제 532 조 【의사실현에 의한 계약성립】

청약자의 의사표시나 관습에 의하여 승낙의 통지가 필요하지 아니한 경우
에는 계약은 승낙의 의사표시로 인정되는 사실이 있는 때에 성립한다.

■ § 532. 의사실현에 의한 계약의 성립

- 청약자의 의사표시나 관습에 의하여 승낙의 통지를 필요로 하지 않은 때
- 의사실현의 사실이 발생한 때(승낙의 의사표시로 인정되는 사실이 있는 때)
 에 계약이 성립한다.
- 관련법조 : [특칙] 상 §53

1. 의 의

청약자가 승낙의 통지를 필요로 하지 않는다는 뜻의 의사표시를 하거나 거
래상의 관습에 의하여 승낙의 통지가 필요하지 아니한 경우에 있어서의 계약
은「승낙의 의사표시로 인정되는 사실이 있는 때」에 성립하는데 이를 의사실
현에 의한 계약의 성립이라고 한다.

예컨대 호텔예약주문을 받고 특정의 객실을 청소하는 행위, 누구나 볼 수
있을 만한 크기로 '포장지를 열어 사용하면 매매를 승낙한 것으로 간주한다'는
문구를 포장지에 기입하여 상품을 우송한 경우 상품을 받은 자가 포장을 열고
상품을 사용한 경우 등이다.

2. 요 건

의사실현에 의한 계약이 성립하기 위해서는 다음의 두 요건이 필요하다.

① 승낙의 통지가 필요하지 아니한 경우이어야 한다. 제532조는 그러한 경
 우로서 청약자의 의사표시와 관습의 두 가지를 든다.

② 승낙의 의사표시로 인정되는 사실이 행해져야 한다.

(1) 청약자의 의사표시

청약자가 청약을 하면서 승낙의 통지가 필요없다고 정하는 것은 본조에 의해 유효하다.

이 경우는 승낙의 의사표시로 인정되는 사실이 있는 때에 계약이 성립한다. 예컨대 청약과 함께 송부된 물품을 처분하는 것과 같이 계약에 기하여 취득하게 될 권리를 실행하는 행위나, 위임청약의 편지를 받고 즉시 수임사무의 처리를 개시하거나, 전보로 객실예약청약을 받은 여관이 특정한 객실을 준비하는 것과 같이 계약에 의하여 부담하게 될 채무의 이행에 착수하는 행위가 이에 해당한다.

여기에 반하여 예컨대 청약과 동시에 송부된 물품에 대한 대금을 송부하는 행위는 이에 해당하는 것이 아니며 이러한 행위는 묵시의 승낙이라고 보아야 할 것이다.

(2) 관 습

관습 또는 거래행위에 의해 승낙의 통지가 필요없는 경우이다. 예컨대 유료주차장에 차를 주차시키는 행위, 버스나 택시에 승차하는 행위 등이 이에 속한다.

3. 효 과

의사실현이 있으면, 계약은 '승낙의 의사표시로 인정되는 사실이 있는 때'에 성립한다(제532조). 상대방에 대한 표시 및 도달을 필요로 하지 않고, 청약자가 그 사실의 발생을 몰랐다고 하더라도, 그 사실이 있는 때에 당연히 계약이 성립하는 것으로 간주되는 점에서 보통의 계약의 성립과 구별된다.

<참고사항>

*사실적 계약관계론

1. 개 념

통신이나 교통수단, 수도 또는 가스의 공급 등과 같이 일상생활에서 대량으로 반복해서 이루어지는 계약유형에 있어서는 당사자의 사실적 행위만으로 계약관계가 성립한다는 이론

2. 이론의 배경

(1) 무능력자제도의 배제

(2) 명시적인 승낙의 거절이 있어도 급부를 수령하면 계약의 성립을 긍정

(3) 법률행위에 무효나 취소원인이 있더라도 이미 존재한 사실에는 법률효과를 인정

3. 인정여부

긍정설과 부정설의 대립. 사실적 계약관계론을 긍정하는 견해도 무능력자보호제도는 민법의 기본이념으로 이를 배제할 수 없다고 한다. 다만 처분이 허락된 재산의 처분(제6조) 등으로 취소를 제한할 수는 있다고 하고, 그 외에 취소가 되는 경우에는 부당이득으로 해결.

부정설은 제109조의 착오요건 충족시에 취소가 가능하다고 함. 명시적인 승낙의 거절이 있어도 급부를 받은 경우 사실적 계약관계론에 의해 계약이 성립한다기 보다는 묵시적 의사표시에 의해 계약은 성립하되, 다만 신의칙에 의해 승낙거절의 이의를 무시해야 한다는 견해와 계약의 성립을 부정하고 부당이득이나 불법행위로 해결하여야 한다는 견해 등이 주장된다.

▣ 핵심판례 ▣

- **[의사실현에 의한 계약성립]**

1. **가. 예금계약 성립시기 및 금융기관의 직원이 그 받은 돈을 입금치 아니한 경우에 그 예금계약의 성립여부**

 예금계약은 예금자가 예금의 의사를 표시하면서 금융기관에 돈을 제공하고 금융기관이 그 의사에 따라서 그 돈을 받아 확인을 하면 그로써 성립하며 금융기관의 직원이 그 받은 돈을 금융기관에 입금하지 아니하고 이를 횡령하였다고 하더라도 예금계약의 성립에는 아무 소장이 없다.

 나. 수기식 통장에 의한 예금계약이 무효인지 여부

 통장은 예금계약사실을 증빙하는 증표일 뿐이므로 그 통장이 수기식이라고 하여 이미 성립한 예금계약이 소급하여 무효가 된다고는 할 수 없다(대판 1984. 8. 14, 84도1139).

2. **가. 청약내용의 확정정도**

 청약은 그에 대한 승낙에 의하여 곧바로 계약의 성립에 필요한 의사합치에 이를 수 있을 정도로 내용적으로 확정되어 있거나 해석에 의하여 확정될 수 있어야 한다.

나. 토지구획정리사업의 시행으로 인하여 당초 오피스텔 부지로 예정되어
있던 토지의 일부에 대한 소유권을 이전받지 못한 오피스텔 수분양자
들이 분양자에게 미이전 토지에 관한 대토를 포기하는 반면 이를 수
분양자들에게 부과될 환지청산금과 상계되도록 처리해 달라는 내용의
통지서 및 그와 같은 취지가 기재된 환지계획의견서 양식을 송부한
행위(청약)에 대하여 분양자가 수분양자들의 요청대로 토지구획정리
사업시행자에게 위 환지계획의견서를 제출(승낙)함으로써 약정이 성
립되었다고 한 사례

토지구획정리사업의 시행으로 인하여 당초 오피스텔 부지로 예정되어 있던
토지의 일부에 대한 소유권을 이전받지 못한 오피스텔 수분양자들이 분양자
에게 보낸 통지서 및 이에 첨부된 환지계획의견서 양식에 나타난 수분양자들
의 분양자에 대한 요구 내용은, 분양자가 분할 후 위 미이전 토지에 대하여
환지 대신 환지청산금을 교부받아 그 금원으로 수분양자 등에게 부과될 환지
청산금을 처리하여 달라는 것으로서, 이는 분할 후 위 미이전 토지에 대하여
환지 대신 환지청산금이 교부되는 것을 조건으로 하여 분양자가 교부받는 환
지청산금 상당을 수분양자 등이 부과받을 환지청산금 범위 내에서 지급하여
달라는 의사표시이고, 당시 환지청산금의 구체적인 금액은 정하여지지 않았
지만 그 대상 토지가 특정된 이상 장래 환지처분 공고시 그 금액은 자연히
확정될 수 있는 것이어서 수분양자 등이 분양자에게 보낸 통지서에 나타난
위 의사표시는 상대방의 승낙이 있으면 곧바로 의사의 합치에 이를 수 있는
정도로 내용적으로 확정될 수 있는 청약에 해당하고, 분양자가 수분양자들로
부터 위 통지서를 받고 수분양자들이 요청한 대로 그에 첨부된 위 환지계획
서의견 양식 말미에 서명·날인하여 이를 토지구획정리사업시행자에게 제
출한 행위는 민법 제532조에 따라 승낙의 의사표시로 인정될 수 있다고 한
사례(대법원 2003. 5. 13. 선고 2000다45273 판결).

◆ 교차청약에 의한 계약의 성립시기

제 533 조 【교차청약】

당사자간에 동일한 내용의 청약이 상호교차된 경우에는 양청약이 상대방에게 도달한 때에 계약이 성립한다.

■ § 533. 교차청약에 의한 계약의 성립

- 당사자간에 동일한 내용을 가지는 청약이 서로 합치
- 양청약이 상대방에게 모두 도달한 때에 계약이 성립한다.
- 관련법조 : [격지자간의 계약성립시기] §531, [의사표시] §111

1. 의 의

갑이 을에 대하여 어떤 물건을 1,000원에 팔겠다는 청약을 하고, 을이 그 청약을 수령하기 전에 그 물건을 1,000원에 사겠다고 갑에 대하여 청약한 경우와 같이 2인이 서로 합치하는 내용의 청약을 한 경우를 교차청약 또는 청약의 교차라고 한다.

승낙은 청약에 의하여 행해져야 하기 때문에 뒤에 행해진 청약을 먼저 행해진 청약에 대한 승낙이라고 볼 수 없으므로 이 경우에는 청약과 승낙에 의한 합의의 성립이라고 할 수는 없다.

그러나 교차청약은 2개의 의사표시가 대립하면서도 객관적으로는 동일내용을 지향하며(객관적 합치) 동시에 양표의자는 상대방과 같은 내용의 계약을 체결하려는 의사를 가지고 있으므로(주관적 합치), 청약과 승낙에 의한 합의의 성립과 달리 취급하여야 할 이유는 없다고 하겠다.

구민법은 이에 관한 명문의 규정을 두지 않아 학설상으로만 인정되어 왔으나, 현행민법은 「당사자간에 동일한 내용의 청약이 상호교차된 경우에는 양청약이 상대방에게 도달한 때에 계약이 성립한다」고 규정하여, 명문으로 교차청약에 의한 계약의 성립을 인정하고 있다.

2. 계약의 성립시기

교차청약에서는 양청약이 상대방에게 도달한 때에 계약이 성립한다(제533조). 따라서 두 청약이 동시에 도달하지 않는 한 나중의 청약이 도달된 때에 계약이 성립한다.

◈ 청약에 조건을 붙이거나 변경을 기한 승낙의 효력

제 534 조 【변경을 가한 승낙】

승낙자가 청약에 대하여 조건을 붙이거나 변경을 가하여 승낙한 때에는 그 청약의 거절과 동시에 새로 청약한 것으로 본다.

■ § 534. 조건, 변경 가한 승낙

- 청약에 대해 조건, 변경 가한 승낙
- 새로운 청약
- 청약을 거절하고 새로운 청약을 한 것으로 본다.

변경을 가한 승낙이란 청약에 조건을 붙이거나 기타 변경을 가한 승낙을 말한다. 예컨대 어떤 가옥을 팔고 싶다는 청약에 대하여 그 가옥을 임차인이 퇴거하면 사겠다는 조건을 붙인 승낙, 혹은 1만원에 팔겠다는 청약에 대하여 8,000원이면 사겠다거나 전액을 즉시 지급하는 방법으로 팔겠다는 청약에 대하여 대금의 일부는 3개월 후에 지급하는 방법으로 팔겠다는 청약에 대하여 대금의 일부는 3개월 후에 지급하는 방법으로 사겠다고 하는 등의 승낙이 이에 해당한다. 이러한 승낙은 청약의 거절과 동시에 새로 청약한 것으로 본다.

승낙은 청약의 내용과 일치할 때 그 효력을 가지지만 본조는 가급적 계약을 성립시키기 위해 특칙을 정하고 있는 것이다.

<참고사항>

*약 관
1. 약관의 의의
 약관이란 계약의 일방당사자가 특정 종류의 계약을 불특정 다수의 상대방과 계속, 반복하여 체결할 것을 약정하고, 이에 대비하여 미리 작성하여 둔 계약 조항을 말함(약관의규제에관한법률 제2조 1항).
2. 약관의 구속력의 근거
 종래 규범설이 주장되었으나 통설과 판례는 계약당사자인 작성자와 상대방의 합의에 의해 약관이 구속력을 갖는다는 계약설을 취함.

3. 약관의 명시·설명의무

사업자는 약관에 정하여져 있는 중요한 내용을 고객이 이해할 수 있도록 설
명하여야 함(약관규제법 제3조 2항). 사업자가 명시·설명의무를 위반하여 계
약을 체결한 때에는 당해 약관을 계약의 내용으로 주장하지 못함(약관규제법
제3조 3항). 다만 고객측에서 편입된 약관조항의 효력을 주장하는 것은 무방.

4. 명시·설명의무가 면제되는 경우

계약의 성질상 설명이 현저하게 곤란한 경우에는 명시, 설명의무가 면제된다
(약관규제법 제3조 2항 단서). 또한 약관에 정하여진 사항이라고 하더라도 1)
거래상 일반적이고 공통된 것이어서 보험계약자가 별도의 설명 없이도 충분
히 예상할 수 있었던 사항, 2) 이미 법령에 의하여 정하여진 것을 되풀이하
거나 부연하는 정도에 불과한 사항, 3) 보험계약자나 그 대리인이 이미 약
관의 내용을 충분히 알고 있는 경우에는 보험자로서는 보험계약자 또는 그
대리인에게 약관의 내용을 따로이 설명할 필요가 없다. 또한 4) 어느 약관
조항이 당사자 사이의 약정의 취지를 명백히 하기 위한 확인적 규정에 불과
한 경우에도 설명의무는 면제됨(대판 2005. 8. 25. 2004다18903).

5. 효력유지적 축소해석

어느 하나의 약관조항에 대한 내용통제를 하면서 그 조항 전부를 무효로 선
언하지 아니하고, 일부만을 무효로 선언하는 것이 허용되는가에 대해서 이른
바 효력유지적 축소해석이라 하여 논의됨. 이에 대해 대법원은 "약관의규제
에관한법률 제6조 제1항, 제2항, 제7조 제2, 3호가 규정하는 바와 같은 약관
의 내용통제원리로 작용하는 신의성실의 원칙은 보험약관이 보험사업자에
의하여 일방적으로 작성되고 보험계약자로서는 그 구체적 조항내용을 검토
하거나 확인할 충분한 기회가 없이 보험계약을 체결하게 되는 계약 성립의
과정에 비추어, 약관 작성자는 계약 상대방의 정당한 이익과 합리적인 기대
즉 보험의 손해전보에 대한 합리적인 신뢰에 반하지 않고 형평에 맞게끔 약
관조항을 작성하여야 한다는 행위원칙을 가리키는 것이며, 보통거래약관의
작성이 아무리 사적자치의 영역에 속하는 것이라고 하여도 위와 같은 행위
원칙에 반하는 약관조항은 사적자치의 한계를 벗어나는 것으로서 법원에 의
한 내용통제 즉 수정해석의 대상이 되는 것은 당연하며, 이러한 수정해석은
조항 전체가 무효사유에 해당하는 경우뿐만 아니라 조항 일부가 무효사유에
해당하고 그 무효부분을 추출배제하여 잔존부분만으로 유효하게 존속시킬

수 있는 경우에도 가능하다(대법원 1991. 12 .24. 선고 90다카23899 전원합의체 판결)."고 판시하여 효력유지적 축소해석에 대해 긍정적인 입장을 취하고 있음.

◈ 계약체결상의 과실로 인한 손해배상책임

제 535 조【계약체결상의 과실】

① 목적이 불능한 계약을 체결할 때에 그 불능을 알았거나 알 수 있었을 자는 상대방이 그 계약의 유효를 믿었음으로 인하여 받은 손해를 배상하여야 한다. 그러나 그 배상액은 계약이 유효함으로 인하여 생길 이익액을 넘지 못한다.

② 전항의 규정은 상대방이 그 불능을 알았거나 알 수 있었을 경우에는 적용하지 아니한다.

■ § 535. 계약체결상의 과실

- 신의성실의 원칙
- 요 건 : ① 원시적 불능→무효. ② 인도의무자→악의, 과실
 ③ 상대방→선의, 무과실. ④ 상대방의 손해발생
- 효 과 : 상대방이 그 계약을 유효로 믿었기 때문에 발생한 손해를 배상하여야 한다.
- 관련법조 : [계약체결상 준칙] §2①, [목적이 일부불능인 유상계약책임] §574, §580, §575, §567, [채무불이행으로 인한 손해배상범위] §393

본조는 계약체결상의 과실로 인한 손해배상의 책임에 관한 규정이다.

1. 의 의

계약의 내용이 계약체결 당시부터 객관적으로 불능인 때에는 그 계약은 무효로 된다. 그렇게 되면 당사자는 그 계약에서 의도된 채무를 부담하지 않게 된다.

어떤 자가 무효인 계약을 체결함에 있어서 상대방에게 불측의 손해를 준 경우에 상대방이 아무런 구제를 받지 못한다는 것은 타당성이 없다.

이러한 시점에서 고려되어 나타난 것이 계약체결상의 과실에 기한 책임을 인정하려고 하는 설이다. 즉 계약이 원시적 불능으로 인하여 무효가 된 경우에 계약체결시 그것을 과실(계약체결상의 과실)로 알 수 없었던 당사자는 상

대방이 그 계약을 유효한 것으로 오신함으로써 받은 손해를 배상할 책임을 부담한다고 하는 설이다. 이 제도는 Jhering의 제창(계약체결상의 과실 : Culpa in contrahendo, 1861)에 의한 것으로서 원시적 불능인 계약을 무효로 함으로써 발생하는 선의의 상대방을 보호하여야 할 필요에 따른 것이라고 할 수 있다.

독일민법은 이 제도를 명문으로 인정하고 있다. 우리 구민법은 계약체결상의 과실에 관한 일반적 규정을 두고 있지는 않았으나 학설상 그 책임을 인정하는 것이 통설이었으며, 현행법도 이러한 통설을 계승하여 원시적 불능인 경우에만 체결상의 과실을 인정하는 규정을 두고 있을 뿐이므로 이 문제는 결국 학설·판례에 일임하고 있다. 즉, 우리 민법은 원시적 불능(건물에 대한 매매계약의 체결 전에 그 물건이 소실된 경우)에 대해서만 이를 규정하고 있으나 (제535조), 학설은 그 적용범위를 확대하여 인정하고 있다. 즉 계약체결을 위한 준비단계, 계약이 성립된 후의 고지의무의 위반, 성립된 계약이 무효나 취소되었을 때에도 계약체결상의 과실책임을 인정하고 있다.

2. 요 건

계약체결상의 과실에 기한 책임을 인정하는 본조의 요건은 다음과 같다.

(1) 체결된 계약의 내용이 원시적·객관적으로 불능이기 때문에, 그 계약이 무효이어야 한다(그러나 일부불능인 경우에는 담보책임에 관한 민법의 규정에 의한 책임이 발생되는 한, 계약체결상의 과실에 기한 책임은 문제되지 않는다).

(2) 무효인 계약이 유효하였다면 급부를 하였어야 할 자가 그 불능을 알았거나 또는 알 수 있었어야 한다.

(3) 상대방은 그 불능에 대해 선의·무과실이어야 한다.

3. 효 과

① 위와 같은 요건을 갖춘 경우, 책임이 있는 자는 상대방의 손해를 배상해야 한다. 따라서 과실 있는 당사자는 상대방이 그 계약의 유효를 믿었기 때문에 받은 손해 즉, '신뢰이익'을 배상하여야 한다. 신뢰이익이란 목적물에 대한 조사비용, 금융비용, 제3자로부터 유리한 청약을 거절한 경우 등의 손해가 그 예이다.

② 그러나 그 배상액은 계약의 유효로 상대방이 얻었을 이익, 즉 '이행이익'을 초과하지 못한다. 이행이익이란 계약이 이행되었더라면 얻을 수 있었던 이익으로서, 예를 들면 목적물의 이용이나 전매로 인한 이익 등을 말한다.

【쟁점사항】

<당사자 일방의 채무가 원시적 불능인 경우 손해배상 대신 전보배상을 청구할 수 있는지 여부>

당사자 일방의 채무가 원시적 이행불능이면 계약은 무효이므로 상대방은 계약체결에 있어서의 과실을 이유로 하는 신뢰이익 손해배상을 구할 수 있을지언정 이행에 대신하는 전보배상을 구할 수는 없고 또 후발적 이행불능의 경우에 이행에 대신하는 전보배상은 이행불능이 된 시기의 손해액이다(대법원 1975. 2. 10, 74다584).

<참고사항>

*체약상 과실책임
1. 의의 및 기능

계약체결을 위한 준비단계 또는 성립과정에서 당사자 일방이 그에게 책임있는 사유로 상대방에게 손해를 준 때에 이를 배상해야 할 책임을 포괄적으로 지칭한 개념. 불법행위책임의 경우와 비교해 볼 때 입증책임, 보조자의 과실에 대한 면책여부, 소멸시효기간 등에서 불법행위책임보다는 계약책임을 묻는 것이 더 유리. 따라서 양당사자간 공평을 기하기 위해 계약책임으로 구성할 여지를 두자는 것이 계약상의 과실책임론을 제기하는 이유이다.

2. 인정여부

판례는 아직 제535조 이외에 계약상의 과실책임을 인정한 예는 없음. 학설은 독일민법과 달리 불법행위법이 완비된 우리 민법상 인정할 필요가 없다는 견해도 있으나 대체적으로 제535조 이외의 경우에도 인정하는 것이 일반적이다. 다만 인정할 경우에도 그 법적 성질이나 인정범위에 관하여는 학설상 차이가 있다.

3. 법적 성질
(1) 계약책임설(곽윤직 등 다수설)

계약상의 의무에는 주된 급부의무 외에 부수적 주의의무, 보호의무 등 신의

칙상의 의무도 포함되고, 이러한 주의의무는 계약체결을 위한 준비단계에서
도 인정되어야 하기 때문에 계약책임으로 구성할 수 있다고 보는 견해.

(2) 불법행위책임설(양창수, 윤진수, 김준호)

계약체결시에 무효인 계약에 의해 상대방에게 불측의 손해를 주지 않도록
하는 것은 사회생활상의 의무이고, 이를 위반하여 손해를 준 자는 불법행위
책임을 진다는 견해.

(3) 법정책임설(이영준, 김형배)

계약체결을 위한 협의의 개시시부터 법적 특별구속관계가 발생하고 이는
보호의무를 내용으로 하는 법정의 채권채무관계로 보아 계약책임과 유사한
독자적인 책임을 진다고 한다.

4. 유 형

(1) 준비단계에 있어서의 계약상 과실책임

이 유형에 속하는 경우로 계약외적 법익인 생명, 신체, 재산에 대한 보호의
무를 위반한 경우와 계약교섭을 부당하게 파기한 경우 등을 들 수 있다. 이
와 관련하여 판례는 "어느 일방이 교섭단계에서 계약이 확실하게 체결되리
라는 정당한 기대 내지 신뢰를 부여하여 상대방이 그 신뢰에 따라 행동하
였음에도 상당한 이유 없이 계약의 체결을 거부하여 손해를 입혔다면 이는
신의성실의 원칙에 비추어 볼 때 계약자유원칙의 한계를 넘는 위법한 행위
로서 불법행위를 구성한다(대법원 2004. 5. 28. 선고 2002다32301 판결)"고
판시한 바 있다.

(2) 계약이 무효 또는 취소된 경우의 계약상 과실책임

이 유형에 속하는 경우로 원시적 불능의 경우(제535조), 착오 취소의 경우,
무능력 취소의 경우, 강행법규 위반을 이유로 무효로 된 경우 등을 들 수
있다.

(3) 계약이 유효한 경우의 계약상 과실책임

1) 의 의

계약이 유효하게 성립하였으나, 계약체결시에 필요한 고지의무나 설명의
무를 위반하여 상대방에게 손해가 발생한 경우에도 계약체결상 과실책임
을 인정할 수 있는지가 문제.

2) 인정여부

설명의무위반이 계약체결 전에 있는 경우 계약체결상의 과실책임을 긍정

하는 견해(곽윤직, 김증한, 김주수)와 계약의 목적인 급부가 있게 되면 계약성립 전 통지의무의 위반 등도 실질적으로 계약과 일체를 이루고 있으므로 계약이 유효하게 성립한 경우에는 채무불이행, 특히 불완전이행의 문제가 발생할 뿐이라는 견해(양창수)가 대립.

제 2 관 계약의 효력

1. 계약의 일반적 효력의 요건

계약은 법률행위 가운데에서도 가장 중요한 것이므로 그것이 효력이 발생하려면 일반적 요건으로서 당사자가 권리능력 및 행위능력을 가지고 있어야 하고, 의사표시의 의사와 표시가 일치하고 하자가 없어야 하며, 또한 그 내용이 확정·가능·적법하고 사회적 타당성이 있어야 한다. 그리고 보통의 경우에는 계약은 성립과 동시에 효력을 발생하나 정지조건, 시기와 같은 효력의 발생을 막게 하는 사유가 있으면 계약의 성립시기와 효력발생시기가 달라질 수 있다. 계약은 일반적인 여러 요건을 갖추면 그 효력을 발생한다. 그리고 유효한 계약에서 생기는 구체적 법률효과는 계약의 종류·내용에 따라 각각 다르다. 그런데 민법은 본절에서「계약의 효력」이라 하여 동시이행의 항변권(제536조)·위험부담(제537조, 제538조) 그리고 제3자를 위한 계약(제539조～제542조)에 관하여 규정하고 있다.

2. 쌍무계약의 특수한 효력(견련성)

쌍무계약이란 각 당사자가 대가적 의미를 갖는 채무를 부담하는 계약을 말한다. 쌍무계약으로부터 생기는 양 당사자의 채무는 서로 대립적·대가적·교환적인 의의를 갖고, 서로 밀접하여 분리할 수 없는 상호의존관계에 서는데 이를 채무의 '견련성'이라 한다. 이러한 쌍방의 채무의 상호의존관계(견련성)는 세 가지 방향, 즉 성립·이행·존속상에서 운명을 같이한다. 이를 구체적으로 살펴보면 다음과 같다.

(1) 성립상의 견련성

일방 채무가 성립하지 못하는 때에는 타방의 채무도 성립하지 않는다. 즉 쌍무계약에 의해 발생한 일방의 채무가 원시적 불능·불법 등으로 성립하지 않으면, 그 대가적 의미를 갖는 타방의 채무도 성립하지 않는다. 예컨대, 이미 멸실된 건물에 대해 매매계약을 체결한 경우, 매도인의 소유권이전 채무가 무효가 되어 성립하지 않는 것에 대응하여 상대방의 대금지급채

무도 성립하지 않는다.

(2) 이행상의 견련성

일방의 채무가 이행될 때까지 상대방도 자신의 채무의 이행을 거절할 수 있다. 이와 관련하여 우리 민법은 "쌍무계약의 당사자 일방은 상대방이 그 채무이행을 제공할 때까지 자기채무의 이행을 거절할 수 있다"고 하는 '동시이행의 항변권'을 규정하고 있다(제536조).

(3) 존속상의 견련성

일방의 채무가 채무자의 책임 없는 사유로 후발적으로 이행불능이 되어 소멸한 경우에 타방의 채무도 소멸하느냐가 문제된다. 이와 관련하여 우리 민법은 쌍무계약의 당사자 일방의 채무가 당사자 쌍방의 책임 없는 사유로 이행할 수 없게 된 때에는 채무자는 상대방의 이행을 청구하지 못한다고 규정하여 '채무자위험부담주의'를 원칙으로 채택하고 있다(제537조 내지 제538조). 그 결과 채무자는 목적물을 잃으면서도 상대방으로부터 대가를 받지 못하는 위험을 부담하게 되는데, 이것이 '위험부담'의 문제이다.

◈ 쌍무계약의 이행상의 견련성

제536조【동시이행의 항변권】

① 쌍무계약의 당사자 일방은 상대방이 그 채무이행을 제공할 때까지 자기의 채무이행을 거절할 수 있다. 그러나 상대방의 채무가 변제기에 있지 아니하는 때에는 그러하지 아니하다.

② 당사자 일방이 상대방에게 먼저 이행하여야 할 경우에 상대방의 이행이 곤란할 현저한 사유가 있는 때에는 전항 본문과 같다.

■ § 536. 동시이행의 항변권

- 유치권과 동시이행의 항변권……공평의 원칙을 근거로 함. 유치권과 동시이행의 항변권은 병존할 수 있다.
- 성립요건 : ① 쌍무계약. ② 상대방의 채무 – 변제기
 ③ 상대방이 이행의 제공을 하였음에도 불구하고 수령하지 않음으로써 수령지체에 빠진 자에게도 동시이행의 항변권은 인정된다.
- 효력 : ① 연기적 항변권. ② 이행지체가 되지 않는다.
 ③ 당사자의 원용 – 필요. ④ 자동채권 – 상계금지
- 관련법조 : [반대의무 이행과 동시에 집행할 집행권원의 집행개시의 요건] 민집§41① [본조준용] §549, §583, §667, §728, 주택임대차보호법 §3③

1. 의 의

(1) 동시이행의 항변권의 개념

동시이행의 항변권이라함은 쌍무계약의 당사자 일방이 그 채무의 이행 또는 이행의 제공을 할 때까지 타방 당사자가 자기채무의 이행을 거절할 수 있는 권리로서 이행상의 관련을 인정하려는 제도이다.

매매의 경우를 예로 들면, 매도인은 매수인이 대금을 제공할 때까지는 목적물의 인도를 거절할 수 있고, 또 매수인은 매도인이 목적물을 제공할 때

까지는 대금지급을 거절할 수 있는 것이다. 즉, 동시이행의 항변권은 공평의 원칙에 입각하여 쌍무계약에서 생기는 대립하는 채무 사이에 이행상의 견련관계를 인정하려는 제도이다.

(2) 동시이행의 항변권과 유치권의 차이점

구 분	동시이행의 항변권	유치권
성질	동시이행의 항변권은 쌍무계약에서 발생하는 채무에 따르는 단순한 권능에 지나지 않기 때문에 계약당사자 사이에서만 주장할 수 있다(대인적·상대적 효력).	유치권은 물권으로써 누구에 대해서나 주장할 수 있다(대세적 효력).
목적	동시이행의 항변권은 당사자 일방은 상대방이 그 채무이행을 제공할 때까지 자기의 채무이행을 거절할 수 있는데 지나지 않는다(연기적 항변권).	유치권은 유치권자의 채권담보를 목적으로 한다.
거절할 수 있는 급부	동시이행의 항변권에서 거절할 수 있는 급부에는 제한이 없다.	유치권은 타인의 물건을 유치할 뿐이므로 거절할 수 있는 급부는 목적물의 인도에 한한다.
대담보의 허용여부	동시이행의 항변권에서는 대담보권이 인정되지 않는다.	유치권에서는 채무자가 상당한 담보를 제공하고 그 소멸을 청구할 수 있다.
경매권	없다.	있다.

2. 성립요건

(1) 먼저 1개의 쌍무계약에 의하여 당사자 쌍방이 서로 대가적인 의미가 있는 채무를 부담하고 있어야 한다.

채권양도 또는 채무인수 등으로 당사자가 변경되더라도 채무가 동일성을 유지하는 한 그 항변권도 존속한다. 그러나 경개가 있으면 채권의 동일성을 상실하므로 그 항변권은 소멸한다.

당사자 쌍방이 서로 채무를 부담하더라도 그 채무가 다른 법률상의 원인에 의해 발생한 경우에는 동시이행의 항변권은 인정되지 않는다(대판 1989. 2. 14 88다카10753).

가. 동시이행의 관계에 있는 채무

① 임대차계약의 종료에 의하여 발생된 임차인의 목적물 반환의무와 임대인의 연체차임을 공제한 나머지 보증금의 반환의무(대판1977. 9. 28. 77다1241 · 1242)

② 동시이행의 관계에 있는 쌍방의 채무 중 어느 한 채무가 이행불능이 됨으로 인하여 발생한 손해배상채무도 여전히 다른 채무와 동시이행의 관계에 있다(대판 2000. 2. 25. 97다30066).

③ 가압류등기가 되어 있는 부동산의 매매계약에 있어서 매도인의 소유권이전등기의무 및 가압류등기의 말소의무와 매수인의 대금지급의무(대판 2001. 7. 27. 2001다27784 · 27791)

④ 말소되지 않은 근저당권등기가 남아 있는 부동산 매매에 있어서 매도인의 소유권이전등기의무 및 근저당권설정등기 말소의무와 매수인의 대금지급의무(대판 1979. 11. 13. 79다1562)

⑤ 매매계약이 취소된 경우 당사자 쌍방의 원상회복의무(대판 2001. 7. 10. 2001다3764)

⑥ 부동산의 매수인이 매매목적물에 관한 근저당권의 피담보채무를 인수하는 한편 그 채무액을 매매대금에서 공제하기로 약정한 경우, 매수인이 인수하기로 한 채무는 매매대금 지급채무에 갈음한 것으로서 매도인이 그 채무를 대신 변제하였다면 그로 인한 매수인의 매도인에 대한 구상채무는 인수채무의 변형으로서 매매대금 지급채무에 갈음한 것의 변형이므로, 매수인의 구상채무와 매도인의 소유권이전의무는 대가적 의미가 있어 이행상 견련관계에 있다고 인정되고, 따라서 양자는 동시이행의 관계에 있다고 해석함이 공평의 관념 및 신의칙에 합당하다 할 것이다(대판 2007. 6. 14. 2007다3285).

나. 동시이행의 관계가 인정되지 않는 채무

① 임대차계약 해제에 따른 임차인의 목적물 인도의무와 임대인이 임차인

에게 건물을 사용·수익케 할 의무를 불이행한데 대하여 손해배상을 하기로 한 각서에 기해 발생한 약정지연손해배상의무는 하나의 임대차계약에서 이루어진 것이 아니고 그 발생원인을 달리하고 있어, 양자 사이에 이행상의 견련관계는 없다(대판 1990. 12. 26. 90다카25383).

② 건물매수인이 아직 건물의 소유권을 취득하지 못한 채 매도인의 동의를 얻어 제3자에게 임대하였으나 매수인(임대인)의 채무불이행으로 매도인이 매매계약을 해제하고 임차인에게 건물의 명도를 구하는 경우, 임차인의 건물명도의무와 매수인(임대인)의 보증금반환의무를 동시이행관계에 두는 것은 오히려 공평의 원칙에 반한다 할 것이다(대판 1990. 12. 7. 90다카24939).

【쟁점사항】

<쌍무계약이 아니지만 동시이행의 항변권이 인정되는 경우>

(1) 민법 및 민사특별법에서 준용하는 경우

㉠ 전세권 소멸시 전세권자의 목적물인도 및 전세권설정등기 말소의무와 전세권설정자의 전세금반환의무(제317조)

㉡ 계약해제로 인한 쌍방의 원상회복의무(제549조)

㉢ 부담부 증여에서 쌍방의 의무(제561조)

㉣ 매도인의 담보책임을 물어 계약을 해제한 경우의 쌍방의 원상회복의무(제583조)

㉤ 도급에 있어서 완성된 목적물에 하자가 있는 경우에 이를 보수할 수급인의 의무와 도급인의 보수지급의무(제667조)

㉥ 종신정기금계약의 해제에 따른 쌍방의 채무(제728조)

㉦ 가등기담보에서 채권자의 청산지급의무와 채무자의 목적부동산에 대한 본등기 및 인도의무(가등기담보 등에 관한 법률 제4조 3항)

(2) 판례가 인정하는 경우

㉠ 원인채무의 지급확보를 위해 어음·수표가 교부된 경우 그 어음·수표의 반환의무와 원인채무의 변제의무(대판 1993. 11. 9. 93다11203·11210)

㉡ 계약의 무효 또는 취소된 경우에 당사자 상호간의 반환의무(대판 1996. 6. 14. 95다54693)

ⓒ 민법 제571조(선의 매도인의 담보책임)에 의한 해제의 경우에 매도인의 손
해배상의무와 매수인의 목적물 및 그 사용이익의 반환의무(대판 1993. 4. 9.
92다25994)
ⓔ 동시이행의 항변권을 비쌍무계약에 확장하기 위한 요건
원래 쌍무계약에서 인정되는 동시이행의 항변권을 비쌍무계약에 확장함에 있
어서는 양 채무가 동일한 법률요건으로부터 생겨서 공평의 관점에서 보아 견
련적으로 이행시킴이 마땅한 경우라야 한다(대판 2000. 10. 27. 2000다36118).

(2) 상대방의 채무가 이행기에 있을 것을 요한다

쌍무계약에서 당사자 일방이 선이행의무를 부담하고 있는 때에는 그 자
는 상대방 채무의 이행기가 도래한 때까지 동시이행의 항변권을 가지지 않
지만, 선이행의무자가 이행하지 않고 있는 동안에 상대방의 채무의 변제기
가 도래한 경우에는 선이행의무자도 동시이행의 항변권을 갖는다(대판
1970. 5. 12. [70다344]). 또한 당사자 일방이 상대방에게 먼저 이행하여야
할 경우에도 '상대방의 이행이 곤란한 현저한 사유가 있는 때'에는 선이행
의무자는 그 채무이행을 제공할 때까지 자기의 채무이행을 거절할 수 있는
동시이행의 항변권을 가진다(제536조 2항). 이를 '불안(不安)의 항변권'이라
고도 한다. 이와 관련하여 판례는 "민법 제536조 제2항에서의 '상대방의 채
무이행이 곤란할 현저한 사유'라 함은 계약 성립 후 상대방의 신용불안이
나 재산상태의 악화 등 사정으로 반대급부를 이행받을 수 없게 될지도 모
를 사정변경이 생기고 이로 인하여 당초의 계약 내용에 따른 선이행의무를
이행하게 하는 것이 공평의 관념과 신의칙에 반하게 되는 경우를 말하는
것이고 이와 같은 사유는 당사자 쌍방의 사정을 종합하여 판단하여야 할
것이다(대법원 2002. 9. 4. 선고 2001다1386 판결)"라고 판시한 바 있다.

(3) 상대방이 자기의 채무 또는 그 제공을 하지 않고서 이행을 청구하였을 것을 요한다. 이와 관련하여 다음과 같은 문제가 있다.

가. 일부이행 또는 불완전이행

상대방이 일부의 이행(혹은 제공) 또는 불완전한 이행(혹은 그 제공)을
한 후에 청구를 한 경우 이행이 청구된 채무가 가분인 때에는 원칙적으로
잔여부분 또는 불완전한 부분에 부담하는 만큼의 채무의 이행만을 거절할

수 있는 것으로 해석되고 있다(통설, 판례).

판례는 도급인이 하자보수에 갈음하여 손해배상을 청구한 경우, 도급인은 그 손해배상의 제공을 받을 때까지 손해배상액에 상당하는 보수액의 지급만을 거절할 수 있는 것이고 그 나머지 보수액의 지급은 이를 거절할 수 없다고 한다(대판 1990. 5. 22. 90다카230).

그러나 잔여의 부분 또는 불완전한 부분이 근소·경미하여 동시이행의 항변권을 인정하는 것이 신의·공평의 이념에 반하고 부당하다고 인정될 때에는 이 항변권은 인정되지 않는다고 하여야 할 것이다(독일민법 제320조 2항 참조). 반대로 잔여의 부분 또는 불완전한 부분이 중요한 것이면 전부에 관한 항변권을 인정하여야 할 것이다. 또 이행이 청구된 채무가 불가분인 때에는 잔여의 부분 또는 불완전한 부분이 근소한 것이 아닌 한 전부에 대하여 동시이행의 항변권을 인정하여야 할 것이다.

잔여부분 또는 불완전한 부분이 근소한 것인가 중요한 것인가는 계약의 취지를 검토하여 신의성실의 원칙에 따라 판단하여야 한다.

또 상대방이 일단 채무의 내용에 좇아 이행의 제공을 하였음에도 불구하고 수령하지 않음으로써 수령지체에 빠진 당사자도, 그 후 상대방이 자기의 채무의 이행을 다시 하지 않고서 이행을 청구하여 온 것에 대하여 동시이행의 항변권을 행사할 수 있다고 보는 것이 다수설 및 판례이다. 즉 판례는 쌍무계약에 있어 당사자 일방이 먼저 한번 현실의 제공을 하고, 상대방을 수령지체에 빠지게 하였다 하더라도 그 이행의 제공이 계속되지 않는 경우에는 과거에 이행의 제공이 있었다는 사실만으로 상대방이 가진 동시이행의 항변권이 소멸한다고 볼 수 없다고 하였다(판례 1972. 11. 14. 72다1513·1514).

<div align="center">◨ 핵심판례 ◨</div>

■ 쌍무계약의 일방 당사자가 선이행의무를 부담하고 그와 대가관계에 있는 상대방의 채무가 아직 이행기에 이르지 아니하였으나 그 이행기의 이행이 현저히 불투명하게 된 경우, 선이행의무의 이행을 거절할 수 있는지 여부

가. 쌍무계약의 당사자 일방이 계약상 선이행의무를 부담하고 있는데, 그와 대가

관계에 있는 상대방의 채무가 아직 이행기에 이르지 아니하였지만 이행기의 이행이 현저히 불투명하게 된 경우에는 민법 제536조 제2항의 신의칙에 의하여 그 당사자에게 반대급부의 이행이 확실하여질 때까지 선이행의무의 이행을 거절할 수 있다.

나. 토지매수인, 시공회사 신탁회사 간에 신탁방식에 의한 오피스텔 신축 및 분양사업에 관한 기본약정을 맺은 후 외환위기로 신탁회사가 사업자금 차입 곤란 등으로 공사선급금 등의 지급확보책을 제시하지 못한 경우, 시공회사가 이를 이유로 자신의 선이행의무인 토지대금의 대여 및 지급보증의무의 이행을 거절할 수 있다(대판 2003. 5. 16. 2002다2423).

3. 효 과

(1) 이행거절의 항변권

동시이행의 항변권은 상대방의 채무이행이 있기까지 자신의 채무이행을 거절할 수 있는 권리, 즉 이행거절권능이 그 중심적 효력이다. 이행거절을 위해서는 동시이행의 항변권을 실제로 행사하여야 한다.

동시이행항변권은 상대방이 채무를 이행하거나 또는 이행의 제공을 할 때까지 자기의 채무를 거절할 수 있는 '연기적 항변권'일 뿐, 상대방의 청구권을 영구적으로 부인하는 것은 아니다. 한편, 동시이행의 항변권을 가지는 채무자는 비록 이행기에 이행을 하지 않더라도 채무불이행, 즉 이행지체가 되지 않는다. 이행지체 저지효는 동시이행의 항변권을 실제로 행사하지 않더라도 항변권의 존재만으로 당연히 생긴다(통설과 판례). 즉 이행기가 도과하더라도 동시이행관계만 있으면 이행지체책임이 당연히 면제된다.

(2) 소송상의 효력

이행의 청구를 받은 자가 동시이행의 항변권을 가지고 있더라도 이를 주장(원용)하지 않는 한 법원은 그 존재를 고려하여야 하는 것은 아니지만 원고의 청구에 대하여 피고가 동시이행의 항변권을 원용한 경우에는 법원은 원고패소의 판결을 내릴 것이 아니라, 피고에 대하여 원고의 급부와 상환으로 급부하라는 상환급부를 명하는 판결(일부승소판결)을 하여야 하는 것으로 해석하고 있다(이설없음, 독일민법 제322조 1항 참조).

상환급부의 판결에 기하여 원고가 강제집행을 함에 있어서는 자기채무의 이행을 하지 않으면 안되며, 이 때 원고가 하는 급부(정확하게 말하면 그

증명)는 집행문부여의 요건이 아니고, 집행개시의 요건이다. 따라서 채권자 쪽의 반대급부의 이행 또는 제공의 유무는 집행관 기타의 집행기관이 심사 하게 된다(대결 1977. 11. 30. 77마371 공보④ 1978. 10548).

(3) 기타의 효과

가. 이행지체책임의 면제

쌍무계약에서 쌍방의 채무가 동시이행관계에 있는 경우 일방의 채무의 이행기가 도래하더라도 상대방 채무의 이행제공이 있을 때까지는 그 채무 를 이행하지 않아도 이행지체의 책임을 지지 않는 것이며, 이와 같은 효과 는 이행지체의 책임이 없다고 주장하는 자가 반드시 동시이행의 항변권을 행사하여야만 발생하는 것은 아니므로, 동시이행관계에 있는 쌍무계약상 자기채무의 이행을 제공하는 경우 그 채무를 이행함에 있어 상대방의 행위 를 필요로 할 때에는 언제든지 현실로 이행을 할 수 있는 준비를 완료하고 그 뜻을 상대방에게 통지하여 그 수령을 최고하여야만 상대방으로 하여금 이행지체에 빠지게 할 수 있는 것이다(대판 2001. 7. 10. 2001다3764).

나. 상계의 금지

동시이행의 항변권이 붙은 채권은 이를 자동채권으로 하여 상계하지 못 한다(제492조 1항 단서).

항변권이 붙어 있는 채권을 자동채권으로 하여 타의 채무와의 상계를 허용한다면 상계자 일방의 의사표시에 의하여 상대방의 항변권행사의 기 회를 상실케 하는 결과가 되므로 이와 같은 상계는 그 성질상 허용될 수 없다(대법원 1969. 10. 28, 69다1084).

[동시이행의 항변]

■ **핵심판례** ■

1. 쌍무계약에서 고유의 대가관계가 있지 않은 채무 사이에 동시이행의 항변권을 인정할 수 있는 경우

동시이행의 항변권은 공평의 관념과 신의칙에 입각하여 각 당사자가 부담하는 채무가 서로 대가적 의미를 가지고 관련되어 있을 때 그 이행에 있어서 견련관계를 인정하여 당사자 일방은 상대방이 채무를 이행하거나 이행의 제공을 하지 아니한 채 당사자 일방의 채무의 이행을 청구할 때에는 자기의 채무 이행을 거절할 수

있도록 하는 제도인바, 이러한 제도의 취지에서 볼 때 당사자가 부담하는 각 채무가 쌍무계약에 있어 고유의 대가관계가 있는 채무가 아니라고 하더라도 구체적인 계약관계에서 각 당사자가 부담하는 채무에 관한 약정 내용에 따라 그것이 대가적 의미가 있어 이행상의 견련관계를 인정하여야 할 사정이 있는 경우에는 동시이행의 항변권을 인정할 수 있다(대판 2007. 6. 14. 2007다3285).

2. **매수인이 선이행하여야 할 중도금지급을 하지 아니한 채 잔대금지급일을 경과한 경우 매수인의 대금지급채무와 매도인의 소유권이전등기의무와의 관계**

매수인이 선이행하여야 할 중도금지급을 하지 아니한 채 잔대금지급일을 경과한 경우에는 매수인의 중도금 및 이에 대한 지급일 다음날부터 잔대금지급일까지의 지연손해금과 잔대금의 지급채무는 매도인의 소유권이전등기의무와 특별한 사정이 없는 한 동시이행관계에 있다(1991. 3. 27. 제1부 판결 90다19930 소유권이전등기).

3. **수급인이 동시이행 관계에 있는 도급인에 대한 건물의 인도의무를 이행제공 또는 이행하지 않고 도급인에 대하여 공사대금청구를 하여 법원이 그 공사대금 및 이에 대한 건물 인도일 이후의 지연손해금을 인정하는 경우, 그 지연손해금의 적용이율**

쌍무계약에서 쌍방의 채무가 동시이행 관계에 있는 경우 일방의 채무의 이행기가 도래하더라도 상대방 채무의 이행제공이 있을 때까지는 그 채무를 이행하지 않아도 이행지체의 책임을 지지 않는 것인바, 사실심 변론종결일까지 수급인이 도급인에게 건물의 인도를 위한 이행제공 또는 이행을 하였다고 볼 수 없는 경우 건물의 인도의무와 동시이행관계에 있는 공사대금 지급의무에 관하여 도급인에게 이행지체의 책임이 있다고 할 수 없으므로 위 공사대금에 대한 위 건물 인도일 이후의 지연손해금을 인정함에 있어서는 소송촉진등에관한특례법 제3조 제1항 단서에 의하여 같은 조항 본문에 정한 이율이 적용되지 아니한다(대판 2007. 6. 14. 2007다3285).

4. **매수인이 선이행의무인 중도금 지급의무를 불이행한 상태에서 매도인의 소유권이전등기 소요서류의 제공 없이 잔대금 지급기일이 도과된 경우, 매수인의 중도금 미지급에 대한 지체책임 여부(소극)**

가. 매수인이 선이행의무 있는 중도금을 지급하지 않았다 하더라도 계약이 해제되지 않은 상태에서 잔대금 지급일이 도래하여 그 때까지 중도금과 잔대금이 지급되지 아니하고 잔대금과 동시이행관계에 있는 매도인의 소유권이전등기 소요서류가 제공된 바 없이 그 기일이 도과하였다면, 다른 특별한 사정이 없는 한, 매수인의 중도금 및 잔대금의 지급과 매도인의 소유권이전등기 소요서류의 제공은 동시이행관계에 있다 할 것이어서 그 때부터는 매수인은 중도금을 지급하지 아니한 데 대한 이행지체의 책임을 지지 아니한다.

나. 매수인의 중도금 지급의무를 매도인의 소유권이전등기 소요서류 제공의무보
다 항상 선이행의 관계에 있는 것으로 하는 약정으로 보기 어렵다(대판 2002.
3. 29. 선고 2000다577).

5. 가. 쌍무계약의 일방 당사자가 선이행의무를 부담하고 그와 대가관계에
있는 상대방의 채무가 아직 이행기에 이르지 아니하였으나 그 이행기
의 이행이 현저히 불투명하게 된 경우, 선이행의무의 이행을 거절할
수 있는지 여부(적극)

쌍무계약의 당사자 일방이 계약상 선이행의무를 부담하고 있는데 그와 대가
관계에 있는 상대방의 채무가 아직 이행기에 이르지 아니하였지만 이행기의
이행이 현저히 불투명하게 된 경우에는 민법 제536조 제2항 및 신의칙에 의
하여 그 당사자에게 반대급부의 이행이 확실하여질 때까지 선이행의무의 이
행을 거절할 수 있다고 보아야 한다.

나. 대가적 채무 간에 이행거절 권능을 가짐에도 이행거절 의사를 밝히지
아니한 경우, 이행지체책임이 발생하는지 여부(소극)

대가적 채무 간에 이행거절의 권능을 가지는 경우에는 비록 이행거절 의사를
구체적으로 밝히지 아니하였다고 할지라도 이행거절 권능의 존재 자체로 이
행지체책임은 발생하지 않는다.

다. 대금채무에 대한 이행거절 권능을 가지는 매수인이 이를 행사하지 않
고 대금채무를 이행한 경우, 매매계약상 할인 효과를 가져오는 납부
기한 전의 선납에 해당하는지 여부(소극)

이행거절의 권능은 어디까지나 자기 채무의 이행을 거절할 권능에 지나지 아
니할 뿐 당초에 약정된 변제기를 변경시키거나 변제기의 정함이 없는 채무로
그 성질을 변경시키는 효력을 가지는 것이 아니므로 설사 이행거절 권능을
가지는 매수인이 이를 행사하지 않고 대금채무를 이행하였다고 할지라도 납
부기한 전에 선납한 것에 해당한다고 볼 수 없다.

라. 매매계약상 연체료 약정을 한 경우, 그 약정의 성질 및 연체료 지급의무
의 발생 요건

매매계약 당시 매수인들이 대금을 납부 지정일까지 납부하지 아니할 경우 그
체납액에 대하여 연체료를 가산하여 지급하기로 한 연체료 약정은 일종의 지
연배상에 대한 예정으로서 이행지체책임이 발생할 때 비로소 그 지급의무가
발생한다(대판 1997. 7. 25. 선고 97다5541).

6. 원인채무의 이행의무와 어음 반환의무가 상호 동시이행의 관계에 있는 경
우, 원인채무의 채무자는 어음을 반환받을 때까지는 이행지체책임을 지지
않는지 여부(소극)

채무자가 어음의 반환이 없음을 이유로 원인채무의 변제를 거절할 수 있는 것은 채무자로 하여금 무조건적인 원인채무의 이행으로 인한 이중지급의 위험을 면하게 하려는 데에 그 목적이 있는 것이지, 기존의 원인채권에 터잡은 이행청구권과 상대방의 어음 반환청구권이 민법 제536조에 정하는 쌍무계약상의 채권채무관계나 그와 유사한 대가관계가 있어서 그러는 것은 아니므로, 원인채무 이행의무와 어음 반환의무가 동시이행의 관계에 있다 하더라도 이는 어음의 반환과 상환으로 하지 아니하면 지급을 할 필요가 없으므로 이를 거절할 수 있다는 것을 의미하는 것에 지나지 아니하는 것이며, 따라서 채무자가 어음의 반환이 없음을 이유로 원인채무의 변제를 거절할 수 있는 권능을 가진다고 하여 채권자가 어음의 반환을 제공하지 아니하면 채무자에게 적법한 이행의 최고를 할 수 없다고 할 수는 없고, 채무자는 원인채무의 이행기를 도과하면 원칙적으로 이행지체의 책임을 진다(대판1999. 7. 9. 선고 98다47542·47559).

7. 쌍방의 채무가 동시이행의 관계에 있는 경우, 동시이행의 항변권을 행사하여야만 지체책임을지지 않는지 여부

쌍무계약에서 쌍방의 채무가 동시이행관계에 있는 경우 일방의 채무의 이행기가 도래하더라도 상대방 채무의 이행제공이 있을 때까지는 그 채무를 이행하지 않아도 이행지체의 책임을 지지 않는 것이며, 이와 같은 효과는 이행지체의 책임이 없다고 주장하는 자가 반드시 동시이행의 항변권을 행사하여야만 발생하는 것은 아니다. 따라서 동시이행관계에 있는 쌍무계약상 자기채무의 이행을 제공하는 경우 그 채무를 이행함에 있어 상대방의 행위를 필요로 할 때에는 언제든지 현실로 이행을 할 수 있는 준비를 완료하고 그 뜻을 상대방에게 통지하여 그 수령을 최고하여야만 상대방으로 하여금 이행지체에 빠지게 할 수 있는 것이다(대판 2001. 7. 10. 선고 2001다3764).

8. 공사잔대금은 준공검사 후 은행으로부터 융자받아 지급하기로 하면서 시공자가 건축주로 하여금 은행융자를 받도록 책임지기로 약정하였다고 하더라도 건축주가 위 약정에 따른 협력의무를 다하지 아니하여 융자가 이루어지지 아니하였다면 공사금의 지급을 거절할 수 없다고 한 사례

공사잔대금은 준공검사 후 은행으로부터 융자받아 지급하기로 하면서 시공자가 건축주로 하여금 은행융자를 받도록 책임지기로 약정하였다고 하더라도 건축주가 위 약정에 따른 협력의무를 다하지 아니하여 융자가 이루어지지 아니하였다면 공사금의 지급을 거절할 수 없다(1991. 7. 9. 제1부 판결 91다6979 공사금).

9. 갑, 을 대지상에 위치한 상가점포의 분양에 있어 비율을 초과하여 지분소유권이전등기가 경료된 갑 대지의 초과지분에 대한 수분양자의 말소등기절차이행의무와 분양자의 을 대지에 대한 지분소유권이전등기절차이행의무가 동시이행관계에 있는지 여부(소극)

상가점포를 분양받은 수분양자가 점포를 분양받을 때 건물이 위치한 갑, 을 두

필지의 대지 중 그 점포가 건물의 전체면적에서 차지하는 비율에 따라 각 대지에 대한 지분소유권이전등기를 받기로 약정한 이상 그 중 갑 대지에 대하여 위 비율보다 초과하여 지분소유권이전등기가 경료되어 있다면 이는 원인무효의 등기이므로 분양자로서는 언제든지 수분양자에게 위 초과지분소유권의 말소를 구할 수 있다 할 것이고 수분양자의 위 지분 소유권말소등기절차이행의무는 분양자의 수분양자에 대한 을 대지 중 위 각 점포면적 비율에 의한 지분소유권이전등기절차이행의무와 동시이행관계에 있는 것은 아니다(1991. 9. 10. 제1부 판결 91다2984 손해배상(기)).

10. **인감증명법시행령 제14조 제4항의 규정이 매수인이 매도인인 재외국민으로부터 대지에 관한 소유권이전등기를경료받기 이전에 그가 부담하기로 되어 있는 양도소득세를 선납하여야 하거나 등기를경료받음과 동시에 양도소득세를 납부하여야 한다는 근거가 되는지 여부(소극)**

국세징수법 제14조 제1항, 제24조 제2항, 국세청 훈령 제1081호 재산제세조사사무처리규정 제32조의2, 3, 4 등의 각 규정은 재외국민으로서 국내에 주소 또는 거소가 없는 자가 납세관리인을 지정하지 아니한 채 부동산 등을 양도하고 소유권이전등기까지 마친 다음에는 양도소득세 등 조세의 징수가 사실상 불가능해질 경우가 있으므로 이에 대비하여 세무서장이 납기 전 징수, 보전압류 등의 절차를 취함으로써 조세채권을 사전에 확보할 수 있도록 하는 취지의 규정으로 해석되고, 위 각 규정 자체에 의하더라도 재외국민이 부동산을 양도한 경우 그 이전등기에 소요되는 인감증명을 발급받기 이전에, 또는 그와 동시에 양도소득세를 납부하여야 한다고는 규정되어 있지 아니하여, 인감증명법시행령 제14조 제4항의 규정이 매수인이 매도인인 재외국민으로부터 대지에 관한 소유권이전등기를경료받기 이전에 그가 부담하기로 되어 있는 양도소득세를 선납하여야 한다거나, 위 등기를경료받음과 동시에 양도소득세를 납부하여야 한다는 근거가 될 수는 없다(1992. 6. 12. 제3부 판결 92다11787 소유권이전등기등).

11. **매수인이 양도소득세를 부담키로 하는 약정이 있었다면 그것이 매도인의 소유권이전등기의무와 견련관계에 있는지 여부를 판단하여야 함에도 양도소득세 납부의무와 소유권이전등기의무가 동시이행관계에 있다고 할 수 없다고 한 원심판결에 동시이행항변권에 관한 법리오해 및 심리미진의 위법이 있다 하여 이를 파기한 사례**

양도소득세를 매수인이 부담키로 하는 약정이 있었다면 매수인이 양도소득세액을 부담하기 위한 이행제공의 형태, 방법, 시기 등에 관하여 당사자 간에 어떤 약정이 있었는지를 확정한 다음, 그것이 매도인의 소유권이전등기의무와 견련관계에 있다고 볼 수 있는지 여부를 판단하였어야 함에도 매도인이 매수인에게 양도소득세 상당 금원의 지급을 구하는 것은 별론으로 하고 매수인의 양도소득세 납부의무와 매도인의 소유권이전등기의무가 동시이행의 관계에 있다고는 할 수 없다고 한 원심판결에 동시이행의 항변권에 관한 법리오해 및 심

리미진의 위법이 있다 하여 이를 파기환송한다(1992. 8. 18. 제2판결 91다30927 소유권이전등기).

12. 동시이행의 항변권을 비쌍무계약에 확장하기 위한 요건

동시이행의 항변권을 비쌍무계약에 확장함에 있어서는 양채무가 동일한 법률요건으로부터 생겨서 공평의 관점에서 보아 견련적으로 이행시킴이 마땅한 경우라야 한다(1992. 10. 9. 제3부 판결 92다25656 소유권이전등기).

13. 환지예정지를 구분특정하여 매수하면서 종전토지에 관하여 공유등기를 함으로써 상호명의신탁관계에 있는 자들 사이의 명의신탁해지로 인한 소유권이전등기청구권과 환지처분 결과 면적의 증감에 따라 발생한 청산금의 정산을 요구할 권리가 동시이행의 관계에 있지 않다고 한 사례

환지예정지를 구분특정하여 매수하면서 종전토지에 관하여 공유등기를 함으로써 상호명의신탁관계에 있는 자들 사이의 명의신탁해지로 인한 소유권이전등기청구권과 환지처분 결과 면적의 증감에 따라 발생한 청산금의 정산을 요구할 권리가 동시이행의 관계에 있지 않다(1993. 2. 9. 제2부(타) 판결 92다21005, 21012(반소) 소유권이전등기).

14. 부동산의 매수인이 매매목적물에 관한 채무를 인수하는 한편 그 채무액을 매매대금에서 공제하기로 약정한 경우, 그 채무인수의 성질(=이행인수)및 매수인이 매매대금에서 그 채무액을 공제한 나머지를 지급함으로써 잔금지급의무를 다하였다 할 것인지 여부(한정적극)와 채권자의 승낙이 없어도 위 채무인수가 유효하게 성립할 것인지 여부(적극)

부동산의 매수인이 매매목적물에 관한 근저당권의 피담보채무, 가압류채무, 임대차보증금반환채무를 인수하는 한편 그 채무액을 매매대금에서 공제하기로 약정한 경우, 다른 특별한 약정이 없는 이상 이는 매도인을 면책시키는 채무인수가 아니라 이행인수로 보아야 하고, 매수인이 위 채무를 현실적으로 변제할 의무를 부담한다고도 해석할 수 없으며 특별한 사정이 없는 한 매수인이 매매대금에서 그 채무액을 공제한 나머지를 지급함으로써 잔금지급의무를 다하였다 할 것이고, 또한 위 약정의 내용은 매도인과 매수인의 계약으로 매수인이 매도인의 채무를 변제하기로 하는 것으로서 매수인은 제3자의 지위에서 매도인에 대하여만 그의 채무를 변제할 의무를 부담함에 그치므로 채권자의 승낙이 없으면 그에게 대항하지 못할 뿐 당사자 사이에서는 유효하게 성립한다.

15. 가. 동시이행의 항변권이 인정되는 이행상 견련관계의 범위

동시이행의 항변권은 당사자 쌍방이 부담하는 각 채무가 고유의 대가관계에서는 쌍무계약상 채무가 아니라 하더라도 구체적 계약 관계에서 당사자 쌍방이 부담하는 채무 사이에 대가적 의미가 있어 이행상 견련관계를 인정하여야 할 사정이 있는 경우에는 이를 인정하여야 할 것이다.

나. 위 "가"항과 같이 부동산매매계약과 이행인수계약이 함께 이루어진 경우 매수인의 인수채무불이행 또는 매도인의 임의변제로 인한 매수인의 손해배상채무 또는 구상채무와 매도인의 소유권이전등기의무가 동시이행의 관계에 있는지 여부(적극)

위 "가" 항과 같이 부동산매매계약과 함께 이행인수계약이 이루어진 경우 매수인이 인수한 채무는 매매대금지급채무에 갈음한 것으로서 매도인이 매수인의 인수채무불이행으로 말미암아 또는 임의로 인수채무를 대신 변제하였다면 그로 인한 손해배상채무 또는 구상채무는 인수채무의 변형으로서 매매대금지급채무에 갈음한 것의 변형이므로 매수인의 손해배상채무 또는 구상채무와 매도인의 소유권이전등기 의무는 대가적 의미가 있어 이행상 견련관계에 있다고 인정되고, 따라서 양자는 동시이행의 관계에 있다고 해석함이 공평의 관념 및 신의칙에 합당하다(1993. 2. 12.제3부(마) 판결 92다23193 소유권이전등기).

16. 여러 필지의 토지를 매매하였으나 매매대금은 일부만 지급되었고 법원이 일부토지에 관하여만 소유권이전등기를 명하는 경우 동시이행의 범위와 요건

매수인이 여러 필지의 토지를 매수하였다고 주장하고 소유권이전등기를 청구하였으나 사실은 매매대금의 일부만 지급되었고 매도인이 동시이행의 항변을 하는 경우, 토지의 매매계약이나 이행이 불가분적인 것이 아니어서 일부에 관하여만 매매계약이 유효하거나 일부토지에 관하여만 소유권이전등기가 가능하여 일부토지에 대하여만 소유권이전등기를 명할 때에는 매수인이 지급한 매매대금의 합계액이 소유권이전등기를 명하는 토지의 매매대금에 미치지 못하는 때에 한하여 그 범위 안에서만 동시이행의 항변을 받아들여 부족한 매매대금의 수령과 동시이행을 명하는 판결을 할 수 있고, 이미 지급한 매매대금액이 이전등기를 명하는 토지가액을 넘는 경우에는 동시이행을 명하여서는 안될것이다(1993. 2. 23. 제1부(아) 판결 92다32807 소유권이전등기).

17. 가. 담보책임에 동시이행관계를 인정하는 민법 제583조의 규정취지

민법 제583조의 취지는 매도인은 같은 조에서 명시한 규정들에 터잡아 이미 지급받은 대금의 전부나 일부의 반환의무, 손해배상의무, 하자 없는 물건의 지급의무가 있는 반면 매수인은 매도인에게서 수령한 목적물이 있다면 원상회복의무로서 이를 반환할 의무가 있는데, 이러한 쌍방 당사자의 의무는 하나의 쌍무계약에서 발생한 것은 아닐지라도 동일한 생활관계에서 발생한 것으로 서로 밀접한 관계에 있어 그 이행에 견련관계를 인정함이 공평의 원칙에 부합하기 때문에, 일반 해제의 경우와 마찬가지로 이들 경우에도 민법 제536조를 준용한다는 것이다.

나. 민법 제571조에 의한 계약해제의 효과로서 발생하는 매도인의 손해 배상의무와 매수인의 대지인도의무 사이에 동시이행관계가 있는지 여부(적극)

민법 제571조에 의한 계약해제의 경우에도 매도인의 손해배상의무와 매수인 의 대지인도의무는 발생원인이 다르다 하더라도 이행의 견련관계는 양 의무 에도 그대로 존재하므로 양 의무 사이에는 동시이행관계가 있다고 인정함이 공평의 원칙에 합치한다(1993. 4. 9. 제3부 판결 92다25946 손해배상(기)).

18. 쌍무계약이 무효로 되어 각 당사자가 서로 취득한 것을 반환하여야 하는 경우 동시이행에 관한 민법 제536조가 준용되는지 여부(적극)

동시이행의 항변권을 규정한 민법 제536조가 민법 제549조에 의하여 계약해제의 경우 각 당사자의 원상회복의무에 준용되고 있는 점을 생각할 때 쌍무계약이 무 효로 되어 각 당사자가 서로 취득한 것을 반환하여야 하는 경우에도 동시이행관 계가 있다고 보아 민법 제536조를 준용함이 옳다고 해석되는바, 이는 공평의 관 념상 계약이 무효인 때의 원상회복의무이행과 계약해제 때의 그것을 구별하여야 할 이유가 없으며 계약무효의 경우라 하여 어느 일방의 당사자에게만 먼저 반환 의무이행이 강제된다면 공평과 신의칙에 위배되기 때문이다(1993. 5. 14. 제3부 판결 92다45025 토지소유권이전등기말소).

19. 계약의 무효로 인한 원상회복의무에 있어서도 동시이행에 관한 민법 제 536조가 준용되는지 여부

동시이행의 항변권을 규정한 민법 제536조의 취지는 공평의 관념과 신의칙에 합 당하기 때문이며, 동조가 민법 제549조에 의하여 계약해제의 경우 각 당사자의 원상회복의무에 준용되고 있는 점을 생각할 때, 쌍무계약이 무효로 되어 각 당 사자가 서로 취득한 것을 반환하여야 하는 경우에도 동시이행관계가 있다고 보 아 민법 제536조를 준용함이 옳다(1993. 8. 13. 제3부 판결 93다5871 토지소유권 이전등기말소등).

20. 가. 매수인이 양도소득세를 부담하기로 하는 약정이 있는 경우 매도인의 소유권이전등기의무와 매수인의 양도소득세액 제공의무와의 관계

부동산의 매매계약시 그 부동산의 양도로 인하여 매도인이 부담할 양도소득 세를 매수인이 부담하기로 하는 약정이 있는 경우, 매수인이 양도소득세를 부담하기 위한 이행제공의 형태, 방법, 시기 등이 매도인의 소유권이전등기 의무와 견련관계에 있는 경우에는 매도인의 소유권이전등기의무와 매수인의 양도소득세액 제공의무는 동시이행의 관계에 있다고 봄이 상당하다.

나. 쌍무계약의 당사자 일방이 한 번 현실의 제공을 하였으나 상대방이 수령을 지체한 경우 상대방은 동시이행의 항변권을 상실하는지 여부

쌍무계약의 당사자 일방이 먼저 한 번 현실의 제공을 하고, 상대방을 수령지체에 빠지게 하였다 하더라도 그 이행의 제공이 계속되지 않는 경우는 과거에 이행의 제공이 있었다는 사실만으로 상대방이 가지는 동시이행의 항변권이 소멸하는 것은 아니다(1993. 8. 24. 제1부 판결 92다56490 소유권이전등기).

21. 임차인이 임대차계약종료 후 동시이행항변권 행사의 방법으로 목적물을 계속 점유하는 경우 부당이득의 성부

임차인이 임대차계약종료 이후에도 동시이행의 항변권을 행사하는 방법으로 목적물의 반환을 거부하기 위하여 임차건물부분을 계속 점유하기는 하였으나 이를 본래의 임대차계약상의 목적에 따라 사용·수익하지 아니하여 실질적인 이득을 얻은 바 없는 경우에는 그로 인하여 임대인에게 손해가 발생하였다 하더라도 임차인의 부당이득반환의무는 성립되지 않는다(1993. 11. 23. 제1부 판결 92다38980 건물명도).

22. 매매계약의 해제 또는 무효 주장에 동시이행의 항변이 포함되어 있다고 볼 수 있는지 여부

매매계약이 해제 또는 무효로 되었다는 매도인의 항변에 매도인의 소유권이전등기의무와 매수인의 잔대금지급의무가 동시이행관계에 있다는 항변이 포함되어 있다고 볼 수 없다(1993. 12. 28. 제2부 판결 선고 93다777 소유권이전등기).

23. 매수인이 연기된 잔금기일까지 월 2푼의 이자를 지급하기로 약정하였는데 매도인이 그 기일에 소유권이전등기 소요서류를 제공하지 아니한 경우 매수인이 그 이후에도 이행지체의 책임을 지는지 여부

매수인이 잔금지급일에 지급하여야 할 잔금 중 일부 금액에 대하여 잔금지급일 다음날부터 연기된 기일까지 월 2푼의 이자를 가산하여 지급하겠으니 이를 승낙하여 줄 것을 요청하였고, 매도인이 위 요청을 받아들인 경우 매수인의 위 잔대금 지급의무와 매도인의 소유권이전등기 소요서류 제공의무는 동시이행관계에 있으므로, 매수인이 연기된 기일에 잔대금을 지급하지 아니하였다 하더라도 매도인이 소유권이전등기 소요서류를 그 기일에 제공하지 아니하였다면 그때부터는 매수인이 잔금을 지급하지 아니한 데에 대한 이행지체의 책임을 지지 아니한다(1994. 1. 14. 제3부 판결 93다39096 소유권이전등기).

24. 처분문서 중 선이행의무 약정문언의 해석을 그르쳐 동시이행을 명한 원심판결을 파기한 사례

임대차계약서상 "임차인들은 임차기간 중, 임대인이 목적물을 취득하기 위하여 소요된 금액과 유지 관리하기 위하여 지출된 금액 및 양도 이후에 발생할 양도소득세 등 필수비용을 임대인에게 변상하고 소유권을 양수받을 수 있으며, 임대인은 부동산 가격의 상승 등의 이유로 거절할 수 없다"라는 조항은, 문리상 임차

인들이 소유권자인 임대인에게 임대차기간 중 위 세 가지 금원을 지급하여야 일
방적 의사표시에 의하여 목적물에 관한 매매계약을 완결시킬 수 있는 권리를 행
사할 수 있는 것으로 한 취지임이 분명하므로, 임대차계약서의 기재내용과 달리
볼 만한 특별한 사정이 있는지에 관한 아무런 심리도 하지 아니한 채, 임차인들
이 위 금원을 선지급한 다음 위 권리를 행사하기로 약정하였다는 임대인의 주장
을 배척하고, 임대인은 위 금원을 지급받음과 상환으로 임차인들에게 그 목적물
에 관한 소유권이전등기절차를 이행할 의무가 있다고 판단한 원심판결에는 처분
문서에 관한 해석을 그르치고 채증법칙을 어기거나 필요한 심리를 다하지 아니
한 위법이 있다(1994. 7. 29. 제3부 판결 93다19306 소유권이전등기).

<판례전문(1994. 7. 29. 제3부 판결 93다19306 소유권이전등기)>

[원고, 피상고인] 세한견인주식회사

[소송대리인 법무법인] 한미합동법률사무소

[담당변호사] 유경희 외 7인

[피고, 상고인] 이익모

[소송대리인 변호사] 박창래

[원심판결] 서울고등법원 1993. 3. 16. 선고, 92나13549 판결

1. 원심판결 이유에 의하면 원심은, 그 거시증거에 의하여 이 사건 부동산(대지
및 공장건물)과 그 위에 설치된 염색시설, 기계장치 등 이 사건 공장은 피고의 소
유였는데, 그 임차인이던 소외 고려실크주식회사가 1987. 7. 14. 이를 피고로부터
매수한 사실, 그런데 위 소외 회사는 위 매매계약의 계약금과 잔대금 일부만 지급
하고 나머지 잔대금 406,400,000원을 지급하지 못한 상태에서 피고와의 사이에 이
사건 공장의 소유권을 소외 회사 앞으로 이전한 다음 이를 담보로 은행융자를 받
아 위 잔대금을 지급하기로 약정하고, 같은 해 8.20. 이 사건 부동산에 관한 소유
권이전등기를 경료받아 이에 근저당권설정등기를 하고 은행융자까지 받았으나 잔
대금을 미처 지급하지 못한 상태에서 같은 해 12.27. 부도를 내고 도산한 사실, 그
러자 피고는 위 소외 회사에 대하여 위 매매를 해제, 청산할 것을 요구하고, 위 소
외 회사는 종업원과 채권자 보호를 위하여 회사의 재건을 희망하여 절충한 결과
피고와 위 소외 회사는 1988. 1. 22. 피고가 이 사건 공장을 소외 회사로부터 되사
기로 하고 매매대금은 금 1,006,400,000원으로 하되 매매대금지급방법은 피고의 소
외 회사에 대한 위 1987. 7. 14. 매매계약상의 미수령 잔대금 채권액 금
406,400,000원을 대등액에서 상계하고, 그 나머지는 실제 지급하는 대신 소외 회사
의 주식회사 제일은행에 대한 채무 금 600,000,000원을 피고가 인수하는 것으로 대
체하기로 하고 나서, 피고는 그 다음날인 1988. 1. 23. 소외 회사 종업원과 채권자
들에게 이 사건 공장을 가동하여 재건할 수 있는 기회를 주기 위하여 소외 회사의

대표이사인 소외 노춘택, 영업부장인 소외 김창동, 채권자 대표인 소외 문제창, 경리과장인 원심공동피고 문영철 등 네사람에게 이 사건 공장을 임대하기로 계약하면서 임대차기간은 피고 앞으로 소유권이전등기가 되는 날 부터 1990. 12. 31.까지로, 임료는 월 금 7,000,000원으로 정하였으며 아울러 피고와 위 임차인들은 위 임차인들이 위 임대차기간안에 (1) 위 피고가 이 사건 공장을 취득하기 위하여 소요한 금액, (2) 이 사건 공장을 유지, 관리하기 위하여 지출한 금액, (3) 이 사건 공장의 양도로 발생할 양도소득세 등 필수비용을 변상하고 이 사건 공장에 대한 소유권을 양수받을 수 있도록 약정한 다음, 위 소외 회사는 1988. 1. 25. 피고에게 이 사건 공장에 관한 소유권이전등기를 경료하여 준 사실, 그러나 위 소외 회사의 이해관계인들인 위 임차인들은 사실상 이 사건 공장을 경영할 만한 자금이 없었으므로 그 무렵 평소 소외 회사와 거래관계도 있고 유관사업체이기도 한 원고와의 사이에 원고가 위 소외 회사의 근로자들과 그들에 대한 미불임금 및 퇴직금 채무를 인수하는 조건으로 원고에게 이 사건 공장의 경영을 맡기기로 약정함에 따라 피고는 위 임차인들의 요구에 응하여 1988. 1. 26. 그들과 사이의 위 임대차계약을 폐기하고 그날 원고 및 원심공동피고 노춘택, 문영철과 사이에 종전의 임대차계약과 내용은 동일하되 임차인 명의만을 원고 등 위 3인으로 변경하고 원고를 실질적 임차인으로 하여 새로이 이 사건 공장에 관한 임대차계약을 체결하였고, 위 변경된 임대차계약상 임차인은 실질적으로 원고만이며 위 원심공동피고들의 임차인 명의는 위 미불임금 및 퇴직금의 확보를 위한 형식적인 것이었던 관계로 같은 날 위 노춘택, 문영철은 원고에게 위 임대차계약상의 임차인으로서의 모든 권리, 의무를 양도한 사실을 인정한 다음 이 사건 공장의 임대인인 피고와 그 임차인인 원고 등 세사람 사이의 위 1988. 1. 26.자 임대차계약내용 중 임차인들이 이 사건 공장에 대한 소유권을 양수받을 수 있도록 한 부분은 위 임차인들이 그 임차기간인 1990. 12. 31.까지 임차인들의 일방적인 의사표시에 의하여 이 사건 부동산을 포함한 이 사건 공장에 대한 매매계약을 완결시킬 수 있는 권리(원심은 이를 매수청구권이라고 하고 있으므로 혼동을 피하기 위하여 원심의 표현을 그대로 두기로 한다)를 인정한 약정이라고 판단하고, 이어서 위 1988. 1. 26.자 이 사건 임대차계약상 임차인들인 원고, 위 노춘택, 문영철은 위 (1), (2), (3)의 금원을 임대인인 피고에게 선지급한 다음 매수청구권을 행사하기로 약정한 것이라는 피고의 주장에 대하여는, 갑제2호증의 2, 을 제6호증의 기재만으로는 이를 인정하기에 부족하고, 달리 이를 인정할 증거가 없다고 하여 이를 배척한 다음, 원고는 1990. 12. 4. 대리인(법무법인 한미합동법률사무소 담당변호사 유경희)을 통하여, 임차인으로서 또한 위 노춘택, 문영철로부터 이 사건 공장에 대한 임차인으로서의 권리를 양수한 자로서 그들을 대위하여, 이 사건 부동산에 관한 위 약정상의 매수청구권을 행사한다는 의사표시를 함으로써, 피고와 원고, 위 노춘택, 문영철과의 사이에 1990. 12. 4. 이 사건 부동산에 대한 매매가 성립되었다고 판단하고 있다.2. 기록에 의하면, 위 1988. 1. 26.자 임대차계약내용 중 임차인들인 원고, 위 노춘택, 문영철이 임대인인 피고로부터 이 사건 부동산을 포함한 이 사건 공장의 소유권을 양수받을 수 있도록 한 약정부

분은 위 계약에 정한 임대차기간인 1990. 12. 31.까지는 위 임차인들이 그들의 일
방적인 의사표시에 의하여 이 사건 부동산을 포함한 이 사건 공장에 대한 매매계
약을 완결(성립)시킬 수 있는 권리를 인정한 것이라고 해석한 원심의 판단은 이를
시인할 수 있으나, 임차인들이 위 권리를 행사함에 있어서 위 약정소정의 위 (1),
(2), (3)의 금원을 임대인에게 선지급하여야 하는 것으로는 볼 수 없다고 한 원심
의 판단부분은 쉽사리 수긍할 수 없다.

위 1988. 1. 26.자 이 사건 임대차계약서(갑 제2호증의 2)의 계약조항 제7조는 '
을'(원고, 노춘택, 문영철의 세사람, 임차인들)은 제2조의 임차기간 중 "'갑'
(피고, 임대인)이 (1) 본 목적물을 취득하기 위하여 소요된 금액과 (2) 유지·관리
하기 위하여 지출된 금액 및 (3) 양도 이후에 발생할 양도소득세 등 필수비용을
'갑'에게 '변상하고' 그 소유권을 양수받을 수 있으며 '갑'은 부동산 가격의
상승 등의 이유로 거절할 수 없다"고 되어 있는바, 그 계약조항의 문리상 임차
인인 원고, 위 노춘택, 문영철이 임대인인 피고에게 임대차기간 중 위 (1), (2), (3)
금원을 변상(지급)하여야 위의 권리를 행사할 수 있는 것으로 한 취지임이 분명
하고, 그 외에 원심이 인정한 이 사건 임대차계약이 이루어진 경위, 동기, 목적 등
을 살펴보아도 임대차기간인 1990. 12. 31.까지 원고 등 임차인들이 임대인인 피고
에게 위 각 금원을 제공하는 것을, 임차인들의 일방적 의사표시에 의하여 매매계
약을 성립시키는 전제조건으로 삼은 것으로 추단하기에 충분하며, 을 제6호증(주
주총회의사록)의 기재를 보아도 1988. 1. 22. 위 소외 회사의 주주총회에서는 피고
로 하여금 위 소외 회사의 이해관계인(종업원 및 채권자들)에게 이 사건 공장을
3년 정도의 기간을 약정하여 임대하여 공장을 가동하게 하고 그 임차기간 중에
발생한 적극적인 손해를 변상하면 이 사건 공장의 소유권을 이해관계인에게 반환
하는 조건으로 피고에게 이 사건 부동산에 대한 소유권이전등기절차를 이행하기
로 결의하였던 사실을 알 수 있어 이를 뒷받침하는 반면, 기록을 보아도 위 계약
조항의 취지가 원고 등 임차인들이 임대인인 피고에게 임대차기간 중에 위 (1),
(2), (3) 금원의 지급없이도, 이 사건 부동산을 포함한 이 사건 공장을 양수하겠다
는 의사표시를 일방적으로 하기만 하면 이에 의하여 매매계약이 성립되는 것으로
한 취지라고 볼 만한 뚜렷한 증거가 없다.

그러하다면 원심이 처분문서인 위 임대차계약서(갑 제2호증의 2)의 제7조의 조
항을 그 기재내용과 달리 볼 만한 특별한 사정이 있는지에 관한 아무런 심리도
하지 아니한 채 그 판시와 같은 이유만으로, 원고가 그 대리인을 통하여 1990. 12.
4.에 한 판시 의사표시에 의하여 원고, 노춘택, 문영철 세사람과 피고 사이에 이
사건 부동산에 관한 매매가 성립된 것으로 보고, 원고의 예비적 청구에 관하여,
피고는 원고로부터 위 약정상의 (1), (2) 금원의 합계액이라는 그 판시의 금
1,085,442,276원을 지급받음과 상환으로 원고, 위 노춘택, 문영철에게 이 사건 부동
산에 관하여 1990. 12. 4. 매매를 원인으로 한 소유권이전등기절차를 이행할 의무
가 있다고 판단한 것은 처분문서에 관한 해석을 그르치고 채증법칙을 어긴 것이
거나 필요한 심리를 다하지 아니한 위법을 저지른 것이라고 할 수밖에는 없고,

원심의 이와 같은 위법은 판결결과에 영향을 미친 것이 분명하므로 이를 지적하는 논지는 이유 있다.

3. 그러므로 나머지 상고이유에 대한 판단을 생략한 채 원심판결 중 예비적청구에 관한 피고패소부분을 파기환송하기로 하여 관여 법관의 일치된 의견으로 주문과 같이 판결한다.

대법관　지창권(재판장) 천경송(주심) 안용득 신성택

25. **교환계약의 당사자 일방이 인수한 교환 목적물에 관한 근저당권의 피담보채무 지급의무와 상대방의 소유권이전등기의무가 모두 각 이행기에 이행되지 않은 채 이행기가 도과한 경우, 양 채무가 동시이행의 관계에 있는지 여부(적극) 및 상대방이 약정해제권을 행사하기 위하여는 자기 채무를 이행하여야 하는지 여부(적극)**

교환계약의 당사자 일방이 교환 목적물의 차액의 지급에 갈음하여 상대방으로부터 인수한 대출원리금지급의무와 상대방의 소유권이전등기의무가 모두 각각의 이행기에 이행되지 않은 채 계약이 해제되지 않은 상태에서 이행기가 도과하였다면 쌍무계약인 교환계약에 기한 위 대출원리금지급의무와 소유권이전등기의무는 동시이행의 관계에 있다고 할 것이고, 따라서 상대방이 해제권유보약정에 따라 해제통고를 함에 있어서는 그 최고기간까지 자기의 반대채무인 소유권이전등기의무의 이행 또는 그 이행의 제공을 하여야 약정해제권을 적법하게 취득하고 최고기간의 만료로 해제의 효력이 발생한다(대법원 1998. 7. 24. 선고 98다13877 판결).

26. **쌍무계약에 있어서 상대방의 부수적사항에 관한 의무위반만을 이유로 자기의 채무이행을 거절할 수 있는 동시이행의 항변권을 갖게되는지 여부**

쌍무계약 당사자인 "을"의 부수적사항에 관한 선전의무채무와 "갑"의 새어름 연간 900톤 인수채무가 서로 동시이행하기로 하는 당사자간의 특약이 있었거나 또는 선전의무가 계약의 중요한 전제조건이 되었다는 등의 특별한 사정이 없었다면 다만 "을"의 부수적 사항에 관한 의무위반만을 이유로 "갑"은 새어름 연간 900톤의 인수책임을 거절할 수 있는 "을"측의 채무불이행이라거나 "갑"측이 그의 채무이행을 거절할 수 있는 동시이행항변권을 갖게되는 사유가 된다고 할 수 없을 것이다(대법원 1976. 10. 12. 선고 73다584 판결).

27. **아파트 수분양자가 자신을 아파트에 입주시켜 주어야 할 아파트 분양회사의 의무보다 선이행하여야 하는 중도금 지급의무의 이행을 아파트 분양회사의 신용불안 등을 이유로 거절할 수 있는지 여부(적극) 및 이 때 아파트 수분양자가 중도금 지급의무의 이행지체 책임을 지는지 여부(소극)**

아파트 수분양자의 중도금 지급의무는 아파트를 분양한 건설회사가 수분양자를 아파트에 입주시켜 주어야 할 의무보다 선이행하여야 하는 의무이나, 건설회사의 신용불안이나 재산상태의 악화 등은 민법 제536조 제2항의 건설회사의 의무이행이 곤란할 현저한 사유가 있는 때 또는 민법 제588조의 매매의 목적물에 대하여 권리를 주장하는 자가 있는 경우에 매수인이 매수한 권리의 전부나 일부를 잃을 염려가 있는 때에 해당하여, 아파트 수분양자는 건설회사가 그 의무이행을 제공하거나 매수한 권리를 잃을 염려가 없어질 때까지 자기의 의무이행을 거절할 수 있고, 수분양자에게는 이러한 거절권능의 존재 자체로 인하여 이행지체 책임이 발생하지 않으므로, 수분양자가 건설회사에 중도금을 지급하지 아니하였다고 하더라도 그 지체책임을 지지 않는다(대법원 2006. 10. 26. 선고 2004다24106, 24113 판결).

28. **가. 동시이행의 항변권은 당사자가 원용하여야 그 인정 여부에 대하여 심리할 수 있는지 여부(적극)**

동시이행의 항변권은 당사자가 이를 원용하여야 그 인정 여부에 대하여 심리할 수 있는 것이다.

나. 매수인이 매도인을 상대로 매매목적 부동산 중 일부에 대해서만 소유권이전등기의무의 이행을 구하고 있는 경우, 매도인은 매매잔대금 전부에 대하여 동시이행의 항변권을 행사할 수 있는지 여부(적극)

부동산매매계약에서 발생하는 매도인의 소유권이전등기의무와 매수인의 매매잔대금지급의무는 동시이행관계에 있고(대법원 1992. 2. 14. 선고 91다12349 판결 참조), 동시이행의 항변권은 상대방의 채무이행이 있기까지 자신의 채무이행을 거절할 수 있는 권리이므로, 매수인이 매도인을 상대로 매매목적 부동산 중 일부에 대해서만 소유권이전등기의무의 이행을 구하고 있는 경우에도 매도인은 특별한 사정이 없는 한 그 매매잔대금 전부에 대하여 동시이행의 항변권을 행사할 수 있다고 할 것이다(대법원 2006.2.23. 선고 2005다53187 판결).

29. **임차인이 사소한 원상회복의무를 이행하지 아니한 채 건물의 명도 이행을 제공한 경우, 임대인이 이를 이유로 거액의 임대차보증금 전액의 반환을 거부하는 동시이행의 항변권을 행사할 수 있는지 여부(소극)**

동시이행의 항변권은 근본적으로 공평의 관념에 따라 인정되는 것인데, 임차인이 불이행한 원상회복의무가 사소한 부분이고 그로 인한 손해배상액 역시 근소한 금액인 경우에까지 임대인이 그를 이유로, 임차인이 그 원상회복의무를 이행할 때까지, 혹은 임대인이 현실로 목적물의 명도를 받을 때까지 원상회복의무 불이행으로 인한 손해배상액 부분을 넘어서서 거액의 잔존 임대차보증금 전액에 대하여 그 반환을 거부할 수 있다고 하는 것은 오히려 공평의 관념에 반하는 것이 되어 부당하고, 그와 같은 임대인의 동시이행의 항변은 신의칙에 반하는 것이 되어 허용할 수 없다(대법원 1999. 11. 12. 선고 99다34697 판결).

30. **쌍무계약인 매매계약에서 매수인이 선이행의무인 잔금지급의무를 이행하지 않던 중 매도인도 소유권이전등기의무의 이행을 제공하지 아니한 채 그 이행기를 도과한 경우, 매도인과 매수인 쌍방의 의무가 동시이행 관계에 있게 되는지 여부(적극)**

쌍무계약인 매매계약에서 매수인이 선이행의무인 잔금지급의무를 이행하지 않던 중 매도인도 소유권이전등기의무의 이행을 제공하지 아니한 채 소유권이전등기의무의 이행기를 도과한 경우, 여전히 선이행의무로 하기로 약정하는 등 특별한 사정이 없는 한 매도인과 매수인 쌍방의 의무는 동시이행 관계에 놓이게 된다(대법원 1999. 7. 9. 선고 98다13754,13761 판결).

31. **부동산의 매도인이 매수인을 이행지체에 빠뜨리기 위한 이행제공의 방법과 그 정도**

쌍무계약에 있어서 당사자의 채무에 관하여 이행의 제공을 엄격하게 요구하면 불성실한 상대당사자에게 구실을 주게 될 수도 있으므로 당사자가 하여야 할 제공의 정도는 그의 시기와 구체적인 상황에 따라 신의 성실의 원칙에 어긋나지 않게 합리적으로 정하여야 하는 것이며, 부동산매매계약에서 매도인의 소유권이전등기절차이행채무와 매수인의 매매잔대금 지급채무가 동시이행관계에 있는 한 쌍방이 이행을 제공하지 않는 상태에서는 이행지체로 되는 일이 없을 것인바, 매도인이 매수인을 이행지체로 되게 하기 위하여는 소유권이전등기에 필요한 서류 등을 현실적으로 제공하거나 그렇지 않더라도 이행장소에 그 서류 등을 준비하여 두고 매수인에게 그 뜻을 통지하고 수령하여 갈 것을 최고하면 되는 것이어서, 특별한 사정이 없으면 이행장소로 정한 법무사 사무실에 그 서류 등을 계속 보관시키면서 언제든지 잔대금과 상환으로 그 서류들을 수령할 수 있음을 통지하고 신의칙상 요구되는 상당한 시간 간격을 두고 거듭 수령을 최고하면 이행의 제공을 다한 것이 되고 그러한 상태가 계속된 기간 동안은 매수인이 이행지체로 된다 할 것이다(대법원 2001. 5. 8. 선고 2001다6053,6060,6077 판결).

32. **쌍무계약 일방 당사자의 이행제공으로 상대방이 이행지체에 빠진 후 계약해제를 위한 이행최고를 함에 있어 갖추어야 할 자기 채무의 이행준비의 정도**

쌍무계약의 일방 당사자가 이행기에 한번 이행제공을 하여서 상대방을 이행지체에 빠지게 한 경우, 신의성실의 원칙상 이행을 최고하는 일방 당사자로서는 그 채무이행의 제공을 계속할 필요는 없다 하더라도 상대방이 최고기간 내에 이행 또는 이행제공을 하면 계약해제권은 소멸되므로 상대방의 이행을 수령하고 자신의 채무를 이행할 수 있는 정도의 준비가 되어 있으면 된다(대법원 1996. 11. 26. 선고 96다35590, 35606 판결).

33. **쌍무계약이 무효로 된 경우, 양 당사자의 취득물 반환의무가 동시이행 관계에 있는지 여부(적극)**

쌍무계약이 무효로 되어 각 당사자가 서로 취득한 것을 반환하여야 할 경우, 어느 일방의 당사자에게만 먼저 그 반환의무의 이행이 강제된다면 공평과 신의칙에 위배되는 결과가 되므로 각 당사자의 반환의무는 동시이행의 관계에 있다고 봄이 상당하다(대법원 1996. 6. 14. 선고 95다54693 판결).

34. **기존채권의 지급을 위하여 발행 또는 교부받은 약속어음을 타인에게 양도한 채권자에게 기존채권에 기한 동시이행의 항변권이 있는지 여부 (적극)**

약속어음이 기존채무의 지급확보를 위하여 또는 그 담보를 위하여 발행 또는 교부된 경우에 어음금의 지급이 없더라도 채권자가 그 어음을 유상 또는 무상으로 타인에게 배서양도한 경우에는 다른 특별한 사정이 없는 한 기존채권의 채권자는 채무자에 대하여 기존채권의 지급을 청구할 수 없으나, 이는 단지 채무자에게 이중지급의 위험이 있어 채무자가 기존채무의 이행을 거절할 수 있다는 취지에 불과할 뿐 기존채무가 소멸하였다는 취지는 아니므로, 기존채권의 채권자는 채무자에 대하여 기존채권의 지급을 청구할 수 없으나 채무자의 반대채무의 이행청구에 대하여 기존채무를 이행할 것을 동시이행의 항변으로 주장할 수는 있다(대법원 1996. 9. 24. 선고 96다23030 판결).

35. **근저당권 실행을 위한 경매가 무효가 된 경우, 낙찰자의 채무자에 대한 소유권이전등기 말소의무와 근저당권자의 낙찰자에 대한 배당금 반환의무가 동시이행관계에 있는지 여부(소극)**

근저당권 실행을 위한 경매가 무효로 되어 채권자(=근저당권자)가 채무자를 대위하여 낙찰자에 대한 소유권이전등기 말소청구권을 행사하는 경우, 낙찰자가 부담하는 소유권이전등기 말소의무는 채무자에 대한 것인 반면, 낙찰자의 배당금 반환청구권은 실제 배당금을 수령한 채권자(=근저당권자)에 대한 채권인바, 채권자(=근저당권자)가 낙찰자에 대하여 부담하는 배당금 반환채무와 낙찰자가 채무자에 대하여 부담하는 소유권이전등기 말소의무는 서로 이행의 상대방을 달리하는 것으로서, 채권자(=근저당권자)의 배당금 반환채무가 동시이행의 항변권이 부착된 채 채무자로부터 승계된 채무도 아니므로, 위 두 채무는 동시에 이행되어야 할 관계에 있지 아니하다(대법원 2006. 9. 22. 선고 2006다24049 판결).

36. **임차인의 임차보증금반환청구채권이 전부된 경우 임대차계약 해지 후의 임차인의 목적물에 대한 점유가 불법점유인지 여부(한정 소극)**

임차인의 임차보증금반환청구채권이 전부된 경우에도 채권의 동일성은 그대로 유지되는 것이어서 동시이행관계도 당연히 그대로 존속한다고 해석할 것이므로 임대차계약이 해지된 후에 임대인이 잔존임차보증금반환청구채권을 전부받은 자

에게 그 채무를 현실적으로 이행하였거나 그 채무이행을 제공하였음에도 불구하고 임차인이 목적물을 명도하지 않음으로써 임차목적물반환채무가 이행지체에 빠지는 등의 사유로 동시이행의 항변권을 상실하게 되었다는 점에 관하여 임대인이 주장·입증을 하지 않은 이상 임차인의 목적물에 대한 점유는 동시이행의 항변권에 기한 것이어서 불법점유라고 볼 수 없다(대법원 2002. 7. 26. 선고 2001 다68839 판결).

37. 하나의 계약 혹은 그 계약에 추가된 약정으로 둘 이상의 민법상 전형계약 내지 채권적 권리의무관계가 포괄되어 있고, 그에 따른 당사자 일방의 여러 의무와 상대방의 여러 의무가 포괄적으로 대가관계에 있는 경우, 그 의무들이 동시이행관계에 있다고 볼 수 있는지 여부(적극)

하나의 계약 혹은 그 계약에 추가된 약정으로 둘 이상의 민법상의 전형계약 내지 민법상의 채권적 권리의무관계(이하 '민법상의 전형계약 등'이라 한다)가 포괄되어 있고, 이에 따른 당사자 사이의 여러 권리의무가 동일한 경제적 목적을 위하여 서로 밀접하게 연관되어 있는 경우에는, 이를 민법상의 전형계약 등에 상응하는 부분으로 서로 분리하여 그 각각의 전형계약 등의 범위 안에서 대가관계에 있는 의무만을 동시이행관계에 있다고 볼 것이 아니고, 당사자 일방의 여러 의무가 포괄하여 상대방의 여러 의무와 사이에 대가관계에 있다고 인정되는 한, 이러한 당사자 일방의 여러 의무와 상대방의 여러 의무는 동시이행의 관계에 있다고 볼 수 있다(대법원 2010. 3. 25. 선고 2007다35152 판결).

38. [1] 민법 제536조 제2항에서 정한 '상대방의 이행이 곤란할 현저한 사유'의 의미 및 그 판단 기준

민법 제536조 제2항은 쌍무계약의 당사자 일방이 상대방에게 먼저 이행을 하여야 하는 의무를 지고 있는 경우에도 "상대방의 이행이 곤란할 현저한 사유가 있는 때"에는 동시이행의 항변권을 가진다고 하여, 이른바 '불안의 항변권'을 규정한다. 여기서 '상대방의 이행이 곤란할 현저한 사유'란 선이행채무를 지게 된 채무자가 계약 성립 후 채권자의 신용불안이나 재산상태의 악화 등의 사정으로 반대급부를 이행받을 수 없는 사정변경이 생기고 이로 인하여 당초의 계약내용에 따른 선이행의무를 이행하게 하는 것이 공평과 신의칙에 반하게 되는 경우를 말하고, 이와 같은 사유가 있는지 여부는 당사자 쌍방의 사정을 종합하여 판단되어야 한다.

[2] 도급계약에서 일정 기간마다 이미 행하여진 공사부분에 대하여 기성 공사금 등의 대가를 지급하기로 약정되어 있는데도 도급인이 정당한 이유 없이 이를 지급하지 않아 수급인에게 당초 계약내용에 따른 선이행의무의 이행을 요구하는 것이 공평에 반하게 되는 경우, 수급인이 민법 제536조 제2항에 의하여 계속공사의무의 이행을 거절할 수 있는지 여부(적극)

민법 제536조 제2항의 이른바 불안의 항변권을 발생시키는 사유에 관하여 신용불안이나 재산상태 악화와 같이 채권자측에 발생한 객관적·일반적 사정만이 이에 해당한다고 제한적으로 해석할 이유는 없다. 특히 상당한 기간에 걸쳐 공사를 수행하는 도급계약에서 일정 기간마다 이미 행하여진 공사부분에 대하여 기성공사금 등의 이름으로 그 대가를 지급하기로 약정되어 있는 경우에는, 수급인의 일회적인 급부가 통상 선이행되어야 하는 일반적인 도급계약에서와는 달리 위와 같은 공사대금의 축차적인 지급이 수급인의 장래의 원만한 이행을 보장하는 것으로 전제된 측면도 있다고 할 것이어서, 도급인이 계약 체결 후에 위와 같은 약정을 위반하여 정당한 이유 없이 기성공사금을 지급하지 아니하고 이로 인하여 수급인이 공사를 계속해서 진행하더라도 그 공사내용에 따르는 공사금의 상당 부분을 약정대로 지급받을 것을 합리적으로 기대할 수 없게 되어서 수급인으로 하여금 당초의 계약내용에 따른 선이행의무의 이행을 요구하는 것이 공평에 반하게 되었다면, 비록 도급인에게 신용불안 등과 같은 사정이 없다고 하여도 수급인은 민법 제536조 제2항에 의하여 계속공사의무의 이행을 거절할 수 있다고 할 것이다(대법원 2012. 3. 29. 선고 2011다93025 판결).

◈ 쌍무계약의 존속상의 견련성

제 537 조【채무자위험부담주의】

쌍무계약의 당사자일방의 채무가 당사자쌍방의 책임없는 사유로 이행할 수 없게 된 때에는 채무자는 상대방의 이행을 청구하지 못한다.

■ § 537. 위험부담(원칙)

- 채무자 주의
- 후발적 불능(귀책사유가 없을 때)
- 전부불능의 경우 : 만일 채권자가 반대급부하면 이른바 비채변제로서 유효
- 일부불능의 경우 : ① 원칙 – 발생한 불능의 범위에서 채무를 면하고, 아울러 반대급부를 받을 권리도 법률상 당연히 소멸한다.
 ② 예외 – 임대차의 경우(§627), 적법(§134②)
- 관련법조 : [특칙] 상§134

1. 위험부담의 의의

쌍무계약의 각 채무가 완전하게 이행되기 전에 일방의 채무가 채무자의 책임없는 사유로 이행불능이 되어 소멸한 경우에 그에 대응하는 타방의 채무의 운명은 어떻게 되는가(예컨대 매매계약성립 후에 목적물인 가옥이 소훼·멸실하여 매도인의 가옥인도 채무가 소멸한 경우에 매수인의 대금채무는 소멸하는가)하는 문제를 위험부담의 문제라 한다. 즉 유효하게 성립한 채권관계에 있어서 채무자의 귀책사유 없이 급부가 후발적으로 불능이 된 경우 이에 따른 불이익을 누구에게 귀속시킬 것인가의 문제를 말한다. 위험에는 '급부위험'과 '반대급부위험(대가위험)'이 있는데 위험부담에서 말하는 위험이란 대가위험을 의미한다. 다시 말하면 급부가 소멸하였을 경우 반대급부도 소멸하여 채무자가 대가지급청구권을 상실하는지, 아니면 여전히 대가지급청구권을 행사할 수 있는지 여부의 문제가 위험부담의 문제인 것이다.

2. 입법주의

상기의 경우에 타방의 채무도 소멸한다면 이행불능으로 인하여 일방의 채무가 소멸하는 것에 대한 위험은 그 소멸한 채무의 채무자(상기 예에서 매도인)가 부담하게 되지만, 반대로 타방의 채무는 소멸하지 않고 존속한다면 상기의 위험은 채권자(상기 예에서 매수인)가 부담하게 될 뿐이다. 전자를 '채무자주의'(독일민법 제323조 1항)라 하고 후자를 '채권자주의'(로마법, 프랑스민법 제1138조 2항, 스위스민법 제119조 2항)라 한다.

'소유자주의'는 물건이 소멸된 당시의 소유자가 손실을 부담한다는 입법주의로, 영미법계에서 유래한다.

우리 민법은 위험부담에서 채무자가 채권자에게 반대급부를 청구하지 못하는 채무자 위험부담주의를 채택하고 있다(제537조). 다만 제538조는 예외적으로 채권자주의를 채택하고 있다. 위험부담에 관한 우리 민법 제537조와 제538조는 강행규정은 아니므로 특약으로 달리 정할 수 있다(통설).

3. 채무자위험부담주의의 원칙

민법 제537조는 "쌍무계약의 당사자 일방의 채무자 당사자 쌍방의 책임 없는 사유로 이행할 수 없게 된 때에는 채무자는 상대방의 이행을 청구하지 못한다"고 규정하여 채무자 위험부담주의를 채택하고 있다.

(1) 요 건

쌍무계약에서 당사자 일방의 채무가 당사자 쌍방의 책임 없는 사유로 인하여 이행할 수 없게 된 경우(급부불능)이여야 한다.

즉, 당사자 일방의 채무의 후발적 이행불능이 당사자 쌍방에게 책임이 없는 사유로 발생하였어야 한다. 그 사유는 자연력이든 또는 사람의 행위이든 이를 묻지 않는다.

(2) 효과 : 반대급부청구권의 소멸

위 요건이 있으면 채무자는 그 채무를 면하나 동시에 채권자에 대한 반대급부청구권을 잃는다(제537조). 즉, 채무자는 상대방의 이행을 청구하지 못한다. 따라서 채권자가 이미 일부를 이행한 경우에는 채무자는 그것을

부당이득으로서 반환하여야 한다(제741조).

가. 전부불능의 경우

쌍무계약의 당사자 일방의 채무가 후발적 불능으로 당사자 쌍방의 책임 없는 사유로 이행할 수 없게 된 때에 채무자는 자신의 채무를 면하지만 동시에 채권자에 대한 반대급부를 청구할 권리가 당연히 소멸한다(제537조). 예컨대 매매의 경우 매도인(채무자)은 목적물인도채무를 면하고, 매수인(채권자)도 대금지급채무를 면한다. 만일에 채권자(상대방)가 반대급부를 이미 이행하였다면 채권자는 그 반환을 청구할 수 있다.

나. 일부불능의 경우

일부불능의 경우에는 원칙적으로 그로 인해 계약의 목적을 달성할 수 없는 경우가 아니면, 발생한 불능의 범위에서 매도인(채무자)은 목적물인도채무를 면하고, 그 대응되는 범위에서 매수인(채권자)에게 이행을 청구하지 못한다. 다만 예외적으로 임차물의 일부가 임차인의 과실 없이 멸실 기타 사유로 인하여 사용·수익할 수 없는 때에는 당연히 차임이 감액되지 않고 임차인은 그 부분의 비율에 의한 차임의 감액을 청구할 수 있을 뿐이다(제627조 제1항).

◈ 채권자의 귀책사유로 인한 급부불능시의 위험부담

제 538 조【채권자귀책사유로 인한 이행불능】

① 쌍무계약의 당사자일방의 채무가 채권자의 책임있는 사유로 이행할 수 없게 된 때에는 채무자는 상대방의 이행을 청구할 수 있다. 채권자의 수령지체중에 당사자 쌍방의 책임없는 사유로 이행할 수 없게 된 때에도 같다.

② 전항의 경우에 채무자는 자기의 채무를 면함으로써 이익을 얻은 때에는 이를 채권자에게 상환하여야 한다.

■ § 538. 채권자의 위험부담주의

- 채권자주의
- 채권자의 고의, 과실 또는 신의칙상 이와 동일시할 사유 포함
- 채권자에게만 귀책사유 있거나 채권자 수령지체중에 이행불능이 된때
- 임의규정
- 관련법조 : [특칙] 근로기준법 §46

1. 의 의

쌍무계약의 당사자 일방의 채무가 '채권자의 책임 있는 사유'로 이행할 수 없게 된 때, 또는 '채권자 수령자체 중에 당사자 쌍방의 책임 없는 사유로 이행할 수 없게 된 때'에는 채무자는 상대방의 이행을 청구할 수 있다(제538 조 1항).

2. 요 건

(1) 채권자의 책임 있는 사유로 인한 이행불능이 되었을 것

채권자의 책임 있는 사유로 인해 채무자가 이행할 수 없게 된 것이어야 한다. 여기서 '채권자의 책임 있는 사유'라고 함은 채권자의 어떤 작위나 부작위가 채무자의 이행의 실현을 방해하고 그 작위나 부작위는 채권자가 이를 피할 수 있었다는 점에서 신의칙상 비난받을 수 있는 경우를 의미한

다(대판 2004. 3. 12. 2001다79013).

(2) 채권자의 수령지체로 인해 이행불능이 되었을 것

채권자의 수령지체 중에 당사자 쌍방의 책임 없는 사유로 채무자가 이행할 수 없게 된 경우이어야 한다. 채권자의 수령지체 중에는 채무자는 고의 또는 중과실이 없으면 그 책임을 부담하지 않으므로(제401조), 채무자에게 경과실이 있는 때에도 그에게 책임이 없는 것으로 된다.

3. 효 과

(1) 채무자의 반대급부청구권

채무자는 자신의 급부의무를 면하고, 채권자에 대해서는 본래의 반대급부를 청구할 수 있다(제538조 1항). 예를 들면 매매계약을 체결한 후 매수인(채권자)의 고의 또는 과실로 인해 불타버린 경우에 매도인은 매매대금을 청구할 수 있다. 이 경우 채권자의 반대급부의무는 목적물의 멸실에 따른 손해배상의무가 아니라, 채권자가 본래의 쌍무계약에서 부담하였던 자신의 채무이다.

(2) 채무자의 이익상환의무

채무자가 자기의 채무를 면함으로써 이익을 얻은 때에는 이를 채권자에게 상환하여야 한다(제538조 2항).

예컨대 채권자의 귀책사유로 해고된 근로자가 해고기간중에 다른 직장에서 지급받은 임금은 이를 공제하여야 한다. 다만 판례는 근로기준법의 적용을 받는 '근로관계'에 한해서는 동법 제38조(현행 근로기준법 제46조)가 규정하는 '휴업수당'은 최소한 보장되어야 하므로, 다른 직장에서 받은 임금이 휴업수당 범위 내인 경우에는 이를 공제할 것이 아니고, 휴업수당을 초과한 경우에 한해 그 초과 부분만을 공제하여야 한다고 하였다(대판 1993. 11. 9. 93다37915).

◼ 핵심판례 ◼

- **[채권자귀책사유로 인한 이행불능]**

1. **해고기간 중 근로자가 상당기간 구속된 경우, 해고가 무효라면 구속기간 동안의 임금도 청구할 수 있는지 여부**

 사용자의 근로자에 대한 해고가 무효인 경우 근로자는 근로계약관계가 유효하게 존속함에도 불구하고 사용자의 귀책사유로 인하여 근로제공을 하지 못한 셈이므로, 민법 제538조 제1항에 의하여 그 기간 중에 근로제공을 하였을 경우에 받을 수 있는 반대급부인 임금의 지급을 청구할 수 있지만, 해고기간 중 근로자가 징역형의 선고를 받아 상당기간 구속된 경우 해고가 무효라고 하더라도 구속기간 동안에는 근로자가 근로의 제공을 할 수 없는 처지였으므로 구속기간 동안의 임금을 청구할 수 없다(대법원 1995. 1. 24. 선고 94다40987).

2. **가. 외국인인 원고가 학교법인인 피고와의 교수임용계약에 따른 교수의무를 이행할 수 없게 된 것이 오로지 피고의 귀책사유로 인한 것이어서 원고에 대한 휴직처분 및 면직처분이 무효이고 교수임용관계는 유효하게 존속한다고 하여 민법 제538조 제1항에 따라 그 임금지급의무가 있다고 본 사례**

 외국인인 원고가 학교법인인 피고와의 교수임용계약에 따른 교수의무를 이행할 수 없게 된 것이 오로지 피고의 귀책사유로 인한 것이어서 원고에 대한 휴직처분 및 면직처분이 무효이고 교수임용관계는 유효하게 존속한다고 하여 민법 제538조 제1항에 따라 그 임금지급의무가 있다.

 나. 학교법인의 회계연도

 교육법 제151조 제1항은 각 학교의 학년은 3.1.에 시작하여 익년 2.말일에 끝난다고 규정되어 있고, 사립학교법 제30조는 학교법인의 회계년도는 그가 설치 경영하는 사립학교의 학년도에 따른다고 규정되어 있으므로 학교법인의 회계년도는 매년 3. 1.부터 익년 2.말일까지라 할 것이다.

 다. 사용자의 귀책사유로 인하여 해고된 근로자가 해고기간 중 다른 직장에 종사하여 얻은 이익(이른바 중간수입)을 사용자가 지급할 임금액에서 공제할 것인지 여부(적극)

 사용자의 귀책사유로 인하여 해고된 근로자가 해고기간 중에 다른 직장에 종사하여 얻은 이익(이른바 중간수입)은 민법 제538조 제2항에서 말하는 채무를 면함으로써 얻은 이익에 해당하므로, 사용자는 위 근로자에게 해고기간 중의 임금을 지급함에 있어 위의 이익의 금액을 임금액에서 공제할 수 있다.

라. 위 "다"항의 공제에 있어서 근로기준법이 정한 휴업수당을 초과하는 금액에서만 공제할 것인지 여부(적극)

근로기준법 제38조는 근로자의 최저생활을 보장하려는 취지에서 사용자의 귀책사유로 인하여 휴업하는 경우에는 사용자는 휴업기간 중 당해 근로자에게 그 평균임금의 100분의 70(1989. 3. 29. 법률 제4099호로 개정되기 전에는 100분의 60) 이상의 수당을 지급하여야 한다고 규정하고 있고, 여기서의 휴업이란 개개의 근로자가 근로계약에 따라 근로를 제공할 의사가 있음에도 불구하고 그 의사에 반하여 취업이 거부되거나 또는 불가능하게 된 경우도 포함된다고 할 것이므로, 위 "다"항의 공제에 있어서 근로자가 지급받을 수 있는 임금액 중 근로기준법 제38조 소정의 휴업수당의 한도에서는 이를 이익공제의 대상으로 삼을 수 없고, 그 휴업수당을 초과하는 금액에서 중간수입을 공제하여야 한다.

마. 위 "다"항의 공제에 있어서 중간수입이 발생한 기간이 임금지급의 대상으로 되는 기간과 대응하여야 하는지 여부(적극)

위 "다"항의 공제에 있어서 위 휴업수당을 초과하는 금액을 한도로 중간수입을 공제할 경우에도 중간수입이 발생한 기간이 임금지급의 대상으로 되는 기간과 시기적으로 대응하여야 하고 그것과는 시기적으로 다른 기간에 얻은 이익을 공제하여서는 안된다(1991. 6. 28. 제3부 판결 90다카25277 손해배상(기)).

3. 가. 사용자의 근로자에 대한 퇴직처분이 무효인 경우 근로자가 사용자에게 그 기간 중에 근로를 제공하였으면 받을 수 있는 임금의 지급을 청구할 수 있는지 여부(적극)

사용자의 근로자에 대한 퇴직처분이 무효인 경우에 근로자는 사용자의 귀책사유로 인하여 근로의 제공을 못하였으므로 민법 제538조 제1항에 의하여 사용자에게 그 기간 중에 근로를 제공하였을 경우에 받을 수 있는 반대급부인 임금의 지급을 청구할 수 있다.

나. 위 "가"항의 경우 휴직기간 중에도 임금이 지급되는 경우에만 사용자의 임금지급의무를 인정하여야 하는데도 휴직기간 중의 임금지급액에 관하여 심리하지 않은 채 이를 인정한 원심판결을 법리오해로 판결에 영향을 미친 잘못이 있다 하여 파기한 사례

위 "마"항의 경우 휴직기간 중의 임금지급액에 관하여 심리한 다음 휴직기간 중에도 임금이 지급되는 경우에만 사용자의 임금지급의무를 인정하여야 할 것인데도 이에 관하여 심리하지 않은 채 이를 인정한 원심판결에 대하여 휴직기간 중의 임금 산정에 관한 법리를 오해하여 판결에 영향을 미친 잘못이 있다 하여 이를 파기환송한다(1992. 3. 31. 제2부 판결 90다8763 해고무효

확인등).

4. 가. 근로기준법 제27조 제1항 소정의 "휴직"의 의미

근로기준법 제27조 제1항 소정의 "휴직"이라 함은 어떤 근로자를 직무에 종사하게 하는 것이 불능이거나 또는 적당하지 아니한 사유가 발생한 때에 근로자의 지위를 그대로 두면서 일정한 기간 직무에 종사하는 것을 금지시키는 사용자의 처분을 말한다.

나. 휴직근거규정에 정해진 휴직사용의 발생에 따른 휴직명령이 정당한 이유가 있는지 여부의 판단기준

사용자의 취업규칙이나 단체협약 등 휴직근거규정에 의하여 사용자에게 일정한 휴직사유의 발생에 따른 휴직명령권을 부여하고 있다 하더라도 정해진 사유가 있는 경우 당해 휴직규정의 설정목적과 실제기능, 휴직명령권 발동의 합리성 여부 및 그로 인하여 근로자가 받게 될 신분상, 경제상의 불이익 등 구체적인 사정을 모두 참작하여 근로자가 상당한 기간에 걸쳐 근로의 제공을 할 수 없다거나 근로제공을 함이 매우 부적당하다고 인정되는 경우에만 정당한 이유가 있다고 보아야 한다.

다. 만성활동성 비(B)형 간염의 보균자인 근로자가 단체협약이나 취업규칙 소정의 휴직사유인 "전염병에 걸리거나 전염의 우려가 있는 질병에 걸린 자"에 해당하기는 하나 그에 대한 휴직처분이 정당한 이유 없는 무효의 처분이라고 한 사례

만성활동성 비(B)형 간염의 보균자인 근로자가 단체협약이나 취업규칙 소정의 휴직사유인 "전염병에 걸리거나 전염의 우려가 있는 질병에 걸린 자"에 해당하기는 하나 그에 대한 휴직처분이 정당한 이유없는 무효의 처분이다.

라. 휴직처분이 무효인 경우 근로자가 휴직기간 동안 근로를 제공하지 못한 것이사용자의 귀책사유로 인한 것인지 여부(적극)

휴직처분이 무효인 경우 근로자는 휴직기간 동안 사용자의 귀책사유로 인하여 자신의 근로계약상의 의무인 근로제공을 하지 못하게 된 것이라고 본다(1992. 11. 13. 제3부(카) 판결 92다16690 임금).

5. 가. 부당해고로 인하여 노무를 제공하지 못한 근로자가 사용자에게 청구할수 있는 임금에서 공제되어야 할 이익(=채무를 면한 것과 상당인과관계에 있는 것)

부당해고로 인하여 노무를 제공하지 못한 근로자는 민법 제538조 제1항 본문의 규정에 의하여 사용자에 대하여 임금을 청구할 수 있고 이 경우 근로자가 자기 채무를 면함으로써 이익을 얻은 때에는 이를 사용자에게 상환하여야 하는데, 그 상환하여야 할 이익은 채무를 면한 것과 상당인과관계에 있는 것에

한한다.

나. 해고되기 전부터 처의 주도로 경영하던 과수원에서 부업으로 얻어 온 수입이 "가"항의 공제하여야 할 이익이 아니라고 한 사례

해고되기 전부터 처의 주도로 경영하던 과수원에서 부업으로 얻어 온 수입이 "가"항의 공제하여야 할 이익이 아니다.

다. 무효인 중간퇴직처리에 의하여 퇴직금을 지급한 경우 그 퇴직금에 대한 법정이자 상당액이 부당이득에 해당하는지 여부(소극)

사용자가 근로자에 대하여 중간퇴직처리를 하면서 퇴직금을 지급하였으나 위 퇴직처리가 무효로 된 경우 이를 들어 착오로 인하여 변제기에 이르지 아니한 채무를 변제한 경우에 해당한다고 할 수 없으므로 이미 지급한 퇴직금에 대해 지급한 다음날부터 최종퇴직시까지 연 5푼의 비율에 의한 법정이자 상당액은 부당이득에 해당하지 않는다(1993. 5. 25. 제2부 판결 92다 31125 임금등).

6. 부당해고기간 동안 근로자가 청구할 수 있는 임금의 범위

사용자의 근로자에 대한 해고처분이 무효인 경우에는 그 동안 근로계약관계가 유효하게 계속되고 있었는데도 불구하고 근로자가 사용자의 귀책사유로 말미암아 근로를 제공하지 못한 것이므로 근로자는 계속 근로하였을 경우에 받을 수 있는 임금 전부의 지급을 청구할 수 있는 것이므로, 단체협약서에 매년 단체교섭을 통하여 임금인상을 결정, 시행하도록 되어 있어 이에 따라 매년 임금인상을 하여 왔다면 부당해고기간 동안의 근로자의 임금도 해고처분 이후에 체결된 단체협약서에 의하여 인상된 임금에 따라 산정하여야 한다(1993. 9. 24. 제3부 판결 93다 21763 해고무효확인등).

7. 가. 단체협약이나 취업규칙에 징계해고사유가 제한적으로 열거되어 있는 경우 그 이외의 사유에 의한 징계해고 가부

단체협약이나 취업규칙에 근로자에 대한 징계해고사유가 제한적으로 열거되어 있는 경우에는 그와 같이 열거되어 있는 사유 이외의 사유로는 징계해고 할 수 없다.

나. 근로자가 사용자의 귀책사유로 해고된 경우 근로자가 지급받을 수 있는 임금액 중 중간수입공제의 대상이 되는 금액의 범위

사용자의 귀책사유로 인하여 해고된 근로자가 해고기간 중에 다른 직장에서 근무하여 지급받은 임금은 민법 제538조 제2항에 규정된 자기의 채무를 면함으로써 얻은 이익에 해당하므로, 사용자는 근로자에게 해고기간 중의 임금을 지급함에 있어 위와 같은 이익(이른바 중간수입)을 공제할 수 있는 것이기는 하지만, 근로자가 지급받을 수 있는 임금액 중 근로기준법 제38조 소정의 휴

업수당의 범위 내의 금액은 중간수입으로 공제할 수 없고, 휴업수당을 초과하는 금액만을 중간수입으로 공제하여야 한다(1993. 11. 9. 제2부 판결 93다37915 해고무효확인등).

8. 가. 근로조합법 제39조의 부당노동행위금지규정에 위반된 법률행위의 효력

노동조합법 제39조의 부당노동행위금지규정은 헌법이 규정하는 근로3권을 구체적으로 확보하기 위한 것으로 이에 위반하는 행위에 대하여 처벌규정을 두고 있는 한편 부당노동행위에 대하여 신속한 권리구제를 받을 수 있도록 같은 법 제42조, 제43조에서 행정상의 구제절차까지 규정하고 있는 점에 비추어 이는 효력규정인 강행법규라고 풀이되므로 위 규정에 위반된 법률행위는 사법상으로도 그 효력이 없고, 근로자에 대한 불이익취급행위로서의 법률행위가 부당노동행위로서 무효인 이상 그것이 근로기준법 제27조 소정의 정당한 이유가 있는지 여부는 더 나아가 판단할 필요가 없다.

나. 해고처분이 무효인 경우 근로자가 지급을 청구할 수 있는 임금의 범위

해고처분이 무효인 경우 근로자가 지급을 청구할 수 있는 임금은 근로기준법 제18조에서 규정하는 임금을 의미하므로 같은 법 제19조에서 말하는 평균임금 산정의 기초가 되는 임금의 총액에 포섭될 임금이 전부 포함되고 통상임금으로 반드시 국한되는 것은 아니다(1993. 12. 21. 제1부 판결 93다11463 임금지급등).

9. 가. 조합원인사에 대한 노동조합의 관여를 인정한 단체협약의 효력

인사권이 원칙적으로 사용자의 권한에 속한다고 하더라도 사용자는 스스로의 의사에 따라 그 권한에 제약을 가할 수 있는 것이므로, 사용자가 노동조합과 사이에 체결한 단체협약에 의하여 조합원의 인사에 대한 조합의 관여를 인정하였다면 그 효력은 협약규정의 취지에 따라 결정된다.

나. 단체협약상의 인사 합의조항에 위반한 인사처분의 효력

단체협약 등에 규정된 인사 합의조항의 구체적 내용이 사용자가 인사처분을 함에 있어서 신중을 기할 수 있도록 노동조합이 의견을 제시할 수 있는 기회를 주어야 하도록 규정된 경우에는 그 절차를 거치지 아니하였다고 하더라도 인사처분의 효력에는 영향이 없다고 보아야 할 것이지만, 사용자가 인사처분을 함에 있어 노동조합의 사전 동의나 승낙을 얻어야 한다거나 노동조합과 인사처분에 관한 논의를 하여 의견의 합치를 보아 인사처분을 하도록 규정된 경우에는 그 절차를 거치지 아니한 인사처분은 원칙적으로 무효라고 보아야 할 것이나, 이 경우에도 근로자나 노동조합측에서 스스로 이러한 사전합의절차를 포기하였다는 등의 특별한 사정이 있는 경우에는 그 징계처분은 유효하다(1994. 9. 13. 제1부 판결 93다50017 해고무효확인등).

10. 가. 민법 제538조 제1항 소정의 '채권자의 책임 있는 사유'의 의미

　　민법 제538조 제1항 소정의 '채권자의 책임 있는 사유'라고 함은 채권자의 어떤 작위나 부작위가 채무자의 이행의 실현을 방해하고 그 작위나 부작위는 채권자가 이를 피할 수 있었다는 점에서 신의칙상 비난받을 수 있는 경우를 의미한다.

나. 민법 제538조 제1항 소정의 '채권자의 수령지체 중에 당사자 쌍방의 책임 없는 사유로 이행할 수 없게 된 때'에 해당하기 위하여 현실 제공이나 구두 제공이 필요한지 여부(적극)

　　민법 제400조 소정의 채권자지체가 성립하기 위해서는 민법 제460조 소정의 채무자의 변제 제공이 있어야 하고, 변제 제공은 원칙적으로 현실 제공으로 하여야 하며 다만 채권자가 미리 변제받기를 거절하거나 채무의 이행에 채권자의 행위를 요하는 경우에는 구두의 제공으로 하더라도 무방하고, 채권자가 변제를 받지 아니할 의사가 확고한 경우(이른바, 채권자의 영구적 불수령)에는 구두의 제공을 한다는 것조차 무의미하므로 그러한 경우에는 구두의 제공조차 필요 없다고 할 것이지만, 그러한 구두의 제공조차 필요 없는 경우라고 하더라도, 이는 그로써 채무자가 채무불이행책임을 면한다는 것에 불과하고, 민법 제538조 제1항 제2문 소정의 '채권자의 수령지체 중에 당사자 쌍방의 책임 없는 사유로 이행할 수 없게 된 때'에 해당하기 위해서는 현실 제공이나 구두 제공이 필요하다(다만, 그 제공의 정도는 그 시기와 구체적인 상황에 따라 신의성실의 원칙에 어긋나지 않게 합리적으로 정하여야 한다)(대법원 2004. 3. 12. 선고 2001다79013 판결).

11. 근로자가 부당해고기간 중의 임금을 청구하는 경우에 있어 그 기간 중에 노동조합기금으로부터 지급받은 금원은 사용자에게 상환하여야 하는지 여부(소극)

　　부당해고로 인하여 노무를 제공하지 못한 근로자는 민법 제538조 제1항 본문의 규정에 의하여 사용자에 대하여 임금을 청구할 수 있고 이 경우 근로자가 자기의 채무를 면함으로써 이익을 얻은 때에는 이를 사용자에게 상환하되, 상환하여야 할 이익은 채무를 면한 것과 상당인과관계에 있는 것에 한한다고 할 것이지만, 근로자가 해고기간 중에 노동조합기금으로부터 지급받은 금원은 그가 노무제공을 면한 것과 상당인과관계에 있는 이익이라고는 볼 수 없다(대법원 1991. 5. 14. 선고 91다2656 판결).

◈ 계약당사자가 자기들 명의로 체결한 계약에 의하여 제3자로 하여금 권리를 취득하게 하기 위한 요건

제 539 조【제3자를 위한 계약】

① 계약에 의하여 당사자일방이 제3자에게 이행할 것을 약정한 때에는 그 제3자는 채무자에게 직접 그 이행을 청구할 수 있다.

② 전항의 경우에 제3자의 권리는 그 제3자가 채무자에 대하여 계약의 이익을 받을 의사를 표시한 때에 생긴다.

■ § 539. 제3자를 위한 계약

- 계약당사자가 아닌 제3자로 하여금 직접 계약에서 발생하는 권리를 취득케하는 내용의 계약
- 당사자 : 요약자와 낙약자, 제3자는 직접 낙약자에 대하여 급부청구권 취득
- 수익의 의사표시는 낙약자를 상대로 하여야 한다.
- 관련법조 : [제3자를 위한 계약례] 상§639①, 신탁 §56

1. 의 의

제3자를 위한 계약이라 함은 통상의 계약이 그 효력을 당사자 사이에서만 발생시킬 의사로 체결되는 것과는 달리 계약 당사자가 자기들 명의로 체결한 계약에 의하여 제3자로 하여금 직접 계약 당사자의 일방에 대하여 권리를 취득하게 하는 것을 목적으로 하는 계약을 말한다. 어떤 계약이 제3자를 위한 계약에 해당하는지 여부는 당사자의 의사가 그 계약에 의하여 제3자에게 직접 권리를 취득하게 하려는 것인지에 관한 의사해석의 문제로서 이는 계약 체결의 목적, 계약에 있어서의 당사자의 행위의 성질, 계약으로 인하여 당사자 사이 또는 당사자와 제3자 사이에 생기는 이해득실, 거래관행, 제3자를 위한 계약제도가 갖는 사회적 기능 등 제반사정을 종합하여 계약 당사자의 합리적 의사를 해석함으로써 판별할 수 있다(대판 1997. 10. 24. 97다28698).

민법이 제3자를 위한 계약의 효력을 인정하는 것은 당사자 및 제3자의 의사를 기초로 하면서도 제3자에게 급부청구권이라는 권리를 부여하는 것을 한도

로 하는 것이다.

2. 제3자를 위한 계약인지 여부가 문제되는 경우

(1) 병존적 채무인수

채무자와 인수인의 계약으로 체결되는 병존적 채무인수는 채권자로 하여금 인수인에 대하여 새로운 권리를 취득하게 하는 것으로 제3자를 위한 계약의 하나로 볼 수 있다(대판 1997. 10. 24. 97다28698).

(2) 이행인수

병존적 채무인수와 비교하여 이행인수는 채무자와 인수인 사이의 계약으로 인수인이 변제 등에 의하여 채무를 소멸케 하여 채무자의 책임을 면하게 할 것을 약정하는 것으로 인수인이 채무자에 대한 관계에서 채무자를 면책케 하는 채무를 부담하게 될 뿐 채권자로 하여금 직접 인수인에 대한 채권을 취득하게 하는 것이 아니므로 제3자를 위한 계약이 아니다. 결국 제3자를 위한 계약과 이행인수의 판별기준은 계약 당사자에게 제3자 또는 채권자가 계약 당사자 일방 또는 인수인에 대하여 직접 채권을 취득케 할 의사가 있는지 여부에 달려 있다 할 것이고, 구체적으로 계약체결의 동기, 경위 및 목적, 계약에 있어서의 당사자의 지위, 당사자 사이 및 당사자와 제3자 사이의 이해관계, 거래관행 등을 종합적으로 고려하여 그 의사를 해석하여야 한다(대판 1997. 10. 24. 97다28698).

(3) 면책적 채무인수

면책적 채무인수는 종전의 채무가 동일성을 유지하면서 채무가 종전의 채무자로서 인수인에게 이전되는 것에 불과하므로, 즉 채권자로 하여금 새로운 채권을 취득케 하는 것이 아니므로 제3자를 위한 계약에 해당되지 않는다.

(4) 변제를 위한 공탁

채권자가 변제를 받지 아니하거나 받을 수 없는 때에 또는 과실없이 채권자를 알 수 없는 때에는, 변제자는 채권자를 위하여 변제의 목적물을 공탁하여 채무를 면할 수 있다(제487조). 이 변제공탁의 경우 변제자와 공탁소간의 임치계약에서 공탁물에 대한 출급청구권을 채권자에게 부여하기로

한 점에서 제3자를 위한 계약에 속한다고 보는 것이 통설이다.

(5) 타인을 위한 보험계약

부가 생명보험을 체결하면서 보험사고 발생시에 보험금을 그의 자에게 지급하도록 약정하는 것과 같이, 보험계약자가 자신의 이름으로 타인을 위하여 즉, 보험수익자를 타인으로 지정하여 보험계약을 체결할 수 있다(상법 제639조 1항). 이 타인을 위한 보험계약은 제3자를 위한 계약에 해당되고 다만, 이 경우 그 타인은 당연히 그 계약의 이익을 받는 점에서, 즉 민법에서처럼 수익의 의사표시를 권리취득의 요건으로 하지 않는 점에서 차이가 있다.

3. 성립요건

(1) 요약자와 낙약자간에 유효한 계약이 성립할 것

요약자와 낙약자 사이(보상관계)에 유효한 계약이 성립하여야 한다. 이는 제3자의 권리가 유효하게 성립하기 위한 절대적 요건이다. 위 당사자간(요약자와 낙약자)의 계약이 무효나 취소 등으로 선의의 제3자에게 대항할 수 없는 경우에도(제107조 내지 제110조) 수익자는 선의의 제3자로서 보호받지 못한다. 그 이유는 수익자는 요약자와 낙약자간의 계약을 기초로 해서 새로운 이해관계를 가진 자가 아니기 때문이다.

(2) 제3자로 하여금 직접 권리를 취득하게 한다는 내용의 '제3자약관'이 있을 것

제3자는 계약당사자 이외의 자를 총칭하며, 자연인·법인을 불문한다. 또한 제3자는 계약 당시에 현존하거나 특정되어 있지 않더라도 무방하다. 태아나 설립 중의 법인도 제3자가 될 수 있다.

(3) 제3자가 취득할 수 있는 권리의 종류

제3자에게 취득시키는 권리는 채권에 한하지 않으며, 물권 기타 어떠한 권리이더라도 상관 없다.

[제3자를 위한 계약]

[타인을 위한 보험계약]

▣ 핵심판례 ▣

1. 부동산을 매매하면서 매도인과 매수인 사이에 매매대금을 매도인의 채권자에게 직접 지급하기로 약정한 계약의 성질

부동산을 매매하면서 매도인과 매수인 사이에 중도금 및 잔금은 매도인의 채권자에게 직접 지급하기로 약정한 경우, 그 약정은 매도인의 채권자로 하여금 매수인에 대하여 그 중도금 및 잔금에 대한 직접청구권을 행사할 권리를 취득케 하는 제3자를 위한 계약에 해당하고 동시에 매수인이 매도인의 그 제3자에 대한 채무를 인수하는 병존적 채무인수에도 해당한다(대판 1997. 10. 24. 97다28698).

2. 용역경비계약을 제3자를 위한 계약으로 보고 제3자의 범위에 관하여 해석한 사례

용역경비계약의 약관에 나타난 계약의 목적 및 경비대상물의 정의 규정과 손해배상 규정상 경비회사의 용역경비의무의 불이행으로 인한 손해배상청구에 있어서 위 약관상의 사용자는 계약당사자 외의 다른 제3자를 의미하고, 따라서 위 계약은 최소한 그 범위 내에서 제3자를 위한 계약으로서, 여기서 제3자라 함은 계약상 용역경비업무의 성질, 손해배상책임의 대인배상한도액, 용역경비대상물의 소유

및 사용관계, 계약당사자가 위 계약을 체결한 동기 내지 경위 등에 비추어 보면 경비대상물인 건물을 일상적으로 사용하는 건물 소유자 및 그의 처를 포함한 동거가족을 말한다고 봄이 상당하고, 위 건물에 일시 방문한 자들은 위 제3자의 범위에 속하지 아니한다(1993. 8. 27. 제3부 판결 92다23339 손해배상(기)).

3. **주택분양보증의 법적 성질(=조건부 제3자를 위한 계약) 및 제3자를 위한 계약의 수익의 의사표시의 방법**

주택분양보증은 구 주택건설촉진법(2003. 5. 29. 법률 제6916호 주택법으로 전문 개정되기 전의 것) 제33조의 사업계획승인을 얻은 자가 분양계약상의 주택공급의무를 이행할 수 없게 되는 경우 주택사업공제조합이 수분양자가 이미 납부한 계약금 및 중도금의 환급 또는 주택의 분양에 대하여 이행책임을 부담하기로 하는 조건부 제3자를 위한 계약인데, 제3자 지위에 있는 수분양자는 수익의 의사표시에 의하여 권리를 취득함과 동시에 의무를 부담할 수 있고, 제3자를 위한 계약의 수익의 의사표시는 명시적으로뿐만 아니라 묵시적으로도 할 수 있다(대법원 2006.5.25. 선고 2003다45267 판결).

4. **계약의 당사자가 제3자에 대하여 가진 채권에 관하여 채무를 면제하는 계약도 제3자를 위한 계약에 준하여 유효한지 여부(적극)**

제3자를 위한 계약이 성립하기 위하여는 일반적으로 그 계약의 당사자가 아닌 제3자로 하여금 직접 권리를 취득하게 하는 조항이 있어야 할 것이지만, 계약의 당사자가 제3자에 대하여 가진 채권에 관하여 그 채무를 면제하는 계약도 제3자를 위한 계약에 준하는 것으로서 유효하다(대법원 2004. 9. 3. 선고 2002다37405 판결).

5. **가. 난지도 쓰레기처리장 건설공사가 완공된 후 도급계약이 해제된 경우, 해제의 효력이 기계, 전기공사부분에 한하여 미치고 토목, 건축공사부분에는 미치지 않는다고 본 사례**

난지도 쓰레기처리장 건설공사가 완공된 후 도급계약이 해제된 경우, 토목, 건축공사의 기성고부분에 대하여도 계약의 해제를 인정한다면 수급인에게 과대한 손실을 주게 될 뿐만 아니라 해제의 결과 원상회복을 하게 되면 사회경제적 손실도 크므로, 민법 제668조 단서규정의 취지나 신의칙에 비추어 도급계약해제의 효력은 기계, 전기공사부분에 한하여 미칠 뿐이고 토목, 건축공사의 기성고부분에 대하여는 미치지 아니한다고 본 사례.

나. 대한민국과 건설회사 사이에 체결된 난지도 쓰레기처리장 건설공사계약이 서울특별시를 수익자로 하는 제3자를 위한 계약이라고 본 사례

대한민국이 서울특별시를 위하여 건설회사와의 사이에 난지도 쓰레기처리장 건설공사계약을 체결한 이상 그 계약의 당사자는 대한민국과 건설회사이고 서울특별시는 위 계약상의 수익자이며, 난지도 쓰레기처리시설의 건설이 서울특별시의 사업으로서 그 기본계획의 입안, 부지의 선정 및 제공, 입찰안내

서의 작성, 공사비의 지출, 관리비의 지출 등 계약체결을 제외한 모든 것이 실질적으로 서울특별시에 의하여 이루어졌을 뿐 아니라 완성된 시설 또한 서울특별시에 귀속된다고 하여 서울특별시가 쓰레기처리장 건설공사계약의 당사자가 되는 것은 아니라고 본 사례.

다. 제3자를 위한 계약에 있어서 수익자의 계약해제권 또는 해제를 원인으로 한 원상회복청구권의 유무

제3자를 위한 계약의 당사자가 아닌 수익자는 계약의 해제권이나 해제를 원인으로 한 원상회복청구권이 있다고 볼 수 없다.

라. 제3자를 위한 계약이 해제된 경우 수익자의 손해배상청구권의 유무

제3자를 위한 계약에 있어서 수익의 의사표시를 한 수익자는 낙약자에게 직접 그 이행을 청구할 수 있을 뿐만 아니라 요약자가 계약을 해제한 경우에는 낙약자에게 자기가 입은 손해의 배상을 청구할 수 있는 것이므로, 수익자가 완성된 목적물의 하자로 인하여 손해를 입었다면 수급인은 그 손해를 배상할 의무가 있다.

마. 설계시공일괄입찰(Turn-Key Base) 방식에 의한 공사도급계약에 있어서의 수급인의 의무

대한민국과 건설회사 사이에 체결된 난지도 쓰레기처리장 건설공사계약은 이른바 설계시공일괄입찰(Turn-Key Base) 방식에 의한 것으로서 비록 도급인인 대한민국이 쓰레기처리장의 입지, 규모, 처리공정의 골격과 처리설비의 최소한의 기능 등 공사 전반의 기본적 사항을 결정하여 제시하고 공사실시도면에 관하여 행정상 필요한 승인을 하였다고 하더라도, 설계시공일괄입찰 방식의 계약에 있어서의 수급인인 건설회사는 도급인이 의욕하는 공사목적물의 설치목적을 이해한 후 그 설치목적에 맞는 설계도서를 작성한 뒤 이를 토대로 스스로 공사를 시행하고 그 성능을 보장하여 결과적으로 도급인이 의욕한 공사목적을 이루게 하여야 하는 것이다(1994. 8. 12. 제3부 판결 92다41559 손해배상(기)).

6. 제3자를 위한 계약에 있어서 낙약자가 제3자에 대하여 가지는 청구권을 행사하지 않도록 하는 것도 낙약자의 제3자에 대한 급부의 내용에 포함되는지 여부(적극) 및 제3자를 위한 계약의 내용을 해석할 때 제3자의 의사나 사정도 고려하여야 하는지 여부(적극)

제3자를 위한 계약에 있어서 낙약자의 제3자에 대한 급부의 내용에는 제한이 없어 낙약자가 제3자에 대하여 가지는 청구권을 행사하지 않도록 하는 것도 급부에 해당하고, 이 경우 제3자는 낙약자의 청구에 대해 청구권불행사의 합의(부제소특약)가 있었다는 항변권을 행사할 수 있으며, 제3자를 위한 계약에 있어서의 제3자는 계약의 당사자는 아니지만 낙약자가 제3자에 대하여 직접 급부의무

를 부담하게 되고, 그 급부의무의 기초에는 요약자와 제3자 사이의 원인관계(대가관계)가 존재한다는 점에서 제3자의 의사나 사정은 요약자를 통해 계약의 내용에 반영되어 있다고 보아야 할 것이므로 제3자를 위한 계약의 내용을 해석할 때에는 제3자의 의사나 사정도 고려하여야 할 것이다(대법원 2006. 1. 12. 선고 2004다46922 판결).

◈ 제3자를 위한 계약의 효력 : 제3자에 대한 효력

제 540 조【채무자의 제3자에 대한 최고권】

전조의 경우에 채무자는 상당한 기간을 정하여 계약의 이익의 향수여부의 확답을 제3자에게 최고할 수 있다. 채무자가 그 기간내에 확답을 받지 못한 때에는 제3자가 계약의 이익을 받을 것을 거절한 것으로 본다.

■ § 540. 수익의 의사표시 이전의 제3자의 지위

- 수익의 의사표시의 성질 : 형성권(10년의 제척기간)
- 수익의 의사표시는 일신전속권은 아니고 상속, 양도, 채권대위권의 목적이 될 수 있다(곽윤직)
- 관련법조 : [의사표시] §111

1. 제3자의 권리취득

제3자는 낙약자(채무자)에 대하여 계약의 이익을 받을 의사를 표시(수익의 의사표시)함으로써 낙약자(채무자)에 대하여 직접 권리를 취득한다(제539조). 제3자의 수익의 의사표시는 제3자의 권리의 발생요건일 뿐 성립요건은 아니다. 이 경우 수익의 의사표시는 제3자가 낙약자(채무자)에 대해 해야하며, 그 방법은 명시적이든 묵시적이든 관계없다.

2. 수익의 의사표시 이전의 제3자의 지위

제3자가 수익의 의사표시를 하면 채권을 취득하므로, 제3자는 수익의 의사표시 이전에도 일방적인 의사표시에 의해 권리를 취득할 수 있는 지위, 즉 일종의 형성권을 가진다.

제3자가 수익의 의사표시를 할 수 있는 기간, 즉 형성권의 존속기간은 계약에서 특별한 약정이 없는 한 10년의 제척기간에 걸린다. 그러나 제3자를 위한 계약의 법률관계를 빨리 확정할 수 있도록 하기 위하여 채무자에게 최고권을 인정하고 있다. 즉, 채무자(낙약자)가 상당한 기간을 정하여 이익의 향수 여부의 확답을 제3자에게 최고할 수 있고, 낙약자가 그 기간 내에 확답을 받지 못한 때에는 제3자가 수익을 거절한 것으로 본다(제540조).

> ◆ **제3자가 수익의 의사표시를 함으로써 그의 권리가 발생한 후 계약 당사자가 제3자의 권리를 변경, 소멸시킬 수 있는지 여부**

제 541 조 【제3자의 권리의 확정】

제539조의 규정에 의하여 제3자의 권리가 생긴 후에는 당사자는 이를 변경 또는 소멸 시키지 못한다.

■ § 541. 수익의사표시 후의 제3자의 지위

• 제3자는 계약당사자가 아니므로 해제, 해지권 및 취소권이 없다
• 법률행위의 상대방의 선의, 악의, 과실, 무책임이 문제될 때는 오로지 요약자에 관해 문제삼아야 함
• 제3자는 제3자 보호의 규정(§108~§110)의 적용에 있어서 보호되는 제3자가 아닌, 계약당사자와 같이 다루어짐
• 제3자 거절→계약불성립(성립상의 견련성)
 제3자 포기→낙약자는 채무면함
 단순수령거절 : 채권자의 수령지체

제3자가 수익의 의사표시를 하면 채권을 확정적으로 취득한다. 따라서 그 이후에는 계약 당사자는 이를 변경 또는 소멸시키지 못한다(제541조).

제3자는 채권을 취득할 뿐이며, 계약의 당사자는 아니다. 따라서 계약의 당사자를 전제로 하여 가지는 권리 즉, 당사자의 무능력이나 의사표시의 흠결을 이유로 한 취소권이나 당사자의 채무불이행을 이유로 한 해제권은 제3자가 가지지 못한다. 그리고 제3자는 계약의 당사자는 아니지만 그 계약에서 발생한 채권을 직접 취득하는 점에서, 민법에서 정하는 제3자보호규정(제107조 2항 단서)에서 말하는 제3자에는 해당하지 않는다.

▣ 핵심판례 ▣

1. 제3자를 위한 계약에 있어 제3자의 권리를 변경·소멸시키는 행위의 효력

제3자를 위한 계약에 있어서, 제3자가 민법 제539조 제2항에 따라 수익의 의사표시를 함으로써 제3자에게 권리가 확정적으로 귀속된 경우에는, 요약자와 낙약자의 합의에 의하여 제3자의 권리를 변경·소멸시킬 수 있음을 미리 유보하였거나, 제3자의 동의가 있는 경우가 아니면 계약의 당사자인 요약자와 낙약자는 제3자의 권리를 변경·소멸시키지 못하고, 만일 계약의 당사자가 제3자의 권리를 임의로 변경·소멸시키는 행위를 한 경우 이는 제3자에 대하여 효력이 없다(대판 2002. 1. 25. 2001다30285).

2. 제3자를 위한 계약이 해제된 경우 수익자의 손해배상청구권의 유무

제3자를 위한 계약에 있어서 수익의 의사표시를 한 수익자는 낙약자에게 직접 그 이행을 청구할 수 있을 뿐만 아니라 요약자가 계약을 해제한 경우에는 낙약자에게 자기가 입은 손해의 배상을 청구할 수 있는 것이므로, 수익자가 완성된 목적물의 하자로 인하여 손해를 입었다면 수급인은 그 손해를 배상할 의무가 있다(대판 1994. 8. 12. 92다41559).

3. 제3자를 위한 계약의 수익자가 계약의 해제권을 가지는지 여부

제3자를 위한 계약의 당사자가 아닌 수익자는 계약의 해제권이나 해제를 원인으로 한 원상회복청구권이 있다고 볼 수 없다(대판 1994. 8. 12. 92다41559).

◈ 제3자를 위한 계약의 요약자 및 낙약자에 대한 효력

제 542 조【채무자의 항변권】

채무자는 제539조의 계약에 기한 항변으로 그 계약의 이익을 받을 제삼자에게 대항할 수 있다.

■ § 542. 요약자 및 낙약자에 대한 효력

- 요약자 및 낙약자 사이의 법률관계 : 계약의 내용에 따름
- 요약자의 권리 : ① 요약자도 낙약자에 대해 제3자에 대한 채무이행청구할 수 있다.
 ② 낙약자의 채무불이행시 요약자 단독으로 해제 가능

1. 요약자(채권자)에 대한 효력

(1) 이행청구권

채권자는 계약에 기초하여 낙약자(채무자)에 대하여 제3자에게 채무를 이행할 것을 청구할 수 있다. 한편 제3자는 낙약자에 대하여 자기에게 급부할 것을 청구할 수 있지만 제3자의 권리와 채권자의 위 권리는 연대채권관계가 아니라, 낙약자는 제3자에게 급부하여야 한다.

(2) 채무불이행으로 인한 계약해제권

요약자는 계약의 당사자이므로 계약에서 생기는 해제권·취소권을 가지며, 낙약자의 상대방으로서 선악·과실·무과실 등의 결정표준이 된다. 제3자의 권리가 확정된 이후에도 낙약자(채무자)의 채무불이행이 있는 경우에 채권자가 일방적으로 그 계약을 해제할 수 있는지에 관해 통설은 채권자가 제3자에게 권리를 취득시키기 위해서는 그 자신도 채무를 부담하는 것이 보통이므로, 계약을 해제하여 자기의 채무를 면하는 것을 금할 이유가 없다고 해석한다.

판례도 "제3자를 위한 유상 쌍무계약의 경우 요약자는 낙약자의 채무불이행을 이유로 제3자의 동의 없이 계약을 해제할 수 있다"고 하였다(대판

1970. 2. 24. 69다1410).

2. 낙약자(채무자)에 대한 효력 : 항변권

채무자는 제3자를 위한 계약에 기한 항변으로 그 계약의 이익을 받을 제3자에게 대항할 수 있다(제542조).

채무자가 제3자에게 부담하는 급부의무는 채권자(요약자)와의 계약에 기초하여 발생한 것이므로, 채무자가 그 계약에 기초하여 채권자에 대하여 가지는 항변은 그대로 제3자에게 주장할 수 있다. 채무자가 더 불리한 지위에 놓일 이유가 없기 때문이다. 예를 들면 제3자가 취득한 권리가 매매의 대금채권인 경우 상대방(채권자)이 목적물을 인도하지 않는 한 이행을 거절할 수 있다. 또한 그 계약에 무효 또는 취소의 원인이 있으면 제3자의 권리를 부인할 수 있다.

다만 위 채무자의 '항변'은 채권자(요약자)와 채무자(낙약자) 사이의 계약 그 자체로부터 기인하는 것에 한한다. 따라서 그 계약 이외의 원인에 의하여 채무자가 채권자에게만 대항할 수 있는 항변으로는 제3자에게 대항하지 못한다. 예컨대 채무자는 채권자에 대한 반대채권을 가지고 제3자의 자신에 대한 급부청구권과 상계하지 못한다.

▣ 핵심판례 ▣

1. **제3자를 위한 계약에서 요약자와 제3자 사이의 법률관계의 효력이 요약자와 낙약자 사이의 법률관계에 영향을 미치는지 여부(소극)**

 제3자를 위한 계약의 체결 원인이 된 요약자와 제3자(수익자) 사이의 법률관계(이른바 대가관계)의 효력은 제3자를 위한 계약 자체는 물론 그에 기한 요약자와 낙약자 사이의 법률관계(이른바 기본관계)의 성립이나 효력에 영향을 미치지 아니하므로 낙약자는 요약자와 수익자 사이의 법률관계에 기한 항변으로 수익자에게 대항하지 못하고, 요약자도 대가관계의 부존재나 효력의 상실을 이유로 자신이 기본관계에 기하여 낙약자에게 부담하는 채무의 이행을 거부할 수 없다(대법원 2003. 12. 11. 선고 2003다49771 판결).

2. **제3자를 위한 계약관계에서 낙약자와 요약자 사이의 법률관계(이른바 기본관계)를 이루는 계약이 해제된 경우, 낙약자가 이미 제3자에게 급부한 것에 대해 계약해제에 기한 원상회복 또는 부당이득을 원인으로 제3자를 상대로 그 반환을 구할 수 있는지 여부(소극)**

제3자를 위한 계약관계에서 낙약자와 요약자 사이의 법률관계(이른바 기본관계)를 이루는 계약이 해제된 경우 그 계약관계의 청산은 계약의 당사자인 낙약자와 요약자 사이에 이루어져야 하므로, 특별한 사정이 없는 한 낙약자가 이미 제3자에게 급부한 것이 있더라도 낙약자는 계약해제에 기한 원상회복 또는 부당이득을 원인으로 제3자를 상대로 그 반환을 구할 수 없다(대법원 2005. 7. 22. 선고 2005다7566, 7573 판결).

제 3 관 계약의 해제, 해지

1. 계약의 해제

(1) 의 의

　계약의 해제(cancellection, rescission : Rucktritt ;résolution)라고 함은 일단 유효하게 성립한 계약을 소급적으로 소멸시키는 일방적인 의사표시이다. 계속적 채권관계의 효력을 장래에 대하여 소멸시키는 해지, 일정한 사실의 발생에 의하여 계약이 당연히 소멸한다고 하는 실권약관, 당사자의 합의에 의하여 계약의 효력을 소멸시키는 합의해제와는 각각 약간의 차이가 있다. 채무자가 채무를 이행하지 않았을 때와 그 밖에 특별한 경우(법정해제권·약정해제권)에는 계약을 해제할 수 있다. 해약의 의사표시는 이것을 표시한 이상 철회하지 못한다(제543조 2항).

　계약당사자가 수인이 있는 경우에는 그 전원이 해제의 의사표시를 하여야 하며, 상대방이 수인인 경우에는 그 전원에 대하여 의사표시를 하여야 한다(제547조 1항). 이것을 해제권의 불가분의 원칙이라고 한다. 계약이 해제되면 계약으로써 생긴 법률적 효과는 계약당시에 소급하여 소멸된다(해제의 소급효). 따라서 아직 이행하지 않은 부분에 대하여서는 채무가 소멸하고 이행을 한 부분에 관하여는 상대방에게 부당이득반환의무의 일종인 원상회복의무가 생긴다(제548조). 또 계약을 해제하여 손해가 있을 때에는 손해배상의 청구를 할 수 있다(제551조). 해제를 하여도 계약이 있었다는 사실을 부정할 수 있는 것은 아니므로 이행의 준비로써 지출된 비용이나 이행기가 경과함으로써 목적물의 가격이 변동되어 손해를 보는 경우 등이 있으므로 원상회복의무 외에 손해배상이 인정되는 것이다.

(2) 해제와 구별되는 개념

가. 해제계약

　계약의 합의해제 또는 해제계약이라 함은 해제권의 유무를 불문하고 계약 당사자 쌍방이 합의에 의하여 기존의 계약의 효력을 소멸시켜 당초

부터 계약이 체결되지 않았던 것과 같은 상태로 복귀시킬 것을 내용으로 하는 새로운 계약을 말한다. 계약이 합의해제되기 위하여는 일반적으로 계약이 성립하는 경우와 마찬가지로 계약의 청약과 승낙이라는 서로 대립하는 의사표시가 합치될 것을 그 요건으로 하는 것이지만, 계약의 합의해제는 명시적인 경우뿐만 아니라 묵시적으로도 이루어질 수 있는 것이므로, 계약 후 당사자 쌍방의 계약 실현 의사의 결여 또는 포기가 쌍방 당사자의 표시행위에 나타난 의사의 내용에 의하여 객관적으로 일치하는 경우에는, 그 계약은 계약을 실현하지 아니할 당사자 쌍방의 의사가 일치됨으로써 묵시적으로 해제되었다고 해석함이 상당하다(대법원 1998. 1. 20, 97다43499).

나. 취 소

권리자의 일방적 의사표시에 의하여 법률행위의 효력을 소멸시키는 점에서 해제와 취소는 같다. 그러나 양자는 다음과 같은 점에서 다르다.

취소는 모든 법률행위에 인정되며, 취소권의 발생사유는 무능력·사기·강박·착오 등으로 법률상 규정에 의한다. 그러나 해제는 계약에만 인정되며, 해제사유는 채무불이행에 관한 법률의 규정에 의하는 경우(법정해제)와 당사자의 약정에 의하는 경우(약정해제)가 있다.

구 분	해 제	취 소
적용범위	계약의 특유(일시적 계약관계)	모든 법률행위에 인정
발생사유	·법정해제사유(채무불이행) ·약정해제사유(특약)	법률규정에 의해서만 취소사유가 발생(행위무능력자, 착오, 사기, 강박)
행사기간	형성권으로서 10년간 행사하지 않으면 소멸	추인할 수 있는 날로부터 3년, 법률 행위를 한 날로부터 10년
효 과	·원상회복의무가 발생 ·손해배상의 문제가 발생	·부당이득반환의무가 발생 ·손해배상의 문제가 발생하지 않음

다. 해 지

해지는 임대차와 같은 계속적 계약을 대상으로 일방적 의사표시에 의해 장래에 향하여 그 계약관계를 종료하게 하는 것이므로, 소급효가 있는 해제와 구별된다.

구 분	해 제	해 지
발생범위	일시적 계약관계	계속적 계약관계
소급효	있음	없음 : 장래효
원상회복의무	있음	없음 : 청산의무

라. 해제조건

계약의 해제는 해제권을 가지는 자가 해제권을 행사한 때, 즉 상대방에 대해 해제의 의사표시를 한 때에 한해 비로소 그 효력이 발생하고, 이 경우 계약이 성립한 때에 소급하여 실효된다. 이에 대해 해제조건은 계약의 당사자가 일정한 조건이 성취되면 계약이 자동적으로 실효되는 것으로 정한 경우로서, 즉 해제의 의사표시가 없어도 조건의 성취라는 사실만으로 계약이 실효되고 또 장래에 향하여 그 효력이 발생하는 점에서 해제와 구별된다.

【쟁점사항】

<실권(失權)약관의 문제>

(1) 실권약관의 의의

부동산의 매매계약이나 동산의 할부판매와 관련하여 "매수인이 대금지급기일에 대금을 지급하지 않는 때에는 그 즉시 계약은 자동적으로 해제되고 매수인이 이미 매도인에게 지급한 계약금 등에 관해서는 이를 반환청구할 수 있다"는 취지의 약정을 하는 경우가 많다. 매수인이 그의 권리를 잃는 점에서, 또 위와 같은 약정이 계약서의 서식에 부동문자로 인쇄되어 있는 것이 보통인 점에 이를 '실권약관'이라고 부른다.

(2) 실권약관의 문제점

㉠ 실권 약관이 '해제조건부 계약'인지 아니면 '해제권의 유보'인지의 여부

계약에서는 채무불이행, 특히 이행지체가 있으면 상대방이 상당한 기간을 정하여 최고하여야 하고, 그 기간내에 이행을 하지 않은 때에 한해 비로소 해제권이 발생하는데(제544조 본문), 실권약관의 경우에는 별도의 최고 없이도 계약이 당연히 실효되는 것으로 한 점에서 문제가 있다.

ⓒ 판례의 태도

판례는 기본적으로 실권약관을 해제조건이 아닌 '해제권 유보' 즉 '약정해제권'을 정한 것으로 해석한다(대판 1971. 9. 28. 71다1601). 따라서 계약을 해제하기 위해서는 이행지체후에도 최고를 하여야 하고, 쌍무계약에서는 자기채무의 이행을 제공하여야 한다.

① "위약사유의 존재만으로 당연히 계약이 해제된다는 특약으로 볼 수 없다."

매매계약서에서 매도인이 위약시는 계약금의 배액을 배상하고, 매수인이 위약시는 계약금은 매도인의 소득으로 하고 계약은 자동적으로 해약된다는 조항은 동시이행관계에 있는 쌍무계약에서 위약을 한 당사자가 상대방에게 계약금을 포기하거나 그 배액을 배상하여 계약을 해제할 수 있다는 해제권유보조항으로서 최고 없이 위약사유의 존재만으로 당연히 계약이 해제된다는 특약으로 볼 수 없다(대판 1982. 4. 27. 80다851).

② "매도인이 자기채무의 이행을 제공하지 않은 이상 자동적으로 계약이 해제된 것으로 볼 수 없다."

부동산 매매계약에서 매수인이 잔대금 지급기일까지 그 대금을 지급하지 못하면 그 계약이 자동적으로 해제된다는 취지의 약정이 있더라도, 그것든 채무이행의 기한을 도과한 자가 이행지체에 빠지는 것을 전제로 하는 것인데, 매수인의 잔대금 지급의무와 매도인의 소유권이전등기의무는 동시이행의 관계에 있으므로, 매도인이 자기 채무의 이행을 제공하지 않은 이상 자동적으로 계약이 해제된 것으로 볼 수 없다(대판 1976. 6. 8. 76다890).

③ 그러나 중도금을 지급기일까지 지급하지 않으면 그 계약이 자동해제 된다는 취지의 약정이 있는 경우에는, 중도금의 지급과 소유권이전등기의무는 동시이행의 관계에 있지 아니하므로, 중도금의 지급기일이 도과되면(곧바로 채무불이행이 되므로) 자동으로 해제된다(대판 1980. 2. 12. 79다2035 등).

ⓒ 매수인이 이미 지급한 계약금 등을 반환청구할 수 없다는 약정의 성격

실권약관의 경우에는 매수인은 이미 지급한 계약금 등의 반환청구를 할 수 없다는 약정 때문에 매수인이 원상회복청구권을 포기한 것으로 미루어지는 점에서 문제가 있다. 이에 대해서 판례는 이를 손해배상의 약정을 한 것으로 해석한다(대판 1971. 9. 28, 71다1601).

(3) 실권약관에 대한 규제

실권약관이 약관의 형식으로 계약이 체결된 때에는 약관의 규제에 관한 법률의

적용을 받는다. 따라서 실권약관의 내용은 계약이 해제되는 등 중요한 내용으로서 사업자가 고객에게 명시·설명하지 않은 때에는 이를 계약의 내용으로 주장할 수 없고(동법 제3조 3항), 고객에게 부당하게 불리한 조항, 즉 사업자의 해제권의 행사요건을 완화하고 또 고객의 원상회복청구권을 포기하게 하는 것은 무효가 된다(동법 제9조 2호, 3호).

(3) 해제권에 관한 민법의 규정

유효하게 성립된 계약을 당사자 일방의 의사표시만으로 이를 해소시키기 위해서는 당사자 일방에게 해제권이 주어져야 한다.

민법은 이러한 해제권의 발생원인으로 당사자의 약정에 의해 생기는 약정해제권과 법률의 규정에 의해 당연히 생기는 법정해제권 두 가지를 인정한다(제543조 1항).

법정해제권 발생원인으로는 채무불이행으로서 이행지체와 이행불능을 두 가지를 들면서 해제의 요건을 따로 규정하고 있다(제544~제546조). 그리고 해제권의 행사방법(제543조·제547조), 효과(제548조·제549조·제551조)·소멸(제552조~553조)에 관해서 규정한다.

2. 계약의 해지

계약의 해지라 함은 계속적 계약관계를 당사자의 일방적 의사표시에 의하여 장래에 대하여 소멸시키는 것이다. 소급효를 가지지 않고 장래에 대하여서만 효력을 가진다는 점에서 해제와 다르다.

(1) 해지권에 관한 민법의 규정

해지권의 발생원인은 계약과 법률의 규정이 있다. 민법이 규정하고 있는 해지권의 발생사유로는

① 존속기간의 약정이 없는 경우에는비교적 용이하게 해지권을 인정하지만(제603조 2항, 제613조 2항, 제635조, 제660조, 제689조, 제699조), 존속기간의 약정이 있는 경우에는 일정한 요건하에서 해지권을 인정하였으며(제659조, 제661조, 제698조),

② 중대하게 신의칙에 반하는 사유가 있었거나(제625조, 제640조, 제641
조, 제658조), 계약관계를 존속시키는 것이 중대하게 신의칙에 반하게
되는 경우(제614조, 제627조 2항, 제637조) 등에 해지권을 인정하였다.
해지권은 장래에 대한 채권관계의 소멸이므로 원상회복의 의무는 발
생시키지 않지만 손해배상청구에는 영향을 미치지 않는다(제551조).

당사자 일방 또는 양쪽이 수인인 경우에는 해지의 의사표시는 그 전
원으로부터 또는 전원에 대하여라는 점은 해제에 있어서와 동일하다
(제547조). 혼인이나 입양 등 신분상의 계약관계를 장래에 향하여 무
효로 하는 이혼이나 파양도 그 성질은 해지와 같다.

◈ 계약의 해제 · 해지권의 발생원인 및 행사방법

제 543 조【해지, 해제권】

① 계약 또는 법률의 규정에 의하여 당사자의 일방이나 쌍방이 해지 또는 해제의 권리가 있는 때에는 그 해지 또는 해제는 상대방에 대한 의사표시로 한다.

② 전항의 의사표시는 철회하지 못한다.

■ § 543. 해제, 해지권의 행사

- 해제권의 행사 : ① 계약당사자 또는 계약당사자 지위승계자
　　　　　　　　② 상대방에 대한 의사표시
　　　　　　　　③ 해제의사표시에 조건기한 없고 철회불가
- 해지 : 계속적 채권관계, 당사자 일방 의사표시에 의해 효력을 장래 향하여
　　　　소멸, 행사방법은 해제와 같다.
- 관련법조 : [법률규정에 의한 해지권] 신원보증법 §5,

1. 해제권의 행사

유효하게 성립하고 있는 계약의 효력은 당사자 일방의 의사표시에 의하여 소급적으로 소멸케 하여 계약이 처음부터 존재하지 않았던 것과 동일한 효과를 발생시키는 것이 계약의 해제이다.

계약의 해제는 상대방의 의사와는 무관하게 당사자 일방의 의사표시에 의하여 계약의 효력을 소급적으로 소멸시키는 것이기 때문에 해제할 수 있는 권리, 즉 해제권이 있어야 한다.

(1) 해제권의 의의 및 성질 등

가. 해제권의 의의

계약이 체결되어 일단 유효하게 성립하고 있는 계약의 효력을 일방당사자(해제권자)의 의사표시에 의해 소급하여 해소하게 하여, 계약이 처음부터(소급해서) 존재하지 않았던 것과 같은 상태로 만드는 것을 계약의 해제라 한다. 이러한 일방적인 의사표시에 의해 계약을 해소시키는 권리를 해

제권이라 한다.

나. 해제권의 성질

계약의 해제는 해제권자의 일방적 의사표시에 의해 그 효력이 발생하므로 해제권은 형성권이다

해제권은 계약 당사자의 지위에서 비롯되는 것이므로 계약당사자 또는 당사자의 지위를 승계한 자만이 할 수 있고 채권의 양수인이나 제3자를 위한 계약에서의 제3자는 해제권을 갖지 못한다. 또한 해제권만의 특정승계는 인정되지 않는다.

(2) 해제권의 발생원인

해제권 또는 해지권이 발생하는 경우는 두 가지이다. 하나는 계약당사자의 약정에 의해서 발생하는 것이고(약정해지권), 다른 하나는 법률의 규정에 의해 발생하는 것이다(법정해제권).

```
              <해제권의 발생원인>

· 약정해제권 : 계약 당사자 쌍방의 합의에 의해 발생
· 법정해제권─ 일시적 계약에 공통되는 것 ┌ 이행지체(제544조~제545조)
          │                      └ 이행불능(제546조)
          └ 각종 계약에 특유한 것 : 증여·매매·도급
```

가. 약정해제권

약정해제권은 대부분 당사자가 명확하게 해제권을 유보한 경우에 발생되지만 명확하게 유보하지 않았더라도 법률의 규정에 의하여 유보한 것으로 되는 경우가 있다. 계약금의 수수가 그 대표적인 예이다(제565조 참조).

나. 법정해제권

법정해제권에는 매매(제570조 내지 제580조)나 도급(제668조·제670조)에서 볼 수 있는 것과 같은 각종의 계약에 특수한 해제권과 계약일반에 공통적인 채무불이행을 이유로 하여 발생하는 해제권이 있다.

(3) 해제권의 행사방법

가. 해제권 행사의 자유

해제권이 발생한 경우에도 이를 행사할 것인지 여부는 해제권자의 자유이다. 따라서 채권자는 계약을 해제하지 않고 자신의 의무를 부담하면서 채무자에게 채무의 이행을 청구할 수 있다.

나. 해제권의 행사방법

해제권을 행사하는 경우에는 상대방에 대한 의사표시로써 한다(제543조 1항). 따라서 상대방에게 도달한 때로부터 그 효력이 생긴다(제111조 1항).

해제는 단독행위인 점에서 해제의 의사표시에는 조건 또는 기한을 붙이지 못한다. 다만 조건을 붙이더라도 문제가 없는 경우에는 허용된다.

【쟁점사항】

<계약을 묵시적으로 합의해제할 수 있는지 여부>

계약의 합의해제는 명시적으로 뿐 아니라 묵시적으로도 이루어질 수 있으므로, 계약의 성립 후에 당사자 쌍방의 계약실현 의사의 결여 또는 포기로 인하여 쌍방 모두 이행의 제공이나 최고에 이름이 없이 장기간 이를 방치하였다면, 그 계약은 당사자 쌍방이 계약을 실현하지 아니할 의사가 일치함으로써 묵시적으로 합의해제되었다고 해석함이 상당하다(대판 2007. 5. 11. 2005후1202).

다. 철회의 제한

해제의 의사표시가 그 효력을 발생한 이후에는 이를 철회하지 못한다(법 제543조 2항). 이는 계약이 해제되었다고 신뢰한 상대방을 보호하기 위한 취지이므로, 상대방이 승낙하면 철회할 수 있다고 해석된다.

2. 해지권의 행사

(1) 해지의 의의

임대차·고용·위임과 같은 이른바 계속적 계약관계에 있어서 일방 당사자의 의사표시에 의하여 계약의 효력을 장래에 향하여 소멸시키는 것을 계약의 해지라 한다.

매매와 같은 교환형의 계약에 있어서는 보통 일회의 급부로써 채권의 목적이 달성되므로, 채무자의 불이행은 전계약관계에 영향을 미친다. 그렇기 때문에 그 불이행을 이유로 한 해제는 계약의 효력을 소급적으로 소멸케 하는 것이 된다. 이에 대하여 임대차와 같은 계속적 계약관계에 있어서는 계약내용은 전기간에 걸쳐 실현되어 가는 것이며, 이미 급부가 행해진 부분에 관해서는 그 효력을 반드시 상실해야 할 필요는 없다. 뿐만 아니라 계약을 소급적으로 소멸시키면 이행한 부분에 관해서는 원상회복의무가 생기게 되어 법률관계를 복잡하게 할 뿐 실익이 없다.

그 때문에 계속적 계약관계에 대해서는 소급적으로 계약의 효력을 소멸시키는 해제와는 달리, 장래에 향하여서만 계약의 효력을 소멸케 하는 해지가 필요하게 된 것이다.

(2) 해지권의 발생요인

해지는 당사자 일방의 의사표시로써 계약의 효력을 장래에 향하여 소멸케 하는 것이기 때문에 해지하기 위해서는 해지할 수 있는 권리, 즉 해지권이 필요하다. 해지권은 해제권과 마찬가지로 계약 또는 법률규정에 의해서 발생한다.

계약의 존속기간을 정하지 않은 경우, 예컨대 기간의 약정이 없는 임대차는 당사자가 언제든지 해지할 수 있다. 그러나 그 해지는 일정한 기간(해지기간)이 경과한 때에 효력이 생긴다(제635조).

해지가 있기 이전에 계속적 채권관계에서 이미 발생하고 있는 개개의 채무는 그것이 아직 이행되고 있지 않는 한, 해지로 기본적 채권관계가 소멸하더라도 그대로 존속한다. 예컨대 연체된 임대채무나 이자채무가 그것이다. 그리고 예컨대 임대차에 있어서 계속적 채권계약이 해지되면 임차인은 목적물을 반환하여야 하는 의무가 생기게 되며, 이 의무가 존속하는 동안 그 범위 내에서 당사자간의 채권관계 또한 존속한다고 하여야 할 것이다.

가. 약정해지권

당사자는 계속적 계약에서 당사자의 일방 또는 쌍방이 해지권을 유보하기로 약정할 수 있다(제543조 1항). 민법은 특히 임대차에 관하여 이 점을

규정하고 있지만 다른 계속적 계약에서도 마찬가지이다.

나. 법정해지권

민법은 계약총칙에서 일시적 계약 모두에 공통되는 법정해지권의 발생원인으로 이행지체와 이행불능을 규정하고 있지만, 계속적 계약 모두에 공통되는 법정해지권의 발생원인에 대해서는 아무런 규정이 없다. 다만, 계속적 계약에 개별적으로 그 해지권의 발생원인을 규정하고 있다. 사용대차(제610조 3항), 임대차(제625조, 제627조 등), 고용(제657조~제663조), 위임(제689조), 임치(제698조~제699조)에 관한 규정이 그것이다.

(3) 해지권의 행사방법

해지권의 행사방법에 관한 내용은 해제권의 경우와 동일하다. 즉 해지권의 행사는 상대방에 대한 의사표시로 하고(제543조 1항), 그 의사표시는 철회하지 못한다(제543조 2항).

【쟁점사항】

<사정변경을 이유로 계약을 해제 또는 해지할 수 있는지 여부>

판례는 일시적 계약에서는 사정변경을 이유로 해제권을 인정하지 않고 있다. 그러나 최근 이와 관련하여 일시적 계약의 경우에도 사정변경을 이유로 해제권 발생되기 위한 요건을 검토한 판례가 있다. 다만, 이 판례의 사안에서는 결론적으로 요건을 충족하지 못하여 해제권을 인정하지는 않았다(2007. 3. 29. 2004다31302). 계속적 계약에서는 특히 포괄근보증이나 한정근보증과 같이 채무액이 불확정적이고, 계속적인 거래로 인한 채무에 대하여 한 보증에 한해서는 사정변경을 이유로 한 해지권을 인정하고 있다.

(ㄱ) 일시적계약의 경우 사정변경을 이유로 해제권이 인정되기 위한 요건

이른바 사정변경으로 인한 계약해제는, 계약성립 당시 당사자가 예견할 수 없었던 현저한 사정의 변경이 발생하였고 그러한 사정의 변경이 해제권을 취득하는 당사자에게 책임 없는 사유로 생긴 것으로서, 계약내용대로의 구속력을 인정한다면 신의칙에 현저히 반하는 결과가 생기는 경우에 계약준수 원칙의 예외로서 인정되는 것이고, 여기에서 말하는 사정이라 함은 계약의 기초가 되었던 객관적인 사정으로서, 일방당사자의 주관적 또는 개인적인 사정을 의미하는 것은 아니다. 또한, 계약의 성립에 기초가 되지 아니한 사정이 그 후 변경되어 일방당사

자가 계약 당시 의도한 계약목적을 달성할 수 없게 됨으로써 손해를 입게 되었
다 하더라도 특별한 사정이 없는 한 그 계약내용의 효력을 그대로 유지하는 것
이 신의칙에 반한다고 볼 수도 없다(대판 2007. 3. 29. 선고 2004다31302 판결).

(ㄴ) **사정변경을 이유로 한 해지권을 인정한 사례**

계속적인 보증계약에 있어서 보증계약성립 당시의 사정에 현저한 변경이 생긴
경우에는 보증인은 보증계약을 해지(解止)할 수 있다고 보아야 할 것인 바, 회사
의 임원이나 직원의 지위에 있기 때문에 회사의 요구로 부득이 회사와 제3자 사
이의 계속적 거래로 인한 회사의 채무에 대하여 보증인이 된 자가 그 후 회사로
부터 퇴사하여 임원이나 직원의 지위를 떠난 때에는 보증계약성립당시의 사정에
현저한 변경이 생긴 경우에 해당하므로 사정변경을 이유로 보증계약을 해지할
수 있다고 보아야 하며, 위 계속적 보증계약에서 보증기간을 정하였다고 하더라
도 그것이 특히 퇴사후에도 보증채무를 부담키로 특약한 취지라고 인정되지 않
는 한 위와 같은 해지권의 발생에 영향이 없다(대판 1990. 2. 27, 89다카1381).

(ㄷ) **사정변경을 이유로 한 해지권을 인정하지 않은 사례**

사정변경을 이유로 보증계약을 해지할 수 있는 것은 포괄근보증이나 한정근보증
과 같이 채무액이 불확정적이고 계속적인 거래로 인한 채무에 대하여 한 보증에
한하는 바, 회사의 이사로 재직하면서 보증 당시그 채무액과 변제기가 특정되어
있는 회사의 확정채무에 대하여 보증을 한 후 이사직을 사임하였다 하더라도 사
정변경을 이유로 보증계약을 해지할 수 없다(대판 1996. 2. 9. 95다27431).

[사정변경 원칙]

▣ 핵심판례 ▣

1. 매매계약을 합의해제하는 경우 원상회복에 관하여 아무런 약정도 하지 아니한 것이 경험칙상 이례에 속한다고 볼 수 없는지 여부

계약을 합의해제 할 때에 원상회복에 관하여 반드시 약정을 하여야 하는 것은 아니지만, 매매계약을 합의해제하는 경우에 이미 지급된 계약금, 중도금의 반환 및 손해배상금에 관하여는 아무런 약정도 하지 아니한 채 매매계약을 해제하기만 하는 것은 경험칙에 비추어 이례에 속하는 일이다(대판 1998. 8. 21. 98다17602).

2. 기간의 정함이 없는 계속적 보증계약에서 상당기간의 경과만으로 해지권이 발생하는지 여부(소극)

계속적 보증의 경우 보증에 이르게 된 경위, 상당기간의 경과, 주채무자에 대한 신뢰의 상실, 주채무자의 자산상태의 변화, 보증인의 지위의 변동 기타 채권자측의 사정 등 여러 사정을 고려하여 사회통념상 그 보증을 계속 존속시키는 것이 상당하지 않다고 볼 수 있는 경우에는 상대방인 채권자에게 신의칙상 묵과할 수 없는 손해를 입게 하는 등의 특별한 사정이 없는 한 보증인에게 그 해지권이 인정된다고 할 것이나, 기간을 정하지 않은 계속적 보증계약이라고 하여 상당한 기간이 경과하였다는 사정만으로 바로 그 해지권이 발생한다고 할 수 없다(대판 2001. 11. 27. 99다8353).

3. 부동산매매계약에 있어 매수인이 매매목적부동산 위에 설정된 근저당권에 기한 제3자의 피담보채무를 인수하고 그 채무해당액을 매매대금에서 공제하기로 하면서 만일 장래 채권자의 승낙거절로 인하여 근저당채무인수가 이루어지지 않게 되는 때에는 매매계약을 해제할 수 있기로 약정한 경우에 있어 그 해제권 유보의 특약이 매수인 일방을 위한 것이라고 본 사례

부동산매매계약에 있어 매수인이 매매목적부동산 위에 설정된 근저당권에 기한 제3자의 피담보채무를 인수하고 그 채무해당액을 매매대금에서 공제하기로 하면서 만일 장래 채권자의 승낙거절로 인하여 근저당채무인수가 이루어지지 않게 되는 때에는 매매계약을 해제할 수 있기로 약정한 경우에 있어 그 해제권 유보의 특약이 매수인 일방을 위한 것이라고 본다(1991. 5. 28. 제1부 판결 91다8838 소유권이전등기).

4. 가. 회사의 이사가 채무액과 변제기가 특정되어 있고 다만 채무의 이행기만 수년에 걸쳐 있는 회사채무에 대하여 연대보증계약을 체결한 경우 이사직 사임을 이유로 위 계약을 해지할 수 있는지 여부(소극)

회사의 이사가 채무액과 변제기가 특정되어 있고 다만 채무의 이행기만 수년에 걸쳐 있는 회사채무에 대하여 연대보증계약을 체결한 경우에는 계속적 보증이나 포괄근보증과는 달리 이사직 사임이라는 사정변경을 이유로 연대보증

인인 이사가 일방적으로 계약을 해지할 수 없다.

나. 위 "가"항의 경우 채권자가 이사직 사임통보를 받고 담보로 보관하고 있던 이사 명의의 백지당좌수표를 반환하였다는 사정만으로 채권자가 이사의 연대보증채무를 면제하였다거나 위 계약해지의 의사표시를 한 것이라거나 또는 이사의 계약해지 의사표시를 묵시적으로 인정한 것이라고 볼 수 있는지 여부(소극)

위 "가"항의 경우 채권자가 이사직 사임통보를 받고 담보로 보관하고 있던 이사 명의의 백지당좌수표를 반환하였다는 사정만으로 채권자가 이사의 연대보증채무를 면제하였다거나 위 계약해지의 의사표시를 한 것이라거나 또는 이사의 계약해지 의사표시를 묵시적으로 인정한 것이라고 볼 수 없다(1991. 7. 9. 제1부 판결 90다15501 구상금).

5. 부동산매매계약의 묵시적 합의해제 주장에 대하여 자기 채무의 이행제공에 관한 주장입증이 없다는 이유로 배척한 조치의 적부(소극)

계약의 합의해제에 있어서는 쌍방의 자기 채무의 이행제공이 없이도 합의에 의하여 해제를 할 수 있음은 계약자유의 원칙상 당연하고, 묵시적 합의해제의 경우에도 마찬가지라고 할 것이므로, 부동산매도인(피고)의 묵시적 합의해제 주장에 대하여 원심이 피고가 자기 채무를 이행제공하였는가에 관하여 아무런 주장입증이 없다는 이유로 이를 배척한 것은 묵시적 합의해제에 관한 법리를 오해한 잘못이 있다(1991 .7. 12. 제3부 판결 90다8343 소유권이전등기).

6. 가. 공유자 갑이 계약당사자 본인 겸 다른 공유자 을의 대리인으로서 매매계약을 체결한 경우에 있어 갑에게 계약해제의 의사표시를 함으로써 매매계약이 적법하게 해제되었다고 본 사례.

공유자 갑이 계약당사자 본인 겸 다른 공유자 을의 대리인으로서 매매계약을 체결한 경우에 있어 갑에게 계약해제의 의사표시를 함으로써 매매계약이 적법하게 해제되었다고 본 사례

나. 매매계약이 적법히 해제된 후 당사자가 매매계약이 해제되지 아니하였음을 전제로 한 언동을 한 경우 그것이 이미 해제된 매매계약에 미치는 영향

매매계약이 적법히 해제된 후 당사자가 매매계약이 해제되지 아니하였음을 전제로 한 언동을 하였다고 하더라도 그것이 이미 해제된 이 사건 매매계약을 부활시키기로 하는 새로운 합의로 인정되지 않는 한 매매계약이 해제되지 않았다고 할 수는 없다(1991. 9. 13. 91다18651).

7. 계약의 묵시적 합의해제를 인정할 수 있는 요건

계약의 합의해제는 당사자 쌍방의 묵시적인 합의에 의하여서도 성립되나 이를 인

정하는 데는 계약의 실현을 장기간 방치한 것만으로는 부족하고 당사자 쌍방에게 계약을 실현할 의사가 없거나 계약을 포기하는 동기에서 비롯되어 장기간 방치된 것이라고 볼 수 있는 사정이 있어야만 묵시적 합의해제를 인정할 수 있다(1992. 2. 28. 제3부 판결 91다28221 소유권이전등기).

8. 가. 계약의 합의해제 또는 해제계약의 의의 및 요건

계약의 합의해제 또는 해제계약이라 함은 해제권의 유무를 불문하고 계약 당사자 쌍방이 합의에 의하여 기존의 계약의 효력을 소멸시켜 당초부터 계약이 체결되지 않았던 것과 같은 상태로 복귀시킬 것을 내용으로 하는 새로운 계약으로서, 계약이 합의해제되기 위하여는 일반적으로 계약이 성립하는 경우와 마찬가지로 계약의 청약과 승낙이라는 서로 대립하는 의사표시가 합치될 것(합의)을 그 요건으로 하는바, 이와 같은 합의가 성립하기 위하여는 쌍방당사자의 표시행위에 나타난 의사의 내용이 객관적으로 일치하여야 되는 것이다.

나. 임차보증금의 반환에 관한 아무런 약정도 없이 임대차계약을 합의해제함과 경험칙

계약을 합의해제할 때에 원상회복에 관하여 반드시 약정을 하여야 하는 것은 아니지만, 임대차계약을 합의해제하는 경우에 이미 지급된 임차보증금의 반환에 관하여는 아무런 약정도 하지 아니한 채 임대차계약을 해제하기만 하는 것은 우리의 경험칙에 비추어 이례에 속하는 일이다(1992. 6. 23. 제2부 판결 92다4130,임차보증금반환등 4147(반소)).

9. 매매계약 후 대금 일부가 지급된 상태에서 당사자 쌍방이 장기간에 걸쳐 잔대금지급의무나 소유권이전등기의무를 이행하지 않고 이를 방치하였다는 사유만으로 그 계약이 묵시적으로 합의해제되었다고 할 수 있는지 여부(소극)

매매계약을 체결한 후 그 대금의 일부가 지급된 상태에서 당사자 쌍방이 장기간에 걸쳐 잔대금을 지급하지 아니하거나 소유권이전등기절차를 이행하지 아니함으로써 이를 방치하였다고 하여도 그와 같은 사유만으로는 그 계약이 당사자 쌍방의 계약을 실현하지 아니할 의사의 일치로 묵시적으로 합의해제되었다고 할 수 없고 계약당사자 쌍방이 계약을 실현할 의사가 있었는지 여부는 계약 후의 여러 가지 정황을 종합적으로 고찰하여 판단하여야 한다(1992. 7. 28. 제1부 판결 92다10197 건물철거등 10203소유권이전등기(반소)).

10. 토지의 매매계약을 체결하였다가 매수인의 사정으로 매도인이 위 토지를 다시 매수하고 원계약을 해제하기로 약정한 경우 원계약의 매도인이 재계약상의매매대금 지급의무를 불이행하였다는 이유로 원계약에 대한 해제합의를 해제할 수 있는지 여부(소극)

토지의 매매계약을 체결하였다가 매수인의 사정으로 매도인이 위 토지를 다시 매수하고 원계약을 해제하기로 약정한 경우에 있어 위 재계약상의 해제합의는 위 원계약을 소멸(해제)시키는 것으로서 위 원계약의 소멸(해제)로써 그 효과는 완결되고 합의해제 자체의 이행의 문제는 발생할 여지가 없으므로, 원계약의 매도인이 위 재계약상의 매매대금 지급의무를 불이행하였다고 하더라도 이를 이유로 위 원계약에 대한 해제합의를 해제할 수는 없다(1992. 8. 18. 제2부 판결 92다6266 소유권이전등기일부말소등).

11. 가. 부군수가 그의 처 명의로 군유재산을 매수하면서 그 사실을 진술하지 아니한 것이 군유재산 매매계약에서 해제권유보사유로 정한 부정한 방법에 해당한다고 볼 수 없다 한 사례

부군수가 그의 처 명의로 군유재산을 매수하면서 그 사실을 진술하지 아니한 것이 군유재산 매매계약에서 해제권류보사유로 정한 부정한 방법에 해당한다고 볼 수 없다.

나. 위 "가"항의 매매대상토지 중 일부는 수의계약의 대상이 될 수 없음에도 전체가 수의계약의 대상이 되는 것으로 알고 매각한 잘못이 있을지라도 이는 매도인측의 귀책사유로 발생한 것이므로 매도인은 매매계약을 해제할 수 없다고 한 사례

위 "가"항의 매매대상토지 중 일부는 수의계약의 대상이 될 수 없음에도 전체가 수의계약의 대상이 되는 것으로 알고 매각한 잘못이 있을지라도 이는 매도인측의 귀책사유로 발생한 것이므로 매도인은 매매계약을 해제할 수 없다.

다. 위 가"항의 매매계약에서 연고권자의 명의를 빌어 계약을 맺은 실질적 당사자에게 "부정한 방법 내지 위법사유 해당사실"이 있다면 매도인은 계약을 해제할 수 있다고 한 사례

위 "가"항의 매매계약에서 연고권자의 명의를 빌어 계약을 맺은 실질적 당사자에게 '부정한 방법 내지 위법사유 해당사실'이 있다면 매도인은 계약을 해제할 수 있다(1993. 5. 25. 제2부 판결 92다38058 토지소유권이전등기말소).

12. 부동산 매도인이 중도금의 수령을 거절하였을 뿐만 아니라 계약을 이행하지아니할 의사를 명백히 표시한 경우 매수인은 신의성실의 원칙상 소유권이전등기의무 이행기일까지 기다릴 필요 없이 이를 이유로 매매계약을 해제할 수 있다 한 사례

부동산 매도인이 중도금의 수령을 거절하였을 뿐만 아니라 계약을 이행하지 아니할 의사를 명백히 표시한 경우 매수인은 신의성실의 원칙상 소유권이전등기의무 이행기일까지 기다릴 필요 없이 이를 이유로 매매계약을 해제할 수 있다

(1993. 6. 25. 제3부 판결 93다11821 위약금).

13. 계약이 묵시적 합의에 의하여 해제된 것으로 보기 위한 요건

계약당사자 쌍방이 합의에 의하여 기존의 계약의 효력을 소멸시켜 당초부터 계약이 체결되지 않았던 것과 같은 상태로 복귀시킬 것을 내용으로 하는 계약의 합의해제는 당사자 쌍방의 묵시적인 의사표시에 의하여도 성립될 수 있는 것이지만, 당사자 쌍방이 계약을 이행하지 아니한 채 장기간 방치하였다고 하더라도 그와 같은 사유만으로 당사자 쌍방의 계약을 실현하지 아니할 의사의 합치로 계약이 묵시적으로 합의해제되었다고 볼 수는 없고 당사자 쌍방이 계약을 실현할 의사가 있었는지의 여부는 계약이 체결된 후의 여러 가지 사정을 종합적으로 고려하여 판단하여야 한다(1993. 7. 27. 제2부 판결 93다19030 소유권이전등기).

14. 가. 피보증인인 회사 이사의 처남인 관계에서 연대보증계약의 포괄적 위임을 한 경우 위 이사의 퇴임 후에는 그 위임이 철회된 것으로 본 사례

보증인 갑은 을의 처남으로서 피보증인인 회사에 이사로 근무한 을의 요청에 의하여 회사가 채권자에 대하여 부담한 채무의 담보를 위하여 그 소유의 아파트에 근저당권설정등기를 마쳐 주고, 그의 인감도장을 회사에 맡겨 회사의 직원으로 하여금 필요한 때에 이를 사용하여 채권자와 연대보증계약을 체결하도록 포괄적으로 위임함에 이르는 등 갑이 이와 같이 연대보증을 하게 된 경위에 비추어 볼 때, 을이 회사에 이사로 근무한 기간에는 회사의 직원에게 그의 명의로 채권자와 연대보증계약을 체결하도록 위임하였다고 할 수 있겠으나 을이 회사의 이사직에서 퇴임한 후에는 특별히 계속하여 연대보증을 할 사유가 없는 한 그러한 위임은 철회되었다고 봄이 상당하다.

나. 위 "나"항의 관계에서 물상보증인 및 연대보증인이 된 경우 위 이사의 퇴직 후 물상보증계약을 합의해지하였다면 연대보증계약도 합의해지되었거나 그렇지 않더라도 위 이사의 퇴직 후 연대보증계약을 해지할 수 있다고 본 사례

위 나"항의 경우 을이 회사에서 퇴직한 후 채권자가 보증인 갑의 요청에 따라 근저당권설정등기를 말소하여 주었다면 채권자가 다른 담보물로 대치할 수 있는 사정이 있어 근저당권설정등기를 말소해 준 것이라 해도 말소요청을 하게 된 것이 을의 회사 퇴직에서 비롯되었음을 채권자가 인식하고 있었던 이상 채권자는 위 근저당권설정등기의 말소요청을 수락함으로써 갑과의 연대보증계약 해지에 합의하였거나 그렇지 아니하더라도 을의 회사 퇴직 후에는 갑은 그 연대보증계약을 해지할 수 있다고 봄이 상당하다(1994. 3. 22. 제1부 판결 92다42934 대여금).

15. 조합계약 당사자 사이에 조합계약을 해제하고 그로 인한 원상회복을 주장할 수 있는지 여부

동업계약과 같은 조합계약에 있어서는 조합의 해산청구를 하거나 조합으로부터 탈퇴를 하거나 또는 다른 조합원을 제명할 수 있을 뿐이지 일반계약에 있어서처럼 조합계약을 해제하고 상대방에게 그로 인한 원상회복의 의무를 부담지울 수는 없다(1994. 5. 13. 제3부 판결 선고 94다7157 공사대금).

<center><판례전문(1994. 5. 13. 94다7157)></center>

[원고, 상고인] 신병오

[소송대리인] 중부종합법무법인

[담당변호사] 정재헌

[피고, 피상고인] 주식회사 성주공영

[원심판결] 서울고등법원 1993. 12. 10. 선고, 93나8896 판결

[주 문] 상고를 기각한다.

　상고비용은 원고의 부담으로 한다.

[이 유] 상고이유를 본다.

　소론은 요컨대, 원고가 원심판시의 이 사건 제2차 계약을 해제함에 따라 그 계약은 물론이고 그 기초를 이루는 판시 제1차 계약도 모두 그 효력을 잃게 되었으므로 상대방인 피고 회사는 원고에게 위 선행된 제1차 계약의 해제효에 따른 원상회복으로서 원고의 기지급 투자금 26,750,000원을 반환할 의무가 있다고 보아야 옳다는 취지이다.

　그러나 원심이 적법하게 확정한 바에 따르면, 원고는 당초 그 친구인 소외 이세연과 함께 피고 회사와의 사이에 서로 금 60,000,000원 씩을 출자하고 피고가 기왕 하도급받은 이 사건 가스시설공사에 관한 사업을 공동으로 경영하여 그 완공에 따라 생기게 될 공사대금채권을 각자 반분하여 갖기로 하는 내용의 동업계약인 이 사건 제1차 계약을 체결하였음이 분명한바, 원래 이러한 동업계약과 같은 조합계약에 있어서는 조합의 해산청구를 하거나 조합으로부터 탈퇴를 하거나 또는 다른 조합원을 제명할 수 있을 뿐이지 일반계약에 있어서처럼 조합계약을 해제하고 상대방에게 그로 인한 원상회복의 의무를 부담지울 수는 없는 것이므로(당원 1987. 5. 12. 선고 86도2566 판결, 1988. 3. 8.선고 87다카1448 판결 등 참조), 원고가 위 동업관계의 종료에 따른 청산절차를 거쳐 출자지분의 반환을 구함은 별론으로 하고, 조합원인 피고 회사를 상대로 직접 위 동업계약을 해제하면서 그 원상회복의 명목으로 자신의 투자금 전액의 반환을 청구하는 것은 도저히 허용할 수 없다 할 것이다.

　따라서 원심이 원고의 이 사건 투자금반환 청구부분을 배척한 조치는 그 결론에 있어 충분히 수긍이 되므로, 이 점을 위와 반대의 견해에 서서 비난하는 논지는 받아들일 수 없다 하겠다.

그러므로 상고를 기각하고 상고비용은 패소자의 부담으로 하여 관여 법관의 일치된 의견으로 주문과 같이 판결한다.

대법관 박준서(재판장) 김상원

윤영철(주 심) 박만호

참조판례

대법원 1987. 5. 12. 선고 86도2566 판결

1988. 3. 8. 선고 87다카1448 판결(공1988, 657)

1991. 2. 22. 선고 90다카26300 판결(공1991, 1065)

16. 가. 계약의 합의해제를 위한 요건

계약의 합의해제는 당사자가 이미 체결한 계약을 체결하지 않았던 것과같은 효과를 발생시킬 것을 내용으로 하는 또 다른 계약으로서 당사자 간의 합의로 성립한 계약을 합의해제하기 위하여서는 계약이 성립하는 경우와 마찬가지로 기존 계약의 효력을 소멸시키기로 하는 내용의 해제계약의 청약과 승낙이라는 서로 대립하는 의사표시가 합치될 것을 그 요건으로 하는 것이고, 이러한 합의가 성립하기 위하여는 쌍방 당사자의 표시행위에 나타난 의사의 내용이 서로 객관적으로 일치하여야 된다.

나. 묵시적 합의해제가 인정되는 경우

계약의 합의해제는 명시적으로 이루어진 경우뿐만 아니라 묵시적으로 이루어질 수도 있는 것으로, 계약의 성립 후에 당사자 쌍방의 계약실현의사의 결여 또는 포기로 인하여 쌍방 모두 이행의 제공이나 최고에 이름이 없이 장기간 이를 방치하였다면, 그 계약은 당사자 쌍방이 계약을 실현하지 아니할 의사가 일치됨으로써 묵시적으로 합의해제되었다고 해석함이 상당하다(1994. 8. 26. 제2부 판결 93다28836 소유권이전등기).

<판례전문(1994. 8. 26. 93다28836)>

[원고, 상고인] 김상태

[소송대리인 변호사] 조열래 외 1인

[피고, 피상고인] 김기태

[원심판결] 부산고등법원 1993. 5. 13. 선고, 92나6457 판결

[주 문] 상고를 기각한다.

상고비용은 원고의 부담으로 한다.

[이 유] 상고이유를 판단한다.

원심판결 이유에 의하면, 원심은 원고 및 제1심 공동원고인 소외 김순임 등이 재종질인 피고를 상대로 이 사건 계쟁 임야에 관하여 명의신탁해지를 원인으로 한 소유권이전등기청구소송을 제기하여 그 소의 제1심 계속중인 1991. 9. 12. 주위 친족들의 권유에 따라 피고의 숙부인 소외 김상준을 참여시킨 가운데, 위 임야 중 원·피고의 선대들의 분묘가 설치되어 있는 부분 400평은 원·피고의 공동소유로, 이를 제외한 나머지 부분은 원·피고와 위 김상준 등 3인의 공동소유로 각 인정하되, 원고는 이 내용의 합의서 작성과 동시에 이 사건 소를 취하하고, 피고는 이 합의서 작성직후 원고 및 위 김상준에게 위 임야에 관한 공유지분권이전등기 절차를 마쳐 주기로 하는 내용의 합의를 하면서 이 내용의 합의서를 작성하고, 이 합의관계를 확실히 하기 위하여 그 다음날 이 합의서에 대한 사서증서인증을 받기로 약속한 사실, 그런데 그 달 13. 사서증서인증을 받기 위하여 원·피고 및 위 김상준과 원고의 처인 소외 박부, 피고의 누나인 소외 김외임 등이 다방에서 합석하였으나, 위 박부가 피고에게 전날의 위 합의내용에 불만을 표시함에 따라 그들사이에 언쟁이 벌어지게 되자 원고와 위 김상준은 옆에서 가만히 듣고만 있다가 위 김상준이 먼저 밖으로 나가고 피고도 원고와 위 김상준이 전날의 위 합의를 무효화하려는 것으로 생각한 나머지 모든 것을 그만 두자고 말하면서 자리를 떠나 거주지인 일본으로 출국한 사실 등을 인정하고, 이에 터잡아 원·피고 및 소외 김상준 사이의 위 인정의 1991. 9. 12.자 합의는 그 다음날인 13일 합의 해제된 것으로 볼 것이라고 판단하였다.

그러나 계약의 합의 해제는 당사자가 이미 체결한 계약을 체결하지 않았던 것과 같은 효과를 발생시킬 것을 내용으로 하는 또 다른 계약으로서 위에서 본 바와 같은 당사자간의 합의로 성립한 계약을 합의 해제 하기 위하여서는 계약이 성립하는 경우와 마찬가지로 기존 계약의 효력을 소멸시키기로 하는 내용의 해제계약의 청약과 승낙이라는 서로 대립하는 의사표시가 합치될 것을 그 요건으로 하는 것이고, 이러한 합의가 성립하기 위하여는 쌍방 당사자의 표시행위에 나타난 의사의 내용이 서로 객관적으로 일치하여야 되는 것이다(대법원 1992. 6. 23. 선고 92다4130, 4147 판결 참조). 그런데 원심이 인정한 위 사실관계에 의하더라도 원·피고 및 위 김상준 등은 1991. 9. 13. 전날의 합의사항을 담은 합의서의 인증을 받는 과정에서 새로이 의견다툼이 생겨 뜻대로 인증을 받지 못하였던 것에 불과하고, 더 나아가 그들 사이에 구체적으로 원래의 계약인 위 합의약정의 효력을 소멸시켜 당초부터 그 약정이 성립되지 않았던 것과 같은 상태로 복귀시킬 것을 내용으로 하는 명시적인 의사표시의 합치가 이루어졌다고 보기는 어려우므로, 원·피고 등 사이에 1991. 9. 13. 위 합의약정에 관한 해제의 합의가 이루어졌다고 본 원심의 조치는 잘못이라고 보여진다.

그렇지만 계약의 합의해제는 위와 같이 명시적으로 이루어진 경우 뿐만 아니라

묵시적으로 이루어질수도 있는 것으로, 계약의 성립 후에 당사자 쌍방의 계약실현의사의 결여 또는 포기로 인하여 쌍방 모두 이행의 제공이나 최고에 이름이 없이 장기간 이를 방치하였다면, 그 계약은 당사자 쌍방이 계약을 실현하지 아니할 의사가 일치됨으로써 묵시적으로 합의해제되었다고 해석함이 상당하다고 볼 것이다(대법원 1987. 1. 20.선고 85다카2197 판결, 1988. 10. 11. 선고 87다카2503 판결 등 참조). 그런데 이 사건 기록에 의하면 원·피고 및 위 김상준 등은 위에서 본 바와 같이 이 사건 소를 취하하고 위 임야중 1/3지분권이전등기를 하여 주기로 하는 내용의 합의를 한 후 그 이튿날 이 합의서의 사서인증을 받으려고 하는 과정에서 다른 가족들의 불만으로 사서인증을 받지 못하였음은 물론 위 계약이 장래 계속 효력을 가지는 것으로 할 것인지 여부에 관한 명백한 의사표시를 함이 없이 오히려 위 계약이 제대로 성립되지 않은 것으로 생각한 나머지 원고는 위 계약에 따라 소를 취하하지 않고 이를 그대로 유지하여 소송을 속행하고, 또 원고나 위 김상준이 피고에 대하여 위 지분권이전등기절차의 이행을 전혀 최고하지 않았음은 물론 피고도 위 소송에서 원고와의 소취하합의 사실을 적극 주장하지 않은 채 계속 응소하고 원고와 위 김상준에게 위 지분권이전등기의무의 이행을 제공하지 아니한 상태로, 위 소송의 제1심을 거쳐 원심에 이르기까지 무려 1년반이 넘도록 이를 그대로 방치하여 왔음을 알 수 있는 바, 이러한 위 합의약정 후의 여러가지 정황에 비추어 볼 때 원·피고 등은 위 합의약정이 성립된 후 그 실현을 포기하려는 의사로 이를 방치하였다고 할 것이므로, 위 합의약정은 특별한 사정이 없는 한 묵시적으로 합의해제되었다고 봄이 상당하다 할 것이다.

　　결국 원심이 이 사건에서 문제된 위 합의약정이 합의해제되었다고 판단한 조치는 이유는 다르나 그 결론에 있어서 정당하고, 이와 상반된 상고이유는 받아들일 것이 못된다. 그 밖에 상고이유에서 내세우는 주장은 원심이 가정적으로 판단한 사항에 대하여 법리오해의 위법이 있음을 들어 불복하는 데에 지나지 않는 것으로 판결의 결과에 아무런 영향이 없다 할 것이므로 더 나아가 볼 필요없이 이유 없다 할 것이다.

　　그러므로 이 사건 상고를 기각하고, 상고비용은 상고인인 원고의 부담으로 하기로 관여 법관의 의견이 일치되어 주문과 같이 판결한다.

<div align="right">

대법관　　박준서(재판장)　　박만호
　　　　　김형선　　　　　이용훈(주심)

</div>

참조판례

　가. 대법원　1992. 6. 23. 선고 92다4130, 4147 판결(공1992, 2252)

　나. 대법원　1987. 1. 20. 선고 85다카2197 판결(공1987, 357), 1988. 10. 11. 선고 87다카2503 판결(공1988, 1407)

17. 계약의 묵시적 합의해제를 인정할 수 있는 경우

계약의 합의해제는 명시적으로 뿐 아니라 묵시적으로도 이루어질 수 있으므로, 계약의 성립 후에 당사자 쌍방의 계약실현 의사의 결여 또는 포기로 인하여 쌍방 모두 이행의 제공이나 최고에 이름이 없이 장기간 이를 방치하였다면, 그 계약은 당사자 쌍방이 계약을 실현하지 아니할 의사가 일치함으로써 묵시적으로 합의해제되었다고 해석함이 상당하다(대법원 2007. 5. 11. 선고 2005후1202 판결).

18. 가. 사정변경으로 인한 계약해제가 인정되는 경우

이른바 사정변경으로 인한 계약해제는, 계약성립 당시 당사자가 예견할 수 없었던 현저한 사정의 변경이 발생하였고 그러한 사정의 변경이 해제권을 취득하는 당사자에게 책임 없는 사유로 생긴 것으로서, 계약내용대로의 구속력을 인정한다면 신의칙에 현저히 반하는 결과가 생기는 경우에 계약준수 원칙의 예외로서 인정되는 것이고, 여기에서 말하는 사정이라 함은 계약의 기초가 되었던 객관적인 사정으로서, 일방당사자의 주관적 또는 개인적인 사정을 의미하는 것은 아니다. 또한, 계약의 성립에 기초가 되지 아니한 사정이 그 후 변경되어 일방당사자가 계약 당시 의도한 계약목적을 달성할 수 없게 됨으로써 손해를 입게 되었다 하더라도 특별한 사정이 없는 한 그 계약내용의 효력을 그대로 유지하는 것이 신의칙에 반한다고 볼 수도 없다.

나. 지방자치단체로부터 매수한 토지가 공공공지에 편입되어 매수인이 의도한 건축이 불가능하게 되었더라도 이는 매매계약을 해제할 만한 사정변경에 해당하지 않고, 매매계약을 그대로 유지하는 것이 신의칙에 반한다고 볼 수도 없다고 한 사례

지방자치단체로부터 매수한 토지가 공공공지에 편입되어 매수인이 의도한 음식점 등의 건축이 불가능하게 되었더라도 이는 매매계약을 해제할 만한 사정변경에 해당하지 않고, 매수인이 의도한 주관적인 매수목적을 달성할 수 없게 되어 손해를 입었다 하더라도 매매계약을 그대로 유지하는 것이 신의칙에 반한다고 볼 수도 없다고 한 사례.

<p align="center"><판례전문(2007. 3. 29. 2004다31302)></p>

[원고, 피상고인] 원고 (소송대리인 비전 법무법인 담당변호사 이연봉)

[피고, 상고인] 제주시의 소송수계인 제주특별자치도 (소송대리인 변호사 강봉훈)

[원심판결] 광주고법 2004. 5. 14. 선고 (제주)2003나1580 판결

[주 문] 원심판결을 파기하고, 사건을 광주고등법원에 환송한다.

[이 유] 1. 상고이유 제1점에 대하여

이른바, 사정변경으로 인한 계약해제는 계약성립 당시 당사자가 예견할 수 없

었던 현저한 사정의 변경이 발생하였고 그러한 사정의 변경이 해제권을 취득하는 당사자에게 책임 없는 사유로 생긴 것으로서, 계약내용대로의 구속력을 인정한다면 신의칙에 현저히 반하는 결과가 생기는 경우에 계약준수 원칙의 예외로서 인정되는 것이고, 여기에서 말하는 사정이라 함은 계약의 기초가 되었던 객관적인 사정으로서, 일방당사자의 주관적 또는 개인적인 사정을 의미하는 것은 아니라 할 것이다. 또한, 계약의 성립에 기초가 되지 아니한 사정이 그 후 변경되어 일방당사자가 계약 당시 의도한 계약목적을 달성할 수 없게 됨으로써 손해를 입게 되었다 하더라도 특별한 사정이 없는 한 그 계약내용의 효력을 그대로 유지하는 것이 신의칙에 반한다고 볼 수도 없다 할 것이다.

원심은 그 판시와 같은 사실을 인정한 다음, 이 사건 토지에 대한 개발제한구역 지정이 해제됨에 따라 원고가 건축 등이 가능한 토지로 알고 당시의 객관적인 시가보다 훨씬 비싼 가격에 이 사건 토지를 피고로부터 매수하였는데, 그 후 피고에 의하여 이 사건 토지가 공공공지로 지정되어 건축개발이 불가능해지고, 공공공지 개발계획에 따라 이 사건 토지가 수용될 상황이 되는 등 이 사건 매매계약 당시에 원고가 예상하지도 않았고 예상할 수도 없었던 현저한 사정변경이 생겼고, 이러한 사정변경은 원고에게 책임을 돌릴 수 없는 것으로서, 이로 인해 원고에게 이 사건 매매계약 당시에는 예상하지 못한 엄청난 손해가 발생하게 되어 이 사건 매매계약을 그대로 유지하는 것은 신의칙에 반한다고 보아 원고는 사정변경 또는 신의칙을 사유로 하여 이 사건 매매계약을 해제할 수 있다고 판단하였다.

그러나 원심의 이러한 판단은 앞서 본 법리에 비추어 수긍할 수 없다.

원심이 인정한 사실과 기록에 의하면, 이 사건 매매계약은 일반 매수예상자들을 대상으로 한 피고의 공개매각절차를 거쳐 이루어진 것으로서, 공개매각조건에는 이 사건 토지가 개발제한구역에 속해 있고, 이 사건 토지의 매각 후 행정상의 제한 등이 있을 경우 피고가 이에 대하여 책임을 지지 아니한다는 내용이 명시되어 있으며, 이 사건 매매계약에서도 피고는 이 사건 토지의 인도 후에 발생한 일체의 위험부담에 대하여 책임지지 않는다는 내용이 명시되어 있을 뿐 당시 이 사건 토지상의 건축가능 여부에 관하여 논의가 이루어졌다고 볼 만한 자료를 찾아볼 수 없다.

그렇다면 이 사건 토지상의 건축가능 여부는 원고가 이 사건 토지를 매수하게 된 주관적인 목적에 불과할 뿐 이 사건 매매계약의 성립에 있어 기초가 되었다고 보기 어렵다 할 것이므로, 이 사건 매매계약 후 이 사건 토지가 공공공지에 편입됨으로써 원고가 의도한 음식점 등의 건축이 불가능하게 되었다 하더라도 이러한 사정변경은 이 사건 매매계약을 해제할 만한 사정변경에 해당한다고 할 수 없다 할 것이고, 이러한 사정변경으로 인하여 원고가 의도한 주관적인 매수목적을 달성할 수 없게 되어 손해를 입었다 하더라도 특별한 사정이 없는 한 이 사건 매매계약의 효력을 그대로 유지하는 것이 신의칙에 반한다고 볼 수도 없다 할 것이다.

그럼에도, 원심은 위와 같이 변경된 사정이 계약해제권을 발생시키는 사정변경에 해당한다거나, 이 사건 매매계약의 효력을 그대로 유지하는 것이 신의칙에 위배된다고 보아 원고에게 이 사건 매매계약에 대한 해제권이 발생한다고 판단하였으니, 원심판결에는 사정변경이나 신의칙에 의한 계약해제에 관한 법리를 오해한 나머지 판결에 영향을 미친 위법이 있다 할 것이다.

이 점을 지적하는 피고 소송수계인의 상고이유의 주장은 이유 있다.

2. 결 론

그러므로 나머지 상고이유에 대하여 더 나아가 살펴볼 필요 없이 원심판결을 파기하고, 사건을 다시 심리·판단하게 하기 위하여 원심법원에 환송하기로 하여 관여 법관의 일치된 의견으로 주문과 같이 판결한다.

대법관 김지형(재판장) 고현철(주심) 양승태 전수안

◈ 법정해제권의 발생원인 : 보통의 이행지체

제 544 조【이행지체와 해제】

당사자일방이 그 채무를 이행하지 아니하는 때에는 상대방은 상당한 기간을 정하여 그 이행을 최고하고 그 기간내에 이행하지 아니한 때에는 계약을 해제할 수 있다. 그러나 채무자가 미리 이행하지 아니할 의사를 표시한 경우에는 최고를 요하지 아니한다.

■ § 544. 이행지체를 이유를 계약을 해제하기 위한 요건

- 채무자의 귀책사유에 의한 이행지체
- 상당한 기간내 이행최고
- 최고기간내에 이행제공 없을 것
- 이행지체로 해제권발생
- 해제권의 발생요건 경감하는 특약유효

이행지체로 인한 해제권 발생에는 보통의 이행지체(제544조), 정기행위(제545조)의 둘로 나뉜다. 전자는 계약을 해제하기 위해서는 별도의 최고를 필요로 하나, 후자는 이를 필요로 하지 않는다는 점에서 차이가 있다.

본조는 이행지체로 인한 계약의 해제를 규정한 것이다.

가장 일반적인 해제권의 발생원인이다. 당사자의 일방이 책임있는 사유로 이행을 지체한 때에는 상대방은 상당한 기간을 정하여 그 이행을 최고하였음에도 불구하고 그 기간 내에 이행하지 아니한 때에는 채권자는 계약을 해제할 수 있다.

보통의 이행지체를 이유로 계약을 해제하기 위해서는 다음의 요건이 요구된다.

1. 채무자의 귀책사유에 의해 이행이 지체되었을 것

제544조는 당사자의 일방이 그 채무를 이행하지 아니하여야 한다고 규정하고 있는데, 이것은 이행지체를 의미한다.

그 외에 채무자의 귀책사유가 요구되는지 문제되는데, 이행지체에 채무자의

귀책사유가 당연히 요구된다고 해석하는 것이 통설이다.

2. 상당한 기간을 정하여 이행을 최고 할 것

(1) 의 의

계약의 일방당사자가 그의 채무의 이행을 지체하고 있는 때에는 상대방은 상당한 기간을 정하여 그 이행을 최고하고, 그 기간 내에 이행이 없으면 해제권이 발생한다(제544조 본문). 최고기간을 정하지 않거나, 상당한 기간에 해당하지 않는 경우라 할지라도 최고로서의 효력은 있다. 다만, 최고로부터 상당한 기간이 경과한 후에 해제권이 발생한다. 상대방이 미리 이행을 거절한 경우에는 최고 없이 해제권이 발생한다(제544조 단서).

(2) 관련문제

가. 계약해제를 위한 이행최고로서의 효력을 갖기 위한 요건

단지 언제까지 이행하여야 한다는 최고만 하였다고 하여 곧바로 그 이행최고를 계약해제를 위한 이행최고로서의 효력이 없다고 볼 수는 없는 것이고, 채권자가 위와 같은 최고를 한 경우에는 채무자로서도 채권자에게 문의를 하는 등의 방법으로 확정적인 이행일시 및 장소의 결정에 협력하여야 한다 할 것이며, 채무자가 이와 같이 하지 아니하고 만연히 최고기간을 도과한 때에는, 그에 이르기까지의 채권자와 채무자의 계약이행을 위한 성의 (誠意), 채권자가 채무자에게 구두로 연락을 취하여 이행일시와 장소를 채무자에게 문의한 적이 있는지 등 기타 사정을 고려하여, 위의 최고도 유효하다고 보아야 할 경우가 있을 수 있다(대판 2002. 4. 26. 2000다50497).

나. 본래의 급부에 비하여 과다한 급부의 실현을 요구하는 최고의 효력 여부

채권자의 이행최고가 본래 이행하여야 할 채무액을 초과하는 금액의 이행을 요구하는 내용일 때에는, 그 과다한 정도가 현저하고 채권자가 청구한 금액을 제공하지 않으면 그것을 수령하지 않을 것이라는 의사가 분명한 경우에는 그 최고는 부적법하고, 이러한 최고에 터잡은 계약해제는 그 효력이 없다(대판 1995. 9. 5, 95다19898).

또한 이행의 최고는 채권자가 채무자에 대하여 채무의 내용인 급부를

실현할 것을 요구하는 의사의 통지에 불과하므로, 본래의 급부에 비하여 과다한 급부의 실현을 요구하는 최고를 한 경우라 하더라도 그에 따른 법적 효과가 발생하지 아니함에 그치는 것이지 그 과다한 최고로 인하여 바로 채무자의 재산상 또는 비재산상 이익이 침해된다고 할 수 없다(대판 1999. 12. 10. 99다31407).

다. 당사자의 일방이 이행거절의 의사표시를 하였다가 그것을 철회한 경우에 이행을 최고하지 아니하고 계약을 해제할 수 있는지 여부

쌍방의 채무가 동시이행관계에 있는 쌍무계약에 있어서 당사자의 일방이 미리 채무를 이행하지 아니할 의사표시를 한 때에는 상대방이 이행의 최고를 하지 아니하고 바로 계약을 해제할 수 있으나 그 이행거절의 의사표시가 적법하게 철회한 경우 상대방으로서는 자기채무의 이행을 제공하고 상당한 기간을 정하여 이행을 최고한 후가 아니면 채무불이행을 이유로 계약을 해제할 수 없다(대판 2003. 3. 26. 2000다40995).

라. 최고한 기간의 경과로 계약이 해제된 것으로 보는 경우

일정한 기간을 정하여 채무이행을 최고함과 동시에 그 기간 내에 이행이 없을 때에는 계약을 해제하겠다는 의사를 표시한 경우에는 그 기간의 경과로 그 계약은 해제된 것으로 보아야 한다(대판 1979. 9. 25. 79다1135).

3. 최고기간 내에 이행을 하지 아니할 것

채무자가 최고기간내에 이행을 하지 않았어야 계약을 해제할 수 있다.

다만 쌍무계약에서는 채무자를 이행지체에 빠지게 하려면 채권자가 자기채무의 이행을 제공하여야 하는데, 이것이 최고기간 동안에도 계속되어야 하는지가 문제된다 판례는 쌍무계약에서 채무자를 이행지체에 빠지게 하는 채권자의 이행제공과 그 후 최고기간 동안의 이행제공의 정도를 달리 파악하여, 부동산 매매의 사안에서 매도인은 최고기간 동안 등기서류를 자신의 집에 소지하고 있는 것으로 충분하다고 하였다(대판 1992. 7. 14. 92다5713).

또한 동시이행관계에 있는 의무자 일방이 상대방이 이행지체를 이유로 한 해제권을 취득하기 위하여는 그 이행청구에 표시된 '이행기가 일정한 기간'내로 정하여진 경우라면 이행청구 한 자가 원칙으로 그 기간 중 이행제공을 계속해야 하지만, '일정한 일시' 등과 같이 기일로 정하여진 경우에는 그 기일에

이행제공이 있으면 족한 것이어서 상대방의 이행제공없이 위 기간이나 기일이 도과됨으로써 해제권이 발생한다(대판 1981. 4. 14. 80다2381).

▣ 핵심판례 ▣

1. 부수적 채무를 불이행한 데 지나지 아니한 경우에도 계약을 해제할 수 있는지 여부

민법 제544조에 의하여 채무불이행을 이유로 계약을 해제하려면, 당해 채무가 계약의 목적 달성에 있어 필요불가결하고 이를 이행하지 아니하면 계약의 목적이 달성되지 아니하여 채권자가 그 계약을 체결하지 아니하였을 것이라고 여겨질 정도의 주된 채무이어야 하고 그렇지 아니한 부수적 채무를 불이행한 데에 지나지 아니한 경우에는 계약을 해제할 수 없다(2001. 11. 13. 2001다20394·20400).

2. 가. 쌍무계약에 있어서 계약의 해제와 당사자 일방이 자기의 채무를 이행하지 아니할 의사를 표명한지 여부에 관한 판단기준

쌍방의 채무가 동시이행관계에 있는 쌍무계약에 있어서 당사자 일방이 미리 자기의 채무를 이행하지 아니할 의사를 표명한 때에는 상대방은 이행최고나 자기의 채무이행제공이 없이 계약을 해제할 수 있는 것이고, 이러한 채무를 이행하지 아니할 의사의 표명여부는 계약이행에 관한 당사자의 행동과 계약 전후의 구체적 사정 등을 살펴서 판단하여야 할 것이다.

나. 부동산매매계약에서 매수인의 대금감액 요구만으로 그 대금지급채무를 이행하지 아니할 의사를 명백히 한 것이라고 단정하기 곤란하고 가사 그렇지 않다 해도 그 이행하지 아니할 의사가 철회됐다고 보아 매도인의 계약해제 항변을 배척한 원심판결을 계약해제에 관한 법리오해와 심리미진의 위법으로 파기한 사례

부동산매매계약에서 매매목적물에 대한 소유권이전등기를 매수인이 지정하는 자의 명의로 이행키로 약정하였음에도 매수인이 근거없는 대금감액 요구를 내세울 뿐 아니라 매도인의 소유권이전등기의무이행에 필요한 등기명의인의 지정조차 이행하지 아니하였다면 매수인으로서 계약이행의 의사가 없음을 표명한 것이라고 볼 수 밖에 없고, 그 후 매도인에게 단지 화해하자고 말한 것만 가지고는 자기의 채무를 이행하지 아니할 의사표명을 철회한 것이라고 보기 어렵다 하여 이와 달리 매수인의 대금감액 요구만으로 그 대금지급채무를 이행하지 아니할 의사를 명백히 한 것이라고 단정하기 곤란하고 가사 그렇지 않다 해도 그 이행하지 아니할 의사가 철회됐다고 보아 매도인의 계약해제 항변을 배척한 원심판결을 계약해제에 관한 법리오해와 심리미진의 위법으로 파기환송한다(1991. 3. 27. 제1부 판결 90다8374 소유권이전등기).

3. 매수인이 토지매매에 따르는 양도소득세를 매도인 대신 부담하기로 한 특약에 따라 틀림없이 양도소득세를 납부하리라는 합리적 보장을 하기는 커녕 양도소득세를 부담하지 아니할 의사를 명백히 표시하였으므로 매도인의 별도의 의무제공 없이 한 계약해제통고에 의하여 계약이 적법하게 해제되었다고 본 사례

매수인이 토지매매에 따르는 양도소득세를 매도인 대신 부담하기로 한 특약에 따라 틀림없이 양도소득세를 납부하리라는 합리적 보장을 하기는 커녕 양도소득세를 부담하지 아니할 의사를 명백히 표시하였으므로 매도인의 별도의 의무제공 없이 한 계약해제통고에 의하여 계약이 적법하게 해제되었다고 본다(1991. 5. 28. 제1부 판결 90다카27471 소유권이전등기).

4. 가. 부동산매도인이 매수인에게 제공하여야 할 소유권이전등기신청에 필요한 일체의 서류

쌍무계약인 부동산매매계약에 있어 매도인이 매수인에게 제공하여야 할 소유권이전등기신청에 필요한 일체의 서류란 등기권리증, 위임장 및 부동산매도용인감증명 등 등기신청행위에 필요한 모든 구비서류를 말한다.

나. 부동산매매계약당사자 사이의 소유권이전등기소송 계속중에 매수인이 매도인의 수차에 걸친 잔대금지급 최고에도 불구하고 아무런 회답을 하지 아니한 사실만으로는 매수인이 자신의 채무를 이행하지 아니할 의사를 표시하였다고 볼 수 없다고 한 사례

부동산매매계약당사자 사이의 소유권이전등기소송 계속중에 매수인이 매도인의 수차에 걸친 잔대금지급 최고에도 불구하고 아무런 회답을 하지 아니한 사실만으로는 매수인이 자신의 채무를 이행하지 아니할 의사를 표시하였다고 볼 수 없다(1991. 7. 12. 제3부 판결 90다8343 소유권이전등기).

5. 부동산매수인이 정당한 잔대금을 지급하고 계약을 이행하지 않을 의사를 미리 표시한 것이라고 할 수 없다고 한 사례

부동산매수인이 매도인을 상대로 소유권이전등기청구소송을 제기하면서 부동산에 의해 담보되고 있는 채무를 실제보다 훨씬 높여서 주장하였다 하여 이로써 정당한 잔대금을 지급하고 계약을 이행하지 않을 의사를 미리 표시한 것이라 할 수 없다(1991. 9. 10. 제1부 판결 91다6358 소유권이전등기절차이행).

6. 부동산의 매수인이 미리 매매의 잔대금 지급채무를 이행하지 아니할 의사를 표시한 것으로 볼 수 없다고 한 사례

부동산의 매수인이 그 부동산상에 설정된 근저당권의 피담보채무와 가압류채무를 공제하고 나머지 잔액만을 잔대금으로 공탁하고 소유권이전등기청구소송을 제기하면서 잔대금의 수령과 동시에 그 의무이행을 구하지 아니하고 무조건으로 소유

권이전등기청구를 하였다고 해서 미리 매매계약의 잔대금 지급채무를 이행하지
아니할 의사를 표시한 것으로 볼 수 없다(1991. 10. 11. 제3부 판결 91다25369 소
유권이전등기).

7. 가. 무권리자인 문중 명의로 그것도 대표자로 사칭한 자에 의하여 부동산
 매매계약이 체결된 후 진정한 소유자가 그 권리자임을 주장하여 매수
 인으로부터 중도금을 직접 수령하였다면 위 매매계약에 따른 처분행
 위가 소유자에 대하여도 그 효력이 미친다고 한 사례

 무권리자인 문중 명의로 그것도 대표자로 사칭한 자에 의하여 부동산 매매계
 약이 체결된 후 진정한 소유자가 그 권리자임을 주장하여 매수인으로부터 중
 도금을 직접 수령하였다면 위 매매계약에 따른 처분행위가 소유자에 대하여
 그 효력이 미치게 되고 따라서 소유자에게 매매를 원인으로 한 소유권이전등
 기의무가 발생한다.

 나. 쌍무계약에 있어서 계약의 해제와 당사자 일방이 자기의 채무를 이행
 하지 아니할 의사를 표명한지 여부에 관한 판단기준

 쌍무계약에 있어서 당사자 일방이 미리 그 채무를 이행하지 아니할 의사를
 명백히 표시한 경우에는 상대방은 그 이행에 대한 최고를 하지 아니하고 바
 로 그 계약을 해제할 수 있으며, 위와 같은 채무를 이행하지 아니할 의사의
 표명 여부는 계약이행에 관한 당사자의 행동과 계약 전후의 구체적인 사정
 등을 살펴서 판단하여야 한다.

 다. 위 "가" 항의 경우 소유자가 문중 명의의 소유권보존등기의 말소를 구하
 는 소송을 제기하였다가 제1심에서 패소하자 매수인이 위 문중과 새로
 이 매매계약을 체결하여 대금을 지급하는 등 하였다면 매수인으로서는
 채무를 이행할 의사가 없음을 명백히 표시한 것으로 보인다는 사례

 위 "가" 항의 경우 소유자가 중도금 일부를 수령한 후 자신이 소유자임을 전
 제로 문중 명의의 소유권보존등기가 원인무효라 하여 그 말소를 구하는 소송
 을 제기하였으나 그 제1심에서 패소하자 매수인이 위 문중과 새로이 매매계
 약을 체결하여 매매대금을 지급하는 한편 그 항소심에서 보조참가하여 소유
 자측의 권리를 적극적으로 다투기까지 하였다면 매수인으로서는 채무를 이행
 할 의사가 없음을 명백히 표시한 것으로 보인다(1992. 2. 28. 제3부 판결 91다
 15584 소유권보존등기말소등).

8. 매매계약시 검인계약서상의 매매대금을 실제 대금과는 달리 부동산의 과
 세표준액으로 작성하기로 약정하였으나 매수인이 이를 이행하지 않은 경
 우 그 불이행을 들어 매도인이 위 매매계약을 해제할 수 있는지 여부

 매매계약시 향후 작성할 검인계약서상의 매매대금을 실제 대금과는 달리 매매대
 상 부동산의 과세표준액으로 작성하기로 약정하였으나 매수인이 이를 이행하지

않은 경우 검인계약서상의 매매대금에 관한 위 약정부분은 조세회피 등의 의도에
서 매도인의 편의를 보아 준다는 것일 뿐 위 매매계약의 주된 목적을 달성하는
데 필수불가결한 것은 아니라 할 것이므로 위 매매계약에 부수되는 의무를 규정
한 것에 불과한 것이어서 그 불이행에 의하여 위 매매계약의목적을 달성할 수 없
게 되는 등의 특별한 사정이 없는 한 그 불이행만을 들어매도인이 위 매매계약을
해제할 수는 없다(1992. 6. 23. 제2부 판결 92다7795 소유권이전등기등).

9. 가. 부동산매매계약에 있어서 매도인이 매수인에게 지체책임을 지워 매매
　　계약을 해제하기 위한 요건

　　　쌍무계약인 부동산매매계약에 있어서는 특별한 사정이 없는 한 매수인의 잔
　　대금지급의무와 매도인의 소유권이전등기서류 교부의무는 동시이행관계에 있
　　다 할 것이고, 이러한 경우에 매도인이 매수인에게 지체의 책임을 지워 매매
　　계약을 해제하려면 매수인이 이행기일에 잔대금을 지급하지 아니한 사실만으
　　로는 부족하고, 매도인이 소유권이전등기신청에 필요한 일체의 서류를 수리
　　할 수 있을 정도로 준비하여 그 뜻을 상대방에게 통지하여 수령을 최고함으
　　로써 이를 제공하여야 하는 것이 원칙이고, 또 상당한 기간을 정하여 상대방
　　의 잔대금채무이행을 최고한 후 매수인이 이에 응하지 아니한 사실이 있어야
　　하는 것이며, 매도인이 제공하여야 할 소유권이전등기신청에 필요한 일체의
　　서류라 함은 등기권리증, 위임장 및 부동산매도용 인감증명서 등 등기신청행
　　위에 필요한 모든 구비서류를 말한다.

　　나. 위 "가" 항의 경우 매매계약해제를 위하여 필요한 매도인의 이행제공
　　의 정도

　　　위 "가" 항의 경우 매수인의 잔대금의 준비나 제공 여부와는 관계없이 매도인
　　에게 일률적으로 즉시 소유권이전등기가 가능할 정도로 구비서류를 완성하여
　　매수인에게 현실의 제공을 할 의무까지는 없다고 할 것이고, 매수인으로서는
　　매도인이 이와 같은 모든 구비서류를 완비하여 제공하지 아니한 때에는 그 잔
　　대금의 지급을 거절할 수 있고 매도인으로서는 매수인이 이와 같은 이유로 잔
　　대금의 지급을 거절할 때에는 이를 이유로 매수인을 지체에 빠뜨릴수 없다고
　　할 것이나, 매수인이 매매대금을 준비하지 아니하고 대금지급기일을 넘기는 등
　　계약을 이행함과 동시에 소유권이전등기를 수령할 준비를 하지 아니한 경우에
　　는 매도인으로서는 부동산매도용 인감증명서를 발급받아 놓고, 인감도장이나
　　등기권리증 등을 준비하여 놓아, 잔대금수령과 동시에 법무사등에게 위임하여
　　이전등기신청행위에 필요한 서류를 작성할 수 있도록 준비함으로써 이행의 제
　　공을 하고 잔대금지급의 최고를 할 수 있다고 보아야 할 것이고, 이와 같은 경
　　우 위의 서류 등은 자신의 집에 소지하고 있음으로써 족하다고 할 것이다.

　　다. 매도인이 매매계약해제를 위하여 필요한 이행의 제공을 다하였다고 본
　　사례

매도인이 매매계약해제를 위하여 필요한 이행의 제공을 다하였다고 본 사례
(1992. 7. 14. 제3부 판결 92다5713 소유권이전등기).

10. **부동산 매매계약에 잔대금지급기일까지 잔대금을 지급하지 아니하면 계약이 자동해제된다고 하는 약정이 있는 경우 계약의 자동해제를 위하여 매도인이 자기 채무의 이행제공을 하여 매수인을 이행지체에 빠지게 하여야 하는지 여부(적극)**

부동산 매매계약에 잔대금지급기일까지 잔대금을 지급하지 아니할 때에는 위 매매계약은 자동적으로 해제된다고 하는 약정이 있더라도 매도인이 그 대금지급기일에 자기 채무의 이행제공을 하여 매수인으로 하여금 이행지체에 빠지게 하여야 비로소 자동적으로 매매계약이 해제되는 것이고 매수인이 그 약정기한을 도과하였다고 하더라도 이행지체에 빠진 것이 아니라면 대금 미지급으로 계약이 자동해제되는 것은 아니다(1992. 7. 24. 제3부 판결 91다15614 소유권이전등기).

11. **가. 구 건축법(1986. 12. 31. 법률 제3904호) 제41조 제4항의 규정취지**

구 건축법(1986. 12. 31. 법률 제3904호) 제41조 제4항은 일조 등의 확보를 위하여 일정한 높이의 건물은 일정한 거리를 유지하도록 하는 제한규정일 뿐이고 대지의 적법한 원인에 의한 분할과 소유권이전까지 제한한 것이라고 볼 수는 없다.

나. 토지의 일부를 특정하여 매수하고 토지를 분할하여 그 특정부분에 대한 소유권이전등기를 넘겨받기로 약정하였으나 그 매수인이 건물을 불법증축하여 건축법규상 제한으로 분할이전등기를 못한 경우 분할약정에 따른 상대방의 분할등기이전의무가 원시적 불능에 속하는지 여부(소극)

토지의 일부를 특정하여 매수하고 토지를 분할하여 그 특정부분에 대한 소유권이전등기를 넘겨받기로 약정하였으나 그 매수인이 불법증축한 부분으로 인하여 인근지번과의 인동거리가 건축법규상 제한거리에 미달하기 때문에 분할이전등기를 못한 경우 그러한 공법상 제한은 불법증축한 부분만 철거한다면 얼마든지 해제될 수 있는 것이어서 분할약정에 따른 상대방의 분할등기이전의무는 원시적 불능에 속하는 것이라고 할 수 없다.

다. 매매계약의 중도금 중 일부의 지급에 갈음하여 매도인 소유 부동산을 담보로 한 매도인의 대출금채무의 이행을 인수한 매수인이 그 이자를 납부하지 않았으나 이로 인하여 대출금에 대한 기한의 이익이 상실되지 않은 경우 매도인이 위 원금의 이행을 최고하고, 중도금지급채무의 이행지체를 이유로 매매계약을 해제할 수 있는지 여부(소극)

매수인이 매매계약의 중도금 중 일부의 지급에 갈음하여 매도인 소유 부동

산을 담보로 한 매도인의 대출금채무의 이행을 인수한 경우 그 이행시기 등에 관하여 다른 약정이 없는 한, 매수인은 대출금채무의 내용에 따라 이행하고, 그 이행을 지체함으로써 매도인 소유의 부동산에 설정된 담보권이 실행되는 일이 없도록 하여야 할 것이고, 또 그것으로 족하므로 매수인이 이자를 납부하지 아니하였더라도 그로 인하여 위 대출금에 대한 기한의 이익이 상실되지 않은 이상 위 이자납부에 대한 최고가 있었다 하여 그 일자경에 위 대출원금의 이행이 지체되었다고 할 수 없으니 매도인으로서는 위 원금의 이행을 최고하고 나아가서 중도금지급채무의 이행지체가 있다 하여 위 매매계약을 해제할 수는 없다.

라. 토지 일부에 대한 분할이전등기 및 다른 부분에 대한 공유지분이전등기 소요서류의 교부와 잔대금지급을 동시이행키로 약정하였으나 매수인의 귀책사유로 분할이전등기 등을 못한 경우 매도인이 공유지분이전등기신청서류 등을 이행제공함이 없이 잔대금지급의무의 이행만을 최고하더라도 상대방이 이행지체에 빠진다고는 할 수 없다고 한 사례

토지 일부에 대한 분할이전등기 및 그 토지의 다른 부분에 대한 공유지분이전등기에 필요한 서류의 교부와 잔대금의 지급을 동시이행하기로 약정하였으나 매수인의 귀책사유로 인하여 매도인이 분할이전등기 및 분할된 토지의 이전등기의무의 이행제공을 하지 못하게 된 경우 토지분할등기신청은 소관 행정청에 대한 것이어서 분할등기신청에 필요한 서류의 교부의무와 잔대금지급의무와는 반드시 동시이행관계에 있다고 할 수는 없으나, 그 외의 이전등기신청서류나 당해 토지 위에 설정되어 있는 근저당권설정등기 등의 말소에 필요한 서류의 이행제공의무와 잔대금지급의무와는 동시이행관계에 있다고 할 것이므로 이러한 의무의 이행제공 없이 잔대금지급의무의 이행만을 최고한다 하더라도 상대방의 잔대금지급의무가 이행지체에 빠진다고는 할 수 없다(1992. 7. 24. 제3부 판결 91다38341 소유권이전등기).

12. 가. 토지거래허가를 전제로 매매계약을 체결하고 그 후 허가를 받은 경우 매매계약의 효력 유무(적극) 및 허가신청서에 기재된 거래가격이 실거래가격보다 낮다는 사정

나. 토지거래허가를 전제로 체결한 매매계약에서 매도인이 매수인의 이행지체를 이유로 계약을 해제하기 위한 요건

토지거래허가를 전제로 하는 매매계약의 경우 허가가 있기 전에는 매수인에게 그 계약내용에 따른 대금의 지급의무가 없는 것이므로 설사 그전에 매도인이 소유권이전등기 소요서류의 이행제공을 하였다 하더라도 매수인이 이행지체에 빠지는 것이 아니고 허가가 난 다음 그 이행제공을 하면서 대금지급을 최고하고 매수인이 이에 응하지 아니한 경우에 비로소 이행지체에 빠져 매도인이 계약을 해제할 수 있는 것이다(1992. 7. 28. 제2부 판결 91다33612

소유권이전등기).

13. 부동산 매매계약을 이행하는 과정에서 잔금의 일부로 충당하기로 한 금액이 매도인과 매수인 사이에서 확정되지도 않은 상태에서 매수인이 과다한 액수의 잔금지급을 요구하는 매도인의 최고를 거부하였다 하더라도 이는 매수인의 귀책사유로 인한 이행지체라고 할 수 없다고 한 사례

부동산 매매계약을 이행하는 과정에서 잔금의 일부로 충당하기로 한 금액이 매도인과 매수인 사이에서 확정되지도 않은 상태에서 매수인이 과다한 액수의 잔금지급을 요구하는 매도인의 최고를 거부하였다 하더라도 이는 매수인의 귀책사유로 인한 이행지체라고 할 수 없다(1992. 7. 28. 제2부 판결 91다34660 소유권이전등기).

14. 매수인이 중도금을 약정일자에 지급하지 아니할 때에는 매매계약이 취소되는 것으로 하되, 이미 지급한 대금은 반환하지 않기로 약정한 경우 매수인의 중도금 지급의무불이행 자체로써 매매계약이 자동적으로 해제되는지 여부(적극)

매매계약 당시 매수인이 매도인에게 중도금을 그 약정일자에 지급하지 아니할 때에는 매매계약이 취소되는 것으로 하되, 이미 지급한 대금은 반환하지 않기로 약정하였는데, 그 후 매수인이 중도금을 그 약정일자에 지급하지 아니하였다면 위 불이행 자체로써 위 매매계약은 그 일자에 자동적으로 해제된 것으로 보아야 한다(1992. 8. 18. 제2부 판결 92다5928 소유권이전등기).

15. 부동산 매매계약에 있어 매수인이 이행기일을 도과한 후 매도인에 대하여 계약상 의무 없는 과다한 채무의 이행을 요구하고 있는 경우 매도인이 자기 채무의 이행제공이나 최고 없이 계약을 해제할 수 있는지 여부(적극)

쌍무계약인 부동산 매매계약에 있어 매수인이 이행기일을 도과한 후에 이르러 매도인에 대하여 계약상 의무 없는 과다한 채무의 이행을 요구하고 있는 경우에는 매도인으로서는 매수인이 이미 자신의 채무를 이행할 의사가 없음을 표시한 것으로 보고 자기 채무의 이행제공이나 최고 없이도 계약을 해제할 수 있다(1992. 9. 14. 제3부 판결 92다9463 소유권이전등기).

16. 가. 부동산 매도인이 매수인을 이행지체에 빠뜨리기 위하여 해야 할 이행제공의 정도

부동산 매매계약의 경우 매도인이 매수인을 이행지체에 빠뜨리기 위하여 해야 할 이행제공의 정도는 소유권이전등기에 필요한 서류 등을 준비하여 두되 이 서류 등을 현실적으로 제공할 필요까지는 없다 하더라도 매수인에게 그 뜻을 통지하고 잔금 지급과 아울러 이를 수령하여 갈 것을 최고함을 요한다.

나. 토지 매수인이 토지거래신고가액을 실지거래가액으로 해 달라고 요
구하면서 그때까지는 잔금을 못 주겠다고 했다가 매매계약이 해제되
기 전 그러한 의사를 철회한 경우 매도인이 최고 없이 계약을 해제
할 수 있는지 여부(소극)

토지의 매수인이 토지거래신고가액을 실지거래가액으로 해 달라고 요구하면
서 그때까지는 잔금을 못 주겠다고 했다가 그 후 위 매매계약이 해제되기
전에 위와 같은 의사를 철회하였다면 매도인은 매수인이 이행거절의 의사를
명백히 표시하였다는 것을 이유로 하여 최고 없이 계약을 해제할 수 없다
(1992. 9. 22. 제2부 판결 91다25703 소유권이전등기).

17. 부동산을 매매하면서 인접 국유지도 불하받을 수 있도록 주선하여 주
겠다고 한 약정을 이행하기 위하여 매도인이 국유지 불하신청까지 하
여 절차가 진행중이었음에도 매수인이 국유지 불하절차가 완료되지 않
았다는 평계를 내세워 잔대금지급을 거절하였다면, 이는 매수인으로서
의 채무이행을 거절하는 의사를 명백히 표시한 경우로 보아야 할 것이
라고 한 사례

부동산을 매매하면서 인접 국유지도 불하받을 수 있도록 주선하여 주겠다고 한
약정을 이행하기 위하여 매도인이 국유지 불하신청까지 하여 절차가 진행중이었
음에도 매수인이 국유지 불하절차가 완료되지 않았다는 평계를 내세워 잔대금지
급을 거절하였다면, 이는 매수인으로서의 채무이행을 거절하는 의사를 명백히
표시한 경우로 보아야 할 것이라고 한 사례(1993. 2. 23. 제2부(가) 92다50805 매
매계약부존재확인).

18. 채권자가 기간을 명시하여 이행을 최고한 경우 이행지체를 이유로 하는
계약을 해제하기 위하여는 기간의 최종일에 변제의 장소에서 변제를 수
령할 준비를 갖추어야 하는지 여부(적극)와 변제장소(=약정장소)

채권자가 채무자의 이행지체를 이유로 계약을 해제함에 있어 전제요건으로서 일
정한 기간을 명시하여 이행을 최고한 경우 최고기간 내에 채무자의 이행 또는
이행의 제공이 없어 해제권이 발생하였다고 하기 위하여는 채권자로서는 채무자
로부터의 이행일시에 관한 통지 유무에 불구하고 적어도 그 기간의 최종일에는
변제의 장소에서 변제를 수령할 준비를 갖추어야 한다고 보는 것이 상당하고,
이때 변제의 장소는 당해 계약에서 약정된 장소가 있는 경우 그 약정장소라고
할 것이다(1993. 5. 25. 제2부 판결 92다49430 소유권이전등기).

19. 부수적 약정에 위배하였음을 이유로 한 매매계약 해제 주장을 배척한
사례

당초 약정된 잔대금의 일부를 잔대금기일 전에 미리 앞당겨 지급하기로 약정한
것이 그 금액의 정도나 반대급부의 범위 등에 비추어 호의에 의한 부수적 약정

에 지나지 않는다고 하여 이에 위배하였음을 이유로 한 해제 주장을 배척한 사례(1993. 7. 13. 제2부 판결 93다17966 소유권이전등기 17973(반소)가등기말소).

20. **매매대금의 일부가 남아 있는데도 전액 지급되었다면서 소유권이전등기의 이행을 소구한 것만으로 매수인이 채무이행의사가 없음을 명백히 한 것이라고 볼 수 없다고 한 사례**

매매대금의 일부가 남아 있는데도 전액 지급되었다면서 소유권이전등기의 이행을 소구한 것만으로 매수인이 채무이행의사가 없음을 명백히 한 것이라고 볼 수 없다(1993. 8. 24. 제2부 판결 92다9159 소유권이전등기).

21. **토지거래신고구역 내에 있는 토지에 대한 매매계약에 있어 토지거래계약 신고필증의 제공 없이 매도인이 한 계약해제 의사표시의 효력**

부동산등기법 제40조 제1항 제4호, 부동산등기특별조치법 제5조 제2항, 국토이용관리법 제21조의7의 규정에 의하면, 토지거래신고구역 내에 있는 토지에 대한 소유권이전등기를 함에 있어서는 토지거래계약 신고필증이 첨부되어야 하는 것이므로, 매수인의 매매계약상의 의무와 매도인의 신고필증 제공의무는 동시이행의 관계에 있다고 볼 것이고, 따라서 신고필증의 제공 없이 한 매도인의 매매계약 해제의 의사표시는 적법하다고 할 수 없다(1993. 8. 24. 제1부 판결 92다56490 소유권이전등기).

22. **가. 쌍무계약에 있어 채무의 이행을 제공하지 않더라도 상대방의 이행지체를 이유로 계약을 해제할 수 있는 경우**

쌍무계약에 있어 상대방이 미리 이행을 하지 아니할 의사를 표시하거나 당사자의 일방이 이행을 제공하더라도 상대방이 그 채무를 이행하지 아니할 것이 객관적으로 명백한 경우는 그 일방이 이행을 제공하지 아니하여도 상대방은 이행지체의 책임을 지고 이를 이유로 계약을 해제할 수 있다고 할 것이고, 당사자의 일방이 이행을 제공하더라도 상대방이 상당한 기간 내에 그 채무를 이행할 수 없음이 객관적으로 명백한 경우에도 그 일방은 자신의 채무의 이행을 제공하지 않더라도 상대방의 이행지체를 이유로 계약을 해제할 수 있다고 보아야 한다.

나. 상대방이 채무를 이행할 수 없음이 명백한지 여부를 판단할 기준시점

위 "가"항의 경우 당사자의 일방이 이행을 제공하더라도 상대방이 채무를 이행할 수 없음이 명백한지의 여부는 계약해제시를 기준으로 하여 판단하여야 한다(1993. 8. 24. 제1부 판결 93다7204 위약금반환).

23. **매매대금을 완불하지 않고 완불하였다고 주장하면서 무조건의 소유권이전등기절차의 이행을 구하는 것과 매매계약상의 의무를 이행하지 아니할**

의사의 표시

매매대금이 일부 지급되지 않았음에도 전부 지급되었다고 주장하면서 무조건의 소유권이전등기절차의 이행을 구한다고 하여 그것만으로 곧바로 잔대금지급의무를 이행하지 아니할 의사를 표시한 것이라고 할 수는 없으나 이와 함께 계약이행에 관한 당사자의 행동과 계약 전후의 구체적인 사정에 따라서는 그 계약상의 의무를 이행하지 아니할 의사를 표시한 것이라고 인정할 수도 있다(1993. 12. 7. 제1부 판결 93다32361 소유권이전등기).

24. **쌍무계약의 당사자 일방이 자기의 채무를 모두 이행하지 못하였음에도 상대방채무의 이행을 구하는 제소를 한 경우 채무를 이행하지 아니할 의사를 표명한 것인지 여부**

쌍방의 채무가 동시이행관계에 있는 쌍무계약에 있어서 당사자 일방이 아직 자기의 채무를 모두 이행하지 못하였음에도 불구하고 이미 자기의 채무를 모두 이행하였다고 주장하면서 상대방채무의 이행을 구하는 제소까지 하였다면 그것이 재산상의 착오 때문이라는 등 특별한 사정이 없는 한 미리 자기의 채무를 이행하지 아니할 의사를 표명한 것으로 볼 것이다(1993. 12. 24. 제3부 판결 93다2605 토지소유권이전등기).

25. **부동산매매계약에 있어서 매수인이 잔대금을 지급기일까지 지급하지 못하면 그 계약이 자동적으로 해제된다는 취지의 약정이 있는 경우 계약이 자동해제되기 위한 요건**

부동산매매계약에 있어서 매수인이 잔대금지급기일까지 그 대금을 지급하지 못하면 그 계약이 자동적으로 해제된다는 취지의 약정이 있더라도 특별한 사정이 없는 한 매수인의 잔대금지급의무와 매도인의 소유권이전등기의무는 동시이행관계에 있으므로 매도인이 잔대금지급기일에 소유권이전등기에 필요한 서류를 준비하여 매수인에게 알리는 등 이행의 제공을 하여 매수인으로 하여금 이행지체에 빠지게 하였을 때에 비로소 자동적으로 매매계약이 해제된다고 보아야 하고 매수인이 그 약정기한을 도과하더라도 이행지체에 빠진 것이 아니라면 대금미지급으로 매매계약이 자동해제된다고 볼 수 없다(1993. 12. 28. 제2부 판결 93다777 소유권이전등기).

26. **가. 이행지체를 이유로 한 도급계약의 해제와 최고절차의 요부**

수급인의 이행지체를 이유로 한 도급계약의 해제도 다른 계약의 해제와마찬가지로 도급인이 상당한 기간을 정하여 이행을 최고하였음에도 불구하고 수급인이 그 이행을 하지 아니하거나 수급인이 미리 이행하지 아니할 것을 표시한 경우라야 적법하다

나. 일부의 이행만으로는 도급계약의 목적을 달성할 수 없어 계약 전체를 해제할 수 있다고 본 사례

일부의 이행만으로는 도급계약의 목적을 달성할 수 없어 계약 전체를 해제할 수 있다고 본 사례(1994. 4. 12. 제1부 판결 93다45480 물품대금 45497(반소) 계약금반환).

27. 가. 상가신축공사 수급인이 분양대행자 겸 시공자 자격으로 도급인인 주택조합 및 수분양자와의 3자계약에 의하여 분양계약을 체결하였다면 분양대금을 모두 납부한 수분양자는 내부적으로 그 소유권을 취득한다고 한 사례

상가신축공사 수급인이 분양대행자 겸 시공자 자격으로 도급인인 주택조합 및 수분양자와의 3자계약에 의하여 분양계약을 체결하였다면 분양대금을 모두 납부한 수분양자는 내부적으로 그 소유권을 취득한다고 한 사례.

나. 위 "가" 항의 경우에 수분양자에게 할당된 주택조합의 상가신축공사 수급인에 대한 연체료 지급채무는 부수적 채무로서 수분양자의 내부적 소유권 취득에 장애가 되지 않는다고 한 사례

주택조합의 공사대금지급지체로 인한 손해배상인 연체료 지급채무는 실제의 분양대금과는 관계없는 부수적인 채무이고 수분양자들이 분양대금을 완납할 때까지는 그 지급하여야 할 금액조차 확정되지 아니하는 것이므로 수분양자들이 이를 납부하지 아니하였다 하여 분양계약을 해제할 수 있는 성질의 것은 아니어서 그 납부 여부가 위 "가"항의 내부적 소유권 귀속을 좌우할 수 있는 것은 아니다(1994. 4. 26. 제1부 판결 93다5123 제3자이의).

28. 가. 과다한 이행최고에 터잡은 계약해제의 효력

채권자의 이행최고가 본래 이행하여야 할 채무액을 초과하는 경우에도 본래 급부하여야 할 수량과의 차이가 비교적 적거나 채권자가 급부의 수량을 잘못 알고 과다한 최고를 한 것으로서 과다하게 최고한 진의가 본래의 급부를 청구하는 취지라면, 그 최고는 본래 급부하여야 할 수량의 범위 내에서 유효하다고 할 것이나, 과다한 정도가 현저하고 채권자가 청구한 금액을 제공하지 않으면 그것을 수령하지 않을 것이라는 의사가 분명한 경우에는 그 최고는 부적법하고, 이러한 최고에 터잡은 계약해제는 그 효력이 없다.

나. 실기한 공격방어방법이더라도 소송의 완결을 지연시키는 것이 아니어서 각하할 수 없는 경우

법원은 당사자의 고의 또는 중대한 과실로 시기에 늦어서 제출한 공격 또는 방어방법이 그로 인하여 소송의 완결을 지연하게 하는 것으로 인정될 때에는 이를 각하할 수 있고, 이는 독립된 결정의 형식으로 뿐만 아니라 판결이유 중에서 판단하는 방법에 의하여 할 수도 있으나, 법원이 당사자의 공격방어방법에 대하여 각하결정을 하지 아니한 채 그 공격방어방법에 관한 증거조사까지 마친 경우에 있어서는 더이상 소송의 완결을 지연할 염려는 없

어졌다고 할 것이므로, 그러한 상황에서 새삼스럽게 판결이유에서 당사자의 공격방어방법을 각하하는 판단은 할 수 없고, 또 실기한 공격방어방법이라 하더라도 따로 심리하거나 증거조사를 하여야 할 사항이 남아 있어 어차피 기일의 속행을 필요로 하고 그 속행기일의 범위 내에서 공격방어방법의 심리도 마칠 수 있거나 공격방어방법의 내용이 이미 심리를 마친 소송자료의 범위 안에 포함되어 있는 때에는 소송의 완결을 지연시키는 것으로 볼 수 없으므로, 이와 같은 경우에도 각하할 수 없다.

다. 상법 제374조 제1호 소정의 "영업의 전부 또는 중요한 일부의 양도"의 의미

주주총회의 특별결의가 있어야 하는 상법 제374조 제1호 소정의 "영업의 전부 또는 중요한 일부의 양도"라 함은 일정한 영업목적을 위하여 조직되고, 유기적 일체로 기능하는 재산의 전부 또는 중요한 일부를 총체적으로 양도하는 것을 의미하는 것으로서, 이에는 양수회사에 의한 양도회사의 영업적 활동의 전부 또는 중요한 일부분의 승계가 수반되어야 하는 것이므로, 단순한 영업용 재산의 양도는 이에 해당하지 않는 것이고, 다만 영업용 재산의 처분으로 말미암아 회사 영업의 전부 또는 일부를 양도하거나 폐지하는 것과 같은 결과를 가져오는 경우에는 주주총회의 특별결의가 필요하다(1994. 5. 10. 제1부 판결 93다47615 소유권이전등기).

29. 토지거래허가를 전제로 체결된 매매계약을 이행지체를 이유로 해제하기 위한 요건

국토이용관리법상의 토지거래허가를 전제로 하는 매매계약의 경우 허가가 있기 전에는 매수인에게 그 계약내용에 따른 대금의 지급의무가 없는 것이므로 설사 그 전에 매도인이 소유권이전등기 소요서류의 이행제공을 하였다고 하더라도 매수인이 이행지체에 빠지는 것이 아니고 허가가 난 다음 그 이행제공을 하면서 대금지급을 최고하고 매수인이 이에 응하지 아니한 경우에 비로소 이행지체에 빠져 매도인이 계약을 해제할 수 있다(1994. 8. 26. 제3부 판결 94다23319 소유권이전등기).

<center><판례전문(1994. 8. 26. 94다23319)></center>

[원고, 피상고인] 이정호

[피고, 상고인] 박영목

[소송대리인 변호사] 서윤홍

[원심판결] 대구고등법원 1994. 4. 6. 선고, 93나6301 판결

[주 문] 상고를 기각한다.

상고비용은 피고의 부담으로 한다.

[이 유] 피고소송대리인의 상고이유를 본다.

국토이용관리법상의 토지거래허가를 전제로 하는 매매계약의 경우 허가가 있기 전에는 매수인에게 그 계약내용에 따른 대금의 지급의무가 없는 것이므로 설사 그 전에 매도인이 소유권이전등기 소요서류의 이행제공을 하였다고 하더라도 매수인이 이행지체에 빠지는 것이 아니고 허가가 난 다음 그 이행제공을 하면서 대금지급을 최고하고 매수인이 이에 응하지 아니한 경우에 비로소 이행지체에 빠져 매도인이 계약을 해제할 수 있는 것이다(당원 1992. 7. 28. 선고 91다33612 판결 ; 1991. 12. 24. 선고 90다12243 판결 각 참조).

원심이 적법하게 확정한 바와 같이 이 사건 매매계약은 국토이용관리법상의 토지거래허가를 전제로 하는 계약이고 위 매매계약에 대한 토지거래허가가 1993. 4. 1.에 있었다면, 원고가 위 허가가 있기 전에 피고로부터 소유권이전등기 소요서류의 제공을 받고서도 잔대금을 지급하지 않았다고 하더라도 이와 같은 사유를 들어 위 매매계약을 해제한다는 피고의 1990. 2. 1.자 의사표시는 적법하다고 볼 수 없고, 위 의사표시가 위 허가가 있을 때 소급하여 효력이 발생한다고 볼 수도 없으므로, 같은 취지에서 피고의 계약해제주장을 배척한 원심의 조치는 정당하고, 거기에 소론과 같은 법리오해의 위법이 있다고 할 수 없다.

또 원심판결 이유를 기록과 대조하여 검토하여 본 바, 원심이 그 판시와 같은 이유를 들어 원고의 이 사건 청구가 신의칙이나 공평의 원칙에 반하거나 권리남용에 해당한다는 피고의 주장을 배척한 조치도 정당한 것으로 수긍할 수 있고, 거기에 소론과 같은 위법이 있다고 할 수 없다. 논지는 모두 이유 없다.

그러므로 상고를 기각하고 상고비용은 패소자의 부담으로 하여 관여 법관의 일치된 의견으로 주문과 같이 판결한다.

대법관 지창권(재판장) 천경송(주심)
안용득 신성택

30. 가. 부동산매매계약시 매수인이 잔대금지급기일까지 대금을 지급하지 못하면 계약이 자동해제된다는 약정이 있는 경우, 계약의 자동해제를 위하여 매도인이 잔대금지급기일에 자기 채무의 이행제공을 하여야 하는지 여부

부동산매매계약에 있어서 매수인이 잔대금지급기일까지 그 대금을 지급하지 못하면 그 계약이 자동적으로 해제된다는 취지의 약정이 있더라도 특별한 사정이 없는 한 매수인의 잔대금지급의무와 매도인의 소유권이전등기의무는 동시이행의 관계에 있으므로 매도인이 잔대금지급기일에 소유권

이전등기에필요한 서류를 준비하여 매수인에게 알리는 등 이행의 제공을 하여 매수인으로 하여금 이행지체에 빠지게 하였을 때에 비로소 자동적으로 매매계약이 해제된다고 보아야 하고 매수인이 그 약정기한을 도과하였더라도 이행지체에 빠진 것이 아니라면 대금미지급으로 계약이 자동해제된 것으로 볼 수 없다.

나. "가"항과 같은 약정을 한 경우에 있어 매도인이 이전등기소요서류를 갖추었는지 여부를 묻지 않고 매수인의 지급기일 도과사실 자체만으로 계약을 실효시키기로 특약을 하였다고 볼 특별한 사정이 있다고 한 사례

매도인이 소유권이전등기소요서류를 갖추었는지 여부를 묻지 않고 매수인의 지급기일 도과사실 자체만으로 계약을 실효시키기로 특약을 하였다고 볼 특별한 사정이 있는 경우로서 "가"항과 같은 약정에 따라 매수인이 잔금지급기일까지 잔금을 지급하지 아니함으로써 매매계약이 자동실효되었다고 판단한원심판결을 수긍한 사례(1994. 9. 9. 제3부 판결 94다8600 소유권이전등기).

31. 매매목적물인 부동산에 대한 근저당설정등기나 가압류등기가 말소되지 않은 경우, 매수인이 이를 이유로 계약을 해제하기 위한 요건

매매목적물인 부동산에 근저당권설정등기나 가압류등기가 있는 경우에 매도인으로서는 위 근저당권설정등기나 가압류등기를 말소하여 완전한 소유권이전등기를 해 주어야 할 의무를 부담한다고 할 것이지만, 매매목적물인 부동산에 대한 근저당권설정등기나 가압류등기가 말소되지 아니하였다고 하여 바로 매도인의 소유권이전등기의무가 이행불능으로 되었다고 할 수 없고, 매도인이 미리 이행하지 아니할 의사를 표시한 경우가 아닌 한, 매수인이 매도인에게 상당한 기간을 정하여 그 이행을 최고하고 그 기간 내에 이행하지 아니한 때에 한하여 계약을 해제할 수 있다(대법원 2003. 5. 13. 선고 2000다50688 판결).

32. 가. 매수인의 귀책사유에 의하여 매도인의 매매목적물에 관한 소유권이전의무가 이행불능이 된 경우, 매수인은 그 이행불능을 이유로 계약을 해제할 수 있는지 여부(소극)

이행불능을 이유로 계약을 해제하기 위해서는 그 이행불능이 채무자의 귀책사유에 의한 경우여야만 한다 할 것이므로(민법 제546조), 매도인의 매매목적물에 관한 소유권이전의무가 이행불능이 되었다고 할지라도, 그 이행불능이 매수인의 귀책사유에 의한 경우에는 매수인은 그 이행불능을 이유로 계약을 해제할 수 없다.

나. 계약해제를 위한 이행최고를 함에 있어 그 최고되는 채무가 성질상 채권자에게도 단순한 수령 이상의 행위를 하여야 이행이 완료되는 것임에도 채권자가 이행의 완료를 위하여 필요한 행위를 할 수 있는

일시·장소 등을 채무자에게 알리는 최고를 하지 아니하고 단지 언제까지 이행하여야 한다는 최고만 한 경우, 그 이행최고의 효력

계약해제를 위한 이행최고를 함에 있어서 그 최고되는 채무가 소유권이전등기를 하는 채무와 같이 그 채무의 성질상 채권자에게도 단순한 수령 이상의 행위를 하여야 이행이 완료되는 경우에는 채권자는 이행의 완료를 위하여 필요한 행위를 할 수 있는 일시·장소 등을 채무자에게 알리는 최고를 하여야 할 필요성은 있다 할 것이나, 위와 같은 채무의 이행은 채권자와 채무자의 협력에 의하여 이루어져야 하는 것이므로, 채권자가 위와 같은 내용을 알리는 최고를 하지 아니하고, 단지 언제까지 이행하여야 한다는 최고만 하였다고 하여 곧바로 그 이행최고를 계약해제를 위한 이행최고로서의 효력이 없다고 볼 수는 없는 것이고, 채권자가 위와 같은 최고를 한 경우에는 채무자로서도 채권자에게 문의를 하는 등의 방법으로 확정적인 이행일시 및 장소의 결정에 협력하여야 한다 할 것이며, 채무자가 이와 같이 하지 아니하고 만연히 최고기간을 도과한 때에는, 그에 이르기까지의 채권자와 채무자의 계약 이행을 위한 성의(성의), 채권자가 채무자에게 구두로 연락을 취하여 이행 일시와 장소를 채무자에게 문의한 적이 있는지 등 기타 사정을 고려하여, 위의 최고도 유효하다고 보아야 할 경우가 있을 수 있다(대법원 2002. 4. 26. 선고 2000다50497 판결).

◈ 법정해제권의 발생원인 : 정기행위의 이행지체

제 545 조【정기행위와 해제】

계약의 성질 또는 당사자의 의사표시에 의하여 일정한 시일 또는 일정한 기간내에 이행하지 아니하면 계약의 목적을 달성할 수 없을 경우에 당사자 일방이 그 시기에 이행하지 아니한 때에는 상대방은 전조의 최고를 하지 아니하고 계약을 해제할 수 있다.

■ § 545. 이행지체에 의한 해제권의 발생 - 정기행위인 경우

• 최고불요
• 절대적 정기행위 : 계약의 성질
• 상대적 정기행위 : 의사표시
• 해제의 의사표시 요한다.
• 관련법조 : [특칙] 상 §68

본조는 계약이 정기행위인 경우의 전조의 예외를 규정한 것이다.

일정한 시일 또는 일정한 기간 내에 이행하지 않으면 계약의 목적을 달성할 수 없는 계약이 '정기행위'이다. 정기행위에 있어서 채무자의 책임있는 사유로 이행하지 아니하고 그 기일을 경과한 때에는 채권자는 최고하지 아니하고 계약을 해제할 수 있다.

정기행위의 경우에는 이행기에 채무가 이행되어야 계약의 목적을 달성할 수 있으므로, 이행지체가 있은 후에 상당한 기간을 정하여 최고를 하는 것은 아무런 의미가 없으므로, 본조는 이행기에 이행이 없으면 계약을 해제할 수 있다고 규정하였다.

상사상의 확정기매매에 관하여는 이행기를 도과한 후에 상대방이 즉시 그 이행을 청구하지 아니한 때에는 매매는 당연히 해제된 것으로 간주하지만(상법 제68조), 민사상에서는 해제의 의사표시가 필요하다.

▣ 핵심판례 ▣

가. 영상물 제작공급계약의 수급인이 부수적 채무인 시사회 준비 의무를 위 반한 경우, 그 불이행만을 이유로 계약을 해제할 수는 없다고 본 원심판 결을 수긍한 사례

영상물 제작공급계약의 수급인이 내부적인 문제로 영상물제작 일정에 다소의 차 질이 발생하여 예정된 일자에 시사회를 준비하지 못한 경우, 그와 같은 의무불 이행은 그 계약의 목적이 된 주된 채무를 이행하는 과정에서의 부수된 절차적인 의무의 불이행에 불과하므로, 도급인은 그와 같은 부수적인 의무의 불이행을 이 유로 계약을 해제할 수 없다고 본 원심판결을 수긍한 사례

나. 영상물 제작공급 채무가 그 이행에 도급인의 협력이 필요하고 성질상 정 기행위인 사안에서, 도급인의 협력거부로 인한 채무불이행을 이유로 수 급인의 대금청구를 인정한 사례

영상물 제작공급계약상 수급인의 채무가 도급인과 협력하여 그 지시감독을 받으 면서 영상물을 제작하여야 하므로 도급인의 협력 없이는 완전한 이행이 불가능 한 채무이고, 한편 그 계약의 성질상 수급인이 일정한 기간 내에 채무를 이행하 지 아니하면 계약의 목적을 달성할 수 없는 정기행위인 사안에서, 도급인의 영 상물제작에 대한 협력의 거부로 수급인이 독자적으로 성의껏 제작하여 납품한 영상물이 도급인의 의도에 부합되지 아니하게 됨으로써 결과적으로 도급인의 의 도에 부합하는 영상물을 기한 내에 제작하여 납품하여야 할 수급인의 채무가 이 행불능케 된 경우, 이는 계약상의 협력의무의 이행을 거부한 도급인의 귀책사유 로 인한 것이므로 수급인은 약정대금 전부의 지급을 청구할 수 있다고 한 사례 (대법원 1996. 7. 9. 선고 96다14364,14371 판결).

◈ 법정해제권의 발생원인 : 이행불능

제 546 조 【이행불능과 해제】

채무자의 책임있는 사유로 이행이 불능하게 된 때에는 채권자는 계약을 해
제할 수 있다.

■ § 546. 이행불능에 의한 해제권의 발생

- 최고 불요
- 후발적 불능에 한함
- 이행지체 후 이행불능
- 일부불능(중요성 여부)

채무자의 책임있는 사유로 이행이 불능하게 된 때에는 채권자는 계약을 해제
할 수 있다(제546조).

본조는 채무의 이행이 불능으로 되었을 경우에는 이행기를 기다릴 필요도 없
이, 또한 최고도 없이 계약을 해제할 수 있음을 규정한 것이다.

즉, 채무자의 귀책사유에 의하여 이행이 불능하게 된 때에는 채권자는 그것이
이행기전이라 하더라도 즉시 계약을 해제할 수 있다. 이행지체와는 달리 최고를
요하지 아니한다. 일부불능인 경우에는 계약의 일부의 이행이 불능인 경우에는
가능한 나머지 부분만의 이행으로 계약의 목적을 달할 수 없을 경우에만 계약
전부의 해제가 가능하다(대판 1996. 2. 9. 94다57817). 따라서 일부 불능의 경우
에 나머지 부분만으로 계약의 목적을 달성할 수 있는 때에는 그 일부불능 부분
에 대한 일부 해제도 가능하다(대판 1996. 12. 10. 94다56098).

```
─────── ·최고를 요하지 않고 계약을 해제할 수 있는 경우 ───────
① 사정변경의 원칙에 의하여 해제하는 경우
② 이행불능에 의해서 해제하는 경우
③ 종신정기금 계약을 해제하는 경우
④ 채무자가 처음부터 이행을 거절했을 때 해제하는 경우
⑤ 계속적 계약관계에 있어서 채무자에 신뢰관계를 파괴하고
   계약이행을 현저하게 곤란케 한 불신행위가 있는 때의 해제
```

▣ 핵심판례 ▣

■ [이행불능과 해제]

1. 토지거래 신고구역으로 지정된 토지에 대한 적법한 거래신고가 없다는 것을 이유로 최고를 요하지 않고 계약을 해제할 수 있는지 여부

국토이용관리법 제21조의7 이하의 토지거래신고구역에 관한 규정은 단속법규에 속하고, 신고의무에 위반한 거래계약의 사법적 효력까지 부인되는 것은 아니어서 위 법에 의한 신고 이전에 이루어진 매매가 무효라고 할 수 없으니, 토지거래신고구역으로 지정된 토지에 대한 적법한 거래신고가 없었다는 이유로 최고를 요하지 아니하고 계약을 해제할 수 있는 경우라고 할 수 없다(1992. 12. 24. 92다3311).

2. 타인의 권리매매에 있어서 매도인의 귀책사유로 이행불능이 된 경우 매도인의 손해배상책임

타인의 권리를 매매의 목적으로 한 경우에 있어서 그 권리를 취득하여 매수인에게 이전하여야 할 매도인의 의무가 매도인의 귀책사유로 인하여 이행불능이 되었다면 매수인이 매도인의 담보책임에 관한 민법 제570조 단서의 규정에 의해 손해배상을 청구할 수 없다 하더라도 채무불이행 일반의 규정(민법 제546조, 제390조)에 좇아서 계약을 해제하고 손해배상을 청구할 수 있다(1993. 11. 23. 제1부 판결 93다37328 손해배상(기)).

3. 면허관청의 인가를 받을 것을 전제로 하는 건설업면허 양도계약의 효력

건설업법 제13조 제1, 2항의 각 규정의 내용과 건설업면허의 성질 등에 비추어 볼 때 건설업 양도, 양수에 있어서 면허관청의 인가는 효력발생요건이라고 보아야 하지만, 그 취지는 건설업의 양도, 양수계약만으로는 면허이전의 효과를 발생시킬 수 없어 그 양수인이 건설업면허를 이전받은 자가 될 수 없다는 것이지 건설업 양도, 양수계약 당사자 사이에 채권계약으로서의 효력까지 부정하는 것은 아니므로, 면허관청의 인가를 받을 것을 전제로 하는 건설업면허의 양도계약은 유효하고, 나아가 계약당사자 일방에 귀책사유 있는 채무불이행이 있을 경우 이를 이유로 계약을 해제할 수 있다(1994. 3. 11. 제3부 판결 93다55418 계약금등반환).

4. 아파트건설업자가 수분양자로부터 계약금과 일부 중도금만 받고 입주시킨 후 분양계약 및 입주일로부터 5년여가 경과하도록 아파트 준공검사조차 마치지 못하였다면 아파트건설업자로서는 공평의 원칙이나 신의칙상 중도금 미지급을 이유로 위 분양계약을 해제할 수 없다고 한 사례

아파트건설업자가 수분양자로부터 계약금과 일부 중도금만 지급받은 후 수분양자를 입주시킨 경우 수분양자의 중도금지급의무가 선이행의무에 해당한다 하더라도 아파트건설업자가 수분양자와 분양계약을 체결하고 입주시킨 날로부터 5년여가 경과한

시기에 이르기까지 위 아파트에 대한 준공검사조차도 마치지 못하고 있는 형편이라고 한다면 수분양자는 일부 미불된 중도금의 지급을 거절할 수 있다고 봄이 계약상의 공평의 원칙이나 신의칙에 맞는다고 할 것이어서 아파트건설업자는 수분양자의 중도금 미지급을 이유로 위 분양계약을 해제할 수 없다(1992. 4. 24. 92다3779).

5. 소매점으로 점포를 분양한 후 탁구장으로 용도를 변경한 경우 이행불능으로 인한 계약해제사유가 되는지 여부

분양자가 점포를 소매점으로 분양하여 놓고는 탁구장으로 준공검사를 받았으나 분양계약 해제 당시에 시행되던 구 건축법(1991.5.31. 법률 제4381호로 전문 개정되기 전의 것) 제48조, 같은법시행령(1992. 5. 30. 대통령령 제13655호로 전문 개정되기 전의 것) 제99조 제1항 제1호에 의하면 같은 시행령 부표 제4항 각호의 근린생활시설 상호간에는 같은 법상 별도의 허가 없이 임의로 그 용도를 변경할 수 있도록 규정되어 있고, 소매점과 탁구장은 같은 근린생활시설로 규정되어 탁구장은 손쉽게 소매점으로 용도변경하여 사용할 수 있게 되어 있었으므로, 분양계약을 해제할 당시 점포의 용도가 탁구장으로 되어 있다는 사유만으로는 분양자의 이행의무가 이행불능의 상태에 빠졌다고 보기는 어렵다(1994. 6. 14. 제1부 판결 93다53061 매매대금반환).

<center>＜판례전문(1994. 6. 14. 93다53061)＞</center>

[원고, 상고인] 허용복

[피고, 피상고인] 국명근

[원심판결] 서울고등법원 1993. 10. 7. 선고, 93나960 판결

[주 문] 상고를 기각한다.

 상고비용은 원고의 부담으로 한다.

[이 유] 상고이유를 판단한다.

 1. 첫째 점에 대하여,

소론은 피고가 이 사건 점포를 원고에게 분양하면서 책임지고 이 사건 점포를 제3자에게 금 2,000만원 정도에 임대를 해주겠다고 약정하였는데, 원심이 이에 부합하는 증인 최순자의 증언을 믿지 아니하고, 달리 이를 인정할 만한 아무런 증거가 없다는 이유로 이를 배척한 것은 위법하다는 것이나, 이는 원심의 전권인 사실 인정과 증거취사를 탓함에 귀착되어 받아들일 수 없다. 논지는 이유 없다.

 2. 둘째점에 대하여,

 원심판결 이유에 의하면, 원심은 피고가 원고에게 이 사건 점포를 소매점으로 분양하여 놓고는 탁구장으로 준공검사를 받았고, 원고가 이 분양계약을 해제할 당시에도 이 사건 점포의 용도가 탁구장으로 되어 있었던 점은 인정되나, 위 분

양계약 해제당시에 시행되던 구 건축법 제48조, 같은법시행령 제99조 제1항 제1호에 의하면 같은 령 부표 제4항 각호의 근린생활시설 상호간에는 건축법상 별도의 허가 없이 임의로 그 용도를 변경할 수 있도록 규정되어 있고, 소매점과 탁구장은 같은 근린생활시설로 규정되어 탁구장은 손쉽게 소매점으로 용도변경하여 사용할 수 있게 되어 있었으므로, 위 분양계약을 해제할 당시 이 사건 점포의 용도가 탁구장으로 되어 있다는 사유만으로는 피고의 이행의무가 이행불능의 상태에 빠졌다고 보기는 어렵다는 취지로 판단하였다.

기록과 관계규정에 비추어 보면 원심의 위와 같은 사실 인정과 판단은 옳고, 거기에 소론이 지적하는 사실오인이나 법리오해 등의 위법이 있다고 할 수 없다. 논지는 원심과 다른 견해에 서서 원심판결을 비난하는 것이어서 이유 없다.

3. 그러므로 상고를 기각하고 상고비용은 패소자의 부담으로 하기로 하여 관여 법관의 일치된 의견으로 주문과 같이 판결한다.

<div align="right">대법관 김주한(재판장) 배만운
김석수 정귀호(주심)</div>

6. 가. 채무의 이행불능의 의미

채무의 이행이 불능이라는 것은 단순히 절대적·물리적으로 불능인 경우가 아니라 사회생활에 있어서의 경험법칙 또는 거래상의 관념에 비추어 볼 때 채권자가 채무자의 이행의 실현을 기대할 수 없는 경우를 말한다.

나. 소유권이전등기의무의 이행불능을 이유로 매매계약을 해제함에 있어서 잔대금지급의무의 이행제공이 필요한지 여부(소극)

매도인의 매매계약상의 소유권이전등기의무가 이행불능이 되어 이를 이유로 매매계약을 해제함에 있어서는 상대방의 잔대금지급의무가 매도인의 소유권이전등기의무와 동시이행관계에 있다고 하더라도 그 이행의 제공을 필요로 하는 것이 아니다.

다. 민법 제548조 제1항 단서 소정의 제3자의 의미 및 계약해제로 인하여 소멸되는 채권을 양수한 자는 채무자로부터 이행받은 급부를 원상회복할 의무가 있는지 여부(한정 적극)

민법 제548조 제1항 단서에서 규정하고 있는 제3자란 일반적으로 계약이 해제되는 경우 그 해제된 계약으로부터 생긴 법률효과를 기초로 하여 해제 전에 새로운 이해관계를 가졌을 뿐 아니라 등기·인도 등으로 완전한 권리를 취득한 자를 말하고, 계약상의 채권을 양수한 자는 여기서 말하는 제3자에 해당하지 않는다고 할 것인바, 계약이 해제된 경우 계약해제 이전에 해제로

인하여 소멸되는 채권을 양수한 자는 계약해제의 효과에 반하여 자신의 권리
를 주장할 수 없음은 물론이고, 나아가 특단의 사정이 없는 한 채무자로부터
이행받은 급부를 원상회복하여야 할 의무가 있다(대법원 2003. 1. 24. 선고
2000다22850 판결).

7. 기한 내 공사 완성의 불가능을 이유로 이행기 전에 도급계약을 해제하기 위한 요건

공사도급계약에 있어서 수급인의 공사중단이나 공사지연으로 인하여 약정된 공사
기한 내의 공사완공이 불가능하다는 것이 명백하여진 경우에는 도급인은 그 공사
기한이 도래하기 전이라도 계약을 해제할 수 있지만, 그에 앞서 수급인에 대하여
위 공사기한으로부터 상당한 기간 내에 완공할 것을 최고하여야 하고, 다만 예외
적으로 수급인이 미리 이행하지 아니할 의사를 표시한 때에는 위와 같은 최고 없
이도 계약을 해제할 수 있다(대법원 1996. 10. 25. 선고 96다21393,21409 판결).

8. 매매계약이 일부무효인 경우 매도인이 계약해제를 위하여 하는 이행최고의 방법과 매수인이 무효인 부분이 없더라도 계약을 유지하고자 할 경우 그에 상응한 자신의 채무를 이행하지 않으면 이행지체의 책임을 지는지 여부(적극)

매매계약 중 일부만 무효이고 나머지는 유효인 경우 매도인은 매매계약 전부가
유효한 것으로 알고 있는 매수인에게 이행의 최고를 함에 있어서는 계약의 일부
이행이 불능임을 알리고 이행이 가능한 나머지 부분의 이행의 제공을 하여 이행
의 최고를 하여야지 이를 부인하거나 무시하고 한 이행의 최고는 적법하다고 할
수 없고, 매수인으로서는 계약의 전부 무효를 주장할 수 있는 경우에는 그 이행
을 거부하는 것이 당연하다고 하겠으나, 무효인 부분이 없더라도 계약을 유지하
고자 할 경우에는 그에 상응한 자신의 채무는 이행하는 것이 옳고 그렇게 하지
아니하면 이행지체의 책임을 진다고 보는 것이 상당하다(대법원 1992. 4. 14. 선고
91다43527 판결).

9. 뉴타운 도시개발사업을 시행하는 에스에이치(SH)공사를 상대로 이주대책 신청을 한 갑이 이주대책자 확인·결정 전 수분양권을 을에게 매도하였고, 을이 다시 병에게 매도한 사안에서, 을이 병에게 수분양권을 전전 양도할 당시 갑이 수분양권을 취득하지 못할 수 있어 매매계약 이행을 후발적으로 불가능하게 할 수 있는 하자가 존재함에도, 장래 발생할 수분양권을 병이 이상 없이 인수할 수 있도록 약정하였고 그 후 갑이 이주대책자 선정에서 배제됨으로써 수분양권이 발생하지 않는 것으로 확정되었다면 을에게 매매계약 이행이 후발적 불능으로 귀착된 데 대한 귀책사유가 있으므로, 병은 매매계약을 해제할 수 있다고 한 사례

뉴타운 도시개발사업을 시행하는 에스에이치(SH)공사를 상대로 이주대책신청을
한 갑이 이주대책자 확인·결정 전 수분양권을 을에게 매도하였고, 을이 수분양권

을 다시 병에게 매도한 사안에서, 을이 병에게 수분양권을 전전 양도할 당시 최초 양도인인 갑이 구 주택법(2009. 2. 3. 법률 제9405호로 개정되기 전의 것) 제39조 제1항과 위 공사가 규정한 이주대책자 선정요건을 위반하였기 때문에 위 공사의 조치 여하에 따라 장차 수분양권을 취득하지 못할 수 있는 상태에 있었고, 이는 매매계약 이행을 후발적으로 불가능하게 할 수 있는 하자가 있는 경우에 해당하는데, 이와 같이 매매 당시 이미 하자가 존재함에도 을이 이러한 사실을 병에게 고지하지 아니한 채 장래 발생할 수분양권을 병이 아무런 이상 없이 인수할 수 있도록 하는 것을 특약사항으로 하여 매매계약을 체결한 점, 그 후 약정과 달리 당초 존재하던 하자가 현실화되어 갑이 이주대책자 선정에서 배제됨으로써 수분양권이 발생하지 아니한 것으로 확정된 결과 병은 수분양권을 인수할 수 없게 된 점 등을 종합하면, 을에게는 매매계약 이행이 후발적 불능으로 귀착된 데 대한 귀책사유가 있으므로, 병은 을을 상대로 약정에 따른 채무를 불이행하였음을 이유로 매매계약을 해제할 수 있다고 한 사례(대법원 2011. 5. 26. 선고 2010다102991 판결).

◈ 당사자 일방 또는 쌍방이 수인인 경우 계약의 해제권·해지권의 행사방법

제 547 조【해지, 해제권의 불가분성】

① 당사자의 일방 또는 쌍방이 수인인 경우에는 계약의 해지나 해제는 그 전원으로부터 또는 전원에 대하여 하여야 한다.

② 전항의 경우에 해지나 해제의 권리가 당사자1인에 대하여 소멸한 때에는 다른 당사자에 대하여도 소멸한다.

■ § 547. 해제, 해지권의 불가분성

- 임의규정임
- 하나의 계약에 관해 당사자일방 또는 쌍방이 수인이 있는 경우 언제나 적용
- 해제, 해지의사표시 : 전원에서 전원에게
- 수인중 1인의 해제, 해지권 소멸 : 다른 당사자도 소멸

1. 행사의 불가분성

당사자의 일방 또는 쌍방이 수인인 경우에 계약의 해제 또는 해지를 함에 있어서 해제 또는 해지의 의사표시는 그 전원으로부터 또는 전원에 대하여 하여야 한다. 그러나 그것이 공동으로 동시에 하여야만 하는 것은 아니다.

이것을 해지·해제권의 불가분의 원칙이라고 한다. 수인이 공동으로 1개의 물건을 매입하거나 또는 수인이 공유하는 1개의 물건을 매각하는 것과 같은 경우에 그 계약을 해제 또는 해지하기 위해서는 매수인 전원으로부터 또는 수인의 매도인 전원에 대하여 하여야 한다는 것이다. 그렇지 않으면 법률관계가 복잡하게 될 우려가 있고, 또 무엇보다도 계약의 당사자는 보통 상기와 같은 경우에 매도인 또는 매수인의 일부만으로는 계약을 존속시키려는 의사를 가지고 있지 않기 때문이다. 그러나 당사자가 일부의 자만으로도 계약을 존속시키려고 하는 때에는 굳이 금지할 필요가 없다. 왜냐하면 해지·해제권을 불가분으로 한 본조 제1항은 강행규정이 아니기 때문이다.

또한 본조는 계약으로 발생하는 채무가 분할채무이든, 불가분채무이든, 연대채무이든 이를 묻지 않고 모두 적용된다.

해지 또는 해제의 의사표시가 전원으로부터 또는 전원에 대하여 동시에 행해지거나 각원으로부터 또는 각원에 대하여 때를 같이하여 개별적으로 행해진 경우에는 그 해지 또는 해제의 효력은 동시에 발생한다. 이 때 '전원'의 의미는 반드시 공동으로 동시에 행사하여야 한다는 의미가 아니다. 순차적으로 행사했을 때 마지막 자에 대한 해제의 의사표시가 행하여진 경우에 비로소 해제의 효과가 발생한다.

당사자 쌍방이 수인인 경우에도 같다. 당사자의 일방이 수인인 경우에 해지 또는 해제권이 그 가운데의 1인에 관하여 소멸한 때에는 다른 당사자에 대하여서도 소멸한다.

2. 소멸의 불가분성

해지나 해제권이 당사자 가운데의 1인에 관하여 소멸하더라도 전원에 대하여 해지나 해제권이 소멸하지 않는 한, 해지나 해제권은 존속하는가 또는 반대로 1인에 관하여 소멸하면 전원에 관해서도 소멸한다고 보아야 하는가 하는 문제는 입법정책상의 문제이다.

우리 민법은 해지권이나 해제권을 존속시키지 않는 입장을 취하여 해지나 해제의 권리가 당사자 1인에 대하여 소멸한 때에는 다른 당사자에 대하여도 소멸한다고 규정한다(제547조 2항).

▣ 핵심판례 ▣

■ [해지, 해지권의 불가분성]

1. **수필의 토지와 지상건물의 매매가 불가분의 상호연관관계가 있는 경우 그 중 일부에 대한 계약의 이행 또는 해제의 가부(소극)**

 수필의 토지와 지상건물의 매매가 불가분의 상호연관관계가 있는 경우에는 계약의 이행 및 해제는 전체에 대해서만 가능하고 그 중 일부에 대하여 분리하여 이행 또는 해제할 수는 없다(1991. 7. 12. 제3부 판결 90다8343 소유권이전등기).

2. **수탁자의 지위가 공동상속된 경우 등 수탁자나 수탁자의 지위를 승계한**

사람이 수인인 경우 그중 일부에 대한 신탁해지의 효과(해지의 불가분성에 대한 예외)

수탁자의 사망으로 인하여 수탁자의 지위가 공동상속되었을 때 신탁해지의 의사표시가 그 공동상속인 일부에게만 이루어졌다면 신탁해지의 효과는 그 일부 상속인에게만 발생하는 것이고, 이때에는 해제권의 불가분에 관한 민법 제547조의 규정은 그 적용이 없고 그 일부에 한하여 신탁해지의 효과가 발생하는 것일 뿐 수탁자나 수탁자의 지위를 승계한 사람이 수인이라 하여 그 전원에게 신탁해지의 의사표시를 동시에 하여야만 그 효과가 발생하는 것은 아니라 할 것이다(1992. 6. 9. 제2부 판결 92다9579 토지소유권이전등기).

3. 매매계약서에 '갑 외 3인'으로 표시되어 있으나 갑이 매매계약 체결시부터 계약해제의 통지를 받을 때까지 매수인측을 대표하였고 매도인이 다른 매수인을 만난 적도 없었던 경우 매도인이 갑에 대하여만 한 매매계약 해제통고의 효력(=유효)

매매계약의 매수인으로는 갑 외에 3인이 더 있었지만 갑이 매매계약 체결시부터 계약해제통지를 받을 때까지 매수인측을 대표하였고 매매계약서에도 '갑 외 3인'으로 표시되었으며, 매도인이 다른 매수인을 만난 적도 없었다면, 갑 외의 다른 매수인들은 갑에게 매매계약해제의 통지를 수령할 수 있는 권한을 포함한 매매계약에 관련된 모든 권한을 위임하였다고 봄이 상당하므로, 매도인으로서는 갑에게 매매계약의 해제를 통고함으로써 매수인들 전원에 대한 해제의 의사표시를 적법히 하였다고 할 것이다(1993. 2. 23. 제2부(가) 판결 92다50805 매매계약부존재확인).

4. 매도인이 공동매수인 중 1인의 대금지체를 이유로 그 1인에 대하여만 매매계약을 해제한다고 주장하였으나, 민법 제547조 제1항을 배제하기로 하는 특약의 존재가 인정되지 아니하여 해제의 효력이 발생되지 않는다고 한 사례

매도인이 택시의 면허권, 택시차량대금 및 사무실비품 등 일체를 매수인들에게 매도한 후 공동매수인 중 1인인 갑이 약정한 지급기일까지 매매잔대금을 지급하지 않았다는 이유로 갑에 대하여만 매매계약을 해제한다고 주장하는 경우, 매도인이 매수인들과 사이에서 민법 제547조 제1항의 적용을 배제하기로 하였다는 특별한 사정이 없는 한 매매계약을 해제함에 있어 매수인들 모두에 대하여 그 해제의 의사표시를 하여야 그 효력이 발생한다 할 것이므로, 매수인 갑이 다른 공동매수인인 을과의 내부관계에서 자신이 부담지급하기로 한 매매잔대금의 지급일을 매도인으로부터 연장받음에 있어 을이 공동매수인의 1인으로서 연장기일에 매매잔대금이 틀림없이 지급된다는 것을 확인하고 그 연장기일에 지급되지 아니하는 경우에는 그 변제책임을 스스로 부담하겠다는 의사를 강조하는 의미로 서면이 작성된 사실만으로는 당사자들 사이에 매매계약의 해제에 있어 민법 제547조 제1항

소정의 해제불가분의 원칙을 배제하기로 약정하였다고 인정하기에 부족하고 달리 이를 인정할 증거가 없다면, 매도인이 공동매수인의 1인인 갑에 대하여만 한 위 해제의 의사표시는 그 효력이 발생되지 않는다(1994. 11. 18. 93다46209).

5. 가. 공유자 전원이 공유물에 대한 각자의 지분을 형식상 하나의 매매계약에 의하여 동일한 매수인에게 매도한 경우의 법률관계

하나의 부동산을 수인이 공유하는 경우 각 공유자는 각 그 소유의 지분을 자유로이 처분할 수 있으므로, 공유자 전원이 공유물에 대한 각 그 소유지분 전부를 형식상 하나의 매매계약에 의하여 동일한 매수인에게 매도하는 경우라도 당사자들의 의사표시에 의하여 각 지분에 관한 소유권이전의무, 대금지급의무를 불가분으로 하는 특별한 사정이 없는 한 실질상 각 공유지분별로 별개의 매매계약이 성립되었다고 할 것이고, 일부 공유자가 매수인의 매매대금지급의무불이행을 원인으로 한 그 공유지분에 대한 매매계약을 해제하는 것은 가능하다고 할 것이다.

나. '가'항에 관하여 실질상으로도 하나의 매매계약이라고 보아 매도인 중 공유자 1인이 자신의 지분에 관한 매매계약 부분을 해제할 수 없다고 한 사례

'가'항에 관하여 당사자들의 의사표시에 의하여 각 지분에 관한 소유권이전의무, 대금지급의무를 불가분으로 하는 실질상으로도 하나의 매매계약이라고 보아 매도인 중 공유자 1인이 그의 지분비율에 상응하는 매매대금 중 일부를 매수인으로부터 지급받지 못하였다 할지라도 이를 이유로 자신의 지분에 관한 매매계약 부분만을 해제할 수는 없다고 한 사례(대법원 1995. 3. 28. 선고 94다59745 판결).

◈ 계약해제의 효과 : 원상회복의무

제 548 조 【해제의 효과, 원상회복의무】

① 당사자일방이 계약을 해제한 때에는 각당사자는 그 상대방에 대하여 원상회복의 의무가 있다. 그러나 제3자의 권리를 해하지 못한다.

② 전항의 경우에 반환할 금전에는 그 받은 날로부터 이자를 가하여야 한다.

■ § 548. 계약해제로 인한 원상회복의무

- 원물상환(원칙), 가격상환(예외)
- 급부된 금전의 반환받은 날로부터 이자를 붙여 반환한다.

1. 계약해제의 일반적 효과

(1) 총 설

　채무불이행에 따른 법정해제의 효과는 계약이 처음부터 존재하지 않았던 것과 같은 법률관계의 소급적 소멸, 원상회복의무(제548조), 및 손해배상청구권(제551조)의 발생이라는 기본적인 효과가 발생한다.

　반면에 약정해제의 효과는 약정해제권을 유보한 계약의 내용에 따라 결정된다. 당사자 사이에 특약이 없으면 법정해제의 효과에 관한 규정에 따르게 되나, 채무불이행에 의한 것은 아니기 때문에 손해배상청구권의 규정은 적용되지 않는다.

(2) 소급효

1) 계약의 소급적 실효

　계약을 해제하면 계약은 소급하여 그 효력을 잃는다. 즉 해제된 계약 자체로부터 발생한 효과는 처음부터 존재하지 않았던 것처럼 소급적으로 소멸한다. 따라서 당사자는 계약의 구속으로부터 해방되어, 이행하지 않은 채무는 이행할 필요가 없고, 이미 이해된 급부는 서로 원상회복을 하여야 할 의무가 발생한다.

다만, 계약의 이행으로써 등기 또는 인도를 갖추어 물권이 이전된 경우, 계약해제에 의하여 그 물권이 등기 또는 인도 없이도 당연히 복귀하느냐가 문제되는데, 이에 관해서는 학설이 대립된다.

가. 채권적 효과설(통설)

물권행위의 독자성과 무인성을 인정하는 입장에서, 계약을 해제하면 원상회복시킬 채무는 발생하지만 이행행위 자체는 그대로 효력을 유지하므로 이전된 물권이 당연히 복귀하지는 않는다고 한다. 따라서 채권적 효과설은 제548조 1항의 단서규정은 주의적 규정에 불과하다고 본다.

나. 물권적 효과설(소수설·판례)

물권행위의 유인성을 인정하는 입장에서, 원인행위인 채권계약이 해제되면 이전하였던 등기 또는 인도없이도 당연히 복귀한다고 해석하는 견해이다. 판례는 "우리의 법제가 물권행위의 독자성과 무인성을 인정하고 있지 않는 점과 민법 제548조 1항 단서가 거래안전을 위한 특별규정이란 점을 생각할 때 물권적 효과설이 타당하다"고 하여 물권적 효과설을 취한다(대판 1977. 5. 24. 75다1394). 따라서 원상회복청구권(예컨대 등기의 말소 또는 점유의 이전)은 소유권에 기한 물권적 청구권이므로 소멸시효에 걸리지 않는다고 한다(대판 1982. 7. 27. 80다2968).

2) 소급효의 제한

민법 제548조 제1항 단서는 "해제는 제3자의 권리를 해하지 못한다"고 규정하고 있다. '채권적 효과설'은 이 규정을 단순한 주의적 규정으로 보나, '물권적 효과설'은 이 규정을 거래의 안전을 위해 제3자를 특별히 보호하기 위한 특별규정으로 보고 있다.

2. 원상회복의무

(1) 의 의

계약이 해제된 때에는 계약은 처음부터 존재하지 않았던 것과 동일한 상태가 되고, 각 당사자는 상대방을 계약이 행하여지지 않았던 것과 같은 상태에 복귀케 할 의무를 부담한다. 이것이 원상회복의무이다. 계약의 효력은 해제에 의하여 소급적으로 소멸하기 때문에 당사자가 아직 채무를 이행하

고 있지 않으면 그 이행의 책임을 면하고, 이미 채무를 이행하고 있는 경우에는 급부를 수령한 것을 반환하여야 한다. 즉 원상회복의 범위는 현존하는 이익에 관해서뿐만 아니라 이미 받은 급부의 전부에 관해서이다.

(2) 성 질

여기에서 해제에 의한 원상회복의무와 부당이득을 원인으로 하는 이득의 반환의무와의 이동이 문제된다.

해제의 효과에 대한 물권적 효과설을 채택한 학설·판례에 의하면 해제에 의하여 각 당사자가 부담하는 본래의 채무는 소멸한다고 해석되기 때문에 각 당사자가 채무의 이행으로서 이미 수령한 것은 법률상 원인없는 수익이 되므로 해제에 의한 원상회복의무는 부당이득반환의무로서의 성질을 갖는다고 한다. 그러나 여기에는 반대설(최식)이 있다.

판례도 원상회복의무의 성질은 부당이득으로서의 반환의무이지만, 이에 관해서는 부당이득의 반환범위에 관한 제748조가 적용되는 것이 아니라 본조가 그 특칙으로서 적용된다고 한다(대판 1962. 3. 29. 4294민상1429).

(3) 원상회복의 범위

가. 원 칙

원물반환을 원칙으로 한다. 즉, 원물이 존재하면 그 물건을 상대방에게 반환하여야 한다. 특히 금전의 경우에는 그 받은 날부터 이자를 가산하여 반환하여야 한다(제548조 2항).

나. 가액반환

원물의 멸실·훼손 등으로 인해 원물을 반환할 수 없는 경우에 채무자의 책임 있는 사유로 생긴 때에만 '가액반환', 즉 그 급부의 객관적 가격을 반환하면 된다. 노무를 급부받은 경우에는 급부 당시에 있어서의 그 객관적인 가격을 반환해야 한다.

다. 과실, 사용이익의 반환

한편 채무자가 목적물로부터 과실을 취득하거나 목적물을 사용한 경우에는 과실 및 반환까지의 그 사용에 의한 대가도 반환하여야 한다.

3. 제3자의 지위

(1) 의 의

제548조 1항 단서는 계약의 해제는 제3자의 권리를 해하지 못한다고 규정하고 있다.

예컨대 갑이 그의 부동산을 을에게 매각하고, 을은 다시 병에게 매각하여 그 소유권이전등기가 경료된 후에, 갑이 을의 채무불이행을 이유로 매매계약을 해제하더라도 병의 소유권 취득에는 영향을 주지 못한다.

(2) 계약해제로 인한 법률효과의 영향을 받지 않는 제3자의 범위

제548조 제1항 단서에서 말하는 제3자란 일반적으로 그 해제된 계약으로부터 생긴 법률효과를 기초로 하여 해제 '전'에 새로운 이해관계를 가졌을 뿐 아니라 등기, 인도 등으로 완전한 권리를 취득한 자를 말한다(대판 2000. 4. 11. 99다51685)(해제 전은 선,악 불문). 나아가 계약해제 '후' 원상회복 등기 등이 이루어지기 이전에 계약의 해제를 주장하는 자와 양립되지 아니하는 법률관계를 가지게 되었고 계약해제 사실을 몰랐던 '선의'의 제3자에 대하여는 계약해제를 주장할 수 없다(대판 2002. 10. 11. 2002다33502).

제3자에 해당하는지 여부가 문제되는 경우는 다음과 같다.

가. 계약상의 채권을 양수한 자

제548조 제1항 단서에서 규정하는 제3자라 함은 그 해제된 계약으로부터 생긴 법률적 효과를 기초로 하여 새로운 이해관계를 가졌을 뿐 아니라 등기나 인도 등으로 완전한 권리를 취득한 자를 지칭하는 것이고, 계약상의 채권을 양도받은 양수인은 특별한 사정이 없는 이상 이에 포함되지 않는다(대법원 1996. 4. 12, 95다49882).

나. 소유권을 취득하였다가 계약해제로 인해 소유권을 상실하게 된 임대인으로부터 그 계약이 해제되기 전에 주택을 임차받아 대항요건을 갖춘 임차인.

민법 제548조 제1항 단서의 규정에 따라 계약해제로 인하여 권리를 침해받지 않는 제3자라 함은 계약목적물에 관하여 권리를 취득한 자 중 계

약당사자에게 권리취득에 관한 대항요건을 구비한 자를 말한다 할 것인 바, 임대목적물이 주택임대차보호법 소정의 주택인 경우 같은 법 제3조 제1항이 임대주택의 인도와 주민등록이라는 대항요건을 갖춘 자에게 등기된 임차권과 같은 대항력을 부여하고 있는 점에 비추어 보면, 소유권을 취득하였다가 계약해제로 인하여 소유권을 상실하게 된 임대인으로부터 그 계약이 해제되기 전에 주택을 임차받아 주택의 인도와 주민등록을 마침으로써 같은 법 소정의 대항요건을 갖춘 임차인은 등기된 임차권자와 마찬가지로 민법 제548조 제1항 단서 소정의 제3자에 해당된다고 봄이 상당하고, 그렇다면 그 계약해제 당시 이미 주택임대차보호법 소정의 대항요건을 갖춘 임차인은 임대인의 임대권원의 바탕이 되는 계약의 해제에도 불구 하고 자신의 임차권을 새로운 소유자에게 대항할 수 있다(대판 1996. 8. 20. 96다17653).

다. 해제된 계약에 의하여 채무자의 책임재산이 된 계약의 목적물의 가압류채권자

해제된 계약에 의하여 채무자의 책임재산이 된 계약의 목적물을 가압류한 가압류채권자는 그 가압류에 의하여 당해 목적물에 대하여 잠정적으로 그 권리행사만을 제한하는 것이나 종국적으로는 이를 환가하여 그 대금으로 피보전채권의 만족을 얻을 수 있는 권리를 취득하는 것이므로, 그 권리를 보전하기 위하여서는 위 조항 단서에서 말하는 '제3자'에는 위 가압류채권자도 포함된다고 보아야 한다(대판 2000. 1. 14. 99다40937).

[계약해제에 의한 원상회복의 법률관계]

▣ 핵심판례 ▣

1. **토지 매도인이 그 매매계약을 해제한 경우에 있어 그 토지 위에 신축된 건물의 매수인이 위 계약해제로 권리를 침해당하지 않을 제3자에 해당하는지 여부(소극)**

 계약당사자의 일방이 계약을 해제하여도 제3자의 권리를 침해할 수 없지만, 여기에서 그 제3자는 계약의 목적물에 관하여 권리를 취득하고 또 이를 가지고 계약당사자에게 대항할 수 있는 자를 말하므로, 토지를 매도하였다가 대금지급을 받지 못하여 그 매매계약을 해제한 경우에 있어 그 토지 위에 신축된 건물의 매수인은 위 계약해제로 권리를 침해당하지 않을 제3자에 해당하지 아니한다(1991. 5. 28. 제2부 판결 90다카16761 건물철거등).

2. **가. 매매목적물인 과수원이 벌채로 본래 상태로의 원상회복이 불가능한 경우, 매수인의 원상회복의무의 범위**

 매매계약의 목적물이 된 과수원에 식재되어 있던 단감나무가 매수인에 의하여 베어져 버리고 같은 수령의 단감나무를 이식하여도 생존할 가능성이 전혀 없어서 과수원 본래의 상태대로의 원상회복이 처음부터 불가능하였던 경우에 있어서 매수인의 원상회복의무의 범위는 단감나무가 매수인에 의하여 베어질 당시의 가액 상당이다.

 나. 이식이 불가능하여 거래 사례가 없는 단감나무에 관한 원심의 가액평가를 수긍한 사례

 10년생 이상의 단감나무는 이식이 불가능하여 토지수용 등으로 보상액을 수령하는 경우 외에는 거래 사례를 찾아 볼 수 없고 문제된 22년생 단감나무는 이미 베어져 버린 후라서 그 생육상태 및 관리상태, 과수의 생산실적 및 판매실적 등 평가의 기초가 되는 사항에 대한 조사가 불가능한 경우, 단감나무의 평균적인 가액을 산정한 자료인 한국감정원의 보상평가자료와 인근 감나무 재배단지에 대한 토지수용시의 보상사례 등에 관한 증거들을 종합하여 단감나무의 가액을 평가한 원심의 조치를 수긍한 사례(1994. 9. 13. 제1부 판결 94다7942 손해배상(기) 7959 계약금반환(반소)).

3. **회사의 주식이나 지분권을 그 소유자로부터 양수받아 양수인이 회사의 새로운 지배자로서 회사를 경영하는 경우, 위 양수계약이 무효로 될 때 양수인의 원상회복의무의 범위**

 회사의 주식이나 지분권을 그 소유자로부터 양수받아 양수인이 회사의 새로운 지배자로서 회사를 경영하는 경우, 양도·양수되는 것은 회사의 주식이나 지분권일 뿐 계약당사자가 아닌 회사의 자산이나 부채 자체가 이전되는 것은 아니므로, 특별한 사정이 없는 한 이러한 계약이 무효로 될 때 양도의 목적물이 아닌 회사의

자산 등이 양수인의 원상회복의무의 대상이 된다고 할 수 없다(대판 2007. 6. 1. 선고 2006다80445).

4. **계약이 해제되면 이전하였던 물권은 등기 또는 인도 없이도 당연히 복귀하는지 여부(물권적 효과설)**

민법 548조 1항 본문에 의하면 계약이 해제되면 각 당사자는 상대방을 계약이 없었던 것과 같은 상태에 복귀케할 의무를 부담한다는 뜻을 규정하고 있는 바 계약에 따른 채무의 이행으로 이미 등기나 인도를 하고 있는 경우에 그 원인행위인 채권계약이 해제됨으로써 원상회복 된다고 할 때 그 이론 구성에 관하여 소위 채권적 효과설과 물권적 효과설이 대립되어 있으나 우리의 법제가 물권행위의 독자성과 무인성을 인정하고 있지않는 점과 민법 548조 1항 단서가 거래안정을 위한 특별규정이란 점을 생각할때 계약이 해제되면 그 계약의 이행으로 변동이 생겼던 물권은 당연히 그 계약이 없었던 원상태로 복귀한다 할 것이다(대판 1977. 5. 24. 선고 75다1394).

5. **매매계약 해제 후 매도인이 이의 없이 일부 변제를 수령한 경우 해제된 계약이 부활되는지 여부 및 매도인은 새로운 이행의 최고 없이 해제권을 행사할 수 있는지 여부(소극)**

매매계약이 해제된 후에도 매도인이 별다른 이의 없이 일부 변제를 수령한 경우 특별한 사정이 없는 한 당사자 사이에 해제된 계약을 부활시키는 약정이 있었다고 해석함이 상당하고, 이러한 경우 매도인으로서는 새로운 이행의 최고 없이 바로 해제권을 행사할 수 없다(대법원 1992. 10. 27. 선고 91다483 판결).

6. **계약해제로 인해 당사자 일방이 수령한 금전을 반환함에 있어 그 받은 날로부터 가산하여 지급하여야 할 민법 제548조 제2항 소정의 이자의 법적 성질(=부당이득반환) 및 부동산 매매계약 해제시 매매대금 반환의무와 소유권이전등기말소의무가 동시이행관계에 있는지 여부에 관계없이 매도인은 매매대금을 받은 날로부터 위 법정이자를 부가하여 지급하여야 하는지 여부(적극)**

법정해제권 행사의 경우 당사자 일방이 그 수령한 금전을 반환함에 있어 그 받은 때로부터 법정이자를 부가함을 요하는 것은 민법 제548조 제2항이 규정하는 바로서, 이는 원상회복의 범위에 속하는 것이며 일종의 부당이득반환의 성질을 가지는 것이고 반환의무의 이행지체로 인한 것이 아니므로, 부동산 매매계약이 해제된 경우 매도인의 매매대금 반환의무와 매수인의 소유권이전등기말소등기 절차이행의무가 동시이행의 관계에 있는지 여부와는 관계없이 매도인이 반환하여야 할 매매대금에 대하여는 그 받은 날로부터 민법 소정의 법정이율인 연 5푼의 비율에 의한 법정이자를 부가하여 지급하여야 하고, 이와 같은 법리는 약정된 해제권을 행사하는 경우라 하여 달라지는 것은 아니다(대법원 2000. 6. 9. 선고 2000다9123 판결).

7. 매매계약의 해제로 인하여 매수인이 반환하여야 할 목적물의 사용이익을 산정함에 있어서 매수인이 투입한 현금자본의 기여분 및 운용이익을 공제하여야 하는지 여부(한정 적극)

매매계약의 해제로 인하여 매수인이 반환하여야 할 목적물의 사용이익을 산정함에 있어서 매수인이 목적물을 사용하여 취득한 순수입에는 목적물 자체의 사용이익뿐만 아니라 목적물의 수리비 등 매수인이 투입한 현금자본의 기여도 포함되어 있으므로 매수인의 순수입에서 현금자본의 투입비율을 고려하지 아니하고 단순히 현금자본에 해당하는 금액을 공제하는 방식으로 목적물의 사용이익을 산정할 수 없고, 매수인의 영업수완 등 노력으로 인한 이른바 운용이익이 포함된 것으로 볼 여지가 있는 경우 이러한 운용이익은 사회통념상 매수인의 행위가 개입되지 아니하였더라도 그 목적물로부터 매도인이 당연히 취득하였으리라고 생각되는 범위 내의 것이 아닌 한 매수인이 반환하여야 할 사용이익의 범위에서 공제하여야 한다(대법원 2006. 9. 8. 선고 2006다26328,26335 판결).

8. 민법 제548조 제1항 단서 소정의 제3자의 의미 및 계약해제로 인하여 소멸되는 채권을 양수한 자는 채무자로부터 이행받은 급부를 원상회복할 의무가 있는지 여부(한정 적극)

민법 제548조 제1항 단서에서 규정하고 있는 제3자란 일반적으로 계약이 해제되는 경우 그 해제된 계약으로부터 생긴 법률효과를 기초로 하여 해제 전에 새로운 이해관계를 가졌을 뿐 아니라 등기·인도 등으로 완전한 권리를 취득한 자를 말하고, 계약상의 채권을 양수한 자는 여기서 말하는 제3자에 해당하지 않는다고 할 것인바, 계약이 해제된 경우 계약해제 이전에 해제로 인하여 소멸되는 채권을 양수한 자는 계약해제의 효과에 반하여 자신의 권리를 주장할 수 없음은 물론이고, 나아가 특단의 사정이 없는 한 채무자로부터 이행받은 급부를 원상회복하여야 할 의무가 있다(대법원 2003. 1. 24. 선고 2000다22850 판결).

9. 계약이 적법한 대리인에 의하여 체결되었는데 상대방 당사자가 계약상 채무불이행을 이유로 계약을 해제한 경우, 본인이 해제로 인한 원상회복의무를 부담하는지 여부(적극) 및 대리인이 수령한 계약상 급부를 현실적으로 인도받지 못하였다거나 계약상 채무불이행에 관하여 대리인에게 책임 있는 사유가 있는 경우에도 마찬가지인지 여부(원칙적 적극)

계약이 적법한 대리인에 의하여 체결된 경우에 대리인은 다른 특별한 사정이 없는 한 본인을 위하여 계약상 급부를 변제로서 수령할 권한도 가진다. 그리고 대리인이 그 권한에 기하여 계약상 급부를 수령한 경우에, 그 법률효과는 계약 자체에서와 마찬가지로 직접 본인에게 귀속되고 대리인에게 돌아가지 아니한다. 따라서 계약상 채무의 불이행을 이유로 계약이 상대방 당사자에 의하여 유효하게 해제되었다면, 해제로 인한 원상회복의무는 대리인이 아니라 계약의 당사자인 본인이 부담한다. 이는 본인이 대리인으로부터 그 수령한 급부를 현실적으로 인도

받지 못하였다거나 해제의 원인이 된 계약상 채무의 불이행에 관하여 대리인에게 책임 있는 사유가 있다고 하여도 다른 특별한 사정이 없는 한 마찬가지라고 할 것이다(대법원 2011. 8. 18. 선고 2011다30871 판결).

10. 미등기 무허가건물에 관한 매매계약이 해제되기 전에 매수인으로부터 무허가건물을 다시 매수하고 무허가건물관리대장에 소유자로 등재된 자가 민법 제548조 제1항 단서에서 말하는 제3자에 해당하는지 여부(소극)

민법 제548조 제1항 단서에서 규정하는 제3자라 함은 해제된 계약으로부터 생긴 법률적 효과를 기초로 하여 새로운 이해관계를 가졌을 뿐 아니라 등기·인도 등으로 완전한 권리를 취득한 사람을 지칭하는 것이다. 그런데 미등기 무허가건물의 매수인은 소유권이전등기를 마치지 않는 한 건물의 소유권을 취득할 수 없고, 소유권에 준하는 관습상의 물권이 있다고도 할 수 없으며, 현행법상 사실상의 소유권이라고 하는 포괄적인 권리 또는 법률상의 지위를 인정하기도 어렵다. 또한, 무허가건물관리대장은 무허가건물에 관한 관리의 편의를 위하여 작성된 것일 뿐 그에 관한 권리관계를 공시할 목적으로 작성된 것이 아니므로 무허가건물관리대장에 소유자로 등재되었다는 사실만으로는 무허가건물에 관한 소유권 기타의 권리를 취득하는 효력이 없다. 따라서 미등기 무허가건물에 관한 매매계약이 해제되기 전에 매수인으로부터 해당 무허가건물을 다시 매수하고 무허가건물관리대장에 소유자로 등재되었다고 하더라도 건물에 관하여 완전한 권리를 취득한 것으로 볼 수 없으므로 민법 제548조 제1항 단서에서 규정하는 제3자에 해당한다고 할 수 없다(대법원 2014. 2. 13. 선고 2011다64782 판결).

◈ 계약해제로 인한 원상회복의무와 동시이행

제 549 조 【원상회복의무와 동시이행】

제536조의 규정은 전조의 경우에 준용한다.

■ § 549. 계약의 해제로 인한 원상회복의무와 동시이행

- 계약이 해제되면 원상회복의무, 손해배상의무가 생기게 되나 당사자 쌍방이 이러한 채무를 부담하게 된 때에는 동시이행의 항변에 관한 §536가 준용된다.

계약의 해제로 인하여 당사자간에 원상회복의무를 부담하는 결과 서로가 급부하고 수령한 물건을 반환하여야 할 경우에는 쌍무계약에 관한 제536조의규정이 준용되며, 당사자는 그 반환을 동시에 이행하여야 한다. 그리고 당사자 일방은 상대방이 반환하여야 할 물건을 제공할 때까지는 자기도 상대방에 대하여 반환할 것을 거절할 수 있는 것이다.

▣ 핵심판례 ▣

- **[원상회복의무와 동시이행]**

1. **계약해제시 발생하는 손해배상의무도 동시이행의 관계가 있는지 여부**

 계약이 해제되면 계약 당사자는 상대방에 대하여 원상회복의무와 손해배상의무를 부담하는데, 이때 계약당사자가 부담하는 원상회복의무뿐만 아니라 손해배상의무도 함께 동시이행의 관계가 있다(대판 2002. 2. 25. 97다30066).

2. **임대차계약해제에 따른 임차인의 목적물반환의무와 임대인의 목적물을 사용수익하게 할 의무불이행에 대하여 손해배상하기로 한 약정에 따른 의무와 사이의 이행상 견련관계 유무(소극)**

 임대차계약 해제에 따른 임차인의 임대차계약의 이행으로 이루어진 목적물 인도의 원상회복의무와 임대인이 임차인에게 건물을 사용수익하게 할 의무를 불이행한 데 대하여 손해배상을 하기로 한 각서에 기하여 발생된 약정지연손해배상의무는 하나의 임대차계약에서 이루어진 계약이행의 원상회복관계에 있지 않고 그 발생원인을 달리하고 있어 특별한 사정이 없는 한 양자 사이에 이행상의 견련관계는 없으므로 임차인의 동시이행의 항변은 배척되어야 한다(1990. 12. 26. 제1부 판결 90다카25383 건물명도).

◆ 계약해지의 비소급효

제 550 조 【해지의 효과】

당사자일방이 계약을 해지한 때에는 계약은 장래에 대하여 그 효력을 잃는다.

■ § 550. 해지의 효과

- 해지의 비소급효
- 이미 성립한 채무의 효력 그대로 존속
- 청산의무(원상회복)
- 손해배상의 청구

1. 비소급적계약효력 상실

계약을 해지한 때에는 해지한 때로부터 '장래에 대하여' 그 효력을 잃는다 (제550조). 따라서 해지 이전의 계약관계에는 영향을 미치지 않는다. 즉 이미 이행된 급부는 수령자가 그대로 보유할 권리를 갖는다. 다만 해지 이전에 발생한 채무는 해지 이후에도 그대로 존속한다.

해지는 계약관계의 효력을 장래에 향하여 소멸시키는 당사자의 의사표시이기 때문에 계약관계의 효력을 소급하여 소멸시키는 해제와 구별된다. 이와 같이 해지는 소급효가 없다는 점에서 해제와 근본적으로 다르다. 즉 해지는 임대차, 고용, 위임, 조합 등의 계속적인 채권관계에 있어서 오래도록 계속된 법률관계의 결과 당사자 및 제3자의 채권과 채무가 집적되어 있으므로 만약 이것을 장래에 향하여서가 아니고, 과거에 소급하여서 효력을 잃게 한다면 그 당사자는 물론 당사자와 거래하는 제3자의 권리도 침해하게 된다. 이러한 경우 야기되는 법률관계의 혼잡을 피함과 아울러 거래의 안전을 도모하기 위하여 계속적인 채권관계의 효력은 특별히 장래에 향하여서만 효력을 잃게 하여 과거에 소급하여 잃는 일이 없도록 한 것이다.

2. 청산의무

계약을 해지하면 그 때부터 계약은 그 효력을 잃는다. 임대차의 경우 계약

이 해지되면 임차인은 더 이상 목적물을 사용, 수익할 권리를 잃게 되므로 목적물을 임대인에게 반환할 의무를 지게 된다(민법 제615조·제654조). 이것은 계약을 해제한 경우에 계약이 당연히 소급적으로 실효되어 원상회복의무를 지는 경우와는 그 성질이 다르므로, '청산의무'라고도 부른다.

3. 손해배상의 청구

계약의 해지는 손해배상의 청구에 영향을 미치지 아니한다(제551조). 이 경우의 손해배상은 상대방의 채무불이행을 이유로 하는 것이다.

▣ 핵심판례 ▣

■ [해지의 효과]

가. 명의신탁계약 해지후의 수탁자의 지위

부동산의 명의신탁계약이 해지되더라도 그 해지의 효과는 소급하지 아니하고 장래에 향하여 효력이 있음에 불과하여 그 부동산의 소유권이 당연히 신탁자에게 복귀된다고 볼 수 없고 다만 수탁자가 신탁자에게 그 등기명의를 이전할 의무를 부담하게 됨에 불과하므로 그 의무이행으로 등기명의를 신탁자 앞으로 이전하기 전까지는 여전히 외부관계에 있어서 소유권은 수탁자에게 있다.

나. 수탁자 명의로 경료된 등기부의 멸실과 수탁자의 권리

수탁자 명의로 경료된 등기부가 멸실된 경우에도 그 멸실로 부동산에 대한 수탁자의 권리는 소멸하지 아니하며 그 회복등기기간이 경과하였다고 하여도 마찬가지이다(1982. 8. 24. 제1부 판결 82다카416 소유권이전등기등).

◈ 계약 해제(해지)의 효과 : 손해배상

제 551 조【해지, 해제와 손해배상】

계약의 해지 또는 해제는 손해배상의 청구에 영향을 미치지 아니한다.

■ § 551. 손해배상의 청구

- 일종의 채무불이행책임(통설)
- 계약의 해제, 해지는 손해배상의 청구에 영향을 미치지 않는다.

1. 의 의

계약의 해지 또는 해제는 손해배상의 청구에 영향을 미치지 아니한다(제551조).

본조는 계약의 해지 또는 해제와 손해배상청구와의 관계를 규정한 것이다.

계약이 체결된 후에 당사자 일방의 의사표시에 의하여 계약의 효력을 소급적으로 소멸케 하여, 계약이 처음부터 존재하지 않았던 것과 같은 상태를 발생시키는 것이 계약의 해제이며, 그 가장 큰 실익은 당사자(특히 해제자)로 하여금 그 채무가 이행되지 않고 있는 때에는 이행을 요하지 않고 이미 상대방에게 급부한 경우에는 그 반환청구를 인정케 하는데 있다.

그러나 이것만으로는 상대방의 불이행으로 인하여 받은 해제자의 손해를 완전히 구제할 수 없게 되는 경우가 발생할 수 있다. 이 때문에 본조는「해제는 손해배상의 청구에 영향을 미치지 아니한다」고 규정하고 있는 것이다.

계약해제의 효과는 계약의 효과를 소급적으로 소멸시키는 것이기 때문에 당사자는 계약당초부터 채무를 부담하지 않은 것이 된다. 따라서 채무불이행은 관념상 있을 수 없고, 또한 그에 의한 손해배상도 있을 수 없다고 하여야 하는 것이 아닌가 하는 의문이 생긴다.

이러한 입장에 서서 계약해제와 손해배상의 관계를 규율하고 있는 대표적 입법이 독일민법(제325조, 제326조)이며, 해제권을 행사한 때에는 자기의 채무를 이행하여야 할 책임을 면할 수 있으나, 어떠한 범위에 있어서도 손해배상은 청구할 수 없다는 견해로서 학설은 완전히 일치하고 있다.

즉 해제권을 행사하여 자기의 채무를 면할 수 있든가, 혹은 자기의 채무를 면하지 못한 채 상대방에 대하여 채무불이행을 이유로 하여 손해배상을 청구하든가 하는 선택이 요구된다.

이와 같은 입장에서는 해제권의 행사와 손해배상의 청구가 양립한다고 하고 있는 본조를 법률정책상 채권자를 보호하기 위하여 인정된 특별규정이라고 해석하는 것이다.

이에 대하여 현재의 판례나 통설은 계약해제로 인한 손해배상청구권을 채권자를 보호하기 위하여 해제의 소급효에 제한을 가하고 채무불이행에 의한 손해배상청구권(제390조)을 해제에 관계없이 존속시킨 것이라고 이해한다.

그리고 그 배상의 범위는 이행에 갈음한 손해배상액(전보배채)에서 해제한 자가 채무를 면하였거나 또는 급부한 목적물의 반환을 청구함으로써 얻은 이익을 공제한 잔액이다.

그러나 이 견해에 대해서는 본래의 급부청구권이 해제에 의한 손해배상청구권으로 전화한다는 점과, 해제에 의하여 계약의 효과가 소급적으로 소멸한다고 하는 해제의 본래 효과와의 관계가 명확하지 않다고 하는 비판이 가해지고 있다.

2. 손해배상의 범위

(1) 의 의

제551조가 정하는 손해배상은 채무불이행에 기초하므로, 그 손해배상은 계약의 성립을 전제로 하여 당사자가 계약상의 채무를 이행하였더라면 상대방이 얻었을 이익, 즉 '이행이익의 배상'이어야 한다. 종전의 판례는 당사자가 계약이 유효하게 성립할 것으로 믿고 지출한 소위 '신뢰이익의 배상'은 인정할 수 없다고 보았으나(대판 1983. 5. 24. 82다카1667), 그 후의 판례에서는 신뢰이익의 배상도 포함하는 것으로 보고 있다.

(2) 판례의 태도

가. 이행이익의 배상만을 인정한 사례

계약 당사자의 일방이 그 해제권을 행사하여 그 계약을 해제하였을 경우에는 그 해제의 효력은 당사자 간의 채권·채무관계를 소멸케 하는 것

이므로 채무불이행으로 인한 손해배상의 문제는 발생할 여지가 없다고 할 것이나, 채권자보호라는 입장에서 민법 제551조는 이와 같은 경우에도 손해배상의 청구를 할 수 있음을 명시하고, 이 경우 손해배상의 청구도 채무불이행으로 인한 손해배상과 다를 것이 없으므로 전보배상으로서 그 계약의 이행으로 인하여 채권자가 얻을 이익, 즉 소위 이행이익을 손해로써 청구하여야 하고, 그 계약이 해제되지 아니하였을 경우 채권자가 그 채무의 이행으로 소요하게 된 비용, 즉 소위 신뢰이익의 배상은 청구할 수 없다. 동업계약으로 인한 의무를 이행하지 아니하여 그 동업계약을 해지한 경우에 있어서 일방이 출자의무의 이행으로 소요된 비용에 대해 조합계약의 해지에 따른 청산을 구함은 별론으로 하고 채무불이행으로 인한 손해의 배상을 구할 수는 없다(대판 1983. 5. 24. 82다카1667).

나. 신뢰이익의 배상도 인정한 사례

계약의 일방 당사자가 상대방의 이행을 믿고 지출한 비용인 이른바 신뢰이익의 손해도 그러한 지출 사실을 상대방이 알았거나 알 수 있었고 또 그것이 통상적인 지출비용의 범위 내에 속한다면 그에 대하여도 이행이익의 한도 내에서 배상을 청구할 수 있다. 한편 부동산매매에 있어서 매수인이 소유권이전등기비용을 지출하리라는 것은 특별한 사정이 없는 한 매도인이 알았거나 알 수 있었다고 보아야 할 것이고, 원고가 청구하고 있는 위 소유권이전등기비용의 내용은 법무사보수·등록세·교육세·인지대·채권구입비 등으로서 통상적인 지출비용의 범위 내에 속한다고 할 것이다(대판 1999. 7. 27. 99다13621).

▣ 핵심판례 ▣

■ [해지, 해제와 손해배상]

1. 가. 매수인의 매매목적물에 대한 착오가 계약의 중요 부분의 착오에 해당한다 하여 매매계약의 취소를 인정한 사례

매수인의 매매목적물에 대한 착오가 계약의 중요부분의 착오에 해당한다 하여 매매계약의 취소를 인정한 사례

나. 매도인이 매매계약을 적법하게 해제한 후라도 매수인이 해제의 효과로서 발생하는 불이익을 면하기 위하여 착오를 이유로 매매계약을 취

소할 수 있는지 여부(적극)

매도인이 매수인의 중도금 지급채무불이행을 이유로 매매계약을 적법하게 해제한 후라도 매수인으로서는 상대방이 한 계약해제의 효과로서 발생하는 손해배상책임을 지거나 매매계약에 따른 계약금의 반환을 받을 수 없는 불이익을 면하기 위하여 착오를 이유로 한 취소권을 행사하여 위 매매계약 전체를 무효로 돌리게 할 수 있다(1991. 8. 27. 제2부 판결 91다11308 손해배상(기)).

2. 토지의 매매계약이 매수인측의 귀책사유로 해제된 후 매도인이 제3자에게 그 매매 목적물을 다시 매도한 경우, 매도인측이 입는 통상의 손해액의 범위

토지의 매매계약이 매수인측의 귀책사유로 해제되는 경우에 매도인측이 입는 통상의 손해액은, 그 계약이 해제되지 아니하고 이행된 경우에 매도인이 얻게 되는 경제적 이익과 계약이 해제된 경우에 매도인에게 남아 있는 경제적 이익의 차액이라고 할 것이고, 이 사건에서와 같이 매매계약이 해제된 후에 매도인이 제3자에게 그 매매목적물을 다시 매도한 경우라면, 제3자에의 매도가격이 시가에 비추어 현저히 저렴하게 책정된 것이라는 등의 특별한 사정이 없는 한, 매도인이 당초의 매매계약에 의하여 취득할 것으로 예상되었던 매매대금과 제3자와 사이의 매매계약에 의하여 취득하게 되는 매매대금과의 차액에 당초의 매매대금의 취득예정시기로부터 후의 매매대금의 취득시기까지의 기간 동안 당초의 매매대금에 대한 법정이율에 의한 이자 상당액을 합한 금액이라고 할 것이다(대법원 2004. 7. 22. 선고 2004다3543 판결).

3. 채무불이행을 이유로 계약해제와 아울러 손해배상을 청구하는 경우, 신뢰이익의 배상을 구할 수 있는지 여부(적극) 및 그 신뢰이익의 배상의 범위

채무불이행을 이유로 계약해제와 아울러 손해배상을 청구하는 경우에 그 계약이행으로 인하여 채권자가 얻을 이익 즉 이행이익의 배상을 구하는 것이 원칙이지만, 그에 갈음하여 그 계약이 이행되리라고 믿고 채권자가 지출한 비용 즉 신뢰이익의 배상을 구할 수도 있다고 할 것이고, 그 신뢰이익 중 계약의 체결과 이행을 위하여 통상적으로 지출되는 비용은 통상의 손해로서 상대방이 알았거나 알 수 있었는지의 여부와는 관계없이 그 배상을 구할 수 있고, 이를 초과하여 지출되는 비용은 특별한 사정으로 인한 손해로서 상대방이 이를 알았거나 알 수 있었던 경우에 한하여 그 배상을 구할 수 있다고 할 것이고, 다만 그 신뢰이익은 과잉배상금지의 원칙에 비추어 이행이익의 범위를 초과할 수 없다(대법원 2002. 6. 11. 선고 2002다2539 판결).

◆ 해제권의 특수한 소멸원인 : 해제권행사 여부의 최고기간 내에 해제의 통지를 하지 아니한 때

제 552 조 【해제권행사여부의 최고권】

① 해제권의 행사의 기간을 정하지 아니한 때에는 상대방은 상당한 기간을 정하여 해제권행사여부의 확답을 해제권자에게 최고할 수 있다.

② 전항의 기간내에 해제의 통지를 받지 못한 때에는 해제권은 소멸한다.

■ § 552. 해제권행사 여부의 최고권 및 해제권의 소멸

• 해제권의 행사에 관하여 기간이 정해져 있지 않은 경우에 상대방은 상당한 기간을 정하여 해제권 행사여부에 대한 확답을 해제권자에게 최고할 수 있고, 그 기간내에 해제의 통지를 받지 못하면 해제권은 소멸한다.

해제권 행사에 대한 기간의 정함이 있으면 그 기간의 경과로 해제권은 소멸한다. 기간의 정함이 없을 때, 상대방은 해제권자에 대하여 상당한 기간을 정해서 그 기간내에 해제하느냐 않느냐를 확답할 것을 최고할 수 있으며, 그 기간내에 해제의 의사표시가 도달하지 아니한 때에는 해제권은 소멸한다.

이것은 해제권자 상대방의 불안정한 지위를 고려하여 그를 보호하기 위한 것으로서 무능력자나 무권대리인의 상대방에게 최고권을 인정한 것(제15조, 제131조)과 같은 성질의 것이다.

최고에 의하여 해제권을 상실하더라도 계약상 본래의 채권, 채무에는 영향이 없으므로, 채권자는 본래의 급부 또는 전보배상을 청구할 수 있는 권리를 잃지 않는다.

• 해제권 행사 최고의 예

해제권행사의 최고서

 년 월 일 귀하와 체결한 ○ ○ 계약에 관하여 귀하께서 해제권을 가지고 있으나 그 해제권의 행사에 관하여는 따로 기간의 정함이 없는 것이므로 오는 년 월 일까지 (또는 일의 기간내에) 위 계약의 해제 여부를 확답하여 주시옵기 바라오며, 민법 제552조에 의하여 최고합니다.

 서기 년 월

 주소

 김 주 환 ㉑

주소

 박 영 근 귀하

<div align="center">

▣ 핵심판례 ▣

</div>

■ **[해제권행사여부의 최고권]**

1. 가. 계약보증금이 위약벌 또는 제재금의 성질을 갖는다고 본 사례

매매계약의 목적물이 성질상 매도인측에서 생산, 공급하는 전량을 매수인이 그때 그때 인수하지 않으면 안되는 물품이어서 매수인은 계약기간 동안 매도인측에서 생산하는 물품을 전량 인수하기로 하고 계약체결과 동시에 계약금액의 100분의 10 이상의 계약보증금을 납부하고 매수인이 정당한 이유없이 인수를 거부하거나 지체할 때 또는 기일내에 대금을 불입하지 않거나 계약의 각 조항을 위배할 때에는 매도인은 사전 권고나 통보 없이 일방적으로 해약을 할 수 있고 이 경우 보증금은 매도인에게 귀속하고 또 매수인이 계약을 이행하지 아니하였을 때에는 그 연대보증인이 채무이행은 물론 배상책임을 진다고 약정하였으며 매수인은 별도로 채무이행을 위하여 계약금액의 100분의 20 이상의 현금이나 지급이행보증보험증서를 제공하기로 약정하였다면 이 계약에 있어서의 계약보증금은 단순히 매수인이 매도인에게 지게 될 물품대금채무 등을 담보한다거나 손해배상액의 예정으로 추정되는 위약금이라기 보다는 매수인의 계약이행을 간접적으로 강제하는 작용을 하고 매수인이 위약하였을 때에는 이를 매도인의 소유로 귀속하게 하여 제재를 가하는 위약벌 또는 제재금의 성질을 가지는 것으로 봄이 타당하다.

나. 계속적인 거래관계에서 일방의 계약위반후 거래가 계속된 경우 상대방의 계약해지권 포기로 볼 것인지 여부(소극)

계속적인 거래관계에서 일방의 계약위반이 있음에도 거래를 계속한 사실이 있다고 하여도 이와 같은 사실만 가지고 상대방이 계약해지에 관한 권리를 포기하였다고 할 수는 없다(1989. 10. 10. 제1부 판결 88다카25601 보증금반환).

2. 민법 제552조에 의하여 해제권이 소멸된 경우, 그 후 새로운 사유에 의하여 발생한 해제권도 행사할 수 없게 되는지 여부(소극)

민법 제552조에 의하여, 해제권의 행사의 기간을 정하지 아니한 때에는 상대방은 상당한 기간을 정하여 해제권 행사 여부의 확답을 해제권자에게 최고할 수 있고, 그 기간 내에 해제의 통지를 받지 못한 때에는 해제권은 소멸하는 것이지만, 이로 인하여 그 후 새로운 사유에 의하여 발생한 해제권까지 행사할 수 없게 되는 것은 아니다(대법원 2005. 12. 8. 선고 2003다41463 판결).

3. 일방당사자의 계약위반을 이유로 계약이 해제된 경우, 계약을 위반한 당사자도 계약해제의 효과를 주장할 수 있는지 여부(적극)

계약의 해제권은 일종의 형성권으로서 당사자의 일방에 의한 계약해제의 의사표

시가 있으면 그 효과로서 새로운 법률관계가 발생하고 각 당사자는 그에 구속되는 것이므로, 일방 당사자의 계약위반을 이유로 한 상대방의 계약해제 의사표시에 의하여 계약이 해제되었음에도 상대방이 계약이 존속함을 전제로 계약상 의무의 이행을 구하는 경우 계약을 위반한 당사자도 당해 계약이 상대방의 해제로 소멸되었음을 들어 그 이행을 거절할 수 있다(대법원 2001. 6. 29. 선고 2001다21441, 21458 판결).

◈ 해제권의 특수한 소멸원인 : 목적물의 훼손 등

제 553 조 【훼손등으로 인한 해제권의 소멸】

해제권자의 고의나 과실로 인하여 계약의 목적물이 현저히 훼손되거나 이를 반환할 수 없게 된 때 또는 가공이나 개조로 인하여 다른 종류의 물건으로 변경된 때에는 해제권은 소멸한다.

■ § 553. 목적물의 훼손 반환불능, 가공 또는 개조로 인한 해제권 소멸

• 해제권자의 고의 또는 과실로 인하여 계약의 목적물이 현저히 훼손되거나 이를 반환할 수 없게 된 때 또는 가공이나 개조로 인하여 다른 종류의 물건으로 변경된 때에는 해제권은 소멸한다.

해제권자의 고의나 과실로 인하여 계약의 이행으로서 급부된 목적물이 현저히 훼손되거나 이를 반환 할 수 없게 된 때 또는 가공이나 개조로 인하여 다른 종류의 물건으로 변경된 때에는 해제권은 소멸한다.

이와 같은 경우에 가격에 의한 원상회복의무를 인정하는 것은 당사자의 공평을 잃게 하기 때문이다. 따라서 해제권자의 고의 또는 과실에 의하지 아니하고 발생한 멸실, 훼손인 경우에는 해제권은 소멸하지 아니한다.

이 해제권의 소멸은 상대방을 원상에 복귀시키는 데에 손해배상의 방법에 의하는 외에 적당하게 그 목적을 달성할 수 없는 경우를 상정한 것이기 때문에 훼손, 가공, 개조, 반환불능이 목적물의 근소한 부분에 관하여 생긴 데 불과한 때에는 전부에 관하여 그 해제권이 소멸하지 아니한다고 할 것이다.

제 2 절 증 여

증여(donato, gift, Schenkung, doncation)라 함은 한쪽 당사자(贈與者)가 대가 없이 자기의 재산을 상대방(수증자)에게 주겠다는 의사를 표시하고 상대방이 이를 승낙함으로써 성립하게 되는 계약이다(제554조~제562조). 증여는 낙성계약이며, 또 무상·편무계약이다.

증여계약의 성립에는 따로이 방식을 요하지 않으나, 서면에 의하지 않은 증여는 아직 이행하지 않은 부분에 대하여 언제라도 각 당사자가 이를 해제할 수가 있다(제555조, 제558조). 이것은 증여자에게 신중을 기하게 함과 동시에 그 진의를 명확히 하고 증거의 확실을 도모하기 위한 제도이다. 또 수증자가 증여자에 대하여 중대한 망은행위를 한 때, 또는 증여계약 후에 증여자의 재산상태가 현저히 악화하여 그 이행으로 생계에 중대한 영향을 미칠 경우에는 증여자는 아직 이행하지 아니한 부분에 대하여 해제할 수 있다(제556조~제558조). 또한 증여는 무상계약이므로 증여자는 담보책임을 지지 않는 것(제559조)이 원칙이지만, 특약이 있을 경우, 증여자가 하자·흠결을 알고서 고지하지 아니한 경우(악의의 경우) 및 부담부증여의 경우에는 에외로서 담보책임을 진다(제559조 1항 단서·2항). 증여의 특수한 형태로는 부담부증여·현실증여·사인증여가 있다.

◆ 증여의 의의 및 성질

제 554 조 【증여의 의의】

증여는 당사자일방이 무상으로 재산을 상대방에 수여하는 의사를 표시하고 상대방이 이를 승낙함으로써 그 효력이 생긴다.

■ § 554. 증 여

- 당사자 일방이 대가없이 재산을 상대방에게 준다는 의사를 표시하고 상대방이 승낙함으로써 성립하는 계약
- 법률적성질 : 무상, 낙성, 편무, 불요식계약

증여는 당사자의 일방(증여자)이 자기의 재산을 무상으로 상대방(수증자)에게 수여하는 의사를 표시하고, 상대방이 그것을 승낙함으로써 효력을 발생하는 계약이다.

민법상의 전형계약으로서 증여가 낙성·불요식의 계약인 것은 말할 것도 없거니와 다시 무상·쌍무계약이라는 점에서 유상·쌍무계약인 매매와 현저한 대조를 보이고 있다.

(1) 증여는 계약이다.

증여의 계약성은 당사자 일방이 무상으로 출연할 것을 약속하는 의사표시를 하는 것이 효력을 발생시키기 위하여 필요하다는 점에서 명확하다. 증여는 계약이므로 무상으로 타인에게 재산을 수여하는 경우에도 단독행위인 유증이나 채무면제는 증여가 아니다.

(2) 증여는 무상으로 재산을 수여하는 무상·편무계약이다.

재산을 준다는 것은 이른바 재산상의 출연을 의미하며, 증여자의 재산의 감소를 초래하고 그로 인하여 수증자의 재산을 증가케 하는 일체의 행위를 가리킨다.

기존의 소유권·채권·특허권 등의 권리를 양도하는 것뿐만 아니라, 무상

으로 지상권, 지역권 등의 용익물권을 설정하는 것과 무상의 채무면제 등
도 여기에 포함된다.

무상이라 함은 수증자가 대가적 의의를 갖는 출연을 하지 않는 것이다.
대가적 의의를 갖는가 아닌가는 주관적으로 결정하는 것이라고 해석한다.

수증자가 부담을 갖는 경우는 물론이고, 반대급부를 하는 때에도 당사자
가 대가적 의의가 없다고 생각하는 경우에는 증여이다. 따라서 증여는 증
여자만이 의무를 지는 점에서 '편무계약'이며, 쌍무계약을 전제로 하는 효
력(제536조～제538조)이 발생하지 않는다.

(3) 증여는 낙성계약이다.

즉 목적물의 인도 타인의 출연행위를 실행하지 않더라도, 또 목적인 권리
가 이전하지 않더라도 권리를 이전하여야 할 채무를 발생시키는 것만으로
계약으로서의 증여가 성립한다. 그러나 동산의 증여 등에서는 증여계약의
성립과 동시에 그 목적물을 인도하는 경우가 적지 않다. 이것은 증여자가
목적물을 수증자에게 주어버리는 증여이며, 이를 현실증여라 한다.

현실증여에 있어서는 계약과 동시에 출연행위가 행해져 버리므로, 후에
인도할 채무가 남지 않는다는 것이 특징이다. 현실증여의 성질에 관하여는
여러 가지 논의가 있으나 1개의 계약이므로 일방에서는 즉시 그 목적인 재
산이 이전한다고 하는 물권적인 효과가 발생하고, 동시에 타방에서 만약
이전의 효과를 발생시키지 아니한 때에는 이를 이전하여야 할 채무를 부담
하여야 한다. 또 그 목적물에 하자가 있는 때에는 일정한 담보책임을 부담
하는 등 채권적인 효과를 발생시키는 특수한 증여로 보고 민법의 증여에
관한 규정은 현실증여에도 적용되는 것으로 해석한다.

(4) 증여는 불요식의 계약이다.

증여의 성립에는 특별한 방식이 요구되지 않는다. 다만, 서면에 의하지
않은 증여는 각 당사자가 이를 해제할 수 있지만(제555조), 이것은 해제권
이 발생한다는 데 지나지 않고, 증여가 성립하려면 서면으로 작성할 것이
반드시 요구된다는 의미는 아니다.

(5) 증여는 무상계약의 전형적인 것으로서 증여자의 책임이 경감되고, 특히
담보책임에 그 특색이 나타나 있다.

◼ **핵심판례** ◼

■ [증여의 의의]

1. 아직 형성되지 아니한 종 중 또는 친족공동체에 대한 증여의 의사표시의 효력 유무(소극)

증여는 증여자와 수증자 간의 계약으로서 수증자의 승낙을 요건으로 하므로 아직
형성되지도 아니한 종중 또는 친족공동체에 대한 증여의 의사표시는 아무런 효력
이 없다(1992. 2. 25. 제2부 판결 91다28344 소유권이전등기).

2. 부의금의 귀속주체

사람이 사망한 경우에 부조금 또는 조위금 등의 명목으로 보내는 부의금은 상호
부조의 정신에서 유족의 정신적 고통을 위로하고 장례에 따르는 유족의 경제적
부담을 덜어줌과 아울러 유족의 생활안정에 기여함을 목적으로 증여되는 것으로
서, 장례비용에 충당하고 남는 것에 관하여는 특별한 다른 사정이 없는 한 사망
한 사람의 공동상속인들이 각자의 상속분에 응하여 권리를 취득하는 것으로 봄이
우리의 윤리감정이나 경험칙에 합치된다고 할 것이다(1992. 8. 18. 제2부 판결 92
다2998 사망보상금등반환).

3. 현저히 공정성을 잃은 증여계약은 민법 제104조에 의해 효력이 인정되지 않는지 여부

민법 제104조가 규정하는 현저히 공정을 잃은 법률행위라 함은 자기급부에 비하
여 현저하게 균형을 잃은 반대급부를 하게 하여 부당한 재산적 이익을 얻는 행위
를 의미하는 것이므로, 증여계약과 같이 아무런 대가관계없이 당사자 일방이 상
대방에게 일방적인 급부를 하는 법률행위는 그 공정성 여부를 논의할 수 있는 성
질의 법률행위가 아니다(대판 2002. 2. 11. 99다6833).

4. 부모가 자식에게 재산의 명의를 이전하여 준 이후에도 그 재산에 대한 관리·처분권을 계속 행사하였음을 이유로 이를 명의신탁으로 단정할 수 있는지 여부(소극)

부모가 생전에 자신이 일군 재산을 자식에게 물려준 때에는, 그 후에도 자식의
협조 내지 승낙하에 부모가 여전히 당해 재산에 대한 관리·처분권을 행사하는 경
우가 흔히 있을 수 있는 모습이므로, 부모가 자식에게 재산의 명의를 이전하여
준 이후에도 그 재산에 대한 관리·처분권을 계속 행사하였다고 해서 곧바로 이를

증여가 아닌 명의신탁이라고 단정할 수는 없다(대법원 2010. 12. 23. 선고 2007다 22859 판결).

5. 과세 당국 등의 추적을 피하기 위하여 일정한 인적 관계에 있는 사람이 그 소유의 금전을 자신의 예금계좌로 송금한다는 사실을 알면서 이를 승 낙 또는 양해하였다거나 그러한 목적으로 자신의 예금계좌를 사실상 지배 하도록 용인하였다는 사정만으로, 객관적으로 송금인과 계좌명의인 사이 에 송금액을 계좌명의인에게 무상 공여한다는 의사의 합치가 있었다고 추 단할 수 있는지 여부(원칙적 소극)

다른 사람의 예금계좌에 금전을 이체하는 등으로 송금하는 경우 그 송금은 다양 한 법적 원인에 기하여 행하여질 수 있는 것으로서, 과세 당국 등의 추적을 피하 기 위하여 일정한 인적 관계에 있는 사람이 그 소유의 금전을 자신의 예금계좌로 송금한다는 사실을 알면서 그에게 자신의 예금계좌로 송금할 것을 승낙 또는 양 해하였다거나 그러한 목적으로 자신의 예금계좌를 사실상 지배하도록 용인하였다 는 것만으로는 다른 특별한 사정이 없는 한 객관적으로 송금인과 계좌명의인 사 이에 그 송금액을 계좌명의인에게 위와 같이 무상 공여한다는 의사의 합치가 있 었다고 추단된다고 쉽사리 말할 수 없다. 금융실명제 아래에서 실명확인절차를 거쳐 개설된 예금계좌의 경우 특별한 사정이 없는 한 명의인이 예금계약의 당사 자로서 예금반환청구권을 가진다고 하여도, 이는 그 계좌가 개설된 금융기관에 대한 관계에 관한 것이므로 그 점을 들어 곧바로 송금인과 계좌명의인 사이의 법 률관계를 달리 볼 것이 아니다(대법원 2012. 7. 26. 선고 2012다30861 판결).

◈ 증여에 특유한 해제원인 : 서면에 의하지 않은 증여

제 555 조【서면에 의하지 아니한 증여와 해제】

증여의 의사가 서면으로 표시되지 아니한 경우에는 각 당사자는 이를 해제할 수 있다.

■ § 555. 서면에 의하지 않은 증여의 해제

- 서면으로 표시되어야 하는 것은 증여자의 증여의 의사이다.
- 서면에 의하지 않은 증여는 이행이 있기 전에는 각 당사자가 해제할 수 있다.

증여의 의사가 서면으로 표시되지 아니한 경우에는 각 당사자, 즉 증여자 또는 수증자가 이를 해제할 수 있다. 증여는 무상계약이어서 증여자에게 일방적으로 불이익을 주는 점을 고려하여 경솔하게 증여계약을 맺는 것을 방지하고 나아가 증여자의 의사를 명확히 하여 장래의 다툼을 피하고자 하는 취지에서 마련된 것이다.

외국의 입법례에 있어서는 서면의 작성을 증여의 성립요건으로 하고 있는 경우가 대부분이나(독일민법 제581조, 프랑스민법 제931조, 제932조 스위스채무법 제243조), 우리 민법은 원칙적으로 증여를 불요식계약으로 하고 있고, 서면에 의하지 않은 증여라도 유효하게 성립하고 효력을 발생하므로 수증자의 채권은 발생한다.

그러나 본조가「증여의 의사가 서면으로 표시되지 아니한 경우에는 각 당사자는 이를 해제할 수 있다」고 규정하고 있는 것에서 볼 수 있는 바와 같이 증여계약의 체결에 있어서 서면이 작성되어 있지 않으면 증여의 효력은 불확정적이므로 당사자는 이를 해제할 수 있다.

서면으로 표시되어야 하는 것은 '증여의 의사'이다. 수증자의 성명까지 명시적으로 기재되어야 하는 것은 아니고 또 수증자에게 교부되어야만 하는 것도 아니다.

【쟁점사항】

<'서면에 의한 증여'에 있어서 서면의 요건>

'서면에 의한 증여'란 증여계약 당사자간에 있어서 증여자가 자기의 재산을 상대방에게 준다는 증여의사가 문서를 통하여 확실히 알 수 있을 정도로 서면에 나타난 증여를 말하는 것으로서 비록 서면 자체는 매매계약서, 매도증서로 되어 있어 매매를 가장하여 증여의 증서를 작성한 것이라고 하더라도 증여에 이른 경위를 아울러 고려할 때 그 서면이 바로 증여의사를 표시한 서면이라고 인정되면 이는 민법 제555조에서 말하는 서면에 해당한다(대판 1991. 9. 10, 9다6160).

▣ 핵심판례 ▣

■ [서면에 의하지 아니한 증여의 해제]

1. 민법 제555조의 '서면에 의한 증여'의 의미

민법 제555조에 의하여 해제가 제한되는 「서면에 의한 증여」에서의 증여의 의사표시는 수증자에 대하여 서면으로 표시되어야 하는 것이므로, 갑이 원고에게 이 사건 부동산을 증여하고 그 증여의 의사를 강제집행의 방법으로 실현하기 위하여 스스로 선임료를 지급하고 소송대리인을 선임하여 원고 명의로 이 사건 부동산에 가압류신청을 하고 나아가 자신을 상대로 사실혼관계 해소에 따른 위자료 지급을 구하는 조정신청을 하도록 하였다는 사정만으로는 위 김동근의 증여의 의사표시가 원고에게 서면으로 표시되었다고 볼 수는 없다(1996. 3. 8. 판결 95다54006 소유권이전등기).

2. 민법 제555조 소정의 증여의 의사가 표시된 서면의 작성시기

민법 제555조 소정의 증여의 의사가 표시된 서면의 작성시기에 관하여는 법률상 아무런 제한이 없으므로 증여계약이 성립한 당시에는 서면이 작성되지 않았다 하더라도 그 후 위 계약이 존속하는 동안 서면을 작성한 때에는 그때부터 서면에 의한 증여로서 당사자가 임의로 이를 해제할 수 없다(1992. 9. 14. 제3부 판결 92다4192 소유권이전등기).

3. 가. 서면으로 표시되지 아니한 증여는 해제할 수 있다고 규정한 민법 제555조의 규정취지 및 '증여의 의사가 서면으로 표시' 되었다고 하기 위한 증여의사의 서면에의 표시정도

민법 제555조가 "증여의 의사가 서면으로 표시되지 아니한 경우에는 각 당사

자는 이를 해제할 수 있다"고 규정한 취지는, 증여자가 경솔하게 무상으로 재산을 처분하는 것을 예방함과 아울러 당사자의 의사를 명확하게 하여 분쟁이 생기는 것을 피하려는 데에 있는 것이므로, "증여의 의사가 서면으로 표시"되었다고 하려면 당사자간에 있어서 증여자가 자기의 재산을 상대방에게 무상으로 주는 증여의 의사가 서면을 통하여 확실하게 알 수 있는 정도로 표시되어 있으면 충분하다.

나. 소유권이전등기신청행위를 사법서사에게 위임하는 위임장과 부동산매매에 관한 매도증서는 같은 법조항 소정의 서면에 해당한다고 볼 수 있다 한 사례

소유권이전등기신청행위를 사법서사에게 위임하는 위임장과 부동산매매에 관한 매도증서는 같은 법조항 소정의 서면에 해당한다고 볼 수 있다(1993. 3. 9. 제2부(타) 판결 92다18481 소유권이전등기).

4. 증여계약해제로 인한 이전등기청구의 가부

증여로 인한 소유권이전등기가 해제된 경우 증여자가 소유권이전등기의 말소등기절차이행을 소구하지 아니하고 소유권이전등기를 청구하였다고 하여 위법이라 할 수 없다(1970. 7. 24. 70다1005판결).

◆ 증여에 특유한 해제원인 : 수증자의 망은행위

제 556 조【수증자의 행위와 증여의 해제】

① 수증자가 증여자에 대하여 다음 각호의 사유가 있는 때에는 증여자는 그 증여를 해제할 수 있다.

 1. 증여자 또는 그 배우자나 직계혈족에 대한 범죄행위가 있는 때

 2. 증여자에 대하여 부양의무있는 경우에 이를 이행하지 아니하는 때

② 전항의 해제권은 해제원인있음을 안 날로부터 6월을 경과하거나 증여자가 수증자에 대하여 용서의 의사를 표시한 때에는 소멸한다.

■ § 556. 망은행위에 의한 증여의 해제

- 입법례 : 독일민법 §530, 블란서민법 : §955, 스위스채무법 : §249
- 본조는 망은행위의 경우를 1항에 한정하고 있다.
- 망은행위를 이유로 계약을 해제할 수 있는 것은 증여자에 한한다.
- 망은행위에 의한 해제권은 해제권자인 증여자가 망은행위가 있었음을 안 날로부터 6개월을 경과하거나 또는 증여자가 수증자에 대하여 용서의 의사를 표시한 때에는 소멸한다.

본조는 수증자의 행위로 인한 증여자의 해제권을 규정한 것이다.

(1) 수증자가 증여자에 대하여 신의에 반하여 성실치 못한 다음의 행위를 하였을 때는 증여를 해제할 수 있다.

 ① 수증자가 증여자 또는 그 배우자나 직계혈족에 대하여 범죄행위가 있는 때, 예를 들면 수증자가 증여자의 배우자와 간통하거나 또는 증여자의 자식을 상해한 경우.

 ② 수증자가 증여자에 대하여 부양의 의무를 부담하고 있는 경우에 이를 이행하지 않은 때.

(2) 이 경우의 해제권은 해제원인 있음을 안 날로부터 6월을 경과하거나 증여자가 수증자에 대하여 용서의 의사를 표시한 때에는 해제권은 소멸한다.

◼ 핵심판례 ◼

■ 민법상 부양의무 있는 친족간이 아닌 당사자 사이에서 부양의무를 조건
으로 한 증여계약이 이행된 후 수증자가 부양의무를 게을리한 경우, 그
증여계약을 해제할 수 없는지 여부

민법 제556조 제1항 제2호에 규정되어 있는 '부양의무'라 함은 민법 제974조에
규정되어 있는 직계혈족 및 그 배우자 또는 생계를 같이 하는 친족간의 부양의무
를 가리키는 것으로서, 친족간이 아닌 당사자 사이의 약정에 의한 부양의무는 이
에 해당하지 아니하여 민법 제556조 제2항이나 민법 제558조가 적용되지 않는다
(대법원 1996. 1. 26. 선고 95다43358 판결).

◈ 증여에 특유한 해제원인 : 증여자의 재산상태변경

제 557 조【증여자의 재산상태변경과 증여의 해제】

증여계약후에 증여자의 재산상태가 현저히 변경되고 그 이행으로 인하여 생계에 중대한 영향을 미칠 경우에는 증여자는 증여를 해제할 수 있다.

■ § 557. 재산상태의 악화에 의한 증여의 해제

- 독일민법 §528, §529, 스위스채무법 §250등
- 그 이행으로 인하여 생계에 중대한 영향을 미치는 경우이냐 아니냐는 증여자가 속하는 계급, 지위등을 고려하여 객관적으로 결정하여야 한다.

증여계약이 성립한 후에 증여자의 재산상태가 현저히 악화되어 만약 그 증여계약의 목적물을 증여하게 되면 그 생계를 유지하지 못하게 될 경우에는 증여자는 증여계약을 해제할 수 있고, 따라서 상대방에게 그 재산을 수여할 채무를 면하는 것이다. 이것은 독일·스위스 등의 입법례(독일민법 제528조, 제529조, 스위스채무법 제250조 등)를 본받아서 신설한 규정이다.

본조는 사정변경의 원칙을 적용한 것으로 볼 수 있다.

▣ 핵심판례 ▣

■ [증여자의 재산상태변경과 증여의 해제]

1. 가. 등기권리증의 소지사실과 명의신탁에 대한 증명력

　　명의신탁자임을 주장하는 사람이 등기권리증과 같은 권리관계서류를 소지하고 있는 사실은 명의신탁을 뒷받침하는 유력한 증거자료가 된다.

　　나. 민법 제557조에 의한 증여계약 해제의 요건

　　민법 제557조에 의한 증여계약의 해제는 증여자의 증여당시의 재산상태와 증여후의 그것을 비교할 때 현저히 변경되어 증여 목적 부동산의 소유권을 수증자에게 이전하게 되면 생계에 중대한 영향을 미치게 될 것이라는 등의 요건이 구비되어야 한다.

다. 석명권 행사의 한계와 그 적용사례

법원의 석명권의 행사는 당사자의 주장 가운데 모순이나 불명료한 점이 있는 경우에 이를 지적하여 그 정정보완의 기회를 주고 그 주장자체에 의한 법률상 또는 논리상 요구되는 주장을 촉구할 수는 있어도 그 정도를 넘어서 당사자가 주장도 하지 아니한 전혀 새로운 공격방법이나 사실에 관한 주장을 할 것을 촉구하거나 유도할 수는 없고, 따라서 원심이 원고가 주장하지도 아니한 서면에 의하지 아니한 증여의 해제주장에 대하여 석명을 하지 아니하였다고 하여 잘못이라고 할 수 없다.

라. 구 민법(1990. 1. 13. 법률 제4199호로 개정되기 전의 것)하 양모가 미성년의 양자를 상대로 한 소유권이전등기청구소송에서 그 친생부모에 의하여 선임된 소송대리인의 소송행위의 적부(소극)

양모가 미성년의 양자를 상대로 한 소유권이전등기청구소송은 민법 제921조 제1항 소정의 이해상반행위에 해당하고, 구 민법(1990. 1. 13. 법률 제4199호로 개정되기 전의 것) 제909조 제4항에 의하면 양자의 친생 부모는 출계자에 대하여 친권자가 되지 못하므로 법원으로서는 특별대리인을 선임하여 그 특별대리인이나 그로부터 적법하게 소송대리권을 수여받은 소송대리인으로 하여금 소송을 수행하게 하여야 함에도 친권자가 될 수 없는 친생부모를 법정대리인으로 보고 그들로부터 소송대리권을 수여받은 소송대리인의 소송행위를 적법한 것으로 하여 그대로 판결하였음은 법정대리권 및 소송대리권의 흠결을 간과한 위법을 범하였다 할 것이다(1991. 4. 12. 제3부 판결 90다17491 부동산소유권이전등기).

2. 가. 토지의 증여를 부담부증여로 보아 부담의무 불이행에 따른 증여계약의 해제를 인정한 원심판결을 수긍한 사례

토지의 증여를 부담부증여로 보아 부담의무 불이행에 따른 증여계약의 해제를 인정한 원심판결을 수긍한 사례.

나. 민법상 부양의무 있는 친족간이 아닌 당사자 사이에서 부양의무를 조건으로 한 증여계약이 이행된 후 수증자가 부양의무를 게을리한 경우, 그 증여계약을 해제할 수 없는지 여부

민법 제556조 제1항 제2호에 규정되어 있는 '부양의무'라 함은 민법 제974조에 규정되어 있는 직계혈족 및 그 배우자 또는 생계를 같이 하는 친족간의 부양의무를 가리키는 것으로서, 친족간이 아닌 당사자 사이의 약정에 의한 부양의무는 이에 해당하지 아니하여 민법 제556조 제2항이나 민법 제558조가 적용되지 않는다(1996. 1. 26. 판결 95다43358 토지소유권이전등기).

<판례전문(1996. 1. 26. 95다43358)>

[원고, 피상고인] 망 황치면의 소송수계인 강삼이 외 2인(원고들 소송대리인 변호사 김종철)

[피고, 상고인] 피고 (소송대리인 변호사 윤여진 외 1인)

[원심판결] 창원지법 1995. 8. 18. 선고 94나6257 판결

[주 문] 상고를 기각한다. 상고비용은 피고의 부담으로 한다.

[이 유] 상고이유를 보충서와 함께 본다.

 원심판결 이유에 의하면, 원심은 거시 증거에 의하여, 소외 1은 슬하에 아들 없이 딸만 두고 있어 향후 자신과 자신의 처인 원고 1의 부양과 선조의 제사봉행의 문제로 고민하다가, 그가 76세이던 1981년경 자신의 조카의 아들인 피고에게 자신이 나이가 더 들어 거동이 불편하거든 위 소외 1 부부를 부양하고 선조의 제사봉행을 해 줄 것을 조건으로, 이 사건 토지를 증여하기로 약정하고, 1982. 9. 11.부터 1983. 3. 23.경까지 사이에 피고 앞으로 소유권이전등기를 경료하여 준 사실, 그 후에도 위 소외 1은 이 사건 토지 중 논을 직접 경작하였고 임야를 관리하면서 제세공과금을 납부하여 온 사실, 위 소외 1은 노쇠하여 거동이 불편하게 되었고, 그의 처인 원고 1 역시 노쇠하여 거동이 불편하게 되었을 뿐만 아니라 백내장으로 고생하고 있었는데도, 피고는 위 소외 1 부부를 전혀 돌보지 아니하였고, 선조의 제사봉행도 하지 아니하자, 위 소외 1은 이 사건 소송을 제기하기 2개월 정도 전인 1993. 11.경 피고를 찾아가 그들을 부양하여 주거나 그렇지 않으면 이 사건 토지를 돌려 달라고 요구한 사실, 위 소외 1의 이러한 요구에도 불구하고 피고가 여전히 위 소외 1 부부를 돌보지 아니하자, 위 소외 1은 1994. 1. 11. 이 사건 소송을 제기한 사실을 인정한 다음, 위 인정 사실에 의하면, 위 소외 1은 자신 등의 부양과 선조의 제사봉행을 조건으로 피고에게 이 사건 토지를 증여한 것이어서 위 소외 1의 위와 같은 증여행위는 상대 부담 있는 증여로서 부담부증여에 해당한다 할 것이고, 부담부증여에는 민법 제561조에 의하여 쌍무계약에 관한 규정이 준용되므로, 상대방이 부담의 내용인 의무를 이행하지 아니한 경우에는 부담부증여를 해제할 수 있는바, 피고는 위 인정과 같이 위 소외 1의 이행최고를 받고도 위 증여의 조건이 되는 부담을 이행하지 아니하였으므로, 위 부담부증여계약은 이 사건 소장부본 또는 적어도 청구취지 및 청구원인 변경신청서의 송달로 적법하게 해제되었다고 할 것이므로 피고는 위 증여계약의 해제에 따른 원상회복 의무로 위 소외 1의 상속인들인 원고들에게 이 사건 토지에 관하여 경료된 피고 명의의 소유권이전등기의 말소등기 절차를 이행할 의무가 있다고 판단하고, 이어 판시 피고의 주장에 대하여, 부담부증여에 있어서는 쌍무계약에 관한 규정이 준용되어 부담의무 있는 상대방이 자신의 의무를 이행하지 아니할 때에는 비록 증여계약이 이행되어 있다 하더라도 그 계약을 해제할 수 있고, 민법 제556조 제1항 제2호에 규정되어 있는 '부양의무'라 함은 민법 제974조에 규정되어 있는 직

계혈족 및 그 배우자 또는 생계를 같이하는 친족간의 부양의무를 가리키는 것으로서, 이 사건과 같이 위와 같은 친족간이 아닌 당사자 사이의 약정에 의한 부양의무는 이에 해당하지 아니하여 이 사건 부담부증여에는 민법 제556조 제2항이나 민법 제558조가 적용되지 않는다 면서 피고의 위 주장을 배척하였는바, 관계 증거를 기록과 대조·검토하여 보면, 원심의 위와 같은 인정 및 판단은 정당하고 거기에 소론과 같이 채증법칙을 위배하여 사실을 잘못 인정하였거나, 부담부증여에 있어 해제에 관한 법리와 친족에 관한 법리를 오해한 위법이나, 석명권을 행사하지 아니하고, 변론주의의 원칙에 위반한 위법이 있다고 할 수 없다. 논지는 이유 없다.

그러므로 상고를 기각하고 상고비용은 패소자의 부담으로 하기로 하여 관여 법관의 일치된 의견으로 주문과 같이 판결한다.

◈ 이행완료부분에 대한 증여해제 효력 여부

제 558 조 【해제와 이행완료부분】

전3조의 규정에 의한 계약의 해제는 이미 이행한 부분에 대하여는 영향을 미치지 아니한다.

■ § 558. 증여에 특유한 해제원인에 의해 증여를 해제한 경우 이미 이행한 부분의 효력 여부

• §555, §556, §557의 해제원인은 이미 이행된 부분은 효력 그대로

제555조, 제556조, 제557조의 해제원인은 이미 이행한 부분(예 : 동산의 경우에는 인도, 부동산의 경우에는 소유권이전등기를 한 때)에 대하여는 영향을 미치지 아니한다. 즉 계약을 해제하더라도 이미 이행한 부분에 대해서는 부당이득으로서의 반환을 청구하지 못한다. 따라서 계약과 동시에 이행하는 현실증여에 있어서는 위와 같은 규정의 적용은 없게 된다.

▣ 핵심판례 ▣

■ [해제와 이행완료부분]

1. 가. 수증자에게 소유권이전등기를 경료한 후의 증여계약의 해제와 위 계약이나 등기의 효력에 대한 영향 유무(소극)

 토지에 대한 증여는 증여자의 의사에 기하여 수증자에게 소유권이전등기가 경료됨으로써 이행이 완료되므로 증여자가 그 이행 후 증여계약을 해제하였다 하더라도 증여계약이나 그에 의한 소유권이전등기의 효력에 아무런 영향을 받지 아니한다.

 나. 피상속인과 상속인 사이의 증여는 유증 내지 사인증여의 의미로 보아야 하는지 여부(소극)

 증여자와 수증자의 관계가 피상속인과 상속인의 관계에 있다하여 이를 특별한 사정이 없는 한 유증 내지는 사인증여의 의미로 보아야 한다고 할 수는 없다(1991. 8. 13. 제2부 판결 90다6729 토지소유권이전등기말소등기).

2. 증여부동산의 인도없이 소유권이전등기만이 된 경우 증여계약의 이행종료 여부(적극)

부동산의 증여에 있어서는 목적부동산을 인도받지 아니하여도 그에 대한 소유권이전등기절차를 마침으로써 그 이행이 종료되어 수증자는 그로써 확정적으로 그 소유권을 취득한다(대법원 1981. 10. 13. 선고 81다649 판결).

3. 증여자가 생전에 제공한 서류에 의하여 수증자가 증여자 사망 후 목적 부동산에 관하여 소유권이전등기를 경료한 경우, 증여계약의 이행이 종료되었는지 여부(적극)

민법 제555조는 "증여의 의사가 서면으로 표시되지 아니한 경우에는 각 당사자는 이를 해제할 수 있다."고 규정하고 있고, 민법 제558조는 "전 3조의 규정에 의한 계약의 해제는 이미 이행한 부분에 대하여는 영향을 미치지 아니한다."라고 규정하고 있으므로, 증여의 의사가 서면으로 표시되지 아니한 경우라도 증여자가 생전에 부동산을 증여하고 그의 뜻에 따라 그 소유권이전등기에 필요한 서류를 제공하였다면 증여자가 사망한 후에 그 등기가 경료되었다고 하더라도 증여자의 의사에 따른 증여의 이행으로서의 소유권이전등기가 경료되었다 할 것이므로 증여는 이미 이행되었다 할 것이어서 증여자의 상속인이 서면에 의하지 아니한 증여라는 이유로 증여계약을 해제하였다 하더라도 이에 아무런 영향이 없다(대법원 2001. 9. 18. 선고 2001다29643 판결).

4. 증여자가 서면에 의하지 않고 매수 토지를 증여하였으나 그 토지에 관한 소유권이전등기청구권을 수증자에게 양도하고 매도인에게 양도통지까지 마친 경우, 위 증여계약의 해제가 이미 이행한 부분에 대하여 영향을 미치는지 여부(소극)

민법 제558조에 의하면 서면에 의하지 아니한 증여의 해제는 이미 이행한 부분에 대하여는 영향을 미치지 않으므로, 증여자가 서면에 의하지 않고 소유권이전등기가 경료되지 않은 매수 토지를 증여하였으나 위 토지에 관한 소유권이전등기청구권을 수증자에게 양도하고 매도인에게 양도통지까지 마친 경우에는, 그 이후 증여자의 상속인들에 의한 서면에 의하지 아니한 증여라는 이유의 해제는 이에 아무런 영향을 끼치지 않는다(대법원 1998. 9. 25. 선고 98다22543 판결).

◆ 증여의 효력 : 증여자의 담보책임

제 559 조【증여자의 담보책임】

① 증여자는 증여의 목적인 물건 또는 권리의 하자나 흠결에 대하여 책임을 지지 아니한다. 그러나 증여자가 그 하자나 흠결을 알고 수증자에게 고지하지 아니한 때에는 그러하지 아니하다.

② 상대부담있는 증여에 대하여는 증여자는 그 부담의 한도에서 매도인과 같은 담보의 책임이 있다.

■ § 559. 증여자의 담보책임

• 원칙 : 담보책임을지지 않는다.
• 예외 : 악의나 부담부증여인 경우 예외적으로 진다.

1. 원 칙

증여는 무상계약이므로 유상계약을 전제로 하는 담보책임이 원칙적으로 인정될 수 없고, 본조는 이 점을 정한 것이다. 증여는 당사자의 일방이 재산을 상대방에게 이전하는 점에서 매매와 그 목적을 같이 하나, 증여자가 담보책임을지지 않는 것을 원칙으로 하는 이유는 매매가 유상계약임에 대해 증여는 무상계약이며, 증여자는 아무런 대가도 받지 않고 수증자만이 이익을 취득하는 것이므로 증여자에게 담보책임을 부담시키는 것은 너무나 가혹하고 불공평할 뿐만 아니라 일반적으로 증여자는 현상 그대로의 재산을 이전할 의사를 가지고 있다고 볼 수 있기 때문이다.

2. 예 외

그러나 이 원칙에 대해서는 다음과 같은 예외가 있다.

(1) 증여자가 하자나 흠결을 알고 있으면서 수증자에게 고지하지 아니한 때, 즉 수증자가 악의인 때에는 수증자가 보호되므로, 수증자는 하자나 흠결이 없는 것으로 믿었기 때문에 입은 손해, 즉 신뢰이익의 배상을 청구할 수 있다.

(2) 증여가 부담부인 때에는 수증자도 일정한 급부를 할 채무를 부담하므로 이 경우에는 매매 기타의 유상계약과 비슷한 관계가 인정되기 때문에 그 부담의 한도 내에서 증여자는 매도인과 같은 담보책임을 진다. 즉 일반적으로 하자담보책임은 유상계약에 있어서 급부의 등가적 균형을 유지하기 위하여 인정된 것이라는 취지가 바로 이 점에 나타나 있다고 하겠다.

(3) 증여의 당사자 사이에 증여자가 담보책임을 부담한다는 특약을 한 때에는 증여자는 책임을 부담한다. 이는 증여자에 대한 무책임의 원칙을 규정한 본조가 임의규정이기 때문이다(이설).

▣ 핵심판례 ▣

■ **부담부증여에 있어 부담의무 불이행에 따른 증여계약의 해제 요건**

상대부담 있는 증여에 대하여는 민법 제561조에 의하여 쌍무계약에 관한 규정이 준용되어 부담의무 있는 상대방이 자신의 의무를 이행하지 아니할 때에는 비록 증여계약이 이미 이행되어 있다 하더라도 증여자는 계약을 해제할 수 있고, 그 경우 민법 제555조와 제558조는 적용되지 아니한다(대법원 1997. 7. 8. 선고 97다 2177 판결).

◈ 특수한 증여 : 정기증여

제 560 조【정기증여와 사망으로 인한 실효】

정기의 급여를 목적으로 한 증여는 증여자 또는 수증자의 사망으로 인하여 그 효력을 잃는다.

■ § 560. 정기증여

- 정기적으로 무상으로 재산을 주는 증여가 정기증여이다. 계속적채권관계의 성질을 가진다.
- 정기증여는 증여자 또는 수증자의 사망으로 인하여 효력을 잃는다. 당사자의 의사를 추측한 규정이다.

정기증여라 함은 일정한 시기마다 무상으로 일정한 급부를 하는 증여를 말한다. 예컨대 매월 말일에 100만원을 준다고 하는 것과 같은 내용을 가진 계약이 이에 해당한다. 이와 같은 증여는 반대의 특약이 없는 한「증여자 또는 수증자의 사망으로 인하여 그 효력을 잃는다」고 하고 있다.

문제는 정기증여에 있어서 예컨대 10년간 매년말에 10만원을 준다고 하는 것과 같이 정기에 급부할 기간의 정함이 있는 경우에도 본조가 적용되는가 하는 점이다.

당사자가 기한을 정한 경우에 있어서도 당사자는 장기기간을 한정했을 뿐이며, 증여자 또는 수증자가 생존하는 동안에 한하여 증여한다는 의사임이 대부분이기 때문에 정기증여에 기한의 정함이 있다 하더라도 당연히 본조의 적용이 배제된다고는 할 수 없을 것이다.

그렇다고 본조의 적용을 배제하는 명시의 특약이 없다 하여 즉시 본조를 적용해도 좋은가 하면 그것도 의문이다. 요컨대 기한의 정함이 있는 경우에는 특히 그 증여가 무엇 때문에 행해지는가 하는 목적을 고려하여 판단하는 것이 타당하다.

정기에 급부할 채무가 당사자의 일방의 사망으로 소멸한다고 정한 경우에는 종신정기금채무가 된다. 따라서 이와 같은 증여계약은 종신정기금채무의 성질을 띤 것이 되고, 민법의 그에 관한 규정(제725조 내지 제730조)의 적용을 받는다.

◈ 특수한 증여 : 부담부 증여

제 561 조【부담부증여】

상대부담있는 증여에 대하여는 본절의 규정외에 쌍무계약에 관한 규정을 적용한다.

■ § 561. 부담부 증여

• 상대부담 있는 증여
• 수증자가 증여를 받는 동시에 일정한 부담, 즉 일정한 급부를 하여야 할 채무를 부담하는 것을 부관으로 하는 증여이다.
• 상대부담 있는 증여에 대하여는 증여자는 그 부담의 한도에서 매도인과 같은 담보의 책임이 있다.
• 부담부증여에 대하여는 증여의 규정이 적용되는 외에 쌍무계약에 관한 규정이 준용된다.

1. 의 의

증여는 무상계약이므로 수증자가 어떤 의무를 부담하지 않는 것이 원칙이다. 그러나 증여계약에서 수증자가 일정한 부담을 지는 것으로 약정할 수 있는데, 이것이 부담부 증여(상대 부담 있는 증여)이다. 즉, 부담부증여라 함은 수증자가 증여를 받는 동시에 일정한 부담, 즉 증여의 목적과 대가관계에 있지 않는 일정한 급부를 하여야 할 채무를 부담하는 것을 부관으로 하는 증여를 말한다.

여기서 '부담'은 법률행위의 일부로서 부가된 것이라는 의미에서 부관이라 부르고, 이 점에서 조건·기한도 같은 범주에 속하는 것이지만, 부담부 증여에서는 증여로서의 효력은 이미 발생한 점에서 조건·기한과 구별된다.

부담의 내용은 수증자로 하여금 수증자 또는 제3자에 대하여 일정한 급부를 하게 할 채무를 부담시키는 것이 있고, 또는 증여의 목적인 재산의 용도에 따라 수증자로 하여금 증여자의 지시에 따르게 할 의무를 부담케 하는 경우가 있으나, 어쨌든 부담은 증여계약의 일부이며, 별개의 계약이 부수되어 있는 것

은 아니다.

부담부증여의 효과로서 증여자도 수증자도 모두 채무를 부담하게 되지만, 양자의 채무나 그 내용인 급부가 상호 대가적인 의미로 연결되어 있는 것은 아니기 때문에 본질적으로 부담부 증여를 쌍무계약 혹은 유상계약으로 볼 수는 없다.

요컨대 부담부증여도 1개의 증여계약임에는 틀림이 없으므로 증여자는 부담을 공제한 범위에 있어서는 여전히 보통의 증여를 할 의사가 있는 것이다.

따라서 부담부증여에 있어서의 부담은 객관적으로 보아서 증여자의 출연보다도 가치가 적을 것을 요하고, 만약 수증자의 부담액이 증여자가 준 재산의 액보다도 클 때에는 증여의 성질에 반하게 되므로 그것은 부담부증여가 아닌 일종의 특별한 유상계약으로 볼 수 밖에 없게 된다.

2. 효 과

(1) 담보책임

부담부 증여에서 증여자는 그 '부담부 한도'에서 매도인과 같은 담보책임을 진다(제559조 2항). 그 내용으로는 부담의 감액·계약해지 및 손해배상 청구권이 인정된다. 다만 그것은 부담을 한도로 한다.

(2) 쌍무계약으로서의 효과

부담부 증여에 대해서는 증여에 관한 규정 외에 쌍무계약에 관한 규정이 적용된다(제561조).

따라서 동시이행의 항변권(제536조), 위험부담(제537조~제538조)이 적용되며, 부담의무의 불이행을 이유로 한 계약해제권(제544조~제546조)이 발생한다(대판 1996. 1. 26. 95다43358).

◈ 특수한 증여 : 사인증여

제 562 조 【사인증여】

증여자의 사망으로 인하여 효력이 생길 증여에는 유증에 관한 규정을 준용한다.

■ § 562. 사인증여

• 증여자의 사망으로 효력을 발생하는 증여가 사인증여이다.
• 그리하여 사인증여는 상속인의 희생하에 하는 증여로서 유증에 관한 규정을 준용한다.

1. 의 의

사망증여라 함은 증여자의 사망으로 효력을 발생하는 증여를 말한다.

예컨대 갑이 을에 대하여 자기가 사망하면 이 가옥을 주겠다고 하는 계약을 성립시켜 두는 것과 같은 경우가 여기에 해당된다. 사망증여도 증여이므로 증여자 생존중에 수증자와 계약을 체결하고 증여자의 사망을 법정조건으로 하여 효력을 발생하는 계약이라고 할 수 있다.

2. 유증에 관한 규정의 준용

어떤 사람의 사망으로 인하여 타인에게 재산을 수여하는 수단으로서는 이러한 사망증여외 유언에 의한 유증이 있으며, 유증의 법정 성질은 단독행위이다. 사망증여는 수증자가 증여자생전에 승낙하는 것이므로 어디까지나 계약이며 단독행위인 유증과는 구별된다. 다만 무상으로 재산을 준다는 계약이라는 점에서 증여와 같으나, 실제로 재산을 감소당하는 것은 증여자 자신이 아니라 상속인이라는 점에서, 즉 상속인의 희생하에 하는 증여라는 점에서 기능상으로는 사망증여는 유증과 유사하다. 그리하여 사인증여에는 유증에 관한 규정을 준용한다.

이처럼 준용의 근거가 상속인에게 귀속할 재산의 처분이라는 실질을 가지고 있다는 점에 착안하고 있으므로, 유증의 효력에 관한 규정(제1073조 이하. 단

제1074조 내지 제 1077조까지는 제외)은 원칙적으로 준용된다. 그러나 유증이 단독행위임을 전제로 한 규정, 즉 유언 능력(제1061조 내지 제1063조)과 유언의 방식(제1065조 이하), 그리고 유언의 승인과 포기(제1074조 내지 제1077조), 유언의 철회(제1108조 이하) 등에 관한 규정은 준용되지 않는다(대판 1996. 4. 12. 94다37714).

3. 포괄적 사인증여에 포괄유증의 효력에 관한 제1078조가 준용되는지 여부

판례는 "민법 제562조가 사인증여에 관하여 유증에 관한 규정을 준용하도록 규정하고 있다고 하여, 이를 근거로 포괄적 유증을 받은 자는 상속인과 동일한 권리의무가 있다고 규정하고 있는 민법 제1078조가 포괄적 사인증여에도 준용된다고 해석하면 포괄적 사인증여에도 상속과 같은 효과가 발생하게 된다. 그러나 포괄적 사인증여는 낙성·불요식의 증여계약의 일종이고, 포괄적 유증은 엄격한 방식을 요하는 단독행위이며, 방식을 위배한 포괄적 유증은 대부분 포괄적 사인증여로 보여질 것인바, 포괄적 사인증여에 민법 제1078조가 준용된다면 양자의 효과는 같게 되므로, 결과적으로 포괄적 유증에 엄격한 방식을 요하는 요식행위로 규정한 조항들은 무의미하게 된다. 따라서 민법 제1078조가 포괄적 사인증여에 준용된다고 하는 것은 사인증여의 성질에 반하므로 준용되지 아니한다고 해석함이 상당하다(대법원 1996. 4. 12. 선고 94다37714, 37721 판결)"고 판시하고 있다.

<div align="center">▣ 핵심판례 ▣</div>

■ **[사망증여]**

1. 가. 수증자에게 소유권이전등기를 경료한 후의 증여계약의 해제와 위 계약이나 등기의 효력에 대한 영향 유무(소극)

토지에 대한 증여는 증여자의 의사에 기하여 수증자에게 소유권이전등기가 경료됨으로써 이행이 완료되므로 증여자가 그 이행 후 증여계약을 해제하였다 하더라도 증여계약이나 그에 의한 소유권이전등기의 효력에 아무런 영향을 받지 아니한다

나. 피상속인과 상속인 사이의 증여는 유증 내지 사인증여의 의미로 보아 야 하는지 여부(소극)

증여자와 수증자의 관계가 피상속인과 상속인의 관계에 있다하여 이를 특별한 사정이 없는 한 유증 내지는 사인증여의 의미로 보아야 한다고 할 수는 없다(1991. 8. 13. 제2부 판결 90다6729 토지소유권이전등기말소등기).

2. 유류분반환청구에 있어 사인증여를 유증으로 볼 수 있는지 여부(적극)

유류분반환청구의 목적인 증여나 유증이 병존하고 있는 경우에는 유류분권리자는 먼저 유증을 받은 자를 상대로 유류분침해액의 반환을 구하여야 하고, 그 이후에 도 여전히 유류분침해액이 남아 있는 경우에 한하여 증여를 받은 자에 대하여 그 부족분을 청구할 수 있는 것이며, 사인증여의 경우에는 유증의 규정이 준용될 뿐만 아니라 그 실제적 기능도 유증과 달리 볼 필요가 없으므로 유증과 같이 보아 야 할 것이다(대법원 2001. 11. 30. 선고 2001다6947판결).

제 3 절　매　매

　매매(emptio venditio, (contract of) sale, kauf, vente)는 당사자의 일방(매도인)이 어떤 재산권을 상대방에게 이전할 것을 약정하고 상대방(매수인)은 이에 대하여 그 대금을 지급할 것을 약정함으로써 성립하는 낙성·쌍무·불요식의 유상계약이다(제563조). 민법은 매매를 채권관계상 유상계약의 전형적인 것으로서 상세한 규정을 두어(제563조~제589조), 그 규정들을 다른 유상계약에 준용하고 있다. 매도인은 목적물을 완전히 매수인에게 인도할 의무를 부담한다. 즉 (1) 소유권 그 자체를 이전해야 한다. (2) 권리변동의 효력발생요인으로서의 등기를 이전해 주어야 한다. (3) 모든 권리증서와 그 밖에 이에 속한 서류를 인도하여야 한다. 여기서 특히 중요한 것은 매도인의 담보책임이다. 이것은 매매의 목적물인 물건 또는 권리에 불완전한 점이 있는 경우에 매도인이 대금을 감액하고 계약의 해제를 당하고 손해배상을 부담해야 하는 책임이다. 매수인은 대금을 지급하고, 그 지급이 지체되었을 때에는 이자를 지급하여야 한다. 단 목적물의 인도가 지체되었을 때에는 그러하지 아니하다(제587조).

◈ 매매계약의 성립

제 563 조 【매매의 의의】

매매는 당사자일방이 재산권을 상대방에게 이전할 것을 약정하고 상대방이
그 대금을 지급할 것을 약정함으로써 그 효력이 생긴다.

■ § 563. 매매의 의의 및 법률적 성질

• 재산권과 금전을 교환하는 계약(채권계약의 중심을 이룸)
• 법률적 성질 : ① 매도인은 재산권이전, 매수인은 대금지급을 약정함으로써
　　　　　　　　　성립
　　　　　　　　② 낙성, 유상, 쌍무, 불요식계약
• 매매의 목적물인 재산권은 현존하는 것에 국한되지 않으며, 타인의 권리에
속하는 물건도 매매의 목적물이 될 수 있다.
• 관련법조 : [상사매매] 상 §67~§71

1. 매매의 의의

　매매는 「당사자 일방(매도인)이 재산권을 상대방(매수인)에게 이전할 것을
약정하고」, 「상대방이 그 대금을 지급할 것을 약정함으로써」 효력이 생기는
계약이다. 요컨대 매도인이 어떤 재산권을 매수인에게 이전함에 대하여 매수
인이 매도인에게 그 대금을 지급하는 것이 매매이다.

　(1) 여기에서 재산권이라 함은 일체의 재산적 가치있는 권리를 말하며, 별
　　　도의 제한은 없다. 소유권 기타의 물권, 채권, 특허권, 실용신안권, 의장
　　　권, 상표권, 저작권 등의 이른바 무체재산권, 어업권, 광업권, 채석권 등
　　　이 모두 매매의 목적이 된다. 또한 타인의 물건 또는 권리, 장래 성립하
　　　는 물건 또는 권리도 매매의 목적이 될 수 있다.

　　　매매의 목적인 재산권의 종류나 범위는 경제발전과 함께 증가하고 있
　　　고, 개개의 권리 뿐만 아니라 영업 혹은 기업에 관해서도 매매가 인정
　　　되어 있다. 단지 상법 제46조 8호의 대금·환금 기타의 금융거래와 같
　　　이 금전의 이전에 대하여 금전을 지급하는 것은 교환(제595조)에 유사
　　　한 일종의 무명계약이며, 매매는 아니다. 또한 전기는 유체물이 아니므

로 물건이 아니라고 한다면, 그 위에 소유권이 성립할 수 없기 때문에
일반적으로 전기의 매매라는 말이 사용된다 하더라도 그 매매는 민법
에서 말하는 매매가 아니며, 재산권의 이전에 준하는 유상계약이라고
하여야 할 것이다.

(2) 「이전한다」고 하는 것은 보통 매도인에게 속한 기존의 재산권을 매수인
에게 승계적으로 이전하는 것을 의미한다. 그러나 그 뿐만 아니라, 예컨대
토지 소유자가 새로이 지상권을 설정하여 그것을 매수인에게 이전하는 것
과 같은 창설적(설정적) 이전의 경우까지도 포함한다고 해석해야 한다.

(3) 매도인이 재산권 이전의 채무를 부담하는 데 대하여 매수인은 반대급부
로서 대금지급의 채무를 부담하는 것이 매매의 요소이다.

(4) 매매는 대금지급을 목적으로 하는 계약이다. 대금은 금전에 한한다. 만
일 금전이 아닌 다른 물건이나 권리의 이전을 목적으로 하는 경우에는
매매가 아니라 교환이 된다.

(5) 현실매매도 매매의 일종이다. 다만 현실매매(예 : 소매점에서 매매)에서
는 채권행위와 물권행위가 하나의 행위로 합체되어 행해지는 것뿐이다.

2. 매매의 법적 성질

(1) 낙성계약

매매는 당사자의 의사의 합치만으로 성립하는 낙성계약이다. 따라서 타인
의 권리도 매매의 목적이 될 수 있다(제568조). 이행기까지 매도인이 그 타
인의 권리를 취득하여 매수인에게 이전해주면 되기 때문이다.

(2) 쌍무·유상계약

매매는 매도인의 재산권이전의무와 매수인의 대금지급의무가 상호의존관
계에 있는 쌍무계약이다.

또한 매매는 당사자의 상호 출연이 서로 대가성을 이루는 유상계약이다.

(3) 불요식 계약

매매는 그 성립에 특별한 방식을 필요하지 않는 불요식 계약이다. 다만
매매를 원인으로 부동산소유권이전등기를 신청할 경우에는 일정한 사항이

기재된 계약서를 제출하여야 하지만(부동산특별조치법 제3조 1항), 이것은 등기신청에 관한 것이고, 매매의 성립에서 요구되는 것은 아니다.

▣ 핵심판례 ▣

■ [매매의 의의]

1. 매매계약 체결 당시에 매매의 목적물과 대금이 구체적으로 확정되어야 매매계약이 성립하는지 여부

매매계약은 당사자 일방이 재산권을 상대방에게 이전할 것을 약정하고 상대방이 그 대금을 지급할 것을 약정하는 계약으로 매도인이 재산권을 이전하는 것과 매수인이 그 대가로서 금원을 지급하는 것에 관하여 쌍방 당사자의 합의가 이루어짐으로써 성립하는 것이므로, 특별한 사정이 없는 한 부실기업 인수를 위한 주식매매계약의 체결시 '주식 및 경영권 양도 가계약서'와 '주식매매계약서'에 인수회사의 대표이사가 각 서명날인한 행위는 주식 매수의 의사표시(청약)이고, 부실기업의 대표이사가 이들에 각 서명날인한 행위는 주식 매도의 의사표시(승낙)로서 두 개의 의사표시가 합치됨으로써 그 주식 매매계약은 성립하고, 이 경우 매매 목적물과 대금은 반드시 그 계약 체결 당시에 구체적으로 확정하여야 하는 것은 아니고 이를 사후에라도 구체적으로 확정할 수 있는 방법과 기준이 정하여져 있으면 족하다(대판 1996. 4. 26. 선고 94다34432).

2. 계약의 성립요건

계약이 성립하기 위하여는 당사자 사이에 의사의 합치가 있을 것이 요구되고 이러한 의사의 합치는 당해 계약의 내용을 이루는 모든 사항에 관하여 있어야 하는 것은 아니나 그 본질적 사항이나 중요 사항에 관하여는 구체적으로 의사의 합치가 있거나 적어도 장래 구체적으로 특정할 수 있는 기준과 방법 등에 관한 합의는 있어야 한다. 당사자가 의사의 합치가 이루어져야 한다고 표시한 사항에 대하여 합의가 이루어지지 아니한 경우에는 특별한 사정이 없는 한 계약은 성립하지 아니한 것으로 보는 것이 상당하다(대법원 2001. 3. 23. 선고 2000다51650).

3. 개발구역 편입에 따른 이주택지에 대한 분양권이 전전매도된 후에 위 이주 택지의 위치가 처음 예정된 곳과 다른 택지로 변경, 확정된 경우에 있어, 전전매수인이 전매인을 대위하여 당초 수분양자를 상대로 시에 보관된 위 이주택지에 관한 수분양자대장상의 수분양자명의변경절차의 이행을 구하는 청구를 인용한 사례

원심판결 이유에 의하면, 원심은 거시증거에 의하여 1979. 4. 18. 피고가 그 소유의 창원시 반계동 400 소재 가옥 1동이 창원시의 산업기지개발사업에 의하여 개

발구역에 편입된 데 따른 이주대책의 하나로 창원시로부터 취득한 이주택지 1필
지에 대한 분양권을 소외 이현호에게 매도하고, 동인은 같은 달 27. 이를 다시 원
고에게 매도한 사실과 피고가 분양받을 이주택지는 위 매매계약 당시에는 창원시
지귀동으로 예정되어 있었으나 나중에 창원시 차룡단지 34브록 4롯트 대 259평방
미터로 확정된 사실을 인정한 다음, 피고는 소외인에게 위 매매를 원인으로 창원
시에 보관된 위 확정된 이주택지에 관한 수분양자대장상의 수분양자 명의를 피고
로부터 소외인으로 변경하는 절차를 이행할 의무가 있다고 판시하면서 소외인을
대위한 원고의 이사건 청구를 인용하였다. 기록에 의하여 살펴보면, 피고의 소외
이현호에 대한 이주택지분양권 양도의 원인이 매매이고, 그 매매계약의 목적은
피고가 장차 창원시로부터 취득하게 될 이주택지 1필지에 대한 분양권이므로, 후
에 그 대상택지의 위치가 처음에 예정된 지귀동이 아닌 차룡단지의 택지로 변경
되어 확정되었다 하더라도 위 분양권매매의 효력은 확정된 이주택지에 미친다고
할 것이니 같은 취지의 원심의 사실인정과 판단은 정당하고, 거기에 논지가 지적
하는 바와 같은 심리미진 또는 매매계약의 법리를 오해하는 등의 위법이 있다 할
수 없다. 논지는 이유 없다(1991. 7. 26. 제3부 판결 91다14017 분양권명의변경).

4. 가압류등기 등이 되어 있는 부동산의 매매에 있어 매수인의 잔대금지급의 무와 동시이행관계에 있는 매도인의 소유권이전등기의무의 내용

부동산의 매매계약이 체결된 경우에는 매도인의 소유권이전등기의무, 인도의무와
매수인의 잔대금 지급의무는 동시이행의 관계에 있는 것이 원칙이고, 이 경우 매
도인은 특별한 사정이 없는 한 제한이나 부담이 없는 소유권이전등기의무를 지는
것이므로 매매목적 부동산에 지상권이 설정되어 있고 가압류등기가 되어 있는 경
우에는 비록 매매가액에 비하여 소액인 금원의 변제로써 언제든지 말소할 수 있
는 것이라 할지라도 매도인은 이와 같은 등기를 말소하여 완전한 소유권이전등기
를 해 주어야 한다(1991. 9. 10. 제1부 판결 91다6368 소유권이전등기절차이행).

5. 가. 매매목적물인 토지의 현황이 지적공부상의 경계와 다르게 표시된 경우 매매대상이 되는 토지 소유권의 범위(=지적공부상의 토지)

지적도상의 경계표시가 분할측량의 잘못 등으로 사실상의 경계와 다르게 표
시되었다 하여도 그 매매당사자가 지적공부에 의하여 소유권의 범위가 확정
된 토지를 매매할 의사가 아니고 사실상의 경계대로의 토지를 매매할 의사를
가지고 매매한 사실이 인정되는 등 특별한 사정이 없는 한 사실상의 경계에
관계없이 지적공부에 기재된 지번, 지목, 지적 및 경계에 의하여 소유권의 범
위가 확정된 토지를 매매한 것으로 보아야 할 것이다.

나. 실제의 경계가 지적공부상의 경계와 상이한 것을 모르는 상태에서 실제의 경계를 대지의 경계로 알고 매매하였다고 하여 현실의 경계에 따라 매매목적물을 특정하여 매매한 것으로 볼 수 있는지 여부(소극)

매매당사자가 토지의 실제 경계가 지적공부상의 경계와 상이한 것을 모르는

상태에서 실제의 경계를 대지의 경계로 알고 매매하였다고 하여 매매당사자들이 지적공부상의 경계를 떠나 현실의 경계에 따라 매매목적물을 특정하여 매매한 것이라고 볼 수 없다(1993. 5. 11. 제1부 판결 92다48918(본소) 건물철거등 48925(반소) 소유권이전등기).

6. 가. **매매의 목적물과 대금이 계약체결 당시에 구체적으로 특정되어 있을 것이 매매계약의 성립요건인지 여부(소극)**

매매는 당사자 일방이 재산권을 상대방에게 이전할 것을 약정하고 상대방이 대금을 지급할 것을 약정함으로써 효력이 발생하는 것이므로 매매계약은 매도인이 재산권을 이전하는 것과 매수인이 대가로서 대금을 지급하는 것에 관하여 쌍방당사자의 합의가 이루어짐으로써 성립하는 것이며, 그 경우 매매목적물과 대금은 반드시 계약체결 당시에 구체적으로 특정할 필요는 없고 이를 사후에라도 구체적으로 특정할 수 있는 방법과 기준이 정하여져 있으면 족하다.

나. **지방자치단체가 사경제의 주체로서 사법상 계약을 체결하면서 예산회계법령상의 요건과 절차를 이행하지 아니한 경우 그 계약 또는 예약의 효력(=무효)**

지방자치단체가 사경제의 주체로서 사인과 사법상 계약을 체결함에 있어서는 지방재정법에 의하여 준용되는 예산회계법령에 따른 계약서를 따로 작성하는 등 그 요건과 절차를 이행하여야 할 것이고, 설사 지방자치단체와 사인간에 사법상의 계약 또는 예약이 체결되었다 하더라도 위 법령상의 요건과 절차를 거치지 아니한 계약 또는 예약은 그 효력이 없다(1993. 6. 8. 제1부 판결 92다49447 소유권이전등기).

7. 가. **부동산의 매수인이 매매목적물에 관한 근저당권의 피담보채무를 인수하는 것으로 매매대금의 지급에 갈음하기로 약정한 경우 매도인은 매수인이 위 채무를 현실적으로 변제하지 아니하였다는 사정만으로 매매계약을 해제할 수 있는지 여부**

부동산의 매수인이 매매목적물에 관한 근저당권의 피담보채무를 인수하는 것으로 매매대금의 지급에 갈음하기로 약정한 경우 특별한 사정이 없는 한 이는 매도인의 채무를 매수인이 인수하여 변제한다는 뜻이므로 매수인이 위 채무를 현실적으로 당장 변제할 의무를 부담하는 것이 아니고, 채무의 이행인수의 약정에 의하여 매수인은 그의 매매대금지급의무를 다하였다 할 것이므로 설사 매수인이 위 채무를 현실적으로 변제하지 아니하였다 하더라도 특별한 사정이 없는 한 그와 같은 사정만으로는 매도인은 매매계약을 해제할 수 없다.

나. 매수인이 매도인의 대출금채무를 인수함과 아울러 매도인이 부담할 양도소득세와 제세공과금을 부담함으로써 매매대금의 지급에 갈음하기로 약정한 경우 이는 매매계약에 부수하는 약정이라기보다는 내용을 이루는 중요한 요소라고 보아 매수인의 의무지체를 이유로 한 매도인의 계약해제가 적법하다고 한 사례

매수인이 매도인의 대출금채무를 인수함과 아울러 매도인이 부담할 양도소득세와 제세공과금을 부담함으로써 매매대금의 지급에 갈음하기로 약정한 경우 이는 매매계약에 부수하는 약정이라기보다는 내용을 이루는 중요한 요소라고 보아 매수인의 의무지체를 이유로 한 매도인의 계약해제가 적법하다고 한 사례.

다. 위 "나"항의 약정에 따라 매수인이 이행하여야 할 의무의 내용

위 "나"항의 약정에서 양도소득세부담의무의 이행기에 관하여는 특별한 약정을 아니한 경우에는 특별한 사정이 없는 한 매수인은 매도인의 이름으로 자산양도차익예정신고자진납부 또는 과세표준확정신고자진납부를 하거나 그에 상당하는 금액을 매도인에게 교부하여야 한다(1993. 6. 29. 제1부 판결 93다19108 소유권이전등기말소).

8. 가. 법인세의 과세소득 등을 계산함에 있어서 과세사실의 판단기준

법인세법 제3조 제2항이 천명하고 있는 실질과세의 원칙에 비추어 법인세의 과세소득 또는 토지 등의 양도차익을 계산함에 있어서 구체적인 세법적용의 기준이 되는 과세사실의 판단은 당해 법인의 기장내용, 계정과목, 거래명의에 불구하고 그 거래의 실질내용을 기준으로 하여야 한다.

나. 콘도미니엄의 건축분양회사가 피분양자로부터 공유지분의 매매계약과는 별도로 시설관리운영계약에 기하여 수납한 20년 간의 시설관리료가 콘도미니엄의 분양대금의 일부에 해당한다고 본 사례

콘도미니엄의 건축분양회사가 피분양자로부터 공유지분의 매매계약과는 별도로 시설관리운영계약에 기하여 수납한 20년 간의 시설관리료가 콘도미니엄의 분양대금의 일부에 해당한다고 본 사례.

다. 국세기본법 제15조, 제18조 제3항 소정의 신의칙 내지 비과세관행의 성립요건

국세기본법 제15조, 제18조 제3항의 규정이 정하는 신의칙 내지 비과세관행이 성립되었다고 하려면 장기간에 걸쳐 어떤 사항에 대하여 과세하지 아니하였다는 객관적 사실이 존재할 뿐만 아니라 과세관청 자신이 그 사항에 대하여 과세할 수 있음을 알면서도 어떤 특별한 사정에 의하여 과세하지 않는다는 의사가 있고 이와 같은 의사가 대외적으로 명시적 또는 묵시적으로 표시

될 것임을 요한다고 해석되며, 특히 그 의사표시가 납세자의 추상적인 질의에 대한 일반론적인 견해표명에 불과한 경우에는 위 원칙의 적용을 부정하여야 한다(1993. 7. 27. 제2부 판결 90누10384 법인세등부과처분취소).

9. 매매계약의 당사자가 목적물의 지번에 관하여 착오를 일으켜 계약서상 목적물을 잘못 표시한 경우 매매계약의 목적물

부동산의 매매계약에 있어 쌍방당사자가 모두 특정의 갑 토지를 계약의 목적물로 삼았으나 그 목적물의 지번 등에 관하여 착오를 일으켜 계약을 체결함에 있어서는 계약서상 그 목적물을 갑 토지와는 별개인 을 토지로 표시하였다 하여도 갑 토지에 관하여 이를 매매의 목적물로 한다는 쌍방당사자의 의사합치가 있은 이상 위 매매계약은 갑 토지에 관하여 성립한 것으로 보아야 할 것이고 을 토지에 관하여 매매계약이 체결된 것으로 보아서는 안 될 것이며, 만일 을 토지에 관하여 위 매매계약을 원인으로 하여 매수인 명의로 소유권이전등기가 경료되었다면 이는 원인이 없이 경료된 것으로서 무효이다(1993. 10. 26. 제2부 판결 93다2629 건물명도 2636 (병합) 건물퇴거).

10. 가. 현실의 경계와 지적공부상의 경계가 다른 경우 매매대상 토지

어떤 토지가 지적공부에 1필지의 토지로 등록되면 그 토지의 소재, 지번, 지적 및 경계는 다른 특별한 사정이 없는 한 이 등록으로써 특정되고 그 소유권의 범위는 현실의 경계와 관계없이 공부상의 경계에 의하여 확정되는 것이고, 이 토지에 대한 매매도 특별한 사정이 없는 한 현실의 경계와 관계없이 지적공부상의 경계와 지적에 의하여 확정된 토지를 매매의 대상으로 하는 것으로 보아야 할 것이며, 다만 지적도를 작성함에 있어서 그 기점을 잘못 선택하는 등 기술적인 착오로 말미암아 지적도상의 경계선이 진실한 경계선과 다르게 작성되었기 때문에 경계와 지적이 실제의 것과 일치하지 않게 되었고, 그 토지들이 전전매도되면서도 당사자들이 사실상의 경계대로의 토지를 매매할 의사를 가지고 거래를 한 경우 등과 같은 특별한 사정이 있는 경우에는 그 토지의 경계는 실제의 경계에 의하여야 할 것이다.

나. 지적법 제38조 제3항 소정의 이해관계인

지적법 제38조 제3항 소정의 이해관계인이라 함은 등록사항의 정정으로 인하여 손해를 입게 되는 등 등록사항의 정정에 이해관계를 갖는 모든 자를 가리키는 것으로 위 등록사항의 오류가 발생할 당시의 당해 토지소유자에 한하는 것은 아니고, 후에 그 토지를 전전매수하여 소유권을 취득하게 된 자도 이해관계인에 해당된다.

다. 임야도상의 경계표시의 정정을 승낙할 의무를 부담하는 자에 해당하지 않는 사례

임야의 분할등록의 경우 분할등록신청의 당사자나 등록사항 정정대상 임야

의 매매당사자가 아닌 그 인접 토지의 취득자에 불과한 자는 임야도상의 경계표시의 정정을 승낙할 법률상의 의무를 부담한다고 할 수 없다(1993. 11. 9. 제1부 판결 93다22845 분할등록사항정정절차이행).

11. 가. 도지사의 권한에 속하는 사무를 기관위임받은 군수 또는 군 소속 공무원의 사무집행상의 불법행위로 인한 손해배상책임의 귀속

도지사가 그의 권한에 속하는 사무를 소속 시장 또는 군수에게 위임하여 시장, 군수로 하여금 그 사무를 처리하게 하는 소위 기관위임의 경우에는, 지방자치단체장인 시장, 군수는 도 산하 행정기관의 지위에서 그 사무를 처리하는 것이므로, 시장, 군수 또는 그들을 보조하는 시, 군 소속 공무원이 그 위임받은 사무를 집행함에 있어 고의 또는 과실로 타인에게 손해를 가하였다면 그 사무의 귀속 주체인 도가 손해배상책임을 진다.

나. 관리청이 도인 지방하천의 관리를 군수에게 위임한 경우 그 위임의 성질

구 지방자치에관한임시조치법(1988. 4. 6. 법률 제4004호로 폐지) 제5조의2, 경상북도사무위임조례 제2조, 경상북도하천·공유수면점용료및사용징수조례·시행규칙 제7조의 각 규정내용 및 지방천은 수개 시·군을 흐르는 것이 보통이므로 이에 대한 관리는 각 시·군에 전적으로 맡겨 둘 수 없고 도 전체의 통일적인 관리가 필요하다는 점 등에 비추어 보면, 경상북도지사로부터 안동군수로의 지방천에 대한 허가 및 채취료징수사무의 위임은 기관위임이다.

다. 위 "나"항의 경우 군의 국가배상법 제6조 소정의 비용부담자로서의 국가배상책임

군수가 도지사로부터 사무를 기관위임받은 경우 사무를 처리하는 담당공무원이 군 소속이라고 하여도 군에게는 원칙적으로 국가배상책임이 없지만, 위 담당공무원이 군 소속 지방공무원으로서 군이 이들에 대한 봉급을 부담한다면 군도 국가배상법 제6조 소정의 비용부담자로서 국가배상책임이 있다

라. 하천구역 내 자연석 채취허가 및 채취료징수의 법적 성질

군수가 하천구역 내에서 자연석 채취를 허가하고 그 채취료를 부과징수하는 것은 하천법 제25조, 제33조에 규정된 하천점용허가 및 점용료징수에 해당하는 행정처분이고 군수가 그 허가량에 비례하여 채취료를 정하고 징수한 사정이 있다고 하더라도 이를 사법상의 매매에 유사한 유상계약이라고 볼 수 없다(1994. 1. 11. 제2부 판결 92다29528 손해배상(기)).

12. 매매계약 체결시 체납전기료 등 채무를 매수인이 부담하기로 하는 약정의 해석

매매계약을 체결함에 있어 계약체결 이전에 발생한 매매목적물에 대한 전기료 등 채무도 매수인의 부담으로 청산하기로 하는 내용의 약정을 한 경우에 이는 매도인이 전기료 등을 지급할 의무가 있음을 전제로 하여 그 채무를 매수인의 부담으로 청산한다는 취지로 해석함이 상당하고, 매도인이 지급할 의무조차 없는 채무를 매수인으로 하여금 제3자에게 변제하도록 약정한다는 것은 일반거래관념상 이례에 속한다 할 것이므로, 그러한 약정을 위와 같이 이례적으로 해석하기 위하여는 그와 같은 약정을 하게 된 동기와 경위, 당사자의 지위와 이해관계(매도인과 매수인 사이의 보상관계, 매도인과 제3자 사이의 대가관계 등), 거래관행 등 제반 사정에 비추어 당사자들의 의사가 매도인이 지급할 의무조차 없는 전기료이지만 이를 매수인에게 부담시키려는 것이었다고 볼 만한 특별한 사정이 있어야 한다(1994. 9. 9. 제3부 판결 94다4097 부당이득금반환).

<판례전문(1994. 9. 9. 94다4097)>

[원고, 피상고인] 경인종합금속 주식회사 소송대리인 변호사 오승철 외 1인

[피고, 상고인] 한국전력공사 소송대리인 변호사 김성수 외 2인

[원심판결] 서울민사지방법원 1993. 11. 23. 선고 93나31787 판결

[주 문] 상고를 기각한다. 상고비용은 피고의 부담으로 한다.

[이 유] 상고이유를 본다.

일반적으로 매매계약을 체결함에 있어 계약체결 이전에 발생한 매매목적물에 대한 전기료 등 채무도 매수인의 부담으로 청산하기로 하는 내용의 약정을 한 경우에 이는 매도인이 전기료 등을 지급할 의무가 있음을 전제로 하여 그 채무를 매수인의 부담으로 청산한다는 취지로 해석함이 상당하고, 매도인이 지급할 의무조차 없는 채무를 매수인으로 하여금 제3자에게 변제하도록 약정한다는 것은 일반거래관념상 이례에 속한다 할 것이므로, 그러한 약정을 위와 같이 이례적으로 해석하기 위하여는 그와 같은 약정을 하게 된 동기와 경위, 당사자의 지위와 이해관계(매도인과 매수인 사이의 보상관계, 매도인과 제3자 사이의 대가관계 등), 거래관행 등 제반사정에 비추어 당사자들의 의사가 매도인이 지급할 의무조차 없는 전기료이지만 이를 매수인에게 부담시키려는 것이었다고 볼 만한 특별한 사정이 있어야 할 것이다(당원 1988. 4. 12. 선고 88다2 판결 등 참조).

원심이 같은 취지에서 제1심판결 이유를 인용하여 원고와 소외 주식회사 제일은행 사이에 이 사건 공장에 관한 매매계약이 체결되기 전에 피고가 이 사건 공장의 건물 벽면 등에 위 전기요금의 체납사실과 위 체납전기요금이 납부되어야만 전기를 재사용할 수 있다는 내용의 안내문을 부착하는 한편, 이 사건 공장을 경락받은 위 은행에 대하여 이 사건 공장을 처분할 때 그 매수인에게 위 공장의 전 소유주인 소외 주식회사 범우화성이 금 21,936,860원의 전기요금을 체납하고 있는 사실과 매수인이 피고 공사의 전기공급규정에 따라 체납전기요금을 납부하여야만 전기

공급의 재개가 가능함을 알려주고 피고에게는 그 매매계약사실을 통보하여 주어 체납전기요금을 회수할 수 있도록 협조하여 달라는 내용의 공문을 보낸 사실이 있고, 그 후 원고가 이 사건 공장을 매수하면서 위 은행과의 사이에 매매목적물에 대한 제 공과금은 계약체결 전후에 관계없이 매수인이 부담하기로 하는 취지의 약정을 한 바 있더라도, 이는 매도인인 소외 은행이 피고에 대하여 체납전기요금 등 공과금의 지급책임이 있는 경우에 그 채무를 원고의 부담으로 청산한다는 취지라고 해석함이 상당하므로, 이와 달리 볼 만한 특별한 사정이 있음을 인정할 아무런 자료가 없는 이 사건에 있어서(원고는 1993. 1. 14. 위 소외 회사의 체납전기요금 채무에 대하여 원고에게는 그 지급의무가 없음에도 부득이 이를 납부하는 것임을 명시하여 그 반환청구권을 유보한 다음 피고에게 위 체납전기요금을 납부하였고, 그 후인 같은 달 26. 피고에게 전기수용신청을 하면서 피고의 전기공급규정을 준수할 것을 동의한다는 내용이 부동문자로 인쇄된 피고 공사 소정의 양식에 따른 전기수용신청서를 작성하여 제출하였다), 위 약정으로써 원고가 소외 회사의 체납전기요금 채무를 인수하여 원고의 부담으로 하기로 동의한 것이라고 볼 수는 없다는 취지로 판단하였음은 정당하고, 거기에 소론과 같은 법리오해의 위법이 있다고 할 수 없다. 또 원심의 위 인정판단이 정당하다고 보는 이상 설사 소론 주장과 같이 원고가 이 사건 공장을 매수할 당시 소외 회사의 위 전기요금체납 사실을 알고서 피고에게 위 체납전기요금을 납부하였다고 하더라도 그 결론에 아무런 영향이 없다 할 것이므로 이 점에 관한 원심의 인정 조처에 지적하는 바와 같은 채증법칙 위배의 위법이 있다는 논지 역시 받아 들일 수 없다. 논지는 모두 이유 없다.

그러므로 상고를 기각하고 상고비용은 패소자의 부담으로 하기로 하여 관여 법관의 일치된 의견으로 주문과 같이 판결한다.

대법관 안용득(재판장) 천경송
지창권 신성택(주심)

참조판례

대법원 1987. 8. 18. 선고, 86다카2857 판결(공1987, 1454)
1988. 4. 12. 88다2판결(공1988, 843)

◈ 매매의 성립에 관한 특칙 : 매매의 일방예약

제 564 조【매매의 일방예약】

① 매매의 일방예약은 상대방이 매매를 완결할 의사를 표시하는 때에 매매의 효력이 생긴다.

② 전항의 의사표시의 기간을 정하지 아니한 때에는 예약자는 상당한 기간을 정하여 매매완결여부의 확답을 상대방에게 최고할 수 있다.

③ 예약자가 전항의 기간내에 확답을 받지 못한 때에는 예약은 그 효력을 잃는다.

■ § 564. 매매의 예약

• 일방예약 : 예약권리자가 매매를 체결할 의사를 표시하는 때에 매매가 효력이 생긴다. 예약권리자의 완결의 의사표시를 조건으로 하는 정지조건부 매매
• 예약완결권은 상대방에 대하여 매매완결의 의사표시를 할 수 있는 형성권이다(일방적으로 본계약을 성립시킴).
• 예약의 적용 : 채권담보의 기능

1. 의 의

일반적으로 예약이라 함은 당사자 일방 또는 쌍방이 장래에 일정한 내용의 계약(본계약)을 체결할 것을 미리 약정하는 계약(예 : 재매매의 예약, 대물변제의 예약 등)을 말하며, 이 예약에 기하여 체결된 계약을 본계약이라고 한다. 예컨대 갑과 을은 현재에 곧 택지를 매매할 의사는 없으나, 장래 어느 시기에 갑소유의 택지 500평을 1평당 10만원으로 하여 을이 대금 5000만원을 지불하고 사겠다는 본계약을 체결할 것을 현재에 약정하는 합의가 예약이다.

2. 종 류

(1) 편무예약·쌍무예약

예약상의 권리자가 매매계약의 체결을 원하여 청약을 하면, 상대방은 승

낙의무를 부담하는 예약에 따른 구별이다. 승낙의무를 일방만이 부담하면
편무예약, 쌍방이 부담하면 쌍무예약이다.

(2) 일방예약·쌍방예약

예약상 권리자가 상대방에 대해 '예약완결권'을 행사하면 상대방의 승낙
여부에 관계없이 매매가 성립된다. 예약완결권을 일방만이 가지면 일방예
약, 쌍방이 가지면 쌍방예약이 된다.

3. 매매의 일방예약

(1) 일방예약의 추정

매매의 예약에 관하여, 본조 1항은 「매매의 일방예약은 상대방이 매매를
완결한 의사를 표시하는 때에 매매의 효력이 생긴다」고 함으로써, 특히
「매매의 일방예약」에 관해서만 규정하고 있다.

따라서 매매의 예약은 원칙적으로 일방예약으로 추정된다. 매매의 일방예
약은 상대방의 의사표시만으로 매매의 효력을 발생시키는 것이기 때문에
진실한 의미의 예약이라고는 말하기 어렵고, 오히려 예약권리자의 완결의
의사표시를 정지조건으로하는 매매로서의 성질을 갖는 것으로 해석함이 타
당하다. 즉 매매(본계약)는 이미 예약시에 성립하였으나 아직 그 효력을 발
생시키지 아니하고, 예약권리자의 의사표시로써 조건이 성취되면 비로소
매매는 완전하게 효력을 발생한다고 보는 것이다.

(2) 법적성질

매매의 일방예약의 법적 성질은 본계약의 체결시기와 관련된다. 예약권
리자의 완결의 의사표시를 정지조건으로 하는 매매의 성질로 이해하는 정
지조건부 매매설(김형배, 이은영)과 법률의 규정(제564조 1항)에 의하여 정
지조건부 매매에서와 같은 특수한 효과를 가지는 예약이라고 보는 예약설
(곽윤직, 김상용, 김주수, 지원림)이 대립한다. 전자의 견해에 의하면 예약
완결권 행사 전이라도 예약 상태에서도 정지조건부이긴 하지만 본계약이
성립된 것으로 보게 되나, 후자의 견해에 의하면 본계약은 아직 성립되지
않은 것으로 된다. 따라서 예약완결의 의사표시 전에 이행불능이 된 경우,
원시적 불능이냐 여부는 법률행위 성립당시를 기준으로 하므로 전자의 견

해에 의하면 후발적 불능이 되고, 후자의 견해에 의하면 원시적 불능이 될 것이다.

(3) 예약완결권

가. 의의 및 성질

예약완결권이란 매매의 일방예약에 의하여 예약권리자가 상대방에 대하여 일방적으로 매매완결의 의사표시를 할 수 있는 권리로써 형성권이며 또한 예약완결권은 재산권이므로 양도성이 있다. 부동산물권에 관한 예약완결권은 가등기를 할 수 있고, 가등기를 하면 제3자에게 대항할 수 있다.

나. 행사와 효과

예약완결권자가 예약의무자에대해서 행사해야 하며, 예약완결권을 행사하면 본계약인 매매가 성립한다.

다. 존속기간

당사자 사이의 계약으로 그 존속기간을 정한 때에는 그에 따른다. 본계약을 성립시키는 기간을 미리 정하지 않은 예약의 경우에 예약의무자는 상당한 기간을 정하여 최고할 수 있고(제564조 제2항), 그 기간 내에 확답을 받지 못하면 예약은 그 효력을 상실한다(제564조 제2항·제3항). 이러한 예약완결권은 형성권이므로 10년의 제척기간에 걸린다.

라. 예약완결권의 행사

① 완결의 의사표시는 완결권자가 예약의무자에 대하여 행사하여야 한다. 따라서 완결권이 양도된 때에는 양수인이 완결의 의사표시를 하여야 하고, 또 예약의무자는 보통은 예약을 체결한 상대방이지만 완결권이 가등기에 의하여 제3자에게 대항력을 갖는 경우에 목적물이 제3자에게 양도된 때에는 그 제3자는 예약의무자의 지위를 승계하므로, 완결의 의사표시는 직접 제3자에 대하여 하여야 하는 것으로 해석한다.

② 예약권리자가 완결의 의사표시를 하면 그 때에 본계약인 매매가 성립한다(동지 : 곽윤직, 김·안)

특약이 없는 한, 대금을 제공할 필요는 없다. 또 완결의 의사표시로

매매는 성립하므로 이에 응하지 아니하는 상대방에 대하여는 본계약
의 이행을 청구할 수 있다. 주의할 점은 예약완결권을 행사하였을 때
에 소유권이전의 효과가 발생하는 것이 아니라 매매 계약이 성립할
뿐이라는 것이다.

▣ 핵심판례 ▣

■ [매매의 일방예약]

1. 상가점포에 대한 임대차계약을 체결하면서 그와 함께 약정한 점포분양에 관한매매예약상의 권리가 임대인에게만 있다고 본 원심판결을 채증법칙위배나 의사표시해석에 관한 법리오해의 위법으로 파기한 사례

불리한 입지조건 때문에 상가점포의 매각분양이 어렵게 되자 이를 10년간 임대하
는 대신 그 임대차기간이 만료되면 해당 임대차목적물을 임차인들이 분양받는다
는 약정을 함께 하기로 방침을 정한 분양회사와 사이에, 분양가의 85%에 달하는
거액을 임대보증금으로 한 임대차계약을 체결하면서 그와 함께 약정한 점포분양
에 관한 매매예약상의 권리가 임대인에게만 있다고 본 원심판결을 채증법칙위배
나 의사표시해석에 관한 법리오해의 위법으로 파기환송한다(1991. 9. 10. 제2부 판
결 91다17115, 17122(반소) 점포명도등).

2. 매매예약완결권의 행사기간

민법 제564조가 정하고 있는 매매의 일방예약에서 예약자의 상대방이 매매완결의
의사를 표시하여 매매의 효력을 생기게 하는 권리(이른바 예약완결권)는 일종의
형성권으로서 당사자 사이에 그 행사기간을 약정한 때에는 그 기간내에, 그러한
약정이 없는 때에는 예약이 성립한 때부터 10년 내에 이를 행사하여야 하고 위
기간을 도과한 때에는 상대방이 예약목적물인 부동산을 인도받은 경우라도 예약
완결권은 제척기간의 경과로 인하여 소멸된다(1992. 7. 28. 제2부 판결 91다44766
가등기말소 44773(반소) 가등기에기한본등기).

3. 가. 민법 제564조에서 규정한 매매의 일방예약이 성립하기 위한 요건

매매의 예약은 당사자의 일방이 매매를 완결할 의사를 표시한 때에 매매의
효력이 생기는 것이므로 적어도 일방예약이 성립하려면 그 예약에 터잡아 맺
어질 본계약의 요소가 되는 매매목적물, 이전방법, 매매가액 및 지급방법 등
의 내용이 확정되어 있거나 확정할 수 있어야 한다.

**나. 본계약의 구성요소들이 확정되어 있다고 할 수 없고 약정의 당사자도
달라서 매매의 예약이라고 단정할 수 없다 한 사례**

본계약의 구성요소들이 확정되어 있다고 할 수 없고 약정의 당사자도 달라서 매매의 예약이라고 단정할 수 없다(1993. 5. 27. 제3부 판결 93다4908 건물철거등 4915(반소) 소유권이전등기 4922 건물철거등).

4. 임대차계약서상의 분양약정의 취지가 임차인이 가지는 매매예약완결권을 포기한 것으로 볼 수 없다고 한 사례

점포분양에 대한 매매예약완결권을 가지는 점포임차인들이 임대인과 사이에 새로운 점포임대차계약을 체결하면서 "임대차기간만료 전이라도 임대인이 임대차점포를 분양하고자 할 시는 임차인은 이에 응하여야 하고 임대인의 분양계약체결 요구일로부터 30일 내에 임차인이 분양계약을 체결하지 않을 시는 임대인이 임차인 이외의 자에게 분양할 수 있다"고 약정하여 종전의 계약서상의 분양에 관한 약정을 그대로 유지하고 있다면 임대차점포의 분양약정에 관한 위의 규정취지는 임차인이 매매예약에 따른 예약완결권을 가지는 것으로 약정이 되었음을 전제로 하여, 임대인이 임대차기간의 만료 전이라도 임차인에 대하여 매매예약완결권의 행사를 요구할 수 있는 권리가 있음을 나타낸 것으로서 임대인이 임차인에 대하여 매매예약완결권의 행사(즉 매매계약의 체결)를 요구한 경우, 임차인이 그로부터 30일 내에 매매예약완결권을 행사하지 아니하면 그 권리를 상실하고, 임대인은 다른 사람에게 그 임대차목적물을 분양할 수 있다는 취지를 규정한 것으로 해석하는 것이 상당하므로 위의 새로운 임대차계약의 체결에 의하여 기존의 매매예약완결권을 포기한 것으로는 볼 수 없다(1993. 12. 7. 제1부 판결 93다31931 소유권이전등기 31948(반소) 점포명도 31955).

5. 가. 매매예약 완결권의 법적 성질 및 그 행사기간

매매의 일방예약에서 예약자의 상대방이 매매예약 완결의 의사표시를 하여 매매의 효력을 생기게 하는 권리, 즉 매매예약의 완결권은 일종의 형성권으로서 당사자 사이에 그 행사기간을 약정한 때에는 그 기간 내에, 그러한 약정이 없는 때에는 그 예약이 성립한 때로부터 10년 내에 이를 행사하여야 하고, 그 기간을 지난 때에는 예약 완결권은 제척기간의 경과로 인하여 소멸한다.

나. 매매예약 완결권의 행사시기에 관한 약정이 있는 경우, 그 제척기간의 기산점

제척기간은 권리자로 하여금 당해 권리를 신속하게 행사하도록 함으로써 법률관계를 조속히 확정시키려는 데 그 제도의 취지가 있는 것으로서, 소멸시효가 일정한 기간의 경과와 권리의 불행사라는 사정에 의하여 권리 소멸의 효과를 가져오는 것과는 달리 그 기간의 경과 자체만으로 곧 권리 소멸의 효과를 가져오게 하는 것이므로 그 기간 진행의 기산점은 특별한 사정이 없는 한 원칙적으로 권리가 발생한 때이고, 당사자 사이에 매매예약 완결권을 행사할 수 있는 시기를 특별히 약정한 경우에도 그 제척기간은 당초 권리의 발생일로부터 10년간의 기간이 경과되면 만료되는 것이지 그 기간을 넘어서 그 약정에 따라 권리를 행사할 수 있는 때로부터 10년이 되는 날까지로 연장된다고 볼 수 없다(대법원 1995. 11. 10. 선고 94다22682, 22699).

6. **수인의 채권자가 채권 담보를 위해 채무자와 채무자 소유 부동산에 관하여 자신들을 공동매수인으로 하는 1개의 매매예약을 체결하고 공동명의로 가등기를 마친 경우, 매매예약완결권의 귀속형태**

수인의 채권자가 각기 채권을 담보하기 위하여 채무자와 채무자 소유의 부동산에 관하여 수인의 채권자를 공동매수인으로 하는 1개의 매매예약을 체결하고 그에 따라 수인의 채권자 공동명의로 그 부동산에 가등기를 마친 경우, 수인의 채권자가 공동으로 매매예약완결권을 가지는 관계인지 아니면 채권자 각자의 지분별로 별개의 독립적인 매매예약완결권을 가지는 관계인지는 매매예약의 내용에 따라야 하고, 매매예약에서 그러한 내용을 명시적으로 정하지 않은 경우에는 수인의 채권자가 공동으로 매매예약을 체결하게 된 동기 및 경위, 매매예약에 의하여 달성하려는 담보의 목적, 담보 관련 권리를 공동 행사하려는 의사의 유무, 채권자별 구체적인 지분권의 표시 여부 및 지분권 비율과 피담보채권 비율의 일치 여부, 가등기담보권 설정의 관행 등을 종합적으로 고려하여 판단하여야 한다.

이와 달리 1인의 채무자에 대한 수인의 채권자의 채권을 담보하기 위하여 그 수인의 채권자와 채무자가 채무자 소유의 부동산에 관하여 수인의 채권자를 권리자로 하는 1개의 매매예약을 체결하고 그에 따른 가등기를 마친 경우에, 매매예약의 내용이나 매매예약완결권 행사와 관련한 당사자의 의사와 관계없이 언제나 수인의 채권자가 공동으로 매매예약완결권을 가진다고 보고, 매매예약완결의 의사표시도 수인의 채권자 전원이 공동으로 행사하여야 한다는 취지의 대법원 1984. 6. 12. 선고 83다카2282 판결, 대법원 1985. 5. 28. 선고 84다카2188 판결, 대법원 1985. 10. 8. 선고 85다카604 판결, 대법원 1987. 5. 26. 선고 85다카2203 판결 등은 이 판결의 견해와 저촉되는 한도에서 변경하기로 한다(대법원 2012. 2. 16. 선고 2010다82530 전원합의체 판결).

◈ 매매의 성립에 관한 특칙 : 해약금

제 565 조 【해약금】

① 매매의 당사자일방이 계약당시에 금전 기타 물건을 계약금, 보증금등의 명목으로 상대방에게 교부한 때에는 당사자간에 다른 약정이 없는 한 당사자의 일방이 이행에 착수할 때까지 교부자는 이를 포기하고 수령자는 그 배액을 상환하여 매매계약을 해제할 수 있다.

② 제551조의 규정은 전항의 경우에 이를 적용하지 아니한다.

■ § 565. 해약금

─────────────────────────────

• 계약금 계약 : 요물계약
• 종류 :① 증약금, ② 위약금
 ③ 해약금(추정)
 ㉠ 계약의 해제 : 이행착수하기 전까지
 ㉡ 해제의 효과
 1. 계약금에 의한 해제 역시 채권관계를 소급적으로 소멸시키기는 하나, 당사자 일방의 이행이 있기 전에만 해제할 수 있으므로 원상회복의 문제는 생기지 아니한다.
 2. 손해배상청구권 역시 발생하지 않는다. 해약금에 의한 해제는 채무불이행에 기한 해제가 아니기 때문이다.
• 비록 계약금이 교부되어 있더라도 상대방의 채무불이행을 이유로 법정해제를 할 수 있음은 물론이다.

─────────────────────────────

1. 계약금의 의의

계약금이란 계약을 체결함에 있어서 그 계약에 부수하여 교부되는 금전 기타의 유가물을 말한다. 계약금은 매매계약에 한하지 않으며 다른 유상계약에도 이를 준용한다(제567조). 계약금(교부)계약은 금전이나 유가물의 교부를 요건으로 하므로 요물계약이며, 또한 매매 기타 계약에 부수해서 행해지므로 종된 계약이다. 다만, 계약금교부계약은 반드시 주된 계약과 동시에 행해져야 하

는 것은 아니다.

2. 계약금의 종류

(1) 증약금

계약체결의 증거의 의미를 갖는 계약금을 말한다. 계약금은 언제나 증약금의 성질을 갖는다.

(2) 해약금

계약해제권을 보유하는 작용을 갖는 계약금(해약금) 등의 의미를 갖는다. 즉 교부한 자는 이를 포기하고, 교부받은 자는 배액을 상환함으로써 언제든지 계약을 해제할 수 있다. 우리 민법은 당사자의 특별한 약정이 없는 경우, 계약금은 해약금으로 추정하고 있다(제565조 1항).

판례도 "매매계약에 있어서 계약금은 당사자 일방이 이행에 착수할 때까지 이를 포기하고 매도인은 그 배액을 상환하여 계약을 해제할 수 있는 해약금의 성질을 가지고 있다. 다만 당사자의 일방이 위약한 경우 그 계약금을 위약금으로 하는 특약이 있는 경우에만 손해배상액의 예정으로서의 성질을 갖는 것이다"라고 하였다(대판 1987. 7. 24. 86누438).

(3) 위약계약금

이행확보의 수단으로서 교부되는 계약금을 말하며, 손해배상의 예정으로서의 성질을 갖는 것과 위약벌로서의 성질을 갖는 것이 있다.

가. 손해배상의 예정으로서의 성질을 갖는 위약계약금

채무불이행의 경우에 계약금을 교부하는 자는 이를 몰수당하고, 교부받은 자가 위약을 할 경우에는 그 배액을 상환할 것을 약정하는 경우의 계약금이다.

나. 위약벌로서의 성질을 갖는 계약금

계약금을 교부한 자가 계약상의 의무를 이행하지 않는 때에는 그것을 수령한 자가 위약벌로서 몰수하고, 또한 채무불이행이 있으면 별도로 다시 손해배상을 청구할 수 있다.

다. 판례의 태도

매매계약을 체결함에 있어서 당사자 사이에 계약금을 수수하면서 매도인이 위 계약을 위반할 때에는 매수인에게 계약금의 배액을 지급하고 매수인이 이를 위반할 때에는 계약금의 반환청구권을 상실하기로 약정하였다면, 이는 위 매매계약에 따른 채무불이행에 대한 위약금의 약정을 한 것으로 보아야 할 것이고, 이러한 약정은 특단의 사정이 없는 한 손해배상액예정의 성질을 지닌다(대판 1989. 12. 12. 89다카10811).

3. 계약금의 성질에 관한 민법의 태도 : 해약금으로 추정

당사자의 특별한 약정이 없는 경우, 계약금은 해약금으로 추정하고 있다(제565조 제1항).

즉, 계약금이 교부된 때에는 당사자의 일방이 이행에 착수할 때까지 각 당사자가 매매계약을 해제할 수 있는 약정해제권을 보유한 것으로 추정한다. 다만, 약정해제권의 행사는 상대방에 대한 의사표시로 하는 것이 원칙이지만(제543조 1항), 계약금을 수령한 자가 해제를 할 때에는 본조에 의해 그 배액을 제공하고 해제를 하여야 하는 점에서 특칙을 이룬다.

4. 해약금에 의한 계약 해제

(1) 요 건

당사자 일방이 이행에 착수할 때까지 계약금의 교부자는 계약금을 포기해서 계약을 해제할 수 있고, 계약금의 수령자는 계약금의 배액을 상환하여 포기할 수 있다(제565조 1항).

가. 당사자 일방의 의의

제565조 1항에서 말하는 '당사자 일방'이라는 것은 매매계약의 쌍방 중 어느 일방을 지칭하는 것이고, 상대방에 국한하여 해석할 것은 아니므로(대판 1975. 4. 28. 70다105), 비록 상대방인 매도인이 매매계약의 이행에 착수한 바가 없더라도 매수인이 중도금을 지급하여 이미 이행에 착수한 이상, 매도인이나 매수인이나 모두 매매계약을 해제할 수 없다(대판 2002. 2. 11. 99다62074).

나. '이행착수'의 의미

당사자의 일방이 이행에 착수한 때에는 해제할 수 없다. 이행에 착수한 다는 것은 채무의 내용인 급부의 실현에 착수하는 것으로서 이행의 준비 만으로는 부족하다(대판 1994. 11. 11. 94다17659). 중도금의 제공은 급부의 일부를 실현하는 것으로서 이행의 착수에 해당한다(대판 1993. 7. 27. 93다 11968).

(2) 계약해제의 방법

계약금의 교부자는 이를 포기하고 계약을 해제할 수 있으나 그 수령자는 해제의 의사표시와 함께 그 배액을 제공하여야만 해제의 효과가 발생한다 (대판 1966. 7. 5. 66다736).

(3) 해약금에 의한 해제의 효과

① 본조 1항의 규정에 의한 해제는 계약의 효력을 소급적으로 소멸시키는 점에서는 보통의 해제와 다르지 않으나, 상대방의 채무불이행을 이유 로 한 해제가 아니라 특수한 약정해제인 점에서 다르다. 따라서 해약 금을 상대방에게 교부함으로써 상대방의 손해를 전보하는 것이 되므로 당사자는 별도의 특약을 하지 않는 한 손해배상을 청구할 수 없다.

그러나, 해약금이 수수된 경우라도 상대방이 계약을 이행하지 않는 때 에는 당사자가 상대방의 채무불이행을 이유로 하여 계약을 해제할 수 있다. 이 경우에는 해약금과는 무관하게 불이행에 의한 손해배상을 청 구할 수 있다. 그리고 이 경우에는 해약금을 교부한 자는 부당이득으 로서 그 반환청구권도 취득한다.

② 계약이 해제됨이 없이 이행된 경우에는 해약금 수령자는 이를 교부자 에게 반환하여야 한다. 해약금이 금전으로 교부되고 매매가 이행되는 경우에는 이것은 대금의 일부에 충당되는 것이 통례이다.

③ 계약이 합의에 의하여 해제된 경우에는 특히 해약금을 몰수하여 계약 을 해제한다는 취지가 아닌 한, 해약금은 부당이득으로서 반환되어야 할 것으로 해석한다.

④ 일반적으로 계약의 체결시에 해약금의 수수가 있었던 때에는 본조 1항

에 의하면 그 해약금은 원칙적으로 해약해약금으로 인정할 수 있으나, 원래 해약금은 계약의 구속력을 강화시키기 위하여 수수되는 것으로 일반적으로 인식되어 있는데도 불구하고 수수된 해약금을 해약해약금이라 하면 그 때문에 오히려 해제권이 발생하여 계약의 구속력을 약화시키게 되므로 문제가 있다.

▣ 핵심판례 ▣

■ [해약금]

1. 매매계약에 있어 계약금이 실제로는 지급되지 아니 하였으나 그 다음날 계약금을 지급하기로 하면서 형식상 매도인이 계약금을 받아 이를 다시 매수인에게 보관한 것으로 한 경우 그 다음날까지는 계약금이 현실로 지급된 것과 마찬가지로 해약금으로서의 구속력을 갖는다고 본 사례

매매계약을 맺을 때 매수인의 사정으로 실제로는 그 다음날 계약금을 지급하기로 하면서도 형식상 매도인이 계약금을 받아서 이를 다시 매수인에게 보관한 것으로 하여 매수인이 매도인에게 현금보관증을 작성 교부하였다면, 위 계약금은 계약해제권유보를 위한 해약금의 성질을 갖는다 할 것이고 당사자사이에는 적어도 그 다음날까지는 계약금이 현실로 지급된 것과 마찬가지의 구속력을 갖게 된 것이라고 할 것이어서 당사자는 약정된 계약금의 배액상환 또는 포기 등에 의하지 아니하는 한 계약을 해제할 수 없기로 약정한 것으로 보는것이 상당하다(1991. 5. 28. 제2부 판결 91다9251 소유권이전등기).

2. 도급에 있어서 공사이행 보증금을 손해배상액의 예정으로 본 사례

도급인인 원고와 수급인인 참가인 사이의 도급계약서에 의하면, 수급인의 귀책사유로 계약이 해제 또는 해지된 때에는 공사이행 보증금은 도급인에게 속한다고 규정되어 있을 뿐, 위 이행 보증금과는 별도로 실제 발생한 손해 전부에 대하여도 손해배상을 청구할 수 있다거나 또는 실제 발생한 손해와 이행 보증금의 차액에 대하여 손해배상을 청구할 수 있다는 내용의 약정이 없고, 수급인의 채무불이행으로 인하여 발생한 지체상금이 계약보증금 상당액에 달할 때에는 도급인은 특별한 사유가 없는 한 당해 계약을 해제하고 계약보증금을 도급인에게 귀속시키기로 약정하고 있음을 알 수 있으므로, 원고와 참가인이 위와 같은 내용의 공사이행 보증금에 관한 약정을 한 목적에는 수급인에게 심리적인 압박을 가하여 채무이행을 강제한다는 목적 외에 수급인의 계약 불이행으로 인하여 도급계약 관계를 청산하게 될 때를 대비하여 수급인이 도급인에게 배상하여야 할 손해액을 위 공사이행 보증금으로 예정함과 동시에 그 지급을 확보하기 위하여 계약 체결시에

공사이행 보증금을 미리 도급인에게 교부하게 한 데 있다고 할 것이므로, 원심이 위 이행보증금의 성질을 민법 제398조 소정의 손해배상액의 예정으로 본 것은 정당하다(대판 1995. 12. 12. 선고 95다28526).

3. 부동산의 매수인은 계약금과 중도금을 지급하였지만 매도인은 매매계약의 이행에 전혀 착수한 바가 없는 경우 매수인이 위 계약금을 포기하고 매매계약을 해제할 수 있는지 여부

민법 제565조 제1항에서 말하는 당사자의 일방이라는 것은 매매 쌍방 중 어느 일방을 지칭하는 것이고, 상대방이라 국한하여 해석할 것이 아니다(대법원 1970. 4. 28. 선고 70다105 판결 참조). 기록에 의하면 원고는 피고 공사로부터 1996. 4. 8. 김해시 김해내외지구 211의 5 대 785.7㎡를, 같은 달 26일 진해시 석동 224의 8 대 500㎡를 각 매수하고 각 그 계약일에 그 판시와 같은 계약금을 지급하고 각 그 계약 내용에 따라 1, 2차 중도금을 지급하였음을 자인하고 있으므로, 원심이 비록 상대방인 피고 공사가 위 매매계약의 이행에는 전혀 착수한 바가 없다 하더라도 원고가 이미 이행에 착수한 이상 원고는 민법 제565조에 의하여 위 각 계약금을 포기하고 위 각 매매계약을 해제할 수 없다(대판 2000. 2. 11. 선고 99다62074).

4. 매수인이 중도금 및 잔금 중 일부를 적법하게 변제공탁한 경우 매도인이 계약금 배액상환을 원인으로 계약을 해제할 수 있는지 여부(소극)

매수인이 중도금 및 잔금 중 일부를 적법하게 변제공탁한 경우 매도인의 계약금 배액상환을 원인으로 한 해제의 의사표시는 이미 상대방이 이행에 착수한 이후에 이루어진 것으로서 그 효력이 없다(1991. 10. 11. 제3부 판결 91다25369 소유권이전등기).

5. 가. 매매계약금에 대하여 매수인이 위약하였을 때에는 이를 무효로 하고 매도인이 위약하였을 때에는 그 배액을 상환할 뜻의 약정이 있는 경우 그 계약금의 성질

매매당사자 사이에 수수된 계약금에 대하여 매수인이 위약하였을 때에는 이를 무효로 하고 매도인이 위약하였을 때에는 그 배액을 상환할 뜻의 약정이 있는 경우에는 특별한 사정이 없는 한 그 계약금은 민법 제398조 제1항 소정의 손해배상액의 예정의 성질을 가질 뿐 아니라 민법 제565조 소정의 해약금의 성질도 가진 것으로 볼 것이다.

나. 계약금의 배액을 상환하고 하는 계약해제시 상대방이 이를 수령하지 아니하는 경우 이를 공탁하여야 유효한지 여부(소극)

매매당사자 간에 계약금을 수수하고 계약해제권을 유보한 경우에 매도인이 계약금의 배액을 상환하고 계약을 해제하려면 계약해제 의사표시 이외에 계약금 배액의 이행의 제공이 있으면 족하고 상대방이 이를 수령하지 아니한다

하여 이를 공탁하여야 유효한 것은 아니다(1992. 5. 12. 제2부 판결 91다2151 소유권이전등기).

6. 매도인이 계약금의 배액을 상환하고 계약을 해제하려고 할 때 해제통고만으로 계약해제의 효력이 발생하는지 여부(소극)

매수인이 계약의 이행에 착수하기 전에는 매도인이 계약금의 배액을 상환하고 계약을 해제할 수 있으나, 이 해제는 통고로써 즉시 효력을 발생하고 나중에 계약금 배액의 상환의무만 지는 것이 아니라 매도인이 수령한 계약금의 배액을 매수인에게 상환하거나 적어도 그 이행제공을 하지 않으면 계약을 해제할 수 없다(1992. 7. 28. 제2부 판결 91다33612 소유권이전등기).

7. 민법 제565조 소정의 계약해제권행사의 시적 한계인 "이행에 착수할 때까지"의 의미

매도인이 민법 제565조에 의하여 계약금의 배액을 상환하고 계약을 해제하려면 매수인이 이행에 착수할 때까지 하여야 할 것인바, 여기에서 이행에 착수한다는 것은 객관적으로 외부에서 인식할 수 있는 정도로 채무의 이행행위의 일부를 하거나 또는 이행을 하기 위하여 필요한 전제행위를 하는 경우를 말하는 것으로서 단순히 이행의 준비를 하는 것만으로는 부족하나 반드시 계약내용에 들어 맞는 이행의 제공의 정도에까지 이르러야 하는 것은 아니다(1993. 5. 25. 제1부 판결 93다1114 소유권이전등기).

8. 매매계약에 따른 매수인으로서의 채무의 이행에 착수하였다고 본 사례

토지의 매수인이 매매계약상의 잔금지급기일에 잔금 2,700,000원을 지참하고 매도인을 찾아가 이를 매도인에게 지급하려고 하였으나 매도인이 그때까지 위 토지에 관하여 경료되어 있는 근저당권설정등기의 말소 및 소유권이전등기에 필요한 서류 등을 준비하지 아니한 것을 알고 매도인에게 잔금 2,700,000원 중 우선 중도금조로 금 1,000,000원만을 지급하고 나머지 금 1,700,000원은 위 근저당권설정등기의 말소 및 소유권이전등기에 필요한 서류가 모두 준비되면 위 각 서류를 교부받음과 동시에 지급하겠다고 제의하였으나 매도인이 이를 거절하자 위 잔금을 지급하지 아니한 채 그대로 돌아간 것이라면 매수인은 이로써 이미 위 매매계약에 따른 매수인으로서의 채무의 이행에 착수하였다 할 것이다(1993. 7. 27. 제2부 판결 93다11968 소유권이전등기).

9. 가. 민법 제565조 소정의 "이행에 착수할 때까지"의 의미

민법 제565조에 의하여 매도인이 계약금의 배액을 상환하고 계약을 해제하려면 매수인이 이행에 착수할 때까지 계약금의 배액을 상환하고 하여야 할 것인바, 여기에서 이행에 착수한다는 것은 객관적으로 외부에서 인식할 수 있는 정도로 채무의 이행행위의 일부를 하거나 또는 이행을 하기 위하여 필요한 전제행위를 하는 경우를 말하는 것으로서 단순히 이행의 준비를 하는 것

만으로는 부족하나, 반드시 계약내용에 들어 맞는 이행의 제공의 정도에까지
이르러야 하는 것은 아니다.

나. 매수인이 중도금 지급의 이행에 착수한 것으로 본 사례

매도인이 매매계약 체결시 중도금 지급기일에 그 소유의 다른 부동산에 대하
여 매수인 앞으로 근저당권을 설정하여 주고 중도금을 지급받기로 약정하였
고, 매수인의 대리인이 약정된 중도금 지급기일에 그 지급을 위하여 중도금
을 마련하여 가지고 매도인의 처를 만나 중도금 지급에 앞서 위 약정과 같이
근저당권을 설정하여 줄 것을 요구하였으나 매도인의 처가 우여곡절 끝에 결
국 이에 응하지 아니할 뜻을 밝히면서 중도금 지급만을 요구하자 중도금을
지급하지 아니한 채 돌아온 것이라면, 매수인은 위 매매계약에 따른 중도금
지급의 이행에 착수한 것이라고 봄이 옳다(1994. 5. 13. 제3부 판결 93다56954
소유권이전등기).

10. 가. 한국토지개발공사와의 분양계약상의 계약보증금의 성격

매매계약에 있어서 당사자 사이에 교부되는 계약보증금은 원칙적으로 다른
약정이 없는 한 해약금의 성격을 가지는 것이라 할 것이고, 따라서 한국토
지개발공사와의 주택용지분양계약상의 계약보증금도 민법 제565조 제1항의
규정에 의하여 해약금으로서의 성격을 가진다.

나. 한국토지개발공사의 택지개발촉진법에 따른 분양계약에 민법 제565 조 소정의 계약해제권이 배제되는지 여부

국민주거생활의 안정을 위하여 택지개발촉진법과 같은법시행령이 택지조성,
공급토지의 위치와 면적, 공급대상자 선정방법, 공급시기와 방법 등에 관하
여 건설부장관의 승인을 받도록 규정하고 있고, 건설부장관으로부터 승인받
은 매각조건에 따라 추첨을 통하여 토지를 임대주택용지로 분양하는 등 매
매에 대하여 일부 공법적인 규율을 하고 있다고 하여도 한국토지개발공사의
토지분양계약이 통상의 사인간의 매매와 다를 바가 없으므로, 민법 제565조
의 규정에 따른 계약보증금의 배액의 상환을 이유로 한 계약해제권이 배제
되는 것도 아니다(1994. 8. 23. 제1부 판결 93다46742 소유권이전등기).

<p style="text-align:center;"><판례전문(1994. 8. 23. 93다46742)></p>

[원고, 상고인] 동남주택건설 주식회사 외 1인 원고들 소송대리인 변호사 이재후
외 1인

[피고, 피상고인] 한국토지개발공사 소송대리인 변호사 윤일영외 1인

[환송판결] 대법원 1993. 1. 19. 선고 92다 31323 판결

[원심판결] 서울고등법원 1993. 7. 27. 선고 93나7756 판결

[주 문] 상고를 모두 기각한다. 상고비용은 원고들의 부담으로 한다.

[이 유] 상고이유 제1, 2점을 함께 판단한다(변호사 문형식의 보충상고이유서
　　기재의 상고이유는 상고이유를 보충하는 한도 내에서 판단한다.

　　원심판결 이유에 의하면, 피고 한국토지개발공사는 1990. 5. 12. 서울 노원구 한
국토지개발공사 중계택지개발사업지구 158 블럭 대지 28,795평방미터(이하 이 사
건 토지라고 한다)에 관하여 분양신청자를 모집하는 주택용지매각공고를 하고, 위
공고에 따라 원고들이 공동으로 같은 달 17. 분양신청을 하자 피고가 같은 달 21.
원고들을 공급대상자로 결정하여, 원고들과 피고가 같은 해 6.22. 매매대금은
금 3,434,639,000원으로 하되, 계약보증금350,000,000원은 계약 당일, 중도금
1,367,329,000원은 같은 해 7.22., 잔금 1,717,310,000원은 같은 해 8.22.에 각 지
급하기로 하는 용지매매계약을 체결하고, 계약 당일 계약보증금 350,000,000원
이 지급되었는데, 피고는 1990. 7. 13. 원고들과의 합의해제가 불가능하게 되자 민
법 제 565조에 의하여 원고들에게 계약보증금의 배액을 상환하고 이 사건 매매계
약을 해제한다는 의사표시를 하였다고 확정하고, 이 사건 매매계약은 위 7.13.자
해제통지가 원고들에게 도달된 같은 달 14.에 적법하게 해제되었음을 이유로 원
고들의 이 사건 청구를 배척하였는 바, 매매계약에 있어서 당사자 사이에 교부되
는 계약보증금은 원칙적으로 다른 약정이 없는 한 해약금의 성격을 가지는 것이
라 할 것이고, 따라서 이 사건 계약보증금은 민법 제565조 제1항의 규정에 의하
여 해약금으로서의 성격을 가진다고 보아 원고들의 청구를 배척한 원심의 판단은
정당한 것으로 수긍할 수 있고, 국민주거생활의 안정을 위하여 택지개발촉진법과
같은 법 시행령이 택지조성, 공급토지의 위치와 면적, 공급대상자 선정방법, 공급
시기와 방법 등에 관하여 건설부장관의 승인을 받도록 규정하고 있고, 피고가 건
설부장관으로부터 승인받은 매각조건에 따라 원고들에게 추첨을 통하여 이 사건
토지를 임대주택용지로 분양하는 등 이 사건 매매에 대하여 일부 공법적인 규율
을 하고 있다고 하여도 이 사건 토지의 분양계약이 통상의 사인간의 매매와 다를
바가 없다고 할 것이므로, 민법 제565조의 규정에 따른 계약보증금의 배액의 상
환을 이유로 한 계약해제권이 배제되는 것도 아니라 할 것이고, 또한 피고가 민
법 제565조의 규정에 따라 계약보증금의 배액을 상환하고 이 사건 매매계약을 해
제한 것이 계약해제권의 남용이라고 볼 여지도 없으므로, 원심판결에 택지개발촉
진법 및 같은법시행령에 관한 법리를 오해하거나 계약서의 해석을 그르쳐 판결결
과에 영향을 미친 위법이 있다고 할 수 없다(비록 원심이 이에 관하여 명시적으
로 판단을 하지 않았으나 거기에 판결결과에 영향을 미친 판단유탈이나 이유불비
의 위법이 있다고 할 수 없다). 논지는 이유가 없다.

　　그러므로 상고를 모두 기각하고 상고비용은 패소자들의 부담으로 하여 관여
법관의 일치된 의견으로 주문과 같이 판결한다.

대법관 김석수(재판장) 이돈희

이임수(주 심)

참조판례

가. 대법원 1979. 4. 24. 선고 79다217 판결(공1979, 11944)

1981. 7. 28. 선고 80다2499 판결(공1981, 14254)

1987. 2. 24. 선고 86누438 판결(공1987, 566)

11. 가. 민법 제565조가 해제권 행사의 시기를 당사자 일방이 이행에 착수할 때까지로 제한한 취지 및 이행기의 약정이 있더라도 이행기 전에 이행에 착수할 수 있는지 여부(한정적극)

민법 제565조가 해제권 행사의 시기를 당사자의 일방이 이행에 착수할 때까지로 제한한 것은 당사자의 일방이 이미 이행에 착수한 때에는 그 당사자는 그에 필요한 비용을 지출하였을 것이고, 또 그 당사자는 계약이 이행될 것으로 기대하고 있는데 만일 이러한 단계에서 상대방으로부터 계약이 해제된다면 예측하지 못한 손해를 입게 될 우려가 있으므로 이를 방지하고자 함에 있고, 이행기의 약정이 있는 경우라 하더라도 당사자가 채무의 이행기 전에는 착수하지 아니하기로 하는 특약을 하는 등 특별한 사정이 없는 한 이행기 전에 이행에 착수할 수 있다.

나. 매도인이 민법 제565조에 의하여 계약해제의 의사표시를 하고 일정한 기한까지 해약금의 수령을 최고하며 기한을 넘기면 공탁하겠다고 통지한 경우매수인이 매도인의 계약해제권을 소멸시키기 위해 이행기 전에 이행에 착수할수 있는지 여부(소극)

매도인이 민법 제565조에 의하여 계약을 해제한다는 의사표시를 하고 일정한 기한까지 해약금의 수령을 최고하며 기한을 넘기면 공탁하겠다고 통지를 한 이상 중도금 지급기일은 매도인을 위하여서도 기한의 이익이 있다고 보는 것이 옳고, 따라서 이 경우에는 매수인이 이행기 전에 이행에 착수할 수 없는 특별한 사정이 있는 경우에 해당하여 매수인은 매도인의 의사에 반하여 이행할 수 없다고 보는 것이 옳으며, 매수인이 이행기 전에, 더욱이 매도인이 정한 해약금 수령기한 이전에 일방적으로 이행에 착수하였다고 하여도 매도인의 계약해제권 행사에 영향을 미칠 수 없다.

다. 매도인이 민법 제565조에 의한 계약해제를 위하여 한 해약금의 제공이적법하지 못한 경우 해제권을 보유하는 기간 안에 적법한 제공을 하면 계약이 해제되는지 여부(적극) 및 매도인이 계약해제를 위하여 계약금의 배액을 공탁하는 경우 계약해제 의사표시가 있다고 볼 시점(=상대방에게 공탁통지가 도달한 때)

매도인이 민법 제565조에 의하여 계약을 해제하고자 하는 경우에는 계약금의

배액을 제공하고 하여야 할 것이나, 이 해약금의 제공이 적법하지 못하다면 해제권을 보유하고 있는 기간 안에 적법한 제공을 한 때에 계약이 해제된다고 볼 것이고, 또 매도인이 계약을 해제하기 위하여 계약금의 배액을 공탁하는 경우에는 공탁원인사실에 계약해제의 의사가 포함되어 있다고 할 것이므로, 상대방에게 공탁통지가 도달한 때에 계약해제 의사표시가 있었다고 보는 것이 옳다(대법원 1993. 1. 19. 선고 92다31323 판결).

12. 가. 민법 제565조 소정의 '이행에 착수할 때'까지의 의미 및 이행기의 약정이 있더라도 이행기 전에 이행에 착수할 수 있는지 여부(한정 적극)

매도인이 민법 제565조에 의하여 계약금의 배액을 상환하고 계약을 해제하려면 매수인이 이행에 착수할 때까지 하여야 할 것인바, 여기에서 이행에 착수한다는 것은 객관적으로 외부에서 인식할 수 있는 정도로 채무의 이행행위의 일부를 하거나 또는 이행을 하기 위하여 필요한 전제행위를 하는 경우를 말하는 것으로서, 단순히 이행의 준비를 하는 것만으로는 부족하나 반드시 계약내용에 들어맞는 이행의 제공의 정도에까지 이르러야 하는 것은 아니라 할 것이고, 그와 같은 경우에 이행기의 약정이 있다 하더라도 당사자가 채무의 이행기 전에는 착수하지 아니하기로 하는 특약을 하는 등 특별한 사정이 없는 한 그 이행기 전에 이행에 착수할 수도 있다.

나. 매수인이 매도인의 동의하에 매매계약의 계약금 및 중도금 지급을 위하여 은행도어음을 교부한 경우 매수인은 계약의 이행에 착수하였다고 본 사례

매수인이 매도인의 동의하에 매매계약의 계약금 및 중도금 지급을 위하여 은행도어음을 교부한 경우 매수인은 계약의 이행에 착수하였다고 본 사례 (대법원 2002. 11. 26. 선고 2002다46492 판결).

◆ 매매성립에 관한 특칙 : 매매계약의 비용의 부담

제 566 조 【매매계약의 비용의 부담】

매매계약에 관한 비용은 당사자쌍방이 균분하여 부담한다.

■ § 566. 계약비용의 부담

- 매매계약에 관한 비용은 당사자 사이에 특약이 없으면 쌍방이 균분하여 부담한다.
- 매매계약에 관한 비용이라 함은 계약을 체결함에 있어서 일반적으로 필요로 하는 비용으로 측량비용, 감정, 평가비용, 중개업자 수수료 등이 이에 해당한다.
- 등기비용은 이행에 관한 비용으로 관습상 매수인이 부담하고 있다.

본조는 매매계약비용의 부담에 관하여 규정한 것이다.

(1) 비용의 부담

매매계약에 관한 비용은 당사자 사이에 특약이 없으면 쌍방이 균분하여 부담한다.

(2) 비용의 범위

매매계약에 관한 비용이라 함은 계약을 체결함에 있어서 일반적으로 필요로 하는 비용으로 측량비용, 감정, 평가비용, 중계업자에 대한 수수료 등이 이에 해당한다. 주의할 점은 등기비용은 계약에 관한 비용이 아니라 이행에 관한 비용으로 관습상 매수인이 부담하고 있다는 것이다.

◈ 매매에 관한 규정의 다른 유상계약에의 준용

제 567 조【유상계약에의 준용】

본절의 규정은 매매이외의 유상계약에 준용한다. 그러나 그 계약의 성질이
이를 허용하지 아니하는 때에는 그러하지 아니하다.

■ § 567. 유상계약에의 준용

• 매매를 가장 전형적인 유상계약으로 본 규정
• 매매에 관한 규정은 다른 유상계약에도 준용됨

매매는 낙성·유상·쌍무·불요식의 계약이다. 특히 매매는 유상계약의 전형
적인 것으로 볼 수 있으므로, 매매에 관한 민법의 규정은 다른 유상계약에 준용
된다고 하고 있다. 즉 예약·해약금·비용·담보책임 등에 관한 규정은 매매뿐
만 아니라 다른 유상계약에도 준용되는 규정이라는 것이다.

제 2 관 매매의 효력

매매가 성립되면 그 효력으로서 매도인은 매매의 목적인 재산권을 매수인에게 이전할 의무를 부담하고, 매수인은 매매대금을 매도인에게 지급할 의무를 부담한다. 이들 두 의무가 매매의 효력의 중심을 이룬다. 그 밖에 민법은 매매의 목적인 재산권에 하자가 있거나, 또는 매매목적물에 하자가 있는 경우에 매도인에게 일정한 담보책임을 부담케 하고 있다. 결국 매매의 효력의 내용은 매도인의 재산권이전의무와 담보책임, 그리고 매수인의 대금지급의무인 세가지이다. 본관은 이들에 관하여 규정하고 있다.

◈ 매매에 있어서 매도인과 매수인의 의무

제 568 조 【매매의 효력】

① 매도인은 매수인에 대하여 매매의 목적이 된 권리를 이전하여야 하며 매수인은 매도인에게 그 대금을 지급하여야 한다.

② 전항의 쌍방의무는 특별한 약정이나 관습이 없으면 동시에 이행하여야 한다.

■ § 568. 매매의 효력

• 매수인 : 대금지급
• 매도인 : 재산권 이전(담보책임)
• 위의 두 의무는 원칙적으로 동시이행의 관계에 있다.
• 매도인의 재산권 이전의무 : ① 재산권이전

　　　　　　　　　　동산→인도　　부동산→인도, 등기

　　　　　　　　② 과실의 수취권

　　　　　　　　　　원칙→매도인　　예외→대금지급후~매수인

본조는 매매의 효력에 관한 규정이다.

1. 매도인의 재산권 이전 의무

매매가 성립하면 매도인은 재산권을 매수인에게 이전할 의무를 진다.

(1) 부동산일 때에는 등기를 이전하고 이를 인도하여야 하며 동산일 때에는 점유를 이전하여야 한다.

(2) 이전하여야 할 권리는 다른 특약이나 특별한 사정이 없는 한 아무런 부담이 없는 완전한 것이어야 한다.

(3) 특약이 없는 한 종물 또는 종된 권리도 이전하여야 한다.

(4) 매도인의 재산권이전의무는 원칙적으로 매수인의 대금지급의무와 동시이행의 관계에 선다.

　　① 부동산매매에 있어서는 등기를 할 때에는 대금을 지급하여야 하며 인도가 없다는 이유로 대금지급을 거절하지 못한다. 즉 부동산매매

에 있어서 대금지급과 동시이행의 관계에 있는 것은 등기이지 인도
가 아니다.

② 저당권이 설정된 부동산매매에 있어서 매도인이 소유권이전등기는
이미 이행하였다고 하더라도 저당권을 말소하고 있지 않는 한, 저당
권말소등기에 필요한 서류의 교부와 매매대금의 지급은 동시이행의
관계에 있다.

2. 매수인의 대금지급의무

(1) 매수인은 매도인의 목적물인도 및 재산권이전에 대한 반대급부로서 대
금을 지급할 의무를 부담한다. 매도인의 채무이행기는 동시에 매수인의
대금지급시기로 추정된다(제585조).

(2) 매매목적물인도와 동시에 대금을 지급하여야 할 경우, 다른 약정이나 관
습이 없는 한 목적물인도장소가 곧 대금지급장소로 된다(제586조).

(3) 한편, 매수인은 목적물을 수령하기까지 이자지급의무를 지지 않는다(제
587조 후단).

(4) 매수인은 동시이행의 항변권을 갖는 동안 자기의 대금지급을 거절할 수
있다(제536조). 그러나 매매목적물에 대하여 권리를 주장하는 자가 있는
경우, 매수인이 매수한 권리의 전부나 일부를 잃을 염려가 있는 때에는
매수인은 그 위험의 한도에서 대금의 전부나 일부의 지급을 거절할 수
있다(제588조).

3. 과실의 귀속

매매계약이 있은 후 아직 인도하지 않은 매매의 목적물로부터 생긴 과실은
매도인에게 속한다. 그러나 매수인이 이미 대금을 지급하였음에도 불구하고
목적물을 인도하지 않고서 점유하는 매도인은 과실을 취득하지 못한다.

▣ 핵심판례 ▣

- **[매매의 효력]**

1. **이주택지에 대한 수분양권을 매매목적물로 하는 매매계약에서, 매도인이 스스로 분양권을 행사하여 소유권을 취득한 경우 부담하는 의무의 내용**

 이주택지에 대한 수분양권을 매매목적물로 하는 매매계약의 주목적은 매수인으로 하여금 수분양권에 기한 이주택지의 소유권을 취득하게 하는 데 있으므로, 수분양권을 매도한 자는 매수인으로 하여금 그 수분양권에 근거한 이주택지의 소유권을 취득할 수 있도록 하여줄 의무가 있다 할 것인데, 이 때 분양자측에서 수분양권자 명의변경을 허용하여 매수인 앞으로 수분양권자 명의변경을 함으로써 매매계약의 목적을 달성할 수 있는 경우에는, 매도인으로서는 수분양권자의 명의변경 절차를 이행하면 그 의무를 다한 것이 되고, 나아가 그 수분양권에 근거하여 이주택지에 관한 소유권을 취득한 다음 매수인 앞으로 소유권이전등기를 마쳐 줄 의무까지는 없으나, 매수인 앞으로 수분양권자 명의변경이 이루어지지 않고 있는 사이에 매도인이 스스로 분양권을 행사하여 이주택지에 관한 소유권을 취득한 경우에는 매수인 앞으로 이주택지에 관한 소유권이전등기를 넘겨주는 방법 외에는 매매 목적을 달성하는 방법이 없으므로, 그 분양대금의 청산관계가 남아 있음은 별론으로 하고 매수인에게 이주택지에 관한 소유권이전등기를 이행할 의무가 있다(1996. 2. 13. 선고 95다36671소유권이전등기).

2. **환지예정지를 목적물로 한 매매에 있어서 환지예정지 면적이 종전 토지에 대한 권리면적을 초과하여 환지처분시 청산금이 징수될 과도면적이 있음을 알고 매매계약을 체결한 경우 청산금납부의무의 귀속**

 당사자가 환지예정지 자체를 매매대상으로 삼은 경우에 그 환지예정지 면적이 종전토지에 대한 권리면적을 초과하여 환지처분시 청산금이 징수될 과도면적이 있음을 알고 매매계약을 체결한 것이라면, 특단의 사정이 사정이 없는 한, 매매 당사자는 위와 같은 과도면적에 대한 청산금관계까지 고려하여 매매대금을 정한 것이라고 보아야 할 것이므로, 그 청산금은 매수인이 부담하여야 할 것이며, 매매계약중 "과도평수가 있을 시는 증감에 따라 잔금시 계산한다"는 특약은 추후 과도평수가 발생하는 경우 이에 대한 청산금 부분은 매도인이 부담한다는 취지가 아니라 이미 예정되어 있는 과도평수에 증감이 생길 때에는 잔금액을 가감한다는 취지라고 해석하는 것이 타당하다(1991. 2. 12. 제2부 판결 90다16818 부당이득금).

3. **가전제품판매회사와 대리점간의 이른바 신용판매계약(대금할부판매계약)에 있어 금융비용, 수금수수료, 일시상환자할인액은 그 출고가와 함께 위 회사가 대리점에게 반환하여야 할 신용판매채권에서 공제되어야 한다고 본 사례**

 가전제품판매회사인 피고와 대리점인 원고 사이에 원고가 구매자에게 물건을 할

부로 판매하고 그 할부판매채권(신용판매채권)은 피고 회사가 관리하며 피고 회사는 그 신용판매채권 등을 담보로 금융기관으로부터 원고 명의로 대출을 받아 원고에 대한 물품대금채권과 상계하는 것을 주된 내용으로 하는 신용판매계약(대금할부판매계약)을 체결하고 이루어진 거래에 있어 금융비용, 수금수수료, 일시상환자할인액은 그 출고가와 함께 피고 회사가 원고에게 반환하여야 할 신용판매채권에서 공제되어야 한다(1991. 9. 10. 제2부 판결 88다카3660 부당이득금반환).

4. 매매계약 후 부동산의 시가가 등귀하였고, 매수인이 잔대금 지급기일을 경과한 지금까지 매매대금 중 7분의 6을 지급하지 아니한 채 매매계약 후 19년이 지난 후에 소유권이전등기청구의 소를 제기하였다는 사유만으로 그 청구가 신의칙에 반하고 권리남용에 해당한다고 볼 수 없다고 한 사례

매매계약 체결 후 부동산의 시가가 등귀하였고, 매수인이 잔대금 지급기일을 경과한 지금까지 매매대금 중 7분의 6에 해당하는 금원을 지급하지 아니한 채 매매계약 후 19년이 지난 후에 소유권이전등기청구의 소를 제기하였다 하더라도 이러한 사유만으로 그 청구가 신의칙에 반하고 권리남용에 해당한다고 볼 수 없다(1992. 6. 12. 제3부 판결 92다12384 부동산소유권이전등기 12391(반소) 건물철거).

5. 대지의 매수인이 매매계약의 이행으로 그 대지를 인도받았으나 소유권이전등기를 받지 아니한 경우 이를 점유 사용할 권리가 생기는지 여부(적극)와 매수인이 대지상에 건물을 소유하고 그 대지를 무상으로 사용하고 있는 상태에서 그 대지의 매매계약을 체결한 경우

대지의 매수인이 아직 소유권이전등기를 받지 아니하였다 하여도 매매계약의 이행으로 그 대지를 인도받은 때에는 매매계약의 효력으로서 이를 점유·사용할 권리가 생기는 것으로 보아야 할 것이고 매수인이 대지상에 건물을 소유하고 그 대지를 무상으로 사용하고 있는 상태에서 그 대지의 매매계약을 체결한 경우에도 다른 약정이 없는 한 매수인은 그 매매계약을 이행하는 과정에서 이를 점유 사용할 권리를 가진다고 보는 것이 상당하다(1992. 7. 28. 제1부 판결 92다10197 건물철거등 92다10203 소유권이전등기(반소)).

6. 가. 수출대행자는 수입자에 대한 관계에서 일률적으로 매도인으로서의 지위가 부정되는지 여부(소극)

수출입업허가를 가진 수출대행자에 의하여 수출이 이루어지는 경우는 여러 가지의 유형이 있을 수 있으므로 수출대행자의 지위는 그 구체적인 상황에 따라 판단될 수 밖에 없는 것이고, 수출대행자라고 하여 수입자에 대한 관계에서 일률적으로 매도인으로서의 지위가 부정되는 것은 아니다.

나. 신용장이 수출대행자 갑을 수익자로 하여 직접 개설되었고, 수입자와 갑 사이에 구매주문서가 작성되었으며, 갑이 수출의 과정에 관여하였다면, 갑은 수입자에 대한 관계에서 매도인의 지위에 있다고 할 것이고, 갑이

수출대행자임을 수입자가 알고 있었다 하여도 마찬가지라고 한 사례

신용장이 수출대행자 갑을 수익자로 하여 직접 개설되었을 뿐만 아니라 수입자와 갑 사이에 구매주문서가 작성되고, 갑이 물품의 제조자를 위하여 내국신용장을 개설하는 등 수출의 과정에 관여하였다면 갑은 수입자에 대한 관계에서 매도인의 지위에 있다고 할 것이고, 수출된 물품에 하자가 있다면 매도인으로서 담보책임을 부담한다고 할 것이며, 이와 같은 법리는 갑이 수출대행자라는 것을 수입자가 알고 있었다 하여 달라진다고 할 수 없다(1992. 8. 14. 제3부 판결 91다30613 손해배상(기)).

7. **입찰자격이 없는 회사가 입찰자격이 있는 회사의 명의를 빌려 입찰에 참가하여 낙찰받고 기계공급계약을 체결한 경우 계약당사자나 계약상의 이행채무와 채무불이행으로 인한 손해배상책임을 부담하는 것은 명의회사라고 한 사례**

입찰자격이 없는 회사가 입찰자격이 있는 회사의 명의를 빌려 입찰에 참가하여 낙찰받고 기계공급계약을 체결한 경우 계약당사자나 계약상의 이행채무와 채무불이행으로 인한 손해배상책임을 부담하는 것은 명의회사라고 한다(1993. 4. 27. 제1부 판결 92다43432 제3자이의).

8. **신용장이 수출대행자를 수익자로 하여 직접 개설되었고 견적송장, 상업송장, 포장명세서, 검사증명서 등이 수출업자 내지 선적자를 수출대행자로 하여 작성되고, 수출대행자가 물품의 제조자를 위하여 금융무역전반에서 지원을 하는 한편, 내국신용장을 개설하는 등 수출의 과정에 관여한 경우 수출대행자가 수입자에 대한 관계에서 매도인의 지위에 있다고 한 사례**

무역업허가 내지 등록을 가진 수출대행자에 의하여 수출이 이루어지는 경우는 여러 가지의 유형이 있을 수 있으므로 수출대행자의 지위는 그 구체적인 상황에 따라 판단될 수밖에 없는 것이고, 수출대행자라고 하여 수입자에 대한 관계에서 일률적으로 매도인으로서의 지위가 부정되는 것은 아니므로 신용장이 수출대행자를 수익자로 하여 직접 개설되었고 견적송장, 상업송장, 포장명세서, 검사증명서 등이 수출업자 내지 선적자를 수출대행자로 하여 작성되고, 수출대행자가 물품의 제조자를 위하여 금융무역전반에서 지원을 하는 한편, 내국신용장을 개설하는 등 수출의 과정에 관여한 경우 수출대행자가 수입자에 대한 관계에서 매도인의 지위에 있다(1993. 11. 23. 제1부 판결 92다13103 손해배상(기)).

9. 가. **토지매수인이 건축한 지상 건물의 분양대금으로 매매대금을 우선 변제하기로 약정한 경우 매도인이 그 건물을 분양하여 그 분양대금을 지급받았다면 그 금액만큼의 매매잔대금의 청구는 허용될 수 없다고 본 사례**

토지매수인이 건축한 지상 건물의 분양대금으로 매매대금을 우선 변제하기로

약정한 경우에 있어서 만일 매도인이 매수인의 의사에 터잡아 그 건물을 분양하여 그 분양대금을 지급받았다면 특별한 사정이 없는 한 그만큼은 매매대금에 충당하기 위한 것이었다고 보는 것이 당사자의 의사에 합치된다고 볼 것이고, 매수인의 의사에 반하여 임의로 이를 분양하여 그 대금을 지급받았다 하더라도 그 분양대금으로 잔대금에 충당한 것이 아니었다고 볼만한 특별한 사정이 없는 한 그 금액만큼의 매매잔대금의 청구는 허용될 수 없다고 보는 것이 상당하다.

나. 건축허가를 받은 토지소유자로부터 토지를 매수하여 자신의 비용으로 그 지상에 건물을 완공하려 할 때에는 그 토지에 대한 소유권이전등기와 함께 건축허가명의도 자신의 것으로 변경하는 것이 일반적이라고 한 사례

어떤 사람이 건축허가를 받은 토지소유자로부터 토지를 매수하여 자신의 비용으로 그 지상에 건물을 완공하여 분양하려 할 때에는 그 토지에 대한 소유권이전등기와 함께 건축허가명의도 자신의 것으로 변경하는 것이 일반적이고 또 그렇게 하는 것이 분양에 편리하다고 볼 것이고, 이와 달리 토지에 대한 소유권이전등기만 하고 건축주명의를 토지매도인에게 그대로 남겨둔다는 것은 이례적인 일이라고 할 것이므로, 법원이 위와 같은 사실을 인정하려면 토지에 대하여서만 소유권이전등기를 하고 건축허가명의는 매도인 앞으로 그대로 두기로 할 어떤 사정이나 이유가 있었음을 밝혀야 할 것이다(1993. 11. 23. 제1부 판결 93다20689 소유권이전등기말소).

10. 기술적 착오로 지적도상의 경계선이 진실한 경계선과 다른 경우, 매매 목적물의 결정 기준

어떤 토지가 지적법에 의하여 1필지의 토지로 지적공부에 등록되면 그 토지는 특별한 사정이 없는 한 그 등록으로써 특정되고 그 소유권의 범위는 현실의 경계와 관계없이 공부상의 경계에 의하여 확정되는 것이고, 지적도상의 경계표시가 분할측량의 잘못 등으로 사실상의 경계와 다르게 표시되었다 하더라도 그 토지에 대한 매매도 특별한 사정이 없는 한 현실의 경계와 관계없이 지적공부상의 경계와 지적에 의하여 소유권의 범위가 확정된 토지를 매매 대상으로 하는 것으로 보아야 할 것이나, 다만 지적도를 작성함에 있어서 기술적인 착오로 인하여 지적도상의 경계선이 진실한 경계선과 다르게 작성되었기 때문에 경계와 지적이 실제의 것과 일치하지 않게 되었다는 등의 특별한 사정이 있는 경우에는 실제의 경계에 의하여야 할 것이므로, 이와 같은 사정이 있는 경우 그 토지에 대한 매매에 있어서 매매 당사자 사이에 진실한 경계선과 다르게 작성된 지적도상의 경계대로 매매할 의사를 가지고 매매한 사실이 인정되는 등의 특별한 사정이 없는 한 진실한 경계에 의하여 소유권의 범위가 확정된 토지를 매매 대상으로 하는 것으로 보아야 한다(대법원 1998. 6. 26. 선고 97다42823 판결).

11. **부동산 매도인이 매수인에게 소유권이전등기청구권 보전을 위한 가등기를 해 준 것만으로 그의 권리이전의무를 전부 이행한 것으로 볼 수 있는지 여부(소극)**

매매계약에 있어서 매도인은 매수인에 대하여 매매의 목적이 된 권리를 이전할 의무가 있고, 부동산에 관한 매매계약에 있어서는 그 권리이전의무의 하나로서 소유권이전등기절차 이행의무도 있으므로 매도인이 매수인에게 매매 대상 부동산에 대하여 소유권이전등기청구권의 보전을 위한 가등기를 하여 준 것만으로는 그 권리이전의무를 전부 이행하였다고 할 수 없고, 따라서 매도인이 매수인에 대하여 가등기를 하여 주었다고 하더라도 그 가등기에 기한 본등기가 이루어지기 전에 매도인이 제3자에게 그 부동산의 일부 지분에 관한 소유권이전등기를 하였으며, 그 후 매수인이 스스로 가등기를 말소함으로써 제3자에게 이전된 지분에 대한 이전등기를 할 수 없게 되었다면 매도인으로서는 매수인에게 완전한 소유권을 이전해 줄 의무를 다하지 못하였다고 볼 것이며, 설사 그 가등기를 말소하는 과정에서 매수인에게 과실이 있었다고 하더라도 매수인의 그러한 과실 때문에 매도인이 그 소유권이전등기를 면할 수는 없다(대법원 1997. 6. 13. 선고 96다15596 판결).

12. **매도인이 말소하여야 할 매매목적물상의 근저당권을 말소하지 못한 경우, 매수인이 대금지급을 거절할 수 있는 범위**

매도인이 말소할 의무를 부담하고 있는 매매목적물상의 근저당권을 말소하지 못하고 있다면 매수인은 그 위험의 한도에서 매매대금의 지급을 거절할 수 있고, 그 결과 민법 제587조 단서에 의하여 매수인이 매매목적물을 인도받았다고 하더라도 미지급 대금에 대한 인도일 이후의 이자를 지급할 의무가 없으나, 이 경우 지급을 거절할 수 있는 매매대금이 어느 경우에나 근저당권의 채권최고액에 상당하는 금액인 것은 아니고, 매수인이 근저당권의 피담보채무액을 확인하여 이를 알고 있는 경우와 같은 특별한 사정이 있는 경우에는 지급을 거절할 수 있는 매매대금은 확인된 피담보채무액에 한정된다(대법원 1996. 5. 10. 선고 96다6554 판결).

13. **매수인이 매매대금을 완제하지 않은 상태에서 매도인의 매매목적물의 인도지체를 이유로 손해배상을 청구할 수 있는지 여부(소극)**

민법 제587조에 의하면, 매매계약 있은 후에도 인도하지 아니한 목적물로부터 생긴 과실은 매도인에게 속하고, 매수인은 목적물의 인도를 받은 날로부터 대금의 이자를 지급하여야 한다고 규정하고 있는바, 이는 매매당사자 사이의 형평을 꾀하기 위하여 매매목적물이 인도되지 아니하더라도 매수인이 대금을 완제한 때에는 그 시점 이후의 과실은 매수인에게 귀속되지만, 매매목적물이 인도되지 아니하고 또한 매수인이 대금을 완제하지 아니한 때에는 매도인의 이행지체가 있더라도 과실은 매도인에게 귀속되는 것이므로 매수인은 인도의무의 지체로 인한 손해배상금의 지급을 구할 수 없다(대법원 2004. 4. 23. 선고 2004다8210 판결).

◈ 타인의 물건을 매매의 목적으로 한 경우에 매도인의 책임

제 569 조 【타인의 권리의 매매】

매매의 목적이 된 권리가 타인에게 속한 경우에는 매도인은 그 권리를 취득하여 매수인에게 이전하여야 한다.

■ § 569. 매도인의 담보책임의 성질

- 법정책임
- 무과실책임
- 채무불이행과는 무관→공평의 원칙, 신의성실의 원칙
- 원시적 불능
- 특정물 매매 + 불특정물 매매

본조는 타인의 물건을 매매의 목적으로 한 경우의 매도인의 책임을 규정한 것이다.

1. 타인의 권리의 매매의 유효성

매매는 당사자일방(매도인)이 어떤 재산권을 상대방(매수인)에게 이전할 것을 약정하고 상대방이 그 대금을 지급할 것을 약정함으로써 그 효력이 생기는 계약이며(제563조), 이 계약이 유효하게 성립함에 따라 매도인은 계약의 목적인 재산권을 매수인에게 이전을 의무를 부담하고 매수인은 대금지급의무를 부담하게 되나, 매도인이 이전하여야 할 재산권이 반드시 매도인에게 귀속하고 있어야 한다는 어떠한 규정도 없으므로 매매계약이 유효하게 성립하기 위한 요건으로서 매매의 목적인 재산권이 반드시 매도인에 속하고 있을 필요는 없다. 또 매매는 계약에 의하여 즉시 재산권을 이전케 하는 것이 아니고, 단지 재산권을 이전하여야 하는 채무를 발생시키는 것에 그친다.

따라서 타인에게 속하는 권리의 매매를 약정하였다 하여, 반드시 타인의 재산을 횡령하려는 불법한 목적에 의한 것이라고는 할 수 없으므로 이 점에서 보더라도 타인의 권리의 매매는 유효하다. 이와 같이 타인의 권리의 매매의 목적물로 한 때에는 매도인은 먼저 그 권리를 타인에게서 취득하여 매수인에

게 이전하여야 한다.

본조 규정의 존재 자체가 민법이 타인의 권리의 매매를 당연히 유효하다고 한 것을 나타낸 것이라 할 수 있다. 또 이 규정에 의하여 타인으로부터 권리를 취득하는 경우에 있어서도 그 타인은 계약당사자가 아니기 때문에 어떠한 구속도 받지 않으므로 계약당사자에 대하여 자기의 권리를 주장할 수 있는 것은 당연하다.

매매의 목적물의 소유자인 제3자가 매매성립당시부터 그 물건을 타인에게 양도한 의사가 없어서 매도인이 그 물건을 취득하여 매수인에게 이전할 수 없는 것과 같은 경우에도 그 제3자의 소유물을 목적으로 하는 매매계약은 성립한다.

【쟁점사항】

<부동산을 매수한 자가 그 소유권 이전등기를 하지 아니한 채 이를 다시 제3자에게 매도한 경우 '타인의 권리매매'라고 할 수 있는지 여부>

부동산을 매수한 자가 그 소유권 이전등기를 하지 아니한 채 이를 다시 제3자에게 매도한 경우에는 그 매도인은 그 부동산을 사실상 처분할 수 있을 뿐만 아니라 법률상으로도 처분할 수 있는 권원에 의하여 매도한 것이므로, 이것을 민법 제569조에서 말하는 '타인의 권리매매'라고 할 수 없다(대판 1996. 4. 12. 95다55245).

2. 타인의 권리의 매매에 있어서 매도인의 담보책임

매도인이 그 의무를 이행하기 위하여 타인으로부터 그 권리를 취득하는 것은 매매·증여·상속 등 그 방법여하를 불문한다. 또 타인의 권리의 매매는 계약당시에 당사자가 그 권리가 타인에게 속한다는 사실을 알고 있었거나 알지 못했거나를 불문하고 모두 유효하게 성립한다고 해석한다. 다만 매수인의 지·부지에 따라 매도인의 담보책임의 내용에 차이가 있음에 유의하여야 한다(제570조, 제571조).

타인의 권리의 매매에 있어서는 매도인이 타인으로부터 그 권리를 취득하여 매수인에게 이전할 의무를 부담하게 되는데 타인으로부터 권리를 취득할 수 없어서 매도인이 매수인에게 목적물을 인도할 수 없는 경우는 물론, 목적물을 인도하였으나 재산권이 유효하게 이전되지 아니하여 그 때문에 매수인으로부

터 진실한 권리자에 의하여 권리가 추탈되었거나 추탈될 위험이 있는 때에는 매도인은 권리의 흠결에 대하여 담보책임을 부담하게 된다(제570조, 제271조).

매매의 목적인 권리의 일부가 타인에게 속하고 있는 경우에도 마찬가지이다(제572조, 제573조).

본조가 「매도인은 그 권리를 취득하여 매수인에게 이전하여야 한다」고 규정한 것은 타인의 권리의 매매에 관한 매도인의 권리공여의무를 선언한 의미라고 이해하는 견해가 있다. 이 견해에 의하면 별도의 규정이 없더라도 이 의무를 이행할 수 없는 매도인은 자기의 무과실을 입증할 수 없는 한, 채무불이행 책임을 부담하게 된다.

3. 타제도와의 관계

(1) 채무불이행책임

타인권리매매시 채무불이행책임(이행불능)과의 경합을 인정하는 것이 통설과 판례(대판 1993. 11. 23. 대판 93다37328)이다. 또한 타인권리매매시 담보책임이 아닌 채무불이행책임을 물을 때 이행불능에 관한 귀책사유의 입증책임은 '매수인'에게 있다는 것이 판례(대판 1970. 12. 29. 70다2449)이나, 이에 대한 비판이 있다.

(2) 불법행위책임

타인권리매매시 매수인이 매도인이 아닌 최초매도인에게 불법행위에 의한 책임을 물을 수 있다는 것이 판례(대판 2000. 9. 5. 99다40302)이다. 이때 손해배상 범위와 관련하여 최종매수인의 등기가 진정한 소유자에 의해 말소가 되어 이로 인하여 손해를 입은 최종 매수인이 불법행위에 의한 손해배상청구시 그 배상 범위는 무효의 소유권이전등기를 유효한 등기로 믿고 위 토지를 매수하기 위하여 출연한 금액, 즉 '매매대금상당액'이라고 함이 판례이다(대판 1992. 6. 23. 91다33070). 판례는 "최종 매수인은 처음부터 위 토지의 소유권을 취득하지 못한 것이어서 위 말소등기를 명하는 판결의 확정으로 비로소 위 토지의 소유권을 상실한 것이 아니므로 위 토지의 소유권상실이 그 손해가 될 수는 없다"고 한다.

(3) 타인 권리의 매매와 매도인의 착오에 의한 취소

담보책임이 착오규정의 특칙이라는 것이 다수설이다.

(4) 타인 권리의 매매와 사기에 의한 취소

양 규정의 경합을 긍정하는 것이 통설적인 입장이다. 또한 판례(대판 1973. 10. 23. 73다 268)도 그러하다.

▣ 핵심판례 ▣

■ [타인의 권리의 매매]

1. 부동산을 매수하고 소유권이전등기까지 넘겨받았지만 매도인과 매수인 앞으로 경료된 소유권이전등기의 말소를 명한 판결이 확정된 경우, 매도인의 손해배상액 산정의 기준시점(=판결확정시)

부동산을 매수하고 소유권이전등기까지 넘겨받았지만 진정한 소유자가 제기한 등기말소청구소송에서 매도인과 매수인 앞으로 된 소유권이전등기의 말소를 명한 판결이 확정됨으로써 매도인의 소유권이전의무가 이행불능된 경우, 그 손해배상액 산정의 기준시점은 위 판결이 확정된 때이다(1993. 4. 9. 제3부 판결 92다25946 손해배상(기)).

2. 타인의 권리에 속하는 목적물의 양도계약의 효력

민법 제569조, 제570조에 비추어 보면, 양도계약의 목적물이 타인의 권리에 속하는 경우에 있어서도 그 양도계약은 계약당사자간에 있어서는 유효하고, 그 양도계약에 따라 양도인은 그 목적물을 취득하여 양수인에게 이전하여 줄 의무가 있다(1993. 8. 24. 제1부 판결 93다24445 물품인도).

3. 가. 국유재산인 토지를 개간촉진법에 의하여 매수하여 그 대가를 상환완료한 경우 소유권의 귀속관계

국유재산인 토지를 개간촉진법(폐지)에 의하여 대한민국으로부터 매수하여 그 대가를 이미 상환완료하였다면, 매수인은 그 등기 여부에 관계없이 토지의 소유권을 적법하게 취득한 것이다.

나. 타인의 소유에 속하는 목적물에 대한 매매계약의 효력

특정한 매매의 목적물이 타인의 소유에 속하는 경우라 하더라도, 그 매매계약이 원시적 이행불능에 속하는 내용을 목적으로 하는 당연무효의 계약이라고 볼 수 없다(1993. 9. 10. 제3부 판결 93다20283 손해배상(기)).

<center><참고사항></center>

※ 담보책임의 내용 개관

1. 해제권

 (1) 어떤 경우에나 존재한다.

 (2) 계약목적달성이 불가능할 경우에만 행사 가능하다. 예외가 없다. 제576조의
 경우도 궁극적으로는 목적 달성이 불가능한 경우에 해당한다.

 (3) 최고가 불필요하다.

 (4) 선의 매수인만 행사가 가능하다. 단, 제570조, 제576조에서는 악의자도 가능
 하다는 예외가 있다.

2. 손해배상청구권

 (1) 어떤 경우에나 존재한다.

 (2) 선의 매수인만 가능하다. 단, 제576조의 경우 악의자도 가능하다.

 (3) 다른 청구권과 함께 행사가 가능하다. 단, 제581조의 완전물급부청구권 행
 사시는 손해배상청구가 불가능하다.

3. 대금감액청구권

 (1) 계약의 일부해제로서의 성격을 가지고 있다.

 (2) 양적 하자에서만 가능하다. 제572조에서는 선, 악을 불문하지만, 제574조에
 서는 선의자만 가능하다.

 (3) 제575조나 제576조의 경우에는 불가하다.

 (4) 물건의 하자에서도 불가하다.

4. 완전물급부청구권

 제581조의 경우에만 행사 가능하다.

5. 제척기간

 (1) 제570조와 제576조의 경우에는 제척기간이 없다.

 (2) 물건의 경우에는 6월, 나머지는 1년의 제척기간에 걸린다.

◈ 권리의 하자에 대한 담보책임 : 권리의 전부가 타인에게 속하는 경우

제 570 조【동전-매도인의 담보책임】

전조의 경우에 매도인이 그 권리를 취득하여 매수인에게 이전할 수 없는 때에는 매수인은 계약을 해제할 수 있다. 그러나 매수인이 계약당시 그 권리가 매도인에게 속하지 아니함을 안 때에는 손해배상을 청구하지 못한다.

■ § 570. 타인의 권리의 매매에 있어서 매도인의 담보책임

• 권리의 전부가 타인에게 속하는 경우
• 제척기간 없음
• 선의의 매수인 : 계약해제권, 손해배상청구권
• 악의의 매수인 : 계약해제권

1. 매도인의 담보책임 일반

(1) 매도인의 담보책임의 의의 및 성질

가. 의 의

매도인의 담보책임이라 함은 매매계약으로 인하여 매도인이 매수인에 대하여 부담한 재산권이전의무를 매도인이 이행할 수 있었다 하더라도, 현실적으로 매수인이 취득한 권리가 불완전한 상태에 있다거나 혹은 권리의 객체인 물건이 예정된 상태를 갖추지 못하고 있는 것과 같이 매수인이 취득한 권리 또는 권리의 객체인 물건에 하자가 있는 경우에 매도인이 매수인에 대하여 부담하는 책임을 말한다. 이러한 매도인의 담보책임은 로마법 아래 각국법제가 일반적으로 인정하고 있는 책임이다(예컨대 독일민법 제434조 이하, 프랑스민법 제1625조 이하, 스위스 채무법 제192조 이하).

나. 법적 성질

매도인의 담보책임의 성질이 채무불이행에 속하느냐 아니냐 하는 문제가 제기되는데 민법이 정하는 매도인의 담보책임은 그 요건과 효과에서 채무불이행의 경우와 다르다. 즉 채무불이행에서는 채무자의 과실을 요건

으로 하는 데 반해(제390조), 담보책임에서는 매도인의 과실을 요하지 않는다.

매도인의 담보책임은 넓게는 채무불이행의 범주에 속하지만 매매계약의 유상성에 비추어 매수인을 보호하고 거래의 안전을 보호하려는 뜻에서 민법이 정한 법정책임이라고 해석하는 것이 다수설이다.

(2) 매도인의 담보책임과 채무불이행책임과의 비교

가. 요건상의 차이

채무불이행책임은 채무자의 과실을 요하고 채권자의 과실은 과실상계의 사유로 되는 데 불과하지만, 매도인의 담보책임은 매도인의 고의나 과실 등의 귀책사유를 그 요건으로 하지 않는다.

나. 효과상의 차이

채무불이행책임에 의해서 손해배상청구권과 계약해제권이 발생하는 데 대해, 담보책임은 대금감액청구권·계약해제권·손해배상청구권·완전물급부청구권 등의 네 가지 권리가 인정되며, 또 매수인의 선의 여부 및 하자의 종류에 따라 그 인정범위와 특히 해제권 행사의 요건을 달리한다.

다. 행사기간에 있어서의 차이

담보책임의 경우에는 일정한 제척기간의 적용을 받는다.

(3) 매도인의 담보책임의 내용

민법에 규정되어 있는 일반적인 것으로서는 권리에 하자가 있는 경우의 담보책임(제570조 내지 제577조)과 권리의 객체인 물건 자체에 하자가 있는 경우의 담보책임(제580조 내지 제582조)으로 대별되는 것이 보통이다. 본조는 이러한 매도인의 담보책임 가운데 권리의 전부가 타인에게 속하는 경우이다.

* 매도인의 담보책임 *

담보책임원인	매수인의 선의·악의	책임의 내용(매수인의 권리)		
		대금감액 청구권	해제권	손해배상청구권
전부타인의 권리 (제570조)	선의		있음	있음
	악의		있음	없음
일부타인의 권리 (제572조)	선의	있음	일정한 경우에만 있음	있음
	악의	있음	없음	없음
수량부족, 일부멸실 (제574조)	선의	있음	일정한 경우에만 있음	있음
	악의	없음	없음	없음
용익권에 의한 제한 (제575조)	선의		목적을 달성할 수 없는 경우에만 있음	있음
	악의		없음	없음
저당권, 전세권에 의한 제한(제576조)	선의		일정한 경우에 있음	일정한 경우에 있음
	악의		일정한 경우에 있음	일정한 경우에 있음
특정물 하자의 경우 (제580조)	선의		목적을 달성할 수 없는 경우에만 있음	있음
	악의		없음	없음
종류물 하자의 경우 (제581조)	선의		목적을 달성할 수 없는 경우에만 있음	손해배상청구권 또는 완전물급부청구권
	악의		없음	없음

2. 타인의 권리의 매매에 있어서 매도인의 담보책임

(1) 요 건

타인의 권리도 매매의 목적으로 할 수 있다. 이 때에는 매도인은 그 권리
를 취득하여 매수인에게 이전하여야 할 의무를 진다(제569조). 그러나 매도

인의 그 권리를 취득하여 매수인에게 이전할 수 없는 때에는 매도인은 제
570조에 의한 책임을 진다.

제570조에 의한 담보책임이 인정되기 위해서는 매매의 목적물은 현존하
나 그것이 타인의 권리에 속하기 때문에 이전할 수 없는 경우에 한한다(대
판 1993. 10. 31. 63다606).

(2) 책임의 내용

가. 계약의 해제권

매수인의 선의·악의를 불문하고 매수인은 계약을 해제할 수 있다(제
570조 본문). 매수인이 타인의 권리의 매매라는 사실을 안 악의인 경우에
도 그 권리이전의 가능성을 기대하고 매수한 것이므로 해제권을 부여한
것이다.

나. 손해배상청구권

선의의 매수인만 손해배상을 청구할 수 있다(제570조 단서). 즉, 매수인
이 계약 당시 그 권리가 매도인에게 속하지 아니함을 안 때에는 손해배상
은 청구하지 못한다. 악의의 매수인은 권리이전의 불능을 예견할 수 있었
기 때문이다.

다. 채무불이행책임

매도인의 과실로 이전불능이 초래된 경우에는 채무불이행책임이 성립하
며, 이 때에는 제570조에 의한 담보책임 외에 채무불이행책임이 발생한다
(대판 1993. 11. 23. 93다37328). 따라서 매수인이 악의인 경우에도 채무불
이행의 일반원칙에 따라 계약을 해제하고 손해배상을 청구할 수 있다.

[매매와 매도인의 담보책임]

▣ 핵심판례 ▣

1. 매도인이 등기명의자를 대리하여 매도한 데 대하여 매수인이 민 형사책임을 묻지 않기로 한 특약의 의미

부동산매매계약서상 특약조건이라 하여 "매수인은 매도인이 대리매도한 데에 대하여 차후 민·형사사건을 제시치 안하기로 한다"고 되어 있는 경우, 매매계약의 경위에 비추어 위 특약의 의미는 매도인이 실질적인 소유자가 아니어서 매수인이 토지의 소유권을 유효하게 취득하지 못하는 경우에도 매수인이 매도인에게 형사책임이나 손해배상 등의 책임을 구하지 아니하고 원상회복으로 만족하겠다는 취지로서 이는 매수인이 그 토지가 매도인의 권리에 속하지 아니함을 안 경우와 같이 취급받겠다는 의미라고 봄이 상당하다(1994. 6. 14. 제1부 판결 93다29631 손해배상(기)).

<판례전문(1994. 6. 14. 93다29631)>

[원고, 피상고인] 박석중

[피고, 상고인] 양성은 외 11인 피고들 소송대리인 변호사 권세진

[원심판결] 광주지방법원 1993. 5. 7. 선고 93나834 판결

[주 문] 상고를 모두 기각한다. 상고비용은 피고들의 부담으로 한다.

[이 유] 1. 상고이유를 본다.

원심이 적법하게 확정한 사실에 의하면, 원래의 소유자인 소외 망 문삼채가 소외 망 문영환에게 증여하여 그 명의로 등기까지 되어 있던 이 사건 토지에 대하여, 원고는 실질적인 소유자라고 자칭하는 소외 망 문상권과 그를 위 망 문영환의 대리인으로 하여 매매대금을 8,500,000원으로 하는 부동산매매계약을 체결하고 판시와 같이 그 대금을 모두 지급하고 위 망 문영환이 그 당시에 이미 사망하여 부동산소유권이전등기등에관한특별조치법에 의하여 소유권이전등기까지 마쳤는데 위 망 문영환의 누나로서 그 상속인의 한사람인 소외 문선희가 원고를 상대로 제기한 이 사건 토지에 관한 원고 명의의 위 소유권이전등기말소청구의 소에서 원고 패소판결이 확정되었다는 것이다.

그리고 소론이 지적하는 갑 제6호증의 1을 보면 그 이면에 특약조건이라 하여 "매수인은 매도인이 대리매도한 데에 대하여 차후 민· 형사사건을 제시치 안하기로 한다"고 되어 있음을 알 수 있는 바, 위와 같은 매매계약의 경위에 비추어 위 특약의 의미는 위 망 문상권이 실질적인 소유자가 아니어서 원고가 이 사건 토지의 소유권을 유효하게 취득하지 못하는 경우에도 원고는 위 문상권에게 형사책임이나 손해배상 등의 책임을 구하지 아니하고 원상회복으로 만족하겠다는 취지로서 이는 매수인인 원고가 이 사건 토지가 매도인인 위 망 문상권의 권리에 속하지 아니함을 안 경우와 같이 취급받겠다는 의미라고 봄이 상당하다.

이렇게 본다면 원고는 위 망 문상권에 대하여 담보책임을 물어 계약을 해제하고 원상회복의 방법으로 위 매매대금 8,500,000원의 반환을 구할 수 있다 할 것이며, 기록에 의하면 원고는 1992. 11. 17.자 소변경신청서에서 제4청구로 위 계약을 해제하고 원상회복을 구하고 있고 위 소변경신청서는 1992. 11. 19. 위 망 문상권의 재산상속인인 피고들의 소송대리인에게 송달되었음을 알 수 있으므로 피고들은 원고에게 위 매매대금을 반환할 의무가 있다고 할 것이다.

원심판결 이유에 의하면 원심은, 피고들에 대하여 담보책임을 인정하면서 그 손해배상의 범위에 관하여 원고가 위 문선회에게 패소한 판결이 확정된 시점의 이 사건 토지의 시가라고 판단하였는바, 이는 위 특약에 관한 의사해석을 잘못한 것이라 하겠으나 피고들은 그 범위 내에서 원고가 구하는 위 매매대금 상당인 금 8,500,000원 및 이에 대한 민법 등 소정의 판시 지연손해금을 지급할 의무가 있다고 한 결론은 정당하므로 결국 논지는 이유 없음에 돌아간다 할 것이다.

그러므로 상고를 모두 기각하고 상고비용은 패소자의 부담으로 하기로 하여 관여 법관의 일치된 의견으로 주문과 같이 판결한다.

대법관 정귀호(재판장) 배만운
 김주한(주 심) 김석수

2. 타인의 권리의 매매에 있어 매도인의 담보책임 요건인 권리이전 불능의 의미

민법 제570조는 타인의 권리매매에 있어서 매수인보호를 위한 규정으로 여기의 이른바 소유권의 이전불능은 채무불이행에 있어서와 같은 정도로 엄격하게 해석할 필요는 없고 사회통념상 매수인에게 해제권을 행사시키거나 손해배상을 구하게 하는 것이 형평에 타당하다고 인정되는 정도의 이행장애가 있으면 족하고 반드시 객관적 불능에 한하는 엄격한 개념은 아니다(대법원 1982. 12. 28. 선고 80다2750 판결).

3. 명의신탁자가 신탁 부동산을 매도한 것이 타인의 권리매매에 해당하는지 여부(소극)

명의신탁한 부동산을 명의신탁자가 매도하는 경우에 명의신탁자는 그 부동산을 사실상 처분할 수 있을 뿐 아니라 법률상으로도 처분할 수 있는 권원에 의하여 매도한 것이므로 이를 민법 제569조 소정의 타인의 권리의 매매라고 할 수 없다(대법원 1996. 8. 20. 선고 96다18656 판결).

◈ 선의의 매도인에 관한 특칙

제 571 조【동전-선의의 매도인의 담보책임】

① 매도인이 계약당시에 매매의 목적이 된 권리가 자기에게 속하지 아니함을 알지 못한 경우에 그 권리를 취득하여 매수인에게 이전할 수 없는 때에는 매도인은 손해를 배상하고 계약을 해제할 수 있다.

② 전항의 경우에 매수인이 계약당시 그 권리가 매도인에게 속하지 아니함을 안 때에는 매도인은 매수인에 대하여 그 권리를 이전할 수 없음을 통지하고 계약을 해제할 수 있다.

■ § 571. 선의매도인의 해제권에 관한 특칙

• 담보책임이 아니다(매도인의 해제권)
• 매매의 목적인 권리의 전부가 타인에게 속하는 경우에만 적용
• 매도인은 선의로 해제권행사가능, 매수인의 선·악불문, 특히 매수인의 악의 →권리이전불능 통지로 족하다.
• 제척기간 없음

본조는 매매의 목적이 된 권리가 타인에게 속한다는 사실을 모르고 매도한 선의의 매도인을 보호하기 위해, 매도인이 손해를 배상하고 계약을 해제할 수 있는 특칙을 정한다.

선의의 매도인에 대하여 매매계약을 해제할 수 있는 경우 매도인은 그 매각한 권리가 자기에게 속하지 아니함을 알지 못한 경우에는 매수인에게 손해를 배상하고 계약을 해제할 수 있다. 그러나 매수인이 계약당시 그 권리가 매도인에게 속하지 아니함을 안 때에는(매수인 악의)매도인은 매수인에 대하여 그 권리를 이전할 수 없음을 통지하고 계약을 해제할 수 있다.

매도인의 과실의 유무는 이를 묻지 않는다. 즉 선의인데 과실이 있더라도 본조의 적용이 있다. 따라서 본조에 의한 매도인의 배상책임은 무과실책임이다. 손해배상의 범위는 매도인의 불이행에 대하여 매수인이 입은 모든 손해이다.

본조는 어디까지나 매매의 목적인 권리의 전부가 타인에게 속하는 경우에만
적용된다.

▣ 핵심판례 ▣

■ [동전-선의의 매도인의 담보책임]

1. 가. 매도인이 민법 제571조에 의하여 한 계약해제의 효과

　　민법 제571조의 취지는 선의의 매도인에게 무과실의 손해배상책임을 부담하도
　　록 하면서 그의 보호를 위하여 특별히 해제권을 부여한다는 것인바, 그 해제
　　의 효과에 대하여 특별한 규정은 없지만 일반적인 해제와 달리 해석할 이유가
　　없다 할 것이므로 매도인은 매수인에게 손해배상의무를 부담하는 반면에 매수
　　인은 매도인에게 목적물을 반환하고 목적물을 사용하였으면 그 사용이익을 반
　　환할 의무를 부담한다 할 것이다(매도인이 목적물에 관하여 사용권한을취득하
　　지 아니하고 따라서 매수인이 반환한 사용이익을 궁극적으로 정당한 권리자에
　　게 반환하여야 할 입장이라 하더라도 아무런 영향이 없다).

 나. 민법 제571조에 의한 계약해제의 효과로서 발생하는 매도인의 손해배
　　상의무와 매수인의 대지인도의무 사이에 동시이행관계가 있는지 여부
　　(적극)

　　민법 제571조에 의한 계약해제의 경우에도 매도인의 손해배상의무와 매수인의
　　대지인도의무는 발생원인이 다르다 하더라도 이행의 견련관계는 양 의무에도
　　그대로 존재하므로 양 의무 사이에는 동시이행관계가 있다고 인정함이 공평의
　　원칙에 합치한다(1993. 4. 9. 제3부 판결 92다25946 손해배상(기)).

2. 수 개의 권리를 일괄하여 매매의 목적으로 정하였으나 그 중 일부의 권리
를 이전할 수 없는 경우, 민법 제571조 제1항의 적용 가부(소극)

　　민법 제571조 제1항은 선의의 매도인이 매매의 목적인 권리의 전부를 이전할 수
　　없는 경우에 적용될 뿐 매매의 목적인 권리의 일부를 이전할 수 없는 경우에는
　　적용될 수 없고, 마찬가지로 수 개의 권리를 일괄하여 매매의 목적으로 정하였으
　　나 그 중 일부의 권리를 이전할 수 없는 경우에도 위 조항은 적용될 수 없다(대
　　법원 2004. 12. 9. 선고 2002다33557 판결).

◆ 권리의 하자에 대한 담보책임 : 권리의 일부가 타인에게 속하는 경우

제 572 조【권리의 일부가 타인에게 속한 경우와 매도인의 담보책임】

① 매매의 목적이 된 권리의 일부가 타인에게 속함으로 인하여 매도인이 그 권리를 취득하여 매수인에게 이전할 수 없는 때에는 매수인은 그 부분의 비율로 대금의 감액을 청구할 수 있다.

② 전항의 경우에 잔존한 부분만이면 매수인이 이를 매수하지 아니하였을 때에는 선의의 매수인은 계약전부를 해제할 수 있다.

③ 선의의 매수인은 감액청구 또는 계약해제 외에 손해배상을 청구할 수 있다.

■ § 572. 권리의 일부가 타인에게 속하는 경우

• 제척기간 : 1년
• 선의의 매수인 : 일반적인 경우……대금감액청구권, 손해배상청구권
　　　　　　　　　　특별한 경우……계약해제권, 손해배상청구권
• 악의의 매수인……대금감액청구권
• 관련법조 : [상사매매와 목적물의 하자] 상 §69

본조는 권리의 일부가 타인에게 속한 경우의 매도인의 담보책임을 규정한 것이다

1. 요 건

매매의 목적인 권리의 일부가 타인에게 속함으로 인하여 매도인이 그 권리를 매수인에게 이전할 수 없는 때에는 매수인은 선의여부에 따라서 대금감액청구권 또는 계약해제권을 갖는다. 매수인이 선의인 때에는 대금감액청구권 또는 계약해제권과 아울러 손해배상을 청구할 수도 있다.

2. 책임의 내용

(1) 대금감액청구권

매수인은 선의·악의를 불문하고 권리의 일부가 타인에게 속한 부분의

비율로 대금의 감액을 청구할 수 있다.

예컨대 택지 100평을 1평당 5만원씩으로 하여 합계 500만원의 대금으로 매매하였는데, 실제로는 90평 밖에 없었던 때에는 부족분 10평의 대금에 해당하는 금액 50만원의 감액을 청구할 수 있다(제575조).

대금지급 전에 이 감액을 청구하는 것이 보통이나 이미 대금을 지급한 때에는 감액금의 반환을 청구할 수 있다.

(2) 계약해제권

선의의 매수인은 이전된 부분만이라면 이를 매수치 않으리라는 사정이 있는 때에는 계약의 전부를 해제할 수 있다.

(3) 손해배상청구권

선의의 매수인은 대금감액 또는 계약해제와 함께 손해배상도 청구할 수 있다.

3. 권리행사기간

위 2.의 권리는 매수인이 선의인 경우에는 사실을 안 날로부터, 악의인 경우에는 계약한 날로부터 1년 내에 행사하여야 한다(제573조).

▣ 핵심판례 ▣

■ [권리의 일부가 타인에게 속한 경우와 매도인의 담보책임]

1. 매매의 목적이 된 권리의 일부가 타인에게 속하게 되어 매도인이 그 권리를 취득하여 매수인에게 이전할 수 없게 된 경우 매도인이 매수인에 대하여 배상하여야 할 손해액(=이행이익 상당액)

매매의 목적이 된 권리의 일부가 타인에게 속함으로 인하여 매도인이 그 권리를 취득하여 매수인에게 이전할 수 없게 된 때에는 선의의 매수인은 매도인에게 담보책임을 물어 이로 인한 손해배상을 청구할 수 있는바, 이 경우에 매도인이 매수인에 대하여 배상하여야 할 손해액은 원칙적으로 매도인이 매매의 목적이 된 권리의 일부를 취득하여 매수인에게 이전할 수 없게 된 때의 이행불능이 된 권리의 시가, 즉 이행이익 상당액이라고 할 것이어서, 불법등기에 대한 불법행위책임을 물어 손해배상청구를 할 경우의 손해의 범위와 같이 볼 수 없다(1993. 1. 19.

제1부 판결 92다37727 소유권이전등기).

2. 토지일부를 매매하였으나 분할등기가 되어 있지 아니하여 토지전부에 대하여 매수인 명의로 한 이전등기의 효력

1필지의 토지 중 특정된 일부토지를 매매하면서 분할되어 있지 아니한 관계 등으로 편의상 이를 포함한 종전토지 전체에 대하여 그 소유권이전등기를 경료하였다면 특별한 사정이 없는 한 매매하지 아니한 일부토지에 관하여는 이를 매수자에게 명의신탁한 경우에 해당하고, 부동산을 명의신탁한 경우에는 소유권이 대외적으로는 수탁자에게 귀속되는 것이므로 수탁자가 수탁부동산을 제3자에게 처분하였을 때에는 그 처분행위가 무효 또는 취소되는 등의 사유가 없는 한 신탁자는 명의신탁된 부동산이라는 이유를 내세워 제3자에게 소유권을 주장할 수 없다(대판 1988. 2. 9. 87다424).

3. 일괄하여 매매의 목적이 된 수개의 권리중 일부가 타인에게 속한 경우 매도인의 담보책임에 관한 민법 제572조의 적용여부(적극)

매매의 목적이 된 권리의 일부가 타인에게 속한 경우의 매도인의 담보책임에 관한 민법 제572조의 규정은 단일한 권리의 일부가 타인에 속하는 경우에만 한정하여 적용되는 것이 아니라 수개의 권리를 일괄하여 매매의 목적으로 정한 경우에도 그 가운데 이전할 수 없게 된 권리부분이 차지하는 비율에 따른 대금산출이 불가능한 경우 등 특별한 사정이 없는 한 역시 적용된다(대법원 1989. 11. 14. 선고 88다카13547 판결).

◈ 권리의 일부가 타인에게 속하는 경우 매수인이 대금감액청구권 등을 행사할 수 있는 기간

제 573 조【전조의 권리행사의 기간】

전조의 권리는 매수인이 선의인 경우에는 사실을 안 날로부터, 악의인 경우에는 계약한 날로부터 1년내에 행사하여야 한다.

■ § 573. 제척기간

• §573가 규정하는 권리는 매수인이 선의이면 사실을 안 날로부터 1년내에, 악의이면 계약한 날로부터 1년내에 행사하여야 한다.

제572조의 3종의 권리, 즉 대금감액청구권·계약해제권·손해배상청구권은 매수인이 선의인 경우에는 사실을 안 날로부터, 악의인 경우에는 계약한 날로부터 1년 내에 행사하여야 한다.

이 때의 '그 사실을 안 날'이란 단순히 권리의 일부가 타인에게 속한 사실을 안 날이 아니라, 그 때문에 매도인이 이를 취득하여 매수인에게 이전할 수 없게 되었음이 확실하게 된 날을 의미한다(대판 1991. 12. 10. 91다27396).

이 기간은 시효기간이 아니라 제척기간이다. 즉 이 기간 내에는 재판상의 행사(소의 제기)가 있어야 한다. 그러나 판례는 제소기간으로 보지 않고 재판상 또는 재판외의 권리행사에 관한 기간이라고 한다.

상인간의 매매인 경우에 매수인은 목적물을 수령하면 지체없이 검사할 의무가 있고, 하자를 발견하면 곧 매도인에게 그 통지를 발송하여야만 담보책임을 물을 수 있다(상법 제69조 1항). 그러나 매도인이 악의인 경우에는 그러하지 아니하다.

[매매목적물에 하자가 있는 경우의 민법과 상법과의 대비]

▣ 핵심판례 ▣

■ [전조의 권리행사의 기한]

민법 제573조 소정의 권리행사기간의 기산점인 선의의 매수인이 "사실을 안 날"의 의미

민법 제573조 소정의 권리행사기간의 기산점인 선의의 매수인이 "사실을 안 날"이라 함은 단순히 권리의 일부가 타인에게 속한 사실을 안 날이 아니라 그 때문에 매도인이 이를 취득하여 매수인에게 이전할 수 없게 되었음이 확실하게 된 사실을 안 날을 말하는 것이다(1991. 12. 10. 제2부 판결 91다27396 토지소유권이전등기).

◆ 권리의 하자에 대한 담보책임 : 목적물의 수량부족, 일부멸실의 경우

제 574 조 【수량부족, 일부멸실의 경우와 매도인의 담보책임】

전2조의 규정은 수량을 지정한 매매의 목적물이 부족되는 경우와 매매목적물의 일부가 계약당시에 이미 멸실된 경우에 매수인이 그 부족 또는 멸실을 알지 못한 때에 준용한다.

■ § 574. 수량부족, 일부멸실의 경우 매도인의 담보책임

- 제척기간 : 1년
- 선의의 매수인 : 일반적인 경우……대금감액청구권, 손해배상청구권
 특별한 경우……계약해제권, 손해배상청구권
- 관련법조 : [상사매매와 목적물 하자] 상 §69

본조는 매매의 목적물의 수량부족 또는 일부의 멸실있는 경우의 매수인의 권리를 규정한 것이다.

1. 요 건

수량을 지정하여 매매한 물건이 부족하거나 또는 물건의 일부가 계약당시 이미 소멸된 경우에 있어서 「수량을 지정하여 매매한 물건」이라 함은 수량을 표시하고 그것을 기초로 하여 대금을 계산하여 매매된 물건을 말한다. 즉, 당사자가 매매의 목적인 특정물이 일정 수량을 가지고 있다는데 주안을 두고, 대금도 그 수량을 기준으로 정한 경우를 말한다.

이러한 경우는 모두 계약의 내용이 원칙적으로 일부불능에 해당하는 경우로서 민법상 원칙에 의하면 불능부분에 대해서는 당연히 계약이 성립하지 않으나 특별히 전부에 관하여 성립시킨 담보책임의 문제로 한 것이다. 그리고 매수인이 그 부족 또는 멸실을 알지 못했던 경우, 즉 선의인 때에만 담보책임이 발생한다.

【쟁점사항】

<'수량을 지정한 매매'에 해당하는지 여부가 문제되는 경우>

㉠ 토지매매시 목적물을 등기부상의 평수에 따라 특정하였지만 대상 토지를 전체로서 평가하고, 평수에 의하여 매매대금을 산출한 경우

수량을 지정한 매매라 함은 당사자가 매매의 목적인 특정물이 일정한 수량을 갖고 있다는 데 주안을 두고, 대금도 그 수량을 기준으로 하여 정한 경우를 말하므로, 토지의 매매에 있어서 목적물을 등기부상의 평수에 따라 특정한 경우라도 대상 토지를 전체로서 평가하였고, 평수에 의하여 매매대금을 산출한 것은 당사자들 사이에서 대상 토지를 특정하고 그 대금을 결정하기 위한 방편이었다고 보일 때에는 이를 가리켜 수량을 지정한 매매라고는 할 수 없다(대판 1992. 9. 14. 92다9463).

㉡ 매매계약 당사자가 목적토지의 면적이 공부상의 표시와 다르다는 것을 사전에 알았더라면 당연히 그 실제 평수를 기준으로 가격을 정하리라는 점이 인정되는 경우

매매계약 당사자가 목적토지의 면적인 공부상의 표시와 같은 것을 전제로 하여 면적의 가격을 정하는 여러 요소 중 가장 중요한 요소로 파악하여 가격을 정하였고, 만약 그 면적이 공부상의 표시와 다르다는 것을 사전에 알았더라면 당연히 그 실제 평수를 기준으로 가격을 정하였으리라는 점이 인정된다면 그 매매는 '수량을 지정한 매매'에 해당되고, 매매계약서에 평당 가격을 기재하지 아니하였다거나 매매계약의 내용에 부수적으로 매도인이 매수인에게 인근 국유지에 대한 점유를 이전해 주고 이축을 양도하기로 하는 약정이 포함되어 있었다 하더라도 달리 볼 것은 아니다(대판 2001. 4. 10. 2001다12256).

㉢ 매매계약서에 평당 가격을 기재하지 않은 경우

일정한 면적을 중요한 요소로 파악하고 이를 기준으로 가격을 정한 경우에는, 비록 매매계약서에 평당 가격을 기재하지 않았다고 하더라도 수량을 지정한 매매이다(대판 1996. 4. 9. 95다48780).

▣ 핵심판례 ▣

■ [수량부족, 일부멸실]

1. 아파트분양계약이 수량을 지정한 매매가 아니라 특정물을 목적으로 한 매매이어서 실제면적이 계약서상에 표시된 분양면적 보다 넓다 해도 부당이득이 되지 아니한다고 본 사례

원고와 피고들간에 체결된 아파트분양계약이 아파트의 6층 607호, 1층 102호 등으로 특정된 아파트 1동씩을 특정하여 매매한 것이므로 이는 수량을 지정한 매매가 아니라 특정물을 목적으로 한 매매로서 설사 분양안내 카타로그가 잘못되어 피고들이 분양받은 아파트의 실제면적이 분양계약서상에 표시된 분양면적보다 다소 넓다 하더라도 피고들이 법률상 원인없이 이득을 얻은 것이라 할 수 없다(1991. 3. 27. 제2부 판결 90다13888 부당이득금반환).

2. 민법 제574조 소정의 "수량을 지정한 매매"의 의미와 토지의 매매에 있어 수량을 지정한 매매라고 보기 어려운 경우

민법 제574조에서 규정하는 "수량을 지정한 매매"라 함은 당사자가 매매의 목적인 특정물이 일정한 수량을 가지고 있다는 데 주안을 두고 대금도 그 수량을 기준으로 하여 정한 경우를 말하는 것이므로, 토지의 매매에 있어 목적물을 등기부상의 평수에 따라 특정한 경우라도 당사자가 그 지정된 구획을 전체로서 평가하였고 평수에 의한 계산이 하나의 표준에 지나지 아니하여 그것이 당사자들 사이에 대상토지를 특정하고 대금을 결정하기 위한 방편이었다고 보일 때에는 이를 가리켜 수량을 지정한 매매라 할 수 없다(1993. 6. 25. 제3부 판결 92다56674 매매대금).

3. 부동산 매매계약에 있어서 실제면적이 계약면적에 미달하고 그 매매가 수량 지정매매에 해당하는 경우, 대금감액청구권 행사와 별도로 부당이득 반환청구 또는 계약체결상의 과실책임을 물을 수 있는지 여부

부동산매매계약에있어서 실제면적이 계약면적에 미달하는 경우에는 그 매매가 수량 지정매매에 해당할 때에 한하여 민법 제574조, 제572조에 의한 대금감액청구권을 행사함은 별론하고, 그 매매계약이 그 미달부분만큼 일부 무효임을 들어 이와 별도로 일반 부당이득 반환청구를 하거나 그 부분의 원시적 불능을 이유로 민법 제535조가 규정하는 계약체결상의 과실에 따른 책임의 이행을 구할 수 없다(대판 2002. 4. 9. 99다47396).

4. 부동산의 매매가 민법 제574조의 소정의 '수량을 지정한 매매'에 해당하기 위한 요건

부동산 매매계약에 있어서 매수인이 일정한 면적이 있는 것으로 믿고 매도인도

그 면적이 있는 것을 명시적 또는 묵시적으로 표시하며, 나아가 계약당사자가 면적을 가격을 정하는 여러 요소 중 가장 중요한 요소로 파악하고, 그 객관적 수치를 기준으로 가격을 정하는 경우라면 특정물이 일정한 수량을 가지고 있다는 데에 주안을 두고, 대금도 그 수량을 기준으로 하여 정한 경우에 속하므로 민법 제574조에 정한 '수량을 지정한 매매'에 해당한다(대법원 2001. 4. 10. 선고 2001다12256 판결).

5. 아파트분양계약이 수량지정매매에 해당하기 위한 요건

목적물이 일정한 면적(수량)을 가지고 있다는 데 주안을 두고 대금도 면적을 기준으로 하여 정하여지는 아파트분양계약은 이른바 수량을 지정한 매매라 할 것이다(대법원 2002. 11. 8. 선고 99다58136 판결).

◈ 권리의 하자에 대한 담보책임 : 권리에 의한 제한이 있는 경우

제 575 조【제한물권있는 경우와 매도인의 담보책임】

① 매매의 목적물이 지상권, 지역권, 전세권, 질권 또는 유치권의 목적이 된 경우에 매수인이 이를 알지 못한 때에는 이로 인하여 계약의 목적을 달성할 수 없는 경우에 한하여 매수인은 계약을 해제할 수 있다. 기타의 경우에는 손해배상만을 청구할 수 있다.

② 전항의 규정은 매매의 목적이 된 부동산을 위하여 존재할 지역권이 없거나 그 부동산에 등기된 임대차계약이 있는 경우에 준용한다.

③ 전2항의 권리는 매수인이 그 사실을 안 날로부터 1년내에 행사하여야 한다.

■ § 575. 용익권에 의한 제한이 있는 경우의 담보책임

• 제척기간 : 1년
• 지상권, 지역권, 전세권, 유치권, 질권, 임차권(대항력)
• 저당권 : 제외
• 선의의 매수인 : 일반적인 경우⋯⋯손해배상청구권
　　　　　　　　　목적달성의 불능⋯⋯계약해제권, 손해배상청구권
• 관련법조 : [본항준용] 주택임대차보호법 §3

　본조는 매매의 목적물인 권리가 용익물권 기타의 권리에 의하여 제한을 받고 있는 경우에 매도인의 담보책임과 매수인의 권리를 규정한 것이다.

1. 요 건

　(1) 매매의 목적물이 지상권 · 지역권 · 전세권 · 질권 또는 유치권의 목적인 경우 및 목적 부동산에 등기된 임대차가 있는 경우에는 매수인은 이러한 권리에 의하여 제한되므로 기대한 대로의 사용 · 수익을 할 수 없기 때문에 매수인이 선의인 경우에만 매도인의 담보책임이 발생한다. 또 임대차가 등기되어 있지 않더라도 물권을 취득한 자에 대하여 효력을 발생하는 경우에는 등기된 임대차가 있는 경우와 같은 담보책임이 발생한

다(제622조 참조).

(2) 부동산을 위하여 존재하여야 할 지역권이 있는 줄 알고서 토지를 매수하였는데, 실제로는 그 지역권이 없는 경우, 매수인이 그 토지를 사용하는데 제약을 받는 점에서는 위의 다른 용익적 권리에 의하여 제한을 받는 경우와 같으므로, 이 때에도 매도인은 위와 같은 담보책임을 진다(제575조 2항).

2. 담보책임의 내용

(1) 계약해제권

선의의 매수인은 위 용익적 권리의 존재 또는 지역권의 부존재로 인하여 계약의 목적을 달성할 수 없는 경우에 계약을 해제할 수 있다(제575조 1항).

(2) 손해배상 청구권

선의의 매수인은 계약해제 외에 손해배상도 청구할 수 있다(제575조 제1항). 따라서 계약의 목적을 달성할 수 있는 선의의 매수인은 손해배상청구권만을 행사할 수 있다.

3. 제척기간

매수인의 계약해제권과 손해배상청구권은 그 사실을 안 날로부터 1년 내에 행사하여야 한다(제575조 3항).

▣ 핵심판례 ▣

■ [제한물권 있는 경우와 매도인의 담보책임]

가. 임차인이 임대차계약종료 후 동시이행항변권 행사의 방법으로 목적물을 계속 점유하는 경우 부당이득의 성부

임차인이 임대차계약종료 이후에도 동시이행의 항변권을 행사하는 방법으로 목적물의 반환을 거부하기 위하여 임차건물부분을 계속 점유하기는 하였으나 이를 본래의 임대차계약상의 목적에 따라 사용·수익하지 아니하여 실질적인 이득을 얻은 바 없는 경우에는 그로 인하여 임대인에게 손해가 발생하였다 하더라도 임차인의 부당이득반환의무는 성립되지 않는다.

나. 신축건물의 매도인이 하자보수를 약정한 경우 책임을 지는 하자의 범위

신축건물이나 신축한 지 얼마 되지 않아 그와 다름없는 건물을 매도하는 매도인이 매수인에 대하여 매도건물에 하자가 있을 때에는 책임지고 그에 대한 보수를 해 주기로 약정한 경우 특별한 사정이 없는 한 매도인은 하자 없는 완전한 건물을 매매한 것을 보증하였다고 할 것이므로 매도인은 계약 당시 또는 매수인이 인도받은 후에 용이하게 발견할 수 있는 하자뿐만 아니라 건물의 본체부분의 구조상의 하자 특히 품질이 떨어지는 재료를 사용하는 등 날림공사로 인한 하자 등 바로 발견할 수 없는 하자는 물론 당초의 하자로부터 확산된 하자에 대하여도 책임을 져야 한다(1993. 11. 23. 제1부 판결 92다38980 건물명도).

◈ 권리의 하자에 대한 담보책임 : 전세권 · 저당권에 의한 제한이 있는 경우

제 576 조【저당권, 전세권의 행사와 매도인의 담보책임】

① 매매의 목적이 된 부동산에 설정된 저당권 또는 전세권의 행사로 인하여 매수인이 그 소유권을 취득할 수 없거나 취득한 소유권을 잃은 때에는 매수인은 계약을 해제할 수 있다.

② 전항의 경우에 매수인의 출재로 그 소유권을 보존한 때에는 매도인에 대하여 그 상환을 청구할 수 있다.

③ 전2항의 경우에 매수인이 손해를 받은 때에는 그 배상을 청구할 수 있다.

■ § 576. 저당권 · 전세권에 의한 제한이 있는 경우의 담보책임

- 제척기간 없음
- 소유권을 상실하거나 취득할 수 없을 때 : 계약해제권, 손해배상청구권
- 대신변제 : 상환청구권, 손해배상청구권

저당권 또는 전세권의 행사로 인하여 매수인이 그 소유권을 취득할 수 없거나, 취득한 소유권을 잃을 때, 또는 매수인의 출재로 그 소유권을 보존한 경우, 저당권은 지상권과 달리 목적부동산의 점유를 수반하지 않으므로 저당권의 존재만으로는 아직 매수인의 사용수익권이 방해 당하지 않기 때문에 특별히 그를 보호할 필요는 없다. 따라서 그러한 권리가 실행된 결과, 매수인이 취득한 소유권을 보존한 경우에만 매도인의 담보책임이 발생한다. 매수인의 선의 · 악의를 묻지 않는 것은 저당권이 언제나 실행되는 것은 아니며 전세권자도 반드시 경매청구권을 행사하는 것은 아니기 때문이다.

이 경우 매도인의 담보책임은 매수인을 위하여 계약해제권 또는 출재에 대한 상환청구권과 손해배상청구권 등이 주어지게 된다. 따라서 저당권 또는 전세권의 행사로 인하여 매수인이 그 소유권을 취득할 수 없거나 취득한 소유권을 잃은 때에는 매수인은 계약을 해제할 수 있다.

그리고 매수인이 출재하여 소유권을 보존한 때에는 소유권을 잃은 것은 아니
므로 계약을 해제할 수는 없고, 자기의 출재에 대한 상환을 매도인에게 청구할
수 있다. 그리고 상기의 경우에도 모두 매수인이 입은 손해에 대하여는 그 손해
배상을 청구할 수 있다.

본조에 의한 담보책임은 매수인이 매매의 목적인 부동산 위에 담보권이 존재
하고 있는 것을 고려하여 그 부동산의 대금을 낮게 책정한 경우에는 일어나지
않는다. 이러한 경우에는 매수인은 매도인에 대하여 담보책임은 물을 권리를 포
기한 것으로 해석하는 것이 타당하기 때문이다.

▣ 핵심판례 ▣

■ [저당권, 전세권의 행사와 매도인의 담보책임]

1. **가등기의 목적이 된 부동산의 매수인이 그 뒤 가등기에 기한 본등기가 경
 료됨으로써 소유권을 상실하게 된 경우 담보책임에 관하여 준용되는 법조
 (= 민법 제576조)**

 가등기의 목적이 된 부동산을 매수한 사람이 그 뒤 가등기에 기한 본등기가 경료
 됨으로써 그 부동산의 소유권을 상실하게 된 때에는 매매의 목적 부동산에 설정
 된 저당권 또는 전세권의 행사로 인하여 매수인이 취득한 소유권을 상실한 경우
 와 유사하므로, 이와 같은 경우 민법 제576조의 규정이 준용된다고 보아 같은 조
 소정의 담보책임을 진다고 보는 것이 상당하고 민법 제570조에 의한 담보책임을
 진다고 할 수 없다(1992. 10. 27. 제1부 판결 92다21784 손해배상(기)).

2. **임대차계약에 기한 임차권을 목적물로 한 매매계약 내지 교환계약에 있어
 서 그 임대차 목적물에 이미 설정되어 있던 근저당권의 실행 등으로 인하
 여 임대인이 임대차계약상의 의무를 이행하지 못하는 경우, 임차권 매도
 인에게 민법 제576조에 따른 담보책임이 있는지 여부(원칙적 소극)**

 임대차계약에 기한 임차권(임대차보증금반환청구권을 포함한다)을 그 목적물로
 한 매매계약이 성립한 경우, 매도인이 임대인의 임대차계약상의 의무이행을 담보
 한다는 특별한 약정을 하지 아니한 이상, 임차권 매매계약 당시 임대차 목적물에
 이미 설정되어 있던 근저당권이 임차권 매매계약 이후에 실행되어 낙찰인이 임대
 차 목적물의 소유권을 취득함으로써 임대인의 목적물을 사용·수익하게 할 의무
 가 이행불능으로 되었다거나, 임대인의 무자력으로 인하여 임대차보증금반환의무
 가 사실상 이행되지 않고 있다고 하더라도, 임차권 매도인에게 민법 제576조에
 따른 담보책임이 있다고 할 수 없고, 이러한 법리는 임차권을 교환계약의 목적물

로 한 경우에도 마찬가지이다(2007. 4. 26. 2005다34018, 34025).

3. 매수인이 매매목적물에 관한 근저당권의 피담보채무 중 일부만을 인수하였는데 매도인은 자신이 부담하는 피담보채무를 모두 이행한 반면 매수인은 인수한 부분을 이행하지 않음으로써 근저당권이 실행되어 매수인이 취득한 소유권을 잃게 된 경우, 매도인은 민법 제576조 소정의 담보책임을 부담하게 되는지 여부(소극)

매매의 목적이 된 부동산에 설정된 저당권의 행사로 인하여 매수인이 취득한 소유권을 잃은 때에는 매수인은 민법 제576조 제1항의 규정에 의하여 매매계약을 해제할 수 있지만, 매수인이 매매목적물에 관한 근저당권의 피담보채무를 인수하는 것으로 매매대금의 지급에 갈음하기로 약정한 경우에는 특별한 사정이 없는 한, 매수인으로서는 매도인에 대하여 민법 제576조 제1항의 담보책임을 면제하여 주었거나 이를 포기한 것으로 봄이 상당하므로, 매수인이 매매목적물에 관한 근저당권의 피담보채무 중 일부만을 인수한 경우 매도인으로서는 자신이 부담하는 피담보채무를 모두 이행한 이상 매수인이 인수한 부분을 이행하지 않음으로써 근저당권이 실행되어 매수인이 취득한 소유권을 잃게 되더라도 민법 제576조 소정의 담보책임을 부담하게 되는 것은 아니다(대판 2002. 9. 4. 선고 2002다11151).

4. 부동산의 매수인이 자신의 출재로 그 부동산에 설정된 저당권을 소멸시킨 경우에 매수인이 선의인 경우에만 그 출재의 상환을 청구할 수 있는지 여부

부동산의 매수인이 소유권을 보존하기 위하여 자신의 출재로 피담보채권을 변제함으로써 그 부동산에 설정된 저당권을 소멸시킨 경우에는, 매수인이 그 부동산 매수시 저당권이 설정되었는지 여부를 알았든 몰랐든 간에 이와 관계없이 민법 제576조 제2항에 의하여 매도인에게 그 출재의 상환을 청구할 수 있다(대판 1996. 4. 12. 95다55245).

◆ 권리의 하자에 대한 담보책임 : 저당권의 목적이 된 지상권·전세권의 경우

제 577 조【저당권의 목적이된 지상권, 전세권의 매매와 매도인의 담보책임】

전조의 규정은 저당권의 목적이 된 지상권 또는 전세권이 매매의 목적이 된 경우에 준용한다.

■ § 577. 저당권의 목적인 지상권, 전세권의 매매의 경우의 담보책임

• 576 준용
• 관련법조 : [지상권, 전세권을 목적으로 하는 저당권] §371, [담보책임 면제 특약] §584

담보책임의 요건, 내용 등은 저당권 또는 전세권이 설정되어 있는 부동산의 매매에 있어서 매도인의 담보책임과 대체로 같다. 그리고 담보책임에 관한 제척기간의 규정이 없음도 또한 전조와 같다.

◈ 권리의 하자에 대한 담보 책임 : 경매에서의 담보책임

제 578 조【경매와 매도인의 담보책임】

① 경매의 경우에는 경락인은 전8조의 규정에 의하여 채무자에게 계약의 해제 또는 대금감액의 청구를 할 수 있다.

② 전항의 경우에 채무자가 자력이 없는 때에는 경락인은 대금의 배당을 받은 채권자에 대하여 그 대금전부나 일부의 반환을 청구할 수 있다.

③ 전2항의 경우에 채무자가 물건 또는 권리의 흠결을 알고 고지하지 아니하거나 채권자가 이를 알고 경매를 청구한 때에는 경락인은 그 흠결을 안 채무자나 채권자에 대하여 손해배상을 청구할 수 있다.

■ § 578. 경매에 있어서의 담보책임

• 권리에 관한 담보책임만 인정
• 1차 책임 → 채무자, 2차 책임 → 채권자
• 관련법조 : [본조준용] 주택임대차보호법 §3②

본조는 매매의 일종인 경매에 있어서 그 목적물의 하자로 인하여 매수인(경락인)이 경매의 목적인 재산권을 완전히 취득할 수 없을 때에 매매에 준하여 매도인의 위치에 있는 경매의 채무자나 채권자에게 담보책임을 부담시켜 매수인(경락인)을 보호하기 위한 규정이다.

1. 요 건

경매에 있어서의 담보책임은 경매의 목적물에 권리의 하자가 있는 경우에 경락인이 일정한 권리를 행사할 수 있는 제도이고, 본조는 경매의 특수성을 감안하여 담보책임의 내용을 정하고 있다.

민법은 경매의 성질에 관하여 담보책임에 관한 한 일종의 매매로 보아 채무자를 매도인으로 보고 경락인을 매수인으로 보고 있다.

(1) 공경매

본조는 적용을 받는 경매는 국가기관이 법률에 의해 행하는 공경매를 말하며, 민사집행법에 의한 강제경매·담보권실행경매 및 국세징수법에 의한

경매가 여기에 해당된다.

사인간에 행해지는 사경매는 여기에 포함되지 않는다.

(2) 권리의 하자에 대한 담보책임

경매에 있어서 담보책임은 '권리의 하자'에 대해서만 인정되며, 물건 자체의 하자에 대해서는 담보책임을 인정하지 않는다(제580조 2항).

2. 담보책임의 내용

(1) 계약해제권·대금감액청구권

경락받은 권리에 하자가 있는 경우에는 그 하자의 유형에 따라 제570조~제577조의 규정에 의해 경락인은 채무자에게 계약의 해제 또는 대금감액의 청구를 할 수 있다(제578조 1항).

예컨대, 경매된 권리의 전부가 타인에게 속한 때에는 계약을 해제 할 수 있다(제570조).

【쟁점사항】

<경매의 목적물에 대항력 있는 임대차가 존재하는 것을 경락인이 알지 못한 경우, 경락인이 계약을 해제하지 않고 채무자 등에게 임차보증금에 상당하는 경락대금의 전부나 일부를 부당이득으로 반환 청구할 수 있는지 여부>

경매의 목적물에 대항력 있는 임대차가 존재하는 경우에 경락인이 이를 알지 못한 때에는 경락인은 이로 인하여 계약의 목적을 달성할 수 없는 경우에 한하여 계약을 해제하고 채무자 또는 채무자에게 자력이 없는 때에는 배당을 받은 채권자에게 그 대금의 전부나 일부의 반환을 구하거나, 위 계약해제와 함께 또는 이와 별도로 경매목적물에 위와 같은 흠결이 있음을 알고 고지하지 아니한 채무자나 이를 알고 경매를 신청한 채권자에게 손해배상을 청구할 수 있을 뿐(주택임대차보호법 제3조 제3항, 민법 제575조 제1항, 제578조), 계약을 해제함이 없이 채무자나 경락대금을 배당받은 채권자들을 상대로 경매목적물상의 대항력 있는 임차인에 대한 임대차보증금에 상당하는 경락대금의 전부나 일부를 부당이득하였다고 하여 바로 그 반환을 구할 수 있는 것은 아니다(대판 1996. 7. 12, 96다7106).

(2) 채권자의 담보책임

담보책임을 지는 채무자에게 자력이 없는 때에는 2차적으로 채권자가 책임을 진다. 채권자는 채무자에게 속하지 않는 목적물로부터 부당하게 배당을 받은 것이 되기 때문이다. 즉, 경락인은 대금의 배당을 받은 채권자에 대하여 그 대금의 전부나 일부의 반환을 청구할 수 있다(제578조 2항).

(3) 물건 또는 권리의 흠결고지의무와 손해배상청구권

경매는 채무자의 의사에 따라 행해지는 것이 아니고, 또 채권자도 경매의 목적인 권리의 상태를 자세히 알지 못하는 것이 보통이므로, 이들은 원칙적으로 손해배상책임을지지 않는다. 그러나 채무자가 물건 또는 권리의 흠결을 알면서도 고지하지 아니하거나 또는 채권자가 이를 알고서도 경매를 청구한 때에는, 경락인은 그 흠결을 안 채무자 또는 채권자에 대하여 손해배상을 청구할 수 있다(제578조 3항).

3. 권리행사기간

위 권리의 행사기간은 제570조~제575조에서 정한 제척기간이 준용된다(제578조 1항).

▣ **핵심판례** ▣

- ■ [경매와 매도인의 담보책임]
1. 가. 민법 제578조 제1항, 제2항의 법의

민법 제578조 제1항, 제2항은 매매의 일종인 경매에 있어서 그 목적물의 하자로 인하여 경락인이 경락의 목적인 재산권을 완전히 취득할 수 없을 때에 매매의 경우에 준하여 매도인의 위치에 있는 경매의 채무자나 채권자에게 담보책임을 부담시켜 경락인을 보호하기 위한 규정으로서, 그 담보책임은 매매의 경우와 마찬가지로 경매절차는 유효하게 이루어졌으나 경매의 목적이 된 권리의 전부 또는 일부가 타인에게 속하는 등의 하자로 경락인이 완전한 소유권을 취득할 수 없거나 이를 잃게 되는 경우에 인정되는 것이고, 경매절차 자체가 무효인 경우에는 경매의 채무자나 채권자의 담보책임은 인정될 여지가 없다.

나. 강제집행의 채무명의가 된 약속어음 공정증서가 위조된 것이어서 경
 락인이 경매 부동산에 대한 소유권을 취득하지 못하게 한 경우 경락
 인이 민법 제578조 제2항에 의한 담보책임을 물을 수 있는지 여부
 (소극)

> 경락인이 강제경매절차를 통하여 부동산을 경락받아 대금을 납부하고 그 앞
> 으로 소유권이전등기까지 마쳤으나, 그 후 위 강제집행의 채무명의가 된 약
> 속어음공정증서가 위조된 것이어서 무효라는 이유로 그 소유권이전등기의 말
> 소를 명하는 판결이 확정됨으로써 경매 부동산에 대한 소유권을 취득하지 못
> 하게 된 경우 경락인은 경매 채권자에게 경매 대금 중 그가 배당받은 금액에
> 대하여 일반 부당이득의 법리에 따라 반환을 청구할 수 있을 뿐, 민법 제578
> 조 제2항에 의한 담보책임을 물을 수는 없다(1991. 10. 11. 제3부 판결 91다
> 21640 부당이득금반환).

2. 담보책임에 관한 민법 제578조 제1항, 제2항의 법의 및 경매절차가 무효
 인 경우에도 위 규정이 적용되는지 여부(소극)

> 민법 제578조 제1항, 제2항은 매매의 일종인 경매에 있어서 목적물의 하자로 인하
> 여 경락인이 경락의 목적인 재산권을 완전히 취득할 수 없을 때에 매매의 경우에
> 준하여 매도인의 위치에 있는 경매의 채무자나 채권자에게 담보책임을 부담시켜
> 경락인을 보호하기 위한 규정으로서 그 담보책임은 매매의 경우와 마찬가지로 경
> 매절차는 유효하게 이루어졌으나 경매의 목적이 된 권리의 전부 또는 일부가 타
> 인에게 속하는 등의 하자로 경락인이 완전한 소유권을 취득할 수 없거나 이를 잃
> 게 되는 경우에 인정되는 것이고 경매절차 자체가 무효인 경우에는 경매의 채무
> 자나 채권자의 담보책임은 인정될 여지가 없다(1993. 5. 25. 제2부 판결 92다15574
> 부당이득금반환).

3. 강제경매절차에서 경락인이 부동산을 경락받아 대금을 완납하였으나 강제
 경매의 기초가 된 채무자 명의의 소유권이전등기가 원인무효이어서 강제
 경매절차가 무효로 된 경우, 경매 채권자의 배당금에 대한 부당이득반환
 청구의 가부(적극) 및 민법 제578조 제1항, 제2항에 규정된 담보책임의
 인정 여부(소극)

> 경락인이 강제경매절차를 통하여 부동산을 경락받아 대금을 완납하고 그 앞으로
> 소유권이전등기까지 마쳤으나, 그 후 강제경매절차의 기초가 된 채무자 명의의 소
> 유권이전등기가 원인무효의 등기이어서 경매 부동산에 대한 소유권을 취득하지 못
> 하게 된 경우, 이와 같은 강제경매는 무효라고 할 것이므로 경락인은 경매 채권자
> 에게 경매대금 중 그가 배당받은 금액에 대하여 일반 부당이득의 법리에 따라 반
> 환을 청구할 수 있고, 민법 제578조 제1항, 제2항에 따른 경매의 채무자나 채권자
> 의 담보책임은 인정될 여지가 없다(대법원 2004. 6. 24. 선고 2003다59259 판결).

4. 경락인이 가등기가 경료된 부동산을 경락받았으나 아직 가등기에 기한 본
등기가 경료되지 않은 경우, 경락인이 경매신청 채권자에 대하여 민법 제
578조에 따른 담보책임을 물을 수 있는지 여부(소극)

민법 제578조에 의하여 경매신청 채권자가 경락인에게 부담하는 손해배상책임은
반드시 신청채권자의 경매신청행위가 위법한 것임을 전제로 하는 것은 아니지만,
경매절차에서 소유권이전청구권 가등기가 경료된 부동산을 경락받았으나 가등기
에 기한 본등기가 경료되지 않은 경우에는 아직 경락인이 그 부동산의 소유권을
상실한 것이 아니므로 민법 제578조에 의한 손해배상책임이 성립되었다고 볼 여
지가 없다(대법원 1999. 9. 17. 선고 97다54024 판결).

5. 강제경매의 채무자가 낙찰대금지급기일 직전에 선순위 근저당권을 소멸시
켜 후순위 임차권의 대항력을 존속시키고도 이를 낙찰자에게 고지하지 아
니하여 낙찰자가 대항력 있는 임차권의 존재를 알지 못한 채 낙찰대금을
지급한 경우, 채무자가 민법 제578조 제3항 소정의 손해배상책임을 부담
하는지 여부(적극)

선순위 근저당권의 존재로 후순위 임차권이 소멸하는 것으로 알고 부동산을 낙찰
받았으나, 그 후 채무자가 후순위 임차권의 대항력을 존속시킬 목적으로 선순위
근저당권의 피담보채무를 모두 변제하고 그 근저당권을 소멸시키고도 이 점에 대
하여 낙찰자에게 아무런 고지도 하지 않아 낙찰자가 대항력 있는 임차권이 존속
하게 된다는 사정을 알지 못한 채 대금지급기일에 낙찰대금을 지급하였다면, 채
무자는 민법 제578조 제3항의 규정에 의하여 낙찰자가 입게 된 손해를 배상할 책
임이 있다(대법원 2003. 4. 25. 선고 2002다70075 판결).

◈ 권리의 하자에 대한 담보책임 : 채권양도인의 담보책임

제 579 조【채권매매와 매도인의 담보책임】

① 채권의 매도인이 채무자의 자력을 담보한 때에는 매매계약당시의 자력을 담보한 것으로 추정한다.

② 변제기에 도달하지 아니한 채권의 매도인이 채무자의 자력을 담보한 때에는 변제기의 자력을 담보한 것으로 추정한다.

■ § 579. 채권의 매도인의 담보책임

- 매매의 목적인 채권의 전부 또는 일부가 타인에 속하는 경우 : §570~573적용
- 채권의 일부가 계약의 무효, 채무의 변제 등으로 존재하지 않는 경우 : §574
- 채무자 무자력의 경우→§579에 의해 특히 담보한 경우에만 책임,
 채권에 수반하는 것으로 생각하는 담보권, 보증 없을
 때-법률적 장해, 하자
- 관련법조 : [채권출자사원의 담보책임] 상 §196

1. 의 의

본조는 채권매매에 있어서의 채무자의 변제자력의 담보에 관하여 규정한 것이다.

채권을 매매계약의 목적으로 한 경우에 매도인의 담보책임에 관한 일반원칙에 의한다면 채권의 매도인은 채권의 존재와 채권액 등에 관해서는 책임을 져야 한다.

예컨대 채권의 전부 또는 일부가 타인에게 속하고 있다든가, 1000만원의 채권을 매입할 예정에 있었던 바 800만원밖에 없었다고 하는 것과 같은 경우에는 권리에 하자가 있는 경우이기 때문에 제570조부터 제577조까지의 규정을 각각 적용시키고, 매도인은 담보책임을 진다.

일반적으로 채권자는 채무자가 채무를 완전하게 변제함에 충분한 정도의 재산을 가지고 있다는 것까지도 담보하는 책임을 지는 것은 아니다. 그러나 매도인이 매수인에 대하여 채권자가 충분한 재산을 가지고 있음을 보증해서 채

무자의 자력을 담보하는 특약(즉, 채무자의 무자력으로 인해 매수인이 변제를 받지 못하게 된 때에는 매도인이 그 손해를 배상하기로 하는 특약)을 하는 수가 있고, 이러한 책임가중의 특약이 있는 경우에 '어느 때'의 채무자의 자력을 담보하는지가 문제되고, 본조는 이 점에 관해 추정규정을 두고 있다.

2. 추정규정

(1) '매매계약 당시'의 자력을 담보하는 것으로 추정하는 경우

채권의 매도인이 채무자의 자력을 담보하는 특약을 한 경우에는 매매계약 당시의 채무자의 자력을 담보한 것으로 추정한다. 따라서 계약의 성립 후에 채무자의 자력이 감소하여 매수인이 변제를 받을 수 없게 되더라도 매도인은 책임을 지지 아니한다.

(2) '변제기'의 자력을 담보한 것으로 추정하는 경우

아직 변제기에 도달하지 아니한 채권의 매도인이 채무자의 장래에 자력을 담보하는 특약을 한 때에는 변제기에 있어서의 채무자의 자력을 담보한 것으로 추정한다. 여기에서 자력을 담보한다고 하는 것은 매도인이 매수인을 위하여 보증한다는 의미가 아니고, 매수인이 이행의 청구를 한 결과 채무자가 채권의 전액 또는 일부에 대한 변제의 자력이 부족하여 채권의 매수인이 변제를 받을 수 없게 되었기 때문에 받은 손해를 곧 매도인에게 전보하는 것을 의미한다.

3. 책임의 내용

매도인은 매수인이 채무자의 무자력으로 인해 변제받지 못한 부분에 대해 손해배상책임을 진다.

◆ 물건의 하자에 대한 담보책임 : 특정물의 하자에 대한 담보책임

제 580 조【매도인의 하자담보책임】

① 매매의 목적물에 하자가 있는 때에는 제575조 제1항의 규정을 준용한다. 그러나 매수인이 하자있는 것을 알았거나 과실로 인하여 이를 알지 못한 때에는 그러하지 아니하다.

② 전항의 규정은 경매의 경우에 적용하지 아니한다.

■ § 580. 물건의 하자에 관한 담보책임

- 원시적 하자에 한하여 매도인은 담보책임을 지며, 매수인의 선의와 무과실을 요건으로 한다.
- 제척기간 : 6월
- 특정물매매에서의 하자담보책임 : ① 목적달성불가능‥‥‥해제, 손해배상청구
 ② 보통‥‥‥손해배상청구
- 관련법조 : [상인간 매매특칙] 상 §69

본조는 특정물매매에 있어서 하자담보책임에 관한 규정이다.

1. 하자담보책임의 의의

이른바 하자담보책임이라 함은 예컨대 가옥을 매매하였던 바, 그 기초가 파손되어 있었다고 하는 것과 같이 매매의 목적물 그 자체에 매수인이 주의하여도 용이하게 발견할 수 없는 하자가 있는 경우에 있어서의 매도인의 보상책임을 말한다.

본조는 이와 같은 보상책임에 관하여 단순히「매매의 목적물에 하자가 있는 때에는 제575조 제1항의 규정을 준용한다」고 규정하여 매매의 목적물이 용익적 권리에 의하여 제한되는 경우와 마찬가지로 매수인은 그 하자로 인하여 계약의 목적을 달성할 수 없는 경우에는 계약을 해제하고 아울러 손해배상만을 청구할 수 있을 뿐이라고 하고 있다.

【쟁점사항】

<제조물에 상품 적합성이 결여되어 제조물 그 자체에 발생한 손해가 제조물 책임의 적용대상인지 아니면 하자담보책임의 대상이지 여부>

제조물 책임이란 제조물에 통상적으로 기대되는 안전성을 결여한 결함으로 인하여 생명·신체나 제조물 그 자체 외의 다른 재산에 손해가 발생한 경우에 제조업자 등에게 지우는 손해배상책임이고, 제조물에 상품 적합성이 결여되어 제조물 그 자체에 발생하는 손해는 제조물 책임의 적용대상이 아니므로, 하자담보책임으로서 그 배상을 구하여야 한다(대판 2000. 7. 28. 78다35525).

2. 하자담보책임의 성립요건

(1) 매매 목적물에 '하자'가 있을 것

가. 하자의 의의

하자 여부는 해당 종류의 물건이 거래에서 요구되는 통상의 품질이나 성능을 갖추었는지를 기준으로 결정하여야 할 것이다. 그러나 당사자가 목적물의 품질에 관해 특별히 보증을 하였거나 하는 특별한 사정이 있는 때에는 이것도 고려하여야 할 것이다.

【쟁점사항】

<법률적 제한 내지 장애가 권리의 하자인지 아니면 물건의 하자인지의 여부>

건축을 목적으로 매매된 토지에 대하여 건축허가를 받을 수 없어 건축이 불가능한 경우, 이를 권리의 하자로 볼 것인지 아니면 물건의 하자로 볼 것인지가 문제된다. 어느 경우이든 제575조 1항이 적용되어 담보책임의 내용을 같이하는 점에서는 차이가 없지만, 물건의 하자로 보게 되면 경매의 경우에 담보책임이 발생하지 않는 점에서 권리의 하자로 보는 경우와 차이가 있다(제580조 참조). 통설은 권리의 하자로 보지만, 판례는 건축을 목적으로 매매된 토지에 대하여 건축허가를 받을 수 없어 건축이 불가능한 경우, 위와 같은 법률적 제한 내지 장애 역시 매매목적물의 하자에 해당한다고 하였다(대판 2000. 1. 18. 98다18506).

나. 하자의 존부의 판단시기

물건의 하자의 존부는 매매계약 성립시를 기준으로 판단하여야 한다(대

판 2000. 1. 18. 98다18506).

(2) 매수인의 선의·무과실일 것

매수인이 하자 있는 것을 알았거나 과실로 알지 못한 때에는 매도인은 담보책임을 지지 않는다(제580조 1항 단서).

3. 하자담보책임의 내용

제575조 1항의 규정, 즉 매매의 목적물이 제한물권 등의 제한을 받고 있는 경우의 규정이 준용된다. 따라서 목적물에 하자가 있어서 계약의 목적을 달성할 수 없는 경우에는 매수인은 계약을 해제할 수 있고, 기타의 경우에는 손해배상을 청구할 수 있다.

4. 권리행사기간

매수인의 계약해제 및 손해배상청구는 매수인이 목적물의 하자를 발견한 때로부터 6월 내에 하여야 한다(제582조).

▣ 핵심판례 ▣

■ [매도인의 하자담보책임]

1. **매도인이 공급한 기계가 매도인이 카탈로그와 검사성적서에 의하여 보증한 일정한 품질과 성능을 갖추지 못한 경우 그 기계에 하자가 있다고 볼 수 있는지 여부**

매도인이 매수인에게 공급한 기계가 통상의 품질이나 성능을 갖추고 있는 경우, 그 기계에 작업환경이나 상황이 요구하는 품질이나 성능을 갖추고 있지 못하다 하여 하자가 있다고 인정할 수 있기 위하여는, 매수인이 매도인에게 제품이 사용될 작업환경이나 상황을 설명하면서 그 환경이나 상황에 충분히 견딜 수 있는 제품의 공급을 요구한 데 대하여, 매도인이 그러한 품질과 성능을 갖춘 제품이라는 점을 명시적으로나 묵시적으로 보증하고 공급하였다는 사실이 인정되어야만 할 것임은 물론이나, 매도인이 매수인에게 기계를 공급하면서 당해 기계의 카탈로그와 검사성적서를 제시하였다면, 매도인은 그 기계가 카탈로그와 검사성적서에 기재된 바와 같은 정도의 품질과 성능을 갖춘 제품이라는 점을 보증하였다고 할 것이므로, 매도인이 공급한 기계가 매도인이 카탈로그와 검사성적서에 의하여 보증한 일정한 품질과 성능을 갖추지 못한 경우에는 그 기계에 하자가 있다고 보아야

한다(2000. 10. 27. 선고 2000다30554,30561).

2. 수출물품 제조업자가 무역업자(종합무역상사)와 신용장 양도방식의 수출 대행계약을 체결한 경우에 있어 무역업자의 수출물품에 대한 하자담보책임을 부정한 사례

원고가 소외 김국치와의 이건 매매계약이 체결될 당시 위 소외인이 통관이나 선적 등의 수출절차를 이행함에 있어서는 피고들과 같은 무역업자의 명의를 빌려야 하고 대금도 신용장을 양도하여 추심할 수밖에 없다는 점을 알고 있는 이 사건에 있어 상품거래가 아닌 추상성을 띤 서류상의 거래만으로는 위 피고들이 이 사건 신발제품매매의 당사자가 된다고 볼 수 없고, 또 신용장의 양도로서 당연히 매도인의 지위가 신용장 양수인에게 이전된다고 할 수 없으므로 위 피고들이 이 사건 신발제품의 매도인임을 전제로 하는 원고의 하자담보책임 주장은 이유없다고 판단하였는바, 위와 같은 원심의 판단은 옳고 여기에 논지가 지적하는 바와 같이 매매계약 및 매도인의 하자담보책임에 관한 법리를 오해한 위법이 없다(1991. 7. 26. 제3부 판결 90다19121 손해배상(기)).

3. 신축건물의 매도인이 하자보수를 약정한 경우 책임을 지는 하자의 범위

신축건물이나 신축한 지 얼마 되지 않아 그와 다름없는 건물을 매도하는 매도인이 매수인에 대하여 매도건물에 하자가 있을 때에는 책임지고 그에 대한 보수를 해 주기로 약정한 경우 특별한 사정이 없는 한 매도인은 하자 없는 완전한 건물을 매매한 것을 보증하였다고 할 것이므로 매도인은 계약 당시 또는 매수인이 인도받은 후에 용이하게 발견할 수 있는 하자뿐만 아니라 건물의 본체부분의 구조상의 하자 특히 품질이 떨어지는 재료를 사용하는 등 날림공사로 인한 하자 등 바로 발견할 수 없는 하자는 물론 당초의 하자로부터 확산된 하자에 대하여도 책임을 져야 한다(1993. 11. 23. 제1부 판결 92다38980 건물명도).

4. 매매목적물의 하자로 인하여 확대손해가 발생하였다는 이유로 매도인에게 배상책임을 지우기 위한 요건

매매목적물의 하자로 인하여 확대손해 내지 2차 손해가 발생하였다는 이유로 매도인에게 그 확대손해에 대한 배상책임을 지우기 위하여는 채무의 내용으로 된 하자 없는 목적물을 인도하지 못한 의무위반 사실 오에 그러한 의무위반에 대하여 매도인에게 귀책사유가 인정될 수 있어야만 한다(대판 1997. 5. 7 96다39455).

5. 가. 표고버섯 종균의 발아율이 정상적인 발아율의 1/100에도 미치지 못하는 현상이 발생한 경우, 제반 사정에 비추어 종균으로서 통상적으로 갖추어야 할 품질이나 특성을 갖추지 못한 하자가 있음을 인정한 사례

표고버섯 종균을 접종한 표고목의 발아율이 일률적으로 정상적인 발아율의 1/100에도 미치지 못하는 현상이 발생한 경우, 종균을 생산한 회사의 대표가

관리를 잘못하여 종균에 문제가 있다고 말한 사실, 다른 구입처에서 구입한 종균을 동일한 통상의 접종 및 재배조건에서 접종한 표고목에서는 종균이 정상적으로 발아한 사실 등 제반 사정에 비추어, 그 종균은 종균으로서 통상적으로 갖추어야 할 품질이나 특성을 갖추지 못한 하자가 있음을 인정할 수 있다고 판단한 사례.

나. 표고버섯 종균에 하자가 존재하는 사실을 알았다고 하기 위해서는 종균의 비정상적인 발아 사실뿐만 아니라 그 원인이 종균에 존재하는 하자로 인한 것이라는 사실도 알아야 하는지 여부(적극)

표고버섯 종균에 하자가 존재하는 사실을 알았다고 하기 위하여는 종균을 접종한 표고목에서 종균이 정상적으로 발아하지 아니한 사실을 알았다는 것만으로는 부족하고, 종균이 정상적으로 발아하지 아니한 원인이 바로 종균에 존재하는 하자로 인한 것임을 알았을 때라야 비로소 종균에 하자가 존재하는 사실을 알았다고 볼 것이다(대법원 2003. 6. 27. 선고 2003다20190 판결).

6. 분양 아파트가 건축관계법령 및 주택법상의 주택건설기준 등에 적합하고, 분양계약 체결 당시 수분양자에게 알려진 기본적인 건축 계획대로 건축된 경우, 일조방해 등을 이유로 분양계약상의 채무불이행책임 내지 하자담보책임을 물을 수 있는지 여부(원칙적 소극)

분양계약을 체결하는 과정에서 일조나 조망, 사생활의 노출 차단 등에 관한 상황에 대하여 일정한 기준에 이르도록 하기로 약정이 이루어졌다거나, 수분양자가 일조나 조망, 사생활의 노출 차단 등이 일정한 기준에 미치지 아니하는 사정을 알았더라면 그 분양계약을 체결하지 않았을 것임이 경험칙상 명백하여 분양자가 신의성실의 원칙상 사전에 수분양자에게 그와 같은 사정을 설명하거나 고지할 의무가 있음에도 이를 설명·고지하지 아니함에 따라 일조나 조망, 사생활의 노출 차단 등이 일정한 기준에 이를 것이라는 신뢰를 부여하였다고 인정할 만한 특별한 사정이 없는 한, 아파트 각 동·세대의 배치 및 구조, 아파트의 층수, 아파트 각 동·세대 사이의 거리 등에 관한 기본적인 계획(이하 '기본적인 건축 계획'이라 한다)에 의하여 결정되는 일조나 조망, 사생활의 노출 등에 관한 상황에 대하여 수분양자가 이를 예상하고 받아들여 분양계약에 이르렀다고 봄이 상당하다. 따라서 분양된 아파트가 건축관계법령 및 주택법상의 주택건설기준 등에 적합할 뿐만 아니라, 분양계약 체결 당시 수분양자에게 알려진 기본적인 건축 계획대로 건축된 경우에는 아파트 각 동·세대의 방위나 높이, 구조 또는 다른 동과의 인접 거리 등으로 인하여 일정 시간 이상의 일조가 확보되지 아니하고 조망이 가려지며 사생활이 노출된다고 하더라도, 위에서 본 바와 같은 특별한 사정이 있지 않는 한, 이를 가지고 위 아파트가 그 분양계약 당시 수분양자에게 제공된 기본적인 건축 계획에 관한 정보에 의하여 예상할 수 있었던 범위를 벗어나 분양계약의 목적물로서 거래상 통상 갖추어야 하거나 당사자의 특약에 의하여 보유하여야 할 품질이나 성질을 갖추지 못한 경우에 해당된다고 할 수 없다(대법원 2010. 4. 29. 선고 2007다9139 판결).

◆ 물건의 하자에 대한 담보책임 : 종류물의 하자에 대한 담보책임

제 581 조【종류매매와 매도인의 담보책임】

① 매매의 목적물을 종류로 지정한 경우에도 그 후 특정된 목적물에 하자가 있는 때에는 전조의 규정을 준용한다.

② 전항의 경우에 매수인은 계약의 해제 또는 손해배상의 청구를 하지 아니하고 하자없는 물건을 청구할 수 있다.

■ § 581. 불특정물에서의 하자담보책임

- 특정물매매와 동일
- 해제, 손해배상청구에 갈음하여 완전물의 급부를 청구할 수 있다.
- 관련법조 : [상인간 매매의 특칙] 상 §69

본조는 종류매매에 있어서 목적물이 특정된 경우의 매도인의 담보책임을 규정한 것이다.

1. 불특정물 매매와 제580조의 적용

매도인의 담보책임과 불완전이행에 기한 채무자의 책임과는 본질적으로 다른 것이라고 할 수 있으나(김·안, 김기선, 김현태) 이 양자의 관계에 관한 문제는 특히 매매의 목적인 물건의 하자에 대한 책임담보에 관한 민법 제580조의 규정이 특정물매매에만 적용되는 것인가, 그렇지 않으면 불특정물의 매매(종류매매)에도 적용되는 것인가 하는 문제와 관련하여 극히 중요한 의의를 가지고 있다.

원래 불특정물을 목적으로 하는 매매에 있어서 급부된 물건에 하자가 있는 경우에 매도인에게 어떠한 책임을 부담시켜야 할 것인가에 관해서는 물건의 하자담보책임에 관하여 원칙적 규정(구민법 제570조)만을 규정하고 있었던 구민법하에서는 크게 다투어졌었던 문제이나 현행민법은 본조를 신설하여 불특정물 매매에 있어서도 매도인의 하자담보책임을 인정함으로써 이 문제를 입법적으로 해결하였다.

따라서 현행민법의 해석으로서는 불특정물의 매매뿐만 아니라 불특정물의

매매에 있어서도 매도인의 담보책임은 발생되는 것이므로 제580조의 규정은 당연히 불특정물매매에도 적용된다.

2. 요 건

매매의 목적물을 종류로 지정하였는데, 그 후 특정된 목적물에 하자가 있어야 한다(제581조 1항).

매수인은 그 하자에 관해 선의·무과실이어야 한다(제581조 1항).

3. 담보책임의 내용

(1) 계약해제권, 손해배상청구권

종류매매에 있어서도 후에 특정된 목적물에 하자가 있는 때에는 제580조가 준용되므로 제575조 1항에 의하여 목적물의 하자로 인하여 계약의 목적을 달성할 수 없는 경우에는 매수인은 계약을 해제하고 아울러 손해배상을 청구할 수 있다. 하자가 계약의 목적을 달성할 수 없을 정도로 중대한 것이 아닌 때에는 손해배상만을 청구할 수 있다.

(2) 하자 없는 물건의 급부청구권

매수인은 계약의 해제 또는 손해배상청구에 갈음하여 하자없는 물건을 청구할 수도 있다(제581조 2항).

매수인의 이러한 권리는 매수인이 그 사실을 안 날로부터 6월 내에 행사하여야 한다(제582조).

▣ 핵심판례 ▣

■ [종류매매와 매도인의 담보책임]

1. 매수인이 매도인에게 하자 있는 매매목적물을 하자 없는 물건으로 교환하여줄 것을 청구할 권리가 있다고 한 원심판결을 파기한 사례

매수인이 매도인에게 하자 있는 매매목적물을 하자 없는 물건으로 교환하여 줄 것을 청구할 권리가 있다고 한 원심판결을 파기한 사례(1993. 7. 13. 제2부 판결 93다14783 물품대금등).

2. 가. 매매의 목적물에 하자가 있다고 인정하기 위한 요건

매도인이 매수인에게 공급한 기계가 통상의 품질이나 성능을 갖추고 있는 경우, 그 기계에 작업환경이나 상황이 요구하는 품질이나 성능을 갖추고 있지 못하다 하여 하자가 있다고 인정할 수 있기 위해서는, 매수인이 매도인에게 제품이 사용될 작업환경이나 상황을 설명하면서 그 환경이나 상황에 필요한 품질이나 성능을 갖추고 있는 제품의 공급을 요구한 데 대하여 매도인이 그러한 품질과 성능을 갖춘 제품이라는 점을 명시적으로나 묵시적으로 보증하고 공급하였다는 사실이 인정되어야만 할 것이다.

나. 매매계약 합의해제 청약에 대하여 상대방이 조건을 붙이거나 변경을 가하여 승낙한 경우의 효과

매매계약 당사자 중 매도인이 매수인에게 매매계약을 합의해제할 것을 청약하였다고 할지라도, 매수인이 그 청약에 대하여 조건을 붙이거나 변경을 가하여 승낙한 때에는 민법 제534조의 규정에 비추어 보면 그 청약의 거절과 동시에 새로 청약한 것으로 보게 되는 것이고, 그로 인하여 종전의 매도인의 청약은 실효된다(대판 2002. 4. 12. 선고 2000다17834).

3. [1] 종류매매에서 하자담보의무의 이행이 공평의 원칙에 반하는 경우 매수인의 완전물급부청구권 행사를 제한할 수 있는지 여부(적극) 및 그 판단 기준

민법의 하자담보책임에 관한 규정은 매매라는 유상·쌍무계약에 의한 급부와 반대급부 사이의 등가관계를 유지하기 위하여 민법의 지도이념인 공평의 원칙에 입각하여 마련된 것인데, 종류매매에서 매수인이 가지는 완전물급부청구권을 제한 없이 인정하는 경우에는 오히려 매도인에게 지나친 불이익이나 부당한 손해를 주어 등가관계를 파괴하는 결과를 낳을 수 있다. 따라서 매매 목적물의 하자가 경미하여 수선 등의 방법으로도 계약의 목적을 달성하는 데 별다른 지장이 없는 반면 매도인에게 하자 없는 물건의 급부의무를 지우면 다른 구제방법에 비하여 지나치게 큰 불이익이 매도인에게 발생되는 경우와 같이 하자담보의무의 이행이 오히려 공평의 원칙에 반하는 경우에는, 완전물급부청구권의 행사를 제한함이 타당하다. 그리고 이러한 매수인의 완전물급부청구권의 행사에 대한 제한 여부는 매매목적물의 하자의 정도, 하자 수선의 용이성, 하자의 치유가능성 및 완전물급부의 이행으로 인하여 매도인에게 미치는 불이익의 정도 등의 여러 사정을 종합하여 사회통념에 비추어 개별적·구체적으로 판단하여야 한다.

[2] 갑이 을 주식회사로부터 자동차를 매수하여 인도받은 지 5일 만에 계기판의 속도계가 작동하지 않는 하자가 발생하였음을 이유로 을 회사 등을 상대로 신차 교환을 구한 사안에서, 갑의 완전물급부청구권 행

사가 허용되지 않는다고 한 사례

갑이 을 주식회사로부터 자동차를 매수하여 인도받은 지 5일 만에 계기판의 속도계가 작동하지 않는 하자가 발생하였음을 이유로 을 회사 등을 상대로 신차 교환을 구한 사안에서, 위 하자는 계기판 모듈의 교체로 큰 비용을 들이지 않고서도 손쉽게 치유될 수 있는 하자로서 하자수리에 의하더라도 신차 구입이라는 매매계약의 목적을 달성하는 데에 별다른 지장이 없고, 하자보수로 자동차의 가치하락에 영향을 줄 가능성이 희박한 반면, 매도인인 을 회사에 하자 없는 신차의 급부의무를 부담하게 하면 다른 구제방법에 비하여 을 회사에 지나치게 큰 불이익이 발생되어서 오히려 공평의 원칙에 반하게 되어 매수인의 완전물급부청구권의 행사를 제한함이 타당하므로, 갑의 완전물급부청구권 행사가 허용되지 않는다고 한 사례(대법원 2014. 5. 16. 선고 2012다72582 판결).

◈ 물건의 하자에 대한 담보책임의 기간

제 582 조 【전2조의 권리행사기간】

전2조에 의한 권리는 매수인이 그 사실을 안 날로부터 6월내에 행사하여야
한다.

■ § 582. 물건의 하자에 관한

- 제척기간
- 물건의 하자를 발견한 때로부터 6월

매매의 목적물의 하자로 인한 계약해제권·손해배상청구권 또는 하자없는 물
건의 청구권은 매수인이 목적물에 하자 있음을 안 날로부터 6개월 내에 행사하
여야 한다. 즉 6개월의 제척기간이 걸린다. 그러므로 그 기간을 경과한 후에는
행사할 수 없다. 따라서 위의 권리행사기간이 경과한 경우에는 매도인은 그 담
보책임을 면하게 된다.

▣ 핵심판례 ▣

■ [전2조의 권리행사기간]

1. 불특정물매매의 경우 완전물급부청구와 손해배상청구의 행사기간 사이의 관계

위 손해배상청구권은 동시에 완전물급부의무의 이행불능으로 인한 손해배상청구
권과 같은 내용을 가지는 것으로서 완전물급부청구권의 변형물로 볼 수도 있으므
로, 일단 매수인이 그 권리행사 기간 안에 완전물급부청구권을 행사한 이상 손해
배상청구권은 제582조가 정하는 제척기간에 걸리지 않는다(대판 2000. 2. 11. 97다
7202).

2. 하자담보에 기한 매수인의 손해배상청구권이 소멸시효의 대상이 되는지 여부(적극) 및 소멸시효의 기산점(=매수인이 매매 목적물을 인도받은 때)

매도인에 대한 하자담보에 기한 손해배상청구권에 대하여는 민법 제582조의 제척
기간이 적용되고, 이는 법률관계의 조속한 안정을 도모하고자 하는 데에 취지가
있다. 그런데 하자담보에 기한 매수인의 손해배상청구권은 권리의 내용·성질 및
취지에 비추어 민법 제162조 제1항의 채권 소멸시효의 규정이 적용되고, 민법 제

582조의 제척기간 규정으로 인하여 소멸시효 규정의 적용이 배제된다고 볼 수 없으며, 이때 다른 특별한 사정이 없는 한 무엇보다도 매수인이 매매 목적물을 인도받은 때부터 소멸시효가 진행한다고 해석함이 타당하다(대법원 2011. 10. 13. 선고 2011다10266 판결).

◈ 담보책임에 동시이행의 항변권에 관한 규정의 준용

제 583 조 【담보책임과 동시이행】

제536조의 규정은 제572조 내지 제575조, 제580조 및 제581조의 경우에 준
용한다.

■ § 583. 담보책임과 동시이행

• 담보책임에도 동시이행의 관계가 적용된다.
• 원상회복과 손해배상청구는 동시이행의 관계이다.

본조는 담보책임이 발생하는 경우, 양당사자의 채권관계가 동시이행의 관계에
선다는 것을 밝힌 규정이다.

매수인이 매도인에 대하여 담보책임을 추궁함으로써 계약을 해제하거나 대금
의 감액을 청구한 경우에 매도인측에서는 대금의 전부 또는 일부를 반환하여야
할 채무를 부담한다.

매수인측에서도 많은 경우 수령한 목적물을 반환하여야 하는 채무를 부담하
게 된다. 이러한 경우에 있어서의 쌍방의 채무는 단일한 쌍무계약에 의거하여
발생된 것은 아니지만, 그 이행에 있어서 서로 견련성을 갖는 것이 공평에 적합
하기 때문에 이에 관해서는 동시이행에 관한 제536조의 규정이 준용되어 일방
이 그 채무의 이행을 제공할 때까지 상대방은 채무의 이행을 거절할 수 있는
것이다.

▣ 핵심판례 ▣

■ [담보책임과 동시이행]

담보책임에 동시이행관계를 인정하는 민법 제583조의 규정취지

민법 제583조의 취지는 매도인은 같은 조에서 명시한 규정들에 터잡아 이미 지급
받은 대금의 전부나 일부의 반환의무, 손해배상의무, 하자 없는 물건의 지급의무
가 있는 반면 매수인은 매도인에게서 수령한 목적물이 있다면 원상회복의무로서

이를 반환할 의무가 있는데, 이러한 쌍방 당사자의 의무는 하나의 쌍무계약에서 발생한 것은 아닐지라도 동일한 생활관계에서 발생한 것으로 서로 밀접한 관계에 있어 그 이행에 견련관계를 인정함이 공평의 원칙에 부합하기 때문에, 일반 해제의 경우와 마찬가지로 이들 경우에도 민법 제536조를 준용한다는 것이다(1993. 4. 9. 제3부 판결 92다25946 손해배상(기)).

◈ 담보책임면제의 특약이 있더라도 매도인이 담보책임을 면하지 못하는 경우

제 584 조【담보책임면제의 특약】

매도인은 전15조에 의한 담보책임을 면하는 특약을 한 경우에도 매도인이 알고 고지하지 아니한 사실 및 제3자에게 권리를 설정 또는 양도한 행위에 대하여는 책임을 면하지 못한다.

■ § 584. 담보책임의 면제특약

- 일반적인 경우 : 유효
- 신의성실의 원칙에 위배시 : 무효

매도인의 담보책임은 일반적인 거래의 신용을 유지하기 위하여 민법이 특별히 규정한 것이며 매매의 효력으로서 인정된 것은 아니지만, 구체적으로는 개개의 매매당사자의 이해에만 관계되어 있고 공공질서에 관계하고 있는 것은 아니다. 즉 담보책임에 관한 규정은 강행법규는 아니기 때문에 당사자 사이의 특약으로 매도인의 담보책임을 배제하거나 경감 또는 가중하는 것이 무방하다. 그러나 특약에 의하여 사기적 행위를 정당화하려는 것은 허용되지 않는다.

그리하여 민법은 담보책임에 관한 특약에 일정한 제한을 두거나 당사자의 의사를 해석하기 위한 추정규정을 두어 일정한 경우에는 예외적으로 책임감면 특약을 주장할 수 없게 하고 있다.

법정의 담보책임(제569조 내지 제583조)을 면하는 특약을 한 경우에도 매도인이 알고 고지하지 아니한 사실 및 매도인 스스로 제3자를 위하여 설정했거나 제3자에게 양도한 권리에 대해서는 책임을 면하지 못한다.

▣ 핵심판례 ▣

■ [담보책임면제의 특약]

1. 처분문서인 매매계약서에 매도인의 하자담보책임을 면책시키는 특약조항이 있음에도 이에 관한 해석을 잘못하여 채증법칙을 어김으로써 판결결과에 영향을 미쳤다 하여 원심판결을 파기한 사례

처분문서인 매매계약서에 매도인의 하자담보책임을 면책시키는 특약조항이 있음에도 이에 관한 해석을 잘못하여 채증법칙을 어김으로써 판결결과에 영향을 미쳤다 하여 원심판결을 파기한 사례(1990. 10. 30. 제1부 판결 90다카9282 손해배상(기)).

2. 토지수용법 제63조에 의한 토지소유자의 토지 등 인도의무에 목적물에 대한 하자담보책임이 포함되는지 여부(소극)

토지수용법에 의한 수용재결의 효과로서 수용에 의한 기업자의 토지소유권취득은 토지소유자와 수용자와의 법률행위에 의하여 승계취득하는 것이 아니라, 법률의 규정에 의하여 원시취득하는 것이므로, 토지소유자가 토지수용법 제63조의 규정에 의하여 부담하는 토지의 인도의무에는 수용목적물에 숨은 하자가 있는 경우에도 하자담보책임이 포함되지 아니하여 토지소유자는 수용시기까지 수용 대상 토지를 현존 상태 그대로 기업자에게 인도할 의무가 있을 뿐이다(대법원 2001. 1. 16. 선고 98다58511 판결).

◆ 매수인의 대금지급기일

제 585 조【동일기한의 추정】

매매의 당사자일방에 대한 의무이행의 기한이 있는 때에는 상대방의 의무
이행에 대하여도 동일한 기한이 있는 것으로 추정한다.

■ § 585. 대금지급시기

- 매매의 당사자일방에 대한 의무이행의 기한이 있는 때에는 상대방의 의무이
 행에 대하여도 동일한 기한이 있는 것으로 추정한다.

매매의 당사자 일방에 대한 의무이행의 기한이 있는 때에는 상대방의 의무이
행에 대하여도 동일한 기한이 있는 것으로 추정한다. 목적물의 인도와 대금지급
은 동시에 교환적으로 행하여지고 목적물을 받을 때까지는 대금도 지급하지 않
는 것이 보통이기 때문이다. 매매는 쌍무계약이므로 이행상의 견련성의 관점에
서 쌍방의 이행기가 동일한 것으로 추정한 것이다. 그러나, 이것과 다른 특약이
나 관습이 있으면 그에 따른다.

◈ 매수인의 대금지급장소

제 586 조【대금지급장소】

매매의 목적물의 인도와 동시에 대금을 지급할 경우에는 그 인도장소에서 이를 지급하여야 한다.

■ § 586. 대금지급장소

- 대금은 보통 채권자인 매도인의 현주소에서 지급한다.
- 다만 매매의 목적물의 인도와 동시에 대금을 지급할 경우에는 그 인도장소에서 대금을 지급해야 한다.

채무의 목적인 급부할 장소에 관해서는 명시 또는 묵시의 의사표시에 의하여 정해지는 일이 많으나, 당사자의 특별한 의사표시가 없는 경우에 대해서는 민법에서 규정하고 있다. 즉 특정물의 인도를 목적으로 한 채무는 채권성립당시에 그 물건이 있었던 장소에서, 특정물 이외의 급부를 목적으로 한 채무는 채권자의 현재의 주소로 하고 있다(제467조).

민법은 종래의 관습에 따라서 금전채무와 그 이외의 채무를 구별하지 않고, 지참채무의 원칙을 채용하고 있으나, 매매목적물의 인도와 동시에 대금을 지급하여야 할 때에는 인도장소에서 지급하는 것으로 하고 있다.

▣ 핵심판례 ▣

- [대금지급장소]

주소변경등기에 필요한 서류를 공제함이 없이 소유권이전등기에 관한 서류만을 제공한 경우 적법한 이행의 제공을 한 것인지 여부

등기의무자의 주소 등 표시가 등기후에 변경된 경우 그에 따른 등기명의인의 표시변경등기가 이루어지지 아니하는 한 새로운 소유권이전등기를 할 수 없고, 등기명의인의 표시변경등기는 등기명의인의 신청에 의하여 이루어지는 것이므로 등기후 주소를 변경한 부동산의 소유자가 이를 매도하면서 매수인과의 사이에 소유권이전등기절차의 이행과 상환으로 매매잔대금을 지급받기로 약정한 경우에 있어

서 매도인이 잔대금 지급을 최고함에 있어 그의 주소변경등기에 필요한 서류는 제공함이 없이 소유권이전등기에 관한 서류만을 매수인에게 제공하였다면 이는 위 약정에 따른 적법한 이행의 제공이라고 할 수 없다(1987. 4. 14. 제2부 판결 86 다카2605 가옥명도).

◈ 매매계약이 있은 후 인도하지 않는 목적물로부터 생긴 과실의 귀속과 대금의 이자

제 587 조 【과실의 귀속, 대금의 이자】

매매계약 있은 후에도 인도하지 아니한 목적물로부터 생긴 과실은 매도인에게 속한다. 매수인은 목적물의 인도를 받은 날로부터 대금의 이자를 지급하여야 한다. 그러나 대금의 지급에 대하여 기한이 있는 때에는 그러하지 아니하다.

■ § 587. 과실의 귀속

- 원칙····매도인
- 예외····매수인(대금지급후)
- 대금의 이자 : 매수인은 목적물의 인도가 있었던 날로부터 이자를 지급하여야 하나, 대금지급의 시기가 정하여져 있고 또한 그 시기가 인도일보다 후인 때에는 그기한이 도래할 때까지는 이자를 지급할 필요가 없다.

1. 과실의 귀속

(1) 인도하지 아니한 목적물에서 생긴 과실의 매도인에의 귀속

원물의 소유권이 이전되는 경우에는 과실수취권의 귀속에 관한 원칙이 있음에도 불구하고 매매의 경우에 있어서는 과실의 귀속에 관한 본조의 특칙을 두어, 아직 매수인에게 인도하지 아니한 매매의 목적물로부터 과실이 생긴 때에는 그 과실은 매도인에게 속하는 것으로 규정함으로써 매수인에게 인도할 필요가 없는 것으로 하였다.

그리고 이것은 법문에서 시사하고 있는바대로 목적물의 인도시를 표준으로 하므로 아직 목적물의 인도가 현실적으로 행해지지 않은 한, 설령 목적물에 대한 소유권 자체가 이미 매수인에게 이전하였다 하더라도 혹은 매도인이 아직 이행지체의 상태에 있다 하더라도 과실은 여전히 매도인에게 속

하고 있는 것이다. 이것은 후술하는 바와 같이 본조 후단에서 규정한 매수인의 이자지급의무와 관련되는 문제이다.

선급의 특약이 있는 경우를 제외하고, 이미 대금을 지급받았음에도 불구하고 목적물을 매수인에게 인도하지 않은 채 점유하여 이행지체에 빠진 매도인은 그 목적물로부터 생긴 과실을 수취할 수 없다.

(2) 매수인이 과실수취권을 가지는 경우

매수인이 매매대금을 완납한 후에는 비록 목적물에 대한 인도 또는 등기를 갖추지 않았다 하더라도 대금과 과실의 이중이득을 취하는 것은 부당하므로 매수인이 과실수취권을 가진다(대판 1993. 11. 9. 93다28928).

【쟁점사항】

<매수인이 매매대금을 완제하지 않은 상태에서 매도인의 매매목적물의 인도지체를 한 경우 과실의 귀속권자>

민법 제587조에 의하면, 매매계약 있은 후에도 인도하지 아니한 목적물로부터 생긴 과실은 매도인에게 속하고, 매수인은 목적물의 인도를 받은 날로부터 대금의 이자를 지급하여야 한다고 규정하고 있는 바, 이는 매매당사자 사이의 형평을 꾀하기 위하여 매매목적물이 인도되지 아니하더라도 매수인이 대금을 완제한 때에는 그 시점 이후의 과실은 매수인에게 귀속되지만, 매매목적물이 인도되지 아니하고 또한 매수인이 대금을 완제하지 아니한 때에는 매도인의 이행지체가 있더라도 과실은 매도인에게 귀속되는 것이므로 매수인은 인도의무의 지체로 인한 손해배상금의 지급을 구할 수 없다(대판 2004. 4. 23. 2004다8210).

▣ 핵심판례 ▣

■ [과실의 귀속, 대금의 이자]

1. 쌍무계약이 취소된 경우 선의의 매도인은 대금의 운용이익 내지 법정이자를 반환할 필요가 있는지 여부(소극)

쌍무계약이 취소된 경우 선의의 매수인에게 민법 제201조가 적용되어 과실취득권이 인정되는 이상 선의의 매도인에게도 민법 제587조의 유추적용에 의하여 대금의 운용이익 내지 법정이자의 반환을 부정함이 형평에 맞다(1993. 5. 14. 제3부 판

결 92다45025 토지소유권이전등기말소).

2. 가. 매매계약에 있어서 매매대금 완납 후의 과실수취권의 귀속

특별한 사정이 없는 한 매매계약이 있은 후에도 인도하지 아니한 목적물로부터 생긴 과실은 매도인에게 속하나, 매매목적물의 인도 전이라도 매수인이 매매대금을 완납한 때에는 그 이후의 과실수취권은 매수인에게 귀속된다.

나. 농지매매계약 체결 당시 소재지관서의 증명이 없는 경우 매매계약의 효력

농지개혁법 제19조 제2항에 규정된 소재지관서의 증명은 농지매매의 성립요건이 아니므로 반드시 매매계약체결 당시에 있어야만 하는 것은 아니고, 계약체결 당시 농지매매증명이 없다고 하여 채권계약인 매매가 무효로 돌아가는 것도 아니다.

다. 농지에 대한 소유권이전등기가 마쳐진 경우 소재지관서의 증명 유무에 대한 입증책임

농지에 관하여 소유권이전등기가 마쳐진 경우에는 농지매매에 관한 소재지관서의 증명이 있었다고 추정이 되고 또 그 증명에 관한 사항은 직권조사사항이 아니므로 그 증명이 없었다는 사실은 이를 다투는 자에게 그 입증책임이 있다(1993. 11. 9. 제1부 판결 93다28928 부당이득금).

3. 특정물 매매에 있어서 매수인의 대금지급채무에 대한 이자의 발생 시점

특정물의 매매에 있어서 매수인의 대금지급채무가 이행지체에 빠졌다 하더라도 그 목적물이 매수인에게 인도될 때까지는 매수인은 매매대금의 이자를 지급할 필요가 없는 것이므로, 그 목적물의 인도가 이루어지지 아니하는 한매도인은 매수인의 대금지급의무 이행의 지체를 이유로 매매대금의 이자 상당액의 손해배상청구를 할 수 없다(대법원 1995. 6. 30. 선고 95다14190 판결).

◈ 매수인이 대금지급을 거절할 수 있는 경우

제 588 조 【권리주장자가 있는 경우와 대금지급거절권】

매매의 목적물에 대하여 권리를 주장하는 자가 있는 경우에 매수인이 매수한 권리의 전부나 일부를 잃을 염려가 있는 때에는 매수인은 그 위험의 한도에서 대금의 전부나 일부의 지급을 거절할 수 있다. 그러나 매도인이 상당한 담보를 제공한 때에는 그러하지 아니하다.

■ § 588. 매수인의 대금지급 거절권

• 매수인은 그가 동시이행의 항변권을 원용할 수 있는 경우에는 대금의 지급을 거절할 수 있다.
• 매매의 목적물에 대하여 권리를 주장하는 자가 있는 경우에 매수인이 매수한 권리의 전부나 일부를 잃을 염려가 있는 때에는, 매수인은 그 위험의 한도에서 대금의 전부나 일부의 지급을 거절할 수 있다.
• 다만 매도인이 담보를 제공할 때에는 대금지급을 거절하지 못한다.

1. 의 의

　매수인은 매도인이 이행의 제공을 할 때까지 대금의 지급을 거절할 수 있는 동시이행의 항변권을 가지므로, 매도인이 이행의 제공을 한 때에는 매수인은 이 항변권을 행사하지 못한다. 그러나 매도인이 이행의 제공을 하였더라도, 매매의 목적물에 대해 권리를 주장하는 자가 있어 매수인이 매수한 권리의 전부나 일부를 잃을 염려가 있는 때에는 본조에 의해 매수인은 그 위험의 한도에서 대금의 지급을 거절할 수 있다.

2. 요 건

　본조에 의해 매수인이 대금지급거절권을 행사하기 위해서는 ① 매매의 목적물에 대해 권리를 주장하는 자가 있어야 하고, ② 그로인해 매수인이 매수한 권리의 전부나 일부를 잃을 염려가 있어야 한다.

3. 효 과

(1) 대금의 전부 또는 일부의 지급 거절

매수인은 그 위험의 한도에서 대금의 전부나 일부의 지급을 거절할 수 있다. 그러나 매도인이 상당한 담보를 제공한 때에는 거절권을 행사할 수 없다(제558조 후문).

매수인의 손실은 담보에 의하여 보장받을 수 있기 때문이다.

(2) 공탁청구

매수인이 거절권을 행사한 경우, 매도인은 매수인에 대하여 대금의 공탁을 청구할 수 있다(제589조).

▣ 핵심판례 ▣

■ [권리주장자가 있는 경우와 대금지급거절권]

가. 매매목적부동산에 제3자의 처분금지가처분등기가 기입된 경우 매매계약은 이행불능으로 되는지 여부(소극)

매매목적부동산에 관하여 이미 제3자의 처분금지가처분등기가 기입되었다 할지라도 이는 단지 그에 저촉되는 범위 내에서 가처분채권자에게 대항할 수 없는 효과가 있다는 것일 뿐 그것에 의하여 곧바로 부동산 위에 어떤 지배관계가 생겨서 채무자가 그 부동산을 임의로 타에 처분하는 행위 자체를 금지하는 것은 아니라 하겠으므로 가처분등기로 인하여 바로 계약이 이행불능으로 되는 것은 아니다.

나. 매매계약이 이행불능된 경우 이행불능 당시의 시가가 계약 당시의 그것보다 현저히 앙등되었을지라도 이행불능 당시의 시가 상당액이 통상의 손해인지 여부(적극)

매매계약의 이행불능으로 인한 전보배상책임의 범위는 이행불능 당시의 매매목적물의 시가에 의하여야 하고 그와 같은 시가 상당액이 곧 통상의 손해라 할 것이고, 그 후 시가의 등귀는 채무자가 알거나 알 수 있었을 경우에 한하여 이를 특별사정으로 인한 손해로 보아 그 배상을 청구할 수 있는 것이므로 이행불능 당시의 시가가 계약 당시의 그것보다 현저하게 앙등되었다 할지라도 그 가격을 이른바 특별사정으로 인한 손해라고 볼 수 없다.

다. 채무불이행으로 인한 손해배상책임의 범위를 정함에 있어서의 과실상계 사유의 유무에 대한 판단기준

민법상의 과실상계제도는 채권자가 신의칙상 요구되는 주의를 다하지 아니한 경우 공평의 원칙에 따라 손해의 발생에 관한 채권자의 그와 같은 부주의를 참작하게 하려는 것이므로 단순한 부주의라도 그로 말미암아 손해가 발생하거나 확대된 원인을 이루었다면 피해자에게 과실이 있는 것으로 보아 과실상계를 할 수 있고, 채무불이행으로 인한 손해배상책임의 범위를 정함에 있어서의 과실상계사유의 유무는 개별사례에서 문제된 계약의 체결 및 이행경위와 당사자 쌍방의 잘못을 비교하여 종합적으로 판단하여야 한다.

라. 이중매수인이 매매목적부동산에 관하여 처분금지가처분등기가 기입된 사실을 알았으나 매도인으로부터 자기 책임하에 가처분등기를 청산, 정리한다는 취지의 약속을 받음에 따라 매매대금을 전부 지급한 행위는 과실상계사유가 되지 아니한다고 한 사례

이중매수인이 매매목적부동산에 관하여 처분금지가처분등기가 기입된 사실을 알았으나 매도인으로부터 자기 책임하에 가처분등기를 청산, 정리한다는 취지의 약속을 받음에 따라 매매대금을 전부 지급한 행위는 과실상계사유가 되지 아니한다고 한 사례(1993. 5. 27. 제3부 판결 92다20163 손해배상(기)).

◆ 매수인의 대금지급거절에 대한 매도인의 대금공탁청구권

제 589 조【대금공탁청구권】

전조의 경우에 매도인은 매수인에 대하여 대금의 공탁을 청구할 수 있다.

■ § 589. 매도인의 공탁청구

- §588의 경우, 매수인이 대금의 지급을 거절하는 때에는 매도인은 매수인에게 대금의 공탁을 청구할 수 있다.
- 관련법조 : 공탁법

본조는 매수인이 뒤에 무자력으로 됨으로써 생기는 손해에 대하여 매도인을 보호하기 위한 것이다. 공탁의 청구에 대하여 매수인이 공탁하지 않으면 대금지급거절권을 잃는다고 보아야 하며, 한편 매도인은 매수인이 권리를 잃을 염려가 없게 된 후에야 비로소 공탁금을 수령할 수 있다고 해석한다.

▣ 핵심판례 ▣

■ [대금공탁청구권]

민법 제589조에 의한 매매대금의 공탁을 명하는 판결에 지연손해금의 공탁을 아울러 명할 수 있는지 여부

민법 제589조에 의하여 매매대금의 공탁을 명하는 판결은 금전채무 그 자체의 이행을 명하는 판결이 아니어서 그 불이행으로 인하여 당연히 그리고 공탁수령조건의 성취여부와 관계없이 지연손해금이 발생하는 것은 아니므로 소송촉진등에관한 특례법 소정의 지연손해금의 공탁을 아울러 명할 수 없다(1989. 4. 11. 제1부 판결 87다카1853 매매대금).

제 3 관 환 매

　환매(wiederfauf, rémére, rachat)라 함은 매도인이 매매계약과 동시에 환매할
권리를 보유한 때에 그 권리를 행사하여 매각한 목적물에 대하여 대금상당의
금액을 매수인에게 지급하고 다시 사는 계약이다. 환매의 법적 성격과 관련하여
해제권유보부매매라는 견해(김증한), 재매매예약이라는 견해(곽윤직)라는 견해의
대립이 있다. 환매권은 일종의 해제권으로 간주되며 재산권으로 양도성을 갖는
다고 본다. 환매권은 일정기간 내에 다른 특약이 없으면 최초의 대금계약의 비
용을 제공하여 환매권자의 일방적 의사표시에 의하여 행하여진다(제594조 1항).
환매를 할 수 있는 것은 동산이나 부동산을 가리지 않는다. 부동산의 경우에는
환매특약을 등기하여 보전할 수 있다. 환매는 매매계약과 함께 이루어지는 계약
으로 일종의 해제권 유보있는 매매이다. 따라서 일단 매매행위가 끝나면 환매를
한다는 특약을 할 수 없다. 그것은 재매매의 예약에 의해서 행하여진다. 환매가
이루어지면 목적물은 매도인에게 복귀한다(해제의 경우의 원상복구와 동일). 이
경우 매수자의 수취과실과 매도인(환매권자)의 대금의 이자와는 특별한 약정이
없으면 상계한 것으로 간주되고(제590조 3항), 또 매수인이 지급한 비용의 상환
청구가 인정된다(제594조). 그러나 민법에서 정하고 있는 환매의 규정(제590~제
595조)은 실제의 거래와 부합되지 않으므로 보통 매매의 예약의 규정(제564조)
을 적용하는 경우가 많다.

◆ 환매의 의의

제 590 조 【환매의 의의】

① 매도인이 매매계약과 동시에 환매할 권리를 보류한 때에는 그 영수한 대금 및 매수인이 부담한 매매비용을 반환하고 그 목적물을 환매할 수 있다.

② 전항의 환매대금에 관하여 특별한 약정이 있으면 그 약정에 의한다.

③ 전2항의 경우에 목적물의 과실과 대금의 이자는 특별한 약정이 없으면 이를 상계한 것으로 본다.

■ § 590. 환매의 의의 및 요건

- 매도인이 매매계약과 동시에 특약으로 매매계약을 해제할 권리, 즉 환매권을 보류한 경우에 그 환매권을 일정한 기간내에 행사하여 매매의 목적물을 도로 사오는 것
- 부동산, 동산은 물론 채권, 무체재산권 등도 환매의 목적물이 될 수 있다.
- 환매의 특약은 매매계약과 동시에 하여야 한다.
- 환매대금에 관하여 당사자 사이에서 특별히 정한 바가 없으면, 환매권자는 최초의 매매대금과 매수인이 부담한 매매비용을 반환하고 환매할 수 있다. 그러나 환매대금에 관하여 당사자사이에 특약이 있으면 그 특약에 의한다.
- 환매에 있어서는 특별한 약정이 없으면 목적물의 과실과 대금의 이자는 상계한 것으로 본다.

본조는 환매의 의의와 요건에 관하여 규정한 것이다.

1. 환매의 의의 등

(1) 환매의 의의

환매라 함은 매도인이 매매계약과 동시에 특약으로 매매계약을 해제할 권리, 즉 환매권을 보류한 경우에 그 환매권을 일정한 기간내에 행사하여 매매의 목적물을 도로 사는 것을 말한다.

(2) 환매와 재매매의 예약과의 차이

매도인이 매수인에게 매도한 후 다시 그 물건을 매수할 것을 예약하는 경우로서, 그 예약이 환매의 요건을 갖추지 않은 때 재매매의 예약이라 한다. 재매매의 예약은 환매와 같이 원매매계약과 동시에 행할 것을 요하지 않는다. 또 환매와 같은 환매기간의 제한도 없다.

<환매와 재매매예약의 차이>

환 매	재 매 매 예 약
매매계약과 동시에 환매특약이 있어야 한다.	매매계약과 동시에 재매매의 예약을 할 필요는 없다.
원매매대금과 매매비용을 그 대금으로 한다.	대금에 관한 제한이 없다.
부동산에 대한 환매는 5년, 동산은 3년의 기간제한을 두고 있다.	기간에 대한 제한이 없다.
목적물이 부동산인 경우에 매매등기와 동시에 환매권보류의 등기를 하는 것이 인정된다.	등기의 인정규정이 없고, 다만 일방청구권의 보전문제로서 가등기를 할 수 있다.

2. 환매의 요건

환매가 유효하기 위해서는 민법상 다음과 같은 요건이 요구된다.

(1) 목적물

구민법에서는 부동산의 매매에 한정하였으나(구민법 제579조 본문), 현행 민법에서는 그러한 제한을 하고 있지 않으므로 부동산·동산은 물론 그 밖의 재산권에 관해서도 환매의 특약을 할 수 있다.

(2) 환매의 특약

환매의 특약은 매매계약과 동시에 하여야 한다. 그러나 이것은 환매의 특약이 매매계약과 불가분적으로 결합하고 있는 것을 의미하는 것은 아니므로 후에 환매의 특약의 내용을 다소 변경하거나, 또는 환매의 특약만을 합의로 해제·소멸하는 것은 상관없다. 그러나 환매의 특약은 매매계약에 종된 계약으로서의 성격을 갖는 것이기 때문에 매매계약의 무효·취소는 환매의 특약도 무효로 한다. 그러나 반대로 환매의 특약의 무효·취소는 당사자가 환매의 특약의 유효를 조건으로 하지 않는 한 매매계약의 효력에

영향을 미치지 않는다.

(3) 환매대금

환매대금에 관하여 당사자 사이에 특별히 정한 바가 없으면 환매권자는 최초의 매매대금과 매수인이 부담한 매매비용을 반환하고 환매할 수 있다. 그러나 환매대금에 관하여 당사자 사이에 특약이 있으면 그 특약에 의한다.

당사자 사이에 다른 특약이 없는 한 목적물의 과실과 대금의 이자와는 상계한 것으로 간주하므로 반환할 필요가 없다(제590조 3항).

3. 환매의 효과

환매권의 행사로서 매도인과 매수인간에 두 번째의 매매계약이 성립한 것으로 된다. 따라서 매도인은 매수인에 대해 목적물에 대한 소유권이전 및 인도를 청구할 수 있고, 매수인에게 환매대금을 제공하여야 한다.

또한 매수인이나 전득자가 목적물에 비용을 지출한 때에는 매도인은 제203조(점유자의 상환청구권)의 규정에 의하여 이를 상환하여야 한다. 그러나 유익비에 대하여는 법원은 매도인의 청구에 의하여 상당한 상환기간을 허여할 수 있다(제594조 2항 단서).

【서식】부동산환매특약서

<div style="border:1px solid">

부 동 산 환 매 특 약 서

도 군 읍 리 번지 소재

1. 본조와즙 2층건물 1동 건평 평(단2층 평).

　위 부동산은 이 계약과 동시에 한 부동산 매매계약에 의하여 대금원으로써 귀하부터 매수하였는데, 귀하께서 이 계약의 날로부터 기산하여 5년내에 위 대금 원 및 매매계약의 비용 금 원을 본매수인에게 반환하여 위 매매를 해제하는 일이 있어도 본매수인은 조금도 이의 없으며 여기에 환매계약을 증명하기 위하여 이 증서를 제공합니다.

　　　　서기 년 월 일

　　　　주소

　　　　　　　　매수인 김 명 주 ㉙

주 소

　　매도인 이 성 태 귀하

</div>

▣ 핵심판례 ▣

■ [환매의 의의]

1. 토지를 매매하면서 그 토지 중 공장부지 및 그 진입도로부지에 편입되지 아니할 부분토지를 매도인에게 원가로 반환한다는 약정의 의미(해제조건부 매매)

토지를 매매하면서 그 토지 중 공장부지 및 그 진입도로부지에 편입되지 아니할 부분토지를 매도인에게 원가로 반환한다는 약정은, 공장부지 및 진입도로로 사용되지 아니하기로 확정된 때에는 그 부분토지에 관한 매매는 해제되어 원상태로 돌아간다는 일종의 해제조건부 매매라고 봄이 상당하고, 조건부환매계약이라고 볼 수 없다(1981. 6. 9. 제1부 판결 80다3195 소유권이전등기).

2. 환매조건부주식매매 또는 양도담보에 의한 주식양도의 경우 주주로서의 의결권 기타의 공익권의 귀속주체(＝매수인 또는 양수인)

환매특약부매매가 채권담보의 경제적 기능을 갖는 것은 사실이나, 그렇다고 하더라도 채권자(매수인)가 단순히 담보권만을 취득하는 것이 아니고 목적물의 소유권까지를 일단 취득하고 단지 채무자(매도인)가 환매기간 내에 환매할 수 있는 권리를 유보하는 부담을 갖는 데에 그치는 것이므로, 주식을 환매조건부로 취득하여 주주명부상의 명의개서까지 마친 매수인으로서는 주주로서의 의결권 기타의 공익권도 행사할 수 있고, 설사 주식의 양도가 양도담보의 의미로 이루어지고 양수인이 양도담보권자에 불과하더라도, 회사에 대한 관계에 있어서는 양도담보권자가 주주의 자격을 갖는 것이어서 의결권 기타의 공익권도 양도인에 대한 관계에서는 담보권자인 양수인에 귀속한다 할 것이다(대법원 1992. 5. 26. 선고 92다84 판결).

◆ 환매기간에 대한 제한

제 591 조【환매기간】

① 환매기간은 부동산은 5년, 동산은 3년을 넘지 못한다. 약정기간이 이를 넘는 때에는 부동산은 5년, 동산은 3년으로 단축한다.

② 환매기간을 정한 때에는 다시 이를 연장하지 못한다.

③ 환매기간을 정하지 아니한 때에는 그 기간은 부동산은 5년, 동산은 3년 으로한다.

■ § 591. 환매기간

• 부동산 5년, 동산 3년
• 연장불가
• 거래의 안전위한 강행규정
• 비교 : 환매특약→5년(갱신불가)
　　　　공유물분할금지특약→5년(갱신가능)

환매기간은 부동산은 5년, 동산은 3년을 넘지 못한다. 당사자가 이 기간보다 긴 기간으로 정한 때에는 부동산은 5년, 동산은 3년으로 단축한다. 일단 정한 환매기간은 다시 연장하지 못한다. 환매계약시 매매기간을 정하지 아니한 때에는 후에 기간을 정하지 못한다. 다만 환매권자는 부동산은 5년, 동산은 3년 내에 한하여 환매를 할 수 있을 뿐이다.

환매기간을 제한한 것은 환매에 의하여 부동산에 불완전한 상태를 초래하는 것을 방지하고, 그 개량·이용을 지장없이 하려는 취지에서이다. 따라서 이 규정은 강행규정이다.

환매의 기간은 계약성립의 날로부터 기산하여야 한다. 즉 환매의 기간은 환매할 수 있는 기간의 의미가 아닌 환매의 약정이 존속할 수 있는 기간으로 해석하여야 하므로 환매기간의 시기를 계약체결시로부터 10년 후에 도래하는 것과 같이 정하는 경우에는 그 환매의 특약은 무효이다.

◆ 환매특약의 제3자에 대한 대항요건

제 592 조 【환매등기】

매매의 목적물이 부동산인 경우에 매매등기와 동시에 환매권의 보류를 등기한 때에는 제3자에 대하여 그 효력이 있다.

■ § 592. 환매등기

- 부동산매매에 있어서 환매의 특약을 한 때에는 그 매매등기와 동시에 환매권의 보류를 등기할 수 있고, 등기를 한 때에는 제3자에 대해서도 그 효력이 있다.
- 관련법조 : [환매등기] 부동산등기법 §53

본조는 목적물이 부동산인 경우에 있어서 환매특약의 대항요건으로서의 환매등기에 관한 규정이다.

환매의 특약을 매매계약과 동시에 등기한 때에는 환매는 제3자에 대해서도 그 효력이 있다. 즉 매매에 기한 이전등기와 함께 환매특약의 등기가 행하여져 있으면(부동산등기법 제53조) 환매권은 매수인으로부터 부동산의 소유권 기타의 권리를 취득한 제3자에 대해서도 주장할 수 있으므로 환매권의 물권적 취득권으로서의 성격이 대외적으로도 한층 강화되어 있다. 환매권의 등기는 매매에 의한 이전등기에 부기등기의 형식으로 한다(부동산등기법 제52조 6호).

본조에 「제3자에 대하여 그 효력이 있다」고 한 것은 매수인 이외의 제3자가 어떠한 권리를 취득하고 있더라도, 환매권자는 그것을 무시하고 매매당시의 상태에서의 부동산소유권을 다시 찾아올 수 있다는 것을 의미한다.

따라서 매수인으로부터 목적부동산을 양수한 제3자는 매수인의 지위를 승계하게 되기 때문에 환매의 의사표시는 이 제3자(목적부동산의 양수인·전득자)에 대하여 하여야 하며, 최초의 매수인에 대하여 행해진 의사표시는 무효이다.

환매권이 행사되면 목적물은 매매계약시에 소급하여 매도인의 소유였던 것이 되기 때문에 제3자가 환매특약의 등기후에 등기된 임차권을 가지고 있는 경우에도 임차권은 소멸하게 된다(제548조 1항 단서의 예외).

▣ 핵심판례 ▣

■ [환매등기]

1. 가. 환매기간을 제한하는 환매등기의 추정력

환매기간을 제한하는 환매특약이 등기부에 기재되어 있는 때에는 반증이 없
는 한 등기부 기재와 같은 환매특약이 진정하게 성립된 것으로 추정함이 상
당하다.

**나. 환매특약에 관한 등기부상의 환매기간이 당사자의 의사에 합치되지
않아 무효라고 본 원심판결을 등기의 추정력에 관한 법리오해의 잘못
등으로 파기한 사례**

환매특약에 관한 등기부상의 환매기간이 당사자의 의사에 합치되지 않는 등
기로서 무효이어서 그 환매권의 존속기간은 환매기간을 정하지 아니한 때에
해당한다고 본 원심판결을 등기의 추정력에 관한 법리오해의 잘못 등으로 파
기환송한다(1991. 10. 11. 제3부 판결 91다13700 공유지분이전등기).

**2. 부동산에 관하여 매매등기와 아울러 환매특약의 등기가 경료된 이후 그
부동산 매수인이 그로부터 전득한 제3자에 대하여 환매특약의 등기사실
을 들어 소유권이전등기절차이행을 거절할 수 있는지 여부**

부동산에 관하여 매매등기와 아울러 환매특약의 등기가 경료된 이후 그 부동산
매수인으로부터 그 부동산을 전득한 제3자가 환매권자의 환매권행사에 대항할 수
없으나, 환매특약의 등기가 부동산의 매수인의 처분권을 금지하는 효력을 가지는
것은 아니므로 그 매수인은 환매특약의 등기 이후 부동산을 전득한 제3자에 대하
여 여전히 소유권이전등기절차의 이행의무를 부담하고, 나아가 환매권자가 환매
권을 행사하지 아니한 이상 매수인이 전득자인 제3자에 대하여 부담하는 소유권
이전등기절차의 이행의무는 이행불능 상태에 이르렀다고 할 수 없으므로, 부동산
의 매수인은 전득자인 제3자에 대하여 환매특약의 등기사실만으로 제3자의 소유
권이전등기청구를 거절할 수 없다(대법원 1994. 10. 25. 선고 94다35527 판결).

**3. 부동산에 관하여 환매특약부 소유권이전등기가 경료된 후 근저당권이 설
정되었다가 환매권 행사 후 그 근저당권자가 파산선고를 받은 경우, 그
근저당권설정등기의 말소등기청구권이 파산채권에 해당하는지 여부(소극)**

부동산의 매매계약에 있어 당사자 사이의 환매특약에 따라 소유권이전등기와 함
께 민법 제592조에 따른 환매등기가 마쳐진 경우 매도인이 환매기간 내에 적법하
게 환매권을 행사하면 환매등기 후에 마쳐진 제3자의 근저당권 등 제한물권은 소
멸하는 것이므로, 환매권 행사 후 근저당권자가 파산선고를 받았다고 하더라도

매도인이 파산자에 대하여 갖는 근저당권설정등기 등의 말소등기청구권은 파산법 제14조에 규정된 파산채권에 해당하지 아니하며, 매도인은 파산법 제79조 소정의 환취권 규정에 따라 파산절차에 의하지 아니하고 직접 파산관재인에게 말소등기 절차의 이행을 청구할 수 있다(대법원 2002. 9. 27. 선고 2000다27411 판결).

◈ 환매권의 행사 : 대위행사

제 593 조 【환매권의 대위행사와 매수인의 권리】

매도인의 채권자가 매도인을 대위하여 환매하고자 하는 때에는 매수인은 법원이 선정한 감정인의 평가액에서 매도인이 반환할 금액을 공제한 잔액으로 매도인의 채무를 변제하고 잉여액이 있으면 이를 매도인에게 지급하여 환매권을 소멸시킬 수 있다.

■ § 593. 환매권의 대위행사

- 환매권은 양도성이 있고, 일신 전속권이 아니므로 매도인(환매권자)의 채권자는 이를 대위행사할 수 있다.
- 매수인은 법원이 선정한 감정인의 평가액에서 매도인이 반환할 금액(환매대금)을 공제한 잔액을 매도인을 위하여 그의 채권자에게 변제하고, 잉여액이 있으면 그것을 매도인에게 지급하여 환매권을 소멸시킬 수 있다.
- 관련법조 : [감정인] 비송 §57

본조는 매수인이 환매권을 소멸시킬 수 있는 경우를 규정한 것이다.

환매권은 일신전속권이 아니기 때문에 매도인의 채권자는 환매권을 대위행사할 수 있다(제404조). 그러나 이러한 채권자는 환매권의 대위행사로 채무자에게 회복되는 목적물을 환가하여 채권의 만족을 얻으려는 것으로 민법은 그러한 이익을 해하지 않는 범위에서 매수인의 보호를 위한 특칙을 두고 있다. 즉 매수인은 법원이 선정한 감정인의 평가액에서 매도인이 반환할 환매금액을 공제한 잔액은 매도인을 위하여 그의 채권자에게 변제하고, 잉여액이 있으면 그것을 매도인에게 지급하여 환매권을 소멸시킬 수 있다(본조, 비송사건절차법 제57조).

◆ 환매권의 행사 : 환매권의 행사방법

제 594 조【환매의 실행】

① 매도인은 기간내에 대금과 매매비용을 매수인에게 제공하지 아니하면 환매할 권리를 잃는다.

② 매수인이나 전득자가 목적물에 대하여 비용을 지출한 때에는 매도인은 제203조의 규정에 의하여 이를 상환하여야 한다. 그러나 유익비에 대하여는 법원은 매도인의 청구에 의하여 상당한 상환기간을 허여할 수 있다.

■ § 594. 환매의 실행과 효과

• 매도인은 환매기간 내에 대금과 매매비용을 매수인에게 제공하여야 환매권을 행사할 수 있다.

(1) 환매는 환매권의 행사로써 실행된다.

환매권의 행사는 환매권자(즉 매도인 또는 그 승계인)의 일방적인 행위에 의하여 행해지는 것이지만, 단순히 의사표시만으로는 불가능하고 환매기간 내에 대금 및 매매비용을 매수인에게 제공하여야 한다.

대금 및 매매비용의 제공을 요함에 그치므로 매도인이 제공한 대금 및 매매비용을 매수인이 수령하지 않는 경우에도 매도인은 그것을 공탁할 필요도 없고, 또 매수인이 미리 수령거절의 의사표시를 한 때에는 구두의 제공만으로도 충분하다.

매도인이 현실적으로 제공한 대금 및 매매비용의 금액에 극히 소액의 부족이 있음을 이유로 하여 매매의 효력을 부인하는 것은 신의의 원칙에 반하므로 허용되지 않는다.

환매의 성질에 관하여 다수설인 재매매의 예약설에 의하면 환매의 의사표시에 의해 두 번째 매매가 성립하며 그 원소유자 명의로 등기를 경료해야 환매권자에게 소유권이 복귀한다고 한다.

매수인 또는 전득자가 목적물에 대하여 비용을 지출한 때에는 환매권자

는 제203조의 규정에 의하여 이를 상환하여야 한다.

유익비에 대하여는 법원은 환매권자의 청구에 의하여 상당한 환매기간을 허여할 수 있다. 그러나 이 비용상환은 환매권행사의 요건이 아니다.

(2) 환매의 효과

1) 해제권유보부 매매설(해제권설)

환매권 행사를 본 매매계약의 약정해제권의 행사로 보는 견해이다. 즉, 환매권을 행사하면 매매계약이 해제된 것과 동일한 효과가 발생하게 된다. 이 때 물권복귀시의 등기는 이전등기가 아니라 말소등기이다. 무인론에 따르면 말소등기가 있어야 소유권이 매도인에게 복귀되고, 유인론에 따르면 말소등기 없이 환매권 행사 즉시 소유권이 복귀되게 된다.

2) 재매매의 예약설(예약완결권설)

환매권 행사를 재매매의 예약의 예약완결권의 행사로 본다. 따라서 환매권이 행사되면 두 번째의 매매가 이루어지고 당사자 사이에는 두 번째의 매매에 의한 권리, 의무가 생기고, 그 이행이 있을 때에 환매권자는 소유권을 취득하게 된다. 즉, 말소등기가 아니라 이전등기가 되고, 이전등기시에 매도인에게 소유권이 복귀된다.

▣ 핵심판례 ▣

■ [환매의 실행]

가. 징발재산정리에관한특별조치법 제20조 소정의 '환매'의 법적 성질

징발재산정리에관한특별조치법 제20조가 말하는 '환매'의 법적 성질은 그 법문의 표현이 비록 환매라고 되어 있어도 매도인이 매매계약과 동시에 환매할 권리를 보류할 것을 요건으로 하는 민법상의 환매와 같게 볼 수 없는 바로서 같은 조 제1항에 적힌 환매권자와 국가와의 사법상의 매매라 할 것이다.

나. 같은조 제1항 소정의 "군사상 필요없게 된 때"의 여부가 사법심사의 대상인지 여부(적극).

같은 조 제1항 소정의 "군사상 필요없게 된 때"의 여부는 같은법 제2조에서 말하는 "군이 계속사용할 필요" 여부의 경우와는 달리 사법심사의 대상이 된다.

다. 같은 법상 환매권행사에 있어서 매수대금의 예선급여를 요하는지 여부 (소극).

같은 조 제1항 후문의 의미는 환매권자의 매수대금에 관한 규정으로서 국가가 매수할 당시의 가격에 증권의 발행연도부터 환매청구연도까지의 연 5푼의 이자를 가산한 금액과 소유권이전등기와의 대가적 이행관련성이 있음을 나타낸 것에 불과한 것이라고 풀이해야지 그 대금의 예선급여를 요구하는 문구로 새겨서는 안된다.

라. 같은 조 제2항 제3항 규정의 성질

같은 조 제2항은 제1항의 우선매수권자가 청구를 하지 않고 있는 경우의 보충규정이고, 제3항은 위 제2항에 이어지는 규정으로서 그에 해당하는 경우 우선매수권자가 매수할 뜻이 없는 것으로 보는 의사해석규정으로 보는 것이 마땅하다(대판 1989. 12. 12. 88다카15000).

◆ 공유지분에 대한 환매특약이 있은 후 환매실행 전에 목적물의 분할이나 경매가 있는 경우의 환매권 행사방법

제 595 조 【공유지분의 환매】

공유자의 1인이 환매할 권리를 보류하고 그 지분을 매도한 후 그 목적물의 분할이나 경매가 있는 때에는 매도인은 매수인이 받은 또는 받을 부분이나 대금에 대하여 환매권을 행사할 수 있다. 그러나 매도인에게 통지하지 아니한 매수인은 그 분할이나 경매로써 매도인에게 대항하지 못한다.

■ § 595. 공유지분의 환매

• 공유는 하나의 소유권이 분량적으로 분할되어서 수인에게 속하는 것이며, 각 공유자의 지분의 성질은 소유권과 같다. 따라서 각 공유자는 자기의 지분권을 단독으로 처분하는 것이 인정된다.

• 공유자의 1인이 환매권을 보류하여 그 지분을 매도한 후 그 목적물의 분할이나 경매가 있는 때에는 매수인이 받은 부분이나 대금에 대하여 환매권을 행사할 수 있다.

공유자는 그의 지분을 환매특약으로 매각할 수 있으나 매도인이 환매권을 행사하기 전에 공유물이 분할된 경우에는 환매대상인 지분이 없어져 버리기 때문에 본조는 다음과 같은 특칙을 두고 있다.

공유자는 1인이 환매할 권리를 보류하고 그 지분을 매도한 후, 그 목적물의 분할 또는 경매가 있는 때에는 환매권자는 매수인이 받은 또는 받을 부분이나 대금에 대해서만 환매권을 행사할 수 있다. 그러나 분할의 결과는 환매권자에게 미치는 영향이 크기 때문에 분할이나 경매를 행함에 있어서는 환매권자에게 통지하여야 한다.

따라서 환매권자에게 분할이나 경매를 통지하지 아니한 매수인은 그 분할이나 경매로써 환매권자에게 대항하지 못한다.

제 4 절 교 환

　교환(exchange, échangè)은 당사자 양쪽이 금전의 소유권 이외의 재산권을 상호 이전할 것을 약정함으로써 성립하는 계약이다(제596조). 유상·쌍무의 계약이며 일반적으로 매매에 관한 규정이 준용된다(제567조). 그러나 현재로는 물물교환은 거의 중요성이 없다. 토지의 교환 등의 경우 이외에는 거의 행하여지지 않는다. 이런 경우에도 각각 특별법이나 관습이 우선하여 민법의 규정은 오히려 보충적 의미를 가질 뿐이다. 자기의 물건이 상대방의 물건보다 가격이 쌀 때에는 재산권이전과 동시에 금전에 의한 보충지급을 한다. 갑의 토지와 을의 가옥에 30만원을 현금으로 가산하여 교환하는 경우 등이다. 이런 경우의 30만원을 금전의 보충지급이라고 한다. 금전의 보충지급에 대하여는 매매대금에 관한 규정을 준용한다(제597조). 유상계약이므로 서로 담보책임이 있다.

◈ 교환계약의 의의

제 596 조 【교환의 의의】

교환은 당사자쌍방이 금전이외의 재산권을 상호이전할 것을 약정함으로써 그 효력이 생긴다.

■ § 596. 교 환

- 교환은 당사자쌍방이 금전 이외의 재산권을 서로 이전할 것을 약정함으로써 성립하는 계약이다.
- 낙성, 쌍무, 유상, 불요식의 계약

1. 교환의 의의 및 성질

교환은 당사자 쌍방이 금전 이외의 재산권을 서로 이전할 것을 약정함으로써 성립하는 계약이다. 따라서 교환의 계약으로서의 성질은 불요식의 낙성계약이며 쌍무·유상계약이다. 그러므로 양당사자가 목적물을 급부할 채무를 부담하는 것만으로 계약이 성립된다.

예컨대 당사자 일방이 손목시계의 소유권을 이전할 채무를 부담하고, 타방이 반지의 소유권을 이전할 채무를 부담할 것을 약정하는 것과 같은 것이 교환의 전형적인 형태이다. 단, 당사자가 바로 목적물을 서로 교환하는 형태도 있을 수 있는데, 이를 현물교환이라고 하며, 현물매매와 마찬가지로 해석한다.

2. 교환의 사회적 기능

역사적 발전과정에서 고찰하면 재화의 수요공급의 관계를 조정하는 경제적 거래의 원형은 물건과 물건을 서로 바꾸는 교환이었다고 할 수 있으나, 화폐경제의 발달에 따라 교환은 매매에 그 지위를 양보하여 줌으로써 오늘에 이르러서는 오히려 매매에 부종하는 것과 같은 지위와 의미를 가지고 있는 데 그치고 있다.

민법에서도 매매에 관한 상세한 규정에 뒤이어 교환에 관해서는 오직 2개의 조문을 두고 있을 뿐이다.

요컨대 교환은 당사자 일방의 급부가 금전의 지급이 아닌 점에서 매매와 다른 특이성이 있을 뿐이고, 기타의 점에 있어서는 매매와 그 성질을 같이 하고 있기 때문에 일반적으로 말하면 매매에 관한 규정이나 이론이 그대로 적용되어도 무방하다 하겠다.

▣ 핵심판례 ▣

■ [교환의 의의]

1. 가. 교환계약의 성립에 필요한 청약과 승낙의 의사표시 방법

교환계약은 당사자간에 청약의 의사표시와 그에 대한 승낙의 의사표시의 합치로 성립하는 이른바 낙성계약으로서 서면의 작성을 필요로 하지 아니하고, 그 청약의 의사표시는 그 내용이 이에 대한 승낙만 있으면 곧 계약이 성립될 수 있을 정도로 구체적이어야 하고, 승낙은 이와 같은 구체적인 청약에 대한 것이어야 할 것이며, 이 경우에 그 승낙의 의사표시는 특별한 사정이 없는 한 그 방법에 아무런 제한이 없고 반드시 명시적임을 요하는 것도 아니다.

나. 갑과 을의 아들이 갑의 밭과 을의 임야를 교환하기로 하였고, 그 후 을이 밭을 병에게 임대하여 경작하게 한 1년 반 동안 갑측이 이의하거나 밭을 관리한 적이 없었다면 교환계약에 따라 밭이 을에게 인도되었다 할 것인데도 교환계약이 있었다는 내용의 증거를 모두 배척한 원심판결에 채증법칙 위배의 위법이 있다 하여 이를 파기한 사례

갑과 을의 아들이 갑의 밭과 을의 임야를 교환하기로 하였고, 그 후 을이 밭을 병에게 임대하여 경작하게 한 1년 반 동안 갑측이 이의하거나 밭을 관리한 적이 없었다면 교환계약에 따라 밭이 을에게 인도되었다 할 것인데도 교환계약이 있었다는 내용의 증거를 모두 배척한 원심판결에 채증법칙 위배의 위법이 있다 하여 이를 파기환송한다(1992. 10. 13. 제2부 판결 92다29696 소유권이전등기).

2. 교환계약의 당사자가 목적물의 시가를 묵비하거나 허위로 높은 가액을 시가라고 고지한 경우 불법행위가 성립하는지 여부(소극)

일반적으로 교환계약을 체결하려는 당사자는 서로 자기가 소유하는 교환 목적물은 고가로 평가하고, 상대방이 소유하는 목적물은 염가로 평가하여, 보다 유리한 조건으로 교환계약을 체결하기를 희망하는 이해상반의 지위에 있고, 각자가 자신의 지식과 경험을 이용하여 최대한으로 자신의 이익을 도모할 것이 예상되기 때문에, 당사자 일방이 알고 있는 정보를 상대방에게 사실대로 고지하여야 할 신의칙상의 주의의무가 인정된다고 볼만한 특별한 사정이 없는 한, 일방 당사자가 자

기가 소유하는 목적물의 시가를 묵비하여 상대방에게 고지하지 아니하거나, 혹은 허위로 시가보다 높은 가액을 시가라고 고지하였다 하더라도, 이는 상대방의 의사결정에 불법적인 간섭을 한 것이라고 볼 수 없으므로 불법행위가 성립한다고 볼 수 없다(대법원 2001. 7. 13. 선고 99다38583 판결).

◈ 금전의 보충지급

제 597 조 【금전의 보충지급의 경우】

당사자일방이 전조의 재산권이전과 금전의 보충지급을 약정한 때에는 그 금전에 대하여는 매매대금에 관한 규정을 준용한다.

■ § 597. 교환의 효력

- 교환은 유상계약이므로 매매에 관한 규정이 준용된다.
- 보충금 지급의 특약이 있는 교환에 있어서는 그 보충금에 관하여는 매매대금에 관한 규정이 준용된다.

쌍방이 서로 교환하는 목적물 내지 재산권의 가격이 대등하지 않은 때에 이를 보충하기 위하여 금전을 지급하기로 약정할 수 있는데, 본조는 그 보충금에 대하여는 매매대금에 관한 규정을 준용하는 것으로 규정하고 있다.

교환에서 쌍방이 이전할 재산권 사이에 가격의 차이가 있는 경우에는 가격이 저렴한 것을 급부한 당사자는 그 재산권에 금전을 부가하여 재산권과 함께 교환하는 경우가 있으며 이 금전을 보충금이라고 한다.

그리고 이와 같은 당사자 일방이 재산권과 아울러 금전을 이전할 것을 약정한 때에는 그 금전에 대하여는 매매대금에 관한 민법의 규정, 예컨대 제572조 내지 제574조, 제583조, 제584조, 제585조, 제589조 등이 준용된다.

이 보충금부교환의 성질은 반드시 동일하지 않으므로 이에 관해서는 경우를 나누어 고찰할 필요가 있다.

(1) 보충금이 일방의 재산권의 가치를 보충한다는 의미에서, 단순히 급부에 종속되어 있음에 지나지 않은 때에는 전체로서 교환이다.

(2) 재산권과 금전이 대등적 지위에서 일방의 급부를 구성하는 경우에는 매매와 교환의 혼성계약이다.

(3) 금전이 주된 경우에는 전체로서 매매이다.

▣ 핵심판례 ▣

■ [금전의 보충지급의 경우]

쌍무계약에 있어 동시이행에 관한 법리오해를 이유로 원심판결을 파기한 사례

피고 황영진이 매도인이 되어 원고와의 사이에 동 피고 소유의 위 1토지와 피고 황영창 소유의 위 2토지를 묶어서 금 480만원에 원고에게 매도하되, 동 대금 중 금 420만원은 계약당일 지급한 것으로 하고, 잔금 60만원은 1984.3.2에 지급키로 하는 내용의 매매계약이 체결되어 원고가 잔금지급기일에 잔금 60만원을 지급하였다 하더라도 원고가 위 계약 당일에 실제로 금 420만원을 지급한 사실은 없고, 다만 위 금 420만원의 지급에 갈음하여 위 3토지에 대한 소유권을 피고 황영진에게 이전하여 주기로 특약을 한 것이라면, 매도인인 피고 황영진 명의로 위 토지에 대한 소유권이전등기가 경료되기 전에는 위 매매금 중 금 420만 원이 지급되었다고 할 수는 없는 것이며, 을제1호증의 기재 내용을 검토하여 보아도 이는 이 사건 매매대금 중 금 420만원의 지급에 갈음하여 위 3토지의 소유권을 넘겨 받기로 한 특약의 이행을 확보하기 위한 방법으로 위 3토지에 대하여 별도로 매매계약서를 작성한데 불과할 뿐 아니라, 갑제3,4호증(각 이진경에 대 한 증인신문조서) 및 원심증인 이진경의 증언에 의하면, 원고와 피고 황영진간의 이 사건 매매계약은 실제로는 위 1, 2토지와 위 3토지의 교환계약이고 잔금 60만원은 그 가격 차이에 대한 보상적 성격을 가지고 있음을 인정하기에 어렵지 아니하므로, 피고들의 위 1, 2 토지에 대한 소유권이전등기절차이행의무와 원고의 위 3토지에 대한 소유권이전등기의무는 동시이행관계에 있다(대법원 1991. 1. 29. 선고 89다카1237 판결).

제 5 절 소비대차

소비대차(mutuum, loan for consumption, Darlehn, pret de consommation)는 당사자의 일방(대주)이 금전 기타의 대체물의 소유권을 상대방(차주)에게 이전할 것을 약정하고 상대방은 그것과 동종·동질·동량의 물건을 반환할 것을 약정함으로써 성립하는 계약이다(제598조~제608조). 금전이나 미곡 등의 대차가 대표적인 것이다. 소비대차는 임대차와 사용대차가 목적물 그 자체를 반환하는 것과는 달리 차주가 목적물의 소유권을 취득하여 이를 소비한 후에 다른 동가치의 물건을 반환하는 점에 특색이 있다. 법률상은 무이자의 무상계약이 원칙이지만 실제로는 이자있는 유상계약이 많다(상법 제55조 참조). 차주의 이자지급의무는 특약에 의하여 발생하기로 되어 있는데 상인간의 금전소비대차에 있어서는 특약이 없어도 대주는 법정이자(년 6분)를 청구할 수 있다(상법 제54조). 그러나 이자율에 관한 제한은 이자제한법과 이에 근거한 대통령령에 의하여 정하여지고 있다.

◈ 소비대차의 의의

제 598 조【소비대차의 의의】

소비대차는 당사자일방이 금전 기타 대체물의 소유권을 상대방에게 이전할 것을 약정하고 상대방은 그와 같은 종류, 품질 및 수량으로 반환할 것을 약정함으로써 그 효력이 생긴다.

■ § 598. 소비대차의 의의 및 법률적 성질

- 소비대차는 당사자의 일방(대주)이 금전 기타의 대체물의 소유권을 상대방(차주)에게 이전할 것을 약정하고 상대방은 동종, 동질(동등), 동량의 물건을 반환할 것을 약정함으로써 성립하는 계약이다.
- 낙성, 무상, 편무, 불요식 계약
- 관련법조 : [금전소비대차와 이자] 상 §55①, [소비대차와 이자제한] 이자제한법

1. 의 의

소비대차라 함은 당사자의 일방(대주)이 금전 기타의 대체물의 소유권을 상대방(차주)에게 이전할 것을 약정하고 상대방은 동종·동질·동량의 물건을 반환할 것을 약정함으로써 성립하는 계약이다.

소비대차는 사용대차·임대차와 함께 타인의 물건을 사용·수익할 것을 본체로 하는 광의의 대차계약의 일환을 이루는 것이다.

그러나 사용대차와 임대차에 있어서는 소유권은 대주에게 유보되고 차주는 목적물의 사용·수익권만을 취득하는 것인데 반하여 소비대차에 있어서는 차주는 목적물의 소유권을 취득하여 그것을 처분·소비한 후에 동종·동질·동량의 다른 물건을 반환하는 것에 그 특성이 있다.

타인이 소유하는 물자를 빌려서 소비하는 것이 오래 전부터 행해져 온 것은 확실하다. 그러나 이것이 경제생활을 지탱하는데 불가결한 작용을 담당하게 된 것은 자본주의의 발전에 따른 금전소비대차의 출현에 의하였던 것이다. 따라서 오늘날 실현되고 있는 소비대차의 중심은 말할 것도 없이 금전소비대차이다.

그러나 민법상 소비대차에 관한 규정은 간략하기 때문에 이와 밀접하게 관련되어 있는 담보제도나 상법상의제도(예컨대 어음·사채 등), 혹은 다른 특별법(예컨대 이자제한법 등)과의 관련 없이는 그 전체적 파악이 불가능한 점에 주의하여야 한다.

2. 법적 성질

민법상 소비대차는 낙성·편무·무상·불요식계약임을 원칙으로 한다. 민법상의 소비대차의 차주는 대주로부터 받은 금전 기타의 대체물을 이용함으로써 재산상의 이득을 얻게 되나 그 대가로서 당연히 이자를 지급하여야 하는 것은 아니므로 무상임이 원칙이다. 그러나 당사자 사이의 특약이나 법률의 규정에 의하여 이자부 소비대차로 한 경우에는 유상계약이 된다.

그리고 이자부 소비대차에는 매매에 관한 규정이 준용되며(제567조), 언제나 쌍무계약이다. 또 상인 사이의 금전소비대차는 이자부인 것이 원칙(상법 제55조)이므로 언제나 당연히 쌍무계약이다.

▣ 핵심판례 ▣

■ [소비대차의 의의]

1. **금융기관이 금원대출약정에 있어 실제로 대출받는 자는 갑이고, 을은 금원대출의 편법인 어음할인거래약정에 필요한 사업자등록을 갖고 있으면서 명의를 빌려 준 자에 불과하다는 사실을 잘 알고 있었고, 이러한 편법의 사용이 위 금융기관과의 약정에 따른 것이라면 그 대출계약의 당사자를 갑으로 볼 것이라고 한 사례**

 금융기관이 금원대출에 관한 약정을 함에 있어 실제로 대출을 받는 자는 갑이고, 을은 그 금원대출의 편법으로 사용된 어음할인거래약정에 필요한 사업자등록을 갖고 있는 자로서 단지 자신의 명의를 빌려준 자에 불과한 자라는 사실을 잘 알고 있었음은 물론, 이러한 편법의 사용 자체가 대출방법에 관한 위 금융기관과의 구체적인 약정에 따른 것이라면 그 대출계약의 당사자를 갑으로 볼 것이다(1992. 6. 12. 제3부 판결 92다10722 근저당권설정등기말소).

2. **대여금에 이자나 변제기의 약정이 없는 소비대차계약의 성립 가부(적극)**

 대여금에 이자나 변제기의 약정이 없다고 하여 소비대차계약이 성립되지 않는 것이라고 할 수 없다(1992. 10. 9. 제3부 판결 92다13790 소유권이전등기).

3. 이자제한법의 제한을 초과하는 이자를 선이자로 공제한 경우 대여원금액

이자제한법의 제한을 초과하는 이자를 선이자로 공제한 경우에 그 제한초과부분은 무효이므로 채무자는 실지로 교부받은 대여금액에다가 이 금액에 대한 변제기까지의 위 법 제한범위 내의 이자액을 합산한 금액만을 변제기일에 대여원금으로서 변제할 의무가 있고 이 금액과 약정대여원금액과의 차액부분에 대한 소비대차는 무효이다(1993. 11. 23. 제1부 판결 93다23459 약속어음금).

◈ 소비대차의 실효에 관한 특칙

제 599 조【파산과 소비대차의 실효】

대주가 목적물을 차주에게 인도하기 전에 당사자일방이 파산선고를 받은 때에는 소비대차는 그 효력을 잃는다.

■ § 599. 파산으로 인한 소비대차의 실효

- 독일민법 §610, 스위스채무법 §316
- 대주가 목적물을 차주에게 인도하기 전에 당사자 일방이 파산선고를 받은 때에는 소비대차는 그 효력을 잃는다.

민법상 소비대차는 낙성계약이므로 대주가 목적물을 교부하지 않더라도 당사자 사이의 합의만 있으면 유효하게 성립한다. 그런데 민법은 하나의 특칙을 두어「대주가 목적물을 차주에게 인도하기 전에 당사자 일방이 파산선고」를 받은 때에는 소비대차는 그 효력을 잃는다」라고 규정하고 있다.

대주가 파산선고를 받은 경우에 차주로 하여금 파산채권자로서 배당에 가입하게 하면서까지 계약의 효력을 유지케 할 필요가 없다는 점에서, 한편 차주가 파산선고를 받을 경우에는 대주의 반환청구권의 실현이 어려워진다는 점에서 본조는 대주가 목적물을 차주에게 인도하기 전에 대주 또는 차주가 파산선고를 받은 때에는 소비대차는 당연히 그 효력을 잃는 것으로 하였다.

<center>＜참고사항＞</center>

※ 파산과 계약의 효력

1. 파산으로 계약의 효력이 당연히 상실되는 경우
 (1) 소비대차 : 대주가 목적물을 차주에게 인도하기 전에 당사자 일방이 파산선고를 받은 때에는 소비대차는 당연히 그 효력을 잃는다(제599조).
 (2) 위 임 : 당사자 일방이 파산선고를 받으면 위임은 당연히 종료한다(제690조).

2. 해지사유(즉시해지)로 되는 경우

(1) 고 용 : 사용자가 파산선고를 받은 경우에는 고용기간의 약정이 있는 때에도 노무자 또는 파산관재인은 계약을 해지할 수 있다(제663조 1항).

(2) 도 급 : 도급인이 파산선고를 받은 때에는 수급인 또는 파산관재인은 계약을 해제할 수 있다(제674조 1항).

(3) 사용대차 : 차주가 파산선고를 받은 때에는 대주는 계약을 해지할 수 있다(제614조).

3. 해지통고 후 유예기간이 필요한 경우

임대차 : 임차인이 파산선고를 받은 경우에는 임대차기간의 약정이 있는 때에도 임대인 또는 파산관재인은 계약해지의 통고를 할 수 있다(제637조 1항). 이 경우 제635조의 규정이 적용되므로 부동산 임대차의 경우 임대인이 해지를 통고한 후 6월, 동산임대차의 경우 5일이 경과한 후에 임대차는 종료한다.

◆ 소비대차의 이자계산의 기산점의 특칙

제 600 조 【이자계산의 시기】

이자있는 소비대차는 차주가 목적물의 인도를 받은 때로부터 이자를 계산하여야 하며 차주가 그 책임있는 사유로 수령을 지체할 때에는 대주가 이행을 제공한 때로부터 이자를 계산하여야 한다.

■ § 600. 이자지급의무

- 이자부소비대차에 있어서는 차주는 이자를 지급할 의무를 부담한다.
- 이자의 계산시기에 관한 특칙→본조
- 관련법조 : [이자] 상 §54, 이자제한법

당사자 사이에 목적물의 사용대가로서 이자의 약정을 맺은 이자부 소비대차에 있어서는 차주는 이자를 지급할 의무를 부담하며, 이율은 이자제한법의 범위 내에서 당사자가 자유로이 결정할 수 있으나, 약정이 없으면 법정이율에 의한 이자를 지급하게 된다.

이자의 계산시기에 관하여 민법은 본조에 특칙을 두고 있다. 이자는 목적물의 사용기간에 비례하여 산정되는 것이 원칙인데, 본조는 대주와 차주의 이해조절과 차주의 지위를 보호하기 위해 구민법에는 없던 '이자계산의 기산점'에 관해 특칙을 정한 것이다. 즉, 차주가 목적물의 인도를 받은 때부터(제600조 전문), 차주가 그의 귀책사유로 그 수령을 지체한 때에는 대주가 이행의 제공을 한 때로부터(제600조 후문) 각각 이자가 계산된다.

▣ 핵심판례 ▣

■ [이자계산의 시기]

가. 제3자가 채무자를 위하여 약속어음을 발행한 경우 중첩적 채무인수로 볼 것인지 여부(적극)

금전소비대차계약으로 인한 채무에 관하여 제3자가 채무자를 위하여 약속어음을 발행하는 것은 특별한 사정이 없는 한 동일한 채무를 중첩적으로 인수한 것으로

봄이 타당하다.

나. 증거에 대한 보조사실을 뒷받침하는 자료를 배척한 것이 채증법칙에 위배된다고 본 사례

금전소비대차계약을 증명하는 서류상 단순보증인으로만 표시되어 있는데 그 문서가 꾸며진지 만 5년이 가까운 시일이 지난 다음에 그 보증인이 그때 연대보증인으로 서명날인했노라고 별도문서로 확인해준다는 것은 이례에 속하는 일이므로 채무자가 단순보증임을 주장하면서 위 연대보증확인은 채권자가 당초의 증명서류를 분실하여 주채무자에게만 청구하고 보증인에게는 청구하지 않겠노라고 하기에 그가 써온 문구를 깊이 살펴보지 않고 서명날인하였다고 다투고 있는 경우에는 이와 같은 증거에 관한 보조사실 주장을 뒷받침하는 자료는 그것이 부당함을 밝혀주는 합리적인 별도자료가 없는한 가볍게 배척하지 않는 것이 논리칙과 경험칙에 합당하다.

다. 증언에 의한 이자약정의 인정이 채증법칙에 위배된다고 본 사례

금전대여자가 차용인이 신축중이던 호텔의 식당경영권을 얻기로 하고 그 호텔 건축비용에 투자된다는 것을 알면서 빌려준 경우에는 이자없는 금전소비대차도 충분히 있을 수 있는 일이고 더구나 그 계약에 관한 문서나 그밖에 당해 거래를 뒷받침하는 여러 증거문서로서 변론에 현출된 자료에 이자에 관한 기재가 전혀 없었다면 채권자의 아내나 인척관계에 있는 자의 증언만으로 이자약정을 인정한 것은 경험칙과 논리칙상 수긍키 어렵다(1989. 9. 12. 제2부 판결 88다카 13806 대여금).

◆ 소비대차의 해제에 관한 특칙

제 601 조【무이자소비대차와 해제권】

이자없는 소비대차의 당사자는 목적물의 인도전에는 언제든지 계약을 해제할 수 있다. 그러나 상대방에게 생긴 손해가 있는 때에는 이를 배상하여야 한다.

■ § 601. 무이자소비대차의 해제에 관한 특칙

- 당사자 사이의 공평을 꾀하고자 무이자소비대차의 당사자는 목적물의 인도전에는 언제든지 계약 해제가능
- 그러나 상대방에게 손해가 생긴 때에는 이를 배상하여야 한다.

무이자소비대차는 무상, 편무계약이어서 대주만이 경제적 손실을 보기 쉽다. 때문에 민법도 당사자 사이의 공평을 기하고자 무이자소비대차의 당사자는 목적물의 인도 전에는 언제든지 계약을 해제할 수 있다고 규정하고 있다. 그러나 해제로 인하여 상대방에게 손해가 생긴 때(예 : 차주가 다른 사람으로부터 이자부소비대차계약을 맺게 됨으로써 입게 된 이자 상당의 손해)에는 이를 배상하여야 한다.

◈ 소비대차에 있어서 대주의 담보책임

제 602 조 【대주의 담보책임】

① 이자 있는 소비대차의 목적물에 하자가 있는 경우에는 제580조 내지 제582조의 규정을 준용한다.

② 이자없는 소비대차의 경우에는 차주는 하자있는 물건의 가액으로 반환할 수 있다. 그러나 대주가 그 하자를 알고 차주에게 고지하지 아니한 때에는 전항과 같다.

■ § 602. 대주의 의무

• 이자부 소비대차의 경우 : ① 목적물의 하자가 중대한 것이어서 계약의 목적을 달성할 수 없는 경우에는 계약을 해제하고, ② 기타의 경우에는 손해배상을 청구할 수 있으며, ③ 이러한 계약의 해제나 손해배상의 청구에 갈음하여 하자없는 완전한 물건의 교부를 청구할 수 있다.

• 무이자소비대차의 경우 : 이 경우에는 대주가 교부한 목적물에 하자가 있음을 알면서 이를 차주에게 고지하지 않은 경우에만 대주의 담보책임이 생긴다.

1. 목적물의 소유권이전의무

차주로 하여금 목적물을 이용할 수 있도록 하기 위하여 대주는 목적물의 소유권을 이전하여야 한다. 목적물 이전의무의 이행방법·장소 등은 당사자가 결정하는 바에 의하고, 특약이 없으면 채무일반의 원칙에 의해 해결된다.

2. 담보책임

(1) 이자부 소비대차의 경우

이자부 소비대차에 있어서 목적물에 하자가 있는 때에는 매도인의 하자담보책임에 관한 제580조 내지 제582조의 규정을 준용한다. 따라서 차주가

목적물에 하자가 있음을 모르거나 과실이 없는 것을 전제로 하며, ① 목적물의 하자로 인해 소비대차의 목적을 달성할 수 없는 때에는 계약을 해제하고, ② 그렇지 않은 경우에는 손해배상을 청구하며, ③ 또는 계약의 해제나 손해배상의 청구에 갈음하여 하자 없는 물건을 청구할 수 있다.

차주는 이러한 권리를 그 사실을 안 날로부터 6개월 내에 행사하여야 한다.

(2) 무이자 소비대차의 경우

무이자 소비대차에서 목적물에 하자가 있는 때에는 차주는 그 하자 있는 물건의 가액으로 반환할 수 있다(제602조 2항 본문). 즉, 민법은 이 경우 차주에게 하자 없는 물건의 급부청구권을 인정하지 않는다.

대주가 그 하자를 알고 차주에게 고지하지 아니한 때에는 위 (1)과 같은 담보책임이 발생한다(제602조 2항 단서).

◈ 차주의 의무 : 목적물반환의무

제 603 조 【반환시기】

① 차주는 약정시기에 차용물과 같은 종류, 품질 및 수량의 물건을 반환하여야 한다.

② 반환시기의 약정이 없는 때에는 대주는 상당한 기간을 정하여 반환을 최고하여야 한다. 그러나 차주는 언제든지 반환할 수 있다.

■ § 603. 반환의 시기

- 차주의 반환시기는 반환시기의 약정의 유무에 따라서 다르다.
- 반환시기의 약정이 있는 경우 : 차주는 약정시기에 차용물과 동종, 동질, 동량의 물건을 반환하여야 한다.
- 반환시기의 약정이 없는 경우 : 대주는 상당한 기간을 정하여 반환을 최고하여야 한다. 그러나 차주는 언제든지 반환할 수 있다.

본조는 소비대차물의 반환시기에 관하여 규정한 것이다. 차주는 언제 반환하여야 하느냐는 반환시기의 약정의 유무에 따라서 다르다.

1. 반환시기의 약정이 있는 경우

약정된 반환시기가 확정시기인 때에는 차주는 그 시기가 도래한 때로부터 지체의 책임을 지고, 불확정시기이면 그 도래를 안 때부터 지체의 책임을 진다(제387조 2항 후단).

그러나 ① 차주가 담보를 손상·감소 또는 멸실하게 된 때, ② 차주가 담보제공의 의무를 이행하지 않은 때에는 기한의 이익을 상실하게 되어 대주의 청구가 있으면 곧 반환할 의무를 진다(제388조).

2. 반환시기의 약정이 없는 경우

대주는 상당한 기간을 정하여 반환을 최고하여야 하고, 상당한 기간이 경과

한 후 차주는 지체에 빠지게 되며「상당한 기간」은 계약의 목적·금액 기타의 사정에 따라 결정하여야 한다.

차주는 언제든지 반환할 수 있고, 이자부 소비대차에 있어서는 그 때까지의 이자를 붙여서 반환할 수 있다.

【서식】 소비대차의 목적물반환최고서

<div style="border: 1px solid black;">

소비대차의 목적물반환최고서

 년 월 일 귀하와 체결한 ○○소비대차계약에 관하여 그 목적물의 반환시기를 정하지 아니하였는바, 이를 오는 월 일까지 반환하여 주실 것을 민법 제603조에 의하여 최고합니다.

 서기 년 월 일

 대주 박 명 덕 ㊞

주소

 차주 김 덕 수 귀하

</div>

◆ 반환불능으로 된 경우의 반환방법

제 604 조【반환불능으로 인한 시가상환】

차주가 차용물과 같은 종류, 품질 및 수량의 물건을 반환할 수 없는 때에는 그 때의 시가로 상환하여야 한다. 그러나 제376조 및 제377조 제2항의 경우에는 그러하지 아니하다.

■ § 604. 반환불능으로 된 경우 반환할 물건

• 차주가 대주로부터 받은 차용물과 동종, 동질, 동량의 물건을 반환할 수 없게 된 경우에는 차주는 그 불능으로 된 때에 있어서의 차용물의 시가를 반환하여야 한다.
• 그러나 목적물이 특종의 통화인 때에는 비록 그것이 강제통용력을 잃고 있더라도 다른 통화로써 반환하여야 하며 구화폐의 시가로 반환하지는 못한다.

차주가 대주로부터 받은 차용물과 동종·동질·동량의 물건을 반환할 수 없게 된 때에는 차주는 그 불능으로 된 때에 있어서의 차용물의 시가를 반환하여야 한다.

그러나 차주가 하자 있는 물건을 받은 경우에는 그가 받은 것과 똑같은 하자가 있는 물건을 반환해도 좋으나, 실제로는 곤란하기 때문에 그 하자있는 물건의 가액을 반환해도 된다.

금전의 소비대차에서 그 빌린 통화가 변제기에 강제통용력을 잃은 때에는 다른 통화로 반환하여야 하고, 외화인 경우에는 그 나라의 다른 통화로 변제하여야 하고, 강제통용력을 잃은 당시 구통화의 시가로 상환하지는 못한다(제604조 단서).

◈ 준소비대차의 성립요건

제 605 조 【준소비대차】

당사자쌍방이 소비대차에 의하지 아니하고 금전 기타의 대체물을 지급할
의무가 있는 경우에 당사자가 그 목적물을 소비대차의 목적으로 할 것을
약정한 때에는 소비대차의 효력이 생긴다.

■ § 605. 준소비대차

• 소비대차에 의하지 아니한 금전 기타 대체물 지급의무 : 소비대차로 약정
• 성립요건 : ① 기존채무의 존재, ② 합의
• 효력 : ① 소비대차의 효력과 동일.
　　　　② 신채무의 성립과 기존채무의 소멸

1. 의 의

　당사자 쌍방이 소비대차에 의하지 아니하고 금전 기타의 대체물을 지급할
의무가 있는 경우에 당사자가 그 목적물을 소비대차의 목적으로 할 것을 약정
한 때에는 소비대차의 효력이 있다. 이것을 준소비대차라고 한다. 즉 준소비대
차는 기존의 채무를 소멸케 하고 기존채무에 관하여 소비대차와 동일한 효력
을 발생하게 하는 신채무를 성립시키는 계약이다.

　준소비대차는 소비대차를 요물계약으로 하였던 구민법하에서는 소비대차의
요물성을 완화한 목적에서 인정된 제도이나, 오늘날에는 당사자의 편의를 위
하여 이용되고 있다.

　준소비대차는 소비대차로 간주되기 때문에 소비대차와 동일한 효력이 생긴
다. 다만 이 계약의 기초가 된 채무와 이 채무에 의하여 발생한 소비대차상의
채무와의 관계가 문제가 된다.

　기존채무의 소멸은 준소비대차계약이 유효하게 성립한 것을 전제로 하기 때
문에 신채무가 무효이거나 취소된 경우에는 기존채무는 소멸하지 않았던 것이
된다. 또 소비대차는 기존채무의 존재를 전제로 하므로 구채무가 무효이면 신

채무도 성립하지 않고, 구채무가 취소 또는 해제된 경우에는 신채무는 소급적
으로 효력을 상실한다. 따라서 이자제한법의 제한을 초과한 부분에 관해 체결
된 준소비대차와 채권양수의 사실이 없는 자를 채권자로 한 준소비대차 등은
모두 유효하게 성립할 수 없다.

【쟁점사항】

**＜채무의 당사자가 그 목적물을 소비대차의 목적으로 할 것을 약정한 경우 그
약정을 경개로 볼 것인지 아니면 준소비대차로 볼 것인지 여부의 구별기준＞**

준 소비대차는 당시의 쌍방이 소비대차에 의하지 아니하고 금전 기타의 대체물을
지급할 의무가 있는 경우에 당사자가 그 목적물을 소비대차의 목적으로 할 것을
약정한 때에 성립하는 것으로서, 기존채무를 소멸케 하고 신 채무를 성립시키는 계
약인 점에 있어서는 경개와 동일하지만 경개에 있어서는 기존채무와 신채무 사이
에 동일성이 없는 반면, 준소비대차에 있어서는 원칙적으로 동일성이 인정된다는
점에 차이가 있고, 기존채권, 채무의 당사자가 그 목적물을 소비대차의 목적으로
할 것을 약정한 경우 그 약정을 경개로 볼 것인가 또는 준소비대차로 볼 것인가는
일차적으로 당사자의 의사에 의하여 결정되고, 만약 당사자의 의사가 명백하지 않
을 때에는 특별한 사정이 없는 한 동일성을 상실함으로써 채권자가 담보를 잃고
채무자가 항변권을 잃게 되는 것과 같이 스스로 불이익을 초래하는 의사를 표시하
였다고는 볼 수 없으므로 일반적으로 준소비대차로 보아야 하지만, 신 채무의 성질
이 소비대차가 아니거나 기존채무와 동일성이 없는 경우에는 준소비대차로 볼 수
없다(대판 2003. 9. 26. 2002다31803·31810).

2. 요 건

준소비대차가 성립하려면 우선 당사자 사이에 금전 기타 대체물의 급부를
목적으로 하는 기존의 채무가 존재하여야 하고, 기존채무의 당사자가 채무의
목적물을 소비대차의 목적으로 한다는 합의를 하여야 한다.

기존채무의 당사자가 그 채무의 목적물을 소비대차의 목적물로 한다는 합의
를 할 것을 요건으로 하므로 준소비대차 계약의 당사자는 기초가 되는 기존채
무의 당사자이어야 한다(대판 2002. 12. 6. 2001다2846).

3. 효 과

(1) 소비대차로서의 효력 발생

준소비대차가 성립하면 소비대차로서의 효력이 생긴다(제605조).

(2) 기존채무의 소멸, 새로운 채무의 발생

준소비대차에 의하여 기존의 채무가 소멸하면서 소비대차에 따른 새로운 채무가 발생하는데, 후자는 전자를 토대로 하는 점에서 서로 조건관계를 이룬다. 따라서 기존채무가 존재하지 않거나 무효인 경우에는 신채무는 성립하지 않고, 신채무가 무효이거나 취소된 때에는 기존채무는 소멸하지 않는다(대판 1962. 1. 18. 4294민상493).

소멸하는 기존채무와 준소비대차로 성립하는 신채무와의 동일성이 인정되는지 여부가 문제되는데, 준소비대차에 의해 성립하는 금전(물건)의 반환채무는 기존의 채무와 동일성을 유지한다는 것이 통설, 판례(대판 2003. 9. 26. 2002다31803 · 31810)이다.

가. 기존채무에 관하여 존재하는 담보·보증 등의 존속 여부

소멸하는 기존채무와 준소비대차로 성립하는 신채무 사이에는 동일성이 유지되므로 기존채무에 관하여 존재하는 담보보증은 그대로 신채무를 위하여 존속한다.

나. 시 효

시효는 신채무를 기준으로 따로 정해진다. 판례는 "회사에 대한 노임채권에 관하여 준소비대차계약이 체결된 경우에 그 노임채권이 민법 제164조 3호 소정의 단기소멸시효(1년)의 적용을 받는 것이더라도 그 준소비대차계약은 상인인 회사가 영업을 위하여 한 행위라고 추정하는 것이 상당하고, 따라서 그로부터 새로이 발생한 채권은 상사채권으로서 5년의 상사시효의 적용을 받게 된다"고 하였다(대판 1981. 12. 22. 80다1363).

▣ 핵심판례 ▣

■ [준소비대차]

1. 가. 대환의 법률적 성질

현실적인 자금의 수수 없이 형식적으로만 신규대출을 하여 기존채무를 변제하는 이른바 대환은 특별한 사정이 없는 한 형식적으로는 별도의 대출에 해당하나 실질적으로는 기존채무의 변제기의 연장에 불과하므로 그 법률적 성질은 기존채무가 여전히 동일성을 유지한 채 존속하는 준소비대차로 보아야 한다.

나. 대환의 경우 기존채무에 대한 보증인의 보증책임의 소멸 여부

위 "가"항의 경우 채권자와 보증인 사이에 보증인의 보증책임을 면제하기로 약정을 한 경우 등 특별한 사정이 있는 경우를 제외하고는 기존채무에 대한 보증책임이 존속된다(1994. 6. 10. 제3부 판결 94다3445 약속어음금).

2. 가. 준소비대차는 구채무가 소비대차일 경우에도 성립하는지 여부

민법 제605조 소정의 준소비대차는 구채무가 소비대차일 경우에도 성립한다.

나. 준소비대차가 이루어진 경우 구채무 및 그 담보의 소멸 여부

준소비대차가 이루어진 경우 구채무가 당연히 소멸한다고 볼 수는 없고, 그 소멸 여부는 당사자의 의사에 따를 것이지만, 원칙으로 구채무는 동일성을 유지하면서 소비대차의 형태로 존속하고, 그 담보도 그대로 존속한다(1994. 5. 13. 제3부 판결 94다8440 손해배상(기)).

<div align="center"><판례전문(1994. 5. 13. 94다8440)></div>

[원고, 상고인] 방보국

[피고, 피상고인] 송문복

[원심판결] 부산지방법원 1993. 12. 24. 선고 93나10238 판결

[주 문] 상고를 기각한다.

상고비용은 원고의 부담으로 한다.

[이 유] 1. 원심판결 이유의 요지

원심은, 피고는 1990. 7. 19. 원고에게 1,000,000원을 매일 13,000원씩 100회에 걸쳐 변제하기로 약정하여 대여하였고, 원고는 이를 담보하고자 자기가 발행한 액면 금 1,000,000만원의 약속어음에 대하여 집행력 있는 공정증서 정본을 교부한 사실, 피고는 원고로부터 1일 13,000원씩 모두 1,000,000원을 변제받고 잔여 원리

금이 300,000원이 있는 것으로 계산하여 700,000원을 추가로 대여하면서 그 변제 방법은 위와 동일하게 약정하였고, 그 후 이러한 추가 대여가 2회 더 이루어진 사실, 원고는 1991. 12. 18. 마지막 추가 대여(600,000원)를 받으면서 위 공정증서를 그 담보로 하기로 약정한 사실, 피고는 그 변제가 이루어지지 아니하므로 1992. 2. 28. 위 공정증서에 터잡아 강제경매신청을 한 사실을 각 인정한 다음, 원고와 피고 사이에 위와 같은 약정이 있은 이상, 피고가 위 대여금 채무를 회수할 목적으로 위 약정에 따라 이 사건 공정증서정본에 기한 강제경매신청을 하였다 하여 불법행위가 되는 것은 아니라고 판단하였다.

2. 상고이유에 대한 판단

가. 제1점에 대하여

원심이, 이 사건 대여금채무의 변제가 이루어지지 아니한 채 그 판시와 같은 추가 대여가 되풀이된 사실, 원고와 피고는 최종 추가 대여가 이루어질 때 위 공정증서를 그 담보로 제공하기로 약정한 사실을 인정한 데에 소론과 같은 잘못은 없으므로, 논지는 이유가 없다.

나. 제2점에 대하여

민법 제605조 소정의 준소비대차는 구 채무가 소비대차일 경우에도 성립하는 한편(당원 1957. 2. 2. 선고 4289민상629 판결 참조), 준소비대차가 이루어진 경우 구 채무가 당연히 소멸한다고 볼 수는 없고, 그 소멸 여부는 당사자의 의사에 따를 것이지만(당원 1954. 12. 4. 선고 4287민상213 판결 참조), 원칙으로 구 채무는 동일성을 유지하면서 소비대차의 형태로 존속하고, 그 담보도 그대로 존속한다고 해석할 것이다.

원심이 인정한 사실에 따르면, 위와 같이 계속된 추가 대여행위는 준소비대차에 해당한다고 해석되므로, 그 최초의 대여금채무는 동일성을 유지하면서 그대로 존속하고 있고, 이를 담보하기 위하여 작성된 위 공정증서도 여전히 집행력을 보유하고 있다 할 것이어서, 위 공정증서에 터잡은 강제경매신청은 적법하다 할 것인바, 원심판결의 이유에는 다소 부적절한 점이 있기는 하지만, 이 사건 강제경매신청행위가 불법행위로 되는 것이 아니라는 결론은 옳다 할 것이므로, 논지 역시 이유가 없다.

3. 결론

따라서, 상고를 기각하고 상고비용은 패소한 원고의 부담으로 하기로 관여 법관의 의견이 일치되어 주문과 같이 판결한다.

대법관 김상원(재판장) 윤영철

◆ 대물대차의 의의

제 606 조【대물대차】

금전대차의 경우에 차주가 금전에 갈음하여 유가증권 기타 물건의 인도를
받은 때에는 그 인도시의 가액으로써 차용액으로 한다.

■ § 606. 대물대차

- 금전을 소비대차의 목적으로 한 경우에도 대주는 현금을 교부하지 않고 현금
 에 갈음하여 약속어음, 국채, 예금통장과 인장 등의 유가증권 기타의 물건을
 인도하는 것
- 강행규정
- 이 경우에, 차주는 그가 받은 금전에 갈음하는 물건을 반환하는 것이 아니라
 약정의 금액의 금전을 반환하게 되며, 이 일정액의 금전의 반환이 동종, 동질,
 동량의 물건의 반환으로 본다.
- 반환하는 금전의 액은 인도받은 물건의 인도시의 가액이다.

대물대차의 경우에는 그가 받은 금전에 갈음하는 물건을 반환하는 것이 아니
라 약정의 금액의 금전을 반환하게 되며, 일정금액의 금전의 반환이 동종, 동질,
동량의 물건의 반환으로 간주된다.

그리고 당사자가 대물대차의 예약을 한 때에는 차주는 본래의 차용물에 갈음
하는 다른 재산권을 급부하여야 한다. 이 경우에 차주를 보호하기 위해 차주가
차용물에 갈음하여 반환하는 재산은 그 예약당시의 가액이 차용액과 그것에 붙
인 이자의 합산액을 넘지 못한다는 특칙을 두고 있다.

이 규정은 대주의 폭리로부터 차주를 보호하기 위한 것으로 강행규정이다.

▣ 핵심판례 ▣

■ [대물대차]

가. 공사수급인에 대한 공사비의 지급담보조로 체결한 아파트분양계약의 성질

도급인이 수급인에게 도급 준 공사가 일부 진행된 상태에서 기성공사의 공사비 잔액과 잔여공사의 공사비지급을 담보하기 위하여 대물변제예약의 형식으로 체결한 아파트분양계약은 비록 도급인이 청산하지 아니한 기성공사의 대금잔액도 함께 담보하기 위하여 체결된 것이라 하더라도 수급인이 잔여 공사에 관한 의무를 이행하지 않는 경우에도 도급인은 무조건 기성공사대금잔액의 지급담보를 위해 아파트의 소유권을 수급인에게 넘겨 주기로 한 약정이었다고 볼 수 없고 오히려 수급인이 잔여공사를 완성하는 경우 피고인의 공사대금잔액불지급을 정지조건으로 하는 대물변제예약이었다고 보는 것이 당사자의 의사에 합치한다.

나. 공사수급인이 잔여공사를 하지 않아 공사비 담보조로 분양키로 한 아파트를 타에 양도한 경우 배임죄의 성부

공사도급인이 공사비담보조로 수급인에게 아파트를 분양키로 약정한 경우에 수급인이 잔여공사를 완성하지 아니한 이상 위 분양계약은 조건불성취로 효력이 발생하지 아니하며 도급인에게는 소유권이전등기의무가 없다고 보아야 할 것이므로 수급인이 잔여공사를 전혀 하지 않다가 이를 포기하였다면 도급인이 아파트를 보존등기 후 수급인에게 소유권이전등기하여 주지 않고 제3자에게 처분하였다 하여도 배임죄를 구성한다고는 할 수 없다(1984. 7. 24. 제3부 판결 84도815 배임).

◈ 차용물의 반환에 갈음하여 다른 재산권을 이전할 것을 약정한 경우 차주 보호

제 607 조【대물반환의 예약】

차용물의 반환에 관하여 차주가 차용물에 갈음하여 다른 재산권을 이전할 것을 예약한 경우에는 그 재산의 예약당시의 가액이 차용액 및 이에 붙인 이자의 합산액을 넘지 못한다.

■ § 607. 대물변제의 예약

• 예약당시 재산가액 〉차용액 + 이자합산액 초과금지
• 예약당시의 목적물가액이 원리금을 초과시→무효
• 청산절차 : 귀속청산
　　　　　　처분청산
• 관련법조 : [이자] 상 §54, 이자제한법

1. 대물변제 예약의 의의

본조는 소비대차계약에 있어서 대물변제의 예약을 한 경우의 차주의 보호규정이다.

대물변제는 소비대차의 당사자 사이에서 예약이란 형식으로 행해지는 일이 적지 않다. 예컨대 50만원의 소비대차를 행함에 있어서 기한 내에 변제하지 아니할 때에는 특정동산 또는 부동산의 소유권을 이전할 것을 약속하는 것과 같은 것이다. 이것이 이른바 대물변제의 예약이며, 그 법률상의 성질에 관하여는 다음과 같은 경우를 나누어 고찰할 필요가 있다.

(1) 상기한 계약의 내용이 만약 기한에 변제하지 아니할 때에는 목적물의 소유권이 당연히 채권자에게 이전한다는 내용인 경우에는 정지조건부 대물변제계약으로서의 성질을 갖는다. 그러나 그 목적물이 당해채권에 관하여 설정된 질권 또는 저당권의 목적물인 경우에는 유질 또는 유저당과 같은 유담보계약을 체결한 것이 된다. 따라서 질권의 목적물인 경우에는 유질계약이 금지되어 있는 한(제339조) 그 대물변제예약도 무효가 되지만 저당권의 목적물인 경우에는 대물변제예약은 일단 유효하다.

이상이 구민법시대의 학설·판례가 인정한 대물변제예약의 1유형으로
서 많은 학자가 지지하고 있는 바이나, 현행민법은 물권변동에 관하여
성립요건주의 즉 형식주의를 채용하고 있기 때문에 등기나 인도 없이
당연히 소유권을 이전한다는 당사자의 예약이 있다 하더라도 제3자에
대한 관계에 있어서는 물론 당사자 사이에서도 물권변동은 일어나지
않는다.

따라서 이러한 내용의 이른바 정지조건부 대물변제계약이 현행민법상
언제나 유효할 수 있는가에 대해서는 의문의 여지가 있다.

(2) 계약의 내용이 만약 기한에 변제가 없는 때에는 당사자의 일방 또는 쌍
방이 특정한 목적물로써 대물변제로 할 수 있는 권능을 보유함에 그치
는 경우가 진정한 의미에 있어서의 대물변제의 예약이며, 매매의 일방
예약에 관한 규정(제564조)이 준용된다(제567조).

이 경우에도 그 목적물이 당해채권에 관해서 설정된 담보물권의 목적
물인 때에는 채무자만이 위의 권능을 보유하면 특별한 문제는 없으나,
채권자가 상기의 권능을 보유하는 한, 전기한 유담보계약에 있어서와
같은 문제가 생긴다.

이상의 두 경우 중 어느 쪽을 원칙으로 할 것인가는 금전채무를 부담
함에 있어서 저당권설정계약과 동시 또는 그에 부가하여 정지조건부대
물변제예약이 행해진 경우에는 특별한 사유가 없는 한 대물변제계약의
예약이 행해진 것으로 해석하는 것이 상당하다고 할 수 있다.

이와 같은 경우에는 공서양속에 따른 판단으로 처리할 수 있으나, 어쨌
든 대물변제예약은 채무자에게 불리하게 되는 일이 많다고 할 수 있다.

2. 제607조의 적용범위

(1) 제607조가 적용되는 경우

본조는 소비대차계약 또는 준소비대차계약에 의하여 차용물의 반환에
갈음하여 다른 재산권을 이전할 것을 예약한 경우에 적용된다(대판 1992.
10. 9. 92다13790).

즉, 소비대차계약을 맺으면서 차주의 불리한 지위를 이전하여 대주가 부

당하게 폭리를 취하는 것을 방지하는데 그 취지가 있다. 따라서 소비대차에 관한 규정이 준용되는 소비임치(제702조)에도 적용된다.

(2) 제607조가 적용되지 않는 경우

가. 소비대차에 따른 차용물의 반환채무가 아닌 것

제607조는 소비대차에 따른 차용물이 반환채무에 갈음하여 다른 재산권을 이전할 것을 약정한 경우에 적용되는 것이므로, 소비대차에 따른 차용물의 반환채무가 아닌 것에는 적용되지 않는다. 따라서 예컨대 매매계약에 따른 대금지급채무(대판 1971. 2. 23. 70다2802)., 전세금반환채무(대판 1965. 9. 21. 65다1302), 계(契)의 청산에 따른 반환채무(대판 1968. 11. 26. 68다1486) 등에 관하여는 적용되지 않는다.

나. 차주가 임의로 대물반환을 하는 경우

제607조는 대물반환의 '예약'에 적용되는 것이고, 차주가 임의로 대물반환을 하는 경우에는 적용되지 않는다(대판 1992. 2. 28. 91다25574).

다. 유질계약

유질계약에 관해서는 제339조에 따로 규정이 있으므로, 제607조가 적용되지 않는다.

3. 요 건

제607조가 적용되기 위해서는 차용물에 갈음하여 이전하기로 한 다른 재산의 예약 당시의 가액이 차용액 및 이에 붙인 이자의 합산액을 넘어야 한다.

(1) 다른 재산권의 가액을 산정하는 시기

다른 재산권의 가액을 산정하는 표준이 되는 시기는 예약상의 권리를 행사하는 때 또는 대물변제가 성립하는 시기가 아니라 '예약당시'를 기준으로 한다(대판 1996. 4. 26. 95다34781). 따라서 예약당시에 차용액과 이자의 합산액을 넘지 않은 때에는, 그 예약 후 예약상의 권리를 행사할 때까지의 사이에 물가변동으로 재산권의 가액이 증가하여 합산액을 넘게 되더라도 제607조가 적용되지 않는다.

(2) 다른 재산권의 가액의 결정

가. 대물반환하려는 재산에 다른 선순위 담보권이 설정되어 있는 경우

그 재산에 다른 선순위 근저당권이 설정되어 있는 때에는 그 피담보채무액을 공제한 나머지가 재산의 가액이 된다(대판 1991. 2. 26. 90다카 24526).

나. 차용액에 붙인 이자의 계산시기

차용액에 붙인 이자는 변제기까지를 기준으로 하는 것이며, 변제기 이후의 지연손해금은 합산하지 못한다(대판 1966. 5. 31. 66다638).

4. 효 력

제607조의 규정에 위반한 당사자의 약정으로서 차주에 불리한 것은 어떠한 명목이라도 그 효력이 없다(제608조).

▣ 핵심판례 ▣

■ [대물반환의 예약]

1. 민법 제607조, 제608조의 적용범위

민법 제607조, 제608조는 소비대차계약 또는 준소비대차계약에 의하여 차주가 반환할 차용물에 관하여 대물반환의 예약이 있는 경우에 모두 적용되는 것이다 (1992. 10. 9. 제3부 판결 92다13790 소유권이전등기).

2. 준소비대차계약에 기하여 대물변제의 약정을 한 경우, 민법 제607조, 제608조의 적용 여부(적극)

부동산 매수인이 매도인에게 잔대금 1억 원 중 금 5천만 원만 지급하고 나머지 금원에 대하여는 매수인이 매도인으로부터 변제기를 정하여 월 2%의 이율로 차용하는 것으로 하되, 만일 매수인이 변제기까지 이를 갚지 못할 때에는 매수인이 매수한 부동산에 대한 소유권이전등기청구권으로 대물변제하기로 약정을 한 경우, 특별한 사정이 없는 한 금원을 차용하기로 한 부분은 준소비대차에 해당하고, 대물변제하기로 한 부분은 대물반환의 예약에 해당하며, 민법 제607조, 제608조는 이와 같은 준소비대차계약에 의하여 차주가 반환할 차용물에 관하여도 그 적용이 있다(대법원 1997. 3. 11. 선고 96다50797 판결).

3. 대물변제의 경우 민법 제607조, 제608조가 적용되는지 여부(소극)

채무자가 채권자 앞으로 차용물 아닌 다른 재산권을 이전한 경우에 있어 그 권리의 이전이 채무의 이행을 담보하기 위한 것이 아니고 그 채무에 갈음하여 상대방에게 완전히 그 권리를 이전하는 경우 즉 대물변제의 경우에는 가사 그 시가가 그 채무의 원리금을 초과한다고 하더라도 민법 제607조, 제608조가 적용되지 아니한다(대법원 1992. 2. 28. 선고 91다25574 판결).

4. 차주의 재산에 선순위 근저당권이 설정되어 있는 경우의 민법 제607조 소정의 재산가액의 계산방법

민법 제607조의 규정 취지는, 대주에게 채권의 원리금 합산액을 초과하여 이득을 보는 것을 허용치 않으려는 데에 있는 것으로서 위 법조 소정의 재산의 가액은 대주의 이득으로 귀속될 것이 명백한 가액을 뜻한다고 볼 것이므로, 차주의 재산에 선순위 근저당권이 설정되어 있는 경우에는 그 현존 피담보채무액 상당부분은 대주의 이득으로 귀속될 것이 명백하다고 할 수 없어 차주가 그 피담보채무를 인수한 여부에 관계없이 위 피담보채무액을 공제한 가액을 위 법조 소정의 재산가액으로 보는 것이 타당하다(대법원 1991. 2. 26. 선고 90다카24526 판결).

◈ 제606·제607조의 규정에 위반한 대물대차·대물반환의 예약의 효력

제 608 조 【차주에 불이익한 약정의 금지】

전2조의 규정에 위반한 당사자의 약정으로서 차주에 불리한 것은 환매 기타 여하한 명목이라도 그 효력이 없다.

■ § 608. 차주에게 불이익한 대물반환의 예약 등의 효력

• 대물대차, 대물변제의 예약은 강행규정임을 규정한 것
• 이에 반하는 당사자 약정으로 차주에게 불리한 것은 무효

1. 본조의 의미

본조는 전2조의 규정에 위반하여 차주에게 불리한 당사자의 약정은 효력이 없음을 규정한 것이다.

제606조의 대물대차, 제607조의 대물변제의 예약에 관한 규정은 경제적 약자인 차주의 이익을 보호하기 위한 강행규정이므로 이 규정에 의하여 차주에게 불리한 계약은 환매·양도담보 기타 어떠한 명목으로써 하더라도 그 효력은 없다.

(1) 문제의 소재

여기서 '차주에게 불리한 것은 그 효력이 없다'의 의미는 무엇인가가 문제된다. 이와 관련하여 초과부분에 한하여 무효로 본다는 일부무효설, 대물반환의 예약은 무효이나 약한 의미의 양도담보로 전환된다는 무효행위전환설, 이는 무효이나 그 속에 포함된 채권담보계약은 독자적으로 효력을 갖는다는 채권담보의사설 등의 견해가 대립한다.

(2) 판례의 태도

판례는 제607조의 규정에 위반한 대물반환의 예약은 '청산을 전제로 하는 양도담보 설정의 약정'으로서의 효력을 가지는 것으로 본다(대판 1999. 2. 9. 98다512220).

즉, 판례는 제607조의 규정에 위반한 대물반환의 예약은 그 예약 전부가 무효가 되는 것이 아니라, 차주에게 불리한 부분만이 무효이며(대판 1962. 7. 26. 62다247), 예약 당사자간에는 약한 의미의 양도담보계약을 함께 맺은 취지로 볼 것이고(대판 1968. 10. 22. 68다1654), 또 대물반환의 예약에는 채권담보의 취지도 포함된 것이라고 본다(대판 1967. 10. 31. 67다1990).

2. 가등기담보 등에 관한 법률의 적용

대물반환의 예약을 한 경우에 대주는 예약상의 채권을 가질 뿐이므로, 이 채권을 확보하기 위해 차주 소유의 부동산에 매매예약을 원인으로 가등기를 하거나 또는 미리 소유권이전등기를 하는 것이 보통이다. 그런데 이 경우에는 가등기담보 등에 관한 법률의 적용을 받게 되고, 그에 따라 규율된다.

▣ 핵심판례 ▣

■ [차주에 불이익한 약정의 금지]

1. 가. 민법 제607조, 제608조의 적용범위

민법 제607조, 제608조는 소비대차계약 또는 준소비대차계약에 의하여 차주가 반환할 차용물에 관하여 대물반환의 예약이 있는 경우에 모두 적용되는 것이다.

나. 대여금에 이자나 변제기의 약정이 없는 소비대차계약의 성립 가부(적극)

대여금에 이자나 변제기의 약정이 없다고 하여 소비대차계약이 성립되지 않는 것이라고 할 수 없다(1992. 10. 9. 선고 92다13790 소유권이전등기).

2. 가. 기존의 채무를 정리하는 방법으로 다른 재산권을 이전하기로 하면서 일정기간 내에 채무원리금을 변제할 때에는 그 재산을 반환받기로 하는 약정이 이루어진 경우 그 약정의 해석

기존의 채무를 정리하는 방법으로 다른 재산권을 이전하기로 하면서 일정기간 내에 채무원리금을 변제할 때에는 그 재산을 반환받기로 하는 약정이 이루어졌다면 다른 특단의 사정이 없는 한 당사자 간에는 그 재산을 담보의 목적으로 이전하고 변제기 내에 변제가 이루어지지 않으면 담보권행사에 의한 정산절차를 거쳐 원리금을 변제받기로 하는 약정이 이루어진 것으로 해석하여야 할 것이다.

나. 재산권을 이전하기로 한 당사자 간의 약정이 대물변제의 의사로 한 것이라 하더라도 대물변제의 예약으로 봄이 상당하며 그 가액이 원리금을 초과하므로 양도담보로서의 효력만 인정하여야 한다고 한 사례

재산권을 이전하기로 한 당사자 간의 약정이 담보목적이 아니라 대물변제의 의사로 한 것이라 하더라도 위 약정을 함에 있어 약정 후 3년 이내에 채무자가 그간의 원리금을 지급하면 채권자는 목적물을 채무자에게 되돌려 주기로 하는 약정도 함께 하였다면, 이는 결국 대물변제의 예약이라고 봄이 상당하며 그 약정 당시의 가액이 원리금을 초과하므로 대물변제의 예약 자체는 무효이고 다만 양도담보로서의 효력만 인정하여야 한다고 한 사례(대법원 1991. 12. 24. 선고 91다11223 판결).

3. 민법 제607조, 제608조에 위반한 대물변제약정을 하였으나 그에 기한 소유권이전등기를 경료하지 않은 경우, 가등기담보등에관한법률 제3조의 적용 여부(소극) 및 채권자가 양도담보약정을 원인으로 하여 담보목적물에 대한 소유권이전등기절차의 이행을 청구할 수 있는지 여부(적극)

민법 제607조, 제608조에 위반된 대물변제의 약정은 대물변제의 예약으로서는 무효가 되지만 약한 의미의 양도담보를 설정하기로 하는 약정으로서는 유효하되, 다만 그에 기한 소유권이전등기를 미처 경료하지 아니한 경우에는 아직 양도담보가 설정되기 이전의 단계이므로 가등기담보등에관한법률 제3조 소정의 담보권 실행에 관한 규정이 적용될 여지가 없는 한편, 채권자는 양도담보의 약정을 원인으로 하여 담보목적물에 관하여 소유권이전등기절차의 이행을 청구할 수 있다(대법원 1999. 2. 9. 선고 98다51220 판결).

제 6 절 사용대차

사용대차(commodatum, Leihe, prê àusage, commodat)는 당사자의 일방(貸主)이 상대방(借主)에게 무상으로 사용·수익하게 하기 위하여 목적물을 인도할 것을 약정하고 상대방은 이것을 사용·수익한 후 그 물건을 반환할 것을 약정함으로써 성립되는 계약이다(제609~제617조). 친구로부터 교과서를 차용하는 경우와 같은 것이 이것이며, 실제경제상의 효용은 별로 크지 않다. 이것은 차용물 이용 후에 그 물건(동일물)을 반환하는 점에 특색이 있으며, 이 점에서 소비대차와 다르며 임대차와 비슷하다. 그러나 사용대차는 물건의 이용이 대가의 지급을 하지 않는 무상인 점에서 임대차와도 본질적으로 다르다(제612조, 제623조 참조).

차주의 사용·수익은 그 목적물의 성질에 의하여 정하여진 용법에 좇아서 하여야 하며, 대주의 승낙이 없으면 제3자에게 그 차용물을 사용·수익시킬 수 없다(제610조). 차주가 이에 반하는 행위를 한 때는 대주는 즉시 계약을 해지할 수 있다. 사용대차에 있어서 목적물의 반환의 시기를 정한 경우에는 차주는 그 시기에 반환을 하여야 하며 반환시기를 정하지 않는 경우일지라도 목적물의 성질에 의한 사용수익이 종료되면 이를 반환해야 한다. 반환시기를 정하지 않는 경우에는 차주가 소정의 목적에 따라서 사용수익을 하는 데 족한 기간이 경과한 때에는 대주는 언제든지 계약을 해지할 수 있다. 무상계약인 사용대차는 개인적인 색채가 강하므로 차주의 사망 또는 파산선고로 인하여 대주가 계약을 해지할 수 있다는 규정은 이에 대한 표현이라고 할 수 있다.

◈ 사용대차의 성립

제 609 조 【사용대차의 의의】

사용대차는 당사자일방이 상대방에게 무상으로 사용, 수익하게 하기 위하여 목적물을 인도할 것을 약정하고 상대방은 이를 사용, 수익한 후 그 물건을 반환할 것을 약정함으로써 그 효력이 생긴다.

■ § 609. 사용대차의 의의 및 법률적 성질

- 사용대차는 당사자의 일방(대주)이 상대방(차주)에게 무상으로 사용·수익하게 하기 위하여 목적물을 인도할 것을 약정하고 상대방은 이를 사용·수익한 후 그 물건을 반환할 것을 약정함으로써 성립하는 계약이다.
- 무상, 편무, 낙성 계약

1. 사용대차의 의의

사용대차는 당사자 일방(대주)이 상대방(차주)에게 무상으로 사용·수익하게 하기 위하여 목적물을 인도할 것을 약정하고 상대방은 이를 사용·수익한 후 그 물건을 반환할 것을 약정함으로써 성립하는 계약이다.

사용대차도 타인의 재산의 사용에 관한 계약이지만, 목적물의 소유권을 대주에게 유보하고 차주에게는 사용·수익권만이 주어지는 점에서 소비대차와 다르고, 임대차와 그 성질을 같이한다.

사용대차는 무상이라는 점에 본질적 특색이 있으며, 그 때문에 사회 경제적 작용은 거의 없다.

부동산은 물론 동산인 경우에도 무상으로 사용케 하는 법률관계는 특수한 관계에 있는 자 사이에서가 아니면 성립할 수 없는 것이 보통이기 때문이다.

2. 법률적 성질

사용대차는 무상·편무·낙성계약이다. 이미 기재한 바와 같이 구민법하에서는 대주가 목적물을 인도하여야만 성립하는 요물계약이었으나, 현행민법은

당사자 사이의 합의만으로 성립하는 낙성계약으로 하고 있다.

사용대차는 편무계약이다. 사용대차에 따라 대주는 차주에게 목적물을 인도할 의무를 지고, 차주는 사용한 후 그 물건을 반환할 의무를 부담하지만, 양자의 의무가 서로 의존관계에 있는 것이 아니기 때문이다.

사용대차는 또 언제나 무상계약이다(소비대차가 이자의 약정이 있으면 유상계약이 되는 것과 다르다). 사용대차에 있어서도 특히 차주가 금전 기타의 물건을 대주에게 교부하는 수가 있으나, 그 재산상의 출연인 급부가 물건의 사용·수익의 대가적 의미를 가진 것으로 볼 수 없는 이상 여전히 사용대차임을 방해할 수 없다.

사용·수익이 고용 기타의 계약에 부수하여 인정되는 일이 있고, 또 임대차에 다른 요소가 혼합되어 있는 일도 있다. 따라서 특정물의 사용·수익관계가 언제나 사용대차나 임대차라고 생각하는 것은 잘못이며, 무명계약일 수도 있다는 점을 유의하여야 한다. 또 사용대차는 양도담보의 결과로 성립하는 일도 있다. 이 경우에는 사용대차는 담보부소비대차 관계의 한 내용을 이루기 때문에 그에 의하여 규제된다.

▣ 핵심판례 ▣

- **[사용대차의 의의]**

1. **대지에 관하여 매매계약을 체결하면서 매수인들에게 대지사용승낙을 한 경우에 주된 계약인 매매계약이 적법하게 해제된 이상 대지사용승낙의 약정도 그와 함께 실효되었다고 본 사례**

 대지에 관하여 매매계약을 체결하면서 매수인들에게 한 대지사용승낙은 그들 간에 매매계약이 유효하게 존속하고 있음을 전제로 이에 터잡은 부수적인 사용대차계약이라고 보아 주된 계약인 매매계약이 적법하게 해제된 이상 부수적인 사용대차계약인 대지사용승낙의 약정도 그와 함께 실효되었다고 본 사례(1991. 9. 24. 제1부 판결 91다9756,9763(반소) 토지인도등).

2. **계약서상 명칭이 사용대차계약으로 되어 있더라도 임대차계약에 해당한다고 인정한 사례**

 갑과 을 사이에 을이 갑 소유의 토지에 공원을 조성하여 그 때부터 일정기간 동안 그 토지를 사용·수익하되 기간이 종료한 때에는 을이 건립한 공원시설물 및

공원운영에 필요한 일체의 권리를 갑에게 무상 양도하기로 약정되어 있고, 부대
계약서에 을이 설치할 시설물의 단가 및 총액이 명시되어 있다면, 을의 그와 같
은 의무는 토지의 사용과 대가관계에 있다고 할 것이므로 갑과 을 사이에 체결된
대차계약은 그 계약서상의 명칭이 사용대차계약으로 되어 있다 하더라도 임대차
계약에 해당하는 것으로 봄이 상당하다(대법원 1994. 12. 2. 선고 93다31672 판결).

◆ 차주의 권리 : 목적물의 사용·수익권

제 610 조【차주의 사용, 수익권】

① 차주는 계약 또는 그 목적물의 성질에 의하여 정하여진 용법으로 이를 사용, 수익하여야 한다.

② 차주는 대주의 승낙이 없으면 제3자에게 차용물을 사용, 수익하게 하지 못한다.

③ 차주가 전2항의 규정에 위반한 때에는 대주는 계약을 해지할 수 있다.

■ § 610. 목적물의 사용, 수익권

- 차주의 권리
- 계약에 의해서 정해진다
- 차주가 사용, 수익의 범위를 넘는 행위를 한 때에는 일종의 채무불이행이 있게 된다.
- 그러한 경우에 대주는 계약을 해지할 수 있다

　사용대차는 대주가 차주에게 목적물을 사용·수익케 하는 채권관계이다. 차주는 목적물을 사용·수익할 권리가 있으므로 대주에 대하여 그 사용·수익할 것을 청구할 권리(權利)가 있으나 이 사용수익권은 대주에 대한 관계에서 인정된 것에 지나지 않기 때문에 임차권과 같이 등기에 의하여 제3자에게 대항할 수 없다. 차주는 계약 또는 그 목적물의 성질에 의하여 정하여진 용법으로 이를 사용·수익하여야 하며, 차주가 대주의 승낙없이 제3자에게 사용물을 사용·수익하게 한 때에는 대주는 계약을 해지할 수 있다.

◈ 차주의 의무 : 비용의 부담

제 611 조 【비용의 부담】

① 차주는 차용물의 통상의 필요비를 부담한다.

② 기타의 비용에 대하여는 제594조제2항의 규정을 준용한다.

■ § 611. 비용의 부담

- 차주는 선량한 관리자의 주의를 가지고 차용물을 보관할 의무가 있다.
- 차주는 차용물의 통상의 필요비를 부담한다.
- 차주가 지출한 기타의 비용(유익비 등)은 대주가 부담한다.
- 그리하여 차주는 §594②의 규정에 좇아 그 상환을 청구할 수 있다.

대주의 차주로 하여금 목적물을 사용·수익하게 할 의무는 임대인의 그것과는 달리 단순히 차주의 사용·수익을 인용한다는 소극적 내용을 갖는 것에 불과하다. 즉, 사용대차는 무상계약이어서 대주는 계약존속 중 사용·수익에 적합한 상태를 유지하게 할 의무를 지지 않으므로, 차용물의 통상의 필요비는 차주가 부담한다(제611조 1항). 그러나 유익비 등 기타의 비용은 대주가 부담한다(제611조 2항). 그리하여 차주는 제594조 제2항의 규정에 의해 그 상환을 청구할 수 있다.

◆ 사용대차의 종료 : 사용대차의 해제

제 612 조 【준용규정】

제559조, 제601조의 규정은 사용대차에 준용한다.

■ § 612. 대주의 담보책임 및 사용대차의 해제

- 사용대차의 대주의 담보책임에 증여자의 담보책임에 관한 §559가 준용된다.
- 그리고 대주가 차주에게 목적물을 인도하기 전에는 사용대차의 당사자는 언제든지 계약을 해제할 수 있다.

　사용대차는 무상계약인 성질상 전형적 무상계약인 증여계약에 있어서의 증여자의 담보책임에 관한 규정이 준용된다. 그리고 사용대차는 무상계약이므로 무이자소비대차에서의 해제권에 관한 규정이 준용된다(제612조). 따라서 대주가 차주에게 목적물을 인도하기 전에는 사용대차의 당사자는 언제든지 계약을 해제할 수 있다. 그러나 상대방에게 이로 말미암아 어떤 손해가 생긴 때에는 해제한 당사자는 이를 배상하여야 한다.

◈ 사용대차의 종료 : 존속기간의 만료

제 613 조【차용물의 반환시기】

① 차주는 약정시기에 차용물을 반환하여야 한다.

② 시기의 약정이 없는 경우에는 차주는 계약 또는 목적물의 성질에 의한 사용, 수익이 종료한 때에 반환하여야 한다. 그러나 사용, 수익에 족한 기간이 경과한 때에는 대주는 언제든지 계약을 해지할 수 있다.

■ § 613. 존속기간의 만료

• 계약에서 존속기간을 정한 때에는 그 계약의 만료시에 사용대차는 종료하고, 차주는 차용물을 반환하여야 한다.
• 기간을 약정하지 않은 때에는 계약 또는 목적물의 성질에 의한 사용·수익이 종료한 때에 사용대차는 종료하고 차주는 차용물을 반환하여야 한다.

사용대차에 있어서 존속기간을 정하고 있으면 그 기간의 만료시에 차주는 차용물을 반환하여야 하고, 기간의 약정이 없는 경우에는 계약 또는 목적물의 성질에 의하나 사용·수익이 종료한 때에 반환하여야 한다.

다만 이 경우에 그 이전이라도 사용·수익에 족한 기간이 경과한 때에는 대주는 언제든지 차용물의 반환을 청구할 수 있고, 기간도 목적도 정해져 있지 아니한 때에는 언제라도 반환을 청구할 수 있다.

임대차에 있어서도 기간이 만료하면 계약관계가 종료하기 때문에 임대물을 반환하여야 하는 것은 당연하다. 그리고 반환시기를 약정하지 않고 사용대차를 한 경우에 계약 또는 목적물의 성질에 의한 사용·수익에 충분한 기간이 경과한 때에는 대주는 언제든지 계약을 해지할 수 있다.

▣ 핵심판례 ▣

■ [차용물의 반환시기]

1. 민법 제613조 제2항 소정의 사용수익에 충분한 기간이 경과하였는지 여부의 판단 기준

민법 제613조 제2항에 의하면, 사용대차에 있어서 그 존속기간을 정하지 아니한 경우에는, 차주는 계약 또는 목적물의 성질에 의한 사용수익이 종료한 때에 목적물을 반환하여야 하나, 현실로 사용수익이 종료하지 아니한 경우라도 사용수익에 충분한 기간이 경과한 때에는 대주는 언제든지 계약을 해지하고 그 차용물의 반환을 청구할 수 있는 것인바, 민법 제613조 제2항 소정의 사용수익에 충분한 기간이 경과하였는지의 여부는 사용대차계약 당시의 사정, 차주의 사용기간 및 이용상황, 대주가 반환을 필요로 하는 사정 등을 종합적으로 고려하여 공평의 입장에서 대주에게 해지권을 인정하는 것이 타당한가의 여부에 의하여 판단하여야 할 것이다(대판 2001. 7. 24. 선고 2001다23669).

2. 민법 제613조 제2항 소정의 사용수익에 충분한 기간이 경과하였는지의 판단기준

민법 제613조 제2항 소정의 사용수익에 충분한 기간이 경과하였는지의 여부는 사용대차계약 당시의 사정, 차주의 사용기간 및 이용상황, 대주가 반환을 필요로 하는 사정 등을 종합적으로 고려하여 공평의 입장에서 대주에게 해지권을 인정하는 것이 타당한가의 여부에 의하여 판단하여야 한다(1993. 11. 26. 제3부 판결 93다36806 건물철거등).

3. 사용대차계약의 목적물이 도로로서 사용수익에 족한 기간이 경과하여 대주가 계약을 해지한 경우에 계약해지 이후 부동산을 불법점유하고 있는 지방자치단체의 손해배상책임

사용대차 계약에 있어서 그 목적물이 도로부지라 하더라도 그 사용수익에 족한 기간이 경과되었을 때에는 대주는 언제든지 계약을 해지할 수 있고 차주인 지방자치단체가 사용대차계약해지 이후 부동산을 점유하고 있는 것은 불법점유이므로 이로 인한 손해배상책임을 면할 수 없다(대판 1976. 1. 27. 75다1828).

◈ 사용대차의 종료 : 사용대차의 해지

제 614 조 【차주의 사망, 파산과 해지】

차주가 사망하거나 파산선고를 받은 때에는 대주는 계약을 해지할 수 있다.

■ § 614. 사용대차의 해지

- 차주가 사망하거나 또는 파산선고를 받은 때에는 대주는 계약을 해지할 수 있다.

대주는 다음의 세 경우에 사용대차를 해지할 수 있다.

① 차주가 계약 또는 그 목적물의 성질에 의하여 정하여진 용법에 위반하여 사용·수익하거나, 대주의 승낙 없이 제3자에게 차용물을 사용·수익하게 한 때(제610조 3항)

② 반환시기의 약정이 없는 경우에 사용·수익에 충분한 기간이 경과한 때(제613조 2항 단서)

③ 차주가 사망하거나 파산선고를 받은 때(제614조)
 다만, 차주가 파산하거나 사망한 경우에 있어서도 대주는 계약을 해지하지 아니하고 사망한 차주의 상속인이나 파산한 차주에게 그대로 계속시켜 사용·수익하게 하는 것도 무방하다.

▣ 핵심판례 ▣

- [차주의 사망, 파산과 해지]

 건물의 소유를 목적으로 한 토지 사용대차에 있어 대주가 차주의 사망을 이유로 계약을 해지할 수 있는지 여부

 일반으로 건물의 소유를 목적으로 하는 토지 사용대차에 있어서는, 당해 토지의 사용수익의 필요는 당해 지상건물의 사용수익의 필요가 있는 한 그대로 존속하는 것이고, 이는 특별한 사정이 없는 한 차주 본인이 사망하더라도 당연히 상실되는 것이 아니어서 그로 인하여 곧바로 계약의 목적을 달성하게 되는 것은 아니라고

봄이 통상의 의사해석에도 합치되므로, 이러한 경우에는 민법 제614조의 규정에 불구하고 대주가 차주의 사망사실을 사유로 들어 사용대차계약을 해지할 수는 없다(1993. 11. 26. 제3부 판결 93다36806 건물철거등).

◈ 차주의 의무 : 원상회복의무

제 615 조【차주의 원상회복의무와 철거권】

차주가 차용물을 반환하는 때에는 이를 원상에 회복하여야 한다. 이에 부속시킨 물건은 철거할 수 있다.

■ § 615. 원상회복의무

- 차주는 사용대차가 종료하는 때에 차용물 자체를 반환하여야 한다.
- 차용물이 증대한 때에는 증대한 현상대로 반환하여야 하나 차주가 차용물에 부속시킨 물건은 철거하여 원상으로 회복해서 반환하여야 한다.

차주는 빌린 당시의 원상대로 차용물을 반환하여야 하며 차용물에 부속시킨 물건은 철거할 수 있다. 차용물이 차주의 출재로 그 가치가 증대된 경우에는 차주에게 비용상환청구권이 생기지만 차주는 원상회복의무가 있으므로 부속시킨 물건에 대하여도 철거할 권리와 의무도 있다.

◈ 차주의 의무 : 공동차주의 연대의무

제 616 조【공동차주의 연대의무】

수인이 공동하여 물건을 차용한 때에는 연대하여 그 의무를 부담한다.

■ § 616. 공동차주의 연대의무

- 다수당사자의 채권관계에 있어서 분할채권관계를 원칙으로 하고 있는데 대한 예외규정
- 수인이 공동으로 물건을 차용하는 경우에는 그들 차주는 연대하여 그 의무를 부담한다.
- 공동차주의 의무에 관하여는 연대채무에 관한 규정이 준용된다.

수인이 공동으로 물건을 차용한 때에는 전원이 연대하여 그 의무를 부담하여야 한다. 그러므로 수인의 공동차주가 있는 경우 연대채무에 관한 규정이 준용되므로 공동차주의 각자는 차주의 의무전부를 부담하고, 그 1인의 의무이행으로 인하여 다른 차주도 그 의무를 면하게 된다.

◈ 손해배상청구권 등의 기간

제 617 조 【손해배상, 비용상환청구의 기간】

계약 또는 목적물의 성질에 위반한 사용, 수익으로 인하여 생긴 손해배상의 청구와 차주가 지출한 비용의 상환청구는 대주가 물건의 반환을 받은 날로부터 6월내에 하여야 한다.

■ § 617. 손해배상청구권, 비용상환청구권의 기간

- 제척기간
- 대주가 목적물을 반환받은 날로부터
- 6월내

차주의 계약의 내용에 반하거나 목적물의 성질에 위반한 사용, 수익으로 인하여 생긴 대주의 손해배상청구권과 차주가 그 목적물을 위하여 지출한 비용상환청구권은 대주가 차주로부터 물건의 반환을 받은 날로부터 6개월 내에 행사하여야 한다. 그 이유는 이와 같은 청구권은 시일이 오래 경과된 경우에는 이것을 증명하기도 곤란할 뿐만 아니라, 당사자간의 법률행위가 불확정하게 되어 일반의 거래에 대하여서도 방해가 되기 때문이다.

제 7 절 임대차

임대차(locatio conductio rei, miete und Pacht, louage des choses)는 당사자의 일방(임대인)이 상대방(임차인)에 대하여 어떤 물건을 사용·수익하게 할 것을 약정하고, 상대방이 이에 대하여 차임을 지급할 것을 약정함으로써 성립하는 계약(제618조~제654조)이다. 유상·쌍무·낙성계약이다. 임차인은 물건의 사용·수익을 내용으로 하나 차용한 물건자체를 반환하지 않으면 안 되는 점에서 소비대차와 다르고 사용대차에 유사하나, 차임의 지급이 요소로 되어 있는 점에서 사용대차와도 다르다. 임대차 중에서 중요한 사회적 기능을 지니고 있는 것은 택지·건물의 임대차이다.

타인의 토지를 이용하는 제도로서는 임대차 이외의 지상권(제279조)·전세권(제303조) 등이 있다. 존속기간의 약정이 없을 경우에는 당사자는 언제든지 해지통고를 할 수 있다(고지기간의 경과를 요한다<제635조 2항>).

임대차에 있어서 임대인은 목적물을 임차인의 사용수익에 필요한 상태를 유지하게 할 적극적 의무를 부담하며, 임차인은 임차물을 반환할 때까지「선량한 관리자의 주의」로 그 목적물을 보존하고 계약 또는 임차물의 성질에 의하여 정한 용법에 따라서 사용수익하여야 한다. 또한 민법은 임차인이 임대인의 승낙 없이 임차인으로서의 권리, 즉 임차권을 양도하거나 임차물을 전대하는 것을 금하고 만약에 임차인이 이에 반하여 무단히 제3자에게 임차물의 사용수익을 하게 하면 임대차를 해지할 수 있다고 정하고 있다.

◈ 임대차의 의의

제 618 조【임대차의 의의】

임대차는 당사자일방이 상대방에게 목적물을 사용, 수익하게 할 것을 약정하고 상대방이 이에 대하여 차임을 지급할 것을 약정함으로써 그 효력이 생긴다.

■ § 618. 임대차의 의의 및 성질

- 임대차란 당사자일방(임대인)이 상대방(임차인)에게 목적물을 사용, 수익케할 것을 약정하고 상대방이 이에 대하여 차임을 지급할 것을 약정함으로써 성립하는 계약이다.
- 낙성, 쌍무, 유상계약
- 유상계약이므로 매매에 관한 규정이 준용된다.
- 관련법조 : [영업임대차] 상 §374①-2 §576①, [선체용선계약] 상 §848, [임대차에 관한 분쟁] 민사조정법

임대차라 함은 당사자의 일방(임대인)이 상대방(임차인)에게 목적물(임대물)을 사용·수익하게 할 것을 약정하고, 상대방이 이에 대하여 차임을 지급할 것을 약정함으로써 성립하는 계약이다. 즉 임대차는 쌍무·낙성·유상·불요식계약이다.

임대차는 소비대차 및 사용대차와 더불어 타인의 물건을 사용·수익할 것을 목적으로 하는 낙성계약인 점에서 공통하나, 임대차에서는 임대인이 사용·수익한 임대물 자체를 반환하여야 하고 그 소유권을 취득하지 않는다는 점에서 소비대차와 다르고, 사용·수익의 대가로서 차임의 지급을 요건으로 하는 점에서 사용대차와 다르다.

임대차의 목적물은 동산·부동산을 불문하고 또 물건의 일부에 대해서도 성립하며 임대인이 임대물의 소유자이어야 할 필요도 없으므로 타인의 물건(임대인이 그 물건에 대하여 사용·수익권을 가질 필요는 없다)에 대해서도 유효하게 임대차를 성립시킬 수 있다.

임대차는 매매계약에서처럼 채무자의 일회의 급부에 의하여 채무가 소멸하는

것과 달리 일정기간을 통하여 계속된다. 이른바 계속적 계약관계이다. 임대차를 생각하는 경우 이 계속성을 무시할 수 없다.

임대차를 면하는 임차물의 멸실·훼손·타인으로부터의 침해·필요비·유익비의 지출·조작의 부가 등의 계약관계계속기간 중의 권리의 행사·의무의 이행에 기하여 발생한 여러 가지 문제는 물론 계약의 종기에 관한 갱신이나 해약, 혹은 채무불이행에 의한 해약의 고지 등은 모두 임대차계약의 계속적 법률관계로서의 특수성에서 파생한 문제라고 할 수 있다.

임대차 가운데에서 부동산임대차는 특히 사회적으로 중요한 기능을 지니고 있다. 타인의 부동산을 이용하는 제도로서는 임대차 이외에 용익물권인 지상권(제279조)·전세권(제303조)이 있고 또 무상계약인 사용대차에 기한 권리가 있다. 하지만 사용대차는 무상이기 때문에 당사자가 특수한 관계에 있는 경우에만 은혜적으로 행해질 수 있으므로 사회적인 의의는 거의 없고, 지상권과 전세권은 물권이기 때문에 기간도 장기이고, 양도가 자유로운 등 권리자가 강력한 권능을 갖는다는 점에서 우리나라에서 실제로 실행되는 일은 거의 없다. 따라서 타인의 부동산의 이용의 중심은 역시 임대차이다.

▣ 핵심판례 ▣

- **[임대차의 의의]**

1. **가. 민법상 조합계약과 임대차에 유사한 계약관계가 결합된 무명계약이 체결된 것으로 본 원심판결을 수긍한 사례**

 민법상 조합계약과 임대차에 유사한 계약관계가 결합된 무명계약이 체결된 것으로 본 원심판결을 수긍한 사례

 나. 공동광업권자는 광산의 운영에 관하여 조합관계에 있다고 단정할 수 있는지 여부

 광업법 제34조 제1항, 제19조 제6항에 공동광업권자는 조합계약을 한 것으로 보도록 규정되어 있다고 하여, 광산 자체의 운영에 관하여서도 조합관계에 있다고 단정할 수는 없다(1996. 1. 26. 판결 95다43464 건물명도등).

2. **임대차계약상의 차임채권에 관하여 압류 및 추심명령이 있더라도 임대차 종료 후 목적물의 반환시 그 때까지 추심되지 않은 잔존 차임채권액이 임**

대보증금에서 당연히 공제되는 것인지 여부(적극)

부동산 임대차에 있어서 수수된 보증금은 차임채무, 목적물의 멸실·훼손 등으로 인한 손해배상채무 등 임대차에 따른 임차인의 모든 채무를 담보하는 것으로서 그 피담보채무 상당액은 임대차관계의 종료 후 목적물이 반환될 때에 특별한 사정이 없는 한 별도의 의사표시 없이 보증금에서 당연히 공제되는 것이므로, 임대보증금이 수수된 임대차계약에서 차임채권에 관하여 압류 및 추심명령이 있었다 하더라도, 당해 임대차계약이 종료되어 목적물이 반환될 때에는 그 때까지 추심되지 아니한 채 잔존하는 차임채권 상당액도 임대보증금에서 당연히 공제된다 (2004. 12. 23. 2004다56554).

3. **가. 임대인과 임차인 사이에 약정한 원상복구비용의 보증금 청구 채권도 임대차관계 종료시 임대차보증금에서 당연히 공제되어야 하는 것이어서 임대인이 임대차보증금반환 채권양도 승낙시 이의를 보류하지 않아도 그 원상복구비용의 보증금 청구 채권으로 채권양수인에게 대항할 수 있는지 여부(소극)**

부동산임대차에 있어서 임차인이 임대인에게 지급하는 임대차보증금은 임대차관계가 종료되어 목적물을 반환하는 때까지 그 임대차관계에서 발생하는 임차인의 모든 채무를 담보하는 것으로서, 임대인의 임대차보증금 반환의무는 임대차관계가 종료되는 경우에 그 임대차보증금 중에서 목적물을 반환받을 때까지 생긴 연체차임 등 임차인의 모든 채무를 공제한 나머지 금액에 관하여서만 비로소 이행기에 도달하는 것이므로, 그 임대차보증금 반환 채권을 양도함에 있어서 임대인이 아무런 이의를 보류하지 아니한 채 채권양도를 승낙하였어도 임차 목적물을 개축하는 등 하여 임차인이 부담할 원상복구비용 상당의 손해배상액은 반환할 임대차보증금에서 당연히 공제할 수 있다 할 것이나, 임대인과 임차인 사이에서 장래 임대목적물 반환시 위 원상복구비용의 보증금 명목으로 지급하기로 약정한 금액은, 임대차관계에서 당연히 발생하는 임차인의 채무가 아니라 임대인과 임차인 사이의 약정에 기하여 비로소 발생하는 채무에 불과하므로, 반환할 임대차보증금에서 당연히 공제할 수 있는 것은 아니라 할 것이어서, 임대차보증금 반환 채권을 양도하기 전에 임차인과 사이에 이와 같은 약정을 한 임대인이 이와 같은 약정에 기한 원상복구비용의 보증금 청구 채권이 존재한다는 이의를 보류하지 아니한 채 채권양도를 승낙하였다면 민법 제451조 제1항이 적용되어 그 원상복구비용의 보증금 청구 채권으로 채권양수인에게 대항할 수 없다.

나. 임대인이 원상복구 의사 없이 임차인이 설치한 시설을 그대로 이용하여 타에 다시 임대하려 하는 경우, 원상복구비용을 임대차보증금에서 공제할 수 있는지 여부(소극)

임대차계약서에 임차인의 원상복구의무를 규정하고 원상복구비용을 임대차보

증금에서 공제할 수 있는 것으로 약정하였다 하더라도 임대인이 원상복구할 의사 없이 임차인이 설치한 시설을 그대로 이용하여 타에 다시 임대하려 하는 경우에는 원상복구비용을 임대차보증금에서 공제할 수 없다고 보아야 한다(2002. 12. 10. 2002다52657).

4. **임대차계약에 기한 보증금 및 임료의 지급 사실에 대한 증명책임의 소재 (=임차인)**

임대차계약에서 보증금을 지급하였다는 입증책임은 보증금의 반환을 구하는 임차인이 부담하고, 임대차계약이 성립하였다면 임대인에게 임대차계약에 기한 임료채권이 발생하였다 할 것이므로 임료를 지급하였다는 입증책임도 임차인이 부담한다(2005. 1. 13. 2004다19647).

5. **임대인이 목적물을 인도하여 임차인이 이를 사용 수익하고 있던 중 임대인의 목적물에 대한 사용수익권의 상실 등으로 그 계약의 목적을 달성할 수 없는 사정이 발생한 경우 그 계약이 소급하여 무효로 되는지 여부(소극) 및 임차인이 지는 목적물반환의무의 상대방**

임대차는 당사자의 일방이 상대방에게 목적물을 사용, 수익케 할 것을 약정하면 되는 것으로서 나아가 임대인이 그 목적물에 대한 소유권이나 기타 그것을 처분할 권한을 반드시 가져야 하는 것은 아니며, 임대차계약이 일단 유효하게 성립하고 임대인이 목적물을 인도하여 임차인이 이를 사용 수익하고 있었다면 그 후에 임대인의 목적물에 대한 사용수익권의 상실 등으로 그 계약의 목적을 달성할 수 없는 사정이 발생한다 하더라도 특별한 사정이 없는 한 그 계약이 소급하여 무효로 되는 것은 아니고 위와 같은 사정으로 임대차계약이 종료되면 임차인은 임대인이 목적물에 대한 소유권 기타 사용수익권이 있는지 여부와 관계없이 점유하고 있는 임차물을 임대인에게 반환하여야 할 계약상 의무가 있는 것이다(1991. 3. 27. 제2부 판결 88다카30702 건물철거등).

6. **가. 임대차계약기간 만료 후 임대인이 보증금반환의무의 이행제공을 하지 않는 경우 임차인에게 목적물의 점유로 인한 손해배상의무나 부당이득반환의무가 있는지 여부**

임대차계약기간 만료 후 임대인의 보증금반환의무와 임차인의 목적물반환의무는 특단의 사정이 없는 한 동시이행의 관계에 있다 할 것이므로, 임대인이 자신의 보증금반환의무의 이행제공을 하지 아니하는 한 임차인의 점유는 불법점유가 아니어서 임차인은 이에 대한 손해배상의무가 없으며, 또한 임차인이 그 점유로 인하여 얻은 이익이 없다면 부당이득반환의무도 성립하지 않는다.

나. 임대차계약의 양 당사자가 제소전 화해를 하면서 임차인의 건물명도의무와 명도시까지의 차임지급의무만을 명시하고, 보증금반환 등 임

대인의 의무에 관한 언급이 없다 하여 임차인의 점유관계를 고려함이
없이 임차인이 차임상당의 금원을 임대인에게 무조건적으로 지급할
의무가 발생하는 것으로 새길수는 없다고 한 사례

임대차계약의 양 당사자가 임대차기간 만료 후의 명도문제 등을 확실히 하기
위하여 제소전화해를 함에 있어서 임차인의 건물명도의무와 명도시까지의 차
임지급의무만을 명시하였을 뿐 임대인의 보증금반환 등 임대인의 의무에 관
하여 아무런 언급이 없다 하여 이로써 임차인의 점유를 둘러싼 구체적 법률
관계를 고려함이 없이 임차인이 차임 상당의 금원을 임대인에게 무조건적으
로 지급할 의무가 발생하는 것으로 새길 수는 없다(1992. 5. 12. 제2부 판결
91다35823 임차보증금).

7. 가. 중기임차인측의 과실로 인해 중기가 파손된 경우 중기임대인인 지입
 차주가 손해배상청구권을 가지는지 여부(적극)

 중기임차인측의 과실로 인해 중기가 파손되었다면, 임차인은 임차물을 원상
 대로 반환하지 못함에 따른 손해배상책임을 부담하고, 중기임대인인 지입차
 주는 비록 중기의 법률상 소유자는 아니라 하더라도 중기임대차계약의 당사
 자로서 손해배상청구권을 가지게 된다.

 나. 중기작업시 중기임대인측의 운전자는 중기의 운전을 할 뿐 중기의 이
 용에 관련한 일체의 사항에 관하여 임차인측의 지휘감독을 받는 관계
 인 경우 임대인과 임차인 사이에 있어 임차인이 중기의 점유를 넘겨
 받았다고 볼 것인지 여부(적극)

 중기를 이용한 작업시에 중기임대인측의 운전자는 중기의 운전을 할 뿐 중기
 의 이용에 관련한 일체의 사항에 관하여 임차인측의 지휘감독을 받는 관계라
 면 적어도 임대인과 임차인 사이에 있어서는 임차인이 중기의 이용을 함에
 있어 그 점유까지 넘겨받은 것으로 봄이 합당하다(1992. 9. 8. 제2부 판결 92
 다19101 손해배상(기).

8. 임대인이 소유권을 상실하였다는 이유만으로 임대차계약상의 임대인의 의
 무가 이행불능에 빠지는지 여부

 계약의 이행불능 여부는 사회통념에 의하여 이를 판정하여야 할 것인바, 임대차
 계약상의 임대인의 의무는 목적물을 사용수익케 할 의무로서, 목적물에 대한 소
 유권 있음을 성립요건으로 하고 있지 아니하여 임대인이 소유권을 상실하였다는
 이유만으로 그 의무가 불능하게 된 것이라고 단정할 수 없다(1994. 5. 10. 제1부
 판결 93다37977 계약금반환등).

9. 임대인, 임차인 및 제3자 사이의 합의에 의하여 채무담보목적으로 임대차
 계약상의 임차인 명의를 제3자 앞으로 변경한 경우 임대차보증금반환의
 법률관계

갑이 을과의 사이에 을에 대하여 부담하는 채무를 담보할 목적으로 갑이 병으로
부터 임차하여 사용하고 있던 건물에 관한 임대차계약상의 임차인의 명의를 을로
변경하기로 약정하고 이에 따라 갑, 을, 병 3자의 합의에 의하여 임대차계약상의
임차인의 명의를 변경하였다면, 달리 특별한 사정이 없는 한 을과 병 사이에 있
어서 병은 임대차계약관계의 종료시에 을에게 임대차보증금을 지급할 의무를 부
담하되, 만약에 피담보채무인 갑의 을에 대한 채무가 소멸한 경우라면 적어도 을
로서는 신의칙상 병에 대하여 임대차보증금의 반환을 구할 수 없고, 따라서 병으
로서도 피담보채무의 소멸을 이유로 을의 임대차보증금반환청구에 대하여 이를
거절할 수 있다(1994. 8. 23. 제1부 판결 94다18966 임대보증금).

<center><판례전문(1994. 8. 23. 94다18966)></center>

[원고, 피상고인] 태호건설 주식회사

[피고, 상고인] 방장혁, 소송대리인 변호사 안동수

[원심판결] 서울민사지방법원 1994. 2. 16. 선고 93나34564 판결

[주 문] 원심판결을 파기하고, 이 사건을 서울민사지방법원 합의부에 환송 한다.

[이 유] 상고이유를 본다.

 (1) 원심판결 이유의 요지

원심은 거시증거에 의하여, 소외 정상언은 1991. 5. 28. 피고와 사이에 이 사건 건
물을 임대차보증금 20,000,000원, 월차임 800,000원, 임대차기간 1991. 5. 31.부터
24개월간으로 정하여 임대차계약을 체결하고 같은 날 위 보증금 중 10,000,000원
을 피고에게 지급한 사실, 한편 당시 위 정상언은 건설업을 하는 원고 회사의 대
표이사 고낙중에게 충남 부여군 은산면 은산농공단지 내에 신광기계공업, 항신무
역 등 여러 업체에 대한 공장신축공사를 원고 회사가 도급받을 수 있도록 하여
주겠다고 하면서 그와 관련하여 몇차례 금원을 수수한 적이 있었는데, 이 사건
건물을 임차하면서도 위 고낙중에게 사무실이 필요한데 임대차보증금이 부족하니
이를 마련하여 달라고 부탁한 사실, 이에 위 고낙중과 위 정상언 사이에 향후 원
고 회사가 위 신축공사를 도급받아 완공하면 위 정상언에게 지급할 공사수주에
대한 사례금으로 위 정상언의 채무를 정산하기로 하고, 원고 회사가 위 나머지
임대차보증금 10,000,000원을 지불하여 주되, 원고 회사의 위 정상언에 대한 채권
을 확보하기 위한 방법으로 이 사건 건물의 계약상 임차인은 원고 회사의 명의로
두기로 한 사실, 그래서 1991. 7. 30.경 피고와 위 정상언 및 원고 회사의 대표이
사인 위 고낙중이 만나, 먼저 작성한 피고와 위 정상언 사이의 임대차계약서를
폐기하고 다시 원고 회사를 임차인으로 한 임대차계약서를 작성하여 위 고낙중과
피고가 그 계약서를 각 1통씩 나누어 가지면서, 향후 임대차계약관계가 종료할
때에는 피고는 원고 회사와 위 정상언 중 위 임대차계약서를 소지하고 있는 자에
게 임대차보증금을 반환하기로 약정한 사실, 이후 위 정상언이 이 사건 건물에

입주하여 사용하다가 위 계약기간이 만료하기 전인 1992. 3. 29. 이 사건 건물을 피고(원심판결에는 원고라고 기재되어 있으나 이는 명백한 오기로 보인다)에게 명도한 사실, 현재까지 위 임대차계약서는 원고 회사가 보관하고 있는 사실을 인정하고, 위 임대차계약기간이 만료되었음은 역수상 분명하므로, 피고는 원고에게 위 임대차보증금을 반환할 의무가 있다고 한 다음, 피고의 주장, 즉 위 임대차계약상의 임차인의 명의를 피고 회사로 한 것은 위 정상언의 원고 회사에 대한 금 10,000,000원의 차용금채무를 담보하기 위한 것인데, 위 정상언의 소개로 원고 회사가 공사를 수주하여 준공함으로써 원고 회사가 위 정상언에게 지급하여야 할 사례금채무로 위 정상언의 원고 회사에 대한 위 차용금채무가 충당되어 그 피담보채무가 소멸되었고, 이후 피고는 실질적 임차인인 위 정상언에게 위 임대차보증금 중 미지급차임 등을 공제한 금 15,500,000원을 모두 반환하였으므로, 결국 위 임대차보증금반환채무는 모두 변제되었다는 취지의 주장에 대하여, 피고가 원고와의 사이에서 임대차계약서의 소지인에게 임대차보증금을 반환하기로 약정하였고 원고가 그 약정에 기하여 피고에게 임대차보증금의 반환을 구하고 있는 이 사건에 있어서, 피고의 주장처럼 위 정상언이 원고에게 지고 있는 채무가 소멸되었다는 사정 등은 원·피고 간의 위 약정에 기한 청구권의 행사를 저지할 수 있는 사유가 될 수 없다고 할 것이므로, 피고의 위 주장은 더 나아가 살필 필요 없이 이유 없다고 판단하고, 임대차보증금 20,000,000원에 위 정상언이 미납한 월차임과 관리비를 공제한 나머지 금 15,500,000원 및 이에 대한 지연손해금의 범위내에서 원고의 청구를 인용하였다.

(2) 원·피고와 위 정상언 사이의 3자합의의 내용에 관한 원심의 설시는 명백하지 아니하나, 피고의 위 주장을 배척하기에 이르게 된 원심의 추론과정을 미루어 짐작하여 보면, 원심은 원·피고와 위 정상언이 위 3자합의를 함에 있어서 피고는 임대차계약관계 종료시 원고 회사가 이 사건 임대차계약서를 소지하여 이를 제시할 경우에 위 정상언의 원고 회사에 대한 채무의 소멸 여부와는 아무런 상관 없이 무조건 원고 회사에게 임대차보증금 20,000,000원 전액을 반환하기로 약정하였다는 사실인정을 전제로 하고 있는 것으로 보인다.

그러나 원심이 인정한 바와 같이 이 사건에 있어 위 정상언이 원고 회사와 사이에 원고 회사에 대하여 부담하는 채무를 담보할 목적으로 위 정상언이 피고로부터 임차하여 사용하고 있던 이 사건 건물에 관한 임대차계약상의 임차인의 명의를 원고 회사로 변경하기로 약정하고, 이에 따라 원·피고, 정상언 등 3자의 합의에 의하여 임대차계약상의 임차인의 명의를 변경하였다면, 달리 특별한 사정이 없는 한, 원고 회사와 피고 사이에 있어서 피고는 임대차계약관계의 종료시에 원고 회사에게 임대차보증금을 지급할 의무를 부담하되, 만약에 피담보채무인 위 정상언의 원고 회사에 대한 채무가 소멸한 경우라면 적어도 원고 회사로서는 신의칙상 피고에 대하여 임대차보증금의 반환을 구할 수는 없다고 할 것이고, 따라서 피고로서도 위 피담보채무의 소멸을 이유로 원고 회사의 임대차보증금반환청구에 대하여 이를 거절할 수 있다고 할 것이다.

기록에 의하면 원심의 사실인정과 같이 원·피고와 위 정상언이 위 3자합의시 피고는 임대차계약관계 종료시 임대차계약서의 소지인인 원고 회사에게 위 피담보채무의 소멸 여부와는 아무런 상관 없이 무조건 원고 회사에게 임대차보증금 20,000,000원 전액을 반환하기로 약정하였다는 등의 특별한 사정이 있었다고 볼만한 아무런 증거도 찾아볼 수 없다. 그럼에도 불구하고 원심이 만연히 위와 같은 특별한 사정이 있다는 취지로 사실을 인정하여 위 정상언의 원고 회사에 대한 채무가 소멸되었다는 피고의 주장에 관하여 나아가 심리, 판단하지 아니한 채 피고의 위 주장을 배척한 것은 채무담보를 위하여 임대차계약상의 임차인의 명의를 채권자로 변경하기로 하는 이 사건 3자합의의 의사해석에 관한 법리를 오해하였거나 채증법칙을 위반한 잘못을 범한 것이라고 아니할 수 없다. 이 점을 지적하는 논지는 이유 있다.

(3) 그러므로 나머지 상고이유에 관한 판단을 생략한 채 원심판결을 파기하고 이 사건을 다시 심리판단하게 하기 위하여 원심법원에 환송하기로 하여 관여 법관의 일치된 의견으로 주문과 같이 판결한다.

대법관 이돈희(재판장) 김석수(주심)
이임수

10. **임대차계약서상 "권리금은 임대인이 인정하되, 임대인이 점포를 요구시는 권리금을 임차인에게 변제한다"라고 기재한 경우, 임대차기간 만료시 임대인이 당연히 임차인에게 권리금을 지급하겠다고 약정한 것으로 볼 수 없다고 한 사례**

임대차계약서상의 "권리금은 임대인이 인정하되, 임대인이 점포를 요구시는 권리금을 임차인에게 변제한다"라는 기재에 관하여, 임대인이 임차인에게 점포의 명도를 요구하거나 특별한 사유도 없이 점포에 대한 임대차계약의 갱신을 거절하고 타에 처분하면서 권리금을 지급받지 못하도록 하는 등 점포에 대한 임차인의 권리금회수를 방해하는 경우에는 임대인이 임차인에게 직접 권리금을 지급하겠다는 취지로 보일 뿐이고, 점포의 임대차기간이 만료된다고 하여 당연히 임차인에게 권리금을 지급하겠다고 약정한 것으로는 볼 수 없다고 하여, 임대차기간 만료를 이유로 한 임차인의 권리금 청구를 배척한 사례(1994. 9. 9. 제2부 판결 94다28598 월세보증금등).

<**판례전문(1994. 9. 9. 94다28598)**>

[원고, 상고인] 이영애, 소송대리인 변호사 최경원

[피고, 피상고인] 현창섭, 소송대리인 변호사 정성광

[원심판결] 서울민사지방법원 1994. 5. 6. 선고 93나39101 판결

[주 문] 상고를 기각한다. 상고비용은 원고의 부담으로 한다.

[이 유] 상고이유를 본다.

1. 제1점에 대하여

이 사건 점포의 시설비를 피고가 부담하였고, 그 운영도 피고가 한 바 있다는 소론 주장은, 이 사건 권리금의 생성과정을 다투는 것에 불과한 것으로서 판결결과에 아무런 영향이 없다고 할 것이므로, 논지는 더 나아가 판단할 필요도 없이 이유가 없다.

2. 제2점에 대하여

원심이, 이 사건 점포에 대한 원고와 피고사이의 임대차계약서상의 '권리금 1,600만원은 피고가 인정하되, 피고가 이 사건 점포를 요구시는 권리금을 원고에게 변제한다'라는 기재에 관하여, 피고가 원고에게 이 사건 점포의 명도를 요구하거나 특별한 사유도 없이 위 점포에 대한 임대차계약의 갱신을 거절하고 타에 처분하면서 권리금을 지급받지 못하도록 하는 등 위 점포에 대한 원고의 권리금회수를 방해하는 경우에는 피고가 원고에게 직접 위 권리금을 지급하겠다는 취지로 보일 뿐이고, 위 점포의 임대차기간이 만료된다고 하여 당연히 원고에게 위 권리금을 지급하겠다고 약정한 것으로는 볼 수 없다고 인정, 판단하여, 임대차기간 만료를 이유로 한 원고의 위 권리금 청구를 배척하였음은 옳고, 거기에 소론과 같은 채증법칙 위배로 인한 사실오인이나 법리오해의 위법이 있다고 할 수 없으므로, 논지도 이유가 없다.

3. 제3점에 대하여

원심이, 피고가 위 임대차계약 기간 만료이전에 원고에게 이 사건 점포에 대한 임료를 50% 인상하여 줄 것을 요구하였다가 거절당하자 위 임대차계약의 갱신을 거절하고 위 점포의 명도를 요구하였음을 전제로 하는 원고의 소론 주장을 배척하였음은 옳고, 거기에 채증법칙 위배로 인한 사실오인의 위법은 없다. 논지 역시 이유가 없다.

4. 이에 상고를 기각하고 상고비용은 패소한 원고의 부담으로 하기로 관여 법관의 의견이 일치되어 주문과 같이 판결한다.

대법관 김형선(재판장) 박만호(주심)
 박준서 이용훈

◈ 임대차의 존속기간 : 처분의 능력 또는 권한 없는 자가 하는 임대차

제 619 조 【처분능력, 권한없는 자의 할 수 있는 단기임대차】

처분의 능력 또는 권한없는 자가 임대차를 하는 경우에는 그 임대차는 다음 각호의 기간을 넘지 못한다.

　1. 식목, 채염 또는 석조, 석회조, 연와조 및 이와 유사한 건축을 목적으로 한 토지의 임대차는 10년

　2. 기타 토지의 임대차는 5년

　3. 건물 기타 공작물의 임대차는 3년

　4. 동산의 임대차는 6월

■ § 619. 처분의 능력 또는 권한이 없이 하는 임대차의 기간 제한

- 처분능력이나 권한이 없는 자가 하는 임대차의 기간은 다음과 같다.
- 식목, 채염 또는 석조, 석회조, 연와조 및 이와 비슷한 건축을 목적으로 한 토지의 임대차 : 10년
- 기타의 토지의 임대차 : 5년
- 건물 기타 공작물의 임대차 : 3년
- 동산의 임대차 : 6월

(1) 임대차는 처분행위는 아니므로 처분의 능력이나 권한이 없는 자도 임대차 계약을 맺을 수 있다. 그러나 너무 장기의 임대차를 하는 것은 실질적으로 처분행위를 하는 것과 같은 결과를 가져오므로, 민법은 그 대상에 따라 최장 존속기간을 제한한다.

식목, 채염 또는 석조, 석회조, 연와조 및 이와 유사한 건축물을 목적으로 한 토지의 임대차는 10년, 그 밖의 토지에 대해서는 5년, 건물 기타 공작물의 임대차는 3년, 동산의 임차권은 6개월을 넘지 못한다(제619조).

(2) 본조의 '처분의 능력 또는 권한이 없는 자'란 관리능력 또는 관리권한을 가지지만 처분능력 또는 처분권한 까지 없는 자를 말한다. 그런데 민법상

관리능력은 있으면서도 처분능력이 없는 자는 없다(무능력자는 처분능력이 제한될 뿐만 아니라 관리능력도 없다). 따라서 위 의미는 처분권한은 없지만 관리권한은 가지는 자를 뜻하는 것으로 해석되는데, 부재자의 재산관리인(제25조)·권한이 정하여져 있지 않은 대리인(제118조)·후견인(제950조, 제946조)·상속재산관리인(제1023조 2항, 제1047조 2항, 제1053조 2항)등이 이에 해당된다.

(3) 본조를 위반하여 체결된 임대차계약은 권한을 정한 각각의 규정에 따라 무효 내지 취소할 수 있게 되나, 원칙적으로 계약전체가 무효나 취소할 수 있게 되는 것은 아니며, 단기임대차의 기간이 넘은 부분만 무효 내지 취소할 수 있게 될 뿐이다.

◈ 임대차의 계약에 의한 갱신 : 단기임대차의 갱신

제 620 조【단기임대차의 갱신】

전조의 기간은 갱신할 수 있다. 그러나 그 기간만료전 토지에 대하여는 1년, 건물 기타 공작물에 대하여는 3월, 동산에 대하여는 1월내에 갱신하여야 한다.

■ § 620. 단기임대차의 갱신

- 단기임대차는 전조의 법정기간을 넘지 않는 범위에서 인정되나, 그 기간은 당사자 사이의 계약으로 갱신가능
- 이 갱신은 기간이 만료하기 전, 토지임대차에 있어서는 1년내, 건물 기타 공작물의 임대차에 있어서는 3개월내, 동산임대차에 있어서는 1개월내에 각각 하여야 하며, 그 이전에 갱신하지 못한다.
- 관련법조 : [주택의 특칙] 주택임대차보호법 §6

처분권한이 없고 관리권한만을 가지는 자가 하는 단기임대차의 경우에도 제619조의 법정기간을 넘지 않는 범위 내에서 그 기간을 갱신할 수 있다. 그러나 기간만료 전에 토지에 대해서는 1년, 건물 기타 공작물에 대해서는 3월 그리고 동산에 대해서는 1월 이내에 갱신하여야 한다. 그리고 갱신되는 기간이 전조의 기간을 넘을 수 없다. 그렇지 않으면 갱신의 합의를 되풀이하여 전조의 기간을 넘는 구속을 발생케 할 수 있게 되어 전조의 취지에 위반되기 때문이다.

◈ 임차권의 대항력 : 임대차의 등기

제 621 조 【임대차의 등기】

① 부동산임차인은 당사자간에 반대 약정이 없으면 임대인에 대하여 그 임대차등기절차에 협력할 것을 청구할 수 있다.

② 부동산임대차를 등기한 때에는 그때부터 제3자에 대하여 효력이 생긴다.

■ § 621. 임차권의 대항력

- 임차권은 채권에 지나지 않으며 임차인은 제3자에 대하여 그의 임차권을 가지고 대항하지 못하는 것이 원칙이다.
- 다만, 예외적으로 일정한 경우에 부동산 임차권의 대항력을 인정
- 본조는 임차인에게 등기청구권을 인정한 규정
- 부동산임대차는 이를 등기하면 그때부터 임차권은 제3자에 대하여서도 효력이 있다.
- 관련법조 : [임차권과 등기] 부동산등기법 §3-8, §156, [주민등록과 주택임대차의 대항력] 주택임대차보호법 §3

1. 부동산임차권의 물권화

원래 타인의 부동산을 이용하는 방법에는 물권형태로 이용하는 방법(지상권·전세권 등의 용익물권)과 채권형태로 이용하는 방법(임대차)이 있다. 거래계의 실정으로는 경제적 강자인 부동산소유자에게 유리한 부동산임대차가 널리 이용되고 있다. 따라서 경제적 약자인 임차인을 어떻게 보호할 것인가가 문제가 된다. 부동산 임차권은 채권이나 임차인의 보호를 위하여 일정한 요건 하에 대항력이나 양도성을 인정함으로써 채권인 부동산임차권을 물권에 접근시키는 현상을 부동산임차권의 물권화라 한다. 그 주요내용은 임차권의 대항력, 방해배제청구권, 존속기간의 보장, 처분권의 인정 등이다.

(1) 의 의

임대차의 목적물이 양도된 경우에 임차인은 신소유자에 대하여 임차권을

주장할 수 있느냐가 문제되는데, 역사적으로는 "매매는 임대차를 깨뜨리는 가?"의 문제로서 논의되어 오고 있다. 각국의 민법전은 정도의 차이는 있어도, 일정한 요건하에 "매매는 임대차를 깨뜨리지 않는다"는 명제를 취하고 있다. 예컨대 독일 민법(제571조 1항)은 임대차 목적물의 양수인이 종전의 임대인의 지위를 승계하는 것으로 정하여, 매매에 의한 양도는 임대차를 깨뜨리지 않는 것으로 하고 있다.

우리 민법상의 임차권의 대항력은 다른 나라에 비하면 상당히 뒤떨어져 있지만 구민법에 비하면 어느 정도 강화되어 있다. 현행 민법상 부동산임대차는 이를 등기한 때에 한하여 제3자에게 대항할 수 있는 점에서 구민법과 같지만(제621조 2항), 구민법과 다른 점은 당사자 사이에 반대특약이 없으면 임차인은 임대인에 대하여 등기절차에 협력할 것을 청구할 수 있는 점이다(제621조 1항). 그러므로 반대특약이 있으면 임차인이 독자적으로 그의 임차권에 대항력을 갖추게 할 수 없는 약점이 있다.

(2) 임차인의 등기

본조는 「부동산 임대차를 등기한 때에는 그때부터 제3자에 대하여 효력이 생긴다」고 규정하고 있으며 또 「당사자간의 반대약정이 없으면 임대인에 대하여 그 임대차등기절차에 협력할 것을 청구할 수 있다」고 하여 반대특약이 없는 한 임차인은 당연히 등기청구권을 갖게 된다.

그리고 부동산임대차를 등기한 때에는 그때부터 제3자에 대하여 효력이 생긴다. 이것은 즉 임대차의 목적물인 부동산에 대한 소유권변동이 있는 경우에 신소유자의 임대차계약상의 임대인으로서의 지위를 법률상 당연히 (승계의 통지 기타를 요하지 않고) 포괄적으로 승계한다는 것을 의미한다.

3. 주택임차권의 대항력

주택임대차보호법은 주택임대차는 등기되지 않는 경우에도 임차인이 주택의 인도와 주민등록을 마친 때에는 다음날부터 제3자에 대하여 효력이 생기고, 이 경우 전입신고를 한 때에 주민등록이 된 것으로 본다(주택임대차보호법 제3조 제1항)고 규정하고 있다.

또한 임차주택의 양수인은 임대인의 지위를 승계한 것으로 본다고 규정하고

있다(동조 3항). 여기서 주택임대차보호법의 내용은 민법 제621조 2항의 해석에도 유추적용되어야 한다는 것이 통설이다.

주택임대차보호법 제3조의 임차인의 주택의 인도와 주민등록을 마친 때에는 그 '익일부터' 제3자에 대하여 효력이 생긴다고 함은 익일 오전 영시부터 대항력이 생긴다는 취지이다(대판 1999. 5. 25. 99다9981).

▣ 핵심판례 ▣

■ [임대차의 등기]

1. 가압류등기 후 부동산을 임차한 자의 경락인에 대한 대항력 유무

임차인이 주민등록전입신고를 마치고 입주사용함으로써 주택임대차보호법 제3조에 의하여 그 임차권이 대항력을 갖는다 하더라도 부동산에 대하여 가압류등기가 마쳐진 후에 그 채무자로부터 그 부동산을 임차한 자는 가압류집행으로 인한 처분금지의 효력에 의하여 가압류사건의 본안판결의 집행으로 그 부동산을 취득한 경락인에게 그 임대차의 효력을 주장할 수 없다(1983. 4. 26. 제3부 판결 83다카116 건물명도).

2. 등기된 임차권이 침해된 경우, 그 임차권에 기한 방해배제를 청구할 수 있는지 여부(적극)

등기된 임차권에는 용익권적 권능 외에 임차보증금반환채권에 대한 담보권적 권능이 있고, 임대차기간이 종료되면 용익권적 권능은 임차권등기의 말소등기 없이도 곧바로 소멸하나 담보권적 권능은 곧바로 소멸하지 않는다고 할 것이어서, 임차권자는 임대차기간이 종료한 후에도 임차보증금을 반환받기까지는 임대인이나 그 승계인에 대하여 임차권등기의 말소를 거부할 수 있다고 할 것이고, 따라서 임차권등기가 원인 없이 말소된 때에는 그 방해를 배제하기 위한 청구를 할 수 있다(대판 2002. 2. 26. 99다67079).

3. 동호수가 잘못 신고된 경우 주민등록이 임대차의 공시방법으로 유효한지 여부

동호수가 잘못 신고된 경우에는 임차인이 임대차건물에 주소 또는 거소를 가진 자로 등록되어 있는지를 인식할 수 있다고 보여지지 아니하므로, 위 주민등록이 임대차의 공시방법으로 유효하다고 볼 수 없다(대판 1999. 4. 13. 99다4207).

4. 임대차계약당사자가 기존채권을 임대차보증금으로 전환하여 임대차 계약을 체결하였다는 사정만으로 주택임차인이 대항력을 갖는지 여부

주택임차인이 대항력을 갖는지 여부는, 주택임대차 보호법 제3조 제1항에서 정한 요건, 즉 임대차 계약의 성립, 주택의 인도, 주민등록의 요건을 갖추었는지 여부에 의하여 결정되는 것이므로, 당해 임대차 계약이 통정허위표시에 의한 계약이어서 무효라는 등의 특별한 사정이 있는 경우는 별론으로 하고 임대차 계약 당사자가 기존채권을 임대차 보증금으로 전환하여 임대차 계약을 체결하였다는 사정만으로 임차인이 같은 법 제3조 제1항 소정의 대항력을 갖지 못한다고 볼 수는 없다(대판 2002. 10. 8. 2001다47535).

<center><참고사항></center>

※ 주택임대차보호법

제1조(목적) 이 법은 주거용 건물의 임대차(賃貸借)에 관하여 「민법」에 대한 특례를 규정함으로써 국민 주거생활의 안정을 보장함을 목적으로 한다.
 [전문개정 2008.3.21.]

제2조(적용 범위) 이 법은 주거용 건물(이하 "주택"이라 한다)의 전부 또는 일부의 임대차에 관하여 적용한다. 그 임차주택(賃借住宅)의 일부가 주거 외의 목적으로 사용되는 경우에도 또한 같다.
 [전문개정 2008.3.21.]

제3조(대항력 등) ① 임대차는 그 등기(登記)가 없는 경우에도 임차인(賃借人)이 주택의 인도(引渡)와 주민등록을 마친 때에는 그 다음 날부터 제삼자에 대하여 효력이 생긴다. 이 경우 전입신고를 한 때에 주민등록이 된 것으로 본다.
② 주택도시기금을 재원으로 하여 저소득층 무주택자에게 주거생활 안정을 목적으로 전세임대주택을 지원하는 법인이 주택을 임차한 후 지방자치단체의 장 또는 그 법인이 선정한 입주자가 그 주택을 인도받고 주민등록을 마쳤을 때에는 제1항을 준용한다. 이 경우 대항력이 인정되는 법인은 대통령령으로 정한다. <개정 2015.1.6.>
③ 「중소기업기본법」 제2조에 따른 중소기업에 해당하는 법인이 소속 직원의 주거용으로 주택을 임차한 후 그 법인이 선정한 직원이 해당 주택을 인도받고 주민등록을 마쳤을 때에는 제1항을 준용한다. 임대차가 끝나기 전에 그 직원이 변경된 경우에는 그 법인이 선정한 새로운 직원이 주택을 인도받고 주민등록을 마친 다음 날부터 제삼자에 대하여 효력이 생긴다. <신설 2013.8.13.>
④ 임차주택의 양수인(讓受人)(그 밖에 임대할 권리를 승계한 자를 포함한다)

은 임대인(賃貸人)의 지위를 승계한 것으로 본다. <개정 2013.8.13.>

⑤ 이 법에 따라 임대차의 목적이 된 주택이 매매나 경매의 목적물이 된 경우에는 「민법」 제575조제1항·제3항 및 같은 법 제578조를 준용한다. <개정 2013.8.13.>

⑥ 제5항의 경우에는 동시이행의 항변권(抗辯權)에 관한 「민법」 제536조를 준용한다. <개정 2013.8.13.>

[전문개정 2008.3.21.]

제3조의2(보증금의 회수) ① 임차인(제3조제2항 및 제3항의 법인을 포함한다. 이하 같다)이 임차주택에 대하여 보증금반환청구소송의 확정판결이나 그 밖에 이에 준하는 집행권원(執行權原)에 따라서 경매를 신청하는 경우에는 집행개시(執行開始)요건에 관한 「민사집행법」 제41조에도 불구하고 반대의무(反對義務)의 이행이나 이행의 제공을 집행개시의 요건으로 하지 아니한다. <개정 2013.8.13.>

② 제3조제1항·제2항 또는 제3항의 대항요건(對抗要件)과 임대차계약증서(제3조제2항 및 제3항의 경우에는 법인과 임대인 사이의 임대차계약증서를 말한다)상의 확정일자(確定日字)를 갖춘 임차인은 「민사집행법」에 따른 경매 또는 「국세징수법」에 따른 공매(公賣)를 할 때에 임차주택(대지를 포함한다)의 환가대금(換價代金)에서 후순위권리자(後順位權利者)나 그 밖의 채권자보다 우선하여 보증금을 변제(辨濟)받을 권리가 있다. <개정 2013.8.13.>

③ 임차인은 임차주택을 양수인에게 인도하지 아니하면 제2항에 따른 보증금을 받을 수 없다.

④ 제2항 또는 제7항에 따른 우선변제의 순위와 보증금에 대하여 이의가 있는 이해관계인은 경매법원이나 체납처분청에 이의를 신청할 수 있다. <개정 2013.8.13.>

⑤ 제4항에 따라 경매법원에 이의를 신청하는 경우에는 「민사집행법」 제152조부터 제161조까지의 규정을 준용한다.

⑥ 제4항에 따라 이의신청을 받은 체납처분청은 이해관계인이 이의신청일부터 7일 이내에 임차인 또는 제7항에 따라 우선변제권을 승계한 금융기관 등을 상대로 소(訴)를 제기한 것을 증명하면 해당 소송이 끝날 때까지 이의가 신청된 범위에서 임차인 또는 제7항에 따라 우선변제권을 승계한 금융기관 등에 대한 보증금의 변제를 유보(留保)하고 남은 금액을 배분하여야 한다. 이

경우 유보된 보증금은 소송의 결과에 따라 배분한다. <개정 2013.8.13.>

⑦ 다음 각 호의 금융기관 등이 제2항, 제3조의3제5항, 제3조의4제1항에 따른 우선변제권을 취득한 임차인의 보증금반환채권을 계약으로 양수한 경우에는 양수한 금액의 범위에서 우선변제권을 승계한다. <신설 2013.8.13., 2015.1.6., 2016.5.29.>

1. 「은행법」에 따른 은행
2. 「중소기업은행법」에 따른 중소기업은행
3. 「한국산업은행법」에 따른 한국산업은행
4. 「농업협동조합법」에 따른 농협은행
5. 「수산업협동조합법」에 따른 수협은행
6. 「우체국예금·보험에 관한 법률」에 따른 체신관서
7. 「한국주택금융공사법」에 따른 한국주택금융공사
8. 「보험업법」 제4조제1항제2호라목의 보증보험을 보험종목으로 허가받은 보험회사
9. 「주택도시기금법」에 따른 주택도시보증공사
10. 그 밖에 제1호부터 제9호까지에 준하는 것으로서 대통령령으로 정하는 기관

⑧ 제7항에 따라 우선변제권을 승계한 금융기관 등(이하 "금융기관등"이라 한다)은 다음 각 호의 어느 하나에 해당하는 경우에는 우선변제권을 행사할 수 없다. <신설 2013.8.13.>

1. 임차인이 제3조제1항·제2항 또는 제3항의 대항요건을 상실한 경우
2. 제3조의3제5항에 따른 임차권등기가 말소된 경우
3. 「민법」 제621조에 따른 임대차등기가 말소된 경우

⑨ 금융기관등은 우선변제권을 행사하기 위하여 임차인을 대리하거나 대위하여 임대차를 해지할 수 없다. <신설 2013.8.13.>

[전문개정 2008.3.21.]

제3조의3(임차권등기명령) ① 임대차가 끝난 후 보증금이 반환되지 아니한 경우 임차인은 임차주택의 소재지를 관할하는 지방법원·지방법원지원 또는 시·군 법원에 임차권등기명령을 신청할 수 있다. <개정 2013.8.13.>

② 임차권등기명령의 신청서에는 다음 각 호의 사항을 적어야 하며, 신청의 이유와 임차권등기의 원인이 된 사실을 소명(疏明)하여야 한다. <개정

2013.8.13.>

1. 신청의 취지 및 이유

2. 임대차의 목적인 주택(임대차의 목적이 주택의 일부분인 경우에는 해당 부분의 도면을 첨부한다)

3. 임차권등기의 원인이 된 사실(임차인이 제3조제1항·제2항 또는 제3항에 따른 대항력을 취득하였거나 제3조의2제2항에 따른 우선변제권을 취득한 경우에는 그 사실)

4. 그 밖에 대법원규칙으로 정하는 사항

③ 다음 각 호의 사항 등에 관하여는 「민사집행법」 제280조제1항, 제281조, 제283조, 제285조, 제286조, 제288조제1항·제2항 본문, 제289조, 제290조제2항 중 제288조제1항에 대한 부분, 제291조 및 제293조를 준용한다. 이 경우 "가압류"는 "임차권등기"로, "채권자"는 "임차인"으로, "채무자"는 "임대인"으로 본다.

1. 임차권등기명령의 신청에 대한 재판

2. 임차권등기명령의 결정에 대한 임대인의 이의신청 및 그에 대한 재판

3. 임차권등기명령의 취소신청 및 그에 대한 재판

4. 임차권등기명령의 집행

④ 임차권등기명령의 신청을 기각(棄却)하는 결정에 대하여 임차인은 항고(抗告)할 수 있다.

⑤ 임차인은 임차권등기명령의 집행에 따른 임차권등기를 마치면 제3조제1항·제2항 또는 제3항에 따른 대항력과 제3조의2제2항에 따른 우선변제권을 취득한다. 다만, 임차인이 임차권등기 이전에 이미 대항력이나 우선변제권을 취득한 경우에는 그 대항력이나 우선변제권은 그대로 유지되며, 임차권등기 이후에는 제3조제1항·제2항 또는 제3항의 대항요건을 상실하더라도 이미 취득한 대항력이나 우선변제권을 상실하지 아니한다. <개정 2013.8.13.>

⑥ 임차권등기명령의 집행에 따른 임차권등기가 끝난 주택(임대차의 목적이 주택의 일부분인 경우에는 해당 부분으로 한정한다)을 그 이후에 임차한 임차인은 제8조에 따른 우선변제를 받을 권리가 없다.

⑦ 임차권등기의 촉탁(囑託), 등기관의 임차권등기 기입(記入) 등 임차권등기명령을 시행하는 데에 필요한 사항은 대법원규칙으로 정한다. <개정 2011.4.12.>

⑧ 임차인은 제1항에 따른 임차권등기명령의 신청과 그에 따른 임차권등기와 관련하여 든 비용을 임대인에게 청구할 수 있다.

⑨ 금융기관등은 임차인을 대위하여 제1항의 임차권등기명령을 신청할 수 있다. 이 경우 제3항·제4항 및 제8항의 "임차인"은 "금융기관등"으로 본다. <신설 2013.8.13.>

[전문개정 2008.3.21.]

제3조의4(「민법」에 따른 주택임대차등기의 효력 등) ① 「민법」 제621조에 따른 주택임대차등기의 효력에 관하여는 제3조의3제5항 및 제6항을 준용한다.

② 임차인이 대항력이나 우선변제권을 갖추고 「민법」 제621조제1항에 따라 임대인의 협력을 얻어 임대차등기를 신청하는 경우에는 신청서에 「부동산등기법」 제74조제1호부터 제5호까지의 사항 외에 다음 각 호의 사항을 적어야 하며, 이를 증명할 수 있는 서면(임대차의 목적이 주택의 일부분인 경우에는 해당 부분의 도면을 포함한다)을 첨부하여야 한다. <개정 2011.4.12.>

1. 주민등록을 마친 날
2. 임차주택을 점유(占有)한 날
3. 임대차계약증서상의 확정일자를 받은 날

[전문개정 2008.3.21.]

제3조의5(경매에 의한 임차권의 소멸) 임차권은 임차주택에 대하여 「민사집행법」에 따른 경매가 행하여진 경우에는 그 임차주택의 경락(競落)에 따라 소멸한다. 다만, 보증금이 모두 변제되지 아니한, 대항력이 있는 임차권은 그러하지 아니하다.

[전문개정 2008.3.21.]

제3조의6(확정일자 부여 및 임대차 정보제공 등) ① 제3조의2제2항의 확정일자는 주택 소재지의 읍·면사무소, 동 주민센터 또는 시(특별시·광역시·특별자치시는 제외하고, 특별자치도는 포함한다)·군·구(자치구를 말한다)의 출장소, 지방법원 및 그 지원과 등기소 또는 「공증인법」에 따른 공증인(이하 이 조에서 "확정일자부여기관"이라 한다)이 부여한다.

② 확정일자부여기관은 해당 주택의 소재지, 확정일자 부여일, 차임 및 보증금 등을 기재한 확정일자부를 작성하여야 한다. 이 경우 전산처리정보조직을 이용할 수 있다.

③ 주택의 임대차에 이해관계가 있는 자는 확정일자부여기관에 해당 주택의 확정일자 부여일, 차임 및 보증금 등 정보의 제공을 요청할 수 있다. 이 경우 요청을 받은 확정일자부여기관은 정당한 사유 없이 이를 거부할 수 없다.

④ 임대차계약을 체결하려는 자는 임대인의 동의를 받아 확정일자부여기관에 제3항에 따른 정보제공을 요청할 수 있다.

⑤ 제1항·제3항 또는 제4항에 따라 확정일자를 부여받거나 정보를 제공받으려는 자는 수수료를 내야 한다.

⑥ 확정일자부에 기재하여야 할 사항, 주택의 임대차에 이해관계가 있는 자의 범위, 확정일자부여기관에 요청할 수 있는 정보의 범위 및 수수료, 그 밖에 확정일자부여사무와 정보제공 등에 필요한 사항은 대통령령 또는 대법원규칙으로 정한다.

[본조신설 2013.8.13.]

제4조(임대차기간 등) ① 기간을 정하지 아니하거나 2년 미만으로 정한 임대차는 그 기간을 2년으로 본다. 다만, 임차인은 2년 미만으로 정한 기간이 유효함을 주장할 수 있다.

② 임대차기간이 끝난 경우에도 임차인이 보증금을 반환받을 때까지는 임대차관계가 존속되는 것으로 본다.

[전문개정 2008.3.21.]

제5조 삭제 <1989.12.30.>

제6조(계약의 갱신) ① 임대인이 임대차기간이 끝나기 6개월 전부터 1개월 전까지의 기간에 임차인에게 갱신거절(更新拒絶)의 통지를 하지 아니하거나 계약조건을 변경하지 아니하면 갱신하지 아니한다는 뜻의 통지를 하지 아니한 경우에는 그 기간이 끝난 때에 전 임대차와 동일한 조건으로 다시 임대차한 것으로 본다. 임차인이 임대차기간이 끝나기 1개월 전까지 통지하지 아니한 경우에도 또한 같다.

② 제1항의 경우 임대차의 존속기간은 2년으로 본다. <개정 2009.5.8.>

③ 2기(期)의 차임액(借賃額)에 달하도록 연체하거나 그 밖에 임차인으로서의 의무를 현저히 위반한 임차인에 대하여는 제1항을 적용하지 아니한다.

[전문개정 2008.3.21.]

제6조의2(묵시적 갱신의 경우 계약의 해지) ① 제6조제1항에 따라 계약이 갱신

된 경우 같은 조 제2항에도 불구하고 임차인은 언제든지 임대인에게 계약해지(契約解止)를 통지할 수 있다. <개정 2009.5.8.>

② 제1항에 따른 해지는 임대인이 그 통지를 받은 날부터 3개월이 지나면 그 효력이 발생한다.

[전문개정 2008.3.21.]

제7조(차임 등의 증감청구권)　당사자는 약정한 차임이나 보증금이 임차주택에 관한 조세, 공과금, 그 밖의 부담의 증감이나 경제사정의 변동으로 인하여 적절하지 아니하게 된 때에는 장래에 대하여 그 증감을 청구할 수 있다. 다만, 증액의 경우에는 대통령령으로 정하는 기준에 따른 비율을 초과하지 못한다.

[전문개정 2008.3.21.]

제7조의2(월차임 전환 시 산정률의 제한)　보증금의 전부 또는 일부를 월 단위의 차임으로 전환하는 경우에는 그 전환되는 금액에 다음 각 호 중 낮은 비율을 곱한 월차임(月借賃)의 범위를 초과할 수 없다. <개정 2010.5.17., 2013.8.13., 2016.5.29.>

1. 「은행법」에 따른 은행에서 적용하는 대출금리와 해당 지역의 경제 여건 등을 고려하여 대통령령으로 정하는 비율

2. 한국은행에서 공시한 기준금리에 대통령령으로 정하는 이율을 더한 비율

[전문개정 2008.3.21.]

제8조(보증금 중 일정액의 보호)　① 임차인은 보증금 중 일정액을 다른 담보물권자(擔保物權者)보다 우선하여 변제받을 권리가 있다. 이 경우 임차인은 주택에 대한 경매신청의 등기 전에 제3조제1항의 요건을 갖추어야 한다.

② 제1항의 경우에는 제3조의2제4항부터 제6항까지의 규정을 준용한다.

③ 제1항에 따라 우선변제를 받을 임차인 및 보증금 중 일정액의 범위와 기준은 제8조의2에 따른 주택임대차위원회의 심의를 거쳐 대통령령으로 정한다. 다만, 보증금 중 일정액의 범위와 기준은 주택가액(대지의 가액을 포함한다)의 2분의 1을 넘지 못한다. <개정 2009.5.8.>

[전문개정 2008.3.21.]

제8조의2(주택임대차위원회)　① 제8조에 따라 우선변제를 받을 임차인 및 보증금 중 일정액의 범위와 기준을 심의하기 위하여 법무부에 주택임대차위원회(이하 "위원회"라 한다)를 둔다.

② 위원회는 위원장 1명을 포함한 9명 이상 15명 이하의 위원으로 구성한다.

③ 위원회의 위원장은 법무부차관이 된다.

④ 위원회의 위원은 다음 각 호의 어느 하나에 해당하는 사람 중에서 위원장이 위촉하되, 다음 제1호부터 제5호까지에 해당하는 위원을 각각 1명 이상 위촉하여야 하고, 위원 중 2분의 1 이상은 제1호·제2호 또는 제6호에 해당하는 사람을 위촉하여야 한다. <개정 2013.3.23.>

 1. 법학·경제학 또는 부동산학 등을 전공하고 주택임대차 관련 전문지식을 갖춘 사람으로서 공인된 연구기관에서 조교수 이상 또는 이에 상당하는 직에 5년 이상 재직한 사람

 2. 변호사·감정평가사·공인회계사·세무사 또는 공인중개사로서 5년 이상 해당 분야에서 종사하고 주택임대차 관련 업무경험이 풍부한 사람

 3. 기획재정부에서 물가 관련 업무를 담당하는 고위공무원단에 속하는 공무원

 4. 법무부에서 주택임대차 관련 업무를 담당하는 고위공무원단에 속하는 공무원(이에 상당하는 특정직 공무원을 포함한다)

 5. 국토교통부에서 주택사업 또는 주거복지 관련 업무를 담당하는 고위공무원단에 속하는 공무원

 6. 그 밖에 주택임대차 관련 학식과 경험이 풍부한 사람으로서 대통령령으로 정하는 사람

⑤ 그 밖에 위원회의 구성 및 운영 등에 필요한 사항은 대통령령으로 정한다.

[본조신설 2009.5.8.]

제9조(주택 임차권의 승계) ① 임차인이 상속인 없이 사망한 경우에는 그 주택에서 가정공동생활을 하던 사실상의 혼인 관계에 있는 자가 임차인의 권리와 의무를 승계한다.

② 임차인이 사망한 때에 사망 당시 상속인이 그 주택에서 가정공동생활을 하고 있지 아니한 경우에는 그 주택에서 가정공동생활을 하던 사실상의 혼인 관계에 있는 자와 2촌 이내의 친족이 공동으로 임차인의 권리와 의무를 승계한다.

③ 제1항과 제2항의 경우에 임차인이 사망한 후 1개월 이내에 임대인에게 제1항과 제2항에 따른 승계 대상자가 반대의사를 표시한 경우에는 그러하지 아니하다.

④ 제1항과 제2항의 경우에 임대차 관계에서 생긴 채권·채무는 임차인의 권리의무를 승계한 자에게 귀속된다.

[전문개정 2008.3.21.]

제10조(강행규정) 이 법에 위반된 약정(約定)으로서 임차인에게 불리한 것은 그 효력이 없다.

[전문개정 2008.3.21.]

제10조의2(초과 차임 등의 반환청구) 임차인이 제7조에 따른 증액비율을 초과하여 차임 또는 보증금을 지급하거나 제7조의2에 따른 월차임 산정률을 초과하여 차임을 지급한 경우에는 초과 지급된 차임 또는 보증금 상당금액의 반환을 청구할 수 있다.

[본조신설 2013.8.13.]

제11조(일시사용을 위한 임대차) 이 법은 일시사용하기 위한 임대차임이 명백한 경우에는 적용하지 아니한다.

[전문개정 2008.3.21.]

제12조(미등기 전세에의 준용) 주택의 등기를 하지 아니한 전세계약에 관하여는 이 법을 준용한다. 이 경우 "전세금"은 "임대차의 보증금"으로 본다.

[전문개정 2008.3.21.]

제13조(「소액사건심판법」의 준용) 임차인이 임대인에 대하여 제기하는 보증금반환청구소송에 관하여는 「소액사건심판법」 제6조, 제7조, 제10조 및 제11조의2를 준용한다.

[전문개정 2008.3.21.]

제14조(주택임대차분쟁조정위원회) ① 이 법의 적용을 받는 주택임대차와 관련된 분쟁을 심의·조정하기 위하여 대통령령으로 정하는 바에 따라 「법률구조법」 제8조에 따른 대한법률구조공단(이하 "공단"이라 한다)의 지부에 주택임대차분쟁조정위원회(이하 "조정위원회"라 한다)를 둔다. 특별시·광역시·특별자치시·도 및 특별자치도(이하 "시·도"라 한다)는 그 지방자치단체의 실정을 고려하여 조정위원회를 둘 수 있다.

② 조정위원회는 다음 각 호의 사항을 심의·조정한다.

 1. 차임 또는 보증금의 증감에 관한 분쟁

 2. 임대차 기간에 관한 분쟁

 3. 보증금 또는 임차주택의 반환에 관한 분쟁

 4. 임차주택의 유지·수선 의무에 관한 분쟁

 5. 그 밖에 대통령령으로 정하는 주택임대차에 관한 분쟁

③ 조정위원회의 사무를 처리하기 위하여 조정위원회에 사무국을 두고, 사무국의 조직 및 인력 등에 필요한 사항은 대통령령으로 정한다.

④ 사무국의 조정위원회 업무담당자는 다른 직위의 업무를 겸직하여서는 아니 된다.

[본조신설 2016.5.29.]

[시행일 : 2017.5.30.] 제14조

제15조(예산의 지원) 국가는 조정위원회의 설치·운영에 필요한 예산을 지원할 수 있다.

[본조신설 2016.5.29.]

[시행일 : 2017.5.30.] 제15조

제16조(조정위원회의 구성 및 운영) ① 조정위원회는 위원장 1명을 포함하여 5명 이상 30명 이하의 위원으로 구성한다.

② 공단 조정위원회 위원은 공단 이사장이 임명 또는 위촉하고, 시·도 조정위원회 위원은 해당 지방자치단체의 장이 임명하거나 위촉한다.

③ 조정위원회의 위원은 주택임대차에 관한 학식과 경험이 풍부한 사람으로서 다음 각 호의 어느 하나에 해당하는 사람으로 한다. 이 경우 제1호부터 제4호까지에 해당하는 위원을 각 1명 이상 위촉하여야 하고, 위원 중 5분의 2 이상은 제2호에 해당하는 사람이어야 한다.

 1. 법학·경제학 또는 부동산학 등을 전공하고 대학이나 공인된 연구기관에서 부교수 이상 또는 이에 상당하는 직에 재직한 사람

 2. 판사·검사 또는 변호사로 6년 이상 재직한 사람

 3. 감정평가사·공인회계사·법무사 또는 공인중개사로서 주택임대차 관계 업무에 6년 이상 종사한 사람

 4. 「사회복지사업법」에 따른 사회복지법인과 그 밖의 비영리법인에서 주택임대차분쟁에 관한 상담에 6년 이상 종사한 경력이 있는 사람

 5. 해당 지방자치단체에서 주택임대차 관련 업무를 담당하는 4급 이상의 공

무원

6. 그 밖에 주택임대차 관련 학식과 경험이 풍부한 사람으로서 대통령령으로 정하는 사람

④ 조정위원회의 위원장은 제3항제2호에 해당하는 위원 중에서 위원들이 호선한다.

⑤ 조정위원회위원장은 조정위원회를 대표하여 그 직무를 총괄한다.

⑥ 조정위원회위원장이 부득이한 사유로 직무를 수행할 수 없는 경우에는 조정위원회위원장이 미리 지명한 조정위원이 그 직무를 대행한다.

⑦ 조정위원의 임기는 3년으로 하되 연임할 수 있으며, 보궐위원의 임기는 전임자의 남은 임기로 한다.

⑧ 조정위원회는 조정위원회위원장 또는 제3항제2호에 해당하는 조정위원 1명 이상을 포함한 재적위원 과반수의 출석과 출석위원 과반수의 찬성으로 의결한다.

⑨ 그 밖에 조정위원회의 설치, 구성 및 운영 등에 필요한 사항은 대통령령으로 정한다.

[본조신설 2016.5.29.]

[시행일 : 2017.5.30.] 제16조

제17조(조정부의 구성 및 운영) ① 조정위원회는 분쟁의 효율적 해결을 위하여 3명의 조정위원으로 구성된 조정부를 둘 수 있다.

② 조정부에는 제16조제3항제2호에 해당하는 사람이 1명 이상 포함되어야 하며, 그 중에서 조정위원회위원장이 조정부의 장을 지명한다.

③ 조정부는 다음 각 호의 사항을 심의·조정한다.

 1. 제14조제2항에 따른 주택임대차분쟁 중 대통령령으로 정하는 금액 이하의 분쟁

 2. 조정위원회가 사건을 특정하여 조정부에 심의·조정을 위임한 분쟁

④ 조정부는 조정부의 장을 포함한 재적위원 과반수의 출석과 출석위원 과반수의 찬성으로 의결한다.

⑤ 제4항에 따라 조정부가 내린 결정은 조정위원회가 결정한 것으로 본다.

⑥ 그 밖에 조정부의 설치, 구성 및 운영 등에 필요한 사항은 대통령령으로 정한다.

[본조신설 2016.5.29.]

[시행일 : 2017.5.30.] 제17조

제18조(조정위원의 결격사유) 「국가공무원법」 제33조 각 호의 어느 하나에 해당하는 사람은 조정위원이 될 수 없다.
[본조신설 2016.5.29.]
[시행일 : 2017.5.30.] 제18조

제19조(조정위원의 신분보장) ① 조정위원은 자신의 직무를 독립적으로 수행하고 주택임대차분쟁의 심리 및 판단에 관하여 어떠한 지시에도 구속되지 아니한다.
② 조정위원은 다음 각 호의 어느 하나에 해당하는 경우를 제외하고는 그 의사에 반하여 해임 또는 해촉되지 아니한다.
 1. 제18조에 해당하는 경우
 2. 신체상 또는 정신상의 장애로 직무를 수행할 수 없게 된 경우
[본조신설 2016.5.29.]
[시행일 : 2017.5.30.] 제19조

제20조(조정위원의 제척 등) ① 조정위원이 다음 각 호의 어느 하나에 해당하는 경우 그 직무의 집행에서 제척된다.
 1. 조정위원 또는 그 배우자나 배우자이었던 사람이 해당 분쟁사건의 당사자가 되는 경우
 2. 조정위원이 해당 분쟁사건의 당사자와 친족관계에 있거나 있었던 경우
 3. 조정위원이 해당 분쟁사건에 관하여 진술, 감정 또는 법률자문을 한 경우
 4. 조정위원이 해당 분쟁사건에 관하여 당사자의 대리인으로서 관여하거나 관여하였던 경우
② 사건을 담당한 조정위원에게 제척의 원인이 있는 경우에는 조정위원회는 직권 또는 당사자의 신청에 따라 제척의 결정을 한다.
③ 당사자는 사건을 담당한 조정위원에게 공정한 직무집행을 기대하기 어려운 사정이 있는 경우 조정위원회에 기피신청을 할 수 있다.
④ 기피신청에 관한 결정은 조정위원회가 하고, 해당 조정위원 및 당사자 쌍방은 그 결정에 불복하지 못한다.
⑤ 제3항에 따른 기피신청이 있는 때에는 조정위원회는 그 신청에 대한 결정이 있을 때까지 조정절차를 정지하여야 한다.

⑥ 조정위원은 제1항 또는 제3항에 해당하는 경우 조정위원회의 허가를 받지 아니하고 해당 분쟁사건의 직무집행에서 회피할 수 있다.

[본조신설 2016.5.29.]

[시행일 : 2017.5.30.] 제20조

제21조(조정의 신청 등) ① 제14조제2항 각 호의 어느 하나에 해당하는 주택임대차분쟁의 당사자는 해당 주택이 소재하는 공단 또는 시·도 조정위원회에 분쟁의 조정을 신청할 수 있다.

② 조정위원회는 신청인이 조정을 신청할 때 조정 절차 및 조정의 효력 등 분쟁조정에 관하여 대통령령으로 정하는 사항을 안내하여야 한다.

③ 조정위원회의 위원장은 다음 각 호의 어느 하나에 해당하는 경우 신청을 각하한다. 이 경우 그 사유를 신청인에게 통지하여야 한다.

1. 이미 해당 분쟁조정사항에 대하여 법원에 소가 제기되거나 조정 신청이 있은 후 소가 제기된 경우
2. 이미 해당 분쟁조정사항에 대하여 「민사조정법」에 따른 조정이 신청된 경우나 조정신청이 있은 후 같은 법에 따른 조정이 신청된 경우
3. 이미 해당 분쟁조정사항에 대하여 이 법에 따른 조정위원회에 조정이 신청된 경우나 조정신청이 있은 후 조정이 성립된 경우
4. 조정신청 자체로 주택임대차에 관한 분쟁이 아님이 명백한 경우
5. 피신청인이 조정절차에 응하지 아니한다는 의사를 통지하거나 조정신청서를 송달받은 날부터 7일 이내에 아무런 의사를 통지하지 아니한 경우
6. 신청인이 정당한 사유 없이 조사에 응하지 아니하거나 2회 이상 출석요구에 응하지 아니한 경우

[본조신설 2016.5.29.]

[시행일 : 2017.5.30.] 제21조

제22조(조정절차) ① 조정위원회의 위원장은 조정신청을 접수하면 피신청인에게 조정신청서를 송달하여야 한다. 이 경우 제21조제2항을 준용한다.

② 제1항에 따라 조정신청서를 송달받은 피신청인이 조정에 응하고자 하는 의사를 조정위원회에 통지하면 조정절차가 개시된다.

③ 조정서류의 송달 등 조정절차에 관하여 필요한 사항은 대통령령으로 정한다.

[본조신설 2016.5.29.]

[시행일 : 2017.5.30.] 제22조

제23조(처리기간) ① 조정위원회는 분쟁의 조정신청을 받은 날부터 60일 이내에 그 분쟁조정을 마쳐야 한다. 다만, 부득이한 사정이 있는 경우에는 조정위원회의 의결을 거쳐 30일의 범위에서 그 기간을 연장할 수 있다.

② 조정위원회는 제1항 단서에 따라 기간을 연장한 경우에는 기간 연장의 사유와 그 밖에 기간 연장에 관한 사항을 당사자에게 통보하여야 한다.

[본조신설 2016.5.29.]

[시행일 : 2017.5.30.] 제23조

제24조(조사 등) ① 조정위원회는 조정을 위하여 필요하다고 인정하는 경우 신청인, 피신청인, 분쟁 관련 이해관계인 또는 참고인에게 출석하여 진술하게 하거나 조정에 필요한 자료나 물건 등을 제출하도록 요구할 수 있다.

② 조정위원회는 조정을 위하여 필요하다고 인정하는 경우 조정위원 또는 사무국의 직원으로 하여금 조정 대상물 및 관련 자료에 대하여 조사하게 하거나 자료를 수집하게 할 수 있다. 이 경우 조정위원이나 사무국의 직원은 그 권한을 표시하는 증표를 지니고 이를 관계인에게 내보여야 한다.

③ 조정위원회위원장은 특별시장, 광역시장, 특별자치시장, 도지사 및 특별자치도지사(이하 "시·도지사"라 한다)에게 해당 조정업무에 참고하기 위하여 인근지역의 확정일자 자료, 보증금의 월차임 전환율 등 적정 수준의 임대료 산정을 위한 자료를 요청할 수 있다. 이 경우 시·도지사는 정당한 사유가 없으면 조정위원회위원장의 요청에 따라야 한다.

[본조신설 2016.5.29.]

[시행일 : 2017.5.30.] 제24조

제25조(조정을 하지 아니하는 결정) ① 조정위원회는 해당 분쟁이 그 성질상 조정을 하기에 적당하지 아니하다고 인정하거나 당사자가 부당한 목적으로 조정을 신청한 것으로 인정할 때에는 조정을 하지 아니할 수 있다.

② 조정위원회는 제1항에 따라 조정을 하지 아니하기로 결정하였을 때에는 그 사실을 당사자에게 통지하여야 한다.

[본조신설 2016.5.29.]

[시행일 : 2017.5.30.] 제25조

제26조(조정의 성립)　① 조정위원회가 조정안을 작성한 경우에는 그 조정안을 지체 없이 각 당사자에게 통지하여야 한다.

② 제1항에 따라 조정안을 통지받은 당사자가 통지받은 날부터 7일 이내에 수락의 의사를 서면으로 표시하지 아니한 경우에는 조정을 거부한 것으로 본다.

③ 제2항에 따라 각 당사자가 조정안을 수락한 경우에는 조정안과 동일한 내용의 합의가 성립된 것으로 본다.

④ 제3항에 따른 합의가 성립한 경우 조정위원회위원장은 조정안의 내용을 조정서로 작성한다. 조정위원회위원장은 각 당사자 간에 금전, 그 밖의 대체물의 지급 또는 부동산의 인도에 관하여 강제집행을 승낙하는 취지의 합의가 있는 경우에는 그 내용을 조정서에 기재하여야 한다.

[본조신설 2016.5.29.]

[시행일 : 2017.5.30.] 제26조

제27조(집행력의 부여)　제26조제4항 후단에 따라 강제집행을 승낙하는 취지의 내용이 기재된 조정서의 정본은 「민사집행법」 제56조에도 불구하고 집행력 있는 집행권원과 같은 효력을 가진다. 다만, 청구에 관한 이의의 주장에 대하여는 같은 법 제44조제2항을 적용하지 아니한다.

[본조신설 2016.5.29.]

[시행일 : 2017.5.30.] 제27조

제28조(비밀유지의무)　조정위원, 사무국의 직원 또는 그 직에 있었던 자는 다른 법률에 특별한 규정이 있는 경우를 제외하고는 직무상 알게 된 정보를 타인에게 누설하거나 직무상 목적 외에 사용하여서는 아니 된다.

[본조신설 2016.5.29.]

[시행일 : 2017.5.30.] 제28조

제29조(다른 법률의 준용)　조정위원회의 운영 및 조정절차에 관하여 이 법에서 규정하지 아니한 사항에 대하여는 「민사조정법」을 준용한다.

[본조신설 2016.5.29.]

[시행일 : 2017.5.30.] 제29조

제30조(주택임대차표준계약서 사용)　주택임대차계약을 서면으로 체결할 때에는

법무부장관이 서식을 정하여 권고하는 주택임대차표준계약서를 우선적으로 사용한다. 다만, 당사자가 다른 서식을 사용하기로 합의한 경우에는 그러하지 아니하다.

[본조신설 2016.5.29.]

제31조(벌칙 적용에서 공무원 의제) 공무원이 아닌 주택임대차위원회의 위원 및 주택임대차분쟁조정위원회의 위원은 「형법」 제127조, 제129조부터 제132조까지의 규정을 적용할 때에는 공무원으로 본다.

[본조신설 2016.5.29.]

[시행일 : 2017.5.30.] 제31조(주택임대차분쟁조정위원회에 관한 부분만 해당한다)

※ 상가건물 임대차보호법

제1조(목적) 이 법은 상가건물 임대차에 관하여 「민법」에 대한 특례를 규정하여 국민 경제생활의 안정을 보장함을 목적으로 한다.

[전문개정 2009.1.30.]

제2조(적용범위) ① 이 법은 상가건물(제3조제1항에 따른 사업자등록의 대상이 되는 건물을 말한다)의 임대차(임대차 목적물의 주된 부분을 영업용으로 사용하는 경우를 포함한다)에 대하여 적용한다. 다만, 대통령령으로 정하는 보증금액을 초과하는 임대차에 대하여는 그러하지 아니하다.

② 제1항 단서에 따른 보증금액을 정할 때에는 해당 지역의 경제 여건 및 임대차 목적물의 규모 등을 고려하여 지역별로 구분하여 규정하되, 보증금 외에 차임이 있는 경우에는 그 차임액에 「은행법」에 따른 은행의 대출금리 등을 고려하여 대통령령으로 정하는 비율을 곱하여 환산한 금액을 포함하여야 한다. <개정 2010.5.17.>

③ 제1항 단서에도 불구하고 제3조, 제10조제1항, 제2항, 제3항 본문, 제10조의2부터 제10조의8까지의 규정 및 제19조는 제1항 단서에 따른 보증금액을 초과하는 임대차에 대하여도 적용한다. <신설 2013.8.13., 2015.5.13.>

[전문개정 2009.1.30.]

제3조(대항력 등) ① 임대차는 그 등기가 없는 경우에도 임차인이 건물의 인도와 「부가가치세법」 제8조, 「소득세법」 제168조 또는 「법인세법」 제111조에 따른 사업자등록을 신청하면 그 다음 날부터 제3자에 대하여 효력이 생

긴다. <개정 2013.6.7.>

② 임차건물의 양수인(그 밖에 임대할 권리를 승계한 자를 포함한다)은 임대인의 지위를 승계한 것으로 본다.

③ 이 법에 따라 임대차의 목적이 된 건물이 매매 또는 경매의 목적물이 된 경우에는 「민법」 제575조제1항·제3항 및 제578조를 준용한다.

④ 제3항의 경우에는 「민법」 제536조를 준용한다.

[전문개정 2009.1.30.]

제4조(확정일자 부여 및 임대차정보의 제공 등) ① 제5조제2항의 확정일자는 상가건물의 소재지 관할 세무서장이 부여한다.

② 관할 세무서장은 해당 상가건물의 소재지, 확정일자 부여일, 차임 및 보증금 등을 기재한 확정일자부를 작성하여야 한다. 이 경우 전산정보처리조직을 이용할 수 있다.

③ 상가건물의 임대차에 이해관계가 있는 자는 관할 세무서장에게 해당 상가건물의 확정일자 부여일, 차임 및 보증금 등 정보의 제공을 요청할 수 있다. 이 경우 요청을 받은 관할 세무서장은 정당한 사유 없이 이를 거부할 수 없다.

④ 임대차계약을 체결하려는 자는 임대인의 동의를 받아 관할 세무서장에게 제3항에 따른 정보제공을 요청할 수 있다.

⑤ 확정일자부에 기재하여야 할 사항, 상가건물의 임대차에 이해관계가 있는 자의 범위, 관할 세무서장에게 요청할 수 있는 정보의 범위 및 그 밖에 확정일자 부여사무와 정보제공 등에 필요한 사항은 대통령령으로 정한다.

[전문개정 2015.5.13.]

제5조(보증금의 회수) ① 임차인이 임차건물에 대하여 보증금반환청구소송의 확정판결, 그 밖에 이에 준하는 집행권원에 의하여 경매를 신청하는 경우에는 「민사집행법」 제41조에도 불구하고 반대의무의 이행이나 이행의 제공을 집행개시의 요건으로 하지 아니한다.

② 제3조제1항의 대항요건을 갖추고 관할 세무서장으로부터 임대차계약서상의 확정일자를 받은 임차인은 「민사집행법」에 따른 경매 또는 「국세징수법」에 따른 공매 시 임차건물(임대인 소유의 대지를 포함한다)의 환가대금에서 후순위권리자나 그 밖의 채권자보다 우선하여 보증금을 변제받을 권리가

있다.

③ 임차인은 임차건물을 양수인에게 인도하지 아니하면 제2항에 따른 보증금을 받을 수 없다.

④ 제2항 또는 제7항에 따른 우선변제의 순위와 보증금에 대하여 이의가 있는 이해관계인은 경매법원 또는 체납처분청에 이의를 신청할 수 있다. <개정 2013.8.13.>

⑤ 제4항에 따라 경매법원에 이의를 신청하는 경우에는 「민사집행법」 제152조부터 제161조까지의 규정을 준용한다.

⑥ 제4항에 따라 이의신청을 받은 체납처분청은 이해관계인이 이의신청일부터 7일 이내에 임차인 또는 제7항에 따라 우선변제권을 승계한 금융기관 등을 상대로 소(訴)를 제기한 것을 증명한 때에는 그 소송이 종결될 때까지 이의가 신청된 범위에서 임차인 또는 제7항에 따라 우선변제권을 승계한 금융기관 등에 대한 보증금의 변제를 유보(留保)하고 남은 금액을 배분하여야 한다. 이 경우 유보된 보증금은 소송 결과에 따라 배분한다. <개정 2013.8.13.>

⑦ 다음 각 호의 금융기관 등이 제2항, 제6조제5항 또는 제7조제1항에 따른 우선변제권을 취득한 임차인의 보증금반환채권을 계약으로 양수한 경우에는 양수한 금액의 범위에서 우선변제권을 승계한다. <신설 2013.8.13., 2016.5.29.>

1. 「은행법」에 따른 은행
2. 「중소기업은행법」에 따른 중소기업은행
3. 「한국산업은행법」에 따른 한국산업은행
4. 「농업협동조합법」에 따른 농협은행
5. 「수산업협동조합법」에 따른 수협은행
6. 「우체국예금·보험에 관한 법률」에 따른 체신관서
7. 「보험업법」 제4조제1항제2호라목의 보증보험을 보험종목으로 허가받은 보험회사
8. 그 밖에 제1호부터 제7호까지에 준하는 것으로서 대통령령으로 정하는 기관

⑧ 제7항에 따라 우선변제권을 승계한 금융기관 등(이하 "금융기관등"이라 한다)은 다음 각 호의 어느 하나에 해당하는 경우에는 우선변제권을 행사할 수 없다. <신설 2013.8.13.>

1. 임차인이 제3조제1항의 대항요건을 상실한 경우
2. 제6조제5항에 따른 임차권등기가 말소된 경우
3. 「민법」 제621조에 따른 임대차등기가 말소된 경우
⑨ 금융기관등은 우선변제권을 행사하기 위하여 임차인을 대리하거나 대위하여 임대차를 해지할 수 없다. <신설 2013.8.13.>
[전문개정 2009.1.30.]

제6조(임차권등기명령) ① 임대차가 종료된 후 보증금이 반환되지 아니한 경우 임차인은 임차건물의 소재지를 관할하는 지방법원, 지방법원지원 또는 시·군법원에 임차권등기명령을 신청할 수 있다. <개정 2013.8.13.>
② 임차권등기명령을 신청할 때에는 다음 각 호의 사항을 기재하여야 하며, 신청 이유 및 임차권등기의 원인이 된 사실을 소명하여야 한다.
1. 신청 취지 및 이유
2. 임대차의 목적인 건물(임대차의 목적이 건물의 일부분인 경우에는 그 부분의 도면을 첨부한다)
3. 임차권등기의 원인이 된 사실(임차인이 제3조제1항에 따른 대항력을 취득하였거나 제5조제2항에 따른 우선변제권을 취득한 경우에는 그 사실)
4. 그 밖에 대법원규칙으로 정하는 사항
③ 임차권등기명령의 신청에 대한 재판, 임차권등기명령의 결정에 대한 임대인의 이의신청 및 그에 대한 재판, 임차권등기명령의 취소신청 및 그에 대한 재판 또는 임차권등기명령의 집행 등에 관하여는 「민사집행법」 제280조제1항, 제281조, 제283조, 제285조, 제286조, 제288조제1항·제2항 본문, 제289조, 제290조제2항 중 제288조제1항에 대한 부분, 제291조, 제293조를 준용한다. 이 경우 "가압류"는 "임차권등기"로, "채권자"는 "임차인"으로, "채무자"는 "임대인"으로 본다.
④ 임차권등기명령신청을 기각하는 결정에 대하여 임차인은 항고할 수 있다.
⑤ 임차권등기명령의 집행에 따른 임차권등기를 마치면 임차인은 제3조제1항에 따른 대항력과 제5조제2항에 따른 우선변제권을 취득한다. 다만, 임차인이 임차권등기 이전에 이미 대항력 또는 우선변제권을 취득한 경우에는 그 대항력 또는 우선변제권이 그대로 유지되며, 임차권등기 이후에는 제3조제1항의 대항요건을 상실하더라도 이미 취득한 대항력 또는 우선변제권을 상실하지 아니한다.

⑥ 임차권등기명령의 집행에 따른 임차권등기를 마친 건물(임대차의 목적이 건물의 일부분인 경우에는 그 부분으로 한정한다)을 그 이후에 임차한 임차인은 제14조에 따른 우선변제를 받을 권리가 없다.

⑦ 임차권등기의 촉탁, 등기관의 임차권등기 기입 등 임차권등기명령의 시행에 관하여 필요한 사항은 대법원규칙으로 정한다.

⑧ 임차인은 제1항에 따른 임차권등기명령의 신청 및 그에 따른 임차권등기와 관련하여 든 비용을 임대인에게 청구할 수 있다.

⑨ 금융기관등은 임차인을 대위하여 제1항의 임차권등기명령을 신청할 수 있다. 이 경우 제3항·제4항 및 제8항의 "임차인"은 "금융기관등"으로 본다. <신설 2013.8.13.>

[전문개정 2009.1.30.]

제7조(「민법」에 따른 임대차등기의 효력 등) ① 「민법」 제621조에 따른 건물임대차등기의 효력에 관하여는 제6조제5항 및 제6항을 준용한다.

② 임차인이 대항력 또는 우선변제권을 갖추고 「민법」 제621조제1항에 따라 임대인의 협력을 얻어 임대차등기를 신청하는 경우에는 신청서에 「부동산등기법」 제74조제1호부터 제5호까지의 사항 외에 다음 각 호의 사항을 기재하여야 하며, 이를 증명할 수 있는 서면(임대차의 목적이 건물의 일부분인 경우에는 그 부분의 도면을 포함한다)을 첨부하여야 한다. <개정 2011.4.12.>

1. 사업자등록을 신청한 날
2. 임차건물을 점유한 날
3. 임대차계약서상의 확정일자를 받은 날

[전문개정 2009.1.30.]

제8조(경매에 의한 임차권의 소멸) 임차권은 임차건물에 대하여 「민사집행법」에 따른 경매가 실시된 경우에는 그 임차건물이 매각되면 소멸한다. 다만, 보증금이 전액 변제되지 아니한 대항력이 있는 임차권은 그러하지 아니하다.

[전문개정 2009.1.30.]

제9조(임대차기간 등) ① 기간을 정하지 아니하거나 기간을 1년 미만으로 정한 임대차는 그 기간을 1년으로 본다. 다만, 임차인은 1년 미만으로 정한 기간이 유효함을 주장할 수 있다.

② 임대차가 종료한 경우에도 임차인이 보증금을 돌려받을 때까지는 임대차

관계는 존속하는 것으로 본다.

[전문개정 2009.1.30.]

제10조(계약갱신 요구 등) ① 임대인은 임차인이 임대차기간이 만료되기 6개월 전부터 1개월 전까지 사이에 계약갱신을 요구할 경우 정당한 사유 없이 거절하지 못한다. 다만, 다음 각 호의 어느 하나의 경우에는 그러하지 아니하다. <개정 2013.8.13.>

1. 임차인이 3기의 차임액에 해당하는 금액에 이르도록 차임을 연체한 사실이 있는 경우
2. 임차인이 거짓이나 그 밖의 부정한 방법으로 임차한 경우
3. 서로 합의하여 임대인이 임차인에게 상당한 보상을 제공한 경우
4. 임차인이 임대인의 동의 없이 목적 건물의 전부 또는 일부를 전대(轉貸)한 경우
5. 임차인이 임차한 건물의 전부 또는 일부를 고의나 중대한 과실로 파손한 경우
6. 임차한 건물의 전부 또는 일부가 멸실되어 임대차의 목적을 달성하지 못할 경우
7. 임대인이 다음 각 목의 어느 하나에 해당하는 사유로 목적 건물의 전부 또는 대부분을 철거하거나 재건축하기 위하여 목적 건물의 점유를 회복할 필요가 있는 경우
 가. 임대차계약 체결 당시 공사시기 및 소요기간 등을 포함한 철거 또는 재건축 계획을 임차인에게 구체적으로 고지하고 그 계획에 따르는 경우
 나. 건물이 노후·훼손 또는 일부 멸실되는 등 안전사고의 우려가 있는 경우
 다. 다른 법령에 따라 철거 또는 재건축이 이루어지는 경우
8. 그 밖에 임차인이 임차인으로서의 의무를 현저히 위반하거나 임대차를 계속하기 어려운 중대한 사유가 있는 경우

② 임차인의 계약갱신요구권은 최초의 임대차기간을 포함한 전체 임대차기간이 5년을 초과하지 아니하는 범위에서만 행사할 수 있다.

③ 갱신되는 임대차는 전 임대차와 동일한 조건으로 다시 계약된 것으로 본다. 다만, 차임과 보증금은 제11조에 따른 범위에서 증감할 수 있다.

④ 임대인이 제1항의 기간 이내에 임차인에게 갱신 거절의 통지 또는 조건 변경의 통지를 하지 아니한 경우에는 그 기간이 만료된 때에 전 임대차와 동일한 조건으로 다시 임대차한 것으로 본다. 이 경우에 임대차의 존속기간은 1년으로 본다. <개정 2009.5.8.>

⑤ 제4항의 경우 임차인은 언제든지 임대인에게 계약해지의 통고를 할 수 있고, 임대인이 통고를 받은 날부터 3개월이 지나면 효력이 발생한다.

[전문개정 2009.1.30.]

제10조의2(계약갱신의 특례) 제2조제1항 단서에 따른 보증금액을 초과하는 임대차의 계약갱신의 경우에는 당사자는 상가건물에 관한 조세, 공과금, 주변 상가건물의 차임 및 보증금, 그 밖의 부담이나 경제사정의 변동 등을 고려하여 차임과 보증금의 증감을 청구할 수 있다.

[본조신설 2013.8.13.]

제10조의3(권리금의 정의 등) ① 권리금이란 임대차 목적물인 상가건물에서 영업을 하는 자 또는 영업을 하려는 자가 영업시설·비품, 거래처, 신용, 영업상의 노하우, 상가건물의 위치에 따른 영업상의 이점 등 유형·무형의 재산적 가치의 양도 또는 이용대가로서 임대인, 임차인에게 보증금과 차임 이외에 지급하는 금전 등의 대가를 말한다.

② 권리금 계약이란 신규임차인이 되려는 자가 임차인에게 권리금을 지급하기로 하는 계약을 말한다.

[본조신설 2015.5.13.]

제10조의4(권리금 회수기회 보호 등) ① 임대인은 임대차기간이 끝나기 3개월 전부터 임대차 종료 시까지 다음 각 호의 어느 하나에 해당하는 행위를 함으로써 권리금 계약에 따라 임차인이 주선한 신규임차인이 되려는 자로부터 권리금을 지급받는 것을 방해하여서는 아니 된다. 다만, 제10조제1항 각 호의 어느 하나에 해당하는 사유가 있는 경우에는 그러하지 아니하다.

 1. 임차인이 주선한 신규임차인이 되려는 자에게 권리금을 요구하거나 임차인이 주선한 신규임차인이 되려는 자로부터 권리금을 수수하는 행위

 2. 임차인이 주선한 신규임차인이 되려는 자로 하여금 임차인에게 권리금을 지급하지 못하게 하는 행위

 3. 임차인이 주선한 신규임차인이 되려는 자에게 상가건물에 관한 조세, 공

　　과금, 주변 상가건물의 차임 및 보증금, 그 밖의 부담에 따른 금액에 비추어 현저히 고액의 차임과 보증금을 요구하는 행위

4. 그 밖에 정당한 사유 없이 임대인이 임차인이 주선한 신규임차인이 되려는 자와 임대차계약의 체결을 거절하는 행위

② 다음 각 호의 어느 하나에 해당하는 경우에는 제1항제4호의 정당한 사유가 있는 것으로 본다.

1. 임차인이 주선한 신규임차인이 되려는 자가 보증금 또는 차임을 지급할 자력이 없는 경우

2. 임차인이 주선한 신규임차인이 되려는 자가 임차인으로서의 의무를 위반할 우려가 있거나 그 밖에 임대차를 유지하기 어려운 상당한 사유가 있는 경우

3. 임대차 목적물인 상가건물을 1년 6개월 이상 영리목적으로 사용하지 아니한 경우

4. 임대인이 선택한 신규임차인이 임차인과 권리금 계약을 체결하고 그 권리금을 지급한 경우

③ 임대인이 제1항을 위반하여 임차인에게 손해를 발생하게 한 때에는 그 손해를 배상할 책임이 있다. 이 경우 그 손해배상액은 신규임차인이 임차인에게 지급하기로 한 권리금과 임대차 종료 당시의 권리금 중 낮은 금액을 넘지 못한다.

④ 제3항에 따라 임대인에게 손해배상을 청구할 권리는 임대차가 종료한 날부터 3년 이내에 행사하지 아니하면 시효의 완성으로 소멸한다.

⑤ 임차인은 임대인에게 임차인이 주선한 신규임차인이 되려는 자의 보증금 및 차임을 지급할 자력 또는 그 밖에 임차인으로서의 의무를 이행할 의사 및 능력에 관하여 자신이 알고 있는 정보를 제공하여야 한다.

[본조신설 2015.5.13.]

제10조의5(권리금 적용 제외) 제10조의4는 다음 각 호의 어느 하나에 해당하는 상가건물 임대차의 경우에는 적용하지 아니한다.

1. 임대차 목적물인 상가건물이 「유통산업발전법」 제2조에 따른 대규모점포 또는 준대규모점포의 일부인 경우

2. 임대차 목적물인 상가건물이 「국유재산법」에 따른 국유재산 또는 「공유재산 및 물품 관리법」에 따른 공유재산인 경우

[본조신설 2015.5.13.]

제10조의6(표준권리금계약서의 작성 등) 국토교통부장관은 임차인과 신규임차
 인이 되려는 자가 권리금 계약을 체결하기 위한 표준권리금계약서를 정하여
 그 사용을 권장할 수 있다.
 [본조신설 2015.5.13.]

제10조의7(권리금 평가기준의 고시) 국토교통부장관은 권리금에 대한 감정평가
 의 절차와 방법 등에 관한 기준을 고시할 수 있다.
 [본조신설 2015.5.13.]

제10조의8(차임연체와 해지) 임차인의 차임연체액이 3기의 차임액에 달하는 때
 에는 임대인은 계약을 해지할 수 있다.
 [본조신설 2015.5.13.]

제11조(차임 등의 증감청구권) ① 차임 또는 보증금이 임차건물에 관한 조세,
 공과금, 그 밖의 부담의 증감이나 경제 사정의 변동으로 인하여 상당하지 아
 니하게 된 경우에는 당사자는 장래의 차임 또는 보증금에 대하여 증감을 청구
 할 수 있다. 그러나 증액의 경우에는 대통령령으로 정하는 기준에 따른 비율
 을 초과하지 못한다.
 ② 제1항에 따른 증액 청구는 임대차계약 또는 약정한 차임 등의 증액이 있
 은 후 1년 이내에는 하지 못한다.
 [전문개정 2009.1.30.]

제12조(월 차임 전환 시 산정률의 제한) 보증금의 전부 또는 일부를 월 단위의
 차임으로 전환하는 경우에는 그 전환되는 금액에 다음 각 호 중 낮은 비율을
 곱한 월 차임의 범위를 초과할 수 없다. <개정 2010.5.17., 2013.8.13.>
 1. 「은행법」에 따른 은행의 대출금리 및 해당 지역의 경제 여건 등을 고려하
 여 대통령령으로 정하는 비율
 2. 한국은행에서 공시한 기준금리에 대통령령으로 정하는 배수를 곱한 비율
 [전문개정 2009.1.30.]

제13조(전대차관계에 대한 적용 등) ① 제10조, 제10조의2, 제10조의8, 제11조
 및 제12조는 전대인(轉貸人)과 전차인(轉借人)의 전대차관계에 적용한다. <개
 정 2015.5.13.>
 ② 임대인의 동의를 받고 전대차계약을 체결한 전차인은 임차인의 계약갱신

요구권 행사기간 이내에 임차인을 대위(代位)하여 임대인에게 계약갱신요구권을 행사할 수 있다.

[전문개정 2009.1.30.]

제14조(보증금 중 일정액의 보호)　① 임차인은 보증금 중 일정액을 다른 담보물권자보다 우선하여 변제받을 권리가 있다. 이 경우 임차인은 건물에 대한 경매신청의 등기 전에 제3조제1항의 요건을 갖추어야 한다.

② 제1항의 경우에 제5조제4항부터 제6항까지의 규정을 준용한다.

③ 제1항에 따라 우선변제를 받을 임차인 및 보증금 중 일정액의 범위와 기준은 임대건물가액(임대인 소유의 대지가액을 포함한다)의 2분의 1 범위에서 해당 지역의 경제 여건, 보증금 및 차임 등을 고려하여 대통령령으로 정한다. <개정 2013.8.13.>

[전문개정 2009.1.30.]

제15조(강행규정)　이 법의 규정에 위반된 약정으로서 임차인에게 불리한 것은 효력이 없다.

[전문개정 2009.1.30.]

제16조(일시사용을 위한 임대차)　이 법은 일시사용을 위한 임대차임이 명백한 경우에는 적용하지 아니한다.

[전문개정 2009.1.30.]

제17조(미등기전세에의 준용)　목적건물을 등기하지 아니한 전세계약에 관하여 이 법을 준용한다. 이 경우 "전세금"은 "임대차의 보증금"으로 본다.

[전문개정 2009.1.30.]

제18조(「소액사건심판법」의 준용)　임차인이 임대인에게 제기하는 보증금반환청구소송에 관하여는 「소액사건심판법」 제6조·제7조·제10조 및 제11조의2를 준용한다.

[전문개정 2009.1.30.]

제19조(표준계약서의 작성 등)　법무부장관은 보증금, 차임액, 임대차기간, 수선비 분담 등의 내용이 기재된 상가건물임대차표준계약서를 정하여 그 사용을 권장할 수 있다.

[본조신설 2015.5.13.]

◆ 임차권의 대항력 : 건물등기 있는 차지권의 대항력

제 622 조 【건물등기있는 차지권의 대항력】

① 건물의 소유를 목적으로 한 토지임대차는 이를 등기하지 아니한 경우에도 임차인이 그 지상건물을 등기한 때에는 제3자에 대하여 임대차의 효력이 생긴다.

② 건물이 임대차기간 만료전에 멸실 또는 후폐한 때에는 전항의 효력을 잃는다.

■ § 622. 건물등기 있는 대항력

- 건물의 소유를 목적으로 하는 토지임대차는 이를 등기하지 않는 경우에도 임차인이 그 지상건물을 등기한 때에는 제3자에 대하여 임대차의 효력이 있다.
- 그러나 지상건물이 임대차의 기간이 만료하기 전에 멸실 또는 후폐한 때에는 토지임대차는 그 대항력을 잃는다.

구민법에서와는 달리 현행민법은 본조를 신설하여 토지임차인의 보호를 한층 강화하였다. 즉「건물의 소유를 목적으로 한 토지임대차는 이를 등기하지 아니한 경우에도 임차인이 그 지상건물을 등기한 때에는 제3자에 대하여 임대차의 효력이 생긴다」.

이상의 규정에 의한 임차권의 대항력을 어떻게 해석하여야 하는가, 즉 임대차의 목적물이 양도된 경우에 임차인은 신소유자에 대하여 임차권을 주장할 수 있는가 하는 문제로서 임차권이 채권이기 때문에 논의가 나뉘어져 있다. 이것은 임대차의 목적물인 부동산의 소유권변동이 있는 경우에 신소유자는 구소유자의 임대차계약상의 임대인으로서의 지위를 법률상 당연히 포괄적으로 승계한다는 것으로 해석해야 할 것이다.

임차권의 등기에 대항력을 인정한 입법취지에서 보면, 임차인이 신소유자에게 대항할 수 있는 임대차계약의 내용은 부동산등기법 제74조에 의하여 등기사항으로 되어 있는 존속기간, 차임 및 지급시기, 임차권의 이전 또는 전대에 한정하여야 한다.

소유권 이외의 부동산물권을 취득한 자에 대한 관계에 있어서도 마찬가지로 보아야 한다. 단 지상권과 같은 용익물권 또는 부동산질권은 임차권과는 양립할 수 없는 것이기 때문에 임차권이 소멸할 때까지는 성립할 수 없다.

등기된 임차권이 물권취득자에게 대항할 수 있는 이상, 당연히 채권취득자에 대하여서도 대항할 수 있다. 요컨대 부동산임차권의 대항력도 그 효력을 물권적, 즉 배타적인 것이기 때문에 그 때부터 목적부동산에 관하여 취득되는 일체의 권리에 대항할 수 있는 것이다.

임차권자체의 등기, 택지상의 건물의 등기, 건물의 인도 등은 모두 부동산임차권의 대항요건으로서 인정된 것이므로 그 사이에서의 우열은 전혀 없다. 따라서 건물을 2중으로 임대차하여 일방은 등기를, 타방은 건물의 인도를 받고 있는 경우에도 어느 쪽이 먼저 대항요건을 구비하였는가에 따라 권리를 취득하게 된다. 그리고 일필의 토지 위에 수동의 건물이 존재하는 경우에 그 가운데 1동에 대하여 등기하면 일필의 토지 전부에 임차권을 대항할 수 있는 것으로 해석한다. 그러나 등기한 임차 지상의 건물이 기간만료전에 멸실 또는 후폐한 때에는 제3자에 대하여 그 토지의 임차권을 주장할 수 없다. 이 경우에는 토지임차인을 보호하여야 할 필요가 없기 때문이다.

◨ **핵심판례** ◨

■ **[건물등기있는 차지권의 대항력]**

1. **임차인으로부터 건물의 소유권과 함께 건물의 소유를 목적으로 한 토지의 임차권을 취득한 사람이 토지의 임대인에게 임차권의 취득을 대항할 수 있는지 여부**

 민법 제622조 제1항은 건물의 소유를 목적으로 한 토지 임대차는 이를 등기하지 아니한 경우에도 임차인이 그 지상건물을 등기한 때에는 토지에 관하여 권리를 취득한 제3자에 대하여 임대차의 효력을 주장할 수 있음을 규정한 것에 불과할 뿐, 임차인으로부터 건물의 소유권과 함께 건물의 소유를 목적으로 한 토지의 임차권을 취득한 사람이 토지의 임대인에 대한 관계에서 임차권의 양도에 관한 그의 동의가 없어도 임차권의 취득을 대항할 수 있다는 것까지 규정한 것은 아니다 (대판 1996. 2. 27. 95다29345).

2. 건물 소유를 목적으로 하는 토지 임차인이 그 지상건물을 등기하기 전에 제3자가 토지에 관하여 물권취득의 등기를 한 경우, 그 이후에 그 지상건물을 등기한 임차인의 제3자에 대한 임대차의 효력 발생 여부(소극)

민법 제622조 제1항은 '건물의 소유를 목적으로 하는 토지임대차는 이를 등기하지 아니한 경우에도 임차인이 그 지상건물을 등기한 때에는 제3자에 대하여 임대차의 효력이 생긴다.'고 규정하고 있는바, 이는 건물을 소유하는 토지임차인의 보호를 위하여 건물의 등기로써 토지임대차 등기에 갈음하는 효력을 부여하는 것일 뿐이므로 임차인이 그 지상건물을 등기하기 전에 제3자가 그 토지에 관하여 물권취득의 등기를 한 때에는 임차인이 그 지상건물을 등기하더라도 그 제3자에 대하여 임대차의 효력이 생기지 아니한다(대판 2003. 2. 28. 2000다65802·65819).

3. 주민등록증을 임차권의 대항요건의 하나로 요구하는 주택임대차보호법의 입법취지에 비추어 「공동주택의 경우에는 지번 다음에 건축물관리대장에 의한 공동주택의 명칭과 동·호수를 기재한다」고 규정하는 주민등록법시행령의 규정이 신설되기 전과 후를 구분하여 주민등록이 대항력을 구비하였는지의 여부를 달리 판단하여야 하는 것은 아니다.

「공동주택의 경우에는 지번 다음에 건축물관리대장에 의한 공동주택의 명칭과 동·호수를 기재한다」고 규정하고 있는 주민등록법시행령 제5조 제5항이 1994. 6. 30. 대통령령 제14299호로 비로소 신설되었으므로, 위 규정이 신설되기 전에 이루어진 주민등록에 대하여는 동·호수의 기재 없이 지번만 기재한 주민등록에 대하여도 공시방법으로서의 효력을 인정하여야 한다는 것이나, 위 시행령 제5조 제5항의 규정은 주민등록의 부실기재를 방지함으로써 주민의 주거관계를 파악하고 상시로 인구의 동태를 명확히 하여 행정사무를 적정하고 간이하게 처리할 목적으로 제정된 주민등록법의 목적달성을 위하여 주의적으로 둔 규정에 불과하고, 위 규정이 신설되기 전에는 주민등록에 동·호수를 기재할 방법이 없었다거나 또는 기재하지 않아도 상관없었던 것은 아니며, 주민등록을 임차권의 대항요건의 하나로 요구하는 주택임대차보호법의 입법취지는 주민등록을 임차권에 대한 공시방법으로 삼고자 하는 데 있는 것이어서 주민등록법의 입법목적과는 상이하므로, 위 시행령의 규정이 신설되기 전과 후를 구분하여 주민등록이 대항력을 구비하였는지의 여부를 달리 판단하여야 하는 것은 아니다(1996. 3. 12. 제2부 판결 95다46104 배당금이의).

4. 건물등기의 지번이 토지등기의 지번과 다르더라도 민법 제622조 제1항 소정의 차지권의 대항력이 인정되는 경우

민법 제622조 제1항의 규정은 그 차지상에 임차인이 소유하는 건물의 등기라고 볼만한 등기가 있으면 임차인은 그 차지권을 가지고 제3자에게 대항할 수 있다는 것으로서 건물등기의 지번이 반드시 토지등기의 지번과 일치할 것을 요구하고 있다고는 해석되지 아니하므로 설사 그 표시가 다르다 하더라도 그 지상건물이 등

기부상의 건물표시와 사회통념상 동일성이 있고 그것이 임차한 토지위에 건립되어 있어서 쉽게 경정등기를 할 수 있는 경우라면 경정등기 전이라 하더라도 동조 소정의 대항력을 갖추었다고 보아야 한다(1986. 11. 25. 제2부 판결 86다카1119 건물철거등).

5. 대지에 관한 임차권이 민법 제622조에 따른 대항력을 갖기 위한 전제요건

갑이 대지와 건물의 소유자였던 을로부터 이를 임차하였는데 그 후 갑이 그 건물을 강제경매절차에서 경락받아 그 대지에 관한 위 임차권은 등기하지 아니한 채 그 건물에 관하여 갑 명의의 소유권이전등기를 경료하였다면, 갑과 을 사이에 체결된 대지에 관한 임대차계약은 건물의 소유를 목적으로 한 토지임대차계약이 아님이 명백하므로, 그 대지에 관한 갑의 임차권은 민법 제622조에 따른 대항력을 갖추지 못하였다고 할 것이다(대법원 1994. 11. 22. 선고 94다5458 판결).

◈ 임대인의 의무

제 623 조 【임대인의 의무】

임대인은 목적물을 임차인에게 인도하고 계약존속중 그 사용, 수익에 필요한 상태를 유지하게 할 의무를 부담한다.

■ § 623. 목적물을 사용, 수익하게 할 의무

- 임대인은 임차인으로 하여금 목적물을 사용, 수익하게 하기 위하여 목적물을 인도하여야 한다.
- 만일에 제3자가 임차인이 점유하는 임차물을 침탈하는 등으로 그 사용, 수익을 방해하는 행위를 하는 경우에는 임대인은 임차인을 위하여 그 방해를 제거하여야 할 의무가 있다.
- 임대인은 임대차계약이 존속하는 동안 임차인에 대하여 임대물의 사용, 수익에 필요한 수선의무를 적극적으로 부담한다.

임대인은 임차인이 목적물을 사용·수익할 수 있도록 할 의무를 진다(제618조). 이것은 임대인이 기본적 의무이며, 본조는 이를 실현하기 위하여 임대인에게 목적물의 인도의무와 사용·수익에 필요한 상태를 유지하게 할 의무를 부과한다.

1. 목적물의 인도의무

임차인이 목적물을 사용·수익할 수 있도록 하기 위해, 임대인은 목적물을 임차인에게 인도할 의무를 진다(제623조).

2. 수선의 의무

임대인은 계약존속 중 그 사용·수익에 필요한 상태를 유지하게 할 의무를 부담한다. 그 당연한 결과로서 임대인은 사용·수익에 필요한 수선의무를 부담한다. 이 수선의무는 특약으로 면제할 수 있지만, 이것은 통상 생길 수 있는 '소규모의 수선'에 한하고, 대파손의 수리·건물의 주요 구성부분에 대한 대수선·기본적 설비부분의 교체 등과 같은 '대규모의 수선'은 이에 포함되지 아니

하고 여전히 임대인이 그 수선의무를 부담한다(대판 1994. 12. 9. 94다34692).

그리고 목적물에 파손 또는 장해가 생긴 경우, 그것이 별 비용을 들이지 아니하고 손쉽게 고칠 수 있을 정도의 사소한 것이어서 임차인이 사용·수익을 방해할 정도의 것이 아니라면 임대인은 수선의무를 부담하지 않는다.

임대인이 이 수선의무를 이행하지 아니한 경우에 임차인은 차임의 지급을 거절할 수 있는가? 종래의 학설·판례는 채무가 가분인 때에는 원칙적으로 상대방이 이행하지 않거나 또는 이행이 불완전한 경우에는 그에 상응하는 만큼의 채무의 이행을 거절할 수 있다고 하였다. 따라서 수선의무 있는 임대인이 수선의무를 게을리 한 때에는 임차인은 그에 상응하는 정도의 차임액의 지급을 거절할 수 있다.

이미 경과한 기간의 불이행에 대해서는 그에 상응하는 장래의 기간의 차임 지급을 거절할 수 있다. 차임지급의 특약이 있는 경우에도 같다.

불이행의 부분 또는 불완전한 부분이 경미하면 일부에 관해서도 동시이행의 항변권을 인정할 수 없으나, 중요한 부분이면 전부에 대한 항변권이 성립한다 (동지, 김·안). 임대인의 수선의무의 불이행에 대하여 임차인에게는 채무불이행의 일반적 효과로서의 손해배상청구권(제390조)과 해지권(제544조)이 생기는 외에 차임채무의 이행거절권 또는 감액청구권도 발생한다고 해석되고 있다.

3. 방해제거의무

제3자가 임차인의 사용·수익을 방해하는 행위를 하는 경우, 임대인은 자신의 채무(목적물의 사용·수익제공의무)의 일환으로서 제3자를 상대를 그 방해의 제거를 청구할 의무를 진다.

<div align="center">◪ 핵심판례 ◪</div>

■ [임대인의 의무]

1. 통상의 임대차관계에 있어서 임대인이 임차인에 대하여 안전배려 또는 도난방지 등의 보호의무를 지는지 여부(소극)

통상의 임대차관계에 있어서 임대인의 임차인에 대한 의무는 특별한 사정이 없는 한 단순히 임차인에게 임대목적물을 제공하여 임차인으로 하여금 이를 사용 수익

하게 함에 그치는 것이고, 더 나아가 임차인의 안전을 배려하여 주거나 도난을
방지하는 등의 보호의무까지 부담한다고 볼 수 없을 뿐만 아니라 임대인이 임차
인에게 임대목적물을 제공하여 그 의무를 이행한 경우 임대목적물은 임차인의 지
배 아래 놓이게 되어 그 이후에는 임차인의 관리하에 임대목적물의 사용·수익이
이루어지는 것이다(1999. 7. 9. 99다10004).

2. 숙박업자의 투숙객에 대한 보호의무의 내용과 이를 위반한 경우의 책임

공중접객업인 숙박업을 경영하는 자가 투숙객과 체결하는 숙박계약은 숙박업자가
고객에게 숙박을 할 수 있는 객실을 제공하여 고객으로 하여금 이를 사용할 수
있도록 하고 고객으로부터 그 대가를 받는 일종의 일시 사용을 위한 임대차계약
으로서 객실 및 관련 시설은 오로지 숙박업자의 지배 아래 놓여 있는 것이므로
숙박업자는 통상의 임대차와 같이 단순히 여관 등의 객실 및 관련 시설을 제공하
여 고객으로 하여금 이를 사용·수익하게 할 의무를 부담하는 것에서 한 걸음 더
나아가 고객에게 위험이 없는 안전하고 편안한 객실 및 관련 시설을 제공함으로
써 고객의 안전을 배려하여야 할 보호의무를 부담하며 이러한 의무는 숙박계약의
특수성을 고려하여 신의칙상 인정되는 부수적인 의무로서 숙박업자가 이를 위반
하여 고객의 생명, 신체를 침해하여 투숙객에게 손해를 입힌 경우 불완전이행으
로 인한 채무불이행책임을 부담하고, 이 경우 피해자로서는 구체적 보호의무의
존재와 그 위반 사실을 주장·입증하여야 하며 숙박업자로서는 통상의 채무불이
행에 있어서와 마찬가지로 그 채무불이행에 관하여 자기에게 과실이 없음을 주
장·입증하지 못하는 한 그 책임을 면할 수는 없다고 할 것이고, 이와 같은 법리
는 장기투숙의 경우에도 마찬가지이다(1997. 10. 10. 96다47302).

3. 가. 가옥의 임차인인 직접점유자나 그와 같은 지위에 있는 것으로 볼 수 있는 자가 공작물의 설치 또는 보존의 하자로 인하여 피해를 입은 경우 소유자가 민법 제758조 제1항 소정의 손해배상책임을 부담할 것인지 여부(적극)

공작물의 설치 또는 보존의 하자로 인하여 타인에게 손해를 가한 때에는 1차
적으로 공작물의 점유자가 손해를 배상할 책임이 있고 공작물의 소유자는 점
유자가 손해의 방지에 필요한 주의를 해태하지 아니한 때에 비로소 2차적으
로 손해를 배상할 책임이 있는 것이나, 공작물의 임차인인 직접점유자나 그
와 같은 지위에 있는 것으로 볼 수 있는 자가 공작물의 설치 또는 보존의 하
자로 인하여 피해를 입은 경우에는 그 가옥의 소유자는 민법 제758조 제1항
소정의 책임자로서 이에 대하여 손해를 배상할 책임이 있는 것이고 그 피해
자에게 보존상의 과실이 있더라도 과실상계의 사유가 될 뿐이다.

나. 임차인과 함께 임차방실에 기거하던 직장동료가 연통에서 새어나온 연탄가스에 중독 사망한 사고에 대하여 가옥소유자의 손해배상책임을 인정한 사례

임차인과 함께 임차방실에 기거하던 직장동료가 연통에서 새어나온 연탄가스에 중독 사망한 사고에 대하여 가옥소유자의 손해배상책임을 인정한 사례(1993. 2. 9. 제1부 판결 92다31668 손해배상(기)).

4. 가. 임대인이 수선의무를 부담하게 되는 임대 목적물의 파손·장해의 정도

임대차계약에 있어서 임대인은 목적물을 계약 존속 중 그 사용·수익에 필요한 상태를 유지하게 할 의무를 부담하는 것이므로, 목적물에 파손 또는 장해가 생긴 경우 그것이 임차인이 별 비용을 들이지 아니하고도 손쉽게 고칠 수 있을 정도의 사소한 것이어서 임차인의 사용·수익을 방해할 정도의 것이 아니라면 임대인은 수선의무를 부담하지 않지만, 그것을 수선하지 아니하면 임차인이 계약에 의하여 정해진 목적에 따라 사용·수익할 수 없는 상태로 될 정도의 것이라면 임대인은 그 수선의무를 부담한다.

나. 임대인의 수선의무면제특약시 면제되는 수선의무의 범위를 명시하지 않은 경우, 수선의무범위의 해석

'가'항의 임대인의 수선의무는 특약에 의하여 이를 면제하거나 임차인의 부담으로 돌릴 수 있으나, 그러한 특약에서 수선의무의 범위를 명시하고 있는 등의 특별한 사정이 없는 한 그러한 특약에 의하여 임대인이 수선의무를 면하거나 임차인이 그 수선의무를 부담하게 되는 것은 통상 생길 수 있는 파손의 수선 등 소규모의 수선에 한한다 할 것이고, 대파손의 수리, 건물의 주요 구성부분에 대한 대수선, 기본적 설비부분의 교체 등과 같은 대규모의 수선은 이에 포함되지 아니하고 여전히 임대인이 그 수선의무를 부담한다고 해석함이 상당하다(대법원 1994. 12. 9. 선고 94다34692, 94다34708 판결).

5. 임대인이 그 소유 건물의 다른 부분에서 제3자에게 임차인의 영업 등 수익활동을 해할 우려가 있는 행위를 하지 아니하도록 할 의무를 부담하는 내용의 묵시적 약정을 인정할 수 있는지 여부(적극) 및 그 판단 기준

임대인은 일반적으로 임차인에 대하여 임대차목적물을 임차인에게 인도하고 계약이 존속하는 동안 그 사용·수익에 필요한 상태를 유지하게 할 의무를 부담한다. 그리고 건물부분의 임대차에서 별도의 약정이 있는 경우에는 거기서 더 나아가 임대인은 그 소유 건물의 다른 부분에서 제3자가 임차인이 임대차목적물에서 행하는 영업 등 수익활동을 해할 우려가 있는 영업 기타 행위를 하지 아니하도록 할 의무를 임차인에 대하여 부담할 수 있음은 물론이다. 그러한 약정은 다른 계약의 경우와 마찬가지로 반드시 계약서면의 한 조항 등을 통하여 명시적으로 행하여질 필요는 없고, 임대차계약의 목적, 목적물 이용의 구체적 내용, 임대차계약 관계의 존속기간 및 그 사이의 경과, 당사자 사이의 인적 관계, 목적물의 구조 등에 비추어 위와 같은 내용의 약정이 인정될 수도 있다(대법원 2010. 6. 10. 선고 2009다64307 판결).

◈ 임차인의 의무 : 임대인의 보존행위 인용의무

제 624 조【임대인의 보존행위 인용의무】

임대인이 임대물의 보존에 필요한 행위를 하는 때에는 임차인은 이를 거절하지 못한다.

■ § 624. 임대물의 보존에 필요한 임대인의 행위를 인용할 의무

• 임대인이 임대물의 보존에 필요한 수선을 하고자 할 때에 임차인은 이를 거절하지 못한다.

임대인은 임차인의 사용·수익을 보장하기 위해서 자기의 물건의 보존에 필요한 행위를 하는 때에는 임차인은 이를 거절하지 못한다. 그것은 수선과 같은 물건의 보존행위는 당사자의 이익이 될 뿐만 아니라 공익을 위하여서도 필요하기 때문이다. 그리고 이러한 경우 임차인에게는 계약의 해지권이 인정되는 경우가 있다.

◈ 임대차의 해지 : 임대인이 임차인의 의사에 반하여 보존행위를 하는 때

제 625 조【임차인의 의사에 반하는 보존행위와 해지권】

임대인이 임차인의 의사에 반하여 보존행위를 하는 경우에 임차인이 이로 인하여 임차의 목적을 달성할 수 없는 때에는 계약을 해지할 수 있다.

■ § 625. 임대차의 해지

• 임대인이 임차인의 의사에 반하여 보존행위를 하는 경우에 그로 인해 임차인 의 목적을 달성할 수 없을 때에는 임차인은 계약을 해지할 수 있다.

임대인이 임차인의 의사에 반하여 수선 등의 보존행위를 하는 경우에 그로 인해 임대차의 목적을 달성할 수 없을 때에는 임차인은 계약을 해지할 수 있다. 그런데 그것은 임대인이 정당한 이유가 있는 경우의 일이고, 만약 정당한 이유 가 없는데도 불구하고 고의로 임차인의 권리를 침해하기 위하여 수선 등 보존 행위를 하는 것은 침해행위이므로, 임차인은 이에 불응하여 정당방위의 권리가 있을 뿐만 아니라 손해가 있는 때에는 손해배상을 청구할 수 있다.

◆ 임차인의 비용상환청구권

제 626 조 【임차인의 상환청구권】

① 임차인이 임차물의 보존에 관한 필요비를 지출한 때에는 임대인에 대하여 그 상환을 청구할 수 있다.

② 임차인이 유익비를 지출한 경우에는 임대인은 임대차종료시에 그 가액의 증가가 현존한때에 한하여 임차인의 지출한 금액이나 그 증가액을 상환하여야 한다. 이 경우에 법원은 임대인의 청구에 의하여 상당한 상환기간을 허여할 수 있다.

■ § 626. 비용상환청구권

• 임차인이 목적물에 관하여 비용을 지출한 때에는 임대인은 다음의 구별에 따라 상환할 의무가 있다.
• 필요비 : 본조 1항
• 유익비 : 본조 2항

1. 상환청구할 수 있는 비용

임대인은 목적물을 임차인에게 인도하고 계약이 존속하는 동안 그 사용·수익에 필요한 상태를 유지하게 할 의무를 부담한다(제623조). 그리하여 임대인은 수선의무를 부담하게 되며, 임대인의 비용상환 의무 가운데서 통상의 필요비에 대한 상환의무는 바로 이에 대응한 의무이다.

(1) 필요비

필요비에는 목적물 자체의 물리적 상태의 유지·회복에 필요한 비용에 한하지 않고, 통상의 용도에 적합한 상태로 목적물을 보존하기 위하여 지출된 비용을 포함한다.

유익비의 경우와는 달리 임대차의 종료시에청구할 수 있는 것이 아니라, 필요비를 지출한 때에 곧 그 상환을 청구할 수 있다.

(2) 유익비

유익비는 임차물 자체의 객관적 가치를 증가시키기 위하여 투입된 비용으로서, 임차인이 유익비를 지출한 경우에는 임대차가 종료한 때에 그 가액의 증가가 현존한 때에 한하여 임대인은 임차인이 지출한 금액이나 또는 그 증가액 중의 하나를 선택하여 상환하여야 한다(제626조 2항). 지출한 금액이나 증가액에 관하여는 임차인에게 입증책임이 있다(대판 1962. 10. 18. 62다437).

원래 유익비는 임대인이 지출의무를 부담한 것은 아니지만 그로 인하여 목적물의 객관적 가치가 증가한 이상, 부당이득이 되므로 상환하도록 한 것이다. 단 그 상환시기는 임대차 종료시이고, 제 203조 2항의 표준에 따라 상환하여야 하며, 이 경우 법원은 임대인의 청구에 의하여 상당한 상환기간을 허여할 수 있다.

【쟁점사항】

<필요비나 유익비에 해당하지 않는 비용>

제626조에서 상환청구를 인정하는 필요비·유익비는 임차물 자체의 보존 내지 객관적 가치를 증가시키기 위해 추인된 비용에 한정되므로, 다음의 것은 필요비나 유익비에 해당하지 않는다

(ㄱ) 건물을 임차한 후 그곳에서 삼계탕집을 경영하기 위하여 점포장식, 가스, 실내전기 등을 설치하기 위하여 들인 비용(대판 1993. 10. 8. 93다25738, 25745)

(ㄴ) 일반 점포로 임차한 사람이 사진영업상 설치한 특수장치에 들인 비용(대판 1948. 4. 12. 4280민상352)

(ㄷ) 임차인이 임차건물 본문에서 간이음식점을 경영하기 위하여 간판을 설치하는데 들인 비용(대판 1994. 9. 30. 94다20389).

2. 비용상환청구권의 행사기간

임차인의 이상의 비용상환청구권은 임대인이 목적물을 반환받은 날로부터 6월 내에 행사하여야 한다(제654조에 의한 제617조의 준용). 이 6월의 기간은 이른바 제척기간이다(이설없음).

제척기간의 기산점은 원칙적으로 임대인이 목적물을 상환받은 때이지만 유익비의 상환에 관하여 법원이 기한을 허여한 때에는 그 기한도래시부터 기산한다. 그리고 통상의 필요비에 관해서는 임차인이 즉시 청구할 수 있으므로(그러나 임대인이 지출의무를 부담하지 않는다는 특약이 있는 경우는 제외) 지출시부터 소멸시효가 진행된다. 따라서 필요비 상환청구권은 제척기간 내에 있어서도 시효로 인하여 소멸할 수 있다.

3. 비용상환청구권의 포기

제626조는 강행규정이 아니므로(제652조), 당사자의 약정으로 임차인이 그 비용상환청구를 포기하는 것은 유효하다.

판례는 "임차인은 설치한 모든 시설물에 대하여 임대인에게 시설비를 요구하지 않기로 했다"는 약정은, 임차인이 지출한 비용의 상환청구권을 포기하는 대신 원상복구의무도 부담하지 않기로 하는 합의가 있었다고 보아야 한다고 하였다(대판 1998. 5. 29. 98다6497).

▣ 핵심판례 ▣

■ [임차인 상환청구권]

1. 임대인이 상환의무를 지는 '유익비'의 의미

민법 제626조 제2항에서 임대인의 상환의무를 규정한 '유익비'란 임대인이 임차물의 객관적 가치를 증가시키기 위하여 투입한 비용을 말한다(1991. 10. 8. 제1부 판결 91다8029 건물명도).

2. 사무실용 건물부분에 삼계탕집을 경영하기 위하여 들인 비용이 필요비 또는 유익비에 해당하는지 여부

갑이 건물을 임차한 후 그곳에서 삼계탕집을 경영하기 위하여 합계 금9,643,000원을 들여 보일러, 온돌방, 방문틀, 주방내부, 합판을 이용한 점포장식, 가스, 실내전등, 계단전기 등을 설치하고 페인트 도색을 하는 등 공사를 하였고, 그로 인하여 현재에도 금 8,147,000원 정도의 가치가 남아 있는 사실을 인정하면서도 이 건물의 본래의 용도 및 히고의 이용실태 등에 비추어 갑이 지출한 위 비용은 어디까지나 갑이 위 건물에서 삼계탕을 경영하기 위한 것인지 건물의 보존을 위한다거나 그 객관적 가치를 증가시키기 위한 것이 아니어서 이를 필요비 또는 유익비라고 할 수 없다(대판 1993. 10. 8. 93다25738, 25745).

3. 임야 상태의 토지를 임차하여 대지로 조성한 후 건물을 건축하여 음식점을 경영할 목적으로 체결한 임대차계약서에 필요비 및 유익비의 상환청구권은 그 비용의 용도를 묻지 않고 이를 전부 포기하는 것으로 기재되었다면, 그 대지조성비까지 그 상환청구권 포기의 대상으로 보아야 하는지 여부

가. 임대차계약서는 처분문서로서 특별한 사정이 없는 한 그 문언에 따라 의사표시의 내용을 해석하여야 한다고 하더라도, 그 계약 체결의 경위와 목적, 임대차기간, 임대보증금 및 임료의 액수 등의 여러 사정에 비추어 볼 때 당사자의 의사가 계약서의 문언과는 달리 명시적·묵시적으로 일정한 범위 내의 비용에 대하여만 유익비 상환청구권을 포기하기로 약정한 취지라고 해석하는 것이 합리적이라고 인정되는 경우에는 당사자의 의사에 따라 그 약정의 적용 범위를 제한할 수 있다.

나. 임야 상태의 토지를 임차하여 대지로 조성한 후 건물을 건축하여 음식점을 경영할 목적으로 임대차계약을 체결한 경우, 비록 임대차계약서에서는 필요비 및 유익비의 상환청구권은 그 비용의 용도를 묻지 않고 이를 전부 포기하는 것으로 기재되었다고 하더라도 계약 당사자의 의사는 임대차 목적 토지를 대지로 조성한 후 이를 임차 목적에 따라 사용할 수 있는 상태에서 새로이 투입한 비용만에 한정하여 임차인이 그 상환청구권을 포기한 것이고 대지조성비는 그 상환청구권 포기의 대상으로 삼지 아니한 취지로 약정한 것이라고 해석하는 것이 합리적이다(대판 1998. 10. 20. 98다31462).

◈ 임차물의 일부 멸실로 인한 차임의 감액 청구 등

제 627 조【일부멸실등과 감액청구, 해지권】

① 임차물의 일부가 임차인의 과실없이 멸실 기타 사유로 인하여 사용, 수익할 수 없는 때에는 임차인은 그 부분의 비율에 의한 차임의 감액을 청구할 수 있다.

② 전항의 경우에 그 잔존부분으로 임차의 목적을 달성할 수 없는 때에는 임차인은 계약을 해지할 수 있다.

■ § 627. 일부멸실과 해지권

• 임차물의 일부가 임차인의 과실에 의하지 않고서 멸실한 경우에 그 잔존부분만으로는 임차의 목적을 달성할 수 없을때→해지
• 임차물의 일부가 임차인의 과실없이 멸실된 경우→차임의 감액청구

임차물의 일부가 임차인의 과실없이 멸실 기타 사유로 인하여 사용수익할 수 없는 때에는 그 감소한 비율에 의하여 차임의 감액을 청구할 수 있다. 이 경우 원래는 위험부담의 과제가 되어 당연히 멸실부분의 임료채무는 소멸한다.

임차물의 일부가 임차인의 과실없이 멸실하고 그 잔존부분으로는 계약의 목적을 달성할 수 없을 때에는 이를 증명하고 그 임대차계약을 해지할 수 있다. 이 차임감액청구권은 형성권이며, 임대인의 승낙을 기다리지 않고서 차임이 당연히 감액된다는데 이설이 없다. 본조는 강행규정이며 이에 위반하는 것으로서 임차인에게 불리한 것은 무효이다(제652조).

▣ 핵심판례 ▣

■ [일부멸실 등과 감액청구, 해지권]

임대인의 수선의무불이행으로 사용수익에 부분적인 지장만 있는 경우 임차인의 차임지급의무

임대차계약에 있어서 목적물을 사용수익케 할 임대인의 의무와 임차인의 차임지급의무는 상호 대응관계에 있으므로 임대인이 목적물에 대한 수선의무를 불이행하여 임차인이 목적물을 전혀 사용할 수 없을 경우에는 임차인은 차임전부의 지급을 거절할 수 있으나, 수선의무불이행으로 인하여 부분적으로 지장이 있는 상태에서 그 사용수익이 가능할 경우에는 그 지장이 있는 한도내에서만 차임의 지급을 거절할 수 있을 뿐 그 전부의 지급을 거절할 수는 없으므로 그 한도를 넘는 차임의 지급거절은 채무불이행이 된다(대법원 1989. 6. 13. 선고 88다카13332, 13349 판결).

◈ 차임의 증감을 청구할 수 있는 경우

제 628 조【차임증감청구권】

임대물에 대한 공과부담의 증감 기타 경제사정의 변동으로 인하여 약정한 차임이 상당하지 아니하게 된 때에는 당사자는 장래에 대한 차임의 증감을 청구할 수 있다.

■ § 628. 차임의 증감청구

- 사정의 변경으로 인한 차임증감청구
- 강행규정
- 일시사용을 위한 임대차(또는 전대차)의 경우에는 그 적용이 없다.

본조는 계속적 채권관계에서 문제되는 사정변경의 원칙을 인정한 규정이다.

임차물에 대한 공과부담의 증감 기타 경제사정의 변동으로 인해 약정한 차임이 상당하지 아니하게된 경우 당사자에게 장래에 대한 차임의 증감을 청구할 수 있다. 증감청구권의 성질과 행사방법에 관하여는 형성권이라 보고 재판외에서도 얼마든지 행사할 수 있다는 데 학설은 일치한다.

본조는 강행규정이며 이에 위반하는 것으로서 임차인에게 불리한 것은 그 효력이 없다. 따라서 임대인이 일방적으로 차임을 인상할 수 있도록 한 약정은 무효이다(대판 1992. 11. 24. 92다31163, 31170).

그리고 본조는 일시사용을 위한 임대차(또는 전대차)의 경우에는 그 적용이 없다.

▣ 핵심판례 ▣

■ [차임증감청구권]

1. 가. "임대료는 연 3,500,000 원으로 하되 3년을 기준으로 3년이 경과한 후 물가상승요인 및 공공기관의 공인인상요금의 비율에 의거 양자의 합의에 의하여 인상지급한다"는 약정의 해석

임대차기간은 10년, 임대료는 연 3,500,000원으로 하되 3년 간을 기준으로 3년이 경과한 후 물가상승요인 및 공공기관의 공인인상요금의 비율에 의거 양자의 합의에 의하여 인상지급하기로 한 임대료증액에 관한 약정은 임대인에게는 10년의 임대차기간 중 3년이 지났을 때마다 그 다음 3년 간의 임료를 상호 합의에 의하여 증액할 수 있는 권리를 부여하는 동시에 임차인에 있어서는 3년 간의 기간 중에는 경제사정의 변동으로 약정된 임료가 상당하지 아니하게 된 경우에도 임료인상을 할 수 없도록 하고 그 3년의 고정기간이 지난 후에도 임대인의 일방적인 임료인상 요구에 의하여 객관적으로 상당한 액수로 곧바로 임료가 변경되는 것이 아니고 임대인과 임차인에게 적정한 임료액에 관하여 합의를 하도록 하여 합의가 성립되면 그것이 상당한 금액인 여부에 관계없이 이에 의하는 것이고, 한편 임료의 인상요인이 생겼는데도 임차인이 인상을 거부하여 합의가 성립되지 아니하는 경우에는 임료의 증액이 전혀 허용되지 않는 것이 아니고 물가상승요인 등을 고려하여 법원이 인정하는 상당한 액수의 임료에 의하는 취지의 약정이라고 볼 것이다.

나. 위 "가" 항의 약정에 따른 임료증액협의의 시적 한계

위 "가" 항의 임료인상약정이 3년 간의 기간을 임료의 고정기간의 단위로 보고 있으며 그 표현에 있어서도 3년이 경과한 후라고 하고 있는 점 등에 비추어 보면 임료인상의 협의는 반드시 다음 3년의 기간이 시작되기 전에 있어야 하는 것이 아니고 연단위로 임료를 지급하기로 된 당해 연도가 경과되지 아니한 이상 그 다음 3년의 고정임료기간이 지나가기 전에만 있으면 된다(1993. 3. 23. 제1부 판결 92다39334, 39341(병합) 임대료).

2. 임대차기간 중 차임을 변경하는 방법과 임대인이 일방적으로 차임을 인상할 수 있고 상대방은 이의할 수 없다고 한 약정의 효력 유무(소극)

임대차계약에 있어서 차임은 당사자간에 합의가 있어야 하고, 임대차기간 중에 당사자의 일방이 차임을 변경하고자 할 때에도 상대방의 동의를 얻어서 하여야 하며, 그렇지 아니한 경우에는 민법 제628조에 의하여 차임의 증감을 청구하여야 할 것이고, 만일 임대차계약 체결시에 임대인이 일방적으로 차임을 인상할 수 있고 상대방은 이의를 할 수 없다고 약정하였다면, 이는 강행규정인 민법 제628조에 위반하는 약정으로서 임차인에게 불리한 것이므로 민법제652조에 의하여 효력이 없다(1992. 11. 24. 92다31163).

3. 임대인이 민법 628조에 의하여 장래에 대한 차임의 증액을 청구하고 법원이 증액청구를 상당하다고 인정한 경우에 차임증액청구 효력발생 시기

민법 제628조에 의하여 장래에 대한 차임의 증액을 청구하였을 때에 그 청구가 상당하다고 인정되면 그 효력은 재판시를 표준으로 할 것이 아니고 그 청구시에 곧 발생한다고 보는 것이 상당하고 그 청구는 재판외의 청구라도 무방하다(1974. 8. 30. 74다1124).

4. 차임불증액 특약이 있는 임대차에서 사정변경으로 인한 차임증액청구권이 인정되는지 여부(적극)

임대차계약에 있어서 차임불증액의 특약이 있더라도 그 약정 후 그 특약을 그대로 유지시키는 것이 신의칙에 반한다고 인정될 정도의 사정변경이 있다고 보여지는 경우에는 형평의 원칙상 임대인에게 차임증액청구를 인정하여야 한다(대법원 1996. 11. 12. 선고 96다34061 판결).

◈ 임차권의 양도와 임차물의 전대의 제한

제 629 조【임차권의 양도, 전대의 제한】

① 임차인은 임대인의 동의없이 그 권리를 양도하거나 임차물을 전대하지 못한다.

② 임차인이 전항의 규정에 위반한 때에는 임대인은 계약을 해지할 수 있다.

■ § 629. 임대인의 동의없는 양도, 전대

- 임차인이 임차권의 양도나 전대를 하려면 반드시 임대인의 동의가 있어야 한다.
- 그러한 동의없이 임차권을 양도하거나 임차물을 전대한 때에는 임대인은 임대차계약을 해지할 수 있다.

1. 의 의

(1) 임차권의 양도

임차권의 양도라 함은 임차인이 임차인으로서의 지위에서 벗어나고 양수인이 임차인의 지위를 승계하여 임차인으로서의 권리·의무를 취득하는 계약이다.

즉, 임차권의 양도는 임차권(사용·수익권)만이 양도되는 것이 아니라 임차인이 임대차계약에 따라 가지는 모든 권리와 의무, 즉 임차인의 지위가 제3자에게 이전된다고 보는 것이 통설의 견해이다.

(2) 임차물의 전대

임차물의 전대는 임차인이 임대차계약에 따른 그의 지위를 그대로 가지면서 임차물을 다시 제3자로 하여금 사용·수익하게 하는 것으로서, 임차인과 제3자간의 관계는 임대차인 것이 보통이나 사용대차이어도 무방하다.

임차물의 전대(전대차)는 임차인이 임차인으로서의 지위를 보유하면서 임차인 자신이 임대인(전대인)이 되어 그의 임차물을 다시 제3자(전차인)로 하여금 사용·수익하게 하는 것이므로 임대인·임차인·전차인 3자 사이에

있어서의 계약관계가 발생하는 데 대하여, 임차권의 양도의 경우에는 임대
인과 종전의 임차인 사이에 있었던 임대차관계를 소멸하고, 임대인과 양수
인 사이에서 종전의 임대차와 동일한 관계를 발생시키는 계약이다.

2. 임차권의 양도, 전대의 제한

(1) 원 칙

제629조는 임차인은 임대인의 동의 없이 그 권리를 양도하거나 전대하지
못하고, 임차인이 이에 위반한 때에는 임대인은 계약을 해지할 수 있다고
규정하고 있는바 이는 민법상의 임대차계약은 원래 당사자의 개인적 신뢰
를 기초로 하는 계속적 법률관계임을 고려하여 임대인의 인적 신뢰나 경제
적 이익을 보호하여 이를 해치지 않게 하고자 함에 있으며, 임차인이 임대
인의 승낙 없이 제3자에게 임차물을 사용·수익시키는 것은 임대인에게 임
대차관계를 계속시키기 어려운 배신적 행위가 될 수 있는 것이기 때문에
임대인에게 일방적으로 임대차관계를 종지시킬 수 있도록 하고자 함에 있
다(대판 1993. 4. 27. 92다45308).

(2) 예 외

제629조는 단순히 임대인의 보호를 위한 것으로서 강행규정이 아니므로
(제652조), 당사자의 특약으로 임대인의 동의를 요하지 않는 것으로 하는
것은 유효하다.

또한 건물의 임차인이 그 건물의 소부분을 타인에게 전대하는 경우에는
임대인의 동의 없이 자유로이 할 수 있다(제632조).

3. 무단양도의 법률관계

(1) 양도인(임차인)과 양수인 사이의 법률관계

임대인의 동의가 없더라도 양수인은 임차권을 취득한다(지명채권양도설).
단, 양수인은 임대인에게 대항할 수 없다. 이 경우 임차인은 원칙적으로 양
수인을 위하여 임대인의 동의를 받아 줄 의무가 있다(대판 1986. 2. 25. 85
다카1812). 만일 양도인이 이 의무를 이행하지 못한 경우에는 담보책임의
규정에 따라 양수인이 계약을 해제 하거나 손해배상의 청구를 할 수 있다

(대판 2001. 7. 24. 2001다16418).

(2) 임대인과 임차인(양도인)사이의 법률관계

1) 원 칙

임대차관계는 여전히 유지가 된다. 즉, 임대인이 해지하지 않는 한 임차인이 여전히 의무를 부담한다.

2) 임대인의 해지권

임대인은 임대차를 해지할 수 있다(제629조 2항).

3) 해지권의 제한(배신행위론)

판례는 임차권 무단 양도가 있다고 하여도 그 행위가 임대인에 대한 배신적 행위라고 인정할 수 없는 특별한 사정이 있는 경우에는 제629조 2항에 의한 해지권은 발생하지 않는다고 하여 임대인의 해지권을 제한하고 있다(대판 1993. 4. 27. 92다45308). 특별한 사정에 대한 입증책임은 임차권을 양수한 자가 입증책임을 부담한다(대판 1993. 4. 13. 92다24950).

(3) 임대인과 양수인 사이의 법률관계

양수인은 임대인에게 대항할 수 없다. 임대인은 양수인에게 목적물반환청구권을 행사 할 수 있다. 그 근거는 소유권에 기한 물권적 청구권이고 임대차계약을 해지하지 않는 한 임차인에게 반환할 것을 청구할 수 있을 뿐이다. 다만, 점유보호청구권을 행사할 수는 없다. 직접점유자인 임차인의 배신은 침탈이 아니기 때문이다.

임대인은 양도인에게 여전히 차임청구가 가능하므로 그 범위내에서는 손해가 없으므로 임대인은 양수인에게 차임에 갈음하는 손해배상청구를 할 수 없다.

4. 무단전대의 법률관계

(1) 전대인과 전차인 사이의 법률관계

당사자간에 채권적 효력은 있다. 따라서 전대인은 전차인에게 차임청구권을 행사할 수 있다. 그리고 전차인이 임대인(진실한 소유자)으로부터 목적

물의 반환청구나 차임상당액의 지급요구를 받는 등의 이유로 전차인으로 하여금 사용, 수익시킬 수 없게 되면 전대인의 사용, 수익시킬 채무는 이행불능으로 되고 전차인은 이행불능에 의한 전대차의 종료를 이유로 전대인의 차임지급청구를 거절할 수 있다. 한편, 이 경우 임차인은 전차인에 대하여 임대인의 동의를 얻을 의무를 부담한다고 할 것이므로, 그 동의를 얻지 못하면 담보책임을 질 수 있고(민법 제567조, 제570조), 전차인은 이를 이유로 전대차를 해제, 해지할 수 있을 것이다.

(2) 임대인과 임차인(전대인) 사이의 법률관계

임대차관계는 여전히 존속한다. 그러나 임대인은 해지할 수 있다(제629조 2항). 무단전대에서 배신행위가 아니라는 특별한 사정이 있어도 해지가 가능한지와 관련해서 판례는 "임차인이 임대인의 동의없이 목적물을 전대한 이상 그것이 임차인의 배신행위라는 특단의 사정이 없어도 임대인은 그 계약을 해지할 수 있다(대판 1972. 1. 31. 71다2400)"고 판시하고 있다. 이에 대해 학설은 무단양도에서 배신행위론을 인정한 판례(대판 1993. 4. 27. 92다45308)가 나온 이상 무단전대에서도 동일하게 해석되어야 한다고 주장한다.

임차인이 전차인으로부터 목적물을 반환받아 온 경우 임대인의 해지권은 소멸된다. 그리고 건물 소부분 전대의 경우에는 해지할 수 없다.

(3) 임대인과 전차인 사이의 법률관계

전차인은 임대인에게 대항할 수 없다. 임대인은 소유권에 기한 물권적청구권을 행사할 수 있다. 다만, 직접점유자인 임차인의 배신은 점유침탈이 아니므로 점유보호청구권을 행사할 수는 없다.

임대인은 임차인에게 여전히 차임청구가 가능하므로 그 범위내에서는 손해가 없으므로 임대인은 전차인에게 차임에 갈음하는 손해배상청구를 할 수 없다.

▣ 핵심판례 ▣

■ [임차권의 양도, 전대의 제한]

1. 건물 소유를 목적으로 한 대지 임차권을 가지고 있는 자가 위 대지상의 소유건물에 대하여 제3자에게 양도담보로 설정해준 경우, 그 건물 부지에 대하여 임차권의 양도 또는 전대가 이루어졌다고 볼 수 있는지 여부

건물 소유를 목적으로 한 대지 임차권을 가지고 있는 자가 위 대지상의 자기소유 건물에 대하여 제3자에 대한 채권담보의 목적으로 제3자 명의의 소유권이전등기를 경료하여 준 이른바 양도담보의 경우에는, 채권담보를 위하여 신탁적으로 양도담보권자에게 건물의 소유권이 이전될 뿐 확정적, 종국적으로 이전되는 것은 아니고 또한 특별한 사정이 없는 한 양도담보권자가 건물의 사용수익권을 갖게 되는 것도 아니므로, 이러한 경우 위 건물의 부지에 관하여 민법 제629조 소정의 해지의 원인인 임차권의 양도 또는 전대가 이루어졌다고 볼 수 없다(대판 1995. 7. 25. 94다46428).

2. 가. 건물에 대한 저당권이 실행되어 경락인이 건물의 소유권을 취득한 경우 건물의 소유를 목적으로 한 토지의 임차권도 건물의 소유권과 함께 경락인에게 이전되는지 여부(적극)

건물의 소유를 목적으로 하여 토지를 임차한 사람이 그 토지 위에 소유하는 건물에 저당권을 설정한 때에는 민법 제358조 본문에 따라서 저당권의 효력이 건물뿐만 아니라 건물의 소유를 목적으로 한 토지의 임차권에도 미친다고 보아야 할 것이므로, 건물에 대한 저당권이 실행되어 경락인이 건물의 소유권을 취득한 때에는 특별한 다른 사정이 없는 한 건물의 소유를 목적으로 한 토지의 임차권도 건물의 소유권과 함께 경락인에게 이전된다.

나. 위 "가"항의 경우 토지 임대인의 동의가 없어도 경락인은 임대인에 대하여 임차권의 취득을 대항할 수 있는지 여부(소극)

위 "가"항의 경우에도 민법 제629조가 적용되기 때문에 토지의 임대인에 대한 관계에서는 그의 동의가 없는 한 경락인은 그 임차권의 취득을 대항할 수 없다고 할 것인바, 민법 제622조 제1항은 건물의 소유를 목적으로 한 토지임대차는 이를 등기하지 아니한 경우에도 임차인이 그 지상건물을 등기한 때에는 토지에 관하여 권리를 취득한 제3자에 대하여 임대차의 효력을 주장할 수 있음을 규정한 취지임에 불과할 뿐, 건물의 소유권과 함께 건물의 소유를 목적으로 한 토지의 임차권을 취득한 사람이 토지의 임대인에 대한 관계에서 그의 동의가 없이도 임차권의 취득을 대항할 수 있는 것까지 규정한 것이라고는 볼 수 없다.

다. **임대인이 자신의 동의 없이 임차권이 이전되었다는 것만을 이유로 임대차계약을 해지할 수 없는 특별한 사정이 있는 경우 및 그에 대한 주장·입증책임의 소재**

임차인의 변경이 당사자의 개인적인 신뢰를 기초로 하는 계속적 법률관계인 임대차를 더 이상 지속시키기 어려울 정도로 당사자간의 신뢰관계를 파괴하는 임대인에 대한 배신행위가 아니라고 인정되는 특별한 사정이 있는 때에는 임대인은 자신의 동의 없이 임차권이 이전되었다는 것만을 이유로 민법 제629조 제2항에 따라서 임대차계약을 해지할 수 없고, 그와 같은 특별한 사정이 있는 때에 한하여 경락인은 임대인의 동의가 없더라도 임차권의 이전을 임대인에게 대항할 수 있다고 봄이 상당한바, 위와 같은 특별한 사정이 있는 점은 경락인이 주장·입증하여야 한다(1993. 4. 13. 제2부 판결 92다24950 건물철거).

3. 가. **임차권의 무단양도 또는 전대시 임대인의 계약해지권을 규정한 민법 제629조의 규정취지**

민법 제629조는 임차인은 임대인의 동의 없이 그 권리를 양도하거나 전대하지 못하고, 임차인이 이에 위반한 때에는 임대인은 계약을 해지할 수 있다고 규정하고 있는바 이는 민법상의 임대차계약은 원래 당사자의 개인적 신뢰를 기초로 하는 계속적 법률관계임을 고려하여 임대인의 인적 신뢰나 경제적 이익을 보호하여 이를 해치지 않게 하고자 함에 있으며, 임차인이 임대인의 승낙 없이 제3자에게 임차물을 사용·수익시키는 것은 임대인에게 임대차관계를 계속시키기 어려운 배신적 행위가 될 수 있는 것이기 때문에 임대인에게 일방적으로 임대차관계를 종지시킬 수 있도록 하고자 함에 있다.

나. **임차인이 임대인의 승낙 없이 제3자에게 임차물을 사용·수익하도록 한 행위가 임대인에 대한 배신적 행위라고 인정할 수 없는 특별한 사정이 있는 경우 임대인에게 임대차계약해지권이 있는지 여부(소극)**

임차인이 임대인으로부터 별도의 승낙을 얻은 바 없이 제3자에게 임차물을 사용·수익하도록 한 경우에 있어서도 임차인의 당해 행위가 임대인에 대한 배신적 행위라고 인정할 수 없는 특별한 사정이 있는 경우에는 위 법조항에 의한 해지권은 발생하지 않는다.

다. **임차권의 양수인이 임차인과 부부로서 임차건물에 동거하면서 함께 가구점을 경영하고 있는 등의 사정이 위 "나"항의 "특별한 사정"에 해당한다고 한 사례**

임차권의 양수인이 임차인과 부부로서 임차건물에 동거하면서 함께 가구점을 경영하고 있는 등의 사정이 위 "나"항의 "특별한 사정"에 해당한다고 한 사례(1993. 4. 27. 제1부 판결 92다45308 건물철거등).

4. 가. 갑이 을 명의로 건물을 임차하여 을로 하여금 식당을 경영하게 하던 중 을이 갑에 대하여 실질적인 임차인은 갑이며 자신은 명의상의 임차인임을 인정하고 임차인으로서의 권리 일체를 갑에게 환원하기로 한 약정은 갑, 을 사이의 내부관계에 지나지 않고 임대인에 대한 통지 또는 임대인의 승낙이 없는 한 임대인에게 대항할 수 없다 한 사례

갑이 을 명의로 건물을 임차하여 을로 하여금 식당을 경영하게 하던 중 을이 갑에 대하여 실질적인 임차인은 갑이며 자신은 명의상의 임차인임을 인정하고 임차인으로서의 권리 일체를 갑에게 환원하기로 한 약정은 갑, 을 사이의 내부관계에 지나지 않고 임대인에 대한 통지 또는 임대인의 승낙이 없는 한 임대인에게 대항할 수 없다 한 사례

나. 을이 위 "가"항과 같은 약정을 한 후 소송과정에서 자기가 임대차계약상의 권리자라고 주장한다 하더라도 그것만으로 신의칙 또는 금반언의 원칙에 위반된다고 할 수 없다 한 사례

을이 위 "가"항과 같은 약정을 한 후 소송과정에서 자기가 임대차계약상의 권리자라고 주장한다 하더라도 그것만으로 신의칙 또는 금반언의 원칙에 위반된다고 할 수 없다 한 사례(1993. 4. 27. 제3부 판결 92다55497 건물명도).

5. 가. 주택건설촉진법에 의하여 일정기간 동안 임차권의 양도가 금지된 아파트에 대한 임차권양도계약의 사법상 효력(=유효)

주택건설촉진법에 의하여 아파트 분양 후 일정기간 동안 임차권의 양도가 금지되어 있다 하더라도 이는 매수인이 분양자에게 양도사실로 대항할 수 없다는 것이지 당사자 사이의 사법상의 임차권의 양도계약의 효력까지 무효로 한다는 것은 아니다.

나. 위 가"항과 같은 아파트의 경우 임차보증금반환채권의 양도도 금지되는지 여부 및 임차보증금반환채권을 양도한 경우 양도인이 부담하는 의무의 내용

위 "가" 항의 경우 임차권의 양도가 금지된다 하더라도 임차보증금반환채권의 양도마저 금지되는 것은 아니므로 양도인은 양수인에 대하여 그 채권의 양도에 관하여 임대인에게 통지를 하거나 그에 대한 승낙을 받아 주어야 할 의무를 부담한다.

다. 임차보증금반환채권의 양도에 대하여 임대인이 동의하지 아니하는 것으로 확정되는 경우의 법률관계

임차보증금반환채권의 양도는 유상계약으로서 임차보증금반환채권의 양도에 대하여 임대인이 동의하지 아니하는 것으로 확정되는 경우 민법 제567조에 의하여 매매에 있어서의 매도인의 담보책임에 관한 규정이 준용된다 할 것이므로 양도인은 자신의 의무가 이행불능으로 확정됨에 귀책사유가 없다 할지

라도 담보책임의 법리상 이행불능으로 인한 양수인의 손해를 배상하여야 할 것이고 이로 인한 양수인의 손해는 임차보증금 상당액이다(1993. 6. 25. 제1부 판결 93다13131 아파트임대보증금반환).

6. 임차인이 임대인의 동의 없이 임차물을 제3자에게 전대한 경우, 임대인이 제3자에게 손해배상청구나 부당이득반환청구를 할 수 있는지 여부(원칙적 소극)

임차인이 임대인의 동의를 받지 않고 제3자에게 임차권을 양도하거나 전대하는 등의 방법으로 임차물을 사용·수익하게 하더라도, 임대인이 이를 이유로 임대차계약을 해지하거나 그 밖의 다른 사유로 임대차계약이 적법하게 종료되지 않는 한 임대인은 임차인에 대하여 여전히 차임청구권을 가지므로, 임대차계약이 존속하는 한도 내에서는 제3자에게 불법점유를 이유로 한 차임상당 손해배상청구나 부당이득반환청구를 할 수 없다(대법원 2008. 2. 28. 선고 2006다10323 판결).

◈ 임대인의 동의 있는 양도·전대의 법률관계

제 630 조 【전대의 효과】

① 임차인이 임대인의 동의를 얻어 임차물을 전대한 때에는 전차인은 직접 임대인에 대하여 의무를 부담한다. 이 경우에 전차인은 전대인에 대한 차임의 지급으로써 임대인에게 대항하지 못한다.

② 전항의 규정은 임대인의 임차인에 대한 권리행사에 영향을 미치지 아니한다.

■ § 630. 임대인의 동의 있는 양도, 전대

• 전차인은 임대인에 대하여 직접의무를 부담한다.
• 전차인은 미리 지급한 차임에 대하여 임대인의 청구가 있으면 다시 지급하여야 한다.
• 임대인이 전차인에 대하여 직접권리를 행사할 수 있으나 이 사실 때문에 임대인이 임차인에 대하여 권리행사 하는데 아무런 영향이 없다.

1. 임대인의 동의 있는 임차권의 양도

임차권이 동일성을 유지하면서 그대로 양수인에게 이전되므로 양도인(임차인)은 임대차관계에서 탈퇴하고, 임대인과 양수인 사이에 임대차가 계속된다.

차임지급의무도 당연히 양수인에게 이전하나, 양도인(임차인)의 연체차임채무나 임차인의 손해배상의무 등은 그것을 인수한다는 특약이 없는 한 양수인에게 이전하지 않는다.

2. 임대인의 동의 있는 전대

임차인이 임대인의 동의를 얻어 임차물을 전대할 때에는 전차인은 직접 임대인에 대하여 의무를 부담한다. 이 경우에 전차인은 전대인에 대한 차임의 지급으로써 임대인에게 대항하지 못한다(제630조 1항).

(1) 전대인(임차인)과 전차인의 관계

전대인과 전차인의 관계는 전대차계약의 내용에 의해 결정된다. 전차인은 전대인에 관하여 임차인의 권리·의무를 갖는다. 다만 전차인이 임대인에게 차임을 지급하면 그 한도에서 전대인(임차인)에 대한 차임의무는 면한다.

(2) 임대인과 임차인(전대인)의 관계

임대인과 임차인의 관계는 전대차가 성립하더라도 종전의 관계를 그대로 유지한다. 임대인은 임차인(전대인)에 대해 계속 임대차상의 권리를 행사할 수 있다. 즉 임대인은 차임의 청구나 해지권의 행사 등을 임차인에게 해야 한다. 전차인의 과실이 임차인의 과실이 될 수 있는지에 대해서 다수설은 전대차에 대하여 임대인의 동의가 있으면 임차인은 전차인의 선임, 감독에 과실이 없으면 책임이 없다고 한다.

(3) 임대인과 전차인의 관계

임대인과 전차인 사이에는 직접적으로 아무런 관계가 없지만 민법은 임대인의 보호를 위해 "전차인은 직접 임대인에 대하여 의무를 부담한다"고 규정한다(제630조 1항). 즉, 전차인은 전대차계약에 따라 전대인에 대해 차임지급의무·목적물보존 및 반환의무 등을 부담하는데, 이러한 의무를 직접 임대인에게 이행하면 임차인에 대한 의무는 면하게 된다.

전차인이 임대인·전대인 양자에 대하여 부담하는 의무는 단일한 목적을 가진 것이기 때문에 일방이 이행되면 타방은 소멸하는 것이지만, 전대인·전차인간의 통모를 방지하기 위하여 민법은 특별한 규정을 두어 전차인은 전대인에 대한 차임의 지급으로써 임대인에게 대항하지 못한다고 하였다. 다만, 이 규정의 의미는 전차인의 전대인에 대한 차임지급이 "전대차 차임 변제기 전에 이루어진 경우"에 한정하여 해석한다. 따라서 미리 지급한 차임에 관하여 임대인의 청구가 있으면 전차인은 다시 지급하여야 한다. 즉 2중으로 지급하여야 한다. 다만 전차인은 전대인에 대하여 부당이득의 반환을 청구할 수 있게 된다.

(4) 전차인 보호를 위한 특별규정

임대인의 동의를 얻어 전대를 한 경우, 민법은 전차인의 지위를 보호하기

위하여 특별규정을 두었는데, 이들 규정은 모두 강행규정으로서 이에 위반하는 약정으로서 전차인에게 불리한 것은 그 효력이 없다(제652조).

가. 권리의 확정

전차인을 보호하기 위해 임대인과 임차인의 합의해제로 임대차계약을 종료한 때에도 전차인의 권리는 소멸하지 않는다(제631조). 다만 임차건물의 소부분을 타인에게 사용하게 한 경우에는 예외이다.

나. 해지통고의 통지

임대인은 임대차계약이 해지통고로 임대차를 종료시킨 경우에, 전차인에게 통지하지 아니하면 해지로써 전차인에게 대항하지 못한다(제638조).

다. 임대청구권·매수청구권·부속물매수청구권

위 가, 나 외에도 전차인의 임대청구권 및 매수청구권(제644조), 부속물매수청구권(제647조) 등이 인정된다.

▣ 핵심판례 ▣

■ [전대의 효과]

1. 건물매수인이 소유권을 취득하지 아니한 채 매도인의 동의를 얻어 제3자에게 임대하였으나 매수인(임대인)의 채무불이행으로 매매계약이 해제된 경우 임차인의 건물명도의무와 매수인(임대인)의 보증금반환의무가 동시이행관계에 있는지 여부(소극)

건물매수인이 아직 건물의 소유권을 취득하지 못한 채 매도인의 동의를 얻어 제3자에게 임대하였으나 매수인(임대인)의 채무불이행으로 매도인이 매매계약을 해제하고 임차인에게 건물의 명도를 구하는 경우 임차인은 매도인에 대한 관계에서 건물의 전차인의 지위와 흡사하다 할 것인바, 임대인의 동의 있는 전차인도 임차인의 채무불이행으로 임대차계약이 해지되면 특단의 사정이 없는 한 임대인에 대해서 전차인의 전대인에 대한 권리를 주장할 수가 없고, 또 임차인이 매매계약목적물에 대하여 직접 임차권을 취득했다고 보더라도, 대항력을 갖추지 아니한 상태에서는 그 매매계약이 해제되어 소급적으로 실효되면 그 권리를 보호받을 수가 없다는 점에 비추어 볼 때, 임차인의 건물명도의무와 매수인(임대인)의 보증금반환의무를 동시이행관계에 두는 것은 오히려 공평의 원칙에 반한다 할 것이다 (1990. 12. 7. 제3부 판결 90다카24939 건물명도).

2. 임차인이 임차물을 전대하였다가 임대차 및 전대차가 모두 종료된 경우, 전차인이 전대인에 대하여 전대기간 종료일 이후의 차임 상당의 부당이득금을 반환할 의무가 있는지 여부(한정 적극)

임대차는 당사자 일방이 상대방에게 목적물을 사용·수익하게 할 것을 약정하고 상대방이 이에 대하여 차임을 지급할 것을 약정하면 되는 것으로서 나아가 임대인이 그 목적물에 대한 소유권 기타 이를 임대할 권한이 있을 것을 성립요건으로 하고 있지 아니하므로, 임대차가 종료된 경우 임대목적물이 타인 소유라고 하더라도 그 타인이 목적물의 반환청구나 임료 내지 그 해당액의 지급을 요구하는 등 특별한 사정이 없는 한 임차인은 임대인에게 그 부동산을 명도하고 임대차 종료일까지의 연체차임을 지급할 의무가 있음은 물론, 임대차 종료일 이후부터 부동산 명도 완료일까지 그 부동산을 점유·사용함에 따른 차임 상당의 부당이득금을 반환할 의무도 있다고 할 것인바, 이와 같은 법리는 임차인이 임차물을 전대하였다가 임대차 및 전대차가 모두 종료된 경우의 전차인에 대하여도 특별한 사정이 없는 한 그대로 적용된다(대판 2001. 6. 29. 선고 2000다68290).

3. 가. 임대차보증금반환채권이 가압류 또는 압류된 후 임차인이 임대인의 승낙하에 임차권을 양도한 경우, 임대차보증금반환채권의 이행기 도래 여부(적극)

임대차보증금반환채권이 가압류 또는 압류된 후 임차권이 양도된 경우에 임대인이 위 임차권의 양도를 승낙하였다면 임대인과 구 임차인과의 임대차관계는 종료되어 구 임차인은 임대차관계로부터 이탈하게 되고, 구 임차인의 임대차보증금반환채권은 구 임차인과 임대인과의 임대차관계의 종료로 인하여 임대인의 임차권 양도 승낙시에 이행기에 도달하게 된다고 보아야 한다.

나. 임대차보증금반환채권이 가압류 또는 압류된 후 임차인이 임대인의 승낙하에 임차권을 양도한 경우, 신 임차인이 부담할 연체차임 등의 새로운 채무를 구 임차인에게 반환할 임대차보증금에서 공제할 수 있는지 여부(소극)

위 가.항의 경우, 임대차보증금에 관한 구 임차인의 권리의무관계는 구 임차인이 임대인과 사이에 임대차보증금을 신 임차인의 채무불이행의 담보로 하기로 약정하거나 신 임차인에 대하여 임대차보증금반환채권을 양도하기로 하는 등의 특별한 사정이 없는 한 신 임차인에게 승계되지 아니하며, 구 임차인이 임대인과 사이에 임대차보증금을 신 임차인의 채무의 담보로 하기로 약정하거나 신 임차인에 대하여 임대차보증금반환채권을 양도하기로 한 때에도 그 이전에 임대차보증금반환채권이 제3자에 의하여 가압류 또는 압류되어 있는 경우에는 위와 같은 합의나 양도의 효력은 압류권자 등에게 대항할 수 없으므로, 신 임차인이 차임지급을 연체하는 등 새로운 채무를 부담하게 되었다고 하여 그 연체차임 등을 구 임차인에게 반환할 임대차보증금에서 공제할

수는 없다.

다. 임차인이 임대인의 승낙하에 임차권을 양도하고 신 임차인에게 임차 목적물을 명도한 경우, 구 임차인의 임대인에 대한 명도의무의 이행 완료 여부(적극)

임대인이 임차권의 양도를 승낙하여 신 임차인이 구 임차인으로부터 임차목 적물을 명도받았다면 구 임차인이 임대인에게 명도하여 임대인이 다시 신 임 차인에게 명도하는 대신 구 임차인이 임대인의 승낙하에 직접 신 임차인에게 명도하는 것으로서 명도의무의 이행을 다한 것으로 보아야 한다(대법원 1998. 7. 14. 선고 96다17202 판결).

◈ 전차인의 보호 : 권리의 확정

제 631 조 【전차인의 권리의 확정】

임차인이 임대인의 동의를 얻어 임차물을 전대한 경우에는 임대인과 임차인의 합의로 계약을 종료한 때에도 전차인의 권리는 소멸하지 아니한다.

■ § 631. 전차인의 전차권보호

- 전대차의 기초가 되는 임대인, 전대인 사이의 임대차를 임대인과 전대인이 합의로 종료케 한 때에는 전차인의 권리(전차권)는 소멸하지 않는다.
- 강행규정

전대차는 임대차를 기초로 하는 것이므로 임대차관계가 소멸하면 전대차관계도 소멸하게 된다. 즉, 임대차계약이 종료한 경우에는 전차인은 자기의 전차권의 존속을 주장할 수 없으므로 그 지위가 극히 불안정하다.

그리하여 민법은 전차인의 보호를 위한 특별규정을 두어 이 이론에 제한을 가했다. 즉 임대인의 동의를 얻어 전대를 한 경우 전대차의 기초인 임대인·전대인 사이의 임대차를 임대인과 전대인의 합의로 종료한 때에도 전차인의 권리를 소멸하지 않는다고 하였다.

본조는 강행규정이다. 임차인(전대인)이 그의 임차권을 포기하는 때에는 어떻게 되는가? 본조는 이 경우에 관하여는 규정하고 있지 않으나, 그것도 포기자의 의사만으로 임차권이 소멸하고, 또한 권리의 포기는 정당하게 성립한 타인의 권리를 해하는 때에는 허용되지 않는 것이므로 이때에도 마찬가지로 전차인의 권리는 소멸하지 않는다고 해석한다(동지 : 김·안, 곽윤직).

◆ 건물의 소부분을 타인에게 사용케 하는 경우의 특칙

제 632 조【임차건물의 소부분을 타인에게 사용케 하는 경우】

전3조의 규정은 건물의 임차인이 그 건물의 소부분을 타인에게 사용하게 하는 경우에 적용하지 아니한다.

■ § 632. 전대에 관한 규정의 제한

• 전대에 관한 §629, §630, §631의 규정은 건물 소부분임대차에 적용되지 않는다.
• 강행규정은 아니다. 따라서 당사자의 특약으로 그 적용을 배제할 수 있다.

　건물의 임차인이 그 건물의 소부분을 타인에게 사용하게 하는 경우에는 임대인의 동의를 요하지 않는다. 또 임대인은 자기의 동의없이 임차인이 그 소부분을 전대하였다는 이유로 계약을 해지할 수 없다.

　주의할 점은 본조의 적용이 있는 것은 건물임차인의 전대이고, 또한 그 임차건물의 소부분의 전대의 경우에 한한다. 건물의 소부분의 전대이냐 아니냐는 거래관념에 따라서 판단하여야 한다. 그리고 본조는 임의규정이다. 따라서 당사자의 특약으로 그 적용을 배제할 수 있다.

◆ 당사자간에 특약이 없는 경우 차임지급시기

제 633 조 【차임지급의 시기】

차임은 동산, 건물이나 대지에 대하여는 매월말에, 기타 토지에 대하여는 매년말에 지급하여야 한다. 그러나 수확기 있는 것에 대하여는 그 수확후 지체없이 지급하여야 한다.

■ § 633. 차임의 지급시기

• 지급기간 : 계약→관습→법정시기(월말, 연말 등)
• 후급의 원칙

임대차에 있어서 차임의 지급시기를 당사자 사이의 계약으로 자유로이 정할 수 있다. 그러나 차임의 지급시기에 관하여 그러한 특약이 없는 때에는 동산, 건물 및 대지의 임대차에 있어서는 매월 말에, 기타의 토지 임대차의 경우에는 매년말에 지급하여야 한다. 그러나 수확기가 있는 것의 임대차에 있어서는 그 수확 후 지체없이 지급하여야 한다. 그리고 민법은 차임의 지급에 관하여 후급 의 원칙을 취하고 있다.

▣ 핵심판례 ▣

■ **임대차계약에 기한 보증금 및 임료의 지급 사실에 대한 증명책임의 소재 (=임차인)**

임대차계약에서 보증금을 지급하였다는 입증책임은 보증금의 반환을 구하는 임차 인이 부담하고, 임대차계약이 성립하였다면 임대인에게 임대차계약에 기한 임료 채권이 발생하였다 할 것이므로 임료를 지급하였다는 입증책임도 임차인이 부담 한다(대법원 2005. 1. 13. 선고 2004다19647 판결).

◈ 임차물의 보존과 관련한 임차인의 통지의무

제 634 조 【임차인의 통지의무】

임차물의 수리를 요하거나 임차물에 대하여 권리를 주장하는 자가 있는 때에는 임차인은 지체없이 임대인에게 이를 통지하여야 한다. 그러나 임대인이 이미 이를 안 때에는 그러하지 아니하다.

■ § 634. 임차인의 통지의무

- 임차인은 임대차관계의 종료로 임차물을 임대인에게 반환할 때까지 선량한 관리자의 주의를 가지고 관리할 의무가 있다.
- 임차물이 수리를 요하거나 임차물에 대하여 권리를 주장하는 자가 있는 때에는 임차인은 지체없이 임대인에게 이를 통지하여야 한다. 그러나 임대인이 이미 이를 안 때에는 그러하지 아니하다.

임차물의 수선이 필요한 경우 또는 임차물에 관하여 권리를 주장하는 자가 있는 때에는 즉시 임대인에게 통지하여야 한다. 그러나 임대인이 이를 안 때에는 그러하지 아니하다. 만약 이 통지를 태만히 함으로써 임대인에게 손해가 생긴 때에는 이를 배상하여야 한다. 그러나 임차인이 이 의무를 위반하더라도 임대인은 손해배상을 청구할 수 있을 뿐이고, 계약을 해지하지는 못한다. 그리고 본조는 임의규정이므로 그러한 특약을 할 수 있음도 물론이다.

◆ 임대차의 해지통고 : 기간의 약정이 없는 경우

제 635 조【기간의 약정없는 임대차의 해지통고】

① 임대차기간의 약정이 없는 때에는 당사자는 언제든지 계약해지의 통고를 할 수 있다.

② 상대방이 전항의 통고를 받은 날로부터 다음 각호의 기간이 경과하면 해지의 효력이 생긴다.

　1. 토지, 건물 기타 공작물에 대하여는 임대인이 해지를 통고한 경우에는 6월, 임차인이 해지를 통고한 경우에는 1월

　2. 동산에 대하여는 5일

■ § 635. 계약으로 기간을 정하지 않은 경우 해지의 통고

- 당사자는 언제든지 계약해지의 통지가능
- 해지기간 : ① 토지, 건물 기타 공작물의 경우 임대인이 통고한 경우 6월, 임차인이 통고한 경우 1월
　　　　　　② 동산에 대하여는 5일
- 강행규정 : 임차인에 불리한 것은 무효
- 관련법조 : [주택의 특칙] 주택임대차보호법 §5

해약의 통고는 언제라도 자유롭게 할 수 있으나 상대방이 통고를 받은 날로부터 일정한 기간이 경과하여야 해지의 효력이 생긴다.

토지·건물 기타 공작물에 대하여는 각 6월과 1월, 동산에 대해서는 5일이라는 일정한 유예기간을 둔 것은 해약통지에 의하여 즉시 임대차가 종료한다고 하면 임차인은 즉시 임차물을 반환하지 않으면 안되게 되어 임차인에게 지나치게 가혹하기 때문이다. 그러나 이것은 단지 임차인의 보호뿐만 아니라, 임대인의 이익 때문이기도 하다.

해지의 통고에 의하여 돌연 임대차가 종료하면 임대인은 새로운 임차인을 찾을 때까지 물건으로부터 이익을 올릴 수 없게 될 우려가 있기 때문이다.

▣ 핵심판례 ▣

■ [기간의 약정없는 임대차의 해지통고]

임대인이 2기의 차임연체를 이유로 한 계약의 해지와 기간의 약정 없음을 이유로 한 계약의 해지 중 어느 한 쪽만을 주장한 경우 처분권주의의 원칙이 적용되는지 여부(적극)

임대인이 임차인의 차임연체액이 2기의 차임액에 달한다는 이유로 임대차계약을 해지하고 임차목적물의 반환을 청구한다는 주장과 임대차기간의 약정이 없어서 바로 계약해지의 통고를 하고 임차목적물의 반환을 청구한다는 주장은 양립할 수 있는 별개의 독립한 공격방어방법이므로, 임대인이 그중 어느 한쪽만을 주장한 경우 법원은 처분권주의의 원칙상 그 주장에 대하여만 판단하여야지 당사자가 주장하지도 아니한 사항에 관하여까지 주장을 촉구하거나 판단하지 못한다(1993. 4. 27. 제2부 판결 93다1688 건물철거등).

◆ 임대차의 해지통고 : 해지권 유보의 경우

제 636 조【기간의 약정 있는 임대차의 해지통고】

임대차기간의 약정이 있는 경우에도 당사자일방 또는 쌍방이 그 기간내에 해지할 권리를 보류한 때에는 전조의 규정을 준용한다.

■ § 636. 해지권을 유보한 때 해지의 통고

• 임대차기간의 약정이 있는 때에도 당사자의 일방 또는 쌍방이 그 존속기간 내에 해지할 권리를 보류한 경우에는 §635의 일정기간 경과후 임대차가 종료한다.

민법은 해지할 권리를 보류한 때에는 기간의 약정이 없는 경우와 마찬가지로 취급한다. 이러한 경우에는 임대인은 그 해지의 통고를 한 때로부터 전조의 기간을 경과한 때에 비로소 목적물의 반환을 청구할 수 있다. 임대차기간의 만료를 이유로 한 임대건물의 명도청구에는 전조, 본조 소정의 유예기간의 개재를 요하지 않는다.

◆ 임대차의 해지통고 : 임차인 파산의 경우

제 637 조 【임차인의 파산과 해지통고】

① 임차인이 파산선고를 받은 경우에는 임대차기간의 약정이 있는 때에도 임대인 또는 파산관재인은 제635조의 규정에 의하여 계약해지의 통고를 할 수 있다.

② 전항의 경우에 각당사자는 상대방에 대하여 계약해지로 인하여 생긴 손해의 배상을 청구하지 못한다.

■ § 637. 임차인이 파산선고를 받은 때 해지의 통고

- 임차인이 파산선고를 받은 경우에는 임대차의 존속기간에 관한 약정이 있는 때에도 임대인이나 파산관재인은 §635에 의하여 계약해지의 통고를 할 수 있다
- 따라서 이때에는 통고후 일정기간의 경과로 임대차는 종료한다
- 그리고 이 경우에 각 당사자는 상대방에 대하여 계약해지로 인하여 생긴 손해의 배상을 청구하지 못한다
- 관련법조 : 채무자회생 및 파산에 관한 법률 §339, §340

1. 의 의

임대차기간의 약정이 있는 때에는 임차인이 파산선고를 받은 때에는 임대인이 차임을 지급받는데 문제가 있으므로, 본조는 임대인에게 계약해지권을 인정하고 있다. 한편 임차인이 파산선고를 받은 점에서 파산관재인에게도 계약해지권을 인정한다.

2. 효 과

임차인은 파산선고를 받았다 하여 당연히 임대차가 종료하는 것은 아니며, 임대인 또는 파산관재인이 해지통고를 한 때에, 그리고 제635조의 규정에 의한 일정기간이 경과한 때에 해지의 효력이 생긴다(제637조 1항).

본조에 의한 해지통고는 파산선고라는 특수한 사유에 기인한 것이므로 따로 손해배상을 청구하지는 못한다(제637조 2항).

◈ 해지통고시 전차인 보호를 위한 특별규정

제 638 조 【해지통고의 전차인에 대한 통지】

① 임대차계약이 해지의 통고로 인하여 종료된 경우에 그 임대물이 적법하게 전대되었을 때에는 임대인은 전차인에 대하여 그 사유를 통지하지 아니하면 해지로써 전차인에게 대항하지 못한다.

② 전차인이 전항의 통지를 받은 때에는 제635조제2항의 규정을 준용한다.

■ § 638. 전차인에 대한 해지통고의 통지

• 임대차계약해지
• 전차인에 대한 통지
• 해지의 효력 : 부동산임대차는 6월, 동산임대차는 5일이 경과해야 발생
• 관련법조 : [임대차계약의 해지통고] §635~§637

본조는 전차인 보호를 위한 특별규정이다.

임대차계약이 해지통고로 인하여 종료된 경우에도 그 임차물이 임대인의 동의를 얻어 적법하게 전대되었을 때에는 임대인은 전차인에 대하여 전대차계약이 해지통고로 종료하였음을 통지하지 아니하면 전차인에게 대항하지 못한다고 하였다. 그리고 전대인이 위의 통지를 받은 때에는 일정한 기간(부동산임대차는 6개월, 동산임대차는 5일)이 경과하여야 그 해지의 효력이 생기는 것으로 하였다.

전차인 보호를 위한 본조는 강행규정이다. 임대인의 동의없이 전대한 경우에는 전대인은 임대차의 해약을 고지하고 목적물의 반환을 청구할 수 있고, 임차인의 부당이득이 있으면 그것을 청구할 수 있음과 동시에 손해가 있으면 그 배상까지도 청구할 수 있다. 또 임대인은 임차인과의 임대차해약을 고지하지 않고, 전차인에게 목적물의 반환을 청구할 수도 있다. 그리고 일시사용을 위한 전대차의 경우에는 적용되지 않는다.

【서식】 임대차계약해지통고서

<div style="text-align:center">

임대차계약해지통고서

</div>

　년　　월　　일　김병수(임차인)와 체결한 임대차계약으로 인하여 도　군　면　리　번지 소재의 건물(토지·동산)을 위 김병수에게 임대하였는데, 위 김병수가　　년　　월　　일 파산선고를 받았으므로 현재 아직 임대기간중이라고 할지라도 민법 제637조 제1항에 의하여 위 임대차계약의 해지를 통고합니다.

<div style="text-align:center">

서기　　년　　월　일

</div>

주소

<div style="text-align:right">

임대인　박　갑　동 ⑩

</div>

주소

　김병수(임차인) 파산관재인 김　병　수 귀하

◆ 임대차의 법정갱신 : 묵시의 갱신

제 639 조【묵시의 갱신】

① 임대차기간이 만료한 후 임차인이 임차물의 사용, 수익을 계속하는 경우에 임대인이 상당한 기간내에 이의를 하지 아니한 때에는 전임대차와 동일한 조건으로 다시 임대차한 것으로 본다. 그러나 당사자는 제635조의 규정에 의하여 해지의 통고를 할 수 있다.

② 전항의 경우에 전임대차에 대하여 제3자가 제공한 담보는 기간의 만료로 인하여 소멸한다.

■ § 639. 묵시의 갱신

• 동일한 조건, 기간의 약정없는 임대차의 해지통고
• 단 제3자가 제공한 담보는 소멸

1. 임대차의 갱신의 의의

임대차의 갱신이란 임대차의 존속기간이 만료한 경우에 당사자의 합의로 그 기간을 연장하는 것을 말한다. 즉, 처음의 임대차계약에서의 존속기간을 원칙적으로 20년을 넘지 못하지만, 그 기간이 만료한 경우에 당사자의 합의로 그 기간을 갱신하는 것은 허용된다.

2. 유 형

임대차의 갱신에는 당사자의 합의로 갱신하는 경우와 일정한 경우에 당연히 갱신된 것으로 보는 법정갱신의 두 가지 유형이 있다.

(1) 계약에 의한 갱신

일정한 목적의 토지임대차를 제외한 보통의 임대차의 존속기간은 20년을 넘지 못하는데, 당사자의 합의로 그 기간을 갱신할 수 있고, 이 경우 그 기간은 갱신한 날로부터 10년을 넘지 못한다(제651조). 갱신의 횟수에 대한 제한은 없으며, 몇 번이든 할 수 있다.

(2) 묵시의 갱신

임대차는 기간의 약정이 있으면 그 기간의 만료로써 종료한다. 그러나 임대차와 같은 계속적 관계에 있어서는 기간만료 후에도 임차인이 임차물의 사용·수익을 계속하고 임대인도 그에 대하여 이의를 제기하지 않는 경우가 종종 있다. 이 경우에는 당사자간에 임대차관계를 다시 계속한다는 의사가 있다고 보는 것이 타당하고 임차인도 자기의 사용·수익을 적법하다고 생각하여 그 생활을 영위해 나갈 수 있다.

따라서 이러한 경우에도 임대차가 기간만료에 의하여 종료하였다고 하여, 만료기간시에 소급하여 부적법한 임대차라고 한다면 임차인의 이익을 현저히 해할 뿐만 아니라 사회의 법률관계를 혼란시키게 된다. 이리하여 고용(제662조)에 있어서와 마찬가지로, 임대차에 있어서도「묵시의 갱신」이란 제도를 인정했다.

본조 1항 본문의 규정이 그것이다. 즉「임대차기간이 만료한 후 임차인이 임차물의 사용·수익을 계속하는 경우에 임대인이 상당한 기간 내에 이의를 하지 아니한 때에는 전임대차와 동일한 조건으로 다시 임대차한 것으로 본다」고 하였으며 그 단서에「각 당사자는 제635조의 규정에 의하여 해지의 통고를 할 수 있다」고 규정하고 있는 까닭에 갱신후의 임대차는 기간의 정함이 없는 임대차가 된다고 해석한다. 따라서 갱신 후의 임대차는 갱신 전의 임대차와 그 존속기간에 있어서는 동일하지 않다.

전임대차에 대하여 제3자가 제공한 담보(질권, 저당권, 보증 등. 그러나 임차보증금은 이에 포함되지 않는다(대판 1977. 6. 7. 76다951. 공보③ 1977·10149))는 전임대차의 기간만료로 인하여 소멸한다.

담보의 효력을 갱신 후의 계약에도 지속시킬 때에는 그 담보에 대하여 이해관계가 있는 제3자에게 부당한 손해를 끼칠 우려가 있기 때문이다.

상기와 같은 취지에서 보증인이 있는 경우의 보증인의 책임도 전임대차의 기간의 만료에 의하여 소멸한다고 해석한다.

본조의 규정은 갱신의 추정규정이므로 당사자는 반증을 제시하고 이를 면할 수 있으며, 또 당사자의 특약으로 본조의 적용을 배제할 수도 있다.

「본조는 임차인이 임대차기간의 종료 후에도 종전대로 적법하게 임차물의 사용·수익을 계속하는 경우에 한하여 적용된다」(대판 1972. 6. 27. 71누8)고 판시함으로써, 갱신은 전임대차가 기간의 만료로 인하여 소멸하고, 임차인이 적법하게 그 임차물을 사용·수익하는 경우에 한하여 추정됨을 분명히 하였다. 또 기간만료시에 임차인의 사용·수익에 대하여 임대인의 명시 또는 묵시의 이의가 있으면 임대차는 기간만료에 의하여 소멸하는 것은 물론이다.

▣ 핵심판례 ▣

■ [묵시의 갱신]

원심판결에 임대차의 묵시의 갱신에 관한 법리를 오해하여 심리를 미진하였거나 주장에 대한 판단유탈 아니면 이유불비의 위법이 있다고 하여 파기한 사례

임차인이 전차인을 상대로 전대차기간 만료로 인한 점포명도 및 차임상당의 부당이득금의 지급을 구하는 소송에서 임차인이 임대인으로부터 임차보증금을 반환받지 못하고 임대차 해지 통고를 받은 바 없으므로 임대차가 종료하지 아니하였다고 주장한 것은 임대차의 묵시의 갱신이 있었음을 주장하는 것으로도 보고 판단하거나 석명을 통하여 그 주장취지를 명백히 하여야 할 것이어서 원심판결에 임대차의 묵시의 갱신에 관한 법리를 오해하여 심리를 미진하였거나 주장에 대한 판단유탈 아니면 이유불비의 위법이 있다고 하여 파기한 사례(1991. 10. 8. 제2부 판결 91다7682 점포명도).

◆ 임대차계약의 해지 : 차임연체

제 640 조 【차임연체와 해지】

건물 기타 공작물의 임대차에는 임차인의 차임연체액이 2기의 차임액에 달하는 때에는 임대인은 계약을 해지할 수 있다.

■ § 640. 차임지급연체와 계약의 해지

• 차임연체액이 2기의 차임액에 달하면 해지가능
• 강행규정

1. 임대차의 종료

(1) 종료원인

가. 존속기간의 만료

임대차기간의 약정이 있는 때에는 그 기간의 만료로 임대차는 종료한다.

나. 해지의 통고

임대차기간의 약정이 없거나 기간의 약정이 있는 경우에는 당사자 일방 또는 쌍방이 해지권을 유보한 경우에는 당사자는 계약해지의 통고를 할 수 있고, 상대방이 그 통고를 받은 날부터 일정기간이 경과하면 해지의 효력이 생긴다(제635조, 제636조). 또 임차인이 파산선고를 받은 때에는 임대인 또는 파산관재인은 계약의 해지통고를 할 수 있다(제637조).

다. 해 지

다음과 같은 경우에는 기간의 약정과 관계없이 임대차계약을 해지할 수 있고, 해지에 의해 곧 임대차계약의 효력은 소멸한다.

① 임대인이 임차인의 의사에 반하여 보존행위를 하는 때(제625조)

② 임차물의 일부가 임차인의 과실에 의하지 않고서 멸실한 경우에, 그 잔존부분만으로는 임대차의 목적을 달성할 수 없을 때(제627조 제1항)

③ 임대인이 동의 없이 제3자에게 양도하거나 전대한 때(제629조 제2항)

④ 차임연체액이 2기의 임차액에 달할 때(제640조)

⑤ 기타 당사자 일방의 채무불이행이 있는 때

【쟁점사항】

<임대인이 그 소유 부동산을 제3자에게 양도한 경우에 임차인이 임대차계약을 해지할 수 있는지 여부>

임대차계약에 있어 임대인의 지위 양도는 임대인의 의무의 이전을 수반하는 것이지만 임대인의 의무는 임대인이 누구인가에 의하여 이행방법이 특별히 달라지는 것은 아니고, 목적물의 소유자의 지위에서 거의 완전히 이행할 수 있으며, 임차인의 입장에서 보아도 신소유자에게 그 의무의 승계를 인정하는 것이 오히려 임차인에게 훨씬 유리할 수도 있으므로 임대인과 신소유자의 계약만으로써 그 지위의 양도를 할 수 있다 할 것이나, 이 경우에 임차인이 원하지 아니하면 임대차의 승계를 강요할 수는 없는 것이어서 스스로 임대차를 종료시킬 수 있어야 한다는 공평의 원칙 및 신의성실의 원칙에 따라 임차인이 곧 이의를 제기함으로써 승계되는 임대차관계의 구속을 면할 수 있고, 임대인과의 임대차계약도 해지할 수 있다고 보아야 한다(대결 1998. 9. 2. 98마100).

(2) 종료의 효과

가. 비소급효

임대차라는 계속적 계약으로서 그 종료의 효과는 장래에 대하여 생길 뿐이다(제550조 참조). 임대차가 종료하면 임차인은 목적물을 원상으로 회복하여 임대인에게 반환하여야 하는 것이 원칙이다. 그리고 당사자 일방에게 과실이 있는 경우에는 손해배상을 청구할 수 있다.

나. 관련문제

(1) 임대인의 귀책사유로 임대차계약이 해지된 경우에도 임차인이 원상회복의무를 부담하는지 여부(적극)

임대차계약이 중도에 해지되어 종료하면 임차인은 목적물을 원상으로 회복하여 반환하여야 하는 것이고, 임대인의 귀책사유로 임대차계약이 해지되었다고 하더라도 임차인은 그로 인한 손해배상을 청구할 수 있음은 별론으로 하고 원상회복의무를 부담하지 않는다고

할 수는 없다.

임차인이 자신의 영업을 위하여 설치한 시설에 관한 비용을 임대인에게 청구하지 않기로 약정한 사정만으로 원상복구의무를 부담하지 아니하기로 하는 합의가 있었다고 볼 수 없고, 임대차계약서상 기재된 임차인의 원상복구의무에 관한 조항이 단지 부동문자로 남아 있는 무의미한 내용에 불과하다고 볼 수 없다(대판 2002. 12. 6. 2002다42278).

(2) 임대인의 사정으로 임대차 계약이 중도해지된 경우 임대인의 권리금 반환의무의 범위

영업용 건물의 임대차에 수반되어 행하여지는 권리금의 지급은 임대차계약의 내용을 이루는 것은 아니고 권리금 자체는 거기의 영업시설·비품 등 유형물이나 거래처, 신용, 영업상의 노하우(know-how) 혹은 점포 위치에 따른 영업상의 이점 등 무형의 재산적 가치의 양도 또는 일정 기간 동안의 이용대가라고 볼 것인바, 권리금이 그 수수 후 일정한 기간 이상으로 그 임대차를 존속시키기로 하는 임차권 보장의 약정하에 임차인으로부터 임대인에게 지급된 경우에는, 보장기간 동안의 이용이 유효하게 이루어진 이상 임대인은 그 권리금의 반환의무를 지지 아니하며, 다만 임차인은 당초의 임대차에서 반대되는 약정이 없는 한 임차권의 양도 또는 전대차 기회에 부수하여 자신도 일정 기간 이용할 수 있는 권리를 다른 사람에게 양도하거나 또는 다른 사람으로 하여금 일정기간 이용케 함으로써 권리금 상당액을 회수할 수 있을 것이지만, 반면 임대인의 사정으로 임대차계약이 중도 해지됨으로써 당초 보장된 기간 동안의 이용이 불가능하였다는 등의 특별한 사정이 있을 때에는 임대인은 임차인에 대하여 그 권리금의 반환의무를 진다고 할 것이고, 그 경우 임대인이 반환의무를 부담하는 권리금의 범위는, 지급된 권리금을 경과기간과 잔존기간에 대응하는 것으로 나누어, 임대인은 임차인으로부터 수령한 권리금 중 임대차계약이 종료될 때까지의 기간에 대응하는 부분을 공제한 잔존기간에 대응하는 부분만을 반환할 의무를 부담한다고 봄이 공평의 원칙에 합치된다(2002. 7. 26. 2002다25013).

2. 차임연체로 인한 임대차계약의 해지

건물 기타 공작물의 임대차에서 임차인의 차임연체액이 2기의 차임액에 달하는 때에는 임대인은 계약을 해지할 수 있다(제640조).

여기에 차임액이라 함은 계속해서 2기에 걸칠 필요도 없고 연체액이 2기분 이상에 달하면 된다. 그리고 본조에 의한 임대인의 해지권은 건물 기타 공작물의 임대차계약의 경우에 한한다.

또 임대인이 임대차계약을 해지함으로써 손해를 받은 경우에는 당연히 이 해지와 동시에 손해배상의 청구를 할 수 있다. 본조는 강행규정이고 이에 위반하는 약정으로서 임차인에게 불리한 것은 무효이다. 그리고 일시임대차에는 그 적용이 없다.

▣ 핵심판례 ▣

■ [차임연체와 해지]

1. 임대인이 2기의 차임연체를 이유로 한 계약의 해지와 기간의 약정 없음을 이유로 한 계약의 해지 중 어느 한 쪽만을 주장한 경우 처분권주의의 원칙이 적용되는지 여부(적극)

임대인이 임차인의 차임연체액이 2기의 차임액에 달한다는 이유로 임대차계약을 해지하고 임차목적물의 반환을 청구한다는 주장과 임대차기간의 약정이 없어서 바로 계약해지의 통고를 하고 임차목적물의 반환을 청구한다는 주장은 양립할 수 있는 별개의 독립한 공격방어방법이므로, 임대인이 그중 어느 한쪽만을 주장한 경우 법원은 처분권주의의 원칙상 그 주장에 대하여만 판단하여야지 당사자가 주장하지도 아니한 사항에 관하여까지 주장을 촉구하거나 판단하지 못한다(1993. 4. 27. 제2부 판결 93다1688 건물철거등).

2. 임차건물이 전기배선의 이상으로 인한 화재로 일부 소훼되어 임차목적물반환채무가 일부 이행불능이 된 경우 임차인이 손해배상책임을 지는지 여부

임차건물이 전기배선의 이상으로 인한 화재로 일부 소훼되어 임차인의 임차목적물반환채무가 일부 이행불능이 되었으나 발화부위인 전기배선이 건물구조의 일부를 이루고 있어 임차인이 전기배선의 이상을 미리 알았거나 알 수 있었다고 보기 어렵고, 따라서 그 하자를 수리 유지할 책임은 임대인에게 있으므로 임차목적물 반환채무의 이행불능은 임대인으로서의 의무를 다하지 못한 결과이고 임차인의

임차목적물의 보존에 관한 선량한 관리자의 주의의무를 다하지 아니한 결과가 아니므로 임차인의 손해배상책임은 인정되지 않는다(대판 2000. 7. 4. 99다64384).

3. 임대차 계약이 종료된 임차목적물을 계속 점유하는 임차인에 대한 부당이득 반환의무의 성립 여부 등

　가. 임차인이 임대차계약 종료 후 임차목적물을 계속 점유하였으나 본래의 계약상의 목적에 따라 사용·수익하지 않은 경우, 부당이득반환의무의 성립 여부(소극)

　　법률상의 원인 없이 이득하였음을 이유로 한 부당이득의 반환에 있어 이득이라 함은 실질적인 이익을 의미하므로, 임차인이 임대차계약관계가 소멸된 이후에도 임차목적물을 계속 점유하기는 하였으나 이를 본래의 임대차계약상의 목적에 따라 사용·수익하지 아니하여 실질적인 이득을 얻은 바 없는 경우에는 그로 인하여 임대인에게 손해가 발생하였다 하더라도 임차인의 부당이득 반환의무는 성립되지 않는다.

　나. 동시이행의 항변권을 행사하여 임차목적물을 계속 점유하는 경우, 불법점유로 인한 손해배상의무를 지기 위한 요건

　　임대차계약의 종료에 의하여 발생된 임차인의 목적물반환의무와 임대인의 연체차임을 공제한 나머지 보증금의 반환의무는 동시이행의 관계에 있으므로, 임대차계약 종료 후에도 임차인이 동시이행의 항변권을 행사하여 임차건물을 계속 점유하여 온 것이라면, 임대인이 임차인에게 보증금반환의무를 이행하였다거나 현실적인 이행의 제공을 하여 임차인의 건물명도의무가 지체에 빠지는 등의 사유로 동시이행의 항변권을 상실하지 않는 이상, 임차인의 건물에 대한 점유는 불법점유라고 할 수 없으며, 따라서 임차인으로서는 이에 대한 손해배상의무도 없다(대판 1998. 5. 29. 98다6497).

4. 가. 임대차계약 성립을 일시 부인하였다 하여 임대차계약 해지의 의사표시를하는 것이 금반언의 원칙에 반하는지 여부

　　임대인와 임차인 사이에 임대차계약의 기간 목적물 등에 관하여 분쟁이있었고, 그 분쟁 중에 임대인이 임대차계약의 성립을 일시 부인한 사실이 있었다고 하더라도 그 사실만으로 2기 이상의 차임연체를 이유로 한 임대차계약 해지의 의사표시가 금반언의 원칙에 위배된다고 할 수 없다.

　나. 임대차보증금의 존재를 이유로 차임의 지급을 거절하거나 그 연체에 따른 채무불이행책임을 면할 수 있는지 여부

　　임차인이 임대차계약을 체결할 당시 임대인에게 지급한 임대차보증금으로 연체차임 등 임대차관계에서 발생하는 임차인의 모든 채무가 담보된다 하여 임차인이 그 보증금의 존재를 이유로 차임의 지급을 거절하거나 그 연체에 따른 채무불이행 책임을 면할 수는 없다(1994. 9. 9. 제3부 판결 94다4417 건물철거등).

<판례전문(1994. 9. 9. 94다4417)>

[원고, 피상고인] 박재생 소송대리인 변호사 문정두

[피고, 상고인] 신한수

[원심판결] 대전지방법원 1993. 12. 3. 선고 93나3361 판결

[주 문] 상고를 기각한다. 상고비용은 피고의 부담으로 한다.

[이 유] 상고이유를 본다.

　　원심판결 이유를 기록에 대조 검토하여 볼 때, 원심이 원·피고 사이에 체결된 이 사건 토지에 관한 판시 임대차계약은 원고가 피고의 2기 이상의 차임연체를 이유로 한 해지통고에 의하여 적법히 해지되었다고 보고 이러한 경우 건물의 소유를 목적으로 한 토지의 임차인인 피고에게 이 사건 건물에 관한 매수청구권이 발생하지 아니한다고 한 원심의 인정 판단은 옳게 수긍이 되고, 거기에 소론과 같은 법리오해의 위법이 있다고 할 수 없다.

　　논지는 피고가 위 임대차계약에 따른 약정 차임을 원고에게 적법하게 제공하였음에도 원고가 이 사건 건물의 준공에 곧이어 피고를 형사고소하는 등 그 임대차 자체까지 인정하지 아니하였을 뿐만 아니라 그 차임의 수령을 거절하여 부득이 이를 공탁하게 되었음을 들어 원고가 한 위 임대차계약 해지의 의사표시는 부적법하거나 금반언의 원칙에 위배되어 효력이 없다는 취지이나, 피고가 1991.7.분 이후의 차임을 2기 이상 연체한 점에 대하여는 이미 원심이 적법하게 확정한 사실일 뿐더러 기록상 달리 그 연체차임에 대하여 피고가 그때마다 차임을 적법하게 제공하였는데도 원고가 그 수령을 거절하였다고 볼 만한 뚜렷한 자료도 찾아 볼 수 없으므로 위 임대차계약의 해지는 적법하고, 또 원심이 확정한 바와 같이 원·피고사이에 이 사건 임대차계약의 기간.목적물 등에 관하여 분쟁이 있었고, 그 분쟁 중에 소론과 같이 원고가 임대차계약의 성립을 일시 부인한 사실이 있었다고 하더라도 그 사실만으로 위 임대차계약 해지의 의사표시가 금반언의 원칙에 위배된다고 할 수 없으므로 이 부분 논지는 이유 없다 할 것이고, 그리고 소론 주장과 같이 피고가 위 임대차계약을 체결할 당시 원고에게 지급한 임대차보증금으로 연체 차임 등 임대차관계에서 발생하는 피고의 모든 채무가 담보된다 하여 피고가 그 보증금의 존재를 이유로 차임의 지급을 거절하거나 그 연체에 따른 채무불이행 책임을 면할 수는 없다 할 것이므로, 원심판결에 임대차 보증금에 관한 법리오해의 위법이 있다는 논지 역시 받아들일 수 없다 할 것이다. 논지는 모두 이유 없다.

　　그러므로 상고를 기각하고 상고비용은 패소자의 부담으로 하기로 하여 관여 법관의 일치된 의견으로 주문과 같이 판결한다.

대법관 안용득(재판장) 천경송

지창권 신성택(주심)

5. **건물의 소유를 목적으로 한 토지임대차에 있어서 임대차계약이 종료된 이후 임차인이 반환하여야 할 부당이득금 산정 방법**

건물의 소유를 목적으로 한 토지임대차에 있어서 임대차계약이 종료된 이후 임차인이 반환하여야 할 부당이득금의 액수는 임료 상당액이고, 위 임료 상당액이라 함은 부당이득 당시의 실제 임료를 말한다고 할 것인바, 임차보증금이 남아 있는 한 보증금 없는 경우의 임료 상당액을 기준으로 하여 부당이득금의 액수를 산정할 수 없다(대법원 2002. 11. 13. 선고 2002다46003, 46027, 46010 판결).

6. **임대차에서 약정 차임에 대한 부가가치세 상당액을 임차인이 부담하기로 하는 약정이 있었던 경우, 임대차계약 해지 후의 임차인의 계속점유로 인한 차임 상당의 부당이득에 대한 부가가치세 상당액도 임차인이 부담하는지 여부(적극)**

임대차계약 해지 후의 계속점유를 원인으로 차임 상당액을 부당이득으로 반환하는 경우에 종전 임대차에서 약정 차임에 대한 부가가치세 상당액을 공급을 받는 자인 임차인이 부담하기로 하는 약정이 있었다면, 달리 특별한 사정이 없는 한 부당이득으로 지급되는 차임 상당액에 대한 부가가치세 상당액도 계속점유하는 임차인이 부담하여야 하는 것으로 봄이 상당하다(대법원 2002. 11. 22. 선고 2002다38828 판결).

7. **임대인의 방해행위로 임차인의 임대차 목적물에 대한 사용 수익이 사회통념상 불가능하게 되어 임대차계약이 종료된 경우, 임대인이 배상하여야 할 손해의 범위**

임대인의 방해행위로 임차인의 임대차 목적물에 대한 임차권에 기한 사용·수익이 사회통념상 불가능하게 됨으로써 임대인의 귀책사유에 의하여 임대인으로서의 의무가 이행불능되어 임대차계약이 종료되었다고 하는 경우에도, 임대인이나 제3자의 귀책사유로 그 임대차계약의 목적물이 멸실되어 임대인의 이행불능 등으로 임대차계약이 종료되는 경우와 마찬가지로, 임차인으로서는 임대인에 대하여 그 임대차보증금 반환청구권을 행사할 수 있고 그 이후의 차임 지급의무를 면하는 한편 다른 특별한 사정이 없는 한 그 임대차 목적물을 대신할 다른 목적물을 마련하기 위하여 합리적으로 필요한 기간 동안 그 목적물을 이용하여 영업을 계속하였더라면 얻을 수 있었던 이익, 즉 휴업손해를 그에 대한 증명이 가능한 한 통상의 손해로서 배상을 받을 수 있을 뿐이며(그 밖에 다른 대체 건물로 이전하는 데에 필요한 부동산중개료, 이사비용 등은 별론으로 한다.), 더 나아가 장래 그 목적물의 임대차기간 만료시까지 계속해서 그 목적물을 사용·수익할 수 없음으로 인한 일실수입 손해는 이를 별도의 손해로서 그 배상을 청구할 수 없다(대법원 2006. 1. 27. 선고 2005다16591, 16607 판결).

◆ 임대차 계약의 해지 : 토지임대차의 차임 연체

제 641 조【동전】

건물 기타 공작물의 소유 또는 식목, 채염, 목축을 목적으로 한 토지임대차
의 경우에도 전조의 규정을 준용한다.

■ § 641. 차임지급연체와 계약의 해지

• 건물 기타 공작물의 소유 또는 식목, 채염, 목축을 목적으로 한 토지임대의
 경우에도 연체차임이 2기의 차임액에 달한 때에 임대인은 계약을 해지할 수
 있다
• 강행규정

본조는 토지임대차의 차임이 연체된 경우의 임대인의 해지권에 관한 규정이다.

건물 기타 공작물의 소유 또는 식목·채염·목축을 목적으로 한 토지임대차
의 경우에도 전조의 규정이 준용되므로 토지임대차를 한 임차인의 차임연체액
이 2기의 차임액에 달하는 때에는 그 임대인은 임대차 계약을 해지할 수 있다.
본조는 강행규정이다.

◈ 토지임대차의 해지의 통지

제 642 조 【토지임대차의 해지와 지상건물 등에 대한 담보물권자에의 통지】

전조의 경우에 그 지상에 있는 건물 기타 공작물이 담보물권의 목적이 된 때에는 제288조의 규정을 준용한다.

■ § 642. 토지임대차의 해지와 통지

• §641에 의한 해지에 있어서는 그 지상에 있는 건물 기타 공작물이 저당권의 목적이 되어 있는 때에는 그 저당권자에게 통지한 후 상당한 기간이 경과하여야 해지의 효력이 생긴다.

　토지임대차에 있어서 임차인의 차임연체액이 2기의 차임액에 달하는 때에는 임대인은 임대차계약을 해지할 수 있으나 이 경우에 그 지상의 건물 기타 공작물이 담보물권의 목적인 때에는 지상권에 관한 제288조의 규정이 준용된다. 그러므로 임대인은 그 임대차의 해지를 담보물권자에게 통지하여야 하며 그리고 해지는 그 통지 후 상당한 기간이 경과함으로써 효력이 생긴다. 이것은 담보권자의 이익을 고려한 규정이므로 만약 이 통지를 아니한 때에는 담보물권자에게는 해지의 효력을 주장할 수 없다.

◈ 토지임차인의 갱신청구권 · 지상물매수청구권

제 643 조【임차인의 갱신청구권, 매수청구권】

건물 기타 공작물의 소유 또는 식목, 채염, 목축을 목적으로 한 토지임대차의 기간이 만료한 경우에 건물, 수목 기타 지상시설이 현존한 때에는 제283조의 규정을 준용한다.

■ § 643. 계약에 의한 갱신

• 강행규정
• 지상물매수청구권
• 계약갱신청구권

1. 의 의

건물 기타의 공작물의 소유 또는 식목·채염·목축을 목적으로 하는 토지임대차에 있어서 그 기간이 만료한 경우에 건물, 식목 기타의 지상시설이 현존한 때에는 임차인은 계약의 갱신을 청구할 수 있으며 이 경우 임대인이 계약의 갱신을 원하지 아니할 때에는 그 공작물이나 수목의 매수를 청구할 수 있다. 토지임차인의 계약갱신청구권, 지상물매수청구권을 규정한 본조는 강행규정으로서 이에 위반한 것으로서 임차인에게 불리한 계약은 효력이 없다.

이 지상물매수청구권은 형성권으로 해석하는 것이 통설이며, 따라서 그 행사로 임대인·임차인 사이에 지상시설에 관한 매매가 당연히 성립하게 된다.

2. 요 건

(1) 지상물매수청구권의 성립요건

본조에 의한 임차인의 지상물매수청구권이 성립하기 위해서는 ① 건물 기타 공작물의 소유 또는 식목·채염·목축을 목적으로 한 토지임대차이어야 하고, ② 임대차기간이 만료한 경우에 그 지상시설이 현존하여야 하며, ③ 임대인이 임차인의 갱신청구를 거절한 경우이어야 한다.

(2) 관련문제

1) 지상건물의 객관적인 경제적 가치나 임대인에 대한 효용 여부가 임차인의 매수청구권의 행사요건인지 여부

민법 제643조, 제283조에 규정된 임차인의 매수청구권은, 건물의 소유를 목적으로 한 토지임대차의 기간이 만료되어 그 지상에 건물이 현존하고 임대인이 계약의 갱신을 원하지 아니하는 경우에 임차인에게 부여된 권리로서 그 지상건물이 객관적으로 경제적 가치가 있는지 여부나 임대인에게 소용이 있는지 여부가 그 행사요건이라고 볼 수 없다(대판 2002. 5. 31. 2001다42080).

2) 매수청구의 대상이 되는 지상물의 범위

가. 매수청구의 대상이 되는 건물의 범위

민법 제643조가 규정하는 매수청구의 대상이 되는 건물에는 임차인이 임차토지상에 그 건물을 소유하면서 그 필요에 따라 설치한 것으로서 건물로부터 용이하게 분리될 수 없고 그 건물을 사용하는 데 객관적인 편익을 주는 부속물이나 부속시설 등이 포함되는 것이지만, 이와 달리 임차인이 자신의 특수한 용도나 사업을 위하여 설치한 물건이나 시설은 이에 해당하지 않는다(대판 2002. 11. 13. 2002.다46003).

나. 기존건물이나 임대인의 동의를 얻어 신축한 것에 한정되는지 여부

지상물은 임대차계약 당시의 기존건물이나 임대인의 동의를 얻어 신축한 것에 한정하지 않는다(대판 1993. 11. 12. 93다34589).

다. 무허가건물이라도 매수청구의 대상이 되는지 여부

토지의 임대목적에 반하여 축조되고 임대인이 예상할 수 없을 정도의 고가의 것이라는 등의 특별한 사정이 없는 한, 비록 행정관청의 허가를 받은 적법한 건물이 아니더라도 그 대상이 된다(대판 1997. 12. 23. 97다37753).

라. 임차인 소유 건물이 임차토지 외에 임차인 또는 제3자 소유의 토지 위에 걸쳐 있는 경우, 건물 매수청구권을 행사할 수 있는지 여부

건물 소유를 목적으로 하는 토지임대차에 있어서 임차인 소유 건물이 임대인이 임대한 토지 외에 임차인 또는 제3자 소유의 토지 위에 걸쳐서 건립되어 있는 경우에는, 임차지상에 서 있는 건물부분 중 구분소유의 객

체가 될 수 있는 부분에 한하여 임차인에게 매수청구가 허용된다(대판 1996. 3. 21. 93다42634).

3) 임차인의 건물 매수청구권 행사시 건물의 매수가격 산정방법

건물의 소유를 목적으로 한 토지임대차계약의 기간이 만료됨에 따라 지상 건물 소유자가 임대인에 대하여 민법 제643조에 규정된 매수청구권을 행사한 경우에 그 건물의 매수가격은 건물 자체의 가격외에 건물의 위치, 주변토지의 여러 사정 등을 종합적으로 고려하여 매수청구권 행사 당시 건물이 현재 하는 대로의 상태에서 평가된 시가를 말한다(대판 2002. 11. 13. 2002다4603).

4) 임차인의 채무불이행을 이유로 토지임대차 계약이 해지된 경우 지상물 매수청구권의 인정 여부(소극)

공작물의 소유 등을 목적으로 하는 토지임대차에 있어서 임차인의 채무불이행을 이유로 계약이 해지된 경우에는 임차인은 임대인에 대하여 민법 제283조, 제643조에 의한 매수청구권을 가지지 아니한다(대판 2003. 4. 22. 2003다7685).

5) 지상물매수청구권의 행사방법

건물의 소유를 목적으로 한 토지임대차가 종료한 경우에 임차인이 그 지상의 현존하는 건물에 대하여 가지는 매수청구권은 그 행사에 특정의 방식을 요하지 않는 것으로서 재판상으로뿐만 아니라 재판 외에서도 행사할 수 있는 것이고 그 행사의 시기에 대하여도 제한이 없는 것이므로 임차인이 자신의 건물매수청구권을 제1심에서 행사하였다가 철회한 후 항소심에서 다시 행사하였다고 하여 그 매수청구권의 행사가 허용되지 아니할 이유는 없다(대판 2002. 5. 31. 2001다42080).

(3) 매수청구의 상대방

매수청구의 상대방은 임차권 소멸 당시의 임대인이 되는 것이 보통이지만, 제3자가 임대차 종료 후에 임대인으로부터 토지를 취득한 경우에는 제3자를 상대로 매수청구를 하여야 하고, 토지소유권을 상실한 종전의 임대인에 대하여 할 것은 아니다(대판 1996. 6. 14. 96다14517).

3. 효 과

지상물매수청구권은 형성권으로서, 임차인의 그 행사만으로 지상물에 관해 임대인과 임차인 사이에 시가에 의한 매매 유사의 법률관계가 성립한다(대판 1991. 4. 9. 91다3260).

지상물매수청구권에 관한 제643조는 강행규정으로서, 이에 위반하는 약정으로서 임차인에게 불리한 것은 무효이다.

따라서 건물의 소유를 목적으로 한 토지의 임차인이 임대차가 종료하기 전에 임대인과 건물 기타 지상시설 일체를 포기하기로 약정을 하였다고 하더라도 임대차 계약의 조건이나 계약이 체결된 경위 등 제반 사정을 종합적으로 고려하여 실질적으로 임차인에게 불리하다고 볼 수 없는 특별한 사정이 인정되지 아니하는 한 위와 같은 약정은 임차인에게 불리한 것으로서 민법 제652조에 의하여 효력이 없다(대판 2002. 5. 31. 2001다42080).

▣ 핵심판례 ▣

■ [임차인의 갱신청구권, 매수청구권]

1. 집합건물의소유및관리에관한법률에 의한 재건축 결의가 있은 후 재건축 불참자에 대하여 매도청구권이 행사된 경우, 그 매매 시가의 평가 기준

집합건물에 관하여 집합건물의소유및관리에관한법률 제47조 소정의 재건축 결의가 있은 후 그 재건축에 참가하지 않은 자에 대하여 같은 법 제48조 제4항에 의한 매도청구권이 행사되면, 그 매도청구권 행사의 의사표시가 도달함과 동시에 재건축에 참가하지 않은 자의 구분소유권 및 대지사용권에 관하여 시가에 의한 매매계약이 성립하게 되는 것인바, 이 때의 시가란 매도청구권이 행사된 당시의 구분소유권과 대지사용권의 객관적 거래가격으로서, 노후되어 철거될 상태를 전제로 한 거래가격이 아니라 그 건물에 관하여 재건축 결의가 있었다는 것을 전제로 하여 구분소유권과 대지사용권을 일체로 평가한 가격, 즉 재건축으로 인하여 발생할 것으로 예상되는 개발이익이 포함된 가격을 말한다(대판 1996. 1. 23. 판결 95다38172 소유권이전등기등).

2. 건물의 소유를 목적으로 한 토지임대차에 있어서 임대차계약이 종료된 이후 임차인이 반환하여야 할 부당이득금 산정 방법

건물의 소유를 목적으로 한 토지임대차에 있어서 임대차계약이 종료된 이후 임차

인이 반환하여야 할 부당이득금의 액수는 임료 상당액이고, 위 임료 상당액이라 함은 부당이득 당시의 실제 임료를 말한다고 할 것인바, 임차보증금이 남아 있는 한 보증금 없는 경우의 임료 상당액을 기준으로 하여 부당이득금의 액수를 산정할 수 없다(대판 2002. 11. 13. 2002다46003).

3. **임차인이 민법 제643조의 지상물 매수청구권을 행사한 경우, 임대인으로부터 매수대금을 지급받기 전까지의 부지 사용에 대한 임차인의 부당이득 반환의무 성립 여부(적극)**

건물 기타 공작물의 소유를 목적으로 한 대지임대차에 있어서 임차인이 그 지상건물 등에 대하여 민법 제643조 소정의 매수청구권을 행사한 후에 그 임대인인 대지의 소유자로부터 매수대금을 지급받을 때까지 그 지상건물 등의 인도를 거부할 수 있다고 하여도, 지상건물 등의 점유·사용을 통하여 그 부지를 계속하여 점유·사용하는 한 그로 인한 부당이득으로서 부지의 임료 상당액은 이를 반환할 의무가 있다(대판 2001. 6. 1. 99다60535).

4. **민법 제643조 소정의 임차인의 지상물매수청구권의 행사로 인한 효과로서 임대인이 임차인이 임차지상의 건물을 신축하기 위하여 지출한 모든 비용을 보상할 의무를 부담하게 되는지 여부(소극)**

민법 제643조 소정의 지상물매수청구권이 행사되면 임대인과 임차인 사이에서는 임차지상의 건물에 대하여 매수청구권 행사 당시의 건물시가를 대금으로 하는 매매계약이 체결된 것과 같은 효과가 발생하는 것이지, 임대인이 기존 건물의 철거비용을 포함하여 임차인이 임차지상의 건물을 신축하기 위하여 지출한 모든 비용을 보상할 의무를 부담하게 되는 것은 아니다(대판 2002. 11. 13. 2002다46003).

5. **임차대지와 자기 소유 대지 위에 걸쳐 있는 건물전체에 대하여 매수 청구권의 행사를 인정한 사례**

임차대지와 인접된 자기 소유 대지 위에 건립된 건물부분이 임차대지 위에 있는 독립된 단일건물중의 방이나 부엌의 각 일부분에 불과하여 그것만으로서의 효용가치가 극히 적다면 임차인은 그 축조한 건물전체에 대하여 매수청구권을 행사할 수 있다(1991. 3. 27. 제1부 판결 90다카20357 건물철거등).

6. **임대차 종료시에 건물을 철거하기로 한 특약의 효력 유무**

임대차 종료시에 건물을 철거하기로 한 특약은 다른 사정이 없는 한 민법 제643조 소정의 임차인의 건물매수청구권을 배제하기로 하는 약정으로서 임차인에게 불리한 것이어서 민법 제652조의 규정에 의하여 무효라고 할 것이다(1992. 10. 9. 제3부 판결 92다22435 건물철거등).

7. **가. 토지의 임대인과 임차인 사이에 임대차기간 만료시 임차인이 지상건물을 양도하거나 철거하기로 하는 약정의 효력**

토지임대인과 토지임차인 사이에 임대차기간 만료시에 임차인이 지상건물을 양도하거나 이를 철거하기로 하는 약정은 특별한 사정이 없는 한 민법 제643조 소정의 임차인의 지상물매수청구권을 배제하기로 하는 약정으로서 임차인에게 불리한 것이므로 민법 제652조의 규정에 의하여 무효라고 보아야 한다.

나. 민법 제643조 소정의 지상물매수청구권을 행사할 수 있는 자

민법 제643조 소정의 지상물매수청구권은 지상물의 소유자에 한하여 행사할 수 있다(1993. 7. 27. 제2부 판결 93다6386 토지인도등).

8. 임차인의 지상물매수청구권의 대상이 되는 건물이 임대차계약 당시의 기존건물이거나 임대인의 동의를 얻어 신축한 것에 한정되는지 여부

임차인의 지상물매수청구권은 건물 기타 공작물의 소유 등을 목적으로 한 토지임대차의 기간이 만료되었음에도 그 지상시설 등이 현존하고, 또한 임대인이 계약의 갱신에 불응하는 경우에 임차인이 임대인에게 상당한 가액으로 그 지상시설의 매수를 청구할 수 있는 권리라는 점에서 보면, 위 매수청구권의 대상이 되는 건물은 그것이 토지의 임대목적에 반하여 축조되고, 임대인이 예상할 수 없을 정도의 고가의 것이라는 특별한 사정이 없는 한 임대차기간 중에 축조되었다고 하더라도 그 만료시에 그 가치가 잔존하고 있으면 그 범위에 포함되는 것이고, 반드시 임대차계약 당시의 기존건물이거나 임대인의 동의를 얻어 신축한 것에 한정된다고는 할 수 없다(1993. 11. 12. 제3부 판결 93다34589 건물철거등).

9. 대지임대차 당시의 지상건물철거약정이 임차인에게 불리한 것이 아니어서 임차인의 매수청구권이 배척된 사례

건물이 경제적 가치가 별로 없었던 것으로서 건물의 전 소유자의 조건 없는 철거약정이 있었고, 또한 건물소유자가 법정지상권이 없으면 건물을 철거할 수밖에 없는 처지에서 대지에 법정지상권이 없으면 건물을 철거하기로 약정하고 대지를 임차하였다면 그와 같은 철거약정은 대지임차인에게 일방적으로 불리한 약정이라고 볼 수 없으므로 대지소유자에 대하여 민법 제643조 소정의 건물매수청구권을 행사할 수 없다(1993. 12. 28. 제2부 판결 93다26687 건물철거등).

10. 임차인의 차임연체로 토지임대차계약이 해지된 경우 지상건물 매수청구권의 발생 여부

건물의 소유를 목적으로 한 토지의 임대차에 있어서 임차인의 차임연체로 임대차계약이 해지되었을 때에는 임차인에게 그 지상건물에 관한 매수청구권이 발생하지 아니한다(1994. 2. 22. 제1부 판결 93다44104 건물철거등).

11. 간이천막 설치를 위한 토지 임대차에 있어서 건물매수청구권을 인정할 수 있는지 여부

임대차가 토지 위에 노점상을 하기 위한 간이천막을 설치하기 위하여 이루어진

것이고 건물의 소유를 목적으로 한 것이 아닌 경우 건물매수청구권이 없다(1994. 4. 12. 제1부 판결 93다37649 가건물철거등).

12. 임차권 소멸 당시 이미 토지소유권을 상실한 임대인에 대한 건물매수청구권 행사의 가부

건물의 소유를 목적으로 하는 토지 임차인의 건물매수청구권 행사의 상대방은 원칙적으로 임차권 소멸 당시의 토지소유자인 임대인이고, 임대인이 임차권 소멸 당시에 이미 토지소유권을 상실한 경우에는 그에게 지상건물의 매수청구권을 행사할 수는 없으며, 이는 임대인이 임대차계약의 종료 전에 토지를 임의로 처분하였다 하여 달라지는 것은 아니다(1994. 7. 29. 제2부 판결 93다59717 건물철거 59724(반소) 건물매매대금등).

<판례전문(1994. 7. 29. 93다59717)>

[원고(반소피고), 피상고인]　김동윤

[승계참가인(반소피고), 피상고인]　송휘규 외 1인

[피고(반소원고), 상고인]　황수호

[원심판결]　서울민사지방법원 1993. 10. 27. 선고 93나608, 93나26655(반소) 판결

[주　문]　상고를 기각한다. 상

상고비용은 피고(반소원고)의 부담으로 한다.

[이　유]　상고이유를 본다.

건물의 소유를 목적으로 하는 토지 임차인의 건물매수청구권 행사의 상대방은 원칙적으로 임차권 소멸 당시의 토지소유자인 임대인이라 할 것이고(당원 1977. 4. 26.선고 75다348 판결 참조), 임대인이 임차권 소멸 당시에 이미 토지소유권을 상실한 경우에는 그에게 지상건물의 매수청구권을 행사할 수는 없으며, 이와 같은 이치는 임대인이 임대차계약의 종료 전에 토지를 임의로 처분하였다 하여 달라지는 것은 아니라 할 것인바, 원심이 인정한 사실에 의하면 원고(반소피고, 이하 원고라고만 한다)가 1992. 5. 16. 이 사건 건물철거의 소를 제기하면서 피고(반소원고, 이하 피고라고만 한다)에 대하여 이 사건 임대차계약의 해지를 통고함에 따라 그 소장 부본이 피고에게 송달된 1992. 6. 4.부터 6개월이 지난 1992. 12. 4. 이 사건 임대차계약의 해지효력이 발생하였고, 한편 피고는 제1심 1회 변론기일인 1992. 6. 12. 원고에 대하여 이 사건 토지상의 건물에 대한 매수청구권을 행사하였으나 이 사건 토지는 이미 1992. 6. 4.자로 승계참가인들에게 1992. 5. 27. 증여를 원인으로 하여 소유권이전등기가 마쳐진 상태에 있었다는 것이므로, 위 건물매수청구권 행사 당시는 물론 임대차계약 해지의 효력이 발생할 당시에도 원고는 이미 토지소유권을 상실한 상태에 있었음이 명백하여 원심이 같은 취지에서 피고의 건물매수청구권을 배척하였음은 옳고, 거기에 소론과 같이 매수청구권의

법리를 오해한 위법이 있다고 할 수 없다. 논지는 이유가 없다.

그러므로 상고를 기각하고 상고비용은 패소한 피고의 부담으로 하기로 관여 법관의 의견이 일치되어 주문과 같이 판결한다.

대법관 김형선(재판장) 박만호(주심)
이용훈

참조판례

대법원 1977. 4. 26. 선고, 95다348판결(공1977, 10038)

13. 가. **임대인의 해지통고에 의하여 기간의 정함이 없는 토지 임차권이 소멸하는 경우, 토지 임차인의 지상물매수청구권의 인정 여부**

건물의 소유를 목적으로 하는 토지 임대차에 있어서, 토지 임차인의 지상물매수청구권은 기간의 정함이 없는 임대차에 있어서 임대인에 의한 해지통고에 의하여 그 임차권이 소멸한 경우에도, 임차인의 계약갱신 청구의 유무에 불구하고 인정된다.

나. **임대인이 제기한 토지인도 및 건물철거 청구소송에서 임차인이 건물매수청구권을 행사하지 아니한 채 패소 확정된 후, 임차인이 별소로써 건물매수청구권을 행사할 수 있는지 여부**

건물의 소유를 목적으로 하는 토지 임대차에 있어서, 임대차가 종료함에 따라 토지의 임차인이 임대인에 대하여 건물매수청구권을 행사할 수 있음에도 불구하고 이를 행사하지 아니한 채, 토지의 임대인이 임차인에 대하여 제기한 토지인도 및 건물철거청구 소송에서 패소하여 그 패소판결이 확정되었다고 하더라도, 그 확정판결에 의하여 건물철거가 집행되지 아니한 이상 토지의 임차인으로서는 건물매수청구권을 행사하여 별소로써 임대인에 대하여 건물매매대금의 지급을 구할 수 있다(대법원 1995. 12. 26. 선고 95다42195 판결).

14. **건물 소유를 목적으로 하는 토지 임대차에서 종전 임차인으로부터 미등기 무허가건물을 매수하여 점유하고 있는 임차인이 임대인에 대하여 지상물매수청구권을 행사할 수 있는지 여부(원칙적 적극)**

민법 제643조가 정하는 건물 소유를 목적으로 하는 토지 임대차에서 임차인이 가지는 지상물매수청구권은 건물의 소유를 목적으로 하는 토지 임대차계약이 종료되었음에도 그 지상 건물이 현존하는 경우에 임대차계약을 성실하게 지켜온 임차인이 임대인에게 상당한 가액으로 그 지상 건물의 매수를 청구할 수 있는 권리로서 국민경제적 관점에서 지상 건물의 잔존 가치를 보존하고, 토지 소유자의 배타

적 소유권 행사로 인하여 희생당하기 쉬운 임차인을 보호하기 위한 제도이므로, 특별한 사정이 없는 한 행정관청의 허가를 받은 적법한 건물이 아니더라도 임차인의 지상물매수청구권의 대상이 될 수 있다. 그리고 건물을 매수하여 점유하고 있는 사람은 소유자로서의 등기명의가 없다 하더라도 그 권리의 범위 내에서는 그 점유 중인 건물에 대하여 법률상 또는 사실상의 처분권을 가지고 있다. 위와 같은 지상물매수청구청구권 제도의 목적, 미등기 매수인의 법적 지위 등에 비추어 볼 때, 종전 임차인으로부터 미등기 무허가건물을 매수하여 점유하고 있는 임차인은 특별한 사정이 없는 한 비록 소유자로서의 등기명의가 없어 소유권을 취득하지 못하였다 하더라도 임대인에 대하여 지상물매수청구권을 행사할 수 있는 지위에 있다(대법원 2013. 11. 28. 선고 2013다48364 판결).

◈ 전차인보호를 위한 특별규정 : 임대청구권, 매수청구권

제 644 조 【전차인의 임대청구권, 매수청구권】

① 건물 기타 공작물의 소유 또는 식목, 채염, 목축을 목적으로 한 토지임차인이 적법하게 그 토지를 전대한 경우에 임대차 및 전대차의 기간이 동시에 만료되고 건물, 수목 기타 지상시설이 현존한 때에는 전차인은 임대인에 대하여 전전대차와 동일한 조건으로 임대할 것을 청구할 수 있다.

② 전항의 경우에 임대인이 임대할 것을 원하지 아니하는 때에는 제283조 제2항의 규정을 준용한다.

■ § 644. 전차인의 임대청구권, 매수청구권

• 건물 기타 공작물
• 전차인의 임대청구권, 매수청구권

임대차의 기간과 전대차의 기간이 동시에 만료되고 건물, 수목 기타 지상시설이 현존한 때에는 전차인으로 하여금 임대인에 대하여 전전대차와 동일한 조건으로 임대할 것을 청구할 수 있다. 그러나 이 경우에 임대인의 임대거절로 전차인이 지상시설의 매수청구권을 행사한 경우에는 임대인은 매수를 거절하지 못한다. 그리고 주의할 점은 본조는 강행규정이라는 점과 전대차가 적법하고 임대차·전대차의 기간이 모두 만료되어야 적용이 되지 어느 일방이라도 기간만료 이외의 사유로 소멸하였을 때에는 적용되지 않는다는 점이다.

또한 본조의 규정은 지상권자가 그 토지를 임대한 경우에 준용한다(제645조).

▣ 핵심판례 ▣

■ [전차인의 임대청구권, 매수청구권]

민법 제644조 소정의 매수청구권을 행사할 수 있는 자

민법 제644조 소정의 전차인의 임대청구권과 매수청구권은 토지임차인이 토지임대인의 승낙하에 적법하게 그 토지를 전대한 경우에만 인정되는 권리이다(1993. 7. 27. 제2부 판결 93다6386 토지인도등).

◆ 지상권자가 그 토지를 임대한 경우 임차인 보호를 위한 특별규정

제 645 조【지상권목적토지의 임차인의 임대청구권, 매수청구권】

전조의 규정은 지상권자가 그 토지를 임대한 경우에 준용한다.

■ § 645. 지상권 목적 토지의 임차인의 임대청구권, 매수청구권

- 전차인의 임대청구권과 매수청구권은 지상권자가 그 토지를 임대한 경우에도 준용
- 지상권의 목적인 토지의 임차인과 토지전차인은 비슷한 처지에 있는 자들이 므로 둔 규정
- 강행규정

지상권자로부터 토지를 임차한 제3자는 전조의 전차인의 임대인(토지 소유자) 에 대한 임대청구권 및 매수청구권을 준용하도록 한 것이다. 그러므로 이 청구 권의 내용은 전조와 마찬가지이다.

즉 건물 기타 공작물, 수목 등의 소유를 목적으로 한 지상권자가 그 토지를 임대한 경우에 지상권의 기간과 그 토지임대차의 기간이 동시에 만료되고, 건물·수목 기타의 지상시설이 현존한 경우에 그 임차인은 토지소유자에 대하여 지상권자와의 전임대차를 동일한 조건으로 임대할 것을 청구할 수 있다.

그러나 이 경우에 토지소유자는 그 청구에 반드시 응할 필요는 없으며, 현존 지상시설을 시가로써 매수함으로써 그 청구를 거절할 수 있다.

본조는 지상권의 목적인 토지의 임차인과 토지전차인은 비슷한 처지에 있는 자들이므로 둔 규정이다. 이 규정은 강행규정이다.

◆ 임차인의 권리 : 부속물매수청구권

제 646 조 【임차인의 부속물매수청구권】

① 건물 기타 공작물의 임차인이 그 사용의 편익을 위하여 임대인의 동의를 얻어 이에 부속한 물건이 있는 때에는 임대차의 종료시에 임대인에 대하여 그 부속물의 매수를 청구할 수 있다.

② 임대인으로부터 매수한 부속물에 대하여도 전항과 같다.

■ § 646. 부속물매수청구권

- 임차인이 사용의 편익을 위해 부속시킨 부속물
- 임대인의 동의를 얻거나 임대인에게 매수한 것일 것
- 임대차 종료시에 생긴다
- 법률적성질은 형성권

1. 의 의

부동산의 임대차에 있어서는 임차인이 임차부동산의 이용 또는 개량을 위하여 다액의 자본을 투하하는 일이 많으므로 임차인의 보호를 위하여 투하자본을 회수할 수 있는 방법이 필요하게 된다. 이러한 방법으로서 민법은 임대차가 종료한 때에 임차인에게 인정되는 철거권(제654조), 비용상환청구권(제626조), 매수청구권(제643조, 제644조, 제645조, 제646조, 제647조) 등을 인정한다.

민법은 형성권으로서의 매수청구권을 인정하고 매수청구권의 행사에 의해 당사자 사이에 지상건물 내지 부속물에 관하여 시가로써 매수계약이 성립한 것과 같은 법률효과가 생기게 하고 있다. 따라서 본조의 매수청구권은 강행규정이며 매수청구권을 배제하는 특약은 임차인에게 불리한 것으로서 그 효력이 없다(제652조).

매수청구권의 법적성격은 형성권이므로 임차인의 단독의 의사표시로 효력이 생기며 그 행사방법에는 아무런 제한이 없으므로 서면 또는 구두로 할 수 있다.

2. 요 건

본조에 의해 임차인의 임대인에 대해 부속물의 매수를 청구하려면 ① 건물 기타의 공작물의 임차인이어야 하고, ② 임차인이 임차물의 사용의 편익을 위하여 임대인의 동의를 얻어 물건을 부속하거나 또는 임대인으로부터 매수한 부속물이어야 하며, ③ 임대차가 종료한 때에 부속물의 매수청구권을 행사할 수 있다.

부속물매수청구권의 대상이 되는 '부속물'이란 건물에 부속된 물건으로서 임차인의 소유에 속하고 건물의 구성부분으로는 되지 아니한 것으로서 건물의 사용에 객관적인 편익을 가져오게 하는 물건이라고 할 것이므로, 부속된 물건이 오로지 임차인의 특수목적에 사용하기 위하여 부속된 것일 때에는 이에 해당하지 않는다(대판 1993. 10. 8. 93다25738, 25745).

3. 효 과

임차인의 부속물매수청구권은 형성권이며, 임차인의 매수청구의 의사표시만으로 그 부속물에 대한 임대인과 임차인 사이에 매매유사의 법률관계가 성립한다. 그러나 임차인이 반드시 이 권리를 행사하여야 하는 것은 아니며, 임차인은 그 부속물을 철거할 수도 있다.

또 임차인의 부속물매수청구권에 관한 본조의 규정은 강행규정으로서 이에 위반하는 약정으로 임차인에게 불리한 것은 무효이다(제652조).

<center><참고사항></center>

※ 임차인의 부속물매수청구권과 비용상환청구권의 비교
1. 성 질
부속물매수청구권은 형성권, 비용상환청구권은 청구권이다.
2. 독립성 여부
부속물로 되기 위해서는 독립성이 있어야 한다. 건물의 구성부분이 되면 비용상환청구로 해결한다.
3. 임대인의 동의 여부
부속물은 임대인의 동의를 얻어 부속하거나 임대인으로부터 매수한 것이어야 부속물매수청구의 대상이 될 수 있다. 이에 비해 비용상환청구에서는 임대인

의 동의가 없이 지출한 비용도 상환받을 수 있다.

4. 청구시기

부속물매수청구는 임대차 종료시 청구한다. 그러나 비용상환의 경우 필요비는 지출한 즉시 청구할 수 있으며, 유익비는 임대차 종료시에 청구한다.

5. 일시사용의 임대차

일시사용의 임대차에도 비용상환규정은 적용되나, 부속물매수청구는 불가하다 (제653조).

6. 강행규정 여부

부속물매수청구규정은 강행규정이나(제652조, 단 편면적 강행규정), 비용상환 청구규정은 임의규정이다. 따라서 원상회복의 특약을 한 경우 비용상환청구는 불가하다.

7. 임차인의 채무불이행으로 임대차가 해지된 경우

부속물매수청구가 불가하다는 것이 판례이다(대판 1990. 1. 23. 88다카7245, 7252). 비용상환청구권은 이러한 제한없이 인정된다.

8. 유치권

비용상환청구권을 위해서는 유치권이 인정된다(통설, 판례<대판 1980. 10. 14. 79다1170>). 부속물매수청구권을 위해서는 유치권이 인정되느냐에 대해서는 견해대립이 있으나, 부정적인 견해가 많으며 판례도 토지임차인이 지상시설물 에 대한 매수청구권으로서 임차물인 토지에 대한 유치권을 주장할 수 없다고 본 것이 있다(대판 1977. 12. 13. 77다115).

9. 공통점

목적물의 객관적 편익을 가져오는 것이어야 한다. 따라서 임차인의 특수목적을 위한 것은 부속물매수청구의 대상도 아니고 비용상환청구의 대상도 아니다.

▣ 핵심판례 ▣

■ [임차인의 부속물매수청구권]

1. 임차인의 매수청구의 대상이 되는 '부속물'의 범위와 판단기준 및 부속된 물건이 오로지 건물임차인의 특수한 목적에 사용하기 위하여 부속된 것일 때 위 '부속물'에 해당되는지 여부(소극)

민법 제646조에서 건물임차인의 매수청구권의 대상으로 규정한 '부속물'이란 건

물에 부속된 물건으로 임차인의 소유에 속하고, 건물의 구성부분으로는 되지 아니한 것으로서 건물의 사용에 객관적인 편익을 가져오게 하는 물건을 말하므로 부속된 물건이 오로지 건물임차인의 특수한 목적에 사용하기 위하여 부속된 것일 때에는 부속물매수청구권의 대상이 되는 물건이라 할 수 없으며 당해 건물의 객관적인 사용목적은 그 건물 자체의 구조와 임대차계약 당시 당사자 사이에 합의된 사용목적, 기타 건물의 위치, 주위환경 등 제반 사정을 참작하여 정하여지는 것이다(1991. 10. 8. 제1부 판결 91다8029 건물명도).

2. 건물 자체의 수선 내지 증·개축 부분이 부속물매수청구권의 대상인지 여부

건물 자체의 수선 내지 증·개축 부분은 특별한 사정이 없는 한 건물 자체의 구성부분을 이루고 독립된 물건이라고 할 수 없으므로 임차인의 부속물매수청구권의 대상이 될 수 없다(대판 1983. 2. 22. 80다589).

3. 건물 임대인이 임차보증금과 임료를 저렴하게 해 주는 대신 임차인이 부속물에 대한 시설비, 필요비, 권리금 등을 일체 청구하지 않기로 약정하였고, 임차권양수인들도 시설비 등을 청구하지 않기로 약정하였다면 임차인이나 양수인 등은 매수청구권을 포기한 것이고, 위 약정이 임차인에게 일방적으로 불리한 것이라고 볼 수 없다고 한 사례

갑이 을에게 건물부분을 임대할 때 그 임차보증금과 임료를 시가보다 저렴하게 해 주고 그 대신 을은 임대차가 종료될 때 그가 설치한 부속물에 대한 시설비나 필요비, 유익비, 권리금 등을 일체 청구하지 아니하기로 약정하였고 병 등이 을로부터 위 임차권을 양수할 때에도 갑에게 위 시설비 등을 일체 청구하지 아니하기로 약정하였다면 을이나 병 등은 매수청구권을 포기하였다 할 것이고 또 위와 같은 약정이 임차인에게 일방적으로 불리한 것이라고 볼 수도 없다고 한 사례(1992. 9. 8. 제2부 판결 92다24998 건물명도 92다25007 매매대금).

4. 가. 임차인의 매수청구의 대상이 되는 '부속물'의 범위와 판단기준 및 부속된 물건이 오로지 건물임차인의 특수목적에 사용하기 위하여 부속된 것일 경우 '부속물'에 해당되는지 여부(소극)

민법 제646조가 규정하는 건물임차인의 매수청구권의 대상이 되는 부속물이라 함은 건물에 부속된 물건으로 임차인의 소유에 속하고, 건물의 구성부분이 되지 아니한 것으로서 건물의 사용에 객관적인 편익을 가져오게 하는 물건이라 할 것이므로, 부속된 물건이 오로지 임차인의 특수목적에 사용하기 위하여 부속된 것일 때는 이를 부속물매수청구권의 대상이 되는 물건이라 할 수 없을 것이나, 이 경우 당해 건물의 객관적인 사용목적은 건물 자체의 구조와 임대차계약 당시 당사자 사이에 합의된 사용목적, 기타 건물의 위치, 주변의 환경 등 제반 사정을 참작하여 정하여 지는 것이라 할 것이다.

나. 5층 건물 중 공부상 용도가 음식점인 1,2층을 임차하여 대중음식점을 경영하면서 음식점영업의 편익을 위하여 한 시설물이 건물의 사용에 객관적인 편익을 가져오게 하는 것이라고 본 사례

5층 건물 중 공부상 용도가 음식점인 1,2층을 임차하여 대중음식점을 경영하면서 음식점영업의 편익을 위하여 한 시설물이 건물의 사용에 객관적인 편익을 가져오게 하는 것이라고 본다(1993. 2. 26. 제3부 판결 92다41627 건물명도).

5. 임차인의 매수청구의 대상이 되는 "부속물"의 범위와 판단기준

민법 제646조가 규정하는 매수청구의 대상이 되는 부속물이란 건물에 부속된 물건으로서 임차인의 소유에 속하고, 건물의 구성부분으로는 되지 아니한 것으로서 건물의 사용에 객관적인 편익을 가져오게 하는 물건이라고 할 것이므로, 부속된 물건이 오로지 임차인의 특수목적에 사용하기 위하여 부속된 것일 때에는 이에 해당하지 않으며, 당해 건물의 객관적인 사용목적은 그 건물 자체의 구조와 임대차계약 당시 당사자 사이에 합의된 사용목적, 기타 건물의 위치, 주위환경 등 제반 사정을 참작하여 정하여지는 것이다(1993. 10. 8. 제3부 판결 93다25738 건물명도 93다25745(반소) 필요비등).

6. 임차인의 채권불이행으로 임대차계약이 해지된 경우 임차인의 부속물매수청구권 유무(소극)

임대차계약이 임차인의 채무불이행으로 인하여 해지된 경우에는 임차인은 민법 제646조에 의한 부속물매수청구권이 없다(대법원 1990. 1. 23. 선고 88다카7245,88다카7252).

◆ 전차인 보호를 위한 특별규정

제 647 조【전차인의 부속물매수청구권】

① 건물 기타 공작물의 임차인이 적법하게 전대한 경우에 전차인이 그 사용의 편익을 위하여 임대인의 동의를 얻어 이에 부속한 물건이 있는 때에는 전대차의 종료시에 임대인에 대하여 그 부속물의 매수를 청구할 수 있다.

② 임대인으로부터 매수하였거나 그 동의를 얻어 임차인으로부터 매수한 부속물에 대하여도 전항과 같다.

■ § 647. 전차인의 부속물매수청구권

• 건물 기타 공작물
• 전차인의 부속물 매수청구권
• 강행규정

본조는 건물 기타 공작물의 전차인의 부속물 매수청구권에 관한 규정이다.

(1) 이 규정은 전차인의 보호와 사회경제적인 이익을 위하여 규정한 것이다.

(2) 건물 기타 공작물의 임차인이 적법하게 전대한 경우에 전차인이 그 객관적 사용가치를 높이기 위해서 임대인의 동의를 얻어 이에 부속한 물건이 전대차의 종료시에 현존한 때에는 임대인에 대하여 그 부속물의 매수를 청구할 수 있는 것이다. 또 임대인으로부터 매수하였거나 그 동의를 얻어 임차인으로부터 매수한 건물 기타 공작물의 부속물이 현존한 때에도 전차인은 임대인에 대하여 그 부속물의 매수를 청구할 수 있다.

(3) 본조는 강행규정이고 일시사용을 위한 전대차의 경우에는 적용되지 않는다.

▣ 핵심판례 ▣

■ [전차인의 부속물매수청구권]

가. 불리한 자인진술의 철회와 선행자백

소송당사자 일방이 자기에게 불리한 사실상의 진술을 한 후 상대방이 이를 원용하기 전에 위 진술과 모순되는 진술을 하여 전자의 진술을 철회하였다면 전자의 진술을 선행자백이라고 볼 수 없다.

나. 법률상 원인없이 건물을 점유하나 이를 사용 수익하지 아니하는 경우 부당이득의 성부(소극)

법률상 원인없이 이득하였음을 이유로 한 부당이득반환에 있어서 이득이라 함은 실질적인 이익을 가리키는 것이므로 법률상 원인없이 건물을 점유하고 있다고 하여도 이를 사용 수익하지 못하였다면(위 건물에서 싸롱영업을 하다가 영업정지처분을 받아 폐문하고 관리조차 아니함) 실질적인 이익을 얻었다고 볼 수 없다.

다. 임차보증금반환청구권에 대한 전부명령의 부속물 매수대금 지급청구권에 대한 효력 유무(소극)

임차인의 채권자가 임차인의 임대인에 대한 임대보증금반환채권 중 일부에 대한 전부명령을 받았다면 임차인이 임대인으로부터 받을 수 있는 임대차보증금 잔액 (연체차임과 기타 손해 등을 공제한 잔액)을 확정하여 전부 채권자에게 전부된 채권잔액을 특정하여야 하고, 위 잔액이 전부 채권자의 청구금액에 미달된다고 하여도 그 전부명령은 임대차보증금에 대한 것이므로 임차인의 임대인에 대한 부속물매수대금채권에는 미치지 아니한다.

라. 전차인이 임대인에 대하여 갖는 부속물 매수청구권의 행사로써 임대인을 대위하여 전차건물의 명도를 구하는 자에 대한 정기적 항변권 유무 (적극)

임차인이 임대인의 동의를 얻어 전대한 경우에 전차인은 임대인에 대하여 그 사용의 편익을 위하여 임대인의 동의를 얻어 시설한 부속물의 매수청구권을 행사할 수 있고, 임대인을 대위하여 명도청구를 하는 원고에 대하여도 부속물 매수대금 지급시까지의 연기적 항변권을 주장할 수 있다(대법원 1981. 11. 10. 선고 81다378 판결).

◆ 토지임대인의 법정질권

제 648 조【임차지의 부속물, 과실등에 대한 법정질권】

토지임대인이 임대차에 관한 채권에 의하여 임차지에 부속 또는 그 사용의
편익에 공용한 임차인의 소유동산 및 그 토지의 과실을 압류한 때에는 질
권과 동일한 효력이 있다.

■ § 648. 법정질권

- 토지임대인이 임대차에 관한 채권에 의하여 임차지에 부속 또는 그 사용의
 편익에 공용한 임차인의 소유동산 및 그 토지의 과실을 압류한 때
- 질권과 동일한 효력
- 일시 임대차의 경우에는 적용이 없다.

법정질권(gesetzliches pfandrecht)은 법률의 규정에 의하여 성립하는 질권이
다. 당사자간의 계약에 의하여 설정되는 보통의 질권과는 그 성립의 원인을 달
리한다. 그러나 일단 성립한 후에는 성질이나 효력에 있어서 보통의 질권과 동
일하다. 법정질권이 성립하기 위하여는 부동산 임대인(채권자)이 목적물을 압류
하여야 한다. 압류에 의하여 채권자의 간접점유가 성립된다. 법정질권에 대하여
는 동산질권에 관한 규정이 준용된다. 현행민법상의 법정질권은 ① 토지임대인
의 임대차에 관한 채권에 의하여 임차지에 부속 또는 그 사용의 편익에 공용한
임차인소유의 동산 및 그 토지의 과실을 압류한 경우와 ② 건물 기타 공작물의
임대인이 임대차에 관한 채권에 의하여 그 건물 기타 공작물에 부속한 임차인
소유의 동산을 압류한 경우(제650조)에 성립한다. 본조는 일시 임대차의 경우에
는 적용이 없다.

◈ 토지임대인의 법정저당권

제 649 조【임차지상의 건물에 대한 법정저당권】

토지임대인이 변제기를 경과한 최후 2년의 차임채권에 의하여 그 지상에 있는 임차인소유의 건물을 압류한 때에는 저당권과 동일한 효력이 있다.

■ § 649. 법정저당권

- 보호되는 임대인의 채권 : 변제기를 경과한 최후 2년의 차임채권
- 차임토지위의 임차인소유의 건물을 압류한 때에 성립
- 그 건물위의 다른 약정 저당권이 설정되어 있는 경우에 그 순위는 성립의 시기를 기준으로 한다.

본조는 임차인의 건물에 대하여 법률상 당연히 저당권이 설정되는 경우의 법정담보물권의 하나이다. 토지임차인이 변제기를 경과한 최후 2년의 차임채권에 의해 임차인 소유의 건물을 압류한 때 저당권과 동일한 효력이 있다.

본조에 의하여 보호되는 임대인의 채권은 변제기를 경과한 최후 2년의 차임채권으로 한정한 것은 다른 담보물권자와 무담보의 일반 채권자를 해하지 않기 위한 제한이다.

◆ 건물 기타 공작물의 임대인의 법정질권

제 650 조 【임차건물등의 부속물에 대한 법정질권】

건물 기타 공작물의 임대인이 임대차에 관한 채권에 의하여 그 건물 기타 공작물에 부속한 임차인소유의 동산을 압류한 때에는 질권과 동일한 효력이 있다.

■ § 650. 건물임대인의 법정질권

• 건물 기타 공작물의 임대인이 임대차에 관한 채권에 의하여 그 건물 기타 공작물에 부속한 임차인 소유의 동산을 압류한 때
• 질권과 동일한 효력
• 일시 임대차에는 그 적용이 없다

임차건물 기타 공작물의 임대인이 임대차에 의한 채권에 기하여 그 건물이나 공작물에 부속한 임차인 소유의 동산을 압류한 때에 법률상 당연히 질권이 설정되는 법정담보물권의 하나이다. 그 내용은 제648조의 설명과 같다.

임대인은 채권전부를 변제받을 때까지 임차인소유의 그 동산을 점유하고 반환을 거부할 수 있으며, 또 그 채무의 변제가 없는 경우에는 압류물을 경매처분하여 그 대가에 의하여 우선변제를 받을 수 있다.

◈ 임대차의 존속기간<2016. 1. 6. 개정시 삭제>

제 651 조 삭제 <2016.1.6.>

■ § 651. 임대차의 최장 존속기간 규정 삭제

• 2016. 1. 6. 민법 일부 개정시 2013. 12. 26. 헌법재판소에서 위헌결정된 이 조를 삭제함.

본조는 임대차의 존속기간에 관하여 규정하고 있었다.

본조는 무제한으로 장기간 동안 목적물의 이용권을 임차인의 지배하에 두면 그 이용방법이 부적당하게 되어 소유자에게 손해를 끼치게 될 우려가 있을 뿐만 아니라, 사회경제상으로도 불이익을 초래하게 된다는 점을 고려하여 임차권의 존속기간을 원칙적으로 20년을 넘지 못한다고 규정하고, 갱신 후의 최장기도 10년을 넘지 못하는 것으로 억제하고 있었다.

그러나 이러한 소유권 중심의 사상에서 이 원칙을 관철하면 특히 부동산의 이용이 대부분 임차인에 의하여 행해지며 사회경제의 발전 또한 주로 임차인의 노력에 의해 달성되는 오늘날, 부동산 임대차의 기간을 단기로 한다면 부동산의 원만한 이용을 저해하게 되어 오히려 사회경제상의 불이익을 초래하게 된다는 지적이 있었다.

그런데 이 규정에 대하여 최근 헌법재판소에서 위헌결정을 내렸다(헌재 2013. 12. 16, 2011헌바234). 헌법재판소는 민법 제651조 제1항은 입법취지가 불명확하고, 대법원이 해석하는 바와 같이 사회경제적 효율성 측면에서 일정한 목적의 정당성이 인정된다 하더라도 과잉금지원칙을 위반하여 계약의 자유를 침해한다고 하였다. 이 결정으로 민법 제651조 제1항은 2013년 12월 16일부터 효력을 잃게 되었다. 이에 2016년 1월 6일 민법 일부 개정시 형식적으로 남아 있던 제651조 제1항을 폐지하는 한편, 제651조 제2항은 임대차 존속기간의 갱신 및 갱신기간의 상한을 규정한 것으로서 임대차 존속기간의 제한을 폐지하는 경우에는 별도로 존치할 필요가 없으므로, 제651조 전부를 삭제하였다.

▣ 핵심판례 ▣

■ [임대차존속기간]

임대차존속기간을 20년으로 제한한 민법(1958. 2. 22. 법률 제471호로 제정된 것) 제651조 제1항(이하 '이 사건 법률조항'이라 한다)이 계약의 자유를 침해하는지 여부(적극)

임대차계약을 통하여 합리적이고 효과적인 임차물 관리 및 개량방식의 설정이 가능함에도 불구하고, 임대인 또는 소유자가 임차물의 가장 적절한 관리자라는 전제하에 임대차의 존속기간을 제한함으로써 임차물 관리 및 개량의 목적을 이루고자 하는 것은 임차물의 관리소홀 및 개량미비로 인한 가치하락 방지라는 목적 달성을 위한 필요한 최소한의 수단이라고 볼 수 없다. 이 사건 법률조항은 제정 당시에 비해 현저히 변화된 현재의 사회경제적 현상을 제대로 반영하지 못하는 데 그치는 것이 아니라, 당사자가 20년이 넘는 임대차를 원할 경우 우회적인 방법을 취할 수밖에 없게 함으로써 사적 자치에 의한 자율적 거래관계 형성을 왜곡하고 있다. 토지임대차의 경우, 견고한 건물 소유 목적인지 여부에 따라 이 사건 법률조항의 적용 여부에 차이를 두는 것은, 소유건물이 견고한 건물에 해당하는지 여부가 불분명한 경우도 있어 이에 대한 분쟁이 유발될 수 있을 뿐 아니라, 건축기술이 발달된 오늘날 견고한 건물에 해당하는지 여부가 임대차존속기간 제한의 적용 여부를 결정하는 기준이 되기에는 부적절하다. 또한 지하매설물 설치를 위한 토지임대차나 목조건물과 같은 소위 비견고건물의 소유를 위한 토지임대차의 경우 이 사건 법률조항으로 인해 임대차기간이 갱신되지 않는 한 20년이 경과한 후에는 이를 제거 또는 철거해야 하는데, 이는 사회경제적으로도 손실이 아닐 수 없다. 이 사건 법률조항은 입법취지가 불명확하고, 사회경제적 효율성 측면에서 일정한 목적의 정당성이 인정된다 하더라도 과잉금지원칙을 위반하여 계약의 자유를 침해한다.

[재판관 박한철, 재판관 이진성, 재판관 강일원의 반대의견]

이 사건 법률조항은 부동산 관리 소홀 및 개량 미비에 따른 사회경제적 손실을 방지하기 위한 것으로서, 사정 변경에 따라 계약의 재검토 기회를 당사자에게 부여한다는 의미도 가지고 있으므로, 입법목적의 정당성과 수단의 적절성이 인정된다. 국가가 그 영역 안에 있는 물건을 보전하고 개량하여 사회경제적 손실을 막기 위한 목적으로 임대차계약기간을 제한하는 경우, 그 상한을 어떻게 정할 것인지는 입법형성의 영역이다. 비록 당사자가 장기 임대차계약을 원하는 경우 우회적인 방법을 취해야 하는 불편함은 있으나 그러한 사정만으로 이 사건 법률조항이 위헌이라고 볼 수 없고, 10년의 범위 안에서 횟수에 제한 없이 임대차계약을 갱신할 수 있으므로 침해의 최소성이나 법익균형성원칙을 위반한 것이라고 보기도 어렵다. 따라서 이 사건 법률조항이 과잉금지원칙에 어긋나 임대인의 계약의 자유를 침해한다고 볼 수 없다(헌재 2013. 12. 26, 2011헌바234).

◆ 임대차에 관한 규정 중 강행규정에 해당되는 규정

제 652 조 【강행규정】

제627조, 제628조, 제631조, 제635조, 제638조, 제640조, 제641조, 제643조 내지 제647조의 규정에 위반하는 약정으로 임차인이나 전차인에게 불리한 것은 그 효력이 없다.

■ § 652. 강행규정

- 임차인의 감액청구해지권(§627)
- 사정의 변경에 의한 차임증감청구권(§628)
- 전차인의 권리의 확정(§631)
- 기간의 약정없는 임대차의 해지통고(§635)
- 해지통의 전차인에 대한 통지(§638)
- 차임연체와 해지(§640, §641)
- 임차인의 갱신청구권, 지상물매수청구권(§643)
- 전차인의 임대청구권, 매수청구권(§644)
- 지상권설정 토지의 임차인의 임대청구권, 매수청구권(§645)
- 임차인의 부속물매수청구권(§646)
- 전차인의 부속물매수청구권(§647)

임차인 및 전차인의 이익을 보호하기 위한 강행규정을 규정한 것이다. 즉 임차물의 일부가 임차인의 과실없이 멸실한 것 등으로 인한 임차인의 감액청구권 해지권(제627조), 사정의 변경에 의한 차임증감청구권(제628조), 임대인, 임차인 간의 계약종료시의 적법한 전차인의 권리의 확정(제631조), 기간의 정함이 없는 임대차의 해지통고로 인한 해지 효력의 발생시기(제635조), 해지통고로 인하여 임대차가 종료한 경우의 임대인의 전차인에 대한 해지통고의무(제638조), 차임 연체시의 임대인의 해지권의 행사(제640조, 제641조), 임차인의 갱신청구권, 지상 물매수청구권(제643조), 전차인의 임대청구권, 매수청구권(제644조), 지상권설정 토지의 임차인의 임대청구권, 매수청구권(제645조), 임차인의 부속물매수청구권 (제646조), 전차인의 부속물매수청구권(제647조) 등의 규정은 경제적 약자인 임차인이나 전차인의 권리를 보호하기 위한 강행규정이므로, 이에 위반하여 임차

인이나 전차인에게 불리한 약정을 할 때에는 아무 효력이 없다.

그러나 위의 강행규정에 위반하였어도 그것이 임차인이나 전차인에게 유리한 약정일 때에는 물론 유효하다.

▣ 핵심판례 ▣

■ [강행규정]

1. 가. 건물의 소유를 목적으로 하는 토지임차인이 체결한 건물 기타 지상시설 일체를 포기하기로 하는 약정의 효력

건물의 소유를 목적으로 한 토지의 임차인이 임대차계약을 체결하거나 임차인으로서의 지위를 승계할 당시 임대인과의 사이에 건물 기타 지상시설 일체를 포기하기로 약정을 하였다고 하더라도 임대차계약의 조건이나 계약이 체결된 경위 등 제반 사정을 종합적으로 고려하여 실질적으로 임차인에게 불리하다고 볼 수 없는 특별한 사정이 인정되지 아니하는 한 위와 같은 약정은 임차인에게 불리한 것으로서 민법 제652조에 의하여 효력이 없다.

나. 토지임차인이 위 "가" 항의 약정에 위반하여 매수청구권을 행사하는 것이 신의칙에 위반하여 권리를 남용하는 것으로 볼 수 없다 한 사례

토지임차인이 위 "가" 항의 약정에 위반하여 매수청구권을 행사하는 것이 신의칙에 위반하여 권리를 남용하는 것으로 볼 수 없다(1993. 6. 22. 제2부 판결 93다16130 건물철거등).

2. 토지 임대인과 임차인 사이에 임대차기간 만료후 임차인이 지상건물을 철거하여 토지를 인도하고 만약 지상건물을 철거하지 아니할 경우에는 그 소유권을 임대인에게 이전하기로 한 약정의 효력 여부

토지 임대인과 임차인 사이에 임대차기간만료후 임차인이 지상건물을 철거하여 토지를 인도하고 만약 지상건물을 철거하지 아니할 경우에는 그 소유권을 임대인에게 이전하기로 한 약정은 민법 제643조 소정의 임차인의 지상물매수청구권을 배제키로 하는 약정으로서 임차인에게 불리한 것이므로 민법 제652조의 규정에 의하여 무효이다(대판 1991. 4. 23. 90다19695).

◈ 특수한 임대차 : 일시임대차

제 653 조【일시사용을 위한 임대차의 특례】

제628조, 제638조, 제640조, 제646조 내지 제648조, 제650조 및 전조의 규정은 일시사용하기 위한 임대차 또는 전대차인 것이 명백한 경우에는 적용하지 아니한다.

■ § 653. 일시임대차

- 차임증감청구권(§628)
- 해지통고의 전차인에 대한 통고(§638)
- 차임연체와 해지(§640)
- 임차인의 부속물매수청구권(§646)
- 전차인의 부속물매수청구권(§647)
- 임차지의 부속물, 과실 등에 대한 법정질권(§648)
- 임차건물 등의 부속물에 대한 법정질권(§650)
- 강행규정(§652)의 규정은 일시임대차나 전대차에 적용하지 않는다

본조는 가옥, 토지 기타 공작물 등을 일시사용을 위하여 임대차를 체결할 때 적용되지 않는 일시사용을 위한 임대차의 특례에 관한 규정이다.

민법은 임대차의 최단존속기간에 관해 제한하고 있지 않으므로 단기간의 임대차가 성립하는데 문제가 없다. 그런데 본조가 들고 있는 조문, 즉 사정의 변경으로 인한 당사자의 차임증감청구권(제628조), 해지통고로 인하여 임대차가 종료한 경우의 임대인의 전차인에대한 해지통고의무(제638조), 차임연체시의 임대인의 해지권의 행사(제640조), 임차인 및 전차인의 부속물매수청구권(제646조, 제647조), 임차지의 부속물·과실에 대한 법정질권(제648조), 차임건물 기타 공작물의 부속물에 대한 법정질권(제650조), 강행규정(제652조) 등에 관한 규정은 그 성질상 계속적인 임대차 관계에만 적용하고 일시 사용을 위한 임대차관계에는 적용하지 않는다.

그리고 주택임대차보호법 제11조에는 일시사용을 위한 것이 명백한 경우에는 주택임대차보호법을 적용하지 않는 것으로 하고 있다. 따라서 일시사용을 위한

주택임대차에는 주택임대차보호법의 규정과 본조가 열거한 민법의 규정들은 적
용하지 않게 된다.

어느 경우가 일시임대차에 해당하는지 사회통념에 따라 결정하여야 하지만,
판례는 호텔 내지 여관의 숙박의 경우가 이에 해당하는 것으로 보고 있다(대판
1994. 12. 8. 93다43590).

▣ 핵심판례 ▣

■ [일시사용을 위한 임대차의 판례]

숙박업자의 투숙객에 대한 보호의무의 내용과 이를 위반한 경우의 책임

공중접객업인 숙박업을 경영하는 자가 투숙객과 체결하는 숙박계약은 숙박업자가
고객에게 숙박을 할 수 있는 객실을 제공하여 고객으로 하여금 이를 사용할 수
있도록 하고 고객으로부터 그 대가를 받는 일종의 일시사용을 위한 임대차계약으
로서, 여관의 객실 및 관련시설, 공간은 오로지 숙박업자의 지배 아래 놓여 있는
것이므로 숙박업자는 통상의 임대차와 같이 단순히 여관의 객실 및 관련시설을
제공하여 고객으로 하여금 이를 사용수익하게 할 의무를 부담하는 것에서 한 걸
음 더 나아가 고객에게 위험이 없는 안전하고 편안한 객실 및 관련시설을 제공함
으로써 고객의 안전을 배려하여야 할 보호의무를 부담하며 이러한 의무는 숙박계
약의 특수성을 고려하여 신의칙상 인정되는 부수적인 의무로서 숙박업자가 이를
위반하여 고객의 생명, 신체를 침해하여 손해를 입힌 경우 불완전이행으로 인한
채무불이행책임을 부담한다(1994. 1. 28. 제3부 판결 93다43590 손해배상(기)).

◈ 사용대차에 관한 규정 중 임대차에 준용되는 규정

제 654 조 【준용규정】

제610조제1항, 제615조 내지 제617조의 규정은 임대차에 이를 준용한다.

■ § 654. 준용규정

• 사용대차에 관한 규정중 임대차에 준용되는 것을 정함
• 관련법조 : §610①, §615 내지 §617

사용대차에 관한 규정 중 임대차에 준용되는 것은 다음과 같다.

즉 임차인은 계약 또는 그 목적물의 성질에 의하여 정하여진 용법으로 이를 사용하여야 하고(제610조 1항), 임차인이 목적물을 반환하는 때에는 이를 원상에 회복하여야 하며(제615조), 수인이 공동하여 물건을 임차한 때에는 연대하여 그 의무를 부담하고(제616조), 계약 또는 목적물의 성질에 위반한 사용·수익으로 인하여 생긴 손해배상의 청구와 임차인이 지출한 비용의 상환청구는 임대인이 목적물의 반환을 받은 날로부터 6개월 내에 하여야 하는 것이다(제617조).

제 8 절 고 용

고용(locatio conduction operatum, Dienstvertrag, louage de services, contrat de travail)이라 함은 당사자일방(노무자)이 상대방(사용자)에 대하여 노무를 제공할 것을 약정하고, 상대방이 이에 대하여 보수를 지급할 것을 약정함으로써 성립하는 계약을 말한다(제655조). 낙성의 유상·쌍무계약이다. 노무공급계약의 일종이기는 하지만 사용자의 지휘에 따라서 노무자체의 공급을 목적으로 하는 점에서 도급 또는 위임과 다르다.

고용의 기간은 장기에 관하여는 직접의 제한이 없으나 보통 3년을 넘거나, 또는 당사자의 일방 또는 제3자의 종신을 기간으로 하는 때에는 각 당사자는 3년을 경과한 후에는 언제든지 해지할 수 있다(제659조 1항). 일용고용도 가능하다. 노무자는 스스로 노무를 제공할 의무가 있으며, 사용자의 동의없이 제3자로 하여금 자기에 갈음하여 노무를 제공하게 하지 못한다(제657조 2항). 이에 위반한 때에는 사용자는 계약을 해지할 수 있다(제657조 3항).

노무자는 사용자에 대해서만 노무를 제공할 의무를 진다. 즉 사용자는 노무자의 동의없이 노무청구권을 제3자에게 양도하지 못한다(제657조 1항). 사용자는 계약으로 정한 보수를 지급할 의무가 있다. 보수 또는 보수액의 약정이 없는 때에는 관습에 의하여 지급해야 한다(제656조 1항). 보수는 약정한 시기에 지급해야 하며, 시기의 약정이 없으면 관습에 의하고, 관습이 없으면 약정한 노무를 종료한 후 지체없이 지급해야 한다(제656조 2항).

노무기간의 약정이 있는 때에는 그 기간의 만료로 인하여 고용계약은 종료하는데 그 기간만료 후 노무자가 계속하여 그 노무를 제공하는 때에는 임대차의 경우와 동일한 묵시의 갱신이 인정된다(제662조). 고용기간의 약정이 없는 때에는 당사자는 언제든지 계약해지의 통고를 할 수 있다(제660조 1항). 이 경우에는 상대방이 해지의 통고를 받은 날로부터 1월이 경과하면 해지의 효력이 생긴다(제660조 2항).

기간으로 보수를 정한 때에는 상대방이 해지의 통고를 받은 당기초의 1기를

경과함으로써 해지의 효력이 생긴다(제660조 3항). 그러나 고용에 관한 특별법 이라고 할 수 있는 근로기준법은 거의 모든 고용관계에 대해서 민법상의 고용 에 관한 규정에 수정을 가하고 있다.

◆ 고용의 효력발생요건

제 655 조 【고용의 의의】

고용은 당사자일방이 상대방에 대하여 노무를 제공할 것을 약정하고 상대방이 이에 대하여 보수를 지급할 것을 약정함으로써 그 효력이 생긴다.

■ § 655. 고용의 의의 및 법률적 성질

- 당사자의 일방(노무자)이 상대방에 대하여 노무 내지 노동력을 제공할 것을 약정하고, 상대방(사용자)이 이에 대하여 보수를 지급할 것을 약정함으로써 성립하는 계약이다
- 낙성, 쌍무, 유상, 불요식의 계약
- 관련법조 : [근로권리의무] 헌 §30①②, [강제노역금지] 헌 §11①, 근로기준 §6, 선원 §33, [근로조건의 기준] 헌 §28③, [근로조건] 근로기준 §2, §3, §22, §20, §98

1. 고용의 의의

고용이라 함은 당사자의 일방이 상대방에 대하여 노무를 제공할 것을 약정하고 상대방이 이에 대하여 보수를 지급할 것을 약정함으로써 효력이 발생하는 낙성, 쌍무, 유상, 불요식의 계약이다.

프랑스 민법은 로마법의 연혁을 모방하여 고용을 임차의 일종으로 하였으나 (프랑스민법 제1779조), 우리 민법에서는 고용은 노무를 제공하고 이에 대하여 보수를 지급할 것을 약정하는 계약으로 하고 있다.

노무의 종유에는 제한이 없으며, 이른바 고급노무나 자유노무도 고용의 목적이 된다. 그러나 고용의 특징은 노무의 제공 자체를 목적으로 하고 있고, 사용자가 그에 대한 지휘명령의 권능을 가지고 있다는 점이다. 따라서 이른바 고급노무를 급부하는 계약은 위임이 되는 경우가 대부분일 것이지만 사용자의 지휘명령의 권능은 급부된 노무의 내용에 관한 것은 아니며, 그 노무를 어떠한 목적을 향하여 어떻게 유용하게 배치하는가 하는 점에 관한 것이기 때문에 의사나 변호사의 노무도 각각 계속적으로 사회를 위하여 위생과 건강관리에 해당하거나, 법률문제의 처리를 담당하는 경우에는 고용이 되는 경우가 있다.

고용에서 지급되는 보수의 종류에도 민법상 아무런 제한이 없다. 따라서 금전으로 지급되는 것이 보통이지만 금전 이외의 물건의 급부나 물건의 사용의 허여, 기술의 전수 등도 상관없다.

2. 고용계약과 근로계약

(1) 민법상의 고용계약

민법 제655조 이하에서 정하는 고용에 관한 규정은 노무자와 사용자를 대등한 당사자로 예정하고, 그들의 합의에 따라 노무자는 노무제공의무를, 사용자는 그 대가로 보수지급의무를 부담하는 것으로 정하면서, 주로 사용자의 채권을 중심으로 규정하고 있다. 즉 민법은 계약자유의 원칙이라는 틀 속에서 고용관계를 규율한다.

(2) 근로기준법상의 근로계약

자본주의 경제하에서는 기업은 다수의 노무자를 고용하여 생산·판매·보급 등의 활동을 하고 있기 때문에 고용이 달성하는 사회적인 작용은 대단히 중요하지만, 민법이 규정한 고용은 사용자와 노무자가 대등한 입장에 있다는 것을 전제로 하여 일체의 계약자유의 원칙에 일임해 왔다.

그러나 사용자는 생산수단의 소유자로서 노무자에 대하여 사실상의 우월성을 가지고 있는데 반하여 노무자는 사용자에게 고용되지 않으면 생활할 수 없는 지위에 있으므로 실업의 위협과 고용계약의 부합계약화는 노무자의 약한 지위를 점점 더 현저하게 하였다.

즉 기업이 다수의 노무자를 고용함에 있어서는 계약내용에 관한 상세한 부분까지 결정하는 것이 아니라 단순히 종업원으로서의 지위를 취득한다는 점에서의 합의가 있을 뿐, 노동조건은 사업규칙 등에서 이미 결정되어 있으므로 노무자는 불만족한 노동조건에서도 실업의 위협 때문에 계약내용을 받아들이지 않을 수 없게 된 것이다.

이렇게 하여 노동자는 그 지위와 생활을 개선하기 위하여 자주적인 노동운동을 하게 되었으며, 국가도 이를 인정하여 노동자 보호를 위한 특별법을 제정함으로써 노동법분야가 전개되어 계약자유의 원칙에 입각한 민법의 고용에 관한 규정은 대폭 수정되었다.

헌법 제32조는 인간의 존엄성을 보장하도록 근로조건의 기준을 법률로 정할 것을 규정하며, 그에 관한 대표적 법률이 근로기준법이다. 동법은 근로조건의 기준 등 사용자가 지켜야 할 의무를 중심으로 일정한 근로관계를 법률로 정하고 있다.

(3) 양자의 관계

근로기준법은 5인 이상의 근로자를 사용하는 모든 사업 또는 사업장에 적용한다. 다만 동거의 친족만을 사용하는 사업 또는 사업장과 가사사용인에 대하여는 그러하지 아니하다(동법 제11조 1항).

근로기준법의 적용을 받게 되는 경우에는 민법의 고용에 관한 규정의 적용 여부가 문제되는데, 민법의 규정은 근로기준법에 따로 정함이 없는 때에 한해 보충적으로 적용되는 것으로 보아야 할 것이다.

■ **핵심판례** ■

■ [고용의 의의]

1. 전국항운노동조합연맹 산하 단위노동조합에 소속되어 근로를 제공하고 그 대가를 받아 온 조합원이 산업재해보상보험법의 적용을 받는 근로자인지 여부(적극)

지방항운노동조합은 항만·철도·육상의 하역업이나 운송업 등을 영위하는 각 하역업체에 종사하는 근로자를 조합원으로 하여 구성된 노동조합으로서, 구 직업안정및고용촉진에관한법률(1994. 1. 7. 법률 제4733호 '직업안정법'으로 전문 개정되기 전의 것) 제17조 규정에 의한 근로자공급사업허가를 받아 근로자공급사업을 영위하면서 각 하역업체와의 사이에 노무공급계약 등을 체결한 다음 각 하역업체의 요청이 있으면 그때마다 소속 조합원으로 하여금 그 하역업체에서 근로를 제공하도록 하여 왔고, 한편 위 조합의 조합원은 일정한 근무형태(1일 2교대제)하에서 원칙적으로 소정 시간 동안(주간 근무자는 08:00부터, 야간 근무자는 19:00부터 각 근무가 시작된다) 조합의 작업지시에 따라 지정된 하역업체의 작업현장에서 노무를 제공하여 왔으며, 위 조합의 규약에 의하면 조합원은 조합의 강령, 규약, 제 규정 및 지시명령을 준수·이행할 의무가 있고, 만약 조합의 작업지시에 불복하여 작업질서를 문란케 하거나 무단결근하는 경우에는 징계나 제적 등의 불이익을 받게 되어 있으며, 각 하역업체가 회원으로 되어 있는 항만운송협회 산하 항만운송협회와 위 조합과의 사이에 체결된 협약에 의하면 조합원들은 각 하역업체

로부터 직접 임금을 수령하도록 되어 있지만, 그럼에도 불구하고 실제로는 위 조합이 각 하역업체로부터 정기적으로 노무를 제공한 조합원들에 대한 임금을 일괄 지급받은 다음 그 중에서 조합비 등을 공제한 나머지를 각 조합원들에게 분배하여 왔다면 다른 특별한 사정이 없는 한 위 조합의 조합원은 조합에 가입하거나 등록함으로써 위 조합과의 사이에 조합의 지시 감독 아래 각 하역업체에게 노무를 제공하고 그에 따른 대가를 지급받기로 하는 내용의 근로계약관계를 맺은 근로자에 해당한다(1996. 3. 8. 판결 94누15639 유족보상일시금등부지급처분취소).

2. 가. 작가가 자신의 필명 혹은 본명으로 제작한 신간단행본 만화원고의 전량을 특정 사업자에게만 납고하되 재판이나 잡지 등의 연재물 작품은 사업자와의 양해사항으로 하도록 되어 있는 경우 그 전속계약의 성질 (=완전전속계약이나 준전속계약)

일정한 예능적 활동으로서의 노무를 제공하는 자가 특정의 사업자에게 전속하는 전속계약에는 다른 곳에 노무제공하는 것을 일체 인정하지 아니하는 완전전속계약, 사업자의 허락을 받은 경우에만 다른 곳에 노무를 제공할 수 있는 준전속계약, 사업자로부터 노무제공의 요청이 있으면 반드시 노무제공을 하지 않으면 안되는 계약관계 즉 당해 사업자의 사업에 지장이 없으면 다른 곳에 노무제공이 가능한 우선전속(출연)계약, 일정계약기간 내에 제공하여야 할 노무제공의 회수를 특약하는 회수전속(출연)계약 등으로 분류할 수 있을 것인바, 작가가 자신의 필명 혹은 본명으로 제작한 신간단행본 만화원고의 전량을 특정 사업자에게만 납고하되 재판이나 잡지 등의 연재물 작품은 사업자와의 양해사항으로 하도록 되어 있다면 위 전속계약은 완전전속계약이나 준전속계약에 해당한다.

나. 전속계약을 체결함에 있어 전속료로 일정액을 수수하면서 사업자가 계약을 위반하였을 때에는 사업자가 작가에게 지급한 전속료의 반환을 청구 할 수 없고, 작가가 계약을 위반하였을 때에는 전속료의 배액을 사업자에게 지급하여야 한다고 약정한 경우 그 약정이 손해배상액 예정의 성질을 갖는지 여부(한정적극)

전속계약을 체결함에 있어 전속료로 금 50,000,000원을 수수하면서 사업자가 계약을 위반하였을 때에는 사업자가 작가에게 지급한 전속료의 반환을 청구할 수 없고, 작가가 계약을 위반하였을 때에는 전속료의 배액을 사업자에게 지급하여야 한다고 약정하였다면, 이는 전속계약에 따른 채무불이행에 대한 위약금의 약정을 한 것으로서 특별한 사정이 없는 한 손해배상액 예정의성질을 갖는 것이며, 이와 같은 약정이 계약서에 부동문자로 기재되어 있다하더라도 단순한 예문에 불과한 것이라고는 할 수 없다.

다. 작가가 전속계약기간 동안 및 계약 종료 후까지 계속하여 작품을 제공하였으며 또 전속계약이 종료하고 작가의 작품제공이 계속되는 동

안은 사업자도 이의제기를 하지 않다가, 작품의 제공이 중단되자 1년 6개월이 경과한 시점에서 한 사업자의 권리행사를 신의성실의 원칙에 위배된다거나 권리남용에 해당하지 아니한다고 한 사례

작가가 전속계약기간 동안 및 계약 종료 후까지 계속하여 작품을 제공하였으며 또 전속계약이 종료하고 작가의 작품제공이 계속되는 동안은 사업자도 이의제기를 하지 않다가, 작품의 제공이 중단되자 1년 6개월이 경과한 시점에서 한 사업자의 권리행사를 신의성실의 원칙에 위배된다거나 권리남용에 해당하지 아니한다고 한 사례(1993. 2. 9. 제1부(아) 판결 92다33176 전속료).

3. 근로계약의 합의해지 후 당사자 일방의 임의철회의 가부

근로자가 사직원을 제출하여 근로계약의 해지를 청약하는 경우 그에 대한 사용자의 승낙의사가 형성되어 그 승낙의 의사표시가 근로자에게 도달하기 이전에는 청약의 의사표시를 철회할 수 있으나, 근로자와 사용자가 근로계약을 해지시키기로 합의하였다면 합의시에 근로자의 근로계약해지의 청약의 의사표시에 대하여 사용자의 승낙의사가 확정적으로 형성·표시되어 해지의사의 합치가 있었다고 할 것이므로 이러한 경우 어느 일방 당사자가 임의로 이를 철회할 수는 없고, 이는 근로자와 사용자가 합의시 특별히 근로계약관계를 일정기간 경과 후 종료키로 약정하였다고 하여도 마찬가지이다(1994. 8. 9. 제1부 판결 94다14629 면직처분무효확인).

<div align="center">〈판례전문(1994. 8. 9. 94다14629)〉</div>

[원고, 상고인] 이수옥 소송대리인 변호사 문정두

[피고, 피상고인] 학교법인 혜정학원 소송대리인 변호사 유재복

[원심판결] 대전고등법원 1994. 2. 4. 선고 93나2337 판결

[주 문] 상고를 기각한다.

상고비용은 원고의 부담으로 한다.

[이 유] 상고이유를 본다.

(1) 원심판결 이유에 의하면, 원심은 피고 법인 산하 청란여자고등학교의 교사로 근무하던 원고가 역시 피고 법인 산하 청란여자중학교 교장인 소외 추호상과 체육교사인 소외 정종열에 대하여 폭력행위등처벌에관한법률 위반의 혐의로 고소를 제기하여 위 추호상과 정종열 등이 검찰청에 피의자로 소환되어 조사를 받고, 또한 이러한 내용이 지방신문에 보도되는 등 사회의 이목이 집중되자, 원고와 피고 법인 등 사이에 원만한 합의가 모색되던 중, 원고와 소외 추호상, 정종열 및 피고 법인(위 추호상이 피고 법인 이사장 직무대리의 자격으로 참석)은 1991. 12. 11. 일괄합의금을 금 32,000,000원으로 하고, 원고는 새학기가 시작되는 1992. 2. 28.까지 원고의 책임하에 타학교로 전출하고 위 청란여자고등학교를 사직하며, 피

고 법인은 원고에게 위 기간까지 피고 소속 교원신분을 유지하게 하고 원고의 전출에 필요한 재직증명서를 발부하여 주기로 합의하고, 위 합의에 따라 위 추호상과 정종열은 원고에게 금 32,000,000원을 지급하고, 동시에 피고 법인의 대리인인 위 추호상은 "상기 본인은 1992. 2. 28.일부로 이수옥 선생님의 사표를 수리하며 필요시 재직증명서는 1992. 2. 28.자로 발부하겠음을 각서함, 추호상"이라는 내용의 각서를 교부하였고, 원고는 그 자리에서 피고 법인의 대리인인 위 추호상에게 작성일자가 1992. 2. 28.자로 된 사직원과 위 추호상, 정종열에 대한 형사합의서를 작성, 교부한 사실 및 원고는 1991. 12. 21. 위 추호상과 위 청란여자고등학교 교장인 소외 배숙자에게 사직의 의사표시를 철회한다는 내용의 통지를 한 사실을 인정하였던바, 기록에 의하여 살펴보면 원심의 이러한 사실인정은 모두 수긍이 가고 거기에 소론과 같은 채증법칙위반 등의 위법이 있다고 할 수 없다. 논지는 이유 없다.

(2) 근로자가 사직원을 제출하여 근로계약관계의 해지를 청약하는 경우 그에 대한 사용자의 승낙의사가 형성되어 그 승낙의 의사표시가 근로자에게 도달하기 이전에는 그 의사표시를 철회할 수 있는 것이나, 근로자와 사용자가 근로계약관계를 해지시키기로 합의하였다면 그 합의시에 근로자의 근로계약관계 해지의 청약의 의사표시에 대하여 사용자의 승낙의 의사가 확정적으로 형성, 표시되어 해지의 의사의 합치가 있었다고 할 것이므로 이러한 경우 어느 일방 당사자가 임의로 이를 철회할 수는 없다 할 것이고, 이는 근로자와 사용자가 위 합의시 특별히 근로계약관계를 일정기간 경과 후 종료키로 약정하였다고 하여도 마찬가지라 할 것이다.

원심이 적법하게 확정한 바와 같이 원고와 피고 법인 사이에 위 1991. 12. 11.자 합의에 의하여 1992. 2. 28.자로 원·피고 사이의 근로계약관계를 종료하기로 하는 의사의 합치가 있었던 이상, 원고로서는 위 합의에 반하여 임의로 사직의 의사표시를 철회할 수는 없다고 할 것이므로, 원고가 위 합의 이후에 한 이 사건 사직의 의사표시의 철회는 아무런 효력이 없는 것이다.

원심은 이와 견해를 달리하여 원·피고 사이의 위 합의 후에도 원고의 사직의 의사표시의 철회가 가능하기는 하나 이 사건에 나타난 제반 사정을 종합하여 볼 때 원고의 이 사건 사직의 의사표시의 철회는 신의칙상 허용되지 아니한다고 판단하여, 원고의 사직원에 기하여 한 피고 법인의 이 사건 의원면직처분의 무효확인을 구하는 원고의 이 사건 청구를 기각하였는바, 원심의 이러한 설시는 사직의 의사표시의 철회에 관한 법리를 오해한 잘못이 있다고 보여지나 결과적으로 이 사건 사직의 의사표시의 철회가 허용되지 아니한다고 하여 원고의 이 사건 청구를 배척한 결론은 정당하다고 할 것이다. 논지는 원심의 사실인정이 잘못되었음을 전제로 하여 위 신의칙 적용을 비난하는 것에 지나지 아니하여 받아들일 바가 못된다. 논지는 이유 없다.

(3) 그러므로 상고를 기각하고 상고비용은 패소자의 부담으로 하기로 하여 관여 법관의 일치된 의견으로 주문과 같이 판결한다.

대법관 이돈희(재판장) 김석수(주심)
　　　　　정귀호　　　　　이임수

참조판례

　대법원 1992. 4. 10. 선고 91다43138 판결(공1992, 1539)
　　　　　1992. 12. 8. 선고 91다43015 판결(공1993상, 413)
　　　　　1994. 8. 9. 선고 94다11828 판결(동지)

4. 사립학교 교원의 임용계약의 법적 성질

사립학교 교원의 임용을 위한 계약은 사립학교법 소정 절차에 의하여 이루어지는 것이지만 그 법적 성질은 사법상의 고용계약에 다름아닌 것으로 그 계약체결에 관한 당사자들의 의사표시에 무효 또는 취소의 사유가 있으면 그 상대방은 이를 이유로 당연히 그 임용계약의 무효·취소를 주장하여 그에 따른 법률효과의 발생을 부정하거나 소멸시킬 수 있고 또한 이러한 계약에 조건을 붙일 수도 있는 것이고 그 계약이 조건부일 때에는 당연히 그 조건의 성취 여부에 따라 그 계약의 효력이 좌우된다(1994. 8. 26. 제2부 판결 94다15479 임용처분취소확인등).

<p align="center"><판례전문(1994. 8. 26. 94다15479)></p>

[원고, 피상고인] 원고 1 외 1인 원고들 소송대리인 법무법인 신한종합법률사무
　　　　　　　　소 담당변호사 이충환 외 3인

[피고, 상고인] 학교법인 단국대학 소송대리인 변호사 김항석

[원심판결] 서울고등법원 1994. 2. 1. 선고 93나35768 판결

[주　　문] 상고를 기각한다.

　상고비용은 피고의 부담으로 한다.

[이　　유] 상고이유를 판단한다.

　1. 이 사건 기록에 의하면, 원고들이 피고법인의 원고들에 대한 이 사건 재임용취소는 사립학교법상 면직사유 없이 이루어진 무효인 처분이라는 이유로 그 무효확인을 구함에 대하여, 피고는 당초 피고 법인이 경영하는 원심판시 사립학교 교원으로 근무하던 원고들이 전국교직원노동조합(이하 전교조라고 한다.)에 가입하여 활동하였다는 이유로 일차 면직한 바 있는데, 원고들이 이에 불복하여 제기한 그 면직처분무효확인소송계속중 원고들이 앞으로 위 학교의 교원으로 재임용시켜 주면 즉시 전교조를 탈퇴함과 동시에 이를 확실히 하기 위하여 그 탈퇴각서를 학교측에 제출하겠다고 하여 그들을 재임용하고 위 소송을 종결시켰던 바, 실제로 원고들은 위 전교조 활동을 그만둘 의사가 전혀 없었음에도 불구하고 그러한 의

사가 있는 것처럼 피고를 기망하여 위와 같은 재임용계약을 맺게 된 것이므로 이는 사기에 의한 의사표시로서 이를 이유로 이 사건 재임용계약을 취소한 것은 적법하며, 그렇지 않다고 하더라도 위 재임용계약은 위 전교조 탈퇴를 그 조건으로 한 것인데 그 조건이 성취되지 아니하였으므로 그 효력이 상실되었다는 취지로 주장하고 있음이 분명하다.

원래 사립학교 교원의 임용을 위한 계약은 사립학교법 소정 절차에 의하여 이루어지는 것이지만 그 법적 성질은 사법상의 고용계약에 다름아닌 것으로 그 계약체결에 관한 당사자들의 의사표시에 무효 또는 취소의 사유가 있으면 그 상대방은 이를 이유로 당연히 그 임용계약의 무효·취소를 주장하여 그에 따른 법률효과의 발생을 부정하거나 소멸시킬 수 있고, 또한 이러한 계약에 조건을 붙일 수도 있는 것이고 그 계약이 조건부일 때에는 당연히 그 조건의 성취여부에 따라 그 계약의 효력이 좌우된다고 보아야 할 것이다. 그런데 이 사건 기록에 의하면 원고들과 피고 사이에 이루어진 위 재임용계약은 원고들의 교사의 지위의 원상회복이 아니라 위에서 본 바와 같이 새로운 임용계약임이 분명하므로, 거기에 피고 주장과 같은 취소사유가 있는지 여부와 그 계약이 전교조탈퇴를 조건으로 하였는지 여부가 이 사건 재임용 취소의 효력발생 여부를 구체적으로 결정하는 판단기준이 된다고 할 것이다.

2. 그런데 원심판결 이유에 의하면 원심은 원고들이 위 재임용 당시 피고와 사이에 전교조를 탈퇴하고 그 탈퇴각서까지 제출하기로 하는 내용의 합의를 한 일이 없다는 사실을 확정하고 있는 바, 이를 기록에 비추어 살펴보면 거기에 상고이유에서 지적한 바와 같은 채증법칙위반의 잘못이 있음을 찾아볼 수 없고, 특히 상고이유에서 피고의 주장을 뒷받침하는 유력한 증거로 들고 있는 을 제4호증의 3("복직을 희망하면서" 라는 제하의 서면)은 그 기재내용에 비추어 볼 때, 단지 원고들이 앞으로 재임용을 받게 되면 성실히 교육에 전념하겠다는 취지의 서약서에 지나지 않는 것이어서 이를 가리켜 원고들이 피고에 대하여 재임용을 받을 목적으로 전교조로부터 탈퇴하겠다거나 탈퇴각서를 제출하겠다는 취지의 의사를 표명한 것으로 해석하기 어렵다. 따라서 이 사건 재임용계약에 상고이유에서 지적한 바와 같은 원고들의 기망행위가 개재되었거나 그 계약이 전교조탈퇴를 조건으로 하였다고 볼 수 없다. 그러므로 이 점을 지적하는 상고이유는 모두 받아들일 수 없다.

3. 이에 이 사건 상고를 기각하고, 상고비용은 상고인인 피고의 부담으로 하기로 관여 법관의 의견이 일치되어 주문과 같이 판결한다.

대법관 박준서(재판장) 박만호
김형선 이용훈(주심)

◈ 사용자의 의무

제 656 조【보수액과 그 지급시기】

① 보수 또는 보수액의 약정이 없는 때에는 관습에 의하여 지급하여야 한다.

② 보수는 약정한 시기에 지급하여야 하며 시기의 약정이 없으면 관습에 의하고 관습이 없으면 약정한 노무를 종료한 후 지체없이 지급하여야 한다.

■ § 656. 보수지급의무

- 보수의 종류 액·산출방법 : 금전으로 지급하는 것이 원칙, 금전이외의 것도 상관없다. 보수의 종류·액은 관습에 따라 결정, 산출방법은 정액제(시간제)와 도급제가 있음
- 보수의 지급시기 : 약정한 시기에 지급
- 관련법조 : [보수] 근로기준법 §43~§49, 국가공무원법 §46~§49, 지방공무원법 §44~§46의3, [보수지급시기] 근로기준법 §43②, §45, 선원법 §52, [미성년자의 독자적임금청구] 근로기준법 §68, [보수청구권보호] 선원 §152의2, 근로기준법 §38, [보수청구권시효] 근로기준 §49, 선원 §156

본조는 보수·보수액의 결정 및 그 지급시기에 관한 규정이다.

사용자는 계약으로 정한 보수를 지급할 의무가 있다. 보수 또는 보수액의 약정이 없는 때에는 관습에 의하여 지급해야 한다. 보수는 약정한 시기에 지급해야 하며, 시기의 약정이 없으면 관습에 의하고, 관습이 없으면 약정한 노무를 종료한 후 지체없이 지급해야 한다(보수후급의 원칙).

따라서 노무자는 동시이행의 항변권을 행사하지 못한다. 기간으로써 보수를 정한 경우에는 그 기간이 지난 후에 그 기간에 상당하는 보수를 청구할 수 있다고 새겨야 한다(구민법 제654조 2항). 보수는 금전으로 지급하는 것이 보통이지만(임금) 금전 이외의 것을 지급하기로 약정하여도 상관없다. 보수액의 산출방법은 시간제(정액제)와 도급제가 있고, 전자는 일급, 주급, 월급, 연급 등으로 나누며 월급이 보통이다.

▣ 핵심판례 ▣

1. 사용자가 근로계약에 수반되는 신의칙상의 부수적 의무로서 피용자의 안전에 대한 보호의무를 지는지 여부

사용자는 근로계약에 수반되는 신의칙상의 부수적 의무로서 피용자가 노무를 제공하는 과정에서 생명, 신체, 건강을 해치는 일이 없도록 인적·물적 환경을 정비하는 등 필요한 조치를 강구하여야 할 보호의무를 부담하고, 이러한 보호의무를 위반함으로써 피용자가 손해를 입은 경우 이를 배상할 책임이 있다(대판 2001. 7. 27. 99다56734).

2. 가. 명예퇴직 합의 후 명예퇴직 예정일 이전에 근로자에게 중대한 비위행위가 있는 경우, 사용자가 명예퇴직의 승인을 철회할 수 있는지 여부 (적극)

명예퇴직은 근로자가 명예퇴직의 신청(청약)을 하면 사용자가 요건을 심사한 후 이를 승인(승낙)함으로써 합의에 의하여 근로관계를 종료시키는 것이고, 이러한 합의가 있은 후에는 당사자 일방이 임의로 그 의사표시를 철회할 수 없으며, 이 합의에 따라 명예퇴직예정일이 도래하면 근로자는 당연히 퇴직되고 사용자는 명예퇴직금을 지급할 의무를 부담하게 되는 것이나, 다만 위와 같은 명예퇴직 합의 이후 명예퇴직예정일 도래 이전에 근로자에게 근로관계를 계속하게 하는 것이 곤란할 정도의 중대한 비위행위가 있는 경우에는 사용자로서는 명예퇴직의 승인을 철회할 수 있다.

나. 근로자의 임금청구권의 법적 성질

근로계약은 근로자가 사용자에게 근로를 제공할 것을 약정하고 사용자는 이에 대하여 임금을 지급할 것을 약정하는 쌍무계약으로서(근로기준법 제17조), 근로자의 임금청구권은 특별한 약정이나 관습이 없으면 근로를 제공함으로써 비로소 발생하는 것이고 근로자가 근로를 제공하지 않은 이상 그 대가관계인 임금청구권을 갖지 못한다(대법원 2002. 8. 23. 선고 2000다60890, 60906 판결).

◆ 노무자의 노무제공의무와 사용자의 권리의 일신전속성

제 657 조 【권리의무의 전속성】

① 사용자는 노무자의 동의없이 그 권리를 제3자에게 양도하지 못한다.

② 노무자는 사용자의 동의없이 제3자로 하여금 자기에 갈음하여 노무를 제공하게 하지 못한다.

③ 당사자일방이 전2항의 규정에 위반한 때에는 상대방은 계약을 해지할 수 있다.

■ § 657. 노무제공의무의 일신전속성

- 노무자는 원칙적으로 자기자신이 노무를 급부하여야 한다
- 사용자도 노무를 청구하는 권리를 노무자의 동의없이 제3자에게 양도하지 못한다
- 노무자, 사용자가 각각 이에 위반한 때는 상대방은 계약을 해지할 수 있다
- 관련법조 : [기업주체변경과 해고관계승계] 선원 §36

고용은 계속적 채권관계로서 인적 신뢰관계를 기초로 하므로 본조는 사용자의 권리의 불가양도성과 노무자 의무의 일신전속성을 규정한 것이다.

노무자는 스스로 노무를 제공할 의무가 있으며 사용자의 동의없이 제3자로 하여금 자기에 가름하여 노무를 제공하게 하지 못한다. 이에 위반한 때에는 사용자는 계약을 해지할 수 있다. 노무자는 사용자에 대해서만 노무를 제공할 의무를 진다. 즉 사용자는 노무자의 동의 없이 노무청구권을 제3자에게 양도하지 못한다.

고용은 특정한 노무자 자신의 노무를 목적으로 하고 사용자와 노무자 사이에는 특별한 인적관계가 생기게 되므로 노무자의 노무제공의무를 강한 일신전속적 성질을 가지는 것으로 규정한 것이다.

▣ 핵심판례 ▣

■ [권리의무의 전속성]

1. 가. 학력부실기재행위가 해고사유가 될 수 없다고 본 사례

단순한 생산직 육체노동자로 채용된 근로자의 학력부실기재행위가 학교이름만 조금 다르게 기재한 것 뿐으로 그 채용시 학력이 전혀 문제가 되지 아니하였다면 사용자가 그 사실을 알았더라도 고용계약을 맺지 아니하였거나 적어도 동일조건으로는 계약을 맺지 아니하였을 것으로 볼 수 없으므로 이는 적법한 해고사유가 될 수 없다.

나. 근로기준법 제27조 제1항 소정의 정당한 이유가 인정되기 위한 요건

근로기준법 제27조 제1항 소정의 사용자의 해고권을 제한하고 있는 "정당한 이유"가 인정되려면 사회통념상 고용계약을 계속시킬 수 없을 정도로 근로자에게 책임있는 사유가 있어야 한다.

다. 근로조건의 중요한 변경을 가져오는 전직처분과 근로자측의 동의 요부(적극)

일반적인 인사이동인 전근, 전보 등과 달리 근로조건의 중요한 변경을 가져와 불이익을 수반하는 전직처분은 고용계약상의 권리의무의 전속성을 규정한 민법 제657조의 취지에 비추어 특별한 사정이 없는한 개별적 내지 근로계약이나 취업규칙 또는 단체협약에 의한 동의가 있어야 가능하다(1989. 5. 9. 제2부 판결 88다카4918 해고무효확인).

2. 전적처분에 관하여 포괄적으로 동의를 한 것으로 볼 수 없다고 한 사례

회사의 운전기사들 전원이 입사시 단체협약 및 취업규칙을 준수할 것을 서약하였고, 단체협약에 의하면 조합원의 제반 인사문제는 회사의 전권사항으로 되어 있고, 취업규칙에 의하여 회사는 업무상 필요에 따라 사원에게 이동보직을 명할 수 있고 담당직무를 변경할 수 있으며, 위 명을 받은 자는 지체 없이 이를 이행하도록 되어 있다고 하더라도 그와 같은 사정만으로는 전적처분에 관하여 포괄적으로 동의를 한 것으로 볼 수 없다(1994. 6. 28. 제2부 판결 93누22463 부당해고구제재심판정취소).

<판례전문(1994. 6. 28. 93누22463)>

[원고, 피상고인] 김용호 외 3인 원고들 소송대리인 법무법인 시민종합법률사무소 담당변호사 윤종현 외 4인

[피고, 상고인] 중앙노동위원회위원장

[피고보조참가인] 유한회사 현대교통 소송대리인 변호사 김현채

[원심판결] 서울고등법원 1993. 9. 17. 선고 92구26361 판결

[주 문] 상고를 기각한다.

상고비용은 피고와 피고보조참가인의 부담으로 한다.

[이 유] 피고소송수행자와 피고보조참가인(이 뒤에서는 참가인이라고 한다)소송대리인의 각 상고이유에 대하여 함께 판단한다.

1. 사실관계가 원심이 적법하게 확정한 바와 같다면, 이 사건 전적처분은 근로자의 동의를 얻어야 그 효력이 생긴다고 판단한 원심판결에 소론과 같은 법리오해의 위법이 있다고 볼 수 없다. 소론이 내세우는 당원의 판결들은 이 사건과 사안을 달리하는 사건에 관한 것이어서 이 사건에 원용하기에 적절한 것이 아니다. 논지는 이유가 없다.

2. 원심은, 이 사건 전적처분에 관하여 원고들이 동의하였다는 피고의 주장에 대하여, 이에 부합하는 판시 증거들을 배척하고, 달리 이를 인정할 만한 증거가 없다 하여 피고의 위 주장을 받아들이지 아니하였는바 관계증거와 기록에 의하면, 원심의 위와 같은 조치는 정당한 것으로 수긍이 가고, 거기에 소론과 같이 심리를 제대로 하지 아니한 채 채증법칙을 위반하여 판결에 영향을 미친 위법이 있다고 볼 수 없다. 소론이 지적하는 증거들은 원심이 이를 각 배척한 것으로 볼 수 있다. 논지도 이유가 없다.

3. 원심은, 운수사업의 일부의 양도가 이루어진 경우에 양도대상이 된 당해 차량에 전속배치된 운전기사들은 각자의 의사를 묻지 아니하고 양수회사에게 근로관계가 당연히 승계이전된다는 것이 광주시내버스 운수업계의 관행이고, 이 사건 전적처분도 이러한 관행에 따른 것이므로 정당하다는 피고의 주장에 대하여, 피고 주장과 같은 관행이 있다는 점에 부합하는 판시 증거들을 배척하고 달리 이를 인정할 증거가 없다 하여 피고의 위 주장을 받아들이지 아니하였는바 관계증거와 기록에 의하면, 원심의 위와 같은 조치는 정당한 것으로 수긍이 가고, 거기에 소론과 같이 심리를 제대로 하지 아니한 채 채증법칙을 위반하여 판결에 영향을 미친 위법이 있다고 볼 수 없다.

소론과 같이 원고들을 포함한 참가인 회사의 운전기사들 전원이 입사시 단체협약 및 취업규칙을 준수할 것을 서약하였고, 단체협약에 의하면 조합원의 제반 인사문제는 참가인 회사의 전권사항으로 되어 있고, 취업규칙에 의하면 참가인 회사는 업무상 필요에 따라 사원에게 이동보직을 명할 수 있고 담당직무를 변경할 수 있으며, 위 명을 받은 자는 지체 없이 이를 이행하도록 되어 있다고 하더라도 그와 같은 사정만으로는 원고들이 이 사건과 같은 전적처분에 관하여 포괄적으로 동의를 한 것으로 볼 수는 없다. 논지는 모두 이유가 없다.

4. 그러므로 상고를 기각하고 상고비용은 피고와 피고보조참가인의 부담으로 하기로 관여 법관의 의견이 일치되어 주문과 같이 판결한다.

대법관 김용준(재판장) 안우만
천경송 안용득(주심)

참조판례
대법원 1989. 5. 9. 선고 88다카4918 판결(공1989, 892)
1993. 1. 26. 선고 92다11695 판결(공1993상, 854)
1993. 1. 26. 선고 92누8200 판결(공1993상, 868)

◈ 노무자가 제공하여야 할 노무의 내용

제 658 조 【노무의 내용과 해지권】

① 사용자가 노무자에 대하여 약정하지 아니한 노무의 제공을 요구한 때에는 노무자는 계약을 해지할 수 있다.

② 약정한 노무가 특수한 기능을 요하는 경우에 노무자가 그 기능이 없는 때에는 사용자는 계약을 해지할 수 있다.

■ § 658. 제공하여야 할 노무

• 계약, 거래관행 등으로 정함
• 사용자가 약정하지 아니한 노무의 제공을 요구한 때 노무자는 계약해지가능
• 특수한 기능을 필요로 하는 노무제공 약정한 경우에 노무자에게 그러한 기능이 없으면 사용자가 계약해지가능
• 관련법조 : [근로조건위반] 근로기준법 §19①, [해고제한] 근로기준법 §23①

어떤 내용의 노무를 제공 내지 급부하느냐는 계약, 거래관행 등으로 정하여진다. 이와 같이 노무자는 계약의 내용에 따라 노무를 제공할 의무가 있다. 노무제공에 있어서는 사용자의 지휘명령을 받아야 한다. 사용자가 노무자에 대하여 약정하지아니한 노무제공을 요구한 때에는 노무자는 계약을 해지할 수 있고, 약정한 노무가 특수기능을 요하는 경우에 노무자가 그 기능이 없는 때에는 사용자는 계약을 해지할 수 있다(제658조 2항).

이때에는 노무자에게 손해배상책임이 생기는 수가 많다.

◆ 고용계약해지의 통고 : 고용기간이 장기인 경우

제 659 조【3년이상의 경과와 해지통고권】

① 고용의 약정기간이 3년을 넘거나 당사자의 일방 또는 제3자의 종신까지로 된 때에는 각 당사자는 3년을 경과한 후 언제든지 계약해지의 통고를 할 수 있다.

② 전항의 경우에는 상대방이 해지의 통고를 받은 날로부터 3월이 경과하면 해지의 효력이 생긴다.

■ § 659. 고용기간이 장기인 경우의 해지의 통고

- 고용의 약정기간이 3년을 넘거나 당사자의 일방이나 제3자의 종신까지 계속하는 것으로 된 때 각 당사자는 3년이 지난후에 언제든지 계약해지의 통고 가능
- 이때에 해지의 효력은 상대방이 그 해지통고를 받은 날로부터 3개월이 지나면 생긴다.
- 관련법조 : [고용기간] 근로기준 §16, [해고] 근로기준 §26~§28

고용기간은 당사자의 합의로 정할 수 있는 것이나 고용기간이 너무 장기에 걸치면 노무자의 자유를 장기간 구속하는 것이 되어 신분적인 제약이 되고, 또한 고용기간이 너무 고정되어서 노무자에게 불리하게 되는 수가 있다는 점을 고려한 규정이다.

고용의 기간은 장기에 관하여는 직접의 제한이 없으나 보통 3년을 넘거나, 또는 당사자의 일방 또는 제3자의 종신을 기간으로 하는 때에는 각 당사자는 3년을 경과한 후에는 언제든지 해지할 수 있다. 일용고용도 가능하다. 그리고 계약해지는 통고와 동시에 해지의 효력이 생기는 것이 아니고 3개월이 경과함으로써 비로소 그 효력이 발생한다.

따라서 본조는 강행규정이라고 본다(동지 : 곽윤직, 김・안, 이태재).

근로계약은 1년을 초과하지 못하므로 이런 문제가 생기지 않는다(근로기준법 제16조).

◈ 고용계약해지의 통고 : 고용기간이 약정이 없는 경우

제 660 조 【기간의 약정이 없는 고용의 해지통고】

① 고용기간의 약정이 없는 때에는 당사자는 언제든지 계약해지의 통고를 할 수 있다.

② 전항의 경우에는 상대방이 해지의 통고를 받은 날로부터 1월이 경과하면 해지의 효력이 생긴다.

③ 기간으로 보수를 정한 때에는 상대방이 해지의 통고를 받은 당기후의 1기를 경과함으로써 해지의 효력이 생긴다.

■ § 660. 기간의 약정이 없는 경우 해지의 통고

• 언제든지 당사자는 계약해지의 통고가능
• 이 경우 상대방이 그 통고를 받은 날로부터 1월이 지난후에 고용은 종료한다.
• 기간으로 보수를 정하고 있는 때에는 상대방은 해지의 통고를 받은 당기후의 1기를 지나야 해지효력발생
• 강행규정
• 관련규정 : [해고제한] 근로기준 §23, §24 [해고예고, 해고수당지급] 근로기준 §26, §27, 선원 §5

본조는 해고의 예고에 관하여 규정한 것이다.

기간의 정함이 없는 근로계약에 있어서는 민법상 계약자유의 원칙에 따라 당사자는 언제든지 계약해지를 통고할 수 있고, 상대방이 해지의 통고를 받은 날로부터 1월이 경과하면 해지의 효력이 생기며, 보수를 정하고 있는 때(주급, 월급 등)에는 상대방이 해지의 통고를 받은 당기 후의 1기가 지나야 해지의 효력이 생긴다고 규정하였으나, 근로기준법은 취직난과 이직 후의 생활보장을 고려하여 사용자가 근로자를 해고하고자 할 때에는 적어도 30일 전에 그 예고를 하든가, 30일분 이상의 통상임금을 해고수당으로 지급하지 않으면 원칙적으로 해고할 수 없도록 하고 있다(근로기준법 제26조 본문).

그러나 천재·사변 기타 부득이한 사유로 사업계속이 불가능한 경우 또는 근

로자의 고의적인 의무위반, 배신행위 등 근로자측의 귀책사유로 인하여 해고하는 때에는 해고예고의무가 없는 것으로 하고 있어(동법 제26조 단서) 즉시 해고할 수 있다.

[해고수당(예고수당)]

▣ 핵심판례 ▣

■ [기간의 약정이 없는 해지통고]

기간의 정함이 없는 근로계약의 해지의 효력발생요건

기간의 약정이 없는 근로계약에 있어 민법 제660조의 규정에 의한 계약의 해지를 하기 위하여는 근로기준법 제27조의 2의 규정에 의한 해고의 예고절차를 거쳐야 하는데, 이 해고의 예고는 같은 법 제27조의 규정에 의하여 정당한 이유가 있어 해고하고자 할 때만 유효하게 적용되는 것이므로 정당한 이유가 없었다면 사용자의 근로계약해지는 효력이 생길 수 없다(1989. 10. 24. 제2부 판결 89다카166 해고무효확인).

◈ 고용계약의 해지 사유 : 부득이한 사유가 있는 경우

제 661 조 【부득이한 사유와 해지권】

고용기간의 약정이 있는 경우에도 부득이한 사유있는 때에는 각 당사자는 계약을 해지할 수 있다. 그러나 그 사유가 당사자일방의 과실로 인하여 생긴 때에는 상대방에 대하여 손해를 배상하여야 한다.

■ § 661. 부득이한 사유로 인한 고용계약의 해지

- 고용기간의 약정의 유무에도 불구하고 부득이한 사유가 있으면 각 당사자는 계약해지가능
- 그러나 당사자 일방의 책임있는 사유로 생긴 때에는 상대방에 대하여 손해배상의 책임을 진다
- 관련법조 : [고용기간] 근로기준 §17

고용기간의 약정이 있는 경우에도 예컨대 노무자가 병에 걸려 노무를 제공하는 것이 불가능하게 된 경우와 같이 부득이한 사유가 있는 때에는 각 당사자는 계약을 해지할 수 있다. 그러나 그 사유가 당사자일방의 과실로 생긴 때에는 상대방에 대하여 손해를 배상하여야 한다.

참고로 근로기준법에는 천재·지변 기타 부득이한 사유로 사업계속이 불가능한 경우 또는 근로자가 고의로 사업에 막대한 지장을 초래하거나 재산상 손해를 끼친 경우에는 즉시 해고할 수 있다고 특별규정을 두고 있다(근로기준법 제26조 단서).

▣ 핵심판례 ▣

■ 민법 제661조 소정의 '부득이한 사유'의 의미와 그 범위

민법 제661조 소정의 '부득이한 사유'라 함은 고용계약을 계속하여 존속시켜 그 이행을 강제하는 것이 사회통념상 불가능한 경우를 말하고, 고용은 계속적 계약으로 당사자 사이의 특별한 신뢰관계를 전제로 하므로 고용관계를 계속하여 유지하는 데 필요한 신뢰관계를 파괴하거나 해치는 사실도 부득이한 사유에 포함되며, 따라서 고용계약상 의무의 중대한 위반이 있는 경우에도 부득이한 사유에 포함된다(대법원 2004. 2. 27. 선고 2003다51675 판결).

◈ 고용계약의 묵시의 갱신

제 662 조 【묵시의 갱신】

① 고용기간이 만료한 후 노무자가 계속하여 그 노무를 제공하는 경우에 사용자가 상당한 기간내에 이의를 하지 아니한 때에는 전고용과 동일한 조건으로 다시 고용한 것으로 본다. 그러나 당사자는 제660조의 규정에 의하여 해지의 통고를 할 수 있다.

② 전항의 경우에는 전고용에 대하여 제3자가 제공한 담보는 기간의 만료로 인하여 소멸한다.

■ § 662. 고용기간의 갱신

- 묵시의 갱신
- 갱신후의 고용은 기간의 약정이 없는 것으로 다루어진다
- 묵시의 갱신이 있는 경우에 전고용에 대하여 제3자가 제공한 담보는 소멸한다.
- 관련법조 : [고용기간] 근로기준 §16, [근로계약연장] 선원 §33, §35②, [신원 보증] 신원보증법, [신원보증금] 상 §468, §583②

1. 의 의

고용기간이 만료하기 전에 또는 만료한 후에도 당사자의 합의로 이를 갱신할 수 있다. 그런데 고용기간이 만료한 후에 갱신의 합의가 없이 노무자가 계속하여 노무를 제공하고 이에 대하여 사용자가 상당한 기간 내에 이의를 제기하지 않는 경우, 민법은 당사자의 의사를 추단하여 전 고용과 동일한 조건으로 다시 고용한 것으로 간주한다(제662조 1항 본문). 다만 고용기간에 한해서는 기간의 정함이 없는 것으로 보고, 그 결과 당사자는 언제든지 계약해지의 통고를 할 수 있고, 그 통고를 받은 때로부터 1개월이 경과하면 해지의 효력이 생긴다(제662조 1항 단서, 제660조). 다만, 판례는 이 경우 기간도 종전과 동일한 것으로 갱신된다고 보는 것이 있다(대판 1986. 2. 25. 85다카2096).

2. 제3자가 제공한 담보의 효력

본조에 의한 묵시의 갱신의 경우에 전 고용과 동일성이 유지되므로, 고용에

따른 노무자의 채무의 담보로서 노무자 자신이 제공한 담보는 그대로 존속한다. 그러나. 제3자가 제공한 담보, 예컨대 신원보증인으로 되거나 질물, 저당물의 제공에 관하여는 전 고용기간의 만료로 인하여 소멸한다.

즉 전의 신원보증인은 갱신된 후에는 신원보증의 책임이 없고, 또 보증금 기타의 물건을 담보로 제공한 제3자는 그 반환을 청구할 수 있다.

제3자는 본래의 고용기간에 한정하여 그에 따른 노무자의 채무를 담보한 것으로 보아야 하기 때문이다.

■ **핵심판례** ■

■ **[묵시의 갱신]**

가. 특정기능보유자의 고용계약만료후의 일실이익 산정기준

특정기능보유자가 그 고용계약의 정함이 있는 경우, 그 고용계약기간내에 불법행위로 인하여 노등력의 전부 또는 일부를 상실하였을 때 그 고용계약만료 이후의 장래의 직업이나 그 수익을 정하기란 지극히 모호하고 막연한 것이기는 하나 특정기능보유자가 그 보유기능과 유사한 직업에 종사하여 그에 상응하는 수익을 얻을 수 있을 것임은 당연한 이치이고 이와 같은 수익을 산정함에는 가장 개연성있는 보다 진실에 가까운 합리적 자료에 따를 수 밖에 없을 것이므로 원심이 건설물가월보 기재의 건설노임단가에 의하여 그 일실이익을 산정하였다 하여 위법이라 할 수는 없다.

나. 고용계약이 묵시로 갱신된 경우, 그 연장기간

민법 제662조에 의하면 고용계약이 만료된 후 노무자가 계속하여 노무를 제공하는 경우에 사용자가 상당한 기간내에 이의를 하지 아니한 때에는 앞의 고용계약과 동일한 조건으로 고용한 것으로 보게 되어 있으므로 당초의 해외취업계약기간이 1년이었다면 그 연장계약기간도 특단의 사정이 없는 한 1년으로 연장되었다고 보아야 하며 이에 반하는 주장을 하는 경우, 그 주장자에게 입증책임이 있다(1986. 2. 25. 제1부 판결 85다카2096 손해배상).

◆ 고용계약의 해지사유 : 사용자의 파산

제 663 조【사용자파산과 해지통고】

① 사용자가 파산선고를 받은 경우에는 고용기간의 약정이 있는 때에도 노무자 또는 파산관재인은 계약을 해지할 수 있다.

② 전항의 경우에는 각 당사자는 계약해지로 인한 손해의 배상을 청구하지 못한다.

■ § 663. 사용자의 파산과 해지

- 사용자가 파산선고를 받은 경우에는 고용기간의 약정의 여부를 불문하고 노무자 또는 파산관재인은 곧 계약을 해지할 수 있다
- 이 경우에는 각 당사자는 해지로 생긴 손해의 배상을 상대방에게 청구하지 못한다
- 관련법조 : 채무자회생 및 파산에 관한 법률 §339

사용자가 파산선고를 받은 경우에는 고용기간의 약정이 있더라도 노무자나 파산관재인은 계약을 해지할 수 있다. 그러나 이 경우에는 당사자는 그 계약해지로 인하여 생긴 손해가 있어도 상대방에게 그 손해의 배상을 청구하지 못한다.

본조는 임대차에 관한 제637조와 그 취지를 동일하게 한 것이다.

제 9 절 도 급

도급(locatio conductio operis, Wdrkvertrag, louage d'industrie, louage d'ouvrage)은 당사자의 일방(수급인)이 어느 일을 완성할 것을 지정하고 상대방 (도급인)이 그 일의 결과에 대한 보수지급을 약정하는 계약(제664조~제674조)이다. 상법상 운송계약은 도급의 특수한 경우의 것이다(상법 제114조~제150조).

도급의 성질은 유상·쌍무·불요식의 낙성계약으로서 광의의 노무공급계약이지만 고용에 있어서와 같이 노무제공 그 자체가 목적이 아니고 노무로써 일을 완성시키는 점에 본질적인 특징이 있다.

수급인은 일의 완성과 목적물의 인도의무를 지며(가옥의 수리 등은 인도를 요하지 않는다), 도급인은 보수지급의 의무를 지닌다. 특약이 없는 한 일의 완성까지는 보수를 받을 수 없고, 수급인이 목적물인도의 의무를 질 때에는 인도와 보수지급은 동시이행의 관계에 선다(제665조). 일의 완성 전의 위험(재해)은 수급인의 부담으로 돌아가지만 일의 완성 후, 인도 전에 생긴 위험은 보통 도급인이 부담한다. 그리고 일의 결과에 하자가 있을 때에는 수급인은 그 유책사유유무에 불구하고 도급인에 대한 담보책임을 진다(제671조). 수급인이 아직 일을 완성하지 않은 동안에는 도급인은 손해를 배상하고 언제든지 계약을 해제할 수 있다 (제673조). 또한 도급인이 파산선고를 받은 때에는 수급인 또는 파산관재인은 계약을 해제할 수 있다(제674조 1항 전단). 그리고 완성된 목적물의 하자로 인하여 계약의 목적을 달성할 수 없는 때에는 도급인은 계약을 해제할 수 있다(제 668조 본문).

◈ 도급의 성립요건

제 664 조 【도급의 의의】

도급은 당사자일방이 어느 일을 완성할 것을 약정하고 상대방이 그 일의 결과에 대하여 보수를 지급할 것을 약정함으로써 그 효력이 생긴다.

■ § 664. 도급의 의의 및 법률적 성질

• 당사자의 일방(수급인)이 어떤 일을 완성할 것을 약정하고 상대방(도급인)이 그 일의 결과에 대하여 보수를 지급할 것을 약정함으로써 성립
• 노무공급계약의 일종
• 낙성, 유상, 쌍무, 불요식의 계약
• 관련법조 : [도급과 상행위] 상 §46, [도급례] 상 §125 이하, [건설공사계약] 건설산업기본법 §1, §22 등

1. 도급의 의의

도급이라 함은, 당사자 일방(수급인)이 어떤 일을 완성할 것을 약정하고 상대방(도급인)이 그 일의 결과에 대하여 보수를 지급할 것을 약정함으로써 성립하는 계약이다.

일이라 함은 노무에 의하여 생기는 결과를 말하며, 건설·용역·토목공사 등과 같은 유형적인 결과 뿐만 아니라, 운송 등과 같은 무형적인 결과도 포함한다.

일의 완성이라 함은 노무에 의하여 일정한 결과를 발생하게 하는 것을 말하며, 도급에서는 수급인의 일의 완성과 도급인의 보수의 지급이 대가관계에 있으므로 일이 완성되지 않으면 어떠한 이유가 있어도 다른 방법으로 노무가 공급되더라도 원칙적으로 수급인은 보수의 일부에 대한 지급청구는 물론 지출비용의 상환을 청구할 수 없다.

또 수급인은 원칙적으로 일을 완성시키기만 하면 되기 때문에 특히 수급인의 개성이 중시되는 일이 아닌 한, 자유롭게 타인을 사용할 수도 있고, 일을 완성함에 있어서 필요한 노력이나 자재의 값이 인상됨으로써 받게 되는 손실

을 부담하며, 일의 완성 전의 재해에 의한 위험도 부담하게 된다.

단 이상의 점에 대해서는 다른 특약을 할 수도 있다. 이와 같이 도급은 일의 완성에 대하여 보수가 지급되는 점에서 타인의 노무를 목적으로 하는 노무공급계약중 노무공급자체를 목적으로 하는 고용, 사무의 처리를 목적으로 하는 위임, 타인의 물건을 보관하는 임치와 구별된다.

【쟁점사항】

<공사도급계약에 있어서 반드시 수급인 자신이 직접 일을 하지 않으면 계약불이행이 되는지 여부>

공사도급계약에 있어서 당사자 사이에 특약이 있거나 일의 성질상 수급인 자신이 하지 않으면 채무의 본지에 따른 이행이 될 수 없다는 등의 특별한 사정이 없는 한 반드시 수급인 자신이 직접 일을 완성하여야 하는 것은 아니고, 이행보조자 또는 이행대행자를 사용하더라도 공사도급계약에서 정한 대로 공사를 이행하는 한 계약을 불이행하였다고 볼 수 없다(대판 2002. 4. 12. 2001다82545).

2. 도급의 법률적 성질

수급인의 일의 완성의무와 도급인의 보수지급의무는 서로 의존관계에 있어 도급은 유상·쌍무계약에 속하며, 또 낙성·불요식의 계약이다.

▣ 핵심판례 ▣

■ [도급의 의의]

1. 건물건축 도급에 있어서 건물 소유권의 귀속관계

일반적으로 자기의 노력과 재료를 들여 건물을 건축한 사람이 그 건물의 소유권을 원시취득하는 것이지만, 도급계약에 있어서는 수급인이 자기의 노력과 재료를 들여 건물을 완성하더라도 도급인과 수급인 사이에 도급인 명의로 건축허가를 받아 소유권 보존등기를 하기로 하는 등 완성된 건물의 소유권을 도급인에게 귀속시키기로 합의한 것으로 보일 경우에는 그 건물의 소유권은 도급인에게 원시적으로 귀속된다(대판(전합) 2003. 12. 18. 98다43601).

2. 가. 건물건축도급계약에 의하여 신축된 건물 소유권의 귀속관계

일반적으로 자기의 노력과 재료를 들여 건물을 건축한 사람은 그 건물의 소

유권을 원시취득하는 것이고, 다만 도급계약에 있어서는 수급인이 자기의 노력과 재료를 들여 건물을 완성하더라도 도급인과 수급인 사이에 도급인 명의로 건축허가를 받아 소유권보존등기를 하기로 하는 등 완성된 건물의 소유권을 도급인에게 귀속시키기로 합의한 것으로 보여질 경우에는 그 건물의 소유권은 도급인에게 원시적으로 귀속된다.

나. 건축허가 명의가 도급인측으로 되어 있고, 도급인이 건물 소유권을 취득함을 전제로 한 약정이 있다면 수급인이 그 노력과 재료를 들여 공사를 하였다 하더라도 그 건물의 원시적 소유권은 도급인에게 귀속 시키기로 합의한 것이라고 한 사례

건물 신축공사에 있어서 그 건축허가 명의가 도급인측으로 되어 있고, 공사 도급계약상 도급인이 공사대금을 미지급할 때에는 그 미지급한 금액에 대하여 완성된 건물로 대물변제하거나 또는 수급인에게 그 건물 소유권에 대한 가등기를 하여 주기로 하는 등 도급인이 완성된 건물의 소유권을 취득함을 전제로 한 약정이 있다면 수급인이 그의 노력과 재료를 들여 위 공사를 80% 가량 진행하고 중단할 당시 사회통념상 독립한 건물의 형태를 갖추고 있었다 하더라도 그 건물의 원시적 소유권은 그 인도 여부나 공사대금의 지급 여부에 관계없이 도급인에게 귀속시키기로 합의한 것이라고 한 사례(1992. 3. 27. 제3부 판결 91다34790 건물소유권보존등기말소등).

3. 가. 건물건축도급계약에 의하여 신축된 건물 소유권의 귀속관계

일반적으로 자기의 노력과 재료를 들여 건물을 건축한 사람은 그 건물의 소유권을 원시취득하는 것이고, 다만 도급계약에 있어서 수급인이 자기의 노력과 재료를 들여 건물을 완성하더라도 도급인과 수급인 사이에 도급인 명의로 건축허가를 받아 소유권보존등기를 하기로 하는 등 완성된 건물의 소유권을 도급인에게 귀속시키기로 합의한 것으로 보여질 경우에는 그 건물의 소유권은 도급인에게 원시적으로 귀속된다.

나. 채무담보를 위하여 채무자가 자기의 비용과 노력으로 신축하는 건물의 건축허가명의를 채권자 명의로 한 경우의 건물 소유권의 귀속관계

단지 채무의 담보를 위하여 채무자가 자기의 비용과 노력으로 신축하는 건물의 건축허가명의를 채권자 명의로 하였다면 이는 완성될 건물을 담보로 제공하기로 하는 합의로서 법률행위에 의한 담보물권의 설정과 다름없으므로 완성된 건물의 소유권은 일단 채무자가 이를 원시취득한 후 채권자 명의로 소유권보존등기를 마침으로써 담보목적의 범위 내에서 채권자에게 그 소유권이 이전된다고 보아야 한다(1992. 8. 18. 제2부 판결 91다25505 건물명도).

4. 가. 건축공사도급계약 해제시의 법률관계

건축공사도급계약에 있어서 공사가 완성되지 못한 상태에서 당사자 중일방이

상대방의 채무불이행을 이유로 계약을 해제한 경우에 공사가 상당한 정도로 진척되어 그 원상회복이 중대한 사회적, 경제적 손실을 초래하게 되고 완성된 부분이 도급인에게 이익이 되는 때에는 도급계약은 미완성부분에 대해서만 실효되고 수급인은 해제된 상태 그대로 그 건물을 도급인에게 인도하고 도급인은 인도받은 건물에 대한 보수를 지급하여야 할 의무가 있고, 이와 같은 경우 도급인이 지급하여야 할 미완성건물에 대한 보수는 특별한 사정이 없는 한 당사자 사이에 약정한 총공사비를 기준으로 하여 그 금액에서 수급인이 공사를 중단할 당시의 공사기성고비율에 의한 금액이 된다.

나. "가"항에서 당사자 사이에 미시공공사비를 예정한 경우, 미완성건물에 대한 보수

위 "가"항의 경우 공사를 중단할 당시 당사자 사이에 미완성건물에 대한 미시공공사비를 예정하여 정하였다면 도급인이 지급하여야 할 미완성건물(기성부분)에 대한 보수는 다른 특별한 사정이 없으면 당초의 약정 총공사비에서 예정한 미시공공사비를 공제한 금액이 된다고 봄이 상당하다(1993. 11. 23. 제1부 판결 93다25080 공사대금).

◆ 도급인의 보수지급의무

제 665 조 【보수의 지급시기】

① 보수는 그 완성된 목적물의 인도와 동시에 지급하여야 한다. 그러나 목적물의 인도를 요하지 아니하는 경우에는 그 일을 완성한 후 지체없이 지급하여야 한다.

② 전항의 보수에 관하여는 제656조 제2항의 규정을 준용한다.

§ 665. 보수지급시기

- 보수의 종류 및 결정방법 : 특약, 관습에 따른다
- 보수의 지급시기 : 특약, 관습에 따르며 그것이 없으면 목적물의 인도와 동시에 지급하여야 한다

1. 보수의 종류 및 결정

보수는 금액에 한하지 않고 물건이 사용 또는 일의 완성에 의하여 얻어지는 것의 일부를 급부하는 것 등도 무방하다. 그러나 금전으로 정하여지는 것이 가장 보편적이다.

금전으로 보수를 지급하기로 한 경우, 그 보수액의 결정방법에는 처음부터 일정액으로 한정하는 한정도급과 대강의 개산액만을 정하고 사정에 따라 그 변경을 인정하는 개산도급이 있다.

보수가 금액인 경우의 대부분은 금액이 일정되어 있는 한정도급으로서 수급인은 약정액 이상의 비용이 필요하더라도 증액을 청구할 수 없는 반면, 약정액 이하의 비용으로 일을 완성하더라도 약정된 금액을 청구할 수 있다.

2. 보수지급시기

보수는 약정한 시기에 지급하여야 하며, 그 약정이 없으면 관습에 의하고, 관습도 없으면 보수는 후급을 원칙으로 한다. 즉, 목적물의 인도와 동시에, 목적물의 인도를 요하지 아니하는 경우에는 그 일을 완성한 후 지체 없이 지급

하여야 한다(제665조 1항).

3. 동시이행의 항변권, 유치권

도급에서 목적물의 인도를 요하는 경우에는 수급인의 목적물의 인도의무와 도급인의 보수지급은 동시이행의 관계에 선다(제665조 1항 본문). 또한 수급인의 보수채권은 목적물에 관하여 생긴 채권으로서, 수급인은 보수를 받을 때까지 목적물에 대하여 유치권을 가진다(제320조).

▣ 핵심판례 ▣

■ [보수의 지급시기]

1. 신축될 병원건물의 냉난방등 설비공사계약이 그 공사진행 중 해지된 경우에 있어 그 계약해지가 계약요건 중 어느 조항에 해당하는지 여부와 해지사유에 따라 보수청구권의 범위가 달라질 수 있는지, 손해배상책임의 문제가 생길 수 있는지의 여부를 심리판단하지 아니하고 부적절한 자료를 토대로 한 감정결과를 채택하여 기성고 상당의 공사대금만을 산정함으로써 심리미진 및 채증법칙위배의 위법을 범하였다 하여 원심판결을 파기한 사례

신축될 병원건물의 냉난방등 설비공사계약이 그 공사진행 중 해지된 경우에 있어 계약해지가 계약조건중 어느 조항에 해당하는지 여부와 해지사유에 따라 보수청구권의 범위가 달라질 수 있는지, 손해배상책임의 무제가 생길수 있는지의 여부를 심리 판단하지 아니하고 부적절한 자료를 토대로 한 감정결과를 채택하여 기성고 상당의 공사대금만을 산정함으로써 심리미진 및 채증법칙위배의 위법을 범하였다고 하여 원심판결을 파기 환송한다(1991. 3. 22. 90다7906, 7913).

2. 가. 건물신축공사중 공사도급계약이 수급인의 해제통고로 해제된 경우 원상회복이 중대한 사회적·경제적 손실을 초래하게 되고 완성된 부분이 도급인에게 이익이 된다면 도급인은 기성부분에 대한 보수를 지급할 의무가 있는지 여부(적극)

건물신축공사의 진행중 고사도급계약이 수급인의 해제통고로 해제된 경우 해제 당시 골조공사를 비롯한 상당한 부분이 이미 완성된 상태였다면 원상회복이 사회적·경제적 손실을 초래하게 되고 완성된 부분이 도급인에게 이익이 된다고 할 것이므로 도급인은 수급인에게 기성부분에 대한 보수를 지급할 의무가 있다.

나. 도급인인 대지소유자가 건축공사가 진척중 제3자에게 매도하여 매수인이 임의로 기성부분을 철거한 경우 수급인의 공사대금채권은 존속한다고 본 사례

도급인인 대지소유자가 건축공사가 진척중 대지를 제3자에게 매도하여 매수인이 임의로 기성부분은 철거한 경우 수급인의 공사대금채권은 존속한다.

다. 수급인의 기성부분 인도최고에 도급인이 아무런 이유 없이 수령을 거절하던 중 쌍방이 책임질 수 없는 제3자의 행위로 기성부분이 철거된 경우 도급인의 공사대금지급채무의 존부(적극)

수급인이 도급인에게 공사금을 지급하고 기성부분을 인도받아 가라고 최고하였다면 수급인은 이로써 자기 의무의 이행 제공을 하였다고 볼 수 있는데 도급인이 아무런 이유 없이 수령을 거절하던 중 쌍방이 책임질 수 없는 제3자의 행위로 기성부분이 철거되었다면 도급인의 수급인에 대한 공사대금지급채무는 여전히 남아있다(1993. 3. 26. 91다14116).

3. 수급인이 건물을 완공하였음에도 공사잔대금을 지급받지 못하는 때에는 공사관련 채무를 인수하고 부동산 소유권을 양도받기로 약정한 경우, 수급인이 부동산의 소유권의 이전등기를 청구하기 위한 요건

수급인이 건물을 완공하였음에도 공사잔대금을 지급받지 못하는 때에는 공사잔대금조로 공사관련 채무를 인수하고 부동산소유권을 양도받기로 약정한 경우, 수급인이 부동산의 소유권이전등기를 구하려면 수급인이 건물을 하자 없이 완공하였음에도 불구하고 도급인이 공사잔대금을 지급하지 못한 경우, 하자가 있는 경우라도 우선 하자의 보수에 갈음하는 손해배상을 구하는 때에는 그 손해배상액이 공사잔대금에 미달하는 경우, 그리고 그 하자의 보수와 함께 손해배상을 구하는 때에는 위 비용과 손해배상액의 합계가 공사잔대금에 미달하는 경우로서 도급인에게 소유권 이전등기를 명하는 것이 신의칙에 비추어 부당하다고 보이지 않는 경우에 한한다 할 것이고, 그 하자로 인한 손해배상액 등이 위 공사잔대금을 초과하는 경우에는 수급인은 부동산에 관한 소유권 이전등기를 구할 수 없다(대판 2001. 6. 15. 2001다21632·21649).

4. 연립주택건축도급인과 건축업자간의 분양위임계약이 공사금채권의 회수를 위한 방법으로 이루어진 경우 건축공사에 하자가 있음이 준공검사 후 발견되었다면 도급인은 분양위임계약을 해지할 수 있는지 여부(적극)

도급인과 연립주택 건설업자간의 분양위임계약이 비록 건축업자의 도급인에 대한 공사금채권의 회수를 위한 방법으로 이루어졌다 하더라도 건축업자가 시공한 연립주택건축공사에 하자가 있음이 준공검사후에 새로이 발견되었다면 도급인으로서는 수급인인 건축업자에게 하자의 보수를 청구할 수 있는 것이고 이들 청구권은 다른 특별한 사정이 없는 한 건축업자의 공사비청구권과 동시이행관계에 있으

므로 도급인으로서는 수급인이 하자보수 또는 하자로 인한 손해배상채무를 이행
할 때까지 공사비지급채무의 이행을 거절할 수 있다 할 것이며, 더욱이 하자를
보수하지 않은 상태에서는 연립주택이 정상가격으로 분양될 수 없는 만큼 그 하
자가 정상가액에 의한 분양을 어렵게 할 정도라면 도급인으로서는 수급인이 하자
를 보수하지 아니한 채 저렴한 가격으로 분양하는 것을 저지하여 손해를 예방할
필요가 있다 할 것이므로 도급인은 이와 같은 사유를 들어 분양위임계약을 해지
할 수 있다(1987. 9. 22. 85다카2263).

5. 가. 건축공사가 상당한 정도로 진척된 후 수급인의 채무불이행을 이유로 도급계약이 해제된 경우의 법률관계

건축공사도급계약이 수급인의 채무불이행을 이유로 해제된 경우에 있어 해제
될 당시 공사가 상당한 정도로 진척되어 이를 원상회복하는 것이 중대한 사
회적·경제적 손실을 초래하게 되고, 완성된 부분이 도급인에게 이익이 되는
것으로 보이는 경우에는 도급계약은 미완성부분에 대하여만 실효되고 수급인
은 해제한 상태 그대로 그 건물을 도급인에게 인도하고, 도급인은 특별한 사
정이 없는 한 인도받은 미완성 건물에 대한 보수를 지급하여야 하는 권리의
무관계가 성립한다.

나. 건축공사도급계약이 중도해제된 경우 도급인이 지급하여야 할 미완성 건물에 대한 보수의 결정기준

건축공사도급계약이 중도해제된 경우 도급인이 지급하여야 할 미완성 건물에
대한 보수는 특별한 사정이 없는 한 당사자 사이에 약정한 총 공사비를 기준
으로 하여 그 금액에서 수급인이 공사를 중단할 당시의 공사기성고비율에 의
한 금액이 되는 것이지 수급인이 실제로 지출한 비용을 기준으로 할것은 아
니다(대법원 1992. 3. 31. 선고 91다42630 판결).

6. 수급인이 책임질 수 없는 사유로 인하여 공사가 지연된 경우, 지체일수가 공제되는 수급인에게 책임지울 수 없는 사유의 의미

수급인이 책임질 수 없는 사유로 인하여 공사가 지연된 경우에는 그 기간만큼
지체일수에서 제외되어야 할 것이나, 지체일수가 공제되는 수급인에게 책임지울
수 없는 사유란 공사도급계약에서 예상하지 못하였던 사정이 발생하였고, 그 사
정으로 인하여 일정한 기간 동안 예정된 공사를 진행할 수 없어 공사의 지연이
불가피하였음을 입증하였어야 하는 것이지 단지 어떤 사유가 수급인의 귀책사유
와 경합하여 공사기간이 연장될 가능성만 있는 때에는 배상예정액의 감액에서
고려할 수 있을 뿐이다(대법원 2005. 11. 25. 선고 2003다60136 판결).

7. 수급인의 하자보수의무 불이행시 도급인에게 귀속하는 것으로 약정된 하자보수보증금의 성질

공사도급계약서 또는 그 계약내용에 편입된 약관에 수급인이 하자담보책임 기간

중 도급인으로부터 하자보수요구를 받고 이에 불응한 경우 하자보수보증금은 도
급인에게 귀속한다는 조항이 있을 때 이 하자보수보증금은 특별한 사정이 없는
한 손해배상액의 예정으로 볼 것이고, 다만 하자보수보증금의 특성상 실손해가
하자보수보증금을 초과하는 경우에는 그 초과액의 손해배상을 구할 수 있다는 명
시 규정이 없다고 하더라도 도급인은 수급인의 하자보수의무 불이행을 이유로 하
자보수보증금의 몰취 외에 그 실손해액을 입증하여 수급인으로부터 그 초과액 상
당의 손해배상을 받을 수도 있는 특수한 손해배상액의 예정으로 봄이 상당하다
(대법원 2002. 7. 12. 선고 2000다17810 판결).

8. 가. 수급인의 보수채권에 대한 압류가 피압류채권의 발생원인인 도급계약
관계에 대한 채무자나 제3채무자의 처분을 구속하는지 여부(소극) 및
그 압류 후에 도급계약이 해지된 경우, 그 도급계약에 의하여 발생한
보수채권을 대상으로 한 압류명령의 효력(=실효)

수급인의 보수채권에 대한 압류가 행하여지면 그 효력으로 채무자가 압류된
채권을 처분하더라도 채권자에게 대항할 수 없고, 제3채무자도 채권을 소멸
또는 감소시키는 등의 행위는 할 수 없으며, 그와 같은 행위로 채권자에게
대항할 수 없는 것이지만, 그 압류로써 위 압류채권의 발생원인인 도급계약
관계에 대한 채무자나 제3채무자의 처분까지도 구속하는 효력은 없으므로 채
무자나 제3채무자는 기본적 계약관계인 도급계약 자체를 해지할 수 있고, 채
무자와 제3채무자 사이의 기본적 계약관계인 도급계약이 해지된 이상 그 계
약에 의하여 발생한 보수채권은 소멸하게 되므로 이를 대상으로 한 압류명령
또한 실효될 수밖에 없다.

나. 도급계약이 해지되기 전에 수급인의 보수채권에 대한 전부명령이 확
정된 경우, 그 전부명령의 효력이 위 도급계약의 해지 후에 제3채무
자와 제3자 사이에 새로이 체결된 공사계약에서 발생한 공사대금채권
에도 미치는지 여부(소극)

도급계약이 해지되기 전에 피압류채권인 수급인의 보수채권에 대한 전부명령
이 내려지고 그 전부명령이 확정되었더라도 전부명령의 효력은 피압류채권의
기초가 된 도급계약이 해지되기 전에 발생한 보수채권에 미칠 뿐 그 계약이
해지된 후 제3채무자와 제3자 사이에 새로 체결된 공사계약에서 발생한 공사
대금채권에는 미칠 수 없다(대법원 2006. 1. 26. 선고 2003다29456 판결).

◆ 부동산공사 수급인의 보수에 관한 채권의 담보방법

제 666 조【수급인의 목적 부동산에 대한 저당권설정청구권】

부동산공사의 수급인은 전조의 보수에 관한 채권을 담보하기 위하여 그 부동산을 목적으로 한 저당권의 설정을 청구할 수 있다.

■ § 666. 부동산공사수급인의 저당권설정청구권

• 수급인의 보수채권의 담보를 위하여 저당권 설정청구권인정
• 독일민법 §648①를 본받아서 신설

부동산 공사의 수급인은 그 공사의 보수에 관한 채권을 담보하기 위하여 그 부동산을 목적으로 한 저당권의 설정을 청구할 수 있다.

이 규정은 구민법에서는 없었던 것이며, 현행민법이 독일민법 제648조1항을 본받아 신설한 것이다. 즉 현행민법이 구민법상의 선취특권을 폐지하고 이에 갈음하여 두게 된 것이 바로 본조의 부동산공사수급인의 저당권설정청구권 규정이다.

부동산의 공사, 즉 건물의 건축이나 건물이 아닌 토지상의 공작물의 도급에서는 수급인은 그 보수채권의 담보를 위하여 도급인에 대해 저당권의 설정을 청구할 수 있다. 이에 따라 저당권이 설정되는 대상은 건물건축의 경우에는 그 건물이고, 그 밖에 토지의 공작물의 경우에는 그 토지가 된다.

수급인이 저당권의 설정을 청구한 때에는 도급인은 그에 응할 의무가 있다. 그러나 도급인이 그에 협력하여 저당권설정등기가 된 때에 비로소 저당권이 성립하는 것이며, 수급인의 위 청구만으로 저당권이 성립하는 것은 아니다.

◈ 수급인의 담보책임 : 하자보수와 손해배상

제 667 【수급인의 담보책임】

① 완성된 목적물 또는 완성전의 성취된 부분에 하자가 있는 때에는 도급인은 수급인에 대하여 상당한 기간을 정하여 그 하자의 보수를 청구할 수 있다. 그러나 하자가 중요하지 아니한 경우에 그 보수에 과다한 비용을 요할 때에는 그러하지 아니하다.

② 도급인은 하자의 보수에 갈음하여 또는 보수와 함께 손해배상을 청구할 수 있다.

③ 전항의 경우에는 제536조의 규정을 준용한다.

■ § 667. 수급인의 담보책임

• 일반적인 책임 : 무과실책임
• 하자보수의무
• 손해배상의무

1. 의의 및 성질

(1) 의 의

도급은 유상계약이므로 매매에 관한 규정이 적용되지만(제567조 참조), 수급인의 담보책임에 관해서는 따로 정하고 있어 매도인의 담보책임에 관한 규정이 준용되지는 않는다.

매매는 '재산권의 이전'에 목적을 두지만 후자는 '일의 완성'에 목적을 두는 점에서 그 하자 및 담보책임의 내용이 다를 수 밖에 없다.

(2) 성 질

판례는 수급인의 담보책임을 '법에 특별히 인정한 무과실 책임'으로 파악한다(대판 2004. 8. 20. 2001다70337).

2. 담보책임의 종류

(1) 하자의 보수

완성된 목적물 또는 완성 전의 성취된 부분에 하자가 있는 때에는 도급인은 수급인에 대하여 상당한 기간을 정하여 그 하자의 보수를 청구할 수 있다. 그러나 하자가 중요하지 아니한 때에는 그러하지 아니하다(제667조 1항).

1) 요 건

하자의 보수를 청구하려면 다음의 요건을 갖추어야 한다.

가. 완성된 목적물 또는 완성전의 성취된 부분에 하자가 있을 것

건물 신축공사의 경우에 '미완성'과 '하자'를 구별하는 기준은 공사가 중단되어 예정된 최후의 공정을 종료하지 못한 경우는 전자에 해당하고, 당초 예정된 최후의 공정까지 일단 종료하고 그 주요구조부분이 약정된대로 시공되어 건물로서 완성되었으나 그것이 불완전한 경우가 후자에 해당한다(대판 1997. 12. 23. 97다44768).

나. 상당한 기간을 정하여 그 하자의 보수를 청구할 것

다. 하자가 중요하지 않으면서 그 보수에 과다한 비용을 요할때에는 하자의 보수를 청구할 수 없다(제667조 1항 단서).

2) 동시이행

도급인의 하자보수청구와 수급인의 보수청구 사이에는 동시이행의 항변권에 관한 규정이 준용된다(제667조 3항). 따라서 도급인이 하자의 보수를 청구한 경우에 그 보수가 끝날때까지 보수의 지급을 거절할 수 있다.

판례도 "도급계약에 있어서 완성된 목적물에 하자가 있는 때에는 도급인은 수급인에 대하여 하자의 보수를 청구할 수 있고, 그 하자의 보수에 갈음하여 또는 보수와 함께 손해배상을 청구할 수 있는 바, 이들 청구권은 특별한 사정이 없는 한 수급인의 보수지급청구권과 동시이행의 관계에 있다고 할 것이다(대판 2001. 6. 15. 2001다21632·21649)."

3) 목적물의 양도

도급인이 목적물을 제3자에게 매도한 경우 도급인은 매도인의 입장에서

제3자(매수인)에게 그 하자에 관한 담보책임을 부담한다(제580조). 그러나 목적물의 양도로 인해 수급인이 도급인에 대한 관계에서 담보책임을 면하는 것이 아니므로, 도급인에 대해 담보책임을 부담한다.

(2) 하자보수에 갈음한 손해배상

1) 요 건

도급인이 하자의 보수를 청구할 수 있는 경우 도급인은 그 보수에 갈음하여 손해배상을 청구할 수 있다. 또 보수를 하고서도 손해가 남는 때에는 따로 손해배상을 청구할 수 있다(제667조 2항)

2) 손해배상청구권의 성립시기

제667조 제2항의 하자보수에 가름한 손해배상청구권은 보수청구권과 병존하여 처음부터 도급인에게 존재하는 권리이고, 일반적으로 손해배상청구권은 사회통념에 비추어 객관적이고 합리적으로 판단하여 현실적으로 손해가 발생한 때에 성립하는 것이므로, 하자보수에 가름한 손해배상청구권은 하자가 발생하여 보수가 필요하게 된 시점에서 성립된다고 봄이 상당하다(대판 2000. 3. 10. 99다55632).

3) 손해배상의 범위

손해배상의 범위에 관해서는 이행이익(예컨대 전매차익)도 포함된다고 보는 견해(통설)와 손해배상의 범위는 목적물의 하자 그 자체로 인한 손해에 국한 되어야 하고, 그 밖의 이행이익의 손해에 대해서는 그 하자에 수급인의 별도의 귀책사유가 있을 것을 전제로 채무불이행의 차원에서 해결되어야 한다는 견해가 대립된다.

4) 동시이행

도급인의 손해배상청구와 수급인의 보수청구사이에는 동시이행의 항변에 관한 규정이 준용된다.

5) 관련문제

가. 도급인의 하자보수에 갈음하는 손해배상채권과 동시이행의 관계에 있는 수급인의 공사잔대금채권의 범위

도급인이 하자의 보수에 갈음하여 손해배상을 청구한 경우 도급인은 그

손해배상의 제공을 받을 때까지 손해배상액에 상당하는 보수액의 지급만을 거절할 수 있는 것이고 그 나머지 보수액의 지급은 이를 거절할 수 없는 것이라고 보아야 할 것이므로 도급인의 손해배상채권과 동시이행관계에 있는 수급인의 공사금채권은 공사잔금대금채권 중 위 손해배상채권액과 동액의 금원뿐이고 그 나머지 공사잔대금채권은 위 손해배상채권과 동시이행관계에 있다고 할 수 없다(대판 19990. 5. 22. 90다카230).

나. 수급인의 하자담보책임에 과실상계의 규정이 준용되는지 여부

수급인의 하자담보책임은 법이 특별히 인정한 무과실책임으로서 여기에 민법 제396조의 과실상계 규정이 준용될 수는 없다 하더라도 담보책임이 민법의 지도이념인 공평의 원칙에 입각한 것인 이상 하자발생 및 그 확대에 가공한 도급인의 잘못을 참작할 수 있다(대판 2004. 8. 30. 2001다70337).

(3) 계약의 해제

도급인이 완성된 목적물의 하자로 인하여 계약의 목적을 달성할 수 없는 때에는 계약을 해제할 수 있다. 그러나 건물 기타 토지의 공작물에 대하여는 그러하지 아니하다(제668조).

■ **핵심판례** ■

■ [수급인의 담보책임]

1. 도급계약에 의하여 완성된 목적물에 하자 있는 경우, 수급인의 담보책임에 의한 하자보수의무와 채무불이행책임에 의한 손해배상의무의 관계

액젓 저장탱크의 제작·설치공사 도급계약에 의하여 완성된 저장탱크에 균열이 발생한 경우, 보수비용은 민법 제667조 제2항에 의한 수급이의 하자담보책임 중 하자보수에 갈음하는 손해배상이고, 액젓 변질로 인한 손해배상은 위 하자담보책임을 넘어서 수급인이 도급계약의 내용에 따른 의무를 제대로 이행하지 못함으로 인하여 도급인의 신체·재산에 발생한 손해에 대한 배상으로서 양자는 별개의 권원에 의하여 경합적으로 인정된다(대판 2004. 8. 20. 2001다70337).

2. 가. 건축도급계약상 지체상금에 관한 특약이 그 도급계약이 해제된 경우에도 적용되는지 여부

건물신축의 도급계약은 그 건물의 준공이라는 일의 완성을 목적으로 하는 계약으로서 그 지체상금에 관한 약정은 수급인이 이와 같은 일의 완성을 지체

한데 대한 손해배상액의 예정이므로 수급인이 약정된 기간내에 그 일을 완성하여 도급인에게 인도하지 않는 한 특별한 사정이 있는 경우를 제외하고는 지체상금을 지급할 의무가 있고, 약정된 기일 이전에 그 공사의 일부만을 완료한 후 공사가 중단된 상태에서 약정기일을 넘기고 그 후에 도급인이 계약을 해제함으로써 일을 완성하지 못한 것이라고 하여 지체상금에 관한 약정이 적용되지 않는다고 할 수는 없다.

나. 전항의 경우 지체상금의 시기 및 종기와 그 액수

전항의 경우 지체상금발생의 시기는 특별한 사정이 없는 한 약정준공일이나 그 종기는 수급인이나 도급인이 건물을 준공할 때까지 무한히 계속되는 것이라고 할 수 없고 수급인이 공사를 중단하거나 기타 해제사유가 있어 도급인이 이를 해제할 수 있었을 때(실제로 해제한 때가 아니고)부터 도급인이 다른 업자에게 의뢰하여 같은 건물을 완성할 수 있었던 시점까지로 제한되어야 하고 또 수급인이 책임질 수 없는 사유로 인하여 공사가 지연된 경우에는 그 기간만큼 공제되어야 하며, 그렇게 하여 산정된 지체상금액이 부당히 과다하다고 인정되는 경우에는 법원이 민법 제398조 제2항에 의하여 적당히 감액할 수 있다(1989. 7. 25. 선고 88다카6273, 88다카6280(반소) 공사대금).

3. '건축물의 하자'의 의미와 그 판단 기준

건축물의 하자라고 함은 일반적으로 완성된 건축물에 공사계약에서 정한 내용과 다른 구조적·기능적 결함이 있거나, 거래관념상 통상 갖추어야 할 품질을 제대로 갖추고 있지 아니한 것을 말하는 것으로, 하자 여부는 당사자 사이의 계약 내용, 해당 건축물이 설계도대로 건축되었는지 여부, 건축 관련 법령에서 정한 기준에 적합한지 여부 등 여러 사정을 종합적으로 고려하여 판단되어야 한다(대법원 2010. 12. 9. 선고 2008다16851 판결).

◈ 수급인의 담보책임 : 계약의 해제

제 668 조【동전-도급인의 해제권】

도급인이 완성된 목적물의 하자로 인하여 계약의 목적을 달성할 수 없는 때에는 계약을 해제할 수 있다. 그러나 건물 기타 토지의 공작물에 대하여는 그러하지 아니하다.

■ § 668. 계약의 해제

- 완성된 목적물의 하자로 말미암아 계약의 목적을 달성할 수 없을 때에는 도급인은 계약을 해제할 수 있다
- 건물 기타 토지의 공작물에 관한 도급에 있어서는 하자를 이유로 하여 계약을 해제하지 못한다

1. 원 칙

본조는 계약해제권으로서 완성된 목적물의 하자로 인하여 계약의 목적을 달성할 수 없는 때에는 도급인은 계약을 해제할 수 있다. 따라서 하자가 중대하더라도 보수가 가능하고, 보수를 하여서라도 계약의 목적을 달성할 수 있는 때에는 도급인은 먼저 보수청구 또는 손해배상청구를 하고, 그 불이행의 경우에만 비로소 일반원칙에 따라서 계약을 해제할 수 있는 것이다.

2. 예 외

'건물 기타 토지의 공작물'인 경우에는 그 목적물의 하자로 인하여 계약의 목적을 달성할 수 없는 때에도 도급인은 계약을 해제할 수 없다(제668조 단서). 이 경우에도 해제를 인정하여 건물 등을 철거하는 등 원상회복을 시키는 것은 사회경제적 손실이 클 뿐 아니라 수급인에게도 과대한 손실을 준다는 점에서 둔 특칙이다.

【쟁점사항】

<공작물이 완성되기 전에 수급인의 채무불이행을 이유로 도급계약을 해제할 수 있는지 여부>

제668조 단서의 반대해석상 공작물이 '완성되기 전'에는 수급인의 채무불이행을 이유로 도급인이 계약을 해제할 수 있는지가 문제된다. 판례는 이를 인정하면서도 그 요건과 효과를 다음과 같이 구성한다.

건축공사 도급계약의 수급인이 일을 완성하지 못한 상태에서 그의 채무불이행으로 말미암아 건축공사 도급계약이 해제되었으나, 해제 당시 공사가 상당한 정도로 진척되어 이를 원상회복하는 것이 중대한 사회적·경제적 손실을 초래하게 되고, 완성된 부분이 도급인에게 이익이 되는 경우, 그 도급계약은 미완성부분에 대하여만 실효되고 수급인은 해제 당시의 상태 그대로 그 건물을 도급인에게 인도하고 도급인은 특별한 사정이 없는 한 인도받은 미완성건물에 대한 보수를 지급하여야 하는 권리의무관계가 성립한다고 할 것이며, 이와 같은 사정으로 말미암아 수급인의 공사대금채권이 남아 있는 경우에는 설사 그 도급계약의 일부가 해제되었다 하더라도 그에 부수된 공사대금채권 양도금지 특약은 실효되지 않는다고 보아야 옳다(대판 1994. 11. 4. 94다18584).

▣ **핵심판례** ▣

■ [동전-도급인의 해제권]

1. 이행지체를 이유로 한 도급계약의 해제와 최고절차의 요부(적극)

수급인의 이행지체를 이유로 한 도급계약의 해제도 다른 계약의 해제와 마찬가지로 도급인이 상당한 기간을 정하여 이행을 최고하였음에도 불구하고 수급인이 이행하지 아니하거나 수급인이 미리 이행하지 아니할 것을 표시한 경우라야 적법하다(1993. 6. 25. 제3부 판결 93다15991 선급금반환).

2. 당사자 간의 합의에 의하여 중단된 도급계약에 있어서의 보수지급의무

공사중단 당시 수급인과 도급인이 공사중단 전에 시행된 공사에 대한 공사비를 지급하기로 약정하였다는 등 특별한 사정이 없는 한, 기성고대금에 관하여는 언급치 아니한 채 이후의 공사만을 포기하기로 수급인과 도급인이 상호 합의한 후 수급인이 도급인에게 공사포기서를 작성교부하고 공사를 중단하였다는 사정만으로는 도급인이 수급인에게 공사중단 이전에 이미 시공된 공사에 대한 보수를 지

급할 의무가 있다고 할 수 없고, 다만 공사중단 당시 공사가 상당한 정도로 진척되어 이를 철거하여 원상회복하는 것이 상당한 경제적 손실을 초래하게 되고 또한 이미 완성한 공사부분이 도급인에게 이익이 된다면, 민법 제668조 단서의 취지나 신의칙에 비추어 도급인은 수급인에게 그 기성고에 상응하는 보수지급의무가 있다(1994. 8. 12. 제3부 판결 93다42320 공사대금).

3. 완공된 집합건물의 하자로 인하여 계약의 목적을 달성할 수 없는 경우 수분양자는 이를 이유로 분양계약을 해제할 수 있는지 여부(적극)

집합건물의소유및관리에관한법률 제9조 제1항이 위 법 소정의 건물을 건축하여 분양한 자의 담보책임에 관하여 수급인에 관한 민법 제667조 내지 제671조의 규정을 준용하도록 규정한 취지는 건축업자 내지 분양자로 하여금 견고한 건물을 짓도록 유도하고 부실하게 건축된 집합건물의 소유자를 두텁게 보호하기 위하여 집합건물의 분양자의 담보책임에 관하여 민법상 수급인의 담보책임에 관한 규정을 준용하도록 함으로써 분양자의 담보책임의 내용을 명확히 하는 한편 이를 강행규정화한 것으로서 분양자가 부담하는 책임의 내용이 민법상 수급인의 담보책임이라는 것이지 그 책임이 분양계약에 기한 것이라거나 아니면 분양계약의 법률적 성격이 도급이라는 취지는 아니며, 통상 대단위 집합건물의 경우 분양자는 대규모 건설업체임에 비하여 수분양자는 경제적 약자로서 수분양자를 보호할 필요성이 높다는 점, 집합건물이 완공된 후 개별분양계약이 해제되더라도 분양자가 집합건물의 부지사용권을 보유하고 있으므로 계약해제에 의하여 건물을 철거하여야 하는 문제가 발생하지 않을 뿐 아니라 분양자는 제3자와 새로 분양계약을 체결함으로써 그 집합건물 건축의 목적을 충분히 달성할 수 있는 점 등에 비추어 볼 때 집합건물의소유및관리에관한법률 제9조 제1항이 적용되는 집합건물의 분양계약에 있어서는 민법 제668조 단서가 준용되지 않고 따라서 수분양자는 집합건물의 완공 후에도 분양목적물의 하자로 인하여 계약의 목적을 달성할 수 없는 때에는 분양계약을 해제할 수 있다(대법원 2003. 11. 14. 선고 2002다2485 판결).

◈ 수급인의 담보책임의 면책

제 669 조 【동전-하자가 도급인의 제공한 재료 또는 지시에 기인한 경우의 면책】

전2조의 규정은 목적물의 하자가 도급인이 제공한 재료의 성질 또는 도급인의 지시에 기인한 때에는 적용하지 아니한다. 그러나 수급인이 그 재료 또는 지시의 부적당함을 알고 도급인에게 고지하지 아니한 때에는 그러하지 아니하다.

■ § 669. 책임의 감면에 관한 특칙

• 도급인의 책임있는 사유로 인하여 완성된 목적물에 하자가 있는 경우에도 수급인이 이를 알고 고지하지 않으면 담보책임을 져야 한다

본조는 수급인의 하자담보책임의 면책사유에 관하여 규정한 것이다.

도급의 특수성에 비추어 전2조의 담보책임은 목적물의 하자가 도급인이 제공한 재료의 성질 또는 도급인의 지시에 기인한 경우에는 그 수급인은 하자에 관하여 책임을 지지 않는다. 그러나 수급인이 그 재료 또는 지시의 부적당함을 알면서 이를 도급인에게 고지하지 아니한 경우에는 담보책임을 면하지 못한다.

판례는 건축도급계약의 수급인이 설계도면의 기재대로 시공한 경우에는 이는 도급인의 지시에 따른 것과 같아서 그로 인하여 목적물에 하자가 생겼다고 하더라도 원칙적으로 수급인에게 하자담보책임을 지을 수 없다고 한다(대판 1996. 5. 14. 95다24975).

◈ 수급인의 담보책임의 존속기간

제 670 조【담보책임의 존속기간】

① 전3조의 규정에 의한 하자의 보수, 손해배상의 청구 및 계약의 해제는 목적물의 인도를 받은 날로부터 1년내에 하여야 한다.

② 목적물의 인도를 요하지 아니하는 경우에는 전항의 기간은 일의 종료한 날로부터 기산한다.

■ § 670. 담보책임의 존속기간

• 원칙적으로 1년이다.
• 이 기간은 일의 목적물의 인도를 필요로 하는 경우에는 인도한 때로부터 기산하며, 목적물의 인도를 필요로 하지 않는 경우에는 일의 종료한 때로부터 기산한다.

본조는 수급인의 담보책임의 존속기간을 규정한 것이다.

하자의 보수, 손해배상의 청구 및 계약의 해제의 행사기간은 인도 또는 일의 완성 후 1년이다. 수급인의 하자담보책임에 관한 기간은 제척기간으로서 재판상 또는 재판 외의 권리행사기간이며 재판상 청구를 위한 출소기간이 아니라고 할 것이다(대판 2000. 6. 9. 2000다15371).

즉 이 기간을 경과한 때에는 도급인은 수급인에 대하여 이러한 권리를 주장할 수 없다. 수급인의 담보책임의 존속기간을 1년으로 한 것은 장기간으로 하는 경우에는 하자의 판정이 곤란해지기 때문이다.

▣ 핵심판례 ▣

1. 가. 특정물공급계약의 법적성격과 민법 제580조 제1항의 적용여부(소극)

갑이 을의 주문에 따라서 갑소유의 재료를 사용하여 특수하게 만든 자동차부품을 공급하고 을로부터 이를 수입하여 가는 외국의 병 외에는 이를 타에 매각처분하기가 불가능한 불대체물의 제작공급계약의 경우에는 당해 물건의 공급과 함께 그 제작이 계약의 주목적이 되어 도급의 성질을 띠게 되고 그와 같은 수급인의 하자담보책임은 무과실책임이므로 매매에 관한 민법 제580조 제1항 단서의 조항이 적용될 여지가 없다.

나. 수급인의 하자담보책임으로서의 손해배상을 정함에 있어 도급인의 과실을 참작할 수 있는지 여부(적극)

수급인의 하자담보책임에 관한 민법 제667조는 법이 특별히 인정한 무과실책임으로서 여기에 민법 제396조의 과실상계규정이 준용될 수는 없다 하더라도 담보책임이 민법의 지도이념인 공평의 원칙에 입각한 것인 이상 하자발생 및 그 확대에 가공한 도급인의 잘못을 참작하여 손해배상의 범위를 정함이 상당하다.

다. 제작물공급계약에 기하여 하자있는 제품을 공급받아 수출한 도급인에게 하자의 존부에 관한 확인을 게을리 한 과실이 있다고 하여 수급인의 손해배상액을 산정함에 있어 참작한 사례

제작물공급계약에 따라 제품을 공급받아 외국의 수입상에게 수출한 도급인이 수입상으로부터 하자를 이유로 선적중지 및 품질검사통지를 받고서도 하자의 존재여부를 좀더 확인해 보는 일이 없이 선적한 점에 관하여는 적어도 선적 이후의 손해확대에 관한 한 과실이 있다고 하여 수급인의 손해배상액을 산정함에 있어 이를 참작한 사례

라. 민법 제670조의 하자담보책임에 관한 제척기간이 재판상 청구를 위한 출소기간인지 여부(소극)

민법 제670조의 하자담보책임에 관한 제척기간은 재판상 또는 재판외의 권리행사기간이며 재판상 청구를 위한 출소기간은 아니다.

마. 수급인의 하자담보책임으로 제작물공급계약 해제시 원상회복에 목적물의 시가보다 많은 비용이 소요되는 경우에 원상회복의무의 유무(적극) 및 수령할 원물이 멸실된 경우의 원상회복방법

하자로 인하여 계약의 목적을 달성할 수 없어 제작물공급계약이 해제되고 그 결과 원상회복의무가 있다고 인정되는 경우, 그 회복에 목적물의 시가보다 많은 비용이 소요된다고 해서 그 이유만으로 구체적인 원상회복의무가 없다

고 할 수도 없고, 또한 채무의 이행으로 물건이 인도된 경우 원상회복의 범
위는 그 수령한 원물을 반환하는 것이 원칙이나 수령한 원물이 멸실 등으로
반환할 수 없게 되었을 때에는 예외적으로 그 가격을 반환하여야 한다(대판
1990. 3. 9. 88다카31866).

2. 건설수급인에 대한 하자보수청구권에 민법 제670조가 적용되는지 여부

민법 제671조에 의하면 토지, 건물 기타 공작물 수급인의 담보책임에 대하여는
같은 법 제670조의 제척기간에 대한 특칙으로 그 제척기간을 공작물의 종류에 따
라 5년 또는 10년으로 규정하고 있어 건물수급인에 대하여 담보책임을 묻는 하자
보수청구권에 대하여는 1년간의 제척기간을 규정한 민법 제670조가 적용되지 않
는다(대판 1988. 3. 8. 87다카2083).

◆ 토지, 건물 기타 공작물에 대한 수급인의 하자담보책임의 제척기간의 특칙

제 671 조 【수급인의 담보책임-토지, 건물등에 대한 특칙】

① 토지, 건물 기타 공작물의 수급인은 목적물 또는 지반공사의 하자에 대하여 인도후 5년간 담보의 책임이 있다. 그러나 목적물이 석조, 석회조, 연와조, 금속 기타 이와 유사한 재료로 조성된 것인 때에는 그 기간을 10년으로 한다.

② 전항의 하자로 인하여 목적물이 멸실 또는 훼손된 때에는 도급인은 그 멸실 또는 훼손된 날로부터 1년내에 제667조의 권리를 행사하여야 한다.

■ § 671. 담보책임의 존속기간 - 토지의 공작물에 대한 특칙

- 보통의 공작물의 하자 : 인도가 있은 후 5년
- 석조, 석회조, 연와조, 금속 기타 이와 유사한 재료로 조성된 것 : 10년
- 지반공사 : 인도후 5년
- 보수나 손해의 배상청구

수급인의 담보책임의 존속기간은 토지, 건물 기타 공작물의 도급에는 보통 인도 후 5년, 석조, 석회조, 연와조, 금속 기타 이와 유사한 재료로 조성된 것인 경우에는 10년, 단지 공작물이 그 하자로 인하여 멸실·훼손된 때에는 그 날로부터 1년이다.

이는 토지·건물 기타 공작물의 공사는 일반적으로 공사의 규모도 크고 그 하자로 인하여 생긴 손해도 현저한 것이므로 전조의 존속기간에 의할 수는 없기 때문이다. 이 기간도 제척기간이라는데 이설이 없다.

존속기간에 관한 제670조, 제671조의 규정은 강행규정이 아니므로 당사자의 특약으로 이를 단축할 수 있다(대판 1967. 6. 27. 66다1346).

▣ 핵심판례 ▣

■ [수급인의 담보책임 - 토지, 건물 등에 대한 특칙]

가. 도급계약의 지체보상에 관한 약정의 성질 및 특약에 의한 손해배상의무의 종기

도급계약의 지체보상에 관한 약정은 수급인이 일의 완성을 지체한데 대한 손해배상의 예정을 약정한 것이라 할 것인바, 공사도급계약이 수급인이 건물신축공사를 완성하여 준공검사를 마치고 도급인에게 인도하는 것을 그 일의 내용으로 하는 것이라면, 위 약정에 의한 수급인의 지체보상의무의 종기는 수급인의 건물에 대한 준공검사를 마치고 도급인에게 인도한 때라고 할 것이므로 도급인이 준공검사를 마친 건물을 인도받은 후에 있어서는 비록 인도된 건물에 공사내용대로 완성되지 아니한 불완전한 부분이 있다 하더라도 그에 따른 하자보수청구 등 별도의 책임이 있음은 별론을 하고 수급인에게 지체보상약정에 따른 책임을 물을 수는 없다.

나. 건물수급인에 대한 하자보수청구권에 민법 제670조가 적용되는지 여부

민법 제671조에 의하면 토지, 건물 기타 공작물 수급인의 담보책임에 대하여는 같은 법 제670조의 제척기간에 대한 특칙으로 그 제척기간을 공작물의 종류에 따라 5년 또는 10년으로 규정하고 있어 건물수급인에 대하여 담보책임을 묻는 하자보수청구권에 대하여는 1년간의 제척기간을 규정한 민법 제670조가 적용되지 않는다(대판 1988. 3. 8. 87다카2083, 2084).

◈ 담보책임의 면제의 특약

제 672 조 【담보책임면제의 특약】

수급인은 제667조, 제668조의 담보책임이 없음을 약정한 경우에도 알고 고지하지 아니한 사실에 대하여는 그 책임을 면하지 못한다.

■ § 672. 책임의 감면에 대한 특칙

- 당사자가 담보책임을 부담하지 않는다는 뜻의 특약을 하거나 또는 담보책임을 감경하는 특약을 한 때에는 그러한 특약은 유효하다.
- 다만 그런 특약이 있더라도 수급인이 알고 있으면서 도급인에게 고지하지 않은 사실에 대하여는 책임을 면하지 못한다.

수급인의 담보책임을 특약으로 면제 또는 경감할 수 있으나 이 경우에도 수급인이 알면서 고지하지 아니한 사실에 대하여는 그 책임을 면하지 못한다.

수급인은 신의에 의하여 마땅히 도급인의 이익을 고려하여야 할 지위에 있는 것이고, 설사 수급인이 하자담보의 책임을 지지 아니한다는 특약이 있다고 하더라도 그 하자있음을 알면서 이를 도급인에게 고지하지 않는 것은 도급인의 이익에 반한 불성실한 행위이므로 책임을 면할 수 없는 것이기 때문이다.

▣ 핵심판례 ▣

- **민법 제672조의 규정은 수급인의 담보책임기간을 단축하는 등 법에 규정된 담보책임을 제한하는 약정을 한 경우에도 유추적용되는지 여부(한정 적극)**

 민법 제672조가 수급인의 담보책임이 없음을 약정한 경우에도 알고 고지하지 아니한 사실에 대하여는 그 책임을 면하지 못한다고 규정한 취지는 그와 같은 경우에도 담보책임을 면하게 하는 것은 신의성실의 원칙에 위배된다는데 있으므로, 담보책임을 면제하는 약정을 한 경우뿐만 아니라 담보책임기간을 단축하는 등 법에 규정된 담보책임을 제한하는 약정을 한 경우에도, 수급인이 알고 고지하지 아니한 사실에 대하여 그 책임을 제한하는 것이 신의성실의 원칙에 위배된다면 그 규정의 취지를 유추하여 그 사실에 대하여는 담보책임이 제한되지 않는다고 보아야 한다(대판 1999. 9. 21. 99다19032).

◆ 도급의 종류 : 일의 완성 전에 도급인이 해제하는 경우

제 673 조 【완성전의 도급인의 해제권】

수급인이 일을 완성하기 전에는 도급인은 손해를 배상하고 계약을 해제할 수 있다.

■ § 673. 도급인의 임의해제

• 일의 완성전에는 도급인은 언제든지 계약을 해제할 수 있다.
• 이 경우 도급인은 수급인의 손해를 배상하여야 한다.
• 관련법조 : [운송중지] 상 §139

본조는 도급계약의 해제에 관한 특례를 규정한 것이다.

도급인은 수급인이 일을 완성하기 전에 손해를 배상하면 언제든지 계약을 해제할 수 있다. 원래 도급계약에 있어서의 일은 도급인을 위하여 행하여지는 것이므로 그 도급인에게 필요없게 된 일을 중지시킬 수 있는 권한을 도급인에게 인정한 것이다.

도급인은 수급인이 '일을 완성하기 전'에 한해 해제를 할 수 있으며(제673조), 일을 완성한 후에는 설사 목적물 인도 전이라도 본조에 의해 계약을 해제할 수 없다(대판 1995. 8. 22. 95다1521). 그리고 본조에 의한 해제는 수급인의 채무불이행을 요건으로 하지 않는다.

도급인이 본조에 의해 계약을 해제하는 때에는 수급인에게 그 손해를 배상하여야 한다. 그 범위는 이미 지출한 비용과 일을 완성하였다면 얻었을 이익이 포함된다.

▣ 핵심판례 ▣

■ [완성전의 도급인의 해제권]

1. 기성고 비율에 따라 공사대금을 지급하기로 한 경우, 그 기성고 비율의 산정방법

도급인이 수급인(또는 하수급인)에게 약정된 공사도급금액 중 기성고의 비율에 따라 공사대금을 지급하기로 하였다면, 도급인이 지급하여야 할 공사대금은 약정된 도급금액을 기준으로하여 여기에 기성고의 비율을 곱하는 방식으로 산정하여야 하고, 그 기성고 비율은 우선 약정된 공사의 내역과 그 중 이미 완성된 부분의 공사내용과 아직 완성되지 아니한 공사 내용을 확정한 뒤, 공사대금 지급의무가 발생한 시점을 기준으로 이미 완성된 부분에 관한 공사비와 미완성된 부분을 완성하는데 소요될 공사비를 평가하여 그 전체 공사비 가운데 이미 완성된 부분에 소요된 비용이 차지하는 비율을 산정하여 확정하여야 한다(1996. 1. 23. 94다31631, 31648).

2. 가. 건축공사가 상당한 정도로 진척된 후 수급인의 채무불이행을 이유로 도급계약이 해제된 경우의 법률관계

건축공사도급계약이 수급인의 채무불이행을 이유로 해제된 경우에 있어 해제될 당시 공사가 상당한 정도로 진척되어 이를 원상회복하는 것이 중대한 사회적·경제적 손실을 초래하게 되고, 완성된 부분이 도급인에게 이익이 되는 것으로 보이는 경우에는 도급계약은 미완성부분에 대하여만 실효되고, 수급인은 해제한 상태가 그대로 그 건물을 도급인에게 인도하고, 도급인은 특별한 사정이 없는 한 인도받은 미완성 건물에 대한 보수를 지급하여야 하는 권리의무관계가 성립한다.

나. 건축공사도급계약이 중도해제된 경우 도급인이 지급하여야 할 미완성 건물에 대한 보수의 결정기준

건축공사도급계약이 중도해제된 경우 도급인이 지급하여야 할 미완성 건물에 대한 보수는 특별한 사정이 없는 한 당사자 사이에 약정한 총 공사비를 기준으로 하여 그 금액에서 수급인이 공사를 중단할 당시의 공사기성고비율에 의한 금액이 되는 것인지 수급인이 실제로 지출한 비용을 기준으로 할 것은 아니다(1992. 3. 31. 91다42630).

3. 도급계약의 해제시 도급인과 수급인의 손해액 산정

가. 민법 제637조에 의하여 도급계약이 해제된 경우, 도급인이 수급인에 대한 손해배상에 있어서 과실상계나 손해배상예정액 감액을 주장할 수 있는지 여부(소극)

민법 제673조에서 도급인으로 하여금 자유로운 해제권을 행사할 수 있도록 하는 대신 수급인이 입은 손해를 배상하도록 규정하고 있는 것은 도급인의 일방적인 의사에 기한 도급계약 해제를 인정하는 대신, 도급인의 일방적인 계약해제로 인하여 수급인이 입게 될 손해, 즉 수급인이 이미 지출한 비용과 일을 완성하였더라면 얻었을 이익을 합한 금액을 전부 배상하게 하는 것이라 할 것이므로, 위 규정에 의하여 도급계약을 해제한 이상은 특별한 사정이 없는 한 도급인은 수급인에 대한 손해배상에 있어서 과실상계나 손해배상예정액 감액을 주장할 수는 없다.

나. 수급인의 손해액 산정에 있어서 손익상계의 적용 여부(적극)

채무불이행이나 불법행위 등이 채권자 또는 피해자에게 손해를 생기게 하는 동시에 이익을 가져다 준 경우에는 공평의 관념상 그 이익은 당사자의 주장을 기다리지 아니하고 손해를 산정함에 있어서 공제되어야만 하는 것이므로, 민법 제673조에 의하여 도급계약이 해제된 경우에도, 그 해제로 인하여 수급인이 그 일의 완성을 위하여 들이지 않게 된 자신의 노력을 타에 사용하여 소득을 얻었거나 또는 얻을 수 있었음에도 불구하고, 태만이나 과실로 인하여 얻지 못한 소득 및 일의 완성을 위하여 준비하여 둔 재료를 사용하지 아니하게 되어 타에 사용 또는 처분하여 얻을 수 있는 대가 상당액은 당연히 손해액을 산정함에 있어서 공제되어야 한다(대판 2002. 5. 10. 2000다37296, 37302).

◆ 도급의 종류 : 도급인의 파산으로 인한 경우

제 674 조【도급인의 파산과 해제권】

① 도급인이 파산선고를 받은 때에는 수급인 또는 파산관재인은 계약을 해제할 수 있다. 이 경우에는 수급인은 일의 완성된 부분에 대한 보수 및 보수에 포함되지 아니한 비용에 대하여 파산재단의 배당에 가입할 수 있다.

② 전항의 경우에는 각당사자는 상대방에 대하여 계약해제로 인한 손해의 배상을 청구하지 못한다.

■ § 674. 도급인의 파산

• 도급인이 파산선고를 받은 때에는 수급인 또는 파산관재인은 계약을 해제할 수 있다.
• 이 때에 수급인은 완성된 일의 부분에 대한 보수 및 보수에 포함되지 않은 비용액을 채권액으로 하여 파산재단의 배당에 가입할 수 있다.
• 그리고 이 경우에 각 당사자는 상대방에 대하여 계약해제에 의한 손해의 배상을 청구하지 못한다.

1. 의 의

도급인이 파산선고를 받은 때에는 수급인이 그 보수를 제대로 받기 어려운데 그 일을 완성케하는 것은 수급인에게 불리하고, 또 도급인의 입장에서도 계약관계를 종료시키는 것이 그 자신이나 일반채권자의 이익이 될 수 있다는 점에서 본조는 수급인 또는 파산관재인에게 계약해제권을 인정한 것이다. 이 해제는 성질상 해지이며 장래에 대하여서만 효력이 있다

2. 효 과

도급인은 파산한 때에는 수급인 또는 파산관재인은 계약을 해제할 수 있다. 수급인은 이미 일의 완성된 부분의 보수 및 그 보수에 포함되지 아니한 비용에 대하여 파산재단의 배당에 가입할 수 있다. 그러나 이 경우에는 계약의 해

제에 의한 손해의 배상은 상대방에 청구하지 못한다.

3. 수급인의 계약해제 여부의 최고권

수급인은 파산관재인에 대하여 상당한 기간을 정하여 그 기간안에 계약의 해제나 이행여부를 확답할 것을 최고할 수 있다. 이 경우 파산관재인이 그 기간내에 확답을 하지 아니한 때에는 계약을 해제한 것으로 본다(채무자회생및 파산에관한법률 제335조 1항).

4. 수급인이 파산한 경우

본조는 도급인이 파산한 경우에 관한 것이며, 수급인이 파산한 때에는 그적용이 없고 이에 관하여는 채무자회생및파산에관한법률에 특칙이 있다. 즉, 파산관재인은 필요한 재료를 제공하여 수급인으로 하여금 그 일을 하게할 수 있고, 이 경우 파산자(수급인)가 도급인으로부터 받을 보수는 파산재단에 속한다(동법 제341조).

제 9 절의 2 여행계약

생활 속에 대중화·보편화되어 계속적으로 증가하는 추세인 여행과 관련하여 여러 가지 법적 문제가 발생하고 있으나 이를 직접 규율하는 법령이 없어 여행자 보호에 취약하다는 문제가 있었다. 이에 이를 보완하기 위하여 2015년 2월 3일 민법 일부개정시 여행계약에 관한 내용을 새롭게 규정하여 전형계약에 포함하였으며, 동 규정은 2016년 2월 4일부터 시행되었다. 새롭게 신설된 내용으로는 여행계약의 의의, 해제·해지, 담보책임에 관한 사항 등 여행계약에 관한 기본적인 사항이 포함되어 있다.

◈ 여행계약의 의의

제 674 조의2【여행계약의 의의】

여행계약은 당사자 한쪽이 상대방에게 운송, 숙박, 관광 또는 그 밖의 여행 관련 용역을 결합하여 제공하기로 약정하고 상대방이 그 대금을 지급하기로 약정함으로써 효력이 생긴다. [본조신설 2015.2.3.]

■ § 674의2. 여행계약의 의의 및 법적 성질

• 당사자 한쪽이 상대방에게 운송, 숙박, 관광 또는 그 밖의 여행 관련 용역을 결합하여 제공하기로 약정하고 상대방이 그 대금을 지급하기로 약정함으로써 성립하는 계약
• 법적 성질 : 낙성 · 쌍무 · 유상 · 불요식 계약

1. 여행계약의 의의

여행계약이란 당사자 한쪽이 상대방에게 운송, 숙박, 관광 또는 그 밖의 여행 관련 용역을 결합하여 제공하기로 약정하고 상대방이 그 대금을 지급하기로 약정함으로써 성립하는 계약이다.

2. 여행계약의 법적 성질

여행계약은 낙성 · 쌍무 · 유상 · 불요식 계약이다. 즉, 여행계약은 당사자의 합의만 있으면 성립하며, 계약금이 교부되어야 성립하는 것은 아니다. 또한 여행주최자의 여행용역의 제공의무와 여행자의 대금지급의무는 서로 대가적인 의미에 있다. 또한 여행계약은 유상계약이며, 특별한 방식을 요하지도 않는다.

3. 여행계약의 성립

(1) 당사자

여행계약의 당사자는 여행주최자와 여행자이다.

1) 여행주최자

여행주최자는 운송·숙박 등 여행 관련 용역을 결합하여 제공하기로 약정한 자이다. 여행자와 여행주최자 사이에 여행계약을 중개하는 여행모집인·여행사는 여행주최자가 아니며, 여행자와 여행모집인 사이의 계약은 중개계약에 해당할 뿐이다.

2) 여행자

여행자는 여행주최자와 계약을 체결한 자이다.

(2) 여행계약의 성립요건

앞서 살핀바와 같이 여행계약은 낙성계약이므로 여행주최자와 여행자 사이의 합의만 있으면 성립한다. 이 때 합의는 '운송, 숙박, 관광 또는 그 밖의 여행 관련 용역을 결합하여 제공하는 것'에 관한 것이어야 한다. 민법 제674조의2에서 '여행 관련 용역을 결합하여 제공하기로 약정'할 것을 요구하고 있기 때문에, 만약 운송, 숙박, 관광 등 여행 관련 용역 중에서 어느 하나만을 제공하기로 하는 경우에는 민법상 여행계약에 관한 규정이 적용되지 않는다.

◆ 여행 개시 전의 계약 해제

제 674 조의3 【여행 개시 전의 계약 해제】

여행자는 여행을 시작하기 전에는 언제든지 계약을 해제할 수 있다. 다만, 여행자는 상대방에게 발생한 손해를 배상하여야 한다. [본조신설 2015.2.3.]

■ § 674의3. 여행 개시 전의 계약 해제

- 여행개시 전의 해제 인정
- 해제를 위해 특별한 원인 불요
- 상대방에게 발생한 손해는 배상해야 함

여행자는 여행기 개시되기 전에는 언제든지 계약을 해제할 수 있다. 해제를 위해 특별한 원인이 필요하지 않다. 다만, 해제를 한 경우에 여행자는 상대방에게 발생한 손해를 배상해야 한다. 이 때의 손해배상은 신뢰이익의 배상이라고 할 것이다. 다만, 배상은 여행대금의 한도에서 인정되어야 할 것이다.

동 규정을 위반하는 약정으로서 여행자에게 불리한 것은 효력이 없다(674조의9).

◈ 부득이한 사유로 인한 계약 해지

제 674 조의4 【부득이한 사유로 인한 계약 해지】

① 부득이한 사유가 있는 경우에는 각 당사자는 계약을 해지할 수 있다. 다만, 그 사유가 당사자 한쪽의 과실로 인하여 생긴 경우에는 상대방에게 손해를 배상하여야 한다.

② 제1항에 따라 계약이 해지된 경우에도 계약상 귀환운송(歸還運送) 의무가 있는 여행주최자는 여행자를 귀환운송할 의무가 있다.

③ 제1항의 해지로 인하여 발생하는 추가 비용은 그 해지 사유가 어느 당사자의 사정에 속하는 경우에는 그 당사자가 부담하고, 누구의 사정에도 속하지 아니하는 경우에는 각 당사자가 절반씩 부담한다. [본조신설 2015.2.3.]

■ § 674의4. 부득이한 사유로 인한 계약 해지

- 부득이한 사유가 있는 경우 각 당사자는 계약 해지 가능
- 여행이 시작된 후, 부득이한 사유가 있는 경우이어야 함
- 당사자 한쪽의 과실로 인한 부득이한 사유로 계약을 해지한 경우 : 상대방에게 손해 배상을 해야 함
- 해지로 인하여 추가비용이 발생한 경우 : 해지사유가 어느 당사자의 사정에 속하는 경우 → 해당 당사자가 비용 부담, 누구의 사정에도 속하지 않는 경우 → 각 당사자가 절반씩 부담

1. 부득이한 사유로 인한 계약 해지

부득이한 사유가 있는 경우에는 각 당사자는 계약을 해지할 수 있다. 이는 여행이 시작된 후에 하는 것이며, 부득이한 사유가 있는 한 당사자 쌍방 모두 할 수 있다.

2. 손해 배상

부득이한 사유로 계약을 해지한 경우에 그 사유가 당사자 한쪽의 과실로 인하여 생긴 때에는 그 당사자는 상대방에게 손해를 배상해야 한다.

3. 계약의 청산

부득이한 사유로 계약이 해지된 경우에도 계약을 청산해야 한다. 민법은 특히 계약상 귀환운송의무가 여행주최자에게 있으면 그가 여행자를 귀환운송할 의무가 있다고 규정하고 있다.

4. 해지에 따른 추가비용의 부담

부득이한 사유로 계약을 해지한 경우에는 대체로 해지로 인하여 추가비용이 발생하게 된다. 이때 해지사유가 어느 당사자의 사정에 속하는 경우에는 그 당사자가 추가비용을 부담하고, 누구의 사정에도 속하지 않는 경우에는 각 당사자가 절반씩 부담한다.

5. 편면적 강행규정

동조를 위반하는 약정으로서 여행자에게 불리한 것은 효력이 없다.

◈ 대금 지급 시기

제 674 조의5 【대금의 지급시기】

여행자는 약정한 시기에 대금을 지급하여야 하며, 그 시기의 약정이 없으면 관습에 따르고, 관습이 없으면 여행의 종료 후 지체 없이 지급하여야 한다. [본조신설 2015.2.3.]

■ § 674의5. 대금 지급 시기

- 여행자는 계약에서 정한 여행 대금 지급 의무 있음
- 대금 지급 시기를 약정한 경우 : 약정한 시기에 대금 지급
- 대금 지급 시기를 약정하지 않은 경우 : 관습 → 관습이 없으면 여행 종료 후 지체 없이 지급

여행자는 계약에서 정한 여행대금을 지급할 의무가 있다(제674조의2 후단).

민법에서는 여행자가 대금을 지급할 시기에 관하여 명문으로 규정하고 있는데, 약정한 시기가 있다면 그 시기에 대금을 지급해야 하며, 만약 약정이 없으면 관습에 따라 지급해야 하고, 관습이 없으면 여행의 종료 후에 지체없이 지급해야 한다.

◈ 여행주최자의 담보책임

제 674 조의6【여행주최자의 담보책임】

① 여행에 하자가 있는 경우에는 여행자는 여행주최자에게 하자의 시정 또는 대금의 감액을 청구할 수 있다. 다만, 그 시정에 지나치게 많은 비용이 들거나 그 밖에 시정을 합리적으로 기대할 수 없는 경우에는 시정을 청구할 수 없다.

② 제1항의 시정 청구는 상당한 기간을 정하여 하여야 한다. 다만, 즉시 시정할 필요가 있는 경우에는 그러하지 아니하다.

③ 여행자는 시정 청구, 감액 청구를 갈음하여 손해배상을 청구하거나 시정 청구, 감액 청구와 함께 손해배상을 청구할 수 있다. [본조신설 2015.2.3.]

■ § 674의6. 여행주최자의 담보책임

• 여행에 하자가 있는 경우 여행주최자의 담보책임 인정
• 담보책임의 내용 : 시정청구권, 대금감액청구권, 손해배상청구권, 계약해지권

1. 여행주최자의 담보책임

여행주최자는 여행에 하자가 있는 경우 일정한 담보책임을 진다. 여행계약 역시 유상계약이기 때문에 민법 제567조에 의하여 매도인의 담보책임에 관한 규정이 준용되지만, 민법은 이와 별개로 여행주최자의 담보책임에 관한 특별규정을 두고 있다.

2. 담보책임의 요건

여행주최자의 담보책임이 발생하려면 여행에 하자가 있어야 한다. 하자의 판단은 1차석으로 당사자가 약정한 여행의 내용과 품질을 기준으로 한다. 만약 당사자가 별도로 이에 대하여 정하고 있지 않다면 보충적으로 그 종류의 여행이 일반적으로 갖추고 있는 내용과 품질을 기준으로 판단해야 할 것이다.

3. 담보책임의 내용

여행주최자의 담보책임의 요건이 갖추어진 경우 여행자는 시정청구권·대금 감액청구권·손해배상청구권·계약해지권을 갖는다.

(1) 시정청구권

여행에 하자가 있는 경우 여행자는 여행주최자에게 하자의 시정을 청구할 수 있다. 다만, 시정에 지나치게 많은 비용이 들거나 그 밖에 시정을 합리 적으로 기대할 수 없는 경우에는 예외적으로 시정청구권을 행사할 수 없다.

시정청구를 할 때에는 원칙적으로 상당한 기간을 정해서 해야 한다. 다 만, 즉시 시정할 필요가 있는 경우에는 그러하지 않다.

(2) 대금감액청구권

여행에 하자가 있는 경우에는 여행자는 여행주최자에게 대금의 감액을 청 구할 수 있다. 이는 앞서 살핀 시정청구권과 경합하여 인정되는 것이므로 여행자는 선택적으로 행사할 수 있다. 대금감액청구권을 행사하는 경우에는 시정청구권을 행사하는 경우와 달리 상당한 기간을 정해서 할 필요는 없다.

(3) 손해배상청구권

여행에 하자가 있는 경우에 여행자는 시정청구·대금감액청구를 갈음하 여 손해배상을 청구하거나 시정청구·대금감액청구와 함께 손해배상을 청 구할 수도 있다.

(4) 계약해지권

여행에 중대한 하자가 있는 경우에 그 시정이 이루어지지 않거나 계약의 내용에 따른 이행을 기대할 수 없는 경우에는 여행자는 계약을 해지할 수 있다(제674조의7 참조).

◈ 여행주최자의 담보책임과 여행자의 해지권

제 674 조의7 【여행주최자의 담보책임과 여행자의 해지권】

① 여행자는 여행에 중대한 하자가 있는 경우에 그 시정이 이루어지지 아니하거나 계약의 내용에 따른 이행을 기대할 수 없는 경우에는 계약을 해지할 수 있다.

② 계약이 해지된 경우에는 여행주최자는 대금청구권을 상실한다. 다만, 여행자가 실행된 여행으로 이익을 얻은 경우에는 그 이익을 여행주최자에게 상환하여야 한다.

③ 여행주최자는 계약의 해지로 인하여 필요하게 된 조치를 할 의무를 지며, 계약상 귀환운송 의무가 있으면 여행자를 귀환운송하여야 한다. 이 경우 상당한 이유가 있는 때에는 여행주최자는 여행자에게 그 비용의 일부를 청구할 수 있다. [본조신설 2015.2.3.]

■ § 674의7. 여행주최자의 담보책임과 여행자의 해지권

• 여행에 중대한 하자가 있는 경우 시정이 이루어지지 않거나 계약 내용에 따른 이행을 기대할 수 없는 경우 : 여행자에게 계약 해지권 인정
• 계약이 해지된 경우 여행주최자의 대금청구권 : 원칙 - 상실, 예외 - 여행자가 실행된 여행으로 이익을 얻은 경우 - 그 이익을 여행주최자에게 상환해야 함
• 계약해지에 따른 여행주최자의 의무 : 여행주최자는 계약의 해지로 인하여 필요하게 된 조치를 할 의무가 있음

1. 여행자의 계약해지권

여행자는 여행에 '중대한 하자'가 있는 경우 그 시정이 이루어지지 않거나 계약의 내용에 따른 이행을 기대할 수 없는 경우에는 계약을 해지할 수 있다.

2. 요건

(1) 여행에 중대한 하자의 존재

계약해지권은 여행에 단순한 하자가 있는 경우에는 인정되지 않으며, '중

대한 하자'가 있어야만 인정된다.

(2) 중대한 하자의 미시정 또는 계약 내용의 이행 기대 불가

중대한 하자의 시정이 이루어지지 않거나 계약의 내용에 따른 이행을 기대할 수 없어야한다.

3. 효과

(1) 여행주최자의 대금 청구권 상실

계약이 해지된 경우 여행주최자는 대금청구권을 상실한다. 다만, 여행자가 실행된 계약으로 이익을 얻은 경우에는 그 이익을 여행주최자에게 상환해야 한다.

(2) 계약관계의 청산

여행계약이 해지되면 계약관계를 청산해야 한다. 이와 관련하여 민법은 여행주최자는 계약의 해지로 인하여 필요하게 된 조치를 할 의무를 지며, 계약상 귀환운송의무가 있으면 여행자를 귀환운송해야 함을 규정하고 있다. 이러한 귀환운송비용은 여행주최자가 부담하지만, 상당한 이유가 있는 때에는 여행주최자는 여행자에게 그 비용의 일부를 청구할 수 있다.

◆ 담보책임의 존소긱간

제 674 조의8 【담보책임의 존속기간】

제674조의6과 제674조의7에 따른 권리는 여행 기간 중에도 행사할 수 있으며, 계약에서 정한 여행 종료일부터 6개월 내에 행사하여야 한다. [본조신설 2015.2.3.]

■ § 674의8. 담보책임의 존속기간

- 여행기간 중에도 행사 가능
- 계약에서 정한 여행 종료일부터 6개월 내에 행사 가능

여행자의 시정청구권·대금감액청구권·손해배상청구권·계약해지권은 여행 기간 중에도 행사할 수 있으며, 계약에서 정한 여행종료일부터 6개월 내에 행사해야 한다. 이 때 6개월의 기간은 제척기간이라고 볼 것이다.

◆ 강행규정

제 674 조의9 【강행규정】

제674조의3, 제674조의4 또는 제674조의6부터 제674조의8까지의 규정을 위반
하는 약정으로서 여행자에게 불리한 것은 효력이 없다. [본조신설 2015.2.3.]

■ § 674의9. 강행규정

• 편면적 강행 규정 : 제674조의3(여행 개시 전의 계약 해제), 제674조의4(부득
이한 사유로 인한 계약 해지), 제674조의6(여행주최자의
담보책임), 제674조의7(여행주최자의 담보책임과 여행자의
해지권), 제674조의8(담보책임의 존속기간)

　제674조의3(여행 개시 전의 계약 해제), 제674조의4(부득이한 사유로 인한 계
약 해지), 제674조의6(여행주최자의 담보책임), 제674조의7(여행주최자의 담보책
임과 여행자의 해지권), 제674조의8(담보책임의 존속기간)의 규정을 위반하는 약
정으로서 여행자에게 불리한 것은 효력이 없다. 즉, 이러한 규정들은 모두 편면
적 강행규정이다.

제 10 절 현상광고

　현상광고(Auslobung, promesse publique)는 광고자가 어느 행위를 한 자에게 보수를 지급할 의사를 표시하고, 응모자가 그 광고에 정한 행위를 완료함으로써 성립하는 계약(제675조)이다, 가출인의 수배, 유실물의 수배, 학술적 발명 등에 널리 쓰이는 방법이다. 민법상 전형계약의 일종이다. 현상광고는 일종의 요물계약이며 또 유상·편무계약이다. 광고자는 광고에 정한 행위완료자에 대하여 광고소정의 보수를 지급할 의무를 진다(제675조). 광고에 정한 행위를 한 자가 수인때에는 먼저 그 행위를 완료한 자가 보수를 받을 권리를 취득하는 것이 원칙이지만, 만약 보수가 그 성질상 분할할 수 없거나, 광고에 1인만이 보수를 받을 것으로 정한 때에는 추첨에 의한다(제676조 2항). 특히 문제되는 것은 광고가 있음을 알지 못하고 광고에 지정한 행위를 완료한 경우인바, 이 경우에는 청약에 대하여 승낙을 한 것은 아니므로 계약은 성립되었다고 볼 수 없다. 그러나 민법은 이 경우에도 계약의 성립을 인정하여 보수청구권을 갖는다고 특별규정을 두고 있다. 광고자가 광고에 지정행위의 완료기간을 정한 때에는 그 기간만료전에는 광고를 철회하지 못한다(제679조 1항). 광고에 행위의 완료기간을 정하지 아니한 때에는 지정행위의 완료 전에 자유로 철회할 수 있으나, 그 방법은 전의 광고와 동일한 방법에 의함을 요한다. 동일한 방법으로 철회할 수 없을 때에는 그와 유사한 방법으로 철회할 수 있으나, 이 철회는 철회한 것을 알지 못한 제3자에 대하여는 철회로서의 효력이 생기지 아니한다(제679조 1항·2항).

◈ 현상광고의 의의 및 성립요건

제 675 조 【현상광고의 의의】

현상광고는 광고자가 어느 행위를 한 자에게 일정한 보수를 지급할 의사를 표시하고 이에 응한 자가 그 광고에 정한 행위를 완료함으로써 그 효력이 생긴다.

■ § 675. 현상광고의 의의 및 법률적 성질

• 광고자가 특정행위를 한 자에게 일정한 보수를 지급할 것을 표시하고 이에 응한 자가 지정행위를 완료함으로써 성립하는 계약(계약설)
• 법률적성질 : ① 계약설 – 유상, 편무, 요물계약(다수설)
　　　　　　　　② 단독행위설(곽윤직)

1. 현상광고의 의의

현상광고라 함은 광고자가 어느 행위를 한 자에게 일정한 보수를 지급할 의사를 표시하고 이에 응한 자가 그 광고에 정한 행위를 완료함으로써 성립하는 계약이다.

현상광고는 일정한 행위를 한 자에게 일정한 보수를 지급한다는 점에서 도급과 유사하나 불특정 다수인을 상대로 하여 광고의 방법으로 청약한다는 점에서 도급과 그 성질을 달리한다.

2. 법적성질

현상광고의 법률적 성질에 관하여는 독일 보통법시대 이래 계약설(스위스채무법)과 단독행위설(독일의 통설)이 대립하고 있으나, 여기에서는 현상광고를 채권편 제2장 계약에서 전형계약의 일종으로 규정하고 있음을 근거로 하여 타인의 노무를 목적으로 하는 노무공급계약의 일종으로 간주한다.

3. 현상광고의 성립요건

현상광고는 ① 어느 행위를 한 자에게 일정한 보수를 지급한다는 내용의 광

고가 있고, ② 이에 응한 자가 그 광고에 정한 행위를 완료함으로써 성립한다 (제675조).

(1) 광 고

광고라 함은 불특정 다수인에 대한 의사표시이며 그 방법에는 제한이 없다. 따라서 특정인에 대한 의사표시는 어떠한 방법에 의하건 광고는 아니다. 그러나 상대방의 범위를 제한하는 것(예컨대 특정한 교육을 받은 자, 남자 또는 여자 등)은 무방하다.

현상광고는 유상·편무·요물계약이므로 광고에는 반드시 상대방이 하여야 할 일정한 행위를 구체적으로 지정하고 있어야 하며 그 지정행위를 한 자에게 일정한 보수를 지급한다는 의사를 표시하여야 한다.

따라서 상품의 선전광고, 사원총회 소집의 광고, 구인광고 등은 현상광고가 아니며, 어떤 사실상태의 존재에 대하여 일정한 이익을 준다는 뜻의 광고(예컨대 우량아에 대해 이유식을 준다는 광고)도 현상광고가 아니다.

(2) 지정행위의 완료

광고에 의한 자가 광고에서 정한 행위를 완료하여야 한다.

광고에 지정된 행위의 종류에는 제한이 없으나, 선량한 풍속 기타 사회질서에 반하는 행위가 아니어야 함은 물론이다. 광고에서 지정한 행위를 완료한 자는 광고에서 정한 보수를 청구할 수 있다. 보수는 금전 기타 급부에 한하지 않는다.

그리고 광고 있음을 알지 못하고 광고에 정한 행위를 완료한 때에도 현상광고에 관한 규정(제676조)이 준용된다(제677조).

▣ 핵심판례 ▣

- **민법 제675조 소정의 현상광고상의 지정행위 완료에 조건이나 기한을 붙일 수 있는지 여부(적극)**

 가. 민법 제675조에 정하는 현상광고라 함은, 광고자가 어느 행위를 한 자에게 일정한 보수를 지급할 의사를 표시하고 이에 응한 자가 그 광고에 정한 행위를

완료함으로써 그 효력이 생기는 것으로서, 그 광고에 정한 행위의 완료에 조건이나 기한을 붙일 수 있다.

나. 경찰이 탈옥수 신창원을 수배하면서 "제보로 검거되었을 때에 신고인 또는 제보자에게 현상금을 지급한다"는 내용의 현상광고를 한 경우, 현상광고의 지정행위는 신창원의 거처 또는 소재를 경찰에 신고 내지 제보하는 것이고 신창원이 '검거되었을 때'는 지정행위의 완료에 조건을 붙인 것인데, 제보자가 신창원의 소재를 발견하고 경찰에 이를 신고함으로써 현상광고의 지정행위는 완료되었고, 그에 따라 경찰관 등이 출동하여 신창원이 있던 호프집 안에서 그를 검문하고 나아가 차량에 태워 파출소까지 데려간 이상 그에 대한 검거는 이루어진 것이므로, 현상광고의 지정행위 완료에 붙인 조건도 성취되었다고 본다(대판 2000. 8. 22. 2000다3675).

◈ 지정행위완료자가 수인인 경우의 보수수령권자

제 676 조 【보수수령권자】

① 광고에 정한 행위를 완료한 자가 수인인 경우에는 먼저 그 행위를 완료한 자가 보수를 받을 권리가 있다.

② 수인이 동시에 완료한 경우에는 각각 균등한 비율로 보수를 받을 권리가 있다. 그러나 보수가 그 성질상 분할할 수 없거나 광고에 1인만이 보수를 받을 것으로 정한 때에는 추첨에 의하여 결정한다.

■ § 676. 광고자의 보수지급의무

- 순차로 지정행위 : 먼저 지정행위 완료한 자만 취득
- 동시에 지정행위 : 보수가 가분 - 균등비율

　　　　　　　　　　　보수가 불가분 - 추첨
- 공동지정행위 : ① 보수가 가분 - 균등비율로 권리취득(§408)

　　　　　　　　② 보수가 불가분 - 불가분채권취득(§409)

본조는 여러 사람이 각각 현상광고에서 정한 행위를 한 경우에 누가 보수를 청구할 수 있는지에 관해 정한 것이다.

지정행위를 완료한 자가 수인이 동시에 완료한 경우에는 각각 균등한 비율로 보수를 받을 권리가 있으며, 보수가 성질상 불가분이거나 광고에서 1인만이 보수를 받을 것으로 정한 때에는 추첨으로 결정된 1인만이 보수청구권을 취득한다.

보수청구권은 지정행위의 완료시에 취득하는 것이 되기 때문에(제675조) 본조 2항에 의한 추첨의 효과도 당첨자의 행위의 완료시로 소급한다.

수인이 공동으로 지정행위를 한 경우에 관하여는 규정이 없으나 다수당사자의 채권관계에 관한 원칙에 따라 처리되어야 할 것이다. 즉 보수가 가분이면 각 공동자는 균등한 비율로 권리를 취득하고(제408조), 보수가 불가분인때에는 공동자는 불가분채권을 취득하게 된다(제409조).

▣ 핵심판례 ▣

- **건축설계 우수현상광고에서 당선자가 보수로서 받는 '기본 및 실시설계권'이란 당선자가 광고자에게 우수작으로 판정된 계획설계에 기초하여 기본 및 실시설계계약의 체결을 청구할 수 있는 권리를 말한다고 한 사례**

 건축설계 우수현상광고에서 당선자가 보수로서 받는 '기본 및 실시설계권'이란 당선자가 광고자에게 우수작으로 판정된 계획설계에 기초하여 기본 및 실시설계계약의 체결을 청구할 수 있는 권리를 말하는 것이므로, 광고자로서는 특별한 사정이 없는 한 이에 응할 의무를 지게 되어 당선자 이외의 제3자와 설계계약을 체결하여서는 아니됨은 물론이고, 당사자 모두 계약의 체결을 위하여 성실하게 협의하여야 할 의무가 있다고 할 것이며, 만약 광고자가 일반 거래실정이나 사회통념에 비추어 현저히 부당하다고 보여지는 사항을 계약내용으로 주장하거나 경제적 어려움으로 공사를 추진할 수 없는 등으로 인하여 계약이 체결되지 못하였다면 당선자는 이를 이유로 한 손해배상책임을 물을 수 있다고 한 사례(대법원 2002. 1. 25. 선고 99다63169 판결).

◆ 광고있음을 알지 못하고 광고에 정한 행위를 완료한 자의 보수청구권

제 677 조 【광고부지의 행위】

전조의 규정은 광고있음을 알지 못하고 광고에 정한 행위를 완료한 경우에 준용한다.

■ § 677. 광고부지의 행위

• 계약설 : 계약의 승낙해당
• 단독행위설 : 정지조건의 성취에 불과
• 광고부지행위 : 단독행위설
 ① 상대방이 광고를 알고 있을 필요 없음
 ② 지정행위를 하는 자가 능력자일 필요는 없다→광고부지자
 의 지정행위 완료후 - 준현상광고라 부름
 ③ 계약설의 입장에서 반대의 결론이 됨

본조는 현상광고 있음을 알지 못하고 광고에서 정한 행위를 한 자의 보수청구권을 인정한 것이다.

이 문제에 대한 해답은 현상광고의 법률적 성질을 어떻게 해석하는가에 따라 달라진다.

현상광고는 일정한 행위를 한 자에게 일정한 보수를 준다는 뜻을 광고의 방법으로(제675조) 표시한 행위이지만, 그 법률적 성질에 관해서는 이미 지적한 바와 같이 계약의 청약으로 보는 설인 이른바 계약설(독일보통법시대, 스위스채무법, 김기선, 최식, 이태제, 김현태, 김·안)과 일종의 정지조건부 채무를 부담하는 단독행위(독일의 통설, 곽윤직)로 보는 설, 이른바 단독행위설이 대립하고 있다.

계약설은 그 근거로서, 무엇보다도 먼저 현상광고에 관한 민법의 규정의 위치를 든다. 즉 현상광고에 관한 규정은 민법 제3편 채권편 제2장 계약중 제10절에서 5개 규정(제675조~제679조)을 두고 있는 까닭이다.

계약설에 의하면 현상광고 자체는 채권발생원인이 아니고, 단순히 계약의 청약이며 이에 대한 승낙이 있어야 비로소 채권발생원인인 계약이 성립한다. 그러

므로 여기에서는 현상광고에서 지정된 행위를 완료하는 것이 곧 승낙이 된다. 따라서 지정행위가 승낙의 의미로서 행해지지 않는 한, 계약은 성립하지 않기 때문에 행위자의 보수청구권은 발생하지 아니한다는 결론이 되는 것은 당연하므로 광고의 존재를 알지 못하고 지정행위를 완료했더라도 보수청구권은 발생하지 않게 되는 것이 원칙이다.

독일민법은 현상광고와 무관하게 지정행위를 완료한 자에 대해서도 광고자는 보수지급의무를 부담한다(독일민법 제657조)는 규정을 두고 있으며, 우리 현행 민법도 이를 모방하여 본조를 신설함으로써 광고있음을 알지 못하고 광고에 정한 행위를 완료한 자에게도 보수청구권을 인정하고 있으므로 현상광고를 계약으로 보는 입장에서 본조는 해석상의 문제를 야기하고 있다.

본조는 단독행위설이 아니고는 그 해석이 불가능하기 때문이다. 이에 대하여 단독행위설은 민법의 조문상 청약이라든가 승낙이란 단어를 전혀 사용하고 있지 않다는 점과, 광고를 청약으로 본다면 철회가 제한되어야(제527조, 제529조) 함에도 불구하고 현상광고에서는 광고에 행위의 완료기간을 정하지 아니한 때에는 그 행위를 완료한 자가 있기 전에는 언제든지 철회할 수 있다(제679조 2항)고 한 점을 들어 계약설을 지나치게 기형적이란 평과 아울러, 계약설을 취하는 것은 광고자의 통상의 의미에 합치하지 않는다는 점을 강조한다.

단독행위설의 논거에 관해서는 저치하고라도 단독행위설에 의하면 광고자는 광고에 의하여 일종의 정지조건부 채무를 부담하고 지정행위가 행하여짐으로써 보수를 지급할 현실적인 채무를 부담하게 된다.

따라서 행위자가 현상광고가 있음을 알고 지정행위를 했다거나, 그렇지 않으면 알지 못하고 지정행위를 했다거나 하는 것은 단독행위설을 취하는 입장하에서는 전혀 문제가 되지 않는다. 즉 광고있음을 알지 못하고 지정행위를 한 자도 당연히 보수를 청구할수 있기 때문이다.

이상의 2설 가운데 기존적으로는 계약설을 취하는 것이 다수설이기는 하나 단독행위설도 여러 학자에 의하여 지지되고 있다. 계약설에서도 광고있음을 모르고 지정행위를 완료한 경우에는 제667조에 따라 이를 준현상광고로 다루므로 결과적으로 이 점에서는 단독행위설과 차이가 없게 된다.

◆ 우수현상광고의 특칙

제 678 조 【우수현상광고】

① 광고에 정한 행위를 완료한 자가 수인인 경우에 그 우수한 자에 한하여 보수를 지급할 것을 정하는 때에는 그 광고에 응모기간을 정한 때에 한하여 그 효력이 생긴다.

② 전항의 경우에 우수의 판정은 광고중에 정한 자가 한다. 광고중에 판정자를 정하지 아니한 때에는 광고자가 판정한다.

③ 우수한 자 없다는 판정은 이를 할 수 없다. 그러나 광고중에 다른 의사표시가 있거나 광고의 성질상 판정의 표준이 정하여져 있는 때에는 그러하지 아니하다.

④ 응모자는 전2항의 판정에 대하여 이의를 하지 못한다.

⑤ 수인의 행위가 동등으로 판정된 때에는 제676조 제2항의 규정을 준용한다.

■ § 678. 우수현상광고

• 지정행위완료자 중에서 가장 우수한 사람에게만 보수주기로 한 특수현상광고
• 반드시 응모기간을 정해서 해야한다.

1. 의 의

광고에서 정한 행위를 완료한 자 가운데에서 우수한 자에 한하여 보수를 주기로 하는 특수한 현상광고가 우수현상광고이다.

소설의 현상모집 등이 그 예이다. 현상광고의 일종이며, 지정행위를 완료하고 모집한 복수의 자 가운데에서 우수한 자를 특정하고, 그 자에게 보수를 지급한다는 점에 특색이 있다.

2. 성립요건

(1) 광 고

가. 지정행위

우수현상광고를 이용한 행위는 여러 사람이 독립하여 완료할 수 있는 것이어야 하고, 또 그에 관해 우열의 비교가 가능한 것이어야 한다. 따라서 미아를 찾는 것처럼 어느 한 사람이 완료하면 다른 사람은 할 수 없거나 퀴즈문제처럼 정답이 하나이어서 그 우열을 정할 수 없는 것은 우수현상광고가 될 수 없다.

나. 응모기간의 지정

우수현상광고에 있어서는 반드시 응모기간이 정하여져 있어야 한다. 그리고 응모자는 지정행위를 완료하고 소정의 응모기간내에 응모라는 행위를 하여야 하기 때문에 우수현상광고에 있어서는 광고를 계약의 청약으로 보는가 단독행위로 보는가에 따른 결과의 차이는 일어나지 않는다고 할수 있다.

즉 광고를 알지 못하고 지정행위를 완료한 자도 또 광고가 있기 이전에 지정행위를 완료하고 있었던 자도 응모하여 우수자로 판정되면 보수청구권을 취득할 수 있는 것이다.

(2) 응 모

제3자는 광고에서 정한 바에 따라 응모기간 내에 응모하여야 한다.

(3) 판 정

응모자중에서 누가 우수한 자인가는 광고에서 정하여진 자가 특정하는 것이나 광고중에 특정자를 정하지 아니한 때에는 광고자가 판정한다.

특정에 대하여 응모자는 이의를 제기하지 못한다. 그러나 이것은 판정의 당부를 다툴 수 없다는 것을 의미하는 것이며, 도작자를 우수자로 판정한 것을 무효라고 주장하는 것과 같은 것은 허용된다.

우수자가 없다는 판정은 광고중에 의사표시가 있거나 광고의 성질상 일정한 객관적 표준이 예정되어 있는 경우가 아니면 일반적으로 인정되지 아

니한다. 그러나 이와 같은 규정이 특별히 없다고 하더라도 예컨대 매년 행해지는 학술논문의 현상모집과 같은 경우에는 예년을 기준으로 하여 객관적인 수준이 정해져 있으며 그에 달하지 않은 자는 입선 할 수 없다는 관행이 성립되어 있다고 볼 수 있기 때문에 우수한 자가 없다는 판정을 인정하여야 하는 경우도 있을 수 있을 것이다.

3. 효 과

판정에 의해 우수한 자로 정해지면, 광고자는 그에게 보수를 지급하여야 한다(제678조 1항 전문).

수인의 행위가 동등하다고 판정될 때에는 보수가 가분이면 균등한 비율로, 불가분인 경우에는 추첨으로 보수를 받을 자를 결정한다(본조 5항에 의한 제676조 2항 준용).

▣ 핵심판례 ▣

가. 우수현상광고의 광고자로서 당선자와 일정한 계약을 체결할 의무가 있는 자가 이를 이행하지 아니한 경우, 당선자가 취득하는 손해배상청구권의 소멸시효기간

우수현상광고의 광고자로서 당선자에게 일정한 계약을 체결할 의무가 있는 자가 그 의무를 위반함으로써 계약의 종국적인 체결에 이르지 않게 되어 상대방이 그러한 계약체결의무의 채무불이행을 원인으로 하는 손해배상을 청구한 경우 그 손해배상청구권은 계약이 체결되었을 경우에 취득하게 될 계약상의 이행청구권과 실질적이고 경제적으로 밀접한 관계가 형성되어 있기 때문에, 그 손해배상청구권의 소멸시효기간은 계약이 체결되었을 때 취득하게 될 이행청구권에 적용되는 소멸시효기간에 따른다.

나. 우수현상광고의 당선자가 광고주에 대하여 우수작으로 판정된 계획설계에 기초하여 기본 및 실시설계계약의 체결을 청구할 수 있는 권리를 가지고 있는 경우, 위 계약의 체결의무의 불이행으로 인한 손해배상청구권의 소멸시효는 3년의 단기소멸시효가 적용된다고 한 사례

우수현상광고의 당선자가 광고주에 대하여 우수작으로 판정된 계획설계에 기초하여 기본 및 실시설계계약의 체결을 청구할 수 있는 권리를 가지고 있는 경우, 이러한 청구권에 기하여 계약이 체결되었을 경우에 취득하게 될 계약상의 이행청구권은 "설계에 종사하는 자의 공사에 관한 채권"으로서 이에 관하여는 민법

제163조 제3호 소정의 3년의 단기소멸시효가 적용되므로, 위의 기본 및 실시설계 계약의 체결의무의 불이행으로 인한 손해배상청구권의 소멸시효 역시 3년의 단기소멸시효가 적용된다고 한 사례.

다. 채무불이행으로 인한 손해배상청구권의 소멸시효의 기산점

채무불이행으로 인한 손해배상청구권의 소멸시효는 채무불이행시로부터 진행한다(대법원 2005. 1. 14. 선고 2002다57119 판결).

◈ 현상광고의 철회의 방법

제 679 조【현상광고의 철회】

① 광고에 그 지정한 행위의 완료기간을 정한 때에는 그 기간만료전에 광고를 철회하지 못한다.

② 광고에 행위의 완료기간을 정하지 아니한 때에는 그 행위를 완료한 자 있기 전에는 그 광고와 동일한 방법으로 광고를 철회할 수 있다.

③ 전광고와 동일한 방법으로 철회할 수 없는 때에는 그와 유사한 방법으로 철회할 수 있다. 이 철회는 철회한 것을 안 자에 대하여만 그 효력이 있다.

■ § 679. 현상광고의 철회

- 단독행위설에 의할 때 설명가능
- 계약설은 청약구속력과 조화안됨
- 지정행위 완료기간 정한 경우 : 철회불가
 지정행위 완료기간 정하지 않은 때 : 지정행위의 완료자가 있기 전에 철회가능

광고에 지정행위의 완료기간을 정한 때에는 그 기간만료전에는 광고를 철회하지 못한다. 기간이 만료되면 광고는 당연히 효력을 잃게 된다. 다만 완료기간을 정하지 아니한 때에는 그 행위의 완료자가 있기 전에는 그 광고와 동일한 방법으로 광고를 철회할 수 있다.

전광고와 동일한 방법으로 철회할 수 없는 때에는 그와 유사한 방법으로 철회할 수 있으나 철회한 것을 안 자에 대하여서만 그 효력이 있다. 따라서 철회가 있었음을 알지 못하고 지정행위를 한 자가 있을 때는 광고자는 보수지급의무를 부담하게 된다.

철회가 있으면 현상광고는 더 이상 존속하지 않으므로, 철회후에는 제3자가 지정행위를 완료하더라도 그는 현상광고에 기해 보수를 청구할 수 없다.

제 11 절 위 임

위임(mandatum, mandate, Auftrag, mandat)은 사법상 당사자의 일방(위임자)이 상대방을 신뢰하여 사무의 처리를 위탁하고 상대방(수임인)이 그것을 수락함으로써 성립되는 계약(제680조~제692조)이다. 노무공급계약의 일종이지만, 일정한 사무의 처리라고하는 통일된 노무를 목적으로 하는 점에 특색이 있다. 사무의 내용은 매매·임대차 등의 법률행위인 경우도 있고 그렇지 않은 경우도 있다.

위임의 성질은 원칙적으로 무상·편무계약이지만 보수의 특약이 있는 경우가 많고 이 경우에는 유상·쌍무계약이 된다. 그리고 위임은 낙성·불요식의 계약이지만 실제에 있어서는 위임장이 교부되는 예가 많다. 이것은 성약서에 불과하나 보통 대리권 수여의 증거로 쓰인다. 위임자는 보수의 유무에 관계없이 위임의 본지에 따라 선량한 관리자의 주의를 가지고 위임사무를 처리해야 하며(제681조), 사무처리상황의 보고의무(제683조), 사무처리에 당하여 수취한 금전 그밖의 물건 및 과실의 인도의무(제684조 1항), 위임자를 위하여 취득한 권리의 이전의무(제684조 2항), 자기를 위하여 사용한 금전의 이자지급 및 손해배상의무 등을 진다(제685조).

위임자는 보수지급의무(유상의 경우)를 지는 외에 비용선급의 의무, 지출비용 및 이자의 상환의무 등 민법소정의 의무를 진다(제686조, 제687조, 제688조). 위임은 당사자간의 신뢰에 기초하는 것이므로 그 신뢰가 무너지면 각 당사자는 언제든지 그 이유를 제시하지 않고 해지할 수 있다(제689조). 또한 위임은 위임인 또는 수임인의 사망, 파산이나 수임인의 금치산선고에 의해서도 종료한다(제690조). 또한 위임종료의 경우에 급박한 사정이 있는 때에는 수임인·그 상속인이나 법정대리인은 위임인·그 상속인이나 법정대리인이 위임사무를 처리할 수 있을때까지 그 사무의 처리를 계속하여야 한다(제691조). 위임종료의 사유는 이를 상대방에게 통지하거나 상대방이 이를 안때가 아니면, 이로써 상대방에게 대항하지 못한다(제692조).

◈ 위임의 의의

제 680 조【위임의 의의】

위임은 당사자일방이 상대방에 대하여 사무의 처리를 위탁하고 상대방이 이를 승낙함으로써 그 효력이 생긴다.

■ § 680. 위임의 의의 및 법률적 성질

- 당사자의 일방(위임인)이 상대방에 대하여 사무의 처리를 위탁하고 상대방(수임인)이 이를 승낙함으로써 성립하는 계약
- 편무(불완전쌍무), 무상, 낙성, 불요식계약
- 관련법조 : [위임관계] 상 §87, §195, §269, §382②, §415, §542②, §567, §93, §112, 변호사§2, [위임과 배임죄] 형 §355②, [소송위임] 민소§87 이하

1. 위임의 의의

위임이라 함은 당사자 일방(위임인)이 상대방에 대하여 사무의 처리를 위탁하고, 상대방(수임인)이 이를 승낙함으로써 성립하는 계약이다.

위임사무에는 매매·임대차·채무의 보증과 같은 법률행위일 수도 있다. 그리고 위임은 사무의 처리를 목적으로 하는 점에서 노무의 공급 자체를 목적으로 하는 고용·일의 완성을 목적으로 하는 도급과 구별된다.

사무의 처리라 함은 일정한 목적하에서 통일된 노무를 공급하는 것이며, 수임인은 고용의 경우와 같이 사용자의 지휘·명령에 따라 노무를 공급하는 것이 아니라, 위임된 사무를 그 목적에 따라 어느 정도의 자유재량을 가지고 가장 합리적으로 처리할 수 있는 권리·의무를 가지고 있다. 따라서 위임은 위임인과 수임인 사이의 신임관계에 의거한 것이라 할 수 있다. 그 때문에 위임인은 수급인이 하수급인을 사용할 수 있는 것과는 달리 스스로 사무를 처리하여야 하며 이를 타인에게 맡기는 것은 허용되지 않는다.

사무는 수임인 또는 제3자의 것에 한하며, 수임인 자신의 사무에 관해서는 위임은 성립하지 아니한다. 그러나 채무자가 채권의 추심을 채권자에게 위임

하고, 추심한 것으로써 채무의 변제에 충당하는 경우와 주식의 양도인이 주식 명의의 개서를 양수인에게 위임하는 경우와 같이 수임인이 사무의 처리로써 사실상의 이익을 받는 경우가 있어도 위임사무처리의 법률상 효과가 위임인에 관하여 발생하는 한, 여전히 위임의 성질에는 변함이 없다.

위임이 법률행위의 위탁을 목적으로 하는 경우에는 수임인은 위임인의 대리 인이 되어 법률행위를 하는 경우가 대부분이다. 그 때문에 과거에는 위임과 대리를 구별하지 아니한 때가 있었으나, 위임계약과 대리권의 수여는 별개의 행위이다.

2. 위임의 법률적 성질

민법은 위임을 원칙적으로 무상으로 하고, 특약이 없는 한 수임인은 위임인 에 대하여 보수를 청구할 수 없는 것으로 하고 있기 때문에(제686조 1항), 위 임은 원칙적으로 무상계약이며, 또 수임인만이 사무처리의 의무를 부담하므로 편무계약이다. 그러나 이 위임의 무상성은 로마법의 연혁에 기인한 것에 불과 하다. 따라서 특약에 의하여 유상으로 할 수가 있고, 특약이 없어도 관습 또는 묵시의 의사표시에 의하여 유상으로 인정되는 경우도 있다.

실제로 오늘날의 사회에서 중요한 작용을 하는 위임은 대부분이 유상이다. 따라서 이 경우의 위임은 유상·쌍무계약이 된다.

위임계약이 행해지면, 특히 위임에 기하여 대리권이 부여된 경우에 이것을 제3자에게 명료하게 하기 위하여 위임장을 교부하는 예가 많으나, 위임은 낙 성·불요식의 계약이다.

[위　임]

[위탁매매인]

[중 개]

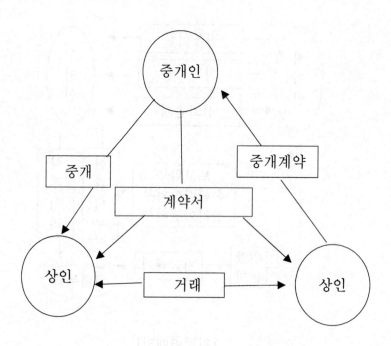

■ **핵심판례** ■

1. 변제보증용 인감증명의 발급을 위임하였으나 공증용 인감증명을 발급 받아 본인을 변제보증인으로 하여 강제집행인낙의 취지가 포함된 금전소비대차계약에 관한 공정증서를 작성한 경우 위임의 취지에 반하는지 여부 (소극)

변제보증용 인감증명서의 발급을 위임였으나 공증용 인감증명을 발급받아 본인을 변제보증인으로 하여 강제집행인낙의 취지가 포함된 금전소비대차계약에 관한 공정증서를 작성한 경우 공증용으로 인감증명을 발급받도록 동의한 바가 없다고 하더라도 변제보증용으로 발급받도록 동의한 이상 이는 모두 변제보증인으로서의 채무부담을 목적으로 한 것이므로 당초 위임의 취지에 반한다거나 그 위임의 범위를 벗어난 것이라고 할 수 없다(1991. 2. 8. 90다8527).

2. 인감증명서의 교부가 거래 상대방에게 자신이 그 소지인에게 부동산의 매매를 위임하였다는 취지를 표시, 확인한 것이어서 인감증명서의 유효기간이 경과하였다는 사실만으로 위 위임계약이 당연히 실효되었다고 볼 수 없다고 한 사례

인감증명서를 교부한 것이 그 부동산의 거래 상대방에게 자신이 그 소지인에게 부동산의 매매를 위임하였다는 취지를 표시, 확인한 것이지 그 위임계약의 존속기간을 인감증명서의 유효기간내로 한정한 것이라고 해석할 수는 없으므로 위 인감증명서의 유효기간이 경과하였다는 사실만으로 그 위임계약도 당연히 실효되었다고 볼 수 없다(1991. 10. 11. 91다12707).

3. 경찰관직무집행법상 경찰관이 응급을 요하는 자를 보건의료기관에게 응급구조요청을하는 것을 치료위임계약으로 볼 수 있는지 여부

경찰관이 응급의 구호를 요하는 자를 보건의료기관에게 응급구조요청을 하고, 보건의료기관이 이에 따라 치료행위를 하였다고 하더라도 국가와 보건의료기관 사이에 국가가 그 치료행위를 보건의료기관에 위탁하고 보건의료기관이 이를 승낙하는 내용의 치료위임계약이 체결된 것으로는 볼 수 없다(1994. 2. 22. 93다4472).

◈ 수임인의 위임사무 처리에 있어서 선관주의의무

제 681 조 【수임인의 선관의무】

수임인은 위임의 본지에 따라 선량한 관리자의 주의로써 위임사무를 처리하여야 한다.

■ §. 수임인의 선관의무

• 수임인의 가장 기본적인 채무
• 위임의 본지에 따라 선관주의로써
• 관련법조 : [수임인권한] 상 §49, [본조준용] 비송 §94

수임인이란 위임인으로부터 사무의 처리를 위탁받고, 그것을 승낙한 자이다.

수임인은 유상·무상을 불문하고 위임의 취지에 따라 선량한 관리자의 주의로써 위임사무를 처리할 의무를 부담한다. 이것이 위임인의 가장 본질적인 의무이며 유상이든 무상이든 이 의무에는 변함이 없다. 「위임의 본질(취지)에 따라서」라고 함은 위임계약의 목적과 그 사무의 성질에 따라서 가장 합리적으로 처리하는 것을 의미한다.

그리고 '선량한 관리자의 주의'는 자기 재산과 동일한 주의(제695조)에 대비되는 개념으로서, 수임인의 개별적 능력에 따른 주의(구체적 과실)가 아니라 위임사무의 처리에 통상 요구되는 주의(추상적 과실)로서, 그 구체적 내용은 개별적 사안에 따라 판단할 수 밖에 없다.

위임인은 수임인을 신뢰하여 위임하는 것이 보통이기 때문에 수임인은 원칙적으로 자기 스스로 사무를 처리하여야 한다. 그러나 이행보조자를 사용하는 것이 허용되며, 또 제682조에 의하여 일정한 범위의 복위임이 인정되어 있다.

▣ 핵심판례 ▣

■ [수임인의 선관의무]

1. 가. 부동산을 처분하려는 자가 진정한 권리자와 동일인인지의 여부에 관한 부동산중개업자의 조사확인의무의 내용과 정도

부동산중개업자와 중개의뢰인과의 법률관계는 민법상의 위임관계와 같으므로 중개업자는 중개의뢰의 본지에 따라 선량한 관리자의 주의로써 의뢰받은 중개업무를 처리하여야 할 의무가 있을 뿐 아니라 구 부동산중개업법(1989. 12. 30. 법률 제4153호로 개정되기 전의 것) 제16조에 의하여 신의와 성실로써 공정하게 중개행위를 하여야 할 의무를 부담하고 있는바, 같은 법 제17조 제1항은 중개의뢰를 받은 중개업자는 중개물건의 권리관계, 법령의 규정에 의한 거래 또는 이용제한사항 등을 확인하여 중개의뢰인에게 설명할 의무가 있음을 명시하고 있고 위 권리관계 중에는 중개대상물의 권리자에 관한 사항도 포함되어 있다고 할 것이므로, 중개업자는 선량한 관리자의 주의와 신의성실로써 매도 등 처분을 하려는 자가 진정한 권리자와 동일인인지의 여부를 부동산등기부와 주민등록증 등에 의하여 조사확인할 의무가 있다.

나. 부동산중개업자는 매도의뢰인이 모르는 사람인 경우 등기권리증의 소지 여부나 그 내용을 확인조사할 주의의무가 있는지 여부(적극)

등기권리증은 소유권이전등기단계에서 뿐 아니라 그 이전의 거래에 있어서도 당사자 본인의 증명이나 처분권한의 유무의 확인 등을 위하여 중요한 자료가 되는 것이므로 중개업자로서는 매도의뢰인이 알지 못하는 사람인 경우 필요할 때에는 등기권리증의 소지 여부나 그 내용을 확인조사하여 보아야 할 주의의무가 있다(1993. 5. 11. 제1부 판결 92다55350 손해배상(기)).

2. 부동산중개계약에 따른 중개업자의 확인·설명의무와 이에 위반한 경우의 손해배상의무가 중개의뢰인이 중개업자에게 소정의 수수료를 지급하지 않으면 당연히 소멸하는지 여부

부동산중개계약에 따른 중개업자의 확인·설명의무와 이에 위반한 경우의 손해배상의무는 이와 성질이 유사한 민법상 위임계약에 있어서 무상위임의 경우에도 수임인이 수임사무의 처리에 관하여 선량한 관리자의 주의를 기울일 의무가 면제되지 않는 점과 부동산중개업법이 위 조항의 적용범위를 특별히 제한하지 않고 있는 점 등에 비추어 볼 때, 중개의뢰인이 중개업자에게 소정의 수수료를 지급하지 아니하였다고 해서 당연히 소멸되는 것이 아니다(대판 2002. 2. 5. 2001다71484).

◈ 수임인의 복임권의 제한

제 682 조 【복임권의 제한】

① 수임인은 위임인의 승낙이나 부득이한 사유없이 제3자로 하여금 자기에 갈음하여 위임사무를 처리하게 하지 못한다.

② 수임인이 전항의 규정에 의하여 제3자에게 위임사무를 처리하게한 경우에는 제121조, 제123조의 규정을 준용한다.

■ § 682. 복위임

- 위임인의 승낙이 있는 때, 부득이한 사유가 있는 때에 한 해 허용
- 복위임에는 복대리에 관한 §121, §123의 규정을 준용

복위임이라 함은 수임인이 자기에게 위임된 사무의 처리를 다시 타인(복수임인)에게 위임하는 것을 말한다.

위임은 위임인과 수임인 사이의 개인적인 신뢰관계를 바탕으로 한 것이기 때문에 사무의 처리는 수임인 스스로가 하는 것이 원칙이고, 복위임은 원칙적으로 허용되지 아니한다. 그러나 민법은 수임인이 위임인의 허락을 얻거나 또는 부득이한 사유가 있는 때에는 제3자로 하여금 수임인에 갈음하여 위임사무를 처리하게 할 수 있는 복위임권을 인정하고 있다.

수임인이 복위임을 한 때에는 수임인은 복수임인의 선임과 감독에 관해 수임인에 대하여 책임을 진다(본조 2항에 의한 제121조 1항의 준용). 그러나 위임인의 지명에 의하여 복수임인을 선임한 때에는 그자가 부적임 또는 불성실함을 수임인이 알면서, 위임인에게 통지 또는 해임하는 것을 태만히 한 경우에 한하여 책임을 진다(본조에 의한 제121조 2항의 준용).

그리고 복수임인은 위임인 및 제3자에 대한 관계에서 직접 수임인과 동일한 권리, 의무를 진다(제682조 제2항, 제123조).

◆ 위임사무의 처리에 부수하는 의무 : 보고의무

제 683 조【수임인의 보고의무】

수임인은 위임인의 청구가 있는 때에는 위임사무의 처리상황을 보고하고 위임이 종료한 때에는 지체없이 그 전말을 보고하여야 한다.

■ § 683. 보고의무

• 부수적의무
• 수임인은 위임인의 요구가 있을 때에는 언제나 위임사무의 처리상황을 보고하여야 하며, 또한 위임이 종료한 때에는 지체없이 곧 그 전말을 보고하여야 한다.
• 관련법조 : [대리상통지의무] 상 §88, [위탁매매인 통지의무] 상 §104, [선장보고의무] 상 §755

본조는 수임인의 위임사무처리상황의 보고의무를 규정한 것이다.

보고의무로서 수임인은 위임인의 청구가 있는 때에는 언제든지 위임사무의 처리상황을 보고하고 또 위임이 종료한 때에는 지체없이 그 전말을 보고하여야 한다.

만약 수임인이 그 의무를 태만히 함으로써 위임인에게 손해가 생긴 때에는 그 손해를 배상할 책임이 있다. 그리고 수임인의 이익을 위하여 필요한 경우에는 위임인의 청구가 없는 경우에도 그 위임사무의 상황을 보고하여야 한다. 이는 위임의 성질 및 제681조의 규정상 당연히 수임인이 부담하는 의무인 것이다. 보고의무의 해태는 수임인의 채무불이행으로 된다. 따라서 이것을 이유로 계약의 해제, 손해배상의 청구를 할 수 있다.

◆ 위임사무의 처리에 부수하는 의무 : 취득물 등의 인도·이전의무

제 684 조 【수임인의 취득물등의 인도, 이전의무】

① 수임인은 위임사무의 처리로 인하여 받은 금전 기타의 물건 및 그 수취한 과실을 위임인에게 인도하여야 한다.

② 수임인이 위임인을 위하여 자기의 명의로 취득한 권리는 위임인에게 이전하여야 한다.

■ § 684. 취득물의 인도 및 이전의무

• 취득물인도의무 : 위임사무의 처리로 인하여 받은 금전 기타의 물건 및 그 수취한 과실을 수임인에게 인도할 의무
• 취득물이전의무 : 위임인을 위하여 자기의 명의로 취득한 권리를 이전할 의무
• 관련법조 : 비송 §94

본조는 수임인의 취득물 인도 및 이전의 의무를 규정한 것이다.

먼저 수령한 물건 및 수취한 과실의 인도의무로서, 수임인은 위임사무를 처리함에 있어서 받은 금전 기타 물건 및 그 수취한 과실을 위임인에게 인도하여야 한다(제684조 1항).

「위임사무의 처리로 인하여 받은」 것이란 보통 수임인이 제3자로부터 받은 것을 말하나, 사무처리를 위하여 위임인으로부터 받은 것도 포함된다.

인도시기는 특약이 있으면 그에 의하나 특약이 없으면 기한의 정함이 없는 채무로 하여 위임인으로부터 최고가 있을 때이며, 최고가 없으면 위임이 종료한 때에 인도하여야 한다.

다음에 권리이전의 의무로서, 수임인은 위임인을 위하여 자기의 명의로 취득한 권리를 위임인에게 이전하여야 한다(제684조 2항).

즉, 대리권을 수반하지 않은 위임에서 수임인이 자기 명의로 위임인을 위해 동산 또는 부동산을 매수하였을 때에는 그 소유권은 일단 수임인에게 귀속하고, 수임인은 위임계약에 따라 위임인에게 그 권리를 이전해 줄 의무를 부담한다.

◆ 위임사무의 처리에 부수하는 의무 : 금전소비의 책임

제 685 조 【수임인의 금전소비의 책임】

수임인이 위임인에게 인도할 금전 또는 위임인의 이익을 위하여 사용할 금전을 자기를 위하여 소비한 때에는 소비한 날 이후의 이자를 지급하여야 하며 그 외의 손해가 있으면 배상하여야 한다.

■ § 685. 금전소비의 책임

- 그 소비한 날 이후의 이자를 지급
- 그 외에 손해가 있으면 배상가능
- 관련법조 : 비송 §94

본조는 '금전'을 소비한 경우에 적용되고, 물건을 소비한 때에는 채무불이행 또는 불법행위의 일반원칙에 의해 해결된다.

이자지급 및 손해배상의 의무로서 수임인이 위임인에게 인도할 금전 또는 위임인의 이익을 위하여 사용할 금전을 자기를 위하여 소비한 때에는 그 소비한 날 이후의 이자를 지급하여야 하며, 또한 그 밖에 손해가 있으면 그 손해도 배상하여야 한다. 이 규정은 금전채무 불이행에 대한 규정인 제397조에 대한 특칙이다.

여기서 이자율에 관하여 특약이 없는 경우에는 보통 년 5분이나 상거래이면 년 6분이다. 이 경우에는 위임인이 수임인의 고의·과실·손해의 발생 등에 대하여 입증책임을 지게 되나, 본조는 그러한 입증의 유무에도 불구하고 당연히 법정이자를 청구할 수 있다.

◆ 수임인의 권리 : 보수청구권

제 686 조【수임인의 보수청구권】

① 수임인은 특별한 약정이 없으면 위임인에 대하여 보수를 청구하지 못한다.

② 수임인이 보수를 받을 경우에는 위임사무를 완료한 후가 아니면 이를 청구하지 못한다. 그러나 기간으로 보수를 정한 때에는 그 기간이 경과한 후에 이를 청구할 수 있다.

③ 수임인이 위임사무를 처리하는 중에 수임인의 책임없는 사유로 인하여 위임이 종료된 때에는 수임인은 이미 처리한 사무의 비율에 따른 보수를 청구할 수 있다.

■ § 686. 보수지급의무

- 특약이 있는 경우에 한한다.
- 보수의 지급시기 : 특약으로 자유로이. 특약이 없으면 후급을 하게 된다.
- 위임의 도중종료와 보수 : 이미 처리한 사무의 비율에 따른 보수청구

1. 보수청구권의 의의

위임은 위임인의 수임인에 대한 신임을 중핵으로 한 정신적인 요소를 포함하고 있기 때문에 민법은 위임을 원칙적으로 무상으로 하고 있으나, 위임의 무상성은 로마법 이래의 연혁에 의거한 것 이외에는 그다지 의미가 없다.

민법도 특약에 의하여 수임인에게 보수청구권을 인정하고 있고, 또 변호사나 의사 등에 대한 위임에서와 같이 보수지급의 특약이 없어도 관습 내지 묵시의 의사표시에 의하여 수임인에게 보수청구권이 인정되는 경우가 대부분이며, 상법에서는 상인이 그 영업의 범위내에서 타인을 위하여 어떤 행위를 한 때에는 이에 대하여 상당한 보수를 청구할 수 있는 권리가 인정되어 있으며(상법 제61조), 실제에 있어서도 수임인에게 보수청구권이 있는 경우가 거의 대부분이다.

2. 보수청구의 발생요건

수임인이 위임인에게 보수를 청구하려면 당사자간에 보수지급에 관한 특별한 약정이 있을 것을 요한다(제686조 1항). 이와 관련하여 다음과 같은 점이 문제된다.

(1) 보수의 의미

보수는 사무처리의 대가를 의미하는 것이며, 사무처리에 소요되는 비용과는 다른 개념이다. 사무처리비용은 무상위임의 경우에도 당사자간에 특별한 약정이 없어도 수임인은 당연히 그 상환을 청구할 수 있다(제688조 1항).

(2) 보수의 특약이 명시적이어야 하는지 여부

보수의 특약은 명시적이어야 하는 것은 아니며, 묵시의 특약도 가능하다. 특히 수임인이 맡은 사무가 그의 영업 내지 업무에 속하는 경우(예 : 부동산중개업자·변호사·의사 등)에는 오히려 무보수의 특약이 없는 한 보수지급의 묵시적 약정이 있는 것으로 보아야 한다. 판례는 변호사에게 사건의 처리를 위임함에 있어서 그 보수 지급 및 수액에 관하여 명시적인 약정을 하지 아니하였다 하여도 무보수로 한다는 등 특별한 사정이 없는 한 응분의 보수를 지급할 묵시의 약정이 있는 것으로 봄이 상당하다고 하였다(대판 1995. 12. 5. 94다50229).

3. 보수의 지급시기

보수의 지급시기는 특약으로 정할 수 있으나 그 정함이 없으면 후급이 원칙이다. 즉 위임사무를 완료한 후에 청구할 수 있다. 그러나 기간으로 보수를 정한 때에는 위임사무를 완료하더라도 그 기간이 경과한 후에 이를 청구할 수 있다(제686조 2항 단서).

4. 위임의 중도 종료의 경우

위임이 수임인의 책임없는 사유로 인하여 이행 도중에 종료된 경우에도 수임인은 이미 처리한 사무의 비율에 따른 보수를 청구할 수 있다(제686조 3항).

▣ 핵심판례 ▣

■ [수임인의 보수청구권]

1. 가. 변호사에게 공동당사자로서 소송대리를 위임한 경우 소송대리위임에 따른 보수금지급채무의 성질

변호사에게 공동당사자로서 소송대리를 위임한 소송사건의 결과에 따라 경제적 이익을 불가분적으로 향유하게 되거나 패소할 경우 소송 상대방에 대하여 부진정연대관계의 채무를 부담하게 된다 하더라도, 이러한 사정만으로 곧바로 공동당사자들의 변호사에 대한 소송대리위임에 따른 보수금지급채무가 연대 또는 불가분채무에 해당하는 것으로 단정할 수 없다.

나. 변호사에게 사건을 위임하면서 보수지급 및 수액에 관하여 명시적인 약정이 없는 경우 응분의 보수를 지급할 묵시의 약정이 있다고 볼 것인지 여부(한정적극)

변호사에게 계쟁사건의 처리를 위임함에 있어서 보수지급 및 수액에 관하여 명시적인 약정을 아니하였다 하여도, 무보수로 한다는 등 특별한 사정이 없는 한 응분의 보수를 지급할 묵시의 약정이 있는 것으로 봄이 상당하다(1993. 2. 12. 제3부(카) 판결 92다42941 약정금).

2. 의사가 선량한 관리자의 주의의무를 다하지 못하여 의료사고가 발생한 경우 그 수술비나 치료비의 지급을 청구할 수 있는지 여부

의사가 환자에게 부담하는 진료채무는 질병의 치료와 같은 결과를 반드시 달성해야 할 결과채무가 아니라 환자의 치유를 위하여 선량한 관리자의 주의의무를 가지고 현재의 의학 수준에 비추어 필요하고 적절한 진료조치를 다해야 할 채무 즉 수단채무라고 보아야 할 것이므로, 위와 같은 주의의무를 다하였는데도 그 진료 결과 질병이 치료되지 아니하였다면 치료비를 청구할 수 있으나, 의사가 위와 같은 선량한 관리자의 주의의무를 다하지 아니한 탓으로 오히려 환자의 신체기능이 회복불가능하게 손상되었고, 또 위 손상 이후에는 그 후유증세의 치유 또는 더 이상의 악화를 방지하는 정도의 치료만이 계속되어 온 것뿐이라면 의사의 치료행위는 진료채무의 본지에 따른 것이 되지 못하거나 손해전보의 일환으로 행하여진 것에 불과하여 병원측으로서는 환자에 대하여 그 수술비 내지 치료비의 지급을 청구할 수 없다(1993. 7. 27. 제1부 판결 92다15031 손해배상(기)).

3. 변호사에게 사건을 위임하면서 보수에 관한 명시적 약정이 없는 경우의 의사해석

변호사는 당사자 기타 관계인의 위임 또는 공무소의 위촉 등에 의하여 소송에 관한 행위 및 행정처분의 청구에 관한 대리행위와 일반 법률사무를 행함을 그 직무

로 하고 사회통념에 비추어 현저히 부당한 보수를 받을 수 없을 뿐이므로, 변호사에게 계쟁사건의 처리를 위임함에 있어서 그 보수지급 및 수액에 관하여 명시적인 약정을 아니하였다 하여도, 무보수로 한다는 등 특별한 사정이 없는 한 응분의 보수를 지급할 묵시의 약정이 있는 것으로 봄이 상당하다(1993. 11. 12. 제3부 판결 93다36882 약정금).

◈ 수임인의 권리 : 비용선급청구권

제 687 조【수임인의 비용선급청구권】

위임사무의 처리에 비용을 요하는 때에는 위임인은 수임인의 청구에 의하여 이를 선급하여야 한다.

■ § 687. 비용선급의무

• 위임사무의 처리에 비용을 요하는 때에는 위임인은 수임인의 청구에 의해 이를 선급하여야 한다.

위임사무를 처리함에 있어서 비용을 요하는 경우 수임인은 위임인이 이 의무를 이행하지 아니한 때에는 수임인은 그 사무처리에 착수하지 않아도 된다. 그러나 이로 인하여 위임사무를 처리할 의무를 면하는 것이 아니고 다만 그 사무처리를 지연할 수 있을 뿐이다. 사무의 처리에 소요되는 비용에 대해서는 무상위임의 경우에도 또 유상위임에서도 별개로 수임인은 그 선급이나 상환을 청구할 수 있다. 다만 이때에도 그 비용은 위임의 본지에 따라 지출된 것을 전제로 한다(대판 1996. 12. 10. 96다36228).

◈ 수임인의 권리 : 비용상환청구권, 손해배상청구권 등

제 688 조【수임인의 비용상환청구권등】

① 수임인이 위임사무의 처리에 관하여 필요비를 지출한 때에는 위임인에 대하여 지출한 날 이후의 이자를 청구할 수 있다.

② 수임인이 위임사무의 처리에 필요한 채무를 부담한 때에는 위임인에게 자기에 갈음하여 이를 변제하게 할 수 있고 그 채무가 변제기에 있지 아니한 때에는 상당한 담보를 제공하게 할 수 있다.

③ 수임인이 위임사무의 처리를 위하여 과실없이 손해를 받은 때에는 위임인에 대하여 그 배상을 청구할 수 있다.

■ § 688. 필요비상환의무 등

- 필요비상환의무
- 채무변제의무
- 손해배상의무
- 관련법조 : 비송 §94, [상인과 금전채당] 상 §55②

수임인이 위임사무를 처리함에 필요하다고 인정하고 지출한 비용이 있는 때에는 위임인에 대하여 지출한 날 이후의 이자를 청구할 수 있다. 여기서 말하는 필요비는 수임인이 위임사무를 처리함에 있어서 그때 그때에 필요하다고 판단하여 지출한 비용을 말하는 것이다.

이 위임사무의 처리에 필요한 채무를 부담한 때에는 위임인에게 자기에 갈음하여 이를 변제하게 할 수 있고 그 채무가 변제기에 이르고 있지 아니한 때에는 상당한 담보를 제공하게 할 수 있으며, 수임인이 위임사무의 처리를 위하여 과실없이 손해를 받은 때에는 위임인에 대하여 그 배상을 청구할 수 있다.

위임사무의 처리를 위하여 받은 손해라 함은, 예컨대 위임사무처리를 위하여 여행을 하던 중 부상을 입었다든가 도난을 당하였다는 것과 같은 것으로서 위임사무의 처리라는 그러한 일이 없었다면 발생하지 않았으리라고 생각되는 손해를 말한다.

▣ 핵심판례 ▣

■ [수임인의 비용상환청구권 등]

1. 경찰관직무집행법상 경찰관이 응급을 요하는 자를 보건의료기관에게 긴급
구호요청하는 것을 치료위임으로 볼 수 있는지 여부

경찰관이 응급의 구호를 요하는 자를 보건의료기관에게 긴급구호요청을 하고, 보
건의료기관이 이에 따라 치료행위를 하였다고 하더라도 국가와 보건의료기관 사
이에 국가가 그 치료행위를 보건의료기관에 위탁하고 보건의료기관이 이를 승낙
하는 내용의 치료위임계약이 체결된 것으로는 볼 수 없다(1994. 2. 22. 제2부 판결
93다4472 치료비등).

2. 수임인의 민법 제688조 제2항 전단 소정의 대변제청구권의 성질 및 그 대
변제청구권을 보전하기 위하여 채무자인 위임인의 채권을 대위행사하는
경우 채무자의 무자력이 요건인지 여부(소극)

수임인이 가지는 민법 제688조 제2항 전단 소정의 대변제청구권은 통상의 금전채
권과는 다른 목적을 갖는 것이므로, 수임인이 이 대변제청구권을 보전하기 위하
여 채무자인 위임인의 채권을 대위행사하는 경우에는 채무자의 무자력을 요건으
로 하지 아니한다(2002. 1. 25. 2001다52506).

◈ 위임의 종료원인 : 당사자에 의한 해지

제 689 조 【위임의 상호해지의 자유】

① 위임계약은 각당사자가 언제든지 해지할 수 있다.

② 당사자일방이 부득이한 사유없이 상대방의 불리한 시기에 계약을 해지한 때에는 그 손해를 배상하여야 한다.

■ § 689. 당사자에 의한 해지

- 각 당사자가 언제든지 가능
- 상대방이 불리한 시기에 해지한 때에는 그로 말미암아 생기는 손해를 배상하여야 한다. 그러나 그 시기에 해지하는 것이 부득이한 사유에 의한 것일 때에는 배상책임을지지 않는다
- 배상책임 : [회사임원등의 해지, 사임] 상 §385, §386, §767, §567, [손해배상] 상 §385① 단서, §567

위임계약은 당사자가 언제든지 해지할 수 있다.

당사자가 위임을 해지한 경우에 그로 인해 상대방이 손해를 입는 일이 있어도 배상할 의무를 부담하지 않는 것이 원칙이다. 그러나 상대방이 불리한 시기에 해지한 때에는 그 해지가 부득이한 사유에 의한 것이 아닌 한 그로 인한 손해를 배상하여야 한다(제689조 2항). 이 경우 그 배상의 범위는 위임이 해지되었다는 사실로부터 생기는 손해가 아니라 적당한 시기에 해지되었더라면 입지 아니하였을 손해에 한한다(대판 1991. 4. 9. 90다18968).

해지를 하더라도 수임인은 그때까지 지출한 비용의 상환을 청구할 수 있다(제688조).

해지에 의하여 위임관계는 장래에 향하여 종료하며, 당사자는 그 동안의 비용·보수 등을 청산하게 된다. 해지의 방법과 시기는 일반 해제나 해지와 같이 상대방에 대한 일방적 의사표시에 의하며, 해지이유는 표시할 필요가 없다. 또 해지의 시기는 위임의 종료전이어야 한다.

▣ 핵심판례 ▣

■ [위임의 상호해지의 자유]

1. 가. 종중 이사 사임의 효력발생요건

법인격 없는 사단인 종중과 그 기관인 이사와의 관계는 위임에 유사한 계약 관계로서 수임자인 이사는 언제라도 사임할 수 있고(민법 제689조 제1항), 이 경우 종중규약 등에 특별한 정함이 없는 한 사임의 의사표시는 대표자에게 도달함으로써 효력이 발생한다고 할 것이며, 종중의 대표자가 사임하는 경우에는 대표자의 사임으로 그 권한을 대행하게 될 자에게 도달한 때에 사임의 효력이 발생하고 이와 같이 사임의 효력이 발생한 뒤에는 이를 철회할 수 없다.

나. 종회 회장이 회장 유고시 직무대행할 부회장에게 사임서를 제출한 후 총회에서 그 사임수리결의를 하였다 하여도 그 결의의 부존재 또는 무효확인청구을 구하는 청구는 소의 이익이 없다고 본 사례

종회 회장이 회장 유고시 직무대행자인 부회장에게 사임서를 제출한 후 총회에서 그 사임수리결의를 하였다 하여도 그 결의의 부존재 또는 무효확인청구을 구하는 청구는 소의 이익이 없다고 본 사례(1991. 5. 10. 제3부 판결 90다 10247 종회총회결의부존재확인).

2. 등기권리자 및 등기의무자 쌍방으로부터 등기절차의 위촉을 받은 사법서 사와의 간의 위임계약을 등기의무자의 일방적 의사표시로 해제할 수 있는지 여부

등기권리자와 등기의무자 쌍방으로부터 등기절차의 위촉을 받고 그 절차에 필요한 서류를 교부받은 사법서사는 절차가 끝나기 전에 등기의무자로부터 등기신청을 보류해 달라는 요청이 있었다 하여도 등기권리자에 대한 관계에 있어서는 그 사람의 동의가 있는 등 특별한 사정이 없는 한 그 요청을 거부해야 할 위임계약상의 의무가 있는 것이므로 등기의무자와 사법서사와의 간의 위임계약은 계약의 성질상 민법 제689조 제1항의 규정에 관계없이 등기권리자의 동의등 특별한 사정이 없는 한 해제할 수 없다(1987. 6. 23. 85다카2239).

3. 건물임대중개의 완료를 조건으로 중개료 상당의 보수를 받기로 한 계약에 있어 중개완료 이전에 위임인이 계약을 해지한 경우 기대중개료 상당 손해배상 책임의 성부(소극)

건물임대중개의 완료를 조건으로 중개료 상당의 보수를 지급받기로 하는 내용의 계약과 같은 유상위임계약에 있어서는 시기여하에 불문하고 중개완료 이전에 계약이 해지되면 당연히 그에 대한 보수청구권을 상실하는 것으로 계약 당시에 예

정되어 있어 특별한 사정이 없는 한 해지에 있어서의 불리한 시기란 있을 수 없으므로, 수임인의 사무처리 완료 전에 위임계약을 해지한 것만으로 수임인에게 불리한 시기에 해지한 것이라고 볼 수는 없어 중개인은 임대중개 의뢰를 받은 건물 전체에 대한 중개가 가능하였음을 전제로 기대중개료 상당의 손해배상청구를 할 수 없다(1991. 4. 9. 90다18968).

4. **민법 제689조 제2항에 기하여 부득이한 사유 없이 상대방의 불리한 시기에 위임계약을 해지한 때 배상하여야 할 손해의 범위 및 수임인의 사무처리 완료 전에 유상위임계약을 해지한 것만으로 수임인에게 불리한 시기에 해지한 것으로 볼 수 있는지 여부(소극)**

민법 제689조 제1항은 위임계약은 각 당사자가 언제든지 해지할 수 있다고 하면서 제2항에는 당사자 일방이 부득이한 사유 없이 상대방의 불리한 시기에 계약을 해지한 때에는 그 손해를 배상하여야 한다고 규정하고 있는데, 민법상의 위임계약은 그것이 유상계약이든 무상계약이든 당사자 쌍방의 특별한 대인적 신뢰관계를 기초로 하는 위임계약의 본질상 각 당사자는 언제든지 이를 해지할 수 있고 그로 말미암아 상대방이 손해를 입는 일이 있어도 그것을 배상할 의무를 부담하지 않는 것이 원칙이며, 다만 상대방이 불리한 시기에 해지한 때에는 그 해지가 부득이한 사유에 의한 것이 아닌 한 그로 인한 손해를 배상하여야 하나, 그 배상의 범위는 위임이 해지되었다는 사실로부터 생기는 손해가 아니라 적당한 시기에 해지되었더라면 입지 아니하였을 손해에 한한다고 볼 것이고, 또한 사무처리의 완료를 조건으로 하여 보수를 지급받기로 하는 내용의 계약과 같은 유상위임계약에 있어서는 시기 여하에 불문하고 사무처리 완료 이전에 계약이 해지되면 당연히 그에 대한 보수청구권을 상실하는 것으로 계약 당시에 예정되어 있어 특별한 사정이 없는 한 해지에 있어서의 불리한 시기란 있을 수 없다 할 것이므로, 수임인의 사무처리 완료 전에 위임계약을 해지한 것만으로 수임인에게 불리한 시기에 해지한 것이라고 볼 수는 없다(2000. 6. 9. 98다64202).

5. **위임인의 해지의 자유가 제한되는 경우**

수임인이 재임 중에 기본급, 수당 등을 지급받고 퇴임시에는 퇴직금까지 지급받기로 하는 유상위임인데다가, 수임인의 지위를 보장하기 위하여 계약기간 중 처음 2년간은 위임인이 해지권을 행사하지 않기로 하는 특약까지 되어 있어 위임인의 이익과 함께 수임인의 이익도 목적으로 하고 있는 위임의 경우에는 위임인의 해지 자유가 제한되어 위임인으로서는 해지 자체는 정당한 이유 유무에 관계없이 할 수 있다 하더라도 정당한 이유 없이 해지한 경우에는 상대방인 수임인에게 그로 인한 손해를 배상할 책임이 있다(대판 2000. 4. 25. 98다47108).

◈ 위임의 종료원인 : 당사자의 사망·파산

제 690 조 【사망·파산 등과 위임의 종료】

위임은 당사자 한쪽의 사망이나 파산으로 종료된다. 수임인이 성년후견개시의 심판을 받은 경우에도 이와 같다.

■ § 690. 당사자의 사망·파산으로 인한 위임의 종료

- 당사자의 사망
- 당사자의 파산
- 수임인이 성년후견개시의 심판을 받은 경우
- 관련법조 : [특칙] 상 §50, 채무자 회생 및 파산에 관한 법률 §342

위임은 위임인 또는 수임인의 사망·파산이나 수임인이 성년후견개시의 심판을 받은 경우에 종료한다. 여기서 위임인이 성년후견개시의 심판을 받은 경우에는 수임인의 경우와는 반대로 위임을 종료시키지 않는다. 본조의 규정은 강행규정은 아니며, 당사자가 다른 특약을 하는 것은 상관없다.

▣ 핵심판례 ▣

- **공동사업 주체의 1인이 파산선고를 받은 것만으로 민법 제690조에 따라 감리계약이 당연히 종료되는지 여부**

 주택건설촉진법상 공동사업 주체가 사업계획 승인권자의 감리자 지정에 따라 공동으로 감리계약을 체결한 경우 그 공동사업 주체의 1인이 파산선고를 받은 것만으로 민법 제690조에 따라 감리계약이 당연히 종료된다고 볼 수 없다(대판 2003. 1. 10. 2002다11236).

◈ 위임종료시의 특칙 : 긴급처리의무

제 691 조【위임종료시의 긴급처리】

위임종료의 경우에 급박한 사정이 있는 때에는 수임인, 그 상속인이나 법정대리인은 위임인, 그 상속인이나 법정대리인이 위임사무를 처리할 수 있을 때까지 그 사무의 처리를 계속하여야 한다. 이 경우에는 위임의 존속과 동일한 효력이 있다.

■ § 691. 긴급처리의무

- 위임종료의 경우에 급박한 사정이 있는 때
- 위임의 존속과 동일한 효력이 있다
- 관련법조 : [이사결원시 처리] 상 §386, §567

본조는 사무처리가 중단되어 불이익이 생기지 않도록 하기 위한 것이다. 즉 위임종료의 경우에 급박한 사정이(예컨대 채권이 곧 소멸시효에 걸리는 경우) 있는 때에는 수임인 또는 그 상속인, 법정대리인은 위임인, 그 상속인, 법정대리인이 그 위임사무를 처리할 수 있을 때까지 필요한 그 사무의 처리를 계속할 의무가 있는 것이다. 이 경우에는 위임의 존속과 동일한 효력이 있다.

수임인의 긴급처리의무는 위임이 위임인의 해지로 종료하는 경우에도 인정하는 견해(김·안)가 있으나, 그러한 경우에는 위임인을 불측의 손해로부터 보호할 필요가 없다고 생각되므로 그 적용이 없다고 새겨야 한다(동지 : 곽윤직). 긴급처리의무의 효과는 위임의 효과와 다를 바 없으나, 긴급처리의무의 범위를 넘는 경우에는 사무관리의 규정에 의하게 된다.

▣ 핵심판례 ▣

■ [위임종료시의 긴급처리]

가. 후임자가 선임될 때까지, 임기만료된 재단법인 이사의 직무수행권 및 그 한계

임기 만료된 재단법인 이사는 그 임무를 수행함이 부적당하다고 인정할 만한 특별한 사정이 없는 한, 그 후임자가 선임될 때까지 이사의 직무를 수행할 수 있다. 그러나 별다른 급박한 사정도 없이 임기만료 전의 현임 이사를 해임하고 그 후임자를 선임하기 위한 이사 및 평의원 연석회의를 스스로 소집하고 이를 제안하는 것과 같은 일은 임기 만료된 이사장에게 수행케 함은 부적당한 임무에 해당한다.

나. 적법한 해임결의 요구없이 된 재단법인 임원해임결의의 효력

정관상 요구되는, 평의원 재적 3분의2 이상의 임원해임결의요구가 없었음에도 이사 및 평의원 연석회의에서 되어진 그 해임결의는 무효이고, 그 해임결의를 가지고 위 해임결의 요구의 의사가 있었던 것과 같이 간주하거나 또는 그 요구흠결의 하자가 치유된 것으로 볼 수 없다(1982. 3. 9. 제1부 판결 81다614 이사회결의무효확인).

◆ 위임종료의 대항요건

제 692 조 【위임종료의 대항요건】

위임종료의 사유는 이를 상대방에게 통지하거나 상대방이 이를 안 때가 아니면 이로써 상대방에게 대항하지 못한다.

■ § 692. 위임종료의 대항요건으로서 통지의무규정

• 해지이외의 사유로 종료한 경우에만 그 적용이 있다.

1. 의 의

본조는 위임종료를 모르는 상대방을 보호하기 위한 것이다. 즉 위임종료의 사유는 이를 상대방에게 통지하거나 상대방이 이를 안 때가 아니면 이로써 상대방에게 대항하지 못한다. 이 규정은 해지 이외의 사유로 종료한 경우에만 그 적용이 있게 됨을 주의해야 한다. 예를 들면 주식회사 대표이사의 사망사실은 이를 상대방에 통지하지 아니하여도 대항할 수 있다. 원래 해지는 상대방에 대한 의사표시 내지 통지에 의하여 행하여지기 때문이다.

2. 효 과

(1) 종료사유가 위임인 쪽에 있는 경우

예컨대, 위임인이 사망하였음에도 이를 수임인에게 통지하지 않은 때에는, 그 사망사실을 모르고 사무처리를 계속한 수임인은 상속인에 대하여 그 동안의 비용상환이나 보수를 청구할 수 있다.

(2) 종료사유가 수임인 쪽에 있는 경우

예컨대 수임인이 금치산선고를 받았는데, 이를 위임인에게 통지하지 않은 때에는, 수임인의 법정대리인이 사무를 계속처리하여야 하며, 위임사무가 종료된 것으로 주장할 수 없다.

제 12 절 임 치

임치(depositum, deposit, verwahrung, dépôt)는 당사자의 일방(수치인)이 상대방(임치인)을 위하여 금전이나 유가증권 기타 물건을 보관하는 계약이다(제693조~제702조). 구민법은 이것을 기탁이라고 하고, 요물계약으로 하였으나, 현행의 민법은 임치계약을 낙성계약으로 하였다. 보관료를 지급하는 경우와 그렇지 않은 경우가 있는 바, 전자는 유상·쌍무계약이고, 후자는 무상·편무계약이다. 목적물은 동산인 경우가 많지만 부동산일 수도 있다.

상법상의 임치에 대하여서는 특칙이 있으며(상법 제62조, 제152조~제154조), 특히 그 특수형태인 창고업에 대하여서는 상세한 규정이 구비되어 있다(상법 제155~제168조). 임치물의 보관은 무상임치의 경우에는 [자기재산과 동일한 주의]를 가지고 보관하면 충분하지만(제695조), 유상임치의 경우에는 선량한 관리자의 주의를 가지고 보관하지 않으면 안된다(상법상으로는 비록 무상이라 하더라도 선관의무를 진다<상법 제62조>). 임치인은 반환시기를 정하였다 하더라도 언제든지 계약을 해지할 수 있으며, 수치인도 부득이한 경우에는 기한전이라도 계약을 해지할 수 있다(제698조, 제699조).

◈ 임치계약의 의의

제 693 조【임치의 의의】

임치는 당사자일방이 상대방에 대하여 금전이나 유가증권 기타 물건의 보관을 위탁하고 상대방이 이를 승낙함으로써 효력이 생긴다.

■ § 693. 임치의 의의 및 법률적 성질

- 당사자의 일방(임치인)이 상대방에 대하여 금전이나 유가증권 기타의 물건의 보관을 위탁하고 상대방(수치인)이 이를 승낙함으로써 성립하는 계약
- 원칙적 무상, 편무, 특약있는 경우, 유상, 쌍무
- 낙성, 불요식의 계약

1. 의 의

임치는 당사자의 일방(임치인)이 상대방에 대하여 금전이나 유가증권 기타 물건의 보관을 위탁하고 상대방이 이를 승낙함으로써 성립하는 계약이다.

위탁물의 보관을 목적으로 하여 타인의 노무를 이용하는 계약의 일종이다.

보관이라 함은 위탁된 목적물을 자기의 지배하에 두고 그 멸실·훼손을 방지하여 원상을 유지하는 것이다. 다만 물건을 보관할 장소만을 제공하는 데 불과한 경우 예컨대 은행이나 신탁회사가 회사내의 보호함이나 금고의 일부를 제공하는 계약(보호함 대여계약과 임금고계약)은 임치가 아닌 임대차에 지나지 않으며, 이 경우에는 은행이나 신탁회사는 안전한 장소를 대여한 임대인으로서의 책임은 부담하나, 그 장소에 보관된 물건에 관해서는 보관의 책임을지지 아니한다. 또 목적물을 단지 보관할 뿐만 아니라 보관하고 보수나 이용하는 것까지도 목적으로 하면 위임 혹은 신탁이 된다.

임치의 목적물은 금전이나 유가증권 기타의 물건이다. 따라서 재산과 부동산을 불문하지만 금전에 관해서는 원칙적으로 소비임치가 된다. 또 임치의 목적물은 임치인의 소유물일 필요는 없다.

임치는 특정한 목적물을 보관하고 바로 그 물건을 반환할 것을 목적으로 하

는 것이 원칙이다. 그러나 대체물의 임치인 경우에는 임치인이 다른 임치인들로부터 받은 동종·동등의 다른 물건과 혼합하여 보관하고, 나중에 그 가운데에서 임치받은 것과 동일량을 반환할 채무를 부담하는 특수한「혼합임치」라고 불리우는 것이 있다. 또 임치인이 목적물의 처분권을 취득하고, 후에 동종·동등·동량의 물건을 반환하여야 하는 경우를「소비임치」라고 한다.

임치는 보관의 대가로서 보수의 지급을 요소로 하지 않기 때문에(제693조) 원칙적으로 무상·편무계약이다. 그러나 특약이 있으면 보수를 청구할 수 있고(제701조에 의한 제686조의 준용), 또 관습이나 묵시의 의사표시에 의하여 보수의 지급이 인정되어 있는 경우에는 유상·쌍무계약이 된다.

임치는 통상 일정기간 동안 물건을 보관하는 것을 내용으로 하는 점에서 계속적 채권관계에 속한다. 따라서 복임치가 원칙적으로 금지되고(제701조, 제682조), 당사자에게 해지권이 인정된다(제698조, 제699조).

▣ 핵심판례 ▣

■ [임치의 의의]

화주가 보세운송을 위해 컨테이너 전용장치장으로부터 화물을 반출함에 있어 운송인의 동의가 필요한지 여부(적극)

운송인이 컨테이너 전용장치장에 운송화물을 입고시키는 법률관계는 민법상 임치에 해당하므로 원칙적으로 수치인인 컨테이너 전용장치장 설영인으로서는 임치인인 운송인의 동의 없이는 임치인이 아닌 제3자에게 화물을 인도할 수 없는데, 보세화물관리세칙(관세청고시 90-627호) 제4조, 제5조는 운송물이 화주의 자가보세장치장으로 보세운송되어 장치되도록 강제하는 근거규정이라 볼 수 없고, 한편 보세운송요령(관세청고시 제90-659호) 제35조에 의하면 수입물품을 보세운송하고자 하는 자가 보세운송 신고를 함에 있어 운송인의 동의를 받아야 한다는 취지로 규정되어 있지는 아니하고, 또 위 보세화물관리세칙 제11조에도 보세구역으로부터 보세운송을 위하여 물품을 출고하는 때에 보세구역의 설영인이 징구하여야 할 서류로 보세운송면장 사본만을 규정하고 있어, 관세법규상 보세운송에 있어서 운송인의 동의가 필요하다는 취지의 명시적 규정은 있지 아니하나, 이러한 보세운송요령이나 보세화물관리세칙은 모두 관세의 확보라는 관세행정상의 목적을 달성하기 위한 감독과 규제를 규정한 것에 지나지 아니하므로, 거기에 보세운송에 있어서 운송인의 동의가 필요하다는 취지의 규정이 없다고 하여 화주가 보세운송을 위해 컨테이너 전용장치장으로부터 화물을 반출함에 있어서 운송인의 동의가 필요하지 않다고 단정할 수는 없다(1996. 3. 12. 판결 94다55057 손해배상).

◈ 임치인의 동의 없는 임치물의 사용금지

제 694 조 【수치인의 임치물사용금지】

수치인은 임치인의 동의없이 임치물을 사용하지 못한다.

■ § 694. 목적물의 사용금지

- 수치인은 임치인의 동의없이 임치물사용금지
- 관련법조 : [공탁물보관자] 비송 §54

임치는 목적물을 보관하는데 그 목적이 있는 것이므로 수치인은 임치인의 동의 없이 임치물을 사용하지 못한다(제694조).

◆ 무상임치에 있어서 수치인의 주의의무의 정도

제 695 조 【무상수치인의 주의의무】

보수없이 임치를 받은 자는 임치물을 자기재산과 동일한 주의로 보관하여
야 한다.

■ § 695. 임치물 보관에 있어서 주의의무

- 무상의 경우 : 자기재산과 동일한 주의
- 유상의 경우 : 선관주의(§374)
- 관련법조 : [상사임치와 주의의무] 상 §62, [위탁매매인 책임] 상 §108, §152~
 §154, §160, [본조준용] 비송 §54

수치인은 임치물을 일정한 주의를 기울여 보관하여야 하고, 이에 위반하여 임
치물을 멸실·훼손한 때에는 임치계약상의 채무불이행을 이유로 하여 손해배상
책임을 진다.

민법은 무상임치와 유상임치에 따라 수치인의 주의의무 정도를 달리 정한다.

1. 무상임치

보수없이 임치를 받은 경우, 즉 무상임치의 경우에는 수치인은 자신의 능력
에 따른 주의, 즉 '자기재산과 동일한 주의'로 보관할 의무를 진다. 다시 말해
그 임치에 관해 거래상 요구되는 일반적 주의가 아니라 수치인을 기준으로 구
체적 경과실만을 문제삼는 점에서 주의의 정도가 완화된다.

2. 유상임치

유상임치의 경우에는 일반원칙에 따라 정할 수 밖에 없다. 그런데 수치인은
임치가 종료한 때에 그 목적물 자체를 반환하여야 하는 특정물인도채무를 부
담하는 점에서, 이 때에는 제374조에 의해 '선량한 관리자의 주의', 즉 그 임치
에 관해 거래상 요구되는 일반적 주의(추상적 과실)가 요구된다.

3. 상법상의 특칙

상인이 그 영업범위 내에서 물건의 임치를 받은 경우에는 보수를 받지 아니

하는 때에도 선량한 관리자의 주의로 보관하여야 한다(상법 제62조).

▣ 핵심판례 ▣

■ [무상수치인의 주의의무]

가. 자동차회사가 구매자에게 매도한 자동차를 임치 중 도난당하여 동종의 다른 차량을 구매자에게 인도한 경우 수치인의 손해배상책임의 범위와 그 후 도난차량을 되찾은 경우 자동차회사의 차량수령의무 유무(소극)

자동차회사인 원고가 구매자에게 매도한 자동차를 피고들에게 임치 중 피고들의 귀책사유로 도난을 당하여 원고가 수차 차량을 인도하여 줄 것을 최고하였음에도 불구하고 피고들이 이를 이행하지 아니하므로 원고가 구매자에게 매매목적인 자동차를 인도해 주지 못하여 대신 동종의 다른 자동차를 인도해 준 경우 그로 인하여 원고가 입은 손해는 다시 자동차를 출고해 줌으로써 이중으로 부담하게 된 자동차의 가액과 출고, 등록, 차량탁송에 소요된 비용과 제세공과금 등이라고 볼 것이고(그 이후에 자동차를 되찾은 날까지의 인도지연에 따른 손해나 감가상각액 정도라고 할 수는 없다), 피고들도 이를 예견할 수 있었다고 할 것이므로 이의 배상책임이 있다 할 것이며, 또한 그 후에는 피고들이 자동차를 되찾아 반환하고자 한다고 하여도 원고는 이미 동종의 다른 자동차를 인도하여 매도인으로서의 채무를 이행해 버린 이상, 그리고 피고들을 상대로 이 사건 손해배상청구소송까지 제기하고 있으므로 신품을 판매하는 원고에게 중고자동차를 수령하여야 할 의무가 있다고 할 수는 없다.

나. 위 "가"항의 경우 차량이 도난 당한 후 구매자 명의로 차량등록이 되었다면 자동차회사의 수치인에 대한 채무불이행 또는 불법행위를 원인으로 한 손해배상청구권 행사에 장애가 되는지 여부(소극)

위 "가"항의 경우 자동차가 원고 회사의 공장에서 출고할 당시나 피고들에게 임치할 당시에 구매자에게 점유나 소유권이 이전되었다고 할 수 없고, 피고들이 원래의 자동차를 도난당한 때에는 아직 구매자명의로 등록 인도되기 전이므로 그 소유권은 아직 원고에게 있었다고 보아야 할 것이고, 그 후 구매자명의로 등록이 되었을 때 그에게 소유권이 귀속되는 것이라고 본다고 하여도 피고들의 채무불이행 또는 불법행위로 인한 원고의 손해배상청구권 행사에 장애가 된다고 할 수 없다(1990. 12. 11. 제1부 판결 90다카27129 손해배상).

◈ 수치인이 임치인에 대해 통지의무를 지는 경우

제 696 조【수치인의 통지의무】

임치물에 대한 권리를 주장하는 제3자가 수치인에 대하여 소를 제기하거나 압류한 때에는 수치인은 지체없이 임치인에게 이를 통지하여야 한다.

■ § 696. 위험통지의무

- 임치인으로 하여금 이의를 할 수 있는 기회를 잃지 않도록 하기 위한 규정
- 임치물에 관하여 제3자가 소유권을 주장하여 그 반환을 요구하더라도 수치인 은 임차인에게 반환해야지 제3자에게 반환할 수 없다.
- 그러나 제3자가 소를 제기하거나 압류한 때에는 수치인은 곧 그 사실을 임치 인에게 통지하여야 한다.

제3자가 그 임치물에 관한 권리를 수치인에 대하여 주장하면서 소를 제기하 거나 압류한 때에는 수치인은 이러한 사실이 발생한 때에는 지체없이 그 사실 을 임치인에게 통지하여야 한다.

이는 임치인으로 하여금 이의를 할 수 있는 기회를 잃지 않도록 하기 위하여 서이다. 제3자가 권리를 주장하여 소를 제기한다함은 제3자가 임치물에 관해 소 유권을 주장하여 그 인도를 구함은 물론 임치물에 관하여 사용권·담보권 등이 있다고 주장하는 것도 이에 포함되고, 압류는 가압류·가처분을 포함한다고 하 는 것이 통설이다. 따라서 수치인이 이 의무를 이행하지 아니함으로써 임치인에 게 손해를 입게 한 경우에는 그 손해를 배상할 책임이 있다.

◈ 임치물의 성질, 하자로 인한 손해배상청구

제 697 조【임치물의 성질, 하자로 인한 임치인의 손해배상의무】

임치인은 임치물의 성질 또는 하자로 인하여 생긴 손해를 수치인에게 배상하여야 한다. 그러나 수치인이 그 성질 또는 하자를 안 때에는 그러하지 아니하다.

■ § 697. 손해배상의무

• 임치인은 임치물의 성질이나 하자로 생긴 손해를 수치인에게 배상하여야 한다.
• 그러나 수치인이 그 성질이나 하자를 알고 있었던 때에는 임치인은 배상책임을 면한다.
• 관련법조 : [본조준용] 비송 §54

임치인은 임치물의 성질 또는 하자로 인하여 생긴 손해를 수치인에게 배상하여야 한다.

그러나 수치인이 그 성질 또는 하자를 안 때에는 배상책임을 지지 않는다(제697조 단서).

▣ 핵심판례 ▣

■ [임치물의 성질, 하자로 인한 임치인의 손해배상의무]

1. 가압류의 요건인 보전의 필요성이 없다고 한 사례

갑이 아파트 수분양자인 을에 대하여, 을은 아파트 건설회사인 병 회사로부터 토지(대지지분권)에 관한 소유권이전등기절차를 이행받음과 동시에 갑에게 금원을 지급하라는 내용의 확정판결에 기한 채무명의를 갖고 있으나 위 확정판결이 명한 반대급부의 의무이행자는 제3자인 병 회사일 뿐 아니라 위 토지에 관한 지분소유권자는 또 다른 제3자이며, 을 등 위 아파트 수분양자들이 위 대지지분권에 관한 이전등기를 경료받음과 상환으로 잔대금을 지급하라는 위 토지 소유자들의 청구를 인낙 한 경우 병 회사의 을에 대한 위 대지지분권이전등기절차의 이행이나 그 이행의 제공은 사실상 불가능하게 되었다고 보아 갑의 권리는 그 보전의 필요성이 없다고 한 사례(1992. 1. 21. 제2부 판결 91다33032 부동산가압류이의).

2. 가. 수령지체로 미반환된 임치물이 훼손된 경우에 있어서 수치인의 배상 책임요건

수치인이 적법하게 임치계약을 해지하고 임치인에게 임치물의 회수를 최고하였음에도 불구하고 임치인의 수령지체로 반환하지 못하고 있는 사이에 임치물이 멸실 또는 훼손된 경우에는 수치인에게 고의 또는 중대한 과실이 없는 한 채무불이행으로 인한 손해배상책임이 없다.

나. 수치인의 보관물의 처분 및 인수요구에 대한 임차인의 시세가 싸다는 이유로 한 회수거절과 수령지체

수치인이 임치인에게 보관중인 건고추를 속히 처분하지 않으면 벌레가 먹어 못쓰게 되니 빨리 처분하든지 인도받아 가라고 요구하였다면 이는 임치계약을 해지하고 임치물의 회수를 최고한 의사표시라고 볼 여지가 있고 이에 대하여 임치인이 시세가 싸다는등 이유로 그 회수를 거절하였다면 이때로부터 수령지체에 빠진 것이라고 하겠다(1983. 11. 8. 83다카1476).

◈ 위임의 해지 : 임치기간의 약정이 있는 경우

제 698 조 【기간의 약정있는 임치의 해지】

임치기간의 약정이 있는 때에는 수치인은 부득이한 사유없이 그 기간 만료 전에 계약을 해지하지 못한다. 그러나 임치인은 언제든지 계약을 해지할 수 있다.

■ § 698. 기간의 약정이 있는 임치계약의 해지

• 임치기간의 약정이 있는 경우에는 임치인은 언제든지 계약을 해지할 수 있다.

본조는 기간의 약정이 있는 임치계약의 해지에 관하여 규정한 것이다.

(1) 보관물에 관하여 기간의 약정이 있는 때에는 수치인은 그 시기전에는 계약을 해지하고 목적물을 반환할 수 없고, 반드시 그 기간이 종료할 때까지 물건을 보관하여야 한다. 그러나 어떠한 경우에도 그 시기전에는 해지할 수 없다고 하면 매우 곤란한 경우가 있으므로, 부득이한 사유가 있는 때에 한하여 수치인은 기간전에 해지할 수 있도록 한 것이다. 그 이유는 임치는 보통 수치자로서는 일종의 부담이며, 될 수 있는 대로 쉽게 임치물을 반환할 것을 원하는 입장인데, 이 경우 부득이한 사유가 있는데도 불구하고 임치물을 반환할 수 없다고 하면 수치자에 대하여 너무 가혹하게 되기 때문이다.

(2) 보관의 기간이 정해져 있어도 그것은 순전히 임치인의 이익을 위한 것이므로 임치인은 형편에 따라 언제든지 해지하고 위탁한 물건의 반환을 청구할 수 있다. 그리고 기간의 약정이 없는 경우에는 본조의 반대해석으로서 보관인은 언제든지 계약을 해지하고 보관물을 임차인에게 반환할 수 있다고 본다.

◆ 위임의 해지 : 임치기간의 약정이 없는 경우

제 699 조【기간의 약정없는 임치의 해지】

임치기간의 약정이 없는 때에는 각 당사자는 언제든지 계약을 해지할 수 있다.

■ § 699. 기간의 약정이 없는 임치계약의 해지

• 임치기간의 약정이 없는 경우에는 각 당사자는 계약을 해지할 수 있다
• 관련법조 : [특칙] 상 §163, §164

임치계약에서 임치물의 반환시기에 관하여 아무 약정이 없는 경우에는 임치인은 물론 수치인도 언제든지 계약을 해지하고 임치물을 반환할 수 있을 것이다.

임치기간을 약정한 경우에는 수치인은 부득이한 사유가 있는 때 외에는 그 기간이 종료할 때까지 계약을 해지할 수 없지만 본조와 같이 그 기간을 약정하지 않은 때에는 임치인은 물론 수치인도 자기 형편에 의하여 언제든지 임치인에게 임치물을 반환할 수 있으며, 임치인은 지금 반환받아서 불편하다는 이유로 임치물의 수령을 거절할 수는 없다.

그것은 임치는 무상계약이므로 수치인의 의사에 반하여서까지 그 불이익을 강요할 수는 없기 때문이다.

▣ 핵심판례 ▣

■ [기간의 약정이 없는 임치의 해지]

가. 수령지체로 미반환된 임치물이 훼손된 경우에 있어서 수치인의 배상책임 요건

수치인이 적법하게 임치계약을 해지하고 임치인에게 임치물의 회수를 최고하였음에도 불구하고 임치인의 수령지체로 반환하지 못하고 있는 사이에 임치물이 멸실 또는 훼손된 경우에는 수치인에게 고의 또는 중대한 과실이 없는 한 채무불이행으로 인한 손해배상책임이 없다.

나. 수치인의 보관물의 처분 및 인수요구에 대한 임차인의 시세가 싸다는 이유로 한 회수거절과 수령지체

수치인이 임치인에게 보관중인 건고추를 속히 처분하지 않으면 벌레가 먹어 못 쓰게 되니 빨리 처분하든지 인도받아 가라고 요구하였다면 이는 임치계약을 해지하고 임치물의 회수를 최고한 의사표시라고 볼 여지가 있고 이에 대하여 임치인이 시세가 싸다는등 이유로 그 회수를 거절하였다면 이때로부터 수령지체에 빠진 것이라고 하겠다(1983. 11. 8. 83다카1476).

◆ 임치의 종료시 임치물을 반환하여야 할 장소

제 700 조 【임치물의 반환장소】

임치물은 그 보관한 장소에서 반환하여야 한다. 그러나 수치인이 정당한 사유로 인하여 그 물건을 전치한 때에는 현존하는 장소에서 반환할 수 있다.

■ § 700. 임치물반환의무

- 반환의 목적물은 수치인이 받은 물건이나 금전 또는 유가증권 그 자체이다
- 반환의 장소에 특약이 있으면 그에 의하나, 그러한 특약이 없으면 보관한 장소에서 반환하여야 한다
- 반환의 시기는 임치관계가 종료한 때이다
- 관련법조 : [보관장소] 상 §156②-3, [본조준용] 비송 §54

1. 반환의 목적물

임치가 종료한 때에는 수치인은 받은 목적물 그 자체를 반환하여야 한다. 임치물이 대체물인 때에도 마찬가지이다. 따라서 임치물이 전부 멸실한 때에는 임치물반환채무는 이행불능이 되는 것이며, 그 물건이 대체물인 경우에도 동종, 동량의 물건으로 인도할 의무가 있는 것은 아니다(대판 1976. 11. 9. 76다1932).

2. 반환장소

임치가 종료하는 때에는 수치인은 임치물을 임치인에게 반환하여야 한다. 반환의 목적물은 수치인이 받아서 보관하는 것 그 자체이다. 반환장소에 관해 특약이 있으면 그에 의한다. 그 약정이 없는 경우에는 임치물은 그 보관한 장소에서 반환하여야 한다. 그러나 수치인이 정당한 사유로 그 물건을 전치(다른 장소로 이전하는 것)한 때에는 현존하는 장소에서 반환할 수 있다.

◆ 위임에 관한 규정 중 임치에 준용되는 규정

제 701 조 【준용규정】

제682조, 제684조 내지 제687조 및 제688조제1항, 제2항의 규정은 임치에 준용한다.

■ § 701. 위임에 관한 규정의 준용

- 수치인이 임치인에게 반환하여야 할 물건
- 배상하여야 할 비용
- 보수지급의무
- 비용상환의무

본조는 수치인이 임치인에게 반환하여야 할 물건 또는 배상하여야 할 비용 및 임치인이 수치인에 대하여 보수를 지급해야 할 경우 그 지급 또는 비용의 상환에 관하여 규정한 것이다. 이 경우에는 원칙적으로 이들에 관한 사항도 독자적으로 규정하여야 할 것이나, 임치와 위임은 성격상 유사한 점이 있으므로 위임에 관한 제682조, 제684조 내지 제687조 및 제688조 1항, 제2항의 규정이 준용되도록 하였다.

(1) 수치인은 임치인의 승낙이 있거나 또는 부득이한 사유없이 제3자로 하여금 임치물을 보관하게 할 수 없다(제682조 준용).

(2) 수치인은 물건의 보관에 관하여 임치인 또는 타인으로부터 받은 금전 기타의 물건을 임치인에게 반환하여야 함은 물론이거니와 그 보관중에 생긴 과실도 역시 원본과 함께 인도하여야 한다. 에컨대 소·말의 보관을 위탁받은 경우에 그 소·말이 새끼를 낳은 때와 같은 경우에 소·말은 물론 그 새끼까지도 함께 반환하여야 하는 것이다. 또 수치인은 임치물을 임치함에 있어서 임치인을 위하여 자기의 명의로 취득한 권리는 그것이 물권이나 채권 또는 기타의 권리임을 불문하고 이를 임치인에게 이전하여야 한다(제684조 준용).

(3) 수치인이 임치인에게 인도하여야 금전 또는 임치인의 이익을 위하여 사용하여야 할 금전을 자기를 위하여 소비한 때에는 그 소비한 날 이후의 이자(민

사의 경우 년5푼, 상거래의 경우 년6푼)를 임치인에게 지급하고 또 손해가 있는 때에는 이를 배상하여야 한다(제685조 준용).

(4) 수치인은 특약이 없으면 임치인에 대하여 보수를 청구할 수 없다. 임치물의 임치종료 후가 아니면 보수를 청구하지 못한다. 다만 기간으로 보수를 정한 때에는 그 기간이 경과한 후에 보수를 청구할 수 있다. 따라서 임치계약이 그 기간의 중도에서 종료한 때에는 보통 보수를 청구할 수 없는 것이다. 그러나 수치인이 책임없는 사유로 중도에 종료한 경우에 한하여 수치인은 이미 이행한 비율에 응하여 보수를 청구할 수 있다(제686조 준용).

(5) 수치인은 물건의 임치에 필요한 비용의 선급을 임치인에 대하여 청구할 수 있다(제687조 준용).

(6) 수치인은 임치물의 임치함에 관하여 필요비를 지출한 때에는 임치인에 대하여 지출한 날 이후의 이자(민사의 경우 년5푼, 상거래의 경우 년6푼)를 청구할 수 있다. 기타의 비용, 즉 필요비로서가 아니고 지출한 비용은 제203조 제2항의 규정에 의하여 그 상환을 청구할 수 있으나, 그 이외의 방법은 청구할 권리는 없다(제688조 1항 준용).

(7) 수치인이 임치물을 임치함에 필요하다고 인정되는 채무를 부담한 때에는 임치인에게 자기에 갈음하여 이를 변제하게 할 수 있고, 그 채무가 변제기에 있지 아니한 때에는 상당한 담보를 제공할 것을 청구할 수 있다(제688조 2항 준용).

◈ 특수한 임치 : 소비임치

제 702 조【소비임치】

수치인이 계약에 의하여 임치물을 소비할 수 있는 경우에는 소비대차에 관한 규정을 준용한다. 그러나 반환시기의 약정이 없는 때에는 임치인은 언제든지 그 반환을 청구할 수 있다.

■ § 702. 특수한 임치

• 임치에 있어서 목적물의 소유권을 수치인에게 이전하기로 하고 수치인은 그것과 동종, 동질, 동량의 것을 반환하는 임치

1. 소비임치

(1) 의 의

통상의 임치에서는 수치인이 임치한 물건 자체를 반환하여야 한다. 이에 대하여 소비임치(Summenverwahrung, Hinterlegungsdarlehen)라 함은 임치인이 임치물을 소비하고 나중에 그것과 동종·동등·동량의 물건을 반환할 것을 목적으로 하는 임치를 말한다. 또는 불규칙임치(depositum irrdgulare, unregelmassige Verwahrung)라고도 한다.

교부된 물건자체의 보관을 목적으로 하지 않는 점에서 통상의 임치와 다르지만, 보관(임치물의 가치의 보관)을 목적으로 하는 점에서 임치와 그 성질을 같이 한다.

예금이 가장 현저한 예이다. 소비임치에 있어서는 임치인은 동종·동등·동량의 물건을 반환하는 것으로 충분하기 때문에 임치물의 소유권은 임치인에게 이전하고, 위험도 임치인이 부담한다. 따라서 임치물은 당연히 대체물에 한한다. 소비임치에서는 보통의 임치에서와 같이 타인의 소유물을 보관한다는 관계를 발생시키지 아니하고, 오히려 소비대차에 유사한 점이 많다. 따라서 민법도 소비대차에 관한 규정을 준용하도록 하고 있다. 다만 반환의 시기를 정하지 아니한 소비대차에 있어서는 대주는 상당한 기간을 정

하여 반환을 최고하여야 하는데(제603조 2항) 반하여 반환시기의 약정이 없는 소비임치의 경우에는 임치인은 언제든지 그 반환을 청구할 수 있다.

(2) 성 질

소비임치에는 소비대차와 임치의 성질이 포함되어 있다. 즉, 대체물의 소유권을 상대방에게 이전하고 상대방은 그와 같은 종류의 것으로 반환하면 되는 점에서 소비대차(제598조)로서의 성질을 가지고, 그 물건을 보관하는 점에서는 임치로서의 성질이 내포되어 있다. 따라서 본조는 전자를 중심으로 하면서 후자의 성질도 고려한다.

(3) 효 과

소비임치에는 소비대차에 관한 규정을 준용한다(제702조 본문). 그러나 반환시기의 약정이 없는 때에는, 소비대차에서는 대주는 상당한 기간을 정하여 반환을 최고하여야 하지만, 소비임치에서는 임치인은 언제든지 그 반환을 청구할 수 있는 것으로 규정한다(제702조 단서).

소비임치에는 물건의 보관이라는 임치의 측면이 내포되어 있고, 임치에서는 주로 임치인의 이익이 중심을 이루어 임치인은 언제든지 계약을 해지할 수 있다는 점을 고려한 것이다.

2. 혼장임치

(1) 의 의

대체물(곡류, 육류 등)의 임치에 있어서, 수치인이 임치된 물건과 동종·동질의 다른 임치물과 혼합하여 보관하고, 반환할 때에는 임치된 것과 동량을 반환하면 된다는 특약이 있는 임치를 혼장임치라 한다. 이 경우에 수치인이 목적물의 소유권 내지 처분권을 취득하는 것은 아니므로 소비임치와 다르다. 혼장임치는 본래의 임치에 지나지 않으나 그 보관방법이 보통의 임치와 다른 특색이 있을 뿐이다. 민법에는 이에 관한 규정이 없지만 수치인과 임치인들간의 약정으로 이를 인정할 수 있다.

(2) 효 과

수치인은 임치인이 임치한 그 물건이 아니라 다른 동종의 것으로 반환할

수 있다. 그 결과 임치인은 자신이 임치한 물건의 단독소유권을 잃으며, 이에 가름하여 다수의 다른 임치인들과 더불어 혼장임치된 물건 전체에 대해 자신의 지분비율에 따라 공유를 한다.

[소비임치]

▣ **핵심판례** ▣

■ [소비임치]

1. **금융실명제하에서 예금계약의 당사자 확정 방법, 예금명의자가 아닌 제3자를 예금계약의 당사자로 볼 수 있는 예외적인 경우 및 그 인정 방법**

[다수의견] 금융실명거래 및 비밀보장에 관한 법률에 따라 실명확인 절차를 거쳐 예금계약을 체결하고 그 실명확인 사실이 예금계약서 등에 명확히 기재되어 있는 경우에는, 일반적으로 그 예금계약서에 예금주로 기재된 예금명의자나 그를 대리한 행위자 및 금융기관의 의사는 예금명의자를 예금계약의 당사자로 보려는 것이

라고 해석하는 것이 경험법칙에 합당하고, 예금계약의 당사자에 관한 법률관계를 명확히 할 수 있어 합리적이다. 그리고 이와 같은 예금계약 당사자의 해석에 관한 법리는, 예금명의자 본인이 금융기관에 출석하여 예금계약을 체결한 경우나 예금명의자의 위임에 의하여 자금 출연자 등의 제3자(이하 '출연자 등'이라 한다)가 대리인으로서 예금계약을 체결한 경우 모두 마찬가지로 적용된다고 보아야 한다. 따라서 본인인 예금명의자의 의사에 따라 예금명의자의 실명확인 절차가 이루어지고 예금명의자를 예금주로 하여 예금계약서를 작성하였음에도 불구하고, 예금명의자가 아닌 출연자 등을 예금계약의 당사자라고 볼 수 있으려면, 금융기관과 출연자 등과 사이에서 실명확인 절차를 거쳐 서면으로 이루어진 예금명의자와의 예금계약을 부정하여 예금명의자의 예금반환청구권을 배제하고 출연자 등과 예금계약을 체결하여 출연자 등에게 예금반환청구권을 귀속시키겠다는 명확한 의사의 합치가 있는 극히 예외적인 경우로 제한되어야 한다. 그리고 이러한 의사의 합치는 금융실명거래 및 비밀보장에 관한 법률에 따라 실명확인 절차를 거쳐 작성된 예금계약서 등의 증명력을 번복하기에 충분할 정도의 명확한 증명력을 가진 구체적이고 객관적인 증거에 의하여 매우 엄격하게 인정하여야 한다.

[대법관 박시환의 별개의견] 금융실명거래 및 비밀보장에 관한 법률 제3조 제1항은 실명확인 절차를 거칠 것을 예금계약의 효력요건으로 규정한 것이고, 위 규정의 취지에 반하는 예금계약의 효력을 부정하는 강행규정이라고 보아야 한다. 따라서 출연자 등이 예금명의자 명의로 실명확인 절차를 거쳐 예금계약을 하면서, 금융기관과의 합의하에 출연자 등을 예금계약상의 예금반환청구권을 갖는 예금계약의 당사자로 하기로 별도로 약정한 경우 등에는, 그 별도의 약정에 관하여 당사자들이 명확한 증명력을 가진 구체적이고 객관적인 증거를 남겨 두었는지 여부와 관계없이, 그러한 별도의 약정 자체는 강행규정인 금융실명거래 및 비밀보장에 관한 법률 제3조 제1항에 위반되어 효력이 없는 것으로 보아야 한다. 결국 이러한 경우에는 금융기관과 예금명의자 사이의 예금계약만이 유효하게 성립할 뿐이어서, 예금반환청구권을 갖는 예금계약의 당사자는 예금명의자이다(대법원 2009. 3. 19. 선고 2008다45828 전원합의체 판결).

2. 공동명의 예금채권자들이 동업 이외의 특정 목적을 달성하기까지 단독으로 예금을 인출할 수 없도록 방지·감시하고자 하는 목적으로 공동명의로 예금을 개설한 경우, 예금채권 및 관리처분권의 귀속관계

가. 은행에 공동명의로 예금을 하고 은행에 대하여 그 권리를 함께 행사하기로 한 경우에 만일 동업자금을 공동명의로 예금한 경우라면 채권의 준합유관계에 있다고 볼 것이나, 공동명의 예금채권자들 각자가 분담하여 출연한 돈을 동업 이외의 특정 목적을 위하여 공동명의로 예치해 둠으로써 그 목적이 달성되기 전에는 공동명의 예금채권자가 단독으로 예금을 인출할 수 없도록 방지·감시하고자 하는 목적으로 공동명의로 예금을 개설한 경우라면, 하나의 예금채권이 분량적으로 분할되어 각 공동명의 예금채권자들에게 공동으로 귀

속되고, 각 공동명의 예금채권자들이 예금채권에 대하여 갖는 각자의 지분에 대한 관리처분권은 각자에게 귀속된다

나. 공동명의 예금채권자 중 1인에 대한 별개의 대출금채권을 가지는 은행으로서는 그 대출금채권을 자동채권으로 하여 그의 지분에 상응하는 예금반환채권에 대하여 상계할 수 있다 할 것이고, 다만 공동명의 예금채권자 중 1인이 다른 공동명의 예금채권자의 지분을 양수하였음을 이유로 그 지분에 대한 은행의 상계주장에 대항하기 위해서는 공동명의 예금채권자들과 은행 사이에 예금반환채권의 귀속에 관한 별도의 합의가 있거나 채권양도의 대항요건을 갖추어야 한다(2004. 10. 14. 2002다55908).

3. 가. 공동명의 예금채권자들의 은행을 상대로 한 예금반환청구소송이 필요적공동소송인지 여부

은행에 공동명의로 예금을 하고 은행에 대하여 그 권리를 함께 행사하기로 한 경우에 그 공동명의 예금채권자들은 은행을 상대로 하여서는 공동으로 이행의 청구나 변제의 수령을 함이 원칙이라고 할 것이나, 그렇다고 하여 공동명의 예금채권자들의 은행에 대한 예금반환청구소송이 항상 필요적 공동소송으로서 그 예금채권자 전원이 당사자가 되어야만 한다고 할 수는 없을 것이다. 만일 동업자들이 동업자금을 공동명의로 예금한 경우라면 채권의 준합유관계에 있어 합유의 성질상 은행에 대한 예금반환청구가 필요적 공동소송에 해당한다고 볼 것이나, 공동명의 예금채권자들 중 1인이 전부를 출연하거나 또는 각자가 분담하여 출연한 돈을 동업 이외의 특정목적을 위하여 공동명의로 예치해 둠으로써 그 목적이 달성되기 전에는 공동명의 예금채권자가 자신의 예금에 대하여도 혼자서는 인출할 수 없도록 방지, 감시하고자 하는 목적으로 공동명의로 예금을 개설한 경우에는 그 예금에 관한 관리처분권까지 공동명의 예금채권자 전원에게 공동으로 귀속된다고 볼 수 없을 것이므로, 이러한 경우에는 은행에 대한 예금반환청구가 민사소송법상의 필요적 공동소송에 해당한다고 할 수 없다.

나. 공동명의 예금채권자 중 일부가 은행에 대한 공동반환청구절차에 협력하지 않는 경우 예금주인 공동명의 예금채권자의 권리행사 방법

위 "가"항의 뒤의 경우가 소송법상으로는 필요적 공동소송에 해당하지 아니한다고 하더라도 공동명의 예금채권자는 그 예금을 개설할 때에는 은행과의 사이에 예금채권자들이 공동하여 예금반환청구를 하기로 한 약정에는 당연히 구속되는 것이므로, 그 예금채권자 중 1인이 은행을 상대로 자신의 예금의 반환을 청구함에 있어서는 다른 공동명의 예금채권자와 공동으로 그 반환을 청구하는 절차를 밟아야만 은행으로부터 예금을 반환받을 수 있음은 물론인바, 이 경우 만일 다른 공동명의 예금채권자가 그 공동반환청구절차에 협력하지 않을 때에는, 예금주는 먼저 그 사람을 상대로 제소하여 예금주 단독으

로 하는 반환청구에 관하여 승낙의 의사표시를 하라는 등 공동반환절차에 협
력하라는 취지의 판결을 얻은 다음 이 판결을 은행에 제시함으로써 예금을
반환받을 수 있고, 이와 같은 방식에 의하여 약정에 의한 공동반환청구의 요
건이 충족되었음에도 불구하고 은행이 정당한 이유 없이 예금의 반환을 거절
하는 경우에는 그 예금주가 은행을 상대로 단독으로 예금의 반환을 소구할
수밖에 없을 것이고, 미리 청구할 필요가 있을 때에는 다른 공동명의 예금채
권자와 은행을 공동피고로 하여 위와 같은 취지의 제소를 할 수도 있다(1994.
4. 26. 제1부 판결 93다31825 예금).

4. 가. 증권신용거래에 있어서 고객이 증권회사에게 증권을 예탁 또는 담보로 제공한 법률관계가 소비임치계약인지 여부

고객이 증권회사에게 증권을 예탁 또는 담보로 제공한 법률관계가 소비임치
계약이라고 볼 수 있으려면 증권이 증권회사에게 예탁 또는 담보로 제공됨으
로써 그 소유권이 증권회사에게 귀속되어 증권회사가 이를 임의로 소비하거
나 처분할 수 있다고 볼 수 있어야 할 것인바, 고객이 증권회사에게 예탁한
증권이나 담보로 제공한 유가증권의 반환을 청구할 경우 증권회사가 그것과
종목과 권리가 동일한 증권으로 반환할 수 있다는 약정의 취지는 증권회사가
고객에게 증권을 반환하여야 할 경우에 예탁 또는 담보로 제공받은 증권과
종목 및 권리가 동일한 증권을 반환할 수 있다는 취지이지, 예탁 또는 담보
로 제공받은 증권의 소유권을 증권회사에게 귀속시키기로 한다거나 증권회사
가 그 증권을 임의로 소비 또는 처분할 수 있다는 취지라고 볼 수 없고, 또
증권회사가 고객으로부터 담보로 제공받은 증권을 다른 예탁자가 예탁한 동
일 종목의 증권과 혼합보관할 수 있다고 약정하였다고 하여 고객이 증권회사
에게 예탁 또는 담보로 제공한 증권의 소유권이 증권회사에게 귀속되어 증권
회사가 이를 임의로 소비하거나 처분할 수 있게 되는 것이라고 볼 수 없다.

나. 증권회사가 담보로 제공된 증권을 임의처분한 것이 고객에 대한 채무불이행이 되는지 여부

고객과 증권회사 사이에 체결된 신용거래계좌설정약정서와 증권거래법 제45
조 단서의 규정 등에 비추어 보면, 고객이 증권회사에게 담보로 제공한 증권
의 소유권은 반환시까지 여전히 고객에게 있고 증권회사는 증권을 담보목적
에 어긋나지 않게 보관할 의무가 있는 것으로서, 만약 이에 위배하여 위 증
권을 처분한 경우에는 고객에 대하여 채무불이행책임을 지고, 또한 이로 인
하여 고객이 손해를 입었다면 특별한 사정이 없는 한 그 손해를 금전으로 배
상할 의무가 있다(1994. 9. 9. 제3부 판결 93다40256 주식인도등).

<center>**<판례전문(1994. 9. 9. 93다40256)>**</center>

[원고, 상고인] 정원표

[피고, 피상고인] 한신증권 주식회사 소송대리인 변호사 김정기

[원심판결] 서울고등법원 1993. 6. 30. 선고 92나57334 판결

[주 문] 원심판결을 파기하고 사건을 서울고등법원에 환송한다.

[이 유] 원고의 상고이유를 본다.

1. 원심판결 이유에 의하면 원심은, 원고와 피고사이에 주식매매위탁계약과 함께 신용거래계좌설정계약이 체결되어 원고가 피고로부터 주식매수자금 43,800,000원을 융자받아 광주고속 주식 2,000주를 매수한 후 위 융자금에 대한 담보로서 위 광주고속 주식전부와 그 당시 피고에게 예탁되어 있던 대유증권 주식 1,000주를 피고에게 제공하였는데, 그 후 주가의 하락으로 원고의 위 융자원리금에 대한 담보비율이 당초에 정한 130%에 미달되게 되어 피고가 원고에게 일정기간 내에 추가담보를 제공할 것을 요구해 옴에 따라 원고는 요청받은 기일의 마지막 날에 처 명의의 거래구좌에서 삼영무역 주식 450주를 출고받아 이를 위 융자금에 대한 추가담보로 제공하였으나, 피고 직원은 원고측에서 명시적으로 이를 위 융자금에 대한 담보로 제공한다는 의사를 표시하지 않았다는 이유로 며칠동안 원고구좌에의 입고를 지연하다가 그 4일 후에야 비로소 이를 추가담보로서 원고의 구좌에 입고조치시켰고, 그 뒤에도 주식시세가 계속 하락하자 피고는 원고가 위 소정기일까지 추가담보를 제공하지 않았다는 이유로 위 융자금의 담보로 보관중이던 광주고속, 대유증권, 삼영무역 주식전부를 임의로 처분하여 위 융자금 등의 상환에 충당한 사실을 인정한 다음, 원고가 추가담보로 제공한 삼영무역 주식이 원고의 구좌에 제 때에 입고되지 않은 것은 오로지 피고 직원의 잘못에 기인한 것이므로 원고는 제 때에 추가담보를 제공한 것으로 볼 것이어서 피고의 위 보관중인 주식 처분행위는 위 주식매매위탁계약에 위배된 것으로 원고에 대한 관계에서는 그 효력이 없다고 판단한 후 그 거시증거에 의하여 원고와 피고는 주식매매거래계좌설정계약 및 신용거래계좌설정계약을 할 당시 피고가 원고의 예탁증권을 다른 예탁자가 예탁한 동일 종목의 증권과 혼합보관하거나 원고가 예탁한 증권이나 담보로 제공한 유가증권의 반환을 청구할 경우 피고가 그것과 종목과 권리가 동일한 증권이나 유가증권을 반환하더라도 이의가 없다고 약정한 사실을 인정한 다음 위 인정사실에 의하면 원고가 피고에게 위 각 증권을 예탁한 법률관계는 소비임치계약으로서 원고의 피고에 대한 예탁증권반환채권은 특정채권이 아니므로 원고는 여전히 피고에 대하여 원고가 예탁한 증권과 종목 및 권리가 동일한 증권을 반환하여 달라고 청구할 수 있을 뿐이어서 피고의 처분행위가 원고에 대한 관계에서 채무불이행이 되어 손해배상책임이 발생하는 것은 아니라고 판단하여 피고의 채무불이행을 원인으로 한 이 사건 손해배상청구를 배척하였다.

2. 원고가 피고에게 위 각 증권을 예탁 또는 담보로 제공한 법률관계가 소비

임치계약이라면 원고가 위 각 증권을 임의로 처분하였다고 하여도 피고에 대하여 채무불이행책임을 지지 않는다고 보아야 할 것임은 원심이 판시한 바와 같으나, 위 법률관계가 소비임치계약이라고 볼 수 있으려면 위 각 증권이 피고에게 예탁 또는 담보로 제공됨으로써 그 소유권이 피고에게 귀속되어 피고가 이를 임의로 소비하거나 처분할 수 있다고 볼 수 있어야 할 것인바, 원심이 인정한 위 사실만으로는 위 각 증권의 소유권이 피고에게 귀속되어 피고가 이를 임의로 소비하거나 처분할 수 있다고 볼 수 없다. 즉 원고가 피고에게 예탁한 증권이나 담보로 제공한 유가증권의 반환을 청구할 경우 피고가 그것과 종목과 권리가 동일한 증권으로 반환할 수 있다는 약정의 취지는 피고가 원고에게 위 증권을 반환하여야 할 경우에 예탁 또는 담보로 제공받은 증권과 종목 및 권리가 동일한 증권을 반환할 수 있다는 취지이지, 예탁 또는 담보로 제공받은 증권의 소유권을 피고에게 귀속시키기로 한다거나 피고가 그 증권을 임의로 소비 또는 처분할 수 있다는 취지라고 볼 수 없고, 또 피고가 원고로부터 담보로 제공받은 증권을 다른 예탁자가 예탁한 동일 종목의 증권과 혼합보관할 수 있다고 약정하였다고 하여 원고가 피고에게 예탁 또는 담보로 제공한 증권의 소유권이 피고에게 귀속되어 피고가 이를 임의로 소비하거나 처분할 수 있게 되는 것이라고 볼 수도 없다.

오히려 이 사건 신용거래계좌설정약정서(을 제2호증)에서 규정하고 있는 바와 같이 피고는 교부받은 증권을 담보목적으로만 보관할 수 있고 오로지 담보권을 행사할 수 있는 요건이 발생한 경우에만 이를 처분할 수 있게 되어 있는 점, 증권거래법 제45조 단서는 증권회사가 고객에 대한 채권담보로 점유하고 있는 유가증권은 그 고객으로부터 문서에 의한 동의를 받아 당해채권액을 초과하지 아니하는 범위안에서 채무의 담보로 제공할 수 있다고 규정하고 있는 점 등에 비추어 보면, 원고가 피고에게 담보로 제공한 증권의 소유권은 반환시까지 여전히 원고에게 있고 피고는 위 증권을 담보목적에 어긋나지 않게 보관할 의무가 있는 것으로서, 만약 이에 위배하여 위 증권을 처분한 경우에는 원고에 대하여 채무불이행책임을 진다고 할 것이고, 또한 이로 인하여 원고가 손해를 입었다면 특별한 사정이 없는 한 그 손해를 금전으로 배상할 의무가 있다고 할 것이다. 피고가 원고로부터 담보로 제공받은 증권을 다른 고객이 예탁 또는 담보로 제공한 증권과 혼합보관하였다고 하여 위와 달리 볼 수 있는 것은 아니다.

그럼에도 불구하고 원심이 원고가 피고에게 증권을 예탁하는 법률관계가 소비임치계약으로서 원고의 피고에 대한 예탁증권반환채권은 특정채권이 아니라는 이유를 들어 피고가 원고 소유의 증권을 권한없이 처분하였다고 하더라도 원고에 대한 관계에서 채무불이행으로 되어 손해배상책임을 지는 것이 아니라고 판단한 것은 증권회사의 증권보관행위의 성질 등에 관한 법리를 오해한 위법을 저지른 것이고, 이와 같은 위법은 판결에 영향을 미쳤음이 명백하므로, 이 점을 지적하는 논지는 이유 있다.

3. 그러므로 원심판결을 파기하고 사건을 다시 심리판단하게 하기 위하여 원

심법원에 환송하기로 하여 관여 법관의 일치된 의견으로 주문과 같이 판결한다.

<div align="right">

대법관 지창권(재판장) 천경송(주심)

안용득 신성택

</div>

참조판례

나. 대법원 1992. 7. 10. 선고 92다6242, 6259 판결(공1992, 2364)

1993. 9. 28. 선고 93다26618 판결(공1993하, 2969)

1994. 2. 22. 선고 93다37236 판결

5. 가. 예금계약의 성립 요건 및 금융기관의 직원이 받은 돈을 입금하지 않고 횡령한 경우 예금계약의 성립 여부

예금계약은 예금자가 예금의 의사를 표시하면서 금융기관에 돈을 제공하고 금융기관이 그 의사에 따라 그 돈을 받아 확인을 하면 그로써 성립하며, 금융기관의 직원이 그 받은 돈을 금융기관에 입금하지 아니하고 이를 횡령하였다고 하더라도 예금계약의 성립에는 아무런 소장이 없다.

나. 예금주가 예금유치인을 통하여 추가금리를 지급받기로 하고 예금한 경우, 예금주와 은행 간의 예금계약의 성립 여부

예금주가 예금에 있어 그 대가로 은행 소정 금리 외에 예금유치인을 통하여 추가금리를 지급받기로 하였다 하더라도 그것이 은행직원과 예금유치인들 간에 은행의 예금고를 높임으로써 그 은행직원의 실적을 올리기 위한 방편으로 이루어진 것으로서 예금주에게 통장까지 전달된 것이라면 예금주와 은행 간의 예금계약의 성립을 부인할 수는 없다(대법원 1996. 1. 26. 선고 95다26919 판결).

6. 예금명의자가 아닌 제3자를 예금계약의 당사자로 볼 수 있는 예외적인 경우 및 예금명의자와 제3자 사이에 예금반환청구권의 귀속을 둘러싼 분쟁이 발생한 경우 예금명의자를 예금주로 전제하여 예금거래를 처리한 금융기관의 행위가 적법한지 여부(원칙적 적극)

본인인 예금명의자의 의사에 따라 예금명의자의 실명확인 절차가 이루어지고 예금명의자를 예금주로 하여 예금계약서를 작성하였음에도 예금명의자가 아닌 출연자 등을 예금계약의 당사자라고 볼 수 있으려면, 금융기관과 출연자 등과 사이에서 실명확인 절차를 거쳐 서면으로 이루어진 예금명의자와의 예금계약을 부정하여 예금명의자의 예금반환청구권을 배제하고, 출연자 등과 예금계약을 체결하여 출연자 등에게 예금반환청구권을 귀속시키겠다는 명확한 의사의 합치가 있는 극히 예외적인 경우에 해당하여야 한다. 한편 금융실명제하의 위와 같은 예금주 확

정 원칙에 비추어 보면, 금융기관은 예금명의자와 출연자 등 사이에 예금반환청구권의 귀속을 둘러싼 분쟁이 발생한 경우에 그들 사이의 내부적 법률관계를 알았는지에 관계없이 일단 예금명의자를 예금주로 전제하여 예금거래를 처리하면 되고, 이러한 금융기관의 행위는 특별한 사정이 없는 한 적법한 것으로서 보호되어야 할 것이다(대법원 2013. 9. 26. 선고 2013다2504 판결).

7. 출금계좌의 예금주가 수취인 앞으로 계좌이체를 지시하거나 수취인의 추심이체에 관하여 출금 동의 등을 한 바가 없는데도 은행이 그러한 지시나 동의 등이 있는 것으로 착오를 일으켜 계좌이체 등을 한 경우, 수취인이 입금액 상당 예금채권을 취득하는지 여부(원칙적 적극) 및 이 경우 수취인의 예금계좌가 은행에 개설되어 있다면 은행이 오류정정의 방법으로 자금이체 등을 취소시킬 수 있는지 여부(원칙적 적극)

자금이체는 은행 간 및 은행점포 간의 송금절차를 통하여 저렴한 비용으로 안전하고 신속하게 자금을 이동시키는 수단이고, 다수인 사이에 다액의 자금이동을 원활하게 처리하기 위하여 그 중개역할을 하는 은행이 각 자금이동의 원인인 법률관계의 존부, 내용 등에 관여함이 없이 이를 수행하는 체제로 되어 있다. 따라서 예금거래기본약관에 따라 송금의뢰인이 수취인의 예금계좌에 자금이체를 하여 예금원장에 입금의 기록이 된 때에는 특별한 사정이 없는 한 송금의뢰인과 수취인 사이에 자금이체의 원인인 법률관계가 존재하는지에 관계없이 수취인과 수취은행 사이에는 입금액 상당의 예금계약이 성립하고, 수취인은 수취은행에 대하여 입금액 상당의 예금채권을 취득한다. 이와 같은 법리는 출금계좌의 예금주가 수취인 앞으로의 계좌이체에 대하여 지급지시를 하거나 수취인의 추심이체에 관하여 출금 동의 등을 한 바가 없는데도, 은행이 그와 같은 지급지시나 출금 동의가 있는 것으로 착오를 일으켜 출금계좌에서 예금을 인출한 다음 이를 수취인의 예금계좌에 입금하여 그 기록이 완료된 때에도 동일하게 적용된다고 봄이 타당하므로, 수취인은 이러한 은행의 착오에 의한 자금이체의 경우에도 입금액 상당의 예금채권을 취득한다. 이 경우 은행은 입금기록이 완료됨과 동시에 수취인에 대하여 입금액 상당의 부당이득반환청구권을 취득하게 되는데, 전자금융거래법 제8조 제3항이 "금융기관 또는 전자금융업자는 스스로 전자금융거래에 오류가 있음을 안 때에는 이를 즉시 조사하여 처리한 후 오류가 있음을 안 날부터 2주 이내에 오류의 원인과 처리 결과를 대통령령으로 정하는 방법에 따라 이용자에게 알려야 한다."고 하여 오류정정이 허용될 경우의 처리절차에 관하여 규정하고 있는 점, 착오로 입금이 이루어진 수취인의 예금계좌가 그 은행에 개설되어 있는 경우 은행으로서는 수취인에 대한 부당이득반환청구권을 자동채권으로 하여 수취인의 예금채권과 상계할 수 있는 점 등에 비추어 보면, 은행은 위와 같은 상계로써 수취인의 예금채권에 관하여 이미 이해관계를 가지게 된 제3자 등에게 대항할 수 없다는 등 특별한 사정이 없는 한, 착오로 인한 자금이체에 의하여 발생한 채권채무관계를 정리하기 위하여 수취인의 예금계좌에 대한 입금기록을 정정하여 자금

이체를 취소시키는 방법으로 은행의 수취인에 대한 부당이득반환청구권과 수취인의 은행에 대한 예금채권을 모두 소멸시킬 수 있다(대법원 2012. 10. 25. 선고 2010다47117 판결).

8. **공동명의 예금채권자들이 동업 이외의 특정 목적을 달성하기까지 단독으로 예금을 인출할 수 없도록 방지·감시하고자 하는 목적으로 공동명의로 예금을 개설한 경우, 예금채권 및 관리처분권의 귀속관계**

은행에 공동명의로 예금을 하고 은행에 대하여 그 권리를 함께 행사하기로 한 경우에 만일 동업자금을 공동명의로 예금한 경우라면 채권의 준합유관계에 있다고 볼 것이나, 공동명의 예금채권자들 각자가 분담하여 출연한 돈을 동업 이외의 특정 목적을 위하여 공동명의로 예치해 둠으로써 그 목적이 달성되기 전에는 공동명의 예금채권자가 단독으로 예금을 인출할 수 없도록 방지·감시하고자 하는 목적으로 공동명의로 예금을 개설한 경우라면, 하나의 예금채권이 분량적으로 분할되어 각 공동명의 예금채권자들에게 공동으로 귀속되고, 각 공동명의 예금채권자들이 예금채권에 대하여 갖는 각자의 지분에 대한 관리처분권은 각자에게 귀속된다(대법원 2004. 10. 14. 선고 2002다55908 판결).

9. **동업 이외의 특정 목적을 위하여 출연한 자금을 그 목적의 달성 전에 단독으로 인출할 수 없도록 방지·감시하고자 하는 목적에서 출연자들의 공동명의로 예금한 경우, 그 예금채권과 관리처분권의 귀속관계 및 공동명의 예금채권자 중 1인에 대한 압류 및 추심명령 등을 송달받은 은행이 압류추심채권자의 예금반환청구에 대하여 공동명의 예금채권자들과의 공동반환특약을 들어 그 지급을 거절할 수 있는지 여부(소극)**

은행에 공동명의로 예금을 하고 은행에 대하여 그 권리를 함께 행사하기로 한 경우에 만일 동업 자금을 공동명의로 예금한 경우라면 채권의 준합유관계에 있다고 볼 것이나, 공동명의 예금채권자들 각자가 분담하여 출연한 돈을 동업 이외의 특정 목적을 위하여 공동명의로 예치해 둠으로써 그 목적이 달성되기 전에는 공동명의 예금채권자가 단독으로 예금을 인출할 수 없도록 방지·감시하고자 하는 목적으로 공동명의로 예금을 개설한 경우라면, 하나의 예금채권이 분량적으로 분할되어 각 공동명의 예금채권자들에게 공동으로 귀속되고, 각 공동명의 예금채권자들이 예금채권에 대하여 갖는 각자의 지분에 대한 관리처분권은 각자에게 귀속되는 것이고, 다만 은행에 대한 지급 청구만을 공동반환의 특약에 의하여 공동명의 예금채권자들 모두가 공동으로 하여야 하는 것이므로, 공동명의 예금채권자 중 1인에 대한 채권자로서는 그 1인의 지분에 상응하는 예금채권에 대한 압류 및 추심명령 등을 얻어 이를 집행할 수 있고, 한편 이러한 압류 등을 송달받은 은행으로서는 압류채권자의 압류 명령 등에 기초한 단독 예금반환청구에 대하여, "공동명의 예금채권자가 공동으로 그 반환을 청구하는 절차를 밟아야만 예금청구에 응할 수 있다."는 공동명의 예금채권자들과 사이의 공동반환특약을 들어 그 지급을 거절할 수는 없다(대법원 2005. 9. 9. 선고 2003다7319 판결).

제 13 절 조 합

조합(societas, partnership, Gesellschaft, société)은 2인 이상의 당사자가 상호 출자하여 공동사업을 경영할 것을 약정하는 계약(제703조～제724조)이다. 출자는 그 종류·성질에 제한이 없고 금전 그 밖의 재산·노무·신용 등 재산적 가치가 있는 것이면 된다(제703조 2항). 사업은 영리를 목적으로 하지 않는 것이거나 일시적인 것(당좌조합)이어도 좋다. 그러나 공동으로 경영하는 것이어야 하므로 이익은 전원이 받는 것이어야 한다. 따라서 한 사람만이 이익을 보는 독자조합이나 익명조합은 민법상의 조합이 아니다. 조합계약은 낙성계약으로 각 조합원이 지는 출자의무는 대가관계에 있으므로 유상·쌍무계약이다. 쌍무계약이라고는 하지만 보통의 쌍무계약과는 달리 각 조합원의 채무는 모두 공동목적을 위하여 결합되어 있는 점에 특색이 있어, 쌍무계약에 관한 일반적인 규정을 조합에 적용함에 있어서는 일정한 제한을 받는다.

첫째, 동시이행의 항변에 관한 것으로 각 조합원은 업무집행자로부터 출자를 청구당하면 자기 이외에도 출자를 하지 아니한 조합원이 있다는 이유로 동시이행의 항변을 제출하지 못한다.

둘째, 위험부담에 있어서도 어느 조합원의 출자의무가 불능으로 되어도 그 조합원이 조합관계로부터 탈퇴할 뿐이고, 다른 조합원간의 조합관계는 존속한다. 조합은 공동목적을 가진 인적 결합체로서 일종의 단체성을 가지며, 사단과 대비된다. 그러나 조합은 사단과는 달리 단체로서의 단일성이 약하고 각 조합원의 개성이 강하며, 각 조합원이 공동목적에 의하여 결합되는데 불과하다. 대외적으로는 사단이 법인격(사단법인)을 갖는데 대하여 조합은 법인격을 갖지 않는 것이 보통인데, 내부관계에서 오는 단체의 유형과 법인격은 반드시 일치하지 않고, 법인이 아닌 사단(권리능력 없는 사단)이 있는가 하면 반면에 조합의 실체를 갖는 법인(합명회사)도 있다. 또 민법상의 조합은 아니나 조합의 이름을 갖는 특별법상의 법인이 있다(예 : 노동조합·협동조합·공공조합 등).

◈ 조합의 의의

제 703 조 【조합의 의의】

① 조합은 2인 이상이 상호출자하여 공동사업을 경영할 것을 약정함으로써
그 효력이 생긴다.

② 전항의 출자는 금전 기타 재산 또는 노무로 할 수 있다.

■ § 703. 조합계약의 의의 및 법률적 성질

- 2인 이상이 서로 출자하여 공동사업을 경영할 것을 약정함으로써 성립하는
계약
- 쌍무, 유상, 낙성, 불요식의 계약
- 관련법조 : [조합관계규정] 상 §195, §269, 광업 §17⑤, §30①, [익명조합] 상
§78~§86

1. 조합의 의의 및 법률적 성질

2인 이상의 당사자가 상호출자하여 공동사업을 경영할 것을 약정하는 계약
을 조합계약이라 한다.

조합계약은 조합이라는 단체를 만드는 계약이라고 해도 무방하다. 따라서
조합계약은 쌍무·유상계약이며 낙성·불요식의 계약이다.

조합계약은 조합계약자 사이에 서로 대응하는 채권관계를 창설할 뿐 아니
라, 그에 의하여 조합이라는 하나의 단체를 창설하는 것이기 때문에 계약이라
고는 하더라도 매매나 임대차 등의 전형적인 쌍무·유상계약과는 그 성격을
달리하는 수가 많다.

바로 이 점을 강조하여 조합계약은 계약이 아닌 합동행위라고 하는 설도 있
으나, 판례와 통설은 민법이 조합을 계약의 일종으로 규정하고 있는 점에 비
추어 일종의 계약으로 보고, 다만 그 단체성에 기하여 다소 특수한 이론이 적
용되는 것으로 이해하고 있다. 즉 조합계약에는 쌍무계약에 관한 일반적 규정
에 다소의 수정을 가하여 적용한다.

첫째, 조합계약에는 동시이행의 항변권에 관한 규정(제536조)이 적용되나,

다만 사무집행자 또는 이미 출자의무를 이행한 조합원이 출자의무의 이행을 요구한 경우에는 출자를 요구받은 조합원은 다른 조합원들 가운데에 아직 출자의무를 이행하지 아니한 자가 있음을 이유로 하여 동시이행의 항변권을 행사하지는 못한다.

둘째, 계약의 해제 및 해지와 관련하여 임의탈퇴, 제명, 해산청구 등 특칙이 있기 때문에 해제와 해지에 관한 일반규정이 적용될 수 없다는 것이 통설과 판례(대판 1994. 5. 13. 94다7157)의 태도이다.

2. 조합의 성립

(1) 성립요건

조합은 2인 이상이 상호 출자하여 공동사업을 경영할 것을 약정함으로써 성립한다(제703조 1항).

1) 2인 이상의 당사자가 있을 것

조합계약은 일종의 단체의 결성을 목적으로 하는 것이므로, 그 성립에는 2인 또는 그 이상의 당사자를 필요로 한다.

이 요건은 조합의 존속요건이기도 하며, 조합원이 탈퇴하는 등의 사유로 1인의 조합원만 남게 된 때에는 조합관계는 종료한다.

2) 공동사업을 경영할 것을 목적으로 할 것

가. 공동의 사업

사업은 '공동의 것'이어야 한다. 사업의 종류나 성질에는 제한이 없지만, 그것은 조합원 모두에게 귀속되는 것이어야 한다.

즉, 그 사업으로 인한 이익은 조합원 전원에게 분배되어야 하며, 일부의 조합원만이 이를 받은 경우는 조합이 아니다.

나. 사업을 '공동으로 경영'

사업을 '공동으로 경영'하여야 한다. 즉 조합원 모두가 공동으로 사업을 경영하여야 하며, 따라서 당사자의 일방이 상대방의 영업을 위하여 출자하고 상대방은 그 영업으로 인한 이익을 분배할 것을 내부적으로 약정하고 그 일방은 경영에 참여하지 않는 익명조합(상법 제78조)은 조합이 아니다.

판례는 부동산의 공동매수인들이 전매차익을 얻으려는 '공동의 목적 달성'
을 위하여 상호 협력한 것에 불과하고 이를 넘어 '공동사업을 경영할 목
적'이 있었다고 인정되지 않는 경우, 이들 사이의 법률관계는 공유관계에
불과할 뿐 민법상 조합이 아니라고 하였다(대판 2006. 6. 14. 2005다5140).

다. 사업을 공동경영하는 약정이 조합계약이 되기 위한 요건

민법상 조합계약은 2인 이상이 상호 출자하여 공동으로 사업을 경영할
것을 약정하는 계약으로서 특정한 사업을 공동경영하는 약정에 한하여 이
를 조합계약이라고 할 수 있고 공동의 목적 달성이라는 정도만으로는 조
합의 성립요건을 갖추었다고 할 수 없다(대판 2007. 6. 14. 2005다5140).

3) 조합원 각자가 출자를 할 것

조합원 각자가 출자를 하여야 하며, 이것은 조합계약의 요소이다. 어느 누
구에게 출자의무를 면제한 때에는 그것은 조합계약이 되지 못한다.

출자는 금전에 한하지 않으며, 재산 또는 노무로 할 수도 있다(제703조 2항).

물건의 소유권·지상권·무체재산권·채권·노무·상호·신용 등도 출자
의 목적물이 된다.

부작위도 출자의 목적이 될 수 있느냐에 관하여는 구민법하에서는 학설의
대립이 있었으나, 현행민법하에서는 출자의 목적이 될 수 있다고 해석한다
(이태재, 김·안, 부정설은 없음). 그리고 각 조합원이 하는 출자의 종류 및
내용이 동일할 것을 요하지 않기 때문에 갑은 금전을, 을은 노무를, 병은 현
물을 각각 출자할 수도 있으며, 또 어떤 자는 일시에, 다른 자는 정기에 출자
하는 것도 허용된다.

(2) 법률의 규정에 의한 성립

① 광업법에서는 "공동광업출원인은 조합계약을 한 것으로 본다"고 정하
고(동법 제17조 5항), 이를 공동광업권자에 준용한다(동법 제30조 1항).

② 신탁법에서는 "수탁자가 수인 있는 때에는 신탁재산은 그 합유로 한
다"고 규정한다(동법 제50조 1항).

▣ 핵심판례 ▣

■ [조합의 의의]

1. 민법상 조합과 비법인사단의 구별 기준 및 비법인사단으로서의 실체를 인정하기 위한 요건

민법상의 조합과 법인격은 없으나 사단성이 인정되는 비법인사단을 구별함에 있어서는 일반적으로 그 단체성의 강약을 기준으로 판단하여야 하는바, 조합은 2인 이상이 상호간에 금전 기타 재산 또는 노무를 출자하여 공동사업을 경영할 것을 약정하는 계약관계에 의하여 성립하므로 어느 정도 단체성에서 오는 제약을 받게 되는 것이지만 구성원의 개인성이 강하게 드러나는 인적 결합체인 데 비하여 비법인사단은 구성원의 개인성과는 별개로 권리·의무의 주체가 될 수 있는 독자적 존재로서의 단체적 조직을 가지는 특성이 있다 하겠는데, 어떤 단체가 고유의 목적을 가지고 사단적 성격을 가지는 규약을 만들어 이에 근거하여 의사결정기관 및 집행기관인 대표자를 두는 등의 조직을 갖추고 있고, 기관의 의결이나 업무집행방법이 다수결의 원칙에 의하여 행하여지며, 구성원의 가입, 탈퇴 등으로 인한 변경에 관계없이 단체 그 자체가 존속되고, 그 조직에 의하여 대표의 방법, 총회나 이사회 등의 운영, 자본의 구성, 재산의 관리 기타 단체로서의 주요사항이 확정되어 있는 경우에는 비법인사단으로서의 실체를 가진다고 할 것이다(1999. 4. 23. 99다4504).

2. 수인이 전매차익을 목적으로 부동산을 공동으로 매수한 경우, 그 수인을 조합원으로 하는 동업체에서 매수한 것으로 인정하기 위한 요건

수인이 부동산을 공동으로 매수한 경우, 매수인들 사이의 법률관계는 공유관계로서 단순한 공동매수인에 불과할 수도 있고, 그 수인을 조합원으로 하는 동업체에서 매수한 것일 수도 있는 바, 공동매수의 목적이 전매차익의 획득에 있을 경우 그것이 공동사업을 위해 동업체에서 매수한 것이 되려면, 적어도 공동매수인들 사이에서 그 매수한 토지를 공유가 아닌 동업체의 재산으로 귀속시키고 공동매수인 전원의 의사에 기해 전원의 계산으로 처분한 후 그 이익을 분배하기로 하는 명시적 또는 묵시적 의사의 합치가 있어야만 할 것이고, 이와 달리 공동매수 후 매수인별로 토지에 관하여 공유에 기한 지분권을 가지고 각자 자유롭게 그 지분권을 처분하여 대가를 취득할 수 있도록 한 것이라면 이를 동업체에서 매수한 것으로 볼 수 없다.

3. 가. 부동산의 소유자가 동업계약(조합계약)에 의하여 부동산의 소유권을 투자하기로 하였으나 아직 그의 소유로 등기가 되어 있는 경우 그 조합원이 아닌 제3자에 대한 소유권 행사 가부(적극)

부동산의 소유자가 동업계약(조합계약)에 의하여 부동산의 사용권만을 투자

하기로 한 경우는 말할 것도 없고 소유권을 투자하기로 한 경우에도 아직 그의 소유로 등기가 되어 있고 조합원의 합유로 등기되어 있지 않다면, 그와 조합 사이에 채권적인 권리의무가 발생하여 그로 하여금 조합에 대하여 그 소유권을 이전할 의무 내지 그 사용을 인용할 의무가 있다고 할 수는 있을 망정 그 동업계약을 이유로 위 조합계약당사자 아닌 사람에 대한 관계에서 위 부동산이 조합원의 합유에 속한다고 할 근거는 없으므로, 위 조합원이 아닌 제3자에 대하여는 여전히 소유자로서 그 소유권을 행사할 수 있다.

나. 위 "가"항의 동업계약의 당사자가 아닌 제3자가 위 동업계약을 이유로 위 부동산 소유자의 소유권 또는 그 소유권에 기한 목적물반환청구권의 행사를 거부할 수 있는 경우

위 "가"항의 동업계약의 당사자가 아닌 제3자가 위 동업계약을 이유로 위 부동산 소유자의 소유권 또는 그 소유권에 기한 목적물반환청구권의 행사를 거부하기 위하여서는 적어도 조합에 대하여 어떤 권리를 가지고 있고 그 권리 행사를 위하여 조합의 위 소유자에 대한 계약상의 권리를 주장할 수 있는 지위에 있지 아니하면 안된다(1991. 7. 12. 제3부 판결 90다13161 토지인도등).

4. 조합계약 당사자 사이에 조합계약을 해제하고 그로 인한 원상회복을 주장할 수 있는지 여부

동업계약과 같은 조합계약에 있어서는 조합의 해산청구를 하거나 조합으로부터 탈퇴를 하거나 또는 다른 조합원을 제명할 수 있을 뿐이지 일반계약에 있어서처럼 조합계약을 해제하고 상대방에게 그로 인한 원상회복의 의무를 부담지울 수는 없다(대법원 1994. 5. 13. 선고 94다7157 판결).

5. 가. 공동수급체의 법적 성질(=민법상 조합)

공동수급체는 기본적으로 민법상의 조합의 성질을 가지는 것이므로 그 구성원의 일방이 공동수급체의 대표자로서 업무집행자의 지위에 있었다고 한다면 그 구성원들 사이에는 민법상의 조합에 있어서 조합의 업무집행자와 조합원의 관계에 있었다고 할 것이다.

나. 갑과 을이 공동수급체를 구성한 후 갑이 공동수급체의 업무집행자로서 을의 부담부분을 포함한 하도급공사대금 전액의 변제를 위하여 하수급인인 병에게 약속어음을 교부하자 병은 을의 부담부분에 해당하는 입금표와 세금계산서를 갑에게 지급하고 을은 갑으로부터 위 입금표 등을 교부받고 자신이 부담할 공사대금을 갑에게 지급한 경우, 병이 갑에게 을에 대한 공사대금수령권을 위임한 것으로 본 원심판결에 대하여 을의 위 대금지급이 공동수급체의 구성원들 사이의 내부관계에서 분담비용을 정산한 것으로 볼 여지가 있다는 이유로 파기한 사례(대법원 2000. 12. 12. 선고 99다49620 판결).

6. 이른바 '내적조합'에 해당하기 위한 요건 및 내부관계에서 당사자 중 일부만 이익을 분배받고 다른 자는 전혀 이익분배를 받지 않는 경우, '내적조합'에 해당하는지 여부(소극)

이른바 '내적조합'이라는 일종의 특수한 조합으로 보기 위하여는 당사자의 내부관계에서는 조합관계가 있어야 할 것이고, 내부적인 조합관계가 있다고 하려면 서로 출자하여 공동사업을 경영할 것을 약정하여야 하며, 영리사업을 목적으로 하면서 당사자 중의 일부만이 이익을 분배받고 다른 자는 전혀 이익분배를 받지 않는 경우에는 조합관계(동업관계)라고 할 수 없다(대법원 2000. 7. 7. 선고 98다44666 판결).

7. 갑과 을이 공장을 동업하기로 하되 대외적으로 을의 명의로 공장을 운영해 경우에 있어 그 조합의 법적 성질 및 이 경우 갑이 공장의 근로자들에 대해 사용자의 지위에 있는지 여부(소극)

갑과 을이 공장을 동업하기로 하되 갑은 전무라는 직함하에 내부적인 자금 관리만을 수행하고 을은 사장이라는 직함하에 사업자등록증상의 대표자 명의를 가지고 대외적으로 어음 거래를 함에 있어서도 자신의 명의로 약속어음을 발행하는 등 실질적으로 회사를 운영한 경우, 갑과 을 사이의 동업조합은 민법상의 조합과 구별되는 일종의 특수한 조합으로서 대외적으로는 을만이 권리를 취득하고 의무를 부담하는 것이어서 민법 제711조 내지 제713조가 적용될 여지가 없고, 따라서 갑은 공장의 근로자들에 대해 임금 및 퇴직금 지급의무를 부담하지 않는다(대법원 1997. 9. 26. 선고 96다14838, 14845 판결).

8. 건설공동수급체가 구성원에 대하여 출자의무의 불이행을 이유로 이익분배를 거부할 수 있는지 여부(한정 소극)

건설공동수급체는 기본적으로 민법상 조합의 성질을 가지는 것인데, 건설공동수급체의 구성원인 조합원이 그 출자의무를 불이행하였더라도 그 조합원을 조합에서 제명하지 않는 한 건설공동수급체는 조합원에 대한 출자금채권과 그 연체이자채권, 그 밖의 손해배상채권으로 조합원의 이익분배청구권과 직접 상계할 수 있을 뿐이고, 조합계약에서 출자의무의 이행과 이익분배를 직접 연계시키는 특약을 두지 않는 한 출자의무의 불이행을 이유로 이익분배 자체를 거부할 수는 없다(대법원 2006. 8. 25. 선고 2005다16959 판결).

◈ 조합재산의 법률관계

제 704 조【조합재산의 합유】
조합원의 출자 기타 조합재산은 조합원의 합유로 한다.

■ § 704. 조합의 재산관계

• 합유
• 지분의 처분제한, 분할금지
• 합유에 관한 §271 내지 §274 규정적용

1. 의 의

　민법상의 조합은 법인이 아니기 때문에 재산관계의 주체가 될 수 없으나, 조합은 공동사업을 목적으로 한 일종의 단체이므로 조합에는 그 목적을 달성하기 위하여 각 조합원의 일반적인 사유재산과는 일단 구별되는 재산이 존재하고 있다. 이와 같은 재산을 조합재산이라고 한다.

　조합재산은 각 조합원의 출자 및 기타의 재산으로 구성된다. 즉 조합재산을 구성하는 것은 조합원의 출자, 아직 출자하지 아니한 조합원에 대한 출자청구권, 조합의 사업을 집행함으로 인하여 취득한 조합재산을 근거로 하여 취득한 재산, 조합재산의 멸실·훼손으로 인하여 제3자에 대하여 발생한 손해배상청구권 등이다.

2. 조합재산의 법률관계

　조합은 그 자신이 재산관계의 주체가 될 수는 없으므로 조합재산의 주체는 총조합원이며, 민법은 조합재산은 조합원의 합유로 한다고 하고 있다(제271조).

　그러나 재산전체가 하나의 물건으로써 권리의 객체가 될 수 없는 것이기 때문에 조합재산의 합유라고 하는 것도, 조합재산을 구성하는 개개의 물건 또는 권리의 합유를 의미하고, 각 조합원은 이러한 개개의 물건 또는 권리에 대해서 각각 지분권을 가진다.

그러나 조합재산은 조합의 공동목적을 달성하기 위한 물적 기초이고, 일종의 단체재산인 까닭에 이것을 각 조합원의 합유로 하더라도 이에 대한 조합원의 권리와 의무에 관해서는 조합재산을 유지하고 공동목적을 달성하기 위하여 적당한 제한을 가할 필요가 있다. 그리하여 민법은 조합재산의 합유관계에 대하여 물권편이 제271조 내지 제274조에서 원칙적인 규정을 두고 조합편에 특별규정을 두어 각각 제한하고 있다.

주의할 점은 조합원이 갖는 합유지분에는 조합재산을 구성하는 개개의 물건에 대한 합유지분과 전체로서의 조합재산에 대한 합유지분이 있다는 것이다. 따라서 첫째, 지분의 처분제한과 관련하여 조합재산을 구성하는 개개의 합유물에 대한 각 조합원의 지분은 처분할 수 없다(제273조 1항)는 점에 대해서는 학설이 일치한다. 다만, 전체로서의 조합재산에 대한 합유지분의 처분이 가능한지가 문제된다. 판례는 합유자 전원의 동의가 있으면 합유지분의 처분이 가능하다고 보고, 다만 동의 없이 처분하면 무효라고 보고 있다(대판 1970. 12. 29. 69다22). 둘째 합유자는 합유물의 분할을 청구하지 못한다(제273조 2항).

▣ 핵심판례 ▣

■ [조합재산의 합유]

가. 원심이 페인트, 강판 등의 도·소매업의 경영에 관여한 두 사람의 관계에 대하여 각자 독립한 사업자로 보았으나 동업관계로 인정함이 옳다고 한 사례

원심이 페인트, 강판 등의 도·소매업의 경영에 관여한 두 사람의 관계에 대하여 각자 독립한 사업자로 보았으나 동업관계로 인정함이 옳다고 한 사례

나. 조합해산 후 청산절차가 종료할 때까지 조합재산의 귀속관계(＝조합원의 합유)와 조합의 존속 여부(적극) 및 일부 조합원이 조합재산인 채권을 다른 조합원들의 동의 없이 양도한 행위의 효력 유무(소극)

조합이 해산된 경우에도 청산절차를 거쳐 조합재산을 조합원에게 분배하지 아니하는 한 조합재산은 계속하여 조합원의 합유이고 청산이 종료할 때까지 조합은 존속하는바, 일부 조합원이 다른 조합원들의 동의를 얻지 아니한 채 조합재산인 채권을 타인에게 양도한 행위는 무효라고 할 것이다(1992. 10. 9. 제3부 판결 92다28075 양수금).

◆ 조합재산의 유지(충실)를 위한 규정 : 금전출자지체의 책임

제 705 조 【금전출자지체의 책임】

금전을 출자의 목적으로 한 조합원이 출자시기를 지체한 때에는 연체이자를 지급하는 외에 손해를 배상하여야 한다.

■ § 705. 금전출자자의 책임

• 출자청구권
• 금전을 출자의 목적으로 하는 조합원이 그 출자를 게을리한 때에는 이자를 지급하는 외에 손해배상을 하여야 한다
• 관련법조 : [채권출자] 상 §196, §269

본조는 특히 금전을 출자하기로 한 때에 어느 조합원이 지체를 한 경우의 효과를 정한다.

조합계약으로 인하여 금전을 출자의 목적으로 한 경우에 그 조합원이 출자를 태만히 한 때에는 그 제재로서 제397조의 규정에 의하여 약정이율 또는 법정이율에 따라 연체이자를 지급하는 외에 이로 인하여 조합에 손해가 있는 때에는 그 손해도 배상하여야 한다. 그리고 그 배상의 범위 및 방법은 제393조 내지 제396조의 규정에 의하여야 한다.

▣ 핵심판례 ▣

■ **조합원이 출자한 금원이 제3자로부터 사취한 것인 경우 그 제3자가 반환청구를 하는 방법**

조합원이 출자한 금원은 조합의 재산을 구성하고 그 금원이 비록 출자조합이 제3자로부터 사취한 것이라 하더라도 제3자는 사해행위취소소송에 의하여 조합원의 출자행위를 취소하지 않고는 조합에 대하여 그 출자금이 반환청구를 할 수 없다(대판 1955. 3. 31. 4287민상330).

◈ 조합의 대내관계 : 사무집행의 방법

제 706 조【사무집행의 방법】

① 조합계약으로 업무집행자를 정하지 아니한 경우에는 조합원의 3분의 2 이상의 찬성으로써 이를 선임한다.

② 조합의 업무집행은 조합원의 과반수로써 결정한다. 업무집행자 수인인 때에는 그 과반수로써 결정한다.

③ 조합의 통상사무는 전항의 규정에 불구하고 각 조합원 또는 각 업무집행자가 전행할 수 있다. 그러나 그 사무의 완료전에 다른 조합원 또는 다른 업무집행자의 이의가 있는 때에는 즉시 중지하여야 한다.

■ § 706. 조합의 업무집행

- 조합의 업무집행은 조합원의 과반수로써 결정
- 업무집행자가 수인일 때에는 그 과반수로써 결정한다
- 관련법조 : 상 §200~§204, §269, §273

본조는 조합의 업무집행의 방법에 관하여 규정한 것이다.

조합의 관리나 업무는 원칙적으로 조합원 전원의 다수결에 의하여 행하여진다. 다만 조합계약(또는 추가계약)에 의하여 1인 또는 수인의 조합원을 업무집행자로 정한 때에는 그에게 위임되고 다른 조합원은 검사권만을 갖는다(제706조, 제710조). 업무집행의 방법은 통상업무 이외는 업무집행자의 과반수로 결정한다. 그러나 조합의 통상업무는 각 조합원 또는 각 업무집행자가 전행할 수 있다. 다만 그 사무의 완료 전에 다른 조합원 또는 업무집행자의 이의가 있는 때에는 즉시 중지하여야 한다. 조합계약으로 업무집행자를 정하지 아니한 경우에는 조합원의 3분의 2 이상의 찬성으로써 이를 선임한다.

이와 같이 조합의 통상사무는 각 조합원 또는 각 업무집행자의 단독의사로써 이를 전행할 수 있는 것이지만, 그 통상사무의 완료전에 다른 조합원 또는 업무집행자가 이의를 말한 때에는 그 의사에 반하여 전행할 수 없고, 즉시 이를 중지하고 과반수의 동의를 얻어 이를 집행하여야 한다.

업무집행자와 다른 조합원간에는 위임에 관한 규정(제681조~제688조)이 준용
된다.

▣ 핵심판례 ▣

■ [사무집행의 방법]

**1. 합명회사나 합자회사의 사원총회결의의 존부나 효력유무의 확인판결을 회
사가 아닌 사원 등 개인을 상대로 구하는 소송의 적부(소극)**

확인소송은 즉시확정의 이익이 있는 경우, 즉 원고의 권리 또는 법률상 지위에
대한 위험 또는 불안을 제거하기 위하여 확인판결을 얻는 것이 법률상 유효적절
한 경우에 한하여 허용되는 것인바, 합명회사나 합자회사의 사원총회결의는 회사
의 의사결정으로서 그로 인한 법률관계의 주체는 회사이므로 회사를 상대로 하여
사원총회결의의 존부나 효력유무의 확인판결을 받음으로써만 그 결의로 인한 원
고의 권리 또는 법률상 지위에 대한 위험이나 불안을 유효적절하게 제거할 수 있
는 것이고, 회사가 아닌 사원 등 개인을 상대로 한 확인판결은 회사에 그 효력이
미치지 아니하여 즉시확정의 이익이 없으므로 그러한 확인판결을 구하는 소송은
부적법하다(1991. 6. 25. 제1부 판결 90다14058 결의등무효확인).

**2. 업무집행조합원이 수인 있는 경우, 특별사무에 관한 업무집행으로서의 조
합재산 처분·변경의 방법**

가. 조합재산의 처분·변경에 관한 행위는 다른 특별한 사정이 없는 한 조합의
특별사무에 해당하는 업무집행이며, 업무집행조합원이 수인 있는 경우에는 조
합의 통상사무의 범위에 속하지 아니하는 특별사무에 관한 업무집행은 민법
제706조 제2항에 따라 원칙적으로 업무집행조합원의 과반수로써 결정한다.

나. 조합의 임원회의 결의로 그 조합재산인 채권을 타인에게 양도한 경우, 그 조
합 임원들이 조합의 업무집행조합원들이고 그 채권의 양도는 조합의 특별사
무에 해당하는 조합재산의 처분이라는 이유로 그 임원회의 과반수 결의로 이
루어진 채권의 양도는 유효한 업무집행이라고 본 사례(2000. 10. 10. 2000다
28506, 28513).

**3. 가. 조합원 중 1인이 단독으로 조합재산에 관한 명의신탁계약을 해지할
수 있는지 여부(소극)**

을과 동업계약을 맺고 있는 갑이, 건물의 공유지분에 관한 소송을 제기하고
을의 명의로 이전함에 대하여 묵시적으로 승낙을 하였다고 하더라도 그러한
사정만으로는 갑이 공유지분에 관한 소유 명의를 을에게 신탁함에 대하여까
지 승낙한 것이라고 단정할 수는 없고, 설사 건물에 관한 공유지분이 을에게

명의신탁된 것이라고 하더라도 그것은 갑, 을로 구성된 조합이 을에게 명의신탁한 것이라고 보아야 할 것인바, 이와 같은 명의신탁을 해지하는 행위는 조합재산의 관리방법의 변경에 해당되는 것으로서 단순한 보존행위라고 볼 수 없으므로 조합원의 1인에 불과한 갑으로서는 단독으로 명의신탁을 해지할 수 없다.

나. 조합의 업무집행자가 업무처리 중 자기의 이름으로 취득한 부동산에 관하여 조합원 중 1인이 조합원들 명의의 합유등기청구를 할 수 있는지 여부(적극)

2인 이상이 상호출자하여 공동사업을 경영할 것을 약정함으로써 효력이 생기는 조합에 있어서는 조합계약이나 조합원의 3분의 2 이상의 찬성으로써 업무집행자를 정할 수 있고, 조합의 업무를 집행하는 조합원은 조합업무의 처리로 인하여 받은 금전 기타의 물건 및 그 수취한 과실을 조합에 인도하여야 하고, 조합을 위하여 자기의 명의로 취득한 권리는 조합에게 이전하도록 되어 있는바, 갑과 을이 각자 자금을 출자하고 공동으로 공사를 시공하여 그 이익을 반분하기로 하되 갑은 공사시공과 관계되는 일을 맡고 을은 자금관리와 대외적 업무처리를 맡기로 하는 내용의 동업약정을 맺고 위와 같은 동업관계를 유지하면서 건물의 신축공사를 진행한 경우, 을은 적어도 자금관리와 대외적 업무처리에 관한 한 갑, 을로 구성된 조합의 업무집행자라고 할 것이고, 조합의 업무집행자인 을이 조합의 대외적 업무처리를 하면서 자기의 이름으로 건물에 관한 공유지분을 취득하였다면 그것은 조합의 업무집행자로서의 권리취득이 되어 특약이 없는 한 공유지분을 조합 앞으로 이전하여 줄 의무가 있으며, 조합원 중의 1인인 갑으로서도 갑, 을 사이의 조합계약에 기하여 조합의 업무집행자인 을이 취득한 공유지분을 조합 앞으로 이전할 것을 청구할 수 있다.

다. 조합원이 조합의 해산을 청구하기 위한 요건

조합관계에 있어서는 일반적으로 조합계약에서 정한 사유의 발생, 조합원 전원의 합의, 조합의 목적인 사업의 성공 또는 성공불능, 해산청구 등에 의하여 조합관계가 종료되고, 2인으로 된 조합관계에 있어 그 가운데 한 사람이 탈퇴하는 경우에도 역시 조합관계는 종료되며, 경제계의 사정변경에 따른 조합재산상태의 악화나 영업부진 등으로 조합의 목적달성이 매우 곤란하다고 인정되는 객관적인 사정이 있거나 조합 당사자 간의 불화·대립으로 인하여 신뢰관계가 파괴됨으로써 조합업무의 원활한 운영을 기대할 수 없는 경우 등 부득이한 사유가 있는 때에는 조합원이 조합의 해산을 청구할 수 있다.

라. 조합관계가 종료되었다고 볼 수 없다고 한 사례

동업계약에 기하여 취득한 건물에 관하여 업무집행자 명의로 소유권이전등기가 경료되어 있는 공유지분을 처분함에 있어 다른 조합원의 동의가 있었다고

볼 수 없는 경우, 조합의 업무집행자가 위 건물의 공유지분을 제3자에게 매각하고 그 매각대금의 일부를 교부받았다고 하더라도 조합의 목적사업이 성공하여 조합관계가 종료되었다고 볼 수 없다고 한 사례(대법원 1997. 5. 30. 선고 95다4957 판결).

◈ 위임에 관한 규정의 준용

제 707 조 【준용규정】

조합업무를 집행하는 조합원에는 제681조 내지 제688조의 규정을 준용한다.

■ § 707. 업무집행자의 직무

• 수임인의 직무에 유사
• 위임에 관한 §681 내지 §688의 규정을 준용

업무집행자의 직무는 마치 수임인의 직무에 유사하므로 민법은 이에 관하여 수임인의 권리의무에 관한 규정을 전부 준용하고 있다.

(1) 조합사무를 집행하는 조합원은 조합의 목적에 따라 선량한 관리자의 주의로써 조합사무를 집행하여야 한다(제681조 준용).

(2) 업무집행 조합원은 다른 조합원의 승낙이나 부득이한 사유가 있으면 제3자로 하여금 자기에 가름하여 조합사무를 집행하게 할 수 있다. 만약 다른 조합원의 승낙이 있거나 부득이한 사유로 자기에 가름하여 제3자에게 조합사무를 집행하게 한 경우에는 이 제3자의 선임·감독에 관하여 책임을 져야 한다. 그 제3자의 권리의무는 그 조합원의 권리의무와 동일하다(제682조 준용).

(3) 업무집행 조합원은 다른 조합원의 청구가 있는 때에는 조합업무의 집행상황을 보고하고, 업무의 집행을 종료한 때에는 지체없이 그 전말을 다른 조합원에게 보고하여야 한다(제683조 준용). 그 조합원은 업무의 집행으로 인하여 받은 금전 기타의 물건 및 수취한 과실을 조합에 인도하여야 하고, 또 조합을 위하여 자기의 명의로 취득한 권리도 이를 조합에 이전하여야 한다(제684조 준용).

(4) 업무집행 조합원이 조합에 인도할 금전 또는 조합의 이익을 위하여 사용할 금전을 자기를 위하여 소비한 때에는 조합에 대하여 소비한 날 이후의 이자를 지급하여야 하고, 그 이외에 손해가 있으면 이를 배상하여야 한다

(제685조 준용).

(5) 업무집행 조합원은 특별한 약정이 없으면 조합에 대하여 보수를 청구하지 못한다. 또 특별한 약정에 의하여 보수를 받을 경우에는 업무의 집행을 완료한 후에 청구할 수 있으며, 기간으로써 보수를 정한 때에는 그 기간의 경과에 의하여 청구할 수 있다. 또 업무집행 조합원이 업무집행 도중에 그 조합원의 책임없는 사유로 인하여 업무의 집행이 종료한 때에는 그 조합원은 이미 집행한 업무의 비율에 상응한 보수를 청구할 수 있다(제686조 준용).

(6) 조합업무의 집행에 비용을 요하는 때에는 조합은 업무집행 조합원의 청구에 의하여 이를 선급하여야 한다(제687조 준용).

(7) 업무집행 조합원이 조합사무의 집행에 필요한 비용을 지출한 때에는 조합에 대하여 지출한 날 이후의 이자를 청구할 수 있다. 또 그 조합원이 업무의 집행에 필요한 채무를 부담한 때에는 조합에 대하여 자기에 갈음하여 이를 변제하게 할 수 있고, 그 채무가 변제기에 있지 아니한 때에는 상당한 담보를 제공하게 할 수 있다. 그 조합원이 업무의 집행을 위하여 자기의 과실없이 손해를 받은 때에는 조합에 대하여 배상을 청구할 수 있다(제688조 준용).

▣ 핵심판례 ▣

■ [준용규정]

1. 사무집행 조합원에 대한 임의적 소송신탁의 적부

임의적 소송신탁은 탈법적인 방법에 의한 것이 아닌 한 극히 제한적인 경우에 합리적인 필요가 있다고 인정되는 경우에는 허용될 수 있는 것인 바, 민법상의 조합에 있어서 조합규약이나 조합결의에 의하여 자기 이름으로 조합재산을 관리하고 대외적 업무를 집행할 권한을 수여받은 업무집행 조합원은 조합재산에 관한 소송에 관하여 조합원으로부터 임의적 소송신탁을 받아 자기 이름으로 소송을 수행하는 것이 허용된다고 할 것이다(1984. 2. 14. 제1부 판결 83다카1815 소유권이전등기등).

2. 업무집행 조합원이 임무에 위배되는 행위로 조합원이 출자한 동업자금을 모두 허비한 경우, 그로 인한 손해에 대하여 조합원이 조합관계를 벗어난 개인의 지위에서 손해배상을 청구할 수 있는지 여부(소극)

일부 조합원이 동업계약에 따라 동업자금을 출자하였는데 업무집행 조합원이 본연의 임무에 위배되거나 혹은 권한을 넘어선 행위를 자행함으로써 끝내 동업체의 동업 목적을 달성할 수 없게끔 만들고, 조합원이 출자한 동업자금을 모두 허비한 경우에 그로 인하여 손해를 입은 주체는 동업자금을 상실하여 버린 조합, 즉 조합원들로 구성된 동업체라 할 것이고, 이로 인하여 결과적으로 동업자금을 출자한 조합원에게 손해가 발생하였다 하더라도 이는 조합과 무관하게 개인으로서 입은 손해가 아니고, 조합체를 구성하는 조합원의 지위에서 입은 손해에 지나지 아니하는 것이므로, 결국 피해자인 조합원으로서는 조합관계를 벗어난 개인의 지위에서 그 손해의 배상을 구할 수는 없다(대법원 1999. 6. 8. 선고 98다60484 판결).

◈ 사임, 해임

제 708 조 【업무집행자의 사임, 해임】

업무집행자인 조합원은 정당한 사유없이 사임하지 못하며 다른 조합원의
일치가 아니면 해임하지 못한다.

■ § 708. 업무집행자의 지위보장

- 수임인과 달리 그 지위가 보장
- 정당한 사유없이 사임하지 못하고 또한 해임당하지도 않는다
- 만일에 정당한 사유로 해임하려면 다른 조합원의 일치가 있어야 한다

업무집행자의 사임, 해임에 관해서는 위임에 관한 제689조를 준용하지 않고
따로 정한다.

업무집행자는 수임인과는 달라서 그 지위가 보장되며 정당한 사유없이 사임
하지 못하고, 또 해임당하지도 않는다.

즉, 그 관계는 위임과 같이 양당사자가 언제든지 해지할 수 있는 것이 아니고
(제689조 1항), 정당한 사유가 없으면 해임하지 못하며, 또 다른 조합원의 일치
가 아니면 해임하지 못한다.

정당한 사유의 존재는 각개의 경우에 구체적으로 정할 문제이고 법관이 인정
할 문제이다. 만약 정당한 사유가 있어서 해임하는 경우에는 다른 조합원의 전
원일치를 필요로 하며, 그 조합원 중 1인이라도 그 해임에 반대하는 때에는 해
임할 수 없다.

◈ 조합의 대외관계 : 업무집행의 대리권 추정

제 709 조【업무집행자의 대리권추정】

조합의 업무를 집행하는 조합원은 그 업무집행의 대리권있는 것으로 추정 한다.

■ § 709. 조합대리

- 조합계약에서 업무집행자를 정하지 않았거나 또는 선임하지 않은 경우에는 각 조합원은 각각 단독으로 조합의 목적을 달성하는데 필요한 범위에서 모든 조합원을 대리할 권한이 있는 것으로 추정된다
- 그 반대의 경우에는 그 업무집행조합원은 조합의 목적을 달성하는데 필요한 범위에서 조합을 위하여 모든 행위를 할 대리권이 있는 것으로 추정된다

본조는 조합대리에 관하여 규정한 것이다.

민법상의 조합은 독립된 법인격을 갖지 못하므로, 권리의무의 주체가 될 수 없으며, 또한 조합 자신의 대표기관이 있을 수 없다. 그리하여 조합이 제3자와 거래를 하는 경우에 그 행위의 효과는 전조합에게 귀속되기 때문에 전조합원으로부터 그 권한을 위임받은 대리인이 전조합원의 이름으로 제3자와 거래하게 된다. 즉, 조합의 대외관계에서는 조합원 모두가 행위의 주체로 인정될 뿐이다.

이와 같이 전조합원으로부터 제3자와 거래할 수 있는 대리권을 수여받은 자가 전조합원을 대리하는 것을 조합대리라고 한다. 따라서 조합대리를 할 수 있기 위해서는 대리권의 수여가 있어야 하는데, 일반적으로 조합계약 중에 조합원이 조합대리할 수 있는 권한을 수여하는 의사표시가 포함되어 있다고 해석하는 것이 보통이다.

조합의 업무집행은 대외적으로 제3자와의 관계에서 행해지는 일이 많으므로 통상의 대리행위는 업무집행과정으로서 성립하는 경우가 대부분이다.

그 때문에 별도의 의사표시가 없는 한, 조합원 전원이 업무집행을 하는 경우에는 전조합원 각자가, 그렇지 않은 경우에는 업무집행자만이 조합의 목적을 달성하는데 필요한 범위에서 그 업무집행의 대리권이 있는 것으로 추정된다. 그러

나 조합대리와 업무집행은 서로 다른 법률관계이다. 즉 이 양자는 실제에서는 서로 교착하고 있어 사무집행자는 동시에 대리권을 가지고 있다고 이해되는 경우가 대부분이나 이론적으로는 업무집행은 대내적 관계로서 조합원이 다른 조합원에 대하여 조합원이 목적으로 하는 공동사업을 달성하기 위한 법률행위 또는 실행행위를 할 수 있는 권리의무를 가지고 있느냐의 여부에 대한 문제이다. 이에 반하여 조합대리는 대외적인 관계로서 조합원이 제3자에 대한 관계에서 전조합원을 대리할 수 있는 권한을 가지고 있느냐 하는 문제이다. 따라서 업무집행에 관한 제706조의 규정은 조합대리에 대해서는 적용되지 아니한다.

조합대리는 전조합원을 대리하는 것이기 때문에 대리권을 갖는 자가 조합대리를 하기 위해서는 현명주의의 원칙에 따라 본인인 전조합원의 이름으로 대리행위를 하여야 함이 원칙이나, 조합은 어느 정도의 단체성을 가지고 있는 까닭에 반드시 본인의 성명을 명시하지 않더라도 상대방이 알 수 있을 정도, 예컨대 모조합장 또는 모조합업무집행원 등으로 조합을 표시하는 것만으로 충분하다고 해석한다(스위스채무법 제543조 제2항).

조합의 업무를 집행하는 조합원은 그 업무집행의 대리권이 있는 것으로 추정한다. 즉 대외적으로는 전적으로 대리의 이론에 의한다. 일반적으로 업무집행자가 대리권을 갖고 그 자만이 정당한 대리인으로서 행동한다(조합대리). 그러나 대리권이 없는 조합원 또는 업무집행자의 대외적 행위는 표현대리의 이론에 의하여 해결되는 경우가 많을 것이다.

▣ 핵심판례 ▣

1. 업무집행조합원의 조합원 대리권에 관하여 제한약정이 있는 경우, 그 약정의 존재 및 동의에 대한 주장·입증책임의 소재

민법 제709조에 의하면 조합계약으로 업무집행자를 정하였거나 또는 선임한 때에는 그 업무집행조합원은 조합의 목적을 달성하는 데 필요한 범위에서 조합을 위하여 모든 행위를 할 대리권이 있는 것으로 추정되지만, 위 규정은 임의규정이라고 할 것이므로 당사자 사이의 약정에 의하여 조합의 업무집행에 관하여 조합원 전원의 동의를 요하도록 하는 등 그 내용을 달리 정할 수 있고, 그와 같은 약정이 있는 경우에는 조합의 업무집행은 조합원 전원의 동의가 있는 때에만 유효하다 할 것이어서, 조합의 구성원이 위와 같은 약정의 존재를 주장·입증하면 조합

의 업무집행자가 조합원을 대리할 권한이 있다는 추정은 깨어지고 업무집행자와 사이에 법률행위를 한 상대방이 나머지 조합원에게 그 법률행위의 효력을 주장하기 위하여는 그와 같은 약정에 따른 조합원 전원의 동의가 있었다는 점을 주장·입증할 필요가 있다(2002. 1. 25. 99다62838).

2. 가. 민법상 조합과 비법인사단의 구별 기준 및 비법인사단으로서의 실체를 인정하기 위한 요건

민법상의 조합과 법인격은 없으나 사단성이 인정되는 비법인사단을 구별함에 있어서는 일반적으로 그 단체성의 강약을 기준으로 판단하여야 하는바, 조합은 2인 이상이 상호간에 금전 기타 재산 또는 노무를 출자하여 공동사업을 경영할 것을 약정하는 계약관계에 의하여 성립하므로 어느 정도 단체성에서 오는 제약을 받게 되는 것이지만 구성원의 개인성이 강하게 드러나는 인적 결합체인 데 비하여 비법인사단은 구성원의 개인성과는 별개로 권리·의무의 주체가 될 수 있는 독자적 존재로서의 단체적 조직을 가지는 특성이 있다 하겠는데, 어떤 단체가 고유의 목적을 가지고 사단적 성격을 가지는 규약을 만들어 이에 근거하여 의사결정기관 및 집행기관인 대표자를 두는 등의 조직을 갖추고 있고, 기관의 의결이나 업무집행방법이 다수결의 원칙에 의하여 행하여지며, 구성원의 가입, 탈퇴 등으로 인한 변경에 관계없이 단체 그 자체가 존속되고, 그 조직에 의하여 대표의 방법, 총회나 이사회 등의 운영, 자본의 구성, 재산의 관리 기타 단체로서의 주요사항이 확정되어 있는 경우에는 비법인사단으로서의 실체를 가진다고 할 것이다.

나. 민사소송법 제48조의 규정 취지

민사소송법 제48조가 비법인의 당사자능력을 인정하는 것은 법인이 아닌 사단이나 재단이라도 사단 또는 재단으로서의 실체를 갖추고 대표자 또는 관리인을 통하여 사회적 활동이나 거래를 하는 경우에는, 그로 인하여 발생하는 분쟁은 그 단체의 이름으로 당사자가 되어 소송을 통하여 해결하게 하고자 함에 있다 할 것이므로 여기서 말하는 사단이라 함은 일정한 목적을 위하여 조직된 다수인의 결합체로서 대외적으로 사단을 대표할 기관에 관한 정함이 있는 단체를 말한다

다. 부도난 회사의 채권자들이 조직한 채권단이 비법인사단으로서의 실체를 갖추지 못했다는 이유로 그 당사자능력을 부인한 사례(대법원 1999. 4. 23. 선고 99다4504 판결).

3. 조합의 대리인이 조합에게 상행위가 되는 법률행위를 하면서 조합을 위한 것임을 표시하지 않은 경우, 그 효력이 조합원 전원에게 미치는지 여부 (적극)

민법 제114조 제1항은 "대리인이 그 권한 내에서 본인을 위한 것임을 표시한 의

사표시는 직접 본인에게 대하여 효력이 생긴다"라고 규정하고 있으므로, 원칙적으로 대리행위는 본인을 위한 것임을 표시하여야 직접 본인에 대하여 효력이 생기는 것이고, 한편 민법상 조합의 경우 법인격이 없어 조합 자체가 본인이 될 수 없으므로, 이른바 조합대리에 있어서는 본인에 해당하는 모든 조합원을 위한 것임을 표시하여야 하나, 반드시 조합원 전원의 성명을 제시할 필요는 없고, 상대방이 알 수 있을 정도로 조합을 표시하는 것으로 충분하다. 그리고 상법 제48조는 "상행위의 대리인이 본인을 위한 것임을 표시하지 아니하여도 그 행위는 본인에 대하여 효력이 있다. 그러나 상대방이 본인을 위한 것임을 알지 못한 때에는 대리인에 대하여도 이행의 청구를 할 수 있다"고 규정하고 있으므로, 조합대리에 있어서도 그 법률행위가 조합에게 상행위가 되는 경우에는 조합을 위한 것임을 표시하지 않았다고 하더라도 그 법률행위의 효력은 본인인 조합원 전원에게 미친다(대법원 2009. 1. 30. 선고 2008다79340 판결).

◈ 조합원의 업무 · 재산상태검사권

제 710 조【조합원의 업무, 재산상태검사권】

각 조합원은 언제든지 조합의 업무 및 재산상태를 검사할 수 있다.

■ § 710. 일부의 조합원을 업무집행자로 한 경우

• 업무집행자가 아닌 조합원들은 조합의 업무 및 재산상태를 검사할 수 있다

업무집행자가 있는 경우에는 다른 조합원은 조합의 통상사무일지라도 이를 행하지 못한다. 그러나 조합의 업무 및 재산상태를 검사할 권리는 있다. 그 검사를 함에는 업무집행자에 대하여 질문하며 서류·장부 등을 열람하고 조서를 작성할 수 있다.

◈ 조합재산을 초과하는 이익과 손실의 분배의 비율

제 711 조 【손익분배의 비율】

① 당사자가 손익분배의 비율을 정하지 아니한 때에는 각 조합원의 출자가액에 비례하여 이를 정한다.

② 이익 또는 손실에 대하여 분배의 비율을 정한 때에는 그 비율은 이익과 손실에 공통된 것으로 추정한다.

■ § 711. 손익분배의 비율

- 조합계약에서 정할 수 있다
- 조합계약에서 약정하지 않은 경우
 ① 각 조합원의 출자가액에 비례하여 정하여진다
 ② 이익분배와 손실의 부담중의 어느 한쪽에 관하여서만 비율이 정하여져 있는 때에는 그 비율은 이익분배와 손실부담의 양자에 공통한 것으로 추정된다

조합의 사업을 통해 조합재산을 초과하는 이익과 손실이 발생할 수 있고, 이것은 각 조합원에게 분배될 수 밖에 없다. 문제는 언제 또 어떠한 비율로 분배할 것인가 인데, 민법은 이 중 본조에서 수익분배의 비율에 관해서만 정한다.

손익분배의 비율은 조합계약에서 정할 수 있다. 이익 및 손실의 분배의 비율은 같아야 하는 것은 아니며 다르게 정할 수 있다. 조합의 본질상 이익은 모든 조합원에게 분배되어야 하지만 손실의 공동부담은 반드시 요구되는 것이 아니기 때문에 손실을 부담하지 않는 조합원을 정하는 것도 무방하다.

손익분배의 비율을 조합계약에서 정하지 않은 경우에는 본조가 보충적으로 적용된다. 즉,

① 이익 또는 손실에 대하여 분배의 비율을 정한 때에는 그 비율은 이익과 손실에 공통된 것으로 추정한다(제711조 2항).

② 당사자가 손익분배의 비율을 정하지 아니한 때에는 각 조합원의 출자가액

에 비례하여 정한다(동조 1항).

▣ 핵심판례 ▣

■ [손익분배의 비율]

가. 절반씩 투자하여 부동산을 취득·전매하여 이익금을 반분하기로 하는 동업계약을 체결한 후 당초 약정된 비율의 출자를 이행하지 아니하여 다른 출자자가 대신 출자한 경우 당초 약정된 이익분배비율이 실제 출자가액비율로 변경된다고 볼 수 없다 한 사례

절반씩 투자하여 부동산을 취득 전매하여 이익금을 반분하기로 하는 동업계약을 체결한 후 당초 약정된 비율의 출자를 이행하지 아니하여 다른 출자자가 대신 출자한 경우 당초 약정된 이익분배비율이 실제 출자가액비율로 변경된다고 볼 수 없다 한 사례

나. 위 "가"항의 부동산전매로 인하여 양도소득세 및 방위세가 부과되었지만 세무서에 의하여 과세처분이 결손처분되었으므로 분배이익계산시 이를 공제할 수 없다 한 사례

위 "가" 항의 부동산전매로 인하여 양도소득세 및 방위세가 부과되었지만 세무서에 의하여 과세처분이 결손처분되었으므로 분배이익계산시 이를 공제할 수 없다 한 사례(1993. 5. 25. 제2부 판결 92다5744, 92다5751(반소) 이익금반환).

◈ 조합원의 개인재산에 의한 조합채무의 부담

제 712 조 【조합원에 대한 채권자의 권리행사】

조합채권자는 그 채권발생 당시에 조합원의 손실부담의 비율을 알지 못한 때에는 각 조합원에게 균분하여 그 권리를 행사할 수 있다.

■ § 712. 조합원의 개인재산에 의한 책임

• 조합채권자가 채권이 발생할 당시에 그 손실부담의 비율을 알지 못한 때에는 각 조합원에 대하여 균등한 비율로 변제를 청구할 수 있다

1. 분담주의 : 원칙

본조는 조합채무에 대한 각 조합원의 책임에 관하여 규정한 것이다.

조합이 사회적으로 활동함에 있어서 부담하게 되는 채무는 조합의 단체성에 의하여 전조합원에게 합유적으로 귀속한다.

가분급부를 목적으로 하는 경우에 있어서도 액수적으로 분할됨이 없이 전액으로서 전조합원에게 귀속하고, 조합재산이 그에 대하여 책임을 져야 한다. 따라서 조합원의 1인이 조합에 대하여 채권을 취득하여도 당연히 혼동은 일어나지 않는다.

조합의 채권자는 채권의 전액에 관하여 조합재산으로부터 변제를 청구할 권리가 있고, 조합원 전원을 상대로 하여 이행의 소를 제기하고, 그 판결에 의거하여 조합재산에 대하여 집행할 수 있다.

각 조합원이 조합채무에 대하여 부담하게 되는 책임에 관하여는 연대주의(스위스채무법 제544조 3항)와 분담주의(프랑스민법 제1862조 내지 제1864조)가 있으며, 우리 민법은 분담주의를 취하여 각 조합원에게 분할채무로서 분담된다. 즉 각 조합원은 조합계약에서 미리 정하여진 손실부담의 비율에 따르고 손실부담의 비율에 관한 특약이 없으면 평등한 비율로 조합채무를 부담한다.

손실부담의 비율에 관한 특약이 있더라도 조합채권자가 그 채권발생 당시에 조합원의 손실부담의 비율을 알지 못한 때에는 각 조합원에 대하여 균등한 비

율로 변제를 청구할 수 있다.

각 조합원이 분할채무로써 개인재산으로 부담하는 책임은 분할된 액에 관하여 무한책임이다. 그러나 이 책임은 조합원 개인으로서 부담하는 것이기 때문에 조합원으로 있는 동안에 생긴 조합채무에 한한다. 그리고 이 책임은 조합의 해산에 의하여서도 소멸하지 아니하며 탈퇴를 하더라도 이미 발생한 책임을 면할 수는 없다.

2. 예 외

조합원이 평등한 비율로 분할채무를 지는 제712조의 원칙에 대하여 다음의 두 경우에는 예외적으로 불가분 내지는 연대책임을 부담한다.

① 그 채무가 불가분채무이나 연대의 특약이 있는 때(대판 1985. 11. 12. 85다카1499).

② 조합채무가 조합원 전원을 위하여 상행위가 되는 행위로 인하여 부담하게 된 경우(대판 1998. 3. 13. 97다6919).

▣ 핵심판례 ▣

■ [조합원에 대한 채권자의 권리행사]

1. 가. 조합의 채권자가 각 조합원에 대한 개인적 책임에 기하여 그 채권을 행사하는 경우 조합원 각자를 상대로 이행의 소를 제기할 수 있는지 여부(적극)

조합의 채권자가 조합원에 대하여 조합재산에 의한 공동책임을 묻는 것이 아니라 각 조합원의 개인적 책임에 기하여 당해 채권을 행사하는 경우에는 조합원 각자를 상대로 하여 그 이행의 소를 제기할 수 있다.

나. 조합채무가 조합원 전원을 위하여 상행위가 되는 행위로 인하여 부담하게 된 것인 경우 조합원들의 연대책임 유무(적극)

조합채무가 특히 조합원 전원을 위하여 상행위가 되는 행위로 인하여 부담하게 된 것이라면 그 채무에 관하여 조합원들에 대하여 상법 제57조 제1항을 적용하여 연대책임을 인정함이 마땅하다(1991. 11. 22. 제3부 판결 91다30705 계약금).

2. 각 조합원이 조합채무에 대해 부담하는 책임

조합원이 연대책임을 부담키로 한 특약이 있는 경우를 제외하고는 채권발생 당시
조합원이 손실분담의 비율을 하는 때에는 그 비율에 의하여, 만약 이를 알지 못
한 때에는 각 조합원에 대하여 균일하게 그 권리를 행사할 수 있는 것이다(대판
1957. 12. 5. 4290민상508).

3. 조합원에 대한 조합채권자의 청구방법

조합의 채무는 각 조합원의 채무로서 그 채무가 불가분의 채무이거나 연대의 특
약이 없는 한 조합채권자는 각 조합원에 대하여 지분의 비율에 따라 또는 균일적
으로 변제의 청구를 할 수 있을 뿐이지 달리 그 금원 전부나 연대의 지급을 구할
수는 없는 것이다(대법원 1985. 11. 12. 선고 85다카1499 판결).

4. 조합채권자가 조합원에 대하여 균분하여 권리를 행사하는 경우 손실부담 의 비율이 다르다는 사실에 대한 주장입증책임의 소재

조합채권자는 채권발생 당시에 조합원의 소실부담의 비율을 알지 못한 때에는 각
조합원에게 균분하여 권리를 행사 할 수 있는 것이므로 조합원에 대하여 균분하
여 권리를 행사하는 조합채권자에 대하여 손실부담의 비율이 다른 조합원이 있는
경우에는 그 조합원이 이를 주장 입증할 책임이 있다(대법원 1975. 5. 27. 선고 75
다169 판결).

◈ 무자력조합원의 채무의 변제책임을 지는 자

제 713 조 【무자력조합원의 채무와 타조합원의 변제책임】

조합원 중에 변제할 자력없는 자가 있는 때에는 그 변제할 수 없는 부분은 다른 조합원이 균분하여 변제할 책임이 있다.

■ § 713. 조합채권자의 보호

• 조합채무에 대하여 개인책임도 인정
• 조합원 가운데 변제자력 없는 자가 있는 경우에는 그 변제할 수 없게 된 부분은 다른 자력있는 조합원들이 균분하여 변제하여야 한다.

본조는 구민법에서는 없던 것으로서 조합채권자를 보호하기 위해 신설한 조문이다.

조합원 중에 변제할 자력없는 자가 있으면 그 변제할 수 없는 부분은 다른 조합원이 균분하여 변제하여야 한다. 다만 법인격 있는 특별법상의 조합의 재산은 법인의 재산이므로 일반의 조합재산과 다르다.

따라서 조합채권자는 조합원 중에 무자력자가 있을 때에는 이를 증명하여 그 변제할 수 없는 부분은 다른 조합원을 상대로 소를 제기하여 다른 조합원이 균분하여 변제하도록 하는 집행권원을 얻어 다른 조합원의 개인재산에 집행할 수 있도록 하였다.

▣ 핵심판례 ▣

■ [무자력조합원의 채무와 타조합원의 변제책임]

자금투자가에게 정기적으로 일정액을 지급하면서 당사자 일방이 단독으로 영업을 운영하며, 합유인 조합재산이 없는 동업체의 법률관계

피고는 일정액의 자금을 투자하고 소외인은 기존시설을 투자하여 자동차정비공장을 동업함에 있어, 위 소외인이 사업체의 실제운영을 전담하면서, 이익이 난 액수에 관계없이 피고에게 매월 일정액을 지급하거나 피고와 그 친지들의 차량을 정비하여 주었으며, 합유인 조합재산이 없고 , 위 소외인이 사무집행등 대외적인 법

률행위를 함에 있어서는 피고를 대리할 필요없이 자기명의로 단독으로 하여 왔다면, 이들의 동업관계는 민법상의 통상조합과 구별되는 일종의 특수조합으로서 그 대외적인 관계에서는 오직 영업을 경영하는 위 소외인만이 권리를 취득하고 의무를 부담한다 할 것이어서 위 소외인의 채무를 보증한 원고의 보증채무 이행에 따른 구상채권은 피고에 대하여서는 이를 행사할 수 없는 것이다(1984. 12. 11. 제2부 판결 83다카1996 구상금).

◈ 조합재산의 유지(충실)을 위한 규정 : 지분에 대한 압류의 효력

제 714 조 【지분에 대한 압류의 효력】

조합원의 지분에 대한 압류는 그 조합원의 장래의 이익배당 및 지분의 반환을 받을 권리에 대하여 효력이 있다.

■ § 714. 조합원의 지분에 대한 압류의 효력

• 조합원의 지분에 대한 압류의 효력은 그 조합원의 장래에 이익배당 및 지분의 반환을 받을 권리에 대하여 효력이 있다
• 관련법조 : [특칙] 상 §223, §269

어느 조합원 개인에 대한 채권자는 그 조합원이 조합재산에 대하여 가지는 지분을 압류할 수 있지만, 조합의 존속 중에 이를 실행하게 되면 조합이 가지는 공동사업의 경영 및 조합재산을 유지할 수 없는 문제가 생긴다. 따라서 본조는 조합원의 지분에 대한 압류는 그 조합원의 장래에 이익배당 및 지분의 반환을 받을 권리에 대하여서만 효력이 있는 것으로 정한 것이다. 즉 조합원의 채권자는 그 조합원이 조합재산에 대하여 가지는 지분을 압류할 수 있다. 여기서 말하는 지분은 조합재산을 이루는 개개의 목적에 대한 지분이 아니라 전체로서의 조합재산에 대한 그 조합원의 지분을 의미하는 것임은 규정상 명백하다(독일민법 제725조).

◈ 조합재산의 유지(충실)을 위한 규정 : 조합채무자의 상계의 금지

제 715 조 【조합채무자의 상계의 금지】

조합의 채무자는 그 채무와 조합원에 대한 채권으로 상계하지 못한다.

■ § 715. 조합채무자의 상계금지

• 조합의 채무자는 그 채무와 조합원에 대한 채권으로 상계할 수 없다

조합에 대한 채무자는 조합원 모두에 대해 채무를 부담하는 것이고, 어느 조합원에 개인에 대해 지는 것이 아니므로 어느 조합원에 대하여 채권을 가지고 있더라도 조합에 대한 채무와 상계를 할 수 없다.

예컨대 갑·을·병 세 사람으로 되어 있는 조합에 대하여 600만원의 채무를 부담하는 정은 조합원 갑 개인에 대하여 300만원의 채권을 가지고 있더라도, 그 300만원에 관하여 상계할 수 없음은 물론이고, 갑의 지분에 따른 비율인 200만원에 관하여서도 상계하지 못한다.

조합의 부동산을 매수하여 잔대금 채무를 지는 자가 조합원 중 1인에 대하여 개인 채권을 가지고 있더라도 그 채권과 위 잔대금 채무를 상계할 수 없다고 하였다(대판 1998. 3. 13. 97다6919).

조합재산에 속하는 채권에 대해서는 보통의 채권의 경우와는 달리 다수당사자의 채권에 관한 규정(제408조 이하)이 적용되지 아니한다.

따라서 그 채권이 가분채권이더라도 각 조합원에게 분할될 수 없으며, 또 불가분채권인 경우에도 각 조합원이 전조합원을 위하여 채권을 행사할 수 없으며 조합채권의 행사나 처분은 오로지 사무집행의 방법에 의하지 않으면 안된다.

또 조합원 중 1인이 탈퇴하더라도 조합채권은 당연히 잔존조합원의 합유가 되는 것이며, 채권지분이 탈퇴조합원으로부터 잔존조합원에게 이전하는 것은 아니다.

◆ 조합원의 탈퇴 사유 : 임의탈퇴

제 716 조 【임의탈퇴】

① 조합계약으로 조합의 존속기간을 정하지 아니하거나 조합원의 종신까지 존속할 것을 정한 때에는 각 조합원은 언제든지 탈퇴할 수 있다. 그러나 부득이한 사유없이 조합의 불리한 시기에 탈퇴하지 못한다.

② 조합의 존속기간을 정한 때에도 조합원은 부득이한 사유가 있으면 탈퇴할 수 있다.

■ § 716. 임의탈퇴

- 탈퇴하려는 자는 다른 조합원 전원에 대한 의사표시로 하여야 한다
- 민법은 일정한 제한아래 조합원의 임의탈퇴인정
- 관련법조 : [무한책임사원퇴사] 상 §217, §269

1. 요 건

조합원은 조합에서 임의로 탈퇴할 수도 있고, 조합계약으로 조합의 존속기간을 정하지 아니하거나 조합원의 종신까지 존속할 것을 정한 때에는 각 조합원은 언제든지 탈퇴할 수 있다. 그러나 부득이한 사유없이 조합에 불리한 시기에 탈퇴하지 못한다. 또 조합의 존속기간을 정한 때에도 조합원은 부득이한 사유가 있으면 탈퇴할 수 있다.

여기서, 「조합에 불리한 시기」라 함은 그 조합원이 그 시기에 탈퇴하는 것이 조합의 목적을 달성하는 데 특히 불이익한 시기를 의미한다.

한편 「부득이한 사유」라 함은 탈퇴하려는 조합원의 주관적인 사정을 의미하는 것이나, 조합사업의 부진이나 다른 조합원의 전원일치에 의한 동의가 있는 때에도 탈퇴할 수 있다고 보아야 할 것이다.

2. 방 법

임의탈퇴는 조합계약에 관한 일종의 해지로서의 성질을 가진다. 임의탈퇴로서 종전 조합원의 지분의 확대와 탈퇴조합원의 지분계산 등 잔존 조합원의 지

위에 중대한 영향을 미치는 점에서, 업무집행자가 있는 때에도 그에 대한 의사표시로는 족하지 않고 다른 조합원 전원에 대한 의사표시로써 하여야 한다 (대판 1959. 7. 29. 4291민상668).

▣ 핵심판례 ▣

■ [임의탈퇴]

가. 조합원 사이의 반목·불화로 인한 대립으로 신뢰관계가 파괴되어 조합의 원만한 공동운영을 기대할 수 없게 된 경우가 조합의 해산사유에 관한 민법 제720조 소정의 부득이한 사유에 해당되는지 여부(적극) 및 그 경우 유책당사자에게도 조합의 해산청구권이 있는지 여부(적극)

민법 제720조에 규정된 조합의 해산사유인 부득이한 사유에는 경제계의 사정변경이나 조합의 재산상태의 악화 또는 영업부진 등으로 조합의 목적달성이 현저히 곤란하게 된 경우 외에 조합원 사이의 반목·불화로 인한 대립으로 신뢰관계가 파괴되어 조합의 원만한 공동운영을 기대할 수 없게 된 경우도 포함되며, 위와 같이 공동사업의 계속이 현저히 곤란하게 된 이상 신뢰관계의 파괴에 책임이 있는 당사자도 조합의 해산청구권이 있다.

나. 동업계약에서 원고의 탈퇴 또는 동업체가 해산될 경우 원고는 잔여재산의 분배청구를 할 수 없는 대신 채무에 대한 변제책임도 면하고 자신의 출자금을 반환받는 것만으로 동업관계를 종료시키기로 특약한 경우에는 청산절차를 거칠 필요가 없으므로 이미 해산된 동업체의 지분의 확인을 구할 이익이 없다고 한 사례

동업계약에서 원고의 탈퇴 또는 동업체가 해산될 경우 원고는 잔여재산의 분배청구를 할 수 없는 대신 채무에 대한 변제책임도 면하고 자신의 출자금을 반환받는 것만으로 동업관계를 종료시키기로 특약한 경우에는 청산절차를 거칠 필요가 없으므로 이미 해산된 동업체의 지분의 확인을 구할 이익이 없다고 한 사례 (1993. 2. 9. 제1부 판결 92다21098 동업권확인등).

◈ 조합원의 탈퇴사유 : 비임의 탈퇴

제 717 조 【비임의 탈퇴】

제716조의 경우 외에 조합원은 다음 각 호의 어느 하나에 해당하는 사유가 있으면 탈퇴된다.

1. 사망
2. 파산
3. 성년후견의 개시
4. 제명

■ § 717. 비임의 탈퇴

- 파산
- 사망
- 성년후견의 개시
- 제명

임의탈퇴 외에도 조합원은 사망·파산·성년후견의 개시·제명 등에 의해 비임의로 탈퇴할 수 있다.

(1) 조합원의 사망

조합원이 사망하면 당연히 탈퇴하는 것이 되고, 그의 상속인이 조합원의 지위를 승계하지 않는다(대판 1987. 6. 23. 86다카2951). 사망으로 탈퇴가 되는 것은 잔존조합인이 2인 이상 있는 경우에 한한다. 만일에 잔존조합원이 한 사람뿐이라면, 조합을 해산하게 됨을 주의하여야 한다. 이와 같이 사망을 당연한 탈퇴사유로 한 것은, 공동으로 사업을 경영하는 것을 목적으로 하는 조합에 있어서는 조합원들 사이의 개인적인 신뢰관계가 그 기초를 이루기 때문이다. 그러나 사망조합원의 상속인이 그가 상속하는 지분환급청구권을 출자하기로 하여 잔존조합원과 가인계약을 맺는 것은 상관없다고 새겨야 한다.

조합원이 사망한 때에 그 상속인이 사망조합의 지위를 승계한다는 특약을 조합계약에서 한 때에 이 특약은 유효한가? 입법례를 본다면, 독일민법은 조합계약에서 다른 약정을 하고 있지 않은 때에 조합원의 사망은 해산의 사유가 된다고 정하기 때문에, 그러한 특약은 언제나 유효하게 된다(독일민법 제727조 1항). 한편 스위스채무법은 사망이 조합의 해산사유가 되는 것은 조합계약에서 상속인이 승계한다는 약정을 하지 않은 때라고 하고 있기 때문에, 역시 그러한 특약은 유효한 것이 된다. 우리 민법의 해석으로서도 조합계약에서 상속을 인정하는 특약을 한 때에는 유효하다고 새기는 것이 타당할 것이다(동지 : 곽윤직, 김·안). 판례도 "부동산의 합유자 중 일부가 사망한 경우 합유자 사이에 특별한 약정이 없는 한 사망한 합유자의 상속인은 합유자로서의 지위를 승계하지 못하므로, 해당 부동산은 잔존 합유자가 2인 이상일 경우에는 잔존 합유자의 합유로 귀속되고 잔존 합유자가 1인인 경우에는 잔존 합유자의 단독소유로 귀속된다(대법원 1996. 12. 10. 선고 96다23238 판결)"고 판시한 바 있다.

(2) 파 산

조합원이 파산하면, 다른 조합원에 대한 관계에 있어서 재산적 채무관계가 끝나게 될 뿐 아니라, 그 조합원의 채권자의 입장에서 보더라도 그 자의 조합지분을 변제에 충당하지 않으면 파산의 목적을 달성할 수 없기 때문이다. 따라서 파산으로 탈퇴하지 않는다는 뜻을 조합계약에 의하여 정하더라도, 그것은 무효라고 하여야 한다(이설없음).

(3) 성년후견의 개시

조합원에 대하여 성년후견이 개시되면 조합의 업무집행과 관련하여 문제가 있기 때문에 탈퇴사유로 정한 것이다.

(4) 제 명

정당한 사유가 있는 때에 한하여 다른 조합원의 일치로써 할 수 있다. 제명에는 다른 조합원의 일치된 합의를 필요로 하므로, 2인 조합에서는 제명이 있을 수 없다.

이 제명결정은 제명된 조합원에게 통지하여야만 그에게 제명을 가지고 대항할 수 있다. 따라서 탈퇴조합원과 조합과의 계산은 그 통지가 도달한 때를 표준으로 하여야 한다.

<div align="center">▣ 핵심판례 ▣</div>

■ [비임의탈퇴]

1. 합유자 중 일부가 사망한 경우 소유권의 귀속

부동산의 합유자 중 일부가 사망한 경우 합유자 사이에 특별한 약정이 없는 한 사망한 합유자의 상속인은 합유자로서의 지위를 승계하는 것이 아니므로 해당 부동산은 잔존 합유자가 2인 이상일 경우에는 잔존 합유자의 합유로 귀속되고 잔존 합유자가 1인인 경우에는 잔존 합유자의 단독소유로 귀속된다(대법 1994. 2. 25. 제3부 판결 93다39225 소유권이전등기말소).

2. 가. 조합원이 파산하더라도 조합에서 탈퇴하지 않기로 한 약정의 효력(= 무효) 및 파산관재인이 파산한 조합원에 대한 채권자의 동의를 얻어 조합에 잔류할 것을 선택한 경우에도 탈퇴금지의 약정이 무효인지 여부(소극)

조합원들이 조합계약 당시 민법 제717조의 규정과 달리 차후 조합원 중에 파산하는 자가 발생하더라도 조합에서 탈퇴하지 않기로 약정한다면 이는 장래의 불특정 다수의 파산채권자의 이해에 관련된 것을 임의로 위 법 규정과 달리 정하는 것이어서 원칙적으로는 허용되지 않는다 할 것이지만, 파산한 조합원이 제3자와의 공동사업을 계속하기 위하여 그 조합에 잔류하는 것이 파산한 조합원의 채권자들에게 불리하지 아니하여 파산한 조합원의 채권자들의 동의를 얻어 파산관재인이 조합에 잔류할 것을 선택한 경우까지 조합원이 파산하여도 조합으로부터 탈퇴하지 않는다고 하는 조합원들 사이의 탈퇴금지의 약정이 무효라고 할 것은 아니다.

나. 공동수급체의 구성원 중 1인이 파산하였으나 파산관재인이 법원의 허가와 파산채권자의 동의를 얻어 파산 이후에도 계속적으로 공동사업을 수행하여 왔다면, 입찰참가자격제한조치를 받기 전까지는 탈퇴할 수 없다고 한 탈퇴금지의 약정은 파산한 조합원의 채권자의 이익을 해하지 아니하므로 유효하다고 한 사례(대법원 2004. 9. 13. 선고 2003다26020 판결).

3. 가. 2인 조합에서 조합원 1인이 탈퇴하는 경우, 조합재산에 대한 법률관계

2인 조합에서 조합원 1인이 탈퇴하면 조합관계는 종료되지만 특별한 사정이 없는 한 조합이 해산되지 아니하고, 조합원의 합유에 속하였던 재산은 남은 조합원의 단독소유에 속하게 되어 기존의 공동사업은 청산절차를 거치지 않고 잔존자가 계속 유지할 수 있다.

나. 2인 조합에서 조합원 1인이 탈퇴하는 경우, 탈퇴자와 잔존자 사이의 탈퇴로 인한 계산의 방법

2인 조합에서 조합원 1인이 탈퇴하는 경우, 탈퇴자와 잔존자 사이에 탈퇴로 인한 계산을 함에 있어서는 특단의 사정이 없는 한 민법 제719조 제1항, 제2항의 규정에 따라 '탈퇴 당시의 조합재산상태'를 기준으로 평가한 조합재산 중 탈퇴자의 지분에 해당하는 금액을 금전으로 반환하여야 할 것이고, 이러한 계산은 사업의 계속을 전제로 하는 것이므로 조합재산의 가액은 단순한 매매가격이 아닌 '영업권의 가치를 포함하는 영업가격'에 의하여 평가하되, 당해 조합원의 지분비율은 조합청산의 경우에 실제 출자한 자산가액의 비율에 의하는 것과는 달리 '조합내부의 손익분배 비율'을 기준으로 계산하여야 하는 것이 원칙이다

다. 2인 조합에서 조합원 1인이 탈퇴하는 경우, 조합의 탈퇴자에 대한 채권은 잔존자에게 귀속되므로 잔존자는 이를 자동채권으로 하여 탈퇴자에 대한 지분 상당의 조합재산 반환채무와 상계할 수 있다고 한 사례 (대법원 2006. 3. 9. 선고 2004다49693, 49709 판결).

◈ 제명의 요건과 대항요건

제 718 조 【제명】

① 조합원의 제명은 정당한 사유있는 때에 한하여 다른 조합원의 일치로써 이를 결정한다.

② 전항의 제명결정은 제명된 조합원에게 통지하지 아니하면 그 조합원에게 대항하지 못한다.

■ § 718. 제명

- 정당한 사유가 있는 때에 한하여 다른 조합원의 일치로써 할 수 있다
- 제명결정도 제명된 조합원에게 통지하여야만 그에게 제명을 가지고 대항가능
- 관련법조 : [무한책임사원제명] 상 §220, §269

조합원의 제명은 정당한 사유있는 때에 한하여 다른 조합원의 일치로써 이를 결정한다

이 제명결정은 제명된 조합원에게 통지하지 아니하면 그 조합원에게 대항하지 못한다. 탈퇴는 탈퇴자와 다른 조합원과의 사이에 지분의 환급문제를 발생시키고, 조합을 청산하게 한다. 가입에 관하여는 민법에 규정이 없지만 탈퇴를 허용하고 있는 이상 당연히 허용되어야 한다.

제명의 정당한 사유라 함은 출자의무 기타의 의무불이행이나 조합업무의 집행에 있어서의 부정행위 등으로, 그 자를 계속 조합원으로 한다면 조합업무의 원활한 운영이 방해되는 사유를 말한다. 그리고 조합계약으로써 제명의 요건을 가볍게 할 수도 있다.

판례는 조합원이 출자의무를 이행하지 않는 것은 제명의 요건인 정당한 이유가 있는 것에 해당하며, 제명을 함에 있어 상당기간을 정한 출자의무의 이행의 최고를 할 필요는 없다고 하였다(대판 1997. 7. 25. 96다29816).

◆ 조합원 탈퇴의 효과 : 탈퇴조합원의 지분의 계산의 시기와 방법

제 719 조 【탈퇴조합원의 지분의 계산】

① 탈퇴한 조합원과 다른 조합원간의 계산은 탈퇴당시의 조합재산상태에 의하여 한다.

② 탈퇴한 조합원의 지분은 그 출자의 종류여하에 불구하고 금전으로 반환할 수 있다.

③ 탈퇴당시에 완결되지 아니한 사항에 대하여는 완결후에 계산할 수 있다.

■ § 719. 지분의 계산

• 탈퇴조합원과 다른 조합원과의 사이의 지분의 계산문제
• 계산은 탈퇴당시의 조합계산의 상태에 따라서 할 것
• 지분은 언제든지 금전으로 환급
• 관련법조 : 상 §222, §223, §269

본조는 지분계산의 시기와 방법에 관해 규정한다.

조합원의 탈퇴가 있게 되면 조합은 그 탈퇴조합원과의 재산관계를 정리하여야 한다. 민법은 조합의 이익을 위하여 다음과 같은 특칙을 두고 있다.

(1) 탈퇴한 조합원과 다른 조합원과의 계산은 탈퇴 당시의 조합재산의 상태에 의해서 하여야 한다.

(2) 탈퇴한 조합원의 지분은 그 출자의 종류가 무엇이든 이를 묻지 않고서 금전으로 반환할 수 있다.

(3) 탈퇴당시에 완결되지 않은 사항에 대하여는 완결 후에 계산할 수 있다.

주의할 것은 조합의 재산상태가 부채가 자산을 초과하는 적자인 때에는 오히려 탈퇴조합원이 그의 손실부담의 비율에 따라 조합에 지급하여야 한다.

▣ 핵심판례 ▣

■ [탈퇴조합원의 지분의 계산]

가. 채증법칙위배 및 심리미진의 위법이 있다하여 원심판결을 파기한 사례

채증법칙위배 및 심리미진의 위법이 있다하여 원심판결을 파기한 사례

나. 사실심판결이 선고된 이후에도 소송촉진등에관한특례법 제3조 제1항의 적용을 배제할 수 있는지 여부

채무자가 사실심판결선고시까지 이행의무의 존부 등에 관하여 항쟁함이 상당한 때에는 법원은 소장 등이 채무자에게 송달된 다음날부터 그 판결선고시까지의 기간중 소송촉진등에관한특례법 제3조 제1항을 적용하지 아니하는 범위를 적절히 정할 수 있으나 그 판결이 선고된 이후에는 위 제1항의 적용을 어떤 이유로든지 배제할 수는 없다.

다. 두 사람으로 된 동업관계에 있어 그중 1인이 탈퇴하는 경우에 조합재산의 귀속과 그 탈퇴로 인한 계산에 관한 합의의 효력

두 사람으로 된 동업관계 즉 조합관계에 있어 그 가운데 한 사람이 탈퇴하면 조합관계는 종료되나 특별한 사정이 없는 한 조합은 해산되지 아니하고 따라서 청산이 뒤따르지 아니하며 다만 조합원의 합유에 속한 조합재산은 남은 조합원의 단독소유에 속하여 탈퇴자와 남은 자 사이에는 탈퇴로 인한 계산을 하는데 불과한 것이므로 이 계산에 관한 합의를 함에 있어 탈퇴한 사람의 출자금에 출자했을 때로부터 이자를 붙여서 반환하되 거기에 담보까지 설정제공해 주는 것은 단독소유화된 조합재산의 수익성이 탈퇴자에게 주기로 약속된 것에 비하여 경제적 가치면에서 적어도 동등하거나 그 이상 된다고 예측되는 등의 사정이 없이는 있을 수 없다고 할 것이다(1988. 6. 14. 제4부 판결 86다카617 약속어음금).

◀ 조합의 해산사유

제 720 조 【부득이한 사유로 인한 해산청구】

부득이한 사유가 있는 때에는 각 조합원은 조합의 해산을 청구할 수 있다.

§ 720. 조합의 해산청구

• 민법에는 특별히 규정하고 있지 않음
• 조합의 목적인 사업을 성공하였거나 그 성공이 불가능하게 된 때
• 존속기간의 만료 기타 조합계약에서 정한 해산사유의 발생
• 조합원 전원의 합의
• 그 밖에 부득이한 사유가 있을 때 해산청구가능
• 관련법조 : [해산] 상 §241

1. 일반적 사유

민법에서는 특별히 정하고 있지는 않으나, 조합계약에서 정한 해산사유의 발생, 총 조합원의 합의, 조합의 목적인 사업의 성공 또는 성공 불능의 경우에 조합관계는 종료하고, 조합은 해산하게 된다(대판 1965. 5. 12. 63다57).

2인으로 된 조합관계에 있어 그 중 1인이 탈퇴하면 조합관계는 종료된다 할 것이나, 특별한 사정이 없는 한 조합은 해산되지 아니하고 따라서 청산이 뒤따르지 아니하며, 다만 조합원의 합유에 속한 조합재산은 남은 조합원의 단독 소유에 속하며 탈퇴자와 남은 자 사이에는 탈퇴로 인한 계산을 하는 데 불과하다(대판 1987. 11. 24. 86다카2424).

2. 해산청구

각 조합원은 부득이한 사유가 있는 때에는 조합의 해산을 청구할 수 있다. 조합은 해산에 의하여 종료한다.

민법은 법인이 아닌 조합이 그 조합관계를 종료하여 재산의 정리를 할 단계에 들어가는 것도 해산이라 하고 있다. 이것은 가장 넓은 의미로서 단체가 그 존재를 잃고 재산의 정리상태에 들어가는 점에서는 법인의 해산의 경우와 같으나 조합의 해산은 그 인격의 소멸원인이 아니라는 점에서 차이가 있다.

▣ 핵심판례 ▣

■ [부득이한 사유로 인한 해산청구]

1. 조합원 사이의 반목·불화로 인한 대립으로 신뢰관계가 파괴되어 조합의
 원만한 공동운영을 기대할 수 없게 된 경우가 조합의 해산사유에 관한 민
 법 제720조 소정의 부득이한 사유에 해당되는지 여부(적극) 및 그 경우
 유책당사자에게도 조합의 해산청구권이 있는지 여부(적극)

 민법 제720조에 규정된 조합의 해산사유인 부득이한 사유에는 경제계의 사정변경
 이나 조합의 재산상태의 악화 또는 영업부진 등으로 조합의 목적달성이 현저히
 곤란하게 된 경우 외에 조합원 사이의 반목·불화로 인한 대립으로 신뢰관계가
 파괴되어 조합의 원만한 공동운영을 기대할 수 없게 된 경우도 포함되며, 위와
 같이 공동사업의 계속이 현저히 곤란하게 된 이상 신뢰관계의 파괴에 책임이 있
 는 당사자도 조합의 해산청구권이 있다(1993. 2. 9. 제1부(나) 판결 92다21098 동
 업권확인등).

2. 동업자 중 1명이 동업 과정에서의 부정으로 유죄판결을 받아 신뢰관계가
 깨어진 경우, 다른 동업자의 동업 해지통고를 조합의 해산청구로 볼 수
 있는지의 여부(적극)

 2인의 동업자 중 1명이 동업의 준비 과정과 영업 과정에서 부정을 저질러 형사고
 소를 당하고 그 사유로 결국 형사소추되어 유죄판결을 받았다면 동업자간의 신뢰
 관계는 깨어져서 원만한 조합운영을 기대할 수 없게 되었다고 할 것이고, 이러한
 상황에서 다른 동업자가 동업계약의 해지통고를 한 것은 조합의 해산청구로 볼
 수 있으므로, 그 조합은 그 해산청구로 말미암아 해산되었다 할 것이다(1996. 3.
 26. 94다46268).

◆ 조합이 해산을 한 때 청산사무를 집행하는 자

제 721 조 【청산인】

① 조합이 해산한 때에는 청산은 총조합원 공동으로 또는 그들이 선임한 자가 그 사무를 집행한다.

② 전항의 청산인의 선임은 조합원의 과반수로써 결정한다.

■ § 721. 청산인

- 원칙적으로 모든 조합원이 청산인이 되어 공동으로 청산사무를 집행한다
- 따로 청산인을 선임해서 그로 하여금 청산사무를 담당케 하여도 좋다. 청산인의 수에는 제한이 없다
- 선임방법은 조합원의 과반수로 결정한다
- 관련법조 : [청산] 상 §251, §287

청산은 해산한 조합의 재산관계의 정리이며, 이 청산이 완료한 때에 조합은 소멸한다. 그러나 조합의 청산절차는 반드시 거쳐야 하는 것은 아니다. 즉 조합의 청산에 관한 규정은 모두 임의규정이므로 조합원의 합의로 청산절차를 밟지 않고, 적당한 방법으로 조합재산을 처분하여도 좋다. 조합이 해산할 때에는 청산은 총조합원 공동으로 또는 그들이 선임한 자가 그 사무를 집행한다. 이 경우의 청산인의 선임은 조합원의 과반수로써 결정한다.

청산인의 직무·권한은 법인의 청산인의 규정이 준용된다(제87조). 반드시 조합원중에서 선임하여야 하는 것이 아니며 청산인의 수에는 제한이 없다.

▣ 핵심판례 ▣

- **[청산인]**

1. 가. 갑과 을의 2인이 상호출자하여 갑 소유의 대지 상에 호텔을 건립, 공동운영하기로 하는 동업계약을 체결하면서 그 소요되는 모든 비용을 균분하여 반씩 부담한다는 대전제 아래 우선 호텔부지로 제공된 갑 소유인 대지의 시가 2분의1 해당액을 을이 갑에게 지급하기로 약정한

경우에 있어 을의 갑에 대한 대지대금채무가 을의 조합에 대한 출자
의무와 다르지 않다고 본 사례

갑과 을의 2인이 상호출자하여 갑 소유의 대지 상에 호텔을 건립, 공동 운영
하기로 하는 동업계약을 체결하면서 그 소요되는 모든 비용을 균분하여 반씩
부담한다는 대전제 아래 우선 호텔부지로 제공된 갑 소유인 대지의 시가 2분
지 1 해당액을 을이 갑에게 지급하기로 약정한 경우에 있어 을의 갑에 대한
대지 대금채무가 을의 조합에 대한 출자의무와 다르지 않다고 본 사례

나. 조합의 해산 사유인 민법 제720조 소정의 "부득이한 사유"의 의미

조합의 해산청구 사유인 부득이한 사유란 경제계의 사정변경에 따른 조합 재
산상태의 악화나 영업부진 등으로 조합의 목적 달성이 매우 곤란하다고 인정
되는 객관적 사정이 있는 경우 외에 조합 당사자간의 불화 대립으로 인하여
신뢰관계가 파괴됨으로써 조합업무의 원만한 운영을 기대할 수 없는 경우도
이에 포함된다.

다. 위 가.항과 같은 조합에서 동업계약 해제통고를 조합의 해산청구로 보고 유책당사자라도 해산청구권이 있다고 본 사례

위 가. 항과 같은 조합에서 동업계약 해제통고를 조합의 해산청구로 보고 유
책당사자라도 해산청구권이 있다고 본 사례

라. 청산절차를 거치지 아니하고 바로 출자반환청구를 할 수 있는 경우

조합이 해산된 경우 당사자 사이에 별도의 약정이 없는 이상 청산절차를 밟
는 것이 통례이나, 조합의 잔무로서 처리할 일이 없고, 다만 잔여재산의 분배
만이 남아 있을 때에는 따로 청산절차를 밟을 필요가 없으며, 잔여재산은 조
합원 사이에 별도로 특약이 없는 이상 각 조합원의 출자가격에 비례하여 분
배하게 되어 있으므로 출자의무를 이행한 조합원은 바로 자기가 출자한 재산
의 반환을 구할 수 있는 것이다(1991. 2. 22. 제3부 판결 90다카26300 동업계
약부존재확인등).

2. 민법의 조합의 해산사유와 청산에 관한 규정이 강행규정인지 여부(소극)

민법의 조합의 해산사유와 청산에 관한 규정은 그와 내용을 달리하는 당사자의
특약까지 배제하는 강행규정이 아니므로 당사자가 민법의 조합의 해산사유와 청
산에 관한 규정과 다른 내용의 특약을 한 경우, 그 특약은 유효하다(대법원 1985.
2. 26. 선고 84다카1921 판결).

3. 조합관계의 종료 사유 및 조합관계가 종료되어서 그 잔무로서 잔여재산의 분배만이 남아 있는 경우, 청산절차를 거치지 아니하고 잔여재산분배청구를 할 수 있는지 여부(적극)

조합관계에 있어서는 일반적으로 조합계약에서 정한 사유의 발생, 조합원 전원의

합의, 조합의 목적인 사업의 성공 또는 성공 불능, 해산청구 등에 의하여 조합관계가 종료되고, 조합관계가 종료된 경우 당사자 사이에 별도의 약정이 없는 이상, 청산절차를 밟는 것이 통례로서 조합원들에게 분배할 잔여재산과 그 가액은 청산절차가 종료된 때에 확정되는 것이므로 원칙적으로 청산절차가 종료되지 아니한 상태에서 잔여재산의 분배를 청구할 수는 없는 것이지만, 조합의 잔무로서 처리할 일이 없고, 다만 잔여재산의 분배만이 남아 있을 때에는 따로 청산절차를 밟을 필요가 없이 각 조합원은 자신의 잔여재산분배비율의 범위 내에서 그 분배비율을 초과하여 잔여재산을 보유하고 있는 조합원에 대하여 바로 잔여재산의 분배를 청구할 수 있다(대법원 1998. 12. 8. 선고 97다31472 판결).

◆ 청산인이 수인인 경우의 업무집행방법

제 722 조【청산인의 업무집행방법】

청산인이 수인인 때에는 제706조 제2항 후단의 규정을 준용한다.

■ § 722. 청산인의 업무집행

- 선임된 청산인이 수인인 경우에 그 사무집행은 업무집행자가 수인 있는 경우와 같다
- 즉 과반수로써 결정한다
- 관련법조 : 상 §524, §613①

청산인이 수인인 때에는 업무집행은 그 과반수로써 결정한다. 조합존속중에 업무집행에 대하여 전원일치에 의한다는 규정이 있더라도 이는 청산사무에는 적용이 없다.

◈ 조합원 중에서 청산인을 정한 때의 청산인의 사임, 해임

제 723 조 【조합원인 청산인의 사임, 해임】

조합원중에서 청산인을 정한 때에는 제708조의 규정을 준용한다.

■ § 723. 청산인의 해임, 사임

- 조합원 가운데서 청산인을 선임한 때에는 그의 사임, 해임에는 일정한 제한을 받게 된다
- 즉 조합에 관한 §708의 제한을 받게 된다

조합원 모두가 청산인이 되는 것이 원칙이지만 조합원이 과반수로써 청산인을 선임할 수 있다(제721조).

조합원 가운데서 청산인을 선임한 때에는 그의 사임·해임에는 일정한 제한을 받게 된다. 조합원 중에서 청산인을 정한 때에는 그 청산인은 정당한 사유없이 사임하지 못하며, 다른 조합원의 일치가 아니면 해임하지 못한다. 즉 그 조합원 중 1인이라도 반대한 경우에는 그 청산인을 해임할 수 없다.

◆ 청산인의 직무 및 권한

제 724 조 【청산인의 직무, 권한과 잔여재산의 분배】

① 청산인의 직무 및 권한에 관하여는 제87조의 규정을 준용한다.

② 잔여재산은 각조합원의 출자가액에 비례하여 이를 분배한다.

■ § 724. 청산인의 직무, 권한

- 현존사무의 종결
- 채권의 추심
- 채무의 변제
- 잔여재산의 인도

1. 청산인의 직무 및 권한

청산인의 직무 및 권한은 법인의 청산인의 그것과 동일하다. 잔여재산은 각 조합원의 출자채액에 비례하여 이를 분배한다.

따라서 법인의 청산인의 직무·권한에 관한 제87조가 조합의 청신인에게도 준용된다. 즉 조합의 청산인의 직무·권한은 ① 현존사무의 종결, ② 채권의 추심, ③ 채무의 변제, ④ 잔여재산의 인도 등이다. 그리고 청산인은 이러한 직무를 수행하기 위하여 필요한 모든 행위를 할 수 있다.

주의할 것은 채무의 변제에 관해서는 법인의 청산에서의 특별한 절차에 관한 규정(제88조~92조)은 준용되지 않는다.

2. 잔여재산의 분배

잔여재산은 각 조합원의 출자가액에 비례하여 이를 분배한다.

여기서 출자가액이란 출자할 가액이 아니고 현실로 출자한 가액이다. 잔여 재산의 분배는 반드시 금전만으로써 할 필요는 없고 물건으로 분배하여도 무방하다.

▣ 핵심판례 ▣

■ [청산인의 직무, 권한과 잔여재산의 분배]

1. 동업계약에서 원고의 탈퇴 또는 동업체가 해산될 경우 원고는 잔여재산의 분배청구를 할 수 없는 대신 채무에 대한 변제책임도 면하고 자신의 출자금을 반환받는 것만으로 동업관계를 종료시키기로 특약한 경우에는 청산절차를 거칠 필요가 없으므로 이미 해산된 동업체의 지분의 확인을 구할 이익이 없다고 한 사례

동업계약에서 원고의 탈퇴 또는 동업체가 해산될 경우 원고는 잔여재산의 분배청구를 할 수 없는 대신 채무에 대한 변제책임도 면하고 자신의 출자금을 반환받는 것만으로 동업관계를 종료시키기로 특약한 경우에는 청산절차를 거칠 필요가 없으므로 이미 해산된 동업체의 지분의 확인을 구할 이익이 없다고 한 사례(1993. 2. 9. 제1부(나) 판결 92다21098 동업권확인등).

2. 가. 조합이 해산된 경우 청산절차가 종료되지 아니한 상태에서 잔여재산의 분배를 청구할 수 있는지 여부

조합이 해산된 때에 처리하여야 할 잔무가 없고 잔여재산의 분배만이 남아 있을 경우에는 따로 청산절차를 밟을 필요가 없겠지만, 그렇지 않은 경우에는 조합원들에게 분배할 잔여재산과 그 가액이 청산절차가 종료된 때에 확정되는 것이므로 조합원들 사이에 특별한 다른 약정이 없는 이상 청산절차가 종료되지 아니한 상태에서 잔여재산의 분배를 청구할 수는 없는 것이다.

나. 일부 청산인의 비협조로 청산절차가 진행되지 아니하는 때에는 청산절차의 종결 없이 바로 잔여재산의 분배나 정산금의 지급을 구할 수 있는지 여부(소극)

일부 청산인들이 청산절차에 협력하지 아니하기 때문에 청산절차가 진행되지 않고 있다고 하더라도, 그들을 상대로 청산인으로서의 직무를 집행하지 못하도록 함과 아울러 그 직무를 대행할 자를 선임하여 줄 것을 법원에 신청하는 등 청산절차를 진행하기 위한 다른 수단을 강구하는 것은 별론으로 하고, 청산절차가 종결되지 아니한 상태에서 바로 잔여재산의 분배나 정산금의 지급을 청구할 수는 없다(1993. 3. 23. 제2부 판결 92다42620 정산금).

제 14 절 종신정기금

종신정기금(life annuity, Leibrentenvertrag, contrat de rente viagère)은 한 쪽 당사자가 자기, 상대방 또는 제3자의 종신까지 정기로 금전 기타의 물건을 상대 방 또는 제3자에게 지급할 것을 약정함으로써 성립하는 계약(제725조)이다. 정 기에 지급하는 금전 기타 물건을 정기금이라 한다. 이 계약의 특색은 특정인의 종신, 즉 사망시까지 정기금 채권이 존속하는 것이며, 사망이라는 불확정적인 우연한 사실에 계약의 존속이 좌우된다는 점에서 일종의 사행계약이라는 데에 있다. 이 계약의 성질은 정기금채무를 부담함에 있어서 아무 대가없이 증여로 할 경우에는 무상계약이고, 외상채무·소비대차채무 기타 원본을 수취하여 종신 정기금으로 하는 경우는 유상계약이며, 모두 제3자를 위한 계약이다. 그리고 당 사자의 의사의 합치만으로 성립하고, 또한 아무런 방식도 요하지 아니하므로 낙 성·불요식계약이다.

정기금의 목적물은 보통 금전이고 그 외에 「기타의 물건」도 될 수 있으나 이는 대체물임을 요한다. 「정기로 지급한다」함은 매년·매월처럼 일정한 기간 을 두고 규칙적으로 돌아오는 시기마다 지급함을 말하며, 매기에 지급하는 금액 은 동일함을 요하지 않는다. 정기금채무의 불이행에는 채무불이행의 일반원칙이 적용되지만, 특히 정기금채무자가 원본을 수취한 경우에는 정기금채권자는 최고 없이 계약을 해제하여 원본의 반환을 청구할 수 있고, 또한 손해가 있으면 그 배상도 청구할 수 있다.

그러나 이미 수취한 정기금이 있는 경우에는 원본의 이자를 공제한 금액을 정기금 채무자에게 반환하여야 한다(제727조). 채권자의 사망으로 종신정기금계 약은 종료되지만, 그 사망이 정기금채무자의 귀책사유로 인한 때에는 정기금채 권자 또는 그 상속인은 제727조에 의하여 계약해제·손해배상의 청구를 하던지 법원에 최종생존연한을 인정받든지 할 수 있다(제729조 1항·2항). 종신정기금 계약은 보험적 작용을 하는데, 실제로 사인끼리 적용되는 일은 드물고 국민생명 보험법·우편연금법 등에 의한 공공의 제도로 이용되는 일이 많다.

◆ 종신정기금의 의의

제 725 조【종신정기금계약의 의의】

종신정기금계약은 당사자 일방이 자기, 상대방 또는 제3자의 종신까지 정기로 금전 기타의 물건을 상대방 또는 제3자에게 지급할 것을 약정함으로써 그 효력이 생긴다.

■ § 725. 종신정기금의 의의 및 법적 성질

- 당사자일방(종신정기금채무자)이 자기 상대방 또는 제3자의 사망시까지 정기로 금전 기타의 물건을 상대방 또는 제3자에게 지급할 것을 약정하는 계약
- 유상(또는 무상), 낙성, 불요식의 계약

1. 의의 및 법적 성질

종신정기금이란 당사자 일방(정기금채무자)이 상대방에 대하여 특정인(자기나 상대방 또는 제3자)이 사망할 때까지, 정기로 금액 기타의 물건을 상대방 또는 제3자에게 지급할 것을 약정함으로써 효력이 생기는 계약이다.

종신정기금계약의 특색은 일정인이 사망할 때까지 존속하는 종신금채권을 발생시킨다는 점이다.

종신정기금은 그 원인행위에 영향을 받는 유인계약인 점에서, 그 원인행위가 무상인 때에는 무상계약이 되고(예 : 증여에 기초한 종신정기금), 유상인 때에는 유상, 쌍무계약(예 : 매매에 기초한 종신정기금)이 된다. 그 외에 종신정기금은 낙성·불요식계약에 속한다.

2. 종신정기금의 성립

(1) 계약에 의한 성립

가. 계약의 당사자

종신 정기금은 당사자의 합의에 의해 성립한다. 정기금채무자가 되는 것은 언제나 계약의 일방 당사자이지만, 정기금채권자는 계약의 상대방이 한

하지 않으며 제3자일 수도 있다(제725조).

나. 성립요건

① 종신정기금의 목적은 '금전 기타의 물건'이다. 여기서 물건은 정기적으로 급부되어야 하고, 또 일수로 계산할 수 있는 것이어야 하므로 (재726조), 성질상 대체물에 한하는 것으로 해석된다.

② 정기로 급부를 하여야 하고, 어느 기간을 정기로 할 지는 당사자의 약정에 의해 정해진다(에 : 매달, 매년 등)

③ 계약의 존속이 그 당사자 또는 제3자의 사망에 의존하는 것, 즉 그 사망으로 종료하는 것이어야 한다.

판례는 "향후 30년간 원고가 생존할 것을 조건으로 정기급부를 약정한 때에도 유효한 종신정기금계약이며, 이 때 종신의 조건은 원고가 앞으로 30년 이내에 사망한다면 그로써 정기금채권이 소멸한다는 의미이다"라고 하였다(대판 1967. 8. 29. 67다1021).

(2) 유증에 의한 성립

종신정기금채권은 계약이 아닌 유언에 의해서도 발생할 수 있다(제730조).

◈ 종신정기금의 계산방법

제 726 조【종신정기금의 계산】

종신정기금은 일수로 계산한다.

■ § 726. 종신정기금의 계산

- 종신정기금계약이 성립하면 그 효력으로서 종신정기금채권이 발생한다
- 이 때에 발생하는 채권은 기본적 채권이며, 이로부터 매기의 결산기가 도래함으로써 개개의 지분적 채권이 생기게 된다
- 종신정기채권이 그 급부의 표준으로 되어 있는 기간의 중도에서 소멸한 때에는 종신정기금은 일수로 계산한다

종기금채무는 표준이 된 특정인이 사망하면 당연히 소멸한다. 매달 또는 매년 정기적인 급부를 하기로 하였는데, 특정인이 월중에 또는 년중에 사망한 경우에 그때의 마지막 지분적 급부를 어떻게 계산할 것인지가 문제된다. 본조는 이 경우 일수로 계산한다고 규정한다.

(1) 본조의 취지

본조는 종신정기금의 계산방법을 일수로 한다는 것을 규정한 것이다. 종신정기금채무자가 지급하는 정기금은 그것이 원본을 받은 유상의 경우일지라도 그것은 원본에 대한 이자는 아니기 때문에 이자의 계산방법에 따라서 계산할 것이 아님은 물론, 원본을 사용하는 대가로서 정기금을 급부한 것도 아니므로 일수계산할 것도 아니다. 그러나 그 성질이 법정과실에 유사한 것이므로, 본조는 이것을 일수로써 계산할 것이라고 규정하였다.

(2) 종신정기금의 계산방법

본조는 종신정기금채권이 표준이 될 기간의 중도에서 소멸한 경우의 정기금의 계산에 관한 규정이다. 예컨대 매월 100만원이라고 하는 정기금채권이 특정인의 사망으로써 6월 15일에 소멸한다면 6월분은 15일분을 일수로 계산하여 50만원을 급부하게 되는 것이다.

어떤 기간의 정기금이 선급되어 있는 경우에는 정기금채권자는 계약소멸 원인발생일 이후의 일수에 상당하는 금액을 정기금채무자에게 반환하여야 한다.

◈ 종신정기금계약의 해제의 특징

제 727 조【종신정기금계약의 해제】

① 정기금채무자가 정기금채무의 원본을 받은 경우에 그 정기금채무의 지급을 해태하거나 기타 의무를 이행하지 아니한 때에는 정기금채권자는 원본의 반환을 청구할 수 있다. 그러나 이미 지급을 받은 채무액에서 그 원본의 이자를 공제한 잔액을 정기금채무자에게 반환하여야 한다.

② 전항의 규정은 손해배상의 청구에 영향을 미치지 아니한다.

■ § 727. 종신정기금계약의 해제

- 정기금채무자가 정기금의 지급을 게을리하거나 또는 기타의 의무불이행이 있는 때에는 채권자는 이행을 최고함이 없이 곧 계약을 해제하여 원본의 반환을 청구할 수 있다
- 해제로 말미암아 채권자가 손해를 받은 경우에는 손해배상의 청구도 할 수 있다

본조는 종신정기금의 해제에 관해 일반해제와는 다른 특칙을 정하는데, 이것은 정기금채무자가 정기금채무의 '원본'만을 받은 경우만을 대상으로 하는 것이다(제727조 1항 전문). 이를테면 매수인이 매도인으로부터 재산권이전을 받고서 그 대금을 종신정기금으로 약정한 경우처럼 유상의 종신정기금만을 의미한다. 증여를 토대로 한 종신정기금처럼 무상의 것인 경우에는 해제일반의 원칙이 적용되는 것이지 본조는 적용되지 않는다.

종신정기금의 지급 기타 의무의 불이행이 있는 경우에는 채무불이행에 관한 일반원칙이 적용되지만, 특히 정기금채무자가 정기금채무의 원본을 받고 있는 경우에는 정기금채권자는 이행을 최고함이 없이 곧 계약을 해제하여 원본의 반환을 청구할 수 있으며 동시에 손해가 있는 때에는 그 손해의 배상도 청구할 수 있다. 단 이미 받은 정기금이 있으면 원본의 이자를 공제한 잔액을 채무자에게 반환하면 된다. 원금반환 또는 배상청구와 지급된 정기금의 반환은 동시이행의 관계에 선다.

◈ 종신정기금의 해제에 따라 각 당사자가 부담하는 의무의 동시이행

제 728 조 【해제와 동시이행】

제536조의 규정은 전조의 경우에 준용한다.

■ § 728. 동시이행의 관계

• 당사자 쌍방의 반환채무는 동시이행의 관계에 서게 된다

원본의 반환 또는 배상청구와 지급된 정기금의 반환은 동시이행의 관계에 선다. 즉 전조의 원본반환청구가 종신정기금계약의 해제라고 한다면, 해제의 효과로써 생기는 각 계약 당사자의 원상회복의무와 손해배상의무는 공평의 관념에서 동시이행의 관계에 선다는 것을 규정한 제549조의 존재로써 충분하므로, 특히 본조의 규정을 필요로 하지 아니하는 것이나, 본조는 원본반환청구와 종신정기금계약의 해제와의 관련을 선언하지 아니하였기 때문에 특히 본조의 규정을 둔 것이다. 그 채무자는 이미 지급한 정기금 중에서 원본의 이자를 공제한 잔액의 반환을 받아야 하는 것이다. 이 경우에 특별히 약정이 없는 때에는 쌍무계약의 효력에 관한 제536조의 규정이 준용되므로 양당사자의 반환의무는 동시이행의 관계에 선다. 따라서 일방의 당사자가 자기의 채무의 이행을 제공하지 아니하고 상대방의 원상회복의무의 이행을 청구한 때에는 상대방은 동시이행의 항변을 제출할 수 있다.

◆ 종신정기금채권의 존속 선고

제 729 조【채무자귀책사유로 인한 사망과 채권존속선고】

① 사망이 정기금채무자의 책임있는사유로 인한 때에는 법원은 정기금채권자 또는 그 상속인의 청구에 의하여 상당한 기간 채권의 존속을 선고할 수 있다.

② 전항의 경우에도 제727조의 권리를 행사할 수 있다.

§ 729. 종신정기금계약의 종료

- 종신정기금계약은 그 특정인의 사망으로 당연히 끝난다
- 그러나 그 사망이 정기금채무자의 책임있는 사유로 일어난 때에는 법원은 채권자나 그 상속인의 청구로 상당한 기간 채권의 존속을 선고할 수 있다
- 이 때에는 정기금의 원본을 지급하고 있으면 채권자 또는 그 상속인은 해제권을 행사할 수 있다

사망이 정기금채무자의 귀책사유로 인하여 일어난 때에는 정기금채권자 또는 그 상속인은 제727조에 의한 해제권을 행사할 수 있으며, 법원은 정기금채권자 또는 그 상속인이 청구에 의하여 상당한 기간동안 채권이 그대로 존속하는 것으로 선고할 수 있다. 따라서 정기금채권자 또는 그 상속인은 제727조에 의한 권리와 본조 1항의 권리를 선택적으로 행사할 수 있게 된다.

그리고 정기금채권자는 그 상속인으로부터 정기금계약존속의 청구가 있는 때에 법원은 상당한 기간, 즉 사망하지 않았다면 그 특정인이 생존할 수 있을 것으로 기대되는 기간을 표준으로 하여 그 기간을 정하고 이 기간 내에 정기금채권이 존속함을 선고할 수 있다. 여기서「상당한 기간」이라 함은 표준으로 한 특정인의 생명을 추측하고, 건강상태와 연령 기타의 사정을 고려하여 정한 그 사람의 자연사망에 이르기까지의 기간이며, 이 기간의 결정에 관해서는 손해배상으로서의 위자료 산정과는 다르므로, 고의의 유무나 과실의 경중 같은 것을 고려할 필요는 없다고 할 것이다.

◈ 유언에 의한 종신정기금 채권의 발생

제 730 조 【유증에 의한 종신정기금】

본절의 규정은 유증에 의한 종신정기금채권에 준용한다.

■ § 730. 유증에 의해 성립된 종신정기금채권

- 계약으로만 성립되는 것은 아니며 유증에 의하여 생기는 수도 있다.
- 유언의 방식에 의하여야 함은 물론이며 발생한 채권에 관하여는 종신정기금 에 관한 규정이 준용된다.

종신정기금은 계약이 아닌 유증에 의해서도 성립하는데 이 경우 유언의 방식 (제1065조 이하)과 효력(제1073조 이하)이 적용되는 것 이외에 종신정기금에 관한 규정이 준용된다(제730조).

본조는 유증에 의한 종신정기금의 경우 본절의 규정을 준용할 것을 규정한 것이다. 유증은 유언자가 사망한 후에 그 효력이 생기는 것이고, 유증자의 단독 의사로써 성립하는 것이며, 계약과 같이 합의로써 성립하는 것이 아니다. 그러나 유증으로 하거나 계약으로 하거나 이에 적용할 규정을 달리할 이유가 없으므로 종신정기금의 유증에 본절의 규정을 준용하고, 그 상속인은 정기금채무자로서의 채무를 부담하도록 하였다. 종신정기금은 단독행위인 유언으로서도 발생케 할 수 있다. 유증에 의한 종신정기금은 그 형식에 있어서는 보통의 유언과 같은 요건을 구비하여야 하는 것이지만, 그 효력에 관해서는 계약으로서 발생한 것과 별도로 다룰 필요는 없는 것이므로 본절의 규정을 거기에 준용토록 한 것이다.

제 15 절 화 해

　화해(transactio, compromise, Vergleich, transaction)는 분쟁당사자가 서로 양보하여 당사자 사이의 분쟁을 종지할 것을 약정함으로써 성립하는 계약(제731조)이다. 재판상의 화해(소송상의 화해 및 제소 전의 화해)에 대하여 재판외의 화해라고도 한다. 양쪽 당사자가 주장을 포기·변경하여 양보할 채무를 진다는 점에서 쌍무계약이며, 양쪽 모두 양보로써 제공을 받는 점에서 유상계약이다. 법률관계는 화해의 결과에 따라 정하여지며(제732조), 후에 화해의 내용에 반하는 확증이 나타나더라도 화해의 결과는 상실되지 아니한다. 그러나 친족관계의 분쟁과 같이 당사자가 임의로 처분할 수 없는 분쟁에 대하여서는 화해할 수 없다(제846조 참조). 그리고 화해계약의 의사표시에 착오가 있어도 화해계약을 취소하지 못한다(제733조 본문). 그것은 화해로 인하여 법률관계가 창설적 효력을 가지기 때문이다. 그러나 화해당사자의 자격 또는 화해의 목적인 분쟁 이외의 사항에 착오가 있는 때에는 예외로 한다(제733조 단서).

◈ 화해의 의의

제 731 조 【화해의 의의】

화해는 당사자가 상호양보하여 당사자간의 분쟁을 종지할 것을 약정함으로
써 그 효력이 생긴다.

■ § 731. 화해의 의의 및 법적 성질

- 당사자가 서로 양보하여 그들 사이의 분쟁, 즉 다툼을 해결하고 종지할 것을
 약정함으로써 성립하는 계약
- 유상, 쌍무, 낙성, 불요식계약
- 관련법조 : [재판상화해] 민소 §225, §385,

화해라 함은 당사자 사이에 대립하는 주장을 서로 양보하여 분쟁을 해결하고
종지할 것을 약정함으로써 효력이 생기는 계약이다.

재판제도가 정비·확립되면 법률적인 분쟁은 국가권력을 배경으로 한 법원에
의하여 재판절차에 따라 해결되는 경우가 많아진다. 그러나 재판에 의한 일도양
단적인 해결은 당사자 사이에 오래도록 좋지 못한 감정을 남길 우려가 있다.

화해는 이와 같은 폐해를 피하고, 당사자가 자치적으로 분쟁을 해결할 수 있
게 하여 사회생활관계를 부드럽고 원만하게 유지하는 기능을 가진 제도이다. 뿐
만 아니라 현재의 재판제도 자체도 이러한 해결방식을 그 기구내에 끌어들여
국가기관이 중개·알선함으로써 화해의 성립에 적극적으로 원조·협력하고 있
다. 즉 민사소송법에 의하여 규율되는 소송상 화해(민소 제225조)와 제소전의
화해(민소 제385조)를 총칭하여 재판상의 화해라고 한다. 그리고 재판상의 화해
가 아닌 것, 특히 민법에서 말하는 화해를 재판외의 화해라고 한다.

화해는 당사자가 서로 양보하는 것, 즉 서로 손실을 입는 점에서 유상계약이
며(통설), 서로 양보하는 것은 대가적이라는 점에서 쌍무계약이다. 그리고 낙
성·불요식의 계약이다.

[화 해]

당사자 — 주장 ⟷ 주장 — 당사자

당사자 — 양보

당사자 — 양보

화 해 ⟹ 소를화 하이해 지유계 로약 못하은 한여착 다취오

■ **핵심판례** ■

■ **[화해의 의의]**

소송계속중에 당사자 쌍방이 소송상 화해를 하기로 하고 화해내용을 서면
에 정하여 법정에 제출하였으나, 화해내용이 계속중인 소송물과 다소 차
이가 있어 화해조서는 작성하지 아니한 채 쌍방이 위 화해약정 내용대로
이행하면 될 것으로 생각하고 계속중인 소송을 청구의 인낙에 의하여 종
료시킨 경우, 당사자에게 화해약정내용대로 이행하여야 할 사법상 의무가
있는지 여부(적극)

소송계속중에 당사자 쌍방이 소송상 화해를 하기로 하고 화해내용을 서면에 정하
여 법정에 제출하였으나, 담당 재판부가 화해내용이 계속중인 소송물과 다소 차
이가 있어 화해조서는 작성하지 아니한 채 쌍방이 위 화해약정내용대로 이행하면
될 것으로 생각하고 계속중인 소송을 청구의 인낙에 의하여 종료시킨 경우, 소송
상의 화해는 성립되었다 할 수 없고, 다만 당사자 쌍방은 여전히 위 화해약정내
용대로 이를 이행하여야 할 사법상 의무가 남은 것이다(1991. 6. 14. 제3부 판결
90다16825 토지소유권이전등기).

◈ 화해의 특수한 효력 : 창설적 효력

제 732 조【화해의 창설적 효력】

화해계약은 당사자일방이 양보한 권리가 소멸되고 상대방이 화해로 인하여 그 권리를 취득하는 효력이 있다.

■ § 732. 화해의 창설적 효력

• 임의적규정
• 종전의 진실한 법률관계가 어떠하느냐 묻지 않고서 당사자일방이 양보한 권리는 소멸하고 상대방이 취득한 것으로 한 권리는 그대로 취득되는 것으로 본다

1. 본조의 취지

화해는 어느 법률관계에 관해 분쟁이 있는 경우에 당사자가 서로 양보하고 일정한 내용의 합의를 하고 그에 관해 서로 구속될 것을 전제로 하는 계약이기 때문에, 후에 그 합의의 내용이 사실과 다르다고 하여 이를 번복할 수 있게 하는 것은 화해제도에 위반된다. 따라서 민법은 화해제도의 취지에 기초하여 제732조 및 제733조에서 다음과 같은 내용을 규정한다.

2. 화해의 창설적 효과

(1) 의 의

당사자간에 다투어졌던 법률관계는 화해계약의 내용에 따라 확정된다. 그리고 확정은 창설적인 것으로 본조는 정한다. 판례는 화해계약이 성립되면 특별한 사정이 없는 한 그 창설적 효력에 의하여 종전의 법률관계를 바탕으로 한 권리의무관계는 소멸되는 것으로서 계약 당사자간에는 종전의 법률관계가 어떠하였느냐를 묻지 않고 화해계약에 의하여 새로운 법률관계가 생긴다고 하였다(대판 1989. 9. 12. 88다카10050).

다시 말해 화해의 내용과 다른 사실이 후에 밝혀지더라도 그것은 전혀

고려되지 않는다.

당사자의 일방이 화해에 의하여 다툼의 목적인 권리를 가진다고 인정되었음에도 불구하고 그 후에 그 당사자가 그러한 권리를 가지고 있지 않았다는 확증이 나온 때에는 그 권리는 화해에 의하여 상대방으로부터 그 당사자에게 이전한 것이 되며, 또 이것과 반대로 상대방이 화해에 의하여 어떤 권리를 가지고 있지 않았다고 인정되었음에도 그 후에 상대방이 그 권리를 가지고 있었다는 확증이 나타난 때에는 그 권리는 화해에 의하여 소멸한 것이 된다.

왜냐하면 화해에 이러한 효력을 인정하지 않고 당사자가 화해에 의하여 양보한 것을 그 후에 다툴 수 있다고 하는 것은 화해제도의 의미를 몰각시키기 때문이다.

(2) 효력범위

화해계약의 창설적 효력은 화해의 대상이 된 '분쟁사항'에 한정된다. 본조는 이를 '당사자 일방이 양보한 권리가 소멸하고, 상대방은 권리를 취득하는 것'으로 표현하고 있다. 즉 권리의 소멸과 취득이라는 관점에서 정할 뿐이고 종전 법률관계에 대해서는 정함이 없다. 그리고 화해의 효력은 화해계약의 당사자 사이에서만 효력을 가지며 제3자에게는 효력을 미치지 아니한다.

▣ 핵심판례 ▣

■ [화해의 창설적 효력]

1. 화해계약의 창설적 효력과 착오로 인한 취소

화해계약이 성립되면 특별한 사정이 없는 한 그 창설적 효력에 의하여 종전의 법률관계를 바탕으로 한 권리의무관계는 말소되는 것으로서 계약당사자간에는 종전의 법률관계가 어떠하였느냐를 묻지 않고 화해계약에 의하여 새로운 법률관계가 생기는 것이고, 화해계약의 의사표시에 착오가 있더라도 이것이 당사자의 자격이나 화해의 목적인 분쟁 이외의 사항에 관한 것이 아니고 분쟁의 대상인 법률관계 자체에 관한 것인 때에는 이를 취소할 수 없다(1989. 9. 12. 제1부 판결 88다카10050 동업자금).

2. 가. 화해계약을 분쟁의 대상인 법률관계 자체에 관한 착오를 이유로 취소할 수 있는지 여부

화해계약이 성립되면, 특별한 사정이 없는 한, 그 창설적 효력에 의하여 종전의 법률관계를 바탕으로 한 권리의무 관계는 소멸되고 계약 당사자간에는 종전의 법률관계가 어떠하였느냐를 묻지 않고 화해계약에 의하여 새로운 법률관계가 생기는 것이므로, 화해계약의 의사표시에 착오가 있더라도 이것이 당사자의 자격이나 목적인 분쟁 이외의 사항에 관한 것이 아니고 분쟁의 대상인 법률관계 자체에 관한 것일 때에는 이를 취소할 수 없다.

나. 수술 후 발생된 새로운 증세에 관한 분쟁을 종결짓기 위하여 합의에 이른 경우, 그 인과관계 및 귀책사유의 부존재를 이유로 이를 취소할 수 없다고 한 사례

계약 당사자 사이에 수술 후 발생한 새로운 증세에 관하여 그 책임 소재와 손해의 전보를 둘러싸고 분쟁이 있어 오다가 이를 종결짓기 위하여 합의에 이른 것이라면, 가해자의 수술행위와 피해자의 수술 후의 증세 사이의 인과관계의 유무 및 그에 대한 가해자의 귀책사유의 유무는 분쟁의 대상인 법률관계 자체에 관한 것으로서, 가해자는 피해자의 수술 후의 증세가 가해자의 수술행위로 인한 것이 아니라거나 그에 대하여 가해자에게 귀책사유가 없다는 등의 이유를 들어 그 합의를 취소할 수 없다(대법원 1995. 10. 12. 선고 94다42846 판결).

◈ 화해와 착오의 관계

제 733 조 【화해의 효력과 착오】

화해계약은 착오를 이유로 하여 취소하지 못한다. 그러나 화해당사자의 자격 또는 화해의 목적인 분쟁이외의 사항에 착오가 있는 때에는 그러하지 아니하다.

■ § 733. 착오를 이유로 한 화해계약의 취소 여부

- 보통의 경우 : 추가치료비는 화해의 목적인 사항→착오를 이유로 취소 못함
- 특히 후발손해를 전혀 예상못한 경우에는 화해계약의 목적인 분쟁이외의 사항으로 보아 착오로 취소가능
- 관련법조 : [착오] §109, [취소] §140~§146

1. 원 칙

화해의 목적인 '분쟁사항'에 관해 착오가 있더라도 이를 취소하지 못한다(제733조 본문). 화해는 당사자가 사실에 반한다는 것을 감수하면서 서로 양보하며 분쟁을 종료시키는 것을 목적으로 하기 때문에, 화해의 내용이 후에 밝혀진 사실과 다르다고 하여 착오를 이유로 이를 취소할 수 있게 하는 것은 화해제도에 정면으로 배치되기 때문이다.

2. 예 외

민법상의 화해계약을 체결한 경우 당사자는 착오를 이유로 취소하지 못하고, 다만 화해당사자의 자격 또는 화해의 목적인 분쟁 이외의 사항에 착오가 있는 때에 한하여 이를 취소할 수 있다(제733조 단서).

1) '화해의 목적인 분쟁 이외의 사항'의 의미

'화해의 목적인 분쟁 이외의 사항'이라 함은 분쟁이 대상이 아니라 분쟁의 전제 또는 기초가 된 사항으로서 쌍방 당사자가 예정한 것이어서 상호 양보의 내용으로 되지 않고 다툼이 없는 사실로 양해된 사항을 말한다(대판 2004. 6. 25. 2003. 32797).

2) 착오를 이유로 화해계약의 취소를 인정한 사례

가. 의사의 과실로 사망한 것으로 잘못 알고 손해배상금을 지급하고 합의하였으나 그 후 환자의 사망이 의사의 치료행위와 무관한 것으로 밝혀진 경우

의사의 치료행위 직후 환자가 사망하여 의사가 환자의 유족에게 거액의 손해배상금을 지급하기로 합의하였으나 그 후 환자의 사망이 의사의 치료행위와는 전혀 무관한 것으로 밝혀진 사안에서, 의사에게 치료행위상의 과실이 있다는 점은 위 합의의 전제였지 분쟁의 대상은 아니므로 착오를 이유로 화해계약을 취소할 수 있다(대판 2001. 10. 12. 2001다49326).

나. 오로지 피해자의 과실만으로 사고가 발생한 것으로 착각하고 실제 손해액보다 훨씬 적은 금액으로 일체의 손해배상청구권을 포기하기로 한 경우

교통사고의 가해자의 과실이 경합되어 있는데도 오로지 피해자의 과실로 인하여 발생한 것으로 착각하고 치료비를 포함한 합의금으로 실제 입은 손해액보다 훨씬 적은 금원인 7백만원을 받고 일체의 손해배상청구권을 포기하기로 한 경우, 그 사고가 피해자의 전적인 과실로 발생하였다는 사실은 쌍방 당사자 사이에 다툼이 없어 양보의 대상이 되지 않았던 사실로서 화해의 목적인 분쟁의 대상이 아니라 그 분쟁의 전제가 되는 사항에 해당하는 것이므로 피해자측은 착오를 이유로 화해계약을 취소할 수 있다(대판 1997. 4. 11. 95다48414).

다. 합의가 사고 직후 얼마 지나지 아니하여 손해의 범위를 정확히 확인하기 어려운 상황에서 이루어진 것이고 후발손해가 합의 당시의 사정으로 보아 예상이 불가능하였던 경우

불법행위로 인한 손해배상에 관하여 가해자와 피해자 사이에 피해자가 일정한 금액을 지급받고 그 나머지 청구를 포기하기로 합의가 이루어진 때에는 그 후 그 이상의 손해가 발생하였다 하여 다시 그 배상을 청구할 수 없는 것이나, 다만 그 합의가 손해발생의 원인인 사고 후 얼마 지나지 아니하여 손해의 범위를 정확히 확인하기 어려운 상황에서 이루어진 것이고, 후발손해가 합의 당시의 사정으로 보아 예상이 불가능한 것으로서 당사자가 후발손해를 예상하였더라면 사회통념상 그 합의금액으로는 화해하

지 않았을 것이라고 보는 것이 상당할 만큼 그 손해가 중대한 것일 때에
는 당사자의 의사가 이러한 손해에 대해서까지 그 배상청구권을 포기한
것이라고 볼 수 없으므로 다시 그 배상을 청구할 수 있다고 보아야 한다
(대판 2000. 3. 23. 99다63176).

■ **핵심판례** ■

■ **[화해의 효력과 착오]**

1. 동업관계 청산시 계산의 착오로 정산대금이 초과 지급되었음에도 불구하고, 그 초과지급분에 대한 부당이득반환 청구가 허용되지 않는다고 본 사례

동업관계에 있던 갑과 을이 동업관계를 청산함에 있어서, 병이 작성한 계산서에
기재된 개별 항목의 가액 평가나 계산에 부정확하거나 잘못된 점이 있다고 하
더라도 이를 일일이 문제 삼지는 아니하고 그 계산서에 의한 산출의 결과로 나
타난 을의 지분 가액의 총액이 정산대금으로 적절하다고 보아 그 금액의 수수
로써 동업관계를 청산, 종결한다는 의사가 있었다고 볼 수 있는 경우에는, 설사
그 계산서의 기재 내용에 계산의 착오가 있어 일부 과다계상된 부분이 있다고
하더라도 을이 이를 알면서 정산대금을 수령하였거나 또는 그 과다계상된 부분
을 그대로 보유하는 것이 신의성실의 원칙에 위배된다고 볼 만한 사정이 없는
한, 을은 갑에게 이를 반환할 의무가 없다고 한 사례(1996. 1. 26. 판결 94다
36919 부당이득금등).

2. 가. 착오로 인하여 화해계약을 취소할 수 있는 경우인 "화해의 목적인 분쟁이외의 사항"의 의미

민법상 화해계약에 있어서는 당사자는 착오를 이유로 취소하지 못하고 다만
화해당사자의 자격 또는 화해의 목적인 분쟁 이외의 사항에 착오가 있는 때
에 한하여 취소할 수 있는바(민법 제733조), 위에서 "화해의 목적인 분쟁 이
외의 사항"이라 함은 분쟁의 대상이 아니라 분쟁의 전제 또는 기초가 된 사
항으로서 쌍방당사자가 예정한 것이어서 상호 양보의 내용으로 되지 않고 다
툼이 없는 사실로 양해된 사항을 말한다.

나. 피해자측이, 사고발생에 가해자의 과실이 경합되어 있는데도 피해자의 일방적 과실에 의한 것으로 착각하고, 가해자의 사용자와 사이에 위 사고가 오로지 피해자의 과실로 발생한 것을 자인하고 합의금을 받고 일체의 손해배상청구권을 포기하기로 합의한 경우 착오를 이유로 위 화해계약(합의)을 취소할 수 있다고 한 사례

피해자측이 가해자의 사용자와 사이에 사고가 오로지 피해자의 과실로 인하여 발생한 것을 자인하고 치료비를 포함한 합의금 2,500,000원만을 받고 일체의 손해배상청구권을 포기하기로 합의한 경우 위 사고가 피해자의 과실로 인하여 발생하였다는 사실은 쌍방 당사자 사이에 다툼이 없어 양보의 대상이 되지 않았던 사실로서 화해의 목적인 분쟁의 대상이 아니라 그 분쟁의 전제가 되는 사항에 해당하는 것이므로, 위 사고발생에 가해자의 과실이 경합되어 있는데도 피해자측이 피해자의 일방적 과실에 의한 것으로 착각하여 위와 같은 합의를 한 것이라면 착오를 이유로 위 합의, 즉 화해계약을 취소할 수 있다고 한 사례(1992. 7. 14. 제1부 판결 91다47208 손해배상(자)).

3. 화해계약의 창설적 효력과 착오로 인한 의사표시의 취소

화해계약이 성립되면 특별한 사정이 없는 한 그 창설적 효력에 의하여 종전의 법률관계를 바탕으로 한 권리의무관계는 소멸되는 것이므로 계약당사자 간에는 종전의 법률관계가 어떠하였느냐를 묻지 않고 화해계약에 의하여 새로운 법률관계가 생기는 것이고, 화해계약의 의사표시에 착오가 있더라도 이것이 당사자의 자격이나 목적인 분쟁 이외의 사항에 관한 것이 아니고 분쟁의 대상인 법률관계 자체에 관한 것인 때에는 이를 취소할 수 없다(1992. 9. 22. 제2부 판결 92다25335 손해배상(기)).

4. 도로건설공사의 현장책임자가 공사로 인한 양계장의 피해보상을 요구하는 양계업자와 사이에 민사상의 소를 취하하는 대신 환경분쟁조정위원회의 결정에 승복하기로 합의한 경우, 그 합의는 화해계약에 해당한다고 한 사례

도로건설공사의 현장책임자가 공사로 인한 양계장의 피해보상을 요구하는 양계업자와 사이에 민사상의 소를 취하하는 대신 환경분쟁조정위원회의 결정에 승복하기로 합의한 경우, 그 합의는 화해계약에 해당한다고 한 사례(2004. 6. 25. 2003다32797).

5. 가. 화해계약을 분쟁의 대상인 법률관계 자체에 관한 착오를 이유로 취소할 수 있는지 여부

화해계약이 성립되면, 특별한 사정이 없는 한, 그 창설적 효력에 의하여 종전의 법률관계를 바탕으로 한 권리의무 관계는 소멸되고 계약 당사자간에는 종전의 법률관계가 어떠하였느냐를 묻지 않고 화해계약에 의하여 새로운 법률관계가 생기는 것이므로, 화해계약의 의사표시에 착오가 있더라도 이것이 당사자의 자격이나 목적인 분쟁 이외의 사항에 관한 것이 아니고 분쟁의 대상인 법률관계 자체에 관한 것일 때에는 이를 취소할 수 없다.

나. 수술 후 발생된 새로운 증세에 관한 분쟁을 종결짓기 위하여 합의에 이른 경우, 그 인과관계 및 귀책사유의 부존재를 이유로 이를 취소할

수 없다고 한 사례

계약 당사자 사이에 수술 후 발생한 새로운 증세에 관하여 그 책임 소재와 손해의 전보를 둘러싸고 분쟁이 있어 오다가 이를 종결짓기 위하여 합의에 이른 것이라면, 가해자의 수술행위와 피해자의 수술 후의 증세 사이의 인과관계의 유무 및 그에 대한 가해자의 귀책사유의 유무는 분쟁의 대상인 법률관계 자체에 관한 것으로서, 가해자는 피해자의 수술 후의 증세가 가해자의 수술행위로 인한 것이 아니라거나 그에 대하여 가해자에게 귀책사유가 없다는 등의 이유를 들어 그 합의를 취소할 수 없다(대법원 1995. 10. 12. 선고 94다42846 판결).

6. 불법행위로 인한 손해배상에 관하여 가해자와 피해자 사이에 피해자가 일정한 금액을 지급받고 나머지 청구를 포기하기로 한 합의의 해석

불법행위로 인한 손해배상에 관하여 가해자와 피해자 사이에 피해자가 일정한 금액을 지급받고 그 나머지 청구를 포기하기로 합의가 이루어진 때에는 그 후 그 이상의 손해가 발생하였다 하여 다시 그 배상을 청구할 수 없는 것이지만, 그 합의가 손해발생의 원인인 사고 후 얼마 지나지 아니하여 손해의 범위를 정확히 확인하기 어려운 상황에서 이루어진 것이고, 후발손해가 합의 당시의 사정으로 보아 예상이 불가능한 것으로서, 당사자가 후발손해를 예상하였더라면 사회통념상 그 합의금액으로는 화해하지 않았을 것이라고 보는 것이 상당할 만큼 그 손해가 중대한 것일 때에는 당사자의 의사가 이러한 손해에 대해서까지 그 배상청구권을 포기한 것이라고 볼 수 없으므로 다시 그 배상을 청구할 수 있다고 보아야 한다(대법원 2000. 3. 23. 선고 99다63176 판결).

제 3 장 사무관리

사무관리(negtiorum gestio, Gdschäftsführung ohne Auftrag, gestion d'affaire)라 함은 법률상의 의무없이 타인을 위하여 그 사무를 관리하는 행위를 말한다(제734조~제740조). 부탁받지 않고 부재자의 집을 수리하는 것이나 도주한 가축을 잡아서 먹이를 주는 행위 등이다. 타인의 사무를 간섭하는 것은 안되지만 공동생활에서 권리나 의무가 없는 경우에도 호의로 하는 때에는 그 행위는 어느 정도까지 시인되어야 한다. 그래서 민법은 한편으로 관리자에 대하여 적어도 타인의 사무를 관리하기 시작한 이상, 가장 본인에게 이익이 되는 방법으로 관리를 계속할 의무를 지우는 동시에 다른 한편으로 본인에 대하여 관리자가 지출한 비용을 상환할 의무를 지우고 있다(제734조~제740조).

사무관리의 성질은 준법률행위이다. 본인에게 불리하거나 본인의 의사에 반하는 것이 명백하지 않을 경우에 의무없이 타인을 위하여 그 사무를 관리함으로써 성립한다. 관리자가 사무의 관리를 시작한 때에는 지체없이 본인에게 그 뜻을 통지하여야 한다(제736조 본문). 관리자는 본인·상속인 등이 그 사무를 관리할 수 있게 될 때까지 관리를 계속하여야 한다. 그러나 관리의 계속이 본인의 의사에 반하거나 본인에게 불리함이 명백한 때에는 그렇지 않다(제737조). 급박한 위해가 있는 경우에는 물건을 파손하였더라도 고의 또는 중대한 과실이 없는 한 손해배상의 책임이 없다(제735조). 본인은 사무의 관리를 위탁한 것은 아니므로 계약상의 채무는 지지않으나 관리자가 지급한 비용을 상환하여야 하며, 또한 관리자가 본인을 위하여 부담한 채무를 변제하지 않으면 안된다(제739조). 관리자가 사무관리를 함에 있어서 과실없이 손해를 받은 때에는 본인의 현존이익의 한도 내에서 그 손해의 배상을 청구할 수 있다(제740조). 본인은 관리자에게 원칙적으로 보수를 지급해야 할 의무는 지지 않으나 유실물의 습득이나 수난구호의 경우에는 각각 특별법에 의하여 보상금·보수를 지급해야 한다고 규정되어 있다(유실물법 제4조, 수상에서의 수색·구조 등에 관한 법률 제39조).

◆ 사무관리의 의의 및 내용

제 734 조 【사무관리의 내용】

① 의무없이 타인을 위하여 사무를 관리하는 자는 그 사무의 성질에 좇아 가장 본인에게 이익되는 방법으로 이를 관리하여야 한다.

② 관리자가 본인의 의사를 알거나 알 수 있는 때에는 그 의사에 적합하도록 관리하여야 한다.

③ 관리자가 전2항의 규정에 위반하여 사무를 관리한 경우에는 과실없는 때에도 이로 인한 손해를 배상할 책임이 있다. 그러나 그 관리행위가 공공의 이익에 적합한 때에는 중대한 과실이 없으면 배상할 책임이 없다.

■ § 734. 사무관리의 의의, 성질, 성립요건

• 법률상 의무없이 타인을 위하여 그의 사무를 처리하는 행위
• 준법률행위
• 성립요건 : ① 타인의 사무를 관리하는 것
　　　　　　② 타인을 위해 하는 관리의사가 있을 것
　　　　　　③ 법률상 의무가 없을 것
　　　　　　④ 본인에게 불리하거나 그 의사에 반함이 명백하지 않을 것
• 관련법조 : [사무관리특칙] 유실물법, 수상에서의 수색·구조 등에 관한 법률,
　　　　　　상 §849~§860, 선원법

1. 의 의

사무관리라 함은 법률상 의무없이 타인을 위하여 그의 사무를 처리하는 행위이다. 예컨대 을의 부재중에 을의 가옥이 태풍에 의하여 파손되었다고 하자, 이웃사람 갑이 을로부터 부재중의 자기 가옥의 관리를 부탁받고 있었던 경우는 별도로 하고, 그렇지 아니한 경우에는 갑은 을을 위하여 그의 가옥을 수리하여야 할 아무런 의무가 없으므로 을의 파손된 가옥을 그대로 방치해 두어도 책임을 져야 할 하등의 이유가 없다.

그러나 갑이 방치해 두면 가옥의 파손이 더 심해질 것을 우려하여 응급수리

를 하였기 때문에 을의 가옥의 파손증대를 면할 수 있었다고 가정하자. 그리고 수리에는 비용의 지출이 있는 것이 당연하다. 그런데 이에 대하여 을이, 갑에게 가옥수리를 위탁한 사실이 없음을 이유로 그 비용의 상환을 거절하였다면 어떻게 될까?

이와 같은 갑의 행위에 관하여 아무런 규정도 없다면, 갑은 을에 대하여 부당이득을 이유로 한 이득의 반환을 청구할 수 있을 뿐이며, 만약 을에게 현존이익이 없으면 을이 갑에 대하여 어떠한 상환에도 응하지 않아도 무방하다는 결과가 될 뿐이다(제741조).

원래 아무런 권리의무 없이 함부로 타인의 사무에 간섭하는 것은 허용될 수 없다. 그러나 인간이 사회공동생활을 영위하고 있는 이상 상호부조의 이상에서 본다면, 아무런 권리의무가 없다고 하더라도 타인의 이익을 고려하여 행한 행위가 반드시 비난될 수만은 없는 것이다.

물론 그 타인의 입장에서 보면, 그의 의사에 의하지 아니하고 무제한 간섭받는 것은 부정되어야 함은 당연하다.

그 때문에 민법은 사무관리제도를 두어 일정한 제한하에서 관리의 권리의무가 없는 자에 대해서도 타인의 사무를 관리하는 행위를 적법한 행위로 인정함으로써 타인(본인)에게는 관리에 의한 이익을 받게 하고, 반면 관리자에게는 본인에 대한 관리비용의 상환청구권을 인정하여 양자의 관계를 타당하게 규율하고 있는 것이다.

즉 사무관리란 의무없이 타인을 위하여 사무를 관리하는 것을 말하며, 타인을 위한 사무관리행위를 기초로 하여 일정요건하에서 발생하는 법률관계이다.

사무관리라고 할 수 있기 위해서는 관리자에게 본인의 이익을 꾀한다는 의사가 있어야 하나, 그 의사는 본인에게 사실상의 이익을 주려는 의사가 있으면 충분하다.

그리고 사무관리의 법률효과는 관리자의 효과의사에 의거하여 주어진 것이 아니라 법률이 관리행위 그 자체의 가치를 인정하여 특수한 효과로서 부여한 것이다. 따라서 사무관리는 법률행위가 아닌 이른바 준법률행위라고 할 수 있다.

이와 같이 사무관리는 법률행위와는 그 성질을 달리하며, 법률행위에 관한 규정으로 규율할 수 없는 것이 대부분이다.

비진의 의사표시(제107조), 허위표시(제108조), 착오(제109조), 사기·강박(제110조), 대리(제114조 이하) 등의 규정은 사무관리에 적용되지 않는다.

2. 사무관리의 성립요건

사무관리가 성립하기 위하여는 그 사무가 타인의 사무이고 타인을 위하여 사무를 처리하는 의사, 즉 관리의 사실상의 이익을 타인에게 귀속시키려는 의사가 있어야 함은 물론, 나아가 그 사무의 처리가 본인에게 불리하거나 본인의 의사에게 반한다는 것이 명백하지 아니할 것을 요한다(대판 1997. 10. 10. 97다26326).

(1) 타인의 사무일 것

사무관리의 대상이 되는 사무는 '타인의 사무'이다.

사무라 함은 사람의 생활상의 이익에 널리 영향을 미치는 일로서, 노무에 의하여 관리되는 일체의 일이다. 따라서 사실적 사항이든, 법률적 사항이든, 경제적 사항이든, 또는 일시적인 것이든, 계속적인 것이든, 정신적인 것이든, 기계적인 것이든 묻지 않고 모두 사무관리의 목적이 될 수 있다. 그러나 사무는 반드시 타인의 것이어야 한다.

자기의 사무를 타인의 사무로 오신하고 관리하여도 사무관리는 일어나지 않는다. 타인의 채무가 존재한다고 믿고 변제한 때에도 그 채무가 이미 시효원용에 의하여 소멸한 것인 때에도 사무관리는 성립하지 않는다.

타인의 사무는 적법한 것을 전제로 하며, 또 사무관리에 적합한 것, 즉 본인에 갈음하여 타인도 처리할 수 있는 대체성 있는 것이어야 한다. 따라서 단순한 부작위나 본인의 일신에 전속하는 사무(예컨대 신분행위)에는 사무관리가 성립할 수 없다.

사무의 일부만이 타인의 사무이고 일부는 자기의 사무인 경우 타인의 사무인 부분에 대해서만 사무관리가 성립한다.

타인의 사무에는 갑이 을의 지붕을 수리하고 있는 경우와 같이 타인의 사무인 것이 명백한 경우도 있고, 아직 수리재료를 구입했을 뿐 자기를 위한 것인가, 타인을 위한 것인가가 객관적으로 보아 불분명하지만 갑이 그 의사에 의하여 관리의 이익을 을에게 귀속시키려고 하는 경우도 있다. 양

쪽 모두 사무관리의 목적이 되는 데에 지장이 없다.

(2) 타인을 위하여 관리할 것

사무를 관리함으로써 생기는 사실상 이익을 타인에게 귀속시키려는 의사가 있어야 한다.

대리에 있어서와 같이 효과의사일 것을 요하지 아니한다. 지붕을 수리할 때에는 지붕으로서의 역할을 하게 한다는 의사이면 충분하다.

사무의 성질상 타인의 사무임이 명확한 때에는 특별한 반대의 의사를 인정할 수 없는 한 타인을 위하여 하는 의사라고 추정되어야 하지만, 사무의 성질상 자기의 사무인지 타인의 사무인지 판단할 수 없는 경우에는 타인을 위하여 하는 의사를 적극적으로 가짐으로써 사무관리는 성립한다.

관리자는 타인을 위하여 하는 의사로써 관리하면 충분하고, 그 타인이 누구인가를 알 필요는 없다. 갑이 을의 가옥이라고 믿고 수리하였던 바, 그것이 사실은 병의 가옥이었다고 하더라도 병에 대한 사무관리가 성립하는데는 아무 상관이 없다. 사무관리는 원래 관리행위 그 자체에 가치를 인정하는 것이기 때문이다.

또 타인을 위하여 하는 의사가 요구되기 때문에 적어도 관리자에게 의사능력이 있어야 하는 것은 당연하다.

(3) 관리자에게 법률상의 관리의무가 없을 것

관리자가 본인에 대하여 당해 사무를 처리할 계약상(위임, 도급, 고용 등)의 의무를 지거나 법률의 규정(친권, 후견 등)에 의해 의무를 부담하는 경우에는 사무관리는 성립하지 않는다.

관리자에게 관리의무가 있는 때에는 양자의 관계는 의무의 기초인 법률관계에 의하여 규율된다. 그러나 그 의무의 범위외, 예컨대 갑·을간의 위임계약의 내용이 벽의 수리만이었다면 지붕의 수리에 대해서는 사무관리의 성립을 인정하는 것은 무방하다.

관리자가 본인을 위해서는 아무런 의무도 부담하지 않지만 제3자에 대한 관계에서는 사무를 관리할 의무를 부담하고 있는 경우에는 사무관리가

성립하지 않는다. 즉 관리자가 제3자의 위임 등을 받아서 사무를 처리하는 경우 관리자는 의무없이 사무를 관리하는 것이 아니고, 사무관리의 존부는 위임인과 본인 사이에 위임인이 본인의 사무를 관리할 의무가 있는가의 여부에 따라서 결정된다.

(4) 관리가 본인에게 불리하거나 본인의 의사에 반한다는 것이 명백하지 아니할 것

이것은 제737조 단서로 이루어 보아 사무관리의 성립요건으로 되어 있다.

본인의 의사에 반하는 경우에도 사무관리가 성립할 수 있다는 것은 제739조 3항에서도 알 수 있으나, 처음부터 본인의 의사에 반한다는 것이 명백한 때에는 사무관리는 성립하지 않는다는 것이다.

결국 사무관리가 성립하는 경우는 선량한 관리자의 주의로써 관리하더라도 관리자가 본인을 위해 불리하거나 본인의 의사에 반한다는 것을 명백하게 알지 못한 때이다.

본인의 의사에 반한다는 것이 명백하지 아니하다는 것은 본인에게 관리를 원하지 않는다는 의사가 있음을 알지 못하고, 선량한 관리자의 주의를 하여도 그 의사를 알 수 없는 것을 말한다. 사무관리는 의사표시를 요소로 하는 법률행위가 아니므로 사무관리의 목적이었던 사무를 본인이 직접 관리하려면 사무관리자에게 그 관리를 종료하여 줄 것을 내용으로 하는 의사표시를 하여야 하는 것은 아니고 본인 자신이 직접 관리하겠다는 의사가 외부적으로 명백히 표현된 경우에는 사무관리는 더 이상 성립할 수 없게된다(대판 1975. 4. 8. 75다254).

3. 효 과

원래 사무관리가 사회공동생활의 상호부조의 이념에서 인정된 것인 이상 관리행위는 위법성을 조각한다.

을의 가옥의 지붕을 수리하기 위하여 을의 가옥에 들어가도 불법행위의 책임을 추궁당하는 것은 아니다.

사무관리자는 법률상 의무 없음을 이유로 하여 관리를 개시한 후 마음대로 중지할 수 있다고 하면 본인은 오히려 사무관리가 개시되었기 때문에 손해를

입는 수가 있기 때문에 본인이나 그 상속인이 그 사무를 관리하는 때까지 관리를 계속하여야 한다.

또 관리자는 본인의 의사를 알고 있거나, 알 수 있는 때에는 그 의사에 적합하도록 관리하여야 한다.

본인의 의사가 객관적으로 보아 가장 본인의 이익에 적합하다고 인정되지 아니하는 때에도 그 본인의 의사에 따라서 관리하여야 한다. 그 이외의 경우에는 그 사무의 성질에 따라 객관적으로 가장 본인에게 이익이 되는 방법으로 관리하여야 한다.

이상과 같은 표준에 위반하여 사무를 관리한 결과, 본인에게 손해가 발생하면 관리자는 그에게 과실이 없는 때에도 그 손해를 배상하여야 한다. 그러나 관리행위가 위의 표준에 위반하는 것이더라도 그것이 공공의 이익에 적합한 때에는 중대한 과실이 있는 경우에만 배상책임이 있다.

<참고사항>

*사무관리행위의 명의인

1. 문제점

사무관리자가 본인의 이름으로 법률행위를 한 경우 그 효과가 당연히 본인에게 발생한다고 할 수 있는지가 문제됨. 이는 사무관리가 있다고 하여 유권대리가 될 수 있는가의 문제.

2. 학 설

 (1) 무권대리설(다수설)

 사무관리는 본인과 관리자 사이에서 법정채권관계를 발생시킬 뿐 관리자가 대외적으로 행위하는데 관한 대리권을 발생시키는 것은 아니므로 무권대리라고 보는 견해. 따라서 본인이 추인을 하지 않는 한 법률행위의 효과가 직접 본인에게 귀속되지는 않는다고 함.

 (2) 유권대리설(소수설)

 관리자가 본인의 의사나 이익에 적합하게 법률행위를 한 경우에는 관리인에 대한 상대방의 신뢰를 보호하기 위해 유권대리로 보아야 한다는 견해. 따라서 관리인의 법률행위는 직접 본인에게 귀속된다고 함.

*준사무관리

1. 개 념

사무관리자에게 사무관리의사가 없는 경우가 준사무관리인데 이에는 타인의
사무를 자기의 사무로 잘못 알고 관리하는 오신사무관리와 타인의 사무인
줄 알면서도 자기의 사무처럼 부당하게 행하는 무단(불법)사무관리가 있음.

2. 인정여부

 (1) 오신사무관리

통설은 이 경우 준사무관리를 인정하여 이득 전부를 반환하도록 하는 것은
선의자 보호에 반한다는 이유로 준사무관리로 인정하지 않음. 부당이득이나
불법행위의 문제로 해결.

(2) 무단(불법)사무관리

 1) 준사무관리 긍정설

운용이익 등을 본인에게 반환시키기 위해서 준사무관리를 인정해야 한다.
그러나 부당이득이나 불법행위로 해결하는 것을 막지는 않음.

 2) 준사무관리 부정설(곽윤직)

본인을 지나치게 보호하는 것이므로 준사무관리를 부정함. 운용이익을 반
환하지 않아도 됨. 부당이득이나 불법행위로 처리.

 3) 사무관리설(귀속성설)

사무관리에 사무관리의사가 필요없다는 견해에 따르면 이도 그냥 보통의
사무관리로 취급.

▣ 핵심판례 ▣

■ [사무관리의 내용]

1. 공유수면매립면허가 실효된 뒤에 투입한 매립공사비와 사무관리비용 여부 (소극)

공유수면매립면허가 그 준공 기한의 도과로 자동 실효된 사실이 통지된 후에 원고가 동 매립면허자와 동업계약을 체결하고 공사비 1700만원을 투입하여 매립공사를 완료하였다고 하더라도 원고의 위 매립공사는 주관적으로 타인을 위한다는 의사가 있었다고 볼 수 없고, 객관적으로 타인인 피고 나라(공유수면 소유자)나 도(그 관리자)의 의사에 반하는 것임이 명백하므로 위 공사비 1700만원은 피고들을 위한 사무관리로 지출한 필요비라고 할 수 없다(대법원 1981. 10. 24. 선고 81다563 판결).

2. 민법상 사무관리의 성립 요건

사무관리라 함은 의무 없이 타인을 위하여 그의 사무를 처리하는 행위를 말하는 것이므로, 만약 그 사무가 타인의 사무가 아니라거나 또는 사무를 처리한 자에게 타인을 위하여 처리한다는 관리의사가 없는 경우에는 사무관리가 성립될 수 없다(대법원 1995. 9. 15. 선고 94다59943 판결).

3. 사무관리의 목적인 사무를 본인이 직접 관리하겠다는 의사가 의부에 명백히 표현된 경우에 사무관리의 종료여부

사무관리는 의사표시를 요소로 하는 법률행위가 아니므로 본인이 사무관리의 목적이었던 사무를 본인이 직접 관리하려면 사무관리자에게 그 관리를 종료하여 줄 것을 내용으로 하는 의사표시를 하여야 하는 것이 아니고 본인 자신이 직접 관리하겠다는 의사가 외부적으로 명백히 표현된 경우에는 사무관리는 그 이상 성립할 수 없다(대법원 1975. 4. 8. 선고 75다254 판결).

4. 관리자가 처리한 사무의 내용이 관리자와 제3자 사이에 체결된 계약상의 급부와 그 성질이 동일하다고 하더라도 관리자가 위 계약상 약정된 급부를 모두 이행한 후 본인과의 사이에 별도의 계약이 체결될 것을 기대하고 사무를 처리한 경우, 사무관리 의사가 있다고 볼 수 있는지 여부(적극)

사무관리가 성립하기 위해서는 관리자가 법적인 의무 없이 타인의 사무를 관리해야 하는바, 관리자가 처리한 사무의 내용이 관리자와 제3자 사이에 체결된 계약상의 급부와 그 성질이 동일하다고 하더라도, 관리자가 위 계약상 약정된 급부를 모두 이행한 후 본인과의 사이에 별도의 계약이 체결될 것을 기대하고 사무를 처리하였다면 그 사무는 위 약정된 의무의 범위를 벗어나 이루어진 것으로서 법률상 의무 없이 사무를 처리한 것이며, 이 경우 특별한 사정이 없는 한 그 사무처

리로 인한 사실상의 이익을 본인에게 귀속시키려는 의사, 즉 타인을 위하여 사무를 처리하는 의사가 있다고 봄이 상당하다(대법원 2010. 1. 14. 선고 2007다55477 판결).

5. **채권자가 자신의 채권을 보전하기 위하여 채무자가 다른 상속인과 공동으로 상속받은 부동산에 관하여 공동상속등기를 대위신청하여 등기가 행하여진 경우, 채권자가 채무자가 아닌 제3자에 대하여 사무관리에 기하여 등기에 소요된 비용의 상환을 청구할 수 있는지 여부(원칙적 적극)**

채무자가 다른 상속인과 공동으로 부동산을 상속받은 경우에는 채무자의 상속지분에 관하여서만 상속등기를 하는 것이 허용되지 아니하고 공동상속인 전원에 대하여 상속으로 인한 소유권이전등기를 신청하여야 한다(부동산등기규칙 제52조 제7호, 대위상속등기에 관한 1994. 11. 5.자 등기선례 제4-274호 참조). 그리고 채권자가 자신의 채권을 보전하기 위하여 채무자가 다른 상속인과 공동으로 상속받은 부동산에 관하여 위와 같이 공동상속등기를 대위신청하여 그 등기가 행하여지는 것과 같이 채권자에 의한 채무자 권리의 대위행사의 직접적인 내용이 제3자의 법적 지위를 보전·유지하는 것이 되는 경우에는, 채권자는 자신의 채무자가 아닌 제3자에 대하여도 다른 특별한 사정이 없는 한 사무관리에 기하여 그 등기에 소요된 비용의 상환을 청구할 수 있다고 할 것이다. 이와 같은 경우에 채권자가 채권자대위권에 관한 민법 제404조 제1항에서 정하는 대로 '자기의 채권을 보전하기 위하여' 채무자의 권리를 행사한다는 점은 그것만으로 그 권리 행사의 결과로 행하여지는 위와 같은 공동상속등기에 의한 이익을 공동상속인들에게 귀속시킨다는 채권자의 통상적·일반적 의사를 부인할 만한 사정이 되지 못하는 것이다(대법원 2013. 8. 22. 선고 2013다30882 판결).

◈ 긴급사무관리시의 관리자의 책임 완화

제 735 조【긴급사무관리】

관리자가 타인의 생명, 신체, 명예 또는 재산에 대한 급박한 위해를 면하게 하기 위하여 그 사무를 관리한 때에는 고의나 중대한 과실이 없으면 이로 인한 손해를 배상할 책임이 없다.

■ § 735. 사무관리자의 배상책임

• 관리자가 타인의 생명, 신체, 명예 또는 재산에 대한 급박한 위해를 면하게 하기 위하여 그 사무를 관리한 때에는 고의나 중대한 과실이 없으면 이로 인한 손해를 배상할 책임이 없다.

1. 원칙 : 무과실책임

사무관리자가 제734조에 정한 관리의 방법에 위반하여 사무를 관리한 경우에는 관리자에게 과실이 없는 때에도 그로 인한 손해를 배상할 책임을 진다(제734조 3항 본문). 즉, 관리자가 선량한 관리자의 주의로써 관리를 하여 그에게 과실이 없다고 하더라도, 그것이 본인의 의사나 이익에 적합하지 않는 한 그로 인한 본인의 손해에 대해 무과실책임을 부담한다.

2. 사무관리자의 책임 경감

다음의 두 경우에는 관리자의 책임이 완화된다.

(1) 관리행위가 '공공의 이익'에 적합한 때

관리행위가 공공의 이익에 적합한 때(예 : 소유자가 방화한 건물을 소화하는 것)에는 중대한 과실이 없으면 배상할 책임이 없다(제734조 3항).

(2) 긴급사무관리

사무를 관리함에 있어서 관리자가 본인의 생명·신체·명예 또는 재산에 대한 급박한 위해를 면하게 하기 위하여 그 사무를 관리한 때(이것을 긴급사무관리)에는 관리자에게 고의 또는 중대한 과실이 없으면 그 관리로 인

하여 본인에게 준 손해를 배상할 책임을 지지 아니한다.

이 규정의 해석상 일반적으로 사무관리자는 선량한 관리자의 주의의무를 가지고 본인의 사무를 관리하여야 하며, 이를 게을리 함으로 인하여 본인에게 손해를 입힌 때에는 그 손해를 배상하여야 되는 것이다.

본인의 신체·명예·생명 또는 재산에 대한 급박한 위해를 면하게 할 긴급한 필요가 있을 때, 예컨대 수난구호법에는 조난선박을 발견한 자는 지체없이 최근지의 경찰관서의 장이나 구청장, 시장, 군수 또는 지방해운국장에게 보고하도록 하여 그 보고의무를 과하고 있고(수난구호법 제6조), 선원법에서는 인명구조에 필요한 조치를 다하여야 할 의무를 선장에게 과하고 있으나(선원법 제11조), 민법에는 특별히 관리개시의 의무를 과한 규정이 없다.

민법에서도 해석에 의하여 관리개시의 의무를 인정하여야 한다는 학자도 있다. 여기에서 고의라 함은 일반적인 경우와는 달리 본인을 해할 의사라고 해석한다.

긴급사무관리에 있어서의 관리자의 주의의무가 경감되기 위해서는 급박한 위해가 현실적으로 존재하여야 할 것을 요하는가에 관해서는 다툼이 있다.

현실적으로 급박한 위해가 존재하는 경우는 물론, 현실적으로 존재하지 않더라도 관리자가 그 위해를 믿고 그 위해방지를 위하여 관리가 필요하다고 생각한 때, 예컨대 자살자를 구조하기 위하여 의사를 불렀으나 자살미수자는 치사량에 달하지 아니하는 수면제를 복용하였을 뿐이어서 의사를 부를 필요가 없었던 것이 명백해진 경우에도 역시 긴급사무처리의 성립을 인정하여야 할 것이다.

관리자의 책임있는 사유로 인하여 본조의 신체 또는 재산에 급박한 위해를 일으킨 경우에는 긴급사무관리에 의한 책임의 경감이 일어나지 않는 것은 당연하다.

◈ 사무관리자의 통지의무

제 736 조【관리자의 통지의무】

관리자가 관리를 개시한 때에는 지체없이 본인에게 통지하여야 한다. 그러나 본인이 이미 이를 안 때에는 그러하지 아니하다.

■ § 736. 관리개시통지의무

• 관리자는 그 관리를 개시하였음을 지체없이 본인에게 통지하여야 한다.
• 그러나 본인이 이미 알고 있는 때에는 통지의무는 없다.

관리자는 본인에게 이익이 되는 쪽으로 또는 본인의 의사에 적합하도록 관리하여야 하므로, 본조는 이를 위해 관리자가 관리를 개시한 때에는 곧 본인에게 통지하여야 할 의무를 부과한 것이다.

본인이 이미 이를 안 때에는 통지할 필요는 없는 것이므로, 관리인은 이 경우에는 통지의 의무를 면한다. 만약 관리자가 이 의무에 위반하여 통지하지 않았기 때문에 본인에게 손해가 생긴 때에는 그 손해를 배상하여야 한다. 통지의무는 관리자가 부담하는 채무의 일종이기 때문에 이를 태만히 하면 채무불이행의 문제가 된다. 그 통지의무의 불이행으로 본인에게 손해가 없다면 손해배상의 문제는 생기지 않으나 관리자가 통지를 하지 않고 관리를 진행하여 본인에게 손해를 주었다면 손해배상책임을 면할 수 없다.

판례는 관리자가 본인에게 통지를 하지 않았다고 하더라도 손해가 발생하지 않은 때에는 관리비용 전부에 대해 그 상환을 청구할 수 있다고 한다(대판 1975. 2. 25. 73다1326).

◈ 사무관리를 개시한 관리자가 관리를 계속하여야 하는 기간

제 737 조 【관리자의 관리계속의무】

관리자는 본인, 그 상속인이나 법정대리인이 그 사무를 관리하는 때까지 관리를 계속하여야 한다. 그러나 관리의 계속이 본인의 의사에 반하거나 본인에게 불리함이 명백한 때에는 그러하지 아니하다.

■ § 737. 관리계속의무

• 관리자가 일단 관리를 개시한 때에는 본인이나 그의 상속인 또는 법정대리인이 관리할 수 있게 될 때까지 관리를 계속하여야 한다.

사무관리인의 관리계속의무는 본인이나 그 상속인이나 법정대리인이 그 사무를 관리할 수 있을 때까지 계속한다. 다만 관리의 계속이 본인의 의사에 반하거나 본인에게 불리함이 명백한 때에는 관리를 계속하여서는 아니된다. 그리고 관리자가 본조의 의무에 위반하여 관리계속의 의무를 태만히 함으로써 손해를 생기게 한 때에는 본인에 대하여 손해배상의 책임을 부담하여야 한다.

▣ 핵심판례 ▣

■ 사무관리의 목적인 사무를 본인이 직접 관리하겠다는 의사가 외부에 명백히 표현된 경우 사무관리의 종료 여부

사무관리는 의사표시를 요소로 하는 법률행위가 아니므로 본인의 사무관리의 목적이었던 사무를 본인이 직접 관리하려면 사무관리자에게 그 관리를 종료하여 줄 것으로 내용으로 하는 의사표시를 하여야 하는 것은 아니고 본인 자신이 직접 관리하겠다는 의사가 외부적으로 명백히 표현된 경우에는 사무관리는 더 이상 성립할 수 없다(대판 1975. 4. 8. 75다254).

◈ 위임에 관한 규정의 사무관리에의 준용

제 738 조【준용규정】

제683조 내지 제685조의 규정은 사무관리에 준용한다.

§ 738. 계산의무

- 위임에 있어서 수임인의 계산의무에 관한 규정(§683 내지 §685)이 준용
- 수취한 과실 : 본인에 이전

사무관리는 법률의 규정에 의해 타인의 사무를 관리하는 것이고, 관리자와 본인 사이에 위임계약이 체결된 것은 아니지만, 타인의 사무를 관리하는 점에서 위임과 유사한 점이 있으므로 본조는 관리자의 의무에 관해 위임에 관한 제683조 내지 제685조의 규정을 준용한다.

관리자에게는 위임에 있어서의 수임인의 계산의무에 관한 제638조 내지 제685조가 준용된다. 따라서 관리자는 본인의 청구가 있으면 언제든지 관리상황을 보고하고, 관리가 끝난 때에는 곧 그 전말을 보고하여야 하는 의무(제683조)를 부담하는 외에 사무의 관리에 있어서 받은 금전 기타의 물건 및 수취한 과실을 본인에게 인도하여야 하며, 관리자가 본인을 위하여 자기의 이름으로 취득한 권리는 이를 본인에게 이전하여야 한다(제684조).

그리고 관리자가 본인에게 인도할 금전 또는 본인을 위하여 사용하여야 할 금전을 소비한 때에는 소비한 날 이후의 이자를 지급하고, 그 밖에 손해가 있으면 이를 배상하여야 한다(제685조).

◆ 관리자가 본인을 위하여 비용을 지출한 경우의 그 상환범위

제 739 조 【관리자의 비용상환청구권】

① 관리자가 본인을 위하여 필요비 또는 유익비를 지출한 때에는 본인에 대하여 그 상환을 청구할 수 있다.

② 관리자가 본인을 위하여 필요 또는 유익한 채무를 부담한 때에는 제688 조제2항의 규정을 준용한다.

③ 관리자가 본인의 의사에 반하여 관리한 때에는 본인의 현존이익의 한도에서 전2항의 규정을 준용한다.

■ § 739. 관리자의 비용상환청구권

- 본인의사적합 : 필요비, 유익비 전액 반환
- 본인의사 반환 때 : 현존이익한도
- 관련법조 : [사무관리보수] 유실물 §4, 수상에서의 수색·구조 등에 관한 법률 §39, 상 §883

1. 의 의

본조는 관리자의 본인에 대한 비용상환청구권을 규정한 것이다.

관리자가 사무관리를 일단 개시한 때에 의무는 관리자가 부담하는 반면, 본인에 대하여 지출한 비용의 상환을 청구할 수 있다. 즉 관리자가 본인의 의사에 반함이 없이 본인을 위하여 필요비 또는 유익비(실제상 본인에게 이익이 된 비용)를 지출한 때에는 본인에 대하여 그 상환을 청구할 수 있다.

여기에 부당이득과 사무관리의 차이가 있다. 부당이득의 경우에는 상환청구시에 있어서의 현존하는 이익에 한하기 때문이다.

2. 상환범위

(1) 사무관리가 본인의 의사에 반하지 않는 경우

① 관리자가 본인을 위하여 필요비 또는 유익비를 지출한 때에는 본인에 게 그 지출한 비용의 전부의 상환을 청구할 수 있다(제739조 1항).

② 관리자가 본인을 위하여 필요 또는 유익한 채무를 부담한 때에는 본인에게 자기에 가름하여 이를 변제하게 할 수 있고, 그 채무가 변제기에 있지 아니한 때에는 상당한 담보를 제공하게 할 수 있다(제739조 2항).

(2) 사무관리가 본인의 의사에 반하는 경우

관리자가 본인의 의사에 반하여 관리할 때에는, 지출한 비용의 상환청구와 채무의 대변제 및 담보제공청구는 본인의 '현존이익'을 한도로 한다(제739조 3항). 주의할 것은 관리행위가 본인의 의사에 반함이 명백한 때에는 처음부터 사무관리는 성립하지 않으므로(제737조 단서), 여기서 말하는 '본인의 의사에 반하여 관리한 때'란 그 관리가 명백히 본인의 의사에 반하는 것은 아니지만 결과적으로 본인이 이를 원하지 않는 경우를 의미한다. 본인의 의사에 반하는 것이 명백한 경우에도, 본인이 그 이익을 얻은 때에는 본조가 아닌 부당이득의 일반원칙에 따라 그 반환을 청구할 수 있다.

▣ 핵심판례 ▣

■ [관리자의 비용상환청구권]

1. 공유수면매립면허가 실효된 뒤에 투입한 매립공사비와 사무관리비용 여부 (소극)

공유수면매립면허가 그 준공 기한의 도과로 자동 실효된 사실이 통지된 후에 원고가 동 매립면허자와 동업계약을 체결하고 공사비 1700만원을 투입하여 매립공사를 완료하였다고 하더라도 원고의 위 매립공사는 주관적으로 타인을 위한다는 의사가 있었다고 볼 수 없고, 객관적으로 타인인 피고 나라(공유수면 소유자)나 도(그 관리자)의 의사에 반하는 것임이 명백하므로 위 공사비 1700만원은 피고들을 위한 사무관리로 지출한 필요비라고 할 수 없다(1981. 10. 24. 제3부 판결 81다563 공사금).

2. 직업 또는 영업에 의하여 유상으로 일하는 사람이 그 직업 또는 영업의 범위 내에서 타인의 사무를 관리한 경우, 통상의 보수 상당 금액을 필요비 또는 유익비로 청구할 수 있는지 여부(적극)

직업 또는 영업에 의하여 유상으로 타인을 위하여 일하는 사람이 향후 계약이 체결될 것을 예정하여 그 직업 또는 영업의 범위 내에서 타인을 위한 행위를 하였

으나 그 후 계약이 체결되지 아니함에 따라 타인을 위한 사무를 관리한 것으로 인정되는 경우에 상법 제61조는 상인이 그 영업범위 내에서 타인을 위하여 행위를 한 때에는 이에 대하여 상당한 보수를 청구할 수 있다고 규정하고 있어 직업 또는 영업의 일환으로 제공한 용역은 그 자체로 유상행위로서 보수 상당의 가치를 가진다고 할 수 있으므로 그 관리자는 통상의 보수를 받을 것을 기대하고 사무관리를 하는 것으로 보는 것이 일반적인 거래 관념에 부합하고, 그 관리자가 사무관리를 위하여 다른 사람을 고용하였을 경우 지급하는 보수는 사무관리 비용으로 취급되어 본인에게 반환을 구할 수 있는 것과 마찬가지로, 다른 사람을 고용하지 않고 자신이 직접 사무를 처리한 것도 통상의 보수 상당의 재산적 가치를 가지는 관리자의 용역이 제공된 것으로서 사무관리 의사에 기한 자율적 재산희생으로서의 비용이 지출된 것이라 할 수 있으므로 그 통상의 보수에 상응하는 금액을 필요비 내지 유익비로 청구할 수 있다고 봄이 타당하고, 이 경우 통상의 보수의 수준이 어느 정도인지는 거래관행과 사회통념에 의하여 결정하되, 관리자의 노력의 정도, 사무관리에 의하여 처리한 업무의 내용, 사무관리 본인이 얻은 이익 등을 종합적으로 고려하여 판단하여야 한다(대법원 2010. 1. 14. 선고 2007다55477 판결).

◈ 관리자의 무과실 손해보상청구권

제 740 조【관리자의 무과실손해보상청구권】

관리자가 사무관리를 함에 있어서 과실없이 손해를 받은 때에는 본인의 현존이익의 한도에서 그 손해의 보상을 청구할 수 있다.

■ § 740. 손해보상청구권

- 관리자가 사무관리를 함에 있어서 과실없이 손해를 받은 때에는 본인의 현존이익의 한도에서 그 손해의 배상을 청구할 수 있다
- 관련법조 : [사무관리와 보수특칙] 유실물 §4

본조는 위임에서 수임인에게 무과실 손해배상청구권(제688조 3항)이 인정되는 것과 같은 취지의 것이며, 관리자가 무과실책임을 지는 것(제734조 3항)에 대응되는 것이다.

관리자가 사무를 관리함에 있어서 과실없이 손해를 받은 때에는 본인의 현존이익의 한도내에서 그 손해의 보상을 청구할 수 있다. 본조는 구민법에는 없었던 규정이다.

관리자가 본인에게 손해보상을 청구하려면 사무관리를 함에 있어서 과실이 없어야 한다. 과실이란 선량한 관리자로서의 주의의무를 태만히 하는 것을 의미하지만, 본조에서의 과실이란 관리자가 사무관리를 함에 본인의 의사와 이익에 적합한 방법으로 관리하지 않은 것을 의미한다. 손해보상청구라고 규정한 이유는 본인에게 아무런 잘못이 없는 경우에도 관리자가 손해를 입었으면 그 손해를 보상하여야 한다는 의미이다.

따라서 관리자가 적절한 관리를 하는 과정에서 손해를 받은 때에는 본인의 '현존이익의 한도'에서 그 손해의 보상을 청구할 수 있다.

제 4 장 부당이득

　부당이득이라 함은 법률상 정당한 이유없이 재산적 이득을 얻고 이로 말미암아 타인에게 손해를 준 자에 대하여 그 이득의 반환을 명하는 제도이다. 예컨대 채무자가 그의 채무를 이미 이행하였음에도 불구하고 변제한 사실을 잊어버리고 다시 이중으로 변제하고, 채권자도 알지 못하고 이를 수령하여 소비한 경우 채권자는 이득을 얻고, 채무자는 손실을 입게 되는데, 이러한 채권자에 대하여 손실을 입은 채무자에게 그 이득의 반환을 명하는 것이 부당이득제도이다.

　민법은 이와 같이 정당한 이유 없이 타인의 손실 하에서 재산적 이득을 얻는 자가 있는 경우에는 이득자로 하여금 그 이득을 손실자에게 반환하여야 할 채무를 부담시켜 양자 사이에 재산상의 균형을 꾀하고, 공평의 이념을 실현하려고 하는 것이다. 이러한 의미에서 부당이득은 이득반환채무의 발생원인으로 되어 있는 점에 주의할 필요가 있다.

　현대법의 부당이득제도는 로마법에서 그 기원을 찾을 수 있다. 즉 부당이득제도는 로마법의 condictio(부당이득반환청구의 소권)에서 유래하여 「누구도 타인의 손실로 이득하여서는 아니된다」 라는 공평의 이념에 근거하게 된 것이나, 로마법의 부당이득이론은 비채변제 기타 개개의 부당이득에 관하여 발달한 것이기 때문에 모든 부당이득을 포괄하는 통일적이고 일반적인 부당이득이론을 확립하였는가에 대해서는 의문이 없지 않다.

　독일 보통법시대가 되어 비로소 18세기의 자연법학설의 「타인에게 손실을 주어서 자기의 이익을 꾀하는 것은 자연의 정의에 반한다」 라는 이론의 영향을 받아 「누구도 타인의 손실에 의하여 부당하게 이익 하여서는 아니된다」 라는 일반적 원칙이 성립되었던 것이다.

　독일민법은 제812조에서 「법률상의 원인없이」(ohne rechtlichen Grund) 타인의 손실로 이득한 자는 그것을 반환하여야 한다고 규정하고, 스위스 채무법 제62조도 「부당한 방법으로」(inungerechtfertigter weise) 타인의 재산으로부터 이득한 자는 그 이득을 반환하여야 한다고 규정하고 있다. 그러나 프랑스법과 영

미법에서 부당이득을 준계약으로 하고 있으므로 학설·판례에서 반환의무의 법
리가 구성되어 있는 데 불과하다.

구민법에서도 독일민법을 모범으로 하여 부당이득에 대하여 독립된 장을 두
어 통일적으로 모든 경우를 포괄하는 일반적 규정을 두었었다(구민법 제703조).

현행민법의 태도도 구민법에서와 마찬가지이다. 즉「법률상 원인없이 타인의
재산 또는 노무로 인하여 이익을 얻고 이로 인하여 타인에게 손해를 가한 자는
그 이익을 반환하여야 한다」(제741조)라는 일반적·통일적 규정을 둔 것이다.

부당이득의 효과로서 이득자에게 그 이득의 반환의무가 생기는 것은 법률상
의 원인없이 이득이 발생했다는 사실에 기한 것이다.

이득이 당사자 사이의 법률행위에 의거한 경우나, 제3자의 법률행위에 의거한
경우라도 행위자의 의사내용을 존중하여 법이 거기에 효과를 부여하는 것은 아
니기 때문에 부당이득은 법률행위는 아니다. 뿐만 아니라 이득은 당사자의 행위
와는 관계없이 자연적인 사실에 의해서도 일어나는 것이기 때문에, 채권발생의
원인인 법률요건으로서의 부당이득의 성질은 사무관리나 불법행위와는 달리 사
건인 것이다.

◆ 부당이득의 의의

제 741 조【부당이득의 내용】

법률상 원인없이 타인의 재산 또는 노무로 인하여 이익을 얻고 이로 인하여 타인에게 손해를 가한 자는 그 이익을 반환하여야 한다.

■ § 741. 부당이득의 의의, 성질, 성립요건

• 법률상의 원인없이 타인의 재산 또는 노무로 인하여 이익을 얻고 이로 인하여 타인에게 손해를 가한 자는 그 이익을 반환할 것
• 사건
• 성립요건 : ① 타인의 재산 또는 노무로 인하여 이익을 얻을 것
　　　　　　 ② 일방의 이익으로 타방이 손해를 입을 것
　　　　　　 ③ 이익과 손해사이에 인과관계가 있을 것
　　　　　　 ④ 법률상 원인이 없을 것
• 관련법조 : [부당이득예] 상 §648, 어음 §79, 수표 §63, [수익자의 이익반환범위] §748

1. 의의 및 법적 성질

(1) 의 의

　부당이득(condictio, unjust dnrichment, ungerechfertige Burei-cherung, enrichissement sans cause, enrichissement, injuste ouillégitime)은 법률상의 원인없이 타인의 재산이나 노무 등의 손실에 의하여 이익을 얻는 것이다. 예를 들면 채무자가 이중변제를 한다든가, 타인의 산림을 자기의 산림으로 오인하여 수목을 벌채하였을 경우이다.

　형평의 이념에 입각하여 부당한 이득자는 손실자에게 그 이득을 반환하여야 한다는 것이 이 제도의 취지이다. 즉 부당이득은 손실자의 급부행위에 의하여 발생하는 경우도 있고 첨부와 같이 손실자의 급부행위 없이 발생하는 경우도 있지만 일반적으로 부당이득의 반환의무를 부담하게 하는 것은 권리자의 의사에 반하는 재산적 이득을 인정할 수 없다는 근대법의

원리에서 유래하고 있다.

(2) 법적성질

부당이득은 법률상 원인 없는 이득이 생겼다는 사실 자체에 기해 부당이득반환의무의 효과가 발생하는 점에서, 그 성질을 사람의 행위와는 관계 없는 사건이다. 이 점에서 계약이 법률행위이고, 사무관리는 준법률행위이며, 불법행위가 위법한 행위인 것과 다르다.

2. 부당이득의 성립요건

(1) 타인의 재산 또는 노무에 의하여 이익을 얻었을 것(수익)

이득은 재산이 증가하는 것과 같은 적극적 이득은 물론이고 재산의 감소를 면하는 경우(당연히 부담하여야 할 채무를 면한 것)의 양자를 포함한다. 그리고 이것은 타인의 재산 또는 노무로 인하여 생긴 것이어야 하며, 수익의 방법에는 제한이 없다.

이득의 판정여부는 구체적 사안에 따라 개별적으로 결정하여야 한다. 판례는 부당이득반환에 있어서 이득이란 실질적인 이익을 가리키는 것이라고 하였다(대판 1984. 5. 15. 84다카108).

1) 실질적 이득을 얻은 바 없어 부당이득반환의무가 성립하지 않는 사례

가. 법률상 원인 없이 건물을 점유하고 있지만 이를 사용·수익하지 못한 경우

부당이득반환에 있어서 이득이라 함은 실질적인 이익을 가리키는 것이므로, 법률상 원인 없이 건물을 점유하고 있다고 하여도 이를 사용·수익하지 못하였다면 실질적인 이익을 얻었다고 볼 수 없다(대판 1984. 5. 15. 84다카108).

나. 전세권자로부터 전세권 목적물을 인도받은 전세권설정자가 전세권자에 대하여 전세권설정등기의 말소와 동시이행을 주장하면서 전세금의 반환을 거부하는 경우

전세권설정자는 전세권이 소멸한 경우 전세권자로부터 그 목적물의 인도 및 전세권설정등기의 말소등기에 필요한 서류의 교부를 받는 동시에

전세금을 반환할 의무가 있을 뿐이므로, 전세권자가 그 목적물을 인도하였다고 하더라도 전세권설정등기의 말소등기에 필요한 서류를 교부하거나 그 이행의 제공을 하지 아니하는 이상, 전세권설정자는 전세금의 반환을 거부할 수 있고, 이 경우 다른 특별한 사정이 없는 한 그가 전세금에 대한 이자 상당액의 이득을 법률상 원인 없이 얻는다고 볼 수 없다(2002. 2. 5. 2001다62091).

다. 임차인이 임대차 종료 후 임차 건물을 계속 점유하였으나 본래 임대차 계약상의 목적에 따라 사용·수익하지 아니한 경우

임차인이 임대차계약 종료 이후에도 동시이행의 항변권을 행사하는 방법으로 목적물의 반환을 거부하기 위하여 임차건물 부분을 계속 점유하기는 하였으나 이를 본래의 임대차계약상의 목적에 따라 사용·수익하지 아니하여 실질적인 이득을 얻은 바 없는 경우에는 그로 인하여 임대인에게 손해가 발생하였다 하더라도 임차인의 부당이득반환의무는 성립되지 아니한다(2003. 4. 11. 2002다59481).

2) 부당이득을 얻고 있어 이를 반환할 의무가 성립하는 사례

가. 공유자가 배타적으로 점유·사용하고 있는 경우

토지의 공유자는 각자의 지분 비율에 따라 토지 전체를 사용·수익할 수 있지만, 그 구체적인 사용·수익 방법에 관하여 공유자들 사이에 지분 과반수의 합의가 없는 이상, 1인이 특정 부분을 배타적으로 점유·사용할 수 없는 것이므로, 공유자 중의 일부가 특정 부분을 배타적으로 점유·사용하고 있다면, 그들은 비록 그 특정 부분의 면적이 자신들의 지분 비율에 상당하는 면적 범위 내라고 할지라도, 다른 공유자들 중 지분은 있으나 사용·수익은 전혀 하지 않고 있는 자에 대하여는 그 자의 지분에 상응하는 부당이득을 하고 있다고 보아야 할 것인바, 이는 모든 공유자는 공유물 전부를 지분의 비율로 사용·수익할 권리가 있기 때문이다(2001. 12. 11. 2000다13948).

나. 대지권이 없는 아파트 소유자가 아파트부지를 불법점유하는 경우

대지권이 없는 아파트 소유자는 아무런 법률상의 원인 없이 위 아파트부지를 불법점유하고 있다고 할 것이며, 위 불법점유로 인하여 위 아파트

소유자는 아파트의 대지 중 자신의 아파트의 대지권으로 등기되어야 할 지분에 상응하는 면적에 대한 임료 상당의 부당이득을 얻고 있다 할 것이다(1992. 6. 23. 91다40177).

(2) 그 이득으로 인해 타인에게 손해를 주었을 것(손해)

부당이득자의 이득은 타인의 손해에 기초한 것임을 요한다. 수익이 있더라도 타인이 그로 인해 손해를 입지 않은 경우에는 부당이득은 성립하지 않는다.

손해는 위 이득과 표리의 관계에 있는 것이다. 그렇다면 이득에 관해 판례가 실질적인 이득을 요구하는 것과 마찬가지로 손해도 실제의 손해에 한정되는가가 문제되는데, 통설은 그러한 이득에 대응하여 통상 생길 수 있는 손해이면 충분한 것으로 해석한다. 판례도 손해의 실제 여부를 충분히 요구하지 않는다(대판 1981. 10. 24. 81다96).

(3) 이득과 손해 사이에 인과관계가 있을 것

이득과 손해 사이에는 인과관계가 있어야 한다. 다만 그 인과관계는 사회관념상 그 연결이 인정되는 것으로 충분하며 직접적인 것임을 요하지는 않는다(통설).

(4) 법률상 원인이 없을 것

부당이득이 성립하려면 이득이 '법률상 원인 없이' 생긴 것이어야 한다. 여기서 법률상의 원인은 수익자에 의한 일정한 이익의 취득을 법률상 정당화하는 이유, 즉 그의 수익을 그대로 보유하는 것을 법률상 정당화하는 권원을 의미한다고 할 수 있다. 따라서 '법률상 원인의 유무'는 결국 '수익을 보유할 권한의 유무'를 의미하고, 수익의 전제가 되는 법률상 권리의 유무를 의미하지 않음을 유의하여야 한다. 예컨대 유치권이나 동시이행의 항변권에 기하여 목적물을 사용하는 행위는 정당한 행위로서 불법행위를 구성하지 않으나 그 사용에 따른 이득은 법률상 원인이 없는 것에 해당하므로 그 대가상당액은 부당이득이 된다(대판 1977. 1. 25. 76다2096).

<참고사항>

*부당이득의 유형

1. 통일설과 비통일설의 대립

 (1) 통일설(통설과 판례)

　　부당이득의 유형을 구별하지 않고 공평과 정의라는 관념을 가지고 부당이득을 하나의 통일적인 제도로 이해하려는 견해. 부당이득의 요건으로 언제나 수익과 손실이 있어야 하고 수익과 손실 사이에 인과관계가 요구됨.

 (2) 비통일설(유력설)

　　각각의 부당이득의 기초가 상이함에도 이를 공평이라는 하나의 기준으로 해결책을 찾는다는 것은 적절하지 않기 때문에 부당이득을 그 실질에 따라 유형별로 나누어 요건과 효과를 개별적으로 파악하려는 견해.

2. 비통일설에 따른 부당이득의 유형

 (1) 급부부당이득

　　법률행위나 계약을 원인으로 하여 급부가 행해졌으나 법률행위 등이 무효 또는 취소 등으로 소멸된 경우에 급부행위로 인해 발생한 이익을 의미함.

 (2) 침해부당이득

　　이득이 이득자의 권한 없는 행위에 의해 생긴 경우, 즉 무권리자가 타인의 물건이나 재산권을 사용 또는 수익, 처분함에 의해 얻은 이익을 의미함.

 (3) 비용부당이득

　　타인의 채무를 변제하거나 타인의 물건에 비용을 지출함으로써 수익자의 재산이 법률상 원인 없이 증가한 경우를 의미함.

▣ 핵심판례 ▣

■ **[부당이득의 내용]**

1. **채무자가 피해자로부터 횡령한 금전을 채권자에 대한 채무변제에 사용한 경우, 채권자의 금전 취득이 피해자에 대한 관계에서 부당이득으로 되기 위하여 채권자의 악의 · 중과실이 필요한지 여부(적극)**

　　부당이득제도는 이득자의 재산상 이득이 법률상 원인을 결여하는 경우에 공평 · 정의의 이념에 근거하여 이득자에게 그 반환의무를 부담시키는 것인바, 채무자가 피해자로부터 횡령한 금전을 그대로 채권자에 대한 채무변제에 사용하는 경우 피해자의 손실과 채권자의 이득 사이에 인과관계가 있음이 명백하고, 한편 채무자

가 횡령한 금전으로 자신의 채권자에 대한 채무를 변제하는 경우 채권자가 그 변제를 수령함에 있어 악의 또는 중대한 과실이 있는 경우에는 채권자의 금전 취득은 피해자에 대한 관계에 있어서 법률상 원인을 결여한 것으로 봄이 상당하나, 채권자가 그 변제를 수령함에 있어 단순히 과실이 있는 경우에는 그 변제는 유효하고 채권자의 금전 취득이 피해자에 대한 관계에 있어서 법률상 원인을 결여한 것이라고 할 수 없다(2003. 6. 13. 2003다8862).

2. 권원없이 사유지를 도로로 점유하고 있는 경우에 그 반환할 부당이익액은 일반적으로 개발이익을 공제한 임료상당액으로서 이때 토지의 임료를 산정하기 위한 임료율 기준

피고가 권원없이 사유지를 도로로 점유하고 있는 경우 그 반환할 부당이득액은 일반적으로 개발이익을 공제한 임료상당액으로서 이는 당해 토지의 기초가격에 임료율(기대이율)을 곱하는 방법에 의하여 산정할 수 있을 것인 바, 토지의 임료를 산정하기 위한 임료율(기대이율)은 국공채 이율, 은행의 장기대출금리, 일반시중의 금리, 정상적인 부동산거래 이윤율, 국유재산법과 지방재정법등이 정하는 대부료율 등을 고려하여 결정하면 되고, 공공사업에 필요한 토지등을 협의에 의하여 취득하거나 사용할 경우에만 적용되는 공공용지취득 및 손실보상에 관한 특례법시행규칙 제6조의2에서 규정한 사도 등과 같이 보아 인근토지의 5분의 1 내지 3분의 1 이내에서 추정거래가격을 구하여 이를 기준으로 하여 그 임료상당의 손해액을 산정하여야 하는 것은 아니다(1996. 2. 23. 판결 94다27456 부당이득금반환).

3. 가. 결손처분 취소의 방식

결손처분의 취소는 결손처분에 의하여 일단 소멸된 납세의무를 부활시켜 다시 체납처분을 가능하게 하는 행정처분으로서 법령상 그 결손처분 취소의 고지절차에 대하여 아무런 규정을 두고 있지 아니하지만, 납세자로서는 결손처분이 취소되면 다시 납세의 부담을 지는 불이익을 당하게 되는 것이므로, 조세법률주의의 원칙에 비추어 조세행정의 명확성과 납세자의 법적 안정성과 예측가능성을 보장하기 위하여 그 처분의 취소는 납세고지절차, 혹은 징수유예의 취소절차에 준하여 적어도 그 취소의 사유와 범위를 구체적으로 특정한 서면에 의하여 납세자에게 통지함으로써 그 효력이 발생한다.

나. 무효인 결손처분 취소에 기하여 실시된 체납처분을 피하기 위하여 납부한 체납세액이 부당이득인지 여부(적극)

무효인 결손처분의 취소에 기하여 실시된 체납처분을 피하기 위하여 납세자의 대위납부자가 납부한 체납세액은 국가가 법률상 원인 없이 이를 보유하고 있는 것이어서, 이를 그 대위납부자에게 반환하여야 한다(1996. 3. 12. 판결 95다46043 부당이득금).

4. 아파트 건설회사가 사실상의 도로로 사용되고 있던 토지를 아파트 단지의 주변도로로 이용하기 위한 목적으로 매수한 후 아파트 단지를 조성한 이래 아파트 입주자들이 이를 도로로 사용하여 온 경우 시가 그 이전에 위 토지에 관하여 도로예정지로 고시하였다거나 그 이후 포장공사, 암거시설 및 측구시설 등을 하고 지목을 도로로 변경한 사실만으로 그 토지를 시가 점유하고 있다고 볼 수 있는지 여부(소극)

아파트 건설회사가 인근 주민들에 의하여 사실상의 도로로 사용되고 있던 토지를 아파트 단지의 주변도로로 이용하기 위한 목적으로 매수한 후 아파트 단지를 조성한 이래 아파트 입주자 등이 이를 도로로 이용해 왔다면 위 회사는 자신이 조성한 아파트단지의 효용증대를 위하여 위 토지에 대한 배타적인 사용수익권을 포기하고 이를 도로로 제공하였다고 볼 것이고, 따라서 시가 그 이전인 1974.경 당시 시행되던 도시계획법에 따라 이 사건 토지에 관하여 도로예정지로 고시하였다거나 그 이후 통행인들의 편의를 위하여 포장공사 또는 암거시설 및 측구시설 등을 하고, 그 일부의 지목을 도로로 변경하였다고 할지라도 이러한 사유만으로써는 시가 위 토지를 도로로 개설하여 점유관리하고 있다고 볼 수 없다(1991. 2. 8. 제3부 판결 90다7166 부당이득금반환).

5. 토지 소유자가 토지를 분할, 일단의 택지로 조성 분양하면서 그 중 도시계획상 도로시설로 결정되었으나 도시계획사업이 시행되고 있지 아니한 토지를 주민들을 위한 통행로로 제공한 경우 시가 위 토지의 지목을 도로로 변경하고 보도블럭 설치 공사비의 대부분을 부담하였다고 하여 그 토지를 시가 점유관리하고 있다고 할 수 있는지 여부(소극)

토지소유자가 토지를 분할, 일단의 택지를 조성 분양하면서 그 중 도시계획상 도로시설로 결정되었으나 도시계획사업이 시행되고 있지 아니한 토지를 제외하고 분양하였고 주민들이 위 토지를 공로로 사용하여 자연스럽게 통행로가 되었다면, 위 토지소유자는 위 토지에 대한 독점적이고 배타적인 사용수익권을 포기하고 토지소유자들 및 주민들에게 위 토지를 무상으로 통행할 수 있는 권리를 부여하였다고 봄이 상당하고 시가 위 도로에 대하여 지목을 도로로 변경하고 보도블럭 설치공사비의 대부분을 보조하였다고 하여 그 토지를 시가 점유 관리하고 있다고 할 수 없다(1991. 2. 8. 제3부 판결 90다14546 부당이득금).

6. 임의경매절차에서 우선 교부받은 국세의 부과처분이 취소재결된 경우 국가의 부당이득의 성부(적극) 및 부당이득반환청구권자

임의경매절차에서 세무서장이 경매법원으로부터 우선권이 있는 법인세 등의 국세액을 교부받은 후 국세심판소장에 의하여 위 세무서장이 한 국세의 부과처분을 취소하는 내용의 재결이 있었다면 위 부과처분의 효력은 소급하여 상실하게 되고, 국가는 권리없이 위 법원으로부터 위 세액 상당을 교부받은 결과가 되어 법률상 원인없이 이득을 하였다고 할 것이고, 이로 인하여 손해를 입는 사람은 그 교부

가 잘못되지 아니하였더라면 그에 우선하여 교부받을 수 있었던 사람이며, 경매 목적물의 소유자나 경매법원에 그 부당이득금 상당이 귀속되는 것은 아니다(1991. 6. 28. 제3부 판결, 91다5327 부당이득금).

7. 가. 토지소유자가 주민의 통행로로 제공하거나 주민의 통행을 용인하여 그 배타적 사용수익권을 포기 또는 상실함에 따라 일반인의 통행에 공용되던 토지에 대하여 지방자치단체가 포장공사 등을 보조하여 공도로 제공한 경우 토지소유자의 부당이득반환청구 가부(소극)

지방자치단체가 종전부터 사실상 일반의 통행에 공용되던 토지에 대하여 인근주민들이 참여한 주민자조사업의 기회에 그 비용의 상당부분을 지원하여 포장공사 등을 완료하고 이를 일반공중의 교통에 공용되는 공도로 제공하고 있다면 그때부터 위 토지는 지방자치단체의 점유관리 하에 있다고 볼 것이나, 토지소유자가 이를 주민의 통행로로 스스로 제공하거나 주민의 통행을 용인 하여 소유자로서의 배타적 사용수익권을 포기 또는 상실한 사실이 있다면 지 방자치단체의 점유로 인하여 토지소유자에게 어떤 손실이 생긴다고도 할 수 없으므로 그 점유로 인한 부당이득의 반환을 청구할 수 없다.

나. 토지소유자가 소유지를 택지로서 분양함에 있어 그 중 계쟁토지가 분양 택지의 건축물로부터 공로에 이를 수 있는 거의 유일한 통로이고 적당한 통행로를 제공하지 아니하고는 나머지 소유지를 택지로서 분할, 매각할 수 없었다면 계쟁토지에 대하여는 그 주민들에게 무상통행권을 부여한 것으로 볼 수 있다고 한 사례

토지소유자가 소유지를 택지로서 분양함에 있어 그 중 계쟁토지가 분양택지 의 건축물로부터 공로에 이를 수 있는 거의 유일한 통로이고 적당한 통행로 를 제공하지 아니하고는 나머지 소유지를 택지로서 분할, 매각할 수 없었다 면 계쟁토지에 대하여는 그 주민들에게 무상통행권을 부여한 것으로 볼 수 있다고 한 사례(1991. 7. 9. 제1부 판결 91다11889 부당이득금).

8. 가. 납부한 양도소득세 일부의 환급사유가 생긴 경우 그 환급청구의 방법

납부한 양도소득세 일부의 환급사유가 생겼다면, 국가는 환급해 줄 세액에 관한 한 법률상 원인없이 수령한 것이 되어 부당이득이 되고 납세의무자는 국세당국의 환급거부처분에 대한 행정쟁송을 할 것이 아니라 바로 부당이득 의 반환을 구하는 민사소송으로 그 환급청구를 하면 된다.

나. 납세의무자가 환급사유가 생긴 기납부 양도소득세 일부의 환급신청을 한 후 과세당국이 종전의 양도소득세의 과세표준을 변경하는 새로운 부과처분을 한 경우 환급세액의 산정기준

납세의무자가 환급사유가 생긴 기납부 양도소득세 일부의 환급신청을 한 후 과세당국이 종전의 양도소득세의 과세표준을 변경하는 새로운 부과처분을 하

였다면 그 부과처분의 공정력에 의하여 환급될 세액도 변경된 양도소득세를 기준으로 하여 정하여야 한다.

다. 위 "나"항의 경우에 있어 납세의무자가 민사소송으로 새로운 부과처분의 효력을 다투면서 그 부과처분이 일부 효력없음을 전제로 산출한 환급세액의 지급을 청구할 수 있는지 여부

위 "나"항의 경우에 있어 새로운 부과처분이 당연무효가 되거나 취소되지 않는 이상 직접 민사소송으로 그 부과처분의 효력을 다투면서 그 부과처분이 일부 효력없음을 전제로 산출한 환급세액의 지급을 청구할 수는 없다(1991. 7. 9. 제2부 판결 91다13342 부당이득금반환).

9. 가. 토지소유자가 일단의 토지를 분할하여 택지부분을 매각처분하고 남겨둔 토지부분을 매수인들이나 일반 공중의 통행로 또는 도로로 제공한 경우 지방자치단체의 도로화 조치로 인한 부당이득반환채권의 성부

토지소유자가 일단의 토지를 매각처분하기 위하여 자진해서 토지를 여러 필지로 분할하여 그 중 택지부분을 각 매각처분하고 그 택지로서의 효용증대를 위하여 매각하지 아니하고 남겨둔 토지부분을 매수인들이나 일반 공중의 통행로 또는 도로로 제공함으로써 무상사용권을 부여한 것으로 인정될 경우에는 그 후에 이루어진 지방자치단체의 도로화의 조치가 도로포장이던 그 밖의 어떤 것이었던 간에 그 토지소유자에게 손실이 있다 할 수 없어 부당이득반환채권은 성립될 수 없다.

나. 도로법 등의 적용을 받는 도로에 대한 도로관리청인 국가나 지방자치단체의 점유관리 개시시점

국가나 지방자치단체가 그 도로를 점유하고 있는지의 여부를 판단함에 있어서는 도로법 등의 적용을 받는 도로의 경우와 사실상의 도로의 경우가 있고, 도로법 등의 적용을 받는 도로의 경우에는 적어도 도로법 등의 적용을 받게 되는 시점 즉 도로법에 의한 노선인정의 공고 및 도로구역결정이 된 때부터 도로관리청인 국가나 지방자치단체가 이를 점유 관리하게 된 것이라고 할 것이다.

다. 국도에 편입된 시관할구역 내 도로의 관리와 관리청인 시의 부당이득의 성부

시관할구역 내의 도로는 그것이 국도에 편입되었다 하더라도 도로법 제22조 제2항에 의하여 시장이 관리청이 되므로 시로서는 그 도로에 대하여 유지, 보수공사 등을 시행하여야 하며, 시가 국도에 편입된 도로들을 관리하는 것이 반드시 국가를 위해서만 하는 것이라고는 말할 수 없고, 나아가 시에게도 이익이 되는 것이기 때문에 국도에 관하여도 경우에 따라서는 관리청인 시에게 법률상 원인이 없는 이득이 생길 수 있다(1991. 7. 12. 제3부 판결 91다

1110 부당이득금반환).

10. 사찰이 불교재산관리법(폐지)에 위배하여 발행한 약속어음금채무의 효력과 그 원인된 차용금이 사찰의 공사비 등 채무변제에 충당된 경우 부당이득의 성부(적극)

사찰이 발행한 약속어음금채무가 당해 회계년도 내의 수입으로 상환할 수 있는 금액의 범위를 초과한 것임에도 그 부담행위에 대하여 주무관청의 허가를 받지 않았다면 이는 강행법규인 불교재산관리법(폐지)에 위배되어 무효이나 그 약속어음 발행에 원인된 사찰의 차용금이 그 공사비 등 채무변제에 충당되었다면 이로써 재산상 이득을 얻은 것이니 이를 반환할 의무가 있다(1991. 9. 13. 제3부 판결 91다21909 약속어음금).

11. 양수금청구소송의 가집행선고부 제1심판결이 제2심에서 채권자불확지를 사유로 한 변제공탁으로 취소되었으나 위 변제공탁금을 위 가집행선고부 제1심판결에 기한 압류 및 전부명령으로 수령한 것이 부당이득이라고 볼 수 없다고 한 사례

공사금채권을 양수한 자가 그 양수금청구소송의 제1심에서 가집행선고부 승소판결을 받았으나 제2심에서 채무자의 채권자불확지를 사유로 한 변제공탁으로 제1심판결이 취소되고 패소되었는데 위 변제공탁금을 위 가집행선고부 제1심판결에 기하여 압류 및 전부명령을 받아 수령한 경우 그것이 위 공사금채권을 또한 양수했다고 하는 자에 대하여 법률상 원인없이 이득을 본 것이라고 볼 수 없다고 한 사례(1991. 9. 24. 제2부 판결 91다20616 채권확인등).

12. 가. 국가나 지방자치단체가 도로를 점유하는 두가지 형태

국가나 지방자치단체가 도로를 점유하는 형태는 도로관리청으로서의 점유와 사실상 지배주체로서의 점유로 나누어 볼 수 있는 바, 기존의 사실상 도로에 대하여 도로법에 의한 도로구역결정이 있거나 도시계획법에 의한 도시계획사업의 시행으로 도로설정이 된 때에는 이때부터 도로관리청으로서의 점유를 인정할 수 있으나, 이러한 도로법 등에 의한 도로설정행위가 없더라도 국가나 지방자치단체가 기존의 사실상 도로에 대하여 확장, 도로포장 또는 하수도설치 등 도로의 개축 또는 유지 보수공사를 시행하여 일반공중의 교통에 공용한 때에는 이때부터 그 도로는 국가나 지방자치단체의 사실상 지배하에 있는 것으로 보아 사실상 지배 주체로서의 점유를 인정할 수 있는 것이다.

나. 국가나 지방자치단체가 주민자조사업의 형태로 시공한 도로에 대하여 점유하고 있는지 여부를 판단하는 기준

국가 또는 지방자치단체 이외의 자, 예컨대 주민들이 자조사업으로 사실상 도로를 개설하거나 기존의 사실상 도로에 개축 또는 유지보수공사를 시행한

경우에는 그 도로의 사실상 지배주체를 국가나 지방자치단체라고 보기 어려
우나, 다만 주민자조사업의 형태로 시공한 도로라고 할지라도 실지로는 국
가나 지방자치단체에서 그 공사비의 상당부분을 부담하고 공사 후에도 도로
의 유지 보수를 담당하면서 공중의 교통에 공용하고 있는 등 사정이 인정된
다면 실질적으로 그 도로는 국가나 지방자치단체의 사실상 지배하에 있다고
볼 수 있으므로 위와 같은 사정을 심리하여 국가나 지방자치 단체의 점유
여부를 판단하여야 하고 국가나 지방자치단체가 주민자조 사업으로 시공한
도로의 공사비 일부를 부담한 사실이 있다는 것만으로 곧 그 점유주체를 국
가나 지방자치단체라고 단정할 수 없다.

다. 사실상 도로에 대하여 토지소유자가 배타적인 사용수익권을 포기하고 무상으로 통행할 수 있는 권리를 부여한 것이라고 볼 여지가 있음에도 그 심리를 미진한 사례

사실상 도로에 대하여 토지소유자가 배타적인 사용수익권을 포기하고 무상
으로 통행할 수 있는 권리를 부여한 것이라고 볼 여지가 있음에도 그 심리
를 미진한 사례(1991. 9. 24. 제1부 판결 91다21206 토지인도등).

13. 가. 사실상 도로로 된 토지에 시가 새마을사업의 일환으로 그 비용의 대부분을 지원하여 도로포장공사 등을 하여 일반 공중의 교통에 공용하고 사실상 관리하고 있다면 시가 점유하고 있다고 본 사례

사실상 도로로 된 토지에 시가 새마을사업의 일환으로 그에 소요되는 비용
의 대부분을 지원하여 시멘트로 도로포장공사, 하수도공사 및 화단설치공사
등을 하여 인근주민 및 일반공중의 교통에 공용되게 하고 있고 사실상 그
도로의 개축, 토지 등의 관리를 담당하고 있다면 시가 공중의 교통에 이용
되는 도로로서 점유하고 있다고 본 사례.

나. 사실상 도로로 된 토지의 소유자가 그 사용수익권을 포기하였거나 도로로서의 사용승낙을 하였는지 여부를 판단함에 있어서 참작해야 할 기준

사실상 도로로 된 토지의 소유자가 그 사용수익권을 포기하였거나 도로로서
의 사용승낙을 하였던 것으로 보기 위하여는 그가 당해 토지를 소유하게 된
경위나 보유기간, 통행로 인근의 나머지 토지를 도시계획선에 맞추어 분할
매각한 경위나 그 규모, 통행로로 쓰이는 당해 토지와 다른 토지들과의 위치
와 주위환경 등을 고찰하여 분할된 다른 토지들의 효용증대를 위하여 당해
토지가 얼마나 기여하고 있는가 등을 종합적으로 고찰하여 판단하여야 한다.

다. 사실상 도로로 된 토지의 소유자가 그에 대한 사용수익권을 포기하였다거나 이를 스스로 도로로 제공하였다고 볼 수 없다고 한 사례

도로예정지로 지정된 부분을 사실상 사용, 수익할 수 없게 된 탓으로 그 부

분을 제외한 나머지 토지를 분할하여 타에 매각함으로써 이를 취득한 사람들이 그 토지를 대지화하고 도로예정선에 맞추어 가옥을 건축하여 거주하면서 공터로 된 위 도로예정지 부분을 도로로 이용, 통행하여 위 토지가 사실상 도로화된 경우, 토지소유자가 위 도로예정지 부분에 대한 사용수익권을 포기하였다거나 이를 스스로 도로로 제공하였다고 볼 수 없다고 한 사례 (1991. 10. 8. 제2부 판결 91다6702 부당이득금반환).

14. 법률상 원인 없이 타인의 차량을 점유하고 있으나 그 사용, 수익을 하지 않은 경우 부당이득의 성부(소극)

법률상 원인없이 이득하였음을 이유로 한 부당이득의 반환에 있어서 '이득'이라 함은 실질적인 이득을 가리키는 것이므로 법률상 원인없이 타인의 차량을 점유하고 있다 하여도 이를 사용, 수익하지 않았다면 실질적인 이득을 얻었다고 할 수 없는 것이므로 부당이득이 성립하지 아니한다(1991. 10. 8. 제2부 판결 91다22018, 22025(반소)매매대금등).

15. 가. 시가 주민들의 자발적 참여하에 대부분의 비용을 부담하여 주택지조성사업을 시행하면서 계쟁토지를 마을도로 및 공원용지의 일부로 편입시켜 인근 주민들의 통행과 휴식장소로 제공한 것에 대하여 시가 이를 점유.관리하고 있다고 본 사례

시가 인근 주민과 토지소유자들의 동의를 받아 그들의 자발적인 참여하에 마을주택개량 및 취락구조개선사업을 도시계획사업(일단의 주택지조성사업)으로 시행하면서 그에 소요되는 일부 공사비는 주민의 예치금으로 충당하였으나 필요한 토지의 매수 및 수용에 소요되는 보상금 등 대부분의 비용은 모두 부담하였는데 계쟁토지에 관하여는 시가 적법한 매수 또는 수용절차를 거치지 아니한 채 이를 마을도로 및 공원용지의 일부로 편입시켜 도로포장 및 공원조성사업을 하여 인근 주민들의 통행과 휴식장소로 제공하고 있다면 시는 계쟁토지를 점유.관리하고 있다고 볼 것이다.

나. 지방자치단체의 구역변경으로 새로 그 지역을 관할하게 된 지방자치단체에게 승계되는 지방자치법 제5조 제1항 소정의 '재산'에 '채무'도 포함되는지 여부(소극)

지방자치단체의 구역변경이나 폐치·분합이 있는 때에 새로 그 지역을 관할하게 된 지방자치단체에게 승계되도록 규정한 지방자치법 제5조 제1항 소정의 "재산"은 같은 법 제133조 제1항 및 제3항의 규정 내용에 비추어 볼 때 현금 외의 모든 재산적 가치가 있는 물건 및 권리만을 말하는 것으로서 "채무"는 이에 포함되지 않는다(1991. 10. 22. 제2부 판결 91다17207 부당이득금).

16. 가. 과세관청 내지 그 상급관청이나 수사기관의 강요로 합리적이고 타당한 근거도 없이 작성된 과세자료에 터잡은 과세처분의 하자가 중대하고 명백한 것인지 여부

과세처분의 근거가 된 확인서, 명세서, 자술서, 각서 등이 과세관청 내지 그 상급관청이나 수사기관의 일방적이고 억압적인 강요로 작성자의 자유로운 의사에 반하여 별다른 합리적이고 타당한 근거도 없이 작성된 것이라면 이러한 자료들은 그 작성경위에 비추어 내용이 진정한 과세자료라고 볼 수 없으므로, 이러한 과세자료에 터잡은 과세처분의 하자는 중대한 하자임은 물론 위와 같은 과세자료의 성립과정에 직접 관여하여 그 경위를 잘 아는 과세관청에 대한 관계에 있어서 객관적으로 명백한 하자라고 할 것이다.

나. 과세처분이 부존재하거나 당연무효인 경우 이 과세처분에 의한 오납금이 국가의 부당이득에 해당하는지 여부(적극) 및 이 경우 오납금에 대한 부당이득반환청구권의 발생시기(=오납시)

과세처분이 부존재하거나 당연무효인 경우에 이 과세처분에 의하여 납세의무자가 납부하거나 징수당한 오납금은 국가가 법률상 원인 없이 취득한 부당이득에 해당하고, 이러한 오납금에 대한 납세의무자의 부당이득반환청구권은 처음부터 법률상 원인이 없이 납부 또는 징수된 것이므로 납부 또는 징수시에 발생하여 확정된다(1992. 3. 31. 전원합의체 판결 91다32053 부당이득금).

17. 가. 대지권이 없는 아파트 소유자가 아파트부지를 불법점유하는 것인지 여부(적극) 및 그 불법점유로 인한 부당이득의 범위

대지권이 없는 아파트 소유자는 아무런 법률상의 원인 없이 위 아파트부지를 불법점유하고 있다고 할 것이며, 위 불법점유로 인하여 위 아파트 소유자는 아파트의 대지 중 자신의 아파트의 대지권으로 등기되어야 할 지분에 상응하는 면적에 대한 임료 상당의 부당이득을 얻고 있다 할 것이다.

나. 토지에 대한 임료 상당의 부당이득 산정시 그 지상에 건물이 소재함으로써 토지의 사용권이 제한받는 사정의 참작 요부

타인 소유의 토지 위에 소재하는 건물의 소유자가 법률상 원인 없이 토지를 점유함으로 인하여 토지의 소유자에게 반환하여야 할 토지의 임료에 상당하는 부당이득금액을 산정하는 경우에 특별한 사정이 없는 한 토지 위에 건물이 소재함으로써 토지의 사용권이 제한을 받는 사정은 참작할 필요가 없다(1992. 6. 23. 제2부 판결 91다40177 부당이득금반환).

18. 개발제한구역으로 지정될 당시 이미 사실상 대지로 조성되어 있는 토지를 타인이 점유함으로 인하여 소유자가 입은 손해액

개발제한구역으로 지정된 토지는 일정한 행위가 금지되는 것이기는 하나 모든 사권의 행사가 금지되는 것은 아니므로, 개발제한구역으로 지정될 당시에 이미 사실상 대지로 조성되어 있는 토지를 타인이 점유함으로 인하여 소유자가 입은 손해액은 토지를 그 이용상태 그대로 임대하는 경우의 그 임료상당액이라 할 것이며, 이와 같은 이치는 임료 상당의 부당이득의 반환을 명하는 경우이건 손해배상을 명하는 경우이건 다를 바 없다고 할 것이다(1992. 6. 23. 제1부 판결 92다12933 건물수거등).

19. **갑이 자기의 토지를 점유, 사용하여 온 을을 상대로 한 부당이득금반환청구소송에서 승소확정판결을 받아 그 판결 인용금액을 수령하는 한편 을과 사이에 위 토지에 대한 임대차계약을 체결하여 차임을 지급받았다면 후일 위 토지일부가 을의 소유로 밝혀졌더라도 갑이 지급받은 위 각 금원이 법률상 원인없는 것이 아니라고 한 사례**

갑이 자기의 토지를 을이 점유, 사용하여 온 데 대하여 을을 상대로 부당이득금 반환청구소송을 제기하여 승소확정판결을 받아 을로부터 그 판결 인용금액을 수령하는 한편 을과 사이에 위 토지에 대한 임대차계약을 체결하여 을로부터 차임을 지급받는 등으로 위 토지에 대한 임료 또는 임료 상당의 부당이득금을 지급받은 경우에 있어 위 부당이득금반환청구의 소에 대한 확정판결은 재심의 소 등으로 취소되지 않는 한 그 효력이 소송당사자인 갑, 을을 기속하는 것이므로 후일 그 판결의 기초가 된 일부 토지에 대한 소유권이 갑 아닌 을에게 있었던 것으로 밝혀졌다 하더라도 갑이 그 판결에 기하여 지급받은 금원이 바로 법률상 원인 없이 지급된 것이라 할 수 없고, 한편 갑과 을 사이의 임대차계약에 기하여 지급된 임료 역시 그 임대차계약이 무효로 되거나 취소되지 않는 이상 그 지급이 법률상 원인 없이 이루어진 것이라고 할 수 없으며, 그 임대차의 목적이 된 토지 일부가 임차인인 을의 소유인 것으로 후일 밝혀졌다 하여 임대차계약이 당연무효가 된다고는 할 수 없다고 한 사례(1992. 6. 26. 제3부 판결 92다10425 부당이득금반환).

20. **군부대가 조성한 주택단지 내의 거주자의 통행을 위하여 계쟁토지를 무상제공하여 사용수익권을 포기하였고, 도로개설 이후 위 토지를 매수한 자도 매수당시 위와 같은 사정을 알고 있었다면 시가 이미 도로로 제공된 위 토지에 대하여 도로개설을 완성하고 이를 점유, 관리하고 있다 하더라도 부당이득이 성립하지 않는다고 한 사례**

육군 제1군사령부의 주택건립위원회가 무주택장병들을 위하여 조성한 주택단지 내에 거주하게 될 모든 사람의 통행을 위하여 무상으로 계쟁토지를 제공함으로써 이에 대한 사용수익권을 포기하였고, 그 도로의 완전한 개설시까지 위 건립위원회의 위원장인 갑에게 이를 명의신탁하였으며, 위 도로의 완전한 개설 이후에 위 토지를 매수한 을도 위 매수 당시 위 토지상에 위와 같은 부담이 있었던 사실을 알고 매수하였다면 위 토지의 소유명의자였던 갑이나 현재의 소유자인

을은 위 주택단지의 분양 당시 도로로 제공된 위 토지에 관하여 독점적이고 배타적인 사용수익권을 행사할 수 없다 할 것이므로 설사 시가 이미 도로로 제공된 위 토지를 위와 같이 도로로서의 기능을 다할 수 있게끔 도로개설을 완성하고 그에 포장 및 하수도공사를 하여 이를 점유, 관리하고 있다 하더라도 갑이나 을에게 어떠한 손해가 생긴다고 할 수 없고 시로서도 아무런 이익을 얻은 바 없어 부당이득이 성립하지 않는다고 한 사례(1992. 7. 24. 제3부 판결 92다15970 부당이득금).

21. 자신의 배서가 위조된 사실을 알지 못한 채 그 약속어음금의 지급을 위하여 수표를 발행한 후, 약속어음 배서의 위조사실을 알았지만 수표의 부도로 인한 형사책임을 우려하여 수표금을 지급하였다면 그로부터 수표금을 지급받은 자는 부당이득반환의무가 있다고 한 사례

갑이 배서한 것으로 되어 있는 약속어음을 을이 소지하고 있다가 갑을 상대로 약속어음금청구 등의 소송을 제기하여 그 소송이 진행되던 중 갑은 위 약속어음의 배서부분이 위조된 것이었는데도 이를 알지 못하고 진정하게 이루어진 것으로 오인한 나머지 을에게 위 약속어음금의 원리금을 지급하기로 약정하고 이자 명목의 금원은 현금으로 지급하고 원금에 대하여는 그 지급을 위하여 수표를 발행해 주고 위 약속어음을 반환받은 다음 위 약속어음 등의 배서부분이 위조된 것을 알았으나 위 수표가 부도되면 형사책임을 질 것을 우려하여 어쩔 수 없이 위 수표금을 결제하였다면 을은 아무런 원인 없이 이득을 보았고 그 때문에 갑이 피해를 입었으므로 그로 인한 부당이득반환의무가 있다고 한 사례(1992. 7. 28. 제2부 판결 92다18535 부당이득금반환)

22. 가. 도시계획결정고시로 말미암아 토지 소유자가 토지를 사실상 사용수익할 수 없게 되자 인근의 다른 토지들을 분할매각한 결과 그 토지가 주민들의 사실상의 통행로로 사용되기에 이른 경우 소유자가 토지를 도로로 제공하였다거나 사용수익을 포기하였다고 단정할 수 있는지 여부(소극)

도시계획결정의 고시로 말미암아 도시계획법 제4조 등의 규정에 의하여 토지에 대한 건축허가 등이 규제되고 토지 소유자로서는 그 토지를 사실상 사용수익할 수 없게 됨으로써 인근의 다른 토지들을 처분하기 위한 방편으로 그 토지를 제외하고 나머지 토지를 분할 매각한 결과 그 토지가 인근 주민들의 사실상의 통행로로 사용되기에 이른 경우에는, 토지의 사실상의 이용 또는 분할매각의 사실만으로 바로 소유자가 그 토지를 도로로 제공하였다거나 소유자로서의 사용수익을 포기하였다고 단정할 수 없다.

나. 계쟁토지가 도로예정지로 지정된 것을 알고 토지를 매수하여 계쟁토지외의 나머지 토지를 매도하였고, 계쟁토지가 사실상 도로로 사용되어 나머지 토지의 효용 증대에 기여하고 있는 점등에 비추어 계쟁

토지 소유자가 사용수익권을 포기하고 주민 등에게 토지를 무상통행할 수 있는 권한을 부여하였다고 볼 여지가 있다고 한 사례

갑이 당초 계쟁토지가 도로예정지로 지정되어 있는 것을 알고 그 분할전 토지를 매수하여 3년 간 보유하다가 계쟁토지를 제외한 나머지 토지를 매도하였고, 도로예정지로 지정된 계쟁토지가 사실상 도로로 사용됨으로써 나머지 토지들의 효용 증대에 기여하고 있음이 뚜렷하며, 갑이 위 토지를 매도할때 장차 매수인이 원하는 방법에 따라 토지분할 및 형질변경신청을 하기로 약정하였고, 그 후 위 토지가 분할된 결과 나머지 토지들의 일부는 계쟁토지를 제외하고는 공로로 통하는 통행로가 없게 되었다면, 갑은 계쟁토지를 제외한 나머지 토지를 매도하면서 매수인이 원하는 방법에 따라 매매대상토지를 분할하여 주기로 약정한 때에, 또는 적어도 위 약정에 따라 갑이 매도토지 중 상당부분이 계쟁토지를 제외하고는 공로로 통하는 통행로가 없는 방법으로 분할신청을 하였을 때에 계쟁토지에 관한 독점적이고 배타적인 사용수익권을 포기하고 토지의 매수인들 및 주민들에게 계쟁토지를 무상으로 통행할 수 있는 권한을 부여하였다고 볼 여지가 있다고 한 사례

다. 도시계획법에 의하여 설치된 도로가 도로법 제10조의 규정에 의하여 도로법의 규정이 준용되기 위한 요건

도로법시행령 제10조의2 소정의 도시계획법에 의한 도시계획사업으로 설치된 도로로서 도로법 제10조의 규정에 의하여 도로법의 규정이 준용되기 위하여는 도시계획사업실시계획의 인가 고시와 수용 사용대상토지에 대한토지조서 작성의 절차가 이루어져야 한다.

라. 도시계획법 제4조 제1항의 규정이 사실상 도로 소유자의 토지인도청구를 배척할 근거가 되는지 여부(소극)

도시계획법 제4조 제1항은 도시계획구역 안에서 토지의 형질변경, 죽목의 벌채, 재식 또는 토석의 채취, 건축물의 신축, 개축, 증축과 대통령령이 정하는 물건을 대통령령이 정하는 기간 이상 쌓아 놓는 행위, 대통령령이 정하는 토지분할 등의 행위를 하고자 하는 자는 시장, 군수의 허가를 받아야 한다고 규정하였는바, 이는 도시계획구역 안에서의 소유권 행사에 관하여 시장, 군수의 허가를 받아야 할 구체적 사항을 열거하고 있는 것이라 할 것이므로 위 규정이 사실상 도로 소유자의 토지인도청구를 배척할 직접적인 근거가 된다고 할 수 없다(1992. 9. 14. 제3부 판결 92다1162 토지명도등).

23. 시의 공유재산인 토지를 공유건물의 주차장 용도로 점유 사용한 공유자 중 1인에 대하여 한 변상금 전액부과처분의 적부(적극)

공유자가 공유물에 대한 관계에서 부당이득을 한 경우 그 이득을 상환하는 의무는 불가분적 채무이므로 시의 공유재산인 토지를 공유건물의 주차장 용도로 허

가 없이 점유사용한 공유자 중 1인에 대하여 한 변상금 전액부과처분은 적법하다(1992. 9. 22. 제1부 판결 92누2202 시설녹지점용료부과처분취소).

24. **준용하천구역으로 편입된 토지에 관하여 하천관리청인 지방자치단체에 대한 손해배상청구나 부당이득반환청구의 가부(소극)**

토지가 하천법에 의하여 준용하천구역으로 적법하게 편입된 이상 토지 소유자가 이로 인하여 사용수익에 관한 사권의 행사에 제한을 받아 손해를 입고 있다고 하여도, 같은 법 제74조 소정의 절차에 따라 손실보상을 청구할 수 있음은 별론으로 하고 하천관리청인 지방자치단체의 점유를 권원 없는 점유와 같이 보아 손해배상이나 부당이득의 반환을 청구할 수는 없다(1992. 10. 13. 제1부 판결 92다18511 부당이득금).

25. **유효한 도급계약에 기하여 수급인이 도급인으로부터 제3자 소유 물건의 점유를 이전받아 이를 수리한 결과 그 물건의 가치가 증가한 경우, 도급인 이외에 수급인도 민법 제203조에 의한 비용상환청구권을 행사할 수 있는 비용지출자에 해당하는지 여부(소극)**

가. 계약상의 급부가 계약의 상대방뿐만 아니라 제3자의 이익으로 된 경우에 급부를 한 계약당사자가 계약 상대방에 대하여 계약상의 반대급부를 청구할 수 있는 이외에 그 제3자에 대하여 직접 부당이득반환청구를 할 수 있다고 보면, 자기 책임하에 체결된 계약에 따른 위험부담을 제3자에게 전가시키는 것이 되어 계약법의 기본원리에 반하는 결과를 초래할 뿐만 아니라, 채권자인 계약당사자가 채무자인 계약 상대방의 일반채권자에 비하여 우대받는 결과가 되어 일반채권자의 이익을 해치게 되고, 수익자인 제3자가 계약 상대방에 대하여 가지는 항변권 등을 침해하게 되어 부당하므로, 위와 같은 경우 계약상의 급부를 한 계약당사자는 이익의 귀속 주체인 제3자에 대하여 직접 부당이득반환을 청구할 수는 없다고 보아야 한다.

나. 유효한 도급계약에 기하여 수급인이 도급인으로부터 제3자 소유 물건의 점유를 이전받아 이를 수리한 결과 그 물건의 가치가 증가한 경우, 도급인이 그 물건을 간접점유하면서 궁극적으로 자신의 계산으로 비용지출과정을 관리한 것이므로, 도급인만이 소유자에 대한 관계에 있어서 민법 제203조에 의한 비용상환청구권을 행사할 수 있는 비용지출자라고 할 것이고, 수급인은 그러한 비용지출자에 해당하지 않는다고 보아야 한다(2002. 8. 23. 99다66564, 66571).

26. **지방자치단체가 사유지를 도로로 점유, 사용하는 경우 도로폐쇄에 의한 점유종료일 또는 토지소유자의 소유권상실일까지 장래의 이행기 도래분에 대한 부당이득금의 반환을 청구할 수 있다고 한 사례**

지방자치단체가 사유지를 도로로 점유, 사용하는 경우 도로폐쇄에 의한 점유종료일 또는 토지소유자의 소유권상실일까지 장래의 이행기 도래분에 대한 부당이득금의 반환을 청구할 수 있다고 한 사례(1993. 3. 9. 제2부(차) 판결 91다46717

부당이득금반환)

27. **임야의 일면만에 철조망을 직선에 가깝도록 설치한 것만으로 임야를 사용수익한다고 할 수 있는지 여부(소극)**

철조망이 임야의 사면을 둘러싼 것이 아니라 일면만에 직선에 가깝도록 설치하여 철조망이 현존한다는 것만으로 임야를 사용수익함으로써 실질적인 이득을 얻고 있다고 하기 어렵다(1993. 3. 23. 제1부 판결 92다39334, 39341(병합) 임대료).

28. **가. 도로예정지로 지정고시된 토지가 사실상 도로로 사용되고 있는 경우 토지소유자가 사용수익권을 포기하거나 일반공중에게 무상통행권을 부여한 것으로 보기 위한 참작요인**

도로예정지로 지정고시된 토지가 사실상 일반공중의 교통에 공용되는 도로로 사용되고 있는 경우 토지소유자가 도로로 제공하여 일반공중에게 무상으로 통행할 수 있는 권리를 부여하였거나 토지에 대한 사용수익권을 포기한 것으로 보려면, 그가 당해 토지를 소유하게 된 경위나 보유기간, 자기 소유의 토지를 도시계획에 맞추어 분할하여 매도한 경위나 규모, 도로로 사용되는 당해 토지의 위치나 성상, 인근의 다른 토지들과의 관계, 주위환경 등의 여러가지 사정과 아울러 분할매도된 나머지 토지들의 효과적인 사용수익을 위하여 당해 토지가 기여하고 있는 정도 등을 종합적으로 고찰하여 신중하게 판단하여야 한다.

나. 도시계획에 관한 지적 등의 고시 때문에 토지의 사용수익이 사실상 제한되어 부득이 도로예정지를 분할하여 놓고 나머지 토지를 분할하여 택지로 매도하여 매수인들이 도시계획에 맞추어 주택을 건축하면서 도로로 사용한 것이므로 토지소유자가 무상통행권을 부여하였다거나 사용수익권을 포기하였다고 볼 수 없다 한 사례

도시계획에 관한 지적 등의 고시 때문에 토지의 사용수익이 사실상 제한되어 있어서 부득이 도로예정지를 분할하여 놓고 나머지 토지를 분할하여 택지로 매도하였고 그 매수인들도 도시계획에 맞추어 주택을 건축하면서 계쟁 토지들을 도로로 사용한 것이므로 토지소유자가 무상통행권을 부여하였다거나 사용수익권을 포기하였다고 볼 수 없다 한 사례(1993. 4. 13. 제2부 판결 92다11930 부당이득금)

29. **가. 대지가 일반도로로도 사용되지만 그 지상의 건물사용을 위한 차량통행과 보행 및 주차 등을 위하여 사용되고 있으며 대지 소유자가 건물 공유자의 1인으로 대지를 건물 부지로 점유하고 있다는 이유로 시의 점유에 따른 부당이득을 부정한 사례**

대지가 일반도로로도 사용되지만 그 지상의 건물사용을 위한 차량통행과 보행 및 주차 등을 위하여 사용되고 있으며 대지 소유자가 건물 공유자의 1인

으로 대지를 건물 부지로 점유하고 있다는 이유로 시의 점유에 따른 부당이득을 부정한 사례

나. 대지 소유자가 도로를 개설하고 그 지상에 상가 아파트를 건립하기 위하여 대지를 제공하였으며 그 사업시행으로 대지상에 건립된 점포를 분양받기까지 하였다면 대지 소유자는 도로 등을 개설하여 대지를 사용하는 것을 승낙하고 그에 대한 독점적, 배타적 사용수익권을 포기하였다고 볼 수 있다 한 사례

대지 소유자가 도로를 개설하고 그 지상에 상가 아파트를 건립하기 위하여 대지를 제공하였으며 그 사업시행으로 대지상에 건립된 점포를 분양받기까지 하였다면 대지 소유자는 도로 등을 개설하여 대지를 사용하는 것을 승낙하고 그에 대한 독점적, 배타적 사용수익권을 포기하였다고 볼 수 있다 한 사례(1993. 5. 14. 제3부 판결 93다2315 부당이득금반환)

30. 가. 개정된 지방자치법(1988. 4. 6. 법률 제4004호) 시행 전후에 걸쳐 타인의 토지를 사실상 점유주체로서 도로로 점유해 온 경우 서울특별시와 자치구 사이의 부당이득반환채무의 부담범위

서울특별시 산하 구로구청이 지방자치법(1988. 4. 6. 법률 제4004호) 시행 이전에 타인의 토지 위에 도로포장공사를 함으로써 서울특별시가 타인의 토지를 사실상 점유주체로서 도로로 점유하여 왔다면 지방자치법이 개정 시행된 1988. 5. 1. 이전의 부당이득반환채무는 법 시행 이후에도 서울특별시가 부담하고 지방자치단체인 구에 승계되지 아니하지만 법 시행 이후에는 달리 특별한 사정이 없는 한 구만이 부당이득반환채무를 부담한다.

나. 지방자치법시행령 제9조와 서울특별시행정권한위임조례에 따른 서울특별시와 구 사이의 사무권한의 분장은 사실상 점유주체로서 점유하는 도로에도 해당되는지(소극), 도로관리청으로서 점유하는 도로에만 해당되는지 여부(적극)

지방자치법 제2조 제1, 2항은 특별시 관할구역 안의 구를 지방자치단체로 하고 그 자치구의 자치권의 범위는 법령이 정하는 바에 따라 시, 군과 다르게 할 수 있다고 규정하여 이에 따른 같은법 시행령(1988. 5. 7. 대통령령 제12444호) 제9조 별표2 제9항은 시, 군과 다르게 자치구에서 처리하지 아니하고 특별시에서 처리하는 사무로 중로(12m 이상) 이상의 도로로서 노폭과 노선의 중요도를 감안하여 특별시조례로 정한 도로의 유지, 관리를 예시하고 있고, 서울특별시행정권한위임조례 제5조 별표는 시장이 구청장에게 위임한 사무로 "「사무명」 도로의 신설 및 부속물의 설치(20m 미만 도로에 한하되 아스팔트 포장공사는 제외) 「근거법령」 도로법 제24조", "「사무명」 도로의 유지관리(아스팔트 포장 보수공사 등은 제외) 「근거법령」 도로법 제24조"를 들고 있으나, 위 시행령 제9조와 위 조례에 따른 서울특별시와 자치구

사이의 사무권한의 분장은 관계법령에 따라 도로관리청으로서 점유하는 도로에 관한 것으로 보이고 사실상 점유주체로서 점유하는 도로에 관한 것이라고 보기는 어렵다(1993. 5. 25. 제1부 판결 92다50454 손해배상(기)).

31. **가. 국토이용관리법상의 거래허가를 받지 아니하여 매매계약이 유동적 무효상태에 있음을 이유로 매수인은 지급한 계약금의 반환을 부당이득으로 청구할 수 있는지 여부(소극)**

국토이용관리법상의 규제구역 내의 "토지 등의 거래계약"은 관할관청의 허가를 받아야만 그 효력이 발생하고 허가를 받기 전에는 물권적 효력은 물론 채권적 효력도 발생하지 아니하여 무효라고 보아야 할 것이나 허가받을 것을 전제로 한 거래계약일 경우에는 일단 허가를 받으면 그 계약은 소급하여 유효한 계약이 되고 이와 달리 불허가가 된 때에는 무효로 확정되는 것으로서 허가를 받기까지는 유동적 무효의 상태에 있다고 보아야 하고 당사자 사이에 있어서는 그 계약이 효력 있는 것으로 완성될 수 있도록 서로 협력할 의무가 있음이 당연하므로 계약의 쌍방 당사자는 공동으로 관할 관청의 허가를 신청할 의무가 있으므로 허가받기 전의 매매계약이 유동적 무효라고 하여 매매계약에 관한 계약금을 교부한 상태에 있는 계약당사자 일방이 언제든지 계약의 무효를 주장하여 부당이득으로 계약금의 반환을 구할 수 있다고 할 수는 없을 것이다.

나. 위 "가"항의 유동적 무효상태하에서 당사자 일방이 허가신청협력의무의 이행거절의사를 명백히 표시한 경우의 계약관계

위 "가"항의 유동적 무효상태하에서 당사자 일방이 허가신청협력의무의 이행거절의사를 명백히 표시한 경우에는 허가 전 거래계약관계 즉 계약의 유동적 무효상태가 더 이상 지속한다고 볼 수는 없고 그 계약관계는 확정적으로 무효라고 인정되는 상태에 이르렀다고 하여야 할 것이다(1993. 6. 22. 제2부 판결 91다21435 계약금반환).

32. **도로확장공사로 인하여 45도 각도의 경사진 도로법면을 이루게 됨으로써 도로에의 토사유출방지 등 도로의 기능유지를 위하여 지방자치단체가 수목을 식재한 후 관리하여 오는 도로법면에 대하여 지방자치단체에 의한 배타적인 점유를 인정한 사례**

도로확장공사로 인하여 45도 각도의 경사진 도로법면을 이루게 됨으로써 도로에의 토사유출방지 등 도로의 기능유지를 위하여 지방자치단체가 수목을 식재한 후 관리하여 오는 도로법면에 대하여 지방자치단체에 의한 배타적인 점유를 인정한 사례(1993. 6. 25. 제3부 판결 92다55558 부당이득금).

33. **가. 지방자치단체가 적법한 보상절차 없이 타인의 토지를 도로로 점유관리하고 있는 경우 부당이득의 성립 여부**

지방자치단체가 도시계획법 또는 도로법상의 수용절차 등 적법한 보상절차를 밟지 아니하고 토지를 도로부지로 점유하고 있다면 위 도로가 일반국도로 노선이 지정되었고 도로법의 적용을 받는 도로인지의 여부에 관계없이 토지소유자와의 사이에서는 법률상 원인 없이 이를 점유사용하고 있는 것이라 할 것이고, 도로를 구성하는 부지에 관하여는 도로법 제5조에 의하여 사권의 행사가 제한된다고 하더라도 이는 도로법상의 도로에 관하여 도로로서의 관리, 이용에 저촉되는 사권을 행사할 수 없다는 취지이지 부당이득반환청구권 행사를 배제하는 것은 아니다.

나. 위 "가" 항의 경우 부당이득액의 산정기준

위 "가"항의 경우 그 부당이득액을 산정하기 위한 토지의 기초가격은 토지가 도로로 편입된 사정은 고려하지 않고 그 편입될 당시의 현실적 이용상황에 따라 감정평가하여야 하며 토지소유자가 토지를 취득할 당시 위 토지가 도로부지로 편입되어 사권행사에 제한이 있는 토지라는 점을 알고서 이를 취득하였다는 사정에 의하여 이를 달리 볼 것은 아니고 또한 토지의 임료를 산정하기 위한 기대이율은 국공채이율, 은행의 장기대출금리, 일반시중의 금리, 정상적인 부동산거래이윤율, 국유재산법과 지방재정법 등이 정하는 대부료율 등을 고려하여 결정하여야 하며, 위 토지를 공공용지의취득및손실보상에관한특례법시행규칙 제6조의2에서 규정하는 사도 등과 같이 보아 인근토지의 정상거래가격의 5분의 1 범위 내에서 추정거래가격을 구하여 이를 기준으로 하여 그 임료 상당의 손해액을 산정하여야 하는 것도 아니다(1993. 8. 24. 제2부 판결 92다19804 토지소유권확인등).

34. 지방자치단체가 자연발생적으로 형성된 도로를 권원 없이 점유한 경우 그부당이득액의 산정기준

지방자치단체가 토지에 도로확장 및 인도설치 등의 공사를 함으로써 위 토지를 점유할 당시 이미 위 토지는 자연발생적으로 장기간 도로로 이용되어 지목이 도로로 변경된 지 상당한 기간이 경과한 후이며, 토지소유자 또한 지방자치단체가 이러한 점유를 개시한 후 이를 경락으로 취득한 사실에 비추어 지방자치단체가 위 토지의 점유자로서 얻고 있는 이득 및 토지소유자가 이를 사용하지 못한 손해는 바로 위 토지가 도로로 제한받는 상태에서의 임료 상당이다(1993. 8. 27. 제3부 판결 92다52023 토지사용료).

35. 가. 지방자치단체가 타인의 토지를 권원 없이 도로로 점유하고 있는 경우의 부당이득액

지방자치단체가 타인 소유의 토지를 아무런 권원 없이 도로부지로 사용하고 있는 경우, 그 소유자의 손해는 일반적으로 토지의 임대료 상당이다.

나. 공공용지의취득및손실보상에관한특례법이 위 "가" 항의 부당이득액 산정에 적용되는지 여부

공공용지의취득및손실보상에관한특례법은 공공사업에 필요한 토지 등을 협의에 의하여 취득하거나 사용할 경우에만 적용되는 것이므로, 권원 없는 점유로 인한 부당이득의 반환을 구하고 있는 사건에서 위 특례법 규정을 적용할 것은 아니다.

다. 공공용지의취득및손실보상에관한특례법 소정의 사도평가규정이 적용되는 "사실상의 사도" 의 의미

공공용지의취득및손실보상에관한특례법 소정의 사도평가규정이 적용되는 "사실상의 사도"란 "토지소유자가 자기 토지의 편익을 위하여 스스로 설치한 도로"를 가리키는바, 토지소유자가 자기 소유 토지의 편익을 위하여 스스로 설치한 것이 아니라, 1942년경 사도로 형성되어 우마차와 자동차의 통행에 이용되어 오던 중 1955년경에 현재의 노폭에 가까운 상태로 확장된 사도는 위 "사실상의 사도"로 보기에 부족하다(1993. 9. 10. 제3부 판결 93다24711 토지인도).

36. 가. 국토이용관리법상의 거래허가를 받지 않은 매매계약의 매수인이 계약금의 반환을 부당이득으로 청구할 수 있는지 여부

국토이용관리법상의 규제구역 내의 토지에 대하여 관할도지사의 허가를 받기 전에 체결한 매매계약은 처음부터 위 허가를 배제하거나 잠탈하는 내용의 계약일 경우에는 확정적으로 무효로서 유효화될 여지가 없으나 이와 달리 허가받을 것을 전제로 한 계약일 경우에는 허가를 받을 때까지는 법률상의 미완성의 법률행위로서 소유권 등 권리의 이전에 관한 계약의 효력이 전혀 발생하지 않음은 위의 확정적 무효의 경우와 다를 바 없지만, 일단 허가를 받으면 그 계약은 소급하여 유효한 계약이 되고 이와 달리 불허가가 된 때에는 무효로 확정되므로 허가를 받기까지는 유동적 무효의 상태에 있다고 보아야 할 것이며, 이러한 유동적 무효상태에 있는 계약을 체결한 당사자는 쌍방 그 계약이 효력 있는 것으로 완성될 수 있도록 서로 협력할 의무가 있다고 할 것이므로 위와 같이 허가를 배제하거나 잠탈하는 내용이 아닌 유동적 무효상태의 매매계약을 체결하고 매수인이 이에 기하여 임의로 지급한 계약금은 그 계약이 유동적 무효상태로 있는 한 이를 부당이득으로 반환을 구할 수는 없고 유동적 무효상태가 확정적으로 무효로 되었을 때 비로소 부당이득으로 그 반환을 구할 수 있다.

나. 국토이용관리법상의 허가를 받지 않은 유동적 무효상태의 매매계약이 확정적으로 무효로 되는 경우

국토이용관리법상의 거래허가를 받지 않은 유동적 무효상태의 계약은 관할

도지사에 의한 불허가처분이 있을 때뿐만이 아니라, 당사자 쌍방이 허가신청을 하지 아니하기로 의사표시를 명백히 한 경우 등에도 확정적으로 무효로 된다(1993. 8. 14. 제1부 판결 91다41316 위약금).

37. 가. 사실상 도로에 있어서 국가나 지방자치단체의 점유 여부의 판단 기준

도로법 등의 적용을 받지 않는 사실상의 도로에 있어서는 국가나 지방자치단체가 그 도로를 시공하여 개설하거나 또는 이미 형성되어 있는 기존의 도로에 대하여 확장, 도로포장 또는 하수도설치 등 도로의 개축 또는 유지보수공사를 시행하여 일반공중의 교통에 공용한 때에는 그 도로는 국가나 지방자치단체의 사실상 지배하에 있다고 보아 사실상 지배주체로서의 점유를 인정할 수 있다.

나. 사실상 도로의 소유자가 사용수익권을 포기하였거나 도로로서의 사용승낙을 하였다고 해석할 것인지 여부의 판단 기준

어느 사유지가 종전부터 자연발생적으로 또는 도로예정지로 편입되어 사실상 일반의 통행로로 사용되고 있는 경우 토지소유자가 그 사용수익권을 포기하였다거나 도로로서의 사용승낙을 하였다고 의사해석을 함에 있어서는 그가 당해 토지를 매수한 경위나 보유기간, 나머지 토지를 도시계획선에 맞추어 분할매각한 경위와 그 규모, 통행로로 쓰이는 당해 토지의 위치나 성상, 주위환경 등 여러 사정을 종합하여 판단하여야 한다(1993. 9. 28. 제1부 판결 92다17778 부당이득금반환).

38. 가. 지방도에 대한 관리유지사무를 도지사가 조례로써 관할 군수에게 위임한경우 그 도로의 관리청

도로법 제15조, 제22조 제1항, 제24조에 의하면, 관할 도지사가 노선을 인정한 지방도에 대한 도로의 관리유지책임은 그 관할 도지사에게 있으나, 한편 지방자치법 제95조 제2항은 지방자치단체의 장은 조례가 정하는 바에 의하여 그 권한에 속하는 사무의 일부를 관할 지방자치단체나 공공단체 또는 그 기관에 위임할 수 있도록 되어 있으므로, 도지사가 그 노선을 인정한 지방도이지만 도의 사무위임조례로써 도로의 관리유지사무를 관할 군수에게 위임하였다면 관할 군수가 도로에 대한 관리유지사무에 관한 관리청이 된다.

나. 군이 도로부터 관리유지를 위임받은 지방도를 관리하는 경우 군의 부당이득 성부

군이 도로부터 관리유지를 위임받은 지방도를 관리하는 것이 반드시 도를 위해서만 하는 것이라고 볼 수는 없고 군에게도 이익이 되는 것이므로 관리청인 군에게 법률상 원인이 없는 이득이 생길 수 있다(1993. 10. 8. 제3부 판결 93다13490 부당이득금 13506(반소) 소유권이전등기).

39. 가. 도로 이외의 용도로 사용하기 어려운 토지를 시의 취득시효기간이 완성된 후 취득한 자의 토지인도청구가 신의칙상 허용될 수 없다고 한 사례

이 사건 토지는 시내 중심가 부근의 상업지대에 위치한 노폭 약 12m의 도로부지로서 교통이 비교적 번잡한 곳이어서 도로 이외의 용도로는 사용하기에 어려우며, 원고들이 그러한 사실과 이 사건 토지에 관한 시의 취득시효 기간이 완성되었다는 점을 알면서 그 기간 완성 후에 소유권이전등기를 넘겨받았다면 원고들이 그 토지 자체의 인도를 청구하는 것은 신의성실의 원칙상 허용될 수 없다.

나. 위 "가"항의 경우 토지의 점유로 인한 부당이득액은 도로의 현황대로의 임료 상당액이라고 한 사례

이 사건 토지는 시가 해방 전부터 지목을 답에서 도로로 변경한 이래 수십 년 동안 시내 중심가 부근의 교통이 비교적 번잡한 지역에서 도로로 사용하고 있어 도로 이외의 다른 용도로 변경하는 것이 어려운 토지이고 원고들은 이러한 사정을 잘 알고서 이 사건 각 토지의 소유권을 취득한 점에 비추어 시의 위 토지의 점유로 인하여 원고들이 입은 손실은 도로인 현황대로의 임료 상당액으로 봄이 상당하다(1994. 1. 25. 제1부 판결 92다 19378 토지인도등).

40. 가. 사유지의 도로 제공에 대한 의사해석의 기준

시장, 군수가 도시계획시설의 하나인 도로를 설치하기로 도시계획에 관한 지적 등의 고시를 하여 놓고 도시계획사업을 시행하지 아니한 채 방치된 토지가 사실상 일반공중의 교통에 공용되는 도로로 사용되고 있는 경우, 그 토지의 소유자가 스스로 그 토지를 도로로 제공하여 인근주민이나 일반공중에게 무상으로 통행할 수 있는 권리를 부여하였거나 그 토지에 대한 독점적이고 배타적인 사용수익권을 포기한 것으로 보려면, 그가 당해 토지를 소유하게된 경위나 보유기간, 그 밖에 자기 소유의 토지를 도시계획에 맞추어 분할하여 매도한 경위나 그 규모, 도로로 사용되는 당해 토지의 위치나 성상, 인근의 다른 토지들과의 관계, 주위환경 등의 여러가지 사정과 아울러 분할매도된 나머지 토지들의 효과적인 사용수익을 위하여 당해 토지가 기여하고 있는 정도 등을 종합적으로 고찰하여 신중하게 판단하여야 한다.

나. 도로예정지로 지정고시된 토지가 사실상 도로로 사용되고 있는 경우 토지소유자가 일반공중에게 무상통행권을 부여한 것으로 본 원심을 파기한 사례

도로예정지로 지정고시된 토지가 사실상 도로로 사용되고 있는 경우 토지소유자가 일반공중에게 무상통행권을 부여한 것으로 본 원심을 파기한 사례

(1994. 5. 13. 제3부 판결 93다30907 부당이득금)

41. 가. 국세기본법 제45조에 의한 감액수정신고의 효력

신고납세방식을 취하는 법인세의 경우에 있어서는 납세자가 과세표준과 납부세액을 정부에 신고하는 때에 그 납세의무가 일단 확정되며, 납세자가 당초에 신고한 과세표준 또는 납부세액에 누락·오류가 있음을 발견한 때에는 국세기본법 제45조 제1항 제1호, 제2항의 규정된 바에 따라 법정신고기한 경과 후 6월 내에 과세표준 또는 납부세액의 감액수정신고를 할 수 있는 것이나, 이러한 경우 그 수정신고만에 의하여 곧바로 당초의 신고로 인한 납세의무에 변동을 가져오는 것은 아니고, 정부가 그 수정신고의 내용을 받아들여 과세표준 또는 납부세액을 감액결정하여야만 그로 인한 납세의무확정의 효력이 생기게 되는 것이며, 만일 정부가 이러한 수정신고에 따른 경정을 거부하는 경우에는 납세자로서는 행정쟁송의 절차에 따라 그 거부처분을 취소받음으로써 비로소 수정신고로 인한 납세의무를 확정지을 수 있게 된다.

나. 과세권자가 수정신고에 따른 세액 감액을 거절한 경우 납세자가 당초의 신고분과 수정신고분과의 차액에 해당하는 기납부세액의 반환을 민사소송으로 구할 수 있는지 여부

법인세의 납세의무자가 과세표준과 납부세액을 신고하고 그 해당세액을 납부한 후 위 신고내용의 과세표준과 세액이 과다함을 이유로 수정신고를 하였는데도 과세권자가 이를 수리하여 과세표준과 세액을 감액하여 주기를 거절한 경우에는 / 가사 당초의 위 신고가 잘못된 것이고 그 수정신고에 따른 경정을 거부하는 것이 위법한 것이라 하더라도, 과세권자의 위 경정거부처분이 행정쟁송에 의하여 이미 적법하게 취소되었다거나 그 부분에 관한 당초의 신고내용이 당연무효인 경우가 아닌 한, 납세자가 당초의 신고분과 수정신고 분과의 차액에 해당하는 기납부세액을 국가에 대하여 법률상 원인 없이 수령한 과오납금이라고 주장하여 부당이득반환의 법리에 좇아 민사소송으로 그 환급을 청구할 수는 없다(1994. 5. 13. 제3부 판결 93다54767 부당이득금반환).

42. 시가 권원 없이 사유지를 도로로 점유하는 경우 부당이득액 산정방법

시가 권원 없이 사유지를 도로로 점유하고 있는 경우 그 반환할 부당이득액은 일반적으로 개발이익을 공제한 임료 상당액으로서 이는 당해 토지의 기초가격에 임료율(기대이율)을 곱하는 방법에 의하여 산정할 수 있을 것인바, 토지의 임료를 산정하기 위한 임료율(기대이율)은 국공채이율, 은행의 장기대출금리, 일반시중의 금리, 정상적인 부동산거래이윤율, 국유재산법과 지방재정법 등이 정하는 대부료율 등을 고려하여 결정하면 되고, 공공사업에 필요한 토지 등을 협의에 의하여 취득하거나 사용할 경우에만 적용되는 공공용지의취득및손실보상에관한특례법시행규칙 제6조의2에서 규정한 사도 등과 같이 보아 인근토지의 5분의 1 내지 3분의 1 이내에서 추정거래가격을 구하여 이를 기준으로 하여 그 임료 상

당의 손해액을 산정하여야 하는 것은 아니다(1994. 6. 14. 제1부 판결 93다62515 부당이득금반환).

<판례전문(1994. 6. 14. 제1부 판결 93다62515 부당이득금반환)>

[원고, 상고인] 신예경 외 1인 원고들 소송대리인 변호사 이승채

[피고, 피상고인] 광주직할시 북구

[원심판결] 광주지방법원 1993. 11. 19. 선고 93나4348 판결

[주 문] 원심판결 중 원고들 패소부분을 파기하고, 이 부분 사건을 광주지방 법원 합의부에 환송한다.

[이 유] 상고이유를 본다.

1. 원심판결 이유에 의하면 원심은, 피고가 이 사건 토지를 도로로 점유 관리함으로 인한 부당이득 반환의무가 있다고 전제하고, 그 액수에 관하여 판단하기를 이는 개발이익을 배제한 임료상당액이라 할 것인데, 이 사건 토지는 도로 자체로서는 가격형성이 이루어지지 아니하여 도로개설로 인한 개발이익을 배제하고 이 사건 토지와 무관한 후면지가격을 추정, 유추한 가격이 금 288,768,900원인 사실을 인정하고, 그 임료율은 인근의 표준적인 토지이용상황, 시중금리, 부동산경기, 당사자의 사용의사 및 사용가치, 수용성, 국유재산법 및 지방재정법상의 대부료율, 이 사건 토지는 구거이나 그 위에 복개공사를 하여 도로로 사용되고 있어서 그 후면지의 임료율을 그대로 유추적용하기에는 부적당하다는 점, 공공용지의취득및손실보상에관한특례법시행규칙 제6조의2에 의하면 구거로 사용되는 토지를 취득할 경우 인근토지의 5분의 1 내지 3분의 1 이내에서 그 가격을 평가하여 보상하도록 하고 있는 점 등에 비추어 연 1.5%로 함이 상당하다고 판단하여, 이에 터잡아 부당이득액을 산정하였다.

2. 피고가 권원 없이 사유지를 도로로 점유하고 있는 경우 그 반환할 부당이득액은 일반적으로 개발이익을 공제한 임료상당액으로서 이는 당해 토지의 기초가격에 임료율(기대이율)을 곱하는 방법에 의하여 산정할 수 있을 것인바, 토지의 임료를 산정하기 위한 임료율(기대이율)은 국공채이율, 은행의 장기대출금리, 일반시중의 금리, 정상적인 부동산거래이윤율, 국유재산법과 지방재정법 등이 정하는 대부료율 등을 고려하여 결정하면 되고, 공공사업에 필요한 토지 등을 협의에 의하여 취득하거나 사용할 경우에만 적용되는 위 특례법시행규칙 제6조의2에서 규정한 사도 등과 같이 보아 인근토지의 5분의 1 내지 3분의 1 이내에서 추정거래가격을 구하여 이를 기준으로 하여 그 임료 상당의 손해액을 산정하여야 하는 것은 아니다 (당원 1991. 3. 12. 선고 90다카19251 판결 ; 1993. 8. 24. 선고 92다 19804 판결 각 참조).

3. 따라서 원심이 권원 없는 점유로 인한 부당이득의 반환을 구하고 있는 이

사건에 공공용지 등의 협의취득이나 사용의 경우 사도 등에 대하여 적용되는 위 특례법시행규칙의 규정을 참작하여 임료율을 정한 것은 적절하다고 할 수 없을 것이고, 또 기록을 살펴보면 이 사건 토지와 무관한 후면지가격을 추정, 유추한 가격이 금 288,768,900원이라고 인정할만한 자료는 없고, 다만 원심이 들고 있는 갑 제1호증의 10(감정평가서)의 기재에 의하면 1991.말경 이 사건 토지의 가격을 금 288,768,900원으로 평가하였음을 알 수 있을 뿐이고, 원심은 이를 이 부분 사실 인정의 기초로 삼은 것으로 보이는바, 갑 제1호증의 10의 기재내용을 보면 감정 평가사는 이 사건 토지를 평가함에 있어 토지의 현상을 구거로 사정하여 그 위치, 교통조건, 인근지의 시세, 평가선례 등을 참작하여 기초가격을 산정하였다는 것이고, 또 임대료의 산정은 지방재정법의 대부료율 등을 참작하여 기초가격에 연 5%의 임대료율을 적용하여 평가하였다는 것인바, 그렇다면 이 사건 토지의 기초가격은 이 사건 토지가 도로에 편입될 당시의 현실적 이용상황이 구거인 점이 참작되어 평가된 것으로 보여지고, 만일 그것이 사실이라면 그 임료율을 산정함에 있어서 다시 이 사건 토지의 이용상황이 구거이거나 그 위에 복개공사로 한 도로인 점을 고려할 필요는 없는 것이라고 할 것이다.

4. 그런데 원심은 위 감정평가사의 감정결과를 토대로 하여 이 사건 토지의 기초가격을 금 288,768,900원으로 인정하여 감정평가사의 기초가격에 대한 감정평가는 취신하면서도 임료율에 대한 감정평가에 대하여는, 이미 기초가격의 산정에 고려된 사유이거나 임료율의 산정기준이 될 수 없는 사유를 참작하여 이를 배척하고, 그 보다 훨씬 낮게 임료율을 평가하였는바, 이는 위 2, 3항에서 본 법리에 어긋난다고 아니할 수 없다.

원심판결에는 도로에 편입된 토지의 임료율의 산정에 관한 법리를 오해한 위법이 있다고 할 것이고, 이 점을 지적하는 논지는 이유 있다.

그러므로 원심판결 중 원고들 패소부분을 파기환송하기로 하여 관여 법관의 일치된 의견으로 주문과 같이 판결한다.

대법관 김석수(재판장) 배만운(주심)
 김주한 정귀호

참조판례
 대법원 1991. 3. 12. 선고 90다19251 판결(공1991, 1176)
 1993. 8. 24. 선고 92다19804 판결(공1993하, 2572)
 1993. 9. 10. 선고 93다24711 판결(공1993하, 2736)

43. 가. 하천구역의 지정으로 손실을 받은 토지소유자가 민사소송으로 하천
 관리청을 상대로 직접 손실보상을 청구할 수 있는지 여부

하천법상 하천의 횡적인 구역은 같은 법 제2조 제1항 제2호에서 하천구간 내의 토지 중 일정한 구역으로 인정하고 있어 같은 호 (다)목의 규정에 의하여 지정되는 것을 제외하고는 당연히 하천구역이 되고, 따로 하천관리청의 지정처분이 있어야 하는 것이 아니므로, 하천관리청이 토지에 관한 권원을 취득하지 아니한 채 시행한 제방신축공사로 인한 것이라고 하여도 토지가 같은 조 소정의 하천구역에 해당하게 된 이상, 그 토지 소유자는 사용 수익에 관한 사권의 행사에 제한을 받게 되며, 이와 같이 하천구역에 편입됨으로써 손실을 받은 토지소유자는 같은 법 제74조에 의하여 손실보상을 받을 수 있고, 다만, 그 손실보상을 받기 위하여는 같은 법 제74조가 정하는 바에 따라 하천관리청과 협의를 하고 그 협의가 성립되지 아니하거나 협의를 할 수 없을 때에는 관할 토지수용위원회에 재결을 신청하고 그 재결에 대하여도 불복일 때에는 바로 관할 토지수용위원회를 상대로 재결 자체에 대한 행정소송을 제기하여 그 결과에 따라 손실보상을 받을 수 있을 뿐이고 직접 하천관리청을 상대로 민사소송으로 손실보상을 청구할 수는 없다.

나. 위 "가"항의 경우 하천관리청에 대하여 부당이득의 반환을 청구할 수 있는지 여부

토지가 하천관리청의 제방신축공사로 인하여 하천구역으로 편입된 이상, 소유자로서는 사용, 수익에 관한 사권의 행사에 제한을 받아 손해를 받고 있다고 하여도 같은 법 제74조의 규정에 의한 손실보상을 받음은 별론으로 하고, 하천관리청인 지방자치단체의 점유를 권원 없는 점유와 같이 보아 부당이득의 반환을 청구할 수는 없다(1994. 6. 28. 제1부 판결 93다46827 토지보상금).

<판례전문(1994. 6. 28. 제1부 판결 93다46827 토지보상금)>

[원고, 상고인] 김수덕 소송대리인 법무법인 서면 담당변호사 배철세 외 1인

[피고, 피상고인] 경상남도 대표자 도지사 김원석 소송대리인 변호사 서윤학

[원심판결] 부산고등법원 1993. 7. 21. 선고 92나541 판결

[주 문] 상고를 기각한다. 상고비용은 원고의 부담으로 한다.

[이 유] 상고이유를 본다.

1. 주위적 청구에 관하여 보건대, 원심판결 이유에 의하면, 원심은 토지가 하천구역에 편입됨으로 인한 손실보상은 하천법에 의하여 적법하게 하천구역에 편입된 경우에 한하여 허용되고, 매수 등에 의하여 그 권원을 취득하지 아니한 채 사유지상에 임의로 설치한 제방은 하천법 제2조 제1항 제2호 다목 소정의 제방이 될 수 없고, 따라서 그러한 제방의 제외지는 하천구역으로서의 제외지가 될 수 없다고 전제한 뒤, 피고가 이 사건 제방신축공사 당시 원고로부터 이 사건 토지

를 매수하거나 원고의 동의를 얻지 아니한 채 임의로 공사를 시행하였으므로 이 사건 토지가 적법하게 하천구역에 편입된 것이 아니고, 또 준용하천의 경우는 적용하천의 경우와는 달리 하천부지에 사실상 편입되었다고 하여 그 토지의 소유권이 상실되는 것이 아니며, 공공용지의취득및손실보상에관한특례법(이하, 공특법이라 한다)상의 손실보상을 청구하기 위하여는 시행자와 토지소유자 사이에 사용 또는 취득에 관한 협의를 전제로 하여야 하는데 그러한 협의가 없었다고 하여 이 사건 주위적 청구를 기각하고 있다.

현행 하천법상 하천의 횡적인 구역은 같은 법이 스스로 그 제2조 제1항 제2호 가목 내지 다목에서 하천구간 내의 토지 중에서 일정한 구역으로 인정하고 있어 위 법조에 해당하는 구역은 같은 호 다목의 규정에 의하여 지정되는 것을 제외하고는 당연히 하천구역이 되고, 따로 하천관리청의 지정처분이 있어야 하는 것이 아니므로(당원 1985. 11. 12. 선고 84카36 결정 ; 1990. 2. 27. 선고 88다카7030 판결 참조), 하천관리청이 토지에 관한 권원을 취득하지 아니한 채 시행한 제방신축공사로 인한 것이라고 하여도 토지가 위 조항 소정의 하천구역에 해당하게 된 이상, 그 토지 소유자는 사용 수익에 관한 사권의 행사에 제한을 받게 되며, 이와 같이 하천구역에 편입됨으로써 손실을 받은 토지소유자는 하천법 제74조에 의하여 손실보상을 받을 수 있고, 다만, 그 손실보상을 받기 위하여는 하천법 제74조가 정하는 바에 따라 하천관리청과 협의를 하고 그 협의가 성립되지 아니하거나 협의를 할 수 없을 때에는 관할 토지수용위원회에 재결을 신청하고 그 재결에 대하여도 불복일 때에는 바로 관할 토지수용위원회를 상대로 재결 자체에 대한 행정소송을 제기하여 그 결과에 따라 손실보상을 받을 수 있을 뿐이고 직접 하천관리청을 상대로 민사소송으로 손실보상을 청구할 수는 없다고 할 것이다(당원 1979. 3. 27. 선고 76다2941 판결 ; 1982. 9. 14. 선고 80누535 판결 ; 1989. 10. 27. 선고 89누39 판결; 1992. 12. 22. 선고 92누5058 판결 참조).

원고는 이 사건 주위적 청구의 법적 근거로 공특법 제3조와 제4조를 들고 있으나 공특법은 공공사업에 필요한 토지 등을 협의에 의하여 취득 또는 사용하는 경우에 그 취득 및 사용과 그에 따르는 손실보상의 기준과 방법을 규정한 것으로서 하천관리청이 행한 공사로 인하여 이미 손실을 입은 자가 그 보상을 구하는 경우에 적용할 것은 아니므로, 이 점에서 공특법에 관한 법리오해가 있다는 원고의 상고논지는 이유 없다(주위적 청구는 결국 하천관리청인 피고 산하 밀양군수의 단장천 제방신축공사로 인하여 원고소유의 토지가 준용하천인 위 단장천의 하천구역에 편입됨으로써 손실을 입었다고 하여 그 손실보상을 구하는 것으로 보아야 할 것인데, 그렇게 본다면, 이 사건 주위적 청구는 하천관리청을 상대로 직접 민사소송으로 손실보상을 청구하는 것으로서 부적법하다고 할 것이다).

2. 예비적 청구에 관하여 보건대, 앞에서 본 바와 같이 이 사건 토지가 피고의 제방신축공사로 인하여 하천구역으로 편입된 이상, 그 소유자로서는 사용, 수익에 관한 사권의 행사에 제한을 받아 손해를 받고 있다고 하여도 하천법 제

74조의 규정에 의한 손실보상을 받음은 별론으로 하고, 하천관리청인 지방자치단체의 점유를 권원 없는 점유와 같이 보아 부당이득의 반환을 청구할 수는 없다고 할 것이다(당원 1990. 2. 27. 선고 88다카7030 판결 ; 1991. 8. 13. 선고 90다17712 판결 참조).

따라서, 원고의 이 사건 예비적 청구는 전부 배척되어야 할 것인바, 그럼에도 원심은 피고가 원인 없이 원고 소유의 토지를 점유하여 임료상당의 부당이득을 얻고 이로 인하여 원고에게 동액 상당의 손해를 입혔다 하여 원고의 예비적 청구를 일부 인용하고 있으므로, 그 임료 상당액의 산정이 위법한 것임을 다투는 원고의 상고논지에 관하여는 더 살펴볼 필요 없이, 논지는 이유 없다 할 것이다.

3. 결국, 논지는 모두 이유 없으므로, 원심판결에 위에서 본 허물이 있으나, 원고만이 상고하였으므로 상고를 기각하기로 하고 상고비용은 패소자의 부담으로 하기로 하여 관여 법관의 일치된 의견으로 주문과 같이 판결한다.

대법관 김주한(재판장) 배만운
김석수 정귀호(주심)

참조판례

가. 대법원 1982. 9. 14. 선고 80누535 판결(공1982, 1013)
1989. 10. 27. 선고 89누39 판결(공1989, 1821)
1992. 12. 22. 선고 92누5058 결(공1993상, 622)
나. 대법원 1990. 2. 27. 선고 88다카7030 판결(공1990, 741)
1991. 8. 13. 선고 90다17712 판결(공1991, 2328)
1992. 10. 13. 선고 92다18511 판결(공1992, 3128)

44. 지방자치단체가 토지를 권원 없이 도로부지로 점유하는 경우 부당이득의 범위

지방자치단체가 타인 소유의 토지를 아무런 권원 없이 도로부지로 점유, 사용하고 있는 경우, 토지의 점유자로서의 지방자치단체의 이득 및 토지 소유자의 손해의 범위는 일반적으로 토지가 도로로 편입된 사정을 고려하지 않고 그 편입될 당시의 현실적 이용상황을 토대로 하여 산정한 임대료에서 개발이익을 공제한 금액 상당이라 할 것이고 토지소유자가 토지를 취득할 당시 그 토지가 도로부지로 편입되어 지방자치단체가 점유, 사용하고 있어 사권 행사에 제한이 있다는 점을 알고 있었다 하더라도 그러한 사정에 의하여 달리 볼 것은 아니다(1994. 6. 28. 제2부 판결 94다16120 부당이득금).

<판례전문(1994. 6. 28. 제2부 판결 94다16120 부당이득금)>

[원고, 상고인] 이경자 소송대리인 변호사 김인화

[피고, 피상고인] 수원시

[원심판결] 수원지방법원 1994. 2. 15. 선고 93나8631 판결

[주 문] 원심판결을 파기하고 사건을 수원지방법원 합의부에 환송한다.

[이 유] 상고이유를 본다.

원심판결 이유에 의하면, 원심은 피고가 1975. 2. 26. 도시계획결정으로 시점이 수원시 탑동 721구이고 종점이 같은 동 22의 58도인 길이 218미터의 소로인 2류 290호선을 시설함에 있어 실시인가를 받거나 보상 등을 하지 아니한 채 1977. 12. 15. 소외 양도안 소유이던 원판시 이 사건 토지를 지목을 답에서 도로로 변경한 후 그중 원심판결 (가)토지부분에 아스팔트 포장을 하여 일반주민과 차량의 통행에 제공하는 한편 그 지하에 하수로 공사를 시행하는 등 하여 현재까지 이를 점유, 사용하여 온 사실, 원고는 1982. 10. 27. 강제경매절차에서 이 사건 토지를 경락받아 같은 해 12. 28. 소유권이전등기를 경료한 사실을 인정한 다음, 피고는 원고에게 이 사건 (가)토지부분을 권원 없이 점유함으로 인하여 얻게 된 부당이득을 반환할 의무가 있다고 전제하고 나서, 원고가 이 사건 토지를 취득한 것은 이미 도로가 개설된지 상당한 기간이 경과한 후에 이를 알고 취득하였으므로 원고가 이 사건 토지의 소유자로서 이를 사용하지 못하여 입은 손해는 위 토지부분이 도로로 제한받은 상태에서의 차임 상당이라고 판시하였다.

그러나 지방자치단체가 타인 소유의 토지를 아무런 권원 없이 도로부지로 점유, 사용하고 있는 경우, 토지의 점유자로서의 지방자치단체의 이득 및 토지 소유자의 손해의 범위는 일반적으로 토지가 도로로 편입된 사정을 고려하지 않고 그 편입될 당시의 현실적 이용상황을 토대로 하여 산정한 임대료에서 개발이익을 공제한 금액상당이라 할 것이고 토지소유자가 토지를 취득할 당시 그 토지가 도로부지로 편입되어 지방자치단체가 점유, 사용하고 있어 사권 행사에 제한이 있다는 점을 알고 있었다 하더라도 그러한 사정에 의하여 달리 볼 것은 아니라 할 것이다(당원 1992. 9. 22. 선고 92다22343 판결 ; 1993. 8. 24. 선고 92다19804 판결 등 참조).

그러므로 원심이 피고의 원판시 (가)토지부분의 불법점유로 인하여 원고가 입은 손해액을 도로로 제한받은 상태에서의 임료상당액이라고 인정하려면 피고가 이 사건 토지를 점유할 당시에 그 토지가 이미 사실상 도로부지로 사용되고 있었는지를 심리한 후 이 건 손해액을 산정하여야 할 것이다. 원심이 이에 이르지 아니하고 원고가 이 사건 (가)토지부분에 도로가 개설된 지 상당한 기간이 경과한 후에 그와 같은 사정을 알면서 이 사건 토지를 취득하였다는 사정을 들어 이 사건 (가)토지부분에 대한 피고의 점유로 인한 원고의 손해가 도로로 제한받은 상태에서의 차임 상당이라고 판단한 것은 부당이득의 범위에 관한 법리를 오해하고 심리를 다하지 아니한 위법이 있다 할 것이므로 이 점에 대한 논지는 이유 있다.

그러므로 원심판결을 파기하고 사건을 원심법원에 환송하기로 하여 관여 법관
의 일치된 의견으로 주문과 같이 판결한다.

대법관 천경송(재판장) 안우만(주심)
김용준 안용득

참조판례

대법원 1992. 9. 22. 선고 92다22343 판결(공1992, 2978)
1993. 8. 24. 선고 92다19804 판결(공1993하, 2572)
1994. 6. 14. 선고 93다62515 판결(공1994하, 1954)

45. 가. 토지소유자가 택지개발.분할을 위하여 스스로 토지를 일반공중의 통로로 제공함으로써 사용수익권을 포기하였다고 인정한 사례

토지소유자가 분할 전의 토지들을 택지로 개발하여 분할함에 있어 다른 토
지의 효용가치를 높이기 위하여 스스로 일반공중의 통로로 제공함으로써 그
토지에 대한 독점적이고 배타적인 사용수익권을 포기하였다고 인정한 사례.

나. 사실상 도로화되어 주민들에 의해 포장까지 된 토지 위에 지방자치단체가 주차표시, 하수도매설공사를 하였으며 종전에 도시계획상 도로로 지정한 바 있다는 사정만으로 이를 점유.관리하고 있다고 볼 수 없다고 한 사례

토지가 인근 건물의 통로로 제공됨으로써 사실상 도로화되고 그 후 인근 주
민들의 자력으로 도로포장공사가 시행된 후에 지방자치단체가 그 토지 위에
주민들의 편의를 위하여 주차표시를 하고 하수도매설공사를 시행하였으며
종전에 도시계획상 도로로 지정한 바 있다는 사정만으로는 지방자치단체가
그 토지를 도로로 개설하여 점유·관리하고 있다고 볼 수 없다고 한 사례
(1994. 8. 23. 제1부 판결 93다58196 부당이득금반환)

<판례전문(1994. 8. 23. 제1부 판결 93다58196 부당이득금반환)>

[원고, 상고인] 조동형 외 1인

[피고, 피상고인] 서울특별시 성동구 외 1인 소송대리인 변호사 김동환 외 1인

[원심판결] 서울고등법원 1993. 10. 8. 선고 92나67843 판결

[주 문] 상고를 모두 기각한다. 상고비용은 원고들의 부담으로 한다.

[이 유] 상고이유에 대하여 판단한다.

원심은, 이 사건 제 1토지 251평방미터는 서울 성동구 성수동 54 전 739평에서 분할된 토지인데, 서울특별시가 그 분할 전인 1969. 1. 18. 위 제 1토지 부분을 도시계획법에 의하여 소로(소로)로 결정고시한 사실, 위 54토지의 소유자였던 소외 홍귀환은 1972. 7. 26.부터 7. 31. 사이에 위 분할 전의 토지를 이 사건 제 1토지 등 24필지의 토지로 분할하여, 그 중 2필지를 사도로 개설하여 준공하고, 소로로 결정고시된 이 사건 제 1토지와 위 2필지의 사도를 제외한 나머지 토지들은 지목을 대지로 변경하여 모두 택지로 분양, 매각한 사실, 그 후 매수인들이 각 소유지 위에 건축을 하게 되면서 위 소로로 결정고시된 이 사건 제 1토지는 자연발생적으로 인근주민의 통행로로 이용되게 되었고, 1979. 3. 8.에는 지목이 도로로 변경되었으며, 1987.경 새마을사업 등 주민들의 자력사업에 의하여 아스팔트 포장이 되었고, 그 위에 주차선이 표시되어 인근 주민들이 통행하는 통로 겸 주차장소로 이용되고 있는 사실, 이 사건 제 2토지 241평방미터는 원래 서울 중랑구 망우동 87의 2 답 1,125평의 일부였는데, 그 소유자이던 소외 김기배가 1971. 4. 13.부터 위 분할 전의 토지에서 3필지의 토지를 분할하여 지목을 대지로 변경하고 택지로 분양하다가, 그 분양사업이 진행되던 도중인 1974. 4. 20.경 서울특별시가 이 사건 제 2토지 부분을 도로로 도시계획 결정하자 도로예정지로 지정된 부분을 이 사건 제 2토지로, 그 나머지 부분을 24필지로 각 분할하고, 그 분할된 토지 중 이 사건 제 2토지와 다른 2필지의 토지의 지목을 도로로 변경한 후, 그 나머지 분할된 토지들의 지목을 대지로 변경하여 택지로서 분양, 매각한 사실, 그 후 매수인들이 각 소유지에 건축을 하게 되면서 이 사건 제 2토지가 자연발생적으로 인근주민들의 통행로가 되었고, 주민들의 자력사업으로 아스팔트 포장이 행하여졌으며, 서울특별시가 도로 지하에 하수도 공사를 한 사실, 이 사건 제1, 2토지는 위 홍귀환, 김기배가 인근 토지를 택지로 분양함에 있어 분양택지의 건축물로부터 공로에 이를 수 있는 유일한 통로인 사실, 원고 조동형은 1991. 9. 11.에 이 사건 제1 토지를 , 원고 박용선은 같은 해 7. 19.에 이 사건 제2 토지를 각 취득한 사실 등을 인정한 다음, 위 인정사실에 의하면, 이 사건 각 토지는 전 소유자들인 위 홍귀환, 김기배가 위 분할 전의 토지들을 택지로 개발하여 분할함에 있어 다른 토지의 효용가치를 높이기 위하여 스스로 일반 공중의 통로로서 제공함으로써 그 토지에 대한 독점적이고 배타적인 사용수익권을 포기하고 토지소유자들 및 주민들에게 무상으로 통행할 수 있는 권리를 부여하였다고 봄이 상당하고, 또 이 사건 각 토지가 인근 건물의 통로로 제공됨으로써 사실상 도로화되고 그 후 인근주민들의 자력으로 도로포장공사가 시행된 후에 피고들이 이 사건 각 토지 위에 주민들의 편의를 위하여 주차표시를 하고 하수도매설공사를 시행하였으며 종전에 도시계획상 도로로 지정한 바 있다는 사정만으로는 피고들이 이 사건 각 토지를 도로로 개설하여 점유.관리하고 있다고 볼 수도 없다고 판단하였는바, 관계증거들과 기록에 의하면 원심의 위와 같은 인정과 판단은 정당한 것으로 수긍이 되고, 원심판결에 소론과 같이 채증법칙을 위반하여 판결에 영향을 미친 사실을 잘못 인정하거나, 도로의 점유와 부당이득에 관한 법리를 오해한 위법이 있다고 볼 수 없다.

소론이 들고 있는 판례들은 이 사건과 사안을 달리하는 것들로서 이 사건의 적절한 선례가 되지 못한다. 논지는 모두 이유가 없다.

그러므로 상고를 모두 기각하고 상고비용은 패소자들의 부담으로 하여 관여 법관의 일치된 의견으로 주문과 같이 판결한다.

<div align="right">대법관　김석수(재판장)　이돈희
이임수(주심)</div>

46. 채권의 취득이 부당이득 성립요건으로서의 이익이 되는지 여부(적극)

법률상 원인 없이 타인의 재산 또는 노무로 인하여 이익을 얻고 그로 인하여 타인에게 손해를 가하는 이른바 부당이득은 그 수익의 방법에 제한이 없음은 물론, 그 수익에 있어서도 그 어떠한 사실에 의하여 재산이 적극적으로 증가하는 재산의 적극적 증가나 그 어떠한 사실의 발생으로 당연히 발생하였을 손실을 보지 않게 되는 재산의 소극적 증가를 가리지 않는 것으로, 채권도 물권과 같이 재산의 하나이므로 그 취득도 당연히 이득이 되고 수익이 된다(대법원 1996. 11. 22. 선고 96다34009 판결).

47. 동일한 채권에 대하여 두 개 이상의 채권압류 및 전부명령이 제3채무자에게 동시에 송달된 경우 각 채권압류명령의 압류액을 합한 금액이 피압류채권액을 초과하는 경우 당해 전부명령은 채권압류가 경합된 상태에서 발령된 것으로서 무효인지 여부(적극) 및 그 경우 확정일자 있는 채권양도통지가 그 각 채권압류 및 전부명령과 동시에 송달되어 채권양수인과 전부채권자들 사이에 우열이 없는 경우에도 마찬가지인지 여부(적극)

동일한 채권에 대하여 두 개 이상의 채권압류 및 전부명령이 발령되어 제3채무자에게 동시에 송달된 경우 당해 전부명령이 채권압류가 경합된 상태에서 발령된 것으로서 무효인지의 여부는 그 각 채권압류명령의 압류액을 합한 금액이 피압류채권액을 초과하는지를 기준으로 판단하여야 하므로 전자가 후자를 초과하는 경우에는 당해 전부명령은 모두 채권의 압류가 경합된 상태에서 발령된 것으로서 무효로 될 것이지만 그렇지 않은 경우에는 채권의 압류가 경합된 경우에 해당하지 아니하여 당해 전부명령은 모두 유효하게 된다고 할 것이며, 그 때 동일한 채권에 관하여 확정일자 있는 채권양도통지가 그 각 채권압류 및 전부명령 정본과 함께 제3채무자에게 동시에 송달되어 채권양수인과 전부채권자들 상호간에 우열이 없게 되는 경우에도 마찬가지라고 할 것이다(대법원 2002. 7. 26. 선고 2001다68839 판결).

48. 정당한 권원 없이 타인의 토지 일부분 위에 시설물을 설치·소유함으로써 토지소유자가 나머지 토지까지 사용할 수 없게 된 경우, 그 시설물 보유자가 반환할 부당이득의 범위

타인의 토지 위에 정당한 권원 없이 시설물을 설치·소유함으로써 그 시설물에 관련된 법규에 의하여 이격거리를 두어야 하는바, 그로 인하여 나머지 토지 부분이 과소토지로 남게 되어 사실상 소유자가 그 과소토지 부분을 자신이 원하는 용도로 사용할 수 없게 된 경우에, 그 토지의 소유자는 당해 토지 전부에 대한 사용불능으로 인한 손해를 입게 되었다 할 것이고 그 사용불능은 당해 시설물의 설치로 인하여 발생한 것이므로 사회통념상 그 과소토지 부분도 당해 시설물을 설치·소유한 자가 사용·수익하고 있다고 봄이 부당이득제도의 이념인 공평의 원칙에도 부합하므로, 타인의 토지 위에 정당한 권원 없이 시설물을 설치·소유한 자는 사용이 불가능하게 된 그 과소토지 부분을 포함한 당해 토지 전부에 대한 임료 상당의 이득을 소유자에게 반환할 의무를 진다(대법원 2001. 3. 9. 선고 2000다70828 판결).

49. 업무상 재해를 입은 근로자가 사용자가 아닌 제3자로부터 근로기준법 제81조 제1항에 규정된 요양보상에 해당하는 급부를 받은 경우, 사용자는 근로자에 대한 요양보상의무를 면하게 되는지 여부(적극) 및 이로 인한 이득을 위 제3자에게 반환하여야 하는지 여부(적극)

근로기준법 제81조 제1항은 근로자가 업무상 부상 또는 질병에 걸린 경우에 사용자는 그 비용으로 필요한 요양을 행하거나 또는 필요한 요양비를 부담하여야 한다고 규정하고 있는바, 업무상 재해를 입은 근로자가 사용자가 아닌 제3자로부터 근로기준법 제81조 제1항에 규정된 요양보상에 해당하는 급부를 받았다면 근로자로서는 사용자에게 더 이상 업무상 재해로 인한 요양보상청구권을 행사할 수는 없다 할 것이므로 사용자로서는 근로자에게 요양보상에 해당하는 급부를 한 제3자에게 근로자에 대한 요양보상의무를 면하게 됨으로써 얻은 이득을 반환할 의무가 있다(대법원 2005. 4. 28. 선고 2004다12660 판결).

50. 토지 소유자가 임료 상당 부당이득의 반환을 구하는 장래이행의 소를 제기하여 승소판결이 확정된 후 임료가 상당하지 아니하게 되는 등 사정이 있는 경우 새로 부당이득반환을 청구할 수 있는지 여부

[다수의견]

토지의 소유자가 법률상 원인 없이 토지를 점유하고 있는 자를 상대로 장래의 이행을 청구하는 소로서, 그 점유자가 토지를 인도할 때까지 토지를 사용 수익함으로 인하여 얻을 토지의 임료에 상당하는 부당이득금의 반환을 청구하여, 그 청구의 전부나 일부를 인용하는 판결이 확정된 경우에, 그 소송의 사실심 변론종결 후에 토지의 가격이 현저하게 앙등하고 조세 등의 공적인 부담이 증대되었을 뿐더러 그 인근 토지의 임료와 비교하더라도 그 소송의 판결에서 인용된 임료액이 상당하지 아니하게 되는 등 경제적 사정의 변경으로 당사자간의 형평을 심하게 해할 특별한 사정이 생긴 때에는, 토지의 소유자는 점유자를 상대로 새로 소를 제기하여 전소 판결에서 인용된 임료액과 적정한 임료액의 차

액에 상당하는 부당이득금의 반환을 청구할 수 있다고 봄이 상당하다.

[별개의견]

토지의 소유자가 법률상 원인 없이 점유하고 있는 자를 상대로 장래이행의 소로서 임료 상당의 부당이득금반환을 청구하는 사건에 있어서는 당사자는 장래 발생할 임료 상당 부당이득금의 액수에 관하여 구체적으로 주장입증하기가 현실적으로 불가능하기 때문에 그 변동가능성을 어느 정도 예상하면서도 장래 발생할 임료 상당 부당이득금의 액수는 변론종결 당시의 그것과 별 차이가 없으리라는 전제하에서 공격과 방어를 하게 되고, 법원 또한 이러한 전제하에서 그 임료 상당액을 판단하게 되는 것이므로 그 후 경제사정의 변동 등으로 그 액수가 변론종결 당시 예상할 수 없을 정도로 증감되어 전소의 인용액이 도저히 상당하다고 할 수 없을 정도가 되었다면 이러한 사정의 변경은 전소의 변론종결시까지 주장할 수 없었던 사유가 그 후 새로 발생한 것으로 보아야 할 것이어서, 소유자는 증액된 부분을 부당이득반환으로서 구할 수 있고 그 반면에 점유자는 청구이의의 소로서 감액된 부분에 대한 집행력의 배제를 주장할 수 있다 (대법원 1993. 12. 21. 선고 92다46226 판결).

<판례전문(대법원 1993. 12. 21. 선고 92다46226 판결)>

[원고, 상고인] 김완수 소송대리인 변호사 박용석

[피고, 피상고인] 부산직할시 소송대리인 변호사 김인규

[원심판결] 부산고등법원 1992. 9. 24. 선고 92나3182 판결

[주 문] 원심판결을 파기한다.

사건을 부산고등법원에 환송한다.

[이 유] 원고 소송대리인의 상고이유 제2점에 대하여 판단한다.

1. 원심판결의 이유의 요지.

원심은, 이 사건 토지(13필지 5,828㎡)에 관하여 1984. 1. 25. 원고의 명의로 소유권이전등기가 마쳐진 사실, 건설부장관은 1970.9.2. 건설부고시 제428호로 부산시도시계획사업의 일환으로 이 사건 토지에 인접한 부산 중구 영주동 일원의 토지 89,350㎡를 대청공원 부지로 편입고시한 후, 다시 1972. 12. 30. 이 사건 토지를 포함하여 같은 동 일원의 토지72,000㎡를 대청공원 부지에 추가 편입하여 확정고시한 사실, 이에 따라 피고는 1974. 8. 31.부터 위 지역에 난립되어 있던 무허가판자촌 등에 대한 주택개량사업을 실시하는 일방 대청공원 부지 조성사업을 실시하여, 1975년 3월경부터 4월경까지 사이에 대청공원 편입지구를 포함하여 이 사건 토지 중 일부에 옹벽과 철조망의 설치 및 벚꽃나무 단풍나무 등을 식재하는 등 하고, 상주감시원을 고정배치하여 사람들의 출입을 통제함으로써, 적어도 1975. 3.부터 현재까지 이 사건 토지를 대청공원 부지로 점유하여 오고 있는 사실, 한편 원고는 1984.4.경 피고를 상

대로 하여 부산지방법원 84가합1032호로서, 피고의 이 사건 토지에 대한 위와 같은 불법점유에 따른 손해배상책임이 있음을 청구원인으로 하여 금 2,597,031원(원고가 이 사건 토지의 소유권을 취득한 날인 1984.1.25.부터 6. 30.까지의 손해배상금임)및 1984. 7. 1.부터 피고가 이 사건 토지를 인도할 때까지 매월 금 509,632원의 비율에 의한 금원의, 또는 피고가 이 사건 토지를 아무런 권원 없이 점유하고 있는데 따른 부당이득반환채무가 있음을 청구원인으로 하여 같은 금액의 지급을 청구한 사실(원고는 불법점유로 인한 손해배상청구를 주위적 청구로, 부당이득금반환청구를 예비적 청구로 주장하였으나, 이는 실질적으로 선택적청구라고 볼 것이다. 이 뒤에는 "전소"라고 약칭한다),그 후 같은 법원에서 1985. 3. 29. 피고는 원고에게 금1,753,435원 및 1984. 7. 1.부터 이 사건 토지를 매수할 때까지 월 금332,930원의 비율에 의한 금원을 지급하고, 원고의 나머지 청구는 기각한다 라는 판결이 선고되고, 그 판결이 그때쯤 그대로 확정된 사실, 피고는 현재까지 이 사건 토지를 원고로부터 매수하지 아니한 채 계속하여 점유하여 오고 있는 사실 등을 인정한 다음, 전소판결이 확정된 후 경제사정의 변동으로 이 사건 토지의 가격은 6배 내지 10배,임료는 8배이상,지방세법상의 과세시가표준액은 3배가량(148등급 6110원 및 167등급 15,400원에서 174등급 21,700원 및 189등급 45,100원으로) 앙등하였고, 이 사건 토지에 대한 종합토지세가 전소판결에서 인용된 임료액의 4분지1에 육박하는 등 공과금도 급격하고 현저하게 상승하였으며, 피고는 1991. 4경 이 사건 토지의 인근토지를 1984년 감정가격의 8배이상되는 가격으로 수용하고 대청공원내의 사용료를 1984년에 비하여 45.83배나 올려 받고 있으며, 부산직할시의 지가변동율이 3,638배나 되는바, 이와 같은 사정의 변경은 전소의 변론종결당시 예견되지 아니하였거나 예견할 수도 없는 것이라는 등을 이유로, 부당이득반환의무 또는 불법행위로 인한 손해배상책임을 선택적 청구원인으로 하여, 소장부본 송달다음날부터 1991. 12. 31.까지 소장부본 송달일 무렵인 1990. 7. 1.당시의 이 사건 토지에 대한 임료상당액인 월 금 2,869,400원에서 전소판결에서 인용된 월 금 332,930원(원고는 착오로 금 332,900원이라고 주장한다)을 공제한 금원의 지급을 구한다는 원고의 주장에 대하여는 판단을 명시하지 아니한 채 직권으로 다음과 같이 판단하였다.

전소와 이 사건 소는 그 기초적 사실관계가 동일하여 피고의 이 사건 토지에 대한 점유는 법률적관점에 따라 부당이득 및 불법행위가 모두 성립되는 것이고, 또한 전소와 이 사건 소를 전체적으로 비교하여 보면 양자 모두 부당이득 또는 불법행위를 선택적 청구원인으로 주장하고 있어 그 소송목적이 같은 것이며, 나아가 이 사건 소의 부당이득청구부분은 그 청구원인인 법률관계가 부당이득으로서 전소판결과 동일하며(전소판결의 주문기재 중 "토지를 매수할 때까지"라는 표현과 판결이유를 보면 원고의 선택적 청구 중 부당이득청구를 인용하였음이 명백하다), 또한 전소판결에서 원고의 선택적 청구 중 부당이득반환청구의 일부만을 인용하면서 나머지 청구를 기각한 이상, 그 기각부분에는 원고의 부당이득반환청구 중 인용되는 나머지 부분을 기각하는 한편 위 불법행위로 인한 손해배상청구 중 위 인용부분을 넘는 위 기각부분에 상당하는 불법행위로 인한 손해배상청구를

배척하는 취지도 포함되어 있다고 봄이 상당하므로, 원고가 확정된 전소에서 피고의 이 사건 토지의 무단점유 내지 불법점유로 인한 장래의 부당이득반환채권 또는 불법행위로 인한 손해배상채권 중 일부 채권만을 명시하여 청구하고 나머지 채권은 청구하지 아니하였다는 등의 특별한 사정이 있었다는 점에 관하여 아무런 주장·입증이 없는 이 사건에 있어서, 전소의 확정판결의 기판력은 피고의 이 사건 토지의 무단점유 내지 불법점유로 인한 장래의 부당이득반환채권 또는 불법행위로 인한 손해배상채권 전부에 관하여 미친다고 할 것이므로, 원고의 이 사건 소(원심에서 추가된 청구 포함)는 권리보호의 이익이 없어 나머지 점에 관하여는 더 나아가 판단할 필요 없이 부적법 각하되어야 한다는 것이다.

2. 당원의 판단.

토지의 소유자가 법률상 원인 없이 토지를 점유하고 있는 자를 상대로 장래의 이행을 청구하는 소로서, 그 점유자가 토지를 인도할 때까지 토지를 사용·수익함으로 인하여 얻을 토지의 임료에 상당하는 부당이득금(매월 일정한 액)의 반환을 청구하여, 그 청구의 전부나 일부를 인용하는 판결이 확정된 경우에, 그 소송의 사실심 변론종결후에 토지의 가격이 현저하게 앙등하고 조세 등의 공적인 부담이 증대되었을 뿐더러 그 인근 토지의 임료와 비교하더라도 그 소송의 판결에서 인용된 임료액이 상당하지 아니하게 되는 등 경제적사정의 변경으로 당사자간의 형평을 심하게 해할 특별한 사정이 생긴 때에는, 토지의 소유자는 점유자를 상대로 새로 소를 제기하여 전소판결에서 인용된 임료액과 적정한 임료액의 차액에 상당하는 부당이득금의 반환을 청구할 수 있다고 봄이 상당한 바, 그 이유는 다음과 같다.

즉 토지의 소유자가 토지를 법률상 원인 없이 점유하고 있는 자를 상대로 점유자가 토지를 인도할 때까지 계속적으로 발생할 일정한 비율에 의한 장래의 부당이득금의 반환을 청구하는 경우에는, 머지 않은 장래에 토지가 인도될 것으로 예상하여 그 때까지 변론종결당시의 토지의 임료액을 기준으로 산정한 부당이득금의 지급을 청구하는 취지로 이해하는 것이 당사자의 합리적인 의사에 합치하는 것으로 보이는 바, 점유자가 그 후에도 오랫 동안 토지를 인도하지 아니하여 변론종결후에 위와 같이 변론종결 당시 예상하기 어려웠던 특별한 사정이 생김으로써 전소판결에서 인용될 임료액이 적정한 임료액과 비교하여 상당하지 아니하게 되었을 경우에 대비하여 그 차액에 상당하는 부당이득금에 관하여까지 소유자가 전소에서 주장 입증하는 것은 불가능할 뿐만 아니라, "임대물에 대한 공과부담의 증감 기타 경제사정의 변동으로 인하여 약정한 차임이 상당하지 아니하게 된 때에는 당사자는 장래에 대한 차임의 증감을 청구할 수 있다"고 규정하고 있는 민법 제628조의 입법취지 등에 비추어 보면, 전소판결에서 인용된 임료액과 적정한 임료액의 차액에 상당하는 부당이득금은 전소에서 청구하지 아니한 취지라고 보는 것이 정의와 형평의 이념에 부합되므로, 법원도 같은 취지에서 위와 같은 청구에 대하여만 판결을 한 것으로 볼 수 있을 것이고, 따라서 전소의 사실심 변론종결후에 전소판결의 기초가 된 사정이 위와 같이 변경됨으로 말미암아 전소판결에서 인용된

임료액이 현저하게 상당하지 아니하게 된 경우에는, 일부청구임을 명시하지는 아니하였지만 명시한 경우와 마찬가지로 그 청구가 일부청구이었던 것으로 보아, 전소판결의 기판력이 그 일부청구에서 제외된 위 차액에 상당하는 부당이득금의 청구에는 미치지 않는 것이라고 해석함이 옳다고 생각되기 때문이다.

종전에 당원이 1971. 4. 30. 선고 71다430 판결 등에서 이와 다르게 판시한 의견은 변경하기로 한다.

그렇다면 원심으로서는 원고가 주장하는 바와 같이 전소의 변론종결후에 경제적사정이 변경됨으로 말미암아 전소판결에서 인용된 임료액이 상당하지 아니하게 되었는지의 여부에 대하여 심리판단한 다음, 그 결과에 따라 전소판결의 기판력이 이 사건 청구에 미치는지의 여부에 대하여 판단하였어야 할 것임에도 불구하고, 판시한 바와 같은 이유만으로 전소판결의 기판력이 이 사건 청구에 미친다고 판단하고 말았으니, 원심판결에는 일부청구에 관한 법리를 오해하여 심리를 제대로 하지 아니하였거나 기판력에 관한 법리를 오해한 위법이 있다고 할 것이고, 이와 같은 위법은 판결에 영향을 미친 것임이 명백하므로, 이 점을 지적하는 논지는 이유가 있다.

3. 결론.

선택적으로 병합된 수개의 청구를 모두 기각하거나 소를 각하한 항소심판결에 대하여 원고가 상고한 경우, 상고법원이 선택적 청구 중 어느 하나의 청구에 관한 상고가 이유 있다고 인정할 때에는 원심판결을 전부 파기하여야 할 것이므로, 원고 소송대리인의 나머지 상고이유 제1점에 대하여는 판단하지 아니한 채 선택적으로 병합된 수개의 청구에 관한 이 사건 소를 모두 각하한 원심판결을 전부 파기하고 다시 심리판단하게 하기 위하여 사건을 원심법원에 환송하기로, 대법관 박만호 대법관 박준서의 별개의 의견이 있는 외에는, 관여 법관의 의견이 일치되어 주문과 같이 판결한다.

대법관 박만호·대법관 박준서의 별개의견은 다음과 같다.

전소송의 기판력이 이 소송에 미치지 않는다는 점에서는 견해를 같이 하나 그 논거에 있어서는 견해를 달리 하는 바이다.

기판력은 확정판결의 변론종결시를 기준으로 발생하는 것이므로 그 변론종결시까지 주장할 수 없었던 사유가 변론종결 후에 새로이 발생하였다면 이를 다시 주장할 수 있음은 기판력의 시적 범위의 이론상 당연하다 할 것이다.

그런데 토지의 소유자가 법률상 원인 없이 점유하고 있는 자를 상대로 장래이행의 소로서 임료 상당의 부당이득금반환을 청구하는 사건에 있어서는 당사자는 장래 발생할 임료 상당 부당이득금의 액수에 관하여 구체적으로 주장입증하기가 현실적으로 불가능하기 때문에 그 변동가능성을 어느 정도 예상하면서도 장래 발생할 임료 상당 부당이득금의 액수는 변론종결 당시의 그것과 별 차이가 없으리라는 전제하에서 공격과 방어를 하게 되고, 법원 또한 이러한 전제하에서 그 임료 상당액을 판단하게 되는 것이다.

따라서 그 후 경제사정의 변동 등으로 그 액수가 변론종결 당시 예상할 수 없을 정도로 증감되어 전소의 인용액이 도저히 상당하다고 할 수 없을 정도가 되었다면 이러한 사정의 변경은 전소의 변론종결시까지 주장할 수 없었던 사유가 그 후 새로 발생한 것으로 보아야 할 것이어서, 소유자는 증액된 부분을 부당이득반환으로서 구할 수 있고 그 반면에 점유자는 청구이의의 소로서 감액된 부분에 대한 집행력의 배제를 주장할 수 있다 할 것이다.

소유자나 점유자 모두 이와 같이 확정판결의 변론종결 후에 발생한 새로운 사유를 들어 소송을 할 수 있음은 기판력의 표준시가 확정판결의 변론종결시라는 데서 비롯된 것이므로 여기에 다수의견처럼 굳이 유보된 일부청구 의제이론이 등장할 필요가 없다고 본다.

이 사건에 있어서 만약 원고의 주장처럼 전소판결이 확정된 후 이 사건 토지 및 그 인근토지의 가격이 앙등하였고, 그 공과금도 현저하게 상승하였으며, 이 사건 토지에 대한 임료 상당액이 전소판결에서 인용된 금액의 9배 가까이 되었다면, 이는 바로 전소의 변론종결 당시 주장할 수 없었던 사유가 새로이 발생한 경우에 해당한다 할 것이므로, 전소에서의 청구를 일부청구로 볼 수 있는지 여부와 관계없이 기판력의 시적 범위의 이론에 의하여 전소판결의 기판력은 위와 같은 사정변경으로 인하여 증액된 부분의 지급을 구하는 이 사건 청구에는 미치지 아니한다고 보아야 할 것이다.

결국 원심판결에는 심리미진 내지 기판력의 시적 범위에 관한 법리오해의 위법이 있다 할 것이므로 이 점에서 원심판결은 파기를 면할 수 없다 할 것이다.

대법관 장윤관(재판장) 김상원 배만운 안우만 김주한 윤영철 김용준(주심) 김석수 박만호 천경송 정귀호 안용득 박준서

51. 부동산에 대한 점유취득시효가 완성하였으나 아직 소유권이전등기를 경료하지 아니한 자에 대한 소유명의자의 부당이득반환청구의 가부(소극)

부동산에 대한 취득시효가 완성되면 점유자는 소유명의자에 대하여 취득시효완성을 원인으로 한 소유권이전등기절차의 이행을 청구할 수 있고 소유명의자는 이에 응할 의무가 있으므로 점유자가 그 명의로 소유권이전등기를 경료하지 아니하여 아직 소유권을 취득하지 못하였다고 하더라도 소유명의자는 점유자에 대하여 점유로 인한 부당이득반환청구를 할 수 없다(대법원 1993. 5. 25. 선고 92다51280 판결).

52. 확정된 배당표에 의해 배당을 실시한 경우, 배당을 받지 못한 채권자에게 부당이득반환청구권이 있는지 여부(적극)

확정된 배당표에 의하여 배당을 실시하는 것은 실체법상의 권리를 확정하는 것

이 아니므로 배당을 받아야 할 자가 배당을 받지 못하고 배당을 받지 못할 자가 배당을 받은 경우에는 배당에 관하여 이의를 한 여부 또는 형식상 배당절차가 확정되었는지 여부에 관계없이 배당을 받지 못한 채권자는 배당받은 자에 대하여 부당이득반환을 청구할 수 있다(대법원 2004. 4. 9. 선고 2003다32681 판결).

53. **민사소송법 제605조 제1항 소정의 배당요구가 필요한 배당요구채권자가 실체법상 우선변제청구권이 있다 하더라도 적법한 배당요구를 하지 아니하여 배당에서 제외된 경우, 배당받은 후순위채권자를 상대로 부당이득의 반환을 청구할 수 있는지 여부(소극)**

민사소송법 제605조 제1항에서 규정하는 배당요구가 필요한 배당요구채권자는, 압류의 효력발생 전에 등기한 가압류채권자, 경락으로 인하여 소멸하는 저당권자 및 전세권자로서 압류의 효력발생 전에 등기한 자 등 당연히 배당을 받을 수 있는 채권자의 경우와는 달리, 경락기일까지 배당요구를 한 경우에 한하여 비로소 배당을 받을 수 있고, 적법한 배당요구를 하지 아니한 경우에는 비록 실체법상 우선변제청구권이 있다 하더라도 경락대금으로부터 배당을 받을 수는 없을 것이므로, 이러한 배당요구채권자가 적법한 배당요구를 하지 아니하여 그를 배당에서 제외하는 것으로 배당표가 작성·확정되고 그 확정된 배당표에 따라 배당이 실시되었다면 그가 적법한 배당요구를 한 경우에 배당받을 수 있었던 금액 상당의 금원이 후순위채권자에게 배당되었다고 하여 이를 법률상 원인이 없는 것이라고 할 수 없다(대법원 2002. 1. 22. 선고 2001다70702 판결).

54. **부당이득반환청구권과 불법행위로 인한 손해배상청구권 중 어느 하나에 관한 소를 제기하여 승소 확정판결을 받았으나 채권의 만족을 얻지 못한 경우, 나머지 청구권에 관한 이행의 소를 제기할 수 있는지 여부(적극) 및 손해배상청구의 소를 먼저 제기하여 과실상계 등으로 승소액이 제한된 경우, 제한된 금액에 대한 부당이득반환청구권 행사의 허용 여부**

부당이득반환청구권과 불법행위로 인한 손해배상청구권은 서로 실체법상 별개의 청구권으로 존재하고 그 각 청구권에 기초하여 이행을 구하는 소는 소송법적으로도 소송물을 달리하므로, 채권자로서는 어느 하나의 청구권에 관한 소를 제기하여 승소 확정판결을 받았다고 하더라도 아직 채권의 만족을 얻지 못한 경우에는 다른 나머지 청구권에 관한 이행판결을 얻기 위하여 그에 관한 이행의 소를 제기할 수 있다. 그리고 채권자가 먼저 부당이득반환청구의 소를 제기하였을 경우 특별한 사정이 없는 한 손해 전부에 대하여 승소판결을 얻을 수 있었을 것임에도 우연히 손해배상청구의 소를 먼저 제기하는 바람에 과실상계 또는 공평의 원칙에 기한 책임제한 등의 법리에 따라 그 승소액이 제한되었다고 하여 그로써 제한된 금액에 대한 부당이득반환청구권의 행사가 허용되지 않는 것도 아니다(대법원 2013. 9. 13. 선고 2013다45457).

◈ 특수한 부당이득 : 비채변제

제 742 조 【비채변제】

채무없음을 알고 이를 변제한 때에는 그 반환을 청구하지 못한다.

■ § 742. 비채변제

- 채무가 없음에도 행한 변제
- 원칙 : 부당이득의 반환을 청구할 수 있다
- 제한 : ① 협의의 비채변제 채무가 없음에도 불구하고 변제한 자가 그 변제
 를 할 때에 채무가 존재하지 않음을 알고 있었던 경우에는 부당이
 득반환청구를 하지 못한다
 ② 도의관념에 적합한 비채변제(§744)
 ③ 타인의 채무의 변제(§745)
 ④ 변제기전의 변제(§743)
- 관련법조 : [보험료반환청구] 상 §648

1. 의 의

비채변제라 함은 채무가 없음에도 불구하고 변제로서 어떤 급부를 하는 것
을 말한다. 이러한 급부는 법률상의 원인인 채무를 결하고 있는 까닭에 변제
자는 부당이득으로서 그 급부의 목적물의 반환을 청구할 수 있음은 제741조의
일반원칙으로 미루어 보아 당연한 것이다.

그러나 민법은 이 비채변제에 관하여 본조 이하에서 특칙을 두고 반환의 청
구에 대하여 제한하고 있다.

채무가 없음에도 불구하고 채무자로서 변제하는 경우(이것을 협의의 비채변
제(제742조, 제744조)라고 한다), 진정한 채무자가 기한전에 변제하는 경우(제
743조), 제3자가 채무자인데 자기가 채무자로서 변제하는 경우(제745조)의 세
가지가 그것이다.

본조는 「채무가 없음을 알고 이를 변제한 때에는 그 반환을 청구하지 못한
다」고 규정하고 있는데, 이 규정에 의하여 부당이득을 발생시키는 경우를 협

의의 비채변제라 한다.

2. 본조의 적용요건

채무가 없음에도 불구하고 변제를 하는 때에는 전술한 바와 같이 원칙적으로 부당이득을 발생시키지만, 변제자가 그 변제를 할 때에 채무가 존재하지 않았음을 알고 있었던 경우에는 이러한 자에게 특별한 반환청구권을 주어 이를 보호할 필요가 없기 때문에 민법은 비채변제로서 부당이득이 성립하기 위해서는 제741조의 일반요건 이외에 변제자가 변제의 당시에 채무의 부존재를 알지 못하였을 것 및 변제가 도의관념에 적합하지 않을 것도 요건으로 하고 있다. 따라서 협의의 비채변제로서는 다음의 요건을 제구비하여야 한다.

(1) 채무가 존재하지 아니할 것

변제시에 채무가 존재하지 않는 것으로 충분하다. 따라서 그 채권의 발생원인인 법률행위의 무효·취소 등으로 처음부터 채권이 존재하지 않은 경우는 물론, 일단 성립한 채권이 변제·면제 기타의 사유로 후에 이르러 소멸한 경우도 포함한다.

법률행위가 취소되는 경우에는 그 취소가 급부행위 이전에 있었느냐 이후에 있었느냐를 묻지 아니한다.

정지조건부 채권은 조건성립 이전에는 채권이 존재하지 아니한 경우에 해당한다.

시효의 효과를 정지조건적으로 발생하는 것으로 보거나 혹은 단순히 항변권을 발생시키는 데 불과한 것으로 해석(상대적 소멸설)할 때에는 소멸시효에 걸린 채무는 아직 소멸하고 있지 않기 때문에, 비록 채권의 소멸시효의 완성을 모르고 변제하더라도 비채변제로 되지는 않는다.

시효완성을 알고 변제한 때에도 시효이익의 포기로 볼 수 없는 경우가 대부분이므로, 이러한 경우에도 처음부터 비채변제는 되지 않는다.

(2) 변제로서 급부를 하였을 것

변제로서 급부를 한 이상, 설령 그것이 일부급부, 불완전급부라 하더라도 비채변제가 된다. 대물변제도 또한 변제와 같은 효력을 갖기 때문에(제466

조), 본조가 적용된다.

급부는 변제자가 임의로 한 것이어야 하며, 강제집행을 받은 경우와 같은 것은 포함되지 않는다. 임의로 변제한 이상 미리 수령하고 있던 증거금 또는 보증금으로 변제에 충당한 경우에도 비채변제가 성립한다.

다시 말하면 본조가 적용되기 위해서는 '채무 없음을 알고 이를 변제한 것'이어야 한다. 그 의미는 지급자가 채무 없음을 알면서도 임의로 지급한 경우만을 뜻한다. 따라서 채무없음을 알고 있었다고 하더라도 변제를 강제 당한 경우나 변제거절로 인한 사실상의 손해를 피하기 위해서 부득이 변제한 경우처럼, 그 변제가 자기의 자유로운 의사에 반하여 이루어진 것으로 볼 수 있는 사정이 있는 때에는 지급자가 그 반환청구권을 상실하지 않는다(대판 1997. 7. 25. 97다5514).

또 채무없음을 안 때에만 본조가 적용되고, 이를 알지 못한 때에는 그 과실 유무를 불문하고 적용이 없다(대판 1998. 11. 13. 97다58453).

한편, 채무 없음을 알면서도 채무자로서 변제한다는 것은 극히 이례적인 것이므로, 변제자는 채무의 부존재를 입증하여 부당이득반환을 청구할 수 있고, 수령자가 이를 거절하기 위해서는 변제자의 악의를 입증하여야 한다(대판 1962. 6. 28. 429민상1453).

【쟁점사항】

<변제자가 채무 없음을 알면서도 자기의 자유로운 의사에 기해 변제한 경우(임의변제)에 해당하는지 여부가 문제되는 경우>

<1> 임의변제에 해당하는 경우

　(ㄱ) 퇴직금채무 부존재 확인의 소를 제기한 후에 노동청의 지시에 따라 퇴직금을 지급한 때(대판 1979. 11. 27. 78다2487)

　(ㄴ) 원고가 채무 부존재 확인의 소를 제기하여 계속 중 그 채무에 기한 경매가 진행중이어서 그 채무를 변제한 때

<2> 임의변제에 해당하지 않는 경우

　(ㄱ) 부동산에 대한 임의경매절차가 진행되던 중에 피담보채무액을 변제한 행위(대판 2004. 1. 27. 2003다46451)

(ㄴ) 동시이행의 항변권이 있어 이행지체에 따른 손해배상책임을 부담하지 않는데, 매도인(대한주택공사)이 분양대금과 연체료의 미지급을 이유로 계약을 해제한다고 하여 매수인이 계약해제의 결과를 우선으로 피하기 위해 부득이 연체료를 지급한 경우(대판 1997. 7. 25. 97다5541).

(ㄷ) 채무자가 가집행선고 있는 패소판결을 받고 어쩔 수 없이 그 판결에 서 명한 금원을 채권자에게 지급한 경우(대판 1967. 9. 26. 67다1683).

(ㄹ) 납세의무자와 과세관청 사이의 조세법률관계에서 발생한 부당이득에 대해서는 민법상의 비채변제의 규정이 적용되지 않는다(대판 1995. 2. 28. 94다3419).

(3) 변제자가 변제의 당시에 채무의 존재를 알지 못하였을 것

채무의 부존재를 알고 있었음에도 변제를 한 자는 공평의 이상에서 보아 보호할 필요가 없기 때문이다. 그러나 채무의 부존재를 알고 있었더라도 강요에 의하여, 혹은 불합리한 강제집행을 피하기 위하여 기타 어쩔 수 없는 사유로 인하여 진의에 반하여 변제를 한 경우에는 반환의무를 인정하여야 할 것이다.

또 채무의 부존재를 알지 못하였다고 할 때에, 그 부지에 과실이 있었느냐의 여부, 또는 부지가 사실의 오인, 혹은 법률의 오해에 기인하였는가는 불문한다.

채무의 부존재는 부당이득의 일반적 성립요건이기 때문에 원래 변제자에게 입증책임이 있으나 채무의 부존재를 알지 못한 것에 대해서는 변제자가 입증하여야 할 필요는 없다.

변제의 수령자에게 변제자가 채무의 부존재를 알고 있었던 것을 입증케 하여 반환의 채무를 면할 수 있도록 하려는 것이다.

(4) 변제가 도의관념에 적합한 것이 아닐 것.

채무없는 자가 착오로 인하여 변제한 경우에 그 채무가 도의관념에 적합한 것일 때에는 본조가 아닌 제744조에 의해 그 반환을 청구하지 못한다.

▣ 핵심판례 ▣

■ **자유로운 의사에 반한 비채변제와 부당이득 반환청구권의 상실 여부(소극)**

지급자가 채무 없음을 알면서도 지급한 경우에는 민법 제742조 소정의 비채변제로서 수령자에게 그 반환을 구할 수 없으나, 지급자가 채무 없음을 알고 있었다고 하더라도 변제를 강제당한 경우나 변제거절로 인한 사실상의 손해를 피하기 위하여 부득이 변제하게 된 경우 등 그 변제가 자유로운 의사에 반하여 이루어진 것으로 볼 수 있는 사정이 있는 때에는 지급자가 그 반환청구권을 상실하지 않는다(대판 2004. 1. 27 2003다46451).

◆ 특수한 부당이득 : 기한 전의 변제

제 743 조 【기한전의 변제】

변제기에 있지 아니한 채무를 변제한 때에는 그 반환을 청구하지 못한다. 그러나 채무자가 착오로 인하여 변제한 때에는 채권자는 이로 인하여 얻은 이익을 반환하여야 한다.

■ § 743. 변제기 전의 변제

- 변제기에 있지 아니한 채무를 변제한 때에는 그 반환을 청구하지 못한다
- 그러나 채무자가 착오로 인하여 변제한 때에는 채권자는 이로 인하여 얻은 이익을 반환하여야 한다

본조는 변제기 전의 변제에 관하여 규정한 것이다.

변제기가 아직 도래하지 않았더라도 채무는 이미 존재하고 있으므로 채무자가 기한전에 변제하여도 그것은 법률상 원인이 없는 것이라고는 할 수 없으며, 또 채무는 변제에 의하여 소멸하기 때문에 채권자에게 이득이 있다고도 할 수 없다. 따라서 채무자는 급부한 것의 반환을 청구할 수 없음은 당연하며, 본조는 이 당연한 사리를 규정한 것에 지나지 않는다.

그러나 채권자가 변제로서 급부된 것을 변제기까지 이용함으로써 사실상 얻게 되는 이익, 즉 중간이자와 같은 것에 관해서는 법률상의 원인이 없는 것이기 때문에 본조 단서는 채무자가 착오로 인하여 변제기 전이란 사실을 알지 못하고, 즉 변제기가 도래했다고 오신하고서 변제한 경우에 한하며, 그로 말미암아 채권자가 특별히 얻은 이익의 반환을 청구할 수 있다고 규정하고 있다.

변제기 전이라는 사실을 알면서 변제를 하는 것은 기한의 이익을 포기한 것으로 볼 수 있기 때문이다. 또 착오에 의하여 급부를 하였다는 사실은 반환을 청구하는 자에게 입증책임이 있다. 또 본조는 기한의 도래에 의하여 비로소 발생하는 채무에 대해서는 적용되지 아니한다.

▣ 핵심판례 ▣

■ [기한 전의 변제]

1. 가. 민법 제743조 소정의 "착오로 인하여"의 의미 및 변제기 전임을 알면서 변제한 경우 기한의 이익을 포기한 것으로 볼 것인지 여부(적극)

 민법 제743조 소정의 "착오로 인하여"라 함은 변제기 전임을 알지 못하였음을 의미하므로 변제기가 도래했다고 오신하고서 변제한 경우에 한하고 변제기 전임을 알면서 변제한 자는 기한의 이익을 포기한 것으로 볼 것이다.

 나. 중간퇴직처리가 무효인 경우 근로자가 수령한 중간퇴직금에 대한 법정이자 상당액은 부당이득이 된다는 주장을 배척한 원심의 판단이 이유설시에 다소 잘못이 있으나 기한전의 변제로서 결론에 잘못이 없다고 한 사례

 회사의 근로자에 대한 중간퇴직처리가 무효인 경우 근로자가 수령한 중간퇴직금에 대한 법정이자 상당액은 부당이득이 된다는 주장에 대하여 이를 배척한 원심의 판단이 이유설시에 다소 잘못이 있으나 착오에 의하여 변제기 전의 채무를 변제한 것이라고 보기 어렵다 하여 결론에 잘못이 없다고 한 사례 (1991. 8. 13. 제1부 판결 91다6856 퇴직금)

2. 근로의 계속성이 유지되는 동안의 중간퇴직금 지급의 효력(기한의 이익 포기)과 최종퇴직시 퇴직금지급률 결정의 기초가 되는 근로기간(통산근로기간)

 근로자들의 모회사와 자회사에서의 근무를 계속성이 유지되는 단일 기간의 근로로 보는 이상 그 기간 중에 모회사에서 근로자들에게 중간퇴직금을 지급한 바 있다 하더라도, 모회사와 같은 대기업이 그와 같은 중간퇴직처리가 퇴직으로서 아무런 효과가 없다는 것을 모르고 있었다고 보기는 어려우므로, 모회사가 중간퇴직의 무효를 알고서도 회사의 필요에 의하여 이를 강행한 것이라면 이는 변제기 전의 퇴직금에 대하여 기한의 이익을 포기하면서 이를 지급한 것으로 보아야 할 것이다. 따라서 최종 퇴직시의 퇴직금을 산정함에 있어서는 그냥 통산근로기간에 대한 퇴직금지급률을 적용하여 퇴직금을 산정하여야 하는 것이지 중간퇴직금을 지급한 때까지의 기간에 대한 퇴직금지급률을 공제한 퇴직금지급률을 적용하여 그 퇴직금을 산정할 것은 아니다(대판 1997. 3. 28. 95다51397).

3. 사용자가 근로자에 대하여 중간퇴직처리를 하면서 퇴직금을 지급하였으나 그 퇴직처리가 무효로 된 경우, 이미 지급한 퇴직금에 대한 최종퇴직시까지의 법정이자 상당액이 부당이득에 해당하는지 여부(소극)

 사용자가 근로자에 대하여 중간퇴직처리를 하면서 퇴직금을 지급하였으나 그 퇴

직처리가 무효로 된 경우 이는 착오로 인하여 변제기에 있지 아니한 채무를 변제한 경우에 해당한다고 할 수 없으므로, 이미 지급한 퇴직금에 대한 지급일 다음 날부터 최종퇴직시까지의 연 5푼의 비율에 의한 법정이자 상당액은 부당이득에 해당하지 않는다(대법원 2005. 2. 25. 선고 2004다34790 판결).

◈ 특수한 부당이득 : 도의관념에 적합한 비채변제

제 744 조 【도의관념에 적합한 비채변제】

채무없는 자가 착오로 인하여 변제한 경우에 그 변제가 도의관념에 적합한 때에는 그 반환을 청구하지 못한다.

■ § 744. 도의관념에 적합한 비채변제

• 채무의 부존재를 알지 못했다고 할지라도 그 변제가 도의관념에 적합한 것인 때에는 부당이득은 성립하지 않는다

본조는 도의관념에 적합한 비채변체의 효력에 관한 규정이다.

채무 없는 자가 착오로 인하여, 즉 채무 없음을 모르고 변제한 때에는 제742조가 적용되지 않으므로 그 반환을 청구할 수 있다.

그러나 그 경우에도 그 변제가 도의관념에 적합한 것일 때에는 본조에 의해 그 반환을 청구하지 못한다.

예컨대 법률상의 부양의무 없는 자가 그 의무가 있다고 오신하여 부양한 때에는 비채변제이기는 하지만 사회의 도의관념에 부합하므로 본조에 의하여 부당이득이 되지 않으며 따라서 그 반환을 청구할 수 없게 된다.

그러나 변제자가 채무없음을 알고 있었으나 도의상 변제해야겠다고 생각하고 임의로 변제한 때에는 제742조에 의한 일반적인 비채변제가 됨을 주의하여야 한다.

▣ 핵심판례 ▣

■ [도의관념에 적합한 비채변제]

1. 가. 경리담당 이사대우의 융통어음발행으로 인하여 회사가 입게 된 손해에 대한 배상책임유무

　　갑이 을회사의 경리담당 이사대우로 근무하면서 을회사의 하도급업체인 병회사의 자금조달편의를 위하여 병회사로부터 당좌수표를 교부받고 을회사명의의 약속어음을 발행하여 주었다가 위 당좌수표가 부도되어 병회사에게 발행

교부하여 지급한 위 약속어음액면금상당을 회수하지 못함으로써 을회사가 손해를 입게 된 경우, 갑이 위 융통 어음을 발행함에 있어서 병 회사의 자산상태나 사업전망 등을 고려하여 을회사의 자금지원방침과 달리 그 자금지원요청을 거절할 수 있었다거나 또는 병회사에 부도가 발생하면 을회사가 그 자금지원을 중단할 것이라는 사정을 예견하면서도 을회사에게 아무런 보고도 하지 아니한 채 자금지원을 계속하였다는등 갑의 책임에 돌아가야 할 특별한 사정이 없다면 을회사의 방침에 따라 어음발행의 실무만을 담당하고 있음에 불과한 갑에게 바로 그로 인한 손해를 배상할 책임이 있다고 단정할 수 없다.

나. 손해배상책임이 있는 것으로 잘못 알고서 그 손해금으로 변제한 행위의 비채변제 해당여부

을회사가 위 융통어음 발행에 있어 갑에게 책임을 추궁하자 갑이 자기에게 배상책임이 있는 것으로 잘못 알고서 그 손해금의 일부변제로 금원 등을 지급하였다면 이는 비채변제에 해당하게 되므로 다른 특별한 사정이 없는한 갑은 부당이득을 원인으로 그 반환을 구할 수 있으며 갑의 위 변제행위를 도의관념에 적합한 비채변제에 해당하는 것이라고도 속단할 수 없다(1987. 9. 29. 제3부 판결 87다카1137 보관금반환).

2. 위탁교육 후의 의무재직기간 근무 불이행시 급여를 반환토록 한 약정에 따라 이루어진 급여 반환이 민법 제742조의 비채변제 또는 제744조의 도의관념에 적합한 비채변제에 해당하지 않는다고 본 사례

위탁교육 후의 의무재직기간 근무 불이행시 급여를 반환토록 한 약정에 따라 근로자가 연수기간 중 지급받은 급여 일부를 반환한 사안에서, 그 급여 반환이 반환의무 없음을 알면서 자유로운 의사에 기하여 이루어진 것이 아니라는 이유로 민법 제742조의 비채변제에 해당하지 아니하고, 나아가 그와 같은 강행법규에 위반한 무효의 약정에 기한 채무의 변제를 민법 제744조의 도의관념에 적합한 비채변제라고 할 수도 없다고 한 사례(대법원 1996. 12. 20. 선고 95다52222, 52239 판결).

◆ 특수한 부당이득 : 타인채무의 변제

제 745 조【타인의 채무의 변제】

① 채무자아닌 자가 착오로 인하여 타인의 채무를 변제한 경우에 채권자가 선의로 증서를 훼멸하거나 담보를 포기하거나 시효로 인하여 그 채권을 잃은 때에는 변제자는 그 반환을 청구하지 못한다.

② 전항의 경우에 변제자는 채무자에 대하여 구상권을 행사할 수 있다.

■ § 745. 타인의 채무의 변제

- 자기의 채무라고 오신하여 타인의 채무를 변제한 때
- 원칙 : 부당이득의 반환을 청구할 수 있다
- 제한 : 채권자가 유효한 변제라고 믿고 채권증서를 훼멸했거나 담보를 포기하거나 시효로 채권을 상실한 때에는 변제자는 채권자에 대한 부당이득반환청구권을 상실한다
- 채무자에 대해 부당이득반환청구권을 행사

본조는 타인의 채무변제에 관하여 그 반환을 청구할 수 없는 경우를 규정한 것이다. 타인의 채무인 것을 알면서 제3자의 변제로서 이행한 것은 원칙적으로 유효하다(제469조). 그러나 타인의 채무를 자기의 채무라고 오신하여 변제한 경우에는 타인을 위하여 변제한 것이 아니므로 유효한 제3자의 변제가 될 수 없고, 채권도 소멸하지 않기 때문에 채권자는 부당하게 이익을 얻게 되므로, 변제자는 언제나 부당이득의 반환청구권을 갖게 되는 것이 원칙이다.

다만 이 원칙을 그대로 관철한다면 채권자는 제3자의 변제에 의하여 채권이 소멸한 것이라고 오신하고, 그 때문에 불측의 손해를 입을 우려가 있다. 따라서 민법은 채권자가 오신의 결과 채권증서를 없애버리거나, 담보를 포기하거나 또는 시효로 인하여 그 채권이 소멸한 경우에는 채권자를 보호하기 위하여 변제자에게 반환청구권을 인정하지 않는 것으로 하였다.

이러한 경우에는 채권자는 진실한 채무자에 대하여 그 채권을 행사하는 것이 불능하게 되든가 혹은 그 행사가 현저하게 곤란해져 버리기 때문이다.

여기에서 이른바 증서의 훼멸이라 함은 반드시 유형적으로 증서를 파훼한 경우에 한하지 않고 증서를 채무자 또는 변제자에게 반환한 경우와 같이 채권자가 이제는 그것을 자유롭게 입증방법으로서 사용할 수 없게 된 모든 경우를 포함한다.

또 채권자가 변제에 의하여 소멸하였다고 오신한 결과 그 채권을 잃은 때에도, 그 채권을 발생시킨 것과 동일한 사실관계에 관해 동일채무자에 대하여 경합하는 다른 채권(예컨대 연대채무·보증채무)이 있고, 이를 행사함으로써 채권의 만족을 얻을 수 있는 경우에는 본조는 적용이 되지 아니한다.

그리고 본조 제1항이 적용된 결과, 변제자가 채권자에 대하여 부당이득반환청구권을 잃은 경우에는 채권자는 급부된 것을 정당하게 보유할 수 있게 된다. 따라서 변제시가 아니라 본조 1항 소정의 사유가 발생된 때에 채권은 목적도달에 의하여 소멸하는 것으로 해석한다.

그리고 이 경우에 변제가 유효하게 된 결과, 진정한 채무자는 채무를 면하게 되고 변제자의 손실로 부당이득을 하는 결과가 된다. 따라서 민법은 변제자와 채무자 사이의 형평을 위하여 변제자는 채무자에 대하여 구상권을 행사할 수 있다고 규정하는 바 이러한 구상권의 성질도 제3자에 대한 부당이득반환청구권이라고 해석하는 것이 타당하다.

◾ **핵심판례** ◾

■ **[타인의 채무의 변제]**

가. **갑이 공장을 매수할 당시 매도인인 을의 전기요금 체납사실을 알지 못하였는데, 병이 전기공급을 해주지 아니하므로 이를 공급받기 위하여 부득이 인수하지도 아니한 을의 체납 전기요금채무를 그 반환청구권을 유보하고 변제한 경우 민법 제742조의 비채변제에 해당하지 않는다고 본 사례**

갑이 공장을 매수할 당시 매도인인 을의 전기요금 체납사실을 알지 못하였는데, 병이 전기공급을 해주지 아니하므로 이를 공급받기 위하여 부득이 인수하지도 아니한 을의 체납 전기요금채무를 그 반환청구권을 유보하고 변제하였다면 매수 당시부터 그 체납사실을 알면서도 이를 매수한 경우와 달리 민법 제742조의 비채변제에 해당하지 않는다고 본 사례

나. 민법 제745조의 규정 취지

민법 제745조 소정의 비채변제는 채무자가 아닌 제3자가 타인의 채무를 자기의 채무로 오신하고 착오로 변제한 경우에 채권자가 선의로 증서를 훼멸하는 등으로 그 채권을 잃은 때에는 채권자를 위하여 착오로 변제한 변제자의 부당이득반환청구권을 제한하는 취지이다(1992. 2. 14. 제3부 판결 91다17917 부당이득금).

◈ 특수한 부당이득 : 불법원인급여

제 746 조 【불법원인급여】

불법의 원인으로 인하여 재산을 급여하거나 노무를 제공한 때에는 그 이익의 반환을 청구하지 못한다. 그러나 그 불법원인이 수익자에게만 있는 때에는 그러하지 아니하다.

■ § 746. 불법원인급여

- 본문 : 불법의 원인으로 인하여 재산을 급여하거나 노무를 제공한 때에는 그 이익의 반환을 청구하지 못한다
- 단서 : 그 불법원인이 수익자에게만 있는 때에는 그러하지 아니하다

1. 총 설

불법원인급여라 함은 불법한 원인에 기하여 행해진 급여를 말한다.

예컨대 도박에 진 자가 이긴 자에게 금액을 지급한다거나 인신매매의 대가를 지급하는 경우이며, 민법은 이러한 경우에 관하여 「불법의 원인으로 인하여 재산을 급여하거나 노무를 제공한 때에는 그 이익의 반환을 청구하지 못한다. 그러나 그 불법원인이 수익자에게만 있는 때에는 그러하지 아니하다」라고 규정하고 있다.

본조는 제103조와 표리관계에 있다는 것이 통설과 판례의 입장이다. 즉 103조는 반사회질서의 법률행위를 무효로 정하는데, 제746조는 제103조에 기해 급부가 이루어진 경우에 법적 보호, 즉 무효를 이유로 한 부당이득의 반환청구를 거절함으로써 제103조의 취지를 실현하는 것(소극적으로 법적 정의를 유지하는 관계)을 목적으로 한다(대판 1994. 12. 22. 93다55234).

2. 본조 본문 적용의 요건

(1) 「불법」한 원인이 있을 것

먼저 「불법」이란 무엇을 의미하는 가에 관하여 학설이 대립하고 있다.

① 선량한 풍속 기타 사회질서 위반뿐만 아니라 강행법규 위반을 포함한다는 견해(이은영), ② 선량한 풍속 위반만을 의미한다는 견해, ③ 선량한 풍속 기타 사회질서 위반만을 의미한다는 견해가 그것이다. 통설과 판례는 제103조와 같이 선량한 풍속 기타 사회질서 위반만을 불법으로 이해한다. 즉 강행법규에 위반하는 경우라도 그것이 선량한 풍속 기타 사회질서에 위반하지 않는 경우에는 이는 불법원인급여에 해당하지 않는다고 한다(대판 1983. 11. 22. 83다430).

본조는 제103조에 대응하는 규정이며, 본조는 급부를 받은 자로 하여금 그 급부를 보류시키는 결과를 인정하는 것이기 때문에 제103조 보다도 그 범위가 좁다고 할 수 있다.

따라서 본조에서 이른바「불법」이란 제103조의「선량한 풍속 기타 사회질서」의 위반, 즉 사회질서위반을 의미하며 강행법규위반은 포함되지 않는다고 해석할 수 있다. 따라서 강행법규에 위반하는 경우에도 그것이 사회질서에 위반되는 것으로 평가되는 것에 한해 본조가 적용된다. 이것이 통설·판례(대판 2004. 9. 3. 2004다27488·27495)의 입장이다.

【쟁점사항】

<불법원인급여의 요건으로서의 '불법'의 의미>

부당이득의 반환청구가 금지되는 사유로 민법 제746조가 규정하는 불법원인이라 함은 그 원인되는 행위가 선량한 풍속 기타 사회질서에 위반하는 경우를 말하는 것으로서, 법률의 금지에 위반하는 경우라 할지라도 그것이 선량한 풍속 기타 사회질서에 위반하지 않는 경우에는 이에 해당하지 않는다.

(2) 급부의「원인」이 불법일 것

일반적으로 어떤 급부가 행해짐에 있어서는 먼저 그에 선행하는 기본행위가 존재하고, 급부는 이 선행하는 법률행위에 기하여 행해지는 것이 보통이다. 그리고 이 경우 이 기본행위가 급부의 원인이 되기 때문에 기본행위가 선량한 풍속 기타 사회질서에 위반하는 때에는 그 이행을 위하여 행하여진 급부는 불법원인급여가 된다.

(3) 현실적으로「급부」가 행해질 것

급부가 완료된 것이어야 한다. 따라서 단지 채무를 부담하는 것만으로는 이에 해당하지 않는다. 동산의 경우에는 점유의 이전이, 부동산은 소유권이 전등기가 이루어진 때에 급부가 있는 것으로 된다. 부동산 등기가 경료된 때에도 그것이 무효의 등기인 때에는 급부가 있었다고 할 수 없다(대판 1966. 5. 31. 66다531).

여기에서 급부라 함은 반환을 청구하려고 하는 자의 자유의사에 의하여 행해진 재산적 가치의 출연이다.

재산적 가치란 물권·채권 등의 권리의 이전 외에 무형의 이익, 예컨대 가옥에 거주하는 이익, 교통기관을 이용하거나 연극을 관람하는 이익 등 적어도 금전으로 평가할 수 있는 이익을 포함한다.

3. 제746조의 적용범위

본조는 불법행위에 기한 손해배상의 청구라는 형식으로 그 회복을 청구하는 경우에도 적용되는가가 문제된다.

예컨대 지폐위조의 비법을 알고 있다는 속임수에 빠져 공동으로 위조하기로 하고 자금을 제공하였으나, 그 자금을 편취당한 경우에 편취당한 자가 편취자에 대하여 사기에 의한 손해배상을 청구하는 경우와 같이 타인의 불법행위를 주장하여 손해배상을 청구함에 있어서, 자기도 불법한 급부를 하였다는 것을 진술하여야 하는 경우가 이에 해당한다.

본조가 사회적 타당성이 없는 행위를 한 자에게는 그 회복의 청구를 허용하지 않으려는 취지라고 한다면 이 경우에도 본조를 적용하여 그 배상청구를 거절하여야 할 것이다.

한편 소유권에 기한 반환청구도 부정되는지가 문제되는바 이와 관련하여 판례는 "민법 제746조는 단지 부당이득제도만을 제한하는 것이 아니라 동법 제103조와 함께 사법의 기본이념으로서, 결국 사회적 타당성이 없는 행위를 한 사람은 스스로 불법한 행위를 주장하여 복구를 그 형식 여하에 불구하고 소구할 수 없다는 이상을 표현한 것이므로, 급여를 한 사람은 그 원인행위가 법률상 무효라 하여 상대방에게 부당이득반환청구를 할 수 없음은 물론 급여한 물

건의 소유권은 여전히 자기에게 있다고 하여 소유권에 기한 반환청구도 할 수 없고 따라서 급여한 물건의 소유권은 급여를 받은 상대방에게 귀속된다(대판 1979. 11. 13. 79다483)"고 판시한 바 있다.

4. 본조 적용의 효과

(1) 원칙 : 급부의 반환청구 불가

급부자는 그의 급부로 수령자가 받은「이익」의 반환을 청구하지 못한다 (제746조 본문).

(2) 예외(제746조 단서)

1) 불법원인이 수익자에게만 있는 경우

본조 단서는「그 불법원인이 수익자에게만 있는 때에는 그러하지 아니하다」라고 규정하여, 이러한 경우에는 일반적인 원칙에 의히여 급부한 것의 반환청구를 인정하고 있다.

이 단서가 적용되는 경우는 법률행위의 당사자 일방에게만 있는 반사회적인 이유 때문에 행위의 내용이 반사회적 색채를 띠게 된다거나, 제103조에 의하여 행위 전체가 무효로 취급되는 경우이다.

예컨대 범죄를 범하려는 자에게 이를 막기 위하여 금전을 준다거나, 혹은 공무원으로 하여금 정당한 직무를 행하게 하기 위하여 금전을 지급한다는 계약과 같은 경우가 이에 해당한다.

그런데 이러한 경우에 있어서는 법률행위 전체로서는 반사회성을 가지고 있기 때문에 제103조가 적용되어야 함에도 불구하고, 그것이 반사회성을 띠게 된 이유가 수령자측에 있고, 그 급부를 급부자에 결부시켜 보더라도 거기에 반사회성이 있다고는 할 수 없으며, 그 심정에서도 비난할 만한 것을 발견할 수 없기 때문에 급부자에게 회복을 인정하는 것으로 한 것이나, 어떠한 경우에「불법원인이 수익자에게만 있다」고 할 것인가에 관해서는 대략 다음과 같은 기준으로 나누어 볼 수 있다.

① 급부자측에 불법의 인식이 있는가의 여부,

② 불법원인급여가 되는 근거는 급부자를 보호하는데 있기 때문에 반환청구를 거절하고서는 그 목적을 달성할 수 없게 되는 경우인가의 여부,

③ 급부자와 수익자 쌍방의 불법성을 고려하여 수익자의 불법성이 급부자의 불법성에 비하여 현저하게 크다고 볼 수 있는가 하는 등이다.

2) 급부자에게도 불법원인이 있지만 수익자의 불법성이 현저히 큰 경우

가. 판례의 태도

판례는 "민법 제746조에 의하면 급여가 불법원인급여에 해당하고 급여자에게 불법 원인이 있는 경우에는 수익자에게 불법 원인이 있는지의 여부나 수익자의 불법 원인의 정도 내지 불법성이 급여자의 그것보다 큰지의 여부를 막론하고 급여자는 그 불법원인급여의 반환을 구할 수 없는 것이 원칙이나, 수익자의 불법성이 급여자의 그것보다 현저히 크고 그에 비하면 급여자의 불법성은 미약한 경우에도 급여자의 반환 청구가 허용되지 않는다고 하는 것은 공평에 반하고 신의성실의 원칙에도 어긋나므로 이러한 경우에는 민법 제746조 본문의 적용이 배제되어 급여자의 반환 청구는 허용된다고 해석함이 상당하다"고 한다(대판 1997. 10. 24. 95다49530·49547).

나. 수익자의 불법성 급부자에 비해 현저히 크다고 하며 제746조 단서를 적용하여 반환청구를 인정한 사례

① 사기로 인한 내기도박에 져 주택을 양도한 경우

급여자가 수익자에 대한 도박 채무의 변제를 위하여 급여자의 주택을 수익자에게 양도하기로 한 것이지만 내기바둑에의 계획적인 유인, 내기바둑에서의 사기적 행태, 도박자금 대여 및 회수 과정에서의 폭리성과 갈취성 등에서 드러나는 수익자의 불법성의 정도가 내기바둑에의 수동적인 가담, 도박 채무의 누증으로 인한 도박의 지속, 도박 채무 변제를 위한 유일한 재산인 주택의 양도 등으로 인한 급여자의 불법성보다 훨씬 크다고 보아 급여자로서는 그 주택의 반환을 구할 수 있다(대판 1997. 10. 24. 95다19530·49547).

② 명의신탁된 토지임을 알면서 수탁자를 권유하여 매매계약을 체결하고, 그 대금을 지급하였는데, 수탁자가 그 계약을 체결할 당시의 명의신탁 해지를 원인으로 신탁자로부터 소유권이전등기의 청구의 소를 제기당하여 패소판결을 받은 경우(대판 1993. 12. 10. 93다12947).

▣ 핵심판례 ▣

■ [불법원인급여]

1. 가. 불법의 원인으로 인하여 금원을 급여한 자가 그 금원의 급여가 단순히 임치한 것임을 전제로 반환을 구할 수 있는지 여부(소극)

민법 제746조의 규정취지는 민법 제103조와 함께 사법의 기본이념으로 사회적 타당성이 없는 행위를 한 사람은 그 형식 여하를 불문하고 스스로 한 불법행위의 무효를 주장하여 그 복구를 소구할 수 없다는 법의 이상을 표현한 것이고 부당이득반환청구만을 제한하는 규정이 아니므로 불법의 원인으로 인하여 금원을 급여한 사람이 그 금원의 교부가 단순히 임치한 것임을 전제로 이의 반환을 구하는 것도 허용되지 아니한다.

나. 도지사에게 청탁하여 택시운송사업면허를 받아줄 것을 부탁하면서 도지사에 대한 청탁교제비조로 금원을 교부한 것이 민법 제746조 단서의 "그 불법원인이 수익자에게만 있는 때"에 해당하는지 여부(소극)

도지사에게 청탁하여 택시운송사업면허를 받아줄 것을 부탁하면서 도지사에 대한 청탁 교제비조로 금원을 교부한 것은 변호사법 제78조 제1호에 해당되는 행위로서 민법 제746조 소정의 불법원인급여에 해당하고 위 법조 제746조 단서의 "그 불법원인이 수익자에게만 있는 때"에 해당된다고 할 수 없다.

다. 위 "나"항의 금원을 교부할 당시에 그 면허를 취득하지 못하게 될 경우 금원을 반환하여 주기로 한 약정의 효력 유무(소극)

위 "나"항의 금원을 교부할 당시에 그 면허를 취득하지 못하게 될 경우 금원을 반환하여 주기로 약정하였다 하더라도 이와 같은 약정은 결국 불법원인급여물의 반환을 구하는 범주에 속하는 약정이라 할 것이며 이는 사회질서에 반하는 법률행위로서 무효라 할 것이다(1991. 3. 22. 제3부 판결 91다520 보관금).

2. 제746조와 제103조와의 관계

민법 제746조가 규정하는 불법원인이라 함은 그 원인될 행위가 선량한 풍속 기타 사회질서에 위반하는 경우를 말하는 것으로서 설사 법률의 금지에 위반하는 경우라 할지라도 그것이 선량한 풍속 기타 사회질서에 위반하지 않는 경우에는 이에 해당하지 않는다(대판 1983. 11. 22. 83다430).

3. 부동산실권리자명의등기에관한법률에 위반되어 무효인 명의신탁약정에 기하여 경료된 타인 명의의 등기가 불법원인급여에 해당하는지 여부(소극)

부동산실권리자명의등기에관한법률이 규정하는 명의신탁약정은 부동산에 관한 물

권의 실권리자가 타인과의 사이에서 대내적으로는 실권리자가 부동산에 관한 물권을 보유하거나 보유하기로 하고 그에 관한 등기는 그 타인의 명의로 하기로 하는 약정을 말하는 것일 뿐이므로, 그 자체로 선량한 풍속 기타 사회질서에 위반하는 경우에 해당한다고 단정할 수 없을 뿐만 아니라, 위 법률은 원칙적으로 명의신탁약정과 그 등기에 기한 물권변동만을 무효로 하고 명의신탁자가 다른 법률관계에 기하여 등기회복 등의 권리행사를 하는 것까지 금지하지는 않는 대신, 명의신탁자에 대하여 행정적 제재나 형벌을 부과함으로써 사적자치 및 재산권보장의 본질을 침해하지 않도록 규정하고 있으므로, 위 법률이 비록 부동산등기제도를 악용한 투기·탈세·탈법행위 등 반사회적 행위를 방지하는 것 등을 목적으로 제정되었다고 하더라도, 무효인 명의신탁약정에 기하여 타인 명의의 등기가 마쳐졌다는 이유만으로 그것이 당연히 불법원인급여에 해당한다고 볼 수 없다(대판 2003. 11. 27. 2003다41722).

4. 불법원인급여의 성립 여부 및 효력

가. 영리를 목적으로 윤락행위를 하도록 권유·유인·알선 또는 강요하거나 이에 협력하는 것은 선량한 풍속 기타 사회질서에 위반되므로 그러한 행위를 하는 자가 영업상 관계 있는 윤락행위를 하는 자에 대하여 가지는 채권은 계약의 형식에 관계없이 무효라고 보아야 한다.

나. 부당이득의 반환청구가 금지되는 사유로 민법 제746조가 규정하는 불법원인이라 함은 그 원인되는 행위가 선량한 풍속 기타 사회질서에 위반하는 경우를 말하는 것인바, 윤락행위 및 그것을 유인·강요하는 행위는 선량한 풍속기타 사회질서에 위반되므로, 윤락행위를 할 자를 고용·모집하거나 그 직업을 소개·알선한 자가 윤락행위를 할 자를 고용·모집함에 있어 성매매의 유인·강요의 수단으로 이용되는 선불금 등 명목으로 제공한 금품이나 그 밖의 재산상 이익 등은 불법원인급여에 해당하여 그 반환을 청구할 수 없다(대판 2004. 9. 3. 2004다27488·27495).

5. 가. 수익자의 불법성이 급여자보다 현저히 큰 경우 급여자의 부당이득반환청구의 허부

수익자의 불법성이 급여자의 그것보다 현저히 크고, 그에 비하면 급여자의 불법성은 미약한 경우에도 급여자의 반환청구가 허용되지 않는다고 하는 것은 공평에 반하고 신의성실의 원칙에도 어긋난다고 할 것이므로, 이러한 경우에는 민법 제746조 본문의 적용이 배제되어 급여자의 반환청구는 허용된다고 해석함이 상당하다.

나. 부동산의 명의수탁자가 그 부동산을 매도한 것이 반사회적 법률행위로서 무효인 경우 매도인인 명의수탁자의 불법성이 매수인의 불법성보다 크다고 하여 매수인의 매매대금반환청구를 인용한 사례

부동산의 명의수탁자가 그 부동산을 매도한 것이 반사회적 법률행위로서 무효인 경우 매도인인 명의수탁자의 불법성이 매수인의 불법성보다 크다고하여 매수인의 매매대금반환청구를 인용한 사례(1993. 12. 10. 제3부 판결 93다12947 손해배상(기)).

6. 강제집행을 면할 목적으로 부동산을 명의신탁하는 것이 불법원인급여에 해당하는지 여부

불법원인급여를 규정한 민법 제746조 소정의 "불법의 원인"이라 함은 재산을 급여한 원인이 선량한 풍속 기타 사회질서에 위반하는 경우를 가리키는 것으로서, 강제집행을 면할 목적으로 부동산의 소유자명의를 신탁하는 것이 위와 같은 불법원인급여에 해당한다고 볼 수는 없다(1994. 4. 15. 제3부 판결 93다61307 소유권이전등기).

<판례전문(1994. 4. 15. 제3부 판결 93다61307 소유권이전등기)>

[원고, 피상고인] 김문치 소송대리인 변호사 임창원

[피고, 상고인] 고학자 소송대리인 변호사 김기천

[원심판결] 제주지방법원 1993. 11. 4. 선고 92나1100 판결

[주 문] 상고를 기각한다.

상고비용은 피고의 부담으로 한다.

[이 유] 상고이유 제1, 2점을 함께 본다.

원심판결의 판시이유를 기록에 의하여 살펴본바, 원고가 피고에게 이 사건 토지를 판시와 같은 경위로 명의신탁한 것이지 원고의 피고에 대한 채무의 대물변제조로 양도한 것이 아니라고 인정한 원심의 조치는 정당한 것으로 수긍이 되고, 그 과정에 소론과 같이 채증법칙을 위반하거나 심리를 다하지 아니하여 사실을 오인한 잘못이 있다고 볼 수 없다. 논지는 모두 원심의 전권에 속하는 증거의 취사판단과 사실의 인정을 비난하는 데에 지나지 않으므로 이를 받아들일 수 없다.

상고이유 제3점을 본다.

불법원인급여를 규정한 민법 제746조 소정의 "불법의 원인"이라 함은 재산을 급여한 원인이 선량한 풍속 기타 사회질서에 위반하는 경우를 가리키는 것으로서, 강제집행을 면할 목적으로 부동산의 소유자명의를 신탁하는것이 위와같은 불법원인급여에 해당한다고 볼 수는 없을 것이므로(당원1980. 4. 8. 선고 80다1판결,1991. 3. 12. 선고 90다18524판결등참조).이와 반대의 견해에서 원심판결을 비난하는 논지도 이유 없다.

그러므로 상고를 기각하고 상고비용은 패소자의 부담으로 하여 관여 법관의 일치된 의견으로 주문과 같이 판결한다.

대법관 박준서(재판장) 김상원
윤영철(주 심) 박만호

참조판례

대법원 1980. 4. 8. 선고 80다1 판결(공1980, 12777)
1991. 3. 12. 선고 90다18524 판결(공1991, 1175)

7. 공무원의 직무에 관하여 청탁하고 그 보수로 지급한 돈의 반환을 목적으로 발행된 약속어음의 효력

당사자의 일방이 상대방에게 공무원의 직무에 관한 사항에 관하여 특별한 청탁을 하게 하고 그에 대한 보수로 돈을 지급할 것을 내용으로 한 약정은 사회질서에 반하는 무효의 계약이고, 따라서 민법 제746조에 의하여 그 대가의 반환을 청구할 수 없으며, 나아가 그 돈을 반환하여 주기로 한 약정도 결국 불법원인급여물의 반환을 구하는 범주에 속하는 것으로서 무효이고, 그 반환약정에 기하여 약속어음을 발행하였다 하더라도 채권자는 그 이행을 청구할 수 없다(대법원 1995. 7. 14. 선고 94다51994 판결).

8. 가. 불법원인급여에 관한 민법 제746조의 규정취지 및 불법의 원인으로 금원을 급여한 사람이 송금위탁계약에 기한 급여임을 전제로 해제를 주장하여 금원의 반환을 구할 수 있는지 여부(소극)

불법원인급여에 관한 민법 제746조의 규정취지는 민법 제103조와 함께 사법의 기본이념으로 사회적 타당성이 없는 행위를 한 사람은 형식 여하를 불문하고 스스로 한 불법행위의 무효를 주장하여 복구를 소구할 수 없다는 법의 이상을 표현하는 것이고 부당이득반환청구권만을 제한하는 규정이 아니므로 불법의 원인으로 인하여 금원을 급여한 사람이 금원의 교부가 송금위탁계약에 기한 것으로 이의 해제를 전제로 반환을 구하는 것도 허용되지 아니한다.

나. 관세포탈의 범죄를 저지르기 위한 비밀송금행위가 불법원인급여에 해당하는지 여부(적극)

송금액에 해당하는 수입품에 대한 관세포탈의 범죄를 저지르기 위하여 환전상 인가를 받지 아니한 자에게 비밀송금을 위탁한 행위는 선량한 풍속 기타 사회질서에 반하는 행위로서 민법 제746조 소정의 불법원인급여에 해당한다(대법원 1992. 12. 11. 선고 92다33169 판결).

9. 가. 불법원인급여로서 반환을 청구하지 못하는 "이익"의 의미

민법 제746조에서 불법의 원인으로 인하여 급여함으로써 그 반환을 청구하지 못하는 이익은 종국적인 것을 말한다.

나. 도박자금 채무의 담보를 위하여 근저당권설정등기를 경료한 경우, 근저당설정자가 민법 제746조에도 불구하고 그 말소를 청구할 수 있는지 여부

도박자금으로 금원을 대여함으로 인하여 발생한 채권을 담보하기 위한 근저당권설정등기가 경료되었을 뿐인 경우와 같이 수령자가 그 이익을 향수하려면 경매신청을 하는 등 별도의 조치를 취하여야 하는 경우에는, 그 불법원인급여로 인한 이익이 종국적인 것이 아니므로 등기설정자는 무효인 근저당권설정등기의 말소를 구할 수 있다(대법원 1995. 8. 11. 선고 94다54108 판결).

10. 불법원인급여와 물권적 청구권의 행사

민법 제746조는 단지 부당이득제도만을 제한하는 것이 아니라 동법 제103조와 함께 사법의 기본이념으로서, 결국 사회적 타당성이 없는 행위를 한 사람은 스스로 불법한 행위를 주장하여 복구를 그 형식 여하에 불구하고 소구할 수 없다는 이상을 표현한 것이므로, 급여를 한 사람은 그 원인행위가 법률상 무효라 하여 상대방에게 부당이득반환청구를 할 수 없음은 물론 급여한 물건의 소유권은 여전히 자기에게 있다고 하여 소유권에 기한 반환청구도 할 수 없고 따라서 급여한 물건의 소유권은 급여를 받은 상대방에게 귀속된다(대법원 1979. 11. 13. 선고 79다483 전원합의체 판결).

<**판례전문(대법원 1979. 11. 13. 선고 79다483 전원합의체 판결)**>

[원고, 피상고인] 원고

[피고, 상고인] 피고 소송대리인 변호사 조석조

[원 판 결] 부산지방법원 1979. 2. 23. 선고 78나232 판결

[주 문] 상고를 기각한다.

상고 소송비용은 피고의 부담으로 한다.

[이 유] 피고 소송대리인의 상고이유 제1점을 본다.

민법 제746조는 불법의 원인으로 인하여 재산을 급여한 때에는, 그 이익의 반환을 청구하지 못한다고 규정하고 있는 바, 일반의 법리에 따른다면, 불법의 원인에 의한 급여는, 법률상의 원인이 없는 것이되므로, 부당이득이 되어 그 이익의 반환을 청구할 수 있게 되는 것이나, 이러한 청구를 인정하는 것은, 법의 이념에 어긋나는 행위를 한 사람의 주장을 시인하고 이를 보호하는 것이 되어, 공평의 이념에 입각하고 있는 부당이득제도의 근본취지에 어긋날 뿐만 아니라, 법률 전체의 이념에도 어긋나게 되기 때문에, 이 규정은 선량한 풍속, 기타 사회질서에 위반한 사항을 내용으로 하는 법률행위를 무효로 하는 민법 제103조와 표리를 이루어, 사회적 타당성이 없는 행위를 한사람을 보호할 수 없다는 법의 이념을 실

현하려고 하는 것이다 .

이리하여 민법 제746조는 민법 제103조와 함께 사법의 기저를 이루는 하나의 큰 이상의 표현으로서 이것이 비록 민법 채권편 부당이득의 장에 규정되어 있기는 하나, 이는 일반적으로 사회적 타당성이 없는 행위의 복구가 부당이득의 반환청구라는 형식으로 주장되는 일이 많기 때문이고, 그 근본에 있어서는 단지 부당이득제도만을 제한하는 이론으로 그치는 것이 아니라, 보다 큰 사법의 기본 이념으로 군림하여, 결국 사회적 타당성이 없는 행위를 한 사람은 그 스스로 불법한 행위를 주장하여, 복구를 그 형식 여하에 불구하고 소구할 수 없다는 이상을 표현하고 있는 것이라고 할 것이다 .

따라서 급여를 한 사람은 그 원인행위가 법률상 무효라 하여 상대방에게 부당이득을 원인으로 한 반환청구를 할 수 없음은 물론, 그 원인행위가 무효이기 때문에 급여한 물건의 소유권은 여전히 자기에게 있다고 하여, 소유권에 기한 반환청구도 할 수 없는 것이고, 그리하여 그 반사적 효과로서 급여한 물건의 소유권은 급여를 받은 상대방에게 귀속하게 되는 것이라고 해석함이 타당하다고 할 것이다.

이 사건에서 보건대 원심은 제1심 판결을 인용한 그 판결이유에서, 이 사건 임야는 원래 피고의 아버지 소외 인의 소유였는데, 그가 원고와 불륜의 내연관계를 맺고 그 대가로 원고에게 이를 증여하여, 소유권이전등기를 넘겨 주었다는 취지의 사실을 인정한 다음, 그렇다면 원고는 민법 제 746조에 의하여 그대로 그 소유권을 취득한다고 하여, 원고앞으로 된 위 소유권이전등기가 불법원인급여를 원인으로 한 것이기 때문에 무효라는 취지의 피고의 주장을 배척하고 있는 바, 원심의 위와 같은 판단은 결과적으로 위의 설시와 같은 취지로 보여지므로 정당하고, 거기에 소론과 같은 불법원인급여의 법리를 오해한 위법이 있다고 할수 없으므로, 논지는 이유없고, 이 법원이 종전의 다른 판결(대법원 1960. 9. 15 선고 4293민상57 판결 ; 1977. 6. 28 선고 77다728 판결등)에서, 이와 다르게 판시한 의견은 모두 이 판결로써 변경하기로 한다 .

같은 상고이유 제2점을 본다.

소론은 사실심인 원심의 전권사항에 속하는 증거의 취사와 사실의 인정을 들어 원심판결을 비난하는 취지로 밖에 보여지지 아니하는 바, 원심판결이 인용한 제1심 판결을 기록에 의하여 살펴보더라도 그 판시와 같은 사실을 인정하는데에 거친 채증의 과정에 소론과 같은 채증법칙을 어긴 잘못이 있음을 찾아 볼 수 없고, 그밖에 심리를 다하지 아니하였거나 이유를 제대로 갖추지 아니한 허물이 있다고도 할 수 없다.

논지는 이유없다.

따라서 이 상고는 이유없으므로 이를 기각하기로 하고, 상고 소송비용은 패소자의 부담으로 하여, 상고이유 제1점에 대한 대법원판사 양병호, 임항준 및 김윤

행의 반대의견을 제외하고 일치된 의견으로 주문과 같이 판결한다.

대법원판사 양병호, 임항준 및 김윤행의 반대의견은 다음과 같다.

민법 746조는 부당이득의 장에 규정되어 있는 부당이득의 반환청구권에 관한 조문인 바, 채권적 청구권인 부당이득반환청구권을 제한하는 위 법조가 채권적청구권과는 전연 그 근거를 달리하는 물권적 청구권까지를 제한하는 효력이 있다 함은 논리의 비약을 넘어서 법의 규정을 떠난 해석이라고 아니할 수 없다.

원래 민법 746조의 규정을 둔 것은 자기가 불법행위를 하였다는 것을 이유로 하여 권리의 주장을 한다는 것은 우리의 정의감에 반하는 것이므로 동 규정을 두어 다만 청구자가 자기의 불법행위를 청구의 근거로 삼는 것만을 막아 보자는 것뿐이므로 동 조문이 있다 하여 법률상 이를 저지할 아무런 이유가 없는 다른 청구권까지를 모조리 봉쇄할 수 있다는 해석은 나올 도리가 없다 할 것이다.

즉 물상청구권을 행사함에 있어서는 자기의 소유권만을 주장하면 족하고, 불법행위가 있었다는 것은 법률상의 청구원인으로 할 필요가 없을 것이니 이와 같이 자기에게 불법원인이 있다는 주장은 전연 없이 다만 소유권에 기하여 하는 청구가 어떠한 근거로 당사자가 주장도 하지도 않는 불법원인으로 인한 급부라 하여 이를 저지할 수 있을 것인가.

다수의견은 소유권에 기한 청구권도 배척하여 수익자에게 권리가 귀속되게 하는 것이 사법의 기저를 이루는 이상의 표현이라고 설시하였으나 불법원인으로 인한 급부가 이루어지는 경우에는 대개 수익자에게도 불법원인으로 수령하는 경우가 많고 경우에 따라서는 급부자의 불법행위보다도 수령자에게 더욱 중한 불법행위가 있는 경우도 있을 것인데, 이러한 경우에 동 행위는 민법 103조에 위배되어 수령자가 그 소유권을 취득할 수가 없는데 급부자의 반환청구 불능이라는 반사적 효과로 법에 근거없이 수령자가 권리를 취득하는 결과가 된다는 것은 공평의 이념에 맞는다고도 할 수 없고 법률의 이상의 표현이라고는 더욱 보기 어렵다 할 것이요 차라리 급부자에게 원상회복시켜 양자가 다 법률상 근거없는 이득을 취할 수 없게 하는 편이 훨씬 공평의 이념에 부합하는 결과가 된다고 아니할 수 없다.

대법관 이영섭(재판장) 주재황 민문기 양병호 한환진 임항준 안병수 김윤행
　　　　　이일규 강안희 라길조 김용철 유태흥 정태원 서윤홍

◈ 부당이득의 반환방법

제 747 조【원물반환불능한 경우와 가액반환, 전득자의 책임】

① 수익자가 그 받은 목적물을 반환할 수 없는 때에는 그 가액을 반환하여야 한다.

② 수익자가 그 이익을 반환할 수 없는 경우에는 수익자로부터 무상으로 그 이익의 목적물을 양수한 악의의 제3자는 전항의 규정에 의하여 반환할 책임이 있다.

■ § 747. 반환의 객체

- 원물반환의 원칙
- 원물을 반환할 수 없을 때에는 그 가액을 반환하여야 한다
- 이득자가 무자력인 경우에는 악의의 무상전득자가 반환책임을 진다

선의의 수익자는 그 받은 이익이 현존하는 한도에서 반환하면 된다.

(1) 원물반환

이득의 원물을 수익자가 그대로 가지고 있는 때에는 그 원물을 반환하여야 한다. 그것이 훼손되어 있더라도 훼손된 그대로 반환하면 된다.

(2) 가액반환

1) 의 의

수익자가 법률상 원인 없이 이득한 재산을 처분하여 원물을 반환할 수 없는 때에는 그 가액을 반환하여야 한다(제747조 1항). 이 경우 반환하여야 할 가액은 특별한 사정이 없는 한 그 처분 당시의 대가이다(대판 1995. 5. 12. 94다2555).

2) 관련문제

가. 부당이득 반환의 범위에서 지출비용 및 운용이익이 공제되어야 하는지 여부

일반적으로 수익자가 법률상 원인 없이 이득한 재산을 처분함으로 인하

여 원물반환이 불가능한 경우에 있어서 반환하여야 할 가액은 특별한 사정이 없는 한 그 처분 당시의 대가이나, 이 경우에 수익자가 그 법률상 원인 없는 이득을 얻기 위하여 지출한 비용은 수익자가 반환하여야 할 이득의 범위에서 공제되어야 하고, 수익자가 자신의 노력 등으로 부당이득한 재산을 이용하여 남긴 이른바 운용이익도 그것이 사회통념상 수익자의 행위가 개입되지 아니하였더라도 부당이득된 재산으로부터 손실자가 당연히 취득하였으리라고 생각되는 범위 내의 것이 아닌 한 수익자가 반환하여야 할 이득의 범위에서 공제되어야 한다. 따라서 정당한 권원 없이 타인 소유 임야에서 굴취한 토석을 제방성토 작업장에 운반·사용하고 그 재료비, 노무비, 경비 등을 합하여 토석성토대금으로 받은 경우, 노무비, 경비 명목 부분을 반환이득의 범위에서 제외된다(대판 1995. 5. 12. 94다25551).

나. 반환할 물건의 가격이 오른 경우 오른 가격으로 계산하여 가액반환을 하여야 하는지 여부

부당이득의 반환청구에 있어서 반환할 물건은 현물반환을 원칙으로 하나, 현물반환이 불능일 때에는 그 가격을 반환할 것이며(반환할 물건이 대체물인 경우에도 마찬가지이다), 그 반환의무의 범위는 특별한 사정이 없는 한 그 매각대금이라 할 것이고, 그 후에 물건의 가격이 앙등하였다고 하며 앙등한 가격으로 계산한 금액이 이득이라고 할 수 없다(대판 1965. 4. 27. 65다181).

(3) 수익자가 그 이익을 반환할 수 없는 경우

원물반환이 불가능한 경우에 그 수익자가 원물을 무상으로 제3자에게 양도하였고, 또한 그 양수인이 악의인 때에는 그 제3자(양수인)는 원물을 손실자에게 반환하여야 한다.

따라서 그러한 악의의 전득자는 원물을 반환할 수 있으면 원물을, 그것이 불가능하면 그 가액을 반환할 의무가 당연히 있게 된다. 그러한 악의의 제3자는 보호할 필요가 없기 때문이다.

▣ 핵심판례 ▣

■ 채권의 취득이 부당이득 성립요건으로서의 '이익'에 해당되는지 여부

부당이득이 성립되는 경우 그 부당이득의 반환은 법률상 원인 없이 이득한 것을 반환하여 원상으로 회복하는 것을 말하므로, 법률상 원인 없이 제3자에 대한 채권을 취득한 경우, 만약 채권의 이득자가 이미 그 채권을 변제받은 때에는 그 변제받은 금액이 이득이 되어 이를 반환하여야 할 것이나, 아직 그 채권을 현실적으로 추심하지 못한 경우에는 손실자는 채권의 이득자에 대하여 그 채권의 반환을 구하여야 하고 그 채권 가액에 해당하는 금전의 반환을 구할 수는 없으며, 이는 결국 부당이득한 채권의 양도와 그 채권 양도의 통지를 그 채권의 채무자에게 하여 줄 것을 청구하는 형태가 된다(대판 1995. 12. 5. 95다22061).

◈ 수익자가 반환하여야 할 이득의 범위

제 748 조 【수익자의 반환범위】

① 선의의 수익자는 그 받은 이익이 현존한 한도에서 전조의 책임이 있다.

② 악의의 수익자는 그 받은 이익에 이자를 붙여 반환하고 손해가 있으면 이를 배상하여야 한다.

■ § 748. 선의의 수익자와 악의의 수익자의 반환범위

• 이득의 반환의무
• 선의의 수익자 반환의무 : 선의의 수익자는 현존이익의 범위내에서 반환의무
 를 가진다
• 악의의 수익자 반환의무 : 악의의 수익자는 받은 이익에 이자를 붙이고 그
 외에도 손해가 있으면 배상하여야 한다

본조는 부당이득의 수익자가 반환하여야 할 이득의 범위에 관하여 규정한 것이다.

부당이득의 효과는 이득자가 손실자에 대하여 이득반환의무를 부담하는 것이다. 그 반환의무의 범위는 이익자가 선의냐 악의냐에 따라 다르다.

(1) 선의의 수익자의 반환범위

선의의 수익자의 반환범위의 범위는 본조 1항에 의하여 「이익이 현존하는 한도」, 즉 현존이익에 한정된다. 그리고 여기에서 선의라 함은 법률상의 원인없음을 알지 못한 것을 의미하며 과실 유무는 불문한다.

한편 법인이 수익자인 경우에 선의 혹은 악의의 판단은 법률상 원인 없음에 대한 대표기관의 지 혹은 부지를 기준으로 한다(대판 2002. 2. 5. 2001다66369). 비록 수익 당시에는 선의였다고 하더라도 그 후 법률상 원인이 없음을 알게 된 때에는 그때부터 악의의 수익자가 되고(제749조 1항), 부당이득반환청구소송에서 패소한 때에는 소를 제기한 때로 소급하여 악의의 수익자로 취급된다(본조 2항).

가. 현존이익의 의의

반환하여야 할 현존이익이란 수익으로서 받은 목적물 자체 또는 그 가액으로서 남아 있는 것을 말한다. 예컨대 급부받은 물건을 매각하여 그 대금을 가지고 있거나 금전을 이득하여 은행에 예금한 경우에는 현존이익이 있다고 판단된다.

나. 현존이익의 기준시기

어느 때를 기준으로 현존이익을 정할 것인지가 문제되는데, 악의의 수익자와 구별되어 지는 때, 즉 부당이득반환을 청구하거나 또는 그 소를 제기한 때를 기준으로 하여야 한다고 해석하는 것이 통설이다. 현존이익의 반환청구를 받은 때로부터 지체책임을 진다(대판 1995. 11. 21. 94다45753).

다. 반환하여야 할 현존이익의 범위

① 현존이익을 정하는 데 있어서 수익자가 그 이득을 얻기 위하여 지출한 비용을 공제하여야 하고, 또 수익자가 부당이득한 재산을 이용하여 남긴 운용이익도 그것이 통상 발생할 것이 아닌 한 공제하여야 한다(대판 1995. 5. 12. 94다2551).

② 선의의 점유자는 점유물의 과실을 취득하므로 '원물반환'을 하는 때에는 과실을 반환할 필요가 없다. 따라서 과실에 준하는 사용이익도 반환할 필요가 없다(대판 1981. 9. 22. 81다233).

③ 부당이득은 타인의 손해를 한도로 그 이익을 반환하는 것이므로(제741조), 손해이익이 이득액보다 적을 경우에는 손해액의 한도에서만 반환하면 된다(대판 1982. 5. 25. 81다카1061). 반대로 손해액이 이득액보다 많더라도 이득액만 반환하면 된다.

라. 이익의 현존의 입증책임

다수설은 이익의 현존은 추정되므로 수익자가 현존이익이 없음을 입증해야 한다고 한다. 판례는 이익의 현존은 추정될 수 없어 반환청구권자에게 입증책임이 있으나, 금전인 경우에는 이익의 현존이 추정된다고 한다(대판 1970. 2. 10. 69다2171).

(2) 악의의 수익자의 반환범위

부당이득에 있어서 법률상 원인없이 어떤 이익을 취득하고 있음을 알면서 수익을 한 자이다. 악의의 수익자의 이득반환의 범위는 선의의 수익자의 경우보다 넓어서, 그 받은 이익에 이자를 붙여 반환하고 손해가 있으면 이를 배상하여야 한다.

▣ 핵심판례 ▣

■ [수익자의 반환범위]

1. 부당이득에서 수익자의 선·악의를 결정하는 기준

부당이득의 수익자가 선의이냐 악의이냐 하는 문제는 오로지 법률상 원인 없는 이득임을 알았는지의 여부에 따라 결정되는 것이므로, 매매계약이 매도인의 기망행위를 이유로 하여 취소된 것이라고 하더라도 그 사유를 들어 매수인의 수익자로서의 악의성을 부정할 수 없으며 또 매수인의 가액반환의무가 그와 대가관계에 있는 매도인의 매매대금반환채무와 서로 동시이행관계에 있다고 하여 이를 달리 볼 것도 아니다(1993. 2. 26. 제3부(카) 판결 92다48635 계약금반환 48642 매매잔대금).

2. 전부명령이 확정된 후 그 집행권원인 집행증서의 기초가 된 법률행위 중 전부 또는 일부에 무효사유가 있는 것으로 판명된 경우, 위 무효 부분에 관한 집행채권자의 부당이득반환의무 성립 여부(적극) 및 그 반환 방법

채무자 또는 그 대리인의 유효한 작성촉탁과 집행인낙의 의사표시에 터잡아 작성된 공정증서를 집행권원으로 하는 금전채권에 대한 강제집행절차에서, 비록 그 공정증서에 표시된 청구권의 기초가 되는 법률행위에 무효사유가 있다고 하더라도 그 강제집행절차가 청구이의의 소 등을 통하여 적법하게 취소·정지되지 아니한 채 계속 진행되어 채권압류 및 전부명령이 적법하게 확정되었다면, 그 강제집행절차가 반사회적 법률행위의 수단으로 이용되었다는 등의 특별한 사정이 없는 한, 단지 이러한 법률행위의 무효사유를 내세워 확정된 전부명령에 따라 전부채권자에게 피전부채권이 이전되는 효력 자체를 부정할 수는 없고, 다만 위와 같이 전부명령이 확정된 후 그 집행권원인 집행증서의 기초가 된 법률행위 중 전부 또는 일부에 무효사유가 있는 것으로 판명된 경우에는 그 무효 부분에 관하여는 집행채권자가 부당이득을 한 셈이 되므로, 그 집행채권자는 집행채무자에게, 위 전부명령에 따라 전부받은 채권 중 실제로 추심한 금전 부분에 관하여는 그 상당액을 반환하여야 하고, 추심하지 아니한 나머지 부분에 관하여는 그 채권 자체를 양도하는 방법에 의하여 반환하여야 한다(대법원 2005. 4. 15. 선고 2004다70024

판결).

3. 민법 제749조 제2항 소정의 소의 의미와 본권에 관한 소에서 패소한 점유자의 악의인정

민법 제749조 제2항 소정의 「그 소」라 함은 부당이득을 이유로 그 반환을 구하는 소를 가리키지만 한편 민법 제197조 제2항의 규정에 의하여 토지소유권이전등기의 말소청구소송의 패소자는 승소자가 위 소송을 제기한 때로부터 위 토지에 대한 악의의 점유자로 간주된다(대법원 1987. 1. 20. 선고 86다카1372 판결).

◆ 수익자가 악의로 인정되는 경우

제 749 조【수익자의 악의인정】

① 수익자가 이익을 받은 후 법률상 원인 없음을 안 때에는 그때부터 악의의 수익자로서 이익반환의 책임이 있다.

② 선의의 수익자가 패소한 때에는 그 소를 제기한 때부터 악의의 수익자로 본다.

■ § 749. 수익자의 선의, 악의

- 수익자가 이익을 받은 후 그것이 법률상 원인없는 것임을 안 때에는 그때부터 악의의 수익자가 되고 악의자로서의 책임을 진다
- 선의의 수익자가 패소한 때에는 그 소를 제기한 때로부터 악의의 수익자가 된다

수익자가 악의로 되는 시기는

(1) 수익자가 이익을 받은 때에는 선의였더라도 그 후 법률상 원인없음을 안 때로부터 악의의 수익자로서 반환책임을 진다. 즉 수익자가 급부를 받을 당시에는 부당이득인 것을 모르고 있다가 그 후에 부당이득이란 것을 알게 된 때에는 그 때로부터 악의의 수익자가 되는 것이므로 급부받은 이익에 이자를 붙여 반환하고 손해가 있으면 이를 배상하여야 한다. 그러므로 부당이득인 것을 알기 이전에 그 급부받은 이익이 소멸된 때에는 이를 반환하거나 손해를 배상할 의무가 없다. 수익자가 언제부터 악의의 수익자가 되는가는 원고가 입증하여야 한다.

(2) 선의의 수익자가 패소한 때에는 그 소를 제기한 때부터 악의의 수익자로 본다. 그러므로 급부자에 대한 반환의무의 범위도 변제받은 이득에 소송제기 이후의 이자를 부가하여야 하고, 이로 인하여 손해가 있으면 이를 배상하여야 한다. 그러나 소송제기전에 수익자가 선의로 한 양도 기타의 처분행위에는 아무 영향이 없다. 따라서 소송의 제기전에 급부한 이익이 소멸하면 반환의무를 면한다.

▣ 핵심판례 ▣

■ [수익자의 악의 인정]

민법 제749조 제2항 소정의 소의 의미와 본권에 관한 소에서 패소한 점유자의 악의인정

민법 제749조 제2항 소정의 「그 소」라 함은 부당이득을 이유로 그 반환을 구하는 소를 가리키지만 한편 민법 제197조 제2항의 규정에 의하여 토지소유권이전등기의 말소청구소송의 패소자는 승소자가 위 소송을 제기한 때로부터 위 토지에 대한 악의의 점유자로 간주된다(1987. 1. 20. 제1부 판결 86다카1372 도로사용료).

제 5 장 불법행위

불법행위(delictum, tort, unerlaubte Handlung, acte illicite, delit(civil))는 고의 또는 과실로 인한 위법행위로 타인에게 손해를 입히는 행위이다(제750조). 불법 행위로 인하여 생긴 손해는 가해자가 배상하여야 되며 이 손해배상의무는 계약 과 더불어 채권발생의 원인이 되는 양대지주가 되고 있다.

(1) 성립요건 : 일반적 불법행위의 성립요건은 다음과 같다.

① 가해자에게 고의·과실이 있을 것 : 이것은 과실책임주의의 표현으로서, 최근에는 대기업의 발전과 더불어 무과실책임주의가 증가하는 추세이다.

② 행위자(가해자)에게 책임능력이 있을 것 : 자기행위의 책임을 변식할 능 력이 없는 미성년자와 심신상실자는 불법행위책임을 부담하지 아니한다 (제753조, 제754조).

③ 위법성이 있을 것 : 구민법은 이에 해당하는 요건을 권리침해라고 했으 나 현행 민법은「위법행위」라는 용어를 사용하여 가해행위가 객관적으 로 보아 권리침해 여하를 불문하고 위법이며 타인의 이익을 침해하였을 경우에는 불법행위가 성립되게 하였다. 위법성을 결정함에는 침해된 이 익(피침해이익)과 침해하는 행위(침해행위)의 태양과의 양면을 비교하여 생각하지 않으면 안되는 바, 이 요건은 불법행위의 요건으로서 실제상 가장 중요한 것이다. 그리고 일반적으로 위법성이 있는 경우라 할지라도 정당방위·긴급피난·자력구제·사무관리·권리의 정당한 행사 등의 사 유가 있을 경우에는 위법성이 조각된다.

④ 손해가 발생할 것 : 손해에는 재산상 손해와 정신적 손해를 모두 포함한다.

⑤ 가해행위와 손해 발생과의 사이에 인과관계가 존재할 것(이른바 상당인 과관계를 필요로 한다) : 특수한 불법행위에 대하여서는 타인의 행위에 대한 책임을 인정하고 또 고의·과실의 입증의 책임을 전환하거나 무과 실책임을 인정하기도 하여 그 성립요건이 특수화되어 있다(제755조~제 760조).

특수한 불법행위에는 민법상 다음 다섯가지이다.

(ㄱ) 책임무능력자를 감독하는 자의 책임(§755)

(ㄴ) 피용자의 행위에 대한 사용자의 책임(§756)

(ㄷ) 공작물을 점유 또는 소유하는 자의 책임(§758)

(ㄹ) 동물의 점유자의 책임(§759)

(ㅁ) 공동불법행위(§760)

그리고 민법 이외의 특별법에 의한 특수불법행위로서는 근로기준법상의 재해보상, 광업법상의 광해배상 등이 있으며, 여기에는 무과실책임이 인정된다.

(2) 효과 : 불법행위에 의하여 피해를 당한 자는 손해배상청구권을 취득한다.

그 내용은 채무불이행으로 인한 손해배상청구권의 내용과 비슷하다. 배상의무자는 원칙적으로 가해자인데, 특수불법행위에서는 가해자 이외의 사람(사용자·감독자 등)에게 배상의무가 과하여지는 경우가 있다. 배상의 방법은 금전배상을 원칙으로 하지만, 예외적으로 원상회복을 인정하는 경우가 있다(제764조). 또한 손해배상청구권은 3년의 소멸시효에 걸린다(제766조). 또 불법행위를 이유로 하는 손해배상청구권에 관해서는 태아는 이미 출생한 것으로 본다(제762조).

◈ 불법행위의 요건

제 750 조 【불법행위의 내용】

고의 또는 과실로 인한 위법행위로 타인에게 손해를 가한 자는 그 손해를 배상할 책임이 있다.

■ § 750. 불법행위

- 고의 또는 과실로 인한 위법행위로 타인에게 손해를 가한 자는 그 손해를 배상할 책임이 있다
- 성립요건 : ① 가해자에게 고의 또는 과실이 있을 것
 ② 가해자에게 책임능력이 있을 것
 ③ 가해행위가 입법할 것
 ④ 가해행위에 의해 손해가 발생했을 것
- 관련법조 : [법인의 불법행위책임] 상 §210, §269, §389, §567, [근로자재해보상] 근로기준 §78~§92, [불법행위에 대한 특칙] 헌 §29②, 국가배상법, 헌 §28, 형사보상법, 우편 §38~§45, 자동차손해배상보장법 §3, §4, 부정경쟁방지법 §1, 광업 §75~§82, 저작권 §123~§129의5, [범죄로 인한 물적 피해 등의 배상명령] 소송촉진 §25, [불법행위 기준법] 국제사법 §32

1. 불법행위의 개념

불법행위라 함은 타인에게 손해를 주는 위법한 행위이며, 가해자는 피해자에 대하여 그 행위로 말미암아 생긴 손해를 배상하여야 할 채무를 부담하는 것이라고 설명하는 것이 일반적이다.

법문에서도 행위자의 고의 또는 과실로 인한 위법행위로 타인에게 손해를 가한 자는 그 손해를 배상할 책임이 있다고 규정하고 있다.

어쨌든 타인의 신체를 상해한다거나 타인의 물품을 파괴함으로써 타인에게 손해를 가하는 것이 그 예이며, 이러한 경우에 가해자는 피해자에 대하여 손해배상채무를 부담하게 된다. 이러한 의미에서 불법행위는 손해배상채무의 발생원인인 것이다.

민법은 채권발생원인으로서 계약·사무관리·부당이득·불법행위의 4종을 들고 있으나, 특히 불법행위는 계약 다음으로 중요한 채권발생원인이다.

2. 불법행위의 일반적 성립요건

일반 불법행위의 성립요건을 약술하면 다음과 같다.

(1) 행위자에게 고의 또는 과실이 있을 것

이것은 과실책임의 원칙을 나타낸 것이나, 민법이 고의와 과실을 구별하지 아니하고 동일한 책임을 지게 하는 것은, 민사책임이 손해의 전보를 중요한 목적으로 하고 있기 때문이다.

이 민사책임의 목적은 최근 위험한 기업이 성행함에 따라 강조되어, 무과실책임의 주장이 현저해진 것은 이미 전술한 바이다.

(2) 행위자에게 책임능력이 있을 것

의사능력 없는 미성년자나 심신상실자는 불법행위의 책임을 지지 아니하고(제753조, 제754조) 감독의무자가 대신 책임을 진다(제755조).

(3) 그 행위가 위법한 것일 것

민법은 고의 또는 과실로 인한 위법행위로 타인에게 손해를 가한 때에 불법행위가 성립한다고 하고 있다.

위법성은 피해이익의 종류와 침해행위의 모습으로부터 상대적으로 판단하여야 한다. 정당행위·긴급피난(제761조) 기타 이른바 위법성조각사유가 있는 것도 위법성을 판정하는 자료가 된다.

(4) 손해가 발생하였을 것

손해는 재산적 손해뿐만 아니라 정신적 손해도 포함된다(제751조, 제752조)

(5) 가해행위와 손해 사이에 인과관계가 있을 것

이것은 상당인과관계로 충분하다(제763조에 의한 제393조의 준용). 이러한 인관관계의 입증책임은 피해자에게 있다. 그러나 판례는 주로 공해소송, 의료소송, 제조물책임 소송 등 고도의 전문적인 지식을 요하는 현대형 불법행위의 유형에서는 입증책임을 완화하는 해석을 하는 바 종래 '개연성설'

을 채택하여 입증정도를 상당정도의 가능성이 있다는 입증을 하면 족하다
는 판시를 해 온 적이 있다. 이에 더 나아가 일응추정이론을 채택하여 인
과관계에 대한 입증책임을 합리적으로 분배하려는 판시를 하고 있다(대판
2005. 9. 30. 2004다52576).

3. 특수한 불법행위의 성립요건

민법은 특수불법행위를 인정하여, 일반불법행위와 다른 성립요건을 인정하
고 있다.

① 책임무능력자의 행위에 대한 법정감독의무자의 책임(제755조)

② 피용자의 행위에 대한 사용자의 책임(제756조)

③ 공작물 등의 점유자·소유자의 책임(제758조)

④ 동물의 점유자의 책임(제759조)

⑤ 공동불법행위자의 책임(제760조) 등이다.

4. 불법행위의 효과

불법행위의 효과는 다음과 같다. 즉 가해자 기타의 책임자는 피해자에 대하
여 손해배상채무를 부담한다. 손해배상의 방법은 재산적 손해에 대해서는 물
론이고, 정신적 손해에 대해서도 금전배상의무를 원칙으로 한다.

명예훼손의 경우에는 법원은 피해자의 청구가 있을 때에 손해배상에 갈음하
여, 또는 손해배상과 함께 「명예회복에 적당한 처분」을 명할 수 있다(제764
조). 또 정신적 손해에 대한 금전배상(제751조, 제752조)을 일반적으로 위자료
라고 한다.

이 모든 경우를 통하여 피해자에게 과실이 있는 때에는 과실상계(제763조,
제396조)가 적용되며 또한 피해자가 받은 이익은 손익상계에 의하여 공제된다.
불법행위로 인한 손해배상청구권은 피해자나 그 법정대리인이 그 손해 및 가
해자를 안 날로부터 3년, 불법행위를 한 날로부터 10년내에 행사하지 아니하면
시효로 인하여 소멸한다(제766조).

계속적인 불법행위에 관해서는 날마다 새로운 손해가 발생하는 것이므로 그
것을 안 때로부터 개별적으로 소멸시효가 진행된다고 보아야 한다

▣ 핵심판례 ▣

■ [불법행위의 내용]

1. 자신의 범죄혐의에 관련된 사항에 관하여 진술한 내용이 동시에 타인의 범죄혐의사실을 뒷받침하는 증거로 작용함으로써 그 타인이 구속 기소되고 유죄판결까지 받은 뒤에 결국 무죄의 확정판결을 받기에 이른 경우, 그 진술행위가 위 타인에 대하여 불법행위를 구성하는지 여부(원칙적 소극) 및 그 판단기준

수사기관에 소환되어 범죄혐의를 추궁당하며 조사를 받는 피의자나 참고인, 그리고 공소제기되어 재판을 받는 피고인 등은 자신의 형사소추를 피하거나 처벌을 감면받기 위하여 방어할 권리가 있고, 한편 수사기관이나 법원은 피의자나 피고인의 진술을 비롯한 제반 증거를 종합적으로 판단하여 기소 여부 또는 유·무죄 여부 등을 결정하는 것이므로, 어떤 사람이 수사 및 형사재판을 받는 과정에서 자신의 범죄혐의에 관련된 사항에 관하여 진술한 내용이 동시에 다른 사람의 범죄혐의 사실을 뒷받침하는 증거로 작용함으로써 그 다른 사람이 구속 기소되고 유죄판결까지 받은 뒤에 결국 무죄의 확정판결을 받기에 이르렀다고 하더라도, 그 진술행위가 법령이나 사회통념상 허용되는 범위를 넘어 방어권의 남용이었다고 인정될 정도에 이르지 아니하는 이상 그 다른 사람에 대하여 불법행위를 구성한다고 할 수 없고, 이는 그 진술의 세부적인 내용에 다소의 허위나 과장이 있다고 하더라도 마찬가지이다. 그리고 이 경우 진술자의 행위가 불법행위가 되는지 여부는 선량한 관리자의 주의를 표준으로 하여 진술 당시의 상황, 진술의 내용과 동기·목적·태양, 진술내용의 진실에의 부합 정도, 진술의 일관성이나 번복 여부 등의 정황, 그로 인하여 타인의 형사사건에 영향을 미친 정도 등을 종합적으로 고려하여 판단하여야 한다(2007. 5. 11. 선고 2007다2145).

2. 일용 송전전공의 월 가동일수를 25일로 인정한 원심판결을 경험칙 또는 채증법칙 위반을 이유로 파기한 사례

송전전공인 원고가 매월 25일씩 가동할 수 있음을 경험칙에 의하여 인정하고 이에 기하여 원고의 일실이익을 산정하였다.

갑 제10호증의 1, 3의 기재에 의하면 송전전공인 원고는 주식회사 세광에 일용으로 고용되어 일하면서 이 사건 사고가 발생하기 전달인 1993. 6. 한 달 동안에 18일 동안만 일한 것을 알 수 있고, 그 외 발전소와 변전소 사이의 송전선의 철탑 및 송전설비의 시공 및 보수 등의 일을 하는 송전전공은 작업의 성질상 체력 소모가 심하고 우천시 등 기후가 나쁜 때에는 작업이 곤란하며 그 임금이 다른 직종에 비하여 상당히 고액인 점(일용 송전전공의 1994년도의 정부노임단가는 금 72,000원이고 같은 해 9월경의 시중노임단가는 금 138,834원으로서 건설부문의 다른 공사 직종 중에서 고액 임금에 해당한다. 갑 제13호증, 제18호증의 각 1, 2),

근로기준법의 적용을 받는 근로자의 경우에 있어서도 근로기준법 등에 의해 정해진 연월차휴가 및 국경일에관한법률에 의한 국경일 기타 휴무로 지정된 공휴일 등을 공제하고 실제 근로일수를 계산하면 월 23일 정도인 점(근로기준법 제45조, 제47조, 제48조, 국경일에관한법률 제2조, 관공서의공휴일에관한규정 제2조 등 참조), 통계자료에 의하면 건설업체 전규모·통근 일용 옥외 근로자인 전기공의 1984년부터 1990년까지의 월평균 근로일수는 1984년 20. 5일, 1985년 21. 4일, 1986년 21. 3일, 1987년 21. 3일, 1988년 19. 9일, 1989년 20. 9일, 1990년 20. 3일로 서 7년간 월평균 근로일수는 20. 8일에 불과한 점(노동부 발간 1984년분부터 1990년분까지의 옥외근로자직종별임금조사보고서 참조, 이 보고서는 1990년도분까지만 발간되고 그 후에는 발간되지 않았다.), 오늘날 우리의 경제가 선진화되고 레저산업이 발달되어 근로자들도 종전처럼 일과 수입에만 매여 있지 않고 생활의 여유를 즐기려는 추세인 점 등에 비추어 보면 현재에도 경험칙에 의하여 원고와 같은 일용 송전전공의 월 가동일수가 25일이라고 인정하기는 어렵다고 할 것이다(1996. 2. 23. 판결 95다31782 손해배상).

3. 공무원이 직무상 자기 소유의 자동차를 운전하다가 사고를 일으킨 경우, 공무원 개인의 손해배상책임 유무(적극)

자동차손해배상보장법의 입법취지에 비추어 볼 때, 같은 법 제3조는 자동차의 운행이 사적인 용무를 위한 것이건 국가 등의 공무를 위한 것이건 구별하지 아니하고 민법이나 국가배상법에 우선하여 적용된다고 보아야 한다. 따라서, 일반적으로 공무원의 공무집행상의 위법행위로 인한 공무원 개인 책임의 내용과 범위는 민법과 국가배상법의 규정과 해석에 따라 정하여 질 것이지만, 자동차의 운행으로 말미암아 다른 사람을 사망하게 하거나 부상하게 함으로써 발생한 손해에 대한 공무원의 손해배상책임의 내용과 범위는 이와는 달리 자동차손해배상보장법이 정하는 바에 의할 것이므로, 공무원이 직무상 자동차를 운전하다가 사고를 일으켜 다른 사람에게 손해를 입힌 경우에는 그 사고가 자동차를 운전한 공무원의 경과실에 의한 것인지 중과실 또는 고의에 의한 것인지를 가리지 않고, 그 공무원이 자동차손해배상보장법 제3조 소정의 '자기를 위하여 자동차를 운행하는 자'에 해당하는 한 자동차손해배상보장법상의 손해배상책임을 부담한다(1996. 3. 8. 판결 94다23876 손해배상).

4. 가. 불법행위로 인한 피해자의 사고 당시 실제수입보다 통계소득이 높은 경우, 일실수입 산정 기준

불법행위로 인한 손해배상 사건에서 피해자의 일실수입은 사고 당시 피해자의 실제소득을 기준으로 하여 산정할 수도 있고 통계소득을 포함한 추정소득에 의하여 평가할 수도 있는 것이며, 이와 같은 일실수입의 산정은 불확정한 미래 사실의 예측이므로 당해 사건에 현출된 구체적 사정을 기초로 하여 합리적이고 객관성 있는 기대수입을 산정할 수 있으면 족하고 반드시 어느 한

쪽을 정당한 산정 방법이라고 할 수는 없으나, 피해자가 사고 당시 직장에 근무하면서 일정한 수입을 얻고 있는 경우에 있어서, 피해자에 대한 사고 당시의 실제수입을 확정할 수 있는 객관적인 자료가 현출되어 있어 그에 기하여 합리적이고 객관성 있는 기대수입을 산정할 수 있다면 사고 당시의 실제수입을 기초로 일실수입을 산정하여야 하고, 통계소득이 실제수입보다 높다면 사고 당시에 실제로 얻고 있던 수입보다 높은 통계소득만큼 수입을 장차 얻을 수 있으리라는 특수 사정이 인정되는 경우에 한하여 그러한 통계소득을 기준으로 일실수입을 산정할 수 있다.

나. 실제임금 자료가 현출되어 있는 교량공사 일용근로자의 일실수입을 통계소득인 정부노임단가를 기초로 산정한 원심판결을 법리오해 등을 이유로 파기한 사례

실제임금 자료가 현출되어 있는 교량공사 일용근로자의 일실수입은 교량공사 준공 기한까지는 실제소득을 기준으로 산정해야 한다는 이유로, 전 기간의 일실수입을 통계소득인 정부노임단가를 기초로 산정한 원심판결을 파기한 사례(1996. 1. 26. 판결 95다35623 구상금)

5. 가. 피해자가 상해 후유증에도 불구하고 종전 직장에 계속 근무하고 있는 경우, 일실수입의 인정 여부

교통사고의 피해자가 사고로 인한 상해의 후유증으로 노동능력의 일부를 상실하게 됨으로 말미암아 입게 된 일실이익 손해를 피해자의 노동능력상실률을 인정·평가하는 방법에 의하여 산정할 경우, 그 노동능력상실률은 피해자의 연령, 교육 정도, 종전에 종사하였던 직업의 성질 및 경력과 기능의 숙련 정도, 신체적 기능의 장애 정도와 유사한 직종이나 다른 직종으로서의 전업 가능성 및 그 확률, 기타 사회적 경제적인 조건 등을 모두 참작하여 경험칙에 따라 정하여지는 수익상실률이어야 하므로, 법원이 피해자의 노동능력상실률을 정당하게 인정·평가하였다면, 피해자가 사고로 인한 상해로 인한 후유증에도 불구하고 사실심의 변론종결시까지 종전과 같은 직장에서 계속 근무하고 있다 하더라도, 달리 특별한 사정이 없는 한 피해자가 신체적인 기능의 장애로 인하여 아무런 재산상 손해도 입지 않았다고 단정할 수는 없다.

나. 피해자가 상해 후유증에도 불구하고 종전 직장에 계속 근무하고 있는 경우, 일실퇴직금의 인정 여부

가해자의 불법행위로 인하여 피해자의 가동능력이 일부나마 상실된 이상 일실퇴직금을 구하는 피해자의 임금 또한 그만큼 감소될 것이고, 그 퇴직금 또한 이와 같이 감소된 임금을 기초로 하여 산정될 것임은 논리상 명백한 것이므로 일실퇴직금을 구하는 피해자가 변론종결 당시 실제로 퇴직하지 않았다고 하더라도, 특단의 사정이 없는 한 그 피해자는 남은 가동능력을 가지고 그 사업장에서 정년까지 근무할 것이라고 보아 노동능력상실률 상당의 일실

퇴직금을 인정하는 것이 타당하다(1996. 1. 26. 판결 95다41291 손해배상(자)).

6. 도로교통법상 안전지대 옆을 통과하는 운전자의 업무상 주의의무

도로교통법상 차량의 안전지대 횡단은 일반적으로 금지되어 있으므로 안전지대의 표시에도 불구하고 차량의 안전지대 횡단이 특별히 허용되고 있었던 사정이 인정되지 않는 한 안전지대 옆을 통과하는 차량의 운전자로서는 그 부근을 운전하는 다른 차량이 그 안전지대를 횡단하여 자기 차량의 진로 앞에 달려드는 일이 없으리라고 신뢰하는 것은 당연한 것이므로, 운전자에게 그 안전지대를 횡단하여 오는 차량이 있을 것을 미리 예상하고 운전할 업무상 주의의무를 기대할 수는 없다(1996. 1. 26. 판결 95다44153 손해배상(자)).

7. 국가배상책임의 성립요건과 그 판단기준

가. 어떠한 행정처분이 후에 항고소송에서 취소되었다고 할지라도 그 기판력에 의하여 당해 행정처분이 곧바로 공무원의 고의 또는 과실로 인한 것으로서 불법행위를 구성한다고 단정할 수는 없는 것이고, 그 행정처분의 담당공무원이 보통 일반의 공무원을 표준으로 하여 볼 때 객관적 주의의무를 결하여 그 행정처분이 객관적 정당성을 상실하였다고 인정될 정도에 이른 경우에 비로소 국가배상법 제2조 소정의 국가배상책임의 요건을 충족하였다고 봄이 상당할 것이며, 이 때에 객관적 정당성을 상실하였는지 여부는 피침해이익의 종류 및 성질, 침해행위가 되는 행정처분의 태양 및 그 원인, 행정처분의 발동에 대한 피해자측의 관여의 유무, 정도 및 손해의 정도 등 제반 사정을 종합하여 손해의 전보책임을 국가 또는 지방자치단체에게 부담시켜야 할 실질적인 이유가 있는지 여부에 의하여 판단하여야 한다.

나. 법령에 의하여 국가가 그 시행 및 관리를 담당하는 시험에 있어 시험문항의 출제 및 정답결정에 오류가 있어 이로 인하여 합격자 결정이 위법하게 되었다는 것을 이유로 공무원 내지 시험출제에 관여한 시험위원의 고의·과실로 인한 국가배상책임을 인정하기 위하여는, 해당 시험의 실시목적이 시험에 응시한 개인에게 특정한 자격을 부여하는 개인적 이해관계 이외에 일정한 수준의 적정 자격을 갖춘 자에게만 특정 자격을 부여하는 사회적 제도로서 그 시험의 실시에 일반 국민의 이해관계와도 관련되는 공익적 배려가 있는지 여부, 그와 같은 시험이 시험시행 당시의 법령이 정한 요건과 절차에 따라 국가기관 내지 소속 공무원이 구체적 시험문제의 출제, 정답 결정, 합격 여부의 결정을 위하여 해당 시험과목별로 외부의 전문 시험위원을 적정하게 위촉하였는지 여부, 위촉된 시험위원들이 문제를 출제함에 있어 최대한 주관적 판단의 여지를 배제하고 객관적 입장에서 해당 과목의 시험을 출제하였는지 및 같은 과목의 시험위원들 사이에 출제된 문제와 정답의 결정과정에 다른 의견은 없었는지 여부, 1차시험의 오류를 주장하는 응시자 본인에게 사후에 국가가 1차시험의 합격을 전제로 2차시험의 응시자격을 부여하였는지 여부 등 제반 사

정을 종합적으로 고려하여 시험관련 공무원 혹은 시험위원이 객관적 주의의
무를 결하여 그 시험의 출제와 정답 및 합격자 결정 등의 행정처분이 객관적
정당성을 상실하고, 이로 인하여 손해의 전보책임을 국가에게 부담시켜야 할
실질적인 이유가 있다고 인정되어야 한다(대판 2003. 11. 27. 2001다33789).

8. 반대차선에서 중앙선을 넘어 온 버스를 충돌한 트럭운전사의 과실 유무를 판단함에 있어 심리를 다하지 아니한 위법이 있다하여 원심판결을 파기한 사례

교통사고가 일어난 지점이 폭 약 3.3m인 커브길로서 교행하는 버스가 중앙선을
약 40센치 침범하여 운행 중이었고, 트럭과 위 버스의 접근속도가 초속 약 30내
지 31m 정도라면, 트럭운전사가 약 35미터 전방에서 위 버스가 중앙선을 침범한
채 질주해 오는 것을 발견하고 즉시 피행조치를 취하였다고 하여도 충돌의 위험
을 운전자의 지각신경이 느끼는 데에 소요되는 시간과 위와 같이 비좁은 차선에
서 침범해 온 버스와 안전하게 교행할 수 있도록 도로의 커브 진행방향과 도로의
폭 및 차량 폭 등을 감안하여 대응조치를 취하는 데에 소요되는 반응시간 등을
고려하면 쌍방차량의 진행속도로 보아 거의 충돌을 피할 수 없는 상태라고 보여
진다(1991. 2. 12. 제1부 판결 90다16023 손해배상(자)).

9. 가. 황색실선의 중앙선이 설치된 왕복 2차선 국도에서 중앙선에 근접하여 운행한 오토바이 운전자의 과실 유무

황색실선의 중앙선이 설치된 왕복 2차선 국도에서 승용차가 무리하게 선행차
량을 추월하려고 중앙선을 침범하였다가 반대차선으로 마주오던 오토바이를
충돌한 경우, 오토바이 운전자가 중앙선에 근접하여 운행하였다는 것만으로
는 과실이 있다고 보기 어렵고, 다만 그가 중앙선을 넘어오는 승용차를 미리
발견하고 이를 피할 수 있을 만한 상황이었음에도 불구하고 적절한 피행조치
를 취하지 아니한 것이라야 과실이 있다고 할 것이다.

나. 위 "가"항의 도로에서 제차선을 운행중인 오토바이 운전자가 반대차 선으로 마주오던 승용차가 중앙선을 넘어오는 것을 보고 이를 피하기 위하여 반대차선으로 진입하다가 제차선으로 돌아가는 승용차와 승용 차 진행차선 내에서 충돌한 경우 위 운전자의 과실 유무

위 "가"항의 경우에 있어 제차선을 운행중인 오토바이 운전자가 승용차가 중
앙선을 넘어오는 것을 보고 이를 피하기 위하여 부득이 반대차선으로 진입하
다가 제차선으로 돌아가는 승용차와 충돌하였다면 그 충돌지점이 승용차 진
행차선 내라고 하여 그에게 과실이 있다고 보기 어렵다(1991. 5. 28. 제1부 판
결 91다9572 손해배상(자)).

10. 편도 1차선의 고속도로에서 같은 방향으로 진행하는 오토바이를 추월하 려다가 오토바이가 도로의 오른 쪽에서 중앙부분으로 나와 진행하는 것

을 뒤늦게 발견하여 충돌한 승용차 운전사의 과실을 인정한 사례

피고가 승용차를 운전하여 영동고속도로 하행선 편도 1차선을 시속 60킬로미터로 진행중 같은 방향으로 진행하는 소외 김남홍이 운전하는 오토바이를 추월하려다가 위 소외인이 도로의 오른쪽에서 중앙부분으로 나와 진행하는 것을 뒤늦게 발견하고 급제동조치를 취하였으나 미치지 못하고 위 승용차의 오른쪽 앞범퍼부분으로 위 오토바이의 왼쪽 앞바퀴 부분을 충격하여 소외인을 도로에 넘어뜨려 사망에 이르게 하였고 위 사고에서 피고로서는 위와 같이 위 오토바이를 추월함에 있어서 위 오토바이의 동태를 살피며 경적을 울리거나 안전거리를 두는 등 충돌사고를 미리 방지할 주의의무가 있다고 판단하였는바, 기록에 비추어 원심의 판단은 정당하다(1991. 7. 9. 제2부 판결 91다13090 손해배상(자)).

11. **가. 공해소송에 있어서 인과관계의 입증책임**

일반적으로 불법행위로 인한 손해배상청구사건에 있어서 가해행위와 손해발생 간의 인과관계의 입증책임은 청구자인 피해자가 부담하나, 대기오염에 의한 공해를 원인으로 하는 손해배상청구소송에 있어서는 기업이 배출한 원인물질이 대기를 매개로 간접적으로 손해를 끼치는 경우가 많고 공해문제에 관하여는 현재의 과학수준으로 해명할 수 없는 분야가 있기 때문에 가해행위와 손해발생 간의 인과관계의 과정을 모두 자연과학적으로 증명하는 것은 극난 내지 불가능한 경우가 대부분인 점 등에 비추어 가해기업이 배출한 어떤 유해한 원인물질이 피해물건에 도달하여 손해가 발생하였다면 가해자측에서 그 무해함을 입증하지 못하는 한 책임을 면할 수 없다고 봄이 사회형평의 관념에 적합하다.

나. 농장의 관상수들이 고사하게 된 직접원인은 동해이지만 인근 공장에서 배출된 아황산가스가 그 수목의 성장에 장해가 됨으로써 동해에 상호작용을 한 경우에 있어 공장주의 손해배상책임을 인정한 사례

농장의 관상수들이 고사하게 된 직접원인은 한파로 인한 동해이지만 인근 공장에서 배출된 아황산가스의 일부가 대기를 통하여 위 농장에 도달됨으로 인하여 유황이 잎 내에 축적되어 수목의 성장에 장해가 됨으로써 동해에 상호작용을 한 경우에 있어 공장주의 손해배상책임을 인정한 사례

다. 위 "나"항의 경우에 있어 공장에서 배출된 오염물질(아황산가스)의 농도가 환경보전법에 의하여 허용된 기준치 이내인 경우와 손해배상책임의 성부

위 "나"항의 경우에 있어 공장에서 배출된 오염물질(아황산가스)의 농도가 환경보전법에 의하여 허용된 기준치 이내라 하더라도 그 유해의 정도가 통상의 수인한도를 넘어 인근 농장의 관상수를 고사케하는 한 원인이 되었다면 그 배출행위로 인한 손해배상책임을 면치 못한다(1991. 7. 23. 제2부 판결

89다카1275 손해배상).

12. 인근 도로보다 낮은 지대의 토지소유자가 그 지상건물을 개축하면서 그 도로 높이로 성토한 결과 인접 토지가 상대적으로 낮아지게 되었다는 사정만으로는 인접토지소유자와의 관계에 있어 불법행위가 되지 아니한다고 한 사례

서로 인접되어 있는 원고의 건물이나 위 탁향림의 건물은 모두 여인숙 건물로서 이 일대의 토지는 원래 인근 도로보다도 2 내지 3미터 정도나 낮은 지대였는데 위 탁향림이 그 소유의 여인숙 건물을 헐고 새건물을 지으면서 그 지면을 인근 도로의 높이와 일치시키기 위하여 원고 건물의 서편과 북편에 약간의 간격을 두고, 2 내지 3미터 높이의 옹벽을 쌓고 성토작업을 하여 여기에 판시와 같은 4층 건물(지하실 창고 포함)을 신축하였으며 그 결과 원고 토지가 피고 토지보다 상대적으로 2 내지 3미터 정도 낮아지고 원고 건물의 지붕이 피고 토지지면과 비슷한 높이가 되었다는 것인바, 사실관계가 이와 같다면, 위 탁향림이 그 소유토지(즉, 피고토지)를 성토하고 그 지상에 판시 건축물을 건축하는 행위는 그 자신의 권리행사인 것이므로 다른 특단의 사정이 없는 한 원고와의 관계에 있어 불법행위가 된다 할 수는 없는 것이다(기록에 의하면, 원고는 위 탁향림의 성토 및 건축이 건축관계 법령에 위반되었다는 취지의 주장을 한 것으로 엿보이나 구체적으로 위반의 내용과 그 점에 대한 입증은 하지 못하고 있다)(1991. 7. 23. 제2부 판결 90다9070 손해배상(기)).

13. 야간에 고가도로의 오르막길에서 연료가 떨어져 정차하게 된 차량의 운전자에게 비상점멸등의 작동과 아울러 수신호를 하고 경고표지판을 설치할 의무가 있다고 한 사례

야간에 왕복 4차선의 고가도로 오르막길의 2차선에서 연료가 떨어져 정차하게 된 유조차량의 운전자에게 비상점멸등의 작동과 아울러 추돌사고를 피하기 위한 수신호를 하고 경고표지판을 설치할 의무가 있다(1991. 10. 8. 제2부 판결 91다20982 구상금).

14. 가. 학교법인이 감독청의 허가절차를 거치지 아니하고 그 물상보증인에게 물상보증으로 인한 손해를 배상하기로 한 약정이 무효라고 본 사례

학교법인이 은행대출을 받음에 있어 그 물상보증인이 된 자에게 물상보증으로 인한 손해를 배상하기로 한 약정이 사립학교법 제28조 소정의 의무부담행위에 해당되어 감독청의 허가절차를 거치지 아니하였다면 무효라고 본다.

나. 위 "가"항의 경우 학교법인의 물상보증인에 대한 불법행위책임을 인정하면서 물상보증인에게도 사립학교법 소정의 절차를 거쳤는지 여부를 살피지 아니한 과실이 있다 하여 20% 과실상계한 원심의 조치를 수긍한 사례

위 "가"항의 경우 학교법인의 물상보증인에 대한 불법행위책임을 인정하면서 물상보증인에게도 그 물상보증에 따른 손해배상 약정에 관하여 사립학교법 소정의 절차를 거쳤는지 여부를 살펴보지 아니한 과실이 있다 하여 20% 과실상계한 원심의 조치를 수긍한 사례

다. 위 "가"항의 경우 학교법인의 물상보증인에 대한 불법행위책임에 있어 담보로 제공된 부동산의 경매로 물상보증인에게 양도소득세 등이 부과, 확정된 것만으로 손해가 현실적으로 발생한 것인지 여부

위 "가"항의 경우 학교법인의 물상보증인에 대한 불법행위책임에 있어 담보로 제공된 부동산의 경매로 인하여 물상보증인에게 양도소득세 등이 부과되고 그 부과처분이 확정되었다면 그 처분에 중대하고 명백한 하자가 있어 무효로 되지 아니한 이상 피고지자는 납세의무를 확정적으로 부담하게 되는 것이고, 채무부담 역시 손해에 해당한다 할 것이므로 비록 그 해당 세금이 납부되지 아니하였다 할지라도 손해는 현실적으로 발생한 것이라고 보지 않으면 안된다.

라. 저당권의 실행으로 인한 임의경매가 양도소득세 및 방위세의 과세대상이 되는지 여부(적극)

저당권의 실행으로 인한 임의경매는 담보권의 내용을 실현하는 환가행위로서 경락인에게 목적 부동산에 대한 소유권이 유상으로 승계되는 것이므로 소득세법 소정의 자산의 양도에 해당되어 양도소득세 및 방위세의 과세대상이 된다(1991. 10. 11. 제3부 판결 91다14604 구상금등).

15. 가. '보증도'의 상관습과 '보증도'로 인하여 선하증권의 정당한 소지인의 운송물에 대한 권리를 침해한 경우 운송인 등에게 고의 또는 중과실에 의한 불법행위책임을 인정할 것인지 여부(적극)

'보증도'의 상관습은 운송인 또는 운송취급인의 정당한 선하증권 소지인에 대한 책임을 면제함을 목적으로 하는 것이 아니고 오히려 '보증도'로 인하여 정당한 선하증권 소지인이 손해를 입게 되는 경우 운송인 또는 운송취급인이 그 손해를 배상하는 것을 전제로 하고 있는 것이므로, 운송인 또는 운송취급인이 '보증도'를 한다고 하여 선하증권과 상환함이 없이 운송물을 인도함으로써 선하증권 소지인의 운송물에 대한 권리를 침해하는 행위가 정당한 행위로 된다거나 운송취급인의 주의의무가 경감 또는 면제된다고 할 수 없고, '보증도'로 인하여 선하증권의 정당한 소지인의 운송물에 대한 권리를 침해하였을 때에는 고의 또는 중대한 과실에 의한 불법행위의 책임을 진다.

나. 운송인 등이 '보증도'를 함에 있어 화물선취보증장의 위조사실을 제대로 발견하지 못한 채 선하증권과의 상환 없이 운송물을 인도하고

그로 인하여 정당한 선하증권 소지인이 손해를 입은 경우 고의 또는 중과실에 의한 책임을 인정할 것인지 여부(적극)

운송인 또는 운송취급인이 '보증도'를 하는 경우에는 그 화물선취보증장이 진정하게 성립된 것인지의 여부를 확인할 책임이 있다고 보아야 할 것이고, 이를 게을리 하여 화물선취보증장의 위조사실을 제대로 발견하지 못한 채 선하증권과의 상환 없이 운송물을 인도하고 그로 인하여 정당한 선하증권 소지인이 손해를 입은 것이라면 운송인 또는 운송취급인은 보증장 없이 선하증권과 상환하지 아니하고 화물을 인도한 결과가 되어 특별한 사정이 없는 한 고의 또는 중대한 과실에 따른 책임을 진다.

다. 위 "나" 항의 경우 화물선취보증장이 보증장으로서의 형식과 외관을 갖추고 있거나 신용장 개설은행명의로 발행된 사정과 운송인 등의 책임

위 "나" 항의 경우 보증장이 화물선취보증장으로서의 형식과 외관을 갖추고 있었다고 하여 확인을 할 책임이 없다거나 위법성이 조각된다고 할 수 없고, 위 보증장이 신용장 개설은행 명의로 발행된 경우라고 하여도 운송인에게 그 보증장이 진정한 것인지 확인할 책임이 있음은 마찬가지로서 그 위조사실을 발견하지 못하고 운송물을 선하증권의 소지인 아닌 사람에게 인도하였다면 특별한 사정이 없는 한 중대한 과실에 따른 책임을 져야 할 것이다.

라. 상법 제820조, 제129조의 규정 취지

상법 제820조, 제129조의 규정은 운송인에게 선하증권의 제시가 없는 운송물의 인도청구를 거절할 수 있는 권리와 함께 인도를 거절하여야 할 의무가 있음을 규정하고 있다고 봄이 상당하다.

마. '보증도' 등으로 운송물이 멸실된 경우 불법행위로 인한 손해배상 청구권도 선하증권에 화체되어 선하증권이 양도됨에 따라 선하증권 소지인에게 이전되는지 여부(적극)

'보증도' 등으로 운송물이 멸실된 경우에 채무불이행으로 인한 책임은 물론이고 불법행위로 인한 손해배상청구권도 선하증권에 화체되어 선하증권이 양도됨에 따라 선하증권의 소지인에게 이전되는 것이므로, 운송물이 멸실된 후에 선하증권을 취득(양수)하였거나 배서를 받았다 하더라도 그 선하증권의 소지인은 손해배상청구권을 행사할 수 있고, 별도의 채권양도 통지가 필요하지 않다.

바. 화물의 최종 선적기일과 신용장의 유효기일의 간격을 장기간 허용하고 '스테일 비엘' 조건하의 거래였으며, 수출자가 화물의 수입통관에 필요한 서류를 미리 교부한 것이나 신용장 개설은행이 수입

자와 운송물에 대한 양도담보계약을 체결한 사정들만으로 선하증
권과 상환하지 아니한 운송물의 인도를 승인한 것으로 볼 수 있는
지 여부(소극)

화물의 최종선적기일과 신용장의 유효기일의 간격을 183일까지 허용하고
'스테일 비엘' 조건하의 거래였으며, 수출자가 화물의 수입통관에 필요한
서류를 미리 교부한 것이나 신용장 개설은행이 수입자와 운송물에 대한
양도담보계약을 체결한 사정들만으로 선하증권과 상환하지 아니한 운송물
의 인도를 승인하였다고 볼 수 없다고 한 사례

사. 상법상 선박소유자의 유한책임에 관한 규정이 불법행위책임을 묻
는 경우에도 적용되는지 여부

상법상 선주유한책임에 관한 규정은 선하증권상에 면책약관이나 책임제
한약관을 둔 경우가 아니면 운송계약상의 채무불이행책임을 묻는 경우에
만 적용되고, 당사자 사이에 불법행위책임을 묻는 경우까지 적용되는 것
이 아니다.

아. 하환신용장에 의한 거래에 있어서 선하증권상의 화물 표시와 신용
장조건이 합치되어야 한다는 것의 의미와 합치의 정도

하환신용장에 의한 거래에 있어서 선적서류상의 상품명세는 신용장의 명
세 기재와 합치하여야 하고, 선하증권상의 화물 표시는 신용장 조건에 합
치되어야 하는 것이나, 선하증권상의 화물 표시가 신용장 조건에 합치되
어야 한다는 것은 서류상의 자구가 하나도 틀리지 않게 완전히 일치하여
야 한다는 뜻은 아니며, 자구에 약간의 차이가 있다 하더라도 은행이 상
당한 주의를 기울이면, 그 차이가 경미한 것으로서 문언의 의미에 차이를
가져오는 것이 아니고, 또 신용장 조건을 해하는 것이 아님을 문면상 알
아차릴 수 있는 경우에는 신용장 조건과 합치하는 것으로 보아야 한다.

자. 선하증권의 화물의 수량에 관한 기재가 하환신용장에 관한통일규
칙 및 관례 제43조 비(b)항에서 허용하고 있는 기재의 편차를 근
소하게 초과하여 신용장과 차이가 있으나 상업송장의 기재가 신
용장과 일치하고 선적서류상 화물에 관한 다른 표시는 신용장 조
건과 모두 일치하고 있는 점등에 비추어 선하증권상의 화물 표시
가 신용장 조건에 합치하는 것으로 본 사례

신용장에는 화물이 100메트릭 톤으로, 선하증권상에는 그 수량이 총중량
106.190메트릭 톤으로 각 기재되어 있고, 당초의 상업송장에는 수량이
106메트릭 톤으로 기재되었다가 선하증권 소지인이 송하인과의 합의에
의하여 100메트릭 톤으로 정정하여 신용장 조건과 일치시켰으며, 그 밖
에 포장명세서에는 100메트릭 톤, 총중량 106.190메트릭 톤으로, 보험증권

상에는 100메트릭 톤으로 기재되어 있고, 선적서류상의 다른 기재사항은 모두 신용장과 일치하고 있다면, 선적서류 중 선하증권의 화물의 수량에 관한 기재가 신용장과 차이가 있고, 하환신용장에관한통일규칙및관례 제43조 비(b)항에서 허용하고 있는 신용장 기재의 편차를 근소하게 초과하고 있기는 하나 이는 화물의 순량 또는 총중량을 표시함에 따라 표시상의 차이가 나타난 것으로서 그 차이도 경미하며 중요서류인 상업송장의 기재가 신용장과 일치하고 선적서류상 화물에 관한 다른 표시는 신용장 조건과 모두 일치하고 있는 점 등에 비추어 보면 이는 신용장 조건을 해하는 정도의 것이 아니고 상당한 주의를 기울이면 문면상 이를 알아차릴 수 있는 것이라 할 것이라는 이유로 선하증권상의 화물 표시가 신용장 조건에 합치하는 것으로 본다(1992. 2. 25. 제1부 판결 91다30026 손해배상(기)).

16. 가. 의사의 진료상 과실 유무의 판단기준

의사는 진료를 행함에 있어 환자의 상황과 당시의 의료수준 그리고 자기의 지식경험에 따라 적절하다고 판단되는 진료방법을 선택할 상당한 범위의 재량을 가진다고 할 것이고, 그것이 합리적인 범위를 벗어난 것이 아닌 한 진료의 결과를 놓고 그중 어느 하나만이 정당하고 이와 다른 조치를 취한 것은 과실이 있다고 말할 수는 없다.

나. 분만중 태아가 뇌손상을 입고 두개강내출혈이 생겨 뇌성마비가 발생한 경우에 있어 출산을 담당한 의사에게 아두골반불균형상태 등의 가능성을 의심할 수 있는데도 그 대비를 하지 아니한 채 뒤늦게 흡인분만의 방법을 무리하게 계속하여 태아를 만출시킨 의료상의 과실이 있다고 한 사례

분만중 태아가 뇌손상을 입고 두개강내출혈이 생겨 뇌성마비가 발생한 경우에 있어 출산을 담당한 의사에게, 통상의 주의력을 가진 산부인과 의사라면 아두골반불균형상태 또는 경계아두골반불균형상태의 가능성이 있음을 의심할 수 있다고 보이는데도 이러한 가능성을 전혀 예상하지 아니하여 이에 대한 대비를 하지 아니하였고, 분만 2기에 있어 5분마다 한번씩 측정하여야할 태아심음측정을 4회나 하지 아니한 채 만연히 통상의 질식분만의 방법으로 분만을 진행시키다가 뒤늦게 아두골반불균형 또는 이와 유사한 상태의 경우에는 피하여야 할 시술방법인 흡인분만의 방법을 무리하게 계속하여 태아를 만출시킨 의료상의 과실이 있다고 한 사례

다. 위 '나'항의 경우에 있어 제대권락현상이 뇌손상에 기여한 바 있다고 하여도 원심이 의사의 과실에 의한 기여도를 제대권락현상의 기여도와 같은 50%로 본 것은 위법하다고 한 사례

위 "나"항의 경우에 있어 제대권락현상이 뇌손상에 기여를 한 바가 있다고

하여도 태아가 뇌손상을 입고 두개강내출혈이 생긴 것은 주로 임산부의 장시간의 분만 지연이나 아두골반불균형 또는 이와 유사한 상태의 경우 피하여야 할 흡인분만시술을 무리하게 계속한 것에 기인한 것이라고 볼 것이므로, 원심이 의사의 과실에 의한 기여도를 제대권락현상의 기여도와 같은 50%로 본 것은 형평에 맞지 않게 평가한 것으로서 위법하다(1992. 5. 12. 제1부 판결 91다23707 손해배상(기)).

17. 가. 갑과 을이 공동으로 경영하는 사업에 사용하고자 공동투자하여 구입한 트럭을 그 사업 수행의 목적으로 을이 운전하고 갑이 이에 동승하여 가다가 을의 과실로 갑이 사망한 경우 갑은 자동차손해배상보장법 제3조에 규정된 "다른 사람"에 해당하지 않는다고 한 사례

갑과 을이 공동으로 경영하는 개고기 등의 도매업에 사용하고자 공동으로 투자하여 트럭을 구입하였다면 갑은 이른바 "진정한 공동운행자"에 해당하고, 한편 위 사업을 수행할 목적으로 을이 운전하는 위 트럭에 갑이 동승하여 가다가 을의 과실로 사망하였다면 위 사고는 갑의 운행지배가 미치고 있는 동안 발생하였다고 보아야 하며, 또한 갑이 가지는 운행지배와 운행이익의 정도가 을과 동등하다면, 갑은 자동차손해배상보장법 제3조에 규정된 "다른 사람"에 해당하지 않는다고 한 사례

나. 위 "가"항의 경우 갑의 상속인들이 을에 대하여 손해배상을 청구할 수 있는 방법

위 "가"항의 경우 갑의 상속인들로서는 을에 대하여 을 자신의 불법행위를 이유로 손해배상을 청구할 수 있을지언정 자동차손해배상보장법에 근거하여 손해배상을 청구할 수는 없다(1992. 6. 12. 제3부 판결 92다930 손해배상(자)).

18. 불법행위가 계속적으로 이루어진 경우 손해배상채권의 개수

불법행위가 계속적으로 이루어진 경우 각개의 불법행위를 개별적으로 특정할 수 없다면 그로 인하여 발생한 모든 손해가 포괄하여 1개의 손해배상채권만을 구성한다고 하여야 하되 개별적으로 특정할 수 있다면 그로 인하여 발생한 손해마다 별개의 손해배상채권을 구성한다(1992. 7. 28. 제2부 판결 91다13380 보증채무금).

19. 본안소송에서 패소확정된 보전처분채권자의 손해배상책임

가압류나 가처분 등 보전처분은 법원의 재판에 의하여 집행되는 것이기는 하나 그 실체상 청구권이 있는지 여부는 본안소송에 맡기고 단지 소명에 의하여 채권자의 책임하에 하는 것이므로, 그 집행 후에 집행채권자가 본안소송에서 패소확정되었다면 그 보전처분의 집행으로 인하여 채무자가 입은 손해에 대하여는 특별한 반증이 없는 한 집행채권자에게 고의 또는 과실이 있다고 추정되고, 따라서 그 부당한 집행으로 인한 손해에 대하여 이를 배상하여야할 책임이 있다

(1992. 9. 25. 제3부 판결 92다8453 손해배상(기)).

20. 가. 야간에 지하철공사장 부근을 주행하다가 불법주차중이던 트럭에 추
　　　돌하여 발생한 사고에 대하여 지하철 시공회사에게 손해배상책임을
　　　인정한 원심판결을, 사고장소가 지하철 공사구역 내인지 여부에 대
　　　한 심리미진의 위법이있다는 이유로 파기한 사례

　　　야간에 지하철공사장 부근을 주행하다가 불법주차중이던 트럭에 추돌하여
　　　발생한 사고에 대하여 지하철 시공회사에게 손해배상책임을 인정한 원심판
　　　결을, 사고장소가 지하철 공사구역 내인지 여부에 대한 심리미진의 위법이
　　　있다는 이유로 파기한 사례

　　나. 위 "가" 항의 불법주차중인 트럭이 미등 및 차폭등을 켜지 않은 채
　　　주차하여 둠으로써 추돌사고가 발생하였다면, 트럭소유자는 자동차
　　　손해배상보장법상의 운행공용자책임을 부담할 것인지 여부(적극)

　　　위 "가" 항의 사고가 트럭이 미등 및 차폭등을 켜지 않은 채 주차하여 둠으
　　　로써 발생하였다면, 이는 트럭 운전사의 트럭운행과 관련하여 발생한 것이
　　　어서 트럭소유자는 자동차손해배상보장법 소정의 자기를 위하여 자동차를
　　　운행하는 자로서 위 사고로 피해자가 입은 손해를 배상할 의무가 있다(1993.
　　　2. 9. 제1부(나)판결 92다31101 손해배상(자)).

21. 시효취득을 이유로 소유권이전등기청구소송을 제기하여 입증까지 마친
　　후에 소유 명의자가 부동산을 제3자에게 처분하여 소유권이전등기를 넘
　　겨줌으로써 시효취득자에게 손해를 입힌 행위가 불법행위를 구성하는지
　　여부(적극) 및 제3자가 위 불법행위에 적극 가담하였다면 그 행위는 반
　　사회질서행위로서 무효인지 여부(적극)

　　부동산에 관한 취득시효가 완성된 후 취득시효를 주장하거나 이로 인한 소유권
　　이전등기청구를 하기 이전에는 등기명의인인 부동산 소유자로서는 특별한 사정
　　이 없는 한 시효취득사실을 알 수 없는 것이므로 이를 제3자에게 처분하였다 하
　　더라도 불법행위가 성립할 수 없다 할 것이나, 시효취득을 주장하는 권리자가
　　취득시효를 주장하면서 소유권이전등기청구소송을 제기하여 그에 관한 입증까지
　　마쳤다면 부동산 소유자로서는 시효취득사실을 알 수 있다 할 것이고 이러한 경
　　우에 부동산 소유자가 부동산을 제3자에게 처분하여 소유권이전등기를 넘겨 줌
　　으로써 취득시효완성을 원인으로 한 소유권이전등기의무가 이행불능에 빠짐으로
　　써 시효취득을 주장하는 자가 손해를 입었다면 불법행위를 구성한다고 할 것이
　　며, 부동산을 취득한 제3자가 부동산 소유자의 이와 같은 불법행위에 적극 가담
　　하였다면 이는 사회질서에 반하는 행위로서 무효라 할 것이다(1993. 2. 9. 제2부
　　(가) 판결 92다47892 토지소유권이전등기).

22. 가. 공무원의 직무상 의무위반으로 국가가 배상책임을 부담하게 되는 경우의 직무상 의무의 내용과 상당인과관계의 판단기준

　　　　공무원에게 부과된 직무상 의무의 내용이 단순히 공공 일반의 이익을 위한 것이거나 행정기관 내부의 질서를 규율하기 위한 것이 아니고 전적으로 또는 부수적으로 사회구성원 개인의 안전과 이익을 보호하기 위하여 설정된 것이라면, 공무원이 그와 같은 직무상 의무를 위반함으로 인하여 피해자가 입은 손해에 대하여는 상당인과관계가 인정되는 범위 내에서 국가가 배상책임을 지는 것이고, 이때 상당인과관계의 유무를 판단함에 있어서는 일반적인 결과발생의 개연성은 물론 직무상 의무를 부과하는 법령 기타 행동규범의 목적이나 가해행위의 태양 및 피해의 정도 등을 종합적으로 고려하여야 할 것이다.

　　나. 선박안전법이나 유선및도선업법의 각 규정이 공공의 안전 외에 일반인의 인명과 재화의 안전보장도 그 목적으로 하는지 여부(적극)

　　　　선박안전법이나 유선및도선업법의 각 규정은 공공의 안전 외에 일반인의 인명과 재화의 안전보장도 그 목적으로 하는 것이라고 할 것이므로 국가 소속 선박검사관이나 시 소속 공무원들이 직무상 의무를 위반하여 시설이 불량한 선박에 대하여 선박중간검사에 합격하였다 하여 선박검사증서를 발급하고, 해당 법규에 규정된 조치를 취함이 없이 계속 운항하게 함으로써 화재사고가 발생한 것이라면, 화재사고와 공무원들의 직무상 의무위반행위와의 사이에는 상당인과관계가 있다.

　　다. 유선업에 제공되는 선박 중 총톤수가 일정 기준 이상인 선박에 대한 선박안전검사 등에 관하여 일부 선박안전법에 의한 규율을 받는다고 하여 유선및도선업법에 의한 규율이 전면적으로 배제되는지 여부(소극)

　　　　선박 중에서 유선업에 제공되는 선박에 관하여는 유선및도선업법에 의한 규율을 받도록 하되, 그중 총톤수가 일정기준 이상인 선박에 대한 선박안전검사 등에 관하여는 보다 엄격하게 규정되어 있는 선박안전법에 의한 안전검사를 받도록 하고 그 대신 유선및도선업법에 규정되어 있는 안전검사는 받지 않아도 되는 것으로 일부 적용배제규정을 두고 있는 등 선박안전검사 등에 관하여 일부 선박안전법에 의한 규율을 받는다고 해서 유선및도선업법에 의한 규율이 전면적으로 배제되는 것은 아니다.

　　라. 유선업경영신고 또는 변경신고를 받은 시장, 군수가 유선및도선업법 제3조 제3항에 따라 지방해운항만청장에게 통지를 하였다면 유선의 지도 운항감독에 관하여 관할 시장, 군수에게 부여된 모든 감독책임이 국가 산하의 해운관청으로 이전되는지 여부(소극)

유선업경영신고 또는 변경신고를 받은 시장, 군수가 유선및도선업법 제3조
제3항에 따라 지방해운항만청장에게 통지를 하였다고 하여 유선의 지도 운
항 감독에 관하여 관할 시장, 군수에게 부여된 모든 감독책임이 국가 산하
의 해운관청으로 이전되는 것이라고 보기는 어렵다(1993. 2. 12. 제3부(다)
판결 91다43466 손해배상(기)).

23. 야간에 폭이 6.3m로서 5도 정도 오르막 경사가 있고 70도 정도 왼쪽으
로 심하게 굽은 지점에서 교행하는 운전사의 주의의무와 신뢰의 원칙의
적용 여부(소극)

폭이 6.3m로서 5도 정도 오르막 경사가 있고 70도 정도 왼쪽으로 심하게 굽은
지점에서 마주오는 차량과 교행하는 운전사는 상대방 차량이 중앙선을 지켜 정
상적으로 운행할 것이라고 만연히 신뢰하여서는 안되고, 중앙선을 넘어 운행할
가능성에 대비하여 상대방 차량의 동태를 예의주시하면서 경음기를 울리거나 차
량전조등을 깜박거려 경고를 보내고 속도를 줄이면서 최대한 도로의 우측 가장
자리로 진행하는 등 교행시의 충돌로 인한 사고발생을 미연에 방지할 주의의무
가 있다(1993. 2. 23. 제1부(나) 판결 92다21494 손해배상(자)).

24. 타인의 불법행위로 인하여 상해를 입고 그 때문에 사망한 자의 손해배상
청구권에 대한 지연손해의 기산점(=불법행위일)

타인의 불법행위로 인하여 상해를 입고 그 때문에 사망한 자는 상해를 입음과
동시에 가해자에 대하여 장래 생존하여 얻을 이익의 상실에 따른 손해배상청구
권을 취득하는 것이고 그 손해는 사망 이전에 발생하는 것이지 사망을 원인으로
하여 발생하는 것이 아니므로 불법행위일부터 재산상 손해와 위자료를 합산한
금액 전부에 대하여 지연손해금의 지급을 명한 것은 정당하다(1993. 3. 9. 제2부
(라) 판결 92다48413 손해배상(자)).

25. 전력수급계약 해제 이후에도 전선을 절단하는 등의 방법으로 단전조치를
취하지 않은 한전에 과실이 있다 할지라도 높이 8m의 고압전선에 앉은
새를 잡으려고 철근으로 맞추려다 감전당한 피해자의 손해와의 사이에
상당인과관계가 없다 한 사례

전력수급계약 해제 이후에도 전선을 절단하는 등의 방법으로 단전조치를 위하지
않은 한전에 과실이 있다 할지라도 높이 8m의 고압전선에 앉은 새를 잡으려고
철근으로 맞추려다 감전당한 피해자의 손해와의 사이에 상당인과 관계가 없다
한 사례(1993. 6. 29. 제1부 판결 93다11913 손해배상(기)).

26. 편도 1차선의 도로를 주행중 도로상의 장애물을 피하기 위하여 반대차선
으로 들어가려는 자동차 운전자의 주의의무

편도 1차선의 도로를 주행중 도로상의 장애물을 피하기 위하여 반대차선을 침범
해야 할 필요가 있는 경우에 운전자는 전방을 잘 살펴 마주오는 차량이 있는지

여부를 확인해야 함은 물론 그 장소가 비록 추월이 금지된 곳이라 하더라도 만약의 경우에 대비하여 후사경을 통한 후방의 교통상황도 충분히 살펴 깜박이등을 켜고 서행하면서 진입하여야 할 주의의무가 있다(1993. 7. 16. 제3부 판결 92다27775 손해배상(자)).

27. 수사기관이 피의자를 구속하여 공소를 제기하였다가 무죄판결이 확정된 경우와 귀책사유

수사기관인 사법경찰관이나 검사가 특정의 범죄사실에 관하여 피의자에게 범죄혐의가 있고 유죄의 판결을 받을 가능성이 있는 경우에는 소정의 절차에 의하여 피의자의 구속을 품신하거나 구속하여 공소를 제기할 수 있으므로 객관적으로 보아 사법경찰관이나 검사가 당해 피의자에 대하여 유죄의 판결을 받을 가능성이 있다는 혐의를 가지게 된 데에 상당한 이유가 있는 때에는 후일 재판과정을 통하여 그 범죄사실의 존재를 증명함에 족한 증거가 없다는 이유로 그에 관하여 무죄의 판결이 확정되더라도 수사기관의 판단이 경험칙이나 논리칙에 비추어 도저히 그 합리성을 긍정할 수 없는 정도에 이른 경우에만 귀책사유가 있다(1993. 8. 13. 제3부 판결 93다20924 손해배상(자)).

28. 가. 은행도 약속어음의 소지인에게 어음금을 지급함에 따르는 은행의 주의의무

지급장소를 은행으로 하여 발행한 이른바 은행도 약속어음은 발행인이 지급장소로 기재한 거래은행에 대하여 발행인의 당좌예금구좌에서 위 약속어음금을 결제하여 줄 것을 요청하는 단순한 지급위탁어음으로서 은행은 약속어음의 소지인에 대하여 약속어음금의 지급의무 또는 약속어음금의 지급과 관련한 어떠한 주의의무를 진다고 할 수 없으므로 은행이 어음발행인의 요청에 따라 당좌예금 잔고의 대부분을 우선 지급하고 교환제시된 동인 발행의 약속어음을 예금부족으로 지급거절하였다고 하여 은행의 그와 같은 행위가 곧 불법행위를 구성한다고 보기는 어렵다.

나. 은행도 약속어음의 발행인이 자기의 당좌계정에서 예금인출을 요청한 행위가 지급위탁의 취소나 지급정지의뢰에 해당하는지 여부

은행도 약속어음의 발행인이 은행에게 위와 같이 예금인출요청을 하면서 아울러 위 약속어음결제자금의 입금연장 요청을 한 경우 위 예금인출요청행위를 수표법 제32조에 정한 지급제시기간 전의 지급위탁의 취소라거나 당좌계정약정에 정한 지급정지의뢰라고 할 수 없다(1993. 8. 24. 제2부 판결 92다35424 손해배상(기)).

29. 학교법인이 사무직원채용통지를 하였다가 채용하지 않은 경우 불법행위책임을 인정한 사례

학교법인이 원고를 사무직원 채용시험에 최종합격자로 결정하고 그 통지와 아울

러 '1989. 5. 10.자로 발령하겠으니 제반 구비서류를 5. 8.까지 제출하여 달라'는
통지를 하여 원고로 하여금 위 통지에 따라 제반 구비서류를 제출하게 한 후,
원고의 발령을 지체하고 여러 번 발령을 미루었으며, 그 때문에 원고는 위 학교
법인이 1990. 5. 28. 원고를 직원으로 채용할 수 없다고 통지할 때까지 임용만 기
다리면서 다른 일에 종사하지 못한 경우 이러한 결과가 발생한 원인이 위 학교
법인이 자신이 경영하는 대학의 재정 형편, 적정한 직원의 수, 1990년도 입학정
원의 증감 여부 등 여러 사정을 참작하여 채용할 직원의 수를 헤아리고 그에 따
라 적정한 수의 합격자 발표와 직원채용통지를 하여야 하는데도 이를 게을리 하
였기 때문이라면 위 학교법인은 불법행위자로서 원고가 위 최종합격자 통지와
계속된 발령 약속을 신뢰하여 직원으로 채용되기를 기대하면서 다른 취직의 기
회를 포기함으로써 입은 손해를 배상하여야 한다(1993. 9. 10. 제3부 판결 92다
42897 손해배상(기)).

30. 총포소지허가 없는 미성년자에게 실탄을 장전한 공기총을 빌려 준 자에 게 오발사고에 대한 손해배상책임을 인정한 사례

공기총소유자가 미성년자로서 총포소지허가도 없는 자에게 실탄을 장전한 채 별
다른 안전교육도 시키지 아니하고 공기총을 빌려 주어, 위 미성년자와 그의 동
료들이 아무렇게나 위 공기총을 다루도록 방치하였다면 이는 공기총오발사고 발
생의 한 원인이 되었다고 할 것이므로 그로 인한 손해를 배상할 책임이 있다
(1993. 9. 24. 제3부 판결 93다27246 손해배상(기)).

31. 피해자 본인이 손해배상에 관하여 합의한 경우 그 합의의 효력이 그의 부모들이 가지는 위자료청구권에까지 미치는지 여부

교통사고로 말미암아 피해자 본인과는 별도로 그의 부모들도 그들이 입은 정신
적 손해에 대하여 고유의 위자료청구권을 가진다 할 것이고, 피해자 본인이 전
국택시공제조합과의 합의에 의하여 합의금을 수령하고 나머지 손해배상청구권을
포기하기로 약정하였다 하더라도 그의 부모들이 합의당사자인 피해자 본인과 위
공제조합 사이에 합의가 성립되면 그들 자신은 별도로 손해배상을 청구하지 아
니하고 손해배상청구권을 포기할 뜻을 명시적 혹은 묵시적으로 나타낸 바 있다
는 등 특별한 사정이 없는 한 위 포기 등 약정의 효력이 당연히 고유의 손해배
상청구권을 가지는 그의 부모들에게까지 미친다고는 할 수 없다(1993. 9. 28. 제2
부 판결 92다42606 손해배상(자)).

32. 부당해고가 위법하게 정신적 고통을 가하는 것이 되어 불법행위를 구성 하는 경우

사용자가 근로자를 징계해고할 만한 사유가 전혀 없는데도 오로지 근로자를 사
업장에서 몰아내려는 의도하에 고의로 어떤 명목상의 해고사유를 만들거나 내세
워 징계라는 수단을 동원하여 해고한 경우나, 해고의 이유로 된 어느 사실이 소
정의 해고사유에 해당되지 아니하거나 해고사유로 삼을 수 없는 것임이 객관적

으로 명백하고, 또 조금만 주의를 기울이면 이와 같은 사정을 쉽게 알아볼 수 있는데도 그것을 이유로 징계해고에 나아간 경우 등 징계권의 남용이 우리의 건전한 사회통념이나 사회상규상 용인될 수 없음이 분명한 경우에 있어서는 그 해고가 근로기준법 제27조 제1항에서 말하는 정당성을 갖지 못하여 효력이 부정되는 데 그치는 것이 아니라, 위법하게 상대방에게 정신적 고통을 가하는 것이 되어 근로자에 대한 관계에서 불법행위를 구성할 수 있을 것이다(1993. 10. 12. 제1부 판결 92다43586 손해배상(기)).

33. 도로 우측에 비상점멸등을 켜 놓고 정차한 트럭을 오토바이 운전자가 충격한 경우 트럭 운전사에게 트럭의 운행에 관하여 과실이 없다고 한 사례

카고트럭 운전사인 갑이 위 트럭을 운행중 사고지점에 이르러 뒤따라 오던 을에게 정확한 도착지를 확인하기 위하여 위 카고트럭을 시동을 끄지 않고 비상점멸등을 켜 놓은 채 도로 우측에 정차한 후 그 뒤쪽 2미터 지점에 정차한 을 운전의 화물트럭 운전대로 가서 행선지를 확인하는 순간 병 운전의 오토바이가 달려오므로 갑은 가지고 있던 손전등으로 위 트럭들을 피하여 가도록 신호를 하였으나 병이 전방주시를 게을리 하여 위 카고트럭을 충격함으로써 사고가 발생한 경우 갑은 위 카고트럭의 운행에 관하여 주의를 게을리 하지 아니하였다고 할 것이다(1993. 11. 23. 제2부 판결 93다34213 손해배상(자)).

34. 가. 행정상 공표에 의한 명예훼손과 위법성

국가기관이 행정목적달성을 위하여 언론에 보도자료를 제공하는 등 이른바 행정상 공표의 방법으로 실명을 공개함으로써 타인의 명예를 훼손한 경우, 그 공표된 사람에 관하여 적시된 사실의 내용이 진실이라는 증명이 없더라도 국가기관이 공표 당시 이를 진실이라고 믿었고 또 그렇게 믿을 만한 상당한 이유가 있다면 위법성이 없는 것이고, 이 점은 언론을 포함한 사인에 의한 명예훼손의 경우에서와 마찬가지이다.

나. 위 "가"항의 경우 공표한 사실이 진실이라고 믿을 만한 상당한 이유의 존부 판단기준

위 "가"항의 경우 상당한 이유의 존부의 판단에 있어서는, 실명공표 자체가 매우 신중하게 이루어져야 한다는 요청에서 비롯되는 무거운 주의의무와 공권력의 광범한 사실조사능력, 공표된 사실이 진실하리라는 점에 대한 국민의 강한 기대와 신뢰, 공무원의 비밀엄수의무와 법령준수의무 등에 비추어, 사인의 행위에 의한 경우보다는 훨씬 더 엄격한 기준이 요구된다 할 것이므로, 그 사실이 의심의 여지 없이 확실히 진실이라고 믿을 만한 객관적이고도 타당한 확증과 근거가 있는 경우가 아니라면 그러한 상당한 이유가 있다고 할 수 없다.

다. 지방국세청 소속 공무원들이 통상적인 조사를 다하여 의심스러운 점을 밝혀 보지 아니한 채 막연한 의구심에 근거하여 원고가 위장증여자로서 국토이용관리법을 위반하였다는 요지의 조사결과를 보고한 것이라면 국세청장이이에 근거한 보도자료의 내용이 진실하다고 믿은 데에는 상당한 이유가 없다고 본 사례

지방국세청 소속 공무원들이 통상적인 조사를 다하여 의심스러운 점을 밝혀 보지 아니한 채 막연한 의구심에 근거하여 원고가 위장증여자로서 국토이용 관리법을 위반하였다는 요지의 조사결과를 보고한 것이라면 국세청장이 이에 근거한 보도자료의 내용이 진실하다고 믿은 데에는 상당한 이유가 없다고 본 사례(1993. 11. 26. 제3부 판결 93다18389 손해배상(기))

35. 가. 제조업체에서 불법휴무로 인하여 조업을 하지 못함으로써 그 업체가 입은 손해

법리상 제조업체에 있어서 불법휴무로 인하여 조업을 하지 못함으로써 그 업체가 입는 손해로는, 조업중단으로 제품을 생산하지 못함으로써 생산할 수 있었던 제품의 판매로 얻을 수 있는 매출이익을 얻지 못한 손해와 조업중단의 여부와 관계없이 고정적으로 지출되는 비용(차임, 제세공과금, 감가상각비, 보험료 등)을 무용하게 지출함으로써 입은 손해를 들 수 있다.

나. 위 "가"항의 경우 불법휴무가 없었다면 생산할 수 있었던 제품이 판매될 수 있다는 점에 대한 입증 여부

위 "가"항의 경우 손해의 배상을 구하는 측에서는 불법휴무로 인하여 일정량의 제품을 생산을 하지 못하였다는 점뿐만 아니라, 생산되었을 제품이 판매될 수 있다는 점까지 입증하여야 할 것이지만, 판매가격이 생산원가에 미달하는 소위 적자제품이라거나 조업중단 당시 불황 등과 같은 특별한 사정이 있어서 장기간에 걸쳐 당해 제품이 판매될 가능성이 없다거나, 당해 제품에 결함 내지는 하자가 있어서 판매가 제대로 이루어지지 않는다는 등의 특별한 사정의 간접반증이 없는 한, 당해 제품이 생산되었다면 그 후 판매되어 당해 업체가 이로 인한 매출이익을 얻고 또 그 생산에 지출된 고정비용을 매출원가의 일부로 회수할 수 있다고 추정함이 상당하다(1993. 12. 10. 제3부 판결 93다24735 손해배상(기)).

36. 도로교통법의 보행자의 통행방법에 관한 규정위반과 불법행위의 성립여부

보행자의 통행방법에 관한 도로교통법 제8조 제1항, 제2항, 제10조 제2항 내지 제5항의 각 규정의 위반은 법상의 주의의무위반으로서 타인에 대한 의무위반을 내용으로 하는 것이고, 보행자가 이에 위반하여 사고를 야기케 하였다면 보행자의 그러한 잘못은 불법행위의 성립요건으로서의 과실에 해당하는 것으로 보아야

한다(1993. 12. 10. 선고 93다36721 판결 손해배상(자)).

37. 부당해고가 위법하게 정신적 고통을 가하는 것이 되어 불법행위를 구성하는 경우

사용자가 강행규정인 노동조합법 제39조 소정의 불이익취급금지규정을 위반하여 근로자를 부당하게 해고하거나 불이익처분을 함으로써 당해 해고 등이 무효인 경우에 있어서 사용자가 그러한 불이익처분을 함에 있어서 내세우는 사유가 표면상의 사유에 불과하고 실질적으로는 근로자가 정당한 노동조합활동을 한 것을 이유로 근로자를 사업장에서 배제하려는 의도하에 일부러 어떤 표면상의 해고사유 등을 내세워 징계라는 수단을 동원하여 해고 등의 불이익처분이 이루어진 경우처럼 그러한 징계권의 남용이 우리의 건전한 사회통념이나 사회상규상 도저히 용인될 수 없음이 분명한 경우에 있어서는 그 해고 등 불이익처분의 효력이 부정되는 데 그치는 것이 아니라 위법하게 상대방에게 정신적 고통을 가하는 것이 되어 근로자에 대한 관계에서 불법행위를 구성할 수 있다(1993. 12. 21. 제1부 판결 93다11463 임금지급등).

38. 증권회사 직원의 투자권유로 투자한 투자가가 손실을 본 경우 불법행위책임이 성립하기 위한 요건

증권회사의 임직원이 강행규정에 위반된 이익보장으로 투자를 권유하였으나 투자결과 손실을 본 경우에 투자가에 대한 불법행위책임이 성립되기 위하여는, 이익보장 여부에 대한 적극적 기망행위의 존재까지 요구하는 것은 아니라 하더라도, 적어도 거래경위와 거래방법, 고객의 투자상황(재산상태, 연령, 사회적 경험 정도 등), 거래의 위험도 및 이에 관한 설명의 정도 등을 종합적으로 고려한 후, 당해 권유행위가 경험이 부족한 일반 투자가에게 거래행위에 필연적으로 수반되는 위험성에 관한 올바른 인식형성을 방해하거나 또는 고객의 투자상황에 비추어 과대한 위험성을 수반하는 거래를 적극적으로 권유한 경우에 해당하여, 결국 고객에 대한 보호의무를 저버려 위법성을 띤 행위인 것으로 평가될 수 있는 경우라야 한다(1994. 1. 11. 제1부 판결 93다26205 투자금).

39. 위조된 서류에 의하여 등기가 이루어졌다는 사실만 밝혀지면 곧바로 등기공무원에게 과실이 있는 것으로 볼 수 있는지 여부

등기공무원은 부동산등기법 제55조에 따라 같은 법 제40조에 의하여 등기신청에 첨부된 서류 자체를 검토하고 등기부의 기재와도 대조하여 상호 배치되는 것이 있는지 또는 서류 자체의 양식 등이 관행에 어긋나는 점이 있는지 등을 살펴 그와 같은 잘못이 있는 경우 등기신청을 각하하여야 할 직무상의 심사의무가 있으므로, 첨부된 서류 자체의 기재형식에 의하여 또는 그 기재를 등기부의 기재와 대조하여서 등기공무원으로서의 통상의 주의의무만 기울였어도 그 서류들이 위조되었다는 것을 쉽게 알 수 있었음에도 이를 간과한 채 모두 적법한 것으로 심사하여 등기신청을 각하하지 못하였다면 등기공무원으로서의 통상의 주의의무를

해태하여 형식적 심사의무를 위반한 과실이 있다 할 것이고, 등기공무원에게 이러한 의미의 과실이 있었는지를 판단함에 있어서는 위조되어 제출된 서류들 중 어떠한 부분이 어떻게 위조되었는지, 또 그 위조된 부분이 등기공무원으로서의 통상의 주의의무만 기울였어도 쉽게 발견할 수 있는 정도인지의 여부 등 과실의 내용이 되는 사실이 구체적으로 밝혀져야 하고, 단순히 위조된 서류들에 의하여 등기가 이루어진 후 그 위조사실이 밝혀지면 곧바로 등기공무원에게 과실이 있는 것으로 되는 것은 아니다(1994. 1. 14. 제3부 판결 93다46469 손해배상(기)).

40. 피고소인에 대한 고소사건이 무죄로 확정된 경우 고소가 불법행위로 되는지여부

피고소인이 고소인이 고소한 피의사실로 기소된 후 이에 대하여 무죄의 확정판결을 받은 사실이 있다 하더라도 그 고소가 권리의 남용이었다고 인정되는 고의 또는 중대한 과실에 의한 것이 아닌 이상 불법행위라고 할 수는 없다(1994. 1. 25. 제1부 판결 93다29556 손해배상(기)).

41. 취득시효가 완성된 토지에 관한 소유자의 처분행위가 불법행위가 되는지여부

취득시효가 완성된 토지에 관한 소유자의 처분행위가 불법행위가 되기 위하여는 소유자가 시효취득 사실을 알았거나 알 수 있어야 할 것인바, 특별한 사정이 없는 한 부동산에 관한 시효취득이 완성된 후에 그 시효취득을 주장하거나 이로 인한 소유권이전등기청구를 하기 이전에는 부동산 소유자로서는 그 시효취득 사실을 알 수 없는 것이라고 보아야 한다(1994. 4. 12. 제2부 판결 93다60779 소유권보존등기말소등).

42. 가. 의사의 설명의무

일반적으로 의사는 환자에게 수술 등 침습을 가하는 과정 및 그 후에나쁜 결과 발생의 개연성이 있는 의료행위를 하는 경우 또는 사망 등의 중대한 결과 발생이 예측되는 의료행위를 하는 경우에 있어서 응급환자의 경우나 그 밖에 특단의 사정이 없는 한 진료계약상의 의무 내지 위 침습 등에 대한 승낙을 얻기 위한 전제로서 당해 환자 또는 그 가족에게 질병의 증상, 치료 방법의 내용 및 필요성, 발생이 예상되는 위험 등에 관하여 당시의 의료수준에 비추어 상당하다고 생각되는 사항을 설명하여 당해 환자가 그 필요성이나 위험성을 충분히 비교하여 그 의료행위를 받을 것인가 여부를 선택할 수 있도록 하는 의무가 있다.

나. 의사의 설명의무 위반으로 인하여 위자료만을 청구하는 경우와 모든 손해를 청구하는 경우에 있어서 설명의무 위반과 결과 사이의 상당 인과관계의 존재 요부

의사가 위 "가"항의 설명의무를 위반한 채 수술 등을 하여 환자에게 사망

등의 중대한 결과가 발생한 경우에 있어서 환자측에서 선택의 기회를 잃고 자기결정권을 행사할 수 없게 된 데 대한 위자료만을 청구하는 경우에는 의사의 설명결여 내지 부족으로 선택의 기회를 상실하였다는 사실만을 입증함으로써 족하고, 설명을 받았더라면 사망 등의 결과는 생기지 않았을 것이라는 관계까지 입증할 필요는 없으나, 그 결과로 인한 모든 손해를 청구하는 경우에는 그 중대한 결과와 의사의 설명의무 위반 내지 승낙취득과정에서의 잘못과의 사이에 상당인과관계가 존재하여야 하며, 그 경우 의사의 설명의무의 위반은 환자의 자기결정권 내지 치료행위에 대한 선택의 기회를 보호하기 위한 점에 비추어 환자의 생명 신체에 대한 의료적 침습 과정에서 요구되는 의사의 주의의무 위반과 동일시 할 정도의 것이어야 한다(1994. 4. 15. 제3부 판결 93다60953 손해배상(기)).

43. **광업소 채준막장에서 신설 각주가 넘어져 지주설치작업을 하던선산부인 광원이 부상당한 사고가 오로지 위 광원의 귀책사유로 인하여 발생한 것이라고 한 사례**

광업소 채준막장에서 신설 각주가 넘어져 지주설치작업을 하던 선산부인 광원이 부상당한 사고가 오로지 위 광원의 귀책사유로 인하여 발생한 것이라고 한 사례 (1994. 4. 26. 제2부 판결 94다2848 손해배상(산))

<판례전문(1994. 4. 26. 제2부 판결 94다2848 손해배상(산))>

[원고, 상고인] 임억수 외 3인

[피고, 피상고인] 대한석탄공사 소송대리인 변호사 정성흠

[원심판결] 서울고등법원 1993. 12. 9. 선고 93나15269 판결

[주 문] 상고를 모두 기각한다.

상고비용은 원고들의 부담으로 한다.

[이 유] 원고들의 상고이유를 본다.

1. 기록에 의하여 원심이 취사한 증거들을 살펴보면 원심이, 피고공사에서는 지주받침대를 승갱도 입구에 설치되어 있는 도구함에 넣어두고 있어 이것이 필요한 작업자들이 입갱시에 가지고 들어갈 수 있도록 하여 놓았고, 위 도구함에 지주받침대가 없을 때에는 작업자들이 자재창고에 가서 지주받침대를 달라고 하면 언제든지 지급하여 주고 있다고 인정하면서 위 인정에 반하는 갑 제38호증(이위재 작성의 확인서, 상고이유서에 갑 제36호증이라고 한 것은 오기로 보인다) 기재를 배척한 조치는 수긍이 되고, 거기에 소론 주장과 같은 채증법칙 위배의 위법이 없다.

2. 원심판결 이유에 의하면 원심은, 1989. 10. 9. 14:00 피고 산하 장성광업소 채준막장에서 신설중인 각주가 원고 임억수 등쪽으로 넘어져 위 원고가 부상을

당한 이 사건 사고가 발생한 원인과 경위 등에 관한 판시 사실을 인정한 다음, 위 인정사실에 의하면, 지주받침대는 피고공사측에서 갱내에 비치하여야 하거나 작업자에게 일일이 지급하는 것이 아니고 필요한 작업자들이 이를 챙겨 작업을 하여야 하는 것이므로 피고공사측에게 지주받침대를 준비하여 주지 아니한 것에 어떠한 과실이 있다고 할 수 없는 반면 이 사건 사고는 선산부인 위 원고가 지주 설치작업을 하면서 신설 각주가 갱안으로 넘어지지 아니하도록 튼튼하게 후방 각 주와 신설 각주를 빗장 질러 지지해 놓지 아니하고 손쉬운 방법인 환삽으로 신설 각주를 지지해 놓고 작업을 한 결과 위 환삽이 각주의 무게를 지탱하지 못하여 세워 놓은 신설 각주가 넘어지는 바람에 일어난 것으로 이는 오로지 위 원고의 귀책사유로 인하여 발생한 것이라고 판단하고 있는바, 기록에 의하여 살펴보면 위 원심의 사실인정과 판단은 정당한 것으로 수긍이 되고, 원심판결에 소론과 같은 채증법칙 위배, 심리미진 또는 직권으로 피고나 원고의 과실의 존부를 조사하지 아니한 잘못이나 과실상계의 법리오해 등의 위법이 있다고 할 수 없다. 논지는 이유 없다.

3. 그러므로 상고를 모두 기각하고 상고비용은 패소자의 부담으로 하여 관여 법관의 일치된 의견으로 주문과 같이 판결한다.

대법관 안우만(재판장) 김용준
천경송(주 심) 안용득

44. 수사기관 및 형사법정에서의 허위진술과 불법행위의 성부

수사기관 및 형사법정에서 자신이 중앙선을 침범하였음에도 불구하고 상대방이 중앙선을 침범하여 사고가 발생한 것이라고 허위진술을 한 자는 특별한 사정이 없는 한 고의로 위와 같은 허위진술을 한 것으로 추인할 것이고, 상대방이 기소 되고 제1심에서 유죄판결을 받음에 있어서 위와 같은 허위진술이 그 기본적 증 거가 되었다면 허위진술을 한 자는 위와 같은 허위진술로 인하여 상대방이 입은 손해를 배상할 책임이 있다(1994. 5. 10. 제2부 판결 93다39072 손해배상(자)등).

<판례전문(1994. 5. 10. 제2부 판결 93다39072 손해배상(자)등)>

[원고, 상고인] 심근수 외 4인

[피고, 피상고인] 주식회사 한일여객

[원심판결] 부산지방법원 1993. 7. 2. 선고 93나941 판결

[주 문] 원심판결을 파기한다.

사건을 부산지방법원 합의부에 환송한다.

[이 유] 원고들의 상고이유에 대하여 판단한다.

1. 원심판결 이유에 의하면 원심은, 피고 회사 소속 운전사 소외 1이 1990. 9. 14. 11:30경 피고소유의 경북 5아3162호 직행버스를 운전하여 경북 울진군 원남면 오산리에 있는 동일연탄공장 앞 7번 국도상을 울진방면에서 영덕방면으로 운행함에 있어 그곳은 황색실선의 중앙선이 설치되어 있는 편도1차선의 좌로 굽은 길이고 당시는 비가 오고 있어 노면이 미끄러웠으므로 소외 1로서는 속도를 줄이고 차선을 따라 진행하는 등의 안전운행을 하여야 함에도 불구하고 이를 게을리한 채 중앙선을 침범하여 운행한 과실로 때마침 반대방향에서 마주오던 원고 심근수 운전의 경남 5아2431호 직행버스의 좌측 앞부분을 소외 1 운전차량의 좌측 옆부분으로 들이받아 그 충격으로 위 경북 5아3162호 버스에 타고 있던 승객인 소외 이인숙 외 7명에게 상해를 입힌 사실, 그런데 위 사고에 대한 수사과정에서 도리어 위 원고가 중앙선을 침범한 것으로 잘못 조사되어 위 원고가 교통사고처리특례법위반 등으로 불구속기소되어 1심법원인 대구지방법원 영덕지원에서 금고 8월에 집행유예 1년의 형을 선고받았고, 이에 위 원고가 불복 항소하여 항소심 법원인 대구지방법원에서 무죄가 선고되고, 이어 대법원에서 위 무죄 그대로 확정된 사실, 소외 1은 수사기관에서 이 사건 사고에 대한 조사를 받으면서 자신의 중앙선 침범사실을 부인하고 오히려 위 심근수가 중앙선을 침범하여 이 사건 사고가 나게 되었다고 진술하였고, 그 후 위 형사사건의 1심법정에 증인으로 출석하여 위 사고 당시 자신의 차량은 중앙선을 침범하지 않았기 때문에 위 심근수차량의 중앙선침범으로 인하여 위 사고가 난 것으로 생각한다라는 내용의 증언을 한 사실, 원고 최성례는 위 원고의 처, 원고 심정훈, 심은정, 심영훈은 그 자녀들인 사실을 각 인정한 다음, 소외 1이 중앙선을 침범하여 위 사고가 발생하였음에도 불구하고 소외 1은 위 사고에 대한 수사과정 및 제1심공판과정에서 원고 심근수 운전차량이 중앙선을 침범하는 바람에 위 사고가 발생하게 되었다고 허위진술을 함으로써 위 원고가 위와 같이 부당하게 기소되어 1심에서 유죄판결을 선고받고 그 후 항소심을 거쳐 대법원에 이르러 무죄의 확정판결을 받기까지의 형사재판을 받는 동안 위 원고는 위 사고 당시 종사해 오던 운전업무를 휴업함으로써 그 기간 수입상당의 손해와 형사재판과정에서 위 원고의 무죄를 다투기 위하여 변호사선임에 소요된 선임료 및 이 사건 사고로 운전면허정지처분을 받고 이를 해제시키는데 필요한 비용, 운전정밀검사를 받는데 필요한 비용 등을 지출하는 손해를 입게 되었으므로, 피고는 자기를 위하여 자동차를 운행하는 자 겸 소외 1의 사용자로서 위 원고가 입게 된 위와 같은 손해를 배상할 책임이 있다는 위 원고의 주장에 대하여, 위 원고 주장의 위 손해는 위 원고가 이 사건 사고의 가해자로 기소된 위 형사사건과 관련하여 생긴 손해임이 그 주장자체에서 명백하므로 위 원고가 그 주장과 같은 손해를 입었다 하더라도 이는 이 사건 사고와 상당인과관계가 있다고 볼 수 없을 뿐만 아니라, 원고 심근수가 위와 같이 형사소추 및 면허행정처분을 받은 것은 수사기관 등에 의한 국가형벌권 및 행정권의 발동에 기인한 것으로서, 소외 1이 위 원고로 하여금 형사처벌을 받게 할 목적으로 허위사실을 내

세워 고소하는 등 적극적인 행위로 나아갔다고 볼 아무런 자료가 없는 이 사건에서 위 원고가 중앙선을 침범했다고 생각하는 소외 1이 위 사고의 상대방 당사자로서 위 사고에 관한 형사소추를 면하기 위한 방편으로 그 조사과정에서 상대방에게 불리한 허위의 진술을 하였다 하더라도 그것이 곧 소외 1의 직무와 관련된 불법행위에 해당한다고 보기 어렵다 할 것이고, 또 위 원고가 소외 1의 진술만으로써 위와 같이 기소되어 1심에서 유죄판결을 받았다고 단정할 증거가 없으므로 이 사건 사고의 수사 및 재판과정에서의 소외 1의 위와 같은 진술이 위 원고에 대한 불법행위에 해당함을 전제로 한 위 원고의 이 부분 청구는 더 나아가 그 손해액에 관하여 살펴볼 필요 없이 이유 없다고 판단하고, 나아가 원고 심근수가 위와 같이 부당하게 기소되어 재판을 받는 과정에서 원고들이 상당한 정신적 고통을 받았으므로 피고는 원고들에게 이에 대한 위자료를 지급할 의무가 있다는 원고들의 주장에 대하여, 원고 심근수가 이 사건 사고로 인하여 아무런 상해를 입은 바 없음은 위 원고 스스로 자인하고 있을 뿐 아니라, 위 원고에 대한 위 형사소추가 피고측의 불법행위에 기인한 것으로 볼 수도 없다는 이유로 원고들의 위 주장도 더 나아가 볼 것 없이 이유 없다고 판단하였다.

2. 그러나 원심이 확정한 바와 같이 소외 1이 수사기관 및 형사법정에서 자신이 중앙선을 침범하였음에도 불구하고 원고 심근수가 중앙선을 침범하여 이 사건 사고가 발생한 것이라고 허위진술을 하였다면, 특별한 사정이 없는 한 소외 1은 고의로 위와 같은 허위진술을 한 것으로 추인할 것이고, 기록에 의하면, 위 원고가 원심판시와 같이 기소되고 제1심에서 유죄판결을 받음에 있어서 소외 1의 위와 같은 허위진술이 그 기본적 증거가 된 사실이 인정된다.

사실관계가 원심판시 및 위에서 본 바와 같다면, 소외 1은 위와 같은 허위진술로 인하여 원고들이 입은 손해를 배상할 책임이 있다고 할 것이고, 또 소외 1의 위와 같은 허위진술은 비록 그 자체가 피고 회사 운전사로서의 본래의 직무행위는 아니지만 이와 밀접한 관련을 갖고 있어서 적어도 외형상으로는 그 직무범위 내에 속하는 것으로 볼 수 있으므로 피고 회사는 소외 1의 사용자로서 동인의 위와 같은 허위진술로 인하여 원고들이 입은 손해를 배상할 책임이 있다고 할 것이다.

그럼에도 불구하고 원심은 그 판시의 이유로 원고들의 피고 회사에 대한 이 사건 손해배상청구를 배척하였으니 원심판결에는 불법행위와 사용자의 배상책임에 관한 법리를 오해하고 심리를 다하지 아니한 위법이 있다고 할 것이고, 이와 같은 위법은 판결에 영향을 미친 것임이 분명하므로 이 점을 지적하는 논지는 이유가 있다.

3. 그러므로 원심판결을 파기하고 다시 심리판단하게 하기 위하여 사건을 원심법원에 환송하기로 관여 법관의 의견이 일치되어 주문과 같이 판결한다.

대법관 김용준(재판장) 안우만
천경송 안용득(주심)

45. 가. 폭발사고에 의하여 직접 피해자가 상해를 입은 경우 실화책임에관한 법률의 적용 여부

가스의 폭발사고에 의하여 직접 피해자가 상해를 입은 경우에 있어서는실화 책임에관한법률이 적용되지 아니한다.

나. 공항관련시설의 관리·운영과 유지·보수 등의 업무를 맡고 있는 한 국공항공단이 관리하는 지역 내에서 발생한 가스폭발사고에 대하여 공단의 과실책임을 인정한 원심판결을 심리미진, 이유불비의 위법이 있다 하여 파기한 사례

공항관련시설의 관리·운영과 유지·보수 등의 업무를 맡고 있는 한국공항 공단이 관리하는 지역 내에서 발생한 가스폭발사고에 대하여 공단의 과실책 임을 인정한 원심판결을 심리미진, 이유불비의 위법이 있다 하여 파기한 사 례(1994. 6. 10. 제3부 판결 93다58813 손해배상(산))

<판례전문(1994. 6. 10. 제3부 판결 93다58813 손해배상(산))>

[원고, 피상고인] 정민효 외 6인 원고들 소송대리인 변호사 문재인 외 2인

[피고, 상고인] 한국공항공단 외 1인 소송대리인 변호사 김신택 외 1인

[원심판결] 부산고등법원 1993. 10. 22. 선고 92나4697 판결

[주 문] 원심판결 중 피고 한국공항공단의 패소부분을 파기하고, 이 부분 사 건을 부산 고등법원에 환송한다.

피고 주식회사 한국종합기술개발공사의 상고를 기각하고, 이 부분 상고비용은 같은 피고의 부담으로 한다.

[이 유] 1. 먼저 피고 주식회사 한국종합기술개발공사(이하 피고 회사라고 한 다)의 상고이유를 본다.

원심판결 이유에 의하면 원심은, 거시증거에 의하여, 이 사건 사고 발생의 경위, 사고 전날 있었던 굴착작업시의 상황, 사고원인조사의 결과, 사고장소의 구조 및 사고 후의 정황, 메탄가스의 성질, 사고지점 일대의 지질 및 사고 무렵의 기상조 건 등에 관하여 그 판시와 같은 사실들을 인정한 다음, 이 사건 사고는, 교통부 서울지방항공관리국으로부터 김해국제공항 확장공사를 위한 설계용역을 의뢰받은 피고 회사가 사고 전날인 1988. 1. 22.(원심이 1. 12.이라고 한 것은 오기이다) 피 고 한국공항공단(이하 피고 공단이라고 한다) 부산지사 김해국제공항 영림현장 온실내 숙직실로부터 약 2미터 정도 떨어진 곳에서 지질조사를 위한 굴착작업을 하던 중 땅에 박은 천공구에서 같은 날 11:40경부터 약 1,2시간 동안 가스가 분출 하다가 점점 줄어 들면서 같은 날 17:00경 멈추자 위 천공구의 입구를 막지 않은

채 작업을 끝낸 바 있는데, 밤새 위 입구를 막지 않은 천공구로부터 지하 매립층에서 발생한 메탄가스가 분출되어 나와 당시의 일기상황에 의하여 위 온실 밖 집수정에 일부가 고인 후 하수구를 통하여 부엌 안으로 들어가 다시 숙직실 안으로 스며들어 연소범위 내의 농도를 형성하고 있다가 사고 당일인 같은 해 1. 23.(원심이 1. 13.이라고 한 것도 오기이다) 05:30경 원고 정민효가 위 숙직실에서 담배를 피우기 위하여 라이타를 켜는 순간 그 라이타 불에 인화되어 순간적으로 폭발함으로써 발생하였을 것이라고 추인하고 있는바, 기록에 의하여 살펴 보면 원심이 한 간접사실들의 인정 및 그에 따른 사고원인의 추인과정은 모두 정당한 것으로 수긍이 간다.

그리고 이 사건 사고 발생의 원인 및 과정이 위와 같다면, 이 사건 사고는, 지질조사작업을 하는 과정에서 지하로부터 가스가 분출하였고 더구나 그 지역이 과거 매립지여서 인화성이 있는 메탄가스가 계속 분출될 가능성도 없지 아니하였으므로 그 분출된 가스가 인화성이나 폭발성은 없는지 그 성분을 확인하고, 나아가 근접한 곳에 숙직실이 딸린 온실이 있어 인화성이 있는 가스가 분출되어 확산될 경우 위 온실내 화기에 인화되어 폭발할 위험이 있음을 예견할 수 있으므로 작업을 마칠 때는 위 가스가 공기 중으로 계속 분출되는 일이 없도록 위 천공구의 입구를 단단히 막는 등의 안전조치를 취하여야 할 주의의무가 있음에도 불구하고 이를 게을리 한 피고 회사의 과실로 인하여 발생하였다 할 것이므로, 원심이 이와 같은 취지에서 피고 회사에 대하여 불법행위로 인한 손해배상책임을 인정한 것도 옳게 수긍이 간다.

한편 이 사건에 있어서와 같이 가스의 폭발사고에 의하여 직접 피해자가 상해를 입은 경우에 있어서는 실화책임에관한법률이 적용되지 아니한다 할 것이므로, 피고 회사의 과실이 중대한 것인지 여부에 관한 원심의 판단에 소론과 같은 잘못이 있다 하더라도 이는 판결에 영향을 미쳤다 할 수 없다.

원심판결에 소론과 같은 채증법칙 위배, 사실오인, 이유불비, 심리미진, 인과관계 및 과실이나 중과실에 관한 법리오해의 위법이 있다 할 수 없으므로, 논지는 모두 이유 없다.

 2. 다음으로 피고 공단의 상고이유를 본다.

원심판결 이유에 의하면 원심은, 이 사건 사고 발생의 원인 및 과정을 위와 같이 인정한 다음, 이 사건 사고의 발생에는, 피고 공단으로서도 위 공항 관련시설의 관리·운영과 유지·보수 등의 업무를 맡고 있는 이상 마땅히 그 관리지역 내에서 이루어진 위 지질조사작업의 내용과 그에 따른 안전관리문제를 확인·파악하여 조그만 위해요인도 발생하지 않도록 철저히 감독하고, 필요한 안전조치를 강구하거나 피고 회사에게 이를 요구하여야 함에도 이를 게을리 한 채 아무런 조치도 취하지 아니하고 그대로 방치한 과실이 경합하였다고 하여 피고 공단에 대하여서도 불법행위로 인한 손해배상책임을 인정하고 있다.

그러나 우선 피고 공단의 과실점에 관한 원심의 설시는 구체적이지 못할 뿐만

아니라, 원심이 확정한 사실에 의하더라도 위 지질조사작업은 교통부 서울지방항 공관리국이 피고 회사에게 발주하였다는 것이어서 피고 공단이 그 작업의 내용과 그에 따른 안전관리문제를 확인·파악하여야 할 지위에 있다고 볼 수는 없으며, 또한 땅에 천공구를 박아 지질조사를 위한 굴착작업을 하는 것 자체에 공항 관련 시설에 어떠한 위험을 가져 올 수 있는 요소가 포함되어 있다고 보이지는 아니하 므로 피고 공단이 위 굴착작업시 가스가 계속 분출하리라고 예견할 수 있었다는 등의 특별한 사정이 인정되지 아니하는 이상은 단지 피고 공단이 공항 관련시설 의 관리·운영과 유지·보수 등의 업무를 맡고 있다거나 위 지질조사작업이 피고 공단이 관리하는 지역 내에서 이루어졌다는 것만으로 피고 공단에게 전문업체인 피고 회사가 시행하는 지질조사작업을 감독하고 필요한 안전조치를 강구하거나 피고 회사에 대하여 그러한 조치를 취할 것을 요구하여야 할 의무까지 있다고 할 수는 없을 것이고, 피고 공단의 안전관리규정(을 제4호증의 1,2)은 안전사고의 발 생을 가능한 한 억제할 목적으로 제정된 것에 불과하여 그 안전관리규정에 공사 장 안전관리 등에 관한 조항이 있고 관내에서 안전사고가 발생하였다 하여 곧바 로 불법행위책임의 요건이 되는 과실이 있다고 인정할 수도 없다 할 것이다.

결국 기록상 피고 공단이 위 굴착작업시 가스가 계속 분출하리라고 예견할 수 있었다는 등의 특별한 사정이 있었는지 여부가 확정되어 있지 아니한 상태에서 원심이 그 판시와 같은 이유만으로 이 사건 사고 발생에 피고 공단의 과실도 경 합되었다고 판단한 것은 손해배상책임에 관한 법리를 오해한 나머지 심리를 다하 지 아니하였거나 손해배상책임의 근거를 명시하지 아니한 잘못이 있다 할 것이고, 이 점을 지적하는 논지는 이유 있다.

3. 그러므로 원심판결 중 피고 공단의 패소부분을 파기하여 이 부분 사건을 원심법원에 환송하고, 피고 회사의 상고는 이를 기각하며, 이 부분 상고비용은 패 소자인 같은 피고의 부담으로 하기로 하여 관여 법관의 일치된 의견으로 주문과 같이 판결한다.

대법관 김상원(재판장) 윤영철
박준서(주심)

참조판례

대법원 1993. 12. 10. 선고 93다20405 판결(공1994상, 346)

46. 편도 3차선 도로의 2차선상을 운행하는 자동차의 운전자로서는 뒤따라 진행하는 차량도 정상적으로 그 차선을 유지하면서 진행하리라고 신뢰 하는 것이 보통이므로 오토바이가 3차선상으로 뒤따라 진행하다가 그 차선을 벗어나 자기 차량을 충격하리라는 것까지 예견하여 속력을 줄이 는 등의 방법으로 운행할 주의의무가 없다고 한 사례

편도 3차선 도로의 2차선상을 운행하는 자동차의 운전자로서는 뒤따라 진행하는 차량도 정상적으로 그 차선을 유지하면서 진행하리라고 신뢰하는 것이 보통이므로 오토바이가 3차선상으로 뒤따라 진행하다가 그 차선을 벗어나 자기 차량을 충격하리라는 것까지 예견하여 속력을 줄이는 등의 방법으로 운행할 주의의무가 없다고 한 사례(1994. 6. 14. 제1부 판결 93다45664 손해배상(자))

<판례전문(1994. 6. 14. 제1부 판결 93다45664 손해배상(자))>

[원고, 피상고인] 김순태 외 3인 원고들 소송대리인 변호사 박영서

[피고, 상고인] 옥의정 소송대리인 변호사 변갑규 외 1인

[원심판결] 서울민사지방법원 1993. 7. 30. 선고 93나22202 판결

[주 문] 원심판결을 파기하고 사건을 서울민사지방법원 합의부에 환송한다.

[이 유] 상고이유를 본다.

원심판결 이유에 의하면, 원심은 그 거시증거에 의하여 피고가 1992. 2. 22. 18:10경 그 소유의 엑셀승용차를 운전하여 서울 종로구 세검정로타리 방면에서 같은 구 신영로타리 방면으로 가변3차선 도로의 2차선을 따라 시속 30킬로미터 정도로 운행하다가 같은 구 신영동 103 앞 좌커브길에 이르러 때마침 바로 옆 3차선상에서 같은 방향으로 진행하던 원고 김순태 운전의 125씨씨 오토바이의 좌측 핸들부분을 위 승용차의 우측 뒷부분으로 충돌하여 위 원고를 땅에 넘어뜨려 좌상완골 분쇄골절, 상악 중절치 파절상 등을 입게 한 사실을 인정한 다음, 피고는 자동차손해배상보장법에 따라 위 원고 및 그 처자들인 나머지 원고들이 입은 손해를 배상할 책임이 있다고 판단하고, 나아가, 이 사건 사고는 피고가 위 승용차를 운전하여 급커브길을 진행함에 있어 속도를 더욱 줄이고 전방좌우를 잘 살펴 같은 방향을 진행하는 다른 차량의 유무 및 그 동태를 잘 살피는 등으로 안전운전을 하여야 함에도 불구하고 이를 게을리 한 채 바로 옆 차선에서 진행하던 위 오토바이에 근접하여 운전한 잘못이 있고, 원고 김순태로서도 위 오토바이를 운전하여 급커브길인 이 사건 사고 지점을 진행함에 있어 도로의 우측단으로 운행함은 물론 앞서 진행하던 위 승용차를 발견하였으면 그 동태를 주시하고 안전거리를 유지하면서 서행하는 등으로 안전운전을 하여야 함에도 이를 게을리 한 채 2차선에 근접하여 운전한 과실이 있으나, 원고의 이러한 과실이 피고의 손해배상책임을 면하게 할 정도에는 이르지 아니한다고 판단하여, 피고의 면책 주장은 이를 배척하고 있다.

그러나, 편도 3차선 도로의 2차선상을 운행하는 자동차의 운전자로서는 특별한 사정이 없는 한, 뒤따라 진행하는 차량도 정상적으로 그 차선을 유지하면서 진행하리라고 신뢰하는 것이 보통이므로 오토바이가 3차선상으로 뒤따라 진행하면서 거리를 좁혀 오다가 차선을 벗어나 자기 차량의 오른쪽 뒷부분을 충격하리라는 것까지 예견하여 더욱 속력을 줄이는 등의 방법으로 운행하여야 할 주의의무가 있다고 보기는 어렵다고 할 것이다.

그런데, 원심은 피고가 가변3차선 도로의 2차선을 따라 시속 30킬로미터 정도로 운행하고 있었는데, 원고 김순태가 3차선으로 위 오토바이를 운전하여 뒤따라오다가 2차선에 근접하여 운전한 과실로 오토바이의 왼쪽 핸들부분과 피고 차량의 오른쪽 뒷부분이 부딪히게 된 것이라고 인정하면서도, 피고에게 그러한 사고를 예견할 수 있다고 볼 만한 특별한 사정이 있는가 하는 점에 관하여는 살펴보지 아니한 채, 피고에게 이 사건 사고에 관하여 과실이 있다고 판단하고 말았으니, 이는 필경 과실에 관한 법리를 오해하거나 심리를 다하지 아니하여 판결에 영향을 미친 위법이 있음에 귀착한다고 할 것이어서, 이 점을 탓하는 논지는 이유 있다.

그러므로 원심판결을 파기하고 사건을 서울민사지방법원 합의부에 환송하기로 하여 관여 법관의 일치된 의견으로 주문과 같이 판결한다.

대법관 김주한(재판장) 배만운
김석수 정귀호(주심)

47. 신호등 있는 교차로에서 사고가 난 경우 신호에 따라 진행한 차량의 운전자에게도 과실을 인정한 사례

신호등 있는 교차로에서 사고가 난 경우 신호에 따라 진행한 차량의 운전자에게도 과실을 인정한 사례(1994. 6. 14. 제1부 판결 93다57520 손해배상(자))

<판례전문(1994. 6. 14. 제1부 판결 93다57520 손해배상(자))>

[원고, 피상고인] 원고 소송대리인 변호사 정남희

[피고, 상고인] 우진교통 합자회사 소송대리인 변호사 진영광 외 1인

[원심판결] 서울고등법원 1993. 10. 20. 선고 92나52537 판결

[주 문] 상고를 기각한다. 상고비용은 피고의 부담으로 한다.

[이 유] 상고이유를 본다.

신호등에 의하여 교통정리가 행해지는 교차로를 신호에 따라 진행하는 차량의 운전자로서는, 특별한 사정이 없는 한, 다른 차량의 운전자가 신호를 위반하여 교차로로 진입하여 올 것까지 예상하여 운전할 주의의무가 있다고 할 수는 없을 것이나, 이미 다른 차량이 그 진행방향의 신호가 진행신호에서 정지신호로 바뀐 직후에 교차로를 진입하여 계속 진행하고 있는 것을 발견하였다거나 그 밖에 신호를 위반하여 교차로를 진입할 것이 예상되는 특별한 경우에는, 신호에 따라 진행하였다고 하여 과실이 없다고 할 수는 없다.

원심판결 이유에 의하면, 원심은 피고 택시의 운전사인 소외 남길현이 교차로

에 진입하기 직전에 그 진행방향의 신호가 직진신호로 바뀌어 감속하지 아니한 채 시속 약 60km로 교차로를 진입하면서 그 진입 전에 이미 위 교차로의 오른 쪽에서 정지신호로 바뀐 뒤에도 계속하여 시속 40 내지 50km로 교차로를 진입하여 들어오는 원고의 승용차를 발견하고도 원고가 정지할 것으로만 믿고 별다른 조치를 취하지 아니한 채 그대로 통과하려고 하다가 이 사건 사고가 발생하였다고 인정한 다음, 위 남길현으로서도 이미 교차로에 진입한 원고가 계속하여 진행하리라고 예상할 수 있었으므로 경적을 울려 주의를 환기시키거나 스스로 서행하면서 핸들을 조작하는 등 예방조치를 취하였더라면 사고를 방지할 수 있었을 것인데도, 만연히 원고가 정지하리라고 믿고, 아무런 조치를 취하지 아니한 채 진행한 과실이 있다고 하여 피고의 면책주장을 배척하고 있는바, 원심이 채택한 증거들을 기록과 대조하여 살펴보면 이러한 원심의 사실 인정과 판단은 충분히 수긍이 가고, 거기에 채증법칙을 위배하여 사실을 오인한 위법이나 주의의무 위반에 관한 법리오해의 위법이 있다고 할 수 없다.

또한 불법행위로 인한 손해배상사건에서 과실상계사유에 관한 사실인정이나 그 비율을 정하는 것은 그것이 형평의 원칙에 비추어 현저히 불합리하다고 인정되지 아니하는 한, 사실심의 전권사항에 속하는 것인바(당원 1993. 11. 26. 선고 93다1466 판결; 1992. 2. 11. 선고 91다12073 판결 참조), 기록에 의하여 인정되는 이 사건 사고 당시의 제반 사정에 비추어 볼 때, 원심이 원고의 과실비율을 70%, 피고의 과실비율을 30%로 평가한 것이 형평의 원칙에 비추어 현저히 불합리하다고 인정되지 아니하므로 원심판결에 소론과 같은 과실상계의 법리를 오해한 위법이 있다고도 할 수 없다. 논지는 모두 이유 없다.

그러므로 상고를 기각하고 상고비용은 패소자의 부담으로 하기로 하여 관여 법관의 일치된 의견으로 주문과 같이 판결한다.

대법관 김주한(재판장) 배만운
김석수 정귀호(주심)

48. 가. 대향차선상의 상대방 자동차가 중앙선을 침범 진행해 오는 것을 이미 목격한 경우에 요구되는 자동차운전자의 주의의무

일반적으로 중앙선이 설치된 도로를 자기 차선을 따라 운행하는 자동차운전자로서는 마주오는 자동차도 제 차선을 지켜 운행하리라고 신뢰하는 것이 보통이므로, 상대방 자동차가 도로의 중앙선을 침범하여 들어 올 것까지 예상하여 특별한 조치를 강구하여야 할 주의의무는 없는 것이나, 다만 마주오는 차가 이미 비정상적으로 중앙선을 침범하여 진행하여 오는 것을 미리 목격한 경우라면, 그 차가 그대로 비정상적으로 운행을 계속함으로써 진로를 방해할 것에 대비하여 경음기나 전조등을 이용하여 경고신호를 보내거나

감속하면서 도로 우측단으로 피행하는 등으로 그 차와 자기 차와의 접촉 충돌에 의한 위험의 발생을 방지하기 위한 적절한 방어운전조치를 취하여 이에 충분히 대처할 수 있는 상황이었음에도 불구하고 그러한 제반 조치를 게을리한 경우에 한하여 그에게 상대방 자동차와 자기 차의 충돌에 의한 사고의 발생에 대하여 과실이 있다고 인정할 수 있다.

나. 대향차선상의 상대방 자동차가 중앙선을 침범 진입하여 충돌한 경우, 제 차선을 지킨 자동차운전자의 과속운행이 과실에 해당하는지 여부

중앙선이 설치된 도로에서 제 차선을 지켜 진행하던 버스가 대향차선에서 중앙선을 침범하여 진입해 온 승용차와 자기 차선 내에서 충돌하여 사고가 발생한 경우에, 버스의 운전자가 제한속도를 초과하여 버스를 운전하였다는 사실만을 들어 곧바로 그에게 과실이 있다고 탓할 수는 없고, 다만 그와 같이 과속운행을 아니하였더라면 상대방 승용차의 중앙선 침범을 발견하는 즉시로 정차 또는 감속으로 충돌을 피할 수 있었다는 사정이 있었던 경우라야만 과속운행을 과실로 볼 수 있다(1994. 9. 9. 제2부 판결 94다18003 손해배상(자)).

49. 불법행위에 있어서 고의의 요건으로 위법성의 인식이 포함되는지 여부 (소극)

불법행위에 있어서 고의는 일정한 결과가 발생하리라는 것을 알면서 감히 이를 행하는 심리상태로서, 객관적으로 위법이라고 평가되는 일정한 결과의 발생이라는 사실의 인식만 있으면 되고 그 외에 그것이 위법한 것으로 평가된다는 것까지 인식하는 것을 필요로 하는 것은 아니다(대법원 2002. 7. 12. 선고 2001다46440 판결).

50. 불법행위의 성립요건으로서의 '과실'의 의미

불법행위의 성립요건으로서의 과실은 이른바 추상적 과실만이 문제되는 것이고 이러한 과실은 사회평균인으로서의 주의의무를 위반한 경우를 가리키는 것이지만, 그러나 여기서의 '사회평균인'이라고 하는 것은 추상적인 일반인을 말하는 것이 아니라 그때 그때의 구체적인 사례에 있어서의 보통인을 말하는 것이다(대법원 2001. 1. 19. 선고 2000다12532 판결).

51. 가. 실화책임에관한법률의 입법 취지 및 적용 범위

실화책임에관한법률은 실화로 인하여 일단 화재가 발생한 경우에는 부근 가옥 기타 물건에 연소함으로써 그 피해가 예상 외로 확대되어 실화자의 책임이 과다하게 되는 점을 고려하여 그 책임을 제한함으로써 실화자를 지나치게 가혹한 부담으로부터 구제하고자 하는 데 그 입법 취지가 있고, 이러한 입법 취지에 비추어 이 법률은 발화점과 불가분의 일체를 이루는 물건의 소실, 즉 직접 화재에는 적용되지 아니하고, 그로부터 연소한 부분에만 적용되

는 것으로 해석함이 상당하다.

나. 소방공무원의 화재진압시 야기한 실화에 대하여 실화책임에관한법률이 적용되는지 여부(적극)

화재를 진압하기 위하여 화재현장에 출동하여 진화활동을 하는 소방공무원들의 경우, 일단 화재가 발생한 다음 그 현장에 임하게 되므로, 그 진화과정에서의 잘못으로 말미암아 다시 제2차적인 화재가 발생하게 되었다고 하더라도, 이는 통상의 실화와는 달리 이미 발생한 화재로 인한 피해를 막으려는 과정에서 발생한 것이고, 소방공무원들의 화재진압활동은 국가나 지방자치단체의 공권력적 활동의 성격을 가지는 한편 화재를 당한 국민 개개인의 재산과 생명을 보호하기 위한 측면도 가지고 있으며, 또한 소방공무원들은 그 직책상 화재진압에 전문적인 식견과 기술을 지닌 사람들로서 고도의 주의의무를 과함이 상당한 반면에 자신의 신체적 위험을 무릅쓰고 화재진압에 임하게 된다는 점 등을 종합해 보면, 소방공무원들이 화재를 진압하는 과정에서의 행위에 대하여도 그 과실의 경중을 따지는 기준에 관하여 소방공무원의 특수성을 고려함은 별문제로 하고, 실화책임에관한법률이 적용된다고 보는 것이 타당하고, 따라서 화재진압 과정에서 소방공무원의 잘못으로 인하여 제2차적인 화재가 발생하여 손해가 발생하였다고 하더라도, 해당 소방공무원에게 중과실이 인정되지 않는다면, 소방공무원 자신이나 그 사용자인 지방자치단체는 그로 인한 민사상의 손해배상책임을 지지 않는다고 보아야 할 것이다

다. 소방공무원이 화재진압과정에서 미처 모든 불씨를 제거하지 못하여 3시간여 경과 후 1차 화재 발생지점과 칸막이로 분리된 다른 곳에서 2차 화재가 발생한 사안에서 소방공무원들에게 실화책임에관한법률을 적용하여 그 손해배상책임을 부정한 사례(대법원 2002. 12. 10. 선고 2001다9298 판결).

52. 가. 수산물 검품대행회사의 직원이 금융기관으로부터 담보물인 수산물의 검품을 의뢰받아 수산물을 검품하면서 임의로 대출가능금액을 산정한 경우에, 금융기관의 대출 즉시 과다대출만큼의 손해가 발생하므로 대출 후에 발생한 담보물의 가격하락, 경기침체로 인한 부실채권 증가 등의 사유는 위 수산물 검품대행회사의 면책사유가 아니라고 한 사례

수산물 검품대행회사의 직원이 금융기관으로부터 담보물인 수산물의 검품을 의뢰받아 수산물을 검품하면서 수산물의 구입가격이나 객관적인 시장가격을 제대로 파악하지 않은 채 차주(차주)들이 주장하는 금액 및 자신의 주관적인 경험과 판단을 근거로 하여 임의로 구입가격과 시장가격을 결정하고 대출가능금액을 과다산정한 경우에, 금융기관의 대출 즉시 금융기관에게 과다대출부분만큼의 손해가 발생하므로 대출 후에 발생한 담보물의 가격하락, 경기침체로 인한 부실채권의 증가 등의 사유는 위 수산물 검품대행회사의

면책사유가 아니라고 한 사례.

나. 주식회사의 대표이사가 자신의 모든 업무를 다른 이사 등에게 위임하고 스스로 집행하지 않은 경우, 상법 제401조 제1항에 의한 손해배상책임을 부담하는지 여부(적극)

주식회사의 대표이사가 대표이사의 업무 일체를 다른 이사 등에게 위임하고 대표이사의 직무를 전혀 집행하지 않는 것은 그 자체가 이사의 직무상 충실 및 선관의무를 위반하는 행위에 해당하므로, 명의상 대표이사에 불과하더라도 상법 제401조 제1항에 의한 손해배상책임이 있다.

다. 불법행위로 인한 손해배상청구소송에서 재산적 손해의 발생사실은 인정할 수 있으나 구체적인 손해액을 증명하기가 곤란한 경우, 간접사실을 종합하여 손해액을 판단할 수 있는지 여부(적극)

불법행위로 인한 손해배상청구소송에서 재산적 손해의 발생사실은 인정되나 구체적인 손해의 액수를 증명하는 것이 사안의 성질상 곤란한 경우, 법원은 증거조사의 결과와 변론 전체의 취지에 의하여 밝혀진 당사자들 사이의 관계, 불법행위와 그로 인한 재산적 손해가 발생하게 된 경위, 손해의 성격, 손해가 발생한 이후의 제반 정황 등 관련된 모든 간접사실들을 종합하여 손해의 액수를 판단할 수 있지만, 그 경우에도 불법행위와 재산적 손해 사이에는 상당인과관계가 있어야 한다(대법원 2006. 9. 8. 선고 2006다21880 판결).

53. 공해소송에 있어서 증명책임의 분배

공해로 인한 손해배상청구소송에 있어서는 가해행위와 손해발생 사이의 인과관계의 고리를 모두 자연과학적으로 증명하는 것은 곤란 내지 불가능한 경우가 대부분이고, 가해기업은 기술적·경제적으로 피해자보다 원인조사가 용이할 뿐 아니라 자신이 배출하는 물질이 유해하지 않다는 것을 입증할 사회적 의무를 부담한다고 할 것이므로, 가해기업이 배출한 어떤 물질이 피해 물건에 도달하여 손해가 발생하였다면 가해자측에서 그 무해함을 입증하지 못하는 한 책임을 면할 수 없다고 봄이 사회 형평의 관념에 적합하다(대법원 2004. 11. 26. 선고 2003다2123 판결).

54. 가해자의 불법행위뿐만 아니라 제3자의 행위 기타 귀책사유가 경합하여 손해가 발생한 경우에도 가해자가 손해배상책임을 지는지 여부(적극)

불법행위로 인한 손해배상에 있어 가해자의 불법행위만에 의하여 손해가 발생한 것이 아니라 제3자의 행위 기타 귀책사유 등이 경합하여 손해가 발생한 경우에도 가해자의 불법행위가 손해 발생의 한 원인이 되었다면 가해자는 그로 인하여 피해자가 입은 손해를 배상할 책임이 있다(대법원 1999. 2. 23. 선고 97다12082 판결).

55. 제3자에 의한 사기행위로 계약을 체결한 경우, 그 계약을 취소하지 않고 제3자에 대하여 불법행위로 인한 손해배상청구를 할 수 있는지 여부(적극)

제3자의 사기행위로 인하여 피해자가 주택건설사와 사이에 주택에 관한 분양계약을 체결하였다고 하더라도 제3자의 사기행위 자체가 불법행위를 구성하는 이상, 제3자로서는 그 불법행위로 인하여 피해자가 입은 손해를 배상할 책임을 부담하는 것이므로, 피해자가 제3자를 상대로 손해배상청구를 하기 위하여 반드시 그 분양계약을 취소할 필요는 없다(대법원 1998. 3. 10. 선고 97다55829 판결).

56. 공사채형 투자신탁의 경우 투자권유자의 고객에 대한 설명의무의 내용

투자신탁회사의 임직원이 고객에게 투자신탁상품의 매입을 권유할 때에는 그 투자에 따르는 위험을 포함하여 당해 투자신탁의 특성과 주요내용을 명확히 설명함으로써 고객이 그 정보를 바탕으로 합리적인 투자판단을 할 수 있도록 고객을 보호하여야 할 주의의무가 있고, 이러한 주의의무를 위반한 결과 고객에게 손해가 발생한 때에는 불법행위로 인한 손해배상책임이 성립하는 것인바, 일반적으로 공사채형 투자신탁의 경우 투자에 따르는 위험과 관련하여 투자권유자는 채권시장의 시가 변동에 의한 위험, 발행주체의 신용 위험, 그리고 만약 외국채권을 신탁재산에 편입하는 때에는 환시세의 변동에 의한 위험이 존재하고 이로 인하여 원본 손실의 가능성이 있다는 사실 등을 설명하여야 할 것이나, 고객에게 어느 정도의 설명을 하여야 하는지는 투자 대상인 상품의 특성 및 위험도의 수준, 고객의 투자 경험 및 능력 등을 종합적으로 고려하여 판단하여야 한다(대법원 2003. 7. 11. 선고 2001다11802 판결).

57. 부당제소로 인한 불법행위의 성립 요건

법적 분쟁의 당사자가 법원에 대하여 당해 분쟁의 종국적인 해결을 구하는 것은 법치국가의 근간에 관계되는 중요한 일이므로 재판을 받을 권리는 최대한 존중되어야 하고, 제소행위나 응소행위가 불법행위가 되는가를 판단함에 있어서는 적어도 재판제도의 이용을 부당하게 제한하는 결과가 되지 아니하도록 신중하게 배려하여야 할 것인바, 따라서 법적 분쟁의 해결을 구하기 위하여 소를 제기하는 것은 원칙적으로 정당한 행위이고, 단지 제소자가 패소의 판결을 받아 확정되었다는 것만으로 바로 그 소의 제기가 불법행위였다고 단정할 수는 없으나, 반면 소를 제기당한 사람 쪽에서 보면, 응소를 강요당하고 어쩔 수 없이 그를 위하여 변호사 비용을 지출하는 등의 경제적·정신적 부담을 지게 되는 까닭에 응소자에게 부당한 부담을 강요하는 결과를 가져오는 소의 제기는 위법하게 되는 경우가 있을 수 있으므로, 민사소송을 제기한 사람이 패소판결을 받아 확정된 경우에 그와 같은 소의 제기가 상대방에 대하여 위법한 행위가 되는 것은 당해 소송에 있어서 제소자가 주장한 권리 또는 법률관계가 사실적·법률적 근거가 없고, 제소자가 그와 같은 점을 알면서, 혹은 통상인이라면 그 점을 용이하게

알 수 있음에도 불구하고 소를 제기하는 등 소의 제기가 재판제도의 취지와 목적에 비추어 현저하게 상당성을 잃었다고 인정되는 경우에 한한다(대법원 2002. 5. 31. 선고 2001다64486 판결).

58. 중재판정에 기한 강제집행이 불법행위로 되기 위한 요건

중재법에 의한 중재판정이 있으면 기판력에 의하여 대상이 된 청구권의 존재가 확정되고, 그에 대한 집행판결이 확정됨에 따라 현실적 집행력이 발생하는 것이므로, 중재판정에 따른 집행이 불법행위를 구성하기 위하여는 일방 당사자가 상대방의 권리를 해할 의사로 절차관여를 방해하거나 허위의 주장으로 중재판정부를 기망하는 등 부정한 방법으로 실체의 권리관계와 다른 내용의 중재판정을 취득하여 집행을 하는 것과 같은 특별한 사정이 있어야 하고, 그와 같은 사정이 없이 중재판정의 내용이 단순히 실체적 권리관계에 배치되어 부당하고, 또한 중재판정에 기한 집행 채권자가 이를 알고 있었다는 것만으로는 그 집행행위가 불법행위를 구성한다고 할 수 없으며, 편취된 중재판정에 기한 강제집행이 불법행위로 되는 경우가 있다고 하더라도 당사자의 법적 안정성을 위해 중재판정에 형식적 확정력이나 기판력 등 확정판결과 같은 효력을 인정한 중재법 제35조의 입법 취지나 중재판정의 효력을 배제하기 위하여는 그 중재판정에 취소사유가 존재하는 경우에 중재판정취소의 소에 의하여 그 취소를 구하는 것이 원칙적인 방법인 점 등에 비추어 볼 때 불법행위의 성립을 쉽게 인정할 일은 아니므로, 중재판정에 기한 강제집행이 불법행위로 되는 것은 당사자의 절차적 기본권이 근본적으로 침해된 상태에서 중재판정이 내려졌거나 중재판정에 취소사유가 존재하는 등 중재판정의 효력을 존중하는 것이 정의에 반함이 명백하여 이를 묵과할 수 없는 경우로 한정하여야 한다(대법원 2005. 12. 23. 선고 2004다8814 판결).

59. 가. 성적 표현행위의 위법성 판단 기준

성적 표현행위의 위법성 여부는, 쌍방 당사자의 연령이나 관계, 행위가 행해진 장소 및 상황, 성적 동기나 의도의 유무, 행위에 대한 상대방의 명시적 또는 추정적인 반응의 내용, 행위의 내용 및 정도, 행위가 일회적 또는 단기간의 것인지 아니면 계속적인 것인지 여부 등의 구체적 사정을 종합하여, 그것이 사회공동체의 건전한 상식과 관행에 비추어 볼 때 용인될 수 있는 정도의 것인지 여부 즉 선량한 풍속 또는 사회질서에 위반되는 것인지 여부에 따라 결정되어야 하고, 상대방의 성적 표현행위로 인하여 인격권의 침해를 당한 자가 정신적 고통을 입는다는 것은 경험칙상 명백하다.

나. 대학교수의 조교에 대한 성적인 언동이 불법행위를 구성한다고 본 사례

피해자가 엔엠알기기 담당 유급조교로서 정식 임용되기 전후 2, 3개월 동안, 가해자가 기기의 조작 방법을 지도하는 과정에서 피해자의 어깨, 등, 손 등을 가해자의 손이나 팔로 무수히 접촉하였고, 복도 등에서 피해자와 마주칠 때면 피해자의 등에 손을 대거나 어깨를 잡았고, 실험실에서 "요즘 누가 시골

처녀처럼 이렇게 머리를 땋고 다니느냐."고 말하면서 피해자의 머리를 만지기도 하였으며, 피해자가 정식 임용된 후에는 단둘이서 입방식을 하자고 제의하기도 하고, 교수연구실에서 피해자를 심부름 기타 명목으로 수시로 불러들여 위아래로 훑어 보면서 몸매를 감상하는 듯한 태도를 취하여 피해자가 불쾌하고 곤혹스러운 느낌을 가졌다면, 화학과 교수 겸 엔엠알기기의 총책임자로서 사실상 피해자에 대하여 지휘·감독관계에 있는 가해자의 위와 같은 언동은 분명한 성적인 동기와 의도를 가진 것으로 보여지고, 그러한 성적인 언동은 비록 일정 기간 동안에 한하는 것이지만 그 기간 동안만큼은 집요하고 계속적인 까닭에 사회통념상 일상생활에서 허용되는 단순한 농담 또는 호의적이고 권유적인 언동으로 볼 수 없고, 오히려 피해자로 하여금 성적 굴욕감이나 혐오감을 느끼게 하는 것으로서 피해자의 인격권을 침해한 것이며, 이러한 침해행위는 선량한 풍속 또는 사회질서에 위반하는 위법한 행위이고, 이로써 피해자가 정신적으로 고통을 입었음은 경험칙상 명백하다고 한 사례 (대법원 1998. 2. 10. 선고 95다39533 판결).

60. 불법행위를 구성하는 초상권 및 사생활의 비밀과 자유에 대한 침해가 공개된 장소에서 이루어졌다거나 민사소송의 증거를 수집할 목적으로 이루어졌다고 하여 정당화되는지 여부(소극)

초상권 및 사생활의 비밀과 자유에 대한 부당한 침해는 불법행위를 구성하는데, 위 침해는 그것이 공개된 장소에서 이루어졌다거나 민사소송의 증거를 수집할 목적으로 이루어졌다는 사유만으로 정당화되지 아니한다(대법원 2006. 10. 13. 선고 2004다16280 판결).

61. 카지노사업자와 카지노이용자 사이의 카지노 이용을 둘러싼 법률관계에 대하여 '자기책임의 원칙'이 적용되는지 여부(적극) / 카지노이용자의 이익을 위한 카지노사업자의 보호의무나 배려의무가 인정되는지 여부(원칙적 소극) 및 예외적으로 카지노사업자의 카지노이용자에 대한 보호의무나 배려의무 위반이 인정되는 경우

[다수의견]

(가) 개인은 자신의 자유로운 선택과 결정에 따라 행위하고 그에 따른 결과를 다른 사람에게 귀속시키거나 전가하지 아니한 채 스스로 이를 감수하여야 한다는 '자기책임의 원칙'이 개인의 법률관계에 대하여 적용되고, 계약을 둘러싼 법률관계에서도 당사자는 자신의 자유로운 선택과 결정에 따라 계약을 체결한 결과 발생하게 되는 이익이나 손실을 스스로 감수하여야 할 뿐 일방 당사자가 상대방 당사자에게 손실이 발생하지 아니하도록 하는 등 상대방 당사자의 이익을 보호하거나 배려할 일반적인 의무는 부담하지 아니함이 원칙이다. 카지노업, 즉 '전문 영업장을 갖추고 주사위·트럼프·슬롯머신 등 특정한 기구 등을 이용하여 우연의 결과에 따라 특정인에게 재산상의 이익을 주고 다른 참가자에게 손실을 주는 행위 등을

하는 업'(관광진흥법 제3조 제1항 제5호)의 특수성을 고려하더라도, 폐광지역개발지원에 관한 특별법(이하 '폐광지역지원법'이라 한다)에 따라 내국인의 출입이 가능한 카지노업을 허가받은 자(이하 '카지노사업자'라 한다)와 카지노이용자 사이의 카지노 이용을 둘러싼 법률관계에 대하여도 당연히 위와 같은 '자기책임의 원칙'이 적용된다.

(나) 카지노사업자가 카지노 운영과 관련하여 공익상 포괄적인 영업 규제를 받고 있더라도 특별한 사정이 없는 한 이를 근거로 함부로 카지노이용자의 이익을 위한 카지노사업자의 보호의무 내지 배려의무를 인정할 것은 아니다. 카지노사업자로서는 정해진 게임 규칙을 지키고 게임 진행에 필요한 서비스를 제공하면서 관련 법령에 따라 카지노를 운영하기만 하면 될 뿐, 관련 법령에 분명한 근거가 없는 한 카지노사업자에게 자신과 게임의 승패를 겨루어 재산상 이익을 얻으려 애쓰는 카지노이용자의 이익을 자신의 이익보다 우선하거나 카지노이용자가 카지노 게임으로 지나친 재산상 손실을 입지 아니하도록 보호할 의무가 있다고 보기는 어렵다. 다만 자기책임의 원칙도 절대적인 명제라고 할 수는 없는 것으로서, 개별 사안의 구체적 사정에 따라서는 신의성실이나 사회질서 등을 위하여 제한될 수도 있다. 그리하여 카지노이용자가 자신의 의지로는 카지노 이용을 제어하지 못할 정도로 도박 중독 상태에 있었고 카지노사업자도 이를 인식하고 있었거나 조금만 주의를 기울였더라면 인식할 수 있었던 상황에서, 카지노이용자나 그 가족이 카지노이용자의 재산상 손실을 방지하기 위하여 법령이나 카지노사업자에 의하여 마련된 절차에 따른 요청을 하였음에도 그에 따른 조처를 하지 아니하고 나아가 영업제한규정을 위반하여 카지노 영업을 하는 등 카지노이용자의 재산상실에 관한 주된 책임이 카지노사업자에게 있을 뿐만 아니라 카지노이용자의 손실이 카지노사업자의 영업이익으로 귀속되는 것이 사회 통념상 용인될 수 없을 정도에 이르렀다고 볼만한 특별한 사정이 있는 경우에는, 예외적으로 카지노사업자의 카지노이용자에 대한 보호의무 내지 배려의무 위반을 이유로 한 손해배상책임이 인정될 수 있다.

[대법관 김용덕, 대법관 고영한, 대법관 김창석, 대법관 김신, 대법관 김소영, 대법관 조희대의 반대의견]

(가) 국가가 폐광지역의 경제 진흥이라는 정책목표를 정당한 재정집행을 통하여 이루려고 하지 않고 국민을 상대로 한 카지노업을 허용한 후 거기서 마련된 기금 등으로 달성하고자 한다면 카지노업의 폐해로부터 국민을 보호할 방법 또한 마련해야 할 필요가 있다. 특히 카지노이용자 중 심각한 병적 도박 중독의 징후를 보이는 이들은 대부분 자신의 의지로는 도박충동을 자제하지 못하고 게임에 거는 금액을 키우거나 게임 횟수와 시간을 늘려 카지노게임에 과도하게 몰입하는 이들이어서 정상인과는 달리 카지노 이용을 조절하고 절제할 능력이 부족하여 카지노 이용으로 경제적·사회적 파탄에 내몰리게 되어 있으므로, 자기책임의 원칙만을 내세워 이러한 이들에 대한 보호를 거부할 것은 아니다.

(나) 구 관광진흥법 시행규칙(2007. 8. 28. 문화관광부령 제167호로 개정되기 전의

것) 제36조 단서 [별표 7의2] '폐광지역 카지노사업자의 영업준칙'이 카지노사업자에게 모든 영업소 출입자의 신분을 확인하고 카지노이용자의 배우자 또는 직계혈족이 서면으로 출입제한 요청을 하면 그 당사자의 출입을 제한하여야 한다고 하여 카지노사업자에게 출입제한의무를 부과하고 있을 뿐만 아니라 카지노이용자의 배우자 또는 직계혈족이 출입제한 요청을 할 수 있는 사유를 '도박 중독 등'으로 폭넓게 인정하고 있으며, 카지노사업자 역시 '카지노출입관리지침'에서 카지노이용자 본인이나 그의 직계혈족 또는 배우자가 카지노사업자에게 서면으로 출입제한 요청을 할 경우 그 요청사유의 내용이나 정당성 등에 관하여 별도의 심사나 판단 없이 출입제한 조치를 하도록 기준을 마련한 것은, 도박중독자의 특성을 감안하여 카지노이용자와 가족이 스스로를 보호하기 위하여 자기 배제를 요청할 수 있도록 제도화한 것이고, 출입제한이 요청된 자(이하 '피요청자'라 한다)의 도박 중독으로 인한 가장 일차적인 손해는 재산상실이라 할 것이므로 이는 무엇보다 피요청자의 재산상 이익을 보호하기 위한 제도에 해당한다. 따라서 카지노사업자 직원들이 고의 또는 과실로 그러한 조치를 하지 아니하여 피요청자가 카지노를 이용함으로써 재산상 손해를 입은 경우에는, 그러한 손해는 출입제한 조치 위반행위와 상당인과관계 있는 손해이므로 사용자인 카지노사업자는 이를 배상할 책임이 있다고 해석함이 타당하다(대법원 2014. 8. 21. 선고 2010다92438 전원합의체 판결).

62. 학교의 학생에 대한 징계처분이 불법행위를 구성하기 위한 요건

[다수의견]

(가) 학생에 대한 징계가 징계대상자의 소행, 평소의 학업 태도, 개전의 정 등을 참작하여 학칙에 정한 징계절차에 따라서 징계위원들이나 징계권자의 자율적인 판단에 따라 행하여진 것이고, 실제로 인정되는 징계사유에 비추어 그 정도의 징계를 하는 것도 무리가 아니라고 인정되는 경우라면, 비록 그 징계양정이 결과적으로 재량권을 일탈한 것으로 인정된다고 하더라도 이는 특별한 사정이 없는 한 법률전문가가 아닌 징계위원들이나 징계권자가 징계의 경중에 관한 법령의 해석을 잘못한 데 기인하는 것이라고 보아야 하므로, 이러한 경우에는 징계의 양정을 잘못한 것을 이유로 불법행위책임을 물을 수 있는 과실이 없다. 그러나 학교가 그 징계의 이유로 된 사실이 퇴학 등의 징계처분의 사유에 해당한다고 볼 수 없음이 객관적으로 명백하고 조금만 주의를 기울이면 이와 같은 사정을 쉽게 알아볼 수 있는데도 징계에 나아간 경우와 같이 징계권의 행사가 우리의 건전한 사회통념이나 사회상규에 비추어 용인될 수 없음이 분명한 경우에 그 징계는 그 효력이 부정됨에 그치지 아니하고 위법하게 상대방에게 정신적 고통을 가하는 것이 되어 그 학생에 대한 관계에서 불법행위를 구성하게 된다.

(나) 갑에 대한 퇴학처분은 그 징계의 이유로 된 사실이 퇴학처분에 해당한다고 볼 수 없음이 객관적으로 명백하고 징계권자 또는 징계위원들이 조금만 주의를 기울이면 이와 같은 사정을 쉽게 알아 볼 수 있음에도 징계에 나아간 것으로, 그 징계권의 행사가 우리의 건전한 사회통념이나 사회상규에 비추어 용인될 수 없음

이 분명하여 갑에 대하여 불법행위가 된다고 본 사례.

[대법관 양승태, 대법관 안대희, 대법관 차한성, 대법관 양창수, 대법관 신영철의 반대의견]

(가) 징계처분에서 징계사유로 되지 아니한 비위사실이나 피징계자의 평소의 소행 등도 징계양정의 참작자료로 삼을 수 있으므로, 징계처분의 이유가 된 사실이 징계처분의 사유에 해당한다고 볼 수 없음이 객관적으로 명백하고 징계권자 또는 징계위원들이 조금만 주의를 기울이면 이러한 사정을 쉽게 알아 볼 수 있음에도 징계를 한 것으로서 징계권의 행사가 우리의 건전한 사회통념이나 사회상규에 비추어 용인될 수 없음이 분명한 경우에 해당하는지 여부를 판단함에 있어서는 징계사유뿐만 아니라 그 징계양정에 참작한 비위사실 등도 종합적으로 고려하여야 한다.

(나) 갑에 대한 퇴학처분은 교사에게 불손하게 반항하였다는 징계사유와 아울러 징계양정의 자료로 삼을 수 있는 비위사실들을 감안하면, 그 징계처분의 이유로 된 사실만으로 징계대상이 된 학생이 개전의 가망이 없다고 단정하기에는 부족하여 퇴학처분이라는 징계양정이 과하다고 볼 수는 있을지라도, 그 징계에서 인정된 사실이 퇴학처분을 할 정도의 사유에 해당하지 아니함이 객관적으로 명백하였거나 징계권자 또는 징계위원들이 조금만 주의를 기울였더라면 이를 쉽게 알 수 있었던 경우에 해당한다고 보기는 어려워, 학교법인에게 징계의 양정을 잘못한 것을 이유로 불법행위책임을 물을 수 있는 과실이 있다고 볼 수 없다고 한 사례 (대법원 2010. 4. 22. 선고 2008다38288 전원합의체 판결).

63. 정보주체의 동의 없이 개인정보를 공개함으로써 침해되는 인격적 법익과 정보주체의 동의 없이 자유롭게 개인정보를 공개하는 표현행위로서 보호받을 수 있는 법적 이익이 하나의 법률관계를 둘러싸고 충돌하는 경우, 그 행위의 위법성에 관한 판단 방법

정보주체의 동의 없이 개인정보를 공개함으로써 침해되는 인격적 법익과 정보주체의 동의 없이 자유롭게 개인정보를 공개하는 표현행위로서 보호받을 수 있는 법적 이익이 하나의 법률관계를 둘러싸고 충돌하는 경우에는, 개인이 공적인 존재인지 여부, 개인정보의 공공성 및 공익성, 개인정보 수집의 목적·절차·이용형태의 상당성, 개인정보 이용의 필요성, 개인정보 이용으로 인해 침해되는 이익의 성질 및 내용 등 여러 사정을 종합적으로 고려하여, 개인정보에 관한 인격권 보호에 의하여 얻을 수 있는 이익(비공개 이익)과 표현행위에 의하여 얻을 수 있는 이익(공개 이익)을 구체적으로 비교 형량하여, 어느 쪽 이익이 더욱 우월한 것으로 평가할 수 있는지에 따라 그 행위의 최종적인 위법성 여부를 판단하여야 한다 (대법원 2011. 9. 2. 선고 2008다42430 전원합의체 판결).

64. 국회의원 갑 등이 '각급학교 교원의 교원단체 및 교원노조 가입현황 실명자료'를 인터넷을 통하여 공개한 행위가 해당 교원들의 개인정보자기결정권 등을 침해하는 것으로 위법하다고 한 사례

국회의원인 갑 등이 '각급학교 교원의 교원단체 및 교원노조 가입현황 실명자료'를 인터넷을 통하여 공개한 사안에서, 위 정보는 개인정보자기결정권의 보호대상이 되는 개인정보에 해당하므로 이를 일반 대중에게 공개하는 행위는 해당 교원들의 개인정보자기결정권과 전국교직원노동조합의 존속, 유지, 발전에 관한 권리를 침해하는 것이고, 갑 등이 위 정보를 공개한 표현행위로 인하여 얻을 수 있는 법적 이익이 이를 공개하지 않음으로써 보호받을 수 있는 해당 교원 등의 법적 이익에 비하여 우월하다고 할 수 없으므로, 갑 등의 정보 공개행위가 위법하다고 한 사례(대법원 2014. 7. 24. 선고 2012다49933 판결).

65. 원인무효의 소유권이전등기와 해당 부동산 소유자의 임대지연 사이에 상당인과관계가 있다고 인정되는 경우

부동산에 대하여 원인무효의 소유권이전등기가 이루어졌다고 하더라도, 타인 소유의 부동산에 관한 임대계약도 가능한 점 등을 고려하면, 다른 특별한 사정이 없는 한 위와 같은 원인무효의 소유권이전등기는 부동산을 임대함에 있어서 법률상의 장애가 되는 것은 아니다. 다만 타인 명의로 소유권이전등기가 되어 있는 부동산을 임차하려는 자로서는 부동산에 대한 임차권을 완전하게 취득하지 못하게 될 위험을 고려하여 부동산의 임차를 꺼리게 됨으로써, 결과적으로 타인 명의로 소유권이전등기가 되어 있다는 사정은 부동산을 임대함에 있어 사실상의 장애가 될 수는 있다. 따라서 진정한 소유자가 당해 부동산에 대한 임대를 계획하고 또 시도하였으나 임대하지 못하였고, 그와 같이 부동산을 임대하지 못한 것이 원인무효의 소유권이전등기로 인하였을 것이라는 점이 증명되는 경우에만 원인무효의 소유권이전등기와 해당 부동산의 임대지연 사이에 상당인과관계가 있다(대법원 2014. 7. 24. 선고 2014다200305).

◈ 정신적 손해의 배상 : 위자료

제 751 조【재산이외의 손해의 배상】

① 타인의 신체, 자유 또는 명예를 해하거나 기타 정신상 고통을 가한 자는 재산이외의 손해에 대하여도 배상할 책임이 있다.

② 법원은 전항의 손해배상을 정기금채무로 지급할 것을 명할 수 있고 그 이행을 확보하기 위하여 상당한 담보의 제공을 명할 수 있다.

■ § 751. 재산 이외의 손해의 배상

- 정신적 손해 : 재산 이외 손해, 즉 위법한 행위로 인해 생긴 정신적 고통 – 위자료
- 명예, 자유침해(인격적 이익침해)
- 예시적 그러므로 정조, 처의 이익(남편간통시) 침해시도 청구가능
- 상속성 : 위자료청구의 의사표시유무에 불구하고 당연상속(다수설, 판례) 소수설 : 위자료청구권의 일신전속권성강조–상속부정(김준호)
- 정신적 손해배상청구권의 양도가능
- 관련법조 : [명예훼손] 형 §307~§312

1. 정신적 손해의 배상(위자료)의 개념

　민법은 사람의 정신적 이익을 불법행위로부터 보호되어야 할 법익으로 예정하고, 그 침해로 인해 정신적 고통을 준 때에는 이를 배상할 책임이 있다고 정한다(제751조 1항). 민법은 이러한 정신상의 손해를 '재산 이외의 손해'라고 하며(제751조 1항), 이에 대한 금전배상을 위자료라고 부른다(제752조 참조). 정신상 손해의 배상에서는 그 손해의 내용인 정신상 고통에 대해 이를 객관적으로 인정하고 또 금전으로 평가한다는 것이 어렵다는 점에서 재산상 손해의 배상과 다른 특색이 있다.

2. 재산 이외의 손해의 배상의 구체적 검토

　본조는 타인의 신체·자유·명예를 침해한 경우에 피해자가 정신상 고통을 받은 것으로 추정하여 위자료청구를 인정한다. 본조에 열거되지 않은 법익의

경우에도 불법행위로 인해 정신상의 고통을 준 것으로 평가되는 때에는 위자료 청구권이 인정된다.

(1) 위자료 청구권이 인정되는 경우

가. 배우자 있는 자와 간통행위를 하여 혼인관계를 파탄에 이르게 한 경우

배우자 있는 부녀와 간통행위를 하고, 이로 인하여 그 부녀가 배우자와 별거하거나 이혼하는 등으로 혼인관계를 파탄에 이르게 한 경우 그 부녀와 간통행위를 한 제3자(상간자)는 그 부녀의 배우자에 대하여 불법행위를 구성하고, 따라서 그로 인하여 그 부녀의 배우자가 입은 정신상의 고통을 위자할 의무가 있다고 할 것이다(대판 2005. 5. 13. 2004다1899).

나. 성희롱을 한 경우

피해자로 하여금 성적 굴욕감이나 혐오감을 느끼게 할 정도의 성희롱은 피해자의 인격권을 침해하는 것으로서 피해자가 정신적 고통을 입었음을 경험칙상 명백하다(대판 1998. 2. 10. 95다9533).

다. 위증을 하여 형사재판을 받게 한 경우

형사사건의 위증자는 그 사건의 피고인이 유죄판결을 받지 않았더라도 불법행위로 인한 위자료지급책임을 진다(대판 1994. 2. 8. 93다32439).

라. 부당해고를 한 경우

사용자가 근로자를 부당하게 해고하고 그 해고무효판결이 확정되었음에도 장기간에 걸쳐 근로자에 대해 복직을 거부하였다면 근로자가 정신상의 고통을 받았을 것이 명백하므로 사용자는 이를 금전으로 위자할 의무가 있다(대판 1994. 2. 8. 92다893).

마. 생활방해가 수인의 한도를 넘는 경우

생활방해가 사회통념상 요구되는 수인의 한도를 넘는 때에는 그로 인해 입은 정신적 고통에 대해 위자료를 지급할 의무가 있다(대판 1997. 10. 28. 95다15599).

바. 건물소유자가 임대 중인 건물이 공사로 인하여 훼손된 경우

건물신축공사로 인하여 공사기간 동안 임차인이 거주하는 피해자 소유

의 주택이 2차에 걸쳐 파손되다가 급기야 신축건물의 5층 옥탑이 무너져 내려 그 벽돌이 피해자의 주택을 덮쳐 지붕과 거실, 천정까지 파손되는 사고를 입는 등 계속적인 손해를 입는 상황이었다면 피해자가 거주하지 않고는 있어도 가옥파괴와 세입자의 생명, 신체, 재산침해에 대한 불안으로 인하여 정신적 고통이 있었을 것임을 경험칙상 능히 인정된다(대판 1993. 12. 24. 93다45213).

사. 재산권을 침해한 경우

일반적으로 타인의 불법행위로 인하여 재산권이 침해된 경우에는 특별한 사정이 없는 한 손해의 배상에 의하여 정신적 고통도 회복된다고 보아야 할 것이고 재산적 손해의 배상만으로는 회복할 수 없는 정신적 손해가 있다면 그 위자료를 인정할 수 있다(대판 2003. 7. 25. 2003.다22912).

(2) 위자료 청구권자

가. 피해자 본인

신체·자유·명예의 침해를 받거나 기타 정신상 고통을 받은 피해자 본인이 위자료 청구권을 가진다.

나. 교통사고의 경우 피해자의 부모들

교통사고의 경우 피해자의 본인과 별도로 그의 부모들도 그 사고로 말미암아 그들이 입은 정신적 손해에 대해 고유의 위자료청구권을 가진다(대판 1999. 6. 22. 98다7046).

다. 부가 교통사고로 상해를 입을 당시 태아가 출생한 경우

태아도 손해배상청구권에 관하여는 이미 출생한 것으로 보는 바, 부가 교통사고로 싱해를 입을 당시 태아가 출생하지 아니하였다고 하더라도 그 뒤에 출생한 이상 부의 부상으로 인하여 입게 될 정신적 고통에 대한 위자료를 청구할 수 있다(대판 1993. 4. 27. 93다4663).

라. 법 인

판례는 법인의 명예·신용 등이 훼손된 경우에 이를 '무형의 손해'라고 칭하면서 이에 대한 배상을 위자료로 봄으로, 법인에게도 위자료 청구권이 인정된다(대판 1996. 4. 12. 93다40614).

▣ 핵심판례 ▣

■ [재산 이외의 손해의 배상]

1. 간통한 부녀 및 상간자가 부녀의 자녀에 대한 관계에서 불법행위책임을 부담하는지 여부(소극)

배우자 있는 부녀와 간통행위를 하고, 이로 인하여 그 부녀가 배우자와 별거하거나 이혼하는 등으로 혼인관계를 파탄에 이르게 한 경우 그 부녀와 간통행위를 한 제3자(상간자)는 그 부녀의 배우자에 대하여 불법행위를 구성하고, 따라서 그로 인하여 그 부녀의 배우자가 입은 정신상의 고통을 위자할 의무가 있다고 할 것이나, 이러한 경우라도 간통행위를 한 부녀 자체가 그 자녀에 대하여 불법행위책임을 부담한다고 할 수는 없고, 또한 간통행위를 한 제3자(상간자) 역시 해의(害意)를 가지고 부녀의 그 자녀에 대한 양육이나 보호 내지 교양을 적극적으로 저지하는 등의 특별한 사정이 없는 한 그 자녀에 대한 관계에서 불법행위책임을 부담한다고 할 수는 없다(대판 2005. 5. 13. 2004다1899).

2. 교통사고의 경우, 피해자 본인과 별도로 그의 부모들도 가해자에 대한 고유의 위자료청구권을 가지는지 여부(적극) 및 피해자 본인이 합의금을 수령하고 손해배상청구권 포기 약정을 한 경우, 그 효력이 부모들이 가지는 고유의 위자료청구권에까지 미치는지 여부(소극)

교통사고의 경우, 피해자 본인과는 별도로 그의 부모들도 그 사고로 말미암아 그들이 입은 정신적 손해에 대하여 고유의 위자료청구권을 가진다 할 것이므로, 피해자 본인이 합의금을 수령하고 가해자측과 나머지 손해배상청구권을 포기하기로 하는 등의 약정을 맺었다 하더라도 그의 부모들이 합의 당사자인 피해자 본인과 가해자 사이에 합의가 성립되면 그들 자신은 별도로 손해배상을 청구하지 아니하고 손해배상청구권을 포기하겠다는 뜻을 명시적 혹은 묵시적으로 나타낸 바 있다는 등의 특별한 사정이 없는 한 위 포기 등 약정의 효력이 당연히 고유의 손해배상청구권을 가지는 그의 부모들에게까지 미친다고는 할 수 없다(대판 1999. 6. 22. 99다7046).

3. 가. 이른바 임의동행에 있어서 임의성의 판단기준

이른바 임의동행에 있어서의 임의성의 판단은 동행의 시간과 장소, 동행의 방법과 동행거부의사의 유무, 동행 이후의 조사 방법과 퇴거의사의 유무 등 여러 사정을 종합하여 객관적인 상황을 기준으로 하여야 한다.

나. 피의자를 연행한 후 사후 영장을 발부받지 아니하고 통상의 영장을 발부받은 것과 불법행위

국가안전기획부 수사관들이 피의자를 연행한 1991. 7. 8. 04:40경부터 48시간

내에 사후 구속영장을 발부받지 아니하고 같은 해 7. 10. 01:35경 통상의 구속영장을 발부받아 집행하였다면 피의자를 불법체포 구금한 것에 해당하고 이와 같은 경우 통상의 구속영장을 발부받아 집행하였다고 하여 불법체포나 그 동안의 구금이 적법하게 된다고 할 수 없다(1993. 11. 23. 제1부 판결 93다35155 손해배상(기)).

4. **가. 회사가 구미시에 있는 회사 생산부 보일러공으로 종사하여 온 근로자에 대하여 서울출장소의 영업부에서 근무하도록 한 조치는 중대한 근로조건의 변경으로서 근로자의 사전 동의가 없는 한 무효라고 한 사례**

회사가 구미시에 있는 회사 생산부 보일러공으로 종사하여 온 근로자에 대하여 서울출장소의 영업부에서 근무하도록 한 조치는 중대한 근로조건의 변경으로서 근로자의 사전 동의가 없는 한 무효라고 한 사례.

나. 근로자를 부당하게 해고하고 그 해고무효판결 확정 후에도 복직을 거부한 경우와 위자료지급의무

사용자가 근로자를 부당하게 해고하고 그 해고무효확인판결이 확정되었음에도 장기간에 걸쳐 근로자에 대한 복직을 거부하였다면 근로자가 정신상의 고통을 받았을 것임이 명백하므로 사용자는 이를 금전으로 위자할 의무가 있다(1994. 2. 8. 제2부 판결 92다893 손해배상(기)).

5. **가. 의사의 설명의무**

의사는 반드시 병을 완치시켜야 할 의무를 부담하는 것은 아니라 할지라도 최선의 주의로써 병을 치료하기 위한 충분한 조치를 다할 의무가 있고, 환자에 대한 수술은 물론, 치료를 위한 의약품의 투여도 신체에 대한 침습을 포함하는 것이므로, 의사는 긴급한 경우 기타의 특별한 사정이 없는 한, 그 침습에 대한 승낙을 얻기 위한 전제로서 환자에 대하여 질환의 증상, 치료방법 및 내용, 그 필요성, 예후 및 예상되는 생명, 신체에 대한 위험성과 부작용 등, 환자의 의사결정을 위하여 중요한 사항에 관하여 사전에 설명함으로써 환자로 하여금 수술이나 투약에 응할 것인가의 여부를 스스로 결정할 기회를 가지도록 할 의무가 있고, 이러한 설명을 아니한 채 승낙 없이 침습한 경우에는, 설령 의사에게 치료상의 과실이 없는 경우에도 환자의 승낙권을 침해하는 위법한 행위가 된다.

나. 가정적 승낙에 의한 의사의 면책요건

환자가 의사로부터 올바른 설명을 들었더라도 위 투약에 동의하였을 것이라는 이른바 가정적 승낙에 의한 의사의 면책은 의사측의 항변사항으로서 환자의 승낙이 명백히 예상되는 경우에만 허용된다.

다. 의사의 설명의무 위반의 효과

피해자가 의사의 치료상의 과실이 없더라도 그의 설명의무 위반으로 투약 여부에 대한 승낙권을 침해당하였다면 그 위법행위때문에 예기치 못한 의약품의 부작용으로 인한 정신적 고통을 입었다 할 것이고 가족들도 위 고통을 함께 입었다 할 것이므로, 이러한 경우 병원을 경영하는 법인은 위 피해자에게 신체장해 등에 의한 재산적 손해를 배상할 책임은 없다 하더라도 위 피해자와 그의 가족들에게 위 정신적 고통에 대한 위자료는 지급할 책임이 있다 (1994. 4. 15. 제3부 판결 92다25885 손해배상(기)).

6. 명예훼손에 의한 불법행위가 성립하기 위한 요건으로서의 피해자의 특정 정도

명예훼손에 의한 불법행위가 성립하려면 피해자가 특정되어 있어야 하지만 그 특정을 함에 있어서 반드시 사람의 성명을 명시하여야만 하는 것은 아니고 사람의 성명을 명시하지 않은 경우라도 그 표현의 내용을 주위사정과 종합해 볼 때 그 표시가 누구를 지목하는가를 알아 차릴 수 있을 정도이면 피해자가 특정되었다고 할 것이다(1994. 5. 10. 제2부 판결 93다36622 손해배상(기)).

<　판례전문(1994. 5. 10. 제2부 판결 93다36622 손해배상(기))　>

[원고, 피상고인] 원고

[피고, 상고인] 주식회사 한국일보사 소송대리인 변호사 이인철

[원심판결] 서울민사지방법원 1993. 6. 11. 선고 92나36013 판결

[주 문] 상고를 기각한다.

상고비용은 피고의 부담으로 한다.

[이 유] 피고 소송대리인의 상고이유를 본다.

1. 명예훼손에 의한 불법행위가 성립하려면 피해자가 특정되어 있어야 함은 소론과 같으나 그 특정을 함에 있어서 반드시 사람의 성명을 명시하여야만 하는 것은 아니고 사람의 성명을 명시하지 않은 경우라도 그 표현의 내용을 주위사정과 종합해 볼 때 그 표시가 누구를 지목하는 가를 알아차릴 수 있을 정도이면 피해자가 특정되었다고 할 것인바(당원 1982. 11. 9. 선고 82도1256 판결 참조), 원심이 채용한 증거에 의하면 피고가 자신이 발간하는 일간지인 1992. 4. 9.자 한국일보에 이 사건 기사를 게재함에 있어서 비록 원고의 성명을 명시하지 않고 소외 1의 장인 또는 조모양의 친정아버지라고 표현하였고, 원고의 딸 소외 2에 관하여도 그 성명을 명시하지 않고 조(趙)모양으로 표현한 것은 사실이나 이 사건 기사에 원고의 딸과 혼인신고를 한 상대방의 성명, 그 혼인신고지 등을 명시하였고, 원고가 이혼한 후 새로 결혼을 하였고, 소외 2의 여동생도 가출을 하였으며 원고가 살던

마을이름 등 원고의 생활환경을 상당히 구체적으로 표현하였으며 소외 2가 가출한 경위, 그 이후의 생활상 역시 상당히 구체적으로 표현하여 위 기사를 읽어 본 사람 중 적어도 원고를 아는 사람이면 위 기사에서 말하는 소외 1의 장인 또는 조모양의 친정아버지가 원고를 지목하는 것이라는 것쯤은 쉽게 알아차릴 수 있는 상황이었다고 보기에 충분하므로 같은 취지에서 원심이 이 사건 기사로 명예가 손상될 피해자가 특정되었음을 전제로 본안에 관하여 판단하였음은 정당하고 거기에 소론과 같은 채증법칙위반 또는 법리오해 등의 위법이 없다. 피고가 원고 등의 명예를 보호하기 위하여 원고와 그 가족의 성명을 일부러 명시하지 아니하였다는 것만으로 위의 결론이 좌우되는 것이 아니라고 할 것이므로 이와 다른 입장에서 원심을 비난하는 소론 주장은 받아들일 수 없다.

이 사건 기사에 원고가 "일방적으로" 혼인무효신청을 한 것이고, "강제로" 소외 2를 친정에 가두었다고 표현된 바가 없음은 소론과 같으나, 일반독자의 보통의 주의와 독서의 방법을 표준으로 하여 볼 때 이 사건 기사내용이 그와 같은 뜻으로 작성되었다고 이해될 수 있고, 기록에 의하면 원고의 혼인무효신청이나 소외 2가 친정인 원고의 집에 있었던 것이 그의 의사에 반한 것이 아니었다고 인정되므로 이와 반대되는 소론 주장도 받아들일 수 없다.

2. 타인의 명예를 훼손하는 행위를 한 경우에도 그것이 공공의 이해에 관한 사항으로서 그 목적이 오로지 공공의 이익을 위한 것일 때에는 진실한 사실이라는 증명이 있으면 그 행위에 위법성이 없으며 또한 그 증명이 없더라도 행위자가 그것을 진실이라고 믿을 상당한 이유가 있는 경우에는 위법성이 없다고 보아야 할 것임은 소론과 같으나 원심이 확정한 사실에 의하면 피고 발행의 신문인 1992. 4. 9.자 한국일보에 게재된 이 사건 기사는 일반개인의 사생활에 관한 것으로서 보도내용으로 보아 오로지 공익을 위하여 행한 것으로는 보기 어렵고, 그 기사가 진실성과 다른 부분이 있음은 위에서 본 바 대로이다.

일반개인의 사생활에 관한 내용을 기사화함에 있어서 그 내용의 진실여부를 미리 조사, 점검하여야 하는 것은 언론기관의 기본적 책무라고 할 것이며, 원심이 적법하게 확정한 사실과 기록에 의하여 알 수 있는 바와 같이 피고가 이 사건 기사를 게재함에 있어 담당기자가 미성년자인 소외 2의 보호자인 원고를 만나보는 등의 필요한 조사를 제대로 하지 아니하였고 그 때문에 사실과 다른 기사가 보도된 것이라면, 피고로서는 이 사건 기사의 내용이 진실한 것으로 믿는데 상당한 이유가 있었다고 할 수 없고, 소론이 주장하는 당원판례는 이 사건과 사안을 달리하여 이 사건에 원용하기에 적절하지 아니하다.

따라서 피고 발행의 신문에 이 사건 기사가 게재·반포됨으로써 원고의 사회적 평가가 저하되었다고 할 것이므로 피고는 위 신문의 발행자로서 원고에 대한 명예훼손의 책임을 면할 수 없다고 할 것이니 같은 취지의 원심의 사실인정과 판단은 정당하고 거기에 소론과 같은 위법이 없다.

이 사건 기사를 작성한 기자가 출판물에 의한 명예훼손으로 고소되었으나 검

사로부터 혐의없음처분을 받았다고 하여 위의 결론이 좌우될 수 없다.

3. 기록에 의하면 원심이 이 사건 기사가 진실에 반하는 것이라고 하더라도 그 취재경위를 살펴보면 취재사실이 진실이라고 믿는데 상당한 이유가 있으므로 불법행위책임이 없다는 피고의 주장에 대하여 명시적으로 판단하지 아니한 것은 소론과 같으나 위 주장이 이유가 없음은 앞서 본 바와 같으므로 소론 주장의 판단유탈사유는 이 사건 판결결과에 영향이 없는 것이다.

4. 기록에 의하면 원심이 이 사건의 내용 및 취재경위, 허위기사부분이 기사의 전체내용에 미치는 영향, 그 후 일부 정정기사를 낸 사정과 원고의 연령, 가족관계 등을 참작하여 이 사건 명예훼손으로 인하여 원고가 입은 정신적 고통에 대한 위자료액을 금 5,000,000원으로 산정한 것은 정당하고 거기에 위자료산정의 기준에 관한 법리 등을 오해한 위법이 없다.

5. 논지는 모두 이유 없으므로 상고를 기각하고 상고비용은 패소자의 부담으로 하여 관여 법관의 일치된 의견으로 주문과 같이 판결한다.

대법관 안우만(재판장) 김용준
천경송(주 심) 안용득

참조판례

대법원 1982. 11. 9. 선고 82도1256 판결(공1983, 129)

7. 공무원의 직무상 의무 위반행위와 손해 사이의 상당인과관계 유무의 판단 기준

공무원이 법령에서 부과된 직무상 의무를 위반한 것을 계기로 하여 제3자가 손해를 입은 경우에 제3자에게 손해배상청구권이 발생하기 위하여는 공무원의 직무상 의무 위반행위와 제3자의 손해 사이에 상당인과관계가 있지 아니하면 아니되는 것이고, 상당인과관계의 유무를 판단함에 있어서는 일반적인 결과발생의 개연성은 물론 직무상 의무를 부과한 법령 기타 행동규범의 목적이나 가해행위의 태양 및 피해의 정도 등을 종합적으로 고려하여야 할 것인바, 공무원에게 직무상 의무를 부과한 법령의 보호목적이 사회 구성원 개인의 이익과 안전을 보호하기 위한 것이 아니고 단순히 공공일반의 이익이나 행정기관 내부의 질서를 규율하기 위한 것이라면 가사 공무원이 그 직무상 의무를 위반한 것을 계기로 하여 제3자가 손해를 입었다 하더라도 공무원이 직무상 의무를 위반한 행위와 제3자가 입은 손해 사이에는 법리상 상당인과관계가 있다고 할 수 없다(1994. 6. 10. 제3부 판결 93다 30877 위자료).

<판례전문(1994. 6. 10. 제3부 판결 93다30877 위자료)>

[원고, 상고인] 임종인 소송대리인 변호사 이덕우 외 1인

[피고, 피상고인] 노태우 소송대리인 변호사 허정훈 외 1인

[원심판결] 서울고등법원 1993. 5. 27. 선고 92나72449 판결

[주 문] 상고를 기각한다.

　상고비용은 원고의 부담으로 한다.

[이 유] 상고이유를 본다.

　1. 원심이 인용한 제1심판결이유에 의하면, 지방자치법 부칙(법률 제4310호, 이하 지방자치법 부칙이라고 한다) 제2조 제2항은, 동법에 의한 최초의 시·도지사 및 시장·군수·자치구의 구청장의 선거는 1992. 6. 30. 이내에 실시한다고 규정하고 있고, 지방단체의장선거법 제95조 제3항은, 임기 만료로 인한 지방자치단체의 장 선거와 신설된 지방자치단체의 장 선거 및 보궐선거의 선거일은 늦어도 선거일 전 18일에 공고하여야 한다고 규정하고 있으며, 같은 법 부칙 제6조는, 동법에 의하여 최초로 실시하는 지방자치단체의 장 선거일은 대통령이 공고한다고 규정하고 있는데, 대통령인 피고가 지방자치법 부칙 제2조 제2항에서 지방자치단체의 장 선거일의 최종시한으로 규정한 1992. 6. 30.로부터 18일 전인 같은 달 12.까지 지방자치단체장 선거일을 공고하지 아니한 사실은 당사자 사이에 다툼이 없다고 인정한 다음, 원고가 피고는 대통령으로서 위 1992. 6. 12.까지는 지방자치단체장 선거일을 공고할 의무가 있음에도 위 의무를 위반하여 위 선거일을 공고하지 아니함으로써 법률을 위반하였고, 이로 인하여 원고는 국민의 한 사람인 동시에 법집행기관의 하나인 변호사로서 정신적 고통을 입었으므로, 피고는 자신의 불법행위로 인하여 원고가 입은 정신적 고통을 위자할 의무가 있다고 주장함에 대하여, 피고가 위 지방자치단체장 선거일을 공고하지 아니한 부작위 행위는 불법행위의 성립요건인 위법행위로는 볼 수 없다고 판단하여 원고의 위 주장을 배척하였다.

　2. 공무원이 법령에서 부과된 직무상 의무를 위반한 것을 계기로 하여 제3자가 손해를 입은 경우에 있어서, 제3자에게 손해배상청구권이 발생하기 위하여는 공무원의 직무상 의무 위반행위(부작위를 포함한다, 이하 같다)와 제3자의 손해 사이의 상당인과관계가 있지 아니하면 아니되는 것이고, 이때 상당인과관계의 유무를 판단함에 있어서는 일반적인 결과발생의 개연성은 물론 직무상 의무를 부과한 법령 기타 행동규범의 목적이나 가해행위의 태양 및 피해의 정도 등을 종합적으로 고려하여야 할 것인바, 공무원에게 직무상 의무를 부과한 법령의 보호목적이 사회 구성원 개인의 이익과 안전을 보호하기 위한 것이 아니고 단순히 공공일반의 이익이나 행정기관 내부의 질서를 규율하기 위한 것이라면 가사 공무원이 그 직무상 의무를 위반한 것을 계기로 하여 제3자가 손해를 입었다 하더라도 공무원이 직무상 의무를 위반한 행위와 제3자가 입은 손해 사이에는 법리상 상당인과관계가 있다고 할 수 없다 할 것이다(당원 1993. 2. 12. 선고 91다 43466 판결

참조).

그런데 대통령에게 지방자치단체장 선거일을 공고하는 의무를 부과한 지방자치법 및 지방자치단체의장선거법에서 지방자치단체장의 선거를 실시함으로써 보호하려는 목적은, 지방자치행정의 민주성을 도모하고(지방자치법 제1조), 지방자치와 민주정치의 발전에 기여한다(지방자치단체의장선거법 제1조)는 공공일반의 이익을 보호하기 위한 것이며, 국민 개인의 인격권 등을 보호하기 위한 것이 아님이 명백하므로, 위와 같이 공무원인 피고가 위 지방자치법 등의 법률을 위반하여 지방자치단체장의 선거일을 공고하지 아니하였고 가사 이를 계기로 하여 제3자인 원고가 정신적 고통을 받았다 하더라도, 피고가 위 직무상 의무를 위반한 부작위행위와 원고가 입은 정신적 손해 사이에는 법리상 상당인과관계가 있다고 할 수 없다 할 것이다.

따라서 원고의 이 사건 손해배상청구는 그 나머지 점에 관하여 더 나아가 판단할 필요도 없이 기각을 면치 못할 것이므로, 이 사건 청구를 기각한 원심의 판단은 결론에 있어서 정당하다. 논지는 결론에 영향을 미치지 아니하는 점에 관하여 원심판결을 비난하는 것으로서 어느 것도 채용할 수 없다.

3. 그러므로 상고를 기각하고 상고비용은 패소자의 부담으로 하기로 하여 관여 법관의 일치된 의견으로 주문과 같이 판결한다.

대법관 김상원(재판장) 윤영철
박준서(주심)

참조판례

대법원 1993. 2. 12. 선고 91다43466 판결(공1993상, 958)

8. 가. 소제기 및 응소행위가 불법행위를 구성하는 경우

일반적으로 소송을 제기하거나 제기되어진 소송에 응소하는 것 자체는 헌법에 의하여 보장된 국민의 권리실현이나 권리보호를 위한 수단으로서 원칙적으로 적법하나, 그와 같은 소제기나 응소행위가 권리실현이나 권리보호를 빙자하여 상대방의 권리나 이익을 침해하거나 상당한 이유 없이 상대방에게 고통을 주려는 의사로 행하여지는 등 고의 또는 과실이 인정되고, 이것이 공서양속에 반하는 정도에 이른 것인 경우에는 위법성을 띠고 불법행위를 구성한다.

나. 가압류신청 / 가압류이의소송의 응소 및 본안청구소송제소 등 일련의 행위가 부당소송행위로서 불법행위를 구성한다고 본 사례

피고 갑이 피고 을의 동의를 얻어 원고로부터 교부받은 백지 약속어음의 수

취인란을 제3자인 피고 을로 보충하고 신탁법 제7조에 위반하여 피고 을의 이름으로 원고 소유의 토지에 대하여 가압류결정을 받아 집행을 한 뒤 원고가 제기한 가압류이의소송에 피고 을로 하여금 응소하게 하고, 약속어음의 원인인 대여금채권에 대한 담보조로 원고 소유의 다른 부동산에 관하여 피고 갑 앞으로 마쳐진 가등기에 기하여 제소전화해에 의하여 본등기를 마치고서도 가압류이의소송을 그대로 유지하는 한편, 피고 을 이름으로 다시 가압류의 본안인 대여금청구의 소를 제기한 일련의 행위는 부당소송행위로서 불법행위를 구성한다고 본 사례

다. 부당소송으로 인한 위자료청구가 인용되기 위한 전제요건

부당소송을 당한 상대방이 입게 되는 정신상의 고통은 통상 당해 소송에서 승소하는 것에 의하여 회복되고 승소하여도 회복할 수 없는 정신적 고통은 특별사정으로 인한 손해라고 볼 것이므로, 부당소송으로 인한 위자료청구가 인용되기 위해서는 승소나 재산적 손해의 배상만으로는 회복될 수 없는 정신적 고통을 입었다고 인정될 만한 특별사정의 존재와 그러한 특별사정에 대한 예견가능성이 전제되어야 한다.

라. 부당소송으로 인한 위자료청구를 인용한 원심판결을 위자료 인정을 위한 특별사정, 그 예견가능성에 관한 법리오해, 심리미진 등을 이유로 파기한 사례

부당소송으로 인한 위자료청구를 인용한 원심판결을 위자료 인정을 위한 특별사정의 존재와 그러한 특별사정에 대한 예견가능성에 관한 법리오해, 심리미진 등을 이유로 파기한 사례(1994. 9. 9. 제2부 판결 93다50116 손해배상(기)).

<판례전문(1994. 9. 9. 제2부 판결 93다50116 손해배상(기))>

[원고, 피상고인] 한명옥

[피고, 상고인] 서인학 외 1인 피고들 소송대리인 변호사 서정우 외 2인

[원심판결] 부산고등법원 1993. 8. 18. 선고 91나11285 판결

[주 문] 원심판결 중 피고들 패소부분을 파기하고, 이 부분 사건을 부산고등법원에 환송한다.

[이 유] 상고이유를 판단한다(상고이유보충서는 상고이유서에 기재된 상고이유를 보충하는 범위 안에서 판단한다).

제1점에 대하여

1. 원심이 취사한 증거를 기록에 비추어 보면 원심의 사실인정은 수긍할 수 있고, 거기에 채증법칙을 어긴 위법이 있다고 할 수 없다.

2. 일반적으로 소송을 제기하거나 제기되어진 소송에 응소하는 것 자체는 헌법에 의하여 보장된 국민의 권리실현이나 권리보호를 위한 수단으로서 원칙적으로 적법하다고 할 것이나, 그와 같은 소제기나 응소행위가 권리실현이나 권리보호를 빙자하여 상대방의 권리나 이익을 침해하는 것이거나 상당한 이유 없이 상대방에게 고통을 주려는 의사로 행하여지는 등 고의 또는 과실이 인정되고, 이것이 공서양속에 반하는 정도에 이른 것인 경우에는 위법성을 띠고 불법행위를 구성한다고 할 것인바, 사실관계가 원심이 인정한 바와 같다면, 피고 서인학이 피고 조칠호의 동의를 얻어 원고로부터 교부받은 판시 백지 약속어음의 수취인란을 제3자인 피고 조칠호로 보충하고 신탁법 제7조에 위반하여 피고 조칠호의 이름으로 원고 소유의 토지에 대하여 가압류결정을 받아 집행을 한 뒤 원고가 이의를 제기한 가압류이의소송에 피고 조칠호로 하여금 응소하게 하고, 위 약속어음의 원인인 대여금채권에 대한 담보조로 원고 소유의 다른 부동산에 관하여 피고 서인학 앞으로 마쳐진 가등기에 기하여 제소전화해에 의하여 본등기를 마치고서도 위 가압류이의소송을 그대로 유지하는 한편 피고 조칠호 이름으로 다시 위 가압류의 본안인 대여금청구의 소를 제기한 일련의 행위(피고 조칠호는 위 소송에서 모두 패소하여 확정되었다)는 부당소송행위로서 불법행위를 구성한다고 본 원심의 조처는 옳은 것으로 수긍할 수 있고, 거기에 소론과 같이 담보권이나 불법행위에 관한 법리를 오해한 위법이 있다고 할 수 없고, 이유불비의 위법이 있다고 할 수도 없다.

따라서 논지는 이유 없다.

제2점에 대하여

1. 다른 사람의 불법행위로 인하여 재산권이 침해된 경우에는 이로 인한 통상적인 손해는 재산적인 것에 불과하므로 일반적으로는 그 재산적 손해의 배상에 의하여 정신적 고통도 회복된다고 보아야 할 것이나, 재산적 손해의 배상만으로는 회복할 수 없는 정신적 손해가 있다면 위자료로서 이에 대한 손해도 배상하여야 할 것이다.

그러나 이러한 손해는 특별한 사정으로 인한 손해이므로 그러한 특별사정의 존재와 함께 가해자가 그러한 특별사정을 알았거나 알 수 있었을 경우에 한하여 그 손해에 대한 위자료를 인정할 수 있는 것이다.

그리고 이와 같은 법리는 이른바 소송절차에 의한 불법행위의 경우에 있어서도 같다고 볼 것이고, 부당소송을 당한 상대방이 입게 되는 정신상의 고통은 통상 당해 소송에서 승소하는 것에 의하여 회복되고 승소하여도 회복할 수 없는 정신적 고통은 특별사정으로 인한 손해라고 볼 것이므로(당원 1978. 12. 13. 선고 78다1542 판결 참조), 이 사건에서 원고는 피고들의 부당소송으로 인하여 입은 경제적 손실에 대하여는 당연히 그 배상을 청구할 수 있다고 볼 것이나, 이로 인한 위자료청구가 인용되기 위해서는 승소나 재산적 손해의 배상만으로는 회복될 수 없는 정신적 고통을 입었다고 인정될 만한 특별사정의 존재와 그러한 특별사정에

대한 피고들의 예견가능성이 전제되어야 할 것이다.

2. 그런데 원심판결 이유에 의하면 원심은, 원고의 위자료청구를 인용함에 있어 단지 소송의 경위 등에 비추어 이로 인하여 원고가 상당한 정신적 고통을 받았을 것임은 경험법칙상 충분히 인정된다고 한 뒤, 위자료 인정의 특별사정으로서 피고들의 일련의 소송행위가 피고 서인학이 위의 다른 부동산에 의한 대물변제로 이미 소멸된 대여금채권에 관하여 담보조로 보관하고 있던 백지 약속어음을 이용하여 피고 조칠호의 이름으로 제기된 것이고, 이로 인한 소송진행도 2년 이상 걸쳐 계속되었다는 점을 들고 있으나, 기록상 위의 다른 부동산에 관한 피고 서인학 명의의 가등기에 기한 본등기가 그 판시 차용금채무의 대물변제로 행하여진 것이라고 단정하기 어려운 터에 원심이 판시하고 있는 소송의 경위만으로는 원고가 승소하고 또 재산적 손해의 배상을 받는 것만으로 위자될 수 없는 정신적 고통을 받았을 것이라고 인정할 수 있는 특별사정의 설시로서는 부족하고, 원심이 특별사정으로 들고 있는 위와 같은 사정은 일반적인 소송의 진행경과나 소송절차에 의한 불법행위가 성립하기 위한 요소에 지나지 아니한 것이어서 이를 위자료 인정의 특별사정으로 보기는 어렵다 할 것이다.

3. 그렇다면 원심판결에는 부당소송으로 인한 위자료를 인정하기 위한 특별사정이나 그 예견가능성에 관한 법리를 오해하였거나 심리미진, 이유불비의 위법이 있다고 할 것이고, 논지는 이 범위 안에서 이유 있다.

그러므로 원심판결 중 피고들 패소부분을 파기환송하기로 하여 관여 법관의 일치된 의견으로 주문과 같이 판결한다.

대법관 박만호(재판장) 박준서
 김형선(주 심) 이용훈

참조판례
　가. 대법원 1977. 5. 10. 선고 76다2940 판결(공1977, 10083)
　　　　　1982. 10. 26. 선고 81다375 판결(공1983, 54)
　다. 대법원 1978. 12. 13. 선고 78다1542 판결(공1979, 11616)

9. 법인에 대한 명예훼손이 불법행위를 구성하는 경우

법인의 목적사업 수행에 영향을 미칠 정도로 법인의 사회적 명성, 신용을 훼손하여 법인의 사회적 평가가 침해된 경우에는 그 법인에 대하여 불법행위를 구성한다(대법원 1996. 6. 28. 선고 96다12696 판결).

10. 부가 교통사고로 상해를 입을 당시 태아이다가 출생한 자에게 부의 부상에 대한 위자료청구권이 있는지 여부(적극)

태아도 손해배상청구권에 관하여는 이미 출생한 것으로 보는바, 부가 교통사고로 상해를 입을 당시 태아가 출생하지 아니하였다고 하더라도 그 뒤에 출생한 이상 부의 부상으로 인하여 입게 될 정신적 고통에 대한 위자료를 청구할 수 있다(대법원 1993. 4. 27. 선고 93다4663 판결).

11. **생명침해 아닌 불법행위의 경우에도 불법행위 피해자의 부모가 그 정신적 고통에 관한 위자료를 청구할 수 있는지 여부(적극)**

민법 제752조는 생명침해의 경우에 있어서의 위자료 청구권자를 열거 규정하고 있으나 이는 예시적 열거 규정이라고 할 것이므로 생명침해 아닌 불법행위의 경우에도 불법행위 피해자의 부모는 그 정신적 고통에 관한 입증을 함으로써 일반원칙인 같은 법 제750조, 제751조에 의하여 위자료를 청구할 수 있다고 해석하여야 한다(대법원 1999. 4. 23. 선고 98다41377 판결).

12. **생명침해의 불법행위로 인한 피해자 본인의 위자료 청구권과 배우자 등 유족 고유의 위자료 청구권에 관한 소멸시효 완성 여부를 각각 별개로 판단하여야 하는지 여부(적극)**

생명침해의 불법행위로 인한 피해자 본인의 위자료 청구권과 민법 제752조에 의한 배우자 등 유족의 정신적 피해로 인한 그 고유의 위자료 청구권은 별개이므로 소멸시효 완성 여부도 각각 그 권리를 행사한 때를 기준으로 판단하여야 한다(대법원 2013. 8. 22. 선고 2013다200568).

◆ 생명침해로 인한 정신적 고통에 대한 위자료 청구

제 752 조【생명침해로 인한 위자료】

타인의 생명을 해한 자는 피해자의 직계존속, 직계비속 및 배우자에 대하여
는 재산상의 손해없는 경우에도 손해배상의 책임이 있다.

■ § 752. 생명의 침해

• 생명에 대한 침해 : 재산적 손해(수입가능기간 중 소득−생활비)+위자료(정신
　　　　　　　　　적 손해)
　　　　　　　　　타인의 생명을 해한 자는 피해자의 직계존속, 직계비속 및
　　　　　　　　　배우자에 대하여는 재산상의 손해없는 경우에는, 손해배상
　　　　　　　　　의 책임(위자료=정신적 손해)이 있다
• 신체에 대한 침해 : 치료비+위자료(정신적 손해)

본조는 생명침해의 경우에 피해자의 직계존속, 직계비속, 배우자에게 위자료
청구권이 인정됨을 규정하는데, 이것은 예시적 열거규정에 불과하다.

인간의 생명은 인격권의 일종이며, 인격적 이익 가운데 최고의 이익이라는 데
대해 이론이 없다. 따라서 인간의 생명에 대한 침해가 위법성을 띤다는 점에 관
해서도 학설·판례 모두가 긍정한다.

그러나 생명의 침해에 있어서는 권리주체가 소멸하므로, 특히 즉사한 경우에
는 타격의 순간에 권리주체가 소멸하고, 또 피해자에게 손해배상청구의 의사가
있거나 없거나 간에 손해배상청구권의 상속과 관련하여 곤란한 문제를 일으키
는 등, 여러 가지 문제를 포함하고 있기 때문에 불법으로 타인의 생명을 해한
자가 민법상 어떠한 책임을 부담하여야 하는가에 대해서는 여러 가지 각도에서
다각적으로 검토할 필요가 있다.

1. 타인의 생명침해에 대한 위법성의 소재

본조는「타인의 생명을 해한 자는 피해자의 직계존속, 직계비속 및 배우자
에 대하여는 재산상의 손해없는 경우에도 손해배상의 책임이 있다」고 규정하

여 타인을 살해한 자는 그 타인의 부모·배우자·자에 대하여 불법행위에 의한 책임을 져야 한다는 뜻을 밝히고 있다.

즉 본조의 규정이 뜻하는 바는 부모는 자에게, 배우자는 상호간에, 또 자는 부모에 대하여 밀접한 친족관계에 있으므로 이러한 친족관계에 대한 침해가 위법성을 띠게 되는 것을 규정한 것이라고 이해해야 한다.

즉, 그 침해행위는 타인의 생명의 침해주체로서 위법성이 있다고는 할 수 없고, 어떤 사람의 생명을 빼앗음으로써 그 사람의 최근친자와의 친족관계가 파괴되는 점에서 위법성이 있다고 생각된다.

2. 정신적 손해의 배상을 받을 수 있는 자의 범위

타인의 생명을 해하는 자는 그 타인의 부모·배우자·자 이외의 관계가 있는 자, 예컨대 손·형제·자매·내연의 처·그 자 등에 대하여 정신적 손해를 입혔다는 이유로 불법행위의 책임을 부담하여야 하는가라는 문제가 있다.

학설·판례에 의하면 본조가 위자료를 청구할 수 있는 범위로써 직계존속·직계비속 및 배우자를 열거한 것은 그들로 한정한 것이 아니라 다만 예시적으로 규정한 것이며, 이들은 그들의 정신적 고통에 관한 입증을 할 필요없이, 당연히 위자료를 청구할 수 있음을 규정한 것에 불과한 것이라고 한다(대판 1967. 8. 29. 67다1414, 대판 1967. 9. 19. 67다1550, 대판 1963. 10. 31. 63다558).

따라서 본조에서 열거한 친족 이외의 친족도 그의 정신적 고통으로 입증하면 불법행위에 의한 손해배상의 일반원칙에 따라 역시 위자료를 청구할 수 있다.

또 본조 소정의 친족관계는 가족관계등록부상의 가족관계는 물론 사실상의 친족관계가 있는 경우도 포함한다. 그리고 내연관계에 있는 배우자도 법률상 혼인관계에 있는 배우자에 준하여 손해배상청구권이 있다(대판 1967. 1. 31. 66다2216).

3. 즉사자의 손해배상청구권과 상속문제

(1) 즉사자의 손해배상청구권

가. 권리능력의 인정여부

불법행위로 인해 즉사한 자는 권리능력을 상실하므로 재산상 및 정신상의 손해배상청구권을 취득할 수 있는지가 문제된다. 이와 관련하여 통설과 판례는 '시간적 간격설'을 취하여 치명상과 사망 사이에는 시간적인 간격이 있으므로 손해배상청구권을 일단 사망자가 취득하였다가 사망과 동시에 상속인에게 상속된다는 이론구성을 하고 있다(대판 1973. 9. 25. 73다1100). 이에 대하여 소수설은 생명이 침해된 경우 사자는 이미 권리주체가 아니어서 가해자에게 손해배상을 청구할 수 없고, 유족 개개인이 피해자의 사망에 의한 고유의 손해배상청구권을 갖는다고 한다.

나. 손해배상청구권의 내용

재산상 손해배상청구권(일실손해)과 정신적 손해배상청구권(위자료)이 모두 인정된다.

(2) 손해배상청구권의 상속

생명의 침해로 인한 손해, 즉 살해된 자가 생존하였다면 당연히 얻게 되는 재산적 이익 및 사망함으로써 받은 정신적 고통을 손해로 하여, 피해자의 상속인이 그 배상을 청구할 수 있는가 하는 것이 문제가 되는데, 이것은 순수한 생명침해의 문제로서 고려할 필요가 있다.

즉사자의 '재산상' 손해배상청구권의 경우에는 양도성과 상속성이 인정된다는 것이 통설과 판례의 태도이다. 반면, '정신적' 손해배상인 위자료 청구권의 상속성이 문제되는데 부정설(송덕수, 권용우)은 위자료청구권은 일신전속권이므로 원칙적으로 상속될 수 없고, 청구권자가 생전에 청구의 의사표시를 하여 구체화시킨 경우에 한하여 예외적으로 상속될 수 있다고 한다. 반면, 긍정설(통설과 판례)은 상해 후 사망한 경우이든 즉사한 경우이든 구별하지 않고 위자료청구권은 일신전속권이 아니며, 특별한 사정이 없는 한 생전의 청구여하에 관계없이 금전채권으로 전환되어 당연히 상속이 된다고 한다(대판 1976. 4. 13. 75다396). 이는 사망자가 살았더라면 경험칙상 정신적 손해배상청구권을 행사하였을 것이고, 그렇게 되면 통상의 금전채권으로 바뀌어 상속성이 인정되었을 것이기 때문이다. 주의할 것은 가족법상의 위자료청구권은 명문의 규정을 두어 양도성과 상속성을 제한하고 있다는 점이다(제806조).

(3) 상속인의 손해배상청구권

상속인의 경우에는 즉사자의 사망으로 인하여 자신의 고유한 손해배상청구권이 있고(재산상, 위자료 모두 포함) 한편 피상속인의 손해배상청구권을 상속한 것도 있다. 태아의 경우 자신의 고유한 손해배상청구권은 제762조에 의해, 상속은 제1000조 3항에 의해 권리능력이 인정된다.

▣ 핵심판례 ▣

■ [생명침해로 인한 위자료]

1. 행방불명이 되어 생환하지 못하였다는 사실만으로 생명침해로 인한 손해배상청구를 할 수 있는지 여부

고의 또는 과실로 인한 위법한 행위로 타인에게 손해를 가하는 불법행위는 타인의 생명·신체·자유·명예·재산등을 해하거나 기타 정신상 고통을 가함으로써 성립하고 이 중 생명을 해하는 경우는 그 사망사실이 확정적으로 밝혀져야 하며 다만 행방불명이 되어 생환하지 못하였다는 사실만으로써는 생명을 해하였다고는 하지 못한다(1985. 4. 23. 제1부 판결 84다카2123 손해배상).

2. 생명침해로 인한 위자료청구권이 망인의 자부에게도 있는지 여부

민법 제752조에 규정된 친족이외의 친족도 그 정신적 고통에 관한 입증을 함으로써 위자료를 청구할 수 있는 바 타인의 불법행위로 생명을 잃은 피해자의 직계비속의 배우자는 경험칙상 그 직계비속에 비견할 정신적 고통을 받는다 할 것이므로 그에 대한 위자료를 청구할 수 있다(대법원 1978. 1. 17. 선고 77다1942 판결).

3. 계약상의 채무불이행으로 인하여 재산적 손해가 발생한 경우, 위자료를 인정하기 위한 요건

일반적으로 계약상 채무불이행으로 인하여 재산적 손해가 발생한 경우, 그로 인하여 계약 당사자가 받은 정신적인 고통은 재산적 손해에 대한 배상이 이루어짐으로써 회복된다고 보아야 할 것이므로, 재산적 손해의 배상만으로는 회복될 수 없는 정신적 고통을 입었다는 특별한 사정이 있고, 상대방이 이와 같은 사정을 알았거나 알 수 있었을 경우에 한하여 정신적 고통에 대한 위자료를 인정할 수 있다(대법원 2004. 11. 12. 선고 2002다53865 판결).

4. 민법 제752조에 규정된, 친족 관계

본조에서 말하는 친족관계는 반드시 호적상의 관계만을 가리키는 것이 아니고 입적되지 아니하여도 사실상 그와 같은 관계가 있는 경우도 포함하는 것이라고 해석함이 상당하다(대법원 1966. 6. 28. 선고 66다493 판결).

◆ 책임무능력자 : 미성년자로서 행위의 책임을 변식할 지능이 없는 자

제 753 조 【미성년자의 책임능력】

미성년자가 타인에게 손해를 가한 경우에 그 행위의 책임을 변식할 지능이 없는 때에는 배상의 책임이 없다.

■ § 753. 미성년자의 책임능력(불법행위능력)

- 입증책임 : 피고
- 책임변식력, 즉 그 행위가 법률상 허용되지 않으며 만일 행한다면 법률상의 책임을 진다는 지능있어야 함
- 관련법조 : [미성년자 형사책임] 형 §9

본조는 「미성년자가 타인에게 손해를 가한 경우에 그 행위의 책임을 변식할 지능이 없는 때에는 배상의 책임이 없다」 라고 규정하여, 미성년자는 일률적으로 책임능력이 없는 것이 아니라, 그 행위의 책임을 변식할 지능이 없는 때에 한해 본조의 적용을 받는다.

책임능력의 유무는 특정한 미성년자에 대하여 일반적으로 규정한 것이 아니므로 개개의 경우에 대하여, 그 행위시에 책임능력이 있었는가의 여부를 미성년자의 연령·환경 기타의 사정으로 판단할 수 밖에 없다.

즉, 책임능력은 행위능력(법률행위를 할 수 있는 행위능력)이 만20세(제4조, 제5조)이고, 또 형법상의 책임능력이 만14세(형법 제9조)로 각각 획일적으로 규정되어 있는 것과 달리, 어디까지나 개별적으로 개개인에 대하여 판정하여야 한다.

「행위의 책임을 변식할 지능」 이라 함은 자기의 행위의 결과가 위법한 것으로서 법률상 비난되고 어떤 법적 책임이 생긴다는 것을 인식할 만한 지능을 말하는데, 이에 해당되는지 여부는 여러 사정을 종합하여 구체적으로 결정할 사항이다. 판례는 대체적으로 15세 이상부터는 특별한 사정이 없는 한 책임변식지능을 갖춘 것으로 본다(대판 1989. 5. 9. 88다카2745).

▣ 핵심판례 ▣

■ [미성년자의 책임능력]

1. 가. 16세 5개월 남짓된 고등학생의 책임능력

　　만 16세 5개월 남짓된 고등학교 2학년에 재학중인 자는 불법행위에 대한책임을 변식할 지능이 있다.

　나. 책임능력있는 미성년자의 불법행위와 감독의무자의 배상의무

　　책임능력이 있는 미성년자의 불법행위로 인하여 손해가 발생한 경우 그 발생된 손해가 당해 미성년자의 감독의무자의 의무위반과 상당인과관계가 있으면 감독의무자는 일반 불법행위자로서 손해배상의무가 있다.

2. 가. 책임능력 있는 미성년자의 불법행위에 대하여 감독의무자가 손해배상책임을 지게 되는 요건과 그 입증책임

　　미성년자가 책임능력이 있어 그 스스로 불법행위책임을 지는 경우에도 그 손해가 당해 미성년자의 감독의무자의 의무위반과 상당인과관계가 있으면 감독의무자는 일반불법행위자로서 손해배상책임이 있다 할 것이지만, 이 경우에 그러한 감독의무위반사실 및 손해발생과의 상당인과관계의 존재는 이를 주장하는 자가 입증하여야 한다.

　나. 재수22생으로서 학원에 다니며 수학능력평가시험을 준비하던 책임능력 있는 미성년자가 타인을 폭행한 사안에서 감독의무자인 부에게 당해 미성년자에 대한 감독의무를 게을리 한 과실을 인정할 수 없다고 한 사례

　　재수생으로서 학원에 다니며 수학능력평가시험을 준비하던 책임능력 있는 미성년자가 타인을 폭행한 사안에서 감독의무자인 부에게 당해 미성년자에 대한 감독의무를 게을리 한 과실을 인정할 수 없다고 한 사례(대판 2003. 3. 28. 2003다5061)

◈ 책임무능력자 : 심신상실자

제 754 조【심신상실자의 책임능력】

심신상실 중에 타인에게 손해를 가한 자는 배상의 책임이 없다. 그러나 고의 또는 과실로 인하여 심신상실을 초래한 때에는 그러하지 아니하다.

■ § 754. 심신상실자의 책임능력

• 심신상실자의 면책
• 원인에 있어서 자유로운 행위의 불면책
• 관련법조 : [심신장애자와 형사책임] 형 §10

본조는 「심신상실 중에 타인에게 손해를 가한 자는 배상의 책임이 없다. 그러나 고의 또는 과실로 인하여 심신상실을 초래한 때에는 그러하지 아니하다」라고 규정하여 심신상실자는 책임능력이 없으므로 배상의 책임을 지지 않는다고 한다.

여기에서 심신상실이라 함은 정신이상, 만취 등에 의하여 책임능력이 없는 미성년자와 동일한 정도, 또는 그 이하일 정도로 판단능력이 없는 상태를 말한다.

그리고 심신상실의 상태에 있는 것을 요하지 아니하고, 가해행위시에 그 행위자가 심신상실자였다는 것만으로 충분하다. 그리고 피성년후견인이 아니더라도 심신상실자이면 본조가 적용되지만, 반대로 피성년후견인이더라도 행위 당시에 심신상실의 상태가 아니었더라면 그는 책임능력을 갖춘 것이 되고, 따라서 배상책임을 지게 된다.

또 보통인으로서도 병적인 발작, 기타의 사유에서 일시적으로 심신상실의 상태에 빠지면 역시 심신상실의 상태에서 행한 가해행위에 대해서는 책임을 면한다. 심신상실의 상태를 본인이 고의 또는 과실로 초래한 것일 때에는, 책임을 면하지 못한다. 이것은 이른바 원인에 있어서 자유로운 행위(actio libera in cause)에 관한 것이다.

고의·과실로 인하여 심신상실을 초래한 것인지의 유무는 피해자에게 그 입증책임이 있다. 즉 불법행위를 할 목적으로 고의로 음주, 마취 등을 하여 자기

를 심신상실 상태에 빠지게 하여 그 심신상실의 상태를 이용하여 불법행위로 타인에게 손해를 가한 자는 손해를 배상할 책임이 있다.

본조의 적용을 받는 심신상실은 일시적인 경우이므로, 고의·과실로 계속적인 심신상실을 초래하고 타인에게 손해를 준 경우에는 원칙으로 돌아가 면책된다.

◆ 책임무능력자가 불법행위를 한 경우 손해배상책임을 지는 자

제 755 조 【감독자의 책임】

① 다른 자에게 손해를 가한 사람이 제753조 또는 제754조에 따라 책임이 없는 경우에는 그를 감독할 법정의무가 있는 자가 그 손해를 배상할 책임이 있다. 다만, 감독의무를 게을리하지 아니한 경우에는 그러하지 아니하다.

② 감독의무자를 갈음하여 제753조 또는 제754조에 따라 책임이 없는 사람을 감독하는 자도 제1항의 책임이 있다. [전문개정 2011.3.7.]

■ § 755. 책임무능력자의 감독자의 책임

- 요건 : ① 책임무능력자의 불법행위가 있고, ② 감독의무자 또는 이에 갈음하는 자가 감독의무를 게을리했어야 한다
- 효과 : 법정감독의무자와 이에 갈음하여 감독하는 자는 부진정연대채무를 진다(본조 및 판례).

본조는 법정감독의무자의 책임에 관하여 규정한 것이다.

1. 법정감독의무자의 책임의 의의

법정감독의무자의 책임이라 함은 책임무능력자가 책임능력없음을 이유로 하여 불법하게 타인에게 손해를 가하더라도 배상책임을 부담하지 않는 경우에 그 책임무능력자를 감독할 법정의무 있는 자가 부담하는 책임을 말한다.

우리민법은 본조에서 이에 관한 규정을 두어, 자기의 행위에 대한 책임을 변식할 수 있는 지능이 없는 미성년자 또는 심신상실상태에 있는 자가 불법하게 타인에게 손해를 가하더라도 각각 제753조 및 제754조의 행위에 따라 책임능력이 없기 때문에, 책임무능력자로서 배상책임을 부담하지 않는 때에는 「이를 감독할 법정의무 있는 자」(예컨대 친권자·후견인) 또는 「감독의무자에 갈음하여 무능력자를 감독하는 자」(예컨대 유치원의 원장·정신병원 의사)는 그 감독을 게을리 하지 않았음을 입증하지 못하면 스스로 배상책임을 부담한다.

2. 법정감독의무자의 책임의 요건

책임의 요건으로는 첫째, 책임무능력자가 객관적으로 위법한 행위를 하여 손해를 가하였어야 한다. 둘째, 감독의무자 또는 이에 갈음하여 감독하는 자가 감독의무를 게을리 하였어야 한다.

이 감독의무를 게을리 하였음은 피해자가 입증할 필요는 없고, 감독자가 의무를 게을리 하지 않았음을 입증해서 책임을 면할 수 있을 뿐이다. 또한 감독의무자가 감독을 게을리 하지 않았더라도 가해행위가 행해졌을 것을 입증하여 그 책임을 면할 수 있느냐 하는 문제에 대해서는 학설이 나뉘어 있으나, 본조 1항 단서를 유추하여 책임을 면할 수 있는 것으로 본다.

3. 효 과

위 요건을 갖춘 때에는 법정감독의무자 또는 그에 갈음하여 감독하는 자가 배상책임을 진다. 다만 감독의무를 해태하지 않았음을 입증한 때에는 면책한다.

(1) 법정감독의무자의 손해배상책임

책임무능력자를 감독할 법정의무있는 자가 배상책임을 진다(제755조 1항). 미성년자의 경우에는 친권자 또는 후견인이, 피성년후견인의 경우에는 성년후견인이 법정감독의무자가 된다.

감독의무자는 감독을 해태하지 않았음을 입증함으로써 면책될 수 있다(제755조 1항 단서). 손해배상의 범위에 있어서 제393조 2항의 특별손해의 예견가능성은 감독의무자를 기준으로 판단한다(통설, 대판 1968. 6. 11. 68다639).

(2) 대리감독자의 책임

1) 의 의

법정감독의무자에 갈음하여 책임무능력자를 감독하는 자도 배상책임을 진다(제755조 2항). 탁아소의 보모, 유치원과 학교의 교사 및 교장, 정신병원의 의사 등이 이에 해당한다. 대리감독자가 피용자인 경우에는 다시 그 사용자가 제756조의 책임을 부담하게 된다.

2) 관련문제

가. 교장 또는 교사의 학생에 대한 보호·감독의무의 범위 및 손해배상책임의 인정기준

지방자치단체가 설치·경영하는 학교의 교장이나 교사는 학생을 보호·감독할 의무를 지는데, 이러한 보호·감독의무는 교육법에 따라 학생들을 친권자 등 법정감독의무자에 대신하여 감독을 하여야 하는 의무로서 학교 내에서의 학생의 모든 생활관계에 미치는 것은 아니지만, 학교에서의 교육활동 및 이와 밀접 불가분의 관계에 있는 생활관계에 속하고, 교육활동의 때와 장소, 가해자의 분별능력, 가해자의 성행, 가해자와 피해자의 관계, 기타 여러 사정을 고려하여 사고가 학교생활에서 통상 발생할 수 있다고 하는 것이 예측되거나 또는 예측가능성(사고발생의 구체적 위험성)이 있는 경우에는 교장이나 교사는 보호·감독의무 위반에 대한 책임을 진다(2007. 4. 26. 2005다24318).

나. 돌발적이거나 우연한 사고에 대해서도 책임을 지는지 여부

학교의 교장이나 교사의 감독의무는 학교 내에서의 모든 생활관계에 미치는 것은 아니고 학교에서의 교육활동 및 이에 밀접 불가분의 관계에 있는 생활관계에 한하며, 이 경우에는 돌발적이거나 우연한 사고에 대해서는 감독의무 위반의 책임을 물을 수 없다(1997. 6. 27. 97다15258).

(3) 양자의 책임관계

법정감독의무자와 대리감독자의 책임은 병존할 수 있으며, 즉 양자에게 각각 감독의무 위반이 있는 때에는 그 책임은 각각 인정된다. 이 때에 양자의 책임은 부진정연대로서, 피해자는 전부의 배상을 받을 때까지 어느 쪽에 대하여도 책임을 물을 수 있다. 특히 법정감독의무자로서 공동으로 친권을 행사하는 부모의 경우도 마찬가지이다(제909조 2항).

판례는 학교폭력 가해학생들의 부모의 과실과 담임교사, 교장의 과실이 경합하여 피해학생의 자살 사건이 발생하였다는 이유로, 부모들과 지방자치단체에게 공동불법행위자로서의 손해배상책임을 인정하였다(대판 2007. 4. 26. 2005다24318).

4. 행위자 본인의 책임과 관계

우리 민법하에서는 감독의무자의 책임은 피감독자인 미성년자와 심신상실자가 책임을 부담하지 않는 경우에 보충적으로 발생하는 것이다.

즉 행위자 본인의 책임과 감독의무자의 책임은 어느 일방만 인정되는 것이며, 양자의 책임이 병존하여 발생하는 것은 아니다.

따라서 행위자 본인과 감독의무자의 각각의 자신의 상태라는 우연적인 사정과 법원이 행위자 본인에게 책임능력이 있다고 판단하느냐에 따라 누가 책임을 지는지가 좌우되어, 피해자가 현실적으로 구제받을 수 있는 가능성이 상당히 불안정하게 된다는 비난이 있다.

따라서 입법론으로서 독일민법 제832조와 같이 가해자의 책임능력의 유무를 불문하고 감독자는 항상 책임을 지는 것으로 규제하는 것이 타당할 것이다.

▣ 핵심판례 ▣

■ [책임무능력자의 감독자의 책임]

1. 가. 초등학교 내에서 발생한 폭행 등 집단 괴롭힘과 피해학생의 자살 사이에 상당인과관계를 인정한 사례

초등학교 내에서 발생한 폭행 등 괴롭힘이 상당 기간 지속되어 그 고통과 그에 따른 정신장애로 피해학생이 자살에 이른 경우, 다른 요인이 자살에 일부 작용하였다 하더라도 가해학생들의 폭행 등 괴롭힘이 주된 원인인 이상 상당인과관계가 인정된다고 한 사례

나. 책임능력 없는 미성년자의 법정감독의무자와 이에 대신하여 보호·감독의무를 부담하는 교사 등이 각각 부담하는 보호·감독책임의 범위 및 양자의 관계

민법 제755조에 의하여 책임능력 없는 미성년자를 감독할 친권자 등 법정감독의무자의 보호·감독책임은 미성년자의 생활 전반에 미치는 것이고, 법정감독의무자에 대신하여 보호·감독의무를 부담하는 교사 등의 보호·감독책임은 학교 내에서의 학생의 모든 생활관계에 미치는 것이 아니라 학교에서의 교육활동 및 이와 밀접 불가분의 관계에 있는 생활관계에 한하며, 이와 같은 대리감독자가 있다는 사실만 가지고 곧 친권자의 법정감독책임이 면탈된다고는 볼 수 없다(2007. 4. 26. 2005다24318).

2. 가. **학교에서 일어난 사고에 대한 학교의 교장이나 교사의 보호감독의무 위반의 책임범위**

 학교의 교장이나 교사의 학생에 대한 보호감독의무는 교육법에 따라 학생을 친권자 등 법정 감독의무자에 대신하여 감독을 하여야 하는 의무로서 학교 내에서의 학생의 전 생활관계에 미치는 것이 아니고 학교에서의 교육활동 및 이와 밀접불가분의 관계에 있는 생활관계에 한하며, 그 의무 범위 내의 생활 관계라고 하더라도 사고가 학교생활에서 통상 발생할 수 있다고 하는 것이 예측되거나 또는 예측가능성(사고발생의 구체적 위험성)이 있는 경우에 한하여 교장이나 교사는 보호감독의무위반에 대한 책임을 진다고 할 것인바, 위의 예측가능성에 대하여서는 교육활동의 때, 장소, 가해자의 분별능력, 가해자의 성행, 가해자와 피해자와의 관계 기타 여러 사정을 고려하여 판단할 필요가 있다.

 나. **고등학교 2학년 학생이 점심시간에 장난으로 급우가 앉아 있던 의자를 걷어차 급우로 하여금 뒷머리부분을 교실벽에 부딪쳐 상해를 입게 한 사고에 대하여 교장이나 담임교사 등에게 보호감독의무위반의 책임을 물을 수 없다고 한 사례**

 고등학교 2학년 학생이 점심시간에 장난으로 급우가 앉아 있던 의자를 걷어차 급우로 하여금 뒷머리부분을 교실벽에 부딪쳐 상해를 입게 한 사고에 대하여 교장이나 담임교사 등에게 보호감독의무위반의 책임을 물을 수 없다고 한 사례(1993. 2. 12. 제3부(다) 판결 92다13646 손해배상(기))

3. **책임능력 있는 미성년자의 불법행위와 감독의무자의 손해배상의무**

 책임능력 있는 미성년자의 불법행위로 인하여 손해가 발생한 경우 그 손해가 미성년자의 감독의무자의 의무위반과 상당인과관계가 있는 경우 감독의무자는 일반불법행위자로서 손해배상의무가 있다(1993. 8. 27. 제3부 판결 93다22357 손해배상(기)).

4. **책임능력 있는 미성년자에 대한 감독의무자의 손해배상책임의 요건 및 입증책임**

 미성년자가 책임능력이 있어 그 스스로 불법행위책임을 지는 경우에도 그 손해가 당해 미성년자의 감독의무자의 의무위반과 상당인과관계가 있으면 감독의무자는 일반불법행위자로서 손해배상책임이 있고 이 경우에 그러한 감독의무위반사실 및 손해발생과의 상당인과관계의 존재는 이를 주장하는 자가 입증하여야 한다(1994. 2. 8.전원합의체판결 93다13605 손해배상(기)).

5. **미성년자가 부모의 이혼으로 인하여 친권자로 지정된 모와 함께 살고 있었으나, 부가 재결합을 위하여 모와 만나고 있던 중 부가 운전하는 차에 타고 가다가 교통사고를 당한 경우, 그 미성년자에 대한 보험금의 산정시**

부의 운전상 과실을 피해자측 과실로서 참작한 사례

교통사고의 피해자인 미성년자가 부모의 이혼으로 인하여 친권자로 지정된 모와 함께 살고 있었으나, 사고 당시 부가 재결합하려고 모와 만나고 있던 중이었으며 부가 그 미성년자와 모를 비롯한 처가식구들을 차에 태우고 장인, 장모의 묘소에 성묘를 하기 위해 가던 중 사고가 발생한 경우, 사고 당시 부녀간이나 부부간에 완전한 별거상태가 아니라 왕래가 있었던 것으로 추정되고, 그 미성년자는 사고로 사망한 부의 상속인으로서 가해자가 구상권을 행사할 경우 결국 그 구상채무를 부담하게 된다는 점에 비추어, 이들을 신분상 내지 사회생활상 일체를 이루는 관계로 보아 그 미성년자에 대한 개인용자동차종합보험 보통약관 중 무보험자동차에 의한 상해조항에 따른 보험금 산정시 부의 운전상 과실을 피해자측 과실로 참작하는 것이 공평의 관념에서 상당하다(대판 1999. 7. 23. 98다31868).

6. 가. 미성년자의 불법행위에 대한 감독의무자의 손해배상책임 요건

민법 제755조에 의하여 책임능력 없는 미성년자를 감독할 법정의 의무있는 자 또는 그에 갈음하여 무능력자를 감독하는 자가 지는 손해배상책임은 그 미성년자에게 책임이 없음을 전제로 하여 이를 보충하는 책임이고, 그 경우에 감독의무자 자신이 감독의무를 해태하지 아니하였음을 입증하지 아니하는 한 책임을 면할 수 없는 것이나, 반면에 미성년자가 책임능력이 있어 그 스스로 불법행위책임을 지는 경우에도 그 손해가 당해 미성년자의 감독의무자의 의무위반과 상당인과관계가 있으면 감독의무자는 일반불법행위자로서 손해배상책임이 있다.

나. 학교에서 일어난 사고에 대한 교장이나 교사의 보호감독의무위반의 책임범위

학교의 교장이나 교사가 학생을 보호·감독할 의무는 교육법에 따라 학생들을 친권자 등 법정감독의무자에 대신하여 감독을 하여야 하는 의무로서 학교 내에서의 학생의 전생활관계에 미치는 것은 아니고 학교에서의 교육활동 및 이에 밀접 불가분의 관계에 있는 생활관계에 한하고, 그 의무의 범위 내의 생활관계라고 하더라도 교육활동의 때, 장소, 가해자의 분별능력, 가해자의 성행, 가해자와 피해자의 관계, 기타 여러 사정을 고려하여 사고가 학교생활에서 통상 발생할 수 있다고 하는 것이 예측되거나 또는 예측가능성이 있는 경우에만 교장이나 교사는 보호감독의무위반에 대한 책임을 지고, 위의 예측가능성에 대하여서는 교육활동의 때, 장소, 가해자의 분별능력, 가해자의 성행, 가해자와 피해자와의 관계, 기타 여러 사정을 고려하여 판단할 필요가 있다 (1994. 8. 23. 제1부 판결 93다60588 구상금).

<판례전문(1994. 8. 23. 제1부 판결 93다60588 구상금)>

[원고, 피상고인] 이상민 외 1인

[피고, 상고인] 서울특별시 소송대리인 변호사 조용락

[원심판결] 서울민사지방법원 1993. 11 .5. 선고 93나10124 판결

[주 문] 상고를 기각한다.

상고비용은 피고의 부담으로 한다.

[이 유] 상고이유 제1점을 본다.

민법 제755조에 의하여 책임능력 없는 미성년자를 감독할 법정의 의무있는 자 또는 그에 갈음하여 무능력자를 감독하는 자가 지는 손해배상책임은 그 미성년자에게 책임이 없음을 전제로 하여 이를 보충하는 책임이고, 그 경우에 감독의무자 자신이 감독의무를 해태하지 아니하였음을 입증하지 아니하는 한 책임을 면할 수 없는 것이나, 반면에 미성년자가 책임능력이 있어 그 스스로 불법행위책임을 지는 경우에도 그 손해가 당해 미성년자의 감독의무자의 의무위반과 상당인과관계가 있으면 감독의무자는 일반불법행위자로서 손해배상책임이 있다고 할 것이다 (당원 1994. 2. 8. 선고 93다13605 판결 참조).

이 사건에 있어서 원심은 가해자인 소외 이우형의 부모인 원고들과 피고의 피용자인 소외 남순옥은 각각 위 이우형에 대한 감독을 게을리한 과실이 있고, 이로 말미암아 이 사건 사고가 발생하였으므로 공동불법행위자로서 손해배상책임이 있다고 판단하였는바, 기록에 나타난 증거관계에 비추어 보면 이러한 원심의 인정과 판단은 정당하고 원심이 위 이우형이 무능력자라고 인정하였음을 전제로 하여 비난하는 논지는 이유 없다고 할 것이다.

상고이유 제2점을 본다.

지방자치단체가 설치 경영하는 학교의 교장이나 교사는 학생을 보호·감독할 의무를 지는 것인바, 이러한 보호감독의무는 교육법에 따라 학생들을 친권자 등 법정감독의무자에 대신하여 감독을 하여야 하는 의무로서 학교 내에서의 학생의 전생활관계에 미치는 것은 아니고 학교에서의 교육활동 및 이에 밀접 불가분의 관계에 있는 생활관계에 한하고, 그 의무의 범위 내의 생활관계라고 하더라도 교육활동의 때, 장소, 가해자의 분별능력, 가해자의 성행, 가해자와 피해자의 관계, 기타 여러 사정을 고려하여 사고가 학교생활에서 통상 발생할 수 있다고 하는 것이 예측되거나 또는 예측가능성(사고발생의 구체적 위험성)이 있는 경우에만 교장이나 교사는 보호감독의무위반에 대한 책임을 진다고 할 것이고, 위의 예측가능성에 대하여서는 교육활동의 때, 장소, 가해자의 분별능력, 가해자의 성행, 가해자와 피해자와의 관계, 기타 여러 사정을 고려하여 판단할 필요가 있다(당원 1993. 2. 12. 선고 92다13646 판결 참조)는 것은 소론이 지적하는 바와 같으나, 원심이 거시증거에 의하여 위 이우형의 부모인 원고들의 법정감독의무의 해태로 인

한 과실과 담임교사인 소외 남순옥의 보호감독의무의 해태로 인한 과실이 경합하여 이 사건 사고가 발생하였으므로, 원고들과 위 남순옥의 사용자인 피고는 공동불법행위자로서 각자 그 손해를 배상할 책임이 있다는 전제하에 피고는 공동면책된 자기부담부분인 금 16,000,000원을 지급할 책임이 있다고 판시한 것은 정당하고, 거기에 소론이 지적하는 바와 같이 담임교사의 보호감독의무위반에 관한 법리를 오해한 위법이 있다고 할 수 없다. 이 점에 관한 논지는 이유 없다.

그러므로 상고를 기각하고 상고비용은 패소자의 부담으로 하여 관여 법관의 일치된 의견으로 주문과 같이 판결한다.

대법관 김석수(재판장) 이돈희
이임수(주심)

참조판례
 가. 대법원 1994. 2. 8. 선고 93다13605 전원합의체판결(공1994상, 1000)
 나. 대법원 1993. 2. 12. 선고 92다13646 판결(공1993상, 960)

◈ 피용자가 그 사무집행에 관하여 제3자에게 손해를 가한 경우 사용자가 지는 책임

제 756 조 【사용자의 배상책임】

① 타인을 사용하여 어느 사무에 종사하게 한 자는 피용자가 그 사무집행에 관하여 제3자에게 가한 손해를 배상할 책임이 있다. 그러나 사용자가 피용자의 선임 및 그 사무감독에 상당한 주의를 한 때 또는 상당한 주의를 하여도 손해가 있을 경우에는 그러하지 아니하다.

② 사용자에 갈음하여 그 사무를 감독하는 자도 전항의 책임이 있다.

③ 전2항의 경우에 사용자 또는 감독자는 피용자에 대하여 구상권을 행사할 수 있다.

■ § 756. 사용자책임

• 요건 : ① 어떤 사무에 종사시키기 위하여 타인을 사용할 것, 일시적 고용이거나 사용관계의 기초가 되는 계약이 존재하지 않더라도 피용자의 행위에 대하여 책임을 진다
② 피용자가 객관적으로 행위의 외형상 사무의 범위내라고 인정되는 사무집행에 관하여 손해를 주었을 것(판례)
③ 제3자에게 손해를 주었을 것
④ 피용자의 불법행위요건을 충족시킬 것
⑤ 사용자가 면책사유 있음을 입증하지 못할 것
• 효과 : ① 사용자와 대리감독자는 책임을 지며
② 피용자 자신의 책임이 면책이 되는 것은 아니고
③ ①과②의 책임은 부진정연대채무로써
④ 배상한 사용자는 피용자에 구상할 수 있다
• 관련법조 : [법인의 불법행위책임] 상 §210, §269, §389, §567, [특칙] 국가배상법 §1~§3, 자동차손해배상보장법 §3, §4, 상 §115, §135, §148①, §771, §790, [본항특칙] 국가배상법 §6①②, §2②

1. 의 의

사용자책임은 사용자가 자기의 행위가 아닌 타인, 즉 자기가 사용하고 있는 자(피용자)의 행위에 대하여 배상책임을 진다는 점에서 특수한 불법행위의 하나로 인정된 것이다.

이 점에 있어서 사용자책임은 책임무능력자의 행위에 대한 감독의무자의 책임과 같은 것이다. 또 우리민법이 규정한 사용자책임은 사용자에게 면책사유를 인정하고 있어 절대적 무과실책임이 아니란 점을 주의할 필요가 있다.

2. 사용자 책임의 발생요건

(1) 「어떤 사무에 종사시키기 위하여 타인을 사용할 것」

1) 사 무

여기에서 「사무」라고 하는 것은 통속적으로 일이라고 하는 것과 같으며, 매우 넓은 개념이다.

사무는 계속적인 것과 계획적인 것·일시적인 것을 불문하며, 또한 영리적인 것에 한하지 않는다.

단순한 개인의 가정생활에 관한 일도 여기에서 말하는 사무에 포함된다. 또 국가나 공공단체는 그 공무원이 공권력의 행사로 보이는 행위를 함에 있어서 시민에 대하여 불법행위를 한 경우에는 국가배상법에 의한 배상책임을 부담하게 되어 있으나, 공권력의 행사라고 할 수 없는 행위에 대해서는 국가 또는 공공단체도 민법상의 사용자책임을 부담한다.

2) 사용관계

「타인을 사용한다」라 함은 사실상 타인으로 하여금 위와 같은 사무를 행하게 하는 것이며, 그 사용관계가 고용·위임 또는 조합 등의 계약에 기인하였는가를 불문한다. 따라서 그 계약이 반드시 유효하여야 하는 것도 아니다. 또한 보수의 유무나 기간의 장단도 불문한다(대판 1960. 12. 8. 4292 민상 977).

그러나 사용자라고 하기 위하여서는 사용자의 선임에 따라 그 지휘·감독에 복종하는 관계에 있어야 한다.

사용관계와 관련하여 다음과 같은 점이 문제된다.

가. 사용자와 피용자의 관계는 반드시 유효한 고용관계가 있는 경우에 한하는지 여부

민법 제756조의 사용자와 피용자의 관계는 반드시 유효한 고용관계가 있는 경우에 한하는 것이 아니고, 사실상 어떤 사람이 다른 사람을 위하여 그 지휘·감독 아래 그 의사에 따라 사업을 집행하는 관계에 있을 때에도 그 두 사람 사이에 사용자, 피용자의 관계가 있다고 할 수 있으며, 피용자의 불법행위가 외형상 객관적으로 사용자의 사업활동 내지 사무집행행위 또는 그와 관련된 것이라고 보일 때에는 행위자의 주관적 사정을 고려함이 없이 이를 사무집행에 관하여 한 행위로 볼 것이고, 외형상 객관적으로 사용자의 사무집행에 관련된 것인지의 여부는 피용자의 본래 직무와 불법행위와의 관련 정도 및 사용자에게 손해발생에 대한 위험 창출과 방지조치 결여의 책임이 어느 정도 있는지를 고려하여 판단하여야 한다(대판 2003. 12. 26. 2003다49542).

나. 명의대여자가 사용자책임을 지는지 여부

타인에게 어떤 사업에 관하여 자기의 명의를 사용할 것을 허용한 경우에 그 사업이 내부관계에 있어서는 타인의 사업이고 명의자의 고용인이 아니라 하더라도 외부에 대한 관계에 있어서는 그 사업이 명의자의 사업이고 또 그 타인은 명의자의 종업원임을 표명한 것과 다름이 없으므로, 명의사용을 허용받은 사람이 업무수행을 함에 있어 고의 또는 과실로 다른 사람에게 손해를 끼쳤다면 명의사용을 허용한 사람은 민법 제756조에 의하여 그 손해를 배상할 책임이 있다고 할 것이고, 명의대여관계의 경우 민법 제756조가 규정하고 있는 사용자책임의 요건으로서의 사용관계가 있느냐 여부는 실제적으로 지휘·감독을 하였느냐의 여부에 관계없이 객관적·규범적으로 보아 사용자가 그 불법행위자를 지휘·감독해야 할 지위에 있었느냐의 여부를 기준으로 결정하여야 할 것이다(대판 2005. 2. 25. 2003다36133).

다. 운송인 및 국내 선박대리점이 영업용 보세창고업자에 대하여 사용자의 지위에 있다고 볼 수 있는지 여부

영업용 보세창고업자가 수입화물의 실수입자와의 임치계약에 의하여 수입화물을 보관하게 되는 경우, 운송인 또는 그 국내 선박대리점의 입장에

서 수입화물이 자신들의 지배를 떠나 수하인에게 인도된 것은 아니고 보세창고업자를 통하여 수입화물에 대한 지배를 계속하고 있다고 볼 수 있으므로, 보세창고업자는 수입화물에 대한 통관절차가 끝날 때까지 수입화물을 보관하고 적법한 수령인에게 수입화물을 인도하여야 하는 운송인 또는 그 국내 선박대리점의 의무이행을 보조하는 지위에 있다고 할 수 있으나, 영업용 보세창고업자는 일반적으로 독립된 사업자로서 자신의 책임과 판단에 따라 화물을 보관하고 인도하는 업무를 수행하고 운송인 또는 그 국내 선박대리점의 지휘·감독을 받아 수입화물의 보관 및 인도업무를 수행하는 것이라고는 할 수 없으므로 특별한 사정이 없는 한 운송인 및 그 국내 선박대리점이 영업용 보세창고업자에 대하여 민법상 사용자의 지위에 있다고 볼 수 없다(대판 2001. 1. 16. 99다67192).

라. 동업관계

동업관계에 있는 자들이 공동으로 처리하여야 할 업무를 동업자 중 1인에게 맡겨 그로 하여금 처리하도록 한 경우 다른 동업자는 그 업무집행자의 동업자인 동시에 사용자의 지위에 있다 할 것이므로, 업무집행과정에서 발생한 사고에 대하여 사용자로서 손해배상책임이 있다(대법원 2006. 3. 10. 선고 2005다65562 판결).

(2) 피용자가 사무집행에 관하여 손해를 주었을 것

제756조에 규정된 사용자 책임의 요건인 '사무집행에 관하여'라는 뜻은 피용자의 불법행위가 외형상 객관적으로 사용자의 사업활동 내지 사무집행 행위 또는 그와 관련된 것이라고 보여질 때에는 주관적 사정을 고려함이 없이 이를 사무집행에 관하여 한 행위로 본다는 것이고, 여기에서 외형상 객관적으로 사용자의 사무집행에 관련된 것인지 여부는 피용자의 본래 직무와 불법행위와의 관련 정도 및 사용자에게 손해발생에 대한 위험창출과 방지조치 결여의 책임이 어느 정도 있는지를 고려하여 판단하여야 할 것이다(대판 2001. 3. 9. 2000다66119).

(3) 「제3자」에게 손해를 주었을 것

여기에서 제3자라 함은 사용자와 가해행위를 한 피용자를 제외한 그 밖의 모든 자를 말한다(대판 1966. 10. 21. 65다825). 따라서 피해자가 가해행

위를 한 피용자와 동일한 사용자에게 고용되어 있는 경우에도 사용자는 본
조에 의한 사용자책임을 부담하게 된다(대판 1964. 11. 30. 64다1232).

(4) 피용자의 가해행위는 그 자체로서 불법행위의 일반요건을 구비할 것

피용자의 고의 또는 과실로 인한 위법한 행위에 의하여 타인에게 손해를
가하였어야 한다.

(5) 사용자가 면책사유 있음을 입증하지 못할 것

가. 면책사유

① 「사용자가 피용자의 선임 및 그 사무감독에 상당한 주의를 한」 것 을
입증하면 책임을 면한다. 선임 또는 감독의 어느 쪽에 과실이 있으면
책임을 면할 수 없음을 주의할 필요가 있다.

② 사용자는 「피용자의 선임 및 그 사무감독에 상당한 주의를 하여도 손
해가 있을 경우」를 입증하면 책임을 면한다.

상기와 같은 면책사유를 인정하고 있다는 점에서 보면 본조의 사용자책
임은 피용자가 불법행위를 하였으므로 사용자도 무조건 책임을 부담한다
는 의미의 사용자로서의 무과실책임을 부담하는 것이 아니라, 피용자의 선
임이나 감독이 불충분하였다는 과실을 이유로 하여 부담하게 되는 책임이
라는 데 그 의미가 있다. 다만 과실에 관한 입증책임이 전환되어 있다는
점에서 다음에서 언급하는 중간적 책임으로서의 성격을 가지고 있다.

나. 사용자 책임의 면책사유인 '피해자의 중대한 과실'의 의미

사용자 책임이 면책되는 '피해자의 중대한 과실'이라 함은 거래의 상대
방이 조금만 주의를 기울였더라면 피용자의 행위가 그 직무권한 내에서
적법하게 행하여진 것이 아니라는 사정을 알 수 있었음에도 만연히 이를
직무권한 내의 행위라고 믿음으로써 일반인에게 요구되는 주의의무에 현
저히 위반되는 것으로 거의 고의에 가까운 정도의 주의를 결여하고, 공평
의 관점에서 상대방을 구태여 보호할 필요가 없다고 봄이 상당하다고 인
정되는 상태를 말한다. 따라서 일반적인 거래관행과 상이하다는 것을 잘
알고 있음에도 불구하고 명의사용자의 불법적 행위에 편승하여 계약을 체
결한 거래의 상대방에게 일반적으로 요구되는 주의의무를 현저히 위반한
중과실이 인정된다(대판 2005. 2. 25. 2003다36133).

다. 입증책임

상기의 면책사유에 관한 입증책임은 사용자에게 있다. 사용자는 피용자의 선임·감독을 게을리 하지 않았음을 입증하고 책임을 면할 수 있는 것으로 입증책임을 사용자에게 전환시키고 있다.

3. 효 과

(1) 사용자의 손해배상책임과 대리감독자의 책임

본조가 규정하고 있는 책임을 부담하는 자는 사용자, 즉「타인을 사용하여 어느 사무에 종사하게 한 자」와 대리감독자, 즉「사용자에 갈음하여 그 사무를 감독하는 자」이다.

여기서 제756조 2항에서 정한 사용자에 갈음하여 사무를 감독하는 자란 객관적으로 볼 때 사용자에 갈음하여 현실적으로 구체적인 사업을 감독하는 지위에 있는 자를 뜻한다. 따라서 회사의 대표이사가 타인에게 회사의 사장 직함을 사용하면서 회사 명의로 고철 관련 사업을 전담하되 사업 경비는 회사가 부담하고 이익금은 서로 분배하며 타인에게 급여는 따로 지급하지 아니하기로 하여 그 사무를 집행하도록 하는 한편, 업무에 관하여 타인으로부터 보고를 받고 이를 지휘한 경우, 대표이사는 회사에 갈음하여 현실적으로 타인을 선임 및 감독하는 지위에 있었던 자라 할 것이므로, 타인의 불법행위에 대하여 민법 제756조 제2항 소정의 사용자책임이 있다(대법원 1998. 5. 15. 선고 97다 58538 판결)

(2) 피용자의 손해배상책임

사용자가 책임을 부담하는 경우에도 피용자 자신은 책임을 면할 수 없다(대판 1969. 6. 24. 69다441).

피용자의 가해행위는 그 자체가 불법행위의 일반적 성립요건을 충족시킬 뿐만 아니라 본조가 사용자 책임을 인정한 것만으로 피용자의 대외적 책임을 면제하는 취지라고 해석할 근거가 될 수는 없기 때문이다. 그리고 사용자의 책임과 피용자의 책임과의 관계는 부진정연대채무라고 보는 것이 타당하다(판례). 판례는 "고의 또는 과실로 인한 위법행위로 타인에게 직접 손해를 가한 피용자 자신의 손해배상의무와 그 사용자의 손해배상의무는 별개의 채무일 뿐만 아니

라 불법행위로 인한 손해의 발생에 관한 피해자의 과실을 참작하여 과실상계를
한 결과 피용자와 사용자가 피해자에게 배상하여야 할 손해액의 범위가 각기
달라질 수 있다(대법원 1994. 2. 22. 선고 93다53696 판결)"고 한다.

(3) 구상권

피용자와 제3자가 공동불법행위로 피해자에게 손해를 가하여 그 손해배상채
무를 부담하는 경우에 피용자와 제3자는 공동불법행위자로서 서로 부진정연대
관계에 있고, 한편 사용자의 손해배상책임은 피용자의 배상책임에 대한 대체적
책임이어서 사용자도 제3자와 부진정연대관계에 있다고 보아야 할 것이므로,
사용자가 피용자와 제3자의 책임비율에 의하여 정해진 피용자의 부담부분을 초
과하여 피해자에게 손해를 배상한 경우에는 사용자는 제3자에 대하여도 구상권
을 행사할 수 있으며, 그 구상의 범위는 제3자의 부담부분에 국한된다고 보는
것이 타당하다(대법원 1992.6.23. 선고 91다33070 전원합의체 판결).

▣ 핵심판례 ▣

■ [사용자의 배상책임]

**1. 가. 민법 제756조 제1항의 사용자 책임의 요건인 '사무집행에 관하여'의
의미**

민법 제756조 제1항에 규정된 사용자 책임의 요건인 '사무집행에 관하여'라
는 뜻은 피용자의 불법행위가 외형상 객관적으로 사용자의 사업활동 내지 사
무집행 행위 또는 그와 관련된 것이라고 보여질 때에는 행위자의 주관적 사
정을 고려함이 없이 이를 사무집행에 관하여 한 행위로 본다는 것이고, 외형
상 객관적으로 사용자의 사무집행에 관련된 것인지 여부는 피용자의 본래 직
무와 불법행위와의 관련 정도 및 사용자에게 손해발생에 대한 위험 창출과
방지조치 결여의 책임이 어느 정도 있는지를 고려하여 판단하여야 한다.

**나. 피용자가 행한 약속어음의 배서위조 및 어음할인 행위에 대해 사용자
의 책임을 부정한 원심판결을 수긍한 사례**

자동차 회사의 판매과 직원이 한 약속어음의 배서위조 및 그 할인 행위가 그
직무범위 내에 속하지 아니함은 물론, 외관상으로 보더라도 그의 직무권한
내의 행위와 밀접하여 직무권한 내의 행위라고 볼 수 없다는 이유로 사용자
의 책임을 부정한 원심판결을 수긍한 사례(1996. 1. 26. 판결 95다46890 약속
어음금)

2. 군이 유아교육진흥법에 따라 부락주민들로 구성된 마을회에 의하여 설립된 새마을유아원에 대하여 운영비의 상당부분을 보조하고 보육담당 교사의 추천과 근무지의 조정을 하여 온 경우 군을 새마을 유아원원장 및 교사의 사용자 및 위 유아원시설의 소유자 또는 점유자라고 볼 수 있는지 여부(소극)

군이 유아교육진흥법에 따라 부락주민들로 구성된 마을회에 의하여 설립된 새마을유아원에 그 운영비의 상당부분을 보조하여 왔고 또한 보육담당 교사의 추천과 근무지의 조정을 하여 왔어도 이는 군이 유아교육진흥법 제4조에 의한 유아교육의 진흥을 위한 사업시행의 일환으로 또는 각 새마을유아원에 대한 일반적인 지휘 감독청의 지위에서 각 유아원의 요청을 받아 행한 보조적인 지원행위에 불과한 것으로서 위 유아원은 위 마을회가 설립 운영하여 온 유아원이고 따라서 그 원장과 교사는 같은 법 제16조에 의하여 설립운영자인 위 마을회에 의하여 임명된 것이며 위 유아원의 그네 또한 위 마을회에 속하는 시설물이라고 보아야 하며 이와 달리 군을 위 원장 및 교사의 사용자라거나 위 시설의 소유자 또는 점유자라고 볼 것이 아니다(1991. 2. 12. 제1부 판결 90다11370 손해배상(기)).

3. 회사직원의 지시에 따라 음료수상자 배달작업을 하던 피해자가 혼자 무리하게 상자 3개를 한꺼번에 들어 올려 놓으려다가 요추손상을 입은 사고에 대하여 회사의 사용자책임을 인정한 후 피해자의 과실비율을 70퍼센트로 본 원심의 조치를 수긍한 사례

위 원고가 일을 시작한 1988. 8월 초순경에는 4명의 아르바이트 학생이 일용종업원으로 근무하였는데 같은 해 9월 초순경 1명이 그만두고 1명은 매장에서 판매만을 전담하게 되어 그 후는 위 원고와 소외 김홍수가 매장에 음료수 등을 배달하는 업무를 맡게 되어 매일 할 일이 동인들의 체력에 비해 다소 과중하였던 사실, 위 원고는 1988. 10. 5. 14:00경 혼자 핸드카에 음료수상자를 싣고 동행한 피고 회사 직원 소외 김문기의 지시에 따라 각 매장을 돌면서 음료수 배달을 하다가 그 매장 중의 하나인 삼천리 매장이라는 곳에 도달하여 무리하게 음료수 상자 3개를 한꺼번에 들어 올려 높이 약1미터 정도의 진열대 문턱에 놓으려다가 제4, 5 요추간추간판탈출증의 허리부상을 입은 사실을 인정한 다음 이 사건 사고는 위 원고 등 일용종업원이 하는 일이 물건의 운반 배달 등의 단순한 일이기는 하나 위 원고 등이작업량에 쫓겨 무리하게 일을 하다가 허리등에 부상을 입을 위험성이 있으므로 피고 회사의 영업부사원인 위 김문기 등은 피고 회사에 건의하여 빠진 인원을 보충하고 또 보충이 안된 상태에서 일을 시키려면 위 원고 등으로 하여금 자기의 체력에 맞춰 적당한 양의 음료수 상자를 들어 올리도록 감독할 의무가 있음에도 이와 같은 조치를 취하지 아니한 과실과 원고 박기훈으로서도 스스로의 체력을 제일 잘 알 수 있는 자이므로 매번 자기힘에 맞는 양의 음료수상자를 안전한 자세로 들어 올려 진열대에 놓아야 할 것인데도 그와 같이 하지 아니한 과실이 경합하여 발생한 것이고 그 중 원고의 과실비율은 70퍼센트 정도로 보는 것

이 상당하다(1991. 7. 23. 제1부 판결 91다12325 손해배상(산)).

4. 가. 재개발회사의 재개발담당과장이 위 회사를 위하여 매입한 토지대금 지급에 사용한다는 명목으로 금원을 차용한 행위가 외형상 위 회사의 사무집행과 밀접하게 관련된 것이라고 볼 수 있다고 한 사례

재일교포로서 국내에 상주하지 않는 재개발사업을 시행하는 회사의 대표이사 외에는 다른 사람의 지시를 받음이 없이 동인을 실질적으로 대리하여 재개발 지구 내의 토지매입교섭과 매매계약체결 및 매매대금지급 등에 관련된 실무를 직접 처리하여 온 관리부 소속 재개발담당과장이 위 회사를 위하여 매입한 토지대금 지급에 사용한다는 명목으로 금원을 차용한 행위가 외형상 위 회사의 사무집행과 밀접하게 관련된 것이라고 볼 수 있다고 한 사례

나. 위 '가'항의 경우 피용자의 상대방인 피해자에게 과실은 인정되나 위 회사의 사용자 책임을 면제시킬 정도의 중대한 과실에는 해당하지 않는다고 본 사례

위 '가'항의 경우 피용자의 불법행위에 대한 위 회사의 사용자 책임을 물음에 있어 피용자의 차용행위가 그 권한 외의 행위임을 알지 못한 데 피해자에게 거래상 요구되는 주의의무를 위반한 과실은 인정되나 이로써 사용자의 책임을 면제시킬 정도인 중대한 과실에 해당한다고는 볼 수 없고 단순히 그 배상액을 산정함에 참작할 사유가 된다고 본 사례(1991. 10. 11. 제3부 판결 91다24038, 24045(반소) 가등기말소)

5. 가. 민법 제756조 소정의 "사무집행에 관하여"의 의미와 판단기준

민법 제756조에 규정된 사용자책임의 요건인 "사무집행에 관하여"라는 뜻은 피용자의 불법행위가 외형상 객관적으로 사용자의 사업활동 내지 사무집행행위 또는 그와 관련된 것이라고 보여질 때에는 행위자의 주관적 사정을 고려함이 없이 이를 사무집행에 관하여 한 행위로 본다는 것이고 외형상 객관적으로 사용자의 사무집행에 관련된 것인지의 여부는 피용자의 본래직무와 불법행위와의 관련 정도 및 사용자에게 손해발생에 대한 위험 창출과 방지조치 결여의 책임이 어느 정도 있는지를 고려하여 판단할 것이다.

나. 증권회사의 묵인하에 지점의 고문으로 행세하면서 투자 상담자로서의 업무를 수행하고 투자상담에 따른 수수료도 지급 받아 오던 자가 그의 권유에 의한 주식투자자의 증권매매위탁자구좌에서 예탁금을 인출, 횡령한 경우 증권회사의 사용자책임을 인정한 사례

증권회사가 지점장실 옆에 고문실과 집기 등을 사용하게 하는 등 업무수행을 묵인하는 가운데 지점의 고문으로 행세하면서 그 지점의 정식 투자상담자의 명의를 빌어 투자 상담자로서의 업무를 수행하고 투자상담에 따른 수수료도 지급받아 오던 자가 그의 권유에 의한 주식투자자와 함께 지점장을 찾아가

증권매매거래계좌 설정약정을 체결하는 과정에서 투자자의 도장을 소지하게 됨을 기화로 몰래 백지 출금전표 10매에 그 도장을 미리 찍어 보관하다가 함부로 그의 증권매매위탁자구좌에서 예탁금을 인출, 횡령하였다면 위 증권회사의 영업활동 내지 그와 관련된 불법행위에 해당한다고 보아 증권회사의 사용자책임을 인정한 사례(1992. 2. 25. 제2부 판결 91다39146 손해배상(기))

6. 가. 회사가 근로자에게 질병을 이유로 휴직을 명하면서 휴직기간을 명시하지 않은 경우 그 휴직기간은 취업규칙에 정한 최장기간이고 그 휴직기간의 기산일은 휴직을 명한 날이라고 한 사례

회사가 취업규칙의 규정에 따라 근로자가 질병으로 상당기간 가료 또는 휴양이 필요한 때에 해당한다고 보아 휴직을 명하면서 따로 휴직기간을 정하여 준 바 없다면 그 휴직기간은 취업규칙 소정의 최장기간이고 그 휴직기간의 기산은 휴직을 명한 날로부터 계산하여야 한다고 한 사례

나. 민법 제756조 소정의 "사무집행에 관하여"의 의미

민법 제756조 소정의 "사무집행에 관하여"라 함은 피용자의 행위가 객관적으로 사용자의 사업활동 내지 사무집행행위 또는 그와 관련된 것이라고 보여질 때에는 행위자의 주관적 사정을 고려함이 없이 이를 사무집행에 관하여 한 행위로 본다는 의미이다.

다. 버스회사 소속 운전사가 버스를 운전하다가 승객을 다치게 한 사고에 대하여 회사 사무실에서 회사 운영부장 등에게 회사가 치료비를 부담할 것을 요구하던 중 말다툼 끝에 위 운영부장 등이 운전사를 폭행한 데 대하여 회사의 사용자책임을 인정한 사례

버스회사 소속 운전사가 버스를 운전하다가 승객을 다치게 한 사고에 대하여 회사 사무실에서 회사 운영부장 등에게 회사가 치료비를 부담할 것을 요구하던 중 말다툼 끝에 위 운영부장 등이 운전사를 폭행한 데 대하여 회사의 사용자책임을 인정한 사례.

라. 해고된 근로자가 퇴직금을 수령하기 전에 해고의 효력을 다투는 소를 제기하고 있는 경우 퇴직금을 수령하였다 하여 해고처분의 효력을 인정하였다고 볼 수 있는지 여부(소극)

해고된 근로자가 퇴직금 등을 수령하면서 아무런 이의나 조건을 제기하지 않았거나 그러한 내용의 각서를 제출하였다면 해고의 효력을 다투는 소는 부적법하다고 할 것이지만 근로자가 퇴직금을 수령하기 전에 이미 해고의 효력을 다투는 소를 제기하고 있는 경우에는 해고처분의 효력을 인정하였다고 볼 수 없다(1992. 3. 31. 제2부 판결 90다8763 해고무효확인등).

7. 가. 회사 명의로 등록된 차량을 그 지입차주로부터 운전수와 함께 일시 임차하여 화물운송에 사용한 경우 그 회사의 소속 운전수에 대한 사용자의 지위가 유지되는지 여부

 회사 명의로 등록된 차량을 그 지입차주로부터 운전수와 함께 일시 임차하여 화물운송에 사용한 경우에 특별한 사정이 없는 한 회사의 그 소속 운전수에 대한 사용자의 지위는 위와 같은 일시대여 상태에서도 유지된다.

 나. 위 "가"항의 경우 차량을 임차한 자도 사용자로서의 배상책임을 지는지 여부(적극)

 위 "가"항의 경우 차량을 임차한 자로서는 그 임차기간 중 운전수를 지휘감독하여 화물운송에 종사케 한 이상 비록 일시차용이라고 하여도 피해자에 대한 관계에서는 사용자로서의 배상책임을 면할 수 없다(1992. 3. 31. 제1부 판결 91다39849 구상금).

8. 약속어음 수취인 명의의 배서가 그 피용자에 의하여 위조된 경우 어음소지인에 대한 피위조자인 배서명의인의 사용자책임과 발행인이나 다른 배서인의 어음법상 책임과의 관계

 약속어음 수취인 명의의 배서가 그 피용자에 의하여 위조된 경우에 어음 소지인에 대하여 피위조자인 배서명의인이 사용자로서 부담하는 불법행위책임과 발행인이나 다른 배서인이 부담하는 어음법상의 책임은 각 별개의 독립된 책임으로서 어음 소지인으로서는 약속어음의 발행인이나 다른 배서인에 대하여 어음법상의 권리를 행사할 수 있는지의 여부를 불문하고 피위조자인 배서명의인에 대한 손해배상청구권을 행사할 수 있으며, 어음 소지인이 발행인이나 다른 배서인 등에 대하여 어음법상의 권리를 행사할 수 없을 때에만 피위조자에 대하여 손해배상청구권을 행사할 수 있는 것은 아니라고 할 것이다(1992. 6. 12. 제3부 판결 91다40146 손해배상(기)).

9. 아파트 입주자 선정업무를 대행하는 은행의 직원이 분양신청인의 성명을 잘못 전산입력하고 그 잘못된 성명으로 당첨자 발표까지 하여 당첨자가 소정기간 내에 매매계약을 체결하지 못해 수분양권을 상실한 경우 은행에 사용자책임을 인정한 사례

 아파트 입주자 선정업무를 대행하는 은행의 직원이 분양신청인의 성명을 잘못 전산입력하고 그 잘못된 성명으로 당첨자 발표까지 하여 당첨자가 소정기간 내에 매매계약을 체결하지 못해 수분양권을 상실한 경우에 있어, 위 당첨자 명단에 그 성명 이외에 주택청약예금의 구좌번호, 주민등록번호 등은 정확히 기재되어 있었다 해도 은행으로서는 분양신청을 접수함에 있어 신청인의 성명 등 그를 특정함에 필요한 기본사항을 정확히 컴퓨터에 입력하여야 하고, 당첨자를 공고함에 있어서도 그 성명 등을 다시 대조 확인하여 정확히 당첨자 명단을 공고하여야 할

업무상 주의의무가 있는데도, 은행 직원들이 이를 게을리 한 것이므로 위 직원들의 사용자인 은행이 손해를 배상할 책임이 있다고 한 사례(1992. 6. 23. 제1부 판결 91다43657 손해배상(기)).

10. **가. 민법 제756조 제2항의 "사용자에 갈음하여 그 사무를 감독하는 자"의 의미**

민법 제756조 제2항의 "사용자에 갈음하여 그 사무를 감독하는 자"라 함은, 객관적으로 볼 때 사용자에 갈음하여 현실적으로 구체적인 사업을 감독하는 지위에 있는 사람을 말하는 것으로서, 반드시 그가 피용자를 선임한 경우라야 하는 것은 아니다.

나. 민법 제756조 소정의 "사무집행에 관하여"의 의미와 피용자가 사용자나 사용자에 갈음하여 그 사무를 감독하는 자의 구체적 명령 또는 위임에 따르지 아니하고 그 지위를 남용하여 자기 또는 제3자의 이익을 도모하는 경우 사용자책임의 인정 가부(적극)

민법 제756조 소정의 "사무집행에 관하여"라는 규정의 뜻은, 원칙적으로는 그것이 피용자의 직무범위에 속하는 행위이어야 할 것이나 피용자의 직무집행행위 그 자체는 아니더라도 그 행위의 외형으로 관찰하여 마치 직무의 범위 내에 속하는 것과 같이 보이는 행위도 포함하는 것으로 새겨야 할 것이고, 피용자가 사용자나 사용자에 갈음하여 그 사무를 감독하는 자의 구체적 명령 또는 위임에 따르지 아니하고 그 지위를 남용하여 자기 또는 제3자의 이익을 도모하는 경우 사용자 또는 사용자에 갈음하여 그 사무를 감독하는 자나 피용자의 주관적 사정에 따라 사용자책임을 부정하는 것은 사용자책임을 규정한위 민법의 목적이나 입법취지에 어긋나는 것이다.

다. 피용자의 불법행위가 사용자나 사용자에 갈음하여 그 사무를 감독하는 자의 사무집행행위에 해당하지 않음을 피해자가 알았거나 중대한 과실로 알지 못한 경우 사용자책임의 인정 여부(소극)

피용자의 불법행위가 외관상 사용자의 사무집행의 범위 내에 속하는 것으로 보여지는 경우에 있어서도, 피용자의 행위가 사용자나 사용자에 갈음하여 그 사무를 감독하는 자의 사무집행행위에 해당하지 않음을 피해자 자신이 알았거나 또는 중대한 과실로 알지 못한 경우에는 사용자 혹은 사용자에 갈음하여 그 사무를 감독하는 자에 대하여 사용자책임을 물을 수 없다(1992. 7. 28. 제1부 판결 92다10531 구상금).

11. **지입회사와 지입차량의 양수인 사이에 민법 제756조 소정의 사용자관계를 인정하기 위한 요건**

지입회사와 그 지입차주 사이에 단순한 차량의 관리운영위탁관계 외에 업무상의 지휘 감독관계도 존재하여 민법 제756조 소정의 사용자관계가 인정된다고 하더

라도, 지입회사와 지입차량의 양수인 사이에 위와 같은 사용자관계를 인정할 수 있으려면 위 양수인이 전지입차주와의 사이에서 지입차량을 양수한 것만으로 부족하고 지입회사와 사이에서 전지입차주의 지입계약상 지위를 승계하거나 새로이 지입계약을 체결함으로써 실제로 지입회사가 위 양수인을 지휘 감독할 수 있는 지위에 있음이 인정되어야 할 것이다(1992. 8. 18. 제1부 판결 92다10494 손해배상(산)).

12. 가. 민법 제756조 소정의 "사무집행에 관하여"의 의미와 판단기준

민법 제756조에 규정된 사용자책임의 요건인 "사무집행에 관하여"라는 뜻은 피용자의 불법행위가 외형상 객관적으로 사용자의 사업활동 내지 사무집행행위 또는 그와 관련된 것이라고 보일 때에는 행위자의 주관적 사정을 고려함이 없이 이를 사무집행에 관하여 한 행위로 본다는 것이고 외형상 객관적으로 사용자의 사무집행에 관련된 것인지의 여부는 피용자의 본래직무와 불법행위의 관련 정도 및 사용자에게 손해발생에 대한 위험 창출과 방지조치 결여의 책임이 어느 정도 있는지를 고려하여 판단하여야 한다.

나. 회사 소속 중기기사가 회사의 작업지시를 받고 굴삭기로 작업하다가 덤프트럭 운전사와 싸운 끝에 굴삭기로 작업현장의 기물 등을 부수어 버렸다면 소속회사에게 사용자책임이 있다고 한 사례

갑 회사 소속 중기기사 을이 갑 회사의 작업지시를 받고 병의 작업현장에서 갑 회사의 굴삭기로 작업을 하다가 덤프트럭에 돌을 싣는 과정에서 덤프트럭 운전사 정과 시비가 되어 싸우던 중 주위에 있던 사람들이 정을 병원으로 데리고 가자 흥분하여 굴삭기로 병의 현장사무실 막사와 식당, 기물들을 부수어 버렸다면 이는 외형상 객관적으로 갑 회사의 사무집행과 밀접하게 관련된 것이므로 갑 회사는 을의 사용자로서 위 불법행위로 인하여 병이 입은 손해를 배상할 책임이 있다고 한 사례(1992. 9. 22. 제2부 판결 92다25939 손해배상(기))

13. 사용자가 피용자의 업무수행과 관련한 불법행위로 인하여 손해를 입은 경우 피용자에게 행사할 수 있는 구상권의 범위

사용자가 피용자의 업무수행과 관련한 불법행위로 인하여 사용자로서의 손해배상책임을 부담한 결과 손해를 입게 되어 피용자에게 구상을 하게 되는 경우, 위 구상권은 그 사업의 성격과 규모, 사업시설의 상황, 피용자의 업무내용, 근로조건이나 근무태도, 가해행위의 상황, 가해행위의 예방이나 손실의 분산에 관한 사용자의 배려의 정도 등 제반 사정을 참작하여 손해의 공평한 분담이라는 견지에서 신의칙상 상당하다고 인정되는 한도 내에서만 허용된다고 보아야 한다(1992. 9. 25. 제3부 판결 92다25595 구상금).

14. 잠결에 하차하지 못한 피해자가 열차가 출발할 무렵 잠에서 깨어나 서서히 진행중인 열차에서 뛰어내리다 추락한 사고에 대하여 운송인의 책임을 부정한 사례

원고는 위 열차가 영등포역에 도착한 줄도 모르고 객실좌석에서 계속 잠을 자다가 정차시간 내에 하차하지 못하고 열차가 출발할 무렵 잠에서 깨어나 옆에 앉은 승객에게 물어보고 비로소 영등포역 도착사실을 알고는 황급히 객실 뒤쪽 승강구로 나가 이미 출발하여 서서히 진행중인 열차의 열려있는 출입문 승강대 계단을 내려와 승강대 손잡이를 잡고 있다가 그대로 플랫홈으로 뛰어 내리는 바람에 위 열차와 플랫홈 사이에 다리가 빠지면서 다소 끌려가 위 열차의 정차위치로부터 약 60미터 진행한 지점에 추락한 사실을 인정할 수 있는바, 위 무궁화호 열차는 자동개폐식 출입문이 아니므로 열차의 기관사 또는 여객전무가 열차출발에 즈음하여 출입문을 폐쇄하였거나 영등포역의 역무원이 뒤늦게 열차를 타고 내리는 승객이 있는지 여부를 계속 확인한 후 발차신호를 보냈더라면 이 사건 사고를 예방할 수 있었을 텐데 그러한 조치를 취하지 아니한 데에 피고나 그 피용자들의 과실이 있다는 취지이다.

그러나 피해자가 스스로 진행중인 열차에서 밖으로 뛰어 내리다가 사고를 당한 이 사건에 있어, 출입문이 열려 있었다는 점이 사고발생의 원인이라 보기도 어려울 뿐 아니라(당원 1991. 11. 8. 선고 91다20623 판결 참조), 기록에 의하면 위 열차는 당시 11개 이상의 차량을 달고 있었고 영등포역에서 2분간을 정차하는 중에 하차한 승객만도 150여명에 달하였다는 것이므로 그러한 상황에서 당시 여객운송을 책임지고 있던 소수의 피고 피용자들에게 사고예방을 위하여 위와 같이 안내방송 및 유도안내를 실시하는 등 조치를 취하는 이외에 열차의 출발전에 모든 객차의 여객이 자유로이 개폐할 수 있는 출입문을 일일이 폐쇄할 것을 기대할 수는 없다 할 것이고, 한편 영등포역 역무원들이 당시 예정된 정차시간 경과 후 더 하차하는 승객이 없음을 확인한 후 발차신호를 보낸 것이므로 그들에게 어떠한 과실이 있다 할 수도 없는 것이다(1993. 2. 26. 제3부(사) 판결 92다46684 손해배상(자)).

15. 가. 임차인이 건물 소유자인 임대인으로부터 수리비용을 지급받아 건물을 직접 수리한 경우 수리업무에 있어 임대인의 피용자가 되거나 임대인으로부터 지휘·감독을 받을 지위에 있게 되는지 여부(소극)

임차인이 건물 소유자인 임대인과의 합의에 따라 임대인으로부터 수리비용을 지급받아 임차목적물인 건물을 직접 수리하였다고 하여 그 수리업무에있어 임대인의 피용자가 되거나 임대인으로부터 지휘·감독을 받을 지위에 있게 된다고 볼 수 없다.

나. 위 "가" 항의 경우 임대인인 건물소유자가 숙박업허가명의자를 대리하여 임차인에게 숙박업허가명의사용을 허락하였다면 임대인이 곧바

로 허가명의자를 대리하여 임차인을 지휘·감독하는 지위를 갖게 되는지 여부(소극)

민법 제756조 제2항 소정의 "사용자에 갈음하여 사무를 감독하는 자"란 객관적으로 볼 때 사용자에 갈음하여 현실적으로 구체적인 사업을 감독하는 지위에 있는 자를 뜻하므로 위 "가"항과 같이 건물의 수리사무가 건물소유자와 임차인 사이의 합의에 의하여 행하여졌다면 수리사무는 건물소유자와 임차인 사이의 문제에 지나지 아니하며, 건물소유자가 숙박업허가명의자를 대리하여 임차인에게 숙박업허가명의사용을 허락하였다 하더라도 이로 인하여 임대인이 곧바로 허가명의자를 대리하여 임차인을 지휘·감독하는 지위를 갖게 되는 것은 아니다.

다. 명의대여자에 대하여 민법 제756조 소정의 사용자책임을 인정할 수 있는 요건 및 공중위생법상 숙박업허가명의대여자에 대하여 명의사용자에 대한 지휘·감독의무를 인정할 수 있는지 여부(소극)

명의대여자에 대하여 민법 제756조에 의한 사용자책임을 인정할 수 있기 위하여는 명의대여자와 명의를 빌린 자 사이에 사용관계가 존재하여야 하며, 그러한 사용관계는 법적으로 유효한 계약관계가 존재할 필요는 없고 사실상 지휘·감독이 존재함으로써 족하고, 나아가 그 지휘·감독관계는 사실상 지휘·감독하고 있었던 여부에 의하여 결정할 것으로 해석하여야 할 것인바, 공중위생법상 숙박업의 허가는 시설물을 기준으로 하고 있는 것으로 보이고 그에 따라 허가명의를 양도하는 경우 등에도 양수인이 별다른 제한 없이 지위를 승계하는 것으로 규정하고 있으므로 숙박업허가명의대여자에 대하여는 명의사용자에 대한 지휘·감독의무를 시인하기 어렵다(1993. 3. 26. 제3부 판결 92다10081 손해배상(기)).

16. 도급인이 수급인의 일의 진행 및 방법에 관하여 구체적인 지휘 감독권을 유보한 경우 수급인이 고용한 제3자의 불법행위로 인한 손해에 대하여 민법 제756조에 의한 사용자책임을 부담하는지 여부(적극)

도급인은 도급 또는 지시에 관하여 중대한 과실이 없는 한 수급인이 그 일에 관하여 제3자에게 가한 손해를 배상할 책임이 없으나 도급인이 수급인의 일의 진행 및 방법에 관하여 구체적인 지휘 감독권을 유보한 경우에는 도급인과 수급인의 관계는 실질적으로 사용자 및 피용자의 관계와 다를 바 없으므로 수급인이 고용한 제3자의 불법행위로 인한 손해에 대하여 도급인은 민법 제756조에 의한 사용자책임을 면할 수 없고, 이러한 이치는 하도급의 경우에도 마찬가지이다(1993. 5. 27. 제3부 판결 92다48109 손해배상(기)).

17. 가. 피용자의 손해배상의무와 사용자의 손해배상의무의 범위가 과실상계의 결과 각기 달라질 수 있는지 여부

고의 또는 과실로 인한 위법행위로 타인에게 직접 손해를 가한 피용자 자신의 손해배상의무와 그 사용자의 손해배상의무는 별개의 채무일 뿐만 아니라 불법행위로 인한 손해의 발생에 관한 피해자의 과실을 참작하여 과실상계를 한 결과 피용자와 사용자가 피해자에게 배상하여야 할 손해액의 범위가 각기 달라질 수 있다.

나. 위 "가"항에 있어서 피용자가 손해액의 일부를 변제한 경우 사용자가 배상하여야 할 손해액

불법행위를 저지른 피용자 본인은 내세울 수 없는 사정을 참작하여 사용자가 배상하여야 할 손해의 금액을 감할 수 있도록 과실상계를 허용하는 취지는, 궁극적으로 피용자 본인이 손해를 배상할 자력이 없는 경우 피해자와 사용자 사이에 그로 인한 손해를 공평 타당하게 분담하도록 하려는 데 있으므로, 피용자 본인이 손해액의 일부를 변제한 경우에는 그 변제금 중 사용자의 과실비율에 상응하는 만큼은 사용자가 배상하여야 할 손해액의 일부로 변제된 것으로 봄이 상당하고, 따라서 사용자의 손해배상책임이 그 범위 내에서는 소멸되는 것으로 보아야 한다(1994. 2. 22. 제2부 판결 93다53696 대여금).

18. 지입회사와 지입차량의 양수인 사이에 민법 제756조의 사용자 관계를 인정하기 위한 요건

지입회사와 지입차주 사이에 단순한 차량의 권리위탁관계 외에 업무상의 지휘, 감독관계도 존재하여 민법 제756조의 사용자 관계가 인정된다고 하더라도, 지입회사와 지입차량의 양수인 사이에 위와 같은 사용자 관계를 인정할 수 있으려면 위 양수인이 전 지입차주와의 사이에서 지입차량을 양수한 것만으로 부족하고 지입회사와 사이에서 전 지입차주의 지입계약상의 지위를 승계하거나 새로이 지입계약을 체결함으로써 실제로 지입회사가 위 양수인을 지휘, 감독할 수 있는 지위에 있음이 인정되어야 한다(1994. 3. 8. 제1부 판결 93다52662 손해배상(자)).

19. 가. 민법 제756조 소정의 "사무집행에 관하여"의 의미

민법 제756조 소정의 "사무집행에 관하여"라 함은 피용자의 행위가 객관적으로 사용자의 사업활동 내지 사무집행행위 또는 그와 관련된 것이라고 보여질 때에는 행위자의 주관적 사정을 고려함이 없이 이를 사무집행에 관하여 한 행위로 본다는 뜻이다.

나. 방송사 촬영단의 일원으로서 창사기념극의 제작 촬영상의 편의를 위해 제작책임자의 지시에 따라 다른 단원들과 함께 여관에 합숙한 자가 실화로 여관건물을 소실케 한 경우 사무집행과의 관련성을 부정한 원심판결을 파기한 사례

방송사 촬영단의 일원으로서 창사기념극의 제작 촬영상의 편의를 위해 제작

책임자의 지시에 따라 다른 단원들과 함께 여관에 합숙한 자가 실화로 여관 건물을 소실케 한 경우 사무집행과의 관련성을 부정한 원심판결을 파기한 사례(1994. 3 .22. 제1부 판결 93다45886 손해배상(기))

20. 피용자 본인이 불법행위를 은폐할 목적으로 피해자에게 금원을 지급한 경우 사용자의 손해배상책임의 범위

피용자 본인이 불법행위의 성립 이후에 피해자에게 손해액의 일부를 변제하였다면, 피용자 본인의 피해자에 대한 변제금 중 사용자의 과실비율에 상응하는 부분 만큼은 손해액의 일부로 변제된 것으로 보아 사용자의 손해배상책임이 그 범위 내에서는 소멸하게 되고, 따라서 사용자가 배상할 손해배상의 범위를 산정함에 있어 피해자의 과실을 참작하여 산정된 손해액에서 과실상계를 한 다음 피용자 본인의 변제금 중 사용자의 과실비율에 상응하는 부분을 공제하여야 하며, 이러한 법리는 피용자 본인이 불법행위의 성립 이후에 피해자에 대하여 일부 금원을 지급함에 있어서 명시적으로 손해배상의 일부변제조로 지급한 것은 아니지만 불법행위를 은폐하거나 기망의 수단으로 지급한 경우에도 마찬가지로 적용되어야 한다(1994. 8. 9. 제1부 판결 94다10931 보험금).

<판례전문(1994. 8. 9. 제1부 판결 94다10931 보험금)>

[원고, 상고인] 최중일 외 3인 원고들 소송대리인 변호사 김정현

[피고, 피상고인] 동아생명보험 주식회사 소송대리인 변호사 윤승영

[원심판결] 서울고등법원 1994. 1. 13. 선고 92나63810 판결

[주 문] 원심판결의 원고 최중일의 패소부분 중 금 66,000,000원, 원고 정연세의 패소부분 중 금 8,550,000원, 원고 권희철의 패소부분 중 금 6,000,000원, 원고 이숙영의 패소부분 중 금 1,800,000원에 관한 부분을 파기하여 이 부분 사건을 서울고등법원에 환송한다.

[이 유] 1. 우선 상고이유 제5점을 본다.

(1) 원심은 소외 우효섭이 피고 회사의 서여의도영업소장으로 근무하면서 자신의 사무인 보험의 모집과 보험료의 수금 및 송금업무와 관련하여 원고들에게 피고 회사를 대리하여 보험계약을 체결하는 것처럼 오인시키고 원고들로부터 보험료 명목으로 금원을 수령하여 자신이 임의로 위 금원을 사용함으로써 원고들에게 손해를 가하였으므로, 피고 회사는 위 우효섭의 사용자로서 그의 직무상의 불법행위로 인하여 원고들이 입은 손해를 배상할 책임이 있고, 다만 원고들에게도 위 손해의 발생에 판시와 같은 과실이 있고 원고들의 과실비율은 40퍼센트로 봄이 상당하다고 하여, 피고 회사가 원고들에게 배상할 손해액을 산정함에 있어서 원고들이 편취당한 보험료에서 40퍼센트의 과실상계를 한 다음 그 나머지 60퍼센트의 손해배상금 및 이에 대한 지연손해금에서 원고들이 위 우효섭으로부터 수차례

에 걸쳐 약정보험금에 대한 선이자 명목으로 수령한 금원 전액을 공제하되 위 선이자 명목의 금원의 각 수령일에 먼저 손해배상금의 지연손해금에 충당하고 그 나머지를 원본에 충당하는 방법으로 변제충당하여 피고 회사가 원고들에게 지급하여야 할 손해배상액을 확정하였다.

(2) 그러나 피용자가 사무집행에 있어서 고의 또는 과실로 인한 위법행위로 제3자에게 손해를 가함으로써 피용자를 사용하여 그 사무에 종사하게 한 사용자도 손해배상의무를 부담하게 되는 경우, 피용자 본인이 불법행위의 성립이후에 피해자에게 손해액의 일부를 변제하였다면, 피용자 본인의 피해자에 대한 변제금 중 사용자의 과실비율에 상응하는 부분 만큼은 손해액의 일부로 변제된 것으로 보아 사용자의 손해배상책임이 그 범위내에서는 소멸하는 것이므로, 사용자가 배상할 손해배상의 범위를 산정함에 있어도 피해자의 과실을 참작하여 먼저 산정된 손해액에서 과실상계를 한 다음 여기서 피용자 본인의 변제금 중 사용자의 과실비율에 상응하는 부분을 공제하여야 할 것이고(당원 1994. 2. 22. 선고 93다53696 판결 참조), 나아가 이러한 법리는 피용자 본인이 불법행위의 성립이후에 피해자에 대하여 일부 금원을 지급함에 있어서, 명시적으로 손해배상의 일부변제조로 지급한 것은 아니지만, 그 불법행위를 은폐하거나 아니면 기망의 수단으로 지급한 경우에도 마찬가지로 적용되어야 할 것이다.

기록에 의하면 위 우효섭이 원고들에게 약정보험금에 대한 선이자 명목으로 지급한 금원은 자신의 불법행위를 은폐하기 위하여 지급된 것으로 보여지고, 따라서 이 사건에 있어 사용자책임에 따른 피고 회사의 손해배상의 범위를 산정함에 있어서도 원고들이 편취당한 보험료상당 금원에 과실상계를 한 다음 여기서 위 우효섭이 원고들에게 약정보험금에 대한 선이자 명목으로 지급한 금원 중 사용자인 피고 회사의 과실비율에 상응하는 부분만을 변제충당의 법리에 따라 공제하여야 함에도 불구하고, 그 선이자 명목의 금원 전액을 공제한 원심은 사용자가 배상할 책임이 있는 손해의 범위에 관한 법리를 오해하였다고 아니할 수 없으며, 원심의 이러한 위법은 판결에 영향을 미쳤다고 할 것이다. 이 점을 지적하는 논지는 이유 있다.

2. 그러므로 나머지 상고이유에 관한 판단은 생략한 채 원고들이 불복하는 바에 따라 원심판결의 원고 최중일의 패소부분 중 금 66,000,000원, 원고 정연세의 패소부분 중 금 8,550,000원, 원고 권희철의 패소부분 중 금 6,000,000원, 원고 이숙영의 패소부분 중 금 1,800,000원에 관한 부분을 파기하고 이 부분 사건을 다시 심리판단하게 하기 위하여 원심법원에 환송하기로 하여 관여 법관의 일치된 의견으로 주문과 같이 판결한다.

대법관 이돈희(재판장) 김석수(주심)

정귀호 이임수

참조판례

대법원 1976. 6. 22. 선고 75다819 판결(공1976, 9229)

1994. 2. 22. 선고 93다53696 판결(공1994상, 1078)

21. 제1심 판결의 사실관계를 그대로 인용하면서 피해자의 과실비율만 20% 에서 40%로 변경한 원심판결을 과실평가가 과중하다고 파기한 사례

피해자가 회사 작업장에서 기계의 본체에 부착된 전원스위치를 차단시킨 후 부품교체조립 작업을 하던 중 회사의 전기주임이 작업사실을 확인하지 아니한 채 전원스위치를 넣는 바람에 기계작동으로 부상한 사고에 관한 손해배상청구사건에서, 제1심 판결이유에 기재된 사실관계를 그대로 인용하면서 피해자 과실비율만을 20%에서 40%로 변경한 원심판결을 피해자 과실을 지나치게 무겁게 평가하여 형평의 원칙에 위반하였다 하여 파기한 사례(1994. 8. 9. 제1부 판결 94다13541 손해배상(산))

<**판례전문(1994. 8. 9. 제1부 판결 94다13541 손해배상(산))**>

[원고, 상고인] 함종화

[피고, 피상고인] 주식회사 대한주물 소송대리인 변호사 박종욱

[원심판결] 대구지방법원 1994. 1. 21. 선고 93나16138 판결

[주 문] 원심판결 중 원고패소부분을 파기하고 이 부분 사건을 대구지방법원 합의부에 환송한다.

[이 유] 상고이유를 본다.

(1) 제1심 판결 이유에 의하면 제1심은 원고는 1991. 7. 1. 피고 회사에 입사하여 같은 해 12. 31. 14:50경 대구 북구 침산동 1145 소재 피고 회사 작업장에서 주물제작용 원료분쇄기인 후란기계의 본체에 부착된 전원스위치를 차단시킨 후 위 기계의 배합모래가 배출되는 상단에 올라가 스크류 컨베이어의 쇠날을 교체, 조립하는 작업을 하던 중 피고 회사의 전기주임인 소외 박진수가 원고의 작업사실을 확인하지 아니한 채 전원스위치를 넣어 위 후란기계를 작동시킴으로써 작업을 하던 원고의 왼쪽 손이 회전하는 스크류 쇠날에 감겨들어가 이로 인하여 원고가 약 10개월간의 치료를 요하는 좌측 제3, 4, 5 수지신경손상 및 관절부분강직상을 입은 사실을 인정한 다음 위 인정사실에 의하면 피고는 위 박진수의 사용자로서 동인의 사무집행상의 과실로 인하여 일어난 이 사건 사고로 인하여 원고가 입은 손해를 배상할 책임이 있다고 판단하고, 한편 원고로서도 위 작업을 함에 있어 후란기계의 본체에 있는 전원스위치에서는 원고가 작업하는 모습이 잘 보이지 아니하므로 다른 사람이 전원스위치를 작동하지 못하도록 미리 작업사실을 알리

거나 전원스위치 옆에 수리작업중이라는 표시를 하여야 하고 또한 스크류 쇠날 옆 기둥에 설치된 안전스위치를 켜놓고 작업을 하여야 함에도 이를 게을리 하여 이 사건 사고를 당한 사실이 인정되는데 이러한 원고의 과실은 이 사건 사고발생의 한 원인으로 경합되었다고 할 것이므로 이를 피고가 배상하여야 할 손해액을 정함에 있어 참작하기로 하되 쌍방의 과실내용에 비추어 원고의 과실을 전체의 20%로 봄이 상당하다고 판시하였으며, 제1회 기일에서 바로 변론을 종결한 원심은 그 판결이유에서 손해배상책임의 발생에 관하여 원심이 설시하는 이유는 원고가 이 사건 사고발생에 기여한 과실비율을 40%로 변경하는 이외에는 제1심판결 해당부분 이유기재와 같으므로 민사소송법 제390조에 의하여 이를 그대로 인용한다고 판시하였다.

(2) 불법행위로 인한 손해의 발생에 관하여 피해자에게도 과실이 있는 경우 그와 같은 사유는 가해자의 손해배상의 범위를 정함에 있어 당연히 참작되어야 하고 양자의 과실비율을 교량함에 있어서는 손해의 공평한 부담이라는 제도의 취지에 비추어 사고발생에 관련된 제반상황이 충분히 고려되어야 할 것이며 과실상계사유에 관한 사실인정이나 그 비율을 정하는 것이 사실심의 전권이라고 하더라도 그것이 형평의 원칙에 비추어 현저히 불합리하여서는 아니된다고 할 것인바, 원심 인용의 제1심판결이 인정한 사실관계하에서 원고의 과실을 살펴보건대, 원심이 위에서 본바와 같은 원고의 과실만을 가지고 그 비율을 40%로 평가한 것은 피고측의 과실내용에 비추어 지나치게 무겁게 평가한 것으로서 형평의 원칙에 현저하게 반하였다고 하지 아니할 수 없고 원심의 이와 같은 잘못은 판결에도 영향을 미쳤다고 할 것이므로 이 점을 지적하는 논지는 이유 있다.

(3) 따라서 나머지 상고이유에 대한 판단을 생략한 채 원심판결 중 원고 패소부분을 파기하고 이 부분 사건을 원심법원에 환송하기로 하여 관여 법관의 일치된 의견으로 주문과 같이 판결한다.

대법관 이돈희(재판장) 김석수(주심)
정귀호 이임수

참조판례
대법원 1992. 11. 27. 선고 92다32821 판결(공1993상, 260)
 1993. 7. 13. 선고 92다29719 판결(공1993하, 2237)
 1994. 4. 12. 선고 93다44401 판결(공1994상, 1419)

22. 가. 피용자가 제3자와의 공동불법행위로 피해자에게 손해를 가하여 손해배상책임을 부담하게 된 사용자가 그 제3자에 대하여 구상권을 행사할 수 있는 경우와 그 구상의 범위

피용자와 제3자가 공동불법행위로 피해자에게 손해를 가하여 그 손해배상채
무를 부담하는 경우에 피용자와 제3자는 공동불법행위자로서 서로 부진정연
대관계에 있고, 한편 사용자의 손해배상책임은 피용자의 배상책임에 대한
대체적 책임이어서 사용자도 제3자와 부진정연대관계에 있다고 보아야 할
것이므로, 사용자가 피용자와 제3자의 책임비율에 의하여 정해진 피용자의
부담부분을 초과하여 피해자에게 손해를 배상한 경우에는 사용자는 제3자에
대하여도 구상권을 행사할 수 있으며, 그 구상의 범위는 제3자의 부담부분
에 국한된다고 보는 것이 타당하다.

나. 불법행위로 인한 재산상 손해의 의의 및 그 구분

불법행위로 인한 재산상 손해는 위법한 가해행위로 인하여 발생한 재산상
불이익, 즉 그 위법행위가 없었더라면 존재하였을 재산상태와 그 위법행위
가 가해진 현재의 재산상태의 차이를 말하는 것이고, 그것은 기존의 이익이
상실되는 적극적 손해의 형태와 장차 얻을 수 있을 이익을 얻지 못하는 소
극적 손해의 형태로 구분된다.

다. 타인 소유의 토지에 관하여 등기관계서류의 위조에 의하여 원인무효
의 소유권이전등기가 경료되고 다른 사람에게 순차로 소유권이전등
기가 경료된 후 진정한 소유자가 최종 매수인을 상대로 말소등기청
구소송을 제기하여 그 소유자 승소의 판결이 확정된 경우 위 불법행
위로 인하여 최종 매수인이 입은 손해의 범위(=매매대금 상당액)

타인 소유의 토지에 관하여 매도증서, 위임장 등 등기관계서류를 위조하여
원인무효의 소유권이전등기를 경료하고 다시 이를 다른 사람에게 매도하여
순차로 소유권이전등기가 경료된 후에 토지의 진정한 소유자가 최종 매수
인을 상대로 말소등기청구소송을 제기하여 그 소유자 승소의 판결이 확정
된 경우 위 불법행위로 인하여 최종 매수인이 입은 손해는 무효의 소유권
이전등기를 유효한 등기로 믿고 위 토지를 매수하기 위하여 출연한 금액,
즉 매매대금으로서 이는 기존이익의 상실인 적극적 손해에 해당하고, 최종
매수인은 처음부터 위 토지의 소유권을 취득하지 못한 것이어서 위 말소등
기를 명하는 판결의 확정으로 비로소 위 토지의 소유권을 상실한 것이 아
니므로 위 토지의 소유권상실이 그 손해가 될 수는 없다(대법원 1992. 6.
23. 선고 91다33070 전원합의체 판결).

<판례전문(대법원 1992. 6. 23. 선고 91다33070 전원합의체 판결)>

[원고, 상고인 겸 피상고인] 대한민국

[피고, 피상고인 겸 상고인] 피고 소송대리인 변호사 조언

[원심판결] 서울고등법원 1991. 8. 13. 선고 90나44693 판결

[주 문] 원심판결의 피고 패소부분 중 47,956,160원 및 이에 대한 1990. 7. 5.
부터 1991. 8. 13.까지 연 5푼의, 그 다음날부터 완제일까지 연2할 5푼의 비율
에 의한 금원을 초과하여 지급을 명한 부분을 파기하고 이 부분 사건을 서울
고등법원에 환송한다.

원고의 상고와 피고의 나머지 상고를 각 기각하고 이 상고기각부분에 관한 상
고비용은 상고인 각자의 부담으로 한다.

[이 유] 1. 원고소송수행자의 상고이유를 본다.

(1) 기록에 의하여 살펴보면 원심 제8차 변론기일에서 원고소송수행자 스스로
이 사건 청구원인은 피고와 원고 소속 공무원인 소외 1의 공동불법행위로 인한
손해를 원고가 피해자에게 배상하고 그 행위자인 피고에게 구상하는 것이라고 분
명하게 밝히고 있으므로, 원심이 원고의 이 사건 청구를 구상금청구로 보아 판단
하였음은 정당하고 소론과 같이 원고가 주장한 청구원인을 잘못 판단한 위법이
없다. 이 점 논지는 이유 없다.

(2) 피용자와 제3자가 공동불법행위로 피해자에게 손해를 가하여 그 손해배상채
무를 부담하는 경우에 피용자와 제3자는 공동불법행위자로서 서로 부진정연대관계
에 있고, 한편 사용자의 손해배상책임은 피용자의 배상책임에 대한 대체적 책임이
어서 사용자도 제3자와 부진정연대관계에 있다고 보아야 할 것이므로, 사용자가
피용자와 제3자의 책임비율에 의하여 정해진 피용자의 부담부분을 초과하여 피해
자에게 손해를 배상한 경우에는 사용자는 제3자에 대하여도 구상권을 행사할 수
있으며, 그 구상의 범위는 제3자의 부담부분에 국한된다고 보는 것이 타당하다.

위와 같은 법리에 비추어 볼때, 이 사건에서 피고와 국가공무원인 소외 1의 공
동불법행위로 이 사건 각 토지의 최종 매수인들이 입은 손해에 대하여 원고가 국
가배상법 소정의 배상책임에 따라 부담하는 손해배상채무와 공동불법행위자인 피
고가 부담하는 손해배상채무는 서로 부진정연대관계에 있다고 할 것이므로, 원고
가 피해자에게 피고와 소외 1의 책임비율에 의하여 정해진 소외 1의 부담부분을
초과하여 배상한 경우에는 피고에게 구상권을 행사할 수 있고 그 구상의 범위는
피고의 부담부분에 국한된다고 보아야 할 것이다.

원심이 위와 같은 취지에서 피고와 소외 1의 이 사건 공동불법행위의 경위, 결
과 및 두 사람의 신분관계 기타 기록에 나타난 모든 사정을 종합하여 위 두 사람
의 각 부담부분을 2분의 1씩이라고 보고 피고의 부담부분에 한하여 원고의 구상
권을 인용하였음은 정당하며, 거기에 논지가 주장하는 것과 같이 공동불법행위자
에 대한 구상의 법리를 오해한 위법이 없으므로, 이 점에 관한 논지도 이유 없다.

2. 피고소송대리인의 상고이유를 본다.

(1) 이 사건에서 원심이 확정한 사실관계는 다음과 같다.

원고 산하 국방부 관재과 주류군계 소속 8급공무원인 소외 1은 피고와 공모하
여 1984. 10. 4. 경 국유의 이 사건 제1 내지 4토지에 관하여 국방부장관 명의의

매도증서, 위임장 등을 위조한 후 이를 이용하여 피고와 소외 1 또는 피고의 아들인 소외 2 앞으로 각 소유권이전등기를 경료하였다가, 그 해 11. 27. 위 제1토지를 소외 이기진, 노대식, 김춘우, 조건행에게 도합 148,300,000원에 매도하고 동인들에게 소유권이전등기를 넘겨 주었고, 1985. 12. 24. 위 제2토지를 소외 이명진에게 15,960,000원에 매도하고 동인에게 소유권이전등기를 넘겨 주었으며, 1985. 7. 15. 위 제3, 4토지를 소외 이정복에게 매도하고 동인에게 소유권이전등기를 넘겨 주었는데, 그 후 위 이정복은 위 제3토지를 같은 해 9. 10. 소외 김관제에게 매도하고 동인에게 소유권이전등기를 넘겨주는 한편, 1986. 1월경 위 제4토지 위에 연립주택 5세대(이하 제4연립주택이라 한다)를 건축하여 이를 소외 김천봉, 김재철, 엄정섭, 백승희, 이봉희(이하 제4연립주택 수분양자라 한다)에게 도합 87,500,000원에 각 분양하여 인도하였으며, 또 위 김관제는 위 제3토지 위에 1986. 1월경 연립주택 9세대(이하 제3연립주택이라 한다)를 건축하여 이를 소외 박옥자, 강동수, 전상철, 지길성, 조인형, 심옥희, 조일래, 김승현, 김철섭(이하 제3연립주택 수분양자라 한다)에게 도합 115,550,000원에 각 분양하여 인도하였다.

그 후 위와 같은 사실을 알게 된 원고는 1986년경 피고와 소외 1, 2, 이기진, 노대식, 김춘우, 조건행, 이명진, 이정복, 김관제 등을 상대로 동인들 명의의 위 각 소유권이전등기의 말소를 구하는 소를 제기하여 1987. 5. 8. 원고 승소의 판결이 선고되었는데, 위 판결중 피고와 소외 1, 2, 이명진, 이정복, 김관제에 관한 부분은 항소부제기로 그 무렵에, 위 이기진, 노대식, 김춘우, 조건행에 관한 부분은 동인들의 항소제기로 1987. 12. 14. 항소기각의 판결이 선고됨으로써 그 무렵에 각각 확정되었으며, 한편 원고는 1987년경 위 제3, 4연립주택 수분양자들에 대하여도 동인들이 위와 같이 분양받아 점유중인 위 제3, 4연립주택의 철거와 위 제3, 4토지의 인도를 구하는 소를 제기하여 위 소송이 위 법원에 계속중이었다. 그리하여 이 사건 각 토지를 매수하고도 그 소유권을 취득할 수 없게 된 위 최종 매수인들이 1986년경 원고를 상대로 공무원인 소외 1 등의 위와 같은 불법행위로 인한 손해배상청구의 소를 제기하거나 국가배상금 지급신청을 하게 되자, 원고는 위 최종 매수인들과의 사이에 원고가 소외 1 등의 위 불법행위로 동인들이 입은 손해를 배상하기로 하되, 다만 원고가 이 사건 각 토지의 소유명의를 회복하고 동인들에게 금전으로 손해를 배상하는 방법 대신에 동인들을 국유재산법 제53조의 2의 은닉된 국유재산의 자진반환자에 해당하는 것으로 보아 위 규정 및 같은법시행령 제57조의 2를 적용하여 동인들에게 각 해당토지를 매각하되 동인들로부터는 각 해당토지의 매각대금의 일부만을 지급받는 방법을 취하기로 합의하고, 1988. 12. 21. 위 제1토지를 위 이기진 등 4인에게 같은 해 6. 15.자 감정가액인 239,780,800원으로 매각하고 동인들로부터 위 금액의 6할인 143,868,480원만을 지급받았고, 또 1989. 6. 8. 위 제2토지를 위 이명진에게 같은 해 4. 10.자 감정가액인 27,312,900원으로 매각하고 동인으로부터 위 금액의 4할인 10,925,160원만을 지급받았으며, 한편 위 제3, 4연립주택 수분양자들과 사이에는 그들에 대한 건물철거 등 사건이 계속중인 1988. 9. 30. 및 같은 해 10. 24. 위 제3토지를 위 제3연립주택 수분양자들에게 같은 해 3. 16.자 감정가액인

35,632,000원으로, 위 제4토지를 위 제4연립주택 수분양자등에게 같은 날자 감정가액인 26,936,000원으로 각 매각하되, 이들로부터는 위 금액의 3할인 10,689,600원(제3연립주택분)과 8,080,800원(제4연립주택분)만을 각 지급받기로 재판상 화해를 한 후 그 무렵 동인들로부터 위 대금 전액을 지급받았다는 것이다.

원심은 위와 같은 사실관계에 터잡아 원고는 피고와 원고 소속 공무원인 소외 1의 위와 같은 불법행위로 말미암아 이 사건 각 토지의 최종 매수인들이 입은 손해에 대하여 이들에게 이 사건 각 해당 토지의 소유권을 그 시가의 일부만을 지급받고 넘겨주는 방법으로 배상함으로써 소외 1과 공동불법행위자로서 부진정연대채무자인 피고에 대하여 구상권을 행사할 수 있게 되었다고 판단한 다음, 나아가 그 구상권 행사의 범위에 관하여, 피고 및 소외 1의 위와 같은 불법행위로 말미암아 이 사건 각 해당 토지의 최종 매수인들이 입은 손해는 원고의 위 이기진 등에 대한 위 각 소유권이전등기의 말소소송이 원고승소로 확정된 때에 확정적으로 발생한 것으로서 그 손해액은 위 최종 매수인들이 위 각 해당 토지의 소유권을 취득할 수 없게 됨으로써 발생된 손해라고 전제하고, 위 각 말소소송이 원고 승소로 확정된 때의 시가를 기준으로 이 사건 제1토지의 최종 매수인인 위 이기진 등 4인이 입은 손해액은 215,802,720원이, 제2토지의 최종 매수인인 위 이명진이 입은 손해액은 22,544,460원이, 제3토지의 최종 매수인인 위 제3연립주택 수분양자들이 입은 손해액은 32,068,800원이, 제4토지의 최종 매수인인 위 제4연립주택 수분양자들이 입은 손해액은 24,242,400원이 되는데, 원고는 국가배상법상에 따라 위 최종 매수인들에게 위 각 손해액을 금전으로 지급하는 대신 위 이기진 등 4인에게는 그 당시 시가 239,780,800원 상당의 위 제1토지를 143,868,480원에 넘겨줌으로써 그 차액인 95,912,320원을, 1989. 6. 8. 위 이명진에게는 그 당시 시가 27,312,900원 상당의 위 제2토지를 10,925,160원에 넘겨줌으로써 그 차액인 16,387,740원을, 1988. 9월 및 10월경에 위 제3연립주택 수분양자들에게는 그 당시 시가 35,632,000원 상당의 위 제3토지를 10,689,120원에 넘겨줌으로써 그 차액인 24,942,880원을, 그 무렵 위 제4연립주택 수분양자들에게는 그 당시 시가 26,936,000원 상당의 위 제4토지를 8,080,800원에 넘겨줌으로써 그 차액인 18,855,200원을 각각 배상하여 위 각 금액의 범위 안에서 피고 및 소외 1을 공동면책시켰는바, 한편 앞에서 인정한 피고 및 소외 1의 이 사건 공동불법행위의 경위 및 결과 두 사람의 신분관계, 기타 이 사건 기록에 나타난 모든 사정을 종합하면 공동불법행위자로서 부진정연대채무자의 관계에 있는 피고 및 소외 1의 각 부담부분은 2분의 1씩으로 보는 것이 상당하므로, 결국 원고가 피고에 대하여 구상권을 행사할 수 있는 금액은 원고가 출재한 위 각 금액중 피고의 부담부분 만큼인 도합 78,049,070원(95,912,320원/2+16,387,740원/2+24,942,880원/2+18,855,200원/2)이 된다고 판단하였다.

(2) 불법행위로 인한 재산상 손해는 위법한 가해행위로 인하여 발생한 재산상 불이익, 즉 그 위법행위가 없었더라면 존재하였을 재산상태와 그 위법행위가 가해진 현재의 재산상태의 차이를 말하는 것이고, 그것은 기존의 이익이 상실되는

적극적 손해의 형태와 장차 얻을 수 있을 이익을 얻지 못하는 소극적 손해의 형태로 구분된다.

이 사건과 같이 원고 소속 공무원인 소외 1이 피고와 더불어 국유의 이 사건 각 토지에 관하여 매도증서, 위임장 등 관계서류를 위조하여 자기 또는 제3자 명의로 원인무효의 소유권이전등기를 경료하고 다시 이를 다른 사람에게 매도하여 순차로 소유권이전등기가 경료된 후에 원고가 최종 매수인들을 상대로 말소등기청구소송을 제기하여 원고 승소의 판결이 확정된 경우에 있어서, 소외 1 등의 불법행위로 인하여 최종 매수인들이 입은 손해는 무효의 소유권이전등기를 유효한 등기로 믿고 이 사건 각 토지를 매수하기 위하여 출연(出捐)한 금액, 즉 매매대금이라고 하겠고, 이는 기존이익의 상실인 적극적 손해에 해당한다(최종 매수인들은 처음부터 이 사건 각 토지의 소유권을 취득하지 못한 것이어서 위 말소등기를 명하는 판결의 확정으로 비로소 이 사건 각 토지의 소유권을 상실한 것이 아니므로 이 사건 각 토지의 소유권상실이 그 손해가 될 수 없음은 두말할 나위도 없다. 당원 1978. 3. 14. 선고 77다 2423 판결 및 1982.7.27. 선고 81다 1006, 81다카558 판결 각 참조).

그런데 원심은 피고와 소외 1의 불법행위로 말미암아 이 사건 각 토지의 최종 매수인들이 입은 손해는 이들에 대한 말소등기를 명하는 판결이 확정되어 이 사건 각 해당 토지의 소유권을 취득할 수 없게 됨으로써 발생한 손해라고 보고 그 손해액은 위 판결이 확정된 때의 위 각 토지의 시가상당액이라고 판단하였는바, 이는 피고와 소외 1의 불법행위가 없었더라면 최종매수인들은 이 사건 각 토지의 소유권을 유효하게 취득할 수 있었을 것인데도 불법행위로 말미암아 그 소유권을 취득할 수 없게 된 것을 손해로 본 것이어서 소극적 손해를 인정한 취지이다.

그러나 피고와 소외 1이 관계문서를 위조하여 불법등기를 경료한 이 사건과 같은 경우에 있어서는, 위와 같은 불법행위가 없었다면 이 사건 각 토지에 대한 최종 매수인들 앞으로의 매도행위 자체도 있을 수 없어 최종 매수인들이 그 소유권을 취득할 수가 없으므로, 위와 같은 불법행위가 없었더라면 이 사건 각 토지의 소유권을 취득할 수 있었을 것을 전제로 한 소극적 손해는 이를 인정할 여지가 없다고 할 것이다.

위와 같은 불법행위로 인한 손해의 범위에 관하여 위와 다른 견해를 표명한 바 있는 당원 1988. 10. 11. 선고 85다카693 판결은 이를 폐기하기로 한다.

결국 원심이 최종 매수인들은 그들 명의의 소유권이전등기말소를 명하는 판결이 확정됨으로써 이 사건 각 토지의 소유권을 취득할 수 없게 된 손해를 입은 것으로 보고 위 판결확정당시의 위 각 토지의 시가상당액을 그 손해액으로 판단하였음은 불법행위로 인한 손해의 범위에 관한 법리오해의 위법을 저지른 것이라고 하지 않을 수 없다.

(3) 그런데 원심확정사실에 의하면 이 사건 제1토지의 최종 매수인인 소외 이기진 등 4인이 지급한 매매대금은 도합 148,300,000원으로서 이 금액이 위 이기진 등의 손해액이 되는데 원고는 이보다 적은 95,912,320원을 배상하였으므로, 그 배

상액에 대한 원고의 구상권을 인정한 원심판단은 정당하여 위 이기진 등의 손해범위에 관한 원심판결의 위법은 판결결론에 영향이 없으나, 이 사건 제2토지의 최종 매수인인 소외 이명진이 지급한 매매대금은 15,960,000원으로서 이 금액이 위 이명진의 손해액이 되는데 원고는 이보다 많은 16,387,740원을 배상하였고 원심은 이 배상액 전액에 대하여 원고의 구상권을 인정하였으므로 이 부분의 원심판단은 유지될 수 없다.

또 이 사건 제3, 4토지는 그 지상에 건립된 연립주택을 분양받은 최종 매수인인 소외 박옥자 등 9인이 지급한 분양대금 도합 115,550,000원과 소외 김천봉 등 5인이 지급한 분양대금 도합 87,500,000원 중 토지대금상당액이 위 소외인들이 입은 통상의 손해액이 되는데(건물철거로 인한 손해를 특별한 사정으로 인한 손해로 볼 수 있을 것인지는 별문제이다), 기록을 살펴보아도 위 각 분양대금 중 토지대금상당액이 얼마인지 알 수 없어 그 손해액을 확정할 만한 자료가 없으므로, 원고가 위 박옥자 등 9인에게 배상한 도합 24,942,880원과 위 김천봉 등 5인에게 배상한 도합 18,855,200원이 위 손해액의 범위 내인지의 여부를 가릴 방도가 없어 이 부분의 원심판단도 유지되기 어렵다.

그러므로 원심의 손해범위에 관한 판단 중 이 사건 제1토지에 관한 피고의 상환액 47,956,160원(95,912,320원×1/2) 및 그 지연손해금을 초과한 부분에 관한 판단에는 손해배상의 범위에 관한 법리오해와 심리미진으로 판결에 영향을 미친 위법이 있어 파기를 면치 못한다.

(4) 이 밖에 논지는 원고의 이 사건 청구원인은 피고 등의 불법행위로 인하여 원고가 입은 손해에 대한 배상청구인데도 원심이 이를 피고에 대한 구상권 행사로 판단한 것은 변론주의에 위반한 위법을 저질렀다는 것이나, 원고의 이 사건 청구원인이 구상권 행사임은 이미 원고소송수행자의 상고이유에 대한 판단에서 판시한 바와 같으므로 위 논지는 이유 없다.

또 논지는 이 사건 토지는 은닉국유재산이 아닌데도 원고가 최종매수인들에게 은닉국유재산의 자진반환자에 관한 규정에 따라 매각대금감액의 혜택을 준 것은 피고의 불법행위와 상당인과관계가 없을 뿐아니라 이러한 혜택을 준 것을 최종 매수인들에 대한 배상책임의 이행으로 볼 수도 없다고 주장하나, 원심판시 확정 사실에 의하면 원고는 최종 매수인들의 손해를 배상하는 방법으로 최종 매수인들에게 이 사건 각 토지를 매도하여 그 매매대금의 일부를 감액해주는 방법을 택하기로 하고 그 감액에 있어서는 은닉국유재산의 자진반환자에 관한 국유재산법 및 같은법시행령의 규정을 준용하여 감액의 기준을 정하였음을 알 수 있으므로, 위와 같이 감액한 금액은 결국 원고가 최종 매수인들의 손해를 배상한 것에 다름아니라고 할 것이어서 이 점 논지도 이유 없다.

또 논지는 타인소유의 부동산이 전전양도된 경우에 양도인은 직접 양도당사자가 된 최초의 양수인에 대해서만 타인의 권리매매로 인한 손해배상책임이 있는데도 원고가 직접 거래당사자가 아닌 양수인들에게 감액해 준 것에 대하여도 원심

이 공동면책을 인정하였음은 타인의 권리매매에 있어서의 손해배상책임의 법리를 오해한 위법을 저지른 것이라고 주장하나, 이 사건에서 원고의 양수인들에 대한 손해배상의무는 원고 소속 공무원의 불법행위로 인한 손해배상책임에 터잡은 것이고 원고와 위 양수인 사이의 매매에 의한 담보책임에 터잡은 것이 아니므로 위 논지도 이유 없다.

또 논지는 이 사건 불법행위의 주동자는 원고 소속 공무원이던 소외 1이고 피고는 방조자에 불과한데도 피고의 부담부분을 같은 비율로 본 원심판단에는 채증법칙 위반으로 사실을 오인한 위법이 있다는 것이나, 기록에 의하여 원심이 취사한 증거관계를 살펴보면 원심이 피고와 소외 1의 이 사건 공동불법행위의 경위, 결과 및 두 사람의 신분관계 등 기타 이 사건 기록에 나타난 모든 사정을 종합하여 위 두 사람의 책임비율에 따른 부담부분을 2분의 1씩으로 본 원심판단에 수긍이 가고 거기에 소론과 같은 위법이 없으므로, 이 점 논지도 이유 없다.

또 논지는 이 사건 각 토지의 최종 매수인들이 매도인의 등기가 유효한 것인지의 여부를 살피지 않은 과실이 있고 또 원고에게도 원고의 공무원인 소외 1에 대한 지휘감독상의 과실이 있는데도 이를 인정하지 않은 원심판단은 위법하다는 것이나, 부동산 매수인은 특별한 사정이 없는 한 매도인명의의 등기가 실질적으로 유효한 등기인지의 여부까지 조사할 의무는 없다고 할 것인데 기록을 살펴보아도 이 사건에서의 최종 매수인들에게 조사의무를 지우는 것이 상당하다고 볼만한 특별한 사정은 인정되지 않으며, 또 원고의 지휘감독상의 과실을 인정할 만한 자료도 없으므로 위 논지도 이유 없다.

3. 그러므로 원심판결의 피고 패소부분 중 47,956,160원 및 이에 대한 1990.7. 5.부터 1991.8. 13.까지 연 5푼의, 그 다음날부터 완제일까지 연 2할 5푼의 비율에 의한 금원을 초과하여 지급을 명한 부분을 파기환송하고, 원고의 상고와 피고의 나머지 상고를 각 기각하며, 이 상고기각부분에 관한 상고비용은 패소자의 부담으로 하여 관여 법관의 일치된 의견으로 주문과 같이 판결한다.

대법관 김덕주(재판장) 이회창 박우동 윤관 김상원 배만운 김주한 윤영철 김용준 김석수 박만호

23. 가. 헌법 제29조 제1항 단서의 취지

[다수의견]

헌법 제29조 제1항 단서는 공무원이 한 직무상 불법행위로 인하여 국가 등이 배상책임을 진다고 할지라도 그 때문에 공무원 자신의 민·형사책임이나 징계책임이 면제되지 아니한다는 원칙을 규정한 것이나, 그 조항 자체로 공무원 개인의 구체적인 손해배상책임의 범위까지 규정한 것으로 보기는 어렵다.

[별개의견]

　헌법 제29조 제1항 단서의 공무원 개인책임은 그 본문과 연관하여 보면 이는 직무상 불법행위를 한 그 공무원 개인의 불법행위 책임임이 분명하며, 여기에서 말하는 불법행위의 개념은 법적인 일반개념으로서, 그것은 고의 또는 과실로 인한 위법행위로 타인에게 손해를 가한 것을 의미하고, 이 때의 과실은 중과실과 경과실을 구별하지 않는다는 일반론에 의문을 제기할 여지가 없어 보인다.

[반대의견]

　헌법 제29조 제1항 단서의 규정은 직무상 불법행위를 한 공무원 개인의 손해배상책임이 면제되지 아니한다는 것을 규정한 것으로 볼 수는 없고, 이는 다만 직무상 불법행위를 한 공무원의 국가 또는 공공단체에 대한 내부적 책임 등이 면제되지 아니한다는 취지를 규정한 것으로 보아야 한다.

나. 국가배상법 제2조 제1항 본문 및 제2항의 입법 취지

[다수의견]

　국가배상법 제2조 제1항 본문 및 제2항의 입법 취지는 공무원의 직무상 위법행위로 타인에게 손해를 끼친 경우에는 변제자력이 충분한 국가 등에게 선임감독상 과실 여부에 불구하고 손해배상책임을 부담시켜 국민의 재산권을 보장하되, 공무원이 직무를 수행함에 있어 경과실로 타인에게 손해를 입힌 경우에는 그 직무수행상 통상 예기할 수 있는 흠이 있는 것에 불과하므로, 이러한 공무원의 행위는 여전히 국가 등의 기관의 행위로 보아 그로 인하여 발생한 손해에 대한 배상책임도 전적으로 국가 등에만 귀속시키고 공무원 개인에게는 그로 인한 책임을 부담시키지 아니하여 공무원의 공무집행의 안정성을 확보하고, 반면에 공무원의 위법행위가 고의·중과실에 기한 경우에는 비록 그 행위가 그의 직무와 관련된 것이라고 하더라도 그와 같은 행위는 그 본질에 있어서 기관행위로서의 품격을 상실하여 국가 등에게 그 책임을 귀속시킬 수 없으므로 공무원 개인에게 불법행위로 인한 손해배상책임을 부담시키되, 다만 이러한 경우에도 그 행위의 외관을 객관적으로 관찰하여 공무원의 직무집행으로 보여질 때에는 피해자인 국민을 두텁게 보호하기 위하여 국가 등이 공무원 개인과 중첩적으로 배상책임을 부담하되 국가 등이 배상책임을 지는 경우에는 공무원 개인에게 구상할 수 있도록 함으로써 궁극적으로 그 책임이 공무원 개인에게 귀속되도록 하려는 것이라고 봄이 합당하다.

[별개의견]

　국가배상법 제2조 제2항의 입법취지가 공무원의 직무집행의 안정성 내지 효율성의 확보에 있음은 의문이 없는 바이나, 위 법 조항은 어디까지나 국가 등과 공무원 사이의 대내적 구상관계만을 규정함으로써, 즉 경과실의 경우에는 공무원에 대한 구상책임을 면제하는 것만으로써 공무집행의 안정성을 확보하려는

것이고, 대외적 관계 즉 피해자(국민)와 불법행위자(공무원) 본인 사이의 책임 관계를 규율하는 취지로 볼 수는 없다. 그것은 국가배상법의 목적이 그 제1조가 밝히고 있는 바와 같이 국가 등의 손해배상책임과 그 배상절차 즉 국가 등과 피해자인 국민 간의 관계를 규정함에 있고 가해자인 공무원과 피해자인 국민 간의 관계를 규정함에 있는 것이 아닌 점에 비추어 보아도 명백하다.

[반대의견]

헌법 제29조 제1항 및 국가배상법 제2조 제1항의 규정이 공무원의 직무상 불법행위에 대하여 자기의 행위에 대한 책임에서와 같이 국가 또는 공공단체의 무조건적인 배상책임을 규정한 것은, 오로지 변제자력이 충분한 국가 또는 공공단체로 하여금 배상하게 함으로써 피해자 구제에 만전을 기한다는 것에 그치는 것이 아니라, 더 나아가 국민 전체에 대한 봉사자인 공무원들로 하여금 보다 적극적이고 능동적으로 공무를 수행하게 하기 위하여 공무원 개인의 배상책임을 면제한다는 것에 초점이 있는 것으로 보아야 한다.

다. 공무원이 직무수행 중 불법행위로 타인에게 손해를 입힌 경우, 공무원 개인의 손해배상책임 유무(=제한적 긍정설)

[다수의견]

공무원이 직무수행 중 불법행위로 타인에게 손해를 입힌 경우에 국가 등이 국가배상책임을 부담하는 외에 공무원 개인도 고의 또는 중과실이 있는 경우에는 불법행위로 인한 손해배상책임을 진다고 할 것이지만, 공무원에게 경과실뿐인 경우에는 공무원 개인은 손해배상책임을 부담하지 아니한다고 해석하는 것이 헌법 제29조 제1항 본문과 단서 및 국가배상법 제2조의 입법취지에 조화되는 올바른 해석이다.

[별개의견]

공무원의 직무상 경과실로 인한 불법행위의 경우에도 공무원 개인의 피해자에 대한 손해배상책임은 면제되지 아니한다고 해석하는 것이, 우리 헌법의 관계규정의 연혁에 비추어 그 명문에 충실한 것일 뿐만 아니라 헌법의 기본권보장 정신과 법치주의의 이념에도 부응하는 해석이다.

[반대의견]

공무원이 직무상 불법행위를 한 경우에 국가 또는 공공단체만이 피해자에 대하여 국가배상법에 의한 손해배상책임을 부담할 뿐, 공무원 개인은 고의 또는 중과실이 있는 경우에도 피해자에 대하여 손해배상책임을 부담하지 않는 것으로 보아야 한다.

[반대보충의견]

주권을 가진 국민 전체에 대한 봉사자로서 공공이익을 위하여 성실히 근무해야 할 공무원이 공무수행 중 국민에게 손해를 가한 경우, 국민의 봉사자인 공무원

이 봉사 대상이 되는 피해자인 국민과 직접 소송으로 그 시비와 손해액을 가리
도록 그 갈등관계를 방치하는 것보다는 국가가 나서서 공무원을 대위하여 그
손해배상책임을 지고, 국가가 다시 내부적으로 공무원의 직무상 의무의 불이행
내용에 따라 고의·중과실이 있는 경우에만 구상의 형태로 그 책임을 물어 공
무원의 국민과 국가에 대한 성실의무와 직무상 의무의 이행을 제도적으로 확보
하겠다는 것이, 헌법 제29조 제1항 단서와 국가배상법 제2조 제2항의 취지라고
해석함이 이를 가장 조화롭게 이해하는 길이 될 것이다.

라. 경과실에 의한 공무원의 직무상 위법행위에 대하여 공무원 개인의 손해배상책임을 인정하지 않는 것이 헌법 제23조에 위배되는지 여부

[다수의견]

공무원의 직무상 위법행위가 경과실에 의한 경우에는 국가배상책임만 인정하고
공무원 개인의 손해배상책임을 인정하지 아니하는 것이 피해자인 국민의 입장
에서 보면 헌법 제23조가 보장하고 있는 재산권에 대한 제한이 될 것이지만,
이는 공무수행의 안정성이란 공공의 이익을 위한 것이라는 점과 공무원 개인책
임이 인정되지 아니하더라도 충분한 자력이 있는 국가에 의한 배상책임이 인정
되고 국가배상책임의 인정 요건도 민법상 사용자책임에 비하여 완화하고 있는
점 등에 비추어 볼 때, 헌법 제37조 제2항이 허용하는 기본권 제한 범위에 속
하는 것이라고 할 것이다.

[별개의견]

아무리 공무집행의 안정성이 공공의 이익에 속한다고 하더라도 그것은 어디까
지나 공무집행이 적법하여야만 공공의 이익으로 되는 것이고 위법한 공무집행
의 안정성이 공공의 이익에 부합될 수 없으며, 위법한 공무집행으로 손해를 입
은 피해자에게 그 손해를 감수하라고 하는 것은 명분이 서지 않는다. 반대로
위법행위의 억제 기능이 느슨해져서 국가의 재정 부담이 증가하면 그것이 공공
의 이익에 반하는 결과가 될 것이다. 뿐만 아니라 공공복리를 위하여 필요한
경우에도 국민의 기본권 제한은 반드시 법률로써 하여야 할 것인데, 그러한 법
률이 없는데도 해석으로 이를 제한하는 것은 경계할 일이다.

마. 다.항의 법리는 피해자가 군인 등 헌법 제29조 제2항, 국가배상법 제2조 제1항 단서 소정의 공무원의 경우에는 달리 보아야 하는지 여부

[다수의견]

[3]항의 법리는 피해자가 헌법 제29조 제2항, 국가배상법 제2조 제1항 단서 소
정의 공무원으로서 위 단서 조항에 의하여 법률에 정해진 보상 외에는 국가배
상법에 의한 배상을 청구할 수 없는 경우라고 하여 달리 볼 것은 아니다. 왜냐
하면 헌법 제29조 제2항은 군인, 군무원, 경찰공무원, 기타 법률이 정한 공무원
의 경우 전투, 훈련 등 직무집행과 관련하여 받은 손해에 대하여 법률이 정하

는 보상 외에 국가 등에 대하여 공무원의 직무상 불법행위로 인한 배상을 청구할 수 없도록 규정하고 있고 국가배상법 제2조 제1항 단서도 이를 이어 받아 이를 구체화하고 있지만, 이는 군인 등이 전투, 훈련 등과 관련하여 받는 손해에 한하여는 국가의 손해배상을 인정하지 아니하고 법률이 정한 보상만을 인정함이 타당하다는 헌법적 결단에 의한 것이기 때문이다.

[반대보충의견]

군인 등은 그 직무의 특수성으로 직무상 사고를 당할 고도의 위험성이 있으므로 그 직무집행 중의 사고에 의한 위험은 국가가 이를 인수하여 그 피해자를 국가유공자로 예우하면서 그 사고에 대하여는 배상이 아닌 보훈 차원에서 종합적으로 배려하여 보상으로 해결하겠다는 것이 헌법 제29조 제2항의 취지라 할 것이다(대법원 1996. 2. 15. 선고 95다38677 전원합의체 판결).

◈ 민법상의 특수한 불법행위 : 도급인의 사용자책임

제 757 조【도급인의 책임】

도급인은 수급인이 그 일에 관하여 제3자에게 가한 손해를 배상할 책임이 없다. 그러나 도급 또는 지시에 관하여 도급인에게 중대한 과실이 있는 때에는 그러하지 아니하다.

■ § 757. 도급인의 사용자 책임

• 수급인이 그 일에 관하여 제3자에게 가한 손해에 대하여는 도급인은 책임을 지지 않는다
• 그러나 도급 또는 지시에 관하여 도급인에게 중대한 과실이 있는 때에는 도급인도 배상책임을 지게 된다

1. 원 칙

　도급에서 수급인은 도급인의 피용자가 아니다. 즉 도급에서 수급인은 도급계약에서 정해진 일을 자기의 판단에 따라 완성할 의무를 질 뿐이고(제664조), 도급인은 수급인을 선임·감독하는 관계에 있지는 않다. 따라서 본조 본문에서 "도급인은 수급인이 그 일에 관하여 제3자에게 가한 손해를 배상할 책임이 없다"고 정한 것은 도급인은 수급인의 사용자가 아니므로 사용자 책임을 부담하지 않는다는 취지를 주의적으로 규정한 것이라고 해석하는 것이 통설의 입장이다.

2. 예 외 : 도급인이 사용자책임을 지는 경우

(1) 의 의

　본조 단서는 도급 또는 지시에 관하여 도급인에게 중대한 과실이 있는 때에는 도급인이 그 책임을 진다고 규정하고 있다. 이 책임의 성질에 관해서는 도급인이 예외적으로 사용자책임을 지는 경우의 요건이라고 해석하는 견해와 도급인의 과실과 손해 사이에 인과관계가 있으면 제750조의 일반불법행위 책임을 지는 점에서 이를 주의적 규정으로 보는 견해가 대립한다.

(2) 요 건

도급에서도 실질적으로 지휘·감독관계가 인정되는 경우, 즉 사용관계가 인정되는 경우에는 도급인이 사용자책임을 지게 될 수 있다.

1) 사용관계가 인정되는 사례

가. 노무도급의 경우

도급인이 수급인에 대하여 특정한 행위를 지휘하거나 특정한 사업을 도급시키는 경우와 같은 이른바 노무도급의 경우에 있어서는 도급인이라고 하더라도 민법 제756조가 규정하고 있는 사용자 책임의 요건으로서 사용관계가 인정된다(대판 1996. 6. 26. 97다58170).

나. 건설공사현장에서 구체적인 공사를 지휘·감독한 경우

공사의 도급계약 체결 당시 수급인의 현장대리인이 공사현장에서 도급인의 현장감독관의 감독 또는 지시에 따라 공사에 관한 모든 사항을 처리하고, 위 현장감독관은 공사의 대행을 지휘·감독하고 공사에 사용될 재료 또는 공작물을 검사·시험하며, 수급인은 재해 방지를 위하여 필요하다고 인정할 때에는 미리 도급인의 현장 감독관의 의견을 들어 임기의 조치를 취하기로 하는 등의 약정을 하였고, 위 약정에 따라 도급인의 현장감독관이 공사현장에 상주하면서 구체적인 공사를 지휘·감독하였다면, 도급인은 단순히 감리의 권한만을 유보한 취지라고는 보기 어려우므로 도급인과 수급인 사이에는 실질적인 지휘·감독관계가 있으며, 수급인의 불법행위에 대해 도급인이 사용자로서 배상책임을 진다(대판 1992. 6. 23. 92다2615).

2) 사용관계가 인정되지 않는 사례

가. 도급인의 지시·감독하에 선박 수리작업을 하던 노무수급인이 인근에 있는 다른 선박에 대한 수리를 독자적으로 의뢰받아 작업을 하다 사고를 낸 경우

위 경우, 그 당시 노무수급인이 도급인을 대리하여 수리계약을 체결할 권한이 있는 것과 같은 외관을 보였다거나 도급인과 사이에 명의대여의 관계에 있었던 것이 아닌 이상, 그 수리작업인이 외형적으로 관찰할 때 도급인의 직무범위 내에 속하는 것으로 볼 수 없다(대판 1998. 6. 26. 97다

5870).

나. 공사 '감리'의 경우

사용자 및 피용자 관계 인정의 기초가 되는 도급인의 수급인에 대한 지휘·감독은 건설공사의 경우에는 현장에서 구체적인 공사의 운영 및 시행을 직접 지휘·감독하고 감시·독려함으로써 시공 자체를 관리함을 말하는 것이고, 단순히 공사의 운영 및 시공의 정도가 설계도 또는 시방서대로 시행되고 있는가를 확인하여 공정을 감독하는 데에 불과한 이른바 감리는 여기에 해당하지 않는다(대판 1922. 6. 23. 92다2615).

▣ 핵심판례 ▣

■ [도급인의 책임]

1. 건물 신축공사의 도급인이 그 건축자재 중 일부를 제공하고 제3자를 시켜 지하굴착공사시에 지주방책설비를 철저히 하라고 요청하고, 동인의 처가 공사현장에 수시로 나와 설계도에 없는 내부장치, 옥상계단 등의 설치를 요구한 사실과 도급인의 책임

건물 신축공사를 위한 지하굴착공사 과정에서 야기된 인근 건물 균열사고에 있어 도급인이 그 건축자재 중 일부를 제공하고 제3자를 시켜 지하굴착공사시에 지주방책설비를 철저히 하라고 요청하고, 동인의 처가 공사현장에 수시로 나와 설계도에 없는 내부장치, 옥상계단 등의 설치를 요구한 사실만으로 위 공사의 도급 또는 지시에 관하여 중대한 과실이 있다고 볼 수 없다(1991. 2. 8. 제3부 판결 90다12915 손해배상(기)).

2. 가. 수급인 또는 그 피용인의 불법행위로 인한 손해에 대하여 도급인이 사용자책임을 지는 경우와 이른바 감리의 경우

도급인은 도급 또는 지시에 관하여 중대한 과실이 없는 한 수급인이 그 일에 관하여 제3자에게 가한 손해를 배상할 책임이 없으나(민법 제757조), 다만 도급인이 수급인의 일의 진행 및 방법에 관하여 구체적인 지휘 감독권을 유보한 경우에는 도급인과 수급인의 관계는 실질적으로 사용자 및 피용자의 관계와 다를 바 없으므로 수급인 또는 그 피용인의 불법행위로 인한 손해에 대하여 도급인은 민법 제756조에 의한 사용자책임을 면할 수 없고 이러한 이치는 하도급의 경우에도 마찬가지인바, 사용자 및 피용자 관계 인정의 기초가 되는 도급인의 수급인에 대한 지휘 감독은 건설공사의 경우에는 현장에서 구체적인 공사의 운영 및 시행을 직접 지시 지도하고 감시 독려함으로써 시공

자체를 관리함을 말하는 것이고, 단순히 공사의 운영 및 시공의 정도가 설계도 또는 시방서대로 시행되고 있는가를 확인하여 공정을 감독하는 데에 불과한 이른바 감리는 여기에 해당하지 않는다.

나. 도급인과 수급인 사이의 지휘, 감독에 관한 약정내용과 그 약정에 따라 도급인이 현장감독관을 공사현장에 상주시키면서 수급인이 행하는 구체적인 공사를 직접 지휘, 감독하게 한 점 등에 비추어 하수급인이나 노무수급인의 불법행위로 발생한 사고에 대하여 도급인에게 사용자책임을 물을 수 있다고 한 사례

타인의 건물에 인접한 대지 위에서 빌딩 신축을 위한 지하굴착공사를 하다가 위 건물 전체에 균열이 생기게 하는 등 손해를 가한 경우에 있어 위 공사의 도급계약 체결 당시 수급인의 현장대리인이 공사현장에서 도급인의 현장감독관의 감독 또는 지시에 따라 공사에 관한 모든 사항을 처리하고, 위 현장감독관은 공사의 대행을 지휘, 감독하고 공사에 사용될 재료 또는 공작물을 검사, 시험하며, 수급인은 재해 방지를 위하여 필요하다고 인정할 때에는 미리 도급인의 현장감독관의 의견을 들어 임기의 조치를 취하기로 하는 등의 약정을 하였고, 위 약정에 따라 도급인의 현장감독관이 공사현장에 상주하면서 구체적인 공사를 직접 지휘, 감독하였다면, 도급인은 단순히 감리의 권한만을 유보한 취지라고는 보기 어렵고, 더구나 기존건물에 인접하여 지하굴착공사를 하는 경우 그 공사과정에서 생기는 진동이나 토압 붕괴로 인하여 인접건물에 피해를 줄 우려가 많음은 도급인으로서는 능히 예견할 수 있는 일이므로 그 사고 방지를 위한 조치는 당연히 도급인이 지정한 현장감독관의 지휘 감독업무에 속한다고 할 것이며, 위와 같은 도급계약에서 정한 도급인의 수급인에 대한 지휘 감독권한을 특별한 사정이 없는 한 그 하수급인이나 노무수급인에게도 미치기로 한 것이라고 봄이 타당하므로, 이들의 불법행위로 사고가 발생한 것이라면 도급인에게 사용자책임을 물을 수 있다고 한 사례 (1992. 6. 23. 제1부 판결 92다2615 손해배상(기))

3. 민법 제758조 제1항에 의한 공작물의 점유자의 손해배상책임을 인정하는 데 있어 도급인의 면책을 규정한 민법 제757조 본문이 장애가 되는지 여부(소극)

도급인의 면책을 규정한 민법 제757조 본문은, 수급인은 도급인으로부터 독립하여 사무를 처리하기 때문에 민법 제756조 소정의 피용자에 해당되지 아니하므로 예외적으로 도급인이 수급인의 일의 진행 및 방법에 관하여 구체적인 지휘·감독권을 유보한 경우가 아닌 한 도급인이 수급인의 행위에 대하여 사용자책임을 부담하지 않는다는 것을 주의적으로 규정한 것이고, 민법 제757조에 의한 도급인의 책임과 민법 제758조 제1항에 의한 공작물 점유자의 책임은 그 법률요건과 효과를 달리하는 것이어서 공작물의 점유자가 그 공작물의 설치 또는 보존의 하자로 인하여 타인에게 손해를 가한 경우 민법 제758조 제1항에 의한 손해배상책임을

인정하는 데 있어 위 민법 제757조 본문이 장애가 되는 것은 아니다(대법원 2006.
4. 27. 선고 2006다4564 판결).

4. 가. 공동불법행위자의 책임과 구상권

공동불법행위자는 소위 부진정연대채무자로서 피해자에 대하여 연체하여 그
손해를 배상할 책임이 있고 공동불법행위자의 한사람이 그 손해의 전부를 배
상하였을 때에는 다른 공동불법행위자에게 그 부담할 책임에 따라 구상권을
행사할 수 있다.

나. 하도급공사과정중에 일어난 사고에 대한 하도급인의 면책약정과 공동 불법행위 책임배제

공사하도급계약에서 하수급인이 하도급공사과정에 있어 안전관리규칙을 철저
히 준수하여야 하며 고의 또는 과실을 막론하고 발생한 인명 및 재산피해에
대하여 그 배상책임을 지겠다고 하도급인과 간에 약정한 바 있다고 하여 이
약정의 취지가 하도급인의 공동불법행위자로서의 배상책임을 배제하고 하도
급계약상의 공사로 인하여 발생하는 모든 사고의 책임을 하수급인이 지기로
한 것으로 볼 수 없다(대법원 1983. 5. 24. 선고 83다카208 판결).

◆ 민법상의 특수한 불법행위 : 공작물 등의 점유자·소유자의 책임

제 758 조【공작물 등의 점유자, 소유자의 책임】

① 공작물의 설치 또는 보존의 하자로 인하여 타인에게 손해를 가한 때에는 공작물점유자가 손해를 배상할 책임이 있다. 그러나 점유자가 손해의 방지에 필요한 주의를 해태하지 아니한 때에는 그 소유자가 손해를 배상할 책임이 있다.

② 전항의 규정은 수목의 재식 또는 보존에 하자있는 경우에 준용한다.

③ 전2항의 경우에 점유자 또는 소유자는 그 손해의 원인에 대한 책임있는 자에 대하여 구상권을 행사할 수 있다.

■ § 758. 공작물의 점유자, 소유자의 책임

- 프랑스판례 : 자동차 기타 위험물에 관한 무과실책임
- 요건 : ① 공작물로부터 손해가 발생
 - ② 설치, 보존의 하자
 - ③ 면책사유 없을 것
- 배상책임자 : 제1차적 점유자
 - 제2차적 소유자
- 수목에 대한 책임 : 본조 2, 3항
- 관련법조 : [특칙] 국가배상법 §1, §5, [광해책임] 광업 §91~§98

1. 공작물 책임의 의의 및 법적성질

(1) 의 의

공작물의 설치 또는 보존의 하자로 인하여 타인에게 손해를 가한 경우에 그 공작물의 점유자·소유자가 부담할 특수한 배상책임을 공작물책임이라고 한다.

즉 공작물의 설치 또는 하자로 인하여 타인에게 손해를 가한 때에는 그 공작물의 점유자가 제1차적으로 배상책임을 지고, 그가 손해의 방지에 필요한 주의를 게을리 하지 아니한 때에는 제2차적으로 소유자가 배상책임을

진다.

소유자에게는 면책사유가 인정되지 않는다. 그리고 수목의 식재 또는 보존에 하자가 있는 경우에도 마찬가지의 책임이 인정된다.

(2) 법적 성질

공작물의 책임은 우선 공작물의 '하자' 즉 공작물이 그 용도에 따라 통상 갖추어야 할 안전성을 갖추지 못한 것을 전제로 한다. 이 경우 그로 인한 타인의 손해에 대해서는, 그 공작물에 대해 가장 가까운 관계에 있는 점유자가 먼저 책임을 부담하고, 점유자는 손해의 방지에 필요한 주의를 다하였음을 입증하여야만 면책될 수 있는 점에서 중간책임으로 구성되어 있다.

한편, 점유자가 면책되는 때에는 그 공작물의 소유자가 책임을 지며, 이 경우 소유자에게는 면책이 허용되지 않는 점에서 무과실책임을 진다. 다만 소유자가 무과실책임을 지기 위해서는 최소한 공작물에 하자가 있는 것(공작물의 하자 여부는 과실과는 관계없이 객관적으로 결정됨)을 전제로 하는 것이며, 하자가 없는데도 공작물의 소유자라는 이유로 결과책임을 진다는 의미는 아니다. 공작물 책임의 귀책근거는 손해발생의 위험성을 지닌 하자 있는 공작물을 방치하였다는 점에 있다(위험책임 대판 1996. 11. 22. 96다 39219).

2. 다른 법률에 의한 배상책임과의 관계

(1) 국가 배상책임과의 관계

공작물이 사인의 것이 아닌 국가 또는 지방자치단체가 설치하여 관리하는 것인 때에는, 그 하자로 인해 타인에게 가한 손해에 대해서는 국가 등이 본조(제758조)가 아닌 국가배상법 제5조에 의해 배상책임을 지며 이 경우 면책이 허용되지 않는 무과실책임으로 구성되어 있는 점에서 특색이 있다.

(2) 실화책임과의 관계

가. 실화책임에 관한 법률의 입법취지

실화책임에 관한 법률은 실화(失火)의 특수성을 고려하여 실화자에게 중

대한 과실이 없는 경우 그 손해배상액의 경감(輕減)에 관한 「민법」 제
765조의 특례를 정함을 목적으로 한다(실화책임에 관한 법률 제1조).

나. 실화책임에 관한 법률 소정의 '중대한 과실'의 의미

"판례는 실화책임에 관한 법률에서 말하는 중대한 과실이란, 통상인에게
요구되는 정도의 상당한 주의를 하지 않더라도 약간의 주의를 한다면 손
쉽게 위법 유해한 결과를 예견할 수 있는 경우임에도 만연히 이를 간과함
과 같은 거의 고의에 가까운 현저한 주의를 결여한 상태를 말한다"고 하
면서, 목재소에서 화재가 발생하여 인근 건물 벽에 세워 놓은 목재를 통해
서 그 건물이 소실되었으나 그 화재의 발생원인이 밝혀지지 않은 경우, 실
화책임에 있어 중대환 과실이 없다고 하였다(대판 1996. 2. 23. 95다22887).

다. 본조의 책임과 실화책임의 적용관계

판례는 2009. 5. 8. 법률 제9648호로 전부 개정된 실화책임에 관한 법률
은 구 실화책임에 관한 법률과 달리 손해배상액의 경감에 관한 특례 규정
만을 두었을 뿐 손해배상의무의 성립을 제한하는 규정을 두고 있지 아니
하므로, 공작물의 점유자 또는 소유자가 공작물의 설치·보존상의 하자로
인하여 생긴 화재에 대하여 손해배상책임을 지는지는 다른 법률에 달리
정함이 없는 한 일반 민법의 규정에 의하여 판단하여야 한다고 하였다. 따
라서 공작물의 설치·보존상의 하자에 의하여 직접 발생한 화재로 인한 손
해배상책임뿐만 아니라 그 화재로부터 연소한 부분에 대한 손해배상책임
에 관하여도 공작물의 설치·보존상의 하자와 손해 사이에 상당인과관계가
있는 경우에는 민법 제758조 제1항이 적용되고, 실화가 중대한 과실로 인
한 것이 아닌 한 그 화재로부터 연소한 부분에 대한 손해의 배상의무자는
개정 실화책임법 제3조에 의하여 손해배상액의 경감을 받을 수 있다고 하
였다(대법원 2013. 3. 28. 선고 2010다71318 판결).

라. 실화책임에 관한 법률이 적용되지 않는 사례

① 교통사고로 화물차의 엔진 부위에서 화재가 발생하여 그 적재물이
소훼된 경우, 위 화재는 직접화재에 해당하므로 실화책임에 관한 법
률이 적용되지 않는다(대판 2000. 5. 26. 99다32431).

② 경사로에 주차 중인 석유 배달차량에서 원인미상의 화재가 발생하여

보조 잠금장치가 풀리면서 차량이 움직여 인근 건물을 들이받고 불
이 옮겨 붙은 경우, 그 건물화재는 공작물인 차량의 설치·보존 상의
하자에 의하여 직접 발생한 화재이므로 제758조에 의한 책임이 발생
한다(대판 1999. 2. 23. 97다12082).

③ 인화성 물질 등이 산재한 밀폐된 신축 중인 건물 내부에서 용접작업
등 화재발생 우려가 많은 작업을 하던 중 화재가 발생하여 피용자가
사망한 사고에서 공사수급인은 건물의 점유자로서 그 보존상의 하자
에 따른 불법행위로 인한 손해배상책임을, 사용자는 피용자의 안전에
대한 보호의무를 다하지 아니한 채무불이행으로 인한 손해배상책임
을 각 부담하며, 그 채무는 부진정 연대채무의 관계에 있다(대판
1999. 2. 23. 97다12082). 즉, 판례는 공작물 자체의 설치·보존상의
하자에 의하여 직접 발생한 화재로 인한 손해배상책임에 관해서는
본조가 적용되는데, 그 화재는 반드시 공작물 자체에 일어난 화재만
을 가리키는 것은 아니라고 보고 있다.

마. 일반 불법행위에 대한 과실책임주의의 예외로서 경과실로 인한 실화의 경우 실화피해자의 손해배상청구권을 전면 부정하고 있던 개정 전 실화책임에 관한 법률의 위헌 여부

헌법재판소는 2007년 8월 30일 다음과 같이 동법이 헌법에 합치되지 않
는다고 선언하였다.

불의 특성으로 인하여 화재가 발생한 경우에는 불이 생긴 곳의 물건을
태울 뿐만 아니라 부근의 건물 기타 물건도 연소(연소)함으로써 그 피해가
예상 외로 확대되는 경우가 많고, 화재피해의 확대 여부와 규모는 실화자가
통제하기 어려운 대기의 습도와 바람의 세기 등의 여건에 따라 달라질 수
있으므로, 입법자는 경과실로 인한 실화자를 지나치게 가혹한 손해배상책임
으로부터 구제하기 위하여 실화책임법을 제정한 것이고, 오늘날에 있어서도
이러한 실화책임법의 필요성은 여전히 존속하고 있다고 할 수 있다.

그런데 실화책임법은 위와 같은 입법목적을 달성하는 수단으로서, 경과
실로 인한 화재의 경우에 실화자의 손해배상책임을 감면하여 조절하는 방
법을 택하지 아니하고, 실화자의 배상책임을 전부 부정하고 실화피해자의
손해배상청구권도 부정하는 방법을 채택하였다. 그러나 화재피해의 특수성

을 고려하여 과실 정도가 가벼운 실화자를 가혹한 배상책임으로부터 구제할 필요가 있다고 하더라도, 그러한 입법목적을 달성하기 위하여 실화책임법이 채택한 방법은 입법목적의 달성에 필요한 정도를 벗어나 지나치게 실화자의 보호에만 치중하고 실화피해자의 보호를 외면한 것이어서 합리적이라고 보기 어렵고, 실화피해자의 손해배상청구권을 입법목적상 필요한 최소한도를 벗어나 과도하게 많이 제한하는 것이다. 또한 화재피해자에 대한 보호수단이 전혀 마련되어 있지 아니한 상태에서, 화재가 경과실로 발생한 경우에 화재와 연소의 규모와 원인 등 손해의 공평한 분담에 관한 여러 가지 사항을 전혀 고려하지 아니한 채, 일률적으로 실화자의 손해배상책임과 피해자의 손해배상청구권을 부정하는 것은, 일방적으로 실화자만 보호하고 실화피해자의 보호를 외면한 것으로서 실화자 보호의 필요성과 실화피해자 보호의 필요성을 균형있게 조화시킨 것이라고 보기 어렵다.

실화책임법이 위헌이라고 하더라도, 화재와 연소(연소)의 특성상 실화자의 책임을 제한할 필요성이 있고, 그러한 입법목적을 달성하기 위한 수단으로는 구체적인 사정을 고려하여 실화자의 책임한도를 경감하거나 면제할 수 있도록 하는 방안, 경과실 실화자의 책임을 감면하는 한편 그 피해자를 공적인 보험제도에 의하여 구제하는 방안 등을 생각할 수 있을 것이고, 그 방안의 선택은 입법기관의 임무에 속하는 것이다.

따라서 실화책임법에 대하여 단순위헌을 선언하기보다는 헌법불합치를 선고하여 개선입법을 촉구하되, 실화책임법을 계속 적용할 경우에는 경과실로 인한 실화피해자로서는 아무런 보상을 받지 못하게 되는 위헌적인 상태가 계속되므로, 입법자가 실화책임법의 위헌성을 제거하는 개선 입법을 하기 전에도 실화책임법의 적용을 중지시킴이 상당하다(헌법재판소 2007. 8. 30. 선고 2004헌가25 전원재판부).

바. 「실화책임에 관한 법률」의 개정

「실화책임에 관한 법률」은 2009년 5월 8일 개정되기 전에는 '민법 제750조의 규정은 실화의 경우에는 중대한 과실이 있을 때에 한하여 이를 적용한다.'고 규정하고 있었다. 이 법에 따라 실화 중 경과실만 있는 경우에는 불법행위책임을 지지 않았다. 이에 대해 2007년 8월 30일 헌법재판소는 동법이 헌법에 합치되지 않는다고 선언하였고, 입법자가 실화책임법의 위헌성을 제거할 때까지 법원 기타 국가기관 및 지방자치단체는 동법의

적용을 중지하도록 결정하였다(헌재 2007. 8. 30. 2004헌가25). 이후 국회에
서는 2009년 5월 8일 동법을 전부 개정하였다. 즉, 민법 제750조의 특례를
규정하고 있던 개정 전과 달리 손해배상의 경감에 관한 제765조의 특례를
정하는 내용으로 개정한 것이다.

【쟁점사항】

**<공작물 등의 점유자·소유자 등이 책임을 지면 공작물 시공상의 과실로 인하여
피해를 준 시공자의 책임은 면책되는지 여부>**

제758조가 정하는 공작물책임은 그 사고 당시 공작물을 점유하는자와 소유하는 자
가 배상책임을 지는 것으로 구성되어 있다. 그러나 제758조가 예컨대 공작물 시공
자가 그 시공상의 과실로 인하여 피해자에게 가한 손해를 민법 제750조에 의하여
직접 책임을 부담하게 되는 것을 배제하는 것은 아니다(대판 1996. 11. 22, 95다
39219).

3. 공작물책임의 요건

공작물책임은 공작물의 설치 또는 보존에 하자가 있었기 때문에 타인에게
손해를 가하였을 것을 그 요건으로 한다.

(1) 공작물로부터 손해가 발생하였을 것

공작물이라 함은 인공적 작업에 의하여 만들어진 물건을 말하는 것으로
서 전기 그 자체는 여기에서 말하는 공작물에 해당되지 않는다(대판 1993.
6. 29. 93다11913).

공작물에는 토지상의 공작물(예컨대 도로·건물·탑·교량·육교·제방·
저수지·우물·담·전주·축대·놀이터의 놀이기구) 뿐만 아니라 건물내의
설비(예 : 천정·계단·엘리베이터)와 건물 외벽에 부착된 물적 설비(예 :
간판)도 이에 포함된다. 또한 자동차 등과 같은 동적인 기업설비도 공작물
에 포함된다(대판 1998. 3. 13. 97다34112).

(2) 공작물의 설치 또는 보존에 하자가 있음으로써 손해가 생겼을 것

1) '공작물의 설치 또는 보존의 하자'의 의미

제758조에 정한 '공작물의 설치 또는 보존의 하자'라 함은 공작물이 그 용

도에 따라 갖추어야 할 안전성을 갖추지 못한 상태에 있음을 말하고, 안전성을 갖추지 못한 상태, 즉 타인에게 위해를 끼칠 위험성이 있는 상태라 함은 당해 공작물을 구성하는 목적 시설 그 자체에 있는 물리적·외형적 흠결이나 불비로 인하여 그 이용자에게 위해를 끼칠 위험성이 있는 경우뿐만 아니라, 그 공작물이 이용됨에 있어 그 이용상태 및 정도가 일정한 한도를 초과하여 제3자에게 사회통념상 수인할 것이 기대되는 한도를 넘는 피해를 입히는 경우까지 포함된다고 보아야 하고, 이 경우 제3자의 수인한도의 기준을 결정함에 있어서는 일반적으로 침해되는 권리나 이익의 성질과 침해의 정도뿐만 아니라 침해행위가 갖는 공공성의 내용과 정도, 그 지역 환경의 특수성, 공법적인 규제에 의하여 확보하려는 환경기준, 침해를 방지 또는 경감시키거나 손해를 회피할 방안의 유무 및 그 난이 정도 등 여러 사정을 종합적으로 고려하여 구체적 사건에 따라 개별적으로 결정하여야 한다(대판 2007. 6. 15. 2004다37904, 37911).

2) 하자판단의 기준

가. 그 공작물의 위험성에 비례하여 사회통념상 일반적으로 요구되는 정도의 방호조치를 다하였는지 여부

공작물의 설치 또는 보존상의 하자란 공작물이 그 용도에 따라 통상 갖추어야 할 안전성을 갖추지 못한 상태에 있음을 말하는 것으로서, 이와 같은 안전성의 구비 여부를 판단함에 있어서는 당해 공작물의 설치보존자가 그 공작물의 위험성에 비례하여 사회통념상 일반적으로 요구되는 정도의 방호조치의무를 다하였는지 여부를 기준으로 삼아야 한다(대판 1996. 2. 13. 95다22351).

나. 공작물 등의 안전에 결함이 생긴 경우, 그 결함을 제거할 수 있었음에도 이를 방치하였는지 여부

도로의 설치 후 집중호우 등 자연력이 작용하거나 또는 제3자의 행위에 의하여 통행상의 안전에 결함이 발생한 경우, 그 도로의 점유·관리자가 그 결함을 제거할 수 있었음에도 이를 방치하였는지 등 여러 사정을 종합하여 도로의 보존상의 하자 여부를 결정하여야 한다(대판 1998. 2. 13. 97다49800).

3) 공작물의 설치·관리상의 하자가 인정되는 사례

가. 집중호우로 제방도로가 유실되면서 그 곳을 걸어가던 보행자가 강물에 휩쓸려 익사한 경우

집중호우로 제방도로가 유실되면서 그곳을 걸어가던 보행자가 강물에 휩쓸려 익사한 경우, 사고 당일의 집중호우가 50년 빈도의 최대강우량에 해당한다는 사실만으로는 불가항력에 기인한 것으로 볼 수 없다는 이유로 제방도로의 설치·관리상의 하자가 인정된다(대판 2005. 5. 26. 99다53247).

나. 고속도로에 고여 있는 빗물에 차량이 미끄러져 사고가 난 경우

편도 2차선 고속도로의 갓길과 2차선에 걸쳐 고여 있는 빗물에 차량이 미끄러져 180도 회전하면서 동일한 경위로 미끄러져 갓길에 정차하여 차량을 점검하고 있던 다른 운전자를 들이받은 사고가 발생한 경우, 한국도로공사의 고속도로의 설치·관리상의 하자가 인정된다(대판 1999. 12. 24. 99다45413).

다. 고속도로의 추월선에 각목이 방치되어 사고의 원인이 된 경우

한국도로공사는 고속국도법 제6조 1항의 규정에 의하여 건설부장관을 대행하여 경부고속도로를 관리하여 오고 있으므로 각목이 방치되어 사고의 원인이 된 경우, 한국도로공사의 공작물 보존상의 하자로 인한 책임이 인정된다(대판 1996. 10. 11. 95다56552).

라. 경기장 앞 광장입구의 도로 위에 차량통행을 막기 위해 바리케이트를 설치하고 쇠사슬을 연결해 놓았는데, 그 쇠사슬에 걸려 넘어지면서 사망사고가 난 경우

경기장 앞 광장입구의 도로 위에 차량통행을 막기 위해 바리케이트 2개를 설치하고, 그 사이의 2개 공간에 윗 부분끼리 한줄의 쇠사슬로 연결해 놓았는데 피해자가 오토바이를 타고 그 사이를 통과하려다가 쇠사슬에 목 부분이 걸려 넘어지면서 사망한 사고에서 경기장진입로 차단시설의 설치 보존상의 하자가 있다(대판 1993. 3. 9. 92다54715).

마. 장마철에 가로수가 쓰러진 사고의 경우

장마철에 가로수가 쓰러진 사고에 대해 지방자치단체의 영조물관리자로

서의 책임을 인정하였다(대판 1993. 7. 27. 93다20702).

바. 저수지에 빠진 사람을 구출하려다 익사사고가 발생한 경우

저수지에 빠진 사람을 구출하려다가 함께 익사한 사고에 대해 저수지의 설치·보존의 하자로 인한 것이라고 보았다(대판 1993. 8. 24. 93다22050).

4) 공작물의 하자로 인해 발생한 손해에 해당하지 않는 사례

① 겨울철에 산간지역에 위치한 도로에 강설로 생긴 빙판을 그대로 방치한 경우 도로관리상의 하자가 있다고 볼 수 없다(대판 2000. 4. 25. 99다54998

② 공작물에서 발생한 사고라도 그것이 공작물의 용법에 따르지 아니한 이례적인 행동의 결과 생긴 경우에는 공작물의 하자로 인해 발생한 손해가 아니다(대판 1998. 1. 23. 97다25118).

5) 입증책임

공작물의 하자의 존재에 관한 입증책임은 피해자에게 있다(대판 1982. 8. 24. 82다카348).

4. 효 과

위 요건이 구비되면 제1차적으로 공작물의 점유자가 손해배상책임을 지고, 점유자가 면책되면 소유자가 그 책임을 진다(제758조 1항).

(1) 점유자의 책임

1) 공작물의 점유자의 의의

제758조 제1항의 소정의 '공작물 점유자'라 함은 공작물을 사실상 지배하면서 그 설치 또는 보존상의 하자로 인하여 발생할 수 있는 각종 사고를 방지하기 위하여 공작물을 보수·관리할 권한 및 책임이 있는 자를 말한다(대판 2000. 4. 21. 2000다386).

2) 공작물의 점유자에 해당하는지 여부가 문제되는 경우

가. 공장 근저당권자가 공장의 부도로 대표이사 등이 도피한 상태에서 경비용역업체를 통하여 공장을 경비한 경우

공장 근저당권자가 공장의 부도로 대표이사 등이 도피한 상태에서 담보물의 가치를 보전하기 위하여 경비용역업체를 통하여 공장을 경비한 사실만으로 민법 제758조 제1항 소정의 공작물 점유자에 해당한다고 볼 수 없다(대판 2004. 4. 21. 2000다386).

나. 가스공급업자

계량기에 대하여 가스사용자의 점유를 전혀 부정할 수 없다고 하더라도, 가스공급업자도 또한 가스사용자와 함께 계량기에 대하여 직접 지배하면서 이를 점유관리하고 있었다 할 것이고, 오히려 계량기의 보수, 관리에 관련하는 한에 있어서는 가스사용자보다 가스공급업자가 보다 직접적, 구체적인 지배를 하였다고 할 것이므로, 가스공급업자는 제758조 1항 소정의 점유자에 해당한다고 할 것이다(대판 1994. 6. 28. 94다2787).

다. 시가 관리, 점유하던 국토 중 일부 구간의 확·포장공사를 건설부 국토관리청이 시행·준공한 후 시에 이관하려 하였으나 서류 등의 미비로 이관이 이루어지지 않고 있던 중 도로의 설치·보존상의 하자로 교통사고가 발생한 경우

위 경우에는 국가가 도로의 점유자로서 손해배상책임을 부담한다(대판 1992. 11. 10. 92다38041).

라. 간접점유의 경우

직접점유자가 1차적인 배상책임을 지고, 그가 손해의 방지에 필요한 주의를 다한 때에 비로소 간접점유자가 그 배상책임을 진다(대판 1981. 7. 28. 81다209).

【쟁점사항】

<직접점유자인지 여부가 문제되는 경우>

(ㄱ) 건물 일부의 임차인이 견물 외벽에 설치한 간판이 추락하여 행인이 부상한 경우
건물소유자건물 일부의 임차인이 건물 외벽에 설치한 간판이 추락하여 행인이 부상한 경우 건물 소유자는 건물 외벽의 직접점유자로서 민법 제758조 제1항 소정의 손해배상책임을 부담한다(대판 2003. 2. 28, 2002다65516).

(ㄴ) 도시가스 계량기의 부식으로 인한 가스누출 폭발사고의 경우의 가스공급업자
판례는 가스시설이 가지는 고도의 위험성에 비추어 가스사용자가 아닌 가스공급업자를 직접점유자로 보았다(대판 1994. 8. 23, 94다16403).

(2) 소유자의 책임

점유자가 면책된 때 또는 점유자와 소유자가 동일인인 때에는 소유자가 최종적으로 책임을 진다. 소유자는 점유자와 달리 손해의 방지에 필요한 주의를 다하였더라도 면책이 인정되지 않고, 공작물의 하자로 인해 손해가 생긴 것이 그 책임을 지는 무과실책임으로 구성되어 있다. 주의할 것은 이 때의 소유자는 법률상의 소유자를 말하는 것이고, 매수인이 이전등기를 하고 있지 않은 동안은 매도인이 소유자로서 책임을 지게 된다.

(3) 점유자·소유자의 구상권

점유자 또는 소유자가 배상을 한 경우에는 그 손해의 원인에 대해 책임이 있는 자에 대하여 구상권을 행사할 수 있다(제758조 3항). 다만 이들은 손해의 원인에 대해 책임, 즉 과실이 있을 것을 요건으로 한다.

5. 수목에 관한 책임

수목의 재식 또는 보존에 하자가 있는 경우에는 점유자나 소유자는 공작물책임에 있어서와 같은 책임을 부담한다. 구상권에 관하여서도 공작물책임의 경우와 마찬가지이다.

▣ 핵심판례 ▣

■ [공작물 등의 점유자, 소유자의 책임]

1. 가. 민법 제758조 제1항 소정의 '공작물의 설치 또는 보존상의 하자'의
 의의 및 그 판단 기준

 민법 제758조 제1항 소정의 공작물의 설치 또는 보존상의 하자라 함은 공작물
 이 그 용도에 따라 통상 갖추어야 할 안전성을 갖추지 못한 상태에 있음을 말
 하는 것으로서, 이와 같은 안전성의 구비 여부를 판단함에 있어서는 당해 공작
 물의 설치보존자가 그 공작물의 위험성에 비례하여 사회통념상 일반적으로 요
 구되는 정도의 방호조치의무를 다하였는지의 여부를 기준으로 삼아야 한다.

 나. 지게차를 통상의 용도로 사용하는 한 위험성이 없다는 이유로 공작물
 책임을 부정한 원심판단을 수긍한 사례

 지게차 자체에 물적 하자가 있는 것이 아니고 그 용도로 사용되는 한 그 위
 험성이 높다고 할 수 없으므로, 그 관리자가 지게차의 위험성에 비례하여 사
 회통념상 일반적으로 요구되는 정도의 위험방지 조치를 다하지 않았다고 보
 기 어렵다는 이유로 공작물책임을 부정한 원심판단을 수긍한 사례(1996. 2.
 13. 판결 95다22351 손해배상(자))

2. 인입구배선에서의 합선으로 일어난 주택화재사고에서 그 인입전주의 과전
 류차단기에 정격의 퓨즈를 붙이지 아니한 것이 화재발생의 원인된 전기공
 급시설의 설치, 보존상 하자에 해당된다고 한 사례

 외벽 처마밑에 설치된 전기배전판 바깥쪽의 인입구배선에서 합선으로 일어난 주
 택화재사고에서 그 인입전주에 설치된 과전류차단기(catch holders)에 정격의 퓨
 즈(fuse)를 붙이지 아니한 것이 화재발생의 원인이 전기공급시설의 설치 또는 보
 존상의 하자에 해당한다고 한 사례임. 과전류차단기를 설치하는 주된 목적은수용
 가의 배선에서 합선이 발생할 경우 합선부위에 순간적으로 과전류가 흐르게 되어
 변압기에 손상을 줄 수 있으므로, 과전류가 흐르면 과전류차단기의 퓨즈가 용단
 되어 전류를 차단시킴으로써 변압기의 손상을 사전에 예방하려는데 있기는 하지
 만, 아울러 합선으로 발생한 과전류를 빨리 단락시킴으로써 그로 인한 화재발생
 의 위험이나 손해의 확대를 방지하는 역할도 하는 사실, 그렇다면 피고는 전기사
 업자로서 전기설비의 안전관리를 위하여 이 사건 인입전주에 과전류차단기를 설
 치할 필요가 있다고 인정하였기 때문에 과전류차단기를 설치한 것이라고 볼 수
 있고, 이와 같이 피고가 필요성을 인정하여 과전류차단기를 설치한 이상 과전류
 차단기에 정격의 퓨즈를 붙였어야 할 터인데, 붙이지 아니한 것이 이 사건 화재
 발생의 한 원인이 되었다고 볼 수 있으므로, 피고는 이와 같은 과전류차단기의
 설치 또는 보존의 하자로 인하여 타인에게 가한 손해를 배상할 책임이 있다고 할

것이다. 그리고 원심이그리고 원심이 설시한 바와 같이 과전류차단기를 설치하는 주된 목적이 피고 소유의 변압기를 보호하려는 것이고, 그 설치근거가 피고공사 내부의 설계기준에 의한 것으로서 그 설계기준에 의하더라도 과전류차단기를 설치하지 않아도 될 예외가 널리 인정되어 있다는 사정만으로는, 피고의 위와 같은 손해배상책임의 성립에 영향을 미칠 수 없는 것이다(1991. 9. 10. 제2부 판결 91다 8203 손해배상(기)).

3. 가. 건물 지하층의 임차인 경영의 음식점에서 종업원이 난로의 방열망에 석유를 흘린 과실로 화재가 발생한 경우 건물 소유자에게 임차인이 방열 처리되지 아니한 재료를 사용하여 내부수선을 하는 것을 묵인하고 이동식 석유난로를 사용하는 것을 방치한 과실이 있다 하더라도 중대한 과실이라고 볼 수 없다고 한 사례

건물 지하층의 임차인 경영의 음식점에서 종업원이 난로에 주유함에 있어 난로의 방열망에 석유를 흘린 과실로 화재가 발생한 경우 건물 소유자에게 임차인이 방열 처리되지 아니한 재료를 사용하여 내부수선을 하는 것을 묵인하고 건물 안에서 이동식 석유난로를 사용하는 것을 방치한 과실이 있다 하더라도 위 화재가 음식점 종업원이 난로에 주유함에 있어 저지른 과실이 결정적인 원인이 되어 발생하였고, 건물 소유자가 임차인이나 그 종업원을 지휘 감독하는 관계에 있지 아니한 이상 위와 같은 과실을 실화책임에관한법률에서 말하는 중대한 과실이라고 볼 수 없다고 한 사례

나. 위 "가"항의 경우 화재가 건물 지하층의 설치, 보존의 하자로 인하여 발생하였다 하더라도 지하층의 점유자인 임차인이 손해의 방지에 필요한 주의를 해태 하였다고 볼 것이어서 건물 소유자에게 민법 제758조에 의한 책임도 없다고 한 사례

위 "가"항의 경우 화재가 건물 지하층의 설치, 보존의 하자로 인하여 직접 발생하였다고 하더라도, 지하층의 점유자인 임차인이 손해의 방지에 필요한 주의를 해태 하였다고 볼 것이어서 건물 소유자에게 민법 제758조에 의한 책임도 없다고 본 사례(1992. 2. 25. 제1부 판결 91다26270 손해배상(기))

4. 가. 도로의 설치보존상 하자의 판단기준 및 도로의 설치 후 제3자의 행위에 의하여 그 본래의 목적인 통행상의 안전에 결함이 발생된 경우 도로의 보존상 하자를 인정하기 위하여 고려할 사정

공작물인 도로의 설치보존상의 하자는 도로의 위치 등 장소적인 조건,도로의 구조, 교통량, 사고시에 있어서의 교통사정 등 도로의 이용상황과 그 본래의 이용목적 등 제반 사정과 물적 결함의 위치, 형상 등을 종합적으로 고려하여 사회통념에 따라 구체적으로 판단하여야 할 것인바, 도로의 설치 후 제3자의 행위에 의하여 그 본래의 목적인 통행상의 안전에 결함이 발생된 경우에는 도로에 그와 같은 결함이 있다는 것만으로 성급하게 도로의 보존상 하자를

인정하여서는 안되고, 당해 도로의 구조, 장소적 환경과 이용상황 등 제반 사정을 종합하여 그와 같은 결함을 제거하여 원상으로 복구할 수 있는데도 이를 방치한 것인지 여부를 개별적, 구체적으로 심리하여 하자의 유무를 판단하여야 할 것이다.

나. 트럭 앞바퀴가 고속도로상에 떨어져 있는 타이어에 걸려 중앙분리대를 넘어가 사고가 발생한 경우에 있어서 타이어의 낙하시점, 한국도로공사가 고속도로상의 안전성 결함을 알고도 사고방지조치를 취하지 않았는지 여부 등을 심리하였어야 함에도 이에 이르지 않은 채 위 공사의 손해배상책임을 인정한 원심판결을 파기한 사례

트럭 앞바퀴가 고속도로상에 떨어져 있는 자동차 타이어에 걸려 중앙분리대를 넘어가 사고가 발생한 경우에 있어서 한국도로공사에게 도로의 보존상하자로 인한 손해배상책임을 인정하기 위하여는 도로에 타이어가 떨어져 있어 고속으로 주행하는 차량의 통행에 안전상의 결함이 있다는 것만으로 족하지 않고, 위 공사의 고속도로 안전성에 대한 순찰 등 감시체제, 타이어의 낙하시점, 위 공사가 타이어의 낙하사실을 신고받거나 직접 이를 발견하여 그로 인한 고속도로상의 안전성 결함을 알았음에도 사고방지조치를 취하지 아니하고 방치하였는지 여부, 혹은 이를 발견할 수 있었음에도 발견하지 못하였는지 여부 등 제반 사정을 심리하여 고속도로의 하자 유무를 판단하였어야 함에도 이에 이르지 않은 채 위 공사의 손해배상책임을 인정한 원심판결을 파기한 사례(1992. 9. 14. 제3부 판결 92다3243 손해배상(자))

5. 도로 부근 축대 위 인가에서 흘러내린 생활오수 등이 얼어붙어 편도 2차선의 자동차전용도로상에 빙판이 형성되어 사고가 발생하였다면 배수시설을 제대로 갖추지 않고, 도로상태의 점검 소홀로 빙판이 생기도록 방치한 후 곧 이를 제거하지 못한 시에게 도로의 설치·관리상 하자로 인한 책임이 있다고 한 원심의 판단을 수긍한 사례

원심판결 이유에 의하면 원심은 그 증거에 의하여, 이 사건 사고가 난 도로는 편도 2차선의 자동차전용도로이고 사고지점 오른쪽에 있는 높이 7 내지 8미터의 축대 위에 인가가 밀집되어 있던 그 인가에서 흘러내려 온 생활오수 등이 얼어 붙으면서 위 도로 2차선에 폭 약 4미터, 길이 약 50미터의 빙판이 형성되어 있었는데도 피고가 미리 위 인가에서 생활오수가 도로에 흘러내리지 않도록 배수시설을 갖추든가, 기온의 강하에 따른 도로의 상태를 점검하여 빙판이 생기지 아니하도록 조치를 취하고 빙판이 생기더라도 곧 이를 제거하거나 모래를 뿌리고 위험표지판을 세워 그 도로를 통행하는 운전자에게 주의를 환기시키는 등의 의무가 있다 할 것인데 이러한 조치를 취하지 아니한 위 도로의 설치, 관리상의 하자로 인하여 이 사건 사고가 발생하였다고 판단하였는바 기록에 비추어 원심의 판단은 수긍이 되고 거기에 지적하는 바와 같은 법리의 오해나 채증법칙 위배, 심리미진의 위법이 없다(1992. 9. 22. 제2부 판결 92다30139 손해배상(자)).

6. 가. 가옥의 임차인인 직접점유자나 그와 같은 지위에 있는 것으로 볼 수 있는 자가 공작물의 설치 또는 보존의 하자로 인하여 피해를 입은 경우 소유자가 민법 제758조 제1항 소정의 손해배상책임을 부담할 것인지 여부(적극)

공작물의 설치 또는 보존의 하자로 인하여 타인에게 손해를 가한 때에는 1차적으로 공작물의 점유자가 손해를 배상할 책임이 있고 공작물의 소유자는 점유자가 손해의 방지에 필요한 주의를 해태하지 아니한 때에 비로소 2차적으로 손해를 배상할 책임이 있는 것이나, 공작물의 임차인인 직접점유자나 그와 같은 지위에 있는 것으로 볼 수 있는 자가 공작물의 설치 또는 보존의 하자로 인하여 피해를 입은 경우에는 그 가옥의 소유자는 민법 제758조 제1항 소정의 책임자로서 이에 대하여 손해를 배상할 책임이 있는 것이고 그 피해자에게 보존상의 과실이 있더라도 과실상계의 사유가 될 뿐이다.

나. 임차인과 함께 임차방실에 기거하던 직장동료가 연통에서 새어나온 연탄가스에 중독 사망한 사고에 대하여 가옥소유자의 손해배상책임을 인정한 사례

임차인과 함께 임차방실에 기거하던 직장동료가 연통에서 새어나온 연탄가스에 중독 사망한 사고에 대하여 가옥소유자의 손해배상책임을 인정한다(1993. 2. 9. 제1부(자) 판결 92다31668 손해배상(기)).

7. 공작물의 설치보존상의 하자로 인한 손해에 대한 점유자의 배상책임

공작물의 설치보존상의 하자로 인한 손해에 대하여는 소유자보다는 이를 구체적으로 지배하는 직접적인 점유를 하고 있는 점유자에게 1차적 책임이있다고 할 것이고 점유자는 손해의 방지에 필요한 주의를 해태하지 아니하였음을 입증하지 않는 한 배상책임을 부담한다(1993. 3. 26. 제3부 판결 92다10081 손해배상(기)).

8. 전기 그 자체가 민법 제758조 소정의 "공작물"에 해당하는지 여부(소극)

민법 제758조에서 말하는 공작물이라 함은 인공적 작업에 의하여 제작된 물건을 말하는 것으로서 전기 그 자체는 여기에서 말하는 공작물에 해당되지 않는다(1993. 6. 29. 제1부 판결 93다11913 손해배상(기)).

9. 공작물의 임차인인 직접점유자가 공작물의 설치 보존의 하자로 손해를 입은 경우 소유자의 책임

공작물의 설치 또는 보존의 하자로 인하여 타인에게 손해를 가한 때에는 제1차적으로 공작물의 점유자가 손해를 배상할 책임이 있고 공작물의 소유자는 점유자가 손해의 방지에 필요한 주의를 해태하지 아니한 때에 비로소 제2차적으로 손해를 배상할 책임이 있는 것이지만, 공작물의 임차인인 직접점유자나 그와 같은 지위에 있는 것으로 볼 수 있는 사람이 공작물의 설치 또는 보존의 하자로 인하여 손

해를 입은 경우에는 소유자가 그 손해를 배상할 책임이 있는 것이고, 이 경우에 공작물의 보존에 관하여 피해자에게 과실이 있다고 하더라도 과실상계의 사유가 될 뿐이다(1993. 11. 9. 제2부 판결 93다40560 손해배상(기)).

10. 공작물설치보존상의 하자로 인한 책임과 실화책임과의 관계

민법 제758조 제1항은 무과실책임을 인정한 것이고, 실화책임에관한법률은 실화로 인하여 일단 화재가 발생한 경우에 그 책임을 중대한 과실로 인한 경우에 한정한 것이므로, 공작물 자체의 설치 보존상의 하자에 의하여 직접 발생한 화재로 인한 손해배상책임에 관하여는 민법 제758조 제1항이 적용되고, 그 화재로부터 연소한 부분에 대한 손해배상책임에 대하여는 실화책임에관한법률을 적용하여야 한다 (1994. 3. 22. 제1부 판결 93다56404 손해배상(자)).

11. 가. 일반 불법행위에 대한 과실책임주의의 예외로서 경과실로 인한 실화의 경우 실화피해자의 손해배상청구권을 전면 부정하고 있는 실화책임에 관한 법률(이하 '실화책임법'이라 한다)의 위헌 여부(적극)

불의 특성으로 인하여 화재가 발생한 경우에는 불이 생긴 곳의 물건을 태울 뿐만 아니라 부근의 건물 기타 물건도 연소(연소)함으로써 그 피해가 예상 외로 확대되는 경우가 많고, 화재피해의 확대 여부와 규모는 실화자가 통제 하기 어려운 대기의 습도와 바람의 세기 등의 여건에 따라 달라질 수 있으므 로, 입법자는 경과실로 인한 실화자를 지나치게 가혹한 손해배상책임으로부 터 구제하기 위하여 실화책임법을 제정한 것이고, 오늘날에 있어서도 이러한 실화책임법의 필요성은 여전히 존속하고 있다고 할 수 있다.

그런데 실화책임법은 위와 같은 입법목적을 달성하는 수단으로서, 경과실 로 인한 화재의 경우에 실화자의 손해배상책임을 감면하여 조절하는 방법을 택하지 아니하고, 실화자의 배상책임을 전부 부정하고 실화피해자의 손해배 상청구권도 부정하는 방법을 채택하였다. 그러나 화재피해의 특수성을 고려 하여 과실 정도가 가벼운 실화자를 가혹한 배상책임으로부터 구제할 필요가 있다고 하더라도, 그러한 입법목적을 달성하기 위하여 실화책임법이 채택한 방법은 입법목적의 달성에 필요한 정도를 벗어나 지나치게 실화자의 보호에 만 치중하고 실화피해자의 보호를 외면한 것이어서 합리적이라고 보기 어렵 고, 실화피해자의 손해배상청구권을 입법목적상 필요한 최소한도를 벗어나 과도하게 많이 제한하는 것이다. 또한 화재피해자에 대한 보호수단이 전혀 마련되어 있지 아니한 상태에서, 화재가 경과실로 발생한 경우에 화재와 연 소의 규모와 원인 등 손해의 공평한 분담에 관한 여러 가지 사항을 전혀 고 려하지 아니한 채, 일률적으로 실화자의 손해배상책임과 피해자의 손해배상 청구권을 부정하는 것은, 일방적으로 실화자만 보호하고 실화피해자의 보호 를 외면한 것으로서 실화자 보호의 필요성과 실화피해자 보호의 필요성을 균 형있게 조화시킨 것이라고 보기 어렵다.

나. 종전의 합헌결정을 변경하면서 헌법불합치결정을 선고한 사례

실화책임법이 위헌이라고 하더라도, 화재와 연소(연소)의 특성상 실화자의 책임을 제한할 필요성이 있고, 그러한 입법목적을 달성하기 위한 수단으로는 구체적인 사정을 고려하여 실화자의 책임한도를 경감하거나 면제할 수 있도록 하는 방안, 경과실 실화자의 책임을 감면하는 한편 그 피해자를 공적인 보험제도에 의하여 구제하는 방안 등을 생각할 수 있을 것이고, 그 방안의 선택은 입법기관의 임무에 속하는 것이다.

따라서 실화책임법에 대하여 단순위헌을 선언하기보다는 헌법불합치를 선고하여 개선입법을 촉구하되, 실화책임법을 계속 적용할 경우에는 경과실로 인한 실화피해자로서는 아무런 보상을 받지 못하게 되는 위헌적인 상태가 계속되므로, 입법자가 실화책임법의 위헌성을 제거하는 개선 입법을 하기 전에도 실화책임법의 적용을 중지시킴이 상당하다.

이 결정과 달리 실화책임법이 헌법에 위반되지 아니한다고 결정한 헌법재판소 1995. 3. 23. 선고 92헌가4등 결정은 이 결정의 견해와 저촉되는 한도에서 변경한다.

재판관 이동흡의 보충의견

실화책임법과 같이 경과실로 인한 실화의 경우 일률적으로 실화피해자의 손해배상청구권을 완전히 부정하는 입법례는 실화자에게 민사상의 배상책임을 지우지 않는 관습이 형성된 일본 이외에는 유례가 없다.

특히 우리의 경우에는 일본과 같은 관습도 없을 뿐만 아니라, 실화책임법 제정 당시와는 달리 오늘날에는 내화성이 강한 건축양식에 따른 대형건축물이 증가하였고, 화재의 조기진압과 예방을 위한 소방관계법령들이 제정 또는 개정됨으로써 실화자를 가혹한 손해배상책임의 부담으로부터 구제한다는 실화책임법의 필요성도 많이 약화되었다. 또한 실화로 인한 경우와 마찬가지로, 광산사고, 독성물질로 인한 사고 등으로 인하여 손해의 범위가 예상외로 확대된 경우에도 과실책임주의를 관철하거나 무과실책임주의 내지 위험책임주의를 도입하여 피해자에 대한 보상의 확대를 도모하고 있는 현대의 입법추세에 비추어 보더라도 실화피해자의 보호를 외면하고 실화자의 구제만을 우선하고 있는 실화책임법을 유지할 것인가에 대하여는 의문을 가질 수밖에 없다.

따라서 실화책임법은 불의 특성과 실화자의 구제만을 지나치게 강조하여 필요한 정도 이상으로 실화피해자의 재산권을 제한하는 것으로서 위헌이라 하지 않을 수 없다. 다만 실화책임법의 위헌성은 제정 당시부터 있었던 것이라기보다는 그 후의 건축양식의 변화와 소방행정의 발달 및 관계법령의 정비 등 현실적인 상황의 변경에 의하여 발현된 것이라고 보여지고, 그 위헌성을 제거하는 방법도 다양할 것이므로, 입법자의 개선입법이 있을 때까지 실화책임법의 적용을 중지하는 헌법불합치의견에 동의하면서 그 이유에 대하여 이

와 같이 보충적으로 의견을 밝히는 것이다.

재판관 이공현, 재판관 송두환의 단순위헌의견

실화책임법은 실화자를 지나치게 가혹한 부담으로부터 구제하려는 입법목적을 달성하기 위하여 경과실로 인한 실화의 경우 실화피해자의 손해배상청구권을 완전히 부정하고 있는바, 이는 다수의견도 지적하고 있는 바와 같이 실화자의 보호에만 치중하고 실화피해자의 보호는 외면한 것으로서 현저하게 불합리하고 불공정한 수단의 선택이라고 하지 않을 수 없다. 따라서 실화책임법은 헌법 제37조 제2항에서 정하고 있는 기본권제한입법의 한계를 일탈하여 실화피해자의 재산권을 침해하는 것으로서 헌법에 위반된다.

다만 이와 같이 실화책임법이 실화피해자의 재산권을 침해하는 것으로서 위헌으로 판단되는 이상, 헌법재판소로서는 실화책임법의 외관을 형식적으로 존속시키고 입법부의 개정입법이 있을 때까지 그 적용을 중지시킬 것이 아니라 단순위헌을 선고하여 실화책임법을 법질서에서 제거함으로써 헌법질서를 수호하는 단호한 태도를 취하여야 한다고 생각하므로, 다수의견과 달리 단순위헌의견을 개진하는 바이다(헌법재판소 2007. 8. 30. 선고 2004헌가25 전원재판부).

12. 가. 도시가스 계량기의 점유자가 가스공급업자인지 가스사용자인지 여부

계량기에 대하여 가스사용자의 점유를 전혀 부정할 수는 없다고 하더라도 가스공급업자도 또한 가스사용자와 함께 계량기에 대하여 직접 지배하면서 이를 점유관리하고 있었다 할 것이고, 오히려 계량기의 보수, 관리에 관련하는 한에 있어서는 가스사용자보다도 가스공급업자가 보다 직접적, 구체적인 지배를 하였다고 할 것이므로, 가스공급업자는 민법 제758조 제1항 소정의 점유자에 해당한다고 할 것이다.

나. 피해자측의 과실로 볼 수 있는 경우

민법 제763조, 제396조 소정의 피해자의 과실에는, 피해자 본인의 과실만이 아니라, 사회공평의 이념상 피해자와 신분상 내지는 생활상 일체로 볼 수 있는 관계에 있는 자의 과실도 이른바 피해자측의 과실로 포함된다(1994. 6. 28. 제1부 판결 94다2787 손해배상(기)).

<판례전문(1994. 6. 28. 제1부 판결 94다2787 손해배상(기))>

[원고, 상고인 겸 피상고인] 김동규 외 4인 원고들 소송대리인 변호사 박도영

[피고, 피상고인겸 상고인] 주식회사 동부해양도시가스 소송대리인 변호사 서희원

[피고보조참가인] 금호전기주식회사

[원심판결] 광주고등법원 1993. 12. 3. 선고 93나1618 판결

[주 문] 원심판결의 피고 패소부분 중 재물손괴 손해에 대한 부분을 파기하고 이 부분 사건을 광주고등법원에 환송한다.

피고의 나머지 상고와 원고들의 상고를 모두 기각한다.

상고기각된 부분의 상고비용은 각자의 부담으로 한다.

[이 유] (1) 피고의 상고이유 제1점에 관한 판단

공작물의 설치보존상의 하자로 인한 손해에 대하여는 공작물을 직접적, 구체적으로 지배하면서 사실상 점유관리하는 점유자에게 1차적 책임이 있다고 할 것이고, 위 점유자는 그 손해의 방지에 필요한 주의를 해태하지 아니하였음을 입증하지 않는 한 그 배상책임을 면하지 못한다고 할 것이다(당원 1993. 3. 26. 선고 92다10081 판결 참조).

한편 도시가스공급사업은 항상 사람의 생명, 재산 등을 침해하는 사고발생의 위험성을 수반하고 있기 때문에, 도시가스사업법(이하 법이라 한다)은, 일정한 자격을 갖춘 자에 한하여 독점적으로 위 사업을 영위할 수 있는 허가를 부여하도록 규정하고 있고(제3조 내지 제10조), 나아가 허가를 받은 가스사업자는 시·도지사의 승인을 얻은 공급규정에 따라 가스를 공급하여야 하며(제20조 제1항, 제21조), 위 공급규정에는 반드시 가스사용시설에 관한 가스사업자와 가스사용자간의 안전책임에 관한 사항과 가스공급시설 및 가스사용시설에 대한 비용의 부담액이 적정·명확하게 규정되어 있을 것을 요구하는 규정을 두고 있을 뿐만 아니라(제20조 제2항, 시행규칙 제21조 제3항에 따른 [별표 8] 제12호), 가스사업자에게 가스사용시설에 대한 위해방지조치(제28조), 안전관리자 채용(제29조), 안전교육(제30조), 보험가입(제43조) 등 가스보안을 위한 여러 가지 행정상의 의무를 부과하는 규정을 두고 있다.

그런데 원심이 적법히 인정한 사실과 기록에 의하면, 일반가스공급업자인 피고 회사는 1988. 1. 21. 원고 김동규와 사이에 순천시 남내동 55의 1 소재 황금백화점 2층 중 약 15평에서 같은 원고의 처인 소외 망 신윤심이 경영하는 '영스넥'에 전라남도지사에 의해 승인된 피고 회사의 공급규정에 따라 도시가스를 공급하여 주기로 하는 도시가스 공급계약을 체결함에 있어, 가스계량기를 포함하여 가스사용자가 직접 사용하는 가스사용시설의 신설, 수리 및 개조 등의 공사는 피고 회사가 시공하고(공급규정 제5조 제6호, 제14조 제2호), 내관(옥내, 외내관) 및 가스계량기에 대하여는 가스사용자가 그 비용을 부담하여 그의 소유로 하되, 그 관리는 피고 회사가 하며(공급규정 제16조 제1호, 제2호, 제3호), 한편 가스사용자인 원고측도 가스누설을 감지할 때에는 즉시 입구의 콕크, 기타 콕크 및 가스전을 폐쇄하고 피고 회사에 통지하고, 가스사용시설 일체에 대하여 관리자의 입장에서 위해가 발생하지 아니하도록 사전관리를 철저히 하여야 하는(공급규정 제38조)등의 약정을 한 후, 그 시경 위 공급규정에 따라 위 원고로부터 공사비를 받아 내관 및 피고보조참가인 회사로부터 공급받은 이 사건 계량기 등의 가스사용시설을 설치한 다음, 위 음식점에 도시가스를 공급하면서 위 가스계량기를 보수, 관리

하여 왔고, 가스사용자인 원고측은 위 가스계량기가 위 음식점 실내에 설치되어 있기는 하였으나, 그 용도가 가스사용량을 측정하는 것으로서 이를 만질 필요가 없을 뿐만 아니라 미경험자로서 취급하기 어려운 가스의 위험성 때문에 이를 임의로 옮기는 것은 물론, 고장 등으로 점검을 요하는 경우에도 스스로 행하는 것이 아니라 피고 회사에 연락하여 그 직원이나 그 가스관리대행업소의 직원이 보수하여 왔다는 것이다.

사정이 이와 같다면, 이 사건 계량기에 대하여 가스사용자인 원고측의 점유를 전혀 부정할 수는 없다고 하더라도, 피고 회사도 또한 원고측과 함께 위 계량기에 대하여 직접 지배하면서 이를 점유관리하고 있었다 할 것이고, 오히려 위 계량기의 보수, 관리에 관련하는 한에 있어서는 원고측 보다도 피고 회사가 보다 직접적, 구체적인 지배를 하였다고 할 것이므로, 피고 회사는 민법 제758조 제1항 소정의 점유자에 해당한다고 할 것이다. 원심의 판단은 그 설시에 다소 미흡한 점은 있으나, 결국 피고가 이 사건 계량기의 점유자로 본 결론에 있어서 정당하므로, 거기에 소론과 같은 위법이 있다고 할 수 없다. 논지는 이유 없다.

(2) 피고의 상고이유 제2점에 관한 판단

가스계량기는 위험한 물건인 도시가스가 항시 누출될 위험이 있는 가스사용시설로서 반드시 법령의 기준에 맞도록 직사광선 또는 빗물을 받을 우려가 없는 곳으로서 옥외에 설치하되, 다만 옥외설치가 현저히 곤란하여 옥내에 설치하는 경우에는 수시로 환기가 가능한 곳을 선정하여 이를 설치, 보존하여야 하는바{1993. 3. 6. 법률 제4541호로 개정되기 전의 구 법 제12조 제5항, 법시행규칙 제12조 제2항에 따른 1992. 4. 15. 동력자원부령 제124호로 개정되기 전의 [별표 4] 제2호 (8)목}, 원심이 적법히 인정한 사실과 기록에 의하면, 피고 회사는 이 사건 계량기를 옥외가 아닌 옥내에 설치하면서도, 수시로 환기가 되지 아니하는 위 음식점의 실내에 설치한 후 이를 관리하여 왔다는 것이므로, 그 손해방지에 필요한 주의를 다 하였다고 볼 수 없다. 따라서 원심이 피고의 면책항변에 관한 판단을 유탈한 것은 잘못이라 할 것이나, 동 피고의 항변이 배척될 경우임이 명백한 이상 이러한 원심의 잘못은 판결결과에 영향이 없어 원심판결의 파기이유는 되지 아니한다. 논지는 이유 없다.

(3) 피고의 상고이유 제3점 및 원고들의 상고이유에 관한 판단

민법 제763조, 제396조 소정의 피해자의 과실에는, 피해자 본인의 과실만이 아니라, 사회공평의 이념상 피해자와 신분상 내지는 생활상 일체로 볼 수 있는 관계에 있는 자의 과실도 이른바 피해자측의 과실로서 포함된다고 해석하여야 할 것이고(당원 1991. 11. 12. 선고 91다30156 판결 참조), 손해배상사건에 있어서 과실상계사유에 관한 사실인정이나 그 비율을 정하는 것은 그것이 형평의 원칙에 비추어 현저히 불합리하다고 인정되지 아니하는 한 사실심의 전권사항에 속한다고 할 것이다(당원 1992. 5. 22. 선고 91다37690 판결).

그런데 기록에 의하면, 원고 김우영은 피고의 주장과 같이 위 망인의 피용자

도 아니고 미성년자도 아니기는 하나, 위 망인과 동거하는 아들일 뿐만 아니라, 위 망인이 경영하는 위 음식점의 일을 도와 주기도 하여 왔는데, 위 사고 당일에도 위 음식점의 일을 도와 주기 위하여 위 망인을 자신이 운전하는 오토바이 뒤에 태우고 위 음식점까지 동행하여 갔다가 불을 밝히려고 1회용 라이터를 켜는 바람에 이 사건 사고가 발생하여 위 망인이 사망하였다는 것이므로, 위 원고의 위와 같은 과실은 위 망인과의 위와 같은 신분관계 내지는 생활관계로 보아 피해자측의 과실로서 위 망인의 손해배상액을 산정함에 있어서도 참작하여야 할 것이고, 또 기록에 의하여 살펴보면, 이 사건 사고 당시의 제반 사정에 비추어 볼 때 원심이 피해자측의 과실비율을 50%로 평가한 것이 현저히 낮거나 높거나 하여 형평의 원칙에 비추어 현저히 불합리하다고는 인정되지 아니하므로, 원심판결에 소론과 같은 과실상계에 관한 법리오해, 채증법칙 위배로 인한 사실오인 또는 심리미진의 위법이 있다고 할 수 없다. 논지는 모두 이유 없다.

(4) 피고의 상고이유 제4점에 관한 판단

불법행위로 인하여 물건이 훼손되었을 때의 통상의 손해액은 수리가 가능한 경우에는 그 수리비가 되고, 수리가 불가능한 경우에는 그 훼손 당시의 교환가치 (시가)가 된다고 할 것이다(당원 1994. 1. 28. 선고 93다49499 판결 등 참조).

그런데 원심이 인정한 바와 같이 위 사고로 인하여 이 사건 주방시설 및 가전 제품이 훼손되어 그 수리가 불가능하게 되었다면, 그 훼손 당시의 교환가치(시가)가 통상의 손해액이라고 할 것임에도, 원심이 이 사건 주방시설 및 가전제품에 대한 손해액을 산정함에 있어서 그 훼손 당시의 교환가치가 아닌 수리비 또는 구입 당시의 교환가치 상당을 그 기준으로 한 것은, 심리미진, 채증법칙 위배로 인한 사실오인 또는 손해배상의 범위에 관한 법리를 오해하여 판결결과에 영향을 미친 위법을 범한 것이라고 아니할 수 없다.

따라서 이 점을 지적하는 논지는 이유 있다.

(5) 이에 원심판결의 피고 패소부분 중 재물손괴 손해에 대한 부분을 파기하고 이 부분 사건을 원심법원에 환송하며 피고의 나머지 상고와 원고들의 상고는 모두 기각하고 상고기각된 부분의 상고비용은 각자의 부담으로 하기로 하여 관여 법관의 일치된 의견으로 주문과 같이 판결한다.

대법관 배만운(재판장) 김주한
김석수(주 심) 정귀호

참조판례

나. 대법원 1987. 2. 10. 선고 86다카1759 판결(공1987, 421)
1991. 11. 12. 선고 91다30156 판결(공1992, 110)

13. 도시가스 계량기의 가스누출사고에 관하여 가스 공급업자를 가스 계량기의 직접적인 점유관리자라고 한 사례

도시가스 계량기의 부식으로 인한 가스누출 폭발사고에 관하여 가스 계량기의 관리에 관한 일차적인 책임은 도시가스 공급업자의 가스공급규정에 의거 특별히 도시가스 공급업자가 지도록 되어 있다고 보아야 하며, 더욱이 가스시설 등에 대하여는 일반 수요자는 전문가가 아니므로 취급하기 어려울 뿐 아니라 가스 누출시에 생겨날 고도의 위험성 등에 비추어 보아 가스 공급업자가 직접 책임 관리하도록 되어 있는 것이라고 해야 할 것이므로, 도시가스 공급업자는 가스 계량기의 간접 점유자가 아닌 직접적인 점유관리자라고 한 사례(1994. 8. 23. 제1부 판결 94다16403 손해배상(기)))

<판례전문(1994. 8. 23. 제1부 판결 94다16403 손해배상(기)))>

[원고, 피상고인] 황옥현

[피고, 상고인] 주식회사 동부해양도시가스 소송대리인 변호사 서희원

[피고보조참가인] 금호전기주식회사

[원심판결] 광주고등법원 1994. 2. 4. 선고 93나1915 판결

[주 문] 상고를 기각한다. 상고비용은 피고의 부담으로 한다.

[이 유] 상고이유를 판단한다.

제1점에 대하여

원심은 점유 관리에 관한 법리를 오해하여 이 사건 가스계량기의 점유관리자가 아닌 피고를 점유관리자로 보아 왔을 뿐 아니라 점유관리자라고 인정하더라도 간접 점유자에 불과한 피고를 직접 점유자로 취급하여 책임을 인정한 위법이 있다는 것이므로 살펴건대, 원심판결의 요지는 가스공급업자인 피고 회사가 그의 대행업소로 하여금 가스공급을 위하여 원고 소유의 건물에 설치한 가스공급시설에서 가스사용량을 측정하기 위한 시설로 설치한 가스계량기의 소유는 원고의 것이지만 위 계량기의 설치, 점검, 보수, 검침 등은 피고 회사의 가스공급규정 제16조 제3항에 의거 피고 회사가 하도록 되어 있고, 실제로도 피고회사측에서 위와 같은 일을 하며, 특히 계량기는 가스사용자나 종업원 등이 쉽게 손댈 수 없는 지상 2m이상의 위치에 설치해 두었는데 위 계량기의 구성부분인 몸체 4개의 나사 중 3개가 서서히 부식되어 파괴되면서 그 연결부위에서 도시가스가 누출되어 위 건물에 있는 영스낵의 실내에 가득차게 된 것을 알지 못한 소외 김우영이 1회용 라이타를 켜는 순간 위 도시가스에 인화되어 폭발사고가 일어나 원고의 건물 및 그 경영의 영업시설 등 원고 재산을 전소시켜 손해를 입힌 사실을 인정하고 그 손해배상을 명한 것인바, 원심이 적법히 취사 선택한 증거를 종합해 보면 원심의 위와 같은 요지의 사실인정은 수긍이 가고, 사실관계가 위와 같은 경우에 이 사건

가스계량기의 관리에 관한 일차적인 책임은 피고 회사의 가스공급규정 제16조 제3항에 의거 특별히 피고가 지도록 되어 있다고 보아야 하며, 더욱이 가스시설 등에 대하여는 원고 등과 일반 수요자는 전문가가 아니므로 취급하기 어려울 뿐 아니라 가스 누출시에 생겨날 고도의 위험성 등에 비추어 보아 가스공급업자인 피고 회사가 직접 책임 관리하도록 되어 있는 것이라고 해야 할 것이다.

따라서 이 사건 가스계량기의 직접적인 점유관리자는 피고라고 할 것이고, 이를 단순한 간접 점유자라고 할 수는 없을 것이다.

따라서 이 점을 달리 취급하려는 피고의 상고논지는 이유 없다.

제2점에 대하여

피고 회사는 1989. 11. 17.경에 가스계량기를 교체하였고 이 사건 발생 약 9일 전인 1990. 7. 27.경에는 계량기에서의 가스누출 여부등에 관하여 안전점검까지 실시하였으며, 정기적으로 점검을 하고 사용안내와 안전점검교육을 시키는 등 사회통념상 일반적으로 요구되는 정도의 주의의무를 다했으니 책임이 없다는 것이므로 살피건대, 비록 피고 주장과 같은 점검절차 등을 거쳤다 하더라도 피고가 점검시에 원심판시에서 나타난 이 사건 사고원인이 된 가스계량기의 나사가 부식되는 것을 발견하지 못했다면 그 점검을 철저히 한 것이라고 볼 수 없고, 따라서 위 논지도 이유 없다.

제3점에 대하여

피고는 원심이 원고의 과실을 참작하는 과실상계를 하지 않은 것이 잘못이라고 주장하나, 원심 기록에 의하면 특별히 원고의 과실을 인정할 만한 자료가 보이지 않으므로 이점 논지도 이유 없다.

제4점에 대하여

피고는 원심판결이 이 사건 손해액을 산정함에 있어서 사실인정을 잘못했다고 주장하나, 기록을 정사하여도 원심의 손해액 산정에는 잘못이 있다고 인정할 부분이 없을 뿐 아니라 이는 원심의 전권인 사실인정을 비난하는 것으로서 적법한 상고이유가 될 수 없어 논지는 이유 없다.

따라서 이 사건 상고는 모두 이유 없으므로 기각하고, 상고비용은 패소자의 부담으로 하여 관여 법관의 일치된 의견으로 주문과 같이 판결한다.

대법관 이임수(재판장) 김석수

이돈희(주심)

14. **민법 제758조 제1항에 규정된 '공작물의 설치·보존상의 하자'의 의미 및 그 판단 기준**

민법 제758조 제1항에서 말하는 공작물의 설치·보존상의 하자라 함은 공작물이 그 용도에 따라 통상 갖추어야 할 안전성을 갖추지 못한 상태에 있음을 말하는 것으로서, 이와 같은 안전성의 구비 여부를 판단함에 있어서는 당해 공작물의 설치·보존자가 그 공작물의 위험성에 비례하여 사회통념상 일반적으로 요구되는 정도의 방호조치 의무를 다하였는지의 여부를 기준으로 판단하여야 한다(대법원 2005. 1. 14. 선고 2003다24499 판결).

15. **전기공작물 설치이후의 환경변화와 안전조치 의무**

전기사업법이나 전기설비기술기준령은 전기공작물의 설치보존상의 하자유무를 판단하는 참작기준이 될 수 있을 뿐이지 절대적인 기준은 아닌 것이므로 한국전력이 위 법령의 기준에 따라 전기공작물을 설치하였다고 하더라도 그로써 그 이후에 생긴 공작물주위의 자연적 인위적 환경변화에 따른 사고예방조치의 강구의무까지 면제되는 것은 아니다(대법원 1987. 10. 28. 선고 87다카1282 판결).

16. **시공상의 잘못으로 발생한 공작물의 하자로 인하여 타인에게 손해를 가한 경우, 민법 제758조가 공작물 시공자의 피해자에 대한 민법 제750조에 의한 손해배상책임을 배제하는 규정인지 여부(소극)**

민법 제758조는 공작물의 설치·보존의 하자로 인하여 타인에게 손해를 가한 경우 그 점유자 또는 소유자에게 일반 불법행위와 달리 이른바 위험책임의 법리에 따라 책임을 가중시킨 규정일 뿐이고, 그 공작물 시공자가 그 시공상의 고의·과실로 인하여 피해자에게 가한 손해를 민법 제750조에 의하여 직접 책임을 부담하게 되는 것을 배제하는 취지의 규정은 아니다(대법원 1996. 11. 22. 선고 96다39219 판결).

◆ 민법상의 특수한 불법행위 : 동물의 점유자의 책임

제 759 조【동물의 점유자의 책임】

① 동물의 점유자는 그 동물이 타인에게 가한 손해를 배상할 책임이 있다. 그러나 동물의 종류와 성질에 따라 그 보관에 상당한 주의를 해태하지 아니한 때에는 그러하지 아니하다.

② 점유자에 갈음하여 동물을 보관한 자도 전항의 책임이 있다.

■ § 759. 동물점유자의 책임

- 요건 : ① 동물이 타인에게 손해를 주고, ② 면책사유가 없을 것.
- 효과 : ① 점유자나 보관자가 책임을 지나 간접점유자는 제외
 ② 점유자와 보관자의 구상권

1. 동물점유자의 책임의 의의 및 성질

동물점유자의 책임이란 동물이 타인에게 손해를 가한 경우에 그 동물의 점유자 또는 보관자가 부담하는 손해배상책임을 말하며, 본조에서 규정한 이와 같은 동물점유자의 무과실책임은 로마법에서도 널리 인정되어 있었으나, 게르만법에서는 더욱 더 넓게 인정하였다.

프랑스민법은 무과실책임을 규정하고 불가항력 및 피해자의 과실만에 의하여 손해가 생긴 때에만 면책을 인정한다(프링스민법 제3585조).

독일민법은 1908년의 개정에서 직업·영리·생활의 수요를 위한 가축에 관하여 면책사유를 인정하였다(독일민법 제833조 제834조).

우리민법은 스위스채무법(제56조)과 유사하다.

동물의 점유자 또는 그에 갈음하여 동물을 보관하는 자는 상당한 주의를 하였음을 입증하면 면책되기 때문에 동물점유자의 책임도 사용자책임 등과 마찬가지로 과실의 입증책임을 전환한 이른바 중간적 책임이라고 볼 수 있다. 그리고 이 책임의 가중은 일종의 위험책임에 근거를 둔 것이다.

2. 동물점유자의 책임의 요건

우선 동물이 손해를 가했어야 한다. 동물의 종류는 묻지 않는다. 개·소·말·닭 등의 가축은 물론, 가축아닌 동물도 포함한다. 그러나 동물의 종류·성질에 따라 점유자의 주의의 정도는 달라지게 될 것이다.

(1) 타인에게 가한 손해

동물이「타인에게 가한 손해」가 배상의 대상이 된다. 인체에 가한 손해뿐만 아니라 물건을 파괴한 경우와 같이 타인의 소유물 등에 가한 손해도 포함한다.

그러나 동물 자체의 동작에 의한 것이 아니라, 사람이 동물을 성나게 해서 손해를 발생시킨 경우에는 제750조에 의한 일반 불법행위로서의 책임을 진다.

(2) 면책사유가 없을 것

면책사유에 대한 입증이 없어야 한다.「동물의 종류 및 성질에 따라 그 보관에 상당한 주의를 게을리 하지 아니한 때」가 면책사유가 된다.

상당한 주의를 했음에도 불구하고 손해가 생겼을 경우에는 면책이 된다고 하여야 할 것이다. 이 면책사유의 입증책임자는 동물점유자이다.

3. 손해배상책임자

손해배상의 책임자는「동물의 점유자」와「점유자에 갈음하여 동물을 보관한 자」이다.

전자는 소유자 자신이 점유하는 경우의 소유자·임차인 등이고, 후자는 임치인이다.

이 보관자는 규정상 독립한 점유자로서 당연히 본조 1항의 점유자에 포함된다고 생각할 수 있으므로 본조 2항은 특별규정으로서의 의미는 없고, 단지 하나의 주의적 규정에 불과하다 할 것이다.

이에 대하여 점유보조자가 보관자에 포함되느냐에 관하여는 독립한 지위에 있지 아니한 점유보조자에게 무거운 책임을 부담하게 하여서는 아니되므로 본조 2항의 보관자에 포함되지 않는다고 본다.

직접점유자에게만 본조가 적용된다면 점유자와 보관자가 동시에 책임을 부담하게 되는 일은 있을 수 없으나, 간접점유를 시키고 있는 본인이 일반불법행위책임을 부담하는 때에는 양자의 책임이 경합하게 된다.

그리고 이 경우에 있어서의 양자의 책임은 사용자와 피용자의 책임과 마찬가지로 부진정연대채무관계가 되어 어느쪽도 전부의 배상의무를 지게 되는 것으로 해석한다.

본조에 의하여 배상을 한 점유자·보관자는 손해의 원인에 대한 책임을 져야 할 자가 따로 있는 경우에는 그 자에 대하여 구상권을 행사할 수 있다. 이점에 관하여는 명문의 규정이 없으나 당연한 것으로 해석하여야 할 것이다.

▣ 핵심판례 ▣

■ [동물의 점유자의 책임]

도사견 소유자가 이를 타인에게 빌려주는 경우의 주의의무

도사견은 성질이 난폭하여 사람에게 피해를 입힐 위험이 크므로 그 소유자가 이를 타인에게 빌려주는 경우에는 그가 도사견을 안전하게 보관 관리할 수 있는 시설을 갖추고 있는지 여부를 확인하여야 할 주의의무가 있다(1981. 2. 10. 제1부 판결 80다2966 손해배상).

◈ 민법상의 특수한 불법행위 : 공동불법행위자의 책임

제 760 조 【공동불법행위자의 책임】

① 수인이 공동의 불법행위로 타인에게 손해를 가한 때에는 연대하여 그 손해를 배상할 책임이 있다.

② 공동 아닌 수인의 행위중 어느 자의 행위가 그 손해를 가한 것인지를 알 수 없는 때에도 전항과 같다.

③ 교사자나 방조자는 공동행위자로 본다.

■ § 760. 공동불법행위

* 복수의 사람이 공동으로 불법행위를 하여 타인에게 손해를 주는 경우→행위의 결과에 대한 공동책임
* 모습 : ① 협의의 공동불법행위-복수사람의 행위가 서로 관련 공동해서 하나의 위법행위 구성
 ② 가해자불명의 공동불법행위(2항)
 ③ 교사, 방조에 의한 공동불법행위(3항)
* 효과 : ① 책임의 연대성
 ② 배상의 범위-상당인과관계에 서는 모든 손해(§393)
 ③ 구상관계-공동불법행위자 한 사람이 전부배상을 한 경우 그 배상자는 다른 자에 대해 본래 부담하였을 책임비율에 따라 구상권 행사가능
* 관련법조 : [이사연대책임] 상 §401, §567, [광해책임연대] 광업 §91~§98, [교사자] 형§31, [방조자] 형§32, [공범] 형 §30~§34

1. 공동불법행위의 의의

복수의 사람이 공동으로 불법행위를 하여 타인에게 손해를 가한 경우를 공동불법행위라 하며, 본조가 이를 규정한 것이다. 본조의 규정을 분석하면 이하의 세 경우를 포함한다.

즉 ① 수인이 「공동의 불법행위」에 의하여 타인에게 손해를 가한 때에는

「연대하여」그 손해를 배상할 책임이 있다고 하고, ②「수인의 행위 중 어느
자의 행위가 그 손해를 가한 것인지 알 수 없는 때」에도 마찬가지로 다루어
지며, ③「교사자」및「방조자」는「공동행위자」로 본다는 것이다.

2. 공동불법행위의 태양

(1) 협의의 공동불법행위(제760조 1항)

「수인이 공동의 불법행위로 타인에게 손해를 가한 때」, 예컨대 수인이
공동하여 타인을 구타한다거나 혹은 수인이 공동으로 강도·절도를 하는
경우와 같이 복수의 사람의 행위가 서로 관련·공동하여 하나의 위법행위
를 구성하는 때에 이를「협의의 공동불법행위」라고 한다.

협의의 공동불법행위가 성립하려면 다음의 요건을 갖추어야 한다

1) 각 행위자의 행위가 독립하여 불법행위의 요건을 갖출 것

가해자 각자가 각기 독립하여 불법행위의 요건을 갖추어야 한다는 것이
통설과 판례(1997. 8. 29. 96다46903)이다. 즉 각 가해자에게 고의 또는 과실
이 있어야 하고, 책임능력이 있어야 한다. 그렇다면 각자의 행위와 손해발생
사이에 인과관계가 있어야 하는가? 이에 대해 학설은 대립하고 있는데, 판례
는 각자의 행위와 손해발생 사이에 있어 개별적 인과관계까지는 불필요하고
공동불법행위자 전체의 행위와 손해발생 사이에만 인과관계가 있으면 족하
다는 판례(대판 1997. 11. 28. 97다18448)와 각자의 행위와 손해발생 사이에
개별적 인과관계를 요구하는 판례도 다수 있어(대판 1998. 11. 24. 98다32045
등) 현재 판례의 태도는 두가지 형태가 모두 존재하고 있다고 평가된다.

2) 수인이 공동으로 불법행위를 하였을 것

여기서 '공동'의 의미에 관해서는 견해가 대립된다.

가. 주관적 공동설

협의의 공동불법행위의 성립에는 '주관적 공동관계'를 필요로 하며, 따라
서 행위자 사이에는 공모 또는 공동의 인식이 필요하다는 견해로, 공모 등
이 있는 경우에는 제760조 1항을 적용하고, 그 외의 경우에는 제2항을 적
용하자고 한다. 이 견해에 의하면 과실의 불법행위가 경합한 때에는 제2항
이 적용되지만, 각자가 손해발생과 직결되어 있는 경우에는 손해배상책임

을 진다고 한다.

나. 객관적 공동설

행위자(가해자) 사이에 공모 내지 의사의 공통이나 공동의 인식은 필요 없으며, 그 행위가 객관적으로 관련·공동되어 있으면 된다고 하는 견해로, 각 행위가 손해발생에 대하여 공통의 원인이 되었다고 인정되면(객관적 공동관계) 충분하다고 한다(통설). 판례는 제760조의 공동불법행위의 경우 행위자 상호간의 공모는 물론 공동의 인식을 필요로 하지 아니하고, 객관적으로 그 공동행위가 관련되어 있으면 족하며, 그 관련 공동성 있는 행위에 의하여 손해가 발생함으로써 공동불법행위가 성립한다고 한다(대판 2003. 1. 10. 2002다35850).

2) 공동불법행위가 성립하는지 여부가 문제되는 사례

어느 정도의 공동성이 있을 때 객관적으로 공동관계를 인정할 수 있느냐는 결국 행위와 손해 사이의 객관적 인과관계의 문제이다.

가. 교통사고 피해자가 치료를 받던 중 의사의 과실로 증상이 악화된 경우

교통사고로 인하여 상해를 입은 피해자가 치료를 받던 중 치료를 하던 의사의 과실로 인한 의료사고로 증상이 악화되거나 새로운 증상이 생겨 손해가 확대된 경우, 의사에게 중대한 과실이 있다는 등 특별한 사정이 없는 한 확대한 손해와 교통사고 사이에도 상당인과관계가 있고, 이 경우 교통사고와 의료사고가 각기 독립하여 불법행위의 요건을 갖추고 있으면서 객관적으로 관련되고 공동하여 위법하게 피해자에게 손해를 가한 것으로 인정되면 공동불법행위가 성립한다(대판 1998. 11. 24. 98다32045).

나. 교통사고로 상해를 입고 1달 후 병원에 입원하여 치료하던 중 병원시설의 하자로 인해 비상계단에서 떨어져 사망한 경우

위의 경우에 대해서 판례는, 양 행위가 시간과 장소에 괴리가 있고 결과 발생에 있어서도 양 행위가 경합하여 단일한 결과를 발생시킨 것이 아니고 각 행위의 결과발생을 구별할 수 있으므로 이러한 경우에는 공동불법행위가 성립하지 않고, 각각의 손해에 대해 따로 배상액을 산정하여야 한다고 하였다(대판 1989. 5. 23. 87다카2737).

**다. 관광버스가 국도상에 생긴 웅덩이를 피하기 위해 중앙선을 침범 운행
한 과실로 마주 오던 트럭과 충돌하여 교통사고가 난 경우**

위 사안의 경우, 도로의 관리책임자로서의 국가는 관광버스회사와 공동
불법행위자로서 손해배상책임을 진다(대판 1993. 6. 25. 93다14424).

**라. 대한적십자사의 주의의무 위반으로 인한 에이즈 감염행위와 의사의 수
혈시의 설명의무 위반으로 인한 환자의 자기결정권 침해행위가 공동
불법행위를 구성하는지 여부(소극)**

에이즈 바이러스에 감염된 혈액을 환자가 수혈받음으로써 에이즈에 감
염될 위험을 배제할 의무 및 그와 같은 결과를 회피할 의무를 다하지 아
니하여 감염된 혈액을 수혈받은 환자로 하여금 에이즈 바이러스 감염이라
는 치명적인 건강 침해를 입게 한 대한적십자사의 과실 및 위법행위는 신
체상해 자체에 대한 것인 데 비하여, 수혈로 인한 에이즈 바이러스 감염
위험 등의 설명의무를 다하지 아니한 의사들의 과실 및 위법행위는 신체
상해의 결과 발생 여부를 묻지 아니하는 수혈 여부와 수혈 혈액에 대한
환자의 자기결정권이라는 인격권의 침해에 대한 것이므로, 대한적십자사와
의사의 양 행위가 경합하여 단일한 결과를 발생시킨 것이 아니고 각 행위
의 결과 발생을 구별할 수 있으니, 이와 같은 경우에는 공동불법행위가 성
립한다고 할 수 없다(대법원 1998. 2. 13. 선고 96다7854 판결).

(2) 가해자 불명의 공동불법행위(제760조 2항)

즉「공동아닌 수인의 행위 중 어떤 자의 행위가 그 손해를 가한 것인지
를 알 수 없는 때」, 예컨대 수인이 공동으로 타인을 구타하고 있는 동안
에 그 중 1인이 칼로 상해를 하였다거나, 또는 수인이 투석으로 상해를 가
하였다고 할 때에 이들 상해가 누구의 것인지 알 수 없는 불명한 경우가
이에 해당한다.

이러한 경우는 상해를 주는 것 자체에는 객관적 공동성이 없는 점에서
협의의 공동불법행위와 다르다.

(3) 교사 · 방조(제760조 3항)

교사자나 방조자는 공동행위자로 본다.

1) 교 사

교사는 타인으로 하여금 불법행위에 대한 의사결정을 하도록 만드는 것으로, 교사의 수단·방법에는 아무런 제한이 없다(예 : 강박·기망·애원·감언에 의한 유도, 촉탁, 지시, 시사 등).

2) 방 조

가. 방조의 의미

제760조 제3항은 교사자나 방조자는 공동행위자로 본다고 규정하여 교사자나 방조자에게 공동불법행위자로서 책임을 부담시키고 있는 바, 방조라 함은 불법행위를 용이하게 하는 직접, 간접의 모든 행위를 취하지 아니하는 부작위로 인하여 불법행위자의 실행행위를 용이하게 하는 경우도 포함한다(대판 2007. 5. 10. 2005다55299).

나. 과실에 의한 불법행위의 방조도 가능한지 여부

형법과는 달리 손해의 전보를 목적으로 하여 과실을 원칙적으로 고의와 동일시하는 민법의 해석으로서는 과실에 의한 불법행위의 방조도 가능할 것이며, 이 경우의 과실의 내용은 불법행위에 도움을 주지 않아야 할 주의의무가 있음을 전제로 하여 이 의무에 위반하는 것을 말하고, 방조자에게 공동불법행위자로서의 책임을 지우기 위하여는 방조행위와 피방조자의 불법행위 사이에 상당인과관계가 있어야 한다(대판 2007. 5. 10. 2005다55299).

다. 과실에 의한 방조로 인한 사용자책임을 인정한 사례

유가증권의 매매나 위탁매매, 그 중개 또는 대리와 관련한 업무를 주된 사업으로 수행하고 있는 증권회사의 경우 그 주된 업무가 객장을 방문한 고객들과 직원들간의 상담에 의하여 이루어지는 만큼 그 지점장으로서는 직원들과 객장을 관리·감독할 의무가 있고, 거기에는 객장 내에서 그 지점의 영업으로 오인될 수 있는 부정한 증권거래에 의한 불법행위가 발생하지 않도록 방지하여야 할 주의의무도 포함된다.

증권회사 지점장이 고객에 불과한 사람에게 사무실을 제공하면서 '실장' 직함으로 호칭되도록 방치한 행위와 그가 고객들에게 위 지점의 직원이라고 기망하여 투자금을 편취한 불법행위 사이에 상당인과관계가 있으므로

증권회사측에 과실에 의한 방조로 인한 사용자책임이 인정된다(대판 2007. 5. 10. 2005다55299).

3. 공동불법행위자의 책임

(1) 연대책임

제760조에서 정하는 3가지 유형에 속하는 공동불법행위자는 타인이 입은 손해에 대해 연대하여 배상할 책임을 진다. 여기서 '연대'는 부진정연대채무로 해석하는 것이 통설, 판례(대판 1992. 6. 23. 91다33070)의 태도이다.

(2) 배상의 범위

공동불법행위와 상당인과관계에 있는 모든 손해를 배상하여야 한다. 그러나 특별사정에 의한 손해에 관하여는 예견가능성을 가진 불법행위자만이 배상책임을 지는 것으로 보아야 한다.

【쟁점사항】

<공동불법행위책임에 있어서 가해자 중 1인이 다른 가해자에 비하여 불법행위에 가공한 정도가 경미한 경우, 피해자에 대한 관계에서 그 가해자의 책임 범위를 제한할 수 있는지 여부>

공동불법행위로 인한 손해배상책임의 범위는 피해자에 대한 관계에서 가해자들 전원의 행위를 전체적으로 함께 평가하여 정하여야 하고, 그 손해배상액에 대하여는 가해자 각자가 그 금액의 전부에 대한 책임을 부담하는 것이며, 가해자의 1인이 다른 가해자에 비하여 불법행위에 가공한 정도가 경미하다고 하더라도 피해자에 대한 관계에서 그 가해자의 책임 범위를 위와 같이 정하여진 손해배상액의 일부로 제한하여 인정할 수 없다(대판 2007. 6. 14. 2005다32999).

(3) 구상관계

1) 의 의

부진정연대채무에서는 채무자간에 주관적 공동관계가 없기 때문에 부담부분이 없고, 따라서 원칙적으로 구상관계가 발생하지 않는다. 그런데 판례는 공평한 손해분담의 차원에서 공동불법행위자가 상호간에 그 과실의 비율에 따라 부담부분을 가지는 것으로 보아, 그 전부를 변제한 자는 다른 공동불법

행위자의 부담부분 즉, 손해발생에 기여한 과실의 정도에 따라 구상권을 행사하는 것을 인정한다(대판 1992. 3. 31. 91다39849).

2) 공동불법행위자 상호간의 부담부분의 산정방법

공동불법행위자는 채권자에 대한 관계에서는 연대책임(부진정 연대채무)을 지되, 공동불법행위자들 내부관계에서는 일정한 부담 부분이 있고, 이 부담 부분은 공동불법행위자의 과실의 정도에 따라 정하여지는 것으로서 공동불법행위자 중 1인이 자기의 부담부분 이상을 변제하여 공동의 면책을 얻게 하였을 때에는 다른 공동불법행위자에게 그 부담 부분의 비율에 따라 구상권을 행사할 수 있다(대판 2002. 9. 24. 2000다69712).

3) 구상권의 행사요건과 범위

공동불법행위자 상호간에 따른 구상권 행사를 위하여는 전체 공동불법행위자 가운데 구상의 상대방이 부담하는 부분의 비율을 정하여야 하므로 단순히 구상의 당사자 사이의 상대적 부담비율만을 정하여서는 아니되며, 또한 피해자가 여럿이고 피해자별로 공동불법행위자 또는 공동불법행위자들 내부관계에 있어서의 일정한 부담 부분이 다른 경우에는 피해자별로 구상관계를 달리 정하여야 한다(대판 2002. 9. 24. 2000다69712).

4) 관련문제

가. 공동불법행위자 중 1인만이 제소당하여 공동면책시킨 경우, 응소를 위하여 지출한 소송비용 및 피해자에게 지급한 소송비용 상환액이 구상권의 범위에 포함되는지 여부

공동불법행위자 중의 1인만이 제소당하여 소송을 수행하고 있던 중에 다른 공동불법행위자가 상소심에 이르러 비로소 보조참가인으로 참가하여 소송을 수행한 경우에는 보조참가가 있은 상소심 이후에 피참가인이 지출한 소송비용은 자신의 권리를 방어하기 위한 것으로서 공동면책을 위한 비용으로 볼 수 없으므로 이를 보조참가를 한 공동불법행위자에 대하여 구상하는 것은 허용되지 않지만, 보조참가를 하기 전의 심급까지 지출한 소송비용은 그 응소가 부당응소라는 등의 특별한 사정이 없는 한 공동면책을 위한 비용으로 보아 이를 다른 공동불법행위자에 대하여 구상할 수 있다(1996. 11. 29. 95다2951).

나. 피해자의 공동불법행위자 을에 대한 손해배상채권이 시효로 소멸한 경우, 피해자에게 손해배상을 한 다른 공동불법행위자 갑의 을에 대한 구상권도 소멸하는지의 여부

피해자에게 손해배상을 한 공동불법행위자의 다른 공동불법행위자에 대한 구상권은 피해자의 다른 공동불법행위자에 대한 손해배상채권과는 그 발생 원인과 법적 성질을 달리하는 별개의 독립한 권리이므로, 공동불법행위자가 다른 공동불법행위자에 대한 구상권을 취득한 이후에 피해자의 그 다른 공동불법행위자에 대한 손해배상채권이 시효로 소멸되었다고 하여 그러한 사정만으로 이미 취득한 구상권이 소멸된다고 할 수 없다(1996. 3. 26. 96다3791).

다. 주식회사 대표이사의 불법행위로 인한 타인의 손해에 대하여 공동면책을 얻게 한 다른 공동불법행위자가 공동대표이사 중 1인을 상대로 구상권을 행사하는 경우 그 범위

공동면책을 얻은 다른 공동불법행위자가 공동대표이사 중 한 사람을 상대로 구상권을 행사하는 경우 그 공동대표이사는 주식회사가 원래 부담하는 책임부분 전체에 관하여 구상에 응하여야 하고, 주식회사와 공동대표이사들 사이 또는 각 공동대표이사 사이의 내부적인 부담비율을 내세워 구상권자에게 대항할 수는 없다(2007. 5. 31. 2005다55473).

라. 구상의무를 지는 자가 수인인 경우

공동불법행위자 중 1인에 대하여 구상의무를 부담하는 다른 공동불법행위자가 수인인 경우에는 특별한 사정이 없는 이상 그들의 구상권자에 대한 채무는 각자의 부담 부분에 따른 분할채무로 봄이 상당하지만, 구상권자인 공동불법행위자측에 과실이 없는 경우, 즉 내부적인 부담 부분이 전혀 없는 경우에는 이와 달리 그에 대한 수인의 구상의무 사이의 관계를 부진정연대관계로 봄이 상당하다(대법원 2005. 10. 13. 선고 2003다24147 판결).

▣ 핵심판례 ▣

■ **[공동불법행위자의 책임]**

1. **공단 소재 공장들에서 배출된 공해물질(각종 유해가스 및 분진)로 인하여 초래된 공단 주변 주민들의 생활환경 침해 및 장차 발병가능한 만성적인 신체건강상의 장해로 인한 정신적 고통에 대하여 공장주들에게 공동불법 행위자로서 위자료 지급의무를 인정한 사례**

 피고들의 공장에서 배출된 공해물질로 인하여 초래된 환경오염의 정도에 비추어 볼 때 원고들이 구체적인 발병에 이르지는 아니하였다 하여도 적어도 장차 발병 가능한 만성적인 신체건강상의 장해를 입었고 이는 통상의 수인한도를 넘는다고 할 것인바, 위와 같은 환경오염을 초래한 피고들의 행위는 생활환경의 보호와 그 침해에 대한 구제를 규정하고 있는 헌법 제35조 및 환경보전법 제60조 등에 비추어 볼 때 그 위법성이 있다 할 것이므로 피고들은 공동불법행위자로서 이로 인한 손해를 배상할 책임이 있다 할 것인데, 원고들이 위와 같은 생활환경의 침해 및 이로 인한 발병 가능한 만성적인 신체건강상의 장해로 심대한 정신적 고통을 받았을 것임은 경험칙상 넉넉히 수긍되므로 피고들은 공동불법행위자로서 원고들이 받은 위와 같은 정신적 고통을 위자함에 상당한 위자료를 지급할 의무가 있다 (1991. 7. 26. 제3부 판결 90다카26607 손해배상(산)).

2. **가. 회사 명의로 등록된 차량을 그 지입차주로부터 운전수와 함께 일시 임차하여 화물운송에 사용한 경우 그 회사의 소속 운전수에 대한 사용자의 지위가 유지되는지 여부**

 회사 명의로 등록된 차량을 그 지입차주로부터 운전수와 함께 일시 임차하여 화물운송에 사용한 경우에 특별한 사정이 없는 한 회사의 그 소속 운전수에 대한 사용자의 지위는 위와 같은 일시대여 상태에서도 유지된다.

 나. 위 "가"항의 경우 차량 임대인과 임차인 간의 구상권의 범위

 위 "가"항의 경우 차량의 임대인과 그 임차인의 각 배상책임은 서로 부진정 연대관계에 있다고 할 것이므로, 어느 한 쪽이 피해자에 대한 손해를 배상하여 공동면책이 되었다면 그 구상권의 범위는 각자의 부담부분 즉 손해발생에 기여한 과실의 정도에 의하여 결정하여야 할 것이다(1992. 3. 31. 제1부 판결 91다39849 구상금).

3. **피용자가 제3자와의 공동불법행위로 피해자에게 손해를 가하여 손해배상 책임을 부담하게 된 사용자가 그 제3자에 대하여 구상권을 행사할 수 있는 경우와 그 구상의 범위**

 피용자와 제3자가 공동불법행위로 피해자에게 손해를 가하여 그 손해배상채무를

부담하는 경우에 피용자와 제3자는 공동불법행위자로서 서로 부진정연대관계에 있고, 한편 사용자의 손해배상책임은 피용자의 배상책임에 대한 대체적 책임이어서 사용자도 제3자와 부진정연대관계에 있다고 보아야 할 것이므로, 사용자가 피용자와 제3자의 책임비율에 의하여 정해진 피용자의 부담부분을 초과하여 피해자에게 손해를 배상한 경우에는 사용자는 제3자에 대하여도 구상권을 행사할 수 있으며, 그 구상의 범위는 제3자의 부담부분에 국한된다고 보는 것이 타당하다 (1992. 6. 23. 전원합의체 판결 91다33070 손해배상(기)).

4. 가. 상법 제680조 제1항에서 말하는 '손해방지비용'의 의미 및 공동불법행위자 중 1인과 보험계약을 체결한 보험자가 피보험자에게 손해방지비용을 모두 상환한 경우, 그 보험자는 다른 공동불법행위자의 보험자가 부담하여야 할 부분에 대하여 직접 구상권을 행사할 수 있는지 여부(적극)

상법 제680조 제1항에서 말하는 손해방지비용이라 함은 보험자가 담보하고 있는 보험사고가 발생한 경우에 보험사고로 인한 손해의 발생을 방지하거나 손해의 확대를 방지함은 물론 손해를 경감할 목적으로 행하는 행위에 필요하거나 유익하였던 비용으로서, 보험계약자나 피보험자가 손해의 방지와 경감을 위하여 지출한 비용은 원칙적으로 자신의 보험자에게 청구하여야 한다. 다만, 공동불법행위로 말미암아 공동불법행위자 중 1인이 손해의 방지와 경감을 위하여 비용을 지출한 경우에 위와 같은 손해방지비용은 자신의 보험자뿐 아니라 다른 공동불법행위자의 보험자에 대하여도 손해방지비용에 해당하므로, 공동불법행위자들과 각각 보험계약을 체결한 보험자들은 각자 그 피보험자 또는 보험계약자에 대한 관계에서뿐 아니라 그와 보험계약관계가 없는 다른 공동불법행위자에 대한 관계에서도 그들이 지출한 손해방지비용의 상환의무를 부담한다. 또한 이러한 관계에 있는 보험자들 상호간에는 손해방지비용의 상환의무에 관하여 공동불법행위에 기한 손해배상채무와 마찬가지로 부진정연대채무의 관계에 있다고 볼 수 있으므로, 공동불법행위자 중의 1인과 보험계약을 체결한 보험자가 그 피보험자에게 손해방지비용을 모두 상환하였다면, 그 손해방지비용을 상환한 보험자는 다른 공동불법행위자의 보험자가 부담하여야 할 부분에 대하여 직접 구상권을 행사할 수 있다.

나. 불법행위로 인한 손해배상과 관련하여 당사자 사이에 합의나 화해가 이루어진 경우, 그 목적으로 된 사항에 대한 해석 원칙

불법행위로 인한 손해배상과 관련하여 당사자 사이에 피해자가 일정한 금액을 지급받고 나머지 청구를 포기하기로 하는 내용의 합의나 화해가 이루어진 경우, 그 목적이 된 사항에 관하여는 나중에 다시 배상을 청구할 수 없는 것이 원칙이므로, 합의나 화해 당시의 여러 사정을 종합적으로 참작하여 이를 엄격하게 해석하여야 한다.

다. 공동불법행위자 중 1인이 다른 공동불법행위자의 보험자로부터 자동차종합보험의 대물배상 한도액인 2,000만 원을 지급받으면서 그 보험자에 대한 '법률상의 배상액'을 포기하기로 합의하였더라도 이로써 위 한도액과는 무관한 손해방지비용의 상환청구권을 포기한 것으로 볼 수 없다고 판단한 사례

공동불법행위자 중 1인이 다른 공동불법행위자의 보험자로부터 자동차종합보험의 대물배상 한도액인 2,000만 원을 지급받으면서 그 보험자에 대한 '법률상의 배상액'을 포기하기로 합의하였더라도 이로써 위 한도액과는 무관한 손해방지비용의 상환청구권을 포기한 것으로 볼 수 없다고 판단한 사례(대판 2007. 3. 15. 2004다64272)

5. 주식회사 대표이사의 불법행위로 인한 타인의 손해에 대하여 공동면책을 얻게 한 다른 공동불법행위자가 공동대표이사 중 한 사람을 상대로 구상권을 행사하는 경우, 그 공동대표이사가 응하여야 하는 구상의 범위(=주식회사의 부담부분 전체) 및 이 때 주식회사와 공동대표이사들 사이 또는 각 공동대표이사 사이의 내부적인 부담비율을 내세워 구상권자에게 대항할 수 있는지 여부(소극)

주식회사의 대표이사가 업무집행을 하면서 고의 또는 과실에 의한 위법행위로 타인에게 손해를 가한 경우 주식회사는 상법 제389조 제3항, 제210조에 의하여 제3자에게 손해배상책임을 부담하게 되고, 그 대표이사도 민법 제750조 또는 상법 제389조 제3항, 제210조에 의하여 주식회사와 공동불법행위책임을 부담하게 된다. 그리고 주식회사 및 대표이사 이외의 다른 공동불법행위자 중 한 사람이 자신의 부담부분 이상을 변제하여 공동의 면책을 얻게 한 후 구상권을 행사하는 경우에 그 주식회사 및 대표이사는 구상권자에 대한 관계에서는 하나의 책임주체로 평가되어 각자 구상금액의 전부에 대하여 책임을 부담하여야 하고, 이는 위 대표이사가 공동대표이사인 경우에도 마찬가지이다. 따라서 공동면책을 얻은 다른 공동불법행위자가 공동대표이사 중 한 사람을 상대로 구상권을 행사하는 경우 그 공동대표이사는 주식회사가 원래 부담하는 책임부분 전체에 관하여 구상에 응하여야 하고, 주식회사와 공동대표이사들 사이 또는 각 공동대표이사 사이의 내부적인 부담비율을 내세워 구상권자에게 대항할 수는 없다(대판 2007. 5. 31. 2005다55473).

6. 구상요건으로서의 통지에 관한 민법 제426조를 공동불법행위로 인한 손해배상채무에도 유추적용할 수 있는지 여부(소극)

민법 제426조가 연대채무에 있어서의 변제에 관하여 채무자 상호간에 통지의무를 인정하고 있는 취지는, 연대채무에 있어서는 채무자들 상호간에 공동목적을 위한 주관적인 연관관계가 있고 이와 같은 주관적인 연관관계의 발생 근거가 된 대내적 관계에 터잡아 채무자 상호간에 출연분담에 관한 관련관계가 있게 되므로, 구상관계에 있어서도 상호 밀접한 주관적인 관련관계를 인정하고 변제에 관하여 상호 통지의무

를 인정함으로써 과실 없는 변제자를 보다 보호하려는 데 있으므로, 이와 같이 출연 분담에 관한 주관적인 밀접한 연관관계가 없고 단지 채권만족이라는 목적만을 공통으로 하고 있는 부진정 연대채무에 있어서는 그 변제에 관하여 채무자 상호간에 통지의무 관계를 인정할 수 없고, 변제로 인한 공동면책이 있는 경우에 있어서는 채무자 상호간에 어떤 대내적인 특별관계에서 또는 형평의 관점에서 손해를 분담하는 관계가 있게 되는데 불과하다고 할 것이므로, 부진정 연대채무에 해당하는 공동불법행위로 인한 손해배상채무에 있어서도 채무자 상호간에 구상요건으로서의 통지에 관한 민법의 위 규정을 유추 적용할 수는 없다(대판 1998. 6. 26. 98다5777).

7. 민간인과 직무집행중인 군인 등의 공동불법행위로 인하여 직무집행중인 다른 군인 등이 피해를 입은 경우, 민간인의 피해 군인 등에 대한 손해배상의 범위 및 민간인이 피해 군인 등에게 자신의 귀책부분을 넘어서 배상한 경우 국가 등에게 구상권을 행사할 수 있는지 여부(소극)

헌법 제29조 제2항, 국가배상법 제2조 제1항 단서의 입법 취지를 관철하기 위하여는, 국가배상법 제2조 제1항 단서가 적용되는 공무원의 직무상 불법행위로 인하여 직무집행과 관련하여 피해를 입은 군인 등에 대하여 위 불법행위에 관련된 일반국민(법인을 포함한다. 이하 '민간인'이라 한다)이 공동불법행위책임, 사용자책임, 자동차운행자책임 등에 의하여 그 손해를 자신의 귀책부분을 넘어서 배상한 경우에도, 국가 등은 피해 군인 등에 대한 국가배상책임을 면할 뿐만 아니라, 나아가 민간인에 대한 국가의 귀책비율에 따른 구상의무도 부담하지 않는다고 하여야 할 것이다. 그러나 위와 같은 경우, 민간인은 여전히 공동불법행위자 등이라는 이유로 피해 군인 등의 손해 전부를 배상할 책임을 부담하도록 하면서 국가 등에 대하여는 귀책비율에 따른 구상을 청구할 수 없도록 한다면, 공무원의 직무활동으로 빚어지는 이익의 귀속주체인 국가 등과 민간인과의 관계에서 원래는 국가 등이 부담하여야 할 손해까지 민간인이 부담하는 부당한 결과가 될 것이고(가해 공무원에게 경과실이 있는 경우에는 그 공무원은 손해배상책임을 부담하지 아니하므로 민간인으로서는 자신이 손해발생에 기여한 귀책부분을 넘는 손해까지 종국적으로 부담하는 불이익을 받게 될 것이고, 가해 공무원에게 고의 또는 중과실이 있는 경우에도 그 무자력 위험을 사용관계에 있는 국가 등이 부담하는 것이 아니라 오히려 민간인이 감수하게 되는 결과가 된다.), 이는 위 헌법과 국가배상법의 규정에 의하여도 정당화될 수 없다고 할 것이다. 이러한 부당한 결과를 방지하면서 위 헌법 및 국가배상법 규정의 입법 취지를 관철하기 위하여는, 피해 군인 등은 위 헌법 및 국가배상법 규정에 의하여 국가 등에 대한 배상청구권을 상실한 대신에 자신의 과실 유무나 그 정도와 관계 없이 무자력의 위험부담이 없는 확실한 국가보상의 혜택을 받을 수 있는 지위에 있게 되는 특별한 이익을 누리고 있음에 반하여 민간인으로서는 손해 전부를 배상할 의무를 부담하면서도 국가 등에 대한 구상권을 행사할 수 없다고 한다면 부당하게 권리침해를 당하게 되는 결과가 되는 것과 같은 각 당사자의 이해관계의 실질을 고려하여, 위와 같은

경우에는 공동불법행위자 등이 부진정연대채무자로서 각자 피해자의 손해 전부를 배상할 의무를 부담하는 공동불법행위의 일반적인 경우와 달리 예외적으로 민간인은 피해 군인 등에 대하여 그 손해 중 국가 등이 민간인에 대한 구상의무를 부담한다면 그 내부적인 관계에서 부담하여야 할 부분을 제외한 나머지 자신의 부담부분에 한하여 손해배상의무를 부담하고, 한편 국가 등에 대하여는 그 귀책부분의 구상을 청구할 수 없다고 해석함이 상당하다 할 것이고, 이러한 해석이 손해의 공평·타당한 부담을 그 지도원리로 하는 손해배상제도의 이상에도 맞는다 할 것이다(대판(전합) 2001. 2. 15. 96다42420).

8. 피해자가 공동불법행위자 일방을 대위한 보험회사로부터 기왕의 치료비부담액을 제외한 일부금을 보험금으로 수령하면서 가해자측에 대한 일체의 손해배상채권을 포기하기로 합의하였다면, 보험회사가 다른 공동불법행위자에 대하여 구상할 수 있는 범위는 공동면책된 전채무액을 기준으로 그의 과실비율 상당액으로 정함이 옳다고 한 사례

보험회사가 공동불법행위관계의 일방당사자 갑의 보험자로서 그를 대위하여 피해자에게 그에 대한 손해배상채무액 해당금을 보험금으로 지급할 당시 피해자가 보험회사로부터 손해배상금 명목으로 기왕의 치료비 부담액을 제외한 손해배상채무액의 일부를 수령하면서 가해자측인 갑과 을에 대한 일체의 손해배상채권을 포기하기로 하는 내용의 합의를 하였다면, 피해자가 받아야 할 손해배상액은 위 합의약정 내용에 따라 받은 손해배상채무액의 일부금에다 이와 별도로 병원측에 부담한 치료비를 합산한 금액으로 확정되어 그 채무액 전부가 보험회사의 출재로 인하여 소멸한 것으로 보아야 할 것이고, 따라서 보험회사가 위 보험금의 지급에 따라 다른 공동불법행위 당사자인 을에 대하여 구상권을 행사할 수 있는 범위는, 위 공동면책이 이루어진 전채무액(치료비 부담액과 합의 당시 실제로 지급한 금액의 합산액)을 기준으로 하여 그에 대한 을의 부담부분으로서 그 과실비율에 상응한 금액으로 결정함이 공평의 견지에 비추어 옳다(1992. 9. 25. 제3부 판결 92다20477 구상금).

9. 가. 타인의 부동산에 관하여 불법으로 등기를 마친 자로부터 부동산을 매수한 자가 진정한 권리자의 제소로 소유권을 상실한 경우 불법등기에 관여한 자의 불법행위로 인한 매수인의 통상의 손해액(=매매대금상당액)

타인의 부동산에 관하여 불법으로 등기를 마친 자로부터 부동산을 매수한 자가 그 후 진정한 권리자의 제소로 인하여 소유권을 상실한 경우, 불법등기에 관여한 자의 불법행위로 인하여 입은 통상의 손해는 그 부동산을 취득할 수 있는 것으로 믿고 지급한 매매대금상당액이다.

나. 갑이 을 명의의 등기외관을 만드는 을의 불법행위에 관여하였으나 을의 병에 대한 매매에는 관여하지 않은 경우 갑의 불법행위 관여행위와 병의 손해 사이의 상당인과관계 유무(적극)

을 명의의 등기외관을 만드는 불법행위에 을과 공모한 갑은 제3자가 그 등기를 신뢰하여 매수하게 됨으로써 재산상 손해를 입게 되리라는 것을 쉽사리 예견할 수 있었다 할 것이므로 다른 특별한 사정이 없는 한 갑의 행위와 매수인 병의 손해 사이에는 상당인과관계가 있다(1993. 4. 27. 제1부 판결 92다44312 손해배상(기)).

10. **국가와 공동불법행위 책임이 있는 자가 국가배상법 제2조 제1항 단서의 규정에 의하여 손해배상을 청구할 수 없는 자에게 손해를 배상한 경우 국가에 대한 구상권 행사 가부**

국가배상법 제2조 제1항 단서에 의하면 군인, 군무원 등이 직무집행과 관련하는 행위 등으로 인하여 전사·순직 또는 공상을 입은 경우에 다른 법령의 규정에 의하여 재해보상금, 유족연금, 상이연금 등의 보상을 지급받을 수 있을 때에는 국가배상법 또는 민법의 규정에 의한 손해배상청구를 할 수 없도록 규정하고 있으므로 이들이 직접 국가에 대하여 손해배상청구권을 행사할 수 없음은 물론 국가와 공동불법행위의 책임이 있는 자가 그 배상채무를 이행하였음을 이유로 국가에 대하여 구상권을 행사하는 것도 허용되지 않는다(1993. 10. 8. 제3부 판결 93다14691 구상금).

11. **보험자가 공동불법행위자 중 1인과의 보험계약에 따라 피해자에게 손해를 배상한 경우 보험자대위에 의하여 다른 공동불법행위자에 대한 구상권을 취득하는지 여부**

공동의 불법행위로 피해자에게 가한 손해를 연대하여 배상할 책임이 있는 공동불법행위자 중의 1인과 체결한 보험계약에 따라 보험자가 피해자에게 그 손해배상금을 보험금액으로 모두 지급함으로써 공동불법행위자들이 공동면책된 경우에, 보험금액을 지급한 보험자는 상법 제682조 소정의 보험자대위에 의하여 그 공동불법행위자가 공동면책됨으로써 다른 공동불법행위자의 부담부분에 대하여 행사할 수 있는 구상권을 취득한다(1994. 1. 11. 제1부 판결 93다32958 구상금).

12. **가. 공동불법행위자의 과실이 개재되기 전에 발생한 손해와 상당인과관계 유무**

피해자들이 소유자를 사칭한 자 등과 매매계약을 체결하고 계약금 명목의 금원을 지급할 당시에는 동사무소 담당직원의 직무상의 과실이 개재되지 아니하였다면, 특단의 사정이 없는 한 위 동사무소 담당직원의 직무상의 과실과 피해자들의 계약금 상당의 손해 사이에는 상당한 인과관계가 있다고 단정할 수 없다.

나. 공무원의 직무상 과실로 허위의 인감증명서가 발급됨으로써 피해자가 중도금 명목의 금원을 지급한 경우 공무원의 직무상 과실과 손해 사이의 상당인과관계 유무

소유자를 사칭한 자 등이 진정한 소유자의 개인별 주민등록표와 송부전을 위조하여 동사무소에 우송하자, 동사무소의 담당직원이 확인의무를 다하지 아니한 과실로 위조된 주민등록표를 그대로 접수하여 동사무소에 비치하였고, 이에 기하여 허위의 인감증명서를 발급함으로써 피해자들이 매매로 인한 중도금 명목의 금원을 지급하게 되었다면, 동사무소 담당직원의 직무상의 과실과 피해자들의 그와 같은 손해와는 상당한 인과관계가 있다(1994. 6. 14. 제1부 판결 93다39973 손해배상(기)).

<판례전문(1994. 6. 14. 제1부 판결 93다39973 손해배상(기))>

[원고, 상고인 겸 피상고인] 김저동 외 1인 원고들 소송대리인 변호사 이원구

[피고, 피상고인겸 상고인] 수원시 소송대리인 변호사 김태경

[원심판결] 서울고등법원 1993. 6. 25. 선고 93나11236 판결

[주 문] 상고를 모두 기각한다. 상고비용은 상고인 각자의 부담으로 한다.

[이 유] 1. 원고들의 상고이유를 본다.

원심이 적법하게 확정한 사실관계에 의하면, 원고들이 소외 1 등 소외인들과 이 사건 매매계약을 체결하고 소외인들에게 계약금 명목의 금원을 지급할 당시에는 피고 산하의 동사무소 담당직원인 소외 2의 직무상의 과실이 개재되지 아니하였음이 분명하므로, 특단의 사정이 없는 한 소외 2의 직무상의 과실과 원고들의 계약금 상당의 손해 사이에는 상당한 인과관계가 있다고 단정할 수 없다(당원 1991. 11. 22. 선고 91다26980 판결 참조).

원심이 같은 취지에서 원고들의 이 부분 청구를 배척한 것은 정당하고, 거기에 소론과 같은 공동불법행위자의 손해배상책임의 범위에 관한 법리오해의 위법이 있다고 할 수 없다. 공동불법행위자의 1인이라고 하여 자신의 행위와 상당인과 관계가 없는 손해에 대하여도 당연히 배상책임을 진다고 할 수는 없는 것이므로, 이와 반대의 견해에서 원심판결을 탓하는 논지는 이유 없다.

원심이 이 사건 손해배상액을 산정함에 있어서 원고들의 과실을 그 판시와 같이 참작한 것은 그 설시에 있어서 미흡한 점이 없지 아니하나 기록에 비추어 수긍못할 바 아니고 거기에 과실상계에 관한 법리오해나 이유모순의 위법이 없다. 또 원심이 인정한 과실비율이 현저히 불합리하다고 할 수도 없다.논지도 이유 없다.

2. 피고의 상고이유를 본다.

원심이 확정한대로, 위 소외인들이 판시와 같은 방법으로 김성순의 개인별 주민등록표와 송부전을 위조하여 피고 산하 연무동사무소에 우송하자, 위 동사무소의 담당직원 소외 2가 그 판시와 같은 확인의무를 다하지 아니한 과실로 위 위조된 주민등록표를 그대로 접수하여 위 동사무소에 비치하였고, 이에 기하여 위 소외인들에게 허위의 인감증명서를 발급함으로써 원고들이 이 사건 매매로 인한 중

도금 명목의 금원을 지급하게 되었다면, 소외 2의 직무상의 과실과 원고들의 그와 같은 손해와는 상당한 인과관계가 있다 고 할 것이다(당원 1993.7.13. 선고 93다15250 판결 참조).

같은 취지의 원심판결은 정당하고, 거기에 소론 심리미진 등의 어떠한 위법이 있다고 할 수 없다.

소론과 같이 위 주민등록표의 송부의뢰를 받은 영동우체국에 과실이 있다고 하더라도 피고는 이와 같은 사유를 들어 원고들에 대한 손해배상책임을 면할 수는 없으므로, 논지는 이유 없다.

3. 그러므로 상고를 모두 기각하고 상고비용은 상고인 각자의 부담으로 하기로 하여 관여 법관의 일치된 의견으로 주문과 같이 판결한다.

대법관 김주한(재판장) 배만운
김석수 정귀호(주심)

참조판례
가. 대법원 1991. 11. 22. 선고 91다26980 판결(공1992, 265)
나. 대법원 1991. 7. 9. 선고 91다5570 판결(공1991, 2119)
　　　1992. 6. 23. 선고 91다8166 판결(공1992, 2221)
　　　1993. 7. 13. 선고 93다15250 판결(공1993하, 2275)

13. 가. 혈액원의 업무를 수행하는 자가 부담하는 주의의무의 내용 및 그 위반 여부의 판단 기준

혈액관리법의 관련 규정에 따라 혈액원을 개설하여 수혈 또는 혈액제제의 제조에 필요한 혈액을 채혈·조작·보존 또는 공급하는 업무는 성질상 전문적인 지식을 요하는 것일 뿐만 아니라 수혈자나 혈액제제의 이용자 등의 생명·신체에 직접적인 영향을 미치는 것이어서 만일 그 업무가 적정하게 수행되지 못할 경우에는 국민 보건에 광범위하고도 중대한 위해를 가하게 될 것임이 분명하므로, 이와 같은 혈액원의 업무를 수행하는 자는 수혈 또는 혈액제제의 제조를 위한 혈액의 순결을 보호하고 혈액 관리의 적정을 기하기 위하여 최선의 조치를 다하여야 할 고도의 주의의무가 있고, 이러한 주의의무의 구체적 내용은 혈액을 채혈하는 시기에 있어 현실적으로 가능한 범위 내에서 최고의 의학기술 수준에 맞추어 병원균 감염 여부를 검사하여 하자를 제거하는 노력을 기울이고 에이즈 감염 위험군으로부터의 헌혈을 배제하는 등 위험성에 대한 예견의무와 결과회피의무이며, 이러한 주의의무의 위반 여부를 판단함에 있어서는 문제로 된 행위 당시의 일반적인

의학의 수준과 그 행위로부터 생기는 결과 발생의 가능성의 정도, 피침해법
익의 중대성, 결과회피의무를 부담함에 의해서 희생되는 이익 등이 함께 고
려되어야 한다.

나. 수혈받은 환자의 에이즈 바이러스 감염에 대하여 대한적십자사의 과실을 인정한 사례

현재의 의학적 수준과 경제적 사정 및 혈액 공급의 필요성 측면에서 항체 미
형성 기간 중에 있는 에이즈 감염자가 헌혈한 혈액은 에이즈 바이러스 검사
를 시행하더라도 감염 혈액임을 밝혀내지 못하게 되어 이러한 혈액의 공급을
배제할 적절한 방법이 없으므로 위와 같은 경로로 인한 수혈에 따른 에이즈
감염의 위험에 대하여는 무방비 상태에 있다 할 것인데, 수혈로 인한 에이즈
감염이라는 결과와 그로 인한 피침해이익의 중대성에 비추어 볼 때, 혈액원
의 업무를 수행하는 대한적십자사로서는 사전에 동성연애자나 성생활이 문란
한 자 등 에이즈 감염 위험군으로부터의 헌혈이 배제될 수 있도록 헌혈의 대
상을 비교적 건강한 혈액을 가졌다고 생각되는 집단으로 한정하고, 헌혈자가
에이즈 바이러스에 감염되어 있을 위험이 높은 자인지를 판별하여 그러한 자
에 대하여는 스스로 헌혈을 포기하도록 유도하기 위하여 그의 직업과 생활관
계, 건강 상태 등을 조사하고 필요한 설명과 문진을 하는 등 가두 헌혈의 대
상이나 방법을 개선하여야 할 의무가 있음에도 불구하고, 에이즈 감염 위험
군을 헌혈 대상에서 제외하기는 커녕, 오히려 헌혈시 에이즈 바이러스 감염
여부의 검사를 무료로 해준다고 홍보함으로써 에이즈 감염 위험자들이 헌혈
을 에이즈 바이러스 감염 여부를 확인할 기회로 이용하도록 조장하였을 뿐만
아니라, 에이즈 바이러스 감염자로부터 헌혈받을 당시 헌혈자의 직업이나 생
활관계 등에 대하여는 아무런 조사를 하지 아니하고 에이즈 감염 여부에 대
하여는 설문사항에 포함시키지도 아니하였으며 전혀 문진을 하지 아니하여
동성연애자인 위 감염자의 헌혈을 무방비 상태에서 허용함으로써 감염자가
헌혈한 혈액을 수혈받은 피해자로 하여금 에이즈 바이러스에 감염되게 하였
다는 이유로, 대한적십자사에게 혈액원의 업무를 수행하는 자로서의 주의의
무를 다하지 아니한 과실이 있다고 본 사례.

다. 의료행위에 있어 의사의 설명의무의 내용, 대상 및 위반의 효과

의사는 응급환자의 경우나 그 밖의 특별한 사정이 없는 한, 환자에게 수술
등 인체에 위험을 가하는 의료행위를 함에 있어 그에 대한 승낙을 얻기 위한
전제로서, 당해 환자에 대하여 사전에 질병의 증상, 치료 방법의 내용 및 필
요성, 예후 및 예상되는 생명, 신체에 대한 위험과 부작용 등에 관하여 당시
의 의료수준에 비추어 상당하다고 생각되는 사항을 설명함으로써 환자로 하
여금 수술이나 투약에 응할 것인가의 여부를 스스로 결정할 기회를 가지도록
할 의무가 있고, 이와 같은 의사의 설명의무는 그 예상되는 생명, 신체에 대

한 위험과 부작용 등의 발생가능성이 희소하다는 사정만으로는 면제될 수 없으며, 위험과 부작용 등이 당해 치료행위에 전형적으로 발생하는 위험이거나 회복할 수 없는 중대한 경우에는 그 발생가능성의 희소성에도 불구하고 설명의 대상이 된다고 보아야 하고, 이러한 설명을 하지 아니한 채 환자의 승낙 없이 의료행위를 한 경우에는, 설령 의사에게 치료상의 과실이 없는 경우에도 그 의료행위는 환자의 승낙권을 침해하는 위법한 행위가 된다.

라. 수술중의 출혈로 수술 후 수혈하는 경우, 의사가 환자에게 수술에 대한 설명, 동의와는 별개로 수혈에 의한 에이즈 바이러스 감염 위험 등을 설명할 의무가 있는지 여부(적극)

수혈에 의한 에이즈 바이러스의 감염은 수혈행위에 전형적으로 발생하는 위험이고, 그로 인하여 에이즈 바이러스에 감염되는 경우 현대의학으로는 치료 방법이 없어 결국 사망에 이르게 되는 것으로서 그 피해는 회복할 수 없는 중대한 것인 데다가 의학적으로 문외한인 환자로서는 예상할 수 없는 의외의 것이므로, 위험 발생가능성의 희소성에도 불구하고 의사들의 설명의무가 면제될 수 없다고 보아야 하고, 수술 후 수술중의 출혈로 인하여 수혈하는 경우에는 수혈로 인한 에이즈 바이러스 감염 위험은 당해 수술과는 별개의 수혈 그 자체에 특유한 위험으로서 당해 수술 자체로 인한 위험 못지 아니하게 중대한 것이므로 의사는 환자에게 그 수술에 대한 설명, 동의와는 별개로 수혈로 인한 위험 등을 설명하여야 한다.

마. 공동불법행위의 성립 요건

수인이 공동하여 타인에게 손해를 가하는 민법 제760조 제1항의 공동불법행위가 성립하려면 각 행위가 독립하여 불법행위의 요건을 갖추고 있으면서 객관적으로 관련되고 공동하여 위법하게 피해자에게 손해를 가한 것으로 인정되어야 한다.

바. 대한적십자사의 주의의무 위반으로 인한 에이즈 감염행위와 의사의 수혈시의 설명의무 위반으로 인한 환자의 자기결정권 침해행위가 공동불법행위를 구성하는지 여부(소극)

에이즈 바이러스에 감염된 혈액을 환자가 수혈받음으로써 에이즈에 감염될 위험을 배제할 의무 및 그와 같은 결과를 회피할 의무를 다하지 아니하여 감염된 혈액을 수혈받은 환자로 하여금 에이즈 바이러스 감염이라는 치명적인 건강 침해를 입게 한 대한적십자사의 과실 및 위법행위는 신체상해 자체에 대한 것인 데 비하여, 수혈로 인한 에이즈 바이러스 감염 위험 등의 설명의무를 다하지 아니한 의사들의 과실 및 위법행위는 신체상해의 결과 발생 여부를 묻지 아니하는 수혈 여부와 수혈 혈액에 대한 환자의 자기결정권이라는 인격권의 침해에 대한 것이므로, 대한적십자사와 의사의 양 행위가 경합하여 단일한 결과를 발생시킨 것이 아니고 각 행위의 결과 발생

을 구별할 수 있으니, 이와 같은 경우에는 공동불법행위가 성립한다고 할 수 없다(대법원 1998. 2. 13. 선고 96다7854 판결).

14. 공동불법행위의 성립요건 및 공동불법행위에서 과실에 의한 방조의 가능 여부(적극)

수인이 공동하여 타인에게 손해를 가하는 민법 제760조의 공동불법행위의 경우 행위자 상호간의 공모는 물론 공동의 인식을 필요로 하지 아니하고 객관적으로 그 공동행위가 관련공동되어 있으면 족하며, 그 관련공동성 있는 행위에 의하여 손해가 발생함으로써 공동불법행위가 성립하고, 같은 조 제3항의 방조라 함은 불법행위를 용이하게 하는 직접·간접의 모든 행위를 가리키는 것으로서 형법과 달리 손해의 전보를 목적으로 하여 과실을 원칙적으로 고의와 동일시하는 민법 의 해석으로서는 과실에 의한 방조도 가능하다고 할 것이며, 이 경우의 과실의 내용은 불법행위에 도움을 주지 않아야 할 주의의무가 있음을 전제로 하여 이 의무에 위반하는 것을 말한다(대법원 2003. 1. 10. 선고 2002다35850 판결).

15. 가. 불법행위에 경합된 당사자들의 과실 정도에 관한 사실인정이나 그 비율확정이 사실심의 전권사항인지 여부(적극)

불법행위에 경합된 당사자들의 과실 정도에 관한 사실인정이나 그 비율을 정하는 것은 그것이 형평의 원칙에 비추어 현저하게 불합리하다고 인정되 지 않는 한 사실심의 전권사항에 속한다.

나. 공동불법행위자 상호간의 구상권 행사의 요건 및 공동불법행위자의 1인이 동시에 피해자이기도 한 경우에도 다른 공동불법행위자가 당 해 불법행위로 인해 손해를 입은 제3자에 대해 지출한 손해배상금 중 피해자인 공동불법행위자의 부담 부분에 상응하는 금원에 대해 구상금채권을 가지는지 여부(적극)

공동불법행위자는 채권자에 대한 관계에서는 연대책임(부진정연대채무)을 지되, 공동불법행위자들 내부관계에서는 일정한 부담 부분이 있고, 이 부담 부분은 공동불법행위자의 과실의 정도에 따라 정하여지는 것으로서 공동불 법행위자 중 1인이 자기의 부담 부분 이상을 변제하여 공동의 면책을 얻게 하였을 때에는 다른 공동불법행위자에게 그 부담 부분의 비율에 따라 구상 권을 행사할 수 있고, 그 공동불법행위자의 1인이 동시에 피해자이기도 한 경우에도 다른 공동불법행위자가 당해 불법행위로 인해 손해를 입은 제3자 에 대해 손해배상금을 지출한 때에는 그 중 피해자인 공동불법행위자의 부 담 부분에 상응하는 금원에 대해 구상금채권을 가질 수 있다(대법원 2005. 7. 8. 선고 2005다8125 판결).

◆ 민법상의 위법성조각사유

제 761 조 【정당방위, 긴급피난】

① 타인의 불법행위에 대하여 자기 또는 제3자의 이익을 방위하기 위하여 부득이 타인에게 손해를 가한 자는 배상할 책임이 없다. 그러나 피해자는 불법행위에 대하여 손해의 배상을 청구할 수 있다.

② 전항의 규정은 급박한 위난을 피하기 위하여 부득이 타인에게 손해를 가한 경우에 준용한다.

■ § 761. 위법성조각사유

- 정당방위 : 타인의 불법행위에 대하여 자기 또는 제3자의 이익을 방위하기 위하여 부득이 타인에게 손해를 가한 자는 배상할 책임이 없다. 그러나 피해자는 불법행위자에 대하여 손해의 배상을 청구할 수 있다
- 긴급피난 : 급박한 위난을 피하기 위하여 부득이 타인에게 손해를 가한 경우에는 위법성이 없다
- 자력구제 : 청구권을 보전하기 위하여 권리자가 사력으로 구제한 경우에는 위법성이 조각된다고 보는 것이 일반적이다
- 피해자의 승낙 : 피해자의 승낙이 있으면 원칙적으로 위법성이 조각된다고 보는 것이 일반적이다
- 관련법조 : [정당방위] 형 §21, [긴급피난] 형 §22

어떤 행위가 위법한 것으로 평가되지만 어떤 특별한 사유가 있기 때문에 그 행위의 위법성이 없는 것으로 되는 수가 있는데, 이를 위법성의 조각이라 하고, 그 사유를 위법성 조각사유라고 한다. 민법은 위법성조각사유로 정당방위와 긴급피난의 두 가지를 규정하고 있는데, 그 외에도 자력구제, 피해자의 승낙·정당행위 등도 위법성을 조각하는 수가 있다.

1. 정당방위

(1) 성립요건

타인의 불법행위에 대하여 자기 또는 제3자의 이익을 방위하기 위하여

부득이하게 타인에게 손해를 가하는 것이 정당방위인데, 이 경우에는 위법성이 조각되어 불법행위는 성립하지 않는다.

정당방위의 성립요건은 ① 타인의 위법한 가해행위, 즉 불법행위가 있어야 한다. 타인의 불법행위는 객관적·외형적으로 위법한 것이면 되고 행위자의 고의·과실이나 책임능력은 필요하지 않다. ② 자기 또는 제3자의 이익을 방위하는 행위이어야 한다.

여기서 자기 또는 제3자의 이익이란 법률상 보호할 가치가 있는 이익을 의미한다. 방위는 침해가 끝난 후에는 성립할 수 없고, 침해가 눈 앞에 닥치고 있는 때, 현재 침해가 행해지고 있는 때, 또는 침해가 계속되고 있는 때에 할 수 있다.

③ 부득이 행한 행위이어야 한다. 정당방위에서 가장 중요한 요건이다. 타인의 불법행위에 대하여 방위자도 스스로 가해행위를 하는 것 이외에는 다른 적절한 방법이 없었을 것을 요한다. 국가기관의 구제를 구할 여유가 있었다면 그것은 '부득이' 행한 행위라고 할 수 없게 된다. 그리고 정당방위에서는 반드시 방위행위에 보충성의 원칙은 적용되지 않으나, 방위에 필요한 한도 내의 행위로서 사회윤리에 위배되지 않는 상당성 있는 행위임을 요한다. 방위행위가 상당성을 잃은 경우가 과잉방어인데, 판례는 병원에서의 난동을 제압하기 위해 출동한 경찰관이 칼을 들고 항거하던 피해자를 총격, 사망케 한 사건에서 과잉방어를 인정하였다(대판 1991. 9. 10. 91다19913).

방위행위는 제3자에 대한 것이라도 무방하다.

예컨대 강도를 피하기 위하여 이웃집 담장을 파괴한 경우와 같이 제3자에 대하여 가해행위를 가한 경우에도 이상의 요건을 충족하고 있으면 정당방위가 된다는 점에서 형법상의 정당방위와 다르다(형법 제21조 참조).

(2) 효 과

정당방위가 성립하는 때에는 방위행위는 위법성을 잃게 되어, 방위행위자는 그로 말미암아 생긴 손해를 배상할 의무를 지지 않는다(제761조 1항 본문). 한편 제3자에게 방위행위를 하여 제3자가 손해를 입은 경우, 제3자는

방위행위의 원인을 제공한 불법행위자에 대하여 그 배상을 청구할 수 있다 (제761조 1항 단서).

2. 긴급피난

(1) 의 의

'급박한 위난을 피하기 위하여 부득이 타인에게 손해를 가한 경우'에도 그 가해행위는 위법성이 없다(제761조). 이것이 긴급피난이다. 정당방위는 '타인의 불법행위'에 대한 방위인데 비해, 긴급피난은 타인의 불법행위가 개입되지 않은 '급박한 위난'에 대한 피난행위인 점에서 차이가 있다.

(2) 요 건

① 현재의 급박한 위난을 피하려는 행위이어야 한다. 급박한 위난의 발생 원인은 사람이든 물건이든 불문한다. 다만 그 위난이 가해자의 고의 또는 과실로 초래된 경우에는 긴급피난이 성립하지 않는다. 판례는 운전병이 제한속도 25킬로미터 지점에서 시속 45킬로미터의 과속으로 달리던 중 보행인과의 충돌을 피하기 위해 가게를 들이받은 경우에는 긴급피난에 해당하지 않는다고 하였다(대판 1968. 10. 22. 68다1643).

② 자기 또는 제3자의 이익을 보호하기 위한 피난이어야 한다.

③ 그 피난은 부득이한 것이어야 한다. 즉 타인의 이익을 침해하는 방법 이외에 다른 피난방법이 없어야 한다.

(3) 효 과

긴급피난에는 정당방위에 관한 규정이 준용된다(제761조 2항). 따라서 피난행위로써 타인에게 손해를 가한 경우에도 배상책임을 지지 않는다.

또 긴급피난행위는 위난의 원인이 된 자나 그의 물건에 대해서 뿐만 아니라 제3자에 대해서 행해져도 상관없다. 그리고 이 경우 제3자는 그가 받은 손해에 관하여 위난의 원인이 된 자에게 그 배상을 청구할 수 있음도 당연하다.

3. 기타의 위법성조각사유

(1) 자력구제

자력구제는 청구권을 보전하기 위하여 국가기관의 구제를 기다릴 여유가 없는 경우에 권리자가 자신의 실력으로써 구제하는 행위를 말한다. 정당방위·긴급피난이 현재의 침해에 대한 방위행위인데 대하여, 자력구제는 주로 과거의 침해에 대한 회복인 점에서 다르다. 민법은 점유의 침탈에 한해 점유자의 자력구제를 규정할 뿐이고(제209조), 자력구제에 관한 일반적인 규정은 두고 있지 않다. 따라서 점유침탈 이외의 경우에 자력구제를 인정할 것인가가 문제되는데, 형법 제23조가 자구행위를 위법성조각사유로 규정하고 있는 점에 비추어 상당한 이유가 있는 때에는 자력구제가 허용되는 것으로 해석하는 것이 통설이다.

(2) 피해자의 승낙에 의한 행위

민법에 명문의 규정이 없지만 피해자의 승낙이 있으면 원칙적으로 위법성이 조각된다는 것이 통설이다. 다만 피해자의 승낙이 위법성 조각의 효과를 발생하려면 피해자가 승낙의 의미를 이해할 만한 정신능력을 가져야하고 또 그의 자유로운 판단에 의하여 승낙을 하였어야 한다. 또한 승낙은 선량한 풍속 기타 사회질서에 위반하는 것이어서는 안된다. 예컨대 승낙살인·자살방조·결투의 합의 등은 모두 위법성을 조각하지 않는다. 판례는 피해자의 승낙의 범위를 초과하여 승낙 당시의 예상과는 다른 방법으로 부당하게 피해자의 사생활을 공개한 것은 불법행위가 성립한다고 하였다(대판 1998. 9. 4. 96다11327).

(3) 정당행위

법령에 바탕을 둔 정당한 업무행위는 위법성을 조각한다. 예컨대 사무관리(제734조)나 친권자 또는 후견인의 징계행위(제915조, 제945조), 교원의 학생에 대한 징계행위(교육법 제76조) 등이 그러하다.

판례는 "교사의 학생에 대한 체벌이 징계권의 행사로서 정당행위에 해당하려면, 그 체벌이 교육상의 필요가 있고 다른 교육적 수단으로는 교정이 불가능하여 부득이한 경우에 한하는 것이어야 할 뿐 아니라, 그와 같은 경

우에도 그 체벌의 방법과 정도는 사회관념상 비난받지 아니할 객관적 타당성이 있어야 한다"고 하였다(대판 1991. 5. 28. 90다17972). 따라서 "초등학교 교사가 초등학교 5학년생을 징계하기 위해 나무지휘봉으로 엉덩이를 두번 때리고 학생이 아파서 무릎을 굽히며 허리를 옆으로 틀자 허리부분을 다시 때려 전치 6주의 상해를 입혔다면 이러한 징계행위는 그 방법과 정도가 교사의 징계권행사의 허용한도를 넘어선 것으로서 정당행위로 볼 수 없다"고 하였다(대판 1990. 10. 30. 90도1456).

▣ 핵심판례 ▣

■ [정당방위, 긴급피난]

1. **교사의 학생에 대한 체벌이 징계권의 행사로서 정당행위에 해당하기 위한 요건**

 교사의 학생에 대한 체벌이 징계권의 행사로서 정당행위에 해당하려면 그 체벌이 교육상의 필요가 있고 다른 교육적 수단으로는 교정이 불가능하여 부득이 한 경우에 한하는 것이어야 할 뿐만 아니라 그와 같은 경우에도 그 체벌의 방법과 정도에는 사회관념상 비난받지 아니할 객관적 타당성이 있지 않으면 안된다(1991. 5. 28. 제1부 판결 90다17972 손해배상(기)).

2. **가. 병원에서의 난동을 제압키 위해 출동한 경찰관이 칼을 들고 항거하던 피해자를 총격 사망하게 한 것이 그 직무집행상의 총기사용 한계를 벗어난 것이라고 한 사례**

 야간에 술이 취한 상태에서 병원에 있던 과도로 대형 유리창문을 쳐 깨뜨리고 자신의 복부에 칼을 대고 할복 자살하겠다고 난동을 부린 피해자가 출동한 2명의 경찰관들에게 칼을 들고 항거하였다고 하여도 위 경찰관 등이 공포를 발사하거나 소지한 가스총과 경찰봉을 사용하여 위 망인의 항거를 억제할 시간적 여유와 보충적 수단이 있었다고 보여지고, 또 부득이 총을 발사할 수밖에 없었다고 하더라도 하체부위를 향하여 발사함으로써 그 위해를 최소한도로 줄일 여지가 있었다고 보여지므로, 칼빈소총을 1회 발사하여 피해자의 왼쪽 가슴 아래 부위를 관통하여 사망케 한 경찰관의 총기사용행위는 경찰관직무집행법 제11조 소정의 총기사용 한계를 벗어난 것이라고 한 사례

 나. 정당방위의 요건

 정당방위에 있어서는 반드시 방위행위에 보충의 원칙은 적용되지 않으나 방위에 필요한 한도내의 행위로서 사회윤리에 위배되지 않는 상당성있는 행위

임을 요한다(1991. 9. 10. 제1부 판결 91다19913 손해배상(기)).

3. 본인의 승낙 범위를 초과하여 승낙 당시의 예상과는 다른 목적이나 방법으로 그의 사생활에 관한 사항을 공개한 경우, 위법성 여부(적극)

본인의 승낙을 받고 승낙의 범위 내에서 그의 사생활에 관한 사항을 공개할 경우 이는 위법한 것이라 할 수 없다 할 것이나, 본인의 승낙을 받은 경우에도 승낙의 범위를 초과하여 승낙 당시의 예상과는 다른 목적이나 방법으로 이러한 사항을 공개할 경우 이는 위법한 것이라 아니할 수 없다(대법원 1998. 9. 4. 선고 96다11327 판결).

◈ 태아의 손해배상청구권

제 762 조 【손해배상청구권에 있어서의 태아의 지위】

태아는 손해배상의 청구권에 관하여는 이미 출생한 것으로 본다.

■ § 762. 손해배상의 청구권자

- 법인(판례)
- 태아 : ① 손해배상청구권-생명침해, 재산적 손해 및 정신적 손해에 관하여
 　　　　　서도 손해배상청구권을 가지게 된다
 　　　② 권리능력-해제조건설(곽윤직), 정지조건설(판례)

「태아는 손해배상의 청구권에 관하여는 이미 출생한 것으로 본다」(제762조). 본조는 태아 자신이 불법행위에 의한 피해자인 경우를 전제로 하는 것이며, 이때 태아는 출생한 것으로 보아 손해배상청구권을 취득한다. 이 규정은 상속에 관한 제1000조 3항의 규정과 마찬가지로 태아의 보호를 목적으로 한 것이다.

예컨대 태아의 부모가 상해 또는 살해된 경우에 태아는 아직 태어나지 않았지만, 태어난 것과 동일한 자격으로 가해행위 당시부터 스스로 받은 정신적·물질적 손해(예컨대 부양의 권리침해와 같은 것이 이에 해당한다)에 대해서 그 배상을 청구할 수 있다. 또 태아가 부모의 상해 또는 살해에 대하여 상속인으로서 갖는 손해배상 청구권에 관해서는 제1000조 3항에서 규정한 바에 따르는 것이며, 본조가 적용되는 것은 아니다.

본조에서 「이미 출생한 것으로 본다」라고 한 것은 청구권의 발생·보존에 관하여 말하는 것이며, 청구권의 행사에 관하여 말하는 것은 아니다. 따라서 태아는 출생한 때에 비로소 그 법정대리인에 의하여 그 권리를 행사할 수 있게 되는 것이며, 태아가 출생하기 전에는 법정대리인이 태아의 권리를 행사한다.

▣ 핵심판례 ▣

■ [손해배상청구권에 있어서의 태아의 지위]

1. 부가 교통사고로 상해를 입을 당시 태아이다가 출생한 자에게 부의 부상에 대한 위자료청구권이 있는지 여부(적극)

태아도 손해배상청구권에 관하여는 이미 출생한 것으로 보는바, 부가 교통사고로 상해를 입을 당시 태아가 출생하지 아니하였다고 하더라도 그 뒤에 출생한 이상 부의 부상으로 인하여 입게 될 정신적 고통에 대한 위자료를 청구할 수 있다 (1993. 4. 27. 제2부 판결 93다4663 손해배상(자)).

2. 교통사고의 충격으로 태아가 조산되고 또 그로 인하여 제대로 성장하지 못하고 사망한 경우 손해배상청구권이 인정되는지 여부

교통사고의 충격으로 태아가 조산되고 또 그로 인하여 제대로 성장하지 못하고 사망하였다면 위 불법행위는 한편으로 산모에 대한 불법행위인 동시에 한편으로는 태아 자신에 대한 불법행위라고 볼 수 있으므로 따라서 죽은 아이는 생명침해로 인한 재산상 손해배상청구권이 있다(대판 1968. 3. 5. 67다2869).

◈ 불법행위로 인한 손해배상의 범위, 방법, 과실상계 등

제 763 조 【준용규정】

제393조, 제394조, 제396조, 제399조의 규정은 불법행위로 인한 손해배상에 준용한다.

■ § 763. 불법행위로 인한 손해배상에 채무불이행으로 인한 손해배상의 규정의 준용

- 손해배상의 범위(§393 준용)
- 손해배상의 방법(§394 준용)
- 과실상계(§396 준용)
- 손해배상자 대위(§399 준용)

본조는 불법행위로 인한 손해배상에 채무불이행으로 인한 손해배상의 규정, 즉 제393조(손해배상의 범위), 제394조(손해배상의 방법), 제396조(과실상계), 제399조(손해배상자의 대위) 등을 준용함을 규정한 것이다.

1. 손해배상의 범위

채무불이행으로 인한 손해배상의 범위를 정한 제393조는 불법행위로 인한 손해배상에도 준용되므로(제763조), 통상손해와 특별손해의 두 가지 기준에 의해 그 배상범위가 결정된다.

(1) 통상손해

불법행위로 인한 손해배상은 통상의 손해를 그 한도로 한다(제393조 1항). 즉 불법행위가 있으면 일반적으로 발생하는 손해에 대해서는 가해자는 그 전부를 배상하여야 한다.

가. 불법행위 등으로 건물이 훼손된 경우의 '통상손해'

불법행위 등으로 인하여 건물이 훼손된 경우, 수리가 가능하다면 그 수리비가 통상의 손해이며, 훼손 당시 그 건물이 이미 내용연수가 다 된 낡

은 건물이어서 원상으로 회복시키는 데 소요되는 수리비가 건물의 교환가
치를 초과하는 경우에는 형평의 원칙상 그 손해액은 그 건물의 교환가치
범위 내로 제한되어야 할 것이고, 또한 수리로 인하여 훼손 전보다 건물의
교환가치가 증가하는 경우에는 그 수리비에서 교환가치 증가분을 공제한
금액이 그 손해이다(2004. 2. 27. 2002다39456).

나. 증권회사가 고객 소유의 주식을 위법하게 처분함에 따른 통상 손해액

증권회사가 고객 소유의 주식을 위법하게 처분한 불법행위로 인하여 고
객이 입게 된 손해의 액은 처분 당시의 주식의 시가를 기준으로 결정하여
야 하고, 그 후 주식의 가격이 올랐다고 하더라도 그로 인한 손해는 특별
한 사정으로 인한 것이어서 증권회사가 주식을 처분할 때 그와 같은 특별
한 사정을 알았거나 알 수 있었고, 또 고객이 주식의 가격이 올랐을 때 주
식을 매도하여 그로 인한 이익을 확실히 취득할 수 있었던 경우에 한하여
고객은 그와 같이 오른 가격에 의한 손해배상을 청구할 수 있다(1995. 10.
12. 94다16786).

(2) 특별손해

특별한 사정으로 인한 손해는 가해자가 그 사정을 알았거나 알 수 있었
을 때에 한하여 배상의 책임이 있다(제393조 2항).

즉, 불법행위로 인해 일반적으로 발생하는 손해가 아니라 피해자에게만
존재하는 특별한 사정에 기초하여 발생한 손해에 대해서는 가해자가 그 특
별한 사정을 알았거나 알 수 있었을 때에 한해서만 배상책임을 진다. 판례
는 차량이 전신주를 들이받아 전선이 절단됨으로써 그 전선으로부터 전력
을 공급받아 비닐하우스를 가동하던 피해자가 입은 손해를 특별한 사정으
로 인한 손해라고 하였다(대판 1995. 12. 12. 95다11344).

2. 손해배상의 방법 : 금전배상주의

손해배상의 방법으로는 원상회복주의와 금전배상주의가 있는데, 우리 민법
은 금전배상주의를 취하고 있다(제763조, 제394조).

재산적 손해뿐만 아니라 정신적 손해의 배상(위자료)도 금전으로 평가해
서 배상해야 한다. 다만, 민법은 명예훼손의 경우에는 법원은 피해자의 청구

가 있을 때에, 손해배상에 갈음하여 또는 손해배상과 함께 '명예회복에 적당
한 처분'을 명할 수 있도록 하여(제764조), 예외적으로 원상회복의 방법을 인
정하고 있다.

3. 손해배상액의 산정

(1) 의 의

손해배상은 금전으로 배상하는 것이 원칙이므로(제763조, 제394조) 배상
되어야 할 손해를 금전으로 평가하는 과정이 요구되는데, 이를 '손해배상액
의 산정'이라고 한다.

(2) 배상액 산정의 기준시기 : 불법행위시

손해배상의 산정은 불법행위 당시를 기준으로 한다. 판례는 불법행위로
인한 손해배상채권은 불법행위시에 발생하고 그 이행기가 도래하는 것이므
로, 장래 발생할 소극적, 적극적 손해의 경우에도 불법행위시가 배상액 산
정의 기준시기가 되고, 이때부터 장래의 손해발생시점까지의 중간이자를
공제한 금액에 대하여 다시 불법행위시부터의 지연손해금을 부가하여 지급
을 명할 것이 원칙이라고 하였다(대판 1994. 2. 25. 93다38444).

(3) 손해의 종류(손해3분설)

가. 재산적 손해

불법행위로 인한 재산적 손해는 위법한 가해행위로 인하여 발생한 재산
상의 불이익, 즉 그 위법행위가 없었더라면 존재하였을 재산상태와 그 위
법행위가 가해진 현재의 재산상태의 차이를 말하는 것이고, 그것은 기존의
이익이 상실되는 적극적 손해와 장차 얻을 수 있는 이익을 얻지 못하는
소극적 손해를 포함하는 것이다(대판 1996. 2. 9. 94다53372).

나. 정신적 손해

민법은 불법행위로 정신적 고통을 준 때에는 이를 배상할 책임을 규정하는데, 이러한 정신적 손해를 '재산 이외의 손해'라고 칭하며(제751조 1항), 이에 대한 금전배상을 위자료라고 한다.

(4) 배상액의 산정방법(특히 생명침해 또는 신체상해의 경우)

정신적 손해의 배상에 대해서는 제751조에서 설명하였으므로 아래에서는 재산적 손해배상의 산정방법에 대해서 설명하기로 한다.

1) 적극적 손해

불법행위로 인하여 상실되는 기존의 이익이 적극적 손해이다.

가. 치료비

상해를 치료하는데 있어서 드는 각종 비용(입원비·약대·진료비)이 포함된다. 부상으로 인한 후유증으로 사망할 때까지 개호인을 필요로 하는 때에는 그 비용도 포함되고, 그 외에 장차 사용하여야 할 의수·의족 등의 구매비용도 현재의 가격을 기준으로 산정하여 배상하여야 한다.

나. 장례비 등

고의 또는 과실에 의하여 타인의 생명을 해한 사람은 그 장례에 관한 비용을 손해로서 배상할 의무가 있고, 누구든지 사망은 피할 수 없는 것이고 그 비용은 사망자의 친족이 당연히 부담할 것이라는 이유로 그 배상의무를 면할 수 없다(대판 1966. 10. 11. 66다1456). 한편, 장례에서 조객으로부터 받는 부의금은 손실을 전보하는 성질의 것이 아니므로 배상액에서 공제할 것이 아니다(대판 1976. 2. 24. 75다1088).

2) 소극적 손해(일실이익)

장차 얻을 수 있는 이익을 얻지 못하는 것을 소극적 손해(일실이익)라 한다.

가. 일실이익의 산정기준

불법행위로 인한 피해자의 일실이익을 산정함에 있어서는 사고 당시의 피해자의 소득을 기준으로 하여 산정할 수도 있고 추정소득에 의하여 이를 평가할 수도 있는 것이며, 이와 같은 일실이익의 산정은 불확정한 미래

사실의 예측이므로 당해 사건에 현출된 구체적 사정을 기초로 하여 합리
적이고 객관성 있는 기대수익을 산정하면 족하다(1991. 10. 8. 90다19039).

나. 수입액

봉급생활자의 경우에는 그 임금을 기준으로 산정하는데, 봉급이 증가될
것을 예측할 수 있는 객관적인 자료가 있는 때에는 이를 통상손해로 보아
가해자의 예견 여부를 묻지 않고 일실수입에 포함시킨다(대판(전원합의체)
1989. 12. 26. 88다카6761).

【쟁점사항】

<일실수입의 산정과 관련된 문제>

(ㄱ) 개인사업을 경영하는 피해자의 일실수입 산정방법

개인사업을 경영하는 피해자의 장래 수입상실액을 산정함에는 그 사업체의 매상
고, 필요경비, 자본적 설비 등을 인정할 만한 객관적인 자료가 현출되어 있는 경
우에 이를 기초로 먼저 그 사업체의 수입금을 확정하고, 그 중에서 개인의 기여
도 내지 노동가치를 측정하여 이를 기초로 산정하는 것이 합리적이라고 할 것이
나, 그러한 자료가 현출되어 있지 아니할 경우에는 그 사업체의 규모와 경영형
태, 종업원의 수 및 경영실적 등을 참작하여 피해자와 같은 정도의 학력, 경력
및 경영능력 등을 보유한 사람을 고용하는 경우의 보수상당액, 즉 대체고용비에
의하여 장래수입상실액을 산정할 수도 있고, 또 개인사업주인 피해자의 수입이
주로 사업주 개인의 노무에 의존하고 있어 기업에서의 자본적 수입이 미미한 경
우에는 각종별임금실태조사보고서에 의하여 피해자와 같은 직종에 종사하는 근
로자의 임금 해당의 추정통계소득을 기준으로 장래수입상실액을 산정할 수 있다
(대판 1994. 9. 9, 94다19846).

(ㄴ) 사고 당시 수입이 없는 무직자·미성년자·학생·가정주부 등의 일실수입 산정

일용노임을 기준으로 산정한다. 봉급생활자의 임금이 일용노임보다 적은 때에도
일용노임에 의한 청구가 인정된다(대판(전원합의체) 1980. 2. 26. 79다1899).

(ㄷ) 사고 당시 피해자가 두 가지 이상의 수입원에 해당하는 업무에 동시에 종사하고 있는 경우

위의 경우 각 업무의 성격이나 근무형태 등에 비추어 그들 업무가 서로 독립적
이어서 양립가능한 것이고, 또 실제로 피해자가 어느 한쪽의 업무에 전념하고 있
는 것이 아닌 경우에는 각 업종의 수입상실액을 모두 개별적으로 평가하여 합산

하는 방법으로 피해자의 일실수입을 산정할 수 있다(대판 1999. 11. 26. 99다 18008).

㈃ **사고 후 사실심의 변론종결시까지 사이에 임금이 인상된 경우 피해자(망인)의 일실이익의 산정기준**

불법행위로 인하여 사망한 피해자가 입은 일실이익손해는 원칙적으로 손해가 발생한 불법행위 당시의 수입금액을 기준으로 삼아 산정하여야 되지만, 그 후 사실심의 변론종결 때까지 사이에 수입의 기초가 되는 임금이 인상되었을 때에는, 그 이후의 일실이익손해는 사실심의 변론종결 때에 가장 가까운 시기의 임금을 기준으로 삼아 산정하여야 하고, 이와 같은 손해는 불법행위로 인한 통상의 손해에 해당된다(대판 1991. 5. 28. 94다10381).

다. 수입이 가능한 기간

① 기간산출방법 : 통계에 의한 생명표로부터 사망한 사람의 생존을 측정하는 연수, 이른바 평균(기대)여명을 알 수 있다. 이를 기초로 하여 사망한 사람의 직업·건강상태 등을 고려하여 수입 내지 소득이 가능한 기간이 산출된다.

② 피해자의 수입이 가능한 최초의 시기 : 원칙적으로 만20세부터라는 것이 판례의 입장이다. 다만 남자로서 군복무중인 때에는 제대하여 노동에 실제로 종사할 수 있는 때를 기준으로 한다(대판 1966. 7. 26. 66다1077).

③ 수입이 가능한 최종의 시기 : 수입이 가능한 최종의 시기는 피해자의 직업이나 건강상태에 따라 다르다

㈀ 그 직업이 정년이 정하여져 있는 때에는 그것에 의하여 수입가능 연령을 인정하여야 한다(대판 1969. 9. 30. 69다1070).

㈁ 판례는 일비노동에 종사하는 사람은 만 60세에 이르기까지 가동할 수 있다고 보는 것이 경험칙상 타당하다고 보았다(대판 1991. 3. 27. 90다11400).

㈂ 또한 대법원은 일반육체노동의 가동연한을 55세로 본 종전의 판례를 폐기하면서, 일반적으로 55세가 넘어서도 가동될 수 있다고 보되, 그 한계연령은 피해자의 연령, 직업, 건강상태 등 구체적인 사

정을 고려하여 정하도록 했다(대판(전원합의체) 1989. 12. 26. 88다
카16867).

㈃ 정신노동자는 일반적으로 육체노동자보다 가동기간이 긴데, 그러나
특수한 사정을 고려하지 않고 일률적으로 65세로 보아서는 안된다
(대판 1984. 4. 10. 83다카614).

라. 노동능력상실률

① 노동능력상실로 인한 일실이익의 산정방법 : 노동능력 상실로 인하여
종전의 직장에 계속 종사할 수는 없으나 노동능력이 남아 있어 다른
직업에 종사할 수 있는 경우, 그 일실이익을 산정하는 방법에는 다음
과 같은 것이 있다.

㈀ 평가설(노동능력 상실설) : 정상수입× 상실률

㈁ 차액설(수입상실설) : 현재수입액-남은노동력으로 재취업이 가능
한 직업상의 수입

판례는 종전에는 차액설의 입장을 일관하였으나 그 후의 판례에
서는 두 가지 방식 중 어느 방식에 의하더라도 무방하다고 한다
(대판 1986.3. 25. 85다카538).

② 노동력 상실률의 결정방법 : 노동력 상실률의 결정에는 보통 의사의
감정의견을 기초로 하여 각종 법령에 의한 기준표(자동차손해배상보
장법시행령·산업재해보험법시행령·국가배상법시행령 등)나 이들
기준표가 적용되지 않는 경우에는 맥브라이드(Mcbride) 기준표(부상
의 등급을 백분율로 세밀하게 분류)를 이용한다.

【쟁점사항】

<노동력상실률과 관련된 문제>

㈀ 장애여부가 중복되는 경우 총능력상실률의 산정방식

장애여부가 중복되는 경우 총능력상실률은 개별분야의 상실률을 단순히 합산하
여 평가하여서는 안되고, 특별한 사정이 없는 한 상실이 많은 수치를 기준으로
하고, 그 잔존능력상실률에 상실이 적은 수치를 곱하여 평가한 상실률을 합산하
는 방식으로 하는 것이 옳다(대판 1991. 6. 25. 91다1547).

(ㄴ) **선천성 농아자의 농촌일용노동자로서의 노동능력을 평가하는데 있어서 노동능력상실률이 기준이 될 수 있는지 여부**

국가배상법시행령 제2조 1항 별표2 신체장애의 등급과 노동력상실률표나 맥브라이드의 장해등급표상의 언어기능이 전폐되거나 청력을 전혀 상실한 자의 노동능력상실률은 신체 건강한 보통 사람이 신체에 상해를 입어 노동력을 상실한 경우에 관한 것이므로, 선천적으로 언어와 청각의 기능에 장해가 있는 상태에서 오랫동안 농사를 지어 온 사람의 농촌일용노동자로서의 노동능력을 평가하는 데 관하여는 기준이 될 수 없다(대판 1994. 4. 26. 94다7362).

(ㄷ) **피해자가 사고 후 종전과 같은 직장에서 동일한 수입을 얻고 있다는 사정과 가동능력상실률에 의한 일실이익 산정**

피해자가 사고 후 종전과 같은 직장에 근무하고 있다고 하여도 후유장애가 있고 이로 인하여 업무수행에 어려움이 있으며, 현재 제능력을 발휘하지 못하고 있다는 사정 등을 고려할 때 피해자가 종전과 다름 없는 수입을 얻고 있다는 사실만으로 신체기능의 훼손에 불구하고 아무런 재산상 손해를 입지 아니하였다고 할 수 없다(대판 1991. 2. 12. 90다13291).

마. 생활비 등의 공제

피해자는 생명침해에 의하여 얻을 수 있는 이익을 상실하는 동시에 생존한다면 장래 지출하여야 할 생활비를 면하게 되므로, 피해자의 장래에 얻을 수 있는 수익으로부터 생활비를 공제하여야 한다(대판 1966. 3. 22. 66다116). 그러나 피해자가 사망하지 않고 부상을 입은 때에는 생활비를 공제하여서는 안된다. 생활비에는 단순한 식생활에 드는 비용뿐만 아니라 피복비·주택비·교통비·문화비 등 생활에 필요한 여러 비용을 포함한다.

한편 미성년자가 성년이 되어 수입이 가능할 때까지의 생활비는 그 친권자나 부양의무자의 부담에 속하는 것이므로, 불법행위로 사망한 미성년자의 일실이익을 산정함에 있어서는 그의 성년에 이르기까지의 생활비는 그 일실이익에서 공제할 것이 아니다(대판 1970. 2. 24. 69다1388).

바. 중간이자의 공제

손해배상액을 정기적으로 지급하지 않고 현재 일괄지급하기 위해서는 중간이자를 공제하여야 한다. 금전은 이자를 낳은 자본이므로 미리 받는

배상금은 배상을 할 때부터 피해자가 실제로 이익을 얻을 수 있을 때까지 이자가 생기게 되어, 피해자는 실제로 입은 손해보다 많은 부당이득을 하는 결과가 되기 때문이다.

그 공제방식에는 다음의 세 가지가 있다. 즉 장래 취득할 총 금액을 A, 그 현가를 X, 노동가능기간(연수)을 n, 이율을 i 라고 하면

① Hoffmann식 : $X = \dfrac{A}{1+ni}$

② Leibniz식 : $X = \dfrac{A}{(1+i)n}$

③ Garpzow식 : X = A(1-ni)이다.

판례는 종래 Hoffmann식을 사용하였는데, 그 후에는 법원이 자유로운 판단에 따라 Hoffmann식이나 Leibniz식 어느 방식에 의하여도 무방하다고 한다. 호프만식은 공제되는 중간이자가 단리 방식인데비해, 라이프니쯔식은 복리방식인 점에서, 손해배상액은 공제되는 중간이자의 액수가 상대적으로 적은 전자의 경우가 후자에 비해 많게 된다.

4. 과실상계

(1) 의 의

채무불이행에 있어서 인정되는 과실상계에 관한 제396조는 불법행위에도 준용된다(제763조). 따라서 손해배상의 책임 및 금액을 정할 때에 피해자의 과실도 이를 참작하여야 한다.

(2) 피해자의 과실

가. 의 의

피해자의 과실은 가해자의 과실과 같은 정도의 것은 아니고, 다만 그것이 손해배상액 산정에 참작된다는 점에서 적어도 신의칙상 요구되는 결과발생 회피의무, 즉 일반적으로 예견가능한 결과발생을 회피하여 피해자가

자신의 불이익을 방지할 주의를 게을리 하는 것을 말한다(대판 1999. 9. 21. 99다31667).

(3) 피해자 이외의 자(피해자측)의 과실

신의칙 또는 손해부담의 공평이라는 손해배상제도의 이념에 비추어 볼 때, 피해자의 과실에는 피해자 본인의 과실뿐만 아니라 그와 신분상 내지는 사회생활상 일체를 이루는 관계에 있는 자의 과실도 피해자의 과실로서 참작되어야 한다(대판 1999. 7. 23. 98다31868).

(4) 효 과

피해자에게 과실이 인정되면 법원은 손해배상의 책임 및 그 금액을 정함에 있어 이를 참작하여야 하고, 배상의무자가 피해자의 과실에 관하여 주장하지 않는 경우에도 소송자료에 의하여 과실이 인정되는 때에는 이를 법원이 직권으로 심리 판단하여야 한다(대판 1996. 10. 25. 96다30113). 과실상계사유에 관한 사실인정이나 그 비율을 정하는 것은 그것이 형평의 원칙에 비추어 현저히 불합리하다고 인정되지 아니한 한 사실심의 전권사항에 속한다(대판 1991. 7. 23. 89다카1275). 과실상계의 비율은 재산상 손해나 정신상 손해에 일률적으로 적용되어야 한다(대판 1979. 12. 11. 79다1733).

(5) 관련문제

가. 가해행위와 피해자측의 요인이 경합하여 손해가 발생하거나 확대된 경우 과실상계의 인정 여부

위의 경우 그 피해자측의 요인이 체질적인 소인 또는 질병의 위험도와 같이 피해자의 과실과 무관한 것이라고 할지라도, 당해 질환의 태양·정도 등에 비추어 가해자에게 손해의 전부를 배상시키는 것이 공평의 이념에 반하는 경우에는 과실상계의 법리를 유추적용할 수 있다(대판 1998. 7. 24. 98다12270).

나. 공동불법행위책임에 대한 과실상계에 있어 피해자의 공동불법행위자 각인에 대한 과실비율이 서로 다른 경우, 피해자 과실의 평가 방법

공동불법행위의 경우 법원이 피해자의 과실을 들어 과실상계를 함에 있어서는 피해자의 공동불법행위자 각인에 대한 과실비율이 서로 다르더라

도 피해자의 과실을 공동불법행위자 각인에 대한 과실로 개별적으로 평가
할 것이 아니고 그들 전원에 대한 과실로 전체적으로 평가하여야 한다
(2007. 6. 14. 2005다32999).

다. 공동불법행위자 중의 일부에게 피해자의 부주의를 이용하여 고의로 불법행위를 저지른 사유가 있다고 하여, 그러한 사유가 없는 다른 불법행위자까지도 과실상계를 주장할 수 없는 것인지 여부

피해자의 부주의를 이용하여 고의로 불법행위를 저지른 경우에는 과실
상계가 적용되지 않는다(대판 1998. 7. 24. 98다12270).

따라서 피해자의 부주의를 이용하여 고의로 불법행위를 저지른 자가 바
로 그 피해자의 부주의를 이유로 자신의 책임을 감하여 달라고 주장하는
것은 허용될 수 없으나, 이는 그러한 사유가 있는 자에게 과실상계의 주장
을 허용하는 것이 신의칙에 반하기 때문이므로, 불법행위자 중의 일부에게
그러한 사유가 있다고 하여 그러한 사유가 없는 다른 불법행위자까지도
과실상계의 주장을 할 수 없다고 해석할 것은 아니다(2007. 6. 14. 2005다
32999).

· 불법행위와 채무불이행의 비교

구 분	불 법 행 위	채 무 불 이 행
성립요건 1) 고의·과실	추상적 과실원칙, 무과실의 예외(제758조)	구체적 과실원칙(제695조) 무과실예외(제397조 2항)
2) 입증책임 3) 책임능력 4) 위법성	피해자 필요, 단 무과실책임시는 불요 필요	채무자 필요 필요

효 과		
1) 책임의 내용	손해배상	이행강제, 계약해제, 손해배상
2) 연대책임	규정有(제648조~제650조)	규정 無
3) 상 계	가해자의 상계금지(자동채권)	제한 無
4) 면책약관의 효력	원칙상 무효	원칙상 유효
5) 배상액의 경감	법원에 경감청구가능 (제765조)	경감이 있을 수 없다 (기·확정)
6) 소멸시효	안날로부터 3년, 있은 날로부터 10년	10년
기타 동일점	① 손해배상의 범위 ② 손해배상의 방법 ③ 과실상계 ④ 손해배상자의 대위(제393조·제394조·제396조)	

▣ **핵심판례** ▣

■ [준용규정]

1. **가. 과실상계 사유에 관한 사실인정이나 그 비율을 정하는 것이 사실심의 전권사항인지 여부**

 불법행위로 인한 손해배상청구 사건에서 과실상계 사유에 관한 사실인정이나 그 비율을 정하는 것은 그것이 형평의 원칙에 비추어 현저히 불합리하다고 인정되지 않는 한 사실심의 전권사항에 속한다.

 나. 불법행위로 인한 손해배상액 산정에 있어 과실상계와 손익상계의 순서

 불법행위로 인한 손해배상액을 산정함에 있어서 과실상계를 한 다음 손익상계를 하여야 하고, 산업재해보상보험법상의 급여도 마찬가지이다(1996. 1. 23. 판결 95다24340 손해배상(자)).

2. 가. 소송비용의 재판에 대한 불복이 허용되는 경우

소송비용의 재판에 대한 불복은 본안의 재판에 대한 상소의 전부 또는 일부가 이유 있는 경우에 한하여 허용되고, 본안의 상소가 그 이유가 없는 경우에는 허용되지 아니한다.

나. 불법행위로 물건이 멸실·훼손된 경우, 통상손해의 범위

일반적으로 불법행위로 인한 손해는 물건이 멸실되었을 때에는 멸실 당시의 시가를, 물건이 훼손되었을 때에는 수리 또는 원상회복이 가능한 경우에는 수리비 또는 원상회복에 드는 비용을, 수리 또는 원상회복이 불가능하거나 그 비용이 과다한 경우에는 훼손으로 인하여 교환가치가 감소된 부분을 통상의 손해로 보아야 한다.

다. 수목의 절단과 토석의 굴취로 임야가 훼손된 사안에서, 그 수목의 대체비용과 사방공사비용이 모두 통상손해라고 본 사례

임야의 소나무가 절단됨으로써 산림이 훼손되고 그로 인하여 비가 올 경우에 흙이 무너져 내리고 심할 경우 산사태가 날 가능성까지 있는 경우에는, 대체교환이 가능한 소나무에 대한 대체비용과 산사태 등을 방지하기 위한 사방공사비용이 모두 원상회복에 필요한 비용으로서 통상의 손해액이라고 한 사례 (1996. 1. 23. 판결 95다38233 손해배상(기))

3. 가. 개인사업자의 일실이익 산정 방법

불법행위로 인한 손해배상사건에서 피해자인 개인사업자의 실제 수입을 인정할 만한 객관적인 자료가 현출되어 있지 아니한 경우에는 그 사업체의 규모와 경영형태, 종업원의 수 및 경영실적 등을 참작하여 피해자와 같은 정도의 학력, 경력 및 경영능력 등을 보유한 사람을 고용하는 경우의 보수 상당액, 즉 대체고용비에 의하여 일실수입액을 산정할 수 있다.

나. 피해자인 개인사업자와 유사한 직종에 종사하는 자의 통계소득을 기준으로 대체고용비를 산정함에 있어 통계자료를 이용할 때의 주의점

피해자인 개인사업자와 유사한 직종에 종사하는 자의 통계소득을 기준으로 대체고용비를 산정하는 것은 피해자인 개인사업자는 자신이 수행한 것과 그 내용에 있어서나 노무제공시간 등에 있어서 유사한 업무를 수행하는 자를 고용하는 데 지급하여야 하는 보수 상당의 수입을 얻어왔던 것으로 보아야 한다는 데 그 근거가 있으므로, 통계소득을 기준으로 대체고용비를 산정하기 위해서는 당해 통계의 조사목적이나 방법, 조사대상 및 범위, 표본설계의 방법 등을 두루 살펴 그 이용의 적합성 여부를 신중하게 판단하여야 한다.

다. 자영농민에 대한 대체고용비를 산정하면서 임금구조기본통계조사보고서상의 통계소득을 기준으로 할 수 있는지 여부(한정 적극)

임금구조기본통계조사보고서는 상용근로자 5인 이상 사업체 중 표본사업체에 종사하고 있는 근로자들의 임금을 조사하여 작성된 것으로서 원칙적으로 '근로자'에 해당하는 자의 소득을 추정하는 기준이 될 뿐이므로, 위 조사보고서상 '농업숙련종사자'의 통계소득을 끌어다가 곧바로 자영농민에 대한 대체고용비로 인정할 수는 없다. 다만, 자영농민이 10년 이상 영농에 종사한 사안이라면, 그 영농규모와 영농형태, 영농종사자의 수 및 영농실적 등을 참작하여 자영농민이 수행하여 온 업무가 그 내용이나 노무제공시간 등에 있어서 위 조사보고서상의 '농업숙련종사자'로서 10년 이상 경력을 가진 남자의 그것과 유사한 것으로 인정되는 경우에는 달리 볼 수도 있다(대판 2007. 3. 29. 2006 다50499).

4. 가. 적극적 손해의 배상을 명한 전소송의 변론종결 후에 발생한 새로운 적극적 손해와 전소송의 기판력

불법행위로 인한 적극적 손해의 배상을 명한 전소송의 변론종결 후에 새로운 적극적 손해가 발생한 경우에 그 소송의 변론종결 당시 그 손해의 발생을 예견할 수 없었고 또 그 부분 청구를 포기하였다고 볼 수 없는 등 특별한 사정이 있다면 전소송에서 그 부분에 관한 청구가 유보되어 있지 않다고 하더라도 이는 전소송의 소송물과는 별개의 소송물이므로 전소송의 기판력에 저촉되는 것이 아니다.

나. 식물인간 피해자의 여명이 종전의 예측에 비하여 수년 연장되어 그에 상응한 향후치료, 보조구 및 개호 등이 추가적으로 필요하게 된 것은 전소의 변론종결 당시에는 예견할 수 없었던 새로운 중한 손해로서 전소의 기판력에 저촉되지 않는다고 한 사례

식물인간 피해자의 여명이 종전의 예측에 비하여 수년 연장되어 그에 상응한 향후치료, 보조구 및 개호 등이 추가적으로 필요하게 된 것은 전소의 변론종결 당시에는 예견할 수 없었던 새로운 중한 손해로서 전소의 기판력에 저촉되지 않는다고 한 사례(대판 2007. 4. 13. 선고 2006다78640)

5. 타인의 불법행위로 인하여 사망한 농업노동자의 상실손해액을 산정함에 있어 노임액이 인상된 경우의 기준액

타인의 불법행위로 인하여 사망한 농업노동자의 상실손해액을 계산함에 있어 사망 후 사실심의 최종변론종결 당시까지의 사이에 수익의 기초인 노임액이 인상되었을 때에는, 사망한 때로부터 노임인상이 있기 이전까지는 사망 당시의 수익 노임액을 기준으로 해야 하나, 그 이후에는 최종변론종결 당시의 노임액 가운데의 수익액을 기준으로 하여 산정해야 하는 것이고, 이는 통상손해액의 범위내라 할 것이다(1991. 2. 8. 제3부 판결 90다16900 손해배상(자)).

6. 일용노동종사자의 가동년한

일용노동에 종사하는 사람은 만 60세가 끝날 때가 아니라 만 60세에 이르기까지 가동할 수 있다고 보는 것이 경험칙상 타당하다(1991. 3. 27. 제2부 판결 90다 11400 손해배상(자)).

7. 가. 대학교를 졸업하고 대학원 석사과정을 수료한 후 방위병으로 근무 중이던 피해자의 일실수입을 대학졸업 이상의 학력을 가진 근로자의 전직종 평균임금에 의해 산정한 원심의 조치를 긍정한 사례

대학교를 졸업하고 대학원 석사과정을 수료한 후 사고 당시 방위병으로 근무 중이던 만 30세 4개월 남짓 된 자가 군복무를 종료한 후에는 적어도 대학졸업 이상의 학력을 가진 근로자의 초임정도에 해당하는 임금상당의 수익을 얻을 수 있을 것이라고 하여, 사고시에 가까운 시점의 대학졸업 이상의 학력을 가진 30세 내지 34세 남자의 전직 종평균임금을 일실수입상실액으로 본 원심의 조치는 정당하다.

나. 호의동승과 손해배상액의 감경

피해자가 사고차량에 무상으로 동승하다가 사고를 당한 경우 운행의 목적, 호의동승자와 운행자와의 인적관계, 피해자의 동승경위 등 제반사정에 비추어 사고차량의 운전자에게 일반의 교통사고와 같은 책임을 지우는 것이 매우 불합리한 것으로 인정되는 경우에는 그 배상액을 감경할 사유로 삼을 수 있으나 사고차량에 단순히 호의로 동승하였다는 사실만으로 그 감경사유로 삼을 수는 없다(1991. 3. 27. 제2부 판결 90다13284 손해배상(자)).

8. 렌트카인 사고차량에 동승한 피해자가 자동차의 운행지배 및 운행이익을 어느 정도 공유한다 하여 손해배상액을 40퍼센트 감액한 원심의 조치를 긍정한 사례

소외 갑, 을, 병은 모두 군 동료들로서 함께 주말에 놀러가기 위하여 그 중 소외 갑이 렌트카회사로부터 자동차 1대를 임차하기로 계약을 체결하고 소외 을은 그의 보증인이 되는 등, 위 소외인들이 비용을 균등부담하기로 하고 자동차를 임차하여 소외 갑이 운전하고 가던 중, 충돌사고가 일어나 모두 사망하였다면, 사고자동차의 운행경위. 동승자와 운행자와의 인적관계. 운행목적 등에 비추어 볼 때, 소외 을 및 병은 운전자인 소외 갑과는 물론이요 렌트카회사와도 자동차의 운행지배 및 운행이익을 어느 정도 공유한다고 할 것이어서, 렌트카회사에게 위 사고로 인하여 소외 을 및 병이 입은 모든 손해의 배상을 부담하도록 하는 것은 손해의 공평부담을 지도원리로 하는 손해배상제도의 근본취지에 어긋난다고 할 것이므로, 렌트카회사가 배상하여야 할 손해액을 산정함에 있어 이와 같은 사유를 참작하여 감액하기로 하되, 그 비율은 위와 같은 사실관계에 비추어 40퍼센트로 보는 것이 상당하다고 본 원심의 판단은 정당하다(1991. 3. 27. 제2부 판결 91다3048 손해배

상(자)).

9. 가. 피해자의 고도근시라는 체질적 소인이 사고로 인한 후유증인 실명의
 한 요인이 된 경우 그 기여도의 참작과 손해배상의 범위

 눈의 망막박리증세의 발생원인이 외부적 충격으로 인한 경우는 16 내지
 18%에 불과하고 그 50 내지 60%가 근시라는 체질적 소인으로 발생하는데
 피해자의 시력이 0.2 내지 0.6으로 사고 이전에 고도의 근시라는 체질적 소
 인을 가지고 있었다면, 피해자의 위와 같은 고도근시라는 체질적 소인이 사
 고로 인한 실명의 원인이 된 망막박리증세의 한 요인 내지는 악화요인이
 되었다 할 것이므로, 이러한 경우에는 손해의 공평한 부담이라는 견지에서
 가해자측의 손해배상액을 정함에 있어 체질적 소인의 기여도를 참작, 감액
 하여야 한다.

 나. 시립고등학교 교사의 교육업무상 발생한 불법행위(학생에 대한 체벌)
 로 인한 손해배상청구와 전치절차의 요부(적극)

 시립고등학교 교사는 교육공무원법 제1조, 제2조 제1항 제1호, 제2항, 교육법
 제75조 제1항 제1호, 제76조의 규정을 종합하여 볼 때 시의 피용공무원이므
 로 그 교육업무상 발생한 불법행위(학생에 대한 체벌)로 인한 손해배상책임
 은 국가배상법 제1조, 제2조 소정의 배상책임으로서 시를 상대로 한 그 손해
 배상청구는 같은 법 제9조 소정의 전치절차를 거쳐야 할 사건에 해당된다
 (1991. 5. 28. 제1부 판결 90다17972 손해배상(기)).

10. 가. 3개 치아의 손상, 저작기능, 심미감 등의 개선불가능한 후유장해로
 인한 농촌일용노동자로서의 노동능력상실율을 국가배상법시행령의
 기준에 따라 5%로 산정한 원심의 조치가 정당하다고 본 사례

 3개 치아의 손상, 저작기능, 심미감 등의 개선불가능한 후유장해로 인한 농
 촌일용노동자로서의 노동능력상실율을 국가배상법시행령의 기준에 따라 5%
 로 산정한 원심의 조치가 정당하다고 본 사례

 나. 사고당시 농촌지역에 거주하면서 농업에 종사하고 있다가 사고이후
 도시지역에 거주하게 된 피해자의 일실수입을 농촌일용임금을 기준
 으로 하여 산정한 조치의 적부(적극)

 불법행위로 인한 일실수입의 산정은 특단의 사정이 없는 한 노동능력상실
 당시 즉 불법행위시의 피해자의 가득수입을 기준으로 할 것이므로, 사고 당
 시 농촌지역에 거주하면서 농업에 종사하고 있었던 피해자의 일실수입을 농
 촌일용임금을 기준으로 하여 산정한 조치는 정당하고, 피해자가 사고 이후
 도시지역에 거주하게 되었다 하더라도 이를 달리 볼 것은 아니다(1991. 5.
 28. 제2부 판결 91다9190 손해배상(자)).

11. 가. 선원으로 승선근무중 전속항진하여 좌우요동이 심한 선박의 후미갑
　　　판에서 어망정리작업을 하다가 몸의 균형을 잃고 해상으로 추락하여
　　　사망한 피해자의 과실을 50%로 본 원심의 조치를 수긍한 사례

　　　선원으로 승선근무중 전속항진하여 좌우요동이 심한 선박의 후미갑판에서
　　어망정리작업을 하다가 몸의 균형을 잃고 해상으로 추락하여 사망한 피해자
　　의 과실을 50%로 본 원심의 조치를 수긍한 사례

　나. 사고 후 사실심의 변론종결 때까지 사이에 임금이 인상된 경우 피해
　　　자(망인)의 일실이익손해의 산정기준액

　　　불법행위로 인하여 사망한 피해자가 입은 일실이익손해는, 원칙적으로 손해
　　가 발생한 불법행위 당시의 수입금액을 기준으로 삼아 산정하여야 되지만,
　　그후 사실심의 변론종결 때까지 사이에 수입의 기초가 되는 임금이 인상되
　　었을 때에는, 그 이후의 일실이익손해는 사실심의 변론종결때에 가장 가까
　　운 시기의 임금을 기준으로 삼아 산정하여야 되고, 이와 같은 손해는 불법
　　행위로 인한 통상의 손해에 해당된다.

　다. 선원이던 피해자가 선원으로서의 근로계약 종료일 이후에도 선원으로
　　　서, 아니면 최소한 농촌일용노동에 종사할 수는 있다고 주장하면서
　　　임금이 인상된 원심 변론종결 때까지의 농촌일용노동임금액이 기재되
　　　어 있는 농협조사월보를 서증으로 제출하고 있는데도, 위 계약 종료
　　　일 이후부터 일률적으로 위 계약 종료일 당시의 농촌일용노임을 기준
　　　으로 삼아 피해자의 일실이익손해를 산정한 원심판결에 석명권의 행
　　　사를 게을리 한 채 심리를 제대로 하지 못한 위법이나 일실이익손해
　　　의 산정에 관한 법리를 오해한 위법이 있다 하여 파기한 사례

　　　선원이던 피해자가 선원으로서의 근로계약 종료일 이후에도 선원으로서, 아
　　니면 최소한 농촌일용노동에 종사할 수는 있다고 주장하면서 임금이 인상된
　　원심 변론종결 때까지의 농촌일용노동임금액이 기재되어 있는 농협조사월보
　　를 서증으로 제출하고 있는데도, 위 계약 종료일 이후부터 일률적으로 위 계
　　약 종료일 당시의 농촌일용노임을 기준으로 삼아 피해자의 일실이익손해를
　　산정한 원심판결에 석명권의 행사를 게을리 한 채 심리를 제대로 하지 못한
　　위법이나 일실이익손해의 산정에 관한 법리를 오해한 위법이 있다 하여 파기
　　한 사례(1991. 5. 28. 제2부 판결 91다10381 손해배상(기))

12. 가. 포괄적 일임매매 약정에 기한 증권회사 직원의 주식매매가 충실의무
　　　를 위반한 과당매매행위에 해당하는지 여부의 판단 기준

　　　증권회사가 고객과 포괄적 일임매매 약정을 하였음을 기화로, 그 직원이 충
　　실의무를 위반하여 고객의 이익을 등한시하고 무리하게 빈번한 회전매매를
　　함으로써 고객에게 손해를 입힌 경우에는 과당매매행위로서 불법행위가 성

립한다. 이 경우 증권회사의 직원이 충실의무를 위반하여 과당매매행위를
한 것인지의 여부는 고객 계좌에 대한 증권회사의 지배 여부, 주식매매의
동기 및 경위, 거래기간과 매매횟수 및 양자의 비율, 매입주식의 평균적 보
유기간, 매매주식 중 단기매매가 차지하는 비율, 동일 주식의 매입·매도를
반복한 것인지의 여부, 수수료 등 비용을 공제한 후의 이익 여부, 운용액 및
운용기간에 비추어 본 수수료액의 과다 여부, 손해액에서 수수료가 차지하
는 비율, 단기매매가 많이 이루어져야 할 특별한 사정이 있는지의 여부 등
제반 사정을 참작하여 주식매매의 반복이 전문가로서의 합리적인 선택이라
고 볼 수 있는지 여부를 기준으로 판단하여야 한다.

나. 과당매매의 불법행위로 인한 재산상 손해의 산정 기준

과당매매의 불법행위로 인한 재산상의 손해는 위법한 가해행위로 인하여 발
생한 재산상의 불이익, 즉 과당매매가 없었더라면 존재하였을 재산상태와 과
당매매가 종료된 이후의 재산상태의 차이를 말한다. 과당매매는 포괄적 일임
매매의 약정 등 증권업자에 의한 고객의 계좌 지배가 그 성립요건이므로, 과
당매매가 없었더라도 최초의 예탁금이 그대로 잔존해 있는 것이 아니라 증권
업자에 의한 정상적인 일임거래가 이루어졌을 것으로 보아야 하고, 따라서
과당매매 기간 동안 주가가 변동한 경우에는 특별한 사정이 없는 한 과당매
매가 없었더라도 주가 변동에 따라 재산상태의 변동이 있었을 것으로 봄이
상당하다. 그렇다면 과당매매가 없었더라면 존재하였을 재산상태는, 정상적인
일임거래가 이루어졌을 경우의 투자위험이 반영되어야 하므로, 과당매매가
시작되는 시점의 예탁금 및 주식 등의 평가액으로부터, 주가지수 변동률 등
을 사용하여 정상적인 일임거래가 이루어졌을 경우 발생하였을 것으로 예상
되는 손실과 거래비용을 적절히 평가하여 이를 공제한 금액(정상거래 후 잔
고)이라 할 것이고, 결국 그 금액과 과당매매가 종료된 시점의 잔고(과당매매
후 잔고)의 차액을 과당매매로 인한 손해로 보아 이를 산정함이 원칙이다. 다
만, 실제로는 개별 주식거래의 다양성과 주식시장의 변동성 등으로 인하여,
주가지수변동률 등의 통계자료만으로 '정상적인 일임거래가 이루어졌을 경
우에 발생하였을 것으로 예상되는 손실이나 거래비용'을 정확히 추산하는
것이 매우 어렵기 때문에, 증권업자가 부담할 최종적인 손해배상액을 정하는
법원으로서는, 위와 같은 방법에 의해 손해를 산정함에 있어서도 당해 거래
관계에 특수한 상황이 있을 때에는 이를 참작하여 손해배상책임을 조정할 필
요가 있을 뿐만 아니라, 사안에 따라서는 경험칙이나 논리칙 또는 공평의 원
칙에 어긋나지 아니하는 한 아예 '과당매매가 시작되는 시점의 계좌 상태'
와 '과당매매 종료 시점의 계좌 잔고'와의 차액에 의해 손해를 산정한 다
음, 정상적인 일임거래가 이루어졌을 경우에도 그에 상응한 수수료 등 거래
비용이 지출되리라는 사정 및 전반적인 주가하락추세 등의 요소로 인해 과당
매매가 없었더라도 어느 정도의 손실을 피할 수 없었으리라는 사정 등을 적

절히 참작하여 합리적인 범위 내에서 책임을 감경하는 방법으로 손해배상액을 결정할 수도 있다.

과당매매와 상당인과관계 있는 손해액을 산정함에 있어 주가하락으로 인한 영향을 반영하여 거래 순손실 중 과당매매로 인한 손해만을 산정하는 방식을 채택하는 경우, 특별한 사정이 없는 한 예탁금 총액을 기준으로 주가지수변동률을 곱하여 주가하락이 반영된 예탁금 총액을 산출한 후 거기에서 잔고평가액과 거래비용을 공제하는 방식이 논리적이므로 예탁금 총액에서 잔고평가액과 전체 거래비용을 뺀 금액을 기준으로 하여 그 금액에 주가지수변동률을 곱하는 방식은, 주가하락이 이미 반영되어 있는 잔고 평가액에 대하여는 이중으로 주가하락을 반영하는 한편, 거래비용 손해 산정시 이미 지출된 것으로 간주되어 더 이상 주가하락으로 인한 영향을 반영할 필요가 없는 전체 거래비용에 대하여도 주가하락을 반영하는 결과가 되어 논리칙상 승인되기 어렵다고 한 사례(2007. 4. 12. 2004다4980)

13. 가. 사고 당시 도시지역에 거주하는 무직자, 취업 전의 미성년자 등의 일실수입의 산정기준이 되는 노임단가

정부노임단가 중 보통인부의 노임은 기능을 필요로 하지 아니하는 일반잡역에 종사하면서 단순육체노동을 하는 사람의 일용노임으로 정부에 의하여 공인된 가격이라 할 것이어서, 사고 당시 도시지역에 거주하는 무직자, 취업 전의 미성년자나 학생, 가정주부, 영세수입의 일용근로자 등에 대하여는 적어도 정부노임단가 중 보통인부가 얻을 수 있는 정도의 수입은 얻을 수 있다고 추정하여 이를 기준으로 일실수입을 계산하여 온 것은 법원의 실무상 오래된 관행이라 할 것인바, 피해자가 위 기준가격과 다른 가격을 도시일용근로자의 기준수입으로 하여 일실수입을 청구하기 위하여서는 그 조사기관, 조사의 대상 및 범위, 조사의 방법, 산출기준 등에 관하여 객관성 및 보편성을 담보할 만한 자료를 제시함으로써 그것이 보통 인부에 대한 정부노임단가에 손색이 없는 객관적인 가격으로써 이를 일반적 도시일용노동종사자의 기준수입으로 하기에 충분하다는 점을 입증하여야 한다.

나. 사고 당시 무직자였던 피해자의 일실수입을 산정함에 있어 대한 건설협회 발행 잡지상의 분기별 시중노임단가를 기준으로 하여야 한다는 주장을 배척하고 정부노임단가 중 보통인부의 노임을 기준으로 계산한 원심의 조치가 정당하다고 본 사례

사고 당시 무직자였던 피해자의 일실수입을 산정함에 있어 대한 건설협회 발행 잡지상의 분기별 시중노임단가를 기준으로 하여야 한다는 주장을 배척하고 정부노임단가 중 보통인부의 노임을 기준으로 계산한 원심의 조치가 정당하다고 본 사례(1991. 6. 25. 제1부 판결 91다9602 손해배상(자))

14. 회사 현장소장으로 근무하면서 덤프트럭을 회사에 지입하고 운전사를 고용하여 중기임대업을 경영하는 한편 회사로부터 로울러스케이트장을 임차, 경영하고 있던 피해자의 일실수익을 산정함에 있어 각 그 수익을 기초로 삼은 원심의 조치가 정당하다고 한 사례

망인에 대한 일실수익을 산정함에 있어서 그 증거에 의하여, 위 망인이 소외 삼양진흥주식회사 현장소장으로 근무하면서 그 소유의 덤프트럭을 소외 회사에 지입하고 운전사를 고용하여 중기임대업을 경영하였고 또 위 삼양진흥주식회사로부터 로울러스케이트장 및 그 부대시설을 임차, 경영하여 판시와 같은 수입을 올리고 있었던 사실을 확정하였는 바, 원심의 사실인정은 옳게 수긍이 되고 기록에 비추어 위 중기임대업이나 로울러스케이트장의 경영수익이 위 망인의 육체적 또는 정신적 활동에 의한 소득이 아니라고 할 수 없을 뿐만 아니라 그 사업의 성격이나 영업형태로 보아 위 회사에 근무하면서 위 사업을 함께 경영할 수 없는 것도 아니라 할 것이므로 원심이 각 그 수익을 일실수익의 산정기초로 삼은 것은 정당하고 거기에 지적하는 바와 같은 일실소득의 산정에 관한 법리의 오해나 심리미진, 이유모순, 이유불비의 위법이 없다(1991. 7. 9. 제2부 판결 91다13090 손해배상(자)).

15. 가. 야간에 편도 2차선 직선도로의 2차선에 주차시켜 놓은 15톤 덤프트럭을 오토바이가 추돌한 사고에 대하여 트럭 소유자의 손해배상책임을 인정한 사례

야간에 편도 2차선 직선도로의 2차선에 주차시켜 놓은 15톤 덤프트럭을 오토바이가 추돌한 사고에 대하여 트럭 소유자의 자동차손해배상보장법 소정의 자기를 위하여 자동차를 운행하는 자로서의 손해배상책임을 인정한 사례

나. 과실상계에 있어서 고려되어야 할 사유

불법행위로 인한 손해의 발생 또는 확대에 관하여 피해자에게도 과실이 있을 때에 그와 같은 사유는 가해자의 손해배상범위를 정함에 있어 참작되어야 하는 것인데, 양자의 과실비율을 교량함에 있어서는 손해의 공평타당한 분담이라는 제도의 취지에 비추어 사고발생에 관련된 제반상황이 충분히 고려되어야 한다.

다. 위 "가"항의 경우에 있어 2차선을 주행하던 오토바이 운전자가 좌회전금지구역에서 회전(유-턴)을 하기 위해 뒤돌아보면서 진행하다가 위 트럭을 뒤에서 들이받은 과실비율을 겨우 30퍼센트로 산정한 것은 과실상계의 법리를 오해하여 심리를 다하지 아니한 잘못이 있다 하여 원심판결을 파기한 사례

위 "가"항의 경우에 있어 2차선을 주행하던 오토바이 운전자가 좌회전금지구역에서 회전(유-턴)을 하기 위해 1차선에 진입할 의도로 1차선 운행차량

의 유무를 확인하려고 뒤돌아보면서 진행하다가 위 트럭을 뒤에서 들이받은 사정만으로도 오토바이 운전자의 과실이 작다 할 수 없는데 그 과실비율을 겨우 30퍼센트로 산정한 것은 과실상계의 법리를 오해하여 심리를 다하지 아니한 잘못이 있다 하여 원심판결을 파기환송한다(1991. 7 .9. 제2부 판결 91다14291 손해배상(자)).

16. 가. 자동차가 출고된지 45일만에 불법행위로 폐차할 정도로 손괴된 경우 그 손해배상액의 산정방법과 차 구입시 지급한 취득세 및 보험료의 참작 여부(소극)

자동차가 타인의 불법행위로 인하여 폐차할 정도로 손괴된 경우 그 손해배상액은 감소된 교환가격이라고 할 것인바 자동차가 출고된지 45일만에 사고를 당하였다 하여도 위 법리에 따라 그 손해배상액을 산정하여야 함은 당연하므로, 그 배상액 산정방법으로 그 사고 당시의 교환가격에서 폐차대금을 공제하는 방법을 택하여야 하며, 위 교환가격을 평가할 때 피해자가 차를 구입하면서 지급한 취득세 및 보험료를 참작할 수는 없다.

나. 중고차 교환가격의 산정방법

중고차가 타인의 불법행위로 훼손된 경우 그 사고 당시의 교환가격은 원칙적으로 그것과 동일한 차종, 년식, 형, 같은 정도의 사용상태 및 주행거리 등의 자동차를 중고차시장에서 취득할 때 드는 가액으로 정하여야 한다.

다. 위 "가"항의 경우 사고일로부터 2월이 넘은 시점의 중고차가격을 표시하고 있고 자동차를 그 출고일에 따라 상, 중, 하 세종류로만 구분한 중고차시세표에 의하여 사고 당시 중고차의 교환가격을 인정한 원심판결에 채증법칙위배 및 석명권 불행사의 위법이 있다고 한 사례

위 "가"항의 경우 피해자가 새차 구입가격의 배상만을 고집하면서 중고차 교환가격에 관한 자료를 제시하지 아니한다 하여 사고일로부터 2월이 넘은 시점의 중고차가격을 표시하고 있고 자동차를 그 출고일에 따라 상, 중, 하 세종류로만 구분한 후 각 종류에 대하여 1개의 교환가격만을 표시하고 있는 피고 제출의 중고차시세표에 의하여 사고 당시 중고차의 교환가격을 인정한 원심판결에 채증법칙위배 및 석명권 불행사의 위법이 있다고 한 사례

라. 자동차가 불법행위로 수리불능일 정도로 손괴된 경우 그 교환가격의 감소액 이외에 대용차임료의 배상을 청구할 수 있는지 여부(소극)

불법행위로 물건이 멸실되어 그 교환가격을 배상할 경우 그 가격에는 당해 물건을 통상적인 방법으로 사용수익함으로써 얻을 수 있는 이익이 포함되어 있고, 이는 자동차가 수리불능일 정도로 손괴되어 그 교환가격의 감소액을 배상할 경우에도 동일하다 할 것인데, 자동차를 통상적으로 사용수익함으로써 얻을 수 있는 이익이란 그 임료상당액이어서 그 교환가격의 감소액 이외

에 대용차임료를 따로이 청구할 수는 없다.

마. 자동차를 사용하여 사업을 경영하던 피해자가 불법행위로 차를 폐차하고 상해를 입은 고용운전사가 입원치료 등을 받는 동안 다른 자동차를 운전사와 함께 빌려 영업한 경우, 대용차비용 중 운전사의 임금에 해당하는 부분이 통상의 손해인지 여부(적극)

자동차를 사용하여 사업을 경영하던 피해자가 타인의 불법행위로 차를 폐차하고 상해를 입은 고용운전사가 입원치료 등을 받는 동안 다른 자동차를 운전사와 함께 빌려 영업한 경우, 대용차비용 중 운전사의 임금에 해당하는 부분은 차의 통상적인 사용수익으로 인한 이익과 전혀 관계없는 것으로서 불법행위와 상당인과관계 있는 통상의 손해이다(1991. 7. 12. 제3부 판결 91다5150 손해배상(자)).

17. 가. 공해사건에서 손해가 자연력과 가해자의 과실행위가 경합되어 발생한 경우 가해자의 손해배상의 범위와 자연력의 기여분

공해사건에서 피해자의 손해가 한파, 낙뢰와 같은 자연력과 가해자의 과실행위가 경합되어 발생된 경우 가해자의 배상의 범위는 손해의 공평한 부담이라는 견지에서 손해에 대한 자연력의 기여분을 제한 부분으로 제한하여야 한다.

나. 과실상계사유에 관한 사실인정이나 그 비율을 정하는 것이 사실심의 전권사항인지 여부

과실상계사유에 관한 사실인정이나 그 비율을 정하는 것은 그것이 형평의 원칙에 비추어 현저히 불합리하다고 인정되지 아니하는 한 사실심의 전권사항에 속한다(1991. 7. 23. 제2부 판결 89다카1275 손해배상).

18. 가. 건물이 훼손된 경우에 있어 그 수리비 외에 언제나 상당한 교환가치의 감소가 따른다는 경험칙이 있다거나 이러한 손해를 통상 예견할 수 있는 것이라고 볼 수 있는지 여부(소극)

건물이 훼손된 경우에 있어 그 수리비 외에 언제나 상당한 교환가치의 감소가 따른다는 경험칙이 있다거나 이러한 손해를 통상 예견할 수 있는 것이라고 볼 수는 없다.

나. 손해배상사건에서 손해배상책임의 원인사실이 인정되지 아니하는 경우 법원의 손해액에 대한 입증촉구나 석명권 행사의무가 있는지 여부(소극)

불법행위로 인한 손해배상사건에서 배상책임의 원인사실이 인정되는데도 피해자가 그 손해액에 대한 입증을 하지 못하는 경우에 법원이 입증을 촉구하거나 석명권을 행사하여 손해액을 밝혀야 할 의무가 있다는 것이지, 손해배

상책임의 원인사실이 인정되지 아니하는 경우에까지 법원에서 손해액에 대한 입증촉구나 석명권을 행사할 의무가 있는 것은 아니다(1991. 7. 23. 제2부 판결 90다9070 손해배상(기)).

19. 가. **사고로 기계가 파손됨에 따라 피해자가 그 기계를 거래선에 설치시켜 주기로 한 기일을 도과하게 됨으로써 지급하게 된 계약상의 지체손해금에 대한 가해자의 배상책임 유무**

사고로 기계가 파손됨에 따라 피해자가 그 기계를 거래선에 설치시켜 주기로 하고 만일 그 기일을 도과할 경우에는 지체손해금을 지급하기로 하였다는 사정은 이른바 특별사정으로 인한 손해로서 사고 당시 가해자가 그와 같은 계약이 체결되어 있었다는 사정을 알았거나 알 수 있었다는 사정이 있어야 그 손해에 대한 배상책임이 있다.

나. **불법행위로 인하여 신체기능의 일부를 침해당한 피해자가 일시 종전과 다름없거나 증가한 수입을 얻은 바 있는 경우의 재산상 손해 유무(적극)**

불법행위로 인하여 신체기능의 일부를 침해당한 피해자의 손해는 피해자가 사고 당시 갖고 있는 노동력 중에서 사고로 인하여 상실한 노동력에 대한 평가액으로 산정하여야 할 것이므로 피해자가 일시 종전과 다름없거나 오히려 증가한 수입을 얻은 바 있다 할지라도 그러한 사정을 근거로 그 피해자는 신체기능의 훼손에도 불구하고 재산상 아무런 손해를 입지 않았다고 할 수 없다(1991. 7. 23. 제2부 판결 90다10803 손해배상(자)).

20. **산업재해보상보험법 제11조 제2항 소정의 "동일한 사유"의 의미와 피해자가 보험금으로 수령한 휴업급여금과 장해보상급여금이 법원에서 인정된 소극적 손해액을 초과하는 경우 그 초과부분을 적극적 손해의 배상액 산정에 있어 공제하여야 하는지 여부(소극)**

산업재해보상보험법 제11조 제2항 소정의 "동일한 사유"라고 하는 것은 보험급여의 대상이 된 손해와 민사상의 손해배상의 대상이 된 손해가 같은 성질을 띠는 것이어서 보험급여와 손해배상이 상호보완적 관계에 있는 경우를 말하므로, 피해자가 보험금으로 수령한 휴업급여금과 장해보상급여금이 법원에서 인정된 소극적 손해액을 초과하더라도 그 초과부분을 그 성질을 달리하는 적극적 손해의 배상액을 산정하는 데 있어 공제할 것이 아니다(1991. 7. 23. 제1부 판결 90다11776 손해배상(산)).

21. **불법행위로 손괴된 시내버스의 수리비가 중고차량의 교환가격을 초과하는 경우에 그 수리비상당액의 배상을 명한 원심의 조치가 정당하다고 한 사례**

불법행위로 손괴된 시내버스의 수리비가 중고차량의 교환가격을 초과한다 하더

라도 시의 시내버스운송사업개선방안지시에 따라 시내버스회사가 차량을 폐차시킬 경우에는 새차로만 대차할 수밖에 없는 사정이 있었다면 회사로서는 새차를 구입하지 않은 이상 그 수리비를 지불하고 수리할 수도 있으므로 원심이 회사의 청구에 따라 그 차량의 수리비상당액의 배상을 명한 것은 정당하다(1991. 7. 23. 제2부 판결 91다15249 손해배상(자)).

22. 가. 오토바이 뒤에 타고 가면서 안전모를 쓰지 아니한 피해자의 과실을 10퍼센트로 본 원심의 조치를 수긍한 사례

오토바이 뒤에 타고 가면서 안전모를 쓰지 아니한 피해자의 과실을 10퍼센트로 본 원심의 조치를 수긍한 사례

나. 의과대학 본과 1학년에 재학 중이었고 입학 후의 학업성적이 우수하여 장학금까지 받은 피해자(망인)의 일실수익을 일반도시일용노임을 기초로 산정한 원심의 조치를 정당하다고 본 사례

의과대학 본과 1학년에 재학중이던 피해자(망인)가 의과대학에 입학한 후의 학업성적이 우수하여 장학금까지 받았으며 의과대학 졸업생의 의사국가고시 합격률이 높다 하더라도 그것만으로는 피해자가 만 3년이 더 남은 의과대학을 졸업하고 의사국가고시에 합격하여 의사자격을 취득한 후 의사로서 종사할 수 있으리라는 것이 상당한 정도로 확실시 된다고는 할 수 없으므로, 원심이 피해자의 일실수익을 일반도시일용노임을 기초로 산정한 것은 정당하다.

다. 호프만식 계산법에 의하여 중간이자를 공제함에 있어 총기간의 단리연금현가율의 수치가 240을 넘지만 피해자가 순이익을 얻을 수 없는 기간이 포함되어 있는 경우의 일실수익 산정방법

호프만식 계산법에 의하여 중간이자를 공제하는 경우에 가동할 수 있는 총기간이 414개월을 넘어 그 현가율의 수치가 240을 넘더라도 피해자가 순이익을 얻을 수 없는 기간이 포함되어 있는 관계로 가동할 수 있는 총기간의 단리연금현가율에서 순이익을 얻을 수 없는 기간에 해당하는 단리연금현가율을 공제한 수치를 적용하여 현가를 산정하는 경우에는 공제한 결과의 수치가 240을 넘지만 않는다면 무방하다(1991. 7. 23. 제2부 판결 91다16129 손해배상(자)).

23. 심야에 운전면허 없이 술을 마신 상태에서 안전모도 착용하지 않은 채로 운전하다가 주차 중인 트럭을 추돌하여 사망한 오토바이 운전사의 과실비율을 70%로 평가한 원심의 조치를 정당하다고 한 사례

심야인 03:40경 운전면허 없이 술을 마신 상태에서 안전모도 착용하지 않은 채로 전방주시를 게을리 하고 오토바이를 운전하다가 곡각도로인 왕복 4차선도로의 2차선 상에 차폭등이나 미등을 켜두지 아니한 상태로 주차되어 있던 덤프트

력을 미처 발견하지 못하고 차량적재함 뒷부분에 추돌하여 사망한 사고에 있어서 피해자의 과실비율을 70%로 평가한 원심의 조치를 정당하다고 본다(1991. 9. 10. 제1부 판결 91다18705 손해배상(자)).

24. **업적에 따라 비례적으로 매월 제수당을 지급받는 보험회사 보험모집인의 일실수익의 산정에 있어 제수당 가운데 포함된 교통비 접대비 등 명목의 금원을 공제하지 아니한 원심의 조치를 정당하다고 한 사례**

자유직업인으로서 그 이룩한 업적에 따라 비례적으로 매월 제수당을 지급받아 온 보험회사 보험모집인의 일실수익을 산정함에 있어 일정기간 동안의 수익총액을 월수로 나누어 월평균수익을 산정하고 그 제수당 가운데 포함된 교통비, 접대비 또는 교제비 등 명목의 금원을 위 수익에서 공제하지 아니한 원심의 조치를 정당하다(1991. 9. 10. 제2부 판결 91다20340 손해배상(자)).

25. **동승한 이종사촌을 사망케 한 가해자에게 그 배상할 손해액을 20퍼센트 감액한 원심의 조치를 수긍한 사례**

이종사촌을 동승시켜 같이 그 형집에 가다가 동승자를 사망케 한 가해자에게 일반의 교통사고와 같은 책임을 지우는 것이 신의칙이나 공평의 원칙에 비추어 불합리하다고 하여 그 배상할 손해액을 20퍼센트 감액한 원심의 조치를 수긍한다(1991. 9. 24. 제2부 판결 91다17788 손해배상(자)).

26. **가. 부동산의 불법점유로 인하여 그 소유자가 입게 되는 손해액의 산정 방법 및 그 근거**

부동산의 불법점유로 인하여 그 소유자가 입게 되는 손해의 액은 특별한 사정이 없는 한 그 부동산의 임료에 상당하는 금액을 기준으로 산정하여야 하는 것인 바, 부동산의 임차인이 임대차가 종료되었음에도 불구하고 임차물을 반환하지 않고 불법점유하는 경우에, 그 불법점유로 인한 임대인의 손해액을 특별한 사정이 없는 한 종전의 임료에 상당하는 금액을 기준으로 산정하는 것은, 임대인이 임대차가 종료된 후에 바로 타인에게 그 부동산을 임대하였더라면 그 정도의 임료는 받을 수 있었을 것으로 볼 수 있기 때문이다.

나. 임차부동산에서 제과점을 경영하여 얻는 매출액 중 일정비율 상당액을 임료로 정한 임대차가 종료된 후에도 그 불법점유로 인하여 임대인이 입는 손해액을 위 임료상당액이라고 단정할 수 있는지 여부(소극)

임차인이 임차부동산에서 제과점을 경영하여 얻는 매출액 중의 일정비율에 상당하는 금액을 임료로 약정한 경우에는, 임차물의 객관적인 사용가치뿐만 아니라 임차인의 기업경영능력이나 노력 등의 주관적인 요소도 함께 반영될 수밖에 없는 위와 같은 매출액의 다과에 따라 임료의 액이 산정되었던 것이

므로 그 점포에 관한 임대차계약이 해지된 후에 이를 반환하였더라면 임대
인이 바로 타인에게 위 점포를 임대하여 같은 정도의 임료를 받을 수 있었
을 것이라고 속단할 수는 없는 것이므로 이를 기준으로 하여 임대차기간 만
료 후의 불법점유로 인한 손해금을 산정하였음은 부당하다(1991. 9. 24. 제2
부 판결 91다20197 건물명도등).

27. 향후치료비나 개호비의 지급방법을 법원이 자유재량으로 선택할 수 있는 지 여부(적극)

불법행위로 인한 손해배상청구 사건에서 채무자의 피해자에 대한 향후치료비나
개호비의 지급방법을 일시금배상과 정기금배상 중 어느 하나를 선택하는 문제는
그것이 형평의 원칙에 비추어 현저히 불합리하다고 인정되지 아니하는 한 법원
의 자유재량에 속한다(1991. 10. 8. 제2부 판결 90다19039 손해배상(자)).

28. 피해자가 노동능력의 상실로 종전 직업이나 그와 유사한 직종에 종사할 수 없게 된 경우에 있어 그 장래 소득의 추정

피해자가 노동능력의 상실로 종전 직업이나 종전의 직종과 유사한 직종에 종
사할 수 없게 된 경우 피해자의 연령, 교육정도, 경력, 종전 직업과 기능자격의
유무, 후유장애의 부위 정도, 직업선택에 의한 장애 회피의 가능성, 사회적 조
건 등에 비추어 피해자가 일용노동임금 보다 소득이 많은 직업이나 직종에 종
사할 것이 예측되는 특별한 사정이 있지 아니하면 그의 장래의 소득은 일용노
동임금 상당액이라고 추정할 수밖에 없다(1991. 10. 25. 제3부 판결 91다25284
손해배상(자)).

29. 가. 등록상표와 전체적으로 유사한 표장의 포장지를 사용하여 제품을 판매, 반포함으로써 상표권을 침해하였다고 본 사례

상표권자가 그 등록상표를 사용하여 그 지정상품인 "분와사비" 등을 생산,
판매하는 사실을 알면서 그 등록상표와 전체적으로 유사한 표장의 포장지를
자기가 생산하는 "분와사비" 제품에 사용하여 그 제품을 판매, 반포함으로
써 상표권을 침해하였다고 본 사례

나. 위 "가" 항의 등록상표가 원료공급체인 일본회사의 상표를 한글로 표시한 표장과 도안에 터잡은 경우 위 일본회사로부터 그 상표의 표지의 사용을 승낙 받았다 하여 상표권 침해행위가 적법하게 되는지 여부(소극)

위 "가" 항의 등록상표가 원료공급체인 일본회사의 상표를 한글로 표시한
표장과 도안에 터잡은 경우 위 일본회사와의 사이에 별도로 계약을 체결하
여 제품의 표장에 그 상표의 표지를 사용하는 것을 승낙받았다 하더라도
그것만으로는 상표권 침해행위가 적법하게 되는 것은 아니다.

다. 상표권자가 상표권 침해자에 대하여 손해배상을 청구하는 경우 상표권침해자가 취득한 이익 이외에 침해행위와 손해의 발생간의 인과관계에 대하여도 입증할 필요가 있는지 여부(소극)

구 상표법(1990. 1. 13. 법률 제4210호로 전문 개정되기 전의 것) 제37조 제2항에 의하면 상표권자가 상표권 침해자에 대하여 손해배상을 청구하는 경우 그 자가 침해행위에 의하여 이익을 받았을 때에는 그 이익의 액은 상표권자가 받은 손해액으로 추정되므로 상표권자는 상표권 침해자가 취득한 이익을 입증하면 되고 그 밖에 침해행위와 손해의 발생 간의 인과관계에 대하여는 이를 입증할 필요가 없다(1992. 2. 25. 제1부 판결 91다23776 손해배상(기)).

30. 가. 일실수입손해액 산정의 기초가 되는 가득수입의 입증자료

사고 당시 일정한 직업이 있었던 피해자에 대한 일실수입손해를 산정하기 위한 기초가 되는 가득수입을 통계자료에 의한 추정소득을 기준으로 삼아 평가할 수도 있으나 반드시 이에 의하여야 하는 것은 아니고, 달리 그 수입을 인정할 수 있는 자료가 있고 그 자료가 합리성과 신빙성이 있으면 그에 의하여 이를 인정하였다 하여 채증법칙에 위배되었다고 할 수 없다.

나. 개별화물자동차운송사업자의 일실수입손해액 산정에 있어 노동부의 직종별임금실태조사보고서나 부가가치세신고시의 거래실적에 의하지 아니하고 전국개별화물자동차운송사업조합장에 대한 사실조회결과 등을 기초로 삼은 원심의 조치를 수긍한 사례

개별화물자동차운송사업자의 일실수입손해액 산정에 있어 노동부의 직종별 임금실태조사보고서나 부가가치세 신고시의 거래 실적에 의하지 아니하고 전국개별화물자동차운송사업조합장에 대한 사실조회결과 등을 기초로 삼은 원심의 조치를 수긍한다(1992. 2. 28. 제3부 판결 91다43794 손해배상(자)).

31. 프레스기 작업상 주의의무를 소홀히 한 피해자의 과실비율을 35%로 평가한 것이 일용잡부로 입사한 피해자에게 작업에 관한 제반 기초사항을 알려 준 바가 없는 점 등의 회사측의 과실내용에 비추어 볼 때 지나치게 무겁게 평가한 것이라고 하여 원심판결을 파기한 사례

회사의 작업반장이 일용잡부로 입사한 피해자에게 프레스기계작업에 관한 기술교육이나 안전교육 등 제반 기초사항을 알려 준 바도 없고 프레스기의 수리요청을 받고서도 수리를 하여 주지 아니하였으며 프레스기에 부착되어 있는 전자감응식 안전장치마저 고장난 상태여서 애당초 위 프레스기로 작업하도록 지시하여서는 아니됨에도 불구하고 이를 무시한 채 피해자에게 계속 작업할 것을 지시한 과실로 사고가 발생하였다면, 프레스기로 작업을 함에 있어서 작업상의 주의의무를 소홀히 한 정도의 피해자의 과실만을 가지고 그 비율을 35%로 평가한 것은 회사측의 과실내용에 비추어 볼 때 지나치게 무겁게 평가한 것으로서 형평의

원칙에 현저히 반하는 것이라고 하여 원심판결을 파기환송한다(1992. 3. 31. 제1부 판결 91다37263 손해배상(산)).

32. 장래 지급할 것이 확정된 산업재해보상보험법상의 보험급여를 수급권자에게지급할 손해배상액에서 미리 공제할 수 있는지 여부(소극)

현실적으로 산업재해보상보험법상의 보험급여를 지급하지 아니한 이상 장래에 보험급여를 지급할 것이 확정되어 있더라도 이러한 장래의 보험급여액을그 수급권자에게 지급할 손해배상액에서 미리 공제할 수는 없다(1992.5.8. 제3부 판결 91다39603 손해배상(산)).

33. 가. 차량에 무상으로 동승하였다는 사실만으로 운전자에게 안전운행을 촉구할 주의의무가 있다고 할 수 있는지 여부(소극)

비록 차량에 무상으로 동승하였다고 하더라도 그와 같은 사실만으로 운전자에게 안전운행을 촉구하여야 할 주의의무가 있다고는 할 수 없다.

나. 호의동승에 있어 운행자의 책임을 감경할 수 있는 경우

차량의 운행자가 아무런 대가를 받지 않고 오직 동승자의 편의와 이익을 위하여 동승을 허용하고 동승자로서도 그 자신의 편의와 이익을 위하여 그 제공을 받은 경우 그 운행의 목적, 동승자와 운행자와의 인적 관계, 동승의경위 등 제반 사정에 비추어 가해자에게 일반의 교통사고와 같은 책임을 지우는 것이 신의칙이나 형평의 원칙상 매우 불합리하다고 인정되는 경우에는 그 배상액을 감경할 수 있다.

다. 동승자들이 모두 사고차량의 소유자 겸 운행자와 같은 회사 소속 직원들로서 상을 당한 동료직원을 문상하러 가기 위하여 동승하였다가 사고를 당하였다면 위 동승자에 대한 관계에서 운행자의 책임을 상당한 정도 감액 조정하는 것이 신의칙이나 형평의 원칙에 합당하다고 한 사례

사고차량의 동승자들이 모두 그 차량의 소유자 겸 운행자와 같은 회사 소속 직원들로서 상을 당한 같은 회사 소속 직원을 문상하러 가기 위하여 위 차량에 호의로 동승하였다가 사고를 당하였다면 위 동승자들에 대한 관계에서 운행자의 책임을 상당한 정도 감액 조정하는 것이 신의칙이나 형평의 원칙에 합당하다고 한 사례

라. 취업규칙에서 개근하는 직원 등에게 연차유급휴가를 주되 휴가를 못 주면 보수규정에 따라 보상금을 지급한다고 규정하고 있는 경우 연차휴가수당을 일실수입 및 일실퇴직금 산정의 기초로 삼을 수 있는지 여부

취업규칙에서 연간 개근하는 직원에게는 11일의 연차유급휴가를, 9할 이상

출근자에게는 9일의 연차유급휴가를 주되 2년 이상 근속한 자에게는 1년을 초과하는 근속연수 1년에 대하여 1일씩을 가산한 휴가를 주며 형편에 따라 휴가를 줄 수 없을 때에는 보수규정이 정하는 바에 따라 보상금을 지급한다고 규정하고 있는 경우에 있어 피해자가 사고 후에도 계속 개근하거나 9할 이상 출근하여 정년까지 연차휴가를 받을 수 있으며 회사의 형편상 실제로 휴가를 주지 아니하고 이에 해당하는 수당을 지급하는 것을 원칙으로 하여 왔고 장래에도 그러리라는 사정이 있지 아니하는 한 연차휴가수당을 일실수입 및 일실퇴직금 산정의 기초로 삼을 수는 없다(1992. 5. 12. 제2부 판결 91다40993 손해배상(자)).

34. 가. 중고차가 타인의 불법행위로 훼손된 경우 그 교환가격의 산정방법

중고차가 타인의 불법행위로 훼손된 경우 그 자동차의 불법행위 당시의 교환가격은 원칙적으로 그것과 동일한 차종·연식·형·같은 정도의 사용상태 및 주행거리 등의 자동차를 중고차 시장에서 취득하는 데 소요되는 가액에 의하여 정하여야 한다.

나. 불법행위로 훼손된 자동차를 수리하는 기간 동안 휴차손해 대신 대차사용료의 지급을 청구할 수 있는지 여부(적극)

불법행위로 훼손된 자동차를 수리하는 기간 동안의 손해로서 휴차손해와 대차사용료는 선택적 관계에 있어 차주는 휴차손해 대신 대차사용료의 지급을 청구할 수 있다(1992. 5. 12. 제2부 판결 92다6112 손해배상(자)).

35. 양수장에 빠져 익사한 국민학교 학생들의 과실과 그들의 부모들이 지도감독의무를 게을리 한 과실의 비율을 합하여 60% 정도로 본 원심의 조치를 수긍한 사례

양수장에 빠져 익사한 피해자들이 사고 당시 국민학교 5학년과 3학년의 학생들로서 위험변식능력이 전혀 없었다고 할 수 없음에도 불구하고 자신들의 키 높이를 상회하는 양수장 배수로의 물에 함부로 들어가 물놀이를 한 과실이 있고, 또한 그들의 부모들도 나이 어린 피해자들이 함부로 사는 곳으로부터 멀리 떨어진 곳에 나가 놀거나 사고장소와 같은 위험한 곳에서는 함부로 수영 등 물놀이를 하지 아니하도록 철저히 지도감독할 책임이 있다고 할 것임에도 이를 게을리 한 것이라면 그 과실의 비율을 60% 정도로 봄이 상당하다고 한 원심의 조치를 수긍한 사례(1992. 6. 9. 제1부 판결 92다7207 손해배상(기))

36. 가. 호의동승에 있어 운행자의 책임을 감경할 수 있는 경우나. 호의동승이라 하더라도 운행자의 손해배상책임을 감경할 만한 사유가 있었다고 보기는 어렵다고 한 사례

자동차의 운행자가 아무런 대가를 받음이 없이 동승자의 편의와 이익을 위하여 호의로 동승케 하였다고 하여도 이런 사실만으로는 그 동승자를 운행

이익 내지 운행지배를 가지는 자동차손해배상보장법 제3조 소정의 운행자에 해당한다고 할 수 없고, 다만 호의동승자와 운행자의 인적 관계, 동승의 경위, 동승요구의 목적과 적극성 등 제반 사정에 비추어 사고차량의 운행자에게 일반의 교통사고와 같은 책임을 지우는 것이 신의칙이나 형평의 원칙에 비추어 매우 불합리하다고 인정되는 경우에는 그 배상액을 감경할 수 있다.

나. 호의동승이라 하더라도 운행자의 손해배상책임을 경감할 만한 사유가 있었다고 보기는 어렵다고 한 사례

야간근무를 마친 운행자가 친구와 함께 기분전환하러 해수욕장에 가면서 자신의 권유로 동향의 선후배 사이이고 같은 회사 같은 부서에 근무하고 있던 피해자를 동승하게 하였다가 돌아오던 길에 교통사고가 발생한 것이라면 호의동승이라 하더라도 차량운행자의 손해배상책임을 감경할 만한 사유가 있었다고 보기는 어렵다(1992. 6. 9. 제2부 판결 92다10586 손해배상(자)).

37. 가. 노동능력상실율을 정하는 방법 및 신체감정서에 후유장해가 개선될 여지가 있는 것처럼 나타나 있는 경우 법원이 반드시 이를 채택하여야 하는지 여부

노동능력상실률을 정하기 위한 보조자료의 하나인 의학적 신체기능장해율에 대한 감정인의 감정결과는 사실인정에 관하여 특별한 지식과 경험을 요하는 경우에 법관이 그 특별한 지식, 경험을 이용하는 데 불과한 것이고, 궁극적으로는 피해자의 성별, 연령, 교육정도, 노동의 성질과 신체기능장해정도, 기타 사회적, 경제적 조건 등을 모두 참작하여 그러한 여러 조건과 경험법칙에 비추어 규범적으로 결정될 수밖에 없는 것이므로, 신체감정인의 감정서에 훼손된 현재의 신체장해가 향후 치료에 의하여 다소 개선될 여지가 있는 것처럼 나타나 있다 하여 법원이 반드시 이를 그대로 채택하여야 하는 것은 아니다.

나. 후유장해가 중복된 경우의 중복장해율 산정의 사례

후유장해가 중복된 경우의 중복장해율 산정의 사례(1994. 4. 26. 제1부 판결 93다62348 손해배상(자))

38. 사고차량에 동승한 자동차보유자의 손해액 산정에 있어 그 운전자의 과실참작 여부

자동차의 소유자 또는 자동차를 사용할 권리가 있는 자로서 자기를 위하여 자동차를 운행하는 자, 즉 자동차의 "보유자"는 자동차의 운행으로 인한 이익을 향수할 뿐 아니라 자동차의 운행을 지배하는 지위에 있는 자로서 운전자의 선임에 관하여는 물론 그 지휘감독에 관하여까지 상당한 주의를 하여야 할 의무가 있으므로 자동차의 운행으로 말미암아 발생하는 결과에 대하여 책임이 있고, 따라서 자동차의 보유자가 다른 사람으로 하여금 자동차를 운전하게 하고 그 자동차에

함께 탔다가 제3자의 과실로 인하여 교통사고가 발생한 결과 손해를 입은 경우에, 그 자동차의 운전자에게도 과실이 있었다면 그 손해를 배상할 의무가 있는 제3자가 자동차의 보유자에게 배상하여야 할 재산상 손해의 액과 위자료의 액을 정함에 있어서 그 자동차 운전자의 과실을 참작하는 것이 타당하다(1994. 4. 26. 제2부 판결 94다2121 손해배상(자)).

39. 피해자가 지급받은 휴업급여금은 그것이 지급된 휴업기간 중의 일실이익 상당의 손해액에서만 공제되어야 하는지 여부

휴업급여는 휴업기간 중의 일실이익에 대응하는 것이므로 휴업급여금은 그것이 지급된 휴업기간 중의 일실이익 상당의 손해액에서만 공제되어야 한다.

40. 가. 선천성 농아자의 농촌일용노동자로서의 노동능력을 평가하는 데 있어서 국가배상법시행령이나 맥브라이드 장해등급표상의 노동력상실률이 기준이 될 수 있는지 여부

국가배상법시행령 제2조 제1항 별표 2 신체장해의등급과노동력상실률표나 맥브라이드의 장해등급표상의 언어의 기능이 전폐되거나 청력을 전혀 상실한 자의 노동력상실률은 신체건강한 보통사람이 신체에 상해를 입어 노동력을 상실한 경우에 관한 것이므로, 선천적으로 언어와 청각의 기능에 장해가 있는 상태에서 오랫동안 농사를 지어 온 사람의 농촌일용노동자로서의 노동능력을 평가하는 데 관하여는 기준이 될 수 없다.

나. 선천성 농아자가 농촌일용노동에 종사하는 경우 보통사람이 얻을 수 있는 농촌일용임금의 70% 정도의 수입밖에 얻을 수 없다고 본 원심판결을 파기한 사례

선천성 농아자가 농촌일용노동에 종사하는 경우 보통사람이 얻을 수 있는 농촌일용임금의 70% 정도의 수입밖에 얻을 수 없다고 본 원심판결을 파기한 사례(1994. 4. 26. 제2부 판결 94다7362 손해배상(자))

<판례전문(1994. 4. 26. 제2부 판결 94다7362 손해배상(자))>

[원고, 상고인] 김순득 외 5인 원고들 소송대리인 변호사 박용석

[피고, 피상고인] 영흥철강 주식회사 소송대리인 변호사 조열래

[원심판결] 부산고등법원 1993. 12. 30. 선고 93나7778 판결

[주 문] 1. 원심판결 중 재산상손해에 관한 원고 김순득의 패소부분을 파기하고, 이 부분에 관하여 사건을 부산고등법원에 환송한다.

　2. 원고 박인목 박의목 박영자 박인식 박인철의 각 상고를 모두 기각한다.

　3. 상고가 기각된 부분에 관한 상고비용은 위 원고들의 부담으로 한다.

[이 유] 1. 원고들소송대리인의 상고이유에 대한 판단.

가. 원심은, 이 사건 교통사고로 인하여 1989. 10. 16. 사망한 소외 망 박정목 (1959. 2. 19.생)의 상속인인 원고 김순득이 위 소외 망인의 일실수입에 관한 손해 의 배상을 농촌일용노임에 터잡아 청구하고 있는바, 위 망인은 선천성 농아자로 서 혜성구화학교 6년을 졸업하여 이 사건 사고당시 수화로써 의사소통을 할 수 있었으며, 그의 주거지에서 가족들과 함께 비닐하우스에 의한 농작물을 재배하는 등으로 농사일을 하고 있었던 사실을 인정할 수 있으나, 국가배상법시행령 소정 의 신체장해의 등급과 노동력상실률표(별표2) 및 맥브라이드의 후유장애에 대한 노동능력상실률표상의 언어기능 및 청력이 상실된 경우의 노동능력 상실정도와 경험칙 등에 비추어보면, 선천성 농아자인 위 망인은 신체건강한 보통의 농촌인 부가 얻을 수 있는 소득의 70%정도의 수입을 얻을 수 있다고 봄이 상당하다고 판시하였다.

나. 그러나 국가배상법시행령 제2조 제1항 [별표2] 신체장해의 등급과 노동력 상실률표나 맥브라이드의 장해등급표상의 언어의 기능이 전폐되거나 청력을 전혀 상실한 자의 노동력상실률은 신체건강한 보통사람이 신체에 상해를 입어 노동력 을 상실한 경우에 관한 것이므로, 선천적으로 언어와 청각의 기능에 장해가 있는 상태에서 오랫동안 농사를 지어 온 위 망인의 농촌일용노동자로서의 노동능력을 평가하는데 관하여는 기준이 될 수 없는 것이고, 또 선천성 농아자가 농촌일용노 동에 종사하는 경우 신체건강한 보통사람이 얻을 수 있는 농촌일용임금의 70% 정도의 수입밖에 얻을 수 없다고 보는 것이 경험법칙이라고 볼 만한 합리적인 근 거도 없다.

더우기 위 망인이 구화학교 6년을 졸업하여 수화로 의사소통을 할 수 있었다 는 사실은 원심도 인정하고 있는 바일 뿐만 아니라, 기록에 의하면 위 망인이 선 천성 농아자일 뿐 그 밖에 신체적인 건강이 보통사람과 차이가 없었음을 알 수 있으며, 농촌일용노동은 농업에 종사한 경험과 육체적인 힘에 의존하는 것이어서 언어나 청각의 기능이 특별히 그 능력에 중요한 영향을 미친다고 보기도 어렵다.

다. 그렇다면 원심으로서는 구화학교 6년을 졸업하여 수화를 할 수 있고 30세 넘어까지 농촌에서 농사를 지어온 위 망인과 같은 선천성 농아자가 농촌일용노동 에 종사하는 경우 신체건강한 보통사람이 얻을 수 있는 농촌일용노동임금의 70% 정도의 수입밖에 얻을 수 없다고 인정하려면, 선천성 농아자로서의 신체의 장해 가 농촌일용노동에 어떤 점에서 어느 정도의 영향을 미치는지 등에 관하여 조금 더 심리하여 보았어야 할 것임에도 불구하고, 원심은 막연히 판시한 바와 같은 이유만으로 위 망인의 농촌일용노동자로서의 노동능력을 신체건강한 보통사람의 70%에 불과하다고 단정하고 말았으니, 원심판결에는 노동능력의 평가에 관한 법 리를 오해하였거나 심리를 제대로 하지 아니한 채 증거도 없이 사실을 인정한 위 법이 있다고 할 것이고, 이와 같은 위법은 판결에 영향을 미친 것임이 분명하므 로, 이 점을 지적하는 논지는 이유가 있다.

2. 원고 박인목 박의목 박영자 박인식 박인철의 각 상고에 대한 판단.

위 원고들은 법정의 상고이유서제출기간내에 상고이유서를 제출하지 아니하였을 뿐더러, 원고들의 소송대리인이 제출한 상고장이나 상고이유서에도 위 원고들의 상고이유로 될만한 것이 기재되어 있지 아니하므로, 민사소송법 제399조에 따라서 변론없이 위 원고들의 상고를 기각하기로 한다.

3. 그러므로 원심판결 중 재산상손해에 관한 원고 김순득의 패소부분을 파기하고 이 부분에 관하여 다시 심리판단하게 하기 위하여 사건을 원심법원에 환송하는 한편, 그 밖의 원고들의 각 상고를 모두 기각하고, 상고가 기각된 부분에 관한 상고비용은 패소자인 위 원고들의 부담으로 하기로 관여 법관의 의견이 일치되어 주문과 같이 판결한다.

대법관 안용득(재판장) 안우만
김용준(주 심) 천경송

41. 가. **공무원연금법상의 퇴직연금을 받던 사람이 불법행위로 사망한 경우 일실퇴직연금액의 산정에 있어서 유족연금액 공제 여부**

공무원연금법상의 퇴직연금을 받던 사람이 타인의 불법행위로 인하여 사망한 경우에 그 유족이 망인이 퇴직연금을 받지 못하게 됨으로써 얻은 손해배상청구권을 상속함과 동시에 유족연금을 지급받게 되었다면, 그 유족은 동일목적의 급부를 이중으로 취득하게 되는 것이므로 그 상속인에게 지급할 손해배상액을 산정함에 있어서는 위 망인의 일실퇴직연금액에서 유족연금액을 공제하여야 한다.

나. **위 "가"항의 경우 유족연금액의 공제방법**

위 "가"항의 경우 상속인 중의 일부만이 공무원연금법상의 유족연금의 수급권자에 해당하여 그 유족연금의 수급권자와 일실퇴직연금 상당의 손해배상청구권을 상속한 자들의 범위가 일치하지 아니하는 경우에 있어서도 상속인들은 일실퇴직연금액에서 유족연금액을 공제한 나머지를 민법이 규정한 바에따라 공동상속하는 것이다(1994. 5. 10. 제1부 판결 93다57346 손해배상(자)).

42. **어업종사자가 어업허가를 받기 전에 총톤수 5.76톤의 동력어선을 사용하여잡어를 잡아 수산자원보호령이 정하는 판매장소 이외의 장소에서 판매하여 얻은 수입도 일실수익산정의 기초로 삼을 수 있다고 한 사례**

총톤수 8톤 미만의 동력어선을 사용하는 연안유자망어업 또는 연안채낚기어업에 대한 어업허가를 받을 자격이 있고 또 실제로도 사후에 그 어업허가를 받

은 바 있는 어업종사자가 수산업법과 어업자원보호법 소정의 어업허가를 받기
전에 총톤수 5.76톤의 동력어선을 사용하여 꽃게 등의 잡어를 잡아 수산자원보
호령이 정하는 판매장소 이외의 장소에서 이를 판매하여 얻은 수입이더라도
일실수익산정의 기초로 삼을 수 있다고 한 사례(1994. 6. 14. 제2부 판결 94다
9368 손해배상(자))

<판례전문(1994. 6. 14. 제2부 판결 94다9368 손해배상(자))>

[원고, 피상고인] 강유선

[피고, 상고인] 박정현 소송대리인 법무법인 동서종합법률사무소 담당변호사 이
상기 외 1인

[원심판결] 서울민사지방법원 1993. 12. 16. 선고 93나5856 판결

[주 문] 상고를 기각한다. 상고비용은 피고의 부담으로 한다.

[이 유] 1. 피고 소송대리인의 상고이유 제2점에 대한 판단

원심은, 원고가 이 사건 사고가 일어날 무렵 1년간 덕성호로 꽃게를 잡아 판매
한 대금이 금 60,195,500원이고 농어·홍어·광어 등 기타 잡어를 잡아 판매한 대
금이 금 50,000,000원 이상으로 최소한 합계 금 110,195,500원의 총수입을 얻었던
사실을 인정하였는바, 원심의 위와 같은 사실인정은 원심판결이 설시한 증거관계
에 비추어 정당한 것으로 수긍이 되고, 원심판결에 소론과 같이 채증법칙을 위반
한 위법이 있다고 볼 수 없으므로, 논지는 이유가 없다.

2. 같은 상고이유 제1점에 대한 판단

원심은, 원고가 1985년경 총톤수 5.76톤의 동력어선인 덕성호를 대금
25,000,000원에 매수하여 이 사건 사고 당시까지 소유하면서 선원 5명을 고용하
여 꽃게와 농어·홍어·광어 등 기타 잡어를 잡아 꽃게는 위탁판매하고 잡어는
횟집 등의 영업소에 판매하여 온 사실, 원고가 이 사건 사고가 일어날 무렵 1년
간 덕성호로 꽃게와 잡어 등을 잡아 판매하여 금 110,195,500원의 총수입을 얻었
는데, 그중에서 선원들의 임금으로 그 40%인 금 44,078,200원을 지급하고, 연료비
로 금 5,000,000원, 어망 등의 시설비와 잡비로 금 5,000,000원을 지출하여 금
56,117,300원의 순수입을 얻었던 사실, 원고가 덕성호를 매수하면서 투하한 자본금
25,000,000원에 대한 연간 자본수익금이 금 3,000,000원인 사실, 덕성호의 연간 감
가상각비가 금 1,562,500원(25,000,000원/16)인 사실 등을 인정할 수 있으므로, 원
고의 순수입 중 자본기여도에 따른 수익부분과 감가상각비를 공제한 원고의 개인
노무기여도에 따른 소득금액은 금 51,554,800원이 된다고 판단하여 이 소득금액을
기초로 원고의 일실수입손해액을 산정하였는바, 사실관계가 원심이 적법하게 확
정한 바와 같다면, 원심의 위와 같은 판단에 소론과 같이 개인기업을 경영하는
기업주의 일실수입손해의 산정에 관한 법리를 오해한 위법이 있다고 볼 수 없으

므로(관계증거와 기록에 의하면 원고가 선원의 고용·자재의 구입·출어의 지시·어획물의 판매 등 어업을 하는 데 필요한 중요한 일들을 직접 처리하여 온 사실이 인정되므로, 소론과 같이 원고가 덕성호에 승선하여 직접 어로작업을 하지 아니하였다고 하여 결론이 달라질 것은 아니다), 논지도 이유가 없다.

3. 같은 상고이유 제3점에 대한 판단

위법행위를 계속함으로써 얻을 수 있는 이른바 위법소득을 기초로 일실수입 손해액을 산정할 수 없음은 소론과 같지만, 법령이 금지하고 있는 행위로 얻는 수입이라고 하여 일률적으로 위법소득으로 볼 것은 아니고, 그 법령의 입법취지와 그 법령에 위반된 행위의 사법상의 효력, 그 위법행위에 대한 비난가능성과 위법성의 정도 등을 종합하여 구체적·개별적으로 위법소득에 해당하는지의 여부를 판단하여야 할 것인바(당원 1986. 3. 11. 선고 85다카718 판결 참조), 원고와 같이 보호수역 내에서 총톤수 8톤 미만의 동력어선을 사용하는 연안유자망어업 또는 연안채낚기어업을 하고자 하는 자는 수산업법 제41조 제2항 제1호에 의한 시·도지사의 어업허가와 어업자원보호법 제2조 소정의 수산청장의 허가를 받아야 되고 그 허가를 받지 아니하고 어업을 할 경우에는 처벌을 받게 되므로, 원고가 위 각 허가를 받지 아니하고 꽃게나 잡어 등을 잡는 것이 위법행위임은 소론과 같지만, 수산자원보호령 제17조 제1항과 어업허가및신고등에관한규칙 제3조 제3항 등에 의하면 총톤수 8톤 이상의 동력어선을 사용하는 근해어업이나 총톤수 8톤 미만의 동력어선을 사용하는 석조망어업이나 양조망어업 등에 대하여는 허가의 정수(定數)가 정하여져 있어 신규로 허가를 받으려면 일정한 제한이 따르는 것과는 달리, 총톤수 8톤 미만의 동력어선을 사용하는 연안유자망어업이나 연안채낚기어업에 대하여는 허가의 정수에 제한이 없어 신규로 어업허가를 받는 것이 비교적 용이한 점 등으로 미루어 보면, 어업허가를 받지 아니하고 어업을 하였다고 하더라도 총톤수 8톤 미만의 동력어선을 사용하는 연안유자망어업이나 연안채낚기어업의 경우가 근해어업 등 허가의 정수가 정하여져 있는 어업의 경우보다는 그 위법성이 미약함은 물론, 원고가 어업허가 등을 받지 아니하고 꽃게나 잡어 등을 잡은 것이 공서약속에 위반하거나 반도덕적인 행위라고 볼 수 없을 뿐만 아니라, 관계증거와 기록에 의하면 원고의 가족이 연평도에 거주하면서 원고의 남편은 총톤수 4.57톤의 동력어선을 사용하는 연안유자망어업및 연안연승어업허가를 받아 적법하게 어업을 하여 왔고 원고도 1985. 12. 23.부터 덕성호를 소유하고 어업을 하여 온 사실, 원고가 이 사건 사고가 일어나기 직전에 연안유자망어업 및 연안채낚기어업에 대한 어업허가를 받은 사실 등을 인정할 수 있는바, 그렇다면 연안유자망어업이나 연안채낚기어업에 대한 어업허가를 받을 자격이 있었고 또 실제로도 그 어업허가를 받은 원고가 어업허가를 받기 전에 소형 어선인 덕성호를 사용하여 꽃게나 잡어를 잡아 판매한 수입을 위법소득으로 볼 수도 없다고 할 것이고, 또 어선이 어획한 어획물을 시·도지사가 지정하는 판매 장소에서만 매매하도록 규정한 수산자원보호령 제21조 제1항은 행정목적을 달성하기 위한 단속규정에 불과한 것으로서 그 단속목적이 어획물의 매매까지 부정

하는 것은 아니므로 가사 원고가 덕성호로 어획한 어획물을 수산자원보호령 소
정의 판매장소 이외의 장소에서 매매하였다고 하더라도 그 매매로 얻은 수입을
위법소득으로 볼 수는 없다고 할 것이다.

이와 상반되는 견해를 전제로 원심판결에 위법소득을 일실수입손해액 산정의
기초로 한 위법이 있다고 비난하는 논지도 받아들일 수 없다.

4. 그러므로 피고의 상고를 기각하고 상고비용은 패소자인 피고의 부담으로
하기로 관여 법관의 의견이 일치되어 주문과 같이 판결한다.

대법관 안용득(재판장) 안우만
김용준(주 심) 천경송

참조판례

대법원 1980. 12. 9. 선고 80다1892 판결(공1981, 13460)
1986. 3. 11. 선고 85다카718 판결(공1986, 624),
1992. 10. 27. 선고 92다34582 판결(공1992, 3296)

43. 가. 토지의 불법점유로 인한 통상의 손해

타인 소유의 토지를 법률상 권원 없이 점유함으로 인하여 그 토지소유자가
입은 통상의 손해는 특별한 사정이 없는 한 그 점유토지의 임료 상당액이다.

나. 불법점유의 태양이 반영구적으로 계속될 것이라고 예상되는 경우 토 지교환가치감소손해의 일시배상을 청구할 수 있는지 여부

토지에 대한 불법점유의 태양이 지하철의 설치, 운용 등과 같이 반영구적으
로 계속될 것이라고 예상되는 경우라고 하더라도 특별한 사정이 없는 한 그
손해의 일시배상을 청구하는 것은 허용되지 아니한다(1994. 6. 28. 제2부 판
결 93다51539 손해배상(기)).

<판례전문(1994. 6. 28. 제2부 판결 93다51539 손해배상(기))>

[원고, 상고인] 정주식 외 1인 원고들 소송대리인 변호사 이정우 외 1인

[피고, 피상고인] 서울특별시 지하철공사 소송대리인 변호사 곽창욱

[원심판결] 서울고등법원 1993. 9. 7. 선고 92나18735 판결

[주 문] 원심판결의 원고들 패소부분 중 토지교환가치감소에 의한 배상청구
부분을 파기하고, 이 부분 사건을 서울고등법원에 환송한다.
원고들의 나머지 상고를 기각한다.

위 상고기각 부분에 관한 상고비용은 원고들의 부담으로 한다.

[이 유] 상고이유를 본다.

 1. 토지교환가치감소에 의한 배상청구부분에 관하여

원심판결 이유에 의하면, 원심은 피고가 1982. 1. 28.경부터 1985. 10. 30.경까지 사이에 당시 소외 우승환의 소유이던 원판시 이 사건 토지의 지하에 서울지하철 3호선 건설사업을 시행하면서 원심 판시와 같이 지하철도 콘크리트터널, 철근콘크리트구조물로 된 환기구, 통풍구 등 지하철구조물을 설치한 이래 현재까지 아무런 권원 없이 이 사건 토지의 지하 일부를 점유, 사용하고 있는 사실, 한편 위 우승환 소유이던 이 사건 토지는 1988. 4. 11. 소외 대한투자금융주식회사 앞으로 같은 해 2.24. 경락을 원인으로 그 이전등기가 경료되었다가 1989. 4. 28. 원고에게 1988. 9. 10.자 매매를 원인으로 소유권이전등기가 경료되었는데, 위 대한투자금융주식회사는 이 사건 토지를 취득한 이후 이를 공매하고자 하였으나 지하에 지하철이 통과하여 건축에 어려움이 있다는 이유로 매도하지 못하여 오다가 1988. 9. 10.경 원고들에게 이 사건 토지와 이에 인접한 다른 토지 1필지 등을 그 당시의 감정시가가 도합 금 1,000,000,000원 정도인 상태에서 시가보다는 상당히 저렴한 금 500,000,000원 정도에 수의계약으로 매도하게 된 사실 등을 인정한 다음, 피고가 이 사건 토지의 지하에 지하철구조물을 설치하여 이를 사실상 영구적으로 점유하게 됨으로써 이 사건 토지의 최유효이용가치가 상실되어 교환가치의 감소가 발생되었으니 이에 대한 배상을 구한다는 원고들의 청구에 대하여, 피고의 위법한 지하토지점유로 말미암아 교환가치의 감소가 발생하기는 하나 이는 장래에 정기적으로 발생하게 될 손해가 아니라 적어도 이 사건 토지의 지하에 지하철구조물이 설치완료되기 이전의 시점에서 발생한 손해라 할 것이므로 이에 대한 손해배상청구권은 그 위법행위의 완성 당시의 토지소유자인 소외 우승환이 취득하였다 할 것이고, 원고들은 위 지하철구조물로 말미암아 대지로서의 최유효이용가치가 상실되었다는 점을 알았거나 알 수 있는 상태에서 이 사건 토지를 위 우승환으로부터 전전하여 매수하면서 위 교환가치감소액 상당의 손해배상청구권은 남겨둔 채 이를 참작한 매매가격으로 이 사건 토지를 매수하였다고 볼 수밖에 없으며, 달리 위 우승환으로부터 위 손해배상청구권을 양수받았거나 원고들이 이 사건 토지를 매수한 이후 특별히 발생한 교환가치의 감소가 있었다고 인정할 만한 주장과 입증이 없다는 이유로, 원고들의 이 부분 청구를 배척하였다.

그러나 타인 소유의 토지를 법률상 권원 없이 점유함으로 인하여 그 토지소유자가 입은 통상의 손해는 특별한 사정이 없는 한 그 점유토지의 임료 상당액이라 할 것이고, 이 사건에 있어서와 같이 그 불법점유의 태양이 지하철의 설치, 운용 등과 같이 반영구적으로 계속될 것이라고 예상되는 경우라고 하더라도 특별한 사정이 없는 한 그 손해의 일시 배상을 청구하는 것은 허용되지 아니한다 할 것이다.

그리고 기록에 의하여 살펴보면, 원고들은 이 사건 토지에 대한 피고의 지하

토지부분 불법점유를 원인으로 한 손해로서, 1991. 9. 10.자 청구취지 및 원인변경 신청서 송달익일을 기준으로 하여 위 교환가치감소 상당액의 배상을 구하고, 그 이전분의 손해에 대하여는, 적어도 지하 3층을 건축하여 임대하면 얻을 수 있는 사용료 상당액으로서 원고들이 위 토지의 소유권을 취득한 이후인 1989. 7. 1.부터 1991. 8. 31.까지 매월 금 574,250원의 비율에 의한 금원의 지급을 청구하고 있고, 이에 대하여 피고는 이 사건 지하토지에 대한 피고의 불법점유가 인정된다 하더라도 그로 인한 손해액의 산정은 그 부분 토지의 임료 상당액에 의하여야 한다고 주장하여 원심에서는 피고의 신청으로 위 지하토지 점유부분에 대한 임료 상당액의 감정까지 한 사실을 알 수 있으며, 또한 원고들도 1993. 2. 16.의 원심 제4차 변론기일에 진술된 1993. 2. 15.자 준비서면에서 설사 피고의 위 주장대로 손해액을 산정하여야 할 경우라도 피고가 이 사건 토지를 불법점유한 때로부터 임료 상당액을 배상하여야 한다고 주장하고 있음이 명백하다.

그렇다면 원심으로서는 원고들에게 교환가치감소에 의한 배상청구가 인정되지 않는 경우라면 임료 상당의 손해액을 기준으로 손해배상을 청구하는 것인지의 여부, 임료 상당액에 의한 손해산정의 시기와 종기 등 그 책임기간의 범위를 심리 확정하여 그 주장의 당부를 판단하였어야 할 것이다.

그럼에도 불구하고 원고들의 임료 상당액에 의한 손해의 주장에 대하여 심리를 아니한 채 원고들의 교환가치 감소에 의한 손해의 주장에 관하여서만 심리한 후 지하 점유토지의 불법점유로 원고들이 입은 손해배상청구를 전부 배척하였으니, 원심판결 중 위 부분에 대한 판시는 손해액의 산정방법에 관한 법리를 오해하고 심리를 다하지 아니한 위법이 있다 할 것이므로 이 점에 관한 논지는 이유 있다.

2. 건물의 교환가치감소에 의한 배상 및 보수공사비 청구부분에 관하여

원심판결 이유에 의하면 원심은, 피고의 지하철 운행과 환기구 가동으로 인한 소음과 진동으로 원판시 이 사건 건물에 균열과 누수현상이 발생하여 그 교환가치 감소와 보수공사비 상당의 손해를 입게 되었다는 원고들 주장에 대하여 이에 부합하는 판시 증거들을 모두 믿을 수 없다고 하여 원고들의 이 부분 청구를 배척하고 있는바, 원심이 위와 같은 조치를 취함에 있어 거친 증거의 취사과정을 기록에 비추어 살펴보아도 정당하고 거기에 소론과 같은 채증법칙위반의 위법이 없다.

원심이 이 사건 건물에 발생한 균열과 누수는 원고들이 지하철 운행과 환기구가 동시에 생기는 소음과 진동에 대비하여 안전공법에 따라 건물시공을 하지 못함으로 인하여 발생하였거나 그 밖의 다른 사정으로 인한 것이라고 판시한 것은 부가적으로 판단한 부분에 대한 것으로서 거기에 소론이 지적하는 바와 같은 허물이 있다 하더라도 이는 판결결과에 영향이 없는 것이므로 그 판단에 법리오해, 이유불비 및 심리미진의 위법이 있다는 논지는 그 당부를 판단할 필요 없이 이유 없는 것이다.

3. 위자료청구부분에 관하여

피고의 지하철 운행과 환기구 가동 때문에 이 사건 건물에 균열과 누수가 발생하였다고 인정할 증거가 없음은 원심이 확정한 바와 같고, 또 기록을 살펴보아도 지하철 운행이나 환기구 가동시 발생하는 소음과 진동이 원고들이나 이 사건 건물의 입주자들의 수인한도를 넘어 일상생활의 안온상태가 파괴될 정도의 것이라고 인정할 만한 증거를 찾아볼 수 없다.

원고들의 위자료청구를 배척한 원심의 판시는 그 이유설시에 있어서 다소 미흡한 점이 없는 것은 아니나 위와 같은 취지에서 한 판단이라고 못 볼바 아니므로 그 결론이 정당한 것으로 수긍이 가고 거기에 소론과 같은 심리미진 채증법칙위반이나 위자료에 관한 법리오해 등의 위법이 있다 할 수 없다. 논지도 이유 없다.

4. 통풍구 점유부분의 교환가치감소에 의한 배상청구부분에 관하여

원고들은 원심판결이 기각한 지하철도통풍구 점유부분의 교환가치감소에 의한 배상청구부분에 관하여는 상고이유를 개진하지 않고 있으므로, 이 부분 상고는 이유 없다.

그러므로 원심판결의 원고들 패소부분 중 토지교환가치감소에 의한 손해배상청구에 관한 부분을 파기하고 이 부분 사건을 원심법원에 환송하고, 원고들의 나머지 상고를 기각하며, 상고기각 부분에 관한 상고비용은 패소자들의 부담으로 하기로 관여 법관의 의견이 일치되어 주문과 같이 판결한다.

대법관 천경송(재판장) 안우만(주심)
김용준 안용득

참조판례

가. 대법원 1991. 9. 24. 선고 91다20197 판결(공1991, 2605)
　　　　　1992. 6. 23. 선고 91다40177 판결(공1992, 2242)
　　　　　1992. 6. 23. 선고 92다12933 판결(공1992, 2265)

44. 노동능력의 일부를 상실한 상태에서 다시 노동능력을 감손당한 경우 후행노동능력 상실률의 산정방법

좌측 하지의 근육 위축과 고관절 장해라는 기왕증으로 노동능력을 일부 상실한 상태에서 다시 노동능력을 감손당한 경우, 후행 노동능력 상실률을 산출하려면 기왕의 장해와 후행 장해를 합쳐 현재의 노동능력 상실률을 알아내고 여기에서 기왕의 장해로 인한 노동능력 상실정도를 감하는 등 기왕의 장해로 인한 노동능력 상실정도를 참작하여야 한다(1994. 8. 12. 제2부 판결 94다20211 손해배상(자)).

<판례전문(1994. 8. 12. 제2부 판결 94다20211 손해배상(자))>

[원고, 피상고인] 임병두

[피고, 상고인] 박상만 소송대리인 변호사 서예교

[원심판결] 서울민사지방법원 1994. 2. 23. 선고 93나35185 판결

[주 문] 원심판결의 피고 패소부분 중 일실이익 부분을 파기하고, 이 부분 사건을 서울민사지방법원 본원 합의부에 환송한다.

피고의 나머지 상고를 기각하고, 이 부분 상고비용은 피고의 부담으로 한다.

[이 유] 1. 상고이유에 대하여

가. 원심은, (1) 제1심 판결을 인용하여, 원고는 이 사건 사고로 좌측 슬관절의 불안정성과 경골의 각변형이라는 후유장해가 생겼고, 이로 인하여 입원기간 후에는 노동능력의 37%를 상실하였다는 사실을 인정한 다음, (2) 피고의 주장 즉, "원고에게는 기왕증으로 소아마비로 인한 좌하지 족관절의 운동장애가 있고, 이로 인한 노동능력 상실률은 29% 내지 36% 정도이므로, 위 노동능력 상실률 37%에서 위 기왕증으로 인한 노동능력 상실률을 공제하여야 한다."는 데 대하여, 원고에게 좌측 하지의 근육 위축과 고관절 장해라는 기왕증이 있기는 하나, 원고의 위 노동능력 상실정도는 위 기왕증으로 인한 노동능력의 상실과 관련없이 이 사건 사고로 발생한 후유장해에 기인한 사실이 인정된다는 이유로 이를 배척하였다.

나. 그러나, 원심이 인정한 바에 따르더라도, 원고는 이미 노동능력을 일부 상실한 상태에서 이 사건 사고로 노동능력을 다시 감손당하였다고 볼 여지가 있으므로, 이 사건 사고로 인한 노동능력 상실률만을 산출하려면, 기왕의 장해와 이 사건 사고로 인한 장해를 합쳐 현재의 노동능력 상실률을 알아내고, 여기에서 기왕의 장해로 인한 노동능력 상실 정도를 감하는 등 기왕의 장해로 인한 노동능력 상실정도를 참작하여야 옳았을 터인데(당원 1990. 12. 26. 선고 88다카33473 판결 참조), 원심은 위와 같은 이유(즉, 위 기왕증이 이 사건 사고로 인한 후유장해의 발생 자체 및 그로 인한 노동능력 상실정도 자체에 기여한 바 없다는 이유)만을 내세워, 원고가 이 사건 사고로 그 노동능력 중 37%를 상실하였다고 인정하고 말았으니, 원심판결에는 채증법칙 위배 또는 일실이익산정에 관한 법리의 오해로 판결에 영향을 미친 위법이 있다 할 것이어서, 이 점을 탓하는 논지는 이유가 있다.

2. 피고는 원심판결의 피고 패소부분 중 향후 치료비와 위자료 부분에 대하여도 상고를 제기하였지만, 상고장이나 상고이유서에 그 이유의 기재가 없으므로, 이 부분 상고는 받아들일 수 없다.

3. 이에 원심판결의 피고 패소부분 중 일실이익 부분을 파기하고, 이 부분 사건을 다시 심리·판단하게 하기 위하여 원심법원에 환송하되, 피고의 나머지 상고는 이를 기각하고, 이 부분 상고비용은 패소한 피고의 부담으로 하기로 관여 법관의 의견이 일치되어 주문과 같이 판결한다.

대법관 김형선(재판장) 박만호(주심)
이용훈

참조판례

대법원 1990. 12. 26. 선고 88다카33473 판결(공1991, 604)

1994. 4. 12. 선고 93다52372 판결(공1994상, 1423)

45. 피해자가 사고 후 종전 직업에 계속 종사하는 경우의 재산상 손해

교통사고의 피해자가 사고로 인한 상해의 후유증으로 노동능력의 일부를 상실하
게 됨으로 말미암아 입게 된 일실이익손해를 피해자의 노동능력상실률을 인정평
가하는 방법에 의하여 산정할 경우, 그 노동능력상실률은 피해자의 연령, 교육정
도, 종전에 종사하였던 직업의 성질 및 경력과 기능의 숙련정도, 신체적 기능의
장애정도와 유사한 직종이나 다른 직종으로의 전업가능성 및 그 확률, 기타 사
회적, 경제적인 조건 등을 모두 참작하여 경험칙에 따라 정하여지는 수익상실률
이어야 하는 것이므로, 법원이 피해자의 노동능력상실률을 정당하게 인정평가하
였다면 피해자가 사고로 인한 상해의 후유증에도 불구하고 사실심의 변론종결시
까지 종전과 같은 직장에서 종전과 다름없이 수입을 얻고 있었다고 하더라도,
달리 특별한 사정이 없는 한 피해자가 신체적인 기능의 장애로 인하여 아무런
재산상 손해도 입지 않았다고 단정할 수는 없다(1994. 8. 26. 제3부 판결 94다
25810 손해배상(자)).

<판례전문(1994. 8. 26. 제3부 판결 94다25810 손해배상(자))>

[원고, 피상고인] 문정휴 소송대리인 변호사 김원일

[피고, 상고인] 김종선 소송대리인 변호사 현종찬

[원심판결] 수원지방법원 1994. 4. 28. 선고 93나10962 판결

[주 문] 상고를 기각한다. 상고비용은 피고의 부담으로 한다.

[이 유] 피고소송대리인의 상고이유에 대하여 판단한다.

1. 제1점에 대하여

관계증거와 기록에 의하면, 원고가 이 사건 사고로 안과의사로서 가동능력을
1994. 1. 24.부터 5년간은 23%, 그 이후는 12% 상실하였다는 원심의 인정판단은
정당한 것으로 수긍이 가고, 원심판결에 소론과 같은 위법이 있다고 볼 수 없다.
논지는 이유가 없다.

2. 제2점에 대하여

교통사고의 피해자가 사고로 인한 상해의 후유증으로 노동능력의 일부를 상실하게 됨으로 말미암아 입게 된 일실이익손해를, 피해자의 노동능력상실률을 인정평가하는 방법에 의하여 산정할 경우, 그 노동능력상실률은 피해자의 연령, 교육정도, 종전에 종사하였던 직업의 성질 및 경력과 기능의 숙련정도, 신체적 기능의 장애정도와 유사한 직종이나 다른 직종으로의 전업가능성 및 그 확률, 기타 사회적, 경제적인 조건 등을 모두 참작하여 경험칙에 따라 정하여지는 수익상실률이어야 하는 것이므로, 법원이 피해자의 노동능력상실률을 정당하게 인정평가하였다면, 피해자가 사고로 인한 상해의 후유증에도 불구하고 사실심의 변론종결시까지 종전과 같은 직장에서 종전과 다름없이 수입을 얻고 있었다고 하더라도, 달리 특별한 사정이 없는 한 피해자가 신체적인 기능의 장애로 인하여 아무런 재산상 손해도 입지 않았다고 단정할 수는 없다할 것이므로(당원 1992.12.22. 선고 92다31361 판결 참조), 이와 같은 취지에서 원고가 이 사건 사고로 인한 상해의 후유증 때문에 그 가동능력상실률에 상응하는 손해를 입게된 것이라고 판단한 원심판결에 소론과 같은 법리오해의 위법이 있다고 볼 수 없다. 논지도 이유가 없다.

3. 그러므로 상고를 기각하고 상고비용은 패소자의 부담으로 하기로 관여 법관의 의견이 일치되어 주문과 같이 판결한다.

<div align="right">대법관 신성택(재판장) 천경송
안용득(주 심) 지창권</div>

참조판례
　　대법원 1992. 9. 25. 선고 91다45929 판결(공1992, 2987)
　　　　　1992. 12. 22. 선고 92다31361 판결(공1993상, 576)
　　　　　1993. 7. 27. 선고 92다15031 판결(공1993하, 2381)

46. 잠수장비 판매업자로서 잠수지도 등의 일을 병행해 온 피해자의 일실수입을 직종별임금실태조사보고서상의 판매원·점원 및 관련 종사자의 수입을 기초로 평가하는 것이 합리적이라고 한 사례

피해자가 사고 당시 실제로 종사하고 있던 직업은 잠수장비 판매업자로서 수시로 잠수지도 등의 일을 병행한 경우 그 구체적인 업무내용에 비추어 볼 때, 그 장래예상수입상실액은 직종별임금실태조사보고서상의 교원의 수입을 기준으로 평가하기보다는 피해자의 직업에 유사한 판매원·점원 및 관련 종사자의 수입을 기초로 평가하는 것이 더 합리적이고 객관성 있는 방법이라고 한 사례(1994. 9. 9. 제2부 판결 94다19846 손해배상(자))

47. 가. 보험모집인의 소득을 임금구조기본통계조사보고서상의 같은 직종 종사자의 월평균 급여로 보는 것이 적절한지 여부

노동부 발간의 임금구조기본통계조사보고서는 노동부장관이 제반 경제시책과 기업의 임금체계 개선을 위한 기초자료를 제공할 목적으로 조사 보고한 것으로서 근로자들의 임금실태에 관한 일반적인 자료에 불과하여 원칙적으로 근로자에 해당하는 자의 소득을 추정하는 기준이 될 뿐이므로 자유직업인으로서 본인이 이룩한 업적에 따라 비례적으로 매월 제 수당을 지급받고 있는 보험모집인의 소득을 인정함에 있어서는 위 조사보고서상의 같은 직종 종사자의 월평균 급여를 막바로 그 소득으로 끌어 쓰는 것은 부적절하다.

나. 보험모집인의 가동년한을 59세가 끝날 때까지로 본 원심판결을 수긍한 사례

보험모집인의 가동년한을 59세가 끝날 때까지로 본 원심판결을 수긍한사례(1994. 9. 9. 제2부 판결 94다28536 손해배상(자))

<판례전문(1994. 9. 9. 제2부 판결 94다28536 손해배상(자))>

[원고, 피상고인]　배소영 외 3인

[피고, 상고인]　윤매전 소송대리인 변호사 유재복

[원심판결]　대전고등법원 1994. 5. 12. 선고 93나5558 판결

[주　문]　상고를 기각한다. 상고비용은 피고의 부담으로 한다.

[이　유]　1. 상고이유 제1점에 대하여

원심이 망인에 대한 일실수익을 산정함에 있어 '소론의 노동부 발간의 임금구조기본통계조사보고서는 노동부장관이 제반 경제시책과 기업의 임금체계 개선을 위한 기초자료를 제공할 목적으로 조사 보고한 것으로서 근로자들의 임금실태에 관한 일반적인 자료에 불과하여 원칙적으로 근로자에 해당하는 자의 소득을 추정하는 기준이 될 뿐이므로 자유직업인으로서 본인이 이룩한 업적에 따라 비례적으로 매월 제수당을 지급받고 있는 보험모집의 소득을 인정함에 있어서는 위 조사보고서상의 같은 직종 종사자의 월평균 급여를 막바로 그 소득으로 끌어 쓰는 것은 부적절하다'는 이유로 위 조사보고서를 채용하지 아니한 채 망인이 보험모집인으로 종사하여 오면서 그 판시기간동안 판시 월수총액을 얻어 온 사실을 인정한 다음 이를 그 월수로 나누어 산출된 월 평균 수익을 산정하고 이를 그 산정기초로 삼았음은 옳고, 거기에 소론과 같은 사실오인의 위법이 있다고 할 수 없다. 논지는 이유가 없다.

2. 상고이유 제2점에 대하여

원심이 망인의 보험모집인으로서의 가동연한을 59세가 끝날 때까지로 본 데에 수긍이 가고, 거기에 소론과 같은 잘못이 없으므로 논지 또한 받아들일 수 없다.

3. 이에 상고를 기각하고 상고비용은 패소한 피고의 부담으로 하기로 관여 법

관의 의견이 일치되어 주문과 같이 판결한다.

<div align="right">

대법관 김형선(재판장) 박만호(주심)

박준서 이용훈

</div>

참조판례

　가. 대법원 1991. 9. 10. 선고 91다20340 판결(공1991, 2526)

48. 불법행위의 피해자가 손해경감조치의무를 불이행하여 손해가 확대된 경우, 손해배상액을 정함에 있어 그 손해확대에 기여한 피해자의 의무불이행의 점을 참작할 수 있는지 여부(적극)

신의칙 또는 손해부담의 공평이라는 손해배상제도의 이념에 비추어 볼 때, 불법행위의 피해자에게는 그로 인한 손해의 확대를 방지하거나 감경하기 위하여 노력하여야 할 일반적인 의무가 있으며 피해자가 합리적인 이유 없이 손해경감조치의무를 이행하지 않을 경우에는 법원이 그 손해배상액을 정함에 있어 민법 제763조, 제396조를 유추적용하여 그 손해확대에 기여한 피해자의 의무불이행의 점을 참작할 수 있고, 한편 손해의 확대를 방지하거나 경감하는데 적절한 법적 조치가 존재하는 경우 이는 손해경감조치에 해당될 수 있고, 피해자가 그 법적 조치를 취함에 있어 감당하기 어려운 많은 비용이 소요된다든가, 그 결과가 불확실하다거나, 판단을 받기까지 현저하게 많은 시간이 필요하다는 등의 사정이 없음에도 불구하고 합리적인 이유 없이 그 법적 조치를 취하지 아니한 경우에는 그 손해확대에 기여한 피해자의 의무불이행의 점을 손해배상액을 정함에 있어 참작할 수 있다(대판 2003. 7. 25. 2003다22912).

49. 자동차의 조수석에 탑승한 피해자에게 운전자로 하여금 안전운전을 하도록 주의를 촉구하고 중앙선을 침범한 채 반대차선으로 내리막길을 운전하지 않도록 적극 제지하지 아니한 잘못이 있음을 들어 30% 과실상계를 한 원심판결을 수긍한 사례

동료사원끼리 놀러 갔다 밤늦게 동료사원이 운전하는 자동차의 조수석에 탑승하여 돌아오던 중 교통사고를 당한 사안에서, 피해자에게 피곤한 상태에서 운전하는 운전자가 안전운전을 하도록 주의를 촉구하고 중앙선을 침범한 채 반대차선으로 내리막길을 운전하지 않도록 적극 제지하지 아니한 잘못이 있음을 들어 30% 과실상계를 한 원심판결을 수긍한 사례(1994. 9. 9. 제2부 판결 94다32474 손해배상(자))

<판례전문(1994. 9. 9. 제2부 판결 94다32474 손해배상(자))>

[원고, 상고인] 윤순현 소송대리인 변호사 심재왕

[피고, 피상고인] 석진양

[원심판결] 서울고등법원 1994. 5. 17. 선고 93나42278 판결

[주 문] 상고를 기각한다. 상고비용은 원고의 부담으로 한다.

[이 유] 상고이유에 대하여

　원심이, 원고는 피고가 경영하는 회사의 동료 사원인 소외 인과 함께 이 사건 사고 차량을 이용하여 지리산 화엄사에 놀러 갔다가 소외인이 운전하는 위 차량의 조수석에 타고 밤늦게 돌아오던 중 이 사건 사고를 당하게 된 사실, 소외인은 내리막길인 이 사건 도로의 중앙선을 침범한 채 반대차선으로 진행하다가 이 사건 사고를 일으킨 사실을 인정한 다음, 위 차량의 조수석에 타고 있던 원고로서는 소외인이 야간에 피곤한 상태에서 위 승용차를 운전함에 있어 안전운전을 하도록 주의를 촉구하고, 중앙선을 침범한 채 반대차선으로 내리막길을 운전하지 아니하도록 적극 제지하였어야 할 터인데도 이를 게을리한 잘못이 있다 하여 이에 터잡아 원고의 손해배상액을 30% 정도 감경하였음은 옳고, 거기에 채증법칙 위배로 인한 사실오인이나 과실상계에 관한 법리오해의 위법이 있다고 할 수 없으므로 논지는 이유가 없다.

　이에 상고를 기각하고 상고비용은 패소한 원고의 부담으로 하기로 관여 법관의 의견이 일치되어 주문과 같이 판결한다.

<div align="right">

대법관 김형선(재판장) 박만호(주심)
박준서 이용훈

</div>

참조판례

　　대법원 1980. 2. 26. 선고 79다2271 판결(공1980, 12694)

　　　　　　 1986. 2. 11. 선고 85다카1422 판결(공1986, 448)

　　　　　　 1992. 5. 12. 선고 91다40993 판결(공1992, 1842)

50. 가. 공무원의 직무상 과실로 허위의 인감증명서가 발급됨으로써 부실의 근저당권설정등기를 경료받은 자가 그 저당권의 불성립으로 손해를 입은 경우 공무원의 위 직무상 과실과 손해 사이에 상당인과관계가 있는지 여부(적극) 및 그 손해의 발생에 피해자측의 과실이 있는 경우

　　공무원의 직무상 과실로 허위의 주민등록표와 인감대장이 비치된 결과 허위

의 인감증명서가 발급됨으로써 부실의 근저당권설정등기를 경료받은 자가 그 저당권의 불성립으로 손해를 입었다면 그와 같은 공무원의 직무상 과실과 손해 사이에는 상당인과관계가 있다 할 것이고, 그 손해의 발생에 피해자측의 과실이 있다면 과실상계의 법리에 따라 그 과실의 정도를 비교교량하여 가해자의 책임을 면하게 하거나 감경하는 것은 별론으로 하고 그로 인하여 공무원의 직무상 과실과 손해와의 사이에 존재하는 상당인과관계가 단절된다고는 할 수 없다.

나. 위 '가'항의 경우 피해자인 보험회사가 담보의 교체나 추가담보를 요구하는 등의 조치를 취하였더라면 손해의 확대를 방지할 수 있었다고 못 볼 바도 아니라 하여 그 심리에 이르지 아니한 원심판결을 과실상계에 관한 법리오해와 심리미진의 위법으로 파기한 사례

위 '가'항의 경우 피해자인 보험회사가, 갑이 을회사로부터 물품을 외상으로 구입함에 있어 보증보험증권을 담보로 제공하면서 갑이 보험회사에 대하여 부담하게 될 채무의 이행을 담보하기 위하여 만족할 만한 물적 담보를 제공하되 만일 담보가치의 변동 등에 따라 보험회사가 담보의 교체나 추가담보를 요구하는 경우에는 이에 응하기로 하였고, 한편 보험사고 발생의 위험이 있는 경우에는 보험회사가 갑에 대하여 을회사로부터 공급받은 물품의 인도를 요구하여 이를 보관, 관리하거나 또는 운영하기로 약정하였다면, 그 후 근저당권 및 지상권이 무권리자에 의하여 설정되었음을 알게 되어 그 각 설정등기를 말소하여 주기까지 한 보험회사로서는 위와 같은 조치를 취하여 그 손해의 확대를 방지할 수 있었다고 못 볼 바도 아니므로 이 점을 좀더 심리하여 가해자의 책임의 감경 여부를 판단하였어야 할 것인데도 이에 이르지 아니한 원심판결을 과실상계에 관한 법리오해와 심리미진의 위법으로 파기한 사례(1992. 6. 23. 제2부 판결 91다8166 손해배상(기))

51. 가. 자동차손해배상보장법 제3조에 정한 '자기를 위하여 자동차를 운행하는자'의 의미와 자동차 소유자의 차량에 대한 운행지배 및 운행이익의 상실 여부에 대한 판단기준

자동차손해배상보장법 제3조에 정한 "자기를 위하여 자동차를 운행하는자"는 자동차에 대한 운행을 지배하여 그 이익을 향수하는 책임주체로서의 지위에 있는 자를 의미하고, 한편 자동차의 소유자 또는 보유자는 통상 그러한 지위에 있는 것으로 추인된다 할 것이므로 사고를 일으킨 구체적 운행이 보유자의 의사에 기인하지 아니한 경우에도 그 운행에 있어 보유자의 운행지배와 운행이익이 완전히 상실되었다고 볼 특별한 사정이 없는 한 보유자는 당해 사고에 대하여 위 법조에 정한 운행자로서의 책임을 부담하게 된다 할 것이며, 자동차 소유자의 운행지배와 운행이익의 상실 여부는 평소의 차량관리상태, 소유자의 의사와 관계없이 운행이 가능하게 된 경위, 소유자와 운전자의 관계, 운전자의 차량반환의사의 유무와 무단운행 후의 보유자의

승낙가능성, 무단운전에 대한 피해자의 주관적 인식 유무 등 여러 사정을 사회통념에 따라 종합적으로 평가하여 이를 판단하여야 할 것이다.

나. 비번인 회사택시 운전사가 동거녀의 언니를 집에 데려다 주기 위하여 회사로부터 비번인 택시를 가사사유로 출고받아 운전하여 가던 중 충돌사고로 언니를 사망케 한 경우에 있어 택시회사에게 운행자로서의 책임이 있다고 한 사례

비번인 회사택시 운전사가 동거녀의 언니를 집에 데려다 주기 위하여 회사로부터 비번인 택시를 가사사유로 출고받아 운전하여 가던 중 충돌사고로 언니를 사망케 한 경우에 있어 택시회사의 평소의 비번차량 관리상태, 사고택시의 출고 및 운행경위, 피해자로서는 비번차량인 점을 알기 어려웠던 점 등에 비추어 사고 당시 그 구체적 운행지배나 운행이익을 완전히 상실한 상태에 있었다고 볼 수 없다 하여 택시회사에게 운행자로서의 책임이 있다고 한 사례

다. 위 '나'항의 경우 그 운행목적 및 운전사와 피해자와의 관계 등에 비추어 피해자는 단순한 호의동승자가 아니므로 신의칙이나 형평의 원칙상 그 배상액을 감경함이 상당하다고 한 사례

위 '나'항의 경우 위 차량의 운행목적이 전적으로 피해자를 위한 운행인점, 운전사와 피해자와의 관계 등에 비추어 피해자는 단순한 호의동승자가 아니어서 위 교통사고에 대하여 택시회사에게 일반의 교통사고와 같이 책임을 지우는 것이 신의칙이나 형평의 원칙에 비추어 매우 불합리한 것으로 인정된다 하여 그 배상액을 감경함이 상당하다고 한 사례(1992. 6. 23. 제2부 판결 91다28177 손해배상(자))

52. 가. 불법행위로 인한 재산상 손해의 의의 및 그 구분

불법행위로 인한 재산상 손해는 위법한 가해행위로 인하여 발생한 재산상 불이익, 즉 그 위법행위가 없었더라면 존재하였을 재산상태와 그 위법행위가 가해진 현재의 재산상태의 차이를 말하는 것이고, 그것은 기존의 이익이 상실되는 적극적 손해의 형태와 장차 얻을 수 있을 이익을 얻지 못하는 소극적 손해의 형태로 구분된다.

나. 타인 소유의 토지에 관하여 등기관계서류의 위조에 의하여 원인무효의 소유권이전등기가 경료되고 다른 사람에게 순차로 소유권이전등기가 경료된 후 진정한 소유자가 최종 매수인을 상대로 말소등기청구소송을 제기하여 그 소유자 승소의 판결이 확정된 경우 위 불법행위로 인하여 최종 매수인이 입은 손해의 범위(=매매대금 상당액)

타인 소유의 토지에 관하여 매도증서, 위임장 등 등기관계서류를 위조하여 원인무효의 소유권이전등기를 경료하고 다시 이를 다른 사람에게 매도하여

순차로 소유권이전등기가 경료된 후에 토지의 진정한 소유자가 최종 매수인을 상대로 말소등기청구소송을 제기하여 그 소유자 승소의 판결이 확정된 경우 위 불법행위로 인하여 최종 매수인이 입은 손해는 무효의 소유권이전등기를 유효한 등기로 믿고 위 토지를 매수하기 위하여 출연한 금액, 즉 매매대금으로서 이는 기존이익의 상실인 적극적 손해에 해당하고, 최종 매수인은 처음부터 위 토지의 소유권을 취득하지 못한 것이어서 위 말소등기를 명하는 판결의 확정으로 비로소 위 토지의 소유권을 상실한 것이 아니므로 위 토지의 소유권상실이 그 손해가 될 수는 없다(1992. 6. 23. 전원합의체판결 91다33070 손해배상(기)).

53. 가. 불법행위의 직접적 대상에 대한 손해가 아닌 간접적 손해가 특별손해인지 여부

불법행위의 직접적 대상에 대한 손해가 아닌 간접적 손해는 특별한 사정으로 인한 손해로서 가해자가 그 사정을 알았거나 알 수 있었을 것이라고 인정되는 경우에만 배상책임이 있다.

나. 공장지대에 위치한 전신주를 충격하여 인근 공장에 전력공급이 중단됨으로써 피해자가 영업상 소극적 손해 및 기계 고장 등 적극적 손해를 입은 경우, 가해자의 배상책임의 범위

가해자가 공장지대에 위치한 전신주를 충격하여 전선이 절단된 경우, 그 전선을 통하여 전기를 공급받아 공장을 가동하던 피해자가 전력공급의 중단으로 공장의 가동이 상당한 기간 중지되어 영업상의 손실을 입게 될지는 불확실하며 또 이러한 손실은 가해행위와 너무 먼 손해라고 할 것이므로, 전주 충격사고 당시 가해자가 이와 같은 소극적인 영업상 손실이 발생할 것이라는 것을 알거나 알 수 있었다고 보기 어렵지만, 이 경우 그 전신주를 통하여 전력을 공급받고 있는 인근 피해자의 공장에서 예고 없는 불시의 전력공급의 중단으로 인하여 갑자기 공장의 가동이 중단되는 바람에 당시 공장 내 가동 중이던 기계에 고장이 발생한다든지, 작업 중인 자료가 못쓰게 되는 것과 같은 등의 적극적인 손해가 발생할 수 있을 것이라는 사정은 가해자가 이를 알거나 알 수 있었을 것이라고 봄이 상당하다(대법원 1996. 1. 26. 선고 94다5472 판결).

54. 가. 1차 사고의 피해자가 그 사고와 조건적 인과관계가 있는 다른 2차 사고로 인하여 사망한 경우, 1차 사고 가해자의 손해배상 범위

사고로 상해를 입은 피해자가 다른 사고로 인하여 사망한 경우 그 두 사고 사이에 1차 사고가 없었더라면 2차 사고도 발생하지 않았을 것이라고 인정되는 것과 같은 조건적 관계가 존재하는 경우 1차 사고의 가해자는 2차 사고로 인한 피해자의 사망을 고려함이 없이 피해자가 가동연한에 이를 때까지의 일실수입을 배상하여야 한다.

나. 기존에 우측 고관절 장애를 가진 피해자가 교통사고로 다시 골절상을 입어 두 다리를 모두 못쓰게 된 것을 비관하여 매일 술을 마시는 등으로 체력이 떨어지고 거동이 불편한 상태에서 목욕탕에서 넘어져 사망한 경우, 교통사고와 사망사고 간에 조건적 인과관계가 있는지 여부(적극) 및 그 경우 교통사고 가해자의 손해배상 범위

기존에 우측 고관절 장애를 가진 피해자가 교통사고로 다시 골절상을 입어 두 다리를 모두 못쓰게 된 것을 비관하여 매일 술을 마시는 등으로 체력이 떨어지고 거동이 불편한 상태에서 목욕탕에서 넘어져 사망한 경우, 교통사고와 사망사고 간에는 조건적 인과관계가 있고, 따라서 위 교통사고의 가해자는 피해자가 기대여명 내에서 가동연한에 이를 때까지의 일실수입을 배상할 의무가 있다(대법원 1998. 9. 18. 선고 97다47507 판결).

55. 가. 불법행위로 인한 부상으로 종전직업에 종사할 수 없게 된 자에 대한 일실이익산정방법

사고당시 일정한 직업에 종사하여 수입을 얻고 있던 자가 사고로 인한 부상으로 신체기능장애가 생겨 그 직업에는 더이상 종사할 수 없게된 경우에 그 일실이익은 종전직업의 소득으로부터 잔존한 신체기능을 가지고 장차 다른 직업에 종사하여 얻을 수 있을 것이 예상되는 향후소득을 공제하는 방법으로 산정할 수 있음은 물론 종전직업의 소득에 피해자의 노동능력상실률을 곱하는 방법으로 일실이익을 산정할 수도 있다고 할 것인바, 다만 예상되는 향후소득을 공제하는 방법에 의할 경우에는 그 향후소득의 예측이 합리적이고 객관성있는 근거에 터잡은 것임을 요하며 또 노동능력의 상실률을 적용하는 방법에 의할 경우에도 그 노동능력상실률은 단순한 의학적 신체기능장애률이 아니라 피해자의 연령, 교육정도, 종전직업의 성질과 직업경력 및 기능숙련정도, 신체장애정도 및 유사직종이나 타직종에의 전업가능성과 그 확률 기타 사회적, 경제적 조건을 모두 참작하여 경험칙에 따라 정한 수익상실률로서 법관의 자의가 배제된 합리적이고 객관성있는 것임을 요한다고 할 것이므로, 당해사건에서 어느 방법을 채택할 것인가는 구체적으로 현출된 증거와 사실을 기초로 하여 어느 방법이 보다 합리적이고 객관성있는 장래가득수익을 반영하는 것인가에 따라 결정되어야 한다.

나. 피해자의 향후소득을 일률적으로 도시또는 농촌일용노임으로 인정함의 부당

피해자의 연령, 교육정도, 종전직업의 성질, 직업경력 및 기능숙련정도, 신체기능장애정도 및 유사직종이나 타직종에의 전업가능성과 확률 기타 사회적, 경제적 조건과 경험칙에 비추어 피해자가 장차 도시 또는 농촌일용노동에 종사할 것으로 예상되는 경우에만 일용노임을 가지고 향후소득으로 인정할 수 있는 것이며 그렇지 않은 경우에까지 일률적으로 위 일용노임을 가지고

향후소득으로 인정한다는 것은 합리성과 객관성을 결여하여 부당하다.

다. 향후소득에 관한 증명도

향후의 예상소득에 관한 입증에 있어서 그 증명도는 과거사실에 대한 입증에 있어서의 증명도 보다 이를 경감하여 피해자가 현실적으로 얻을 수 있을 구체적이고 확실한 소득의 증명이 아니라 합리성과 객관성을 잃지 않는 범위내에서의 상당산 개연성이 있는 소득의 증명으로서 족하다.

라. 향후소득이 예측불가능한 경우의 법원의 조처

석명권행사와 입증촉구의 노력에도 불구하고 향후소득의 예측이 불가능한 경우에는 법원은 합리적이고 객관성 있는 노동능력상실률을 가려낼 수 있는 한 직권으로 이를 적용하여서라도 일실이익을 산정하여야 할 것이며 향후소득의 예측이 불가능하다고 하여 바로 피해자의 손해배상청구를 배척하여서는 안된다(대법원 1986. 3. 25. 선고 85다카538 판결).

56. 장차 증가될 임금수익을 기준으로 산정된 일실이익 상당의 손해가 통상 손해인지 여부(적극)

불법행위로 인하여 노동능력을 상실한 급여소득자의 일실이득은 원칙적으로 노동능력상실 당시의 임금수익을 기준으로 산정할 것이지만 장차 그 임금수익이 증가될 것을 상당한 정도로 확실하게 예측할 수 있는 객관적인 자료가 있을 때에는 장차 증가될 임금수익도 일실이득을 산정함에 고려되어야 할 것이고 이와 같이 장차 증가될 임금수익을 기준으로 산정된 일실이득 상당의 손해는 당해 불법행위에 의하여 사회관념상 통상 생기는 것으로 인정되는 통상손해에 해당하는 것이라고 볼 것이므로 당연히 배상 범위에 포함시켜야 하는 것이고, 피해자의 임금수익이 장차증가될 것이라는 사정을 가해자가 알았거나 알 수 있었는지의 여부에 따라 그 배상범위가 달라지는 것은 아니다(대법원 1989.12.26. 선고 88다카6761 전원합의체판결).

<판례전문(대법원 1989. 12. 26. 선고 88다카6761 전원합의체판결)>

[원고, 상고인] 조성우 소송대리인 변호사 임대섭

[피고, 피상고인] 종선

[원심판결] 서울고등법원 1988. 1. 28. 선고 87나3750 판결

[주 문] 원심판결 중 원고 패소부분을 파기하고 이 부분 사건을 서울고등법원에 환송한다.

[이 유] 상고이유를 본다.

1. 불법행위로 인하여 노동능력을 상실한 급여소득자의 일실이익은 원칙적으로

노동능력상실당시의 임금수익을 기준으로 산정할 것이지만 장차 그 임금수익이 증가될 것이 상당한 정도로 확실하게 예측할 수 있는 객관적인 자료가 있을 때에는 장차 증가될 임금수익도 일실이익을 산정함에 고려되어야 할 것이고(당원 1977. 6. 7. 선고 76다1056 판결 ; 1977. 11. 8. 선고 76다2418 판결 ; 1987. 11. 10. 선고 87다카1583 판결 등 각 참조) 이와 같이 장차 증가될 임금수익을 기준으로 산정된 일실이익 상당의 손해는 당해 불법행위에 의하여 사회관념상 통상 생기는 것으로 인정되는 통상손해에 해당하는 것이라고 보아야 할 것이다.

그러므로 장차 증가될 임금수익을 기준으로 산정된 일실이익 상당의 손해는 당연히 배상범위에 포함시켜야 하는 것이고 피해자의 임금수익이 장차 증가될것 이라는 사정을 가해자가 알았거나 알 수 있었는지의 여부에 따라 그 배상범위가 달라지는 것은 아니라 할 것이다.

당원은 종전에 위에서 판시한 견해와 달리 장차 증가될 임금수익 상실로 인한 손해는 특별한 사정으로 인한 손해이므로 행위자가 장차 피해자의 임금수익이 증가될 것이라는 사정을 알았거나 알 수 있었을 때 한하여 그 배상책임이 있다는 취지의 견해를 표명한 바 있으나(당원 1981. 4. 14. 선고 80다2322 판결 ; 1981. 10. 24. 선고 80다1994 판결 ; 1987. 4. 14. 선고 86다카1905 판결 ; 1987. 9. 8. 선고 86다카816 판결 등) 이러한 견해는 폐기하기로 한다.

2. 원심판결 이유에 의하면, 원심은 원고가 이 사건 교통사고의 피해자인 원고가 사고 당시 근무하던 한국전기통신공사의 보수규정에 의하면 원고는 매년 1호봉씩 승급하면서 호봉승급에 따라 인상된 급여를 지급받도록 되어 있으므로 이 사건 일실수입상당손해금을 산정함에 있어서는 위와 같이 인상될 임금을 기준으로 하여야 한다고 주장한데 대하여 위 공사의 보수규정상 직원은 1년에 1호봉식 매년 1. 1. 또는 7.1.에 승급되어 승급될 때마다 인상되는 급여를 수령하도록 규정되어 있는 사실은 이를 인정할 수 있으나, 이는 이른바 특별사정으로 인한 손해라 할 것인데 이 사건 사고당시 피고가 원고가 사고이후 호봉승급에 따라 인상된 임금을 지급받음으로서 그 수입이 증가될 것이라는 사정을 알았거나 알 수 있었음을 인정할만한 아무런 자료가 없으므로 원고의 위 주장은 이유없다고 판시하고 있다.

그러나 원고주장의 손해는 위에서 설시한 바와 같이 통상손해에 해당하는 것이고 이를 특별한 사정으로 인한 손해라고 볼 수 없는 것이다. 원심이 원고주장의 손해를 특별한 사정으로 인한 손해라고 보고 피고가 특별한 사정을 알았거나 알 수 있었음을 인정할 증거가 없다는 이유로 원고의 위 주장을 배척하였음은 손해배상의 범위에 관한 법리를 오해한 위법이 있다 할 것이므로 이 점에 관한 논지는 이유있다.

3. 그러므로 원심판결 중 원고 패소부분을 파기하고 이 부분 사건을 원심법원에 환송하기로 하여 관여 법관 전원의 일치된 의견으로 주문과 같이 판결한다.

대법관 이일규(재판장) 김덕주 이회창 박우동 윤관 배석 이재성 김상원 배만운 안우만 김주한 윤영철 김용준

57. 가. 교통사고로 하퇴부에 광범위한 압궤상 및 연부조직 손상 등의 상해를 입은 고등학교 1학년 여학생이 우울증에 시달리다 자살한 경우, 교통사고와 사망 사이에 상당인과관계가 있다고 본 사례

교통사고로 오른쪽 하퇴부에 광범위한 압궤상 및 연부조직 손상 등의 상해를 입은 고등학교 1학년 여학생이 사고 후 12개월 동안 병원에서 치료를 받았으나 다리부위에 보기 흉한 흉터가 남았고 목발을 짚고 걸어다녀야 했으며 치료도 계속하여 받아야 했는데 이로 인하여 사람들과의 접촉을 피하고 심한 우울증에 시달리다가 자신의 상태를 비관, 농약을 마시고 자살한 경우, 교통사고와 사망 사이에 상당인과관계가 있다고 본 사례.

나. 만 16세 남짓한 고등학교 1학년 학생이 무면허로 오토바이를 운전하다 사고를 낸 경우, 부모에게도 보호·감독의무를 게을리한 잘못에 따른 손해배상책임이 있다고 본 사례

만 16세 남짓한 고등학교 1학년 학생이 무면허로 오토바이를 운전하다 사고를 낸 경우, 사고 당시의 연령과 수학정도 등에 비추어 불법행위에 대한 책임을 변식할 능력은 있었으나, 경제적인 면에서 전적으로 그의 부모에게 의존하며 그들의 보호·감독을 받고 있었으므로, 부모로서는 그 자에 대하여 면허 없이 오토바이를 운전하지 못하도록 하는 등 보호·감독을 철저히 하여야 할 주의의무가 있는데도 이를 게을리한 잘못이 있다고 하여 그 부모에게도 교통사고에 대한 손해배상책임이 있다고 본 사례.

◈ 명예훼손에 대한 손해배상의 방법

제 764 조【명예훼손의 경우의 특칙】

타인의 명예를 훼손한 자에 대하여는 법원은 피해자의 청구에 의하여 손해배상에 갈음하거나 손해배상과 함께 명예회복에 적당한 처분을 명할 수 있다.

■ § 764. 명예훼손의 경우의 특칙

• 원칙 : 금전배상
• 예외 : ① 명예훼손 : 손해배상 + 명예회복에 적당한 처분
 ② 당사자의 특약 : 당사자가 미리 금전배상 이외의 방법으로 배상할 것을 약정한 때에는 그에 따른다
• 관련법조 : [명예훼손] 형 §307~§312, [부정경쟁과 신용회복] 부정경쟁방지법 §4②, [언론에 의한 명예훼손과 구제] 헌 §21

본조는 명예훼손의 경우에는 명예회복에 적당한 처분, 즉 원상회복도 명할 수 있다는 것을 규정한 것이다.

1. 명예의 의의 및 명예훼손의 위법성

제751조는 재산권의 침해 외에 신체·자유·명예의 침해가 불법행위가 됨을 밝히고 있다. 그리하여 불법행위로서의 명예침해, 즉 명예훼손이 문제가 되는 것이나, 명예훼손에 대한 위법성의 결정에는 몇가지 문제가 포함되어 있다.

먼저 명예란 무엇인가 하는 점이다.

일반적으로 명예라 함은 사람이 사회에서 가지는 지위, 즉 품격·명성·신용 등을 가리킨다. 따라서 그것은 피해자의 신분·직업 등을 고려하여 개별적으로 판단하여야 한다.

다음으로 위법성의 정도가 문제된다. 명예를 훼손한 경우에 진실한 사실을 진술하였거나 공공의 이익에 관계가 깊은 것은 위법성이 약하다. 그러나 허위의 사실을 진술하거나 순전히 사사에 관한 것은 위법성이 강하다.

그리하여 신간기사 등으로서 진실한 것이면 설령 사람의 명예를 손상하였더라도 원칙적으로 위법성을 갖지 않는 것이 되나, 명예훼손이 고소·고발·소

송·가압류·가처분 등과 같은 권리행사의 형태로 행하여 지더라도 허위의 사실을 진술한다면 위법성을 면하지 못할 것이다.

2. 명예훼손의 위법성 판정기준

상기한 바와 같이 명예훼손의 위법성의 유무는 여러 가지 구체적인 사정, 특히 피해자의 직업·사회적 신분·지위 등을 고려하여 판단하여야 한다.

개개의 경우에 있어서 명예훼손의 위법성의 판단은 대단히 곤란하다. 그러나 중요한 것은 그 행위의 태양과 상관적으로 고찰하여야 한다는 점이다. 그리고 명예훼손이 문제되는 것은 어떤 사실이 불특정다수인을 대상으로 공표된 경우가 대부분이지만 그것이 특정한 제3자에 대하여 고지된 경우에도 위법성이 있다고 하여야 한다. 또 침해행위는 허위사실의 유포를 주로 하지만 반드시 허위사실의 유포에 한하지 않고 의사를 진술하는 것만으로 충분히 명예훼손이 되는 경우도 있다.

3. 명예훼손에 대한 손해배상

본조에서 말하는 명예훼손이란 사람의 사회적 평가를 저하시키는 행위를 말하고, 단순히 주관적인 명예감정이 침해되었다고 주장하는 것만으로는 명예훼손이 되지 않는다(대판 1992. 10. 27. 92다756).

피해자는 금전배상을 청구할 수 있는 외에, 법원에 대하여 손해배상에 가름하거나 또는 손해배상과 함께 명예회복에 적당한 처분을 명할 것을 청구할 수 있다(제764조).

(1) 요 건

제764조가 적용되기 위해서는 피해자의 청구가 있어야 한다.

(2) 금전배상과 명예회복처분과의 관계

법원은 피해자의 청구가 있으면 금전배상만을 명하거나 금전배상에 가름하여 명예회복처분만을 내리거나 또는 금전배상과 함께 명예회복처분을 선택하여 결정할 수 있다(대판 1988. 6. 14. 87다카1450).

(3) 명예회복처분의 방법

종전에는 '명예회복에 적당한 처분'의 방법으로 사죄광고가 활용되었으나

헌법재판소가 이를 위헌으로 결정하였다. 헌법재판소는 명예회복에 적당한 처분의 방법으로서 ① 가해자의 비용으로 그가 패소한 민사손해배상판결의 신문·잡지 등에의 기재, ② 명예훼손기사의 취소 광고 등을 예시하였다(헌재 1991. 4. 1. 89헌마160). 뿐만 아니라 정정보도청구도 가능하고 사전 예방적 구제수단으로 침해행위의 정지 등의 금지청구권도 인정된다(대판 1997. 10. 24. 96다17851).

<h2 style="text-align:center">▣ 핵심판례 ▣</h2>

■ [명예훼손의 경우의 특칙]

1. 가. 종중의 대동보나 세보에 기재된 사항의 변경이나 삭제를 구할 소의 이익 유무(소극)

종중의 대동보나 세보에 기재된 사항의 변경이나 삭제를 구하는 청구는 재산상이나 신분상의 어떤 권리관계의 주장에 관한 것이 되지 못하므로 제소할 법률상의 권리보호의 이익이 없어 허용될 수 없다.

나. 민법 제764조에서 말하는 명예훼손의 의의와 단순히 주관적으로 명예감정이 침해되었다고 주장하는 것만으로 명예훼손이 되는지 여부 (소극)

민법 제764조에서 말하는 명예훼손이란 사람의 사회적 평가를 저하시키는 행위를 말하고, 단순히 주관적으로 명예감정이 침해되었다고 주장하는 것만으로는 명예훼손이 되지 않는다(1992. 10. 27. 제1부 판결 92다756 대동보정정).

2. 가. 개인의 명예의 보호와 표현의 자유의 보장이라는 두 법익이 충돌할 때 그 조정 방법

민주주의 국가에서는 여론의 자유로운 형성과 전달에 의하여 다수의견을 집약시켜 민주적 정치질서를 생성·유지시켜 나가는 것이므로 표현의 자유, 특히 공익사항에 대한 표현의 자유는 중요한 헌법상의 권리로서 최대한 보장을 받아야 하지만, 그에 못지 않게 개인의 명예나 사생활의 자유와 비밀 등 사적 법익도 보호되어야 할 것이므로, 인격권으로서의 개인의 명예의 보호와 표현의 자유의 보장이라는 두 법익이 충돌하였을 때 그 조정을 어떻게 할 것인지는 구체적인 경우에 사회적인 여러 가지 이익을 비교하여 표현의 자유로 얻어지는 이익, 가치와 인격권의 보호에 의하여 달성되는 가치를 형량하여 그 규제의 폭과 방법을 정하여야 한다.

나. 명예훼손 행위의 위법성 조각사유와 적시된 사실이 공공의 이익에 관한 것인지 여부의 판단 기준

민사상으로 타인의 명예를 훼손하는 행위를 한 경우에도 그것이 공공의 이해에 관한 사항으로서 그 목적이 오로지 공공의 이익을 위한 것일 때에는 진실한 사실이라는 증명이 있으면 그 행위에 위법성이 없고, 또한 그 증명이 없더라도 행위자가 그것이 진실이라고 믿을 만한 상당한 이유가 있는 경우에는 위법성이 없다고 보아야 할 것이며, 적시된 사실이 공공의 이익에 관한 것인지 여부는 당해 적시 사실의 구체적 내용, 당해 사실의 공표가 이루어진 상대방의 범위의 광협, 그 표현의 방법 등 그 표현 자체에 관한 제반 사항을 감안함과 동시에 그 표현에 의하여 훼손되거나 훼손될 수 있는 타인의 명예의 침해의 정도 등을 비교·고려하여 결정하여야 한다.

다. 수사기관이나 수사담당 공무원이 피의사실을 공표하는 경우, 그 공표사실이 진실이라고 믿을 만한 상당한 이유가 있는지 여부의 판단 기준

형법 제126조가 검찰, 경찰 기타 범죄수사에 관한 직무를 행하는 자 또는 이를 감독하거나 보조하는 자가 그 직무를 행함에 당하여 지득한 피의사실을 공판청구 전에 공표하는 것을 범죄로 규정하고 있는 점, 헌법 제27조 제4항이 형사피고인에 대하여 무죄추정 원칙을 규정하고 있는 점과 아울러 직접 수사를 담당한 수사기관이나 수사담당 공무원의 발표에 대하여는 국민들이 그 공표된 사실이 진실할 것으로 강하게 신뢰하리라는 점 등을 고려한다면 직접 수사를 담당한 수사기관이나 수사담당 공무원이 피의사실을 공표하는 경우에는 공표하는 사실이 의심의 여지없이 확실히 진실이라고 믿을 만한 객관적이고 타당한 확증과 근거가 있는 경우가 아니라면 그러한 상당한 이유가 있다고 할 수 없다.

라. 언론 매체가 공적인 인물이 아닌 자의 범죄사실을 보도하면서 그의 신원을 명시하거나 초상을 보여주는 것이 공공의 이익에 관한 것인지 여부(소극)

일반적으로 대중 매체의 범죄사건 보도는 범죄 행태를 비판적으로 조명하고, 사회적 규범이 어떠한 내용을 가지고 있고, 그것을 위반하는 경우 그에 대한 법적 제재가 어떻게, 어떠한 내용으로 실현되는가를 알리고, 나아가 범죄의 사회문화적 여건을 밝히고 그에 대한 사회적 대책을 강구하는 등 여론형성에 필요한 정보를 제공하는 등의 역할을 하는 것으로 믿어지고, 따라서 대중 매체의 범죄사건 보도는 공공성이 있는 것으로 취급할 수 있을 것이나, 범죄 자체를 보도하기 위하여 반드시 범인이나 범죄 혐의자의 신원을 명시할 필요가 있는 것은 아니고, 범인이나 범죄혐의자에 관한 보도가 반드시 범죄 자체에 관한 보도와 같은 공공성을 가진다고 볼 수도 없다(대법원 1998. 7. 14. 선고 96다17257 판결).

◈ 배상액의 경감청구

제 765 조【배상액의 경감청구】

① 본장의 규정에 의한 배상의무자는 그 손해가 고의 또는 중대한 과실에 의한 것이 아니고 그 배상으로 인하여 배상자의 생계에 중대한 영향을 미치게 될 경우에는 법원에 그 배상액의 경감을 청구할 수 있다.

② 법원은 전항의 청구가 있는 때에는 채권자 및 채무자의 경제상태와 손해의 원인 등을 참작하여 배상액을 경감할 수 있다.

■ § 765. 배상액의 경감

• 고의 중과실이 아니고,
• 배상자의 장래 생계에 중대한 영향이 있고,
• 배상의무자가 청구할 경우

본조는 손해배상을 하는 자의 경과실로 인하여 타인에게 손해를 가하고 또 그 손해액이 거액에 달해 이를 배상함으로써 가해자가 경제적으로 극히 곤란하게 되는 결과가 된다면 손해의 공평한 부담이라는 손해배상제도의 취지에 부합하지 않기 때문에 마련된 규정이다.

법원은 가해자와 피해자 쌍방의 경제상태를 고려하고, 또 손해의 원인 등을 참작하여 배상액을 경감할 수 있다. 법원은 경감청구의 유무에 불구하고 이와 같은 배상액의 경감여부를 결정하는 것이 아니라 배상의무자의 청구가 있어야 한다.

배상의무자는 발생한 손해가 고의 또는 중대한 과실에 의한 것이 아닌 것과 그 배상으로 배상자의 생계에 중대한 영향을 미치게 될 염려가 있는 것을 입증하여 배상액의 경감을 청구하여야 하며, 감경여부는 법원이 결정할 문제이다.

▣ 핵심판례 ▣

■ [배상액의 경감청구]

가. 무상동승자에 대하여 손해배상액을 감경할 수 있는 경우

피해자가 사고차량에 무상으로 동승하였다가 사고를 당한 경우에 운행의 목적, 동승자와 운행자의 인적 관계, 피해자가 차량에 동승한 경위 등 여러 사정에 비추어 사고차량의 운전자에게 일반의 교통사고와 같은 책임을 지우는 것이 신의칙이나 형평의 원칙에 비추어 매우 불합리한 것으로 인정되는 경우에는 그 배상액을 감경할 사유로 삼을 수 있다.

나. 무상동승이라 하여 손해액을 감액할 사유로 삼기는 어렵다고 한 사례

7, 8년 전부터 가까이 지내던 피해자를 자기 차에 동승시키고 주말을 이용하여 역시 두 사람과 친구관계인 다른 사람을 만나는 등 회합과 친목을 위하여 차량을 운행하다가 사고를 일으킨 경우까지 무상동승이라 하여 손해액을 감액할 사유로 삼기는 어렵다고 한 사례(1991. 10. 8. 91다22728)

◆ 불법행위로 인한 손해배상청구권의 소멸시효

제 766 조【손해배상청구권의 소멸시효】

① 불법행위로 인한 손해배상의 청구권은 피해자나 그 법정대리인이 그 손해 및 가해자를 안 날로부터 3년간 이를 행사하지 아니하면 시효로 인하여 소멸한다.

② 불법행위를 한 날로부터 10년을 경과한 때에도 전항과 같다.

■ § 766. 손해배상청구권의 소멸시효

• 3년의 소멸시효 : 손해 및 가해자 쌍방을 안 날로부터 기산
• 10년의 제척기간(판례는 소멸시효로 봄) : 불법행위시부터 기산

1. 의의 및 적용범위

(1) 의 의

본조는 불법행위로 인하여 생긴 손해배상청구권의 소멸시효 및 제척기간을 규정한 것이다.

불법행위로 인한 손해배상청구권에 대해서는 민법상 특별한 소멸시효와 제척기간이 정해져 있다.

즉 불법행위로 인한 손해배상청구권은「피해자 또는 그 법정대리인이 그 손해 및 가해자를 안 날」로부터 3년의 단기시효에 의하여 소멸함과 동시에 모든 경우에 있어서「불법행위를 한 날」로부터 10년의 기간이 경과함으로써 소멸하게 된다.

그 입법이유로서 불법행위로 인한 손해배상의 법률관계는 신속히 확정하지 않으면 그 요건의 증명과 손해액의 산정이 곤란해진다는 점과, 불법행위시로부터 상당한 시기를 경과하면 피해자의 감정도 가라앉게 되기 때문에 그 후에 다시 당사자 사이의 관계를 분규시키는 것은 타당하지 않을 뿐만 아니라 오래도록 권리를 행사하지 않는 자와 불법행위에 의한 손해와 고통

을 잊고 있는 자에게 새삼스럽게 법적 보호를 줄 필요가 없기 때문이다.

(2) 적용범위

본조는 다른 특별한 규정이 없는 한 불법행위로 인한 손해배상청구권 모두에 적용된다. 따라서 국가배상법에 의한 손해배상청구권(동법 제8조)이나 자동차 손해배상보장법에 의한 손해배상청구권에도 적용된다(동법 제4조 참조).

2. 제766조 1항의 의미

불법행위로 인한 손해배상의 청구권은 피해자나 그 법정대리인이 그 손해 및 가해자를 안 날로부터 3년간 이를 행사하지 아니하면 시효로 소멸한다(제766조 1항). 3년의 기간의 성질은 견해의 대립없이 소멸시효로 본다.

(1) 기산점

1) 피해자나 그 법정대리인

① '피해자'는 직접 피해자뿐만 아니라 손해배상청구권을 가지는 자를 포함한다. 예컨대 자식이 사고로 상해를 입은 경우, 그의 손해배상청구권과 그 부모의 위자료청구권은 피해자가 다른 독립된 별개의 청구권으로서 따로 시효가 진행된다(대판 1966. 12. 20. 66다1667)

② 피해자가 그 손해 및 가해자를 모른 때에도 그 법정대리인이 안 때에는 그 때부터 시효는 진행한다.

2) 손해 및 가해자를 안 날

가. '가해자'의 의미

가해자란 직접의 가해자 뿐만아니라 손해배상청구의 상대방이 되는 자를 포함한다(대판 1977. 6. 7. 76다2008). 예컨대 피용자의 불법행위에 대해 사용자가 배상청구를 지는 경우, 피용자와 사용자 모두가 가해자가 되고, 피해자측이 이들 각 가해자를 안 때로부터 따로 시효가 진행된다.

나. '손해 및 가해자를 안 날'의 의미

① 제766조 제1항 소정의 '손해 및 가해자를 안 날'이라 함은 손해의 발생, 위법한 가해행위의 존재, 가해행위와 손해의 발생과의 사이에 상당인과관계가 있다는 사실 등 불법행위의 요건사실에 대하여 현실적

이고도 구체적으로 인식하였을 때를 의미한다고 할 것이고, 피해자 등이 언제 불법행위의 요건사실을 현실적이고도 구체적으로 인식한 것으로 볼 것인지는 개별적 사건에 있어서의 여러 객관적 사정을 참작하고 손해배상청구가 사실상 가능하게 된 상황을 고려하여 합리적으로 인정하여야 한다(대판 2002. 6. 28. 200다22249).

② 손해를 안 날이라 함은 단순히 손해발생을 사실만을 안 때라는 뜻이 아니고 가해행위가 불법행위로서 이를 원인으로 하여 손해배상을 소구할 수 있다는 사실을 안 때를 의미한다(대판 1994. 7. 29. 92다22831).

③ 가해자를 안다 함은 사실에 관한 인식의 문제일 뿐 사실에 대한 법률적 평가의 문제가 아니다(대판 1993. 8. 27. 93다23879).

④ 손해 및 가해자를 안 날이라 함은 손해가 가해자의 불법행위로 인한 것임을 안 때라고 할 것이므로, 가해행위와 손해의 발생 사이에 인과관계가 있으며, 위법하고 과실이 있는 것까지도 안 때이다(대판 1994. 4. 26. 93다59304).

⑤ 손해 및 가해자를 안다는 것은 불법행위의 요건사실에 대하여 현실적이고도 구체적으로 인식하였을 때를 의미한다고 할 것이고, 손해의 액수나 정도를 구체적으로 알아야 할 필요까지는 없다(대판 1998. 7. 24. 97므18).

(2) 입증책임

피해자측이 손해 및 가해자를 안 시기에 관한 입증책임은 시효의 이익을 주장하는 자, 즉 가해자측에 있다(대판 1995. 6. 30. 94다13435).

(3) 관련 사례

가. 후유증으로 인하여 불법행위 당시에 전혀 예견할 수 없었던 손해가 발생한 경우 소멸시효의 기산점

후유증으로 인하여 불법행위 당시에는 전혀 예견할 수 없었던 새로운 손해가 발생하였다거나 예상 외로 손해가 확대된 경우에 있어서는 그러한 사유가 판명된 때에 새로이 발생 또는 확대된 손해를 알았다고 보아야 하고, 이와 같이 새로이 발생 또는 확대된 손해부분에 대하여는 그러한 사유

가 판명된 때로부터 민법 제766조 제1항에 의한 시효소멸 기간이 진행된다(대판 1995. 2. 3. 94다16359).

나. 피해자 쪽이 손해 및 가해자를 인식할 만한 지능이 없는 경우

이 경우에는 소멸시효가 진행하지 않는다(대판 1995. 2. 10. 94다30366).

다. 가해행위와 이로 인한 손해의 발생 사이에 시간적 간격이 있는 경우

이 경우에는 그 손해가 현실화되고 이를 안 때로부터 시효기간이 진행된다(대판 2001. 1. 19. 2000다4836). 이 사안은 만 2세의 유아가 사고로 성장판을 다쳐 의학적으로 뼈가 성장을 멈추는 때까지 어떻게 변형될지 모르는 사례였다

라. 실용신안권이 침해당한 경우 그 손해 및 가해자를 안 시기

대법원이 책상용 명패의 고안이 원고가 양수한 실용신안권의 권리범위에 속한다는 이유로 특허청 심결을 파기하고 사건을 특허청 항고심판소에 환송하는 판결을 선고하였을 때, 원고가 피고들의 자신의 실용신안권을 침해한 사실과 그로 인한 손해 및 가해자들을 현실적, 구체적으로 알았다고 볼 것이다(대판 1994. 1. 25. 93다55845).

3. 제766조 2항의 의미

(1) 의의 및 성질

불법행위를 한 날로부터 10년을 경과한 때에도 불법행위로 인한 손해배상청구권은 시효로 소멸한다(제766조 2항).

이 기간의 성질에 관해서 통설은 제척기간으로 보나 판례는 이를 소멸시효기간으로 본다(대판(전원합체) 1996. 12. 19. 94다22927).

(2) 기산점

불법행위를 한 날로부터 10년을 경과하면 시효로 소멸한다(제766조 2항).

여기서, '불법행위를 한 날'이란 가해행위가 있은 때가 아니라 가해행위로 인한 손해의 결과발생이 현실적인 것으로 되었다고 할 수 있는 때를 의미하고, 그 소멸시효는 피해자가 손해의 결과발생을 알았거나 예상할 수 있는가 여부에 관계없이 가해행위로 인한 손해가 현실적인 것으로 되었다고

볼 수 있는 때로부터 진행한다(대판 1993. 7. 27. 93다357).

<div align="center">▣ 핵심판례 ▣</div>

■ [손해배상청구권의 소멸시효]

1. 가. 공무원이 발급한 허위의 인감증명에 의하여 인감명의인과 계약을 체결한 자가 손해를 입은 경우에 있어 인감증명의 교부와 손해사이의 인과관계

인감증명은 인감 자체의 동일성과 거래행위자의 의사에 의한 것임을 확인하는 자료로서 일반인의 거래상 극히 중요한 기능을 갖고 있는 것이므로 인감증명사무를 처리하는 공무원으로서는 그것이 타인과의 권리의무에 관계되는 일에 사용되어 지는 것을 예상하여 그 발급된 인감으로 인한 부정행위의 발생을 방지할 직무상의 의무가 있고 따라서 발급된 허위의 인감증명에 의하여 그 인감명의인과 계약을 체결한 자가 그로 인한 손해를 입었다면 위 인감증명의 교부와 그 손해사이에는 상당인과관계가 있다고 할 것이다.

나. 민법 제766조 소정의 손해 및 가해자를 안 날의 의미

민법 제766조 소정의 손해 및 가해자를 안 날이라 함은 피해자나 그 법정대리인이 손해 및 가해자를 현실적이고도 구체적으로 인식하는 것을 뜻하고 손해발생의 추정이나 의문만으로는 충분하지 않다.

다. 공무원이 발급한 허위의 인감증명에 의하여 인감명의인과 계약을 체결한 자가 그 인감명의인을 상대로 계약이행을 구하는 소송을 제기하였다가 패소확정됨으로써 비로소 공무원의 불법행위 사실을 알게 되었다고 본 원심의 판단을 긍정한 사례

공무원이 발급한 허위의 인감증명에 의하여 인감명의인과 계약을 체결한 자가 그 인감명의인을 상대로 계약이행을 구하는 소송을 제기하였다가 패소확정됨으로써 비로소 공무원의 불법행위 사실을 알게 되었다고 본 원심의 판단을 긍정한다(1991. 3. 22. 제3부 판결 90다8152 손해배상(기)).

2. 1980. 8. 초순경의 이른바 언론인 강제해직조치에 따라 이루어진 근로자에 대한 의원면직처분이 불법행위가 되는 경우, 이로 인한 면직처분 이후 정년까지의 일실급료와 일실퇴직금상당 손해배상채권의 소멸시효의 기산점

1980. 8 초순경의 이른바 언론인 강제해직조치에 따른 의원면직처분이 근로자의 의사에 반하여 사직서를 제출케 하고 그 사직서에 기하여 이루어진 것이어서 불법행위가 되는 경우, 근로자는 이러한 불법행위의 요건사실을 그에 대한 의원면

직처분시에 이미 알았고, 또한 이 불법행위로 인한 위 면직처분 이후 정년까지의 일실급료와 일실퇴직금 상당 손해의 발생사실은 위 일실급료나 일실퇴직금을 지급할 날에 알았다고 할 것이며, 1988.12.경 개최된 국회 문교공보위원회의 청문회를 통하여 알게 된 것은 위 불법행위 요건사실의 경위 배경 등에 관한 이면사정에 지나지 아니하므로 원고의 위 손해배상채권의 소멸시효기간은 위 일실급료나 일실퇴직금을 지급할 날로부터 진행한다고 볼 것이다(1991. 7. 12. 제3부 판결 90다11554 해고무효확인).

3. **피용자에 의하여 배서가 위조된 약속어음 소지인의 피위조자에 대한 사용자책임의 소멸시효가 그의 어음 발행인에 대한 어음금청구사건의 판결이 확정된 때로부터 진행하는 것이 아니라 그가 위 소송에서 발행인을 위해 보조참가한 피위조자의 사용자책임을 주장하는 등 한 때로부터 진행한다고 한 사례**

피용자에 의하여 배서가 위조된 약속어음을 취득하여 그 소지인이 된 자의 피위조자에 대한 사용자책임의 소멸시효가 그의 어음 발행인에 대한 어음금청구사건의 판결이 확정된 때로부터 진행하는 것이 아니라 그가 위 어음금청구소송에서 발행인을 위해 보조참가한 피위조자에게 사용자책임이 있다고 주장하는 등 할 때에 늦어도 배서 위조로 인한 손해 및 가해자를 알았다고 보아야 하므로 그 무렵부터 진행한다(1992. 6. 12. 제3부 판결 91다40146 손해배상(기)).

4. **공무원의 사무착오로 분배농지 아닌 토지에 대한 상환증서를 발급받은 자가 등기 후 타에 처분하였다가 등기가 말소된 다음 분배농지에 관하여 등기한 자들과 국가를 상대로 등기말소 등 청구소송을 제기하였으나 패소판결이 확정된 경우 손해배상청구권의 소멸시효의 기산점(=판결확정일)**

농지분배공무원의 사무착오로 분배농지 아닌 다른 토지에 대한 농지상환증서를 발급받은 자가 상환증서를 근거삼아 등기를 마친 다음 타에 처분하였다가 등기가 말소된 후 분배농지에 관하여 등기한 자들에 대하여는 등기말소를, 국가에 대하여는 소유권이전등기를 각 청구하는 소송을 제기하였으나 토지구획정리사업의 시행으로 인하여 분배농지를 특정할 수 없다는 이유로 원고 패소판결이 선고되고 확정된 경우 그로서는 패소판결이 확정된 때에 비로소 분배농지의 소유권을 확정적으로 취득할 수 없게 되었다 할 것이므로 그 손해배상청구권의 소멸시효는 위 판결확정일로 부터 진행한다(1992. 11. 13. 제3부(마) 판결 92다28365 손해배상(기)).

5. 가. **보험사고를 일으킨 자가 상법 제682조 소정의 "피보험자"에 해당될 경우 보험자의 보험자대위권 행사 가부**

상법 제682조 소정의 보험자대위는 보험사고로 인한 손해가 제3자의 행위로 인하여 생긴 경우에 보험금액을 지급한 보험자가 보험계약자 또는 피보험자의 그 제3자에 대한 권리를 취득하는 제도이므로 보험계약의 해석상 보험사

고를 일으킨 자가 위 법 소정의 "제3자"가 아닌 "피보험자"에 해당될 경우에는 보험자는 그 보험사고자에 대하여 보험자대위권을 행사할 수 없다.

나. 피보험자의 제3자에 대한 손해배상청구권이 시효로 소멸한 경우 보험자대위의 가부 및 보험자가 대위할 손해배상청구권의 소멸시효의 기산점과 그 기간

상법 제682조 규정은 피보험자 등의 제3자에 대한 손해배상청구권이 있음을 전제로 하여 지급한 보험금액의 한도에서 그 청구권을 취득한다는 취지에 불과한 것이므로 피보험자 등의 제3자에 대한 손해배상청구권이 시효로 인하여 소멸하였다면 보험자가 이를 대위할 여지가 없다고 할 것이고, 이때에 보험자가 취득할 손해배상청구권의 소멸시효의 기산점과 기간은 그 청구권 자체를 기준으로 판단하여야 할 것이다(1993. 6. 29. 제1부 판결 93다1770 구상금).

6. 가. 상법 제385조 제1항 단서 규정의 적용범위

상법 제385조 제1항 단서의 규정은 주식회사의 이사가 주주총회의 특별결의에 의하여 그 임기 전에 해임된 경우에 한하여 적용되고 의원면직의 형식으로 해임된 경우에는 적용되지 않는다.

나. 정부투자기관의 임원에 대한 의원면직처분이 불법행위가 되는 경우 그로 인한 손해배상청구권의 소멸시효의 기산점

정부투자기관의 임원들에 대한 의원면직 형식의 해임발령이 임원들의 의사에 반하여 사직서를 작성, 제출하게 하고 그 사직서에 기하여 이루어진 것이어서 불법행위가 되는 경우, 해임된 임원들로서는 이러한 불법행위의 요건사실을 그에 대한 해임발령시 이미 알았고 그 불법행위로 인한 손해발생사실은 그 일실급료나 일실퇴직금을 지급할 날에 알았다고 할 것이므로 일실급료나 일실퇴직금 상당의 손해배상채권의 소멸시효기간은 위 일실급료나 일실퇴직금을 지급할 날로부터 진행된다(1993. 8. 24. 제2부 판결 92다3298 퇴직금).

7. 가. 민법 제766조 제1항의 가해자를 안다는 것의 의미

민법 제766조 제1항의 가해자를 안다 함은 사실에 관한 인식의 문제일 뿐 사실에 대한 법률적 평가의 문제가 아니다.

나. 피고 회사가 시공하는 작업장에서 작업중 피고 회사 근로자의 과실로 상해를 입은 경우 가해자를 알았다고 본 사례

사고가 피고 회사가 시공하는 탱크의 제작 설치작업중에 발생하였고, 그 작업을 지휘 감독한 자나 사고의 원인을 제공한 근로자와 피해자가 모두 피고 회사의 근로자였다면, 피해자는 사고 발생 당시 손해발생사실 및 그 가해자 즉, 손해배상청구의 상대방으로 될 자가 피고 회사라는 사실을 구체적으로 인식하였다고 보이고, 그 공사의 도급인이 피고 회사에 대하여 사용자관계에

있다고 주장하면서 도급인을 상대로 손해배상청구소송을 제기하였다가 패소
판결을 선고받은 때 비로소 가해자가 피고 회사임을 알았다고 볼 수는 없다
(1993. 8. 27. 제3부 판결 93다23879 손해배상(산)).

8. 가. 민법 제766조 제1항 소정의 "손해 및 가해자를 안 날"의 의미

불법행위로 인한 손해배상청구권의 단기소멸시효의 기산점이 되는 민법 제
766조 제1항 소정의 "손해 및 가해자를 안 날"이라 함은 손해가 가해자의 불
법행위로 인한 것임을 안 때라고 할 것이므로, 가해행위와 손해의 발생 사이
에 인과관계가 있으며 위법하고 과실이 있는 것까지도 안 때이다.

나. 피해자측이 의사를 업무상과실치상죄로 고소한 사실만으로는 인과관계와 의사의 과실이 있었음을 알았다고 할 수 없다고 한 사례

의료사고의 경우에 의료전문가가 아닌 일반인들로서는 의사에게 과실이 있는
지의 여부 및 의사의 과실과 손해 사이에 인과관계가 있는지의 여부 등을 쉽
게 알 수 없는 것이므로, 환자의 모가 의사를 업무상과실치상죄로 고소한 것
은 결국 의사의 의료행위와 환자의 뇌성마비 사이에 인과관계가 있는지의 여
부 및 의사에게 과실이 있는지의 여부 등을 수사하여 만일 인과관계와 과실
이 있다고 판명되면 처벌하여 달라는 취지에 불과하므로, 환자의 모가 고소
를 할 당시에 의사의 진료와 환자의 뇌성마비 사이에 인과관계가 있고 또 의
사에게 과실이 있었음을 알았다고 할 수 없다(1994. 4. 26. 제2부 판결 93다
59304 손해배상(의)).

9. 손해배상청구권의 소멸시효 기산점인 "손해를 안 날"의 의미

민법 제766조 제1항 소정의 손해를 안 날이라 함은 단순히 손해발생의 사실만을
안 때라는 뜻이 아니고 가해행위가 불법행위로서 이를 원인으로 하여 손해배상을
소구할 수 있다는 사실을 안 때를 의미한다(1994. 7. 29. 제3부 판결 92다22831 손
해배상(기)).

<center>〈판례전문(1994. 7. 29. 제3부 판결 92다22831 손해배상(기))〉</center>

[원고, 피상고인] 김문용 외 1인 원고들 소송대리인 변호사 김은집

[피고, 상고인] 주식회사 한국상업은행 소송대리인 변호사 심훈종 외 4인

[원심판결] 대구고등법원 1992. 5. 7. 선고 91나7928 판결

[주 문] 상고를 기각한다. 상고비용은 피고의 부담으로 한다.

[이 유] 피고 소송대리인의 상고이유에 대하여 판단한다.

1. 제1점에 대하여

관계증거와 기록에 의하면 소론이 지적하는 점에 관한 원심의 인정판단은 정당한

것으로 수긍이 가고, 원심판결에 소론과 같은 위법이 있다고 볼 수 없으므로 논지는 이유가 없다.

2. 제2점에 대하여

민법 제766조 제1항 소정의 손해를 안 날이라 함은 단순히 손해발생의 사실만을 안 때라는 뜻이 아니고 가해행위가 불법행위로서 이를 원인으로 하여 손해배상을 소구할 수 있다는 사실을 안 때를 의미한다고 할 것이다(당원 1990. 1. 12. 선고 88다카25168 판결 참조).

원심은 거시증거에 의하여 그 판시 사실을 인정한 다음 원고들은 이 사건 면직처분무효확인 판결이 확정된 때인 1990. 2. 9.에 손해를 알았다고 판단하여 피고의 소멸시효항변을 배척하였는바 기록과 위에서 본 법리에 비추어 보면 원심의 위와 같은 조치는 정당한 것으로 수긍이 가고, 원심판결에 소론과 같은 법리오해의 위법이 있다고 볼 수 없다. 논지도 이유가 없다.

3. 제3점에 대하여

기록에 의하면, 소론이 지적하는 중식대와 교통비에 관한 원심의 인정판단은 정당한 것으로 수긍이 가고, 원심판결 이유에 의하면 원심은 휴가보상금에 관한 원고의 주장을 배척하였으므로 원심판결에 소론과 같은 위법이 있다고 볼 수 없다. 논지도 이유가 없다.

4. 그러므로 상고를 기각하고 상고비용은 패소자의 부담으로 하기로 관여 법관의 의견이 일치되어 주문과 같이 판결한다.

대법관 신성택(재판장) 천경송
안용득(주 심) 지창권

참조판례
대법원 1990. 1. 12. 선고 88다카25168 판결(공1990, 457)
1993. 8. 27. 선고 93다23879 판결(공1993하, 2628)
1994. 1. 25. 선고 93다55845 판결(공1994상, 812)

10. 가. 불법행위가 계속적으로 행하여지는 결과 손해도 계속적으로 발생하는 경우 소멸시효의 기산점

불법행위에 의한 손해배상청구권의 단기소멸시효의 기산점이 되는 민법 제766조 제1항 소정의 '그 손해 및 가해자를 안 날'이라 함은 현실적으로 손해의 발생과 가해자를 알아야 할 뿐만 아니라 그 가해행위가 불법행위로서 이를 이유로 손해배상을 청구할 수 있다는 것을 안 때를 의미하고, 불법행위가 계속적으로 행하여지는 결과 손해도 역시 계속적으로 발생하는 경우

에는 특별한 사정이 없는 한 그 손해는 날마다 새로운 불법행위에 기하여 발생하는 손해로서 민법 제766조 제1항을 적용함에 있어서 그 각 손해를 안 때로부터 각별로 소멸시효가 진행된다고 보아야 한다.

나. 구 건축법상 준공검사업무를 담당하는 공무원의 준공검사 지연행위의 위법성 판단 기준

구 건축법(1991. 5. 31. 법률 제4381호로 개정되기 전의 것) 제7조 소정의 준공검사처분은 건축허가를 받아 건축한 건물이 건축허가사항대로 건축행정목적에 적합한가의 여부를 확인하고 준공검사필증을 교부하여 줌으로써 허가받은 자로 하여금 건축한 건물을 사용·수익할 수 있게 하는 법률효과를 발생시키는 것이고, 공사감리자를 정한 건축공사에 대한 준공검사에 있어서, 같은 법 제6조 제2항, 제7조 제1항, 제2항, 제3항 및 구 건축사법(1995. 1. 5. 법률 제4918호로 개정되기 전의 것) 제23조의2의 각 규정에 의하여 건축주가 건축공사를 완료한 다음 그 준공신고서에 당해 공사감리자의 서명을 받아 이를 제출하면 행정관청이 직접 준공검사를 실시하여 합격 여부를 결정하거나 건축사가 대행한 준공에 관한 조사 및 검사에 터잡아 준공검사필증을 교부하도록 규정하고 있어 행정청의 준공검사의무가 법령상 일의적으로 결정되어 있으므로, 준공검사업무를 담당하는 공무원이 준공검사를 현저히 지연시켰고 그러한 지연이 직무에 충실한 보통 일반의 공무원을 표준으로 할 때 객관적 정당성을 상실하였다고 인정될 정도에 이른 경우에는 국가배상법 제2조에서 말하는 위법의 요건을 충족하였다고 봄이 상당하고, 이 때 객관적 정당성을 상실하였는지 여부는 지연처리의 원인 및 이유 외에 건축주의 피침해이익의 내용, 당해 건축물의 종류 및 공사 내용 등 제반 사정을 종합적으로 고려하여 판단하여야 한다(대법원 1999. 3. 23. 선고 98다30285 판결).

11. 가해행위와 이로 인한 손해의 발생 사이에 시간적 간격이 있는 불법행위에 기한 손해배상채권에 있어 소멸시효의 기산점이 되는 불법행위를 안 날의 의미

가해행위와 이로 인한 현실적인 손해의 발생 사이에 시간적 간격이 있는 불법행위에 기한 손해배상채권에 있어서 소멸시효의 기산점이 되는 불법행위를 안 날이라 함은 단지 관념적이고 부동적인 상태에서 잠재하고 있던 손해에 대한 인식이 있었다는 정도만으로는 부족하고 그러한 손해가 그 후 현실화된 것을 안 날을 의미한다(대법원 2001. 1. 19. 선고 2000다11836 판결).

◆ 기타의 특수불법행위

■ 특별법상의 불법행위

• 자동차운행자의 책임
• 의료과오책임
• 제조물책임

1. 자동차운행자의 책임

(1) 의 의

자동차사고에 의한 손해배상책임에 관하여는 피해자의 보호를 위하여 자동차손해배상보장법(1999년 법 제5793호)이 제정되어 있다. 즉 자동차의 운행으로 사람이 사망하거나 부상한 경우의 손해배상에 관해서는 자동차손해배상보장법이 특별법으로서 민법에 우선하여 적용된다.

법원은 피해자가 동법에 의한 손해배상을 주장하지 않더라도 민법에 우선하여 동법을 적용하여야 한다(대판 1997. 11. 28. 95다29390).

(2) 자동차손해배상보장법의 적용범위

자동차손해배상 보장법 제3조는 자동차의 운행으로 다른 사람이 사망하거나 부상단한 경우에만 운행자책임을 인정하고 있다. 따라서 자동차가 아닌 것, 자동차라도 운행 중의 사고가 아닌 것, 운행 중의 사고라도 물적 손해에 대하여는 동법은 적용되지 않는다. 따라서 물적 손해나 자배법으로 배상받지 못하는 손해에 대하여는 민법상 일반 불법행위 또는 사용자책임 등이 적용된다.

【쟁점사항】

<공무원이 자동차의 운행자인 경우 공무원 개인이 자동차손해배상보장법상의 배상책임을 부담하는지 여부>

공무원이 그 직무를 집행하는 과정에서 자동차손해배상보장법의 규정에 의하여 손해배상의 책임이 있는 때에는 국가 또는 지방자치단체는 국가배상법이 정하는 바에

따라 그 손해를 배상할 책임을 진다(국가배상법 제2조 1항 본문). 다만 공무원 개인이 자동차손해배상보장법에 의한 책임을 지느냐가 문제된다.

공무원이 공무집행상의 위법행위로 인하여 타인에게 손해를 준 경우에 공무원에게 고의 또는 중과실이 있는 때에 한해 공무원 개인이 불법행위로 인한 손해배상책임을 지는 것이 원칙이지만(대판(전원합의체) 1996. 2. 15. 95다38677) 자동차손해배상보장법은 자동차의 운행이란 사회적 위험성이 큰 요소로 인하여 발생하는 손해의 배상책임을 그 운행자에게 귀속시킴으로써 피해자를 보호하자는 데 그 입법취지가 있는 것이어서, 공무원이 자동차의 운행자에 해당하는 한 그 과실 여하를 가리지않고 동법에서 한 요건에 따라 배상책임을 부담한다는 것이 판례의 입장이다(대판 1996. 3. 8. 94다23876).

(3) 책임의 성립요건

"자기를 위하여 자동차를 운행하는 자는 그 운행으로 인하여 다른 사람을 사망하게 하거나 부상하게 한 때에는 그 손해를 배상할 책임을 진다. 다만 일정한 경우에 해당하는 때에는 그러하지 아니하다"(자동차손해배상보장법 제3조).

1) 자동차를 운행하는 자일 것

가. 의 의

책임을 부담하는 자는 '자기를 위하여 자동차를 운행하는 자', 즉 자동차 운행자이다. 자기를 위하여 자동차를 운행하는 자란 동법 제3조가 위험책임과 보상책임의 원리를 바탕으로 하여 자동차에 대한 '운행지배'와 '운행이익'을 가지는 자에게 그 운행으로 인한 손해를 부담케 하자는 데 그 취지가 있어, 자동차에 대한 운행을 지배하여 그 이익을 향수하는 책임주체로서의 지위에 있는 자를 말한다(대판 1997. 7. 21. 97다카51).

자동차의 운행자는 동법 제2조 3호에서 말하는 자동차의 보유자(소유자내지는 임차인)보다는 넓은 개념이다. 즉 소유자이더라도 운행지배로부터 떠나 있는 때에는 운행자가 아니며, 소유자가 아니더라도 운행지배와 운행이익을 가지는 때에는 운행자가 된다. 따라서 타인을 위하여 자동차를 운전하는 피용자인 '운전자'는 운행지배도 없고 운행이익도 없기 때문에 운행자는 아니다(대판 1997. 11. 14. 95다37391).

나. 누가 운행자인지 여부가 문제되는 경우

① 무단운전의 경우 : 자동차의 소유자 기타 정당한 권리자의 승낙 없이 운전하는 것이 무단운전이다. 무단운전자의 경우 소유자의 운행지배와 운행이익의 상실 여부는 평소의 자동차나 열쇠의 보관 및 관리상태, 소유자의 의사와 관계없이 운행이 가능하게 된 경위, 소유자와 운전자의 인적 관계, 운전자의 차량 반환의사의 유무, 무단운행 후 소유자의 사후승낙 가능성, 무단운전에 대한 피해자의 인식 유무 등 객관적이고 외형적인 여러 사정을 사회통념에 따라 종합적으로 평가하여 판단하여야 한다는 것이 판례의 태도이다. 따라서 이 기준에 따라 무면허인 미성년자가 父가 출타한 사이에 바지 호주머니에 넣어둔 열쇠를 꺼내어 그 무단운행 사실을 알고 있는 친구를 태우고 운전하다가 사고를 낸 사안에서 父의 자동차 운행자로서의 책임을 인정하였다(대판 1998. 7. 10. 98다1072).

그러나 자동차 소유자인 회사의 피용자가 회사의 승낙을 받지 않고 제3자와 함께 같이 음주상태에서 회사에서 멀리 떨어진 곳에서 술을 마실 목적으로 그 자동차를 운전해 가다가 무상동승자인 제3자가 사고로 부상을 입은 사안에서, 위 자동차의 운행경위에 비추어 볼 때 그 운행은 자동차소유자인 회사의 운행지배와 운행이익의 범위를 완전히 벗어난 것으로 보았다(대판 1994. 9. 23. 94다9085).

② 절도운전의 경우 : 이 경우에는 그 도둑이 운행자의 책임을 지고, 소유자의 운행지배가 상실된다고 보는 것이 통설이다. 다만 차량의 키를 뽑지 않고 출입문도 잠그지 않은 채 노상에 주차시킨 과실로 제3자가 그 차량을 절취하여 운전하던 중 사고를 일으킨 경우, 소유자의 위 과실과 손해 사이에는 상당인과관계가 있어 제750조에 의한 일반 불법행위책임을 지는 것은 별개이다(대판 1988. 3. 22. 86다카2747).

③ 사용대차·임대차의 경우

㈀ 자동차의 소유자가 그 친구 등 밀접한 인적관계에 있는 자에게 자동차를 무상으로 대여한 사안에서(사용대차), 판례는 그 자동차에 대한 운행지배나 운행이익은 여전히 자동차 소유자에게 있고 자동차를 빌린 자는 이를 이용했다는 사정만으로 운행자로 볼 수 없다

고 하였다(대판 1991. 5. 10. 691다3918).

(ㄴ) 자동차대여업자가 1일간 자동차를 유상으로 대여한 사안(임대차)에서는 대여업자가 운행자가 된다고 보았지만 임차인도 운행자가 되는지에 관해서는 명시적으로 밝히지 않고 있다(대판 1991. 7. 12. 91다8418).

④ 대리운전의 경우 : 자동차의 소유자가 또는 보유자가 음주 등의 사유로 일시적으로 타인에게 대리운전을 시킨 경우에는 자동차의 소유자 또는 보유자가 운행자가 된다(대판 1994. 4. 15. 94다5502).

⑤ 자동차의 소유권유보부 매매의 경우 : 자동차를 매수하고 이전등록을 하지 않은 상태에서 매수인이 운행하다가 사고가 난 경우에는 매수인이 운행자가 된다(대판 1994. 2. 22. 93다37052). 즉 등록명의가 매도인에게 남아 있더라도 운행지배권은 이미 그에게서 이탈한 것이므로 그는 운행자가 아니다(대판 1985. 4. 23. 84다카1484).

⑥ 자동차 정비의 경우

(ㄱ) 자동차정비업체의 직원이 자동차 보유자로부터 차를 인도받아 직접 운전하여 가져가 수리를 마친 다음 이를 반환하기 위하여 운반하는 도중에 일어난 사고에 대하여 자동차 보유자에게 운행지배권이 있다고 보아 운행공용자로서의 책임이 인정된다(대판 1993. 2. 9. 92다40167).

(ㄴ) 자동차의 수리를 위해 정비업자에게 자동차를 맡긴 동안에는 그 정비업자만이 운행자가 되고, 그의 피용자가 그 자동차를 무단운전하다가 일으킨 사고에 대하여는 그 정비업자가 운행자로서 배상책임을 진다(대판 1995. 2. 17 94다카21856).

(ㄷ) 자동차 소유자의 피용자가 수리업자에게 자동차의 수리를 맡기고서도 자리를 뜨지 않고 부품 교체작업을 보조·간섭하였을 뿐만 아니라, 위 교체작업의 마지막 단계에서는 수리업자의 부탁으로 시동까지 걸어준 경우(그 과정에서 수리업자가 벨트에 손을 다친 사안임), 자동차 소유자는 수리작업 동안 수리업자와 공동으로 자동차에 대한 운행지배를 하고 있다(대판 2000. 4. 11. 98다56645).

⑦ 운전학원에서 피교습자가 운전학원의 자동차로 운전연습을 하는 경

우 : 판례는 이러한 경우의 법률관계를 사용대차 또는 임대차로 보면서, 이 때에는 차주인 피교습자가 자동차를 사용할 권리가 있고 그래서 자동차손해보상보장법의 운행자에 해당한다고 하였다(대판 2000. 1. 9. 2000다12533).

⑧ 양도담보의 경우 : 채권담보의 목적으로 자동차 등록원부에 소유자로 등록된 자는 자동차에 관한 운행지배나 운행이익을 가지고 있다고 볼 수 없어 운행자가 아니다(대판 1980. 4. 8. 79다302).

⑨ 명의대여의 경우 : 빌라건설회사가 빌라 입주자들의 교통편의를 위하여 차량을 매입하여 준 뒤 그 운행은 빌라입주자들의 자치기구인 빌라관리회에서 운전사를 고용하고 입주자들로부터 일정 요금을 받아 연료비, 보수비, 보험료, 제세공과금 등의 차량운영관리비에 충당하여 왔으나, 그 등록명의는 위 관리회가 법인이 아니어서 위 회사 명의로 소유권이전등록을 하여 둔 것이라면, 비록 회사가 위 차량의 운행에 관하여 실제로는 별다른 이해 관계가 없다고 하더라도 위 차량은 대외적으로는 여전히 위 회사의 소유인 것이고, 또 위 차량의 등록명의를 그 명의로 유보하여 둔 채 운행할 것을 허용한 것으로 볼 것이므로 위 회사는 자동차손해배상보장법 제3조 소정의 "자기를 위하여 자동차를 운행하는 자"에 해당한다(대법원 1991. 2. 26. 선고 90다6460 판결).

2) 자동차의 운행에 의하여 인적손해가 발생하였을 것

가. '운행'의 의의

자동차의 「운행」이라 함은 사람 또는 물건의 운송 여부에 관계없이 자동차를 그 용법에 따라 사용 또는 관리하는 것을 말한다(동법 2조 2호). 운행 중의 사고가 아닌 것, 이를테면 주차·정차중의 사고에 대해서는 동법에 의한 운행자의 책임은 발생하지 않는다. 다만 판례는 "동승자가 주차한 자동차에서 하차하다가 차량 밖의 터널바닥으로 떨어져 다친 사고는 자동차의 운행으로 인한 사고에 해당한다"고 하였다(대판 1998. 9. 4.[98다22604, 22611]).

나. 운행에 해당하지 않는 사례

① "화물 하차작업 중 화물고정용 밧줄에 오토바이가 걸려 넘어져 사고가 발생한 경우에 그 사고는 자동차의 운행으로 인한 것이라고는 볼

수 없다"고 한다(대판 1996. 5. 31 95다19232).

② 방한 목적으로 자동차에서 시동과 히터를 켜놓은 상태에서 잠을 자다 질식사한 경우, 이 사고는 자동차의 운송수단으로서의 본질이나 위험과는 무관하게 사용된 경우로서 운행에 포함되지 않는다(대판 2000. 1. 21. 99다41824).

3) 타인에게 인적 손해(사망, 부상)가 발생하였을 것

가. 타인의 의미

피해자에 해당하는 '타인'에는 책임의 주체인 운행자는 포함되지 않으며, 운전자도 이에 포함되지 않는다(대판 2000. 3. 28.[99다53827]). 결국 위 '타인'에는 위에서와 같이 이에 포함되지 않는 자를 제외한 자, 즉 승객과 그 이외의 제3자를 의미한다고 할 것이다(동법 3조 참조). 따라서 예컨대 친구나 지인 등을 호의로 동승케 한 때, 이를 이른바 '호의동승자'가 타인에 속함은 물론이다(대판 1987. 12. 22. 86다카2994). 판례는 "차량의 운행자가 아무런 대가를 받지 않고 오직 동승자의 편의와 이익을 위하여 동승을 허용하고 동승자로서도 그 자신의 편의와 이익을 위하여 그 제공을 받은 경우 그 운행의 목적, 동승자와 운행자와의 인적 관계, 동승의 경위 등 제반 사정에 비추어 가해자에게 일반의 교통사고와 같은 책임을 지우는 것이 신의칙이나 형평의 원칙상 매우 불합리하다고 인정되는 경우에는 그 배상액을 감경할 수 있다"고 하였다(대판 1992. 5. 12. 94다40993).

그리고 동일한 자동차에 대하여 복수로 존재하는 운행자 중 1인이 당해 자동차의 사고로 피해를 입은 경우에도 사고를 당한 그 운행자는 다른 운행자에 대하여 자신이 같은 법 제3조 소정의 타인임을 주장할 수 없는 것이 원칙이고, 다만 사고를 당한 운행자의 운행지배 및 운행이익에 비하여 상대방의 그것이 보다 주도적이거나 직접적이고 구체적으로 나타나 있어 상대방이 용이하게 사고의 발생을 방지할 수 있었다고 보여지는 경우에 한하여 비로소 자신이 타인임을 주장할 수 있을 뿐이다(대법원 2002. 12. 10. 선고 2002다51654 판결).

나. 인적 손해

동법이 적용되는 것은 타인을 사망하게 하거나 부상케 한 인적 손해에 한한다. 따라서 충돌사고의 자동차나 운행 중의 사고로 타인의 물건을 훼

손한 경우처럼 물적 손해에 대해서는 동법은 적용되지 않는다.

4) 면책사유가 없을 것

동법은 자동차의 운행이라는 위험성에 근거하여 이를 지배하고 이용하는 운행자에게 사실상 무과실책임에 가까운 무거운 책임을 부과한다.

'승객'이 사상한 경우에는 '승객 아닌 자'가 사상한 때와 달리 면책요건이 더욱 까다로운데, 승객의 경우에는 운행자의 지배하에 있는 자동차에 탑승함으로써 직접적인 위험에 수용된 점에서 승객이 아닌 자와는 본질적인 차이가 있고, 한편 동법이 위험책임의 법리에 기초한 것인 점에서 위와 같은 차별에는 합리적 이유가 있기 때문에, 위 규정이 헌법이 보장한 재산권을 침해하는 규정이라고 볼 수 없다(대판 1998. 7. 10. 97다52653).

운행자가 그 책임을 면하기 위해서는 피해자가 승객이 아닌 자와 승객인 경우에 따라 다음의 사유를 입증하여야 한다.

가. 승객이 아닌 자가 사상한 경우

다음 3가지를 모두 증명한 때, 즉 ① 자기와 운전자가 자동차의 운행에 관하여 주의를 게을리 하지 아니하고, ② 피해자 또는 자기 및 운전자 외의 제3자에게 고의 또는 과실이 있으며, ③ 자동차에 구조상의 결함 또는 기능에 장해가 없었다는 사실(동법 3조 1호).

나 승객이 사상한 경우

그 승객의 고의나 자살행위로 인한 것인 때(동법3조 2호).

2. 의료과오책임

(1) 의료행위의 의의

의료행위라 함은 의학적 전문지식을 기초로 하는 경험과 지능으로 진찰·검안·처방·투약 또는 외과적 시술을 시행하여 하는 질병의 예방 또는 치료행위 및 그 밖에 의료인이 행하지 아니하면 보건위생상 위해가 생길 우려가 있는 행위를 의미한다. 따라서 성형수술행위도 질병의 치료행위의 범주에 속하는 의료행위임이 분명하므로, 이러한 성형수술 과정에서 의사가 환자에게 침습을 가하는 경우에 대하여도 의사의 환자에 대한 설명의무에 관한 법리가 마찬가지로 적용된다(대판 2002. 10. 25. 2002다48443).

(2) 의사의 의료행위에 있어서의 주의의무의 판단기준

의사가 진찰·치료 등의 의료행위를 함에 있어서는 사람의 생명·신체· 건강을 관리하는 업무의 성질에 비추어 환자의 구체적인 증상이나 상황에 따라 위험을 방지하기 위하여 요구되는 최선의 처치를 행하여야 할 주의의 무가 있다고 할 것이나 의사의 이와 같은 주의의무는 의료행위를 할 당시 의료기관 등 임상의학분야에서 실천되고 있는 의료행위의 수준을 기준으로 판단하여야 할 것이므로, 의사가 행한 의료행위가 그 당시의 의료수준에 비추어 최선을 다한 것으로 인정되는 경우에는 의사에게 환자를 진료함에 있어서 요구되는 주의의무를 위반한 과실이 있다고 볼 수 없다(대판 1994. 4. 26. 93다59304).

(3) 채무불이행으로 인한 손해배상책임과 불법행위에 의한 손해배상책임의 경합

환자측은 의사 또는 병원 등의 의료기관과 질병의 검사 및 치료에 관한 의료계약을 맺고, 이것은 위임에 유사한 성질을 가진다. 이 의료계약에 따라 의사측은 그 당시의 의료수준에 따라 진료를 하여야 할 채무를 지게 된다. 그런데 그 채무의 위반이 있는 때에는 그것은 채무불이행(특히 불완전이행)이 되어 손해배상책임이 발생하며(390조), 한편 의료상의 과실로 환자에게 손해를 주었다는 점에서 불법행위에 의한 손해배상책임(750조)도 경합하게 된다.

의사측의 과실로 인한 의료과오에 대해서는 환자측은 '채무불이행'과 '불법행위'를 각각 독립된 청구원인으로 하여 손해배상을 청구할 수 있지만, 실제로는 주로 후자를 청구원인으로 삼는다. 그것은 다음과 같은 이유 때문이다.

① 채무불이행으로 인한 손해배상에는 정신상 손해도 포함되지만(39조 참조), 이것은 특별한 사정에 의한 손해(393조 2항)로 보는 것이 판례의 입장이다. 이에 대해 불법행위에서는 정신상 고통에 대한 위자료 청구권을 명문으로 정하고 있는 점(751조, 752조)에서 상대적으로 위자료청구의 인용이 용이할 수 있다.

② 과실의 입증책임에서, 채무불이행의 경우에는 채무자(의사측)가 자신

에게 과실이 없다는 것을 입증하여야 하는 데 비해(390조 단서 참조), 불법행위에서는 피해자(환자측)가 의사측에 과실이 있었다는 것을 입증하여야 한다(750조 참조).

(4) 의료과오와 손해배상책임

1) 설명의무

가. 의 의

일반적으로 의사는 환자에게 수술 등 침습을 과하는 과정 및 그 후에 나쁜 결과발생의 개연성이 있는 의료행위를 하는 경우 또는 사망 등의 중대한 결과발생이 예측되는 의료행위를 하는 경우에 있어서 응급환자의 경우나 그 밖에 특단의 사정이 없는 한 진료계약상의 의무 내지 위 침습 등에 대한 승낙을 얻기 위한 전제로서 당해 환자나 그 법정대리인에게 질병의 증상, 치료방법의 내용 및 필요성, 발생이 예상되는 위험 등에 관하여 당시의 의료수준에 비추어 상당하다고 생각되는 사항을 설명하여 당해 환자가 그 필요성이나 위험성을 충분히 비교해 보고 그 의료행위를 받을 것인가의 여부를 선택할 수 있도록 할 의무가 있다(대판 2002. 10. 25. 2002다48443).

의사의 설명의무는 종국적으로 의사의 진료계약상의 의무에서 비롯되는 것으로 볼 수 있다(대판 1995. 1. 20. 94다3421).

나. 인정범위

의사의 설명의무는 모든 경우에 인정되는 것이 아니고, 수술 등 침습을 가하는 과정 및 그 후에 나쁜 결과발생의 개연성이 있는 의료행위를 하는 때 또는 사망 등의 중대한 결과발생이 예측되는 의료행위를 하는 경우 등과 같이 환자에게 자기결정에 의한 선택이 요구되는 때에 한해 인정된다.

다. 면제 여부

① 면제되는 경우

응급환자의 경우처럼 특별한 사정이 있거나, 또는 당해 의료행위로 인하여 예상되는 위험이 아니거나 당시의 의료수준에 비추어 예견할 수 없는 위험에 대해서는 설명의무가 면제된다(대판 1999. 9. 3. 99다10479).

② 면제되지 않는 경우

의사의 설명의무는 그 의료행위에 따르는 후유증이나 부작용 등의 위험발생 가능성이 희소하다는 사정만으로는 면제될 수 없으며, 그 후유증이나 부작용이 당해 치료행위에 전형적으로 발생하는 위험이거나 회복할 수 없는 중대한 것인 경우에는 그 발생가능성의 희소성에도 불구하고 설명의 대상이 된다(대판 2002. 10. 25. 2002다48443).

라. 설명의무 위반의 효과 : 손해배상책임

의사의 설명의무가 요구되는 경우에 이를 위반한 때에는 그것은 환자의 자기결정권, 즉 승낙권을 침해한 위법한 행위가 된다는 것이 판례의 견해이다(대판 1994. 4. 15. 92다25885). 따라서 그로 인한 손해에 대해서는 의사가 배상책임을 져야 한다.

① 발생한 모든 손해를 청구하는 경우

의사가 설명의무를 위반한 채 수술 등을 하여 환자에게 예상치 못한 피해를 입히는 등의 중대한 결과가 발생한 경우에 있어서, 그 결과로 인한 모든 손해를 청구하는 경우에는 그 중대한 결과와 의사의 설명의무 위반 내지 승낙취득 과정에서의 잘못과의 사이에 상당인과관계가 존재하여야 하며, 그 경우 의사의 설명의무 위반은 환자의 자기결정권 내지 치료행위에 대한 선택의 기회를 보호하기 위한 점에 비추어 환자의 생명·신체에 대한 의료적 침습과정에서 요구되는 의사의 주의의무 위반과 동일시할 정도의 것이어야 한다(대판 2002. 10. 25. 2002다48443).

② 위자료만을 청구하는 경우

의사가 설명의무를 위반한 때에는 그 자체만으로 환자의 자기결정권을 침해하여 그에게 정신상 고통을 준 것으로 평가되어 위자료를 청구할 수 있다(750조, 751조 참조).

2) 입증책임

의사가 설명의무를 위반한 채 수술 등을 하여 환자에게 사망 등의 중대한 결과가 발생한 경우에, 환자측에서 선택의 기회를 잃고 자기결정권을 행사할 수 없게 된 데 대한 위자료만을 청구하는 때에는 의사의 설명 결여 내지 부

족으로 인하여 선택의 기회를 상실하였다는 점만 증명하면 족하고, 설명을
받았더라면 사망 등의 결과는 생기지 않았을 것이라는 관계까지 증명하여야
하는 것은 아니지만, 그 결과로 인한 모든 손해를 청구하는 때에는 그 중대
한 결과와 의사의 설명의무 위반 내지 승낙 취득 과정에서의 잘못과의 사이
에 상당인과관계가 존재하여야 하며, 그때의 의사의 설명의무 위반은 환자의
자기결정권 내지 치료행위에 대한 선택의 기회를 보호하기 위한 점에 비추
어 환자의 생명, 신체에 대한 구체적 치료과정에서 요구되는 의사의 주의의
무 위반과 동일시할 정도의 것이어야 한다(대판 2007. 5. 31. 2005다5867).

(5) 책임의 주체

의료과실이 있는 의사가 불법행위로 인한 손해배상책임을 지는 것은 물
론이다. 한편 그 의사가 의료기관에 근무하는 경우에는 의료기관의 장은
사용자로서 배상책임을 질 수 있다(756조). 그 밖에 간호사 등의 과실에 대
해서는 그의 책임 이외에, 담당의사는 대리감독자로서, 의료기관은 사용자
로서 각각 그 배상책임을 질 수 있다.

▣ 핵심판례 ▣

1. 가. 수술 도중 환자에게 사망의 원인이 된 증상이 발생한 경우, 증상 발생
 에 관하여 의료상의 과실 이외의 다른 원인이 있다고 보기 어려운 간
 접사실들을 증명하는 방법으로 위 증상이 의료상의 과실에 기한 것으
 로 추정할 수 있는지 여부(적극) 및 위와 같은 경우에도 의사에게 무
 과실의 증명책임을 지울 수 있는지 여부(소극)

 의료행위는 고도의 전문적 지식을 필요로 하는 분야로서 전문가가 아닌 일반
 인으로서는 의사의 의료행위의 과정에 주의의무 위반이 있는지의 여부나 그
 주의의무 위반과 손해 발생 사이에 인과관계가 있는지 여부를 밝혀내기가 극
 히 어려운 특수성이 있으므로, 수술 도중 환자에게 사망의 원인이 된 증상이
 발생한 경우 그 증상 발생에 관하여 의료상의 과실 이외의 다른 원인이 있다
 고 보기 어려운 간접사실들을 증명함으로써 그와 같은 증상이 의료상의 과실
 에 기한 것이라고 추정하는 것도 가능하다고 하겠으나, 그 경우에도 의사의
 과실로 인한 결과 발생을 추정할 수 있을 정도의 개연성이 담보되지 않는 사
 정들을 가지고 막연하게 중한 결과에서 의사의 과실과 인과관계를 추정함으
 로써 결과적으로 의사에게 무과실의 증명책임을 지우는 것까지 허용되는 것
 은 아니다.

나. 진료방법의 선택에 있어 의사가 가지는 재량의 범위 및 그에 관한 과실 유무의 판단 기준

의사는 진료를 행함에 있어 환자의 상황과 당시의 의료수준 그리고 자기의 지식경험에 따라 적절하다고 판단되는 진료방법을 선택할 상당한 범위의 재량을 가진다고 할 것이고, 그것이 합리적인 범위를 벗어난 것이 아닌 한 진료의 결과를 놓고 그 중 어느 하나만이 정당하고 이와 다른 조치를 취한 것은 과실이 있다고 말할 수는 없다.

다. 의사의 설명의무의 구체적 내용 및 후유증·부작용 등의 위험 발생 가능성이 희소한 경우, 의사의 설명의무가 면제될 수 있는지 여부 (소극)

일반적으로 의사는 환자에게 수술 등 침습을 가하는 과정 및 그 후에 나쁜 결과 발생의 개연성이 있는 의료행위를 하는 경우 또는 사망 등의 중대한 결과 발생이 예측되는 의료행위를 하는 경우에 있어서 응급환자의 경우나 그 밖에 특단의 사정이 없는 한 진료계약상의 의무 내지 침습 등에 대한 승낙을 얻기 위한 전제로서 당해 환자나 그 법정대리인에게 질병의 증상, 치료방법의 내용 및 필요성, 발생이 예상되는 위험 등에 관하여 당시의 의료수준에 비추어 상당하다고 생각되는 사항을 설명하여 당해 환자가 그 필요성이나 위험성을 충분히 비교해 보고 그 의료행위를 받을 것인가의 여부를 선택할 수 있도록 할 의무가 있고, 의사의 설명의무는 그 의료행위에 따르는 후유증이나 부작용 등의 위험 발생 가능성이 희소하다는 사정만으로 면제될 수 없으며, 그 후유증이나 부작용이 당해 치료행위에 전형적으로 발생하는 위험이거나 회복할 수 없는 중대한 것인 경우에는 그 발생가능성의 희소성에도 불구하고 설명의 대상이 된다.

라. 의료행위에 있어서 설명의무의 이행에 대한 증명책임

설명의무는 침습적인 의료행위로 나아가는 과정에서 의사에게 필수적으로 요구되는 절차상의 조치로서, 그 의무의 중대성에 비추어 의사로서는 적어도 환자에게 설명한 내용을 문서화하여 이를 보존할 직무수행상의 필요가 있다고 보일 뿐 아니라, 응급의료에 관한 법률 제9조, 같은 법 시행규칙 제3조 및 [서식] 1에 의하면, 통상적인 의료행위에 비해 오히려 긴급을 요하는 응급의료의 경우에도 의료행위의 필요성, 의료행위의 내용, 의료행위의 위험성 등을 설명하고 이를 문서화한 서면에 동의를 받을 법적 의무가 의료종사자에게 부과되어 있는 점, 의사가 그러한 문서에 의해 설명의무의 이행을 입증하기는 매우 용이한 반면 환자측에서 설명의무가 이행되지 않았음을 입증하기는 성질상 극히 어려운 점 등에 비추어, 특별한 사정이 없는 한 의사측에 설명의무를 이행한 데 대한 증명책임이 있다고 해석하는 것이 손해의 공평·타당한 부담을 그 지도원리로 하는 손해배상제도의 이상 및 법체계의 통일적 해석의

요구에 부합한다.

마. 의사의 설명의무 위반으로 인하여 위자료만을 청구하는 경우와 모든 손해를 청구하는 경우에 있어서 설명의무 위반과 결과 사이의 상당인 과관계에 대한 증명의 차이점

의사가 설명의무를 위반한 채 수술 등을 하여 환자에게 사망 등의 중대한 결과가 발생한 경우에, 환자 측에서 선택의 기회를 잃고 자기결정권을 행사할 수 없게 된 데 대한 위자료만을 청구하는 때에는 의사의 설명 결여 내지 부족으로 인하여 선택의 기회를 상실하였다는 점만 증명하면 족하고, 설명을 받았더라면 사망 등의 결과는 생기지 않았을 것이라는 관계까지 증명하여야 하는 것은 아니지만, 그 결과로 인한 모든 손해를 청구하는 때에는 그 중대한 결과와 의사의 설명의무 위반 내지 승낙 취득 과정에서의 잘못과의 사이에 상당인과관계가 존재하여야 하며, 그때의 의사의 설명의무 위반은 환자의 자기결정권 내지 치료행위에 대한 선택의 기회를 보호하기 위한 점에 비추어 환자의 생명, 신체에 대한 구체적 치료과정에서 요구되는 의사의 주의의무 위반과 동일시할 정도의 것이어야 한다(대판 2007. 5. 31. 2005다5867).

2. 피해자측에서 의료상의 과실 있는 행위를 입증하고 그 결과와 사이에 의료행위 외에 다른 원인이 개재될 수 없다는 점을 증명한 경우, 의료상의 과실과 결과 사이의 인과관계 추정 여부(적극)

의료행위에 관하여 주의의무 위반으로 인한 불법행위 또는 채무불이행으로 인한 책임이 있다고 하기 위하여는 의료행위상 주의의무의 위반, 손해의 발생 및 주의의무 위반과 손해 발생 사이의 인과관계의 존재가 전제되어야 함은 물론이나, 의료행위가 고도의 전문적 지식을 필요로 하는 분야이고 그 의료의 과정은 대개의 경우 환자 본인이 그 일부를 알 수 있는 외에 의사만이 알 수 있을 뿐이며, 치료의 결과를 달성하기 위한 의료기법은 의사의 재량에 달려 있기 때문에, 손해 발생의 직접적인 원인이 의료상의 과실로 말미암은 것인지 여부는 전문가인 의사가 아닌 보통인으로서는 도저히 밝혀낼 수 없는 특수성이 있어서 환자측이 의사의 의료행위상 주의의무 위반과 손해 발생 사이의 인과관계를 의학적으로 완벽하게 입증한다는 것은 극히 어려운 일이므로, 의료사고가 발생한 경우 피해자측에서 일련의 의료행위 과정에서 저질러진 일반인의 상식에 바탕을 둔 의료상의 과실이 있는 행위를 입증하고 그 결과와 사이에 일련의 의료행위 외에 다른 원인이 개재될 수 없다는 점, 이를테면 환자에게 의료행위 이전에 그러한 결과의 원인이 될 만한 건강상의 결함이 없었다는 사정을 증명한 경우에는, 의료행위를 한 측이 그 결과가 의료상의 과실로 말미암은 것이 아니라 전혀 다른 원인으로 말미암은 것이라는 입증을 하지 아니하는 이상, 의료상 과실과 결과 사이의 인과관계를 추정하여 손해배상책임을 지울 수 있도록 입증책임을 완화하는 것이 손해의 공평·타당한 부담을 그 지도원리로 하는 손해배상제도의 이상에 맞는다(2003. 1. 24. 2002

다3822).

3. 의료과실의 입증책임의 완화

환자가 치료 도중에 사망한 경우에는 있어서는, 피해자측에서 일련의 의료행위 과정에 있어서 저질러진 일반인의 상식에 바탕을 둔 의료상의 과실 있는 행위를 입증하고 그 결과와 사이에 일련의 의료행위 외에 다른 원인이 개재될 수 없다는 점, 이를테면 환자에게 의료행위 이전에 그러한 결과의 원인이 될 만한 건강상의 결함이 없었다는 사정을 증명한 경우에 있어서는 의료행위를 한 측이 그 결과가 의료상의 과실로 말미암은 것이 아니라 전혀 다른 원인으로 말미암은 것이라는 입증을 하지 아니하는 이상 의료상 과실과 결과 사이의 인과관계를 추정하여 손해배상책임을 지울 수 있도록 입증책임을 완화하는 것이 손해의 공평·타당한 부담을 그 지도원리로 하는 손해배상제도의 이상에 맞는다고 하지 않을 수 없다(대판 1999. 4. 13. 98다7915).

4. 의료진이 일반인의 수인한도를 넘어서 현저하게 불성실한 진료를 행한 경우, 위자료의 배상책임을 부담하는지 여부(적극) 및 그 요건에 관한 증명책임의 부담자(=피해자)

의료진의 주의의무 위반으로 인한 불법행위의 책임을 묻기 위해서는 의료행위상 주의의무의 위반, 손해의 발생 및 그 양자 사이에 인과관계가 존재한다는 점이 각 입증되어야 할 것인바, 의료행위의 속성상 환자의 구체적인 증상이나 상황에 따라 위험을 방지하기 위하여 요구되는 최선의 조치를 취하여야 할 주의의무를 부담하는 의료진이 환자의 기대에 반하여 환자의 치료에 전력을 다하지 아니한 경우에는 그 업무상 주의의무를 위반한 것이라고 보아야 할 것이지만, 그러한 주의의무 위반과 환자에게 발생한 악결과(악결과) 사이에 상당인과관계가 인정되지 않는 경우에는 그에 관한 손해배상을 구할 수 없다. 다만, 그 주의의무 위반의 정도가 일반인의 처지에서 보아 수인한도를 넘어설 만큼 현저하게 불성실한 진료를 행한 것이라고 평가될 정도에 이른 경우라면 그 자체로서 불법행위를 구성하여 그로 말미암아 환자나 그 가족이 입은 정신적 고통에 대한 위자료의 배상을 명할 수 있으나, 이때 그 수인한도를 넘어서는 정도로 현저하게 불성실한 진료하였다는 점은 불법행위의 성립을 주장하는 피해자들이 이를 입증하여야 한다(대법원 2006. 9. 28. 선고 2004다61402 판결).

5. 가. 의사의 설명의무의 내용 및 그 범위

의사는 긴급한 경우나 다른 특별한 사정이 없는 한, 의약품을 투여하기 전에 환자에게 질병의 증상, 치료방법의 내용과 필요성, 예상되는 생명·신체에 대한 위험성과 부작용 등 환자의 의사결정을 위하여 중요한 사항을 설명함으로써 환자로 하여금 투약에 응할 것인가의 여부를 스스로 결정할 기회를 가질 수 있도록 하여야 하지만, 환자에게 발생한 중대한 결과가 투약으로 인한 것이 아니거나 또는 환자 스스로의 결정이 관련되지 아니하는 사항에 관한 것

일 때에는 설명의무 위반이 문제되지 아니한다.

나. 의사의 윌슨(Wilson)씨병을 앓는 환자에 대한 그 병의 치료과정과 치료약제의 투약에 관한 설명의무 위반이 문제되지 않는다고 한 사례

윌슨(Wilson)씨병을 앓는 환자의 병세가 악화된 것은 그 치료약제의 부작용 때문이 아니고 환자가 의사의 처방을 무시하고 약을 복용하지 아니하고 지정된 날짜에 진료도 받지 아니하는 등 효과적으로 치료가 이루어지지 아니하였기 때문이므로, 의사가 환자에게 그 병의 치료과정과 치료약제의 투약에 관하여 상세한 설명을 하지 아니한 것을 잘못이라고 볼 수 없다고 한 사례(대법원 2002. 5. 28. 선고 2000다46511 판결).

6. 의사의 설명의무 위반을 이유로 환자에게 발생한 중대한 결과로 인한 모든 손해의 배상을 청구하는 경우, 설명의무 위반 등과 중대한 결과 사이에 상당인과관계가 존재하여야 하는지 여부(적극) 및 그때 설명의무 위반의 정도

의사가 설명의무를 위반한 채 수술 등을 하여 환자에게 중대한 결과가 발생한 경우에 환자 측에서 선택의 기회를 잃고 자기결정권을 행사할 수 없게 된 데 대한 위자료만을 청구하는 경우에는 의사의 설명 결여 내지 부족으로 인하여 선택의 기회를 상실하였다는 점만 입증하면 족하고, 설명을 받았더라면 중대한 결과는 생기지 않았을 것이라는 관계까지 입증하여야 하는 것은 아니지만, 그 결과로 인한 모든 손해의 배상을 청구하는 경우에는 그 중대한 결과와 의사의 설명의무 위반 내지 승낙 취득 과정에서의 잘못과 사이에 상당인과관계가 존재하여야 하며, 그때의 의사의 설명의무 위반은 환자의 자기결정권 내지 치료행위에 대한 선택의 기회를 보호하기 위한 점에 비추어 환자의 생명, 신체에 대한 구체적 치료과정에서 요구되는 의사의 주의의무 위반과 동일시할 정도의 것이어야 한다(대법원 2013. 4. 26. 선고 2011다29666).

3. 제조물책임

(1) 의의

제조물책임은 제조물의 결함으로 인하여 발생한 손해에 대하여 제조업자 등이 지는 책임을 뜻한다.

(2) 제조물의 결함

1) 제조물

제조물책임법에서 규정하고 있는 '제조물'이란 제조되거나 가공된 동산(다

른 동산이나 부동산의 일부를 구성하는 경우를 포함한다)을 말한다(동법 제2조 1호).

2) 결함

동법에서 규정하고 있는 '결함'이란 제조물에 제조상의 결함, 설계상의 결함, 표시상의 결함이 있거나 그 밖에 통상적으로 기대할 수 있는 안전성이 결여되어 있는 것을 뜻한다(동법 제2조 2호).

① 제조상의 결함

제조업자가 제조물에 대하여 제조상·가공상의 주의의무를 이행하였는지에 관계없이 제조물이 원래 의도한 설계와 다르게 제조·가공됨으로써 안전하지 못하게 된 경우를 말한다.

② 설계상의 결함

제조업자가 합리적인 대체설계(代替設計)를 채용하였더라면 피해나 위험을 줄이거나 피할 수 있었음에도 대체설계를 채용하지 아니하여 해당 제조물이 안전하지 못하게 된 경우를 말한다.

③ 표시상의 결함

제조업자가 합리적인 설명·지시·경고 또는 그 밖의 표시를 하였더라면 해당 제조물에 의하여 발생할 수 있는 피해나 위험을 줄이거나 피할 수 있었음에도 이를 하지 아니한 경우를 말한다.

3) 제조물의 결함의 증명과 인과관계

결함의 존재, 결함과 손해 사이의 인과관계는 피해자가 증명하여야 한다. 그러나 그 증명이 대단히 어렵다는 문제가 있다. 이에 대법원은 이를 고려하여 제조물이 정상적으로 사용되는 상태에서 사고가 발생한 경우 등에는 그 제품에 결함이 존재하고 그 결함으로 인해 사고가 발생하였다고 추정함으로써 소비자의 입증책임을 완화하는 것이 손해의 공평·타당한 부담을 원리로 하는 손해배상제도의 이상에 맞는다고 판시하고 있다. 이러한 대법원 판례의 취지를 반영하여 2017년 4월 18일 제조물 책임법 일부 개정시 제3조의2를 신설하여 피해자가 '제조물이 정상적으로 사용되는 상태에서 손해가 발생하였다는 사실', '손해가 제조업자의 실질적인 지배영역에 속한 원인으로부터 초래되었다는 사실', '손해가 해당 제조물의 결함 없이는 통상적으로 발생하

지 아니한다는 사실'을 증명하면, 제조물을 공급할 당시에 해당 제조물에 결함이 있었고, 그 결함으로 인하여 손해가 발생한 것으로 추정하도록 하여 소비자의 입증책임을 경감하였다. 다만, 동 규정은 2018년 4월 19일부터 시행된다.

▣ 핵심판례 ▣

■ 제조물책임에 관한 입증책임의 분배

고도의 기술이 집약되어 대량으로 생산되는 제품의 결함을 이유로 그 제조업자에게 손해배상책임을 지우는 경우 그 제품의 생산과정은 전문가인 제조업자만이 알 수 있어서 그 제품에 어떠한 결함이 존재하였는지, 그 결함으로 인하여 손해가 발생한 것인지 여부는 일반인으로서는 밝힐 수 없는 특수성이 있어서 소비자 측이 제품의 결함 및 그 결함과 손해의 발생과의 사이의 인과관계를 과학적·기술적으로 입증한다는 것은 지극히 어려우므로 그 제품이 정상적으로 사용되는 상태에서 사고가 발생한 경우 소비자 측에서 그 사고가 제조업자의 배타적 지배하에 있는 영역에서 발생하였다는 점과 그 사고가 어떤 자의 과실 없이는 통상 발생하지 않는다고 하는 사정을 증명하면, 제조업자 측에서 그 사고가 제품의 결함이 아닌 다른 원인으로 말미암아 발생한 것임을 입증하지 못하는 이상 그 제품에게 결함이 존재하며 그 결함으로 말미암아 사고가 발생하였다고 추정하여 손해배상책임을 지울 수 있도록 입증책임을 완화하는 것이 손해의 공평·타당한 부담을 그 지도원리로 하는 손해배상제도의 이상에 맞다(대법원 2004. 3. 12. 선고 2003다16771).

(3) 책임의 주체

1) 제조업자

제조업자는 제조물의 결함으로 생명·신체 또는 재산에 손해(그 제조물에 대하여만 발생한 손해는 제외한다)를 입은 자에게 그 손해를 배상하여야 한다.

2) 제조물공급자

제조물의 제조업자를 알 수 없는 경우에 그 제조물을 영리 목적으로 판매·대여 등의 방법으로 공급한 자는 제조물의 제조업자 또는 제조물을 자신에게 공급한 자를 알거나 알 수 있었음에도 불구하고 상당한 기간 내에 그 제조업자나 공급한 자를 피해자 또는 그 법정대리인에게 고지(告知)하지 아니

한 경우에는 배상책임을 진다.

(4) 무과실책임의 인정

제조업자·제조물공급자는 제조물의 결함으로 생명·신체 또는 재산에 손해를 입은 자에게 그 손해를 배상하여야 한다. 이 때 제조업자 등은 무과실책임을 진다. 그러나 제조물에 대하여만 발생한 손해는 제외한다(동법 제3조 제1항 참조). 이러한 손해는 하자담보책임이나 불완전급부책임에 의한다.

(5) 징벌적 손해배상제의 도입

우리 법원의 판결에 따른 손해배상액이 일반의 상식 등에 비추어 적정한 수준에 미치지 못하여 피해자를 제대로 보호하지 못하고, 소액다수의 소비자피해를 발생시키는 악의적 가해행위의 경우 불법행위에 따른 제조업자의 이익은 막대한 반면 개별 소비자의 피해는 소액에 불과하여, 제조업자의 악의적인 불법행위가 계속되는 등 도덕적 해이가 발생하고 있다는 문제가 지적되었다. 이에 2017년 4월 18일 제조물 책임법의 일부 개정시 제3조 제2항을 신설하여 징벌적 손해배상제를 도입하였다. 이를 통하여 제조업자의 악의적 불법행위에 대한 징벌 및 장래 유사한 행위에 대한 억지력을 강화하고, 피해자에게는 실질적인 보상이 가능하도록 하였다. 동 규정은 2018년 4월 19일부터 시행된다. 이 규정에 의할 때 제조업자가 제조물의 결함을 알면서도 그 결함에 대하여 필요한 조치를 취하지 아니한 결과로 생명 또는 신체에 중대한 손해를 입은 자가 있는 경우에는 그 자에게 발생한 손해의 3배를 넘지 아니하는 범위에서 배상책임을 진다. 이 경우 법원은 배상액을 정할 때 고의성의 정도, 해당 제조물의 결함으로 인하여 발생한 손해의 정도, 해당 제조물의 공급으로 인하여 제조업자가 취득한 경제적 이익, 해당 제조물의 결함으로 인하여 제조업자가 형사처벌 또는 행정처분을 받은 경우 그 형사처벌 또는 행정처분의 정도, 해당 제조물의 공급이 지속된 기간 및 공급 규모, 제조업자의 재산상태, 제조업자가 피해구제를 위하여 노력한 정도를 고려하여야 한다.

(6) 면책사유

제조물책임을 지게 되는 제조업자 등은 ① 제조업자가 해당 제조물을 공급하지 아니하였다는 사실, ②제조업자가 해당 제조물을 공급한 당시의 과

학·기술 수준으로는 결함의 존재를 발견할 수 없었다는 사실, ③제조물의 결함이 제조업자가 해당 제조물을 공급한 당시의 법령에서 정하는 기준을 준수함으로써 발생하였다는 사실, ④ 원재료나 부품의 경우에는 그 원재료나 부품을 사용한 제조물 제조업자의 설계 또는 제작에 관한 지시로 인하여 결함이 발생하였다는 사실 중 어느 하나에 해당하는 사실을 입증한 경우에는 제조물책임법에 따른 손해배상책임을 면한다(동법 제4조 제1항). 다만, 손해배상책임을 지는 자가 제조물을 공급한 후에 그 제조물에 결함이 존재한다는 사실을 알거나 알 수 있었음에도 그 결함으로 인한 손해의 발생을 방지하기 위한 적절한 조치를 하지 아니한 경우에는 위 ②부터 ④의 증명에 따른 면책을 주장할 수 없다(동법 제4조 제2항).

(7) 면책특약의 제한

제조물책임법에 따른 손해배상책임을 배제하거나 제한하는 특약은 무효이다. 다만, 자신의 영업에 이용하기 위하여 제조물을 공급받은 자가 자신의 영업용 재산에 발생한 손해에 관하여 그와 같은 특약을 체결한 경우에는 그러하지 아니하다(동법 제6조).

(8) 소멸시효

제조물책임법에 따른 손해배상의 청구권은 피해자 또는 그 법정대리인이 손해 및 손해배상책임을 지는 자를 모두 알게 된 날부터 3년간 행사하지 아니하면 시효의 완성으로 소멸한다. 또한 제조물책임법에 따른 손해배상의 청구권은 제조업자가 손해를 발생시킨 제조물을 공급한 날부터 10년 이내에 행사하여야 한다. 다만, 신체에 누적되어 사람의 건강을 해치는 물질에 의하여 발생한 손해 또는 일정한 잠복기간이 지난 후에 증상이 나타나는 손해에 대하여는 그 손해가 발생한 날부터 기산한다(동법 제7조).

색 인

ㅂ

ㅅ

ㅈ

ㅊ

ㅍ

ㅎ

■ 편저 대한민사법실무연구회 ■

■ 편찬위원·이 기 욱 ■
■ 편찬위원·김 정 욱 ■

편찬저서 : 법률용어사전
가족법실무편람
민법상법준용법전
상법지식정보사전
민법총칙 · 물권법 정리
채권법 정리
친족 상속법 정리

새학설 · 판례 · 법률용어 · 조문분석해설 · 쟁점사항 · 관련법조문표시

민 법 백 과 사 전 <2권> 채권편

(전3권) 270,000원
정가 90,000원

2018년 6월 10일 1판 인쇄
2018년 6월 15일 1판 발행
편 저 : 대한민사법실무연구회
편찬위원 : 이기욱, 김정욱
발 행 인 : 김 현 호
발 행 처 : 법률미디어
공 급 : 법문 북스

서울 구로구 경인로 54길4 (우편번호 : 08278)
TEL : 2636-2911-2, FAX : 2636-3012
등록 : 1979년 8월 27일 제5-22호
Home : www.lawb.co.kr

❚ ISBN 978-89-5755-225-4(전3권세트) (94360)
❚ ISBN 978-89-5755-227-8(2권) (94360)
❚ 이 도서의 국립중앙도서관 출판예정도서목록(CIP)은 서지정보유통지원시스템 홈페이지
(http://seoji.nl.go.kr)와 국가자료공동목록시스템(http://www.nl.go.kr/kolisnet)에서
이용하실 수 있습니다. (CIP제어번호 : CIP2018016512)